FACHWÖRTERBUCH
WIRTSCHAFT
DEUTSCH-RUSSISCH

JOURIST

Die große überarbeitete Ausgabe des Fachwörterbuchs Wirtschaft enthält über 60.000 aktuelle Begriffe aus allen Bereichen des modernen Wirtschaftslebens.
Das Fachwörterbuch gibt den Wirtschaftswortschatz Deutsch-Russisch umfassend wieder. Auf diverse Verwendungsmöglichkeiten vieler Begriffe wird jeweils hingewiesen. Es enthält Begriffe aus den Sachgebieten Finanzen, Steuern, Kreditgeschäft, Wertpapiermarkt, Versicherung, Betriebsorganisation, internationale Handelsbeziehungen, Währung, Bankgeschäft, Buchführung, Börse, Versicherung. Das Fachwörterbuch ist ein unverzichtbares Nachschlagewerk für Übersetzer sowie für international tätige Unternehmen und Organisationen.

Herausgeber und Gesamtherstellung - Jourist Verlags GmbH

ISBN 978-3-89894-728-2

www.jourist.de

JOURIST

A акцептóванный вéксель, принятый к оплáте вéксель
A1, first class *(eng.)* товáр пéрвого сортá
A, Abfrage 1. *выч.* опрóс; считывание 2. *выч.* запрóс; вы́зов
A, Akkumulation аккумуля́ция, накоплéние
A, Akzept акцéпт, акцептовáние *(вексе́ля)*; акцептóванный вéксель; при́нятый к оплáте вéксель
A., Anmelder заяви́тель
A., anno *(lat.)* в ... годý
A, Art образéц, вид
A., Auktion аукциóн, публи́чные торги́
A, Ausbeute *экон.* вы́ход продýкции
A, Auslands- междунарóдный
A, Auswahlprüfung вы́борочное испытáние
A1, first class *(eng.)* товáр пéрвого сортá
a.B., auf Befehl по прикáзу; по поручéнию
a, absolut абсолю́тный
a, Ar ар (метри́ческая мéра землéльной плóщади); *разг.* сóтка
a., asymmetrisch асимметри́чный, несимметри́чный
a., auch тáкже
a *(lat.)*, **via** *(lat.)* виа, чéрез *(помéтка, укáзывающая путь слéдования)*
a.m. *(eng.)* до полýдня
a conto *итал.* в счёт (чегó-л.)
a conto *итал.* в рассрóчку
a fonds perdu *фр.* безвозврáтно, на счёт убы́тков, на списáние
a forfait *фр.* «без регрéсса» *(услóвие покупáтелю вексе́ля, исключáющее предъявлéние претéнзий к продавцу-трассанту)*
a la baisse *фр.* на понижéние *(биржевóго кýрса)*
a la baisse spekulieren игрáть на понижéние
a la hausse *фр.* на повышéние *(биржевóго кýрса)*
a la hausse spekulieren игрáть на повышéние
a meta *ит.* «напpolови́ну», сдéлка, осуществля́емая двумя́ предпринимáтелями
a vista, bei Sicht по предъявлéнии (в вексельном обóроте о срóке уплáты)
a vue; bei Sicht по предъявлéнии *(помéтка на вéкселе)*
A-Personal *n* персонáл торгóвого предприя́тия, зáнятый в сфéре продáжи товáров *(включáя хранéние на склáдах и перевóзку)*
AA, Anmeldeabteilung отдéл приёма заявок
a.A, auf Abruf по отзы́ву; по трéбованию
AA, Arbeitsamt би́ржа трудá
AA, Auslandsabteilung зарубéжный филиáл *(напр. фи́рмы)*
AA, Auswärtiges Amt министéрство инострáнных дел, МИД
a.A., auf Abruf по отзы́ву; по трéбованию, по запрóсу
a.A., auf Anfrage по запрóсу
a.a., always afloat всегдá на плавý *(услóвие в чáртер-пáртии)*
a.a., ad acta к делý; испóлнено
aa, ana partes aequalis *лат.* рáвными частя́ми
AAB, Association of Aircraft Brokers Ассоциáция авиациóнных брóкеров
AAPSO, Afro-Asian Peoples' Solidarity Organisation Организáция солидáрности нарóдов Áфрики и Áзии
AAR, against all risks *(eng.)* прóтив всех ри́сков *(укáзанных в пóлисе)*
AAR-Versicherung *f* страховáние прóтив всех ри́сков
AATUF, All African Trade Union Federation Всеафрикáнская федерáция профсою́зов
AB: *(сокр)*
AB, Anfangsbestand *m* начáльный остáток (бухг.)
AB, aktiebolag АО, акционéрное óбщество *(шведск.)*
AB, Allgemeine Bedingungen óбщие услóвия
AB, Ausführungsbestimmungen техни́ческие услóвия, техни́ческая спецификáция; прáвила выполнéния, ТУ, ТС
a.B., auf Befehl по прикáзу; по поручéнию
a.B., auf Bestellung на закáз, по закáзу
a.B., auf Bestellung на закáз, по закáзу
a.B., außergewöhnliche Belastungen непредви́денные расхóды
ab, abgorochnot за вычетом
Ab., Abkommen *n* соглашéние
ab ценá фрáнко-местонахождéние товáра *(услóвие постáвки)*
ab Abfangshafen фрáнко-нáбережная пóрта отправлéния
ab Bestimmungshafen фрáнко-нáбережная пóрта назначéния
ab Datum с дáты подписáния, с момéнта подписáния; от дáты
ab Deck фрáнко-сýдно, с сýдна
ab Fabrik фрáнко-завóд поставщи́к, с завóда поставщика
ab Haus фрáнко-местонахождéние
ab Kai фрáнко-при́стань, фрáнко-нáбережная; с при́стани
ab Kai Abgangsfahren фрáнко-нáбережная порт отправлéния
ab Kai Bestimmungsfahren фрáнко-нáбережная порт назначéния
ab Lager фрáнко-склад продавцá, со склáда продавцá
ab Lagerhaus фрáнко-склад продавцá, со склáда продавцá
ab Quai фрáнко-при́стань, с при́стани
ab Schiff фрáнко-сýдно, с сýдна
ab Werk фрáнко-завóд, фрáнко-завóд поставщи́к, с завóда поставщика
ab Werk verladen фрáнко-завóд поставщи́к с включéнием расхóдов по отгрýзке
ABA, American Bankers' Association Америкáнская бáнковская ассоциáция
Abakus *m* (ист.) абак, счётная доскá
Abalienation *f* отчуждéние
abalienieren отчуждáть
abänderbar изменя́емый; измéнчивый
abänderbar поддающийся изменéнию
abänderbar заменя́емый
abänderbar переключаемый, коммути́руемый
Abänderbarkeit *f* измéнчивость; изменя́емость; спосóбность к изменéнию
abändern *vt* изменя́ть *(части́чно)*; видоизменя́ть; передéлывать
abändern исправля́ть; отменя́ть
das **Programm abändern** вноси́ть изменéния в прогрáмму; корректи́ровать прогрáмму
das **Testament abändern** вноси́ть изменéния в завещáние
Abänderung *f* изменéние
Abänderung *f* передéлка; поправка
Abänderung *f* *страх.* изменéние; поправка
Abänderung *f* отмéна
Abänderung eines Akkreditivs изменéние услóвий аккредити́ва
Abänderung eines Buchungs внесéние изменéний в бухгáлтерскую зáпись (провóдку)
eine Abänderung treffen внести́ изменéние; внести́ попрáвку
Abänderungsantrag *m* 1. предложéние о внесéнии изменéний в услóвия договóра (соглашéния) 2. предложéние о внесéнии изменéний в законопроéкт 3. попрáвка к законопроéкту
Abänderungsklage *f* иск об изменéнии правоотношéния *(правоотношéний)*
Abänderungskündigung *f* уведомлéние об изменéнии, уведомлéние о внесéнии изменéний, извещéние об изменéнии, извещéние о внесéнии изменéний *(напр., в услóвия договóра)*
Abänderungsschreiben *n* письмó с уведомлéнием об изменéнии (изменéниях), пи́сьменное сообщéние с уведомлéнием о внесéнии измене́-

ний (изменения)

Abänderungsvertrag *m* договор *(контракт, соглашение)* о внесении изменений в ранее заключённый договор; договор об изменении условий ранее заключённого договора *(контракта, соглашения)*

Abänderungsvorschlag *m* предложение о внесении изменения *(изменений)*

Abandon *m* абандон *(отказ грузо- или судовладельца от своих прав на застрахованное имущество в пользу страховщика при обязательстве последнего уплатить страхователю полную страховую сумму)*

Abandon уступка; переуступка (прав) (в морском страховом деле; в биржевой торговле)

Abandon выход из сделки путем уплаты премии или штрафа

Abandonerklärung *f* заявление об абандоне

Abandonrecht *n* право на абандон

den Abandon erklären объявлять об абандоне; заявлять об абандоне

Abandonist *m* заявитель абандона

Abandonnement *n* абандон

abandonnieren *vt* абандонировать, заявлять об абандоне, заявить об абандоне

abandonnieren отказываться от своих прав на застрахованное имущество

abandonnieren отказываться от сделки *(за счёт выплаты премии)*

abandonnieren отказываться от права; отказываться от прав *(напр. на товар)*

abandonnieren отказываться от срочной сделки с премией, отказаться от срочной сделки с премией

Abandonrecht *n* право на абандон

Abandonrevers *m* заявление об отказе

Abarbeit *f ист.* барщина; отработка

Abarbeitssystem *n ист.* отработочная система

abarbeiten *I vi* отрабатывать, отработать *(долг, аванс, штраф)*

abarbeiten заканчивать, закончить; доделывать, доделать; обрабатывать; отделывать

abarbeiten изнуряться работой

abarbeiten скопировать; сделать по образцу

eine Schuld abarbeiten отработать долг; погасить долг работой

sich **abarbeiten** переутомляться (от работы); изнурять себя (работой)

Abarbeitung *f* 1. обработка *(напр. данных)* 2. отработка, выполнение *(напр. команды, программы)*

Abbau *m* ликвидация; устранение; упразднение

Abbau (ист.) выдел крестьянского двора из общины (и перенос на хутор), выделение крестьянского двора из общины (и перенос на хутор)

Abbau вырождение *(сельскохозяйственных культур)*

Abbau добыча *(полезных ископаемых)*; разработка *(месторождений)*

Abbau отмена, упразднение, аннулирование; ликвидация

Abbau снос *(напр. сооружений)*

Abbau разборка, демонтаж *(напр. оборудования)*

Abbau сокращение, уменьшение *(напр. выпуска продукции)*

Abbau свёртывание *(напр. производства)*

Abbau снижение урожайности, понижение урожайности

Abbau уменьшение, снижение *(напр. заработной платы, цен)*

Abbau сокращение штатов; увольнение по сокращению штатов

Abbau (выч.тех) удаление из очереди (напр. задач)

Abbau *(радио., тлв., тлф, выч.)* снижение уровня; затухание *(сигнала)*

Abbau der Produktion сокращение производства; свёртывание производства

Abbau der Steuervergünstigungen отмена налоговых привилегий

Abbau der Zollschranken устранение таможенных барьеров

Abbau des Personalbestandes сокращение штатов

Abbau von Handelsschranken устранение торговых барьеров

Abbau von Lagerbeständen отмена налоговых привилегий

Abbau von Privilegien устранение привилегий; отмена привилегий

Abbau von Überschüssen ликвидация излишков; снижения уровня излишков

Abbau von Zöllen устранение таможенных пошлин; отмена таможенных пошлин

abbauen выделять крестьянский двор из общины

abbauen вырождаться *(о сельскохозяйственных растениях)*

bbauen добывать *(полезные ископаемые)*; разрабатывать *(месторождения)*

abbauen отменять, упразднять, аннулировать; ликвидировать

abbauen сносить *(напр. сооружения)*, разбирать, демонтировать *(напр. оборудование)*

abbauen сокращать, уменьшать *(напр. выпуск продукции)*; свёртывать *(напр. производство)*; уменьшать, снижать, понижать *(напр. заработную плату, цену)*; сокращать штаты, увольнять по сокращению штатов

sich abbauen снижаться, уменьшаться, сокращаться

sich abbauen отделиться, выделиться *(напр, о крестьянском хозяйстве)*, отстроить отдельный двор

Arbeitslosigkeit abbauen сокращать безработицу, уменьшать безработицу; уменьшать уровень безработицы, снижать уровень безработицы

Handelsschranken abbauen устранять торговые барьеры, устранить торговые барьеры

Handelsschranken schrittweise abbauen постепенно устранять торговые барьеры; поэтапно устранять торговые барьеры

Mitarbeiter abbauen сокращать сотрудников; сокращать персонал

Personal abbauen сокращать штаты; *(частично)* увольнять персонал

Stellung abbauen сдавать позиции (напр. на рынке)

Überschüsse abbauen сокращать излишки, уменьшать излишки

abbaufähig поддающийся сокращению; поддающийся уменьшению

das **Budget ist nicht weiter abbaufähig** дальнейшее уменьшение бюджета невозможно

Abbaugerechtigkeit *f* вещное право добычи полезных ископаемых, право на разработку месторождений

Abbaukonzentration *f* производственное объединение рудничных разработок

Abbauleistung *f* добыча в тоннах *(обычно за человеко-час)*

Abbaumaßnahme *f* ограничительная мера *(напр., по сокращению производства, увольнению рабочих)*

Abbaumengensteuer *f* налог на количество добываемых полезных ископаемых

Abbaumethode *f* метод добычи; способ добычи *(полезных ископаемых)*

Abbaurecht *n* вещное право добычи полезных ископаемых, право на разработку месторождений

Abbauten *pl* сельскохозяйственные предприятия, перенесённые в полевые условия

Abbauverfahren *n* способ добычи; метод добычи *(полезных ископаемых)*

Abbauverluste *m pl* потери полезных ископаемых при добыче, потери полезных ископаемых при рудничных разработках, потери полезных ископаемых при шахтной добыче

abbauwürdig имеющий промышленное значение *(о месторождении)*; пригодный для разработки, годный для разработки *(о месторождении)*;

имеющий промышленное значение *(о месторождении)*
abbauwürdig восстановимый; поддающийся восстановлению (напр. о механизмах)
abbauwürdige Vorräte *m pl* извлекаемые запасы; промышленные запасы *(полезных ископаемых, напр. нефти)*

Abbauzeche *f* действующая шахта; действующий рудник

abberufen изымать, изъять *(капитал, имущество)*
abberufen освобождать от обязанностей; освобождать от должности, увольнять
abberufen отстранять *(компаньона)* от представительства
abberufen отменять, сторнировать *(заказ, поручение)*

Abberufung *f* изъятие *(капитала, имущества)*
Abberufung освобождение от обязанностей; отстранение *(компаньона)* от представительства; освобождение от должности, увольнение
Abberufung отмена, сторнирование *(заказа, поручения)*
Abberufung отзыв *(кого-л. или чего-л.)*
Abberufung des Vorstands освобождение от обязанностей члена правления наблюдательного совета
Abberufung ohne Frist увольнение без предупреждения

abbestellen *vt* отменять заказ, аннулировать заказ, ликвидировать заказ
j-n **abbestellen** отменить вызов *(кого-л.)*; отменить встречу *(с кем-л.)*
ein Hotelzimmer abbestellen отменить бронирование гостиничного номера, отменить заказ на гостиничный номер, отказаться от заказа на гостиничный номер
eine Versammlung abbestellen отменить собрание, отменять собрание
eine Zeitung abbestellen отказаться от подписки на газету

Abbestellung *f* отмена *(заказа, вызова)*; отказ *(от подписки, встречи и т.п.)*

abbezahlen *vt* выплачивать по частям, оплачивать по частям, выплачивать в рассрочку, оплачивать в рассрочку
das Ganze abbezahlen выплатить всё
in Raten abbezahlen выплачивать по частям
nach und nach abbezahlen выплачивать по частям
eine Schuld abbezahlen погашать долг частями

Abbezahlung *f* выплата по частям, выплата в рассрочку, оплата по частям, оплата в рассрочку

abbieten:
abbieten (I) давать более высокую цену *(на аукционе)*
j-n **abbieten** давать более высокую цену *(чем кто-л.)*, перебивать покупку *(у кого-л.)*
abbieten (II) давать более низкую цену, сбивать цену; торговаться
abbieten напоминать *(кому-л.)* об уходе, просить уйти

Abbild *n* отражение, отображение, изображение; портрет; снимок; слепок; копия
ein getreues Abbild der Wirklichkeit правдивое отображение действительности
ein verzerrtes Abbild искаженная картина (действительности)

Abbildung *f (выч.)* образ; изображение; отображение *(напр. на экране)*, отображение, представление *(напр. данных)*
Abbildung, Abb. *(abk.)* изображение, рисунок, иллюстрация
Abbildung *f* изображение, репродуцирование
Abbildung *f* проекция *(изображения)*
Abbildungseinrichtung *f (выч.)* устройство отображения; монитор, дисплей
elektronische Abbildung электронное изображение
räumliche Abbildung объёмное изображение

abbrechen *vi* аварийно завершаться *(напр., о программе)*
abbrechen *vt* прекращать, прерывать
die Verhandlungen прекратить переговоры
die Beziehungen прерывать отношения
das Programm abbrechen *(выч.)* прерывать программу, прекращать исполнение программы

Abbreviation *f (lat.)* сокращение; сокращённое наименование; аббревиатура

Abbreviatur *f* сокращение, сокращенное обозначение, сокращенное слово, аббревиатура; акроним

abbröckeln *vi* понижаться, иметь тенденцию к понижению *(напр. курсы акций)*
die **Aktienkurse bröckeln ab** курсы акций *(на бирже)* имеют тенденцию к спаду; курсы акций *(на бирже)* понижаются

Abbruch *m* вред, ущерб
Abbruch прекращение *(поставок, платежей и т.п.)*
Abbruch прерывание; прекращение *(переговоров, деловых отношений*
Abbruch разрыв *(дипломатических отношений)*
Abbruch разборка, демонтаж; слом, снос; (внезапное) прекращение *(напр. поставок)*; разрыв *(напр. отношений)*
Abbruch *(выч.)* аварийное завершение *(программы)*
Abbruch обвал, обрушение (напр. при горных или шахтных работах)
Abbruch erleiden потерпеть ущерб, понести убыток *(убытки)*
auf Abbruch kaufen купить на снос
j-m **einer Sache** *(D)* **Abbruch machen** вредить, наносить ущерб *(кому-л., чему-л.)*
j-m **einer Sache** *(D)* **Abbruch tun** вредить, наносить ущерб *(кому-л., чему-л.)*
ohne Abbruch непрестанно, непрерывно

Abbruchkosten *pl* затраты на демонтаж *(оборудования)*, затраты на снос *(зданий, сооружений)*, расходы на демонтаж *(оборудования)*, расходы на снос *(зданий, сооружений)*

abbuchen *vt (бухг., банк.)* списывать со счёта, списать со счёта *(сумму)*
abbuchen взыскивать, взыскать
abbuchen *(разг.)* списывать в расход, списать в расход
abbuchen *(страх.)* взыскивать
die **Bank buchte den Betrag von meinem Konto ab** банк списал с моего счёта сумму
einen Betrag von einem Konto abbuchen списать сумму со счёта, списывать сумму со счёта
vom Konto abbuchen списывать со счета, списать со счёта, осуществить списание со счёта, осуществлять списание со счёта

Abbuchung *f* бесспорное взыскание *(долга)*
Abbuchung списание со счёта
Abbuchung сумма, списанная со счёта; взысканная сумма
Abbuchung durch Einzugsermöchtigung списание со счёта путём прямого дебетования
Abbuchung fälliger Steuern und Abgaben бесспорное взыскание налогов и сборов, срок уплаты которых наступил
Abbuchung tätigen взыскивать; списывать со счёта (в бесспорном порядке, в безакцептном порядке)
Abbuchung vom Konto списание со счета
Abbuchung vornehmen взыскивать; списывать со счёта (в бесспорном порядке, в безакцептном порядке)
durch Abbuchung einziehen взыскивать в бесспорном порядке

Abbuchungsauftrag *m* поручение на списании сумм со счёта *(банку или иному финансововму учреждению) сберкассе)*

Abbuchungsauftragverfahren *n* списание со счёта средств; списание со счёта сумм; порядок списание со счёта средств

Abbuchungsermächtigung *f* право на списание со счёта (средств); полномочия на списание со счёта (средств); право на взыскание средств; право на прямое дебетование счёта

abbummeln *vt (разг.)* отгулять, иметь отгул *(за сверхурочную работу; за переработку)*; использовать отгул, воспользоваться отгулом

Abbummelzeit *f (разг.)* отгулы (мн.ч.)

ABC:

ABC функционально-стоимостный анализ

ABC-Analyse *f*; **Umsatzanalyse nach Produktguppen** система ревизии склада АБС *(ABC)*; АБС-анализ склада; **ABC**-анализ (анализ оборота путём ранжирования различных продуктов по группам значимости)

ABC-Analyse *f* система ревизии склада «АБС», АБС-анализ склада, ревизия склада по западным стандартам; **ABC**-анализ (в логистике)

ABC справочник с алфавитным расположением статей

ABC железнодорожный алфавитный указатель

A.B.C., Australian Bankruptcy Cases *(eng.)* сборник австралийских решений по делам о банкротстве

A.B.C., American Book Center *(eng.)* Американский книжный центр

ABC, American Business Centers *(eng.)* Американский бизнес-центр

A.B.C., Alcohol Beverage Control Board *(eng.)* (амер.) совет по контролю над спиртными напитками

Abc *n* алфавит; азбука

Abc лексикон; справочник с алфавитным расположением статей, толковый словарь *(с алфавитным расположением статей)*

Abc азбука, азы, *(основные)* начала, основы, основные положения, исходные положения

Abc-Code *m* буквенный код; буквенный телеграфный код

Abc-Kode *m* буквенный код; буквенный телеграфный код

nach dem Abc ordnen располагать в алфавитном порядке, расположить по алфавиту

ABC-Staaten *pl* (собирательное название) Аргентины, Бразилии и Чили

ABCC, Association of British Chambers of Commerce Ассоциация английских торговых палат

abdecken погашать *(долг, кредит)*

abdecken покрывать *(расходы, дефицит)*

abdecken закрывать, перекрывать; изолировать *(полигон отходов)*

Bedürfnisse abdecken удовлетворять потребности

bestehende Verpflichtungen abdecken выполнять имеющиеся обязательства

Kosten abdecken покрывать издержки, покрыть издержки

einen Kredit abdecken погашать кредит

Schulden abdecken погашать долги

Verluste mit Steuergeldern abdecken покрывать убытки за счет налоговых поступлений

Abdeckung *f* погашение *(долга, кредита)*; покрытие *(расходов, дефицита)*

Abdeckung der Auslandsschulden погашение внешних долгов

Abdeckung des Defiyits покрытие дефицита

Abdeckung von Auslandsschulden погашение внешних долгов

zwangsweise Abdeckung von Krediten принудительное взыскание ссуд *(кредитов)*, принудительное взимание ссуд *(кредитов)*

Abdikation *f* отказ; отречение *(от престола)*; сложение *(полномочий)*

abdingbar подлежащий пересмотру с согласия сторон *(как правило - в трудовом договоре или в страховании)*

der **Tarifvertrag ist abdingbar zum Vorteil der Beschäftigten** тарифное соглашение может быть пересмотрено в пользу работающих

Abdingbarkeit *f* возможность пересмотра договора с согласия сторон

abdingen *vt (редк.)* выторговывать; добиваться уступки *(в чем-л. у кого-л.)*

abdingen переманивать *(работника у кого-л.)*

sich *(D)* **nichts abdingen lassen** не уступать *(ни в чем)*, не идти на уступки

vom Preise abdingen добиться уступки в цене

Abdisposition *f* приказ клиента банку об изъятии вклада, абдиспозиция

Abdruck *m полигр.* печать, (на)печатание; перепечатка; репринт

der **erneute Abdruck eines Buches** новое издание книги

xerographischer Abdruck ксерографический оттиск; ксерокопия

Abdruck перепечатка *(произведений)*; копия *(компакт-диска)*; копирование *(компакт-дисков, видеокассет)*; тиражирование *(компакт-дисков, видеокассет, видеодисков, аудиокассет, книг и т.п.)*

abdruckbar пригодный для перепечатки

abdruckbar (выч.) выводимый на печать, распечатываемый; печатный *(о символах)*

Abdruckerlaubnis *f* разрешение на тиражирование; разрешение на перепечатку; разрешение на репринтное переиздание; ; разрешение на стереотипное переиздание

Abdruckrecht *n* право на тиражирование

abebben спадать, падать, понижаться, снижаться *(о конъюнктуре)*

ABECOR, Associated Banks of Europe Corporation S.A *(Brüssel) (ассоциированная)* банковская группировка Европы *(Брюссель)*

Aberacht *f (ист.)* объявление вне закона, светское проклятие

Aberdepot *n* заклад ценных бумаг в банке, приобретающем право собственности на эти бумаги до их выкупа

aberkennen отрицать, оспаривать, не признавать *(чье-л. право на что-л.)*

aberkennen лишать (кого-л. каких-л. прав в законном порядке)

j-m die **bürgerlichen Ehrenrechte aberkennen** лишить (кого-л.) гражданских прав (по суду)

j-m die **Staatsbürgerschaft aberkennen** лишить (кого-л.) гражданства

Aberkennung *f* отказ *(в чем-л.)*

Aberkennung лишение (каких-л. прав в законном порядке)

Aberkennung отказ в признании, непризнание

Aberkennung einer Forderung отказ в признании требований

Aberkennung der Befähigung zur Bekleidung öffentlicher Ämter запрещение занимать общественные должности

Aberkennung der bürgerlichen Rechte лишение гражданских прав, поражение в правах

Aberverwahrung *f* заклад ценных бумаг в банке, приобретающем право собственности на эти бумаги до их выкупа

AbF, Arbeitsgemeinschaft Betriebswirtschaftlicher Fachberater Объединение консультантов по организации производства

Abfall *m* отходы *(производства)*; вторичное сырьё, вторсырьё, вторичные ресурсы, вторресурсы; побочные продукты *(производства)*; отбросы

Abfall *m* понижение; падение

etw. **in Abfall bringen** списать (что-л.) в расход

nicht verwertbarer Abfall безвозвратные отходы, безвозвратное вто-

ри́чное сырьё
radioaktive Abfälle радиоакти́вные отхо́ды; радиоакти́вные оса́дки
unverwertbarer Abfall безвозвра́тные отхо́ды, безвозвра́тное втори́чное сырьё
wiederverwendungsfähiger Abfall возвра́тные отхо́ды; втори́чное сырьё, втори́чные ресу́рсы, обращаемые отхо́ды
Abfallager *n* ме́сто захороне́ния отхо́дов; землянóй моги́льник
Abfallager *n* ме́сто захороне́ния *радиоакти́вных* отхо́дов
Abfallbeseitigung *f* удале́ние отхо́дов; очи́стка сто́чных вод
Abfallbörse *f* би́ржа по торго́вле отхо́дами *(гл. обр. пластма́сса, бума́га, хими́ческие проду́кты)*
Abfalleisen *n* желе́зный лом, скрап
abfallen *vi* спада́ть, снижа́ться; спуска́ться
abfallen разочаро́вывать, не оправдывать наде́жд
Abfallindustrie *f* испо́льзование отхо́дов
Abfallindustrie *f* промы́шленность по перерабо́тке втори́чного сырья́
Abfallindustrie промы́шленность по перерабо́тке *(уничтоже́нию)* отхо́дов
Abfallmaterial *n* побо́чный проду́кт; отхо́ды *(произво́дства)*; отбро́сы
Abfallprodukt *n* побо́чный проду́кт; отхо́ды *(произво́дства)*; отбро́сы
Abfallprozent *n* уде́льный вес отхо́дов *(произво́дства) (вы́раженный в проце́нтах)*
Abfallstoff *m* побо́чный проду́кт; отхо́ды *(произво́дства)*; отбро́сы
Abfallverwendung *f* втори́чное испо́льзование отхо́дов *(произво́дства)*, втори́чное испо́льзование втори́чного сырья́, утилиза́ция отхо́дов *(произво́дства)*, утилиза́ция втори́чного сырья
Abfallwirtschaft *f* перерабо́тка отхо́дов; промы́шленность по перерабо́тке втори́чного сырья́; промы́шленность по перерабо́тке отхо́дов; испо́льзование *(произво́дственных)* отхо́дов
Abfallverwertungsanlage *f* утилизацио́нная устано́вка; устано́вка для перерабо́тки отхо́дов
abfangen перема́нивать; завлека́ть *(напр., покупа́телей)*
Flugzeug abfangen захва́тывать самолёт, захвати́ть самолёт
Kunden abfangen перема́нивать клие́нтов; перема́нивать покупа́телей
abfassen *vt* составля́ть *(напр., докуме́нт)*
abfassen схвати́ть, пойма́ть *(престу́пника)*
abfassen отвешивать; расфасо́вывать
einen **Bericht abfassen** составля́ть отчет, соста́вить отчёт; подгото́вить отчёт
ein **Protokol abfassen** подгото́вить протоко́л (напр. заседа́ния)
einen **Vertrag abfassen** соста́вить догово́р, подгото́вить догово́р
Abfassung *f* составле́ние *(напр., бала́нса)*
Abfassung формули́рование, составле́ние *(напр. статьи́ догово́ра)*
Abfassung формулиро́вка
Abfassung редакти́рование
Abfassung поймка *(престу́пника)*
Abfassung der Urkunde составле́ние докуме́нта
Abfassung des Täters *(австр.)* поимка престу́пника
abfeilschen *уст.* выторго́вывать
abfeilschen торгова́ться
er hat ein paar Rubel vom Preis abgefeilscht он скостил с цены́ пару́ рубле́й; он вы́торговал пару́ рубле́й; он сбил це́ну на два рубля
j-m **20 Euros vom Preis abfeilschen** вы́торговать (у кого-л.) два́дцать евро
j-m **zehn Rubel vom Preis abfeilschen** вы́торговать (у кого-л.) де́сять рубле́й
abfertigen *vt* обраба́тывать и отправля́ть почто́вую корреспонде́нцию
abfertigen обслу́живать *(покупа́телей)*
abfertigen осуществля́ть логистические мероприя́тия, осуществля́ть мероприя́тия по логистике
abfertigen отправля́ть *(транспо́рт)*
abfertigen оформля́ть и обраба́тывать докуме́нты
abfertigen осуществля́ть тамо́женную очи́стку, выполня́ть тамо́женные форма́льности, деклари́ровать *(това́р, груз на тамо́жне)*
abfertigen принима́ть и отправля́ть гру́зы; ока́зывать экспедиторские услу́ги
Güter abfertigen оформля́ть груз(ы) к отпра́вке
eine Postsendung abfertigen оформля́ть почто́вое отправле́ние (посы́лку, бандеро́ль)
einen LKW abfertigen подгото́вить грузову́ю автомаши́ну к отпра́вке; гото́вить грузови́к к отпра́вке, подгото́вить грузови́к к отпра́вке
Kundschaft abfertigen обслу́живать покупа́телей
Passagiere abfertigen обслу́живать пассажи́ров
(jdn) mit leeren Versprechungen abfertigen отде́латься (от кого-л.) пусты́ми обеща́ниями
Abfertigung *f* обслу́живание *(напр., покупа́телей, клие́нтов)*
Abfertigung *(австр.)* выходно́е посо́бие
Abfertigung обрабо́тка и отправле́ние почто́вой корреспонде́нции
Abfertigung отде́л обрабо́тки и отправле́ния почто́вой корреспонде́нции; экспеди́ция
Abfertigung обслу́живание *(напр., покупа́телей, клие́нтов)*
Abfertigung отправле́ние *(автотра́нспорта, тра́нспортного сре́дства, поезда́, парохо́да и т.п.)*
Abfertigung оформле́ние и обрабо́тка докуме́нтов
Abfertigung приём и отпра́вка гру́зов; приём и отпра́вка това́ров; экспеди́ция
Abfertigung оконча́тельный платёж; платеж в заверше́ние взаиморасчётов
Abfertigung тамо́женная очи́стка, осуществле́ние тамо́женных форма́льностей; деклари́рование *(това́ров, гру́зов)*, кларирование *(су́дна)*
Abfertigung zum Bahnversand документа́льное оформле́ние железнодоро́жной отгру́зки; оформле́ние железнодоро́жной отгру́зки
eine Abfertigung bekommen получи́ть отка́з (в ре́зкой фо́рме)
Bahnabfertigung *f* документа́льное оформле́ние железнодоро́жной отгру́зки; документа́льное оформле́ние железнодоро́жных отгрузок
binnenzollamtliche Abfertigung тамо́женная очи́стка на вну́тренней тамо́жне, выполне́ние форма́льностей на вну́тренней тамо́жне
directe Abfertigung отпра́вка гру́зов транзитом при сме́шанных перевозках; приём и отпра́вка гру́за на весь путь сле́дования; тамо́женное оформле́ние *(деклари́рование)* транзитных гру́зов
durchgehende Abfertigung отпра́вка гру́зов транзитом при сме́шанных перевозках; приём и отпра́вка гру́за на весь путь сле́дования; тамо́женное оформле́ние *(деклари́рование)* транзитных гру́зов
Empfangsabfertigung *f* приём багажа́ к отправлению; приём гру́зов к отправлению
geordnete Abfertigung упоря́доченное обслу́живание
Gepäckabfertigung *f* 1. бага́жное отделе́ние *(напр., на вокза́ле)*; 2. приём багажа к отпра́вке; обрабо́тка багажа́ (упако́вка и оформле́ние докуме́нтов); оформле́ние багажа́
keine Abfertigung закры́то *(вы́веска на кассе, почто́вом окне́)*
Zollabfertigung *f* тамо́женная очи́стка; выполне́ние тамо́женных форма́льностей
zollamtliche Afertigung тамо́женная

очи́стка; выполне́ние тамо́женных форма́льностей

Abfertigungsamt *n* экспеди́ция, экспедиционная конто́ра

Abfertigungsbefugnis *f* пра́во *(тамо́жни)* на отпра́вку определённых гру́зов *(по экспорту и́ли и́мпорту)*

Abfertigungsbehörde *f* тамо́женный орга́н

Abfertigungsbehörden *pl* тамо́женные вла́сти

Abfertigungsbeschränkung *f* ограниче́ние полномо́чий тамо́женных о́рганов при очи́стке определённых това́ров от по́шлины

Abfertigungsfrist *f* вре́мя, потра́ченное на отпра́вку *(часть сро́ка поста́вки)*; срок оформле́ния отпра́вки

Abfertigungsgebühr *f* почто́вый сбор

Abfertigungsgebühr сбор за осуществле́ние опера́ций по отпра́вке гру́за, экспедиторский сбор, сбор за экспедицию гру́за, пла́та за осуществле́ние опера́ций по отпра́вке гру́за

Abfertigungsgebühr сбор за услу́ги по деклари́рованию гру́за *(това́ров)*, опла́та услу́г тамо́женного бро́кера

Abfertigungsgebühr тамо́женный тари́ф; тамо́женный сбор

Abfertigungsgebühr почто́вый сбор

Abfertigungshafen *m* порт тамо́женной очи́стки; порт выполне́ния тамо́женных форма́льностей

Abfertigungskosten *pl* сто́имость тамо́женной очи́стки; расхо́ды на тамо́женную очи́стку (мн.ч.) **Abfertigungskosten,** *pl* тамо́женные докуме́нты (мн.ч.); тамо́женная документа́ция

Abfertigungskosten товаросопроводи́тельные докуме́нты (мн.ч.); товаросопроводительная документа́ция; сопроводительные докуме́нты (мн.ч.); сопроводительная документа́ция

Abfertigungsschalter *m* окно́ *(ка́ссы, на по́чте и т.п.)*

Abfertigungsschein *m* деклара́ция при отпра́вке това́ра; экспортная тамо́женная деклара́ция

Abfertigungsschein препроводительная бума́га, сопроводительный докуме́нт

Abfertigungsschein тамо́женная деклара́ция; ТД

Abfertigungsschein грузова́я тамо́женная деклара́ция; ГТД

Abfertigungsschein тамо́женная квита́нция

Abfertigungsschreiben *n* тамо́женная деклара́ция; ТД

Abfertigungsschreiben тамо́женная квита́нция

Abfertigungsschreiben грузова́я тамо́женная деклара́ция; ГТД

Abfertigungsschreiben деклара́ция при отпра́вке това́ра

Abfertigungsschreiben препроводительная бума́га

Abfertigungsschreiben сопроводительный докуме́нт; сопроводительная документа́ция; товаросопроводительная документа́ция

Abfertigungsspediteur *m* тра́нспортный аге́нт

Abfertigungsspediteur экспеди́тор

Abfertigungsspediteur тамо́женный бро́кер

Abfertigungsstation *f* ста́нция отправле́ния

Abfertigungsstelle *f* слу́жба приёма и отпра́вки гру́зов; ме́сто приёма и отпра́вки това́ров; экспеди́ция

Abfertigungssumme *f* сбор *(де́нежный)*

Abfertigungssumme тамо́женный сбор

Abfertigungssumme сбор за проведе́ние тамо́женных форма́льностей

Abfertigungssumme отступно́е, отступные де́ньги (мн.ч.), отступная су́мма, отступные (мн.ч.)

Abfertigungsunterlagen *f, pl* сопроводительные докуме́нты (мн.ч.); товаросопроводи́тельные докуме́нты (мн.ч.); товаросопроводительная документа́ция

Abfertigungsvorschrift *f* инстру́кция о поря́дке приёма багажа́ к отправлению

Abfertigungsvorschrift für den Güterverkehr инстру́кция о поря́дке приёма и отпра́вки гру́зов

Abfertigungsvorsorge *f австр.* отчисле́ния в фонд для выходно́го посо́бия

Abfertigungszeit *f* вре́мя отправле́ния

Abfertigungszeit срок оформле́ния докуме́нтов

abfinden *vt* возмеща́ть *(убы́тки)*; компенси́ровать *(ущёрб)*

abfinden *юр.* восстана́вливать в иму́щественных права́х, восстана́вливать иму́щественные права́

abfinden выпла́чивать *(напр. единовре́менное)* вознагражде́ние

abfinden договори́ться полюбо́вно, прийти́ к *(мирово́му)* соглаше́нию

abfinden погаша́ть долг, возвраща́ть долг; удовлетворя́ть тре́бования *(напр., кредито́ра)*

abfinden прийти́ к соглаше́нию, приходи́ть к соглаше́нию; договори́ться, догова́риваться

abfinden удовлетворя́ть *(кредито́ров)*; удовлетворя́ть тре́бования кредито́ров

abfinden *(bei D) (вост.-ср.-нем.)* отблагодари́ть услу́гой за услу́гу *(кого́-л.)*

sich **abfinden** примири́ться, мири́ться *(со свои́м положе́нием)*

sich **abfinden** дово́льствоваться *(полу́ченным)*

sich **(mit D) abfinden** примири́ться (с *чем-л.)*

j-n **mit einer Kleinigkeit abfinden** откупиться (от кого́-л.) ме́лкой подачкой; отде́латься (от кого́-л.) ме́лкой подачкой

den Gläubiger abfinden рассчита́ться с кредито́ром

Abfindung *f* возмеще́ние *(убы́тков)*; *(де́нежная)* компенса́ция, *(де́нежное)* вознагражде́ние; отступно́е, отступные

Abfindung восстановле́ние иму́щественных прав; восстановле́ние в иму́щественных права́х

Abfindung вы́плата *(напр., единовре́менного)* вознагражде́ния, упла́та *(напр., единовременного)* вознагражде́ния

Abfindung достиже́ние договорённости

Abfindung погаше́ние до́лга, возвра́т до́лга; платёж в счёт оконча́тельного расчёта *(сде́лки, креди́та)*

Abfindung der Erben вы́дел насле́дников, вы́плата *(деньга́ми)* до́ли насле́дства *(причита́ющейся насле́дникам)*

einmalige Abfindung вы́плата единовременного вознагражде́ния; единавременная вы́плата

Abfindungsbetrag *m* отступная су́мма, отступные, отступно́е; су́мма де́нежной компенса́ции; де́нежная компенса́ция

Abfindungsguthaben *n* су́мма компенса́ции, выпла́чиваемой компаньону *(соучредителю)* при вы́ходе из о́бщества

Abfindungsleistung *f* упла́та отступно́го; вы́плата компенса́ции, предоставле́ние *(де́нежной)* компенса́ции

Abfindungsmenge *f* разме́р отступно́го; разме́р компенса́ции

Abfindungsquantum *n* разме́р отступно́го

Abfindungssumme *f* отступная су́мма, отступные, отсутупное; су́мма де́нежной компенса́ции; де́нежная компенса́ция

Abfindungszahlung *f* упла́та отступно́го; вы́плата компенса́ции, предоставле́ние *(де́нежной)* компенса́ции

Abflauen *n* ослабле́ние *(напр., торго́вой де́ятельности)*

Abflauen пониже́ние, паде́ние *(цен, ку́рса)*

Abflauen уменьше́ние *(напр., спро́са)*

Abflauen спад, ухудше́ние *(напр., конъюнкту́ры)*

Abflauen des Marktes ослабле́ние конъюнкту́ры ры́нка

abflauen понижа́ться, па́дать *(о це́нах, ку́рсах)*; уменьша́ться *(напр. о спро́се)*; ухудша́ться *(напр. о конъюнктуре)*; идти́ на у́быль, затиха́ть, ослабева́ть *(напр.*

о торговой деятельности)

Abfluss *m* отток, утечка *(напр. капитала)*
der **Abfluss des Kapitals ins Ausland** отток капитала за границу; утечка капитала за границу
nach Abfluss eines bestimmten Zeitraumes по истечении определенного срока

Abfrage *f вчт.* опрос; считывание (данных)
Abfrage запрос; вызов
Abfragesprache *f вчт.* язык запросов

abfragen *vt* опрашивать; спрашивать; запрашивать; вызывать (в телефонии)

abführen вносить *(напр., в бюджет)*; выплачивать, уплачивать *(напр. налоги*
abführen отчислять *(напр., прибыль)*
an den Haushalt abführen вносить в бюджет
Steuern abführen выплачивать налоги

Abfuhrklausel *f* оговорка, запрещающая применение льготного тарифа при отправке товара

Abfuhrkosten *pl* издержки по отправке, издержки по перевозке; стоимость вывоза

Abführung *f* взнос; выплата, уплата *(напр. налогов)*; отчисление *(напр. прибылей)*
Abführung an den Betriebsfonds отчисление в фонд предприятия
Abführung an den Haushalt отчисление в бюджет; отчисления в бюджет
Abführung überschüssiger Umlaufmittel отчисление *(возврат)* избыточных оборотных средств
Abführungen aus dem Gewinn отчисления от прибыли
haushaltswirksame Abführung отчисление в бюджет; отчисления в бюджет; платежи в бюджет

Abführungsverpflichtung *f* обязанность делать отчисления

Abgabe *f* налог; сбор; пошлина; взнос; повинность; оброк
Abgabe отпуск *(напр., готовой продукции)*
Abgabe отчисление; отчисления
Abgabe продажа *(напр., ценных бумаг на бирже)*; запродажа *(на корню) (напр. товара)*
Abgabe сдача, передача, вручение *(напр., заказанного товара)*
Abgabe von Warenbeständen сдача товарных остатков
außerordentliche Abgabe чрезвычайный налог
öffentliche Abgabe совокупность налоговых платежей
rückständige Abgabe недоимки
spezielle Abgabe специальный сбор, специальный налог

Abgabenanalyse *f* анализ движения государственных доходов и поступлений; анализ динамики государственных доходов и поступлений

Abgabenbefreiung *f* освобождение от налогов, освобождение от пошлин, *страх.* франшиза

abgabenfrei не облагаемый налогом, свободный от налогов, свободный от сборов; беспошлинный

Abgabenfreiheit *f страх.* франшиза; освобождение от налогов, освобождение от пошлин
Abgabenhoheit исключительное право государства определять систему налогообложения, исключительное право административной единицы определять систему налогообложения;

Abgabenordnung *f* правила взыскания налогов, правила взыскания пошлин; налоговое законодательство

Abgabenpächter *m* откупщик налогов

abgabenpflichtig подлежащий обложению налогом, подлежащий обложению сборами, облагаемый налогом, облагаемый сборами

Abgabenplanung *f* планирование налоговых поступлений

Abgabenreform *f* налоговая реформа

Abgabenüberhebung *f* незаконное взимание и присвоение налогов и сборов

Abgabenverwaltung *f ист.* налоговое управление

Abgabepreis *m* отпускная цена

Abgabesatz *m* процент, вычитаемый банком при продаже им ценных бумаг; поцентная ставка на операции с ценными бумагами
Abgabesatz процентная ставка налогового сбора; ставка налогового сбора

Abgabetermin *m* срок сдачи

Abgabewert *m* отпускная стоимость

Abgang *m* выбытие; уход *(напр. в отставку)*
Abgang отправление, отъезд
Abgang отсев
Abgang потеря, пропажа
Abgang сбыт товаров
Abgang убытки, потери; недостача; убыль; утечка; недовес; сбыт *(товаров)*; потеря, пропажа; отправление *(о поезде)*, отправка; отъезд; отбытие; выбытие; *стат.* отсев; уход со службы; уход в отставку
natürlicher Abgang an Arbeitskräften естественное выбытие работников; естественный отсев работников

Abgänge *m, pl* выбытие
Abgänge von Grundfonds *бухг.* выбытие основных фондов
Abgänge von Vieh выбытие скота; убыль скота
vorzeitige Abgänge von Schülern und Studenten досрочное выбытие учащихся *(школьников и студентов)*

Abgangsbahnhof *m* станция отправления

Abgangsdatum *n* дата отправки *(дата первой передачи перевозчику)*

Abgangsentschädigung *f* выходное пособие

Abgangsort *m* место отправки, место отгрузки

Abgangstarifbahnhof *m* станция отправления, предусмотренная в железнодорожном тарифе; тарифная станция отправления

Abgangstarifstation *f* станция отправления, предусмотренная в железнодорожном тарифе; тарифная станция отправления

Abgangsvergütung *f* выходное пособие

Abgangswahrscheinlichkeit *f стат.* вероятность выбытия; вероятность убыли

ABGB, Allgemeines Bürgerliches Gesetzbuch für Österreich Австрийский гражданский кодекс законов

abgeben сдавать, передавать, вручать *(напр. заказанный товар)*; уступать; возвращать; отпускать *(напр. готовую продукцию)*; продавать *(напр. ценные бумаги на бирже)*; отчислять, делать отчисления

Abgebot *n* предложение (более сходной) цены *(на торгах)*

abgedeckt погашенный *(о долге, кредите)*

abgehen отправляться *(о поездах)*; расходиться *(о товаре)*, находить сбыт *(о товаре)*
abgehen отходить, отправляться
abgehen *vi* расходиться, находить сбыт *(о товаре)*
reißend abgehen продаваться нарасхват, идти нарасхват *(о товарах)*
das muss von der Rechnung abgehen это следует сбросить со счёта

abgelagert лежалый, залежавшийся *(о товаре)*; лежалый *(о фруктах, овощах)*; выдержанный *(напр., о вине)*, созревший, вылежавшийся

abgelaufen истекший; просроченный *(напр. о векселе)*
abgelaufener Wechsel просроченный вексель

Abgeld *n* дизажио *(понижение рыночного курса от нарицательной стоимости ценных бумаг, векселей и т.п.)*

abgelöst погашенный *(о долге, кредите)*

abgelten возмещáть, компенсúровать; вознаграждáть; оплáчивать; погашáть *(напр. долг)*

Abgeltung *f* возмещéние, компенсáция; вознаграждéние; оплáта; погашéние *(напр. дóлга)*

Abgeltungsbetrag *m* размéр возмещéния, размéр компенсáции

Abgeltungsdarlehen *n* ссýда для уплáты возмещéния, ссýда для уплáты компенсáции

abgenutzt негóдный; испóльзованный

abgerechnet за вы́четом

abgerechnet оплáченный

abgeschrieben *см.* **abschreiben**:

vollständig abgeschrieben sein пóлностью самортизирован; быть пóлностью самортизированным; с пóлной амортизáцией

AbgH., Abgangshafen порт отправлéния

abgleichen *vt* балансúровать

abgleichen сбалансúровать *(напр. счет, трéбования и обязáтельства)*

abgleichen урáвнивать, вырáвнивать

Abgrenzung *f фин.* лимитирование

Abgrenzung *бухг.* разграничéние

Abgrenzung *бухг.* разнóска *(затрáт и поступлéний, происходя́щих в рáзные отчётные перúоды)*

Abgrenzung размежевáние *(напр. рынков)*

Abgrenzung der Ausgaben выделéние расхóдов

aktive Abgrenzung *бухг.* разграничéние затрáт мéжду смéжными отчётными перúодами; разграничéние *(разнóска)* актúвов

passive Abgrenzung *бухг.* разграничéние поступлéний мéжду смéжными отчётными перúодами; разграничéние *(разнóска)* пассивов

zeitliche Abgrenzung разграничéние затрáт и поступлéний мéжду отдéльными перúодами; разнóска актúвов и пассивов

Abgrenzungskonten *n, pl* счетá, разграничивающие учёт мéжду смéжными отчётными перúодами

Abgrenzungsposten *m pl* разграничительные статьú балáнса

Abgrenzungsposten статьú балáнса, разграничивающие учёт затрáт и поступлéний мéжду смéжными отчётными перúодами

antizipative Abgrenzungsposten *бухг.* антиципúрованные статьú балáнса

aktive und passive Abgrenzungsposten der Jahresrechnung статьú *(годовóго)* балáнса, разграничивающие расхóды и дохóды

AbgSt, Abgangsstation стáнция отправлéния

ABH, Allgemeine Bedingungen für Haftpflichtversicherung Óбщие услóвия страховáния граждáнской отвéтственности

abhandeln *vt* выторгóвывать *что-л. у когó-л.*

abhandeln *(разг.)* обсуждáть; обговорúть; (разг.) перетирáть (тéму)

Abhängigkeit *f* завúсимость

direkte Abhängigkeit прямáя завúсимость

finanzielle Abhängigkeit финáнсовая завúсимость

funktionale Abhängigkeit функционáльная завúсимость

gegenläufige Abhängigkeit обрáтная завúсимость

indirekte Abhängigkeit кóсвенная завúсимость

koloniale Abhängigkeit колониáльная завúсимость

lineare Abhängigkeit линéйная завúсимость

stochastische Abhängigkeit стохастúческая завúсимость

technologisch bedingte Abhängigkeit *сет. пл.* завúсимость, обуслóвленная технологическими фáкторами

wirtschaftliche Abhängigkeit экономúческая завúсимость

abheben *vt* снимáть со счёта; снимáть срéдства со счёта; снимáть дéньги со счёта *(в бáнке)*

Abhebung *f* снятие *(средств)* с бáнковского счёта, снятие *средств* со счёта; снятие со счёта (дéнег); снятие с бáнковского счёта(дéнег, средств)

eine Abhebung durchführen оформля́ть снятие с бáнковского счёта *(средств, дéнег)*

massierte Abhebung von Einlagen мáссовое изъя́тие вклáдов с бáнковских счетóв

Abholerausweis *m* докумéнт на предъявúтеля

Abholgebühr *f* сбор за принятие грýза у отправúтеля; плáта за достáвку на дом

Ability *f (eng.)* спосóбность (человéка)

Abk.: *(сокр)*

Abk., Abkommen договóр; конвéнция; сдéлка; соглашéние

Abk., Abkürzung сокращéние, аббревиатýра

Abkauf *m* вы́куп *(напр. облигáций)*

Abkauf закýпка, скýпка; *ист.* óткуп

abkaufen закупáть, скупáть; выкупáть *(напр. облигáции зáйма)*; *ист.* откупать

Abkommen *n* соглашéние; договóр; конвéнция; сдéлка

Abkommen über technische Hilfe соглашéние о техни́ческой пóмощи *(взаимопóмощи)*

Abkommen zur Vermeidung der Doppelbesteuerung Соглашéние об устранении двойнóго налогообложéния

bilaterales Abkommen двусторóннее соглашéние

multilaterales Abkommen многосторóннее соглашéние

ein Abkommen abschließen заключáть соглашéние

ein Abkommen treffen заключáть соглашéние, прийтú к соглашéнию

Abkommenskonten *n, pl* расчётные счетá (мн.ч.)

Abkommenslieferung *f* постáвка по соглашéнию

abkürzen *vt* сокращáть

ABL, Amtsblatt официáльный бюллетéнь

Abladedokument *n* отгрузочный докумéнт

Abladefrist *f* срок отгрýзки

Abladegebühr *f* плáта за вы́грузку

Abladegeschäft *n* сдéлка на товáр *(при котóрой отправúтель обя́зан предстáвить докумéнты, напр. коносамéнт, страховóй пóлис, фактуру и т.д. примeняются во внéшней торгóвле)*

Abladegeschäft срóчная сдéлка на товáр, подлежáщий отгрýзке, с представлéнием отгрузочных докумéнтов

Abladegewicht *n* отгрузочный вес, погрýзочный вес, вес товáра при погрýзке на сýдно, вес товáра при отправлéнии

Abladeklauseln *f, pl* пýнкты договóра о расхóдах по погрýзке, мéсте и срóке отгрýзки *(товáра)*

Abladeklauseln пýнкты контрáкта об отгрýзке *(содержат расхóды по погрýзке, местá отгрýзки и назначéния, срóки)*

Abladekontrakt *m* контрáкт на срочную сдéлку, *см.тж.* **Abladegeschäft**

abladen отгружáть, выгружáть *(груз)*; отгружáть, отправля́ть *(пáртию товáра)*

Abladeort *m* мéсто отгрýзки, мéсто отпрáвки

Abladeplatz *m* мéсто отгрýзки, мéсто отпрáвки

Ablader *m* грузоотправúтель; грýзчик, рабóчий на разгрузке, грýзчик на разгрузке; стивидóр; логистическая организáция; логистик

Abladung *f* отгрýзка, вы́грузка *(грýза)*; отгрýзка, отпрáвка *(пáртии товáра)*; логистическая операция

Ablage *f* архúв; подшúвка и хранéние докумéнтов

Ablage склад, мéсто хранéния, склад-скóе помещéние

Ablageplatz *m* склад, складскóе помещéние, мéсто хранéния

ablagern выдéрживать *(для улучшéния кáчества)*

ablagern залёживаться, пóртиться от дóлгого хранéния

ablagern складúровать, помещáть на склад; хранúть на склáде

ablagern уклáдывать навалочный груз; складúровать навáлом *(нáсыпью)*

Ablagerung *f* выдéрживание *(для улучшéния кáчества)*

Ablagerung складирование; хранéние на склáде

ablassen отпускáть *(товáр)*; отгружáть *(товáр)*

ablassen уступáть, переуступáть *(товáр)*; уступáть в ценé

Ablauf *m* истечéние срóка, окончáние срóка

Ablauf течéние, ход *(напр. произвóдственного процéсса)*; послéдовательность *(напр. оперáций)*

Ablauf исхóд, конéц

Ablauf des Staatshaushaltsplanes исполнéние госудáрственного бюджéта, исполнéние госбюджéта

Ablauf eines Wechsels истечéние срóка векселя́

gleichmäßiger Ablauf der Arbeit ритмúчность трудá

technologischer Ablauf технологúческий потóк; технологúческая послéдовательность

Ablaufdiagramm *n* грáфик послéдовательности оперáций, схéма послéдовательности оперáций; календáрный грáфик рабóт; технологúческая диагрáмма

ablaufen *vi* истекáть, окáнчиваться *(о срóке)*

Ablauforganisation *f* организáция произвóдства по принципу регулúрования послéдовательности оперáций

Ablaufplan *m* текýщий план, оперативный план; календáрный план

Ablaufplanung *f* текýщее планирóвание, оперативное планирóвание; календáрное планирóвание; *сет. пл.* определéние структýры *(систéмы СПУ)*

Ablaufpolitik *f* полúтика стабилизáции экonóмики; стабилизационная полúтика *(эконóмики)*

Ablaufschema *n* схематúчный грáфик послéдовательности оперáций, схéма послéдовательности оперáций; календáрный грáфик рабóт; технологúческая диагрáмма

Ablebensversicherung *f* страховáние на слýчай смéрти; посмéртное страховáние

ablegen подшивáть в дéло; раскладывать *(пóчту, делá)* сортировáть приводúть в порядок

ablegen складúровать, помещáть на склад

ablegen сортировáть приводúть в порядок

Ablegevermerk *m* помéтка на докумéнте *(подшúть в дéло N такóе-то)*

ablehnen *vt* отклонять, отвергáть, откáзывать

ablehnen *уст.* рассчúтывать, рассчитáть *(при увольнéнии)*; расплáчиваться *(за выполненную рабóту)*

Ablehngrenze *f* предéл отбóра; предéл отборки, границa отборки; критéрии отборки

Ablehnung *f* отклонéние, откáз

Ablehnungsbereich *m* óбласть отклонéния гипóтезы

Ablehnungszahl *f стат.* бракóвочное числó

Ablesefehler *m* погрéшность отсчёта

Ablesegenauigkeit *f* тóчность отсчёта; *выч.* тóчность считывания

ablesen *vt выч.* снимáть показáния; считывать

ablesen отсчúтывать, отсчитáть

Ablesung *f* ввод *(напр. дáнных)*

Ablesung *вчт.* считывание; отсчёт *(напр. показáний)*

Ablesung показáние, отсчёт

Abl.F., Ablieferungsfrist срок постáвки, срок достáвки

abliefern отпускáть, доставлять; поставлять

abliefern *с.-х.* поставлять; отпускáть; доставлять; поставлять; сдавáть

abliefern сдавáть, отдавáть *(груз)*; вручáть, передавáть *(по назначéнию)*

Ablieferung óтпуск; достáвка; постáвка

Ablieferung постáвка *(сельскохозяйственная)*

Ablieferung сдáча, вы́дача *(грýза)*; вручéние; передáча *(по назначéнию)*

Ablieferungsvertrag *m* договóр на постáвку; договóр постáвки

Ablieferungszwang *m* обязанность осуществлять постáвки отдéльных вúдов сельскохозяйственных продýктов госудáрству *(напр. винá)*

abliegen выдерживаться на склáде *(о товáре)*

abliegen *vi* хранúть товáр на склáде *(до определённого срóка)*

ablohnen расплáчиваться, расплатúться, осуществúть расплату *(за выполненную рабóту)*

ablohnen *уст.* рассчúтывать, рассчитáть *(при увольнéнии)*

Ablokation *f* сдáча в наём, сдáча в арéнду

ablösbar подлежáщий погашéнию; подлежáщий вы́купу, могýщий быть вы́купленным

ablösbar сменяемый

ablöschen *vt* погашáть *(долг, кредúт)*; покрывáть *(расхóды)*

Ablösegelder *n, pl ист.* выкупны́е платежú

Ablöselieferungen *f pl* компенсационные постáвки *(в счёт обязáтельств)*

ablösen изымáть *(напр. капитáл из делá)*

ablösen погашáть *(напр. долг, кредúт)*; выкупáть *(напр. цéнные бумáги)*

ablösen сменять, приходúть на смéну

ablösen увольнять, освобождáть от дóлжности

Ablösesumme *f* сýмма вы́купа; отступнóе, отступная сýмма

Ablösung *f ист. (дéнежный)* вы́куп крестьян

Ablösung ежемéсячный взнос предпринимáтелем в фонд нетрудоспособных рабóчих

Ablösung изъятие *(напр. капитáла из делá)*

Ablösung освобождéние от дóлжности

Ablösung погашéние, уплáта *(напр. дóлга, кредúта)*; вы́куп *(напр. цéнных бумáг)*

Ablösung смéна

Ablösung смéнщик, сменяющий

Ablösungsanleihe *f* конверсиóнный заём

Ablösungsbetrag *m* сýмма вы́купа; отступнóе, отсупные, отступная сýмма

Ablösungsfinanzierung *f* финансúрование на цéли погашéния кредúтов *(сóбственным капиталом) (обы́чно путём вы́пуска зáймов úли áкций)*

Ablösungsfonds *m* выкупнóй фонд

Ablösungskapital *n* выкупнóй капитáл

Ablösungskasse *f ист.* выкупнáя казнá

Ablösungsrecht *n* прáво вы́купа

Ablösungsrente *f ист.* выкупнáя рéнта

Ablösungssumme *f* сýмма вы́купа; отступнóе, отсупные, отступная сýмма

ablozieren сдавáть внаём, сдать внаём, сдавáть в арéнду, сдать в арéнду, передáть в арéнду, передавáть в арéнду, передавáть на услóвиях арéнды

Abmachung *f* соглашéние, договорённость; сдéлка

freiwillige Abmachung полюбовная сдéлка

geschäftliche Abmachung деловóе соглашéние; коммéрческая сдéлка

gütliche Abmachung полюбовная сдéлка

vertragliche Abmachung контрактация, договóрное соглашéние

Das ist gegen die Abmachung! Это́ противоре́чит соглаше́нию!
Abmarkung *f* размежева́ние, разграниче́ние
Abmaß *n* отклоне́ние разме́ра; до́пуск
Abmaß разме́р, измере́ние
Abmeierung *f ист.* сгон крестья́н с земли́
Abmeldung *f* аннули́рование *(напр. зая́вки)*; отка́з от уча́стия *(напр. в ярма́рке)*; сня́тие зака́за *(напр., на бронь в гости́нице)*
Abmessung *f* разме́р(ы), измере́ние; габари́т(ы)
abmieten *vt* снима́ть, снять *(напр., кварти́ру)*; брать внаём, взять внаём, арендова́ть, взять в аре́нду, брать в аре́нду
Abmieter *m* съёмщик, аренда́тор, нанима́тель
abmontieren разбира́ть *(напр., зда́ние)*; демонти́ровать, осуществля́ть демонта́ж; снима́ть *(напр., обору́дование)*; сноси́ть *(напр., зда́ние)*; разбира́ть *(напр., завалы, руи́ны)*
Abmusterung *f* увольне́ние судово́й кома́нды, увольне́ние матро́сов, расчёт судово́й кома́нды, расчёт матро́сов
Abnahme *f* поку́пка, заку́пка *(обы́чно кру́пных па́ртий това́ра)*
Abnahme приёмка *(напр. това́ра, гото́вой проду́кции)*; *(приёмочное)* испыта́ние (това́ра)
Abnahme уменьше́ние, у́быль; спад, паде́ние, ослабле́ние *(напр. покупа́тельной спосо́бности)*, сниже́ние, пониже́ние
reißende Abnahme finden продава́ться нарасхва́т; име́ть ажиота́жный спрос; име́ть ажиота́жный сбыт
Abnahme- und Gütebestimmungen *f, pl* положе́ния о приёмке и ка́честве това́ра
Abnahmebereitschaft *f* гото́вность к сда́че-приёмке
Abnahmebestimmungen *f, pl* пра́вила сда́чи-приёмки
Abnahmeingenieur *m* приёмщик; инжене́р-приёмщик
Abnahmeklausel *f* пункт (догово́ра) о приёмке
Abnahmekontrolle *f* приёмочный контро́ль
Abnahmepflicht *f* обяза́тельство *(контрагента)* приня́ть това́р
Abnahmeprotokoll *n* протоко́л приёмочного испыта́ния; протоко́л приёмки, акт приёмки; приёмочный акт
Abnahmeprüfung *f* приёмочное испыта́ние
Abnahmerisiko *n* риск непринятия *(това́ра)*
Abnahmetoleranz *f* контро́льный до́пуск, до́пуск для приёмки
Abnahmeverweigerung *f* отка́з в приёмке *(това́ра)*
Abnahmeverweigerungsrecht *n* пра́во отка́за в приёмке *(това́ра)*
abnehmen покупа́ть, закупа́ть *(обы́чно кру́пные па́ртии това́ра)*
abnehmen принима́ть *(напр. това́р, гото́вую проду́кцию)*; проводи́ть *(приёмочное)* испыта́ние *(това́ра)*
abnehmen принима́ть к опла́те, акцептова́ть
abnehmen уменьша́ться, убыва́ть, идти́ на у́быль; спада́ть, ослабева́ть, снижа́ться, понижа́ться *(напр. о покупа́тельной спосо́бности)*
Abnehmer *m* акцепта́нт *(напр. векселя́)*
Abnehmer клие́нт, покупа́тель, зака́зчик
Abnehmer потреби́тель; абоне́нт
Abnehmer приёмщик
Abnehmerbetrieb *m* предприя́тие, закупающее основны́е сре́дства произво́дства и материа́лы
Abnehmerbetrieb предприя́тие-покупа́тель
Abnehmergruppenstaffel *f* града́ция цен на това́ры одина́кового значе́ния в зави́симости от (рода́ заня́тий) покупа́телей
Abnehmerkreis *m* клиенту́ра *(заказчики, покупа́тели)*
Abnehmerkreis круг покупа́телей *(торго́вого предприя́тия)*
Abnehmerland *n* импортирующая страна́, ввозя́щая страна́, страна́-покупа́тель
Abnehmerland страна́-импортёр
Abnehmerrisiko *n* риск потреби́теля, риск зака́зчика *(в статистическом контроле ка́чества)*
Abnehmerschaft *f* круг покупа́телей; клиенту́ра
Abnutzung *f* изна́шивание, изно́с *(напр. маши́н, обору́дования)*; амортиза́ция *(обору́дования, основны́х средств)*
Absetzung für Abnutzung списание на амортиза́цию
Betriebsabnutzung эксплуатацио́нный изно́с
natürliche Abnutzung есте́ственный изно́с
substanzielle Abnutzung физи́ческий изно́с *(обору́дования)*
Abnutzungsbeständigkeit *f* износоусто́йчивость, износосто́йкость
Abnutzungsfestigkeit *f* износоусто́йчивость, износосто́йкость
Abnutzungsgebühr *f* пла́та за по́льзование *(ве́щью)*; пла́та за изно́с; амортизацио́нный сбор
Abnutzungsgrad *m* сте́пень изно́са, изно́шенность
Abnutzungsquote *f* сте́пень изно́са, изно́шенность
Abonnent *m* абоне́нт, подпи́счик
abpachten *vt* брать в аре́нду
Abpackautomat *m* фасовочный автома́т, расфасовочный автома́т
abpacken выгружа́ть; разгружа́ть
abpacken расфасо́вывать, фасовать, упако́вывать
Abpackung *f* фасовка, расфасо́вка, упако́вка
Abpackvorrichtung *f* фасовочный автома́т, расфасовочный автома́т; расфасовочное устро́йство, фасовочное устро́йство
Abprodukt *n* отхо́ды, отбро́сы
abqualifizieren *разг.* деквалифици́ровать
AbrB., Abrechnungsbuch книга бухга́лтерских счетов
AbrdVO, Abrundungsverordnung положе́ния, регламентирующие поря́док веде́ния де́нежных расчётов с округле́нием ито́гов
abrechnen *vi* отчисля́ть; вычита́ть, уде́рживать *(де́ньги)*; *бухг.* подводи́ть ито́ги; отчи́тываться *(в деньга́х)*
abrechnen производи́ть расчёт, рассчи́тываться, распла́чиваться
abrechnen сосчита́ть, вы́считать
mankofrei abrechnen подвести́ ито́ги без поте́рь
Abrechnung *f* отчисле́ние; вы́чет; удержа́ние *(де́нег)*; подведе́ние ито́га; фина́нсовый отчёт; расчёт, распла́та; взаи́мный расчёт, ликвида́ция взаи́мных расчётов; *стат.* отчётность; учёт
Abrechnung der Rechnung упла́та по счёту, погаше́ние счёта
Abrechnung der Warenlieferungen учёт поста́вки това́ров
Abrechnung eines Vorschusses ава́нсовый отчёт
Abrechnung nebst Belegen документа́льно офо́рмленный отчёт, документа́льно обосно́ванный отчёт
Abrechnung über die kassenmäßige Durchführung des Haushaltsplanes отчётность по кассовому исполне́нию бюдже́та
dezentralisierte Abrechnung децентрализо́ванные расчёты
endgültige Abrechnung оконча́тельный расчёт
stichtagsbezogene Abrechnung состо́яние расчётов на определённый день
zentralisierte Abrechnung централизо́ванные расчёты

zwischenstaatliche Abrechnung межгосударственные расчёты
der Abrechnung unterliegend подотчётный, подлежа́щий отчётности
Abrechnungsbeleg *m* оправда́тельный расчётный докуме́нт
Abrechnungsbeleg подтвержда́ющий расчётный докуме́нт, подтвержда́ющий перви́чный *(бухга́лтерский)* докуме́нт
Abrechnungsbogen *m* расчётная ве́домость; расчётный формуля́р, расчётный лист
Abrechnungsbörse *f* расчётная пала́та, клиринговая пала́та; *уст. разг.* клиринг-хауз; жироцентрал
Abrechnungsbuchung *f* бухга́лтерская за́пись, бухга́лтерская прово́дка
Abrechnungsformular *n* расчётная ве́домость
Abrechnungsgrundlage *f* осно́ва расчётов; осно́ва опла́ты (труда́)
Abrechnungsjahr *n* отчётный год, фина́нсовый год, фиска́льный год
Abrechnungskonten *n, pl* вспомога́тельные расчётные счета́
unverbindliche Abrechnungskonten счета́, находя́щиеся в свобо́дном распоряже́нии предприя́тий и хозя́йственных о́рганов
verbindliche Abrechnungskonten расчётные счета́ по обяза́тельствам
Abrechnungskonto *n бухг.* вспомога́тельный расчётный счёт
Abrechnungskurs *m* расчётный курс *(валю́т)*
Abrechnungskurs расчётный курс; курс *(сде́лок)* в иностра́нной валю́те
Abrechnungsleistungen *f pl* веде́ние счето́в
maschinelle Abrechnungsleistungen компьютеризованное веде́ние счето́в; услу́ги по веде́нию расчётов с примене́нием вычисли́тельной те́хники
Abrechnungsliste *f* расчётная ве́домость
Abrechnungsmaschine *f* вычисли́тельная маши́на, счётная маши́на; счётно-аналити́ческая маши́на; компью́тер *(со специа́льным програ́ммным обеспе́чением)*
Abrechnungsmonat *m* отчётный ме́сяц
Abrechnungsorganisation *f* организа́ция учёта
Abrechnungspersonal *n* счётные рабо́тники; рабо́тники счётного; рабо́тники бухгалте́рии
abrechnungspflichtig подотчётный *(напр., подотчётное лицо́)*
Abrechnungsrückstand *m* задо́лженность по расчётам; долги́ по расчётам
Abrechnungsstelle *f* расчётный пункт; бухгалте́рия
Abrechnungsstichtag *m* платёжный день, день платежа́, расчётный день
Abrechnungssystem *n* систе́ма взаи́мных расчётов, систе́ма взаиморасчётом; систе́ма безнали́чных расчётов; систе́ма ликвида́ции взаи́мных тре́бований
Abrechnungstabelle *f* расчётная ве́домость; ве́домость начисленной зарпла́ты
Abrechnungstag *m* день ликвида́ции взаи́мных тре́бований; день опла́ты, день вы́купа *(в ве́ксельном обраще́нии)*; платёжный день, расчётный день
abrechnungstechnisch относя́щийся к те́хнике расчётов, расчётно-техни́ческий
Abrechnungsunterlagen *f, pl* расчётные докуме́нты
Abrechnungsverfahren *n* систе́ма кли́ринга, кли́ринговый ме́тод
Abrechnungsverfahren спо́соб учёта, спо́соб расчёта, ме́тод учёта, ме́тод расчёта
buchhalterisches Abrechnungsverfahren бухга́лтерский учёт; спо́соб бухга́лтерского учёта, ме́тод бухга́лтерского учёта
manuelles Abrechnungsverfahren ручны́е ме́тоды учёта
maschinelles Abrechnungsverfahren маши́нные ме́тоды учёта; компьютерные ме́тоды веде́ния расчётов
statistisches Abrechnungsverfahren статисти́ческие ме́тоды учёта
Abrechnungsverkehr *m* расчёты, осно́ванные на ликвида́ции взаи́мных тре́бований; клиринговые опера́ции, кли́ринг
Abrechnungsverkehr систе́ма безнали́чного расчёта с не́сколькими уча́стниками; безнали́чные расчёты, безнали́чные опера́ции;
Abrechnungsverkehr спо́соб учёта, ме́тод учёта, ме́тод расчёта, спо́соб расчёта; расчётные опера́ции
Abrechnungsverkehr жирооборо́т; ба́нковские опера́ции, ба́нковский
Abrechnungszeitraum *m* отчётный перио́д
kurzfristiger Abrechnungszeitraum краткосро́чный отчётный перио́д *(ме́сяц, кварта́л)*
langfristiger Abrechnungszeitraum долгосро́чный отчётный перио́д *(год и бо́лее)*
Abrechnungszentrale *f* расчётная пала́та, клиринговая пала́та; кли́ринговый центр
AB/RGW; Allgemeine Lieferbedingungen des RGW (истор.) О́бщие усло́вия поста́вок стран - чле́нов (бы́вшего) СЭВ
Abriss *m I* снос *(зда́ния, строе́ния)*
Abriss *m II* чертёж, план; ко́нтур; а́брис
ABRKV; Ausführungsbestimmungen zur Reichskostenverordnung исполни́тельная инстру́кция для определе́ния изде́ржек при госуда́рственных подрядах и поставках
Abrogation *f* отме́на *(зако́на)*; аннули́рование *(зака́за)*
abrollen развертываться, протека́ть, происходи́ть
abrollen отправля́ться; отъезжа́ть *(о по́езде)*
Abrollkosten *pl* расхо́ды по доста́вке гру́за к това́рной ста́нции
Abruf *m* отзы́в това́ра *(распоряже́ние поставщику об отгру́зке това́ра в пункт, ука́занный в контра́кте)*; вы́зов, тре́бование, востре́бование, затребование; вы́борка
Abruf отозва́ние, отзы́в *(распоряже́ние об отгру́зке това́ра)*
Abruf тре́бование упла́ты, тре́бование опла́ты, тре́бование возвра́та *(напр. ссу́ды)*;
auf Abruf по отзыву, по тре́бованию *(усло́вие поста́вки това́ра в договоре ку́пли-прода́жи)*
auf Abruf kaufen покупа́ть по отзыву покупа́теля, покупа́ть по тре́бованию покупа́теля
abrufen *vt* отзыва́ть това́р *(дава́ть распоряже́ние поставщику об отгру́зке това́ра в пункт, ука́занный в контра́кте)*; тре́бовать упла́ты, тре́бовать возвра́та *(напр. ссу́ды)*; востре́бовать, затребовать
abrufen тре́бовать упла́ты, тре́бовать опла́ту, тре́бовать осуществле́ние опла́ты, тре́бовать возвра́т *(напр. ссу́ды, креди́та)*
Abs, Absender отправи́тель; а́дрес отправи́теля
absackon *vt* упако́вывать в мешки́, пакова́ть мешки́, засыпа́ть в мешки́, расфасо́вывать в мешки́
Absatz *m* сбыт
Absatz finden находи́ть сбыт
bedarfsgerechter Absatz сбыт, удовлетворя́ющий спрос
betrieblicher Absatz внутризаводско́й сбыт, сбыт в ра́мках предприя́тия
direkter Absatz прямо́й сбыт; пряма́я поста́вка; прямы́е поста́вки (мн.ч.)
flotter Absatz бы́стрый сбыт
gesicherter Absatz обеспе́ченный сбыт; гаранти́рованный сбыт
indirekter Absatz ко́свенный сбыт
kontinuierlicher Absatz бесперебо́йный сбыт
örtlicher Absatz ме́стный сбыт; реги-

она́льный сбыт
reißender Absatz интенси́вный сбыт, акти́вный сбыт
schleppender Absatz плохо́й сбыт, ме́дленный сбыт
schneller Absatz хоро́ший сбыт, бы́стрый сбыт
den Absatz steigern увели́чивать сбыт, увели́чить сбыт; увели́чивать объёмы сбы́та
keinen Absatz finden залёживаться, остава́ться непро́данным *(о това́ре)*
reißenden Absatz finden раскупа́ться (момента́льно); продава́ться нарасхва́т; име́ть повы́шенный сбыт
Schwierigkeiten beim Absatz тру́дности со сбытом, затрудне́ния в сбыте
Absatz finden име́ть сбыт, находи́ть сбыт, продава́ться
diese Ware findet gute Absatz этот това́р име́ет хоро́ший сбыт; этот това́р хорошо́ продаётся
Absatz- und Beschaffungsorgan *n* снабженческо-сбытовой орга́н
Absatz- und Einkaufsgenossenschaft *f* снабженческо-сбытова́я коопера́ция
Absatz- und Liefergenossenschaft *f* снабженческо-сбытова́я коопера́ция
Absatz- und Versorgungskontor *n* снабженческо-сбытова́я конто́ра
Absatz- und Versorgungsorgan *n* снабженческо-сбытовой орга́н
Absatzabteilung *f* отде́л сбы́та, сбытовой отде́л
Absatzanalyse *f* ана́лиз сбы́та; ана́лиз усло́вий и фа́кторов, влия́ющих на сбыт; ана́лиз торгово-сбытовой де́ятельности; ма́ркетинг; макетинговый ана́лиз
Absatzapparat *m* сбытовой аппара́т; сбыт
Absatzausgleich *m* баланси́рование сбы́та, вы́равнивание сбы́та
Absatzaussichten *f, pl* перспекти́вы сбы́та
Absatzbedingungen *f, pl* усло́вия сбы́та
Absatzbereich *m* ры́нок сбы́та
Absatzbeschränkung *f* ограниче́ние сбы́та
Absatzbeziehungen *f, pl* торгово-сбытовые свя́зи
Absatzchancen *f, pl* возмо́жности сбы́та, сбытовые возмо́жности
Absatzeinbruch *m* паде́ние сбы́та, ре́зкое сокраще́ние сбы́та; ре́зкое сокраще́ние экспорта; паде́ние экспорта
Absatzergebnis *n* результа́т торгово-сбытовой де́ятельности, ито́ги торгово-сбытовой де́ятельности
Absatzerlös *m* дохо́д от реализа́ции *(проду́кции)*
Absatzerwartungen *f, pl* прогно́з сбы́та, прогно́з объёма сбы́та, прогности́ческие оце́нки сбы́та, прогности́ческие оце́нки объёма сбы́та
absatzfähig хо́дкий, находя́щий хоро́ший сбыт; ходово́й *(напр., това́р)*; това́р повы́шенного спро́са
Absatzfeld *n* ры́нок сбы́та
neue Absatzfelder eröffnen открыва́ть но́вые ры́нки сбы́та, находи́ть но́вые ры́нки сбы́та, осва́ивать но́вые ры́нки сбы́та
neue Absatzfelder erschließen открыва́ть но́вые ры́нки сбы́та, находи́ть но́вые ры́нки сбы́та, осва́ивать но́вые ры́нки сбы́та
Absatzfinanzierung *f* финанси́рование сбы́та *(напр. кредитова́ние покупа́телей)*
Absatzflaute *f* засто́й сбы́та; прекраще́ние сбы́та (почти́)
absatzfördernd спосо́бствующий сбы́ту; спосо́бствующий увеличе́нию сбы́та; стимули́рующий сбыт; спосо́бствующий расшире́нию сбы́та
Absatzförderung *f* расшире́ние сбы́та, соде́йствие ро́сту объёма сбы́та, соде́йствие расшире́нию сбы́та, соде́йствие ро́сту сбы́та, активиза́ция сбы́та, мероприя́тия по активиза́ции сбы́та; стимули́рование сбы́та
Absatzforschung *f* изуче́ние сбы́та; сбытовой ма́ркетинг; ма́ркетинг сбы́та
Absatzforschung изуче́ние усло́вий сбы́та
Absatzfunktion *f* фу́нкция сбы́та
Absatzfunktionen *f, pl* мероприя́тия по обеспе́чению сбы́та *(проду́кции)*
Absatzfunktionen ме́ры по обеспе́чению сбы́та
Absatzgebiet *n* ры́нок сбы́та, сфе́ра сбы́та; райо́н сбы́та
absatzgebietsbezogen относя́щийся к конкре́тному ры́нку сбы́та; свя́занный с осо́бенностями ры́нка сбы́та, свя́занный с рынком сбы́та, относя́щийся к ры́нку сбы́та
Absatzgebietsstaffel *f* цены́, дифференци́рованные в зави́симости от рынков сбы́та; рыночно дифференци́рованные цены́
Absatzgelegenheit *f* возмо́жности сбы́та
Absatzgenossenschaft *f* сбытова́я коопера́ция
Absatzgenossenschaft товариществе, занима́ющееся торгово-сбытовой де́ятельностью; сбытова́я коопера́ция
Absatzgroßhandel *m* оптовая торго́вля сырьём и материалами
Absatzhonorar *n* гонора́р, определяемый число́м про́данных (напр. экземпля́ров книги)
Absatzhonorar гонора́р в проце́нтном отноше́нии от реализа́ции; вознагражде́ние в проце́нтном отноше́нии от реализа́ции; (разг.) проце́нт от реализа́ции
Absatzkalkulation *f* калькуля́ция сбытовой цены́, калькуля́ция продажной цены́
Absatzkalkulation калькуля́ция сбытовых цен *(мн.ч.)*, калькуля́ция продажных цен *(мн.ч.)*
Absatzkanal *m* кана́л сбы́та; сбытовой кана́л
direkter Absatzkanal прямо́й кана́л сбы́та
dreistufiger Absatzkanal трёхуровневый кана́л сбы́та
einstufiger Absatzkanal одноуровневый кана́л сбы́та
Absatzkartei *f* картоте́ка информа́ции, характеризующей все аспе́кты торгово-сбытовой де́ятельности
Absatzkette *f* совоку́пность торгово-сбытовых организа́ций, чере́з кото́рые това́р попада́ет к потреби́телю; цепо́чка торгово-сбытовых организа́ций, чере́з кото́рые това́р попада́ет к потреби́телю; цепь сбытовых организа́ций
Absatzkontrolle *f* контро́ль за сбытом
Absatzkosten *pl* сбытовые расхо́ды, сбытовые изде́ржки, расхо́ды по сбы́ту, изде́ржки по сбы́ту, расхо́ды на реализацию гото́вой проду́кции
Absatzkrise *f* кри́зис сбы́та
Absatzkurve *f* крива́я сбы́та; гра́фик сбы́та
Absatzlage *f* усло́вия сбы́та; конъюнкту́ра ры́нка сбы́та; конъюнкту́ра сбы́та
Absatzlager *n* склад изде́лий произво́дственного предприя́тия; склад промы́шленной проду́кции; сбытова́я ба́за; кру́пно-опто́вый склад
Absatzleistungen *f, pl* произво́дство проду́кции и предоставле́ние услу́г, реализуемых на ры́нке; ры́нок това́ров и услу́г
Absatzleiter *m* заве́дующий отде́лом сбы́та, зав. по сбы́ту, нача́льник отде́ла сбы́та, нача́льник ОС, замести́тель дире́ктора по сбы́ту, зам. по сбы́ту
Absatzleitung *f* управле́ние сбытом
Absatzlenkung *f* регули́рование сбы́та
Absatzmarkt *m* ры́нок сбы́та
neue Absatzmärkte erschliesen открыва́ть но́вые ры́нки сбы́та
Absatzmenge *f* объём сбы́та
Absatzmethoden *f, pl* ко́мплекс мероприя́тий по обеспе́чению сбы́та
Absatzminderung *f* уменьше́ние объёма

сбы́та; суже́ние ры́нка сбы́та

Absatzmittler *m* посре́дник (в сбыте, напр. опто́вые компа́нии, сбытовые аге́нты, лизинговые компа́нии и т.п.); сбытовой аге́нт; аге́нт по сбы́ту

Absatzmöglichkeiten *f, pl* возмо́жности сбы́та

Absatzmonopol *n* моно́польное господ́ство на ры́нке сбы́та; сбытова́я монопо́лия; монопо́лия на сбыт

Absatzorgan *n* сбытовой орга́н, орга́н сбы́та; сбытова́я организа́ция

Absatzorganisation *f* организа́ция по сбы́ту, сбытова́я организа́ция; сбытова́я фи́рма

absatzorientiert ориенти́рованный на сбыт

Absatzperspektive *f* перспекти́ва сбы́та; перспекти́вы сбы́та

Absatzplan *m* план сбы́та

Absatzplanung *f* плани́рование сбы́та

Absatzplus *n* увеличе́ние сбы́та, приро́ст сбы́та, приро́ст объёма сбы́та
  ein leichtes Absatzplus erzielen дости́чь небольшо́го приро́ста сбы́та

Absatzpolitik *f* поли́тика в о́бласти сбыт
  Absatzpolitik поли́тика сбы́та; ма́ркетинг; сбытовой ма́ркетинг

Absatzpreis *m* сбытова́я цена́, прода́жная цена́ *(опто́вая)*

Absatzproblem *n* пробле́ма сбы́та; пробле́мы со сбытом

Absatzprognose *f* прогно́з сбы́та
  eine Absatzprognose erstellen прогнози́ровать сбыт; подгото́вить прогно́з сбы́та

Absatzprogramm *n* програ́мма сбы́та, сбытова́я програ́мма

Absatzquelle *f* кана́л сбы́та; ры́нок сбы́та; сегме́нт сбы́та

Absatzquote *f* сбытова́я кво́та *(до́ля уча́стия в сбыте, устана́вливаемая для предприя́тий, объединённых в карте́ль)*

Absatzregelung *f* регули́рование сбы́та

Absatzreserve *f* произво́дственные запа́сы сырья́, материа́лов и гото́вой проду́кции; това́рные запа́сы торгово-сбытовых организа́ций

Absatzrisiko *n* риск при сбыте, сбытовой риск, торго́вый риск, свя́занный со сбытом това́ров; сбытовой риск

Absatzrückgang *m* сокраще́ние сбы́та, уменьше́ние сбы́та
  10-malige Absatzrückgang erleiden подве́ргнуться 10-ному сокраще́нию сбы́та

Absatzschwierigkeiten *f, pl* затрудне́ния со сбытом, тру́дности сбы́та; тру́дности в о́бласти сбы́та

absatzseitig со стороны́ сбы́та

Absatzsoll *n* пла́новое зада́ние по сбыт

Absatzsorgen *f, pl* пробле́мы со сбытом, затрудне́ния со сбытом, тру́дности сбы́та

Absatzstatistik *f* стати́стика сбы́та, сбытова́я стати́стика

Absatzsteigerung *f* расшире́ние сбы́та, увеличе́ние сбы́та, увеличе́ние объёма сбы́та; расшире́ние ры́нка сбы́та

Absatzstelle *f* сбытовой орга́н, орга́н сбы́та

Absatzsteuer *f* нало́г с оборо́та

Absatzstockung *f* перебо́и в сбыте, засто́й в торгово-сбытовой де́ятельности

Absatztätigkeit *f* сбыт, торгово-сбытова́я де́ятельность
  komplexe Absatztätigkeit ко́мплексный сбыт, ко́мплексная торгово-сбытова́я де́ятельность

Absatzträger *m* лицо́, осуществля́ющее сбыт; организа́ция, осуществля́ющая сбыт, *разг.* сбытовик

Absatzvereinbarung *f* соглаше́ние об усло́виях и поря́дке сбы́та, догово́р на сбыт проду́кции, сбытовой контра́кт, сбытовой догово́р

Absatzvermittlung *f* посре́дничество в сбыте

Absatzvertrag *m* сбытовой контра́кт, сбытовой догово́р, догово́р о сбыте

Absatzvorrat *m* произво́дственные запа́сы сырья́, материа́лов и гото́вой проду́кции; това́рные запа́сы торгово-сбытовых организа́ций

Absatzwege *m, pl* кана́лы сбы́та; ры́нки сбы́та; торго́вые пути́

Absatzwirtschaft *f* сбыт, торгово-сбытова́я де́ятельность; ма́ркетинг

Absatzzeitenstaffel *f* цены́, дифференци́рованные в зави́симости от вре́мени реализа́ции

abschaffen отменя́ть, упраздня́ть, аннули́ровать, ликвиди́ровать, устраня́ть

abschätzen оце́нивать, расце́нивать; определя́ть (добро́тность); такси́ровать; уценивать
  einen Schaden auf ... abschätzen оце́нивать уще́рб в ...

Abschätzung *f* оце́нка; определе́ние *(добро́тности това́ров)*; таксиро́вка *(гру́зов)*; такса́ция *(леса́)*; уце́нка
  Abschichtung вы́дел *(насле́дника)*; разде́л *(иму́щества)*, разде́л иму́щества, вы́дел иму́щества
  Abschichtung расслое́ние; отслое́ние

Abschichtungsbilanz *f* бала́нс имущественного положе́ния това́рищества при вы́ходе одного́ из компаньонов

Abschlag *m* ава́нс; предвари́тельный взнос, зада́ток
  Abschlag аукцио́н, на кото́ром аукционист постепе́нно снижа́ет высо́кую це́ну *(до приня́тия ее покупа́телем)*; прода́жа с аукцио́на с пониже́нием цены́
  Abschlag (бирж.) пониже́ние ку́рса це́нных бума́г, дизажио; пониже́ние сто́имости а́кций *(напр. по́сле отры́ва дивиде́ндного купо́на)*; ра́зница ме́жду номина́льной сто́имостью облига́ции и её эмиссионным ку́рсом
  Abschlag усту́пка; ски́дка *(с цены́)*
  Abschlag vom Preis ски́дка с цены́
  außerplanmäßiger Abschlag внепла́новый ава́нс
  geplanter Abschlag пла́новый ава́нс
  auf Abschlag в рассро́чку
  auf Abschlag kaufen покупа́ть в рассро́чку
  auf Abschlag zahlen внести́ в ка́честве предвари́тельного взно́са *(при поку́пке в рассро́чку)*
  einen Abschlag gewähren предоставля́ть ски́дку (с цены́)
  in Abschlag bringen вы́честь *(из цены́)*

abschlagen *vi* вычита́ть, уде́рживать *(де́ньги)*
  abschlagen па́дать в цене́
  abschlagen понижа́ть курс це́нных бума́г

abschläglich в рассро́чку
  abschläglich *бухг.* зачётный

Abschlagsdividende *f* предвари́тельный дивиде́нд

Abschlagsliste *f* ве́домость на вы́дачу ава́нса в счёт за́работной пла́ты

Abschlagslöhnung *f* вы́плата ава́нса в счёт за́работной пла́ты, вы́плата ава́нса в счёт зарпла́ты

Abschlagsverteilung *f* предвари́тельное распределе́ние иму́щества ме́жду компаньонами *(фи́рмы-банкро́та)*
  Abschlagsverteilung распределе́ние ча́сти сумм, вы́рученных от реализа́ции ко́нкурсной ма́ссы

Abschlagszahlung *f* ава́нс *(напр. в счёт за́работной пла́ты)*; вы́плата в рассро́чку, платёж в рассро́чку; предвари́тельный взнос *(при поку́пке в рассро́чку)*
  Abschlagszahlung зада́ток; части́чный взнос *(при поку́пке в рассро́чку или при погаше́нии до́лга)*
  Abschlagszahlung für geleistete Arbeitseinheiten *с.-х. ист.* ава́нсовые вы́дачи по трудодням

abschließen зака́нчивать, конча́ть, заверша́ть, подводи́ть ито́ги
  abschließen заключа́ть *(догово́р, соглаше́ние, сде́лку)*
  abschließen *бухг.* заключа́ть счета́; подводи́ть ито́г; сальди́ровать, балан-

си́ровать, сбаланси́ровать *(напр. бухга́лтерские кни́ги)*, оставля́ть бала́нс, своди́ть бала́нс
abschließen *бухг.* закрыва́ть счета́; закрыва́ться *(о счете)*
abschließen конча́ться *(напр. о фина́нсовом годе, отчётном пери́оде)*
eine Rechnung abschließen закрыва́ть счёт
Abschluss *m* заключе́ние *(догово́ра, соглаше́ния, сде́лки)*
Abschluss *бухг.* заключе́ние счето́в;сведе́ние счето́в; подведе́ние ито́га; сальдирование, сбалансирование *(напр. бухга́лтерских книг)*; балансиро́вание, составле́ние бала́нса, сведе́ние бала́нса; ито́г, заключи́тельный бала́нс, ито́говый бала́нс
Abschluss *бухг.* закры́тие счето́в
Abschluss закры́тие счёта *(ба́нковского)*
Abschluss *сет. пл.* коне́чное собы́тие
Abschluss оконча́ние; заверше́ние, подведе́ние ито́гов
Abschluss сде́лка, заключе́ние догово́ра, подписа́ние догово́ра, заключе́ние контра́кта, подписа́ние контра́кта
Abschluss des Haushalts заключе́ние бюдже́та
Abschluss des Haushaltsjahres коне́ц бюдже́тного года́, коне́ц фина́нсового года́, коне́ц хозя́йственного года́, коне́ц фискального года́
Abschluss des Rechnungsjahres коне́ц бюдже́тного года́, коне́ц фина́нсового года́, коне́ц хозя́йственного года́, коне́ц фискального года́
Abschluss einer Rechnung закры́тие счёта
Abschluss eines Vertrages заключе́ние контра́кта *(догово́ра, соглаше́ния)*
Abschluss ohne Defizit бездефици́тное баланси́рование *(о бюдже́те)*; бездефици́тный бюдже́т
einen Abschluss auflösen расто́ргнуть сде́лку (контра́кт, догово́р, соглаше́ние)
einen Abschluss erzielen заключа́ть сде́лку, заключа́ть контра́кт *(догово́р)*
einen Abschluss tätigen заключа́ть сде́лку, заключа́ть контра́кт *(догово́р)*
zum Abschluss kommen состоя́ться *(о сде́лке, о подписа́нии контра́кта)*
defizitärer Abschluss дефици́тное баланси́рование *(о бюдже́те)*; дифици́тный бала́нса
Abschlussagent *m* аге́нт фи́рмы, уполномо́ченный на заключе́ние догово-ро́в *(ку́пли-прода́жи, страховы́х догово́ро́в и т.п.)*
Abschlussbilanz *f* заключи́тельный бала́нс, ито́говый бала́нс
Abschlussbuch *n* бала́нсовая кни́га
Abschlussbuchung *f* заключи́тельная бухга́лтерская за́пись
Abschlussbuchungen *f, pl* заключи́тельные бухга́лтерские за́писи
Abschlussereignis *n сет. пл.* коне́чное собы́тие
Abschlusskonten *n pl* бала́нсовые счета́
Abschlusskosten *pl* аквизицио́нные расхо́ды; расхо́ды, свя́занные с заключе́нием страхово́го догово́ра
äußere Abschlusskosten вне́шние расхо́ды по страхова́нию *(расхо́ды по вербо́вке и обслу́живанию но́вых страхователей)*
innere Abschlusskosten вну́тренние расхо́ды по страхова́нию *(расхо́ды, свя́занные с заключе́нием страхово́го догово́ра)*
Abschlussmenge *f* догово́рное коли́чество, контрактное коли́чество *(това́ра)*
Abschlusspflicht *f* обя́занность предприя́тия заключа́ть догово́р поста́вки
Abschlussprovision *f* аге́нтская комисси́я; комиссио́нные за заключе́ние сде́лки
Abschlussprüfer *m* ауди́тор *(юриди́ческое или физи́ческое лицо́ - ревизо́р, контроли́рующий фина́нсовую де́ятельность компа́нии)*
Abschlussprüfung *f* оконча́тельная прове́рка, оконча́тельное испыта́ние, оконча́тельный контро́ль; прове́рка бухга́лтерских книг в конце́ определённого пери́ода, прове́рка бухга́лтерских книг по истече́нии определённого пери́ода; ауди́торская прове́рка
Abschlussstichtag *m* день, на кото́рый составляется бала́нс; день, по ку́рсу кото́рого произво́дится расчёт
Abschlusstermin *m сет. пл.* срок оконча́ния рабо́ты, срок заверше́ния рабо́ты
Abschlussübersicht *f* заключи́тельный обзо́р; аналити́ческая *(поясни́тельная)* запи́ска к годово́му отчёту
Abschlussübersicht *f бухг.* све́рка всех стате́й бала́нса до его́ оконча́тельного составле́ния
Abschlussvergütung *f* вы́плата страхово́му аге́нту вознагражде́ния за заключе́ние страхово́го догово́ра; аге́нтская комисси́я
Abschlussvergütung комиссио́нные аге́нту за заключе́ние догово́ра ку́пли-прода́жи, аге́нтская комисси́я *(комиссио́нные за заключе́ние сде́лки) (см. тж.* **Abschlussprovision)**
anteilige Abschlussvergütung вы́плата страхово́му аге́нту определённого проце́нта от су́ммы заключённого догово́ра
Abschlussvertreter *m* аге́нт фи́рмы, уполномо́ченный на заключе́ние догово́ро́в ку́пли-прода́жи; представи́тель фи́рмы, уполномо́ченный на заключе́ние *(догово́ро́в ку́пли-прода́жи, страховы́х догово́ро́в и т.п.), см. тж.* **Abschlussagent**
Abschlussvollmacht *f* полномо́чие на заключе́ние догово́ро́в, полномо́чие на заключе́ние догово́ра(ов)
Abschlussvorschrift *f* инстру́кция по составлению бала́нса, руково́дство по составлению бала́нса
Abschlussvorschrift инстру́кция по составлению заключительного бала́нса (отчёта)
Abschlusswerbung *f* проведе́ние ко́мплекса мероприя́тий по обеспе́чению сбы́та това́ров, снимаемых с произво́дства
Abschlusszahlung *f* после́дний взнос
Abschlusszahlung упла́та остаточной су́ммы до́лга, после́дний взнос; оста́ток налоговой задо́лженности за определённый перио́д
steuerliche Abschlusszahlung упла́та налоговой задо́лженности в конце́ года́
Abschlusszeitpunkt *m* день, на кото́рый произво́дится заключе́ние *(сведе́ние)* бухга́лтерских счето́в
Abschlusszwang *m* устано́вленная зако́ном для не́которых предприя́тий обя́занность заключа́ть догово́ры
Abschnitt *m* отре́зок, уча́сток; се́ктор
Abschnitt контро́льный тало́н, купо́н, отрывно́й купо́н
Abschnitt о́чередь строи́тельства
Abschnitt разде́л *(в докуме́нте, протоколе)*; глава́
Abschnitt статья́ *(бюдже́та)*; разде́л госуда́рственного бюдже́тного пла́на
Abschnitt тало́н, корешо́к, купо́н *(отрывно́й, отрезно́й)*
Abschnitt произво́дственный уча́сток *(на заво́де, на произво́дстве)*
Abschnittlinie *f* ли́ния отреза (напр. чека́, купо́на)
Abschnittsplanung *f* плани́рование по уча́сткам; цеховое плани́рование
abschöpfen изыма́ть *(напр. капита́л, иму́щество)*
Abschöpfung *f* изъя́тие *(напр. капита́ла); см. тж.* **Abschöpfungsabgabe** - ввозна́я по́шлина
Abschöpfung нало́г на вво́зи́мые в ЕС сельскохозя́йственные това́ры *(с це́лью компенса́ции ра́зницы ме́жду высо́кой вну́тренней и бо́лее ни́зкой мирово́й цено́й)*
Abschöpfung уменьше́ние *(цены́, сто́имости)*

Abschöpfung liquider Mittel изъя́тие свобо́дных средств (фина́нсовых из оборо́та)

Abschöpfungsabgabe *f* ввозна́я по́шлина, компенси́рующая ра́зницу в це́нах на агра́рные проду́кты в импортирующей стране́ и на вне́шнем ры́нке *(в ра́мках Европе́йского Сою́за)*

Abschöpfungsabgabe дополни́тельная ввозна́я по́шлина *(взима́емая с це́лью выра́внивания цен в основно́м на импортную и отечественную сельскохозя́йственную проду́кцию)*

Abschöpfungsbetrag *m* ввозна́я по́шлина, компенси́рующая ра́зницу в це́нах на агра́рные проду́кты в импортирующей стране́ и на вне́шнем ры́нке *(в ра́мках ЕС и ра́нее ЕЭС - Европе́йского экономи́ческого сообщества)*

Abschöpfungsbetrag дополни́тельная ввозна́я по́шлина *(взима́емая с це́лью выра́внивания цен в основно́м на импортную и отечественную сельскохозя́йственную проду́кцию)*

abschreiben амортизи́ровать, списа́ть по амортиза́ции

abschreiben спи́сывать со счёта, спи́сывать с бала́нса

abschreiben отказа́ть (кому́-л. в пи́сьменной фо́рме); отмени́ть ***(в пи́сьменной фо́рме пре́жнюю договорённость)***; написа́ть о своем отка́зе

abschreiben аннули́ровать

abschreiben понижа́ть сто́имость

abschreiben понижа́ть це́ну

abschreiben производи́ть части́чное списание со счета́

abschreiben уценивать това́р

das muss als Verlust abgeschrieben werden это́ придется списа́ть в убы́ток

Abschreibepolice *f* генера́льный по́лис *(по́лис, из страхово́й су́ммы кото́рого вычита́ются су́ммы отправляемых па́ртий)*

Abschreiber *m* плагиа́тор

Abschreiberei *f* плагиа́т

Abschreibeversicherung *f* ча́стная фо́рма тра́нспортного страхова́ния

Abschreibung *f* амортизацио́нные отчисле́ния

Abschreibung списание *(бухга́лтерская опера́ция по перенесению ча́сти сто́имости основны́х средств на гото́вую проду́кцию)*

Abschreibung списание со счёта, списание с бала́нса

Abschreibung nach Leistung амортиза́ция, определя́емая на осно́ве учёта производи́тельности основны́х средств

beschleunigte Abschreibung ускоренная амортиза́ция, прогресси́вная амортиза́ция

degressive Abschreibung дегресси́вная амортиза́ция

direkte Abschreibung пряма́я амортиза́ция

indirekte Abschreibung ко́свенная амортиза́ция

leistungsbedingte Abschreibung амортиза́ция, определя́емая на осно́ве учёта производи́тельности основны́х средств

lineare Abschreibung линейная амортиза́ция

passive Abschreibung пасси́вная амортиза́ция

proportionale Abschreibung линейная амортиза́ция, пропорциона́льная амортиза́ция

steuerliche Abschreibung списание на амортиза́цию, уменьша́ющее су́мму облага́емого дохо́да

Abschreibungen *f, pl* амортизацио́нные отчисле́ния, *см. та́кже* ***Abschreibung***

Abschreibungen für Restbuchwerte списания оста́тков по бухга́лтерским кни́гам

außerordentliche Abschreibungen внеочередны́е амортизацио́нные отчисле́ния, осо́бые амортизацио́нные отчисле́ния

bilanzmäßige Abschreibungen бала́нсовая амортиза́ция

buchhalterische Abschreibungen бухга́лтерские списания

kalkulatorische Abschreibungen калькуляцио́нная амортиза́ция, расчётная амортиза́ция

unterlassene Abschreibungen списания, не произведённые в срок

Abschreibungsaufwand *m* амортизацио́нные расхо́ды

Abschreibungsaufwand расхо́ды, покрываемые за счет амортиза́ции

Abschreibungsbetrag *m* су́мма амортиза́ции, су́мма амортизацио́нных отчисле́ний

Abschreibungsbetrag но́рма части́чного списания

Abschreibungsfonds *m* амортизацио́нный фонд

Abschreibungsgesellschaft *f* компа́ния, осуществля́ющая капиталовложе́ния, по́льзующиеся налоговыми льго́тами

Abschreibungskonto *n* счёт бала́нсовых (и́ли бухга́лтерских) амортизацио́нных отчисле́ний

Abschreibungskosten *pl* расхо́ды, покрываемые за счет амортиза́ции

Abschreibungsmethode *f* ме́тод расчёта амортизацио́нных отчисле́ний

leistungsbedingte Abschreibungsmethode ме́тод расчёта амортизацио́нных отчисле́ний, учи́тывающий производи́тельность основны́х средств

Abschreibungsnorm *f* но́рма амортиза́ции, но́рмы амортиза́ции, но́рмы амортизацио́нных отчисле́ний

Abschreibungsquote *f* но́рма амортиза́ции; амортизацио́нные но́рмы, но́рмы амортиза́ции

Abschreibungsrate *f* но́рма амортиза́ции

Abschreibungsrichtsatz *m* но́рма амортиза́ции

Abschreibungssatz *m* но́рма амортиза́ции

Abschreibungssumme *f* су́мма амортиза́ции, су́мма амортизацио́нных отчисле́ний

jährliche Abschreibungssumme годово́й разме́р амортиза́ции, головой разме́р амортизацио́нных отчисле́ний

Abschreibungsverfahren *n* поря́док списания

Abschreibungszeit *f* амортизацио́нный перио́д

Abschreibungszeitraum *m* амортизацио́нный перио́д

Abschrift *f* ко́пия *(докуме́нта)*

beglaubigte Abschrift заве́ренная ко́пия

ein Dokument in Abschrift ко́пия докуме́нта

eine Abschrift von *(etw.)* **anfertigen** снять ко́пию *(с чего́-л.)*

Abschriftladeschein *m* дублика́т *(второ́й экземпля́р)* речно́й накладно́й

Abschwung *m* ослабле́ние *(напр. конкуре́нции)*; спад *(напр. делово́й акти́вности)*; паде́ние, ухудше́ние *(напр. конъюнкту́ры)*

Abschwung спад *(конъюнктурная фа́за)*

Abschwungphase *f*, **konjunkturelle** перио́д паде́ния конъюнкту́ры, перио́д ухудшения конъюнкту́ры

Abschwungsphase *f* фа́за спа́да *(в экономи́ческом ци́кле)*

absenden *vt* отсыла́ть, отправля́ть

Absender *m* отправи́тель; а́дрес отправи́теля *(на конве́рте, в маркиро́вке гру́за)*

Absender im Frachtvertrag отправи́тель гру́за по догово́ру морско́й перево́зки

Absenderanweisung *f* инстру́кция отправи́теля *(желе́зной доро́ге, экспеди́ции)*

Absendererklärung *f* деклара́ция отправи́теля *(часть тамо́женной деклара́ции)*

Absenderhaftung *f* материа́льная отве́тственность отправи́теля

Absenderrecht *n* пра́во отправи́теля **aus einem Frachtvertrag im Bahn-**

verkehr **Absenderrechte** *(pl)* правá отправи́теля, вытека́ющие из догово́ра перево́зки гру́зов желе́зной дорого́й

Absenderverfügung *f* после́дующее измене́ние отправи́телем гру́за заклю-чённого догово́ра перево́зки

Absenderverfügungen *f pl* дополни́-тельные измене́ния усло́вий догово́ра перево́зки отправи́телем

Absendervertrag *m* долгосро́чный дого-во́р ме́жду отправи́телем и транс-портным предприя́тием

Absendervertrag долгосро́чный дого-во́р ме́жду отправи́телем и экспе-дитором

Absendestation *f* ста́нция отправле́ния

Absendung *f* отсы́лка, отпра́вка

absetzbar сменя́емый, смещаемый *(о должностно́м лице́)*

absetzbar хо́дкий, находя́щий сбыт *(о това́ре)*

absetzen исключа́ть *(напр. опреде-лённую су́мму из бюдже́та)*; вычита́ть, уде́рживать

absetzen отстраня́ть от до́лжности

absetzen отодвига́ть, переноси́ть *(срок)*

absetzen сбыва́ть; продава́ть, реа-лизо́вывать

restlos absetzen распрода́ть, рас-продава́ть

über den Einzelhandel absetzen про-дава́ть в ро́зницу

über den Großhandel absetzen про-дава́ть о́птом

Absetzung *f* вы́чет, удержа́ние *(из зар-пла́ты)*

Absetzung исключе́ние *(напр. опре-делённых сумм из бюдже́та)*; вы́чет, вычита́ние, удержа́ние; сбыт; прода́жа, реализа́ция; смеще́ние, отстране́ние от до́лжности

Absetzung отстране́ние от до́лжности

Absetzung сбыт, прода́жа, реализа́ция

Absetzung für Abnutzung ски́дка на изно́с

Absetzung für Substanzverringe-rung ски́дка на истоще́ние запа́сов ископа́емых *(при установлении раз-ме́ра нало́га)*

Absicherung *f* огражде́ние *(от опа́с-ности)*

Absicherung des Grundlohns обе-спе́чение получе́ния основно́й за́ра-ботной пла́ты

Absicht *f* наме́рение, цель, за́мысел; план; *юр.* преднаме́ренность

in guter Absicht бона фиде, «по *(на)* до́брой ве́ре» *(обозначе́ние добро-со́вестности де́йствий)*

Absinken *n (ре́зкое)* пониже́ние *(напр. ку́рса це́нных бума́г)*; спад *(напр. дело-во́й акти́вности)*; сниже́ние; ухудше́ние

absolut абсолю́тный

absolute Neuheit абсолю́тная но-визна́ *(изде́лия)*

absoluter Stoffschutz абсолю́тная охра́на хими́ческих веще́ств *(в па-тентном де́ле)*

absoluter Stoffanspruch абсолю́т-ный пункт фо́рмулы изобрете́ния на хими́ческое вещество́; пункт фо́рмулы изобрете́ния на хими́ческое вещество́ без указа́ния це́ли его́ примене́ния

Absolutismus *m* абсолюти́зм, абсолю́т-ная мона́рхия

Absolutkode *m выч.* одноуровневый код, абсолю́тный код

Absolventenförderungsvertrag *m* до-гово́р ме́жду предприя́тием и молоды́м специали́стом *(о повыше́нии квалифи-ка́ции после́днего и испо́льзовании его́ труда́ на предприя́тии)*

Absonderung *f* выделе́ние иму́щества из насле́дственной ма́ссы, выделе́ние иму́щества из ко́нкурсной ма́ссы, вы-деле́ние ча́сти иму́щества из насле́д-ственной ма́ссы, выделе́ние ча́сти иму́-щества из ко́нкурсной ма́ссы

Absonderung обосо́бленность, изо-ля́ция

Absonderung отделе́ние, обособле́ние; разобще́ние; изоли́рование

Absonderungsrecht *n* преиму́ществен-ное пра́во на отбо́р каки́х-л. предме́тов из иму́щества несостоя́тельного долж-ника́ в счёт погаше́ния до́лга

Absonderungsrecht преиму́ществен-ное пра́во *(определённого кредито́ра)* на приобрете́ние како́го-л. предме́та из ко́нкурсной ма́ссы

Absperrung *f* изоля́ция; блока́да; огра́ж-де́ние; барье́р

Absperrungssystem *n* оградитель-ная систе́ма

Absperrungssystem систе́ма протек-циони́зма, протекциони́стская систе́ма

Abstand компенса́ция; отступные де́ньги

Abstand *m* расстоя́ние, интерва́л

von *etw.* **Abstand nehmen** отка́зы-ваться, возде́рживаться *(от каки́х-л. де́йствий)*

Abstandsgeld *n* отступные де́ньги, от-ступно́е; компенса́ция

Abstandskoeffizient *m* коэффицие́нт отдалённости

abstecken *vt* разметать, намеча́ть

den Rahmen abstecken ограни́чи-вать, определя́ть ра́мки

abstellen *vt* командировать

abstellen остана́вливать *(маши́ну)*; выключа́ть *(ра́дио)*

abstellen отста́вить, приостанови́ть *(вре́менно прекрати́ть испо́льзование)*

abstellen устраня́ть, ликвиди́ровать *(недоста́тки)*

Abstellgleis *n* запасно́й путь

abstempeln *vt* ста́вить печа́ть, ста́вить ште́мпель

Frachtbriefe abstempeln ста́вить пе-ча́ть на накладно́й

Abstention *f* отка́з от насле́дства

abstimmen сверя́ть, выверя́ть *(на-пр. счета́)*; согласо́вывать, увя́зывать *(напр. пла́ны)*; голосова́ть, проводи́ть голосова́ние

Abstimmsumme *f* контро́льная су́мма

Abstimmung *f* голосова́ние, балло-тиро́вка

Abstimmung све́рка, вы́верка *(на-пр. счето́в)*

Abstimmung согласова́ние, увязка *(напр. пла́нов)*

Abstimmungspostkarte *f* почто́вая от-кры́тка, подтвержда́ющая заключе́ние биржево́й сде́лки

Abstimmungsprotokoll *n* протоко́л об увязке пла́новых зада́ний по экспор-ту и и́мпорту, протоко́л о согласова-нии пла́новых зада́ний по экспорту и и́мпорту *(ме́жду о́рганами вне́шней торго́вли и планирующими о́рганами внутри́ страны́)*

Abstinenztheorie *f* тео́рия воздержа́-ния *(тео́рия проце́нта, вы́двинутая Сениором)*

Abstockung *f ист.* ко́мплекс меропри-я́тий, направленных на выра́внивание разли́чий в усло́виях веде́ния хозя́йства при вступле́нии кру́пных крестьянских хозя́йств в сельскохозя́йственный ко-операти́в

Abstoßen *n* погаше́ние до́лга

Abstoßen прода́жа а́кций *(в игре́ на пониже́ние)*; сбыт (това́ров) по ни́з-ким це́нам, распрода́жа (това́ров) по ни́зким це́нам

abstoßen погаша́ть долг

abstoßen продава́ть а́кции *(играя на понижении)*; сбыва́ть (това́ры) по ни́зким це́нам, продава́ть (това́ры) по ни́зким це́нам, распродава́ть (това́ры) по ни́зким це́нам

abstoßen сбыва́ть това́р по ни́зким це́нам, распродава́ть това́р по ни́з-ким це́нам

abstreichen *vt* вычита́ть, уде́рживать; сокраща́ть *(бюдже́т)*; уреза́ть *(сме́ту)*; сбавля́ть, ски́дывать *(с цены́)*, уступа́ть *(в цене́)*; *бухг.* спи́сывать со счёта

abstreichen дава́ть ски́дку, уступа́ть в цене́

abstreichen спи́сывать со счёта

Abstrich *m* вы́чет, удержа́ние *(де́нег)*; сокраще́ние *(бюдже́та)*; уреза́ние *(сме́ты)*; ски́дка *(с цены́)*, усту́пка *(в цене́)*; *бухг.* списа́ние со счёта
einen Abstrich machen сокраща́ть *(бюдже́т, сме́ту)*
einen Abstrich vornehmen сокраща́ть *(бюдже́т, сме́ту)*

Abstufung *f* града́ция; дифференциа́ция; классифика́ция; распределе́ние по степеня́м, распределе́ние по разря́дам, распределе́ние по катего́риям; распределе́ние по гру́ппам *(в зави́симости от квалифика́ции)*
Abstufung сте́пень
Abstufung шкала́ *(нало́га, за́работной пла́ты)*

Abszisse *f* абсци́сса; координа́та **X**

Abteilung *f* отде́л, отделе́ние *(в учрежде́нии)*; цех *(на заво́де)*; се́кция, отде́л *(в магази́не)*; часть, разде́л *(в кни́ге)*; райо́н, уча́сток, зо́на
Abteilung Abgaben нало́говое отделе́ние; отде́л по́шлин
Abteilung Absatz отде́л сбы́та
Abteilung Allgemeine Verwaltung администрати́вно-хозя́йственный отде́л, АХО
Abteilung Arbeitsökonomie отде́л эконо́мики труда́
Abteilung Beschaffung und Absatz отде́л материа́льно-техни́ческого снабже́ния и сбы́та, отде́л МТО
Abteilung Betriebsorganisation отде́л организа́ции произво́дства и управле́ния
Abteilung Finanzen фина́нсовый отде́л
Abteilung für Arbeit отде́л труда́ и за́работной пла́ты
Abteilung für Investitionsbauten отде́л капита́льных вложе́ний; инвестицио́нный отде́л, отде́л инвести́ций
Abteilung für Sicherheitstechnik отде́л те́хники безопа́сности, ОТБ
Abteilung Gütekontrolle отде́л техни́ческого контро́ля, ОТК
Abteilung Investitionen отде́л капита́льных вложе́ний; отде́л инвести́ций
Abteilung Märkte und Preise конъюнкту́рный отде́л; отде́л конъюнкту́ры и спро́са
Abteilung Materialwirtschaft отде́л материа́льно-техни́ческого снабже́ния
Abteilung Planung пла́новый отде́л, планово-экономи́ческий отде́л, ПЭО
Abteilung Produktionskontrolle отде́л произво́дственного контро́ля
Abteilung Produktionslenkung отде́л управле́ния произво́дством
Abteilung Produktionsplanung планово-произво́дственный отде́л
Abteilung Technologie отде́л гла́вного техно́лога
Abteilung für Abfallverwertung утильцех, цех утилиза́ции отхо́дов
Abteilung Wirtschaftskontrolle отде́л хозя́йственного контро́ля
automatische Abteilung цех-автома́т; отде́л автоматиза́ции
nichtproduzierende Abteilung вспомога́тельный цех *(на промы́шленном предприя́тии)*
planökonomische Abteilung планово-экономи́ческий отде́л
produktionsvorbereitende Abteilung подготови́тельный цех, вспомога́тельный цех
produzierende Abteilung произво́дственный цех
technische Abteilung техни́ческий отде́л *(на промы́шленном предприя́тии)*
wirtschaftliche Abteilung экономи́ческий отде́л
wirtschaftspolitische Abteilung отде́л по вопро́сам хозя́йственной поли́тики

Abteilungen *f, pl* подразделе́ния, *см. тж.* **Abteilung**
der gesellschaftlichen Produktion Abteilungen подразделе́ния обще́ственного произво́дства

Abteilungs- und Betriebsgemeinkosten *pl* общецехо́вые и общезаводски́е расхо́ды

Abteilungsabrechnung *f* учёт затра́т цеха́ (и́ли отде́ла)
Abteilungsabrechnung учёт цеховы́х затра́т; учёт изде́ржек отде́ла

Abteilungsfristenplan *m* календа́рный план цеха́

Abteilungsgewerkschaftsleitung *f* руково́дство цехово́й профсою́зной организа́ции, цехово́й профсою́зный комите́т, цехово́е профсою́зное бюро́, цехком, профбюро цеха́

Abteilungshandbücher *n, pl* (нагля́дные) спра́вочники по ви́дам рабо́т, выполня́емых отде́лом, (нагля́дные) спра́вочники по ви́дам рабо́т, выполня́емых це́хом

Abteilungskalkulation *f* калькуля́ция изде́ржек отде́ла (предприя́тия)

Abteilungskollektiwertrag *m* коллекти́вный догово́р цеха́

Abteilungskosten *pl* цехова́я себесто́имость

Abteilungsleistung *f* производи́тельность труда́ рабо́чего по цеху́

Abteilungsleiter *m* нача́льник отде́ла; нача́льник цеха́

Abteilungsleitungskosten *pl* управле́нческие расхо́ды произво́дственных отде́лов, управле́нческие расхо́ды произво́дственных цехов

Abteilungsökonom *m* помо́щник нача́льника (произво́дственного) цеха́ по экономи́ческим вопро́сам

Abteilungsplan *m* план цеха́, цехово́й план

Abteilungsplanung *f* внутрицехово́е плани́рование

Abteilungszeichen *n, pl* сокращённые обозначе́ния отделов *(употребля́емые в делово́й корреспонде́нции)*

Abtellungsgemeinkosten *pl* общецехо́вые расхо́ды

Abtrag *m* взнос *(в счёт погаше́ния до́лга)*
Abtrag ущёрб, вред

abtragen погаша́ть, упла́чивать *(долг)*. ликвиди́ровать задо́лженность; возмеща́ть *(убы́ток)*; сноси́ть *(зда́ние)*
abtragen сноси́ть *(зда́ние)*

abträglich вре́дный, невы́годный

Abtragung *f* погаше́ние, упла́та *(до́лга)*, ликвида́ция задо́лженности; снос, разбо́рка *(зда́ний)*

abtreten *vt* уступа́ть, передава́ть; переуступа́ть *(пра́во, тре́бование, задо́лженность и проч.)*

Abtretende *m юр.* цеде́нт, уступа́ющий пра́во, уступа́ющий тре́бование

Abtretung *f* усту́пка, переда́ча; це́ссия, усту́пка права́, усту́пка тре́бования, переда́ча права́, переда́ча тре́бования; переусту́пка обяза́тельства *(от одного́ кредито́ра друго́му)*
stille Abtretung негла́сная усту́пка тре́бования

Abtretungsbrief *m юр.* переводно́е письмо́

Abtretungserklärung *f юр.* переводна́я на́дпись
Abtretungserklärung *f* переда́точная на́дпись

Abtretungsurkunde *f* акт об усту́пке права́, акт об усту́пке тре́бования, свиде́тельство об усту́пке права́, свиде́тельство об усту́пке тре́бования

ABU, Allgemeine Bedingungen für Unfallversicherung О́бщие усло́вия страхова́ния от несча́стных слу́чаев

Abwägen *n* взве́шивание; разве́с, разве́ска
Abwägen und Abpacken расфасо́вка

Abwälzung *f* переложе́ние *(напр. ри́ска)*
Abwälzung переложе́ние ри́ска *(на контраге́нта)*; переложе́ние нало́гов

Abwälzungsgesetz *n* зако́н о переложе́нии ри́ска

Abwanderung *f* отхо́жий про́мысел
Abwanderung переселе́ние; эмигра́ция
Abwanderung уте́чка, отто́к *(напр.*

капита́ла)

Abwärtskompatibilität *f вчт.* совмести́мость све́рху вниз

Abwasser *n* сто́чные во́ды; отрабо́танная вода́; технологи́ческая вода́

Abwasserreinigung *f* очи́стка сто́чных вод

Abwasserreinigungspflicht *f* обя́занность по очи́стке сто́чных вод

Abwässerung *f* спуск сто́чных вод

Abwässerungsanlage *f* сооруже́ние по очи́стке сто́чных вод

Abwasserverordnung *f* постановле́ние об обя́занности предприя́тий возводи́ть сооруже́ния по очи́стке сто́чных вод

Abwehrstreik *m* забасто́вка, проводи́мая в защи́ту свои́х прав

Abwehrzoll *m* запрети́тельная по́шлина, загради́тельная по́шлина

abweichen *vi* отклоня́ться; отступа́ть; расходи́ться

vom Muster abweichen отлича́ться от образца́

vom Vertrag abweichen не отвеча́ть усло́виям контра́кта

Abweichung *f* отклоне́ние; расхожде́ние

Abweichung vom Muster *торг.* отклоне́ние от образца́

durchschnittliche Abweichung сре́днее отклоне́ние, сре́дний разбро́с

durchschnittliche lineare Abweichung сре́днее лине́йное отклоне́ние

durchschnittliche quadratische Abweichung сре́днее квадрати́ческое отклоне́ние

kumulative Abweichung генера́льная девиата, накопленная величина́ отклоне́ния

quadratische Abweichung квадрати́ческое отклоне́ние

wahrscheinliche Abweichung вероя́тное отклоне́ние

Abweichungsklausel *f* усло́вие о возмо́жности захо́да су́дна в други́е по́рты *(поми́мо по́рта назначе́ния)*

Abwerbung *f* переманивание учёных *(специали́стов и рабо́чих)*

abwerfen *vt* дава́ть при́быль, приноси́ть при́быль

abwerten девальви́ровать, производи́ть девальва́цию, обесце́нивать *(валю́ту, де́ньги)*

abwerten снижа́ть це́ну *(на това́р)*, уценивать *(това́р)*

Abwertung *f* девальва́ция, обесце́нение *(валю́ты)*; сниже́ние цены́ *(на това́ры)*; уце́нка *(това́ров)*

Abwertung сниже́ние цены́, пониже́ние цены́, паде́ние цены́

Abwertung des Geldes девальва́ция *(де́нег)*

Abwesenheitsprotest *m* предъявле́ние опротестованного векселя́ лицу́, обя́занному по ве́кселю, в его́ отсу́тствие

abwickeln *vt* выполня́ть, осуществля́ть

abwickeln зака́нчивать, ликвиди́ровать *(напр. сде́лку)*

abwickeln (техни́чески) исполня́ть *(напр. догово́р, сде́лку)*; выполня́ть *(напр. зака́з)*

abwickeln осуществля́ть *(напр. обме́н)*; производи́ть *(напр. расчёты)*

abwickeln оформля́ть докуме́нт *(напр. аккредити́в)*

abwickeln ула́живать, ока́нчивать де́ло; проводи́ть сде́лку

einen Vertrag abwickeln выполня́ть контра́кт

Schulden abwickeln распла́чиваться с долга́ми

Abwicklung *f* (техни́ческое) исполне́ние *(напр. догово́ра, сде́лки)*; выполне́ние *(напр. зака́за)*

Abwicklung ликвида́ция *(фи́рмы, организа́ции и т.п.)*

Abwicklung оконча́ние, ликвида́ция *(напр. сде́лки)*

Abwicklung осуществле́ние *(напр. обме́на)*; произво́дство *(напр. расчётов)*

Abwicklung оформле́ние докуме́нтов *(напр. аккредити́ва)*

Abwicklung ход, выполне́ние, исполне́ние

Abwicklung ход дела́

Abwicklung des Vertrages выполне́ние контра́кта

Abwicklung laufender Verrechnungen расчёты по текущим операциям *(в сфе́ре отде́льных о́траслей промы́шленности)*

kaufmännische Abwicklung комме́рческие опера́ции

speditionelle Abwicklung транспортно-экспеди́торская обрабо́тка, экспеди́торская обрабо́тка

technische Abwicklung техни́ческое проведе́ние, техни́ческое исполне́ние *(напр. ба́нковских опера́ций)*

Abwicklung von Geschäften zwischen den EURO-Ländern осуществле́ние сде́лок ме́жду стра́нами зо́ны хожде́ния евро

Abwicklungsbilanz *f* ликвидационный бала́нс; бала́нс, составляемый при ликвида́ции

Abwiegen *n* взве́шивание

abwiegen *vt* отвешивать, взве́шивать

abwracken *vt* сдава́ть на слом; разбира́ть на лом

Abz.:

Abz., Abzahlung платёж в рассро́чку, упла́та в рассро́чку

Abz., Abzug вы́чет, удержа́ние, ски́дка

ABz, Amtsbezirk администрати́вный о́круг

Abzählen *n* отсчёт; счёт, перечисле́ние

abzahlen *vt* выпла́чивать в рассро́чку

abzahlen погаша́ть *(напр. долг, креди́т)*

eine Rate abzahlen уплачивать оди́н взнос

in Raten abzahlen выпла́чивать по частя́м

Abzahlung *f* платёж в рассро́чку, вы́плата в рассро́чку

Abzahlung погаше́ние *(напр. до́лга, креди́та)*

auf Abzahlung в рассро́чку

Abzahlungsgegenstand *m* ку́пленный в рассро́чку предме́т

Abzahlungsgeschäft *n* сде́лка с платежо́м в рассро́чку, сде́лка с рассро́чкой платежа́

Abzahlungshypothek *f* ипоте́ка, предусма́тривающая равномерные взно́сы в погаше́ние задо́лженности; ипоте́ка с ра́вными платежа́ми

Abzahlungskauf *m* поку́пка в рассро́чку, поку́пка с рассро́чкой платежа́

Abzahlungskredit *m* (потреби́тельский) креди́т с рассро́чкой платежа́

Abzahlungsrate *f* (равноме́рный) взнос в погаше́ние задо́лженности

AbzG; Gesetz betreffend die Abzahlungsgeschäfte зако́н о платежа́х в рассро́чку

abzgl, abzüglich за вы́четом

abziehen *фин.* взима́ть дамно

abziehen вычита́ть, производи́ть вы́чет *(напр. како́й-л. су́ммы из счёта)*, удéрживать *(напр. из за́работной пла́ты)*

abziehen истре́бовать, изыма́ть *(напр. вкла́ды из ба́нков, сберегательных касс)*

abziehen отвлека́ть *(напр. фина́нсовые сре́дства)*

abziehen отчисля́ть

abziehen предоставля́ть ски́дку (с цены́); предоставля́ть декорт

eine Summe vom Gesamtbetrag abziehen вычита́ть каку́ю-л. су́мму из о́бщей су́ммы

Abzinsen *n* нахожде́ние первонача́льной су́ммы по за́данной наращенной су́мме

Abzinsung *f* нахожде́ние первонача́льной су́ммы по за́данной наращенной су́мме

Abzinsung *f* спо́соб определе́ния нача́льного капита́ла по конечному капита́лу с учётом ба́нковского проце́нта

Abzug *m* вы́чет *(напр. како́й-л. су́ммы из счёта)*, удержа́ние *(напр. из за́работной пла́ты)*

Abzug *фин.* дамно

Abzug истре́бование *(напр. вкла́дов из ба́нков, сберегательных касс)*
Abzug отвлече́ние *(напр. фина́нсовых средств)*
Abzug отчисле́ние
Abzug ски́дка (с цены́); декорт
in Abzug bringen вы́честь, удержа́ть
nach Abzug за вы́четом
ohne Abzug без вы́четов, без удержаний; без ски́дки

Abzüge *m, pl* сбо́ры; нало́ги; удержа́ния

abzüglich за вы́четом

abzugsfähig подлежа́щий обложе́нию нало́гом, облага́емый нало́гом; с вычетами, с удержаниями

Abzugsfranchise *f страх.* безусло́вная франши́за

abzugsfrei не облага́емый нало́гом, свобо́дный от удержаний *(о за́работной пла́те)*; без вы́четов, без удержаний

abzusetzend, leicht легко́ сбыва́емый, хо́дкий *(о това́ре)*

abzweigen выделя́ть *(напр. фина́нсовые сре́дства)*

Abzweigung *f* выделе́ние *(напр. фина́нсовых средств)*

a.c., anni currentis, (des) laufenden Jahres с.г., сего́ го́да́, т.г., теку́щего го́да́
a/c, a conto в счёт, в зачёт, за счёт

Acc, Akzept акце́пт, акцептова́ние *(векселя́, платежа́ и т.п.)*

acceptance houses *англ.* акце́птные дома́, акце́птные конто́ры, «купеческие ба́нки»

account-day *англ.* день исполне́ния обяза́тельства, день платежа́

Achse *f* ось
auf eigener Achse свои́м хо́дом
Gewicht pro Achse нагру́зка на ось

Achtersystem *n* восьмери́чная систе́ма

achtstellig восьмиразря́дный

Achtstundentag *m* восьмичасово́й рабо́чий день

ACI, Alliance Cooperative Internationale Междунаро́дный кооперати́вныйалья́нс, МКА

acid ratio, quick ratio показа́тель ликви́дности пе́рвого поря́дка *(выража́ет соотноше́ние ме́жду краткосрочными тре́бованиями и обяза́тельствами)*

Acker- und Pflanzenbau *m* земледе́лие, полево́дство; растениеводство

Acker-Grünland-Verhältnis *n* соотноше́ние площаде́й пахотных и лугопастбищных уго́дий

Ackerbau *m* земледе́лие, полево́дство; растениеводство

Ackerbaubevölkerung *f* земледельческое населе́ние

Ackerbausystem *n* систе́ма земледе́лия

Ackerbauwirtschaft *f* земледельческое хозя́йство; земледе́лие, полево́дство

Ackerboden *m* па́шня, па́хотные уго́дья, па́хотная земля́

Ackerbuch *n* земе́льный када́стр

Ackerfläche *f* площа́дь пахотных уго́дий

Ackerflächenbewertung *f* оце́нка пахотных уго́дий

Ackerflächenvertiältnis *n* соотноше́ние посевных площаде́й по культу́рам

Ackerklassifizierung *f* классифика́ция пахотных уго́дий

Ackerland *n* па́шня, па́хотные уго́дья, па́хотная земля́

Ackernahrung *f* минима́льный земе́льный наде́л, обеспе́чивающий содержа́ние крестья́нской семьи́

Ackerparzelle *f* па́хотный наде́л

Ackerschätzungsrahmen *m* табли́ца показа́телей ка́чества по́чвы

Ackerzins *m* поземе́льный нало́г; *ист.* обро́к, поземельная пода́ть

Acquisiteur *m* аквизи́тор

ACV, Allgemeiner Konsum-Verein Всео́бщий сою́з потреби́тельских о́бществ *(Швейца́рия)*

AD, Andorra Андо́рра

a/d, a.d., after date от сего́ числа́, от да́ты векселя́

ad acta *лат. канц.* «к делу́»

ad valorem *лат.* со сто́имости *(при взима́нии по́шлин, нало́гов)*
ad-valorem-Zoll, ad-valorem Zoll *m* адвало́рная тамо́женная по́шлина *(взима́ется в проце́нтном отноше́нии к цене́ това́ра)*, адвало́рная по́шлина

ADA, allgemeines Dienstalter о́бщий служе́бный *(рабо́чий)* стаж

Adapter *m вчт.* ада́птер
Adapter перехо́дная коло́дка
Adapter согласующее устро́йство; переходно́е устро́йство
Terminaladapter *m* терминальный интерфе́йс

Adaptierung *f* адапта́ция, приспособле́ние

ADB:
ADB, African Development Bank Африка́нский банк разви́тия
ADB, Allgemeine Deutsche Binnentransport-Versicherungsbedingungen О́бщие внутригерма́нские усло́вия тра́нспортного страхова́ния
ADB, Allgemeiner Deutscher Beamtenbund Всео́бщий сою́з немецких госуда́рственных слу́жащих
ADB, Arbeitsgemeinschaft deutscher Betriebsingenieure in VDI Объедине́ние немецких инжене́ров-производственников при О́бществе немецких инжене́ров
ADB, Asian Development Bank Азиа́тский банк разви́тия

ADCA, Allgemeine Deutsche Kredit-Anstalt Неме́цкий креди́тный банк

a.d.D., an diesem Datum в ука́занный день

Addiator *m обр. дан.* сумма́тор

addieren *vt мат.* скла́дывать, прибавля́ть, сумми́ровать

Addierer *m обр. дан.* сумма́тор

Addiergerät *n обр. дан.* сумма́тор

Addiermaschine *f обр. дан.* сумма́тор

Addition *f* сложе́ние; сумми́рование
iterative Addition итерационное сложе́ние
logische Addition логи́ческое сложе́ние

Additionssatz *m* теоре́ма сложе́ния

Additionsstanzer *m* сумми́рующий перфора́тор

Additionsstreifen *m* суммирующая ле́нта *(вычисли́тельной маши́ны)*

Additionstheorem *n* теоре́ма сложе́ния

Additiv *n* доба́вка
Additiv *n тех.* приса́дка

Additlonszähler *m* сумми́рующий счётчик

ADGB, Allgemeiner Deutscher Gewerkschafsbund Всео́бщее объедине́ние немецких профсою́зов *(1919-1933 г. г.)*

Adgo, ADGo, Allgemeine Deutsche Gebührenordnung für Ärzte пра́вила взима́ния нало́гов с враче́й

ADIG, Allgemeine Deutsche Investment Gesellschaft Всео́бщая неме́цкая инвестиционная компа́ния

Administration *f* администра́ция, управле́ние
Administration администри́рование
Administration распоряже́ние руководя́щих о́рганов об осуществле́нии определённых мероприя́тий; администра́ция; управле́ние *(администрати́вное учрежде́ние)*; заве́дование, управле́ние

Administrator *m* администра́тор; управля́ющий; управленец; заве́дующий; дире́ктор-распоряди́тель; распоряди́тель *(иму́щества, ко́нкурсной ма́ссы)*; управля́ющий име́нием, управля́ющий хозя́йством; наме́стник
Administrator (выч.тех.) систе́мный администра́тор; администра́тор систе́мы; администра́тор сети́

Administrieren *n* администри́рование

ADP:
ADP, Arbeitsdienstpflicht *ист.* трудова́я пови́нность
ADP, automatic data processing ав-

томатическая обрабóтка дáнных, АОД

Adr., Adresse áдрес

Adrema *f*, *Abk.* **Adressiermaschine** «Адрема» ***(наименовáние предприятия по произвóдству адресопечáтных машин)***

adress-commission *англ.* áдресная комиссия ***(вознаграждéние, уплачиваемое судовладельцем фрахтователю или его агéнту в портý погрýзки или вы́грузки)***

Adressänderung *f* изменéние адресá

Auf welchem Weg kann ich meine Adressänderung mitteilen? Каким óбразом я могý сообщить об изменéнии моегó адресá?

Adressant *m* отправитель

Adressat *m* адресáт

Adresse *f* áдрес ***(на почтóвых и железнодорóжных отправлéниях)***

Adresse ***бирж.*** заёмщик

Adresse ***выч.*** áдрес

erste Adresse крýпные бáнки-заёмщики ***(пóльзующиеся обы́чно краткосрочным кредитом)***

zweite Adresse мéлкие бáнки-заёмщики ***(пóльзующиеся обы́чно долгосрóчным кредитом)***

Adressenarithmetik *f* áдресное арифметическое устрóйство; ***вчт.*** áдресная арифмéтика, вычислéние адресóв áдресное счислéние

Adressendruckmaschine *f* адресопечáтающая машина

Adressenkode *m* ***обр. дан., выч.*** áдресная часть кóда

Adressenliste *f* ***бирж.*** списóк бáнков-заёмщиков ***(с указáнием основны́х дáнных)***

Adressenmatrix *f* ***вчт.*** дешифрáтор адресá

Adressenraum *m* ***вчт.*** áдресное прострáнство

Adressenverlag *m* издáтельство, выпускáющее сбóрники «Кто есть кто» (напр., «Евроадрес», «Жёлтые листы́»)

Adressenzähler *m* счётчик адресопечáтной машины

Adressiergerät *n* адресопечáтная машина, адресóграф

Adressiermaschine *f* адресопечáтная машина, адресóграф

Adressspediteur *m* экспедитор-получáтель грýза

ADS, Allgemeine Deutsche Seeversicherungsbedingungen Германские прáвила морскóго страховáния

ADSp, Allgemeine Deutsche Spediteurbedingungen Общегерманские экспедиторские услóвия

ADV:

ADV, Allgemeine Durchführungsverordnung Óбщие положéния, регламентирующие порядок исполнéния

ADV, Arbeitsgemeinschaft Deutscher Verkehrsflughäfen Объединéние по эксплуатáции западногерманских аэропортов ***(на междунарóдных авиалиниях)***

advalorem *лат.* сообрáзно ценé, с объявленной цены́; со стóимости, по стóимости; адвалóрный

AdW, Arbeitsgemeinschaft Deutscher Werbungsmittler Óбщество немецких агéнтов реклáм

AE:

AE, Arbeitseinheit единица учёта трудá; ***с.-х. устар.*** трудодень

AE-Verbrauch *m* количество отрабóтанных трудодней

AE, Ausfuhrerklärung экспортная декларáция

AE, Vereinigte Arabische Emirate Объединенные арáбские эмираты

AEA, American Economic Association Американская экономическая ассоциáция ***(США)***

AED, Dirham, -- Vereinigte Arabische Emirate Дирхам (ОАЭ) (***код валюты*** 784), -- Объединенные Арáбские Эмираты, ОАЭ

A.E.F., Ausschuss für Einheiten und Formelgroßen Комитéт норм, стандáртов и еди́ной наýчно-технической терминолóгии

AEG, Allgemeine Elektrizitätsgesellschaft «Альгемайне электрицитетс гезельшафт» ***(электротехнический концéрн в ФРГ)***

AEV, Arbeitsgemeinschaft Erdölgewinnung und Verarbeitung Óбщество по добыче и переработке нéфти

AF:

AF, Ackerflächenverhältnis структýра посевных площадéй

AF, Afghanistan Афганистáн

a.F., alte Fassung старáя редáкция ***(докумéнта)***

a.f., anni futuri *лат.* бýдущего годá

AFA:

AFA, Afghani, -- Afghanistan Афгани (***код валюты*** 004), -- Афганистáн

AFA, American Finance Association Американская финáнсовая ассоциáция

AfA, Absetzung für Abnutzung скидка за изнóс ***(основны́х средств)***

Afa, Arbeitsgemeinschaft freier Angestelltenverbände Объединéние свобóдных (профессионáльных) союзов слýжащих

Afa-Bund *ист.* Всеóбщий свобóдный (профессионáльный) союз слýжащих

Affektationsverbot *n* запрещéние испóльзования госудáрственных дохóдов в целях, не предусмóтренных бюджéтом

Affektionsgut *n* потребительная стóимость вéщи ***(оснóванная на личных вкýсах потребителя)***

Affektionspreis *m* произвóльная ценá

Affektionswert *m* произвóльная ценá

Affidavit *n* аффидэвит, письменное показáние под присягой

Affiliate-Programm *n* партнёрская прогрáмма (напр. в Интернéт)

AFL-CIO, American Föderation of Labor-Congress of Industrial Organizations Американская федерáция трудá - конгрéсс произвóдственных профсоюзов, АФТ - КПП ***(США)***

afloat *англ.* на плавý ***(о товáре)***

aflt., afloat *англ.* на плавý, перевозимый мóрем

Afrikanisch-Malagassische Allgemeine Organisation Африкáно-малагасийская всеóбщая организáция

Afrikanische Entwicklungsbank Африкáнский банк развития

Afroasiatische Solidaritätsorganisation Организáция солидáрности нарóдов Áзии и Áфрики

AfS, Absetzung für Substanzverringerung скидка на истощéние запáсов ископáемых ***(при установлении размéра налогообложéния)***

Aftermiete *f* субарéнда

Afterpacht *f* субарéнда

AG:

AG, Aktiengesellschaft акционéрное óбщество

AG, Amtsgericht суд пéрвой инстáнции ***(по разбóру мéлких правонарушéний)***

A.G., Arbeitsgemeinschaft объединéние, рабóчая грýппа; координационный комитéт; óбщество, сообщество

a.G., auf Gegenseitigkeit на оснóве взаимности

against all risks *англ.* ***(застрахован)*** прóтив всех рисков

AGB:

AGB, Allgemeine Geschäftsbedingungen Óбщие услóвия заключéния торгóвых сдéлок

AGB, Arbeitsgesetzbuch кóдекс закóнов о трудé

Ageka, Aktiengesellschaft für Gemeinnützigen Kleinwohnungsbau Акционéрное óбщество строительства малометражных квартир

agency fee *англ.* сбóры по кларированию, выплáчиваемые судовым маклерам

Agent *m* агéнт ***(напр. торгóвый)***; по-

сто́янный представи́тель торго́вого предприя́тия, посто́янный представи́тель комме́рческого предприя́тия; посре́дник; комиссионе́р
kommerzieller Agent торго́вый аге́нт
agent de change (фр.) ма́клер, биржево́й ма́клер
Agentenprovision *f* аге́нтская комисси́я, комисси́я, упла́чиваемая аге́нту, комиссио́нные, упла́чиваемые аге́нту
Agentierung *f* агенти́рование
Agentierung von Schiften агенти́рование судо́в
Agentur *f* аге́нтство, представи́тельство; филиа́л
Agentur *ком.* посре́дничество
Online-Agentur *f* онла́йновое аге́нтство
Online-Agentur *f* онла́йновое представи́тельство; представи́тельство в Интерне́т
Agenturgeschäft *n* комиссио́нная фи́рма; комиссио́нная опера́ция
Agenturübernahme *f* агенти́рование судо́в
Agenturvertrag *m* аге́нтский догово́р *(заключа́ется ме́жду довери́телем и аге́нтом)*
Agenzien *pl* фа́кторы
Agfa, Aktiengesellschaft für Anilin(-fabrikation) АГФА, Акционе́рное о́бщество анили́новой промы́шленности
Agfoteur *m* биржево́й игро́к, биржево́й спекуля́нт
AgfV, Aktiengesellschaft für Versorgungsuntemehmen, Ruhr Акционе́рное о́бщество снабже́ния предприя́тий Рурской о́бласти
AGG, Arbeitsgerichtsgesetz положе́ние о суда́х, разбира́ющих трудовы́е спо́ры
Agglomeration *f* агломера́ция *(концентра́ция в одно́м райо́не одноро́дных и́ли технологически свя́занных произво́дств)*
Aggregat-Fließfertigung *f* агрега́тно-пото́чное произво́дство
Aggregatgröße *f стат.* агрегати́вная величина́
Aggregatindex *m стат.* агрегати́вный инде́кс, сво́дный инде́кс
Aggregation *f* агреги́рование *(объедине́ние показа́телей, относя́щихся к индивидуа́льным объектам наблюде́ния)*
Aggregationsfähigkeit *f стат.* возмо́жность сумми́рования *(напр. да́нных)*
Aggregatmethode *f* агрега́тный ме́тод *(образова́ния цен)*
Aggregatnorm *f* агрега́тная но́рма расхо́да материа́лов, сво́дная но́рма расхо́да материа́лов
aggregierbar допуска́ющий агреги́рование, агреги́руемый
aggregieren *vt* агреги́ровать *(соедини́ть, объедини́ть)*
Aggregierung *f* агреги́рование *(объедине́ние показа́телей, относя́щихся к индивидуа́льным объектам наблюде́ния)*
aggressives Marketing *n* агресси́вный ма́ркетинг
Agio *n* (ит.) а́жио, лаж, курсова́я ра́зница *(ра́зница ме́жду эмиссионным ку́рсом и номина́льной сто́имостью це́нных бума́г)*
Bankagio *n* ба́нковский лаж; ба́нковское а́жио
Goldagio *n* а́жио на зо́лото; лаж на зо́лото; наце́нка на зо́лото
Agioerlös *m* превыше́ние курсово́й сто́имости це́нной бума́ги над ее номина́льной сто́имостью, опла́ченное инвестором
Agiogewinn *m* при́быль от а́жио
Agiojäger *m* биржево́й игро́к, биржево́й спекуля́нт
Agiokonto *n* а́жио-конто
Agiopapier *m* облига́ция акционе́рного о́бщества с а́жио
Agiorücklage *f* резе́рв для вы́плат а́жио
Agios *n, pl* (ит.) проце́нты и комиссио́нные ба́нка за совершённые опера́ции; ба́нковский лаж; ба́нковское а́жио
Agiotage *f (биржево́й)* ажиота́ж (испо́льзование ре́зких и́ли непредви́денных колеба́ний ку́рсов це́нных бума́г в спекуляти́вных целя́х)
Agioteur *m* биржево́й игро́к; биржево́й спекуля́нт; биржево́й ма́клер
Agioteur спекуля́нт биле́тами; спекуля́нт входны́ми биле́тами
Agiotheorie *f* тео́рия лажа, тео́рия а́жио; тео́рия проце́нта, вы́двинутая Бём-Баверком
agiotieren *бирж.* создава́ть ажиота́ж
Agitation *f* агита́ция
Agitation подстрека́тельство
Agla, Ausgleichsamt согласительное бюро́ *(для перерасчётов по непра́вильно взы́сканным сборам за перево́зки)*
AGN, Arbeitsgemeinschaft Güternahverkehr О́бщество по перево́зке гру́зов на бли́зкое расстоя́ние
AGO, Abteilungsgewerkschaftsorganisation цехова́я профсою́зная организа́ция
AGP, Arbeitsgemeinschaft Personenverkehr О́бщество пассажи́рских перево́зок
Agrar:
Agrar- und Rohstoffanhängsel *n* агра́рно-сырьевой прида́ток
Agrar- und Rohstofflieferant *m* поставщи́к сельскохозя́йственных проду́ктов и сырья́
Agrar-Industrie-Komplex *m* агра́рно-промы́шленный ко́мплекс
Agrar-Industrie-Land *n* агра́рно-индустриа́льная страна́
Agrar-Industrie-Staat *m* агра́рно-индустриа́льная страна́
Agrar-Industrie-Gemeinde *f* агра́рно-промы́шленная общи́на
Agraraktiengesellschaft *f* агра́рное акционе́рное о́бщество
Agrararabschöpfung *n* тамо́женный сбор, взима́емый при импорте сельскохозя́йственной проду́кции
Agrararabschöpfungen *n, pl* компенсационные тамо́женные по́шлины на сельскохозя́йственную проду́кцию; компенсационные тамо́женные по́шлины на сельскохозпродукцию; компенсационные тамо́женные по́шлины на проду́кцию агра́рного сектора
Agrarausfuhr *f* экспорт сельскохозя́йственной проду́кции, вы́воз сельскохозя́йственной проду́кции
Agrarbank *f* земе́льный банк; агра́рный банк; агроба́нк; агропромы́шленный банк; сельхозбанк
Agrarbankpfandbrief *m* закладно́й лист земе́льного ба́нка
Agrarbedarf *n* спрос на сельскохозя́йственную проду́кцию; спрос на проду́кцию агра́рного ко́мплекса; спрос на проду́кцию агра́рного сектора
Agrarbereich *m* сельскохозя́йственный се́ктор (эконо́мики); о́трасль се́льского хозя́йства: сельскохозя́йственная о́трасль; агра́рный се́ктор
Agrarbetrieb *m* сельскохозя́йственное предприя́тие; предприя́тие агра́рного сектора
Agrarbevölkerung *f* сельскохозя́йственное населе́ние; населе́ние, за́нятое в се́льском хозя́йстве
Agrarbezirk *m* агра́рный райо́н, сельскохозя́йственный райо́н
Agrarbörse *f* сельскохозя́йственная би́ржа; агра́рная би́ржа
Agrardarlehen *n* ссу́да на нужды́ се́льского хозя́йства; сельскохозя́йственный креди́т; креди́т агра́рному сектору
Agrardichte *f* пло́тность се́льского населе́ния
Agrardistrikt *m* агра́рный райо́н, сельскохозя́йственный райо́н
Agrareinfuhr *f* и́мпорт сельскохозя́йственной проду́кции, ввоз сельскохозя́йственной проду́кции
Agrarentwicklung *f* разви́тие агра́рных отноше́ний; разви́тие агра́рного

сектора (эконо́мики); разви́тие се́льского хозя́йства

Agrarerzeugnisse *n, pl* сельскохозя́йственная проду́кция, проду́кты се́льского хозя́йства; проду́кция агра́рного сектора; агропроду́кция

Agrarexport *m* агроэкспорт, экспорт проду́кции агра́рного сектора, экспорт сельхозпродукции

Agrarexportbeihilfe *f* субси́дии при экспорте сельскохозяйственной проду́кции

Agrarfonds *pl;* **EAGGF, European Agricultural Guidance and Guarantee Fund** Европе́йский сельскохозя́йственный консультационный и гаранти́йный фонд, ЕСКГФ

Agrarfrage *f* агра́рный вопро́с

Agrargebiet *n* агра́рный райо́н, сельскохозя́йственный райо́н

Agrargemeinde *f* се́льская общи́на

Agrargenossenschaft *f* сельскохозя́йственная коопера́ция

Agrargenossenschaft *f* сельскохозя́йственный кооперати́в

Agrargeographie *f* геогра́фия се́льского хозя́йства; геогра́фия агропромы́шленного ко́мплекса

Agrargesetz *n* земе́льный зако́н, зако́н о землевладении и землепользовании

Agrargesetzgebung *f* агра́рное законода́тельство, земе́льное законода́тельство; законода́тельство в о́бласти се́льского хозя́йства

Agrarhandel *m* торго́вля сельскохозя́йственной проду́кцией; торго́вля проду́кцией агра́рного сектора, торго́вля агропроду́кцией

Agrarier *m* кру́пный землевладе́лец; сельскохозя́йственный предпринима́тель; агра́рий

Agrarimport *m* и́мпорт сельскохозя́йственной проду́кции, ввоз сельскохозя́йственной проду́кции, агрои́мпорт, и́мпорт проду́кции агра́рного сектора

Agrarindustrievereinigung *f* агра́рно-промы́шленное объедине́ние

agrarisch агра́рный, земе́льный; земледе́льческий, сельскохозя́йственный

agrarischer Rohstoff *m* сельскохозя́йственный проду́кт; проду́кт се́льского хозя́йства

Agrarkapital *n* агра́рный капита́л

Agrarkapitalist *m* капитали́ст-агра́рий

Agrarkapitallsmus *m* агра́рный капитали́зм

Agrarkonjunkturen *f pl* фа́кторы сельскохозя́йственной конъюнкту́ры

Agrarkredit *m* сельскохозя́йственный креди́т; креди́т на сельскохозя́йственные нужды́; креди́т в агропромы́шленный се́ктор

Agrarkreditsystem *n* систе́ма кредитования се́льского хозя́йства

Agrarkrise *f* агра́рный кри́зис, кри́зис се́льского хозя́йства; кри́зис в се́льском хозя́йстве

Agrarland *n* агра́рная страна́, сельскохозя́йственная страна́

Agrarlobby *f* агра́рное ло́бби

Agrarmarkt *m* агра́рный ры́нок, ры́нок сельскохозя́йственной проду́кции

gemeinsamer Agrarmarkt о́бщий агра́рный ры́нок

Agrarmarktordnung *f* положе́ния о торго́вле на агра́рном ры́нке

Agrarmarktordnung *f* регули́рование сельскохозя́йственного произво́дства *(в стра́нах бывш. ЭЭС)*

Agrarmesse *f* сельскохозя́йственная вы́ставка

Agrarnachfrage *f* спрос на сельскохозя́йственную проду́кцию

Agrarökonomie *f* эконо́мика се́льского хозя́йства, эконо́мика агра́рного сектора

Agrarökonomik эконо́мика се́льского хозя́йства, эконо́мика агра́рного сектора

Agrarordnung *f* регули́рование сельскохозя́йственного произво́дства

Agrarplanung *f* плани́рование *(разви́тия)* се́льского хозя́йства

Agrarpolitik *f* агра́рная поли́тика, земе́льная поли́тика; поли́тика в о́бласти се́льского хозя́йства

Agrarpreis *m* цена́ на сельскохозя́йственную проду́кцию, цена́ на агропроду́кцию

Agrarpreisstützung *f* поддержа́ние цен на сельскохозя́йственную проду́кцию

Agrarprodukt *n* проду́кт сельскохозя́йственного произво́дства, сельскохозя́йственный проду́кт

Agrarprodukt für den Export *n* экспортный проду́кт сельскохозя́йственного произво́дства; това́рный проду́кт сельскохозя́йственного произво́дства (на экспорт)

Agrarproduktenmarkt *m* агра́рный ры́нок, ры́нок сельскохозя́йственной проду́кции, ры́нок агропромы́шленной проду́кции

Agrarproduktion *f* сельскохозя́йственное произво́дство, произво́дство сельскохозя́йственной проду́кции, агра́рное произво́дство, агропромы́шленное произво́дство

Agrarproduktion сельскохозя́йственная проду́кция, проду́кция се́льского хозя́йства, проду́кция агра́рного сектора

Agrarprogramm *n* агра́рная програ́мма, програ́мма *(разви́тия)* се́льского хозя́йства; сельскохозя́йственная програ́мма

Agrarpropaganda *f* пропага́нда достиже́ний в о́бласти се́льского хозя́йства

Agrarprotektionismus *m* агра́рный протекциони́зм, протекциони́зм в о́бласти се́льского хозя́йства

Agrarraum *m* агра́рный райо́н, сельскохозя́йственный райо́н

Agrarrecht *n* земе́льное пра́во

Agrarreform *f* агра́рная рефо́рма, рефо́рма в о́бласти се́льского хозя́йства

Agrarrente *f* земе́льная ре́нта

Agrarrevisionismus *m ист.* ревизиони́зм в о́бласти агра́рной поли́тики

Agrarrevolution *f* агра́рная револю́ция

Agrarrohstoff *m* сельскохозя́йственное сырьё

Agrarrohstoffe *m, pl* сельскохозя́йственное сырьё

Agrarschutzzölle *m, pl* тамо́женные по́шлины в усло́виях агра́рного протекциони́зма (для защи́ты се́льского хозя́йства развива́ющихся стран и́ли ме́стного ры́нка от иностра́нной конкуре́нции)

Agrarsektor *m* агра́рный се́ктор

Agrarsektor се́льское хозя́йство *(как се́ктор эконо́мики)*

Agrarsoziologie *f* агра́рная социоло́гия

Agrarstaat *m* агра́рная страна́; сельскохозя́йственная страна́

Agrarstatistik *f* стати́стика се́льского хозя́йства

Agrarstruktur *f* агра́рная структу́ра; структу́ра агра́рных отноше́ний

Agrarstruktur структу́ра агра́рного сектора эконо́мики

Agrartechnik *f* агроте́хника

Agrartechnik сельскохозя́йственная те́хника

Agrarüberschuss *m* изли́шек сельскохозя́йственной проду́кции

Agrarüberschüsse *m, pl* изли́шки сельскохозя́йственной проду́кции

Agrarunion *f* агра́рный сою́з в ра́мках бывш. ЕЭС *(образова́ние еди́ного вну́треннего ры́нка, согласова́ние внешнеторго́вых опера́ций)*

Agrarunternehmen *n* сельскохозя́йственное предприя́тие, сельхозпредприяие, агра́рное предприя́тие

Agrarverband *m* объедине́ние производи́телей сельскохозя́йственной проду́кции, сою́з производи́телей сельскохозя́йственной проду́кции

Agrarverband объедине́ние сельскохозя́йственных производи́телей

Agrarvereinigung *f* объединéние производи́телей сельскохозя́йственной продýкции, союз производи́телей сельскохозя́йственной продýкции

Agrarverfassung *f* агрáрное законодáтельство, земéльное законодáтельство

Agrarverhältnisse *n, pl* агрáрные отношéния (мн.ч.); земéльные отношéния (мн.ч.)

Agrarwirtschaft *f* агрáрное хозя́йство *(включáет сéльское хозя́йство, садовóдство, виногрáдарство, лесовóдство, деревообрабóтку, рыболóвство)*

agrarwirtschaftlich агрáрный; агропромы́шленный; сельскохозя́йственный; землéдельческий

Agrarzoll *m* тамóженная пóшлина на сельскохозя́йственную продýкцию (при экспорте и импорте)

Agrarzölle *m, pl* тамóженные пóшлины на сельскохозя́йственную продýкцию (при экспорте и импорте)

Agrarzuschüsse *f, pl* субси́дии сéльскому хозя́йству; субси́дии в агропромы́шленный сéктор

Agrikultur *f* агрикультýра, землéдéлие, полевóдство

vielseitige Agrikultur многоотраслевóе землéдéлие

Agroindustrie *f* агропромы́шленность

AGS, Arbeitsgangstufe ступéнь произвóдственного процéсса

AGV:

AGV, Angestelltenversicherungsgesetz закóн о страховáнии слýжащих

AGV, Arbeitgeber-Vereinigung Объединéние предпринимáтелей

AH-Bank *f* внешнеторгóвый банк

AHB:

AHB, Außenhandelsbank Внешнеторгóвый банк

AHB, Außenhandelsbanken бáнки для внéшней торгóвли

AHB, Außenhandelsbetrieb внешнеторгóвое предприя́тие

AHD, Außenhandelsdienst der Industrie- und Handels-Kammern und Wirtschaftsverbände *(наименовáние периоди́ческого издáния по экономи́ческой информáции)*

AHK, Außenhandelskontor внешнеторгóвая контóра

ähnlich аналоги́чный; подóбный

Ahnlichkeitstheorie *f мат.* теóрия подóбия

AHO, Außenhandelsorganisation внешнеторгóвая организáция

AHSt, Außenstelle für Erzeugnisse der Ernährung und Landwirtschaft филиáл по пищевым и сельскохозя́йственным продуктам

AHU, Außenhandelsunternehmen внешнеторгóвая фи́рма; внешнеторгóвая организáция

aHV, außerordentliche Hauptversammlung внеочереднóе óбщее собрáние *(акционéров)*

AIDOS, automatisiertes Informations- und Dokumentationssystem автоматизи́рованная систéма информáции и документáции

AIG, Auslandsinvestitionsgesetz закóн о зарубéжных инвестициях

AIR, Association Internationale du Registre des Bateaux du Rhin Междунарóдное объединéние «Рéйнский судовóй регистр»

AIS, Association Internationale de la Soie Междунарóдная ассоциáция по шёлку

AISE, Association Internationale des Sciences Econorniques Междунарóдная ассоциáция экономи́ческих наýк

AIT, Alliance Internationale de Tourisme Междунарóдный тури́стский алья́нс

AJB, Außenhandelsjahrbuch "Аусенхандельсярбух" *(наименовáние немéцкого ежегодника по вопрóсам внéшней торгóвли)*

AK:

AK, Aktienkapital акционéрный капитáл

AK, Amtskasse вéдомственная кáсса

AK, Arbeitskraft рабóчая си́ла

a.K., außer Konkurrenz вне конкурéнции

AK-Verfahren, Akkreditivverfahren *n* аккредити́вная фóрма расчёта

AKA, Ausfuhr-Kredit-Aktiengesellschaft Акционéрное óбщество по кредитованию экспортных операций

AKB, Allgemeine Kundendienstbedingungen des RGW Óбщие услóвия техни́ческого обслýживания стран-члéнов бывш. Совéта Экономи́ческой Взаимопóмощи

AKG, Allgemeines Kriegsfolgengesetz Закóн об óбщем урегулировании ущéрба, нанесённого войнóй пóсле разгрома Гермáнской импéрии

Akh, Arbeitskraftstunde человеко-час, ч./час

Akh/ha *с.-х.* затраты человеко-часов на оди́н гектáр

Akkord *m* аккóрд, соглашéние; полюбовная сдéлка *(с кредитóрами)*

Akkord аккóрдная зáработная плáта, сдéльная зарплáта, аккóрд

Akkord сдéльная рабóта, сдéльщина

Akkord трудовóй договóр на услóвиях аккóрдной оплáты

Akkord трудовóй договóр на услóвиях сдельной оплáты трудá, трудовóе соглашéние на услóвиях аккóрдной (сдельной) оплáты трудá

in Akkord geben выдавáть закáз на выполнéние сдельной рабóты

im Akkord arbeiten рабóтать сдéльно

im Akkord stehen рабóтать сдéльно

Akkordarbeit *f* сдéльная рабóта, сдéльщина

Akkordarbeiter *n* рабóчий-сдéльщик

akkordieren *vi* договáриваться полюбóвно; заключáть трудовóй договóр на услóвиях аккóрдной (сдельной) оплáты трудá, заключáть договóр нáйма на услóвиях аккóрдной (сдельной) оплáты трудá

akkordieren заключáть полюбóвную сдéлку *(с кредитóрами)*

Akkordköpfen *n* снижéние расценок сдельной зáработной плáты за счёт повышéния нóрмы вы́работки

Akkordlohn *m* аккóрдная зáработная плáта, сдéльная зáработная плáта, аккóрдная зарплáта, сдéльная зарплáта

im Akkordlohn arbeiten рабóтать сдéльно, имéть аккóрдную систéму оплáты

Akkordlohnsystem *n* систéма аккóрдной (сдельной) зáработной плáты

Akkordrichtsatz *m* исхóдная расцéнка сдельной зáработной плáты, исхóдная расцéнка аккóрдной зарплáты

Akkordsatz *m* расцéнка аккóрдной (сдельной) зáработной плáты, расцéнка аккóрдной (сдельной) зарплáты

Akkordschere *f* снижéние расценок сдельной зáработной плáты за счёт повышéния нóрмы вы́работки

Akkordsystem *n* систéма аккóрдной (сдельной) зáработной плáты

Akkordvertrag *m* трудовóй договóр на услóвиях аккóрдной оплáты, трудовóй договóр на услóвиях сдельной оплáты трудá, трудовóе соглашéние на услóвиях аккóрдной (сдельной) оплáты трудá

akkreditieren выдавáть аккредити́в

akkreditieren предоставля́ть креди́т

akkreditieren уполномачивать, уполномóчить *(когó-л на что-л.)*

Akkreditierte *m f* довéренное лицó; получáтель по аккредити́ву, бенефициáр

Akkreditierte получáтель по аккредити́ву, бенефициáр

Akkreditiv *n* аккредити́в

bestätigtes Akkreditiv подтверждённый аккредити́в

dokumentarisches Akkreditiv документáрный аккредити́в

einmalig gestelltes Akkreditiv рáзо-

вый аккредитив
langfristiges Akkreditiv долгосрочный аккредитив
revolvierendes Akkreditiv револьверный аккредитив, автоматически возобновляемый аккредитив
sich automatisch erneuerndes Akkreditiv револьверный аккредитив, автоматически возобновляемый аккредитив
teilbares Akkreditiv делимый аккредитив
übertragbares Akkreditiv переводный аккредитив, трансферабельный аккредитив
unbefristetes Akkreditiv бессрочный аккредитив
unbestätigtes Akkreditiv неподтвержденный аккредитив
unwiderrufliches Akkreditiv безотзывный аккредитив; аккредитив без права отзыва
widerrufliches Akkreditiv отзывной аккредитив; аккредитив с правом отзыва
ein Akkreditiv abändern изменить условия аккредитива
ein Akkreditiv eröffnen открывать аккредитив
ein Akkreditiv erstellen открыть аккредитив
ein Akkreditiv stellen открывать аккредитив

Akkreditivauftrag *m* аккредитивное поручение

Akkreditivbetrag *m* сумма аккредитива

Akkreditiveröffnung *f* открытие аккредитива

Akkreditiveröffnungsauftrag *m* поручение на открытие аккредитива

Akkreditivsteller *m* держатель аккредитива; аккредитиводатель

Akkreditivstellung *f* открытие аккредитива

Akkreditivverfahren *n* аккредитивная форма расчёта, аккредитивная форма расчётов

Akkumulation *f* накопление, аккумулирование, аккумуляция *(напр. капитала)*
Akkumulation für konsumtive Zwecke накопление потребительского назначения
Akkumulation in der nichtproduzierenden Sphäre непроизводственное накопление
Akkumulation in der Produktionssphäre производственное накопление
haushaltswirksame Akkumulation бюджетные накопления, учитывающие переходящие остатки на конец года
kapitalistische Akkumulation капиталистическое накопление
konsumtive Akkumulation накопление потребительского назначения
nich-tproduktive Akkumulation непроизводственное накопление
nominelle Akkumulation номинальное накопление
produktive Akkumulation производственное накопление
reale Akkumulation реальное накопление
unproduktive Akkumulation непроизводственное накопление
ursprüngliche Akkumulation первоначальное накопление (капитала)

Akkumulationsentwicklung *f* динамика накоплений

Akkumulationsfonds *m* фонд накопления

Akkumulationsform *f* форма накопления

Akkumulationskraft *f* способность к накоплению

Akkumulationsmasse *f* абсолютная величина накопления
Akkumulationsmasse масса накопления

Akkumulationsmittel *n* средство накопления *(функция денег)*
Akkumulationsmittels *n, pl* средства накопления *(материальные и финансовые)*

Akkumulationsquelle *f* источник накопления
Akkumulationsquellen *f, pl* источники накопления

Akkumulationsquote *f* норма сбережений
Akkumulationsquote норма накопления (накапливаемая часть прибавочного продукта)
Akkumulationsquote часть национального продукта, идущая на накопление
Akkumulationsquote des Staatshaushalts доля бюджетных средств, предназначенная для капиталовложений; доля накоплений в общей сумме бюджетных поступлений

Akkumulationsrate *f* норма накопления

Akkumulationstheorie *f* теория накопления

Akkumulationstrieb *m* стремление к накоплению

akkumulieren накапливать, накоплять, осуществлять накопления, аккумулировать

Akontozahlung *f* частичный платёж, платёж в рассрочку; аванс, авансовый платёж, предварительный взнос (в счёт уплаты)

akquirieren вербовать клиентов, вербовать покупателей
akquirieren *(выгодно)* приобретать

akquiriert благоприобретённый

Akquisiteur *m* агент, привлекающий клиентов (напр. страхового общества, туристической компании); аквизитор
Akquisiteur сборщик заказов
Akquisiteur *m* сборщик объявлений для газет

Akquisition *f* вербовка клиентов; привлечение клиентов; аквизиция
Akquisition *(выгодное)* приобретение

akquisitorisch аквизиторский (способный стимулировать спрос и удерживать его)
akquisitorisches Potenzial аквизиторский потенциал

AKRA, Arbeitsgemeinschaft Kraftwagenspedition Общество автомобильных перевозок

Akt *m* документ, официальная бумага, акт
Akt der Höflichkeit акт вежливости
Akt des guten Willens акт доброй воли
aggressiver Akt агрессивный акт; акт агрессии
feierlicher Akt торжественный акт
formaler Akt формальный акт
gesetzgeberischer Akt законодательный акт
juristischer Akt юридический акт
kommerzieller Akt коммерческий акт *(действие, напр., акт купли-продажи)*
kommerzieller Akt коммерческий акт *(документ)*
völkerrechtswidriger Akt акт, противоречащий нормам международного права

Akte *f* документ, официальная бумага, акт
geheime Akte секретный документ
nach Lage der Akte на основании документа
eine Akte aufsetzen составлять акт, составить акт
die Akten ansehen ознакамливаться с делами, просматривать дела
zu den Akten legen приобщать к делу, приобщить к делу; подшивать к делу, подшить к делу
Akten ablegen сдавать дела в архив, сдать дела в архив
Akte anlegen заводить дело, завести дело

Akten *f, pl* документы (мн.ч.), официальные бумаги (мн.ч.)
Akten (канц.) дело; подшивка документов

Aktenablage *f* хранение документов

Aktendeckel *m* папка (для дел), скоросшиватель

Aktenplan *m канц.* опись дел; номенклатура дел

Aktenvernichter *m* прибор для уничтожения деловых бумаг

Aktenvernichtung *f* уничтожение де-

ловы́х бума́г
vorsätzliche Aktenvernichtung преднаме́ренное уничтоже́ние деловы́х бума́г, умы́шленное уничтоже́ние деловы́х бума́г
Aktenzeichen *n* поме́та в де́ле; но́мер докуме́нта, знак докуме́нта, шифр докуме́нта
AktG, Aktiengesetz зако́н об опера́циях с це́нными бума́гами
Aktie *f* а́кция
Aktie mit dem Recht der Beteiligung am Gewinnüberschuss а́кция с пра́вом уча́стия в оста́тке при́былей
Aktie mit mehrfachem Stimmrecht многоголосая а́кция, плюральная а́кция
Aktie mit Nennwert а́кция с нарица́тельной сто́имостью, а́кция с номина́льной сто́имостью
Aktie ohne Nennwert а́кция без нарица́тельной сто́имости, а́кция без номина́льной сто́имости
Aktie ohne Stimmrecht безголо́сая а́кция, неголосующая а́кция, а́кция без права́ голоса́
Aktien *f, pl* а́кции (мн.ч.)
alte Aktie а́кция пе́рвого вы́пуска, основна́я а́кция, а́кция пе́рвой эмиссии
bevorrechtete Aktie привилегиро́ванная а́кция
bevorrechtigte Aktie привилегиро́ванная а́кция
eigene Aktie собственная а́кция *(распространя́емая среди́ свои́х рабо́чих и слу́жащих)*
eingetragene Aktie зарегистрированная а́кция
gewöhnliche Aktie обыкнове́нная а́кция
junge Aktie но́вая а́кция, а́кция но́вого вы́пуска, а́кция но́вой эмиссии
konvertierbare Aktie конверти́руемая а́кция
kumulative Aktie кумулятивная а́кция, накопительная а́кция
landwirtschaftliche Aktie а́кция сельскохозя́йственного предприя́тия
nicht stimmberechtigte Aktie безголо́сая а́кция, неголосующая а́кция, а́кция без права́ голоса́
nicht voll eingezahlte Aktie а́кция с непо́лной опла́той, части́чно опла́чиваемая а́кция, не по́лностью опла́чиваемая а́кция
stimmberechtigte Aktie а́кция, даю́щая пра́во голоса́; а́кция с пра́вом голоса́; голосу́ющая а́кция
vinkulierte Aktie именна́я а́кция, винкули́рованная а́кция *(вид именных а́кций, кото́рые мо́гут быть пе́реданы тре́тьим ли́цам то́лько с разреше́ния о́бщества)*
vollbezahlte Aktie по́лностью опла́ченная а́кция
die Aktien fallen курс а́кций па́дает, а́кции па́дают в цене́
die Aktien steigen курс а́кций повыша́ется, а́кции повышаются в цене́
Aktien-Depositenbank *f* акционе́рный депози́тный банк *(в А́нглии)*
Aktienabschnitt *m* дивиде́ндный купо́н а́кции
Aktienabschnitt отрывно́й купо́н а́кции *(дивиде́ндный)*
Aktienabstempelung *f* измене́ние номина́льной сто́имости а́кции путём штемпелевания, измене́ние номина́льной цены́ а́кции путём штемпелевания
Aktienanteil *m* пай в акционе́рном капитале; до́ля в акционе́рном капитале; портфе́ль а́кций в де́ле (би́знесе)
Aktienaufteilung *f* сплит, дробле́ние а́кций
Aktienausgabe *f* вы́пуск а́кций, эми́ссия
Aktienaustausch *m* обме́н а́кций
Aktienbank *f* акционе́рный банк
Aktienbeitrag *m* взнос за а́кцию; опла́та а́кции
Aktienbesitz *m* владе́ние а́кциями
Aktienbesitz паке́т а́кций
Aktienbesitzer *m* акционе́р, держа́тель а́кций
Aktienbeteiligung *f* переда́ча ча́сти а́кций кредито́ру акционе́рного о́бщества для части́чного удовлетворе́ния его́ тре́бований
Aktienbezugsrecht *n* пра́во на получе́ние а́кций
Aktienbörse *f* фо́ндовая би́ржа
Aktienbuch *n* кни́га регистра́ции владе́льцев именных а́кций
Aktienbuch кни́га регистра́ции со́бственников именных а́кций
Aktieneinzahlung *f* взнос за а́кцию; опла́та а́кции
Aktienemission *f* вы́пуск а́кций, эми́ссия а́кций
Aktienfonds *m* фонд акционе́рного о́бщества
Aktiengattungen *f, pl* ви́ды а́кций
Aktiengesellschaft *f* акционе́рное о́бщество, акционе́рная компа́ния
gemischte Aktiengesellschaft сме́шанное акционе́рное о́бщество, акционе́рное о́бщество со сме́шанным капиталом
Aktiengesetz *n* зако́н об акционе́рных о́бществах
Aktiengesetzgebung *f* законода́тельство, регламентирующее де́ятельность акционе́рных о́бществ
Aktienhalter *m* акционе́р, держа́тель а́кции (а́кций)
Aktienhandel *m* ку́пля-прода́жа а́кций; торго́вля а́кциями
Aktienindex *m* инде́кс котировки а́кций; инде́кс ку́рсов а́кций
Aktieninhaber *m* держа́тель а́кций, владе́лец а́кций, акционе́р
Aktienkapital *n* акционе́рный капита́л
Aktienkommerzbank *f* акционе́рный комме́рческий банк, АКБ
Aktienkontrollpaket *n* контро́льный паке́т а́кций
Aktienkurs *m* курс а́кций *(цена́ а́кций, образу́ющаяся на би́рже)*
Aktienkursindex *m* инде́кс котировки а́кций; инде́кс ку́рсов а́кций
Aktienmajorität *f* контро́льный паке́т а́кций
Aktienmakler *m* биржево́й ма́клер, посре́дник при ку́пле-прода́же а́кций
Aktienmarkt *m* ры́нок а́кций
Aktienmarkt фо́ндовая би́ржа
Aktiennovelle *f* нове́лла, регули́рующая акционе́рное пра́во *(издана в 1931 г.)*
Aktienoption *f* акционе́рный опцио́н; пра́во купи́ть а́кции по льго́тной цене́; фо́ндовый опцио́н
eine Aktienoption verkaufen прода́ть фо́ндовый опцио́н; прода́ть акционе́рный опцио́н
Aktienpaket *n* паке́т а́кций
Aktienportefeuille *n* портфе́ль а́кций
Aktienposten *m (небольшо́й)* паке́т а́кций
Aktienrecht *n* акционе́рное пра́во
aktienschwer владе́ющий больши́м паке́том а́кций, владе́ющий кру́пным паке́том а́кций
Aktienspekulant *m* биржево́й игро́к, спекули́рующий на ку́рсах а́кций; биржеви́к, спекули́рующий на ку́рсах а́кций; биржево́й спекуля́нт, спекуля́нт на би́рже
Aktienspekulation *f* игра́ на ку́рсах а́кций; биржева́я спекуля́ция на ку́рсах а́кций
Aktienstimmrecht *n* пра́во голоса́ акционе́ров
Aktienstreuung *f* прода́жа а́кций широ́кому кругу́ ме́лких и сре́дних акционе́ров, распыле́ние а́кций
Aktienumtausch *m* обме́н а́кций
Aktienunternehmen *n* акционе́рное предприя́тие, предприя́тие акционе́рной фо́рмы со́бственности
Aktienzeichnung *f* подпи́ска на а́кции
Aktion *f* де́йствие, выступле́ние, кампа́ния, а́кция
konzentrierte Aktion согласо́ванные де́йствия *(предпринима́телей, на-*

пра́вленные про́тив интере́сов трудя́щихся)

Aktionär *m* акционе́р, держа́тель а́кций
die Aktionäre einberufen созва́ть собра́ние акционе́ров

Aktionärhauptversammlung *f* о́бщее собра́ние акционе́ров

Aktionärsbank *f* акционе́рный банк, АБ

Aktionärsbrief *m* биржево́й бюллете́нь, биржево́й информацио́нный бюллете́нь

Aktionärsvereinigung *f* объедине́ние акционе́ров; акционе́рное ло́бби

Aktiv *n* акти́в *(напр. хозя́йственный)*; гру́ппа активи́стов; (обще́ственный) комите́т
ökonomisches Aktiv акти́в предприя́тия, периоди́чески собираемый для рассмотре́ния экономи́ческих вопро́сов

aktiv акти́вный
aktive Handelsbilanz акти́вный торго́вый бала́нс
aktive Scheckfähigkeit акти́вная че́ковая правоспосо́бность
aktive Zahlungsbilanz акти́вный платёжный бала́нс
aktiver Anteil акти́вное уча́стие
aktives Mitglied акти́вный член
aktive Wahlrecht акти́вное избира́тельное пра́во
Entwicklung des Unternehmens aktiv gestalten акти́вно подде́рживать разви́тие предприя́тия

Aktiv-Passiv-Konto *n* акти́вно-пасси́вный счёт

Aktiva *pl* акти́вы *(земля́, постро́йки, обору́дование, причита́ющиеся платежи́, ликви́дность)*; нали́чность; акти́вная часть бала́нса; акти́вные статьи́ бала́нса; де́бет, су́мма, ука́занная в ле́вой ча́сти бала́нса; авуа́ры
antizipative Aktiva *бухг.* антиципи́рованные акти́вы
ständige Aktiva усто́йчивые акти́вы; постоя́нные акти́вы
transitorische Aktiva *бухг.* расхо́ды бу́дущих пери́одов

Aktivforderung *f бухг.* долгово́е тре́бование *(по акти́вной ча́сти бала́нса)*

Aktivgeschäft *n* креди́тная опера́ция
Aktivgeschäft креди́тная опера́ция ба́нка
Aktivgeschäft *юр.* сде́лка, в результа́те кото́рой банк стано́вится кредито́ром
Aktivgeschäfte *pl* креди́тные опера́ции (мн.ч.); акти́вные опера́ции (мн.ч.); ле́ндинг

Aktivhandel *m* внешнеторго́вый оборо́т, име́ющий положи́тельное са́льдо; положи́тельное внешнеторго́вое са́льдо

aktivieren записа́ть в акти́в, записа́ть в акти́вную часть бала́нса
aktivieren активизи́ровать

Aktivierung *f* отраже́ние всех акти́вных стате́й в бала́нсе; оприхо́дование; активиза́ция
Aktivierung der Grundfonds *бухг.* включе́ние основны́х фо́ндов в произво́дственный проце́сс

Aktivierungsquote *f* соотноше́ние отражённых в бала́нсе о́бщих капиталовложе́ний

Aktivität *f* акти́вность; де́ятельность; *сет. пл.* рабо́та; *выч.* де́йствие
kritische Aktivität *сет. пл.* крити́ческая рабо́та
nichtkritische Aktivität *сет. пл.* некритическая рабо́та
wirtschaftliche Aktivität экономи́ческая акти́вность

Aktivitäten *f pl* де́ятельность, акти́вность

Aktivitätsabschluss *m сет. пл.* оконча́ние рабо́ты

Aktivitätsdauer *f сет. пл.* продолжи́тельность рабо́ты
erwartete Aktivitätsdauer ожида́емая продолжи́тельность рабо́ты
optimistische Aktivitätsdauer оптимистическая продолжи́тельность рабо́ты
pessimistische Aktivitätsdauer пессимистическая продолжи́тельность рабо́ты
wahrscheinlichste Aktivitätsdauer наибо́лее вероя́тная продолжи́тельность рабо́ты

Aktivitätsliste *f* пе́речень рабо́т

Aktivitätszeit *f* продолжи́тельность рабо́ты

Aktivkapital *n* нали́чный капита́л; фина́нсовые акти́вы

Aktivkonto *n бухг.* акти́вный счёт

Aktivkredit *m* креди́т из со́бственных средств

Aktivmasse *f* нали́чное иму́щество неплатёжеспособного лица́, акти́вная ма́сса банкро́та; совоку́пность акти́вов, вся нали́чность

Aktivposten *m* акти́вная статья́ бала́нса

Aktivrückstände *m, pl* невзысканная задо́лженность

Aktivsaldo *m* акти́вное са́льдо, дебето́вое са́льдо

Aktivseite *f бухг.* акти́в *(бала́нса)*; акти́вная часть *(бала́нса)*

Aktivstand *m* акти́в на определённую да́ту

Aktivtausch *m* акти́вная заме́на
Aktivtausch *m* измене́ние структу́ры акти́вной ча́сти бала́нса без измене́ния её су́ммы; акти́вный расчёт

Aktivvermögen *n* нали́чное иму́щество, нали́чность
Aktivvermögen со́бственные акти́вы *(напр. без дебито́рской задо́лженности, корреспонде́нтских счето́в)*

Aktivzins *m* дебетовый проце́нт по креди́ту

Aktualisieren *n выч.* актуализа́ция, обновле́ние *(да́нных, информа́ции)*

Aktualisierung *f* обновле́ние, актуализа́ция
bei der nächsten Aktualisierung при сле́дующем обновлении (да́нных, ба́зы да́нных, информа́ции)

AKU, Allgemeine Kunstseide-Union Объедине́ние предприя́тий по произво́дству иску́сственного шёлка

AKV:
AKV, Aachener Kohlenverkaufs-Gesellschaft Аа́хенское о́бщество по сбы́ту угля́
AKV, Allgemeine Kreditvereinbarungen о́бщие усло́вия кредитования; о́бщее положе́ние о заимствовании

Akzeleration *f* акселера́ция; ускоре́ние

Akzelerationskoeffizient *m* коэффицие́нт акселера́ции

Akzelerationsprinzip *n* при́нцип акселера́ции

Akzelerator *m* акселера́тор; коэффицие́нт акселера́ции *(выража́ет соотноше́ние ме́жду капиталовложениями и увеличе́нием спро́са)*
Akzeleratorprinzip *n* при́нцип акселера́ции

Akzepisse *n торг.* распи́ска в получе́нии

Akzept *n* акце́пт *(на́дпись на ве́кселе о приня́тии к опла́те, обяза́тельство плательщика уплати́ть указанную су́мму)*
Akzept *т* акцептова́ние, акце́пт, приня́тие к опла́те *(перево́дного векселя́ и́ли счёта)*
Akzept per Intervention коллатера́льный акце́пт
allgemeines Akzept безоговоро́чный акце́пт, о́бщий акце́пт
bedingtes Akzept усло́вный акце́пт
bedingungsloses Akzept безоговоро́чный акце́пт, о́бщий акце́пт
eigenes Akzept ба́нковский акце́пт *(ве́ксель, акцепто́ванный сами́м ба́нком)*
illiquides Akzept неликви́дный акце́пт
offenes Akzept положи́тельный акце́пт, откры́тый акце́пт
reines Akzept чи́стый акце́пт
stilles Akzept молчали́вый акце́пт
verlängerungsfähiges Akzept возобновля́емый акце́пт
das Akzept einhaben получи́ть согла́сие на опла́ту перево́дного векселя́
das Akzept einholen получи́ть согла́-

сие на оплáту перевóдного векселя́
mangels Akzept за отсу́тствием акцéпта
zum Akzept vorzeigen представить к акцептовáнию
Akzeptant *m* акцептáнт, принимáющий к оплáте
Akzeptanz *f* приéмлемость
soziale Akzeptanz приéмлемость для óбщества; социáльная приéмлемость
Akzeptation *f* 1. акцептовáние, акцéпт, приня́тие к оплáте *(перевóдного векселя́ или счёта)* 2. приня́тие *(предложéния)*, соглáсие, признáние
Akzeptationskredit *m* акцéптный креди́т *(предоставлéние бáнковского креди́та путём акцептовáния представленного в банк векселя́. Акцéпт, т.е. при́нятый к оплáте вéксель, мóжет служи́ть срéдством платежá)*
Akzeptbuch *n* кни́га акцéптов
Akzeptgeschäft *n* акцéптная оперáция *(бáнка)*
Akzeptgeschäfte *pl* акцéптные оперáции (бáнков)
Akzepthaus *n* акцéптный дом, акцéптная контóра, *уст.* купеческий банк
akzeptieren *vt* давáть соглáсие, принимáть предложéние
akzeptieren принимáть к оплáте, акцептовáть
akzeptiert акцептóванный *(напр. о вéкселе, счёте)*
akzeptierter Anteil *m* акцептóванная часть
Akzeptkredit *m* акцéптный креди́т *(предоставлéние бáнковского креди́та путём акцептовáния представленного в банк векселя́. Акцéпт, т.е. при́нятый к оплáте вéксель, мóжет служи́ть срéдством платежá)*
Akzeptmarkt *m* ры́нок акцéптных креди́тов
Akzeptrabatt *m* ски́дка, предоставляемая должнику́ за акцéпт дóлга
Akzeptverbindlichkeiten акцептóванные бáнком векселя́
Akzeptverbindlichkeiten *f pl* обязáтельства бáнка по акцéптному кредиту
Akzeptverweigerung *f* откáз от акцéпта
teilweise Akzeptverweigerung части́чный откáз от акцéпта
akzessorisch дополни́тельный, привходя́щий, побóчный, второстепéнный; акцéссорный
akzessorisches Recht *(юр.)* акцéссорное прáво; производное прáво; прáво, вытекáющее из другóго правá
Akzidenseinnahmen *f, pl* побóчный дохóд, случáйный дохóд
Akzidenz *f* случáйная рабóта, побóчная рабóта
Akzidenz случáйный дохóд; побóчный дохóд
Akzidenz тамóженный штраф за непрáвильно составленную декларáцию; дополни́тельный тамóженный сбор
Akzidenzien *pl* побóчные дохóды, случáйные дохóды
Akzise *f* акци́з, государственный кóсвенный налóг; тамóженная специáльная надбáвка
Akziseeinnahmen *f, pl* поступлéния от акци́за
akzisefrei не подлежáщий обложéнию акци́зом, свобóдный от акци́за, безакци́зный
Akzisefreiheit *f* освобождéние от акци́за
akzisepflichtig облагáемый акци́зом, подакцизный
AL:
AL, Albanien Албáния
AL, Anzeigenleiter завéдующий отдéлом (реклáмных) объявлéний
a.L., auf Lieferung *торг.* мóжет быть постáвлен
al pari *ит. бирж.* альпари, по номинáльной стóимости, по номинáлу
ALB:
ALB, Allgemeine Liefer- und Leistungsbedingungen óбщие услóвия постáвок и предоставлéния услу́г
ALB, Allgemeine Lieferbedingungen óбщие услóвия постáвок
ALEA, Allgemeine Lieferbedingungen für den Export von Anlagegütern прáвила по экспорту основны́х средств произвóдства
ALFU, Arbeitslosenfürsorge-Unterstützung Государственная организáция пóмощи безрабóтным
ALGOL, Algorithmic Language АЛГÓЛ, язы́к программи́рования
Algorithmentheorie *f* теóрия алгори́тмов
Algorithmus *m мат.* алгори́тм
Prüfalgorithmen *m, pl* алгори́тмы провéрки (мн.ч.)
Prüfalgorithmen der Umsatzsteuer-Identifikationsnummern алгори́тмы провéрки идентификационных номерóв плательщиков НДС
USt-IdNr.; Umsatzsteuer-Identifikationsnummer идентификационный нóмер плательщика НДС
Prüfziffer *pl* контрóльные ци́фры (числá) (в ГТД и налоговой прáктике)
Alienation *f* отчуждéние
Alignement *n* вырáвнивание
aliud *лат.* товáр, постáвленный вмéсто предусмóтренного договóром *(напр. рожь вмéсто пшени́цы)*
Aliud-Lieferung *f* постáвка товáра вмéсто обусловленного контрáктом; компенсациóнная постáвка
Alkoholmonopol *n* ви́нная монопóлия; спиртовáя монопóлия; монопóлия на произвóдство и торгóвлю алкогóльными напи́тками
Alkoholsteuer *f* акци́з на алкогóльные напи́тки
ALL, Lek, -- Albanien Лек *(код валю́ты* 008), -- Албáния
all average recoverable *англ.* кáждый ущéрб дóлжен быть возмещён
alla rinfusa *итал.* навáлом, без упакóвки
alla rinfusa *ит.* товáр, постáвленный без упакóвки; оговóрка о постáвке товáра без упакóвки
Allafrikanische Frauenkonferenz Всеафрикáнская конферéнция жéнщин
Allafrikanischer Gewerkschaftsbund Всеафрикáнская федерáция профсою́зов
Alleinanbieter *m* оферент-монополи́ст, монопóльный оферент
Alleinberechtigung *f* исключи́тельное прáво; исключи́тельная лицéнзия
Alleinbesitz *m* исключи́тельное прáво владéния; единоли́чное владéние
Alleinbesitzer *m* единоли́чный владéлец; монопóльный владéлец; эксклюзи́вный владéлец
Alleinbetrieb *m* монопóльное произвóдство
Alleinbetrieb предприя́тие, находя́щееся в единоличном владéнии
Alleindebit *m* монопóльная продáжа, монопóльный сбыт
Alleineigentum *n* единоличная сóбственность
Alleinerzeuger *m* монопóльный *(еди́нственный)* производи́тель
Alleinfabrikation *f* монопóльное произвóдство
Alleinhandel *m* монопóльная торгóвля; монопóльный сбыт, монопóльная продáжа
Alleinherrschaft *f* единоли́чное госпóдство, неограни́ченное госпóдство
Alleinhersteller *m* монопóльный *(еди́нственный)* производи́тель
Alleinherstellung *f* монопóльное произвóдство
Alleinlieferant *m* монопóльный поставщи́к
Alleinnutzung *f* исключи́тельное прáво пóльзования, единоли́чное пóльзование, неограни́ченное пóльзование; эксклюзи́вное прáво пóльзования
Alleinproduktion *f* монопóльное про-

изво́дство

Alleinproduzent *m* монопо́льный *(еди́нственный)* производи́тель

Alleinrecht *n* исключи́тельное пра́во, монопо́льное пра́во; эксклюзи́вное пра́во, эксклюзив

Alleinverdiener *m* корми́лец *(семьи́)*; еди́нственный рабо́тающий в семье́, еди́нственный рабо́тник в семье́

Alleinverkauf *m* монопо́льная прода́жа, монопо́льный сбыт

Alleinverkäufer *m* монопо́льный прода́ве́ц

Alleinverkaufsrecht *n* исключи́тельное пра́во прода́ж; эксклюзи́вное пра́во прода́ж; эксклюзи́вное пра́во на прода́жу; эксклюзив на прода́жу; пра́во монопольного сбы́та

Alleinvertreter *m* монопо́льный аге́нт

Alleinvertretervertrag *m* догово́р о предоставле́нии аге́нту монопольного права́ торго́вли на определённой террито́рии

Alleinvertretungsvertrag *m* догово́р о предоставле́нии аге́нту монопольного права́ торго́вли на определённой террито́рии

Alleinvertrieb *m* монопо́льная прода́жа, монопо́льный сбыт

Allgemeine Deutsche Credit-Anstalt Неме́цкий креди́тный банк

Allgemeine Deutsche Investment-Gesellschaft Всео́бщая неме́цкая инвестиционная компа́ния

Allgemeine Elektrizitätsgesellschaft «Альгемайне электрицитетс гезельшафт», АЭГ *(электротехнический конце́рн в ФРГ)*

Allgemeine Versicherungsbedingungen *pl* о́бщие усло́вия страхова́ния

Allgemeiner Deutscher Beamtenbund Всео́бщий сою́з немецких госуда́рственных слу́жащих

Allgemeiner Deutscher Gewerkschaftsbund *ист.* Объедине́ние немецких профсою́зов *(1919-1933 гг.)*

Allgemeiner Konsumverein Всео́бщий сою́з потреби́тельских о́бществ *(Швейца́рия)*

Allgemeines Abkommen für Tarife und Handel Генера́льное соглаше́ние по таможенным тарифам и торго́вле, ГАТТ

Allgemeines Bürgerliches Gesetzbuch für Österreich Австри́йский гражда́нский ко́декс зако́нов

Allgemeines Präferenzsystem *n* О́бщая систе́ма преференций, ОСП (тамо́женные льго́ты, предоставля́емые развиты́ми стра́нами развивающимся)

Allgemeines Zoll- und Handelsabkommen *n* Генера́льное соглаше́ние о тари́фах и торго́вле, ГАТТ

Allgemeingut *n* обще́ственная со́бственность; о́бщее достоя́ние, всео́бщее достоя́ние

Allgemeinheit *f* при́нцип ра́венства
Allgemeinheit der Besteuerung при́нцип ра́венства обложе́ния нало́гом

Allgemeinverbindlichkeitserklärung *f* администрати́вный акт о но́рмах трудово́го соглаше́ния

Allmende *f ист.* альменда; земе́льные уго́дья, находя́щиеся в общи́нном пользовании

Allod *n ист.* алло́д

Allodium *n ист.* алло́д

Allokation *f* распределе́ние труда́ и материа́льных ресу́рсов ме́жду разли́чными сферами хозя́йственной де́ятельности; аллока́ция

Allokationstheorie *f* тео́рия достиже́ния оптимальной эффекти́вности произво́дства; тео́рия аллока́ции

Allonge *f фр.* алло́нж, приба́вочный лист *(к ве́кселю или отгрузочным докуме́нтам)*

Allotment *n* предоставле́ние торго́вым организа́циям места́ в самолётах на определённый, перио́д

Allphasensteuer *f* многофа́зный нало́г с оборо́та *(нало́г, взима́емый с това́ра на всех фазах его́ произво́дства и обраще́ния)*
kumulative Allphasensteuer кумуляти́вный многофа́зный нало́г с оборо́та

Allphasenumsatzsteuer *f* многофа́зный нало́г с оборо́та *(нало́г, взима́емый с това́ра на всех фазах его́ произво́дства и обраще́ния)*
kumulative Allphasenumsatzsteuer кумуляти́вный многофа́зный нало́г с оборо́та

Alöselieferungen *f, pl* возмеща́ющие поста́вки *(в счёт репараций или ины́х обяза́тельств)*; компенсационные поста́вки; компенсирующие поста́вки

ALR, Allgemeines Landrecht зако́н о земе́льной со́бственности

Altbaumiete *f* кварти́рная пла́та в ста́рых дома́х

Altbauwohnung *f* кварти́ра в ста́ром до́ме

Altbesitz *m* давни́шняя со́бственность; *ист.* це́нности довое́нного вре́мени

Altbrache *f* за́лежные земли́, за́лежь

Altenteil *m* вы́дел престаре́лым *(чле́нам семьи́)*

Altenteilsverpflichtungen *f, pl* обяза́тельства по вы́делу престаре́лым *(чле́нам семьи́)*

Alter *n* во́зраст; старшинство́ прав *(при конкуре́нции прав)*; стаж, срок вы́слуги; срок слу́жбы *(маши́ны)*, срок эксплуата́ции *(маши́ны)*

Alternativereignis *n* альтернати́вное собы́тие; реша́ющее собы́тие, собы́тие-реше́ние

Alternativhypothese *f* альтернати́вная гипо́теза

Alternativlösung *f* альтернати́вное реше́ние

Alternativprogramm *n* альтернати́вная програ́мма

Alternativvorgang *m* альтернати́вная рабо́та

Alternativvorstellung *f* альтернати́вное предложе́ние

Alternativwährung *f* паралле́льное обраще́ние золоты́х и серебряных моне́т *(тип биметалли́зма)*

Altersaufbau *m* возрастно́й соста́в населе́ния; *стат.* возрастна́я структу́ра *(населе́ния)*

Altersbegrenzung *f* возрастно́е ограниче́ние *(страхующихся)*, возрастно́е ограниче́ние страхующегося

Altersermäßigung *f* нало́говая ски́дка по достиже́нии определённого во́зраста
Altersermäßigung *f* уменьше́ние разме́ра нало́га по достиже́нии определённого во́зраста

Altersfürsorge *f* обеспе́чение по ста́рости
Altersfürsorge орга́н, занима́ющийся социальным обеспе́чением *(престаре́лых)*

Altersgliederung *f* возрастно́й соста́в населе́ния; *стат.* возрастна́я структу́ра *(населе́ния)*

Altersgrenze *f* преде́льный (служе́бный) во́зраст; возрастно́й ценз

Altersgruppe *f стат.* возрастна́я гру́ппа

Alterspension *f* пе́нсия по ста́рости *(для госуда́рственных слу́жащих)*

Alterspyramide *f стат.* возрастна́я пирами́да

Altersrente *f* пе́нсия по ста́рости

Altersrentner *m* пенсионе́р по ста́рости

Altersruhegeld *n* пе́нсия по ста́рости

Alterssparen *n* сбереже́ния на ста́рость

Altersstruktur *f стат.* возрастна́я структу́ра

Altersstufe *f стат.* возрастна́я гру́ппа, возрастно́й континге́нт

Altersversicherung *f* страхова́ние на дожи́тие

Altersversorgung *f* обеспе́чение в ста́рости
zusätzliche Altersversorgung допол-

ни́тельное пенсио́нное обеспе́чение

Altersverteilung *f* возрастно́й соста́в населе́ния; *стат.* возрастна́я структу́ра *(населе́ния)*

Altersvorrang *m* преиму́щества, предоставля́емые за вы́слугу лет; льго́ты за вы́слугу лет

Altersvorrecht *n* преиму́щества, предоставля́емые за вы́слугу лет; льго́ты за вы́слугу лет

Altersvorzug *m* преиму́щества, предоставля́емые за вы́слугу лет; льго́ты за вы́слугу лет

Alterszensus *m* возрастно́й ценз

Alterszulage *f* надба́вка (к окла́ду) за вы́слугу лет

Alterung *f* старе́ние; устарева́ние

Altgeldguthaben *n f* су́ммы, оста́вшиеся на счета́х к моме́нту сепаратной де́нежной рефо́рмы 1948 года́

Altguthaben *n f* су́ммы, оста́вшиеся на счета́х к моме́нту сепаратной де́нежной рефо́рмы 1948 года́

Althandel *m* торго́вля поде́ржанными веща́ми; комиссио́нная торго́вля *(бывш. СССР, СНГ)*

Altkonten *n, pl* лицевы́е счета́, откры́тые до сепаратной де́нежной рефо́рмы 1948 года́

Altmaterial *n* ути́ль, утильсырье; втори́чное сырьё

Altmaterialwert *m* сто́имость втори́чного сырья́

Altmiete *f* кварти́рная пла́та в ста́рых дома́х

Altneubau *m* капита́льно отремонти́рованный дом

Altneubauwohnung *f* кварти́ра в капита́льно отремонтированном до́ме

Altpapier *n* макулату́ра

Altschulden *f, pl* ста́рые долги́

Altsparer *m* владе́лец вкла́да, внесённого до 1945 года́

Altstoff *m* ути́ль, утильсырье

Altstofferfassung *f* загото́вка утильсырья́, сбор утильсырья́

Altstoffhandel *m* торго́вля утильсырьем, торго́вля утилём

Altvaterredit *n* вы́дел престаре́лым *(чле́нам семьи́)*

Altware *f* лежа́лый това́р
 Altware поде́ржанная вещь
 Altware това́р, бы́вший в употребле́нии; поде́ржанные ве́щи *(предлага́емые к прода́же)*

Altwarenhandel *m* торго́вля поде́ржанными веща́ми

Alu, Arbeitslosenunterstützung посо́бие по безрабо́тице

AM:
 AM, Armenien Арме́ния
 AM, Arbeitsmittel сре́дства труда́
 AM, Ausfuhrmeldung экспортная деклара́ция
 AM, Musterbau-Abteilung отде́л разрабо́тки опытных образцо́в
 Am., Arbeitsmann рабо́чий

AMB, Allgemeine Montagebedingungen о́бщие усло́вия монтажа́

AMD, Dram, -- Armenien Армя́нский драм (*код валю́ты* 051), -- Арме́ния

Amerikanische Bankenvereinigung Америка́нская ассоциа́ция ба́нков

Ametageschäft *n торг.* де́ло на ра́вных нача́лах *(с одина́ковой доле́й уча́стия в при́былях и убы́тках)*

AMK, Arbeitsmittelkatalog катало́г средств труда́

Amortisation *f* амортиза́ция (основны́х фо́ндов); постепе́нное погаше́ние до́лга *(путём периоди́ческих взно́сов)*; амортиза́ция нало́га
 Amortisation объявле́ние недействи́тельными це́нных бума́г *(напр. в слу́чае их утра́ты)*
 Amortisation ску́пка со́бственных а́кций за счёт чи́стой при́были

Amortisationen *f, pl* амортизацио́нные отчисле́ния *(в де́нежном выраже́нии)*

Amortisationsabführung *f* амортизацио́нные отчисле́ния

Amortisationsabzüge *m, pl* амортизацио́нные отчисле́ния

Amortisationsanleihe *f* ссу́да, погаша́емая в поря́дке амортизацио́нных платеже́й

Amortisationsaufkommen *n* поступле́ния в амортизацио́нный фонд

Amortisationsbetrag *m* су́мма амортизацио́нных отчисле́ний

Amortisationsbeträge *m, pl* платежи́ в счёт погаше́ния до́лга

Amortisationsdarlehen *n* ссу́да, погаша́емая в поря́дке амортизацио́нных платеже́й; целева́я ссу́да на произво́дство амортизацио́нных платеже́й
 Amortisationsdarlehen целева́я ссу́да на произво́дство амортизацио́нных платеже́й

Amortisationsfonds *m* амортизацио́нный капита́л *(для погаше́ния до́лга)*; *соц.* амортизацио́нный фонд; фонд погаше́ния *(до́лга, за́йма)*
 Amortisationsfonds амортизацио́нный фонд *(статья́ бала́нса, образу́ющаяся из чи́стой при́были и предназна́ченная для амортиза́ции долгосро́чных капиталовложе́ний)*

Amortisationsfrist *f* срок амортиза́ции

Amortisationshypothek *f* амортизацио́нная ипоте́ка

Amortisationskasse *f* амортизацио́нная ка́сса *(для погаше́ния до́лга)*

Amortisationskosten *pl* затра́ты, свя́занные с амортиза́цией (основны́х фо́ндов)

Amortisationsnormativ *n* нормати́в амортизацио́нных отчисле́ний

Amortisationsquote ежего́дный проце́нт погаше́ния; ежего́дный платеж в счет погаше́ния до́лга; но́рма амортиза́ции; но́рмы амортиза́ции, амортизацио́нные но́рмы

Amortisationsrate *f* но́рма амортиза́ции

Amortisationssumme *f* су́мма амортизацио́нных отчисле́ний

Amortisationsumverteilung *f* перераспределе́ние амортизацио́нных отчисле́ний

Amortisationsverwendungsfonds *m* фонд испо́льзования амортизацио́нных отчисле́ний

Amortisationszahlung *f* амортизацио́нный платёж

amortisierbar подлежа́щий погаше́нию; подлежа́щий амортиза́ции

amortisieren амортизи́ровать *(основны́е фо́нды)*
 amortisieren погаша́ть *(долг)* в рассро́чку; (постепе́нно) погаша́ть долг
 amortisieren *бухг.* спи́сывать, списа́ть, де́лать списание
 sich amortisieren амортизи́роваться; самортизироваться

amortisieren, sich амортизи́роваться

Amt *n* до́лжность, ме́сто, слу́жба; учрежде́ние; конто́ра; ве́домство, управле́ние
 Amt für Technische Hilfeleistung der Vereinten Nationen Бюро́ техни́ческой по́мощи *(ООН)*
 ein Amt ausüben исполня́ть обя́занности

amtlich официа́льный, служе́бный, должностно́й, по до́лжности

Amtmann *m* должностно́е лицо́, слу́жащий, чино́вник
 Amtmann *m ист.* кру́пный аренда́тор госуда́рственных земе́ль

AN, Niederländische Antillen Нидерландские Антиллы

An-Bord-Konnossement *n* бортово́й коносаме́нт *(с поме́ткой капита́на о нахожде́нии гру́за на борту́ су́дна)*

analog ана́логовый; непреры́вный

Analog-Digital-Umsetzer *m вчт.* ана́лого-цифрово́й преобразова́тель

Analog-Digitalkonverter *m вчт.* ана́лого-цифрово́й конвертор

Analog-Digitalumsetzer *m* ана́лого-цифрово́й преобразова́тель

Analogdaten *pl вчт.* ана́логовые да́нные, да́нные в ана́логовой фо́рме
Analogiemodell *n* ана́логовая моде́ль
Analogieschluss *m* заключе́ние по анало́гии, вы́вод по анало́гии, умозаключе́ние по анало́гии, вы́вод по анало́гии
Analogieverfahren *n* ме́тод анало́гий
Analogrechner *m* ана́логовое ***(моделúрующее)*** вычисли́тельное устро́йство, ана́логовая вычисли́тельная маши́на, АВМ
Analyse *f* ана́лиз
Analyse des kritischen Weges *сет. пл.* ана́лиз крити́ческого пути́
allgemeine ökonomische Analyse общеэкономический ана́лиз
aussagefähige Analyse содержа́тельный ана́лиз
einleitende Analyse предвари́тельный ана́лиз ***(напр., систе́мы управле́ния)***
ergonomische Analyse эргономический ана́лиз
harmonische Analyse гармони́ческий ана́лиз
interne Analyse *стат.* ана́лиз хозя́йственной де́ятельности предприя́тия, осуществля́емый на само́м предприя́тии
kombinatorische Analyse комбинато́рный ана́лиз
logistische Analyse логисти́ческий ана́лиз
ökonomische Analyse экономи́ческий ана́лиз
qualitative Analyse ка́чественный ана́лиз
quantitative Analyse коли́чественный ана́лиз
statistische Analyse статисти́ческий ана́лиз
strategische Analyse стратеги́ческий ана́лиз
technisch-ökonomische Analyse технико-экономи́ческий ана́лиз
Top-Down-Aanalyse нисходя́щий ана́лиз
wiederholte Analyse втори́чный ана́лиз; повто́рный ана́лиз
Analysebefund *m* результа́т ана́лиза
Analysenbefund *m* результа́т ана́лиза
Analysezertifikat *n* тамож. сертифика́т соотве́тствия, свиде́тельство ***(прове-дённого)*** ана́лиза
Analyst *m* специали́ст по ана́лизу биржевы́х ку́рсов; биржево́й анали́тик
Analysten-Rating *f* ре́йтинг биржевы́х анали́тиков
Anarchie *f* ана́рхия
Anarchie der Produktion ана́рхия произво́дства
Anatozismus *m* взима́ние проце́нтов с проце́нтов
Anatozismus *m* начисле́ние проце́нтов на проце́нты, расчёт сло́жных проце́нтов
Anbau *m с.-х.* выра́щивание; разведе́ние
Anbau заселе́ние, колониза́ция
Anbau пристро́йка
Anbau- und Liefervertrag *f* догово́р поста́вки сельскохозя́йственной проду́кции, предусма́тривающий засе́в определённых посевных площаде́й
Anbaubeschränkung *f* уменьше́ние посевных площаде́й
Anbaufläche *f* посевна́я пло́щадь; посевны́е пло́щади, пло́щадь посевных уго́дий
Anbauflächenerhebung *f* учёт испо́льзования посевных площаде́й
Anbausystem *n* систе́ма земледе́лия
anbieten *vt* предлага́ть, де́лать офе́рту, де́лать предложе́ние ***(комме́рческое)***
Service anbieten предлага́ть услу́ги; предлага́ть се́рвис(ы)
Anbietende *m* оферент, де́лающий предложе́ние
Anbieter *m* оферент, де́лающий предложе́ние
Anbietung *f* оферта, предложе́ние ***(комме́рческое)***
Anbruchmenge *f* това́р в разорванной упако́вке, това́р в повреждённой упако́вке
Andenkenindustrie *f* промы́шленность сувени́ров, сувенирная промы́шленность
Andenpakt А́ндский пакт
Andenvertrag А́ндский пакт
Anderdepot *n* вклад, принадлежа́щий не депоне́нту, а тре́тьему лицу́
Anderkonto *n* счёт недееспосо́бного лица́ ***(кото́рым распоряжа́ется его́ опеку́н)***
Änderungsdatei *f вчт.* масси́в измене́ний, файл измене́ний, рабо́чий масси́в, обновля́емый масси́в (да́нных)
andienen *vt* предлага́ть ***(к поста́вке това́р)***
andienen уведомля́ть ***(напр. о сро́ке поста́вки това́ров***
andienen предъявля́ть ***(докуме́нт к опла́те)***
Andienung *f* предложе́ние ***(това́ра)*** к поста́вке; *торг.* андинование; предъявле́ние ***(докуме́нта к опла́те)***; уведомле́ние покупа́теля ***(о сро́ке поста́вки)***
Andienungsklausel *f* огово́рка о поста́вке не ра́нее обусловленного сро́ка
Aneignung *f* присвое́ние; освое́ние ***(напр. но́вых ме́тодов труда́)***
Aneignung усвое́ние, овладе́ние ***(напр. но́выми технологиями)***
gesellschaftliche Aneignung обще́ственное присвое́ние
rechtswidrige Aneignung противоза́ко́нное присвое́ние
Aneignungsfreiheit *f* пра́во ***(свобо́да)*** присвое́ния
Aneignungsrecht *n* пра́во завладения (бесхо́зной ве́щью)
Aneignungsrecht пра́во присвое́ния (бесхо́зной ве́щи)
Aneignungsweise *f* спо́соб присвое́ния
Anerbe *m* еди́нственный насле́дник ***(неделимого крестья́нского двора́)***
Anerbenrecht *n* единонаследие ***(при перехо́де по насле́дству крестья́нского двора́)***
Anerbieten *n* предложе́ние
Anerbietung *f* предложе́ние
Anerkenntnis *f* акцептова́ние, акце́пт, призна́ние ***(векселя́)***
Anerkenntnis *юр.* призна́ние ***(напр. и́ска)***
Anerkenntnisurteil *n* реше́ние суда́, осно́ванное на призна́нии должнико́м своего́ обяза́тельства
Anerkennung *f* акцептова́ние, акце́пт ***(напр., векселя́)***
Anerkennung призна́ние, одобре́ние
Anerkennung einer Schuld подтвержде́ние до́лга; призна́ние до́лга
Anfahrkosten *pl* изде́ржки пускового пери́ода; изде́ржки пуско-наладочного пери́ода
Anfahrstufe *f* пускова́я о́чередь
Anfall *m* поступле́ние; получе́ние
Anfall einer Erbschaft получе́ние насле́дства
anfallen достава́ться по насле́дству, переходи́ть по насле́дству
anfallen поступа́ть; получа́ть; возника́ть
anfallend причита́ющийся
Anfallsberechtigte *m f* име́ющий пра́во на получе́ние насле́дства
Anfangsaufwendungen *f, pl* первонача́льные затра́ты
Anfangsbedingungen *f, pl* нача́льные усло́вия
Anfangsbestand *m* нача́льный запа́с, первонача́льный запа́с
Anfangsbestand *бухг.* нача́льный оста́ток
Anfangsbestand *m* первонача́льная нали́чность
Anfangsbetrag *m* нача́льная су́мма
Anfangsbilänz *f бухг.* вступи́тельный бала́нс, нача́льный бала́нс
Anfangsereignis *n сет. пл.* исхо́дное собы́тие; нача́льное собы́тие
Anfangskapital *n* нача́льный капита́л, исхо́дный капита́л, первонача́льный

капитáл, стáртовый капитáл
Anfangskapitalwert *m* начáльная стóимость капитáла, первоначáльная стóимость капитáла
Anfangskosten *pl* первоначáльные затрáты *(напр. пéред ввóдом объéкта в эксплуатáцию)*
Anfangskurs *m* начáльный курс, курс в (на) момéнт открытия бирж
Anfangspreis *m* первоначáльная ценá; ценá в (на) момéнт открытия бирж
Anfangssaldo *m* начáльное сáльдо; сáльдо начального периóда
Anfangssumme *f* первоначáльный итóг; первоначáльная сýмма
Anfangswert *m* исхóдная величинá, начáльное значéние
Anfangswert первоначáльная стóимость, первоначáльная ценá
Anfangswerte *m, pl* исхóдные дáнные
Anfangszeitpunkt *m сет. пл.* срок наступлéния события
frühestmöglicher Anfangszeitpunkt рáнний срок наступлéния события
spätesterlaubter Anfangszeitpunkt пóздний срок наступлéния события
Anfangszustand *m* начáльное состоя́ние *(напр. систéмы)*
Anfechtung *f* оспáривание; опротестовáние, обжáлование; возражéние
Anfertigung *f* изготовлéние, произвóдство
Anfertigung составлéние (докумéнта, спи́ска, протокóла)
Anforderung *f* трéбование, заявка
Anforderungen *f pl* трéбования, претéнзии; запрóсы
Anfrage *f* запрóс
eine Anfrage an *jmdn.* **richten** дéлать запрóс *(комý-л. кудá-л.)*
Falls Sie weitere Informationen wünschen, freuen wir uns jederzeit über eine Anfrage Éсли Вы нуждаетесь в дополни́тельной информáции, мы бýдем в любóе врéмя рáды Вáшему запросу (вопрóсу)
anfragen *vi* запрáшивать, справля́ться
bei *jmdm* **anfragen** справля́ться *у когó-л.*, наводи́ть спрáвки у *когó-л.*
Anfuhrklausel *f* оговóрка, запрещáющая применéние льгóтного тарифа при достáвке товáра
ANG, Niederl.-Antillen-Gulden, -- Niederländische Antillen Нидерлáндский анти́льский гýльден (*код валюты* 532), -- Нидерландские Анти́льские островá
Ang:
Ang., Angaben дáнные
Ang., Angebot предложéние
Ang., Angestellter слýжащий
Angabe *f* задáток; авáнс; авáнсовый взнос
Angabe указáние; сообщéние
Angaben *f, pl* дáнные (мн.ч.), сведéния (мн.ч.); парáметры (мн.ч.), характери́стики (мн.ч.)
rechnerische Angaben расчётные дáнные (мн.ч.)
ziffernmäßige Angaben цифровые дáнные (мн.ч.)
angeben укáзывать *(напр. курс цéнных бумáг в курсовом бюллетéне)*; сообщáть; давáть сведéния; *тамож.* деклари́ровать
Angebot *n* исхóдная ценá
Angebot предлагáемый товáр; ассортимéнт товáров
Angebot *(ком.)* предложéние; оферт, оферта
Angebot пéрвая ценá; исхóдная ценá *(при торгáх)*
Angebot und Nachfrage спрос и предложéние
aktive Angebote дéйствующие предложéния (напр. товáров), лоты продавцá (на аукциóне)
alle Angebote des Verkäufers все предложéния продавцá (напр. товáров), все лоты продавцá (на аукциóне)
aktuelles Angebot актуáльное предложéние; текýщее предложéние
äußerst kalkuliertes Angebot предложéние с указáнием крáйней цены
befristetes Angebot предложéние на срок; предложéние, ограни́ченное срóком; срóчное предложéние
bemustertes Angebot предложéние с приложéнием образцóв
freibleibendes Angebot свобóдное предложéние, свобóдная оферта, предложéние без обязáтельств
kalkuliertes Angebot предложéние с указáнием цены
monetäres Angebot количество дéнег, находя́щихся в обращéнии
reichhaltiges Angebot богáтый выбор *(товáров)*
schriftliches Angebot пи́сьменное предложéние; предложéние в пи́сьменном ви́де
technisches Angebot техни́ческое задáние; ТЗ
unverbindliches Angebot свобóдное предложéние, свобóдная оферта, предложéние без обязáтельств
ursprüngliches Angebot первоначáльное предложéние, первоначáльная оферта
verbindliches Angebot твёрдое предложéние, твёрдая оферта
ein Angebot abgeben дéлать предложéние, давáть офéрту
ein Angebot ablehnen откáзываться от предложéния; отклоня́ть предложéние, отклоня́ть офéрту
ein Angebot akzeptieren принимáть предложéние, принимáть офéрту, акцептовáть предложéние
ein Angebot annehmen принимáть предложéние, принимáть офéрту, акцептовáть предложéние
ein Angebot einholen запрáшивать предложéние, запрáшивать офéрту
ein Angebot erbitten запрáшивать предложéние, запрáшивать офéрту
ein Angebot erteilen выдавáть офéрту
ein Angebot wird freigehalten предложéние остается в си́ле
ein Angebot machen предлагáть; дéлать предложéние, сдéлать предложéние (напр. цены на товáр); предлагáть сдéлку
ein Angebot rückgängig machen аннули́ровать предложéние, отзывáть офéрту
ein Angebot zurückweisen откáзываться от предложéния; отклоня́ть предложéние, отклоня́ть офéрту
ein Angebot zurückziehen аннули́ровать предложéние, отзывáть офéрту
Festangebot *n* твёрдая оферта; твёрдое предложéние
in Stahlaktien herrscht Angebot vor на би́рже предложéние áкций стальных компáний превышáет спрос
Platzangebot *n* пассажировместимость; пассажироёмкость
welches ist Ihr äußerstes Angebot? каковá вáша крáйняя ценá?; каковá вáша предéльная ценá?
Angebote vergleichen срáвнивать предложéния
Angebotsabgabe *f* предложéние цен *(напр. на торгáх)*
Angebotsdyopol *n* дуополия продавцóв
Angebotselastizität *f* эласти́чность предложéния *(зави́симость коли́чества предлагáемого товáра от изменéния цены)*
geringe Angebotselastizität ни́зкая эласти́чность предложéния
hohe Angebotselastizität высóкая эласти́чность предложéния
Angebotsform *f* фóрма предложéния, вид предложéния
Angebotsfunktion *f* фýнкция предложéния
Angebotskalkulation *f* калькуля́ция расхóдов к момéнту вы́дачи предложéния, (предвари́тельная) калькуля́ция расхóдов, состáвленная к момéнту вы́дачи предложéния
Angebotskurve *f* кривáя предложéний

Angebotslenkung *f* регули́рование предложе́ния *(влия́ние госуда́рства на предложе́ние с по́мощью средств, учитывающих зако́ны ры́нка, или путём запре́та и прика́за)*

Angebotslücke *f* дефици́т това́ров и услу́г *(при фиксированной цене́ на да́нный това́р)*

Angebotsmarkt *m* ры́нок продавца́; ры́нок предложе́ний

Angebotsmonopol *n* монопо́лия продавца́, монопо́лия продавцо́в

Angebotsoligopol *n* олигопо́лия продавцо́в

Angebotspreis *m* цена́ предложе́ния *(как прави́ло ориентиро́вочная)*
verbindlicher Angebotspreis твёрдая цена́ предложе́ния

Angebotsstabilität *f* усто́йчивость предложе́ния, стаби́льность предложе́ния

Angebotsüberhang *m* превыше́ние предложе́ния над спро́сом

Angebotsüberschuss *m* превыше́ние предложе́ния над спро́сом

angelegt вло́женный *(напр. о капитале)*

angeliefert поста́вленный; доставленный

angemessen соразме́рный, соотве́тствующий
einen angemessenen Rabatt einräumen представля́ть соотве́тствующую ски́дку

angenähert приближённый

angenommen акцепто́ван; при́нят; при́знан
angenommene Patentanmeldung *f* акцепто́ванная зая́вка на пате́нт

angesehen авторите́тный, соли́дный

Angespanntheit *f* напряжённость *(напр. труда́)*

Angestellte *m f* слу́жащий, слу́жащая, лица́, рабо́тающие по на́йму и выполня́ющие комме́рческие, техни́ческие и руководя́щие фу́нкции
höhere Angestellte руководи́тели подразделе́ний; вы́сшие руководи́тели; ста́ршие менеджеры; менеджеры ве́рхнего звена́
kaufmännischer Angestellte торго́вый слу́жащий
kleine Angestellte ме́лкие слу́жащие, менеджеры низового звена́, низовы́е менеджеры
leitende Angestellte вы́сший руководя́щий персона́л; менеджеры вы́сшего звена́
mittlere Angestellte слу́жащие сре́днего звена́; менеджеры сре́днего звена́

Angestelltenversicherung *f* (социа́льное) страхова́ние слу́жащих

AngKüFrG, Gesetz über die Fristen für die Kündigung von Angestellten зако́н о сро́ках предупрежде́ния слу́жащих при увольне́нии

Angleichung *f* прира́внивание, ура́внивание, выра́внивание, нивели́рование; приведе́ние в соотве́тствие
ökonomische Angleichung выра́внивание у́ровней экономи́ческого разви́тия

Angstkäufe *m pl* заку́пка из опасе́ния повыше́ния цен *(напр. пе́ред наступле́нием инфля́ции)*

Angstklausel *f* огово́рка о сня́тии отве́тственности
Angstklausel поме́тка индосса́нта на ве́кселе «без оборо́та на меня́», на́дпись индосса́нта на ве́кселе «без оборо́та на меня́»; поме́тка индосса́нта о сня́тии с себя́ отве́тственности *(за опла́ту векселя́)*

AngV, Angestelltenversicherung страхова́ние слу́жащих

AngVersG, Angestelltenversicherungsgesetz зако́н о страхова́нии слу́жащих

Anhalteantrag *m* тре́бование к администра́ции по́рта о временно́й приостано́вке отпра́вки гру́за *(обы́чно ме́лкого гру́за в ожида́нии пополне́ния)*

Anhalterecht *n* пра́во задержа́ния *(остано́вки судо́в в мо́ре)*

Anhaltswerte *m, pl* исхо́дные да́нные, отправные да́нные

Anhang *m* дополне́ние, приложе́ние *(напр. к догово́ру)*; алло́нж

anhäufen *vt* нака́пливать, де́лать накопле́ния

Anhäufen *n* **von Gold** тезаврация, тезаври́рование

Anhäufung *f* накопле́ние; кумуля́ция страховы́х ри́сков
Anhäufung der Anteilgelder накопле́ние паёв
Anhäufung großer Vorräte *торг.* затова́ривание

Anhebung *f* увеличе́ние, повыше́ние *(напр. цен, з́аработной пла́ты)*

Ankauf *m* заку́пка, ску́пка, поку́пка; приобрете́ние
Ankauf *бирж.* цена́ покупа́теля; цена́ спро́са

Ankaufskurs *m бирж.* курс покупа́телей; курс поку́пки

Ankaufspreis *m* заку́почная цена́

Ankergebühr *f* причальные, прича́льный сбор, пла́та за стоя́нку на ре́йде

Ankergeld *n* причальные, прича́льный сбор, пла́та за стоя́нку на ре́йде

Anklage *f* обвине́ние; жа́лоба
gegen *jmdn.* **Anklage erheben** пода́ть на *кого́-л.* в суд *(за что-л.)*;
jmdn. **unter Anklage stellen** предъяви́ть *кому́-л.* иск

anklagen *vt* обвиня́ть *кого́-л. в чём-л.*

anknüpfen *vt* завя́зывать; начина́ть
Verbindungen anknüpfen устана́вливать отноше́ния
mit *jmdm.* **Unterhandlungen anknüpfen** вступа́ть в перегово́ры *с кем-л.*

ankündigen *vt* возвеща́ть; объявля́ть; сообща́ть

Ankündigung *f* объявле́ние; извеще́ние уведомле́ние; андинование; сообще́ние
Ankündigung der Leistung извеще́ние о гото́вности должника́ испо́лнить обязательстве
Ankündigung von Maßnahmen извеще́ние о при́нятых ме́рах
Ankündigung von Transporten извеще́ние о гото́вности тра́нспорта к погру́зке

Ankündigungs- oder Signalwirkungen *f pl* экономи́ческие после́дствия планируемых, обсуждаемых *(но еще факти́чески не при́нятых)* мер экономи́ческой поли́тики

Ankunft *f* прибы́тие
nach Ankunft по прибы́тии *(пункт догово́ра, контра́кта)*

Ankurbelung *f* приведе́ние в де́йствие, приведе́ние в движе́ние; стимули́рование, оживле́ние *(напр. торго́вли)*; форсированное разви́тие *(напр. эконо́мики)*

Anlage *f* вложе́ние, помеще́ние *(капита́ла)*
Anlage сооруже́ние, устро́йство, устано́вка *(как проце́сс)*
Anlage приложе́ние к письму́
Anlage сооруже́ние; устро́йство; агрега́т; обору́дование
Anlage von Vorräten накопле́ние запа́сов
in der Anlage в приложе́нии, при сём

Anlage- und Umlaufmittel *n, pl* основны́е и оборо́тные сре́дства

Anlageaufstockungsposten *m* статья́ бала́нса, отража́ющая рост основно́го капита́ла

Anlagefeld *n* **des Kapitals** сфе́ра приложе́ния капита́ла

Anlagefonds *m* основны́е сре́дства, основны́е фо́нды
nichtproduktive Anlagefonds непроизводственные основны́е фо́нды, основны́е фо́нды непроизводственного назначе́ния

Anlagefondsbilanz *f* бала́нс основны́х фо́ндов

Anlagegesellschaft *f* инвестицио́нный трест; холдинг-компа́ния

Anlagegewinn *m* дохо́ды от капиталовложе́ний, дохо́ды от инвести́ций

Anlagegüter *n, pl* основны́е сре́дства (произво́дства)

Anlageinvestitionen *f, pl* инвести́ции, капита́льные вложе́ния, капиталовложе́ния

Anlagekapital *n* основно́й капита́л (предприя́тия)

Anlagekonto *n* иму́щественный счёт

Anlagekosten *pl соц.* изде́ржки, свя́занные с вложе́нием в основны́е фо́нды; капита́льные затра́ты; изде́ржки, свя́занные с вложе́нием в основно́й капита́л; сто́имость устано́вки, затра́ты на устано́вку; сто́имость сооруже́ния, сто́имость устано́вки

Anlagekredit *m* долгосро́чный креди́т, инвестицио́нный креди́т, креди́т на приобрете́ние основны́х фо́ндов

Anlagemittel *n, pl* основны́е сре́дства, основны́е фо́нды

Anlagen *f, pl* инвести́ции, капита́льные вложе́ния, капиталовложе́ния

Anlagen сооруже́ния, устро́йства, агрега́ты

direkte Anlagen прямы́е инвести́ции, прямы́е капиталовложе́ния

freigabepflichtige Anlagen устано́вки, вводи́мые в эксплуата́цию то́лько с разреше́ния техни́ческого надзо́ра; сооруже́ния, вводи́мые в эксплуата́цию то́лько с разреше́ния техни́ческого надзо́ра

kurzfristige Anlagen краткосро́чные инвести́ции, краткосро́чные капиталовложе́ния

langfristige Anlagen долгосро́чные инвести́ции, долгосро́чные капиталовложе́ния

verfügbare Anlagen нали́чное обору́дование

Anlagenbau *m* предприя́тие-изготови́тель промы́шленного обору́дования

Anlagenbuchführung *f* бухга́лтерский учёт основны́х средств

Anlagenbuchhaltung *f* бухга́лтерский учёт основны́х средств

Anlagenerweiterung *f* увеличе́ние объёма основны́х средств

Anlagenfinanzierung *f* финанси́рование инвести́ций; финанси́рование капита́льного строи́тельства, финанси́рование капиталовложе́ний

Anlagenintensität *f* фондоёмкость *(соотноше́ние ме́жду валовым проду́ктом и сто́имостью основно́го капита́ла)*

anlagenintensiv фондоёмкий

Anlagenkartei *f* картоте́ка основны́х фо́ндов

Anlagennachweis *m* бухга́лтерский учёт основны́х средств

Anlagenrechnung *f* счёт основны́х средств; счёт, пока́зывающий состоя́ние основны́х средств

Anlagenwirtschaft *f* управле́ние, плани́рование и контро́ль основны́х средств

Anlagenzeitfonds *m стат.* фонд вре́мени произво́дственного обору́дования

Anlagepapiere *n, pl* це́нные бума́ги, осно́ванные на инвестированном капитале *(обы́чно а́кции, ипотечные обяза́тельства)*

Anlagepapiere *n pl* це́нные бума́ги с твёрдым проце́нтом, наибо́лее вы́годные для вложе́ния капита́ла *(облига́ции госуда́рственных за́ймов, кру́пных компа́ний, привилегиро́ванных а́кций)*

Anlageplan *m* план инвести́ций

Anlageplan *m* расписа́ние паевых взно́сов в инвестицио́нный фонд

Anlagepolitik *f* инвестиционная поли́тика

Anlagerichtlinien *f, pl* поря́док испо́льзования средств, предоста́вленных ба́нком

Anlagesphäre *f* сфе́ра приложе́ния капи́тала; сфе́ра инвести́ций

Anlagetätigkeit *f* инвестиционная поли́тика, поли́тика в о́бласти капиталовложе́ний

Anlagevermögen *n* основно́й капита́л (предприя́тия)

Anlagevermögen *n* основны́е сре́дства предприя́тия *(земля́, зда́ния и про́чее иму́щество дли́тельного по́льзования, фина́нсовые акти́вы долгосро́чные капиталовложе́ния и це́нные бума́ги, нематериа́льные це́нности-конце́ссии, патенты, лице́нзии)*

abnutzbares Anlagevermögen основны́е сре́дства (произво́дства), подверга́ющиеся изно́су

bewegliches Anlagevermögen оборо́тный капита́л; переме́нные фо́нды предприя́тия

Anlagewagnis *n* риск предприя́тия, свя́занный с преждевре́менным изно́сом основны́х средств (произво́дства)

anlasten *vt* относи́ть расхо́ды за *чей-л.* счёт, относи́ть изде́ржки за *чей-л.* счёт

Anlauf *m* за́пуск *(в произво́дство)*

Anlauf пуск в ход

Anlauf развёртывание рабо́т, нача́ло рабо́т

Anlauf der Produktion нача́ло произво́дства

Anlauf neuer Erzeugnisse освое́ние (произво́дством) но́вых ви́дов проду́кции; за́пуск в произво́дство но́вых ви́дов проду́кции

Anlaufbetrieb *m* пусково́й режи́м

Anlaufen *n* ввод в эксплуата́цию *(заво́да, сооруже́ния)*, освое́ние *(напр. но́вых ви́дов проду́кции)*

Anlaufen захо́д в порт

anlaufen *vi* нараста́ть, нака́пливаться *(о долга́х, проце́нтах)*

anlaufen *vt* заходи́ть *(в порт)*

das Schiff legte bei Hamburg an су́дно пришло́ в Га́мбург

einen Hafen anlaufen заходи́ть в порт

Anlaufexponent *m* показа́тель трудовы́х затра́т, продолжи́тельности рабо́т и себесто́имости в пусково́й перио́д произво́дства

Anlaufgedinge *n* сде́льная опла́та по расценкам, корректируемым в проце́ссе развёртывания рабо́т

Anlaufkosten *pl* изде́ржки пускового периода

Anlaufkosten расхо́ды на освое́ние но́вой проду́кции

Anlaufkosten расхо́ды на подгото́вку и освое́ние произво́дством но́вых ви́дов проду́кции

Anlaufkurve *f* крива́я дина́мики трудовы́х затра́т, продолжи́тельности рабо́т и себесто́имости в пусково́й перио́д произво́дства

Anlaufzeit *f* вре́мя на развёртывание произво́дства (и́ли освое́ние но́вой проду́кции)

Anlaufzeit вре́мя на развёртывание произво́дства но́вых ви́дов проду́кции, вре́мя на освое́ние (произво́дства) но́вых ви́дов проду́кции

Anlaufzeit пусково́й перио́д, перио́д пуско-наладки

Anlegegebühr *f* прича́льный сбор

anlegen вкла́дывать, помеща́ть *(капита́л)*; размеща́ть *(напр. це́нные бума́ги)*; создава́ть *(напр. запа́сы)*; составля́ть, заводи́ть *(напр. картоте́ку)*; прича́ливать; закла́дывать, осно́вывать

anlegen *vi* прича́ливать, пристава́ть

anlegen *vt* сооружа́ть, стро́ить

verzinslich anlegen помеща́ть под проце́нты

Anlegeplatz *m* при́стань, прича́л, дебарка́дер; я́корная стоя́нка

Anleger *m* инве́стор

Anlegestelle *f* при́стань, прича́л, дебарка́дер; я́корная стоя́нка

Anlegung *f* вложе́ние, помеще́ние, инвести́рование *(напр. капита́лов)*

Anlegung von Geld помеще́ние де́нег

Anlegung von Vorräten созда́ние запа́сов

Anleihe *f* долгосро́чный заём *(с фикси́рованным проце́нтом)*

Anleihe облига́ция

Anleihe ссу́да

Anleihe mit Golddeckung заём с зо-

лоты́м покры́тием; *разг.* золото́й заём
Anleihe mit Staatsgarantie заём, обеспе́ченный гара́нтией госуда́рства, заём с госуда́рственной гара́нтией, заём под гара́нтии госуда́рства
Anleihe ohne Rückzahlungstermin бессро́чный заём, ре́нтный заём
äußere Anleihe вне́шний заём
fundierte Anleihe фунди́рованный заём, консолиди́рованный заём
garantierte Anleihe гаранти́йный заём
kommunale Anleihe коммуна́льный заём
konvertible Anleihe конвертируемый заём
kurzfristige Anleihe краткосро́чный заём
nicht beanspruchte Anleihe невыданный заём
öffentliche Anleihe госуда́рственный заём; прави́тельственная ссу́да
ungedeckte Anleihe заём, не покры́тый обеспе́чением; ссу́да без обеспе́чения
unkündbare Anleihe бессро́чный заём
unverzinsliche Anleihe беспроце́нтный заём
verzinsliche Anleihe проце́нтный заём
zinsfreie Anleihe беспроце́нтный заём
eine Anleihe auflegen выпуска́ть заём; объявля́ть подпи́ску на заём
eine Anleihe aufnehmen де́лать заём; брать ссу́ду
eine Anleihe ausgeben выпуска́ть заём; размеща́ть заём
eine Anleihe ausreichen дава́ть ссу́ду;, предоставля́ть ссу́ду
eine Anleihe ausschreiben размеща́ть заём
eine Anleihe begeben выпуска́ть заём; размеща́ть заём
eine Anleihe emittieren выпуска́ть заём
eine Anleihe gewähren предоставля́ть заём; дава́ть ссу́ду, предоставля́ть ссу́ду
eine Anleihe herausgeben выпуска́ть заём
eine Anleihe überzeichnen превыша́ть запланированную су́мму подпи́ски на заём
eine Anleihe unterbringen размеща́ть заём
eine Anleihe zeichnen подписа́ться на заём
eine Anleihe zur Zeichnung auflegen объявля́ть подпи́ску на заём

Anleiheabkommen *n* соглаше́ние о предоставле́нии за́йма, догово́р о предоставле́нии за́йма

Anleiheablösung *f* вы́пуск за́йма
Anleiheablösung погаше́ние за́йма

Anleiheablösungsschuld *f* задо́лженность, погашаемая вновь вы́пущенным займом

Anleiheablösungsschuldtitel *m, pl* заёмные обяза́тельства но́вого за́йма, погашающего пре́жнюю задо́лженность

Anleiheaufnahme *f* вы́пуск за́йма

Anleiheausschreibung *f* размеще́ние за́йма; кампа́ния по размещению за́йма

Anleihebesitzer *m* займодержа́тель

Anleihedeckung *f* покры́тие за́йма

Anleiheemission *f* вы́пуск за́йма, эми́ссия за́йма

Anleihegeber *m* кредито́р по за́йму, *уст.* заимода́вец

Anleihegläubiger *m* кредито́р по за́йму

Anleihehalter *m* займодержа́тель

Anleihekonsortium *n* консо́рциум по реализа́ции за́ймов *(госуда́рственных и́ли ча́стных)*

Anleihekonto *n* ссу́дный счёт

Anleihekonversion *f* конве́рсия за́йма

Anleihekonvertierung *f* конве́рсия за́йма

Anleihemarkt *m* де́нежный ры́нок, ры́нок ссудных капита́лов, ры́нок ссудного капита́ла

Anleihemittel *n, pl* ссу́да; заёмные сре́дства

Anleihenehmer *m* заёмщик, должни́к по за́йму, ссудополучатель

Anleiheschein *m* облига́ция за́йма *(без купо́на)*

Anleiheschuld *f* долг по за́йму, задо́лженность по за́йму

Anleiheschuldner *m* заёмщик, должни́к по за́йму

Anleiheserie *f* разря́д за́йма

Anleihestück *n* облига́ция за́йма *(без купо́на)*

Anleihetilgung *f* погаше́ние за́йма

Anleiheverschuldung *f* задо́лженность по за́йму, долг по за́йму

Anleihezahlung *f* вы́плата по за́йму

Anleihezeichner *m* подпи́счик на заём

Anleihezeichnung *f* подпи́ска на заём

Anleihezinsendienst *m* вы́плата проце́нтов по за́йму

anleiten *vt* руководи́ть; направля́ть

Anleitung *f* руково́дство; инстру́кция

Anlernberuf *m* профе́ссия, осва́иваемая в хо́де произво́дственного обуче́ния

Anlernling *m* учени́к *(на произво́дстве)*; подмасте́рье

Anlieferer *m* поставщи́к

Anlieferung *f* поста́вка; доста́вка; привоз

Anlieferungsmenge *f* коли́чество поставленного това́ра, объём поста́вки

anliegend в приложе́нии; при сём
anliegend übersenden wir Ihnen в приложе́нии направляем Вам

Anlieger *m* владе́лец прилега́ющего уча́стка, владе́лец соседнего уча́стка; владе́лец уча́стка, прилега́ющего к доро́ге; владе́лец уча́стка, прилега́ющего к шоссе́

Anliegerbeiträge *m, pl* взно́сы на доро́жное строи́тельство, упла́чиваемые владе́льцами прилега́ющих к доро́гам уча́стков; взно́сы на доро́жное строи́тельство, упла́чиваемые владе́льцами прилега́ющих к шоссе́ уча́стков

Anlocken *n* привлече́ние
Anlocken von Kunden привлече́ние покупа́телей с по́мощью назойливой рекла́мы, привлече́ние покупа́телей с по́мощью навя́зчивой рекла́мы

anlocken *vt* привлека́ть, прима́нивать, прельща́ть

Anm., Anmelder заяви́тель

Anmeldeabteilung *f* отде́л зая́вок *(пате́нтного ве́домства)*

Anmeldegebühr *f* регистрацио́нный сбор

anmelden *vt* заявля́ть; уведомля́ть, объявля́ть, заявля́ть; уведомля́ть; подава́ть зая́вку *(напр. на уча́стие в ко́нкурсе)*; пропи́сывать *(на жи́тельство)*; регистри́ровать; ста́вить на учёт
Ansprüche anmelden заявля́ть прете́нзии, реклама́ции
ein Gewerbe anmelden регистри́ровать трудову́ю де́ятельность
Reklamationen anmelden заявля́ть прете́нзии, реклама́ции

Anmeldepflicht *f* обяза́тельная пропи́ска, обя́занность пропи́сываться (регистри́роваться), обяза́тельная регистра́ция; обя́занность сообща́ть *(напр. таможенным о́рганам)* о нали́чии валю́тных и иму́щественных це́нностей *(при пересечении грани́цы)*

Anmeldeschluss *m* истече́ние сро́ка пода́чи зая́вок *(прете́нзий)*

Anmeldung *f* объявле́ние, заявле́ние; уведомле́ние; зая́вка
Anmeldung пропи́ска *(на жи́тельство)*
Anmeldung der Gesellschaft beim Handelsregister регистра́ция общества в торго́вом регистре
Anmeldung eines Patentantrages пода́ча зая́вки на пате́нт

Annäherung *f* приближе́ние
asymptotische Annäherung асимптоти́ческое приближе́ние
erste Annäherung пе́рвое приближе́ние
grobe Annäherung гру́бое приближе́ние
in erster Annäherung в пе́рвом приближе́нии
lineare Annäherung лине́йное при-

ближéние

annäherungsweise приблизи́тельный; мéтодом приближéния

Annäherungswert *m* приближённое значéние

Annahme *f* акцéпт, акцептовáние; принятие к оплáте *(напр. перевóдного векселя́)*

Annahme предложéние

Annahme предположéние, допущéние, гипóтеза

Annahme приём *(напр. сберегáтельных вклáдов)*

Annahme приёмный пункт; окнó приёма *(напр. на пóчте)*

Annahme приня́тие *(напр. торгóвого предложéния)*

Annahme прихóдование, оприхóдование *(напр. нали́чных сумм)*

Annahme an Erfüllungs Statt приня́тие кредитóром в погашéние обязáтельства инóго ви́да исполнéния *(вмéсто обуслóвленного)*

Annahme der geschuldeten Leistung приня́тие *(кредитóром)* исполнéния обязáтельства

Annahme der Rechnung приня́тие счёта к оплáте, акцептовáние

Annahme des Wechsels акцéпт векселя́, акцептовáние векселя́

Annahme einer Rechnung акцептовáние счёта

allgemeine Annahme óбщее акцептовáние

bedingte Annahme услóвное акцептовáние

bedingungslose Annahme óбщее акцептовáние

vorbehaltlose Annahme безоговóрочное приня́тие, бесспóрное приня́тие

die Annahme verweigern отказáться от акцéпта, отказáться от акцептовáния (приня́тия к оплáте) *(напр. векселя́)*

Annahmebereich *m* óбласть приня́тия гипóтезы

Annahmeerklärung *f* заявлéние о приня́тии *(напр. предложéния)*

Annahmefaktor *m* приёмочный критéрий *(в статисти́ческом контрóле кáчества)*

Annahmegrenze *f* предéл приёмки, грани́ца приёмки *(в статисти́ческом контрóле кáчества)*

Annahmekennlinie *f* кривáя оперативной характери́стики *(в статисти́ческом контрóле кáчество)*

Annahmekontrolle *f* приёмочный контрóль

Annahmekontrollkarte *f* бракóвочная контрóльная кáрта

Annahmekriterium *n* приёмочный критéрий *(в статисти́ческом контрóле кáчества)*

Annahmepflicht *f* обя́занность приня́тия

Annahmeschein *m* квитáнция о получéнии грýзов, квитáнция о приёме грýза

Annahmesperre *f* прекращéние приёма грýзов для транспортирóвки

Annahmevermerk *m* отмéтка о приня́тии *(напр. на вéкселе)*

Annahmeverweigerung *f* откáз от акцéпта, откáз от акцептовáния *(напр. векселя́)*, неакцептовáние; откáз получáтеля в приня́тии грýза, неприня́тие грýза получáтелем

Annahmeverzug *m* просрóчка кредитóра в приня́тии исполнéния обязáтельства должникóм

Annahmewahrscheinlichkeit *f* верóятность приёмки *(в статисти́ческом контрóле кáчества)*

Annahmezahl *f* приёмочное числó *(в статисти́ческом контрóле кáчества)*

annehmbar приéмлемый

annehmen акцептовáть *(напр., вéксель, счёт)*, принимáть к оплáте *(напр., вéксель, счёт)*; принимáть *(напр., торгóвое предложéние)*; предполагáть, допускáть

annehmen предполагáть

annehmen *vt* принимáть *(в рáзных значéниях)*

ein Gesetz annehmen приня́ть закóн

einen Auftrag annehmen приня́ть закáз

einen Wechsel annehmen приня́ть вéксель к оплáте

Annehmer *m* акцептáнт; приёмщик

annehmlich приéмлемый

Annonce *f фр.* объявлéние, реклáма, анóнс

Annoncenbüro *n фр.* реклáмное бюрó, отдéл объявлéний, бюрó объявлéний

Annoncenexpedition *f фр.* реклáмное бюрó, отдéл объявлéний, бюрó объявлéний

Annoncenwesen *n фр.* реклáмное дéло

AnnSt., Annahmestelle пункт приёма *(закáзов, товáров)*; прихóдная кáсса

Annuität *f* аннуитéт, ежегóдно выплáчиваемая сýмма в счёт погашéния зáйма *(состоя́щая из части́чно возвращáемого дóлга и процéнта)*

Annuität mit vereinbarter Dauer срóчный аннуитéт, аннуитéт на срок

fallende Annuität срóчный аннуитéт, аннуитéт на срок

feste Annuität (регуля́рный) ежегóдный платёж рáвных сумм *(напр. в счёт дóлга)*

kündbare Annuität срóчный аннуитéт, аннуитéт на срок

unkündbare Annuität пожи́зненный аннуитéт; бессрóчный аннуитéт

Annuitäten *f, pl* годовóй дохóд

Annuitätenanleihe *f* аннуитéт; заём, по котóрому ежегóдно выплáчивается постоя́нный дохóд, включáющий уменьшáющиеся сýммы процéнтов и возрастáющие платежи́ в погашéнии оснóвного дóлга

Annuitätenhypotheke *f* амортизациóнная ипотéка *(ипотéка, по котóрой ежегóдно произвóдятся рáвные платежи́ процéнтов и чáсти оснóвного дóлга)*

Annuitätentilgung *f* погашéние дóлга путём ежегóдно возрастáющих платежéй при одноврéменном уменьшéнии вы́платы процéнтов; погашéние дóлга путём ежегóдных взнóсов

Annulierung *f* аннули́рование, упразднéние, объявлéние недействи́тельным, отмéна

annullieren *vt* отменя́ть; аннули́ровать, объявля́ть недействи́тельным

Anordnung *f* прикáз, распоряжéние; предписáние

Anordnung расположéние, расстанóвка, размещéние; устрóйство;

Anpassung *f* приспособлéние *(напр. предприя́тия к ры́нку)*; адапти́рование; согласовáние; приведéние в соотвéтствие

Anpassung der Lohne согласовáние ýровней зáработной плáты

Anpassung des Zinssatzes адапти́рование ýровня процéнта

selektive Anpassung приспособлéние предприя́тия к изменéнию загрýзки произвóдственных мóщностей, оснóванное на при́нципе отбóра

zeitliche Anpassung изменéние продолжи́тельности рабóчей недéли предприя́тия в зави́симости от ýровня спрóса на егó продýкцию

Anpassungsbeihilfe *f* посóбие на овладéние специáльностью

anpassungsfähig умéющий приспосáбливаться

Anpassungsfähigkeit *f* умéние приспосáбливаться

Anpassungsfaktor *m* фáктор приспособлéния, фáктор приспосабливаемости, фáктор аккомодáции, аккомодациóнный фáктор

Anpassungsproblem *n* проблéма приспособлéния, проблéма овладéния *(напр., нóвыми технолóгиями)*

Anpassungstest *m* критéрий подóбия

anpreisen *vt* расхвáливать; реклами́ровать

Anpreisung *f* навя́зчивая реклáма, агресси́вная реклáма

anrechenbar начисля́емый; зачисля́емый, подлежáщий начислéнию, подлежа́щий зачислению

anrechnen *vt* засчи́тывать; ста́вить в счёт, зачисля́ть
eine Ware billig anrechnen дёшево уступи́ть това́р

Anrechnung *f* зачисле́ние; начисле́ние, зачёт
auf Anrechnung в счёт
in Anrechnung bringen ста́вить в счёт, поста́вить в счёт, начисля́ть (по счёту)
unter Anrechnung der Spesen с учётом изде́ржек

Anrecht *n* абонеме́нт
Anrecht пай
Anrecht притяза́ние; (преиму́щественное) пра́во

Anrechtsinhaber *m* держа́тель абонеме́нта; абоне́нт; па́йщик

Anrechtskarte *f* предвари́тельная а́кция; удостовере́ние пайщика

Anrechtsschein *m* предвари́тельная а́кция; удостовере́ние пайщика, удостовере́ние пайщика

Anrede *f* обраще́ние

Anreißen *n* привлече́ние покупа́телей с по́мощью навя́зчивой рекла́мы, привлече́ние покупа́телей с по́мощью назойливой рекла́мы

anreißen *vt разг.* зазыва́ть покупа́телей ***(назойливой рекла́мой)***

Anreißer *m* торго́вец, навя́зчиво реклами́рующий това́р

Anreiz *m* побужде́ние, сти́мул
Anreiz стимули́рование заинтересо́ванности; поощре́ние; заинтересо́ванность
kollektiver Anreiz коллекти́вная (материа́льная) заинтересо́ванность
materieller Anreiz материа́льная заинтересо́ванность; материа́льное поощре́ние, материа́льный сти́мул
moralischer Anreiz мора́льный сти́мул
einen Anreiz schaffen стимули́ровать, создава́ть сти́мул, дава́ть сти́мул
wirtschaftliche Anreize bekommen экономи́чески стимулироваться, получа́ть экономи́ческое стимули́рование

Anreize *m, pl* сти́мулы (мн.ч.)
materielle und moralische Anreize материа́льные и мора́льные сти́мулы (мн.ч.)

anreizen *vt* стимули́ровать, поощря́ть

Anreizfonds *m* поощри́тельный фонд; фонд поощре́ния; фонд премирования

Anreizprämie *f* поощри́тельная пре́мия

Anreizsystem *n* поощри́тельная систе́ма, систе́ма поощре́ний

Anreizung *f* побужде́ние, стимули́рование

Anruf *m вчт.* вы́зов; запро́с; опро́с; обраще́ние ***(напр. к подпрогра́мме, к ба́зе да́нных и т.п.)***

Ansageverfahren *n* переда́ча това́ра для очи́стки тамо́женному о́ргану, расположенному внутри́ страны́

Ansammlung *f* накопле́ние; концентра́ция, сосредото́чение

Ansatz *m* предвари́тельное проекти́рование; предвари́тельный прое́кт; посы́лка, исхо́дная иде́я; математи́ческая за́пись усло́вий зада́чи
Ansatz *m* статья́ счёта
Ansatz цифрово́е выраже́ние, число-во́е выраже́ние, величина́
außer Ansatz bleiben не принима́ть(-ся) в расчёт
in Ansatz bringen принима́ть в расчёт
kreativer Ansatz тво́рческий подхо́д

Ansatzberichtigung *f* исправле́ние отде́льных слагаемых счёта

Anschaffung *f* платёж, покры́тие до́лга
Anschaffung приобрете́ние, поку́пка; загото́вка; заку́пка
Anschaffung von Arbeitsmitteln приобрете́ние средств труда́

Anschaffungsbeitrag *m* посо́бие на обзаведе́ние дома́шним иму́ществом

Anschaffungsgeschäft *n* сде́лка на приобрете́ние це́нных бума́г

Anschaffungskosten *pl* заку́почная цена́

Anschaffungspreis *m* заку́почная цена́, покупна́я цена́; заготовительная сто́имость

Anschaffungswert *m* заку́почная цена́; заготовительная сто́имость
Anschaffungswert первонача́льная сто́имость (основны́х средств); сто́имость поку́пки, сто́имость приобрете́ния, покупна́я сто́имость; расхо́ды на приобрете́ние

Anschlag *m* сме́та; оце́нка; расчёт
Anschlag der Kosten расхо́ды по сме́те
in Anschlag kommen входи́ть в сме́ту; принима́ться в расчёт, учитываться
in Anschlag bringen включа́ть в сме́ту, вноси́ть в сме́ту; принима́ть в расчёт; оце́нивать, определя́ть ***(в предвари́тельном расчёте)***
in Anschlag nehmen принима́ть в расчёт

Anschlagskosten *pl* сме́тная сто́имость; расхо́ды по сме́те

Anschlagspreis *m* цена́ по сме́те; сме́тная сто́имость

Anschlagswert *m* сме́тная сто́имость, оце́ночная сто́имость

Anschlagwerbung *f* реклами́рование путём испо́льзования плака́тов, афи́ш и объявле́ний; испо́льзование нару́жной рекла́мы

Anschließer *m* владе́лец примыкающей железнодоро́жной ли́нии, владе́лец подъездного пути́

Anschluss *m* присоедине́ние, ***истор.*** а́ншлюс
Anschluss согласо́ванность ***(расписаний движе́ния поездо́в)***

Anschlussbahnvertrag *m* догово́р ме́жду предприя́тием-владе́льцем подъездного пути́ и госуда́рственной желе́зной доро́гой

Anschlussereignis *n* грани́чное собы́тие; собы́тие, о́бщее для двух ча́стных сетей

Anschlussgerät *n вчт.* периферийное устро́йство, вне́шнее устро́йство, термина́л, оконечное устро́йство

Anschlussgeräte *n pl вчт.* периферийное обору́дование

Anschlusspfändung *f* повто́рная о́пись иму́щества ***(другúми кредито́рами)***

Anschlussrefinanzierung *f* встре́чное финанси́рование

Anschlussverkehr *m* грузовы́е и пассажи́рские железнодоро́жные перево́зки в разли́чных направле́ниях на осно́ве согласова́ния расписаний движе́ния поездо́в
Anschlussverkehr движе́ние поездо́в на подъездных путя́х
Anschlussverkehr *m* железнодоро́жные перево́зки ***(грузовы́е и пассажи́рские)*** на осно́ве согласо́ванного расписа́ния движе́ния

Anschlusszone *f* зо́на, примыка́ющая к территориа́льным вода́м

Anschreiben *n* препроводительная бума́га; сопроводительный докуме́нт

anschreiben запи́сывать в креди́т ***(не опла́ченный това́р)***

Anschwärzen *n* распростране́ние све́дений, порочащих конкуре́нта; распростране́ние клеветни́ческих измышле́ний; клевета́

ansetzen устана́вливать, назнача́ть (срок, це́ну и т.п.)
ansetzen направля́ть, выделя́ть (для выполне́ния како́й-л. зада́чи)
die Sitzung ist auf den .... angesetzt заседа́ние назна́чено на ...

Ansichtssendung *f* па́ртия образцо́в для ознакомле́ния
Ansichtssendung па́ртия образцо́в това́ра ***(посланных для ознакомле́ния)***

Ansiedelung *f* колониза́ция; заселе́ние, переселе́ние; посёлок, селе́ние

Ansiedlung *f* колониза́ция; заселе́ние, переселе́ние; посёлок, селе́ние

Ansiedlungsaufwand *m* затра́ты на переселе́ние рабо́чих из други́х райо́нов

Ansiedlungsgesellschaft *f* общество содействия колонизации, общество

содéйствия переселéнию; óбщество пóмощи поселéнцам
Anspannung *f* напряжéние; нагрýзка; стресс; перенапряжéние
geistige Anspannung ýмственное напряжéние, ýмственное перенапряжéние
nervliche Anspannung нéрвное напряжéние, нéрвный стресс
mit Anspannung aller Kräfte с пóлным напряжéнием сил
anspornen *vt* стимулúровать; поощрять
Anspruch *m* претéнзия, притязáние; трéбование; прáво трéбовать
berechtigter Anspruch обоснóванная претéнзия, закóнное трéбование, обоснóванное трéбование
dinglicher Anspruch вéщное притязáние, вéщное трéбование
verhaltener Anspruch трéбование, исполняемое должникóм по заявлéнию кредитóра о расторжéнии сдéлки; трéбование, срок исполнéния котóрого наступáет по заявлéнию кредитóра о расторжéнии сдéлки
Anspruch auf *etw.* erheben предъявлять претéнзию на *что-л.*
Anspruch auf *etw.* anmelden предъявлять претéнзию на *что-л.*
Anspruch auf *etw.* geltend machen предъявлять претéнзию на *что-л.*
Anspruch erheben предъявлять претéнзии, притязать претендовáть; выдвигáть трéбование трéбовать
Anspruch geltend machen предъявлять претéнзии, притязать претендовáть; выдвигáть трéбование трéбовать
Anspruch stellen предъявлять претéнзии, притязать претендовáть; выдвигáть трéбование трéбовать
dem Anspruch entsagen откáзываться от úска:
den Anspruch aufgeben откáзываться от претéнзий, откáзываться от трéбований; откáзываться от úска
den Anspruch befriedigen удовлетворять претéнзию
Ansprüche *m, pl* претéнзии (мн.ч.), притязáния (мн.ч.); трéбования (мн.ч.)
Ansprüche aus fälligen und nicht gezahlten Abgaben актúвные бюджéтные остáтки (мн.ч.)
den Ansprüchen stattgeben удовлетворять претéнзии
die Ansprüche befriedigen удовлетворять претéнзии
anspruchsvoll трéбовательный, взыскáтельный
Anstandsbrief *m* соглашéние о предоставлéнии отсрóчки, соглашéние о предоставлéнии моратóрия
Anstandsfrist *f* предостáвленный дополнúтельно срок
ansteigen *vi* возрастáть, увелúчиваться *(о колúчестве)*; поднимáться, повышáться *(о цéнах)*
anstellen *vt* нанимáть на рабóту; зачислять на слýжбу
Anstellungsvertrag *m* трудовóй договóр, трудовóе соглашéние; договóр о нáйме
Anstieg *m* подъём, возрастáние
Anstieg der Nachfrage рост спрóса
Anstrengung *f* усúлие; напряжéние; старáние; тяготы, трýдности
Antagonismus *m* антагонúзм, противорéчие
Anteil *m* дóля, часть, пай; (долевóе) учáстие; дóля
Anteil удéльный вес
Anteil учáсток
Anteil der Abschreibungen удéльный вес амортизациóнных отчислéний, дóля амортизациóнных отчислéний
Anteil der Marktproduktion товáрность произвóдства, удéльный вес товáрной продýкции в валовом объёме произвóдства
Anteil der Warenproduktion an der Bruttoproduktion товáрность произвóдства, удéльный вес товáрной продýкции в валовом объёме произвóдства
abzuführender Anteil часть *(напр. дохóдов)*, подлежáщая отчислению
aufgekaufter Anteil вы́купленный пай
relativer fehlerfreier Anteil удéльный вес недефектных издéлий в пáртии
Anteil annehmen принимáть учáстие *(в чём-л.)*
Anteilbeitrag *m* паевой взнос
Anteilbesitz *m* долевóе владéние
Anteilbesitzer *m* пáйщик; акционéр
Anteilfonds *m* паевой фонд
Anteilgröße *f стат.* относúтельная величинá
Anteilhaber *m* учáстник; пáйщик; акционéр; соучредитель
Anteilhof *m с. х. ист.* надельный двор
anteilig на паевых начáлах, на паях; соответствующий дóле учáстия, соразмéрный дóле учáстия, пропорционáльный дóле учáстия
anteilig по долям
Anteilkapital *n* паевой капитáл; долевóй капитáл; акционéрный капитáл
Anteillohn *m с.-х.* часть зáработной плáты, выплáчиваемая натýрой
anteilmäßig соответствующий дóле учáстия, соразмéрный дóле учáстия, пропорционáльный дóле учáстия
anteilmäßig соразмéрный дóле, пропорционáльный дóле
Anteilnehmer *m* учáстник; пáйщик; акционéр; соучредитель
Anteilpapier *n* цéнная бумáга, дающая прáво на дóлю имýщества *(напр. áкция)*
Anteilsberechtigung *f* прáво на дóлю *(имýщества)*, прáво на дóлю имýщества (акционéрного) óбщества
Anteilschein *m* áкция; паевое свидéтельство
Anteilseigentum *n* сóбственность (акционéрного) óбщества
Anteilseigentümer *m* акционéр; пáйщик, владéлец пая
Anteilseigner *m* акционéр; пáйщик, владéлец пая
Anteilsgemeinschaft *f* óбщность владéния имýществом
Anteilsrecht *n* прáво на учáстие, прáво на пай
Anteilwirtschaft *f истор.* испольщина, арéнда úсполу, испóльная арéнда; обрóчная крестьянская усáдьба; издольно-арéндное хозяйство, издольщина
Anteilziffer *f* относúтельная величинá
Anti-Dumping- (в сл.сл.) антидéмпинговый
Anti-Dumping-Zoll *m* антидéмпинговая пóшлина
anticipatory credit *англ.* авáнс, выплáчиваемый бáнком соглáсно «крáсному услóвию» из аккредитúва до получéния отгрузочных докумéнтов
antideflationistisch антидефляциóнный, антидефляционúстский
Antidumping *n* антидéмпинг
Antidumpinggesetz *n* закóн о мéрах борьбы́ с дéмпингом, антидéмпинговый закóн, закóн по борьбé с дéмпингом
Antidumpingzoll *m* антидéмпинговая (тамóженная) пóшлина
Antihavarietraining *n* подготóвка рабóтников произвóдства к дéйствиям в аварúйной обстанóвке
antiinflationistisch антиинфляциóнный, антиинфляционúстский
Antikrisenmaßnahme *f* антикрúзисное мероприятие
antimonopolistisch антимонополистúческий
Antimonopoltheorie *f* антимонопóльная теóрия
Antistreikgesetzgebung *f* закóн(ы) о запрещéнии забастóвок
Antitrustbewegung *f* антитрéстовское движéние, движéние прóтив трестов
Antitrustgesetzgebung *f* антитрéстовское законодáтельство
Antizipation *f* антиципáция *(исполнéние обязáтельств до наступлéния срóка)*
antizipativ *бухг.* опережáющий платёж

(ра́ньше обы́чного сро́ка)
antizyklisch антицикли́ческий
Antrag *m* предложе́ние, оферта
Antrag хода́тайство, проше́ние, заявле́ние
Antrag тре́бование; зая́вка
Antrag auf Bargeldauszahlung зая́вка на вы́дачу де́нег
Antrag bearbeitet обраба́тывать зая́вку; обраба́тывать зака́з
Antrag zur Warenlieferung тре́бование-накладна́я
einen Antrag auf Visa beim Konsulat stellen пода́ть заявле́ние на ви́зу в ко́нсульство
Antragsgegner *m юр.* отве́тчик
Antragsteller *m* заяви́тель, проси́тель, хода́тайствующий, хода́тай
Antragsteller *юр.* исте́ц
Antragsteller а́втор предложе́ния
Antragsverfahren *n* явочная систе́ма патентования
Antransport *m* подво́з, доста́вка
antreiben побужда́ть; поощря́ть; подгоня́ть; заставля́ть; приводи́ть в движе́ние; подстрека́ть
Antreiberei *f* потого́нная систе́ма
Antreiberlohnsystem *n* потого́нная систе́ма
Antreibersystem *n* потого́нная систе́ма
Antretung *f* **der Erbschaft** вступле́ние во владе́ние насле́дством, приня́тие насле́дства
Antrieb *m* сти́мул; побужде́ние; моти́в; инициати́ва
Antrieb приведе́ние в движе́ние
antworten отвеча́ть, дава́ть отве́т
auf eine Frage antworten отвеча́ть на вопро́с
ausweichend antworten дава́ть уклу́нчивый отве́т
mit *(einem)* **Ja antworten** отве́тить «да», дать согла́сие, дать положи́тельный отве́т, согласи́ться
mit *(einem)* **Nein antworten** дать отрица́тельный отве́т, отве́тить отрица́тельно; сказа́ть «нет»
mit umgehender Post antworten отве́тить сро́чным письмо́м, отве́тить неме́дленно, отве́тить сро́чно
schriftlich antworten отвеча́ть в пи́сьменной фо́рме, отве́тить в пи́сьменной фо́рме; отвеча́ть в пи́сьменном ви́де, отве́тить в пи́сьменном ви́де
Antwortschein *m* купо́н для опла́ты отве́тного письма́; формуля́р оплаченного отве́та, бланк оплаченного отве́та
Anwachsen *n* приро́ст, приращение, увеличе́ние
Anwachsen der Krise нараста́ние кри́зиса
Anwartschaft *f* пра́во на получе́ние пе́нсии *(при наступле́нии определённых усло́вий)*
Anwartschaftsdeckungsverfahren *n* накопле́ние взно́сов в фондах социа́льного страхова́ния *(для вы́платы пе́нсий)*; накопле́ние взно́сов социа́льного страхова́ния для вы́платы пе́нсий
anweisen ассигнова́ть, отчисля́ть
anweisen инструкти́ровать
anweisen переводи́ть *(де́ньги)*, де́лать *(де́нежный)* перево́д
anweisen предоставля́ть, выделя́ть
anweisen предпи́сывать; прика́зывать; дава́ть распоряже́ние; поруча́ть
anweisen предоставля́ть, выделя́ть; отводи́ть
Anweisende *m f* лицо́, даю́щее поруче́ние произвести́ платёж; трасса́нт; трассантка
Anweisung *f* инстру́кция, указа́ние, директи́ва
Anweisung *вчт.* опера́тор; выраже́ние, предложе́ние; макрокоманда; макрос
Anweisung *(де́нежный)* перево́д; чек, о́рдер
Anweisung предписа́ние; прика́з; распоряже́ние; поруче́ние; инстру́кция
Anweisung ассигнова́ние; отчисле́ние; предоставле́ние, выделе́ние; отведе́ние
Anweisung распоряже́ние, поруче́ние
Anweisung auf bares Geld прика́з об упла́те нали́чными
Anweisung auf die Bank ба́нковский перево́д, чек на получе́ние де́нег в ба́нке
Anweisung zur Zahlung платёжный о́рдер
kaufmännische Anweisung комме́рческое поруче́ние
Anweisungsempfänger *m* лицо́, обя́занное оплати́ть де́нежный перево́д; трасса́т
Anweisungsschein *m* де́нежный перево́д, чек; о́рдер
Anweisungstheorie des Geldes тео́рия де́нег
Anwendbarkeit *f* примени́мость, приго́дность
vielseitige Anwendbarkeit универса́льность *(напр. маши́ны)*
anwenden *vt* применя́ть, употребля́ть, испо́льзовать
Anwender *m* по́льзователь; получа́тель
Anwenderbetrieb *m* предприя́тие-потреби́тель; заво́д-потреби́тель, заво́д-по́льзователь
Anwendernutzen *m* эффе́кт испо́льзования *(напр. станка́, маши́ны)* непосре́дственно у потреби́теля, эффекти́вность испо́льзования *(напр. станка́, маши́ны)* непосре́дственно у потреби́теля
Anwendernutzen *m* эффекти́вность испо́льзования
Anwendung *f* примене́ние, испо́льзование
Anwendungsbereich *m* о́бласть примене́ния, сфе́ра примене́ния, сфе́ра примене́ния, о́бласть примене́ния, о́бласть испо́льзования
Anwendungsbreite *f* широта́ примене́ния, широта́ испо́льзования, диапазо́н примене́ния, диапазо́н испо́льзования
Anwendungsgebiet *n* о́бласть примене́ния, сфе́ра примене́ния, сфе́ра примене́ния, о́бласть примене́ния, о́бласть испо́льзования
Anwendungsmodus *m* спо́соб примене́ния, спо́соб испо́льзования
Anwendungsmöglichkeit *f* возмо́жность примене́ния, возмо́жность испо́льзования
Anwendungsprogramm *n вчт.* прикладна́я програ́мма, пользовательская програ́мма
anwendungsreif гото́вый к примене́нию, гото́вый к испо́льзованию
Anwendungssphäre *f* о́бласть примене́ния, сфе́ра примене́ния, сфе́ра примене́ния, о́бласть примене́ния, о́бласть испо́льзования
anwerben вербова́ть, нанима́ть; набира́ть; привлека́ть *(напр. рабо́чую си́лу)*
Anwerbung *f* вербование, вербо́вка, наём; набо́р; привлече́ние *(напр. рабо́чей си́лы)*
Anwesende *m f* прису́тствующий; присутствующая
Anwesenheilsstunde *f* явочный челове́ко-час *(рабо́чего)*
Anwesenheit *f* прису́тствие, пребыва́ние
Anwesenheitskontrolle *f* та́бельный учёт я́вки на рабо́ту
Anwesenheitskontrolle mittels Marken жетонная систе́ма табельного учёта я́вки на рабо́ту и ухо́да с рабо́ты *(на предприя́тии)*
Anwesenheitsliste *f* ве́домость учёта я́вки на рабо́ту, та́бель учёта я́вки на рабо́ту
Anwesenheitsnachweis *m* та́бельный учёт я́вки на рабо́ту
Anwesenheitsstunden *f pl* рабо́чие часы́; часы́ прису́тствия на рабо́те
Anwesenheitstag *m* явочный день *(рабо́чего)*
Anwohnerschutz *m* ко́мплекс мероприя́тий промы́шленного предприя́тия по защи́те окружа́ющей среды́ *(напр. чи-*

стоты атмосфе́ры)
Anzahl *f* коли́чество, число́; *стат.* чи́сленность
Anzahl der Beschäftigten чи́сленность за́нятых
Anzahl der Fehlarbeitertage число́ невыходов на рабо́ту
Anzahl der Fehlarbeitertage infolge Arbeitsbummelei число́ челове́ко-дней прогулов
Anzahl der Freiheitsgrade число́ степене́й свобо́ды (систе́мы)
Anzahl der ununterbrochenen Berufsjahre непреры́вный трудово́й стаж
Anzahl von Transaktionen коли́чество транзакций
anzahlen дава́ть зада́ток; плати́ть в счёт, плати́ть в зачёт; упла́чивать пе́рвый взнос *(при поку́пке в рассро́чку)*
Anzahlung *f* ава́нс, зада́ток; пе́рвый взнос при поку́пке в рассро́чку; предвари́тельный взнос
eine Anzahlung leisten дава́ть зада́ток, вноси́ть зада́ток; уплати́ть в счёт, уплати́ть в зачёт; упла́чивать пе́рвый взнос *(при поку́пке в рассро́чку)*
eine Anzahlung machen дава́ть зада́ток, вноси́ть зада́ток; уплати́ть в счёт, уплати́ть в зачёт; упла́чивать пе́рвый взнос *(при поку́пке в рассро́чку)*
Anzeige *f* извеще́ние; заявле́ние; уведомле́ние; нотифика́ция; ави́зо
Anzeige (рекла́мное) объявле́ние *(в газе́те)*
Anzeigebrief *m* ави́зо; нотифика́ция
Anzeigebrief нотифика́ция *(уведомле́ние векселедержа́телем векселеда́теля об опротестовании вы́данного векселя́)*
Anzeigeeinrichtung *f вчт.* устро́йство *(блок)* отображе́ния; индикаторное устро́йство, индика́тор; сигна́льное устро́йство, сигнализа́тор; монито́р
Anzeigenagentur *f* рекла́мное бюро́, отде́л объявле́ний, бюро́ объявле́ний
Anzeigengebühr *f* сбор за помеще́ние объявле́ния; сбор за помеще́ние объявле́ния в газе́те
Anzeigenpreis *m* цена́ за помеще́ние объявле́ния в газе́те
Anzeigenring *m* аге́нтство газе́тных объявле́ний (объедине́ние предпринима́телей)
Anzeigentafel *f* доска́ объявле́ний
Anzeigenteil *m* отде́л объявле́ний (в газе́тном но́мере)
Anzeigenwerbung *f* сбор объявле́ний (для газе́ты)
Anzeigenring рекла́ма с по́мощью объявле́ний (в газе́те)
Anzeigentafel *f* доска́ объявле́ний
Anzeigenwerbung *f* реклами́рование путём помеще́ния объявле́ний в газе́те
Anzeigepflicht *f* обя́занность сообща́ть о соверше́нии де́йствии, кара́емых зако́ном
Anzeigepflicht des Versicherten обя́занность страхова́теля своевре́менно заявля́ть о наступле́нии страхово́го слу́чая
Anziehen *n* рост, повыше́ние *(напр. цен)*
anziehen *vi* поднима́ться, расти́ *(о це́нах)*
anziehend повыша́тельный *(напр. о тенде́нции)*
anziehend привлека́тельный, интере́сный
AO:
AO, Angola Анго́ла
AO, Abgabenordnung положе́ния о поря́дке взима́ния нало́гов, сбо́ров и по́шлин
AO, Anordnung распоряже́ние, предписа́ние, инстру́кция
AO, Arbeitsordnung пра́вила вну́треннего распоря́дка на предприя́тии; распоря́док рабо́ты
AO, Ausfuhrordnung положе́ние, регламентирующее поря́док осуществле́ния экспорта
AO, Ausfuhrordnung пра́вила по экспорту
AO, Auslandsorganisation зарубе́жная организа́ция
a/o, account of *(eng.)* счёт *от тако́го-то (лица́, фи́рмы)*
AOR, Readjusted Kwanza, -- Angola Но́вая ква́нза (*код валю́ты* 024), -- Анго́ла
AP:
A/P, account paid *(eng.)* счёт опла́чен
AP, APr, Arbeitsproduktivität произво́дительность труда́
A.P., authority to pay полномо́чие на проведе́ние платежа́
A.P., authority to pay полномо́чие *(уполномо́чен)* на произво́дство платежа́
a.p., anni practeriti, vergangenen Jahres про́шлого го́да
APK, Arbeitspensionskasse рабо́чая пенсио́нная ка́сса
APO, Allgemeine Prüfungsordnung О́бщая инстру́кция по прове́рке бухга́лтерской отчётности
Apparatsteuer *f* нало́г на техни́ческие сре́дства, необходи́мые для произво́дства това́ра *(примити́вная фо́рма нало́га на потребле́ние)*
Apparaturprozess *m* технологи́ческий проце́сс, свя́занный с определённой аппарату́рой
Applikation *f* примене́ние, употребле́ние, приложе́ние *(напр. тео́рии к практи́ческому примене́нию)*
Applikationsforschung *f* прикладны́е иссле́дования
Apport *m фр.* иму́щественный вклад
Approbation *f* апроба́ция, одобре́ние; утвержде́ние, разреше́ние
Approbation до́пуск к пра́ктике *(напр. врача́)*
Approbationspflicht *f* устано́вленный зако́ном поря́док обяза́тельной прове́рки импортных изде́лий на безопа́сность испо́льзования *(пре́жде всего́ электрообору́дования)*
Approbationszeichen *n* апробацио́нный знак на импортных *(пре́жде всего́ электротехни́ческих)* изде́лиях
Appropriation *f* присвое́ние; овладе́ние
Approximation *f* аппроксима́ция, приближе́ние
Approximation der produktionstechnischen Möglichkeiten аппроксима́ция производственно-техни́ческих возмо́жностей
stückweise lineare Approximation кусочно-лине́йное приближе́ние
Approximationsgrad *m* сте́пень аппроксима́ции, сте́пень приближе́ния
Approximationsverfahren *n* ме́тод приближений
sukzessives Approximationsverfahren ме́тод после́довательных приближений
approximativ приближённый
Äquatorialafrikanische Zollunion Тамо́женный сою́з Экваториальной А́фрики
Äquivalent *n* эквивале́нт
allgemeines Äquivalent всео́бщий эквивале́нт
wirkliches Äquivalent действи́тельный эквивале́нт
Äquivalentenaustausch *m* эквивале́нтный обме́н
Äquivalentform *f* эквивале́нтная фо́рма *(обме́на)*
allgemeine Äquivalentform всео́бщая эквивале́нтная фо́рма
gesellschaftliche Äquivalentform обще́ственная эквивале́нтная фо́рма
Äquivalentware *f* това́р-эквивале́нт, эквивале́нтный това́р
spezifische Äquivalentware специфи́ческий эквивале́нтный това́р
Äquivalenz *f* эквивале́нтность; равноце́нность
strategische Äquivalenz стратеги́ческая эквивале́нтность
Äquivalenzbeziehung *f* отноше́ние эквивалентности
Äquivalenzklasse *f* класс *(усло́вной)* эквивалентности
Äquivalenzprinzip *n* при́нцип эквивалентности *(напр. нало́г рассма́трива-*

ется как компенсáция за окáзываемые госудáрством общéственные услýги)

Äquivalenztheorie *f* теóрия эквивалентности *(налóгов)*

Äquivalenzziffer *f* покaзáтель эквивалентности, коэффициéнт эквивалентности

AR:

AR, Argentinien Аргентúна

AR, against all risks *страх.* прóтив всех рúсков *(укáзанных в полисе)*

AR, Aufsichtsrat наблюдáтельный совéт *(напр. акционéрного óбщества)*; член наблюдательного совéта

AR, Außenhandelsrecht внешнеторгóвое прáво

Arabische Liga Лúга арáбских стран

Arbeit *f* труд, рабóта, занятие, дéло; деятельность; дéйствие; рабóта, издéлие

Arbeit für die Gesellschaft общéственные рабóты

Arbeit für sich труд для себя́, труд на самогó себя́

Arbeit gegen Entgelt рабóта за вознаграждéние

Arbeit im Haushalt домáшняя рабóта, рабóта по ведéнию домáшнего хозя́йства

Arbeit im Stücklohn сдéльная рабóта

Arbeit im Tagelohn подённая рабóта

Arbeit im Zweischichtenbetrieb двухсмéнная рабóта, рабóта в две смéны

Arbeit nach Tagesplan рабóта по (дневнóму) грáфику

Arbeit nach Schichtplan рабóта по (сменному) грáфику

abstrakte Arbeit абстрáктный труд

allgemeine Arbeit всеóбщий труд

anhaltende Arbeit продолжúтельная рабóта

aufgehäufte Arbeit накóпленный труд

aufgewandte Arbeit затраченный труд, влóженный труд

ausfallfreie Arbeit безоткáзная рабóта

automatisierte Arbeit автоматизúрованный труд

berufliche Arbeit рабóта по специáльности, профессионáльная дéятельность

ehrenamtliche Arbeit общéственная рабóта

einfache Arbeit простóй труд, неквалифицúрованный труд

einschichtige Arbeit односменная рабóта; рабóта в однý смéну

fremde Arbeit чужóй труд; привлечённый труд

gefährdungsfreie Arbeit безопáсная рабóта

geleistete Arbeit вы́полненная рабóта; осуществлённая рабóта

gemeinnützige Arbeit общéственно полéзный труд

gemeinsame Arbeit совмéстная рабóта; коллектúвная рабóта

gemeinschaftliche Arbeit общéственный труд; коллектúвный труд; совмéстная рабóта

genossenschaftliche Arbeit труд члéнов кооператúва; артéльный труд, кооператúвный труд

gesellschaftlich notwendige Arbeit общéственно необходúмый труд, общéственно полéзный труд

gesundheitsgefährdende Arbeit опáсная рабóта, врéдная для здорóвья рабóта

gleichwertige Arbeit труд рáвной цéнности

handwerkliche Arbeit труд ремéсленника, рабóта ремéсленника

hauptamtliche Arbeit основнáя рабóта

hochproduktive Arbeit высокопроизводúтельный труд

hoch qualifizierte Arbeit высококвалифицúрованный труд

im Gedinge vergebene Arbeit сдéльная рабóта

individuelle Arbeit индивидуáльный труд

innergenossenschaftliche Arbeit рабóта члéнов кооператúва в рáмках кооператúва

intellektuelle Arbeit ýмственный труд; интеллектуáльная рабóта

intensive Arbeit интенсúвная рабóта

kollektive Arbeit коллектúвный труд; общéственный труд

kombinierte gesellschaftliche Arbeit комбинúрованный общéственный труд

komplizierte Arbeit слóжная рабóта

konkrete Arbeit конкрéтный труд, конкрéтная рабóта

kontinuierliche Arbeit непреры́вная рабóта

körperlich anstrengende Arbeit рабóта, трéбующая бóльших физúческих усúлий; тяжёлый физúческий труд

körperliche Arbeit физúческий труд

lebendige Arbeit живóй труд

lebendige Arbeit insgesamt совокýпный живóй труд

leichte Arbeit неквалифицúрованный труд; рабóта, не трéбующая бóльших физúческих и ýмственных усúлий; лёгкая рабóта

manuelle Arbeit ручнóй труд; рабóта вручнýю

mechanisierte Arbeit механизúрованный труд

mehrfache zyklische Arbeit многоцикличная рабóта

mehrschichtige Arbeit многосменная рабóта

mittelbar produktive Arbeit кóсвенно производúтельный труд

nachgeschaltete Arbeit смéжная рабóта

nichtqualifizierte Arbeit неквалифицúрованный труд

niedrigentlohnte Arbeit низкооплáчиваемый труд

notwendige Arbeit необходúмый труд; необходúмая рабóта

private Arbeit наёмный труд, испóльзуемый на чáстных предприя́тиях; рабóта на чáстном предприя́тии

produktive Arbeit производúтельный труд

prognostische Arbeit рабóта по прогнозированию, прогностическая рабóта

qualifizierte Arbeit квалифицúрованный труд

saisonbedingte Arbeit сезóнная рабóта

saisongebundene Arbeit сезóнная рабóта

schädigungsfreie Arbeit безврéдная рабóте

schöpferische Arbeit твóрческий труд

schwarze Arbeit рабóта по-чёрному, чёрная рабóта *(без регистрáции в óрганах соцстрáха и уплáты налóгов)*

selbstständige Arbeit рабóта лиц свобóдных профéссий *(напр. врачéй, юрúстов)*

störungsfreie Arbeit бесперебóйная рабóта

tatsächliche Arbeit фактúческая рабóта

unbezahlte Arbeit неоплáченный труд; неоплаченная рабóта

unfreiwillige Arbeit принудúтельный труд; подневóльный труд

unmittelbar gesellschaftliche Arbeit непосрéдственно общéственный труд

unmittelbar produktive Arbeit непосрéдственно производúтельный труд

unproduktive Arbeit непроизводúтельный труд; непродуктúвная рабóта

ursprüngliche Arbeit первоначáльный труд

vergesellschaftete Arbeit обобществлённый труд

vierundzwanzigstündige Arbeit круглосуточная рабóта

zeit- und kraftraubende Arbeit трудоёмкая рабóта *(трéбующая сил и врéмени)*

zusätzliche Arbeit добáвочный труд; дополнúтельная рабóта

zyklische Arbeit цикличная рабóта, рабóта по цикличному грáфику

Arbeit suchen искáть рабóту

Arbeit verausgaben затрáчивать труд

Arbeit verschaffen предоставля́ть рабóту

der Arbeit fernbleiben прогу́ливать
die Arbeit aufnehmen начина́ть рабо́ту, приступа́ть к рабо́те
die Arbeit ausführen выполня́ть рабо́ту
die Arbeit einstellen прекраща́ть рабо́ту
die Arbeit erledigen выполня́ть рабо́ту
die Arbeit in Naturalien bezahlen опла́чивать труд в натура́льной фо́рме
die Arbeit leisten выполня́ть рабо́ту
die Arbeit niederlegen забастова́ть, начина́ть забасто́вку
mit der Arbeit aufhören прекраща́ть рабо́ту
mit der Arbeit aussetzen вре́менно прекраща́ть рабо́ту

Arbeiten *f, pl* рабо́ты (мн.ч.)
öffentliche Arbeiten обще́ственные рабо́ты

arbeiten *vi* рабо́тать, труди́ться, занима́ться; де́йствовать, функциони́ровать
nebenberuflich arbeiten рабо́тать по совмести́тельству
verkürzt arbeiten труди́ться непо́лный рабо́чий день
voll arbeiten труди́ться по́лный рабо́чий день

Arbeitende *m* за́нятый на рабо́те; рабо́тающий
der verkürzt Arbeitende за́нятый непо́лный рабо́чий день

Arbeiter *m* рабо́тник; рабо́чий
Arbeiter kontraktlich verpflichten *устар.* контрактова́ть рабо́чих, контрактова́ть рабо́тников; нанима́ть рабо́чих *(рабо́тников)* по контра́кту
angelernter Arbeiter рабо́чий ни́зкой квалифика́ции *(получи́вший специа́льность непосре́дственно на произво́дстве)*
ausländischer Arbeiter иностра́нный рабо́чий
einheimischer Arbeiter ме́стный рабо́чий *(в отли́чие от рабо́чих-иммигра́нтов)*
geistiger Arbeiter рабо́тник у́мственного труда́
geschulter Arbeiter квалифици́рованный рабо́чий; квалифици́рованный рабо́тник
gesellschaftlich kombinierter Arbeiter обще́ственно-комбини́рованный рабо́чий
gut gestellter Arbeiter обеспе́ченный рабо́тник
hoch bezahlter Arbeiter высокоопла́чиваемый рабо́чий
hoch qualifizierter Arbeiter высококвалифици́рованный рабо́чий; рабо́тник высо́кой квалифика́ции
jugendlicher Arbeiter рабо́чий-подро́сток; молодо́й рабо́чий
kombinierter Arbeiter рабо́чий с универса́льной подгото́вкой
kurzfristig angestellter Arbeiter вре́менный рабо́чий; вре́менный рабо́тник; сезо́нный рабо́чий
landwirtschaftlicher Arbeiter сельскохозя́йственный рабо́чий
minderbezahlter Arbeiter низкоопла́чиваемый рабо́чий
nicht organisierter Arbeiter рабо́чий, не явля́ющийся чле́ном профсою́за
organisierter Arbeiter рабо́чий-член профсою́за
ungelernter Arbeiter неквалифици́рованный рабо́чий, подсо́бный рабо́чий, чернорабо́чий

Arbeiter-Neuerer *m* рабо́чий-нова́тор
Arbeiteraristokratie *f* рабо́чая аристокра́тия
Arbeiterarmee *f* а́рмия труда́
Arbeiterassoziation *f* това́рищество рабо́чих; ассоциа́ция рабо́чих
Arbeiterausschuss *m* рабо́чий комите́т, *истор.* рабком; заводско́й комите́т, завком
Arbeiterbank *f* рабо́чий банк
Arbeiterbelegschaft *f* коллекти́в рабо́чих
Arbeiterberufsverein *m* профессиона́льный сою́з рабо́чих, профсою́з рабо́чих
Arbeiterberufsverkehr *m* перево́зка трудя́щихся к ме́сту рабо́ты и к ме́сту жи́тельства обще́ственным тра́нспортом
Arbeiterbewegung *f* рабо́чее движе́ние
Arbeiterbezirk *m* рабо́чий райо́н
Arbeiterbürokratie *f* рабо́чая (профсою́зная) бюрокра́тия
Arbeiterentlassung *f* увольне́ние рабо́чих
arbeiterfeindlich антирабо́чий, напра́вленный про́тив интере́сов рабо́чих, антирабо́чий, вражде́бный рабо́чим
Arbeiterfluktuation *f* теку́честь рабо́чей си́лы
Arbeiterforscher *m* рабо́чий-рационализа́тор; рабо́чий-изобрета́тель
Arbeiterfunktiorär *m* рабо́чий-активи́ст; парти́йный функционе́р из среды́ рабо́чих, профсою́зный функционе́р из среды́ рабо́чих
Arbeitergenossenschaft *f ист.* това́рищество рабо́чих; рабо́чая коопера́ция, рабо́чий кооперати́в
Arbeitergesetzgebung *f* трудово́е законода́тельство, законода́тельство о труде́
Arbeitergewerkschaft *f* рабо́чий профсою́з, профсою́з рабо́чих
Arbeitergewinnbeteiligung *f* уча́стие рабо́чих в при́былях предприя́тия
Arbeiterhaushalt *m* бюдже́т рабо́чей семьи́; хозя́йство рабо́чей семьи́
Arbeiterin *f* рабо́чая, рабо́тница
Arbeiterklasse *f* рабо́чий класс; пролетариа́т
Arbeiterkonsumverein *m* рабо́чий потреби́тельский кооперати́в
Arbeiterkontrolle *f* рабо́чий контро́ль
Arbeitermangel *m* нехва́тка рабо́чих, нехва́тка рабо́чих рук; нехва́тка рабо́чей си́лы
Arbeiterordnung *f* пра́вила вну́треннего распоря́дка для рабо́чих
Arbeiterrentengut *n* земе́льный уча́сток, передава́емый госуда́рством се́льским рабо́чим
Arbeiterrentenversicherung *f* социа́льное страхова́ние (пе́нсии рабо́чих)
Arbeiterrückfahrkarte *f* льго́тный проездно́й биле́т *(для прое́зда на рабо́ту и обра́тно)*
Arbeiterschaft *f* рабо́чие; рабо́чий класс
Arbeiterschichten *f, pl* рабо́чие слои́ *(о́бщества)*
Arbeiterschutz *m* охра́на труда́ рабо́чих
Arbeiterschutzbekleidung *f* спецоде́жда, рабо́чая *(защи́тная)* оде́жда
Arbeiterschutzgesetze *n, pl* зако́ны об охра́не труда́ рабо́чих
Arbeiterstamm *m* ка́дровый соста́в рабо́чих; ка́дровые рабо́чие
berufsverbundener Arbeiterstamm ка́дровый соста́в рабо́чих по профе́ссии
betriebsverbundener Arbeiterstamm ка́дровый соста́в рабо́чих предприя́тия
Arbeiterstand *m* рабо́чее сосло́вие
Arbeiterstunde *f стат.* челове́ко-час
geleistete Arbeiterstunde отрабо́танный челове́ко-час
Arbeitertag *m стат.* челове́ко-день
geleistete Arbeitertag отрабо́танный челове́ко-день
Arbeiterversicherung *f* страхова́ние рабо́чих
Arbeiterversorgung *f* рабо́чее снабже́ние; обеспе́чение рабо́чих (това́рами и услу́гами)
Arbeiterversorgungsabteilung *f* отде́л рабо́чего снабже́ния
Arbeitervertretung *f* рабо́чее представи́тельство
Arbeiterwochenkarte *f* льго́тный неде́льный проездно́й биле́т рабо́чего
Arbeiterzahl *f* чи́сленность рабо́чих
beschäftigte Arbeiterzahl чи́сленность за́нятых рабо́чих, чи́сленность рабо́чих на произво́дстве
Arbeiterzeit *f* вре́мя, затра́чиваемое рабо́чим на выполне́ние за́данной рабо́ты
Arbeiterzufuhr *f* прито́к рабо́чих

Arbeitgeber *m* предпринима́тель; работода́тель; нанима́тель рабо́чих

Arbeitgeber-Vereinigung Объедине́ние работодателей

Arbeitgeberbeitrag *m* страхово́й взнос предпринима́теля *(за ка́ждого рабо́тника)*

Arbeitgeberhaftpflichtversicherung *f* обяза́тельное страхова́ние (гражда́нской) отве́тственности предпринима́телей

Arbeitgeberverband *m* сою́з предпринима́телей, объедине́ние предпринима́телей

Arbeitgeberverein *m* сою́з предпринима́телей, объедине́ние предпринима́телей

Arbeitnehmer *m* рабо́тающий *(по на́йму)*

Arbeitnehmeraktie *f* рабо́чая а́кция

Arbeitnehmerschaft *f* рабо́чие и слу́жащие

Arbeitnehmerverband *m* сою́з рабо́чих и слу́жащих; сою́з наёмных рабо́тников

Arbeits- und Forschungsgemeinschaft *f* рабо́чая иссле́довательская гру́ппа

Arbeits- und Lebensbedingungen *f, pl* усло́вия труда́ и жи́зни

Arbeitsablauf *m* рабо́чий проце́сс; проце́сс рабо́ты
- **Arbeitsablauf** технологи́ческий проце́сс
- **Arbeitsablauf** произво́дственный проце́сс; организа́ция трудово́го проце́сса, организа́ция рабо́чего проце́сса; режи́м рабо́ты
- **gleichmäßiger Arbeitsablauf** ритми́чность труда́; ритми́чное произво́дство
- **kontinuierlicher Arbeitsablauf** непреры́вный рабо́чий проце́сс; непреры́вность рабо́чего проце́сса
- **zyklischer Arbeitsablauf** цикли́чный трудово́й проце́сс, цикли́чный рабо́чий проце́сс; цикли́чность трудово́го проце́сса, цикли́чность рабо́чего проце́сса

Arbeitsablaufkarte *f* технологи́ческая ка́рта

Arbeitsablaufplan *m* гра́фик технологи́ческого проце́сса; технологи́ческая ка́рта; операцио́нный гра́фик

Arbeitsablaufplanung *f* плани́рование трудовы́х проце́ссов, плани́рование рабо́чих проце́ссов; плани́рование технологи́ческого проце́сса, плани́рование произво́дственного проце́сса

Arbeitsablaufstudie *f* изуче́ние технологи́ческого проце́сса

Arbeitsabschnitt *m* уча́сток рабо́ты, о́чередь рабо́ты; отде́льно взя́тый рабо́чий проце́сс; разде́л рабо́ты, те́ма рабо́ты *(напр. иссле́дования)*; операцио́нная зо́на

Arbeitsaktivität *f* трудова́я акти́вность

Arbeitsalter *n* трудоспосо́бный во́зраст

Arbeitsamt *n* би́ржа труда́; отде́л по вопро́сам труда́ *(администрати́вный орга́н)*

Arbeitsanalyse *f* ана́лиз трудово́й де́ятельности; ана́лиз трудово́го проце́сса

Arbeitsanforderungen *f, pl* тре́бования, предъявляемые к рабо́тнику в си́лу специ́фики его́ рабо́ты

Arbeitsangebot *n* объявле́ние о на́йме рабо́чей си́лы
- **Arbeitsangebot** предложе́ние рабо́чей си́лы

Arbeitsanstellung *f* приём на рабо́ту, зачисле́ние на рабо́ту; трудоустро́йство

Arbeitsanstrengung *f* трудово́е уси́лие, рабо́чее уси́лие

Arbeitsanweisung *f* наря́д на рабо́ту, рабо́чий наря́д; рабо́чая инстру́кция

Arbeitsäquivalent *n* эквивале́нт труда́

Arbeitsart *f* вид рабо́ты
- **konkrete Arbeitsart** конкре́тный труд

Arbeitsästhetik *f* эсте́тика труда́

Arbeitsaufgabe *f* рабо́чее зада́ние

Arbeitsaufriss *m* гра́фик рабо́т

Arbeitsaufschwung *m* трудово́й подъём

Arbeitsauftrag *m* наря́д-зака́з

Arbeitsaufwand *m* затра́ты труда́, трудовы́е затра́ты; трудоёмкость
- **Arbeitsaufwand je Erzeugniseinheit** затра́ты труда́ в расчёте на едини́цу проду́кции; трудоёмкость в расчёте на едини́цу проду́кции
- **effektiver Arbeitsaufwand** факти́ческие затра́ты труда́; факти́ческая трудоёмкость
- **gegebener Arbeitsaufwand** за́данные затра́ты труда́; за́данная трудоёмкость
- **geplanter Arbeitsaufwand** пла́новые затра́ты труда́; пла́новая трудоёмкость
- **gesamter Arbeitsaufwand** совоку́пные затра́ты труда́; о́бщая трудоёмкость, трудоёмкость в расчёте на весь объём рабо́т
- **gesellschaftlich notwendiger Arbeitsaufwand** обще́ственно необходи́мые затра́ты труда́
- **gesellschaftlicher Arbeitsaufwand** обще́ственные затра́ты труда́, обще́ственные трудовы́е затра́ты
- **individueller Arbeitsaufwand** индивиду́альные затра́ты труда́, индивидуа́льные трудовы́е затра́ты
- **spezifischer Arbeitsaufwand** уде́льная трудоёмкость
- **tatsächlicher Arbeitsaufwand** факти́ческие затра́ты труда́; факти́ческая трудоёмкость

Arbeitsaufwandsnorm *f* но́рма трудовы́х затра́т

Arbeitsaufwandsnormativ *n* нормати́в трудовы́х затра́т

Arbeitsaufwandsnormung *f* нормиро́вание трудовы́х затра́т

Arbeitsaufwandsverringerung *f* сниже́ние трудоёмкости

Arbeitsaufwandsvolumen *n* трудоёмкость; объём трудозатрат

arbeitsaufwendig трудоёмкий

Arbeitsaufwendigkeit *f* трудоёмкость
- **Arbeitsaufwendigkeit des Warenumsatzes** трудоёмкость товарооборота

Arbeitsaufwendungen *f, pl* затра́ты труда́, трудовы́е затра́ты

Arbeitsausfall *m* просто́й в рабо́те

Arbeitsausführung *f* выполне́ние рабо́ты

Arbeitsausgaben *f, pl* затра́ты труда́, трудовы́е затра́ты

Arbeitsauslagen *f, pl* затра́ты труда́, трудовы́е затра́ты

Arbeitsauslastung *f* загру́женность рабо́той
- **Arbeitsauslastung** рабо́чая нагру́зка

Arbeitsbeanspruchung *f* напряже́ние *(физи́ческое и у́мственное)*

Arbeitsbedarf *m с.-х.* потре́бность в рабо́чей си́ле

Arbeitsbedingungen *f, pl* усло́вия труда́

Arbeitsbefreiung *f* освобожде́ние от рабо́ты *(напр. по боле́зни)*

Arbeitsbegeisterung *f* трудово́й подъём, трудово́й энтузиа́зм

Arbeitsbegleitkarte *f* маршру́тный лист, сопроводительный рабо́чий докуме́нт, технологи́ческая маршру́тная ка́рта

Arbeitsbegleitschein *m* маршру́тный лист, сопроводительный рабо́чий докуме́нт

Arbeitsbehinderung *f* поме́хи в рабо́те

Arbeitsbeitrag *m* трудово́й вклад

Arbeitsbelastung *f* загру́женность рабо́той
- **Arbeitsbelastung** рабо́чая нагру́зка, поле́зная нагру́зка; эксплуатацио́нное напряже́ние; трудова́я нагру́зка

Arbeitsbeleg *m* рабо́чий наря́д

Arbeitsbereich *m* сфе́ра де́ятельности, поле́ де́ятельности; уча́сток рабо́ты; подотде́л, гру́ппа

Arbeitsbereitschaft *f* гото́вность к труду́, гото́вность к рабо́те; рабо́чее состоя́ние *(напр. маши́ны)*

Arbeitsbeschaffung *f* предоставле́ние рабо́ты, подыска́ние рабо́ты; трудоустро́йство; обще́ственные рабо́ты для безрабо́тных

Arbeitsbeschränkung *f* ограниче́ние трудоспосо́бности

Arbeitsbewegung *f* рабóчее движéние *(как часть операции)*
Arbeitsbewertung *f* оцéнка трудá, оцéнка рабóты; классификáция трудá, классификáция рабóты
analytische Arbeitsbewertung аналитúческая оцéнка трудá
qualitative Arbeitsbewertung квалификациóнная оцéнка стéпени слóжности трудá, оцéнка трудá по качественным показáтелям, кáчественная оцéнка трудá
quantitative Arbeitsbewertung оцéнка трудá по количественным показáтелям
Arbeitsbeziehungen *f, pl* трудовы́е взаимоотношéния
Arbeitsbilanz *f* трудовóй балáнс
Arbeitsbörse *f* бúржа трудá *(во Фрáнции)*; *ист.* меновой базáр, «базáр справедлúвого обмéна» *(сóзданный в 1832 г. социалистом-утопистом Р. Оуэном)*
Arbeitsbrigade *f* рабóчая бригáда; бригáда
Arbeitsbuch *n* трудовáя кнúжка *(в бывш. ГДР, СССР, СНГ)*
Arbeitsbummelant *m* прогýльщик
Arbeitsbummelei *f* прогýл рабóты
Arbeitscharakteristik *f* характерúстика трудовóго процéсса
Arbeitsdauer *f* продолжúтельность рабóты; срок слýжбы
Arbeitsdienst *m* (военизúрованная) трудовáя повúнность; альтернатúвная слýжба
Arbeitsdienstpflicht *f* трудовáя повúнность
Arbeitsdirektor *m* заместúтель дирéктора по трудý
Arbeitsdisposition *f* планирóвание рабóт
Arbeitsdisziplin *f* трудовáя дисциплúна, произвóдственная дисциплúна
Arbeitseffektivität *f* эффектúвность трудá
Arbeitseifer *m* старáние в рабóте, трудовóе рвéние
Arbeitseigentum *n* имýщество, нáжитое трудóм
Arbeitseinheit *f* единúца вы́работки
Arbeitseinheit единúца учёта трудá; *с.-х. ист.* трудодень
Arbeitseinkommen *n* трудовóй дохóд; зáработок
Arbeitseinkünfte *pl* трудовы́е дохóды
Arbeitseinsatz *m* испóльзование рабóчей силы́
Arbeitseinsatz рабóта; учáстие в рабóте
Arbeitseinsatzlenkung *f* распределéние трудовы́х ресýрсов
Arbeitseinsauger *m* трудоёмкий элемéнт
Arbeitseinsparung *f* эконóмия трудá
Arbeitseinstellung *f* отношéние к трудý
Arbeitseinstellung прекращéние рабóты, останóвка рабóты, забастóвка, стáчка
Arbeitseinteilung *f* распределéние рабóт; организáция рабóт; грáфик вы́ходов на рабóту
Arbeitseinweisung *f* направлéние на рабóту *(по окончáнии учéбного заведéния)*
Arbeitselement *n* элемéнт рабóты
Arbeitsentgelt *n* вознаграждéние за труд, плáта за труд; оплáта трудá
Arbeitsentlohnung *f* вознаграждéние за труд, плáта за труд; оплáта трудá
Arbeitserfahrungen *f, pl* óпыт рабóты
Arbeitsergebnis *n* результáт трудá, продýкт трудá; результáт рабóты, итóг рабóты, итóги дéятельности
Arbeitsergiebigkeit *f* производúтельность трудá
Arbeitserleichterung *f* облегчéние трудá, улучшéние услóвий трудá
Arbeitserschwernis *f* ухудшéние услóвий трудá
Arbeitsersparnis *f* эконóмия трудá
Arbeitsertrag *m* продýкт трудá; трудовóй дохóд, зáработок
Arbeitserziehung *f* трудовóе воспитáние
Arbeitsethos *n* этика трудá; трудовáя морáль
arbeitsfähig трудоспосóбный; работоспособный
Arbeitsfähigkeit *f* трудоспосóбность; работоспосóбность
beschränkte Arbeitsfähigkeit ограничéнная трудоспосóбность
individuelle Arbeitsfähigkeit индивидуáльная работоспосóбность
Arbeitsfaktor *m* фáктор трудá, трудовóй фáктор
Arbeitsfertigkeit *f* трудовóй нáвык, произвóдственный нáвык, умéние рабóтать снорóвка (в рабóте)
Arbeitsfläche *f* рабóчая площáдь
Arbeitsfluss *m* послéдовательность трудовóго процéсса, послéдовательность рабóчего процéсса; технологúческий процéсс, произвóдственный процéсс; режúм рабóты, потóк (в произвóдстве)
Arbeitsfluss потóк *(в произвóдстве)*
Arbeitsfluss режúм рабóты
Arbeitsfluss технологúческий процéсс
Arbeitsfolge *f* грáфик рабóт, расписáние рабóт
Arbeitsfolge маршрýт операций технологúческого процéсса, технологúческий маршрýт
Arbeitsfolge послéдовательность рабóчих операций; послéдовательность трудовы́х процéссов, послéдовательность рабóчих процéссов, послéдовательность рабóт, порядок выполнéния операций, очерёдность выполнéния операций; порядок рабóты
Arbeitsfonds *m* рабóчий фонд
Arbeitsforschung *f* изучéние трудовы́х процéссов; изучéние вопрóсов (организáции) трудá
Arbeitsfreude *f* трудовóй подъём, трудовóй энтузиáзм
Arbeitsfreudigkeit *f* трудовóй подъём, трудовóй энтузиáзм
Arbeitsfunktion *f* трудовáя фýнкция
Arbeitsgang *m* рабóчий ход *(машúны)*
Arbeitsgang технологúческая операция, произвóдственная операция, рабóчая операция
Arbeitsgang *сет. пл.* (действúтельная) рабóта
manueller Arbeitsgang ручнáя операция
maschineller Arbeitsgang машúнная операция
Arbeitsganganalyse *f* пооперационный анáлиз рабóты
Arbeitsgangfolge *f* послéдовательность рабóчих операций
Arbeitsgangnormung *f* пооперационное нормировáние
Arbeitsgangstammkartei *f* картотéка (технологúческих) операций
Arbeitsgangstruktur *f* структýра рабóчей операции
Arbeitsgangstufe *f* ступéнь рабóчей операции, этáп рабóчей операции
Arbeitsgebiet *n* óбласть трудá, сфéра дéятельности, полé дéятельности; учáсток рабóты
Arbeitsgegenstand *m* предмéт трудá
Arbeitsgeld *n ист.* бóны в «рабóчих часáх», «рабóчие дéньги» *(тéрмин, введённый в обращéние в 1832 г. социалистом-утопистом Р. Оуэном)*
Arbeitsgelegenheit *f* возмóжность получéния рабóты
Arbeitsgemeinschaft *f* деловóе сотрýдничество, совмéстная рабóта; óбщество, объединéние; объединéние союзов рабóчих, объединéние союзов предпринимáтелей; рабóчая грýппа
Arbeitsgemeinschaft óбщество, объединéние
Arbeitsgemeinschaft рабóчая грýппа
Arbeitsgemeinschaft des deutschen Einzelhandels Объединéние союзов рóзничной торгóвли
Arbeitsgemeinschaft Deutscher Wer-

bungmittler Общество немецких агентов рекламы
Arbeitsgemeinschaft deutscher wirtschaftswissenschaftlicher Forschungsinstitute Объединение немецких институтов по изучению экономики
Arbeitsgemeinschaft Erdölgewinnung und Verarbeitung Общество по добыче и переработке нефти
Arbeitsgemeinschaft für Soziale Betriebsgestaltung Общество подготовки технических и руководящих кадров для предприятий
Arbeitsgemeinschaft Güternahverkehr (im Bundesgebiet) Общество перевозок грузов на близкое расстояние *(в пределах ФРГ)*
Arbeitsgemeinschaft Kraftwagenspedition Общество автомобильных перевозок
Arbeitsgemeinschaft Personenverkehr Общество пассажирских перевозок
Arbeitsgemeinschaft selbstständiger Unternehmer Объединение независимых предпринимателей

Arbeitsgemeinschaftspolitik *f* политика делового сотрудничества

Arbeitsgenossenschaft *f* рабочая артель
Arbeitsgenossenschaft рабочее товарищество; производственная кооперация

Arbeitsgerät *n* орудие труда

Arbeitsgericht *n* суд, занимающийся разбором трудовых конфликтов

Arbeitsgerichtsbarkeit *f* подсудность трудовых конфликтов (споров)

Arbeitsgeschäftsfähigkeit *f* трудовая дееспособность

Arbeitsgeschwindigkeit *f* рабочая скорость, эксплуатационная скорость; скорость работы

Arbeitsgesetzbuch *n* кодекс законов о труде

Arbeitsgestaltung *f* организация труда
wissenschaftliche Arbeitsgestaltung научная организация труда, НОТ; организация труда

Arbeitsgruppe *f* рабочая группа *(на совещаниях, конференциях)*

Arbeitsgut *n* продукция; изделие

Arbeitsgüte *f* качество (выполненной) работы

Arbeitshaltung *f* личные качества и поведение работающего на месте работы; поза рабочего во время работы

Arbeitshektik *f* изнурительный темп работы
Arbeitshektik *f* штурмовщина; аврал

Arbeitsherr *m* работодатель

Arbeitshetze *f разг.* штурмовщина; аврал; потогонная система

Arbeitshöchstleistungen *f, pl* рекордные показатели в работе

Arbeitshygiene *f* гигиена труда; промышленная гигиена

Arbeitsinhalt *m* содержание труда, содержание работы; объём работы, количество работы

Arbeitsinstrumente *pl* орудия труда; рабочие инструменты

Arbeitsintensität *f* трудоёмкость, затраты труда на единицу продукции
betriebliche Arbeitsintensität заводская трудоёмкость
technologische Arbeitsintensität технологическая трудоёмкость *(изделия)*
volkswirtschaftliche Arbeitsintensität народнохозяйственная трудоёмкость
volle betriebliche Arbeitsintensität полная общезаводская трудоёмкость

Arbeitsintensitätszahl *f* коэффициент трудоёмкости

arbeitsintensiv трудоёмкий, требующий больших затрат труда

Arbeitsintensivierung *f* интенсификация труда

Arbeitsjahre *n, pl* трудовой стаж

Arbeitskalender *m* календарный план работ, календарный график работ

Arbeitskampagne *f* кампания *(напр. посевная, уборочная)*

Arbeitskampf *m* борьба за улучшение условий труда; забастовочная борьба

Arbeitskarte *f* карта выработки, рабочий лист; технологическая карта

Arbeitskategorie *f* категория работы

Arbeitskennziffer *f* рабочий показатель, трудовой показатель
Arbeitskennziffer *f* трудовой индекс

Arbeitskette *f* последовательность работ

Arbeitsklassifizierung *f* классификация работ по степени сложности

Arbeitskleidung *f* производственная одежда; спецодежда; рабочая одежда

Arbeitsklima *n* рабочая обстановка на предприятии, рабочая атмосфера на предприятии, рабочий климат; условия труда

Arbeitskollektiv *n* трудовой коллектив, рабочий коллектив

Arbeitskomplex *m* рабочий комплекс, трудовой комплекс, комплекс труда

Arbeitskonflikt *m* трудовой конфликт

Arbeitskonsumverein *m* рабочий (потребительский) кооператив

Arbeitskontrakt *m* трудовой договор, трудовое соглашение, трудовой контракт

Arbeitskosten *pl* расходы на оплату труда
Arbeitskosten стоимость труда, цена труда, стоимость рабочей силы, цена рабочей силы

Arbeitskraft *f* рабочая сила
angelernte Arbeitskraft работники низкой квалификации
feste Arbeitskraft постоянная рабочая сила
flüssige Arbeitskraft текучая рабочая сила; переменная рабочая сила
gesellschaftliche Arbeitskraft общественная рабочая сила
produktive Arbeitskraft производительная рабочая сила; рабочая сила, занятая в сфере материального производства
wertbildende Arbeitskraft рабочая сила, создающая стоимость

Arbeitskräfte *f, pl* трудовые ресурсы (мн.ч.), рабочая сила, *см. тж.* **Arbeitskraft** *f*
einheimische Arbeitskräfte местные трудовые ресурсы (мн.ч.)
fremde Arbeitskräfte пришлая рабочая сила, рабочие-иммигранты (мн.ч.)
ständige Arbeitskräfte постоянные рабочие (мн.ч.)
unproduktive Arbeitskräfte рабочая сила, не занятая в сфере материального производства; непроизводительная рабочая сила
verfügbare Arbeitskräfte наличные трудовые ресурсы (мн.ч.)

Arbeitskräfte- und Lohnplan *m* план по труду и заработной плате

Arbeitskräfteabbau *m* уменьшение числа занятых рабочих

Arbeitskräfteabwanderung *f* отток рабочей силы

Arbeitskräfteanzahl *f* численность рабочей силы

Arbeitskräfteaufkommen *n* наличные трудовые ресурсы

Arbeitskräfteaufwand *m* затраты трудовых ресурсов

Arbeitskräftebedarf *m* потребность в рабочей силе; спрос на рабочую силу

Arbeitskräftebereitstellung *f* плановое перемещение рабочей силы с одного места работы на другое

Arbeitskräftebesetzungsnorm *f* норматив использования трудовых ресурсов, норматив использования рабочей силы; норматив численности рабочей силы

Arbeitskräftebestand *m* численность работников

Arbeitskräftebewegung *f* движение рабочей силы; миграция рабочих

Arbeitskräftebilanz *f* бала́нс трудовы́х ресу́рсов

Arbeitskräfteeinheit *f* едини́ца учёта труда́

Arbeitskräfteeinsatz *m* испо́льзование трудовы́х ресу́рсов, испо́льзование рабо́чей си́лы

Arbeitskräfteeinsparung *f* эконо́мия рабо́чей си́лы

Arbeitskräfteentwicklung *f* дина́мика чи́сленности и качественного соста́ва рабо́чей си́лы

Arbeitskräftefreisetzung *f* высвобожде́ние рабо́чей си́лы

Arbeitskrafteknappheil *f* нехва́тка рабо́чей си́лы; дефици́т трудовы́х ресу́рсов

Arbeitskräftelage *f* положе́ние с рабо́чей си́лой; нали́чие рабо́чей си́лы

Arbeitskräftemangel *m* нехва́тка рабо́чей си́лы; недоста́ток рабо́чей си́лы

Arbeitskräftemarkt *m* ры́нок труда́, ры́нок рабо́чей си́лы

Arbeitskräftenachwuchs *m* молоды́е ка́дры рабо́тников

Arbeitskräftenormativ *n* нормати́в чи́сленности рабо́чей си́лы

Arbeitskräftependler *m, pl* рабо́тники, проживающие за преде́лами администрати́вной территориальной едини́цы, в которо́й нахо́дится ме́сто их рабо́ты

Arbeitskräfteplan *m* план по труду́

Arbeitskräfteplanung *f* плани́рование трудовы́х ресу́рсов, плани́рование рабо́чей си́лы

Arbeitskraftepotenzial *n* трудовы́е ресу́рсы; потенциа́л рабо́чей си́лы

Arbeitskräfteressourcen *f, pl* трудовы́е ресу́рсы, ресу́рсы рабо́чей си́лы

Arbeitskräfteressourcenbilanz *f* (территориальный) бала́нс трудовы́х ресу́рсов

Arbeitskräftestand *m* чи́сленность рабо́чей си́лы

Arbeitskräftestatistik *f* стати́стика трудовы́х ресу́рсов

Arbeitskräftestruktur *f* структу́ра рабо́чей си́лы

Arbeitskräfteumsetzung *f* перемеще́ние рабо́чей си́лы, мигра́ция рабо́чих

Arbeitskräfteverteilung *f* распределе́ние трудовы́х ресу́рсов, распределе́ние рабо́чей си́лы; расстано́вка рабо́чей си́лы

Arbeitskräftewanderung *f* мигра́ция рабо́чей си́лы

Arbeitskräftewerbung *f* набо́р рабо́чей си́лы
organisierte Arbeitskräftewerbung организо́ванный набо́р рабо́чей си́лы

Arbeitskräftezufuhr *f* прито́к рабо́чей си́лы

Arbeitskraftreserven *f, pl* резе́рвы рабо́чей си́лы; трудовы́е резе́рвы

Arbeitskraftstunde *f* человеко-час, ч./час

Arbeitskreislauf *m* рабо́чий цикл

Arbeitskultur *f* культу́ра труда́

Arbeitskurve *f* су́точная крива́я произво́дительности рабо́тника
physiologische Arbeitskurve су́точная крива́я произво́ди́тельности рабо́тника, обусло́вленная физиологическими фа́кторами

Arbeitslast *f* рабо́чая нагру́зка, нагру́зка; тя́жесть труда́, бре́мя труда́

Arbeitslauf *m* трудово́й проце́сс, рабо́чий проце́сс; технологи́ческий проце́сс, произво́дственный проце́сс

Arbeitslaufkarte *f* технологи́ческая ка́рта рабо́т

Arbeitslaufstudie *f* изуче́ние трудово́го проце́сса, изуче́ние рабо́чего проце́сса

Arbeitsleistung *f* произво́ди́тельность, мо́щность; произво́ди́тельность труда́; вы́работка, вы́полненная рабо́та; затра́та труда́, трудово́е уси́лие; трудово́е достиже́ние; работоспосо́бность

Arbeitslohn *m* за́работная пла́та, зарпла́та
Arbeitslohn цена́ труда́; вознагражде́ние за труд, пла́та за труд
direkter Arbeitslohn пряма́я за́работная пла́та
nomineller Arbeitslohn номина́льная за́работная пла́та
zusätzlicher Arbeitslohn дополни́тельная за́работная пла́та

arbeitslos безрабо́тный; без рабо́ты

Arbeitslose *m* безрабо́тный
Arbeitslose *f* безрабо́тная

Arbeitslosenarmee *f* а́рмия безрабо́тных

Arbeitslosenfürsorge *f* социа́льное обеспе́чение безрабо́тных

Arbeitslosengeld, AlG *n* посо́бие по безрабо́тице

Arbeitslosenheer *n* а́рмия безрабо́тных

Arbeitslosenhilfe, *n*; **AlH** по́мощь безрабо́тным, по́мощь при безрабо́тице

Arbeitslosenkurve *f* крива́я чи́сленности безрабо́тных

Arbeitslosenlawine лавинообразный рост чи́сленности безрабо́тных

Arbeitslosenquote *f* у́ровень безрабо́тицы

Arbeitslosenrate *f* у́ровень безрабо́тицы, сте́пень безрабо́тицы

Arbeitslosenunterstützung *f* подде́ржка безрабо́тных *(включа́ет ко́мплекс разли́чных мероприя́тий)*

Arbeitslosenversicherung *f* страхова́ние по безрабо́тице; страхова́ние на слу́чай поте́ри рабо́ты

Arbeitslosenziffer *f* число́ безрабо́тных, чи́сленность безрабо́тных

Arbeitslosigkeit *f* безрабо́тица
chronische Arbeitslosigkeit хрони́ческая безрабо́тица
fließende Arbeitslosigkeit временна́я безрабо́тица; теку́щая безрабо́тица
konjunkturelle Arbeitslosigkeit безрабо́тица, вы́званная конъюнктурными причи́нами; конъюнктурная безрабо́тица
saisonbedingte Arbeitslosigkeit сезо́нная безрабо́тица
stockende Arbeitslosigkeit засто́йная безрабо́тица
strukturbedingte Arbeitslosigkeit безрабо́тица вследствие измене́ний структу́ры эконо́мики; структу́рная безрабо́тица
verdeckte Arbeitslosigkeit скры́тая безрабо́тица

Arbeitslosigkeitskurve *f* крива́я чи́сленности безрабо́тных; крива́я безрабо́тицы

Arbeitsmarkt *m* ры́нок труда́, ры́нок рабо́чей си́лы

Arbeitsmaß *n* ме́ра труда́

Arbeitsmasse *f* ма́сса труда́

Arbeitsmedium *n* рабо́чая среда́

Arbeitsmedizin *f* произво́дственная медици́на

Arbeitsmenge *f* коли́чество труда́; произво́ди́тельность *(в определённый отре́зок вре́мени)*; мо́щность; объём рабо́ты

Arbeitsmethode *f* ме́тод рабо́ты; приёмы рабо́ты

Arbeitsmittel *n, pl* сре́дства труда́; технологи́ческое обору́дование (предприя́тия)
geringwertige und schnellverschleißende Arbeitsmittel малоценные и быстроизна́шивающиеся предме́ты труда́, *разг.* малоценка

Arbeitsmittelintensität *f* фондоёмкость *(обы́чно исчисля́ется как отноше́ние сто́имости основны́х средств к валово́му проду́кту)*

Arbeitsmittelkarte *f* па́спорт *(напр. станка́)*

Arbeitsmittelpass *m* па́спорт *(напр. станка́)*

Arbeitsmittelzeitfonds *m* фонд маши́нного вре́мени

Arbeitsmonotonie *f* однообра́зие труда́, моното́нность труда́

Arbeitsmoral *f* созна́тельное отноше́ние к труду́, трудова́я мора́ль

Arbeitsnachweis *m* би́ржа труда́
Arbeitsnachweis объявле́ние о на́йме рабо́чей си́лы *(в газе́те)*
Arbeitsnachweisungsbüro *n* посре́дническое бюро́ по трудоустро́йству
Arbeitsniederlegung *f* прекраще́ние рабо́ты; забасто́вка, ста́чка
Arbeitsnorm *f* но́рма вы́работки; произво́дственная но́рма
begründete Arbeitsnorm обосно́ванная но́рма вы́работки
erfahrungsstatistische Arbeitsnorm опытно-статисти́ческая но́рма вы́работки
errechnete Arbeitsnorm расчётная но́рма вы́работки
fortschrittliche Arbeitsnorm прогресси́вная но́рма вы́работки
gültige Arbeitsnorm де́йствующая но́рма вы́работки
technisch begründete Arbeitsnorm техни́чески обосно́ванная но́рма вы́работки
überholte Arbeitsnorm устаре́вшая но́рма вы́работки
vorläufige Arbeitsnorm временна́я но́рма вы́работки
wissenschaftlich begründete Arbeitsnorm нау́чно обосно́ванная но́рма вы́работки
Arbeitsnormativ *n* нормати́в затра́т труда́
betriebliches Arbeitsnormativ нормати́в произво́дственных затра́т труда́
gemeinsames Arbeitsnormativ für mehrere Zweige межотраслево́й нормати́в затра́т труда́
zweiggebundenes Arbeitsnormativ отраслево́й нормати́в затра́т труда́
Arbeitsnormberechnung *f* расчёт норм вы́работки
Arbeitsnormenberechnung *f* расчёт норм вы́работки
Arbeitsnormenkatalog *m* спра́вочник норм вы́работки
Arbeitsnormer *m* нормиро́вщик; хронометражист
Arbeitsnormung *f* нормирова́ние труда́
erfahrungsstatistische Arbeitsnormung опытно-статистическое нормирова́ние труда́
technische Arbeitsnormung техни́ческое нормирова́ние труда́
Arbeitsnot *f* нехва́тка рабо́чих мест, безрабо́тица
Arbeitsnutzen *m* эффекти́вность труда́
Arbeitsökonom *m* экономи́ст по труду́
Arbeitsökonomik *f* эконо́мика труда́
Arbeitsordnung *f* пра́вила вну́треннего (трудово́го) распоря́дка на предприя́тии; распоря́док рабо́ты
Arbeitsordnung пра́вила эксплуата́ции обору́дования
Arbeitsorganisation *f* организа́ция труда́
wissenschaftliche Arbeitsorganisation нау́чная организа́ция труда́, НОТ
Arbeitspause *f* переры́в в рабо́те
Arbeitspensum *n* (за́данный) объём рабо́ты; но́рма вы́работки
Arbeitsperiode *f* рабо́чий пери́од; пери́од выполне́ния рабо́ты; рабо́чий цикл; рабо́чий такт
Arbeitsphysiologie *f* физиоло́гия труда́
Arbeitsplan *m* план рабо́ты, распоря́док рабо́ты; рабо́чий план, рабо́чий распоря́док
Arbeitsplanstammkarte *f* технологи́ческая ка́рта, маршру́тный лист
Arbeitsplanung *f* плани́рование рабо́ты
Arbeitsplatz *m* рабо́чее ме́сто; ме́сто рабо́ты; рабо́та
beweglicher Arbeitsplatz моби́льное рабо́чее ме́сто
stationärer Arbeitsplatz стациона́рное рабо́чее ме́сто
den Arbeitsplatz bewerten проводи́ть оце́нку рабо́чего места́
Arbeitsplatzausstattung *f* оснаще́ние рабо́чего места́
Arbeitsplatzbeleuchtung *f* освеще́ние рабо́чего места́
Arbeitsplatzbewertung *f* **analytische** аналити́ческая оце́нка рабо́чего места́
Arbeitsplatzgestaltung *f* организа́ция рабо́чего места́
Arbeitsplatzkultur *f* культу́ра рабо́чего места́
Arbeitsplatzmethode *f* ме́тод плани́рования потре́бности в трудовы́х ресурсах и в фонде за́работной пла́ты на осно́ве коли́чества рабо́чих мест
Arbeitsplatzmethode ме́тод плани́рования фо́нда за́работной пла́ты на осно́ве чи́сленности рабо́чей си́лы
Arbeitsplatzversorgung *f* обеспе́чение рабо́той
Arbeitsplatzversorgung обслу́живание рабо́чего места́
Arbeitsplatzvorbereitung *f* подгото́вка рабо́чего места́
Arbeitsplatzwechsel *m* сме́на рабо́чего места́; переме́на места́ рабо́ты, перехо́д на другу́ю рабо́ту, перево́д на другу́ю рабо́ту
Arbeitspotenzial *n* трудовы́е ресу́рсы, трудово́й потенциа́л, потенциа́л рабо́чей си́лы
Arbeitspraxis *f* трудово́й стаж; вы́слуга лет; произво́дственная пра́ктика
Arbeitspreis *m* цена́ труда́
Arbeitsprodukt *n* проду́кт труда́
Arbeitsproduktivität *f* производи́тельность труда́
betriebliche Arbeitsproduktivität заводска́я производи́тельность труда́
individuelle Arbeitsproduktivität индивидуа́льная производи́тельность труда́
stündliche Arbeitsproduktivität часова́я производи́тельность труда́
tägliche Arbeitsproduktivität дневна́я производи́тельность труда́
Arbeitsproduktivitätsentwicklung *f* дина́мика производи́тельности труда́
Arbeitsproduktivitätsmessung *f* измере́ние производи́тельности труда́
Arbeitsprogramm *n* рабо́чая програ́мма *(напр. ЭВМ)*
Arbeitsprozess *m* проце́сс рабо́ты, проце́сс труда́; трудово́й проце́сс, рабо́чий проце́сс; технологи́ческий проце́сс, произво́дственный проце́сс
Arbeitspsychologie *f* психоло́гия труда́
Arbeitsqualifikation *f* делова́я квалифика́ция
Arbeitsqualität *f* ка́чество рабо́ты
Arbeitsquantum *n* коли́чество рабо́ты
Arbeitsrationalisierung *f* рационализа́ция труда́
Arbeitsraum *m* произво́дственное помеще́ние, рабо́чее помеще́ние
Arbeitsrecht *n* трудово́е пра́во
Arbeitsrechtsfähigkeit *f* трудова́я правоспосо́бность
Arbeitsrechtsverhältnis *n* трудово́е правоотноше́ние
Arbeitsrechtsverletzung *f* трудово́е правонаруше́ние; наруше́ние трудово́го законода́тельства
Arbeitsregister *n* пе́речень рабо́т
Arbeitsrente *f* *ист.* отработочная ре́нта
Arbeitsreserven *f, pl* трудовы́е резе́рвы; резе́рвы повыше́ния производи́тельности труда́
Arbeitsressourcen *f, pl* трудовы́е ресу́рсы
Arbeitsrhythmus *m* ритм рабо́ты, рабо́чий ритм
Arbeitssanitätsinspektion *f* промы́шленная санита́рная инспе́кция (по охра́не труда́)
Arbeitsschauuhr *f* прибо́р по учёту рабо́чего вре́мени
Arbeitsschema *n* технологи́ческая схе́ма
Arbeitsschicht *f* рабо́чая сме́на
Arbeitsschutz *m* охра́на труда́
Arbeitsschutzanordnungen *f, pl* положе́ния об охра́не труда́, нормативные а́кты об охра́не труда́; пра́вила те́хники безопа́сности

Arbeitsschutzbekleidung *f* специа́льная защи́тная оде́жда

Arbeitsschutzbestimmungen *f, pl* положе́ния об охра́не труда́, нормати́вные а́кты об охра́не труда́; пра́вила те́хники безопа́сности

Arbeitsschutzgesetzgebung *f* законода́тельство об охра́не труда́

Arbeitsschutzinspektion *f* инспе́кция по охра́не труда́

Arbeitsschutzinstruktionen *f, pl* инстру́кции по те́хнике безопа́сности

Arbeitsschutzkommission *f* коми́ссия по охра́не труда́

Arbeitsschutzmaßnahmen *f, pl* ме́ры по охра́не труда́, мероприя́тия по охра́не труда́

Arbeitsschutzorgan *n* орга́н, контроли́рующий соблюде́ние инстру́кций по те́хнике безопа́сности, орга́н по охра́не труда́

Arbeitsschutztechnik *f* те́хника безопа́сности

Arbeitsschutzverordnungen *f, pl* положе́ния об охра́не труда́, нормати́вные а́кты об охра́не труда́; пра́вила те́хники безопа́сности

Arbeitsschutzvorschriften *f, pl* инстру́кции по те́хнике безопа́сности

Arbeitsschwere *f* тя́жесть труда́, тя́жесть рабо́ты

Arbeitsschwierigkeit *f* тя́жесть труда́, тя́жесть рабо́ты

Arbeitsschwung *m* трудово́й энтузиа́зм, трудово́й подъём

Arbeitssicherheit *f* безопа́сность труда́; безопа́сность эксплуата́ции *(маши́ны)*

Arbeitssoziologie *f* социоло́гия труда́

arbeitssparend облегча́ющий рабо́ту; уменьша́ющий затра́ты труда́

Arbeitsspeicher *m вчт.* операти́вная па́мять, операти́вное ЗУ, ОЗУ

Arbeitsstation *f вчт.* рабо́чее ме́сто; рабо́чая ста́нция

Arbeitsstatistik *f* стати́стика труда́

arbeitsstatistisch относя́щийся к стати́стике труда́

Arbeitsstätte *f* ме́сто рабо́ты

Arbeitsstättensystematik *f* при́нципы классифика́ции предприя́тий по сфе́рам, се́кторам и отрасля́м эконо́мики

Arbeitsstättenzählung *f* пе́репись предприя́тий

Arbeitsstelle *f* ме́сто рабо́ты; рабо́чее ме́сто
Arbeitsstelle отде́л, се́ктор, рабо́чий орга́н

Arbeitsstellenbelastung *f* загру́зка рабо́чего места́

Arbeitsstellenbelegung *f* загру́зка рабо́чего места́

Arbeitsstellung *f* рабо́чее положе́ние; рабо́чая пози́ция

Arbeitsstreitigkeiten *f, pl* трудовы́е спо́ры, трудовы́е конфли́кты

Arbeitsstück *n* обраба́тываемое изде́лие, обраба́тываемая дета́ль; загото́вка

Arbeitsstudie *f* иссле́дование трудово́го проце́сса, изуче́ние трудово́го проце́сса

Arbeitsstudium *n* иссле́дование трудово́го проце́сса, изуче́ние трудово́го проце́сса

Arbeitsstufe *f* ступе́нь произво́дственного проце́сса, эта́п произво́дственного проце́сса; рабо́чий такт; рабо́чий перио́д; перехо́д *(часть технологи́ческой опера́ции)*

Arbeitsstunde *f* рабо́чий час

arbeitsstündlich за оди́н рабо́чий час; часово́й *(напр. о вы́работке)*

Arbeitssubstanz *f* субста́нция труда́

Arbeitssumme *f* су́мма труда́

Arbeitstag *m* рабо́чий день
ausgefallener Arbeitstag прогу́л
gekürzter Arbeitstag сокращённый рабо́чий день
nicht genormter Arbeitstag ненорми́рованный рабо́чий день
normierter Arbeitstag нормиро́ванный рабо́чий день
verkürzter Arbeitstag сокращённый рабо́чий день, укоро́ченный рабо́чий день
voller Arbeitstag по́лный рабо́чий день

Arbeitstagauslastung *f* загру́зка рабо́чего дня

Arbeitstagdauer *f* продолжи́тельность рабо́чего дня

arbeitstäglich за оди́н рабо́чий день; дневно́й *(напр. о вы́работке)*

Arbeitstagnutzung *f* испо́льзование рабо́чего дня

Arbeitstagung *f* произво́дственное совеща́ние

Arbeitstagverkürzung *f* сокраще́ние рабо́чего дня

Arbeitstakt *m* такт рабо́ты, рабо́чий такт, ритм рабо́ты; такт пото́чного произво́дства

Arbeitstarif *m* тари́фная се́тка за́работной пла́ты

arbeitsteilig осно́ванный на разделе́нии труда́

Arbeitsteilung *f* разделе́ние труда́
Arbeitsteilung nach den Berufen профессиона́льное разделе́ние труда́, разделе́ние труда́ по профе́ссиям
Arbeitsteilung zwischen den Wirtschaftsgebieten территориа́льное разделе́ние труда́
Arbeitsteilung zwischen den Wirtschaftszweigen отраслево́е разделе́ние труда́
berufliche Arbeitsteilung профессиона́льное разделе́ние труда́, разделе́ние труда́ по профе́ссиям
geographische Arbeitsteilung географи́ческое разделе́ние труда́
gesellschaftliche Arbeitsteilung обще́ственное разделе́ние труда́
innerbetriebliche Arbeitsteilung внутрипроизво́дственное разделе́ние труда́; внутризаводско́е разделе́ние труда́
internationale Arbeitsteilung междунаро́дное разделе́ние труда́
manufakturmäßige Arbeitsteilung мануфакту́рное разделе́ние труда́
naturwüchsige Arbeitsteilung *ист.* есте́ственное разделе́ние труда́ *(по полу́ и во́зрасту)*

Arbeitstempo *n* темп рабо́ты, ско́рость рабо́ты
hektisches Arbeitstempo изнури́тельный темп рабо́ты; штурмовщина
verschärftes Arbeitstempo интенсифици́рованный темп рабо́ты

Arbeitstraining *n* трениро́вка рабо́чего *(в целя́х повыше́ния производи́тельности труда́ и квалифика́ции)*

arbeitsunfähig нетрудоспосо́бный, неработоспосо́бный

Arbeitsunfähigkeit *f* нетрудоспосо́бность, неработоспосо́бность; поте́ря трудоспосо́бности
dauernde Arbeitsunfähigkeit дли́тельная нетрудоспосо́бность; дли́тельная поте́ря трудоспосо́бности
vorübergehende Arbeitsunfähigkeit временна́я нетрудоспосо́бность

Arbeitsunfall *m* несча́стный слу́чай на произво́дстве
Arbeitsunfälle *m, pl* произво́дственный травмати́зм

Arbeitsunterbrechung *f* наруше́ние произво́дственного проце́сса
Arbeitsunterbrechung переры́в в рабо́те; прекраще́ние рабо́ты

Arbeitsunterteilung *f* разграниче́ние трудовы́х проце́ссов

Arbeitsunterweisung *f* произво́дственный инструкта́ж

Arbeitsverbrauch *m* затра́ты труда́

Arbeitsverbrauchsnorm *f* но́рма затра́т труда́

Arbeitsverdichtung *f* уплотне́ние рабо́чего вре́мени

Arbeitsverdienst *m* за́работок

Arbeitsvereinbarung *f* трудово́е соглаше́ние

Arbeitsvereinfachung *f* упроще́ние труда́

Arbeitsvereinigung *f* коопери́рование рабо́чих проце́ссов, объедине́ние рабо́чих проце́ссов

Arbeitsverfahren *n* технологи́ческий проце́сс, произво́дственный проце́сс; произво́дственный ме́тод, спо́соб произво́дства; мето́дика рабо́ты; спо́соб рабо́ты, спо́соб обрабо́тки

Arbeitsvergeudung *f* расточи́тельство труда́

Arbeitsverhältnis *n* отноше́ния, вытека́ющие из трудово́го догово́ра

Arbeitsverhältnisse *n, pl* усло́вия труда́

Arbeitsvermittlung *f* направле́ние на рабо́ту ***(по́сле оконча́ния уче́бного заведе́ния)***
Arbeitsvermittlung посредническая конто́ра по трудоустро́йству, посредническая конто́ра по прииска́нию рабо́чей си́лы
Arbeitsvermittlung посре́дничество в на́йме рабо́чей си́лы; посре́дничество в подыскании рабо́ты
Arbeitsvermittlung посре́дничество в трудоустро́йстве; центр за́нятости населе́ния ***(учрежде́ние по трудоустро́йству)***
Arbeitsvermittlung трудоустро́йство, подыска́ние рабо́ты

Arbeitsvermögen *n* трудово́й потенциа́л
Arbeitsvermögen трудовы́е ресу́рсы
Arbeitsvermögen трудоспосо́бность; работоспосо́бность; трудовы́е ресу́рсы
genutztes Arbeitsvermögen акти́вная работоспосо́бность, эффекти́вная работоспосо́бность
gesellschaftliches Arbeitsvermögen обще́ственные ресу́рсы труда́
individuelles Arbeitsvermögen индивидуа́льная работоспосо́бность
potenzielles Arbeitsvermögen потенциа́льная работоспосо́бность
qualitatives Arbeitsvermögen ка́чественный соста́в трудовы́х ресу́рсов

Arbeitsverrichtung *f* выполне́ние профессиона́льных обя́занностей, выполне́ние служе́бных обя́занностей
Arbeitsverrichtung трудова́я опера́ция, произво́дственная опера́ция
Arbeitsverrichtung трудова́я фу́нкция; выполне́ние профессиона́льных обя́занностей, выполне́ние служе́бных обя́занностей; технологи́ческая опера́ция, произво́дственная опера́ция

Arbeitsversäumnis *n* невы́ход на рабо́ту, прогу́л; упуще́ние по рабо́те

Arbeitsversuch *m* экспериме́нт в проце́ссе изуче́ния труда́, экспериме́нт в хо́де изуче́ния трудовы́х проце́ссов

Arbeitsverteilung *f* распределе́ние рабо́ты

Arbeitsvertrag *m* трудово́й догово́р; трудово́е соглаше́ние; догово́р о на́йме; догово́р подря́да

Arbeitsvertragsbruch *m* наруше́ние трудово́го догово́ра

Arbeitsverweigerung *f* отка́з от выполне́ния рабо́ты, отка́з приступи́ть к рабо́те

arbeitsverwendungsfähig го́дный к испо́льзованию на рабо́те, приго́дный к испо́льзованию на рабо́те

arbeitsverwendungsunfähig не приго́дный к испо́льзованию на рабо́те

Arbeitsverzeichnis *n* пе́речень рабо́т

Arbeitsvorbereitung *f* подгото́вка произво́дства; подгото́вка рабо́чего к выполне́нию произво́дственного зада́ния

Arbeitsvorgang *m* трудово́й проце́сс, рабо́чий проце́сс, проце́сс рабо́ты, проце́сс труда́; технологи́ческий проце́сс, произво́дственный проце́сс; рабо́чая опера́ция

Arbeitsvorgangsanalyse *f* ана́лиз трудовы́х проце́ссов

Arbeitsvorschrift *f* рабо́чая инстру́кция

Arbeitsweise *f* рабо́та; спо́соб рабо́ты, ме́тод рабо́ты
produktive Arbeitsweise производи́тельная рабо́та, производи́тельный труд
unachtsame Arbeitsweise небре́жная рабо́та
zyklische Arbeitsweise цикличная рабо́та

Arbeitswert *m* показа́тель рабо́ты
Arbeitswert трудова́я сто́имость, сто́имость труда́

Arbeitswerttheorie *f* тео́рия трудово́й сто́имости

Arbeitswissenschaft *f* нау́ка о труде́

Arbeitswoche *f* рабо́чая неде́ля
gleitende Arbeitswoche непреры́вная рабо́чая неде́ля; рабо́чая неде́ля со скользя́щим гра́фиком

Arbeitszeit *f* рабо́чее вре́мя
ausgefallene Arbeitszeit потеря́нное рабо́чее вре́мя
disponible Arbeitszeit нали́чный фонд рабо́чего вре́мени
festgelegte Arbeitszeit урочное рабо́чее вре́мя, устано́вленное рабо́чее вре́мя
genormte Arbeitszeit нормированное рабо́чее вре́мя
genutzte Arbeitszeit отрабо́танное рабо́чее вре́мя, испо́льзованное рабо́чее вре́мя
gesellschaftlich notwendige Arbeitszeit обще́ственно-необходи́мое рабо́чее вре́мя
individuelle Arbeitszeit индивидуа́льное рабо́чее вре́мя
nominelle Arbeitszeit номина́льное рабо́чее вре́мя, календа́рное рабо́чее вре́мя, номина́льный фонд рабо́чего вре́мени, календа́рный фонд рабо́чего вре́мени
notwendige Arbeitszeit необходи́мое рабо́чее вре́мя
produktive Arbeitszeit вре́мя производительной рабо́ты
reine Arbeitszeit чи́стое рабо́чее вре́мя
tarifliche Arbeitszeit тари́фное рабо́чее вре́мя
ungenutzte Arbeitszeit неотработанное рабо́чее вре́мя, неиспо́льзованное рабо́чее вре́мя
unproduktive Arbeitszeit вре́мя непроизводительной рабо́ты
verfügbare Arbeitszeit нали́чный фонд рабо́чего вре́мени
verringerte Arbeitszeit непо́лное рабо́чее вре́мя, сокращённое рабо́чее вре́мя
wirkliche Arbeitszeit факти́ческое рабо́чее вре́мя

Arbeitszeitaufwand *m* затра́ты рабо́чего вре́мени
direkter Arbeitszeitaufwand прямы́е затра́ты рабо́чего вре́мени
indirekter Arbeitszeitaufwand ко́свенные затра́ты рабо́чего вре́мени
unproduktiver Arbeitszeitaufwand непроизводительные затра́ты рабо́чего вре́мени
voller betrieblicher Arbeitszeitaufwand по́лные произво́дственные затра́ты рабо́чего вре́мени

Arbeitszeitausfall *m* поте́ри рабо́чего вре́мени; просто́й

Arbeitszeitausnutzung *f* испо́льзование рабо́чего вре́мени

Arbeitszeitbedarf *m* потре́бности в рабо́чем вре́мени; вре́мя, за́данное рабо́чему для выполне́ния трудово́го зада́ния

Arbeitszeitbegrenzung *f* ограниче́ние продолжи́тельности рабо́чего вре́мени

Arbeitszeitbilanz *f* бала́нс рабо́чего вре́мени

Arbeitszeiteinheit *f* едини́ца рабо́чего вре́мени

Arbeitszeiteinsparung *f* эконо́мия рабо́чего вре́мени

Arbeitszeiteinteilung *f* распределе́ние рабо́чего вре́мени

Arbeitszeiterfassung *f* учёт рабо́чего вре́мени

Arbeitszeitermittlung *f* хронометра́ж; измере́ние продолжи́тельности рабо́чего вре́мени; определе́ние продолжи́тельности рабо́чего вре́мени, установле́ние продолжи́тельности ра-

бо́чего вре́мени
summarische Arbeitszeitermittlung определе́ние сумма́рного рабо́чего вре́мени

Arbeitszeitfonds *m* фонд рабо́чего вре́мени
Arbeitszeitfonds der Maschinen und Anlagen фонд маши́нного вре́мени

Arbeitszeitgliederung *f* структу́ра затра́т рабо́чего вре́мени

Arbeitszeitindex *m* инде́кс рабо́чего вре́мени

Arbeitszeitkontrolluhr *f* контро́льные часы́ *(на предприя́тии)*

Arbeitszeitmessung *f* хронометра́ж

Arbeitszeitnachweis *m* учёт рабо́чего вре́мени

Arbeitszeitnorm *f* но́рма рабо́чего вре́мени

Arbeitszeitnutzfaktor *m* коэффицие́нт испо́льзования рабо́чего вре́мени

Arbeitszeitnutzung *f* испо́льзование рабо́чего вре́мени

Arbeitszeitordnung *f* распоря́док рабо́чего вре́мени

Arbeitszeitrechnung *f* сумма́рный учёт рабо́чего вре́мени
Arbeitszeitrechnung *f* учёт рабо́чего вре́мени

Arbeitszeitregelung *f* регламента́ция продолжи́тельности рабо́чего вре́мени, регламенти́рование продолжи́тельности рабо́чего вре́мени

Arbeitszeitreserven *f, pl* резе́рвы рабо́чего вре́мени

Arbeitszeitstruktur *f* структу́ра рабо́чего вре́мени

Arbeitszeitverbrauch *m* затра́ты рабо́чего вре́мени, расхо́д рабо́чего вре́мени

Arbeitszeitverbrauchsnorm *f* но́рма затра́т рабо́чего вре́мени

Arbeitszeitverkürzung *f* уменьше́ние продолжи́тельности рабо́чего вре́мени; сокраще́ние рабо́чего дня, сокраще́ние рабо́чей неде́ли

Arbeitszeitverluste *m, pl* поте́ри рабо́чего вре́мени

Arbeitszergliederung *f* расчлене́ние технологи́ческого проце́сса

Arbeitszerlegung *f* расчлене́ние технологи́ческого проце́сса

Arbeitszone *f* рабо́чая зо́на; зо́на движе́ния

Arbeitszurückhaltung *f* преднаме́ренное ограниче́ние те́мпа рабо́ты *(в хо́де изуче́ния трудово́го проце́сса)*; италья́нская забасто́вка

Arbeitszuweisung *f* трудоустро́йство

Arbeitszwang *m* принуди́тельный труд; трудова́я пови́нность

Arbeitszyklus *m* рабо́чий цикл, произво́дственный цикл

Arbg, Arbeitsgericht суд по разбо́ру трудовы́х спо́ров

ArbGG, Arbeitsgerichtsgesetz зако́н о суда́х по трудовы́м спо́рам

Arbiter *m* арби́тр, трете́йский судья́

Arbitrage *f бирж.* арбитра́ж, арбитра́жная сде́лка, арбитра́жная опера́ция; арбитра́ж, трете́йский суд
direkte Arbitrage просто́й арбитра́ж, двусторо́нний арбитра́ж
indirekte Arbitrage сло́жный арбитра́ж, многосторо́нний арбитра́ж
Staatliche Arbitrage госуда́рственный арбитра́ж; госарбитра́ж

Arbitragegericht *n* арбитра́ж, арбитра́жный суд; трете́йский суд

Arbitragegeschäft *n бирж.* арбитра́жная сде́лка, арбитра́жная опера́ция, арбитра́ж

Arbitragegewinn *m* при́быль от арбитра́жных опера́ций

Arbitragekammer *f* арбитра́жная пала́та

Arbitragekommission *f* арбитра́жная коми́ссия

Arbitrageprofit *m* при́быль от арбитра́жных опера́ций

Arbitrageur *m уст.* арбитраже́р

Arbitragevereinbarung *f* арбитра́жное соглаше́ние; арбитра́жная огово́рка

Arbitrageverfahren *n* арбитра́жное судопроизво́дство, трете́йское судопроизво́дство, процеду́ра трете́йского суда́, процеду́ра трете́йского разбира́тельства

Arbitration *f* арбитра́ж

Arbitrator *m* арби́тр, трете́йский судья́

ArbRSamml, Arbeitsrechtssammlung ко́декс зако́нов о труде́

Area *f* (валю́тная) зо́на

Areal *n* ареа́л, простра́нство, террито́рия; земе́льный уча́сток; наде́л

Arealmanko *n* нехва́тка свобо́дных площаде́й

Arithmetik *f* арифме́тика

arr., arrival прибы́тие

Arrangement *n* проведе́ние биржевы́х опера́ций

Arrest *m* аре́ст, о́пись (иму́щества)
dinglicher Arrest ве́щный аре́ст, аре́ст иму́щества

Arrestbefehl *m* прика́з об аре́сте; определе́ние суда́ об аре́сте
Arrestbefehl определе́ние суда́ об описа́нии иму́щества; определе́ние суда́ о наложе́нии аре́ста на иму́щество

Arrestbruch *m (юр.)* наруше́ние пра́вил хране́ния опи́санного иму́щества

Arrestgrund *m* основа́ние для аре́ста
Arrestgrund *m* основа́ние для описа́ния иму́щества; основа́ние для наложе́ния аре́ста на иму́щество

Arrestlegung *f* наложе́ние аре́ста *(на иму́щество)*, о́пись *(иму́щества)*

Arrestlokal *n* ка́мера заключе́ния; ме́сто заключе́ния

Arreststrafe *f (юр.)* лише́ние свобо́ды; аре́ст *(наказа́ние)*

Arrestverfahren *n (юр.)* судопроизво́дство по вопро́су обеспе́чения и́ска; судопроизво́дство, свя́занное с обеспе́чением и́ска путём наложе́ния аре́ста на иму́щество должника́

Arrha *f лат.* зада́ток

arrondieren уничтожа́ть чересполосицу, ликвиди́ровать чересполосицу; объединя́ть земе́льные уго́дья, укрупня́ть земе́льные уго́дья

Arrosement *n* конве́рсия госуда́рственных бума́г и а́кций, свя́занная с дополни́тельными взно́сам держа́телей

Arrosierung *f* конве́рсия госуда́рственных бума́г и а́кций, свя́занная с дополни́тельными взно́сам держа́телей

ARS, Argentinischer Peso, -- Argentinien Аргенти́нское пессо (*код валю́ты* 032), -- Аргенти́на

Art *f* вид това́ра
Art предме́т, вещь
Art пункт *(догово́ра)*
mittlere Art und Güte сре́днее ка́чество това́ров
Art., Artikel статья́

Artfeststellung *f* определе́ние ви́да иму́щественных це́нностей, определе́ние хара́ктера иму́щественных це́нностей *(поня́тие нало́гового права́)*

Artfortschreibung *f* фикси́рование измене́ний ви́да иму́щественных це́нностей, фикси́рование измене́ний хара́ктера иму́щественных це́нностей

Artikel *m* това́р; вид това́ра; арти́кул (това́ра); предме́т, вещь; пункт, статья́, пара́граф *(догово́ра, контра́кта)*; статья́ *(счета́, бала́нса)*
Artikel des täglichen Bedarfs предме́т пе́рвой необходи́мости
ausgefallener Artikel нехо́дкий това́р, неходово́й това́р
gängiger Artikel хо́дкий това́р, ходово́й това́р
einen Artikel führen име́ть в прода́же определённый това́р
einen Artikel wiedereinstellen перевыставить това́р (напр. в Интерне́т-аукцио́не); вы́ставить това́р опя́ть (на прода́жу)

Artikelaufschlag *m* надбáвка к ценé на определённый товáр, надбáвка к ценé на товáр определённого вúда
Artikelbeschreibung *f* описáние товáра; описáние товáрной позúции; описáние лóта (в аукциóне)
Artikelbeschreibung *f* описáние артúкула (товáра)
Artikelbezeichnung *f* назвáние товáра; обозначéние товáра
Artikelblatt *n* кáрточка материáльного учёта
Artikelgruppe *f* товáрная грýппа
Artikelgruppenleitbetrieb *m* ведýщее предприя́тие по конкрéтной грýппе издéлий, головнóе предприя́тие по конкрéтной грýппе издéлий
Artikelliste *f* спúсок товáров; пéречень товáров; спúсок лотов (на аукциóне)
Artikelnummer *f* номенклатýрный нóмер *(в бухгáлтерском учёте материáлов)*
Artikelnummer нóмер товáра; идентификационный нóмер товáра; нóмер лóта (в аукциóне)
Artikelseite *f* странúца Интернéт-аукциóна с продаваемым товáром; странúца Интернéт-магазúна с продаваемым товáром; Интернéт-прилáвок
Ärzteberatungskommission *f* врачéбно-трудовáя экспертная комиссúя, ВТЭК
Arztkosten *pl* расхóды на врачéбную консультáцию и лечéние
a.s., after sight *(eng.)* по предъявлéнии *(трáтты)*
ASAO, Arbeitsschutzanordnungen положéния по тéхнике безопáсности
ASB:
ASB, Arbeitsgemeinschaft für Soziale Betriebsgestaltung Óбщество подготóвки техни́ческих и руководя́щих кáдров для предприя́тий
ASB, Arbeitsschutzbestimmungen положéния об охрáне трудá
ASIPI, Interamerikanische Vereinigung zum Schutz des gewerblichen Eigentums Межамериканская ассоциáция по охрáне промы́шленной сóбственности
Ass, Assekuranz страховáние *(грýза)*
Assekurant *m* страхóвщик
Assekuranz *f* страховáние
Assekuranz *уст.* страховáя компáния
Assekuranz- und Reservefonds *m* страховóй и резéрвный фонд
Assekuranzfonds *m* (резéрвный) фонд страховáния; (резéрвный) страховóй фонд
Assekuranzgesellschaft *f* страховóе óбщество
Assekuranzmakler *m* страховóй мáклер *(мáклер, не свя́занный со страховóй компáнией)*
Assekuranzprämie *f* страховáя прéмия
Assekuranztheorie *f* теóрия налóгового обложéния *(в соотвéтствии с котóрой налóги являются якобы страховóй прéмией, выплáчиваемой госудáрству)*
Assekuranzunternehmen *n* страховáя компáния
Asservatenkonto *n* депонúрованная сýмма, выдавáемая бáнком тóлько пóсле отпадения причúны депонúрования
Asservatenkonto специáльный счёт, актúв котóрого предназнáчен для определённых цéлей
Asservatenkonto сýмма, депонúруемая импортёром в бáнке в кáчестве залóга за соотвéтствующий валю́тный эквивалéнт
Assignant *m* векселедáтель, трассáнт
Assignat *m* плательщик по перевóдному вéкселю, трассáт
Assignatar *m* получáтель по перевóдному вéкселю, ремитéнт
Assignaten *f, pl ист.* ассигнáты *(бумáжные дéньги)*
Assignation *f* ассигновáние; дéнежный перевóд
Assignation поручéние произвестú платёж; платёжное поручéние
Assignationsbank *f ист.* ассигнациóнный банк
assignieren ассигновáть; переводúть дéньги
assignieren *vt* переводúть дéньги; производúть платёж
assortieren пополня́ть ассортимéнт; снабжáть товáрами *(напр. склад)*
assortieren распределя́ть по сортáм, подбирáть по сортáм, сортировáть
Assoziation *f* ассоциáция
Assoziationsabkommen *n* соглашéние о сотрýдничестве; соглашéние об ассоциúровании, соглашéние о присоединéнии, договóр об ассоциúровании, договóр о присоединéнии
Assoziationskoeffizient *m стат.* коэффициéнт ассоциúрованности
Assoziieren *n* ассоциúрование; формировáние ассоциáций
assoziieren ассоциúровать
sich assoziieren объединя́ться в ассоциáцию
Assoziierungsabkommen *n* соглашéние о присоединéнии (к ассоциáции), соглашéние об ассоциúровании
ASU, Arbeitsgemeinschaft selbstständiger Unternehmer Объединéние незавúсимых предпринимáтелей
asymptotisch асимптотúческий
AT:
AT, Ausnahmetarif специáльный тарúф *(на перевóзку грýзов)*
AT, Oesterreich Áвстрия, *до 1978г. код* **OE**
ATA, Allgemeiner Tarifanzeiger Óбщий тарúфный указáтель *(на перевóзку грýзов)*
ATO, Autotransportordnung прáвила автомобúльных (грузовы́х) перевóзок
ATS, Schilling, -- Oesterreich Шúллинг (*код валю́ты* 040), *в н.в. заменéна на* Евро **EURO**, -- Áвстрия
Attest *n* удостоверéние, свидéтельство; аттестáт; заключéние *(экспéртное, врачéбное)*
Attestierung *f* аттестáция *(продýкции)*
Attrappe *f* макéт, муля́ж, бутафóрия
Attribut *n выч.* атрибýт, свойствó, прúзнак
Attribut атрибýт, характерúстика
Attributenkontrolle *f* контрóль по кáчественному прúзнаку, альтернатúвный контрóль *(в статистическом контроле кáчества)*
Attributmerkmal *n* кáчественный прúзнак
Attributprüfung *f* контрóль по кáчественному прúзнаку, альтернатúвный контрóль *(в статистическом контроле кáчества)*
ATV:
ATV, Allgemeine Tarifvorschriften Óбщие тарúфные предписáния *(по перевóзке грýзов)*
ATV, Allgemeine Technische Vorschriften Óбщие техни́ческие прáвила, Óбщие техни́ческие услóвия, ОТУ
AU, Australien Австрáлия
AUD, Australischer Dollar, -- Australien und Ozeanien Австраллúйский дóллар (*код валю́ты* 036), -- Австрáлия
Auditor *m* аудúтор *(лицó, осуществля́ющее провéрку прáвильности ведéния бухгáлтерских счетóв у фúрмы)*
Auf:
Auf und Ab des Krisenzyklus фáзы подъёма и спáда в цúкле крúзиса(ов)
Auf- und Abbewegung *f* подъёмы и спáды
auf Kosten за счёт (когó-л.)
auf Kosten des Staates за счёт госудáрства
auf Kredit в кредúт
auf Kredit kaufen покупáть в кредúт
auf Kritiken schweigen не отвечáть на крúтику; не реагúровать на крúтику
auf kurze Frist на корóткий срок, ненадóлго
etw. **auf Lager haben** имéть *что-л.* на склáде; имéть *что-л.* в продáже;

перен. имéть *что-л.* в запáсе, имéть *что-л.* наготóве

auf lange Sicht *(с расчётом)* на далёкое бýдущее; надóлго; в течéние продолжи́тельного срóка, на дли́тельную перспекти́ву

auf mein Wort под моё слóво, под моё поручи́тельство

auf *etw. (A) das* **meiste bieten** предложи́ть сáмую бóльшую сýмму (за что-л.) (на аукциóне)

der **Versand erfolgt auf Kosten und Gefahr des Empfängers** пересы́лка осуществляется за счёт продавцá и на риск продавцá

auf weite Sicht *(с расчётом)* на далёкое бýдущее; надóлго; в течéние продолжи́тельного срóка, на дли́тельную перспекти́ву

auf Wunsch по желáнию

auf Wunsch per Nachnahme по желáнию налóженным платежóм (отправляется)

Aufbau *m* строи́тельство, сооружéние, пострóйка; строéние, констрýкция

Aufbau структýра

Aufbau des Handels структýра торгóвли

Aufbau einer Nachricht структýра информáции

Aufbau, wirtschaftlicher хозя́йственное строи́тельство

organisatorischer Aufbau des Handels организационная структýра (внýтренней) торгóвли

Aufbau-Lebensversicherung *f* долгосрóчное страховáние на дожи́тие и на слýчай смéрти

Aufbaudarlehen *n* ссýда на реконстрýкцию и восстановлéние жилы́х помещéний; ссýда на строи́тельство

Aufbauerfolg *m* успéх в восстановлéнии; успéх в созидательном трудé; успéх в строи́тельстве нóвой жи́зни; достижéние в восстановлéнии; достижéние в созидательном трудé; достижéние в строи́тельстве нóвой жи́зни

Aufbaugrundschuld *f* долг по кредитам, полýченным для жили́щного строи́тельства, обеспéченный залогом недви́жимого имýщества

Aufbausparen *n* ипотечное накоплéние вклáдов; накоплéния для финанси́рования строи́тельства

Aufbereitung *f* оцéнка и сопоставлéние стáей бухгáлтерского учёта *(для составлéния балáнса)*

Aufbereitung *вчт.* первичная *(предвари́тельная)* обрабóтка *(дáнных)*; подготóвка *(дáнных)*; редакти́рование *(дáнных)*

Aufbereitung подготóвка, подготови́тельные рабóты *(в различных отраслях промы́шленности)*

Aufbereitung *стат., выч.* подготóвка и обрабóтка *(напр. дáнных)*

Aufbereitung подготóвка к повтóрному испóльзованию *(напр. воды́)*

Aufbereitungs- und Abrechnungstechnik *f стат.* тéхника обрабóтки дáнных и расчётов

Aufbesserung *f* увеличéние, повышéние *(напр. зáработной плáты, цен)*; улучшéние *(напр. материáльного положéния)*

aufbewahren храни́ть, сберегáть; сохраня́ть; держáть на склáде

Aufbewahrer *m* лицó, котóрому ввéрены депози́ты, лицó, котóрому ввéрены цéнные бумáги, депозитáрий

Aufbewahrung *f* хранéние, сбережéние; сохранéние; кáмера хранéния; мéсто хранéния

Aufbewahrungsfrist *f* срок хранéния

Aufbewahrungsgebühr *f* плáта за хранéние

Aufbewahrungsgeschäft *n* депози́тная сдéлка *(сдéлка по сдáче дéнег или цéнных бумáг на хранéние)*

Aufbewahrungskosten *pl* издéржки хранéния

Aufbewahrungskosten *pl* расхóды по хранению

Aufblähung *f* взви́нчивание *(цен)*; раздувáние; разбухáние *(дéнежной мáссы)*

Aufbringung *f* заготóвка; приобретéние; закýпка

Aufbringung захвáт *(сýдна)*

Aufbringung мобилизáция *(дéнежных средств)*

Aufbringungsplan *m* план заготовок, план закýпок

aufbürden *vt* взвáливать *что-л. на когó-л.*

jmdm. **Steuern aufbürden** обременя́ть *когó-л.* налóгами

Aufeinanderfolge *f* преéмственность; послéдовательность, поря́док слéдования

auferlegen *vt* налагáть, облагáть

jmdm. **Steuern auferlegen** облагáть *когó-л.* налóгами

Auffindung *f* изыскáние *(напр. дéнежных средств)*

Auffüllung *f* восстановлéние *(напр. фóнда)*, возобновлéние *(напр. аккреди́тива)*; пополнéние, комплектовáние

Aufgabe *f* задáча, проблéма; задáние; сдáча *(пи́сем, багажá)*; прекращéние *(напр. делá)*; (доброво́льный) откáз; *мат.* задáча

Aufgabe *бирж. жарг.* заёмщик

Aufgabe отправлéние *(почтóвое)*

Aufgabe des Geschäfts откáз от сдéлки; закры́тие торгóвого предприя́тия

duale Aufgabe двóйственная задáча *(фундаментáльное поня́тие оптимáльного программи́рования)*

unter Aufgabe при уведомлении, при авизовáнии *(помéтка на деловы́х пи́сьмах)*

Aufgabenbereich *m* круг задáч, круг обя́занностей; ведéние; компетéнция; сфéра дéятельности; операциóнная зóна, учáсток рабóты; диапазóн *(напр. задáч)*

Aufgabengebiet *n* круг задáч, круг обя́занностей; ведéние; компетéнция; сфéра дéятельности; операциóнная зóна, учáсток рабóты; диапазóн *(напр. задáч)*

Aufgabenstellung *f* задáние, задáча; постанóвка задáчи

Aufgabenwarteschlange *f вчт.* óчередь задáч

aufgeben откáзываться, отрекáться

aufgeben *vt* сдавáть, отправля́ть *(пóчту)*

Aufgebot *n* заявлéние, оглашéние, *юр.* судéбное заявлéние об утрате докумéнтом си́лы

Aufgebot трудовáя вáхта

aufgehend безостáточный *(о балансé)*

Aufgeld *n уст.* задáток

Aufgeld лаж, áжио *(рáзница мéжду ры́ночной/реáльной и номинáльной стóимостью цéнных бумáг)*

Aufgeld надбáвка, доплáта

aufgeschlüsselt:

aufgeschlüsselt nach... с разби́вкой по..; с распределéнием по...

aufgliedern распределя́ть *(напр. срéдства)*; расчленя́ть *(напр. произвóдственные оперáции)*; члени́ть, дели́ть; дифференци́ровать; децентрализовáть

Aufgliederung *f* распределéние *(напр. средств)*; расчленéние *(напр. произвóдственных оперáций)*; членéние, делéние; дифференци́рование; децентрализáция

aufhäufen *vt* нагромождáть; *перен.* накопля́ть

sich aufhäufen накáпливаться, нарастáть

Aufhäufung *f* нагромождéние; *перен.* накоплéние

aufheben *vt* отменя́ть, упраздня́ть; ликвиди́ровать, устраня́ть, уничтожáть; прекращáть *(напр. дéйствие контрáкта)*, расторгáть, аннули́ровать

Aufhebung *f* аннули́рование *(напр. договóра, контрáкта)*

Aufhebung отмéна, упразднéние, ликвидáция; прекращéние *(напр. дéй-*

ствия контра́кта); расторже́ние, аннули́рование
Aufhebung подъём
Aufhebung прекраще́ние; оконча́ние; закры́тие *(учрежде́ния)*
Aufhebung сбереже́ние, хране́ние
Aufhebung сня́тие *(запре́та)*
Aufhebung упраздне́ние; отме́на, ликвида́ция; устране́ние; уничтоже́ние; прекраще́ние
Aufhebung der Beschlagnahme сня́тие аре́ста, отме́на аре́ста
Aufhebung des Konkursverfahrens отме́на конкурсного произво́дства
Aufhebung des Lohnstopps размораживание за́работной пла́ты, сня́тие запре́та на повыше́ние за́работной пла́ты
Aufhebungsklausel *f* огово́рка об аннули́ровании *(напр. догово́ра)*
Aufhebungsvertrag *m* догово́р об аннули́ровании трудово́го отноше́ния
Aufholen *n* ликвида́ция *(напр. отстава́ния в поставках)*, навёрстывание *(упущенного)*; повыше́ние *(напр. цен, ку́рсов)*
Aufholen преодоле́ние отстава́ния
aufholen *vt* навёрстывать упу́щенное; ликвиди́ровать отстава́ние
Aufkauf *m* перекупка; (ма́ссовая) ску́пка, заку́пка; загото́вка *(путём заку́пок)*
Aufkauf- und Beschaffungspreis *m* заготовительно-заку́почная цена́
Aufkauf- und Versorgungsapparat *m* заготовительно-снабженческий аппара́т
Aufkauf- und Versorgungseinrichtungen *f, pl* заготовительно-снабженческий аппара́т
Aufkaufbetrieb *m* предприя́тие по заку́пке сельскохозя́йственных проду́ктов
Aufkäufe *m, pl*, **staatliche** госуда́рственные заку́пки (сельскохозя́йственных проду́ктов)
aufkaufen перекупать; скупа́ть, закупа́ть; загота́вливать *(путём заку́пок)*
Aufkaufhandel *m* ску́пка това́ров; перекупка това́ров
Aufkaufhändler *m* ску́пщик; переку́пщик
Aufkaufnetz *n* заку́почная сеть
Aufkauforgan *n* заготовительный орга́н
Aufkauforganisation *f* заготовительная организа́ция, заку́почная организа́ция
Aufkaufplan *m* план сельскохозя́йственных заку́пок
Aufkaufpreis *m* заку́почная цена́ *(ча́ще всего́ на сельскохозя́йственную проду́кцию)*
Aufkaufsystem *n* систе́ма заку́пок
vertragliches Aufkaufsystem догово́рная систе́ма заку́пок
Aufkaufvertrag *m* догово́р на прода́жу сельскохозя́йственных проду́ктов сверх обяза́тельных госуда́рственных поста́вок
Aufklärungsdaten *pl* да́нные информацио́нного хара́ктера
Aufkleber *m* накле́йка, этике́тка, ярлы́к
Aufklebezettel *m* накле́йка, этике́тка, ярлы́к
Aufkommen *n* вы́ход *(проду́кции)*
Aufkommen добы́ча; коли́чество добы́того проду́кта, коли́чество произведённого проду́кта; разме́р вы́работки
Aufkommen *с.-х.* загото́вки
Aufkommen нали́чие *(напр. рабо́чей силы́)*
Aufkommen поступле́ния; дохо́ды
Aufkommen появле́ние, возникнове́ние
Aufkommen ресу́рсы *(напр. материа́лов, фо́ндов)*
Aufkommen an Staatseinnahmen поступле́ния в госуда́рственный бюдже́т
staatliches Aufkommen госуда́рственные заку́пки и загото́вки сельскохозя́йственных проду́ктов; объём госуда́рственных заготовок
aus eigenem Aufkommen за счёт со́бственных ресу́рсов
aufkommen *vi* возмеща́ть; опла́чивать *что-л.*
aufkommen поступа́ть *(о деньга́х)*
für den Schaden aufkommen возмеща́ть убы́тки
Aufkommensbilanz *f* бала́нс ресу́рсов
Aufkommenselastizität *f* эласти́чность налоговых поступле́ний *(може́т пока́зывать, на ско́лько проце́нтов изменятся нало́говые поступле́ния, е́сли объе́кт налогообложе́ния уменьшится и́ли увеличится по сто́имости на 1)*
Aufkommensplan *m с.-х.* план заготовок; план обяза́тельных поста́вок
Aufkommensquellen *f, pl* исто́чники формирова́ния ресу́рсов продукции
aufkündigen *vt* расторга́ть *(догово́р)*, извеща́ть о расторже́нии *(догово́ра)*
Aufkündigung *f* расторже́ние *(догово́ра)*, отме́на, уничтоже́ние; отка́з; извеще́ние о расторже́нии *(догово́ра)*, уведомле́ние о расторже́нии *(догово́ра)*, предупрежде́ние о расторже́нии *(догово́ра)*
Aufkündigungsrecht *n* пра́во расторже́ния догово́ра
Aufkündigungstermin *m* срок пода́чи заявле́ния о расторже́нии догово́ра
Aufladegebühr *f* пла́та за погру́зку
aufladen *vt* нагружа́ть, грузи́ть *(това́рный ваго́н)*
Auflage *f* вы́пуск *(за́йма)*
Auflage зада́ние, но́рма вы́работки, но́рма поста́вки
Auflage изда́ние; тира́ж *(кни́ги)*
Auflage лими́т *(напр. расхо́да материа́лов)*
Auflage нало́г; сбор; по́шлина; контрибу́ция
Auflage обложе́ние нало́гом
Auflage *юр.* обяза́тельство *(обусловленное чем-л.)*
Auflage пла́новое зада́ние; наря́д; но́рма *(вы́работки)*
Auflage се́рия *(одноро́дных изде́лий)*
Auflage усло́вия по контра́кту
Auflagendegression *f* сниже́ние себесто́имости едини́цы проду́кции при увеличе́нии объёма *(па́ртии выпуска́емой проду́кции)*
auflassen *vt* ликвиди́ровать *что-л.*, прекрати́ть эксплуата́цию *чего́-л.*
Auflassung *f* ликвида́ция, закры́тие; прекраще́ние эксплуата́ции
Auflassung (нотариа́льная) переда́ча права́ со́бственности (на недви́жимость); соглаше́ние о переда́че права́ со́бственности (на недви́жимость)
Auflaufen *n* нараста́ние, накопле́ние *(проце́нтов)*; рост *(нало́гов)*
auflegen выпуска́ть, размеща́ть *(заём)*; возлага́ть, налага́ть *(напр. обяза́тельства)*; облага́ть *(нало́гом)*; выставля́ть, раскла́дывать (для пока́за) *(напр. това́ры)*
auflegen издава́ть, выпуска́ть *(кни́гу, журна́л)*
auflegen выве́шивать для ознакомле́ния (напр. прика́з)
auflegen выставля́ть для ознакомле́ния; раскла́дывать *(напр. това́р)*
auflegen накла́дывать, укла́дывать, нагружа́ть, грузи́ть, погружа́ть
auflegen *(мор.)* закла́дывать *(су́дно на ста́пеле)*
Steuern auflegen облага́ть *кого́-л.* нало́гом
an der Börse waren neue Aktien aufgelegt worden на биржевы́х торга́х бы́ли размещены но́вые а́кции; на би́ржу поступи́ли но́вые а́кции
eine **Anleihe auflegen** вы́пустить заём, объяви́ть подпи́ску на заём
eine **Anleihe zur Zeichnung auflegen** объявля́ть подпи́ску на заём
Auflieferer *m* поставщи́к, экспеди́тор
aufliefern *vt* поставля́ть; доставля́ть, экспедировать
Auflieferung *f* поста́вка *(това́ров)*; доста́вка
Auflieferung сда́ча гру́за (для отпра́вки); поста́вка *(това́ров)*;
Auflieferungsbescheinigung *f* квита́нция на при́нятый к отпра́вке груз
auflösen *vt* ликвиди́ровать, распуска́ть *(фи́рму, организа́цию и т.п.)*

auflösen расторгáть, денонсúровать *(договóр)*

Auflösung *f* ликвидáция, закрытие *(напр. предприятия)*; прекращéние *(напр. торгóвых дел)*; расторжéние, денонсáция *(напр. договóра, контрáкта)*; *мат.* решéние

Auflösung расторжéние, денонсáция *(договóра)*

Auflösung von Beständen реализáция запáсов

Auflösungsrecht *n* прáво ликвидáции *(напр. óбщества)*

Aufmachung *f* оформлéние, внéшний вид (товáра)

Aufmachung упакóвка *(товáра)*

Aufnahme *f* включéние *(дополнúтельных услóвий в контрáкт)*

Aufnahme освоéние *(напр. нóвого продýкта)*

Aufnahme получéние, взя́тие *(кредúта)*

Aufnahme приём, принятие; установлéние *(напр. деловых связéй)*; освоéние *(напр. произвóдства нóвого вúда продýкции)*; получéние *(кредúта)*; включéние *(напр. оговóрки в контрáкт)*

Aufnahme установлéние *(напр. отношéний)*

Aufnahme der Produktion налáживание произвóдства, освоéние произвóдства

Aufnahme des Arbeitstages фотогрáфия рабóчего дня

Aufnahme von Kapital заём капитáла

Aufnahmebereitschaft *f* готóвность *(к произвóдству нóвого продýкта)*; соотвéтствие определённым трéбованиям

Aufnahmefähigkeit *f* ёмкость *(напр. рынка)*; абсорбциóнная спосóбность

Aufnahmefähigkeit *f* ёмкость рынка *(характеризýет потенциáльные возмóжности сбыта при дáнном ýровне цен)*

Aufnahmeliste *f* основнáя инвентаризациóнная óпись

Aufnahmevermögen *n* ёмкость *(напр. рынка)*; абсорбциóнная спосóбность

aufnehmen *vt* брать *(ссýду)*; получáть *(кредúт)*

aufnehmen начинáть *(напр. перегovóры)*

aufnehmen освáивать *(напр. произвóдство нóвых вúдов продýкции)*

aufnehmen принимáть, включáть *(напр. оговóрку в контрáкт)*

aufnehmen составля́ть *(протокóл)*

aufnehmen устанáвливать *(напр. деловые связи.)*

aufnehmen включáть *(в докумéнт)*; вносúть

aufnehmen освáивать *(нóвую продýкцию)*

aufnehmen принимáть *(включáть в числó)*

aufnehmen устанáвливать *(отношéния)*

Aufpreis *m* нацéнка, надбáвка к ценé

Aufräumen *n* распродáжа, ликвидáция *(склáдских запáсов)*; устранéние, ликвидáция

Aufräumen убóрка, очúстка *(напр. рабóчего местá)*

Aufräumung *f* распродáжа, ликвидáция *(склáдских запáсов)*; устранéние, ликвидáция; очúстка *(напр. рабóчего местá)*

Aufrechnung *f* взаúмное погашéние встрéчных дéнежных трéбований; зачёт дебета и кредúта, взаúмный зачёт встрéчных трéбований; зачёт кредúта и дебета; расчёты на оснóве сальдúрования

Aufrechnung отнесéние *(на чей-л. счёт)*

Aufrechnung подведéние итóгов; подсчúтывание

gegenseitige Aufrechnung зачёт взаúмных трéбований; зачёт встрéчных трéбований

aufrechterhalten *vt* сохраня́ть в сúле *(докумéнт)*

Aufrechterhaltung *f* сохранéние в сúле *(напр. договóра)*

Aufrechthaltung *f* сохранéние в сúле *(напр. договóра)*

Aufrufbefehl *m вчт.* комáнда вызова, инстрýкция вызова, комáнда обращéния, инстрýкция обращéния

Aufruhrversicherung *f* страховáние имýщества от повреждéний в слýчае забастóвок и революциóнных выступлéний

aufsagen откáзывать *комý-л. в чём-л.*; увольня́ть

aufsagen *vt* расторгáть *что-л.*

Aufsagung *f* объявлéние о прекращéнии дéйствия *(напр. договóра)*

Aufsagung откáз *в чём-л.*

Aufsagung увольнéние

Aufsagung расторжéние, денонсáция *(договóра)*

AufschB, Aufschubbuch *бухг.* кнúга, в котóрой регистрúруются отсрóчки платежéй

aufschieben *vt* отсрóчить, перенестú срок *(вперёд)*

den Liefertermin auf März aufschieben перенестú срок постáвки на март

Aufschiebung *f* отсрóчка, перенóс срóка *(вперёд)*

Aufschlag *m* нацéнка, накúдка, надбáвка к ценé; дополнúтельный сбор

aufschlagen *vt* поднимáть цéну, повышáть цéну; дéлать нацéнку

aufschlagen поднимáться в ценé, повышáться в ценé, растú в ценé

Aufschließungskosten *pl* затрáты на подготóвку гóрного предприя́тия к эксплуатáции, расхóды на подготóвку гóрного предприя́тия к эксплуатáции

Aufschluss *m* объяснéние; разъяснéние; анáлиз; подготóвка гóрного предприя́тия к эксплуатáции

Aufschluss подготóвка шáхты к эксплуатáции; подготóвка к начáлу строúтельства

aufschlüsseln изыскивать, мобилизовáть *(срéдства)*

aufschlüsseln разбивáть *(напр. по срóкам)*

aufschlüsseln распределя́ть; развёрстывать; разбивáть *(напр. по годáм)*

Aufschlüsselung *f* изыскáние, мобилизáция *(средств)*

Aufschlüsselung разбúвка *(по срóкам)*

Aufschlüsselung распределéние *(по плáну)*; развёрстка; план распределéния; доведéние плáновых задáний до исполнúтелей; разбúвка *(напр. по годáм)*

Aufschlüsselung nach Quartalen *стат.* распределéние по квартáлам, поквартáльная разбúвка

aufschreiben *vt* записáть, запúсывать; дéлать зáпись, сдéлать зáпись

aufschreiben отмечáть; регистрúровать; заносúть в регистрациóнную систéму; заносúть в журнáл регистрáций; занестú в кнúгу (регистрáций)

etw. **aufschreiben lassen** *австр.* покупáть *что-л.* в кредúт

Aufschrift *f* áдрес *(на конвéрте письмá)*

Aufschrift нáдпись на магазúне; вывеска с úменем владéльца предприя́тия

Aufschub *m* отсрóчка *(напр. платежá)*, продлéние, перенесéние (срóка)

Aufschub gewähren предоставля́ть отсрóчку

aufschwänzen *бирж.* искýсственно поднимáть курс цéнных бумáг

Aufschwung *m* подъём; расцвéт; взлёт

einen **Aufschwung herbeiführen** добúться подъёма, осуществúть подъём

einen **Aufschwung nehmen** переживáть подъем; бýрно развивáться

ein **steter wirtschaftlicher Aufschwung** неуклóнный экономúческий рост; неуклóнный экономúческий подъём

Aufschwungsphase *f* фáза подъёма *(в экономúческом цúкле)*

Aufsicht *f* надзóр, контрóль; наблюдéние; провéрка

Aufsicht durch Verwaltungsorgane надзóр, осуществля́емый администратúвными óрганами

technische Aufsicht техни́ческий надзо́р, технадзор; техни́ческий контро́ль, техконтроль, ТК
unter ständiger Aufsicht halten держа́ть под постоя́нным контро́лем
Aufsichtsamt *n* инспе́кция; орга́н надзо́ра; контроли́рующий орга́н
Aufsichtspersonal *n* администрати́вный инженерно-техни́ческий персона́л; представи́тели контрольно-надзорных о́рганов
Aufsichtsrat *m* наблюда́тельный сове́т *(напр. акционе́рного о́бщества)*; член наблюдательного сове́та
Aufsichtsratsteuer *f* подохо́дный нало́г, взима́емый с чле́нов наблюдательного сове́та
Aufsparung *f* сбереже́ние; накопле́ние; сохране́ние
aufspeichern *vt* нака́пливать, аккумули́ровать
aufspeichern *выч.* запомина́ть
Aufsplitterung *f* раздро́бленность; распылённость
aufstellen выставля́ть *(напр. тре́бования)*
aufstellen монти́ровать, устана́вливать, собира́ть
aufstellen составля́ть *(сме́ту)*; разраба́тывать *(план)*; монти́ровать, устана́вливать, собира́ть; назнача́ть *(напр. опекуна́)*
Aufstellung *f* монта́ж, устано́вка, сбо́рка
Aufstellung переучёт това́ров; прове́рка инвентаря́, инвентаризáция; подведе́ние ито́гов переучёта това́ров; подведе́ние ито́гов инвентаризации
Aufstellung пе́речень, спи́сок; рее́стр; ве́домость; сво́дка; отчёт, сво́дная табли́ца
Aufstellung сме́та, сме́тная калькуля́ция; счёт; специфика́ция
Aufstellung сооруже́ние монта́ж, устано́вка, сбо́рка
Aufstellung составле́ние *(сме́ты)*; разрабо́тка *(пла́на)*
Aufstellung спи́сок, сме́та, пе́речень
Aufstellung der Bilanz составле́ние бала́нса, подведе́ние бала́нса
buchhalterische Aufstellung бухга́лтерская сво́дка; бухга́лтерская сме́та
buchhalterische Aufstellung статисти́ческая сво́дка
Aufstellungskosten *pl* расхо́ды по монтажу, расхо́ды по устано́вке, расхо́ды по сборке, издéржки по монтажу, издéржки по устано́вке, издéржки по сборке, сто́имость монтажа́, сто́имость устано́вки, сто́имость сбо́рки
Aufstellungswert *m* расхо́ды по монтажу, расхо́ды по устано́вке, расхо́ды по сборке, издéржки по монтажу, издéржки по устано́вке, издéржки по сборке, сто́имость монтажа́, сто́имость устано́вки, сто́имость сбо́рки
Aufstieg *m* подъём; разви́тие
Aufstieg разви́тие, расцве́т
steiler Aufstieg ре́зкое повыше́ние *(напр. цен)*
volkswirtschaftlicher Aufstieg подъём наро́дного хозя́йства
Aufstiegsmöglichkeiten *f, pl* возмо́жности разви́тия, возмо́жности роста́
Aufstockung *f* увеличе́ние, накопле́ние *(напр. запа́сов, капита́ла)*; приро́ст *(напр. резе́рвов)*; концентра́ция земе́льных владе́ний *(посре́дством ску́пки и дополни́тельного арендо́вания)*; укрупне́ние ме́лких предприя́тий
Aufstockung des Kapitals накопле́ние капита́ла
Aufstockung des Umlaufmittelfonds увеличе́ние фо́нда оборотных средств
Aufstückelung *f* дробле́ние
Aufteilung *f* разде́л *(напр. иму́щества)*; деле́ние, разделе́ние; расчлене́ние; распределе́ние
ökonomische Aufteilung экономи́ческий разде́л
ökonomische Aufteilung der Welt экономи́ческий разде́л ми́ра
Auftrag *m* поруче́ние; зада́ние; наря́д; зака́з
Auftrag mit Festpreisen контра́кт с твердой цено́й
Auftrag mit Rückgaberecht зака́з с пра́вом отзы́ва; зака́з с огово́ркой о пра́ве отзы́ва заказа
Auftrag mit verschiedenen Frachtraten контра́кт с комбини́рованной перево́зкой
Auftrag zur Eröffnung eines Akkreditivs аккредити́вное поруче́ние, поруче́ние на откры́тие аккредити́ва
Auftrag zur Warenlieferung тре́бование-зака́з, зака́з-тре́бование; зака́з на поста́вку това́ров
ausstehender Auftrag невы́полненный зака́з; неисполненный зака́з
kontrahierter Auftrag подря́дный контра́кт; контра́кт на подря́д
mulmiger Auftrag риско́ванное поруче́ние
öffentlicher Auftrag 1. госуда́рственный зака́з 2. зака́з ме́стных власте́й; муниципа́льный зака́з
rückständiger Auftrag невы́полненный зака́з; неисполненный зака́з
einen Auftrag abberufen аннули́ровать зака́з, отменя́ть зака́з
einen Auftrag ablehnen отказа́ться приня́ть зака́з; не приня́ть поруче́ния
einen **Auftrag in eigener Regie ausführen** вы́полнить зака́з свои́ми сре́дствами
einen Auftrag auflösen аннули́ровать зака́з, отменя́ть зака́з
einen Auftrag annehmen приня́ть зака́з; взять на себя́ поруче́ние
einen Auftrag buchen проводи́ть зака́з по бухгалте́рии; проводи́ть зака́з по бухга́лтерским кни́гам
einen Auftrag erteilen распределя́ть зака́з(ы), дава́ть зака́з(ы)
einen Auftrag geben дава́ть зака́з, предоставля́ть зака́з
einen Auftrag wiederrufen отзыва́ть зака́з, отозва́ть зака́з
einen Auftrag zurückziehen аннули́ровать зака́з
einen Auftrag zurückziehen аннули́ровать зака́з
er wurde mit einem wichtigen Auftrag betraut ему́ да́ли ва́жное поруче́ние; ему́ дове́рили ва́жное поруче́ние
ich habe den Auftrag мне пору́чено
im Auftrag *(G, von D)* по поруче́нию *(кого́-л.)*, по *(чьему́-л.)* поруче́нию
im Auftrag(e) *сокр.* **i.A.** по поруче́нию, по уполномочию
im Auftrag Dritter handeln по пору́чению тре́тьего лица́; в интере́сах тре́тьего лица́
im Auftrag und für Rechnung по поруче́нию и за счёт
im Auftrag und in Vertretung по поруче́нию и в поря́дке исполне́ния обя́занностей
in Auftrag geben заказа́ть (что-л.); размести́ть зака́з (на что-л.); размести́ть зака́з на строи́тельство (чего́-л.)
kein Auftrag нет извеще́ния, ави́зо не поступи́ло *(отме́тка ба́нка на неопла́ченной тратте)*
einer Firma den Auftrag erteilen сде́лать фи́рме зака́з, заказа́ть фи́рму, заказа́ть у фи́рмы *(что-л.)*
wir bitten, *den* Auftrag zu bestätigen про́сим подтверди́ть *(сде́ланный ва́ми ра́нее)* зака́з
Arbeitsauftrag *m* произво́дственное зада́ние
Auftraggeber *m* зака́зчик; организа́ция-зака́зчик
Auftragnehmer *m* подря́дная строи́тельная организа́ция; подря́дчик; поставщи́к
Druckauftrag *m* заказно́е изда́ние
Fahrauftrag *m* зая́вка на тра́нспортную опера́цию; путево́й лист
Fahrstraßenauftrag *m* зада́ние на устано́вку маршру́та *(ж.-д.)*
Fertigungsauftrag *m* зака́з-наря́д на изготовле́ние; произво́дственное зада́ние

Geschäftsführung ohne Auftrag ведéние чужи́х дел без поручéния
Lohnauftrag *m* рабóчий наря́д
Rechercheauftrag *m* информациóнный запрóс

Auftragempfänger *m* подря́дчик; лицó, выполня́ющее поручéние; довéренный, уполномóченный

auftragen *(j-m)* поручáть *(что-л. кому́-л.)*; возлагáть *(что-л. на когó-л.)*

Auftraggeber *m* закáзчик; довери́тель; поручи́тель; лицó, даю́щее поручéние; *юр.* довери́тель, мандант; комитéнт

Auftragnehmer поставщи́к; лицó, приня́вшее закáз; исполни́тель закáза; подря́дчик; *юр.* повéренный

Auftragsabrechnung *f* калькуля́ция издéржек по отдéльным закáзам

Auftragsabwickelung *f* оформлéние и выполнéние закáза

Auftragsabwicklung *f* оформлéние и выполнéние закáза

Auftragsangelegenheit *f* делá, относя́щиеся к юрисди́кции федерáльных землéль

Auftragsausfertigung *f* 1. оформлéние закáзов, оформлéние наря́дов 2. выставлéние поручéния; постанóвка задáчи

Auftragsausschreibung *f* тéндер; откры́тые торги́ (на получéние закáза)

Auftragsbearbeitung *f* обрабóтка закáза

Auftragsbedingungen *f pl* услóвия закáза; услóвия получéния закáза; услóвия получéния и выполнéния закáза

Auftragsbeitrag *m* превышéние (дополни́тельных) дохóдов над (дополни́тельными) расхóдами при выполнéнии закáза

Auftragsbestand *m* 1. портфéль закáзов 2. объём прóду́кции по договóру постáвки

Auftragsbestätigung *f* подтверждéние закáза; подтверждéние получéния закáза

Auftragsboom *m* бум закáзов, бы́стрый рост закáзов

Auftragsbuch *n* кни́га закáзов; кни́га учёта закáзов

Auftragsdatei *f* 1. бáза дáнных закáзов 2. бáза дáнных контрактов

Auftragseingang *m* 1. поступлéние закáза; поступлéние закáзов 2. реализованный объём прóду́кции по договóру постáвки

Auftragserfüllung *f* выполнéние закáза; исполнéние закáза

Auftragserteilung *f* вы́дача закáза

Auftragsfertigung *f* изготовлéние на закáз

Auftragsflut *f* потóк закáзов, наплы́в закáзов

Auftragsformular *n* бланк закáза; фóрма закáза

auftragsgebunden относя́щийся к (определённому) закáзу, свя́занный с заказом; позаказный
auftragsgebundenes Material оговоренный в заказе материáл

auftragsgemäß в соответствии с заказом
auftragsgemäß по закáзу

Auftragsgeschäft *n* сдéлка по поручéнию *(на товáрной бíрже)*

Auftragsgröße *f* величинá закáза, размéр закáза

Auftragsgruppe *f* грýппа закáзов

Auftragshandel *m* комиссиóнная торгóвля

Auftragskalkulation *f* показáтельный мéтод калькули́рования; показный мéтод калькули́рования

Auftragskarte *f* кáрточка закáза

Auftragskartei *f* картотéка закáзов

Auftragskauf *m* комиссиóнная покýпка

Auftragskosten *pl* расхóды на выполнéние закáза; расхóды, свя́занные с выполнéнием закáза

Auftragsmappe *f* портфéль закáзов

Auftragsmengenstaffel *f* портфéль закáзов шкалá ски́док в зави́симости от величины́ закáза

Auftragsmissverhältnis *n* дисбалáнс биржевы́х прикáзов

Auftragsnummer *f* нóмер закáза; код закáза

Auftragsplanung *f* показáтельная систéма календарного плани́рования, показáтельная систéма операти́вно-произвóдственного плани́рования; показнáя систéма операти́вно-производственного плани́рования

Auftragspolster *m* невы́полненные закáзы *(отмéтка в учётных журнáлах)*

Auftragsproduction *f* заказнóе произвóдство; произвóдство под закáз; произвóдство по закáзу; произвóдство на закáз 2. заказнáя продýкция; продýкция, произведённая по закáзу

Auftragsprüfung *f* испытáние товáров по специáльной зая́вке

Auftragsrabatt *m* ски́дка от объёма закáза; ски́дка в зави́симости об объёма закáза

Auftragsrückgang *m* сокращéние числá закáзов, уменьшéние объёма закáзов

Auftragsrückstand *m* невы́полненные закáзы; задолженные закáзы

Auftragsschein *m* закáз-наря́д

Auftragsschreiben *n* закáз-наря́д

Auftragsspezifikation *f* закáз-спецификáция

Auftragsstand *m* портфéль закáзов

Auftragssteuerung *f* управлéние задáнием

Auftragsstimmrecht *n* прáво голосá кредитного институ́та, дéйствующего от лицá свои́х клиéнтов (храни́т и управляет их пакéтами цéнных бумáг)

Auftragsstückzahl *f* коли́чество изготовляемых по закáзу издéлий

Auftragssystem *n* 1. систéма закáзов 2. заказнáя систéма

Auftragsüberhang *m* портфéль невыполненных закáзов

Auftragsüberwachung *f* 1. контрóль за выполнéнием закáза 2. контрóль за движéнием закáзов

Auftragsumfang *m* объём закáза

Auftragsunterlagen *f, pl* документáция, прилагаемая к закáз-нарядý

Auftragsvergabe *f* вы́дача закáзов, размещéние закáзов
öffentliche Auftragsvergabe 1. закýпка товáров и услýг для госудáрственных цéлей 2. размещéние госудáрственных закáзов, размещéние госзакáзов 3. размещéние закáзов мéстных властéй; размещéние закáзов региональных властéй; размещéние закáзов муниципалитетов

Auftragsvergebung *f* предоставлéние закáзов, вы́дача закáзов; размещéние закáзов
öffentliche Auftragsvergebung *f* предоставлéние госудáрственных закáзов, вы́дача госудáрственных закáзов

Auftragsverkauf *m* комиссиóнная продáжа

Auftragsverwaltungsangelegengeiten *pl* делá, относя́щиеся к юрисди́кции федерáльных землéль

Auftragswarteschlange *f* óчередь задáний (выч.тех.)

Auftragswechsel *m* краткосрóчный вéксель, вéксель на инкáссо

Auftragswert *m* стóимость закáза; величинá стóимости закáза

Auftragswesent *n* 1. вы́дача закáзов; размещéние закáзов 2. вы́дача подрядов; выпи́сывание подрядов

Auftragszahlungen *f, pl* платежи́, осуществляемые по поручéнию *(напр. вышестоя́щих организáций)*

Auftragszeit *f* 1. заплани́рованное врéмя на выполнéние закáза 2. устанóвленное врéмя для выполнéния закáза

AuftrB, Auftragsbuch кни́га комиссио́нных поруче́ний

Auftrieb *m* подъём; оживле́ние *(по́сле спа́да)*; толчо́к; и́мпульс

Aufwand *m* 1. затра́ты (мн.ч.), изде́ржки (мн.ч.), расхо́ды (мн.ч.) 2. расхо́д, потребле́ние

außerordentlicher Aufwand непостоя́нный расхо́д

direkter Aufwand прямы́е затра́ты

einmaliger Aufwand единовременные затра́ты, однократные затра́ты

gebietswirtschafilicher Aufwand затра́ты по районам; районированные затра́ты

gesellschaftlich notwendiger Aufwand обще́ственно необходи́мые затра́ты

höchstzulässiger Aufwand преде́льно допусти́мые затра́ты

indirekter Aufwand ко́свенные затра́ты

laufender Aufwand теку́щие затра́ты

leistungsbedingter Aufwand затра́ты на произво́дство определённого ви́да изде́лия

nationaler Aufwand национа́льные затра́ты

neutraler Aufwand 1. внепла́новые расхо́ды 2. расхо́ды, не свя́занные непосре́дственно с произво́дственным проце́ссом

ordentlicherAufwand 1. постоя́нный расхо́д 2. постоя́нные расхо́ды; постоя́нные изде́ржки

produktionsbedingter Aufwand произво́дственные затра́ты; произво́дственные изде́ржки

spezifischer Aufwand удельные затра́ты

tatsächlicher Aufwand факти́ческие затра́ты

überhöhter Aufwand перерасхо́д *(напр. материа́лов)*

überplanmäßiger Aufwand сверхплановый расхо́д *(напр. материа́лов)*

unproduktiver Aufwand непроизводительные затра́ты

volkswirtschaftlicher Aufwand народно-хозя́йственные затра́ты

voller Aufwand по́лные затра́ты; совокупные затра́ты

zeitungleicher Aufwand разновременные затра́ты

Arbeitsaufwand *m* затра́ты труда́; трудоёмкость

Arbeitszeitaufwand *m* трудоёмкость

Bauaufwand *m* затра́ты на строи́тельство

Bedienungsaufwand *m* изде́ржки по обслу́живанию

Betriebsaufwand *m* произво́дственные затра́ты ; эксплуатацио́нные затра́ты

Brennstoffaufwand *m* расхо́д то́плива

Energieaufwand *m* затра́ты эне́ргии; расхо́д эне́ргии ; энергетические затра́ты

erhöhter Investitionsaufwand *m* повыше́ние инвестиционных затра́т; повыше́ние капитальных затра́т

Kostenaufwand *m* затра́ты *мн.*; изде́ржки *мн.*; расхо́ды *мн.*

Kraftaufwand *m* расхо́д эне́ргии

Luftaufwand *m* расхо́д во́здуха

Materialaufwand *m* затра́ты материа́лов; расхо́д материа́лов

Verwaltungsaufwand *m* накладны́е учётно-управленческие расхо́ды *мн.*

Wärmeaufwand *m* потребле́ние тепла́; расхо́д тепла́

Zeitaufwand *m* затра́ты вре́мени

Aufwand-Ertrag *m* расхо́д - прихо́д

Aufwand-Nutzen-Analyse *f* ана́лиз «затра́ты - вы́пуск»

Aufwand-Nutzen-Analyse *f* ана́лиз соотноше́ния затра́т и их эффекти́вности

Aufwand-Nutzen-Denken *n* мышле́ние катего́риями межотраслевого ме́тода «затра́ты - вы́пуск»

Aufwands- und Ertragsrechnung *f* счёт при́былей и убы́тков

Aufwands-Ertragsrechnung *f* учёт дохо́дов и расхо́дов, счёт при́былей и убы́тков

Aufwandsbegrenzung *f* ограниче́ние затра́т

Aufwandsbesteuerung *f* обложе́ние нало́гом предме́тов потребле́ния

Aufwandsentschädigung *f* возмеще́ние (служе́бных) расхо́дов

Aufwandserstattung *f* возмеще́ние затра́т

Aufwandsintensität *f* затратоёмкость

Aufwandskennziffer *f* показа́тель затра́т

Aufwandskoeffizient *m* коэффицие́нт затра́т

Aufwandskonto *n* расхо́дный счёт *(бюдже́та)*

Aufwandsmatrix *f* ма́трица затра́т

Aufwandsminderungen *f, pl* сниже́ние затра́т (мн.ч.)

Aufwandsminimum *n* ми́нимум затра́т

Aufwandsnorm *f* но́рма затра́т

Aufwandsnormativ *n* нормати́в затра́т

Aufwandsnormung *f* нормирова́ние затра́т

Aufwandsrelation *f* соотноше́ние затра́т

Aufwandssenkung *f* уменьше́ние затра́т, сокраще́ние затра́т, сниже́ние затра́т

Aufwandsteuer *f* нало́г на предме́ты потребле́ния

Aufwandsteuer нало́г на специфические фо́рмы испо́льзования дохо́дов *(напр. на пра́во веде́ния охо́ты)*

Aufwärtsentwicklung *f* разви́тие, подъём, рост, увеличе́ние

die Aufwärtsentwicklung hält an рост продолжа́ется

Aufwärtskompatibilität *f вчт.* совмести́мость сни́зу вверх

Aufwechsel *m* ве́ксельный лаж *(превыше́ние ры́ночного ку́рса над номиналом)*

Aufwechsel лаж на ве́ксель

Aufweichung *f* **der Währung** *жарг.* размягче́ние валю́ты

aufwenden *vt* тра́тить, расхо́довать; ассигнова́ть

Aufwendung *f* затра́ты, изде́ржки; ассигнова́ния

Aufwendungen *f, pl* затра́ты, изде́ржки, расхо́ды; ассигнова́ния, вы́деленные сре́дства, отпу́щенные сре́дства

Aufwendungen - Ausstoß *m* затра́ты - вы́пуск

Aufwendungen für Investitionen инвестиционные расхо́ды, расхо́ды, свя́занные с осуществлением инвести́ций, расхо́ды, свя́занные с осуществлением капиталовложе́ний

außergewöhnliche Aufwendungen чрезвыча́йные расхо́ды

betriebsfremde Aufwendungen затра́ты непроизводственного хара́ктера, изде́ржки непроизводственного хара́ктера, расхо́ды непроизводственного хара́ктера, внепроизво́дственные расхо́ды

finanzielle Aufwendungen де́нежные расхо́ды, расхо́ды, исчисленные в стоимостном выраже́нии

produktive Aufwendungen производи́тельные расхо́ды

reduzierte Aufwendungen приведённые затра́ты

saisonbedingte Aufwendungen сезо́нные расхо́ды

soziale Aufwendungen расхо́ды на социа́льные нужды́

tatsächliche Aufwendungen факти́ческие изде́ржки

periodenfremde Aufwendungen und Erträge *бухг.* расхо́ды и дохо́ды, не относя́щиеся к отчётному пери́оду

unproduktive Aufwendungen непроизводительные расхо́ды

wertmäßige Aufwendungen де́нежные расхо́ды, расхо́ды, исчисленные в стоимостном выраже́нии

zusätzliche Aufwendungen дополни́тельные изде́ржки

Aufwendungen-Ausstoß *m* затра́ты - вы́пуск

aufwerten повыша́ть номинальную

сто́имость *(це́нных бума́г)*
aufwerten ревальвировать *(валю́ту)*
Aufwertung *f* повыше́ние номина́льной сто́имости *(це́нных бума́г)*
Aufwertung ревальвация *(валю́ты)*
Aufwertungsprozess *m* проце́сс возраста́ния сто́имости
Aufwertungsrate *f* проце́нт ревальвации, сте́пень ревальвации
aufzeichnen представля́ть, графи́чески запи́сывать
aufzeichnen *бухг.* учи́тывать; представля́ть графи́чески; запи́сывать
Aufzeichnung *f* бухга́лтерская за́пись
Aufzeichnung *вчт.* за́пись *(да́нных)* в па́мяти, регистра́ция *(да́нных)* в па́мяти
Aufzeichnungspflicht *f* обя́занность веде́ния бухга́лтерского учёта
Aufzins *m* лаж; а́жио *(ра́зница ме́жду факти́ческим ку́рсом и номиналом)*
Aufzinsen *n* начисле́ние сло́жных проце́нтов, начисле́ние проце́нтов на проце́нты
Aufzinsung *f* начисле́ние сло́жных проце́нтов, начисле́ние проце́нтов на проце́нты
Aufzinsungsfaktor *m фин.* коэффицие́нт наращения; коэффицие́нт приращения
Auktion *f* аукцио́н, публи́чная прода́жа, прода́жа с публи́чных торго́в, публи́чные торги́ (мн.ч.)
außergerichtliche Auktion *f* доброво́льный аукцио́н
E-Auktion, elektronische Auktion *f* электро́нный аукцио́н, аукцио́н в Интерне́т
gerichtliche Auktion *f* принуди́тельный аукцио́н, аукцио́н по реше́нию суда́
englische Auktion *f* англи́йский аукцио́н
Holzauktion *f* прода́жа леса́ с торго́в
holländische Auktion *f*, **Dutch-Auktion** *f*, *(eng.)* **Dutch auction** голла́ндский аукцио́н (*публи́чная прода́жа, при кото́рой аукционист называ́ет завы́шенную це́ну, постепе́нно снижая её до тех пор, пока́ не найдётся покупа́тель*)
internationale Auktion *f* междунаро́дный аукцио́н; междунаро́дные торги́ (мн.ч.)
Internet-Auktion *f* Интерне́т-аукцио́н; электро́нные торги́
Online-Auktion *f* онлайновый аукцио́н
Real Time Auktion *f* аукцио́н в реа́льном вре́мени (в Интерне́т); электро́нные торги́ в реа́льном вре́мени
Zollauktion *f* тамо́женный аукцио́н
eine Auktion abhalten проводи́ть аукцио́н
auf einer Auktion erstehen приобрета́ть на аукцио́не
in Auktion verkaufen продава́ть с аукцио́на
sich *(etw.)* **auf einer Auktion ersteigern** приобрета́ть (что-л.) на аукцио́не
Auktionator *m* аукциони́ст
auktionieren *vt* продава́ть с аукцио́на
Auktionist *m* аукциони́ст
Auktions-Webseite *f* вэб-страни́ца аукцио́на; *web*-страни́ца аукцио́на
Auktionsbedingungen *f, pl* усло́вия аукцио́нной прода́жи
Auktionsgebühr *f* аукцио́нный сбор
Auktionshammer *m* молото́к аукциони́ста
Auktionskatalog *m* катало́г аукцио́на
illustrierter Auktionskatalog *m* иллюстри́рованный катало́г аукцио́на
Auktionsliste *f* аукцио́нный мемора́ндум *(по оконча́нии аукцио́на)*
Auktionslokal *n* помеще́ние для проведе́ния аукцио́нов
Auktionsmakler *m* аукцио́нный бро́кер, бро́кер на аукцио́не
Auktionsmarkt *m* ры́нок аукцио́нов
Auktionsportal *m* аукцио́нный порта́л
Auktionspreis *m* цена́ заверше́ния аукцио́на; коне́чная цена́ аукцио́на
Auktionsverfahren *n* процеду́ра аукцио́на, аукцио́н
AUMA, Ausstellungs- und Messe-Ausschuss der Deutschen Wirtschaft Герма́нский комите́т по вы́ставкам и ярмаркам
Aus- und Rückfracht *f* фрахт в о́ба конца́
Ausbau *m* демонта́ж, разбо́рка
Ausbau отделочные рабо́ты, отде́лка *(в строи́тельстве)*
Ausbau созда́ние; расшире́ние, разви́тие, соверше́нствование
Ausbau ху́тор, отде́льно стоя́щая уса́дьба
Ausbauproduktion *f* отделочные рабо́ты *(в строи́тельстве)*
ausbedingen *vt*:
sich *etw.* **ausbedingen** выгова́ривать себе́ *что-л.*; огова́ривать своё пра́во на *что-л.*
Ausbesserung доработка, исправле́ние дефе́ктов
Ausbesserung *f* почи́нка, ремо́нт; исправле́ние, улучше́ние
Ausbesserungen *f, pl* почи́нка, ремо́нт исправле́ние, улучше́ние, дорабо́тка, устране́ние бра́ка
Ausbesserungskosten *pl* сто́имость ремо́нта, расхо́ды на ремо́нт, расхо́ды на почи́нку; расхо́ды, свя́занные с дорабо́ткой, расхо́ды, свя́занные с устране́нием бра́ка
Ausbeute *f* вы́ход проду́кции
Ausbeute при́быль с производи́тельного капита́ла
Ausbeute промы́шленная эксплуата́ция
Ausbeute разрабо́тка, добы́ча, эксплуата́ция *(приро́дных ресу́рсов)*
Ausbeutekennziffern *f pl* показа́тели загру́зки мо́щностей
Ausbeutenorm *f* но́рма вы́хода проду́кции
Ausbeuter *m* эксплуата́тор
Ausbeutergesellschaft *f* эксплуататорское о́бщество
Ausbeuterordnung *f* эксплуата́торский строй
Ausbeutewahrscheinlichkeit *f* вероя́тность вы́хода *(проду́кции)*
Ausbeutung *f* эксплуата́ция; испо́льзование в коры́стных целя́х
industrielle Ausbeutung промы́шленная эксплуата́ция
intensive Ausbeutung интенси́вная эксплуата́ция
sekundäre Ausbeutung втори́чная эксплуата́ция
Ausbeutungsbereich *m* сфе́ра эксплуата́ции *(чего́-л., кого́-л.)*
Ausbeutungsform *f* фо́рма эксплуата́ции
Ausbeutungsgebiet *n* сфе́ра эксплуата́ции *(чего́-л., кого́-л.)*
Ausbeutungsgrad *m* сте́пень эксплуата́ции
Ausbeutungsmaterial *n*, **menschliches** челове́к как объе́кт эксплуата́ции
Ausbeutungsmittel *n* сре́дство эксплуата́ции
Ausbeutungsrate *f* но́рма эксплуата́ции
Ausbeutungssphäre *f* сфе́ра эксплуата́ции *(чего́-л., кого́-л.)*
Ausbeutungsweise *f* спо́соб эксплуата́ции
Ausbezahlung *f* вы́плата *(сполна́)*
ausbieten *vt* выставля́ть для прода́жи; предлага́ть к прода́же; *юр.* продава́ть с торго́в
ausbieten объявля́ть откры́тый ко́нкурс на *каку́ю-л.* до́лжность
ausbieten переби́ть у *кого́-л.* поку́пку на аукцио́не
ausbieten предлага́ть к прода́же, выставля́ть для прода́жи; продава́ть с аукцио́на
Ausbieter *m* аукциони́ст
Ausbildung *f* образова́ние; обуче́ние, подгото́вка; разви́тие, соверше́нствование; образова́ние, формирова́ние; возникнове́ние
Ausbildung von Führungskräften подгото́вка руководя́щих ка́дров
abschnittsweise Ausbildung поэта́пное повыше́ние произво́дственной квалифика́ции

berufliche Ausbildung профессиональное обучение, профобучение, специальное *(техническое)* обучение

Ausbildungs- und Wirtschaftsbeihilfe *f* стипендия, получаемая учениками в период профессионального обучения

Ausbildungsabschnitte *m, pl* этапы производственного обучения

Ausbildungsbeihilfen *f, pl* стипендии и пособия, выплачиваемые учащимся

Ausbildungsberuf *m* профессия, приобретаемая в процессе профессионального обучения; специальность, приобретаемая в процессе профессионального обучения

Ausbildungsbetrieb *m* учебно-производственное предприятие

Ausbildungskapazität *f* количество учебных мест; учебные мощности

Ausbildungskosten *pl* расходы на обучение, расходы на подготовку, затраты на обучение, затраты на подготовку *(напр. рабочей силы)*

Ausbildungsvertrag *m* договор о профессиональном обучении, договор о повышении квалификации

Ausbildungszeit *f* время обучения

Ausbreitung *f* расширение, развитие

wirtschaftliche Ausbreitung экономическая экспансия, расширение сфер(ы) влияния

Ausbringung *f* производительность; коэффициент использования; выход *(напр. готовой продукции)*

Ausbringungsnorm *f* норма выхода готовой продукции

Ausbringungspotenzial *n* производственный потенциал

ausbuchen *vt (бухг.)* списывать (со счёта)

Ausbuchung *f бухг.* списание

Ausbuchung выбраковка

Ausbuchung выбытие *(напр. основных средств)*

ausdehnen распространять; расширять, увеличивать

Ausdehnung *f* распространение; расширение, увеличение

Ausdruck *m* выражение

Ausdruck *вчт.* распечатка, вывод на печать, печать

mengenmäßiger Ausdruck количественное выражение

qualitativer Ausdruck качественное выражение

wertmäßiger Ausdruck стоимостное выражение

zahlenmäßiger Ausdruck численное выражение

Auseinanderklaffen *n* несоответствие, существенное расхождение, разрыв

Auseinandersetzung *f* изложение, разъяснение, толкование

Auseinandersetzung *(критический)* разбор

Auseinandersetzung распределение акционерного капитала между компаньонами после ликвидации общества

Auseinandersetzung *юр.* соглашение, полюбовная сделка

Auseinandersetzung спор, разногласие

Auseinandersetzungsguthaben *n* сумма, выплачиваемая при выбытии компаньона *(из дела)*

Auseinandersetzungsguthaben суммы, подлежащие выплате выбывающему из дела компаньону

Auseinandersetzungsversteigerung *f* принудительная продажа с торгов при ликвидации общества

Ausfall *m* недостача, потери, дефицит

Ausfall простой *(машины)*, отказ, бездействие *(напр. машины)*; выход из строя; сбой

Ausfall результат, исход

Ausfall der Zahlungen непоступление платежей

Ausfallbürge *m* поручитель на случай возникновения убытков, поручитель на случай уменьшения дохода

Ausfallbürge поручитель на случай прекращения платежей *(или возникновения убытков)*

Ausfallbürgschaft *f* поручительство на случай прекращения платежей *(или возникновение убытков)*

Ausfallbürgschaftsversicherung *f* страхование на случай утраты требования кредитором, получившим поручительство

Ausfallforderung *f* претензия по возмещению убытков *(при несостоятельности)*

Ausfallfreiheit *f* безотказность *(в теории надёжности)*

Ausfallmuster *n* образец товара, посылаемый покупателю для подтверждения перед началом изготовления этого товара *(напр., сигнальный экземпляр книги перед началом изготовления тиража)*

Ausfallrate *f* функция опасности отказов *(в теории надежности)*

Ausfalltage *m pl* дни простоя; дни потерянного рабочего времени

Ausfalltage infolge Arbeitsunfähigkeit дни простоя из-за нетрудоспособности

Ausfallwahrscheinlichkeit *f* вероятность отказа

Ausfallzeit *f* простой (в работе); время простоя; потери рабочего времени

beeinflussbare Ausfallzeit поддающиеся сокращению потери рабочего времени

ausfertigen *vt* составлять, оформлять, выписывать *(документ)*

Ausfertigung *f* оригинал, экземпляр *(документа)*; официальная копия, заверенная копия

Ausfertigung составление, оформление *(документа)*

in 3-facher Ausfertigung в трёх экземплярах

in zweifacher Ausfertigung в двух экземплярах

vollstreckbare Ausfertigung исполнительный лист, имеющий исполнительную надпись

Ausfertigungsgebühr *f* гербовый сбор, государственная пошлина *(за составление документа или заверение копии)*

Ausfertigungszolldienststelle *f* таможенное учреждение, выставляющее сопроводительные документы на таможенный груз и направляющее его в другую таможню для очистки пошлиной

Ausfindigmachung *f* **von Geldmitteln** изыскание средств

Ausfracht *f* экспортный фрахт, экспортный груз

Ausfuhr *f* вывоз, экспорт

Ausfuhr zu Schleuderpreisen бросовый экспорт, демпинг

direkte Ausfuhr прямой экспорт, экспорт без участия посредников

händlerfreie Ausfuhr прямой экспорт, экспорт без участия посредников

indirekte Ausfuhr косвенный экспорт, экспорт с участием посредников

mittelbare Ausfuhr косвенный экспорт, экспорт с участием посредников

unmittelbare Ausfuhr прямой экспорт, экспорт без участия посредников

unsichtbare Ausfuhr невидимый экспорт; серый экспорт

die Ausfuhr gehet in die EU-Länder товары экспортируются в страны ЕС

Ausfuhr-Kredit-Aktiengesellschaft Акционерное общество по кредитованию экспортных операций

Ausfuhrabgabe *f* экспортная пошлина, экспортный сбор

Ausfuhragent *m* агент по экспорту, экспортный агент

Ausfuhrartikel *m* предмет экспорта, экспортный товар; статья экспорта

Ausfuhrbeschränkung *f* экспортные ограничения, ограничения на экспорт

Ausfuhrbeschränkung verhängen вводить экспортные ограничения; вводи́ть ограниче́ния на экспорт

Ausfuhrbeschränkungen *f, pl* экспортные ограниче́ния, ограниче́ния на экспорт

Ausfuhrbewilligung *f* экспортная лице́нзия, разреше́ние на экспорт

Ausfuhrbürgschaft *f* приня́тие на себя́ страховым о́бществом кредитного ри́ска экспортёра

Ausfuhrbürgschaft *f* экспортная гара́нтия *(напр. освобожде́ние экспортёра от курсового, произво́дственного и други́х ри́сков)*

Ausfuhrdeklaration *f* экспортная деклара́ция, деклара́ция экспортёра, деклара́ция на экспорт, ЭД, мани́фест экспортёра

Ausfuhren *f, pl* вы́воз, экспорт; экспортируемые това́ры

ausführen *vt* вывози́ть, экспорти́ровать

ausführen выполня́ть, осуществля́ть

Ausfuhrerklärung *f* экспортная деклара́ция, ЭД

Ausfuhrerlaubnis *f* экспортная лице́нзия, разреше́ние на экспорт

Ausfuhrerlös *m* дохо́д от экспорта, вы́ручка от экспорта

ausfuhrfähig го́дный для вы́воза, приго́дный для вы́воза

ausfuhrfähig го́дный для экспорта, приго́дный для экспорта

Ausfuhrfinanzierung *f* финанси́рование экспорта

ausfuhrfördernd стимули́рующий экспорт

Ausfuhrförderung *f* поощре́ние экспорта, стимули́рование экспорта, соде́йствие разви́тию экспорта *(госуда́рственные мероприя́тия)*

Ausfuhrgarantie *f* экспортная гара́нтия

Ausfuhrgenehmigung *f* разреше́ние на экспорт

Ausfuhrgeschäft *n* экспортная сде́лка, экспортная опера́ция; компа́ния, специализи́рующаяся на экспорте това́ров; фи́рма, специализи́рующаяся на экспорте това́ров; экспортная фи́рма, экспортная компа́ния, внешнеторго́вая компа́ния

Ausfuhrgut *n* предме́т экспорта, экспортный това́р; статья́ экспорта

Ausfuhrhandel *m* экспортная торго́вля, торго́вля на экспорт

Ausfuhrhandelsgeschäft *n* экспортная компа́ния, внешнеторго́вая компа́ния

Ausfuhrhändler *m* коммерса́нт, специализи́рующийся на торго́вле экспортными това́рами; коммерса́нт, специализи́рующийся на вне́шней торго́вле

Ausfuhrhändlervergütung *f* возмеще́ние *(возвра́т)* экспортёрам сумм уплаченного и́ми нало́га с оборо́та и компенсационного сбо́ра *(одна́ из мер госуда́рственного стимули́рования экспорта)*

Ausfuhrkontingent *n* экспортный континге́нт

Ausfuhrkontingentierung *f* контингентирование экспорта

Ausfuhrkontrolle *f* (госуда́рственный) контро́ль над экспортом

Ausfuhrkosten *pl* расхо́ды, свя́занные с экспортом това́ров, изде́ржки, свя́занные с экспортом това́ров

Ausfuhrkreditversicherung *f* страхова́ние экспортных креди́тов

Ausfuhrland *n* страна́-экспортёр

ausführlich подро́бный, дета́льный, обстоя́тельный

ausführlich beschreiben подро́бно опи́сывать; опи́сывать в дета́лях

Ausfuhrlieferung *f* поста́вка на экспорт, экспортная поста́вка

Ausfuhrliste *f* спи́сок экспортных това́ров

Ausfuhrlizenz *f* экспортная лице́нзия, лице́нзия на экспорт

Ausfuhrmanifest *n* экспортная деклара́ция, экспортная тамо́женная деклара́ция, тамо́женная деклара́ция на экспорт

Ausfuhrmeldung *f* экспортная деклара́ция, тамо́женная деклара́ция на экспорт

Ausfuhrmusterlager *n* склад образцо́в экспортных това́ров

Ausfuhrordnung *f* положе́ние, регламентирующее осуществле́ние экспортных опера́ций

Ausfuhrposition *f* статья́ экспорта

Ausfuhrposten па́ртия экспортного това́ра

Ausfuhrprämie *f* экспортная пре́мия *(выдаётся обы́чно госуда́рством для поддержа́ния конкурентоспособности това́ра на вне́шнем ры́нке)*

Ausfuhrpreis *m* экспортная цена́

Ausfuhrprogramm *n* экспортная програ́мма, програ́мма экспорта

Ausfuhrquote *f* до́ля экспорта в о́бщем объёме произво́дства проду́кции, экспортная кво́та

Ausfuhrregelung *f* регули́рование экспорта

Ausfuhrrestriktion *f* экспортное ограниче́ние

Ausfuhrrisiko *n* риск, свя́занный с осуществлением экспортных опера́ций

Ausfuhrsperre *f* запре́т на экспорт, эмба́рго на экспорт

Ausfuhrstruktur *f* структу́ра экспорта

Ausfuhrtarif *m* экспортный тари́ф

Ausfuhrüberhang *m* акти́вное са́льдо торго́вого бала́нса (по экспорту), превыше́ние объёма экспорта над объёмом и́мпорта

Ausfuhrüberschuss *m* акти́вное са́льдо торго́вого бала́нса (по экспорту), превыше́ние объёма экспорта над объёмом и́мпорта; акти́вное внешнеторго́вое са́льдо

Ausfuhrverbot *n* запре́т на экспорт

Ausfuhrverfahren *n* экспортный режи́м

Ausfuhrvergütung *f* госуда́рственная экспортная дота́ция, экспортная пре́мия; дота́ция на экспорт

Ausfuhrvermerk *m* поме́тка об экспортном това́ре *(в железнодоро́жной накладно́й)*

Ausfuhrvolumen *n* объём экспорта

Ausfuhrware *f* экспортный това́р

Ausfuhrwert *m* экспортная сто́имость; сто́имость экспорта

Ausfuhrziel *n* план экспорта

Ausfuhrzoll *m* экспортная по́шлина

Ausfuhrzoll auf die Ware erheben взима́ть экспортную по́шлину с това́ра

Ausfuhrzollabfertigung *f* экспортная тамо́женная очи́стка

Ausfuhrzollsatz *m* ста́вка экспортной по́шлины

Ausfuhrzollschuld *f* обя́занность плати́ть экспортную по́шлину

Ausfuhrzollverfahren *n* экспортно-тамо́женная процеду́ра

ausfüllen *vt* заполня́ть (*бланк, формуля́р и т.п.)*

Ausgabe *f* эми́ссия, вы́пуск *(це́нных бума́г)*; расхо́д; тра́та; затра́ты, вы́плата средств; вы́дача *(напр. посо́бий)*; о́тпуск *(напр. това́ров)*; изда́ние *(книги)*; *обр. дан.* вы́вод *(да́нных)*; реда́кция *(програ́ммного проду́кта)*

Ausgabe- und Einnahmebuch *n* приходно-расхо́дная кни́га

Ausgabebeleg *m* докуме́нт, подтвержда́ющий платежи́

Ausgabebeleg оправда́тельный докуме́нт *(подтвержда́ющий произведенные расхо́ды)*

Ausgabebudget *n* расхо́дный бюдже́т

Ausgabedatei *f вчт.* выходно́й файл, выходно́й набо́р да́нных

Ausgabedatei масси́в выходны́х да́нных

Ausgabedaten *pl* выходна́я информа́ция, выходны́е да́нные

Ausgabegerät *n вчт.* устро́йство вы́вода, выходно́е устро́йство

Ausgabekurs *m* эмиссио́нный курс *(курс, по кото́рому размещаются но́вые це́нные бума́ги)*

Ausgaben *pl* расхо́ды
Ausgaben der öffentlichen Hand расхо́ды госуда́рства и ме́стных о́рганов вла́сти
abzugsfähige Ausgaben платежи́, вычита́емые из дохо́да, облага́емого нало́гом *(напр. отчисле́ния в благотвори́тельные фо́нды)*
außerordentliche Ausgaben чрезвыча́йные расхо́ды
außerplanmäßige Ausgaben внебюдже́тные расхо́ды, внепла́новые расхо́ды
berufsbedingte Ausgaben расхо́ды, свя́занные с рабо́той по специа́льности *(вычита́ются из су́ммы дохо́да, облага́емого нало́гом)*
einmalige Ausgaben разовые расхо́ды, однократные расхо́ды
etatmäßige Ausgaben бюдже́тные расхо́ды
fortdauernde Ausgaben постоя́нные расхо́ды
kriegsbedingte Ausgaben вое́нные расхо́ды
nichtabzugsfähige Ausgaben расхо́ды предприя́тия, не исключаемые из су́ммы при́были, подлежащей обложе́нию нало́гом
öffentliche Ausgaben расхо́ды госуда́рства и ме́стных о́рганов вла́сти
produktionsbedingte Ausgaben произво́дственные расхо́ды
unproduktive Ausgaben непроизводительные расхо́ды

Ausgabenberechnung *f* исчисле́ние расхо́дов
Ausgabenbewilligung *f* утвержде́ние расхо́дной ча́сти бюдже́та
Ausgabenbilanz *f* бала́нс расхо́дов
Ausgabenbuch *n* расхо́дная кни́га
Ausgabendefizit *n* превыше́ние дохо́дов над расхо́дами
Ausgabendynamik *f* дина́мика расхо́дов *(отража́ет дина́мику коне́чных результа́тов)*
Ausgabenelastizität *f* эласти́чность расхо́дов
Ausgabenetat *m* расхо́дная часть бюдже́та
Ausgabengliederung *f* классифика́ция расхо́дов, структу́ра расхо́дов
Ausgabengrenze *f* лими́т расхо́дов, преде́л расхо́дов
Ausgabenhaushalt *m* расхо́дный бюдже́т
Ausgabeninzidenz *f* эффе́кт возде́йствия госуда́рственных расхо́дов
Ausgabenlimit *n* лими́т расхо́дов
Ausgabenplan *m* сме́та расхо́дов
Ausgabenposition *f* статья́ расхо́дов
Ausgabenspalte *f* графа́ расхо́дов
Ausgabenteil *n* расхо́дная часть *(напр. бюдже́та)*
Ausgabenüberschuss *m* превыше́ние расхо́дов над дохо́дами, отрица́тельное са́льдо бала́нса
Ausgabenübersicht *f* пе́речень расхо́дов
Ausgabenverzeichnis *n* пе́речень расхо́дов
Ausgabeposten *m* статья́ расхо́дов
Ausgabepreis *m* цена́ облига́ций, а́кций при эмиссии
Ausgabereste *m, pl* неиспо́льзованные сме́тные ассигнова́ния
Ausgabeschalter *m* разда́точное око́шко *(на скла́де)*
Ausgabespeicher *m* запомина́ющее устро́йство для выходны́х да́нных, бу́фер вы́вода
Ausgabewerte *m, pl* выходна́я информа́ция, выходны́е да́нные; выходны́е величины́
Ausgang *m* вы́ход
Ausgänge *m pl* платежи́
Ausgangsbilanz *f* исхо́дный бала́нс, нача́льный *(вступи́тельный)* бала́нс
Ausgangsdaten *pl* нача́льные да́нные, исхо́дные да́нные; исхо́дные пара́метры
Ausgangsereignis *n сет. пл.* выходно́е собы́тие
Ausgangserzeugnis *n* исхо́дный проду́кт
Ausgangsgroße *f* исхо́дная величина́
Ausgangsinformation *f* выходна́я информа́ция
Ausgangsinformation *f* исхо́дная информа́ция
Ausgangskalkulation *f* исхо́дная калькуля́ция
Ausgangslösung *f* исхо́дное реше́ние
Ausgangsmaterial *n* исхо́дное сырьё
Ausgangsparameter *m* исхо́дный пара́метр
Ausgangsprodukt *n* исхо́дный проду́кт
Ausgangsprognose *f* исхо́дный прогно́з
Ausgangsrechnung *f* исходя́щий счёт; счёт, посыла́емый предприя́тием покупа́телю
Ausgangsrohstoff *m* исхо́дное сырьё
Ausgangsschein *m* накладна́я
Ausgangsverteilung *f* исхо́дное распределе́ние
Ausgangszoll *m* вывозна́я по́шлина
Ausgangszustand *m* **der Wirtschaft** нача́льное состоя́ние эконо́мики
AusgB, Ausgabebuch расхо́дная кни́га, ка́ссовая кни́га
ausgeben выдава́ть
ausgeben выпуска́ть де́ньги, осуществля́ть эмиссию де́нег
ausgeben осуществля́ть эмиссию *(це́нных бума́г)*, осуществля́ть вы́пуск *(це́нных бума́г)*; расхо́довать; тра́тить; выдава́ть *(напр. посо́бия)*, отпуска́ть *(напр. това́ры)*
Ausgeber *m* эмите́нт *(лицо́ и́ли учрежде́ние, выпуска́ющее це́нные бума́ги, напр., эмиссио́нный банк)*; разда́тчик; кладовщи́к
Ausgeberkode *m* код эмитента
Ausgebeutete *m* эксплуатируемый
Ausgebot *n* объявле́ние о прода́же; объявле́ние цены́ на торга́х
Ausgeglichenheit *f* сбалансированность; уравнове́шенность
Ausgeglichenheit der beiderseitigen Lieferungen сбалансированность взаи́мных поста́вок
Ausgeglichenheit des Staatshaushaltes сбалансированность госуда́рственного бюдже́та; бездефици́тность госуда́рственного бюдже́та
ausgeliefert поста́влен; поста́влено; доста́влен; доставлено; поста́вка осуществлена
gesund ausgeliefert това́р поста́влен в здоро́вом состоя́нии *(огово́рка в догово́ре, гаранти́рующая покупа́теле от ухудше́ния ка́чества това́ра в пути́)*
ausgepowert обедне́вший
Ausgestaltung *f* оформле́ние
ausgesteuert вы́деленный, получи́вший свой наде́л *(в счёт насле́дства)*; сня́тый с посо́бия *(о безрабо́тном)*
Ausgleich *m* вы́равнивание, ура́внивание; баланси́рование
Ausgleich компенса́ция, возмеще́ние
Ausgleich погаше́ние *(напр. до́лга)*, опла́та *(напр. счёта)*; покры́тие *(задо́лженности, дефици́та)*
Ausgleich полюбовная сде́лка, мирова́я сде́лка; соглаше́ние; компроми́сс
zum Ausgleich в упла́ту, в погаше́ние
ausgleichen вы́равнивать, ура́внивать; баланси́ровать 2, компенси́ровать, возмеща́ть; погаша́ть *(долг)*; опла́чивать *(счёт)*, покрыва́ть *(задо́лженность, дефици́т)*; ула́живать, примиря́ть
durch Gegenbuchung ausgleichen *бухг.* сторнировать
Ausgleichsabgabe *f* возмеще́ние; компенса́ция; покры́тие *(напр. уще́рба, травматизма и т.п.)*; компенсационные вы́платы (мн.ч.); дота́ции (мн.ч.) *(инвали́дам в ра́мках госуда́рственной социа́льной по́мощи)*
Ausgleichsabgaben *pl f* компенсационные сбо́ры (на ввози́мые това́ры, испо́льзуются для защи́ты от конкуре́нции)
Ausgleichsanspruch *m* тре́бование

упла́ты, тре́бование компенса́ции

Ausgleichsbetrag *m* уравни́тельная су́мма, компенсацио́нная су́мма; *бухг.* оста́ток, са́льдо; са́льдо *(торго́вого и́ли платёжного бала́нса)*

Ausgleichsfinanzierung *f* компенсационное финанси́рование

Ausgleichsfonds дотационный фонд; компенсацио́нный фонд; субвенционный фонд, уравни́тельный фонд, фонд покры́тия, фонд регули́рования, фонд сальдирования расчётов

Ausgleichsgebühr *f* компенсационные сбо́ры; уравни́тельная по́шлина, преференциа́льная по́шлина

Ausgleichskasse *f* расчётная ка́сса *(для взаи́мных компенсаций ме́жду уча́стниками торгово-промы́шленных объедине́ний)*; жироцентрал, кли́ринговое учрежде́ние

Ausgleichskonto *n бухг.* вспомога́тельный счёт, на кото́ром в тече́ние года́ отража́ются затра́ты по ви́дам и статья́м

Ausgleichskurve *f* крива́я выра́внивания

Ausgleichsleistungen *f, pl* компенсационные субси́дии ли́цам, понесшим материа́льный уще́рб во вре́мя войны́

Ausgleichsprinzip *n* при́нцип выра́внивания

Ausgleichspuffer *m, pl* пла́новые сверхнормативные запа́сы сырья́ и материа́лов

Ausgleichssteuer *f* уравнительные по́шлины; выра́внивающий сбор, преференциа́льный сбор, уравни́тельный нало́г с оборо́та *(на ввози́мые това́ры)*, компенсацио́нный сбор

Ausgleichstarif *m* компенсацио́нный тари́ф

Ausgleichsverfahren *n* процеду́ра урегули́рования взаи́мных расчётов

Ausgleichsvorräte *pl* бу́ферные запа́сы *(создаются в ра́мках междунаро́дных това́рных соглаше́ний для поддержа́ния цен)*

Ausgleichswechsel *m* римесса *(ве́ксель, пересыла́емый для покры́тия до́лга)*

Ausgleichszahlung *f* компенсацио́нный платёж; (де́нежная) компенса́ция

Ausgleichszoll *m* компенсацио́нная по́шлина *(и́мпортная по́шлина на това́ры, экспорт кото́рых в други́х стра́нах поощряется)*

Ausgleichszuschlag *m* компенсацио́нная надба́вка

Ausgleichszuschlag уравни́тельная надба́вка

Ausgleichungsfonds *m* субвенционный фонд, уравни́тельный фонд, фонд покры́тия, фонд регули́рования, фонд сальдирования расчётов

Ausgleichungssteuer *f* уравнительные по́шлины; выра́внивающий сбор, преференциа́льный сбор, уравни́тельный нало́г с оборо́та *(на ввози́мые това́ры)*, компенсацио́нный сбор

Ausgleichungsverfahren *n стат.* выра́внивание

Ausgleichungszoll *m* компенсацио́нная по́шлина *(и́мпортная по́шлина на това́ры, экспорт кото́рых в други́х стра́нах поощряется)*

Ausgliederung *f* выделе́ние

Ausgründung *f* основа́ние доче́рней компа́нии, выделе́ние доче́рней компа́нии

Ausgüb, Ausgabeübersicht пе́речень расхо́дов

aushandeln выторго́вывать

aushändigen *vt* вруча́ть, выдава́ть на руки́

Aushändigung *f* вруче́ние *(напр. де́нежного перево́да)*, вы́дача *(на руки́)*, переда́ча *(из рук в руки́)*

Aushilfe *f* временна́я рабо́та, подсо́бная рабо́та; (временна́я) по́мощь

Aushilfe вре́менный помо́щник; подсо́бная рабо́чая си́ла; вре́менный рабо́тник

Aushilfsarbeit *f* подсо́бная рабо́та

Aushilfsarbeiter *m* сезо́нный рабо́чий

Aushilfskraft *f* подсо́бный рабо́чий; вре́менный рабо́тник

Aushilfstätigkeit *f* (временна́я) по́мощь, подде́ржка, вы́ручка *(в тру́дном положе́нии)*

Ausitattungsarbeiten *f, pl* отделочные рабо́ты

Auskauf *m ист.* ску́пка; вы́куп *(напр. пая)*

Ausklarierung *f* кларирование су́дна при вы́ходе его́ из по́рта, очи́стка от нало́гов и сбо́ров су́дна при вы́ходе его́ из по́рта

Auskunft *f* спра́вка; сведе́ния; информа́ция; отзы́в *(напр. о платёжеспосо́бности)*

Auskunftei *f* спра́вочное аге́нтство *(дающее спра́вки о платёжеспосо́бности, репута́ции фи́рмы и́ли лица́ и проч.)*

Auskunfts-Informationssystem *n* справочно-информацио́нная систе́ма

Auskunftsbüro *n* спра́вочное бюро́

Auskunftsgesuch *n* запро́с све́дений

Auskunftspflicht *f* обя́занность дава́ть отчёт *(напр. о состоя́нии дел)*

Auskunftspreise *m, pl* справочные цены́

Auskunftsrecht *n* пра́во акционе́ра тре́бовать отчёт о состоя́нии дел о́бщества

Auslage *f* вы́ставка това́ров в витри́не; офо́рмленная витри́на

Auslage *f* вы́ставленные в витри́не това́ры

Auslagen *f, pl* расхо́ды, затра́ты, изде́ржки

die Auslagen abgerechnet не счита́я со́бственных расхо́дов

die Auslagen erstatten возмеща́ть изде́ржки

Auslagenersatz *m* возмеще́ние расхо́дов

Auslagerechnung *f* счёт расхо́дов

Auslagerechnung des Schiffers дисбурсментский счёт

Auslagerung *f* перемеще́ние проду́кции с одного́ скла́да на друго́й

Auslagerung *f* перемеще́ние с одного́ скла́да на друго́й

Ausland *n* заграни́ца; зарубе́жные страны́, иностра́нные госуда́рства

Ausländer-Sonderkonten *n, pl* специа́льные (валю́тные) теку́щие счета́ для иностра́нцев

Ausländerkonvertibilität *f* обрати́мость валю́т для нерезидентов

Ausländerkonvertierbarkeit *f* обрати́мость валю́т для нерезидентов

Auslandsabsatz *m* сбыт за грани́цей, сбыт на вне́шнем ры́нке

Auslandsaktiven *n pl* зарубе́жные акти́вы *(фина́нсовые тре́бования к други́м стра́нам, прямы́е инвести́ции и недви́жимость за грани́цей)*

Auslandsanlagen *f, pl* вкла́ды в зарубе́жных ба́нках и в иностра́нные це́нные бума́ги

Auslandsanlagen капиталовложе́ния за грани́цей, инвести́ции за грани́цей, зарубе́жные капиталовложе́ния, зарубе́жные инвести́ции

Auslandsanleihe *f* вне́шний госуда́рственный заём

Auslandsanleihe иностра́нный заём; заём иностра́нному контрагенту

Auslandsauftrag *m внешторг.* инде́нт

Auslandsausstellung *f* вы́ставка за грани́цей

Auslandsbank *f* иностра́нный банк, заграни́чный банк

Auslandseinkünfte *pl* дохо́ды, получа́емые за грани́цей

Auslandseinkünfte зарубе́жные дохо́ды

Auslandsfiliale *f* заграни́чный филиа́л *(напр. ба́нка)*

Auslandsfonds *m, pl* заграничные фо́нды

Auslandsforderung *f* тре́бование к иностра́нным дебито́рам

Auslandsgelder *pl* заграничные сре́дства, заграничные капиталы

Auslandsgeschäft *n* заграни́чная опера́ция *(ба́нка)*

Auslandsgeschäfte *n, pl* заграничные операции банка; внешний оборот банка, заграничный оборот банка
Auslandsguthaben *n, pl* иностранные авуары
Auslandshilfe *f* иностранная помощь
Auslandshilfe помощь зарубежным странам
Auslandsinvestitionen *f, pl* инвестиции за рубежом, зарубежные инвестиции
Auslandskapital *n* иностранный капитал
Auslandskäufer *m* внешний потребитель, зарубежный потребитель
Auslandskonten *n, pl* счета в иностранных банках, счета в заграничных банках
Auslandskredit *m* иностранный кредит, внешний кредит
Auslandskunde *m* зарубежный покупатель, внешний покупатель
Auslandslager *n* склад экспортных товаров, находящийся за границей
Auslandsmarkt *m* внешний рынок
Auslandsmesse *f* ярмарка, организуемая за границей
Auslandsmonopol *n* иностранная монополия
Auslandsmontage *f* монтаж оборудования за границей
Auslandsnachfrage *f* экспортный спрос
Auslandspassiven *n pl* обязательства в отношении других стран
Auslandsporto *n* почтовый сбор за международные отправления
Auslandspostanweisung *f* международный почтовый перевод
Auslandspreis *m* цена внешнего рынка, внешнеторговая цена
Auslandsreiseverkehr *m* иностранный туризм
Auslandsrenten *f pl* иностранные облигационные займы
Auslandsschuld *f* иностранный долг, внешний долг
Auslandsschuldner *m* иностранный дебитор
Auslandsumsatz *m* внешнеторговый оборот
Auslandsvaluta *f* иностранная валюта
Auslandsvennogen *n* имущество, находящееся за границей
Auslandsverbindlichkeiten *f pl* обязательства в отношении других стран
Auslandsverbindlichkeiten обязательства по иностранным кредитам
Auslandsverkauf *m* сбыт за границей
Auslandsverkehr *m* иностранный туризм
Auslandsverkehr международное сообщение, международные перевозки; международный туризм
Auslandsvermögen *n* зарубежные активы; имущество, находящееся за границей
Auslandsverpflichtungen *f, pl* внешние обязательства
Auslandsverschuldung *f* внешний долг, внешняя задолженность
Auslandsversicherung *f* страхование, предусматривающее наступление страхового случая за границей
Auslandsvertretung *f* представительство за границей; филиал (фирмы) за границей
Auslandsvertrieb *m* сбыт за границей, сбыт на внешнем рынке
Auslandsvertrieb *m* сбыт за рубежом
Auslandswährung *f* иностранная валюта
Auslandsware *f* импортный товар
Auslandszahlungsmittel *n pl* платёжные средства *(в иностранной валюте)*
auslasten загружать *(напр. предприятия)*; использовать *(с полной нагрузкой)*
die Kapazitäten sind reichlich ausgelastet мощности загружены высоко
Auslastung *f* загрузка *(напр. предприятий)*; нагрузка *(напр. машины)*; использование; коэффициент использования
Auslastung эффективность использования, коэффициент использования
Auslastung der Produktionsflächen использование производственных площадей
nicht volle Auslastung недогрузка *(напр. машины)*
tägliche Auslastung суточная загрузка
volle Auslastung der Arbeitszeit полное использование рабочего времени
Auslastungsgrad *m* степень загрузки, степень использования
Auslastungsgrad уровень загрузки; уровень использования
Auslastungskoeffizient *m* коэффициент загрузки; коэффициент использования
Auslastungskoeffizient коэффициент использования
Auslastungsplan *m* **für eine Maschine** план загрузки машины, график загрузки машины
Auslaufwaren *f pl* вышедшие из употребления товары (устаревшие модели и т.п.)
Auslaufzeit *f* период прекращения производства изделия
auslauten быть снятым с производства
auslegen толковать, интерпретировать *(правовые нормы, контракты)*; обосновывать, излагать; уплачивать, оплачивать; тратить, расходовать; выставлять *(товары в витрине)*; экспонировать *(товары на выставке)*
Auslegung *f* выкладка *(товара)*
Auslegung толкование *(правовых норм)*
Auslegung уплата, оплата; трата, расход
Ausleihdienst *m* служба проката, прокат
Ausleihe *f* прокат; выдача напрокат; прокатный пункт
Ausleihprogramm *n* программа предоставления займов *(в рамках Международного банка реконструкции и развития)*
ausliefern *vt* выдавать, отпускать *(товар)*
Auslieferung *f* выдача, отпуск
Auslieferung доставка
Auslieferung передача *(документа)*
Auslieferung сдача, поставка; выдача, отпуск *(напр. товаров)*; доставка; *юр.* передача *(акта, договора)*
Auslieferung der Produktion ohne Beanstandung сдача продукции с первого предъявления
Auslieferung der Produktion ohne Nacharbeit сдача продукции с первого предъявления
gegen Auslieferung против выдачи *(пункт договора)*
Auslieferungsauftrag *m* деливери-ордер *(распоряжение о выдаче товара со склада или о выдаче части груза по коносаменту)*
Auslieferungskosten *pl* расходы по доставке
Auslieferungslager *n* транспортно-экспедиционный склад; сбытовая база; товарный склад
Auslieferungsschein *m* деливери-ордер; расписка о выдаче *(напр. товаров)*, документ на отпуск продукции
Auslieferungssperre *f* запрет на поставку товаров, эмбарго на поставку товаров
Auslieferungszeit *f* срок сдачи, срок поставки; срок доставки
Auslobung *f* публичное обещание о вознаграждении
auslöhnen выплачивать заработную плату; рассчитывать, давать расчет, увольнять
Auslohnung *f* выплата заработной платы, выдача заработной платы; расчёт, увольнение
auslöschen *vt* погашать *(долги)*
die Schuld auslöschen погашать долг
Auslöschung *f* погашение *(долга)*
Auslosung *f* жеребьёвка; розыгрыш; тираж; опубликование цены в рекламных целях
Auslosung погашение ценных бумаг
Auslösung возмещение работнику

расхо́дов, свя́занных с выполне́нием обя́занностей за преде́лами постоя́нного ме́ста рабо́ты
Auslösung вы́куп
Auslosungsanleihe *f* заём, погаша́емый частя́ми
Auslösungsgelder *n, pl* выкупны́е де́ньги
Auslosungswert *m* сто́имость це́нной бума́ги к моме́нту её погаше́ния
ausmachen *vt* догова́риваться, усло́вливаться *(о чём-л.)*
ausmachen сгова́риваться, догова́риваться, усло́вливаться *(напр. о цене́)*
ausmachen составля́ть *(су́мму)*
Ausmaß *n* разме́р; объём; масшта́бы; габари́т
Ausmustern *n* отбрако́вка *(това́ра)*
Ausmusterung *f* отбрако́вка, выбрако́вка *(това́ра, проду́кции)*
Ausnahme *f* исключе́ние; изъя́тие
Ausnahmefrachtsatz *m* ста́вка исключи́тельного тари́фа
Ausnahmefrachtsatz *m* ста́вка льго́тного тари́фа
Ausnahmeliste *f* спи́сок това́ров, не включа́емых во внешнеторго́вые опера́ции
Ausnahmepreis *m* осо́бая цена́
Ausnahmetarif *m* исключи́тельный тари́ф, осо́бый тари́ф, льго́тный тари́ф
Ausnahmetarif *m* льго́тный тари́ф *(на перево́зку ма́ссового/навалочного гру́за)*
Ausnahmezoll *m* специа́льная тамо́женная по́шлина *(на това́ры, проходя́щие тамо́женную очи́стку то́лько в специа́льных тамо́жнях)*
Ausnahmezollsatz *m* специа́льная ста́вка тамо́женного тари́фа, осо́бая ста́вка тамо́женного тари́фа
Ausnutiungskoeffizient *m* коэффицие́нт испо́льзования
ausnutzen испо́льзовать; утилизи́ровать *(напр. отхо́ды)*,
ausnutzen эксплуати́ровать *(те́хнику, обору́дование)*
Ausnutzung *f* испо́льзование, утилиза́ция *(напр. отхо́дов)*
Ausnutzung изна́шивание
Ausnutzung эксплуата́ция *(обору́дования)*
Ausnutzung fremder Arbeitsergebnisse испо́льзование результа́тов чужо́го труда́
Ausnutzungsfaktor *m* фа́ктор, определя́ющий у́ровень испо́льзования
Ausnutzungsfaktor фа́ктор испо́льзования
Ausnutzungsgrad *m* сте́пень испо́льзования
Ausnutzungskoeffizient *m* коэффицие́нт испо́льзования
Ausnutzungsnorm *f* но́рма испо́льзования, но́рма расхо́дования
Auspendler *m, pl* рабо́тники, прожива́ющие за преде́лами той территориа́льной едини́цы, где нахо́дится ме́сто их рабо́ты
auspfänden *vt* налага́ть аре́ст на иму́щество *(должника́)*
Ausprägung *f* чека́нка *(моне́т)*
auspreisen снабжа́ть це́нником, ука́зывать це́ну
ausrechnen *vt* подсчи́тывать; вычисля́ть, исчисля́ть
Ausrechnung *f* подсчёт; вычисле́ние, исчисле́ние
ausreichen *vt* предоставля́ть *(креди́т, ссу́ду)*
Ausreichung *f* предоставле́ние *(напр. креди́та, ссу́ды.)*
Ausrichtung *f* выра́внивание; выпрямле́ние; напра́вленность, ориента́ция; направле́ние *(напр. разви́тия эконо́мики, вне́шней торго́вли)*
Ausrufpreis *m* отправна́я цена́ *(на аукцио́не)*
ausrüsten *vt* обору́довать, оснаща́ть; обеспе́чивать, снабжа́ть
Ausrüstung *f* обору́дование; оснаще́ние; инвента́рь
Ausrüstung оснаще́ние; обеспе́чение; снабже́ние
komplette Ausrüstung компле́ктное обору́дование
technische Ausrüstung техни́ческая вооружённость
Ausrüstungsanteil *m* до́ля капиталовложе́ний, направля́емая на приобрете́ние маши́н, инструме́нта, инвентаря́ и про́чего обору́дования в о́бщем объёме капиталовложе́ний
Ausrüstungsbilanz *f* бала́нс обору́дования *(нали́чия и потре́бности в нём)*
Ausrüstungsbilanzierung *f* сбаланси́рование обору́дования *(по ви́дам)*
Ausrüstungsbilanzierung составле́ние бала́нса обору́дования
Ausrüstungsgrad *m* оснащённость
Ausrüstungskoeffizient *m* коэффицие́нт оснащённости
Ausrüstungskosten *pl* расхо́ды на обору́дование, затра́ты на обору́дование, изде́ржки на обору́дование
Aussaat *f* сев; посе́в; посевно́й материа́л, семена́
Aussaatfläche *f* посевна́я пло́щадь
Aussaatkampagne *f* посевна́я кампа́ния
Ausscheiden *n* выбы́тие, вы́ход *(из фи́рмы, това́рищества)*; вы́ход из стро́я *(напр. маши́ны вследствие поврежде́ния)*
Ausscheidung *f* выделе́ние, брако́вка; исключе́ние
Ausscheidung вы́ход *(из организа́ции)*; ухо́д *(со слу́жбы, в отста́вку)*
ausschiffen *vt* выгружа́ть с су́дна
ausschließlich исключа́я, за исключе́нием
ausschließlich исключи́тельный, моно́польный
Ausschließlichkeitsklausel *f* пункт догово́ра с ба́нком, в кото́ром сторона́ обязу́ется не соверша́ть определённых опера́ций в други́х ба́нках
Ausschließlichkeitsrecht *n* моно́польное пра́во, исключи́тельное пра́во
Ausschließlichkeitsvertrag *m* аге́нтское соглаше́ние
Ausschließung *f* исключе́ние, отстране́ние *(напр. чле́на това́рищества)*; призна́ние недействи́тельным *(в акционе́рном пра́ве)*
Ausschließungspatent *n* пате́нт исключи́тельного пра́ва
Ausschluss *m* исключе́ние, выведе́ние *(из соста́ва)*; дисквалифика́ция
Ausschlussumsatz *m* оборо́т капита́ла, не облага́емый нало́гом
ausschöpfen *vt* исче́рпать, израсхо́довать, по́лностью испо́льзовать
Ausschreiber *m* фи́рма, объяви́вшая откры́тый ко́нкурс, организа́ция, объяви́вшая откры́тый ко́нкурс
Ausschreibung *f* выпи́сывание *(счёта, векселя́, чека́)*
Ausschreibung назначе́ние нало́га, введе́ние нало́га
Ausschreibung объявле́ние о подпи́ске на це́нные бума́ги; вы́пуск за́йма
Ausschreibung объявле́ние откры́того ко́нкурса, те́ндер *(при размеще́нии зака́зов)*; ко́нкурс на размеще́ние зака́зов *(обы́чно, прави́тельственных)*; ко́нкурс на сда́чу рабо́т, ко́нкурс на сда́чу поста́вок
Ausschreibung публи́чное объявле́ние *(напр. о на́йме рабо́тников)*; ко́нкурс на замеще́ние вака́нтных должносте́й
Ausschreibung торги́; зая́вка *(на торга́х)*
beschränkte Ausschreibung торги́ с ограни́ченным число́м уча́стников
beschränkte Ausschreibung закры́тые торги́
offene Ausschreibung откры́тые торги́
öffentliche Ausschreibung публи́чные торги́
Ausschreibung von Aufträgen размеще́ние зака́зов по откры́тому ко́нкурсу

Ausschreibungsgeschäft *n* сде́лка, заключённая на основа́нии откры́того ко́нкурса

Ausschreibungsverfahren *n* систе́ма конкурсного размеще́ния зака́зов *(обы́чно, прави́тельственных)*; ко́нкурсная процеду́ра *(при размещении зака́зов)*

Ausschuss I *m* комите́т; комисси́я; колле́гия

Ausschuss für Einheiten und Formelgrößen Комите́т норм, станда́ртов и еди́ной нау́чно-техни́ческой терминоло́гии

Ausschuss für Nachfrage und Angebot (im Europäischen Wirtschaftsrat) комите́т спро́са и предложе́ния *(бывш. Европе́йского Экономи́ческого Сове́та)*

Ausschuss für wirtschaftliche Fertigung Комите́т по организа́ции и рационализа́ции промы́шленного произво́дства

Ausschuss für wirtschaftliche Verwaltung Комите́т по соверше́нствованию ме́тодов управле́ния

Ausschuss zur Förderung des deutschen Handels Комите́т соде́йствия немецкой торго́вле

Ausschuss zur Koordinierung der Politik im Ost-West-Handel Комите́т по координа́ции экспорта „стратеги́ческих" това́ров из стран НАТО, КОКОМ

Ausschuss II *m* брак; отхо́ды

öffentliche Ausschuss исправи́мый брак

äußerlich feststellbarer Ausschuss вне́шний брак *(обнару́живаемый за преде́лами предприя́тия)*

eingeschränkt verwendungsfähiger Ausschuss части́чный брак

endgültiger Ausschuss оконча́тельный брак, по́лный брак

innerlich feststellbarer Ausschuss вну́тренний брак *(обнару́живаемый внутри́ предприя́тия)*

Ausschussabrechnung *f* отчётность о бра́ке

Ausschussabrechnung учёт расхо́дов на изготовле́ние брако́ванной проду́кции *(до установле́ния фа́кта бра́ка)* и расхо́дов по устране́нию бра́ка *(напр. переде́лка, ремо́нт)*

Ausschussanteil *m* проце́нт бра́ка; уде́льный вес бра́ка

Ausschussarbeit *f* рабо́та, допуска́ющая брак

Ausschusseigenschaften *f, pl* дефе́ктность проду́кции

Ausschusserzeugnisse *n, pl* произво́дственный брак, брако́ванная проду́кция, забракованная проду́кция

Ausschussfrei без дефе́ктов; бездефе́ктный

Ausschusskosten *pl* расхо́ды, свя́занные с устране́нием бра́ка, изде́ржки, свя́занные с устране́нием бра́ка

Ausschusskosten расхо́ды по устране́нию бра́ка

Ausschussproduktion *f* произво́дственный брак, брако́ванная проду́кция, забракованная проду́кция

Ausschussprozentsatz *m* проце́нт бра́ка

Ausschussquote *f* проце́нт бра́ка; до́ля бра́ка; количество дефе́ктных изде́лий в па́ртии това́ра

Ausschusssenkung *f* сниже́ние бра́ка

Ausschussursache *f* причи́на (возникнове́ния) бра́ка

Ausschussverhütung *f* ме́ры по предупрежде́нию (произво́дственного) бра́ка

Ausschussverlust *m* убы́тки от произво́дственного бра́ка, поте́ри от произво́дственного бра́ка

Ausschussverluste *m pl* убы́тки от бра́ка, поте́ри от бра́ка

Ausschussverwertung *f* испо́льзование брако́ванной проду́кции, примене́ние брако́ванной проду́кции

Ausschussware *f* брако́ванный това́р, забрако́ванный това́р

ausschütten *vt* выпла́чивать *(дивиде́нды)*

Ausschüttung *f* вы́плата дивиде́ндов акционе́рам

Ausschüttung распределе́ние иму́щества банкро́та ме́жду кредито́рами

Außenanleihe *f* вне́шний заём

Außenbeitrag *m* ра́зница ме́жду экспортом и импортом *(в народнохозя́йственном балансе́)*

außenbetrieblich внепроизво́дственный

Außenbilanzkonto *n* забалансовый счёт

Außenbordabnahme *f* приёмка гру́за с борта́ одного́ су́дна на борт друго́го *(лихтерами, ло́дками)*

Außenbordabnahme приёмка това́ра с вне́шнего борта́ морско́го су́дна на борт друго́го су́дна, приёмка това́ра с нару́жного борта́ морско́го су́дна на борт друго́го су́дна

Außenbordanlieferung *f* доста́вка това́ра к вне́шнему борту́, доста́вка това́ра к наружному борту́

Außendienst *m* разъездна́я рабо́та *(фина́нсовых инспе́кторов)*

Außenfinanzierung *f* вне́шнее финанси́рование *(за счёт вы́пуска а́кций, облига́ций и др.)*

Außenfinanzierung финанси́рование де́ятельности предприя́тия за счёт средств, получаемых извне́

Außengeld *n* вне́шние де́ньги *(в за́мкнутой моде́ли функциони́рования того́ и́ли ино́го сектора эконо́мики - де́ньги, поступа́ющие извне́)*

Außengroßhandel *m* опто́вая вне́шняя торго́вля

Außengroßhandlung *f* предприя́тие оптовой вне́шней торго́вли

Außenhaiidelsmontagevertrag *m* догово́р о монтаже́ импортного обору́дования и оказа́нии про́чих техни́ческих услу́г

Außenhandel *m* вне́шняя торго́вля

Außenhandelsabgabepreis *m* отпускна́я цена́ внешнеторго́вых организа́ций на и́мпортные това́ры

Außenhandelsarbitrage *f* внешнеторго́вый арбитра́ж

Außenhandelsbank банк вне́шней торго́вли; внешнеторго́вый банк

Außenhandelsbetrieb *m* внешнеторго́вое предприя́тие

Außenhandelsbilanz *f* внешнеторго́вый бала́нс, бала́нс вне́шней торго́вли

Außenhandelsbilanzierung *f* баланси́рование вне́шней торго́вли

Außenhandelsdefizit *n* пасси́вное са́льдо внешнеторго́вого бала́нса, дефици́т вне́шней торго́вли

Außenhandelsdokumente *n, pl* внешнеторго́вая документа́ция, внешнеторго́вые докуме́нты

Außenhandelseffektivität *f* эффекти́вность вне́шней торго́вли, уде́льный вес дохо́да от вне́шней торго́вли в национа́льном доходе

Außenhandelsergebnis *n* результа́т де́ятельности в сфе́ре вне́шней торго́вли, ито́ги де́ятельности в сфе́ре вне́шней торго́вли

Außenhandelsexpansion *f* внешнеторго́вая экспа́нсия

Außenhandelsfinanzierung *f* финанси́рование вне́шней торго́вли

Außenhandelsfonds *m, pl* фо́нды вне́шней торго́вли

fremde Außenhandelsfonds фо́нды, предоста́вленные внешнеторго́вому предприя́тию кредитными учрежде́ниями своей страны́ и заграничными партнёрами

Außenhandelsgeschäft *n* внешнеторго́вая сде́лка; внешнеторго́вая опера́ция

Außenhandelsgesellschaft *f* внешнеторго́вая компа́ния

Außenhandelsintensität *f* сте́пень вовлече́ния национа́льного хозя́йства в проце́ссе междунаро́дного разделе́ния труда́

Außenhandelskalkulation *f* калькуля́-

ция расхо́дов, свя́занных с внешнеторго́вой опера́цией

Außenhandelskammer *f* внешнеторго́вая пала́та

Außenhandelskaufmann *m* коммерса́нт, занима́ющийся внешнеторго́выми опера́циями; специали́ст по вне́шней торго́вле

Außenhandelskaufvertrag *m* внешнеторго́вый догово́р ку́пли-прода́жи

Außenhandelskennziffern *f, pl* показа́тель вне́шней торго́вли *(напр. внешнеторго́вый товарооборо́т, това́рная структу́ра, рента́бельность)*

Außenhandelskontingente *n, pl* континге́нты вне́шней торго́вли

Außenhandelskontrolle *f* контро́ль над вне́шней торго́влей

Außenhandelslieferung *f* внешнеторго́вая поста́вка

Außenhandelsliefervertrag *m* догово́р на поста́вку това́ров, заключаемый ме́жду социалистическими стра́нами

Außenhandelslizenz *f* внешнеторго́вая лице́нзия

Außenhandelsmesse *f* междунаро́дная торго́вая я́рмарка

Außenhandelsmonopol *n* монопо́лия вне́шней торго́вли

staatliches Außenhandelsmonopol госуда́рственная монопо́лия вне́шней торго́вли

Außenhandelsmultiplikator *m* внешнеторго́вый мультиплика́тор

Außenhandelsnachrichtendienst *m* слу́жба информа́ции вне́шней торго́вли

Außenhandelsnomenklatur *f* това́рная номенклату́ра внешнеторго́вой де́ятельности, ТНВД

staatliches Außenhandelsnomenklatur еди́ная това́рная номенклату́ра вне́шней торго́вли

Außenhandelsökonomik *f* эконо́мика вне́шней торго́вли

Außenhandelsoperation *f* внешнеторго́вая опера́ция, внешнеторго́вая сде́лка

Außenhandelsorgan *n* внешнеторго́вая организа́ция

Außenhandelsorganisation *f* внешнеторго́вая организа́ция

Außenhandelsplan *m* экспортно-и́мпортный план, внешнеторго́вый план

Außenhandelsplanung *f* плани́рование вне́шней торго́вли

Außenhandelspolitik *f* внешнеторго́вая поли́тика, поли́тика в о́бласти вне́шней торго́вли

Außenhandelspreis *m* внешнеторго́вая цена́, цена́ во вне́шней торго́вле

Außenhandelspreisausgleich *m* выра́внивание цен во вне́шней торго́вле

Außenhandelspreisindex *m* инде́кс внешнеторго́вых цен

Außenhandelspreisstatistik *f* стати́стика внешнеторго́вых цен

Außenhandelsquote *f* до́ля вне́шней торго́вли в совокупном обще́ственное продукте; до́ля вне́шней торго́вли в национа́льном доходе

Außenhandelsrecht *n* внешнеторго́вое пра́во

Außenhandelsrechtsgeschäft *n* внешнеторго́вая сде́лка, внешнеторго́вая опера́ция

Außenhandelsregelung *f* ко́мплекс мер по регули́рованию вне́шней торго́вли; регули́рование вне́шней торго́вли

Außenhandelsregime *n* внешнеторго́вый режи́м

Außenhandelsrentabilität *f* рента́бельность вне́шней торго́вли

Außenhandelsrestriktionen *f, pl* ограниче́ния в о́бласти вне́шней торго́вли, внешнеторго́вые ограниче́ния

Außenhandelsrichtung *f* территориа́льная структу́ра вне́шней торго́вли

Außenhandelsrisikofonds *m* фонд внешнеторго́вого ри́ска

Außenhandelssaldo *m* са́льдо внешнеторго́вого бала́нса

Außenhandelsschiedsgericht *n* внешнеторго́вый арбитра́ж, внешнеторго́вая арбитра́жная коми́ссия

Außenhandelsspanne *f* ра́зница ме́жду це́нами вну́треннего и вне́шнего рынков

Außenhandelsstatistik *f* стати́стика вне́шней торго́вли

Außenhandelsstelle *f* внешнеторго́вая организа́ция; ве́домство по регули́рованию вне́шней торго́вли, учрежде́ние по регули́рованию вне́шней торго́вли

Außenhandelsüberschuss *m* акти́вное са́льдо внешнеторго́вого бала́нса, акти́вный внешнеторго́вый бала́нс

Außenhandelsüberwachung *f* регули́рование вне́шней торго́вли

Außenhandelsumsatz *m* внешнеторго́вый оборо́т, оборо́т вне́шней торго́вли

Außenhandelsunternehmen *n* внешнеторго́вая фи́рма; внешнеторго́вая организа́ция, внешнеторго́вое объедине́ние

Außenhandelsunternehmung *f* внешнеторго́вая фи́рма; внешнеторго́вая организа́ция, внешнеторго́вое объедине́ние

Außenhandelsverband *m* внешнеторго́вое объедине́ние

Außenhandelsverbindungen *f, pl* внешнеторго́вые свя́зи

Außenhandelsverfahren *n* режи́м вне́шней торго́вли, режи́м экспорта и и́мпорта, поря́док осуществле́ния внешнеторго́вых опера́ций

Außenhandelsverrechnungen *f, pl* внешнеторго́вые расчёты

Außenhandelsvertrag *m* внешнеторго́вый догово́р

Außenhandelsvolumen *n* объём вне́шней торго́вли

Außenhandelsware *f* внешнеторго́вый това́р, това́р, явля́ющийся предме́том вне́шней торго́вли

Außenhandelswarenverzeichnis *n* това́рная номенклату́ра вне́шней торго́вли, ТНВД

Außenhandelswerbung *f* внешнеторго́вая рекла́ма

Außenhantlelstransportmonopol *n* монопо́лия на проведе́ние тра́нспортных опера́ция во вне́шней торго́вле

Außenmarkt *m* вне́шний ры́нок

Außenmaße *n, pl* габари́ты, вне́шние разме́ры

Außenschuld *f* вне́шняя задо́лженность, вне́шний долг

Außenseiter *m* аутса́йдер *(предприя́тие и́ли фи́рма, не входя́щие в монопо́льные объедине́ния)*

Außenseiterbank *f* банк-аутса́йдер

Außenseiterbetrieb *m* предприя́тие-аутса́йдер

Außenseiterfirma *f* фи́рма-аутса́йдер

Außenstände *pl* дебито́рская задо́лженность, счёт дебито́ров

Außenstelle *f* филиа́л, отделе́ние, представи́тельство

Außentarif *m* еди́ный тамо́женный тари́ф стран тамо́женного сою́за, применя́емый при импорте из тре́тьих стран

Außenverkäuler *m* аге́нт по прода́же *(проду́кции предприя́тия, фи́рмы)*; *соц.* сотру́дник оптового торго́вого предприя́тия, заключа́ющий догово́ры с организа́циями ро́зничной торго́вли

Außenverpackung *f* вне́шняя упако́вка, нару́жная упако́вка

Außenversicherung *f* страхова́ние веще́й, находя́щихся вре́менно не в ме́сте страхова́ния, страхова́ние веще́й, находя́щихся постоя́нно не в ме́сте страхова́ния

abhängige Außenversicherung страхова́ние, при кото́ром часть застрахованных веще́й нахо́дится в ме́сте страхова́ния

Außenwerbung *f* вне́шняя рекла́ма; у́личная рекла́ма

Außenwert *m* сто́имость *(напр. валю́ты)* на междунаро́дном миро́вом ры́нке

Außenwirtschaft *f* внешнеэкономи́ческая де́ятельность

Außenwirtschaft внешнеэкономи́ческие свя́зи

außenwirtschaftlich внешнеэкономи́ческий

Außenwirtschaftsbeziehungen *f, pl* внешнеэкономи́ческие свя́зи

Außenwirtschaftspolitik *f* внешнеэкономи́ческая поли́тика

Außenwirtschaftstätigkeit *f* внешнеэкономи́ческая де́ятельность

Außenzollsatz *m* ста́вка тамо́женных по́шлин, взима́емых стра́нами тамо́женного сою́за при импо́рте из тре́тьих стран, ста́вка вне́шних тамо́женных по́шлин

Außenzolltarif *m* еди́ный тамо́женный тари́ф стран тамо́женного сою́за, применя́емый при импо́рте из тре́тьих стран

Außer-Haus-Lieferung *f* доста́вка на дом гото́вых блюд и напи́тков предприя́тием обще́ственного пита́ния

außerbetrieblich непроизводственный; вне произво́дства; вне предприя́тия; внезаводско́й

Außerbetriebsetzung *f* прекраще́ние произво́дства, прекраще́ние рабо́ты, остано́вка произво́дства, остано́вка рабо́ты; изъя́тие из эксплуата́ции; консерва́ция обору́дования; остано́вка (хо́да)

Außerdienstsetzung *f* увольне́ние, сня́тие с до́лжности

außeretatmäßig внешта́тный; сверхшта́тный

außeretatmäßig не предусмо́тренный бюдже́том, внебюдже́тный

Außerkrafttreten *n* прекраще́ние де́йствия *(зако́на, догово́ра)*

Außerkurssetzung *f* нуллифика́ция бума́жных де́нег *(аннули́рование)*

Außerkurssetzung превраще́ние це́нной бума́ги на предъяви́теля в именну́ю

Außerkurssetzung сня́тие с биржево́й котиро́вки

Außerkurssetzung сня́тие с котиро́вки; нуллифика́ция де́нежных зна́ков, аннули́рование де́нежных зна́ков, изъя́тие (де́нег) из обраще́ния; превраще́ние це́нной бума́ги на предъяви́теля в именну́ю

Außerkurssetzung der Zahlungsmittel изъя́тие де́нежных зна́ков из обраще́ния

Außerlademaßgut *n* негабари́тный груз

außerökonomisch внеэкономи́ческий

außerplanmäßig внепла́новый, не предусмо́тренный пла́ном; внешта́тный

Außerumlaufsetzung *f* изъя́тие из обраще́ния

außervertraglich внедогово́рный

aussetzen *vt* выставля́ть *(напр. для прода́жи)*

aussetzen назнача́ть, объявля́ть *(награ́ду, срок)*

aussetzen приостана́вливать; прерыва́ть

Aussetzung *f* выставле́ние *(напр. для прода́жи)*

Aussetzung назначе́ние *(напр. пе́нсии, посо́бия, вознагражде́ния)*

Aussetzung назначе́ние *(напр. вознагражде́ния)* выставле́ние *(напр. для прода́жи)*

Aussetzung приостано́вка, приостановле́ние, отсро́чка *(напр. суде́бного проце́сса)*; вре́менное прекраще́ние *(напр. рабо́ты)*; перебо́й *(напр. в рабо́те)*

Aussichten *f, pl* возмо́жности, перспекти́вы

Aussichten конъюнкту́ра; возмо́жности, перспекти́вы

Aussickern *n* проса́чивание, уте́чка

Aussiedler *m* переселе́нец

Aussiedlung *f* выселе́ние, (принуди́тельное) переселе́ние

Aussonderung *f* выделе́ние *(напр. из ко́нкурсной ма́ссы)*; выбы́тие, изъя́тие *(напр. основны́х средств)*; отбо́р, отсортиро́вка; выбрако́вка

Aussonderung ликвида́ция *(основны́х фо́ндов)*; выбы́тие *(основны́х фо́ндов)*

Aussonderungsrecht *n* пра́во на выделе́ние предме́тов из ко́нкурсной ма́ссы

aussortieren рассортиро́вывать, отбира́ть по сорта́м; выбрако́вывать

Ausspannen *n* перема́нивание

Ausspannen von Kunden перема́нивание покупа́телей

Aussperrung *f* лока́ут; увольне́ние, отстране́ние от рабо́ты

Ausstand *m* забасто́вка, ста́чка; ухо́д с рабо́ты, увольне́ние с рабо́ты

Ausstand ухо́д с рабо́ты, увольне́ние с рабо́ты

Ausständige *m f* забасто́вщик

Ausständler *m* забасто́вщик

ausstatten обору́довать, оснаща́ть *что-л. чем-л.*

ausstatten *vt* снабжа́ть, наделя́ть

Aktien mit Vorrechten ausstatten наделя́ть а́кции привиле́гиями

Ausstattung *f* обору́дование, оснаще́ние; прида́ное; вы́дел, вы́деленное иму́щество; осна́стка; армату́ра; отде́лка това́ра, оформле́ние това́ра; отде́лка това́ра, оформле́ние това́ра; снабже́ние; наделе́ние; предоставле́ние *(напр. фо́ндов)*; оснащённость

Ausstattung einer Anleihe усло́вия вы́пуска за́йма

Ausstattung mit Vollmachten *юр.* предоставле́ние полномо́чий

energetische Ausstattung энерговооружённость

mechanische Ausstattung механовооружённость

technische Ausstattung техни́ческая оснащённость

in den Ausstand treten прекраща́ть рабо́ту, объявля́ть забасто́вку

Ausstattungsarbeiten *f pl* отде́лочные рабо́ты, рабо́ты по интерье́ру, отде́лка; диза́йнерские *(отде́лочные)* рабо́ты

Ausstattungsgrad *m* у́ровень оснащённости, сте́пень оснащённости; у́ровень вооружённости, сте́пень вооружённости *(напр., энерговооружённость)*

Ausstattungskosten *pl* расхо́ды на оснаще́ние предприя́тия сре́дствами произво́дства, изде́ржки на оснаще́ние предприя́тия сре́дствами произво́дства

Ausstattungsnormative *n, pl* нормати́вы оснаще́ния предприя́тий сре́дствами произво́дства

Ausstattungsschutz *m* *юр.* охра́на торго́вой ма́рки; охра́на оформле́ния това́ра

ausstehend невнесённый; неупла́ченный

ausstellen выпи́сывать, оформля́ть, выдава́ть *(докуме́нт)*

ausstellen выставля́ть *(чек, счет, де́нежный докуме́нт)*, трасси́ровать *(ве́ксель)*; выдава́ть, выпи́сывать, оформля́ть *(докуме́нт.)*; выставля́ть, экспони́ровать *(това́ры)*; уча́ствовать в вы́ставке

Aussteller *m* выстави́тель *(чека́. счёта. де́нежного докуме́нта)*, трасса́нт; лицо́, составля́ющее докуме́нт, лицо́, выдаю́щее докуме́нт, лицо́, выпи́сывающее докуме́нт; экспоне́нт, уча́стник вы́ставки

Aussteller eines Wertpapiers выстави́тель це́нной бума́ги *(напр. векселя́, чека́, аккредити́ва)*

Ausstellung *f* выставле́ние *(аккредити́ва, чека́, счёта, де́нежного докуме́нта)*, трасси́рование (векселя́); вы́дача, вы́писка, оформле́ние докуме́нта

Ausstellung вы́ставка, экспози́ция; выставле́ние, экспони́рование

Ausstellung einer Rechnung выставле́ние счёта, выпи́сывание счёта

landwirtschaftliche Ausstellung сельскохозя́йственная вы́ставка, вы́ставка проду́кции агра́рного се́ктора *(произво́дства)*

Ausstellungsausschuss *m* вы́ставочный комите́т

Ausstellungsdatum *n* да́та вы́дачи *(векселя́ - включа́ет ме́сто, день, ме́сяц, год вы́дачи векселя́)*
Ausstellungsdatum да́та выставле́ния *(докуме́нта)*, да́та вы́дачи *(докуме́нта)*
Ausstellungsdatum да́та проведе́ния вы́ставки, да́та вы́ставки

Ausstellungsgegenstand *m* экспона́т, вы́ставочный образе́ц

Ausstellungsgelände *n* террито́рия вы́ставки, вы́ставочная террито́рия

Ausstellungsgüter *n pl* това́ры для вы́ставок, вы́ставочные экспона́ты *(мо́гут по́льзоваться привиле́гиями при транспортировке и таможенном досмотре)*

Ausstellungskosten *pl* расхо́ды по выставле́нию *(фина́нсового докуме́нта)*
Ausstellungskosten расхо́ды по уча́стию в вы́ставках; расхо́ды на организа́цию вы́ставки

Ausstellungspriorität *f* преиму́щественное пра́во уча́стника вы́ставки

Ausstellungsstand *m* стенд на вы́ставке, вы́ставочный стенд

Ausstellungsstück *n* экспона́т, вы́ставочный экспона́т

Ausstellungsversicherung *f* страхова́ние экспона́тов вы́ставки

Ausstellungswerbung *f* рекла́ма вы́ставки; рекла́мные мероприя́тия, обеспечивающие успе́х вы́ставки

Aussteuer *f* прида́ное; иму́щество, получа́емое при вы́деле *(сы́ном)*

aussteuern дава́ть прида́ное; выделя́ть иму́щество *(сы́ну)*
aussteuern снима́ть с посо́бия *(безрабо́тного)*

Aussteuerung *f* освобожде́ние от обя́занности содержа́ния *(лица́)*; сня́тие с посо́бия *(безрабо́тного и́ли нетрудоспособного)*

Aussteuerversicherung *f* страхова́ние прида́ного

Ausstoß *m* вы́пуск, произво́дство *(проду́кции)*; вы́работка; объём выпуска́емой проду́кции, объём произведённой проду́кции

ausstoßen выпуска́ть, производи́ть *(проду́кцию)*; выраба́тывать

Ausstoßleistung *f* производи́тельность *(напр. обору́дования)*

Ausstoßmenge *f* коли́чество выпуска́емой проду́кции, коли́чество вы́пущенной проду́кции; коли́чество вы́пущенных изде́лий

Ausstoßrhythmus *m* ритм вы́пуска проду́кции, ритм произво́дства, ритми́чность произво́дства

Ausstoßtermin *m* срок вы́пуска проду́кции

Austausch *m* обме́н, ме́на; заме́на
äquivalenter Austausch эквивале́нтный обме́н
nichtäquivalenter Austausch неэквивалентный обме́н
Austausch ungleicher Werte неравноце́нный обме́н
Austausch von Arbeitserfahrungen обме́н произво́дственным о́пытом
Austausch von Waren товарообме́н; ба́ртер

Austauschabkommen *n* ба́ртерное соглаше́ние, догово́р о ба́ртере

Austauschakt *m* обме́нная опера́ция

austauschbar замени́мый; заменя́емый; взаимозаменя́емый

Austauschbarkeit *f* замени́мость; взаимозаменя́емость

Austauschbedingungen *f, pl* усло́вия обме́на

austauschen обме́нивать, меня́ть; заменя́ть, сменя́ть; обме́ниваться

austauschfähig заменя́емый, взаимозаменя́емый

Austauschfähigkeit *f* заменя́емость, взаимозаменя́емость

Austauschfonds *m* обме́нный фонд

Austauschhandel *m* менова́я торго́вля; ба́ртерная торго́вля, ба́ртер; натура́льный обме́н

Austauschlieferung *f* поста́вка това́ра взаме́н предусмо́тренного догово́ром, компенсацио́нная поста́вка; ба́ртерная поста́вка, поста́вка по ба́ртеру, поста́вка на ба́ртер

Austauschrelation *f* менов́ое отноше́ние, менов́ое соотноше́ние

Austauschsphäre *f* сфе́ра обме́на

Austauschstoff *m* замени́тель; суррога́т

Austauschteile *n, pl* взаимозаменя́емые дета́ли

Austauschverfahren *n* систе́ма неме́дленного обме́на обору́дования, требу́ющего ремо́нта, на аналоги́чное, уже́ отремонтированное обору́дование

Austauschverhältnisse *n, pl* отноше́ния обме́на
Austauschverhältnisse усло́вия торго́вли *(соотноше́ние и́ндексов импортных и экспортных цен)*

Austauschvolumen *n* коли́чественный объём и́мпорта и экспорта, физи́ческий объём и́мпорта и экспорта

Austauschware *f* това́р-замени́тель

Austritt *m* вы́ход, выбы́тие *(напр. из това́рищества)*

Ausverkauf *m* распрода́жа *(това́ров)*

ausverkaufen распродава́ть; продава́ть без оста́тка

Ausverkaufspreis *m* пони́женная цена́ на иму́щество ликвидируемого предприя́тия; цена́ на иму́щество ликвидируемого предприя́тия

Ausverkaufswesen *n* систе́ма распрода́жи *(това́ров)*

auswägen взве́шивать, выве́шивать

Auswahl *f* вы́бор, ассортиме́нт
Auswahl *стат.* вы́борка; отбо́р; вы́бор
bewusste Auswahl планоме́рный отбо́р, напра́вленный отбо́р
geschichtete Auswahl *стат.* типологи́ческая вы́борка, типи́ческая вы́борка, районированная вы́борка; типологи́ческий отбо́р
gezielte Auswahl *стат.* планоме́рный отбо́р, напра́вленный отбо́р
kombinierte Auswahl *стат.* комбини́рованный отбо́р
konzentrierte Auswahl *стат.* ранжированный отбо́р
mehrstufige Auswahl многоступе́нчатый отбо́р
zufällige Auswahl *стат.* случа́йная вы́борка, со́бственно-случа́йная вы́борка

Auswahlgerät *n канц.* сортирова́льный аппара́т

Auswahlgesamtheit *f стат.* вы́борочная совоку́пность

Auswahlmethode *f стат.* вы́борочный ме́тод

Auswahloperation *f стат.* опера́ция вы́бора

Auswahlprinzip *n* при́нцип отбо́ра

Auswahlregeln *f, pl* пра́вила отбо́ра

Auswahlreihe *f стат.* вы́борочный ряд

Auswahlstufung *f* вы́борочная града́ция

Auswahlverfahren *n стат.* вы́борочный ме́тод

Auswanderer *m* эмигра́нт, экспатриа́нт; переселе́нец *(в другу́ю страну́)*

Auswanderung *f* эмигра́ция, экспатриа́ция; переселе́ние *(в другу́ю страну́)*

auswechselbar заменя́емый, сменя́емый; сме́нный

Auswechselung *f* заме́на, сме́на

Ausweichkurs *m* номина́льный курс *(це́нных бума́г)*, отклоня́ющийся от фактического

Ausweichmöglichkeiten *f pl* ины́е возмо́жности

Ausweis *m* отчёт *(ба́нка)* о состоя́нии счето́в; бала́нс
Ausweis да́нные; доказа́тельство, свиде́тельство
Ausweis *стат.* оце́нка, показа́тель оце́нки
Ausweis спра́вка, докуме́нт, удосто-

верéние ли́чности
Ausweis der Gewinne приведéние в финáнсовом отчёте официáльных дáнных о при́былях
gesonderter Ausweis *стат.* выделéние
ausweisen высылáть; выдворя́ть *(из предéлов госудáрства)*
ausweisen (документáльно) докáзывать, (документáльно) свидéтельствовать
ausweisen *стат.* отражáть
ausweisen *бухг.* покáзывать в балансé; покáзывать *(дáнные)* в отчёте; учи́тывать
ausweisen предусмáтривать *(в плáне застрóйки)*
ausweisen свидéтельствовать, *(документáльно)* докáзывать
Ausweisleser *m вчт.* устрóйство счи́тывания *(дáнных)* с докумéнтов
Ausweisung *f* вы́сылка; выдворéние *(из предéлов госудáрства)*
Ausweitung *f* расширéние; углублéние; распространéние
auswerten испóльзовать, освáивать *(напр. произвóдственный óпыт)*
auswerten определя́ть в числовóм выражéнии
auswerten оцéнивать, подводи́ть итóги; обобщáть дáнные; оцéнивать и обобщáть дáнные *(напр. статистического анáлиза)*
Auswertschablone *f* оцéночный трафарéт
Auswertung *f* испóльзование, освоéние *(напр. произвóдственного óпыта)*
Auswertung определéние в числовóм выражéнии, показáтель, коэффициéнт
Auswertung определéние *(численных, числовых)* значéний
Auswertung *стат.* оцéнка; анáлиз; подведéние итóгов, подытóживание, подсчёт; оцéнка и обобщéние дáнных *(напр. статистического анáлиза)*
Auswertung подведéние итóгов; обобщéние; анáлиз
statistische Auswertung статисти́ческий анáлиз
technische Auswertung техни́ческое испытáние
zeichnerisch-rechnerische Auswertung графоаналити́ческая обрабóтка
zeichnerische Auswertung графи́ческая обрабóтка
Auszahlung *f* вы́дача зарплáты, вы́плата зарплáты, вы́дача зáработной плáты, вы́плата зáработной плáты
Auszahlung платёж, вы́плата, расчёт; бáнковская оперáция по вы́даче дéнег
Auszählung счёт, подсчёт; подсчи́тывание; пересчитывание; отсчи́тывание
Auszahlung дéнежный перевóд *(докумéнт)*
bargeldlose Auszahlung безнали́чный платёж; безнали́чный расчёт
briefliche Auszahlung поручéние бáнка о вы́плате на слéдующий день пóсле получéния
Auszahlungskonto *n* дисбурсментский счёт
Auszahlungsmatrix *f* мáтрица платежéй, платёжная мáтрица
Auszahlungsschein *m* расхóдный óрдер с распиской в получéнии дéнег *(напр., по сберегательному вклáду)*
AuszB, Auszahlungsbuch *бухг.* кни́га платежéй
Auszeichnung *f* маркирóвка
Auszeichnung нагрáда, отли́чие; знак отли́чия, отличи́тельный знак; поощри́тельная прéмия
Auszeichnung награждéние; присуждéние *(напр. прéмии)*; поощрéние
Auszeichnung обозначéние цены́, снабжéние ценником *(товáра)*
materielle Auszeichnung материáльное поощрéние
Auszeichnungspflicht *f* обя́занность укáзывать на товáрах цены́, обязанность сопровождáть товáры цéнниками
Auszug *m* вы́писка *(из счёта)*; вы́борка, вы́писка *(напр. из бухгáлтерских книг)*; вы́дел престарéлым *(члéнам семьи́)*
Auszug вы́писка, извлечéние, вы́борка, вы́держка; фрагмéнт; конспéкт
auszugsweise *стат.* вы́борочно
Autarkie *f* автáркия, поли́тика хозя́йственного обособления
Autarkiepolitik *f* поли́тика, напрáвленная на обеспéчение автарки́и
Authentikation *f* аутентификáция, удостоверéние, провéрка и́мени пóльзователя
Authentizität *f* аутенти́чность, пóдлинность, оригинáльность, соотвéтствие оригинáлу
Authentizität пóдлинность, достовéрность, аутенти́чность *(докумéнта, пóдписи)*
authority to purchase *англ.* полномóчие на покýпку *(покýпка отечественным бáнком тратт экспортёра, при неуплате импортёром по вéкселю экспортёр отвечáет пéред бáнком)*
Auto-Kasko-Versicherung *f* страховáние автокаско, страховáние автомаши́н каско *(тóлько автотрáнспортного срéдства, а не грýза)*
Autokaskoversicherung страховáние автотрáнспорта каско, страховáние автокаско
Autokode *m* автокóд
Autokorrelation *f* автокорреля́ция
Autokorrelationskoeffizient *m* коэффициéнт автокорреля́ции
Automat *m* автомáт, автомати́ческое устрóйство; торгóвый автомáт
Automatengaststätte *f* закýсочная-автомáт, кафé-закýсочная
Automatenhandel *m* торгóвля чéрез автомáты
Automatenkomplex *m* кóмплекс торгóвых автомáтов
Automatenrestaurant *n* закýсочная-автомáт, кафé-закýсочная
Automatentheorie *f мат.* теóрия автомáтов
Automatenverkauf *m* продáжа чéрез торгóвые автомáты
Automatenverkaufsstelle *f* магази́н-автомáт
Automatenversicherung *f* страховáние содержи́мого торгóвых автомáтов *(товáра, дéнег)*; приобретéние страховóго пóлиса посрéдством автомáта
Automation *f* автоматизáция
umfassende Automation кóмплексная автоматизáция
volle Automation пóлная автоматизáция
Automatisierung *f* автоматизáция
umfassende Automatisierung кóмплексная автоматизáция
volle Automatisierung пóлная автоматизáция
Automatisierungseffekt *m* эффéкт от автоматизáции
Automatisierungsgrad *m* ýровень автоматизáции
Automatisierungskoeffizient *m* коэффициéнт автоматизáции
Automatisierungsvorhaben *n* проéкт автоматизáции, план автоматизáции; мероприя́тия по автоматизáции
Automatismus *m* автомати́зм; самотёк; автомати́ческое устрóйство
autonom автонóмный, незави́симый
Autonomie *f* автонóмия, самоуправлéние; незави́симость, самостоя́тельность; автонóмная óбласть, самоуправляемая óбласть
Autonomieprinzip *n* при́нцип автонóмии; при́нцип самоуправлéния
Autoregression *f* авторегрéссия
Autorenkontrolle *f* контрóль за освоéнием капиталовложéний, осуществля́емый проектировочными организáциями
Autorenkontrolle áвторский контрóль
Autoresponder; automatischer Beantworter автоответ́чик (телефóнный, на электрóнные письмá)
Autotest *m вчт.* автотéст, самотестиро-

вание, автоматическое тестирование *(тест, запускаемый автоматически при переводе устройства в рабочий режим)*

Autotransporter *m* автомобилевоз; ремонтно-эвакуационная машина, эвакуатор

A.u.V., Annahme und Versand приём и отправка *(груза)*

AV, Angestelltenversicherung страхование служащих

a.v., a vista по предъявлении

a.v., ad valorem с ценности, с объявленной цены

Aval *m* аваль, поручительство по векселю

Avalbürgschaft *f* аваль, поручительство по векселю

Avalgeber *m* авалист, поручитель по векселю

avalieren *vt* ручаться *(за вексель)*, авалировать

Avalist *m* авалист, поручитель по векселю

Avalkredit *m* гарантийный кредит, кредит по поручительству *(ручательство банка за своего клиента)*

Avalprovision *f* вознаграждение за аваль

Avalprovision комиссионные за аваль

Avalvermerk *m* гарантийная надпись авалиста *(на векселе)*

Avance *f* аванс, авансовая сумма

AVAVG, Arbeitsvermittlungs- und Arbeitslosenversicherungs-Gesetz закон о трудоустройстве и страховании безработных

AVB:

AVB, Allgemeine Verfrachtungsbedingungen Общие правила перевозок грузов речными судами

AVB, Allgemeine Versicherungsbedingungen Общие правила страхования

average *страх. англ.* авария *(убытки, причинённые судну и грузу)*

average *англ.* среднее качество *(о товаре)*

average *англ.* средний, обычный *(напр. о качестве)*

Averaging *n* регулярная покупка определённого числа определённых акций

Avers *m* аверс, лицевая сторона *(монеты)*

Aversalsumme *f* компенсация, возмещение; отступное; паушальная сумма, плата за партию товара без разбора

Aversionalkauf *m* оптовая покупка

Aversionalzahlung *f* оптовые платежи

avertieren извещать, авизовать, уведомлять; предупреждать

AVG, Angestellten-Versicherungs-Gesetz закон о страховании служащих

Avis *m (n)* авизо, извещение, уведомление

avisieren уведомлять, извещать, авизовать *(документ)*

Avisklausel *f* пометка на векселе относительно оповещения трассата о выставлении векселя

Aviso *n* авизо; авизовка

AVO, Ausführungsverordnung инструкция о порядке исполнения (проведения) в действие нормативного акта

ÄVO, Änderungsverordnung постановление об изменении действующего положения

AVU-Rente *f* дополнительная пенсия по нетрудоспособности

AW:

AW, Aruba Аруба

a.W., ab Werk франко-завод, с завода *(производителя)*

a.W., auf Wartegeld на временном (пенсионном) пособии

a.W., auf Widerruf до отзыва

AWF, Ausschuss für wirtschaftliche Fertigung Комитет промышленного производства

AWG, Aruba-Florin, -- Aruba Арубанский гульден (*код валюты* 533), -- Аруба

AWV:

AWV, Allgemeine Wirtschaftliche Verwaltung Управление по совершенствованию методов руководства *(торговыми и промышленными)* предприятиями

AWV, Ausschuss für wirtschaftliche Verwaltung Комитет по разработке рациональных методов управления хозяйством

AWV, Außenwirtschaftsverordnung *(устанавливаемые государством)* правила внешнеэкономической деятельности

Axiomensystem *n* система аксиом, аксиоматическая система

AZ:

AZ, Aserbaidschan Азербайджан

AZ, Ackerzahl балл бонитета почвы

Az., Aktenzeichen помета в деле, дело*(N...)*

AZ, Arbeitszeit рабочее время

Az N2 дело *N2*

a.Z., auf Zeit на срок

AZE, Arbeitszeiteinheit единица рабочего времени

AZM, Aserbaidschan-Manat, -- Aserbaidschan Азербайджанский манат (*код валюты* 031), -- Азербайджан

AZO, Allgemeine Zollordnung Таможенный устав

Azubi *m f*, **Auszubildende(r)** ученик, ученица *(на производстве)*

Azureelinien *f pl* штриховка на чеках и векселях для проставления суммы *(во избежание новых надписей вместо стёртых)*

azyklisch нециклический, ациклический, ацикличный

B:

B., Brief курс продавцов, «предложение» *(в курсовых бюллетенях)*; вексель

b, bezahlt уплачено; оплачено; все приказы выполнены *(отметка в биржевом бюллетене)*

-B, «gestrichen Brief» курс зачёркнут, так как имелись лишь предложения *(в курсовых бюллетенях)*

B-Note *f ист.* банкнота в Б-марках

B-Personal *n* персонал торгового предприятия, непосредственно не связанный с продажей товаров *(напр., складские работники)*

BA:

B.A., Betriebsamt заводоуправление

B.A., Betriebsanweisung инструкция по эксплуатации

BA, Bodenanteil земельный надел

B.A., Bankaktie банковская акция, акция банка

BAB, Betriebsabrechnungsbogen ведомость производственного учёта

Baby Bond *m* процентная облигация мелкого достоинства

Baby Bonds *m, pl* облигации мелкого достоинства; боны мелкого достоинства

Babyboom *m* резкое увеличение рождаемости; бэби-бум

Backup-Einrichtung *f* (выч.тех.) дублирующее устройство, резервное устройство

backwardation *(eng.)*; **Deport** *m* продлённая сделка; депорт *(разница между более высоким курсом кассовой сделки и более низким срочной сделки на бирже)*

Badische Anilin & Soda-Fabrik АО «Бадище анилин унд содафабрик АГ», БАСФ *(химический концерн; ФРГ)*

BAG, Bundesanstalt für den Güterverkehr Федеральное ведомство грузовых перевозок

BAG, Bundesanstalt für den Güterverkehr Федеральное управление грузовых перевозок

Bagatellbetrag *m* незначительная сумма

Bagatellklausel *f страх.* оговорка о франшизе

Bagatellschaden *m* незначительный убыток

Bagatellsteuern *f pl* низкие налоги

Bahn *f* железная дорога

Bahn путь, дорога

Bahn-Rollfuhr-Versicherungsschein

m страховóе свидéтельство на груз, перевози́мый железнодорóжным и автомоби́льным (гужевы́м) трáнспортом

Bahnabfertigung *f* документáльное оформлéние железнодорóжных отгрузок, оформлéние железнодорóжных отправок

bahnamtlich abgestempelt со штáмпом желéзной дорóги

bahnexportmäßig гóдный для перевóзки по желéзной дорóге *(напр. об упакóвке)*

Bahnfrachtgeschäft *n* оперáции по перевозкам грýзов по желéзной дорóге; сдéлка на перевóзку грýзов по желéзной дорóге

bahnfrei фрáнко-провóз по желéзной дорóге

Bahnhof *m* железнодорóжная стáнция

Bahnhofstarif *m* железнодорóжный тари́ф

bahnlagernd с хранением на стáнции *(отмéтка отправи́теля)*

bahnmäßig пригóдный для железнодорóжной транспортирóвки

Bahnsendung *f* железнодорóжная отгрýзка

Bahnsendung пáртия товáра, перевози́мая по желéзной дорóге

Bahnspediteur *m* экспеди́тор, доставля́ющий железнодорóжные грýзы автотрáнспортом

Bahntarif *m* железнодорóжный тари́ф

Bahntarifsatz *m* стáвка железнодорóжного тарифа

Bahntransport *m* железнодорóжная перевóзка

Bahnverbindung *f* железнодорóжное сообщéние

Bahnverkehrsleistung *f стат.* провозная спосóбность желéзной дорóги, пропускнáя спосóбность желéзной дорóги

Baisse *f* ни́зший ýровень биржевóго кýрса

Baisse понижéние, снижéние, падéние *(биржевы́х кýрсов, цен)*; экономи́ческий спад, экономи́ческая депрéссия

volle Baisse рéзкое падéние цен, рéзкое падéние спрóса

Baissebewegung *f* понижéние биржевóго кýрса

Baissebewegung понижéние биржевы́х кýрсов; понижáтельная тендéнция, тендéнция к понижéнию *(биржевы́х кýрсов, цен)*

Baissegruppe *f* грýппа биржевикóв, игрáющих на понижéние, кампáния биржевикóв, игрáющих на понижéние

Baisseklausel *f* в договóре кýпли-продáжи на складируемые товáры оговóрка о ценé, исчисляемой на день постáвки товáра

Baisseklausel оговóрка в чáртер-пáртии, предусмáтривающая понижéние стáвок при понижении тари́фов

Baisseklausel пункт договóра, предусмáтривающий понижéние цены́

Baisseposition *f бирж.* пози́ция *(игрá)* на понижéние

Baissespekulant *m бирж.* игрóк на понижéние, *«медвéдь»*

Baissespekulation *f бирж.* игрá на понижéние

Baissestimmung *f* понижательное настроéние (на би́рже)

Baissetendenz *f* понижáтельная тендéнция, тендéнция к понижéнию *(биржевы́х кýрсов, цен)*

Baissier *m* биржеви́к, игрáющий на понижéние, биржевóй спекуля́нт, игрáющий на понижéние, *«медвéдь»*

baissieren *фр.* пáдать *(о биржевóм кýрсе)*

balance *(eng.)*; *(selt.)* **Balance** *f* балáнс

balance sheet *(eng.)*; **Bilanz** *f*, **Jahresabschluss** *m* балáнс; годовóй балáнс

balancieren *уст.* составля́ть балáнс

Balkendiagramm *n* гистогрáмма; грáфик Ганта *(грáфик выполнéния плáна)*; диагрáмма в ви́де полóс; прямоугóльная диагрáмма; столбцовая диагрáмма

Balkengrafik *f* гистогрáмма; грáфик Ганта *(грáфик выполнéния плáна)*; диагрáмма в ви́де полóс; прямоугóльная диагрáмма; столбцовая диагрáмма

Ballen *m* тюк, ки́па; рулóн, цибик *(чáю)*

Ballung *f* сосредотóчение, концентрáция; агломерáция *(напр. городскóго и́ли промы́шленного ти́па)*

Ballung упакóвка *(товáров)*

Ballung уплотнéние *(дáнных)*

Ballungsgebiet *n* райóн высóкой плóтности населéния, óбласть высóкой плóтности населéния, райóн сосредотóчения населéния, óбласть сосредотóчения населéния

industrielles Ballungsgebiet райóн сосредотóчения промы́шленных предприя́тий и городскóго населéния

Ballungszentrum *n* центр сосредотóчения

industrielles Ballungszentrum центр райóна сосредотóчения промы́шленных предприя́тий

BALM, Bundesanstalt für landwirtschaftliche Marktordnung Федерáльное бюрó по координáции произвóдства и сбы́та сельскохозя́йственной продýкции *(в рáмках ЕЭС)*

Baltische Terminbörse *f* Балти́йская фьючерсная би́ржа

Bancomat *m* банкомáт, автомáт для вы́дачи нали́чных по пластиковым кáртам

Bancomat *m* банкомáт, автомáт для вы́дачи нали́чных с бáнковского счетá (в бáнке)

Bancomat Plus фýнкции банкомáта в разли́чных приборах, соединённых черéз порт компью́тера с бáнковским счётом клиéнта

Band *n* дорóжка

Band лéнта

Band диапазóн *(частóт)*

Band пáмять на лéнте, лéнточный накопи́тель *(напр., стриммер)*

Band, Bd. том, т.

Band бумáжная бандерóль (*на упаковках*)

auf Band на лéнте (напр. зáпись)

auf Band aufgenommene Präsentation презентация на лéнте (áудио-, ви́део-, мультимедийная презентация, напр. фи́рмы, продýкции)

auf Band aufnehmen запи́сывать на лéнту, записáть на лéнту (о фонограмме, киносъемке, видеосъёмке, зáписи дáнных и т.п.)

laufendes Band конвéйер

vom Band rollen сходи́ть с конвéйера

(j-n) **ein Banden halten** держáть (когó-л.) в рáбстве; держáть (когó-л.) в подчинéнии

Bandablage *f* архи́в на лентах; файл на лéнте, лéнточный файл; масси́в дáнных на лéнте

Bandabstimmung *f* настрóйка в полосé *(частóт)*

Bandabtaster *m* устрóйство счи́тывания с лéнты

Bandarchiv *n* видеофонотéка; архи́в на лентах (напр. дáнных, фи́льмов, аудиозáписей)

Bandbreite *f* диапазóн колебáний кýрса валю́ты в систéме с твёрдым кýрсом; предéлы колебáний валю́тного кýрса; размáх колебáний валю́тного кýрса; предéлы отклонéний валю́тного кýрса от паритéта

Bandbreite официáльная рáзница мéжду ставками; официáльная рáзница мéжду кýрсами

Bandbreite спред, двойнóй опциóн

Bandbreite предéлы налогообложéния

Bandbreite диапазóн частóт, полосá пропускáния; диапазóн рабóчих частóт; ширинá спéктра *(сигнáла)*

Banddatei *f* масси́в дáнных на лéнте; файл на лéнте, лéнточный файл

Banddiagramm *n стат.* лéнточная диагрáмма

Banddrucker *m* ле́нточный телета́йп
Banddrucker ле́нточное печа́тающее устро́йство, печа́тающее устро́йство с ленточным шрифтоносителем
Banderole *f* бандеро́ль ***(почто́вая)***
Banderole бандеро́ль (ярлы́к об упла́те по́шлины с акци́зной печа́тью)
Banderole бандеро́лька (на упако́вке де́нег - для перевязывания де́нег)
Banderolensteuer *f* бандеро́льный сбор ***(акци́зный нало́г, напр. на таба́чные изде́лия)***
Bandfabrikation *f* пото́чное произво́дство
Bandfertigung *f* конве́йерное произво́дство
Bandförderung *f* транспортиро́вка ***(гру́зов)*** с по́мощью конве́йера
Bandförderung конвейерный транспо́рт
Bandförderung продвиже́ние конве́йера
Bandgerät *n* блок магни́тной ле́нты
Bandgerät лентопротя́жный механи́зм
Bandkassette *f* кассе́та с магни́тной ле́нтой
Bandkassette (выч.) кассе́та с перфолентой
Bandkopf *m* магни́тная голо́вка; голо́вка за́писи и воспроизведе́ния на магни́тной ле́нте
Bandleseeinrichtung *f* устро́йство счи́тывания с ле́нты; устро́йство воспроизведе́ния с магни́тной ле́нты
Bandlesegerät *n* устро́йство счи́тывания с (перфо)лент
Bandleser *m* устро́йство счи́тывания с (перфо)лент
Bandproduktion *f* конве́йерное произво́дство
Bandproduktion пото́чное произво́дство
Bandprogramm *n* програ́мма на ле́нте
Bandspeicher *m* запомина́ющее устро́йство на (магни́тной) ле́нте; ле́нточный программоноситель; стриммер
Bandtransport *m* лентопротяжка, перемеще́ние ле́нты ***(напр., конве́йера)***
Bandwagon-Effekt *m* эффе́кт «стадности»
Bank *f* банк; ба́нковское учрежде́ние
Bank deutscher Länder *ист.* Банк немецких земе́ль
Bank für Handel торго́вый банк
Bank für Handel und Industrie торгово-промы́шленный банк
Bank für Internationalen Zahlungsausgleich Банк междунаро́дных расчётов, БМР
Bank mit universellem Geschäftskreis банк универсального ти́па
Banken entflechten разукрупня́ть ба́нки
auszahlende Bank банк-исполни́тель
abwickelnde Bank банк-исполни́тель
angesehene Bank соли́дный банк
anweisende Bank банк, открывший аккредити́в
ausführende Bank банк-исполни́тель
auswärtige Bank иногоро́дний банк
diskontierende Bank банк-дисконтёр; банк, учи́тывающий векселя́
E-Bank электро́нный банк
federführende Bank eines Konsortiums веду́щий банк концерна; отве́тственный банк консорциума
Internet-Bank Интерне́т-банк
kontenführende Bank обслу́живающий банк
korrespondierende Bank банк-корреспонде́нт
landwirtschaftliche Bank сельскохозя́йственный банк
öffentlich-rechtliche Bank публи́чно-правово́й банк
öffentliche Bank сме́шанный банк (с уча́стием госуда́рства)
bei der Bank в ба́нке ***(учрежде́нии)***
bei einer Bank deponieren положи́ть в банк на хране́ние, положи́ть в депози́т; положи́ть на депоне́нт, депони́ровать
die Banken entflechten разукрупня́ть ба́нки
die Bank fixt seinem Kunden die Stücke an банк бланки́рует по счёту клие́нта
Geld auf der Bank haben име́ть де́ньги в ба́нке
Geld durch eine Bank überweisen перевести́ де́ньги чере́з банк, переводи́ть де́ньги чере́з банк; сде́лать ба́нковский перево́д, де́лать ба́нковский перево́д; осуществля́ть ба́нковский перево́д, осуществи́ть ба́нковский перево́д
ein Konto bei der Bank haben име́ть счёт в ба́нке
über eine Bank чере́з банк
Bank-AG *f* акционе́рный банк
Bank-Akkreditiv *n* аккредити́в, ба́нковский аккредити́в
Bank-auf-Bank-Ziehungen *f pl* взаи́мное трассирование векселе́й ба́нками, трассирование векселе́й ба́нками друг на дру́га
Bankabrechnungsbeleg *m* расчётный ба́нковский докуме́нт; оправда́тельный докуме́нт по ба́нковским расчётам, подтвержда́ющий ба́нковский расчётный докуме́нт
Bankabrechnungsverkehr *m* систе́ма ба́нковских безнали́чных расчётов; безнали́чные расчёты, безнали́чные ба́нковские расчёты; безнали́чные опера́ции, ба́нковские безнали́чные опера́ции, безнали́чные ба́нковские опера́ции
Bankabteilung *f* отделе́ние ба́нка; филиа́л ба́нка; отде́л ба́нка; ба́нковский департа́мент ***(англи́йского ба́нка)***
Bankadresse *f* а́дрес ба́нка
Bankadresse ***(выч.тех.)*** а́дрес ба́нка па́мяти
Bankagentur *f* аге́нтство ба́нка; ба́нковское аге́нтство
Bankagio *n* ба́нковское а́жио, ба́нковский лаж
Bankakt *m* ба́нковский акт
Bankaktie *f* а́кция ба́нка, ба́нковская а́кция
Bankaktiva *pl* акти́вы ба́нка (мн.ч.), ба́нковские акти́вы (мн.ч.) ***(напр. дене́жные вкла́ды, це́нные бума́ги)***
Bankakzept *n* банк-акце́пт ***(согла́сие ба́нка акцептова́ть ве́ксель на определённую су́мму)***
Bankakzept ба́нковский акце́пт ***(переводного векселя́)***
Bankakzept акце́птный креди́т
Bankakzept банки́рский ве́ксель
Bankakzept gegen Dokumente банк-акце́пт про́тив докуме́нтов
Bankanlagen *f, pl* ба́нковские инвести́ции (мн.ч.)
Bankanleihe *f* ба́нковский заём (долгосро́чный)
Bankanleihe ба́нковская облига́ция (заёмная); заёмная ба́нковская облига́ция
Bankanleihen *f, pl* (долгосро́чные) за́ймы ба́нков
Bankanstalt *f* банк, ба́нковское учрежде́ние
Bankanteil *m* ба́нковский пай; пай в ба́нке ***(учредителя)***
Bankanteilschein *m* ба́нковская а́кция ***(учредительская)***
Bankanteilseigner *m* акционе́р ба́нка, па́йщик ба́нка
Bankanteilsschein *m* ба́нковская а́кция
Bankanweisung *f* ба́нковский перево́д
Bankanweisung аккредити́в; ба́нковский аккредити́в
Bankaufgeld *n* ба́нковское а́жио, ба́нковский лаж
Bankaufsicht *f* госуда́рственный контро́ль над ча́стными ба́нками
Bankauftrag *m* ба́нковское поруче́ние
Bankauskunft *f* информа́ция ба́нка, сведе́ния ба́нка ***(о платёжеспосо́бности клие́нтов)***
Bankausweis *m* отчёт о де́ятельности

ба́нка (эмиссионного)

Bankauszug *m* вы́писка из ба́нковского счёта

Bankaval *m* ава́ль ба́нка, ба́нковский ава́ль

Bankavis *m* ави́зо, ба́нковское ави́зо

Bankbedingungen *f, pl* усло́вия проведе́ния ба́нковских опера́ций

Bankbelege *m pl* ба́нковская документа́ция

Bankbericht *m* отчёт о де́ятельности ба́нка

Bankbericht (опублико́ванный) фина́нсовый отчёт ба́нка

Bankberichterstattung *f* ба́нковская отчётность

Bankbeteiligung *f* ба́нковские инвести́ции

Bankbetrieb *m* де́ятельность ба́нка, ба́нковская де́ятельность,

Bankbetrieb *m* опера́ции ба́нка, опера́ции по ба́нку, ба́нковские опера́ции

Bankbilanz *f* бала́нс ба́нка

Bankbruch *m* крах ба́нка, банкро́тство ба́нка, несостоя́тельность ба́нка, неплатёжеспосо́бность ба́нка

einfacher Bankbruch проста́я несостоя́тельность ба́нка; банкро́тство ба́нка

strafbarer Bankbruch зло́стное банкро́тство ба́нка; умы́шленное банкро́тство ба́нка

bankbrüchig обанкро́тившийся, несостоя́тельный

Bankbrüchige *m* банкро́т, обанкро́тившийся, несостоятельное лицо́

Bankbuchhaltung *f* ба́нковская бухгалте́рия

Bankbürgschaft *f* ба́нковская гара́нтия, ба́нковское поручи́тельство, поручи́тельство ба́нка

Bankdarlehen *n* ба́нковская ссу́да, ссу́да, предоставляемая ба́нком

Bankdebitor *m* клие́нт - должни́к ба́нка

Bankdeckung *f* ба́нковское покры́тие

Bankdepartement *n* ба́нковский департа́мент, департа́мент ба́нка, отде́л ба́лка, управле́ние ба́нка

Bankdepositum *n* депози́т, (де́нежный) вклад в банк; це́нности, сданные на хране́ние ба́нку

Bankdepot *n* депози́т; ба́нковский депози́т; депози́т в ба́нке

Bankdepot отде́л вкла́дов ба́нка

Bankdepot це́нности, сданные на хране́ние ба́нку; депози́т

Bankdepotgesetz *n* зако́н о вкла́дах

Bankdirektorium *n* правле́ние ба́нка, директора́т ба́нка

Bankdiskont *m* (ба́нковский) диско́нт, учётный ба́нковский проце́нт

Bankdiskont ски́дка, предоставляемая ба́нком

Bankdiskontsatz *m* учётная ста́вка; учётный ба́нковский проце́нт

Bankdisponent *m* дове́ренный ба́нка

Bankeinlage *f* (де́нежный) вклад в банк, депози́т

Bankeinzahlung *f* платёж в банк, взнос в банк

Bankemission *f* эми́ссия банкно́т, эми́ссия ба́нковских биле́тов, вы́пуск банкно́т, вы́пуск ба́нковских биле́тов, ба́нковская эми́ссия

Bankenabkommen *n, pl* соглаше́ния ме́жду ба́нками по техни́ческим и организационным вопро́сам

Bankenaufsicht *f* госуда́рственный контро́ль над ба́нками

Bankenberechtigung *f* правомо́чия на веде́ние ба́нковских опера́ций

Bankenclearing *n* ба́нковский кли́ринг

Bankendebitoren *m pl* ба́нки-дебито́ры

Bankenerklärung *f* ба́нковская деклара́ция

Bankenfusion *f* слия́ние ба́нков, фу́зия ба́нков

Bankengelder *n pl* сре́дства, привлечённые от други́х ба́нков

Bankengesetz *n* зако́н о ба́нках, зако́н о ба́нках и ба́нковской де́ятельности

Bankeninkasso *n* ба́нковское инка́ссо

Bankenkartell *n* ба́нковский карте́ль

Bankenkartell синдика́т ба́нков

Bankenkonsortium *n* консо́рциум ба́нков, ба́нковский консо́рциум *(создаётся с це́лью координа́ции де́йствий при проведе́нии определённых опера́ций)*

ausländisches Bankenkonsortium консо́рциум иностра́нных ба́нков

Bankenkontrolle *f* ба́нковский контро́ль, фина́нсовый контро́ль

Bankenkonzentration *f* концентра́ция ба́нков; слия́ние ба́нков

Bankenkreditoren *m pl* ба́нки-кредито́ры (мн.ч.)

Bankenkrise *f* ба́нковский кри́зис

Bankenkundschaft *f* клиенту́ра ба́нка

Bankenliquidität *f* ликви́дность ба́нка

Bankenquete *f* обсле́дование ба́нков, реви́зия де́ятельности ба́нка, ауди́т ба́нка

Bankenquetekommission *f* комисси́я по обсле́дованию ба́нков; ба́нковская котировочная комисси́я; рейтинговая ба́нковская комисси́я

Bankenstatistik *f* ба́нковская стати́стика

Bankensystem *n* ба́нковская систе́ма

Bankentag *m* ба́нковский день; операцио́нный день ба́нка

Bankenterminal *n* ба́нковский термина́л

Bankenvereinbarung *f* корреспонде́нтский догово́р *(межба́нковский догово́р, кото́рый мо́жет предусма́тривать, напр. взаи́мные поруче́ния по произво́дству и получе́нию платеже́й, согласо́ванный поря́док расчётов по ним)*

Bankerott *m* банкро́т

Bankfach *n* ба́нковское де́ло; де́ятельность ба́нков

Bankfach несгора́емый шкаф, ; несгора́емый шкаф в ба́нке; отделе́ние се́йфа; храни́лище, яче́йка *(в ба́нке)*

bankfähig принима́емый ба́нком к учёту, соли́дный *(о ве́кселе)*

Bankfähigkeit *f* приго́дность векселя́ к учёту, соли́дность векселя́

Bankfeiertag *m* нерабо́чий день в ба́нке, непрису́тственный день в ба́нке

Bankferien *pl* ба́нковские кани́кулы *(перио́д закры́тия всех ба́нков)*

Bankfiliale *f* ба́нковский филиа́л, филиа́л ба́нка, отделе́ние ба́нка; аге́нтство ба́нка

Bankfirma *f* банки́рская фи́рма, банки́рский дом, банки́рская конто́ра

Bankfonds *m, pl* ба́нковские фо́нды

Bankfusion *f* слия́ние ба́нков, фузия ба́нков, ба́нковская фузия

Bankgarantie *f* ба́нковская гара́нтия, ба́нковское поручи́тельство

Bankgeheimnis *n* ба́нковская та́йна, комме́рческая та́йна ба́нков; та́йна вкла́дов *(в ба́нке)*

Bankgeld *n* ба́нковские де́ньги

Bankgeschäft *n* ба́нковская опера́ция, ба́нковская сде́лка

Bankgeschäft ба́нковское де́ло; ба́нковская де́ятельность; банки́рский дом, банки́рская конто́ра; ча́стный банк

irreguläres Bankgeschäft необы́чная ба́нковская операция *(напр. эмиссио́нная, учредительская, биржева́я опера́ции)*

reguläres Bankgeschäft обы́чная ба́нковская опера́ция *(напр. опера́ция по учёту, ломбардная, контокоррентная)*

Bankgesetz *n ист.* зако́н о ба́нках *(в Герма́нии в 1924 г.)*

Bankgesetzgebung *f* ба́нковское законода́тельство

Bankgewerbe *n* ба́нковское де́ло

Bankgewinn *m* ба́нковская при́быль

bankgiriert с ба́нковским жи́ро, с ба́нковским индоссаментом

Bankgläubiger *m* кредито́р ба́нка

Bankguthaben *n* ба́нковские акти́вы, ба́нковские вкла́ды; депози́ты на сче-

та́х клие́нта в ба́нке
Bankhaus *n* банк; банки́рский дом, банки́рская фи́рма, банки́рская конто́ра
Bankherr *m* банки́р; владе́лец ба́нка
Bankier *m* банки́р
Bankierkapital *n* банки́рский капита́л
Bankierkredit *m* банки́рский креди́т
Bankiersgemeinschaft *f* междунаро́дное соо́бщество банки́ров
Bankinkasso *n* ба́нковское инка́ссо, платёж чере́з банк, опла́та чере́з банк, инка́ссо чере́з банк
Bankinstitut *n* банк, ба́нковское учрежде́ние
Bankkapital *n* капита́л ба́нка; ба́нковский капита́л
Bankkassierer *m* ба́нковский слу́жащий; слу́жащий ба́нка
Bankkassiererin *f* ба́нковская слу́жащая; слу́жащая ба́нка
Bankkommandite *f* банк, в кото́рый вло́жен капита́л други́х ба́нков
Bankkommandite *f* коммандитный банк ***(банк, в кото́рый вло́жен капита́л други́х ба́нков)***
Bankkompensation *f* компенсацио́нная опера́ция ба́нка, ба́нковская опера́ция по зачёту встре́чных тре́бований должника́ и кредито́ра ***(при компенсационной сде́лке)***
Bankkonditionen *f, pl* о́бщие усло́вия заключе́ния сде́лок ме́жду ба́нком и клие́нтами
Bankkonto *n* ба́нковский счёт, теку́щий счёт в ба́нке
ein Bankkonto anlegen открыва́ть счёт в ба́нке
Bankkontokorrent *n* ба́нковский контокоррент, контокоррентный ба́нковский счёт
Bankkontor *n* банки́рская конто́ра
Bankkontrolle *f* ба́нковский контро́ль, фина́нсовый контро́ль
Bankkorrespondent *m* корреспонде́нт ба́нка
Bankkrach *m* крах ба́нка; банкро́тство ба́нка; ба́нковский крах
Bankkredit *m* ба́нковский креди́т; ба́нковская ссу́да
Bankkreditierung *f* ба́нковское кредитова́ние
Bankkreditvertrag *m* догово́р о предоставле́нии ба́нковской ссу́ды, ба́нковский креди́тный догово́р, креди́тный догово́р ба́нка
Bankkreise *m, pl* ба́нковские круги́, фина́нсовые круги́
Bankkunde I *m* клие́нт ба́нка
Bankkunde II *f* уче́ние о ба́нках, ба́нковское де́ло ***(предме́т изуче́ния)***
Bankkundschaft *f* клиенту́ра ба́нка
Bankkuratorium *n* попечи́тельский сове́т ба́нка
Bankleitzahl *f*; **BLZ** ба́нковский индекс; индекс ба́нка; ба́нковский код
Bankliquidität *f* ликвидное положе́ние ба́нков
Bankliquidität ликви́дность ба́нка, платёжеспосо́бность ба́нка
echte Bankliquidität по́длинная ликви́дность ба́нков, настоя́щая ликви́дность ба́нков
geborgte Bankliquidität заимообразная ликви́дность ба́нков
bankmäßig ба́нковский; принима́емый ба́нком к учёту ***(о ве́кселе)***; чере́з банк
Bankmonopol *n* ба́нковская монопо́лия
Banknebenstelle *f* филиа́л ба́нка, отделе́ние ба́нка
Bankniederlassung *f* филиа́л ба́нка, отделе́ние ба́нка
Banknote *f* ба́нковский биле́т, банкно́та; креди́тный биле́т; де́нежный знак, *см.тж.* **Banknoten** *pl*
einlösbare Banknote разме́нная банкно́та
inkonvertible Banknote неконверти́руемая банкно́та
konvertible Banknote конверти́руемая банкно́та
nicht einlosbare Banknote неразменная банкно́та; неразмениваемая банкно́та
ungedeckte Banknote банкно́та, не име́ющая золото́го покры́тия; банкно́та без золото́го обеспе́чения
Banknoten *f, pl* ба́нковские биле́ты; банкно́ты; бума́жные де́нежные зна́ки, бума́жные де́ньги; креди́тные биле́ты, *см.тж.* **Banknote** *f*
Banknoten aufrufen изыма́ть банкно́ты из обраще́ния
Banknoten aus dem Verkehr ziehen изыма́ть банкно́ты из обраще́ния
Banknoten ausgeben выпуска́ть банкно́ты, производи́ть эмиссию банкно́т
Banknoten einziehen изыма́ть банкно́ты из обраще́ния
umlaufende Banknoten банкно́ты, находя́щиеся в обраще́нии; находя́щиеся в обраще́нии банкно́ты
Banknoten-Vorratsfonds *m, pl* резе́рвный фонд ба́нковских биле́тов, запасно́й фонд ба́нковских биле́тов
Banknotenausgabe *f* эми́ссия банкно́т, эми́ссия ба́нковских биле́тов, вы́пуск банкно́т, вы́пуск ба́нковских биле́тов, банкно́тная эми́ссия
Banknotenbündel *n* па́чка банкно́т; упако́вка банкно́т
Banknotenemission *f* эми́ссия банкно́т, эми́ссия ба́нковских биле́тов, вы́пуск банкно́т, вы́пуск ба́нковских биле́тов, банкно́тная эми́ссия
Banknotenkurs *m* биржево́й курс банкно́т
Banknotenprivileg *n* привиле́гия на эмиссию банкно́т
Banknotenprivilegium *n* привиле́гия на эмиссию банкно́т
Banknotenregal *n* пра́во госуда́рства на вы́пуск бума́жных де́нег
Banknotensteuer *f* нало́г на вы́пуск банкно́т ***(превыша́ющий континге́нт)***
Banknotenumlauf *m* обраще́ние банкно́т; су́мма банкно́т, находя́щихся в обраще́нии
Banknotenzähler *m* счётчик ба́нковских биле́тов
Banknotenzirkulation *f* обраще́ние банкно́т
Banko *n* ба́нковский биле́т, банкно́та; валю́та, принима́емая ба́нком
Bankobligation *f* заёмная облига́ция ба́нка
Bankobligationen *f, pl* (заёмные) облига́ции ба́нка
Bankokonto *m* че́ковая кни́жка
Bankokratie *f* банкокра́тия, ба́нковские круги́; де́нежная аристокра́тия
Bankonote *f* банкно́та; де́нежная купю́ра
Bankoperation *f* ба́нковская опера́ция
Bankorder *f* ба́нковское поруче́ние
Bankordnung *f* уста́в ба́нка, стату́т ба́нка
Bankpapier *n* ба́нковские бума́ги
Bankpapiergeld *n* бума́жные де́ньги
Bankpassiva *pl* пассивы ба́нка, ба́нковские пассивы ***(напр. долги́, обяза́тельства)***
Bankplatz *m* населённый пункт с отделе́нием (центра́льного) ба́нка
Bankpolitik *f* ба́нковская поли́тика
Bankprivileg *n* привиле́гия на веде́ние ба́нковских опера́ций; привиле́гия на эмиссию банкно́т
Bankprivilegium *n* привиле́гия на веде́ние ба́нковских опера́ций; привиле́гия на эмиссию банкно́т
Bankprofit *m* ба́нковская при́быль
Bankprokura *f* дове́ренность, выдава́емая ба́нком; прокура, ба́нковская прокура
Bankprovision банки́рская прови́зия, комиссио́нные (де́ньги) за осуществле́ние ба́нковских опера́ций; вознагражде́ние за услу́ги, ока́зываемые ба́нком; ба́нковские комиссио́нные, комиссио́нные ба́нка

Bankprüfung *f* реви́зия ба́нков и креди́тных учрежде́ний, ауди́т ба́нка

Bankrate *f* официа́льная ста́вка учётного проце́нта *(устана́вливаемая центра́льным эмиссио́нным ба́нком)*

Bankrechnen *n* ба́нковские расчёты; поря́док ба́нковских расчётов

Bankrechnung *f* ба́нковский счёт

Bankregal *n* де́нежная (госуда́рственная) рега́лия *(пра́во госуда́рства на вы́пуск де́нег)*
Bankregal пра́во центра́льного ба́нка на вы́пуск де́нег

Bankregel *f*, **goldene** золото́е пра́вило (ба́нковской ликви́дности) *(заключа́ющееся в подде́ржании определённого равнове́сия ме́жду ба́нковскими пасси́вами и акти́вами)*

Bankrembours *m* ба́нковский рамбурс

Bankrennen *n* ма́ссовый наплы́в вкла́дчиков ба́нка, тре́бующих возвраще́ния вкла́да *(в пери́од экономи́ческих затрудне́ний)*; наплы́в вкла́дчиков ба́нка, тре́бующих возвраще́ния вкла́дов

Bankreserve *f* ба́нковский резе́рв, ба́нковский запа́с, резе́рвный капита́л ба́нка

Bankreservoir *n фр. уст.* ба́нковский резе́рв, ба́нковский запа́с, резе́рвный капита́л ба́нка

Bankrestriktion *f* рестрикцио́нная ба́нковская поли́тика, ограничи́тельная ба́нковская поли́тика
Bankrestriktion *ист.* рестрикцио́нный акт

Bankring *m* объедине́ние ба́нков *(напр. ринг, карте́ль, конце́рн, синдика́т)*

Bankrott *m* банкро́тство, неплатёжеспосо́бность, несостоя́тельность
bewusst herbeigeführter Bankrott преднаме́ренное банкро́тство
böswilliger Bankrott зло́стное банкро́тство
einfacher Bankrott просто́е банкро́тство
offener Bankrott я́вное банкро́тство
politischer Bankrott полити́ческое банкро́тство
strafbarer Bankrott наказу́емое банкро́тство; зло́стное банкро́тство; преднаме́ренное банкро́тство
an dem Bankrott beteiligt sein находи́ться в числе́ потерпе́вших банкро́тство
den Bankrott anmelden объяви́ть себя́ банкро́том
den Bankrott ansagen объяви́ть себя́ банкро́том
den Bankrott erklären объяви́ть себя́ банкро́том

bankrott обанкро́тившийся, неплатёжеспосо́бный, несостоя́тельный
bankrott gehen обанкро́титься
bankrott machen обанкро́титься
bankrott sein обанкро́титься
bankrott werden обанкро́титься
sich bankrott erklären объяви́ть себя́ банкро́том
sich für bankrott erklären объяви́ть себя́ банкро́том

Bankrotterklärung *f* объявле́ние о банкро́тстве

Bankrotteur *m* банкро́т, обанкро́тившийся, несостоятельное лицо́

bankrottieren *vi* обанкро́титься

Bankrottierer *m* банкро́т, обанкро́тившийся, несостоятельное лицо́

Bankrücklagen *f pl* ба́нковский резе́рвный фонд *(ча́ще всего́ создаётся из при́были)*

Banksammelrechnung *f* ба́нковский сво́дный счёт, сумма́рный расчёт ба́нковских за́писей

Banksammelverrechnung *f* ба́нковский сво́дный счёт, сумма́рный расчёт ба́нковских за́писей

Banksatz *m* учётный ба́нковский проце́нт, учётная ста́вка

Bankscheck *m* ба́нковский чек *(выставля́ется одни́м ба́нком друго́му)*

Bankschein *m* ба́нковский креди́тный биле́т

Bankschuld *f* долг ба́нку, задо́лженность ба́нку; долг ба́нка, задо́лженность ба́нка

Bankschuldenkonto *n* счёт задо́лженности ба́нка

Bankschuldverschreibungen *f pl* ба́нковские облига́ции

Bankserver *m* ба́нковский сервер; сервер ба́нка
die Verbindung zum Bankserver wurde automatisch getrennt связь с ба́нковским сервером была́ пре́рвана автомати́чески

Bankstatus *m* состоя́ние счето́в ба́нка

Bankstatut *n* уста́в ба́нка

Bankstelle *f* отделе́ние ба́нка; банк *(как учрежде́ние)*, ба́нковское учрежде́ние

Bankstellennetz *n* сеть отделе́ний ба́нка

Banksteuer *f* нало́г на вы́пуск банкно́т *(сверх необлагаемого контингента)*; нало́г на ба́нковские опера́ции

Banktage *m, pl* грацио́нные дни *(льго́тный срок для опла́ты вексе́лей и́ли страховы́х сумм)*

Banktechnik *f* те́хника ба́нковского дела́, те́хника ба́нковских опера́ций

banktechnisch при́нятый в ба́нковской те́хнике, при́нятый в те́хнике ба́нковских опера́ций

Banktransaktion *f* ба́нковская опера́ция; ба́нковская сде́лка

Banktratte *f* ба́нковская тра́тта *(переводно́й ве́ксель)*

Banküberweisung *f* ба́нковский перево́д де́нег, ба́нковское перечисле́ние де́нег; безнали́чный платёж; опла́та ба́нковским перечисле́нием

Banküberweisungsformular *n* бланк ба́нковского перево́да; бланк платёжного поруче́ния; платёжное поруче́ние; *разг.* платёжка

Bankumlauf *m* обраще́ние ба́нковских платёжных средств; обраще́ние банкно́т; су́мма банкно́т, находя́щихся в обраще́нии

Bankumsatz *m* оборо́т ба́нка

Bankunternehmen *n* ба́нковское учрежде́ние; банки́рское заведе́ние

Bankvaluta *f* ба́нковские креди́тные сре́дства расчёта

Bankverbindung *f* клиенту́ра ба́нка
Bankverbindung корреспонде́нт ба́нка
Bankverbindung ба́нковские реквизиты (клие́нта для опла́ты)

Bankverein *m* объедине́ние ба́нков, ба́нковское объедине́ние

Bankvereinigung *f* объедине́ние ба́нков

Bankverkehr *m* ба́нковские опера́ции, опера́ции ба́нка
Bankverkehr де́ятельность ба́нка

Bankvermögen *n* иму́щество ба́нка; капита́л ба́нка, ба́нковский капита́л

Bankverpflichtung *f* обяза́тельство ба́нка
Bankverpflichtung обяза́тельство пе́ред ба́нком, ба́нковское обяза́тельство
eine Bankverpflichtung abstoßen погаси́ть задо́лженность ба́нку

Bankverrechnungskonto *n* расчётный счёт в ба́нке

Bankvertreter *m* аге́нт ба́нка

Bankvorschuss *m* ба́нковский ава́нс

Bankwährung *f* ба́нковские креди́тные сре́дства расчёта

Bankwechsel *m* ба́нковская тра́тта
Bankwechsel ве́ксель с жироакцептом ба́нка, первокла́ссный ве́ксель

Bankwelt *f* фина́нсовый мир; банки́ры, финансисты

Bankwerte *m, pl* це́нные бума́ги ба́нка, ба́нковские це́нные бума́ги

Bankwesen *n* ба́нковское де́ло; де́ятельность ба́нков

Bankzettel *m* банкно́та

Bankziehung *f* ба́нковская тра́тта
Bankziehung *f* выставле́ние ба́нковской тра́тты

Bankzins *m* ба́нковский проце́нт

Bankzinsfuß *m* проце́нтная ста́вка ба́нка, проце́нтная ста́вка ба́нковского креди́та, ста́вка ссу́дного проце́нта ба́нка

Bankzusammenbruch *m* банкро́тство ба́нка, крах ба́нка

Bannbruch *m* прово́з контраба́ндного това́ра; контраба́нда *(де́йствие)*

Banner *n* ба́ннер (в **Internet**)

Banner-Kampagne *f* ба́ннерная камп́а́ния; кампа́ния по ба́ннерной рекла́ме

Bannerwerbung *f* рекла́ма при по́мощи ба́ннеров; ба́ннерная рекла́ма

Banngut *f* контраба́ндный това́р; контраба́нда

Bannware *f* контраба́ндный това́р

banque d'affaires *фр.* делово́й банк *(во Фра́нции)*

BAnz., Bundesanzeiger *наименова́ние официа́льного периоди́ческого изда́ния, публикующего ука́зы и зако́ны прави́тельства ФРГ*

BAO, Berliner Absatz-Organisation *истор.* Западноберлинская сбытова́я организа́ция *(вне́шней и вну́тренней торго́вли)*

bar нали́чный *(напр. о деньга́х)*

gegen bar за нали́чный расчёт, нали́чными

in bar zahlen плати́ть нали́чными

Bär *m* медве́дь, биржеви́к, игра́ющий на пониже́ние; биржево́й спекуля́нт на пониже́ние

Barabhebung *f* изъя́тие нали́чных средств *(из ба́нка)*

Barabschluss *m* сде́лка за нали́чные; сде́лка за нали́чный расчёт, сде́лка на нали́чные, ка́ссовая сде́лка

Barakkreditiv *n* де́нежный аккредити́в

Barakkreditiv *n* чи́стый аккредити́в

Baranschaffung *f* приобрете́ние за нали́чные, приобрете́ние за нали́чный расчёт, поку́пка за нали́чные, поку́пка за нали́чный расчёт

Barartikel *m* нали́чный това́р; това́р, име́ющийся в нали́чии

Baratt *m* ба́ртер, прямо́й товарообме́н

Baratterie *f* баратерия, бара́трия *(преднамеренные де́йствия капита́на и́ли кома́нды су́дна, име́ющие це́лью причине́ние уще́рба судовладе́льцу и́ли грузовладе́льцу)*; обма́н, фальсифика́ция това́ров *(в морско́й торго́вле)*

Baratteur *m* лицо́, пови́нное в баратерии; фальсифика́тор това́ров *(в морско́й торго́вле)*

Baratthandel *m* ба́ртерная торго́вля

barattieren проводи́ть ба́ртерную сде́лку, меня́ть това́ры на това́ры

Barattogeschäft *n* ба́ртерная торго́вля, ба́ртерная сде́лка

Barausgang *m* вы́вод нали́чной су́ммы *(напр., из-под налогообложе́ния)*

Barausgang вы́плата нали́чными

Barauslagen *f pl* затра́ты, покрываемые нали́чными деньга́ми

Barauslagen затра́ты нали́чных де́нег

Barauszahlung *f* нали́чный платёж, платёж нали́чными, вы́плата нали́чными

Barbesitz *m* ка́ссовая нали́чность, де́нежная нали́чность

Barbestand *m* ка́ссовая нали́чность, де́нежная нали́чность

Barbetrag *m* нали́чная су́мма

Barbezug ab Bankkonto сня́тие нали́чных с ба́нковского счёта

Barcode *m* штрихово́й код; штрих-код

Barcodeleser *m* счи́тыватель штрихового ко́да

Bardarlehen *n* ссу́да нали́чными

Bardeckung *f* обеспе́чение нали́чными, покры́тие нали́чными

Bardeckung обеспе́чение нали́чными сре́дствами

Bardeckung der Banknoten (золото́е) обеспе́чение ба́нковских биле́тов

Bardepot *n* депози́т в фо́рме нали́чных де́нег; депони́рование *(замора́живание)* ча́сти де́нежной су́ммы *(креди́та)*

Bardepotpflicht *f* обяза́тельное депони́рование креди́тов, полу́ченных из-за грани́цы

Bardepotsatz *m* проце́нтная ста́вка по нали́чным вкла́дам

bare-boat-charter *англ.* ча́ртер-па́ртия на наём су́дна без экипа́жа

Bareinkommen *n* де́нежный дохо́д

Bareinlage *f* вклад нали́чными; де́нежный вклад

Bareinzahlung *f* платеж нали́чными, опла́та нали́чными

barème *фр.* грузово́й железнодоро́жный тари́ф, содержа́щий классифика́цию и индексацию перевозимого гру́за

Barfrankierung *f* опла́та (ма́ссовых) почто́вых отправле́ний нали́чными *(без почто́вых ма́рок)*

bargain *англ.* случа́йная поку́пка, поку́пка по слу́чаю

Bargeld *n* ка́ссовая нали́чность, *разг.* ка́сса

Bargeld нали́чные, нали́чные де́ньги, нали́чность, нали́чные сре́дства; де́нежная нали́чность; *разг.* нали́чка, *разг.* нал

Bargeldanforderung *f* зая́вка на нали́чные де́ньги *(напр. для вы́платы за́работной пла́ты)*

Bargeldausgaben *f, pl* затра́ты нали́чных средств

Bargeldauszahlung *f* вы́плата нали́чными

Bargeldauszahlung ка́ссовый оборо́т по расхо́ду

Bargeldauszahlungsüberschuss *m* превыше́ние расхо́дов нали́чных средств над поступлениями, превыше́ние расхо́дов нали́чных средств над прихо́дом

Bargeldbedarf *m* потре́бность в нали́чных сре́дствах

Bargeldbesitz *m* ка́ссовая нали́чность, де́нежная нали́чность, оста́ток нали́чных средств

Bargeldbestand *m* ка́ссовая нали́чность, де́нежная нали́чность, оста́ток нали́чных средств

Bargeldbewegungskonto *n* счёт движе́ния нали́чных средств

Bargeldbewegungskonto счёт оборо́та нали́чных средств

Bargeldeingänge *m, pl* поступле́ния нали́чных средств

Bargeldeinnahmen und -ausgaben *f, pl* ка́ссовый оборо́т, оборо́т по кассе, прихо́д и расхо́д по кассе

Bargeldeinzahlungsüberschuss *m* превыше́ние поступле́ний нали́чных средств над расхо́дами

Bargeldemission *f* вы́пуск де́нег, эми́ссия де́нег

Bargeldhortung *f* оседа́ние де́нег *(у населе́ния)*

Bargeldinkasso *n* инкасса́ция нали́чных де́нег

Bargeldkontrolle *f* контро́ль за вы́пуском и обраще́нием де́нег

Bargeldlimit *n* лими́т нали́чных средств, лими́т кассовой нали́чности

bargeldlos безнали́чный

Bargeldreserve *f* резе́рв нали́чных средств, запа́с нали́чных средств

Bargeldstreuungsplan *m* платёжный календа́рь, календа́рь платеже́й, календа́рь вы́плат

Bargeldstrom *m* пото́к нали́чных средств, пото́к нали́чности

Bargeldüberweisung *f* перево́д нали́чных де́нег

Bargeldumlauf *m* де́нежное обраще́ние; обраще́ние нали́чных средств, нали́чное обраще́ние

Bargeldumsatz *m* ка́ссовый оборо́т, оборо́т по кассе, оборо́т средств по кассе; оборо́т нали́чных средств

Bargeldumsatzplan *m* план ка́ссового оборо́та; ка́ссовый план; план оборо́та нали́чных средств,

Bargeldumsatzregulierung *f* регули́рование обраще́ния нали́чных средств
Bargeldverkehr *m* де́нежное обраще́ние; обраще́ние нали́чных средств, нали́чное обраще́ние
Bargeldvermögen *n* де́нежная нали́чность
Bargeldvolumen *n* ма́сса де́нег, де́нежная ма́сса
Bargeldzirkulation *f* обраще́ние де́нег
Bargeschäft *n* сде́лка за нали́чные; сде́лка за нали́чный расчёт, сде́лка на нали́чные, ка́ссовая сде́лка
Bargründung *f* основа́ние акционе́рного о́бщества на ба́зе де́нежных вкла́дов учредителей
Barguthaben *n* вклад нали́чными
Barguthaben чи́стый оста́ток вкла́да
Barinkasso *n* инкасса́ция нали́чных де́нег
Barkauf *m* ку́пля за нали́чные, ку́пля за нали́чный расчёт, поку́пка за нали́чные, поку́пка за нали́чный расчёт
Barkaution *f* зало́г нали́чными
Bärkonjunktur *f* ры́нок медве́дей, конъюнкту́ра понижения ку́рсов а́кций ***(на би́рже, ры́нке)***
Barkredit *m* креди́т нали́чными
Barleistung *f* нали́чный расчёт
Barleistung платёж нали́чными, пла́та нали́чными, упла́та нали́чными, нали́чный платёж
kurzfristige Barleistung der Sozialversicherung кратковре́менное де́нежное посо́бие из фо́нда социа́льного страхова́ния
Barlohn *m* часть натура́льной за́работной пла́ты, выпла́чиваемая нали́чными
Barmittel *n, pl* ка́ссовые ресу́рсы (ба́нков); нали́чные сре́дства
Barnachfrage *f* спрос на това́ры, оплачиваемые покупа́телями нали́чными
Barpreis *m* цена́ на това́ры, приобретаемые за нали́чные; цена́ на услу́ги, предоставля́емые за нали́чные
Barrel *n* ба́ррель ***(158,988 ли́тра)***
Barren *n* сли́ток
Barrengeld *n* де́ньги в фо́рме сли́тков ***(благоро́дных мета́ллов)***
Barrengold *n* зо́лото в сли́тках
Barrenzahlung *f* платёж слитками (зо́лота)
Barreserve *f* нали́чный де́нежный резе́рв, резе́рв нали́чных средств, запа́с нали́чных средств
Barschaft *f* су́мма нали́чных де́нег у определённого лица́
Barschatz *m* нали́чный де́нежный резе́рв, резе́рв нали́чных средств, запа́с нали́чных средств
Barscheck *m* ка́ссовый чек, откры́тый чек, некроссированный чек
Barscheck чек на опла́ту нали́чными
Barsendung *f* перево́д нали́чных де́нег
Barstempel *m* почто́вый ште́мпель ***(для отправле́ний, оплачиваемых нали́чными)***
barter *англ.* ба́ртерная сде́лка, ба́ртер, компенсацио́нная сде́лка
Barterabkommen *n* ба́ртерное соглаше́ние
Bartergeschäft *n* ба́ртерная сде́лка, ба́ртерная опера́ция; товарообме́нная опера́ция
Barterhandel *m* ба́ртерная торго́вля, прямо́й товарообме́н, ба́ртер
Barüberschüsse *m, pl* изли́шки кассовой нали́чности
Barvergütung *f* возмеще́ние нали́чными, компенса́ция нали́чными
Barverkauf *m* прода́жа за нали́чные, прода́жа за нали́чный расчёт
Barvermögen *n* де́нежная нали́чность
Barvorrat *m* нали́чный де́нежный резе́рв, резе́рв нали́чных средств, запа́с нали́чных средств
Barvorschuss *m* ава́нс нали́чными, зада́ток нали́чными; ссу́да нали́чными
Barwert *m* факти́ческая сто́имость; факти́ческий разме́р ***(бу́дущих поступле́ний, платеже́й и т.п., «*чи́стые*»*** дохо́ды за вы́четом изде́ржек по привлече́нию капита́ла)
Barzahlung *f* платёж нали́чными, нали́чный платёж
Barzahlungsgeschäft *n* сде́лка за нали́чные
Barzahlungsnachlass *m* ски́дка за платёж нали́чными
Barzahlungsrabatt *m* ски́дка за платёж нали́чными
Basar *m* ры́нок; база́р ***(восто́чный)***; торго́вая у́лица; база́р ***(ры́нок сельхозпродукции в СНГ)***; пасса́ж; база́р ***(благотвори́тельный)***, распрода́жа ***(с благотвори́тельной це́лью)***
BASF, Badische Anilin & Soda-Fabrik AG БАСФ, «Бадише анили́н унд сода-фабрик АГ» ***(хими́ческий конце́рн)***
BASIC *англ.* БЕ́ЙСИК, язы́к программи́рования
basieren:
basieren *vt (auf D)* осно́вывать, бази́ровать ***(на чем-л.)***
basieren *vi (auf D)* осно́вываться, бази́роваться ***(на чем-л.)***
Basis *f* ба́зис, ба́за, основа́ние, осно́ва; *стат.* ба́зисный перио́д; *бирж.* ба́зисный курс; *мат.* ба́зис
Basis und Überbau ба́зис и надстро́йка
eigene wirtschaftliche Basis хозя́йственный расчёт
materielltechnische Basis материа́льно-техни́ческая ба́за
ökonomische Basis экономи́ческий ба́зис
Basis-Computer ба́зовый компью́тер, основно́й компью́тер
Basiseinheit *f* основна́я едини́ца измере́ния
Basisfrachtrate *f* основна́я фрахто́вая ста́вка, ба́зовая ста́вка за фрахт
Basisgruppe *f стат.* низова́я гру́ппа ***(состоя́щая из рабо́чих, профсою́зных функционеров и студе́нтов)***
Basishafen *m* основно́й порт, основна́я га́вань
Basisjahr *n стат.* ба́зисный год, ба́зовый год, исхо́дный год
Basiskosten *pl стат.* расхо́ды ба́зисного пери́ода
Basisladung *f* основно́й груз
Basislösung *f* ба́зисное реше́ние
zulässige Basislösung допусти́мое ба́зисное реше́ние
Basisperiode *f стат.* ба́зисный перио́д, исхо́дный перио́д
Basispreis *m* ба́зисная цена́
Basisprodukte *pl* ба́зовые проду́кты (мн.ч.)
Basisrate *f* основна́я фрахто́вая ста́вка, ба́зовая ста́вка за фрахт
Basisrechenmaschine *f* ба́зовая вычисли́тельная маши́на, БВМ
Basissatz *m* основна́я ста́вка
Basisselbstkosten *pl* ба́зисная себесто́имость ***(себесто́имость про́шлого пери́ода, взя́тая за осно́ву расчёта)***
Basisvariable *f* ба́зисная переме́нная
Basisvektor *m мат.* ба́зисный ве́ктор, ве́ктор ба́зиса
Basiswert *m* ба́зисная величина́, ба́зисное значе́ние
Basiszahl *f стат.* ба́зисное число́
Basiszahl *f* основа́ние ***(систе́мы счисле́ния)***
Basiszeitraum *m* ба́зисный перио́д
Basiszinssatz *m* ба́зовая проце́нтная ста́вка
basquet of goods *англ.* бюдже́тный набо́р
Bastardwechsel *m* бро́нзовый ве́ксель
Bau *m* строи́тельство; стро́йка, строи́тельные рабо́ты ***(де́йствие)***; строи́тельство, стро́йка ***(объе́кт)***; постро́йка, строе́ние, сооруже́ние; возде́лывание ***(поля́)***; добы́ча ***(поле́зных ископа́емых)***
Bau von Eigenheimen индивидуа́ль-

ное жили́щное строи́тельство
gesellschaftlicher Bau обще́ственное сооруже́ние
der **Bau von Getreide** сев зерновы́х культу́р
einen **Bau stilllegen** законсерви́ровать строи́тельство
im Bau sein стро́иться, воздвига́ться
im Bau stehen стро́иться, воздвига́ться

Bau- und Ausrüstungskapazitäten *f pl* мо́щности строи́тельных и монтажных организа́ций

Bau- und Betriebsordnung *f* пра́вила постро́йки и техни́ческой эксплуата́ции

Bau- und Montagearbeiten *f pl* строительно-монта́жные рабо́ты

Bau- und Montageplan *m* план строительно-монтажных рабо́т

Bauabgabe *f* нало́г на постро́йки

Bauablaufplan *m* план строительно-монтажных рабо́т; гра́фик строи́тельства

Bauabnahme *f* сда́ча-приёмка строительного объе́кта

Bauabschnitt *m* строи́тельный уча́сток; о́чередь строи́тельства

Bauamt *n* администрати́вный орга́н по надзо́ру за строи́тельством

Bauanlage *f* о́бщий план постро́йки; расположе́ние постро́йки

Bauaufsicht *f* строи́тельный надзо́р

Bauauftragnehmer *m* строи́тельный подря́дчик

Bauaufwand *m* затра́ты на строи́тельство

Bauausführende *m* производи́тель строи́тельных рабо́т, прора́б

Bauausführungsvertrag *m* подря́дный догово́р на строи́тельство

Baubank *f* банк, финанси́рующий строи́тельство
Baubank строи́тельный банк, стройбанк

Baubedarfsträger *m, pl* (госуда́рственные) хозя́йственные организа́ции и лица́, нужда́ющиеся в строи́тельстве и ремо́нте постро́ек и сооруже́ний

Baubehörde *f* администрати́вный орга́н по надзо́ру за строи́тельством

Baubestimmungen *f, pl* постановле́ния и распоряже́ния, регламентирующие поря́док проведе́ния строи́тельных рабо́т

Baubetrieb *m* строи́тельная организа́ция

Baubilanz *f* строи́тельный бала́нс

Bauchladenverkäufer *m* торго́вец вразно́с, лото́чник

Baud *n фр.* бод *(едини́ца измере́ния ско́рости переда́чи информа́ции)*

Baudarlehen *n* ссу́да на строи́тельство

Baudispens *m* разреше́ние на застро́йку уча́стка

Baueinheit *f* строи́тельный блок, стройблок; станда́ртный блок, унифицированный блок, типово́й блок, мо́дуль

Baueinrichtungen *f pl* строи́тельное обору́дование

Bauelement *n* конструкти́вный элеме́нт, элеме́нт констру́кции; элеме́нт схе́мы
Bauelement элемента́рная яче́йка, элемента́рная схе́ма; мо́дуль, станда́ртная яче́йка

Bauer *m* крестья́нин
dicker Bauer зажи́точный крестья́нин; бога́тый крестья́нин
gespannloser Bauer безлоша́дный крестья́нин
großer Bauer (ист.) кула́к
landarmer Bauer безземе́льный крестья́нин

Bauerlaubnis *f* разреше́ние на строи́тельство

Bauernbank *f* сельскохозя́йственный банк

Bauernbevölkerung *f* сельскохозя́йственное населе́ние

Bauerneigentum *n* крестья́нская со́бственность

Bauernfrage *f* крестья́нский вопро́с

Bauerngemeinde *f* се́льская общи́на

Bauerngut *n* крестья́нская уса́дьба; ху́тор

Bauernhilfe *f*, **gegenseitige** крестья́нская взаимопо́мощь

Bauernhof *m* крестья́нский двор

Bauernhufe *f* земе́льный наде́л *(при крестья́нской уса́дьбе)*; *ист.* крестья́нский наде́л

Bauernklasse *f* крестья́нство, класс крестья́н

Bauernland *n* крестья́нские земли́

Bauernlegen *n* захва́т крестьянских земе́ль помещиками; сгон крестья́н с земли́ *(при феодали́зме и нача́льном капитализме)*

Bauernmarkt *m* крестья́нский ры́нок

Bauernmarktpreis *m* цена́, существу́ющая на крестьянском ры́нке

Bauernmesse *f* я́рмарка сельхозпродукции фе́рмеров

Bauernschaft *f* крестья́нство, крестья́не; сельскохозя́йственное населе́ние; фе́рмеры; фермерство

Bauernschutzgesetzgebung *f* законода́тельство, напра́вленное на защи́ту (интере́сов) крестьянства

Bauernstand *m* крестья́нское сосло́вие, крестья́нство

Bauerntum *n* крестья́нство, крестья́не; сельскохозя́йственное населе́ние; фе́рмеры; фермерство

Bauernverein *m* крестья́нский сою́з

Bauernwirtschaft *f* крестья́нское хозя́йство

Baufinanzierung *f* финанси́рование строи́тельства

Baufirma *f* строи́тельная фи́рма, стройфирма
Baufirma фи́рма, выполня́ющая подрядные строи́тельные рабо́ты

Baufonds *m* фонд строи́тельства

Bauführer *m* производи́тель (строи́тельных) рабо́т, прора́б

Baugarantieversicherung *f* гаранти́йное страхова́ние постро́ек, гаранти́йное страхова́ние сооруже́ний

Baugelder *n, pl* де́нежные сре́дства, отпу́щенные на строи́тельство; сре́дства, отпу́щенные на строи́тельство

Baugelderhypothek *f* ипоте́ка в обеспе́чение за́йма на строи́тельство

Baugeldervertrag *m* догово́р о за́йме на строи́тельство

Baugeldkredit *m* креди́т, предоставля́емый на строи́тельство

Baugenehmigung *f* разреше́ние на строи́тельство

Baugenehmigungsbehörde *f* строи́тельный надзо́р; учрежде́ние, даю́щее разреше́ние на постро́йку

Baugenossenschaft *f* жилищно-строи́тельное кооперати́вное това́рищество; жилищно-строительный кооперати́в, ЖСК
Baugenossenschaft строи́тельное това́рищество, строи́тельный кооперати́в

Baugewerbe *n* строи́тельное де́ло, строи́тельство *(как о́трасль)*
Baugewerbe строи́тельство; подрядное строи́тельное де́ло

Baugrundstück *n* строи́тельный уча́сток, стройучасток

Baugruppe *f* у́зел; блок; строи́тельный блок; строи́тельный мо́дуль; мо́дуль

Baugruppenabrechnung *f* расчёт по гото́вым узлам *(до оконча́тельной опла́ты всего́ объе́кта)*

Baugruppenersatzverfahren *n* ме́тод заме́ны поврежденных узло́в *(без остано́вки всего́ агрега́та)*

Baugruppenfristenplan *m* гра́фик монтажа́ (отде́льных) узло́в

Baugruppennorm *f* но́рма расхо́да материа́лов на у́зел *(напр станка́, маши́ны)*

Bauhandwerk *n* предприя́тие, выполня́ющее строи́тельные рабо́ты
Bauhandwerk *n* строи́тельное де́ло, строи́тельство

Bauhandwerksbetrieb *m*, **privater** куста́рное строи́тельное предприя́тие, строи́тельная арте́ль, стройартель

Bauhauptleistungen *f, pl* основны́е строи́тельные рабо́ты

Bauhauptvertrag *m* генера́льный подря́д на строи́тельство

Bauherr *m* владе́лец стройки, застройщик

Bauhypothek *f* ипоте́ка в обеспе́чение за́йма на строи́тельство

Bauindex *m* инде́кс цен на строи́тельные рабо́ты

Bauindustrie *f* строи́тельная промы́шленность, строи́тельная инду́стри́я

Bauinvestitionen *f, pl* капиталовложе́ния в строи́тельство, капита́льные вложе́ния в строи́тельство, инвести́ции в строи́тельство

Baukalkulation *f* калькуля́ция изде́ржек строи́тельства в его́ разли́чных фазах

Baukapazität *f* произво́дственная мо́щность строительного предприя́тия; строи́тельные мо́щности

Baukasten *m* станда́ртный блок, унифицированный блок, типово́й блок, мо́дуль *(строи́тельный)*

Baukastenmethcde *f* агрега́тный ме́тод *(образова́ния цен)*

Baukastenprinzip *n* агрега́тный при́нцип, бло́чный при́нцип, бло́чный при́нцип, мо́дульный при́нцип, исполне́ние из унифицированных узло́в (элеме́нтов)
Baukastenprinzip при́нцип агрегати́рования, агрегати́рование

Baukastensystem *n* агрега́тная констру́кция; тип агрега́тной констру́кции
Baukastensystem агрега́тная систе́ма
Baukastensystem ме́тод агрегати́рования станко́в из унифицированных узло́в и дета́лей, ме́тод компоновки станко́в из унифицированных узло́в и дета́лей
Baukastensystem мо́дульная систе́ма строи́тельства
Baukastensystem систе́ма компле́ктов станда́ртных взаимозаменя́емых дета́лей
Baukastensystem систе́ма компле́ктов станда́ртных дета́лей *(ограниче́ние произво́дства определёнными узлами и́ли агрега́тами, кото́рые мо́гут быть компонентами разли́чных ви́дов гото́вой проду́кции)*

Baukonsens *m* разреше́ние на строи́тельство, конце́ссия на строи́тельство

Baukonzession *f* го́рная конце́ссия, конце́ссия на разрабо́тку месторожде́ния поле́зного ископа́емого
Baukonzession конце́ссия на строи́тельство

Baukosten *pl* затра́ты на строи́тельство

Baukosten-Ausgleichssubvention *f* субси́дия для покры́тия расхо́дов на строи́тельство, дота́ция для покры́тия расхо́дов на строи́тельство

Baukosten-Ausgleichssubventionen *f pl* компенсацио́нная дота́ция на строи́тельство

Baukostenanschlag *m* сме́та на строи́тельство, строи́тельная сме́та

Baukostenanteil *m* до́ля капиталовложе́ний на строи́тельство

Baukostenindex *m* инде́кс сто́имости строи́тельства, инде́кс расхо́дов на строи́тельство
Baukostenindex сме́тный инде́кс сто́имости строи́тельства

Baukostenzuschuss *m* безвозвра́тная ссу́да на строи́тельство

Bauland *n* строи́тельный уча́сток, стройучасток
Bauland террито́рия, отведённая под строи́тельство; стро́йка

Baulandbeschaffung *f* приобрете́ние строи́тельных уча́стков, получе́ние строи́тельных уча́стков

Baulandsteuer *f* нало́г на строи́тельные уча́стки, наме́ренно не застраиваемые их владе́льцами; нало́г на долгостро́й

Bauleistung *f* строи́тельные рабо́ты

Bauleistungen *f, pl* строи́тельные рабо́ты

Bauleistungsvertrag *m* подря́дный догово́р на проведе́ние строи́тельных рабо́т, подря́дный догово́р на произво́дство строи́тельных рабо́т

Baulimit *n* лими́т средств, предназна́ченных на строи́тельство

Baum *m выч.* де́рево *(фо́рма построе́ния файловой систе́мы)*

Baumaterialindustrie *f* промы́шленность строи́тельных материа́лов

Baunebenleistungen *f, pl* отделочные рабо́ты в строи́тельстве

Baunormen *f, pl* строи́тельные но́рмы, но́рмы строи́тельных рабо́т; строи́тельные но́рмы и пра́вила, СНиП

Baunotabgaben *f, pl* взно́сы на нужды́ строи́тельства

Baupacht *f* строи́тельная аре́нда

Baupreis *m* расце́нки строи́тельных рабо́т, цена́ на строи́тельные рабо́ты, сто́имость строи́тельных рабо́т

Bauproduktion *f* строи́тельство и ремо́нт постро́ек и сооруже́ний
eigene Bauproduktion строи́тельство и ремо́нт постро́ек и сооруже́ний со́бственной рабо́чей си́лой предприя́тия
fremde Bauproduktion строи́тельство и ремо́нт постро́ек и сооруже́ний рабо́чей си́лой други́х предприя́тий

Baurecht *n* пра́во застро́йки

Baureife *f* **eines Grundstücks** отсу́тствие зако́нных препя́тствий к застройке уча́стка

Baureparaturen *f, pl* ремо́нт строений; рабо́ты по ремо́нту строений

Baurisikoversicherung *f* **für Schiffe** страхова́ние строящихся судо́в

Bausch *m*:
Bausch und Bogen как есть, тель кель *(усло́вие поста́вки това́ра - без гара́нтий продавца́ на това́р)*
in Bausch und Bogen о́птом, гурто́м, целико́м

Bauschhandel *m* опто́вая торго́вля, торго́вля о́птом

Bauschkauf *m* поку́пка о́птом, поку́пка больши́ми па́ртиями, поку́пка ско́пом, поку́пка гурто́м

Bausparen *n, pl* накопле́ние средств на жили́щное строи́тельство; взно́сы в фонд строи́тельной организа́ции
Bausparen целево́е накопле́ние населе́нием сбереже́ний на жили́щное строи́тельство

Bausparkasse *f* креди́тное учрежде́ние, выдаю́щее (долгосро́чные) ссу́ды для индивидуа́льного строи́тельства; де́нежный фонд строительного кооперати́ва

Bausparkassenbeitrag *m* взнос в креди́тное учрежде́ние, выдаю́щее (долгосро́чные) ссу́ды для индивидуа́льного строи́тельства

Bausparvertrag *m* догово́р заключаемый сбербанком с вкла́дчиком о предоставле́нии ему́ по оконча́нии де́йствия догово́ра креди́та на строи́тельство и́ли поку́пку со́бственного жилья́

Bausperre *f* вре́менное запреще́ние строи́тельства, вре́менный запре́т на строи́тельство

Bausteinprogramm *n* бло́чная програ́мма; програ́мма-мо́дуль

Baustellenfertigung *f* изготовле́ние гото́вых к монтажу строи́тельных дета́лей на стройплощадке

Baustellenrente *f* дифференциа́льная ре́нта, получа́емая владе́льцами строи́тельных уча́стков
Baustellenrente ре́нта за строи́тельные уча́стки

Baustoffbilanz *f* бала́нс строи́тельных материа́лов

Bauunternehmen *n* строи́тельная фи́рма, строи́тельное предприя́тие

Bauunternehmer *m* предпринима́тель в строи́тельстве, бизнесме́н в о́бласти строи́тельства, владе́лец строи́тельной фи́рмы; строи́тельная фи́рма, стройфирма, строи́тельное предприя́тие; строи́тельный би́знес

Bauverbot *n* запреще́ние возведе́ния

постро́ек, запреще́ние строи́тельства, запре́т на строи́тельство, запре́т на проведе́ние строи́тельных рабо́т

Bauvertrag *m* догово́р на строи́тельный подря́д, догово́р строительного подря́да, догово́р стройподряда

Bauvolumen *n* объём строи́тельства, объём строи́тельных рабо́т; коли́чество строи́тельных объе́ктов

Bauvoranschlag *m* строи́тельная сме́та, сме́та строи́тельных рабо́т

Bauvorbereitungsarbeiten *f, pl* подготови́тельные строи́тельные рабо́ты

Bauvorhaben *n* прое́кт строи́тельства, план капита́льного строи́тельства, прое́кт капита́льного строи́тельства

Bauvorhaben строи́тельный объе́кт, стройобъект

Bauwert *m* сто́имость возведённых объе́ктов, сто́имость возведённых строи́тельных объе́ктов

Bauwesen *n* строи́тельство, строи́тельное де́ло

industrialisiertes Bauwesen промы́шленное строи́тельство

kommunales Bauwesen коммуна́льное строи́тельство

Bauwesensversicherung *f* страхова́ние строи́тельных рабо́т; разли́чные ви́ды страхова́ния в строительном де́ле; страхова́ние строи́тельства

Bauwirtschaft *f* строи́тельство; строи́тельное де́ло; эконо́мика строи́тельства

Bauwürdigkeit *f* приго́дность месторожде́ния для (промы́шленной) разрабо́тки

Bauzeit *f* срок строи́тельства; строи́тельный сезо́н

Bauzeitnormen *f, pl* нормативные сро́ки строи́тельства

Bauzeitplan *m* гра́фик строи́тельства

Bauzinsen *m, pl* проце́нты за креди́т на строи́тельство

Bauzinsen проце́нты на капита́л, вло́женный в строи́тельство

BAV:

BAV, Besondere Anordnungen für Versorgung специа́льные распоряже́ния о госуда́рственном обеспе́чении лиц, пострада́вших от войны́ и семе́й поги́бших военнослу́жащих

BAV, Bundesaufsichtsamt für das Versicherungs- und Bausparwesen Федера́льное ве́домство надзо́ра за де́ятельностью страховы́х компа́ний и креди́тных учрежде́ний, выдающих ссу́ды для индивидуа́льного строи́тельства

BAW, Bundesamt für gewerbliche Wirtschaft Федера́льное ве́домство по отраслевому регули́рованию *(вне́шней торго́вли)*

b.a.w., bis auf weiteres впредь до дальне́йшего распоряже́ния

BAWAG, Bayerische Wasser-Kraftwerke-Aktiengesellschaft БАВАГ, Акционе́рное о́бщество бава́рских гидроэлектроста́нций

Bazar *m* база́р, *см. тж* **Basar**

B2B Интерне́т-торго́вля «компа́ния-компа́ния»

BB:

BB, Barbados Барбадо́с, *до 1978г. код* **BA**

BB, Bestellbuch кни́га зака́зов

BB; best buy *(eng.)* поку́пка по наибо́лее вы́годной цене́

bB, bezahlt Brief прика́зы на прода́жу вы́полнены части́чно *(отме́тка в биржево́м бюллете́не)*

BBC, Brown Bovery & Cie AG Броун Бовери *(наименова́ние кру́пной западногерманской компа́нии электропромышленности)*

BBD, Barbados-Dollar, -- Barbados Барбадо́сский до́ллар (*код валюты* 052), -- Барбадо́с

BBG, Bundesbahn-Gesetz зако́н о госуда́рственных желе́зных доро́гах ФРГ

bBr, bezahlt Brief repartiert прика́зы на прода́жу вы́полнены части́чно *(отме́тка в биржево́м бюллете́не)*

Bbrt, Betriebsbruttotonne эксплуатацио́нная то́нна бру́тто

BBZ, Bergbaubedarf-Beschaffungszentrale Центра́льное управле́ние снабже́ния шахтным обору́дованием

B2C Интерне́т-торго́вля «компа́ния-потреби́тель»

BCC, Bureau Central de Compensation de l'Union Internationale des Chemins de Fer Центра́льное бюро́ по взаи́мным расчётам ме́жду желе́зными доро́гами - чле́нами МСЖД

BCD-Kode *m* двойчно-десяти́чный код

BCG-Matrix; Boston Consulting Group Matrix **BCG**-ма́трица

BD:

BD, Bangladesch Бангладе́ш

B.D., bank draft ба́нковский ве́ксель

B/D, bank draft ве́ксель с жироакцептом ба́нка; первокла́ссный ве́ксель; ба́нковская тра́тта

BDA, Bundesvereinigung der Deutschen Arbeitgeberverbände Федера́льное объедине́ние сою́зов работодателей *(предпринима́телей)*

BDE, Betriebsdatenerfassung сбор произво́дственных да́нных, регистра́ция произво́дственных да́нных, регистра́ция технологи́ческих да́нных

BDF:

BDF, B.d.F., Banque de France «Банк де Франс», францу́зский банк

BDF, B.d.F., Bundesministerium für Finanzen Федера́льное министе́рство фина́нсов

BDI, Bundesverband der Deutschen Industrie Федера́льный сою́з герма́нской промы́шленности

BdL, Bank deutscher Länder *ист.* Банк немецких земе́ль

BDT, Taka, -- Bangladesch Та́ка (*код валюты* 050), -- Бангладе́ш

BDV, Bundesverband Deutscher Volks- und Betriebswirte Федера́льное объедине́ние немецких экономистов и инжене́ров по организа́ции произво́дства

BDW:

BDW, Bund Deutscher Werbeberater und Werbeleiter Сою́з консульта́нтов и руководи́телей рекла́много дела́

BdW, Bund Deutscher Werbeschaffenden Сою́з рабо́тников рекла́мы

BE:

B.E., Bank of England Англи́йский банк

BE, bill of exchange переводно́й ве́ксель, тра́тта

B/E, bill of exchange переводный ве́ксель, тра́тта

BE, gut beschleunigtes Eilgut груз большо́й ско́рости

BE, Belgien Бе́льгия

Be- und Entladearbeiten *f, pl* погрузочно-разгрузочные рабо́ты

Be- und Entladegeräte *n, pl* погрузочно-разгрузочные устро́йства *(присо́собле́ния)*

Be- und Entlademittel *n, pl* погрузочно-разгрузочные сре́дства

Be- und Entwässerungsanlagen *f, pl* ирригационно-мелиорати́вные сооруже́ния

BEA, British European Airways Corporation Англи́йская компа́ния европе́йских возду́шных сообще́ний

Beachtung *f* **der Bilanz** соблюде́ние бала́нса

Beamte *m* госуда́рственный слу́жащий, госслу́жащий, должностно́е лицо́, чино́вник; слу́жащий

städtischer Beamte муниципа́льный слу́жащий, слу́жащий муниципалите́та, рабо́тник муниципалите́та

Beamtenschaft *f* чино́вничество, чиновничьи круги́, бюрокра́тия

Beamtentum *n* чино́вничество, чиновничьи круги́, бюрокра́тия

beanspruchen *vt* нагружа́ть

beanspruchen претендова́ть *на что-л.*

beanspruchen тре́бовать *что-л.*

Beanspruchung *f* долгово́е обяза́-

тельство
Beanspruchung нагру́зка; напряже́ние
Beanspruchung тре́бование, прете́нзия, заявле́ние прете́нзии, выставле́ние тре́бования
beanstanden *vt* заявля́ть прете́нзию *на что-л.*, предъявля́ть реклама́цию; брако-ва́ть, забраковывать, отбраковывать
Beanstandung *f* реклама́ция; прете́нзия; возраже́ние, опротестова́ние, оспа́ривание *(в суде́)*
Beanstandungsmeldung *f* извеще́ние о реклама́ции, письмо́ с рекламацией
beantragen запроси́ть *(напр. креди́т)*
Bear *m англ.* медве́дь; биржево́й спекуля́нт, игра́ющий на пониже́ние, «медве́дь», *см. тж.* **Bär**
Bear-Markt ры́нок медведе́й; ры́нок спекуля́нтов, игра́ющих на пониже́ние
bearbeiten возде́лывать *(зе́млю)*
bearbeiten дораба́тывать
bearbeiten обраба́тывать; принима́ть к учёту *(напр. ве́ксель)*
Bearbeitung *f* возде́лывание, обрабо́тка *(земли́)*
Bearbeitung обрабо́тка, разрабо́тка, перерабо́тка, отде́лка *(проце́сс)*
Bearbeitung jeder einzelnen Ziffer von links nach rechts обрабо́тка ка́ждой ци́фры сле́ва напра́во (тамо́женная и нало́говая пра́ктика)
Bearbeitungsdauer *f* вре́мя обрабо́тки
Bearbeitungsdauer срок прохожде́ния и обрабо́тки докуме́нта; срок прохожде́ния докуме́нта по инстанциям
Bearbeitungskosten *pl* сто́имость обрабо́тки
Bearbeitungsvergütung *f* комиссио́нное вознагражде́ние неосвобождённым страховым аге́нтам за инка́ссо
Bearbeitungsvorgang *m* технологи́ческий проце́сс, проце́сс обрабо́тки
Bearbeitungszeit *f* вре́мя обрабо́тки
beauflagen *vt* дать зака́з *на что-л.*
mit Produktion beauflagen дать зака́з на произво́дство
Beauflagung *f* вы́дача зака́за, вы́дача (планового) зада́ния *(предприя́тию)*; установле́ние но́рмы *(вы́работки, поста́вок)*; установле́ние лимита
beauftragen *vt* дать зака́з, уполномо́чивать *кого́-л. на что-л.*
Beauftragte *m f* уполномо́ченный, дове́ренное лицо́, полномо́чный представи́тель
Beauftragung *f* полномо́чие
bebaubar приго́дный к возде́лыванию
bebaubar приго́дный к застройке
Bebauungsrecht *n* пра́во застро́йки
Bedarf *m* спрос; потре́бности; на́добность; нужды́
agrarischer Bedarf сельскохозя́йственный спрос
akuter Bedarf о́страя потре́бность
aperiodischer Bedarf апериоди́ческий спрос, эпизоди́ческий спрос
befriedigter Bedarf удовлетворённый спрос
gedeckter Bedarf удовлетворённый спрос
elastischer Bedarf эласти́чный спрос
gesellschaftlich notwendiger Bedarf обще́ственно необходи́мые потре́бности
konsumtiver Bedarf потреби́тельский спрос
laufender Bedarf теку́щий спрос
nicht elastischer Bedarf неэласти́чный спрос
örtlicher Bedarf ме́стный спрос
periodischer Bedarf периоди́ческий спрос
persönlicher Bedarf ли́чные потре́бности, индивидуа́льные потре́бности
privater Bedarf ча́стные потре́бности
produktionsbedingter Bedarf потре́бности произво́дства
produktiver Bedarf произво́дственные потре́бности
saisonbedingter Bedarf сезо́нный спрос, сезоннообусловленный спрос
ständiger Bedarf усто́йчивый спрос, постоя́нный спрос
täglicher Bedarf ежедне́вный спрос
unbefriedigter Bedarf неудовлетворённый спрос
volkswirtschaftlicher Bedarf народнохозя́йственные потре́бности; народнохозя́йственный спрос
voraussichtlicher Bedarf ожида́емый спрос, прогнозируемый спрос
vorgegebener Bedarf зара́нее определённые потре́бности, зара́нее устано́вленные потре́бности; зара́нее спрогнозированный спрос
Bedarf decken удовлетвори́ть спрос
Bedarf haben име́ть спрос
an dem Bedarf gemessen учи́тывая потре́бности
nach Bedarf в зави́симости от потре́бностей, в зави́симости от спро́са, смотря́ по потре́бностям
Bedarfs- und Marktforschung *f* изуче́ние спро́са и ры́нка, маркетинговое иссле́дование ры́нка
Bedarfs- und Marktforschungsdatei *f* ба́за да́нных для изуче́ния спро́са и ры́нка
Bedarfs- und Marktforschungskartei *f* картоте́ка материа́лов для изуче́ния спро́са и ры́нка
Bedarfsanalyse *f* ана́лиз спро́са, ана́лиз потре́бностей
Bedarfsänderungen *f, pl* измене́ния в спро́се (потреби́телей)
Bedarfsanforderung *f* потре́бность
Bedarfsanforderungen *f, pl*, **volkswirtschaftliche** потре́бности наро́дного хозя́йства, народнохозяйственные потре́бности
Bedarfsantizipierung *f* предви́дение спро́са, предви́дение потре́бностей, прогнози́рование спро́са, прогнози́рование потре́бностей
Bedarfsartikel *m* предме́т пе́рвой необходи́мости, това́р пе́рвой необходи́мости, това́ры повседне́вного спро́са
Bedarfsäußerung *f* проявле́ние акти́вного спро́са *(на определённый това́р)*
Bedarfsäußerung проявле́ние спро́са на конкре́тный това́р, проявле́ние спро́са на конкре́тную на услу́гу, проявле́ние спро́са на определённый това́р, проявле́ние спро́са на определённую услу́гу
aperiodische Bedarfsäußerung непериоди́ческое проявле́ние спро́са; эпизодическое проявле́ние спро́са
periodische Bedarfsäußerung периоди́ческое проявле́ние спро́са
Bedarfsbeeinflussung *f* влия́ние на спрос
Bedarfsbefriedigung *f* удовлетворе́ние спро́са
Bedarfsbeitrag *m* часть страхово́й пре́мии, иду́щая на вы́плату страховок и на покры́тие возника́ющих расхо́дов
bedarfsdeckend покрыва́ющий спрос
Bedarfsdeckung *f* удовлетворе́ние спро́са, покры́тие спро́са
Bedarfsdeckungsschein *m* заве́ренная накладна́я; о́рдер *(на получе́ние необходи́мых това́ров)*
Bedarfsdeckungswirtschaft *f* ры́ночное хозя́йство, ориенти́рованное на удовлетворе́ние спро́са
Bedarfseinschätzung *f* оце́нка спро́са
Bedarfselastizität *f* эласти́чность спро́са
Bedarfsentwicklung *f* дина́мика спро́са; разви́тие спро́са
bedarfserhöhend повыша́ющий спрос, де́йствующий в сто́рону повыше́ния спро́са
Bedarfsermittlung *f* выявле́ние спро́са; определе́ние потре́бностей
Bedarfsfaktor *m* фа́ктор спро́са, фа́ктор потре́бностей
Bedarfsfaktor *m* характери́стика ро́ли спро́са, характери́стика ро́ли потре́бностей
Bedarfsforderungen *f, pl* спрос, тре-

бования *(потребителей)*

Bedarfsforschung *f* изучение спроса; изучение рынка

handelsseitige Bedarfsforschung изучение спроса торговыми организациями

komplexe Bedarfsforschung комплексное изучение спроса

lieferseitige Bedarfsforschung изучение спроса поставщиками

Bedarfsforschungsverfahren *n* метод изучения спроса, метод исследования спроса

Bedarfsfunktion *f* функция спроса

Bedarfsgegenstand *m* предмет первой необходимости, товар первой необходимости, товары повседневного спроса

bedarfsgerecht отвечающий спросу

bedarfsgerecht соответствующий спросу

Bedarfsgerechtheit *f* соответствие спросу, соответствие потребностям

Bedarfsgerechtigkeit *f* соответствие спросу, соответствие потребностям

Bedarfsgestalt *f* структура спроса

Bedarfsgruppen *f, pl* комплекс потребностей

Bedarfsgüter *n, pl* предметы первой необходимости; потребительские товары, товары первой необходимости, товары повседневного спроса

Bedarfshandel *m* торговля потребительскими товарами, торговля товарами народного потребления

Bedarfskategorie *f* категория спроса, категория потребностей

Bedarfskenntnis *f* знание спроса *(потребителей)*

Bedarfskomplex *m* комплекс потребностей

Bedarfslenkung *f* регулирование спроса; управление спросом

Bedarfsliste *f* перечень требуемых товаров

Bedarfsluftverkehr *m* воздушное сообщение на основе договоров *(между предприятиями воздушного сообщения и транспортно-экспедиционными организациями)*

bedarfsmindernd сокращающий спрос, действующий в сторону сокращения спроса, уменьшающий спрос, действующий в сторону уменьшения спроса

Bedarfsplanung *f* планирование спроса, планирование потребностей

Bedarfsprämie *f* часть страховой премии, идущая на выплату страховок и на покрытие возникающих расходов

Bedarfsprognose *f* прогноз спроса, прогноз потребностей

Bedarfssättigung *f* удовлетворение спроса

Bedarfsspanne *f* разница в уровнях процентных ставок

Bedarfsstruktur *f* структура спроса

Bedarfsträger *m* потребитель; носитель потребностей

Bedarfsträgergruppen *f, pl* группы потребителей; группы носителей потребностей, потребительские группы

Bedarfsumfang *m* объём потребностей; величина спроса, размеры спроса

Bedarfsweckung *f* стимулирование спроса

Bedeckungsart *f уст.* способ взыскания *(долгов)*, способ покрытия *(долгов)*

Bedeckungszuschlag *m* надбавка к основному тарифу за провоз груза в крытых транспортных средствах

Bedenkfrist *f* срок до вторичного предъявления векселя *(на который имеет право трассат)*

Bedieneinheit *f* пульт управления; блок управления

Bedienelement *n* орган (ручного) управления

bedienen обслуживать, заниматься *(покупателем)*

bedienen управлять; действовать, оперировать; манипулировать

bedienen *vt* эксплуатировать; обслуживать *(напр. машину)*

Bediener *m* оператор

Bedienkraft *f* обслуживающий персонал

Bedienung *f* обслуживание *(машин, оборудования)*; обслуживание *(напр. клиента, покупателя)*; обслуживающий персонал

Bedienung öffentlicher Schuld обслуживание государственного долга *(ежегодные выплаты процента и погашение части основной суммы долга)*

manuelle Bedienung обслуживание вручную, ручное обслуживание

mit Bedienung eingeschlossen включая обслуживание

Bedienungsanleitung *f* инструкция по эксплуатации; руководство по обслуживанию

Bedienungsarbeiter *m* обслуживающий рабочий

Bedienungsaufschlag *m* наценка за обслуживание

Bedienungsdauer *f* продолжительность обслуживания, срок обслуживания

Bedienungseinweisung *f* инструкция по эксплуатации; руководство по обслуживанию

Bedienungsfeld *n* район обслуживания

Bedienungsforderung *f* требование на обслуживание

Bedienungsform *f* форма обслуживания *(в сфере внутренней торговли)*

Bedienungskanal *m* канал обслуживания

Bedienungskosten *pl* расходы по обслуживанию; эксплуатационные расходы

Bedienungskraft *f* единица обслуживающего персонала *(напр. официант, оператор ЭВМ)*

Bedienungskräfte *f, pl* обслуживающий персонал

Bedienungskräftenorm *f* норматив численности персонала, обслуживающего машины и оборудование

Bedienungsmann *m* обслуживающий рабочий; оператор *(напр. ЭВМ)*

Bedienungsmannschaft *f* обслуживающий персонал

Bedienungsmodell *n* модель обслуживания

Bedienungsnorm *f* норматив численности персонала, обслуживающего машины и оборудование

Bedienungspersonal *n* обслуживающий персонал

Bedienungsprobleme *n, pl* задачи обслуживания

Bedienungsprogramm *n* программа обслуживания, сервисная программа, обслуживающая программа; вспомогательная программа

Bedienungspult *n* пульт управления

Bedienungsstation *f* станция обслуживания *(в теории массового обслуживания)*, место обслуживания *(в теории массового обслуживания)*

Bedienungssystem *n* организационная форма обслуживания посетителей в местах общественного питания и гостиницах; система массового обслуживания

Bedienungstheorie *f* теория массового обслуживания, теория очередей, теория ожидания

Bedienungsvorschrift *f* инструкция по эксплуатации; руководство по обслуживанию

Bedienungszentrale *f* станция обслуживания

Bedienungszone *f* зона обслуживания

bedingt-obligatorisch условно-обязательный

Bedingtlieferung *f* условная покупка *(с правом возврата купленной вещи, обычно, в книготорговле)*

Bedingung *f* условие, предпосылка, *см.тж.* **Bedingungen** *pl*

annehmliche Bedingung приемле-

мое усло́вие
auflösende Bedingung *юр.* усло́вие расторже́ния, усло́вие роспуска, усло́вие ликвида́ции; резолюти́вное усло́вие, отмени́тельное усло́вие
einschränkende Bedingung ограничи́тельное усло́вие, ограниче́ние; дополни́тельное усло́вие
hinreichende Bedingung доста́точное усло́вие
identisch nicht erfüllte Bedingung тождественно ло́жное усло́вие
notwendige Bedingung необходи́мое усло́вие
scharfe Bedingung жёсткое усло́вие
unerlässliche Bedingung непреме́нное усло́вие
vorläufige Bedingung вре́менное усло́вие
Bedingung einhalten вы́полнить усло́вие
Bedingung stellen ста́вить усло́вие
eine Bedingung zugestehen приня́ть усло́вие
zu den Bedingungen cif на усло́виях сиф
zu den Bedingungen fob на усло́виях фоб

Bedingungen *f, pl* усло́вия *(мн.ч.)*, *см.тж.* **Bedingung** *f*
Bedingungen der Kreditausreichung режи́м кредитования; усло́вия кредитования
Bedingungen für den Zahlungsverkehr режи́м расчётов
knechtende Bedingungen кабальные усло́вия
kommerzielle Bedingungen торго́вый режи́м; комме́рческие усло́вия, торго́вые тре́бования
materielle Bedingungen материа́льные усло́вия *(напр. трудово́го проце́сса)*
natürliche und ökonomische Bedingungen природно-экономи́ческие усло́вия
technische Bedingungen техни́ческие усло́вия
übliche Bedingungen bei dei Kreditausreichung und im Zahlungsverkehr о́бщий режи́м кредитования и расчётов
verschärfte Bedingungen der Kreditausreichung осо́бый режи́м кредитования
vertragsmäßige Bedingungen догово́рные усло́вия
zu gegenseitig vorteilhaften Bedingungen на взаимовы́годных усло́виях; взаимовы́годно

bedingungslos безоговоро́чный

Bedingungsverbot *n* запреще́ние включа́ть огово́рки в сде́лки

Bedrucken *уст.* наби́вка *(напр. перфоленты)*
Bedrucken *n* распеча́тка, вы́вод на печа́ть, печа́ть

Bedürfnis *n* потре́бность, нужда́
geistig-kulturelles Bedürfnis духо́вные и культу́рные запро́сы
gesamtgesellschaftliches Bedürfnis потре́бности о́бщества в це́лом
individuelles Bedürfnis ли́чные потре́бности, индивидуа́льные потре́бности
kaufkräftiges Bedürfnis потре́бности, соотве́тствующие реа́льной покупа́тельной спосо́бности
materielles Bedürfnis материа́льные потре́бности
öffentliches Bedürfnis обще́ственные потре́бности
privates Bedürfnis ча́стный спрос
soziales Bedürfnis социа́льные потре́бности
staatliches Bedürfnis госуда́рственные потре́бности, потре́бности госуда́рства
zahlungsfähiges Bedürfnis платёжеспосо́бный спрос

Bedürfnisarten *f, pl* ви́ды потре́бностей (мн.ч.)

Bedürfnisbefriedigung *f* удовлетворе́ние потре́бностей

Bedürfniseinheit *f* едини́ца потре́бностей

Bedürfnisgattung *f* катего́рия потре́бностей

Bedürfniskategorie *f* катего́рия потре́бностей

Bedürfniskomplex *m* ко́мплекс потре́бностей

Bedürfnislohn *m* за́работная пла́та, определя́емая в зави́симости от объёма вы́полненной рабо́ты и от объёма де́нежных средств, необходи́мых рабо́чему для обеспе́чения прожи́точного ми́нимума
Bedürfnislohn *m* зарпла́та, разме́р которо́й определя́ется прожиточным минимумом; МЗП, минима́льная за́работная пла́та

Bedürfnisprüfung *f* установле́ние экономи́ческой целесообра́зности *(напр. созда́ния предприя́тия)*

Bedürfnisschätzung *f* оце́нка потре́бностей

Bedürfnisse *n, pl* потре́бности; запро́сы; нужды́, *см. та́кже* ***Bedürfnis***

Bedürfnisstruktur *f* структу́ра потре́бностей

beeinträchtigen *vt* снижа́ть це́нность
beeinträchtigen наруша́ть интере́сы
beeinträchtigen причиня́ть вред, уще́рб
etwas im Wert beeinträchtigen сни́зить це́нность, уме́ньшить це́нность *(чего́-л.)*

Beeinträchtigung *f* нанесе́ние уще́рба; сниже́ние це́нности; наруше́ние интере́сов

beenden *vt* ока́нчивать, конча́ть, прекраща́ть

beendigen *vt* ока́нчивать, конча́ть, прекраща́ть

Beendigung *f* оконча́ние, прекраще́ние
nach Beendigung по́сле оконча́ния
vor nach Beendigung до оконча́ния

BEF:
BEF, Belgischer Franc, -- Belgien Бельги́йский франк (*код валю́ты* 056), *в н.в. заменена́ на* Евро **EURO**, -- Бе́льгия
BEF, Bundesamt für Ernährung und Forstwirtschaft Федера́льное ве́домство по продовольствию и лесному хозя́йству

Befähigung *f* спосо́бность
rechtliche Befähigung правоспосо́бность

Befähigungsnachweis *m* удостовере́ние о техни́ческой подгото́вке, удостовере́ние о квалифика́ции, спра́вка о техни́ческой подгото́вке, спра́вка о квалифика́ции

Befehl *m вчт.* кома́нда, инстру́кция

Befehlseinheit *f* кома́ндное устро́йство

Befehlsliste *f* спи́сок кома́нд; соста́в кома́нд

Befischungsrechte *n, pl* пра́во ры́бной ло́вли
vorrangige Befischungsrechte преиму́щественное пра́во ры́бной ло́вли

Beförderer *m* отправи́тель, экспеди́тор

befördern *vt* отправля́ть, отсыла́ть *кому́-л.*, транспорти́ровать

Beförderung *f* доста́вка; перево́зка, прово́з; транспортиро́вка
Beförderung повыше́ние по слу́жбе
Beförderung auf dem Landweg сухопу́тная перево́зка
Beförderung auf dem Seeweg морска́я перево́зка; перево́зка морски́м путём
Beförderung auf dem Seewege морска́я перево́зка; перево́зка морски́м путём
Beförderung in der Linienschitfahrt лине́йная перево́зка
Beförderung mit Fuhrwerken гужева́я перево́зка
Beförderung per Schiene железнодоро́жная перево́зка
Beförderung über kurze Entfernungen короткопробежная перево́зка

durchgehende Beförderung перево́зка тра́нспортом прямо́го сообще́ния

Beförderungen *f, pl* перево́зки (мн.ч.)

gegenläufige Beförderungen встре́чные перево́зки (мн.ч.)

Beförderungsauslagen *f pl* расхо́ды по отпра́вке (мн.ч.), тра́нспортные расхо́ды (мн.ч.), экспедиторские расхо́ды (мн.ч.)

Beförderungsbedarf *m* потре́бность в перевозках

Beförderungsbedingungen *f, pl* усло́вия перево́зки (мн.ч.), усло́вия доста́вки (мн.ч.)

Beförderungsbedingungen *f, pl* усло́вия повыше́ния в до́лжности (мн.ч.)

Beförderungsbestimmungen *f, pl* тра́нспортные пра́вила (мн.ч.), пра́вила транспортиро́вки (мн.ч.)

Beförderungsdauer *f* вре́мя перево́зки, вре́мя транспортиро́вки

Beförderungsdienst *m* слу́жба перево́зок

Beförderungsdienst *m* логистическая слу́жба, логи́стика

Beförderungsdienst *m* тра́нспортная слу́жба

Beförderungsdienst *m* экспеди́торская слу́жба, экспеди́ция

Beförderungsdurchschnittsleistung *f* сре́дний объём перево́зок

Beförderungseinheit *f* едини́ца перевозочных средств

Beförderungseinheit *f* тра́нспортная едини́ца

Beförderungsfähigkeit *f* провозная спосо́бность *(тра́нспортных средств)*; грузоподъёмность

Beförderungsgebühr *f* пла́та за доста́вку; пла́та за перево́зку (гру́зов); пла́та за фрахт, фрахт, тра́нспортный тари́ф

Beförderungsgenehmigung *f* разреше́ние на перево́зку (гру́зов)

Beförderungsgeschäft *n* тра́нспортное предприя́тие

Beförderungsgeschäft *n* сде́лка (догово́р) на перево́зку пассажи́ров

Beförderungshindernis *n* препя́тствие в поста́вке, заде́ржка в поста́вке

Beförderungskapazität *f* провозная спосо́бность *(тра́нспортных средств)*; грузоподъёмность

Beförderungskontinuität *f* непреры́вность перево́зок

Beförderungskosten *pl* сто́имость перево́зки, сто́имость доста́вки; тра́нспортные расхо́ды, экспедицио́нные расхо́ды, тра́нспортные изде́ржки, экспедицио́нные изде́ржки; расхо́ды по перево́зке (гру́зов)

Beförderungskosten фрахт, пла́та за прово́з

Beförderungsleistung *f* объём перево́зок; грузооборо́т

Beförderungsleistung eines Güterwagens производи́тельность ваго́на

eigene Beförderungsleistung перево́зка собственными тра́нспортными сре́дствами

fremde Beförderungsleistung перево́зка наёмным тра́нспортом

Beförderungsleistungen *f, pl* тра́нспортные услу́ги

Beförderungsmittel *n, pl* тра́нспортные сре́дства, перевозочные сре́дства; сре́дства доста́вки

Beförderungspapier *n* докуме́нт на перево́зку, перевозочный докуме́нт

Beförderungspflicht *f* обяза́тельство о выполне́нии перево́зки *(в соотве́тствии с усло́виями догово́ра на перево́зку)*

Beförderungsplan *m* план перево́зок; после́довательность перево́зок

Beförderungspreis *m* пла́та за прово́з

Beförderungspreis цена́ перево́зки

Beförderungsselbstkosten *pl* себесто́имость перево́зок

Beförderungssteuer *f* тра́нспортный нало́г, нало́г на перево́зки *(може́т быть включён во фрахт)*

Beförderungsstrecke *f* да́льность перево́зок; да́льность пое́здки пассажи́ров

Beförderungsstrecke уча́сток, по кото́рому осуществляется перево́зка

Beförderungsstruktur *f* структу́ра перево́зок

Beförderungsumfang *m* объём перево́зок

Beförderungsurkunden *f pl* тра́нспортные докуме́нты *(на перево́зки ж.-д., речны́м тра́нспортом и т.д.)*

Beförderungsverbot *n* запре́т на транспортиро́вку

Beförderungsvertrag *m* догово́р о перевозках

Beförderungsvolumen *n* объём перево́зок

Beförderungsweg *m* маршру́т перево́зок, маршру́т сле́дования; тра́нспортный маршру́т

Beförderungsweite *f* да́льность перево́зок

Beförderungswesen *n* тра́нспортное де́ло; перево́зки

befrachten *vt* фрахтова́ть, фрахтова́ть су́дно, зафрахтовывать су́дно, нанима́ть су́дно; загружа́ть су́дно

ein Schiff befrachten фрахтова́ть су́дно

Befrachter *m* грузоотправи́тель, фрахтова́тель; нанима́тель су́дна *(зака́зчик, для кото́рого перевозятся гру́зы и́ли тот, кто даёт поруче́ние на перево́зку и обя́зан опла́чивать фрахт)*

Befrachtung *f* фрахтова́ние, фрахто́вка

Befrachtungsauftrag *m* фрахто́вый о́рдер

Befrachtungsbrief *m* ча́ртер-па́ртия, ча́ртер, догово́р о фрахтовании

Befrachtungsgeschäft *n* фрахто́вая сде́лка, фрахто́вая опера́ция

Befrachtungsmakler *m* фрахто́вый бро́кер, ма́клер по фрахтованию судо́в *(в трамповом судохо́дстве)*

Befrachtungsmonopol *n* монопо́лия фрахтования, монопо́лия фрахтовых опера́ций

Befrachtungsumfang *m* объём фрахтования, объём фра́хта

Befrachtungsvertrag *m* ча́ртер-па́ртия, ча́ртер, догово́р о фрахтовании

Befrachtungsvolumen *n* объём фрахтования, объём фра́хта

Befrachtungszeit *f* вре́мя погру́зки су́дна, вре́мя, отведённое под погру́зку су́дна; стали́йное вре́мя

Befragung *f* опро́с, обсле́дование путём опро́са

repräsentative Befragung репрезентати́вный опро́с

stichprobeweise Befragung вы́борочный опро́с; точеченый опро́с

Befragungsmethode *f* ме́тод опро́са; анке́тный ме́тод

Befragungsverfahren *n* ме́тод опро́са; спо́соб опросом; анке́тный ме́тод

Befreiung *f* освобожде́ние *(напр. от нало́га, от по́шлины)*

befriedigen *vt* удовлетворя́ть

befriedigend удовлетвори́тельный

befriedigend ausfallen оказа́ться удовлетвори́тельным

Befriedigung *f* удовлетворе́ние

Befriedigung von Bedürfnissen und Wünschen удовлетворе́ние потре́бностей и жела́ний (оди́н из при́нципов ма́ркетинга)

befristen *vt* назнача́ть срок; ограни́чивать сро́ком

befristet ограни́ченный сро́ком, сро́чный

Befristung *f* назначе́ние сро́ка, установле́ние сро́ка

Befristung des Rechts предоставле́ние пра́ва на определённый срок

Befst, Beförderungssteuer тра́нспортный нало́г, нало́г на перево́зки

Befugnis *f юр.* полномо́чие; компете́нтность

Befugnis пра́во, полномо́чие *на что-л.*

seine Befugnis überschreiten пре-

высить свои полномочия
befugt *юр.* полномочный; компетентный
befugt sein иметь право, быть уполномоченным *на что-л.*
Befund *m* данные осмотра, заключение специалиста о состоянии
Befund результат экспертизы
zollamtlicher Befund досмотровая роспись (таможенная)
den Befund aufnehmen зафиксировать данные
Befundaufnahme *f* заключение; протокол; акт экспертизы
Befundbuch *n бухг.* инвентарная книга
Befundrechnung *f* счёт для определения затрат методом сопоставления наличия
befürworten *vt* ходатайствовать *за кого-л., за что-л.*, заступаться *за кого-л., что-л.*, защищать, отстаивать *кого-л., что-л.*
Befürwortung *f* ходатайство, заступничество, поддержка
begeben продавать; пускать в обращение, выпускать (ценные бумаги); индоссировать вексель(я), передавать вексель(я), перепродавать вексель(я); учитывать вексель(я), продавать вексель(я), реализовать вексель(я)
Begebende *m* индоссант *(лицо, передающее свои права, зафиксированные в ценной бумаге или документе)*
Begebung *f* индоссирование переводного векселя, передача переводного векселя
Begebung продажа; эмиссия, выпуск (ценных бумаг); индоссирование векселя, передача векселя, перепродажа векселя; учёт векселя, продажа векселя, реализация векселя
Begebung продажа ценных бумаг, выпуск ценных бумаг
Begebung учёт векселя, продажа векселя
Begebung einer Anleihe размещение займа
Begebungskurs *m* курс ценных бумаг при выпуске
Begebungsvermerk *m* индоссамент, передаточная надпись
Begebungsvertrag *m* договор о размещении займа
Beginn *m* начало
Beginn eines Ereignisses срок наступления события
erwarteter Beginn eines Ereignisses ожидаемый срок наступления события
frühest möglicher Beginn ранний возможный срок наступления (события)
frühester Beginn ранний срок начала *(напр. работы)*
spätest erlaubter Beginn поздний допустимый срок наступления (события)
spätester Beginn поздний срок начала *(напр. работы)*
beglaubigen *vt* заверить, заверять *(документ)*
beglaubigt аккредитованный
beglaubigt заверенный, засвидетельствованный
begleichen оплачивать *(счета)*; покрывать *(убытки, расходы)*; ликвидировать *(расчёты)*; погашать *(задолженность)*; устранять расхождения *(в счетах)*; удовлетворять *(претензии)*
die Rechnung begleichen оплатить счёт
die Schuld begleichen уплатить долг
Begleichung *f* оплата *(счёта)*; покрытие *(убытков, расходов)*; ликвидация *(расчётов)*; погашение *(задолженности)*; устранение расхождений *(в счетах)*; удовлетворение *(претензии)*
Begleichung der Rechnungen производство расчётов
Begleichung der Zahlungen погашение платежей
Begleichung des Anspruches удовлетворение претензии
Begleichung von Auslandsschulden погашение внешней задолженности
zur vollständigen Begleichung в окончательный расчёт
Begleitadresse *f* сопроводительный бланк *(посылки, бандероли)*; сопроводительный документ; накладная; товаро-сопроводительная накладная
Begleitbrief *m* сопроводительный документ; накладная
Begleitdokument *n* сопроводительный документ; накладная
Begleitpapier *n* сопроводительный документ; накладная
Begleitpapiere *n pl* сопроводительные документы
Begleitschein *m* сопроводительный документ; накладная; сопроводительная ведомость
Begleitscheinverfahren *n* таможенная система переотправки товаров с сопроводительными документами в другие таможни
Begleitschreiben *n* сопроводительное письмо
Begleitsortiment *n* дополнительный ассортимент, сопутствующие товары
Begleitübersicht *f* сопроводительный документ; накладная
Begleitumstand *m* сопутствующий фактор
Begleitung *f* сопровождение
zollamtliche Begleitung сопровождение груза таможенниками; транспортировка груза под таможенным контролем
Begleitware *f* дополнительный ассортимент, сопутствующие товары
Begleitzettel *m* сопроводительный документ; товаросопроводительный документ, накладная, транспортная накладная, товаро-транспортная накладная
Begnadigung *f* льготы
Begräbniskostenversicherung *f* страхование на случай смерти с целью покрытия расходов на погребение застрахованного; страхование расходов на захоронение; страхование расходов на погребение
begrenzt ограниченный
Begrenztheit *f* узость, ограниченность *(напр. внутреннего рынка)*
Begrenzung *f* лимит; ограничение; предел
Begrenzung *f юр.* ограничение *(напр. в правах)*
Begrenzung aufheben снять ограничение
Begrenzungsfrist *f* ограничительный срок, срок действия ограничения
Begriff *m* понятие, представление
Begriff ключевое слово
Begriff термин
begrifflich отвлечённый, абстрактный
begrifflich понятийный
begrifflich терминологический
Begriffsapparat *m стат.* аппарат понятий
Begriffsfeld *n* предметное поле; предметный класс
begründen *vt* обосновывать, мотивировать
begründen основывать
mit etwas begründen обосновывать *чем-л.*
begründet обоснованный, мотивированный
begründete Beanstandungen können innerhalb von 8 Werktagen geltend gemacht werden обоснованные претензии принимаются в течение восьми рабочих дней
Begründung *f* обоснование, мотивировка
Begründung основание *(дела, бизнеса, организации)*
Begründungsfrist *f* срок для обоснования жалобы
Begünstigte *m* бенефициар *(лицо, на имя которого открыт аккредитив или получатель платежа по аккредитиву)*
Begünstigte *m* получатель платежей; ремитент *(получатель векселя)*
Begünstigung *f* преференция *(пред-*

почтительная льго́та, предоставляемая одни́м госуда́рством друго́му на основах взаи́мности и́ли в одностороннем поря́дке, без права́ распростране́ния на третьи страны́)

Begünstigung предпочте́ние; преиму́щество, льго́та; благоприя́тствование *(напр. экспорту, и́мпорту)*; покрови́тельство, проте́кция

Begünstigung *юр.* укрыва́тельство, пособничество

Begünstigung eines Gläubigers преиму́щественное удовлетворе́ние *(должнико́м)* одного́ кредито́ра *(в ущё́рб други́м)*

einseitige Begünstigung преференция без взаи́мности; односторо́нняя префере́нция

frachtliche Begünstigung фрахто́вая льго́та, льго́та по фра́хту

Begünstigungstage *m, pl* грацио́нные дни, льго́тные дни, отсро́чка

Begünstigungszoll *m* преференциа́льная по́шлина, льго́тная по́шлина

begutachten *vt* рассма́тривать, дава́ть заключе́ние

Begutachter *m* экспе́рт; бракёр; контролёр

Begutachtung *f* аттеста́ция *(специали́ста)*

Begutachtung эксперти́за; рассмотре́ние, обсужде́ние

Begutachtung аттеста́ция *(обору́дования)*

zur Begutachtung vorlegen подве́ргнуть эксперти́зе, подверга́ть эксперти́зе

begütert зажи́точный, состоя́тельный

wenig begütert малоиму́щий

Behälter *m* конте́йнер

Behälter цисте́рна, резервуа́р

Behälter ёмкость

Behälter бак

Behälter бу́нкер (напр. для зерна́)

Abfallbehälter *m* конте́йнер для сбо́ра отхо́дов; мусоросбо́рник

Doppelmantelbehälter *m* конте́йнер с двойны́ми сте́нками

Eisenbehälter *m* металли́ческий конте́йнер

Erdölbehälter *m* нефтяно́й резервуа́р

Flüssiggasbehälter *m* резервуа́р для сжи́женного га́за

Gärfutterbehälter *m* силосохранилище

Getreidebehälter *m* зерново́й бу́нкер

Behälterglas *n* стекля́нная та́ра

Großbehälter *m* большегру́зный конте́йнер

Kippbehälter *m* саморазгружающийся конте́йнер

Kühlbehälter *m* изотерми́ческий конте́йнер; рефрижера́торный конте́йнер

Behälteraustausch *m* обме́н контейнерами

Behälterbau *m* контейнеростроение

Behältereinsatz *m* контейнериза́ция перево́зок; испо́льзование контейнеров при перевозках; внедре́ние конте́йнеров в логистическую цепь

Behälterfahrzeug *n* контейнерово́з *(автотра́нспортное сре́дство)*

Behälterlager *n* конте́йнерный склад; склад конте́йнеров; конте́йнерный термина́л

Behälterpark *m* конте́йнерный парк

Behälterschiff *n* контейнерово́з, конте́йнерное су́дно

Behältertransport *m* конте́йнерные перево́зки; перево́зка гру́зов в контейнерах; перево́зка гру́зов контейнерами

Behälterverkehr *m* конте́йнерные перево́зки; движе́ние конте́йнеров *(при учёте их перемеще́ния)*

Behälterwagen *m* ваго́н-цисте́рна; цисте́рна, железнодоро́жная цисте́рна

behandeln *vt* обраба́тывать

behandeln обраща́ться, обходи́ться *(с кем-л., с чем-л.)*, уме́ть подойти́, знать подхо́д *(к кому́-л.)*

behandeln излага́ть, обсужда́ть, трактова́ть, разраба́тывать *(те́му)*, обраба́тывать *(материа́л)*

dialogisch behandeln излага́ть в фо́рме диало́га

eine Maschine behandeln эксплуати́ровать маши́ну; обслу́живать стано́к

(ein) **Thema behandeln** обсужда́ть те́му; излага́ть те́му (вопро́с)

(etw.) **gegensätzlich behandeln** рассма́тривать *(что-л.)* с противополо́жной то́чки зре́ния

(j-n) **von oben herab behandeln** пренебрежи́тельно относи́ться к *(кому́-л.)*

Behandlung *f* изложе́ние, обсужде́ние, тракто́вка; рассмотре́ние;

Behandlung обрабо́тка

Behandlung *f* обслу́живание *(те́хники)*, уход *(за те́хникой)*

Behandlung des meistbegünstigten Staates режи́м наибо́льшего благоприя́тствования *(обы́чно для развива́ющихся стран)*

gerichtliche Behandlung суде́бное рассмотре́ние; рассмотре́ние в суде́

nationale Behandlung *тамож.* национа́льный режи́м (тамо́женного оформле́ния)

Behandlung von Arbeitsstreitigkeiten рассмотре́ние трудовы́х спо́ров

zollamtliche Behandlung обложе́ние тамо́женной по́шлиной по́шлиной; тамо́женное оформле́ние

behaupten:

behaupten *vt* утвержда́ть

sich behaupten уде́рживаться, держа́ться *(о це́нах, ку́рсах и т.п.)*

Behaviorismus *m* бихевиори́зм

beheben устраня́ть *(напр. дефе́кты, оши́бки, недочеты)*; получа́ть *(де́ньги со счёта)*; *юр.* отменя́ть; спи́сывать *(напр. убы́тки)*

Beheber *m* получа́тель *(де́нег со счёта)*

Behebung *юр.* отме́на

Behebung списание убы́тков

Behebung *f* устране́ние

Beherbergung *f* размеще́ние в гости́нице, размеще́ние в оте́ле, размеще́ние на турба́зе

Beherbergungsgewerbe *n* гости́ничный би́знес; туристи́ческий би́знес; тури́стский би́знес; слу́жба размеще́ния

Beherbergungsstätte *f* сдаваемое в наём жило́е помеще́ние

Beherbergungssteuer *f* нало́г, взима́емый с владе́льцев оте́лей, гости́ниц и жилы́х домо́в за сда́чу помеще́ний

Beherrschung *f* госпо́дство

monopolistische Beherrschung госпо́дство монопо́лий; монопо́льное госпо́дство

behilflich поле́зный

behilflich sein *(bei D, zu D)* быть поле́зным, соде́йствовать *(кому́-л. в чем-л.)*

Behinderungsmissbrauch *m* злоупотребле́ние ограниче́ниями *(напр. ограниче́ние свобо́ды де́йствий в конкурентной борьбе́)*

Behinderungswettbewerb *m* недобросо́вестная конкуре́нция

Behörde *f* власть; вла́сти

Behörde учрежде́ние; ве́домство; орга́н вла́сти

Behördenhandel *m* прямы́е торго́вые свя́зи с госуда́рственными учрежде́ниями; торго́вля в ра́мках госзака́за; торго́вля по госзака́зу

behördlich ве́домственный; официа́льный; прави́тельственный

Beibrief *m* приложенное письмо́; сопроводи́тельное письмо́

beiderseitig взаимный, обою́дный, двусторо́нний *(напр. о догово́ре)*

beiderseits взаимно, с обе́их сторо́н

beif., beifolgend прилага́емый при сём, прилага́емый при этом

beifügen *vt* прилага́ть *что-л. к чему́-л.*

beigelegt прило́женный

Beihilfe *f* по́мощь, подде́ржка

Beihilfe посо́бие; субве́нция, субси́дия

Beihilfe *юр.* посо́бничество

Beihilfe воспомоществова́ние

Beihilfe aus Mitteln der staatlichen Sozialversicherung посо́бие по госуда́рственному социа́льному страхова́нию
Beihilfe bei Umschulung посо́бие по (на) переквалификации
Beihilfe bei zeitweiligem Verlust der Arbeitsfähigkeit посо́бие по временно́й потёре трудоспосо́бности
Beihilfe für Schwangere und Wöchnerinnen посо́бие по бере́менности и ро́дам
Beihilfe für Stillende посо́бие кормящим матерям
einmalige Beihilfe единовре́менное посо́бие
gewerkschaftliche Beihilfe посо́бие из средств профсоюза
staatliche Beihilfe госуда́рственное посо́бие *(напр. многоде́тным матерям)*
Beil., Beilage приложе́ние
beil., beiliegend прилага́ется, приложено
Beilage *f* приложе́ние
Beilagen *f, pl* приложе́ния
werbliche Beilagen приложе́ния рекла́много хара́ктера; рекла́мные приложе́ния
Beilbrief *m* догово́р о постро́йке су́дна; *швейц.* закладна́я на земе́льный уча́сток, ипоте́ка
Beilbrief *швейц.* закладна́я на земе́льный уча́сток, ипоте́ка
beilegen *vt* прилага́ть *что-л. к чему́-л.*
beilegen припи́сывать, придава́ть, дава́ть
Beilegung *f* приложе́ние
Beilegung *юр.* ула́живание, урегули́рование *(конфли́кта)*
Beilegung gütliche *юр.* полюбо́вное соглаше́ние, мирова́я
beiliegend прилага́емый
beinhalten *vt* содержа́ть, охва́тывать, включа́ть
der Preis beinhaltet ... цена́ соде́ржит ...
der Preis kann ... beinhalten цена́ мо́жет содержа́ть ...
Beipacksendung *f* сбо́рная па́ртия това́ров, поставляемая одновре́ме́нно не́скольким покупа́телям
Beirat *m* сове́т *(напр. нау́чный)*, комисси́я
Beirat сове́тник, консульта́нт
Beirat *швейц.* опеку́н лица́ с ограни́ченное дееспосо́бностью
Beischrift *f уст.* припи́ска, дополни́тельная за́пись *(в бухга́лтерской кни́ге)*
Beisein *n* прису́тствие
im Beisein в прису́тствии
Beiseiteschaffen *n*, **strafbares** незако́нное изъя́тие ва́жного сырья́ из произво́дственного проце́сса, незако́нное изъя́тие гото́вых изде́лий из произво́дственного проце́сса
Beisortiment *n* дополни́тельный ассортиме́нт, сопу́тствующие това́ры
Beispielbetrieb *m* образцо́вое предприя́тие
Beistand *m* по́мощь, соде́йствие
Beistand *юр.* соопеку́н
Beistand leisten ока́зывать по́мощь
Beistandskredit *m* подде́рживающий креди́т *(в пра́ктике МВФ - креди́т, кото́рый предоставля́ется стра́нам с больши́м дефици́том платежного бала́нса)*
Beistandspflicht *f* обя́занность власте́й ока́зывать соде́йствие фина́нсовым о́рганам, обя́занность власте́й ока́зывать соде́йствие фина́нсовым управлениям, обя́занность официа́льных о́рганов ока́зывать соде́йствие фина́нсовым управлениям
Beitrag *m* взнос *(чле́нский)*; вклад, до́ля, пай; поже́ртвование
Beitrag *перен.* вклад *(напр., в разви́тие тео́рии де́нег)*
beitragen *vt* соде́йствовать, спосо́бствовать
Beiträger *m* па́йщик; вкла́дчик
Beitragsbefreiung *f* освобожде́ние от упла́ты взно́сов
Beitragsberechnung *f* учёт взно́сов
Beitragserhebung *f* взима́ние взно́сов, взыска́ние взно́сов
Beitragserhöhung *f* повыше́ние разме́ра взно́сов
beitragsfrei свобо́дный от упла́ты взно́сов
Beitragsfreistellung *f* освобожде́ние (страхова́теля) от обя́занности упла́ты взно́сов
Beitragsgruppe *f* гру́ппа обяза́тельных платеже́й *(в соотве́тствии с кото́рой определя́ется разме́р взно́са в систе́ме социа́льного страхова́ния)*
Beitragskalkulation *f* исчисле́ние (страховы́х) взно́сов
Beitragskassierung *f* сбор взно́сов
Beitragsleistung *f* упла́та взно́сов
Beitragsmonat *m* ме́сяц упла́ты взно́сов
Beitragsperiode *f* пери́од упла́ты взно́сов
Beitragsrückerstattung *f* возвра́т уплаченных страховы́х взно́сов
Beitragsrückgewähr *f* возвра́т уплаченных страховы́х взно́сов
Beitragssatz *m* разме́р взно́са
Beitragsübertrag *m* перено́с ча́сти годово́й страхово́й пре́мии на но́вый календа́рный год
Beitragszahlung *f* взнос, упла́та взно́са
unterjährige Beitragszahlung страхово́й взнос за часть го́да
Beitragszahlungen *f, pl* взно́сы, платежи́
laufende Beitragszahlungen теку́щие взно́сы *(напр., страховы́е)*
Beitreibung *f* взыска́ние, взима́ние; реквизи́ция
steuerliche Beitreibung принуди́тельное взима́ние нало́гов
Beitreibungskosten *pl* расхо́ды, свя́занные с принуди́тельным взыска́нием задо́лженности
Beitreibungsordnung *f* поря́док взыска́ния *(причита́ющихся сумм)*
Beitreibungsverfahren *n* поря́док взыска́ния *(причита́ющихся сумм)*
Beitritt *m* вступле́ние *(в организа́цию)*; присоедине́ние *(напр. к догово́ру)*
Beitrittserklärung *f* заявле́ние о вступле́нии *(в де́ло, в о́бщество)*; заявле́ние о присоедине́нии *(к догово́ру)*
Beitrittsgebühr *f* вступи́тельный взнос
Beitrittsgeld *n* вступи́тельный взнос; су́мма вступи́тельного взно́са
bejahen *vt* отвеча́ть утверди́тельно
bejahen подтвержда́ть
bejahend утверди́тельный
im bejahenden Fall в слу́чае утверди́тельного отве́та, в слу́чае положи́тельного отве́та
bekannt geben *vt* объявля́ть, сообща́ть, опублико́вывать
beklagen *vt юр.* обвиня́ть *кого́-л. в чём-л.*
sich beklagen жа́ловаться *кому́-л. на что-л.*
Beklagte *m юр.* отве́тчик
Bekleidungs- und Näherzeugnisse-Industrie *f* шве́йная промы́шленность, конфекционная промы́шленность
Bekleidungsgeld *n* компенса́ция за оде́жду; су́ммы, выпла́чиваемые на приобрете́ние оде́жды *(представительской, спецоде́жды и т.п.)*
Bekräftigung *f* подтвержде́ние *(напр. до́лга)*
Beladearbeiten *f, pl* погру́зочные рабо́ты
Beladefrist *f* срок погру́зки
beladen *vt* грузи́ть, нагружа́ть
Belader *m* грузоотправи́тель *(иногда́ фрахтова́тель)*
Beladung *f* погру́зка
zur Beladung bereitstellen ста́вить под погру́зку
Belange *m, pl* нужды́ (мн.ч.)
soziale Belange социа́льные нужды́ (мн.ч.)
Belastbarkeit *f* преде́льно допусти́мая

загру́зка (рабо́тника)
Belastbarkeit преде́льно допусти́мая нагру́зка (загру́зка); несу́щая спосо́бность; грузоподъёмность
belasten нагружа́ть; *бухг.* дебетова́ть, заноси́ть в де́бет (счёта); облага́ть *(напр. нало́гами)*; *юр.* обременя́ть *(обяза́тельствами)*; *юр.* обвиня́ть, улича́ть, изоблича́ть
hypothekarisch belasten обременя́ть (недви́жимое иму́щество) ипотекой; облага́ть недви́жимость ипотекой
das Vermögen belasten получа́ть креди́т под иму́щество *(под зало́г иму́щества)*
mit einem Betrag das Konto belasten дебетова́ть *како́й-л.* су́ммой счёт
Belastung *f* дебетова́ние, занесе́ние в де́бет (счёта), за́пись в де́бет (счёта)
Belastung нагру́зка, напряже́ние
Belastung обложе́ние *(напр., нало́гами)*
Belastung *юр.* свя́зывание, обремене́ние *(обяза́тельствами)*
Belastung *юр.* обвине́ние
hypothekarische Belastung ипоте́чный долг *(обременяющий недви́жимое иму́щество)*; обремене́ние ипотекой; свя́зывание ипотекой
Belastungen *f, pl*, **außergewöhnliche** непредви́денные расхо́ды налогопла́тельщика, снижающие су́мму нало́гового обложе́ния; *бухг.* непредви́денные расхо́ды
Belastungsangabe *f* де́бет-ави́зо, дебето́вое ави́зо, ави́зо о дебетова́нии, извеще́ние о дебетова́нии
Belastungsanzeige *f* де́бет-ави́зо, дебето́вое ави́зо, ави́зо о дебетова́нии, извеще́ние о дебетова́нии
Belastungsaufgabe *f* де́бет-ави́зо, дебето́вое ави́зо, ави́зо о дебетова́нии, извеще́ние о дебетова́нии
Belastungsavis *m* ави́зо об испо́льзовании аккредити́ва
Belastungsavis де́бет-ави́зо, дебето́вое ави́зо, ави́зо о дебетова́нии, извеще́ние о дебетова́нии
Belastungskennwert *m* коэффицие́нт нагру́зки
Belastungskoeffizient *m* коэффицие́нт нагру́зки
Belastungsnote *f* де́бет-но́та
Belastungsplan *m* гра́фик загру́зки произво́дства
Belastungsschaubild *n* диагра́мма нагру́зки
Belastungsverbot *n* запреще́ние переда́чи ве́щного права́ на земе́льный уча́сток тре́тьему лицу́
Belastungsverhältnis *n* коэффицие́нт нагру́зки
Belauf *m уст.* ито́г, су́мма
Belauf eines Wechsels су́мма векселя́
belaufen:
sich belaufen составля́ть *каку́ю-л.* су́мму
sich belaufen (матем.) достига́ть; доходи́ть до...
sich höher belaufen als превы́сить (чем), превзойти́ (чем) *(о су́мме)*
Belebung *f* оживле́ние *(фа́за экономи́ческого ци́кла)*; оживле́ние *(торго́вли, ры́нка)*
Beleg *m* доказа́тельство, оправда́тельный докуме́нт; квита́нция, распи́ска, спра́вка
Beleg счётный докуме́нт, учётный докуме́нт
einmaliger Beleg ра́зовый *(счётный и́ли учётный)* докуме́нт
externer Beleg вне́шний *(счётный и́ли учётный)* докуме́нт
interner Beleg вну́тренний *(счётный и́ли учётный)* докуме́нт
natürlicher Beleg вне́шний *(счётный и́ли учётный)* докуме́нт
technologischer Beleg технологи́ческая ка́рта
ursprünglicher Beleg перви́чный *(счётный и́ли учётный)* докуме́нт
vereinheitlichter Beleg типово́й докуме́нт, унифицированный докуме́нт
Belegabgabe *f* подши́вка докуме́нтов; систематиза́ция докуме́нтов для хране́ния
Beleganfertigung *f* вы́писка докуме́нтов, выпи́сывание докуме́нтов, оформле́ние докуме́нтов
Beleganrechnung *f* начисле́ние в соотве́тствии с представленными спра́вками, начисле́ние на основа́нии предста́вленных докуме́нтов
Belegaufbewahrung *f* хране́ние докуме́нтов
Belegausfertigung *f* вы́писка докуме́нтов, оформле́ние докуме́нтов
Belegausstellung *f* документи́рование опера́ций
Belegbuchhaltung ме́тод веде́ния бухгалте́рии на осно́ве учета перви́чных докуме́нтов, перви́чный учёт; учёт на ба́зе перви́чных докуме́нтов
Belegdurchlauf *m* документооборо́т, прохожде́ние докуме́нтов
geradliniger Belegdurchlauf прямо́е прохожде́ние докуме́нтов; прямо́й документооборо́т
Belegdurchlaufplan *m* план документооборо́та, гра́фик документооборо́та
Belege *m, pl* документа́ция, докуме́нты, *см. та́кже* ***Beleg***
innerbetriebliche Belege внутризаводска́я документа́ция; внутрипроизво́дственная документа́ция
belegen загружа́ть *(станки, обору́дование)*; занима́ть *(железнодоро́жный путь)*
belegen облага́ть *(напр. нало́гом)*
belegen *vt* подтвержда́ть *(докуме́нтом)*, документа́льно дока́зывать
die Qualität durch das Qualitätszertifikat belegen подтвержда́ть ка́чество осо́бым сертификатом
mit Strafe belegen облага́ть штра́фом
mit Zoll belegen облага́ть по́шлиной
Belegerfassung *f* учёт докуме́нтов
Belegerstellung *f* выставле́ние докуме́нтов
Beleggestaltung *f* фо́рмы документа́льного учёта; маке́т докуме́нта
Belegkarte *f* па́спорт; техни́ческий па́спорт, техпаспорт *(напр. обору́дования)*
Belegkontrolle *f* прове́рка отчётной документа́ции; контро́ль за отчётной документа́цией
belegmäßig документа́льный
Belegprinzip *n* при́нцип бухга́лтерских за́писей по докуме́нтам
Belegprinzip при́нцип документи́рования
Belegregistratur *f* хране́ние документа́ции, хране́ние отчётной документа́ции
Belegrevision *f* документа́льная реви́зия
Belegschaft *f* коллекти́в рабо́чих и слу́жащих *(предприя́тия)*; рабо́чие; персона́л; ли́чный соста́в; чи́сленность персона́ла
produktive Belegschaft произво́дственные рабо́чие, рабо́тники произво́дственного сектора
Belegschaftsstärke *f* персона́л; ли́чный соста́в; чи́сленность персона́ла
Belegschaftsversicherung *f* страхова́ние рабо́чих и слу́жащих предприя́тия
Belegschaftszahl *f* коллекти́в рабо́чих и слу́жащих *(предприя́тия)*; рабо́чие; персона́л; ли́чный соста́в; чи́сленность персона́ла
Belegschein *m* оправда́тельный докуме́нт, подтвержда́ющий докуме́нт
Belegsortierer *m* устро́йство для сортиро́вки докуме́нтов, маши́на для сортиро́вки докуме́нтов
Belegstandardisierung *f* стандартиза́ция (отчётной) документа́ции
Belegsystem *n* систе́ма примене́ния (отчётной) документа́ции *(в счётном де́ле)*
Belegumlauf *m* документооборо́т, прохожде́ние докуме́нтов; движе́ние докуме́нтов

Belegung *f* загру́зка *(станко́в, обору́дования)*; за́нятость *(железнодоро́жного пути́)*; обложе́ние *(напр. нало́гами)*; подтвержде́ние *(документа́льное)*
Belegung *вчт.* интерпрета́ция, соотнесе́ние; подтвержде́ние; распределе́ние *(напр. па́мяти)*

Belegungsfeinplan *m* детализи́рованный гра́фик распределе́ния загру́зки маши́н и рабо́чих мест

Belegungsgrobplan *m* гра́фик распределе́ния загру́зки маши́н и рабо́чих мест

Belegungsplan *m* гра́фик распределе́ния загру́зки маши́н и рабо́чих мест

Belegungspotenzial *n* потенциа́л распределе́ния загру́зки

Belegwertung *f* таксиро́вка докуме́нтов

Belegwesen *n* документа́ция; те́хника веде́ния документа́ции, приёмы веде́ния документа́ции, ме́тоды веде́ния документа́ции

Belegzwang *m* обяза́тельность составле́ния докуме́нта

Belehnung *f* ссу́да де́нег под закла́д, заём де́нег под закла́д

Belehnungsbrief *m* закладна́я

Belehnungsgeschäft *n* заём, ссу́да *(под обеспе́чение)*; ломба́рд

beleihen *vt* брать ссу́ду; закла́дывать, отдава́ть в зало́г
beleihen *vt* дава́ть ссу́ду *(подо что-л.)*
das Vermögen beleihen закла́дывать иму́щество при за́йме

Beleihung *f* получе́ние ссу́ды; переда́ча в зало́г; предоставле́ние ссу́ды
Beleihung einer Versicherung вы́дача ссу́ды под страхово́й по́лис

Beleihungsgrenze *f* преде́льная величина́ ссу́ды *(при да́нном зало́ге)*

Beleihungsindex *m* инде́кс цен на строи́тельные рабо́ты, учи́тывающий получе́ние ссу́ды под закла́д недви́жимости

Beleihungsobjekt *n* объе́кт, обеспе́чивающий заём; объе́кт зало́га, предме́т зало́га

Beleihungswert *m* разме́р зало́га по ссуде

Belgisch-Luxemburgische Wirtschaftsunion Бельги́йско-Люксембургский экономи́ческий сою́з

Belieben *n* усмотре́ние
nach Belieben по усмотре́нию *(покупа́теля и́ли продавца́; огово́рка в догово́ре ку́пли-прода́жи в отноше́нии сро́ка поста́вки)*

Belieferer *m* поставщи́к

beliefern *vt* снабжа́ть *кого́-л.чем-л.*; поставля́ть *кому́-л. что-л.*

Belieferung *f* завоз това́ров
Belieferung *f* поста́вка; снабже́ние
Belieferung des Marktes поста́вки това́ра на ры́нок
Belieferung im Streckengeschäft транзи́тная поста́вка
gegenseitige Belieferung взаи́мные поста́вки
vorrangige Belieferung преиму́щественное снабже́ние
zentralisierte Belieferung централизо́ванное снабже́ние; централизованные поста́вки

Belobigung *f* похвала́, одобре́ние, поощре́ние; восхвале́ние; награжде́ние
öffentliche Belobigung публи́чное вынесе́ние благода́рности *(как ме́ра поощре́ния)*

Belohnung *f* вознагражде́ние, награ́да
Belohnung ссу́да де́нег под закла́д, заём де́нег под закла́д
materielle Belohnung материа́льное вознагражде́ние

BEM, Bundesernährungsministerium *ист.* Федера́льное министе́рство продово́льствия

Bemessung *f* измере́ние, определе́ние разме́ров; расчёт, вычисле́ние, исчисле́ние; прида́ние разме́ров; установле́ние, определе́ние
Bemessung расчёт, исчисле́ние, определе́ние разме́ров
Bemessung установле́ние, определе́ние, измере́ние *(влия́ние фа́кторов)*
Bemessung des Prämienfonds установле́ние разме́ра премиального фо́нда

Bemessungsgrundlage *f* осно́ва исчисле́ния, масшта́б исчисле́ния *(напр. нало́га)*; величина́ объе́кта, облага́емого нало́гом
Bemessungsgrundlage разме́р объе́кта, подлежащего налогообложе́нию

Bemessungszeitraum *m* нало́говый перио́д
Bemessungszeitraum перио́д вре́мени, устана́вливаемый для исчисле́ния разме́ра нало́га

Bemusterung *f* отбо́р образцо́в, отбо́р проб
Bemusterung предоставле́ние образцо́в *(това́ров)*, предъявле́ние образцо́в *(това́ров)*; опро́бование *(напр. месторожде́ний)*

benachrichtigen авизова́ть
benachrichtigen *vt* уведомля́ть, извеща́ть *кого́-л. о чём-л.*

Benachrichtigung *f* извеще́ние, нотифика́ция *(уведомле́ние об опротестова́нии векселя́)*

Benachrichtigungspflicht *f* обя́занность регрессанта производи́ть нотификацию *(при уведомлении векселеда́теля об опротестовании вы́данного векселя́)*

Benachrichtigungsschreiben *n* уведомле́ние; ави́зо

Benachteiligung *f* ущемле́ние интере́сов

Benchmark *f* спра́вочная цена́
Benchmark аттеста́ция

Benchmarktest *m* (выч.тех.) оце́ночные испыта́ния; аттестацио́нные испыта́ния

Benefiz *n ист.* бенефи́ций *(земе́льное владе́ние без права́ насле́дования, пожалованное феода́лом своему́ васса́лу)*

Benefizium *n ист.* бенефи́ций *(земе́льное владе́ние без права́ насле́дования, пожалованное феода́лом своему́ васса́лу)*

Benelux, Belgien-Niederlande-Luxemburg экономи́ческий и тамо́женный сою́з Бенилю́кс, Бенилю́кс *(Бе́льгия, Нидерла́нды, Люксембу́рг)*

benennen *vt* выдвига́ть *(кандидату́ру)*
benennen называ́ть, именова́ть

Benennung *f* выдвиже́ние *(кандидату́ры)*
Benennung назва́ние, обозначе́ние
Benennung *вчт.* присвое́ние и́мени *(напр. програ́мме)*
Benennung спецификатор
Benennung указа́ние размерности *(о числе́)*

benötigen *vt* нужда́ться, испы́тывать потре́бность *в чём-л.*

Benutzbarkeit *f* приго́дность к употребле́нию, го́дность к испо́льзованию

benutzen *vt* по́льзоваться, испо́льзовать
die Gelegenheit benutzen по́льзоваться слу́чаем, испо́льзовать слу́чай

Benutzer *m* абоне́нт; по́льзователь
Benutzer-EDV *f* (выч.тех) вычисле́ния для коне́чного по́льзователя; вычисле́ния коне́чного по́льзователя

Benutzerkonto *m* счёт по́льзователя (напр. у Интерне́т-провайдера, у опера́тора сотовой сети́, в Интерне́т-магази́не и т.п.)

benutzerorientiert ориенти́рованный на по́льзователя, пользовательскиориентированный

Benutzungsbefugnis *f* пра́во по́льзования, разреше́ние на пра́во по́льзования

Benutzungsgebühr *f* пла́та за по́льзование *(напр. телефо́ном)*

Benutzungsgrad *m* сте́пень испо́льзования

Benutzungsrecht *n* пра́во по́льзования

Benutzungsvorschrift *f* пра́вила по́льзования, пра́вила испо́льзования, инстру́кция по примене́нию

Benutzungszeit *f* срок испо́льзования; срок го́дности; срок слу́жбы *(напр. маши́ны)*

Benutzungsziffer *f* коэффицие́нт испо́льзования

Benzin *n* бензи́н
unverbleites Benzin неэтили́рованный бензи́н
verbleites Benzin этили́рованный бензи́н
Beobachtung *f* наблюде́ние *(напр. за хо́дом произво́дственного проце́сса)*; учёт *(напр. спро́са)*; установле́ние *(како́го-л. нау́чного фа́кта)*; соблюде́ние *(напр. мер предосторо́жности)*
aktive Beobachtung акти́вное наблюде́ние
notwendige Beobachtung необходи́мое наблюде́ние
passive Beobachtung пасси́вное наблюде́ние
statistische Beobachtung статисти́ческое наблюде́ние
Beobachtungsblatt *n* листо́к регистра́ции результа́тов наблюде́ния, журна́л регистра́ции результа́тов наблюде́ния, ве́домость регистра́ции результа́тов наблюде́ния
Beobachtungsbogen *m* листо́к регистра́ции результа́тов наблюде́ния, журна́л регистра́ции результа́тов наблюде́ния, ве́домость регистра́ции результа́тов наблюде́ния
Beobachtungsfehler *m* оши́бка наблюде́ния
Beobachtungsmethode *f* ме́тод наблюде́ния
Beobachtungszeit *f* вре́мя наблюде́ния, перио́д наблюде́ния
Beobachtungszeitpunkt *m* моме́нт наблюде́ния
Ber., Berufung *f* апелля́ция
beratend совеща́тельный; консультацио́нный; консультати́вный
Beratender Ausschuss Консультати́вный комите́т *(Европе́йского объедине́ния угля́ и ста́ли)*
beratende Ingenieurin инжене́р-консульта́нт
beratender Ingenieur инжене́р-консульта́нт
beratendes Organ совеща́тельный орга́н
beratende Stimme совеща́тельный го́лос
Berater *m* сове́тник; консульта́нт; рабо́тник консалтингового аге́нтства
diplomatischer Berater диплomати́ческий сове́тник
juristischer Berater консульта́нт по юриди́ческим вопро́сам; юри́ст-консульта́нт
politischer Berater сове́тник по полити́ческим вопро́сам, полити́ческий сове́тник
wissenschaftlicher Berater нау́чный консульта́нт
einen wissenschaftlichen Berater hinzuziehen привлека́ть нау́чного консульта́нта, привле́чь нау́чного консульта́нта
Beratlschlagung *f* совеща́ние, обсужде́ние
Beratung *f* консульта́ция, консульти́рование *(де́ятельность)*, консалтинг *(услу́ги по иссле́дованию и прогнози́рованию ры́нка, цен и т.п. и предоставле́нию рекоменда́ции)*
Beratung совеща́ние, сове́т; обсужде́ние
Beratung консульта́ция *(учрежде́ние)*
Beratungen abhalten проводи́ть совеща́ния; проводи́ть консульта́ции
die **Beratungen werden einige Tage in Anspruch nehmen** перегово́ры займут не́сколько дней; перегово́ры продлятся не́сколько дней; перегово́ры потре́буют не́сколько дней
die **Ergebnisse der Beratung fanden ihren Niederschlag in einem Bericht** результа́ты совеща́ния бы́ли изло́жены в отчете; результа́ты совеща́ния бы́ли суммированы в отчете
er wurde zur Beratung zugezogen он был привлечён для консульта́ции
die **Tagesordnung wird von der Beratung des Entwurfs beherrscht** гла́вный вопро́с пове́стки дня обсужде́ние прое́кта
separate Beratungen сепара́тные совеща́ния
zum Gegenstand der Beratungen werden стать предме́том обсужде́ния
Beratungsdienst *m* консультационная слу́жба, консалтинговая слу́жба
Beratungsergebnis *n* результа́т обсужде́ния
Beratungsfirma *f* консалтинговая фи́рма
Beratungsfirma консультационная фи́рма
Beratungskosten *pl* расхо́ды на получе́ние консульта́ции
Beratungssaal *m* зал заседа́ний; конференц-зал
Beratungsstelle *f* консультационное бюро́; консультационный пункт
technische Beratungsstelle техни́ческое консультационное бюро́
Beratungswesen *n* консультационная по́мощь; систе́ма оказа́ния консультационной по́мощи, слу́жба оказа́ния консультационной по́мощи, консультационная слу́жба
landwirtschaftliches Beratungswesen консультационная слу́жба по вопро́сам се́льского хозя́йства
Beraubung *f* ограбле́ние, грабёж; лише́ние, отня́тие
Beraubungsschaden *m* уще́рб от ограбле́ния, уще́рб от грабежа́
Beraubungsversicherung *f* страхова́ние на слу́чай ограбле́ния; страхова́ния от грабежа́
berechnen *vt* вычисля́ть; исчисля́ть; калькули́ровать; подсчи́тывать; оце́нивать; *торг.* ста́вить в счёт, зачи́тывать *(каку́ю-л. су́мму)*
berechnen калькули́ровать, вычисля́ть
berechnen пересчи́тывать, производи́ть перерасчёт
berechnen ста́вить *кому́-л.* в счёт, запи́сывать на *чей-л.* счёт
Berechnung *f* вычисле́ние; исчисле́ние, калькуля́ция; подсчёт; оце́нка таксиро́вка; *торг.* расчёт, распла́та, *см. тж.* **Berechnungen** *f, pl*
Berechnung счёт, расчёт, подсчёт
Berechnung der Einnahmen und Ausgaben счёт прихо́да и расхо́да
Berechnung des Durchschnitts вычисле́ние сре́днего значе́ния
Berechnung einer Formel расчёт фо́рмулы, вы́вод фо́рмулы
angenäherte Berechnung приближённое вычисле́ние; приме́рный подсчёт
fortlaufende Berechnung после́довательное вычисле́ние
iterative Berechnung итеративное вычисле́ние
überschlägige Berechnung ориентиро́вочный расчёт, приме́рный расчёт
unter Berechnung с начисле́нием *(напр. проце́нтов)*
Berechnungen *f, pl* расчёты *(мн.ч.)*, *см. тж.* **Berechnung** *f*
Berechnungen mit fiktiven Größen фикти́вные расчёты (мн.ч.), расчёты с фиктивными величи́нами *(чи́слами, показателями)*
direkte Berechnungen прямы́е расчёты (мн.ч.)
fiktive Berechnungen фикти́вные расчёты (мн.ч.)
ökonomische Berechnungen экономи́ческие расчёты (мн.ч.)
technisch-ökonomische Berechnungen технико-экономи́ческие расчёты, ТЭО (мн.ч.)
vorläufige Berechnungen предвари́тельные расчёты (мн.ч.)
Berechnungsalgorithmus *m* вычисли́тельный алгори́тм, алгори́тм вычисле́ний
Berechnungsbasis *f* расчётный ба́зис, ба́зис расчёта
Berechnungsdaten *pl* расчётные да́нные
Berechnungskennziffer *f* расчётный показа́тель
Berechnungsmethode *f* расчётный

ме́тод, ме́тод проведе́ния расчётов, те́хника проведе́ния расчёте

Berechnungsnorm *f* расчётная но́рма

Berechnungsschein *m* о́рдер, расчётный докуме́нт

Berechnungsschema *n* расчётная схе́ма, схе́ма расчёта, схе́ма расчётов

Berechnungstabelle *f* расчётная табли́ца; табли́ца для выполне́ния расчётов

Berechnungsverfahren *n* мето́дика расчётов, спо́соб веде́ния расчётов

Berechnungsvorschrift *f* инстру́кция о поря́дке расчётов, инстру́кция о поря́дке составле́ния калькуля́ции *(напр. себесто́имости)*

Berechnungsweise *f* расчётный ме́тод, ме́тод проведе́ния расчётов, те́хника проведе́ния расчёте

Berechnungswerte *m, pl* расчётные да́нные (мн.ч.), расчётные величины́ (мн.ч.), расчётные показа́тели (мн.ч.)

berechtigen *vt (jdn zu D)* дава́ть пра́во *(кому́-л. на что-л.)*; уполномо́чивать *(кого́-л. на что-л.)*, дава́ть основа́ние *(кому́-л. для чего́-л.)*

berechtigt опра́вданный, справедли́вый, обосно́ванный
berechtigt уполномо́ченный
berechtigt sein име́ть пра́во; облада́ть пра́вом; облада́ть полномо́чиями; име́ть полномо́чия

Berechtigte *m f* лицо́, ука́занное в именно́й це́нной бума́ге; лицо́, на кото́рое вы́писана це́нная имення́я бума́га
Berechtigte правомочное лицо́

Bereich *m* о́бласть, сфе́ра; райо́н, зо́на
Bereich подотде́л (напр. учёта гото́вой проду́кции)
Bereich о́бласть; диапазо́н; компете́нция
Bereich ра́диус де́йствия; досяга́емость; преде́лы
Bereich der materiellen Produktion сфе́ра материа́льного произво́дства
Bereich des Handels сфе́ра торго́вли
abgeschlossener Bereich за́мкнутая о́бласть
führender Bereich веду́щий се́ктор; веду́щая о́трасль
intervalutarischer Bereich валю́тная сфе́ра
kritischer Bereich крити́ческая о́бласть
nichtmaterieller Bereich сфе́ра, не относя́щаяся к материа́льному произво́дству, непроизво́дственная сфе́ра, нематериальная сфе́ра
volkswirtschaftlicher Bereich сфе́ра наро́дного хозя́йства
zulässiger Bereich *мат.* о́бласть допусти́мых реше́ний

bereichern *vt (mit D)* обогаща́ть *(что-л. чем-л.; тж. перен.)*
sein Wissen bereichern расширя́ть круг свои́х зна́ний; обогаща́ть свои́ позна́ния
sein Erfahrung durch (etw.) bereichern обогаща́ть свой о́пыт (чем-л.)
sich bereichern *(an D)* нажива́ться *(на чем-л.)*, обогаща́ться
sich an den Arbeiter bereichern нажива́ться на рабо́чих
sich auf Kosten eines anderen bereichern обогаща́ться за счёт други́х
sich zum Nachteil anderer bereichern обогаща́ться за счет други́х; обогаща́ться в уще́рб други́м

Bereicherte *m* обогатившееся лицо́
Bereicherte (юр.) лицо́, незако́нно обогатившееся за счёт друго́го лица́

Bereicherung *f* обогаще́ние
Bereicherung auf Kosten anderer (юр.) обогаще́ние за счёт други́х
gesetzwidrige Bereicherung (юр.) незако́нное обогаще́ние, противозако́нное обогаще́ние; неправоме́рное обогаще́ние, престу́пное обогаще́ние
rechtswidrige Bereicherung (юр.) противопра́вное обогаще́ние
ungerechtfertigte Bereicherung (юр.) необосно́ванное обогаще́ние; незако́нное обогаще́ние, неправоме́рное обогаще́ние
ungesetzliche Bereicherung (юр.) незако́нное обогаще́ние
unverhältnismäßige Bereicherung несоразмерное обогаще́ние

Bereicherungsabsicht *f* корыстное побужде́ние

Bereicherungsanspruch *m* пра́во со́бственника тре́бовать возвраще́ния принадлежа́щего ему́ иму́щества, неправоме́рно присвоенного други́м лицо́м

Bereicherungsmittel *n, pl* сре́дства обогаще́ния

Bereicherungstrieb *m* жа́жда обогаще́ния, жа́жда нажи́вы

Bereichsname *m выч.* и́мя масси́ва *(да́нных)*, наименова́ние масси́ва *(да́нных)*

Bereinigung *f* исправле́ние счёта
Bereinigung *вчт.* очи́стка, стира́ние; сброс в нуль; устано́вка в исхо́дное положе́ние (состоя́ние)
Bereinigung упла́та по счёту
Bereinigung урегули́рование, ула́живание *(напр. конфли́кта)*; разреше́ние *(напр. спо́рных вопро́сов)*; устране́ние, преодоле́ние *(напр. тру́дностей)*

bereit гото́вый
sich bereit erklären заяви́ть о свое́й гото́вности *к чему́-л.*

Bereitschaftsabkommen *n* соглаше́ние о предоставле́нии резе́рвного креди́та

Bereitschaftskosten *pl* изде́ржки на содержа́ние предприя́тия в гото́вности к эксплуата́ции *(незави́симо от сте́пени загру́зки предприя́тия)*

Bereitschaftskredit *m* креди́т для преодоле́ния валю́тных тру́дностей
Bereitschaftskredit *m* резе́рвный креди́т *(напр. в систе́ме МВФ)*

Bereitschaftszeit *f* вре́мя нахожде́ния в резе́рве, вре́мя нахожде́ния в состоя́нии гото́вности; вре́мя переры́вов, вы́званных наруше́нием норма́льного тече́ния произво́дственного проце́сса

bereitstehen *vi* быть гото́вым

bereitstellen *vt* изготовля́ть, выраба́тывать
bereitstellen подгото́вить зара́нее
bereitstellen предоставля́ть *(креди́ты)*, ассигнова́ть

Bereitstellung *f* ассигнова́ние, предоставле́ние средств из бюдже́та, откры́тие бюдже́тного креди́та
Bereitstellung загото́вка *(това́ров)*
Bereitstellung изготовле́ние, вы́работка
Bereitstellung резерви́рование
Bereitstellung von Vorräten созда́ние запа́сов

Bereitstellungen *f, pl* ассигнова́ния, бюдже́тные ассигнова́ния
staatliche Bereitstellungen госуда́рственные ассигнова́ния, бюдже́тные ассигнова́ния, ассигнова́ния из бюдже́та

Bereitstellungsplan *m* заготовительный план, план заготовок

Bereitstellungsprovision *f* комисси́я за креди́т, на получе́ние кото́рого име́ется согла́сие клие́нта ба́нка

BEREK, Berliner Reklamewesen *истор.* Западноберлинское о́бщество (торго́вой) рекла́мы

Berganteil *m* пай в горнопромы́шленной компа́нии, пай в горнору́дной компа́нии, кукса

Bergbau *m* го́рное де́ло; го́рная промы́шленность, горнодобыва́ющая промы́шленность; го́рные разрабо́тки, разрабо́тка месторожде́ний; го́рное предприя́тие, рудни́к, ша́хта

Bergbauaufsicht *f* го́рный надзо́р

Bergbaubedarf-Beschaffungszentrale Центра́льное управле́ние снабже́ния шахтным обору́дованием

Bergbaubetrieb *m* го́рное предприя́тие, рудни́к, ша́хта; веде́ние го́рных рабо́т; го́рное произво́дство; го́рная промы́шленность, горнодобыва́ющая промы́шленность

Bergbaubetriebsökonomik *f* го́рная

промы́шленность, горнодобыва́ющая промы́шленность; эконо́мика го́рной промы́шленности; го́рное хозя́йство *(рудника́)*

Bergbaudistrikt *m* горнопромы́шленный райо́н

Bergbaufreiheit *f* свобо́да го́рного про́мысла *(отсу́тствие права́ ча́стной со́бственности на не́дра при ча́стном владе́нии землёй)*

Bergbaugesellschaft *f* горнору́дная корпора́ция, горнопромы́шленная компа́ния

Bergbauindustrie *f* го́рная промы́шленность, горнодобыва́ющая промы́шленность

Bergbauinspektion *f* горнотехни́ческая инспе́кция

Bergbauinteressent *m* лицо́, жела́ющее вести́ го́рные разрабо́тки

Bergbaukonzession *f* го́рная концессия

Bergbaurecht *n* го́рное пра́во *(совоку́пность правовы́х норм, регули́рующих го́рное де́ло)*; пра́во на разрабо́тку поле́зных ископа́емых

Bergbaurente *f* монопо́льнаяземе́льная ре́нта с уча́стков, содержа́щих ре́дкие поле́зные ископа́емые

Bergbauschutzgebiet *n* запове́дная зо́на, предназна́ченная к разрабо́тке поле́зных ископа́емых

Bergbaustatistik *f* горнопромы́шленная стати́стика, го́рная стати́стика

Bergbausteuer *f* нало́г на разрабо́тку месторожде́ний

Bergbauwert *m* сто́имость проду́кции горнодобыва́ющей промы́шленности

Bergbauwirtschaft *f* го́рная промы́шленность, горнодобыва́ющая промы́шленность; эконо́мика го́рной промы́шленности; го́рное хозя́йство *(рудника́)*

Bergberechtigung *f* пра́во на разрабо́тку месторожде́ния
Bergberechtigung свиде́тельство на пра́во веде́ния го́рных рабо́т; пра́во на разрабо́тку месторожде́ния; *уст.* го́рная привиле́гия

Bergbetrieb *m* го́рное предприя́тие, рудни́к, ша́хта; веде́ние го́рных рабо́т; го́рное произво́дство; го́рная промы́шленность, горнодобыва́ющая промы́шленность

Bergegelder *n, pl* вознагражде́ние за спасе́ние су́дна, пла́та за спасе́ние су́дна

Bergegut *n* това́р, спасённый при кораблекруше́нии

Bergelohn *m* вознагражде́ние за спасе́ние су́дна, пла́та за спасе́ние су́дна

bergfertig по́лностью утра́тивший трудоспосо́бность на го́рных рабо́тах

Bergfracht *f* фрахт за перево́зку про́тив тече́ния реки́

Berggesetzgebung *f* го́рное законода́тельство

Bergherr *m* владе́лец го́рного предприя́тия, горнозаво́дчик; горнопромы́шленник, владе́лец ша́хты, владе́лец рудника́

Bergindustrie *f* го́рная промы́шленность, горнодобыва́ющая промы́шленность

Bergmannsrente *f* пе́нсия горнорабо́чего, выпла́чиваемая по нетрудоспосо́бности; пе́нсия шахтера, выпла́чиваемая по нетрудоспосо́бности; пе́нсия горняка́, выпла́чиваемая по нетрудоспосо́бности

Bergmannsvollrente *f* пе́нсия горнорабо́чего по инвали́дности, пе́нсия горнорабо́чего по ста́рости, пе́нсия шахтёра по инвали́дности, пе́нсия шахтёра по ста́рости, пе́нсия горняка́ по инвали́дности, пе́нсия горняка́ по ста́рости

Bergordnung *f* го́рный уста́в; законоположе́ние о го́рных разрабо́тках

Bergrecht *n* го́рное пра́во *(совоку́пность правовы́х норм, регули́рующих го́рное де́ло)*; пра́во на разрабо́тку поле́зных ископа́емых

Bergregal *n* го́рная рега́лия *(госуда́рственная монопо́лия на дохо́д от разрабо́тки поле́зных ископа́емых)*

Bergschaden *m* ущёрб, наноси́мый веде́нием го́рных разрабо́ток

Bergschadenkosten *pl* расхо́ды по возмеще́нию ущёрба, нанесённого веде́нием го́рных разрабо́ток

Bergung *f* спаса́ние *(напр. су́дна при кораблекруше́нии)*; сохране́ние

Bergungsverluste *m, pl* поте́ри, свя́занные со спасанием *(су́дна)*

Bergungsvertrag *m* контра́кт на проведе́ние спаса́тельных рабо́т

Bergunternehmer *m* владе́лец го́рного предприя́тия, горнозаво́дчик, горнопромы́шленник

Bergwerk *n* го́рное предприя́тие, рудни́к, ша́хта
ein Bergwerk anlegen нача́ть го́рную разрабо́тку, открыва́ть рудни́к
ein Bergwerk fündig machen нача́ть го́рную разрабо́тку, открыва́ть рудни́к

Bergwerksaktie *f* а́кция го́рного предприя́тия

Bergwerksanteil *m* пай в горнопромы́шленной компа́нии, пай в горнору́дной компа́нии

Bergwerksbesitzer *m* владе́лец го́рного предприя́тия, горнозаво́дчик, горнопромы́шленник

Bergwerkseigentum *n* со́бственность на го́рное предприя́тие; иму́щество го́рного предприя́тия

Bergwerksgemeinschaft *f* горнопромы́шленное объедине́ние, объедине́ние горнозаводски́х предприя́тий

Bergwerksgesellschaft *f* горнопромы́шленная компа́ния

Bergwerkskataster *m* горнопромы́шленный када́стр

Bergwerkskosten *pl* общеруднúчные расхо́ды

Bergwerksrente *f* го́рная ре́нта

Bergwerkssteuer *f* нало́г на го́рные разрабо́тки, го́рная пода́ть

Bergwirtschaft *f* го́рная промы́шленность, горнодобыва́ющая промы́шленность; эконо́мика го́рной промы́шленности; го́рное хозя́йство *(рудника́)*

Bericht *m* отчёт; докла́д; донесе́ние, сообще́ние; корреспонде́нция; сво́дка *(напр. бухга́лтерская)*; уведомле́ние, извеще́ние, пове́стка
Grüner Bericht Зелёный докла́д, агра́рный докла́д *(ежего́дный докла́д прави́тельства ФРГ бундеста́гу об итогах истекшего сельскохозя́йственного года́)*
statistischer Bericht статисти́ческий отчёт
laut Bericht впредь до уведомле́ния *(на́дпись на ве́кселе)*
ohne Bericht без уведомле́ния *(на́дписи на ве́кселе)*

Berichterstattung *f* представле́ние отчёта; докла́д, донесе́ние; корреспонде́нция; систе́ма госуда́рственной отчётности
Berichterstattung систе́ма госуда́рственной отчётности
buchhalterische Berichterstattung бухга́лтерская отчётность
statistische Berichterstattung статисти́ческая отчётность

Berichterstattungspflicht *f стат.* обя́занность представле́ния отчётов

berichtigen *vt* исправля́ть *что-л.*, вноси́ть попра́вку
berichtigen погаша́ть, упла́чивать *(долг)*
berichtigen приводи́ть в поря́док, урегули́ровать

Berichtigung *f* опроверже́ние
Berichtigung упла́та *(напр. до́лга)*; исправле́ние, попра́вка; сторно *(исправле́ние бухга́лтерской оши́бки)*
Berichtigung урегули́рование
Berichtigung einer Rechnung опла́та счёта
Berichtigung von Buchungen сторно *(исправле́ние оши́бки в бухга́лтерских кни́гах)*

Berichtigung von Steuerfestsetzungen исправле́ние разме́ра нало́га, измене́ние разме́ра нало́га *(ме́стными финансовыми о́рганами)*

Berichtigungsanschlag *m* дополни́тельная сме́та

Berichtigungsantrag *m* попра́вка *(к прое́кту догово́ра)*

Berichtigungsbuchung *f* исправи́тельная бухга́лтерская за́пись

Berichtigungsbuchung исправи́тельная за́пись, дополни́тельная бухга́лтерская прово́дка

Berichtigungsbudget *n* дополни́тельная сме́та

Berichtigungsfaktor *m* поправочный коэффицие́нт

Berichtigungsfeststellung *f* установле́ние но́вых масшта́бов для исчисле́ния нало́га

Berichtigungsveranlagung *f* исправле́ние разме́ра нало́га, измене́ние разме́ра нало́га *(ме́стными финансовыми о́рганами)*

Berichtigungsvermerk *m* огово́рка *(в бухга́лтерских кни́гах)*

Berichtsabschnitt *m* отчётный перио́д

Berichtsanalyse *f* ана́лиз отчётности

Berichtsangaben *f, pl стат.* отчётные да́нные

Berichtsbilanz *f* отчётный бала́нс

Berichtsbogen *m* бланк отчёта, формуля́р отчёта

Berichtsdaten *pl* отчётные да́нные

Berichtsformular *n* бланк отчёта, формуля́р отчёта

Berichtsheft *n* отчётная ве́домость

Berichtsjahr *n* отчётный год

Berichtskalkulation *f* отчётная калькуля́ция

Berichtskennziffer *f* отчётный показа́тель

Berichtsmonat *m* отчётный ме́сяц

Berichtsperiode *f* отчётный перио́д, исте́кший перио́д

Berichtsraum *m* отчётный перио́д, исте́кший перио́д

Berichtsselbstkosten *pl* факти́ческая себесто́имость

Berichtsunterlagen *pl стат.* отчётная документа́ция, докуме́нты статисти́ческой отчётности

Berichtswesen *n стат.* отчётность

Berichtswesen *стат.* систе́ма госуда́рственной отчётности

Berichtszeit *f* отчётный перио́д, исте́кший перио́д

Berliner Handelsgesellschaft *истор.* Западноберлинское торго́вое о́бщество

Berner Union, BU Бе́рнский Сою́з

berth terms *англ.* лине́йные усло́вия *(о погру́зке и вы́грузке)*

berth terms *англ.* усло́вия погру́зки и вы́грузки *(дополни́тельно к усло́виям конфере́нции)*

Bertiebswechselbahnhof *m* железнодоро́жная ста́нция на грани́це, эксплуатируемая двумя́ стра́нами; пограни́чная железнодоро́жная ста́нция

berücksichtigen *vt* принима́ть во внима́ние, учи́тывать *что-л.*

Berücksichtigung *f* приня́тие во внима́ние, учёт

Beruf *m* заня́тие, трудова́я де́ятельность

Beruf профе́ссия, специа́льность

ausgeübter Beruf факти́ческая специа́льность, факти́ческое заня́тие

erlernter Beruf приобретённая профе́ссия; полу́ченная специа́льность

freier Beruf свобо́дная профе́ссия

gesundheitsschädlicher Beruf профе́ссия, свя́занная с вре́дными усло́виями труда́

zweiter Beruf втора́я профе́ссия; втора́я специа́льность

einen **Beruf aneignen** приобрета́ть профе́ссию

einen **Beruf ausüben** рабо́тать *(кем-л.)*

einen **Beruf ergreifen** избра́ть профе́ссию, вы́брать профе́ссию

einen **Beruf erlernen** приобрета́ть профе́ссию; получа́ть специа́льность

das **ist nicht sein Beruf** э́то не по его́ специа́льности

der erlernte Beruf приобретённая профе́ссия; приобретённая специа́льность

im Beruf stehen рабо́тать по специа́льности

im Beruf tätig sein рабо́тать по специа́льности

in Ausübung seines Berufes при исполне́нии свои́х служе́бных обя́занностей

in den Beruf hinausgehen приступи́ть к рабо́те по специа́льности

keinen festen Beruf haben не име́ть определённой профе́ссии; быть без определённых заня́тий

seinem Beruf nachgehen исполня́ть свои́ *(служе́бные)* обя́занности

sich auf einen Beruf vorbereiten гото́виться к рабо́те по (како́й-л.) специа́льности

beruflich профессиона́льный; служе́бный

berufliche Ausbildung профессиона́льное образова́ние; профессиона́льное обуче́ние

berufliches Unglück несча́стный слу́чай на произво́дстве; несча́стный слу́чай при исполне́нии служе́бных обя́занностей

sie ist beruflich tätig она́ рабо́тает *(по определенной специа́льности)*

er war beruflich verhindert ему́ помеша́ли служе́бные дела́; его́ задержа́ли служе́бные дела́

er musste beruflich verreisen он до́лжен был уе́хать по служе́бным дела́м

beruflos без определённой профе́ссии; без специа́льности

Berufsanalyse *f* ана́лиз усло́вий труда́ и тре́бований, предъявля́емых к определённой профе́ссии

Berufsarbeit *f* рабо́та по специа́льности

Berufsarbeiter *m* рабо́чий, рабо́тающий по специа́льности; профессиона́льный рабо́чий

Berufsaufklärung *f* разъяснительная рабо́та о хара́ктере (той и́ли ино́й) профе́ссии; профподготовка

Berufsausbildung *f* профессиона́льное обуче́ние, профессиона́льная подгото́вка

Berufsausbildungskosten *pl* расхо́ды на профессиона́льное обуче́ние, расхо́ды на профессиона́льную подгото́вку

Berufsausbildungspersonal *n* штат преподава́телей в систе́ме профессиона́льного обуче́ния

Berufsausbildungsverhältnisse *n, pl* (правовы́е) отноше́ния, регулируемые усло́виями догово́ра о профессиона́льном обуче́нии

Berufsauslese *f* отбо́р ка́дров для профессиона́льного обуче́ния

Berufsbekleidung *f* рабо́чая оде́жда; спецо́вка

Berufsberatung *f* консульта́ция по вы́бору профе́ссии

Berufsberatungsstelle *f* бюро́ по профессиона́льной ориента́ции

Berufsbereinigung *f* специализа́ция предприя́тий с це́лью улучше́ния подгото́вки молоды́х ка́дров определённой профе́ссии

Berufsbild *n* описа́ние профе́ссии, тре́бующей специа́льной подгото́вки, характери́стика профе́ссии, тре́бующей специа́льной подгото́вки

Berufsbildung *f* профессиона́льное обуче́ние молоды́х ка́дров и повыше́ние квалифика́ции рабо́чих, уже́ име́ющих специа́льность

Berufseignung *f* профессиона́льная приго́дность, профприго́дность

Berufseignungsprüfung *f* экза́мен на профессиона́льную приго́дность, экза́мен на профприго́дность, прове́рка профессиона́льной подгото́вки, прове́рка квалифика́ции

Berufsentwicklung *f* повыше́ние квалифика́ции
Berufserfahrung *f* профессиона́льный о́пыт
Berufsfähigkeit *f* профессиона́льная трудоспосо́бность; профессиона́льный на́вык, профнавыки
Berufsfindung *f* проце́сс разви́тия у молодёжи интере́сов и скло́нностей для оптима́льного вы́бора профе́ссии
berufsfremd не по специа́льности *(о рабо́те)*
Berufsgeheimnis *n* профессиона́льная та́йна; секре́т произво́дства
Berufsgenossenschaft *f* (профессиона́льный) сою́з, корпора́ция, объедине́ние *(рабо́тников одно́й профе́ссии)*
Berufsgenossenschaft сою́з предпринима́телей *(напр. О́бщество страхователей, ФРГ)*
Berufsgliederung *f стат.* распределе́ние (населе́ния) по роду́ заня́тий; *стат.* классифика́ция профе́ссий; профессиона́льный соста́в
Berufsgruppe *f* профессиона́льная гру́ппа
Berufsgruppierung *f* группиро́вка по профе́ссиям
Berufshaftpflichtversicherung *f* гаранти́йное страхова́ние по отде́льным профе́ссиям
Berufshygiene *f* гигие́на труда́, профессиона́льная гигие́на, профгигиена
Berufsjahre *n, pl* трудово́й стаж, стаж рабо́ты, стаж, профессиона́льный стаж
Berufskleidung *f* спецоде́жда, рабо́чая оде́жда
Berufskombination *f* совмеще́ние профе́ссий, совмести́тельство
Berufskrankheit *f* профессиона́льное заболева́ние, профессиона́льная боле́знь, профзаболевание
Berufslenkung *f* привлече́ние и отбо́р молоды́х ка́дров для профессиона́льного обуче́ния и после́дующего распределе́ния
Berufslose *pl* лица́, не име́ющие определённой профе́ссии
selbstständige Berufslose *стат.* незанятое населе́ние, не получа́ющее посо́бия по безрабо́тице, одна́ко, име́ющее исто́чник существова́ния
berufsmäßig профессиона́льный
Berufsmorbidität *f* профессиона́льная заболева́емость, профзаболеваемость
Berufsnachwuchs *m* молоды́е ка́дры специали́стов; молоды́е специали́сты; молодо́е поколе́ние специали́стов
Berufspraktikum *n* произво́дственная пра́ктика *(студе́нтов)*
Berufspraxis *f* трудово́й стаж, стаж, стаж рабо́ты, профессиона́льный стаж
Berufspsychologie *f* психоло́гия, изуча́ющая профессиона́льную де́ятельность
Berufsschaden *m* уще́рб здоро́вью, наноси́мый (определённой) профессиона́льной де́ятельностью
Berufsschädigung *f* уще́рб здоро́вью, наноси́мый (определённой) профессиона́льной де́ятельностью; профзаболевание
Berufsschädlichkeit *f* профессиона́льная вре́дность; вре́дность произво́дства
Berufsschule *f* профессиона́льная шко́ла, профтехучилище, ПТУ
gewerbliche Berufsschule реме́сленное учи́лище, профтехучилище, ПТУ
Berufsschulpflicht *f* обяза́тельное профессиона́льное обуче́ние
Berufsschulung *f* профобразова́ние, профессиона́льное образова́ние
Berufsstand *m* профе́ссия
Berufsstruktur *f* профессиона́льный соста́в, профессиона́льная структу́ра
Berufssystematik *f* классифика́ция профе́ссий
Berufstätige *pl* рабо́тающие по определённой специа́льности
Berufstätigkeit *f* рабо́та по специа́льности; трудово́й стаж; стаж рабо́ты
ununterbrochene Berufstätigkeit непреры́вный трудово́й стаж
Berufsunfähigkeit *f* профессиона́льная неприго́дность, профнепригодность
Berufsunfall *m* несча́стный слу́чай на произво́дстве; произво́дственная тра́вма
Berufsverband *m* объедине́ние рабо́тников одно́й профе́ссии; сою́з предпринима́телей
Berufsverbot *n* запреще́ние *(запре́т)* занима́ться определённой профе́ссией, запреще́ние *(запре́т)* занима́ть определённые до́лжности, запре́т на профе́ссии(ю)
Berufsverkehr *m* перево́зка трудя́щихся к ме́сту рабо́ты; движе́ние рабо́чих поездо́в
Berufsverkehrstarif *m* тари́ф в служе́бном тра́нспорте
Berufsverkehrsvertrag *m* догово́р ме́жду предприя́тием и тра́нспортной организа́цией на перево́зку трудя́щихся, за́нятых на предприя́тии
Berufsverzeichnis *n* пе́речень профе́ссий
Berufswahl *f* вы́бор профе́ссии
Berufswechsel *m* переме́на профе́ссии, сме́на профе́ссии
Berufszählung *f* пе́репись рабо́тающих по да́нной профе́ссии
Berufszugehörige *m, pl* чле́ны семьи́, находя́щиеся на иждиве́нии лиц определённой профе́ссии
Berufung *f* приглаше́ние *(для замеще́ния до́лжности)*; назначе́ние *(на рабо́ту, на до́лжность)*
Berufung обжа́лование суде́бного реше́ния, апелля́ция, кассационная жа́лоба
Berufung ссы́лка *на кого́-л., на что-л.*
Berufung einlegen апелли́ровать
Berufung einlegen подава́ть кассационную жа́лобу, обжа́ловать
Berufung einreichen подава́ть кассационную жа́лобу, обжа́ловать
beruhen *vi* осно́вываться, держа́ться
die Preise beruhen auf Weltmarktpreisen цены́ осно́вываются на це́нах мирово́го ры́нка
Besatz *m стат.* показа́тель эффекти́вности сельскохозя́йственного предприя́тия *(сто́имость средств произво́дства в расчёте на едини́цу поле́зных сельскохозя́йственных площаде́й)*; при́месь *(в сельскохоз. сыпу́чих грузах)*
Besatzdichte *f* коли́чество голо́в скота́, приходящихся на едини́цу пло́щади па́стбищ
Besatzungsfolgekosten *pl истор.* оккупацио́нные расхо́ды
Besatzungskosten *pl истор.* оккупацио́нные расхо́ды
Besatzungsschaden *m истор.* уще́рб, причинённый в перио́д оккупации
Besatzungsstatut *n истор.* оккупацио́нный стату́т *(учрежденный осо́бо для За́падной Герма́нии в 1949 г. прави́тельствами США, Фра́нции и Великобрита́нии)*
beschädigen *vt* поврежда́ть, по́ртить
sich beschädigen получа́ть поврежде́ния, по́ртиться
beim Transport beschädigen повреди́ть при транспортировке
durch etwas beschädigen повреди́ть в результа́те *чего́-л.*
Beschädigtenrente *f* пе́нсия инвали́дам войны́
Beschädigung *f* поврежде́ние; по́рча; ава́рия
Beschädigung причине́ние вреда́, причине́ние уще́рба, нанесе́ние уще́рба
Beschädigungsschein *m* свиде́тельство о понесённом уще́рбе
Beschädigungsschein *m* свиде́тельство об ава́рии (уще́рбе)
Beschaffen *n* приобрете́ние; загото́вка; заку́пка; поста́вка; доста́вка; привле-

чéние *(напр. капитáла)*

beschaffen *vt* приобретáть, заготовля́ть; поставля́ть, доставля́ть

Beschaffenheit *f* состоя́ние; свойствó; кáчество; структýра

äußere Beschaffenheit внéшнее состоя́ние, внéшний вид *(напр. грýза, товáра)*

äußerlich gute Beschaffenheit хорóшее по внéшнему видý состоя́ние *(напр. грýза, товáра)*

Beschaffenheits-Standard *m* стандáрт кáчества, эталóн кáчества

Beschaffenheitsgarantie *f* гарáнтия кáчества

Beschaffenheitssicherung *f* обеспéчение надлежáщего состоя́ния *(напр. грýза, товáра)*

Beschaffung *f* приобретéние; обеспéчение сырьём и материалами; заготóвка; постáвка; достáвка

Beschaffung aus eigenen Mitteln заготóвка сóбственными сúлами

Beschaffung von Devisen покýпка валю́ты; приобретéние валю́ты

Beschaffung eines Akzeptes получéние акцéпта

Beschaffung eines Akzepts получéние акцéпта

Beschaffung landwirtschaftlicher Erzeugnisse заготóвка сельскохозя́йственной продýкции

Beschaffung von Arbeitskräften привлечéние рабóчей сúлы

Beschaffung von Kapital привлечéние капитáла

Beschaffung von Kapitalien привлечéние капитáлов

Beschaffung von Waren закýпка товáров

staatliche Beschaffung государственные заготóвки; закýпки госудáрственных организáций; закýпки правúтельственных организáций

Beschaffungsamt *n* заготовительный оргáн; управлéние заготовок

Beschaffungsapparat *m* заготовительный аппарáт

Beschaffungsbereich *m* сéктор материáльно-технúческого снабжéния *(напр. предприя́тия)*

Beschaffungsermächtigung *f* разрешéние на закýпку, разрешéние на заготовку

Beschaffungsgemeinkosten *pl* общезаготовительные расхóды общезаготовительные издéржки

Beschaffungsgroßhandel *m* оптóвая торгóвля, обеспéчивающая заготовку материáлов и сырья́, оптóвая торгóвля, обеспéчивающая закýпку материáлов и сырья́

Beschaffungskalkulation *f* исчислéние заготовительных расхóдов

Beschaffungskampagne *f* заготовительная кампáния

Beschaffungskartell *n* картéль заготовительных фирм

Beschaffungskosten *pl* заготовúтельные расхóды; расхóды на приобретéние; закупочные расхóды; расхóды на закýпку

allgemeine Beschaffungskosten общезаготовительские расхóды, общезаготовительские издéржки, óбщие расхóды на заготовку; общезакупочные расхóды

Beschaffungsmarkt *m* мéсто закýпки сырья́ и материáлов

Beschaffungsnetz *n* заготовительная сеть

Beschaffungsorganisation *f* заготовительная организáция, организáция-заготовúтель

Beschaffungsplan *m* заготовительный план, заготплан; торгово-заготовительный план

Beschaffungspreis *m* заготовительная ценá, заготцена

Beschaffungsstelle *f* заготовительный пункт, заготпункт

Beschaffungsvertrag *m* контрáкт на постáвку (оборýдования и т.п.)

Beschaffungsvertrag контрáкт на закýпки (целевые)

Beschaffungsvertrag контрáкт на оказáние услýг (напр. на кóнкурсной оснóве)

Beschaffungsvertrag тéндер

Beschaffungsweg *m* ; *(eng.)* **trade channel** канáл постáвок; торгóвый канáл

Beschaffungswesen *f* ; *(eng.)* **government procurement;** *(eng.)* **purchasing by government agencies** закýпки правительственными (госудáрственными) организáциями

Beschaffungswesen *f* покýпка; закýпка; приобретéние

Beschaffungszeit *f* врéмя выполнéния закáза (на постáвку оборýдования, предоставлéние услýг и т.п.)

beschäftigen *vt* давáть рабóту. предоставля́ть рабóту

sich beschäftigen занимáться *(чем-л.)*

beschäftigt зáнятый, рабóтающий

beschäftigt sein рабóтать, быть зáнятым

beschränkt beschäftigt sein быть зáнятым непóлный рабóчий день

verkürzt beschäftigt sein быть зáнятым непóлный рабóчий день

voll beschäftigt sein быть зáнятым пóлный рабóчий день

das **Werk beschäftigt tausend Arbeiter** на завóде занятá ты́сяча рабóчих; завóд даёт ты́сячу рабóчих мест; на завóде имéется ты́сяча рабóчих мест; завóд предоставля́ет рабóту тысяче рабóчих

Beschäftigte *pl* зáнятые, рабóтающие; рабóтники предприя́тия *(рабóчие и слýжащие)*

nicht ständig Beschäftigte непостоя́нно зáнятые; врéменные рабóтники

ständig Beschäftigte постоя́нно зáнятые; постоя́нные рабóтники

umsatzleistende Beschäftigte рабóтники торгово-сбытовой сетú

unselbstständig Beschäftigte зáнятые на несамостоятельных вúдах рабóт

unständig Beschäftigte непостоя́нно зáнятые; врéменные рабóтники

Beschäftigtenanteil *m* дóля взнóсов трудя́щихся в фонд социáльного страховáния, удéльный вес взнóсов трудя́щихся в фонд социáльного страховáния

Beschäftigtengrad *m* коэффициéнт испóльзования рабóчей сúлы, стéпень испóльзования рабóчей сúлы; ýровень зáнятости

altersspezifischer Beschäftigtengrad коэффициéнт испóльзования рабóчей сúлы с учётом возрастны́х групп, стéпень испóльзования рабóчей сúлы с учётом возрастны́х групп

Beschäftigtengruppe *f* грýппа занятого населéния *(напр. по профéссиям)*

Beschäftigtengruppenkatalog *m стат.* каталóг, группирýющий зáнятое населéние *(напр. по профéссиям)*

Beschäftigtenkartei *f* картотéка коллектúва предприя́тия

Beschäftigtenkategorie *f* категóрия зáнятых, категóрия рабóтающих; категóрия рабóтников

Beschäftigtenkennziffer *f* показáтель зáнятости, индéкс зáнятости; зáнятость

Beschäftigtenstruktur *f* структýра зáнятых, структýра зáнятости

Beschäftigtenzahl *f* чúсленность зáнятых

Beschäftigtenzahl числó зáнятых

Beschäftigung *f* заня́тие, рабóта; дéятельность; зáнятость; предоставлéние рабóты

Beschäftigung зáнятость; числó рабóчих мест

Beschäftigung von Altersrenten предоставлéние рабóты пенсионéрам; испóльзование трудá пенсионéров

aushilfsweise Beschäftigung врéменное заня́тие, временнáя рабóта

Beschäftigungsabweichung *f* расхождéние мéжду запланированным и фактúческим ýровнем зáнятости

Beschäftigungsanfall *m* высо́кий спрос на рабо́чую си́лу
Beschäftigungsart *f* род заня́тий
Beschäftigungsdauer *f* (о́бщий) трудово́й стаж
ununterbrochene Beschäftigungsdauer непреры́вный трудово́й стаж
Beschäftigungsgrad *m* коэффицие́нт за́нятости
Beschäftigungsgrad сте́пень загру́зки произво́дственных мо́щностей, сте́пень испо́льзования произво́дственных мо́щностей *(соотноше́ние фактического и потенциа́льно возмо́жного объема произво́дства)*
Beschäftigungsgrad у́ровень за́нятости, коэффицие́нт за́нятости; загру́зка, нагру́зка *(маши́ны)*; нагру́зка *(рабо́чих, слу́жащих)*
Beschäftigungsgradschwankung *f* колеба́ния в сте́пени загру́зки произво́дственных мо́щностей
beschäftigungslos безрабо́тный; без заня́тий; пра́здный
Beschäftigungslosigkeit *f* безрабо́тица
Beschäftigungsniveau *n* у́ровень за́нятости
Beschäftigungspflicht *f* обя́занность предпринима́теля предоставля́ть рабо́ту
Beschäftigungspolitik *f* поли́тика, напра́вленная на увеличе́ние за́нятости *(на сниже́ние до́ли безрабо́тных)*
Beschäftigungsprognose *f* прогно́з за́нятости
Beschäftigungsrückgang *m* сокраще́ние чи́сленности за́нятых; сниже́ние загру́зки *(маши́н)*
Beschäftigungsstand *m* у́ровень за́нятости
Beschäftigungsstruktur *f* структу́ра за́нятости
Beschäftigungstheorie *f* тео́рия за́нятости
Beschäftigungsverbot *n* запреще́ние занима́ться како́й-л. де́ятельностью
Beschäftigungswachstum *n* рост чи́сленности за́нятых; увеличе́ние за́нятости; увеличе́ние загру́зки *(маши́н)*
Beschatter *m* заготови́тель; поставщи́к
Beschau *f* осмо́тр, освиде́тельствование; тамо́женный досмо́тр; контро́ль, прове́рка *(мя́са и др. това́ров)*; пробирование, пробирный контро́ль *(це́нных мета́ллов)*; реви́зия, прове́рка; пересмо́тр; просмо́тр; заверéние, удостоверéние
Beschaubefund *m* да́нные осмо́тра
Beschaubefund досмо́тровая ро́спись
zollamtlicher Beschaubefund тамо́женная досмо́тровая ро́спись
Beschauer *m* контролёр, инспе́ктор
Beschauprüfung *f* вне́шний осмо́тр *(напр. при контроле ка́чества)*
Beschauprüfung осмо́тр, досмо́тр
Beschauzeichen *n* штамп контролёра *(удостоверя́ющий ка́чество това́ра)*, штамп ОТК
bescheinigen *vt* удостоверя́ть, подтвержда́ть, свиде́тельствовать *(пи́сьменно)*
Bescheinigung *f* удостовере́ние, свиде́тельство; распи́ска, квита́нция; докуме́нтальное подтвержде́ние *(напр. получе́ния това́ра)*
Beschlag *m* конфиска́ция, изъя́тие аре́ст, секве́стр; эмба́рго, запре́т
den Beschlag aufheben снять аре́ст, снять запре́т
mit Beschlag belegen конфискова́ть, наложи́ть аре́ст, наложи́ть запре́т; владе́ть, по́льзоваться
beschlagfrei не подлежа́щий конфиска́ция, не подлежа́щий аре́сту
Beschlagnahme *f* конфиска́ция, изъя́тие; аре́ст иму́щества, наложе́ние аре́ста на иму́щество, о́пись иму́щества; наложе́ние запре́та, наложе́ние секве́стра
Beschlagnahme тре́бование *чего́-л.*; заявле́ние прете́нзии *на что-л.*
die Beschlagnahme aufheben снять аре́ст, снять запре́т
die Beschlagnahme beantragen поста́вить вопро́с о конфиска́ции, поста́вить вопро́с о наложе́нии аре́ста, поста́вить вопро́с о наложе́нии запре́та
die Beschlagnahme verfügen наложи́ть аре́ст, наложи́ть запре́т
frei von Beschlagnahme свобо́дно от аре́ста (плене́ния и захва́та) *(огово́рка в догово́ре фрахтования)*
beschlagnahmefrei не подлежа́щий конфиска́ции, не подлежа́щий аре́сту
beschlagnahmen *vt* конфискова́ть, изъя́ть; наложи́ть аре́ст на иму́щество, описа́ть иму́щество; наложи́ть запре́т, наложи́ть секве́стр
beschlagnahmen описа́ть *(иму́щество)*
beschlagnahmen изъя́ть *(ору́дия преступле́ния)*
Beschlagnahmerisiko *n* риск конфиска́ции *(напр. това́ров за преде́лами свое́й страны́)*
Beschlagnahmeversicherung *f* страхова́ние гру́зов на слу́чай возмо́жной конфиска́ции (аре́ста)
beschleunigen *vt* ускоря́ть, торопи́ть
Beschleunigung *f* ускоре́ние; акселера́ция
Beschleunigung des Umsatzes der Betriebsmittel ускоре́ние обора́чиваемости оборо́тных средств
Beschleunigungsprinzip *n* при́нцип акселера́ции
beschließen *vt* реша́ть, постановля́ть; принима́ть *(резолю́цию, зако́н)*
Beschluss *m* реше́ние, постановле́ние
Beschluss *юр.* определе́ние *(суда́)*
Beschluss заключе́ние, заверше́ние
zum Beschluss в заключе́ние, в конце́
in Beschluss nehmen принима́ть *что-л.* на сохране́ние
unter Beschluss под замко́м
beschneiden сокраща́ть *(напр. потребле́ние)*; уменьша́ть *(напр. за́работную пла́ту)*
Beschneidung *f* сокраще́ние *(напр. потребле́ния)*; уменьше́ние *(напр. за́работной пла́ты)*
beschränken *vt* ограни́чивать (*чем-л. в чем-л.)*
beschränkt ограни́ченный
Gesellschaft mit beschränkter Haftung, GmbH о́бщество с ограни́ченной отве́тственностью, ООО
Beschränkung *f* ограниче́ние *(напр. вы́воза)*, рестри́кция; сокраще́ние *(напр. вооруже́ний)*
Beschränkungen *f, pl* ограниче́ния (мн.ч.)
mengenmäßige Beschränkungen коли́чественные ограниче́ния (мн.ч.)
Beschränkungsmaßnahme *f* ограничи́тельная ме́ра
Beschränkungsvektor *m мат.* ве́ктор ограниче́ний
Beschriftung *f* маркиро́вка; на́дпись; леге́нда; эксплика́ция *(напр. карти́ны)*
Beschwer *f* жа́лоба налогоплате́льщика по по́воду ущемле́ния его́ прав, заявле́ние налогоплате́льщика по по́воду ущемле́ния его́ прав
Beschwerde *f* затрудне́ние; жа́лоба; ча́стная жа́лоба; жа́лоба на реше́ние администрати́вного о́ргана, администрати́вная жа́лоба; *торг.* реклама́ция
eine Beschwerde einlegen предъявля́ть реклама́цию *кому́-л., чему́-л.*
eine Beschwerde erheben предъявля́ть реклама́цию *кому́-л., чему́-л.*
Beschwerdekommission *f* **der Sozialversicherung** конфли́ктная коми́ссия орга́на социа́льного страхова́ния *(рассма́тривающая жа́лобы на реше́ния нижестоя́щего о́ргана)*
Beschwerderecht *n* пра́во обжа́лования
Beschwerdesache *f* жа́лоба; кассацио́нное де́ло; де́ло по обжа́лованию реше́ния суда́
Beschwerdeverfahren *n юр.* поря́док пода́чи и рассмотре́ния жа́лоб

Beschwerdeweg *m юр.* поря́док пода́чи и рассмотре́ния жа́лоб
besehen:
wie besehen: осмотрено - одо́брено *(пункт догово́ра о ка́честве това́ра, поставляемого по предвари́тельному осмо́тру)*
beseitigen *vt* устраня́ть
Mängel beseitigen устраня́ть дефе́кты
Beseitigung *f* устране́ние, ликвида́ция
Besemschon *n* ски́дка за поте́ри, возни́кшие в результа́те прилипания това́ра к упако́вке
Besetzungsnorm *f* нормати́в чи́сленности (техни́ческого) персона́ла
Besetzungsnormativ *n* нормати́в чи́сленности (техни́ческого) персона́ла
BesG, Besoldungsgesetz зако́н о поря́дке вы́платы де́нежного содержа́ния
Besicht:
auf Besicht: по́сле осмо́тра *(усло́вие ку́пли-прода́жи)*
nach Besicht: по́сле осмо́тра *(усло́вие ку́пли-прода́жи)*
besichtigen *vt* инспекти́ровать, ревизова́ть
besichtigen осма́тривать
besichtigt осмотренный
wie besichtigt осмотрено - одо́брено *(пункт догово́ра о ка́честве това́ра, поставляемого по предвари́тельному осмо́тру)*
besichtigt - genehmigt осмотрено - одо́брено
Besichtigung *f* осмо́тр; реви́зия, инспе́кция; прове́рка *(това́ров пе́ред отпра́вкой потреби́телю)*; тамо́женный досмо́тр
Besichtigungsbefugnis *f* пра́во осмо́тра
Besichtigungsgebühren *f, pl* пла́та за осмо́тр
Besichtigungsprotokoll *n* протоко́л осмо́тра
Besichtigungsrecht *n* пра́во осмо́тра
Besichtigungsvermerk *m* отме́тка об осмотре
besiedeln заселя́ть, колонизи́ровать
Besiedelung *f* заселе́ние, колониза́ция
Besiedlung *f* заселе́ние, колониза́ция
Besitz *m юр.* владе́ние, облада́ние; со́бственность, иму́щество; (земе́льное) владе́ние, име́ние
Besitz auf Lebzeit пожи́зненное владе́ние
abgeleiteter Besitz владе́ние не от со́бственного и́мени
bäuerlicher Besitz крестья́нская со́бственность
berechtigter Besitz правомерное владе́ние
berechtigter Besitz недобросовестное владе́ние
ewiger Besitz ве́чное владе́ние
gemeinsamer Besitz совме́стное владе́ние
gewaltsam erworbener Besitz наси́льственное владе́ние
gutgläubiger Besitz добросо́вестное владе́ние
nichtgerechtfertigter Besitz неправоме́рное владе́ние
rechtmäßiger Besitz правомерное владе́ние
unbestrittener Besitz бесспо́рное владе́ние
unbeweglicher Besitz недви́жимость, недви́жимое иму́щество; владе́ние недви́жимостью
ungesetzlicher Besitz незако́нное владе́ние
unmittelbarer Besitz непосре́дственное владе́ние, прямо́е владе́ние
unselbstständiger Besitz владе́ние без права́ со́бственности
unveräußerlicher Besitz неотчужда́емое иму́щество
zeitweiliger Besitz вре́менное владе́ние
zur Ersitzung berechtigender Besitz да́вностное владе́ние
den Besitz antreten вступи́ть во владе́ние
im Besitz des Briefes sein получи́ть письмо́
in Besitz übergeben передава́ть во владе́ние
in den Besitz einführen вводи́ть во владе́ние
in den Besitz einsetzen вводи́ть во владе́ние
in den Besitz setzen вводи́ть во владе́ние
Besitzabgabe *f* нало́г с иму́щества
Besitzabtretung *f* усту́пка владе́ния
Besitzanspruch *m* притяза́ние на владе́ние
Besitzauflassung *f* переда́ча права́ со́бственности, усту́пка права́ со́бственности
Besitzbestand *m* наличная недви́жимость
Besitzbürger *m* представи́тель иму́щих слоев (населе́ния)
Besitzdauer *f* срок владе́ния
ununterbrochene Besitzdauer непреры́вность владе́ния
Besitzdiener *m* лицо́, осуществля́ющее для владе́льца факти́ческое владе́ние ве́щью
Besitzeinkommen *n* дохо́д от владе́ния иму́ществом
Besitzeinkommen *n* дохо́д от по́льзования иму́ществом *(напр. ссу́дный проце́нт, divиде́нд, аре́ндная пла́та и др.)*
Besitzeinräumung *f* введе́ние во владе́ние
Besitzeinweisung *f* введе́ние во владе́ние *(по реше́нию суда́)*
besitzend иму́щий
Besitzende *m* владе́лец
Besitzentsetzung *f* лише́ние владе́ния
Besitzentziehung *f* лише́ние владе́ния
Besitzentziehungsklage *f* иск о защи́те владе́ния; иск о лишении владе́ния
Besitzer *m* владе́лец; со́бственник; поме́щик; (самостоя́тельный) хозя́ин
Besitzer ohne Rechtstitel неправоме́рный владе́лец
bösgläubiger Besitzer недобросо́вестный владе́лец
gutgläubiger Besitzer добросо́вестный владе́лец
mittelbarer Besitzer лицо́, распоряжающееся ве́щью, факти́ческим со́бственником которо́й явля́ется друго́е лицо́, лицо́, владе́ющее ве́щью, факти́ческим со́бственником которо́й явля́ется друго́е лицо́
nichtberechtigter Besitzer неправоме́рный владе́лец
rechtmäßiger Besitzer правоме́рный владе́лец
den Besitzer wechseln переходи́ть в други́е ру́ки, меня́ть владе́льца
Besitzergreifung *f* вступле́ние во владе́ние; овладе́ние, присвое́ние; экспроприа́ция
Besitzerwerb *m* приобрете́ние *(владе́ния, иму́щества, со́бственности)*; приобрете́ние прав на владе́ние чем-л.
Besitzgemeinschaft *f* коллекти́вное владе́ние
Besitzgemeinschaft о́бщность владе́ния
Besitzgesellschaft *f* о́бщество-владе́лец, компа́ния-владе́лец *(о́бщество, передаю́щее свой дви́жимый и недви́жимый капита́л в аре́нду акционе́рному о́бществу)*; хо́лдинговая компа́ния
Besitzhalter *m* лицо́, осуществля́ющее факти́ческое владе́ние
Besitzherr *m* владе́лец
Besitzklage *f* иск о защи́те владе́ния
Besitzklasse *f* представи́тели капита́ла; иму́щие сло́и; бога́тые сло́и населе́ния
Besitzkonstitut, vorweggenommenes переда́ча права́ со́бственности на дви́жимое иму́щество, не находя́щееся еще во владе́нии передающего
besitzlos неиму́щий
Besitzlosigkeit *f* отсу́тствие со́бствен-

ности

Besitzmittler *m* лицо́, распоряжающееся ве́щью, факти́ческим со́бственником которо́й явля́ется друго́е лицо́, лицо́, владе́ющее ве́щью, факти́ческим со́бственником которо́й явля́ется друго́е лицо́

Besitznachfolge *f* преемственность владе́ния

Besitznachfolger *m* насле́дник пра́ва со́бственности; пре́мник во владе́нии

Besitznahme *f* вступле́ние во владе́ние

Besitznehmung *f* вступле́ние во владе́ние

Besitzpfandrecht *n* зало́говое пра́во по́льзования

Besitzraubung *f* лише́ние владе́ния; экспроприа́ция

Besitzrecht *n* пра́во владе́ния

Besitzschutz *m* защи́та владе́ния

Besitzschutzanspruch *m* пра́во на иск о защи́те владе́ния

Besitzschutzklage *f* иск о восстановле́нии нару́шенного владе́ния

Besitzstand *m* наличная недви́жимость; акти́вы; разме́ры иму́щества

Besitzsteuer *f* нало́г на иму́щество
Besitzsteuer *f* нало́г с капита́ла; нало́г на капита́л

Besitzstörung *f* наруше́ние владе́ния

Besitzstörungsklage *f* иск о восстановле́нии нару́шенного владе́ния

Besitzstück *n* объе́кт владе́ния

Besitzteile *m, pl* акти́вы *(предприя́тия)*

Besitztitel *m* докуме́нт, подтвержда́ющий пра́во на владе́ние, ти́тул владе́ния

Besitztum *n* иму́щество; недви́жимость, недви́жимое иму́щество; име́ние, (земе́льное) владе́ние
Besitztum veräußern отчужда́ть иму́щество
unbewegliches Besitztum недви́жимость, недви́жимое иму́щество
unveräußerliches Besitztum неотчужда́емое иму́щество
unveräußerliches Besitztum отчужде́нное иму́щество

Besitzübertragung *f* переда́ча владе́ния

Besitzung *f* владе́ние, облада́ние; (земе́льное) владе́ние, име́ние

Besitzveränderungssteuer *f* нало́г, взима́емый в слу́чае измене́ния владе́ния

Besitzvererbung *f* перехо́д владе́ния по насле́дству

Besitzverhältnisse *n, pl* отноше́ния владе́ния *(недви́жимостью)*; усло́вия землевладе́ния

Besitzverletzung *f* наруше́ние владе́ния

Besitzverlust *m* утра́та владе́ния

Besitzverschiebung *f юр.* переда́ча иму́щества с це́лью утаи́ть его́

Besitzwechsel *m* римесса, ве́ксель к получе́нию *(акцепто́ванный ве́ксель, находя́щийся во владе́нии векселедержа́теля);* ве́ксель, посыла́емый для покры́тия до́лга
Besitzwechsel сме́на владе́льца

Besitzwechselbuch *n* кни́га регистра́ции поступающих векселе́й, журна́л регистра́ции поступающих векселе́й; журна́л учёта поступающих векселе́й

Besitzwerte *m pl* иму́щество (мн.ч.), це́нности (мн.ч.)

Besitzzeit *f* вре́мя владе́ния, срок владе́ния, дли́тельность владе́ния

Besitzzuweisung *f* (непосре́дственная, факти́ческая) переда́ча владе́ния

besolden *vt* плати́ть зарпла́ту, выпла́чивать зарпла́ту

Besoldung *f* опла́та труда́; жа́лованье, окла́д, за́работная пла́та *(слу́жащих)*; де́нежное содержа́ние военнослу́жащих
Besoldung des Beamten жа́лованье чино́вника, окла́д чино́вника
Besoldung des Soldaten де́нежное содержа́ние военнослу́жащего
fixe Besoldung твёрдый окла́д

Besoldungsgesetz *n* зако́н о поря́дке вы́платы де́нежного содержа́ния

Besoldungsgruppe *f* разря́д тарифной се́тки

Besoldungskategorie *f* катего́рия окладов, катего́рия за́работной пла́ты

Besoldungssteuer *f* подохо́дный нало́г

Besoldungsstufe *f* разря́д тарифной се́тки

Besoldungstabelle *f* тари́фная се́тка

Besoldungsverhältnisse *n, pl* совоку́пность усло́вий, определяющих разме́р вознагражде́ния *(жа́лованья, окла́да, за́работной пла́ты)*

Besoldungszulage *f* надба́вка к получаемому вознагражде́нию *(жа́лованью, окла́ду, за́работной пла́те)*

besorgen *vt* достава́ть, доставля́ть, покупа́ть, заготовля́ть
besorgen испо́лнить *(поруче́ние)*

Besorgung *f* исполне́ние, выполне́ние
Besorgung поку́пка
Besorgung поруче́ние
Besorgung einer Lizenz получе́ние лице́нзии
Besorgung machen выполня́ть поруче́ние

Besorgungsfähigkeit *f юр.* дееспосо́бность

Besorgungsgebühr *f* комисси́я за исполне́ние поруче́ния, прови́зия за исполне́ние поруче́ния

besser stellen *vt* улучша́ть материа́льное положе́ние, повыша́ть благосостоя́ние *(кого́-л.)*

Besserstellung *f* улучше́ние материа́льного положе́ния, повыше́ние благосостоя́ния, повыше́ние жи́зненного у́ровня
kulturelle Besserstellung повыше́ние культу́рного у́ровня
soziale Besserstellung улучше́ние социа́льных усло́вий

BestA, Bestellauftrag зака́з-наря́д

Bestallung *f* до́лжность; окла́д; *юр.* назначе́ние *кого́-л.* опеку́но́м
Bestallung определе́ние на слу́жбу, назначе́ние на до́лжность

Bestand *m* **(Bestände** *pl)* запа́сы; фонд(ы)
Bestand нали́чие, нали́чность, (нали́чное) состоя́ние
Bestand инвента́рь
Bestand *ю.-нем.* наём; прока́т; аре́нда
Bestand *бухг.* оста́ток
Bestand поголо́вье *(скота́)*
Bestand портфе́ль *(напр. зака́зов)*
Bestand соста́в
Bestand состоя́ние, положе́ние
Bestand aufnehmen проводи́ть инвентариза́цию, переучитывать, инвентаризи́ровать, инвентаризова́ть
Bestand an Bargeld оста́ток нали́чных средств
Bestand an Waren това́рные запа́сы (мн.ч.)
Bestand an Werkzeugmaschinen стано́чный парк
Bestand der Kasse ка́ссовая нали́чность; оста́ток в кассе
Bestand der Versicherung страхово́й портфе́ль
Bestand laut Stellenplan шта́тный соста́в
Bestand zu aktualisieren обновля́ть спи́сок това́ров (напр. в Интерне́т-магази́не); обновля́ть портфе́ль зака́зов
buchmäßig ausgewiesener Bestand оста́ток по да́нным бухга́лтерского учёта
laufender Bestand теку́щие запа́сы (мн.ч.), оборо́тные запа́сы (мн.ч.)
rechtlicher Bestand правово́й ста́тус
transitorischer Bestand *бухг.* переходя́щий оста́ток
ungenutzter Bestand *бухг.* свобо́дный оста́ток

Bestandbuch *n* инвента́рная кни́га, инвентаризационный журна́л

Bestände *m, pl* запа́сы; фо́нды
absatzfähige Bestände запа́сы, кото́рые мо́гут быть реализо́ваны
illiquide Bestände неликвиды
liquide Bestände ликвиды, ликви́дные запа́сы

plangebundene Bestände нормативные запа́сы
planwidrige Bestände сверхнормативные запа́сы
Beständebilanz *f* бала́нс оста́тков
Beständer *m ю.-нем.* аренда́тор
Bestanderlasser *m* арендода́тель
Beständewagnis *n* зара́нее плани́руемые убы́тки предприя́тия *(напр. от усу́шки, устаревания, бо́я)*, свя́занные с содержа́нием складских запа́сов
Bestandgeld *n* нали́чность; аре́ндная пла́та
Beständigkeit *f* постоя́нство, неизме́нность; усто́йчивость; стаби́льность; сохра́нность
Beständner *m ю.-нем.* аренда́тор
Bestandsabbau *m* сокраще́ние запа́сов
Bestandsabgang *m* уменьше́ние запа́сов; у́быль запа́сов
Bestandsache *f юр.* предме́т догово́ра о на́йме, предме́т догово́ра об аре́нде
Bestandsanalyse *f* ана́лиз нали́чия (основны́х и оборотных средств)
Bestandsänderung *f* измене́ние величины́ запа́сов
Bestandsaufnahme *f* инвентариза́ция; инвентаризационная о́пись
körperliche Bestandsaufnahme веще́ственная инвентариза́ция
Bestandsaufzeichnung *f* регистра́ция; о́пись
Bestandsaufzeichnung за́пись с да́нными учёта
Bestandsausgleich *m* бала́нсовая увязка запа́сов
Bestandsbewegung *f* движе́ние запа́сов
Bestandsbewertung *f* де́нежная оце́нка произво́дственных фо́ндов; оце́нка (това́рных) оста́тков
Bestandsbewertung оце́нка това́рных запа́сов
Bestandsbilanz *f* бала́нс оста́тков
Bestandsbildung *f* образова́ние запа́сов, формирова́ние запа́сов
Bestandsdatei *f* основно́й файл, исхо́дный файл
Bestandsdatei файл, организо́ванный по разде́лам; файл оглавления
Bestandsdatei файл с да́нными инвентаризации (учёта)
Bestandsdaten *pl* да́нные, организованные по разде́лам
Bestandsdaten да́нные инвентаризации, да́нные учёта; да́нные о нали́чии *(напр. това́ров)*
Bestandsentwicklung *f* дина́мика запа́сов
Bestandsergänzung *f* пополне́ние запа́сов
Bestandserhöhung *f* увеличе́ние запа́сов; увеличе́ние поголо́вья скота́
Bestandsermittlung *f* определе́ние величины́ запа́сов
Bestandsermittlung *f* определе́ние разме́ров запа́сов
Bestandsfinanzierung *f* финанси́рование запа́сов
Bestandsfonds *m* произво́дственные запа́сы; оборо́тные фо́нды предприя́тия
Bestandsfortschreibung *f бухг.* перено́с оста́тков *(напр. из ка́рточки в ка́рточку)*
Bestandsführung *f* учёт нали́чия
Bestandshaltung *f* нали́чие запа́сов
Bestandshaltung хране́ние запа́сов
Bestandshaltung переходя́щие запа́сы
Bestandshöhe *f* величина́ запа́сов
Bestandskarte *f* ка́рта нали́чия, перфока́рта нали́чия
Bestandskartei *f* картоте́ка нали́чия; инвента́рная картоте́ка
laufende Bestandskartei теку́щая картоте́ка нали́чия
Bestandskonten *n, pl* акти́вные и пасси́вные счета́ (мн.ч.); акти́вы и пассивы (мн.ч.))
Bestandskonten инвентарные счета́ (мн.ч.)
aktive Bestandskonten акти́вные инвентарные счета́ (мн.ч.)
passive Bestandskonten пасси́вные инвентарные счета́ (мн.ч.)
Bestandskontrolle *f* контро́ль запа́сов, контро́ль нали́чия
Bestandskorrekturkoeffizient *m* поправочный коэффицие́нт запа́сов
Bestandskredit *m* краткосро́чный креди́т, предоставля́емый для финанси́рования запа́сов
Bestandskreditbilanz *f* креди́тный бала́нс *(бала́нс, непогашенных и запланированных креди́тов)*
Bestandsliste *f* ве́домость нали́чного иму́щества; ве́домость нали́чия *(напр. материа́лов)*; инвентаризационная о́пись; ро́спись нали́чия *(напр. материа́лов)*
Bestandsliste *f* инвента́рный спи́сок; ве́домость нали́чия; инвентаризационная о́пись
Bestandsliste ро́спись нали́чных това́ров
Bestandsmasse *f* резервуа́р *(экономи́ческая величина́, облада́ющая разме́рностью)*
Bestandsnachweis *m* ве́домость нали́чия *(напр. материа́лов)*
Bestandsnachweis *m* контро́льная ве́домость нали́чия
Bestandsnorm *f* но́рма запа́сов; нормати́в произво́дственных запа́сов
Bestandsnormativ *n* нормати́в произво́дственных запа́сов
Bestandsnormierung *f* нормирова́ние запа́сов
Bestandsnormung *f* нормирова́ние запа́сов
Bestandspflege *f* поддержа́ние запа́сов на необходи́мом у́ровне
Bestandspflege поддержа́ние страхово́го портфе́ля
Bestandsplan *m* план движе́ния запа́сов
Bestandsplanung *f* плани́рование запа́сов
Bestandsposition *f* (това́рная) статья́ запа́сов
Bestandsrichtsätze *m* но́рма оста́тков
Bestandsrichtsätze *pl* но́рмы оста́тков (мн.ч.)
Bestandsrichtwert *m* показа́тель эффекти́вности содержа́ния (произво́дственных) запа́сов; нормати́в произво́дственных запа́сов
Bestandsrisiko *n* риск, свя́занный с созда́нием больши́х запа́сов
Bestandsspeicher *m* запомина́ющее устро́йство для хране́ния инвентаризационных да́нных
Bestandsspeicher *m* па́мять для учёта нали́чия, па́мять для регистра́ции нали́чия *(напр. това́ров)*; па́мять для да́нных инвентаризации (учёта)
Bestandsstatistik *f* стати́стика запа́сов
Bestandsstruktur *f* структу́ра запа́сов
Bestandsüberwachung *f* контро́ль за состоя́нием и движе́нием запа́сов
Bestandsveränderung *f* измене́ние объёма запа́сов, измене́ние величины́ запа́сов
Bestandsverzeichnis *n* инвентаризационная о́пись; инвента́рная ве́домость; ве́домость учёта запа́сов
Bestandswert *m* сто́имость запа́сов
Bestandszugang *m* увеличе́ние запа́сов
Bestandszunahme *f* увеличе́ние запа́сов
Bestandteil *m* составна́я часть, компоне́нт; элеме́нт
wesentlicher Bestandteil неотъе́млемая составна́я часть; суще́ственная составна́я часть
als integraler Bestandteil gelten счита́ться неотъе́млемой ча́стью
Bestandvertrag *m* догово́р имущественного на́йма, аре́ндный догово́р, догово́р аре́нды
Bestarbeiter *m* передово́й рабо́чий, передовик произво́дства, отли́чник произво́дства, лу́чший рабо́чий

Bestarbeitsmethode *f* передовóй мéтод рабóты

bestätigen *vt* удостоверя́ть, подтверждáть

bestätigt подтвержденный *(напр. о чеке)*

Bestätigung *f* подтверждéние *(напр. чекá)*; ратификáция *(напр. договóра)*; утверждéние *(напр. в дóлжности)*; *торг.* подтверждéние, сообщéние о поступлéнии *(напр. закáза)*

urkundliche Bestätigung документáльное подтверждéние

Bestätigungskarte *f* докумéнт, подтверждáющий налúчие страховóго объéкта *(напр. железнодорóжного грýза)*; страховáя кáрта, страховáя кáрточка

Bestätigungsprovision *f* комиссúя за подтверждéние, комиссиóнное вознаграждéние за подтверждéние *(при проведéнии бáнковских оперáций)*

Bestätigungsrecht *n* прáво утверждéния, прáво ратификáции

Bestätigungsschreiben *n* пúсьменное подтверждéние; *торг.* письмó-подтверждéние

Bestätigungsverfahren *n* процедýра утверждéния *(напр. бюджéта)*; процедýра ратификáции *(напр. договóра)*

Bestätigungsvermerk *m бухг.* заключéние ревизóра, подтверждáющее прáвильность составлéния балáнса

Bestattungsbeihilfe *f* посóбие на погребéние, посóбие на пóхороны

Bestattungsgeld *n* посóбие на погребéние, посóбие на пóхороны

Bestattungskostenversicherung *f* страховáние на слýчай смéрти с цéлью покры́тия расхóдов на погребéние застрахованного

Bestattungsversicherung *f* страховáние на слýчай смéрти с цéлью покры́тия расхóдов на погребéние застрахованного

Bestausnutzung *f* **der Arbeitszeit** оптимáльное испóльзование рабóчего врéмени

Bestbeschäftigung *f* (сáмый) высóкий ýровень зáнятости, высóкая зáнятость

Bestbietende *m* предлагáющий лýчшие услóвия *(при кýпле-продáже)*

beste Angebot heraussuchen находúть лýчшее предложéние; найтú лýчшее предложéние

Bestellauftrag *m* закáз-наря́д

bestellbar могýщий быть заказанным; *с.-х.* пáхотный

Bestellbogen *m* вéдомость закáзов, вéдомость трéбований

Bestellbrief *m* письмó-закáз

Bestellbuch *n* кнúга закáзов

Bestelldienst *m* обслýживание покупáтелей чéрез отдéл закáзов; отдéл закáзов, бюрó закáзов

Bestelldienstabteilung *f* отдéл закáзов, бюрó закáзов

bestellen доставля́ть *(пóчту и т.п.)*

bestellen закáзывать; назначáть *(напр. опéку)*; обрабáтывать *(зéмлю)*

öffentlich bestellen официáльно назначáть

Besteller *m* закáзчик; покупáтель

Bestellermaterial *n* сырьё и материáлы, предоставля́емые заказчиком, давáльческое сырьё; закáзанные материáлы

Bestellfrist *f* срок исполнéния закáза; срок, до истечéния котóрого покупáтель мóжет сдéлать закáз

Bestellgut *f* грýзы, доставляемые на дом

Bestellliste *f* спúсок закáзов; заявка; бланк закáзов

Bestellkatalog *m* каталóг, на основáнии котóрого оформляются закáзы

Bestellkatalog каталóг товáров, на оснóве котóрого выдаются закáзы

Bestellkatalogsystem *n* систéма закáзов по каталогам

Bestellmaterial *n* сырьё и материáлы, предоставля́емые заказчиками; давáльческое сырьё

Bestellmenge *f*, **rationelle** рационáльный объём пополнéния запáсов

Bestellproduktion *f* произвóдство на основáнии вы́данного закáза, изготовлéние на основáнии вы́данного закáза

Bestellschein *m* бланк закáза

Bestellschreiben *n* письмó-закáз

Bestellsystem *n* систéма закáзов

Bestelltermin *m* срок заключéния хозя́йственных договорóв; срок вы́дачи закáза; срок подáчи зая́вок

Bestellung *f* закáз

Bestellung поручéние

Bestellung назначéние *(напр. опекунá)*

Bestellung обрабóтка (землú), воздéлывание землú

Bestellung достáвка

Bestellung auf Widerruf закáз до вострéбования

Bestellung des Pflegers назначéние попечителя

Bestellung des Verteidigers назначéние защúтника

Bestellung eines Beistands назначéние защúтника *(в уголóвном процéссе)*

Bestellung rückgängig machen аннулúровать закáз

Bestellung von Hypotheken установлéние ипотек

auf Bestellung anfertigen изготовля́ть по закáзу

auf Bestellung arbeiten рабóтать на закáз

eine Bestellung aufgeben вы́дать закáз

eine Bestellung erteilen вы́дать закáз

auf Bestellung gefertigt изготóвленный на закáз; изготóвленный по закáзу

zusätzliche Bestellung дополнúтельный закáз

Bestellungseingang *m* поступлéние закáзов

Bestellverfahren *n* систéма, регулúрующая отношéния мéжду заказчиками и поставщиками

Bestellzettel *m* бланк закáза; зая́вка; óрдер

Bestens-Aufträge *m, pl* нелимитированные прикáзы на продáжу áкций *(по наибóлее вы́годному кýрсу)*

besteuerbar подлежáщий обложéнию налóгом, подлежáщий обложéнию пóшлиной

besteuern *vt* облагáть налóгом, облагáть пóшлиной

besteuert oблóженный налóгом, oблóженный пóшлиной

stark besteuert oблóженный высóкой тамóженной пóшлиной

Besteuerung *f* налогообложéние, обложéние налóгом

Besteuerung an der Quelle удержáние налóгов из истóчника дохóда

degressive Besteuerung регрессивное обложéние, регрессивное налогообложéние

einheitliche Besteuerung едúное обложéние, едúное налогообложéние

indirekte Besteuerung кóсвенное обложéние, кóсвенное налогообложéние

kumulative Besteuerung кумулятúвное обложéние, кумулятúвное налогообложéние

progressive Besteuerung прогрессúвное обложéние, прогрессúвное налогообложéние

proportionale Besteuerung пропорционáльное обложéние, пропорционáльное налогообложéние

zusätzliche Besteuerung дополнúтельное обложéние, дополнúтельное налогообложéние

Besteuerungsart *f* вид налóга; вид налогообложéния

Besteuerungsfreigrenze *f* максимáльный размéр дохóда, не облагáемого налóгом; максимáльная стóимость имýщества, не облагáемая налóгом; максимáльный размéр торгóвого оборóта, не облагáемый налóгом

Besteuerungsgegenstand *m* объéкт обложéния, объéкт налогообложéния

Besteuerungsgrundlage *f* величина́ дохо́да облага́емого нало́гом, величина́ иму́щества облага́емого нало́гом, основа́ние для обложе́ния нало́гом; величина́ объе́кта, облага́емого нало́гом

Besteuerungsmaßstab *m* величина́ дохо́да облага́емого нало́гом, величина́ иму́щества облага́емого нало́гом, основа́ние для обложе́ния нало́гом; величина́ объе́кта, облага́емого нало́гом

Besteuerungsrecht *n* пра́во обложе́ния нало́гом

Besteuerungsverfahren *n* систе́ма *(поря́док)* налогообложе́ния, систе́ма обложе́ния нало́гами, систе́ма налогообложе́ния, техноло́гия налогообложе́ния

Bestgröße *f* оптима́льная величина́; оптима́льный разме́р

Besthaupt *n ист.* лу́чшая голова́ скота́ *(обро́к феода́лу)*

bestimmen *vt* назнача́ть, устана́вливать; предназнача́ть

den Termin bestimmen устана́вливать срок; устана́вливать да́ту *(встре́чи)*

Bestimmtheitsgrundsatz *m* при́нцип определённости *(в правовы́х отноше́ниях, касающихся земе́льных уча́стков)*

Bestimmtheitsmaß *n* ме́ра определённости

Bestimmung *f* назначе́ние; определе́ние, обозначе́ние; постановле́ние, предписа́ние, распоряже́ние; усло́вие; статья́, положе́ние *(догово́ра)*; предназначе́ние

Bestimmung определе́ние, обозначе́ние

Bestimmung постановле́ние, предписа́ние, распоряже́ние

Bestimmung статья́, положе́ние

einschränkende Bestimmung огово́рка; статья́, содержа́щая огово́рку

obligatorische Bestimmung обяза́тельное постановле́ние *(администрати́вного орга́на)*

der Bestimmung übergeben сдава́ть в эксплуата́цию *(о строи́тельных объе́ктах)*

Bestimmungen *f pl* указа́ния, инстру́кции

planmethodische Bestimmungen методические указа́ния по разрабо́тке пла́на

Bestimmungsbahnhof *m* ста́нция назначе́ния

Bestimmungsfaktor *m* определя́ющий фа́ктор

Bestimmungsflughafen *m* аэропо́рт назначе́ния

Bestimmungsgroße *f* пара́метр; пара́метры

technisch-ökonomische Bestimmungsgroße технико-экономи́ческий показа́тель

Bestimmungshafen *m* порт назначе́ния

Bestimmungskauf *m* поку́пка на усло́виях установле́ния покупа́телем фо́рмы, ме́ры, сорта́ и коли́чества поставля́емого това́ра

Bestimmungsland *n* страна́ назначе́ния

Bestimmungslandprinzip *n* при́нцип обложе́ния импортных това́ров нало́гами, де́йствующими то́лько в стране́-импортёре

bestimmungsmäßig по назначе́нию

Bestimmungsort *m* пункт назначе́ния, ме́сто назначе́ния; *юр.* ме́сто исполне́ния догово́ра ку́пли-прода́жи

Bestleistung *f* реко́рд *(напр. произво́дственный)*; наилу́чшие показа́тели, наивысшие показа́тели; наилу́чшая результати́вность

bestmöglich *бирж.* по наилу́чшему ку́рсу, по наибо́лее вы́годной цене́

bestreiken охва́тывать забасто́вкой *(напр. заво́д)*

bestreiten *vt* оспа́ривать, опроверга́ть

bestreiten покрыва́ть *(изде́ржки)*

Bestreitung *f* оспа́ривание, опроверже́ние

Bestreitung покры́тие *(напр. изде́ржек)*

Bestseller *m* бестсе́ллер; ходова́я кни́га

bestsituiert находя́щийся на вы́сшем у́ровне материа́льного благополу́чия

Besttechnologie *f* оптима́льная техноло́гия, наилу́чшая техноло́гия

Bestückung *f* оснаще́ние, обору́дование

Bestverfahren *n* оптима́льный ме́тод, передово́й ме́тод

Bestwert *m* о́птимум; оптима́льное значе́ние; оптима́льная величина́; оптима́льный разме́р

Bestwert der Wirtschaftlichkeit экономи́ческий о́птимум

technologischer Bestwert технологи́ческий о́птимум

Bestwertmethode *f* ме́тод наивысших оце́нок, ме́тод максимальных значе́ний

Bestzeit *f* оптимальные затра́ты вре́мени

Bestzeit оптимальные но́рмы затра́т вре́мени

Bestzeitenkatalog *m* катало́г оптима́льных норм затра́т вре́мени

Bestzeitprogramm *n* програ́мма с минима́льным вре́менем ожида́ния *(при оптимальном программировании)*

Bestzeitprogrammierung *f* программи́рование с минима́льным вре́менем ожида́ния; оптима́льное программи́рование

Besucher *m* посети́тель

Besucherin *f* посетительница

Besucherzahl war unerwartet groß коли́чество посети́телей бы́ло неожи́данно больши́м

betagt с наступившим сро́ком опла́ты *(напр. о ве́кселе)*

Betätigungselement *n* орга́н (ручно́го) управле́ния

Beteihungsgrenze *f* преде́льная величина́ ссу́ды *(в % к сто́имости предме́та, под зало́г кото́рого она́ выдаётся)*

beteiligen *vt (an, bei D)* дава́ть до́лю, дава́ть часть *(кому́-л. в чем-л.)*, наделя́ть *(кого́-л. чем-л.)*; де́лать уча́стником *(в де́ле, в при́были)*

sich beteiligen *(an D, bei D)* уча́ствовать *(в чём-л.)*

Beteiligte *m* уча́стник; компаньо́н; па́йщик; совладе́лец

Beteiligung *f* уча́стие; коли́чество па́йщиков *(напр. акционе́рного о́бщества)*; капиталовложе́ния

konsolidierte Beteiligung консолидированное уча́стие

unter starker Beteiligung с высо́кой доле́й уча́стия

Beteiligungen *f, pl* уча́стие в дела́х други́х предприя́тий; инвести́ции, капиталовложе́ния

staatliche Beteiligungen капиталовложе́ния госуда́рства в ча́стные предприя́тия

verwaltete Beteiligungen ча́стная со́бственность, находя́щаяся в управле́нии госуда́рственных о́рганов

volkseigene Beteiligungen долево́е уча́стие госуда́рства в други́х фо́рмах собственности

Beteiligungsfonds *m* инвестицио́нный фонд *(привлека́ющий сре́дства мно́гих акционе́ров и управля́емый, напр. инвестиционной компа́нией)*

Beteiligungsgesellschaft *f* инвестицио́нная компа́ния

Beteiligungskapital *n* паевой капита́л, акционе́рный капита́л; инвестированный капита́л

Beteiligungslohn *m* часть за́работной пла́ты, выдава́емая в ви́де це́нных бума́г

Beteiligungsquote *f* кво́та уча́стия, до́ля уча́стия *(напр. в акционе́рном о́бществе)*

Beteiligungssystem *n* систе́ма уча́стия

Betörderungspreis *m* сто́имость перево́зки, цена́ перево́зки; пла́та за прово́з (гру́зов); фрахт; пла́та за доста́вку

betr., , betreffend, betrifft, betreffs относи́тельно, каса́тельно, по по́воду *(предме́т письма́ - в настоя́щее вре́мя практи́чески не испо́льзуется)*

Betrag *m* сумма; размер; объём; количество; величина, значение
Betrag eines Wechsels валюта векселя
Betrag erhalten по счёту получил *(отметка)*
abzugsfähiger Betrag израсходованная сумма доходов, не облагаемая налогом
abzurechnender Betrag подотчётная сумма
alssteherder Betrag неполученная сумма, непоступившая сумма; сумма, не уплаченная дебитором по счёту, задолженность дебитора
aufaddierter Betrag подытоженная сумма
bereitgestellter Betrag ассигнованная сумма
eingehender Betrag поступающая сумма; выручка
geschuldeter Betrag неуплаченная сумма
hinterlegter Betrag депозитная сумма, депонированная сумма, вклад, депозит
nicht unterzubringender Betrag невыясненная сумма
rückständiger Betrag сумма, не уплаченная дебитором по счёту после наступления срока платежа
steuerpflichtiger Betrag облагаемая налогом сумма
überzahlter Betrag сумма переплаты
überzogener Betrag перерасходованная сумма
zustehender Betrag причитающаяся сумма
zu viel erhobener Betrag излишне взысканная сумма
zu wenig erhobener Betrag недовзысканная сумма, недоудержанная сумма, сумма недоудержаний
einen Betrag abrechnen представлять отчёт об использовании сумм
einen Betrag durch Nachnahme erheben взимать сумму наложенным платежом
einen Betrag in Wechseln anlegen приобрести на определённую сумму векселей
seinem Konto einen Betrag gutbringen вносить сумму на свой счёт
betragen составлять (сумму), обходиться (в сумму)
Betragstastatur *f* итоговая клавиатура, клавиатура суммы *(напр. в вычислительных устройствах)*
Betreiber *m* предприниматель, пользующийся производственной мощностью, эксплуатирующий производственную мощность
Betreuung *f* кураторство
Betreuung обслуживание
Betreuung оказание *(материальной)* помощи
betriebsärztliche Betreuung медицинское обслуживание на производстве
handelsmäßige Betreuung торговое обслуживание
soziale Betreuung социальное обслуживание
Betreuungsabteilung *f* отдел обслуживания; цех обслуживания
Betreuungsbereich *m* сфера обслуживания
Betreuungseinrichtung *f* организация по социальному обслуживанию
Betreuungsgemeinkosten *pl* расходы на бытовое и культурное обслуживание; общие расходы на социальное обеспечение
Betreuungskosten *pl* расходы на бытовое и культурное обслуживание; расходы на социальное обеспечение
Betreuungspersonal *n* обслуживающий персонал
Betrieb *m* предприятие; производство; завод; фабрика; рудник; шахта; работа, действие, ведение; функционирование; эксплуатация, *см. тж.* **Betriebe** *pl*
Betrieb *тех.* привод, тяга
Betrieb mit festem Zyklus *обр. дан.* операция с постоянным периодом
Betrieb mit Fließsystem тейлоризированное предприятие
Betrieb mit mehreren Betriebsarten *обр. дан.* многотипная операция
Betrieb mit staatlicher Beteiligung предприятие с участием государства
Betrieb mit wirtschaftlicher Rechnungsführung хозрасчётное предприятие
automatisierter Betrieb завод-автомат
bauausführender Betrieb строительное предприятие
bäuerlicher Betrieb крестьянское хозяйство
die Unkosten deckender Betrieb безубыточное предприятие
durchrationalisierter Betrieb тейлоризированное предприятие
führender Betrieb ведущее предприятие, головное предприятие
gemeinsamer Betrieb совместное предприятие
genossenschaftlicher Betrieb кооперативное предприятие
gesundheitsschädlicher Betrieb производство с вредными условиями труда, вредное производство
gewerblicher Betrieb торгово-промышленное предприятие
gleichzeitiger Betrieb *обр. дан.* параллельная работа
handwerksmäßiger Betrieb ремесленное производство
kleinbäuerlicher Betrieb мелкое крестьянское хозяйство
kleinbäuerlicher warenproduzierender Betrieb мелкотоварное крестьянское хозяйство
kleiner Betrieb малое предприятие, МП
kontinuierlicher Betrieb непрерывное производство
kooperierender Betrieb смежное предприятие
landwirtschaftlicher Betrieb сельскохозяйственное предприятие
leistungsfähiger Betrieb мощное предприятие
leistungsschwacher Betrieb маломощное предприятие, малопроизводительное предприятие
manufakturmäßiger Betrieb мануфактурное производство
mit Gewinn arbeitender Betrieb прибыльное предприятие
mit Verlust arbeitender Betrieb убыточное предприятие
mittelgroßer Betrieb хозяйство среднего размера, предприятие среднего размера, среднее предприятие
mustergültiger Betrieb образцовое предприятие, показательное предприятие
nationalisierter Betrieb национализированное предприятие
öffentlicher Betrieb государственное предприятие, общественное предприятие
planmäßig mit Gewinn arbeitender Betrieb планово-прибыльное предприятие
planmäßig mit Verlust arbeitender Betrieb планово-убыточное предприятие
privater Betrieb частное предприятие
probeweiser Betrieb пробная эксплуатация
rentabler Betrieb рентабельное предприятие
schaffnerloser Betrieb эксплуатация городского транспорта без кондукторов
schaffnerloser Betrieb специализированное предприятие; спецпредприятие
störungsfreier Betrieb бесперебойная работа *(машины)*
unabhängiger Betrieb *обр. дан.* автономная программа
unbemannter Betrieb полностью автоматизированное предприятие
ununterbrochener Betrieb непрерывное производство
unwirtschaftlicher Betrieb нерентабельное предприятие
außer Betrieb бездействующий, не-

рабо́тающий
außer Betrieb setzen прекраща́ть эксплуата́цию
den Betrieb aufnehmen пуска́ть (в ход), сдава́ть в эксплуата́цию
den Betrieb einstellen прекраща́ть произво́дство, прекраща́ть рабо́ту, приостана́вливать произво́дство, приостана́вливать рабо́ту
den Betrieb stilllegen закрыва́ть предприя́тие; прекраща́ть произво́дство
in Betrieb nehmen вводи́ть в эксплуата́цию, пуска́ть (в ход)
in Betrieb setzen вводи́ть в эксплуата́цию, пуска́ть (в ход)
«kein Betrieb» *обр. дан.* холоста́я опера́ция

Betriebe, *sieh.* **Betrieb** *m*:
Betriebe der Finalproduktion предприя́тия, выпуска́ющие коне́чную проду́кцию; предприя́тия, выпуска́ющие гото́вую проду́кцию
Betriebe für die Rohverarbeitung, Lagerung und Beförderung von Agrarprodukten предприя́тия по перви́чной перерабо́тке, хране́нию и транспортиро́вке сельскохозя́йственных проду́ктов
arbeitsorientierte Betriebe предприя́тия, размещенные с учётом бли́зости исто́чников дешёвой рабо́чей силы́
gemischtwirtschaftliche Betriebe торго́вые предприя́тия, оказывающие клие́нтам ряд дополни́тельных услу́г *(напр. ме́лкий ремо́нт про́данной радиоаппаратуры)*; предприя́тия со сме́шанным *(ча́стным и госуда́рственным)* капиталом
kleine und mittelgroßer Betriebe; KMgB ма́лые и сре́дние предприя́тия
vor- und nachgelagerte Betriebe сме́жные предприя́тия с предшествующим ци́клом произво́дства, сме́жные предприя́тия с после́дующим ци́клом произво́дства; предприя́тия-смежники
Kostenrechnung für kleinere Betribe расчет изде́ржек для ма́лых *(и сре́дних)* предприя́тий

Betriebeausgaben *f, pl* вну́тренние изде́ржки ча́стного предприя́тия, вычита́емые из су́ммы дохо́да, облага́емого нало́гом; вну́тренние изде́ржки ча́стного предприя́тия, не входя́щие в су́мму дохо́да, облага́емого нало́гом
Betriebeausgaben эксплуатацио́нные расхо́ды предприя́тия, произво́дственные расхо́ды предприя́тия, эксплуатацио́нные изде́ржки

betrieberschwerend усложняющий произво́дство, усложняющий эксплуата́цию, затрудня́ющий произво́дство, затрудня́ющий эксплуата́цию

Betriebfvorgang *m* произво́дственный проце́сс

betrieblich произво́дственный; заводско́й

Betriebsabgabepreis *m уст.* опто́вая цена́ предприя́тия, отпускна́я цена́ предприя́тия

Betriebsabrechnung *f* произво́дственный учёт

Betriebsabrechnungsbogen *m* ве́домость произво́дственного учёта
Betriebsabrechnungsbogen сво́дный учёт затра́т по места́м их возникнове́ния и объектам калькуля́ции; отчётность о хозрасчётной де́ятельности *како́го-л.* подразделе́ния
Betriebsabrechnungsbogen сво́дный учёт незавершённого произво́дства и бра́ка проду́кции

Betriebsabschnitt *m* уча́сток произво́дства
wichtigster Betriebsabschnitt важне́йший уча́сток произво́дства, реша́ющий уча́сток произво́дства

Betriebsabteilung *f* цех предприя́тия, отде́л предприя́тия

Betriebsakademie *f* ку́рсы повыше́ния квалифика́ции рабо́чих *(на предприя́тии)*

Betriebsanalyse *f* ана́лиз хозя́йственной де́ятельности предприя́тия

Betriebsangehörige *m* рабо́тник заво́да; персона́л предприя́тия, промы́шленно-произво́дственный персона́л, рабо́тник предприя́тия, сотру́дник предприя́тия

Betriebsanlagen *f, pl* заводски́е помеще́ния; цеха́ заво́да; заводско́е обору́дование

Betriebsanleitung *f* инстру́кция по эксплуата́ции; инстру́кция по ухо́ду; руково́дство по эксплуата́ции

Betriebsanteil *m* взнос предприя́тия (в фонд); долево́е уча́стие предприя́тия
Betriebsanteil zur Sozialversicherung взнос предприя́тия в фонд социа́льного страхова́ния

Betriebsanweisung *f* инстру́кция по эксплуата́ции

Betriebsart *f* тип предприя́тия; вид произво́дства; род рабо́ты; режи́м рабо́ты, режи́м эксплуата́ции

Betriebsassistent *m* помо́щник заве́дующего отде́лом, помо́щник мастера́ цеха́, помо́щник заве́дующего произво́дством

Betriebsaufgaben *pl* произво́дственные зада́ния

Betriebsaufspaltung *f* разделе́ние предприя́тия

Betriebsaufstockung *f* концентра́ция земе́льных владе́ний, увеличе́ние земе́льных владе́ний *(посре́дством ску́пки и дополни́тельного арендо́вания)*

Betriebsaufwand *m* произво́дственные зада́ния

Betriebsausgaben *f pl* изде́ржки предприя́тия
Betriebsausgaben эксплуатацио́нные расхо́ды

Betriebsausrüstung *f* заводско́е обору́дование; обору́дование предприя́тия

Betriebsausschuss *m* заводско́й комите́т; комите́т слу́жащих на предприя́тии

Betriebsausstattung *f* заводско́е обору́дование; произво́дственный инвента́рь

Betriebsbeanspruchung *f трансп.* эксплуатацио́нная нагру́зка

Betriebsbedingungen *f, pl* произво́дственные усло́вия, усло́вия произво́дства; усло́вия эксплуата́ции, режи́м рабо́ты
unter Betriebsbedingungen в произво́дственных усло́виях

Betriebsbegehung *f соц.* обхо́д заво́да коми́ссией по охра́не труда́, обхо́д предприя́тия коми́ссией по охра́не труда́

Betriebsbelastung *f* эксплуатацио́нная нагру́зка; рабо́чая нагру́зка

Betriebsbelegschaft *f* коллекти́в предприя́тия

Betriebsberater *m* консульта́нт по организа́ции произво́дства, сове́тник по дела́м предприя́тия

Betriebsberatung *f* произво́дственное совеща́ние на предприя́тии

Betriebsbereitschaft *f* гото́вность к эксплуата́ции, гото́вность к пу́ску
Betriebsbereitschaftskosten *pl* изде́ржки предприя́тия, свя́занные с подгото́вкой и наладкой произво́дства

Betriebsberufsschule *f* профессиона́льная шко́ла при заво́де; шко́ла фабрично-заводско́го обуче́ния

Betriebsbeschreibung *f* табли́ца произво́дственно-экономи́ческих показа́телей сельскохозя́йственного предприя́тия

Betriebsbesichtigung *f* экску́рсия на произво́дство в целя́х рекла́мы; осмо́тр предприя́тия

Betriebsbilanz *f* бала́нс предприя́тия

Betriebsblindheit *f* некритичное отноше́ние к недоста́ткам на предприя́тии

Betriebsbrauchbarkeitsdauer *f* долгове́чность *(в тео́рии надёжности)*

Betriebsbuchführung *f* бухга́лтерский учёт на предприя́тии
angehängte Betriebsbuchführung вспомога́тельный учёт

Betriebsbuchhaltung *f* бухгалте́рия предприя́тия
Betriebsbuchhaltung *f* бухга́лтерский учёт внутрипроизво́дственных проце́ссов предприя́тия
Betriebscharakteristik *f* эксплуатацио́нная характери́стика ***(напр. маши́ны)***
Betriebsdaten *pl стат.* произво́дственные да́нные; техни́ческая характери́стика, рабо́чая характери́стика, эксплуатацио́нные да́нные; рабо́чие пара́метры; режи́мные пара́метры
Betriebsdatenerfassung *f* сбор технологи́ческих да́нных, регистра́ция технологи́ческих да́нных, регистра́ция произво́дственных да́нных
Betriebsdauer *f* продолжи́тельность эксплуата́ции, продолжи́тельность рабо́ты, пери́од эксплуата́ции, пери́од рабо́ты, вре́мя эксплуата́ции, вре́мя рабо́ты; эксплуатацио́нный пери́од; срок слу́жбы ***(напр. основны́х фо́ндов)***
Betriebsdichte *f* пло́тность предприя́тий ***(в расчёте, наприме́р, на едини́цу пло́щади)***
Betriebsdirektor *m* дире́ктор предприя́тия
betriebseigen принадлежа́щий предприя́тию, явля́ющийся со́бственностью предприя́тия
Betriebseigenschaften *f, pl* эксплуатацио́нные сво́йства, эксплуатацио́нные осо́бенности, эксплуатационно-техни́ческие сво́йства, эксплуатационно-техни́ческие осо́бенности ***(напр. маши́ны)***
Betriebseinheit *f* произво́дственная едини́ца
Betriebseinnahmen *f, pl* дохо́ды предприя́тия
Betriebseinnahmen- und -ausgabenvergleich *m* сопоставле́ние дохо́дов и эксплуатацио́нных расхо́дов предприя́тия
Betriebseinrichtungen *f, pl* произво́дственные сооруже́ния
Betriebseinrichtungskosten *pl* затра́ты предприя́тия в пери́од организа́ции произво́дства
Betriebseinschränkung *f* ограниче́ние произво́дства
Betriebseinstellung *f* прекраще́ние произво́дства рабо́ты, прекраще́ние эксплуата́ции, прекраще́ние рабо́ты, приостано́вка произво́дства, приостано́вка эксплуата́ции, приостано́вка рабо́ты
Betriebserfindung *f* изобрете́ние, сде́ланное на да́нном предприя́тии
Betriebserfolg *m* бала́нс предприя́тия
Betriebsergebnis *n* результа́ты (хозя́йственной) де́ятельности предприя́тия; ито́говые цифровы́е да́нные рента́бельности предприя́тия; бала́нс предприя́тия
Betriebsergebnis aus Warenproduktion ито́ги хозя́йственной де́ятельности предприя́тия по това́рной проду́кции
einheitliches Betriebsergebnis еди́ный показа́тель (результа́тов) хозя́йственной де́ятельности предприя́тия, сво́дный показа́тель (результа́тов) хозя́йственной де́ятельности предприя́тия
Betriebserlaubnis *f* разреше́ние на эксплуата́цию ***(произво́дства)***
Betriebserlaubnis разреше́ние на эксплуата́цию тра́нспортного сре́дства
Betriebseröffnung *f* ввод (предприя́тия) в де́йствие; пуск в эксплуата́цию; откры́тие предприя́тия
betriebserschwerend усложня́ющий произво́дство, затрудня́ющий произво́дство
Betriebsertrag *m* дохо́д предприя́тия, при́быль предприя́тия
Betriebserweiterung *f* расшире́ние предприя́тия, расшире́ние произво́дства
Betriebserzeugnis *n* промы́шленное изде́лие, фабрика́т
betriebsfähig гото́вый к пу́ску, гото́вый к эксплуата́ции
Betriebsferien *pl* отпускно́й пери́од на предприя́тии; пери́од ухо́да в о́тпуск всего́ коллекти́ва
betriebsfertig гото́вый к пу́ску, гото́вый к эксплуата́ции
Betriebsfläche *f* произво́дственные пло́щади
Betriebsfläche поле́зные сельскохозя́йственные пло́щади; сельскохозя́йственные уго́дья
Betriebsflächenverhältnis *n* соотноше́ние поле́зной сельскохозя́йственной пло́щади и о́бщей пло́щади сельскохозя́йственного предприя́тия, до́ля поле́зной сельскохозя́йственной пло́щади в о́бщей пло́щади сельскохозя́йственного предприя́тия
Betriebsfonds *m, pl* произво́дственные фо́нды ***(предприя́тия)***
Betriebsform *f* фо́рма сельскохозя́йственного предприя́тия ***(напр. кооперати́в, наро́дное име́ние)***
betriebsfremd не нося́щий произво́дственного хара́ктера
betriebsfremd не относя́щийся к да́нному предприя́тию; рабо́тающий на друго́м предприя́тии
betriebsfremde Personen haben kein Zutritt посторо́нним вход на террито́рию предприя́тия воспрещён
Betriebsführung *f* руково́дство предприя́тием, руково́дство произво́дством, управле́ние предприя́тием, управле́ние произво́дством; дире́кция предприя́тия, правле́ние предприя́тия
Betriebsfunktion *f* де́ятельность предприя́тия, функциони́рование предприя́тия
Betriebsgaststätte *f* столо́вая на предприя́тии
Betriebsgebaren *n* веде́ние дел предприя́тия
Betriebsgebäude *n, pl* произво́дственные зда́ния; промы́шленные сооруже́ния
Betriebsgefahr *f* опа́сность (ава́рии), свя́занная с эксплуата́цией
Betriebsgefährdung *f* распростране́ние слу́хов, нанося́щих уще́рб предприя́тию ***(со стороны́ конкуре́нта)***
Betriebsgeheimnis *n* комме́рческая та́йна
Betriebsgeheimnis произво́дственный секре́т, промы́шленный секре́т, секре́т предприя́тия
Betriebsgemeinkosten *pl* общезаводски́е накладны́е расхо́ды
Betriebsgemeinschaft *f* коллекти́в предприя́тия
Betriebsgestaltung *f* и́мидж предприя́тия; созда́ние имиджа предприя́тия; паблик-релейшнз
soziale Betriebsgestaltung созда́ние социа́льного кли́мата на предприя́тии
Betriebsgesundheitsschutz *m* охра́на здоро́вья и медици́нское обслу́живание коллекти́ва предприя́тия
Betriebsgesundheitswesen *n* охра́на здоро́вья и медици́нское обслу́живание коллекти́ва предприя́тия
Betriebsgewerkschaftskasse *f* ка́сса профсою́за предприя́тия
Betriebsgewerkschaftsleitung *f* фабрично-заводско́й комите́т, завком, местком ***(предприя́тия)***; профсою́зное руково́дство на предприя́тии
Betriebsgewerkschaftsorganisation *f* профсою́зная организа́ция на предприя́тии
Betriebsgewicht *n* со́бственный вес тра́нспортного сре́дства в эксплуатационном состоя́нии
Betriebsgewinn *m* при́быль предприя́тия; дохо́д предприя́тия
Betriebsgliederung *f* организацио́нная структу́ра предприя́тия, структу́ра предприя́тия
Betriebsgröße *f* произво́дственная мо́щность ***(рудника́, ши́хты)***

Betriebsgröße производственный показатель

Betriebsgröße размер предприятия

Betriebsgröße размеры предприятия, величина предприятия, размеры производства

Betriebsgröße *с.-х.* размеры хозяйства, величина хозяйства

Betriebsgröße эксплуатационный параметр, рабочий параметр; режимный параметр

Betriebsgrößengruppen *f, pl* классификация сельскохозяйственных предприятий по величине хозяйственной площади *(в гектарах)*

Betriebsgrößenklassen *f, pl* классификация сельскохозяйственных предприятий по величине хозяйственной площади *(в гектарах)*

Betriebsgrößenstruktur *f* классификация сельскохозяйственных предприятий по величине хозяйственной площади *(в гектарах)*

Betriebsgrundstück *n* земельный участок, являющийся собственностью предприятия; земельный участок, принадлежащий предприятию

Betriebsgruppe *f* производственная группа *(напр. бригада, коллектив отдела)*; группа членов общественной организации, существующая на предприятии *(напр. членов общества германо-советской дружбы)*

Betriebshaftptlichtversicherung *f* страхование работников за счёт предприятия; обязательное страхование работников предприятия

Betriebshalle *f* цех (завода); заводской цех

Betriebshandbuch *n* справочник, содержащий данные о предприятии *(средство рекламы)*

Betriebshandelsspanne *f* торговая наценка *(разница между закупочной и продажной ценой)*, обеспечивающая покрытие издержек, торговая наценка *(разница между закупочной и продажной ценой)*, обеспечивающая прибыль

Betriebshierarchie *f* структура служебного подчинения на предприятии, иерархическая структура предприятия

betriebsinter внутризаводской; внутрипроизводственный

Betriebsinventar *n* хозяйственный инвентарь

Betriebsjahr *n* хозяйственный год

Betriebskapazität *f* производственная мощность, производственная мощность предприятия

Betriebskapital *n* оборотный капитал; оборотные средства

Betriebskennwert *m* производственный показатель

Betriebsklassen *f, pl* категории предприятий *(в классификации предприятий по их народнохозяйственному значению)*

Betriebsklima *n* климат производственных помещений

soziales Betriebsklima социальный климат на предприятии; климат на предприятии *(в смысле взаимоотношений)*, атмосфера на предприятии *(в смысле взаимоотношений)*

Betriebskoeffizient *n* коэффициент рентабельности, коэффициент рентабельности предприятия

Betriebskoeffizient коэффициент эксплуатации

Betriebskollektivvertrag *m* коллективный договор (на предприятии)

Betriebskonsum *m разг.* магазин потребительского кооператива на предприятии

Betriebskonto *n* лицевой счёт предприятия; расчётный счёт предприятия (в банке)

Betriebskontrolle *f* контроль на производстве, производственный контроль, технический контроль; контроль за эксплуатацией; диспетчерский контроль

Betriebskonzentration *f* концентрация производства

Betriebskosten *pl* издержки производства, производственные издержки, производственные затраты; эксплуатационные расходы, эксплуатационные затраты

Betriebskostenrechnung *f* учёт издержек производства

Betriebskostenziffer *f* показатель издержек производства, показатель производственных издержек; показатель эксплуатационных расходов

Betriebskrankenkasse *f* больничная касса на предприятии *(для застрахованных)*

Betriebskredit *m* производственный кредит (*чаще всего- краткосрочный для финансирования оборотных средств предприятия)*, *ср.* **Anlagekredit**

Betriebslast *f* рабочая нагрузка, эксплуатационная нагрузка

Betriebsleistung *f* объём производства *(в стоимостном выражении)*, производительность

Betriebsleistung производственная мощность предприятия

Betriebsleistung результаты работы предприятия, результаты деятельности предприятия, выполненная предприятием работа

Betriebsleistung успехи предприятия, достижения предприятия

bereinigte Betriebsleistung продукция предприятия, выраженная в изменяющихся ценах *(без учёта стоимости сырья и материалов со стороны)*

Betriebsleiter *m* директор, руководитель предприятия; заведующий производством; технический директор; начальник производства

Betriebsleiterfonds *m* фонд(ы) директора предприятия

Betriebsleitung *f* управление предприятием, управление производством, руководство предприятием, руководство производством; дирекция предприятия, администрация предприятия

technische Betriebsleitung техническая администрация предприятия

Betriebsleitungskosten *pl* административно-управленческие расходы

Betriebslenkung *f* управление предприятием

pretiale Betriebslenkung управление предприятием с помощью механизма цен

Betriebsmagazin *n* склад, депо; помещение *(для хранения быстроизнашивающихся орудий труда и легкопортящихся изделий на предприятии)*

Betriebsmaterial *n* производственный материал

Betriebsmaximum *n* производственный максимум *(обычно предполагает такую степень загруженности мощностей, начиная с которой при дальнейшем увеличении занятости средние переменные издержки превышают цену реализации)*

Betriebsmess-, Steuerungs- und Regelungstechnik *f* техника измерения, управления и регулирования производственных процессов

Betriebsmethode *f* метод классификации выпускаемой продукции предприятия по его принадлежности к определённой хозяйственной группе

Betriebsminimum *n* предельно низкий уровень занятости, допускаемый на предприятии

Betriebsminimum *n* производственный минимум *(напр. степень загруженности предприятия, начиная с которой при дальнейшем сокращении занятости средние переменные издержки превышают цену реализации)*

Betriebsmittel *n, pl* оборотные средства, оборотный капитал

Betriebsmittel ресурсы *мн. (вычис-*

ли́тельной систе́мы)

Betriebsmittel подвижно́й соста́в

Betriebsmittel произво́дственный материа́л

Betriebsmittel сре́дства предприя́тия

Betriebsmittel сре́дства произво́дства

Betriebsmittel эксплуатацио́нные материа́лы

Betriebsmittel технологи́ческая осна́стка

Betriebsmittel технологи́ческое оснаще́ние, технологи́ческая осна́стка *(предприя́тия)*, обору́дование *(предприя́тия)*

elektrische Betriebsmittel *n pl* электрообору́дование

elektrisches Betriebsmittel *n* электроподвижно́й соста́в (*ж.-д.)*

Betriebsmittelzuweisung *f* предоставле́ние *с.* ресу́рсов *(вычисли́тельной систе́мы)*; распределе́ние ресу́рсов *(вычисли́тельной систе́мы)*

Betriebsmittelfonds *m* произво́дственные фо́нды предприя́тия

Betriebsmittelnormativ *n* нормати́в по испо́льзованию и хране́нию средств произво́дства, нормати́в по испо́льзованию и хране́нию произво́дственного обору́дования

Betriebsmittelplanung *f* плани́рование заку́пок и оптима́льного испо́льзования средств произво́дства, плани́рование заку́пок и оптима́льного испо́льзования произво́дственного обору́дования

Betriebsmodell *n* моде́ль предприя́тия; промы́шленная моде́ль

Betriebsmöglichkeit *f* возмо́жность эксплуата́ции; приго́дность для эксплуата́ции

Betriebsnachfolge *f* насле́дование предприя́тия

Betriebsnachschau *f* фина́нсовая реви́зия на предприя́тии *(напр. прове́рка налоговой инспекции, ауди́торской фи́рмы)*

Betriebsnorm *f* произво́дственная но́рма

Betriebsnorm заводско́й станда́рт

betriebsnotwendig производственно-необходи́мый; необходи́мый для функциони́рования предприя́тия; необходи́мый предприя́тию

betriebsnotwendiges Kapital необходи́мый предприя́тию капита́л

betriebsnotwendiges Vermögen необходи́мое предприя́тию иму́щество (обору́дование)

Betriebsnummer *f* идентификацио́нный но́мер предприя́тия

Betriebsobmann *m* уполномо́ченный от рабо́чих и слу́жащих, делега́т от рабо́чих и слу́жащих

Betriebsökonomie *f* эконо́мика предприя́тия

betriebsökonomisch производственно-экономи́ческий

Betriebsoptimum *n* оптима́льная сте́пень загруженности предприя́тия *(при которо́й достига́ется ма́ксимум при́были)*

Betriebsoptimum оптима́льная сте́пень за́нятости, принося́щая предприя́тию максима́льную при́быль

Betriebsordnung *f* пра́вила трудово́го распоря́дка на предприя́тии; пра́вила эксплуата́ции; внутризаводски́е пра́вила

Betriebsorganisation *f* организа́ция произво́дства; организа́ция предприя́тия; организа́ция руково́дства предприя́тием; организа́ция социалистических сельскохозя́йственных предприя́тий; *трансп.* организа́ция слу́жбы движе́ния

pretiale Betriebsorganisation организа́ция управле́ния предприя́тием на осно́ве при́нципа руководя́щей «си́льной ли́чности»

Betriebspaß *m* па́спорт предприя́тия

Betriebsperiode *f* промы́шленный цикл

Betriebsplan *m* произво́дственный план предприя́тия; *уст.* техпромфинплан предприя́тия

Betriebsplanung *f* произво́дственное плани́рование; плани́рование произво́дства; внутризаводско́е плани́рование

operative Betriebsplanung операти́вное плани́рование произво́дства, теку́щее плани́рование произво́дства

Betriebspolitik *f* производственно-экономи́ческая поли́тика предприя́тия; промы́шленная поли́тика предприя́тия

Betriebsprämienfonds *m* премиа́льный фонд предприя́тия

Betriebsprämienordnung *f* положе́ние о поря́дке вы́платы пре́мий на предприя́тии

Betriebspreis *m* опто́вая цена́ предприя́тия, отпускна́я цена́ предприя́тия

Betriebsprognose *f* прогно́з разви́тия предприя́тия; произво́дственный прогно́з

Betriebsprojekt *n* произво́дственный прое́кт

Betriebsprüferbilanz *f* бала́нс, соста́вленный ревизорами предприя́тия

Betriebsprüferbilanz контро́льный бала́нс предприя́тия

Betriebsprüfung *f* фина́нсовая реви́зия на предприя́тии *(напр. прове́рка налоговой инспекции, ауди́торской фи́рмы)*

Betriebsprüfung эксплуатацио́нное испыта́ние, заводско́е испыта́ние

steuerliche Betriebsprüfung фина́нсовая реви́зия на предприя́тии с це́лью прове́рки пра́вильности упла́ты нало́гов; нало́говая прове́рка предприя́тия

Betriebsprüfungsbericht *m* протоко́л ревизионной коми́ссии, проводящей фина́нсовую реви́зию на предприя́тии

Betriebspsychologie *f* произво́дственная психоло́гия *(ме́тод руково́дства предприя́тием и организа́ции произво́дства)*; психоло́гия труда́ и организа́ции произво́дства

Betriebsrat *m* произво́дственный сове́т, сове́т представи́телей рабо́чих и слу́жащих *(на предприя́тиях и учрежде́ниях)*; сове́т предприя́тия

Betriebsrat wählen выбира́ть произво́дственный сове́т; избира́ть сове́т представи́телей рабо́чих и слу́жащих

Betriebsratskörper *m* произво́дственный сове́т; сове́т предприя́тия

Betriebsraum *m* произво́дственное помеще́ние

Betriebsrechenstation *f* машиносчётная ста́нция предприя́тия, вычисли́тельный центр предприя́тия

Betriebsrechner *m* управля́ющая вычисли́тельная маши́на, УЭВМ; управля́ющий компью́тер

Betriebsrechnersystem *n* вычисли́тельная систе́ма для управле́ния произво́дственными проце́ссами; систе́ма ВМ для управле́ния произво́дственными проце́ссами; компью́терная систе́ма управле́ния произво́дством

Betriebsregeln *f, pl* пра́вила эксплуата́ции; эксплуатацио́нные пра́вила; пра́вила поведе́ния на произво́дстве

Betriebsrente *f* пе́нсия по ста́рости, выпла́чиваемая (допла́чиваемая) предприя́тием

Betriebsreserve *f* эксплуатацио́нный резе́рв

Betriebsrevision *f* эксплуатацио́нный осмо́тр

Betriebsrisiko *n* произво́дственный риск

Betriebsruhezeit *f* нерабо́чее вре́мя предприя́тия, нерабо́чее вре́мя отде́льной маши́ны; просто́й обору́дования

Betriebssabotage *f* сабота́ж на произво́дстве; промы́шленный сабота́ж

Betriebssanatorium *n* заводско́й санато́рий; заводска́я ба́за о́тдыха

prophylaktisches Betriebssanatorium *n* заводско́й профилакто́рий, профилакто́рий для рабо́тников предприя́тия

Betriebsschließung *f* закры́тие предприя́тия

Betriebsschulden *f, pl* долги́ предприя́тия, обяза́тельства предприя́тия

Betriebsschule *f* фабрично-заводская школа; профессиональное училище при предприятии

Betriebsschutz *m* охрана труда на предприятиях

Betriebsselbstkosten *pl* фабрично-заводская себестоимость; себестоимость производства

betriebssicher безопасный в эксплуатации, технически безопасный; надёжный в эксплуатации, надёжный в работе

Betriebssicherheit *f* безопасность труда, безопасность труда на предприятии
Betriebssicherheit эксплуатационная надёжность
Betriebssicherheit безопасность движения *(поездов)*

Betriebssoziologie *f* социология производства

Betriebssparkasse *f* сберегательная касса на предприятии, фабрично-заводская сберегательная касса

Betriebssperre *f* временное закрытие предприятия

Betriebsspesen *pl* издержки производства, производственные издержки, производственные затраты; эксплуатационные расходы, эксплуатационные затраты

Betriebsspitze *f* эксплуатационный пик, пик эксплуатации

Betriebsstatistik *f* производственная статистика, фабрично-заводская статистика; производственный учёт, статистика предприятия

Betriebsstätte *f* объект общественного питания, не являющийся самостоятельной хозрасчётной единицей
Betriebsstätte производственный отдел *(предприятия)*, производственный участок; цех; мастерская
Betriebsstätte рабочее место на кустарном промышленном предприятии
mehrgemeindliche Betriebsstätte предприятие, обслуживающее несколько общин; производство, обслуживающее несколько общин

Betriebsstatut *n* устав предприятия

Betriebssteuern *f, pl* все налоги, уплачиваемые предприятием
Betriebssteuern государственные сборы за выдачу лицензии
Betriebssteuern налоги, взимаемые с промышленного предприятия; налоги, взимаемые с сельскохозяйственного предприятия *(в отличие от налогов, взимаемых с предпринимателя или компаньона)*
Betriebssteuern налоги с предприятия
Betriebssteuern обложение налогами предприятий, торгующих спиртными напитками в розлив
Betriebssteuern совокупность всех налогов, уплачиваемых предприятием

Betriebsstillegung *f* свёртывание производства, свёртывание производственного процесса, прекращение производства, прекращение производственного процесса, закрытие предприятия; *трансп.* прекращение движения

Betriebsstillstand *m* свёртывание производства, свёртывание производственного процесса, прекращение производства, прекращение производственного процесса, закрытие предприятия; *трансп.* прекращение движения

Betriebsstockung *f* временная приостановка производства, временное прекращение эксплуатации; *трансп.* временная приостановка движения

Betriebsstoffe *m, pl* материалы производственного назначения; производственное сырье; производственные материалы

Betriebsstörung *f* нарушение производственного процесса, нарушение технологического процесса, производственные неполадки, нарушения режима эксплуатации; *трансп.* нарушение графика движения

Betriebsstörungen *f, pl* помехи в ходе производства

Betriebsstruktur *f* структура предприятия
zweipolige Betriebsstruktur организационная структура предприятия, предусматривающая использование системы двойного подчинения; предприятие двойного подчинения

Betriebssystem *n* производственная система; *с.-х.* система ведения хозяйства

Betriebssystematik *f* производственная систематика, систематизация производственных предприятий по сферам и отраслям экономики; принципы подразделения предприятий по отраслям и звеньям экономики

Betriebstauglichkeit *f* пригодность к эксплуатации

betriebstechnisch производственно-технический

Betriebsteil *m* производственный отдел, производственное звено

Betriebstonnenkilometer *n* эксплуатационный тонно-километр

Betriebstransport *m* заводской транспорт
innerer Betriebstransport внутризаводской транспорт

Betriebstyp *m* тип предприятия

Betriebsüberschuss *m* излишки производства

Betriebsüberwachung *f* контроль на производстве, производственный контроль; диспетчерский контроль

Betriebsumlauf *m* эксплуатационный оборот *(вагонов, локомотивов)*

Betriebsumstellung *f* переход на новую технологию; переход к выпуску нового вида продукции; реконструкция предприятия, перестройка предприятия; переориентировка производства

Betriebsumwandlung *f* переход на новую технологию; переход к выпуску нового вида продукции; реконструкция предприятия, перестройка предприятия; переориентировка производства

Betriebsunfall *m* производственная травма; несчастный случай на производстве

Betriebsunfallrente *f* пенсия пострадавшему от несчастного случая на производстве

Betriebsunkosten *pl* издержки производства

Betriebsunterbrechung *f* простой, приостановка производственного процесса, перерыв в эксплуатации

Betriebsunterbrechungsversicherung *f* страхование от убытков вследствие простоев в работе *(предприятия)*, страхование от убытков вследствие приостановки производственного процесса

Betriebsunterlagen *pl* эксплуатационная документация; эксплуатационные документы

Betriebsunternehmer *m* предприниматель, владелец предприятия

Betriebsuntersagung *f* предписание о прекращении деятельности предприятия *(напр. в случае нарушения каких-л. правил)*

Betriebsuntersuchung *f* анализ деятельности предприятия*(напр. хозяйственной)*

Betriebsverbrauch *m* производственное потребление

Betriebsvereinbarung *f* коллективный договор *(на частных предприятиях)*

Betriebsvereinigung *f* объединение *(производственных)* предприятий

Betriebsverfassung *f* устав предприятия, статут предприятия

Betriebsverfassungsgesetz *n* закон о правах и обязанностях предпринимателя и коллектива рабочих и служащих данного предприятия; закон о регистрации уставов торгово-промышленных предприятий

Betriebsverflechtungsbilanz *f* материальный баланс предприятия

Betriebsvergleich *m* сравнительный анализ деятельности однотипных предприятий, сопоставительный анализ деятельности однотипных предприятий

Betriebsvergrößerung *f* расширение предприятия

Betriebsverhältnisse *n, pl* производственные условия, условия производства

Betriebsverhältnisse режим эксплуатации

Betriebsverkaufsstelle *f* заводской магазин, магазин на предприятии

Betriebsverluste *m, pl* производственные убытки, производственные потери, убытки предприятия, потери предприятия

Betriebsvermögen собственный капитал предприятия

gewillkürtes Betriebsvermögen часть личного имущества предпринимателя, причисленного с его согласия к имуществу предприятия

notwendiges Betriebsvermögen имущество предприятия, используемое, исключительно в производственных целях

Betriebsversorgung *f* снабжение предприятия(й)

Betriebsvertrag *m* коллективный договор на предприятии

Betriebsvertretung *f* представительство рабочих и служащих на предприятии

Betriebsverwaltung *f* администрация предприятия

Betriebsverwaltung заводоуправление; управление службы движения

Betriebsvoranschlag *m* смета предприятия

Betriebsvorgang *m* производственный процесс

Betriebsvorhaben *n* производственный проект; производственные планы

Betriebsvorrichtungen *f, pl* заводские стационарные установки *(напр. лифты, сушильные установки, печь для обжига и т.п.)*

Betriebsvorschriften *f, pl* правила эксплуатации; производственные инструкции; правила на производстве

Betriebsvorschuss *m* аванс в счёт оборотных средств, аванс на пополнение оборотных средств

Betriebsweise *f* способ ведения хозяйства, метод ведения хозяйства

Betriebsweise режим эксплуатации

Betriebsweise способ производства

betriebsweise промышленным способом, фабричным способом

Betriebswirt *m* специалист по экономике и организации производства

Betriebswirtschaft *f* экономика и организация производства; хозяйство предприятия; заводское хозяйство

Betriebswirtschaftler *m* специалист по экономике и организации производства

Betriebswirtschaftslehre *f* учение об организации и экономике производства; экономика и организация производства *(наука)*

normative Betriebswirtschaftslehre нормативное учение об экономике предприятия

planwirtschaftliche Betriebswirtschaftslehre учение об организации и экономике производства в условиях планового хозяйства

planwirtschaftliche Betriebswirtschaftslehre прагматическое учение об организации и экономике производства на предприятии

Betriebswissenschaft *f* наука об организации производства, теория фирмы, теория предприятия *(раздел макроэкономики)*

Betriebszählung *f* перепись предприятий

Betriebszeit *f* время эксплуатации, время работы, продолжительность эксплуатации, продолжительность работы; эксплуатационный период; срок службы *(основных фондов)*

Betriebszeitbilanz *f* баланс времени эксплуатации

Betriebszeitfaktor *m* коэффициент использования (оборудования) , коэффициент использования фондов времени

Betriebszeitfaktor фактор времени, временной фактор

Betriebszusammenschluss *m* концентрация производства; укрупнение производства (предприятий)

Betriebszweig *m* отрасль производства

betrietsgefährlich опасный в эксплуатации

Betrug *m* обман; мошенничество

einen **Betrug aufdecken** раскрывать обман

einen **Betrug begehen** совершать мошенничество; обманывать; прибегать к обману

Bettenkapazität *f* количество койко-мест *(напр. в гостинице, в больнице)*

Bettenzahl *f* количество койко-мест *(напр. в гостинице, в больнице)*

beurkundend оправдательный *(о документе)*

Beurkundung *f* засвидетельствование; подтверждение; удостоверение

Beurkundung подтверждение *(письменное)*

Beurkundung составление документа; подготовка документа

Beurkundung durch Belege документальное засвидетельствование, документальное подтверждение

gerichtliche Beurkundung судебное удостоверение

notarielle Beurkundung нотариальное засвидетельствование; нотариальное удостоверение

Beurlaubung *f* увольнение в запас; предоставление отпуска; временное освобождение от должности

Beurteilung *f* оценка, экспертиза

einseitige Beurteilung односторонняя оценка; однобокая оценка

falsche Beurteilung неправильная оценка, неверная оценка

sachverständige Beurteilung экспертная оценка; оценка экспертом; оценка специалистом

Beurteilung der Marktlage оценка рынка

Fehler in der Beurteilung ошибка в оценке

Beurteilungsbogen *m* послужной список; характеристика

Beurteilungskollektiv *n* экспертная группа

Beurteilungskommission *f* жюри; экспертная комиссия

Beurteilungsmaßstab *m* критерий, масштаб оценки, критерий оценки

Beutelstücke *n, pl* небольшие пакеты; мелкорасфасованный товар, товар в мелкой расфасовке, штучный товар, мелкоштучный товар; бакалея, бакалейный товар

Bevölkerung *f* население

Bevölkerung im arbeitsfähigen Alter население в трудоспособном возрасте

Bevölkerung im Rentenalter население в пенсионном возрасте

agrarische Bevölkerung население, занятое в сельском хозяйстве; сельскохозяйственное население

ansässige Bevölkerung оседлое население

arbeitende Bevölkerung трудоспособное население; занятое население

arbeitende Bevölkerung трудоспособное население

bäuerliche Bevölkerung крестьяне; крестьянство

erwerbstätige Bevölkerung самодеятельное население, активное население

industrielle Bevölkerung население, занятое в промышленности *(индустрии)*

landwirtschaftlichtätige Bevölkerung населе́ние, за́нятое в се́льском хозя́йстве; сельскохозя́йственное населе́ние
männliche Bevölkerung мужско́е населе́ние, мужска́я часть населе́ния
mittlere Bevölkerung сре́дняя чи́сленность населе́ния
nichtarbeitende Bevölkerung нерабо́тающее населе́ние; незаня́тое населе́ние; безрабо́тные
nichterwerbstätige Bevölkerung несамоде́ятельное населе́ние
nomadisierende Bevölkerung кочево́е населе́ние
ortsanwesende Bevölkerung нали́чное населе́ние; населе́ние, оказа́вшееся налицо́ в день пе́реписи
stabile Bevölkerung стаби́льное населе́ние
städtische Bevölkerung городско́е населе́ние; населе́ние городо́в
stationäre Bevölkerung стациона́рное населе́ние
überschüssige Bevölkerung избы́точное населе́ние
weibliche Bevölkerung же́нское населе́ние, же́нская часть населе́ния

Bevölkerungsabgang *m* уменьше́ние населе́ния, сокраще́ние чи́сленности населе́ния

Bevölkerungsabnahme *f* уменьше́ние населе́ния, сокраще́ние чи́сленности населе́ния

Bevölkerungsagglomeration *f* сосредото́чение населе́ния, скопле́ние населе́ния; агломера́ция городско́го ти́па

Bevölkerungsausgaben *f, pl* расхо́ды населе́ния

Bevölkerungsballung *f* сосредото́чение населе́ния, скопле́ние населе́ния; агломера́ция городско́го ти́па

Bevölkerungsbedarf *m* спрос отде́льных потреби́телей, индивидуа́льный потреби́тельский спрос; потре́бности населе́ния

Bevölkerungsbestand *m* соста́в населе́ния

Bevölkerungsbewegung *f* движе́ние населе́ния ***(измене́ние чи́сленности населе́ния)***; мигра́ция населе́ния
natürliche Bevölkerungsbewegung есте́ственное движе́ние населе́ния ***(измене́ние чи́сленности и соста́ва населе́ния в результа́те рожда́емости и сме́ртности)***; есте́ственная мигра́ция населе́ния

Bevölkerungsbilanz *f* бала́нс населе́ния; бала́нс есте́ственного движе́ния населе́ния

Bevölkerungsdichte *f* пло́тность населе́ния, населённость

Bevölkerungseinnahmen *f, pl* дохо́ды населе́ния

Bevölkerungsentwicklung *f* движе́ние населе́ния ***(измене́ние чи́сленности населе́ния)***; мигра́ция населе́ния; разви́тие населе́ния

Bevölkerungsfortschreibung *f* исчисле́ние чи́сленности населе́ния в перио́д ме́жду пе́реписями

Bevölkerungsfrage *f* пробле́ма народонаселе́ния

Bevölkerungsgesetz *n* зако́н народонаселе́ния

Bevölkerungsgruppe *f* гру́ппа населе́ния
nicht abgabenpflichtige Bevölkerungsgruppe *ист.* неподатное сосло́вие

Bevölkerungskarte *f* ка́рта народонаселе́ния

Bevölkerungsmenge *f* чи́сленность населе́ния, чи́сленность народонаселе́ния

Bevölkerungsmigration *f* мигра́ция населе́ния

Bevölkerungsmischung *f* смеше́ние населе́ния ***(в национа́льном отноше́нии)***; ассимиля́ция

Bevölkerungspolitik *f* поли́тика в о́бласти народонаселе́ния; демографи́ческая поли́тика

bevölkerungspolitisch демографи́ческий

Bevölkerungsprognose *f* демографи́ческий прогно́з

Bevölkerungspyramide *f стат.* возрастна́я пирами́да ***(графи́ческое изображе́ние возрастно-полово́го соста́ва населе́ния)***

Bevölkerungsstand *m* чи́сленность населе́ния определённого райо́на на определённый моме́нт вре́мени; демографи́ческие показа́тели

Bevölkerungsstatistik *f* демографи́ческая стати́стика

Bevölkerungsstruktur *f* структу́ра населе́ния, соста́в населе́ния ***(напр. возрастно-полово́й)***; демографи́ческая структу́ра
soziale Bevölkerungsstruktur социа́льный соста́в населе́ния, социа́льная структу́ра населе́ния

Bevölkerungstheorie *f* тео́рия народонаселе́ния

Bevölkerungstyp *m* тип населе́ния

Bevölkerungsüberfluss *m* перенаселе́ние, избы́ток населе́ния

Bevölkerungsüberschuss *m* перенаселе́ние, избы́ток населе́ния

Bevölkerungsumsetzung *f*, **territoriale** мигра́ция населе́ния

Bevölkerungsvermögen *n* (со́бственные) сре́дства населе́ния; достоя́ние населе́ния; накопле́ния населе́ния; сбереже́ния населе́ния

Bevölkerungsversorgung *f* снабже́ние населе́ния

Bevölkerungsverteilung *f* распределе́ние населе́ния

Bevölkerungsvorausberechnung *f* демографи́ческий прогно́з

Bevölkerungsvorausrechnung *f* демографи́ческий прогно́з

Bevölkerungswachstum *n* рост населе́ния; приро́ст населе́ния

Bevölkerungswanderung *f* мигра́ция населе́ния

Bevölkerungswechsel *m* измене́ния в чи́сленности и соста́ве населе́ния; демографи́ческие измене́ния

Bevölkerungswissenschaft *f* демогра́фия; нау́ка о народонаселении

Bevölkerungszahl *f* чи́сленность населе́ния

Bevölkerungszunahme *f* приро́ст населе́ния

Bevölkerungszusammensetzung *f* структу́ра народонаселе́ния; демографи́ческая структу́ра

Bevölkerungszuwachs *m* приро́ст населе́ния
natürlicher Bevölkerungszuwachs есте́ственный приро́ст населе́ния

Bevölkerungszyklus *m* демографи́ческий цикл

bevollmächtigt уполномо́ченный

Bevollmächtigte *m* уполномо́ченный; пове́ренный; распоряди́тель; дове́ренное лицо́, прокурист, дове́ренный (торго́вого) предприя́тия

Bevollmächtigung *f* предоставле́ние полномо́чий

bevormunden назнача́ть опекуна́, опека́ть; назнача́ть опеку́нство

Bevormundung *f* опе́ка; попечи́тельство

Bevorratung *f* созда́ние запа́сов; пополне́ние запа́сов

bevorrechten предоставля́ть привиле́гии, предоставля́ть преиму́щества

bevorrechtet привилегиро́ванный

bevorrechtigt привилегиро́ванный

bevorschussen *vt* выдава́ть ава́нс, аванси́ровать, предоставля́ть ава́нс

Bevorschussung *f* вы́дача ава́нса, аванси́рование, предоставле́ние ава́нса

bevorzugt привилегиро́ванный, име́ющий преиму́щества; предпочита́емый, бо́лее предпочти́тельный

Bevorzugung *f* привиле́гия, преиму́щество; предпочте́ние

Bew., Bewerber заяви́тель

BEWAG, Berliner Elektrizitäts-Werke-Aktien-Gesellschaft БЕВАГ, Акционéрное óбщество электростáнций Зáпадного Берлúна

Bewahranstalten *f, pl* домá социáльного попечения *(напр. домá для престарéлых, домá инвалúдов)*

Bewässerung *f* орошéние, ирригáция

Bewässerungsnetz *n* оросúтельная сеть, сеть ирригационных сооружéний

beweglich скользя́щий *(напр. о расценках)*, перемéнный *(напр. о расхóдах)*; двúжимый *(напр. об имýществе)*

Beweglichkeit *f* гúбкость; маневренность; подвúжность

Bewegung *f* (общéственное) движéние; (мáссовое) выступлéние; оборóт *(торгóвый)*; перевóзка, транспортирóвка, перемещéние; динáмика *(напр. производúтельности трудá)*

Bewegungsabstimmung *f* совмещéние (трудовы́х) движéний

Bewegungsbilanz *f* свóдный балáнс движéния имýщества и капитáла

Bewegungsmasse *f* потóк; перемещающаяся мáсса *(экономúческая величинá, обладáющая размéрностью)*

Bewegungsstudie *f* изучéние кóмплекса движéний (рабóтника)

Bewerbung *f* заявлéние, прóсьба *(напр. о приёме на рабóту, о зачислéнии в учéбное заведéние)*; зая́вка *(на что-л.)*

bewerten оцéнивать *(напр. имýщество)*, устанáвливать стóимость; подсчúтывать, рассчúтывать; вычисля́ть, исчисля́ть; назначáть цéну
  zu hoch bewerten переоцéнивать

Bewertung *f* оцéнка *(напр. имýщества)*, установлéние стóимости; *бирж.* котирóвка; подсчёт, расчёт; вычислéние, исчислéние; определéние; расцéнка; *мат.* оцéнка
  Bewertung оцéнка стóимости *(при налогообложéнии)*
  Bewertung der Grundmittel стоимостная оцéнка основны́х средств, оцéнка основны́х средств в стоимостном выражéнии
  Bewertung der Umlaufmittel стоимостная оцéнка оборотных средств, оцéнка оборотных средств в стоимостном выражéнии
  Bewertung des Außenhandelsumsatzes определéние внешнеторгóвого оборóта
  Bewertung nach einem Punktsystem бáльная оцéнка; анáлиз по (определенной) шкалé цéнностей
  allseitige Bewertung всесторóнняя оцéнка
  komplexe Bewertung кóмплексная оцéнка
  optimale Bewertung оптимáльная оцéнка
  produktive Bewertung оцéнка по продýкции; продуктивная оцéнка
  zahlenmäßige Bewertung колúчественное определéние; колúчественная оцéнка

Bewertungsausschuss *m* оцéночная комиссúя (комитéт)

Bewertungsfaktor *m* оцéночный коэффициéнт; коэффициéнт оцéнки

Bewertungsgesetz *n* закóн об оцéнке имýщества и взимáнии с негó налóгов

Bewertungsgroße *f мат.* оцéнка, оцéночный парáметр

Bewertungskontinuität *f* прúнцип взаимоувя́зки балáнса истекшего годá с нóвым балáнсом; прúнцип преéмственности балáнсов

Bewertungskonto *n* вырáвнивающий счёт, счёт взаúмных зачётов

Bewertungsmaßstab *m* критéрий оцéнки

Bewertungsmerkmal *n* критéрий оцéнки
  Bewertungsmerkmal критéрий установлéния размéра зáработной плáты

Bewertungsmethode *f* мéтод стоимостной оцéнки основны́х и оборотных средств, а тáкже (сóбственных) обязáтельств

Bewertungspreis *m* ценá, отражáющая фактическую стóимость материáльных цéнностей, ценá, отражáющая реáльную стóимость материáльных цéнностей, ценá, отражáющая остáточную стóимость материáльных цéнностей *(напр. сооружéний, машúн)*

Bewertungsprüfung *f* испытáние кáчества

Bewertungspunkt *m* оцéночный балл; балл по оценочной шкалé

Bewertungsreserven *f, pl* оцéночные резéрвы; досрóчная амортизáция
  Bewertungsreserven досрóчная амортизáция

Bewertungssatz *m* расцéнка; расцéнки

Bewertungsschema *n* схéма оцéнки

Bewertungsschissssel *m* критéрий оцéнки

Bewertungsverfahren *n* мéтод оцéнки

Bewilligung *f* ассигновáние *(дéнежных средств)*, предоставлéние *(кредúта)*
  Bewilligung соглáсие, разрешéние
  Bewilligungen *f, pl* ассигновáния (мн.ч.)
  Bewilligung planmäßiger Haushaltsausgaben бюджéтное ассигновáние
  Bewilligung zusätzlicher finanzieller Mittel дополнúтельное ассигновáние, асигновáние дополнúтельных средств
  ständige Bewilligung постоя́нное ассигновáние, длúтельное ассигновáние, долговрéменное ассигновáние

Bewilligungsausschuss *m* комитéт по ассигновáниям *(в парлáменте)*, комиссúя по ассигновáниям *(в парлáменте)*

bewirtschaften вéдать *(дéнежными срéдствами)*
  bewirtschaften устанáвливать контрóль
  bewirtschaften обрабáтывать *(зéмлю)*
  bewirtschaften *vt* управля́ть хозя́йством, вестú хозя́йство

Bewirtschafter *m* управля́ющий *(какúм-л. хозя́йством)*; землепользователь

Bewirtschaftung *f* управлéние хозя́йством; ведéние хозя́йства; хозяйственное испóльзование; обрабóтка землú; землепóльзование; нормировáние, рационирование *(товáров, продýктов)*; ведéние складского хозя́йства; учёт

Bewirtschaftungskosten *pl* издéржки хозяйствования, затрáты на ведéние хозя́йства

Bewirtschaftungsmethode *f* мéтод ведéния хозя́йства; мéтод хозяйствования

Bewirtschaftungsweise *f* мéтод ведéния хозя́йства; мéтод хозяйствования

Bewtg, Bewertung оцéнка; *бирж.* котирóвка; подсчёт

Bez.:
  Bez., Bezeichnung назвáние, наименовáние; обозначéние; маркирóвка
  Bez., Bezirk óкруг
  bez., bezüglich относúтельно, по повóду, насчёт

bezahlbar плáтный, подлежáщий оплáте; могýщий быть оплáченным

bezahlen платúть, оплáчивать, выплáчивать; расплáчиваться; погашáть *(напр. задóлженность)*, покрывáть *(напр. расхóды)*, компенсúровать; вознаграждáть
  bezahlen *(фин.)* сальдúровать, балансúровать, возмещáть, погашáть
  bar bezahlen платúть налúчными
  dreifache für *(etw.A.)* **bezahlen** заплатúть втрúдорога за *(что-л.)*
  eine **Strafe von... bezahlen** заплатúть штраф в размéре ...
  in Fristen bezahlen платúть в рассрóчку
  mit Geld bezahlen уплатúть деньгáми
  stückweise bezahlen оплáчивать поштýчно
  zusätzlich bezahlen доплáчивать, доплатúть

bezahlt уплáчено, оплачено; все прикáзы вы́полнены *(отмéтка в биржевóм бюллетéне)*
  im voraus bezahlt авансúрованный, оплáченный авáнсом
  sich bezahlt machen компенсúровать

свой затра́ты; окупиться

bezahlt - Brief прика́зы на прода́жу вы́полнены части́чно *(отме́тка в биржево́м бюллете́не)*, прика́зы на прода́жу вы́полнены в незначи́тельной до́ле *(отме́тка в биржево́м бюллете́не)*

bezahlt - Geld прика́зы на поку́пку вы́полнены части́чно *(отме́тка в биржево́м бюллете́не)*, прика́зы на поку́пку вы́полнены в незначи́тельной до́ле *(отме́тка в биржево́м бюллете́не)*

Bezahlung *f* пла́та, опла́та, вы́плата; погаше́ние *(напр. задо́лженности)*, покры́тие *(напр. расхо́дов)*, компенса́ция; вознагражде́ние, гонора́р

Bezahlung im Akzeptverfahren платёж по акце́птной фо́рме расчётов

Bezahlung im Fernverkehr иногоро́дний платёж

Bezahlung im Platzverkehr платёж по безнали́чному расчёту ме́жду ба́нками одного́ го́рода

Bezahlung im RE-Verfahren платёж по акце́птной фо́рме расчётов

Bezahlung in Naturalien опла́та в нату́ре, опла́та нату́рой, *уст.* натуроплата

die Bezahlung steht noch aus платёж ещё не после́довал; не оплачено *(отме́тка)*

die **gelieferte Ware bleiben bis zur vollständigen Bezahlung unser Eigentum** поставленные това́ры остаю́тся в на́шей со́бственности до по́лной их опла́ты получа́телем

gegen Bezahlung за вознагражде́ние, за пла́ту; про́тив платежа́

gegen prompte Bezahlung при усло́вии неме́дленной упла́ты

mit der Bezahlung hinhalten заде́рживать вы́плату

übertarifliche Bezahlung опла́та труда́ сверх тарифа, сверхтарифная опла́та труда́

zur Bezahlung auf eine Kasse anweisen выдава́ть платёжный о́рдер в ка́ссу

zur Bezahlung präsentieren предъявля́ть к опла́те *(напр. ве́ксель)*

zur Bezahlung vorlegen предъявля́ть к опла́те *(напр. ве́ксель)*

Bezeichnungszettel *m* этике́тка

bez.G., bezG., bezahlt - Geld прика́зы на поку́пку вы́полнены части́чно *(отме́тка в биржево́м бюллете́не)*

beziehbar:

nur bar beziehbar покупа́емый то́лько за нали́чные *(о това́ре)*

beziehen выпи́сывать *(напр. газе́ты)*

beziehen зака́зывать *(напр. това́р)*

beziehen покупа́ть, закупа́ть;

beziehen получа́ть *(напр. ре́нту, зарпла́ту)*

sich beziehen ссыла́ться *(на что-л.)*

aus dem Ausland beziehen ввози́ть из-за рубежа́; импорти́ровать

en gros beziehen покупа́ть о́птом

über den Großhandel beziehen покупа́ть о́птом; покупа́ть чере́з опто́вую сеть

Bezieher *m* покупа́тель; фи́рма-покупа́тель

Bezieher подпи́счик *(напр. газе́ты)*; абоне́нт

Bezieher получа́тель *(напр. ре́нты, зарпла́ты)*

ständiger Bezieher постоя́нный покупа́тель

Bezieherland *n* страна́-покупа́тель, страна́-импортёр

Beziehung *f* отноше́ние; связь; *мат.* отноше́ние, соотноше́ние; усло́вие, *см. та́кже* ***Beziehungen***

binäre Beziehung *мат.* бина́рное отноше́ние, бина́рное соотноше́ние

n-**stellige Beziehung** *мат. n*-ме́стное отноше́ние, *n*-ме́стное соотноше́ние

rückläufige Beziehung *мат.* обра́тная связь

wechselseitige Beziehung взаимосвя́зь

Beziehungen *f, pl* отноше́ния; сноше́ния; свя́зи, *см. та́кже* ***Beziehung***

Beziehungen abbrechen разорва́ть отноше́ния

Beziehungen anknüpfen устана́вливать отноше́ния

Beziehungen aufheben разорва́ть отноше́ния

Beziehungen herstellen устана́вливать отноше́ния

gleichberechtigte Beziehungen равноправные отноше́ния

innerbetriebliche Beziehungen внутрипроизво́дственные отноше́ния, внутризаводски́е отноше́ния

innerbetriebliche Beziehungen народнохозя́йственные свя́зи

innerbetriebliche Beziehungen междунаро́дные свя́зи; междунаро́дные отноше́ния

ökonomische Beziehungen экономи́ческие отноше́ния,

ökonomische Beziehungen междунаро́дно-правовы́е отноше́ния

ökonomische Beziehungen экономи́ческие отноше́ния, хозя́йственные отноше́ния, народнохозя́йственные отноше́ния

wechselseitige Beziehungen внешнеэкономи́ческие отноше́ния, внешнеторго́вые отноше́ния

wechselseitige Beziehungen обще́ственные отноше́ния

zwischenmenschliche Beziehungen межличностные отноше́ния; отноше́ния ме́жду людьми́

Beziehungshandel *n* сбыт предприя́тием свое́й проду́кции непосре́дственно потреби́телю, минуя торго́вую сеть

Beziehungslehre *f* о́трасль буржуа́зной социоло́гии, занима́ющаяся вопро́сами чи́сто эмпири́ческого описа́ния, ана́лиза, группиро́вки и систематиза́ции социа́льных отноше́ний

Beziehungslinie *f стат.* ли́ния регрессии

Beziehungszahl *f* расчётное число́

beziffern *vt* нумерова́ть; выража́ть в ци́фрах

sich beziffern исчисля́ться *(таки́ми-то су́ммами)*

Bezirk *m* райо́н; уча́сток; о́круг

bezirksgeleitet находя́щийся в подчине́нии окру́га, окружно́го подчине́ния, находя́щийся в управле́нии окру́га

Bezirksgericht *n* участковый суд *(А́встрия, Швейца́рия)*

Bezirkshaushalt *m* бюдже́т райо́на

Bezirksplankommission *f* окружна́я пла́новая комисси́я, пла́новая комисси́я окру́га

Bezirksrat *m* окружно́й сове́т; член окружно́го сове́та

Bezirksstadt *f* центр окру́га, окружно́й центр

Bezirksstraße *f* доро́га окружно́го значе́ния

Bezirkstag *m* окружное собра́ние; бецирксткаг *(ФРГ, Бава́рия)*

Bezirksverband *m* **der Konsumgenossenschaften** окружно́й потребсоюз

Bezirksvertreter *m* торго́вый представи́тель, де́йствующий то́лько в одно́м определённом райо́не

Bezogener *m* трасса́т, плате́льщик по перево́дному ве́кселю

Bezollung *f* обложе́ние тамо́женной по́шлиной

Bezug *m* поку́пка, заку́пка; получе́ние, приобрете́ние *(напр. това́ра)*; подпи́ска *(напр. на газе́ты)*; зака́з *(напр. това́ра)*; приобрете́ние но́вых а́кций акционе́рами, владе́ющими уже́ а́кциями да́нной компа́нии

Bezug über den Einzelhandel ро́зничная поку́пка

Bezug über den Großhandel опто́вая поку́пка

Bezüge *m pl* зарпла́та; дохо́ды, содержа́ние, жа́лованье

Bezüge aus der Sozialversicherung получе́ние страховы́х посо́бий по социа́льному страхова́нию

Bezugnahme *f* ссы́лка

unter Bezugnahme ссылáясь *на что-л.*; со ссы́лкой *на что-л.*

Bezugs- und Absatzgenossenschaft *f* закупочно-сбытовой кооперати́в

Bezugs- und Lieferplan *m* план закýпок и постáвок

Bezugsaktien *f, pl* нóвые áкции, выпускáемые акционéрным óбществом *(при увеличéнии акционéрного капитáла)*

Bezugsanweisung *f* поручéние на покýпку, поручéние на закýпку

Bezugsbasis *f стат.* бáза сравнéния, бáза сопоставления

Bezugsbedingungen *f, pl* услóвия покýпки, услóвия закýпки; услóвия получéния, услóвия приобретéния *(напр. товáра)*; услóвия подпи́ски *(напр. на газéты)*

Bezugsberechtigung *f* прáво на подпи́ску *(напр. на газéты)*

Bezugsberechtigung прáво на покýпку, прáво на закýпку

Bezugsberechtigung прáво страховáтеля предоставля́ть трéтьим ли́цам полномóчия на получéние всей и́ли чáсти страховóй сýммы

Bezugsberechtigung прáво страховáтеля предоставля́ть трéтьим ли́цам полномóчия на получéние всей страховóй сýммы, прáво страховáтеля предоставля́ть трéтьим ли́цам полномóчия на получéние чáсти страховóй сýммы

unwiderrufliche Bezugsberechtigung безотзы́вное прáво страховáтеля передавáть трéтьим ли́цам полномóчия на получéние всей страховóй сýммы, безотзы́вное прáво страховáтеля передавáть трéтьим ли́цам полномóчия на получéние чáсти страховóй сýммы

widerrufliche Bezugsberechtigung отзывнóе прáво страховáтеля предоставля́ть трéтьим ли́цам полномóчия на получéние всей страховóй сýммы, отзывнóе прáво страховáтеля предоставля́ть трéтьим ли́цам полномóчия на получéние чáсти страховóй сýммы

Bezugsdaten *pl* исхóдные дáнные

Bezugsdaten справочные дáнные

Bezugsdaten эталонные дáнные, контрóльные дáнные

Bezugseinheit *f* услóвная едини́ца, у.е.

Bezugsgeld *n* абонемéнтная плáта, плáта за подпи́ску *(напр. на газéты)*

Bezugsgenehmigung *f* разрешéние на получéние, разрешéние на приобретéние

Bezugsgenehmigung разрешéние на подпи́ску *(напр. на газéты)*

Bezugsgenehmigung разрешéние на покýпку, разрешéние на закýпку

Bezugsgröße *f* исхóдная величинá; коэффициéнт для пересчёта разнорóдных показáтелей

Bezugsgröße объём поступлéний

Bezugsgrundlage *f* бáзис

Bezugskalkulation *f* калькуля́ция закупочной цены́

Bezugskosten *pl* стóимость достáвки; трáнспортные расхóды

Bezugskosten стóимость достáвки (и упакóвки) товáров, плáта за достáвку (и упакóвку) товáров, расхóды по достáвке (и упакóвке) товáров, издéржки по достáвке (и упакóвке) товáров; транспортно-заготови́тельные затрáты

Bezugskurs *m* подписнáя ценá; курс подпи́ски *(на áкции, облигáции)*

Bezugsland *n* странá-импортёр

Bezugsmenge *f* объём покýпки, объём закýпки; закупаемое коли́чество

Bezugsorganisation *f* организáция снабжéния, оргáн снабжéния; закýпочная организáция

Bezugsperiode *f стат.* бáзисный периóд

Bezugsprämie *f бирж.* прéмия за опциóн *(выплáчиваемая за прáво купи́ть и́ли продáть цéнные бумáги и́ли товáры по установленной ценé в течéние определенного врéмени)*

Bezugspreis *m* ввознáя ценá, и́мпортная ценá; закýпочная ценá

Bezugspreis покупнáя ценá; заготови́тельная ценá

Bezugspreis подписнáя ценá, ценá по (при) подпи́ске, ценá подпи́ски

Bezugsquellenbuch *n* картотéка фирм-поставщикóв; журнáл фирм-поставщикóв

Bezugsquellendatei *f* бáза дáнных фирм-поставщикóв

Bezugsquellenkartei *f* картотéка фирм-поставщикóв

Bezugsrecht *n* преимýщественное прáво акционéра на приобретéние нóвых áкций *(при увеличéнии акционéрного капитáла)*, *ом. тж.* **Bezugsberechtigung**

Bezugsrechtausstattung *f* поря́док приобретéния áкций

Bezugsschein *m* купóн áкции, купóн облигáции

Bezugsschein талóн, кáрточка *(на получéние дефици́тного товáра)*

Bezugsschein óрдер *(на получéние нормированных товáров)*

Bezugsschein квитáнция *(о приеме подпи́ски, напр., на газéту)*

Bezugsschein дели́вери-óрдер

Bezugsspesen *pl* стóимость достáвки; трáнспортные расхóды

Bezugsvereinigung *f* снабженческий кооперати́в; закýпочная организáция

Bezugsweg *m* торгóвый путь; истóчник приобретéния; ры́нок закýпок *(в отли́чие от ры́нка сбы́та)*

Bezugswert *m* опóрная величинá; бáзисная величинá, исхóдная величинá, начáльная величинá

Bezugswunsche *m, pl* пожелáния покупáтелей

Bezugszahl *f* объём поступлéний

Bezugszeitraum *m* бáзисный периóд

Bf.:

BF, Betriebsfläche произвóдственные плóщади предприя́тия; полéзные сельскохозя́йственные плóщади

Bf., Brief курс продавцóв, предложéние, курс предложéний *(в курсовых бюллетéнях)*

Bf. , Brief вéксель

BFA:

BFA, BfA, Bundesauskunftsstelle für den Außenhandel Федерáльное информациóнное бюрó внéшней торгóвли

BfA, Bundesversicherungsanstalt für Angestellte Федерáльное учреждéние по страховáнию слýжащих

BfAI, Bundesstelle für Außenhandelsinformation Федерáльное бюрó внешнеторгóвой информáции

BfE, Büro für Erfindungs- und Vorschlagswesen Бюрó по изобретáтельству и рационализáции

BFH:

BFH, Bundesfinanzhof Федерáльное налогово-финáнсовое управлéние

BFH, Bundesfinanzhof Федерáльный финáнсовый суд

bfn, brutto für netto (вес) брýтто за нéтто

BfW, Bundesstelle für den Warenverkehr Федерáльное управлéние товарооборота

B2G Интернéт-торгóвля «компáния-прави́тельство» (государственные óрганы)

BG:

BG, Bulgarien Болгáрия

BG, Börsengesetz закóн о би́ржах и биржевы́х оперáциях

BG, Bundesgericht Федерáльный суд *(Швейцáрия)*

Bg, Berufsgenossenschaft союз предпринимáтелей

b.G.., bezahlt Geld прикáзы на покýпку вы́полнены части́чно (отмéтка в биржевóй вéдомости)

BGB, Bürgerliches Gesetzbuch граждáнский кóдекс

BGBl, Bundesgesetzblatt Федерáльный вéстник закóнов (ФРГ, Áвстрия)

BGH, Bundesgerichtshof Федерáльный суд, Верхóвный суд

BGL, Lew, -- Bulgarien Лев *(код ва-*

люты 100), -- Болгария

BGS, Bundesgrenzschutz пограничная охрана ФРГ

BH, Bahrain Бахрейн

BHD, Bahrain-Dinar, -- Bahrain Бахрейнский динар (*код валюты* 048), -- Бахрейн

BHG, Berliner Handelsgesellschaft Западноберлинское торговое общество

BHinterblG, Beamtenhinterbliebenengesetz закон об обеспечении семей умерших государственных служащих

BHO, Bundeshaushaltsordnung положение о федеральном бюджете

BHP, Bargeldumsatzplan план кассового оборота

BI:

BI, Burundi Бурунди

B.I., Bourse Internationale Международная фондовая биржа

BIAG, Braunkohlen-Industrie-Aktiengesellschaft Акционерное общество промышленности бурых углей

bias *англ. стат.* искажение результатов анкетного опроса

BIB, Bekleidungsindustrie-Berufsgenossenschaft Профессиональное (страховое) товарищество работников швейной промышленности

BIC:

BIC; Bank Identifier Code *(eng.)*; **standardisierte Bank-Code; SWIFT-Code** стандартизированный идентификационный код банк, **SWIFT**

BIC, Bureau International des Containers Международное бюро по контейнерам

bidezimal двоично-десятичный

Biersteuer *f* налог на пиво *(с потребителя)*

BierStG, Biersteuergesetz Закон о налоге на пиво (с потребителя)

Bieten *n* предложение *(напр. на аукционе)*

bieten предлагать *(напр. на аукционе)*

Bieter *m* участник аукциона *(участник распродажи, покупатель)*, предлагающий определённую сумму; участник открытого конкурса, предлагающий условия осуществления конкурсного проекта

Bietungsgarantie *f* сумма, внесённая фирмой в качестве гарантии своего твёрдого предложения *(напр., при конкурсе на размещение государственных заказов)*

BIF, Burundi-Franc, -- Burundi Бурундийский франк (*код валюты* 108), -- Бурунди

Big Bang *(eng)*, **Großer Knall** Большой шок (резкое изменение в финансовой практике, экономической политике и т.п.); *ист.* реорганизация Лондонской фондовой биржи в 1986 г.

big business *англ.* крупные концерны; крупные тресты; большой бизнес

Big Five *англ. разг.* Большая пятёрка *(пять крупнейших лондонских банков)*

Bilanz *f* баланс; итог

Bilanz der Abrechnungsperiode отчётный баланс, баланс за отчётный период

Bilanz der Anlagefonds баланс основных фондов

Bilanz der Arbeitskräfte баланс труда, баланс трудовых ресурсов, баланс рабочей силы

Bilanz der Aufwendungen und der Produktion баланс затрат и выпуска продукции

Bilanz der Bargelddispositionen эмиссионный баланс

Bilanz der Berichtsperiode отчётный баланс, заключительный баланс

Bilanz der Bevölkerungseinnahmen und -ausgaben баланс денежных доходов и расходов населения

Bilanz der Bodenschätze баланс природных ресурсов, баланс запасов полезных ископаемых

Bilanz der Einnahmen und Ausgaben баланс доходов и расходов *(предприятия, отрасли)*

Bilanz der Einnahmen und Ausgaben der Bevölkerung баланс денежных доходов и расходов населения

Bilanz der Grundfonds баланс основных фондов

Bilanz der internationalen Verbindlichkeiten und Forderungen баланс международных обязательств и требований

Bilanz der Konsumtionsmittel баланс предметов потребления, баланс средств потребления

Bilanz der landwirtschaftlichen Produkte баланс продуктов сельского хозяйства

Bilanz der Planperiode плановый баланс; баланс за плановый период

Bilanz der Produktion, Konsumtion und Akkumulation des gesellschaftlichen Gesamtprodukts баланс производства, потребления и накопления совокупного общественного продукта, материальный баланс

Bilanz der Produktionskapazitäten баланс производственных мощностей

Bilanz der Produktionsmittel баланс средств производства

Bilanz der Rechenschaftsperiode отчётный баланс, фактический баланс

Bilanz der Vorräte an Bodenschätzen баланс природных ресурсов, баланс запасов полезных ископаемых

Bilanz des Arbeitskräftepotenzials баланс трудовых ресурсов

Bilanz des Außenhandels баланс внешней торговли, внешнеторговый баланс

Bilanz des gesellschaftlichen Gesamtprodukts баланс совокупного общественного продукта

Bilanz des gesellschaftlichen Produkts баланс общественного продукта

Bilanz des Marktaufkommens der Landwirtschaft баланс товарной продукции сельского хозяйства

Bilanz des Nationaleinkommens баланс национального дохода

Bilanz des Staatshaushalts баланс государственного бюджета, бюджетный баланс

Bilanz des Volkseinkommens баланс народного дохода, баланс национального дохода

Bilanz im Geldausdruck баланс в денежном выражении

Bilanz im Wertausdruck баланс в стоимостном выражении

Bilanz in zusammengefasster Form сводный баланс

Bilanz ohne Regulierungsposition нетто-баланс

abgeleitete Bilanz производный баланс, баланс специального назначения

aktive Bilanz активный баланс

buchhalterische Bilanz бухгалтерский баланс

doppelte Bilanz двойной баланс

dynamische Bilanz динамический баланс

endgültige Bilanz окончательный баланс

konsolidierte Bilanz консолидированный баланс (*составленный из балансов входящих в концерн предприятий, предполагающий зачёт их взаимных требований и обязательств)*

genehmigte Bilanz одобренный баланс, принятый баланс

konsolidierte Bilanz консолидированный баланс

materielle Bilanz материальный баланс

monatlich aufzustellende Bilanz месячный баланс

passive Bilanz пассивный баланс

perspektivische Bilanz перспективный баланс

provisorische Bilanz предварительный баланс

regionale Bilanz региональный баланс

schachbrettförmige Bilanz шахматный баланс; *разг.* шахматка

statische Bilanz статический баланс
totale Bilanz генеральный баланс
unausgeglichene Bilanz неуравновешенный баланс
volkswirtschaftliche Bilanz баланс народного хозяйства, народнохозяйственный баланс
vorläufige Bilanz предварительный баланс
zusammengezogene Bilanz сводный баланс
außerhalb der Bilanz внебалансовый; забалансовый
die Bilanz anfertigen составлять баланс, сводить баланс
die Bilanz aufstellen составлять баланс, сводить баланс
die Bilanz ausgleichen уравновешивать баланс, сбалансировать
die Bilanz auswerten подводить итог, подвести итог
die Bilanz ziehen свести баланс; подвести итог
die Bilanz frisieren подчищать баланс, вуалировать баланс, завуалировать баланс *(с целью представить его в более выгодном свете)*
die Bilanz verschleiern подчищать вуалировать баланс, завуалировать баланс *(с целью представить его в более выгодном свете)*
die Bilanz ziehen составлять баланс, сводить баланс; подводить итог
eine Bilanz aufstellen составить баланс, составлять баланс
eine Bilanz erstellen составить баланс, составлять баланс
in der Bilanz ausweisen показывать в балансе, отражать в балансе
nicht in der Bilanz erscheinend внебалансовый, забалансовый
Bilanzabfassung *f* составление баланса
Bilanzableitung *f* составление баланса
Bilanzabschluss *m* закрытие баланса
Bilanzabschnitt *m* раздел баланса
BilanzaMassung *f* составление баланса
Bilanzanalyse *f* анализ баланса
Bilanzänderung *f* изменение баланса
Bilanzarten *f, pl* виды балансов
Bilanzaufbau *m* структура баланса
Bilanzaufbereitung *f* подготовка статей баланса к проверке
Bilanzaufstellung *f* составление баланса
Bilanzausweis *m* показывание баланса, показывание части баланса, предъявление баланса, предъявление части баланса, опубликование баланса, опубликование части баланса
Bilanzbeispiel *n* образец баланса
Bilanzberichtigung *f* исправление баланса
Bilanzbewertung *f* балансовая оценка
Bilanzbuch *n* балансовая книга
Bilanzbuchhalter *m* бухгалтер, привлекаемый к составлению баланса
Bilanzdelikte *n, pl* неправомерные действия при составлении и предъявлении баланса, правонарушения при составлении и предъявлении баланса
Bilanzeinordnung *f* упорядочение баланса
Bilanzeinsichtspflicht *f* обязанность просматривать баланс
Bilanzentscheidung *f* балансовое решение
Bilanzergebnis *n* итоги баланса
Bilanzerstellung *f* составление баланса
Bilanzfälschung *f* фальсификация баланса
Bilanzfrisur *f* подчистка баланса, вуалирование баланса
Bilanzgenehmigung *f* утверждение баланса, одобрение баланса, принятие баланса
Bilanzgewinn *m* балансовая прибыль, чистая прибыль *(валовая прибыль за вычетом всех издержек)*
Bilanzgleichheit *f* балансовое равновесие
Bilanzgleichheit stören нарушать баланс
Bilanzgleichung *f* балансовая увязка
Bilanzgleichung балансовое уравнение
Bilanzgliederung *f* структура баланса
Bilanzgruppe *f* балансовая группа *(работников планово-финансового отдела)*
bilanzieren составлять баланс, сводить баланс; подводить итоги
bilanzieren балансировать
bilanzieren уравновешиваться
bilanzieren взаимно уничтожаться
Bilanzierung *f* подведение итогов
Bilanzierung составление баланса, сведение баланса, (финансовая) увязка *(напр. отдельных элементов плана)*; подведение итогов
Bilanzierung балансировка, балансирование;
Bilanzierung der Erzeugnisse составление материальных балансов по отдельным изделиям
Bilanzierung der Konsumgüter составление балансов предметов потребления
territoriale Bilanzierung балансирование в территориальном разрезе
Bilanzierungsebene *f* уровень составления баланса *(предприятия, отрасли и т.п.)*
Bilanzierungsebene хозяйственная единица в системе балансовой пирамиды, хозяйственная единица в системе пирамиды балансов
Bilanzierungsgrundsätze *m, pl* принципы составления балансов
Bilanzierungsprinzipien *n, pl* принципы составления балансов
Bilanzierungstätigkeit *f* деятельность, связанная с составлением балансов; составление баланса
Bilanzierungsvorschrift *f* инструкция по составлению (бухгалтерских) балансов, руководство по составлению (бухгалтерских) балансов
Bilanzklarheit *f* принцип предельной точности и ясности баланса; ясность баланса
Bilanzkonti *n* балансовый счёт
Bilanzkontinuität *f* принцип взаимоувязки баланса истекшего периода с новым балансом, принцип преемственности балансов за различные периоды
formelle Bilanzkontinuität сохранение неизменности структур балансов, составляемых различными отделами предприятия, а также обозначения их отдельных статей; формальный принцип преемственности балансов
formelle Bilanzkontinuität сохранение неизменности критериев оценки статей балансов, составляемых различными отделами предприятия; содержательный принцип преемственности балансов
Bilanzkrilik *f* критический анализ баланса, тщательный анализ баланса
Bilanzkurs *m* балансовая стоимость акции; балансовый курс акций
Bilanzliquidität *f* ликвидность баланса, ликвидные средства баланса, свободные средства баланса, ликвидные средства по балансу
bilanzmäßig балансовый
Bilanzmethode *f стат.* балансовый метод
Bilanzmodell *n* балансовая модель
Bilanznomenklatur *f* номенклатура баланса
Bilanzordnung *f* положение о порядке составления баланса; правила составления баланса
Bilanzperiode *f* отчётный период
Bilanzposition *f* балансовая статья, статья баланса
Bilanzposten *m* балансовая статья, статья баланса
Bilanzprüfer *m* ревизор баланса, аудитор баланса
Bilanzprüfung *f* проверка баланса, ревизия баланса, аудит баланса
Bilanzpyramide *f стат.* пирамида ба-

ла́нсов

Bilanzrechnung *f* бала́нсовый учёт

Bilanzreserve *f* бала́нсовый резе́рв

Bilanzrevision *f* прове́рка бала́нса, ауди́т бала́нса

Bilanzschema *n* схе́ма бала́нса

Bilanzstatistik *f* бала́нсовая стати́стика

Bilanzstichtag *m* день, на кото́рый составля́ется бала́нс; день составле́ния бала́нса

Bilanzstruktur *f* структу́ра бала́нса

Bilanzsumme *f* бала́нсовый ито́г

Bilanzsystem *n* систе́ма бала́нсов *(напр., наро́дного хозя́йства)*

Bilanztabelle *f* бала́нсовая табли́ца

Bilanzunterkonto *n* бала́нсовый счёт второ́го поря́дка

Bilanzvariante *f* вариа́нт бала́нса

Bilanzveränderung *f* измене́ние бала́нса

Bilanzvereinheitlichung *f* унифика́ция бала́нсов

Bilanzvergleich *m* сопоставле́ние бала́нса(ов); сравне́ние бала́нса(ов)

Bilanzverlängerung *f* увеличе́ние бала́нсовой су́ммы

Bilanzverschleierung *f* подчи́стка бала́нса, внесе́ние недостове́рных све́дений в бала́нс

Bilanzwahrheit *f* достове́рность бала́нса, достове́рность бала́нсовых да́нных

Bilanzwert *m* бала́нсовая сто́имость; бала́нсовая оце́нка

Bilanzzahlen *f, pl* показа́тели бала́нса, бала́нсовые показа́тели

Bilanzziehen *n* составле́ние бала́нса, сведе́ние бала́нса; подведе́ние ито́га

Bilanzziffer *f* показа́тель бала́нса

bilateral двусторо́нний, двухсторо́нний *(напр. о сде́лке)*

Bilateralgeschäft *n* двусторо́нняя сде́лка

Bilateralismus *m* систе́ма заключе́ния двусторо́нних *(торго́вых или платёжных)* соглаше́ний; систе́ма реше́ния междунаро́дных пробле́м на осно́ве двусторо́нних перегово́ров

bilden создава́ть *(напр. сто́имость)*

Bildideengestalter *m* худо́жник-гра́фик, рабо́тающий в о́бласти рекла́мы; худо́жник-диза́йнер, диза́йнер

Bildinformation *f* видеоинформа́ция, визуа́льная информа́ция

Bildinformation информа́ция, содержа́щаяся в изображе́нии

Bildmarke *f* това́рный знак в ви́де изображе́ния, това́рный знак в ви́де рису́нка, торго́вая ма́рка в ви́де изображе́ния, торго́вая ма́рка в ви́де рису́нка, фабри́чная ма́рка в ви́де изображе́ния, фабри́чная ма́рка в ви́де рису́нка, логоти́п, лого

Bildpostkarte *f* видова́я откры́тка, содержа́щая небольшо́й текстово́й материа́л и испо́льзуемая в ка́честве рекла́мы *(напр. для привлече́ния тури́стов)*

Bildschirm *m* экра́н, экранное устро́йство отображе́ния, диспле́й, монито́р

LCD-Bildschirm жидкокристалли́ческий монито́р

Bildschirm-Terminal *n* видеотермина́л, оконечное устро́йство с диспле́ем, ТВ-термина́л

Bildschirmeingabe *f* ввод с экра́на

Bildstatistik *f* изобразительная стати́стика

Bildung *f* созда́ние; формирова́ние; образова́ние, учрежде́ние; просвеще́ние, образова́ние; воспита́ние

Bildung der Nachfrage формирова́ние спро́са

Bildung ruhender Geldmengen bei der Bevölkerung оседа́ние де́нег у населе́ния

Bildung übermäßiger Warenvorräte затова́ривание

Bildung von Durchschnittswerten *мат.* усреднение

Bildungs- und Erziehungseinrichtungen *f, pl* учрежде́ния систе́мы воспита́ния и образова́ния *(напр. я́сли, шко́лы)*

Bildungs- und Erziehungswesen *n* систе́ма воспита́ния и образова́ния

Bildungsmonopol *n* монопо́лия на образова́ние

Bildungsniveau *n* у́ровень образова́ния, образова́тельный у́ровень

Bildungsökonomie *f* эконо́мика образова́ния

Bildungsprivileg *n* преиму́щественное пра́во госпо́дствующих кла́ссов на образова́ние, привиле́гия на образова́ние

Bildungsstufe *f* образова́тельный ценз; у́ровень образова́ния, у́ровень культу́ры

Bildwerbung *f* рекла́ма с по́мощью изобрази́тельных средств; фоторекла́ма

Bildzeichen *n* това́рный знак в ви́де изображе́ния, това́рный знак в ви́де рису́нка, торго́вая ма́рка в ви́де изображе́ния, торго́вая ма́рка в ви́де рису́нка, фабри́чная ма́рка в ви́де изображе́ния, фабри́чная ма́рка в ви́де рису́нка, логоти́п, лого

bill broker *англ.* билль-бро́кер, ве́ксельный бро́кер, ве́ксельный ма́клер

bill of lading *англ.* коносаме́нт

Billbrokerfirma *f* билль-бро́керская фи́рма

BillBZ, Prüfgruppe zur Bekämpfung illegaler Beschäftigung durch die Zollverwaltung контро́льная гру́ппа по борьбе́ с нелега́льным трудоустро́йством в ра́мках (Федера́льного) тамо́женного управле́ния

billig дешёвый, недорого́й

BIMCO, Baltic and International Maritime Conference Балти́йская и междунаро́дная морска́я конфере́нция

Bimetallismus *m* биметалли́зм

BIN:

BIN, Bank Identification Number *(eng.)* идентификационный но́мер ба́нка (идентифицирующий банк и его́ ка́рточную програ́мму в платежной систе́ме)

BIN, Beteiligten-Identifikations-Nummer (elektronische Unterschrift) идентификационный но́мер уча́стника внешнеэкономи́ческой де́ятельности - ана́лог электро́нной по́дписи)

B.I.N.A., Bureau International de Normalisation Automobile Междунаро́дное бюро́ станда́ртов автомоби́льной промы́шленности

binär двои́чный, бина́рный

Binär-Dezimalumwandlung *f* преобразова́ние из двои́чной систе́мы (счисле́ния) в десяти́чную; двои́чно-десяти́чное преобразова́ние

Binärdezimalkonvertierung *f* преобразова́ние из двои́чной систе́мы (счисле́ния) в десяти́чную

Binärschreibweise *f* двои́чная систе́ма (счисле́ния), бина́рная систе́ма (счисле́ния)

Binärsystem *n* двои́чная систе́ма (счисле́ния), бина́рная систе́ма (счисле́ния)

Binärzahl *f обр. дан.* двоичное число́

binden, sich обя́зываться; свя́зывать себя́ обяза́тельствами

bindend обяза́тельный; обя́зывающий, свя́зывающий *(напр. об оферте)*

Binder *m* програ́мма связывания, програ́мма организа́ции свя́зей

Binder реда́ктор свя́зей, програ́мма-реда́ктор свя́зей

Bindung *f* свя́зывание, соедине́ние, скрепле́ние; иммобилиза́ция, омертвле́ние, замора́живание *(напр. капита́ла)*; обяза́тельство

Bindung соедине́ние, скрепле́ние, связь

Bindungsermächtigung *f* полномо́чие осуществля́ть (бюдже́тные) расхо́ды, выходя́щие за ра́мки одного́ бюдже́тного го́да

Bindungsklausel *f* свя́зывающая огово́рка *(контра́кта)*

Binnenfischerei *f* рыболо́вство во вну́тренних во́дах

Binnenfischereibetrieb *m* рыбопромысловое хозя́йство, веду́щее про́мысел во вну́тренних во́дах

Binnenflotte *f* речно́й флот

Binnenflotte флот, испо́льзуемый на вну́тренних во́дных путя́х

Binnenfrachtschifffahrt *f* сообще́ние грузовы́х судо́в по вну́тренним во́дным путя́м, движе́ние грузовы́х судо́в по вну́тренним во́дным путя́м

Binnengeld *n* де́ньги, испо́льзуемые во вну́треннем (де́нежном) обраще́нии

Binnengeld национа́льная валю́та

Binnengewässer *pl* вну́тренние во́ды *(реки́, озёра)*

Binnengewässerflotte *f* речно́й флот

Binnengroßhandel *m* вну́тренняя опто́вая торго́вля

Binnengroßhandelspreis *m* опто́вая цена́ во вну́тренней торго́вле

Binnenhafen *m* речно́й порт

Binnenhafenordnung *f* положе́ния о поря́дке пребыва́ния и кларирования судо́в в речных портах

Binnenhandel *m* вну́тренняя торго́вля

Binnenhandelsmesse *f* я́рмарка оптовой вну́тренней торго́вли

Binnenhandelsökonomie *f* эконо́мика вну́тренней торго́вли

Binnenhandelspolitik *f* поли́тика в о́бласти вну́тренней торго́вли

Binnenhändler *m* рабо́тник, за́нятый в систе́ме вну́тренней торго́вли

Binnenkonnossement *n* коносаме́нт во вну́треннем во́дном сообщении

Binnenkonnossement коносаме́нт при речных перевозках

Binnenkonsum *m* потребле́ние вну́треннего ры́нка, потребле́ние на вну́треннем ры́нке

Binnenmarkt *m* вну́тренний ры́нок

Binnenmarktforschung *f* иссле́дование вну́треннего ры́нка, изуче́ние вну́треннего ры́нка, ма́ркетинг вну́треннего ры́нка

Binnenmarktpreis *m* цена́ вну́треннего ры́нка

Binnenpreis *m* цена́ вну́треннего ры́нка

Binnenschiff *n* су́дно, испо́льзуемое в сообщении по вну́тренним во́дным путя́м; речно́е су́дно

Binnenschifffahrt *f* речно́е судохо́дство

Binnenschifffahrt судохо́дство по вну́тренним во́дным путя́м, вну́треннее судохо́дство

Binnenschifffahrtssachen *f, pl* суде́бные дела́, свя́занные с судоходством по вну́тренним во́дным путя́м

Binnenschifffahrtstransport *m* судохо́дство по вну́тренним во́дным путя́м; перево́зки по вну́тренним во́дным путя́м

Binnenschifffahrtsverkehr *m* судохо́дство по вну́тренним во́дным путя́м; перево́зки по вну́тренним во́дным путя́м

Binnenschiffsregister *n* рее́стр речных судо́в

Binnenschiffsverkehr *m* вну́треннее во́дное сообще́ние

Binnenschiffsversicherung *f* страхова́ние судо́в, испо́льзуемых в сообщении по вну́тренним во́дным путя́м; страхова́ние речных судо́в

Binnentarif *m* тари́ф, де́йствующий в преде́лах одно́й страны́

Binnentransport *m* вну́тренние перево́зки, вну́треннее сообще́ние, вну́тренний транспо́рт

Binnentransportversicherung *f* страхова́ние вну́тренних перево́зок

Binnenverkehr *m* вну́треннее сообще́ние, вну́тренний транспо́рт; вну́тренние перево́зки; сообще́ние по вну́тренним во́дным путя́м, движе́ние по вну́тренним во́дным путя́м; обраще́ние това́ров в преде́лах одно́й страны́

Binnenwährung *f* национа́льная валю́та *(де́нежные зна́ки, име́ющие обраще́ние в преде́лах одно́й страны́)*

Binnenwasser *n* вну́тренние водоёмы; вну́тренние во́ды

Binnenwasserstraßenverkehr *m* вну́треннее во́дное сообще́ние

Binnenwirtschaft *f* вну́треннее хозя́йство *(организо́ванная в ра́мках одно́й страны́ систе́ма материа́льного произво́дства, распределе́ния, обме́на и потребле́ния произведенных това́ров и услу́г)*

Binnenwirtschaft национа́льная эконо́мика

Binnenzoll *m* вну́тренняя по́шлина *(в преде́лах одного́ экономи́ческого и́ли тамо́женного сою́за)*

Binnenzollstelle *f* вну́тренняя тамо́жня, вну́тренний тамо́женный пункт

BinnSchG, Gesetz über die Binnenschifffahrt зако́н о судохо́дстве по ре́кам и озёрам

Binomialstreuung *f* биномиа́льное распределе́ние

Binomialverteilung *f* биномиа́льное распределе́ние

BIP, Bruttoinlandsprodukt валово́й национа́льный проду́кт

BIPM, Bureau International des Poids et Mesures Междунаро́дное бюро́ мер и весо́в

B.I.S., Bank for International Settlements Банк междунаро́дных расчётов, БМР

Bit *n* двои́чный знак, двои́чная ци́фра, двои́чный разря́д; бит, двои́чная едини́ца информа́ции

Bitcoin *(m, f)* биткоин

BIZ, Bank für Internationalen Zahlungsausgleich Банк междунаро́дных расчётов, БМР

BJM, Bundesjustizministerium Федера́льное министе́рство юсти́ции

BKartA, Bundeskartellamt Федера́льное ве́домство по дела́м картелей

BKV, Betriebskollektivvertrag коллекти́вный догово́р

B.L., B/L., bill of lading *(eng.)* коносаме́нт

black-box *англ. киб.* «чёрный я́щик»

Black-box-Methode *f киб.* ме́тод «чёрного я́щика»

Blankett *n* бланке́тное обяза́тельство; чи́стый бланк, незапо́лненный бланк *(чека́, векселя́, а́кции)*

Blankettunterschrift *f* бла́нковая по́дпись

Blanko *n* бланке́тное обяза́тельство

Blanko *фин.* необеспеченный ве́ксель, необеспеченный чек

Blanko чи́стый *(незапо́лненный)* бланк

in Blanko girieren де́лать ба́нковскую переда́точную на́дпись

in Blanko kaufen покупа́ть по откры́тому счёту

in Blanko verkaufen соверша́ть сро́чные сде́лки

blanko бла́нковый, откры́тый; незапо́лненный, чи́стый; *фин.* необеспеченный

blanko kaufen покупа́ть по откры́тому счёту

blanko verkaufen продава́ть по откры́тому счёту

in blanko akzeptieren соверши́ть бла́нковый акце́пт (векселя́)

in blanko girieren де́лать бла́нковую переда́точную на́дпись *(напр. на ве́кселе)*

in blanko indossieren де́лать бла́нковую переда́точную на́дпись *(напр. на ве́кселе)*

in blanko lassen оста́вить незаполненными места́ *(на ве́кселе, в дове́ренности)*

in blanko stehen быть бла́нко *(не име́ть покры́тия на запроданные а́кции)*

in blanko trassieren вы́ставить бла́нко-ве́ксель

in blanko unterschreiben поста́вить бла́нковую по́дпись *(напр. на ве́кселе)*

in blanko unterzeichnen поста́вить бла́нковую по́дпись *(напр. на ве́кселе)*

in blanko zeichnen поста́вить бла́нковую по́дпись *(напр. на ве́кселе)*

Blanko-Giro *n* бла́нковый индоссаме́нт
Blankoakzept *n* бла́нковый акце́пт *(переводного векселя)*
Blankogiro *n* бла́нковый индоссаме́нт, бла́нковая переда́точная на́дпись *(напр. на ве́кселе)*
Blankoindossament *n* бла́нковый индоссаме́нт, бла́нковая переда́точная на́дпись *(напр. на ве́кселе)*; индоссаме́нт *(переда́точная на́дпись)*, содержа́щий то́лько по́дпись индосса́нта и не ука́зывающий конкре́тного получа́теля платежа́
Blankoindossant *m* бланкоиндосса́нт, бланкожира́нт
Blankokauf *m* бла́нковая торго́вая сде́лка; *бирж.* ку́пля в бланк
Blankokredit *m* бла́нковый креди́т, необеспеченный креди́т, креди́т, не име́ющий обеспе́чения, бланкокреди́т, креди́т без покры́тия
Blankopapiere *n, pl* бланковые це́нные бума́ги
Blankopolice *f* бла́нковый страхово́й по́лис, бла́нковый по́лис
Blankoscheck *m* бла́нко-чек, бла́нковый чек, незапо́лненный чек
Blankounterschrift *f* бла́нко-по́дпись, по́дпись бла́нко
Blankourkunden *f pl* бланковые докуме́нты *(с по́дписью выстави́теля)*
Blankoverkauf *m бирж.* прода́жа в бланк
Blankowechsel *m* бла́нко-ве́ксель, бла́нковый ве́ксель, незапо́лненный ве́ксель
Blankozession *f* бла́нковая це́ссия *(переда́ча це́нной бума́ги в результа́те соверше́ния бла́нковой на́дписи)*
Blattei *f канц. уст.* листотека
Blattgold *n* листово́е зо́лото; суса́льное зо́лото
Blattsignal *n канц.* сигна́льный листо́к
Blaupause *f* си́нька *(светокопировальная бума́га)*; чертежи
BLE, Bundesanstalt für Landwirtschaft und Ernährung Федера́льное управле́ние се́льского хозя́йства и продово́льствия
Bleisiegelverschluss *m* опломбирование свинцо́вой пломбой
Bleistift *m вчт.* светово́й каранда́ш, светово́е перо́
Bleiverschluss *m* опломбирование свинцо́вой пломбой
BLEU, Belgian-Luxemburg Econornic Union *ист.* Бельги́йско-Люксембургский экономи́ческий сою́з
Blickfang *n* предме́т рекла́мы *(напр. афи́ша)*, обраща́ющий на себя́ внима́ние; бро́ский предме́т рекла́мы
Blickfangreklame *f* бро́ская рекла́ма; навя́зчивая рекла́ма, агресси́вная рекла́ма
Blickfangständer *m* стенд с бро́ской рекла́мой
Blindenfürsorge *f* систе́ма госуда́рственного обеспе́чения слепы́х
Blindengeld *n* посо́бие слепы́м, пострада́вшим от несча́стного слу́чая
Blisterpackung *f* прозра́чная упако́вка, соотве́тствующая ко́нтурам упакованного това́ра
Blitzkopieren *n* ме́тод бы́строго копи́рования «блиц»
Bll, Ballen тюк, ки́па; руло́н; цибик *(ча́ю)*; ме́сто гру́за
Block *m* блок *(напр. стран)*; большо́е коли́чество, па́ртия; *обр. дан.* гру́ппа, блок; у́зел, блок *(напр. маши́ны)*; ква́ртал, блок зда́ний
im Block verkaufen продава́ть больши́ми па́ртиями, продава́ть о́птом
Block-Kartei *f канц.* блок-картоте́ка
Blockade *f* блока́да
einer Blockade unterwerfen подверга́ть блока́де
einer wirtschaftlichen Blockade unterwerfen устана́вливать экономи́ческую блока́ду
Blockfloating *m* группово́й фло́утинг, обяза́тельства отде́льных стран по совме́стной стабилиза́ции обменных ку́рсов *(в ра́мках ЕЭС)*
blockieren блоки́ровать; замора́живать *(напр. ба́нковский счёт)*
wirtschaftlich blockieren устана́вливать экономи́ческую блока́ду
Blockierung *f* блокиро́вка, блоки́рование; замора́живание *(напр. ба́нковского счёта)*; блока́да
Blockmatrix *f* бло́чная ма́трица
Blockmethode *f киб.* бло́чный ме́тод
Blockoptimierung *f* бло́чное программи́рование
Blockpolice *f* блок-по́лис, страхово́й блок-по́лис
Blockprogrammierung *f* бло́чное программи́рование
Blockschaltbild *n* блок-схе́ма, функциона́льная схе́ма
Blocksystem *n* бло́чная систе́ма, мо́дульная систе́ма
Blocksystem систе́ма блокиро́вки
Blockversicherungsschein *m* бланк страхово́го по́лиса, скрепленный вме́сте с заявле́нием страхова́теля
Blut- und -Boden-Politik *f ист.* «поли́тика крови́ и земли́» *(осно́ва агра́рной поли́тики фаши́стской Герма́нии)*
Blutgesetzgebung *f ист.* «крова́вое законода́тельство»
BLZ, Bankleitzahl *f* ба́нковский инде́кс; инде́кс ба́нка; ба́нковский код
BM, Bermuda Берму́ды
BMD, Bermuda-Dollar, -- Bermuda Берму́дский до́ллар (*код валю́ты* 060), -- Берму́дские острова́
BMELwF, Bundesministerium für Ernährung, Landwirtschaft und Forsten Федера́льное министе́рство по продово́льствию, се́льскому и лесно́му хозя́йству
BMF, Bundesministerium der Finanzen Федера́льное министе́рство фина́нсов
BMf.H.u.V., Bundesministerium für Handel und Verkehr Федера́льное министе́рство торго́вли и тра́нспорта *(А́встрия)*
BMFJ, Bundesministerium für Frauen und Jugend Федера́льное министе́рство по дела́м же́нщин и молодёжи
BMFT, Bundesministerium für Forschung und Technologie Федера́льное министе́рство по *(нау́чным)* иссле́дованиям и технологиям
BMG:
BMG, Bundesministerium für Gesamtdeutsche Fragen Федера́льное министе́рство по общегерманским вопро́сам
BMG, Bundesministerium für Gesundheit Федера́льное министе́рство здравоохране́ния
BMI, Bundesministerium des Innern Федера́льное министе́рство вну́тренних дел
BMJ, Bundesministerium der Justiz Федера́льное министе́рство юсти́ции
BMK, Bau- und Montagekombinat строительно-монта́жный комбина́т, СМК
BML, Bundesministerium für Ernährung, Landwirtschaft und Forsten Федера́льное министе́рство по продово́льствию, се́льскому и лесному хозя́йству
BMSR-Geräte *n pl* промы́шленные контрольно-измери́тельные прибо́ры и прибо́ры автома́тики, КИПиА
BMSR-Technik *f* промы́шленная контрольно-измери́тельная те́хника *(прибо́ры и прибо́ры автома́тики, КИП и А)*
BmTierSSchV, Binnenmarkt-Tierseuchenschutz-Verordnung Предписа́ние о предотвращении эпизоотий на вну́треннем ры́нке (эпизоо́тия - эпиде́мия скота́)
BMW, Bayerische Motorenwerke БМВ, «Байерише моторенверке» *(автомоби́льный конце́рн и ма́рка автома-*

ши́ны, ФРГ)

BMWi, Bundesministerium für Wirtschaft Федера́льное министе́рство эконо́мики

BMwZ, Bundesministerium für wirtschaftliche Zusammenarbeit Федера́льное министе́рство по экономи́ческому сотру́дничеству

BMZ, Bundesministerium für wirtschaftliche Zusammenarbeit Федера́льное министе́рство по экономи́ческому сотру́дничеству

BN, Brunei Darussalam Бруне́й Даруссала́м, *до 1978г. код* **BH**

BNatSchG, Bundesnaturschutzgesetz *n* Федера́льный зако́н об охра́не приро́ды

BND, Brunei-Dollar, -- Brunei Darussalam Бруне́йский до́ллар (*код валю́ты* 096), -- Бруне́й Даруссала́м

BO, Bolivien Боли́вия

BOAC, British Overseas Airways Company «Бри́тиш оверсис эйруэйз» *(англи́йская авиакомпа́ния)*

BOB, Boliviano, -- Bolivien Боливиа́но (*код валю́ты* 068), -- Боли́вия

Boden *m* по́чва, земля́; грунт; земля́ земе́льное владе́ние, земе́льный уча́сток; террито́рия

Bodenabschätzung *f* бонитиро́вка по́чвы, оце́нка по́чвы, такса́ция по́чвы

Bodenanteil *m* (земе́льный) наде́л; земе́льный пай

Bodenaufteilung *f* разде́л земли́

Bodenbearbeitung *f* обрабо́тка по́чвы

Bodenbesiedlung *f* колониза́ция

Bodenbesitz *m* землевладе́ние, земе́льное владе́ние

Bodenbesitzer *m* землевладе́лец

Bodenbesitzung *f* землевладе́ние, земе́льное владе́ние

Bodenbewirtschaftung *f* земледе́лие

Bodenbonität *f* бонитéт по́чвы *(показа́тель ка́чества по́чвы)*

Bodenbonitierung *f* бонитиро́вка по́чвы, оце́нка по́чвы, такса́ция по́чвы

Bodenbuch *n* земе́льная шнурова́я кни́га

Bodeneigentümer *m* земе́льный со́бственник

Bodeneinkommen *n* дохо́д от землевладе́ния

Bodeneinteilung *f* наделе́ние землёй, распределе́ние земе́льных уго́дий

Bodenerschöpfung *f* истоще́ние по́чвы

Bodenertrag *m* дохо́д с земли́; плодоро́дие по́чвы

abnehmender Bodenertrag убыва́ющее плодоро́дие по́чвы

Bodenertragsgesetz *n* зако́н убыва́ющего плодоро́дия по́чвы

Bodenfonds *m* земе́льный фонд

Bodenfonds der LPG земе́льный фонд сельскохозя́йственного произво́дственного кооперати́ва

abnehmender Bodenfonds госуда́рственный земе́льный фонд

Bodenfruchtbarkeit *f* плодоро́дие по́чвы

Bodengewinn *m* расшире́ние земе́льных уго́дий *(напр. за счёт осуше́ния боло́т, обводне́ния пусты́нь)*

Bodengewinn расшире́ние поле́зных земе́льных уго́дий

Bodenkataster *m* земе́льный када́стр

Bodenklassifikation *f* классифика́ция почв

Bodenklimazahl *f* почвенно-климати́ческий показа́тель

Bodenkonzentration *f* концентра́ция земе́ль *(в чьих-л. рука́х)*

Bodenkredit *m* ипоте́чный креди́т, креди́т под зало́г земли́

Bodenkreditaiistalt *f* ипоте́чный банк, земе́льный креди́тный банк; земе́льный креди́тный институ́т

Bodenkreditanstalt *f* земельно-креди́тный институ́т; ипоте́чный институ́т

Bodenkreditbank *f* ипоте́чный банк, земе́льный креди́тный банк; земе́льный креди́тный институ́т

Bodenkreditinstitut *n* земельно-креди́тный институ́т; ипоте́чный институ́т, ипоте́чный банк, земе́льный креди́тный банк; земе́льный креди́тный институ́т

Bodenkreditpfandbrief *m* закладно́й лист *(напр. докуме́нт ипотечного ба́нка)*

Bodenmonopol *n* монопо́лия хозя́йственного испо́льзования земли́; монопо́лия на зе́млю

Bodennutzung *f* землепо́льзование

Bodennutzungserhebung *f* учёт сельскохозя́йственных уча́стков по культу́рам

Bodennutzungsform *f* фо́рма землепо́льзования

Bodennutzungsgemeinschaft *f* това́рищество по совме́стному пользова́нию землёй

Bodennutzungssystem *n* систе́ма землепо́льзования

Bodenpacht *f* аре́нда земли́

Bodenparzelle *f* небольшо́й земе́льный уча́сток, земе́льный наде́л, парцелла

Bodenpolitik *f* агра́рная поли́тика; поли́тика в о́бласти землепо́льзования; поли́тика в о́бласти землевладе́ния

Bodenpreis *m* цена́ земли́, цена́ на зе́млю

Bodenrecht *n* земе́льное пра́во

Bodenreformer *m, pl ист.* сторо́нники мелкобуржуазной земе́льной рефо́рмы

Bodenrente *f* земе́льная ре́нта

Bodenschätzung *f* таксиро́вка земе́ль

Bodenspekulation *f* спекуля́ция земе́льными угодьями

Bodensperre *f* недопуще́ние безземе́льных крестья́н к земе́льным угодьям кру́пных латифундистов

Bodensteuer *f* поземе́льный нало́г

Bodentaxation *f* таксиро́вка земе́ль

Bodenverhältnisse *pl* земе́льные отноше́ния, агра́рные отноше́ния

Bodenverstaatlichung *f* национализа́ция земли́

Bodenwanderung *f* измене́ние структу́ры землепо́льзования

Bodenwert *m* (менова́я) сто́имость земли́

Bodenwertsteigerung *f* рост цен на зе́млю

Bodenwertzuwachs *m* рост цен на зе́млю

Bodenzins *m* аре́ндная пла́та за зе́млю, поземельная ре́нта; поземе́льный нало́г

Bodenzoll *m* поземе́льный нало́г

bodmen брать ссу́ду под зало́г су́дна, брать ссу́ду под зало́г гру́за

Bodmerei *f* бодмере́я, ссу́да под зало́г су́дна, ссу́да под зало́г гру́за

Bodmereianleihe *f* бодмере́я, ссу́да под зало́г су́дна, ссу́да под зало́г гру́за

Bodmereibrief *m* письмо́-бодмере́я; бодмере́йный догово́р

Bodmereivertrag *m* бодмере́йный догово́р

Bogen *m* лист бума́ги; ве́домость; купонный лист *(а́кции, облига́ции)*; *сет. пл.* дуга́

Bollette *f австр.* официа́льное свиде́тельство *(напр. об упла́те по́шлины)*

Bon *m* ба́нковский чек

Bon бон

Bon квита́нция, распи́ска

Bon тало́н, о́рдер; (ба́нковский) чек; чек на получе́ние това́ра *(в магази́не)*; чек, по кото́рому официа́нт выполня́ет зака́з посети́теля; квита́нция, распи́ска

Bon чек *(ка́ссовый)*, свиде́тельство об опла́те това́ра

Bon a vue *фр.* с упла́той по предъявле́нию

bona fide *лат. юр.* «бона фиде», добросо́вестно, «в до́брой ве́ре», «на ве́ре»

Bond *m* облига́ция (с твёрдым проце́нтом); (долгово́е) обяза́тельство (с твёрдым проце́нтом); бонд

bonded warehouse *англ.* приписно́й тамо́женный склад; склад для хране́-

ния не опла́ченных по́шлиной гру́зов

Bonds *m, pl*, **zertifizierte** иностра́нные облига́ции ***(преиму́щественно англи́йские и америка́нские)***, признава́емые со́бственностью гра́ждан ФРГ

Bönhase *m* биржево́й «за́яц»; лицо́, незако́нно занима́ющееся ***каки́м-л.*** ремесло́м; ***ист.*** ремесленник-одино́чка ***(не входя́щий в цеховую организа́цию)***

Bonifikation *f* бонифика́ция; возмеще́ние, вознагражде́ние ***(страховым и торго́вым аге́нтам)***

Bonifikation ***ком.*** ски́дка за уще́рб в результа́те усу́шки ***(загрязне́ния и т.п.)***

bonifizieren *vt* возмеща́ть; компенси́ровать; выдава́ть бон

Bonität *f с.-х.* бонитет, продукти́вность

Bonität добро́тность ***(напр. векселя́)***, доброка́чественность ***(това́ра)***

Bonität кредитоспосо́бность, платёжеспосо́бность, соли́дность ***(фи́рмы)***; добропоря́дочность, хоро́шая репута́ция, хоро́ший и́мидж ***(коммерсанта)***

Bonitätsauskunft *f* информа́ция о кредитоспосо́бности фи́рмы, информа́ция о кредитоспосо́бности отде́льного коммерсанта

Boniteur *m* оце́нщик, такса́тор

bonitieren *vt* оце́нивать, определя́ть сто́имость, устана́вливать це́ну

Bonsystem *n* систе́ма самообслу́живания по че́кам на предприя́тиях обще́ственного пита́ния

Bonus *m* биржева́я пре́мия, пре́мия в биржевы́х сде́лках; при́быль, до́ля при́были; бо́нус, ски́дка; беспла́тная приба́вка к кру́пной поку́пке; экспортная пре́мия

Bonus бо́нус, пре́мия; дополни́тельное вознагражде́ние

Bonus ски́дка, экспортная пре́мия

booklet *англ.* брошю́ра, букле́т

Boom *англ.* бум, цикли́ческий подъём, рост ***(ча́ще всего́ инвести́ций)***

Boom иску́сственное повыше́ние ку́рсов

Boom шуми́ха, сенса́ция, информацио́нный бум

boomen *vt* пережива́ть подъём

Bord *m* борт су́дна; борт самолёта

Bordbescheinigung *f* распи́ска капита́на о приня́тии гру́за на борт су́дна

Bordereau *m фр.* бордеро ***(о́пись це́нных бума́г)***; сопроводи́тельное письмо́; погру́зочный наря́д, накладна́я

Bordkonnossement *n* бортово́й коносаме́нт

reines Bordkonnossement чи́стый на борту́ коносаме́нт

bordreceipt *англ.* распи́ска капита́на о приня́тии гру́за на борт су́дна

Borg *m* заём

auf Borg взаймы́, в долг, в креди́т

Borg-Unwesen *n* нездоровая систе́ма предоставле́ния това́ров ***(то́лько недлительного по́льзования)*** в креди́т

Borgkauf *m* поку́пка в креди́т

Borgsystem *n* систе́ма предоставле́ния креди́та; систе́ма предоставле́ния това́ров в креди́т; систе́ма това́рных креди́тов

Borgwesen *n* систе́ма предоставле́ния креди́та; систе́ма предоставле́ния това́ров в креди́т; систе́ма това́рных креди́тов

Börse *f* би́ржа

feste Börse усто́йчивая би́ржа

flaue Börse вя́лое состоя́ние би́ржи ***(ни́зкие оборо́ты и т.п.)***

schwarze Börse чёрная би́ржа

an der Börse kaufen покупа́ть на би́рже

an der Börse spekulieren спекули́ровать на би́рже

die **Börse verfolgte keine einheitliche Tendenz** конъюнкту́ра на би́рже была́ неустойчивой

die Börse fiebert би́ржу лихора́дит

die Börse flaut ab биржевы́е ку́рсы па́дают

die **Börse schloss gut** к концу́ дня дела́ на би́рже шли хорошо́; закры́тие би́ржи прошло́ с хоро́шим итогом

die **Börse war durch diese Nachricht verstimmt** это́ сообще́ние вы́звало нерво́зность на би́рже

Abfallbörse би́ржа отхо́дов

Holzbörse лесоторговая би́ржа

Recyclingbörse би́ржа втори́чных проду́ктов ***(бы́вшая «би́ржа отхо́дов», с 1974 г. при Герма́нской промы́шленно-торго́вой пала́те)***

Börsenabteilung *f* биржево́й отде́л

Börsenabteilung биржево́й отде́л в креди́тных учрежде́ниях

Börsenansturm *m* биржево́й ажиота́ж

Börsenarbitrage *f* биржево́й арбитра́ж, биржева́я арбитра́жная сде́лка

Börsenaufsicht *f* биржево́й надзо́р; управле́ние дела́ми би́ржи

Börsenauftrag *m* биржево́е поруче́ние; биржево́й прика́з; биржева́я зая́вка

Börsenausschluss *m* биржево́й комите́т; биржева́я котировальная комиссия, биржева́я котировочная комисси́я

Börsenbeginn *m* откры́тие би́ржи

Börsenbehörden *f, pl* о́рганы надзо́ра за би́ржами

Börsenbericht *m* биржево́й бюллете́нь; курсова́я котиро́вка

Börsenbesucher *m* постоя́нный посети́тель би́ржи

Börsenbetrieb *m* би́ржа

Börsenbetrieb биржева́я де́ятельность

Börsenblatt *n* биржево́й бюллете́нь; котиро́вка; биржево́й лист(ок)

Börsenboom *m* биржево́й бум, бум на би́рже

Borsenbruch *m* биржево́й крах, крах би́ржи

Borsenbuch *n* биржево́й спра́вочник

Borsencrasch *m* биржево́й крах, крах би́ржи

Börsenderoute *f* ре́зкое паде́ние ку́рса на би́рже

Börsendiskont *m* биржево́й учётный проце́нт, биржево́й диско́нт

Börseneffekten *pl* биржевы́е це́нности, це́нные (фондовые) бума́ги ***(котирующиеся на би́рже)***

Börsenehrengericht *n* биржево́й суд че́сти

Börseneinführung *f* до́пуск к уча́стию в биржевы́х опера́циях; до́пуск к обраще́нию на би́рже (це́нных бума́г)

börsenfähig котирующийся на би́рже

börsenfähige Aktien котирующиеся на би́рже а́кции

börsenfähige Ware биржево́й това́р

Börsenferien *pl* биржевы́е каникулы

Börsengang *m* вы́пуск а́кций на би́ржу; вы́ход на би́ржу (с це́нными бума́гами)

börsengängig биржево́й ***(напр. о това́ре)***

börsengängig котирующийся на би́рже ***(це́нные бума́ги, а́кции)***

Börsengast *m* ра́зовый посети́тель би́ржи

Börsengebräuche *m, pl* биржевы́е обы́чаи

Börsengericht *n* биржево́й арбитра́ж, биржево́й трете́йский суд

Börsengeschäft *n* биржева́я опера́ция, биржева́я сде́лка

indifferentes Börsengeschäft нейтра́льная биржева́я сде́лка, посредническая биржева́я сде́лка, ма́клерская биржева́я сде́лка

Börsengesetz *n* зако́н о би́ржах и биржевы́х опера́циях, зако́н о би́ржах и биржевы́х сде́лках

Börsenhälfte *f* пе́рвая полови́на биржево́го дня

in der ersten Börsenhälfte в тече́ние пе́рвой полови́ны биржево́го дня

Börsenhandel *m* биржева́я торго́вля, торго́вля на би́рже

Börsenhändler *m* биржеви́к, торго́вец на би́рже, биржево́й аге́нт, биржево́й ма́клер, биржево́й посре́дник

Börsenhausse *f* биржево́й бум, бум на би́рже
Börsenindex *m* инде́кс биржевы́х а́кций, инде́кс биржевы́х котировок, инде́кс котировок на би́рже
Börseninteressenten *m, pl* держа́тели биржевы́х це́нностей, биржева́я клиенту́ра
Börsenjobber *m* биржево́й деле́ц; биржеви́к
Börsenkammer *f* суд по дела́м би́ржи; орга́н надзо́ра за би́ржами
Börsenkomitee *n* биржево́й комите́т
Börsenkommissar *m* биржево́й комисса́р
Börsenkommissionsgeschäft *n* биржева́я комиссио́нная сде́лка, биржева́я комиссио́нная опера́ция
Börsenkonsortium *n* биржево́й консо́рциум; биржево́й синдика́т
Börsenkrach *m* биржево́й крах, крах на би́рже, крах би́ржи
Börsenkreise *m, pl* биржевы́е круги́
Börsenkurs *m* биржево́й курс
Börsenmakler *m* биржево́й ма́клер, биржево́й бро́кер, биржево́й посре́дник, биржево́й аге́нт
ungesetzlicher Börsenmakler биржево́й «за́яц», кулисье *(неофициа́льный биржево́й ма́клер)*
Börsenmann *m* биржеви́к; биржево́й игро́к, игро́к на би́рже
Börsenmanöver *n* маневри́рование биржевы́ми це́нностями
börsenmäßig биржево́й *(напр., това́р)*, име́ющий хожде́ние на би́рже, котиру́ющийся на би́рже
Börsennotar *m* биржево́й нота́риус
Börsennotierung *f* биржева́я котиро́вка
amtliche Börsennotierung официа́льная биржева́я котиро́вка
Börsenoperation *f* биржева́я опера́ция, опера́ция на би́рже, сде́лка на би́рже, биржева́я сде́лка
Börsenordnung *f* биржево́й стату́т, биржево́й уста́в
Börsenorganisation *f* организа́ция биржево́го дела́
Börsenpapiere *n, pl* це́нные бума́ги, котирующиеся на би́рже; котирующиеся на би́рже це́нные бума́ги (а́кции)
Börsenpreis *m* биржева́я цена́; биржево́й курс, курс *(напр. а́кций)*
Börsenpreisbildung *f* проце́сс образова́ния биржевы́х цен
Börsenprospekt *m* рекла́мный биржево́й проспе́кт
Börsenrat *m* биржево́й сове́т; биржево́й комите́т
Börsenreform *f* рефо́рма биржево́го дела́ и пересмо́тр зако́нов о би́рже
Börsenregister *n* спи́сок постоя́нных посети́телей би́ржи
Börsensaal *m* биржево́й зал, зал биржевы́х опера́ций
Börsenschacher *m* недобросовестные биржевы́е сде́лки
Börsenschieber *m* биржево́й спекуля́нт, спекуля́нт на би́рже
Börsenschiedsgericht *n* биржево́й арбитра́ж, биржево́й трете́йский суд
Börsenschluss *m* вы́игрыш *(биржево́й, от биржево́й опера́ции)*
Börsenschluss закры́тие би́ржи; коне́ц биржево́го дня
Börsenschluss минима́льная сто́имость це́нных бума́г, допуска́емая к биржевы́м операциям
gebrochener Börsenschluss *бирж.* 1. дробле́ние по́лного вы́игрыша 2. непо́лный лот *(напр. ме́нее ста а́кций)*
voller Börsenschluss *бирж.* по́лный вы́игрыш
Börsenschwindel *m* недобросовестные биржевы́е сде́лки
Börsenschwindler *m* недобросо́вестный биржево́й деле́ц
Börsensensal *m* биржево́й ма́клер
Börsenspekulant *m* биржево́й спекуля́нт
Börsenspekulation *f* биржева́я спекуля́ция, спекуля́ция на би́рже
Börsenspiel *n* биржева́я игра́, игра́ на би́рже
Börsenspieler *m* биржево́й игро́к, биржеви́к, игро́к на би́рже
Börsenspielerin *f* биржево́й игро́к, игро́к на би́рже (же́нщина)
Börsenstempel *m* штамп об упла́те нало́га с оборо́та по биржевы́м сде́лкам, отме́тка об упла́те нало́га на биржево́й оборо́т
Börsensteuer *f* биржево́й нало́г, нало́г на биржевы́е сде́лки
Börsenstimmung *f* состоя́ние ры́нка це́нных бума́г
Börsensyndikat *n* биржево́й синдика́т, биржево́й консо́рциум
Börsensystem *n* биржева́я систе́ма
Börsentag *m* прису́тственный день на би́рже, биржево́й день
Börsentendenz *f* тенде́нция биржевы́х ку́рсов; «настрое́ние» би́ржи
Börsentermingeschäft *n* биржева́я сде́лка на срок, сро́чная биржева́я сде́лка
Börsenterminhandel *m* биржевы́е опера́ции на срок, биржевы́е сде́лки на срок, сро́чные биржевы́е сде́лки
Börsenticker *m* биржево́й телегра́фный аппара́т; тикер
Börsentickersymbol *n* ко́довое сокраще́ние назва́ния це́нной бума́ги для це́лей идентификации и переда́чи информа́ции
Börsentransaktion *f* биржева́я сде́лка, биржева́я опера́ция
Börsentreiben *n* маневри́рование биржевы́ми це́нностями
Börsenumsatz *m* биржево́й оборо́т, оборо́т по биржевы́м сде́лкам
Börsenumsatzsteuer *f* нало́г с оборо́та по биржевы́м сде́лкам, нало́г на биржево́й оборо́т
Börsenusancen *f, pl* биржевы́е обы́чаи, узанс
Börsenverkehr *m* биржевы́е сде́лки, биржевы́е опера́ции; биржево́й оборо́т
Börsenvermittler *m* биржево́й посре́дник, посре́дник в биржевы́х сде́лках, биржево́й ма́клер
Börsenversammlung *f* биржево́е собра́ние; би́ржа
Börsenvertreter *m* биржево́й аге́нт, представи́тель на би́рже
Börsenverwaltung *f* биржева́я администра́ция, администра́ция би́ржи
Börsenvorstand *m* биржево́й комите́т; правле́ние би́ржи
Börsenware *f* биржево́й това́р, това́р, котирующийся на би́рже
Börsenwerte *m, pl* це́нные бума́ги, котирующиеся на би́рже
Börsenwesen *n* биржево́е де́ло
Börsenwucher *m* биржево́й ажиота́ж, биржева́я спекуляти́вная горя́чка
Börsenwucherer *m* биржево́й спекуля́нт, спекуля́нт на би́рже
Börsenzeit *f* вре́мя рабо́ты би́ржи, вре́мя функциони́рования би́ржи, прису́тственные часы́ на би́рже
Börsenzeitung *f* биржева́я газе́та
Börsenzettel *m* биржева́я сво́дка, биржево́й листо́к, котировки
Börsenzins *m* биржево́й проце́нт, проце́нт от биржевы́х сде́лок
Börsenzulassung *f* **von Wertpapieren** до́пуск це́нных бума́г к биржевы́м операциям
BörsG, Börsengesetz зако́н о би́ржах и биржевы́х опера́циях
Börsianer *m* биржеви́к, биржево́й игро́к, игро́к на би́рже
börsisch биржево́й, име́ющий хожде́ние на би́рже, котирующийся на би́рже *(о це́нных бума́гах)*, относя́щийся к биржевы́м операциям
bösgläubig недобросо́вестно
böswillig злонаме́ренный, зло́стный

(напр. о неплательщике)

Bot *n* предложéние по распродáже; распродáжа с аукциóна

Botenberaubungsversicherung *f* страховáние лиц, перевозящих дéньги и цéнности, от убы́тков вслéдствие ограблéния

Botenlohn *m* плáта за достáвку *(почтóвого отправлéния)*; плáта за перенóску; осóбая плáта за достáвку телегрáммы *(взимáемая с адресáта, проживающего за предéлами обслуживаемого райóна)*

bounty *англ.* поощри́тельная (прави́тельственная) прéмия; экспортная прéмия

Bourgeoisie *f фр.* буржуази́я
nationale Bourgeoisie национáльная буржуази́я

Boxpalette *f трансп.* ящичный поддóн, поддóн ящичного ти́па

Boykott *m* бойкóт
politischer Boykott полити́ческий бойкóт
wirtschaftlicher Boykott экономи́ческий бойкóт

Boykottierung *f* бойкоти́рование

BP:
BP, bedingte Pufferzeit чáстный резéрв врéмени пéрвого ви́да
BP, Betriebspreis оптóвая ценá предприя́тия, отпускнáя ценá предприя́тия
B/p, bills payable *англ.* вéксель платежóм

BR:
BR, Brasilien Брази́лия
B/R, bills receivable *англ.* вéксель, подлежáщий оплáте
Br, Brief курс продавцóв, «предложéние» *(в курсовых бюллетéнях)*; вéксель
br., Bruttogewicht вес брýтто

brach *с.-х.* под парóм; неразрабатываемый *(о месторождéнии)*; остающиеся неиспользованными *(о произвóдственных мощностях)*

Brachlegen *n* **der Warenbestände** омертвление товáрных запáсов

Brachlegung *f* **von Kapital** омертвлéние капитáла

brachliegen не испóльзоваться (о произвóдственных мощностях)
brachliegen не разрабатываться *(о месторождéнии)*
brachliegen *с.-х.* паровáть, лежáть под парóм; не разрабатываться *(о месторождéнии)*

Brachliegen *n* **von Kapital** иммобилизáция капитáла

Brachzeit *f* простóй произвóдственного оборýдования; простóй оборýдования
arbeitsablaufbedingte Brachzeit простóй (произвóдственного) оборýдования в си́лу определённых технологи́ческих причи́н
durch den Arbeiter bedingte Brachzeit простóй (произвóдственного) оборýдования по винé рабóчего
störungsbedingte Brachzeit простóй (произвóдственного) оборýдования в результáте каки́х-то нарушéний рабóчего процéсса

Bracke *f* бракóвка, контрóль, провéрка *(товáров)*; бракерáж; контрольно-провéрочный пункт *(для товáров)*

bracken браковáть; выбракóвывать; отбраковывать; проводи́ть бракерáж

Bracker *m* бракёр, бракóвщи́к

Brackgut *n* бракóванный товáр, забракóванный товáр, брак

Brackierer *m* бракёр, бракóвщи́к

Brackierung *f* браковáние, отбракóвка; бракерáж, выбракóвка

Brainstorming *n* мéтод мозговóй атáки , пóиск твóрческих идéй

Branch- and -Bound-Methode *f англ.* мéтод "ветвéй и грани́ц"

Branche *f* óтрасль *(торгóвли, промы́шленности)*; специáльность

branchenbedingt обуслóвленный спецификой дáнной óтрасли; отраслевóй

Branchenbeobachtung *f* наблюдéние за конъюнктурой в отдéльных отраслях эконóмики

Branchenführer *m* ведýщее предприя́тие в óтрасли

Branchenholding *f* отраслевóй холдинг

branchenintern внутриотраслевóй
brancheninterner Handel *m* внутриотраслевáя торгóвля

Branchenkenntnisse *f pl* отраслевые знáния; знáния об óтрасли
Branchenkenntnisse *f pl; (eng)* **tricks of the trade** специфические приёмы в (какóм-л.) дéле и́ли профéссии

Branchenkennzeichen *n ист.* отличи́тельный знак ремесленных групп

Branchenkennziffer *f* показáтель отраслевóй производи́тельности

Branchenkonjunktur *f* отраслевáя конъюнктýра

branchenmäßig отраслевóй

Branchennomenklatur *f* отраслевáя номенклатýра

Branchenrichtlinien *f, pl* директи́вы о порядке ведéния учёта для предприя́тий дáнной óтрасли

Branchenspanne *f* отраслевáя торгóвая нацéнка

Branchenspezialisierung *f* отраслевáя специализáция

branchenspezifisch отраслевóй; характéрный для óтрасли; ориенти́рованный на óбласть применéния

Branchenstatistik *f* отраслевáя стати́стика

Branchenstrategie *f* отраслевáя стратéгия; стратéгия поведéния в óтрасли

Branchenstruktur *f* структýра óтрасли; отраслевáя структýра

Branchenvergleich *m* сравни́тельный анáлиз дéятельности рáзных óтраслей

Branchenzugehörigkeit *f* принадлéжность к óтрасли

Brand *m I* пожáр; горéние
Brand клеймó (вы́жженное), таврó
Brand вóдка
Brand *n II (англ.)* брэнд
Brand фабри́чное клеймó, фабри́чная мáрка
brand *англ.* фабри́чное клеймó, фабри́чная мáрка; мáрка; сорт; кáчество

Brandassekuranz *f* страховáние от огня́, страховáние от пожáра

branded goods *англ.* фирменные товáры; товáры с фабричными мáрками

Brandentschädigung *f* возмещéние убы́тков от огня́; страховáя сýмма при страховáнии от огня́, сýмма страхóвки от огня́

Brandkasse *f* предприя́тие, производя́щее страховáние от огня́, бюрó по страховáнию от огня́; фонд страховáния от огня́; сýмма, на котóрую застрахóвано здáние *(на слýчай пожáра)*

Brandkataster *m* пожáрный кадáстр, óпись застрахованного от огня́ имýщества

Brandlegung *f юр.* поджóг

brandmarken *vt* выжигáть *(клеймó)*; клейми́ть; маркировáть; мéтить; проставля́ть сорт; стáвить клеймó

Brandrisiko *n страх.* риск пожáра; риск возникновéния пожáра

Brandschaden *m* ущéрб от пожáра, убы́тки от пожáра

Brandschadenschätzung *f* оцéнка ущéрба от пожáра, оцéнка убы́тков от пожáра

Brandschutzvorschriften *f pl* противопожарные нóрмы

Brandstiftung *f страх.* поджóг

Brandverhütung *f* противопожáрная защи́та; противопожáрная профилáктика

Brandversicherung *f* страховáние от огня́; страховáние от пожáра; страховáние на слýчай пожáра

Branntwein *m* ви́нный спирт
Branntwein вóдка

Branntweinabgabe *f* акци́з на спирто-вóдочные *(ликёро-вóдочные)* издéлия

Branntweinaufschtag *m* налóг на спирто-во́дочные изде́лия, не подлежа́щие сда́че госуда́рству , нало́г на спирто-во́дочные изде́лия, не подлежа́щие поста́вке госуда́рству

Branntweinbesteuerung *f* акци́з на ликёро-во́дочную проду́кцию, акци́з на спирто-во́дочные *(ликёро-во́дочные)* изде́лия

Branntweinbrennerei *f* винокуре́ние
Branntweinbrennerei спирто-во́дочный заво́д; спиртово́й заво́д

Branntweinkonsum *m* потребле́ние спиртны́х напи́тков

Branntweinmonopol *n* монопо́лия на во́дку и спиртны́е напи́тки

Branntweinsteuer *f* акци́з на ликёро-во́дочную проду́кцию, акци́з на спирто-во́дочные *(ликёро-во́дочные)* изде́лия

Branntweinverbrauch *m* потребле́ние спиртны́х напи́тков

BranntwMonG, Branntweinmonopolgesetz *n* Зако́н о монопо́лии на во́дку и спиртны́е напи́тки

Brauchbarkeitsgrad *m* коэффицие́нт го́дности

Brauchbarkeitsprobe *f* испыта́ние на го́дность, испыта́ние на приго́дность

Brauchwasserversorgung *f* промы́шленное водоснабже́ние

Braunkohle *f* бу́рый у́голь

Braunkohlen-Industrie-Aktiengesellschaft Акционе́рное о́бщество промы́шленности бу́рых угле́й

Braunkohlenbergbau *m* добы́ча бу́рого угля́; буроу́гольные разрабо́тки

BRD, Bundesrepublik Deutschland Федерати́вная Респу́блика Герма́нии, ФРГ

Break-Even-Analyse *f* ана́лиз безубы́точности

Break-Even-Point *m англ.* то́чка самоокупаемости, минима́льный объём сбы́та, обеспе́чивающий по́лное возмеще́ние теку́щих изде́ржек
break-even-point *(eng.)*, **Break-Even-Punkt** *m* у́ровень за́нятости, при кото́ром де́ятельность предприя́тия остаётся рента́бельной, у́ровень за́нятости, при кото́ром предприя́тие функциони́рует ещё без поте́рь

Breakpunkt-Verkauf *m* су́мма вкла́да во взаи́мный инвестицио́нный фонд, даю́щая пра́во на бо́лее льго́тные усло́вия

breit широ́кий
breit широ́кий, обши́рный, весь *(по́лностью)*
breit обстоя́тельный, простра́нный, о́чень подро́бный *(о докла́де)*
breit fundiert всеобъе́млющий; универса́льный (о налогообложении)
breit gestreut широко́ диверсифици́рованный
breites Sortiment *n* бога́тый ассортиме́нт, широ́кий ассортиме́нт
breites Warensortiment *n* широ́кая номенклату́ра това́ров
die **breite Öffentlichkeit** широ́кие круги́ обще́ственности

breit gefächert многоотраслево́й; диверсифици́рованный
breit gefächertes Unternehmen *n; (eng.)* **diversified company** диверсифици́рованная компа́ния; многоотраслевая компа́ния

Breitstaffelkartei *f канц. уст.* многосту́пенчатая картоте́ка

Bremseffekt *m* эффе́кт торможе́ния
Bremseffekt der Steuerprogression фина́нсовый то́рмоз (экономи́ческого роста́ с по́мощью налоговых изъятий)

Bremspreis *m* запрети́тельная цена́

Brennpunkt *m* центр; фо́кус *(внима́ния, собы́тий)*
im Brennpunkt des Interesses stehen находи́ться в це́нтре внима́ния

Brennstoff *m* то́пливо, горю́чее

Brennstoff- und Energiebilanz *f* топливно-энергети́ческий бала́нс, ТЭБ

Brennstoffbilanz *f* то́пливный бала́нс, ТБ

Brennstoffersparnis *f* эконо́мия горю́чего; эконо́мия то́плива; сбереже́ние то́плива
Brennstoffersparnis коэффицие́нт поле́зного де́йствия по то́пливу

Brennstoffersparnisprämie *f* пре́мия за эконо́мию то́плива

Brennstoffressourcen *pl* топливные (энергетические) ресу́рсы, топливно-энергетические ресу́рсы

Brennstoffverbrauch *m* потребле́ние то́плива
spezifischer Brennstoffverbrauch уде́льный расхо́д то́плива, уде́льный расхо́д горю́чего, расхо́д то́плива на едини́цу выпуска́емой проду́кции, расхо́д то́плива на едини́цу мо́щности, расхо́д горю́чего на едини́цу выпуска́емой проду́кции

BRGM, Bundesrepublik-Gebrauchsmuster образе́ц изде́лия, охраня́емый зако́нами ФРГ

BRH, Bundesrechnungshof Федера́льная расчётная пала́та

Brief *m бирж.* курс продавцо́в, «предложе́ние»; курс предложе́ния; че́ковый курс
Brief письмо́; посла́ние
Brief докуме́нт, акт
Brief ве́ксель; це́нная бума́га
Briefe von der Hand векселя́ без индоссамента
Brief mit Nachgebühr письмо́ с допла́той
Brief mit Strafporto письмо́ с допла́той
Brief und Geld *бирж.* предложе́ние и спрос
Briefe stark begehrt *бирж.* римессы в большо́м спро́се
einen Brief freimachen опла́чивать письмо́, уплати́ть почто́вый сбор
frankierter Brief франки́рованное письмо́
eingehnder Brief входя́щее письмо́
gemachte Briefe *pl* векселя́ с индоссаментом; векселя́ в иностра́нной валю́те
rekommandierter Brief заказно́е
unfrankierter Brief нефранкированное письмо́
vertraurelich Brief конфиденциа́льное письмо́; довери́тельное письмо́
mit gegenständigem Brief настоя́щим письмо́м
einen Brief absenden отправля́ть письмо́, отпра́вить письмо́
einen Brief datieren дати́ровать письмо́, поста́вить в письме́ да́ту
einen Brief einschreiben lassen сдава́ть письмо́ заказно́й по́чтой, сдать письмо́ заказно́й по́чтой
einen Brief frankieren опла́чивать письмо́ почто́вым сбо́ром, оплати́ть письмо́ почто́вым сбо́ром
einen Brief zurückdatieren дати́ровать письмо́ за́дним число́м

Briefadel *m ист.* жа́лованное дворя́нство

Briefbogen *m* бланк

Brieffalt-, Brieffüll- und Briefschließmaschine *f* маши́на для автомати́ческого скла́дывания пи́сем, вкла́дывания их в конверты и запечатывания конве́ртов

Briefgrundpfandrecht *n* ипотечное пра́во, зало́говое пра́во

Briefgrundschuld *f* ипоте́чный долг

Briefgut *n* груз, иду́щий с товаросопроводительным докуме́нтом; гру́зы, иду́щие с товаросопроводительными докуме́нтами

Briefhypothek *f* а́ктовый зало́г; ипоте́ка, подтвержденная (ипотечным) а́ктом; оборо́тная ипоте́ка

Briefing *n* бри́финг

Briefkastenfirma *f* подставная фи́рма; фикти́вная фи́рма; «ли́повая» фи́рма; «фи́рма-одноднёвка»

Briefkopf *m* заголо́вок письма́; ша́пка письма́
Briefkopf фи́рменный штамп; фи́рменное обозначе́ние (на бла́нке)
Briefkopf фи́рменный бланк (с фи́рменным логотипом и́ли обозначе́нием на бла́нке)

Briefkorb *m* я́щичек для входя́щей корреспондéнции *(в канцеля́рии)*; я́щик для пи́сем и жáлоб клиéнтов

Briefkurs *m бирж.* курс продавцóв, «предложéние»; курс предложéния; чéковый курс

Briefmarke *f* почтóвая мáрка

Briefordner *m* пáпка для (подши́вки) корреспондéнции; скоросшивáтель

Briefporto *n* почтóвый сбор; почтóвые расхóды

Briefprospekt *m* (реклáмный) проспéкт в фóрме письмá

Briefrentenschuld *f* долг, обеспéченный залóгом дéнежной рéнты

Briefrepartierung *f бирж.* части́чное выполнéние поручéний на продáжу

Briefschließmittel *n, pl* канцеля́рские прибóры и маши́ны для запечáтывания пи́сем

Briefschuld *f* (дéнежный) долг, подтвéржденный документáми

Briefsendung *f* почтóвое отправлéние

Briefsortiermaschine *f* маши́на для автомати́ческой сортирóвки и штемпелёвки почтóвых отправлéний

Briefvernichtungsmaschitie *f* прибóр для уничтожéния деловы́х бумáг; измельчи́тель бумáг

Brigade *f* бригáда

Brigadearbeit *f* бригáдный мéтод рабóты, бригáдный подря́д

Brigadebedienungssystem *n* бригáдная систéма обслу́живания посети́телей *(в предприя́тиях общéственного питáния)*

Brigadebereich *m с.-х.* срéдства произвóдства, закреплéнные за определённой бригáдой; учáсток бригáды

Brigadeleistungslohn *m* сдéльная оплáта трудá при бригáдном мéтоде рабóты, бригáдно-сдéльная оплáта трудá

Brigadelohnsatz *m* бригáдная расцéнка

Brigademitglied *n* член бригáды

Brigadenabrechnung *f* побригáдный расчёт; расчёт с бригáдой

Brigadenkonto *n* лицевóй счёт произвóдственной бригáды

Brigadenstärke *f* чи́сленность бригáды

Brigadeordnung *f* прáвила вну́треннего (трудовóго) распоря́дка в бригáде

Brigadeorganisation *f* бригáдный мéтод организáции трудá

Brigadestücklohn *m* сдéльная оплáта трудá при бригáдном мéтоде рабóты, бригáдно-сдéльная оплáта трудá

Bringgeld *n* плáта за достáвку товáра

Bringlohn *m* плáта за достáвку товáра

Bringschuld *f* долг, подлежáщий уплáте по мéсту жи́тельства кредитóра; обязáтельство, исполняемое по мéсту пребывáния кредитóра

Bringsystem *n* систéма достáвки необходи́мого завóдского материáла к рабóчему мéсту

Britischer Gewerkschaftskongress Бритáнский конгрéсс тред-юниóнов

Britischer Normenkoordinierungsausschuss Бритáнский координациóнный комитéт стандартизáции

BRL, Real, -- Brasilien Брази́льский реáл (*код валю́ты* 986), -- Брази́лия

Broker *m* брóкер, посрéдник при торгóвле товáрами и услу́гами, при совершéнии биржевы́х оперáций, при фрахтовáнии и страховáнии

Brokerfirma *f* брóкерская фи́рма, мáклерская контóра

Brokerhaus *n* брóкерская фи́рма

Brookings-Modell *n* бру́кингская модéль *(экономи́ческого прогнози́рования)*

Brotkultur *f* продовóльственная зерновáя культу́ра

Brotmarkt *m* хлéбный ры́нок

Browser *m*; **browser** *(eng.)* брáузер; систéма просмóтра; срéдство просмóтра; срéдство визуализáции объéктов; систéма навигáции и просмóтра информáции (в Интернéт); прогрáмма ускóренного просмóтра

Welcher Browser ist für meine Internet Banking & Broking Geschäfte am besten geeignet? Какóй брáузер лу́чше всегó подхóдит для моéй систéмы домáшнего бáнкинга (телебáнкинга) и Интернéт-трéйдинга (биржевóй торгóвле в Интернéт)

BRT, Brutto-Registertonne брýтто-реги́стровая тóнна, брт, БРТ

Brtkm, Bruttotonnenkilometer тонно-киломéтр брýтто, брýтто-тонно-киломéтр, бртк

Bruch *m* бой; лом; облóмки

Bruch нарушéние *(напр. договóра)*, невыполнéние *(обязáтельства)*

Bruch пáхотная земля́

Bruch полóмка; обры́в; излóм, надлóм

Bruchprüfer *m* ауди́тор; бухгáлтер-ревизóр

vereidigter Bruchprüfer прися́жный бухгáлтер-ревизóр, бухгáлтер-ревизóр под прися́гой

Bruchrabatt *m торг.* ски́дка за бой

Bruchschluss *m бирж.* дроблéние пóлного вы́игрыша

Bruchteil *m* 1. дóля *(цéлого)* 2. дрóбная часть 3. дóля *(в óбщей сóбственности)*

Bruchteilsberechtigung *f* прáво на дóлю иму́щества óбщества, прáво на дóлю иму́щества компáнии

Bruchteilsgemeinschaft *f* óбщая долевáя сóбственность

Bruchteilversicherung *f* страховáние определённой дóли иму́щества

Bruchzahl *f* дробь, дрóбное чисó

Brückengeld *n ист.* мостовóй сбор, пóшлина за пóльзование мостóм

brutto брýтто; валовóй

brutto für netto брýтто за нéтто *(расч1т цены́ по весу́ включи́тельно вес упакóвки)*

Brutto-Fondsrentabilität *f* óбщая рентáбельность произвóдственных фóндов

Brutto-Grundmittelintensität *f* валовáя фондоёмкость, фондоёмкость брýтто

Bruttoaufschlag *m* торгóвая нацéнка брýтто

Bruttoausgaben *f, pl* **des Staates** суммáрные госудáрственные расхóды

Bruttobeitrag *m* брýтто-прéмия, óбщая сýмма страховóй прéмии, óбщая сýмма страховóго взнóса

Bruttobetrag *m* сýмма брýтто, брýтто

Bruttobilanz *f* предвари́тельный балáнс

Bruttoeinkaufspreis *m* закýпочная ценá брýтто

Bruttoeinkommen *n* валовóй дохóд, дохóд брýтто

landwirtschaftliches Bruttoeinkommen валовóй дохóд сельскохозя́йственного предприя́тия

Bruttoeinnahme *f* валовóй дохóд, дохóд брýтто

Bruttoenergie *f* валовáя энéргия

Bruttoerfolg *m* 1. валовáя при́быль 2. результáт брýтто

Bruttoerlös *m* валовáя вы́ручка; вы́ручка брýтто; валовóй дохóд

Bruttoernte *f* валовóй урожáй

Bruttoertrag *m* валовóй дохóд, дохóд брýтто

Bruttoerzeugung *f* валовáя продýкция

Bruttofinanzierung *f* выделéние бюджéтных средств госудáрственным организáциям и учреждéниям без учёта дохóдов послéдних

Bruttogeldeinnahmen *f, pl* **der Bevölkerung** валовые дéнежные дохóды населéния

Bruttogetreideernte *f* валовóй сбор зерновы́х

Bruttogewicht *n* вес брýтто; мáсса брýтто

Bruttogewinn *m* валовáя при́быль; при́быль брýтто

Bruttoinländerprodukt *n* валовóй социáльный продýкт (стóимость всех товáров и услýг, произведённых ли́цами, проживáющими постоя́нно в дáнной странé)

Bruttoinlandsprodukt *n* валовóй национáльный продýкт, совокýпный общéственный продýкт *(включáет потреблéние, инвестиции, чистый экспорт и др.)*
Bruttoinvestitionen *f, pl* валовые инвестиции, валовые капиталовложéния *(все возмещéния потреблённых фóндов и нóвые капиталовложéния)*
Bruttoleistung *f* производительность брýтто
Bruttolistenpreis *m* ценá брýтто по прейскурáнту
Bruttolohn *m* зáработная плáта без вычетов, óбщая сýмма зáработной плáты, зáработная плáта по совокýпности без удержаний
realer Bruttolohn óбщая сýмма реáльной зáработной плáты
Bruttolohnblatt *n* лицевóй счёт учёта óбщей сýммы зáработной плáты, лицевáя кáрточка учёта óбщей сýммы зáработной плáты
Bruttolohnermittlung *f* расчёт óбщей сýммы зáработной плáты, исчислéние óбщей сýммы зáработной плáты
Bruttolohnrechnung *f* начислéние óбщей сýммы зáработной плáты
Bruttolohnsumme *f* óбщая сýмма зáработной плáты (без вычетов)
Bruttomonatsgehalt *m* óбщая сýмма месячной зáработной плáты
Bruttonationaleinkommen *n* валовóй национáльный дохóд
Bruttonationalprodukt *n* валовóй национáльный продýкт
Bruttoplanwert *m* валовáя плáновая стóимость
Bruttoprämie *f* брýтто-прéмия
Bruttopreis *m* ценá брýтто
Bruttopreisliste *f* прейскурáнт цен брýтто
Bruttoprodukt *n* валовóй продýкт
gesellschaftliches Bruttoprodukt валовóй общéственный продýкт
reales nationales Bruttoprodukt реáльный валовóй национáльный продýкт
Bruttoproduktion *f* валовáя продýкция
Bruttoproduktion der Industrie nach der Zweigmethode *стат.* валовáя продýкция промышленности по отраслевому мéтоду
industrielle Bruttoproduktion валовáя продýкция промышленности, валовáя промышленная продýкция
landwirtschaftliche Bruttoproduktion валовáя продýкция сéльского хозяйства
Bruttoproduktionsmethode *f стат.* стóимостный мéтод измерéния валовóй продýкции
Bruttoproduktionswert *m* валовáя стóимость произведённой продýкции
Bruttoproduktivität *f* óбщая производительность трудá
Bruttoprofit *m* валовáя прибыль
Bruttoprofitrate *f* нóрма валовóй прибыли
Bruttoregistertonne *f* брýтто-регистровая тóнна, брт, БРТ
Bruttorevenue *f* валовóй дохóд, брýтто-дохóд, дохóд брýтто
Bruttosatz *m страх.* брýтто-стáвка
Bruttosozialeinkommen *n* валовóй национáльный дохóд
Bruttosozialprodukt *n* валовóй национáльный продýкт, совокýпный общéственный продýкт
Bruttosumme *f* сýмма брýтто, брýтто, брýтто-сýмма
Bruttotarif *m* тариф брýтто *(фóрма тарифа)*
Bruttotonne *f* брýтто-тóнна
Bruttotonnenkilometer *n* тонно-киломéтр брýтто
Bruttotragfähigkeit *f* пóлная грузоподъёмность
Bruttoumsatz *m* валовóй оборóт, óбщий оборóт
Bruttoverdienst *m* óбщая сýмма зáработка *(включáя оплáту напр. сверхурóчной рабóты)*
Bruttoverdienstspanne *f* нацéнка, обеспéчивающая покрытие издéржек, нацéнка, обеспéчивающая прибыль
Bruttoversandgewicht *n* вес брýтто при отпрáвке
Bruttoverzollung *f* определéние сýммы пóшлины на оснóве вéса брýтто товáра
Bruttowarenumsatz *m* óбщий товарооборóт, валовóй товарооборóт
Bruttowert *m* пóлная первоначáльная стóимость (основных фóндов); стóимость брýтто
Bruttozeit *f* óбщее рабóчее врéмя
Bruttozins *m* óбщий процéнт на капитáл; óбщий процéнт по кредиту
BRVS, Bahnrollfuhrversicherungsschein страховóй пóлис на грýзы, доставляемые клиéнту автотрáнспортом желéзной дорóги
BS, Bahamas Багáмы
BSD, Bahama-Dollar, -- Bahamas Багáмский дóллар (*код валюты* 044), -- Багáмские островá
BSE, Bovine Spongiforme Enzephalopathie, Rinderseuche *f*, **Rinderwahn** *m*, **Rinderwahnsinn** *m* (вет.) корóвье бéшенство, спонгиозная энцефалопатия корóв, гýбчатый энцефалит
BSE-Zollverbot тамóженный запрéт на ввоз говядины, заражéнной гýбчатым энцефалитом
bsh, bushel бýшель *(мéра объёма сыпýчих и жидких тел)*
BSP, Bruttosozialprodukt валовóй национáльный продýкт, ВНП
b.t., berth terms услóвия причалов
BtMG, Betäubungsmittelgesetz *n* закóн о наркотических веществах
Btt, Bruttogewicht вес брýтто
BttG, Bruttogewicht вес брýтто
BU-Versichening *f* страховáние от убытков вслéдствие простóев в рабóте *(предприятия)*, страховáние от убытков вслéдствие приостанóвки произвóдственного процéсса и дéятельности предприятия
BuB, Buch- und Betriebsprüfung провéрка бухгáлтерской отчётности
Bubble-Packung *f* упакóвка товáра под прозрáчным колпакóм
Buch *n* бухгáлтерская книга; счётная книга; канцелярская книга, *см.тж.* **Bücher** *pl*
Buch книга; брошюра
Buch книга букмéкера; списки букмéкера *(на бегáх)*
Buch (кинó.) сценáрий
Buch führen вести (бухгáлтерскую) книгу; вести учёт
beim Abschluss der Bücher wurde ein Manko gefunden при подведéнии балáнса былá обнарýжена недостáча
in (*j-s*) **Buch stehen** числиться у (*когó-л.*) должникóм
im schwarzen Buch stehen попáсть в чёрный списóк *(быть скомпрометированным)*
über (*etw. A*) **Buch führen** *бухг.* вести учёт (чегó-л.)
(*etw.*) **zu Buche bringen** *бухг.* внести зáпись в книгу учёта
zu Buch(e) nehmen вносить в бухгáлтерские книги, заносить в бухгáлтерские книги
Buchauszug *m* выписка из (бухгáлтерских) книг
Buchbestand *m* налúчие по бухгáлтерским книгам, налúчность по бухгáлтерским книгам, налúчие по дáнным бухгáлтерского учёта
Buchdateien bei Internet-Shop hochzuladen загрузить бáзу дáнных книг в Интернéт-магазин
Bucheinsicht *f* (периодический) просмóтр торгóвых книг
Bucheinsichtsrecht *n* прáво на (периодический) просмóтр торгóвых книг
Bucheintragung *f* зáпись в бухгáлтерскую книгу, зáпись в торгóвые книги

Buchen *n* прово́дка по бухга́лтерским кни́гам, прово́дка по счета́м бухга́лтерского учёта, бухга́лтерская прово́дка

buchen *vt* де́лать бухга́лтерскую прово́дку, проводи́ть по счета́м бухга́лтерского учёта; проводи́ть по бухга́лтерским кни́гам

als Kosten buchen спи́сывать на изде́ржки

als kostenwirksam buchen спи́сывать на изде́ржки

als Rückstand buchen перечисля́ть в недои́мки

als überfällig buchen перечисля́ть в недои́мки

als Verlust buchen спи́сывать на убы́тки

auf ein Konto buchen занести́ на счёт

im Haben buchen заноси́ть в креди́т

im Soll buchen заноси́ть в де́бет

in das Haben buchen заноси́ть в креди́т

in das Soll buchen заноси́ть в де́бет

zugunsten buchen заноси́ть в креди́т

zulasten buchen заноси́ть в де́бет

Bücher *n pl* счётные кни́ги, бухга́лтерские кни́ги, торго́вые кни́ги, *см.тж.* **Buch** *n*

Bücher кни́ги, кни́жная проду́кция

Bücher abschließen *бухг.* заключа́ть кни́ги; своди́ть бала́нс; подводи́ть бала́нс; закрыва́ть бала́нс

Bücher ausleihen выдава́ть кни́ги на дом *(в библиоте́ке)*

Bücherabschluss *m бухг.* заключе́ние книг; закры́тие бала́нса

Bücherfälschung *f* фальсифика́ция за́писей в (бухга́лтерских) кни́гах

Bücherrevision *f* реви́зия бухга́лтерских книг

Bücherrevisor *m* ревизо́р, ауди́тор

Buchertrag *m* при́быль по бухга́лтерским счета́м

Buchflachkartei *f* (пло́ская) картоте́ка в фо́рме кни́ги

Buchforderung *f* (де́нежное) тре́бование по торго́вым кни́гам

Buchführer *m* бухга́лтер; счетово́д

Buchführung *f* бухгалте́рия, веде́ние бухга́лтерского учёта; бухга́лтерский учёт, счетово́дство

Buchführung des Handels торго́вое счетово́дство, комме́рческая бухгалте́рия

Buchführung über Kreditgeschäfte учёт креди́тных опера́ций

Buchführung zum Tageswert; CCA *(eng.)*, **current cost accounting** *(eng.)* 1. калькуля́ция теку́щих затра́т 2. теку́щий произво́дственный учет

doppelte Buchführung двойна́я за́пись; двойна́я систе́ма бухга́лтерского учёта

einfache Buchführung проста́я систе́ма бухга́лтерского учёта; упрощённая систе́ма веде́ния бухучёта

gesamtstaatliche Buchführung общегосударственное счетово́дство

kameralistische Buchführung камера́льная систе́ма бухга́лтерского учёта, камеральное счетово́дство

kaufmännische Buchführung торго́вое счетово́дство, комме́рческий бухучёт

vollautomatische Buchführung по́лностью автоматизи́рованный учёт; автоматизи́рованный бухучёт

Buchführungsformular *n бухг.* учётный реги́стр

nach dem Mehrspaltenverfahren eingerichtetes Buchführungsformular реги́стр табличной фо́рмы, реги́стр многографной фо́рмы; (разг.) многорафка

nach dem Zweispaltenverfahren eingerichtetes Buchführungsformular реги́стр двусторо́нней фо́рмы; (разг.) двухграфка

Buchführungsorganisation *f* организа́ция бухга́лтерского учёта; организа́ция бухучёта; организа́ция веде́ния бухучёта, организа́ция веде́ния бухга́лтерского учёта

Buchführungspflitht *f* обя́занность вести́ бухга́лтерский учёт, обя́занность веде́ния бухга́лтерского учёта

Buchführungsrichtlinien *f, pl* предписа́ния о поря́дке веде́ния бухга́лтерского учёта, инстру́кции о поря́дке веде́ния бухга́лтерского учёта, положе́ния о поря́дке веде́ния бухга́лтерского учёта

Buchführungssystem *n* систе́ма бухга́лтерского учёта

Buchführungssystem систе́ма бухга́лтерских счето́в

Buchführungstechnik *f* те́хника бухга́лтерского учёта

Buchführungsunterlagen *f, pl* бухга́лтерская документа́ция

Buchführungsverordnung *f* пра́вила *(веде́ния)* бухга́лтерского учёта и бухга́лтерской отчётности

Buchführungsvorschriften *f, pl* инстру́кции, регули́рующие поря́док веде́ния бухга́лтерского учёта

Buchführungsvorschriften инстру́кции о поря́дке веде́ния (организа́ции) бухга́лтерского учёта

Buchgeld *n* де́ньги жирооборота *(безнали́чные расчёты, предполагающие перечисле́ние сумм со счёта на счёт)*

Buchgeld де́ньги на вкла́де, де́ньги на ба́нковском счёте *(явля́ются сре́дством платежа́)*

Buchgeld нали́чные сре́дства на счета́х

Buchgeldbestände *m, pl* су́ммы на счета́х

Buchgeldumlauf *m* жирооборо́т

Buchgeldumlauf обраще́ние нали́чных средств, находя́щихся на счета́х

Buchgeldvolumen *n* о́бщая су́мма нали́чных средств, находя́щихся на счета́х, су́мма средств на жиросчетах

buchgemäß соотве́тствующий записям в бухга́лтерских кни́гах; вы́полненный согла́сно пра́вилам бухга́лтерского учёта

Buchgewinn *m* при́быль, отражаемая то́лько в бухга́лтерских счета́х *(напр. в слу́чае санации при объединении а́кций компа́нии)*

Buchgläubiger *m* кредито́р по торго́вым кни́гам, кредито́р по пи́сьменным обяза́тельствам

Buchhalter *m* бухга́лтер; счетово́д

bilanzsicherer Buchhalter гла́вный бухга́лтер; бухга́лтер состави́тель бала́нса; о́пытный бухга́лтер, допу́щенный к составлению бала́нса;

Buchhalterberuf *m* профе́ссия бухгалтера

Buchhalterei *f* бухгалте́рия *(рабо́та, помеще́ние)*

Buchhalterin *f* бухга́лтер; счетово́д, (разг.) бухга́лтерша

buchhalterisch бухга́лтерский

buchhalterische Bilanz бухга́лтерский бала́нс

Buchhalterknie *n* зигзагообра́зный про́черк *(на пусты́х места́х бухга́лтерской кни́ги)*; бухга́лтерский про́черк

Buchhalternase *f* зигзагообра́зный про́черк *(на пусты́х места́х бухга́лтерской кни́ги)*; бухга́лтерский про́черк

Buchhaltung *f* бухгалте́рия, бухга́лтерский учет

Buchhaltung бухгалте́рия; отде́л бухга́лтерского учета ба́нка

Buchhaltungsabteilung *f* бухгалте́рия (отде́л, подразделе́ние)

Buchhaltungsbilanz *f* бухга́лтерский бала́нс

Buchhaltungsform *f* фо́рма бухга́лтерского учёта

Buchhaltungsformen *f, pl* фо́рмы бухга́лтерского учёта

Buchhaltungskonten *n, pl* бухга́лтерские счета́

Buchhaltungskreislauf *m* цикл учёта; цикл бухга́лтерского учёта

Buchhaltungsmethode *f* ме́тод бухга́лтерского учёта

Buchhaltungspraxis *f* пра́ктика отчетности, пра́ктика бухга́лтерской отчётности

Buchhaltungspraxis практика ведения бухгалтерского учёта

Buchhaltungsprogramm *n выч.* бухгалтерская программа, программа ведения бухгалтерского учёта

Buchhaltungsrevisor *m* ревизор бухгалтерских книг, ревизор бухгалтерской отчётности, аудитор

Buchhaltungsrichtlinien *f, pl* основные положения бухгалтерского учёта

Buchhaltungssoftware *f* ПО бухгалтерского учёта; программное обеспечение бухгалтерского учёта; компьютерная программа ведения бухучёта

Buchhaltungssystem *n* система бухгалтерского учёта

Buchhaltungsunterlagen *f, pl* бухгалтерские документы

Buchhaltungswerte *m pl* бухгалтерские данные, данные бухгалтерского учёта

Buchhandel *m* книжная торговля; торговля книгами

Buchhypothek *f* ипотека, зарегистрированная в земельной книге

Buchinventur *f* проверка бухгалтерских книг, ревизия бухгалтерских книг; аудит, аудиторская проверка; инвентаризация
Buchinventur *f* текущий учёт товарно-материальных ценностей; перманентный учёт товарно-материальных ценностей; перманентная инвентаризация *(как метод исчисления стоимости основного капитала)*
Buchinventur система непрерывного учета запасов

Buchkartei *f* картотека в форме книги

Buchkredit *m* кредит по открытому счёту *(напр. кредит, осуществляемый на основе дебетовых операций)*

buchmäßig выполненный согласно правилам бухгалтерского учёта
buchmäßig соответствующий записям в бухгалтерских книгах

Buchpreis *m* справочная цена

Buchprüfer *m* аудитор; бухгалтер-ревизор; ревизор бухгалтерских книг
vereidigter Buchprüfer присяжный ревизор бухгалтерских книг, аудитор под присягой

Buchprüfung *f* проверка бухгалтерских книг, ревизия бухгалтерских книг; аудит, аудиторская проверка, аудиторство

Buchprüfungsfirma *f* аудиторская фирма

Buchrevision *f* проверка бухгалтерских книг, ревизия бухгалтерских книг; аудит, аудиторская проверка, аудиторство

Buchsachverständige *pl* присяжные ревизоры бухгалтерских книг, присяжные бухгалтеры-ревизоры

Buchschuld *f* задолженность по торговым книгам; долг, зарегистрированный в книге государственного долга

Buchsparen *n* хранение денежных средств на сберегательной книжке *(в сберегательном банке, в сберегательной кассе)*

Buchsparform *f* форма хранения денежных средств на сберегательной книжке

Buchung *f* бухгалтерская запись, занесение в бухгалтерские книги, проводка по бухгалтерским книгам
laut unserer Buchung согласно нашим (бухгалтерским) книгам, по данным наших (бухгалтерских) книг
zur Buchung annehmen принимать к учёту

Buchungs- und Addiermaschine *f* счётно-суммирующая машина

Buchungsanweisung *f* бухгалтерская инструкция, инструкция по ведению бухгалтерских книг

Buchungsanzeige *f* авизо о занесении суммы на счёт

Buchungsbeleg *m* отчётный документ; оправдательный бухгалтерский документ; мемориальный ордер

Buchungsfehler *m* ошибка бухгалтерского учёта

Buchungsformel *f* счётная формула

Buchungsjournal *n* бухгалтерский журнал

Buchungskontrolle *f* контроль правильности ведения бухгалтерских книг

Buchungsmaschinen *f, pl* бухгалтерские машины

Buchungsnachweis *m* отчётный документ; оправдательный бухгалтерский документ; мемориальный ордер

Buchungsorder *f* мемориальный ордер

Buchungsposten *m* статья бухгалтерского учёта

Buchungsregister *n* учетный регистр

Buchungssatz *m бухг.* проводка
Buchungssatz счётная формула
einfacher Buchungssatz простая проводка, простая бухгалтерская проводка
zusammengesetzter Buchungssatz сложная проводка, сложная бухгалтерска проводка

Buchungsstation *f устар.* машиносчётная станция, станция механизированного учёта

Buchungssystem *n* система бухгалтерского учёта, бухгалтерская система

Buchungstag *m* день внесения записей в бухгалтерские книги
Buchungstag операционный день *(банка)*

Buchungsverfahren *n* метод бухгалтерского учёта, технический приём бухгалтерского учёта

Buchungsverweis *m* ссылка на запись в бухгалтерских книгах

Buchungsvorfall *m* операция, находящая отражение в бухгалтерской документации

Buchungszeile *f* строка записи в бухгалтерских книгах

Buchungszeitraum *m* период налогообложения, фискальный период

Buchungszentrum *n* центральная бухгалтерия; *устар.* машиносчётное бюро

Buchungszwang *m* обязательность занесения в бухгалтерскую книгу, обязательность бухгалтерского учёта

Buchverlust *m* убыток, образовавшийся при переоценке активов или пассивов

Buchwert *m* балансовая стоимость; стоимость по бухгалтерским книгам
Buchwert des Anlagevermögens бухгалтерская стоимость основных средств предприятия (земля, здания и прочее имущество длительного пользования, финансовые активы долгосрочные капиталовложения и ценные бумаги, нематериальные ценности-концессии, патенты, лицензии
Buchwert nach Abschreibungen остаточная стоимость основного капитала; балансовая стоимость активов
Buchwert vor Abschreibungen первоначальная стоимость активов *(без вычета амортизации);* полные активы; валовые активы

Buchwertabschreibung *f* балансовые амортизационные отчисления; амортизация согласно балансовой стоимости

Budengeld *n* плата за место в торговом ряду *(на рынке)*

Budenzins *m* плата за место в торговом ряду *(на рынке)*

Budget *n* бюджет; смета
Budget бюджетные средства
Budget für Betriebskosten бюджет предприятия
starres Budget жёсткий бюджет
das **Budget ist nicht weiter abbaufähig** дальнейшее уменьшение бюджета невозможно

Budgetangebot *n* бюджетное предложение

Budgetanweisungen *f, pl* сметные ассигнования

Budgetaufstellung *f* составление бюджета

Budgetausarbeitung *f* подготовка бюджета

Budgetausgleich *m* балансирование бюджета, сбалансирование бюджета,

выра́внивание бюдже́та
Budgetausschuss *m* бюдже́тная коми́ссия
Budgetberatung *f* обсужде́ние бюдже́та; пре́ния по бюдже́ту
Budgetbestand *m* состоя́ние бюдже́та; соста́в бюдже́та, структу́ра бюдже́та
Budgetbewilligung *f* утвержде́ние бюдже́та
Budgetdebatte *f* обсужде́ние бюдже́та; пре́ния по бюдже́ту, бюдже́тные деба́ты, слу́шания по бюдже́ту
Budgetdefizit *n* дефици́т госуда́рственного бюдже́та
Budgetdefizit дефици́т бюдже́та
Budgeteinsparungen *f pl* сокраще́ние бюдже́тов
Budgetentwurf *m* прое́кт бюдже́та; прое́кт госуда́рственного бюдже́та
Budgeterstellung *f* подгото́вка бюдже́та, составле́ние бюдже́та
Budgetgleichgewicht *n* баланси́рование бюдже́та, сбалансирование бюдже́та, выра́внивание бюдже́та
Budgetgleichung *f* бюдже́тное уравне́ние
Budgetgliederung *f* бюдже́тная классифика́ция; распределе́ние бюдже́та по статья́м
Budgetgliederung nach Aufgabenbereichen функциона́льная бюдже́тная классифика́ция, отраслева́я бюдже́тная классифика́ция
Budgetgliederung nach dem Ministerialprinzip ве́домственная бюдже́тная классифика́ция, администрати́вная бюдже́тная классифика́ция
Budgetgliederung nach dem Realprinzip предме́тная бюдже́тная классифика́ция, реа́льная бюдже́тная классифика́ция
Budgetgliederung nach ökonomischen Gesichtspunkten экономи́ческая бюдже́тная классифика́ция
budgetieren *vt* составля́ть бюдже́т
budgetieren составля́ть сме́ту
budgetiert бюдже́тный; внесённый в бюдже́т; заплани́рованный в бюдже́те
budgetierte Kosten *pl* бюдже́тная сто́имость; сме́тные изде́ржки *(произво́дства)*
Budgetierung *f* составле́ние бюдже́та
Budgetierung составле́ние сме́ты
Budgetierung auf Nullbasis, *(eng.)* **ZBB, zero-base budgeting** составле́ние сме́ты с нуля́ *(а не путём попра́вок к прошлого́дним да́нным)*
Budgetierung der Investitionen составле́ние смет капиталовложе́ний и их окупа́емости
Budgetjahr *n* бюдже́тный год
Budgetjahr фина́нсовый отчётный год
Budgetkommission *f* бюдже́тная коми́ссия
Budgetkosten *pl* сме́тная сто́имость
Budgetkurve *f* бюдже́тная ли́ния
budgetmäßig предусмо́тренный бюдже́том, заплани́рованный в бюдже́те *(напр. о расхо́дах)*
Budgetmaßnahmen *f pl* налогово-бюдже́тные мероприя́тия; бюдже́тные мероприя́тия
Budgetmittel *n, pl* бюдже́тные сре́дства
Budgetplanung *f* бюдже́тное плани́рование; плани́рование бюдже́та
Budgetpolitik *f* бюдже́тная поли́тика, поли́тика в о́бласти бюдже́та
Budgetposten *m* бюдже́тная статья́, статья́ бюдже́та
Budgetrecht *n* бюдже́тное пра́во
Budgetrestriktion *f* ограниче́ние бюдже́та, рестри́кция бюдже́та
Budgetsequester *m* секве́стр бюдже́та; урезание бюдже́та
Budgetstand *m* состоя́ние бюдже́та
Budgetüberwachung *f* контро́ль за хо́дом выполне́ния бюдже́та
Budgetvollzug *m* исполне́ние бюдже́та
budgetwidrig не предусмо́тренный бюдже́том, сверхплановый *(напр. о расхо́дах)*
B.u.E., Berichtigungen und Ergänzungen попра́вки и дополне́ния
Bühner *m* крестья́нин-бедня́к
Bulkfrachter *m* ба́лкер, булкер, сухогру́з о́бщего назначе́ния
Bulkfrachtschiff *n* су́дно для перево́зки ма́ссовых гру́зов
Bulkladung *f* ма́ссовый груз; сыпу́чий груз; груз, перевози́мый нава́лом
Bulkladung погру́зка сыпу́чих гру́зов, погру́зка нава́лом, погру́зка на́сыпью
Bulkware *f* ма́ссовый груз; сыпу́чий груз; груз, перевози́мый нава́лом
Bulle *m англ.* бык; биржеви́к, игра́ющий на повыше́ние
Bullion *n* сли́ток *(зо́лота)*; золоты́е моне́ты, продава́емые на вес, серебряные моне́ты, продава́емые на вес; (иностра́нная) валю́та
Bouillonist *m* буллиони́ст *(сторо́нник свобо́дной обратимости бума́жных де́нег в зо́лото)*
Bund der technischen Angestellten und Beamten Сою́з техни́ческих слу́жащих
Bund Deutscher Werbeberater und Werbeleiter Сою́з консульта́нтов и руководи́телей рекла́много дела́
Bund Deutscher Werbeschaffenden Сою́з рабо́тников рекла́мы
Bündelung *f* мультиплекси́рование
Bündelung объедине́ние, группиро́вка
Bündelung фокусиро́вка, концентра́ция
Bundes-Wirtschaftsrat Федера́льный экономи́ческий сове́т
Bundesabgabe *f* федера́льный нало́г, федера́льный сбор
Bundesanstalt für Arbeitsvermittlung und Arbeitslosenversicherung Федера́льное ве́домство по трудоустро́йству и страхова́нию по безрабо́тице , Федера́льное управле́ние по трудоустро́йству и страхова́нию по безрабо́тице
Bundesarbeitsgericht *n* Федера́льный суд по трудовым конфликтам
Bundesaufsicht *f* надзо́р за соблюде́нием федера́льных зако́нов землями
Bundesaufsichtsamt für das Versicherungs- und Bausparwesen Федера́льное ве́домство надзо́ра за де́ятельностью страховы́х компа́ний и креди́тных учрежде́ний, выдающих ссу́ды для индивидуа́льного стро́ительства
Bundesausgleichsamt *n* Федера́льная примири́тельная ка́мера
Bundesauskunftsstelle für den Außenhandel Федера́льное информацио́нное бюро́ вне́шней торго́вли
Bundesausschuss *m* федера́льная коми́ссия; федера́льный комите́т
Bundesbank *f* Федера́льный банк
Bundesbehörden *f, pl* федера́льные учрежде́ния
Bundesbehörden чино́вники федера́льных учрежде́ний и ве́домств
Bundesetat *m* федера́льный бюдже́т
Bundesfinanzhof Федера́льный фина́нсовый суд; Федера́льное налогово-фина́нсовое управле́ние
Bundesgesetz *n* федера́льный зако́н
Bundesgesetzgebung *f* федера́льное законода́тельство
Bundeshaushalt *m* федера́льный бюдже́т
Bundeskartellamt *n* Федера́льное ве́домство надзо́ра за де́ятельностью картелей
Bundeskasse *f* Федера́льное казначе́йство *(Швейца́рия)*
Bundesland *n* (федера́льная) земля́ *(в соста́ве ФРГ)*; федера́льная прови́нция *(А́встрия)*
Bundesministerium *n* федера́льное министе́рство *(ФРГ, А́встрия)*
Bundesministerium der Finanzen Федера́льное министе́рство фина́нсов
Bundesministerium für Gesamtdeutsche Fragen Федера́льное министе́рство по общегерманским вопро́сам

Bundesministerium für wirtschaftliche Zusammenarbeit, BMZ Федерáльное министéрство по экономúческому сотрудничеству
Bundesministerium für Handel und Verkehr Федерáльное министéрство торгóвли и трáнспорта *(Áвстрия)*
Bundesmittel *pl* федерáльные финáнсы
Bundesmonopolverwaltung *f* федерáльное управлéние торгóвлей товáрами, продáжа котóрых объявлена монополией федерáции
Bundesmonopolverwaltung für Branntwein, BfB федерáльное управлéние по монопольной торгóвле спирто-вóдочными издéлиями
Bundesnotenbank *f* федерáльный эмиссиóнный банк
Bundesoberbehörden *f, pl* федерáльные óрганы госудáрственного управлéния
Bundesrat *m* бундесрáт; федерáльный совéт *(представúтельство земéль) (ФРГ, Áвстрия)*; федерáльный совéт Швейцарской Конфедерáции; член федерáльного совéта *(Áвстрия)*
Bundesrechnungshof *m* Федерáльная расчётная палáта, Федерáльная счётная палáта
Bundesreservebank *f* Федерáльный резéрвный банк *(США)*
Bundesreserverat *m* Федерáльное резéрвное управлéние *(бáнков) (США)*
Bundesreservesystem *n* Федерáльная резéрвная систéма бáнков *(США)*
Bundesschatz *m* госудáрственная казнá; *разг.* Федерáльное казначéйство
Bundesschuld *f* федерáльный долг, госудáрственный долг
Bundesstelle für den Warenverkehr федерáльное управлéние товарооборота
Bundessteuern *f, pl* федерáльные налóги
Bundestag *m* Бундестáг, парлáмент ФРГ
Bundesverband *m* федерáльный союз, федерáльное объединéние
Bundesverband Privater Sonderabfallbeseitiger und Rückstandsverwerter Федерáльный союз чáстных предприя́тий по удалéнию и утилизации опáсных отхóдов
Bundesverband der Deutschen Industrie Федерáльный союз гермáнской промы́шленности
Bundesverband der freien Berufe Федерáльное объединéние лиц свобóдных профéссий
Bundesverband des Deutschen Güterfernverkehrs Федерáльный Союз по дáльним грузовы́м перевозкам
Bundesverband Deutscher Volks- und Betriebswirte Федерáльное объединéние немецких экономистов и инженéров по организáции произвóдства
Bundesvereinigung der deutschen Arbeitgeberverbände Федерáльное объединéние союзов предпринимáтелей
Bundesversicherungsanstalt für Angestellte Федерáльное вéдомство по страховáнию слу́жащих
Bundesverwaltungsgericht *n* Федерáльный административный суд
Bundeszwang *m* принуждéние земéль к выполнéнию федерáльных обя́занностей
Bündnis *n* коалúция *(в теóрии игр)*
Bunkerklausel *f* пункт в чáртер-пáртии о том, что фрахтóвщик су́дна оплачивает всё находя́щееся на су́дне бу́нкерное тóпливо, оговóрка в чáртер-пáртии о том, что фрахтóвщик су́дна оплачивает всё находя́щееся на су́дне бу́нкерное тóпливо
Buntmetalle *n, pl* цветны́е метáллы
Bürge *m* поручúтель, гарáнт
als Bürge в кáчестве поручúтеля *(помéтка на вéкселе)*
einen Bürge stellen представить поручúтеля, дать поручúтеля
bürgen поручúться, ручáться, отвечáть
Bürgenhaftung *f юр.* ответственность поручúтеля
Bürger *m* граждани́н; городскóй жúтель, горожáнин; буржуá, бю́ргер; *ист.* представúтель трéтьего сослóвия; обывáтель, мещанúн
bürgerlich граждáнский; буржуáзный
Bürgermeister *m* бургомúстр, главá магистрáта кру́пных (городскúх) общúн; бургомúстр, председáтель городскóго совéта *(в городáх рáйонного подчинéния)*
Bürgerrecht *n* граждáнские правá
Bürgerrecht правá граждáнства
Bürgertum *n* бю́ргерство; буржуазúя
Bürgschaft *f* поручúтельство, гарáнтия, ручáтельство, обеспéчение; пору́ка
Bürgschaft hinterlegen ручáться, дать поручúтельство
Bürgschaft leisten ручáться, дать поручúтельство
Bürgschaft übernehmen поручúться *за когó-л.*; вы́дать гарáнтии
gegenseitige Bürgschaft взаимное поручительстве
persönliche Bürgschaft лúчное поручительстве
selbstschuldnerische Bürgschaft экспромиссорное поручúтельство
wechselseitige Bürgschaft кругóвáя пору́ка
Bürgschaftsbestellung *f* предоставлéние поручúтельства, представлéние поручúтельства
Bürgschaftserklärung *f* гарантúйное письмó
Bürgschaftserklärung принятие на себя́ поручúтельства
Bürgschaftsforderung *f* трéбование поручúтельства *(по договóру)*
Bürgschaftskredit *m* гарантúйный кредúт, кредúт по поручительству
Bürgschaftsprovision *f* комиссиóнные за поручúтельство
Bürgschaftsschein *m* гарантúйное письмó
Bürgschaftsschreiben *n* гарантúйное письмó
Bürgschaftsstellung *f* предоставлéние поручúтельства
Bürgschaftsübernahme auf Wechsel вы́дача гарáнтий по векселя́м
Bürgschaftsurkunde *f* гарантúйное письмó
Bürgschaftsverbindlichkeiten *f, pl* обязáтельства, вытекáющие из договóра поручúтельства
Bürgschaftsvergütung *f* комиссиóнные за поручúтельство
Bürgschaftsvertrag *m* договóр поручúтельства
Bürgschaftswechsel *m* гарантúйный вéксель
Bürgschein *m* гарантúйное письмó
Büro *n* бюрó, контóра; канцеля́рия; приёмная *(должностнóго лицá)*; мéсто слу́жбы, учреждéние
Büro für Standardisierung Бюрó *(по)* стандартизáции
Büroarbeit *f* канцеля́рская рабóта, офисная рабóта, рабóта в офисе
Büroausgaben *f, pl* канцеля́рские расхóды, офисные расхóды, расхóды на канцпринадлежности
Büroausgaben расхóды на содержáние офиса (контóры, бюрó)
Büroausstattung *f* офисное обору́дование
Büroautomatisierung *f* автоматизáция офисных рабóт, автоматизáция делопроизвóдства в офисе
Bürobedarf *m* канцеля́рские принадлéжности, канцпринадлежности, контóрские принадлéжности
Bürokasse *f* фонд налúчных средств учреждéния
Bürokosten *pl* канцеля́рские расхóды, канцрасходы
Büromaschinen *f, pl* офисное обору́-

дование; оргтéхника

Büromaschinen und -gerate *pl* офисное обору́дование, контóрские маши́ны и канцеля́рские принадлéжности

Bürorechenmaschine *f устар.* настóльная вычисли́тельная маши́на

Bürotechnik *f* оргтéхника; офисное обору́дование

bushel *англ.* бу́шель *(мéра зернá)*

Business *n нов. правоп.*, **Busineß** *n стар. правоп.* би́знес, дéло; коммéрция; коммéрческая дéятельность; деловóй мир

business-to-business; B2B Интернéт-торгóвля «компáния-компáния»

business-to-customer; B2C Интернéт-торгóвля «компáния-потреби́тель»

business-to-government B2G торгóвля-прави́тельство

Buße *f* наказáние, штраф; *юр.* возмещéние имущественного и инóго ущéрба потерпевшему

Bußgeld *n* дéнежный штраф

BUSt, Börsenumsatzsteuer налóг с оборóта по биржевы́м операциям

BUTAB, Bund der technischen Angestellten und Beamten Союз техни́ческих слу́жащих и чинóвников

buyers market *англ.* ры́нок покупáтеля *(ры́нок, конъюнкту́ра котóрого вы́годна покупáтелю)*

BVerfGe, Bundesverfassungsgericht Федерáльный конституциóнный суд

BVG, Betriebsverfassungsgesetz закóн о регистрáции уставов торгово-промы́шленных предприя́тий

BVI, Bundesverband Deutscher Investment-Gesellschaften *(e.V.)* Федерáльный сою́з немецких инвестициóнных óбществ (зарегистри́рованное объединéние)

BW:

BW, Betriebswirt специали́ст по эконóмике и организáции произвóдству

BW, Botsuana Ботсвáна

b.w., bitte wenden! смотри́ на оборóте!

BWK, Bundeswirtschaftskammer Федерáльная экономи́ческая палáта

BWM, Bundeswirtschaftsministerium Федерáльное министéрство экономики

BWP, Pula, -- Botsuana Пула (*код валю́ты* 072), -- Ботсвáна

BWR, Bundeswirtschaftsrat Федерáльный экономи́ческий совéт

bxs, boxes я́щики

BY, Belarus (Weißrussland) Белару́сь

BYB, Belarus-Rubel, -- Belarus, Weißrussland Белору́сский рубль (*код валю́ты* 112), -- Белару́сь

Byte *n вчт.* байт

BZ, Belize Бели́з

BZD, Belize-Dollar, -- Belize Бели́зский дóллар (*код валю́ты* 084), -- Бели́з

BZR, *Brüsseler Zollrat; (eng.)* **CCC; Customs Cooperation Council** Совéт тамóженного сотру́дничества, СТТ *(междунарóдная организáция)*

c.:

c., currency *англ.* валю́та

c, konstant постоя́нный

c, konstantes Kapital постоя́нный капитáл

CA:

CA, Kanada Канáда

c.a:

c.a., current account *англ.* теку́щий счёт; контокоррент

ca., zirka óколо, приблизи́тельно

CAD:

CAD, Computer Aided Design систéма автомати́ческого проекти́рования, САПР

CAD, Kanadischer Dollar, -- Kanada Канáдский дóллар (*код валю́ты* 124), -- Канáда

cad, c.a.d., cash againt documents *англ.* платёж нали́чными прóтив докумéнтов

caf, cost and freight *англ.* стóимость и фрахт; каф, КАФ *(услóвие постáвки, в си́лу котóрого ценá включáет расхóды по фрáхту до местá назначéния)*

Cahier de charges *фр.* проспéкт, содержáщий технико-экономи́ческие характери́стики товáров и услóвия их постáвок

CAL; *(eng.)* **computer-aided learning; computerunterstütztes Lernen** *n* обучéние с испóльзованием компью́тера; автоматизи́рованное обучéние; программи́рованное обучéние

Call-Geschäft *n* онкóльная сдéлка *(в котóрой покупáтель зарáнее оговаривает коли́чество, кáчество и срок постáвки биржевóго товáра. Оговариваются ски́дки и́ли надбáвки с котировки на определённой би́рже на день, выбирáемый покупáтелем)*

Callgeld *n* однодне́вная ссу́да

calo усу́шка

CAM, *(eng.)* **Computer Aided Manufacturing; computerunterstützte Fertigung** *f* автоматизи́рованное произвóдство

CAM-System *n* автомати́ческая систéма управлéния произвóдством, АСУП

Cambridge equation *(eng.)*; **Cambridge Gleichung** *f* кембриджское уравнéние *(в коли́чественной теóрии дéнег)*

Cambridge School *(eng.)*; **Cambridge Schule** *f* кембриджская шкóла

Cambridge-Kontroversen *f pl* Кембриджская диску́ссия (1974г., по вопрóсам фискальной поли́тики)

cancellation *(eng.)*:

cancellation аннули́рование, отмéна; вымáривание; вычёркивание; окончáтельная оплáта; *(вчт.)* отмéна; отмéна; погашéние (мáрок); прекращéние; признáние недействи́тельным; сокращéние; *(мат.)* сокращéние; *(вчт.)* стирáние; уничтожéние

cancellation, = Stornierung *f*, **Stornobuchung** *f*, **Rückbuchung** *f;* **Annullierung** *f*, **Streichung** *f;* **Absage** *f;* **Widerruf** *m*, **Rückgängigmachung** *f*, **Ungültigkeitserklärung** *f*, **Aufhebung** *f*, **Auflösung** *f*, **Kündigung** *f*, **Löschung** *f*

cancelling *англ.* аннули́рование, отмéна (напр. закáза), *см.тж.* **cancellation**

cancelling *англ. внештóрг.* канцеллинг *(договóрное услóвие о прáве фрахтователя растóргнуть договóр морскóй перевóзки при неприбы́тии зафрахтованного су́дна под погру́зку до истечéния срóка, укáзанного в договóре)*

Cancellingdatum *n внешторг.* крáйний срок прибы́тия зафрахтованного су́дна в порт погру́зки, обусловленный договóром

cargo *англ.* морскóй груз, кáрго

Cargo *m* гру́з; кáрго *(морскóй груз без укáзания егó тóчного наименовáния)*; грузовóй реéстр

Cargo-Geschäft *n* сдéлка с находя́щимся в пути́ морски́м гру́зом, сдéлка кáрго

Cargoplan *m* каргоплан

Cargoversicherung *f* страховáние кáрго, страховáние морскóго гру́за

Carnet (de passages) *n фр.* докумéнты на автомоби́ль для транзитного пересечéния государственной грани́цы

Carnet TIR *фр.* тамóженная сопроводительная кни́жка междунарóдных товáрных перевóзок по определённым автострáдам Еврóпы

Carnet-ATA *n* универсáльная тамóженная декларáция для транзитных гру́зов

Carnet-TIR *n* еди́ная декларáция на транзи́т гру́зов *(для автомоби́льных и контéйнерных перевóзок)*

carriage paid to... *англ.* провóз оплáчен до ..

Carte blanche *f фр.* карт-бланш, *неограни́ченные полномóчия*

Carte blanche geben предоставля́ть неограни́ченные полномóчия

Carte blanche hauen имéть неограни́ченные полномóчия

cash *англ.* нали́чными, за нали́чный расчёт
cash against documents *англ.* нали́чными про́тив докуме́нтов *(усло́вие платежа́)*
cash and carry *англ.* нали́чный расчёт до приёмки в транспортиро́вки това́ра покупа́телем, опла́та нали́чными до приёмки в транспортиро́вки това́ра покупа́телем *(усло́вие поста́вки в догово́ре ку́пли-прода́жи)*
cash and carry *англ.* прода́жа за нали́чные без доста́вки
cash before delivery *англ. торг.* упла́та до доста́вки
cash on delivery *англ. торг.* нало́женный платёж, упла́та при доста́вке
cash-flow *англ.* превыше́ние нали́чных суммарных дохо́дов фи́рмы над нали́чными расхо́дами *(накопле́ния из невыплаченной при́были + амортиза́ция + непредусмотренные поступле́ния +непредусмотренные расхо́ды)*
CBD, c.b.d., cash betore delivery платёж нали́чными до сда́чи и́ли отгру́зки това́ра
c.c.:
c/c, Clean Credit креди́т в нали́чной фо́рме
c.c., cours de compensation компенсацио́нный курс
C2C Интерне́т-торго́вля «потреби́тель-потреби́тель»
C2C-Auktionsmodell *n* аукцио́нная моде́ль **C2C**
cca, circa приме́рно, о́коло, приблизи́тельно
CCC, Customs Cooperation Council Сове́т тамо́женного сотру́дничества, СТТ *(междунаро́дная организа́ция)*
CCCG, Combined Coal Control Group *ист.* Англо-америка́но-францу́зская гру́ппа по контро́лю за угледобычей *(в За́падной Герма́нии)*
CCI, Chambre de Commerce Internationale, Internationale Handelskammer, IHK Междунаро́дная торго́вая пала́та, МТП
CD:
CD, Certificate of Deposit депози́тный сертифика́т
c.d., cum dividendo с пра́вом на получе́ние дивиде́нда *(об а́кции)*
CDH, Zentralvereinigung Deutscher Handelsvertreter- und Handelsmakler-Verbände Центра́льное объедине́ние сою́зов представи́телей торго́вых фирм и посредников
cdm, Kubikdezimeter куби́ческий децимéтр
CE-Kennzeichnung *f* обозначе́ние (код) происхожде́ния (това́ра) из ЕС, **CE: „Communauté Européenne", „Europäische Gemeinschaft"**
CEE, Commission Economique des Nations Unies pour l'Europe Экономи́ческая комисси́я ООН для Евро́пы, ЭКЕ
Cent *m*
der Euro wird in hundert Cent geteilt евро равно́ ста центам
Cent-Münzen werden im Wert von 1, 2, 5, 10, 20 und 50 Cent geprägt це́нты отчеканены моне́тами с номиналом в *1,2,5,10,20 и 50 це́нтов*
CENTO, Central Treaty Organization Организа́ция центра́льного догово́ра, СЕНТО
certificate of origin *англ.* свиде́тельство о происхожде́нии
CES, Le Conseil Econornique et Social Экономи́ческий и Социа́льный Сове́т *(ООН)*, ЭКОСОС
cessio legis *лат. юр.* усту́пка тре́бования, це́ссия
c.f., cost and freight, Verladekosten und Fracht im Preis eingesehlossen цена́, включа́ющая сто́имость и фрахт
CFIE, Conseil des Federations Industrielles d'Europe Сове́т европе́йских промы́шленных федераций
CGD, Christliche Gewerkschaftsbewegung Deutschlands «Движе́ние христиа́нских профсоюзов Герма́нии» *(организа́ция в ФРГ)*
CH:
CH, Schweiz Швейца́рия, *до 1978г. код* **TO**
CH, Clearing House *англ.* расчётная пала́та; клиринговая пала́та
CH, Custom House *англ.* тамо́жня
Change *m англ..* ме́на, обме́н; меняльная конто́ра; ве́ксельный курс, валю́тный курс
changieren *англ.* меня́ть
Charakter *m* знак, си́мвол
Charakter тип, вид
Charakter хара́ктер; свойство́; осо́бенность
Charakter der Arbeit хара́ктер труда́
Charakteristik *f* сужде́ние, оце́нка; отзы́в, реце́нзия; характери́стика
wahrscheinlichkeitstheoretische Charakteristik *мат.* вероя́тностная характери́стика
zahlenmäßige Charakteristik цифрова́я характери́стика
Charakterologie *f* характерология
charges collect *англ.* все тра́нспортные расхо́ды несёт получа́тель това́ра *(усло́вие догово́ра ку́пли-прода́жи)*
charges prepaid *англ.* прово́з до аэропо́рта назначе́ния опла́чен *(усло́вие догово́ра)*
Charges-Collect-Sendungen, unfrei gelieferte Luftfrachtsendungen отпра́вки возду́шным тра́нспортом, по кото́рым все расхо́ды несёт получа́тель това́ра
Charter *m* ча́ртер, аре́нда, наём су́дна
Charter party *англ.* ча́ртер-па́ртия, догово́р морско́й перево́зки гру́зов; догово́р о на́йме су́дна
Charterauftrag *m* фрахто́вый о́рдер
Charterer *m* фрахтова́тель *(су́дна)*, фрахто́вщик су́дна
Charterflug *m* возду́шное сообще́ние на осно́ве догово́ров *(ме́жду предприятиями возду́шного сообще́ния и транспортно-экспедиционными организа́циями)*, чартерное воздухопла́вание, чартерные авиаре́йсы
Chartern *n* фрахтова́ние су́дна, наем су́дна
chartern *vt* зафрахтовывать су́дно, нанима́ть су́дно
Charterpartie *f* ча́ртер-па́ртия, догово́р морско́й перево́зки гру́зов; догово́р о на́йме су́дна
Charterpartie-Konnossement *n* ча́ртерный коносаме́нт
Charterschiff *n* су́дно, предоста́вленное для (морско́й) перево́зки гру́зов
Charterung *f* фрахтова́ние су́дна, наем су́дна
Charterung eines ganzen Schiffes фрахтова́ние всего́ су́дна
Charterverkehr *m* возду́шное сообще́ние на осно́ве догово́ро́в (перево́зки гру́зов), морско́е сообще́ние на осно́ве догово́ро́в (перево́зки гру́зов)
Chartervertrag *m* догово́р фрахтова́ния *(су́дна)*
Chartervertrag ча́ртер-па́ртия, догово́р морско́й перево́зки гру́зов
Chartistenbewegung *f ист.* чартистское движе́ние
Chausseezoll *m* шоссейный сбор, шоссейная по́шлина
Check-off-System *n* систе́ма обяза́тельного вы́чета профсою́зных взно́сов из за́работной пла́ты чле́нов профсою́за
Checkliste *f* 1. номенклату́рный пе́речень опера́ций; регла́мент опера́ций 2. (выч.тех.) спи́сок ссы́лок
Mängelcheckliste спи́сок неиспра́вностей; спи́сок замеченных неиспра́вностей; дефе́ктная ве́домость
Chef *m* шеф, руководи́тель, нача́льник, босс, хозя́ин
Chemiefaserindustrie *f* промы́шлен-

ность хими́ческих воло́кон

Chemiehandel *m* торго́вля промышленными хими́ческими проду́ктами

Chemieindustrie *f* хими́ческая промы́шленность

Chemiemarkt *m* ры́нок а́кций хими́ческой промы́шленности; ры́нок химикатов

Chemiewerte *pl* а́кции хими́ческой промы́шленности

Chemisierung *f* химиза́ция

Chemisierungsgrad *m* сте́пень химизации

CHF, Schweizer Franken, -- Schweiz, Liechtenstein Швейца́рский франк (*код валю́ты* 756), -- Швейца́рия, Ли́хтенштейн

Chicago-Gruppe *f* Чикагская фина́нсовая гру́ппа

Chiffre *f* шифр, код; *регистрацио́нный знак*

Chiffreanzeige *f* шифро́ванное объявле́ние в газе́те

Chiffriermaschine *f* шифрова́льная маши́на

Chip *англ.* микросхе́ма, микропроце́ссор, чип

CHIPS, Clearing House Interbank Payments System электро́нная систе́ма межбанковских клиринговых расчётов

Chq, Cheque чек

Chrematistik *f* хрематистика *(иску́сство де́лать де́ньги)*

Christlich-Demokratische Union, CDU Христианско-демократи́ческий сою́з, ХДС

Christlich-Soziale Union, CSU Христиа́нско-социа́льный сою́з, ХСС *(па́ртия в Бава́рии)*

CI:

C/I, certificate of insurance страхово́й сертифика́т, страхово́й по́лис

c&i, cost and insurance сто́имость и страхова́ние *(усло́вие прода́жи, в си́лу кото́рого цена́ включа́ет расхо́ды по страхова́нию)*

Cia, Compania акционе́рное о́бщество *(в стра́нах испа́нского языка́)*

CIEC, Conseil International des Employeurs du Commerce Междунаро́дный сове́т владе́льцев торго́вых предприя́тий

cif, cost, insurance, freight *англ.* сиф *(систе́ма опла́ты, при кото́рой продаве́ц несёт расхо́ды по погру́зке на су́дно, страхова́нию и фрахт)*

c.i.f.e. cost insurance, freight and exchange сто́имость, страхова́ние, фрахт и курсова́я ра́зница, сиф, включа́я курсову́ю ра́зницу валю́ты

cif landed *англ.* сиф, включа́я расхо́ды по разгрузке това́ра с су́дна и доста́вке его́ на при́стань по́рта назначе́ния *(усло́вие прода́жи)*

cif sound delivered *англ.* сиф, включа́я отве́тственность продавца́ за ухудше́ние ка́чества това́ра во вре́мя транспорти́ро́вки до по́рта назначе́ния

cif-Agent *m* аге́нт экспортёра, живу́щий в стране́ импортёра и предлага́ющий това́р свое́й фи́рмы на усло́виях сиф

cif-Geschäft *n* сде́лка на усло́виях сиф

cif-Kalkulation *f* калькуля́ция цены́ на усло́виях сиф

cif-Preis *m* цена́ сиф

c.i.f.c., cost insurance, freight and commission цена́, включа́ющая сто́имость, расхо́ды по страхова́нию, фрахт и комиссио́нные

cifci, cost, insurance, freight, commission and interest *англ.* сиф, включа́я коми́ссию посре́дника и расхо́д по учёту акце́пта покупа́теля

CILCG, Centre International de Liaison des Commerce de Gros Междунаро́дный центр свя́зи оптовой торго́вли

CIM, Convention Internationale concernant le Transport des Marchandises par Chemin de Fer Междунаро́дное соглаше́ние по железнодоро́жным грузовы́м перевозкам, МСЖГП

CIO, Congress of Industrial Organizations Конгре́сс произво́дственных профсою́зов, КПП *(США)*

circa о́коло, приблизи́тельно

circa-Aufträge *m pl* биржевы́е поруче́ния с указа́нием приблизительного ку́рса

circa-Klausel *f* огово́рка о до́пуске *(огово́рка в догово́ре ку́пли-прода́жи, предусма́тривающая отклоне́ния от то́чного коли́чества поставляемого това́ра)*

circle trip *англ.* кругово́й рейс

circular check *амер.* доро́жный чек

CL:

CL, Chile Чи́ли

c.l., car load погру́зка в ваго́н

Claim *n* притяза́ние; тре́бование; клеймс; прете́нзия; реклама́ция; до́ля *(в разрабо́тке золото́го рудника́)*

clause compromissoire *фр. внешто́рг.* огово́рка о трете́йском суде́

clausula rebus sic stantibus *лат.* огово́рка о том, что контра́кт остаётся в си́ле то́лько при неизменности усло́вий, в кото́рых он был заключён

CLC, Commercial Letter of Credit комме́рческий аккредити́в

cld, cleared through customs очи́щенный от тамо́женных по́шлин

clean letter of credit *англ.* аккредити́в, вы́плата по кото́рому произво́дится без представле́ния продавцо́м отгрузочных докуме́нтов

Clearance *f* тамо́женная очи́стка; очи́стка от по́шлин

Clearing *n банк.* зачёт взаи́мных тре́бований чере́з расчётную пала́ту

Clearing кли́ринг, клиринговые расчёты; (валю́тный) кли́ринг, кли́ринговое соглаше́ние

Clearing mit konvertierbarem Saldo кли́ринг с конвертируемым са́льдо

Clearing mit nichtkonvertierbarem Saldo кли́ринг с неконвертируемым са́льдо

bilaterales Clearing двусторо́нний кли́ринг, двусторо́нние клиринговые расчёты

dreiseitiges Clearing трёхсторо́нний кли́ринг, трёхсторонние клиринговые расчёты

multilaterales Clearing многосторо́нний кли́ринг, многосторо́нние клиринговые расчёты

Clearing- und Zahlungsabkommen *n* клирингово-платёжное соглаше́ние

Clearingabkommen *n* кли́ринговое соглаше́ние, (валю́тный) кли́ринг

Clearingbank *f* кли́ринг-банк, кли́ринговый банк *(банк - член расчетной пала́ты)*

Clearinghaus *n англ.* расчётная пала́та, клиринговая пала́та, кли́ринг-хауз

clearinghouse *(eng.)*; **Clearinghaus** *n* расчётная пала́та, клиринговая пала́та, кли́ринг-хауз

Clearingkurs *m* кли́ринговый курс

Clearingoperation *f* клиринговая опера́ция, расчётная опера́ция

clearings *англ.* клирингс, «очи́стка» от тамо́женных форма́льностей

Clearingsaldo *m* са́льдо по клиринговым счета́м, кли́ринговое са́льдо

Clearingstelle *f* расчётная пала́та, клиринговая пала́та, кли́ринг-хауз

Clearingstelle *(банк.)* кли́ринговый центр

Clearingverfahren *n* кли́ринг, клиринговые расчёты; (валю́тный) кли́ринг, кли́ринговое соглаше́ние

Clearingverkehr *m* клиринговые опера́ции, расчётные опера́ции; клиринговые расчёты, взаи́мные расчёты, кли́ринг

Clearingverrechnung *f* кли́ринг, клиринговые расчёты

Clearingwährung *f* клиринговая валю́та

Clearingzentrale *f* кли́ринговый центр

Clearingzentrum *n* расчётный кли́ринговый центр, кли́ринговый центр, расчётный центр

Cleveland-Gruppe *f* Кливлендская финáнсовая грýппа

Client/Server *m* клиéнт-сервер

Clock *англ.* генератóр тактовых ѝмпульсов; генератóр синхроимпульсов, хронизатор; задаю́щий *(тáктовый)* генератóр

Clock дáтчик тактовых ѝмпульсов, дáтчик синхроимпульсов

Clock часы́; тáймер; врéменное устрóйство

closed shop *англ.* предприя́тие, принимáющее на рабóту тóлько члéнов профсою́за

Closed-shop-Klausel *f англ.* соглашéние мéжду предпринимáтелем и профсою́зом, в сѝлу котóрого предприя́тие принимáет на рабóту тóлько члéнов профсою́за

CLP, Chilenischer Peso, -- Chile Чилийское пéсо (*код валю́ты* 152), -- Чѝли

Club of Rome *m* Ри́мский клуб

Clusteranalyse *f* вы́борочное обслéдование; групповáя вы́борка

Clustereinheit *f* стат. группово́й вы́бор; гнездовáя вы́борка

Clustering *n* кластеризáция; выделéние клáстеров; объединéние в кластеры; группировáние

CMEA, Council for Mutual Economic Assistance *истор.* Совéт Экономѝческой Взаимопóмощи, СЭВ

C.M.I., Comite Maritime International Междунарóдный комитéт по вопрóсам морскóго правá и судохóдства

CMLR, Common Market Law Reports «Судéбные отчеты óбщего ры́нка»; Сбóрник судéбных решéний óбщего ры́нка

CMR, LKW-Frachtbrief автотрáнспортная накладнáя CMP

CN:

C/N, cover note ковернот, врéменное свидéтельство о страховáнии *(выдавáемое брóкером страхователю)*

C/N, credit note кредѝт-нóта, кредитóвое авѝзо

CN, China Китáй, *до 1978г. код* **CE**

c/n, cover note ковернот, врéменное свидéтельство о страховáнии

CNC-Einheit *f* блок цифрового управлéния

CNY, Renminbi Yuan, -- China Китáйский юáнь (*код валю́ты* 156), -- Китáй

CO:

C/O, cash order трáтта, срóчная по предъявлéнии; перевóдный вéксель, оплáчиваемый в дáнной странé; закáз, оплáчиваемый налѝчными, закáз с оплáтой налѝчными

CO, Kolumbien Колу́мбия, *до 1978г. код* **KA**

Co., commercial торгóвый, коммéрческий

Co, Compagnie компáния, óбщество, товáрищество

Co. ltd., Company limited óбщество с огранѝченной ответственностью

CO2-Steuer *f* сбор за вы́брос двуóкиси углерóда; сбор за вы́брос выхлопны́х гáзов

COBOL, Common Business Oriented Language КОБОЛ *(язы́к программѝрования)*

Cocom, Coordinating Committee for East-West Trade Policy Комитéт по координáции экспорта «стратегѝческих» товáров из стран НАТО, КОКОМ

Cocom-Liste *f* спѝсок ограничéний на экспорт товáров и технологий в коммунистѝческие страны́

Cocom-Problematik *f* круг вопрóсов КОКОМ

Cod, cash on delivery налóженный платёж; платёж по постáвке

Cod-Sendung *f* пáртия, оплáчиваемая при достáвке

Code *m вчт.* код, систéма кодирования

Code кодировка

Code прáвила; кóдекс, стандáрт; индéкс

Code прогрáмма, текст прогрáммы, код

Code шифр

Colombo-Plan план Колóмбо по совмéстному экономѝческому развѝтию в Ю́жной и Ю́го-Востóчной Áзии

Com., commission комиссиóнное вознаграждéние

COM-Anlage *f* систéма вы́вода из компью́тера *(черéз com-порт)*

COMECON, Counsil for Mutual Economic Assistance *истор.* Совéт экономѝческой взаимопóмощи, СЭВ

commercial letter of credit *англ.* товáрный аккредитѝв *(вы́плата по котóрому произвóдится прóтив отгрузочных докумéнтов)*

Commerzbank *f* Коммéрческий банк

Commisvoyageur *m англ.* коммивояжёр

Commodity Agreement *англ.* Междунарóдное товáрное соглашéние

Commodity Papers *pl англ.* подтоварные векселя́; документѝрованные трáтты

Comp., Company компáния, óбщество, товáрищество

Compagnie *f* компáния, óбщество, товáрищество

Company limited *англ.* компáния с огранѝченной ответственностью

Compiler *m англ.* компилѝрующая прогрáмма, прогрáмма-компиля́тор

Comprador *m* компрадóр

ComPriBk, Kommerz- und Privatbank «Комприбанк», «Коммерц- унд приват-банк» *(кру́пный банк ФРГ)*

comptant *(fran.)*:

argent comptant налѝчные (дéньги)

per comptant уплáта налѝчными

Computer *m* вычислѝтельная машѝна, ВМ, компью́тер; вычислѝтельное устрóйство, ЭВМ

Computercode *m* компью́терный код

computergesteuert с компьютерным управлéнием; управля́емый компью́тером

computergestützt автоматизѝрованный; компьютеризированный

computergestützte Clearingstelle *f* автоматѝческая расчётная палáта *(на бáзе ЭВМ);* автоматизѝрованная клиринговая палáта (организáция для взаиморасчётов бáнков)

Computersystem *n* компью́терная систéма

Conelinebill *f англ.* стандáртный коносамéнт, при́нятый в линейном судохóдстве

consgt, consignment груз; пáртия товáров; накладнáя; коносамéнт

Const, consignment груз; пáртия товáров; накладнáя; коносамéнт

constitutum possessorium *лат.* передáча правá сóбственности на движѝмое имýщество

Container *m англ.* контéйнер

Transport in Container транспортирóвка в контейнере

Container-Frachtaufkommen *n* объём контéйнерных перевóзок

Containerblockzug *m* контéйнерный маршру́тный пóезд

Containerfrachter *m* контейнеровóз

Containerhafen *m* контéйнерный порт

Containerisierung *f* контейнеризáция

Containerladung *f* контéйнерный груз

Containerlager *n* контéйнерный склад

Containerliegeplatz *m* контéйнерный причáл

Containerliniendienst *m* слу́жба контéйнерных перевóзок по определённым направлéниям; линéйная слу́жба контрóля за перемещением контéйнеров

Containerschiff *n* контейнеровóз, контéйнерное су́дно

Containerterminal *m* контéйнерный терминáл *(мéсто погру́зки и разгру́зки контéйнеров)*

Containertransportsystem *n* систéма контéйнерных перевóзок

Containerverkehr *m* контéйнерные перевóзки; контéйнерный транспóрт

conto *ит.* счёт

a conto в счёт, в зачёт
Control *англ.* управле́ние
Controlling *m англ.* контроллинг, ана́лиз хозя́йственной де́ятельности предприя́тия
Controlling-Bericht *m* отчёт по контроллингу
Aufbau eines Controlling-Systems построе́ние систе́мы контроллинга
operativer Conrolling операти́вный контроллинг
Convoihandel *m* караванная (морска́я) торго́вля
COP, Kolumbianischer Peso, -- Kolumbien Колумбийское пе́со (*код валю́ты* 170), -- Колу́мбия
Copyright *n* пра́во изда́ния; а́вторское пра́во, копирайт, знак копира́йта
COREPER (фр.) Комите́т постоя́нных представи́телей, «Корепер» (ЕС)
corner *англ. бирж.* ко́рнер; спекуляти́вная ску́пка това́ра; ко́рнер *(объедине́ние скупщиков-спекуля́нтов)*
c.o.s., cash on shipment *англ.* платёж при погру́зке
cost, insurance and freight *англ.* сиф, сто́имость, страхова́ние, фрахт *(цена́ включа́ст расхо́ды по страхова́нию и фрахт)*
cost, insurance, freight *англ.* сто́имость, страхова́ние, фрахт, сиф *(усло́вие поста́вки, в си́лу кото́рого цена́ включа́ет расхо́ды по страхова́нию и фра́хту)*
cost and freight *англ.* каф, сто́имость и фрахт *(цена́ включа́ет фрахт до места́ назначе́ния)*
cost and insurance англ. сто́имость и страхова́ние (усло́вие поста́вки, в си́лу кото́рого цена́ включа́ет расхо́ды по страхова́нию)
Cottagesystem *n* ме́тод предоставле́ния рабо́чим и слу́жащим заводских жилы́х помеще́ний с после́дующим вы́четом кварти́рной пла́ты из за́работной пла́ты
Coulage *f* кулаж
Coupon *m* купо́н
court., Courtage *f* маклерский сбор
Courtage *f* вознагражде́ние за посре́дничество ба́нковскому ма́клеру
Courtier *m бирж.* ма́клер, бро́кер, куртье; аге́нт, посре́дник, комиссионе́р
Covernote *f страх.* ковернот
CP:
C.P., carriage paid за перево́зку упла́чено
C/P, charter-party ча́ртер-па́ртия, догово́р о фрахтовании су́дна
c.p., cge paid, carriage paid транспортиро́вка опла́чена
cp, charges prepaid прово́з до аэропо́рта назначе́ния опла́чен *(усло́вие догово́ра)*
c/p, c./p., charter-party ча́ртер-па́ртия, догово́р о фрахтовании су́дна
cpd:
c.p.d., charter pay duties фрахтова́тель *(грузоотправи́тель)* пла́тит по́шлину
c.p.d., charterer pays dues по́шлины подлежа́т опла́те фрахтователем
CPIT, Committee for the Promotion ot International Trade Комите́т соде́йствия разви́тию междунаро́дной торго́вли
CPIVI-cost-Methode *f* ме́тод сетево́го плани́рования сто́имости
CPIVI-Methode *f сет. пл.* ме́тод крити́ческого пути́
CPM, Critical Path Method *сет. пл.* ме́тод крити́ческого пути́
CPPS-Verfahren *n* ме́тод календарного плани́рования по при́нципу крити́ческого пути́
CR:
CR, Costa Rica Коста Рика
C.R., C/R, Company's Risk риск несёт компа́ния
crawing peg *англ.* плавна́я фикса́ция *(поли́тика ограни́ченной подви́жности обменного ку́рса, напр. поли́тика, при кото́рой эмиссио́нный банк допуска́ет ежемесячные и́ли поквартальные измене́ния ку́рса в преде́лах 2-3% в год)*
CRC, Costa-Rica-Colon, -- Costa Rica Костариканский коло́н (*код валю́ты* 188), -- Коста-Рика
credit revolving *англ.* автомати́чески возобновля́емый креди́т
credit revolving *англ.* автомати́чески возобновля́емый аккредити́в
Critical Path Method, CPM-Methode *сет. пл.* ме́тод крити́ческого пути́
Critical Path Planning and Scheduling, CPPS-Verfahren ме́тод календарного плани́рования по при́нципу крити́ческого пути́
cross-border-certificate *англ.* докуме́нт, подтвержда́ющий перехо́д това́ра через грани́цу
cross-rate *англ.* валю́тный курс; соотноше́ние паритетов
cross-trade *англ.* морска́я перево́зка гру́зов, принадлежа́щих други́м стра́нам, без захо́да в по́рты свое́й страны́; перево́зки ме́жду иностра́нными порта́ми, перевози МИП
cross-trade-Verkehr *n* морска́я перево́зка гру́зов, принадлежа́щих други́м стра́нам, без захо́да в по́рты свое́й страны́; перево́зки ме́жду иностра́нными порта́ми, перевози МИП
crossed check *англ.* кросси́рованный чек, перечёркнутый чек
CS, Commercial Standard торго́вый станда́рт *(США)*
CT:
C.T., cable transfer телегра́фный перево́д
C.T., Conference Terms усло́вия по картельному соглаше́нию *(ме́жду судовладе́льцами)*
CT, conventional tariff конвенцио́нный тари́ф
ct:
ct, cent цент (разме́нная моне́та)
c.t., conference terms усло́вия конфере́нции
ctl:
ctl, cental квинта́л (ме́ра сыпу́чих тел = 45,36 кг)
c.t.l., constructive total loss *страх.* (конструкти́вная) по́лная ги́бель *(су́дна или гру́за)*
c.t.l.o., constructive total loss only *страх.* то́лько при (конструктивной) по́лной ги́бели *(су́дна и́ли гру́за)*
cts, cents це́нты
CU, Kuba Ку́ба
CUP, Kubanischer Peso, -- Kuba Кубинское пе́со (*код валю́ты* 192), -- Ку́ба
currency-notes *англ. ист.* банкно́ты *(казначе́йские и ба́нковские биле́ты)*
Currency-Theorie *f ист.* тео́рия банкно́тной эмиссии, предста́вленная де́нежной шко́лой *(А́нглия)*
Custody-Konnossement *n* коносаме́нт на груз, при́нятый на склад для хране́ния до погру́зки на су́дно
customer-to-customer; C2C Интерне́т-торго́вля «потреби́тель-потреби́тель»
CV, Kap Verde Кап Верде *до 1978г. код* **ZR**
CVE, Kap-Verde-Escudo, -- Kap Verde Эску́до Кабо-Верде (*код валю́ты* 132), -- Кабо-верде
C.W.O., cash with order *англ.* нали́чный расчёт при вы́даче зака́за
CY:
CY, Zypern Кипр
cy, copy ко́пия; экземпля́р
CYP, Zypern-Pfund, -- Zypern Ки́прский фунт (*код валю́ты* 196), -- Кипр
CZ, Tschechische Republik Че́шская респу́блика, *до 1978г. код* **DT**
CZK, Tschechische Krone, -- Tschechische Republik Че́шская кро́на (*код валю́ты* 203), -- Че́шская респу́блика
D, dringend сро́чно *(поме́тка на почтово-телеграфных отправле́ниях)*
D-Banken *f, pl ист.* Д-ба́нки

D-Effekten *pl* це́нные бума́ги, принося́щие дивиде́нды

D-Linie *f* крива́я оши́бки вы́борочной сре́дней *(при статистическом контроле ка́чества)*

D-Tarif *m* транзи́тный тари́ф

D/A:

D/A, days after acceptance *англ. (сто́лько-то)* дней по́сле акце́пта

D.A., deposit account *англ.* депози́тный счёт

D/A, Dienstanweisung служе́бная инстру́кция

D/A, discharge afloat *англ.* разгру́зка на плаву́

D/A, documents against acceptance *англ.* (товаро-распорядительные) докуме́нты про́тив акце́пта

D/A, documents attached *англ.* докуме́нты прило́жены; с приложенными докуме́нтами

DAC, Development Assistance Committee *англ.* Комите́т оказа́ния по́мощи развивающимся стра́нам *(при Организа́ции экономи́ческого сотру́дничества и разви́тия)*

Dachgesellschaft *f* головно́е о́бщество *(акционе́рное)*; *разг.* кры́ша *(в Росси́и, СНГ банди́тская фи́рма выполня́ющая роль прикры́тия от други́х банди́тов, налоговых и тамо́женных о́рганов и т.п. како́й-л. комме́рческой фи́рмы и́ли ба́нка)*

Dachorganisation *f* головна́я организа́ция, возглавля́ющая организа́ция; *разг.* кры́ша *(в Росси́и, СНГ банди́тская фи́рма выполня́ющая роль прикры́тия от други́х банди́тов, налоговых и тамо́женных о́рганов и т.п. како́й-л. комме́рческой фи́рмы и́ли ба́нка)*

DAE, Dienstaufwandentschädigung *бухг.* возмеще́ние служе́бных изде́ржек

DAG:

DAG, Deutsche Angestellten-Gewerkschaft профессиона́льный сою́з (торго́вых, конторских и техни́ческих) слу́жащих

DAG, Development Assistance Group Гру́ппа оказа́ния по́мощи развивающимся стра́нам *(при Междунаро́дном ба́нке реконстру́кции и разви́тия)*

DAHA:

DAHA, Deutsch-Afrikanischer Hilfsausschuss Немецко-африка́нский комите́т экономи́ческой по́мощи *(ФРГ - ЮА́Р)*

DAK, Deutsche Angestelltenkrankenkasse больни́чная, (страхова́я) ка́сса слу́жащих

damage *англ.* уще́рб, убы́ток; вред, поврежде́ние; ски́дка с цены́ за поврежденный това́р

Damno *m ит.* уще́рб, убы́ток; вред, поврежде́ние; дамно *(поте́ря на ку́рсе це́нных бума́г при прода́же их ни́же номина́льной цены́)*

mit Damno verkaufen продава́ть с убы́тком

Damnum *n* вознагражде́ние (выпла́чиваемое ба́нкам и́ли ча́стным кредито́рам) за предоставле́ние ссуд

Damnum *n* уще́рб, убы́ток, *от итал.* **damno**

Dämpfung *f* уменьше́ние; смягче́ние, ослабле́ние; сде́рживание *(напр. конъюнкту́ры)*

daniederliegen находи́ться в состоя́нии упа́дка *(напр. о торго́вле)*

DARAG, Deutsche Auslands- und Rückversicherungsaktiengesellschaft Герма́нское акционе́рное о́бщество страхова́ния и перестрахования внешнеторго́вых гру́зов, Неме́цкое о́бщество страхова́ния и перестрахования внешнеторго́вых гру́зов

Darfverbrauch *m* предпи́санный расхо́д

Darlehen *n* заём, ссу́да

Darlehen gegen Lombardierung von Wertpapieren ссу́да под це́нные бума́ги

Darlehen mit Rückzahlungsverpflichtung возвра́тная ссу́да

Darlehen ohne Rückerstattung безвозвра́тная ссу́да, безвозме́здная ссу́да

Darlehen ohne Rückzahlungsverpflichtung безвозвра́тная ссу́да, безвозме́здная ссу́да

Darlehen ohne Rückzahlungsverpflichtung безвозвра́тная ссу́да, утра́ченная ссу́да

befristetes Darlehen сро́чная ссу́да; сро́чный заём

gedecktes Darlehen обеспе́ченная ссу́да; обеспе́ченный заём

handelsmäßiges Darlehen торго́вый заём

konzessionäres Darlehen льго́тная ссу́да

langfristiges Darlehen долгосро́чная ссу́да

nichtrückzahlbares Darlehen безвозвра́тная ссу́да, безвозме́здная ссу́да

partiarisches Darlehen ссу́да, за предоставле́ние которо́й кредито́р вме́сто проце́нтов получа́ет пра́во на долево́е уча́стие в при́былях

rückzahlbares Darlehen возвра́тная ссу́да

täglich fälliges Darlehen ссу́да до востре́бования

überfälliges Darlehen просро́ченная ссу́да; просро́ченный заём

ungedecktes Darlehen необеспе́ченная ссу́да; необеспеченный заём

unverzinsliches Darlehen беспроце́нтная ссу́да; беспроце́нтный заём

zinsloses Darlehen беспроце́нтная ссу́да; беспроце́нтный заём

zweckgebundenes Darlehen целева́я ссу́да; целево́й заём

Darlehensanspruch *m* тре́бование, выте́кающее из догово́ра за́йма

Darlehensbegründung *f* обоснова́ние ссу́ды

Darlehensempfänger *m* заёмщик, ссудополучатель

Darlehensfinanzierung *f* финанси́рование за счёт получе́ния ссуд от тре́тьих лиц, финанси́рование осуществля́емое путём получе́ния ссуд от тре́тьих лиц

Darlehensforderung *f* тре́бование, выте́кающее из догово́ра за́йма

Darlehensgeber *m* заимодатель, креди́тор, лицо́, предоставляющее ссу́ду, *ист.* заимода́вец

Darlehensgenossenschaft *f* (коопера́тивное) ссудное това́рищество

Darlehensgeschäft *n* ссу́дная опера́ция, заёмная опера́ция

Darlehensgewährung *f* предоставле́ние ссу́ды, предоставле́ние за́йма

Darlehensgläubiger *m* заимодатель, кредито́р; лицо́, предоставляющее ссу́ду, *ист.* заимода́вец

Darlehenshypothek *f* ипоте́ка, обеспе́чивающая ссу́ду

Darlehenskapital *n* ссу́дный капита́л

Darlehenskasse *f* ссу́дная ка́сса

Darlehenskassenschein *m* обяза́тельство ссудной ка́ссы

Darlehenskassenverein *m* сою́з креди́тных товариществ; объедине́ние ссудных касс

Darlehensklage *f* иск о возвра́те предоставленной ссу́ды, иск о возвра́те ссу́ды

Darlehenskonto *n* ссу́дный счёт *(в ба́нке)*

Darlehenskontrakt *m* ссу́дный догово́р, креди́тный догово́р, догово́р о кредитовании

Darlehensmethode *f* фо́рма кредитования

Darlehensnehmer *m* заёмщик; должни́к; ссудополучатель

Darlehenspflichtige *m* заёмщик, должни́к, ссудополучатель

Darlehensschuld *f* долгово́е обяза́тельство, долгово́е обяза́тельство по догово́ру за́йма

Darlehensschuldner *m* заёмщик; должни́к; ссудополучатель

Darlehenssicherung *f* обеспе́чение ссу́ды

Darlehensvaluta *f* валю́та ссу́ды, валю́та за́йма
Darlehensverein *m* (кооперати́вное) ссудное това́рищество
Darlehensverkehr *m* опера́ции по предоставлению ссуд
Darlehensverpflichtung *f* долгово́е обяза́тельство, долгово́е обяза́тельство по догово́ру за́йма
Darlehensversprechen *n* соглаше́ние, по кото́рому одна́ сторона́ обязу́ется предоста́вить друго́й стороне́ ссу́ду; предвари́тельное соглаше́ние о заключе́нии догово́ра за́йма; обеща́ние предоста́вить заём
Darlehensvertrag *m* догово́р за́йма
Darlehensvorvertrag *m* соглаше́ние, по кото́рому одна́ сторона́ обязу́ется предоста́вить друго́й стороне́ ссу́ду; предвари́тельное соглаше́ние о заключе́нии догово́ра за́йма; обеща́ние предоста́вить заём; предкредитное соглаше́ние
darlehensweise заимообразно
Darlehenswucher *m истор. (де́нежное)* ростовщи́чество
Darlehenszins *m* проце́нт по ссуде, проце́нт по за́йму
darleihen *vt* дава́ть ссу́ду
Darleiher *m* кредито́р, заимода́вец
Darstellung *f* изложе́ние, интерпрета́ция
Darstellung *стат.* изображе́ние в фо́рме табли́ц, картограмм, гра́фиков
Darstellung обозначе́ние
Darstellung отображе́ние; изображе́ние; индика́ция
Darstellung*f* представле́ние
Darstellung рису́нок
das Geld wird in die Kasse gelegt (нали́чные) де́ньги помещены в ка́ссу
das Internet erlaubt den freien Austausch von Informationen Интерне́т позволя́ет осуществля́ть свобо́дный обме́н информа́цией
das Logo des Händlers логоти́п продавца́
das Noch nach oben двукра́тная *(та́кже трёхкратная, четырёхкратная и т.д.)* сро́чная сде́лка на поку́пку
das Noch nach unten двукра́тная *(та́кже трёхкратная, четырёхкратная и т.д.)* сро́чная сде́лка на прода́жу
Datei *f* масси́в да́нных, файл, набо́р да́нных
Dateiereignis *n* да́нные, характеризу́ющие «собы́тие»
Dateiname *m* и́мя масси́ва да́нных; и́мя файла
Dateischutz *m* защи́та файла
Dateisicherheit *f* достове́рность масси́ва да́нных; достове́рность файла
Daten *pl* да́нные; информа́ция; сведе́ния
Daten *pl* да́ты *(календа́рные)*
Daten техни́ческие пара́метры, пара́метры, характери́стика
Daten einlesen счи́тывать да́нные; вводи́ть да́нные (в ВМ, компью́тер);
Daten führen управля́ть да́нными; обслу́живать да́нные, сопровожда́ть да́нные
alphanumerische Daten бу́квенно-цифровы́е да́нные
anfallende Daten поступа́ющая информа́ция
ausgegebene Daten выходны́е да́нные, выводи́мые да́нные, да́нные вы́вода
einheitenabhängige Daten зави́симые от устро́йства да́нные, аппаратнозави́симые да́нные
erzeugnisbezogene Daten информа́ция об определённом ви́де изде́лий
falsche Daten да́нные с оши́бками, оши́бочные да́нные, искажённые да́нные
fehlerbehaftete Daten да́нные с оши́бками, оши́бочные да́нные, искажённые да́нные
fehlerhafte Daten да́нные с оши́бками, оши́бочные да́нные, искажённые да́нные
formatierte Daten форматированные да́нные, да́нные определённого форма́та
gedruckte Daten вы́веденные на печа́ть да́нные, отпеча́танные да́нные
geheime Daten секре́тные да́нные, конфиденциа́льные да́нные
primäre Daten исхо́дные да́нные; исхо́дная информа́ция, перви́чная информа́ция
technische Daten техни́ческие да́нные
veränderte Daten обновлённые да́нные
verarbeitbare Daten обрабатываемые да́нные
verdichtete Daten уплотнённая информа́ция, сжа́тая информа́ция, информа́ция в сжа́том ви́де
unvollständige Daten непо́лные да́нные
zuspeichernde Daten запоминаемая информа́ция, накапливаемые да́нные
Daten-Diebstahl *m* хище́ние да́нных (информа́ции); несанкционированное копи́рование да́нных
Datenanfall *m* поступле́ние да́нных
Datenaufbereitung *f* подгото́вка да́нных; предвари́тельная обрабо́тка да́нных
Datenaufbereitung редакти́рование да́нных
Datenaufzeichnung *f* за́пись да́нных; регистра́ция да́нных
Datenaufzeichnungsgerät *n* устро́йство регистра́ции да́нных
Datenausgabe *f* вы́вод да́нных
Datenauswahl *f* вы́борка да́нных
Datenauswahl отбрако́вка да́нных *(отсе́ивание ненужной информа́ции; отсе́ивание информацио́нного шу́ма)*
Datenauswertung *f* обрабо́тка да́нных; расшифро́вка да́нных; ана́лиз да́нных; оце́нка да́нных
Datenbank *f* банк да́нных; , информацио́нный банк; ба́за да́нных
Datenbankanwender *m* по́льзователь ба́нка да́нных
Datenbankbetriebssystem *n* операцио́нная систе́ма ба́зы да́нных; систе́ма управле́ния ба́зой да́нных, СУБД
Datenbasis *f* банк да́нных; информацио́нный банк; ба́за данныхж информацио́нных
Datenbeschädigung *f* искаже́ние да́нных; поврежде́ние ба́зы да́нных
Datenbestand *m* информацио́нный фонд, фонд да́нных; архи́в да́нных
Datenbestand масси́в да́нных, файл
Datenbestand разде́л масси́ва да́нных, разде́л файла
Datenblatt *n* па́спорт *(на обору́дование)*
Datenblatt спи́сок пара́метров, табли́ца пара́метров
Datenblatt формуля́р с да́нными, бланк с да́нными
Datendichte *f* пло́тность за́писи, пло́тность переда́чи да́нных
Datendruck *m* вы́вод да́нных на печа́ть, печа́ть да́нных
Dateneingabe *f* ввод да́нных
Dateneingabegerät *n* устро́йство вво́да да́нных
Datenempfänger *m* приёмник да́нных; приёмное устро́йство
Datenerfassung *f* регистра́ция да́нных
Datenerfassung сбор да́нных
Datenfernübertragung *f* дистанцио́нная переда́ча да́нных
Datenfernübertragungssystem *m* систе́ма телепереда́чи да́нных, систе́ма дистанцио́нной переда́чи да́нных, систе́ма телесвя́зи
Datenfernverarbeitung *f* телеобработка да́нных, дистанцио́нная обрабо́тка да́нных, обрабо́тка да́нных на расстоя́нии
Datenfluss *m* пото́к да́нных
Datenflussplan *m* схе́ма прохожде́ния да́нных
Datengerät *n* устро́йство обрабо́тки да́нных
Datengewinnung *f* сбор да́нных, по-

лучéние дáнных

Datenkompatibilität *f* совместúмость дáнных

Datenkomprimierung *f* сжáтие дáнных, уплотнéние дáнных *(преобразовáние дáнных в бóлее компактную фóрму для эффектúвного хранéния úли передáчи)*

Datenleser *m* устрóйство считывания дáнных

Datenname *m* úмя дáнных; úмя бáзы дáнных; úмя файла

Datenreduktion *f* приведéние дáнных, редýкция дáнных

Datensatz *m* выражéние с дáнными, предложéние с дáнными, информациóнное выражéние, информациóнное предложéние
 Datensatz зáпись дáнных
 Datensatz набóр дáнных; массúв дáнных

Datenschutz *m* защúта дáнных

Datensicherung *f* защúта дáнных
 Datensicherung надёжность дáнных, достовéрность дáнных
 Datensicherung надёжность передáчи дáнных, достовéрность передáчи дáнных

Datenspeicher *m* накопúтель дáнных; запоминáющее устрóйство; пáмять

Datenspeicherung *f* зáпись дáнных в пáмять
 Datenspeicherung накоплéние дáнных
 Datenspeicherung хранéние дáнных, запоминáние дáнных

Datensystem *n* информациóнная систéма, информационно-поискóвая систéма
 Datensystem систéма обрабóтки дáнных

Datenträger *m* носúтель (массúва) дáнных; носúтель информáции
 Datenträger *выч.* том

Datenübertragungseinrichtung *f* устрóйство передáчи дáнных

Datenumsetzung *f* преобразовáние дáнных; перекодирование дáнных

Datenumwandlung *f* преобразовáние дáнных

Datenverarbeitung *f* обрабóтка дáнных, обрабóтка информáции
 elektronische Datenverarbeitung электрóнная обрабóтка дáнных
 integrierte Datenverarbeitung обобщённая обрабóтка дáнных, совокупная обрабóтка дáнных
 maschinelle Datenverarbeitung машúнная обрабóтка дáнных

Datenverarbeitungsanlage *f* систéма обрабóтки дáнных
 Datenverarbeitungsanlage устрóйство для обрабóтки дáнных
 Datenverarbeitungsanlage электрóнная вычислúтельная машúна, ЭВМ; компьютер

Datenverarbeitungssystem *n* систéма обрабóтки дáнных
 maschinelles Datenverarbeitungssystem систéма машúнной обрабóтки дáнных

Datenverkehr *m* обмéн дáнными; передáча дáнных; обмéн информáцией; обмéн информационными массивами

Datenverschlüsselung *f* кодúрование дáнных, кодúрование информáции

Datenwort *n* информациóнное слóво, машúнное слóво

dato *лат. канц.* сегó числá; со дня вы́дачи
 dato nach Sicht по предъявлéнии
 bis dato до сегó числá, по сей день
 de dato от сегó числá; со дня вы́дачи; со дня заключéния *(напр. договóра, соглашéния)*
 nach dato от сегó числá; со дня вы́дачи; со дня заключéния *(напр. договóра, соглашéния)*

Datowechsel *m* дато-вéксель (вéксель со срóком, исчúсленным со дня вы́дачи)

Datum *n* дáта, календáрное числó

Datumsangabe *f* указáние дáты

Datumstempel *m* календáрный штéмпель

Datumswechsel *m* дáта-вéксель

Dauer *f* продолжúтельность, периóд *(врéмени)*; срок *(с начáлом и концóм)*
 Dauer der Betriebszugehörigkeit стаж рабóты на дáнном предприя́тии
 Dauer der Verwahrung срок хранéния *(дéнежных средств в бáнке)*
 Dauer des kritischen Weges продолжúтельность критúческого путú
 Dauer des Netzplanes продолжúтельность критúческого путú
 Dauer des Netzwerkes продолжúтельность критúческого путú
 determinierte Dauer *сет. пл.* детерминúрованная продолжúтельность, тóчно определённая продолжúтельность
 wahrscheinlichste Dauer *сет. пл.* вероя́тностная продолжúтельность
 zufällige Dauer *сет. пл.* случáйная продолжúтельность
 auf die Dauer eines Jahres срóком на год

Dauerarbeitslosigkeit *f* длúтельная безрабóтица

Dauerauftrag *m* долгосрóчное поручéние *(бáнку úли сберкáссе)* на совершéние определённых оперáций

Dauerbeleg *m* накопительный *(счетный или учетный)* докумéнт

Dauerbeschäftigung *f* постоя́нная рабóта

Dauerbetrieb *m* непреры́вная рабóта; непреры́вная эксплуатáция *(напр. машúны)*
 Dauerbetrieb продолжúтельная рабóта, непреры́вная рабóта

Dauereinziehungsverfahren *n* приём отделéниями связú *(по чьемý-л. поручéнию)* разлúчного родá регуля́рных платежéй, приём сберкассой *(по чьемý-л. поручéнию)* разлúчного родá регуля́рных платежéй
 Dauereinziehungsverfahren приём регуля́рных платежéй по перечислению

Dauerertragswert *m* рассчúтанные, на продолжúтельный срок дохóды, поступлéние котóрых рассмáтривается как бесспóрное
 Dauerertragswert сóбственность, принося́щая длúтельное врéмя регуля́рный дохóд

Dauerkontenbuch *n* регистрáтор, в котóром храня́тся бухгáлтерские кáрточки при кáрточной систéме учёта

Dauerkredit *m* долгосрóчный кредúт

Dauerkrise *f* затяжнóй крúзис

Dauerlagerung *f* длúтельное хранéние

dauern *vi* длúться, продолжáться

dauernd продолжúтельный

Dauernutzungsrecht *n* вéщное прáво на пóльзование земéльным учáстком в течéние продолжúтельного периóда врéмени
 Dauernutzungsrecht прáво лицá, не являющегося сóбственником земéльного учáстка, на пóльзование нежилыми помещéниями в предéлах этого учáстка

Dauerrente *f* пожúзненная пéнсия; пожúзненная рéнта
 Dauerrente постоя́нная пéнсия; постоя́нная рéнта

Dauerschuld *f* долгосрóчное долговóе обязáтельство, долгосрóчное обязáтельство

Dauerschuldverhältnis *n* отношéния по долгосрóчному обязáтельству

Dauerschuldzinsen *m, pl* процéнты по долгосрóчным обязáтельствам

Dauerstellung *f* постоя́нная рабóта

Dauerverpackung *f* многокрáтно оборачивающаяся тáра, многооборотная тáра; тáра многокрáтного испóльзования

Dauerversicherung *f* долгосрóчное страховáние, страховáние на длúтельный периóд

Dauerware *f* дóлго храня́щийся продýкт, непóртящийся продýкт
 Dauerware товáр(ы) длúтельного пóльзования

DAVO, Dividendenabgabe-Verordnung положе́ние о поря́дке взима́ния нало́га на дивиде́нды

DAW, Dienstanweisung служе́бная инстру́кция

Dawes-Plan *m ист.* план Дауэса

DAX, Deutscher Aktienindex герма́нский инде́кс а́кций

DB:

DB *юр.* вво́дное постановле́ние

DB, Deutsche Bundesbahn Герма́нские желе́зные доро́ги, желе́зные доро́ги ФРГ

D/B, Documentary Bill, documentary bill *англ.* документи́рованная тра́тта, документа́рная тра́тта

DB, Durchführungsbestimmung исполни́тельное распоряже́ние

DBA, Doppelbesteuerungsabkommen соглаше́ние о двойно́м налогообложении; соглаше́ние об избежании двойно́го налогообложе́ния

DBB:

DBB, Deutsche Bundesbank Федера́льный банк ФРГ, Герма́нский федера́льный банк

DBB, Deutscher Beamtenbund профессиона́льный союз госуда́рственных слу́жащих

DBGM, Deutsches Bundes-Gebrauchsmuster образе́ц изде́лия, охраня́емый зако́нами ФРГ

DBP, Deutsches Bundespatent федера́льный пате́нт ФРГ

DBR, Deutsche Bundesrepublik Федерати́вная Респу́блика Герма́нии, ФРГ

DC:

D/C, deviation clause *англ.* усло́вие *(в чартере)* о возмо́жности захо́да су́дна в други́е по́рты *(поми́мо по́рта назначе́ния)*

d/c:

d/c, delivery clause *англ.* пункт догово́ра об усло́виях поста́вки, пункт контра́кта об усло́виях поста́вки

d/c, discount *англ.* диско́нт

dd:

d.d., dangerous deck *англ.* опа́сный груз, кото́рый мо́жно грузи́ть то́лько на па́лубу

d/d, delivered *англ.* доставленный

DDA, Diätendienstalter стаж рабо́ты, даю́щий пра́во на получе́ние су́точных де́нег в командиро́вке

DDR, Deutsche Demokratische Republik *истор.* Герма́нская Демократи́ческая Респу́блика, ГДР

DE:

DE, Deutschland Герма́ния

DE, Diensteinkommen за́работная пла́та *(как статья́ дохо́да)*

DE, Durchgangseilgüterzug ско́рый това́рный по́езд транзитного сообще́ния

de minimis *(lat.)* малозначи́тельный

de novo (lat.); von neuem сно́ва

De-facto-Anerkennung *f* призна́ние де-факто

De-facto-Bevölkerung *f* нали́чное населе́ние

De-jure-Anerkennung *f* призна́ние де-юре

De-jure-Bevölkerung *f стат.* приписно́е населе́ние, юриди́ческое населе́ние

De-Te-We, Deutsche Telefonwerke «Дойче телефонверке» *(заво́ды телефо́нной аппарату́ры, ФРГ)*

dead-weight-Tonnage *f англ.* по́лная грузоподъёмность су́дна, де́двейт

Dealer *m англ.* ди́лер *(торго́вый посре́дник ме́жду потреби́телем и производи́телем)*

Debakel *n* круше́ние, крах, пораже́ние

debenture *англ.* долгово́е обяза́тельство, облига́ция; дебенту́ра *(тамо́женное свиде́тельство на возвра́т по́шлин)*

Debet *n* де́бет, ле́вая часть счёта

ins Debet bringen записа́ть в де́бет, заноси́ть в де́бет

ins Debet stellen записа́ть в де́бет, заноси́ть в де́бет

Debet-Note *f* де́бет-но́та, дебето́вое ави́зо *(за́пись в ле́вую часть счёта)*

Debetavis *m* де́бет-ави́зо

Debetnota *f* де́бет-но́та

Debetposten *m* статья́ дебета

Debetsaldo *m* дебето́вое са́льдо

Debetseite *f* дебето́вая сторона́ *(счёта бухга́лтерского учёта)*

Debit *m* сбыт; ро́зничная прода́жа; о́тпуск това́ров

debitieren *vt* запи́сывать в де́бет, дебетова́ть

debitieren сбыва́ть; продава́ть в ро́зницу

Debitor *m* дебито́р, должни́к

Debitoren *pl* дебито́рская задо́лженность

Debitorenausfälle *m pl* дебито́рская задо́лженность

Debitorenkonto *n* счёт дебито́ров, счёт должнико́в

Debitorenkontokorrent *n* контокоррентный счёт дебито́рской задо́лженности

Debitorenprobe *f* прове́рка соотве́тствия да́нных об о́бщем оборо́те нало́говым о́рганом да́нным бухга́лтерского учёта

Debitorenrechnung *f* счёт дебито́ров, счёт должнико́в

Debitorenziehungen *f, pl* переводны́е векселя́, выставля́емые креди́тным учрежде́нием на дебито́ра; со́ло-векселя́ дебито́ра, пе́реданные ба́нку, просты́е векселя́ дебито́ра, пе́реданные ба́нку; трассирование векселе́й ба́нками на свои́х

Debt-Equity-Swaps *англ.* своп *(обме́н)* одни́х долговы́х обяза́тельств на други́е

Debt-Management *n англ.* контро́ль и регули́рование долговы́х отноше́ний

DEC, Dekort декорт

decalo *ит.* усу́шка

decken покрыва́ть, обеспе́чивать *(ве́ксель)*; возмеща́ть *(изде́ржки)*, погаша́ть *(долг)*

sich decken совпада́ть; гаранти́ровать себя́; удовлетворя́ться *(о спро́се, о потребностях)*

das Darlehen durch eine Hypothek decken обеспе́чить ссу́ду ипотекой

einen Wechsel decken обеспе́чить ве́ксель

Deckfracht *f* па́лубный груз

Deckladung *f* па́лубный груз

Deckung *f* покры́тие, обеспе́чение *(векселя́)*, возмеще́ние *(изде́ржек)*, погаше́ние *(до́лга)*; удовлетворе́ние *(спро́са, потре́бностей)*

Deckung des Notenumlaufs эмиссионное обеспе́чение

Deckung einer Wechselschuld покры́тие до́лга по ве́кселю, упла́та по ве́кселю

Deckung in Händen haben име́ть гара́нтию упла́ты

Schecks ohne Deckung ausgeben выдава́ть необеспеченные че́ки, выдава́ть че́ки без покры́тия

fiduziarische Deckung фидуциарное покры́тие

unter Vorbehalt der Deckung при усло́вии обеспе́чения

Deckungsbeitrag *m* ра́зница ме́жду намечаемой вы́ручкой и переме́нными издержками

Deckungsbeitragskostenrechnung *f* ме́тод расчёта изде́ржек, при кото́ром они́ распределя́ются пропорциона́льно ме́жду носителями изде́ржек, ме́тод расчёта изде́ржек, при кото́ром они́ распределя́ются пропорциона́льно ме́жду объе́ктами изде́ржек

Deckungsbeitragsrechnung *f* маржинальная систе́ма калькуля́ции; кальку́ля́ция *(себесто́имости)* по прямы́м издержкам *(с отнесением накладны́х расхо́дов на гру́ппы проду́ктов)*

Deckungsbilanz *f* бала́нс средств обеспе́чения обяза́тельств

Deckungseinkauf *m* заку́пка *(това́ров, це́нных бума́г)* в целя́х покры́тия свои́х обязáтельств

Deckungsfähigkeit *f* способность служи́ть покры́тием *(о цéнных бумáгах)*, способность цéнных бумáг служи́ть покры́тием
gegenseitige Deckungsfähigkeit возмо́жность испо́льзования неизрасходованных бюджéтных ассигновáний по отдéльным статья́м на расхо́ды по други́м статья́м

Deckungsgeschäft *n бирж.* сдéлка, заключаемая в целя́х покры́тия свои́х обязáтельств; ку́пля в целя́х замéны недоставленного товáра други́м

Deckungsgrad *m* стéпень покры́тия

Deckungsgrundsatz *m* при́нцип покры́тия *(при обращéнии взыскáния на недви́жимое иму́щество)*

Deckungsgrundsätze *m pl* законодательные но́рмы финанси́рования госудáрственных расхо́дов

Deckungskapital *n* резéрвный капитáл *(для покры́тия трéбований страхователей)*

Deckungskauf *m* ку́пля-продáжа в целя́х покры́тия

Deckungsklausel *f* усло́вие о покрытии перево́дного векселя́

Deckungsmittel *n, pl* бюджéтные дохо́ды
Deckungsmittel обеспéчение до́лга
allgemeine Deckungsmittel бюджéтные срéдства нецелевого назначéния, слу́жащие для покры́тия любы́х расхо́дов по бюджéту
spezielle Deckungsmittel бюджéтные срéдства целево́го назначéния, слу́жащие для покры́тия определённых расхо́дов по бюджéту

Deckungspolitik *f* мероприя́тия центрáльного бáнка по обеспéчению эмиссии
Deckungspolitik поли́тика эмиссионного бáнка по обеспéчению покры́тия выпускáемых банкно́т

Deckungsprinzip *n* при́нцип покры́тия *(при обращéнии взыскáния на недви́жимое иму́щество)*

Deckungsquelle *f* исто́чник покры́тия, исто́чник финáнсового покры́тия

Deckungsrechnung *f*, **finanzielle** калькуля́ция финáнсового покры́тия необходи́мых платежéй, расчёт финáнсового покры́тия необходи́мых платежéй

Deckungsrücklage *f* резéрвный капитáл *(для покры́тия трéбований страхователей)*

Deckungsrückstellung *f* резéрвный капитáл *(для покры́тия трéбований страхователей)*

Deckungsstock *m* капитáл *(страхово́го о́бщества)*, за счёт кото́рого выплáчивается страховóе возмещéние

Deckungssumme *f* су́мма покры́тия

Deckungsverfahren *n* **in der Sozialversicherung** поря́док предоставлéния средств социáльного страховáния для предстоя́щих вы́плат

Deckungsverhältnis *n* квóта покры́тия
Deckungsverhältnis но́рма покры́тия, процéнт покры́тия

Deckungsverkauf *m* продáжа *(напр. товáров, цéнных бумáг)* в целя́х покры́тия свои́х обязáтельств

Deckungsvorschrift *f* законодательные положéния о но́рмах покры́тия обязáтельств бáнка по депози́тным счетáм
Deckungsvorschrift официáльное регули́рование квóты покры́тия

Deckungswechsel *m* обеспечительский вéксель, вéксель, пéреданный бáнку в кáчестве обеспéчения *(в креди́тных оперáциях)*

Deckungszusage *f страх.* ковернот
Deckungszusage свидéтельство, выдавáемое страхователем вмéсто догово́ра страховáния на определённый срок
vorläufige Deckungszusage врéменное свидéтельство о страховáнии *(выдавáемое бро́кером страхователю)*

Defekt *m* дефéкт, по́рча
Defekt нехвáтка, недостáток

defekt дефéктный, попорченный; непо́лный; с нехваткой

defektiv недостáточный, непо́лный

Defensivzeichen *n* товáрный знак, схо́дный с ужé зарегистрированным товарным знако́м

deficit spending *англ.* дефици́тное финанси́рование

Defizit *n* дефици́т, убы́ток
verschleiertes Defizit замаскиро́ванный дефици́т, завуали́рованный дефици́т, скры́тый дефици́т
zyklische und strukturelle Defizite циклические и структурные дефици́ты *(неравновесие бюджéта, превышéние расхо́дов над дохо́дами)*

defizitär дефици́тный

Defizitausgleich *m* сбалансирование дефици́та; устранéние дефици́та
Defizitausgleich вырáвнивание балáнса

Defizitdeckung *f* покры́тие дефици́та

Defizitfinanzierung *f* дефици́тное финанси́рование *(финанси́рование госудáрственных расхо́дов в усло́виях бюджéтного дефици́та за счёт госудáрственных зáймов)*

Defizithaushalt *m* дефици́тный бюджéт

Defizitkredit *m* креди́т, напрáвленный на покры́тие дефици́та;креди́т на покры́тие дефици́та

Defizitland *n* странá, имéющая пасси́вный платёжный балáнс; странá с пасси́вным платёжным балáнсом

Defizitsaldo *m* пасси́вное сáльдо

Defizitware *f* дефици́тный товáр

Defizitwirtschaft *f* дефици́тное финанси́рование

Deflation *f* 1. дефля́ция, рост сто́имости дéнежной едини́цы в связи́ с понижéнием цен 2. дефля́ция, о́бщее снижéние экономи́ческой акти́вности и у́ровня цен

Deflationierung *f* дефлятирование, дефлирование *(перево́д показáтелей, рассчи́танных в теку́щих цéнах, в показáтели, вы́раженные в постоя́нных цéнах)*

deflationistisch дефляцио́нный
deflationistische Lücke; *(eng.)* **deflationary gap** дефляцио́нный разры́в *(превышéние предложéния над спро́сом при сохранéнии стáрых цен)*
deflationistische Politik дефляцио́нная поли́тика (денежно-креди́тная)
deflationistische Tendenz дефляцио́нная тендéнция, тендéнция к падéнию экономи́ческой акти́вности

Deflationspolitik *f* дефляцио́нная поли́тика (денежно-креди́тная)

deflatorisch дефляцио́нный
deflatorische Lücke; *(eng.)* **deflationary gap** дефляцио́нный разры́в *(превышéние предложéния над спро́сом при сохранéнии стáрых цен)*
deflatorische Politik дефляцио́нная поли́тика (денежно-креди́тная)
deflatorische Tendenz дефляцио́нная тендéнция, тендéнция к падéнию экономи́ческой акти́вности

Defragmentierung *f* дефрагментáция

Defraudation *f* растрáта, присвоéние
Defraudation сокры́тие; утáивание

DEG, Deutsche Finanzierungsgesellschaft für Beteiligungen in Entwicklungsländern GmbH Гермáнское о́бщество содéйствия прямы́м инвестициям в развивáющихся стрáнах

degagieren *фр.* освобождáть от обязáтельства

Degenerationsphase *f* 1. перио́д ро́вного грáфика нагру́зки (на произво́дстве) 2. перио́д спáда 3. фáза падéния спро́са на проду́кт (мáркетинг)

Deglomeration *f* дегломерáция, рассредото́чение

Degradation *f* деградáция

Degression *f* 1. дегрéссия *(в налогообложéнии - уменьшéние налоговой*

ста́вки при возраста́нии облагаемой су́ммы) 2. сниже́ние нало́гов 3. уменьше́ние; спад
organisatorische Degression сниже́ние изде́ржек за счёт лу́чшей организа́ции произво́дства; сниже́ние изде́ржек произво́дства за счёт лу́чшей организа́ции произво́дства

Degressionsgewinn *f* эконо́мия, обусло́вленная ро́стом масшта́ба произво́дства; эффе́кт масшта́ба *(сниже́ние долговреме́нных сре́дних изде́ржек произво́дства на едини́цу проду́кции)*

Degressionskurve *f* крива́я дегре́ссии

Degressionsschwelle *f* максима́льно допусти́мый у́ровень изде́ржек произво́дства штучной проду́кции *(испо́льзуется при определе́нии у́ровня за́нятости)*

degressiv дегресси́вный
degressive Abschreibung *f* начисле́ние изно́са ме́тодом убывающего оста́тка; дегресси́вная амортиза́ция *(характеризу́ющаяся снижением но́рмы амортиза́ции в после́дующие перио́ды)*
degressive Steuer *f* дегресси́вный нало́г; нало́г с дегресси́вной шкало́й

Degussa, Deutsche Gold- und Silberscheideanstalt, (Frankfurt a. *M.***)** «ДЕГУССА», «Дойче гольд-унд зильбершайдеанштальт» *(наименова́ние аффина́жных заво́дов в ФРГ)*

Deindustrialisierung *f* деиндустриализа́ция

Dekade *f* 1. дека́да *(10 дней*; де́сять неде́ль; де́сять ме́сяцев; десятиле́тие) 2. деся́ток *(штук)* 3. десяти́чный разря́д

Dekadenplanung *f* дека́дное плани́рование

Dekadensammelrechnung *f* сво́дный дека́дный счёт по поставкам предприя́тиям ро́зничной торго́вли

dekadenweise подекадно

Dekalo *m* у́быль в ве́се *(напр. вследствие усу́шки)*
Dekalo усу́шка; утру́ска; у́быль в ве́се; протечка

Dekartellierung *f* декартелиза́ция

Dekartellisierung *f* декартелиза́ция

Deklaration *f* 1. деклара́ция, заявле́ние 2. тамо́женная деклара́ция, ТД

Deklarationsprinzip *n* при́нцип пода́чи деклара́ции *(налогоплате́льщиком и́ли плательщиком по́шлины)*

Deklarationsprotest *m* проте́ст векселя́, при кото́ром держа́тель векселя́ и лицо́, ответственное по ве́кселю, иденти́чны

Deklarationsschein *m* ввозна́я тамо́женная деклара́ция; и́мпортная ГТД; тамо́женная деклара́ция по прихо́ду; (тамо́женная) деклара́ция по прихо́ду

Deklarationszwang *m* обяза́тельность пода́чи деклара́ции

deklarieren 1. деклари́ровать, объявля́ть; объявля́ть об объе́ктах обложе́ния *(напр. нало́гом, по́шлиной)* 2. подава́ть тамо́женную деклара́цию 3 подава́ть нало́говую деклара́цию
zu deklarierender Artikel подлежа́щий деклари́рованию това́р

Dekolonisierung *f* деколониза́ция

Dekomposition *f* декомпози́ция
Dekompositionsverfahren *n* ме́тод декомпози́ции оптимальной зада́чи, ме́тод разложе́ния оптимальной зада́чи

dekontaminieren очища́ть; освобожда́ть; бланки́ровать; снима́ть огово́рки

Dekonzentration *f* деконцентра́ция

Dekorationsmittel *n, pl* витринно-выставочное обору́дование

Dekort *m* декорт, ски́дка *(за недоброкачественность това́ра)*

dekortieren де́лать ски́дку *(за досро́чную опла́ту това́ра и́ли за недоброкачественность его́)*

Dekuvert *n* (*страх; бирж.*) декувер *(ра́зница ме́жду оце́нкой иму́щества и страхово́й су́ммой, оставля́емая на риск страхова́теля)*

Delegant *m* деле́га́нт; заимода́вец, переводя́щий долг на друго́го; должни́к передающий в покры́тие своего́ до́лга свое долгово́е тре́бование к тре́тьему лицу́

Delegat *m* 1. делега́т, посла́нец 2. делега́т; лицо́, на кото́рое переведён долг

Delegatar *m* делегата́рий, кредито́р при перево́де до́лга

Delegation *f* делеги́рование, переда́ча прав и отве́тственности подчинённому
Delegation перево́д до́лга на друго́е лицо́; переда́ча прав друго́му лицу́, переда́ча обя́занностей друго́му лицу́, делеги́рование
Delegation von Kompetenzen делеги́рование полномо́чий; переда́ча прав и отве́тственности подчинённому

Delegationsbereich *m* круг полномо́чий; объём полномо́чий; компете́нция

delegieren делеги́ровать; передава́ть права́ друго́му лицу́, передава́ть обя́занности друго́му лицу́, делеги́ровать
delegieren переводи́ть долг на друго́е лицо́

Delegierte *m* делега́т, посла́нец; уполномо́ченный; с делеги́рованными права́ми

Delikt *n юр.* дели́кт, правонаруше́ние; просту́пок
volkerrechtliches Delikt междунаро́дный дели́кт
vollendetes Delikt зако́нченный дели́кт
Naturschutzdelikt экологи́ческое правонаруше́ние
Umweltdelikt экологи́ческое правонаруше́ние
Umweltschutzdelikt экологи́ческое правонаруше́ние

Deliktfähigkeit *f юр.* деликтоспосо́бность

Deliktshaftung *f* отве́тственность за гражда́нское правонаруше́ние; гражда́нская отве́тственность; отве́тственность за дели́кт

Delinquent *m* престу́пник, злоумы́шленник

Delisting *n* дели́стинг; прекраще́ние котировки; лише́ние котировки

delivery:
delivery clause *англ.* пункт догово́ра об усло́виях поста́вки
delivery order *англ.* дели́вери-о́рдер

Delkredere *n* делькре́дере *(руча́тельство комиссионе́ра пе́ред комите́том за исполне́ние догово́ра, заключенного комиссионером с тре́тьим лицо́м)*
Delkredere *ит. торг.* делькре́дере; *бухг.* регули́рующая статья́ бала́нса *(в бала́нсах капиталистических предприя́тий)*

Delkredere-Agent *m* комиссионе́р, беру́щий на себя́ делькре́дере

Delkredere-Fonds *m* резе́рвный фонд для сде́лок делькре́дере; фонд делькре́дере; гаранти́йный фонд (ба́нка)

Delkredere-Vereinbarung *f* сде́лка делькре́дере

Delkredereagent *m* комиссионе́р, беру́щий на себя́ делькре́дере

Delkrederefonds *m* фонд делькре́дере, гаранти́йный фонд *(ба́нка)*

Delkrederegeschäft *n* делькре́дере-сде́лка, сде́лка делькре́дере

Delkrederehaftung *f* отве́тственность комиссионе́ра, принима́ющего на себя́ делькре́дере

Delkrederekonto *n* фонд *(счёт)* делькре́дере, гаранти́йный фонд (счёт) *(ба́нка)*

Delkredereprovision *f* комисси́я за делькре́дере, делькре́дере-комисси́я

Delkredererisiko *n* риск, свя́занный с делькре́дере

Delkredereversicherung *f* страхова́ние делькре́дере

Delkrederückstellung *f* резе́рвный фонд для покры́тия убы́тков при сде́лке делькре́дере

Delle 1. прова́л *(ме́жду двумя́ ма́ксимумами)* 2. спад конъюнкту́ры

Delors-Plan *m* гра́фик Делорса; план Делорса

Delphi-Methode *f* дельфи́йский ме́тод,

ме́тод «Дельфы» *(ме́тод прогнози́рования)*

Delphimethode *f* дельфи́йский ме́тод, ме́тод «Дельфы» *(ме́тод прогнози́рования)*

Delta *n* коэффицие́нт де́льта; де́льта; отноше́ние цены́ опциона к цене́ фина́нсового инструме́нта, лежа́щего в его́ осно́ве

deltaneutral де́льта-нейтра́льный

DEM, Deutsche Mark, -- Deutschland Неме́цкая ма́рка (*код валю́ты* 280), *в н.в. заменена́ на* Евро **EURO**, -- Герма́ния

DEMAG, Deutsche Maschinenfabrik-Aktiengesellschaft «ДЕМАГ», «Дойче машиненфабрик акциенгезельшафт» *(машинострои́тельный концéрн ФРГ)*

dementieren опроверга́ть, опрове́ргнуть
Gerüchte dementieren опроверга́ть слу́хи
eine Meldung dementieren опроверга́ть сообще́ние

demeritorisch нанося́щий вред о́бществу (това́р, напр. нарко́тики)

demgemäß 1. соотве́тственно, согла́сно, сообра́зно этому, сообра́зно тому́; вследствие этого, вслéдствие того́; су́дя по этому; 2. таки́м о́бразом, ита́к, сле́довательно

Demigrossist *m уст.* полуоптовик

Deming-Plan *m* ме́тод упрощения и удешевле́ния проце́сса определе́ния рассеяния при вы́борочном ме́тоде контро́ля

Demographie *f* демогра́фия

demographisch демографи́ческий
demographische Prozesse *pl* демографи́ческие проце́ссы
demographische Ressourcen *pl* демографи́ческие ресу́рсы
demographischer Übergang *m* перехо́дный перио́д есте́ственного движе́ния населе́ния

Demokratie *f* демокра́тия

demokratisches Management *n* демократи́чный ме́неджмент, *от англ.* **management**: управле́ние, руково́дство, организа́ция произво́дства

demonetisieren демонетизи́ровать

Demonetisierung *f* демонетиза́ция, лише́ние госуда́рственной вла́стью моне́т силы зако́нного сре́дства платежа́ и обраще́ния
Demonetisierung des Goldes демонетиза́ция зо́лота

Demonstration *f* демонстра́ция, пока́з

Demonstrationseffekt *m* демонстрацио́нный эффе́кт *(влия́ние, ока́зываемое, напр. высокока́чественными това́рами на потреби́теля, побуждающее его́ приобрета́ть их, ориентируясь на бо́лее обеспе́ченные слои́ населе́ния)*

Demonstrationsstreik *m* забасто́вка, демонстри́рующая гото́вность трудя́щихся боро́ться за свои́ права́

Demontage *f фр.* демонта́ж, разбо́рка

demontieren демонти́ровать, производи́ть демонта́ж, разбира́ть (по частя́м)

Demoskopie *f* демоскопи́я; изуче́ние обще́ственного мне́ния

Demotivation *f* демотива́ция

demotivieren демотиви́ровать; вызыва́ть равноду́шие (к чему́-л.)

Demotivierung *f* демотива́ция

demurrage *англ.* демередж *(штраф за просто́й су́дна или ваго́на под погру́зкой или разгру́зкой сверх устано́вленного сро́ка)*

DEMV, Deutscher Einheitsmietvertrag еди́ный догово́р о на́йме в Герма́нии

den Absatz mit allen Mittel steigern расширя́ть все́ми сре́дствами сбыт

Denaturierung *f тамож.* денатура́ция, по́рча това́ра и невозмо́жность его́ примене́ния по назначе́нию *(напр., алкого́ля)* с це́лью освобожде́ния от по́шлин

Denkansatz *m* 1. (лог.) посы́лка 2. подхо́д (напр. к реше́нию пробле́мы)

Denken *n* мышле́ние; мы́сли (мн.ч.); обду́мывание
eigenständiges Denken самостоя́тельный о́браз мышле́ния
zum Denken anregen заста́вить заду́маться

Denkfabrik *f; (eng.)* **think-tank** мозгово́й трест

Denkmodell *n* логи́ческая моде́ль; концептуа́льная моде́ль

Denkpause *f* перио́д обду́мывания и перегово́ров

Denomination *f* деномина́ция *(сниже́ние нарица́тельной сто́имости)*
Denomination назначе́ние на до́лжность
Denomination наименова́ние

DepG, Depotgesetz зако́н о поря́дке хране́ния вкла́дов, хране́ния и приобрете́ния це́нных бума́г

Deponent *m* депоне́нт, депози́тор, вкла́дчик
imaginärer Deponent мни́мый депоне́нт

Deponentenaktien *f, pl* а́кции, сданные ба́нку на хране́ние и управле́ние

deponieren *юр.* дава́ть пи́сьменные показа́ния
deponieren *vt* депони́ровать, вноси́ть в депози́т; отдава́ть на хране́ние

Deponierung *f* депони́рование, переда́ча на хране́ние

Deponierungszertifikat *n* депози́тный биле́т, вкладно́й биле́т, сохранная распи́ска

Deport *m фр.* депо́рт *(ра́зница ме́жду бо́лее высо́ким ку́рсом кассовой сде́лки и бо́лее ни́зким сро́чной сде́лки на би́рже)*

Deportgeschäft *n бирж.* депо́рт *(«бэквордейшен» в А́нглии)*
Deportgeschäft пролонгационная сде́лка, испо́льзуемая ди́лером, играющим на пониже́ние *(сро́чная/фьючерсная сде́лка)*

Deposit *n* переда́ча на хране́ние, депози́т
Depositen *n, pl* депози́ты (мн.ч.)

Depositalschein *m* депози́тный биле́т, вкладно́й биле́т, сохранная распи́ска

Depositalzins *m* проце́нт по вкла́дам

Depositar, Depositär *m* храни́тель вкла́да, храни́тель це́нных бума́г; депозита́рий

Depositen *pl* депози́т *(де́нежные сре́дства или це́нные бума́ги, помещаемые для хране́ния)*, депози́ты

Depositenannahme *f* приня́тие на хране́ние вкла́дов, приня́тие на хране́ние це́нных бума́г; приня́тие на дипози́т

Depositenbank *f* депози́тный банк *(банк, в пассивах кото́рого веду́щую роль игра́ют депози́ты, в ря́де слу́чаев - комме́рческий банк)*

Depositenbewahrer *m* храни́тель вкла́да, храни́тель це́нных бума́г; депозита́рий

Depositenbuch *n* депози́тная кни́жка *(выдава́емая ба́нком владе́льцу счёта, в кото́рой отража́ется движе́ние сумм на вкла́де)*

Depositeneinnahme *f* приня́тие на хране́ние вкла́дов *(или це́нных бума́г)*; приня́тие на депози́т

Depositenforderung *f* тре́бование на вы́дачу вкла́да

Depositengeld *n* де́нежные су́ммы, вноси́мые на хране́ние в креди́тные учрежде́ния (ба́нки, сберкассы), вклад, депози́т; це́нные бума́ги (а́кции, облига́ции), передава́емые на хране́ние в креди́тные учрежде́ния, депо́

Depositengeschäft *n* депози́тная опера́ция

Depositenguthaben *n* де́нежные су́ммы, вноси́мые на хране́ние в креди́тные учрежде́ния *(ба́нки, сберкассы)*, вклад, депози́т; це́нные бума́ги *(а́кции, облига́ции)*, передава́емые на хране́ние в креди́тные учрежде́ния, депо́

Depositenkapital *n* капита́л, вноси́мый на хране́ние в креди́тные учрежде́ния; капита́л, вноси́мый на депози́т

Depositenkasse *f* депози́тная ка́сса
Depositenkonto *n* депози́тный счет
Depositenschein *m* депози́тный биле́т, вкладно́й биле́т, сохранная распи́ска
Depositenversicherung *f* депози́тное страхова́ние; страхова́ние депози́тов
Depositenvertrag *m* догово́р о приня́тии де́нежных сумм на хране́ние, догово́р о приня́тии це́нных бума́г на хране́ние, догово́р о приня́тии де́нежных сумм в депози́т, догово́р о приня́тии це́нных бума́г в депози́т
Depositenwechsel *m* обеспечи́тельский ве́ксель, ве́ксель, пе́реданный ба́нку в ка́честве обеспе́чения *(в креди́тных опера́циях)*
Depositenzahlung *f* платежи́ по вкла́дам; платежи́ по депози́ту
Depositenzins *m* проце́нт по вкла́ду
Depositeur *m фр.* депоне́нт, депози́тор, вкла́дчик
Deposition *f* сда́ча на хране́ние *(де́нежных сумм и́ли це́нных бума́г)*
Depositionsklausel *f* отме́тка на ко́пии векселя́ о местонахожде́нии оригина́ла
Depositor *m* депоне́нт, депози́тор, вкла́дчик
Depositorium *n* ме́сто хране́ния депози́тов
Depositum *n* де́нежные су́ммы, вноси́мые на хране́ние в креди́тные учрежде́ния *(ба́нки, сберкассы)*, вклад, депози́т; це́нные бума́ги *(а́кции, облига́ции)*, передава́емые на хране́ние в креди́тные учрежде́ния, депо́
irreguläres Depositum депози́т, кото́рым креди́тное учрежде́ние мо́жет свобо́дно распоряжа́ться *(с обяза́тельным возвра́том эквивале́нта)*
Depot *n фр.* вклад, депози́т
Depot отде́л вкла́дов
Depot це́нные бума́ги *(а́кции, облига́ции)*, передава́емые на хране́ние в креди́тные учрежде́ния; хране́ние
Depot . склад, депо́
Depot хране́ние
irreguläres Depot хране́ние це́нных бума́г без о́писи; хране́ние це́нных бума́г, кото́рыми креди́тное учрежде́ние мо́жет свобо́дно распоряжа́ться *(с обяза́тельным возвра́том эквивале́нта)*
lebendes Depot кни́га лицевы́х счето́в депоне́нтов
offenes Depot откры́тое хране́ние це́нных бума́г
offenes Depot хране́ние це́нных бума́г по о́писи
reguläres Depot хране́ние це́нных бума́г с о́писью; депози́т, вноси́мый то́лько на хране́ние
verschlossenes Depot закры́тое хране́ние це́нных бума́г
verschlossenes Depot хране́ние це́нных бума́г в запеча́танном ви́де
ins Depot geben вноси́ть на хране́ние *(напр. це́нные бума́ги)*, вноси́ть на депози́т
Depot-Einlieferungsbestätigung *f* сохранное свиде́тельство
Depotabteilung *f* отде́л вкла́дов и теку́щих счето́в
Depotabteilung отде́л хране́ния це́нностей, отде́л се́йфов
Depotaktien *f, pl* а́кции, сданные ба́нку на хране́ние и управле́ние
Depotaufbewahrung *f* депони́рование це́нных бума́г
Depotaufstellung *f* вы́писка из депози́тных счето́в
Depotauszug *m* вы́писка из депози́тных счето́в
Depotbank *f* банк-депозита́рий, депози́тный банк
Depotbedingungen *f pl* усло́вия приёма депози́тов *(вкла́дов, це́нностей)*
Depotbuch *n* кни́га вкла́дов, кни́га депози́тов
persönliches Depotbuch кни́га лицевы́х счето́в депоне́нтов
totes Depotbuch кни́га учёта це́нностей, при́нятых на хране́ние
Depoteffekten *pl* це́нные бума́ги, передава́емые на хране́ние *(в креди́тные и ба́нковские учрежде́ния)*
Depotgebühr *f* пла́та за хране́ние це́нных бума́г *(в креди́тных учрежде́ниях)*
Depotgeschäfte *n pl* депози́тные опера́ции; опера́ции по вкла́дам
Depotgesetz *n* зако́н о вкла́дах, зако́н о депози́тах
Depotgestellung *f* внесе́ние депози́та
Depotinhaber *m* владе́лец вкла́да
Depotkonto *n* депози́тный счёт
Depotkonto счёт депони́рованных це́нностей
Depotpapiere *n pl* це́нные бума́ги, передава́емые на хране́ние *(в креди́тные учрежде́ния)*
Depotprämie *f страх.* депо́ пре́мий
Depotprüfung *f* контро́ль де́ятельности креди́тных учрежде́ний, принима́ющих на хране́ние це́нные бума́ги, контро́ль де́ятельности креди́тных учрежде́ний, осуществля́ющих комиссио́нные опера́ции с це́нными бума́гами
Depotschein *m* депози́тный биле́т, вкладно́й биле́т, сохранная распи́ска
Depotstellung *f* внесе́ние депози́та
Depotstimmrecht *n* пра́во уча́стия ба́нка в дела́х акционе́рного о́бщества, обеспе́чиваемое а́кциями, сданными ему́ на хране́ние
Depotstimmrecht пра́во уча́стия ба́нка в дела́х акционе́рного о́бщества по а́кциям, сданным ему́ на хране́ние и управле́ние
Depotunterschlagung *f* незако́нное испо́льзование ба́нком депози́тов
Depotunterschlagung незако́нное испо́льзование при́нятых на хране́ние це́нных бума́г
Depotvertrag *m* догово́р о сда́че це́нных бума́г на хране́ние
Depotverwahrung *f* хране́ние де́нежных сумм, хране́ние це́нных бума́г
Depotwechsel *m* обеспечи́тельский ве́ксель, ве́ксель, пе́реданный ба́нку в ка́честве обеспе́чения *(в креди́тных опера́циях)*
Depression *f* депре́ссия, серьёзный экономи́ческий спад, си́льный экономи́ческий спад *(и/и́ли засто́й)*
Depression besonderer Art депре́ссия осо́бого ро́да
große Depression вели́кая депре́ссия *(буржуа́зный те́рмин для обозначе́ния мирово́го экономи́ческого кри́зиса 1929-1932 гг.)*
Depretiation *f уст.* девальва́ция
Depreziation *f уст.* девальва́ция
DEPT, Deutscher Eisenbahn-Personen-Gepäck- und Expressguttarif железнодоро́жный тари́ф ФРГ на перево́зку пассажи́ров, багажа́ и сро́чных гру́зов
Deputant *m истор.* депутант *(сельхозрабо́чий, получа́ющий зарпла́ту по́лностью и́ли части́чно нату́рой)*
Deputat *n* опла́та нату́рой, опла́та труда́ в нату́ре, натуроплата
Deputat часть за́работной пла́ты, получа́емая нату́рой
der in Deputaten gezahlte Lohn зарпла́та, выпла́чиваемая нату́рой
Deputatfläche *f* ме́лкий земе́льный уча́сток, предоставля́емый в счёт за́работной пла́ты
Deputatlohn *m* опла́та труда́ нату́рой; натура́льная опла́та труда́
Deregulierung *f* дерегули́рование (напр. ры́нка)
derilativ произво́дный
Derivationsprinzip *n* деривацио́нный при́нцип, при́нцип дерива́ции *(напр. прави́ло «вертика́льного» распределе́ния, по кото́рому нало́ги из федера́льной казны́ возвраща́ются в регио́н, отку́да они́ поступи́ли)*
Deroute *f фр. уст.* паде́ние ку́рса *(на би́рже)*; упа́док; отклоне́ние от ку́рса

Deschimag, Deutsche Schiffs- und Maschinenbauaktiengesellschaft «Дойче шифс- унд машиненбау акциенгезельшафт» *(общество суда́- и машиностроительных заво́дов, ФРГ)*
Design *n* диза́йн, худо́жественное конструи́рование
ein neues Design entwerfen разраба́тывать но́вый диза́йн
Designer *m англ.* диза́йнер, инжене́р по художественному конструированию, инжене́р по промы́шленной эсте́тике; худо́жник-диза́йнер
Desinvestitionen *f pl* уменьше́ние капиталовложе́ний и оборотных средств, сокраще́ние капиталовложе́ний и оборотных средств
Deskriptor *m* (*обр. дан., выч.тех.)* дескри́птор
despatch *англ.* диспа́ч *(пре́мия за досрочную погру́зку и́ли разгру́зку су́дна)*
Destinatar, Destinatär *m* получа́тель гру́за
DETAG, Deutsche Tafelglasaktiengesellschaft «Дойче тафельглас-акциенгезельшафт» *(общество заво́дов листово́го [îêîíîãî] стекла́, ФРГ)*
Detail *n* (тех.) дета́ль
Detail дета́ль, подро́бность
bis ins Detail hinein до мельча́йших подро́бностей
im Detail подро́бно, дета́льно
im Detail ausarbeiten дета́льно разрабо́тать (*что-л.)*
im Detail verkaufen продава́ть в ро́зницу
sich in Details verlieren упусти́ть гла́вное
Verkauf im Detail торго́вля в ро́зницу; прода́жа в ро́зницу
detail (*фр.)* ро́зница; ро́зничная торго́вля
en detail в ро́зницу
Detailanschlag *m* подро́бная сме́та; детализи́рованная сме́та; дета́льная сме́та
Detailbericht *m* подро́бный отчёт, дета́льный отчёт
Detailgeschäft *n уст.* магази́н ро́зничной торго́вли; сде́лка прода́жи в ро́зницу
Detailhandel *m* ро́зничная торго́вля
Detailindex *m* инде́кс ро́зничных цен
detailliert подро́бно, дета́льно
detailliert подро́бный, дета́льный
Detaillierung *f* детализа́ция, подро́бное изложе́ние
Detaillierung des Netzwerks детализа́ция сетево́го гра́фика
Detaillist *m уст.* ро́зничный торго́вец
Detailnetzplan *m* детализи́рованный сетево́й гра́фик, детализи́рованная сеть
Detailpreis *m* ро́зничная цена́
Detailprognose *f* дета́льный прогно́з
Detailprojekt *n* дета́льный прое́кт, исполни́тельный прое́кт
Detailreisehandel *m* ро́зничная торго́вля через коммивояжёров
Determinante *f мат.* детермина́нт, определи́тель
Determinantengleichung *f мат.* уравне́ние определителя
Dethesaurierung *f* детезавра́ция *(возвраще́ние де́нег и́ли драгоце́нных мета́ллов в оборо́т)*
detti, detto, desgleichen подо́бным о́бразом
Deutsch-Ostasiatlsche Gesellschaft О́бщество разви́тия торго́вых отноше́ний ме́жду ФРГ и стра́нами Восто́чной А́зии
Deutsch-österreichische Messe- und Außenhandelsgesellschaft Германо-австри́йское о́бщество ярмарок и внешнеторго́вых опера́ций
Deutsche: *см.тж.* **Deutscher, Deutsches**
Deutsche Angestellten-Gewerkschaft профессиона́льный сою́з (торго́вых, конторских и техни́ческих) слу́жащих ФРГ
Deutsche Edelstahlwerke «Дойче Эдельштальверке» *(металлурги́ческий конце́рн ФРГ)*
Deutsche Kommunistische Partei Герма́нская Коммунистическая па́ртия, ГКП
Deutsche Landwirtschaftsgesellschaft Неме́цкое сельскохозя́йственное о́бщество
Deutsche Maschinenfabrik Aktiengesellschaft «Дойче машиненфабрик акциенгезельшафт» *(машинострои́тельный конце́рн ФРГ)*
Deutsche Statistische Gesellschaft Неме́цкое статистическое о́бщество
Deutsche Verkehrs-Kreditbank Неме́цкий банк кредитования тра́нспортных опера́ций
Deutsche Zentralbank Неме́цкий центра́льный банк
Deutscher:
Deutscher Bauernverband Сою́з немецких крестья́н
Deutscher Beamtenbund профессиона́льный сою́з госуда́рственных слу́жащих ФРГ
Deutscher Bundesjugendring федера́льное объедине́ние немецких молодёжных организа́ций
Deutscher Gemeindetag Герма́нский конгре́сс общи́н
Deutscher Generalagenten-Verband Сою́з генера́льных представи́телей торгово-промы́шленных фирм
Deutscher Gewerkschaftsbund Объедине́ние немецких профсою́зов, ОНП
Deutscher Industrie- und Handelstag Герма́нский конгре́сс торгово-промы́шленных пала́т
Deutscher Normenauschuss Неме́цкий комите́т техни́ческих норм и станда́ртов
Deutscher Raiffeisenverband Неме́цкий сою́з рейффейзеновских товариществ
Deutscher Transportversichererverband Неме́цкий сою́з страховщиков гру́зов
Deutscher Verband für Materialprüfung Неме́цкое о́бщество по испыта́нию материа́лов
Deutscher Versicherungs-Schutzverband Сою́з охра́ны интере́сов держа́телей страховы́х полисов
Deutscher Wirtschaftsdienst Неме́цкая слу́жба экономи́ческой информа́ции
Deutscher Wirtschaftsverband О́бщество немецких экономистов
Deutsches:
Deutsches Institut für Statistische Markt-und Meinungsforschung Неме́цкий институ́т по изуче́нию ры́ночной конъюнкту́ры и обще́ственного мне́ния
Deutsches Institut für Volksumfragen Неме́цкий институ́т изуче́ния обще́ственного мне́ния
Deutsches Institut für Wirtschaftsforschung Неме́цкий институ́т экономи́ческих иссле́дований
Deutsches Wirtschaftsinstitut Неме́цкий экономи́ческий институ́т
Deutung *f* интерпрета́ция
Deutung смысл, толкова́ние, объясне́ние
Devalvation *f* девальва́ция
devalvieren *vt* девальви́ровать
deviation clause *англ* усло́вие *(в догово́ре ку́пли-прода́жи)* о возмо́жности изве́стных отклоне́ний при поста́вке обусловленных догово́ром това́ров; усло́вие *(в чартере)* о возмо́жности захо́да су́дна в други́е по́рты *(поми́мо*
devinkulieren *vt* превраща́ть именны́е а́кции в предъявительские; дквинкулировать а́кции
Devinkulierungsaktie *f* девинкули́рованная а́кция
Devisen *f pl* деви́зы *(че́ки, переводы, векселя́, аккредити́вы и други́е расчётные сре́дства в иностра́нной валю́те, испо́льзуемые в междунаро́дных расчётах)*
Devisen иностра́нные банкно́ты (мн.ч.)
Devisen иностра́нная валю́та
eingefrorene Devisen блоки́рован-

ная валю́та
freie Devisen своб́одная валю́та
Devisenabfluss *m; (eng.)* **outflow of foreign exchange** вы́воз иностра́нной валю́ты; уте́чка иностра́нной валю́ты
Devisenablieferungspflicht *f* обяза́тельная сда́ча в банк *(иностра́нной)* валю́ты; обяза́тельная прода́жа ба́нку *(иностра́нной)* валю́ты
Devisenablieferungsprämie *f* надба́вка к официальному ку́рсу *(при сда́че иностра́нной валю́ты)*
Devisenabrechnungsstelle *f* кли́ринговое учрежде́ние
Devisenabsicherung *f; (eng.)* **foreign exchange hedge** хеджирование иностра́нной валю́ты
Devisenabteilung *f* деви́зный отде́л ба́нка, валю́тный отде́л ба́нка
Devisenanforderung *f* зая́вка на валю́ту; зая́вка на иностра́нную валю́ту; зая́вка на поку́пку иностра́нной валю́ты; зая́вка на поку́пку валю́ты
Devisenanmeldung *f* заявле́ние центральному ба́нку о поступлениях в *(иностра́нной)* валю́те
Devisenarbitrage *f* валю́тный арбитра́ж
Devisenaufkommen *n* о́бщая су́мма валю́тных поступле́ний
Devisenaufwand *m* расхо́ды *(в иностра́нной валю́те)*
Devisenausfall *m* недовыручка иностра́нной валю́ты; недовыручка валю́ты; недопоступление иностра́нной валю́ты; непо́лное поступле́ние валю́тной вы́ручки
Devisenausfuhrsperre *f* запре́т на вы́воз валю́ты; запре́т на вы́воз иностра́нной валю́ты
Devisenausland *n* загрaни́ца *(по отноше́нию к стране́ да́нной валю́ты)*
Devisenausländer *m* нерезидент *(лицо́, не прожива́ющее постоя́нно в стране́ да́нной валю́ты)*
Devisenausländerin *f* нерезидент *(лицо́, не прожива́ющее постоя́нно в стране́ да́нной валю́ты)*
Devisenbank *f* уполномо́ченный банк (на проведе́ние валю́тных опера́ций); деви́зный банк, валю́тный банк
Devisenbedarf *m* потре́бности в (иностра́нной) валю́те, потре́бность в иностра́нной валю́те
Devisenberater *m* консульта́нт по валю́тным вопро́сам
Devisenberatung *f* консультати́вная слу́жба по валю́тным вопро́сам (напр. в ба́нке)
Devisenbeschaffung *f* обеспе́чение иностра́нной валю́той, приобрете́ние иностра́нной валю́ты
Devisenbeschaffung получе́ние валю́ты
Devisenbeschaffung обеспе́чение валю́тных поступле́ний
Devisenbeschränkungen *f pl* валю́тные ограниче́ния, валю́тный контро́ль
Devisenbestand *m* валю́тная нали́чность
Devisenbestand валю́тный резе́рв, валю́тный запа́с
Devisenbewirtschaftung *f* валю́тные ограниче́ния, валю́тный контро́ль; систе́ма валю́тных ограниче́ний
Devisenbewirtschaftung систе́ма валю́тных предписа́ний *(регули́рование оборо́та иностра́нных платёжных средств с це́лью стабилиза́ции обменного ку́рса)*
Devisenbewirtschaftungsgesetz *n* зако́н о валю́тных ограничениях, зако́н о валю́тном контроле
Devisenbewirtschaftungsstelle *f* орга́н, осуществля́ющий валю́тный контро́ль; орга́н валю́тного контро́ля
Devisenbilanz *f* валю́тный бала́нс
Devisenbonus *m* валю́тная ски́дка
Devisenbonus валю́тный бо́нус *(напр. в усло́виях валю́тного регули́рования в свобо́дное распоряже́ние экспортёра може́т предоставляться часть валю́тной вы́ручки или разреше́ние на поку́пку валю́ты)*
Devisenbörse *f* валю́тная би́ржа; фо́ндовая би́ржа *(на которо́й осуществля́ются валю́тные опера́ции)*
devisenbringend обеспе́чивающий поступле́ние иностра́нной валю́ты, принося́щий иностра́нную валю́ту, принося́щий дохо́д в валю́те, обеспе́чивающий поступле́ния валю́ты
Devisenclearing *n* клиринговые расчёты в иностра́нной валю́те, деви́зный кли́ринг; валю́тный кли́ринг
Devisendeckungsbescheinigung *f* сертифика́т валю́тного покры́тия
Devisendefizit *n* валю́тный дефици́т; дефици́т иностра́нной валю́ты; дефици́т валю́ты
Deviseneingang *m* валю́тные поступле́ния, поступле́ния в *(иностра́нной)* валю́те
Deviseneinnahmen *f pl* валю́тные поступле́ния, поступле́ния в иностра́нной валю́те, поступле́ния в валю́те
Devisenerklärung *f тамож.* валю́тная деклара́ция (деклара́ция на ввоз или вы́воз валю́ты)
Devisenerlös *m* дохо́д в валю́те, дохо́д в иностра́нной валю́те, вы́ручка в иностра́нной валю́те, валю́тная вы́ручка
Devisenertrag *m* дохо́д в инвалюте, дохо́д в валю́те, дохо́д в иностра́нной валю́те, валю́тная вы́ручка
Devisenerwerb *m* обеспе́чение иностра́нной валю́той, приобрете́ние иностра́нной валю́ты
Devisenfonds *m* валю́тный фонд, фонд в иностра́нной валю́те
Devisenfreibetrag *m* часть вы́ручки в инвалюте, остаю́щаяся в распоряже́нии экспортёра; часть экспортной вы́ручки в иностра́нной валю́те, оставля́емая в распоряже́нии экспортёра
Devisengegenwert *m* валю́тный эквивале́нт
Devisengenehmigung валю́тный сертифика́т
nachträgliche Devisengenehmigung валю́тный сертифика́т, име́ющий обра́тную си́лу
Devisengeschäft *n* валю́тная сде́лка, валю́тная опера́ция
Devisengesetzgebung *f* деви́зное законода́тельство, валю́тное законода́тельство
Devisengrenze *f* валю́тная грани́ца
devisengünstig обеспе́чивающий кру́пные поступле́ния иностра́нной валю́ты
Devisenhandel *m* торго́вля иностра́нной валю́той, торго́вля валю́той; торго́вля деви́зами, деви́зная торго́вля
Devisenindex *m* валю́тный инде́кс, инде́кс валю́т(ы)
Deviseninland *n* террито́рия, располо́женная в преде́лах валю́тной грани́цы да́нной страны́; страна́ да́нной валю́ты
Deviseninländer *m* резиде́нт *(лицо́, постоя́нно прожива́ющее в стране́ да́нной валю́ты)*
Devisenkauf *m* поку́пка иностра́нной валю́ты, поку́пка валю́ты, приобрете́ние валю́ты
Devisenknappheit *f* валю́тный дефици́т, нехва́тка валю́ты
Devisenkontingent *n* инвалютные кво́ты, валю́тные кво́ты, валю́тный континге́нт
Devisenkonto *n* валю́тный счёт, инвалютный счёт, счёт в иностра́нной валю́те (в ба́нке)
Devisenkontrolle *f* валю́тный контро́ль, валю́тные ограниче́ния (мн.ч.)
Devisenkontrollerklärung *f* валю́тная деклара́ция (о вво́зе или вы́возе валю́ты)
Devisenkonvertibilität *f* обрати́мость валю́т
Devisenkonvertierbarkeit *f* обрати́мость валю́т
Devisenkorb *m* валю́тная корзи́на *(набо́р валю́т, на осно́ве кото́рого произ-*

во́дится пересмо́тр валю́тных паритетов и́ли ку́рсов)

Devisenkredit *m* креди́т в иностра́нной валю́те, валю́тный креди́т

Devisenkurs *m* валю́тный курс
Devisenkurs ве́ксельный курс
überbewerteter Devisenkurs завы́шенный валю́тный курс
unterbewerteter Devisenkurs зани́женный валю́тный курс

Devisenkursbericht *m* курсово́й бюллете́нь (иностра́нных) валю́т

Devisenkursbildung *f* формирова́ние валю́тных ку́рсов

Devisenkursnotierung *f* котиро́вка (иностра́нной) валю́ты, валю́тная котиро́вка

Devisenkurszettel *m* курсово́й бюллете́нь иностра́нных валю́т

Devisenlücke *f* валю́тный дефици́т

Devisenmangel *m* деви́зный го́лод, валю́тный го́лод, нехва́тка валю́ты, нехва́тка инвалю́ты

Devisenmarkt *m* валю́тный ры́нок
Devisenmarkt ры́нок деви́з

Devisenmittel *n pl* валю́тные сре́дства (мн.ч.); сре́дства в иностра́нной валю́те (мн.ч.)

Devisennotierung *f* котиро́вка (иностра́нной) валю́ты, котиро́вка валю́ты, валю́тная котиро́вка

Devisenoperation *f* валю́тная опера́ция, валю́тная сде́лка; опера́ция с деви́зами

Devisenordnung *f* положе́ния, регламенти́рующие поря́док осуществле́ния валю́тных опера́ций, упоря́дочение валю́тных опера́ций, регламента́ция валю́тных опера́ций

Devisenplanung *f* валю́тное плани́рование, плани́рование поступле́ния и расхо́да (иностра́нной) валю́ты

Devisenpolitik *f* деви́зная поли́тика, валю́тная поли́тика

Devisenprämie *f* надба́вка к официа́льному ку́рсу *(при сда́че иностра́нной валю́ты)*

Devisenpreis *m* цена́ в иностра́нной валю́те, цена́ в валю́те

Devisenpreiskalkulation *f* калькуля́ция цен в иностра́нной валю́те, расчёт цен в иностра́нной валю́те

Devisenprüfung *f* контро́ль соблюде́ния деви́зного законода́тельства, прове́рка соблюде́ния деви́зного законода́тельства

Devisenquoten *f pl* инвалю́тные кво́ты, валю́тный континге́нт; валю́тные кво́ты (мн.ч.)

Devisenrechnung *f* расчёт в иностра́нной валю́те
Devisenrechnung расчёт сто́имости иностра́нных векселе́й в валю́те

Devisenrecht *n* валю́тное пра́во

devisenrechtlich име́ющий отноше́ние к валю́тному пра́ву

Devisenregelung *f* валю́тное регули́рование, валю́тный режи́м

Devisenrentabilität *f* валю́тная рента́бельность, валю́тная эффекти́вность

Devisenreserve *f* валю́тные резе́рвы, валю́тные запа́сы

Devisenrestriktionen *f pl* валю́тные ограниче́ния, валю́тный контро́ль

Devisenschieber *m* спекуля́нт валю́той, *разг.* валю́тчик

Devisenschwindel *m* валю́тная спекуля́ция

Devisenspekulation *f* валю́тная спекуля́ция *(поку́пка и прода́жа иностра́нной валю́ты с це́лью получе́ния дохо́да, реализуемого в фо́рме ра́зницы ме́жду текущим и бу́дущим ку́рсами)*

Devisenstock *m* валю́тные резе́рвы

Devisentermingeschäft *n* сро́чная сде́лка в иностра́нной валю́те *(спекуля́ция на ра́знице в ку́рсах)*
Devisentermingeschäft сро́чная сде́лка с деви́зами

Devisenterminhandel *m* сро́чная сде́лка в иностра́нной валю́те *(спекуля́ция на ра́знице в ку́рсах)*

Devisentransaktion *f* валю́тная опера́ция, валю́тная сде́лка, валю́тная транзакция

Devisenüberschussland *n* страна́, име́ющая кру́пные валю́тные резе́рвы

Devisenüberwachung *f* валю́тный контро́ль, валю́тные ограниче́ния

Devisenumrechnungsfaktor *m* валю́тный коэффицие́нт пересчёта, коэффицие́нт пересчёта валю́т

Devisenverkehr *m* валю́тное обраще́ние, обраще́ние валю́ты *(валю́т)*

Devisenverstoß *m* наруше́ние валю́тного законода́тельства

Devisenvorschrift *f* положе́ния, регламенти́рующие поря́док осуществле́ния валю́тных опера́ций

Devisenwert *m* сто́имость в валю́те; сто́имость вы́раженная в (иностра́нной) валю́те *(напр. материа́лов)*

Devisenwerte *pl* деви́зы, (иностра́нная) валю́та, инвалюта

Devisenwirtschaftlichkeit *f* валю́тная рента́бельность, валю́тная эффекти́вность

Devisenzahlungsausgleich *m* валю́тный кли́ринг

Devisenzertifikat *n* валю́тный сертифика́т

Devisenzufluss *m* прито́к валю́ты, прито́к иностра́нной валю́ты

Devisenzuteilung *f* распределе́ние валю́ты, распределе́ние иностра́нной валю́ты *(в усло́виях валю́тных ограниче́ний)*

Devisenzuteilungsbestätigung *f* подтвержде́ние о получе́нии валю́тных ассигнова́ний

Devisenzwangsbewirtschaftung *f* систе́ма валю́тных ограниче́ний, систе́ма валю́тного контро́ля

Devisenzwangwirtschaft *f* систе́ма обяза́тельной сда́чи иностра́нной валю́ты госуда́рству

DEW, Deutsche Edelstahlwerke «Дойче Эдельштальверке» *(металлурги́ческий конце́рн ФРГ)*

Dezentralisierung *f* децентрализа́ция; рассредото́чение

Dezimalklassifikation *f* универса́льная десяти́чная классифика́ция, универса́льная децимальная классифика́ция, УДК

Dezimalkomma *n* запята́я в десяти́чном числе́; десяти́чная запята́я

Dezimalrechnung *f* десяти́чная арифме́тика
Dezimalrechnung десяти́чная систе́ма счисле́ния

Dezimalsystem *n* десяти́чная систе́ма счисле́ния

Dezimaltabulator *m* десяти́чный табуля́тор

Dezimalwährung *f* десяти́чная де́нежная систе́ма

Dezimation *f стат.* си́льное сокраще́ние *(напр. населе́ния определённых во́зрастов)*

Dezimierung *f стат.* си́льное сокраще́ние *(напр. населе́ния определённых во́зрастов)*

d.f., dead freight *англ.* мёртвый фрахт

dft, draft *англ.* тра́тта; су́мма, полу́ченная по тратте

DGB, Deutscher Gewerkschaftsbund Объедине́ние немецких профсою́зов, ОНП

DGK, Deutsche Genossenschaftskasse Неме́цкая кооперати́вная ка́сса

DGV, Deutscher Generalagenten-Verband Сою́з генера́льных представи́телей торгово-промы́шленных фирм

Diagonalmatrix *f мат.* диагона́льная ма́трица

Diagramm *n* диагра́мма; гра́фик; схе́ма
dreidimensionales Diagramm объёмная диагра́мма, трёхме́рная диагра́мма
halblogarithmisches Diagramm полулогарифми́ческая диагра́мма
logarithmisches Diagramm логариф-

ми́ческая диагра́мма
zweidimensionales Diagramm плоскостная диагра́мма

Diagrammkarte *f* картодиаграмма

Diagrammtafel *f* доска́ регуля́рно меня́ющихся показа́телей, предста́вленных в ви́де диагра́ммы

Dialektik *f* диале́ктика

Dialogbetrieb *m* диало́говый режи́м, режи́м диало́га

Diapositivwerbung *f* рекла́ма с демонстра́цией диапозити́вов

Diätar *m* рабо́тник с подённой опла́той; вре́менный рабо́тник, сверхшта́тный рабо́тник, нешта́тный рабо́тник

diätarisch с подённой опла́той

Diäten *pl* окла́д депута́тов парла́мента *(в не́которых стра́нах)*, су́точные; содержа́ние, получа́емое парламентариями в не́которых стра́нах
Diäten су́точная опла́та; почасова́я опла́та *(в ВУ́Зе)*

Diätendienstalter *n уст.* стаж рабо́ты, даю́щий пра́во на получе́ние су́точных де́нег в командировках

Diätengelder *n pl* окла́д депута́тов парла́мента *(в не́которых стра́нах)*, су́точные; содержа́ние, получа́емое парламентариями в не́которых стра́нах
Diätengelder су́точная опла́та; почасова́я опла́та *(в ВУ́Зе)*

Diätenproblem *n* зада́ча дие́ты, зада́ча о рационе *(зада́ча лине́йного программи́рования)*

Diätist *m* рабо́тник с подённой опла́той; вре́менный рабо́тник, нешта́тный рабо́тник

Diätkostgeschäft *n* диети́ческий магази́н, магази́н диети́ческих проду́ктов, «Дие́та» *(назва́ние магази́на)*

DiBa, Deutsch Direktbank (назва́ние неме́цкого ба́нка) Неме́цкий онлайновый банк

Dichtefunktion *f* фу́нкция пло́тности

Dichtemittel *n стат.* мо́да

Dichtezahl *f стат.* относи́тельная величина́ координа́ции

die Aufbewahrungskosten (für etw.) in digitaler Form sind minimal затра́ты на хране́ние (чего-л.) в электро́нной фо́рме минимальны

die Bilanzsumme bleibt unverändert су́мма бала́нса остается неизме́нной

die Kosten der Reproduktion сто́имость копи́рования; сто́имость изготовле́ния ко́пии

die Kosten für das Kopieren сто́имость копи́рования; сто́имость изготовле́ния ко́пии; затра́ты на изготовле́ние ко́пии; затра́ты на копи́рование

die Wünsche der Kunden kennen знать пожела́ния клие́нтов; знать жела́ния клие́нтов

Diebstahlversicherung *f* страхова́ние от краж

Dienst *m* слу́жба; до́лжность, обя́занности
Dienst услу́га, обслу́живание
Dienst служе́бное вре́мя
Dienst дежу́рство
Dienst *ист.* пови́нность, тя́гло
Dienst an Kunden услу́ги клие́нтам и покупа́телям
Dienst der Auslandsschulden опера́ции по погаше́нию вне́шнего до́лга *(напр. вы́плата проце́нтов)*, опера́ции по обслу́живанию иностра́нного до́лга
in Dienst stellen сдава́ть в эксплуата́цию
öffentlicher Dienst рабо́та в госуда́рственных организа́циях, рабо́та в муниципа́льных организа́циях, рабо́та в о́рганах ме́стного самоуправле́ния; рабо́та в некорпорати́вных организа́циях

Dienstalter *n* служе́бный стаж, вы́слуга лет, стаж, стаж рабо́ты

Dienstanweisung *f* служе́бная инстру́кция, служе́бное указа́ние

Dienstaufwand *m* служе́бные изде́ржки

Dienstaufwandsentschädigung *f* возмеще́ние служе́бных изде́ржек

Dienstbarkeit *f юр.* сервиту́т *(пра́во по́льзования в определённых преде́лах чужи́м иму́ществом)*

Dienstbereich *m* круг служе́бных обя́занностей

Dienstbetrieb *m разг.* вну́тренний распоря́док *(на произво́дстве, в учрежде́нии)*

Dienstbezeichnung *f* наименова́ние до́лжности, до́лжность

Diensteinkommen *n* за́работная пла́та *(как статья́ дохо́да)*

Dienstgeber *m* хозя́ин, патро́н; работода́тель

Dienstgewicht *n* вес в рабо́чем состоя́нии

Dienstherr *m* хозя́ин, патро́н, шеф, босс; работода́тель
Dienstherr *ист.* поме́щик, облада́ющий пра́вом ба́рщины, сениор

Dienstleben *n ист.* ленна́я пови́нность

Dienstleistung *f pl* услу́ги *(как сфе́ра де́ятельности)*
Dienstleistungen gegen Entgelt пла́тные услу́ги
kommerzielle Dienstleistung комме́рческие услу́ги
hauswirtschaftliche Dienstleistungen бытовы́е услу́ги
materielle Dienstleistungen industrieller Art произво́дственные услу́ги, промы́шленные услу́ги
kommerzielle Dienstleistungen комме́рческие услу́ги
kommunale Dienstleistungen коммуна́льные услу́ги
kostenlose Dienstleistungen беспла́тные услу́ги
materielle Dienstleistungen материа́льные услу́ги
unentgeltliche Dienstleistungen беспла́тные услу́ги

Dienstleistungsabkommen *n* соглаше́ние о поря́дке расчетов за предоставле́ние встре́чных услу́г, соглаше́ние о поря́дке расчетов за предоставле́ние взаи́мных услу́г

Dienstleistungsabteilung *f* вспомога́тельный цех предприя́тия *(напр. внутризаводско́й транспо́рт, складско́е хозя́йство)*

Dienstleistungsauftrag *m* зака́з на оказа́ние услу́г; зака́з на предоставле́ние услу́г; подря́д на оказа́ние услу́г
Dienstleistungsaufträge *m, pl* зака́зы на оказа́ние услу́г; зака́зы на предоставле́ние услу́г; подря́д на оказа́ние услу́г

Dienstleistungsbereich *m* сфе́ра услу́г

Dienstleistungsbetrieb *m* предприя́тие бытово́го обслу́живания *(напр. пра́чечная)*

Dienstleistungsbilanz *f* бала́нс услу́г
Dienstleistungsbilanz бала́нс услу́г и некомме́рческих платеже́й *(часть платёжного бала́нса)*

Dienstleistungskombinat *n* комбина́т бытово́го обслу́живания
Dienstleistungskombinat innerhalb eines Wohnkomplexes жилищно-бытово́й комбина́т; ЖБК

Dienstleistungskosten *pl* хозя́йственные расхо́ды *(комплексные расхо́ды, исключа́ющие затра́ты на освеще́ние, отопле́ние, о́бщие управленческие расхо́ды)*

Dienstleistungspreis *m* цена́ на услу́ги

Dienstleistungssphäre *f* сфе́ра обслу́живания

Dienstleistungstarif *m* тари́ф на услу́ги, тари́ф на платные услу́ги

Dienstleistungsunternehmen *n* предприя́тие бытово́го обслу́живания, фи́рма в сфе́ре услу́г

Dienstleistungsvertrag *m* догово́р о предоставле́нии населе́нию определённых услу́г *(напр. прока́т, ремо́нт)*
Dienstleistungsvertrag догово́р о предоставле́нии партнёру по внешнето́рговой сде́лке определённых услу́г
Dienstleistungsvertrag догово́р о

предоставлéнии услýг *(напр. монтáж кýпленного оборýдования)*

Dienstlohn *m* зáработная плáта, зарплáта, жáлованье, содержáние, служéбное содержáние

Dienstnehmer *m* наёмный рабóчий, слýжащий

Dienstpersonal *n* дежýрный персонáл

Dienstprogramm *n* обслýживающая прогрáмма; сервисная прогрáмма; служéбная прогрáмма; вспомогáтельная прогрáмма

Dienstreise *f* командирóвка, служéбная командирóвка, служéбная поéздка

Dienstreisekosten *pl* расхóды по служéбной командирóвке; командирóвочные расхóды

Dienstsache *f* служéбное дéло; служéбный документ

gebührenpflichtige Dienstsache государственная услýга, подлежáщая гéрбовой оплáте

gebührenpflichtige Dienstsache служéбный документ, подлежáщий оплáте гéрбовым сбóром

Dienststellung *f* дóлжность; служéбное положéние; служéбная фýнкция

Dienstverhältnis *n* отношéния мéжду нанимáтелем и слýжащим; служéбные отношéния

Dienstverhältnisse *n, pl*, **mehrere** рабóта по совместительству в нéскольких местáх

Dienstvermittlung *f* посрéдничество в нáйме слýжащих, посрéдничество в нáйме рабóтников

dienstverpflichten привлекáть к отбыванию трудовóй повинности

Dienstverpflichtung *f* принудительное привлечéние к отбыванию трудовóй повинности

Dienstverschaffung *f* соглашéние, по котóрому работодáтель имéет прáво врéменно передавáть имеющуюся в огó распоряжéнии рабóчую сúлу трéтьему лицý *(физическому или юридическому)*

Dienstvertrag *m* трудовóе соглашéние *(на выполнéние определённой рабóты)*

Dienstvorschrift *f* служéбное предписáние; служéбная инструкция

Dienstzeit *f* служéбное врéмя; врéмя дежýрства; срок слýжбы, продолжительность слýжбы; срок дéйствия нáйма

Dienstzweig *m* род слýжбы

diese Waren haben lebhaftes Interesse geweckt эти товáры вызвáли живóй интерéс; эти товáры пробудили живóй интерéс

Differenzialaufwand *m* дифференциáльные затрáты

Differenzialaufwendungen *f pl* дифференциáльные затрáты

volkswirtschaftliche Differenzialaufwendungen eines gegebenen Produktes дифференциáльные затрáты нарóдного хозяйства по дáнному продýкту

Differenzialeinkommen *n* дифференциáльный дохóд, рáзностный дохóд

Differenzialgleichung *f* дифференциáльное уравнéние

Differenzialkosten *pl* дифференциáльные издéржки

Differenziallohnsystem *n* дифференциáльная систéма оплáты трудá

Differenzialrente *f* дифференциáльная рéнта

Differenzialrenteneinkommen *n* дифференциáльный рéнтный дохóд

Differenzialrentenmethode *f* мéтод дифференциáльной рéнты, венгéрский мéтод *(мéтод решéния трáнспортных проблéм)*

Differenzialspiel *n* дифференциáльная игрá *(в теóрии игр)*

Differenzialtarif *m* дифференциáльный тариф

Differenzialwert *m* дифференциáльная стóимость

Differenzialzoll *m* дифференциáльная тамóженная пóшлина

Differenziation *f* дифференциáция, обособлéние; расчленéние; расслоéние; *мат.* дифференцирование

Differenz *f* рáзница, различие

Differenz *мат.* рáзность

Differenz von Durchschnittsgrößen *стат.* различие срéдних величин

Differenz von Variationskoeffizienten *стат.* различие коэффициентов вариáции

signifikante Differenz *стат.* сущéственное различие

Differenzengleichung *f мат.* уравнéние в конéчных рáзностях, рáзностное уравнéние

Differenzenmethode *f мат.* мéтод конéчных рáзностей

Differenzenprobe *f* таблица рáзниц мéжду статьями торгóвого балáнса и балáнса предприятия, состáвленного для определéния сýммы налóгового обложéния

Differenzgeschäft *n* биржевáя сдéлка на курсовýю рáзницу, биржевáя сдéлка на рáзницу *(в кýрсе цéнных бумáг)*; биржевáя игрá на рáзницу

Differenzgewinn *m* дифференциáльная прибыль

Differenzhandel *m* биржевáя сдéлка на курсовýю рáзницу *(сдéлка, не предполагáющая реáльной передáчи цéнных бумáг, а лишь уплáту рáзницы мéжду договорной и фактической ценóй на момéнт постáвки)*

Differenzhandel биржевáя игрá на рáзницу *(в кýрсе цéнных бумáг)*

Differenzierung *f* дифференциáция, обособлéние; расчленéние; расслоéние

Differenzierung *мат.* дифференцирование

Differenzierung der Bauernschaft дифференциáция крестьянства, расслоéние крестьянства

Differenzkosten *pl* изменéние затрáт, рáзность затрáт

Differenzkosten прирóст издéржек

Differenzmethode *f* рáзностный мéтод

Differenzrechnung *f* расчёт рáзности *(мéжду двумя значéниями показáний)*

Differenzsteuer *f* налóг, взимáемый с рáзницы мéжду двумя цéнностными показáтелями *(напр. мéжду оптовой ценóй промышленности и оптовой ценóй предприятия)*, рáзностный налóг

Differenzstornierung *f бухг.* сторнирование рáзницы

differieren рáзниться, различáться

diffizil затруднительный; неприятный

diffizil щекотливый *(вопрóс, дéло)*

Diffusionsindex *m* диффузиóнный индéкс, индéкс диффýзии *(в экономическом прогнозировании)*

digital цифровóй

digital ausliefern поставлять в цифровóм видe, поставлять в электрóнном видe (напр. аудиофáйлы, ПО, видеофáйлы через Интернéт)

Digital-Analog-Umsetzer *m* цифро-аналоговый преобразовáтель

Digitaladdierer *m* цифровóй суммáтор

digitale Wirtschaft электрóнная эконóмика; цифровáя эконóмика

Digitalinformation *f* цифровáя информáция, информáция в цифровóм видe, оцифрованная информáция

Digitalisation *f* дигитализáция; перевóд в электрóнную фóрму; перевóд в цифровýю фóрму

Digitalisierung *f* преобразовáние в цифровýю фóрму, преобразовáние в дискрéтную фóрму; квантовáние

Digitalisierung der Prozesse *pl* дигитализáция процéссов

Digitalnetz *n* систéма передáчи цифровых дáнных; сеть цифровóй связи

Digitalrechenmaschine *f устар.* цифровáя вычислительная машина, ЦВМ

Digitalrechner *m* цифровáя вычислительная машина, ЦВМ

Digitalspeicher *m* цифровáя пáмять, цифровóе запоминáющее устрóйство
DIHT, Deutscher Industrie- und Handelstag Конгрéсс торгово-промы́шленных палáт
Diktiergerät *n* диктофóн
Diktiertechnik *f* диктофóнная тéхника
Dimension *f* размéр; размéрность
Dimension измерéние
Dimension einer Verflechtungstabelle размéрность таблúцы межотраслевого балáнса
Dimension ökonomischer Größen размéрность экономúческих величúн
Dimensionierung *f* определéние размерности
Dimensionierung определéние размéров, определéние величины́
DIN, Deutsche Industrie-Norm промы́шленный стандáрт ФРГ, Гермáнский промы́шленный стандáрт
dingen *ист.* нанимáть; вербовáть
dingen торговáться
Dinggeld *n ист.* задáток
Dingpfennig *m ист.* задáток
Dinta, Deutsches Institut für technische Arbeitsschulung *ист.* Гермáнский институ́т технúческого обучéния
Dipl.-Ing.Ök., Diplom-Ingenieurökonom дипломúрованный инженéр-экономúст
Dipl.-Kfm., Diplom-Kaufmann дипломúрованный специалúст по экономúке и организáции торгóвли
Dipl.-Volksw., Diplom-Volkswirt дипломúрованный экономúст
Diplom-Betriebswirt *m* дипломúрованный специалúст по экономúке и организáции произвóдства
Diplom-Kaufmann *m* дипломúрованный специалúст по экономúке и организáции торгóвли
Diplom-Volkswirt *m* дипломúрованный экономúст
Diplom-Wirtschafts-Ingenieur *m* дипломúрованный инженéр-экономúст
Direkfinanzierung *f* прямóе финансúрование
Direkfinanzierung aus dem Haushalt прямóе бюджéтное финансúрование
Direktabnehmer *m* непосрéдственный покупáтель
Direktanlage *f* прямы́е капиталовложéния, прямы́е инвестúции
Direktausfuhr *f* прямóй экспорт, экспорт без посредников
Direktberechnung *f* прямóй расчёт
sortimentsbezogene Direktberechnung des Gewinns расчёт прúбыли непосрéдственно в завúсимости от сортамента продýкции, расчёт прúбыли непосрéдственно в завúсимости от ассортимéнта продýкции
Direktbetrieb *m* предприя́тие централизованного подчинéния, предприя́тие центрáльного подчинéния
Direktbezieher *m* непосрéдственный потребúтель; непосрéдственный покупáтель
Direktbeziehung *f* прямáя связь
Direktbezug *m* прямáя закýпка
Direktbezug транзитное снабжéние
Direktbezugsmengenprämie *f* прéмия, выплáчиваемая предприя́тиям рóзничной торгóвли при прямóй закýпке отдéльных вúдов товáров *(гл. обр. скоропóртящихся)*
Direktdiskont *m* учёт коммéрческих векселéй непосрéдственно в эмиссионном бáнке, учёт коммéрческих векселéй непосрéдственно в эмиссионных бáнках без оборóта на другúе кредúтные учреждéния
direkte und kostenlose Zugang zu Ihren Kontoauszügen онлайновый и бесплáтный дóступ к Вáшим бáнковским вы́пискам (в Интернéт-бáнкинге)
Direkteinfuhr *f* прямóй úмпорт, úмпорт без посредников
Direkterzeuger *m* непосрéдственный производúтель
Direktexport *m* прямóй экспорт, экспорт без учáстия посредников
Direktfinanzierung *f* прямóе финансúрование
Direktgeschäft прямáя сдéлка, сдéлка без посрéдника
Direktgeschäft прямы́е коммéрческие связú
Direkthersteller *m* непосрéдственный производúтель
Direktimport *m* прямóй úмпорт, úмпорт без посредников, úмпорт без учáстия посредников
Direktinvestition *f* прямы́е инвестúции, прямы́е капиталовложéния
Direktion *f* дирéкция, правлéние; управлéние
Direktionsbereich *m* сфéра дéятельности дирéкции *(предприя́тия)*, óбласть дéятельности дирéкции *(предприя́тия)*
Direktionsmappe *f* досьé дирéкции предприя́тия *(с материалами для постоя́нного контрóля за произвóдством и т.п.)*
Direktivkennziffer *f* директúвный показáтель
Direktkopplung *f* прямáя связь; прямóе подсоединение
Direktkredit *m* прямóй кредúт; кредúт. получáемый без посредников
Direktlieferung *f* прямáя постáвка, постáвка напрямую
Direktor, delegierter дирéктор *(акционéрного óбщества)*, избираемый óбщим собрáнием акционéров
Direktor für Produktion дирéктор по вопрóсам произвóдства; начáльник произвóдства
geschäftsführender Direktor дирéктор-распорядúтель, исполнúтельный дирéктор
kaufmännischer Direktor коммéрческий дирéктор
ökonomischer Direktor дирéктор по экономúке; дирéктор по экономúческому развúтию; глáвный экономúст; начáльник экономúческого отдéла (управлéния)
technischer Direktor технúческий дирéктор; глáвный инженéр
Direktorat *n* директорáт
Direktorenfonds *m* фонд дирéктора, дирéкторский фонд
direktorial дирéкторский, находя́щийся в ведéнии дирéктора, относя́щийся к компетéнции дирéктора
Direktorialsystem *n* систéма коллегиального руковóдства предприя́тий, при котóрой решáющее слóво имéет однó лицó *(напр. генерáльный дирéктор)*
Direktorium *n* правлéние *(в состáве нéскольких директорóв)*; администратúвный комитéт *(оргáн Европéйского платёжного союза)*
Direktproduzent *m* непосрéдственный производúтель
Direktrabatt *m* прямáя скúдка
Direktüberweisung *f* прямóй перевóд дéнежной сýммы с одногó счёта на другóй *(обы́чно черéз расчётную палáту)*; прямóй перевóд дéнежной сýммы с одногó счёта на другóй черéз жироцентраль
Direktverbraucher *m* непосрéдственный потребúтель; непосрéдственный покупáтель
Direktverfahren *n* прямóй мéтод расчёта
Direktverfahren der Gewinnberechnung прямóй мéтод расчёта прúбыли
Direktverkauf *m* продáжа потребúтельских товáров непосрéдственно потребúтелю *(черéз рóзничную торгóвую сеть промы́шленных предприя́тий)*; прямы́е продáжи
Direktverkehr *m* прямóе сообщéние, прямóе трáнспортное сообщéние
Direktverkehr прямы́е связú, прямы́е коммéрческие связú

Direktversand *m* прямáя отгрýзка, отгрýзка непосрéдственно потребúтелю
Direktvertrag *m* договóр о прямы́х постáвках; договóр о прямы́х свя́зях
Direktwerbung *f* реклáма непосрéдственно средú потребúтелей; прямáя реклáма
Direktzugriff *m* прямóй дóступ, непосрéдственный дóступ *(напр. к дáнным)*
Dirigismus *m* дирижизм, систéма актúвного госудáрственного воздéйствия на экономику
dis., discount *англ.* скúдка, дискóнт *(напр. понижéние цены́ на товáр изза егó несоответствия оговоренному кáчеству)*
Disaggregation *f* дезагрегúрование; разложéние; разукрупнéние
Disagio *n* дизажио, рáзница мéжду номинáльной стóимостью облигáции и её эмиссионным кýрсом
Disagiokonto *n* счёт дизажио
disbursement *англ.* издéржки по обслýживанию сýдна
disbursement вы́плата
disbursement вы́плаченная сýмма
disbursement оплáта, расплáта
disc., discount дискóнт, учёт векселéй
Disintermediation *f* откáз от посрéдничества
Diskette *f* дискéта
Diskont *m* дискóнт, учётный процéнт *(рáзность мéжду номиналом и выплáчиваемой сýммой при покýпке векселя́)*, учёт векселéй
Wechsel in Diskont nehmen учúтывать вéксель; дисконтúровать вéксель
Diskontabbau *m* понижéние учётного процéнта, снижéние учётного процéнта
diskontabel учётоспособный, учитываемый; принимáемый бáнком к учёту *(о вéкселе)*
Diskontanstalt *f* учётный банк, дискóнтный банк
Diskontbank *f* дискóнтный банк; банк, занимáющийся учётом обязáтельств
Diskontberechnung *f* калькуля́ция учётного процéнта
Diskontberechnung начислéние учётного процéнта
Diskontbetrag *m* сýмма дискóнта
diskontfähig учётоспособный, учитываемый; принимáемый бáнком к учёту, дисконтúруемый *(о вéкселе)*
Diskontfuß *m* учётная стáвка; стáвка дискóнта; дискóнтная стáвка
Diskontgeber *m* дисконтёр, покупáтель векселя́
Diskontgeschäft *n* бáнковская оперáция по дисконтúрованию векселéй, бáнковская оперáция по учёту векселéй, оперáция по учёту *(покýпке)* векселéй
Diskontgesellschaft *f* учётное (акционéрное) óбщество
Diskonthaus *n* учётный банк, дискóнтный банк
Diskontherabsetzung *f* понижéние учётного процéнта, снижéние учётного процéнта
Diskonthöhe *f* размéр учётного процéнта, величинá учётного процéнта, ýровень учётного процéнта
diskontierbar учётоспособный, принимáемый бáнком к учёту, дисконтúруемый *(о вéкселе)*
Diskontieren *n*, **nochmaliges** переучёт векселéй
diskontieren *vt* учúтывать вéксель, дисконтúровать вéксель, покупáть вéксель
Diskontierung *f* дисконтúрование *(процéсс, позволя́ющий определúть сегóдняшнюю цéнность бýдущих поступлéний и/или бýдущую цéнность сегóдняшних дéнежных дохóдов - применя́ется при приня́тии экономúческих решéний)*
Diskontierung дисконтúрование векселéй, учёт векселéй, покýпка векселéй; дисконтúрование *(приведéние экономúческих показáтелей рáзных лет к сопоставимому по врéмени видý)*
Diskontierungsfaktor *m* дисконтúрующий мнóжитель
Diskontinstitut *n* учётный банк, дискóнтный банк
diskontinuierlich преры́вный, дискрéтный
Diskontinuität *f* преры́вность, отсýтствие преéмственности; преры́вность, дискрéтность
Diskontkredit *m* кредúт дискóнтного бáнка; кредúт, выдавáемый при учёте векселéй; кредúт по учёту векселéй, учётный кредúт
Diskontnehmer *m* дисконтёр, покупáтель векселя́
Diskontnota *f* óпись дисконтúруемых бумáг
Diskontnota óпись дисконтúруемых векселéй и чéков
Diskonto *m* дискóнт
Diskontpolitik *f* дискóнтная полúтика, учётная полúтика, полúтика в óбласти учёта
Diskontpolitik дискóнтная полúтика центрáльного бáнка по регулúрованию стóимости кредúта путём изменéния учётной стáвки
Diskontprovision *f* комиссúя, взимáемая за учёт векселéй *(помúмо учётного процéнта)*
Diskontrate *f* дискóнтная стáвка, стáвка учётного процéнта
Diskontrechnung *f* исчислéние дискóнтной сýммы; калькуля́ция учётного процéнта, расчёт учётного процéнта
Diskontsatz *m* стáвка учётного (бáнковского) процéнта
Diskontsatz учётная стáвка
Diskontsatzsenkung *f* снижéние учётной стáвки
Diskontsenkung *f* понижéние учётного процéнта, снижéние учётного процéнта, снижéние дискóнтного процéнта
Diskontspesen *pl* издéржки, свя́занные с дисконтúрованием; расхóды по дисконтúрованию векселéй, расхóды по учёту векселéй
Diskontspesen куртáж, бáнковский процéнт
Diskontstelle *f* учётная контóра
diskontunfähig неучётоспособный, не принимáемый бáнком к учёту *(о вéкселе)*
Diskontverkehr *m* учётные оперáции, учётное обращéние; дискóнтное обращéние
Diskontwechsel *m* учтённый вéксель
Diskontwechsel учётный вéксель
diskreditieren дискредитúровать, создавáть дурнýю репутáцию
Diskrepanz *f* отклонéние; расхождéние; несоотвéтствие, разры́в; разноглáсие, разлáд
diskret *мат.* преры́вный, дискрéтный
Diskretheit *f* *мат.* преры́вность, дискрéтность
Diskretionstage *m pl* грациóнные дни, льгóтные дни *(для оплáты векселя́)*
Diskriminanzanalyse *f* дискриминáнтный анáлиз
Diskrimination *f* дискриминáция
Diskriminierung *f* дискриминáция
politische Diskriminierung политúческая дискриминáция
wirtschaftliche Diskriminierung экономúческая дискриминáция
Diskriminierungsmaßnahmen *f pl* дискриминациóнные мéры
Diskriminierungspolitik *f* полúтика дискриминáции, дискриминациóнная полúтика
DISMA, Deutsches Institut für Statistische Markt- und Meinungsforschung Немéцкий институ́т статистúческих исслéдований ры́нка и изучéния общéственного мнéния
Dispache *f* *фр.* диспáша, расчёт убы́тков от óбщей авáрии *(сýдна и грýза)*

Dispacheur *m фр. мор.* диспашёр, специали́ст по составлению диспа́ши, состави́тель диспа́ши

dispachieren *фр. мор.* определя́ть убы́тки от о́бщей ава́рии, составля́ть диспа́шу

Disparität *f* несоотве́тствие; расхожде́ние; диспропо́рция; диспарите́т

Dispatcher *m* диспе́тчер

Dispatcherbüro *n* диспе́тчерский пункт

Dispatcherdienst *m* диспе́тчерская слу́жба

Dispatcherdienst диспетчи́рование, слу́жба диспе́тчеров

Dispatcherleitstelle *f* диспе́тчерский пункт

Dispatcherwesen *n* диспетчи́рование, слу́жба диспе́тчеров

Dispatcherzentrale *f* диспе́тчерский пункт

Dispens *m f австр.* осо́бое разреше́ние, льго́та; освобожде́ние от исполне́ния обяза́тельства

dispensieren *vt* освобожда́ть от выполне́ния обяза́тельства, освобожда́ть от исполне́ния обяза́тельства

Dispersion *f стат.* диспе́рсия, рассе́яние

Displacement-Effekt *m* эффе́кт скачкообразного роста́ госуда́рственных расхо́дов в чрезвыча́йных обстоя́тельствах, когда́ по истече́нии эти́х обстоя́тельств расхо́ды не снижа́ются до пре́жнего у́ровня

Display *n англ.* диспле́й, монито́р

Disponent *m* диспоне́нт, управля́ющий, распоряди́тель; диспоне́нт, уполномо́ченный, дове́ренный торго́вого предприя́тия

disponibel свобо́дный; име́ющийся в распоряже́нии

Disponibilität *f* возмо́жность манёвра *(сре́дствами, ресу́рсами)*

Disponibilität нали́чность, нали́чие *(напр. това́ра, фина́нсовых средств)*

Disponibilität des Arbeiters возмо́жность многосторо́ннего испо́льзования рабо́чей си́лы в трудово́м проце́ссе; возмо́жность манёвра рабо́чей си́лой

Disponibilitätsreserve *f* нали́чный резе́рв, наличеству́ющий резе́рв *(напр. това́ра)*

disponieren *vt* размеща́ть, располага́ть

disponieren распоряжа́ться

Disposition *f* диспози́ция, размеще́ние *(план)*

Disposition расположе́ние, размеще́ние

Disposition распоряже́ние

Disposition диспозити́вная часть правово́й но́рмы, диспози́ция

Dispositionen *f, pl*, **gegenteilige** отменя́ющие распоряже́ния; распоряже́ния, противоре́чащие друг дру́гу

dispositionsfähig дееспосо́бный

Dispositionsfonds *m* резе́рвный фонд; фонд, предоста́вленный в распоряже́ние; фонд, име́ющийся в распоряже́нии

Dispositionsfreiheit *f* свобо́дное размеще́ние средств

Dispositionsgut *n* иму́щество, находя́щееся в распоряже́нии

Dispositionskartei *f* картоте́ка складско́го учёта свобо́дных и необходи́мых оста́тков материа́льных це́нностей; картоте́ка движе́ния материа́лов; картоте́ка размеще́ния материа́лов

Dispositionspapiere *n pl* докуме́нты на пра́во распоряже́ния

Dispositionspapiere товарораспоряди́тельные докуме́нты

Dispositionsschein *m* обяза́тельство банки́ра уплати́ть тре́тьему лицу́ обусло́вленную су́мму

Disproportion *f* диспропо́рция; несоразме́рность; разры́в

volkswirtschaftliche Disproportion народнохозя́йственная диспропо́рция; диспропо́рции в эконо́мике; экономи́ческие диспропо́рции

Disproportionalität *f* диспропорциона́льность

dispute *англ.* отме́тка в коносаменте о нали́чии разногла́сия ме́жду судовладельцем и грузоотправи́телем по вопро́су погру́зки

Disqualifikation *f* деквалифика́ция

disqualifizieren деквалифици́ровать

Distanzfracht *f* фрахт за перево́зку гру́зов на изве́стное расстоя́ние

Distanzscheck *m* иногоро́дний чек

Distanztarif *m* тари́ф, устана́вливаемый в зави́симости от расстоя́ния; дифференциа́льный тари́ф

Distanztratte *f* иногоро́дний перево́дный ве́ксель

Distanzwechsel *m* иногоро́дний ве́ксель

Distribution *f* распределе́ние

Distribution *f* распределе́ние дохо́дов и иму́щества по гру́ппам населе́ния (и́ли регионам)

Distribution распределе́ние това́ров среди́ покупа́телей

Distribution дистрибу́ция, дистрибьюция

Distributionskanal *m* кана́л распределе́ния; дистрибуторский кана́л; кана́л дистрибу́ции; кана́л сбы́та чере́з дистрибуторов

Distributionsmethode *f* дистрибути́вный ме́тод *(ме́тод линейной оптимиза́ции для реше́ния тра́нспортных пробле́м)*

modifizierte Distributionsmethode модифици́рованный дистрибути́вный ме́тод

Distributionsprozess *m* проце́сс распределе́ния

Distributionssphäre *f* сфе́ра распределе́ния

Distributionstheorie *f* тео́рия распределе́ния

Distributionsverhältnisse *n pl* отноше́ния распределе́ния

Distributionsweise *f* спо́соб распределе́ния; спо́соб дистрибу́ции, спо́соб дистрибьюции

distributiv распредели́тельный, дистрибути́вный

distributor *англ.* дистрибутор, дистрибьютор

Disziplinarmaßnahme *f* дисциплина́рная ме́ра, ме́ра дисциплина́рного возде́йствия

Disziplinarstrafe *f* дисциплина́рная ме́ра, ме́ра дисциплина́рного возде́йствия

divd, dividend *англ.* dividéнд

divergent диверге́нтный, расходя́щийся

Divergenz *f* диверге́нция, расхожде́ние

Divergenzkoeffizient *m* коэффицие́нт диверге́нции, коэффицие́нт расхожде́ния

divers разли́чный, ра́зный

Diversa *pl лат. бухг.* «ра́зные» *(небольши́е пози́ции в счета́х)*

Diversifikation *f* диверсифика́ция, рассредото́чение, рассе́ивание *(напр. поли́тика предприя́тия по расшире́нию номенклату́ры и кана́лов сбы́та с це́лью уме́ньшить риск специализа́ции)*

horizontale Diversifikation горизонта́льная диверсифика́ция *(напр. расшире́ние номенклату́ры однoти́пных това́ров)*

laterale Diversifikation латеральная диверсифика́ция *(нере́дко - проникнове́ние в други́е о́трасли)*

vertikale Diversifikation вертика́льная диверсифика́ция *(освое́ние предше́ствующих и после́дующих по отноше́нию к основно́му продукту ста́дий произво́дства)*

Diversifizierungsprogramm *n* програ́мма диверсифика́ции *(напр. произво́дства)*

Dividend *m* дели́мое число́

Dividend числи́тель *(дро́би)*

Dividende *f фр.* диви́де́нды, диви́де́нд

Dividende abwerfen приноси́ть диви́де́нды

Dividende ausschütten выпла́чивать диви́де́нды

Dividende bringen приносить дивиденды
Dividende erhöen повышать дивиденды
exklusive Dividende привилегированный дивиденд
hohe Dividende высокие дивиденды, высокий дивиденд
kumulative Dividende дивиденд, выплачиваемый за предшествующие годы *(при несвоевременной выплате его)*; кумулятивные дивиденды
unbehobene Dividende невостребованный дивиденд(ы)

Dividendenabgabe *f* налог на дивиденды
Dividendenahgabe *f* налог на дивиденды; выплата дивидендов
Dividendenanweisung *f* дивидендный купон *(наличие такого купона даёт право на получение дивиденда)*
Dividendenatschnitt *m* дивидендный купон *(наличие такого купона даёт право на получение дивиденда)*
Dividendenausschüttung *f* выплата дивидендов; распределение дивидендов
Dividendenberechtigung *f* право на получение дивидендов
Dividendenbogen *m* купонный лист *(акции)*
Dividendendienst *m* выплата дивидендов
Dividendenerklärung *f* заявление о дивидендах, установление размера дивидендов
Dividendenfestsetzung *f* установление размера дивидендов
Dividendenfonds *m* прибыль, предназначенная для выплаты дивидендов
Dividendenfonds *pl n* суммы, подлежащие распределению между акционерами *(в качестве дивиденда)*
Dividendengarantie *f* гарантия выплаты минимума дивидендов, гарантия выплаты обусловленного минимума дивидендов
Dividendenhöhe *f* размер выплачиваемых дивидендов
Dividendenkonto *n* счёт дивидендов
Dividendenpapier *n* ценные бумаги *(напр. акции)*
Dividendenpapiere *n pl* ценные бумаги, приносящие доход в виде дивидендов
Dividendenpolitik *f* политика в области дивидендов
Dividendenreserve *f* резерв для выплаты дивидендов *(в годы спада деловой активности)*
Dividendenschein *m* дивидендный купон *(наличие такого купона даёт право на получение дивиденда)*
Dividendenscheineinlösung *f* инкассирование дивидендного купона
Dividendenstopp *m* запрет на повышение размера дивиденда
Dividendenverteilung *f* распределение дивиденда, распределение дивидендов
Dividendenverwässerung *f* размывание дивидендов
Dividendenzahlung *f* выплата дивидендов
dividieren *vt* делить, разделить
dividieren durch ... делить на ...
Division *f* мат. деление
Divisionskalkulation *f* метод калькуляции путём деления *(общей суммы издержек на количество изделий при массовом производстве однородных изделий)*
Divlsionskalkulation определение издержек производства единицы продукции путём деления показателя общих издержек на показатель всей произведённой продукции, простой метод калькуляции
einfache Divlsionskalkulation простой метод калькуляции путём деления, метод калькуляции путём простого деления
DIVO, Deutsches Institut für Volkstumsfragen Немецкий институт изучения общественного мнения
DIW, Deutsches Institut für Wirtschaftsforschung Немецкий институт экономических исследований
DJ:
DJ, Dschibuti Джибути, *до 1978г. код* **AG**
d.J., dieses Jahres сего года
DJF, Dschibuti-Franc, -- Dschibuti Франк Джибути (*код валюты* 262), -- Джибути
DK:
DK, Dezimalklassifikation десятичная система классификации
DK, Dänemark Дания, *до 1970г. код* **DR**
Dkfm., Diplom-Kaufmann дипломированный специалист по экономике и организации торговли
DKK, Dänische Krone, -- Dänemark, Färöer, Grönland Датская крона (*код валюты* 208), -- Дания, Фарерские острова, Гренландия
dKr, Dänische Krone датская крона *(денежная единица Дании)*
DLG, Deutsche Landwirtschaftsgesellschaft Немецкое сельскохозяйственное общество
d.l.o., despatch loading only *англ.* диспач уплачивается только за быструю погрузку
DM:
d.M., dieses Monats сего месяца
DM, Deutsche Mark немецкая марка
DM-Eröffnungsbilanz *f* вступительный баланс, исчисленный в марках ФРГ; начальный баланс, исчисленный в марках ФРГ
DMBG, D-Mark-Bilanzgesetz закон о составлении вступительных балансов в марках ФРГ *(изданный в Зап. Германии 21.8.1949 г.)*
DMEB, DM-Eröffnungsbilanz вступительный баланс, исчисленный в марках ФРГ; начальный баланс, исчисленный в марках ФРГ
DMR, Deutsches Mietrecht немецкое арендное право
DN:
D/N., debit note дебет-нота, дебетовое авизо
D/n, debit note дебет-нота, дебетовое авизо
DNA, Deutscher Normen-Ausschuss Немецкий комитет технических норм и стандартов
DO:
D/O, delivery order *англ.* свидетельство о поставке, деливери-ордер
DO, Dominikanische Republik Доминиканская республика
DOAG, Deutsch-Ostasiatische Gesellschaft Общество развития торговых отношений между ФРГ и странами Восточной Азии
Dockgebühr *f* доковый сбор
Dockgeld *n* доковый сбор
Dockschein *m* доковый варрант, доковая сохранная записка
Dockwarrant *m* доковый варрант, доковая сохранная расписка
documents against payrnent *англ.* документы против платежа
Dokument *n* документ
Dokumentation *f* документация
Dokumentation документирование, документальное подтверждение
Dokumentation , подбор и систематизация документов для дальнейшего использования
Dokumentationsaustausch *m* обмен документацией *(напр. научно-технической)*
Dokumente *n pl* документы
Dokumente gegen Akzept документы против акцептора *(условие о выдаче покупателю после акцептования товарораспорядительных документов)*
Dokumente gegen Zahlung документы при уплате, документы против платежа, документы за наличный расчёт *(условие о выдаче покупателю товаро-*

распорядительных докумéнтов тóлько при уплáте сýммы счетá налúчными)
zahlungsauslösende Dokumente платёжные докумéнты
Dokumentenakkreditiv *n* документáрный аккредитúв, товáрный аккредитúв *(аккредитúв, вы́плата по котóрому произвóдится прóтив предъявлéния определённых докумéнтов)*
Dokumentenaufnahme *f* документáльная провéрка
Dokumentendurchlauf *m* документооборóт
Dokumentendurchlaufzeit *f* срок прохождéния докумéнтов
Dokumentengegenwert *m* сýмма докумéнтов
Dokumenteninkasso *n* акцéпт докумéнтов, пéреданных бáнку на инкáссо; инкáссо прóтив докумéнтов
Dokumenteninkasso инкáссо прóтив докумéнтов *(оплáта сýммы счёта-фактуры по предъявлéнии счёта, коносамента, упаковочного листá и прóчих докумéнтов)*
Dokumentenkredit *m* документáрный кредúт; кредúт, выдавáемый под определённые докумéнты
Dokumentenregulativ *n* едúный порядок осуществлéния оперáций по документáрным аккредитúвам *(установленный Междунарóдной торгóвой палáтой)*
Dokumententratte *f* документúрованная трáтта *(при передáче в рамбурсной сдéлке трáтты прóтив докумéнтов-коносамента, страховóго пóлиса и др.)*
dokumentieren документúровать, обосновывать докумéнтами, подтверждáть докумéнтами
Dollar-Drive *m* мéры, применяемые для увеличéния экспорта в дóлларовую зóну
Dollarabfluss *m* утéчка дóлларов
Dollarabwanderung *f* утéчка дóлларов
Dollaranleihe *f* дóлларовый заём
Dollararea *f* дóлларовая зóна; зóна хождéния (обращéния) дóллара
Dollaraufkommen *n* поступлéния в дóлларах
Dollarblock *m* дóлларовый блок
Dollardefizit *n* дóлларовый дефицúт
Dollargebiet *n* дóлларовая зóна; зóна хождéния (обращéния) дóллара
Dollarguthaben *n pl* дóлларовые авуáры, авуáры в дóлларах
Dollarhungpr *m* дóлларовый гóлод, нехвáтка дóлларов
Dollarklausel *f* дóлларовая оговóрка
Dollarknappheit *f* дóлларовый гóлод, нехвáтка дóлларов
Dollarland *n* странá, входящая в дóлларовую зóну
Dollarlücke *f* дóлларовый гóлод, нехвáтка дóлларов
Dollarmangel *m* дóлларовый гóлод, нехвáтка дóлларов
Dollarnote *f* бумáжный дóллар, дóлларовая банкнóта
Dollarpool *m* дóлларовый пул
Dollarraum *m* дóлларовая зóна; зóна хождéния (обращéния) дóллара
Dollarschein *m* бумáжный дóллар, дóлларовая банкнóта
Dollarsphäre *f* дóлларовая зóна; зóна хождéния (обращéния) дóллара
Dollarspritze *f* дóлларовая инъéкция
Dollarunterwanderung *f* **der Wirtschaft** проникновéние дóллара в экономику, долларизáция экономики
Dollarverknappung *f* дóлларовый гóлод, нехвáтка дóлларов
Dollarzahlungen *f pl* платежú в дóлларах
Dollarzone *f* дóлларовая зóна
DÖMAG, Deutsch-Österreichische Messe-und Außenhandelsgesellschaft Германо-австрúйское óбщество ярмарок и внешнеторгóвых оперáций
Domäne *f ист.* земéльная сóбственность; вóтчина; родовóе помéстье
Domäne *перен.* óбласть *(знáний)*
Domänengut *n ист.* земéльная сóбственность; вóтчина; родовóе помéстье
Domänenländereien *f pl* госудáрственные земéльные владéния
Domanialbauer *m ист.* госудáрственный крестьянин
Domanialbesitz *m ист.* госудáрственное землевладéние
Domanialgut *n ист.* земéльная сóбственность; вóтчина; родовóе помéстье
Domanialwirtschaft *f ист.* госудáрственное имéние
dominieren доминúровать, преобладáть; госпóдствовать
Dominion *n* доминиóн
Dominium *n ист.* земéльная сóбственность; родовóе помéстье, вóтчина; доминиóн
Domizil *n* домициль, домицúлий; мéсто платежá по вéкселю (чéку)
Domizil домицúлий, домициль *(понятие налóгового правá, обозначающее основнóе мéсто проживáния физúческого лицá)*
Domizil местожúтельство, местопребывáние
Domizil des Schuldvertiältnisses мéсто исполнéния обязáтельства
bleibendes Domizil постоянное местожúтельство, постоянное местопребывáние
Domiziladresse *f* домициль, домицúлий; мéсто платежá по вéкселю (чéку)
Domiziladresse местожúтельство, местопребывáние
Domiziliant *m* домицилиант *(банк, производящий оперáции по домицилированию)*
domizilieren домицилúровать *(назначáть мéсто платежá по вéкселю, éсли вéксель не оплáчивается по мéсту жúтельства)*
domizilieren проживáть
Domizilierung *f* домицилирование *(обозначéние местá платежá по вéкселю, отлúчное от домициля трассата)*
Domizilklausel *f* оговóрка о мéсте платежá по вéкселю
Domizillat *m* домицилиат
Domizilwechsel *m* домицилированный вéксель, вéксель с указáнием местá платежá
echter Domizilwechsel домицилированный вéксель не по мéсту жúтельства трассата
unechter Domizilwechsel домицилированный вéксель по мéсту жúтельства трассата
uneigentlicher Domizilwechsel вéксель, домицилированный в бáнке по мéсту жúтельства трассата; домицилированный вéксель с платежóм по мéсту жúтельства трассата
Donau-Kommission *f* Дунáйская комиссия *(комиссия по обеспéчению судохóдства по Дунаю)*
DOP, Dominikanischer Peso, -- Dominikanische Republik Доминикáнское пéсо (*код валюты* 214), -- Доминикáнская респýблика
Doppel *n* дубликáт, *(вторáя)* кóпия
Doppel-Stichprobenplan *m* план проведéния двукрáтного вы́борочного контрóля *(кáчества)*
Doppel-Stichprobenverfahren *n* мéтод двукрáтной вы́борки, мéтод двукрáтного вы́борочного контрóля *(кáчества)*
Doppelarbeit *f* параллелúзм в рабóте, дублúрование в рабóте, дублирующая рабóта
Doppelbeschäftigung *f* двойнáя занятость; рабóта в двух местáх
Doppelbesteuerung *f* двойнóе налогообложéние *(1. одногó объéкта рáзными носителями налóгового суверенитéта 2) одногó объéкта разлúчными налóгами однúм и тем же публúчно-правовы́м óрганом)*
Doppelbesteuerungsabkommen *n* ме-

жгосударственное соглашéние об избежании двойнóго налогообложéния, соглашéние *(мéжду госудáрствами)* об избежании двойнóго налогообложéния

Doppelbetrieb *m* дýплексная систéма

Doppelcharakter *m* **der Arbeit** двóйственный харáктер трудá, дуали́зм трудá

Doppelerfassung *f* двойнáя систéма бухгáлтерского учёта; параллéльный учёт; *стат.* повтóрный счёт

Doppelfrachtrate *f* двойнáя фрахтóвая стáвка

Doppelgesellschaft *f* компáния, состоя́щая из товáрищества и акционéрного óбщества

Doppelindossament *n* двойнáя передáточная нáдпись; двойнóй индоссамéнт

Doppelkarte *f стат.* двойнáя (контрóльная) кáрта; *устар.* перфокáрта, пробитая репродукционным перфорáтором; перфокáрта двойнóго испóльзования

Doppelkontrollkarte *f стат.* двойнáя (контрóльная) кáрта; *устар.* перфокáрта, пробитая репродукционным перфорáтором; перфокáрта двойнóго испóльзования

Doppeloption *f* двойнóй опциóн

Doppelpriorität *f* приоритéт вторóго порядка

Doppelprobe *f* повтóрная прóба

Doppelquittung *f* двойнáя распи́ска, квитáнция с дубликáтом, квитáнция с кóпией

Doppelrate *f* двойнáя фрахтóвая стáвка

Doppelrechnung *f* параллéльный учёт, двойнóй счёт

Doppelschätzung *f мат.* двóйственная оцéнка

Doppelsitz *m* двойнóе местонахождéние *(напр. коммéрческого предприя́тия)*

Doppeltarif *m* двойнóй тамóженный тари́ф

Doppelunterstellung *f* двойнóе подчинéние

Doppelverdiener *m* лицó, имéющее побóчный зáработок

Doppelverdiener *m pl* супрýги, кáждый из котóрых имéет зáработок

Doppelversicherung *f* двойнóе страховáние *(страховáние одногó и тогó же товáра прóтив одинáковых ри́сков у двои́х страховщиков)*

Doppelwährung *f* биметалли́зм; дéнежная систéма, при котóрой роль всеóбщего эквивалéнта игрáют два благорóдных метáлла *(зóлото и серебрó)*

Doppelzählung *f* двойнáя систéма бухгáлтерского учёта; параллéльный учёт

Doppelzählung двойнóй счёт

Doppelzählung *стат.* повтóрный счёт

Doppelzentner *m* цéнтнер *(100 кг)*

Doppik *f* двойнáя систéма бухгáлтерского учёта; двойнáя бухгалтéрия

Dorfgemeinde *f* сéльская óбщи́на

Dorfgenossenschaff *f* сéльское товáрищество, сельскохозя́йственный кооперати́в

Dorfhandelsnetz *n* сéльская торгóвая сеть; торгóвая сеть в сéльской мéстности

Dorfplanung *f* планирóвка дерéвни, планирóвка сéла

Dorfverfassung *f* положéние о юриди́ческом статуте дерéвни

Dorfverkaufsstelle *f* сéльский магази́н, магази́н в сéльской мéстности

Dorfwirtschaftsplan *m* план экономи́ческого разви́тия дерéвни *(сéльской мéстности)*

DOS, Disk Operating System ди́сковая операциóнная систéма, ДОС

dosieren *vt* дози́ровать

dosieren расфасóвывать

Dosierung *f* дозирóвка; расфасóвка

Dotation *f* дотáция

Dotationskapital *n* дотационный капитáл *(сóбственный капитáл бáнковско-креди́тных учреждéний, пéреданный в их распоряжéние трéтьими ли́цами)*

dotieren *vt* предоставля́ть дотáцию, доти́ровать

Dotierung *f* дотáция; предоставлéние дотáции

Dotierungsrücklage *f* фонд для дотáций, дотационный фонд

Douane *f фр.* тамóжня; пóшлина

Douane фр. тамóжня

Douanier *m* тамóженник, тамóженный слýжащий, слýжащий тамóжни

Dow-Johnes-Index *m* индéкс Дóу-Джóнса *(индéкс, характеризýющий срéдний ры́ночный курс áкций 30 крупнéйших компáний на Нью-Йоркской фóндовой бúрже)*

DP:

D/P, documents against payment *англ.* докумéнты за нали́чный расчёт *(услóвие о вы́даче покупáтелю товарораспорядительных докумéнтов тóлько при уплáте сýммы счёта нали́чными)*

d/p, documents against paymnent *англ.* докумéнты за нали́чный расчёт *(услóвие о вы́даче покупáтелю товарораспорядительных докумéнтов тóлько при уплáте сýммы счёта нали́чными)*

dr, debitor *англ.* должни́к; дебитóр

Drahtaviso *m* телегрáфное ави́зо

drahten *vt* телеграфи́ровать; отправля́ть телегрáмму

drahtlich по телегрáфу

Drahtüberweisung *f* телегрáфный дéнежный перевóд, дéнежный перевóд телегрáфом

Draufgabe *f разг.* задáток

Draufgeld *n разг.* задáток

drauflosproduzieren *разг.* осуществля́ть ускóренное произвóдство продýкции *(напр. в расчёте на растýщий спрос)*

draufzahlen *разг.* приплачивать, доплáчивать

drawback *англ.* возврáтная пóшлина; возврáт пóшлины; льгóты, предоставля́емые при уплáте пóшлины; ски́дка с ценьí, устýпка в ценé

drawing authorization *англ.* поручéние инострáнного бáнка бáнку страньí экспортёра закупить у послéднего докумéнти́рованные трáтты; полномóчие, дáнное импортёром экспортёру на выставлéние трáтты на банк

Drehbuchmethode *f* мéтод сценáрия *(мéтод экспертной оцéнки разви́тия наýки и тéхники)*

Drehbuchtechnik *f* мéтод сценáрия *(мéтод экспертной оцéнки разви́тия наýки и тéхники)*

Drei-Sigma-Grenzen *f pl* трёхсигмовые контрóльные грани́цы *(в статистическом контроле кáчества)*

Dreiblattverfahren *n бухг.* систéма копиручёта на трёх карточках

Dreieckgeschäft *n* трёхсторонняя сдéлка *(внешнеторгóвая сдéлка, в котóрой дефици́т платёжного балáнса по отношéнию к партнёру мóжет быть уменьшен за счёт трéтьей страньí)*

Dreiecksdiagramm *n* треугóльная диагрáмма

Dreiecksgeschäft *n* трёхсторонняя сдéлка

Dreierrechensystem *n* трóичная систéма счислéния

Dreifelderwirtschaft *f с.-х.* трёхполье, трёхпольное хозя́йство

Dreikontentheorie *f* теóрия разделéния счетóв балáнса на три грýппы

Dreimärktebarometer *n* «барóметр» движéния цен на товáрной, фóндовой и дéнежной бúржах, учёт движéния цен на товáрной, фóндовой и дéнежной бúржах

Dreimonatsgeld *n* трёхмесячная ссýда

Dreimonatspapier *n* трёхмéсячный вéксель, вéксель на три мéсяца, вéксель со срóком на три мéсяца, срóчный трехмесячный вéксель

Dreimonatswechsel *m* трёхмéсячный

вéксель, вéксель на три мéсяца, вéксель со срóком на три мéсяца, срóчный трехмесячный вéксель

Dreimonatsziel *n*:
mit Dreimonatsziel с трёхмесячным срóком дéйствия *(напр. о вéкселе)*

Dreipersonenspiel *n* игрá с тремя учáстниками, игрá трёх учáстников
Dreipersonenspiel mit Summe Null игрá трёх учáстников с нулевóй сýммой

Dreirechensystem *n* троичная систéма счислéния

Dreischichtarbeit *f* трёхсменная рабóта, рабóта в три смéны

Dreischichtbetrieb *m* предприя́тие с трёхсменной рабóтой
Dreischichtbetrieb трёхсменная рабóта, рабóта в три смéны

Dreischichtsystem *n* трёхсменная систéма рабóты

Dreispaltenverfahren *n бухг. уст.* трёхколоночная систéма копиручёта

Dreizweigmodell *n* трёхотраслевая модéль *(в планировании)*

D.R.G.M., Deutsches Reichs-Gebrauchsmuster образéц издéлия, охраня́емый закóнами ФРГ

Dritttausfertigung *f* трéтий экземпля́р, трипликат *(напр. коносамента)*

Dritte *m юр.* трéтье лицó; трéтья сторонá

Dritthaftung *f* поручи́тельство трéтьего лицá (трéтьей стороны́)

Drittland *n* трéтья странá

Drittschaden *m* ущéрб, причинённый трéтьему лицý (трéтьей сторонé)

Drittschuldner *m* лицó, получи́вшее ссýду у должникá
Drittschuldner физи́ческое лицó, имéющее задóлженность пéред должникóм, на котóрую наклáдывается арéст судéбного исполни́теля; юриди́ческое лицó, имéющее задóлженность пéред должникóм, на котóрую наклáдывается арéст судéбного исполни́теля

Drittverpfändung *f* установлéние залóгового правá трéтьего лицá

Drittverwahrung *f* передáча депонéнтом правá хранéния цéнных бумáг трéтьему лицý
Drittverwahrung фóрма депони́рования цéнных бумáг, при которóй депонéнт передаёт прáво хранéния бумáг трéтьему лицý

drosseln ограни́чивать, сокращáть *(напр. ввоз)*, свёртывать *(напр. произвóдство)*
die Preise drosseln ограни́чивать рост цен; сбивáть цéны
die Produktion drosseln свёртывать произвóдство

Drosselung *f* ограничéние, сокращéние *(напр. ввóза)*, свёртывание *(напр. произвóдства)*
Drosselung der Spekulation сдéрживание спекуля́ции

DRP, Deutsches Reichspatent гермáнский госудáрственный патéнт *(до 1945 г.)*

Druck *m* давлéние, нажи́м; тя́жесть, гнёт
Druck печáть, печáтание
politischer Druck полити́ческое давлéние
wirtschaftlicher Druck экономи́ческий нажи́м, экономи́ческое давлéние

Druckeinrichtung *f* печáтающее устрóйство, при́нтер

drucken *vt* печáтать
drücken дави́ть, нажимáть; дави́ть, угнетáть
drücken снижáть *(напр. зарплáту)*; сбивáть *(напр. цéны)*; окáзывать давлéние *(напр. на ры́нок)*

Drucker *m* печáтающее устрóйство; при́нтер; печáтник

Druckkosten *pl* типогрáфские расхóды

Druckliste *f* печáтный докумéнт, распечáтка *(при пóмощи принтера)*

Druckmittel *n* срéдство нажи́ма

Druckprogramm *n* прогрáмма печáти, прогрáмма вы́вода на печáть

Drucksache *f* «печáтное» *(штамп на книжной бандерóли)*
Drucksache печáтное издáние
als Drucksache senden посылáть бандерóлью *(напр. кни́ги)*

Druckschriftleser *m* устрóйство считывания, устрóйство ввóда печáтного тéкста; скáнер

Druschanteil *m истор.* часть умолота, выплáчиваемая молотильщикам

Druschgemeinschaft *f* товáрищество по испóльзованию молотильной установки

DStG, Deutsche Statistische Gesellschaft Немéцкое статистическое óбщество

dt:
dt, dedit оплачено
dt, Dezitonne децитонна

Dtz, Dutzend дю́жина

Dtzd, Dutzend дю́жина

Dual-Dezimai-Konvertierung *f* преобразовáние двои́чной систéмы в десяти́чную

Dualitätsmethode *f* мéтод двóйственности, дулистический мéтод

Dualitätsprinzip *n* при́нцип двóйственности

Dualitätssatz *m* теорéма двóйственности

Dualitätstheorem *n* теорéма двóйственности

Dualrechensystem *n* двои́чная систéма счислéния

Dualsystem *n* двои́чная систéма счислéния

dubios, dubiös сомни́тельный *(о долговóм трéбовании)*

Dubiosen *pl* сомни́тельные долговы́е трéбования

Dubiosenkonto *n* счёт сомни́тельных должникóв

Dukatengold *n* червонное зóлото; золотóй дукáт

Dummy *m* «болвáн» *(в теóрии игр)*; фикти́вная рабóта *(в сетевом планировании)*

Dumping *n англ.* дéмпинг *(экспорт товáра по ценé ни́же ры́ночной с цéлью оттеснения конкурéнтов)*
Dumping торгóвля по заниженным цéнам *(как фóрма недобросовестной конкурéнции)*
soziales Dumping «социáльный» дéмпинг *(дéмпинг, вызывáемый предложéнием импортных товáров по ни́зкой ценé, при расчёте которóй учитывался ни́зкий ýровень зáработной плáты)*

Dumpingpreis *m* дéмпинговая ценá, брóсовая ценá

Dumpingzoll *m* противодемпинговая пóшлина; антидéмпинговая пóшлина; защити́тельная пóшлина

Duopol *n* дуополия *(ситуáция, в которóй ры́ночное предложéние представлено двумя́ продавцáми)*

Dupl., Duplikat дубликáт

Duplikat *n* дубликáт

Duplikatfrachtbrief *m* дубликáт железнодорóжной накладнóй; дубликáт товаротранспортной накладнóй

Duplum *n* дубликáт

Durch-Konnossement *n* сквознóй коносамéнт *(выставля́ется на товáр, перевози́мый нéсколькими перевозчиками)*

Durchfahrtszoll *m* транзи́тная пóшлина

Durchfracht *f* транзи́тный фрахт; óбщий фрахт *(при комбини́рованных перевозках)*

Durchfrachtkonnossement *n* сквознóй коносамéнт, прямóй коносамéнт

Durchfrachttransportverfahren *n* комбини́рованные сквозные перевóзки

Durchfuhr *f* транзи́т; транзи́тный провóз

Durchfuhrbeschränkung *f* ограничéние транзитного провоза, ограничéние транзита, ограничéния на транзи́т *(транзитные перевóзки)*

durchführen *vt* проводи́ть, производи́ть, осуществля́ть *(напр. монтáж)*

Durchführende *m f* исполни́тель; исполни́тельница

Durchführgut *n* транзи́тный груз, транзи́тный това́р

Durchfuhrhandel *m* транзи́тная торго́вля

Durchfuhrland *n* транзи́тная страна́, страна́ транзита

Durchfuhrtarif *m* транзи́тный тари́ф

Durchführung *f* проведе́ние *(в жизнь)*, осуществле́ние; выполне́ние, исполне́ние; прово́з

Durchführung des Haushaltsplanes исполне́ние бюдже́та

kassenmäßige Durchführung des Haushalts ка́ссовое исполне́ние бюдже́та

Durchführungsbestimmung *f* инстру́кция о поря́дке исполне́ния

Durchführungsverordnung *f* постановле́ние о поря́дке исполне́ния

Durchführungsvorschrift *f* предписа́ние о поря́дке исполне́ния

Durchfuhrverbot *n* запреще́ние транзитного провоза, запреще́ние транзита

Durchfuhrverkehr *m* транзитное сообще́ние; транзитные перево́зки

Durchfuhrware *f* транзи́тный груз, транзи́тный това́р

Durchfuhrzoll *m* транзи́тная по́шлина

Durchgang *m вчт.* прого́н, пода́ча; прохожде́ние *(напр. програ́ммы)*

Durchgang транзи́т *(гру́зов)*

Durchgangseilgüterzug *m* ско́рый това́рный по́езд транзитного сообще́ния

Durchgangsgebühr *f* сбор за транзи́т; транзи́тный тари́ф, сбор за транзи́тный прово́з

Durchgangsgut *n* транзи́тный груз, транзи́тный това́р

Durchgangshandel *m* транзи́тная торго́вля

Durchgangskonnossement *n* сквозно́й коносаме́нт

Durchgangskonto *n бухг.* промежу́точный счёт, транзи́тный счёт

Durchgangskosten *pl* транзитные расхо́ды, расхо́ды по транзиту

Durchgangsposten *m бухг.* переходя́щая статья́, транзи́тная статья́

Durchgangsverkehr *m* транзитное сообще́ние; транзитные перево́зки

Durchgangszoll *m* транзи́тная по́шлина

durchgehend сквозно́й, транзи́тный *(напр. о грузах)*

durchgehend сплошно́й, непреры́вный

durchgehend беспереса́дочный *(о тра́нспортном сообщении)*

Durchkonnossement *n* сквозно́й коносаме́нт, прямо́й коносаме́нт

Durchkreuzung *f* скре́щивание, перекре́щивание; ме́сто пересече́ния; столкнове́ние *(интере́сов)*

Durchlassfähigkeit *f* пропускна́я спосо́бность *(цеха́, маши́ны)*

Durchlauf *n вчт.* прого́н, пода́ча; прохожде́ние *(напр. програ́ммы)*

Durchlauf прохожде́ние; прохо́д; транзи́т (гру́зов)

Durchlaufplan *m* гра́фик *(напр. произво́дственный)*

Durchlaufproblem *n* пробле́ма определе́ния оптимальной после́довательности (протекания) произво́дственных проце́ссов

Durchlaufrichtwerte *m pl* нормати́вная продолжи́тельность выполне́ния опера́ций

Durchlaufschema *n* гра́фик после́довательности (протекания) произво́дственных проце́ссов

Durchlaufsystem *n* систе́ма самообслу́живания в предприя́тии обще́ственного пита́ния

Durchlaufvorrat *m* сре́дний теку́щий запа́с

Durchlaufzeit *f* вре́мя изготовле́ния изде́лия

Durchlaufzeit вре́мя прохожде́ния *(напр. изде́лия при маши́нной обрабо́тке)*; непреры́вный срок *(рабо́ты)*; *сет. пл.* о́бщая продолжи́тельность рабо́т, сумма́рная продолжи́тельность рабо́т

Durchleitgelder *n pl бухг.* переходя́щие су́ммы

Durchmesser *m* диа́метр, попере́чник

durchrechnen де́лать расчёт, де́лать подсчёт; вычисля́ть

Durchrechnung *f (о́бщий)* подсчёт; вычисле́ние

Durchsatz *m* пропускна́я спосо́бность

Durchsatz производи́тельность

Durchsatz расхо́д

Durchsatznorm *f* но́рма расхо́дования *(напр. затра́т основных и вспомога́тельных материа́лов)*

Durchsatznorm но́рма расхо́дования основны́х и вспомога́тельных материа́лов *(гл. обр. в хими́ческой промы́шленности)*

Durchschlupf *m* оши́бка вы́борочной сре́дней *(при статистическом контроле ка́чества)*

Durchschlupflinie *f* крива́я оши́бки вы́борочной сре́дней *(при статисти́ческой контроле ка́чества)*

durchschmuggeln *vt* ввози́ть контраба́ндой

Durchschnitt *m* сре́днее значе́ние; сре́дняя величина́, сре́дняя; обы́чное ка́чество, сре́днее ка́чество

Durchschnitt сре́днее число́, сре́дний показа́тель

Durchschnitt der Summe oder Differenz *стат.* сре́днее значе́ние су́ммы *(двух переменных)*, сре́днее значе́ние ра́зности *(двух переменных)*

Durchschnitt des Produkts *стат.* сре́днее значе́ние произведе́ния *(двух переменных)*

gleitender Durchschnitt скользя́щая сре́дняя, подвижна́я сре́дняя

im Durchschnitt в сре́днем

durchschnittlich в сре́днем

durchschnittlich сре́дний

Durchschnittsabgabepreis *m* сре́дняя отпускна́я цена́

Durchschnittsabschreibungssatz *m* сре́дняя но́рма амортиза́ции

Durchschnittsannahme *f* приблизи́тельный расчёт

Durchschnittsarbeit *f* сре́дний труд

gesellschaltliche Durchschnittsarbeit сре́дний обще́ственный труд

tägliche Durchschnittsarbeit среднесу́точная вы́работка

Durchschnittsarbeitstag *m* сре́дняя продолжи́тельность рабо́чего дня

Durchschnittsausgaben *f pl* сре́дние расхо́ды

Durchschnittsbelastung *f* сре́дняя нагру́зка

Durchschnittsbeschaffenheit *f* сре́днее ка́чество

Durchschnittsbestand *m* сре́дний у́ровень запа́сов *(това́ров)*

Durchschnittsdauer *f* сре́дняя продолжи́тельность; сре́дний срок

Durchschnittseinkommen *n* сре́дний дохо́д

Durchschnittserlös *m* сре́дний дохо́д; сре́дняя вы́ручка

Durchschnittsertrag *m* сре́дний дохо́д

Durchschnittserwerb *m* сре́дний за́работок

Durchschnittsfamilie *f стат.* сре́дняя семья́, среднестатистическая семья́

Durchschnittsgesamtbestand *m* сре́дний разме́р о́бщих (това́рных) запа́сов

Durchschnittsgesetz *n* зако́н сре́дней

Durchschnittsgrad *m* сре́дний у́ровень *(напр. автоматиза́ции)*

Durchschnittshof *m стат.* сре́дний (крестья́нский) двор

Durchschnittsindex *m стат.* сре́дний инде́кс

Durchschnittskapital *n* сре́дний разме́р капита́ла, сре́дний капита́л

gesellschaftlich gewogenes Durchschnittskapital сре́днее органи́ческое

строе́ние капита́ла
gesellschaftliches Durchschnittskapital сре́дний обще́ственный капита́л
Durchschnittskonsum *m* сре́днее потребле́ние
Durchschnittskosten *pl* сре́дние изде́ржки, сре́дние затра́ты
Durchschnittskostensatz *m* сре́дняя но́рма затра́т
Durchschnittskurs *m* сре́дний курс
Durchschnittslänge *f* сре́дняя продолжи́тельность
Durchschnittslänge сре́дняя длина́
Durchschnittslänge der Warteschlange сре́дняя продолжи́тельность ожида́ния, сре́днее вре́мя ожида́ния, сре́дняя длина́ о́череди *(в тео́рии очереде́й)*
Durchschnittsleistung *f* сре́дняя произво́ди́тельность; сре́дняя вы́работка
Durchschnittslohn *m* сре́дняя за́работная пла́та, сре́дняя зарпла́та
Durchschnittslohngruppe *f* разря́д тарифной се́тки, соотве́тствующий сре́дней за́работной пла́те
Durchschnittslohnzuwachs *m* сре́дний рост за́работной пла́ты
Durchschnittsmarktpreis *m* сре́дняя ры́ночная цена́, среднеры́ночная цена́
Durchschnittsnorm *f* сре́дняя но́рма
gewogene Durchschnittsnorm средневзвешенная но́рма
Durchschnittspassiva *pl* сре́дний разме́р пассивов
Durchschnittspreis *m* сре́дняя цена́
Durchschnittspreis eines Zweiges сре́дняя цена́ по о́трасли, среднеотраслевая цена́
gewogener Durchschnittspreis средневзвешенная цена́
Durchschnittsprobe *f* сре́дняя про́ба
Durchschnittsprodukt *n* проду́кт обы́чного ка́чества
Durchschnittsprodukt проду́кт сре́днего ка́чества
Durchschnittsprofit *m* сре́дняя при́быль
Durchschnittsprofitrate *f* сре́дняя но́рма при́были
Durchschnittsqualität *f* обы́чное ка́чество
Durchschnittsqualität сре́днее ка́чество
Durchschnittsquote *f* сре́дняя кво́та
Durchschnittsrate *f* сре́дняя ста́вка
Durchschnittsrate сре́дняя но́рма
Durchschnittsrechnung *f* исчисле́ние сре́днего значе́ния, исчисле́ние сре́дней
Durchschnittsrentatlität *f* сре́дняя рента́бельность
Durchschnittssatz *m* сре́дняя но́рма, сре́дний тари́ф
Durchschnittssatz сре́дняя ста́вка; *бирж.* сре́дняя котиро́вка
Durchschnittsspanne *f* сре́дний разме́р торго́вой нacéнки
Durchschnittsspanne сре́дняя ра́зница *(напр. ме́жду продажной и закупочной цено́й у торго́вой фи́рмы)*
Durchschnittssteuersatz *m* сре́дняя ста́вка нало́га
Durchschnittssumme *f* сре́дняя су́мма; сре́дний ито́г
Durchschnittstagewerk *n ист.* сре́дняя дневна́я вы́работка
Durchschnittstara *f* сре́дний вес упако́вки, сре́дний вес та́ры
Durchschnittstarif *m* сре́дний тари́ф
Durchschnittsverbrauch *m стат.* сре́днее потребле́ние
Durchschnittsverdienst *m* сре́дний за́работок
Durchschnittsverrechnungspreis *m* среднерасчётная цена́
Durchschnittsverschleiß *m* сре́дний изно́с *(маши́н)*
Durchschnittsversteigerungspreis *m* сре́дняя прода́жная цена́ *(на аукцио́не)*
Durchschnittsvorratsnorm *f* сре́дняя но́рма (складских) запа́сов
Durchschnittsware *f* това́р обы́чного ка́чества, това́р сре́днего ка́чества
Durchschnittswert *m* сре́дняя сто́имость
Durchschnittswert сре́днее значе́ние; сре́дняя величина́, сре́дняя
Durchschnittszahl *f* сре́днее число́
Durchschnittsziffer *f* сре́днее число́
Durchschnittszinsfuß *m* сре́дняя проце́нтная ста́вка, сре́дний разме́р (ба́нковского) проце́нта
Durchschnittszinssatz *m* сре́дняя проце́нтная ста́вка, сре́дний разме́р (ба́нковского) проце́нта
Durchschreibebuchführung *f* копиручёт, копирова́льная фо́рма счетово́дства
Durchschreibesystem *n бухг.* систе́ма копиручёта
Durchschreibeverfahren *n бухг.* систе́ма копиручёта
Durchschrift *f* (машинопи́сная) ко́пия *(напр. ба́нковского докуме́нта)*
Durchschrittsprofitrate *f* сре́дняя но́рма при́были
durchstaffeln дифференци́ровать
Durchsuchung *f* осмо́тр, досмо́тр, тамо́женный досмо́тр
Dürreschäden *m pl* убы́тки от за́сухи; ущёрб, нанесённый засухой
Dürreschadenversicherung *f* страхова́ние на слу́чай возникнове́ния убы́тков от за́сухи
Dutzend *n* дю́жина
Dutzendartikel *m pl* бро́совый това́р
Dutzendpreis *m* цена́ за дю́жину
Dutzendware *f* бро́совый това́р
DV-Anlage *f*, **Datenverarbeitungsanlage** устро́йство для обрабо́тки да́нных
DVKB, Deutsche Verkehrs-Kreditbank Неме́цкий банк кредитования тра́нспортных опера́ций
DVM, Deutscher Verband für Materialprüfung Неме́цкое о́бщество по испыта́нию материа́лов
DVS, Deutscher Versicherungs-Schutzverband Сою́з охра́ны интере́сов держа́телей страховы́х полисов
DW:
D/W, dock warrant *англ.* складская распи́ска, до́ковый варра́нт
d.w., deadweight *англ.* дедвейт, по́лная грузоподъёмность су́дна
DWD, Deutscher Wirtschaftsdienst Слу́жба экономи́ческой информа́ции ФРГ
DWK, Deutsche Wirtschaftskommission *ист.* Неме́цкая экономи́ческая коми́ссия, НЭК *(1947-1949 гг.)*
DWV, Deutscher Wirtschaftsverband О́бщество немецких экономистов
Dynamik *f* дина́мика
Dynamik der Kosten дина́мика изде́ржек, дина́мика затра́т
Dynamisierung *f* **der Renten** законода́тельно устано́вленный рост разме́ра пе́нсий в зави́симости от роста́ вало́вого дохо́да
Dyopol *n* дуополия *(ситуа́ция, в которо́й ры́ночное предложе́ние предста́влено двумя́ продавца́ми)*
bilaterales Dyopol двусторо́нняя дуополия, билатера́льная дуополия
dyopolistisch дуополистический
DZ:
DZ, Algerien Алжи́р
Dz, Doppelzentner (метри́ческий) це́нтнер *(= 100 кг)*
DZB:
DZB, Deutsche Zentralbank Неме́цкий центра́льный банк
DzB, Devisenzuteilungsbestätigung подтвержде́ние о получе́нии валю́тных ассигнова́ний
DZD, Algerischer Dinar, -- Algerien Алжи́рский дина́р (*код валю́ты* 012), -- Алжи́р
dzt., derzeit в настоя́щее вре́мя
DzZG, Durchführungsbestimmungen zum Zollgesetz инстру́кции о поря́дке выполне́ния тамо́женного уста́ва

E, Einschreiben заказнóе *(помéтка на почтóвых отправлéниях)*

E-Mail-Massenaussendungen *pl* мáссовые рассы́лки по электрóнной пóчте

E-Tarife *m pl* осóбые ввозны́е железнодорóжные тари́фы, специáльные ввозны́е железнодорóжные тари́фы

EA:

EA, Einigungsamt примири́тельная кáмера; арбитрáж

E.A., Eisenbahnaktie áкция железнодорóжной компáнии

EA, Einigungsamt примири́тельная кáмера; арбитрáж

EA, Exportauftrag экспортный закáз

EAG:

EAG, Ein- und Ausfuhrhandels-Gesellschaft экспертно-импортное óбщество *(Гермáния)*

EAG, Europäische Atomgemeinschaft Европéйское соóбщество по áтомной энéргии, Евратом

EAGT, Einheitlicher Luftfrachttarif еди́ный авиациóнный грузовóй тари́ф *(социалистических стран)*

EAPT, Einheitlicher Luftverkehrs-Passagiertarif еди́ный авиациóнный пассажи́рский тари́ф *(социалистических стран)*

easy money *англ.* «дешёвые дéньги», оби́льный ры́нок креди́та с ни́зкими процентными ставками

EB:

EB, Einfuhrbewilligung и́мпортная лицéнзия, ввознáя лицéнзия, разрешéние на ввоз

EB, Eröffnungsbilanz вступи́тельный балáнс, начáльный балáнс, балáнс на дáту началá отчетного peри́ода

Ebf, Einschreibebrief заказнóе письмó

EC, Ecuador Эквадóр, *до 1978г. код* **ET**

ECA:

ECA, Economic Cooperation Administration *ист.* Администрáция экономи́ческого сотрýдничества *(по «плáну Маршалла»)*

ECA, United Nations Economic Commission for Africa Экономи́ческая коми́ссия ООН для Áфрики, ЭКА

ECAFE, United Nations Economic Commission for Asia and the Far East Экономи́ческая Коми́ссия ООН для Áзии и Дáльнего Востóка, ЭКАДВ

ECE:

ECE, Economic Comission for Europe Экономи́ческая коми́ссия для стран Еврóпы, ЭКЕ

ECE, United Nations Econornic Commission for Europe Экономи́ческая коми́ссия ООН для Еврóпы, ЭКЕ

ECGD, Export Credits Guarantee Department Board of Trade Департáмент гарáнтий экспортных креди́тов министéрства торгóвли *(Áнглия)*, Отдéл гарáнтий экспортных креди́тов министéрства торгóвли *(Áнглия)*

echt натурáльный, чи́стый, настоя́щий, пóдлинный

Echtheit *f* пóдлинность, аутенти́чность, иденти́чность

Echtzeitdatenverarbeitung *f* обрабóтка дáнных в реáльном врéмени, обрабóтка дáнных в реáльном масштáбе врéмени

Echtzeituhr *f* часы́ реáльного врéмени

ECITO, European Central Inland Transport Organization Центрáльная организáция внутриевропéйских перевóзок

Ecklohn *m* срéдняя *(тари́фная)* стáвка *(чáще всегó установленная тари́фом почасовáя стáвка, слýжащая бáзой для расчётов с пóмощью тари́фных коэффициентов)*

Ecklohn срéдняя тари́фная стáвка *(ФРГ)*

ECLA, United Nations Econornic Commission for Latin America Экономи́ческая коми́ссия ООН для Лати́нской Амéрики, ЭКЛА

ECO, European Coal Organization *ист.* Европéйская организáция ýгольной промы́шленности

economic efficiency *(eng.)* экономи́ческая рентáбельность; экономи́ческая эффекти́вность

economic expansion *(eng.)*; **wirtschaftliche Ausdehnung** *f* экономи́ческая экспáнсия

economic good *(eng.)*; **Wirtschaftsgut** *n* экономи́ческое блáго

economies of scale *англ.* эконóмия, обуслóвленная рóстом масштáба произвóдства, эффéкт масштáба *(снижéние долговремéнных срéдних издéржек произвóдства на едини́цу продукции)*

ECOSOC:

ECOSOC, Economic and Social Council Экономи́ческий и социáльный совéт, ЭКОСОК (в ЕС, ООН)

ECOSOC, Economic and Social Council of the United Nations Экономи́ческий и Социáльный совéт ООН, ЭКОСОК

ECOWAS, Economic Organization of West Africa States Экономи́ческое óбщество западно-африкáнских государств, ЭКОВАС

ECR:

ECR, European Court Reports сбóрник решéний Европéйского судá

ECR трéбование на сертификáцию оборýдования

ECS, Sucre, -- Ecuador Сýкре *(код валю́ты* 218), -- Эквадóр

ECSC, European Coal and Steel Community Европéйское объединéние угля́ и стáли, ЕОУС

ECU:

ECU, European Clearing Union *ист.* Европéйский платёжный сою́з, ЕПС

ECU, European Currency Unit ЭКЮ́ (европéйская валю́тная едини́ца; введенá в 1979 годý)

e.D., exklusive Dividende привилеги́рованный дивидéнд

EDB, Einheits- Durchschreibe-Buchhaltung еди́ная систéма копиручёта

Edeka, Einkaufsgenossenschaft der Kolonialwarenhändler *истор.* Закупочное товáрищество предприя́тий по торгóвле колониáльными товáрами *(ФРГ)*

Edeka-Genossenschaft *f* объединéние самостоя́тельных рóзничных торгóвцев продовóльственными товáрами

Edelmetall *n* благорóдный метáлл, драгоцéнный метáлл

Edelvaluta *f* высококоти́рующаяся валю́та

EDR, Einkaufsring Deutscher Radiohändler Закупочное объединéние немецких предприя́тий, торгующих радиотоварами

EDV, Elektronische Datenverarbeitung электрóнная обрабóтка дáнных, автоматизи́рованная обрабóтка дáнных, компью́терная обрабóтка дáнных

EDV-Auswertungen *f pl* испóльзование ЭВМ, испóльзование компью́тера

EDV-Auswertungen получéние дáнных в результáте испóльзования ЭВМ

EDV-System *n* электрóнная систéма обрабóтки дáнных, систéма электрóнной обрабóтки дáнных

EDVA, elektronische Datenverarbeitungsanlage электрóнная вычисли́тельная машина, ЭВМ

EE:

EE, Einfuhrerklärung и́мпортная декларáция

EE, Einkaufsermächtigung полномóчие на покýпку

EE, Estland Эстóния

EEC, European Economic Community Европéйское экономи́ческое соóбщество, ЭЭС, «Óбщий ры́нок»

EEF, Europäischer Entwicklungsfonds Европéйский фонд разви́тия

EEK, Estnische Krone, -- Estland Крóна *(код валю́ты* 233), -- Эстóния

Ef.:

Ef., Einfuhr и́мпорт, ввоз

Ef, Erbfolge *юр.* поря́док наслéдования

Effekt *m:* эффе́кт
marktwirtschaftlicher Effekt ры́ночный эффе́кт
volkswirtschaftlicher Effekt народнохозя́йственный эффе́кт
Effekten *pl* дви́жимое иму́щество, дви́жимость
Effekten це́нные бума́ги *(а́кции, облига́ции)*
Effekten lombardieren lassen закла́дывать це́нные бума́ги, сдава́ть в зало́г це́нные бума́ги
Effekten unterbringen помеща́ть це́нные бума́ги
Effektenabteilung *f* фо́ндовый отде́л *(напр. ба́нка)*
Effektenarbitrage *f* фо́ндовый арбитра́ж
Effektenbank *f* фо́ндовый банк *(в Герма́нии и в не́которых други́х стра́нах - банк, занима́ющийся преиму́щественно фондовыми опера́циями)*
Effektenbelehnung *f* ссу́да под зало́г це́нных бума́г
Effektenbörse *f* фо́ндовая би́ржа, би́ржа це́нных бума́г
Effektengeschäft *n* сде́лка с це́нными бума́гами; фондовые опера́ции
Effektenhandel торго́вля це́нными бума́гами
Effektenhandel фондовые опера́ции
Effektenhandel фо́ндовый арбитра́ж
Effektenhändler *m* торго́вец це́нными бума́гами *(на би́рже или во внебиржево́м оборо́те)*
Effektenkonto *n* счёт це́нных бума́г
Effektenkurs *m* курс це́нных бума́г, котирующихся на би́рже
Effektenlombard *m* ссу́да под зало́г це́нных бума́г
Effektenlombardgeschäft *n* вы́дача ссуд под це́нные бума́ги
Effektenlombardierung *f* получе́ние ссу́ды под зало́г це́нных бума́г
Effektenmakler *m* ма́клер на фо́ндовый би́рже; ма́клер на фондовом ры́нке
Effektenmakler ма́клер по операциям с це́нными бума́гами *(на би́рже)*
Effektenmarkt *m* фо́ндовый ры́нок, ры́нок це́нных бума́г
Effektenquittung *f* квита́нция за депони́рованные це́нные бума́ги
Effektenquittung квита́нция по фондовым депози́там
Effektenrechnung *f* исчисле́ние факти́ческой сто́имости це́нных бума́г; исчисле́ние проце́нтов, получаемых с це́нных бума́г
Effektenrechnung ры́ночная сто́имость це́нных бума́г
Effektenspekulation *f* спекуля́ция це́нными бума́гами; спекуля́ции на фондовом ры́нке
Effektenumsatzsteuer *f* биржево́й нало́г
Effektenumsatzsteuer нало́г с оборо́та по фондовым операциям
effektiv нали́чный *(напр. о валю́те)*; чи́стый *(напр. о при́были)*, факти́ческий, действи́тельный, реа́льный; эффекти́вный, де́йственный
Effektivbestand *m* факти́ческое нали́чие, действи́тельное нали́чие; нали́чность
Effektivgeschäft *n бирж.* сде́лка на реа́льный това́р; спот
Effektivhandel *m* торго́вля реа́льным това́ром; торго́вля на би́рже реа́льного това́ра, спот
Effektivität *f* реа́льность
Effektivität эффекти́вность, де́йственность; реа́льность
volkswirtschaftliche Effektivität народнохозя́йственная эффекти́вность, эффекти́вность наро́дного хозя́йства
wirtschaftliche Effektivität экономи́ческая эффекти́вность; эффекти́вность эконо́мики
Effektivitätsberechnung *f* расчёт эффекти́вности
Effektivitätsgrad *m* у́ровень эффекти́вности, сте́пень эффекти́вности
Effektivitätskoeffizient *m* коэффицие́нт эффекти́вности
Effektivitätskriterium *n* крите́рий эффекти́вности
Effektivitätsmass *n* ме́ра эффекти́вности *(напр. экономи́ческой систе́мы)*
Effektivitätssicherung *f* обеспе́чение эффекти́вности
Effektivitätszuwachs *m* повыше́ние эффекти́вности, эффектизация
Effektivlohn *m* номина́льная за́работная пла́та
Effektivlohn факти́ческая за́работная пла́та *(може́т включа́ть, напр. зарпла́ту по тарифному соглаше́нию, сверхуро́чные и надба́вки)*
Effektivpreis *m* факти́чески де́йствующая цена́
Effektivpreis цена́ при упла́те нали́чными; факти́ческая цена́
Effektivpreis цена́ с учётом эффекти́вности изде́лия
Effektivstärke *f* реа́льная чи́сленность, наличная чи́сленность
Effektivvermerk *m* поме́тка в биржево́м контра́кте, удостоверя́ющая по́длинность сде́лки, поме́тка в биржево́м контра́кте о реа́льности сде́лки
Effektivverzinsung *f* факти́ческий дохо́д от проце́нтов по це́нным бума́гам, действи́тельный дохо́д от проце́нтов по це́нным бума́гам; факти́ческий проце́нт, приносимый це́нными бума́гами
Effektivwert *m* действи́тельная сто́имость, факти́ческая сто́имость
Effektivwertbildung *f* определе́ние эффекти́вных значе́ний
Effektivwertbildung формирова́ние факти́ческой сто́имости
Effektivzahlung *f* платёж в эффективной валю́те, платёж в свободноконвертируемой валю́те
effektuieren исполня́ть *(напр. зака́з)*, производи́ть *(фина́нсовые опера́ции)*
effizient де́йственный, эффекти́вный
Effizienz *f* коэффицие́нт поле́зного де́йствия *(напр. регрессивных пара́метров)*
Effizienz экономи́ческая эффекти́вность
EFTA, European Free Trade Association Европе́йская ассоциа́ция свобо́дной торго́вли, ЕАСТ
EFTA-Staaten *m pl* страны́, входя́щие в Европейскую ассоциа́цию свобо́дной торго́вли, госуда́рства - чле́ны ЕАСТ
EFTPOS, Elektronic Funds Transfer at the Point of Sale переда́ча да́нных при испо́льзовании креди́тных ка́рточек
EG:
E.G., eingetragene Genossenschaft зарегистри́рованное о́бщество *(занесенное в рее́стр)*
EG, Europäische Gemeinschaften *истор.* Европе́йское сообществ
EG, Aegypten Еги́пет
Eg, Eilgüterzug грузово́й по́езд большо́й ско́рости
e.G., eingetragene Genossenschaft зарегистри́рованное о́бщество, зарегистри́рованное това́рищество
Egalisierungsabgabe *f* отчисле́ние в госуда́рственный бюдже́т ра́зницы ме́жду сметной и бо́лее ни́зкой заготовительной цено́й
EGKS, Europäische Gemeinschaft für Kohle und Stahl Европе́йское объедине́ние угля́ и ста́ли, ЕОУС
EGmbH, eingetragene Genossenschaft mil beschränkter Haftpflicht зарегистри́рованное о́бщество с ограни́ченной отве́тственностью
EGmuH, eingetragene Genossenschaft mit unbeschränkter Haftpflicht зарегистри́рованное о́бщество с неограни́ченной отве́тственностью
EGmuN, eingetragene Genossenschaft mit unbeschränkter Nachschusspflicht зарегистри́рованное о́бщество с неограни́ченной отве́тственностью по упла́те дополни́тельных де́нежных взно́сов
EGP, Aegyptisches Pfund, -- Aegyp-

ten Египетский фунт (*код валюты* 818), -- Египет

EGT, Einheitsgebührentarif единый тариф расценок железнодорожной службы по доставке грузов (на дом)

EH, Einzelhandel розничная торговля

Ehegattenermäßigung *f* снижение налога на супруга

Ehegattenzuschlag *m* надбавка к пенсии на нетрудоспособного супруга

Ehrenakzept *n* коллатеральный акцепт *(акцепт с надписью - залоговым поручительством за платёж)*

Ehrenakzeptant *m* плательщик «за честь»; акцептант - поручитель за аккуратный платёж

Ehrenakzeptation *f* коллатеральный акцепт

ehrenamtlich почётный, общественный; добровольный; на общественных началах; в порядке (почётной) общественной работы

Ehrenannahme *f* акцепт «за честь», коллатеральный акцепт *(боковая надпись третьего лица, ручающегося за платёж)*; акцептование для спасения кредита векселедателя

Ehrenannahme коллатеральный акцепт *(акцепт с надписью - залоговым поручительством за платёж)*

Ehreneintritt *m* защита третьим лицом должника по векселю

Ehreneintritt посредничество на случай неплатежа, посредничество «за честь»

Ehrengelder *n pl* почётная денежная премия

Ehrenpatenschaft *f* почётное шефство

Ehrenpension *f* персональная пенсия

Ehrenrente *f* персональная пенсия

Ehrentage *m pl* грационные дни, льготные дни

Ehrenurkunde *f* почётная грамота

Ehrenzahler *m* плательщик «за честь»

Ehrenzahlung *f* платёж «за честь»; платёж по поручительству

EIB, Europäische Investitionsbank Европейский инвестиционный банк

Eichamt *n* палата мер и весов, пробирная палата

Eichbehörden *f pl* органы пробирного надзора

Eichdienst *m* служба эталонирования и клеймения

Eiche *f* проверка мер и весов; клеймение мер и весов

eichen *vt* выверять, проверять, тарировать; эталонировать; градуировать; калибровать, клеймить

Eichfehlergrenze *f* предел погрешности при эталонировании

Eichgebühr *f* сбор за проверку и клеймение

Eichgeld *n* сбор за проверку и клеймение

Eichgewicht *n* клеймёная гиря

Eichgewicht нормальный вес

Eichkurve *f* тарировочная кривая, тарировочная характеристика

Eichmaß *n* эталон

Eichschein *m* свидетельство о клеймении

Eichstempel *m* поверочное клеймо

Eichung *f* выверка, проверка; тарирование; эталонирование; градуирование; калибрование; клеймение

Eigenart *f* своеобразие

Eigenbedarf *m* индивидуальные потребности; собственные потребности; собственное потребление; потребности предприятия в изделиях собственного производства

Eigenbedarf собственные потребности, собственные нужды

Eigenbedarfsdeckung *f* удовлетворение собственных потребностей

Eigenbehalt *m* расход на собственные нужды

Eigenbehalt *страх.* собственное удержание

Eigenbehaltsprämie *f страх.* премия по (за) собственному удержанию

Eigenbesitz *m* собственность; владение на правах собственности

Eigenbesitzer *m* собственник вещи, осуществляющий владение *чем-л.*, владелец на правах собственника

Eigenbetrieb *m* государственное предприятие, юридически несамостоятельное, но работающее на хозяйственном расчёте *(ФРГ)*; муниципальное предприятие, юридически несамостоятельное, но работающее на хозяйственном расчёте *(ФРГ)*

Eigenbetrieb частное предприятие

Eigenbewirtschaftung *f* ведение собственного хозяйства

Eigendepot *n* вклад, служащий банку залогом соблюдения обязательств депонента; вклад, служащий банку гарантией соблюдения обязательств депонента; вклад, принадлежащий лично депоненту

Eigendepot *n* собственные депозиты банка

eigenerwirtschaften *vt* получать средства *(в результате собственной хозяйственной деятельности)*

eigenerwirtschaftet собственный (*полученный в результате собственной хозяйственной деятельности)*

Eigenerwirtschaftung *f* покрытие потребности предприятия в капиталовложениях за счёт прибыли и амортизационных отчислений, самофинансирование

Eigenerwirtschaftung получение средств за счёт собственной хозяйственной деятельности

Eigenerwirtschaftung der Mittel использование собственных источников финансирования

Eigenerzeugung *f* собственное производство; производство для собственного потребления

Eigenexport *m* прямой экспорт *(без посредников)*

Eigenfertigung *f* изготовление за счёт внутренних ресурсов

Eigenfertigung производство для собственного потребления

Eigenfertigung собственное производство

Eigenfinanzierung *f* самофинансирование

Eigengeschäfte *n pl* самостоятельные сделки производственных предприятий с иностранными торговыми партнерами

Eigengeschäfte операции банка за собственный счёт

Eigengewicht *n* собственный вес

Eigengut *n юр.* независимое наследственное имущество

Eigengut *ист.* аллод

Eigenguthaben *n* собственные активы *(банка)*

Eigenhandel *m* торговля за свой счёт, торговля за собственный счёт

Eigenhändler *m бирж.* комиссионер, осуществляющий операции за свой *(собственный)* счёт; самостоятельный коммерсант

Eigenhändler посредник, обладающий исключительным правом сбыта на определённой территории; эксклюзивный торговец, торговец с исключительным правом продаж

Eigenheim *n* собственный дом, индивидуальный дом, дом в индивидуальной собственности, дом в частной собственности

Eigenheimbau *m* индивидуальное жилищное строительство

Eigenhörigkeit *f ист.* крепостное право

Eigenkapital *n* паевой капитал

Eigenkapital *n* непривлечённый капитал

Eigenkapital собственный капитал

korrigiertes Eigenkapital накопленный собственный капитал *(увеличение собственного капитала согласно ба-*

лáнсу на сýмму накóпленных резéрвов)

Eigenkapitalausstattung *f* обеспéченность сóбственным капиталом *(напр. соотношéние мéжду сóбственным капиталом и привлечённым капиталом)*

Eigenkapitalbedarf *m* потрéбность в сóбственном капитале

Eigenkonsum *m* лúчное потреблéние, индивидуáльное потреблéние

Eigenkontrahent *m* доверúтель; клиéнт; закáзчик; учáстник договóра

Eigenkontrolle *f* самоконтрóль

Eigenleistung *f* показáтель эффектúвности произвóдства

Eigenleistung трудовóе учáстие в жилúщном строúтельстве

Eigenleistung сóбственная вы́работка

Eigenleistung сóбственная мóщность

Eigenleistungsmethode *f стат.* мéтод определéния производúтельности трудá на оснóве установлéния примерной чúстой продýкции по изменяющимся пеням

Eigenmächtigkeit *f* самоуправство, произвóл

Eigenmasse *f* сóбственный вес *(напр. товáра)*

Eigenmassc тáра *(подвижнóй единúцы)*

Eigenmaterial *n* сóбственный материáл

Eigenmittel *n pl* сóбственные срéдства

Eigenmittelabführung *f* отчислéние из сóбственных средств *(напр. в бюджéт)*

Eigenmittelanteil *m* дóля сóбственных средств *(напр. дóля в совокупных пассивах фúрмы)*

Eigenmittelanteil дóля сóбственных средств в основны́х и оборотных срéдствах (предприя́тия)

Eigenmittelausstattung *f* обеспéчение сóбственными срéдствами

Eigenmittelbeteiligung *f* учáстие сóбственными срéдствами *(в основны́х и оборотных срéдствах предприя́тия)*

Eigenmittelzuführung *f* пополнéние сóбственных средств

Eigenmittet *n pl* сóбственные срéдства

Eigenmontage *f* сбóрка сóбственными сúлами и срéдствами

Eigenmontage монтáж сóбственными срéдствами, монтáж сóбственными сúлами и срéдствами

Eigenproduktion *f* продýкция для лúчного потреблéния, продýкция для сóбственного потреблéния

Eigenproduktion произвóдство для сóбственного потреблéния

Eigenproduktion сóбственная продýкция

Eigenproduktion отéчественная продýкция

Eigenproduktion сóбственное произвóдство

Eigenproduktion отéчественное произвóдство

Eigenschaft *f* свойствó, кáчество

Eigentum *n* сóбственность; достоя́ние

Eigentum des Fiskus казённая сóбственность, фискальная сóбственность

Eigentum gesellschaftlicher Organisationen сóбственность общéственных организáций

ausländisches Eigentum имýщество, принадлежáщее инострáнцам; имýщество инострáнных владéльцев

geistigesEigentum интеллектуáльная сóбственность

gemeinschaftliches Eigentum óбщая сóбственность

genossenschaftliches Eigentum кооператúвная сóбственность

genossenschaftliches sozialistisches Eigentum *истор.* социалистúческая кооператúвная сóбственность

gesellschaftliches Eigentum общéственная сóбственность

gewerbliches Eigentum промы́шленная сóбственность

individuelles Eigentum индивидуáльная сóбственность

kleinbäuerliches Eigentum мéлкая крестья́нская сóбственность, сóбственность мéлких крестьянских хозя́йств

öffentliches Eigentum госудáрственная сóбственность

persönliches Eigentum лúчная сóбственность

privates Eigentum чáстная сóбственность

privatkapitalistisches Eigentum частнокапиталистическая сóбственность

staatliches Eigentum госудáрственная сóбственность

unbewegliches Eigentum недвúжимость, недвúжимое имýщество

ursprüngliches Eigentum первоначáльная сóбственность

zwischenstaatliches Eigentum межгосударственная сóбственность

in Eigentum übergeben предостáвить в сóбственность, передáть в сóбственность

Eigentümer *m* сóбственник, владéлец

Eigentümerhypothek *f* ипотéка, перешéдшая к сóбственнику недвúжимости пóсле уплáты дóлга

Eigentumsanspruch *m* притязáние на прáво сóбственности

Eigentumsanteil *m* дóля сóбственности, дóля имýщества, дóля владéния

Eigentumsaufgabe *f* добровóльная устýпка правá сóбственности

Eigentumsaufgabe устýпка правá сóбственности

Eigentumsbefugnisse *f pl* полномóчия, вытекáющие из правá сóбственности

Eigentumsbeschränkung *f* ограничéние правá сóбственности

Eigentumsdelikt *n* преступлéние прóтив сóбственности

Eigentumsentsetzung *f* лишéние сóбственности; конфискáция; экспроприáция

Eigentumsersitzung *f* приобретéние правá сóбственности по дáвности владéния

Eigentumserwerb *m* приобретéние правá сóбственности

Eigentumserwerbung *f* приобретéние правá сóбственности

Eigentumsform *f* фóрма сóбственности

Eigentumsfreiheitsklage *f юр.* негаторный иск

Eigentumsgemeinschafi *f юр.* óбщность сóбственности

Eigentumsklage *f юр.* виндикациóнный иск

Eigentumsprivileg *n* привилéгия сóбственности

Eigentumsrecht *n* прáво сóбственности

Eigentumsschutz *m* защúта правá сóбственности

Eigentumsstreuung *f* распылéние сóбственности, диффýзия сóбственности, рассéивание сóбственности

Eigentumsübergang *m* перехóд правá сóбственности

Eigentumsübertragung *f* передáча правá сóбственности, переустýпка правá сóбственности

Eigentumsumschichtung *f (коренное, глобáльное)* перераспределéние сóбственности

Eigentumsverbrechen *n* преступлéние прóтив сóбственности

Eigentumsverfolgung *f юр.* виндикáция, истрéбование сóбственником имýщества, истрéбование истцóм имýщества

Eigentumsverfügung *f* распоряжéние сóбственностью

Eigentumsvergehen *n* нарушéние правá сóбственности

Eigentumsverhältnisse *n pl* имýщественные отношéния

Eigentumsverhältnisse отношéния сóбственности

Eigentumsvermutung *f* предполагáемое прáво сóбственности *(напр. при налúчии зáписи в поземельной кнúге)*

Eigentumsverteilung *f* распределéние сóбственности

Eigentumsverzicht *m* отка́з со́бственника от това́ра, подлежащего обложе́нию по́шлиной, в по́льзу госуда́рства
Eigentumsvorbehalt огово́рка об усло́виях перехо́да права́ со́бственности на това́р *(напр. до вы́платы по́лной сто́имости)*
Eigentumswechsel *m* перехо́д права́ со́бственности
Eigenumsatz *m* внутризаводско́й оборо́т, оборо́т внутри́ предприя́тия
Eigenunfallversicherung *f* страхова́ние от несча́стных слу́чаев, производи́мое специа́льными о́рганами федера́ции, земе́ль и общи́н *(ФРГ)*
Eigenvektor *m* со́бственный ве́ктор
eigenverantwortlich под ли́чную со́бственность
eigenverantwortlich под со́бственную отве́тственность
Eigenverantwortlichkeit *f* самостоя́тельность *(предприя́тия)*
Eigenverantwortlichkeit со́бственная отве́тственность, ли́чная отве́тственность
Eigenverantwortung *f* со́бственная отве́тственность, ли́чная отве́тственность
Eigenverbrauch *m* внутризаводско́е потребле́ние
Eigenverbrauch со́бственное потребле́ние; потребле́ние для со́бственных нужд
Eigenvermögen *n* со́бственное иму́щество
Eigenversorgung *f* самообеспечение
Eigenwechsel *m* просто́й ве́ксель, со́ло-ве́ксель
Eigenwerbung *f* самостоя́тельная рекла́ма *(напр. производи́телем това́ра)*
Eigenwert *m* перви́чная сто́имость, основна́я сто́имость *(противополагаемая произво́дной)*
Eigenwert реа́льная, факти́ческая сто́имость
Eigenwert *мат.* со́бственное значе́ние
Eigenwirtschaft *f с.-х.* индивидуа́льное хозя́йство
Eigenwirtschaftlichkeit *f* самоокупаемость
Eigenwirtschaftlichkeit самостоя́тельная хозя́йственная де́ятельность, самостоя́тельная хоздеятельность
Eigner *m* со́бственник; владе́лец, хозя́ин; облада́тель
Eignung *f* приго́дность
berufliche Eignung профессиона́льная приго́дность, профпригодность
Eignungsprüfung *f* прове́рка на профессиона́льную приго́дность, прове́рка на профпригодность
Eignungstest *m* прове́рка профессиона́льной приго́дности к рабо́те, тест на профпригодность
Eignungswert *m* потребительское сво́йство́ *(напр. това́ра, материа́ла на предприя́тии)*
Eigro, Einkaufsgemeinschaft der Lebensmittel-Großhändler Закупочное объедине́ние оптовых торго́вцев продово́льственными това́рами *(ФРГ)*
Eilauftrag *m* сро́чный зака́з
Eilauftrag сро́чное поруче́ние на перево́д де́нег
Eilavis *m* сро́чное ави́зо, сро́чное уведомле́ние
Eilbestellung *f* сро́чный зака́з
Eilbote *m* курье́р, рассы́льный, на́рочный
Eilbrief *m* сро́чное письмо́
Eilfracht *f* груз большо́й ско́рости
Eilfracht пла́та за перево́зку гру́зов большо́й ско́рости
Eilgeld *n* диспа́ч *(пре́мия за досрочную погру́зку и́ли вы́грузку су́дна)*
Eilgut *n* груз большо́й ско́рости
Eilgut скоростно́й груз
Eilgutabfertigung *f* отпра́вка гру́зов большо́й ско́рости, отпра́вка гру́зов большо́й ско́ростью
Eilgüterzug *m* уско́ренный (ско́рый) грузово́й по́езд
Eilgutfrachtsatz *m* ста́вка тарифа на гру́зы большо́й ско́рости
Eilgutfrachtsatz тари́фная ста́вка на гру́зы большо́й ско́рости
Eilguttarif *m* тари́ф на гру́зы большо́й ско́рости
Eilguttarif тари́ф на скоростны́е перево́зки
Eilgutverkehr *m* перево́зка гру́зов большо́й ско́рости
Eilgutverkehr скоростны́е перево́зки гру́зов
eilig сро́чный
Eilsendung *f* сро́чное почто́вое отправле́ние
Eilüberweisung *f* сро́чный де́нежный перево́д
Eilzugzuschlag *m ж.д.* допла́та за ско́рость
Eilzuschlag *m* допла́та за сро́чность
Eilzustellung *f* доста́вка по́чты с на́рочным
ein starkes Anziehen ре́зкое повыше́ние *(напр. цен)*
Ein- und Ausfuhr *f*, **unsichtbare** неви́димый и́мпорт и неви́димый экспорт
Ein- und Ausfuhrhandels-Gesellschaft Экспортно-импортное о́бщество *(ФРГ)*
Ein- und Ausgangsbuch *n* книга входя́щих и исходя́щих бума́г
Ein- und Auslieferungskosten *pl* расхо́ды по погрузочно-разгрузочным операциям; сто́имость погрузочно-разгрузочных рабо́т
Ein- und Auswanderung *f стат.* вне́шняя мигра́ция
Ein- und Verkaufsbedingungen *f pl* усло́вия ку́пли-прода́жи *(в догово́ре)*
einarbeiten вовлека́ть в рабо́ту, включа́ть в рабо́ту; приуча́ть к рабо́те; вводи́ть в курс дела́, знако́мить с рабо́той; привива́ть трудовы́е на́выки
Einarbeitung *f* нала́дка *(маши́ны)*
Einarbeitung освое́ние специа́льности, овладе́ние специа́льностью
Einarbeitung приобрете́ние (необходи́мых) трудовы́х на́выков
Einarbeitungsberuf *m* профе́ссия, приобретаемая в проце́ссе рабо́ты без прохожде́ния специа́льного обуче́ния
Einarbeitungsnorm *f* временна́я но́рма вы́работки, устана́вливаемая на пери́од освое́ния профе́ссии
Einarbeitungszeit *f* перио́д приобре́тения трудовы́х на́выков
Einarbeitungszuschlag *m* надба́вка, предоставляемая рабо́чему, не выполня́ющему но́рму вы́работки в перио́д приобрете́ния трудовы́х на́выков
einballen упако́вывать в тюки́, упако́вывать в ки́пы, увя́зывать в тюки́, увя́зывать в ки́пы, киповать, тюкова́ть
einballieren упако́вывать в тюки́, упако́вывать в ки́пы, увя́зывать в тюки́, увя́зывать в ки́пы, киповать, тюкова́ть
Einbau *m* монта́ж, сбо́рка
Einbaukosten *pl* изде́ржки по монтажу, расхо́ды на монта́ж
Einbehaltung *f* удержа́ние, взима́ние
Einbehaltung an der Quelle удержа́ние нало́гов из исто́чника дохо́да
Einbehaltung vom Lohn удержа́ние ча́сти за́работной пла́ты
einberechnen *vt* включа́ть в счёт
Einberufung *f* **von Banknoten** изъя́тие банкно́т из обраще́ния
einbringlich дохо́дный
Einbringlichkeit *f* дохо́дность
Einbringung *f* внесе́ние
Einbringung переда́ча
Einbringung des Haushaltsplanes внесе́ние прое́кта бюдже́та на обсужде́ние *(законода́тельных о́рганов)*
Einbringung von Sachen und Rechten переда́ча иму́щества и прав
Einbruchdiebstahlversicherung *f* страхова́ние от кра́жи со взло́мом
Einbuße *f* поте́ря; убы́ток, уще́рб; уро́н
Einbuße erleiden понести́ убы́ток

(убы́тки, уще́рб)

Eindämmung *f* сде́рживание, уде́рживание, ограниче́ние
Eindämmung der Spekulation сде́рживание спекуля́ции

eindecken *vt* обеспе́чивать, покрыва́ть спрос, удовлетворя́ть спрос
sich eindecken запаса́ться *(това́рами)*, де́лать заку́пки впрок, закупа́ть впрок

Eindeckung *f* заку́пка; изготовле́ние на (в) запа́с
Eindeckung *бирж.* покры́тие; произво́дство запа́сов (това́ров); заку́пка впрок

eindeutig однозна́чный

eindimensional одномерный

Eindringen *n* проникнове́ние; вторже́ние; внедре́ние

eine Zusammenkunft mit j-*m* vereinbaren договори́ться о встре́че с кем-л.; догова́риваться о встре́че с кем-л.

einengen *vt* ограни́чивать, сокраща́ть

Einengung *f* суже́ние *(напр. ры́нка сбы́та, ассортиме́нта това́ров)*, ограниче́ние *(напр. торго́вли)*

Einer *n* едини́ца

Einfach-Stichprobenplan *m* план одно́чного приёмочного контро́ля, план одно́-вы́борочного контро́ля *(ка́чества)*

Einfachsumme *f* проста́я су́мма

Einfahren *f* вход, вхожде́ние; въезд
Einfahren im optimalen Zustand выведе́ние на оптима́льный режи́м

Einfamilienhaus *n* дом на одну́ семью

Einfluss *m* влия́ние

Einflussbereich *m* сфе́ра де́йствия; сфе́ра влия́ния

Einflussgröße *f* величина́ возде́йствия
Einflussgröße пара́метр

Einflussnahme *f* влия́ние, возде́йствие

Einflusssphäre *f* сфе́ра влия́ния

Einflusszone *f* сфе́ра влия́ния

einfordern *vt* тре́бовать, затребовать
einfordern , взы́скивать, взыска́ть *(де́ньги)*
einfordern предъявля́ть иск, предъяви́ть иск

Einfrieren *n* замора́живание *(напр. за́работной пла́ты, капита́ла)*; омертвление *(напр. капита́ла)*

Einfuhr *f* и́мпорт, ввоз
begünstigte Einfuhr и́мпорт на льго́тных усло́виях
direkte Einfuhr прямо́й и́мпорт, и́мпорт без уча́стия посредников
direkte Einfuhr прямо́й и́мпорт, и́мпорт без посредников
indirekte Einfuhr и́мпорт чере́з посредников, ко́свенный и́мпорт
mittelbareEinfuhr ко́свенный и́мпорт, и́мпорт с уча́стием посредников
ungehinderte Einfuhr свобо́дный ввоз
schwarze Einfuhr черный и́мпорт, контраба́ндный ввоз; незако́нный и́мпорт; незако́нный ввоз
unsichtbare Einfuhr неви́димый и́мпорт, се́рый и́мпорт
zollfreie Einfuhr беспо́шлинный ввоз

Einfuhr- und Vorratsstellen *f pl* учрежде́ния, регули́рующие объём и́мпорта сельскохозя́йственных това́ров и у́ровень цены́ на них *(ФРГ)*

Einfuhr- und Zahlungsbewilligung *f* и́мпортная и платёжная лице́нзия, импортное и платёжное разреше́ние

Einfuhrabgaben *f pl* и́мпортные по́шлины, ввозны́е по́шлины; нало́ги и сбо́ры, взима́емые при импорте

Einfuhranrecht *n* пра́во удержа́ния ча́сти валю́тной вы́ручки от экспорта с после́дующим испо́льзованием её для опла́ты и́мпорта това́ров из эти́х же стран
Einfuhranrecht пра́во удержа́ния ча́сти экспортной валю́тной вы́ручки

Einfuhranschlusslieferungen *f pl* поста́вки това́ров, дополня́ющие поста́вки основно́го импортного това́ра

Einfuhrantrag *m* зая́вка на импортную лице́нзию

Einfuhrartikel *m* предме́т и́мпорта, статья́ и́мпорта; и́мпортный това́р

einführbar допу́щенный к вво́зу, разрешенный к вво́зу; разрешенный к и́мпорту
einführbar приго́дный для вво́за

Einfuhrbedarf *m* потре́бность в импорте, спрос на и́мпортные това́ры

Einfuhrbefugnis *f* пра́во на ввоз, пра́во на и́мпорт

Einfuhrbeschränkung *f* и́мпортные ограниче́ния, ограниче́ния и́мпорта, ограниечения на ввоз

Einfuhrbestellung *f* и́мпортный зака́з

Einfuhrbestimmungen *f pl* госуда́рственные постановле́ния и предписа́ния, регламентирующие и́мпорт
Einfuhrbestimmungen положе́ния, регламентирующие и́мпорт

Einfuhrbewilligung *f* и́мпортная лице́нзия, ввозна́я лице́нзия, разреше́ние на ввоз

Einfuhrbewilligungsgebühren *f pl* сбо́ры, взима́емые за вы́дачу импортной лице́нзии; пла́та за импортную лице́нзию

Einfuhrdeklaration *f* и́мпортная деклара́ция, ИД, ввозна́я деклара́ция; тамо́женная деклара́ция при импорте това́ров, и́мпортная тамо́женная деклара́ция, ИТД

einführen *vt* ввози́ть, импорти́ровать
einführen привози́ть; вводи́ть *(напр. ограниче́ния)*; внедря́ть *(напр. но́вую те́хнику)*; осва́ивать *(напр. но́вые мо́щности)*
einführen привози́ть
einführen вводи́ть *(напр. ограниче́ния)*
einführen внедря́ть *(напр. но́вую те́хнику)*
einführen осва́ивать *(напр. но́вые мо́щности)*

Einführer *m* импортёр

Einfuhrerhöhung *f* увеличе́ние объёма и́мпорта

Einfuhrerklärung *f* и́мпортная деклара́ция, ИД, ввозна́я деклара́ция; тамо́женная деклара́ция при импорте това́ров, и́мпортная тамо́женная деклара́ция, ИТД

Einfuhrerschwerung *f* ухудше́ние усло́вий вво́за, ухудше́ние усло́вий и́мпорта, затрудне́ния с вво́зом, затрудне́ния с импортом

Einfuhrfinanzierung *f* финанси́рование и́мпорта

Einfuhrfirma *f* фи́рма-импортёр, импортирующая фи́рма

Einfuhrförderung *f* стимули́рование и́мпорта, поощре́ние и́мпорта

Einfuhrfreiliste *f* спи́сок това́ров, допу́щенных к свобо́дному вво́зу *(и́мпорту)*

Einfuhrgenehmigung *f* лице́нзия на и́мпорт, и́мпортная лице́нзия, разреше́ние на ввоз

Einfuhrgeschäft *n* и́мпортная сде́лка
Einfuhrgeschäft опера́ции по и́мпорту, и́мпортные опера́ции
Einfuhrgeschäft фи́рма-импортёр

Einfuhrgut *n* и́мпортный това́р; и́мпортный груз

Einfuhrhandel *m* и́мпорт, и́мпортная торго́вля

Einfuhrhandelsgeschäft *n* фи́рма-импортёр

Einfuhrhändler *m* коммерса́нт, специализи́рующийся на импорте определённых това́ров

Einfuhrhaus *n* фи́рма-импортёр, импортное торго́вое объедине́ние

Einfuhrkontingent *n* и́мпортный континге́нт; континге́нт това́ров, разрешенных к и́мпорту

Einfuhrkontingentierung *f* контингентирование и́мпорта

Einfuhrkontrolle *f* контро́ль над импортом, контро́ль и́мпорта

Einfuhrkredit *m* и́мпортный креди́т

Einfuhrland *n* импортирующая страна́,

ввозя́щая страна́, страна́-импортёр

Einfuhrliste *f* спи́сок импортируемых това́ров, пе́речень импортируемых това́ров

Einfuhrlizenz *f* и́мпортная лице́нзия, лице́нзия на и́мпорт, разреше́ние на ввоз

Einfuhrmeldung, и́мпортная деклара́ция, и́мпортная тамо́женная деклара́ция

Einfuhrmöglichkeiten *f pl* и́мпортные возмо́жности, возмо́жности по и́мпорту

Einfuhrmonopol *n* монопо́лия на и́мпорт

Einfuhrnebenabgaben *f pl* дополни́тельные нало́ги и сбо́ры, взима́емые при импорте

Einfuhrposition *f* статья́ и́мпорта

Einfuhrposten *m* статья́ и́мпорта

Einfuhrprämie *f* и́мпортная пре́мия

Einfuhrpreis *m* и́мпортная цена́

Einfuhrpreisindex *m* инде́кс импортных цен

Einfuhrquote *f* и́мпортная кво́та, кво́та на и́мпорт

Einfuhrrestriktion *f* ограниче́ние и́мпорта

Einfuhrrestriktlon *f* ограниче́ние и́мпорта

Einfuhrschranken *f pl* и́мпортные барье́ры

Einfuhrsperre *f* запре́т и́мпорта, запре́т на и́мпорт, запре́т на ввоз

Einfuhrstatistik *f* и́мпортная стати́стика, стати́стика и́мпорта

Einfuhrsteuer *f* и́мпортный нало́г, нало́г на импорти́руемые това́ры

Einfuhrtarif *m* и́мпортный тари́ф

Einfuhrüberhang *m* превыше́ние и́мпорта над экспортом

Einfuhrüberschuss *m* превыше́ние и́мпорта над экспортом

Einführung *f* и́мпорт, ввоз

Einführung введе́ние, внедре́ние *(напр. но́вой те́хники)*; освое́ние *(напр. но́вых мо́щностей)*

Einführung продвиже́ние *(това́ра на ры́нок)*

Einführungskurs *m* эмиссио́нный курс це́нных бума́г

Einführungspatent *n* пате́нт, приобретённый за грани́цей; зарубе́жный пате́нт, приобретённый для испо́льзования внутри́ страны́

Einführungspreis *m* цена́ на но́вые ви́ды проду́кции, обеспе́чивающая продвиже́ние их на ры́нок

Einführungsrabatt *m* ски́дка за внедре́ние в торго́вый оборо́т но́вых това́ров, ски́дка за внедре́ние в торго́вый оборо́т това́рных нови́нок

Einführungswerbung *f* рекла́ма с це́лью продвиже́ния но́вых това́ров, рекла́ма на поступа́ющий в прода́жу това́р

Einführungszuschlag *m (временна́я)* надба́вка к ба́зисной цене́, покрыва́ющая дополни́тельные изде́ржки на освое́ние но́вых ви́дов проду́кции

Einfuhrverbot *n* запре́т на и́мпорт

Einfuhrverfahren *n* поря́док осуществле́ния импортных опера́ций, поря́док проведе́ния импортных опера́ций

Einfuhrversandhändler *m pl* опто́вые посре́дники, перепродающие и́мпортные това́ры, ку́пленные в морско́м перевалочном порту́

Einfuhrvertrag *m* контра́кт на и́мпорт (това́ров)

Einfuhrverzollung *f* обложе́ние и́мпорта по́шлинами, обложе́ние импортными по́шлинами

Einfuhrvolumen *n* объём и́мпорта

Einfuhrware *f* импорти́руемые това́ры

Einfuhrziel *n* и́мпортный план, план по и́мпорту

Einfuhrzoll *m* и́мпортная по́шлина, ввозна́я по́шлина

protektionistischer Einfuhrzoll покрови́тельственная и́мпортная по́шлина, протекциони́стская и́мпортная по́шлина

Einfuhrzollsatz *m* ста́вка импортной по́шлины

Einfuhrzollschuld *f* обяза́тельства уплати́ть импортную по́шлину, обяза́тельство оплати́ть импортную по́шлину

Eingabe *f* ввод *(да́нных)*

Eingabe вход *(компьютерного устро́йства)*

Eingabe входя́щая информа́ция; вводи́мая информа́ция

Eingabe устро́йство вво́да

Eingabe-Ausgabe *f* ввод-вы́вод *(да́нных)*

Eingabe-Ausgabe устро́йство вво́да-вы́вода

Eingabe-Ausgabe-Peripherie *f* (выч. тех.) вне́шние устро́йства вво́да вы́вода, периферийные устро́йства вво́да-вы́вода

Eingabedatei, масси́в входны́х да́нных, входно́й файл

Eingabedaten *pl* входны́е да́нные; входя́щие да́нные (информа́ция); вводи́мые да́нные

Eingabeeinheit *f* устро́йство вво́да; входно́е устро́йство, входно́й блок

Eingabeeinrichtung *f* устро́йство вво́да; входно́е устро́йство, входно́й блок

Eingabegerät *n* устро́йство вво́да; входно́е устро́йство, входно́й блок

Eingabewerte *m pl* входны́е да́нные; входны́е величины́

Eingang *m* ввод *(да́нных)*

Eingang поступле́ние *(да́нных, информа́ции)*

Eingang вход *(напр. табли́цы)*

Eingang поступле́ние, получе́ние *(де́нег, това́ров)*; прито́к *(зака́зов)*

Eingang прихо́д *(в кассовой кни́ге)*

„Eingang vorbehalten" при усло́вии (предвари́тельного) получе́ния *(напр. де́нег)*

Eingänge *m pl* поступле́ние сумм, поступле́ния, прихо́д

Eingänge und Ausgänge поступле́ния и платежи́; поступле́ния и изде́ржки, прихо́д и расхо́д

Eingangsabfertigung *f* тамо́женный досмо́тр *(при импорте, при ввозе)*

Eingangsabgabe *f* и́мпортная по́шлина, ввозна́я по́шлина

Eingangsartikel *m* предме́т вво́за

Eingangsartikel статья́ вво́за

Eingangsdaten *pl* входны́е да́нные; входя́щие да́нные (информа́ция); вводи́мые да́нные

Eingangsdeklaration *f* и́мпортная тамо́женная деклара́ция, и́мпортная деклара́ция, ИД

Eingangsegalisierung *f* вы́равнивание заготови́тельных цен *(в промы́шленности)*

Eingangsgeld *n* и́мпортная по́шлина, ввозна́я по́шлина

Eingangsgröße *f* входна́я величина́, входно́й пара́метр

Eingangshafen *m* порт прибы́тия, порт поступле́ния *(това́ра)*

Eingangsinformation *f* входна́я информа́ция, исхо́дная информа́ция

Eingangskontrolle *f* контро́ль ка́чества и коли́чества поступа́ющего това́ра; входно́й контро́ль

Eingangsmeldung *f* прихо́дный о́рдер

Eingangsparameter *m* входно́й пара́метр

Eingangspaß *m* свиде́тельство о вво́зе; свиде́тельство о поступле́нии *(това́ра)*

Eingangsposition *f* статья́ прихо́да

Eingangsrechnung *f* счёт, выставля́емый поставщико́м, счёт-факту́ра

Eingangsschein *m* прихо́дный о́рдер

Eingangssteuer *f* и́мпортная по́шлина, ввозна́я по́шлина

Eingangsvermerk *m* отме́тка о поступле́нии *(напр. заявки)*

Eingangszoll *m* и́мпортная по́шлина, ввозна́я по́шлина

Eingangszollamt *n* тамо́жня в (на) пограни́чном пу́нкте

eingefroren заморо́женный *(о капита́ле, о за́работной пла́те)*

eingeschrieben заказной *(о письме)*; зарегистрированный *(о товариществе)*
eingeschrieben зарегистрированный *(о товариществе)*
eingeschrumpft сокращённый *(о бюджете, о доходах)*
eingetragen зарегистрированный *(о товариществе)*
Eingruppierung *f* классификация; группирование; причисление к определённой категории, причисление к определённому тарифу
Eingruppierungskommission *f* классификационная комиссия
Eingruppierungsunterlagen *f pl* документация для отнесения исполнителя к определённой категории по степени сложности выполняемой работы
einhalten *vt* соблюдать *(условие, правило, срок)*
Einhaltung *f* соблюдение *(напр. условий, сроков)*
einhandeln выменивать
einhandeln покупать; скупать; закупать; приобретать
einhandeln терять *(при купле-продаже)*
einhändigen *vt* вручать
einheimisch местный
einheimisch отечественный, относящийся к данной стране
Einheit *f* единица *(измерения)*
Einheit единство
Einheit единица *(оборудования)*
Einheit унифицированный узел
administrative Einheit административная единица
etatmäßige Einheit штатная единица
statistische Einheit *стат.* единица наблюдения
technische Einheit технический параметр; единица оборудования
territoriale Einheit территориальная единица
widersprüchliche Einheit противоречивое единство
wirtschaftliche Einheit хозяйственная единица
Einheitsbesteuerung *f* обложение с единицы *(напр. продукции)*
Einheitsbilanz *f* единый баланс *(напр. платёжный баланс, который включает торговый баланс)*
Einheitsbrennstoff *m* условное топливо
Einheitsbüchse *f* условная банка *(в консервной промышленности)*
Einheitsdifferenzialkosten *pl* дифференциальные затраты на единичный продукт, дифференциальные затраты на отдельный продукт
Einheitsdurchschreibebuchführung *f* единая система копиручёта
Einheitsdurchschreibebuchhaltung *f* единая система копиручёта; единая система организации и ведения бухучёта
Einheitsformular *n* стандартный бланк
Einheitsfrachtsatz *m* единая фрахтовая ставка
Einheitsgebührentarif *m* единый железнодорожный тариф
Einheitsgenossenschaft *f* кооператив
Einheitshektar *m* гектар условной пахоты
Einheitskontenrahmen *m* единая номенклатура счетов
Einheitskonto *n* единый счёт
Einheitskosten *pl* расходы на единицу продукции, издержки на единицу продукции, удельные расходы, удельные затраты
Einheitskurs *m бирж.* единый курс
Einheitskurs ежедневно объявляемый курс по кассовым сделкам
Einheitslast *f* удельная нагрузка
Einheitsleistung *f* единичная мощность, мощность в расчёте на единицу *(напр. продукции, оборудования)*
Einheitsleistung продуктивность в расчёте на единицу
Einheitsmarkt *m* единый рынок; фондовый рынок, на котором ведётся торговля ценными бумагами по единым ценам
Prinzip des Einheitsmarktes принцип целостности рынка *(на одном рынке в одно и то же время на один и тот же товар цена одинакова)*
Einheitsmaschine *f* типовой станок, станок из унифицированных узлов
Einheitsmatrix *f* единичная матрица
Einheitsmietvertrag *m* единый договор найма
Einheitsporto *n* единый почтовый тариф
Einheitsposttarif *m* единый почтовый тариф
Einheitspreis *m* единая цена, стандартная цена
Einheitspreisgeschäft *n* магазин стандартных цен
Einheitssatz *m* единая ставка, единая тарифная ставка
Einheitsscheck *m* стандартный чековый формуляр
Einheitsschlüssel *m* контрольный телеграфный ключ *(в банковском деле)*
Einheitssteuer *f* единый налог
Einheitstarif *m* единый таможенный тариф
Einheitstarif единый тариф
Einheitstarifsatz *m* единая тарифная ставка
Einheitsverpackung *f* стандартная упаковка
Einheitsversicherung *f* групповое страхование, коллективное страхование
Einheitsvordruck *m* стандартный бланк
Einheitswassermenge *f* удельный расход воды, приведённый расход воды
Einheitswechsel *m* стандартный бланк векселя
Einheitswert *m вчт.* единичное значение
Einheitswert налоговая стоимость хозяйственных единиц
Einheitswert стандартная величина
Einheitswert стандартная стоимость *(чаще всего налоговая оценка, устанавливаемая по стандартным правилам для всех видов имущества)*
Einheitswert цена деления шкалы; единица *(шкалы)*
Einheitswerte *m pl бирж.* ценные бумаги, для которых установлен единый курс; ценные бумаги с единым курсом
Einheitszoll *m* единая пошлина
EinhW, Einheitswert налоговая стоимость хозяйственных единиц; имущественный ценз
Einigung *f* соглашение; компромисс; примирение сторон
Einigungsamt *n* арбитраж, третейский суд
Einigungsamt *юр.* примирительная камера; арбитраж
Einigungsstelle *f юр.* примирительная камера; арбитраж
einkalkulieren *vt* включать в калькуляцию, включить в калькуляцию, откалькулировать, скалькулировать
einkalkulieren учитывать, принимать во внимание
Einkassierung *f* инкассация, инкассирование *(платежа)*; инкассо; сбор, получение *(денег)*; взыскивание *(долгов)*
zur Einkassierung на инкассо
Einkassierungsspesen *pl* издержки инкассации, издержки по инкассации
Einkassierungsspesen издержки по инкассо *(платежа)*
Einkauf *m* купля, закупка, покупка; скупка
einkaufen *vt* покупать, закупать
sich einkaufen платить за принятие *(напр. в ассоциацию)*; оплачивать свою долю участия *(в предприятии)*
sich einkaufen платить за свою долю участия *(в капитале фирмы)*
Einkäufer *m* закупщик *(агент)*, покупатель; скупщик
Einkaufs- und Verkaufsorganisation *f* закупочно-сбытовая организация
Einkaufsabrechnung *f* плата за купленный товар
Einkaufsabrechnung учёт закупок

Einkaufsabschluss *m* заключе́ние сде́лки на заку́пку; заключе́ние догово́ра на заку́пку

Einkaufsabteilung *f* отде́л заку́пок, заготови́тельный отде́л

Einkaufsanzeige *f* ави́зо о заку́пке, уведомле́ние о заку́пке

Einkaufsapparat *m* закупочный аппара́т, заготови́тельный аппара́т

Einkaufsauftrag *m* зака́з на заку́пку

Einkaufsbeschränkung *f* ограниче́ние на заку́пку; ограниче́ние заку́пок

Einkaufsbruttopreis *m* валова́я заку́почная цена́, заку́почная цена́ бру́тто

Einkaufsform *f* фо́рма заку́пок, фо́рма осуществле́ния заку́пок

Einkaufsgemeinschaft *f* объедине́ние физи́ческих лиц в интере́сах совме́стного осуществле́ния заку́пок, объедине́ние юриди́ческих лиц в интере́сах совме́стного осуществле́ния заку́пок

Einkaufsgemeinschaft der Lebensmittel-Großhändler Закупочное объедине́ние опто́вых торго́вцев продово́льственными това́рами *(ФРГ)*

Einkaufsgenossenschaft *f* заку́почная коопера́ция

Einkaufsgenossenschaft закупочный кооперати́в

Einkaufshandlung *f* опто́вая я́рмарка образцо́в *(для заключе́ния контрактов ме́жду предприятиями-поставщиками и торго́выми организа́циями)*

Einkaufshaus *n* торго́вый дом, торго́вая фи́рма

Einkaufskartell *n* закупочный карте́ль

Einkaufskartell карте́ль оптовых фирм-покупа́телей

Einkaufskommission *f* коми́ссия по заку́пкам

Einkaufskommissionär *m* комиссионе́р по заку́пкам, посре́дник по заку́пкам

Einkaufsland *n* страна́ заку́пки това́ра

Einkaufsplan *m* план закупок

Einkaufspreis *m* заку́почная цена́; цена́ производи́теля

Einkaufsrechnung *f* счёт на закупленный това́р, счёт на ку́пленный това́р

Einkaufsrechnungspreis *m* валова́я заку́почная цена́, заку́почная цена́ бру́тто

Einkaufssteuer *f* нало́г с закупочной цены́

Einkaufssteuer *f* нало́г на поку́пку

Einkaufszentrum *n* торго́вый центр

Einkaulsabrechnung *f* учёт заку́пок; распла́та за ку́пленный това́р

einklarieren *vt* грузи́ть на су́дно

einklarieren *vt* очища́ть от по́шлины прибы́вшие на су́дне това́ры; клари́ровать су́дно

Einklarierung *f* очи́стка от по́шлин това́ров, прибы́вших на су́дне; очи́стка от нало́гов и сбо́ров су́дна *(при захо́де в порт)*; клари́рование су́дна

Einklarierung погру́зка на су́дно

Einkommen *n, pl* дохо́д; поступле́ние; за́работок

Einkommen *pl* дохо́ды; поступле́ния

Einkommen aus Handelstätigkeit дохо́д от торго́вой де́ятельности

Einkommen aus Unternehmertätigkeit предпринимательский дохо́д

Einkommen aus wirtschaftlicher Tätigkeit дохо́д от хозя́йственной де́ятельности

Einkommen beschneiden уреза́ть дохо́ды; ограни́чивать дохо́ды (поступле́ния)

Einkommen unfundiertes дохо́д не с капита́ла

abgeleitetes Einkommen произво́дный дохо́д, втори́чный дохо́д

beitragspflichtiges Einkommen дохо́д, от величины́ кото́рого исчисля́ется разме́р обяза́тельных взно́сов *(напр. в фонд социа́льного страхова́ния)*

durch Arbeit erworbenes Einkommen трудово́й дохо́д

durchschnittliches Einkommen сре́дний дохо́д; сре́дний за́работок

dynamisches Einkommen дохо́ды, величина́ кото́рых изменяется в зави́симости от колеба́ний ры́ночной конъюнкту́ры; динами́чно изменя́ющиеся дохо́ды

festes Einkommen твёрдый дохо́д

fundiertesEinkommen дохо́д (в проце́нтах) с капита́ла, дохо́д (в проце́нтах) от владе́ния землёй и друго́й недви́жимостью

garantiertes Einkommen гаранти́рованный дохо́д

indirektes Einkommen ко́свенный дохо́д

lebenslängliches Einkommen пожи́зненный дохо́д

nichterarbeitetes Einkommen нетрудово́й дохо́д

statisches Einkommen постоя́нный дохо́д

unsichtbares Einkommen неви́димый дохо́д

ursprüngliches Einkommen перви́чный дохо́д

verfügbares Einkommen чи́стый дохо́д *(по́сле вы́чета нало́гов)*

wechselndes Einkommen меня́ющийся дохо́д, непостоя́нный дохо́д

einkommen поступа́ть в дохо́д

einkommen поступа́ть *(в ка́ссу)*

heute ist wenig eingekommen сего́дня мало́ вы́ручено, сего́дня ма́ленькая вы́ручка

Einkommens- und Verbrauchsbilanz *f* бала́нс дохо́дов и потребле́ния

differenzierte Einkommens- und Verbrauchsbilanz дифференци́рованный бала́нс дохо́дов и потребле́ния

Einkommensangleichung *f* выра́внивание дохо́дов

Einkommensausgleichung *f* выра́внивание дохо́дов

Einkommensbesteuerung *f* подоходное налогообложе́ние; обложе́ние подохо́дным нало́гом

Einkommensbewegung *f* дина́мика дохо́дов, движе́ние дохо́дов; дина́мика поступле́ний

Einkommensbezieher *m* получа́тель дохо́да, получа́тель дохо́дов

Einkommensbildung *f* формирова́ние дохо́да, образова́ние дохо́да

Einkommenseffekt *m* эффе́кт дохо́да *(эффе́кт, отража́ющий влия́ние реа́льного дохо́да при измене́нии цены́ това́ра)*

Einkommenseinbuße *f* поте́ря дохо́да

Einkommenselastizität *f* эласти́чность дохо́дов

Einkommenselastizität der Nachfrage эласти́чность спро́са в зави́симости от у́ровня дохо́дов

Einkommensentwicklung *f* дина́мика дохо́дов, движе́ние дохо́дов

Einkommensermittlung *f* определе́ние (у́ровня) дохо́дов, определе́ние разме́ра дохо́да

steuerliche Einkommensermittlung определе́ние дохо́дов с це́лью налогообложе́ния

Einkommensfunktion *f* фу́нкция дохо́да

Einkommensgruppe *f* гру́ппа дохо́дов

Einkommenskonto *n* счёт дохо́дов

Einkommenslage *f* положе́ние с дохо́дами; состоя́ние дохо́дов

Einkommensminderung *f* сокраще́ние дохо́дов, уменьше́ние дохо́дов, сниже́ние дохо́дов

Einkommensnivellierung *f* нивели́рование дохо́дов, выра́внивание дохо́дов

Einkommenspolitik *f* поли́тика в о́бласти дохо́дов

Einkommenspolitik поли́тика в о́бласти распределе́ния дохо́дов *(мо́жет осуществля́ться госуда́рством, профсою́зами, объединениями предпринима́телей и др. институтами с це́лью измене́ния структу́ры распределе́ния перви́чных дохо́дов)*

Einkommensposten *m* приходная статья́; статья́ дохо́дов

Einkommensquelle *f* исто́чник дохо́да *(напр. труд, принося́щий дохо́д, дохо́д от владе́ния иму́ществом, при́быль)*
Einkommensquelle исто́чник дохо́дов

Einkommensschichtung *f* дифференциа́ция дохо́дов

Einkommensschmälerung *f* сокраще́ние дохо́дов, уменьше́ние дохо́дов, сниже́ние дохо́дов

einkommensschwach малоиму́щий, с невысо́ким у́ровнем дохо́да

Einkommensschwankung *f* колеба́ние дохо́дов, колеба́ние у́ровня дохо́дов

Einkommensskala *f* шкала́ дохо́дов

Einkommensstruktur *f* структу́ра дохо́дов

Einkommensteuer *f* подохо́дный нало́г
Einkommensteuer nach dem Schedulensystem шедулярный подохо́дный нало́г
einheitliche Einkommensteuer еди́ный подохо́дный нало́г
ergänzende Einkommensteuer дополни́тельный подохо́дный нало́г
veranlagte Einkommensteuer подохо́дный нало́г, взима́емый с заявленного дохо́да

Einkommensteuerrecht *n* пра́во взима́ния подохо́дного нало́га

Einkommensteuersatz *m* ста́вка подохо́дного нало́га

Einkommensträger *m* получа́тель дохо́да

Einkommensumverteilung *f* перераспределе́ние дохо́дов

Einkommensverhältnisse *n pl* иму́щественное положе́ние

Einkommensverteilung *f* распределе́ние дохо́дов *(ча́ще всего́ распределе́ние валово́го и чи́стого дохо́да ме́жду разли́чными гру́ппами)*

Einkommensverwendung *f* испо́льзование дохо́дов

Einkommenszuschlag, SV-beitragsfreier дополни́тельный дохо́д, с кото́рого не уплачиваются взно́сы в фонд социа́льного страхова́ния

Einkommenszuwachs *m* рост дохо́дов, приро́ст дохо́дов

Einkontensystem *n* систе́ма еди́ного счёта

Einkünfte *f pl* дохо́ды *(в том числе́ - дохо́ды, подлежа́щие обложе́нию подохо́дным нало́гом)*; поступле́ния
Einkünfte aus freiberuflicher Tätigkeit дохо́ды лиц свобо́дных профе́ссий
Einkünfte in Geld де́нежные дохо́ды, дохо́ды в де́нежной фо́рме
Einkünfte in Naturalform дохо́ды в натура́льной фо́рме
außerordentliche Einkünfte чрезвыча́йные дохо́ды
nebenberufliche Einkünfte дохо́ды от побочной де́ятельности, дохо́ды от побочного заня́тия
sonstige Einkünfte про́чие дохо́ды
steuerbegünstigte freiberufliche Einkünfte дохо́ды лиц свобо́дных профе́ссий, по́льзующихся налоговыми льго́тами

Einladebahnhof *m* ста́нция погру́зки

einladen *vt* грузи́ть, нагружа́ть *(напр. су́дно)*

Einladeort *m* ме́сто погру́зки

Einladung *f* погру́зка
Einladung приглаше́ние

Einlage *f* (де́нежный) вклад; взнос; пай *(в предприя́тии)*
Einlage приложе́ние вложе́ние, содержи́мое
Einlage вложе́ние *(почто́вое)*, содержи́мое
Einlage auf Sicht вклад до востре́бования
Einlage mit einjähriger Kündigungsfrist сро́чный вклад на оди́н год
Einlage ohne bestimmte Kündigungsfrist бессро́чный вклад
befristete Einlage сро́чный вклад
fiktive Einlage мни́мый вклад, фикти́вный вклад
jederzeit rückzahlbare Einlage бессро́чный вклад
kündbare Einlage сро́чный вклад, вклад на теку́щем счёте
kurzfristige Einlage краткосро́чный вклад
langfristige Einlage долгосро́чный вклад
private Einlage ча́стный вклад *(вложе́ние, де́лаемое собственником предприя́тия из своего́ ли́чного состоя́ния)*
stille Einlage негла́сный вклад
verzinsliche Einlage проце́нтный вклад, вклад с начисле́нием проце́нтов, вклад под проце́нты

Einlagebuch *n* расчётная кни́жка вкла́дчика, сберега́тельная кни́жка, сберкни́жка

Einlagegläubiger *m* вкла́дчик

Einlagekapital *n* вклад *(па́йщика)*, вло́женный капита́л

Einlagekonto *n* счёт негласного компаньона на су́мму его́ пая

Einlagen *f pl* (де́нежные) вкла́ды; депози́ты
ausstehende Einlagen су́ммы, причита́ющиеся о́бществу от компаньонов

Einlagenabfluss отто́к вкла́дов

Einlagenbestand *m* су́мма теку́щих счето́в, су́мма вкла́дов

Einlagenbetrag *m* су́мма вкла́да

Einlagengeschäft *n*:
Einlagengeschäft betreiben занима́ться приёмом вкла́дов

Einlagenkonto *n* счёт вкла́дчика, депози́тный счёт

Einlagensicherung *f* систе́ма гара́нтий вы́платы вкла́дов объединениями ба́нков

Einlagenstand *m* состоя́ние вкла́дов

Einlagensumme *f* о́бщая су́мма вкла́дов, о́бщая су́мма депози́тов

Einlagenzinsfuß *m* проце́нтная ста́вка по вкла́дам; проце́нты по вкла́ду

Einlagerer *m* лицо́, хранящее това́ры на скла́де; организа́ция, хранящая това́ры на скла́де

einlagern *vt* закла́дывать на хране́ние, храни́ть на скла́де, склади́ровать, засклади́ровать

Einlagerung *f* приня́тие на склад, складирование
Einlagerung складирование това́ров, помеще́ние това́ров на склад; укла́дка това́ров на скла́де, размеще́ние това́ров на скла́де

Einlagerungsgewicht *n* вес при складировании това́ра

Einlagerungskapazität *f* ёмкость скла́да, ёмкость складского помеще́ния

Einlagerungskosten *pl* расхо́ды по складированию

Einlagesteuer *f* нало́г с вкла́дов

Einlagezinsen *m pl* проце́нты по вкла́дам

Einlauf *m* поступле́ние *(бума́г, де́нег)*
Einlauf прибы́тие *(су́дна)*

Einläufe *m pl канц.* входя́щие бума́ги, входя́щие

einlaufen входи́ть в порт *(о су́дне)*
einlaufen *vi* поступа́ть *(о корреспонде́нции)*

Einlaufkurve *f* крива́я дина́мики трудовы́х затра́т, продолжи́тельности рабо́ты и себесто́имости в пусково́й перио́д произво́дства

Einlauftest *m* предвари́тельные испыта́ния; предвари́тельный контро́ль

einlegen вкла́дывать *(сре́дства)*
einlegen подава́ть *(напр. жа́лобу)*; заявля́ть *(проте́ст)*

Einleger *m* вкла́дчик

einleiten *vt* иниции́ровать
einleiten *vt* начина́ть, запуска́ть, вводи́ть в де́йствие

Einlesen *n* ввод *(напр. да́нных)*; за́пись *(напр. в па́мять)*

Einlieferung *f* вруче́ние; доста́вка; поста́вка

Einlösbarkeit *f* возмо́жность размена

(напр. ассигна́ций)
Einlösbarkeit обрати́мость *(де́нег)*
Einlöseklausel *f* огово́рка (в генера́льных пра́вилах страхова́ния) об обяза́тельной вы́плате договорной су́ммы застрахованному в слу́чае заде́ржки вы́дачи на руки́ страхово́го свиде́тельства
einlösen *vt* опла́чивать, погаша́ть *(ве́ксель)*
Einlösung *f* вы́куп *(напр. зало́га)*
Einlösung*f* выполне́ние *(напр. обяза́тельства)*
Einlösung инкасса́ция, инкасси́рование *(напр. платежа́)*
Einlösung опла́та, упла́та, платёж *(напр. по счёту и́ли ве́кселю)*, погаше́ние *(напр. до́лга)*
Einlösung опла́та това́ра про́тив товарораспорядительных докуме́нтов
Einlösung разме́н *(де́нег)*
Einlösung verschieben переноси́ть срок вы́купа *(векселя́)*
zur Einlösung vorlegen предъявля́ть к опла́те
Einlösungsbetrag *m* су́мма вы́купа
Einlösungsbetrag су́мма вы́платы
Einlösungsfonds *m* выкупно́й фонд; фонд погаше́ния *(це́нных бума́г)*
Einlösungsgarantie *f* гара́нтия вы́купа
Einlösungsklausel *f* огово́рка *(в генера́льных пра́вилах страхова́ния)* об обяза́тельной вы́плате договорной су́ммы застрахованному в слу́чае заде́ржки вы́дачи на руки́ страхово́го свиде́тельства
Einlösungspflicht *f* обяза́тельство размена; обяза́тельство кредитного учрежде́ния обме́нивать ба́нковские биле́ты на зо́лото
die Einlösungspflicht suspendieren прекраща́ть обме́н ба́нковских биле́тов на зо́лото
Einlösungsprämie *f* пе́рвая пре́мия *(страхова́я)*
Einlösungsschein *m* выкупно́е свиде́тельство
Einlösungstermin *m* срок вы́купа це́нных бума́г
Einmalbeitrag *m страх.* единовременный взнос
Einmaligkeit *f* однократность *(напр. нало́гового обложе́ния)*; исключи́тельность
Einmannarbeit *f* рабо́та, выполня́емая одни́м рабо́чим
Einmannbedienung *f* обслу́живание маши́н одни́м челове́ком, обслу́живание маши́ны одни́м челове́ком
Einmanngesellschaft *f* единоли́чное о́бщество *(о́бщество, капита́л кото́рого сосредото́чен в рука́х одного́ физи́ческого и́ли юриди́ческого лица́)*
Einmanngesellschaft о́бщество, капита́л кото́рого сосредото́чен в рука́х одного́ *(физи́ческого и́ли юриди́ческого)*
Einmannverkaufsstelle *f* торго́вая то́чка, обслу́живаемая одни́м челове́ком
Einmischung *f* смеше́ние *(напр. да́нных)*; слия́ние *(напр. файлов)*
Einnahme *f* дохо́д, поступле́ние; сбо́ры; прихо́д
als Einnahme buchen приходовать, запи́сывать в прихо́д, зачисля́ть в прихо́д
als Einnahme verbuchen приходовать, запи́сывать в прихо́д, зачисля́ть в прихо́д
in Einnahme bringen приходовать, запи́сывать в прихо́д, зачисля́ть в прихо́д
Einnahme- und Ausgabebuch *n* приходно-расхо́дная кни́га
Einnahmeausfall *m* уменьше́ние дохо́да, сниже́ние дохо́да, сокраще́ние дохо́да; убы́ток
Einnahmebeleg *m* приходная квита́нция; распи́ска о приня́тии *(напр. де́нег)*
Einnahmebuch *n бухг.* приходная кни́га
Einnahmegliederung *f* классифика́ция дохо́дов
Einnahmehaushalt *m* доходная часть бюдже́та
Einnahmehaushalt дохо́дный бюдже́т
Einnahmen *pl (страх., эк.)* поступле́ния (мн.ч.); дохо́ды (мн.ч.)
Einnahmen des Staates госуда́рственные дохо́ды
außerordentliche Einnahmen чрезвыча́йные дохо́ды
Einnahmen und Ausgaben прихо́д и расхо́д; дохо́ды и расхо́ды
außerplanmäßige Einnahmen внепла́новые поступле́ния
fundierte Einnahmen дохо́ды от владе́ния недви́жимостью; дохо́ды с капита́ла
fundierte Einnahmen дохо́ды (в проце́нтах) с капита́ла, дохо́ды (в проце́нтах) от владе́ния землёй и друго́й недви́жимостью
geplante Einnahmen запланированные дохо́ды
nebenberufliche Einnahmen побо́чные дохо́ды, дохо́ды от побочной де́ятельности, дохо́ды от побочного заня́тия
öffentliche Einnahmen госуда́рственные дохо́ды; поступле́ния в госуда́рственный бюдже́т
ordentliche Einnahmen постоя́нные дохо́ды, регуля́рные поступле́ния
überplanmäßige Einnahmen сверхплановые поступле́ния *(в бюдже́т)*
unfundierte Einnahmen дохо́ды, получа́емые не с капита́ла и не от владе́ния землёй и друго́й недви́жимостью
Einnahmen- und Ausgabenbilanz *f* бала́нс дохо́дов и расхо́дов
Einnahmen- und Ausgabenrechnung *f* счёт дохо́дов и расхо́дов
Einnahmen-Ausgaben-Rechnung *f* расчёт дохо́дов и расхо́дов
Einnahmenanweisung *f* сведе́ния о де́нежных поступлениях
Einnahmenbilanz *f* бала́нс (де́нежных) дохо́дов
Einnahmenteil *m* доходная часть *(напр. бюдже́та)*
Einnahmenvoranschlag *m* сме́та дохо́дов
Einnahmeorder *f бухг.* прихо́дный о́рдер
Einnahmeposition *f бухг.* приходная статья́; статья́ дохо́дов
Einnahmeposten *m бухг.* приходная статья́; статья́ дохо́дов
als Einnahmeposten buchen заприходовать, оприхо́довать
als Einnahmeposten eintragen заприходовать, оприхо́довать
Einnahmequelle *f* исто́чник дохо́да; исто́чник поступле́ний
Einnahmequellen *f pl* **des Haushalts** исто́чники бюдже́тных поступле́ний
Einnahmereste *m pl* оста́ток средств *(напр. в госуда́рственном бюдже́те)*
Einnahmereste оста́ток средств госуда́рственного бюдже́та, не поступи́вший в дохо́дную часть в теку́щем бюдже́тном году́
Einnahmestelle *f* приходная ка́сса
Einnahmeüberschuss *m* превыше́ние дохо́дов над расхо́дами; положи́тельное са́льдо бала́нса
Einnahmeübersicht *f* пе́речень поступле́ний, пе́речень дохо́дов
EinnB, Einnahmebuch приходная кни́га
einnehmen инкасси́ровать *(де́ньги)*
einnehmen получа́ть *(дохо́д)*
einnehmen принима́ть *(напр. това́ры)*
einnehmen занима́ть *(ме́сто, до́лжность)*
Einnehmer *m* инкасса́тор
Einnehmer получа́тель
Einnehmer сбо́рщик *(нало́гов, взно́сов)*
einnisten, sich закрепля́ться, внедря́ться *(напр. о монополиях)*
EinnNachw, Einnahmenachweisung сведе́ния о поступлении *(де́нег, това́ров)*; ави́зо
EinnÜb, Einnahmeübersicht обзо́р поступле́ний
einordnen *vt* помеща́ть, располага́ть *(в определённом поря́дке)*; классифици́ровать
Einordnung *f* включе́ние *(в план)*

Einordnung классификáция
Einordnung размещéние, расстанóвка, расположéние *(в определенном порядке)*
Einordnung ; распределéние
Einordnungsprobleme *n, pl*, **territoriale** проблéмы территориального размещéния
Einpendler *m pl* рабóчие, проживáющие за предéлами территориальной едини́цы, в котóрой нахóдится мéсто их рабóты
Einpersonenhaushalt *m* домáшнее хозя́йство, состоя́щее из одногó человéка
einplanen *vt* заплани́ровать, включи́ть в план
einplanen *vt* плани́ровать, включáть в план
Einproduktbetrieb *m* предприя́тие, производя́щее оди́н вид продýкции
Einproduktmodel *n* **der Volkswirtschaft** однопродуктовая модéль нарóдного хозя́йства
Einpunktklausel *f* оговóрка в договóре кýпли-продáжи, при котóрой как расхóды, так и риск перехóдят от продавцá к покупáтелю в однóм и том же мéсте *(напр. оговóрка «фоб»)*
einräumen *vt* предоставля́ть *(прáво, креди́т, ски́дку)*
Einräumung *f* предоставлéние *(напр. креди́та)*; устýпка; допущéние
Einräumung устýпка
Einrechnen *n* включéние в счёт
Einrechnen причислéние
einrechnen *vt* зачисля́ть, включáть в счёт, причисля́ть
Einrede *f юр.* возражéние сторонЫ *(в хóде судéбного процéсса)*
einreichen *vt* подавáть *(заявлéние)*, вноси́ть на рассмотрéние *(напр. реклама́цию)*; предъявля́ть к взыскáнию *(обязáтельство, напр. вéксель)*
Einreichung *f* направлéние, предоставлéние на рассмотрéние; подáча *(напр. заявки)*
Einreichung der Klage предъявлéние и́ска; подáча жáлобы
Einreichung der Patentanmeldung подáча заявки на патéнт
Einreise *f* въезд в странý
Einreise bewilligen разрешáть въезд
Einreise genehmigen разрешáть въезд
Einreise verbieten запрещáть въезд
Einreisebewilligung *f* разрешéние на въезд в странý
Einreiseerlaubnis *f* разрешéние на въезд в странý
Einreisegenehmigung *f* разрешéние на въезд в странý
einreisen *vi* въезжáть в странý
Einreiseverbot *n* запрéт на въезд в странý
Einreisevisum *n* ви́за на въезд в странý, въездня́ ви́за
Einrichten *n* налáдка; настрóйка
Einrichten установка, монтáж
Einrichtezeit *f* подготовительно-заключи́тельное врéмя
Einrichtung *f тех.* налáдка; регулирóвка
Einrichtung обстанóвка; оборýдование
Einrichtung устрóйство; приспособлéние
Einrichtung учреждéние, организáция
Einrichtung des Kleinhandels предприя́тие рóзничной торгóвли
gesellschaftliche Einrichtung общéственная организáция
hochmechanisierte Einrichtung высокомеханизи́рованное оборýдование
kommunale Einrichtung коммунáльное учреждéние
staatliche Einrichtung госудáрственная организáция, госудáрственное учреждéние
wirtschaftliche Einrichtung хозя́йственный оргáн, хозорган, хозя́йственная организáция, хозорганизация
zwischengenossenschaftliche Einrichtung межколхозная организáция *(бывш. СССР)*; межкооперативная организáция
Einrichtungskosten *pl* расхóды на оборýдование, расхóды на оснащéние
Einrufung *f* вы́куп *(на аукциóне)*
Einrufungspreis *m* ценá вы́купа *(на аукциóне)*
Eins *f* едини́ца
Einsackung *f* упакóвка в мешки́, фасовка в мешки́, фасование в мешки́
Einsatz *m* введéние в дéйствие
Einsatz применéние, испóльзование *(напр. рабóчей силы́)*, расстанóвка *(напр. кáдров)*
Einsatz заклáд, залóг
komplexer Einsatz кóмплексное испóльзование *(напр. средств произвóдства)*
zum Einsatz kommen испóльзоваться *(напр. о рабóчей си́ле)*
Einsatzbereitschaft *f* эксплуатациóнная готóвность
Einsatzfolge *f* смéна рабóчих на произвóдстве
Einsatzgebot *n* распоряжéние об испóльзовании, прикáз об испóльзовании *(напр. материáльных и сырьевых ресýрсов)*
Einsatzgewicht *n* валовóй вес сырья́ и материáлов, использованных для изготовлéния конéчного продýкта
Einsatzgrad *m* стéпень испóльзования рабóчего врéмени
Einsatzgruppe *f* рабóчая бригáда, рабóчая грýппа
Einsatzkoeffizient *m* коэффициéнт затрáт; коэффициéнт испóльзования рабóчего врéмени; коэффициéнт эксплуатациóнной готóвности *(напр. пáрка автомоби́лей)*
Einsatzkoeffizient коэффициéнт испóльзования рабóчего врéмени
Einsatzkoeffizient коэффициéнт эксплуатациóнной готóвности
direkter Einsatzkoeffizient коэффициéнт прямы́х затрáт
totaler Einsatzkoeffizient коэффициéнт пóлных затрáт
Einsatzmaterial *n* материáл, запýщенный в произвóдство
Einsatzmatrix *f* мáтрица стáвки *(в теóрии игр)*
Einsatzmenge *f* коли́чество сырья́ и материáла, запýщенное в произвóдство
Einsatzmittel *n pl сет. пл.* ресýрсы
Einsatznorm *f* нóрма испóльзования сырья́, нóрма расхóда сырья́
Einsatznorm нóрма расхóда
Einsatzplan *m* произвóдственный план
Einsatzverbot *n* запрещéние испóльзования, запрéт на испóльзование *(напр. материáльных и сырьевых ресýрсов)*
Einsatzvorbereitung *f* подготóвка к эксплуатáции
Einsatzzeit *f* срок слýжбы основны́х средств
Einschachtelung *f* упакóвка в корóбки, фасовка в корóбки
Einschätzung *f* оцéнка
Einschätzung der betrieblichen Leistung оцéнка дéятельности предприя́тия
Einschichtarbeit *f* односменная рабóта, рабóта в однý смéну
Einschichtbetrieb *m* предприя́тие, рабóтающее в однý смéну; рабóта в однý смéну
einschichtig в однý смéну
einschichtig односменный
Einschichtsystem *n* систéма односменной рабóты *(предприя́тия)*
Einschiffungskosten *pl* стóимость погрýзки на сýдно; расхóды на погрýзку сýдна
Einschlag *m* дизажио, *см.тж.* **Disagio**
Einschleusungspreis *m* порогoвая ценá *(на грани́це госудáрства - члéна ЕЭС)*
einschränken ограни́чивать; сокращáть *(напр. креди́ты, мóщности)*
einschränken свёртывать *(напр. про-*

изво́дство); сужа́ть *(напр. ры́нок)*

Einschränkung *f* ограниче́ние; сокраще́ние *(напр. креди́тов, мо́щностей)*; свёртывание *(напр. произво́дства)*, суже́ние *(напр. ры́нка, ассортиме́нта)*; огово́рка; *мат.* ограниче́ние

Einschreibebrief *m* заказно́е письмо́

Einschreibegebühr *f* пла́та за заказно́е почто́вое отправле́ние, сбор за заказно́е почто́вое отправле́ние

Einschreibegeld *n* пла́та за заказно́е почто́вое отправле́ние, сбор за заказно́е почто́вое отправле́ние

Einschreiben *n* заказно́е отправле́ние

Einschreiben за́пись, занесе́ние *(напр. в па́мять)*

Einschreiben регистра́ция, фикса́ция

Einschreibeporto *n* пла́та за заказно́е почто́вое отправле́ние, сбор за заказно́е почто́вое отправле́ние

Einschreibung *f* аукцио́н с пода́чей зая́вок в запечатанных конвертах

Einschreibung *f* за́пись, внесе́ние в кни́гу

Einschreibungsverfahren *n* ме́тод проведе́ния аукцио́нов путём пода́чи зая́вок в запечатанных конвертах

Einschrumpfung *f* сокраще́ние, уменьше́ние

Einschubsystem *n* систе́ма сменных бло́ков, систе́ма съёмных бло́ков

Einschuss *m* взнос, вклад

Einschuss взнос ба́нку в обеспе́чение ломбардного креди́та *(е́сли сто́имость това́ра не покрыва́ет креди́т)*

Einschuss *бирж.* взнос в ка́честве гара́нтии выполне́ния сро́чных сде́лок

Einschuss взнос в обеспе́чение ломбардного креди́та

Einschuss гаранти́йная су́мма, выпла́чиваемая грузоотправи́телем страхово́му о́бществу в слу́чае морско́й ава́рии до определе́ния фактического разме́ра убы́тка

Einschuss гаранти́йный взнос при заключе́нии биржевы́х сро́чных сде́лок

einschwärzen *разг.* провози́ть контраба́ндой

Einsektormodell *n* односекторная моде́ль, одноотраслевая моде́ль

einsenden *vt* присыла́ть, посыла́ть, отправля́ть по по́чте

Einsender *m* отправи́тель

Einsendung *f* посы́лка, доста́вка *(де́йствие)*

Einsetzbarkeit *f* примени́мость; возмо́жность испо́льзования

einsetzen вводи́ть в эксплуата́цию

einsetzen вкла́дывать *(де́ньги)*

einsetzen включа́ть *(в расчёт)*

einsetzen применя́ть, испо́льзовать *(напр. рабо́чую си́лу)*; расставля́ть *(ка́дры)*; вводи́ть в де́йствие

beweglich einsetzen маневри́ровать *(напр. финансовыми сре́дствами)*

Einsetzung *f* **in den Besitz** ввод во владе́ние

Einspaltenformular *n бухг.* реги́стр односторонней фо́рмы

Einsparung *f* сокраще́ние *(бюдже́та)*

Einsparung накопле́ние

Einsparung эконо́мия

außerplanmäßige Einsparung сверхпла́новая эконо́мия

Einsparungen *f pl* сбереже́ния; накопле́ния (мн.ч.)

Einsparungseffekt *m* коэффицие́нт сниже́ния себесто́имости вслe̒дствие бо́лее экономного расхо́дования средств; эффе́кт эконо́мии

Einsparungseffekt коэффицие́нт сниже́ния себесто́имости всле́дствие наибо́лее рентабельного испо́льзования основны́х средств, показа́тель сниже́ния себесто́имости всле́дствие наибо́лее рентабельного испо́льзования основны́х средств

Einsparungsprämie *f* пре́мия за эконо́мию

Einspeicherung *f* запомина́ние, за́пись в па́мять, ввод в па́мять, загру́зка в па́мять; накопле́ние в па́мяти, хране́ние в па́мяти

Einspruch *m* возраже́ние, проте́ст, жа́лоба

Einspruchschreiben *n* письмо́, содержащее возраже́ние, письмо́, содержащее проте́ст, отноше́ние, содержащее возраже́ние, отноше́ние, содержащее проте́ст; отка́з от акце́пта счёта

Einspruchsrecht *n* пра́во проте́ста

Einspruchsschreiben *n* отка́з от акце́пта счёта (векселя́)

Einspruchsschreiben письмо́, содержащее возраже́ние

einspurig одноколе́йный, однопу́тный, одноканальный, однодоро́жечный

Einstand *m* вступле́ние в до́лжность

Einstand пра́во преимущественной поку́пки

Einstandsgebühr *f* вступи́тельный взнос

Einstandsgold *n* вступи́тельный взнос

Einstandspreis *m* заготовительная цена́, заготцена; отпускна́я цена́ промы́шленности *(для экспорта)*; заку́почная цена́ не́тто *(для и́мпорта)*, покупна́я цена́

Einstandspreis *m* по́лная цена́ *(включа́ет не то́лько закупочную це́ну, но та́кже, напр. расхо́ды на транспо́рт и упако́вку и др.)*

Einstandswert *m* покупна́я сто́имость

einstehen руча́ться; нести́ отве́тственность *(за убы́ток, за упла́ту долго́в)*

einstellen *vt* вставля́ть; устана́вливать; ста́вить, помеща́ть

einsteilen дава́ть устано́вку; ориенти́ровать

einsteilen зачисля́ть на рабо́ту, принима́ть на рабо́ту; нанима́ть *(рабо́чих, слу́жащих)*

einsteilen прекраща́ть *(напр. рабо́ту, поста́вки, платежи́)*; приостана́вливать *(напр. кредитова́ние)*

einsteilen прекраща́ть суде́бное де́ло

einsteilen устана́вливать; регули́ровать; настра́ивать

sich einsteilen ориенти́роваться; приспоса́бливаться

Einstellung *f* зачисле́ние на рабо́ту, приня́тие на рабо́ту; наём *(рабо́чих, слу́жащих)*

Einstellung прекраще́ние *(напр. рабо́ты, поста́вок, платеже́й)*; приостано́вка *(напр. кредитования)*

Einstellung прекраще́ние суде́бного де́ла

Einstellung приня́тие на рабо́ту

Einstellung устано́вка; регулиро́вка; настро́йка

Einstellung der Kreditausreichung сня́тие с кредитования

Einstellung von Arbeitskräften наём рабо́чей силы́, набо́р рабо́чей силы́

pflichtbewusste Einstellung zur Arbeit созна́тельное отноше́ние к труду́

Einstellungsuntersuchung *f* (предвари́тельный) медици́нский осмо́тр при поступле́нии на рабо́ту

Einstellungsvermerk *m* за́пись о приёме на рабо́ту

Einstellungsverweigerung *f* отка́з в приёме на рабо́ту

Einsteuer *f* еди́ный нало́г *(по уче́нию физиократов)*

Einstoß-Ausstoß-Analyse *f* ана́лиз «затра́ты - вы́пуск», ана́лиз соотношений «затра́ты-вы́пуск»

Einstrom *m* поступле́ние *(напр. де́нег в обраще́ние)*

Einströmen *n* поступле́ние *(напр. де́нег в обраще́ние)*

einstufen распределя́ть по катего́риям, распределя́ть по разря́дам; зачисля́ть в определённый разря́д, зачисля́ть в определённую катего́рию; классифици́ровать; структурировать

Einstufung *f* распределе́ние по катего́риям, распределе́ние по разря́дам; зачисле́ние в определённый разря́ды, зачисле́ние в определённую катего́рию; классифика́ция, градация

Einstufung der Arbeit тарификация труда́
berufliche Einstufung распределе́ние по профе́ссиям
einstweilige Anordnung вре́менное постановле́ние суда́ *(неме́дленно вступа́ющее в си́лу)*
Einteilung *f* классифика́ция; разделе́ние, подразделе́ние; распределе́ние
Eintrag *m тех.* загру́зка, пита́ние
Eintrag за́пись, внесе́ние (напр. в журна́л, бухга́лтерскую кни́гу, бухга́лтерскую програ́мму)
Eintrag взнос; ста́вка *(в игре́)*
Eintrag tun наноси́ть вред, наноси́ть уще́рб
Eintragen *n* внесе́ние; за́пись в кни́гу; разно́ска счето́в
Eintragen регистра́ция
eintragen *vt бухг.* вноси́ть в кни́гу, заноси́ть в кни́гу
eintragen приходовать, оприхо́довать
eintragen приноси́ть при́быль
eintragen разноси́ть *(напр. счета́)*; де́лать разно́ску по счета́м
eintragen регистри́ровать *(напр. пате́нт, това́рный знак)*
eintragen регистри́ровать, приходовать
einträglich дохо́дный, при́быльный; рента́бельный, вы́годный
Einträglichkeit *f* дохо́дность, при́быльность; рента́бельность
Einträglichkeiten *f pl* дохо́дные статьи́ бюдже́та
Eintragung *f бухг.* внесе́ние в кни́гу, за́пись в кни́гу; разно́ска *(напр. счето́в)*; регистра́ция *(напр. пате́нта, това́рного зна́ка)*
Eintragung произведённая за́пись
Eintragung im Handelsregister занесе́ние в торго́вый рее́стр, внесе́ние в торго́вый рее́стр
Eintragung in den Staatsschuldschein за́пись в кни́гу госуда́рственного до́лга
Eintragung in *30* Suchmaschinen ist kostenlos индекса́ция в тридцати́ поисковых маши́нах беспла́тная; внесе́ние в инде́кс тридцати́ поисковых маши́н - беспла́тно (в Интерне́т)
Eintragungsgebühr *f* регистрацио́нный сбор
Eintragungspflicht *f* обя́занность регистра́ции *(в торго́вом рее́стре)*
Eintragungszertifikat *n* судово́й пате́нт
Eintragungszwang от обя́занность регистра́ции *(в торго́вом рее́стре)*
Eintreffen *n* поступле́ние *(напр. това́ра)*
Eintreffen прибы́тие, прие́зд
eintreffen *vi* поступа́ть *(напр. о това́рах)*
eintreffen прибыва́ть, приходи́ть, приезжа́ть
Eintreibung *f* взыска́ние *(напр. долго́в, нало́гов)*; реквизи́ция
eintreten возника́ть *(напр. об уще́рбе)*
eintreten входи́ть; вступа́ть; возника́ть *(напр. об уще́рбе)*; *сет. пл.* наступа́ть *(о собы́тии)*
eintreten *сет. пл.* наступа́ть *(о собы́тии)*
als Teilhaber eintreten вступа́ть в де́ло
Eintritt *m* возникнове́ние *(напр. уще́рба)*
Eintritt вступле́ние *(в до́лжность)*
Eintritt поступле́ние *(това́ра)*
Eintritt присоедине́ние *(к догово́ру)*
Eintritt возникнове́ние *(напр. уще́рба)*
Eintritt *сет. пл.* наступле́ние, сверше́ние *(собы́тия)*
Eintritt вход, входно́е устро́йство
Eintritt in den Vertrag заключе́ние догово́ра; вступле́ние в пакт, присоедине́ние к пакту
frühester Eintritt *сет. пл.* ра́нний срок наступле́ния *(собы́тия)*
spätester Eintritt *сет. пл.* по́здний срок наступле́ния *(собы́тия)*
steuerfreier Eintritt zur Umladung беспо́шлинный ввоз для перевалки
Eintrittsbeitrag *m* вступи́тельный взнос
Eintrittsstrom *m* входя́щий пото́к *(в тео́рии ма́ссового обслу́живания)*
Eintrocknung *f* усу́шка
Einverständnis *n* согла́сие; соглаше́ние
Einverständnis erklären заявля́ть о согла́сии
Einverständnis herstellen устана́вливать соглаше́ние
einseitiges Einverständnis односторо́ннее согла́сие
gegenseitiges Einverständnis взаи́мное согла́сие
im Einverständnis по согласованию
ohne Einverständnis без согла́сия, без согласова́ния
stillschweigendes Einverständnis молчали́вое согла́сие
zum Einverständnis kommen прийти́ к соглаше́нию
Einverständniserklärung *f* заявле́ние о согла́сии
einverzollen определя́ть разме́р по́шлины
Einwaage *f торг.* прове́с, утру́ска при взве́шивании; наве́ска *(по́рция взве́шиваемого вещества́)*
Einwand *m* возраже́ние, отгово́рка
Einwand (юр.) возраже́ние, проте́ст
Einwand erheben возража́ть
Einwand gegen die Klage возраже́ние про́тив и́ска
Einwand gegen Vollstreckungsmaßnahmen возраже́ние про́тив мер взыска́ния
Einwand machen возража́ть, заявля́ть проте́ст, протестова́ть, опротесто́вывать
Einwand vorbringen возража́ть, заявля́ть проте́ст, протестова́ть, опротесто́вывать
einen Einwand begründen обосно́вывать возраже́ние
einen Einwand entgegensetzen противопоставля́ть возраже́ние
einen Einwand widerlegen опроверга́ть возраже́ние
rechtshindernder Einwand возраже́ние, приводя́щее к тому́, что возни́кшее пра́во явля́ется ничто́жным *(напр., при догово́ре с недееспосо́бным лицо́м)*
verfassungsrechtlicher Einwand возраже́ние, опирающееся на конституционное пра́во
Einwanderer *m* иммигра́нт, переселе́нец
Einwanderung *f* иммигра́ция, переселе́ние, въезд *(в страну́)*
Einwanderungsbewilligung *f* разреше́ние на въезд
Einwanderungserlaubnis *f* разреше́ние на въезд
Einwanderungsverbot *n* запреще́ние на въезд, запре́т на въезд
einwandfrei безупре́чный, безукори́зненный
Einwechselung *f* обме́н *(де́нег)*; разме́н *(де́нег)*
Einwegverpackung *f* упако́вка разового по́льзования, упако́вка однократного по́льзования, та́ра разового по́льзования, та́ра однократного по́льзования, разовая та́ра, одноразовая та́ра
Einweisung *f* введе́ние в до́лжность
Einweisung земе́льный наде́л
Einweisung инструкта́ж; указа́ние
Einwendung *f* возраже́ние
Einwendung *юр.* возраже́ние отве́тчика про́тив и́ска, отклоне́ние отве́тчиком и́ска
Einwendungsrechte *n pl* ви́ды возраже́ний *(напр., обжа́лование, жа́лоба, проте́ст)*
einwertig одновале́нтный; одноа́томный
einwertig однозна́чный
Einwilligug *f* согла́сие *(напр. на соверше́ние сде́лки.)*
Einwilligug предвари́тельное согла́сие *(тре́тьего лица́ на соверше́ние сде́лки)*
Einwirkung *f* влия́ние, возде́йствие
Einwirkungsfaktor *m* фа́ктор возде́йствия, фа́ктор влия́ния
Einwohner *m* жи́тель
Einwohnerin *f* жи́тельница
Einwohnerzahl *f* чи́сленность населе́ния
einzahlbar подлежа́щий опла́те, подлежа́щий упла́те

einzahlen плати́ть, вноси́ть (де́ньги); де́лать (де́нежные) взно́сы; опла́чивать
Einzahlende *m* плате́льщик; вкла́дчик; депози́тор, депоне́нт
Einzahler *m* плате́льщик; вкла́дчик; депози́тор, депоне́нт
Einzahlschein *m* прихо́дный ка́ссовый о́рдер
Einzahlung *f* платёж, взнос; опла́та
unvollständige Einzahlung непо́лная опла́та; непо́лный взнос
durch Einzahlung von Geschäftsanteilen на паевых нача́лах, на паях
Einzahlungen, ausstehende су́ммы, причита́ющиеся о́бществу от компаньонов
unterwegs befindliche Einzahlungen платежи́, находя́щиеся в пути́; платежи́ в пути́
Einzahlungsauftrag *m* платёжное поруче́ние
Einzahlungsbeleg *m* прихо́дный ка́ссовый о́рдер
Einzahlungsbogen *m* платёжная ве́домость
Einzahlungsfrist *f* срок платежа́
Einzahlungspflicht *f* обя́занность (акционе́ров) оплати́ть номинальную сто́имость приобретённых а́кций
Einzahlungsschalter *m* ка́ссовое окно́ *(приёма платеже́й напр. в ба́нке)*
Einzahlungsschein *m* прихо́дный ка́ссовый о́рдер
Einzahlungstermin *m* срок платежа́
Einzahlungszettel *m* прихо́дный ка́ссовый о́рдер
Einzel-Arbeitsvertrag *m* индивидуа́льный трудово́й догово́р
Einzelabschreibung *f* индивидуа́льная амортиза́ция, амортиза́ция по ка́ждому инвентарному объе́кту основны́х фо́ндов
Einzelabschreibung индивидуа́льные амортизацио́нные отчисле́ния; амортиза́ция по дифференци́рованным но́рмам *(для ка́ждого ви́да основны́х средств)*
Einzelakkord *m* акко́рдная за́работная пла́та, акко́рдная зарпла́та, акко́рд; сде́льная за́работная пла́та, сде́льная зарпла́та
Einzelanfertigung *f* едини́чное изготовле́ние, шту́чное изготовле́ние, индивидуа́льное изготовле́ние
Einzelanfertigung *f* едини́чное изде́лие, шту́чное изде́лие; уникальное изде́лие, изде́лие, еди́нственное в своём ро́де
Einzelanfertigung шту́чное произво́дство
Einzelarbeit *f* индивидуа́льный труд, индивидуа́льная трудова́я де́ятельность, ИТД
Einzelaufnahme *f* **des Arbeitstages** индивидуа́льная фотогра́фия рабо́чего дня
Einzelauftrag *m* ра́зовый наря́д; индивидуа́льный зака́з
Einzelauswahl *f стат.* индивидуа́льный отбо́р
Einzelbau *m* индивидуа́льное строи́тельство
Einzelbauer *m* самостоя́тельный крестья́нин, веду́щий хозя́йство вне общи́ны
Einzelbauernwirtschaft *f* единоли́чное крестья́нское хозя́йство
Einzelbaugruppe *f* отде́льный у́зел, автоно́мный у́зел (и́ли блок ЭВМ)
Einzelbeitrag *m* индивидуа́льный вклад; индивидуа́льный (де́нежный) взнос
Einzelbeleg *m* отде́льный докуме́нт; отде́льный оправда́тельный докуме́нт
Einzelbelegverfahren *n* ме́тод отде́льных за́писей
Einzelberechnung *f* отде́льная калькуля́ция, индивидуа́льная калькуля́ция
Einzelbericht *m* индивидуа́льный отчет
Einzelbesitzer *m* единоли́чный владе́лец; индивидуа́льный владе́лец
Einzelbetrieb *m* отде́льное предприя́тие; *с.-х.* индивидуа́льное хозя́йство, единоли́чное хозя́йство
Einzelbewertung *f* индивидуа́льная оце́нка
Einzelcomputer *m* отде́льная ЭВМ, отде́льный компью́тер
Einzelentscheidung *f* единоли́чное реше́ние
Einzelermittlung *f* дета́льное определе́ние *(напр. пла́новых расхо́дов)*
Einzelerscheinung *f стат.* едини́чное явле́ние
Einzelerzeugnis *n* отде́льное изде́лие, шту́чное изде́лие
Einzelfertigung *f* едини́чное произво́дство, шту́чное произво́дство, индивидуа́льное произво́дство; поштучное изготовле́ние; едини́чный вы́пуск проду́кции; произво́дство уникальных изде́лий
Einzelfirma *f* фи́рма без компаньона; фи́рма, име́ющая одного́ владе́льца; фи́рма с одни́м владе́льцем
Einzelgehalt *n* персона́льный окла́д; персональное содержа́ние
Einzelgenehmigung *f* ра́зовое разреше́ние
Einzelgenehmigungsverfahren *n* поря́док, при кото́ром разреше́ние на заключе́ние внешнеторго́вой сде́лки выдаётся в ка́ждом отде́льном слу́чае
Einzelgeschäft *n* разовая сде́лка
Einzelgüter *n pl* шту́чные това́ры
Einzelhandel *m* ро́зничная торго́вля, прода́жа конечному потреби́телю
ambulanter Einzelhandel разно́сная ро́зничная торго́вля, развозная ро́зничная торго́вля
konsumgenossenschaftlicher Einzelhandel кооперати́вная ро́зничная торго́вля
privater Einzelhandel ча́стная ро́зничная торго́вля
über den Einzelhandel beziehen покупа́ть в ро́зничной торго́вой сети́
Einzelhandelsabgabepreis *m* ро́зничная цена́
Einzelhandelsbetrieb *m* предприя́тие ро́зничной торго́вли
Einzelhandelseinrichtung *f* предприя́тие ро́зничной торго́вли
Einzelhandelsgeschäft *n* магази́н ро́зничной торго́вли
Einzelhandelsnetz *n* ро́зничная торго́вая сеть, торго́вая сеть ро́зничных магази́нов, сеть ро́зничной торго́вли
Einzelhandelsnetz товаропроводя́щая сеть
Einzelhandelsnetzplanung *f* плани́рование товаропроводящей сети́
Einzelhandelsniederlassung *f* ро́зничная торго́вая ба́за; отделе́ние ро́зничной торго́вли
Einzelhandelspackung *f* упако́вка, при́нятая в ро́зничной торго́вле; упако́вка для ро́зничной торго́вли
Einzelhandelspreis *m* ро́зничная цена́, цена́ в ро́зничной торго́вле
Einzelhandelspreisindex *m* инде́кс ро́зничных цен
Einzelhandelsrabatt *m* ро́зничная ски́дка; ски́дка с цены́ в розничном товарообороте
Einzelhandelsspanne *f* торго́вая наце́нка в розничном товарообороте *(ра́зница ме́жду опто́вой цено́й промы́шленности и ро́зничной цено́й торго́вого предприя́тия)*
Einzelhandelsspezialisierung *f* специализа́ция в ро́зничной торго́вле
Einzelhandelstarif *m* ро́зничный тари́ф; тари́ф в ро́зничной торго́вле
Einzelhandelsumsatz *m* ро́зничный товарооборо́т; оборо́т ро́зничной торго́вли
Einzelhandelsumsatzplanung *f* плани́рование розничного товарооборота
Einzelhandelsverkauf *m* ро́зничная прода́жа, прода́жа в ро́зницу; ро́зничный
Einzelhandelsverkaufspreis *m* ро́зничная цена́
Einzelhandelsverkaufsstelle *f* ро́зничное сбытовое предприя́тие

Einzelhandelsware *f* ро́зничный това́р; това́р, сбыва́емый в ро́зницу; това́р в ро́зничной торго́вле

Einzelhändler *m* ро́зничный торго́вец, торго́вец розничными това́рами

Einzelhändler фи́рма, веду́щая ро́зничную торго́влю; фи́рма, осуществля́ющая ро́зничную торго́влю

Einzelhandwerker *m* кустa̋рь-одино́чка; некооперированный куста́рь; мастерово́й-ча́стник

Einzelhersteller *m* индивидуа́льный производи́тель

Einzelherstellung *f* едини́чное произво́дство, шту́чное произво́дство, индивидуа́льное произво́дство; поштучное изготовле́ние; едини́чный вы́пуск проду́кции; произво́дство уникальных изде́лий

Einzelhofsystem *n ист.* систе́ма хуторских хозя́йств

Einzelhofwirtschaft *f* хуторское хозя́йство; фе́рмерское хозя́йство

Einzelkalkulation *f* единичная калькуля́ция *(напр. исчисле́ние изде́ржек при поштучном произво́дстве)*

Einzelkalkulation калькуля́ция цены́, составляемая на едини́цу выпуска́емой проду́кции

Einzelkapital *n* едини́чный капита́л

Einzelkapital капита́л, принадлежа́щий одному́ лицу́

Einzelkaufmann *m* едноли́чный владе́лец торго́вой фи́рмы

Einzelkaufmann единоли́чный со́бственник торго́вого предприя́тия

Einzelkonto *n* отде́льный счёт

Einzelkosten *pl* одноэлементные расхо́ды

Einzelkosten прямы́е изде́ржки *(напр. затра́ты на приобрете́ние сырья́ и материа́лов, целико́м включа́емые в себесто́имость изде́лия)*

Einzelleistung *f* вы́работка отде́льного рабо́тника, индивидуа́льная вы́работка

Einzelleistung индивидуа́льная производи́тельность, индивидуа́льный результа́т

Einzelleiter *m* единоначальник

Einzelleitung *f* единоначалие

Einzellohnscheln *m* рабо́чий наря́д на отде́льный вид (сдельной) рабо́ты; листо́к расчёта за́работной пла́ты отде́льного рабо́тника

Einzelnachfrage *f* индивидуа́льный спрос

Einzelnachfrage спрос на отде́льный това́р

Einzelnachfrage спрос на специа́льный това́р

Einzelnachweis *m* подро́бный докуме́нт

Einzelnachweis учёт отде́льных опера́ций *(в бухгалте́рии)*

Einzelnorm *f* индивидуа́льная но́рма *(напр. вы́работки)*

Einzelpreis *m* ро́зничная цена́; цена́ на отде́льный това́р, индивидуа́льная цена́; поштy̋чная цена́, цена́ за шту́ку

fester Einzelpreis твёрдая ро́зничная цена́

laufender Einzelpreis пла́вающая ро́зничная цена́

Einzelpreisbewilligung *f* установле́ние ро́зничных цен *(компетентными о́рганами)*, подтвержде́ние ро́зничных цен *(компетентными о́рганами)*

Einzelproduktion *f* едини́чное произво́дство, шту́чное произво́дство, индивидуа́льное произво́дство; поштучное изготовле́ние; едини́чный вы́пуск проду́кции; произво́дство уникальных изде́лий

Einzelproduzent *m* изготови́тель уникальных изде́лий

Einzelproduzent индивидуа́льный производи́тель

Einzelproduzent производи́тель штучных изде́лий

Einzelprozess *m* отде́льный проце́сс; ча́стная опера́ция; индивидуа́льная рабо́та

Einzelprüfung *f* поштучное техни́ческое испыта́ние; поштучное испыта́ние

Einzelrechnung *f* отде́льный счёт

Einzelrechtsnachfolge *f* сингулярное правопрее́мство, ча́стное правопрее́мство

Einzelserienfertigung *f* произво́дство отде́льными се́риями, изготовле́ние отде́льными се́риями

Einzelteil *n* дета́ль

Einzelteilfertigung *f*, **zentrale** специализи́рованное изготовле́ние однoти́пных дета́лей и узло́в

Einzelteilgruppeneingabe *f* группово́й за́пуск дета́лей в обрабо́тку, группово́й за́пуск дета́лей в произво́дство

Einzelteilmethode *f* подетальный ме́тод определе́ния затра́т вре́мени

Einzelteilplanung *f* планиро́вание технологи́ческого проце́сса изготовле́ния отде́льных дета́лей, подетальное плани́рование технологи́ческого процесса

Einzeltitel *m* статья́ госуда́рственного бюдже́та, статья́ госбюдже́та *(прихо́да и́ли расхо́да)*

Einzeltitel титу́л

Einzelunternehmen *n* единоли́чное предприя́тие, предприя́тие в единоличной со́бственности

Einzelunternehmung *f* единоли́чное предприя́тие, предприя́тие в единоличной со́бственности

Einzelunternehmung индивидуа́льное предприя́тие, принадлежа́щее одному́ владе́льцу

Einzelverkauf *m* прода́жа в ро́зницу, ро́зничная прода́жа; ро́зничный сбыт

Einzelverkäufer *m* ро́зничный торго́вец, торго́вец розничными това́рами

Einzelverkaufsgeschäft *n* магази́н ро́зничной торго́вли

Einzelvermögen *n* единоли́чное иму́щество

Einzelvermögen иму́щество, принадлежа́щее одному́ лицу́

Einzelversicherer *m* страхо́вщик, единоли́чно владе́ющий страховым предприя́тием *(в отли́чие от страхово́го о́бщества)*, страхо́вщик - индивидуа́льный владе́лец страхово́й фи́рмы

Einzelversicherung *f* индивидуа́льное страхова́ние; страхова́ние отде́льных объе́ктов; страхова́ние ра́зовых перево́зок

Einzelvertrag *m* отде́льный догово́р; индивидуа́льный догово́р

Einzelvertragsrente *f* персона́льная пе́нсия

Einzelvertragsrentner *m* персона́льный пенсионе́р

Einzelvertrieb *m* ро́зничный сбыт; ро́зничная прода́жа; сбыт чере́з сеть ро́зничной торго́вли

Einzelvorratsnorm *f* но́рма запа́сов отде́льных изде́лий

Einzelwährung *f* монометалли́зм

Einzelwerbung *f* рекла́ма, стимули́рующая индивидуа́льный спрос; рекла́ма, напра́вленная на повыше́ние индивидуа́льного спро́са

Einzelwerkstück *n* шту́чное изде́лие

Einzelwert *m* сто́имость отде́льного предме́та

Einzelwertkarte *f* (контро́льная) ка́рта индивидуа́льных значе́ний

Einzelwettbewerb *m* индивидуа́льное соревнова́ние

Einzelwirt *m* самостоя́тельный хозя́ин

Einzelwirtschaft *f* объе́кт микроэкономи́ческого ана́лиза

Einzelwirtschaft самостоя́тельное хозя́йство

Einzelwirtschaftslehre *f* уче́ние об эконо́мике отде́льного предприя́тия

einziehbar могу́щий быть взы́сканным, могу́щий быть конфискованным

einziehen *vt* взима́ть, взы́скивать

einziehen инкасси́ровать, принима́ть

на инка́ссо *(напр. ве́ксель)*
einziehen инкасси́ровать *(де́ньги)*
einziehen собира́ть *(напр. нало́ги)*
einziehen изыма́ть из обраще́ния *(моне́ты, банкно́ты)*; изыма́ть *(напр. капита́л)*
einziehen *юр.* конфискова́ть *(иму́щество)*
einziehen ликвиди́ровать *(напр. до́лжность)*

Einziehung *f* инкасси́рование, инкасса́ция *(де́нег)*
Einziehung взыска́ние, взима́ние *(нало́гов, долго́в и т.п.)*
Einziehung инкасса́ция, инка́ссо *(напр. векселя́)*
Einziehung изъя́тие из обраще́ния *(моне́т, банкно́т)*; изъя́тие *(напр. капита́ла)*
Einziehung сбор *(напр. нало́гов)*
Einziehung *юр.* конфиска́ция *(иму́щества)*
Einziehung ликвида́ция *(напр. до́лжности)*

Einziehungsauftrag *m* инкассовое поруче́ние, поруче́ние на инкассацию платежа́; почто́вое поруче́ние о перево́де в день платежа́ де́нежной су́ммы с одного́ счёта на другой
Einziehungsauftrag поруче́ние на опла́ту почто́вым перево́дом

Einziehungsverfahren *n* спо́соб инкассации платёжных тре́бований

Einzug *m* взыска́ние *(напр. де́нег)*, сбор *(напр. нало́гов)*; получе́ние платежа́
Einzug des Wechsels инкасса́ция векселя́

Einzugsbereich *m* экономи́ческий райо́н; райо́н, снабжаемый ры́ночной проду́кцией сельскохозя́йственных предприя́тий; райо́н снабже́ния това́рами; зо́на обслу́живания

Einzugsbuchhaltung *f бухг.* совмещённая прово́дка

Einzugsgebiet *n* экономи́ческий райо́н; райо́н, снабжаемый ры́ночной проду́кцией сельскохозя́йственных предприя́тий; райо́н снабже́ния това́рами; зо́на обслу́живания

Einzugspreis *m* территориа́льная цена́

Einzugsverfahren *n бухг.* ме́тод совмещённой проводки

Einzweckfertigung *f* одноцелевое произво́дство

Einzweckgüterwagen *m*ваго́н для целево́й перево́зки *(напр. ваго́н-цисте́рна, ваго́н-холоди́льник)*

Einzweckmaschine *f* специализи́рованная маши́на, узкоспециальная маши́на; специа́льный стано́к; стано́к одноцелевого назначе́ния; операцио́нный стано́к, однооперационный стано́к

Einzweckrechenanlage *f* специализи́рованная вычисли́тельная маши́на

Eisenbahn *f* желе́зная доро́га

Eisenbahn-Verkaufswagen *m* железнодоро́жный ваго́н-ла́вка

Eisenbahnaktie *f* а́кция железнодоро́жной компа́нии

Eisenbahnavis *n* железнодоро́жное уведомле́ние

Eisenbahnbetrieb *m* эксплуата́ция желе́зных доро́г

Eisenbahnfährverkehr *m* железнодоро́жные паромные перево́зки

Eisenbahnfracht *f* железнодоро́жный груз
Eisenbahnfracht перево́зка гру́зов по желе́зной доро́ге
Eisenbahnfracht пла́та за прово́з по желе́зной доро́ге
Eisenbahnfracht железнодоро́жный тари́ф

Eisenbahnfrachtsatz *m* железнодоро́жный провозной тари́ф

Eisenbahnfrachtverkehr *m* железнодоро́жные грузовы́е перево́зки

Eisenbahnfrachtvertrag *m* догово́р на перево́зку гру́зов желе́зной доро́гой, догово́р на перево́зку гру́зов по желе́зной доро́ге

Eisenbahngüterfähre *f* железнодоро́жный грузово́й паро́м

Eisenbahngütertarif *m* железнодоро́жный грузово́й тари́ф, железнодоро́жный тари́ф на перево́зку гру́зов

Eisenbahnprioritäten *f pl* а́кции железнодоро́жных компа́ний

Eisenbahnstrecke *f* уча́сток желе́зной доро́ги; отделе́ние доро́ги; диста́нция пути́

Eisenbahntarif *m* железнодоро́жный тари́ф

Eisenbahnverkehr *m* железнодоро́жные перево́зки, железнодоро́жное сообще́ние

Eisenbahnverkehrsdienst *m* комме́рческая эксплуата́ция желе́зной доро́ги

Eisenbahnverkehrsnetz *n* железнодоро́жная сеть, сеть желе́зных доро́г

Eisenbahnverkehrsordnung *f*, **EVO** пра́вила комме́рческой эксплуата́ции желе́зных доро́г *(де́йствуют во внутригерма́нском сообще́нии)*

Eisenbahnwerte *pl* а́кции железнодоро́жных компа́ний

Eisenbörse *f* би́ржа чёрных мета́ллов

Elan *m* подъём; поры́в, вдохнове́ние

Elastizität *f* эласти́чность *(сре́днее проце́нтное измене́ние одно́й экономи́ческой величины́ при измене́нии друго́й на оди́н проце́нт)*
Elastizität der Preiserwartungen эласти́чность ценовых ожида́ний *(соотноше́ние ме́жду ожида́емым ро́стом цены́ в предстоя́щий перио́д и её измене́ниями за отчётный перио́д)*
geringe Elastizität ни́зкая эласти́чность
hohe Elastizität высо́кая эласти́чность

Elastizitätsfunktion *f* фу́нкция эласти́чности

Elastizitätsgrenze *f* преде́л эласти́чности

Elastizitätskoeffizient *m* коэффицие́нт эласти́чности

Elektrifizierung *f* электрифика́ция

Elektrizitätserzeugung *f* произво́дство электроэне́ргии

Elektrizitätsversorgung *f* электроснабже́ние, снабже́ние электроэне́ргией

Elektrizitätswirtschaft *f* электрохозяйство, электроэнерге́тика, энерге́тика

Elektroenergieausstattung *f* электровооружённость; энерговооружённость

Elektroenergieintensität *f* электроёмкость; энергонасыщенность; энерговооружённость

Elektroenergieprogramm *n* програ́мма разви́тия электроэнергетики

Elektroenergieverbrauch *m* потребле́ние электроэне́ргии

Elektroenergieverbrauchsnorm *f* но́рма потребле́ния электроэне́ргии

Elektroenergiewirtschaft *f* электроэнергети́ческое хозя́йство, электроэнерге́тика

Elektroindustrie *f* электропромышленность

Elektrokapazität *f* электроёмкость

Elektromaschinenbau *m* электромашиностроение

Elektromaschinenindustrie *f* электромашиностроение

Elektronenbuchführung *f* бухга́лтерский учёт с примене́нием электро́нно-вычисли́тельной те́хники

Elektronenrechenmaschine *f* электро́нная вычисли́тельная маши́на, электро́нно-вычисли́тельная маши́на, ЭВМ

Elektronenrechner *m* электро́нная вычисли́тельная маши́на, электро́нно-вычисли́тельная маши́на, ЭВМ

Elektronik *f* электро́ника
industrielle Elektronik промы́шленная электро́ника
Elektronikausstellung *f* вы́ставка электро́нной те́хники
Konsumgüterelektronik *f* бытова́я электро́ника

elektronisch электро́нный
elektronische Auktionen *pl* электро́н-

ные аукцио́ны (мн.ч.)
elektronischer Flohmarkt *m* электро́нная бараxо́лка
Elektrowirtschaft *f* электроэнергети́ческое хозя́йство, электроэнерге́тика
Elementarfunktion *f* элемента́рная фу́нкция
Elementarschadenversicherung *f* страхова́ние от стихи́йных бе́дствий
eliminieren *vt* исключа́ть, элимини́ровать; удаля́ть; устраня́ть
Eliminierung *f* исключе́ние, элимини́рование; удале́ние, устране́ние
Elternermäßigung *f* сниже́ние нало́га на лиц, содержащих роди́телей
EM, Einzelmaß шту́чная ме́ра
EMA, European Monetary Agreement Европе́йское валю́тное соглаше́ние, ЕВС
E-Mailadresse *f* а́дрес электро́нной по́чты
Emballage *f фр.* упаковочные сре́дства; упако́вка; та́ра, упако́вка, сре́дства упако́вки *(я́щики, тюки́, мешки́, бо́чки)*
Embargo *n* эмба́рго *(запре́т экспорта в определённые страны́ и́ли и́мпорта из определённых стран)*
ein Embargo verhängen вводи́ть эмба́рго
EMF, European Monetary Fund Европе́йский валю́тный фонд, ЕВФ
EMG:
EMG, Einmann-Gesellschaft единоли́чное о́бщество, о́бщество в единоличном владе́нии
EMG, Gesetz über den Verkehr mit Edelmetallen, Edelsteinen und Perlen зако́н о торго́вле благоро́дными мета́ллами, драгоце́нными камня́ми и же́мчугом
Emission *f* эми́ссия, вы́пуск в обраще́ние *(де́нег, це́нных бума́г)*
Emission вы́брос вре́дных веще́ств
alte Emission а́кции пе́рвого вы́пуска, банкно́ты пе́рвого вы́пуска
neue Emission а́кции но́вых вы́пусков, банкно́ты но́вых вы́пусков
Emissionsbank *f* эмиссио́нный банк
Emissionsbilanz *f* эмиссио́нный бала́нс
Emissionsdisziplin *f* эмиссио́нная дисципли́на
Emissionsfonds *m* эмиссио́нный фонд
Emissionsgeschäft *n* эмиссио́нная опера́ция *(вы́пуск це́нных бума́г, опера́ции ба́нков с це́нными бума́гами и др.)*
Emissionsgewinn *m* эмиссио́нная при́быль; при́быль, получа́емая за счёт эмиссии це́нных бума́г
Emissionshaus *n* эмиссио́нный банк
Emissionskonsortium *n* консо́рциум, организу́емый с це́лью реализа́ции за́ймов *(госуда́рственных и́ли ча́стных)*
Emissionskurs *m* эмиссио́нный курс, курс эмиссии *(напр. курс, по кото́рому банк при первичном размещении продаёт от своего́ и́мени и за свой счёт ку́пленные по консорциальному ку́рсу а́кции)*
Emissionslenkung *f* регули́рование эмиссии; регули́рование вы́пуска це́нных бума́г
Emissionsmarkt *m* ры́нок вы́пущенных це́нных бума́г, ры́нок эмитированных це́нных бума́г, ры́нок вы́пущенных в обраще́ние це́нных бума́г
Emissionsplan *m* эмиссио́нный план, план вы́пуска в обраще́ние де́нег
Emissionspolitik *f* эмиссио́нная поли́тика
Emissionspreis *m* эмиссио́нный курс, курс эмиссии
Emissionsprofit *m* эмиссио́нная при́быль; при́быль, получа́емая за счёт эмиссии це́нных бума́г
Emissionsrecht *n* эмиссионное пра́во
Emissionsregelung *f* регули́рование эмиссии
Emissionsstatistik *f* эмиссио́нная стати́стика
Emissionssteuer *f* нало́г на эмиссию
Emissionssteuer эмиссио́нный нало́г *(на сверхэмиссию)*
Emissionstätigkeit *f* эмиссио́нная де́ятельность (ба́нка)
Emittent *m* эмите́нт *(производя́щий эмиссию)*
emittieren эмитировать, выпуска́ть в обраще́ние *(де́ньги, це́нные бума́ги)*
Empfang *m* приём, приёмка *(напр. почто́вых отправле́ний)*
Empfang помеще́ние администра́тора *(напр. гости́ницы)*
Empfang приём, встре́ча
zahlbar bei Empfang подлежи́т опла́те по получе́нии
empfangen принима́ть, встреча́ть *(госте́й)*
empfangen осуществля́ть приёмку *(изде́лий)*
Empfänger *m* получа́тель, адреса́т
Empfänger приёмщик, получа́тель
vom Empfänger zahlbar нало́женным платежо́м
Empfängeranweisung *f* указа́ние грузополуча́теля отделу приёмки гру́за ста́нции назначе́ния о вы́даче гру́за
Empfängerbetrieb *m* предприя́тие-грузополуча́тель
Empfängerland *n* страна́ назначе́ния, страна́-получа́тель
Empfängerland страна́-заёмщик, страна́-получа́тель *(экономи́ческой по́мощи)*
Empfängerverfügung *f* дополни́тельное распоряже́ние получателя гру́за, отклоня́ющееся от усло́вий догово́ра
Empfängervertrag *m* долгосро́чный догово́р ме́жду грузополуча́телем и транспортным предприя́тием *(желе́зной доро́ги и речного судохо́дства)*
Empfangsabfertigung *f* отде́л приёмки гру́за ста́нции назначе́ния
Empfangsanzeige *f* извеще́ние о получе́нии
Empfangsbahnhof *m* ста́нция назначе́ния
empfangsberechtigt име́ющий пра́во на получе́ние, име́ющий полномо́чие на получе́ние, име́ющий дове́ренность на получе́ние, уполномо́ченный на получе́ние
Empfangsberechtigung *f* пра́во на получе́ние, полномо́чие на получе́ние
Empfangsbescheinigung *f* жировка
Empfangsbescheinigung распи́ска в получе́нии
Empfangsbescheinigung квита́нция о получе́нии, удостовере́ние о получе́нии
Empfangsbestätigung *f* складская накладна́я
des Lagerhauses Empfangsbestätigung складско́е свиде́тельство, складочное свиде́тельство, складская квита́нция, складская накладна́я, складско́й варра́нт
Empfangsbuch *n* кни́га входя́щих *(докуме́нтов)*, кни́га входя́щих бума́г
Empfangskonnossement *n* просто́й коноса́мент *(на груз, при́нятый к погру́зке)*
Empfangsschein *m* квита́нция о получе́нии, удостовере́ние о получе́нии
Empfangsspediteur *m* экспеди́тор-получа́тель гру́за, экспеди́тор-приёмщик гру́за
Empfangsspediteurvergütung *f* вознагражде́ние экспедитору-получа́телю гру́за, вознагражде́ние экспедитору-приёмщику гру́за
Empfangsstation *f* оконечное устро́йство приёма *(да́нных)*, входно́й термина́л
Empfangsstation приёмная ста́нция
Empfangsstation ста́нция прибы́тия, ста́нция приёма *(поездо́в)*
Empfangszolldienststelle *f* тамо́женное учрежде́ние, принима́ющее това́р для тамо́женной очи́стки
Empfangszusammenstellung *f* сво́дка поступи́вших гру́зов
Empf.B., Empfangsbescheinigung распи́ска в получе́нии

Empfehlungsschreiben *n* рекомендáтельное письмó, пи́сьменная рекомендáция

Empirepräferenzen *f pl ист.* импéрские преферéнции

Emporschnellen *n* скачóк, рéзкое повышéние *(напр. цен)*

Emulation *f* эмуля́ция *(выполнéние вычисли́тельной маши́ной прогрáмм, запи́санных в систéме комáнд другóй ЭВМ)*

Emulator *m* эмулятор

en bloc *фр.* в цéлом, целикóм

en detail *фр.* в рóзницу

en gros *фр.* óптом; в крýпной расфасовке

en und en detail *фр.* óптом и в рóзницу

en vrac *фр.* без упакóвки, навáлом

En-detail-Handel *m* рóзничная торгóвля

Endabnehmer *m* конéчный получáтель; конéчный пóльзователь

Endabrechnung *f* окончáтельный расчёт

Endbahnhof *m* конéчная стáнция *(назначéния)*

Endbestand *m* остáток на конéц периóда
  Endbestand переходя́щий остáток
  Endbestand выходнóй остáток *(напр. бáнковского счёта)*
  Endbestand переходя́щие товáрные запáсы

Endbetrag *m* конéчная сýмма *(напр. счетá)*

Endbezieher *m* конéчный получáтель; конéчный пóльзователь

Endbilanz *f* окончáтельный балáнс

Ende *n* окончáние, конéц
  Ende eines Vorganges *сет. пл.* окончáние рабóты
  frühestes Ende *сет. пл.* рáнний срок окончáния *(рабóты)*
  spätestes Ende *сет. пл.* пóздний срок окончáния *(рабóты)*

Ende eines Kalenderjahres окончáние календарного годá; завершéние календарного годá; конéц календарного годá

Endeinkommen *n* конéчный дохóд *(при исчислéнии национáльного дохóда)*

Endereignis *n сет. пл.* конéчное собы́тие, завершающее собы́тие

Endergebnis *n* результáт, результáты; конéчный итóг

Enderzeugnis *n* готóвое издéлие; конéчный продукт, готóвый продýкт

Enderzeugung *f* конéчная продýкция, готóвая продýкция; совокупная продýкция нарóдного хозя́йства

Endfertigstellungstermin *m* срок окончáтельного завершéния рабóты, срок изготовлéния

Endfertigung *f* послéдняя стáдия изготовлéния; окончáтельная доработка, отдéлка

Endfertigungsbetrieb *m* предприя́тие, выпускáющее готóвую продýкцию

Endgerät *n* оконечное устрóйство, терминáл

Endhafen *m* порт назначéния

Endhersteller *m* производи́тель конéчной продýкции, конéчный продуцéнт

Endherstellerbetrieb *m* предприя́тие, выпускáющее готóвую продýкцию

Endkalkulation *f* завершáющая калькуля́ция
  Endkalkulation окончáтельная калькуля́ция

Endkomplettierung *f* завершáющая комплектация

Endkontrolle *f* окончáтельный контрóль (кáчества)
  betriebliche Endkontrolle приёмочный контрóль кáчества продýкции; приёмка продýкции по кáчеству

Endkosten *pl* конéчная стóимость; окончательные издéржки *(произвóдства)*

Endkostenträger *m* конéчный носи́тель затрáт
  Endkostenträger конéчный объéкт затрáт,

Endkunde *m* конéчный покупáтель; конéчный потреби́тель

Endlosformular *n* бесконéчный формуля́р, рулóнный формуля́р, бесконéчный бланк, рулóнный бланк
  Endlosformular рулóн *(табелирующей маши́ны)*

Endlosvordruck *m* рулóн *(табелирующей маши́ны)*

Endmontage *f* конéчный монтáж, завершáющий монтáж, конéчная сбóрка, завершáющая сбóрка

Endprobe *f* прóба товáра, взя́тая на окончáтельную провéрку
  Endprobe прóба товáра на окончáтельную провéрку

Endprodukt *n* конéчный продýкт, готóвый продýкт *(товáры и услýги, не подвергающиеся дальнéйшей переработке)*
  Endprodukt eines Zweiges конéчная продýкция óтрасли
  gesellschaftliches Endprodukt конéчный общéственный продýкт
  volkswirtschaftliches Endprodukt конéчный продýкт нарóдного хозя́йства

Endprodukteinheit *f* едини́ца конéчной продýкции

Endproduktion *f* готóвая продýкция, конéчная продýкция; завершенное произвóдство

Endproduzent *m* производи́тель конéчной продýкции, конéчный продуцéнт

Endprüfung *f* окончáтельная провéрка; окончáтельное (техни́ческое) приёмочное испытáние; конéчный контрóль

Endsumme *f* итóговая сýмма
  Endsumme окончáтельная сýмма

Endsummenbildung *f* получéние окончáтельного итóга; формировáние итоговой сýммы

Endtermin *m* конéчный срок, срок окончáния *(рабóты)*

Endverbrauch *m* потреблéние для изготовлéния конéчного продýкта; конéчное потреблéние

Endverbraucher *m* конéчный потреби́тель; конéчный пóльзователь

Endverbraucherpreis *m* рóзничная сбытовáя ценá, отпускнáя ценá рóзничной торгóвли

Endverkauf *m* завершáющая продáжа, продáжа конечному потреби́телю

Endverwertung *f* конéчное испóльзование, окончáтельное испóльзование; конéчная реализáция

Endwert *m* итоговое значéние
  Endwert конéчная стóимость
  Endwert окончáтельная стóимость

Endzinssatz *m* факти́ческая стáвка *(ссудного процéнта)*

Energetik *f* энергéтика

Energie *f* энéргия

Energieaufwand *m* потреблéние энéргии, расхóд энéргии

Energieausbeute *f* вы́ход энéргии, вы́ход электроэнéргии

Energiebeauftragte *m* уполномóченный по энергоснабжéнию

Energiebedarf *m* спрос на энéргию, спрос на электроэнéргию; потрéбности в энéргии, энергетические потрéбности; потреблéние энéргии, расхóд энéргии

Energiebetrieb *m* предприя́тие энергетического хозя́йства

Energiebetriebe *m pl* предприя́тия энергетической óтрасли *(предприя́тия по электрификации, газификáции и теплоснабжéнию)*

Energiebilanz *f* энергети́ческий балáнс, энергобаланс

Energieeinsatz *m* испóльзование энéргии; расхóд энéргии

Energieeinsparung *f* эконóмия энéргии

Energieerzeugung *f* произвóдство энéргии, произвóдство электроэнéргии, вы́работка энéргии, вы́работка электроэнéргии

Energiegewinnung *f* произвóдство энéргии, произвóдство электроэнéргии, вы́работка энéргии, вы́работка электроэнéргии

energieintensiv энергоёмкий

Energieplan *m* план произво́дства и расхо́дования эне́ргии

Energiepolitik *f* госуда́рственная поли́тика регули́рования энергоснабже́ния

Energieprogramm *n* програ́мма разви́тия электроэнерге́тики

Energiequelle *f* исто́чник эне́ргии

Energieressourcen *f pl* энергети́ческие ресу́рсы, ресу́рсы энерге́тики

Energietarife *m pl* тари́фные ста́вки на отде́льные ви́ды эне́ргии

Energieträger *m* исто́чник эне́ргии

Energieträger *m* энергоноси́тель

Energieverbrauch *m* потребле́ние эне́ргии, расхо́д эне́ргии

Energieverbrauch je Arbeiter энерговооружённость труда́

Energieverbrauch je Arbeitskraft энерговооружённость труда́

Energieverbrauchsnormen *f pl* но́рмы потребле́ния эне́ргии, но́рмы расхо́да эне́ргии

Energieverlust *m* поте́ри эне́ргии, энергети́ческие поте́ри, энергопоте́ри

Energieverlustquellen *f pl* причи́ны поте́рь эне́ргии, причи́ны энергопоте́рь

Energieversorgung *f* энергоснабже́ние *(мо́жет включа́ть добы́чу энергоноси́телей, их хране́ние, транспорти́ровку и др.)*

Energieversorgungsbetriebe *m pl* предприя́тия энергети́ческого ко́мплекса (хозя́йства) *(предприя́тия по электрифика́ции, газифика́ции и теплоснабже́нию)*

Energiewirtschaft *f* энерге́тика, энергохозя́йство; энергети́ческий ко́мплекс

Engagement *n* де́ло, *(акти́вная)* де́ятельность; акти́вность

Engagement обяза́тельство

Engagement приглаше́ние на рабо́ту

Engagement уча́стие, акти́вное уча́стие, целенапра́вленное уча́стие

engagieren *vt* обя́зывать, свя́зывать обяза́тельством

engagieren приглаша́ть на рабо́ту

engagieren уча́ствовать в рабо́те

sich engagieren приня́ть уча́стие в рабо́те, заня́ться *како́й-л.* рабо́той

sich engagieren свя́зывать себя́ обяза́тельством

Enge *f* у́зость *(напр. вну́треннего ры́нка)*

Engineering *n англ.* инжини́ринг; оказа́ние техни́ческого соде́йствия *(в разрабо́тке и́ли осуществле́нии прое́кта)*

Engineering прое́ктная документа́ция

Engpass *m* дефици́т, нехва́тка

Engpass у́зкое ме́сто *(экономи́ческая ситуа́ция и́ли ста́дия произво́дственного проце́сса, при кото́рой предложе́ние системати́чески ока́зывается ме́ньше спро́са)*

Engpassanlage *f* дефици́тное устро́йство

Engpassanlagen *f pl* дефици́тное обору́дование

Engpassausrüstungen *f pl* дефици́тное обору́дование

Engpassmaterial *n* дефици́тный материа́л

Engpassware *f* дефици́тный това́р

Engrosagent *m* аге́нт-опто́вик; аге́нт в опто́вой торго́вле

Engroseinkauf *m* опто́вая заку́пка

Engroseinkäufe *pl* опто́вые заку́пки

Engrosgeschäft *n* опто́вая торго́вая сде́лка

Engrosgeschäft опто́вый магази́н

Engroshandel *m* опто́вая торго́вля

Engroshändler *m* опто́вик, опто́вый торго́вец

Engrosindex *m* инде́кс опто́вых цен

Engroskauf *m* опто́вая заку́пка

Engroskauf опто́вая прода́жа

Engroskäufer *m* опто́вый покупа́тель

Engroslager *n* опто́вый склад; склад опто́вой торго́вли; опто́вая ба́за

Engrospreis *m* опто́вая цена́; цена́ в опто́вой торго́вле

Engrosschieber *m* кру́пный спекуля́нт

Engrossortimenter *m* опто́во-ро́зничный торго́вец; предприя́тие опто́во-ро́зничной торго́вли

Engrosverkauf *m* опто́вая прода́жа

Enquete *f фр.* опро́с, обсле́дование путём опро́са; анке́та, формуля́р для (статисти́ческого) обсле́дования

Enquete *фр.* анке́та, предлага́емая экспе́ртам с це́лью получе́ния то́чной карти́ны экономи́ческого явле́ния

Enquetemethode *f стат.* анке́тный ме́тод

Entäußerung *f* отка́з; усту́пка

Entäußerung отчужде́ние

Entäußerung переда́ча прав

entbinden *vt* освобожда́ть *(от обяза́тельств)*

Entbindung *f* освобожде́ние *(напр. от обяза́тельств по догово́ру)*

Entbindungsbeihilfe *f* дополни́тельное посо́бие по рожде́нию ребёнка, выпла́чиваемое предприя́тием

Entbindungskostenbeitrag *m* единовре́менное посо́бие роже́нице, выпла́чиваемое страхово́й ка́ссой *(ФРГ)*

Enteigner *m* экспроприа́тор

enteignet экспроприи́рованный; изъя́тый

Enteignung *f* экспроприа́ция; лише́ние прав со́бственности, отчужде́ние (со́бственности) в по́льзу госуда́рства

Enteignung der Enteigner экспроприа́ция экспроприа́торов

Enteignung der Rechte aus dem Patent отчужде́ние пате́нтных прав

Enteignung des Landes экспроприа́ция земе́льной со́бственности

Enteignung gegen Entschädigung отчужде́ние с вы́платой компенса́ции

entschädigungslose Enteignung безвозме́здное отчужде́ние

Enteignungsanspruch *m юр.* притяза́ние на отчужде́ние

Enteignungsentschädigiing *f* компенса́ция за отчуждённое иму́щество

Enteignungsverfahren *n* суде́бное произво́дство по отчужде́нию иму́щества; ме́тод проведе́ния экспроприа́ции, спо́соб проведе́ния экспроприа́ции

Enterbung *f* лише́ние насле́дства

entfallen *vi* выпада́ть на до́лю

entfallen причита́ться, приходи́ться *(о су́мме)*

entfalten разверну́ть; организова́ть; проводи́ть *(в жизнь)*

Entfernung *f* отстране́ние от до́лжности, увольне́ние

Entfernung расстоя́ние

Entfernungsberechnungsverfahren *n* ме́тод расчёта тари́фных расстоя́ний

Entfernungsstaffel *f* табли́ца сбо́ров за перево́зку 100 кг гру́за на 1 км

Entfernungstafel *f* табли́ца тари́фных поясо́в

Entfernungszone *f* тари́фный по́яс, тари́фная зо́на, зо́на де́йствия тари́фа

Entfernungszuschlag *m* допла́та за расстоя́ние

Entfernungszuschlag надба́вка за отдалённость

Entflechtung *f* декартелиза́ция; деконцентра́ция

entfremden *vt (j-m)* отчужда́ть *(у кого́-л.)*

entfremden (j-m) отдаля́ть (от кого́-л.)

entfremden (j-m) похища́ть (у кого́-л.)

Entfremdung *f* отчужде́ние

entgegennehmen принима́ть *(напр. зака́з)*

entgegenwirken противоде́йствовать, де́йствовать вопреки́

Entgelt *n* вознагражде́ние; возмеще́ние; пла́та; эквивале́нт затра́т (труда́, фина́нсов), *см. тж.* **Entgelte**

als Entgelt в ви́де возмеще́ния, в упла́ту

kalkulatorisches Entgelt расчётная пла́та *(напр. калькуля́ция вы́плат управле́нческому аппара́ту, слу́жащим)*

gegen Entgelt в ви́де возмеще́ния, в упла́ту

ohne Entgelt безвозме́здно

vereinbartes Entgelt согласо́ванная пла́та
vereinnahmtes Entgelt полу́ченная пла́та
Entgelte *n pl* вы́платы *(мн.ч.)*
vereinbarte Entgelte ви́ды вознагражде́ния, устано́вленные соглаше́нием
vereinnahmte Entgelte факти́чески поступи́вшие разли́чного ро́да вознагражде́ния
Entgeltkatalog *m* катало́г, содержа́щий пе́речень ви́дов вознагражде́ния
entgeltlich пла́тный
entgeltpflichtig подлежа́щий возмеще́нию, подлежа́щий опла́те, пла́тный
Entgeltsnormen *f pl* но́рмы опла́ты (труда́)
Entgeltsregelungen *f pl* положе́ния об опла́те (труда́); систе́ма опла́ты (труда́)
Enthaltsamkeitstheorie *f* тео́рия воздержа́ния *(тео́рия проце́нта, вы́двинутая Сениором)*
Enthebung *f* освобожде́ние *(напр. от обяза́тельств по догово́ру)*; отстране́ние *(напр. от до́лжности)*
Enthortung *f* детезавра́ция зо́лота *(проце́сс, обра́тный созда́нию золото́го запа́са)*
Enthortung пуск в обраще́ние *(това́ров)*
Entkartellisierung *f* декартелиза́ция
entkräften признава́ть недействи́тельным, отменя́ть; аннули́ровать
Entladearbeiten *f pl* разгрузочные рабо́ты, опера́ции по разгрузке, опера́ции по вы́грузке
Entladebahnhof *m* ста́нция вы́грузки
Entladedauer *f* продолжи́тельность разгру́зки, продолжи́тельность вы́грузки
Entladefrist *f* срок разгру́зки, срок вы́грузки
Entladegebühr *f* сбор за разгру́зку, сбор вы́грузку, пла́та за разгру́зку, опла́та разгрузочных рабо́т
Entladehafen *m* порт вы́грузки, порт разгру́зки
Entladekosten *pl* стивидорные расхо́ды; расхо́ды по разгрузке; расхо́ды по вы́грузке
Entladen *n* разгру́зка, вы́грузка
entladen *vt* разгружа́ть, выгружа́ть
Entladepflicht *f* обяза́тельство (предприя́тий) в устано́вленные сро́ки разгружа́ть тра́нспортные сре́дства
Entladestelle *f* пункт разгру́зки, пункт вы́грузки, ме́сто разгру́зки, ме́сто вы́грузки
Entladezeit *f* продолжи́тельность разгру́зки, продолжи́тельность вы́грузки
Entladung *f* разгру́зка, вы́грузка
Entlassung *f* увольне́ние, отчисле́ние; отстране́ние от рабо́ты; отста́вка; вы́пуск *(уча́щихся)*
fristlose Entlassung увольне́ние без предупрежде́ния
die Entlassung anvisieren плани́ровать увольне́ние
Entlassungsentschädigung *f* компенса́ция, выпла́чиваемая необосно́ванно уво́ленному при восстановле́нии на рабо́те
Entlassungsgeld *n* де́нежное посо́бие при увольне́нии, выходно́е посо́бие
Entlassungsvergütung *f* де́нежное посо́бие при увольне́нии, выходно́е посо́бие
Entlastung *f* уменьше́ние нагру́зки
Entlastung *бухг.* кредитова́ние, занесе́ние в креди́т счёта
Entlastung освобожде́ние *(от обя́занностей)*
Entlastung уменьше́ние нагру́зки
entleihen брать взаймы́; брать напрока́т
Entleiher *m* должни́к
Entleiher беру́щий напрока́т
entlohnen вознагражда́ть (за труд); распла́чиваться
entlohnen дава́ть расчёт, увольня́ть
Entlohnung *f* вознагражде́ние (за труд), опла́та (труда́); пла́та *(за сде́льную рабо́ту)*
Entlohnung расчёт, увольне́ние
Entlohnung nach der Leistung опла́та по труду́
Entlohnung nach Stückzahl oder Menge сде́льная опла́та труда́ *(по коли́честву изгото́вленных едини́ц и́ли объему проду́кции)*
differenzierte Entlohnung дифференци́рованная опла́та (труда́)
erhöhte Entlohnung повы́шенная опла́та (труда́)
leistungsabhängige Entlohnung опла́та труда́ в зави́симости от вы́полненной рабо́ты
prozentuale Entlohnung опла́та, исчисляемая в проце́нтах; вознагражде́ние, исчисля́емое в проце́нтах
Entlohnungsform *f* фо́рма опла́ты (труда́)
Entlohnungsmethoden *f pl* фо́рмы опла́ты (труда́); ви́ды вознагражде́ния
Entlohnungssystem *n* систе́ма опла́ты (труда́)
Entlohnungstabelle *f* платёжная ве́домость
Entmündigte *m* лишённый дееспосо́бности; ограни́ченный в дееспосо́бности *(реше́нием суда́)*, взя́тый под опе́ку
Entnahme *f* взя́тие, заи́мствование
Entnahme изъя́тие
Entnahme изъя́тие материа́льных средств предприя́тия для ли́чных це́лей, изъя́тие фина́нсовых средств предприя́тия для ли́чных це́лей
Entnahme испо́льзование запа́сов, веду́щее к уменьше́нию материа́льных средств; испо́льзование запа́сов, веду́щее к уменьше́нию фина́нсовых средств
Entnahme отбо́р, взя́тие *(напр. про́бы)*
Entnahmeschein *m* тре́бование *(на о́тпуск материа́лов)*; бланк-зака́з
entnehmen *vt* брать; выбира́ть, отбира́ть
Proben entnehmen брать про́бы, де́лать про́бы
Entnehmer *m* трасса́нт
Entpersönlichung *f* обезличка, обезли́чивание
Entreicherte *m юр.* лицо́, за счёт кото́рого произошло́ обогаще́ние друго́го лица́
Entrepot *n m фр.* тамо́женный склад для транзитных гру́зов
entrichten вноси́ть *(де́ньги)*, упла́чивать *(напр. нало́ги)*, плати́ть *(пени)*
Entrichtung *f* взнос, платёж, упла́та *(напр. нало́гов)*, опла́та
Entrichtung einer Schuld погаше́ние до́лга
entschädigen *vt* возмеща́ть, компенси́ровать; покрыва́ть расхо́ды
für die Verluste entschädigen возмеща́ть убы́ток *(убы́тки)*
Entschädigung *f* возмеще́ние, компенса́ция *(уще́рба, убы́тка)*, покры́тие расхо́дов; бонифика́ция; репара́ция
einmalige Entschädigung единовре́менная компенса́ция; единовре́менное вознагражде́ние
nominelle Entschädigung номина́льная компенса́ция; компенса́ция номина́льного уще́рба
Entschädigungsanspruch *m* тре́бование возмеще́ния *(уще́рба, убы́тков)*, притяза́ние на возмеще́ние *(уще́рба, убы́тков)*
Entschädigungsanspruch тре́бование компенса́ции уще́рба *(убы́тков)*
Entschädigungsberechtigte *m* лицо́, име́ющее пра́во на получе́ние компенса́ции
Entschädigungsbetrag *m* су́мма компенса́ции *(уще́рба, убы́тков)*
Entschädigungsgesetz *n* зако́н о вы́плате компенса́ции
Entschädigungskommission *f* окружна́я консультати́вная комиссия по вопро́сам вы́платы компенса́ции
Entschädigungsleistung *f юр.* возмеще́ние, компенса́ция
entschädigungslos безвозме́здно; без обяза́тельства возмеще́ния уще́рба

Entschädigungspflicht *f* обязанность возмещения *(убытков, ущерба)*

Entschädigungspreis *m* отступное, отступные деньги; компенсация, возмещение

Entschädigungssumme *f* отступное, отступные деньги; компенсация, возмещение

Entschädigungszahlung *f* платёж отступного; возмещение расходов, компенсация расходов

Entscheidigungsdiagramm *n* диаграмма управленческих решений

Entscheidigungsfeld *n* границы управленческих решений, рамки управленческих решений; поле управленческих решений

Entscheidung *f* приговор, решение суда, определение суда
Entscheidung принятие решения
Entscheidung решение
Entscheidung der Arbitrage арбитражное решение
einstufige Entscheidung одноэтапное решение
gerichtliche Entscheidung решение суда
logische Entscheidung логическое решение
mehrstufige Entscheidung многоэтапное решение
operative Entscheidung оперативное решение, текущее решение, решение текущих задач, решение оперативных задач
schiedsrichterliche Entscheidung арбитражное решение
strategische Entscheidung стратегическое решение, решение стратегических задач
taktische Entscheidung тактическое решение, решение тактических задач

Entscheidungsbefugnis *f* право самостоятельного принятия решения

Entscheidungsbereich *m* сфера принятия решения, область принятия решения

Entscheidungsereignis *n* решающее событие

Entscheidungsetappe *f* этап принятия решения, этап процесса принятия решения

Entscheidungsfindung *f* разработка решения, нахождение решения

Entscheidungsfluss *m* поток управляющих воздействий, поток управленческих решений; поток сообщений

Entscheidungsfunktion *f* решающая функция
Entscheidungsfunktion функция принятия решений; принятие решений
Entscheidungsfunktion функция решения

Entscheidungshilfen *f pl* средства принятия решений

Entscheidungskompetenz *f* полномочие принимать решения, компетенция в принятии решений

Entscheidungskriterium *n* критерий принятия *(напр. управленческих решений)*; критерий принятия решения

Entscheidungslogik *f* логика принятия решений
Entscheidungslogik логические схемы

Entscheidungsmatrix *f* матрица управленческих решений

Entscheidungsmethode *f* метод принятия решения

Entscheidungsmodell *n* модель принятия решения
ökonomisches Entscheidungsmodell модель принятия экономического решения, модель принятия решения в экономике

Entscheidungsmodellierung *f* моделирование процесса принятия решений

Entscheidungsnetzplan *m* вероятностный сетевой график, стохастический сетевой график, альтернативный сетевой график

Entscheidungsnetzwerk *n* вероятностный сетевой график, стохастический сетевой график, альтернативный сетевой график

Entscheidungsobjekt *n* объект принятия решения

Entscheidungsprozess *m* процесс принятия решения(й) *(управленческих)*

Entscheidungsrealisierung *f* реализация решения(ий), выполнение решения(ий)

Entscheidungssituation *f* критическая ситуация
Entscheidungssituation ситуация, связанная с принятием решения

Entscheidungstabelle *f* таблица решений *(принятых)*

Entscheidungstheorie *f* теория принятия решений, теория решений
statistische Entscheidungstheorie статистическая теория принятия решений

Entscheidungsträger *m* носитель решения, субъект решения

Entscheidungsvariable *f* критерий управления
Entscheidungsvariable переменная, характеризующая принятие решений

Entscheidungsvariante *f* вариант решения

Entscheidungsverfahren *n* метод решения, способ решения; процедура принятия решения
Entscheidungsverfahren *мат.* разрешающая процедура

Entscheidungsvorbereitung *f* подготовка к принятию решения

Entscheidungswahl *f* выбор решения

Entscheidungszeitpunkt *m* момент принятия решения

Entschlüsselung *f* декодирование, дешифрирование, дешифровка

entschuldbar простительный, извинительный

Entschuldbarkeit *f* оправдывающее обстоятельство
Entschuldbarkeit des Gemeinschuldners оправдывающие должника обстоятельства

Entschuldung *f* ликвидация задолженности; полное освобождение государством сельскохозяйственного предприятия от задолженности; частичное освобождение государством сельскохозяйственного предприятия от задолженности

Entschuldungsverfahren *n* процедура освобождения государством от задолженности
Entschuldungsverfahren der Landwirtschaft процедура освобождения государством сельскохозяйственных предприятий от задолженности

Entschuldungsversicherung *f* страхование жизни, при котором страховая сумма предназначается для погашения ипотечной ссуды

entsenden *vt* посылать, направлять; командировать

Entsendung *f* отправка, отсылка; командирование
Entsendung der Fachkräfte командирование специалистов

Entspannung *f* разрядка, ослабление напряжённости

Entsprechungszahl *f стат.* относительная величина координации

Entstehung *f* возникновение, зарождение, образование, происхождение

Entstehungszeitpunkt *m* момент возникновения *(обязательств)*
Entstehungszeitpunkt момент возникновения обязательств, связанных с осуществлением отчислений в бюджет

Entstehungszyklus *m* цикл освоения *(время, необходимое предприятию для воплощения идеи в рыночный продукт)*

Enttrümmerungskosten *pl* расходы, связанные с подготовкой участка к использованию; затраты, связанные с подготовкой участка к использованию

(снос строений и расчи́стка уча́стка)

entwerfen проекти́ровать; разраба́тывать *(напр. прое́кт)*; плани́ровать

entwerten *vt* обесце́нивать, девальви́ровать

entwerten погаша́ть *(ста́вить штемпель)*

entwertet обесценившийся

Entwertung *f* обесце́нение, сниже́ние сто́имости; погаше́ние *(почто́вых, ге́рбовых ма́рок)*; амортизацио́нные списания

Entwertung погаше́ние ма́рок *(почто́вых или ге́рбовых)*

Entwertung von Kapital обесце́нение капита́ла

entwickeln развива́ть; соверше́нствовать; разраба́тывать *(напр. прое́кт)*; конструи́ровать *(напр. маши́ны)*; проекти́ровать; подгота́вливать *(напр. квалифици́рованных рабо́чих)*

Entwickler *m* разрабо́тчик

Entwickler проекта́нт

Entwickler констру́ктор

Entwicklung *f* разви́тие; разрабо́тка *(напр. прое́кта)*; конструи́рование *(напр. маши́ны)*; проекти́рование; констру́кция; прое́кт; подгото́вка *(напр. квалифици́рованных рабо́чих)*; *мат.* разложе́ние в ряд

Entwicklung der Beschäftigungslage рост за́нятости

konjunkturelle Entwicklung измене́ние конъюнкту́ры; конъюнктурные измене́ния *(напр. на ры́нке)*

rückläufigeEntwicklung регре́сс; свертывание *(напр. произво́дства)*; уменьше́ние *(напр. за́нятости)*

Entwicklungs- und Anlaufkosten *pl* расхо́ды на подгото́вку и освое́ние но́вых ви́дов проду́кции, расхо́ды на подгото́вку и освое́ние произво́дства но́вых ви́дов проду́кции

Entwicklungs- und Herstellungskosten *pl* расхо́ды на разрабо́тку и изготовле́ние (мн.ч.); затра́ты на разрабо́тку и изготовле́ние (мн.ч.)

Entwicklungs- und Konstruktionsbüro *n* опытно-констру́кторское бюро́, ОКБ

Entwicklungs- und Qualitätsprüfstelle *f* отде́л но́вых разработок и контро́ля ка́чества

Entwicklungs- und Überleitungsvertrag *m* хозя́йственный догово́р о созда́нии и внедре́нии в произво́дство но́вых изде́лий, хозя́йственный догово́р о созда́нии и внедре́нии в произво́дство но́вых мéтодов

Entwicklungsabschnitt *m* эта́п разви́тия, отре́зок разви́тия, уча́сток разви́тия

Entwicklungsabteilung *f* констру́кторский отде́л предприя́тия

Entwicklungsarbeiten *f pl* опытно-конструкторские рабо́ты, ОКР

Entwicklungsbank *f* банк (экономи́ческого) разви́тия; банк, финанси́рующий развива́ющиеся страны́

Entwicklungsbüro *n* проектное бюро́, прое́ктная организа́ция

Entwicklungsfonds *m*, **regionaler** фонд регионального разви́тия

Entwicklungsgebiet *n* экономи́чески слабора́звитый райо́н; развива́ющийся райо́н

Entwicklungshilfe *f* экономи́ческая) по́мощь развивающимся стра́нам

Entwicklungshilfe по́мощь разви́тию, по́мощь в разви́тии

öffentliche Entwicklungshilfe госуда́рственная по́мощь разви́тию *(обы́чно льго́тная)*

Entwicklungshilfe-Gruppe Гру́ппа оказа́ния по́мощи развивающимся стра́нам *(при Междунаро́дном ба́нке реконстру́кции и разви́тия)*

Entwicklungshilfe-Komitee Комите́т оказа́ния по́мощи развивающимся стра́нам *(при Организа́ции экономи́ческого сотру́дничества и разви́тия)*

Entwicklungsingenieur *m* инжене́р-разрабо́тчик

Entwicklungskosten *pl* расхо́ды на проведе́ние опытно-конструкторских рабо́т, затра́ты на проведе́ние опытно-конструкторских рабо́т

Entwicklungsland *n* развива́ющаяся страна́

Entwicklungsländer *n pl* развива́ющиеся страны́

Entwicklungsniveau *n* у́ровень разви́тия

ökonomisches Entwicklungsniveau у́ровень экономи́ческого разви́тия

Entwicklungsphase *f* фа́за разви́тия, эта́п разви́тия

Entwicklungspolitik *f* поли́тика по́мощи развивающимся стра́нам

Entwicklungsprognose *f* прогно́з разви́тия *(напр. эконо́мики)*

Entwicklungsprogramm *n* програ́мма разви́тия наро́дного хозя́йства в развива́ющихся стра́нах; програ́мма разви́тия отраслей наро́дного хозя́йства

Entwicklungsprojekt *n* опытно-констру́кторский прое́кт; прое́кт разви́тия

Entwicklungsrate *f* темп разви́тия

Entwicklungsrichtung *f* направле́ние разви́тия

Entwicklungsstaat *m* развива́ющаяся страна́

Entwicklungsstadium *n* ста́дия разви́тия

Entwicklungsstand *m* у́ровень разви́тия

Entwicklungsstelle *f* опытно-констру́кторское бюро́, ОКБ; опытно-констру́кторский отде́л, отде́л разработок

Entwicklungsstufen *f pl* ста́дии разви́тия, ступе́ни разви́тия

Entwicklungsstufen der Wirtschaft ста́дии разви́тия эконо́мики, ступе́ни разви́тия эконо́мики

Entwicklungstempo *n* темп разви́тия, те́мпы разви́тия

vorrangiges Entwicklungstempo опережающие те́мпы разви́тия

wirtschaftliches Entwicklungstempo те́мпы экономи́ческого разви́тия

Entwicklungstendenz *f* тенде́нция разви́тия

Entwicklungstrend *m* тенде́нция разви́тия

Entwicklungsvorhaben *n* опытно-констру́кторский прое́кт

Entwicklungsweg *m* путь разви́тия

kapitalistischer Entwicklungsweg капиталисти́ческий путь разви́тия

nichtkapitalistischer Entwicklungsweg некапиталистический путь разви́тия

Entwicklungszeit *f* перио́д разви́тия; вре́мя, необходи́мое для разрабо́тки но́вого ви́да проду́кции; вре́мя, необходи́мое для разрабо́тки но́вого ви́да техноло́гии

Entwicklungszyklus *m* цикл разви́тия

Entwurf *m* прое́кт

Entwurfsalgorithmus *m* алгори́тм проекти́рования *(автомати́ческого, компьютерного)*

Entwurfsbüro *n* проектное бюро́

Entwurfsdaten *pl* проектные пара́метры, проектные да́нные, прое́ктная характери́стика

Entwurfsgewicht *n* прое́ктный вес; прое́ктная ма́сса

Entwurfsgrundlage *f* осно́ва проекти́рования

Entwurfsmasse *f* прое́ктная ма́сса

entziehen извлека́ть *(напр. капита́л)*; изыма́ть *(напр. де́нежные зна́ки из обраще́ния)*

entziehen лиша́ть, отнима́ть

entziehen не поддава́ться *(напр. учёту)*

die Bezüge entziehen прекрати́ть платежи́, прекраща́ть платежи́

sich entziehen уклоня́ться *(напр. от упла́ты нало́гов)*; не поддава́ться *(напр. учёту)*

Entziehung *f* извлече́ние *(напр. капита́ла)*; изъя́тие *(напр. де́нежных зна́ков из обраще́ния)*

Entziehung лишéние, отнятие
Entziehung уклонéние *(напр. от уплáты налóгов)*
EOM, end of month following (платёж) в концé слéдующего мéсяца, конéц мéсяца, слéдующий пóсле дня продáжи
EOQC, European Organization for Quality Control Европéйская организáция по контрóлю кáчества, ЭОКК
e.o.W., erstes offenes Wasser с открытием навигáции, пéрвой открытой водóй, ПОВ
EPA, European Productivity Agency Европéйское агéнтство по вопрóсам производи́тельности *(Организáции европéйского экономи́ческого сотрýдничества)*
EPI, Europay International платежная систéма **Europay International**
EPr., Einzelpreis рóзничная ценá, ценá в рóзничной торгóвле
EPTA, United Nations' Expanded Program of Technical Assistance for Economic Development of Under-Developed Countries Расши́ренная прогрáмма ООН по оказáнию техни́ческой пóмощи развивающимся стрáнам
EPU, European Payments Union *ист.* Европéйский платёжный сою́з, ЕПС
ER:
ER, Einfuhrerklärung и́мпортная декларáция, ввознáя декларáция
ER, Eurorat Европéйский совéт, Евросовет, ЕС
erarbeiten разрабáтывать *(напр. нóвую констрýкцию)*
erarbeitet трудовóй *(напр. о доходе)*
Erbbaurecht *n* наслéдственное прáво застрóйки
Erbbestand *m* наслéдственная арéнда
Erbbestand взнос при вступлéнии во владéние *(на правáх наслéдственной арéнды)*; плáта за пóльзование землёй *(на правáх наслéдственной арéнды)*
Erbbeständer *n* наслéдственный арендáтор *(правá котóрого передаю́тся по наслéдству)*
Erbbestandgeld *n* взнос при вступлéнии во владéние *(на правáх наслéдственной арéнды)*
Erbbestandgeld плáта за пóльзование землей
Erbbuch *n* земéльный кадáстр
Erbe *I n* наслéдство; наслéдие
Erbe *II m* наслéдник
gesetzlicher Erbe закóнный наслéдник
Erbeigentum *n* наслéдуемое имýщество, наслéдство
Erbeinigung *f* соглашéние мéжду наслéдниками о раздéле наслéдства
Erben *n* получéние наслéдства
erben наслéдовать, унаслéдовать, получáть в наслéдство
erbenlos не имéющий наслéдников; не остáвивший пóсле себя́ наслéдников *(об умершем)*; лишённый наслéдства
Erbfähigkeit *f* правоспосóбность к наследованию
Erbfall *m юр.* откры́тие наслéдства
Erbhof *m ист.* наслéдственный крестья́нский двор *(переходивший от отцá к стáршему сы́ну и не подлежавший раздéлу)*
erblos не имéющий наслéдников; не остáвивший пóсле себя́ наслéдников *(об умершем)*; лишённый наслéдства
Erbmasse *f юр.* наслéдственная мáсса
Erbpacht *f* наслéдственная арéнда
Erbpacht наслéдственное прáво
Erbpacht плáта за наслéдственную арéнду
Erbrecht прáво наслéдования
Erbringer *m* **von Dienstleistungen** лицó, предоставляющее услýги; организáция, предоставля́ющая услýги
Erbschaft *f* наслéдство; наслéдие
eine Erbschaft antreten вступáть в правá наслéдования
eine Erbschaft ausschlagen отказáться от наслéдства
Erbschaftskauf *m* договóр о покýпке наслéдственного имýщества
Erbschaftssteuer *f* налóг с наслéдства; наслéдственная пóшлина
Erbschein *m* свидéтельство о наслéдовании
ErbSt, Erbschaftssteuer налóг на наслéдство
Erbteil *m юр.* дóля в наслéдстве
Erbteilung *f* раздéл наслéдства
Erbuntertänigkeit *f ист.* прýсская фóрма крепостнóго правá
Erdarbeiten *f pl* земляны́е рабóты
Erdbau *m* земляны́е рабóты
Erde *f*, **junge** целинá, цели́нная землá
Erdöl *n* нефть
Erdölförderung *f* добы́ча нéфти, нефтедобыча
Erdölgewaltige *m* нефтянóй магнáт
Erdölkartell *n* нефтянóй картéль
Erdöllagerstätte *f* нефтянóе месторождéние
Erdölleitung *f* нефтепровóд
Erdölvorkommen *n* месторождéние нéфти
ereignen, sich происходи́ть, случáться
Ereignis *n сет. пл.* собы́тие, *см.тж.* **Ereignisse** *n, pl*
Ereignis von geringer Wahrscheinlichkeit маловероя́тное собы́тие
dazwischenliegendes Ereignis промежýточное собы́тие
festgelegtes Ereignis дáнное собы́тие
kritisches Ereignis крити́ческое собы́тие
nachfolgendes Ereignis послéдующее собы́тие
nichtkritisches Ereignis некрити́ческое собы́тие
sortiertes Ereignis упоря́доченное собы́тие
subkritischesEreignis подкрити́ческое собы́тие
vorhergehendes Ereignis предшéствующее собы́тие
wenig wahrscheinliches Ereignis маловероя́тное собы́тие
zufälliges Ereignis случáйное собы́тие
Ereignisfeld *n* полé собы́тий
Ereignisse *n pl* обстоя́тельства *(мн.ч.)*; собы́тия *(мн.ч.)*, *см. тж.* **Ereignis** *n*
Ereignisse Höherer Gewalt обстоя́тельства непреодолимой си́лы, форс-мажóр
Ereignistermin *m* срок наступлéния собы́тия
Ereigniszeit *f* срок наступлéния собы́тия, врéмя наступлéния собы́тия
Erfahrung *f* óпыт
Erfahrungsaustausch *m* обмéн óпытом
Erfahrungsformel *f* эмпири́ческая фóрмула
Erfahrungsnorm *f*, **durchschnittliche** срéдняя óпытная нóрма, срéдняя опытно-статисти́ческая нóрма, срéдняя статисти́ческая нóрма
Erfahrungssatz *m* эмпири́ческая фóрмула
Erfahrungsübermittelung *f* передáча óпыта
Erfahrungsübermittlung *f* передáча óпыта
Erfahrungswerte *m pl* эмпирические дáнные
erfassen *I* учи́тывать, охвáтывать, включáть
erfassen *II с.-х.* заготáвливать
Erfasser *m с.-х.* заготови́тель, уполномóченный по заготовкам
Erfassung *f I* охвáт, учёт; пéрепись; сбор *(дáнных)*
Erfassung регистрáция, фиксáция *(дáнных)*
Erfassung operativer Daten операти́вный учёт *(в бáнковском дéле)*
analytische Erfassung аналити́ческий учёт
buchungstechnische Erfassung бухгáлтерский учёт

chronologische Erfassung хронологи́ческая за́пись
statistische Erfassung der Käufernachfrage учёт потреби́тельского спро́са
einmalige Erfassung *стат.* единовре́менный учёт; ра́зовое наблюде́ние
gesonderte statistische Erfassung специа́льное статисти́ческое наблюде́ние
laufende Erfassung *стат.* непреры́вное наблюде́ние, теку́щее наблюде́ние
mengenmäßige Erfassung коли́чественный учёт
operativ-technische Erfassung *стат.* операти́вный учёт, операти́вно-техни́ческий учёт
periodische Erfassung *стат.* периоди́ческое наблюде́ние
primärstatistische Erfassung специа́льное статисти́ческое наблюде́ние
rechnerische Erfassung учёт, бухучёт, счетово́дческий учёт
statistische Erfassung статисти́ческое наблюде́ние; статисти́ческий учёт
steuerliche Erfassung нало́говый охва́т; нало́говый учёт
stichprobenweise Erfassung вы́борочный учёт
wert- und mengenmäßige Erfassung коли́чественно-сто́имостный учёт
Erfassung *f II -с.-х.* загото́вки; поста́вки
Erfassung landwirtschaftlicher Erzeugnisse загото́вки сельскохозя́йственных проду́ктов
staatliche Erfassung госуда́рственные загото́вки, госзагото́вки
Erfassungssystem *n* систе́ма загото́вок; систе́ма госуда́рственных загото́вок; систе́ма госзагото́вок

Erfassungs- und Aufbereitungssystem *n* еди́ная систе́ма сбо́ра и подгото́вки да́нных *(в о́бласти эконо́мики)*

Erfassungsbeleg *m* учётный докуме́нт

Erfassungsbetrieb *m* заготови́тельное предприя́тие, заготпредприя́тие; заготконто́ра

Erfassungseinheit *f стат.* едини́ца учёта; отчётная едини́ца

Erfassungsfehler *m стат.* оши́бка регистра́ции

Erfassungsform *f* фо́рма учёта

Erfassungsformular *n стат.* бланк учёта

Erfassungsgroßhandel *m* опто́вая торго́вля с це́лью загото́вки *(сельскохозя́йственных проду́ктов)*

Erfassungsorganisation *f* заготови́тельная организа́ция, заготорганиза́ция

Erfassungsplan *m* план загото́вок

Erfassungspolitik *f* поли́тика в о́бласти загото́вок

Erfassungspreis *m* заготови́тельная цена́, заготцена́

Erfassungssystem *n* систе́ма сбо́ра *(да́нных)*
Erfassungssystem систе́ма учёта

Erfinder *m* изобрета́тель; рационализа́тор

Erfinderbewegung *f* рационализа́торское движе́ние

Erfinderpatent *n* пате́нт на изобрете́ние

Erfinderschutz *m* охра́на прав изобрета́тельства

Erfinderzertifikat *n* а́вторское свиде́тельство

Erfindung *f* изобрете́ние

Erfindungs- und Vorschlagswesen *n* изобрета́тельство и рационализа́торство

Erfindungskunst *f* тво́рческая си́ла; изобрета́тельность, нахо́дчивость; эври́стика; инновацио́нные спосо́бности

Erfindungspatent *n* пате́нт на изобрете́ние

Erfolg *m* результа́т, ито́г *(хозя́йственной де́ятельности)*
Erfolg успе́х; уда́ча; результа́т; достиже́ние
ausschüttungsfähiger Erfolg при́быль, направля́емая на вы́плату дивиде́ндов
negativer Erfolg отрица́тельный результа́т; убы́тки
positiver Erfolg положи́тельный результа́т; при́быль
beeindruckende Erfolge впечатля́ющие успе́хи
mit durchschlagendem Erfolg с огро́мным успе́хом
von Erfolg gekrönt уве́нчанный успе́хом
einen Erfolg verzeichnen име́ть успе́х, добива́ться успе́ха, доби́ться успе́ха
(jmd) zu seinem Erfolg gratulieren поздравля́ть с успе́хом, поздра́вить с успе́хом (кого́-л.)
(jmd) Erfolg wünschen пожела́ть успе́ха, жела́ть успе́ха (кому́-л.)

erfolglos безуспе́шный; безрезульта́тный; неуда́чный
erfolglos an der Börse spekulieren неуда́чно спекули́ровать на би́рже; неуда́чно игра́ть на би́рже

Erfolgsanalyse *f* ана́лиз результати́вности; ана́лиз результа́тов

Erfolgsbeteiligung *f* вы́плата страхово́му аге́нту определённого проце́нта от су́ммы заключённого догово́ра
Erfolgsbeteiligung *f* уча́стие в при́былях предприя́тия

Erfolgsbilanz *f* результати́вный бала́нс; результи́рующий бала́нс

Erfolgsermittlung *f* получе́ние ито́га

Erfolgsfaktor *m* фа́ктор успе́ха; фа́ктор достиже́ния успе́ха

Erfolgskennzahlen *f pl* ито́говые показа́тели

Erfolgskonto *n* ито́говый счёт, счёт ито́гов

Erfolgskontrolle *f* контро́ль достигну́того эффе́кта *(напр. от рекла́мных мероприя́тий)*; периоди́ческий контро́ль результа́тов де́ятельности предприя́тия, периоди́ческий контро́ль результа́тов де́ятельности отде́льных подразделе́ний
Erfolgskontrolle *f* контро́ль результа́тов де́ятельности предприя́тия

Erfolgskurve *f* крива́я результати́вности; гра́фик результати́вности; гра́фик результа́тов

Erfolgsposten *n pl* результати́вные статьи́ бала́нса *(предъявля́емые для контро́ля)*

Erfolgsrechnung *f* ито́говый подсчёт; подведе́ние ито́гов отчёт по реализа́ции
Erfolgsrechnung *бухг.* счёт при́былей и убы́тков

Erfordernis *n* тре́бование; потре́бность; на́добность; необходи́мость
Erfordernisse *n pl* потре́бности (мн.ч.)
volkswirtschaftliche Erfordernisse *n pl* потре́бности наро́дного хозя́йства (мн.ч.)

erfüllen *vt* выполня́ть, исполня́ть, осуществля́ть

Erfüllung *f* выполне́ние, исполне́ние, осуществле́ние
Erfüllung погаше́ние до́лга путём соде́йствия возвра́ту до́лга кредито́ру тре́тьим лицо́м
finanzielle Erfüllung выполне́ние фина́нсовых обяза́тельств
nichtgehörige Erfüllung ненадлежа́щее исполне́ние *(догово́рных усло́вий)*
reale Erfüllung реа́льное исполне́ние *(догово́рных усло́вий)*, реа́льное выполне́ние *(пла́на)*
vertragsgerechte Erfüllung надлежа́щее исполне́ние догово́рных усло́вий

Erfüllungsbericht *m* отчёт о выполне́нии, отчёт об исполне́нии
zusammengefasster Erfüllungsbericht сво́дный отчёт

Erfüllungsgehilfe *m* лицо́, с по́мощью кото́рого должни́к погаша́ет свои́ обяза́тельства пе́ред кредито́ром

Erfüllungsgeschäft *n* исполне́ние, сде́лка

Erfüllungsinteresse *n юр.* заинтересо́ванность в исполне́нии обяза́тельства

Erfüllungsklage *f юр.* иск об исполне́нии обяза́тельства

Erfüllungsort *m* ме́сто исполне́ния обяза́тельства; ме́сто исполне́ния догово́ра

Erfüllungstermin *m* срок выполне́ния обяза́тельства, срок исполне́ния обяза́тельства *(обяза́тельств)*

vertraglicher Erfüllungstermin догово́рный срок исполне́ния обяза́тельства, договорной срок исполне́ния обяза́тельств

Erfüllungszeit *f* срок исполне́ния обяза́тельства

ergänzend дополни́тельный, дополня́ющий; допо́лненный

Ergänzlingszahlung *f* дополни́тельный платёж

Ergänzung *f* дополне́ние

in Ergänzung zu в дополне́нии к *чему́-л.*

Ergänzungsabgabe *f* дополни́тельный нало́г, дополни́тельный сбор

Ergänzungsbedarf *m* дополни́тельный спрос; спрос на сопу́тствующий това́р

Ergänzungsbedarf потре́бность в пополнении ассортиме́нта

Ergänzungsbetrag *m* дополни́тельная су́мма, допла́та

Ergänzungsbetrag дополни́тельный взнос

Ergänzungsbilanz *f* дополни́тельный бала́нс

Ergänzungsbilanzierung *f* составле́ние дополни́тельного бала́нса

Ergänzungsetat *m* дополни́тельная сме́та

Ergänzungskapital *n* резе́рвный капита́л; дополни́тельный капита́л

Ergänzungsproduktion *f* произво́дство сопутствующих изде́лий

Ergänzungstaxe *f* дополни́тельная та́кса; дополни́тельная по́шлина

Ergänzungsware *f* сопу́тствующий това́р

Ergänzungszone *f* зо́на, примыка́ющая к территориа́льным вода́м

ergeben выявля́ть, пока́зывать; свиде́тельствовать; составля́ть, дава́ть *(в ито́ге)*

es ergab sich eine Fehlmenge обнаружилась недоста́ча

sich ergeben ока́зываться, получа́ться, выявля́ться, обнару́живаться

Ergebnis *n* результа́т; ито́г; вы́вод; после́дствие

abgerundetes Ergebnis округлённый ито́г

angenähertes Ergebnis приближённый результа́т

neutrales Ergebnis нейтра́льный результа́т

übriges Ergebnis са́льдо от сопоставления про́чих поступле́ний с про́чими издержками; про́чие результа́ты

vorläufigesErgebnis предвари́тельный результа́т

zufallsbedingtes Ergebnis случа́йный результа́т

Ergebnisanalyse *f* ана́лиз рента́бельности; ана́лиз результа́тов

Ergebnisauswertung *f* оце́нка и обобще́ние результа́тов

Ergebnisauswertung подведе́ние ито́гов

Ergebnisbilanz *f* результати́вный бала́нс; результи́рующий бала́нс

Ergebnisermittlung *f* определе́ние результа́тов *(хозя́йственной де́ятельности)*

Ergebniskennziffer *f стат.* ито́говый показа́тель

Ergebniskonto *n* результати́вный счёт, результи́рующий счёт

Ergebniskriterium *n* крите́рий оце́нки результа́тов, крите́рий оце́нки результативности

Ergebnisplanung *f* плани́рование результа́тов (хозя́йственной) де́ятельности (предприя́тия)

Ergebnisrechnung *f* счёт при́былей и убы́тков; результи́рующий счёт, результатный счёт; ито́говый подсчёт; подведе́ние ито́гов; отчёт по реализа́ции

ergebniswirksam эффекти́вный, результати́вный; влия́ющий на результа́ты (хозя́йственной) де́ятельности

Ergebnisziffer *f* ито́говая ци́фра, результа́т; ито́говые показа́тели

ergiebig дохо́дный; экономи́чный

ergiebig исчерпывающий *(о да́нных)*

ergiebig *с.-х.* плодоро́дный, урожа́йный; продукти́вный; изоби́льный; бога́тый рациона́льный

ergiebig рациона́льный

ergiebig эффекти́вный

wirtschaftlich ergiebig экономи́чески вы́годный, дохо́дный, при́быльный

Ergiebigkeit *f с.-х.* плодоро́дие, урожа́йность; продукти́вность; производи́тельность; изоби́лие, бога́тство; дохо́дность, при́быльность

Ergiebigkeit der Gesamtarbeit дохо́дность совокупного труда́

Ergiebigkeit der Produktion продукти́вность произво́дства

Ergonomie *f* эргоно́мика *(нау́ка, изучающая ме́тоды оптимальной организа́ции и испо́льзования труда́)*

Ergonomik *f* эргоно́мика

Erhaltung *f* получе́ние; сохране́ние; содержа́ние; поддержа́ние

Erhaltung der Anlagefonds сохране́ние основны́х фо́ндов (предприя́тия)

Erhaltungsarbeiten *f pl* ремо́нтные рабо́ты; рабо́ты по техни́ческому обслу́живанию

Erhaltungskosten *pl* изде́ржки по поддержа́нию в испра́вности, изде́ржки по поддержа́нию в сохра́нности, изде́ржки по содержа́нию в испра́вности

Erhaltungsmittel *n pl* сре́дства к существова́нию, жи́зненно необходи́мые сре́дства

Erhaltungsschutzzoll *m* оградительная по́шлина

Erhaltungszoll *m* оградительная по́шлина

erhandeln вы́торговать; приобрести́, купи́ть *(посре́дством заключе́ния торго́вой сде́лки)*

erhebbar взима́емый *(о налогах, проце́нтах)*

erhebbar поддаю́щийся учёту, учитываемый

Erhebbarkeit *f* возмо́жность взима́ния *(нало́гов)*; возмо́жность учёта

erheben взима́ть, собира́ть *(нало́ги и т.п.)*

erheben *vt мат.* возводи́ть в сте́пень

erheben заявля́ть, возбужда́ть *(тж. юр.)*

erheben собира́ть *(сведе́ния)*

Erheber *m* сбо́рщик *(нало́гов)*

Erhebung *f* взима́ние, сбор *(нало́гов, проце́нтов)*

Erhebung *стат.* сбор *(све́дений)*

Erhebung *юр.* предъявле́ние *(прете́нзии)*; возбужде́ние *(и́ска)*

Erhebung заявле́ние *(проте́ста)*

Erhebung *f мат.* возведе́ние в сте́пень

Erhebungen *f pl* статисти́ческие да́нные

Erhebung einer Akzise обложе́ние акци́зом

Erhebung von Abgaben податное обложе́ние

Erhebung von Zöllen обложе́ние по́шлиной, тамо́женное обложе́ние

einmalige Erhebung *стат.* единовременный учёт

fiskalische Erhebung фискальная пе́репись

periodische Erhebung периоди́ческий учёт; периоди́ческая отчётность

primärstatistische Erhebung сбор перви́чных статисти́ческих да́нных

repräsentative Erhebung вы́борочный учёт

sekundärstatistische Erhebung сбор втори́чных статисти́ческих да́нных

statistische Erhebungen *f pl* статисти́ческие да́нные

steuerliche Erhebung нало́говое обложе́ние

Erhebungsart *f* спо́соб взима́ния *(нало́гов, по́шлин)*

Erhebungsart спо́соб учёта

Erhebungsbetrag *m* взима́емая су́мма

Erhebungsblatt *n* статисти́ческий формуля́р, переписно́й лист, опро́сный лист

Erhebungsbogen *m* статисти́ческий бланк учёта; опро́сный лист, анке́та
Erhebungseinheit *f стат.* едини́ца учёта, едини́ца наблюде́ния; едини́ца обложе́ния *(нало́гом)*
Erhebungsform *f* фо́рма взима́ния *(нало́гов, по́шлин)*; поря́док исчисле́ния *(нало́гов)*
Erhebungsmerkmal *n* сво́йства объе́ктов иссле́дования *(различающихся ме́жду собо́й временными, региональными и други́ми при́знаками)*
Erhebungsobjekt *n стат.* предме́т статистического иссле́дования
Erhebungsplan *m* план статистического наблюде́ния
Erhebungsstichtag *m стат.* да́та пе́реписи
Erhebungsverfahren *n* поря́док взима́ния *(нало́гов, по́шлин)*; *стат.* спо́соб учёта, ме́тод учёта
Erhellung *f* **des Marktes** выясне́ние усло́вий ры́нка
erhöhen *vt* повыша́ть, увели́чивать
sich erhöhen повыша́ться, увели́чиваться
Erhöhung *f* повыше́ние; увеличе́ние; нара́щивание; укрепле́ние *(напр. валю́тного ку́рса)*
Erhöhung der Ertragsfähigkeit повыше́ние урожа́йности
Erhöhung der Geburtenhäufigkeit повыше́ние рожда́емости
Erhöhung der Geburtenziffer повыше́ние рожда́емости
Erhöhung der sozialen und kulturellen Leistungen увеличе́ние фо́ндов на социа́льные и культу́рные мероприя́тия
Erhöhung der Warenumschlagsgeschwindigkeit ускоре́ние оборачиваемости това́ров, ускоре́ние товарооборота
Erhöhung des eigenen Umlaufmittelfonds пополне́ние фо́нда со́бственных оборотных средств
eruptive Erhöhung внеза́пное повыше́ние
plötzliche Erhöhung внеза́пное повыше́ние
progressive Erhöhung des Vergütungssatzes прогресси́вное увеличе́ние расценок
erholen рамбурсироваться *(покрыва́ть расхо́ды - в ба́нковских расчётах)*
sich erholen поднима́ться *(о ку́рсах по́сле предыду́щего сниже́ния)*; расти́ *(о це́нах)*; возмеща́ть свои́ затра́ты, возмеща́ть свои́ убы́тки
Erholung *f* оживле́ние, подъём *(напр. ры́нка)*; повыше́ние ку́рсов *(по́сле предыду́щего сниже́ния)*; рост *(цен)*
Erholung о́тдых, переды́шка; развлече́ние
Erholungsindustrie *f* инду́стри́я развлече́ний
Erholungspause *f* переры́в *(для о́тдыха)*; переды́шка
arbeitsbedingte Erholungspause, переры́в на о́тдых в осо́бых усло́виях рабо́ты, переры́в на о́тдых в определённых усло́виях рабо́ты
Erholungsurlaub *m* очередно́й о́тпуск
Erinnerungsposten *m pl бухг.* статьи́ «для па́мяти»
Erinnerungswerbung *f* напомина́ющая рекла́ма
Erinnerungswert *m* незначи́тельная сто́имость това́ра *(отражённая в бала́нсе)*
Erkennen *n* декоди́рование; расшифро́вка; дешифро́вка
Erkennen распознава́ние, опознава́ние, обнару́же́ние; идентифика́ция
erkennen *vt* кредитова́ть (теку́щие) счета́; запи́сывать в креди́т счёта; *юр.* выноси́ть пригово́р, выноси́ть реше́ние, выноси́ть постановле́ние, постановля́ть
Erkennung *f* креди́т-но́та; призна́ние
Erkennung der Rechnung приня́тие счёта *(к опла́те)*; акце́пт счёта
Erklärung *f* деклара́ция *(напр. нало́говая)*; заявле́ние *(напр. прави́тельственное)*
Erklärung объявле́ние
Erklärungstag *m бирж.* день объявле́ния репорта
Erklärungszwiespalt *m* расхожде́ние, разногла́сие *(ме́жду догова́ривающимися сторона́ми)*
Erkundigung *f* осведомле́ние, наведе́ние спра́вок
Erkundigung спра́вка
Erkundigung einholen наводи́ть спра́вки, справля́ться
Erkundigung einziehen наводи́ть спра́вки, справля́ться
Erkundungsforschung *f* поисковые иссле́дования
Erkundungsprognose *f* по́иско́вый прогно́з
Erkundungsrecht *n* пра́во на веде́ние разведочных рабо́т
Erlag *m* упла́та, платёж, взнос
Erläge *m pl* депози́ты
Erlass *m* освобожде́ние *(от налогообложе́ния, должника́ от исполне́ния обяза́тельств)*
Erlass ука́з, постановле́ние; предписа́ние, распоряже́ние
Erlass уменьше́ние налогообложе́ния; освобожде́ние от нало́гов
Erläuterung *f* коммента́рий, поясне́ние, разъясне́ние
Erläuterung zur Bilanz коммента́рий к бала́нсу, экспликация к бала́нсу
Erläuterungen *pl* коммента́рии (мн.ч.), поясне́ния (мн.ч.), разъяснения (мн.ч.)
Erlebensfallversicherung *f* страхова́ние на дожи́тие
Erlebenswahrscheinlichkeit *f (стат., страх.)* вероя́тность дожи́тия
Erledigung *f* выполне́ние, исполне́ние *(напр. зака́за)*; погаше́ние, ликвида́ция *(напр. долго́в)*
Erledigung упла́та *(по счёту)* ; опла́та *(напр. су́ммы счёта)*
Erledigungsbescheinigung *f* свиде́тельство об очи́стке от тамо́женных по́шлин
Erleger *m* вкла́дчик, депоне́нт
Erlegung *f* упла́та, взнос, платёж
erleichtert облегчённый (напр. вариа́нт)
Erleichterungen *f pl* льго́тные усло́вия
erleiden *vt* терпе́ть, претерпе́ть, претерпева́ть *(напр. ущёрб, убы́тки)*
Erlös *m* вы́ручка; дохо́д; поступле́ния, *см. та́кже* ***Erlöse***
Erlös aus Exporten поступле́ния от экспорта
finanzieller Erlös де́нежная вы́ручка, фина́нсовая вы́ручка, фина́нсовые поступле́ния (мн.ч.)
Erlösausfall *m* недовыручка
Erlösausfall *m* ра́зность ме́жду наме́ченной и факти́ческой вы́ручкой
Erlösbuchung *f* бухга́лтерская прово́дка по счёту при́были
Erlöschen *n* прекраще́ние *(напр. страхова́ния)*; истече́ние *(напр. сро́ка)*; погаше́ние *(напр. обяза́тельства)*
Erlöschen der Hinterlegung аннули́рование депони́рованного образца́
Erlöschen der Schuld погаше́ние до́лга
Erlöschen der Verjährungsfrist *юр.* истече́ние сро́ка да́вности
Erlöschen des Anspruches поте́ря права́ предъявле́ния прете́нзии
Erlöschen des Anspruchs поте́ря права́ предъявле́ния прете́нзии, поте́ря права́ предъявле́ния тре́бования
Erlöschen des Schuldverhältnisses *юр.* прекраще́ние (долгово́го) обяза́тельства
Erlöschen durch Verjährung *юр.* погаше́ние за да́вностью, прекраще́ние за да́вностью
Erlöschen einer Firma прекраще́ние существова́ния фи́рмы
vorzeitiges Erlöschen досро́чное прекраще́ние *(страхова́ния)*
Erlöse *m pl* дохо́ды; поступле́ния, *см. та́кже* ***Erlös***

Erlöse aus Lizenzen лицензионные поступлéния, поступлéния от продáжи лицéнзий, поступлéния от лицензионных сбóров
Erlöse künftiger Abrechnungszeiträume дохóды бýдущих периóдов
leistungsunabhängige Erlöse поступлéния, не свя́занные с дéятельностью предприя́тия
nichtplanbare Erlöse внеплáновые дохóды, внеплáновые поступлéния
planbare Erlöse плáновые дохóды, плáновые поступлéния
übrige Erlöse прóчие поступлéния *(напр. от оперáций, непосрéдственно не свя́занных с произвóдственным процéссом и сбытом издéлий)*

Erlöskonto *n* счёт при́былей и убы́тков
Erlöskonto *n* счёт реализáции
Erlöskonto *n* счёт дохóда; счёт дохóдов

Erlöskorrektur *f* корректирóвка запланированного объёма вы́ручки *(от реализáции промы́шленной продýкции в связи́ с изменéнием отпускных цен)*

Erlösschmälerung *f* уменьшéние вы́ручки, снижéние вы́ручки

Erlösschmälerungsabschlag *m* уменьшéние вы́ручки от реализáции продýкции *(напр. в результáте скúдок с цены́)*

Erlöszuwachs *m* прирóст с вы́ручки

ermächtigen *vt* уполномóчивать, давáть прáво

Ermächtigung *f* полномóчие
Ermächtigung erteilen предоставля́ть полномóчия

ermäßigen уменьшáть, сбавля́ть, снижáть, понижáть *(напр. цены́)*; сокращáть *(напр. платежи́)*
sich ermäßigen снижáться, понижáться *(о цéнах, расхóдах)*

Ermäßigung *f* уменьшéние, снижéние, понижéние *(напр. цен)*; сокращéние *(напр. платежéй)*; скúдка; устýпка; льгóта *(напр. в отношéнии налóгового обложéния)*

Ermattung *f* устáлость, утомлéние

Ermessen *n* усмотрéние
nach unserem Ermessen по нáшему усмотрéнию

Ermessensreserven *f pl бухг.* резéрвы, возни́кшие в результáте применéния при́нципа самóй ни́зкой оцéнки статéй акти́ва

ermitteln *vt* вычисля́ть, исчисля́ть; рассчи́тывать; узнавáть, выясня́ть; обнарýживать; разы́скивать; добывáть *(сведéния)*
ermitteln определя́ть, устанáвливать *(чáсто в чи́сленном выражéнии)*

Ermittlung *f* вычислéние, исчислéние; узнавáние, выяснéние; обнарýжéние; рóзыск; добывáние *(свéдений)*; определéние, установлéние
Ermittlung обнарýжéние, нахождéние; установлéние
Ermittlung определéние
Ermittlung получéние *(напр. дáнных)*
Ermittlung сведéния, дáнные

Ermittlungsdienst *m* слýжба рóзыска грýзов
Ermittlungsdienst слýжба урегули́рования претéнзий

Ermittlungsgrundsatz *m* при́нцип определéния *(напр. произвóдственной мóщности)*

Ermittlungsstufe *f* послéдовательность расчётов при определéнии произвóдственных мóщностей

Ermittlungszeitraum *m* бáзисный периóд исчислéния *(пéнсии, налóгов)*
Ermittlungszeitraum бáзисный периóд установлéния размéров при́были для определéния величины́ налóгового обложéния

Ermüdbarkeit *f* утомляемость

Ermüdbarkeitsfaktor *m* фáктор утомляемости

Ermüdbarkeitssenkung *f* снижéние утомляемости

Ermüdung *f* устáлость, утомлéние

Ermüdungsbekämpfung *f* устранéние фáкторов, вызывáющих утомляемость

Ermüdungsprophylaxe *f* профилáктика утомляемости

Ermüdungsstudien *f pl* изучéние причи́н утомляемости

Ermüdungsursachenforschung *f* исслéдование причи́н утомляемости

Ernährungs- und Landwirtschaftsorganisation der Vereinten Nationen Продовóльственная и сельскохозя́йственная организáция ООН, ФАО

Ernährungsgüter *n pl* продовóльственные товáры, продýкты питáния

Ernährungsnormen *f, pl*, **physiologische** физиологи́ческие нóрмы питáния

erneuern возобновля́ть *(платежи́)*
erneuern обновля́ть; реставри́ровать, восстанáвливать
erneuern перезаключáть *(договóр)*

Erneuerung *f* возобновлéние (*кредитования, постáвок)*
Erneuerung обновлéние; реставрáция; восстановлéние, реновация *(напр. основны́х фóндов)*; перезаключение, новáция *(договóра)*; *мат.* восстановлéние
Erneuerung der Grundfonds восстановлéние основны́х фóндов, реновация основны́х фóндов, обновлéние основны́х фóндов
Erneuerung des Programms (выч. тех.) обновлéние прогрáммы (напр. до слéдующей вéрсии)
technische Erneuerung обновлéние тéхники; восстановлéние тéхники

Erneuerungsbedarf *m* потрéбность в обновлении, необходи́мость обновлéния

Erneuerungsfonds *m* фонд реновации; фонд обновлéния

Erneuerungsgrad *m* ýровень обновлéния произвóдства, стéпень обновлéния произвóдства

Erneuerungsinvestitionen *f pl* капиталовложéния, направля́емые на создáние нóвых основны́х фóндов
Erneuerungsinvestitionen капиталовложéния в обновлéние произвóдства, инвести́ции в обновлéние произвóдства; инвести́ции, напрáвленные на обновлéние произвóдства

Erneuerungskosten *pl* затрáты на обновлéние

Erneuerungsprämie *f* прéмия по возобновлéнию страховáния

Erneuerungsprozess *m мат.* процéсс восстановлéния; потóк восстановлéния
stationärer Erneuerungsprozess стационáрный процéсс восстановлéния

Erneuerungsquote *f* часть маши́н и оборýдования, подлежáщих замене, часть маши́н и оборýдования, подлежáщих обновлению

Erneuerungsschein *m* талóн купонного листá *(облигáции процентно-вы́игрышного зáйма)*, дающий прáво на получéние нóвого купонного листá

Erneuerungstheorem *n*, **elementares** элементáрная теорéма восстановлéния

Erneuerungstheorie *f мат.* теóрия восстановлéния

Ernte *f* убóрка урожáя
Ernte урожáй
die Ernte kontraktmäßig kaufen контрактовать урожáй, законтрактовать урожáй

Ernteankaufsplan *m* план контрактáции урожáя

Erntearbeiten *f pl с.-х.* убóрочные рабóты

Erntearbeiter *m* сезóнный рабóчий; рабóчий, зáнятый на убóрке урожáя

Ernteaussicht *f* ви́ды на урожáй, прогнóз урожáя

Ernteaussichten *f pl* ви́ды на урожáй, прогнóз урожáя

Ernteeinbringung *f* убóрка урожáя
maschinelle Ernteeinbringung механизи́рованная убóрка урожáя

Ernteermittlung *f* статúстика урожáйности

Ernteertrag *m* урожа́йность
Ernteertragsversicherung *f* страхова́ние урожа́я *(на слу́чай недорода)*
Erntekampagne *f* убо́рочная кампа́ния
Ernteplan *m* план убо́рки урожа́я
Ernteschätzung *f* (ка́чественная) оце́нка урожа́я
Erntestatistik *f* стати́стика урожа́йности
Ernteversicherung *f* страхова́ние урожа́я *(на слу́чай недорода)*
Erntevorankauf *m* контрактация урожа́я, поку́пка урожа́я на корню́
Erntevoranschlag *m* предвари́тельная оце́нка урожа́я
Erntevorschätzung *f* предвари́тельная оце́нка урожа́я
eröffnen открыва́ть *(напр. креди́т, счёт, аккредити́в)*; начина́ть; сообща́ть, объявля́ть
Eröffnung *f* откры́тие *(напр. креди́та, счёта, аккредити́ва)*; нача́ло; сообще́ние, объявле́ние
sofort nach Eröffnung der Navigation пе́рвой откры́той водо́й, ПОВ *(усло́вие догово́ра ку́пли-прода́жи о сро́ке поста́вки)*
Eröffnungsbilanz *f бухг.* вступи́тельный бала́нс, нача́льный бала́нс *(бала́нс фи́рмы при её основа́нии и́ли наступле́нии но́вого фина́нсового го́да)*
Eröffnungsbilanzkonto *n бухг.* счёт вступи́тельного бала́нса
Eröffnungsbuchung *f* за́пись откры́тия *(напр. счёта, ка́рточки)*; вступи́тельная за́пись
Eröffnungsbuchung за́пись при откры́тии учётного реги́стра
Eröffnungskurs *m* курс в (на) моме́нт откры́тия би́ржи, курс при откры́тии би́ржи, цена́ при откры́тии би́ржи, цена́ в моме́нт откры́тия би́ржи
Eröffnungstermin *m* **für die Angebote** срок вскры́тия поступи́вших предложе́ний *(напр. на аукцио́не)*
ERP, European Recovery Program *ист.* Програ́мма восстановле́ния Евро́пы, Програ́мма экономи́ческой по́мощи Евро́пе, план Маршалла
ERP-Mittel *n pl* сре́дства, поступа́ющие в ра́мках програ́ммы восстановле́ния Евро́пы; сре́дства по пла́ну Маршалла
Erprobung *f* прове́рка; про́ба; тестирование
experimentelle Erprobung о́пытная прове́рка, эксперимента́льная прове́рка; опро́бование, апроба́ция
Erprobungsvertrag *m* догово́р, заключа́емый с це́лью опро́бования но́вого изде́лия; догово́р, заключаемый с це́лью опро́бования но́вого ме́тода; про́бный догово́р
errechnen *vt* рассчи́тывать, вычисля́ть, получа́ть в результа́те расчётов
Errechnung *f* расчёт, вычисле́ние
Ersatz *m* возмеще́ние, компенса́ция; вознагражде́ние; заме́на
als Ersatz zum ... в ка́честве возмеще́ние
Ersatz bekommen получа́ть взаме́н
Ersatz суррога́т, замени́тель, эрза́ц
Ersatz bieten возмеща́ть *кому́-л.* убы́тки
Ersatz geben возмеща́ть *кому́-л.* убы́тки
Ersatz des aufgewandten Kapitals возмеще́ние капитальных затра́т
Ersatz des verausgabten Kapitals возмеще́ние капитальных затра́т
Ersatz des vollen Interesses возмеще́ние сполна́ всех убы́тков
Ersatz von Grundmitteln заме́на основны́х фо́ндов
teilweiser Ersatz части́чное возмеще́ние, части́чная компенса́ция
wertmäßiger Ersatz возмеще́ние в стоимостном выраже́нии
Ersatz- und Reserveteile *n pl* запасны́е и сме́нные ча́сти
Ersatz- und Verschleißteile *m pl* запасны́е и быстроизна́шивающиеся ча́сти
Ersatz- und Verschleißteiltypung *f* типиза́ция запасны́х и изнашивающихся часте́й, типиза́ция запасны́х и быстроизна́шивающихся часте́й
Ersatzangebot *n* предложе́ние возмести́ть убы́тки, предложе́ние компенси́ровать убы́тки; предложе́ние друго́го *(равноценного по потреби́тельной сто́имости)* това́ра взаме́н первонача́льно предложенного
Ersatzanspruch *m* притяза́ние на возмеще́ние убы́тков, притяза́ние на возмеще́ние расхо́дов, клеймс)
Ersatzanspruch регре́ссный иск; регре́сс *(при несоблюдении взя́тых на себя́ де́нежных обяза́тельств*
Ersatzausrüstungen *f pl* заменяемое обору́дование
Ersatzausrüstungen запасно́е обору́дование, запасно́й инвента́рь
Ersatzausrüstungen обновлённые основны́е фо́нды
Ersatzausstattung *f* заме́на мора́льно устаревшего торго́вого инвентаря́ и обору́дования, заме́на физи́чески устаревшего торго́вого инвентаря́ и обору́дования
Ersatzbedarf *m* **an Arbeitskräften** дополни́тельная потре́бность в работниках для заме́ны вы́бывших
Ersatzbeleg *m* втори́чный оправда́тельный докуме́нт, дублика́т оправдательного докуме́нта, дублика́т подтверждающего докуме́нта
Ersatzbeschaffung *f* приобрете́ние но́вых основны́х фо́ндов взаме́н изно́шенных
Ersatzeinstellung *f* приня́тие на рабо́ту *(рабо́чих, слу́жащих)* взаме́н вы́бывших
Ersatzfonds *m* фонд возмеще́ния
Ersatzfonds *pl* фо́нды возмеще́ния
gesellschaftliche Ersatzfonds обще́ственные фо́нды возмеще́ния
Ersatzfondsproduktion *f* воспроизво́дство фо́ндов возмеще́ния
Ersatzforderung *f* тре́бование о возмеще́нии убы́тков
Ersatzgerät *n* дублирующее устро́йство, резе́рвное устро́йство
Ersatzinvestition *f* капиталовложе́ния, инвести́ции *(направля́емые на заме́ну мо́щностей и́ли обору́дования)*
Ersatzinvestitionen *f pl* капиталовложе́ния, направля́емые на заме́ну изно́шенных основны́х фо́ндов; инвести́ции на возмеще́ние основно́го капита́ла
Ersatzkosten *pl* расхо́ды на заме́ну, изде́ржки на заме́ну
Ersatzleistung *f* возмеще́ние
Ersatzleistung исполне́ние обяза́тельства взаме́н невыполненного
Ersatzleistung исполне́ние обяза́тельства взаме́н неудовлетвори́тельно вы́полненного *(напр. поста́вка това́ра взаме́н некондиционного)*
Ersatzleistung der Versicherung страхово́е возмеще́ние, страхово́е вознагражде́ние
Ersatzleistung des Versicherers страхово́е возмеще́ние, страхово́е вознагражде́ние
Ersatzlieferung *f* поста́вка с це́лью заме́ны некондиционного това́ра
Ersatzmittel *n* замени́тель, суррога́т, эрза́ц
Ersatzmodelle *n pl* моде́ли обору́дования для заме́ны устаревшего
Ersatzpflicht *f* обя́занность компенса́ции, обя́занность заме́ны
Ersatzpflicht обя́занность компенси́ровать убы́ток, обя́занность возмести́ть убы́ток
ersatzpflichtig обя́занный возмести́ть убы́ток
ersatzpflichtig регресси́вный *(в ве́ксельном пра́ве)*
Ersatzprinzip *n* при́нцип возмеще́ния
Ersatzstoff *m* замени́тель, суррога́т, эрза́ц
Ersatzstücke *n pl* запасны́е ча́сти, запасны́е дета́ли, сме́нные дета́ли

Ersatzsumme *f* су́мма, упла́чиваемая в ка́честве возмеще́ния
Ersatzsumme су́мма компенса́ции
Ersatzteildienst *m* слу́жба снабже́ния *(клие́нтов)* запасны́ми частя́ми
Ersatzteile *n* запасны́е ча́сти, запасны́е дета́ли, сме́нные дета́ли
nicht typengebundene Ersatzteile нетипизированные запасны́е ча́сти, нестандартизованные запасны́е ча́сти, нестанда́ртные запасны́е ча́сти
typengebundene Ersatzteile типизи́рованные запасны́е ча́сти, типовые запасны́е ча́сти
zweckgebundene Ersatzteile запасны́е ча́сти целево́го назначе́ния
Ersatzteilfertigung *f* изготовле́ние запасны́х часте́й
Ersatzteilkatalog *m* катало́г запасны́х часте́й
Ersatzteillieferung *f* поста́вка запасны́х часте́й
Ersatzteilliste *f* катало́г запасны́х часте́й, спи́сок запасны́х часте́й, спи́сок запчастей
Ersatzteilpreis *m* цена́ на дополни́тельно поставля́емые запасны́е ча́сти *(напр. к автомоби́лям)*
Ersatzteilproduktion *f* произво́дство запасны́х часте́й
zentrale Ersatzteilproduktion централизо́ванное произво́дство запасны́х часте́й
Ersatzteilversorgung *f* снабже́ние запасны́ми частя́ми, снабже́ние запчастями
Ersatztheorie *f* тео́рия восстановле́ния, тео́рия ремо́нта *(обору́дования)*
Ersatzware *f* това́р, поставля́емый взаме́н некондиционного това́ра; компенсацио́нная поста́вка това́ра
Ersatzwert *m* сто́имость, подлежа́щая возмеще́нию
Ersatzwert сто́имость возмеще́ния
Erscheinung *f* явле́ние; проявле́ние
gesellschaftliche Erscheinung обще́ственное явле́ние
Erscheinungsform *f* фо́рма проявле́ния
Erscheinungsform des Wertes фо́рма проявле́ния сто́имости
Erscheinungsweise *f* хара́ктер проявле́ния, спо́соб проявле́ния *(напр. экономи́ческого зако́на)*
Erschließung *f* освое́ние *(мо́щностей)*
Erschließung изыска́ние, выявле́ние *(напр. резе́рвов)*
Erschließung освое́ние *(напр. но́вого ры́нка)*
Erschließung откры́тие *(напр. но́вых предме́тов налогообложе́ния)*
Erschließung разрабо́тка *(приро́дных бога́тств)*; вскры́тие *(месторожде́ния)*
Erschließungsaufwand *m* затра́ты на подгото́вку уча́стка к застройке
Erschließungsaufwand затра́ты на вскры́тие месторожде́ния
Erschöpfung *f* уста́лость, утомле́ние; изнеможе́ние; изнуре́ние; истоще́ние *(напр. запа́сов)*
erschüttern подрыва́ть *(напр. монопо́лию в како́й-л. о́бласти)*
erschweren затрудня́ть, осложня́ть; препя́тствовать
Erschwernis *f* затрудне́ние, тру́дность; препя́тствие
Erschwerniszulage *f* надба́вка за рабо́ту в тру́дных усло́виях; надба́вка за выполне́ние осо́бо тяжёлых рабо́т
Erschwerniszuschlag *m* надба́вка за рабо́ту в тру́дных усло́виях; надба́вка за выполне́ние осо́бо тяжёлых рабо́т
Ersetzbarkeit *f* заменя́емость, взаимозаменя́емость
ersetzen возмеща́ть, компенси́ровать *(убы́тки, уще́рб)*
ersetzen *vt* заменя́ть
Ersetzung *f* возмеще́ние *(напр. убы́тков)*
Ersetzung заме́на, замеще́ние
Ersetzungsprinzip *n* при́нцип возме́здности *(в отноше́ниях ме́жду хозрасчётными предприятиями)*
Ersetzungsprinzip при́нцип возмеще́ния
Ersitzung *f* приобрете́ние права́ со́бственности по да́вности владе́ния
ersparen *vt* скопи́ть, копи́ть, накопи́ть, сэконо́мить, эконо́мить, сбере́чь, бере́чь
Ersparnis *f* накопле́ние, сбереже́ние *(проце́сс)*
Ersparnis эконо́мия *в чём-л.*
aus Arbeitseinkommen stammende Ersparnis трудовы́е сбереже́ния
Ersparnisprämie *f* пре́мия за эконо́мию *(материа́лов и средств произво́дства)*
Ersparnisse *f pl* сбереже́ния; накопле́ния
Ersparung *f* накопле́ние, сбереже́ние *(проце́сс)*
erstatten *vt* возвраща́ть, возмеща́ть *(напр. произведённые платежи́)*
Erstattung *f* возвраще́ние, возмеще́ние *(расхо́дов, изде́ржек)*; субси́дия
teilweise Erstattung части́чное возмеще́ние, части́чная компенса́ция
volle Erstattung по́лное возмеще́ние; по́лная компенса́ция
Erstattungsanspruch *m* тре́бование о возмеще́нии, притяза́ние на возмеще́ние
Erstattungskasse *f* госуда́рственная ка́сса регули́рования цен, возмеща́ющая ра́зницу за перево́зку това́ров на расстоя́ние, превыша́ющее нормати́вное
Erstausfertigung *f* при́ма-ве́ксель
Erstausstatterpreis *m* цена́ на дета́ли, испо́льзуемые при сборке коне́чного проду́кта, цена́ на узлы́, испо́льзуемые при сборке коне́чного проду́кта, цена́ на агрега́ты, испо́льзуемые при сборке коне́чного проду́кта *(напр. автомаши́ны)*
Erstausstattung *f* первонача́льное оснаще́ние предприя́тия произво́дственными фо́ндами
Erstbearbeitung *f* перви́чная обрабо́тка
Erstbedarf *m* перви́чный спрос, перви́чные потре́бности
Erstbeitrag *m* перви́чный взнос
Erstbeitrag перви́чный страхово́й взнос
Erstbeleg *m* перви́чный докуме́нт *(подтвержда́ющий)*
Erstbuchung *f бухг.* перви́чная за́пись
Erste-Hilfe-Leistung *f* оказа́ние пе́рвой по́мощи *(пострада́вшему на предприя́тии)*
erstellen изготовля́ть, производи́ть, выраба́тывать
erstellen устана́вливать *(напр. но́рмы)*
erstellen открыва́ть *(аккредити́в)*; выпи́сывать *(счёт, счёт-фактуру)*
erstellen составля́ть, разраба́тывать *(напр. пла́ны)*
Erstellung *f* изготовле́ние, произво́дство; составле́ние, разрабо́тка *(напр. пла́на)*; установле́ние *(напр. норм)*; откры́тие *(аккредити́ва)*; вы́писка *(счёта-фактуры)*
Erstellungskosten *pl* капита́льные затра́ты
Ersterfassung *f бухг.* перви́чный учёт; перви́чный подсчёт; перви́чная за́пись да́нных
Erstigkeit *f* преиму́щество, предоставля́емое одному́ из кредито́ров
Erstkalkulation *f* перви́чная калькуля́ция
Erstnutzung *f* перви́чное испо́льзование *(напр. результа́тов иссле́дований)*; перви́чное примене́ние предприя́тием нау́чно-техни́ческих достиже́ний в со́бственном произво́дстве
Erstpfändung *f* перви́чная о́пись иму́щества
Erstplanung *f* эта́п начального плани́рования
Erstschrift *f* пе́рвый экземпля́р
Ersttagsausgabe *f* корреспонде́нция, почто́вые зна́ки которо́й погашаются в пе́рвый день франки́рования
Ersttagsbrief *m* корреспонде́нция, почто́вые зна́ки которо́й погашаются в пе́рвый день франки́рования

Ertassungsverfahren *n стат.* мéтод учета
Erteilung *f* вы́дача *(напр. закáза)*; распределéние
Ertrag *m* вы́ход продýкта
Ertrag дохóд, при́быль; вы́ручка (*см. тáкже* ***Erträge***)
Ertrag вы́ход *(напр. продýкта)*
Ertrag добы́ча; размéр вы́работки
Ertrag урожáй, урожáйность
Ertrag je Flächeneinheit урожáйность (в расчёте) на едини́цу плóщади
fester Ertrag постоя́нный дохóд, твёрдый дохóд *(напр. от цéнных бумáг)*
periodenfremder Ertrag непериоди́ческий дохóд, иррегуля́рный дохóд; нерегуля́рная при́быль
einen Ertrag liefern приноси́ть дохóд, давáть дохóд
keinen Ertrag abwerfend не дающий дохóда
Erträge *m pl* дохóды
Erträge aus Beteiligungen дохóды от учáстия в предприя́тиях
außerordentliche Erträge чрезвычáйные дохóды
betriebsfremde Erträge дохóды, получáемые не от произвóдственной дéятельности предприя́тия
ertragfähig дохóдный, при́быльный
Ertragfähigkeit *f* дохóдность, при́быльность
Ertragfähigkeit урожáйность
Erträglichkeit *f* дохóдность, при́быльность
Erträgnis *n* дохóд, при́быль; вы́ручка
ertragreich высокопродукти́вный, продукти́вный
ertragreich дохóдный, дающий (большóй) дохóд, при́быльный
ertragreich высокоурожáйный, урожáйный
Ertragsanteil *m* дóля дохóда
Ertragsberechnung *f* определéние дохóдов, расчёт дохóдов, исчислéние дохóдов; определéние урожáйности; определéние вы́хода (продýкции), расчёт вы́хода (продýкции)
Ertragsbeteiligung *f* учáстие в при́были
Ertragsbilanz *f* балáнс дохóдов
Ertragsergebnis *n* дохóд, при́быль; вы́ручка
Ertragsgesetz *n* закóн убывáющей дохóдности, закóн убывáющей отдáчи
Ertragshöhe *f* величинá дохóда
Ertragshoheit *f* налóговый суверенитéт *(прáво территориáльных властéй распоряжáться по своемý усмотрéнию налоговыми поступлениями)*
Ertragshoheit прáво сбóра налóгов и испóльзования налоговых средств
Ertragskraft *f* стéпень отдáчи
Ertragslage *f* ýровень дохóдов
Ertragsleistung *f* **des Bodens** плодорóдие пóчвы
ertragslos бездохóдный, не принося́щий дохóды
Ertragslosigkeit *f* отсýтствие доходности, отсýтствие дохóдов бездохóдность
Ertragsprognose *f* прогнóз дохóдов; прогнóз урожáя
Ertragsquelle *f* истóчник дохóда
Ertragsrechnung *f* расчёт дохóдов
Ertragsrechnung *бухг.* счёт при́былей и убы́тков
laufende Ertragsrechnung счёт при́былей и убы́тков текýщего пери́ода, текýщий счёт при́былей и убы́тков
Ertragsreichtum *m* дохóдность
Ertragsschutzzoll *m* фискально-оградительная пóшлина
Ertragssteigerung *f* увеличéние дохóдов, рост дохóдов; повышéние урожáйности
Ertragssteuer *f* налóг с при́были, налóг на дохóды *(напр. от дéнежного капитáла)*; реáльный налóг
ertragstreu дающий устóйчивые урожáи
Ertragsüberschuss *m* при́быль
Ertragswert *m* накопленная при́быль, капитализированная при́быль, чи́стая капитализированная при́быль
Ertragswirtschaft *f* дохóдное хозя́йство
Ertragszuwachs *m* рост дохóдов, прирóст дохóдов
volkswirtschaftlicher Ertragszuwachs рост народнохозя́йственных дохóдов, прирóст народнохозя́йственных дохóдов
Erwägungen *f pl* соображéния (мн.ч.)
konjunkturbedingte Erwägungen конъюнктурные соображéния
Erwartung *f* ожидáние
mathematische Erwartung математи́ческое ожидáние
Lebenserwartung *f* предполагáемый срок слýжбы; расчётный срок слýжбы; теорети́ческий срок слýжбы
Erwartungsklausel *f* оговóрка в договóре кýпли-продáжи, предусмáтривающая дáту прибы́тия сýдна в мéсто назначéния и дáту погрýзки
erwartungstreu соответ́ствующий ожиданию
Erwartungswert *m* математи́ческое ожидáние; *с.-х.* ожидáемая дохóдность; ожидáемая стóимость
Erweiterung *f* расширéние; распространéние; увеличéние
Erweiterung des Spieles расширéние игры́ *(в теóрии игр)*
Erweiterungsbedarf *m* **an Arbeitskräften** дополни́тельная потрéбность в рабóчей си́ле
Erweiterungsinvestitionen *f pl* капитáльные вложéния, напрáвленные на расширéние произвóдства; инвести́ции, напрáвленные на расширéние произвóдства
Erweiterungskapital *n* капиталовложéния, направля́емые на расширéние произвóдства
Erweiterungsmaßnahmen *f pl* мероприя́тия по расширéнию произвóдственных мóщностей
Erweiterungsprogramm *n* прогрáмма расширéния произвóдственных мóщностей
Erwerb *m* приобретéние; покýпка; дохóд; зáработок; ремеслó; прóмысел; заня́тие
Erwerb der Arbeitskräfte наём рабóчей силы́
Erwerb des Besitzes приобретéние владéния
Erwerb des Lebensunterhalts добывáние средств к жи́зни
gutgläubiger Erwerb *юр.* добросóвестное приобретéние
steuerpflichtiger Erwerb перехóд правá владéния земéльным учáстком, облагáемый налóгом; приобретéние правá владéния земéльным учáстком, облагаемое налóгом
ohne Erwerb sein быть лишённым истóчников дохóда; не имéть зáработка
erwerben приобретáть; покупáть; зарабáтывать; приобретáть, наживáть; приобретáть *(нáвыки)*
käuflich erwerben покупáть
Erwerber *m* получáтель; покупáтель
erwerblich приобретáемый
erwerblich промысловый
erwerblich трудовóй
Erwerbsakt *m юр.* акт приобретéния
erwerbsbeschränkt с ограни́ченной трудоспособностью
Erwerbsbesteuerung *f* обложéние подохóдным налóгом, подоходное налогообложéние
Erwerbseinkünfte *pl* дохóды от предоставляемых коммéрческих услýг
Erwerbseinkünfte des Staates дохóды госудáрства от предоставляемых им коммéрческих услýг *(пóчта, связь, желéзная дорогá и т.д.)*
erwerbsfähig трудоспосóбный
Erwerbsfähigkeit *f* трудоспосóбность
Erwerbsgenossenschaft *f* промысловое товáрищество
Erwerbsgeschäft *n* прóмысел; про-

мысловое предприя́тие

erwerbslos безрабо́тный; не име́ющий дохо́да, не име́ющий за́работка

Erwerbslose *m f* безрабо́тный, не рабо́тающий, не за́нятый в наро́дном хозя́йстве

Erwerbslosenunterstützung *f* посо́бие по безрабо́тице

Erwerbslosigkeit *f* безрабо́тица

Erwerbsminderung *f* части́чная поте́ря трудоспосо́бности, части́чная поте́ря работоспосо́бности, сниже́ние трудоспосо́бности, сниже́ние работоспосо́бности

Erwerbspersonen *f pl* лица́, име́ющие (самостоя́тельный) за́работок, лица́, име́ющие (самостоя́тельный) дохо́д

Erwerbspersonen экономи́чески акти́вное населе́ние *(часть населе́ния, занятого в обще́ственном произво́дстве плюс чи́сленность безрабо́тных)*

Erwerbsquelle *f* исто́чник дохо́да, исто́чник за́работка

Erwerbsquote *f* до́ля экономи́чески акти́вного населе́ния в о́бщей чи́сленности населе́ния страны́

Erwerbssteuer *f* подохо́дный нало́г; нало́г на приобретаемые предме́ты; промысловый нало́г

Erwerbsstruktur *f* структу́ра за́нятости *(населе́ния)*

erwerbstätig зараба́тывающий, име́ющий (самостоя́тельный) за́работок; трудя́щийся

Erwerbstätige *pl* лица́, име́ющие (самостоя́тельный) за́работок, лица́, име́ющие (самостоя́тельный) дохо́д

Erwerbstätige *pl* населе́ние, заня́тие в наро́дном хозя́йстве

Erwerbstätigkeit *f* трудова́я де́ятельность

erwerbsunfähig нетрудоспосо́бный; неработоспособный

Erwerbsunfähigkeit *f* нетрудоспосо́бность; неработоспособность

Erwerbswirtschaft *f* промысловое хозя́йство

Erwerbszweig *m* вид заня́тий; о́трасль де́ятельности, о́бласть де́ятельности

Erwerbung *f* приобрете́ние; поку́пка

erwirtschaften *vt* получа́ть *(в результа́те успе́шной хозя́йственной де́ятельности)*

erwirtschaftet полу́ченный в результа́те хозя́йственной де́ятельности

Erwirtschaftung *f* получе́ние *(напр. дохо́дов в результа́те хозя́йственной де́ятельности)*

Erwirtschaftung eines Gewinns получе́ние при́были в результа́те со́бственной хозя́йственной де́ятельности

erworben приобретённый; ку́пленный; добы́тый; зарабо́танный; нажитый; благоприобре́тенный

erzeugen выра́щивать

erzeugen порожда́ть, вызыва́ть

erzeugen производи́ть, выраба́тывать; выпуска́ть; создава́ть; производи́ть

erzeugen *с.-х.* выра́щивать; культиви́ровать

Erzeuger *m* производи́тель, изготови́тель, продуце́нт

Erzeugerabgabepreis *m* опто́вая цена́ предприя́тия, опто́вая цена́ промы́шленности

Erzeugerbetrieb *m* предприя́тие-изготови́тель, предприя́тие-продуце́нт, производя́щее предприя́тие, предприя́тие-производи́тель, производи́тель

Erzeugerfirma *f* фи́рма-изготови́тель, фи́рма-продуце́нт, фи́рма-производи́тель; производи́тель

Erzeugerhandel *m* прямо́й сбыт предприятиями-изготовителями свои́х това́ров потребителям; прямо́й сбыт сельскохозя́йственной проду́кции потребителям

Erzeugerland *n* страна́-изготови́тель, страна́-продуце́нт, производя́щая страна́, страна́-производи́тель

Erzeugerpreis *m с.-х.* заку́почная цена́, сдаточная цена́

Erzeugerpreis цена́ производи́теля

Erzeugerpreisindex *m* инде́кс движе́ния сдаточных цен на сельскохозя́йственную проду́кцию

Erzeugnis *n* изде́лие, гото́вое изде́лие; проду́кт; проду́кция; произведенная проду́кция

Erzeugnis der Hausarbeit изде́лие, изгото́вленное кустарём-надомником; куста́рное изде́лие

Erzeugnis der Hausindustrie изде́лие, изгото́вленное кустарём-надомником; куста́рное изде́лие

Erzeugnis der Heimarbeit изде́лие, изгото́вленное кустарём-надомником; куста́рное изде́лие

Erzeugnis der laufenden Fertigung освоенное изде́лие

Erzeugnis des täglichen Bedarfs проду́кт пе́рвой необходи́мости, проду́кт повседне́вного спро́са

Erzeugnis erster Qualität первосо́ртное изде́лие; первосо́ртный проду́кт

Erzeugnis hoher Qualität высокока́чественное изде́лие; высокока́чественный проду́кт

Erzeugnis minderer Qualität изде́лие ни́зкого ка́чества, низкокачественное изде́лие

Erzeugnis mit Weltniveau изде́лие, отвеча́ющее мировы́м станда́ртам; изде́лие, соотве́тствующее мировы́м станда́ртам

Erzeugnis von geringer Qualität низкокачественное изде́лие, низкосортное изде́лие; проду́кт ни́зкого ка́чества

Erzeugnis von hoher Qualität высококо́качественное изде́лие; высокока́чественный проду́кт

angearbeitetes Erzeugnis полуобработанное изде́лие, полуфабрика́т

branchenfremdes Erzeugnis изде́лие, не сво́йственное да́нному произво́дству; изде́лие, не сво́йственное да́нной о́трасли промы́шленности; попу́тное изде́лие; побо́чное изде́лие

einfaches Erzeugnis одноро́дное изде́лие; просто́е изде́лие

einheimisches Erzeugnis оте́чественное изде́лие, оте́чественный проду́кт

fertig gestelltes Erzeugnis гото́вое изде́лие; гото́вый проду́кт

gangbares Erzeugnis ходовое изде́лие; по́льзующееся спро́сом изде́лие

geringwertigesErzeugnis низкокачественное изде́лие, низкосортное изде́лие; проду́кт ни́зкого ка́чества

handwerkliches Erzeugnis куста́рное изде́лие

hiesiges Erzeugnis изде́лие ме́стного произво́дства, изде́лие ме́стной промы́шленности

hochwertiges Erzeugnis высокока́чественное изде́лие; высокока́чественный проду́кт

kompliziertes Erzeugnis неоднoро́дное изде́лие; сло́жное изде́лие

kunstgewerbliches Erzeugnis худо́жественное изде́лие куста́рной рабо́ты, худо́жественное изде́лие кустарного изготовле́ния; изде́лие худо́жественных про́мыслов

landwirtschaftliches Erzeugnis сельскохозя́йственный проду́кт, сельскохозя́йственная проду́кция, агра́рная проду́кция

nicht standardisiertes Erzeugnis нестанда́ртное изде́лие

repräsentatives Erzeugnis репрезентативное изде́лие, не входя́щее в номенклатуру проду́кции предприя́тия

schwer verkäufliches Erzeugnis труднореализуемое изде́лие; неходовое изде́лие

standardisiertes Erzeugnis станда́ртное изде́лие

strukturbestimmendes Erzeugnis структуро-определя́ющее изде́лие

typisiertes Erzeugnis станда́ртное изде́лие, типово́е изде́лие

umsatzintensives Erzeugnis изде́лие повы́шенного спро́са

volkswirtschaftlich wichtiges Erzeugnis изде́лие народнохозя́йственной ва́жности

Erzeugnisart *f* вид проду́кции

erzeugnisbedingt обусло́вленный специ́фикой изде́лия

Erzeugnisbilanz *f* бала́нс отде́льного проду́кта

Erzeugnisbilanz бала́нс произво́дства

Erzeugnisdatei *f* ба́за да́нных изде́лий

Erzeugnisdurchlauf *m* прохожде́ние изделием технологи́ческого проце́сса

Erzeugniseingabe *f* одновре́ме́нная пода́ча всех дета́лей изде́лия в произво́дство

Erzeugniseinheit *f* едини́ца изде́лия, едини́ца коли́чества проду́кции *(напр. в штуках, тоннах)*

Erzeugnisentwicklung *f* разрабо́тка изде́лия

erzeugnisgebunden поиздельный

Erzeugnisgestaltung *f* оформле́ние изде́лия

Erzeugnisgruppe *f* гру́ппа изде́лий; гру́ппа предприя́тий, выпуска́ющих одноро́дную проду́кцию

Erzeugnisgruppen *f, pl*, **repräsentative** гру́ппы репрезентативных изде́лий

Erzeugnisgruppenabrechnung *f* расчёт изде́ржек по гру́ппам изде́лий, кальку́ляция изде́ржек по гру́ппам изде́лий

Erzeugnisgruppenarbeit *f* совме́стная рабо́та предприя́тий, выпуска́ющих одноро́дную проду́кцию

Erzeugnisgruppenbilanz *f* бала́нс гру́ппы изде́лий; бала́нс отде́льных ви́дов проду́кции, бала́нс по гру́ппам изде́лий

Erzeugnisgruppenkennziffern *f pl* показа́тели совме́стной рабо́ты предприя́тий, выпуска́ющих одноро́дную проду́кцию

Erzeugnisgruppenleitbetrieb *m* головно́е предприя́тие по гру́ппе изде́лий; веду́щее предприя́тие по гру́ппе изде́лий

Erzeugnisgruppenwettbewerb *m* соревнова́ние ме́жду предприятиями, выпуска́ющими одноро́дную проду́кцию

Erzeugniskalkulation *f* кальку́ляция изде́ржек на отде́льное изде́лие, расчёт изде́ржек на отде́льное изде́лие

Erzeugniskartei *f* картоте́ка изде́лий

Erzeugnismenge *f* коли́чество (произведённой) проду́кции

überplanmäßig abgelieferte Erzeugnismenge сверхпла́новая проду́кция

Erzeugnismethode *f* ме́тод классифика́ции выпуска́емой проду́кции по гру́ппам изде́лий

Erzeugnisnomenklatur *f* номенклату́ра изде́лий; номенклату́ра проду́кции

Erzeugnisnorm *f* но́рма расхо́да материа́лов на изде́лие

Erzeugnispaß *m* па́спорт изде́лия

Erzeugnisplanung *f* планиро́вание вы́пуска изде́лий

Erzeugnisprinzip *n* при́нцип специализа́ции произво́дства по ви́дам выпуска́емой проду́кции, при́нцип предме́тной специализа́ции

Erzeugnisprognose *f* прогно́з но́вых ви́дов изде́лий

Erzeugnisqualität *f* ка́чество проду́кции

Erzeugnisse *n pl* изде́лия, проду́кция

Erzeugnisse der Industrie промы́шленные изде́лия, проду́кция промы́шленного произво́дства

Erzeugnisse für den Markt това́рная проду́кция

devisenrentable Erzeugnisse изде́лия, рентабельно сбываемые на иностра́нных ры́нках; изде́лия с коэффицие́нтом валю́тной рента́бельности свы́ше едини́цы; конкурентоспосо́бные на зарубе́жных ры́нках изде́лия

gleichartige Erzeugnisse одноро́дная проду́кция

haushaltchemische Erzeugnisse изде́лия бытово́й хи́мии

Erzeugnisselbstkosten *pl* себесто́имость изде́лий; себесто́имость произво́дства *(изде́лий)*

Erzeugnissortiment *n* ассортиме́нт проду́кции, произво́дственный ассортиме́нт

erzeugnisspezialisiert предме́тный *(напр. о специализа́ции произво́дства)*

Erzeugnisstruktur *f* произво́дственная структу́ра промы́шленных предприя́тий, группиро́вка предприя́тий по техни́ческим характери́стикам выпуска́емых и́ми изде́лий

Erzeugnisstückzahl *f* коли́чество изде́лий в штуках

Erzeugnissystematik *f* произво́дственная структу́ра промы́шленных предприя́тий, группиро́вка предприя́тий по техни́ческим характери́стикам выпуска́емых и́ми изде́лий

Erzeugnistypen *m pl* ти́пы изде́лий

Erzeugnisvergleichsmethode *f* ме́тод исчисле́ния затра́т вре́мени на обрабо́тку изде́лий на осно́ве испо́льзования сравнительных коэффициентов *(затра́т вре́мени на уже́ обрабо́танные изде́лия)*

Erzeugnisvielfalt *f* разнообра́зие изде́лий, многообра́зие изде́лий

Erzeugnisvorkalkulation *f* предвари́тельная калькуля́ция изде́лий

Erzeugung *f* проду́кция

Erzeugung произво́дство, изготовле́ние, вы́пуск; созда́ние; проду́кция

großtechnische Erzeugung крупномасштабное произво́дство

industrielle Erzeugung промы́шленное произво́дство; промы́шленная проду́кция

landwirtschaftliche Erzeugung сельскохозя́йственное произво́дство; сельскохозя́йственная проду́кция, проду́кция агра́рного сектора эконо́мики, агра́рная проду́кция

Erzeugungsdefizit *n* дефици́тность проду́кции

Erzeugungskapazität *f* произво́дственная мо́щность; произво́дственные мо́щности

Erzeugungsplan *m* произво́дственный план

Erzeugungspreis *m* цена́ произво́дства

Erzeugungsprogramm *n* произво́дственная програ́мма

Erzeugungsrichtung *f* направле́ние *(разви́тия)* произво́дства

Erzeugungsvorgang *m* произво́дственный проце́сс, проце́сс произво́дства

Erziehungsurlaub *m* о́тпуск по ухо́ду за ребёнком; декре́тный о́тпуск

Erziehungszoll *m* покрови́тельственная по́шлина, поощри́тельная по́шлина

Erzielung *f* достиже́ние *(це́ли)*

Erzielung извлече́ние *(при́были)*

Erzindustrie *f* горнору́дная промы́шленность, горнодобыва́ющая промы́шленность

Erzwingungsgeld *n* штраф за непредставление налоговой деклара́ции

erzwungen принуди́тельный

ES, Spanien Испа́ния

Escapeklausel *f* огово́рка о пра́ве отме́ны льго́тных тамо́женных по́шлин *(в договора́х, заключа́емых США с други́ми стра́нами)*; пункт догово́ра, освобожда́ющий сто́рону от отве́тственности *(при определённых обстоя́тельствах)*

Eskompte *m уст.* учёт, дисконти́рование *(векселя́)*; диско́нт, учётный ба́нковский проце́нт, учётная ста́вка

eskomptieren *уст.* учи́тывать, дисконти́ровать *(ве́ксель)*

Eskont *m уст.* учёт, дисконти́рование *(векселя́)*; диско́нт, учётный ба́нковский проце́нт, учётная ста́вка

ESOMAR, European Society for Opinion Surveys and Market Research Европе́йское о́бщество по изуче́нию обще́ственного мне́ния и ры́ночной конъюнкту́ры

ESP, Peseta, -- Spanien, Andorra Испа́нская песе́та (*код валю́ты* 724), *в н.в. заменена́ на* Евро **EURO**, -- Испа́ния, Андо́рра

Essenteilnehmer *m* посети́тель предприя́тий систе́мы обще́ственного пита́ния, едо́к

essential goods *pl англ.* това́ры пе́рвой необходи́мости, предме́ты пе́рвой необходи́мости

essentials *pl англ.* това́ры пе́рвой необходи́мости, предме́ты пе́рвой необходи́мости

Est:

ESt, Einkommensteuer подохо́дный нало́г

E.St, Eisenbahnstation железнодоро́жная ста́нция

EStDV, Verordnung zur Durchführung des Einkommensteuergesetzes инстру́кция о поря́дке проведе́ния зако́на о подоходном налоге

EStG, Einkommensteuergesetz зако́н о подоходном налоге

Esttg, Erstattung возмеще́ние *(напр. изде́ржек)*

ET, Aethiopien Эфио́пия

etablieren учрежда́ть *(напр. предприя́тие, де́ло)*

Etablierung *f* основа́ние, учрежде́ние *(напр. фи́рмы)*

Etat *m фр.* (госуда́рственный) бюдже́т; бюдже́тные сре́дства; сме́та

Etat штат, ли́чный соста́в

außerordentlicher Etat чрезвыча́йный бюдже́т

außer dem Etat вне шта́та

im Etat ausweisen проводи́ть по сме́те

Etatanarchie *f* бюдже́тная ана́рхия

Etatdefizit *n* бюдже́тный дефици́т *(превыше́ние расхо́дов над дохо́дами)*

etatisiert введённый в сме́ту, введённый в бюдже́т; заплани́рованный *(напр. о расхо́дах, издержках)*

Etatkostenvergleich *m* сравне́ние сметных расхо́дов

etatmäßig находя́щийся в преде́лах бюдже́та, бюдже́тный; согла́сно сме́те; согла́сно бюдже́ту; шта́тный

Etatrechnung *f* статисти́ческий отчёт о выполне́нии годово́го (госуда́рственного) бюдже́та

Etatsentwurf *m* прое́кт бюдже́та

Etatsgesetz *n* зако́н о госуда́рственном бюдже́те, зако́н о госбюдже́те

Etatsjahr *n* бюдже́тный год

Etatsposition *f* статья́ бюдже́та, бюдже́тная статья́

Etatsposten *m* статья́ бюдже́та, бюдже́тная статья́

Etatsrecht *n* пра́во утвержде́ния бюдже́та

Etatsstand *m* состоя́ние бюдже́та

Etatssumme *f* сме́тная су́мма

Etatstand *m* состоя́ние бюдже́та

Etatstitel *m* бюдже́тный титу́л

Etatsüberschreitung *f* сверхсметный креди́т; бюдже́тный перерасхо́д, превыше́ние в бюдже́те расхо́дов над дохо́дами, пасси́вный бала́нс бюдже́та

Etatsüberschuss *m* акти́вный бала́нс бюдже́та, превыше́ние в бюдже́те дохо́дов над расхо́дами

ETB, Birr, -- Aethiopien Эфио́пский быр (*код валю́ты* 230), -- Эфио́пия

Etikette *f* этике́тка

Etikettierung *f* этикетирование

ETT, einheitlicher Transittarif еди́ный транзи́тный тари́ф, ЕТТ

etw.bB, etwas bezahlt-Brief прика́зы на прода́жу вы́полнены в незначи́тельной до́ле *(отме́тка в биржево́м бюллете́не)*

Etwapreis *m* приблизи́тельная цена́, ориентиро́вочная цена́

etwbG etwas bezahlt-Geld прика́зы на поку́пку вы́полнены в незначи́тельной до́ле *(отме́тка в биржево́м бюллете́не)*

EuGH, Europäischer Gerichtshof Европе́йский Верхо́вный суд

EUR, Euro, EWU (ab 1.1.1999) Евро

EURATOM, Europäische Atomgemeinschaft Европе́йское соо́бщество по а́томной эне́ргии, Евратом

Euro евро *(еди́ная валю́та ЕС)*

Euro-Dollar-Markt *m* ры́нок евродолларов

Euro-Dollars *m pl* евродо́ллары *(теку́щие счета́ и вкла́ды в европе́йских ба́нках)*

Euro-Einführung *f* введе́ние евро, введе́ние валю́ты евро (в оборо́т, в обраще́ние)

Euro-Konversionskurse *m, pl* ку́рсы конверсии в евро

EURO-Zone *f* еврозона; зо́на хожде́ния валю́ты евро

Euroanleihemarkt *m* еврорынок (долгосро́чного ссудного) капита́ла

Eurocheque *m* еврочек

Eurodollar-Markt *m* ры́нок евродолларов *(ры́нок кра́тко- и долгосро́чных креди́тов, опирающихся на до́лларовые вкла́ды в неамериканских ба́нках)*

Eurodollars *m pl* евродо́ллары *(вы́раженные в до́лларах сре́дства на счета́х в неамериканских ба́нках)*

EUROFIMA, West-Europäische Gesellschaft für die Finanzierung von Eisenbahnmaterial Западноевропейское общество по финансированию железнодоро́жного подвижного соста́ва

Eurogeld *n* евроденьги *(фина́нсовые акти́вы, вы́раженные в евровалютах и обраща́ющиеся на междунаро́дных ры́нках ссудных капита́лов)*

Eurogeldmarkt *m* де́нежный еврорынок, ры́нок евроденег *(ры́нок краткосрочного ссудного капита́ла, опира́ющийся на евровалютные вкла́ды)*

Eurokrat *m* еврокра́т

EUROMART, European Common Market Европе́йский О́бщий ры́нок

Euronormen *f pl* евронормы

EUROP, Europäisches Übereinkommen über die gemeinschaftlicher Benutzung von Güterwagen Соглаше́ние ме́жду стра́нами (За́падной) Евро́пы о совме́стном испо́льзовании това́рных ваго́нов

Europäische:

Europäische Agrarunion *ист.* Европе́йский агра́рный сою́з

Europäische Atomenergiegesellschaft Европе́йское соо́бщество по а́томной эне́ргии, Евратом

Europäische Atomgemeinschaft *f* Европе́йское соо́бщество по а́томной эне́ргии, Евратом

Europäische Freihandelsassoziation Европе́йская ассоциа́ция свобо́дной торго́вли, ЕАСТ, «ма́лая зо́на свобо́дной торго́вли»

Europäische Gemeinschaft für Atomenergie Европе́йское соо́бщество по а́томной эне́ргии, Евратом

Europäische Gemeinschaft für Kohle und Stahl, EGKS Европе́йское объедине́ние угля́ и ста́ли, ЕОУС

Europäische Gemeinschaften *pl* Европейские сообщества *(включа́ют Европе́йское объедине́ние угля́ и ста́ли, Европе́йское экономи́ческое соо́бщество и Европейскую коми́ссию по а́томной эне́ргии)*

Europäische Gesellschaft für Meinungs- und Marktforschung Европе́йское о́бщество по изуче́нию обще́ственного мне́ния и ры́ночной конъюнкту́ры

Europäische Gesellschaft für Zusammenarbeit Европе́йская ассоциа́ция сотру́дничества, ЕАС

Europäische Güterwagen-Gemeinschaft Европе́йская ассоциа́ция по совме́стному испо́льзованию това́рных ваго́нов

Europäische Güterzug-Fahrplankonferenz Европе́йская конфере́нция по согласованию расписа́ния движе́ния грузовы́х поездо́в

Europäische Handelsgesellschaft *f* Европе́йское торго́вое о́бщество, ЕТО

Europäische Investitionsbank *f* Европе́йский инвестицио́нный банк

Europäische Konferenz der Verwal-

tungen für das Post- und Fernmeldewesen Европейская конференция почтовой и телефонно-телеграфной связи
Europäische Liga für Wirtschaftliche Zusammenarbeit Европейская лига экономического сотрудничества
Europäische Organisation für Kernforschung Европейская организация ядерных исследований
Europäische Organisation für Qualitätskontrolle Европейская организация по контролю качества, ЭОКК
Europäische Produktivitätszentrale Европейское агентство по вопросам производительности
Europäische Vereinigung für Wirtschaftliche und Soziale Entwicklung Европейский комитет экономического и социального прогресса
Europäische Verkehrsministerkonferenz Европейская конференция министров транспорта
Europäische Verpackungsvereinigung Европейская федерация по упаковке
Europäische Verteidigungsgemeinschaft Европейское оборонительное сообщество, ЕОС
Europäische Wirtschafts- und Zollunion *ист.* Европейский экономический и таможенный союз
Europäische Wirtschaftsgemeinschaft Европейское экономическое сообщество, ЭЭС, «Общий рынок»
Europäische Zahlungsunion *ист.* Европейский платёжный союз, ЕПС *(1950-1958 г.г.)*

Europäische Wirtschaftsraum, EWR Европейское экономическое пространство, ЕЭП

Europäischer:
Europäischer Entwicklungsfonds Европейский фонд развития *(образован ЕЭС)*
Europäischer Sozialfonds Европейский социальный фонд *(образован ЕЭС)*
Europäischer Währungsfonds Европейский валютный фонд, ЕВФ
Europäischer Wirtschaftsprüfer-Verhand Европейский союз бухгалтеров-ревизоров хозяйственных и финансовых предприятий
Europäischer Wirtschaftsrat Организация европейского экономического сотрудничества, ОЕЭС, Европейский экономический совет
Europäischer Zollrat Совет таможенного сотрудничества *(международная организация)*

Europäisches:
Europäisches Patentenamt Европейское патентное управление
Europäisches übereinkommen über die gemeinschaftliche Benutzung von Güterwagen Соглашение между странами (Западной) Европы о совместном использовании товарных вагонов
Europäisches Währungsabkommen, EWA Европейское валютное соглашение
Europäisches Währungssystem *n*, **EWS** Европейская валютная система
Europäisches Wiederaufbauprogramm, EWAP, EWP *ист.* Программа восстановления Европы, план Маршалла
Europäisches Zentrum für Bevölkerungsforschung Европейский центр по изучению народонаселения

Europarat, EU Европейский совет, ЕС

Euroscheck *m* еврочек *(выдаётся владельцам вкладов с гарантией выплаты до 400 марок)*

Eurosystem *n* евросистема (напр., компьютерная система учета въезжающих на территорию ЕС)
Eurosystem *n* Евросистема (финансовая система Евросоюза - включает ЕЦБ и ЦБ стран-участниц Евросоюза)

Euroübereinkommen Европейская конференция по согласованию расписания движения грузовых поездов

EV:
E.V., Eingang vorbehalten при условии (предварительного) получения *(напр. денег)*
EV, Eingang vorbehalten при условии предварительного получения денег
EV, eingetragener Verein зарегистрированный союз, зарегистрированное объединение
e.V., eingetragener Verein зарегистрированное общество, зарегистрированное объединение

evaluieren *vt* оценивать, определять стоимость

Evaluierung *f* оценка, определение стоимости; аттестация

Evalvation *f* оценка и определение стоимости монет

evalvieren *vt* оценивать, определять стоимость

EVD, Eidgenössisches Volkswirtschaftsdepartement Швейцарский департамент народного хозяйства

Eventualhaushalt *m* ожидаемое исполнение бюджета

Eventualschulden *f pl* вероятная задолженность, предполагаемая задолженность, вероятные долги

Eventualverpflichtung *f* условное обязательство

eventuell возможный *(при известных обстоятельствах)*
eventuell при случае, смотря по обстоятельствам

Evidenz *f* очевидность, ясность
Evidenz *австр.* учёт, статистика

Evidenzbeleg *m* учётный документ

Evidenzführung *f* ведение учёта

Evidenzhaltung *f* ведение статистического учёта

Evidenzzentrale *f* центральное бюро учёта банковских кредитов

Eviktion *f ист.* захват крестьянских земель помещиками; сгон крестьян с земли *(при феодализме и капитализме)*
Eviktion *юр.* лишение прав на имущество

EVO, Eisenbahnverkehrsordnung правила коммерческой эксплуатации железных дорог *(для внутригерманского сообщества)*

EVP, Einzelhandelsverkaufspreis розничная (продажная) цена

evtl, eventuell возможный, вероятный

EWA, Europäisches Währungsabkommen Европейское валютное соглашение

EWBS, Exportwarenbegleitschein сопроводительный документ на экспортные товары

EWF, Europäischer Währungsfonds Европейский валютный фонд, ЕВФ

EWG, Europäische Wirtschaftsgemeinschaft Европейское экономическое сообщество, ЕЭС, Общий рынок
EWG-Markt *m* Общий рынок, рынок стран Европейского экономического сообщества

EWS, Europäisches Währungssystem Европейская валютная система

EwZ, Einwohnerzahl число жителей, численность населения

ex warehouse *англ.* со склада, франко-склад

ex works *англ.* франко-завод поставщик, с завода-поставщика

ex-post прогноз
ex post-Prognose *f* ретроспективный прогноз

exc., excipe *англ.* исключая

exchange *англ.* обмен; меняльная контора; биржа *(в Англии)*

Exchangeorder *f* поручение на обмен услугами *(применяется в отношениях между авиакомпаниями)*

Exchequer-Bond *m* казначейский вексель

exekutieren исполнять, приводить в

исполнéние *(судéбное решéние или приговóр)*; экзекутировать *(счёт клиéнта)*; налагáть арéст на имýщество

Exekutierung *f* исполнéние *(судéбного решéния или приговóра)*; óпись имýщества; наложéние арéста на имýщество; принуди́тельная ликвидáция биржевóй сдéлки

Exekutiening an der Börse принуди́тельная ликвидáция сдéлки на би́рже

Exekution *f* исполнéние *(судéбного решéния или приговóра)*; óпись имýщества; наложéние арéста на имýщество; принуди́тельная ликвидáция биржевóй сдéлки

Exekution an der Börse принуди́тельная ликвидáция сдéлки на би́рже

Exel-Arbeitsmappe *f* рабóчая пáпка **Exel**

Exgut, Expressgut груз осóбой срóчности, экспрéсс-груз

EXIM, Export-Import Bank of the United States Экспортно-и́мпортный банк США

Existenz *f* существовáние; срéдства к существовáнию

j-m **die Existenz nehmen** лиши́ть *когó-л.* истóчника средств к существовáнию

Existenzform *f* фóрма существовáния

Existenzgrundlage *f* оснóва существовáния, бáзис существовáния; срéдства к существовáнию

Existenzgründungsprogramm *m* прогрáмма учреждéния и началá функциони́рования предприя́тий *(ФРГ)*

Existenzminimum *n* прожи́точный ми́нимум

steuerfreies Existenzminimum не облагáемый налóгом прожи́точный ми́нимум

Existenzmittel *n pl* срéдства к существовáнию

Existenzweise *f* óбраз жи́зни

Existenzweise des Werts спóсоб существовáния стóимости

Exklusivverkehr *m* исключи́тельное прáво вести́ торгóвлю с определёнными фирмами, монопóльное прáво вести́ торгóвлю с определёнными фирмами

Exklusivvertreter *m* представи́тель, имéющий исключи́тельное прáво, представи́тель, имéющий монопóльное прáво, агéнт, имéющий исключи́тельное прáво, агéнт, имéющий монопóльное прáво; эксклюзи́вный представи́тель

Exkulpation *f (юр.)* оправдáние; извинéние, прощéние

Exkulpation von Verantwortung *юр.* освобождéние от отвéтственности

Exliberalisierung *f* исключéние товáров из спи́ска либерализированных товáров

Exoten *pl* (уст.) заокеанские цéнные бумáги; инострáнные цéнные бумáги

Exp., Export экспорт

ExpA, Exportausschuss Комитéт по вопрóсам экспорта *(ФРГ)*

Expansion *f* разви́тие; подъём *(напр. промы́шленности)*

Expansion экспáнсия; распространéние *(влия́ния)*

monetäre Expansion монетарная экспáнсия *(увеличéние дéнежной мáссы)*

wirtschaftliche Expansion экономи́ческая экспáнсия

Expansionskonjunktur *f* улучшéние конъюнктýры; (промы́шленный) подъём

Expansionspolitik *f* захвáтническая поли́тика, экспансионистская поли́тика

Expansionstheorie *f* экспансионистская теóрия

Expedient *m* экспеди́тор, отправи́тель

Expediteur *m* экспеди́тор, отправи́тель

Expedition *f* отпрáвка, отправлéние; экспеди́ция, экспедиционная контóра

Expedition экспедирование, отпрáвка

Expeditionsgebühr *f* плáта за отпрáвку; экспедициóнный сбор

Expeditor *m* экспеди́тор, отправи́тсль

Expensen *pl* издéржки

Experiment *n* экспери́мéнт

ökonomisches Experiment экономи́ческий экспери́мéнт

Experimentalnormen *f, pl*, **statistische** опытно-статисти́ческие нóрмы

Experimentierbilanz *f* экспериментáльный балáнс

Expert *m* экспéрт

Experte *m* экспéрт

Expertenauffassung *f* мнéние экспéртов

Experteneinschätzung *f* экспертная оцéнка, оцéнка экспéрта

Experteneinschätzungsmethode *f* мéтод экспéртных оцéнок *(напр. в прогнозировании)*

Expertengutachten *n* заключéние экспéртов, экспéртное заключéние

Expertenschätzung *f*, **individuelle** индивидуáльная экспертная оцéнка

Expertise *f* акт экспертизы

Expertise экспертизa

die Expertise ausfertigen составля́ть акт экспертизы

expertisieren *vt* производи́ть эксперти́зу, проводи́ть эксперти́зу

Exploitation *f* эксплуатáция, угнетéние; эксплуатáция, разрабóтка *(месторождéния)*

Exploitationsgrad *m* стéпень эксплуатáции

Exploitationsgrad der Arbeit стéпень эксплуатáции трудá

Exploitationsmittel *n* срéдство эксплуатáции

Exploitationsrate *f* нóрма эксплуатáции

Exploitationsweise *f* спóсоб эксплуатáции

Exploiteur *m* эксплуатáтор

exploitieren эксплуати́ровать, угнетáть; эксплуати́ровать, разрабáтывать *(месторождéние)*

Explosion *f* **der Unternehmerprofite** бýрный рост при́былей предпринимáтелей, бýрный рост при́былей предпринимáтельской при́были

Exponat *n* экспонáт

Exponent *m* экспонéнт

Exponent показáтель стéпени

Exponentialfunktion *f стат.* показáтельная фýнкция, экспоненциальная фýнкция

Export *m* экспорт, вы́воз

Export auf Vorschuss субсидируемый экспорт

Export zu Schleuderpreisen экспорт по брóсовым цéнам, дéмпинг

händlerfreier Export прямóй экспорт; экспорт без учáстия посредников

indirekter Export экспорт с учáстием посредников, кóсвенный экспорт

lohnintensiver Export зарплатоёмкий экспорт, трудоёмкий экспорт

mittelbarer Export кóсвенный экспорт; экспорт с учáстием посредников

unmittelbarer Export прямóй экспорт; экспорт без учáстия посредников, экспорт без посредников

unsichtbarer Export неви́димый экспорт; сéрый экспорт

Export-Import Bank der USA Экспортно-и́мпортный банк США

Export-Import-Firma *f* экспортно-и́мпортная фи́рма

Export-Import-Rentabilität *f* (экономи́ческая) рентáбельность экспортно-импортных операций

exportabel экспортный; пригóдный для экспорта; экспорториентированный

Exportabgabe *f* налóг на экспортируемые товáры, экспортная пóшлина, вывозня́ пóшлина

Exportabsatz *m* систéма сбы́та товáров, идýщих на экспорт

Exportabschluss *m* экспортная сдéлка

Exportagent *m* агéнт по экспортным операциям

Exportantrag *m* экспортная заявка

Exportartikel *m* статья́ экспорта, предмéт экспорта; экспортный товáр

Exportauftrag *m* экспортный закáз,

заказ на экспорт
Exportaufwendungen *f pl* экспортные издержки; издержки, возникающие при исполнении экспортных сделок
Exportausschuss *m* Комитет по вопросам экспорта *(ФРГ)*
Exportaussichten *f pl* экспортные возможности; перспективы экспорта
Exportausstellung *f* выставка экспортных товаров
Exportbasis *f* база для осуществления экспорта, база (базис) экспортной сделки
Exportbedarf *m* экспортная потребность; потребность в экспорте
Exportbedingungen *f pl* условия экспорта, экспортные условия
Exportbegünstigung *f* стимулирование экспорта; экспортные льготы
Exportbegünstigungen *f pl* экспортные льготы; экспортные преференции, преференции на экспорт
Exportbeihilfe *f* экспортная субсидия
Exportbetrieb *m* предприятие, работающее на экспорт, предприятие-экспортёр; экспортноориентированное предприятие
Exportbewilligung *f* экспортная лицензия, разрешение на вывоз
Exportbonifikation *f* экспортная премия
Exportbonus *m* экспортная премия, экспортный бонус
Exportbürgschaft *f* страхование экспортных кредитов
Exportbüro *n* экспортное бюро; экспортная контора
Exportdokumente *n pl* экспортная сопроводительная документация
Exportdumping *n* демпинг, экспорт по бросовым ценам
Exportdurchschnittspreis *m*, **statistischer** среднестатистическая экспортная цена
Exporteigengeschäft *n* экспортные сделки, заключаемые самостоятельно производственными предприятиями; прямые экспортные сделки с предприятиями-производителями
Exporteinnahmen *f pl* поступления от экспорта
Exporten *pl* предметы экспорта, экспортные товары
Exporterlös *m* доход от экспорта, выручка от экспорта, экспортная выручка
Exporterzeugnis *n* экспортное изделие, изделие, идущее на экспорт
Exporteur *m* экспортёр
unsichtbarer Exporteur невидимый экспортёр, серый экспортёр
Exportexpansion *f* расширение экспорта, увеличение экспорта
exportfähig годный для экспорта, пригодный для экспорта
Exportfinanzierung *f* финансирование экспорта
Exportfirma *f* экспортная фирма; фирма, занимающаяся экспортом; внешнеторговая фирма
Exportfonds *m* экспортный фонд
Exportförderung *f* стимулирование экспорта, поощрение экспорта, содействие развитию экспорта
staatliche Exportförderung государственное стимулирование экспорта, государственное содействие развитию экспорта
Exportförderungsprämie *f* экспортная премия
Exportfracht *f* экспортный груз
Exportfunktion *f* функция экспорта
Exportgemeinschaft *f* объединение мелких и средних предприятий в целях осуществления экспорта производимой ими продукции
Exportgenehmigung *f* экспортная лицензия, разрешение на вывоз
Exportgeschäft *n* экспортная сделка, экспортная операция
Exportgeschäft компания, специализирующаяся на экспорте товаров, фирма, специализирующаяся на экспорте товаров
Exportgrundpreis *m* расчётная экспортная цена, используемая при анализе рентабельности экспорта
Exportgut *n* экспортный товар
Exportgüter *n*, *pl*, **weltmarktfähige** конкурентоспособные экспортные товары
Exporthandel *m* экспортная торговля
Exporthändler *m* экспортёр; посредник по экспорту, агент по экспорту
Exporthaus *n* фирма-экспортёр, экспортная фирма
exportierbar пригодный к экспорту
exportieren *vt* экспортировать, вывозить
Exportinonopol *n* монополия на экспорт; экспортная монополия
Exportintensität *f* доля экспортных товаров в общем объёме товарной продукции страны, удельный вес экспортных товаров в общем объёме товарной продукции страны
exportintensiv экспортоёмкий
Exportkapazität *f* экспортные возможности, экспортный потенциал
Exportkartell *n* экспортный картель
Exportkaufmann *m* торговец экспортными товарами
Exportkontingent *n* экспортный контингент
Exportkontor *n* контора по экспорту (товаров), экспортная контора
Exportkontrolle *f* контроль над экспортом, экспортный контроль
Exportkosten *pl* экспортные расходы
Exportkredit *m* экспортный кредит, кредит по экспортным операциям
Exportkreditgarantie *f* гарантия по экспортным кредитам
Exportkreditierung *f* кредитование экспорта
Exportkreditversicherung *f* страхование экспортных кредитов
Exportkundendienst *m* служба информации и технического обслуживания во внешней торговле
Exportlager *n* склад для хранения экспортных товаров
Exportlagerhaltung *f* хранение экспортных товаров на складе
Exportland *n* страна-экспортёр, экспортирующая страна
Exportleitbetrieb *m* ведущее экспортное предприятие, головное экспортное предприятие
Exportlieferbetrieb *m* предприятие, поставляющее товары на экспорт
Exportlieferung *f* экспортная поставка, поставка на экспорт
Exportliste *f* список экспортных товаров
Exportliste экспортный список
Exportlizenz *f* экспортная лицензия, разрешение на вывоз
Exportmarkierung *f* экспортная маркировка (товаров)
Exportmenge *f* физический объём экспорта
Exportmesse *f* ярмарка экспортных товаров
Exportmuster *n* экспортный образец, образец экспортного товара, образец экспортируемого товара
Exportnachfrage *f* экспортный спрос; спрос на экспортные товары
Exportneuheitenschau *f* показ экспортных новинок, выставка экспортных новинок
Exportordnung *f* порядок экспорта
Exportorganisation *f* экспортная организация; организация экспорта
Exportplan *m* план экспорта, экспортный план, план по экспорту
Exportposition *f* статья экспорта, предмет экспорта
Exportposten *m* статья экспорта, предмет экспорта
Exportpotenzial *n* экспортный потенци-

а́л; экспортные возмо́жности

Exportprämie *f* экспортная пре́мия

Exportpreis *m* экспортная цена́

durchschnittlicher Exportpreis сре́дняя экспортная цена́

Exportpreisindex *m* инде́кс экспортных цен

Exportproduktion *f* произво́дство това́ров на экспорт; экспортная проду́кция

devisengünstige Exportproduktion произво́дство на экспорт, обеспе́чивающее кру́пные поступле́ния валю́ты

Exportproduktionskontingent *n* континге́нт производимой для экспорта проду́кции

Exportprogramm *n* экспортная програ́мма, програ́мма экспорта

Exportquote *f* до́ля экспорта в о́бщем объёме производимой проду́кции, экспортная кво́та

Exportquote экспортная кво́та

Exportregelung *f* регули́рование экспорта

Exportrentabilität *f* (экономи́ческая) рента́бельность экспорта

Exportrentabilitätskennziffer *f* показа́тель (экономи́ческой) рента́бельности экспорта

Exportreserve *f* экспортный резе́рв

Exportrestriktion *f* мероприя́тия госуда́рства по ограниче́нию экспорта, мероприя́тия госуда́рства по запреще́нию экспорта

Exportrestriktion ограниче́ние экспорта

Exportrückgang *m* сокраще́ние экспорта, паде́ние экспорта

Exportrückstand *m* задо́лженность по экспортным поставкам; отстава́ние в экспортных поставках

Exportrückvergütungen *f pl* ко́свенное субсиди́рование экспорта, скры́тое субсиди́рование экспорта

Exportrückvergütungen ко́свенные экспортные пре́мии, скры́тые экспортные пре́мии

Exportschrumpfung *f* сокраще́ние экспорта, паде́ние экспорта

Exportsignierung *f* маркиро́вка экспортируемых това́ров; экспортная маркиро́вка това́ров

Exportstatistik *f* стати́стика экспорта, экспортная стати́стика

Exportsteigerung *f* рост экспорта, увеличе́ние экспорта, повыше́ние объемов экспорта

Exportstreckengeschäft *n* сде́лка на поку́пку экспортёром това́ра у предприя́тия-поставщика для непосре́дственной отпра́вки его заграничному клие́нту

Exportstruktur *f* структу́ра экспорта

Exportstützungen *f pl* ко́свенные экспортные пре́мии, скры́тые экспортные пре́мии

Exportsubvention *f* экспортная субси́дия (субве́нция)

Exportsubventionierung *f* субсиди́рование экспорта

Exportüberhang *m* акти́вное са́льдо торго́вого бала́нса, превыше́ние экспорта над импортом, акти́вное внешнеторго́вое са́льдо

Exportüberschuss *m* превыше́ние экспорта над импортом, акти́вное са́льдо торго́вого бала́нса (по экспорту)

Exportumsatz *m* оборо́т по экспорту, объём экспорта

Exportunternehmen *n* экспортное предприя́тие

Exportvalutaerklärung *f* валю́тная деклара́ция по экспорту

Exportverbot *n* запре́т экспорта, запреще́ние экспорта

Exportvereinigung *f* экспортное объедине́ние

Exportverfahren *n* поря́док проведе́ния экспортных опера́ций, экспортный режи́м

Exportvergütung *f* субсиди́рование экспорта

Exportvergütung экспортная пре́мия; дота́ция на экспорт

Exportverpackung *f* экспортная упако́вка; упако́вка экспортных това́ров

Exportvertrag *m* догово́р на экспорт, контра́кт на экспорт

Exportvertreter, marktansässiger представи́тель по экспорту, находя́щийся в стране́ сбы́та; посре́дник по экспорту, находя́щийся в стране́ сбы́та; аге́нт по экспорту, находя́щийся в стране́ сбы́та

Exportvolumen *n* объём экспорта

Exportvorräte *m pl* запа́сы экспортных това́ров

Exportware *f* экспортный това́р, экспортируемый това́р

Exportwarenbegleitscheln *m* сопроводительный докуме́нт на экспортный това́р

Exportwerbung *f* рекла́ма экспортируемых това́ров

exportwichtig име́ющий ва́жное значе́ние для экспорта

Exportzinsen *m pl* проце́нты по экспортным операциям

Exportzoll *m* экспортная по́шлина, вывозна́я по́шлина

Exportzuschuss *m* экспортная дота́ция

Expressgutbeförderung *f* перево́зка гру́зов осо́бой сро́чности, перево́зка экспре́сс-гру́зов

Expromission *f* доброво́льное приня́тие на себя́ чужо́го обяза́тельства, доброво́льное приня́тие на себя́ чужо́го до́лга

Expropriation *f* экспроприа́ция, принуди́тельное отчужде́ние; отня́тие со́бственности, лише́ние прав со́бственности

expropriieren экспроприи́ровать

Expropriierung *f* экспроприа́ция, принуди́тельное отчужде́ние; отня́тие со́бственности, лише́ние прав со́бственности

Exquisiterzeugnis *n* мо́дное изде́лие; изде́лие повы́шенного ка́чества; предме́т ро́скоши

extensiv 1. общи́рный, простра́нный; 2. экстенси́вный

Extensivinvestitionen *f pl* экстенсивные капиталовложе́ния, капиталовложе́ния, иду́щие на расшире́ние име́ющихся и приобрете́ние но́вых основны́х фо́ндов

extern вне́шний; внешта́тный

Externspeicher *m* вне́шняя па́мять, вне́шнее запомина́ющее устро́йство

Exterritorialität *f* экстерриториа́льность

Extinktion *f* погаше́ние, упла́та

extra превосхо́дный, первокла́ссный, вы́сшего сорта́

extra специа́льно, осо́бо

extra berechnen начисля́ть отде́льно

Extra-Konto *n* дополни́тельный счёт (напр. ба́нковский, ка́рточный)

Extraausgaben *f pl* осо́бые изде́ржки, специа́льные изде́ржки; дополни́тельные расхо́ды

Extraauslagen *f pl* осо́бые изде́ржки, специа́льные изде́ржки; дополни́тельные расхо́ды

Extraausschüttung *f* **der Dividenden** распределе́ние дополни́тельных диви́дендов

Extrabeilage *f* специа́льное приложе́ние, осо́бое приложе́ние

Extrabesteuerung *f* специа́льное налогообложе́ние, осо́бое налогообложе́ние, чрезвыча́йное налогообложе́ние

Extraeinfuhr *f* дополни́тельный и́мпорт

Extragewinn *m* дополни́тельная при́быль

Extrakosten *pl* осо́бые изде́ржки, специа́льные изде́ржки; дополни́тельные расхо́ды

Extramehrwert *m* избы́точная приба́вочная сто́имость; дополни́тельная приба́вочная сто́имость

Extranachfrage *f* дополни́тельный спрос

Extraordinarium *n* чрезвыча́йный бюдже́т

Extrapolation *f* экстраполя́ция ***(ме́тод***

прогнози́рования, при кото́ром тенде́нции, вы́явленные в про́шлом, распространя́ются на бу́дущее)

Extraprodukt *n* дополни́тельный проду́кт, доба́вочный проду́кт

Extraprofit *m* сверхпри́быль

Extraprovision *f* дополни́тельная комисси́я; специа́льное комиссио́нное вознагражде́ние, осо́бое комиссио́нное вознагражде́ние

Extrarente *f* дополни́тельная ре́нта

Extras *pl* специа́льные надба́вки к пла́те за морско́й прово́з осо́бо тяжёлых гру́зов, специа́льные надба́вки к пла́те за морско́й прово́з осо́бо длинноме́рных гру́зов

Extraschicht *f* дополни́тельная сме́на, сверхуро́чная сме́на

Extrastunden сверхуро́чные часы́

Extratara *f* дополни́тельная та́ра *(сверх предусмотренной)*

Extremalaufgabe *f* экстремальная зада́ча

Extremalproblem *n* экстремальная зада́ча

Extremalstrategie *f* экстремальная страте́гия

Extremalwert *m* экстре́мум, экстрема́льное значе́ние

Extrembedingungen *f pl* экстрема́льные усло́вия, кра́йние усло́вия

Extrempunkt *m* экстремальная то́чка, то́чка экстремума

Extremum *n* экстре́мум, экстрема́льное значе́ние

Extremwert *m* экстре́мум, экстрема́льное значе́ние

Extremwertkarte *f* контро́льная ка́рта *(для)* кра́йних значе́ний *(при статистическом контроле ка́чества)*, контро́льная ка́рта *(для)* экстрема́льных значе́ний *(при статистическом контроле ка́чества)*

Extremwertproblem *n* экстремальная зада́ча

EXW: exw, ex works *(eng.)* фра́нко-заво́д, с заво́да, с предприя́тия

Exzedent *m* эксцедент *(возмо́жное превыше́ние, напр. определённый проце́нт сверх контрактных усло́вий)*

Exzedenten-Rückversicherung *f* эксцедентная систе́ма страхования

Exzedentenfranchise *f страх.* безусло́вная франши́за

Exzess *m* **der Verteilung** эксце́сс распределе́ния; эксце́сс дележа́

EZB:

EZB, Europäische Zentralbank Центра́льный банк ЕС

EZB, Einfuhr- und Zahlungsbewilligung и́мпортная и платёжная лице́нзия

ezg, Einzahlung платёж, взнос; опла́та

EZO, Eisenbahn-Zollordnung железнодоро́жные тамо́женные пра́вила

EZU, Europäische Zahlungsunion *ист.* Европе́йский платёжный сою́з, ЕПС

EZU-Land *n* страна́, входя́щая в Европе́йский платёжный сою́з

FA:

FA, Finanzamt фина́нсовое ве́домство, налогово-фина́нсовое управле́ние

Fa, Firma фи́рма, торго́вое предприя́тие

f.a.a., free of all average *анг. страх.* свобо́дно от вся́кой ава́рии

f.a.B., frei an Bord фра́нко-борт

Fabrik *f* фа́брика, заво́д

Fabrik- und Werkstatistik *f* фабрично-заводска́я стати́стика

Fabrikabteilung *f* цех фа́брики, цех заво́да, фабри́чный цех

Fabrikant *m* предпринима́тель, фабрика́нт, заво́дчик; изготови́тель

Fabrikarbeiter *m* фабри́чный рабо́чий, заводско́й рабо́чий

Fabrikat *n* фабрика́т; фабри́чное изде́лие, изде́лие фабри́чного произво́дства

Fabrikatekonto *n* счёт гото́вых изде́лий, счёт гото́вой проду́кции

Fabrikation *f* произво́дство, изготовле́ние

Fabrikationsabfälle *m pl* отхо́ды произво́дства

Fabrikationsattest *n* промысловое свиде́тельство, свиде́тельство на про́мысел, пате́нт на про́мысел, промысловый пате́нт

Fabrikationsbedingungen *f pl* усло́вия произво́дства

Fabrikationsdaten *pl* произво́дственные да́нные

Fabrikationsdauer *f* срок изготовле́ния

fabrikationsfähig го́дный для *(фабри́чного или заводско́го)* произво́дства

Fabrikationsfehler *m* дефе́кт изготовле́ния

Fabrikationsgeheimnis *n* секре́т произво́дства, произво́дственный секре́т

Fabrikationskonto *n* счёт затра́т на изготовле́ние проду́кции

Fabrikationskonto счёт произво́дства

Fabrikationskosten *pl* изде́ржки произво́дства

Fabrikationslizenz *f* лице́нзия на изготовле́ние (проду́кции)

Fabrikationsmarke *f* заводска́я ма́рка, фабри́чная ма́рка; заводско́й знак, фабри́чный знак

Fabrikationsmethode *f* фабри́чный спо́соб произво́дства; техноло́гия изготовле́ния проду́кции, техноло́гия произво́дства

Fabrikationsmöglichkeiten *f pl* произво́дственные возмо́жности

Fabrikationsmonopol *n* моноп́олия на изготовле́ние проду́кции

Fabrikationsprogramm *n* произво́дственная програ́мма; номенклату́ра выпуска́емой проду́кции

Fabrikationsprozess *m* произво́дственный проце́сс

Fabrikationsrisiko *n* произво́дственный риск *(напр. при страхова́нии това́ра с дли́тельным сро́ком изготовле́ния или по индивидуа́льному зака́зу)*

Fabrikationssteuer *f* нало́г на изготовле́ние проду́кции

Fabrikationsverfahren *n* фабри́чный спо́соб произво́дства; техноло́гия изготовле́ния проду́кции, техноло́гия произво́дства

Fabrikatsteuer *f уст.* нало́г на гото́вые изде́лия

Fabrikbuchhaltung *f* заводска́я бухгалте́рия; бухгалте́рия предприя́тия

Fabrikeinrichtung *f* заводско́е обору́дование

Fabrikgesetzgebung *f* фабри́чное законода́тельство

Fabrikgroßhandelspreis *m* опто́вая заводска́я цена́

Fabrikgrundstück *n* земе́льный уча́сток, принадлежа́щий фа́брике; заводско́й уча́сток земли́

Fabrikhandel *m* комме́рческая де́ятельность фа́брики, комме́рческая де́ятельность заво́да

Fabrikherr *m* фабрика́нт, заво́дчик, владе́лец фа́брики, владе́лец заво́да

Fabrikkalkulation *f* произво́дственная калькуля́ция

Fabriklager *n* фабри́чный склад

Fabrikleitung *f* фабри́чная администра́ция, заводска́я администра́ция

Fabrikmarke *f* заводска́я ма́рка, фабри́чная ма́рка; заводско́й знак, фабри́чный знак

fabrikmäßig фабрично-заводско́й, фабри́чный

Fabrikmusterlager *n* вы́ставка фабричных образцо́в, вы́ставка образцо́в фабричной проду́кции

fabrikneu соверше́нно но́вый, пря́мо с фа́брики, пря́мо с заво́да

Fabrikniederlage *f* фабри́чный склад, заводско́й склад

Fabrikordnung *f* пра́вила вну́тренне-

го распоря́дка на фа́брике, пра́вила вну́треннего распоря́дка на заво́де
Fabrikpackung *f* фабри́чная упако́вка, заводска́я упако́вка
Fabrikpreis *m* фабри́чная цена́, заводска́я цена́
Fabrikstadt *f* промы́шленный го́род, промгород
Fabrikstempel *m* заводско́е клеймо́, фабри́чное клеймо́
Fabriksystem *n ист.* фабри́чная систе́ма
Fabrikzeichen *n* заводска́я ма́рка, фабри́чная ма́рка; заводско́й знак, фабри́чный знак
f.a.c., fast as can *анг.* как мо́жно скоре́е
Fachabteilung *f* отраслево́й отде́л *(напр. в пла́новой коми́ссии)*
Facharbeit *f* квалифици́рованная рабо́та
Facharbeiter *m* квалифици́рованный рабо́чий; специали́ст
hoch qualifizierter Facharbeiter высококвалифици́рованный рабо́чий, рабо́чий высо́кой квалифика́ции
landwirtschaftlicher Facharbeiter квалифици́рованный сельскохозя́йственный рабо́чий
Facharbeiterausbildung *f* подгото́вка квалифици́рованных рабо́чих
spezielle Facharbeiterausbildung специа́льная подгото́вка квалифици́рованных рабо́чих
Facharbeiterbrief *m* свиде́тельство о получе́нии специа́льности
Facharbeiternachwuchs *m* молоды́е ка́дры, получа́ющие квалифика́цию в профессиона́льно-техни́ческих учи́лищах; пополне́ние ка́дров квалифици́рованных рабо́чих
Facharbeiterprüfung *f* квалификацио́нный экза́мен
Facharbeiterschulung *f* повыше́ние квалифика́ции рабо́чих
Facharbeiterstamm *m* основны́е ка́дры квалифици́рованных рабо́чих
Facharbeiterzeugnis *n* свиде́тельство о присвое́нии (определённой) квалифика́ции
Fachausbildung *f* специа́льное образова́ние; профобразова́ние
Fachausschuss *m* коми́ссия экспе́ртов, комите́т экспе́ртов, экспертная коми́ссия
Fachausstellung *f* специализи́рованная вы́ставка, отраслева́я вы́ставка
Fachbereich *m* о́трасль; гру́ппа промы́шленных предприя́тий, выпуска́ющих одноти́пные изде́лия
Fachbereich-Standard *m* отраслево́й станда́рт
Fachberuf *m* специа́льность; профе́ссия
fachbezogen отраслево́й
fachbezogen профессиона́льный; специализи́рованный
Facheinzelhandel *m* специализи́рованная ро́зничная торго́вля
Fachgebiet *n* специа́льность
Fachgebiet о́бласть нау́ки
Fachgebietsleiter *m* руководи́тель (специализированной) гру́ппы
fachgebunden отраслево́й
fachgemäß квалифицированно, со зна́нием дела́
fachgemäß специа́льный, профессиона́льный, компете́нтный
Fachgeschäft *n* специализи́рованный магази́н
Fachgliederung *f* отраслево́й при́нцип классифика́ции
Fachhandel *m* специализи́рованная торго́вля
Fachhandelsspanne *f* наце́нка, устана́вливаемая в специализированной торго́вле
Fachkartei *f* специализи́рованная карто́тека; специа́льный файл на ка́ртах
Fachkenntnisse *f pl* специа́льные зна́ния; зна́ние предме́та
Fachkommission *f* коми́ссия экспе́ртов, комите́т экспе́ртов, экспертная коми́ссия
Fachkraft *f* специали́ст
Fachkräfte *f pl* специали́сты
wissenschaftlich-technische Fachkräfte ка́дры нау́чных и техни́ческих специали́стов; нау́чно-техни́ческие ка́дры
fachkundig све́дущий в конкре́тной о́бласти; зна́ющий де́ло
Fachmann *m* специали́ст; профессиона́л
Fachmesse *f* отраслева́я я́рмарка, специализи́рованная я́рмарка
Fachnorm *f* отраслево́й нормати́в; отраслева́я но́рма
Fachnormenausschuss *m* комите́т промы́шленных нормати́вов и станда́ртов
Fachnormenausschuss Комите́т техни́ческих норм и станда́ртов *(ФРГ)*
Fachnormenausschuss отраслево́й комите́т норм и станда́ртов
Fachorgan *n* отраслево́й орга́н (хозя́йственного) управле́ния
Fachschulabschluss *m* сре́днее специа́льное образова́ние
Fachschule *f* сре́днее специа́льное уче́бное заведе́ние, специа́льное учи́лище; те́хникум, профтехучилище, ПТУ
Fachschule für den Handel und das Gaststättengewerbe *уст.* шко́ла торгово-кулина́рного учени́чества; торго́вый те́хникум; кулина́рный те́хникум
nichttechnische Fachschule специа́льное учи́лище нетехнического про́филя
technische Fachschule техни́ческое учи́лище, те́хникум, профтехучилище, ПТУ
Fachschulkader *m pl* ка́дры со сре́дним специа́льным образова́нием
Fachschulreife *f* нали́чие предпосы́лок для обуче́ния в специа́льных учи́лищах *(напр. оконча́ние шко́лы-десятиле́тки, стаж рабо́ты)*
Fachschulstudium *n* обуче́ние в сре́дних специа́льных уче́бных заведе́ниях
Fachstatistik *f* отраслева́я стати́стика
Fachverband *m* специализированную объедине́ние, отраслевое объедине́ние; отраслево́й профессиона́льный сою́з
Fachvereinigung *f* специализированную объедине́ние, отраслевое объедине́ние
Fachverkäufer *m* квалифици́рованный продаве́ц; продаве́ц специализи́рованного про́филя; профессиона́льный продаве́ц; продаве́ц с (вы́сшим) специа́льным образова́нием
Fachzweig *m* о́трасль; специа́льность
Facilitymanagement *(n)* управление инфраструктурой организации
Factoring *n* факторинг *(може́т предполага́ть, напр. инкасси́рование дебито́рской задо́лженности клие́нта с вы́платой указанной су́ммы немéдленно и́ли по ме́ре погаше́ния задо́лженности)*; спо́соб финанси́рования сбы́та чере́з посре́дника
Factoring *англ.* факторинг *(поку́пка ба́нком тре́бования продавца́ к покупа́телю для инкассации)*
FADN, Farm Accountancy Data Network (eng.); Informationsnetz landwirtschaftlicher Buchfährun Информацио́нная систе́ма бухга́лтерских да́нных по се́льскому хозя́йству (ЕС)
f.a.F., frei ab Fabrik фра́нко-заво́д
f.a.H., frei ab Haus фра́нко-местонахожде́ние
Fähigkeitsnachweis *m* удостовере́ние о техни́ческой подгото́вке, свиде́тельство о техни́ческой подгото́вке
Fährboot *n* паро́мное су́дно
Fährbootverkehr *m* паро́мное движе́ние
Fährbootwagen *m* ваго́н, испо́льзуемый в паромном движе́нии
Fahrdienst *m* автохозя́йство *(на заводах)*
Fähre *f* паро́м; перево́з
Fahren *n* рабо́та, де́йствие, функциони́рование
Fahren перево́зка *(гру́зов)*
Fahren управле́ние *(проце́ссом)* по ра-

зомкнутому контуру; введéние процéсса
Fahren выполнéние прогрáммы, прогóн прогрáммы
Fahrgeld *n* плáта за проéзд; фрахт, плáта за перевóзку грýзов, плáта за провóз
Fahrgelderstattung *f* возвращéние проездных *(в слýчае неиспользования проездного билéта)*
Fahrgeldstundung *f* вы́дача проездных билéтов организáциям с послéдующей их оплáтой
Fahrkostenerstattung *f* возмещéние плáты за проéзд *(рабóчим и слýжащим)*
fahrlässig небрéжный, неосторóжный
Fahrlässigkeit *f* небрéжность, неосторóжность
Fahrnis *f* движимое имýщество, движимость
Fahrnisbesitz *m* владéние дви́жимым имýществом
Fahrniseigentum *n* дви́жимое имýщество, дви́жимость
Fahrnisgemeinschaft *f* óбщность дви́жимого имýщества супрýгов
Fahrniskauf *m* кýпля дви́жимого имýщества
Fahrnisklage *f* иск в отношéнии дви́жимого имýщества
Fahrnispfandrecht *n* залóговое прáво на дви́жимое имýщество
Fahrnisversicherung *f* страховáние дви́жимого имýщества
Fahrpark *m ж.-д.* парк подвижного состáва
Fahrplan *m* грáфик движéния *(напр., поездóв)*, грáфик движéния трáнспорта, расписáние
Fahrpreis *m* плáта за проéзд, стóимость проéзда
Fahrpreisermäßigung *f* льгóтный тари́ф; снижéние стóимости проéзда
Fahrpreiserstattung *f* возвращéние проездных *(в слýчае неиспользования проездного билéта)*
Fahrpreisvergünstigung *f* льгóтный тари́ф; предоставлéние правá на пóльзование льготным тари́фом
Fahrprogramm *n* прогрáмма распределéния материáльных потóков *(сырья́ и материáлов)*; прогрáмма распределéния ресýрсов; логистическая задáча по управлéнию потоками
Fahrt *f* ездá; плáвание; рейс; éздка
Fahrtbegrenzungsklausel *f страх.* оговóрка, территориально ограни́чивающая движéние судóв
Fahrtcomputer *m* бортовóй компью́тер *(систéма информáции для води́теля)*
Fahrtenbuch *n* путевóй дневни́к; путевóй журнáл
Fahrtkosten *pl* трáнспортные издéржки, трáнспортные расхóды
Fahrtlänge *f* дáльность поéздки
Fahrtlängenstatistik *f* группирóвка прóданных проездных билéтов по дáльности расстоя́ния и классности
Fahrtroute *f* маршрýт
Fahrtspesen *pl* трáнспортные издéржки, трáнспортные расхóды
Fahrweise *f* режи́м; режи́м эксплуатáции
Fahrzeug *n* трáнспортное срéдство; *ж.-д.* едини́ца подвижного состáва
Fahrzeugbau *m* трáнспортное машинострoéние
Fahrzeugbetriebspark *m* эксплуатациóнный парк трáнспортных средств
Fahrzeugeinsatzstunde *f стат.* автомоби́ле-час
Fahrzeugstillstandszeit *f* простóй подвижного состáва *(на желéзной дорóге)*
Fahrzeugstunde *f стат.* автомоби́ле-час
Fahrzeugtag *m стат.* автомоби́ле-день
Fahrzeugzulassung *f* техни́ческий пáспорт трáнспортного срéдства, техни́ческий пáспорт срéдства сообщéния
fair average quality *англ.* справедли́вое срéднее кáчество, по срéднему кáчеству *(услóвие постáвки при продáже зернá и нéкоторых други́х товáров)*
fair market value *англ.* справедли́вая ры́ночная стóимость, соразмерная ры́ночная стóимость
FAK, Familien-Ausgleichskasse *f* кáсса вы́платы посóбий многодéтным сéмьям
Faksimile *n* факси́миле
Faksimilestempel *m* штéмпель с факси́миле
Faksimllegerät *n* факси́миле *(установка)*
Fakteninformation *f* факти́ческая информáция, фактографическая информáция
Faktor *m* фáктор, обстоя́тельство; порýчик, фáктор, агéнт, комиссионéр, мáклер; *мат.* фáктор, мнóжитель, сомножитель; коэффициéнт, *см. тж.* **Faktoren** *pl*
außerökonomischer Faktor внеэкономи́ческий фáктор
preisbildender Faktor ценообразующий фáктор
Faktor *m* **der Entwicklung** *f* фáктор разви́тия
Faktorei *f ист.* фактóрия
Faktoreinkommen *n* фáкторный дохóд *(дохóд от испóльзования фáкторов производства - трудá, земли́ и капитáла, получáемый в фóрме зарплáты, арéндной плáты и при́были)*
Faktoren *m pl* фáкторы *(мн.ч.)* , *см.тж.* **Faktor** *m*
gebietsbildende Faktoren *(производственные)* фáкторы, определя́ющие экономи́ческий прóфиль райóна
persönliche Faktoren ли́чные фáкторы; личностные фáкторы
stoffliche Faktoren вещéственные фáкторы; вéщные фáкторы; материáльный фáкторы; сырьевы́е фáкторы
Faktorenanalyse *f стат.* анáлиз дéйствия разли́чных фáкторов, анáлиз фáкторов; *мат.* фáкторный анáлиз, факториáльный анáлиз
Faktorenlohn *m* повременно-премиáльная зáработная плáта
Faktorgeschäft *n* факторинг *(покýпка бáнком трéбования продавцá к покупáтелю для инкассации)*
Faktorindex *m стат.* аналити́ческий индéкс
Faktorkosten *pl* ценá по факторам производства
Faktorlücke *f* фáкторный «разры́в» *(превышéние спрóса на фáкторы произвóдства над их предложéнием) - см.* **Produktionsfaktoren**
Faktorpreis *m* ценá по факторам произвóдства
Faktur *f* счёт-фактýра, фактýра, счёт
spezifizierte Faktur фактýра-спецификáция, специфици́рованный счёт
Faktura *f* счёт-фактýра, фактýра, счёт
spezifizierte Faktura специфици́рованный счёт, фактýра-специфика́ция,
Faktura-Lizenz *f* фактýра-лицéнзия
Fakturagewicht *n* фактурный вес
Fakturenbrief *m* сопроводи́тельное письмó к фактуре
Fakturenbuch *n торг.* фактýрная кни́га, кни́га счетóв-фактýр
Fakturenpreis *m* фактýрная ценá, ценá, укáзанная в счёте-фактуре
Fakturenwert *m* фактýрная стóимость
Fakturierarbeit *f* составлéние счетóв-фактýр
Fakturierautomat *m* фактурный автомáт, автомáт для вы́писки счетóв-фактýр
fakturieren *vt* выпи́сывать счёт-фактуру, выставля́ть счёт-фактуру
Fakturiermaschine *f* фактýрная маши́на
Fakturierung *f* вы́писка счетóв-фактýр, фактури́рование, составлéние фактýр
Fall *m* падéние, снижéние, понижéние *(напр., нóрмы при́были)*, ýбыль
Fall *стат.* слýчай; исхóд *(в теóрии вероя́тностей)*
Fall *(судéбное)* дéло; прецедéнт
Fall eines Handelshauses банкрóтство торгóвого домá
denkbarer Fall мы́слимый исхóд *(в*

теóрии верoя́тностей)
tendenzieller Fall der Profitrate тендéнция нóрмы при́были к понижéнию
günstiger Fall благоприя́тный исхóд

Fallbeispiel *n* конкрéтная задáча из произвóдственной прáктики, предлагáемая для самостоя́тельного решéния на занятиях с цéлью повышéния квалификáции руководя́щих кáдров

Fallen *n* падéние, снижéние, понижéние *(напр., нóрмы при́были)*

fallieren, *vi* прекрати́ть платежи́; стать несостоя́тельным, обанкрóтиться
mit zehntausend Mark fallieren прекрати́ть платежи́ с дефици́том в 10000 мáрок

fällig подлежáщий исполнéнию; подлежáщий уплáте
fällig werden наступи́ть *(о срóке)*
die Zahlung ist fällig срок платежá наступи́л

Fälligkeit *f* срок исполнéния обязáтельства, наступлéние срóка исполнéния обязáтельства, срок уплáты; истечéние срóка *(платежá, уплáты, оплáты)*
Fälligkeit der Steuer срок уплáты налóга
bei Fälligkeit по наступлéнии срóка
vor Fälligkeit до истечéния срóка

Fälligkeitsdatum *n* день исполнéния обязáтельства; день истечéния срóка
Fälligkeitsdatum eines Wechsels срок платежá по вéкселю

Fälligkeitshypothek *f* ипотéка с определённым срóком вы́купа

Fälligkeitskartel *f* платёжный календáрь

Fälligkeitsstellung *f* взыскáние, истрéбование *(напр., креди́та, ссýды)*

Fälligkeitstag *m* срок исполнéния обязáтельства

Fälligkeitstermin *m* срок исполнéния обязáтельства

Fälligstellung *f* взыскáние, истрéбование *(напр., креди́та, ссýды)*
Fälligstellung von Krediten взыскáние ссуд, взыскáние креди́та
vorzeitige Fälligstellung von Krediten досрóчное взыскáние ссуд, досрóчное взыскáние креди́та

Falliment *n уст.* банкрóтство, несостоя́тельность; прекращéние платежéй

Fallissement *n фр. уст.* банкрóтство, несостоя́тельность; прекращéние платежéй

Fallit *m* банкрóт; лицó, объя́вленное несостоя́тельным; лицó, объя́вленное неплатёжеспосóбным

fallit несостоя́тельный, неплатёжеспосóбный
fallit sein быть несостоя́тельным, быть неплатёжеспосóбным, обанкрóтиться

Falliterklärung *f* объявлéние о несостоя́тельности

Fallitmasse *f* имýщество банкрóта, кóнкурсная мáсса

Fallmethode *f* мéтод обучéния руководя́щих кáдров, оснóванный на самостоятельном решéнии конкрéтных задáч из произвóдственной прáктики

Falschbuchung *f* непрáвильная зáпись в кни́гу, оши́бочная зáпись в кни́гу

Falschgeld *n* фальши́вые дéньги, фальши́вые дéнежные знáки

Falschmünzerei *f* поддéлка монéт и дéнежных знáков

Fälschung *f* подлóг, поддéлка, фальсификáция; поддéлка, фальсификат

Falsifikat *n* фальсификат, поддéлка *(дéнег, докумéнтов)*

Falsifikate *n pl* фальши́вые дéньги, фальши́вые дéнежные знáки

falsifizieren *vt* поддéлывать, фальсифици́ровать

Falzmaschine *f канц.* фальцевáльная маши́на

Familie *f* семья́; семéйство
kinderreiche Familie многодéтная семья́

Familienangehörige *m* член семьи́
mithelfender Familienangehörige помогáющий член семьи́
unterhaltsberechtigter Familienangehörige иждивéнец

Familienarbeitskraft *f* рабóтающий член семьи́

Familienausgleichskasse *f* кáсса вы́платы пособий многодéтным сéмьям

Familienbeihilfe *f* посóбие многодéтным сéмьям

Familienbetrieb *m (крестья́нское)* семéйное хозя́йство *(хозя́йство, в котóром рабóтают члéны однóй семьи́ без наёмных рабóтников)*

Familienbudget *n* семéйный бюджéт, бюджéт семьи́

Familienbudgetuntersuchung *f* исслéдование семéйных бюджéтов

Familieneinkommen *n* дохóд семьи́

Familienermäßigung *f* льгóты, предоставля́емые сéмьям, имéющим детéй, при обложéнии подохóдным налóгом

Familiengeld *n* страховóе посóбие, выплáчиваемое семьé пострадáвшего от несчáстного слýчая в течéние всегó периóда пребывáния егó в лечебном учреждéнии

Familiengüterrecht *n* правовы́е нóрмы, регули́рующие имýщественные отношéния члéнов семьи́

Familienhaushalt *m* семéйный бюджéт, бюджéт семьи́

Familienlastenausgleich *m* все ви́ды пóмощи и дотáций сéмьям

Familienlohn *m* зáработная плáта, выплáчиваемая с учётом социáльных фáкторов *(напр., семéйного положéния)*

Familienoberhaupt *n* главá семьи́

Familienrecht *n юр.* семéйное прáво

Familienrechtsverhältnisse *n pl* правовы́е отношéния члéнов семьи́

Familienstand *m* семéйное положéние

Familienstandslohn *m* зáработная плáта, выплáчиваемая с учётом социáльных фáкторов *(напр., семéйного положéния)*

Familiensterbegeld *n* посóбие, выдавáемое óрганом социáльного страховáния на пóхороны умéршего члéна семьи́

Familienunterhalt *m* содержáние семьи́; срéдства на содержáние семьи́; посóбие семьé мобилизованного

Familienunterstützung *f* страховóе посóбие, выплáчиваемое семьé пострадáвшего от несчáстного слýчая в течéние всегó периóда пребывáния егó в лечебном учреждéнии

Familienvorstand *m* главá семьи́

Familienwirtschaft *f (крестья́нское)* семéйное хозя́йство *(хозя́йство, в котóром рабóтают члéны однóй семьи́ без наёмных рабóтников)*

Familienwochenhilfe *f* посóбие, выплáчиваемое óрганом социáльного страховáния берéменным жéнщинам и роженицам, являющимся члéнами семьи́ застрахованного

Familienzulage *f* надбáвка (к зáработной плáте) за многодетность, посóбие на детéй

Familienzuschlag *m* надбáвка *(к зáработной плáте)* за многодетность, посóбие на детéй

FAO, United Nations Food and Agricultural Organization Продовóльственная и сельскохозя́йственная организáция ООН, ФАО

F.A.Q.:
F.A.Q *англ.* **fair average quality** справедли́вое срéднее кáчество, по срéднему кáчеству *(услóвие постáвки при продáже зернá и нéкоторых други́х товáров)*
F.A.Q *англ.* **friquently asked questions** чáсто задавáемые вопрóсы, *ироничн.* ЧаВО
f.a.q., free alongside quai свобóдно вдоль нáбережной, свобóдно вдоль причáла

Farbdynamik *f* создáние цветнóго колори́та для достижéния определённого психологического воздействия

Farbendynamik *f* создание цветного колорита для достижения определённого психологического воздействия

Farm *f* ферма, хутор; ферма *(напр., птицеводческая)*

Farmbetrieb *m* фермерское хозяйство

Farmer *m* фермер

Farmwirtschaft *f* фермерское хозяйство

f.a.s., free alongside ship франко вдоль борта судна, ФАС *(обязанность доставить за свой счёт груз к борту судна)*

Fass *n* бочка; бочонок
  Fass баррель

Fassung *f* вариант, редакция; текст; формулировка

Fassungsvermögen *n* грузовместимость

FAST (eng.); Vorausschau und Bewertung in Wissenschaft und Technologie Прогнозирование и оценка результатов деятельности в сфере науки и техники (ЕС); ФАСТ

Faszikel *m* связка бумаг; дело

FATF Международная группа по борьбе с отмыванием доходов, полученных преступным путем

Faulfracht *f* мёртвый фрахт

Fäulnis *f* тление, порча, гниль; загнивание, разложение
  Fäulnis des Imperialismus загнивание империализма

Faustformel *f* эмпирическая формула; упрощённая формула *(для приближенного расчёта)*

Faustgläubiger *m* залогодержатель

Faustpfand *n* залог движимого имущества, заклад движимого имущества, ручной заклад

Faustpfandkredit *m* кредит под залог движимого имущества

Faustregel *f* эмпирическое правило

Faustwert *m* приближённое значение

Faustzahlen *f pl* ориентировочные цифры

Fautfracht *f* мёртвый фрахт *(начисляется пароходством отправителю за неполное использование оговоренной договором перевозки тоннажа)*

faux frais *фр.* накладные расходы

Favoriten *m pl бирж.* привилегированные ценные бумаги, ценные бумаги, пользующиеся наибольшим спросом

Fazilität *f* специализированное кредитное отделение Международного Валютного Фонда
  Fazilität организация по предоставлению помощи, фонд по предоставлению помощи

Fazit *n* итог, *(общая)* сумма; вывод
  das Fazit ziehen подвести итог

FB, Frachtbrief *ж. д.* накладная; *мор.* коносамент

Fbl., Formblatt формуляр; бланк

FCL, Full Container Load полностью загруженный контейнер

fco, franco франко; свободный от расходов

FCR, Forwarding Agenfs Certificate of Receipt экспедиторское свидетельство о получении груза, экспедиторское свидетельство о принятии груза, экспедиторское свидетельство о получении имущества

F.C.&.S. free of capture and seizure *страх.* свободно от пленения и захвата
  f.c.s.r c.c., free of capture, seizure, riots and civil commotion свободно от всех рисков при насильственной конфискации, восстании, революции

FD:
  F.D., free dock франко-док
  f.d., free delivery бесплатная доставка
  f.d., free discharge бесплатная выгрузка
  f.d., free dispatch бесплатная пересылка

FDC, First Day Cover корреспонденция, почтовые знаки оплаты которой погашаются в первый день франкирования

f.D.G., für Dienstgebrauch для служебного пользования

FDI, direct foreign investment, foreign direct investments (eng.); ausländische Direktinvestitionen прямые иностранные инвестиции, ПИИ

FDIC, Federal Deposit Insurance Corporation Федеральная корпорация страхования банковских вкладов *(США)*

F.D.R., für die Richtigkeit *(с подлинным)* верно

f.d.R.d.A., für die Richtigkeit der Abschrift копия верна

FE, Fetteinheit единица жирности молока

Fe- und NE-Metallurgie *f* чёрная и цветная металлургия

FE-Verfahren *n* акцептная форма расчётов; метод автоматического зачёта банком суммы требования продавца

Fecom, Europäischer Fonds für währungspolitische Zusammenarbeit Европейский фонд валютно-политического сотрудничества

Federwaage *f* пружинные весы

Feduziant *m юр.* доверитель

feed-back *англ.* обратная связь, *(хозяйственная)* реакция, отклик на сигнал
  feed-back geben сотрудничать, взаимодействовать, использовать инициативу

feedback *(англ.,выч.тех)* обратная связь

Fegsel *pl* остатки насыпного груза *(или просыпавшегося сквозь тару товара)*

Fehlanlage *f* ошибочные инвестиции *(основанные на ошибочных расчётах)*

Fehlanpassung *f* рассогласование

Fehlanzeige *f* заявление о недостаче
  Fehlanzeige *вчт.* индикация отсутствия; ошибочная индикация

Fehlarbeit *f* некачественная работа; брак

Fehlbedarf *m* непокрытый спрос

Fehlbedienung *f* неправильное управление, некорректное управление; ошибка управления

Fehlbestand *m* недостаток, недостача, недостающее количество, нехватка

Fehlbetrag *m* денежный дефицит, недочёт; недостающая сумма, неполная сумма, недоплата; манко

Fehlbeurteilung *f* ошибочная оценка

Fehle *f* дефицит, недостаток

Fehleinschätzung *f* ошибочная оценка

fehlen, *vi* недоставать, не хватать

Fehler *m* ошибка, погрешность; неправильность; недостаток, изъян; дефект; порок; повреждение; сбой
  Fehler des Stichprobendurchschnitts *стат.* ошибка выборочной средней
  Fehler erster Art ошибка первого рода
  Fehler zweiter Art ошибка второго рода
  absoluter Fehler абсолютная ошибка, абсолютная погрешность
  akkumulierter Fehler суммарная ошибка
  ausbesserungsfähiger Fehler устранимый дефект
  fingierter Fehler мнимая ошибка
  formaler Fehler формальная ошибка
  fortschreitender Fehler прогрессирующая погрешность
  innerer Fehler внутренний дефект
  kritischer Fehler основной дефект *(при статистическом контроле качества)*
  mittlerer Fehler средняя ошибка
  nebensächlicher Fehler второстепенный дефект *(при статистическом контроле качества)*
  relativer Fehler относительная ошибка
  scheinbarer Fehler ожидаемая ошибка, наиболее доверительная погрешность
  statischer Fehler статическая ошибка
  systematischer Fehler систематическая ошибка
  überkritischer Fehler критический дефект *(при статистическом контроле качества)*
  versteckter Fehler внутренний дефект
  wahrer Fehler истинная ошибка

wahrscheinlicher Fehler веро́ятная оши́бка
zufälliger Fehler случа́йная оши́бка
zulässiger Fehler преде́льная оши́бка, допусти́мая оши́бка

Fehleraufteilung *f* классифика́ция *(произво́дственных)* дефе́ктов *(при статистическом контроле ка́чества)*

Fehlerausgleichung *f* компенса́ция оши́бок, корре́кция оши́бок, корре́кция погре́шностей

Fehlerbehandlung *f* обрабо́тка оши́бок

Fehlererwartung *f* математи́ческое ожида́ние оши́бок, математи́ческое ожида́ние вре́мени появле́ния сбо́ев *(и́ли неиспра́вностей)*; веро́ятность оши́бки

fehlerfrei безукори́зненный, безупре́чный

Fehlerkarte *f* дефе́ктная перфока́рта; *(контро́льная)* ка́рта дефе́ктов

Fehlerkoeffizient *m* коэффицие́нт погре́шностей

Fehlerlokalisierungsprogramm *n* програ́мма локализации оши́бок *(и́ли неиспра́вностей)*

Fehlernte *f* неурожа́й, недоро́д

Fehlertheorie *f стат.* теория оши́бок

Fehlerwahrscheinlichkeit *f* веро́ятность оши́бки

Fehlerzeugnis *n* брако́ванное изде́лие, изде́лие с бра́ком

Fehlfabrikat *n* брако́ванное изде́лие, изде́лие с бра́ком

Fehlfracht *f* мёртвый фрахт

Fehlgeldentschädigung *f* де́нежное вознагражде́ние, выпла́чиваемое кассирам на слу́чай возмо́жного возмеще́ния и́ми недостающих сумм

Fehlgewicht *n* недостаю́щий вес, недове́с; вес, ни́же устано́вленного в догово́ре; у́быль в ве́се; недоста́ча в ве́се

Fehlinformation *f* непра́вильная информа́ция, оши́бочная информа́ция

Fehlinvestition *f* оши́бочные инвести́ции *(осно́ванные на ошибочных расчётах)*

Fehlinvestitionen *f pl* оши́бочные инвести́ции, некорректные инвести́ции, оши́бочные вложе́ния капита́ла

Fehljahr *n* неурожа́йный год

Fehlkalkulation *f* непра́вильная кальку́ляция; просчёт; оши́бка в подсчёте

Fehlkarte *f* ка́рточка-замести́тель *(вло́женная в картоте́ку вме́сто взя́той)*; недостаю́щая ка́рта, недостаю́щая перфока́рта

Fehlkauf *m* неуда́чная поку́пка, убы́точная поку́пка

Fehlleistung *f* брак; нека́чественная рабо́та; плохо́й результа́т; про́мах

Fehlmasse *f* недостаю́щий вес, недове́с; вес, ни́же устано́вленного в догово́ре; у́быль в ве́се; недоста́ча в ве́се

Fehlmenge *f* недоста́ча, дефици́т
Fehlmenge innerhalb der Verpackung внутрита́рная недоста́ча

Fehlmengenkosten *pl* изде́ржки, возника́ющие в результа́те непоступления гру́зов *((напр., на склад)*; изде́ржки, свя́занные с неиспользованием складских площаде́й

Fehlplanung *f* непра́вильное плани́рование, уме́лое плани́рование, оши́бочное плани́рование

Fehlprodukt *n* брако́ванное изде́лие, изде́лие с бра́ком

Fehlschicht *f* сме́на, не отрабо́танная по неуважительным причи́нам

Fehlstück *n* брако́ванное изде́лие, брак

Fehlstunde *f pl* просто́й, вре́мя просто́я

Fehlstunden *f pl* просто́й; часы́ просто́я

Fehlverladung *f* оши́бочная отгру́зка, отгру́зка не по назначе́нию

Fehlzeit *f* просто́й; часы́ просто́я

Feierabendarbeit *f* сверхуро́чная рабо́та

Feierabendheim *n* общежи́тие для престаре́лых, дом для престаре́лых

Feierschicht *f* целосменный просто́й, целодневный просто́й
eine Feierschicht einlegen прекрати́ть рабо́ту *(на одну́ сме́ну)*; вы́нужденно не рабо́тать
eine Feierschicht verfahren прекрати́ть рабо́ту *(на одну́ сме́ну)*; вы́нужденно не рабо́тать

Feiertag *m* пра́здник, пра́здничный день

Feiertagslohn *m* за́работная пла́та, выпла́чиваемая рабо́чим и слу́жащим за рабо́ту в пра́здничные и нерабочие дни

Feiertagszuschlag *m* допла́та за рабо́ту в пра́здничный день

feil продаю́щийся, вы́ставленный на прода́жу

feilbieten *vt* выставля́ть для прода́жи; предлага́ть для прода́жи; продава́ть

feilhalten *vt* выставля́ть для прода́жи; предлага́ть для прода́жи; продава́ть

feiltragen торгова́ть в разно́с, разноси́ть това́ры *(для прода́жи)*

Fein-und Feinstgewichtsstück *n* аналити́ческая ги́ря

Feinablaufplan *m* детализи́рованный гра́фик веде́ния рабо́т *(напр., строи́тельных)*

Feinbilanzierung *f* составле́ние детализи́рованных бала́нсов

Feinfischertrag *m (годово́й)* уло́в це́нных поро́д рыб *(в килограммах с гекта́ра пло́щади водоёма)*

Feingehalt *m* про́ба *(моне́ты)*; чи́стое содержа́ние *(благоро́дного мета́лла в спла́ве)*, корн *(вес чи́стого благоро́дного мета́лла в моне́те)*

Feingewicht *n* чи́стый вес; корн *(вес чи́стого благоро́дного мета́лла в моне́те)*

Feingold *n* чи́стое зо́лото

Feingoldgehalt *m* содержа́ние чи́стого зо́лота

Feinmetall *n* чи́стый мета́лл

Feinnetzplan *m* детализи́рованный сетево́й гра́фик, детализи́рованная сеть

Feinnomenklatur *f* развёрнутая номенклату́ра

Feinplan *m* детализи́рованный план

Feinproportionen *f pl* то́чные пропо́рции

Feld *n* поле́, па́шня
Feld *обр. дан.* поле́, кле́тка, графоклётка; масси́в *(да́нных)*
besetztes Feld зна́чащий элеме́нт *(табли́цы межотраслевого бала́нса)*

Feldbaubrigade *f* полеводческая брига́да

Feldforschung *f* перви́чное *(«полево́е»)* иссле́дование, *(эмпири́ческое)* изуче́ние перви́чных да́нных

Feldgemeinschaft *f ист.* земе́льная общи́на; общинное владе́ние землёй

Feldmark *f* межа́ *(в поле́)*; о́бщая пло́щадь поле́зных сельскохозя́йственных уго́дий

Feldmaß *n* ме́ра пло́щади *(сельскохозя́йственных уго́дий)*

Fensterbriefhülle *f* конве́рт с окошечком

Fensterlochkarte *f* аперту́рная ка́рта

Feriendienst *m* профсою́зные организа́ции, ве́дающие о́тдыхом трудя́щихся

Ferienplatz *m* ме́сто в до́ме о́тдыха, ме́сто в пансионате

Ferienscheck *m* путёвка *(напр., в дом о́тдыха)*

Fernanschluss *m* устро́йство дистанцио́нной свя́зи

Fernarbeiter *m* рабо́чий, прожива́ющий далеко́ от места́ рабо́ты

Fernbedienung *f* дистанцио́нное управле́ние, управле́ние на расстоя́нии; телеуправле́ние; дистанцио́нное обслу́живание

Fernbezug *m* поста́вка *(напр., това́ров)* на да́льнее расстоя́ние

Fernbleiben *n* **von der Arbeit** невы́ход на рабо́ту, нея́вка на рабо́ту

Ferneingabe *f* дистанцио́нный ввод да́нных

Fernfracht *f* фрахт на больши́е расстоя́ния; дальнепробе́жный груз

Fernfrachtverkehr *m* автотра́нспортные перево́зки гру́зов на да́льние расстояния

Ferngeschäft *n* иногородняя сделка; иногородняя торговля

Ferngut *n* груз дальнего следования

Fernhandel *m* иногородняя торговля

Fernmeldegebühren *f pl* плата за пользование средствами связи

Fernmelderecht *n* правовые нормы, регламентирующие работу органов связи

Fernmeldesatellit *m* спутник связи

Fernmeldewesen *n* связь *(телефон, телеграф, телефакс и др.)*

Fernmesseinrichtung *f* телеметрическое устройство

Fernrechnen *n* дистанционная обработка данных, телеобработка данных

Fernscheck *m* иногородний чек

Fernschreiben *n*, **FS** телекс *(документ)*
mit Fernschreiben телексом

Fernschreiber *m* телетайп

fernschriftlich по телексу
eine fernschriftliche Mitteilung сообщение по телексу

Fernsehakademie *f* телевизионный университет

Fernsehen *n*, **industrielles** промышленное телевидение *(для наблюдения и контроля за производственными процессами)*

Fernsehwerbung *f* телевизионная реклама

Fernsprechamtstafel *f* ведомственная таблица для телефонных переговоров

Fernsprechdichte *f* показатель телефонизации населения *(число телефонных точек на 100 жителей)*

Fernsprechkundendienst *m* обслуживание абонентов телефонной сети

Fernsprechnetz *n* телефонная сеть

Fernsprechteilnehmer *m* абонент телефонной сети

Fernsprechverbindung *f* телефонное сообщение

Fernsprechverkehr *m* телефонная связь
innerbetrieblicher Fernsprechverkehr внутризаводская телефонная связь

Fernsteuerung *f* дистанционное управление, управление на расстоянии, телеуправление

Fernstudium *n* заочное обучение

Ferntransport *m* дальнепробежный транспорт, транспорт для перевозок на дальние расстояния, дальний транспорт; перевозка на дальнее расстояние

Fernübertragung *f* дистанционная передача данных, телепередача данных

Fernverarbeitung *f* дистанционная обработка данных, телеобработка данных

Fernverkehr *m* дальнее автомобильное сообщение, дальнее железнодорожное сообщение; дальние перевозки пассажиров, дальние перевозки грузов; перевозка грузов автотранспортом;
Fernverkehr дальняя *(телефонная)* связь
Fernverkehr иногородние расчёты *(в банковском деле)*

Fernverkehrsstraße *f* автомагистраль

Fernversand *m* отправка на дальнее расстояние

fertigen *vt* изготовлять

Fertigerzeugnis *n* готовое изделие

Fertigerzeugniskonto *n* счёт готовых изделий

Fertigerzeugnisse *n pl* готовая продукция

Fertigfabrikat *n* готовое изделие

Fertiggewicht *n* вес готового изделия, масса готового изделия; вес готовой детали, масса готовой детали

Fertigkeiten *f pl* (трудовые) навыки

Fertiglager *n* склад готовой продукции

Fertigmasse *f* масса готового изделия, вес готового изделия; масса готовой детали, вес готовой детали

Fertigprodukt *n* готовое изделие; готовый продукт

Fertigstellung *f* (окончательное) изготовление; окончание производства

Fertigstellungsgrad *m* степень *(технической)* готовности изделия, степень *(технической)* готовности узла, степень *(технической)* готовности детали, стадия *(технической)* готовности изделия, стадия готовности узла, стадия готовности

Fertigstellungsstufe *f* стадия готовности; степень *(технической)* готовности изделия, степень *(технической)* готовности узла, степень *(технической)* готовности детали

Fertigstellungstermin *m* срок (окончательного) изготовления

Fertigteil *n* готовая деталь; готовая конструкция; готовый блок; сборный элемент

Fertigung *f* производство, изготовление; технология
automatische Fertigung автоматизированное производство
betriebseigene Fertigung изготовление деталей и узлов на собственном предприятии
erzeugnisspezialisierte Fertigung специализированное по видам выпускаемой продукции производство
fließende Fertigung поточное производство
fremde Fertigung изготовление деталей и узлов на смежном предприятии
handwerkliche Fertigung ремесленное производство
serienmäßige Fertigung серийное производство
verfahrensspezialisierte Fertigung специализированное по видам используемой технологии производство
zentrale Fertigung централизованное производство комплектующих деталей и узлов

Fertigungsablauf *m* производственный процесс; ход изготовления, ход производства, процесс изготовления, процесс производства; технологический процесс, технология производства
gleichmäßiger Fertigungsablauf ритмичный технологический процесс; ритмичность производства

Fertigungsabschnitt *m* производственный участок
erzeugnisspezialisierter Fertigungsabschnitt предметно-замкнутый производственный участок

Fertigungsabteilung *f* цех

Fertigungsart *f* тип производства, вид производства; тип технологического процесса, вид технологического процесса

Fertigungsaufgabe *f* производственное задание

Fertigungsauftrag *m* заказ-наряд на изготовление; производственное задание

Fertigungsbedingungen *f pl* условия производства

Fertigungsbereich *m* объединение нескольких производственных участков *(в целях облегчения управления производством)*

Fertigungsdatensammlung *f* сбор производственной информации

Fertigungsdisziplin *f* дисциплина производства; дисциплина технологического процесса

Fertigungseingabe *f* запуск в производство

Fertigungseinheit *f* единица продукции; нормализованная деталь, стандартизованная деталь, нормализованный узел

Fertigungseinzelkosten *pl* прямые издержки производства *(на единицу продукции)*

Fertigungsendstelle *f* завершающий участок производства

Fertigungsfluss *m* технологический поток

Fertigungsgang *m* рабочая операция, технологическая операция; рабочий ход; рабочий такт; период работы; рабочий процесс, ход работы; процесс работы

Fertigungsgemeinkosten *pl* накладные расхо́ды; о́бщие произво́дственные расхо́ды, накладны́е произво́дственные расхо́ды

Fertigungsgrad *m* ста́дия гото́вности; сте́пень *(техни́ческой)* гото́вности изде́лия, сте́пень *(техни́ческой)* гото́вности узла, сте́пень *(техни́ческой)* гото́вности дета́ли

Fertigungsgrundlohn *m* основна́я за́работная пла́та

Fertigungshauptkostenstelle *f* основно́й цех; основно́й произво́дственный уча́сток

Fertigungshauptstelle *f* основно́й цех; основно́й произво́дственный уча́сток

Fertigungshilfskostenstelle *f* вспомога́тельный цех; вспомога́тельное произво́дство

Fertigungshilfsstelle *f* вспомога́тельный цех; вспомога́тельное произво́дство

Fertigungskapazität *f* произво́дственная мо́щность

Fertigungskapazität произво́дственные мо́щности

Fertigungskette *f* пото́чная ли́ния

Fertigungskomplex *m* произво́дственный ко́мплекс

Fertigungskontrolle *f* межоперационный произво́дственный контро́ль

Fertigungskosten *pl* произво́дственные расхо́ды, произво́дственные изде́ржки, изде́ржки произво́дства

Fertigungskostenstelle *f* локализа́ция изде́ржек на произво́дстве, ме́сто возникнове́ния затра́т

Fertigungskostenstelle произво́дственный уча́сток

Fertigungslenkung *f* управле́ние произво́дством, управле́ние проце́ссом произво́дства

Fertigungslinie *f* пото́чная ли́ния

Fertigungslizenz *f* лице́нзия на изготовле́ние

Fertigungslohn *m* за́работная пла́та за *(основну́ю)* произво́дственную рабо́ту

Fertigungslohnzettel *m* ве́домость за́работной пла́ты за *(основну́ю)* произво́дственную рабо́ту, расчётный лист за́работной пла́ты за *(основну́ю)* произво́дственную рабо́ту

Fertigungslos *n* па́ртия *(дета́лей)*, се́рия *(изде́лий)*

Fertigungsmaße *n pl* произво́дственные разме́ры

Fertigungsmaterial *n* основно́й и вспомога́тельный материа́л для изготовле́ния изде́лий; сырьё и материа́лы, сто́имость кото́рых образу́ет прямы́е изде́ржки, *ср.* **Gemeinkostenmaterial** (**Fertigungsmaterial**); вспомога́тельные заводски́е материа́лы, отражаемые в графе́ накладны́х расхо́дов

Fertigungsmittel *n* технологи́ческое оснаще́ние, технологи́ческая осна́стка

Fertigungsmittelwirtschaft *f* инструментально-лекальное хозя́йство

Fertigungsmöglichkeiten *f pl* произво́дственные возмо́жности

Fertigungsmuster *n* головно́й образе́ц, этало́н; о́пытный образе́ц

Fertigungsnebenstelle *f* вспомога́тельный цех

Fertigungsnest *n* предметно-за́мкнутый уча́сток; ко́мплексное расположе́ние маши́н для заверше́ния технологи́ческой опера́ции

Fertigungsplan *m* технологи́ческий маршру́т

Fertigungsplanung *f* плани́рование произво́дства; разрабо́тка технологи́ческого проце́сса

Fertigungsprinzip *n* при́нцип организа́ции произво́дства

Fertigungsprogramm *n* произво́дственная програ́мма

Fertigungsprozess *m* произво́дственный проце́сс; ход изготовле́ния, ход произво́дства, проце́сс изготовле́ния, проце́сс произво́дства; технологи́ческий проце́сс, техноло́гия произво́дства

Fertigungsqualität *f* ка́чество изготовле́ния

Fertigungsreife *f* ста́дия технологи́ческой гото́вности *(проду́кции, изде́лия)* к за́пуску в произво́дство

Fertigungsrhythmus *m* ритм технологи́ческого проце́сса, такт технологи́ческого проце́сса; произво́дственный цикл

Fertigungsschema *n* технологи́ческая схе́ма произво́дства

Fertigungssonderkosten *pl* осо́бые изде́ржки произво́дства

Fertigungsstelle *f* произво́дственный уча́сток

Fertigungsstraße *f* пото́чная ли́ния; конве́йер

Fertigungsstrecke *f*, **automatische** автоматизи́рованный уча́сток пото́чной ли́нии

Fertigungsstufe *f* ста́дия произво́дства

Fertigungssystem *n* систе́ма произво́дства

Fertigungstechnik *f* техноло́гия произво́дства

fertigungstechnisch технологи́ческий

Fertigungstechnologie *f* техноло́гия произво́дства

Fertigungsteil *n* дета́ль

Fertigungstoleranz *f* произво́дственный до́пуск

Fertigungsunterlagen *pl* технологи́ческая документа́ция

Fertigungsverfahren *n* техноло́гия произво́дства; спо́соб изготовле́ния

Fertigungsverlauf *m* проце́сс произво́дства, ход произво́дства; чередова́ние рабо́чих опера́ций

Fertigungsvorgang *m* произво́дственный проце́сс

beherrschter Fertigungsvorgang контроли́руемый произво́дственный проце́сс

nicht beherrschter Fertigungsvorgang неконтроли́руемый произво́дственный проце́сс

Fertigungsvorlauf *m* произво́дственный заде́л

Fertigungszuschläge *m pl* часть расхо́дов, учитываемая в прямы́х издержках

Fertigware *f* гото́вое изде́лие, гото́вая проду́кция

Fertigwaren *f pl* гото́вая проду́кция

Fertigwarenbuchhaltung *f* бухгалте́рия по учёту гото́вых изде́лий

Fertigwarenindustrie *f* о́трасль промы́шленности по вы́пуску гото́вой проду́кции *(напр., автомобилестрое́ние)*; промы́шленность по вы́пуску гото́вой проду́кции

Fertigwarenpreis *m* цена́ гото́вого изде́лия, цена́ гото́вых изде́лий, цена́ гото́вого това́ра

fest твёрдый, усто́йчивый *(напр., о цене́)*

Festangebot *n* твёрдое предложе́ние, твёрдая оферта

fest angestellt шта́тный *(о работниках)*

nicht fest angestellt внешта́тный *(о работниках)*

Festanlage *f* сро́чный вклад

Festbeträge *pl* фиксированные платежи́, рентные платежи́

Festgeld *n* сро́чный вклад *(в ба́нке, в сберка́ссе)*

Festgeschäft *n* твёрдая сде́лка, сро́чная сде́лка

Festhypothek *f* ипоте́ка с жёстко фикси́рованным сро́ком вы́купа, ипоте́ка с твёрдым сро́ком вы́купа

Festigkeit *f* стаби́льность, усто́йчивость *(напр., цен)*

Festigung *f* **der Preise** стабилиза́ция цен

Festigungstendenz *f* тенде́нция к стабилиза́ции

Festkomma *n вчт.* фикси́рованная запята́я, фикси́рованная то́чка *(при представле́нии чи́сел)*

Festkommabetrieb *m вчт.* режи́м рабóты с фиксированной запятóй

Festkommamultiplikation *f вчт.* умножéние *(чисел)* с фиксированной запятóй

Festkommarechnung *f вчт.* вычислéния с фиксированной запятóй

Festkonto *n* блокирóванный счёт *(в ФРГ)*

Festkosten *pl* постоя́нные издéржки

Festkostenanteil *m* дóля постоя́нных издéржек, удéльный вес постоя́нных издéржек

Festlegen *n* установлéние; заморáживание *(напр., кредита)*

Festlegung *f* установлéние *(напр., фрахтовой стáвки)*
Festlegung вложéние *(капитáла)*
Festlegung закреплéние
Festlegung einer Akzise обложéние акцизом
Festlegung eines Limits лимитирование, установлéние лимита
Festlegung verschärfter Zahlungsbedingungen перевóд на осóбую фóрму расчётов

Festlegungen *f, pl*, **übertarifliche** сверхтарифные стáвки *(на предприя́тии)*

festliegen быть замороженным *(напр., о кредите)*

Festlohn *m* твёрдая зáработная плáта

festmachen *vt* договáриваться; приходить к соглашéнию; заключáть *(сдéлку)*

Festpreis *m* твёрдая ценá

Festpreiskatalog *m* прейскурáнт *(единых)* твёрдых цен

Festpreissystem *n* систéма твёрдых цен

Festprogramm *n* постоя́нная прогрáмма, фиксирóванная прогрáмма, жёсткая прогрáмма

Festsatzkredit *m* кредит с твёрдой процентной ставкой

Festsetzung *f* установлéние *(напр., цены)*
Festsetzung der Löhne установлéние тарифных стáвок; установлéние размéров зáработной плáты
Festsetzung von Kontingenten контингентирование, установлéние контингентов
Festsetzung von Quoten квотирование, установлéние квот

Festspeicher *m выч.* постоя́нная *(долговрéменная)* пáмять, постоя́нное *(долговрéменное)* ЗУ

Feststellung *f* установлéние, констатáция; определéние
Feststellung der Verpackungsmasse тарирование

Feststellungsbescheid *m* уведомлéние финáнсового оргáна об установлении объéкта для налогообложéния; уведомлéние финáнсового оргáна об установлении масштáба исчислéния налóга

festverrechnet твёрдорасчётный

festverzinslich с жёстко фиксирóванным процéнтом, с твёрдым процéнтом
festverzinslich приносящий постоя́нный процéнт, приносящий твёрдый процéнт *(напр., о государственных цéнных бумáгах)*

Festwährung *f* твёрдая валюта

Festwert *m* постоя́нная величинá; постоя́нное значéние

Festzinskredit *m* кредит с твёрдой процентной ставкой

Fetischcharakter *m* фетишизм
Fetischcharakter der Ware товáрный фетишизм
Fetischcharakter des Geldes дéнежный фетишизм
Fetischcharakter des Kapitals фетишизм капитáла

Fetischgestalt *f* фетишистская фóрма *(напр., капитáла)*

Fetischisierung *f* фетишизация

Fetischkult *m* фетишизм

Fetteinheit *f* единица жирности молокá, показáтель жирности молокá

fetter Happen *m* **(ein großer Gewinn)** жирный кусóк (крупный выигрыш)
fetter Happen *m* **(ein einträgliches Geschäft)** жирный кусóк (выгодная сдéлка)

Feuchtigkeitsgehalt *m* содержáние влáги, влáжность

Feudalherrschaft *f ист.* феодализм

Feudalisierung *f* феодализáция

Feudalismus *m ист.* феодализм

Feudallast *f* феодáльная повинность

Feudalordnung *f* феодáльный строй, феодáльный уклáд

Feudalrente *f* феодáльная рéнта

Feudalstaat *m* феодáльное госудáрство

Feudalverfassung *f* феодáльный уклáд

Feudum *n ист.* лен, ленное помéстье, феóд

Feuerassekuranz *f* страховáние от огня́

Feuerbetriebsunterbrechungsversicherung *f* страховáние от убытков из-за приостановки производственного процéсса вслéдствие пожáра

feuergefährlich легковоспламеня́ющийся; самовозгораемый *(о грузах)*; огнеопáсный

Feuerkasse *f* страховáя кáсса, производящая страховáние от огня́; бюрó по страховáнию от огня́; фонд страховáния от огня́

Feuerpflichtversicherung *f* обязáтельное страховáние здáний и произвóдственных сооружéний от огня́ и других стихийных бéдствий

Feuerpolice *f* страховóй пóлис *(при страховáнии от огня́)*, пóлис страховáния от огня́ и других стихийных бéдствий

Feuerschutzanlage *f* противопожáрная установка

Feuerversicherung *f* страховáние от огня́

Feuerversicherungsprämie *f* страховáя прéмия, вносимая страхующимися от огня́, страховáя прéмия, вносимая застрахованными от огня́

Feuerwehrkosten *pl* расхóды на противопожарные мероприя́тия, расхóды предприя́тия на организáцию противопожарных мероприя́тий, издéржки предприя́тия на организáцию противопожарных мероприя́тий

Feuerwerkskörper *m* пиротехническое срéдство

FF, Fremdfertigung инострáнного произвóдства *(о товáре)*

FG:
FG, Finanzgericht налогово-финáнсовый суд *(ФРГ)*
Fg., Feingold чистое зóлото

F.g.a., free general average *страх.* свобóдно от óбщей авáрии

FGeh, Fernsprechgebühren плáта за пóльзование телефóном

Fgut, Frachtgut груз мáлой скóрости

FI:
FI: налогово-финáнсовое управлéние; финáнсовое вéдомство
FI, Finnland Финля́ндия
f.i., free in погрузка оплáчивается фрахтователем

f.i.a., füll interest admitted все услóвия для обеспéчения заинтересóванности соблюдены

fiat money *англ.* неразменные бумáжные дéньги

FIATA, Federation Internationale des Associations de Transitaires et Assimiles Междунарóдная федерáция транспортно-экспедиторских ассоциáций

Fibor, Frankfurt Offered Rate межбанковская стáвка на оснóве операций во Франкфурте-на-Майне

f.i.c., freight, insurance, carriage ценá, включáющая фрахт, страховáние и стóимость перевóзки *(услóвие постáвки в договóре купли-продáжи)*

fiduciary issue *англ.* фидуциарная эмиссия

Fiduziant *m юр.* доверитель

Fiduziar *m юр.* довéренный, довéренное лицó; лицó, котóрому передаётся прáво сóбственности на имущество *(в* *обеспе́чение до́лга)*

Fiduziargesellschaft *f юр.* фидуциарное о́бщество

fiduziarisch *юр.* фидуциарный; дове́рительный

fieldwork *англ. стат.* (анке́тный) опро́с на места́х

fieren *vt* опуска́ть груз, по́днятый кра́ном; *мор.* спуска́ть; отдава́ть, трави́ть *(тро́сы, я́корь)*

Figurendiagramm *n стат.* фигу́рная диагра́мма

fiktiv усло́вный *(о показателе)*

fiktiv фикти́вный, мни́мый *((напр., о сде́лке)*; вы́мышленный; усло́вный *((напр., о показателе)*

File *англ.* масси́в да́нных; файл

Filialbetrieb *m (торго́вое)* многофилиальное предприя́тие

Filiale *f* филиа́л *(торго́вого предприя́тия, ба́нка)*, отделе́ние

Filiale am gleichen Platz ме́стный филиа́л

Filialgeschäft *n* филиа́л предприя́тия, филиальное отделе́ние предприя́тия

Filialgruppe *f* гру́ппа торго́вых филиалов одина́ковой специализа́ции

Filialgruppenleiter *m* руководи́тель гру́ппы торго́вых филиалов одина́ковой специализа́ции

Filialnetz *n* сеть филиалов *((напр., ба́нков)*

Filialsystem *n* филиальная систе́ма предприя́тия *(напр., в ба́нковском де́ле, торго́вле)*; *соц.* филиальная систе́ма объедине́ния торго́вых то́чек с одина́ковым ассортиме́нтом

Filialunternehmen *n* филиальное предприя́тие, многофилиальное предприя́тие

Filialunternehmung *f* филиальное предприя́тие, многофилиальное предприя́тие

Filmausgabegerät *n* устро́йство вы́вода да́нных на плёнку

Filmspeicher *m* па́мять на то́нких плёнках, ЗУ на то́нких плёнках

Filmspeicher фотооптическая па́мять, фотооптическое ЗУ; па́мять на микрофильмах

FIM, Finnmark, -- Finnland Фи́нская ма́рка (*код валю́ты* 246), *в н.в. замене́на на* Евро **EURO**, -- Финля́ндия

Final-Faktura *f* оконча́тельный счёт

Finalabschluss *m* оконча́тельный расчёт

Finalerzeugnis *n* коне́чный проду́кт

Finalnachfrage *f* коне́чный спрос

Finalprodukt *n* коне́чный продует

Finalproduktion *f* коне́чная проду́кция, гото́вая проду́кция

Finalproduzent *m* коне́чный производи́тель

financial interrelations ratio *англ.* фина́нсовый коэффицие́нт *(выража́ет соотноше́ние ме́жду совоку́пной сто́имостью фина́нсовых акти́вов и реа́льным бога́тством страны́)*

Finanz *f* фина́нсовое де́ло, фина́нсы; фина́нсовый мир, банки́ры

Finanz- und Kreditsystem *n* финансово-креди́тная систе́ма

Finanz- und Wirtschaftssystem *n* финансово-экономи́ческая систе́ма

Finanz-Ergebniskonto *n* счёт фина́нсовых результа́тов; финансово-результати́вный счёт

Finanzabgaben *f pl* нало́ги; сбо́ры; по́шлины; взно́сы

Finanzabkommen *n* фина́нсовое соглаше́ние

Finanzabrechnungen *f pl* фина́нсовые расчёты *(результа́тов де́ятельности)*

Finanzabteilung *f* фина́нсовый отде́л, финотдел

Finanzaktiva *pl* фина́нсовые акти́вы, фина́нсовая нали́чность

Finanzakzept *n* фина́нсовый акце́пт, акцепто́ванный фина́нсовый ве́ксель

Finanzamt *n* фина́нсовое учрежде́ние; фина́нсовое управле́ние, налогово-фина́нсовое управле́ние; фина́нсовое ве́домство; фина́нсовый отде́л, финотдел

Finanzanalyse *f* фина́нсовый ана́лиз, ана́лиз фина́нсового положе́ния *(как ме́тод фина́нсового контро́ля)*

Finanzanlagevermögen *n* основно́й капита́л *(в де́нежной фо́рме)*

Finanzapparat *m* фина́нсовый аппара́т

Finanzaristokratie *f* фина́нсовая аристокра́тия *(гру́ппа веду́щих финансистов страны́)*, фина́нсовая олига́рхия

Finanzaufkommen *n pl* фина́нсовые поступле́ния *(в госуда́рственный бюдже́т)*

Finanzausgleich *m* фина́нсовое баланси́рование, сведе́ние фина́нсовых расчётов; бюдже́тное регули́рование; распределе́ние дохо́дов госуда́рственного бюдже́та; фина́нсовое соглаше́ние о распределе́нии дохо́дов

horizontaler Finanzausgleich распределе́ние дохо́дов госуда́рственного бюдже́та по горизонта́ли *(ме́жду о́рганами одного́ у́ровня, напр. ме́жду землями)*

vertikaler Finanzausgleich распределе́ние дохо́дов госуда́рственного бюдже́та по вертика́ли *(ме́жду вышестоя́щими и нижестоящими о́рганами, напр. ме́жду землями и общи́нами)*

Finanzautonomie *f* фина́нсовая автоно́мия

Finanzbedarf *m* потре́бность в фина́нсовых сре́дствах, потре́бности в финансах

Finanzbehörden *f pl* фина́нсовые о́рганы

Finanzbericht *m* фина́нсовый отчёт *(напр., Федера́льного министе́рства фина́нсов)*

Finanzberichterstattung *f* фина́нсовый отчёт

Finanzbeteiligung *f* фина́нсовое уча́стие *(в предприя́тии)*, финанси́рование

Finanzbeziehungen *f pl* фина́нсовые взаимоотноше́ния

Finanzbilanz *f* фина́нсовый бала́нс, бала́нс фина́нсовых ресу́рсов

Finanzbuchführung *f* фина́нсовое счетово́дство; веде́ние фина́нсовой документа́ции

Finanzbuchhaltung *f* бухга́лтерский учёт *(включа́ющий «вне́шние» свя́зи предприя́тия - с кредито́рами, должника́ми, инвесторами - ср.* **Betriebsbuchhaltung**)

Finanzdecke *f* фина́нсовое покры́тие *(необходи́мых платеже́й)*; фина́нсовое обеспе́чение

Finanzdefizit *n* фина́нсовый дефици́т

Finanzdelikt *n* фина́нсовое правонаруше́ние

Finanzdisziplin *f* фина́нсовая дисципли́на

Finanzeinnahmen *f pl* фина́нсовые поступле́ния *(в госуда́рственный бюдже́т)*; фиска́льный дохо́д

Finanzen *f pl* фина́нсы, фина́нсовые сре́дства, де́нежные сре́дства; (госуда́рственный) бюдже́т, госуда́рственные дохо́ды; *соц.* систе́ма де́нежных отноше́ний; де́нежные фо́нды

Finanzen der Wirtschaftszweige фина́нсы о́трасли промы́шленности, отраслевые фина́нсы

staatliche Finanzen общегосударственные фина́нсы

die Finanzen sanieren оздоровить фина́нсы, сани́ровать фина́нсы

Finanzer *m австр.* тамо́женник, тамо́женный досмо́трщик

Finanzfachmann *m* финанси́ст, фина́нсовый рабо́тник

Finanzgebaren *n* фина́нсовая де́ятельность, хара́ктер фина́нсовой де́ятельности

Finanzgebarung *f* фина́нсовая де́ятельность, веде́ние фина́нсовых дел

Finanzgericht *n* налогово-фина́нсовый суд *(регулирует нало́говые спо́ры)*

Finanzgeschäft *n* фина́нсовая сде́лка, фина́нсовая опера́ция

Finanzgesetzgebung *f* финáнсовое законодáтельство

Finanzgruppe *f* финáнсовая грýппа; финансово-монополистическая грýппа

Finanzherr *m* финáнсовый магнáт, финанси́ст

Finanzhilfe *f* финáнсовая пóмощь, субси́дии (мн.ч.)

staatliche Finanzhilfe госудáрственные субси́дии (мн.ч.)

mit Finanzhilfe rechnen рассчи́тывать на финáнсовую пóмощь

Finanzhilfe gewähren предоставля́ть субси́дии, субсиди́ровать

Finanzhoheit *f* финáнсовый суверенитéт

finanziell финáнсовый; дéнежный

finanzielle Hilfe *f* финáнсовая пóмощь; пóмощь деньгáми

finanzielle Intermediäre финáнсовые посрéдники (мн.ч.)

finanzielle Uterstützung финáнсовая поддéржка; поддéржка деньгáми; поддéржка финáнсами

aus finanziellen Gründen по финáнсовым моти́вам; из финáнсовых соображéний

in finanzieller Hinsicht в дéнежном выражéнии; в финáнсовом выражéнии

Finanzier *m* финанси́ст, банки́р, осуществля́ющий финанси́рование

finanzieren *vt* финанси́ровать

ein Projekt finanzieren финанси́ровать прoéкт; вклáдывать дéньги в прoéкт; инвести́ровать в прoéкт

Finanzierung *f* 1. финанси́рование; инвести́рование; вложéние дéнег 2. кредитовáние

Finanzierung aus dem Haushalt бюджéтное финанси́рование

Finanzierung des Wohnungsbau финанси́рование жили́щного строи́тельства

Finanzierung durch eine Bank бáнковское финанси́рование

Finanzierung durch Erlass der Gewinnabführung an den Staat финанси́рование *(напр., капиталовложéний)* за счёт средств, поступающих от уменьшéния отчислéний от прибыли в госбюджéт

Finanzierung ohne Rückerstattung безвозврáтное финанси́рование, безвозмéздное финанси́рование

Finanzierung ohne Rückzahlungspflicht безвозврáтное финанси́рование, безвозмéздное финанси́рование; финанси́рование на безвозмéздной оснóве; финанси́рование на безвозврáтной оснóве

Finanzierung über Kredite креди́тное финанси́рование; финанси́рование путём предоставлéния креди́та(ов)

Finanzierung über Leasing финанси́рование чéрез ли́зинг; ли́зинговое финанси́рование

Finanzierung über die Preise финанси́рование чéрез механи́зм цен

auf dem Wege der Finanzierung в порядке финанси́рования

auftragsgebundene Finanzierung позаказное финанси́рование

kurzfristige Finanzierung 1. краткосрóчное финанси́рование 2. краткосрóчное кредитовáние; предоставлéние корóтких креди́тов

langfristige Finanzierung 1. долгосрóчное финанси́рование 2. долгосрóчное кредитовáние; предоставлéние дли́нных креди́тов

offene Finanzierung откры́тое финанси́рование

stille Finanzierung скры́тое финанси́рование

zyklische Finanzierung цикли́ческое финанси́рование

Finanzierungsart *f* вид финанси́рования, вид кредитования, спóсоб финанси́рования, спóсоб кредитования

Finanzierungsbank *f* финансирующая компáния *(напр., акционéрное óбщество, испóльзующее срéдства, полýченные от вы́пуска áкций и облигáций, для финанси́рования други́х фирм)*

Finanzierungsbank деловóй банк *(во Фрáнции)*

Finanzierungsbedarf *m* потрéбности в финансировании; потрéбности в срéдствах финанси́рования

Finanzierungsbedürfnis *n* потрéбности в финансировании; потрéбности в срéдствах финанси́рования

Finanzierungsbestimmung *f* инструкция о порядке финанси́рования

Finanzierungsbestimmungen *f, pl* прáвила финанси́рования, положéния о порядке финанси́рования

Finanzierungsbilanz *f* балáнс финанси́рования; финáнсовая смéта *(балáнс)*; балáнс ликвидных средств

Finanzierungsfonds *m, pl* фóнды финанси́рования (мн.ч.)

operative Finanzierungsfonds фóнды операти́вного финанси́рования (мн.ч.)

Finanzierungsform *f* фóрма финанси́рования

Finanzierungsgeschäft *n* финáнсовая сдéлка, финáнсовая операция, операция по финансированию; операция по кредитованию; инвестиционная сдéлка

Finanzierungsgesellschaft *f* финансирующая компáния *(напр., акционéрное óбщество, испóльзующее срéдства, полýченные от вы́пуска áкций и облигáций, для финанси́рования други́х фирм)*, финанси́рующее óбщество

Finanzierungsgrundsatz *m* при́нцип финанси́рования

Finanzierungsinstitut *n* финáнсовое учреждéние, креди́тное учреждéние *(напр., банк)*

Finanzierungskennzahl *f* показáтель финáнсового положéния

Finanzierungsleasing *n (финáнсовый)* ли́зинг *(арéнда произвóдственного оборýдования и́ли трáнспортных средств, осуществля́емая при посрéдничестве специализированной компáнии; послéдняя обы́чно приобретáет оборýдование в креди́т)*

Finanzierungslimit *n* 1. лими́т финанси́рования 2. лими́т кредитования; креди́тный лими́т

Finanzierungsmarkt *m* 1. дéнежный ры́нок; финáнсовый ры́нок 2. ры́нок ликвидных средств 3. инвестициóнный ры́нок 4. креди́тный ры́нок; ры́нок креди́тов

Finanzierungsmethoden *f, pl* мéтоды финанси́рования (мн.ч.)

Finanzierungsmöglichkeit *f* возмóжность финанси́рования

Finanzierungsnachteil *m* недостáтки финанси́рования (мн.ч.)

Finanzierungsorgan *n* финáнсовый óрган

Finanzierungsplanung *f* планирóвание финанси́рования

Finanzierungsprogramm *n* прогрáмма финанси́рования

Finanzierungsquelle *f* истóчник финанси́рования

zweckgebundene Finanzierungsquelle истóчник целевóго финанси́рования

Finanzierungsrechnung *f* финáнсовый расчёт *(включáет бюджéтные и креди́тные отношéния мéжду финáнсовым и нефинансовым секторами нарóдного хозя́йства)*

Finanzierungsreserve *f* финáнсовые резéрвы (мн.ч.)

Finanzierungsrisiko *n* финáнсовый риск; креди́тный риск; риск невозврата влóженных средств; риск невозврата креди́та

Finanzierungsschwierigkeiten *f, pl* трýдности финанси́рования, затруднéния в óбласти финанси́рования; трýдности в привлечении инвести́ций

Finanzierungsspielraum *m* возмóжности финанси́рования

Finanzinspektion. *f* финáнсовая инспéкция, финáнсовый надзóр

Finanzjahr *n* фина́нсовый год
Finanzkapital *n* фина́нсовый капита́л; *редк.* ба́нковский капита́л
Finanzkasse *f* налогово-фина́нсовая ка́сса *(ФРГ)*
Finanzkategorien *f, pl* стоимостные катего́рии *(напр., цена́, при́быль, себесто́имость)*, фина́нсовые катего́рии
Finanzkennziffer *f стат.* сто́имостный показа́тель
Finanzkontrollbericht *m* сво́дный фина́нсовый отчёт
Finanzkontrolle *f* фина́нсовый контро́ль
Finanzkraft *f* фина́нсовые возмо́жности (мн.ч.); фина́нсовая си́ла
finanzkräftig финансово усто́йчивый; состоя́тельный; материа́льно обеспе́ченный
finanzkräftiges Unternehmen финансово усто́йчивое предприя́тие
sich einen finanzkräftiges Partner suchen иска́ть обеспеченного партнёра; иска́ть партнёра со сре́дствами; иска́ть состоя́тельного партнёра
Finanzkrise *f* фина́нсовый кри́зис
in einer Finanzkrise stecken попа́сть в фина́нсовый кри́зис; очути́ться в фина́нсовом кризисе; пережива́ть фина́нсовый кри́зис
Finanzkrise verursachen вызыва́ть фина́нсовый кри́зис; явля́ться причи́ной фина́нсового кри́зиса
Finanzlage *f* фина́нсовое положе́ние; фина́нсовое состо́яние *(напр., предприя́тия)*
Finanzlage eines Unternehmens фина́нсовое положе́ние предприя́тия
sich in einer schwierigen Finanzlage befinden находи́ться в сло́жном фина́нсовом положе́нии
Finanzmagnat *m* фина́нсовый магна́т
Finanzmakler *m* фина́нсовый ма́клер
Finanzmanipulationen *f, pl* фина́нсовые махина́ции
Finanzmann *m* фина́нсовый магна́т, финанси́ст, представи́тель фина́нсовых круго́в; инве́стор; спо́нсор
Finanzmann *m* специали́ст в о́бласти фина́нсов; финанси́ст; специали́ст по финансам; специали́ст в о́бласти финанси́рования
Finanzmarkt *m* де́нежный ры́нок; фина́нсовый ры́нок; ры́нок фина́нсов; инвестицио́нный ры́нок; ры́нок креди́тов
Instabilität des internationalen Finanzmarktes нестаби́льность междунаро́дного фина́нсового ры́нка
Trend zur Internationalisierung der Finanzmärkte тенде́нция к интернационализации фина́нсовых рынков
Finanzmathematik *f* фина́нсовая матема́тика; совоку́пность моде́лей, с по́мощью кото́рых описываются фина́нсовые опера́ции
Finanzmethoden *f, pl* ме́тоды финанси́рования (мн.ч.)
Finanzmittel *n, pl* фина́нсы(мн.ч.), фина́нсовые сре́дства (мн.ч.), де́нежные сре́дства (мн.ч.), фина́нсовые ресу́рсы (мн.ч.), де́нежные ресу́рсы (мн.ч.)
Finanzmittel beantragen подава́ть заявле́ние на предоставле́ние фина́нсовых средств
Finanzmonopol *n* нало́говая монопо́лия, фина́нсовая монопо́лия; госуда́рственная монопо́лия на произво́дство и сбыт подакцизных това́ров *(напр. табака́, алкого́ля) (сре́дство налоговой поли́тики)*
Finanzökonomie *f* фина́нсовое хозя́йство; де́нежное хозя́йство *(предприя́тия)*
Finanzökonomik *f* эконо́мика фина́нсов
Finanzoligarchie *f* фина́нсовая олига́рхия
Finanzoperation *f* фина́нсовая опера́ция, фина́нсовая сде́лка
Finanzplan *m* фина́нсовый план
Finanzplan erstellen 1. подгото́вить фина́нсовый план 2. соста́вить сме́ту
Finanzplan einer Dienststelle ве́домственная сме́та
betrieblicher Finanzplan фина́нсовый план предприя́тия, заводска́я сме́та
detaillierter Finanzplan дета́льная сме́та
endgültiger Finanzplan оконча́тельная сме́та
vorläufiger Finanzplan предвари́тельная сме́та
Finanzplankalkulation *f* планово-фина́нсовая калькуля́ция
Finanzplanung *f* фина́нсовое плани́рование, прогно́з потре́бности в финансах
Finanzpolitik *f* фина́нсовая поли́тика
aggressive Finanzpolitik агресси́вная фина́нсовая поли́тика
Finanzprognose *f* фина́нсовый прогно́з
Finanzquellen *f, pl* фина́нсовые ресу́рсы, де́нежные ресу́рсы
Finanzrechnung *f* фина́нсовый учёт, учёт фина́нсов; учёт фина́нсовых опера́ций; учёт усло́вий, проце́сса и результа́тов произво́дства в денежно-стоимостно́й фо́рме
Finanzrecht *n* фина́нсовое пра́во
Finanzreform *f* фина́нсовая рефо́рма
Finanzreserven *f, pl* фина́нсовые резе́рвы
Finanzressourcen *f, pl* фина́нсовые ресу́рсы, де́нежные ресу́рсы
Finanzrevision *f* фина́нсовая реви́зия, реви́зия фина́нсовой де́ятельности
Finanzrichtsatz *m* фина́нсовый нормати́в
Finanzschuld *f* фина́нсовая задо́лженность
gestundete Finanzschuld просро́ченная фина́нсовая задо́лженность
Finanzschulddarlehen *n* ссу́да для покры́тия фина́нсовой задо́лженности; ссу́да для покры́тия ча́сти фина́нсовой задо́лженности
Finanzspritze *f* фина́нсовая инъе́кция; фина́нсовое влива́ние; фина́нсовая подпи́тка
Finanzstatistik *f* стати́стика фина́нсов
Finanzstatus *m* сво́дка состо́яния фина́нсов предприя́тия; фина́нсовое положе́ние, фина́нсовый ста́тус
Finanzsteuern *f, pl* нало́ги, преследующие фискальные це́ли; нало́ги, иду́щие в госуда́рственную казну́
Finanzstrafe *f* фина́нсовый штраф; штраф за наруше́ние постановле́ний о госуда́рственных дохо́дах, наказа́ние за наруше́ние постановле́ний о госуда́рственных дохо́дах
Finanzsystem *n* фина́нсовая систе́ма
Finanztransaktion *f* 1. междунаро́дная фина́нсовая сде́лка; фина́нсовая сде́лка 2. фина́нсовая опера́ция; фина́нсовая транзакция; транзакция, трансакция
eine Finanztransaktion abschließen заключи́ть фина́нсовую сде́лку
Finanztransaktionen durchführen осуществля́ть фина́нсовые опера́ции
Finanzverfassung *f* законода́тельство о финансировании; законода́тельство об инвестициях; свод финансово-правовы́х постановле́ний, регули́рующий систе́му финанси́рования;
Finanzvermögen *n* фина́нсовое иму́щество *(напр., иму́щество публи́чно-правовы́х о́рганов, обеспе́чивающее неналоговые дохо́ды)*
Finanzverpflichtung *f* фина́нсовое обяза́тельство
Finanzverwaltung *f* фина́нсовое управле́ние
Finanzverwaltung управле́ние фина́нсами
Finanzvoranschlag *m* фина́нсовая сме́та
Finanzvoranschlag госуда́рственный бюдже́т; госбюдже́т
Finanzvoranschlag фина́нсовый бюдже́т
Finanzwache *f (австр.)* тамо́жня
Finanzwachkommissar *m* тамо́женный комисса́р
Finanzwechsel *m* фина́нсовый ве́ксель

(в его́ осно́ве - нетоварная сде́лка, испо́льзуется обы́чно для мобилиза́ции де́нежных ресу́рсов и не всегда́ подлежи́т учёту/дисконти́рованию)

Finanzwelt *f* мир фина́нсов; мир де́нег; мир финансистов

hohe Finanzwelt *f* фина́нсовая олига́рхия

Finanzwesen *n* фина́нсовое хозя́йство; фина́нсы; фина́нсовая систе́ма; фина́нсовое де́ло; фина́нсы *(нау́ка)*

das Finanzwesen sanieren оздорови́ть фина́нсы, сани́ровать фина́нсы

Finanzwirtschaft *f* фина́нсовое хозя́йство; де́нежное хозя́йство *(предприя́тия)*

betriebliche Finanzwirtschaft фина́нсовое хозя́йство предприя́тия (*включа́ет хозя́йственный оборо́т капита́ла - см.* **Kapitalwirtschaft** *и хозя́йственный оборо́т платёжных средств - см.* **Zahlungsmittelwirtschaft**)

öffentliche Finanzwirtschaft госуда́рственное фина́нсовое хозя́йство; госуда́рственные фина́нсы (как институ́т)

finanzwirtschaftlich финансово-экономи́ческий

Finanzwissenschaft *f* фина́нсовая нау́ка; фина́нсовое уче́ние; фина́нсы *(уче́бный предме́т)*; нау́ка о финансах

Finanzzerrüttung *f* расстро́йство фина́нсов

Finanzzoll *m* фискальная по́шлина; тамо́женная по́шлина

Finder *m* наше́дший *(потерянную вещь)*

Finder открыва́тель (месторожде́ния)

der ehrliche Finder wird gebeten... нашедшего про́сят...

dem **Finder 10 Euro für das Wiederbringen bieten** обеща́ть нашедшему вещь награ́ду в 10 евро за ее возвра́т

Finderlohn *m* вознагражде́ние за нахо́дку; пре́мия за находку

FINEBEL, Frankreich-Italien-Niederlande-Belgien-Luxemburg Фра́нция, Ита́лия, Нидерла́нды, Бе́льгия, Люксембу́рг *(страны́, объединённые экономи́ческим и таможенным соглаше́нием)*

Finefta соглаше́ние от 27.3.1961 г. о присоедине́нии Финляндии к Европе́йской ассоциа́ции свобо́дной торго́вли

fingiert фикти́вный; подде́льный

fingierte Order фикти́вный о́рдер

fingierte Proformarechnung фикти́вный счёт; фикти́вная счёт-профо́рма

fingiertes Kapital фикти́вный капита́л

Fingiertheit *f* фикти́вность

f.i.o., free in and out погру́зка и вы́грузка оплачиваются фрахтователем

fios, free in and out and stowed погру́зка, вы́грузка и укла́дка гру́за в трю́ме оплачиваются фрахтователем

Firma *f* фи́рма, торго́вый дом; торго́вое предприя́тие

Firma юриди́ческое наименова́ние фи́рмы, юриди́ческое наименова́ние акционе́рного о́бщества, юриди́ческое наименова́ние това́рищества, официа́льно зарегистри́рованное наименова́ние предприя́тия

die Firma ändern измени́ть наименова́ние фи́рмы

die Firma arbeitet mit Verlust фи́рма рабо́тает с убы́тком

die Firma beschäftigt 1000 Personen фи́рма обеспе́чивает рабо́ту 1000 челове́к; на фи́рме ты́сяча рабо́чих мест

eine Firma in Handelsregister eintragen внести́ фи́рму в торго́вый рее́стр (реги́стр)

eine Firma leiten руководи́ть фи́рмой; управля́ть фи́рмой

Bonität einer Firma соли́дность фи́рмы

für eine Firma zeichnen подпи́сывать от и́мени фи́рмы

eingetragene Firma зарегистри́рованная фи́рма

ersonnene Firma фикти́вное наименова́ние фи́рмы

konkurrierende Firma конкури́рующая фи́рма; фи́рма-конкуре́нт

leistungsfähige Firma продуктивная фи́рма; усто́йчивая фи́рма

marktbeherrschende Firma домини́рующая *на ры́нке* фи́рма

renommierte Firma соли́дная фи́рма; фи́рма с хоро́шей репута́цией

sichere Firma надёжная фи́рма

zuverlässige Firma надёжная фи́рма

Firmenbezeichnung *f* фи́рменное обозначе́ние

Firmenbriefbogen *m* бланк фи́рмы, фи́рменный бланк

Firmenchef *m* владе́лец фи́рмы

Firmenformular *n* бланк фи́рмы, фи́рменный бланк

Firmenfortführung *f* продолже́ние веде́ния дел фи́рмы *(напр., насле́дниками)*

Firmengebrauch, *m*, **unbefugter** неправомочное испо́льзование наименова́ния фи́рмы, недозво́ленное испо́льзование наименова́ния фи́рмы

Firmengründung *f* основа́ние фи́рмы, учрежде́ние фи́рмы

Firmenimage *n* и́мидж фи́рмы

Firmenkern *m* основно́е назва́ние фи́рмы *(и́мя владе́льца фи́рмы)*

Firmenkreditkarte корпорати́вная креди́тная ка́рта

Firmenmantel *m* совокупные права́ на уча́стие в капитале акционе́рной компа́нии *(при их поку́пке но́вый владе́лец може́т освобожда́ться от учреди́тельских изде́ржек)*, совокупные права́ акционе́рной компа́нии на пай

Firmenmarke *f* торго́вая ма́рка фи́рмы; фи́рменный торго́вый знак

Firmenname *m* наименова́ние фи́рмы; назва́ние фи́рмы

Firmenregister *n* спи́сок (торго́вых) фирм, рее́стр (торго́вых) фирм

Firmenschild *n* вы́веска *(с назва́нием)* фи́рмы, фи́рменная вы́веска

Firmenschutz *m юр.* охра́на права́ на фи́рму, охра́на права́ по́льзования наименова́нием фи́рмы

Firmensitz *m* местонахожде́ние фи́рмы

Firmentarif *m* тари́фное соглаше́ние, заключённое ме́жду профсоюзом и предприя́тием, тари́фное соглаше́ние, заключённое ме́жду профсою́зом и фи́рмой

Firmenvertreter *m* представи́тель фи́рмы, аге́нт фи́рмы

Firmenverzeichnis *n* рее́стр фирм

Firmenwert *m* цена́ фи́рмы, сто́имость фи́рмы, «гу́двилл» *(усло́вная сто́имость деловы́х свя́зей, де́нежная оце́нка неосязаемого капита́ла, напр. прести́жа торго́вой ма́рки, о́пыта деловы́х свя́зей, усто́йчивости клиентуры)*

Firmenzeichen *n* торго́вая ма́рка фи́рмы

Firmenzusatz *m* дополни́тельное назва́ние фи́рмы; дополне́ние к назва́нию фи́рмы

firmieren *vt* име́ть наименова́ние *(о фи́рме)*; ста́вить знак фи́рмы; подпи́сывать от и́мени фи́рмы

first open water *англ.* «пе́рвой откры́той водо́й», «ПОВ», «сейча́с же по́сле откры́тия навига́ции» *(усло́вие поста́вки в догово́ре ку́пли-прода́жи)*

first-in-first-out *англ.* предположе́ние, согла́сно кото́рому материа́лы расхо́дуются в то́й же после́довательности, в которо́й они́ закупались *(ме́тод оце́нки испо́льзованных материа́лов и́ли оборо́та це́нных бума́г)*

fiscal drag *англ.* фина́нсовый то́рмоз *(экономи́ческого роста́ с по́мощью налоговых изъятий)*

fiscal policy *англ.* фина́нсовая поли́тика

Fischerei *f* рыболо́вство, ры́бный про́мысел

Fischerei-Produktionsgenossenschaft *f* рыболове́цкий произво́дственный кооперати́в

Fischereizone *f* зо́на ры́бной ло́вли

Fiskal *m ист.* фиска́л, госуда́рственный казначе́й

Fiskaleinlagen *f, pl* ба́нковские вкла́ды

госуда́рства, вкла́ды госуда́рственной казны́ в ба́нках

fiskalisch фиска́льный, казённый *(относя́щийся к фи́ску, к госуда́рственной казне́)*; нало́говый

Fiskalismus *m* фиска́льная поли́тика госуда́рства; поли́тика госуда́рства в о́бласти нало́гов

Fiskaljahr *n* бюдже́тный год, фиска́льный год

Fiskalpolitik *f* нало́говая поли́тика; фиска́льная поли́тика; поли́тика фиска́льных о́рганов

Fiskalschuld *f* госуда́рственный долг

Fiskalzoll *m* фиска́льная по́шлина

Fiskus *m лат.* фиск, *(госуда́рственная)* казна́

in den Fiskus fließen поступа́ть в госуда́рственную казну́

f.i.w., free in waggon фра́нко-ваго́н *(усло́вие поста́вки в догово́ре ку́пли-прода́жи)*

fix твёрдый; определённый; неизме́нный, постоя́нный

fixe Preise твёрдые це́ны; постоя́нные це́ны; неизменные це́ны

fixes Gehalt твёрдый окла́д

fixe Kosten постоя́нные расхо́ды; постоя́нные затра́ты

fixer Ertrag постоя́нный дохо́д; твёрдый дохо́д

fixer Wechselkurs фикси́рованный обме́нный курс

Fixabkommen *n* соглаше́ние на твёрдый срок, соглаше́ние на определённых усло́виях

fixen *vt бирж.* соверша́ть сро́чные сде́лки; игра́ть на би́рже на срок *(продава́ть це́нные бума́ги и́ли това́р, огова́ривая определённый срок сде́лки)*

Fixer *m* бланки́ст, заключа́ющий сде́лку на срок, биржево́й аге́нт

Fixer игра́ющий на срок биржево́й спекуля́нт

Fixgeschäft *n* сро́чная сде́лка, твёрдая сде́лка *(сде́лка, в кото́рой соблюде́ние сро́ка явля́ется осно́вой существова́ния само́й сде́лки)*

Fixkauf *m* ку́пля на срок; *бирж.* твёрдая сде́лка *(на срок)*, твёрдая *(сро́чная)* сде́лка

Fixkosten *pl* постоя́нные изде́ржки, твёрдые изде́ржки, фиксированные изде́ржки

Fixkostendegression *f* уменьше́ние постоя́нных затра́т; сниже́ние до́ли постоя́нных затра́т

Fixkostenkoeffizient *m* до́ля постоя́нных изде́ржек в о́бщих расхо́дах

Fixtermin *m* твёрдый срок

Fixum *n* твёрдая часть вознагражде́ния *(напр., комиссионеру)*; твёрдый окла́д

Fixverkauf *m* прода́жа на срок; бла́нковая прода́жа *(це́нных бума́г)*

FJ, Fidschi Фиджи

FJD, Fidschi-Dollar, -- Fidschi До́ллар Фиджи (*код валю́ты* 242), -- Фиджи

FK, Finanzkasse налогово-фина́нсовая ка́сса *(ФРГ)*

FKP, Falkland-Pfund, -- Falklandinseln Фунт Фолклендских острово́в (*код валю́ты* 238), -- Фолкле́ндские острова́, *и́ли* Мальви́нские острова́

Fkta, Faktura счёт-факту́ра, факту́ра

Fl, Freiliste пе́речень това́ров, разрешённых к ввозу без (каки́х-л.)ограниче́ний; спи́сок това́ров, разрешённых к внешнеторго́вым операциям

Flachablage *f канц.* горизонта́льная фо́рма хране́ния делов́ых бума́г *(стопками)*

Fläche *f* пло́щадь, террито́рия

bebaute Fläche пло́щадь застро́йки

bestellte Fläche возде́лываемые сельскохозя́йственные пло́щади

Flächenausnutzung *f* испо́льзование *(земе́льной)* пло́щади

Flächendiagramm *n стат.* плоскостная диагра́мма

Flächeneinheit *f* едини́ца пло́щади

Flächenleistung *f* производи́тельность труда́ в расчёте на едини́цу пло́щади сельскохозя́йственных уго́дий

Flächenmaß *n* ме́ра пло́щади

Flächensteuer *f* поземе́льный нало́г

Flachkartei *f канц.* пло́ская обозрима́я картоте́ка

Flachpalette *f* пло́ский поддо́н

Flachsichtkartei *f канц.* пло́ская обозримая картоте́ка

Flackerstreik *m* забасто́вка вспы́шками *(на отде́льных предприя́тиях)*, ступе́нчатая ста́чка

„flag of convenience" *англ.* «удо́бный» флаг, дешёвый флаг *(в морско́м судохо́дстве понимаются гру́ппы стран - Либе́рия, Пана́ма -, предоставляющие судоходным компаниям определённые преиму́щества при регистра́ции судо́в)*

Flagge *f* флаг

billige Flagge удо́бный флаг, дешёвый флаг *(в морско́м судохо́дстве понимаются гру́ппы стран - Либе́рия, Пана́ма -, предоставляющие судоходным компаниям определённые преиму́щества при регистра́ции судо́в)*

Flaggenbegüngstigung *f* наибо́льшее благоприя́тствование суда́м «удо́бного» фла́га, наибо́льшее благоприя́тствование суда́м дешёвого фла́га

Flaggendiskriminierung *f* дискримина́ция *(госуда́рства)* в о́бласти судохо́дства; дискримина́ция национа́льного фла́га

Flaggenprotektionismus *m* протекциони́зм в отноше́нии национа́льного фла́га *(элеме́нт госуда́рственной поли́тики, направленной на повыше́ние конкурентоспособности морско́го фла́га свое́й страны́)*

Flaggenrecht *n* зако́н о флаге *(предпи́сывающий выве́шивание фла́га ка́ждому торго́вому су́дну)*; пра́во на флаг; пра́во выве́шивания национа́льного фла́га, пра́во выве́шивания торго́вых фла́гов

Flaggenzuschlag *m* надба́вка *(к таможенным пошлинам)* для гру́зов, перевозимых иностра́нными суда́ми

Flammpunkt *m* температу́ра возгора́ния *(указывается в накладно́й и сопроводительных докуме́нтах при перево́зке горю́чих материа́лов)*

Flat *m амер.* ваго́н-платфо́рма

flat без калькуля́ции проце́нтов (бирж.)

flau сла́бый, вя́лый *(напр., о торго́вле)*; неоживлённый *(напр., о би́рже)*; залежалый, непродающийся *(о това́ре)*

Flaumacher *m разг.* биржево́й спекуля́нт, игра́ющий на пониже́ние

Flaumacherei *f разг. бирж.* игра́ на пониже́ние

Flaute *f* вя́лость, сла́бость *(напр., конъюнкту́ры)*, засто́й *(в дела́х)*, стагна́ция

Flaute im Handel засто́й в торго́вле

geschäftliche Flaute спад делово́й акти́вности

in der Flaute bleiben находи́ться в застое

Flei-Verkehr *m* комбини́рованные а́виа-железнодоро́жные грузовы́е перево́зки, комбини́рованные а́виа-железнодоро́жные това́рные перево́зки

Fleißzulage *f* надба́вка за хоро́шую рабо́ту

flexibel ги́бкий *(напр., о ве́ксельных ку́рсах, об эконо́мике)*

Flexibilisierung *f* прида́ние ги́бкости (напр. отноше́ниям)

Flexibilität *f* ги́бкость *(напр., ве́ксельных ку́рсов, эконо́мики)*

Fließabschnitt *m (отде́льный)* уча́сток пото́чной ли́нии

Fließarbeit *f* пото́чная организа́ция труда́, конве́йерная организа́ция труда́

Fließarbeitssystem *n* конве́йерная систе́ма

Fließband *n* конве́йер; транспортёр

Fließband пото́чная организа́ция труда́

Fließbandarbeit *f* пото́чная рабо́та, конве́йерная рабо́та; пото́чная орга-

низáция произвóдства
Fließbanderzeugnis *n* издéлие, изготовля́емое на конвéйере, конвéйерное издéлие
Fließbandverfahren *n* потóчный мéтод произвóдства
Fließbanproduktion *f* потóчное произвóдство; конвéйерное произвóдство
Fließfertigung *f* потóчное произвóдство
komplexe Fließfertigung кóмплексное потóчное произвóдство
konstante Fließfertigung однопредметные непреры́вно-поточные ли́нии
Fließgut *n* материáл для поточного произвóдства
Fließhandel *m* теку́щая биржевáя торгóвля
Fließmontage *f* монтáж на конвéйере, сбóрка на конвéйере
Fließprinzip *n* потóчный при́нцип произвóдства
Fließreihe *f* потóчная ли́ния
automatische Fließreihe автомати́ческая потóчная ли́ния
Fließstraße *f* потóчная ли́ния
automatische Fließstraße автомати́ческая потóчная ли́ния
Fließsystem *n* систéма поточных ли́ний, потóчная систéма
Floaten *n* колебáние обменного ку́рса; флюктуáция обменного ку́рса
reines Floaten *n* чи́стый, плáвающий курс валю́ты (устанавливающийся в результáте свобóдного дéйствия ры́ночных сил)
schmutziges Floaten плáвающий курс валю́ты ***(на котóрый окáзывают влия́ние операции центрáльного бáнка)***
floating *англ.* «плáвающий» курс ***(национáльной валю́ты)***, свобóдно колéблющийся курс ***(национáльной валю́ты)***, флотинг, свобóдное колебáние ку́рса
Flop *m* 1. неудáчный товáр 2. неудáча; провáл
florieren, *vi* процветáть
Flottenkapazität *f* перевозочная спосóбность морски́х трáнспортных средств
flottieren, *vi* колебáться ***(о ку́рсах)***
Flucht *f* оттóк дéнег, капитáла, «бéгство» капитáла ***(напр., от обесценения дéнег)***
Flucht in die Sachwerte стремлéние обрати́ть дéньги в реáльные цéнности ***(при инфля́ции)***, обращéние дéнег в реáльные цéнности
Fluchtkapital *n* 1. перегретые финáнсы 2. капитáл, убегающий (из страны́, óтрасли)
Fluchtlinie *f* крáсная ли́ния, ли́ния застрóйки
Flug-Eisenbahnverkehr *m* комбини́рованные áвиа-железнодорóжные грузовы́е перевóзки, комбини́рованные áвиа-железнодорóжные товáрные перевóзки
Fluggastgebühr *f* дополни́тельный сбор, взимáемый с пассажи́ров в аэропортáх
Fluggesellschaft *f* авиакомпáния
Flughafengebühr *f* сбор за испóльзование аэропортов, взимáемый управлениями аэропортов с предприя́тий воздýшного сообщéния; дополни́тельный сбор, взимáемый с пассажи́ров в аэропортáх
Flugpreis *m* стóимость авиаперевóзки, стóимость воздýшной перевóзки
Fluktuation *f* колебáние, флюктуáция ***(напр., курс валю́ты)***; теку́честь ***(напр., рабóчей силы́)***
Fluktuation der Arbeitskräfte теку́честь рабóчей силы́
Fluktuationsklausel *f* оговóрка в договóре, дающая возможнóсть изменя́ть твёрдую цéну
Flurbegehung *f* обхóд сельскохозя́йственных угóдий и оцéнка ожидáемого урожáя
Flurbereinigung *f* устранéние чересполосицы; укрупнéние земéльных владéний ***(в ущéрб мéлким хозяйствам)***
Flurbuch *n* земéльный кадáстр
Flureinrichtung *f* землеустрóйство
Flurgestaltung *f* землеустрóйство
Flurkarte *f* план сельскохозя́йственных угóдий, кáрта сельскохозя́йственных угóдий
Flurneuordnung *f* землеустрóйство; устранéние чересполосицы
Flurschaden *m* потрава полéй, потрава сельскохозя́йственных угóдий ***(скотóм)***
Flurzersplitterung *f* чересполосица
Flussdichte *f мат.* плóтность потóка
Flussfrachtgeschäft *n* сдéлка на перевóзку речного грýза
Flussguterversicherung *f* страховáние речных грýзов
flüssig свобóдный, ликви́дный ***(о капитáле)***; легкó реализу́емый
flüssig machen реализовáть ***(иму́щество)***; привести́ в ликвидное состоя́ние ***(капитáл)***; превращáть в ликвиды; превращáть в нали́чные дéньги; разморáживать ***(инострáнные вклáды)***
Beschaffung flüssiger Mittel мобилизáция ликвидных средств
Flusskargoversicherung *f* страховáние речных грýзов; страховáние речных судóв
Flussrhythmus *m* ритм потóка
Flusstransportversicherung *f* страховáние речных судóв и речных грýзов
F.m., fair merchantable хорóшего торгóвого кáчества; хорóший товáр срéднего кáчества
FMI, Fonds Monetaire International Международный валю́тный фонд, МВФ
FNA, Fachnormenausschuss Комитéт техни́ческих норм и стандáртов ***(ФРГ)***
FO:
FO, Färöer Фарéрские островá
fo, free out вы́грузка оплáчивается фрахтователем
FOA:
FOA, Foreign Operations Administration Управлéние по делáм заграни́чных операций ***(США)***
f.o.a., free on aircraft фрáнко-самолёт
fob:
fob, free on board англ. фоб, свобóдно на бортý, фрáнко-борт (услóвия продáжи, предполагающие обя́занность продавцá достáвить и погрузи́ть товáр на борт сýдна)
f.o.b., free on board свобóдно на бортý, фрáнко-борт, фоб ***(услóвие постáвки в договóре кýпли-продáжи)***
fob-Kalkulafion *f* калькуля́ция экспортной цены́ на услóвиях фоб, калькуля́ция вывознóй цены́ на услóвиях фоб
fob-Lieferung *f* постáвка на услóвиях фоб
fob-Preis *m* ценá фоб
f.o.b./f.o.b., free on board/free of board погрýзка на борт сýдна в портý погрýзки и разгрýзка с бортá сýдна в портý вы́грузки оплачиваются фрахтователем
FOC:
F.O.C., free of claims свобóдно от претéнзий ***(напр., о замене товáра)***
foc, f.o.c., free of charge бесплáтно
fod, f.o.d., free of damage *страх.* свобóдно от повреждéния
Föderalismus *m* федерали́зм ***(соотношéние влáстных полномóчий мéжду цéнтром и мéстными óрганами влáсти)***
Föderation *f* федерáция
Folge *f* слéдствие, послéдствие; результáт; вы́вод, заключéние; послéдовательность, очерёдность; ряд, сéрия
durchgängige Folge непреры́вная послéдовательность
technologische Folge послéдовательность технологи́ческих операций, очерёдность технологи́ческих операций, технологи́ческая послéдовательность
Folgeauftrag *m* дополни́тельный закáз
Folgebedarf *m* произвóдный спрос
Folgebeitrag *m* послéдующий страховóй взнос

Folgeereignis *n сет. пл.* послéдующее событие

Folgeinvestitionen *f, pl* сопряжённые капиталовложéния; послéдующие капиталовложéния; сопряжённые инвестиции

standortbedingte mittelbare Folgeinvestitionen кóсвенные сопряжённые капиталовложéния, обуслóвленные месторасположением предприятия

unmittelbare Folgeinvestitionen прямые сопряжённые капиталовложéния

Folgekarte *f* дублирующая перфокáрта, перфокáрта-дублёр

Folgekosten *pl* послéдующие затрáты (все прямые и кóсвенные затрáты пóсле завершéния проéкта)

Folgennutzen *m* кóсвенная эконóмия, вторичная эконóмия

Folgeprämie *f* послéдующий страховóй взнос

Folgeprüfung *f* выборка *(мéтод выборочного контрóля кáчества)*

multiple Folgeprüfung многокрáтная выборка, повтóрная выборка

Folgeschaden *m* кóсвенный убыток; кóсвенный ущéрб *(в результáте, напр. несвоевременной или некачественной постáвки товáров, материáлов)*

Folgetest *m* выборка *(мéтод выборочного контрóля кáчества)*

Folio *n* фолио *(лéвая и прáвая страницы в счётных книгах, имéющие один и тот же порядковый нóмер)*, развёрнутый лист счётной книги *(лéвая и прáвая стороны котóрого имéют один и тот же порядковый нóмер)*

ein Folio in der Bank haben имéть счёт в бáнке

folio *лат.* фолио *(лéвая и прáвая страницы в счётных книгах, имéющие один и тот же порядковый нóмер)*

folio meo за мой счёт

Fond *m* фонд

FONDAK, Fonds für Deutsche Aktien фóнды мéлких держáтелей áкций предприятий *(ФРГ)*

FONDRA, Fonds für Deutsche Renten und Aktien фóнды мéлких держáтелей рéнты и áкций предприятий *(ФРГ)*

Fond *m* фонд; накоплéния *(напр., фонд предприятия, фонд накоплéния)*

Fond фонд *(как организáция - напр. Междунарóдный валютный фонд)*

einen Fond einrichten учреждáть фонд, учредить фонд

Fonds *m, pl* запáсы, ресýрсы, накоплéния; фóнды *(напр., фóнды обращéния, производственные фóнды)*

Fonds цéнные бумáги *(облигáции и áкции)*, облигáции государственного зáйма

Fonds der gesellschaftlichen Konsumtion фонд общéственного потреблéния

Fonds der individuellen Konsumtion фонд индивидуáльного потреблéния, фонд личного потреблéния

Fonds der individuellen und gesellschaftlichen Konsumtion фонд индивидуáльного и общéственного потреблéния

Fonds der Kommunalwirtschaft коммунáльные фóнды

Fonds der nichtproduktiven Sphäre фóнды непроизводственной сферы

Fonds der nichtproduktiven Konsumtion фонд непроизводственного потреблéния

Fonds für die individuelle Konsumtion фонд индивидуáльного потреблéния, фонд личного потреблéния

Fonds für die materielle Stimulierung фонд материáльного стимулирования, фонд материáльного поощрéния

Fonds für Investitionen фóнды по финансированию капиталовложéний; инвестиционные фóнды

Fonds für für Lohne und Gehälter фонд зáработной плат, ФЗП

Fonds für Massenbedarfsgüter фонд ширпотреба

Fonds für materiellen Anreiz фонд материáльного стимулирования, фонд материáльного поощрéния

Fonds für Preisminderungen bei Waren фонд уцéнки товáров

Fonds für soziale Fürsorge фонд социáльного обеспéчения, ФСО

Fonds für soziale und kulturelle Maßnahmen und den Wohnungsbau фонд социáльно-культýрных мероприятий и жилищного строительства

Fonds für Warenverluste und Handelsrisiko фонд покрытия недостач товáров и торгóвого риска

Fonds Neue Technik фонд средств на осуществлéние мероприятий по освоению нóвой тéхники

Fonds sperren заморáживать фóнды

Fonds von Existenzmitteln фонд жизненных средств

Fonds Wissenschaft und Technik фонд развития наýки и тéхники

Fonds zur Ankurbelung der Wirtschaft фонд экономического стимулирования; фонд стимулирования эконóмики

Fonds zur Erweiterung der Grundmittel фонд средств на осуществлéние мероприятий по расширéнию пáрка оборýдования

Fonds zur Marktstabilisierung фонд стабилизáции рынка; фонд для стабилизáции рынка

Fonds zur Vergütung nach der Arbeitsleistung фонд оплáты по трудý

aktive betrieblich genutzte Fonds дéйствующие фóнды

außerbudgetärer Fonds внебюджéтный фонд

ausländische Fonds инострáнные фóнды

betriebliche Fonds фóнды предприятия

Bildung von Fonds образовáние фóндов; формировáние фóндов

eigene Fonds der Betriebe сóбственные срéдства предприятия

eigene Fonds сóбственные срéдства *(предприятия)*

fremde Fonds привлечённые срéдства *(предприятия)*, заёмные срéдства *(предприятия)*

geliehene Fonds привлечённые срéдства *(предприятия)*, заёмные срéдства *(предприятия)*

genossenschaftliche Fonds кооперативные фóнды

geplante Fonds плáновые фóнды

gesellschaftliche Fonds общéственные фóнды

konsolidierte Fonds консолидированные фóнды

materielle Fonds материáльные фóнды

nicht marktgebundene Fonds внерыночные фóнды

nichtproduktive Fonds непроизводственные фóнды

produktive Fonds производственные фóнды

schwarze Fonds нелегáльные фóнды; чёрный фонд

unteilbare Fonds неделимые фóнды *(колхозов)*

zweckgebundene Fonds целевые фóнды

Fondsabgabe *f* плáта за фóнды

Fondsabteilung *f* фóндовый отдéл *(в бáнке, контóре)*

Fondsanteil *m* инвестициóнный сертификáт

Fonds-Anteilspapier *n* инвестициóнный сертификáт

Fondsanteilsschein *m* áкция инвестициóнной компáнии

Fondsausnutzung *f* испóльзование фóндов

Fondsausstattung *f* фондовооружённость, обеспéченность фóндами

Fondsausstattungsgrad *m* ýровень фондовооружённости, ýровень обеспéченности фóндами

Fondsbesitzer *m* держáтель цéнных бумáг

Fondsbestände *m, pl* нали́чные фо́нды
Fondsbestandskonto *n* счёт нали́чных фо́ндов
fondsbezogen фо́ндовый
Fondsbildung *f* образова́ние фо́ндов
Fondsbörse *f* фо́ндовая би́ржа
Fondseffektivität *f* отда́ча *(произво́дственных)* фо́ндов; эффекти́вность фо́ндов
Fondseinsatz *m* испо́льзование фо́ндов, затра́ты фо́ндов
  hoher gesellschaftlich notwendiger Fondseinsatz высо́кий у́ровень затра́т, обусло́вленный обще́ственными потре́бностями
Fondsentwicklung *f* движе́ние фо́ндов, дина́мика фо́ндов
Fondsergiebigkeit *f* фондоотда́ча
fondsgebunden фо́ндовый
Fondshandel *m* фондовые опера́ции, торго́вля це́нными бума́гами
Fondshändler *m* биржево́й ма́клер, биржево́й спекуля́нт
Fondsinhaber *m* держа́тель це́нных бума́г
Fondsintensität *f* фондоёмкость *(произво́дства)*
fondsintensiv фондоёмкий
Fondsmakler *m* биржево́й ма́клер, биржево́й спекуля́нт
Fondsmarkt *m* фо́ндовый ры́нок
Fondsquote *f* фондоотда́ча
Fondsrentabilität *f* рента́бельность фо́ндов
Fondsspekulation *f* биржева́я спекуля́ция
Fondsstruktur *f* структу́ра фо́ндов
Fondsträger *m* фондодержатель
Fondsumschlag *m* оборо́т фо́ндов, обраще́ние фо́ндов, оборо́т це́нных бума́г, обраще́ние це́нных бума́г,
Fondsumschlagskonto *n* счёт оборо́та фо́нда произво́дства
Fondsverminderung *f* уменьше́ние фо́ндов
Fondsverzehr *m* расхо́дование фо́ндов
Fondsvorschuss *m* аванси́рованные фо́нды
Fondswirksamkeit *f* отда́ча *(произво́дственных)* фо́ндов; эффекти́вность фо́ндов
Fondszuführung *f* отчисле́ние в фо́нды
Fondszuwachs *m* рост фо́ндов, приро́ст фо́ндов
foot *англ.* фут *(= 30,5 см)*
f.o.q., free on quay фра́нко - при́стань
f.o.r., free on rail фра́нко погру́зочная платфо́рма, фор, ФОР

Force majeure *фр.* форс-мажо́р, обстоя́тельство непреодоли́мой си́лы
  Force-majeure-Klausel *f* огово́рка о форс-мажоре, огово́рка о де́йствии непреодоли́мой си́лы, пункт о форс-мажоре, пункт о де́йствии непреодоли́мой си́лы, мажо́рная огово́рка
Ford-System *n* фордизм *(систе́ма капиталисти́ческой организа́ции произво́дства)*
Förderanlage *f* конве́йерная устано́вка *(напр., для пода́чи докуме́нтов)*; подъёмная устано́вка; транспортировочное устро́йство
Förderband *n* ле́нточный транспортёр, транспортёрная ле́нта, конве́йерная ле́нта; конве́йер
Fördergebiet *n* отста́лый в экономи́ческом отноше́нии райо́н страны́, разви́тие кото́рого предусма́тривается
Förderkosten *pl* расхо́ды на доста́вку, сто́имость доста́вки; сто́имость пересы́лки
Fördermittel *n, pl* госуда́рственные субси́дии; госуда́рственные дота́ции
fordern тре́бовать
  eine Lohnerhöhung fordern тре́бовать повыше́ния зарпла́ты
  Rechte fordern тре́бовать прав
fördern стимули́ровать; поощря́ть
  die Investitionen fördern стимули́ровать капиталовложе́ния; поощря́ть инвести́ции
  den Export fördern стимули́ровать экспорт
  den Handel fördern соде́йствовать торго́вле
  die Entwicklung von Regionen fördern соде́йствовать разви́тию регионов
Forderung *f* тре́бование; прете́нзия; притяза́ние; долгово́е обяза́тельство; счёт; причита́ющаяся су́мма, следуемая су́мма; *канц.* тре́бование, *см.тж.* **Forderungen** *pl*
  gefährdete Forderung сомни́тельные долговы́е обяза́тельства *(находя́щиеся под угро́зой неупла́ты)*
  gerichtliche Forderung суде́бный иск
  rückständige Forderung неопла́ченный долг
  zweifelhafte Forderung сомни́тельный долг, сомни́тельное долгово́е тре́бование
  eine Forderung anmelden предъявля́ть тре́бование
  eine Forderung aufmachen предъявля́ть тре́бование
  eine Forderung einziehen получа́ть по счёту
  eine Forderung geltend machen заявля́ть прете́нзию

Förderung *f* стимули́рование; соде́йствие; поощре́ние; продвиже́ние;
  Förderung *горн.* добы́ча
Forderungen *f, pl* дебито́рская задо́лженность; счета́ дебито́ров; долги́; су́ммы, причита́ющиеся кому́-л.; долговы́е обяза́тельства; кредиторские прете́нзии, *см.тж.* **Forderung** *f*
  Forderungen an Industriebetriebe задо́лженность промы́шленных предприя́тий
  Forderungen an Konzerngesellschaften задо́лженность «дочерних» о́бществ, входя́щих в конце́рн
  Forderungen anmelden признава́ть прете́нзии кредито́ров
  Forderungen annehmen признава́ть прете́нзии кредито́ров
  Forderungen auf Grund von Warenlieferungen und Leistungen задо́лженность покупа́телей и клие́нтов за това́ры и услу́ги
  Forderungen aus Warenlieferungen und Leistungen задо́лженность покупа́телей и клие́нтов за това́ры и услу́ги
  Forderungen der Gläubiger прете́нзии кредито́ров
  Forderungen stellen предъявля́ть тре́бования, выдвига́ть тре́бования; *юр.* притязать
  abgeschriebene Forderungen списанные долги́
  notleidende Forderungen сомни́тельные тре́бования
  offen stehende Forderungen непога́шенная задо́лженность
  uneinbringliche Forderungen безнадёжные тре́бования, безнадёжные долги́; долги́, кото́рые не уда́стся взыска́ть
  währungsentwertete Forderungen долговы́е обяза́тельства в обесцененной валю́те
Forderungsabkauf *m* поку́пка ба́нком тре́бования продавца́ к покупа́телю для инкасса́ции
Forderungsabtretung *f* це́ссия, усту́пка тре́бования *(кредито́ром друго́му лицу́)*
  stille Forderungsabtretung негласная усту́пка тре́бования
Forderungsausfall *m* утра́та тре́бования *(напр., вследствие неплатёжеспособности должника́)*, списание до́лга
Forderungsbeitreibung *f* инкасса́ция долго́в, взима́ние долго́в
Forderungsberechtigte *m* кредито́р
Forderungsbestand *m* портфе́ль тре́бований *(к заказчикам и́ли клие́нтам)*
  durchschnittlicher Forderungsbestand сре́дняя су́мма неоплаченных счето́в
Forderungsbetrag *m* су́мма, причита́ю-

щаяся комý-л.; сýмма задóлженности

Forderungseinziehung *f* инкассáция долгóв, взимáние долгóв

Forderungseinzugsverfahren *n* акцéптная фóрма расчётов; мéтод автоматúческого зачёта бáнком сýммы трéбования продавцá

Forderungskauf *m* покýпка претéнзии трéтьего лицá, покýпка трéбования трéтьего лицá

Forderungsklage *f* иск из обязáтельства, иск по долговóму обязáтельству

Forderungskonto *n* счёт дебитóров

Forderungskredit *m* кредúт под трéбование; кредúт под цéнные бумáги; расчётный кредúт

Förderungsmaßnahmen *f, pl* мероприятия по дальнéйшему повышéнию квалификáции персонáла, мероприятия по дальнéйшему повышéнию квалификáции рабóчих и слýжащих

Forderungspapiere *n, pl* цéнные бумáги, содержáщие трéбования *(дéнежные - банкнóты, векселя, чéки или товáрные - коносамéнт, накладнáя и т.д.)*

Forderungspfändung *f юр.* наложéние арéста на прáво трéбования трéтьего лицá; секвéстр обязáтельства трéтьего лицá

Forderungsrecht *n* прáво трéбования; обязательственное прáво

Förderungssystem *n* поощрúтельная систéма *(оплáты трудá)*

Forderungsübergang *m* перехóд трéбований, перехóд трéбования *(к трéтьему лицý)*

Forderungsverletzung, *f*, positive недобросовестное исполнéние *(договóрного)* обязáтельства, причиняющее ущéрб другóй сторонé

Forderungsverzicht *m* откáз от трéбования

Foreground/Background-Verarbeitung *f* выполнéние рабóт с высóким (нúзким) приоритетом

forfeit *англ.* утрáта правá; конфискáция; штраф; конфискóванная вещь

Forfeitierung *f* форфетирование, форфейтинг *(кредитовáние бáнком внешнеэкономúческих операций путём покýпки у экспортёра векселéй, акцептóванных импортёром)*

Form *f* фóрма, вид
  Form óбраз, очертáние
  Form фóрма, формáльность
  Formen *pl* фóрмы обращéния; прáвила прилúчия
  Auktionsform вид аукциóна

Formalprüfung *f* провéрка по формáльным прúзнакам (в налоговой прáктике)

Formalsprache *f* формализованный язы́к

Formatierung *f* задáние формáта, указáние формáта; описáние формáта

Formation, *f*, sozialökonomische общéственно-экономúческая формáция

Formblatt *n стат.* формулы́р; блáнку фóрма

Formblattsammlung *f стат.* альбóм форм

Formeltarif *m* налóговый тарúф; тарúф обложéния, оснóванный на тóчной математúческой фóрмуле

Formgebung, *f*, industrielle дизáйн, худóжественное конструúрование

formgemäß по фóрме, соглáсно фóрме

formgerecht по фóрме, соглáсно фóрме

Formular *n* формуля́р *(напр., статистúческий)*; бланк; фóрма

Formularschreiber *m* устрóйство печáти на формулярах *(или блáнках)*

Formvorschrift *f* предписáние о соблюдéнии устанóвленной фóрмы; устанóвленная закóном фóрма *(напр., для юридúческих сдéлок)*

Formwandlung *f* **der Ware** превращéние фóрмы товáра

Forschung *f (наýчное)* исслéдование; изыскáние
  Forschung und Entwicklung исслéдования и разрабóтки, наýчно-исслéдовательские и опытно-конструкторские разрабóтки, НИОКР

Forschungs- und Entwicklungsaufwand *m* затрáты на исслéдования и разрабóтки, расхóды на исслéдования и разрабóтки, затрáты на наýчно-исслéдовательские и опытно-конструкторские рабóты

Forschungs- und Entwicklungskapazität *f* возмóжности *(напр., предприятия)* в óбласти исслéдований и разработок

Forschungs- und Entwicklungsstellen *f, pl* организáции, занимáющиеся наýчно-исследовательскими и опытно-конструкторскими разработками, наýчно-исслéдовательские и опытно-конструкторские институ́ты

Forschungsarbeiten, *f, pl*, wissenschaftliche наýчно-исслéдовательские рабóты

Forschungsergebnis *n* результáт *(наýчного)* исслéдования, результáт наýчно-исслéдовательской рабóты

Forschungskooperation *f* кооперúрование исслéдований, кооперúрование исследовательских работ

Forschungskosten *pl* исслéдовательские расхóды, расхóды на исслéдовательские рабóты, расхóды на исслéдования

Forschungsmethode *f* мéтод исслéдования

Forschungsprojekt *n* наýчно-исслéдовательский проéкт

Forschungsvorhaben *n* наýчно-исслéдовательский проéкт

Forstbetrieb *m* леснóе хозяйство

Forstökonomie *f* экономика леснóго хозяйства

Forsttaxation *f* леснáя таксáция

Forstwirt *m* леснúчий; владéлец лесничества

Forstwirtschaft *f* леснóе хозяйство

forstwirtschaftlich лесохозяйственный

Fortbildung *f* повышéние квалификáции, совершéнствование

Fortbildungskosten *pl* расхóды на повышéние квалификáции; расхóды на обучéние

Fortbildungsschule *f* профессионáльная шкóла, профессионáльное учúлище

Fortschreibung *f* определéние нóвых статистúческих услóвий *(напр., при определéнии чúсленности населéния на дáнный момéнт путём изучéния изменéний, имéвших мéсто со врéмени послéдней пéреписи)*
  Fortschreibung изменéние налоговой стóимости *(напр., в связú с изменéнием спóсоба испóльзования объéкта обложéния, фóрмы сóбственности)*,; изменéние оцéнки имýщества; изменéние *(намёток)* в проéкте *(или смéте)* государственного бюджéта
  Fortschreibung *бухг.* нарастáющий итóг

Fortschreibungsbescheid *m* спрáвка об изменéнии имущественного ценза

Fortschreibungsveranlagung *f* установлéние нóвого *(размéра)* налóга в связú с изменéнием оцéнки имýщества

Fortschritt *m* прогрéсс
  gesellschaftlicher Fortschritt общéственный прогрéсс
  technischer Fortschritt технúческий прогрéсс
  wissenschaftlich-technischer Fortschritt наýчно-технúческий прогрéсс

Fortschrittskontrolle *f* контрóль за хóдом произвóдства

Fortschrittsrate *f* темп прогрéсса

Fortwälzung *f*, von Steuern переложéние налóгов *(на покупáтелей)*, переклáдывание налóгов на покупáтелей *(путём повышéния цен на товáры)*

Fortzahlung *f* дальнéйшая вы́плата

f.o.s., free on steamer фрáнко-сýдно *(услóвие постáвки в договóре кýпли-продáжи)*

f.o.t., free on truck фрáнко-погрýзочная платфóрма, фот фрáнко-грузови́к *(в США)*

FOW:

FOW, first open water пе́рвой откры́той водо́й, ПОВ

fow, f.o.w., free on waggon фра́нко-ваго́н

fp:

FP, freie Pufferzeit свобо́дный резе́рв вре́мени

fp, finanzpolitisch финансово-полити́ческий

f.p., fully paid по́лностью опла́ченный

f.p.a., free of particular average свобо́дный от ча́стной ава́рии, свобо́дно от ча́стной ава́рии

fr:

FR, Frankreich Фра́нция

fr., franko фра́нко

fr., freigemacht оплачено; очищено от сбо́ров и по́шлин

Fracht *f* фрахт, *(корабе́льный)* груз; кладь; тонна́ж; перево́зка гру́зов

Fracht фрахт, пла́та за перево́зку гру́зов, пла́та за прово́з гру́зов; аре́ндная пла́та за су́дно

Fracht- (в сл.сл.) фрахто́вый *(см. та́кже* ***Frachten****)*

Fracht gegen Nachnahme опла́та фра́хта нало́женным платежо́м

Fracht mit einbegriffen со включе́нием фра́хта

Fracht nachnehmen уплáчивать фрахт в порту́ вы́грузки

Fracht pro Tonne фрахт за то́нну гру́за

Fracht voraus упла́та фра́хта вперёд *(в порту́ отправле́ния)*

Fracht vorausbezahlt фрахт уплачен в порту́ погру́зки

in Fracht nehmen зафрахтова́ть *(су́дно)*

tote Fracht мёртвый фрахт (*пла́та за зафрахтованное, но неиспо́льзованное ме́сто на су́дне*)

unvorhergesehene Fracht непредви́денный фрахт

fracht-und spesenfrei фра́нко-прово́з и без накладны́х расхо́дов

Frachtabsender *m* грузоотправи́тель, отправи́тель гру́за

Frachtaufgeber *m* грузоотправи́тель, отправи́тель гру́за

Frachtaufkommen *n* дохо́д от перево́зок *(напр., ме́жду разли́чными регионами)*

Frachtaufseher *m* суперка́рго; распоряди́тель гру́за *(представи́тель владе́льца гру́за, сопровожда́ющий груз в пути́ или представи́тель фрахтователя на* тайм-чартерном *су́дне)*

Frachtausschuss *m* фрахто́вый комите́т

Frachtausschüsse *m, pl* фрахто́вые комите́ты (объединя́ющие, наприме́р, на паритетных нача́лах представи́телей судоходных компа́ний и грузоотправи́телей)

Frachtbasis *f* фрахто́вый ба́зис

Frachtbedingungen *f, pl* усло́вия перево́зки гру́за

Frachtbeförderung *f* перево́зка гру́за

Frachtbegünstigung *f* фрахто́вая льго́та

Frachtberechnung *f* расчёт фра́хта

gebrochene Frachtberechnung расчёт фра́хта по уча́сткам пути́, расчёт фра́хта по отрезкам пути́

Frachtbörse *f* фрахто́вая би́ржа

Frachtbrief *m* тра́нспортная накладна́я *(докуме́нт, выдава́емый отправи́телем перевозчику в соотве́тствии с догово́ром перево́зки, а та́кже сопроводительный докуме́нт для назе́много транспортирования); мор.* коносаме́нт

direkter Frachtbrief *мор.* прямо́й коносаме́нт, сквозно́й коносаме́нт; *ж.-д.* пряма́я накладна́я

internationaler Frachtbrief накладна́я по междунаро́дным перевозкам, накладна́я междунаро́дного сообще́ния

Frachtbriefdoppel *n* дублика́т накладно́й; дублика́т тра́нспортной накладно́й

Frachtbriefduplikat *n* дублика́т накладно́й; дублика́т тра́нспортной накладно́й

Frachtbroker *m* фрахто́вый бро́кер, ма́клер по фрахтованию судо́в

Frachtdrehscheibe *f* поворо́тный круг для разгру́зки *(или погру́зки) (в том числе́ самолётов)*

Frachteigentümer *m* хозя́ин гру́за, владе́лец гру́за, грузовладе́лец

Frachteigner *m* хозя́ин гру́за, владе́лец гру́за, грузовладе́лец

Frachtempfänger *m* грузополуча́тель

frachten *vt* фрахтова́ть, нанима́ть су́дно для перево́зки гру́за; зафрахтовывать су́дно; загружа́ть су́дно

Frachten- (в сл.сл.) фрахто́вый

Frachtenarbitrage *f* фрахто́вый арбитра́ж *(при вы́боре оптима́льного спо́соба транспортиро́вки гру́за)*

Frachtenbörse *f* фрахто́вая би́ржа

Frachtenindex *m* фрахто́вый инде́кс

Frachtenkrieg *m* фрахто́вая война́

Frachtenmarkt *m* фрахто́вый ры́нок

Frachtenumsatz *m* грузооборо́т

Frachtenumschlag *m* грузооборо́т

Frachter *m* грузово́е су́дно

Frachter фрахтова́тель

Frachter für Behältertransport контейнерово́з

Frachter für Erztransport рудово́з

Frachterleichterung *f* сниже́ние фрахтовой ста́вки; сниже́ние сто́имости перево́зки; фрахто́вая льго́та

Frachtermäßigung *f* сниже́ние фрахтовой ста́вки; сниже́ние сто́имости перево́зки; фрахто́вая льго́та

Frachtflugzeug *n* грузово́й самолёт

frachtfrei включа́я фрахт до места́ назначе́ния, фра́нко-ме́сто назначе́ния, фра́нко-фрахт *(усло́вие поста́вки в догово́ре ку́пли-прода́жи)*

frachtfrei поме́тка отправи́теля о том, что он несёт фрахто́вые изде́ржки

frachtfrei фра́нко-прово́з, фра́нко ме́сто назначе́ния

frachtfrei Station des Empfängers фра́нко-ста́нция получателя

Frachtfreiheit *f* свобо́дный прово́з

Frachtführer *m* фрахто́вщик, перево́зчик гру́за *(фи́рма или лицо́, предоставляющее су́дно под перево́зку)*

Frachtführerakte *f* комме́рческий акт, торго́вый акт

Frachtgebühr фрахт, пла́та за перево́зку гру́зов, пла́та за прово́з гру́зов; аре́ндная пла́та за су́дно

Frachtgeld *n* фрахт, пла́та за перево́зку гру́зов, пла́та за прово́з гру́зов; аре́ндная пла́та за су́дно

Frachtgeschäft *n* фра́хтовое де́ло; фрахто́вая сде́лка; сде́лка по на́йму перевозочных средств; догово́р перево́зки гру́зов; тра́нспортная конто́ра

Frachtgewerbe *n* фра́хтовое де́ло

Frachtgrundlage *f* фрахто́вый ба́зис

Frachtgut *n* груз ма́лой ско́рости

Frachtgutbeförderung *f* перево́зки гру́зов ма́лой ско́рости

Frachtkarte *f* доро́жная ве́домость; сопроводительная ка́рточка к грузу́

Frachtkonjunktur *f* конъюнкту́ра на ры́нке фра́хта

Frachtkonto *n* фрахто́вый счёт

Frachtkontrakt *m* догово́р перево́зки, догово́р на перево́зку гру́зов, тра́нспортный догово́р; ча́ртер, догово́р о фрахтовании су́дна, догово́р морско́й перево́зки

Frachtkosten *pl* изде́ржки по перево́зке гру́зов, изде́ржки по товарным перевозкам, тра́нспортные изде́ржки; фрахто́вые расхо́ды, фрахт

Frachtliste *f* пе́речень отгруженных това́ров

Frachtlohn *m* фрахт, пла́та за перево́зку гру́зов, пла́та за прово́з гру́зов; аре́ндная пла́та за су́дно

Frachtmakler *m* ма́клер по фрахтованию судо́в, фрахто́вый бро́кер

Frachtpapiere *n, pl* докуме́нты на перево́зку гру́за, перевозочные докуме́нты, тра́нспортные докуме́нты

sonstige Frachtpapiere про́чие сопроводительные тра́нспортные докуме́нты *(напр., экспортные лице́нзии)*

Frachtparität *f* фрахто́вый парите́т

frachtpflichtig подлежа́щий опла́те за прово́з; подлежа́щий опла́те нало́женным платежо́м *(о грузах)*

Frachtpolitik *f* фрахто́вая поли́тика

Frachtrabatt *m* фрахто́вая ски́дка

Frachtrate *f* фрахто́вая ста́вка, ста́вка фра́хта

Frachtratenindex *m* фрахто́вый инде́кс

Frachtraum *m* загру́зочная мо́щность

Frachtrechnung *f* счёт за фрахт

Frachtsatz *m* фрахто́вая ста́вка, ста́вка фра́хта

Frachtsatzzeiger *m* табли́ца тари́фных ста́вок, расчётная табли́ца прово́зной пла́ты

Frachtschein *m* фрахто́вая ста́вка, ста́вка фра́хта

Frachtspesen *pl* изде́ржки по перево́зке гру́зов, изде́ржки по товарным перевозкам, тра́нспортные изде́ржки; фрахто́вые расхо́ды, фрахт

Frachtstellung *f* постановле́ния догово́ра о тра́нспортных расхо́дах, регули́рующие ба́зис цены́

Frachtstundung *f* отсро́чка платеже́й за перево́зку гру́зов

Frachttarif *m* грузово́й тари́ф, фрахто́вый тари́ф, тари́ф на перево́зку

Frachtumschlag *m* грузооборо́т

Frachtunterschied *m* ра́зница фрахтовых ста́вок

Frachtverkehr *m* грузовы́е перево́зки, грузооборо́т

Frachtversender *m* экспеди́тор *(в торго́вых перевозках)*; грузоотправи́тель

Frachtversicherung *f* страхова́ние фра́хта

Frachtvertrag *m* догово́р перево́зки, догово́р на перево́зку гру́зов, тра́нспортный догово́р; ча́ртер, догово́р о фрахтовании су́дна, догово́р морско́й перево́зки

Frachtvertragsverhältnis *n юр.* отноше́ния сторо́н, вытека́ющие из догово́ра на перево́зку гру́зов

Frachtvorschuss *m* фрахто́вый ава́нс

Frachtzahlung *f* опла́та провоза гру́за

Frachtzettel *m* тра́нспортная накладна́я; *мор.* коносаме́нт; *ж.-д.* накладна́я

Frachtzoll *m* тоннажный сбор, кора́бельный сбор

Frachtzuschlag *m* допла́та к фра́хту, допла́та за прово́з гру́за; надба́вка к фра́хту

Fragebogen *m* анке́та, опро́сный лист

fragil *лат.* ло́мкий, хру́пкий, бьющийся

Franchise *f страх.* франши́за, ме́лкий ущёрб, не подлежа́щий возмеще́нию страховщиком; соотве́тствующая огово́рка в догово́ре страхова́ния

Franchise-System *n англ.* франчайзинг, систе́ма сбы́та *(при которо́й кру́пная торго́вая фи́рма предоставля́ет свою́ торго́вую ма́рку, техноло́гию и т.п., сохраня́я за собо́й возмо́жность руково́дства и контро́ля)*

Franchisegeber *m* фи́рма, предоставля́ющая пра́во на сбыт свое́й проду́кции в систе́ме франчайзинга

Franchisegebühr *f* пла́та производителю в систе́ме франчайзинга за осуществле́ние ма́ркетинга и менеджмента

Franchisenehmer *m* беру́щий пра́во на сбыт в систе́ме франчайзинга

franco фра́нко, свобо́дный от расхо́дов; свобо́дный от опла́ты расхо́дов по доста́вке това́ра в ука́занный пункт *(о покупателе)*, с опла́той до..., *см. та́кже* **frei**

Frankatur *f* франки́рование, *(предвари́тельная)* опла́та почто́вых сбо́ров; сбор, упла́чиваемый при отпра́вке гру́за, предвари́тельная опла́та гру́за, предвари́тельная опла́та за транспорти́ровку гру́за

Frankaturzwang *m* принуди́тельное франки́рование; обяза́тельство *(предвари́тельной)* опла́ты за прово́з

frankieren *vt* франки́ровать *(письмо́)*, *(предвари́тельно)* опла́чивать почто́вым сбо́ром; наклеи́вать ма́рку

Frankiermaschine *f* маркирова́льная маши́на, франкирова́льная маши́на

frankiert опла́ченный; сбор за прово́з уплачен; оплачено *(на́дпись на письме́)*

Frankierung *f* упла́та сбо́ра за прово́з; франки́рование, *(предвари́тельная)* опла́та почто́вых сбо́ров

Frankierungsvermerk *m* отме́тка об опла́те почто́вым сбо́ром *(вме́сто ма́рки)*

Frankierungszwang *m* принуди́тельное франки́рование; обяза́тельство *(предвари́тельной)* опла́ты за прово́з

franko фра́нко, свобо́дный от расхо́дов; свобо́дный от опла́ты расхо́дов по доста́вке това́ра в ука́занный пункт *(о покупателе)*, с опла́той до..., *см. та́кже* **frei**

franko Bahnhof фра́нко железнодоро́жная ста́нция

franko Bestimmungsbahnhof фра́нко-ста́нция назначе́ния

franko Fracht фра́нко-фрахт

franko gegen franko взаи́мная опла́та расхо́дов

franko Provision фра́нко-комиссио́нные, без комиссионного вознагражде́ния

franko Valuta фра́нко-валю́та, бесплатно

franko Waggon фра́нко-ваго́н

franko Waggon Grenze Verkäuferland фра́нко-ваго́н грани́ца страны́ продавца́

franko-franko фра́нко-фра́нко *(продаве́ц несёт расхо́ды по доста́вке и за упако́вку)*

Frankobrief *m* опла́ченное письмо́

Frankogebühr *f* почто́вый сбор

Frankolieferung *f* поста́вка фра́нко, поста́вка с опла́ченным провозом

Frankopreis *m* цена́ фра́нко

Frankorechnung *f* счёт фра́нко

Frankovermerk *m* отме́тка об опла́те почто́вым сбо́ром *(вме́сто ма́рки)*

Frauenarbeit *f* же́нский труд

Frauenarbeitsschutz *m* охра́на же́нского труда́

Frauenberufe *m, pl* же́нские профе́ссии

Frauenbeschäftigungsgrad *m* у́ровень за́нятости же́нщин; до́ля за́нятых же́нщин в о́бщей чи́сленности за́нятых

frbl, freibleibend остаётся свобо́дным *(для реализа́ции, прода́жи)*

free *англ.* фра́нко, свобо́дный от расхо́дов; свобо́дный от опла́ты расхо́дов по доста́вке това́ра в ука́занный пункт *(о покупателе)*, с опла́той до...; свобо́дный *(не несу́щий отве́тственности за убы́тки)*, *см.тж.* **frei**

free alongside ship фра́нко вдоль борта́ су́дна, фас

free delivered доста́вка фра́нко *(в обусловленное ме́сто)*

free discharge вы́грузка опла́чивается фрахтователем, су́дно свобо́дно от расхо́дов по вы́грузке

free house фра́нко-местонахожде́ние

free in погру́зка опла́чивается фрахтователем

frei ein und aus, free in and out погру́зка и вы́грузка оплачиваются фрахтователем, су́дно свобо́дно от расхо́дов по погру́зке и вы́грузке

free in and out and stowed погру́зка, вы́грузка и укла́дка гру́за в трю́ме оплачиваются фрахтователем

free in and stowed погру́зка и укла́дка гру́за в трю́ме оплачиваются фрахтователем

free in waggon фра́нко-ваго́н, фот

free loading расхо́ды по погру́зке оплачиваются фрахтователем

free of capture and seizure *страх.* свобо́дно от плене́ния и захва́та

free of Charge беспла́тно

free of claims свобо́дно от прете́нзий *(напр., о замене това́ра, о возмеще-*

нии убы́тков)
free of damage *страх.* свобо́дно от поврежде́ния
free of particular average *страх.* свобо́дно от ча́стной ава́рии
free of steamer фра́нко с су́дна
free on board с доста́вкой на борт су́дна, с погру́зкой на борт су́дна; свобо́дно на борту́, фра́нко-борт, фоб
free on board/free of board погру́зка на борт су́дна в порту́ погру́зки и разгру́зка с борта́ су́дна в порту́ вы́грузки оплачиваются фрахтователем
free on quay фра́нко-при́стань
free on rail фра́нко погру́зочная платфо́рма, фор
free on steamer фра́нко с су́дна
free on truck фра́нко погру́зочная железнодоро́жная платфо́рма, фор; фра́нко-грузови́к
free on waggon фра́нко-ваго́н, фот
free out вы́грузка опла́чивается фрахтователем, су́дно свобо́дно от расхо́дов по вы́грузке
free overside фра́нко-строп су́дна в порту́ разгру́зки *(усло́вие об обя́занности покупа́теля нести́ все издéржки с моме́нта оставления гру́зом судово́го стро́па)*
freeholder *англ. ист.* фриго́льдер
frei фра́нко, свобо́дный от расхо́дов; свобо́дный от опла́ты расхо́дов по доста́вке това́ра в ука́занный пункт *(о покупателе)*, с опла́той до..., *см.тж. англ.* **free,** *см.тж.* **franko**
frei свобо́дный *(не несу́щий отве́тственности за убы́тки)*
frei беспла́тный; франки́рованный, опла́ченный вперёд, *см. та́кже* **franko**
frei ab Fabrik фра́нко-заво́д-поставщи́к
frei ab Haus фра́нко-местонахожде́ние
frei ab hier фра́нко здесь
frei ab Schiff свобо́дно с су́дна, фра́нко с су́дна
frei ab Werk фра́нко-заво́д-поставщи́к
frei an Bord с доста́вкой на борт су́дна, с погру́зкой на борт су́дна; свобо́дно на борту́, фра́нко-борт, фоб
frei Bahn фра́нко-желе́зная доро́га
frei durch Ablösung оплачено *(штамп на почто́вых отправле́ниях, не франкируемых обы́чными зна́ками почто́вой опла́ты)*
frei ein (eingeladen) погру́зка опла́чивается фрахтователем
frei ein und aus погру́зка и вы́грузка оплачиваются фрахтователем, су́дно свобо́дно от расхо́дов по погру́зке и вы́грузке
frei eingeladen погру́зка опла́чивается фрахтователем
frei Eisenbahngleis фра́нко погру́зочная платфо́рма, фор
frei Empfangsbahnhof фра́нко-ста́нция назначе́ния
frei Fahrzeug фра́нко-грузови́к
frei gestaut фра́нко-стивидорные рабо́ты, шти́вка
frei Grenze фра́нко-грани́ца
frei Grenzstation фра́нко-грани́ца
frei Hafen фра́нко-порт
frei Haus включа́я сто́имость доста́вки на дом, с *(беспла́тной)* доста́вкой на дом
frei Kai фра́нко-при́стань
frei Lager фра́нко-склад
frei Lager des Empfängers фра́нко-склад покупа́теля
frei Lager des Empfängers oder frei Verkaufsstelle фра́нко-склад покупа́теля, фра́нко торго́вая то́чка покупа́теля *(ба́зис цены́ в догово́ре ку́пли-прода́жи)*
frei Lager des Verkäufers фра́нко-склад продавца́
frei Lagerhaus des Empfängers фра́нко-склад покупа́теля
frei Lagerhaus des Verkäufers фра́нко-склад продавца́
frei Längsseite Schiffs фра́нко вдоль борта́ су́дна, фас
frei Schiff фра́нко-су́дно
frei Schiffsseite фра́нко вдоль борта́ су́дна, фас
frei Ufer фра́нко-бе́рег
frei Versandstation фра́нко-ста́нция отправле́ния
frei Versandstation verladen фра́нко-ста́нция отправле́ния, включа́я расхо́ды по погру́зке в ваго́н *(ба́зис цены́ в догово́ре ку́пли-прода́жи)*
frei von Kriegsmolesten свобо́дно от уще́рба, вы́званного войно́й *(страхо́вщик не несёт убы́тков, свя́занных с вое́нными де́йствиями)*
frei von Steuern не облага́емый нало́гами
frei von Zoll свобо́дный от по́шлины, фра́нко тамо́женная по́шлина
frei Waggon фра́нко-ваго́н, фот
Freiaktie *f* беспла́тная а́кция, дополни́тельная а́кция; свобо́дная а́кция *(выдаётся акционе́ру в счёт дивиде́нда)*
Freianteil *m* до́ля иму́щества, не облага́емая нало́гом
Freibauer *m ист.* свобо́дный крестья́нин; крестья́нин, свобо́дный от ба́рщины
Freibetrag *m* не облага́емый нало́гом ми́нимум *(дохо́да)*, часть дохо́да, не облага́емого нало́гом, су́мма, вычита́емая из дохо́да, подлежащего налогообложе́нию (*нало́г взима́ется с превыше́ния устано́вленной су́ммы)*, *ср.* **Freigrenze**
Freibetrag предвари́тельная опла́та тра́нспортных расхо́дов; *(предвари́тельная)* опла́та почто́вых отправле́ний
Freibetrag für jedes Kind не облага́емая нало́гом су́мма дохо́да на ка́ждого ребёнка
freibleibend без обяза́тельств
freibleibend остаю́щийся свобо́дным *(напр., для прода́жи)*; без обяза́тельства *(о предложе́нии, об оферте)*
freibleibend anbieten *торг.* предлага́ть без обяза́тельства
freibleibend offerieren *торг.* предлага́ть без обяза́тельства
eine freibleibende Offerte свобо́дная оферта
Freibrief *m* охра́нная гра́мота; *мор.* ча́ртер; *ист.* отпускна́я гра́мота, во́льная
Freie Demokratische Partei Свобо́дная демократи́ческая па́ртия, СвДП *(ФРГ)*
Freifahrt *f ж.д.* беспла́тный прое́зд
Freifahrt ход су́дна порожняко́м
Freigabe *f* отме́на реквизи́ции; освобожде́ние иму́щества от аре́ста; сня́тие запре́та; разреше́ние к прода́же, разреше́ние к отпра́вке; деблоки́рование, размораживание, сня́тие ограниче́ний, разблокирование *(счето́в)*; вы́дача *(напр., това́ра с тамо́жни)*;
Freigabe der Löhne сня́тие запре́та на повыше́ние за́работной пла́ты, «размораживание» за́работной пла́ты
Freigabe der Preise отме́на регули́рования цен
freigeben *vt* отменя́ть реквизи́цию; освобожда́ть иму́щество от аре́ста; снима́ть запре́т; разреша́ть к прода́же, разреша́ть к отпра́вке; снима́ть ограниче́ния, деблоки́ровать, размора́живать, разблоки́ровать *(счета́)*; выдава́ть *(напр., това́р с тамо́жни)*;
Freigeld *n* свобо́дно распространяю́щиеся *(бума́жные)* де́ньги
freigemacht свобо́дно *(для прода́жи)*; опла́ченный; оплачено; очищено от сбо́ров и по́шлин
ordnungsgemäß freigemacht опла́ченный до́лжным о́бразом
Freigepäck *n* беспла́тный бага́ж; бага́ж, провозимый беспла́тно
Freigewicht *n* вес, не подлежа́щий опла́те
freight *англ.* фрахт, груз
freight forward фрахт опла́чивается в порту́ вы́грузки
freight or carriage paid to... прово́з опла́чен до...
freight prepaid фрахт уплачен в порту́ погру́зки
Freigrenze *f* максима́льный разме́р дохо́да, не облага́емого нало́гом; дохо́д, в

пределах которого налог не взимается (*с превышением этого размера налог может взиматься со всей суммы*), *ср.* **Freibetrag**

Freigut *n* товар, не подлежащий обложению пошлиной, беспошлинный товар
Freigut *ист.* двор (крестьянская усадьба), свободный от податей и повинностей; *ист.* аллод (свободно отчуждаемая земельная собственность)

Freihafen *m* вольный порт, свободный порт, вольная гавань, свободная гавань, порто-франко, порт беспошлинного ввоза и вывоза

Freihafengebiet *n* зона, свободная от таможенного обложения, зона франко

Freihafenstellung *f* статус порто-франко

freihalten *vt* сохранять в силе; резервировать, бронировать

Freihandel *m* свободная торговля (*без вмешательства государства, вводящего пошлины, запреты, премии и проч.*), беспошлинная торговля, вольная торговля

Freihandelsgebiet *n* зона свободной торговли

Freihandelslehre *f* фритредерство, доктрина свободной торговли

Freihandelspreis *m* коммерческая цена, цена свободного рынка

Freihandelszone *f* зона свободной торговли

Freihändler *m* сторонник теории свободной торговли, фритредер

Freihauslieferung *f* доставка на дом; поставка франко-склад получателя

Freiheit *f* свобода

Freihof *m ист.* двор (*крестьянская усадьба*), свободный от податей и повинностей

Freiladegut *n* навалочный груз

Freiladeverkehr *m* перевозки навалочных грузов

Freilager *n* склад под открытым небом, открытый склад
Freilager свободный порт, порт беспошлинного ввоза и вывоза

Freiliste *f* список товаров, разрешённых к ввозу без каких-л. ограничений, список товаров, допущенных к внешнеторговым операциям, список либерализированных товаров; список товаров для беспошлинного ввоза (*в рамках ЕЭС*)

freimachen *vt* оплачивать почтовым сбором, франкировать
freimachen высвобождать (*напр., финансовые ресурсы*)

Freimachung *f* оплата почтовым сбором, франкирование
Freimachung высвобождение (*напр., финансовых ресурсов*)

Freimachungsvermerk *m* отметка об уплате почтового сбора при отправке

Freimachungszwang *m* обязанность оплаты почтовым сбором, обязательная оплата почтовым сбором

Freimarkt *m* беспошлинный рынок

Freimasse *f* вес, не подлежащий оплате

Freimesse *f* беспошлинная ярмарка

Freipass *m* свидетельство на беспошлинный провоз

Freisass *m ист.* свободный мелкий землевладелец

Freisasse *m ист.* свободный мелкий землевладелец

freischaffend внештатный (*напр., о корреспонденте*)

Freischaffende *m* лицо свободной профессии

Freischreibung *f* разрешение таможни на свободный ввоз (*или вывоз*) грузов (*не подлежащих оплате пошлиной*)

freisetzen *f* высвобождать (*напр., рабочую силу, финансовые средства*)

Freisetzung *f* высвобождение (*напр., рабочей силы, финансовых средств*)

Freisetzungsaufwand *m* расходы по высвобождению (*ресурсов*)

Freisetzungseffekt *m* эффект от высвобождения рабочей силы (*в результате технического прогресса*)

Freistadt *f* вольный город

Freistellung *f* высвобождение (*напр., рабочей силы, финансовых средств*); предоставление выбора
Freistellung von der Arbeit освобождение от работы для выполнения гражданских обязанностей, освобождение от работы по личным и семейным обстоятельствам

Freistempler *m* клиент почты, пользующийся маркировальной машиной; клиент почты, пользующийся франкировальной машиной
Freistempler маркировальная машина, франкировальная машина

Freiumschlag *m* маркированный конверт, прилагаемый для ответа

Freiverkehr *m* внебиржевой оборот (*торговые операции с ценными бумагами наряду с официальной биржевой торговлей*)

Freiverkehrskurs *m* курс внебиржевого оборота, неофициальный курс

Freiverkehrswerte *m, pl* ценные бумаги, не допущенные к биржевому обороту; ценные бумаги, не котирующиеся на бирже; ценные бумаги во внебиржевом обороте

Freivermerk *m ж.-д.* отметка об уплате провоза грузоотправителем

Freizeichen *n* знак фирмы (*не подлежащий регистрации в качестве товарного знака*)

Freizeichnungsklausel *f* пометка индоссанта на векселе «без оборота на меня», надпись индоссанта на векселе «без оборота на меня»; пометка о снятии с себя ответственности; оговорка (*в соглашениях, документах*) об освобождении от ответственности
Freizeichnungsklausel *юр.* оговорка об аннулировании договора при наступлении определённых обстоятельств.
Freizeichnungsklausel статья (*договора*), содержащая оговорку

Freizeit *f* свободное (*от работы*) время, досуг

Freizeitgestaltung *f* организация досуга

Freizeitökonomik *f* экономика досуга (*вопросы, связанные с экономической стороной использования свободного времени*)

Freizone *f* вольный район (*район беспошлинного ввоза*); свободный порт, порт беспошлинного ввоза и вывоза

Freizügigkeit *f юр.* право свободного передвижения и повсеместного проживания
Freizügigkeit der Arbeitskräfte свобода передвижения рабочих (*право выбора местожительства*)

Freizügigkeitsverkehr *m* проведение приходо-расходных операций по сберегательным книжкам во всех кредитных учреждениях

Fremdanlageerweiterung *f* мероприятия по модернизации арендованных основных фондов за счёт финансовых средств пользователя

Fremdarbeit *f* чужой труд; труд иностранных рабочих

Fremdarbeiter *m* иностранный рабочий

Fremdbeanspruchung *f эк. тр.* напряжение, вызванное влиянием производственной среды; перенапряжение, вызванное влиянием производственной среды

Fremdbesitz *m* владение чужим имуществом, владение чужой вещью

Fremdbesitzer *m* владелец чужого имущества, владелец чужой вещи

Fremdbezug *m* поставка со стороны, получение со стороны (*напр., электроэнергии*); поставки других предприятий

Fremdenindustrie *f* индустрия туризма

Fremdenrecht *n* нормы международного

и госуда́рственного права́, регули́рующие правово́е положе́ние иностра́нцев; режи́м иностра́нцев

Fremdensteuer *f* нало́г на иностра́нцев; куро́ртный нало́г

Fremdenverkehr *m* тури́зм и деловы́е пое́здки; иностра́нный тури́зм
berufsbedingter Fremdenverkehr нау́чный тури́зм; пое́здки, свя́занные с интере́сами профе́ссии *(напр., для посеще́ния вы́ставок, я́рмарок, конгре́ссов)*
reproduktionsbedingter Fremdenverkehr туристи́ческие пое́здки с це́лью о́тдыха и лече́ния

Fremdenverkehrsbetrieb *m* предприя́тие по обслу́живанию тури́стов; обслу́живание тури́стов

Fremdenverkehrsgewerbe *n* приём и обслу́живание тури́стов *(как заня́тие, принося́щее дохо́д)*; туристи́ческая инду́стри́я

Fremdenverkehrswerbung *f* рекла́ма для привлече́ния тури́стов, рекла́мные мероприя́тия и сре́дства для привлече́ния тури́стов

Fremdfinanzierung *f* финанси́рование с по́мощью привлечённых средств

Fremdgelder *n pl* су́ммы, поступи́вшие на счёт по оши́бке
Fremdgelder заёмные сре́дства, привлечённые сре́дства *(у промы́шленной фи́рмы и́ли ба́нка)*

Fremdgut *n* чужо́е иму́щество

Fremdkapital *n* заёмный капита́л, привлечённый капита́л; заёмные сре́дства
kurzfristiges Fremdkapital краткосро́чный заёмный капита́л
langfristiges Fremdkapital долгосро́чный заёмный капита́л

Fremdkapitalsteuer *f* нало́г на привлечённый капита́л, нало́г на заёмный капита́л

Fremdleistungen *f, pl* произво́дственные услу́ги со стороны́

Fremdlieferung *f* поста́вки со стороны́
aus Fremdlieferung привозно́й *(напр., о това́ре)*

Fremdmittel *n, pl* заёмные сре́дства

Fremdversicherung *f* страхова́ние чужо́го ри́ска

Fremdwährungsguthaben *n* акти́вы в иностра́нной валю́те

Fremdwährungsschuld *f* де́нежный долг, вы́раженный в иностра́нной валю́те

Fremdwährungsversicherung *f* страхова́ние, предусма́тривающее вы́плату страхово́й су́ммы в иностра́нной валю́те при наступле́нии страхово́го слу́чая за грани́цей; страхова́ние с вы́платой в иностра́нной валю́те

Frequentierung *f* посеща́емость *(напр., магази́на покупа́телями)*

Frequenz *f* посеща́емость; прито́к

Frequenzmethode *f* частóтный ме́тод *(реше́ния тра́нспортных пробле́м)*

Frerndfinanzierung *f* финанси́рование за счёт привлече́ния средств со стороны́

Freundschafts-, Handels- und Schifffahrtsvertrag *m* догово́р о дру́жбе, торго́вле и судохо́дстве

Freundschaftswechsel *m* дру́жеский ве́ксель, безде́нежный ве́ксель

FRF, Französischer Franc, -- Frankreich, Andorra, Monaco, Französische Überseeterritorien Францу́зский франк (*код валю́ты* 250), *в н.в. заменена́ на* Евро **EURO**, -- Фра́нция, Андо́рра, Мона́ко, Францу́зские ю́жные Террито́рии

frfr, frachtfrei фра́нко-ме́сто назначе́ния

frgm., freigemacht свобо́дно *(напр., для прода́жи)*; оплачено; очи́щено от сбо́ров и по́шлин

Friedensbedarf *m* потре́бности ми́рного вре́мени

Friedensindustrie *f* ми́рная промы́шленность; о́трасли ми́рной промы́шленности

Friedenspflicht *f* обяза́тельство коллекти́вного догово́ра об отка́зе от забасто́вок и увольне́ний

Friedensvergleich *m* полюбо́вная сде́лка, мирова́я сде́лка, полюбо́вное урегули́рование прете́нзий

Frischwarenmarkt *m* (сезо́нный) база́р в большо́м го́роде *(по прода́же све́жих овоще́й, цвето́в и друго́й сельскохозя́йственной проду́кции)*

Frisieren *n* **der Bilanz** «причёсывание» бала́нса

Frist *f* срок
abgelaufene Frist истёкший срок
angemessene Frist сораз́мерный срок, соотве́тствующий срок
äußerste Frist кра́йний срок
kürzeste Frist кратча́йший срок
letzte Frist кра́йний срок
obligatorische Frist обяза́тельный срок
richterliche Frist срок, устано́вленный судо́м
verkürzte Frist сокращённый срок
vertragliche Frist догово́рный срок
eine Frist gewähren предоста́вить срок
eine Frist (fest)setzen устана́вливать срок, назна́чить срок
eine Frist überschreiten превы́сить срок
eine Frist verkürzen сокраща́ть срок
eine Frist verlängern продлева́ть срок
in Fristen bezahlen плати́ть в рассро́чку

frist- und entschädigungslos в любо́е вре́мя и без возмеще́ния уще́рба, без ограниче́ния сро́ком и без обяза́тельства возмеще́ния уще́рба

Fristablauf *m* истече́ние сро́ка

Fristbemessung *f* исчисле́ние сро́ка

Fristen- und Terminplanung *f* календа́рное плани́рование, плани́рование сро́ков выполне́ния рабо́т

Fristenplan *m* календа́рный план

Fristenplanung *f* календа́рное плани́рование, плани́рование сро́ков выполне́ния рабо́т

fristgemäß в срок

fristgerecht в срок

Fristgesuch *n* про́сьба об отсро́чке

Fristgewährung *f* предоставле́ние отсро́чки, предоставле́ние сро́ка

Fristigkeit *f* сро́чность

fristlos без указа́ния сро́ка, без ограниче́ния сро́ком; бессро́чный; неме́дленный

Fristtage *m, pl* льго́тные дни *(в ве́ксельном обраще́нии)*, граци́онные дни *(в ве́ксельном обраще́нии)*

Fristüberschreitung *f* превыше́ние сро́ка
Fristüberschreitung просро́чка, несоблюде́ние сро́ка

Fristverlängerung *f* продле́ние сро́ка, отсро́чка

Fristversäumnis *n* просро́чка, несоблюде́ние сро́ка
Fristversäumnis про́пуск, неиспо́льзование прав, свя́занных с истече́нием сро́ка

Fristwechsel *m* сро́чный ве́ксель, ве́ксель с указа́нием сро́ка платежа́

Fristwesen *n* определе́ние и плани́рование сро́ков

Fritalux, Frankreich-Italien-Luxemburg Фра́нция, Ита́лия, Люксембу́рг *(страны́, объединённые экономи́ческим и таможенным союзом)*

fro, franko фра́нко

Fron *f* поднево́льный труд, принуди́тельный труд; *ист.* ба́рщина

Fronabgabensystem *n ист.* обро́чная систе́ма

Fronarbeit *f ист.* ба́рщина; поднево́льный труд, принуди́тельный труд

Fronarbeitssystem *n ист.* ба́рщинная систе́ма

fronen, *vi ист.* отбыва́ть ба́рщину; рабо́тать принуди́тельно, рабо́тать поднево́льно

Frongeld *n ист.* обро́к

Fronpflichtigkeit *f ист.* ба́рщинная пови́нность, ба́рщина

Fronrecht *n юр.* крепостнóе прáво
Front, *f*, Grüne *ист.* «Зеленый фронт» *(сóзданное в 1929 г. в Гермáнии объединéние сельскохозя́йственных союзов)*
Fronzinssystem *n ист.* оброчная систéма
Frs., Francs *стóлько-то* фрáнков
FRSt, Fernsprechrechnungsstelle абонемéнтно-расчётный отдéл телефóнной стáнции
Frt:
Frt, freight груз; фрахт
Frt, freight фрахтóвая тóнна
Frtfwd, freight forward фрахт, уплáчиваемый в портý вы́грузки
Frto, Frachttonne фрахтóвая тóнна
Frtppd, freight prepaid фрахт уплачен в портý погрýзки
Fruchtbarkeit *f* плодорóдие, плодорóдность; урожáйность; плодови́тость
Fruchtbarkeitsrente *f* рéнта за плодорóдие
Fruchtbarkeitsziffer *f стат.* коэффициéнт фертильности, коэффициéнт плодовитости
allgemeine Fruchtbarkeitsziffer óбщий коэффициéнт рождáемости
Fruchtfolge *f* севооборóт, плодосмéн, ротáция
Fruchtfolgerotation *f* севооборóт, плодосмéн, ротáция
Fruchtwechsel *m* севооборóт, плодосмéн *(с прáвильным чередовáнием зерновы́х пропашных и бобóвых культýр)*
Fruchtwechselwirtschaft *f* плодосменная систéма
Fruchtzins *m ист.* хлéбная подáть, подáть, вноси́мая хлéбом
Frühaussaat *f* рáнний посéв
Frühbezugsrabatt *m* скі́дка за покýпку сезóнных товáров до наступлéния сезóна
Frühbörse *f* ýтренняя би́ржа
Frühinvalidität *f* рáнняя инвали́дность
Frühjahrsaussaat *f* весéнний сев, сев яровых культýр
Frühjahrsbestellung *f* подготóвка и провéдение сéва яровых культýр
Frühkapitalismus *m* рáнний капитали́зм
Frühprognose *f* «рáнний» прогнóз, предвари́тельный прогнóз, первичный прогнóз
Frühschicht *f* ýтренняя смéна, рáнняя смéна, пéрвая смéна
Frühstückskartell *n* джентльмéнское соглашéние, ýстная договорённость
Frühverkaufsstelle *f* магази́н, открывáющийся рáньше други́х
Frühwarnsystem *n* систéма прогнóза
Fruktifikationstheorie *f* теóрия испóльзования *(теóрия процéнта, вы́двинутая Тюрго)*
Frustration *f* расстрóйство *(плáнов)*; фрустрáция, крушéние *(надéжд)*
FS, Fernschreiben телекс
FSU, former Soviet Union (eng.); ehemalige Sowjetunion бы́вший Совéтский Союз
FT:
F/T фрахтóвая тóнна
ft, full terms услóвия в цéлом
FTA, free-trade area (eng); Freihandelzone зóна свобóдной торгóвли
FTC, financial and technical co-operation (eng.); Finanz- und tedchnische Zusammenarbeit финáнсовое и техни́ческое сотрýдничество; сотрýдничество в финáнсовой и техни́ческой сфéрах
FTP (File Transfer Protocol) benutzen, um Buchdateien bei Internet-Shop hochzuladen испóльзовать протокóл *FTP* для загрýзки книжной бáзы дáнных в Интернéт-магази́н (на торгóвую площáдку Интернéт-магази́на)
Fuhrenzoll *m ист.* мыт
Fuhrgeld *n* плáта за достáвку
Fuhrgewerbe *n* извозный прóмысел
Fuhrkosten *pl* гужевы́е расхóды
Fuhrlohn *m* плáта за провóз *(грýзов)*
Fuhrmannsgewerbe *n* извозный прóмысел
Fuhrpark *m* гужевóй парк; парк трáнспортного хозя́йства, подвижнóй состáв трáнспортного хозя́йства
Führung *f* руковóдство, управлéние; руковóдство, руководи́тели; ведéние *(напр., счетóв)*; поведéние, óбраз дéйствий
Führung der Clearingkonten ведéние счетóв по клирингу
Führung der Geschäfte ведéние дел
Führung der Kassengeschäfte des Haushalts durch das Schatzamt казначéйская систéма кáссового исполнéния бюджéта
Führung der Kassengeschäfte des Haushalts durch eine Bank бáнковская систéма кáссового исполнéния бюджéта
Führung von Konten ведéние счетóв
werbende Führung систéма руковóдства, стáвящая себé цéлью привлечéние коллекти́ва к учáстию в достижéнии оптимáльных результáтов рабóты предприя́тия
Führungsaufgaben *f, pl* задáчи управлéния, управленческие задáчи
Führungsbereich *m* сфéра управлéния, сфéра руковóдства
Führungskader *m, pl* руководя́щие кáдры, руководя́щие рабóтники
Führungskräfte *f, pl* руководя́щие кáдры, руководя́щие рабóтники
Führungsnachwuchs *m* молодóе поколéние руководя́щих кáдров
Führungsorgan *n* руководя́щий оргáн, оргáн управлéния, оргáн руковóдства
Führungsposition *f* руководя́щая дóлжность; ведýщие пози́ции
in eine Führungsposition aufsteigen заня́ть руководящую дóлжность
Führungsspitze *f* вы́сшее руковóдство
Führungsstab *m* руководя́щий оргáн, оргáн управлéния, оргáн руковóдства
Führungsstil *m* стиль руковóдства
Führungstätigkeit *f* руковóдство, руководя́щая дéятельность, управленческая дéятельность
wissenschaftlich fundierte Führungstätigkeit наýчно обоснóванная управленческая дéятельность
Führungswissenschaft *f* наýка управлéния
Führungszeugnis *n* свидéтельство о поведéнии и благонадёжности, выдавáемое предпринимáтелем рабóчему; спрáвка поли́ции о благонадёжности
Fuhrwerkstransport *m* гужевáя перевóзка.
Fuhrwesen *n* извозный прóмысел; гужевóй транспóрт
füll set *англ. внешторг.* пóлный комплéкт *(напр., коносамента)*
full-time-job *англ.* пóлная зáнятость *(в течéние всегó рабóчего дня)*
Fülle *f* изоби́лие; избы́ток; богáтство; разнообрáзие *(напр., ассортимéнта)*
Füllinserate *n, pl* незаказанные объявлéния, помещаемые редáкцией газéты *(и́ли журнáла)* для заполнéния пусты́х мест
Füllprogramm *n* прогрáмма оптимальной загрýзки оборýдования
FUND:
FUND, International Monetary Fund Междунарóдный валю́тный фонд, МВФ
Fund *m* откры́тие месторождéния *(полéзных ископáемых)*; месторождéние *(полéзных ископáемых)*
Fundamentalsatz *m* основнáя теорéма; основнáя посы́лка
fundieren *vt* оснóвывать, учреждáть; вклáдывать дéньги *(в предприя́тие)*; обоснóвывать; консолиди́ровать *(по госудáрственному кредиту)*
fundiert оснóванный, учреждённый; влóженный *(о деньгáх)*; обоснóванный; соли́дный
fündig богáтый *(о месторождéнии)*; ру-

доно́сный *(о райо́не, уча́стке)*

Fundort *m* месторожде́ние *(поле́зных ископа́емых)*

Fundstätte *f* месторожде́ние *(поле́зных ископа́емых)*

Fünfjahrplan *m* пятиле́тний план, пятиле́тка

Fünftage-Arbeitswoche *f* пятидневная рабо́чая неде́ля

Fünfundvierzigstundenwoche *f* сорокапятичасовая рабо́чая неде́ля

fungibel замени́мый

fungible Waren замени́мые това́ры

Fungibilität *f* замени́мость *(напр., това́ров биржево́й торго́вли)*, заменя́емость

fungieren *vi* де́йствовать, функциони́ровать; выполня́ть обя́занности

Funktion *f* функциони́рование, де́йствие; фу́нкция, де́ятельность, рабо́та

Funktion *мат.* фу́нкция; функциона́л

Funktion der Warenzirkulation фу́нкция обраще́ния това́ров

Funktion des Lebensstandards фу́нкция у́ровня жи́зни

betriebstechnische Funktion управленческая фу́нкция

eindeutige Funktion однозначная фу́нкция

gesellschaftliche Funktion обще́ственная фу́нкция

quadratische Funktion квадрати́ческая фу́нкция

Funktional *n мат.* функциона́л

Funktionalabteilung *f* функциона́льный отде́л *(орга́н при дире́кторе предприя́тия для руково́дства предприя́тием)*

Funktionalanalysis *f* функциона́льный ана́лиз

Funktionalgleichung *f* функциона́льное уравне́ние

Funktionalismus *m* функционали́зм

Funktionalmatrix *f мат.* функциона́льная матрица

Funktionalsystem *n* функциона́льная систе́ма управле́ния

Funktionalzusammenhang *m стат.* функциона́льная зави́симость

Funktionär *m* де́ятель, рабо́тник *(напр., профсою́зный)*; функционе́р

Funktionen *f, pl* фу́нкции де́нег

Funktionen des Geldes фу́нкции де́нег

funktionieren, *vi* функциони́ровать, де́йствовать, рабо́тать *(напр., о маши́не)*

Funktionsauslösung *f* нача́ло рабо́ты, пуск *(устро́йства)*; разреше́ние рабо́ты

Funktionsbaugruppe *f* функциона́льный блок; функциона́льный мо́дуль

Funktionsdauer *f* продолжи́тельность функциони́рования, срок функциони́рования

Funktionsdiagramm *n* функциона́льная диагра́мма, функциона́льная схе́ма; диагра́мма функциони́рования

funktionsfähig приго́дный к эксплуата́ции; спосо́бный к функциони́рованию

Funktionsfähigkeit *f* функциони́рование; приго́дность к эксплуата́ции

Funktionsfeld *n* **des Kapitals** поле́ функциони́рования капита́ла

Funktionsgesetz *n* зако́н функциони́рования

Funktionsmaße *n, pl* действующие разме́ры

Funktionsmodell *n* де́йствующая моде́ль

Funktionsmuster *n* о́пытный образе́ц; де́йствующий маке́т

Funktionsnomenklatur *f* **für Hoch- und Fachschulkader** номенклату́ра ка́дров с вы́сшим и специа́льным сре́дним образова́нием

Funktionsplan *m* план распределе́ния фу́нкций *(и́ли обя́занностей)*, план разграниче́ния фу́нкций *(и́ли обя́занностей)*; ро́спись трудовы́х *(и́ли рабо́чих)* зада́ний,; ро́спись должносте́й и фу́нкций; должностно́е распределе́ние фу́нкций

Funktionsprobe *f* эксплуатацио́нное испыта́ние

technische Funktionsprobe техни́ческое испыта́ние эксплуатацио́нных ка́честв, техни́ческое испыта́ние эксплуатацио́нной надёжности

Funktionsprozess *m* проце́сс функциони́рования

Funktionsrabatt *m* ски́дка за приня́тие на себя́ не́которых фу́нкций поставщика *(напр., фу́нкции рекла́мы)*; ски́дка для аге́нта по перепродаже

funktionssicher надёжный в эксплуата́ции

Funktionssicherheit *f* эксплуатацио́нная надёжность *(напр., маши́ны)*

Funktionsstörungen *f, pl* непола́дки

Funktionstafel *f* функциона́льная табли́ца

Funktionstastatur *f* клавиату́ра управле́ния; функциона́льная клавиату́ра

funktionstüchtig дееспосо́бный; работоспособный

Funktionstüchtigkeit *f* эксплуатацио́нная надёжность *(напр., маши́ны)*

Funktionsvertretung *f* замеще́ние до́лжности

Funktionsweise *f* при́нцип де́йствия

Funktionszeit *f* вре́мя функциони́рования, продолжи́тельность функциони́рования

Funktionszyklus *m* рабо́чий цикл, цикл рабо́ты

Funkwerbung *f* радиореклама

für jede Transaktion eine Gebühr erheben получа́ть с ка́ждой транзакции сбор

Fürsorge *f* попече́ние, забо́та; попе́чительство; социа́льное обеспе́чение

gemeinschaftliche Fürsorge социа́льное обеспе́чение

öffentliche Fürsorge госуда́рственное социа́льное обеспе́чение

Fürsorgeamt *n* отде́л социа́льного обеспе́чения, управле́ние социа́льного обеспе́чения

Fürsorgeeinrichtungsbehörde *f* учрежде́ние социа́льного обеспе́чения, орга́н социа́льного обеспе́чения

fürsorgerisch относя́щийся к социа́льному обеспе́чению

Fürsorgeunterstützung *f* посо́бие по социа́льному обеспе́чению

Fusion *f* слия́ние *(напр., фи́рмы)*, соедине́ние

fusionieren *vt* соединя́ть, объединя́ть, слива́ть *(напр., предприя́тия, фи́рмы)*

Fusionierung *f* составле́ние после́довательности *(информа́ции)*; слия́ние *(информа́ции)*

Fusionsbilanz *f* объедини́тельный бала́нс

Fuß *m* фут *(ме́ра длины́)*

laufender Fuß пого́нный фут

Fustage *f фр.* твёрдая та́ра; сто́имость та́ры, сто́имость упако́вки

Fusti *pl ит.* фусти, ски́дка за поста́вку загрязнённого това́ра, ски́дка за недоброка́чественный това́р

Fusti отхо́ды *(в торго́вле)*; утёчка, усу́шка, утру́ска

Futter *n* фура́ж, корм *(для скота́)*

Futteraufriss *m* табли́ца сопоставления удоев и использованных пита́тельных кормовых веще́ств

Futtereinheit *f с. х.* кормова́я едини́ца

Futterwirtschaft *f* хозя́йство, занима́ющееся возде́лыванием кормовых культу́р

Futurologie *f* футуроло́гия

FV:

FV, Fv., Fachvereinigung специализи́рованное *(торго́вое и́ли промы́шленное)* объедине́ние

f.v., frei von свобо́дно от *(чего́-л.)*

FVG, Gesetz über die Finanzverwaltung зако́н о налоговой инспекции *(ФРГ)*

FW, Forstwirtschaft лесно́е хозя́йство

G:

G, geheim секре́тно

G, „Geld" курс покупа́телей, курс спро́са *(в курсовых бюллете́нях)*

-G, „gestrichen Geld“ курс зачёркнут, так как имелся лишь спрос *(в курсовых бюллетéнях)*
G, Griff *(рабóчий)* приём
G Tar, Gütertarif *ж.-д.* тари́ф на перевóзку грýзов

GA:
G/A, Con general average contribution *страх.* долевóй взнос *(для покры́тия убы́тков)* по óбщей авáрии
GA, G/A, general average *страх.* óбщая авáрия
Ga, Güterabfertigung приём грýзов к отпрáвке; грузовы́е оперáции

GAB, General Arragement to Borrow Óбщее положéние о заимствовании

Gag, Ganzzug маршрýтный грузовóй пóезд с однорóдным грýзом

Gage *f фр.* вознаграждéние; жáлованье, гонорáр, содержáние

gal, Gallon *m* галлóн *(мéра объема жи́дких и сыпýчих тел в Áнглии и США)*

Gallon *m* галлóн *(мéра объёма жи́дких и сыпýчих тел в Áнглии и США)*

Gallone *f* галлóн *(мéра объёма жи́дких и сыпýчих тел в Áнглии и США)*

Gallupinstitut *n* институ́т Гэллапа *(институ́т изучéния общéственного мнéния в США)*

Gamma-Verteilung *f* гáмма-распределéние

GAN, Generalauftragnehmer *m* генерáльный подря́дчик, генподря́дчик *(в строи́тельстве)*; генерáльный поставщи́к

gangbar хóдкий, пóльзующийся спрóсом

gängig хóдкий *(о товáре)*

Gängigkeit *f* ходкость *(о товáре)*

Gant *f* аукциóн, публи́чные торги́; продáжа с аукциóна

Gantt-Grafik *f* грáфик Ганта *(грáфик выполнéния плáна)*

Gantt-Pensumsystem *n* систéма зáработной плáты Ганта *(в систéме сочетáются повремéнная и сдéльная фóрмы зáработной плáты)*

Gantt-System *n* систéма зáработной плáты Ганта *(в систéме сочетáются повремéнная и сдéльная фóрмы зáработной плáты)*

Ganztagsarbeit *f* рабóта на пóлный рабóчий день; пóлная зáнятость

Ganztagsbeschäftigung *f* рабóта на пóлный рабóчий день; пóлная зáнятость

Ganzzugbildung *f* формировáние маршрýтных грузовы́х поездóв

GAP:
GAP, Großhandelsabgabepreis *m* отпускнáя ценá промы́шленности, оптóвая ценá
gap *(eng.)* гап *(рéзкое снижéние цены́ товáра, при котóром минимáльная ценá предыдýщего биржевóго дня (перúода) вы́ше максимáльной цены́ текýщего дня (перúода))*
GAP-Analyse *f* анáлиз инфляционного разры́ва, *GAP*-анáлиз; анáлиз дефляциóнного разры́ва, *GAP*-анáлиз

gar., garantiert гаранти́ровано

Garant *m* гарáнт, поручи́тель

Garantie *f* гарáнтия, ручáтельство, поручи́тельство; обеспéчение
Garantie der Versicherer гарáнтия страховщиков
Garantie geben предоставля́ть гарáнтию
Garantie gewähren предоставля́ть гарáнтию, давáть гарáнтию, гаранти́ровать, ручáться
Garantie stellen предоставля́ть гарáнтию, давáть гарáнтию, гаранти́ровать, ручáться
Garantie übernehmen предоставля́ть гарáнтию, давáть гарáнтию, гаранти́ровать, ручáться

Garantie- und Nacharbeit *f* рабóты, выполня́емые в течéние гаранти́йного срóка

Garantie- und Sicherheitsleistungen *f, pl* предоставлéние гарáнтий *(при импорте в ви́де авáнсовых платежéй, при экспорте в ви́де депози́тных вклáдов и́ли оговорённых в контрáкте неустоек)*

Garantieanleihe *f* гаранти́йный заём

Garantiearbeit *f* рабóты, выполня́емые в течéние гаранти́йного срóка

Garantiebrief *m* гаранти́йное письмó

Garantiedepot *n* гаранти́йный депози́т, гаранти́йный вклад

Garantiedienst *m* слýжба гаранти́йного ремóнта

Garantieeinlage *f* гаранти́йный взнос *(при срóчной сдéлке взнос для покры́тия рáзницы мéжду начáльной ценóй и послéдующей котирóвкой)*

Garantieerklärung *f* гаранти́йное письмó

Garantiefall *m* слýчай, трéбующий предоставлéния гарáнтии

Garantiefonds *m* гаранти́йный фонд

Garantieforderung *f* трéбование о предоставлéнии гарáнтии

Garantiefrist *f* гаранти́йный срок; срок поручи́тельства

Garantiefunktion *f* гаранти́йная фýнкция *(товáрного знáка)*

Garantiegebende *m* гарáнт, поручи́тель

Garantiehinterlegung *f* гаранти́йный депози́т, гаранти́йный вклад; гаранти́йный взнос *(при срóчной сдéлке взнос для покры́тия рáзницы мéжду начáльной ценóй и послéдующей котирóвкой)*

Garantiekapital *n* гаранти́йный капитáл

Garantieklage *f* иск к поручителю

Garantieklausel *f юр.* гаранти́йная оговóрка; пункт (договóра) о предоставляемых гарáнтиях

Garantiekosten *pl* расхóды, вытекáющие из фáкта предоставлéния гарáнтии; расхóды по гаранти́йному обслýживанию; расхóды, свя́занные с получéнием государственной *(и́ли бáнковской)* гарáнтии

Garantiekredit *m* гаранти́йный креди́т

Garantieleistung *f* предоставлéние гарáнтии; гаранти́йные услýги *(напр., ремóнт)*

Garantieleistungsvertrag *m* гаранти́йный договóр, договóр гарáнтии

Garantielohn *m* гаранти́рованный ми́нимум зáработной плáты

Garantiemarke *f* гаранти́йная мáрка, гаранти́йное клеймó

Garantiepflicht *f* обя́занность предоставлéния гарáнтии, обя́занность получéния гарáнтии; гаранти́йное обязáтельство

garantieren *vt* гаранти́ровать, предоставля́ть гарáнтию, давáть гарáнтию; обеспéчивать; ручáться

Garantierung *f* гаранти́рование, предоставлéние гарáнтии, поручи́тельство; обеспéчение

Garantieschein *m* гаранти́йное письмó; гарáнтия *(квитáнция)*, гаранти́йный талóн; гаранти́йное свидéтельство

Garantieschreiben *n* гаранти́йное письмó

Garantiesumme *f* гаранти́йная сýмма

Garantiesyndikat *n* гаранти́йный синдикáт

Garantiesystem *n* систéма государственных гарáнтий

Garantieübernahme *f* предоставлéние гарáнтии

Garantievereinbarung *f* соглашéние о предоставлéнии гарáнтии, договорённость о предоставлéнии гарáнтии

Garantievermerk *m* отмéтка о *(предоставлéнии)* гарáнтии, оговóрка о гарáнтии

Garantieverpflichtung *f* гаранти́йное обязáтельство, гарáнтия

Garantieversicherung *f* гаранти́йное страховáние

Garantievertrag *m* гаранти́йный договóр, договóр гарáнтии

Garantievorrat *m* гаранти́йный запáс, страховóй запáс

Garantievorschuss *m* авáнс в счёт предостáвленных гарáнтий

Garantiezeichen *n* гаранти́йный знак

Garantiezeit *f* гаранти́йный срок; срок поручи́тельства

Garantiezeitraum *m* гаранти́йный срок; срок поручи́тельства

Garantiezusage *f* гаранти́йное обяза́тельство

Garantitlonds *m* гаранти́йный фонд

Gartenbau *m* садово́дство

Gartenbaubetrieb *m* садово́дческое хозя́йство; садово́дство

Gartenrecht *n* пра́во на по́льзование зе́мельным уча́стком под сад *(или огоро́д)*

Gasgebühr *f* тари́ф на по́льзование га́зом; пла́та за по́льзование га́зом

Gastarbeiter *m* иностра́нный рабо́чий *(вре́менно рабо́тающий в Герма́нии)*

Gastarbeitnehmer *m* иностра́нный рабо́чий; рабо́чий-иммигра́нт

Gasthaus *n* гости́ница

Gasthof *m* гости́ница

Gastland *n* страна́, принима́ющая иностра́нные прямы́е инвести́ции

Gaststätte *f* предприя́тие обще́ственного пита́ния *(напр., рестора́н, столо́вая, кафе́)*; гости́ница, оте́ль

Gaststättenaufschlag *m* ресторанная наки́дка *(к цене́)*

Gaststättenbetrieb *m* предприя́тие обще́ственного пита́ния *(напр., рестора́н, столо́вая, кафе́)*; гости́ница, оте́ль

Gaststätteneinrichtung *f* предприя́тие обще́ственного пита́ния *(напр., рестора́н, столо́вая, кафе́)*; гости́ница, оте́ль

Gaststättenerlös *m* вы́ручка предприя́тий обще́ственного пита́ния

Gaststättengesetz *n* зако́н, регули́рующий рабо́ту предприя́тий обще́ственного пита́ния, пите́йных заведе́ний, мест ночле́га

Gaststättenkosten *pl* изде́ржки предприя́тий обще́ственного пита́ния, затра́ты предприя́тий обще́ственного пита́ния

Gaststättenkultur *f* культу́ра обслу́живания в предприя́тиях обще́ственного пита́ния

Gaststättennetz *n* сеть предприя́тий обще́ственного пита́ния

Gaststättenproduktion *f* проду́кция предприя́тий обще́ственного пита́ния

Gaststättenspanne *f* торго́вая наки́дка к сто́имости блюд, реализуемых чере́з систе́му предприя́тий обще́ственного пита́ния

Gaststättenumsatz *m* оборо́т предприя́тий обще́ственного пита́ния

Gaststättenverkaufspreis *m* отпускна́я цена́ предприя́тий обще́ственного пита́ния

Gaststättenwesen *n* обще́ственное пита́ние и гости́ничное де́ло

GATT, General Agreement on Tariffs and Trade Генера́льное соглаше́ние по *(таможенным)* тарифам и торго́вле, ГАТТ

GATT-Liberalisierung *f* либерализа́ция *(торго́вли)* в ра́мках ГАТТ

GATT-Raum *m* зо́на ГАТТ

Gattenermäßigung *f* нало́говая льго́та, предоставляемая на супру́гу *(или супру́га)*

Gattung *f* вид; род; тип, сорт; катего́рия; се́рия; ма́рка

Gattungsbegriff *m* родово́й элеме́нт *(зна́ка)*

Gattungskauf *m* ку́пля-прода́жа това́ра определённого ви́да, ку́пля-прода́жа това́ра определённого сорта́ *(напр., автомоби́ля определённой ма́рки)*

Gattungsschuld *f* долг, погаша́емый путём возвра́та ве́щи *(или предме́та)* определённого ви́да

Gattungsware *f* вид това́ра, в ра́мках кото́рого това́ры взаимозаменя́емы

GB:

GB, Grossbritannien Великобрита́ния

GB, „Geld und Brief" курс покупа́телей и курс продавцо́в, спрос и предложе́ние *(в биржевы́х бюллетéнях)*

GB, Genehmigungsbescheid *m* уведомле́ние о разреше́нии

GB, Genossenschaftsbank *f* кооперати́вный банк; креди́тное това́рищество

GB, Geschäftsbedingungen *f, pl* усло́вия заключе́ния сде́лки; пра́вила веде́ния дел

Gb., Gebühr по́шлина; сбор; нало́г

GBf, Güterbahnhof това́рная ста́нция

GBhf, Güterbahnhof това́рная ста́нция

GBO:

GBO, Grundbuchordnung положе́ние о поря́дке веде́ния кадастровых книг, положе́ние о поря́дке веде́ния поземе́льных книг

g.b.o., goods in bad order това́ры в плохо́м состоя́нии

GBP, Pfund Sterling, -- Grossbritannien Фунт сте́рлингов, -- Великобрита́ния

GBV, (innerdienstliche) Güterbeförderungsvorschriften der Eisenbahn пра́вила перево́зки гру́зов по желе́зным доро́гам

Gbz, Gebührenzettel квита́нция об упла́те нало́гов, квита́нция об упла́те сбо́ров, квита́нция об упла́те по́шлин

GD:

GD, Generaldirektor генера́льный дире́ктор

GD, Guatemala Грена́да

GDS, gebührenpflichtige Dienstsache служе́бный докуме́нт, подлежа́щий опла́те ге́рбовым сбо́ром

GE:

GE, Georgien Гру́зия

GE, Getreideeinheit зернова́я едини́ца

GE, Gewichtseinheit весова́я едини́ца, едини́ца ве́са

Gebarung *f* управле́ние дела́ми; де́ятельность; веде́ние *(фина́нсовых)* дел

Gebarung фина́нсовая комисси́я, фина́нсовый комите́т

Gebäudeabschreibung *f* амортизаци́онные списания сто́имости зда́ний и сооруже́ний

Gebäudeabschreibungen *f, pl* амортизацио́нные отчисле́ния со сто́имости зда́ний и сооруже́ний

Gebäudebesteuerung *f* обложе́ние нало́гом зда́ний

Gebäudeentschuldungssteuer *f* нало́г на при́быль, дополни́тельно получаемую домовладе́льцами от взима́ния кварти́рной пла́ты в пери́оды де́нежной инфля́ции *(взима́лся в Герма́нии в 1926-1942 гг.)*

Gebäudekosten *pl* расхо́ды по содержа́нию и эксплуата́ции зда́ний

Gebäudesteuer *f* нало́г, взима́емый со зда́ний

Gebäudesteuerrolle *f* вы́писка из кадастра с указа́нием объе́ктов налогообложе́ния, разме́ра нало́га, содержа́щая отме́тку об упла́те поземельного нало́га

Gebäudeversicherung *f* страхова́ние зда́ний

Gebäudewert *m* сто́имость зда́ний

Gebäudezählung *f* пе́репись зда́ний и сооруже́ний

Geberland *n* страна́-до́нор *(предоставля́ющая креди́ты, за́ймы, экономи́ческую по́мощь)*

Gebiet *n* о́бласть; зо́на; террито́рия; райо́н; о́бласть, сфе́ра; компете́нция

Gebietseinteilung *f* райони́рование

ökonomische Gebietseinteilung экономи́ческое райони́рование

Gebietsentwicklungsplan *m* план разви́тия (экономи́ческого) райо́на

Gebietskartell *n* карте́ль, де́ятельность кото́рого ограничена стро́го определённой террито́рией

Gebietskörperschaft *f* юриди́ческое лицо́ *(напр., общи́на)*, де́ятельность кото́рого ограничена стро́го определённой террито́рией

Gebietslizenz *f* лока́льная лице́нзия

Gebietsökonomik *f* эконо́мика райо́на

Gebietsplan *m* план разви́тия (экономи́ческого) райо́на

Gebietsplanung *f* плани́рование разви́тия (экономи́ческого) райо́на

Gebietsprogramm *n* програ́мма разви́тия (экономи́ческого) райо́на

Gebietsstruktur *f* структу́ра (экономи́ческого) райо́на

Gebietswirtschaft *f* эконо́мика райо́на

gebietswirtschaftlich относя́щийся к (экономи́ческому) райо́ну

GebO; Gebührenordnung положе́ние о поря́дке упла́ты сбо́ров, нало́гов ***или*** по́шлин

Geborenenüberschuss *m* превыше́ние рожда́емости над сме́ртностью

Gebot *n* предложе́ние ***(своей цены́ или усло́вий сбы́та)***

Gebot прика́з, тре́бование; предписа́ние ***(администрати́вное, госуда́рственное)***

geringstes Gebot предложе́ние само́й ни́зкой цены́ ***(на торга́х)***

letztes Gebot после́днее предложе́ние цены́ ***(на торга́х)***

ein Gebot tun предлага́ть це́ну

ein höheres Gebot tun предлага́ть бо́лее высо́кую це́ну

Gebrauch *m* употребле́ние, по́льзование; примене́ние; эксплуата́ция; обы́чай

Gebrauchsabnahme *f* сда́ча-приёмка строи́тельного объе́кта

Gebrauchsanleitung *f* инстру́кция по примене́нию, инстру́кция по по́льзованию; инстру́кция по эксплуата́ции

Gebrauchsanweisung *f* инстру́кция по примене́нию, инстру́кция по по́льзованию, руково́дство к примене́нию, руково́дство к по́льзованию; инстру́кция по эксплуата́ции

Gebrauchsartikel *m, pl* потреби́тельские това́ры, това́ры широ́кого потребле́ния, това́ры наро́дного потребле́ния, предме́ты ли́чного потребле́ния ***(напр., хозя́йственные това́ры, оде́жда, игру́шки)***

Gebrauchsbedingungen *f, pl* усло́вия употребле́ния

Gebrauchsdauer *f* срок слу́жбы ***(средств произво́дства)***; срок го́дности; срок по́льзования

Gebrauchseigenschaften *f, pl* потреби́тельские сво́йства; эксплуатацио́нные ка́чества

gebrauchserleichternd облегча́ющий по́льзование; облегча́ющий эксплуата́цию

Gebrauchsfähigkeit *f* го́дность к потребле́нию, го́дность к употребле́нию, приго́дность к потребле́нию, приго́дность к употребле́нию; гото́вность к эксплуата́ции

Gebrauchsgegenstände *m, pl* потреби́тельские това́ры, това́ры широ́кого потребле́ния, това́ры наро́дного потребле́ния, предме́ты ли́чного потребле́ния ***(напр., хозя́йственные това́ры, оде́жда, игру́шки)***

Gebrauchsgewährung *f* предоставле́ние в по́льзование

Gebrauchsgüter *n, pl* потреби́тельские това́ры, това́ры широ́кого потребле́ния, това́ры наро́дного потребле́ния, предме́ты ли́чного потребле́ния ***(напр., хозя́йственные това́ры, оде́жда, игру́шки)***

langlebige Gebrauchsgüter потреби́тельские това́ры дли́тельного по́льзования

Gebrauchskosten, *pl* функциона́льные изде́ржки ***(возника́ющие, напр. в результа́те изно́са, поврежде́ния основны́х средств произво́дства)***

Gebrauchsmuster *n* ***(зарегистри́рованный)*** промы́шленный образе́ц, промы́шленная моде́ль

Gebrauchsmusterschutz *m* защи́та промы́шленного образца́

Gebrauchsnormal *n* этало́н

Gebrauchsrecht *n* пра́во по́льзования

gebrauchsunfähig неприго́дный к потребле́нию, неприго́дный к эксплуата́ции, неприго́дный к употребле́нию

Gebrauchsvermögen *n* потреби́тельский капита́л

Gebrauchsvorschrift *f* инстру́кция по примене́нию, инстру́кция по по́льзованию, руково́дство к примене́нию, руково́дство к по́льзованию; инстру́кция по эксплуата́ции

Gebrauchsware *f* потреби́тельские това́ры, това́ры широ́кого потребле́ния, това́ры наро́дного потребле́ния, предме́ты ли́чного потребле́ния ***(напр., хозя́йственные това́ры, оде́жда, игру́шки***

Gebrauchswerbung *f* рекла́ма ***(в фо́рме вы́ставок, витри́н)***

Gebrauchswert *m* потреби́тельная сто́имость; потреби́тельская це́нность

Gebrauchswert-Kostenanalyse *f* функциона́льно-сто́имостный ана́лиз, ана́лиз затра́т на осно́ве потреби́тельной сто́имости,

Gebrauchswertbilanz *f* бала́нс потреби́тельных сто́имостей

Gebrauchswerteigenschaften *f, pl* потреби́тельские сво́йства,; эксплуатацио́нные ка́чества

gebrauchswertmäßig исходя́ из потреби́тельной сто́имости

Gebrauchswertminderung *f* уменьше́ние потреби́тельной сто́имости, сниже́ние потреби́тельной сто́имости

gebraucht бы́вший в употребле́нии

Gebrauchtwagen *m* поде́ржанный автомоби́ль

Gebrauchtwagenmarkt *m* ры́нок поде́ржанных автомоби́лей

Gebrauchtware *f* вещь, бы́вшая в употребле́нии; поде́ржанная вещь

Gebrauchtwarenhandel *m* торго́вля поде́ржанными веща́ми

GebrMG, Gebrauchsmusterschutzgesetz зако́н об охра́не (промы́шленных) образцо́в

Gebühr *f* сбор; по́шлина; нало́г; пла́та; взнос; тари́ф; вознагражде́ние, гонора́р ***(напр., адвока́ту)***

Gebührenauferlegung *f* обложе́ние по́шлиной

Gebührenaufschub *m* отсро́чка упла́ты по́шлины

Gebührenaufstellung *f* пе́речень по́шлин, шкала́ по́шлин, табли́ца по́шлин

Gebührenbefreiung *f* освобожде́ние от упла́ты сбо́ра, освобожде́ние от упла́ты нало́га, освобожде́ние от по́шлин

Gebührenbeitreibung *f* взима́ние сбо́ра, взима́ние нало́га, взима́ние по́шлин

Gebührenberechnung *f* исчисле́ние разме́ра пла́ты, исчисле́ние разме́ра нало́га ***или*** сбо́ра, исчисле́ние по́шлины

Gebührenerhebung *f* взима́ние пла́ты, взима́ние нало́га, взима́ние по́шлин

Gebührenerlass *m* освобожде́ние от упла́ты сбо́ра, нало́га ***или*** по́шлины; сниже́ние разме́ра сбо́ра, нало́га ***или*** по́шлины; нало́говая льго́та

Gebührenermäßigung *f* сниже́ние разме́ра сбо́ра, нало́га ***или*** по́шлины; нало́говая льго́та

Gebührenerstattung *f* возвра́т упла́ченного сбо́ра ***или*** нало́га, возвра́т упла́ченной по́шлины

gebührenfrei свобо́дный от упла́ты сбо́ра, нало́га ***или*** по́шлины; беспо́шлинный; беспла́тный

Gebührenfreiheit *f* освобожде́ние от упла́ты сбо́ра, нало́га ***или*** по́шлины

Gebührenmarke *f* знак опла́ты, ге́рбовая ма́рка ***(для упла́ты по́шлины)***

Gebührennachlass *m* сниже́ние разме́ра сбо́ра, нало́га ***или*** по́шлины; нало́говая льго́та

Gebührenordnung *f* положе́ние о поря́дке упла́ты сбо́ра, нало́га ***или*** по́шлины

Gebührenpauschale *n* пауша́льная су́мма нало́гов

Gebührenpflicht *f* нало́говая пови́нность

gebührenpflichtig пла́тный ***(напр., об услу́гах по́чты)***; подлежа́щий обложе́нию по́шлиной, подлежа́щий обложе́нию сбо́рами

Gebührensatz *m* ста́вка сбо́ра, ста́вка

налóга, стáвка пóшлины

Gebührentabelle *f* таблúца почтóвых тарúфов; таблúца сбóров

Gebührentafel *f* таблúца почтóвых тарúфов; таблúца сбóров

Gebührenüberhebung *f* неправомéрное взимáние непредусмóтренных сбóров *(в корыстных целях)*, неправомéрное взимáние сбóров в завышенном размéре *(в корыстных целях)*

Gebührenzeiten *f, pl* тарúфные перúоды

Gebührenzettel *m* квитáнция об уплáте сбóра, налóга *или* пóшлины

Gebührenzuschlag *m* дополнúтельный сбор

Geburtenabnahme *f* уменьшéние рождáемости, падéние рождáемости

Geburtenanzahl *f* рождáемость *(в чúсленном выражéнии)*

Geburtenausfall *m* уменьшéние рождáемости, падéние рождáемости

Geburtenbeihilfe *f* единоврéменное посóбие при рождéнии ребёнка

Geburtenentwicklung *f* динáмика рождáемости

Geburtenförderung *f* стимулúрование рождáемости

Geburtenfrequenz *f* рождáемость *(в чúсленном выражéнии)*

Geburtenhäufigkeit *f* рождáемость *(в чúсленном выражéнии)*

Geburtenkontrolle *f* контрóль за рождáемостью

Geburtenrate *f* коэффициéнт рождáемости

Geburtenrückgang *m* уменьшéние рождáемости, падéние рождáемости

Geburtenüberschuss *m* превышéние рождáемости над смéртностью

Geburtenverhältnis *n* коэффициéнт рождáемости

Geburtenziffer *f* коэффициéнт рождáемости; рождáемость *(в чúсленном выражéнии)*

Geburtsbeihilfe *f* единоврéменное посóбие при рождéнии ребёнка

gediegen доброкáчественный

Gedinge *n ю.-нем.* мелочнóй торг; сдéльная рабóта *(осóбенно в гóрном дéле)*, сдéльщина

Gedingearbeit *f* сдéльная рабóта, сдéльщина

Gedingelohn *m* сдéльная оплáта *(трудá)*; размéр оплáты сдельной рабóты

Gedingenehmer *m* лицó, выполняющее сдéльную рабóту, сдéльщик

Gedingeträger *m* лицó, уполномоченное рабóтниками наёмного трудá на заключéние договóра на сдéльную рабóту

Gedingeunternehmer *m* подрядчик

GEFA, Gesellschaft für Absatzfinanzierung Óбщество финансúрования сбытовых оперáций

Gefahr *f* опáсность; риск; страховóй риск
versicherte Gefahr застрахóванный риск

gefährdet находящийся под угрóзой *(напр., неуплáты)*

Gefährdungshaftung *f* обязанность возмещéния ущéрба, причúной возникновéния котóрого явúлся истóчник повышенной опáсности

Gefahrendeckung *f* заключéние договóра страховáния

Gefahrengemeinschaft *f* **der Versicherten** коллектúв страховáтелей определённого вúда страховáния

Gefahrenklasse *f страх.* класс рúсков

Gefahrenrückversicherung *f* перестрахóвка *(страховáние однóй страховóй компáнии в другóй)*

Gefahrentarif *m* страховóй тарúф, устанóвленный в зависимости от клáсса рúсков

Gefahrenübernahme *f* принятие на себя рúска

Gefahrenzulage *f* надбáвка за риск, надбáвка к зáработной плáте за рабóту в опáсных услóвиях

Gefahrenzuschlag *m* надбáвка за риск, надбáвка к зáработной плáте за рабóту в опáсных услóвиях

Gefahrerhöhung *f* **in der Versicherung** повышéние опáсности, имевшее мéсто пóсле заключéния договóра страховáния; увеличéние рúска, имевшее мéсто пóсле заключéния договóра страховáния

Gefahrgüter *n, pl* опáсные грýзы *(транспортирóвка котóрых связана с рúском, напр. кислотá, взрывчатые веществá и проч.)*

Gefahrtragung *f* ответственность за риск *(напр., случáйной гúбели имýщества)*

Gefahr(en)übergang *m* перехóд рúска *(напр., при случáйной гúбели úли пóрче товáра, перехóд материáльной ответственности от продавцá к покупáтелю)*

Gefahrübernahme *f* принятие на себя рúска *(напр., случáйной гúбели имýщества)*

Gefahrzettel *m* этикéтка на опáсный груз

Gefälle *n* рáзность, рáзница *(в цéнах, в оплáте и проч.)*
Gefälle *pl* дохóды *(чáще всегó от владéния имýществом)*

Gefälligkeitsakzept *n* дрýжеский акцéпт

Gefälligkeitsgiro *n* дрýжеский индоссамéнт

Gefälligkeitsindossament *n* дрýжеский индоссамéнт

Gefälligkeitswechsel *m* дрýжеский вéксель *(прúнятый досрóчно к оплáте простóй вéксель)*

Gefäßwagen *m* вагóн-резервуáр

GEFO, Gesellschaft für Osthandel Óбщество торгóвли с востóчными стрáнами *(ФРГ)*

gefragt пóльзующийся спрóсом *(о товáре)*

Gefriergut *n* заморóженные продýкты

Gefriergüter *n, pl* заморóженные товáры

Gefrierschiff *n* рефрижерáторное сýдно

Gefrierware *f* заморóженные продýкты

Gefüge *n* структýра, устрóйство

Gefühlgehalt *m* эмоционáльность *(напр., товáрного знáка)*

Gefühlzeichen *n* осязáтельный *(товáрный)* знак

GEG, Großeinkaufsgenossenschaft der Konsumvereine Оптово-закупочное товáрищество потребúтельских óбществ

Gegenangebot *n* встрéчное предложéние, контрпредложéние, встрéчная оферта

Gegenanspruch *m* встрéчное притязáние, встрéчный иск

Gegenantrag *m* встрéчное предложéние, контрпредложéние

Gegenauftrag *m* встрéчный закáз

Gegenausfuhr *f* встрéчный экспорт; взáимный экспорт

Gegenbedingung *f* встрéчное услóвие, ответное услóвие

Gegenbescheinigung *f* встрéчная распúска, ответная распúска

Gegenbestätigung *f* ответное подтверждéние *(подтверждéние уведомлéния о получéнии письмá)*

Gegenbestellung *f* встрéчный закáз

Gegenbetrieb *m* конкурúрующее предприятие

Gegenbilanz *f* контрбаланс

Gegenbuch *n* расчётная кнúжка по текýщему счёту

Gegenbuchung *f бухг.* сторнирующая зáпись, крáсное сторно

Gegenbürge *m* поручúтель за поручúтеля

Gegenbürgschaft *f* взáимное поручúтельство

Gegenentwurf *m* встрéчный проéкт

Gegenexport *m* встрéчный экспорт; взáимный экспорт

Gegenfaktor *m* противодéйствующий фáктор

Gegenforderung *f юр.* встрéчный иск;

встре́чное тре́бование

Gegengeschäft *n* встре́чная сде́лка, взаи́мная сде́лка, контрсделка

gegengezeichnet скреплено́ по́дписью

Gegenhandel *m* встре́чные торго́вые опера́ции, встре́чные комме́рческие опера́ции

Gegenklage *f юр.* встре́чный иск

Gegenkläger *m* лицо́, предъявля́ющее встре́чный иск

Gegenkonto *n* двойно́й счёт, корреспондирующий счёт

Gegenkontrolle *f* встре́чная прове́рка *(при реви́зии)*

Gegenläufigkeit *f* **(des Transports)** встре́чные перево́зки

Gegenleistung *f* встре́чное исполне́ние; взаи́мность исполне́ния обяза́тельств *(напр., по догово́ру)*; отве́тная услу́га

Gegenliste *f* прове́рочный спи́сок, контро́льный спи́сок

Gegenmacht *f* противостоящая си́ла *(продавца́ и́ли покупа́теля на ры́нке, противостоя́ние, напр. профсоюзов и предпринима́телей)*

Gegenmaßnahme *f* отве́тная ме́ра, контрме́ра

Gegenmuster *n* образе́ц, выставля́емый покупа́телем

Gegenofferte *f* встре́чная оферта, встре́чное предложе́ние, контрпредложе́ние

Gegenoperation *f* встре́чная сде́лка, взаи́мная сде́лка, контрсделка

Gegenpartei *f юр.* проти́вная сторона́ *(в проце́ссе)*

Gegenplan *m* встре́чный план

Gegenposten *m* корреспондирующая статья́

Gegenprobe *f* втори́чная прове́рка, встре́чная прове́рка; встре́чный образе́ц

Gegenprojekt *n* встре́чный прое́кт

Gegenprüfung *f* контро́льное испыта́ние, прове́рочное испыта́ние

Gegenquittung *f* отве́тная распи́ска, взаи́мная распи́ска

gegenrechnen *vt* проверя́ть счёт

Gegenrechnung *f* встре́чный счёт, контро́льный счёт

Gegenrechnungsbuch *n* встре́чное предложе́ние, контрпредложе́ние

Gegenrecht *n* пра́во взаи́мности

Gegenrimesse *f* встре́чный ве́ксель, контрримесса

Gegenschein *m* распи́ска в получе́нии

gegenschreiben *vt* спи́сывать со счёта

Gegenschrift *f бухг.* контрордер; контрпроводка, обра́тная прово́дка

Gegenschuld *f* взаи́мный долг, обою́дный долг

Gegenseitigkeit *f* взаи́мность, обою́дность

Gegenseitigkeitsgeschäft *n* взаи́мная сде́лка *(разнови́дность ба́ртерной сде́лки)*

Gegenseitigkeitsgesellschaft *f* общество, функциони́рующее на осно́ве при́нципа взаи́мности

Gegenseitigkeitsverein *m* о́бщество, функциони́рующее на осно́ве при́нципа взаи́мности

Gegenseitigkeitsversicherung *f* взаи́мное страхова́ние

Gegensicherheit *f* взаи́мное обеспе́чение, обою́дное обеспе́чение *(зало́гом)*

Gegenstand *m* предме́т, вещь; предме́т, объе́кт; те́ма

Gegenstand *юр.* объе́кт права́ *(ве́щи, права́, долговы́е обяза́тельства, патенты, репута́ция, секре́т фи́рмы и проч.)*

Gegenstand der allgemeinen Konsumtion предме́т всео́бщего потребле́ния

Gegenstand des täglichen Bedarfs предме́т пе́рвой необходи́мости

Gegentausch *m* взаи́мный обме́н

Gegentransaktion *f* встре́чная сде́лка, взаи́мная сде́лка, контрсделка

Gegentransport *m* встре́чные перево́зки

Gegenüberstellung *f* противопоставле́ние; сопоставле́ние, сравне́ние

Gegenunternehmen *n* конкури́рующее предприя́тие, фи́рма-конкуре́нт, предприя́тие-конкуре́нт

Gegenunternehmung *f* конкури́рующее предприя́тие, фи́рма-конкуре́нт, предприя́тие-конкуре́нт

Gegenunterschrift *f* контрассигна́ция, скрепле́ние по́дписью, подтвержде́ние по́дписью; визи́рование

Gegenverbindlichkeit *f* встре́чное обяза́тельство, взаи́мное обяза́тельство

Gegenverkehr *m* встре́чные перево́зки *(гру́зов)*

Gegenverpflichtung *f* встре́чное обяза́тельство, взаи́мное обяза́тельство

Gegenverschreibung *f* взаи́мное пи́сьменное обяза́тельство

Gegenversicherung *f* взаи́мное страхова́ние

Gegenvorschlag *m* встре́чное предложе́ние, контрпредложе́ние

Gegenwartswert *m* первонача́льная сто́имость за вы́четом су́ммы изно́са; действи́тельная сто́имость, факти́ческая сто́имость

Gegenwechsel *m* встре́чный ве́ксель *(ве́ксель, выдава́емый в ка́честве опла́ты)*

Gegenwert *m* эквивале́нт

Gegenwertfonds *m* эквивале́нтный фонд

Gegenwertkonto *n* эквивале́нтный счёт

Gegenwertmittel *n, pl* эквивалентные сре́дства; эквивале́нтный фонд

gegenzeichnen *vt* контрассигнировать, скрепля́ть по́дписью, подтвержда́ть по́дписью; визи́ровать; ратифици́ровать

Gegenzeichnung *f* контрассигна́ция, скрепле́ние по́дписью, подтвержде́ние по́дписью; визи́рование; втора́я по́дпись *(при подписа́нии контра́кта)*

Gehalt *n I* окла́д; жа́лованье; за́работная пла́та *(слу́жащих)*

Gehalt laut Einzelvertrag персона́льный окла́д

festes Gehalt твёрдый окла́д

fixes Gehalt фикси́рованный «твёрдый» окла́д

personengebundenes Gehalt персона́льный окла́д

das **Gehalt nach der beruflichen Qualifizierung abstufen** вводи́ть шкалу́ за́работной пла́ты по произво́дственной квалифика́ции

das **Gehalt durch einen Nebenverdienst aufbessern** прирабатывать к основно́му заработку

das **Gehalt der Angestellten ist nach Dienstjahren gestaffelt** ста́вки слу́жащих повышаются с увеличе́нием рабо́чего ста́жа

Gehalt *m II* вмести́мость, ёмкость

Gehalt содержа́ние; про́ба *(напр., мета́лла)*

Gehalt in Gewichtsteilen весово́е содержа́ние

Gehaltsabbau *m* сниже́ние за́работной пла́ты, уменьше́ние за́работной пла́ты

Gehaltsabzug *m* удержа́ние из за́работной пла́ты, вы́четы из за́работной пла́ты

Gehaltsanspruch *m* пра́во на получе́ние за́работной пла́ты; тре́буемый окла́д

Gehaltsaufbesserung *f* повыше́ние за́работной пла́ты

Gehaltsempfänger *m* получа́тель за́работной пла́ты

Gehaltsentwicklung *f* дина́мика за́работной пла́ты

Gehaltserhöhung *f* повыше́ние за́работной пла́ты

Gehaltsgefälle *n* ра́зница в окладах *(слу́жащих ра́зных катего́рий)*

Gehaltsgruppe *f* разря́д за́работной пла́ты слу́жащих

Gehaltsgruppenkatalog *m* тарифно-квалификацио́нный спра́вочник; схе́ма должностны́х окладов

Gehaltsklasse *f* разря́д за́работной пла́ты слу́жащих
Gehaltskonto *n* счёт *(в ба́нке и́ли в сберка́ссе)*, на кото́рый перево́дится за́работная пла́та
Gehaltskürzung *f* сниже́ние за́работной пла́ты, уменьше́ние за́работной пла́ты
Gehaltsliste *f* платёжная ве́домость на вы́дачу за́работной пла́ты
Gehaltspfändung *f* наложе́ние аре́ста на за́работную пла́ту
Gehaltspolitik *f* поли́тика в о́бласти за́работной пла́ты
Gehaltsrechnung *f* расчёт за́работной пла́ты
Gehaltssatz *m* ста́вка за́работной пла́ты *(слу́жащего)*
Gehaltssenkung *f* сниже́ние за́работной пла́ты, уменьше́ние за́работной пла́ты
Gehaltsstelle *f* отде́л за́работной пла́ты, расчётный стол
Gehaltsstufe *f* разря́д за́работной пла́ты; разря́д тари́фной се́тки
Gehaltstabelle *f* табли́ца ста́вок за́работной пла́ты, табли́ца тари́фов за́работной пла́ты
Gehaltstag *m* день вы́платы за́работной пла́ты
Gehaltstüte *f* конве́рт с *(отсчитанной)* за́работной пла́той
Gehaltsverbesserung *f* повыше́ние за́работной пла́ты
Gehaltsvorschuss *m* ава́нс *(в счёт за́работной пла́ты)*
Gehaltszahlung *f* вы́плата за́работной пла́ты, вы́дача за́работной пла́ты
Gehaltszulage *f* надба́вка *(к окла́ду)*, надба́вка к за́работной пла́те
Gehaltszuschlag *m* надба́вка к за́работной пла́те, надба́вка к окла́ду
Geheimbuch *n* секре́тный журна́л
Geheimbuchführung *f* секре́тная бухгалте́рия; секре́тный бухга́лтерский учёт
Geheimkartell *n* негла́сный карте́ль *(скры́тые фо́рмы координа́ции де́йствий продавцо́в с це́лью ограниче́ния конкуре́нции)*
Geheimkonto *n* секре́тный счёт
Geheimpatent *n* секре́тный пате́нт
Geheimverfahren *n* сведе́ния о техноло́гии произво́дства, «ноу-хау»
Geistesarbeit *f* у́мственный труд, у́мственная рабо́та
Geistesarbeiter *m* рабо́тник у́мственного труда́
Geistesschaffende *m* рабо́тник у́мственного труда́
GEL:
GEL, Lari, -- Georgien Лари *(код валю́ты* 981), -- Гру́зия
gel., geliefert поста́вленный; доста́вленный
Geld *n* де́ньги
Geld *бирж.* курс спро́са, цена́ спро́са
Geld akkumulieren нака́пливать де́ньги
Geld anlegen вкла́дывать де́ньги
Geld anlegen помеща́ть де́ньги, вкла́дывать де́ньги
Geld auf Kündigung ссу́да до востре́бования
Geld auf Zinsen geben дава́ть де́ньги в рост
Geld erwerben зараба́тывать де́ньги; нажива́ть де́ньги, «де́лать» де́ньги
Geld gegen Zinsen verleihen дава́ть де́ньги в рост
Geld und Brief *бирж.* спрос и предложе́ние
Geld unterschlagen соверши́ть растра́ту
Geld vom Konto abheben снима́ть де́ньги со счёта, брать де́ньги со счёта, получа́ть де́ньги со счёта
akzessorisches Geld акце́ссорные де́ньги
bares Geld нали́чные де́ньги
billiges Geld дешёвые де́ньги (напр. о дешёвых кредитах)
effektives Geld свобо́дные де́ньги, нали́чные сре́дства
fundiertes Geld вло́женные де́ньги *(напр., в банк)*
gefälschtes Geld фальши́вые де́ньги
hartes Geld металли́ческие де́ньги, моне́ты
heißes Geld «горя́чие» де́ньги *(капиталы, сро́чно переводи́мые в ба́нки друго́й страны́ ввиду́ угро́зы инфля́ции и́ли в наде́жде получи́ть дополни́тельную при́быль на курсово́й ра́знице)*
internationales Geld мировы́е де́ньги; междунаро́дная валю́та
kurantes Geld де́ньги, облада́ющие по́лной зако́нной платёжной си́лой *(неограни́ченно принима́емые в опла́ту)*
nicht konvertierbares Geld неконверти́руемая валю́та
nicht konvertierbares Geld сакра́льные де́ньги, ритуа́льные де́ньги
tägliches Geld *бирж.* однодне́вная ссу́да
verfügbares Geld свобо́дные *(де́нежные)* сре́дства, нали́чные сре́дства, нали́чность
zinstragendes Geld де́ньги, принося́щие проце́нты
Geld- und Kreditregulierung *f* де́нежно-креди́тное регули́рование
Geld- und Kreditsystem *n* де́нежно-креди́тная систе́ма
Geld- und Sachwertlotterie *f* де́нежно-вещева́я лотере́я
Geld- und Verrechnungsdokument *n* де́нежно-расчётный докуме́нт
Geld- und Wechselbörse *f* фо́ндовая би́ржа, валю́тная би́ржа
Geld- und Wertpapierhandel *m* (валю́тный) арбитра́ж
Geldabgabe *f* де́нежный сбор
Geldabholer *m разг.* разъездно́й инкасса́тор
Geldabschöpfung *f* изъя́тие из обраще́ния изби́тка де́нег, изъя́тие из обраще́ния изби́точной ма́ссы де́нег
Geldabwertung *f* девальва́ция; обесце́нение де́нег
Geldabzug *m* де́нежный вы́чет
Geldakkomodation *f* аккомода́ция де́нежного обраще́ния
Geldakkord *m разг.* акко́рдная за́работная пла́та
Geldakkumulation *f* накопле́ние де́нег; проце́сс накопле́ния де́нег
Geldangebot *n* предложе́ние де́нег *(со стороны́ госуда́рства, центра́льного и комме́рческих ба́нков)*
Geldanhäufung *f* накопле́ние де́нег; проце́сс накопле́ния де́нег
Geldanlage *f* помеще́ние де́нег, вложе́ние де́нег, вложе́ние де́нежных средств, капиталовложе́ние, инвести́рование, инвести́ция
Geldanleihe *f* заём в де́нежной фо́рме, де́нежная ссу́да
Geldanpassung *f* приспособле́ние де́нежного обраще́ния *(к меняющимся усло́виям)*, аккомода́ция де́нежного обраще́ния
Geldanweisung *f* де́нежный перево́д; ассигно́вка *(докуме́нт)*
Geldanweisungsschein *m* ассигно́вка *(докуме́нт)*; квита́нция де́нежного перево́да
Geldäquivalent *n* де́нежный эквивале́нт
Geldaristokratie *f* фина́нсовая аристокра́тия
Geldaufwand *m* де́нежные расхо́ды, де́нежные затра́ты, расхо́ды, изде́ржки, затра́ты
Geldaufwendungen *f, pl* де́нежные расхо́ды, де́нежные затра́ты, расхо́ды, изде́ржки, затра́ты
Geldaufwertung *f* повыше́ние сто́имости де́нег; ревальвация
Geldausdruck *m* де́нежное выраже́ние, стоимостное выраже́ние
Geldausdruck des Wertes де́нежное выраже́ние сто́имости
im Geldausdruck в де́нежном вы-

ражéнии, в стоимостном выражéнии

Geldausgabe *f* расхóды, издéржки, затрáты; вы́дача дéнег

nichtverbrauchswirksame Geldausgaben *pl* дéнежные расхóды *(населéния)*, не сказывающиеся на рóсте потреблéния

Geldauszahlung *f* вы́плата дéнег

Geldbedarf *m* потрéбность в деньгáх

Geldbeitrag *m* дéнежный взнос, дéнежный вклад

Geldbeleg *m* дéнежный докумéнт

Geldbelohnung *f* дéнежное вознаграждéние

Geldbeschaffung *f* привлечéние дéнежных средств

Geldbestand *m* дéнежная налúчность, дéнежные срéдства

Geldbewegung *f* движéние дéнег

Geldbewilligung *f* ассигновáние *(дéнежных средств)*

Geldbewilligungskomission *f* бюджéтная комиссúя

Geldbeziehungen *f, pl* дéнежные отношéния

Geldbilanz *f* балáнс дохóдов и расхóдов

Geldbörse *f* фóндовая бúржа, валю́тная бúржа; бúржа ссудного капитáла

Geldbörse кошелёк, портмонé

Geldbuße *f* дéнежный штраф

Gelddarlehen *n* дéнежная ссýда

Gelddeckung *f* товáрное покры́тие вы́пущенных в обращéние бумáжных дéнег; ликвúдные срéдства, находя́щиеся в распоряжéнии предприя́тия

Gelddepositum *n* дéнежный вклад в банк, депозúт

Gelddisposition *f* расчётный отдéл бáнка

Geldeingang *m* поступлéние дéнег, поступлéние дéнежных средств

Geldeingangsdauer *f* продолжúтельность поступлéния дéнег, длúтельность поступлéния дéнег

Geldeinheit *f* дéнежная единúца

Geldeinkommen *n* дохóды в дéнежной фóрме, дéнежные дохóды; дéнежные поступлéния

Geldeinkünfte *pl* дохóды в дéнежной фóрме, дéнежные дохóды; дéнежные поступлéния

Geldeinlage *f* дéнежный вклад в банк, депозúт

Geldeinnahmen *f, pl* дéнежные поступлéния; дохóды в дéнежной фóрме, дéнежные дохóды

Geldeinnahmen aus gesellschaftlichen Fonds дéнежные вы́платы из общéственных фóндов

Geldeinzahler *m* вклáдчик; внося́щий дéньги

Geldeinzug *m* инкассáция налúчных дéнег

Geldemission *f* эмúссия дéнег, вы́пуск дéнег

Geldempfänger *m* инкассáтор; получáтель дéнег

Geldentschädigung *f* дéнежная компенсáция

Geldentwertung *f* обесцéнение дéнег; девальвáция

Geldentwertungsausgleich *m* компенсáция за обесцененные дéньги

Gelder *n, pl* дéньги; дéнежные срéдства, финáнсовые срéдства; налúчные срéдства

aufgenommene Gelder срéдства, полýченные в кáчестве ссýды

ausstehende Gelder недоимка

ausstehende Gelder свобóдные от налóгового обложéния сýммы возмещéния затрáт, свя́занных с исполнéнием служéбных обя́занностей

feste Gelder срóчные вклáды; дéньги, дáнные взаймы́ на определённый срок; сýммы на специáльных счетáх, блокúрованные при проведéнии дéнежной рефóрмы *(ФРГ)*

kurzfristige Gelder краткосрóчные вклáды; краткосрóчные кредúты; краткосрóчные ссýды

langfristige Gelder долгосрóчные вклáды; долгосрóчные кредúты; долгосрóчные ссýды

Gelderhebung *f* сбор дéнег, взимáние дéнег

Gelderlös *m* вы́ручка, дéнежные поступлéния

Geldersatz *m* суррогáт дéнег; дéнежное возмещéние

Geldersatzmittel *n* суррогáт дéнег; срéдство, выполня́ющее фýнкцию дéнег

Geldertrag *m* дохóды в дéнежной фóрме, дéнежные дохóды; дéнежные поступлéния

Gelderwerb *m* получéние дéнег *(напр., в вúде зáработной плáты úли дивидéндов)*

Geldfaktor *m* дéнежный фáктор

Geldfälschung *f* поддéлка дéнег, фальсификáция дéнег, фальшивомонетничество

Geldfetisch *m* дéнежный фетúш

Geldfetischismus *m* дéнежный фетишúзм

Geldfonds *m* дéнежный фонд

Geldfondsentwicklung *f* динáмика дéнежных фóндов

Geldforderung *f* дéнежное трéбование

wechselseitige Geldforderung взаúмное дéнежное трéбование

Geldform *f* дéнежная фóрма

Geldform der Entlohnung дéнежная фóрма зáработной плáты

geldfressend *разг.* трéбующий бóльших затрáт налúчных средств; дорогостóящий

Geldfunktion *f* фýнкция дéнег

Geldgeber *m* кредитóр, заимодáвец; инвéстор

Geldgebühren *f, pl* дéнежные сбóры, налóги в дéнежной фóрме

Geldgeschäft *n* дéнежная сдéлка, финáнсовая сдéлка, дéнежная операция, финáнсовая операция

Geldgestalt *f* дéнежная фóрма

Geldhamstern *n* тезаврúрование дéнег, накоплéние дéнег

Geldhandel *m* торгóвля деньгáми; торгóвля валю́той

Geldhandlungskapital *n* денежно-торгóвый капитáл

Geldhandlungsprofit *m* денежно-торгóвая прúбыль

Geldherrschaft *f* госпóдство финáнсовой олигархии; плутокрáтия

Geldhort *m* тезаврированные дéньги, дéньги, превращённые в богáтство

Geldhortung *f* тезаврúрование (дéнег), накоплéние дéнег как богáтства

Geldinstitut *n* кредúтное учреждéние

Geldinstitute, *n, pl*, verlagerte кредúтные учреждéния за предéлами ФРГ, аппарáт управлéния котóрых нахóдится в ФРГ; кредúтные учреждéния за предéлами ФРГ, филиáлы котóрых нахóдятся в ФРГ

Geldkapital *n* дéнежный капитáл *(обы́чно включáет финáнсовые актúвы фúрмы - налúчные дéньги, бáнковские вклáды, облигáции, áкции и др.)*

Geldkapitalnot *f* недостáток дéнежного капитáла, нехвáтка дéнежного капитáла, потрéбность в дéнежных ресурсах

Geldkassette *f* я́щик с отделéниями для разменной монéты

Geldknappheit *f* дéнежный гóлод, ограничéнность дéнежных средств, нехвáтка дéнег, дéнежные затруднéния

Geldkontraktion *f* дефля́ция

Geldkredit *m* дéнежный кредúт

Geldkrise *f* дéнежный крúзис, денежно-кредúтный крúзис

Geldkurs *m* валю́тный курс; курс покупáтелей, ценá спрóса, курс спрóса

Geldkurszettel *m* курсовóй бюллетéнь; валю́тная котирóвка

Geldlage *f* состоя́ние дéнежного ры́нка; положéние на валю́тном ры́нке

Geldleihgeschäft *n* кредитно-ссу́дная опера́ция

Geldleistung *f* платёж нали́чными; *ист.* де́нежная пови́нность

Geldleistungen *f, pl* де́нежные вы́платы

Geldleistungen aus den gesellschaftlichen Konsumtionsfonds де́нежные вы́платы из обще́ственных фо́ндов потребле́ния

Geldleistungen der Sozialversicherung платежи́ из фо́нда социа́льного страхова́ния

Geldlohn *m* де́нежная фо́рма опла́ты труда́, (де́нежная) за́работная пла́та

fester Geldlohn гаранти́рованный ми́нимум опла́ты труда́

Geldmakler *m* биржево́й ма́клер по валю́те

Geldmangel *m* де́нежный го́лод, нужда́ в деньга́х, ограни́ченность де́нежных средств, нехва́тка де́нег,

Geldmann *m разг.* бога́тый предпринима́тель; финанси́ст; фина́нсовый вороти́ла, деле́ц

Geldmarkt *m* де́нежный ры́нок; ры́нок краткосрочного креди́та *(краткосро́чные де́нежные ссу́ды, ры́нок векселе́й, казначе́йских обяза́тельств и др.)*

Geldmarktanlagen *f, pl* инвести́ции *(в це́нные бума́ги де́нежного ры́нка)*

Geldmarktpapiere *n, pl* це́нные бума́ги, обраща́ющиеся на де́нежном ры́нке; краткосро́чные це́нные бума́ги

Geldmarktsatz *m* ста́вка проце́нта де́нежного ры́нка

Geldmarktverflüssigung *f* оби́лие нали́чных средств на де́нежном ры́нке, оби́лие нали́чных де́нег на де́нежном ры́нке

Geldmarktzinssatz *m* ста́вка проце́нта де́нежного ры́нка

Geldmasse *f* де́нежная ма́сса

Geldmaßstab *m* де́нежный масшта́б, сто́имостный масшта́б

Geldmechanismus *m* де́нежный механи́зм

Geldmenge *f* де́нежная ма́сса, *(напр., объём обращающейся в стране́ де́нежной ма́ссы)*

Geldmittel *n, pl* де́нежные сре́дства, фина́нсовые сре́дства; де́нежные фо́нды

Geldmittelbewegung *f* движе́ние нали́чных средств

Geldnachfrage *f* спрос на де́ньги

geldnah «почти́ де́ньги», бли́зкие субститу́ты де́нег

Geldnehmer *m* заёмщик, должни́к

Geldniederschlag *m* оседа́ние де́нег *(напр., у населе́ния)*

Geldnot *f* де́нежный го́лод, нужда́ в деньга́х, ограни́ченность де́нежных средств, нехва́тка де́нег

Geldnotierung *f* валю́тная котиро́вка; курс де́нег

Geldoperation *f* де́нежная сде́лка, фина́нсовая сде́лка, де́нежная опера́ция, фина́нсовая опера́ция

Geldordnung *f* де́нежная систе́ма

Geldpacht *f* аре́ндная пла́та

Geldpanik *f* па́ника на валю́тном ры́нке

Geldpapiere *n, pl* це́нные бума́ги

Geldpolitik *f* денежно-креди́тная поли́тика *(ча́сто направлена на стабилизацию де́нежной систе́мы)*; валютная поли́тика

Geldpolitik in der Euro-Zone фина́нсовая поли́тика в Еврозоне; фина́нсовая поли́тика в зо́не обраще́ния евро

Geldposten *m* де́нежная статья́ *(ка́ссовая)*

Geldprämie *f* де́нежная пре́мия

Geldpreis *m* валю́тный курс; курс де́нег

Geldquantum *n* де́нежная ма́сса

Geldrechnung *f* де́нежный учёт; счёт *(де́нежный)*

Geldreform *f* де́нежная рефо́рма

Geldregulierung *f* регули́рование де́нежного обраще́ния

Geldreichtum *m* тезаврированные де́ньги, де́ньги, превращённые в бога́тство

Geldrente *f* де́нежная ре́нта

Geldrepartierung *f бирж.* части́чное выполне́ние поруче́ний на поку́пку

Geldrimesse *f* римесса, де́нежный перево́д

Geldsatz *m* учётный проце́нт, учётная ста́вка

Geldschatz *m* тезаврированные де́ньги, де́ньги, превращённые в бога́тство

Geldschein *m* де́нежный знак; банкно́та

Geldschöpfung *f* эми́ссия бума́жных де́нег, вы́пуск бума́жных де́нег *(как пра́вило, в перио́д инфля́ции)*; но́вая де́нежная эми́ссия

Geldschöpfungsmultiplikator *m* мультиплика́тор но́вой де́нежной эмиссии *(ча́ще всего́ исчисля́ется как соотноше́ние ме́жду разме́рами дополни́тельной эмиссии платёжных средств и увеличе́нием резе́рвов комме́рческих ба́нков)*

Geldschuld *f* де́нежный долг

Geldschwierigkeiten *f, pl* де́нежные затрудне́ния, материа́льные затрудне́ния

Geldsendung *f* де́нежный перево́д

Geldsorten *f, pl* валю́та *(разли́чных стран)*; иностра́нные золоты́е моне́ты, банкно́ты и купоны; деви́зы

Geldsortenzettel *m* курсово́й бюллете́нь; валю́тная котиро́вка

Geldstabilität *f* стаби́льность де́нег

Geldsteuer *f* де́нежный сбор; нало́г, взима́емый в де́нежной фо́рме

Geldstillegung *m* нуллифика́ция де́нег *(объявле́ние госуда́рством си́льно обесцененных бума́жных де́нег недействи́тельными)*

Geldstock *m* основно́й капита́л

Geldstrafe *f* де́нежный штраф; пе́ня

Geldstrom *m* де́нежный пото́к, пото́к де́нег

Geldstückelung *f* подсчёт де́нег по купю́рам; распределе́ние бума́жных де́нег по ви́дам купю́р

Geldsurrogat *n* де́нежный суррога́т, бли́зкие субститу́ты де́нег, «почти́ де́ньги» *(напр., сро́чные и сберега́тельные вкла́ды, еврочеки и др.)*; де́нежный знак *(напр., банкно́та)*

Geldsystem *n* де́нежная систе́ма

Geldtauschverkehr *m* де́нежный обме́н

Geldtheorie *f* тео́рия де́нег; тео́рия де́нежного обраще́ния

Geldtransaktion *f* де́нежная сде́лка, фина́нсовая сде́лка, де́нежная опера́ция, фина́нсовая опера́ция

Geldüberfluss *m* избы́ток де́нег, превыше́ние де́нежной ма́ссы над товарным предложе́нием при да́нном у́ровне цен

Geldüberhang *m* избы́ток де́нег, превыше́ние де́нежной ма́ссы над товарным предложе́нием при да́нном у́ровне цен

Geldübermittlung *f* перечисле́ние, перево́д де́нег *(почто́вая опера́ция)*

Geldüberschuss *m* избы́ток де́нег, превыше́ние де́нежной ма́ссы над товарным предложе́нием при да́нном у́ровне цен

Geldüberweisung *f* де́нежный перево́д; перево́д де́нег по безнали́чному расчёту

Geldumlauf *m* де́нежное обраще́ние

Geldumlaufformel *f* фо́рмула де́нежного обраще́ния

Geldumlaufgeschwindigkeit *f* ско́рость обраще́ния де́нег

Geldumlaufgesetz *n* зако́н де́нежного обраще́ния

Geldumsatz *m* де́нежный оборо́т

Geldumschlaggeschwindigkeit *f* ско́рость обраще́ния де́нег

Geldumtausch *m* обме́н де́нег, обме́н де́нежных зна́ков *(напр., ста́рых на но́вые)*

Geldumtauschstelle *f* обме́нная, конто́ра, обме́нный пункт, пункт обме́на де́нег

Geldunterstützung *f* де́нежная по́мощь; де́нежное посо́бие

Geldverbindlichkeit *f* де́нежное обяза́тельство

Geldverflechtungsbilanz *f* бала́нс *(межотраслевых)* фина́нсовых свя́зей

Geldvergütung *f* де́нежное возмеще́ние; де́нежное вознагражде́ние

Geldverhältnisse *n, pl* де́нежные отноше́ния; положе́ние на де́нежном ры́нке

Geldverkehr *m* де́нежный оборо́т; де́нежное обраще́ние

Geldverkehrsbilanz *f* бала́нс де́нежных поступле́ний и платеже́й

Geldverleiher *m* кредито́р, заимода́вец

Geldverlust *m* (де́нежный) уще́рб, убы́ток

Geldvermögen *n* капита́л; це́нности; дви́жимое иму́щество *(в де́нежной фо́рме)*

Geldvernichtung *f* изъя́тие ча́стными ли́цами на вре́мя нали́чных де́нег из обраще́ния

Geldverpflichtung *f* де́нежное обяза́тельство

Geldverpuppung *f* **der Ware** превраще́ние това́ра в де́нежную ку́колку

Geldverschreibung *f* де́нежное обяза́тельство *(в пи́сьменной фо́рме)*; долгова́я распи́ска

Geldverschwendung *f* расточи́тельность; мотовство́;
Geldverschwendung *f* пуста́я тра́та де́нег; бесце́льная тра́та де́нег

Geldvolumen *n* объём де́нежного обраще́ния

Geldvorschuss *m* де́нежный ава́нс; де́нежное аванси́рование

Geldwanderung *f* мигра́ция де́нег

Geldware *f* де́ньги, де́нежный това́р, де́ньги как това́р

Geldwäsche *f* «отмывание» де́нег *(напр., перево́д нали́чных де́нег, полу́ченных от незако́нного би́знеса, в обы́чные ба́нковские депози́ты и др.)*

Geldwechsel *m* разме́н де́нег; обме́н *(иностра́нной)* валю́ты; пункт обме́на *(иностра́нной)* валю́ты

Geldwechselgeschäft *n* опера́ция по обме́ну *(иностра́нной)* валю́ты; конто́ра по обме́ну *(иностра́нной)* валю́ты; меня́льная конто́ра; ла́вка меня́лы

Geldwechsler *m* меня́ла

Geldwert *m* сто́имость де́нег, курс де́нег; де́нежная сто́имость *(напр., това́ра)*, де́нежный эквивале́нт

Geldwertbereinigung *f* пересчёт по индексу цен

Geldwerte *m, pl* де́ньги и це́нности *(в бала́нсе)*

Geldwertentwicklung *f* дина́мика покупа́тельной спосо́бности де́нег

Geldwertstabilität *f* стаби́льность де́нег

Geldwertverschlechterung *f* паде́ние покупа́тельной спосо́бности де́нег, сниже́ние покупа́тельной спосо́бности де́нег

Geldwesen *n* фина́нсы, систе́ма фина́нсовых отноше́ний, систе́ма де́нежного обраще́ния

Geldwirtschaft *f* де́нежное хозя́йство *(совоку́пность ви́дов, свойств и фу́нкций де́нег)*

geldwirtschaftlich денежно-хозя́йственный

Geldwucher *m* ростовщи́чество

Geldwucherer *m* ростовщи́к

Geldzählgerät *n* денежно-счётная маши́на, денежно-счётный аппара́т

Geldzahlung *f* платёж нали́чными

Geldzeichen *n* де́нежный знак

Geldzeichenfälschung *f* подде́лка де́нежных зна́ков

Geldzins *m* ссу́дный проце́нт; проце́нт с капита́ла, ре́нта; *ист.* де́нежная пови́нность

Geldzirkulation *f* де́нежное обраще́ние

Geldzufluss *m* прито́к де́нег

Geldzuwendung aus dem Gewinn вы́плата из при́были к за́работной пла́те
Steuer-und SV-beitragsfreie Geldzuwendung де́нежное посо́бие, свобо́дное от нало́гов и взно́сов в фонд социа́льного страхова́ния

Gelegenheitsagent *m* аге́нт, выполня́ющий отде́льные поруче́ния

Gelegenheitsarbeit *f* случа́йная рабо́та

Gelegenheitsarbeiter *m* челове́к, не име́ющий постоя́нной рабо́ты, челове́к, живу́щий на случа́йный за́работок

Gelegenheitsgeschäft *n* случа́йная сде́лка

Gelegenheitsgesellschaft *f* о́бщество, организо́ванное для проведе́ния отде́льных *(от слу́чая к слу́чаю)* опера́ций

Gelegenheitskauf *m* поку́пка *(това́ра и́ли це́нных бума́г)* по слу́чаю

Gelegenheitsverdienst *m* случа́йный за́работок

Gelegenheitsware *f* това́р, предлага́емый по слу́чаю, това́р, приобрета́емый по слу́чаю
Gelegenheitsware това́р, продава́емый по слу́чаю; това́р, приобрета́емый по слу́чаю

gelten, *vi* быть действи́тельным, име́ть си́лу
der Vertrag gilt ... контра́кт име́ет си́лу ...

geltend действующий, име́ющий си́лу
geltend machen сде́лать *что-л.* де́йственным, пусти́ть в ход, воспо́льзоваться

Geltendmachung *f* осуществле́ние прав; предъявле́ние прете́нзий, предъявле́ние тре́бований

Geltung *f* значе́ние; зна́чимость; це́нность; де́йствие, де́йственность *(напр., зако́на, догово́ра)*

Geltungsbereich *m* компете́нция; территориа́льная сфе́ра де́йствия *(зако́на, распоряже́ния)*

Geltungsdauer *f* срок де́йствия

Geltungskonsum *m* престижное потребле́ние *(потребле́ние, осно́ванное на жела́нии поддержа́ть свой прести́ж)*; приобрете́ние това́ров из тщесла́вия, приобрете́ние това́ров из жела́ния блесну́ть

Gemarkung *f* земе́льные уго́дья, принадлежа́щие общи́не

Gemeinbesitz *m* совме́стное владе́ние, коллекти́вное владе́ние; общинное владе́ние

Gemeinde *f* общи́на
Gemeinde самоуправляемая администрати́вная едини́ца
Gemeinde *церк.* прихо́д

Gemeindeabgaben *f, pl* муниципа́льные сбо́ры; общи́нные сбо́ры, коммуна́льные сбо́ры

Gemeindeanleihe *f* муниципа́льный заём

Gemeindeausgaben *f, pl* расхо́ды общи́ны, расхо́ды ме́стного орга́на самоуправле́ния

Gemeindebesitz *m* общи́нная со́бственность; со́бственность ме́стного орга́на самоуправле́ния

gemeindeeigen общи́нный *(о со́бственности)*

Gemeindeeigentum *n* общи́нная со́бственность; со́бственность ме́стного орга́на самоуправле́ния

Gemeindeeinkommen *n* дохо́ды общи́ны, дохо́ды ме́стного орга́на самоуправле́ния

Gemeindegut *n* общинное иму́щество; иму́щество ме́стного орга́на самоуправле́ния

Gemeindehaushalt *m* бюдже́т общи́ны, бюдже́т ме́стного орга́на самоуправле́ния

Gemeindeordnung *f* положе́ние об общинах; уста́в общи́ны

Gemeindeplanung *f* плани́рование общи́н, общинное плани́рование

Gemeindesteuer *f* коммуна́льный нало́г, муниципа́льный нало́г

Gemeindesteuern *f, pl* муниципа́льные нало́ги *(в ФРГ, напр. поземе́льный нало́г, нало́г на вид хозя́йственной де́ятельности, нало́ги на напи́тки, нало́ги с*

увеселительных предприятий)
Gemeindeverband *m* объединение общин
Gemeineigentum *n* общая собственность, коллективная собственность; государственная собственность; общинная собственность
Gemeingebrauch *m* совместное пользование, коллективное пользование; право общего пользования *(напр., дорогами)*
Gemeingläubiger *m* общее число кредиторов несостоятельного должника; совокупный кредитор
Gemeingut *n* общественное достояние, общее достояние
Gemeinkosten *pl* накладные расходы *(частично входящие в себестоимость)*
Gemeinkostenanteil *m* удельный вес накладных расходов, доля накладных расходов
Gemeinkostenbereich *m* область накладных расходов, сфера накладных расходов
Gemeinkostendeckung *f* покрытие накладных расходов
Gemeinkostenleistungen *f, pl* продукция и услуги предприятия, используемые для внутреннего потребления
Gemeinkostenleistungen затраты на услуги, учитываемые в накладных расходах
Gemeinkostenlohne *m, pl* заработная плата за все виды подсобных работ
Gemeinkostenmaterial *n* сырьё и вспомогательные материалы, стоимость которых относится к накладным расходам (*ср.*
Gemeinkostenrechnung *f* счёт накладных расходов
Gemeinkostensatz *m* норма *(распределения)* накладных расходов
Gemeinkostenschlüsselung *f* разбивка накладных расходов *(по отдельным видам)*; расшифровка накладных расходов,
Gemeinkostensenkung *f* снижение накладных расходов
Gemeinkostenzuschlag *m* надбавка на накладные расходы *(в калькуляциях)*
gemeinkundig общеизвестный
Gemeinlastprinzip *n* принцип компенсации экономического ущерба *(напр., за счёт бюджета)*
Gemeinnutz *m* общая польза, общеполезность
gemeinnützig общественно полезный
Gemeinnützigkeit *f* общая польза, общеполезность; общественная полезность *(является основанием для освобождения от налога)*
Gemeinsamer Markt Общий рынок
Gemeinsamer Wagenpark, (von Mitgliedsländern des Rates für Gegenseitige Wirtschaftshilfe) Общий парк грузовых вагонов, ОПВ *(бывш. стран-членов СЭВ)*
Gemeinschaft *f* общность, единство, единение, содружество; связь, общение; общество, объединение; сообщество
Gemeinschaft nach Bruchteilen *юр.* общая долевая собственность
Gemeinschaft zur gesamten Hand *юр.* общая совместная собственность
Gemeinschaftsarbeit *f* коллективный труд
Gemeinschaftsbeschaffung *f* коллективная закупка; коллективная заготовка
Gemeinschaftsbesitz *m* коллективное владение, совместное владение
Gemeinschaftsdepot *n* коллективное депонирование
Gemeinschaftsgründung *f* основание (акционерного) общества
Gemeinschaftshaftung *f* солидарная ответственность; круговая порука
Gemeinschaftskontenrahmen *m* единая номенклатура счетов
Gemeinschaftskonto *n* общий счёт
Gemeinschaftsnutzung *f* совместное пользование
Gemeinschaftsproduktion *f* совместное производство
Gemeinschaftssparen *n* коллективные вклады
Gemeinschaftsstation *f* машиносчётная станция, обслуживающая несколько предприятий
Gemeinschaftsunternehmen *n* совместное предприятие
Gemeinschaftsvertrieb *m* совместный сбыт *(продукции)*
Gemeinschaftswerbung *f* совместная реклама
Gemeinschuld *f* конкурсная масса, остаточное имущество фирмы-банкира
Gemeinschuldner *m* несостоятельный должник нескольких кредиторов, банкрот, находящийся под конкурсом; должник, оказавшийся банкротом
Gemeinwesen *n* коммуна; общество; общественность
Gemeinwirtschaft *f* коллективное хозяйство, общее хозяйство
Gemeinwirtschaftliche Hochseefischerei-Gesellschaft Кооперативное общество морского рыболовства *(ФРГ)*
Gemeinwirtschaftlichkeit *f* оценка хозяйственной деятельности предприятия, исходя из её пользы для общества
Gemeinwirtschaftsbank *f* профсоюзно-кооперативный банк *(ФРГ)*
GEMES, Gesellschaft für Messegestaltung und Organisation Общество по оборудованию и организации ярмарок
Gemischtbetrieb *m* смешанное предприятие, предприятие смешанного типа
Gemischtfertigung *f* смешанная форма производства *(станочного и конвейерного)*, смешанная форма технологического процесса производства
Gemischtunternehmen *n* совместное предприятие
Gemischtwaren *f, pl* мелочной товар
Gemischtwarengeschäft *n* небольшой магазин по продаже продовольственных, галантерейных, хозяйственных и других товаров
Gemischtwarenhandel *m* мелочная торговля
Gemischtwarenhandlung *f* небольшой магазин по продаже продовольственных, галантерейных, хозяйственных и других товаров
Gemüse- und Obstgürtel *m* пригородное садово-овощеводческое хозяйство
Gemüseanbau *m* овощеводство; огородничество
Gemüsebau *m* овощеводство; огородничество
Gemüseverkaufsstelle *f* овощной магазин, зеленной магазин
Gen:
Gen. Dir генеральный директор
GenG Genossenschaftsgesetz закон о кооперативных товариществах
genaues Bild über die aktuellen Preise machen получить точное представление о действующих ценах; создать точное представление о действующей цене (ценах); получить полную картину о действующих ценах
Genauigkeitsklasse *f* класс точности
Gencon-Charter *m* Дженкон *(условное название типового чартера на фрахтование судов для перевозки генеральных грузов)*
Genehmigung *f* разрешение, санкция, утверждение; одобрение, согласие, *ср.* **Lizenz**
Genehmigungsregime *n* лицензионный порядок осуществления внешнеторговых операций
Genehmigungsverfahren *n* лицензионный порядок осуществления внешнеторговых операций
Generalabkommen *n* общее соглаше-

ние, генера́льное соглаше́ние
Generalabrechnung *f* заключи́тельный расчёт; оконча́тельный расчёт
Generalagent *m* генера́льный представи́тель, гла́вный представи́тель ***(напр., фи́рмы)***; генера́льный аге́нт
Generalakzise *f* универса́льный акци́з
Generalauftragnehmer *m* генера́льный подря́дчик ***(в строи́тельстве)***; генера́льный поставщи́к
Generalaussperrung *f* о́бщий лока́ут
Generalbebauungsplan *m* генера́льный план застро́йки
Generaldirektor *m* генера́льный дире́ктор
Generalgut *n* генера́льный груз
Generalhandel *m* генера́льная торго́вля, о́бщая торго́вля ***(о́бщий вне́шний торго́вый оборо́т, включа́я транзи́тные това́ры)***
Generalhypothek *f* о́бщая ипоте́ка
Generalinstandsetzung *f* капита́льный ремо́нт
Generalinvestor *m* гла́вный инве́стор, основно́й инве́стор
Generalkargo *m* генера́льный груз
Generalkartell *n* генера́льный карте́ль
Generalkasse *f* гла́вная ка́сса
Generalklausel *f* о́бщая огово́рка, генера́льная огово́рка
Generalkosten *pl* основны́е расхо́ды ***(напр., в догово́ре фрахтования)***
Generalkostenplan *m* генера́льная сме́та
Generalkostenvoranschlag *m* генера́льная сме́та
Generalladung *f* генера́льный груз
Generallizenz *f* генера́льная лице́нзия
Generalpacht *f* генера́льная аре́нда
Generalplan *m* генера́льный план
Generalpolice *f страх.* генера́льный по́лис
Generalreparatur *f* капита́льный ремо́нт
Generalstaatskasse *f* центра́льная госуда́рственная ка́сса
Generalstreik *m* всео́бщая забасто́вка
Generaltarif *m* генера́льный тари́ф ***(с максимальными по́шлинами)***
Generalüberholung *f* капита́льный ремо́нт
Generalvereinbarung *f* генера́льное соглаше́ние, о́бщее соглаше́ние, глоба́льное соглаше́ние
Generalverkaufsagenturabkommen *n* соглаше́ние ме́жду междунаро́дными авиакомпа́ниями о предоставле́нии прав на осуществле́ние комме́рческих опера́ций на взаи́мной осно́ве
Generalverkehrsplan *m* генера́льный план разви́тия тра́нспорта
Generalversicherung *f* генера́льное страхова́ние ***(напр., догово́р тра́нспортного страхова́ния, усло́вия и объе́кт кото́рого огова́риваются в о́бщих черта́х)***
Generalvertreter *m* генера́льный представи́тель, гла́вный представи́тель ***(напр., фи́рмы)***; генера́льный аге́нт
Generalvollmacht *f* о́бщая дове́ренность
Generalziel *n* генера́льная цель
Generalzolltarif *m* генера́льный тамо́женный тари́ф
Generation *f* поколе́ние
genormt нормированный; унифицированный; станда́ртный, нормати́вный
Genossenschaft *f* това́рищество; арте́ль; кооперати́в; коопера́ция; ассоциа́ция; объедине́ние, сою́з
Genossenschaft mit beschränkter Haftung това́рищество с ограни́ченной отве́тственностью
Genossenschaft mit unbeschränkter Haftung това́рищество с неограни́ченной отве́тственностью
Genossenschaft mit unbeschränkter Nachschusspflicht това́рищество с неограни́ченной отве́тственностью по упла́те дополни́тельных де́нежных взно́сов
Genossenschaft ohne Nachschusspflicht това́рищество без обяза́тельства упла́ты дополни́тельных де́нежных взно́сов
Genossenschaft zur gemeinsamen Bodenbearbeitung това́рищество по совме́стной обрабо́тке земли́
bäuerliche Genossenschaft сельскохозя́йственный кооперати́в
eingetragene Genossenschaft зарегистри́рованное това́рищество
gewerbliche Genossenschaft промысло́вая арте́ль
industrielle Genossenschaft промы́шленный кооперати́в
landwirtschaftliche Genossenschaft сельскохозя́йственное това́рищество; сельскохозя́йственный кооперати́в; сельскохозя́йственная арте́ль
Genossenschaftler *m* член кооперати́ва; па́йщик; коопера́тор
genossenschaftlich кооперати́вный
genossenschaftlich-kollektivwirtschaftlich кооперативно-колхозный
Genossenschaftsanteil *m* кооперати́вный пай
Genossenschaftsbank *f* кооперати́вный банк; креди́тное това́рищество
Genossenschaftsbauer *m* член сельскохозя́йственного произво́дственного кооперати́ва
Genossenschaftsbildung *f* коопери́рование
Genossenschaftshandel *m* кооперати́вная торго́вля
Genossenschaftshandwerker *m* кооперированный куста́рь
Genossenschaftskasse *f* Кооперати́вная ка́сса ***(в Герма́нии - банк для финанси́рования кооперативов)***
Genossenschaftskonkurs *m* несостоя́тельность това́рищества, банкро́тство това́рищества
Genossenschaftskredit *m* кооперати́вный креди́т
Genossenschaftsmitglied *n* член кооперати́ва; па́йщик; коопера́тор
Genossenschaftsrecht *n* кооперати́вное пра́во
Genossenschaftsregister *n* рее́стр кооперативов
Genossenschaftssozialismus *m ист.* гильдейский социали́зм
Genossenschaftssteuern *f, pl* нало́ги, кото́рыми облагаются кооперативы и их чле́ны
Genossenschaftsverband *m* сою́з кооперативных организа́ций
Genossenschaftsvergleich *m* положе́ния, регули́рующие иму́щественные отноше́ния чле́нов товариществ, ликвидируемых в си́лу призна́ния их несостоятельными
Genossenschaftswesen *n* коопера́ция ***(как фо́рма хозя́йственной де́ятельности)***
Gentilgesellschaft *f ист.* родово́е о́бщество
Gentilverfassung *f ист.* родово́й строй
Gentilwirtschaft *f ист.* родово́е хозя́йство
Genussaktie *f* привилегиро́ванная а́кция ***(а́кция, предусма́тривающая фикси́рованный дивиде́нд; обы́чно не даёт права́ на уча́стие в голосова́нии)***
Genussgüter *n, pl* потреби́тельские това́ры
Genussmittel *pl* изде́лия пищевкусовой промы́шленности ***(деликате́сы, алкого́ль и т.п.)***
Genussrecht *n* пра́во не чле́нов акционе́рного о́бщества на до́лю при́были (***или ликвидацио́нной вы́ручки)***
Genussrechte *n, pl* права́ не чле́нов акционе́рного о́бщества на часть при́были от его́ ликвида́ции, права́ не чле́нов акционе́рного о́бщества на часть поступле́ний от его́ ликвида́ции
Genussschein *m* а́кция без номина́льной сто́имости, гаранти́рующая определён-

ную до́лю при́были (***или ликвидацио́нной вы́ручки***); а́кция с фикси́рованным разме́ром дохо́да, а́кция с фикси́рованным разме́ром дивиде́нда

Geopolitik *f* геополи́тика

Geosoziologie *f* геосоциоло́гия

Gepa, Gepäckabfertigung *f* отпра́вка багажа́

Gepflogenheit *f* обы́чай, тради́ция

gepr., geprüft прове́рено

gepr.u.gen., geprüft und genehmigt прове́рено и одо́брено

Gerätebau *m* приборострое́ние

geregelt урегули́рованный

Gericht *n* суд; жюри́

gerichtlich суде́бный; суде́йский; суде́бным поря́дком, по суду́

auf gerichtlichem Wege суде́бным поря́дком

Gerichtsbarkeit *f* подсу́дность; юрисди́кция

ordentliche Gerichtsbarkeit обы́чное судопроизво́дство

Gerichtsbescheid *m* реше́ние суда́, постановле́ние суда́, определе́ние суда́

Gerichtsbeschluss *m* реше́ние суда́, постановле́ние суда́, определе́ние суда́

Gerichtsentscheidung *f* реше́ние суда́, постановле́ние суда́, определе́ние суда́

Gerichtsgebühren *f, pl* суде́бные по́шлины, суде́бные сбо́ры

Gerichtshof *m* суд, суде́бная пала́та; трибуна́л

Gerichtshof der europäischen Gemeinschaften Суд европе́йских соо́бществ ***(ЕЭС, ЕОУС и Евратома)***

Europäischer Gerichtshof Европе́йский Верхо́вный суд

Gerichtskosten *pl* суде́бные изде́ржки

Gerichtsstand *m* подсу́дность

allgemeiner Gerichtsstand о́бщая подсу́дность

Gerichtsstandvereinbarung *f* соглаше́ние о подсудности

Gerichtsvollzieher *m* суде́бный исполни́тель

Gerichtsweg *m* суде́бный поря́док

unter Ausschluss des Gerichtsweges без обраще́ния в суд

Gerichtswesen *n* суд, судоустро́йство

geringbezahlt низкоопла́чиваемый

geringhaltig невысо́кого ка́чества; с ни́зким содержа́нием; низкопро́бный ***(о благоро́дных металлах)***

geringwertig малоце́нный; низкосо́ртный

Gerstenwert *m* кормова́я едини́ца, приравниваемая по пита́тельной це́нности к ячменю

gesackt-lose-gesackt втори́чная упако́вка в мешки́ вы́сыпавшегося на су́дне това́ра

Gesamt-Jahresbericht *m* сво́дный годово́й отчёт

Gesamtabschreibung *f* пауша́льная амортиза́ция

Gesamtaktie *f* глоба́льная а́кция

Gesamtanalyse *f* ко́мплексный ана́лиз

Gesamtangebot *n* глоба́льное предложе́ние

Gesamtarbeit *f* совоку́пный труд

gesellschaftliche Gesamtarbeit совоку́пный обще́ственный труд

Gesamtarbeiter *m* совоку́пный рабо́чий

Gesamtarbeitsvertrag *m* коллекти́вный трудово́й догово́р

Gesamtarbeitszyklus *m эк. тр.* операцио́нный цикл

Gesamtaufkommen *n* о́бщие ресу́рсы

Gesamtaufwand *m* о́бщие изде́ржки, о́бщие расхо́ды; по́лные затра́ты

Gesamtausfallzeit *f* о́бщее вре́мя просто́я ***(напр., маши́н)***

Gesamtausfuhr *f* о́бщий экспорт, весь экспорт; о́бщая су́мма экспорта

Gesamtausgaben *f, pl* о́бщие изде́ржки, о́бщие расхо́ды; по́лные затра́ты

Gesamtausgebot *n* одновре́ме́нная прода́жа с аукцио́на не́скольких земе́льных уча́стков

Gesamtausweis *m* о́бщий фина́нсовый отчёт; о́бщий бала́нс

Gesamtbelegschaft *f* весь соста́в рабо́чих и слу́жащих, коллекти́в предприя́тия

Gesamtberufsjahre *n, pl* о́бщий трудово́й стаж; совоку́пный трудово́й стаж

Gesamtbeschäftigte *pl* о́бщая чи́сленность за́нятых, о́бщая чи́сленность рабо́тающих

Gesamtbeschäftigtenzahl *f* о́бщая чи́сленность за́нятых, о́бщая чи́сленность рабо́тающих

Gesamtbestand *m* (весь) нали́чный соста́в; вся нали́чность, все нали́чные сре́дства

Gesamtbetrag *m* о́бщая су́мма

Gesamtbetrieb *m* произво́дственный проце́сс ***(в це́лом)***

Gesamtbetriebsrat *m* произво́дственный сове́т гру́ппы предприя́тий, принадлежа́щих одно́й фи́рме

Gesamtbewertung *f* глоба́льная оце́нка, о́бщая оце́нка, недифференцированная оце́нка, пауша́льная оце́нка

Gesamtbilanz *f* сво́дный бала́нс; о́бщая су́мма бала́нса, о́бщий ито́г

volkswirtschaftliche Gesamtbilanz сво́дный народнохозя́йственный бала́нс

Gesamtbruttoeinkommen *n* совоку́пный валово́й дохо́д

Gesamtdauer *f* о́бщая продолжи́тельность

Gesamtdauer des Netzplanes *сет. пл.* продолжи́тельность крити́ческого пути́

Gesamtdienstalter *n* о́бщий трудово́й стаж

Gesamtdienstjahre *n, pl* о́бщий трудово́й стаж; совоку́пный трудово́й стаж

Gesamteigenhandel *m* о́бщий объём и́мпорта и экспорта страны́ без транзита

Gesamteigentum *n* о́бщая со́бственность, коллекти́вная со́бственность; госуда́рственная со́бственность; общи́нная со́бственность

Gesamteinfuhr *f* о́бщий и́мпорт, весь и́мпорт; о́бщая су́мма и́мпорта

Gesamteinkommen *n* совоку́пный дохо́д

Gesamteinlagen *f, pl* о́бщая су́мма вкла́дов, о́бщая су́мма депози́тов

Gesamteinnahmen *f, pl* о́бщий дохо́д; о́бщая су́мма поступле́ний

Gesamtergebnis *n* оконча́тельный результа́т; ито́г

Gesamterlös *m* о́бщая вы́ручка

Gesamternte *f* валово́й сбор сельскохозя́йственных культу́р, валово́й урожа́й

Gesamtertrag *m* о́бщая су́мма поступле́ний; о́бщий дохо́д; валово́й сбор сельскохозя́йственных культу́р, валово́й урожа́й

Gesamterzeugung *f* о́бщий объём проду́кции, о́бщий объём вы́пуска изде́лий

Gesamtexport *m* о́бщий экспорт, весь экспорт; о́бщая су́мма экспорта

Gesamtfonds *m* совокупные фо́нды; совоку́пность це́нных бума́г

Gesamtforderungen *f, pl* о́бщая су́мма тре́бований

Gesamtfracht *f* о́бщий фрахт

Gesamtgeschäftsführung *f* совме́стное веде́ние дел ***(торго́вой фи́рмы)***

Gesamtgewicht *n* о́бщий вес, вес бру́тто

Gesamtgewinn *m* валова́я при́быль, о́бщая при́быль

Gesamtgewinnplan *m* план валово́й при́были

Gesamtgläubiger *m, pl* солидарные кредито́ры (мн.ч.)

Gesamtgläubigerschaft *f* солидарные кредито́ры (мн.ч.)

Gesamthaltung *f* солида́рная отве́тственность; *юр.* коллекти́вное поручи́тельство

Gesamthand *f юр.* о́бщая совме́стная со́бственность

Gesamthand-Gemeinschaft *f юр.* о́бщая совме́стная со́бственность

Gesamthandeigentum *n* совмéстная сóбственность

Gesamthandforderung *f* совмéстное трéбование прóтив нéскольких должникóв; совмéстное трéбование нéскольких кредитóров

Gesamthandlungsvollmacht *f* совмéстные полномóчия, óбщая довéренность

Gesamtheit *f* совокýпность; всё в цéлом; кóмплекс, полнотá, цéлостность

Auswahlgesamtheit *f стат.* óбщий объём вы́борки

Gesamtheit der Elementarereignisse *стат.* пóлная грýппа собы́тий

hypothetische Gesamtheit гипотети́ческая совокýпность

Lösungsgesamtheit *f* совокýпность решéний

normalverteilte Gesamtheit нормáльная совокýпность, нормáльно распределённая совокýпность

statistische Gesamtheit статисти́ческая совокýпность

als Gesamtheit в совокýпности

Gesamthypothek *f* óбщая ипотéка

Gesamtimport *m* óбщий и́мпорт, весь и́мпорт; óбщая сýмма и́мпорта

Gesamtindex *m* óбщий индéкс

Gesamtinvestitionsvolumen *n* совокýпный объём инвести́ций; суммáрный объём инвести́ций; óбщий объём инвести́ций

Gesamtkapital *n* совокýпный капитáл, óбщий капитáл *(сýмма акти́вов предприя́тия, фи́рмы и́ли óтрасли)*

gesellschaftliches Gesamtkapital совокýпный общéственный капитáл

Gesamtkosten *pl* óбщие издéржки (мн.ч.), óбщие расхóды (мн.ч.); пóлные затрáты (мн.ч.)

Gesamtkostenzuwachs *m* прирóст óбщих издéржек

Gesamtlänge *f* óбщая длинá

Gesamtlänge óбщая протяжённость

Gesamtleistung *f* óбщая производи́тельность, пóлная производи́тельность; óбщий произвóдственный результáт, совокýпный произвóдственный результáт

Gesamtlohn *m* óбщая зáработная плáта, óбщая сýмма зáработной плáты, зáработная плáта по совокýпности *(без удержаний)*

Gesamtmasse *f* óбщая мáсса

Gesamtmasse совокýпность

Gesamtmehrwert *m* совокупная прибáвочная стóимость

Gesamtmenge *f* óбщее коли́чество

Gesamtmenge *мат.* пóлное мнóжество, сýмма мнóжеств

Gesamtmittelwert *m стат.* óбщая срéдняя (величинá); срéдняя *(величинá)*

Gesamtmodell *n* кóмплексная модéль

Gesamtnachfrage *f* óбщий спрос, совокýпный спрос

gesamtnational общенационáльный

Gesamtnetzwerk *n* свóдный сетевóй грáфик, кóмплексный сетевóй грáфик

Gesamtnutzen *m* óбщий эффéкт; совокýпный эффéкт

Gesamtoptimum *n* óптимум

volkswirtschaftliches Gesamtoptimum народнохозя́йственный óптимум

Gesamtprodukt *n* совокýпный *(общéственный)* продýкт, валовóй *(общéственный)* продýкт; валовóй продýкт

gesellschaftliches Gesamtprodukt совокýпный общéственный продýкт, валовóй общéственный продýкт

Gesamtproduktion *f* валовáя продýкция, совокупная продýкция,

Gesamtproduktionspreis *m* óбщая ценá произвóдства

Gesamtproduktivität *f* óбщая производи́тельность

Gesamtprofit *m* валовáя при́быль, óбщая при́быль

Gesamtprofitmasse *f* óбщая мáсса при́были

Gesamtprognose *f* кóмплексный прогнóз

Gesamtprojekt *n* кóмплексный проéкт

Gesamtprokura *f* óбщая довéренность; óбщая торгóвая довéренность, коллекти́вная торгóвая довéренность

Gesamtprozess *m* óбщий процéсс, совокýпный процéсс

Gesamtpuffer *m* пóлный резéрв врéмени

Gesamtpufferzeit *f* пóлный резéрв врéмени

Gesamtquantum *n* óбщее коли́чество

Gesamtrechnung *f* балáнс, итóг

volkswirtschaftliche Gesamtrechnung народнохозя́йственный балáнс

volkswirtschaftliche Gesamtrechnung национáльный счёт

Gesamtrechtsnachfolge *f* óбщее правопреéмство, универсáльное правопреéмство

Gesamtrichtpreis *m* óбщая ориенти́ровочная ценá, óбщая устанóвочная ценá

Gesamtschätzung *f* валовáя оцéнка

Gesamtschlupfzeit *f* пóлный резéрв врéмени

Gesamtschuld *f юр.* óбщий долг; солидáрное обязáтельство

Gesamtschuldner *m pl* солидарные должники́ *(нéсколько должникóв, отвечающих за вы́плату óбщего дóлга)*

Gesamtselbstkosten *pl* пóлная себестóимость *(продýкции)*

Gesamtsumme *f* óбщая сýмма

Gesamtsystem *n* совокупная систéма

Gesamtsystem der Reservefonds совокупная систéма резервных фóндов

Gesamttabelle *f* свóдная табли́ца

Gesamttarifsatz *m* пóлная тари́фная стáвка

Gesamtüberblick óбщий обзóр; óбщее впечатлéние

Gesamtübersicht *f* свóдный отчёт

Gesamtumsatz *m* валовóй оборóт, óбщий оборóт

Gesamtumschlag *m* валовóй оборóт, óбщий оборóт

Gesamtumschlagsperiode *f* óбщий периóд оборачиваемости (капитáла), совокупная продолжи́тельность оборóта (капитáла)

Gesamtunternehmer *m* генерáльный подря́дчик, генподря́дчик

Gesamtverbrauch *m* óбщее потреблéние, совокýпное потреблéние

Gesamtverbrauch óбщий расхóд *(напр., сырья́)*

Gesamtverflechtungsbilanz *f* свóдный межотраслевóй балáнс

Gesamtverfrachtung *f* óбщая загрýженность *(сýдна)*

Gesamtverkauf *m* оптóвая продáжа

Gesamtverkauf продáжа в комплекте

Gesamtverkauf распродáжа

Gesamtverlust *m* пóлные потéри (мн.ч.); суммáрные потéри (мн.ч.)

Gesamtvermögen *n* óбщее имýщество *(при обложении поимущественным налóгом - всё имýщество налогоплатéльщиков, исключáя не подлежáщие налогообложéнию объéкты)*

Gesamtvermögen все основны́е и оборóтные срéдства

Gesamtverschuldung *f* óбщая задóлженность; совокупная задóлженность; пóлная задóлженность

Gesamtvertretung *f* коллекти́вное представи́тельство; совмéстное представи́тельство

Gesamtverzeichnis *n* свóдный указáтель

gesamtvolkswirtschaftlich народнохозя́йственный

Gesamtvolumen *n* óбщий объём; пóлный объём

Gesamtvolumen eines Kühlraumes óбщая ёмкость холодильной кáмеры

Gesamtvorhaben *n* кóмплексный проéкт

Gesamtwarenprodukt *n* совокýпный общéственный продýкт, валовóй общéственный продýкт

Gesamtwarenumsatz *m* валовóй товарооборóт; óбщий товарооборóт; совокýпный товарооборóт

Gesamtwert *m* óбщая стóимость, пóлная стóимость
Gesamtwert суммáрное значéние, óбщее значéние, пóлное значéние
im Gesamtwert von... *(D)* óбщей стóимостью в...

Gesamtwirkung *f* óбщее воздéйствие, суммáрное воздéйствие, эффéкт от воздéйствия (срáзу) нéскольких фáкторов

Gesamtwirkungsgrad *m* óбщий коэффициéнт полéзного дéйствия

Gesamtwirtschaft *f* нарóдное хозяйство, национáльная эконóмика; макроэконóмика

gesamtwirtschaftlich народнохозяйственный

Gesamtzollsatz *m* óбщая стáвка таможенной пóшлины

Gesandtschaftsgut *n* груз персонáла мúссии, кóнсульский груз *(служéбный и лúчный)*

Geschäft *n* дéло, занятие; сдéлка, оперáция *(напр., торгóвая, бáнковская)*; фúрма, предприятие; дéло; торгóвый дом; магазúн; бúзнес
Geschäft auf Zeit сдéлка на срок
Geschäft zweiter Hand сдéлка на подéржанный товáр
Geschäft mit einer Promptware сдéлка на налúчный товáр
Geschäft mit nachfolgender Lieferung сдéлка на услóвиях послéдующей постáвки товáра
dem Bankstatut zuwiderlaufendes Geschäft неуставная бáнковская сдéлка, неуставная бáнковская оперáция
direktes Geschäft прямáя сдéлка; прямáя торгóвля *(без посредников)*
dissimuliertes Geschäft фиктúвная сдéлка, прикрывáющая другýю сдéлку
effektives Geschäft вы́годная сдéлка
fiduziarisches Geschäft фидуциарная сдéлка
gut gehendes Geschäft процветáющее предприятие
schwebendes Geschäft незаконченная сдéлка
statutwidriges Geschäft неуставная сдéлка, неуставная оперáция (торгóвая, бáнковская и т.п.)
das Geschäft flaut ab в делáх намечается спад, в делáх намечается застóй
das Geschäft ist eingegangen дéло закрылось, дéло прекратúло своё существовáние
ein Geschäft abschließen заключáть сдéлку
ein Geschäft tätigen совершáть сдéлку
ein Geschäft übernehmen вступáть в управлéние торгóвым предприятием

Geschäftemacher *m* делéц; спекулянт

geschäftlich деловóй; торгóвый, коммéрческий

Geschäftsabkommen *n* деловóе соглашéние

Geschäftsabschluss *m* заключéние сдéлки; заключéние торгóвой сдéлки
Geschäftsabschluss деловáя сдéлка, торгóвая сдéлка
Geschäftsabschluss конéц биржевóго собрáния

Geschäftsakt *m* коммéрческий акт, сдéлка

Geschäftsaktivität *f* деловáя актúвность

Geschäftsanteil *m* учáстие в дéле, дóля в дéле, дóля в предприятии; пай

Geschäftsanteilschein *m* паевое свидéтельство в óбществе с ограни́ченной ответственностью *(обы́чно не котируется на ры́нке цéнных бумáг)*

Geschäftsaufhebung *f* ликвидáция предприятия, закры́тие предприятия

Geschäftsauflösung *f* ликвидáция предприятия, закры́тие предприятия

Geschäftsaufschwung *m* подъём деловóй актúвности

Geschäftsaufsicht *f* надзóр за ведéнием дел, надзóр за оперáциями; контрóль за дéятельностью предприятия
Geschäftsaufsicht торгóвая администрáция

Geschäftsausgaben *f, pl* операционные расхóды *(бáнка)*

Geschäftsbank *f* деловóй банк, коммéрческий банк

Geschäftsbedingung *f* услóвия сдéлки *(являются чáстью оферты)*

Geschäftsbedingungen *f, pl* услóвия заключéния сдéлки; услóвия сдéлки; прáвила ведéния дел

Geschäftsbericht *m* отчёт о дéятельности *(напр., компáнии)*; отчёт о состоянии дел; отчёт о рабóте

Geschäftsbesorgungsvertrag *m* договóр поручéния

Geschäftsbetrieb *m* предприятие, фúрма; дéло; ход торгóвых дел
kaufmännischer Geschäftsbetrieb торгóвое предприятие
wirtschaftlicher Geschäftsbetrieb рентáбельное предприятие

Geschäftsbezeichnung *f* наименовáние предприятия, наименовáние фúрмы

Geschäftsbeziehungen *f, pl* деловы́е отношéния, деловы́е связи

Geschäftsbranche *f* óтрасль промы́шленности, óтрасль торгóвли

Geschäftsbrauch *m* торгóвый обы́чай

Geschäftsbrief *m* деловóе письмó

Geschäftsbuch *n* контóрская кнúга, бухгáлтерская кнúга, торгóвая кнúга

Geschäftsbuchhaltung *f* бухгалтéрия предприятия, бухгалтéрия фúрмы; бухгáлтерский учёт на предприятии
Geschäftsbuchhaltung финáнсовая бухгалтéрия *(включáет внéшние хозяйственные связи с должникáми, кредитóрами, инвесторами)*

Geschäftseinnahmen *f, pl* операционные дохóды

Geschäftseinrichtung *f* основáние фúрмы, учреждéние фúрмы; откры́тие торгóвого делá; оборýдование торгóвого предприятия

Geschäftseröffnung *f* откры́тие магазúнов, начáло торгóвли; начáло биржевóго собрáния

Geschäftsfähigkeit *f* деловы́е спосóбности; деловúтость; дееспосóбность

Geschäftsflaute *f* спад деловóй актúвности; застóй в делáх, «мёртвый сезóн»

Geschäftsfreund *m* клиéнт; закáзчик; контрагéнт, партнёр *(торгóвый)*

Geschäftsführer *m* управляющий, завéдующий *(напр., торгóвой фúрмой)*; коммéрческий дирéктор; исполнúтельный дирéктор; управляющий делáми

Geschäftsführung *f* руковóдство фúрмой, руковóдство предприятием; делопроизвóдство, ведéние дел

Geschäftsgebaren *n* ведéние дел фúрмы; деловáя прáктика, мéтод ведéния дел

Geschäftsgebrauch *m* торгóвый обы́чай

Geschäftsgebühren *f, pl* сбóры, уплáта котóрых предусмóтрена при заключéнии договорóв страховáния

Geschäftsgeheimnis *n* коммéрческая тáйна; секрéт фúрмы

Geschäftsgewinn *m* коммéрческая прúбыль

Geschäftsgrundlage *f* деловáя основа

Geschäftsgrundstück *n* застрóенный земéльный учáсток, принадлежáщий предприятию

Geschäftsguthaben *n, pl* óбщая сýмма паевых взнóсов

Geschäftsguthabendividenden *f, pl* дивидéнды, выплáчиваемые с сýммы паевых взнóсов

Geschäftshaus *n* торгóвый дом; предприятие, фúрма

Geschäftsinhaber *m* владéлец предприятия, владéлец фúрмы

Geschäftsjahr *n* отчётный год; хозяйственный год; финáнсовый год

Geschäftskapital *n* коммéрческий капитáл; капитáл предприя́тия, капитáл фи́рмы

Geschäftskenntnisse *f, pl* знáние *(коммéрческого)* делá

Geschäftskonto *n* счёт взаи́мных расчётов предприя́тия со свои́ми подразделениями, находящимися на самостоятельном балансé

Geschäftskorrespondenz *f* деловáя перепи́ска; коммéрческая корреспондéнция

Geschäftskosten *pl* торгóвые расхóды, торгóвые издéржки; операционные расхóды *(бáнка)*

Geschäftskreise *m, pl* делов́ые круги́

Geschäftskrise *f* глубóкий спад деловóй акти́вности; кри́зис

Geschäftskunde *m* клиéнт

Geschäftslage *f* положéние дел; состоя́ние ры́нка; конъюнктýра

Geschäftsleben *n* деловáя *(экономи́ческая)* жизнь

Geschäftsleiter *m* управля́ющий, завéдующий *(напр., торгóвой фи́рмой)*; коммéрческий дирéктор; исполни́тельный дирéктор; управля́ющий делáми

Geschäftsleitung *f* руковóдство фи́рмой, руковóдство предприя́тием; делопроизвóдство, ведéние дел

Geschäftsleute *pl* делов́ые круги́; делов́ые лю́ди, дельцы, коммерсанты; бизнесмéны

Geschäftsmann *m* делéц, коммерсáнт; бизнесмéн

Geschäftsoperation *f* торгóвая оперáция, коммéрческая оперáция

Geschäftsort *m* мéсто совершéния сдéлки; местонахождéние предприя́тия

Geschäftspapiere *n, pl* делов́ые бумáги

Geschäftspartner *m* партнёр, (торгóвый) контрагéнт; компаньóн

Geschäftspersonal *n* слýжащие предприя́тия, слýжащие фи́рмы, персонáл предприя́тия, персонáл фи́рмы

Geschäftspolitik *f* торгóвая поли́тика, промы́шленная поли́тика

Geschäftspraktiken *f, pl* деловáя прáктика

restriktive Geschäftspraktiken ограни́чительная деловáя прáктика

Geschäftsreise *f* деловáя поéздка; командирóвка

Geschäftsreisende *m* коммивояжёр; лицó, находя́щееся в деловóй поéздке

Geschäftsrisiko *n* коммéрческий риск, хозя́йственный риск, деловóй риск, би́знес-риск

Geschäftsrisken *pl* делов́ые ри́ски, би́знес-ри́ски (мн.ч.)

Geschäftsrückgang *m* спад деловóй акти́вности; упáдок

Geschäftsrückschlag *m* спад деловóй акти́вности; упáдок

Geschäftsschluss *m* закры́тие предприя́тия, закры́тие фи́рмы; окончáние рабóты магази́на

Geschäftsschluss заключéние сдéлки

Geschäftsstand *m* положéние дел

Geschäftsstelle *f* отделéние *(напр., бáнка)*; контóра

Geschäftsstille *f* застóй в делáх

Geschäftsstillstand *m* застóй в делáх, «мёртвый сезóн»

Geschäftsstockung *f* застóй в делáх, «мёртвый сезóн»

Geschäftstätigkeit *f* деловáя акти́вность; экономи́ческая дéятельность, хозя́йственная дéятельность; коммéрческая дéятельность

Geschäftsteilhaber *m* компаньóн, совладéлец

Geschäftsübernahme *f* вступлéние во владéние предприя́тием, вступлéние во владéние фи́рмой, вступлéние в управлéние предприя́тием, вступлéние в управлéние фи́рмой

Geschäftsumfang *m* размéры оборóта предприя́тия, размéры оборóта фи́рмы

Geschäftsumfang объём сдéлки

Geschäftsumsatz *m* оборóт предприя́тия, оборóт фи́рмы

Geschäftsunternehmung *f* предприя́тие, фи́рма; дéло

Geschäftsverbindungen *f, pl* делов́ые отношéния, делов́ые свя́зи

Geschäftsverkehr *m* делов́ые отношéния, делов́ые свя́зи

Geschäftsvermittler *m* посрéдник; комиссионéр, мáклер

Geschäftsvermittlung *f* посрéдничество; мáклерство

Geschäftsvermögen *n* капитáл предприя́тия, капитáл фи́рмы, имýщество предприя́тия, имýщество фи́рмы

Geschäftsvertreter *m* агéнт предприя́тия, агéнт фи́рмы

Geschäftsvorfall *m бухг.* хозя́йственная оперáция

einen Geschäftsvorfall verbuchen провести́ оперáцию по бухгáлтерским кни́гам; внести́ оперáцию в бухгáлтерский учёт

Geschäftswelt *f* делов́ые круги́ (мн.ч.); деловóй мир; бизнессоóбщество

Geschäftswert *m* репутáция предприя́тия, репутáция фи́рмы, прести́ж предприя́тия, прести́ж фи́рмы

immaterieller Geschäftswert репутáция предприя́тия, репутáция фи́рмы, прести́ж предприя́тия, прести́ж фи́рмы

originärer Geschäftswert гýдвилл, услóвная стóимость делов́ых свя́зей; рáзность мéжду óбщей стóимостью фи́рмы и балáнсовой сýммой её реáльных и финáнсовых акти́вов

Geschäftswucher *m* корыстное испóльзование тяжёлого положéния контрагентов в деловóй прáктике

Geschäftszeit *f* часы́ рабóты *(предприя́тия, фи́рмы)*

Geschäftszusammenbruch *m* крах, банкрóтство *(предприя́тия, фи́рмы)*

Geschäftszweig *m* óтрасль промы́шленности, óтрасль торгóвли

Geschenkkaufhaus *n* магази́н подáрков

Geschirr *n* приспособлéние для загрýзки и разгрýзки сýдна

Geschirr посýда

Geschlechtsstruktur *f* структýра (населéния) по полý

geschlossen закры́тый; зáмкнутый

geschlossene Hauswirtschaft *f* натурáльное хозя́йство

eine **geschlossene Versammlung** *f* закры́тое собрáние

geschlossener Fonds *m* закры́тый фонд

geschlossener Markt *m* зáмкнутый ры́нок, изоли́рованный ры́нок

Geschmacksmuster *n, pl* образцы́, офóрмленные по нóрмам промы́шленной эстéтики

Geschmacksprüfer *m* дегустáтор

GeschmMG, Geschmacksmustergesetz, (Gesetz, betreffend das Urheberrecht an Mustern und Modellen) закóн об áвторском прáве на образцы́ и модéли

geschmuggelt контрабáндный; путём контрабáнды

GeschO, Geschäftsordnung устáв предприя́тия; поря́док ведéния дел

geschüttet навáлом

Geselle *m* подмастéрье

Gesellschaft *f* óбщество; сообщество

Gesellschaft óбщество, объединéние, сою́з; óбщество, компáния; товáрищество *(напр., торгóвое)*

Gesellschaft auf Anteile товáрищество на паях

Gesellschaft des bürgerlichen Recht простóе óбщество; граждáнско-правовóе товáрищество; простóе товáрищество

Gesellschaft mit beschränkter Haftung óбщество с ограни́ченной ответ́ственностью; товáрищество с ограни́ченной отве́тственностью *(чле́ны кото́рого отвечают то́лько свое́й доле́й капита́ла)*

Gesellschaft mit beschränkter Haftung und Co командитное това́рищество, отве́тственным уча́стником кото́рого явля́ется о́бщество с ограни́ченной отве́тственностью

Gesellschaft mit unbeschränkter Haftung о́бщество с неограни́ченной отве́тственностью

gemischte Gesellschaft сме́шанное о́бщество

gemischtstaatliche Gesellschaft о́бщество с уча́стием капита́ла иностра́нного госуда́рства

gemischtwirtschaftliche Gesellschaft сме́шанное о́бщество

klassenlose Gesellschaft бескла́совое о́бщество

stille Gesellschaft команди́тное това́рищество; негласное това́рищество *(предполагающее не зафиксированное осо́бым догово́ром уча́стие в комме́рческой де́ятельности друго́го партнёра)*

aus einer Gesellschaft ausschneiden выходи́ть из о́бщества, вы́йти из о́бщества; вы́йти из чле́нов о́бщества, вы́йти из уча́стников о́бщества; прекрати́ть уча́стие в о́бществе

eine Gesellschaft gründen учрежда́ть о́бщество, учреди́ть о́бщество

Gesellschafter *m* уча́стник това́рищества, член това́рищества; компаньо́н

beschränkt haftender Gesellschafter компаньо́н о́бщества с ограни́ченной отве́тственностью

geschäftsführender Gesellschafter управля́ющий дела́ми о́бщества компаньо́н

persönlich haftender Gesellschafter компаньо́н, несу́щий отве́тственность за долги́ о́бщества всем свои́м иму́ществом

scheidender Gesellschafter выбыва́ющий уча́стник това́рищества

stiller Gesellschafter уча́стник негласного това́рищества, негла́сный компаньо́н. уча́стник командитного това́рищества

unbeschränkt haftender Gesellschafter полнопра́вный компаньо́н о́бщества с неограни́ченной отве́тственностью

vollhaftender Gesellschafter полнопра́вный компаньо́н о́бщества с неограни́ченной отве́тственностью

Gesellschafterbeschluss *m* реше́ние о созда́нии о́бщества; реше́ние о созда́нии това́рищества

Gesellschafterbeschluss реше́ние компаньонов това́рищества; реше́ние уча́стников това́рищества; реше́ние уча́стников о́бщества; реше́ние чле́нов о́бщества

Gesellschafterdarlehen *n* заём, предоста́вленный о́бществу его́ чле́ном

Gesellschaftereinlage *f* вклад уча́стника о́бщества, вклад уча́стника това́рищества

Gesellschafterversammlung *f* собра́ние уча́стников това́рищества, собра́ние уча́стников о́бщества, собра́ние пайщиков

gesellschaftlich обще́ственный; коллекти́вный

gesellschaftlich nützliche Arbeit обще́ственно поле́зный труд

gesellschaftlich notwendige Arbeitswillige *эк.* обще́ственно необходи́мое рабо́чее вре́мя

gesellschaftliche Aktivität обще́ственная акти́вность

gesellschaftliche Arbeit обще́ственная рабо́та

das **gesellschaftliche Eigentum** обще́ственная со́бственность

gesellschaftliche Produktion обще́ственное произво́дство

gesellschaftlicher Konsumtionsvorrat *m* госуда́рственные резе́рвы потреби́тельских това́ров

Gesellschafts-Einkommensteuer *f* (подохо́дный) нало́г на о́бщества

Gesellschaftsanteil *m* до́ля в това́ществе, до́ля в о́бществе

Gesellschaftsbau *m* культурно-бытово́е строи́тельство

Gesellschaftseinlage *f* вклад в капита́л о́бщества

Gesellschaftsform *f* обще́ственная фо́рма; фо́рма о́бщества, фо́рма това́рищества

Gesellschaftsformation *f* обще́ственная форма́ция

ökonomische Gesellschaftsformation обще́ственная экономи́ческая форма́ция

Gesellschaftskapital *n* капита́л о́бщества, капита́л компа́нии

Gesellschaftsleistungen *f, pl* поста́вки и услу́ги, предоставля́емые о́бществом свои́м чле́нам

Gesellschaftsordnung *f* обще́ственный строй, обще́ственное устро́йство

Gesellschaftsprognose *f* прогно́з обще́ственного разви́тия

Gesellschaftsprognostik *f* социа́льная прогно́стика

Gesellschaftsrechte *n, pl* права́ на уча́стие в при́былях о́бщества

Gesellschaftsschichtung *f* социа́льная стратифика́ция, социа́льное рассло́ение

Gesellschaftsspiel *n* сало́нная игра́ *(тео́рия игр)*

Gesellschaftsstatistik *f* социа́льная стати́стика

Gesellschaftssteuer *f* нало́г на *(торгово-промы́шленные)* о́бщества

Gesellschaftssteuer *f* нало́г на компа́нию

Gesellschaftsstruktur *f* структу́ра о́бщества, обще́ственная структу́ра

ökonomische Gesellschaftsstruktur экономи́ческий укла́д о́бщества

Gesellschaftssystem *n* обще́ственная систе́ма

sozialistisches Gesellschaftssystem обще́ственная систе́ма социали́зма

vorkapitalistisches Gesellschaftssystem докапиталисти́ческая обще́ственная форма́ция

Gesellschaftsvermögen *n* иму́щество *(напр., в коммандитных товариществах)*; акти́вы *(напр., в акционе́рных о́бществах)*; о́бщее иму́щество компа́нии

Gesetz *n* зако́н

Gesetz der abnehmenden Bodenfruchtbarkeit зако́н убывающего плодоро́дия по́чвы

Gesetz der abnehmenden Produktivität зако́н убыва́ющей производи́тельности

Gesetz der Durchschnittsprofitrate зако́н сре́дней но́рмы при́были

Gesetz der Einheitlichkeit der Preise зако́н еди́нства цен

Gesetz der fallenden Lohnquote зако́н уменьшающейся за́работной пла́ты; зако́н убыва́ющей производи́тельности труда́

Gesetz der Geldzirkulation зако́н де́нежного обраще́ния

Gesetz der großen Zahlen зако́н больши́х чи́сел

Gesetz der kleinen Zahlen зако́н ма́лых чи́сел

Gesetz der Konkurrenz und Anarchie der kapitalistischen Produktion зако́н конкуре́нции и ана́рхии капиталисти́ческого произво́дства

Gesetz der Konzentration und der Zentralisation des Kapitals зако́н концентра́ции и централиза́ции капита́ла

Gesetz der Normalverteilung *стат.* зако́н норма́льного распределе́ния

Gesetz der Obereinstimmung der Produktionsverhältnisse mit dem Charakter der Produktionskräfte зако́н соотве́тствия произво́дственных отноше́ний хара́ктеру производи́тельных сил

Gesetz der Ökonomie der Zeit зако́н

экономии (рабочего) времени
Gesetz der planmäßigen proportionalen Entwicklung der Volkswirtschaft закон планомерного пропорционального развития народного хозяйства
Gesetz der stetigen Steigerung der Arbeitsproduktivität закон постоянного роста производительности труда
Gesetz der Verteilung nach der Arbeitsleistung закон распределения по труду
Gesetz der vorrangigen Entwicklung der Produktion von Produktionsmitteln закон преимущественного развития производства средств производства
Gesetz des Arbeitswerts закон трудовой стоимости
Gesetz des stetigen Wachstums der Arbeitsproduktivität закон постоянного роста производительности труда
Gesetz des tendenziellen Falls der Profitrate закон тенденции нормы прибыли к понижению
allgemeines Gesetz der kapitalistischen Akkumulation всеобщий закон капиталистического накопления

Gesetzbuch *n* кодекс (законов)

Gesetze *n, pl* законы (мн.ч.)
ökonomische Gesetze экономические законы

Gesetzgeber *m* законодатель

Gesetzgebung *f* законодательство
Gesetzgebung des Bundes федеральное законодательство
arbeiterfeindliche Gesetzgebung антирабочее законодательство
die **arbeitsrechtliche Gesetzgebung** трудовое законодательство
konkurrierende Gesetzgebung des Bundes (юр.) конкурирующее законодательство федерации

Gesetzgebungsnotstand *m* чрезвычайное законодательство; законодательная необходимость

gesetzlich законный, легальный; узаконенный, установленный законом
gesetzlich по закону, законно, легально

ges.gesch., gesetzlich geschützt охраняется законом

Gesindebetrieb *m* сельскохозяйственное предприятие, использующее труд батраков

Gesindeordnung *f ист.* правила, регулирующие отношения между сельскохозяйственными рабочими и нанимателями, правила, регулирующие отношения между батраками и нанимателями

gesonderte Aufführung *f стат.* выделение

GesSt, Gesellschaftssteuer налог на *(торгово-промышленные)* общества

gestaut уложенный в трюме груз
fob gestaut фоб со штивкой

Gestehungskosten *pl* издержки производства; себестоимость

Gestehungspreis *m* себестоимость

Gestellung *f* поставка, доставка; предъявление товаров для выполнения таможенных формальностей, предъявление товара для таможенного контроля

Gestellungspflicht *f* обязательность предъявления товара к таможенному досмотру

Gestellungsverzeichnis *n* реестр товаров, подлежащих таможенному контролю, указатель товаров, подлежащих таможенному контролю

gestrichen *бирж.* «зачёркнут» *(т. е. «курса нет»; обозначается в курсовых бюллетенях чертой -)*

Gesuch *n* прошение; заявление; ходатайство

Gesuchgegner *m* ответчик *(по ходатайству)*

Gesuchsteller *m* заявитель; жалобщик

Gesundheitsattest *n* карантинное свидетельство, санитарное свидетельство

Gesundheitspaß *m* карантинное свидетельство, санитарное свидетельство

gesundheitsschädlich вредный *(для здоровья)*

Gesundheitsschutz *m* охрана здоровья

Gesundung *f* оздоровление, санация *(финансовая)*
Gesundung der Währung оздоровление валюты, санация валюты

Gesundwert *m* «здоровая стоимость» *(стоимость товара в неповреждённом состоянии)*

getankt наливом

Getränk *n* напиток, питьё

Getränkesteuer *f* налог на алкогольные напитки, лимонад, кофе, чай, какао

Getreide *n* зерновые культуры, зерновые; хлебные злаки; зерно, хлеб *(в зерне)*
Getreide für den Verkauf товарный хлеб, товарное зерно
Getreide für Ernährungszwecke продовольственное зерно
Getreide für Futterzwecke фуражное зерно, кормовое зерно

Getreideabgabe *f* поставки зерна государству

Getreideablieferung *f* поставки зерна государству

Getreideablieferungs-Staatsplan *m* государственный план поставок зерна государству

Getreideablieferungssoll *n* плановые задания по поставке зерна

Getreideanbaufläche *f* площади, занятые под зерновые культуры

Getreideaufbringung *f* заготовки зерна

Getreideaufbringungsprogramm *n* план заготовок зерна

Getreideaufkauf *m* закупки зерна

Getreideausfuhr *f* экспорт зерна

Getreidebeschaffung *f* заготовки зерна

Getreidebörse *f* хлебная биржа

Getreideeinfuhr *f* импорт зерна

Getreideeinheit *f* зерновая единица

Getreideeinkauf *m* закупки зерна

Getreideerfassung *f* заготовки зерна

Getreideerfassungsplan *m* план заготовок зерна

Getreideerzeugung *f* производство зерна

Getreideexport *m* экспорт зерна

Getreideheber *m* подъёмник для выгрузки зерна

Getreideimport *m* импорт зерна

Getreidekontrolle *f* контроль зерна *(пункт контракта)*

Getreidekrise *f* кризис перепроизводства зерна

Getreideland *n* житница *(о стране)*

Getreidemarkt *m* хлебный рынок

Getreidemonopol *n* хлебная монополия

Getreidepreis *m* цена на зерно

Getreideproblem *n* зерновая проблема

Getreideproduktion *f* производство зерна

Getreidesilo *n m* зерновой бункер, силосное зернохранилище, элеватор

Getreidesoll *n* плановые задания по поставке зерна

Getreidezins *m* хлебный налог

Gew., Gewährleistung гарантия, поручительство

Gewähr *f* гарантия, ручательство, поручительство
ohne Gewähr без гарантии, без ручательства

gewähren *vt* предоставлять, давать *(напр., льготу, кредит)*; исполнять, удовлетворять *(напр., просьбу)*

gewährleisten *vt* гарантировать, ручаться, поручаться

Gewährleister *m* поручитель, гарант

Gewährleistung *f* гарантия, ручательство, поручительство; обеспечение

Gewährleistungsanspruch *m* гарантийный иск; притязание на предоставление гарантии; рекламация, рекламационная претензия

Gewährleistungsfrist *f* срок гарантии;

срок поручи́тельства; гаранти́йный срок

Gewährleistungskapital *n* гаранти́йный капита́л

Gewährleistungskosten *pl* расхо́ды, вытека́ющие из фа́кта предоставле́ния гара́нтии; расхо́ды, свя́занные с получе́нием госуда́рственной гара́нтии, расхо́ды, свя́занные с получе́нием ба́нковской гара́нтии

Gewährleistungspflicht *f* обя́занность предоставле́ния гара́нтии

Gewährleistungswagnis *n* риск, свя́занный с приня́тием обяза́тельств по выдава́емым гара́нтиям

Gewahrsam *m* сохране́ние, сохра́нность

Gewahrsamspflicht *f* обяза́тельство по сохра́нности *(напр., гру́за)*

Gewährsmann *m* поручи́тель, гара́нт

Gewährung *f* предоставле́ние *(ски́дки, креди́та, права́ и т.п.)*

Gewalt *f* власть *(напр., исполни́тельная)*; си́ла, могу́щество; наси́лие, принужде́ние, давле́ние

außerökonomische Gewalt полити́ческое *(внеэкономи́ческое)* принужде́ние

gesetzgebende Gewalt законода́тельная власть

höhere Gewalt непреодоли́мая си́ла, форс-мажо́р

ökonomische Gewalt экономи́ческое принужде́ние

soziale Gewalt ме́ры полити́ческого и экономи́ческого принужде́ния

vollziehende Gewalt исполни́тельная власть

Gewerbe *n (люба́я)* де́ятельность *(напра́вленная на получе́ние регуля́рного дохо́да за исключе́нием се́льского, лесно́го хозя́йства, добы́чи поле́зных ископа́емых, свобо́дных профе́ссий, госуда́рственной слу́жбы, обще́ственно-поле́зной де́ятельности)*

Gewerbe про́мысел; ремесло́; заня́тие, профе́ссия; промы́шленность

bäuerliches Gewerbe крестья́нский про́мысел

ortsfestes Gewerbe ме́стный про́мысел

stehendes Gewerbe осе́длый про́мысел

Gewerbebank *f* промысловый банк

Gewerbeberechtigung *f* пра́во занима́ться про́мыслом; разреше́ние на заня́тие про́мыслом

Gewerbebesteuerung *f* обложе́ние промысловым нало́гом

Gewerbebetrieb *m* промысловое предприя́тие; промы́шленное предприя́тие; реме́сленная мастерска́я; куста́рное промы́шленное предприя́тие

Gewerbeerlaubnis *f* пра́во занима́ться про́мыслом; разреше́ние на заня́тие про́мыслом

Gewerbeertrag *m* дохо́д от заня́тия про́мыслом; дохо́д предприя́тия

Gewerbeertragssteuer *f* нало́г на вид де́ятельности; промысловый нало́г

Gewerbeförderung *f* соде́йствие разви́тию про́мыслов, соде́йствие разви́тию ремёсел

Gewerbefreiheit *f* свобо́да заня́тия про́мыслом

Gewerbegemeinschaft *f* промысло́вая коопера́ция

Gewerbegenehmigung *f* промысловое свиде́тельство; лице́нзия на заня́тие про́мыслом, промысло́вая лице́нзия

Gewerbegenossenschaft *f* промысло́вая коопера́ция

Gewerbekammer *f* реме́сленная пала́та

Gewerbekapital *n* капита́л компа́нии, рассма́триваемый как еди́ная сто́имость при обложении нало́гом на вид де́ятельности

Gewerbekrankheit *f* профессиона́льная боле́знь

Gewerbelizenz *f* лице́нзия на заня́тие про́мыслом, промысло́вая лице́нзия

Gewerbeordnung *f* промысловый уста́в, реме́сленный уста́в, промысловое уложе́ние

Gewerbepatent *n* промысловое свиде́тельство

Gewerberecht *n* промысловое пра́во; правовы́е но́рмы, регули́рующие вопро́сы, свя́занные с веде́нием про́мысла

Gewerberolle *f* рее́стр лиц, самостоя́тельно занима́ющихся про́мыслом

Gewerbeschein *m* промысловое свиде́тельство

Gewerbesparte *f* про́фильная о́трасль

Gewerbestatistik *f* промы́шленная стати́стика, стати́стика промы́шленности

Gewerbesteuer *f* нало́г на вид де́ятельности; промысловый нало́г

Gewerbesteuererklärung *f* промысло́вая нало́говая деклара́ция

Gewerbesteuergesetz *n* зако́н о промысловом налоге

gewerbetreibend занима́ющийся про́мыслом, занима́ющийся ремесло́м

Gewerbetreibende *m* лицо́, занима́ющееся *каки́м-л.* про́мыслом

Gewerbeunion *f* объедине́ние реме́сленников, сою́з реме́сленников

Gewerbeverband *m* объедине́ние реме́сленников, сою́з реме́сленников

Gewerbeverein *m* объедине́ние реме́сленников, сою́з реме́сленников

gewerblich произво́дственный, свя́занный с экономи́ческой де́ятельностью, промысловый; промы́шленный; реме́сленный; техни́ческий; профессиона́льный

gewerbsmäßig профессиона́льный

Gewerk *n* ремесло́; реме́сленный цех; мастерска́я

Gewerke *m* член ремесленного сою́за; член горнопромы́шленного о́бщества, акционе́р горнопромы́шленного о́бщества

Gewerkschaft *f* профессиона́льный сою́з, профсою́з

bergrechtliche Gewerkschaft горнопромы́шленное о́бщество, горнопромы́шленное това́рищество

gewerkschaftlich профсою́зный

Gewerkschaftsbank *f* профсою́зный креди́тный банк, креди́тный банк, осно́ванный профсою́зами

Gewerkschaftsgruppe *f* профсою́зная гру́ппа, профгруппа

Gewerkschaftskartell *n* ме́стное объедине́ние профсою́зов

Gewerkschaftspolitik *f* профсою́зная поли́тика

Gewerkschaftstag *m* съезд профессиона́льных союзов *(в ФРГ)*

Gewicht *n* вес, ма́сса; тя́жесть, груз; ги́ря; вес, влия́ние; ва́жность

absolute Gewichte *n, pl стат.* абсолю́тные ве́са, абсолю́тные ма́ссы

ausgeladenes Gewicht вы́груженный вес

ausgeliefertes Gewicht поста́вленный вес *(определя́ется в порту́ назначе́ния)*

gesetzliches Gewicht лега́льный вес

kleine Gewichte *n, pl* разновес

relative Gewichte *n, pl стат.* относи́тельные ве́са, относи́тельные ма́ссы

spezifisches Gewicht уде́льный вес

totes Gewicht вес упако́вки; та́ра

das Gewicht im Löschhafen ermitteln устана́вливать вес в порту́ разгру́зки

nach Gewicht verkäuflich развесной *(о това́ре)*

Gewichteinheit *f; Ge* весова́я едини́ца, едини́ца ве́са

kleine Gewichteinheiten разновес

gewichten *vt стат.* взве́шивать

Gewichteschwund *m* поте́ря в ве́се, у́быль в ве́се; утру́ска; усу́шка; недоста́ча ве́са

Gewichteverlust *m* поте́ря в ве́се, у́быль в ве́се; утру́ска; усу́шка; недоста́ча ве́са

Gewichtezertifikat *n* весово́й сертифика́т

gewichtig тяжёлый; полнове́сный *(о моне́тах)*; ве́ский, ва́жный

Gewichtsabgang *m* поте́ря в ве́се, у́быль

в ве́се; утру́ска; усу́шка; недоста́ча ве́са
Gewichtsabzug *m* весова́я ски́дка
Gewichtsangaben *f, pl* да́нные о ве́се *(тре́бования об указании ве́са не́тто и бру́тто)*
Gewichtsausfall *m* поте́ря в ве́се, у́быль в ве́се; утру́ска; усу́шка; недоста́ча ве́са
Gewichtsbescheinigung *f* отве́с *(объедине́ние ме́лких гру́зов ра́зных мест в оди́н)*
Gewichtseinheit *f* весова́я едини́ца, едини́ца ве́са
Gewichtsermittlung *f* определе́ние ве́са, определе́ние ма́ссы
Gewichtsfunktion *f* весова́я фу́нкция, фу́нкция ве́са
Gewichtsklausel *f* огово́рка о ве́се, пункт контра́кта о ве́се
Gewichtskoeffizient *m* весово́й коэффицие́нт; весово́й мно́житель
Gewichtsmangel *m* недоста́ча ве́са, недове́с
Gewichtsmanko *n* недоста́ча в ве́се, недове́с
Gewichtsmarkierung *f* да́нные о ве́се, да́нные о ма́ссе *(указа́ние ве́са/ма́ссы не́тто и бру́тто)*
Gewichtsmaß *n* весова́я ме́ра, ме́ра ве́са
Gewichtsnota *f* отве́с
Gewichtsnote *f* отве́с
Gewichtspackung *f* расфасо́вка
Gewichtsschwund *m* поте́ря в ве́се, у́быль в ве́се; утру́ска; усу́шка; недоста́ча ве́са
Gewichtstarif *m* весово́й *(тра́нспортный)* тари́ф
Gewichtstoleranz *f* весово́й до́пуск, допуска́емые отклоне́ния в ве́се
Gewichtsverlust *m* поте́ря в ве́се, у́быль в ве́се; утру́ска; усу́шка; недоста́ча ве́са
Gewichtszertifikat *n* весово́й сертифика́т, весово́е свиде́тельство
Gewichtszettel *m* весово́й сертифика́т
Gewichtszoll *m* по́шлина, взима́емая с ве́са това́ров
Gewichtung *f* весо́мость *(напр., фа́кторов)*
Gewichtung *стат.* взве́шивание
Gewichtung der Beobachtung *стат.* вес наблюде́ния
Gewichtungsziffer *f* коэффицие́нт эквивалентности, коэффицие́нт равнозначности
Gewinn *m* при́быль, дохо́д; вы́года, по́льза; вы́игрыш
Gewinn aus dem Warenabsatz при́быль от реализа́ции това́ров
Gewinn bringen приноси́ть при́быль; быть при́быльным, быть вы́годным, быть рента́бельным
Gewinn einbringen приноси́ть при́быль; быть при́быльным, быть вы́годным, быть рента́бельным
Gewinn erzielen получа́ть при́быль, извлека́ть при́быль; получа́ть дохо́д
Gewinn herausholen получа́ть при́быль, извлека́ть при́быль; получа́ть дохо́д
Gewinn herausschlagen получа́ть при́быль, извлека́ть при́быль; получа́ть дохо́д
Gewinn ziehen получа́ть при́быль, извлека́ть при́быль; получа́ть дохо́д
Gewinn zur Verteilung при́быль к распределе́нию
anfallender Gewinn получа́емая при́быль
ausgeschütteter Gewinn распределённая при́быль, вы́плаченная при́быль
bereinigter Gewinn чи́стая при́быль; очищенный дохо́д
bilanzmäßig ausgewiesener Gewinn бала́нсовая при́быль
entgangener Gewinn недополученная при́быль; упу́щенная вы́года, упу́щенная при́быль
erwirtschafteter Gewinn полу́ченная при́быль
fingierter Gewinn фикти́вная при́быль, мни́мая при́быль
imaginärer Gewinn предполага́емая при́быль *(оди́н из приме́ров: продаве́ц закладывает в страхову́ю су́мму 10% сверх цены́ това́ра - обяза́тельное усло́вие по сде́лкам сиф Инкотермс)*
kalkulatorischer Gewinn калькуляцио́нная при́быль *(фигурирующая в калькуля́ции цена́ това́ра за вы́четом предполага́емых изде́ржек)*; расчётная при́быль
nicht ausgeschütteter Gewinn нераспределённая при́быль
nicht entnommener Gewinn не перечисленная в бюдже́т при́быль, оставленная предприя́тию при́быль
nicht realisierter Gewinn нереализованная при́быль
nicht verteilter Gewinn нераспределённая при́быль
steuerpflichtiger Gewinn при́быль, облага́емая нало́гом; при́быль, подлежа́щая обложе́нию нало́гом
überplanmäßiger Gewinn сверхпла́новая при́быль
unverhältnismäßiger Gewinn непропорциональная при́быль
verhältnismäßiger Gewinn пропорциона́льная при́быль
verteilbarer Gewinn распределя́емая при́быль
voraussichtlicher Gewinn ожида́емая при́быль
den Gewinn ausweisen отрази́ть при́быль в бала́нсе
Gewinn- und Verlustbeteiligung *f* уча́стие в при́былях и убы́тках
Gewinn- und Verlustkonto *n бухг.* счёт при́былей и убы́тков
Gewinn- und Verlustrechnung *f* учёт при́былей и убы́тков; *бухг.* счёт при́былей и убы́тков
Gewinnabführung *f* нало́г с при́были; отчисле́ние от при́были
Gewinnabführung an den Staat отчисле́ние от при́были в госуда́рственный бюдже́т
Gewinnabführungen *f, pl* платежи́ из при́были; перево́д при́были
Gewinnabschlag *m* сниже́ние разме́ра при́были; сниже́ние при́были
Gewinnabschluss *m бухг.* заключе́ние счёта при́былей, подведе́ние ито́га по счёту при́былей
Gewinnabschöpfung *f* изъя́тие при́были *(избы́точной)*
Gewinnanalyse *f* ана́лиз при́были *(при проведе́нии ана́лиза хозя́йственной де́ятельности предприя́тия)* до́ля при́были; дивиде́нд; уча́стие в при́былях
rückständiger Gewinnanteil невы́плаченный дивиде́нд
Gewinnanteilschein *m* дивиде́ндный купо́н
Gewinnausgleich *m* выра́внивание но́рмы при́были; мероприя́тия по выра́вниванию разме́ров получаемой отде́льными предприятиями при́были *(путём уменьше́ния и́ли увеличе́ния отчисле́ний от при́были, а та́кже предоставле́ния дота́ции)*
Gewinnausschüttung *f* распределе́ние при́были
verdeckte Gewinnausschüttung скры́тое распределе́ние при́были *(напр., дополни́тельные вы́платы из при́были вы́сшим должностны́м лицо́м)*
Gewinnberechnung *f* расчёт при́были
analytische Gewinnberechnung аналити́ческий ме́тод расчёта при́были
Gewinnbeteiligung *f* уча́стие в при́былях
Gewinnbildung *f* образова́ние при́были, формирова́ние при́были
gewinnbringend при́быльный, рента́бельный, вы́годный
Gewinneinbuße *f* поте́ря при́были
gewinnen *vt* получа́ть при́быль, извлека́ть при́быль; име́ть вы́году, извлека́ть по́льзу; выигрыва́ть
gewinnen добыва́ть *(поле́зные ископа́емые)*
Gewinnentwicklung *f* дина́мика при́были

Gewinner *m* вы́игравший; но́мер, на кото́рый пал вы́игрыш
Gewinnerhöhung *f* повыше́ние разме́ра при́были
Gewinnermittlung *f* определе́ние разме́ра при́были
Gewinnermittlungsbilanz *f* бала́нс при́были
Gewinnerwirtschaftung *f* получе́ние при́были
Gewinnfeststellung *f* определе́ние разме́ра при́были
einheitliche Gewinnfeststellung еди́ный ме́тод определе́ния разме́ра при́были
gesonderte Gewinnfeststellung неунифици́рованный ме́тод определе́ния разме́ра при́были
Gewinnfonds *m* фонд при́были
Gewinnforderungen *f, pl* **der Banken, höhere** тре́бование упла́ты бо́лее высо́кого проце́нта за ба́нковские креди́ты
Gewinngröße *f* разме́р при́были
gewinngünstig при́быльный, рента́бельный
Gewinnherausgabeanspruch *m* притяза́ние на вы́плату при́были
Gewinnhöhe *f* разме́р при́были
Gewinnkonto *f* счёт при́были
Gewinnlage *f* у́ровень при́былей
Gewinnlinse *f* о́бласть доходности, зо́на доходности *(на гра́фике име́ет фо́рму ли́нзы)*
Gewinnliste *f* табли́ца вы́игрышей, тира́жная табли́ца
Gewinnmasse *f* ма́сса при́были
Gewinnmatrix *f стат.* ма́трица вы́игрыша
Gewinnmaximierung *f* максимиза́ция при́были
Gewinnminderung *f* уменьше́ние *(разме́ра)* при́были
Gewinnmitnahme *f* реализа́ция курсового дохо́да, реализа́ция курсово́й при́были
Gewinnobligation *f* долгово́е обяза́тельство, даю́щее пра́во на уча́стие в при́былях; облига́ция на уча́стие в при́былях
Gewinnormativ *n* нормати́в при́были
Gewinnplan *m* план по *(реализа́ции)* при́были
Gewinnplanung *f* плани́рование при́были
Gewinnposten *m* статья́ дохо́да
Gewinnprinzip *n* при́нцип прибыльности, при́нцип рента́бельности
Gewinnpunktrechnung *f* определе́ние разме́ра о́бщего оборо́та, позволя́ющего получа́ть при́быль
Gewinnquote *f* но́рма при́были
Gewinnrate *f* но́рма при́были
Gewinnsaldo *m* акти́вное са́льдо, положи́тельное са́льдо
Gewinnsatz *m* но́рма при́были
Gewinnschuldverschreibung *f* долгово́е обяза́тельство, даю́щее пра́во на уча́стие в при́былях; облига́ция на уча́стие в при́былях
Gewinnspanne *f* ра́зница ме́жду дохо́дами и расхо́дами; рента́бельность *(мо́жет исчисля́ться, напр. как отноше́ние при́были к оборо́ту и́ли к со́бственному капита́лу)*
Gewinnsparen *n, pl* вы́игрышные вкла́ды *(в ба́нке и́ли сберега́тельной ка́ссе)*
Gewinnsparen ме́тод хране́ния вкла́дов в сберега́тельной ка́ссе, при кото́ром дохо́д выпла́чивается в ви́де вы́игрышей
Gewinnspiel *n* лотере́я; ро́зыгрыш призо́в; игра́ с приза́ми
Gewinnsteuer *f* нало́г с при́были; отчисле́ния от при́были
Gewinnteil *m* до́ля при́были
Gewinnthesaurierung *f* тезаври́рование при́были, накопле́ние при́были в ка́честве бога́тства
Gewinntransfer *m* трансфе́рт при́былей
Gewinnumverteilung *f* перераспределе́ние при́были
Gewinnung *f* добы́ча *(поле́зных ископа́емых)*
Gewinnungskosten *pl* эксплуатацио́нные расхо́ды; себесто́имость добы́чи *(поле́зных ископа́емых)*
Gewinnverteilungsquote *f* ста́вка распределе́ния при́были, кво́та распределе́ния при́были
Gewinnverwendung *f* испо́льзование при́были
Gewinnverwendungs-Normativ *n* нормати́в испо́льзования при́были
Gewinnverwendungsfonds *m* фонд испо́льзования при́были
Gewinnverwendungsplanung *f* плани́рование испо́льзования при́были
Gewinnverwertung *f* испо́льзование при́были
Gewinnvolumen *n* объём получаемой при́были
Gewinnvortrag *m* перено́с при́былей *(на сле́дующий хозя́йственный год)*; *бухг.* нераспределённый оста́ток при́были
Gewinnzuführungen *f, pl* начисления к при́были
Gewinnzunahme *f* повыше́ние разме́ра при́были
Gewinnzuschlag *m* дополни́тельная при́быль *(в ка́честве экономи́ческого рычага́)*
Gewinnzuwachs *m* повыше́ние разме́ра при́были
GewO, Gewerbeordnung *f* промысло́вый уста́в, реме́сленный уста́в, промысловое уложе́ние
gewogen взве́шенный
gewogen übernommen взве́шено и при́нято *(поме́тка фрахтовщика)*
Gewohnheitsrecht *n юр.* обы́чное пра́во
GewSt:
GewSt-DV Gewerbesteuer- Durchführungsverordnung инстру́кция о поря́дке начисления и взима́ния промыслового нало́га
GewStG; Gewerbesteuergesetz зако́н о промысловом налоге
GewSt; Gewerbesteuer нало́г на вид де́ятельности; промысловый нало́г
GewStR, Gewerbesteuer-Richtlinien директи́вы о промысловом налоге
gez., gezeichnet по́длинник подписа́л
Gezeitenenergie *f* эне́ргия прили́вов
GF:
GF, Geschäftsführer управля́ющий *(торго́вой фи́рмой)*; комме́рческий дире́ктор
GF, Grundfonds основны́е фо́нды
GFA, Gewerbeförderungsamt Управле́ние соде́йствия разви́тию ремёсел *(А́встрия)*
GFK, Gesellschaft für Konsumforschung О́бщество по изуче́нию пробле́м потребле́ния
GFM, Gesellschaft für Marktforschung О́бщество по изуче́нию ры́ночной конъюнкту́ры *(ФРГ, Швейца́рия)*
GG:
G.G., gesetzlich geschützt охраняется зако́ном
GG, Grundgesetz der Bundesrepublik Deutschland конститу́ция ФРГ, основно́й зако́н ФРГ
ggez, gegengezeichnet скрепленó по́дписью
ggf., ggfs., gegebenenfalls при слу́чае, при изве́стных усло́виях, при необходи́мости
GGK, Gehaltsgruppenkatalog тарифно-квалификацио́нный спра́вочник
Ggw., Gutgewicht приба́вка к ве́су *(отпуска́емого това́ра)*
GH:
GH, Ghana Га́на, *до 1978г. код* **GE**
GH, Großhandel опто́вая торго́вля
Gh., Gehalt окла́д; жа́лованье
GHC, Cedi, -- Ghana Се́ди (*код валю́ты* 288), -- Га́на
GHG:

GHG, Gemeinwirtschaftliche Hochseefischerei-Gesellschaft Кооперати́вное о́бщество морско́го рыболо́вства *(ФРГ)*
GHG, Großhandelsgesellschaft о́бщество опто́вой торго́вли
GHG, Großhandelsgesellschaft für Obst und Gemüse о́бщество опто́вой торго́вли фру́ктами и овоща́ми
GHK, Großhandelskontor конто́ра опто́вого торго́вого предприя́тия, конто́ра опто́вой фи́рмы
GI, Gibraltar Гибралта́р
Giffen-Effekt *m* эффе́кт Гиффена, рост величины́ спро́са с ро́стом цены́ *(в определённых усло́виях, напр., при уменьше́нии реа́льных дохо́дов и измене́нии структу́ры потребле́ния може́т расшириться спрос на не́которые това́ры)*
Giftbetrieb *m* вре́дное произво́дство
Gigantomanie *f* гигантома́ния
Gilde *f* ги́льдия; корпора́ция
Gildensozialismus *m* гильдейский социали́зм
Giltedged-Markt *m* ры́нок англи́йских госуда́рственных бума́г; ры́нок первокла́ссных це́нных бума́г
GIP, Gibraltar-Pfund, -- Gibraltar Гибралта́рский фунт (*код валю́ты* 292), -- Гибралта́р
Giralgeld *n* де́ньги жирооборота *(сре́дства безнали́чного расчёта)*, де́ньги ба́нковского жирооборота
Giralgeldschöpfung *f* созда́ние *(приро́ст)* безнали́чных платёжных средств
Girant *m* жира́нт, индосса́нт
nachfolgender Girant после́дующий индосса́нт
vorhergehender Girant предыду́щий индосса́нт, предше́ствующий индосса́нт
Girat *m* жира́т, индоссат
Giratar *m* жира́т, индоссат
girierbar могу́щий быть пе́реданным по переда́точной на́дписи
girieren *vt* жири́ровать, индосси́ровать, де́лать переда́точную на́дпись
in blanko girieren де́лать бла́нковую переда́точную на́дпись, ста́вить бла́нковую переда́точную на́дпись
voll girieren снабжа́ть по́лной переда́точной на́дписью
den Wechsel girieren жири́ровать ве́ксель
Girierung *f* соверше́ние переда́точной на́дписи *(на ве́кселе)*; жи́ро, индоссо, индоссаме́нт, переда́точная на́дпись *(на ве́кселе)*; жирооборо́т, безнали́чный расчёт
Giriervermerk *m* переда́точная на́дпись *(на ве́кселе)*
Giro *n* жи́ро, индоссо, индоссаме́нт, переда́точная на́дпись *(на ве́кселе)*; жирооборо́т, безнали́чный расчёт
Giro in blanko бла́нковая переда́точная на́дпись, бла́нковый индоссаме́нт
beschränktes Giro ограни́ченный индоссаме́нт
volles Giro по́лная переда́точная на́дпись, по́лный индоссаме́нт
Giroabteilung *f* перево́дный отде́л, жироотдел *(ба́нка)*
Giroanweisung *f* жироприказ
Girobank *f* жиробанк
Giroeinlagen *f, pl* вкла́ды на расчётные и контокоррентные счета́, вкла́ды на расчётных и контокоррентных счета́х
Girogeld *n* де́ньги жирооборота *(сре́дства безнали́чного расчёта)*, де́ньги ба́нковского жирооборота
Girogeschäft *n* жирооборо́т, жирооперации, жирорасчёты, безнали́чный расчёт
Giroguthaben *n* су́ммы на жиросчёте
Girokasse *f* жирокасса, расчётная ка́сса
Girokonto *n* жиросчёт, теку́щий счёт в систе́ме жирооборота
Gironetz *n* сеть жиробанков
Giroobligo *n* обяза́тельство по переда́точным на́дписям
Giroprimanota *f* мемориа́л жирооборота
Girosystem *n* систе́ма жирорасчётов, систе́ма безнали́чных расчётов
Giroverbindlichkeit *f* обяза́тельство по передаточным на́дписям
Giroverkehr *m* жирооборо́т
Giroverkehr betreiben занима́ться веде́нием теку́щих счето́в
Girowechsel *m* перево́дный ве́ксель
Girozentrale *f* жироцентрал
Girozentralen *f pl* жироцентралы, креди́тные институ́ты, осуществляющие взаи́мный зачёт платеже́й
Girozettel *m* жироприказ
Gitternetz, *n*, demographisches *стат.* демографи́ческая се́тка, демографи́ческая решётка
GKA, Gebrauchswert-Kosten-Analyse ана́лиз затра́т на осно́ве потреби́тельной сто́имости, функциона́льно-сто́имостный ана́лиз
GKG, Gerichtskostengesetz зако́н о суде́бных издержках
GKO, Geschäftskostenordnung положе́ние об издержках на организацио́нные расхо́ды
GKR, Gemeinschaftskontenrahmen industrieller Verbände еди́ная номенклату́ра счето́в промы́шленных сою́зов *(ФРГ)*
GL, Grönland Гренла́ндия
Glattstellung *f* заверше́ние сде́лки, по́лная реализа́ция сде́лки *(выполне́ние взаи́мных обяза́тельств)*; закры́тие счето́в; *бирж.* ликвида́ция сде́лки; покры́тие задо́лженности по счета́м; заключе́ние счето́в
Glauben *m* ве́ра; дове́рие; уве́ренность
Glauben finden приобрести́ дове́рие
im festen Glauben в по́лной уве́ренности
in gutem Glauben *торг.* бона фиде, по до́брой ве́ре, из лу́чших побужде́ний; добросо́вестно; *юр.* в до́брой ве́ре
Gläubiger *m* вкла́дчик
Gläubiger кредито́р, заимода́вец
begünstigter Gläubiger привилегиро́ванный кредито́р, преиму́щественный кредито́р
betreibender Gläubiger кредито́р, да́вший ход конкурсному делу́; кредито́р, яви́вшийся инициа́тором назначе́ния ко́нкурса
bevorrechtigter Gläubiger привилегиро́ванный кредито́р, преиму́щественный кредито́р
handschriftlicher Gläubiger заимода́вец по просто́й расписке
hypothekarischer Gläubiger ипоте́чный кредито́р; кредито́р по закладно́й
Gläubigeranfechtung *f* оспа́ривание кредито́ром свои́х прав на (спо́рное) иму́щество
Gläubigeranmeldungsfrist *f* срок заявле́ния прете́нзий кредито́рам; срок заявле́ния прете́нзий кредито́рами
Gläubigerausschuss *m* *юр.* конкурсное управле́ние
Gläubigerausschuss *m* конкурсное управле́ние, коми́ссия из кредито́ров по конкурсному делу́
Gläubigerbank *f* банк-кредито́р
Gläubigerbegünstigung *f* предоставле́ние преиму́ществ одному́ из кредито́ров
Gläubigerbeirat *m* сове́т кредито́ров
Gläubigerbenachteiligung *f* причине́ние уще́рба кредито́рам
Gläubigerkapital *n* о́тданный взаймы́ капита́л
kurzfristiges Gläubigerkapital краткосро́чный, о́тданный взаймы́ капита́л *(взя́тые креди́ты)*
langfristiges Gläubigerkapital долгосро́чный, о́тданный взаймы́ капита́л *(облига́ции, ипоте́ки)*
Gläubigerland *n* страна́-кредито́р
Gläubigerschaft *f* кредито́ры
Gläubigerstaat *m* госуда́рство-кредито́р
Gläubigerverzug *m* просро́чка кредито́ра в приня́тии исполне́ния обяза-

тельства должником

Gleichartigkeit *f* однорóдность, однотипность; схожесть

gleichbedeutend равнозначащий, равносúльный; тождéственный, идентúчный

gleichgestellt приравненный; равнозначный; рáвный
steuerlich gleichgestellt приравненный по налогообложéнию
gleichgestellte Rechte рáвные правá, равнозначные правá

Gleichgewicht *n* равновéсие
dynamisches Gleichgewicht динамúческое равновéсие
generelles Gleichgewicht óбщее равновéсие
labiles Gleichgewicht неустóйчивое равновéсие
monetäres Gleichgewicht равновéсие дéнежного обращéния
partielles Gleichgewicht частúчное равновéсие
stabiles Gleichgewicht устóйчивое равновéсие
wirtschaftliches Gleichgewicht экономúческое равновéсие

Gleichgewichtsbedingung *f* услóвие равновéсия

Gleichgewichtslage *f* состоя́ние равновéсия

Gleichgewichtsmarkt *m* ры́нок уравновешенного спрóса и предложéния, ры́нок сбалансированного спрóса и предложéния

Gleichgewichtsmechanismus *m* механúзм равновéсия

Gleichgewichtspreis *m* равновесная ценá ***(склáдывающаяся при устойчивом равновéсии спрóса и предложéния)***, сбалансированная ценá, ценá в услóвиях устойчивого равновéсия спрóса и предложéния

Gleichgewichtssituation *f* ситуáция равновéсия

Gleichgewichtsstörung *f* нарушéние равновéсия

Gleichgewichtsstrategie *f* стратéгия равновéсия

Gleichgewichtssystem *n* систéма равновéсия

Gleichgewichtstheorie *f* теóрия равновéсия (цен)

Gleichgewichtszustand *m* состоя́ние равновéсия

Gleichheit *f* рáвенство, тóждество, адеквáтность
horizontale Gleichheit горизонтáльная адеквáтность ***(лицá с одинáковыми дохóдами плáтят одинáковые налóги)***
vertikale Gleichheit вертикáльная адеквáтность ***(налóги возрастáют по мéре увеличéния облагáемых дохóдов)***

Gleichläufigkeit *f стат.* синхрóнность

Gleichlaufproduktion *f* произвóдство, функционúрующее по прúнципу соотвéтствия колúчества производимой и реализуемой продýкции

gleichmachen *vt* равня́ть, урáвнивать, нивелúровать

Gleichmacherei *f* уравниловка

gleichmacherisch оснóванный на уравниловке; уравнúтельный

Gleichmäßigkeit *f* соразмéрность; симметричность
Gleichmäßigkeit der Besteuerung соразмéрность (налого)обложéния

gleichordnen *vt* координúровать

Gleichordnung *f* координáция

gleichschalten *vt* унифицúровать

Gleichschaltung *f* унификáция

gleichsetzen *vt* приpáвнивать; отождествля́ть

Gleichsetzungsfaktor *m* коэффициéнт тождéственности, коэффициéнт однозначности

gleichstellen *vt* приpáвнивать; срáвнивать; урáвнивать

Gleichstellung *f* урáвнивание, уравнéние

Gleichung *f* уравнéние, урáвнивание; сравнéние; рáвенство
Gleichung *мат.* уравнéние

Gleichungspunkt *m* паритéт

Gleichungssystem *n* систéма уравнéний
Gleichungssystem der Volkswirtschaftsbilanz систéма уравнéний народнохозяйственного балáнса
lineares Gleichungssystem систéма линейных уравнéний
ökonometrisches Gleichungssystem систéма эконометрических уравнéний

Gleichwert *m* равноцéнность; эквивалéнтность; равнознáчность

gleichwertig равноцéнный; эквивалéнтный; равнознáчный
gleichwertig с постоя́нными параметрами

Gleichwertigkeit *f* равноцéнность; эквивалéнтность; равнознáчность

Gleisbenutzungsgebühr *f* плáта за пóльзование рéльсовым путём

Gleiswaage *f* весы́ для взвéшивания пусты́х и разгруженных вагóнов

Gleitkommamultiplikation *f вчт.* умножéние ***(чúсел)*** с плавающей запятóй

Gleitmittelverfahren *n* мéтод скользя́щих срéдних

Gleitpreis *m* скользя́щая ценá

Gleitpreisklausel *f* пункт договóра, предусмáтривающий установлéние цены́ через нéкоторое врéмя пóсле заключéния договóра; пункт договóра, предусмáтривающий установлéние скользя́щей цены́

Gleitzoll *m* меня́ющийся размéр стáвки тамóженной пóшлины; пóшлина непостоянного размéра

gliedern *vt* расчленя́ть, делúть; подразделя́ть; классифицúровать; дифференцúровать

Gliedersystem *n* систéма ***(торгóвых)*** звéньев

Gliedertaxe *f* стáвка страховы́х сумм при страховáнии от несчáстных слýчаев

Gliederung *f* расчленéние; подразделéние; классификáция; дифференциáция; организáция, структýра; *бухг.* расшифрóвка
Gliederung der Betriebsangehörigen состáв рабóтников предприя́тия
Gliederung der Volkswirtschaft классификáция óтраслей нарóдного хозя́йства, народнохозяйственная классификáция
Gliederung des Arbeitsganges расчленéние рабóчего процéсса ***(на отдéльные оперáции)***
Gliederung nach Kostenelementen номенклатýра элемéнтов затрáт
horizontale Gliederung des Schemas горизонтáльная структýра схéмы ***(напр., моделируемого предприя́тия)***
organische Gliederung органúческое делéние ***(произвóдственного процéсса)***
vorbereitende Gliederung *бухг.* предварúтельная расшифрóвка

Gliederungsmerkmal *n* прúзнак группирóвки; прúзнак группировáния

Gliederungssystem *n* рубрикáция

Gliederungstiefe *f* разветвлённость (балáнса, структурного докумéнта и т.п.)
Gliederungstiefe глубинá рубрикации
Gliederungstiefe der Bilanz разветвлённость балáнса

Gliederungszahl *f* коэффициéнт ***(как экономúческий показáтель)***

Gliedziffernmethode *f стат.* мéтод исчислéния сезóнных úндексов

Gliedziffernverfahren *n стат.* мéтод исчислéния сезóнных úндексов

Globalabkommen *n* глобáльное соглашéние

Globalabschreibung *f* глобáльная амортизáция ***(напр., исчисляемая для всей сýммы основны́х средств по единому нормативу)***; *бухг.* óбщее списание, óбщая амортизáция

Globalabtretung *f* изменéние обсуждаемых услóвий, устýпка ***(большинствá***

и́ли всех) тре́бований *(с заме́ной их на но́вые)*
Globalaktie *f* глоба́льная а́кция
Globalanleihen *f pl* заём в кру́пных вы́пусках
Globalbetrag *m* валова́я су́мма, о́бщая су́мма
Globalbilanz *f* сво́дный бала́нс
Globalgenehmigung *f* о́бщее разреше́ние *(на ввоз и́ли вы́воз)*
Globalinterpolation *f стат.* о́бщая интерполя́ция
Globaltarif *m ж.-д.* о́бщий тари́ф *(в междунаро́дном грузово́м сообще́нии)*
Globalvertrag *m* глоба́льное соглаше́ние; о́бщий догово́р
Globalwarenbegleitschein *m* о́бщий товаросопроводи́тельный докуме́нт
Globalwirtschaft *f* мирово́е хозя́йство
Glockenkurve *f стат.* крива́я норма́льного распределе́ния
gltd, geltend действи́тельный, де́йствующий, име́ющий си́лу
GM:
GM, Gambia Га́мбия
GM, Gebrauchsmuster промы́шленный образе́ц
GM, Goldmark *ист.* золота́я ма́рка *(усло́вная де́нежная едини́ца)*
GmbH, Gesellschaft mit beschränkter Haftung о́бщество с ограни́ченной отве́тственностью
GMD, Dalasi, -- Gambia Даласи (*код валю́ты* 270), -- Га́мбия
GmubH, Gesellschaft mit unbeschränkter Haftung о́бщество с неограни́ченной отве́тственностью
GmuH, Gesellschaft mit unbeschränkter Haftung о́бщество с неограни́ченной отве́тственностью
GN, Guinea Гвине́я
Gnadenfrist *f* льго́тный срок, льго́тная отсро́чка
Gnadentage *m, pl* грацио́нные дни, льго́тные дни, льго́тный срок
GNF, Guinea-Franc, -- Guinea Гвине́йский франк (*код валю́ты* 324), -- Гвине́я
GO:
GO, Geschäftsordnung уста́в предприя́тия; поря́док веде́ния дел
GO, Gebührenordnung положе́ние о поря́дке упла́ты сбо́ров, нало́гов *и́ли* по́шлин
g.o.b., good ordinary brand (eng.) хоро́ший сорт, обы́чный сорт
Gold *n* зо́лото
Gold ausprägen чека́нить моне́ту из зо́лота
Gold diggen занима́ться золотоиска́тельским про́мыслом
Gold in Barren зо́лото в сли́тках
Gold münzen чека́нить золоту́ю моне́ту
Gold von echter Währung зо́лото вы́сшей про́бы
Gold zu Münzen prägen чека́нить золоты́е моне́ты
dumpfes Gold ма́товое зо́лото
gediegenes Gold саморо́дное зо́лото
gegossenes Gold зо́лото в сли́тках
gemünztes Gold зо́лото в моне́тах
gemünztes Gold листово́е зо́лото
klammes Gold саморо́док
lauteres Gold чи́стое зо́лото
legiertes Gold сплав зо́лота
mannheimer Gold фальши́вое зо́лото
massives Gold зо́лото вы́сшей про́бы *(без приме́сей)*
mattes Gold ма́товое зо́лото
monetäres Gold монетарное зо́лото
pures Gold чи́стое зо́лото
reines Gold чи́стое зо́лото
rotes Gold червонное эолото
in Gold в золото́м исчисле́нии
in Gold zahlen плати́ть золото́м
Gold- und Silberwaren stempeln ста́вить про́бу на золоты́е и серебря́ные изде́лия; ста́вить проби́рное клеймо́ на золоты́е и сере́бряные изде́лия
etw. **mit Gold aufwiegen** оплати́ть (что-л.) золото́м в том же ве́се
dieser Fluss führt Gold mit э́то золото́носная река́
Gold- und Devisenbilanz *f* золотовалю́тный бала́нс
Goldabfluss *m* отли́в зо́лота, уте́чка зо́лота
Goldabgabe *f* прода́жа зо́лота
Goldabwanderung *f* уте́чка зо́лота
Goldagio *n* лаж, наце́нка на зо́лото
Goldankaufpreis *m* заку́почная цена́ на зо́лото
Goldanleihe *f* золото́й заём
Goldarbitrage *f* золото́й арбитра́ж
Goldaufkaufpreis *m* заку́почная цена́ на зо́лото
Goldaufkommen *n* золоты́е ресу́рсы
Goldausbeute *f* добы́ча зо́лота
Goldausfuhr *f* вы́воз зо́лота, экспорт зо́лота
Goldausfuhrpunkt *m* ни́жняя золота́я то́чка, экспортная золота́я то́чка, ни́жний преде́л котировки обменного ку́рса валю́т, име́ющих золото́е обеспе́чение
Goldautomatismus *m* автомати́ческое регули́рование у́ровня запа́сов золоты́х моне́т стра́нами золото́го монометаллизма; золото́й автомати́зм *(механи́зм регули́рования вну́треннего де́нежного обраще́ния и валю́тных опера́ций при золото́м станда́рте)*
Goldbarren *m* сли́ток зо́лота, золото́й сли́ток
Goldbarrenmänner *m, pl* буллиони́сты *(сторо́нники свобо́дной обратимости бума́жных де́нег в зо́лото)*
Goldbarrenstandard *m* золотосли́тковый станда́рт
Goldbarrenwährung *f* золотосли́тковая валю́та
Goldbasis *f* золота́я ба́за, золота́я осно́ва
Goldbestand *m* золото́й запа́с
den Goldbestand anreichern нара́щивать золоты́е запа́сы
Goldblock *m* золото́й блок
Goldblockade *f* золота́я блока́да
Golddeckung *f* золото́е обеспе́чение
Golddevisenstandard *m* золотодеви́зный станда́рт *(де́нежная систе́ма, при кото́рой в ка́честве общепризнанного платёжного сре́дства наряду́ с золото́м выступа́ют деви́зы)*
Golddevisenwährung *f* золотодеви́зный станда́рт
Goldeinfuhr *f* ввоз зо́лота, и́мпорт зо́лота
Goldeinfuhrpunkt *m* ве́рхняя золота́я то́чка, и́мпортная золота́я то́чка, ве́рхний преде́л котировки обменного ку́рса валю́т, име́ющих золото́е обеспе́чение
Goldeinheit *f* золота́я едини́ца
Goldfieber *n* золота́я лихора́дка
Goldgehalt *m* золото́е содержа́ние; про́ба зо́лота; содержа́ние зо́лота в руде́
Goldgeld *n* золоты́е де́ньги; золота́я моне́та; зо́лото
Goldgestalt *f* о́браз зо́лота
vorgestellte Goldgestalt мы́сленно представля́емый о́браз зо́лота
Goldgewicht *n* ме́ра ве́са для взве́шивания зо́лота; про́ба зо́лота
Goldgewinnung *f* добы́ча зо́лота
Goldhandel *m* торго́вля золото́м
Goldkern *m* золото́й резе́рв эмиссио́нного ба́нка
Goldkernwährung *f* золотосли́тковый станда́рт
Goldklausel *f* золота́я огово́рка
Goldkonvertibilität *f* конверти́руемость валю́т в зо́лото, обрати́мость валю́т в зо́лото
Goldkonvertierbarkeit *f* конверти́руемость валю́т в зо́лото, обрати́мость валю́т в зо́лото
Goldmark *f ист.* золота́я ма́рка
Goldmarkt *m* ры́нок зо́лота *(ку́пля-прода́жа зо́лота и а́кций золотодобыва́ющих компа́ний)*
Goldmechanismus *m* золотовалю́тный механи́зм

Goldmünze *f* золота́я моне́та
Goldmünzfuß *m* золотомонетный станда́рт
Goldmünzklausel *f* золотомонетная огово́рка
Goldmünzstandard *m* золотомонетный станда́рт
Goldmünzsystem *n* золотомонетная систе́ма *(систе́ма де́нежного обраще́ния со свобо́дным обменом банкно́т на зо́лото)*
Goldparität *f* золото́й парите́т
Goldpool *m ист.* «золото́й пул»
Goldpreis *m* цена́, вы́раженная в зо́лоте
Goldprobe *f* ме́ра ве́са для взве́шивания зо́лота; про́ба зо́лота
Goldproduktion *f* добы́ча зо́лота
Goldpunkt *m* золота́я то́чка
unterer Goldpunkt ни́жняя золота́я то́чка, экспортная золота́я то́чка, ни́жний преде́л котировки обменного ку́рса валю́т, име́ющих золото́е обеспе́чение
Goldrente *f* золота́я ре́нта
Goldreserve *f* золото́й запа́с
Goldschatz *m* золото́й запа́с; золото́й клад; сокро́вище;
Goldstandard *m* золото́й станда́рт *(предполага́ет ряд усло́вий, включа́ющих, в ча́стности, чека́нку и свобо́дное обраще́ние золоты́х де́нег, разме́н банкно́т на зо́лото)*, золото́й монометалли́зм
Goldstück *n* золота́я моне́та, золото́й
Goldtitel *m* назва́ние золото́й моне́ты
Goldüberschuss *m* изли́шки зо́лота
Goldumlauf *m* золото́е обраще́ние
Goldumlaufwährung *f* золотомонетный станда́рт *(де́нежная систе́ма, в кото́рой роль покупательного сре́дства выполня́ют золоты́е моне́ты)*, золото́й станда́рт золото́й монометалли́зм
Goldverknappung *f* сокраще́ние золото́го запа́са *(страны́)*
Goldvorrat *m* золото́й запа́с
Goldwährung *f* золото́й станда́рт, золото́й монометалли́зм
Goldwährung mit Goldmünzenumlauf золотомонетный станда́рт
effektive Goldwährung золотомонетный станда́рт
hinkende Goldwährung «хрома́ющий» золото́й станда́рт *(обраще́ние наряду́ с золоты́ми серебряных моне́т)*
monometallistische Goldwährung золото́й монометалли́зм, золото́й станда́рт
nominelle Goldwährung номина́льная золота́я валю́та
Goldwährungsmechanismus *m* золотовалютный механи́зм
Goldwert *m* золото́е содержа́ние де́нежной едини́цы; про́ба зо́лота
Goldwertanleihe *f* заём, обеспе́ченный золото́й огово́ркой
Goldwertklausel *f* огово́рка о золото́м содержа́нии
Goldzahlung *f* платёж в зо́лоте
Goldzeichen *n, pl* зна́ки зо́лота *(бума́жные де́ньги, замещающие золото́е функциях сре́дства обраще́ния и платежа́)*
Goldzertifikat *n* золото́й сертифика́т
Goldzirkulation *f* золото́е обраще́ние
Goldzufluss *m* прито́к зо́лота
Good-will *m англ.* «гу́двилл», усло́вная сто́имость деловы́х свя́зей *(ра́зность ме́жду ры́ночной сто́имостью фи́рмы и бала́нсовой су́ммой её реа́льных и фина́нсовых акти́вов)*
Goodwill *m англ.* репута́ция фи́рмы, прести́ж фи́рмы
GP, Gesamtpufferzeit *сет. пл.* по́лный резе́рв вре́мени
gpr., geprüft прове́рено
gpr.u.gen., geprüft und genehmigt прове́рено и одо́брено
GR:
GR, Griechenland Гре́ция
GR, Güterrechtsregister пе́речень прав грузовладе́льцев
gr., gratis бесплáтно, безвозме́здно
Grad *m* **der Fließfertigung** сте́пень пото́чности произво́дства
grants *pl англ.* безвозвра́тные ссу́ды *(предоста́вленные США, напр., в ра́мках пла́на Маршалла)*
Graph *m мат.* граф
Graphentheorie *f* тео́рия гра́фов
Gratifikation *f* гратифика́ция *(де́нежная награ́да, поощре́ние)*; *(едновре́менное)* де́нежное вознагражде́ние, наградны́е
gratis гратис, беспла́тно, безвозме́здно, да́ром
gratis und franko беспла́тно
Gratisaktie *f* беспла́тная а́кция; свобо́дная а́кция *(може́т выдава́ться акционе́ру, напр. в счёт дивиде́нда)*
Gratisangebot *n* беспла́тное предложе́ние това́ра *(може́т испо́льзоваться в ка́честве одного́ из спо́собов конкуре́нции)*
Gratisarbeit *f* дарово́й труд
Gratisgenussschein *m* беспла́тная а́кция с фикси́рованным разме́ром дохо́да, беспла́тная а́кция с фикси́рованным разме́ром дивиде́нда
Gratisgeschäft *n* безвозме́здная сде́лка
Gratismuster *n* беспла́тный образе́ц
Gratisnaturkraft *f* **des Kapitals** дарова́я есте́ственная си́ла капита́ла
Gratisprobe *f* беспла́тная про́ба; беспла́тный образе́ц
Gravitation *f* гравита́ция *(явле́ние взаи́много возде́йствия цен на разли́чных ры́нках)*
GRD, Drachme, -- Griechenland Дра́хма (*код валю́ты* 300), *в н.в. заменена́ на* Евро **EURO**, -- Гре́ция
Grdb., Grundbuch поземельная кни́га; земе́льный када́стр
Grenzaktivität *f сет. пл.* грани́чная рабо́та
Grenzanalyse *f* маргина́льный ана́лиз
Grenzarbeiter *m* преде́льный рабо́чий
Grenzarbeitsertrag *m* преде́льный проду́кт труда́
Grenzaufseher *m* тамо́женный чино́вник
Grenzaufsichtsbeamte *m* тамо́женный чино́вник
Grenzaufwand *m* преде́льные затра́ты
Grenzausgleich *m* пограни́чная компенса́ция *(субси́дия, выпла́чиваемая на сельскохозя́йственную проду́кцию при пересечении грани́цы в ра́мках ЕЭС)*
Grenzbedingung *f* ограничи́тельное усло́вие, преде́льное усло́вие
Grenzbetrieb *m* предприя́тие, покрыва́ющее лишь изде́ржки произво́дства
Grenzboden *m* земе́льные уго́дья, обрабатываемые *(в си́лу неудобного расположе́ния и́ли ни́зкого ка́чества по́чвы)* лишь при нали́чии платёжеспособного спро́са на сельскохозя́йственные проду́кты
Grenze *f* грани́ца, рубе́ж; грани́ца, преде́л, грань
Grenzeinnahme *f* преде́льный дохо́д *(де́нежная сто́имость преде́льного проду́кта)*
Grenzereignis *n сет. пл.* грани́чное собы́тие
Grenzerlös *m* преде́льная вы́ручка *(увеличе́ние и́ли уменьше́ние вы́ручки, возника́ющее при увеличе́нии и́ли уменьше́нии сбы́та на одну́ едини́цу)*
Grenzertrag *m* преде́льный дохо́д *(де́нежная сто́имость преде́льного проду́кта)*
Grenzfehler *m* преде́льная оши́бка
Grenzgebiet *n* пограни́чная о́бласть, пограни́чный райо́н; пограни́чная зо́на; сме́жная о́бласть
Grenzgewinn *m* преде́льная при́быль
Grenzhandel *m* приграничная торго́вля
Grenzkosten *pl* преде́льные изде́ржки *(увеличе́ние изде́ржек, с кото́рыми сопряжено́ произво́дство дополни́тельной едини́цы проду́кции)*
Grenzkostenkalkulation *f* расчёт преде́льных изде́ржек, калькуля́ция пре-

дельных издéржек

Grenzkredit *m* предéльный кредит *(предéл взаимного кредитования по клиринговым расчётам)*

Grenzkurs *m* биржевóй курс *(максимальные и минимáльные котировки)*

Grenzleistung *f* предéльная мóщность; предéльная производительность

Grenzleistungsfähigkeit *f* **des Kapitals** предéльная эффективность капитáла, предéльная эффективность капиталовложéний

Grenznutzen *m* предéльная полéзность
Grenznutzen des Geldes предéльная полéзность дéнег

Grenznutzentheorie *f* теóрия предéльной полезности

Grenzplankostenrechnung *f* расчёт предельных плáновых издéржек

Grenzplanungsrechnung *f* расчёт предельных плáновых издéржек

Grenzpreis *m* предéльная ценá

Grenzprinzip *n* маргинáльный принцип *(изучéние послéдствий предéльно мáлого изменéния рассматриваемых величин)*

Grenzprodukt *n* предéльный продукт *(дополнительная продукция, получáемая благодаря предéльно мáлому приращению рассматриваемого производственного фáктора)*

Grenzproduktion *f* маргинальное производство, дополнительное производство

Grenzproduktivität *f* предéльная производительность

Grenzproduktivitätstheorie *f* теóрия предéльной производительности

Grenzpunkt *m мат.* гранúчная тóчка

Grenzrate *f* предéльная нóрма
Grenzrate der Substitution предéльная нóрма замещéния

Grenzrecht *n* погранúчное прáво

Grenzschließung *f* закрытие границы; блокáда

Grenzsperre *f* закрытие границы; блокáда

Grenzspesen *pl* тамóженные сбóры *(несёт экспедитор)*

Grenzsteuersatz *m* предéльная налóговая стáвка

Grenzübergangsbahnhof *m* погранúчная стáнция *(оборудованная для тамóженного контрóля за экспортными и импортными грузами)*

Grenzumsatz *m* маргинáльный оборóт, дополнительный оборóт

Grenzwert *m* предéльная величинá, предéльное значéние, предéльная стóимость

Grenzwertproduktivität *f* предéльная производительность

Grenzwertsatz *m мат.* предéльная теорéма
zentraler Grenzwertsatz центрáльная предéльная теорéма

Grenzzoll *m* погранúчная тамóженная пóшлина; погранúчная тамóжня

Grenzzollamt *n* погранúчная тамóжня

Grenzzollstelle *f* погранúчная тамóжня

Griff *m* (рабóчий) приём *(трудá)*; кáчество *(на óщупь)*

Griffelement *n* элемéнт трудовóго процéсса

Griffgruppe *f* грýппа элемéнтов трудовóго процéсса, совокýпность элемéнтов трудовóго процéсса
erweiterte Griffgruppe укрупнённая грýппа элемéнтов трудовóго процéсса

Griffzeitrechnung *f* расчёт врéмени на выполнéние отдéльных элемéнтов трудовóго процéсса

GRMG, Geschäftsraummietengesetz закóн о нáйме служéбных помещéний

Grob-Modell *n* грýбая модéль (напр. экономúческого исслéдования)

Grobberechnung *f* предварительный расчёт, черновóй расчёт

Grobgewicht *n* вес брýтто

Grobnetzplan *m сет. пл.* укрупнённый сетевóй грáфик, укрупнённая сеть

Grobnomenklatur *f* укрупнённая номенклатýра

groß terms *англ.* погрýзка и разгрýзка за счёт судоходной компáнии *(услóвие платежá на фрáхтовом рынке)*

Groß- und Einzelhandels... оптово-рóзничный
Groß- und Einzelverkauf *m* продáжа óптом и в рóзницу

Großabnehmer *m* крýпный покупáтель; крýпный потребитель *(напр., электроэнéргии, гáза)*

Großagrarier *m* крýпный землевладéлец, латифундист

Großaktionär *m* крýпный акционéр, держáтель большóго пакéта áкций

Großankauf *m* оптóвая закýпка; *разг.* покýпка в больших колúчествах

Großaufkäufer *m* крýпный скýпщик

Großbankier *m* крýпный банкир; крýпный финансист

Großbauer *m* зажиточный крестьянин; кулáк

großbäuerlich кулацкий

Großbauernschaft *f* зажиточное крестьянство; кулачество

Großbauerntum *n* зажиточное крестьянство; кулачество

Großbauernwirtschaft *f* кулацкое хозяйство

Großbautätigkeit *f* капитáльное строительство

Großbehälter *m* контéйнер большóй ёмкости, большеёмкий контéйнер

Großbetrieb *m* крýпное произвóдство; крýпное предприятие; *с.-х.* крýпное хозяйство
genossenschaftlicher Großbetrieb крýпный сельскохозяйственный кооператив
landwirtschaftlicher Großbetrieb *с.-х.* крýпное хозяйство

Großbezieher *m* крýпный покупáтель; крýпный потребитель *(напр., электроэнéргии, гáза)*

Großbourgeoisie *f* крýпная буржуазия

Großbuch *n бухг.* глáвная книга, гроссбух

Großbürgertum *n* крýпная буржуазия

Großdetailgeschäft *n уст.* оптово-рóзничная торгóвля *(систéма универсальных магазинов)*

Größe *f* величинá; размéр
gesuchte Größe искомая величинá
gleich bleibende Größe констáнта
inkommensurable Größe несоизмеримая величинá
korrelierende Größe коррелирующая величинá
optimale Größe оптимáльная величинá; оптимáльный размéр
unbekannte Größe неизвéстная величинá
veränderliche Größe перемéнная величинá, перемéнная
zu prognostizierende Größe прогнозируемая величинá
zufällige Größe случáйная величинá

Großeinkauf *m* оптóвая закýпка; *разг.* покýпка в больших колúчествах

Großeinkaufsgesellschaft *f* оптово-закупочное óбщество; товáрищество оптовых закýпок

Großeinkaufspreis *m* оптóвая закýпочная ценá

Großemballage *f* крупногабаритная тáра

Größenbeziehung *f* **der Mittelwerte** *стат.* мажорантность срéдних значéний

Größendegression *f* снижéние срéдних издéржек произвóдства на единицу продукции по мéре расширéния произвóдства

Größenklasse *f стат.* грýппа *(напр., населéния по возрастнóму признаку)*

Größenordnung *f* порядок величины; классификáция по размéрам; размéр, объём
Größenordnung der Waren градáция товáров по размéру

Größenstaffel *f* перечень цен, установленных в зависимости от размеров продукта *(напр., яиц)*
Großerzeuger *m* крупный продуцент, крупный производитель
Großfabrikation *f* серийное производство, массовое производство; производство в крупных масштабах
Großfarmer *m* крупный фермер
Großfertigung *f* серийное производство, массовое производство; производство в крупных масштабах
Großfinanzier *m* крупный банкир; крупный финансист
Großforschung *f* крупные научные исследования, комплексные научные исследования
Großgewerbe *n* крупное предприятие; крупное промысловое предприятие; крупный промысел
Großgewicht *n* вес брутто
Großgrundbesitz *m* крупное землевладение, крупная латифундия, крупная земельная собственность
Großgrundbesitzer *m* крупный землевладелец, латифундист
Großhandel *m* оптовая торговля
im Großhandel kaufen покупать оптом
über den Großhandel beziehen покупать оптом
Großhandelsabgabepreis *m* отпускная цена промышленности, оптовая цена
Großhandelsabschlag *m* оптовая скидка
Großhandelsagent *m* агент по оптовым операциям
Großhandelsaufschlag *m* оптовая наценка
Großhandelsbetrieb *m* предприятие оптовой торговли
Großhandelsfirma *f* оптовая фирма
Großhandelsgeschäft *n* оптовая сделка; оптовая фирма
Großhandelsgesellschaft *f* общество оптовой торговли
Großhandelsindex *m* индекс оптовых цен
Großhandelskontenrahmen *m* номенклатура счетов предприятий оптовой торговли
Großhandelslager *n* оптовый склад
Großhandelslieferung *f* оптовая поставка
Großhandelsmarkt *m* рынок оптовой торговли
Großhandelsmesse *f* оптовая ярмарка
Großhandelsnetz *n* сеть предприятий оптовой торговли
Großhandelsniederlassung *f* оптовая база
Großhandelsorgane *n, pl* организации оптовой торговли
Großhandelspreis *m* оптовая цена
Großhandelspreisindex *m* индекс оптовых цен
Großhandelspreislimit *n* лимит оптовой цены
Großhandelspreisliste *f* прейскурант оптовых цен
Großhandelspreisreform *f* реформа оптовых цен
Großhandelsrabatt *m* оптовая скидка
Großhandelssortiment *n* ассортимент оптовой торговли
Großhandelsspanne *f* оптовая наценка
Großhandelsspezialislerung *f* специализация оптовой торговли
Großhandelsumsatz *m* оборот оптовой торговли
Großhandelsverkauf *m* оптовая продажа
Großhandelsvertreter *m* агент по оптовым операциям
Großhändler *m* крупный торговец; оптовый торговец, оптовик
Großhandlung *f* оптовый магазин; оптовая торговля
Großhersteller *m* крупный продуцент, крупный производитель
Großherstellung *f* крупное производство, производство в крупных масштабах
Großimporteur *m* крупный импортёр; крупная импортная фирма
Großindustrie *f* крупная промышленность
Großindustrieller *m* крупный промышленник
Grossist *m* оптовый торговец, оптовик
Großkapital *n* крупный капитал
Großkapitalist *m* крупный капиталист
großkapitalistisch крупнокапиталистический
Großkaufmann *m* крупный коммерсант; крупный торговец
Großkredit *m* крупный кредит
Großlager *n* крупный склад
Großlandwirt *m* крупный фермер
Großlandwirtschaftsbetrieb *m* крупное сельскохозяйственное производство; крупное сельскохозяйственное предприятие, крупное хозяйство
Großlebensversicherung *f* страхование жизни на крупную сумму *(в ФРГ - на сумму свыше 3000 марок)*
Großlieferant *m* оптовый поставщик
Großmagnat *m* магнат, крупный капиталист; крупный помещик
Großmarkthalle *f* крытый центральный рынок
Großpächter *m* крупный арендатор
Großproduktion *f* крупное производство, производство в крупных масштабах
Großproduzent *m* крупный продуцент, крупный производитель
Großraumverkaufsstelle *f* крупный (универсальный) магазин; торговый центр
Großreparatur *f* капитальный ремонт
Großschifffahrtsstraße *f* главный водный путь
Großschifffahrtsweg *m* главный водный путь
Großserienfertigung *f* крупносерийное производство
Großserienproduktion *f* крупносерийное производство
Großstadt *f* крупный город
großtechnisch промышленный
großtonnagig крупнотоннажный
Großtransport *m* перевозка крупногабаритных грузов
Größtwert *m* максимальное значение; максимальная величина, максимум
Großunternehmen *n* крупное предприятие; крупная фирма
Großunternehmer *m* крупный предприниматель
Großunternehmung *f* крупное предприятие; крупная фирма
Großverbraucher *m* крупный потребитель
Großverkaufsstelle *f* крупный (универсальный) магазин; торговый центр
Großverpackung *f* крупногабаритная тара
Großvieheinheit *f (условная)* единица крупного рогатого скота
Großwirtschaft *f с.-х.* крупное хозяйство
GrSt, Grundsteuer поземельный налог
GrStG, Grundsteuergesetz закон о поземельном налоге
Grubenanteil *m* пай в горнопромышленном предприятии, кукса
Grundabgabe *f* поземельный налог
Grundakten *f, pl* кадастровые акты, акты поземельной книги
Grundanteil *n* земельный надел
Grundarbeit *f* основная работа; работа в основных производственных цехах
Grundarbeiter *m* рабочий основных производственных цехов
Grundarbeitszeit *f* основное рабочее время
Grundausbildung *f* первый этап профессиональной подготовки, первичная профессиональная подготовка
Grundbedarf *m* основные потребности

Grundbedingung *f* основно́е усло́вие, основна́я предпосы́лка

Grundbeleg *m* основно́й докуме́нт, перви́чный докуме́нт

Grundberuf *m* основна́я профе́ссия

Grundbesitz *m* земе́льная со́бственность, землевладе́ние

Grundbesitzer *m* землевладе́лец, поме́щик, агра́рий

Grundbilanz *f* основно́й бала́нс *(включа́ет торго́вый бала́нс, бала́нс услу́г, бала́нс теку́щих платеже́й, бала́нс долгосро́чного капиталооборота)*

Grundbuch *n* поземельная кни́га, земе́льный када́стр; *бухг.* журна́л, мемориа́л

Grundbuchamt *n* учрежде́ние, веду́щее позе́мельные кни́ги

Grundbuchberichtigung *f* исправле́ние в записях поземельной кни́ги

Grundbuchordnung *f* пра́вила веде́ния поземельных книг

Grundbuchungen *f, pl* веде́ние книг бухга́лтерского учёта; за́писи в кни́гах бухга́лтерского учёта, основны́е бухга́лтерские за́писи

Grunddaten *pl* **des Netzplanes** основны́е пара́метры сетево́го гра́фика

Grunddienstbarkeit *f* ве́щный сервиту́т, реа́льный сервиту́т; пра́во землепо́льзования

Grundeigentum *n* земе́льная со́бственность, землевладе́ние

Grundeigentümer *m* землевладе́лец, поме́щик, агра́рий

Grundeigentumsmonopol *n* монопо́лия на хозя́йственное испо́льзование земли́; монопо́лия ча́стной со́бственности на зе́млю

Grundeigentumstitel *m, pl* права́ земе́льной со́бственности

Grundeigentumsverhältnisse *n, pl* отноше́ния земе́льной со́бственности

Grundeinheit *f* основна́я едини́ца измере́ния

gründen *vt* осно́вывать, учрежда́ть; осно́вывать, обосно́вывать

Gründer *m* учреди́тель *(акционе́рного о́бщества)*; *бирж.* грю́ндер, деле́ц, деле́ц-спекуля́нт

Gründeraktie *f* учредительская а́кция

Gründeranteil *m* учредительский пай

Gründerbericht *m* отчёт учредителей *(напр., акционе́рного о́бщества)*

Gründergewinn *m* дохо́д, присва́иваемый организаторами акционе́рной компа́нии, учредительская при́быль, при́быль учредителей *(акционе́рного о́бщества)*

Gründerjahre *n, pl ист.* го́ды грюндерства, перио́д грюндерства

Gründerlohn *m* учредительская при́быль, при́быль учредителей *(акционе́рного о́бщества)*

Gründertum *n ист.* грюндерство; *бирж.* грюндеры, дельцы, дельцы-спекуля́нты

Grunderwerb(s)steuer *f* нало́г, взима́емый при поку́пке земе́льного уча́стка

Grundfonds *m, pl* основны́е фо́нды

Grundfonds der nichtproduktiven Sphäre непроизводственные основны́е фо́нды

Grundfonds der nichtproduzierenden Sphäre непроизводственные основны́е фо́нды

ausgesonderte Grundfonds вы́бывшие основны́е фо́нды

passive Grundfonds основны́е фо́нды, предста́вленные предме́тами труда́

verschlissene Grundfonds износившиеся основны́е фо́нды, изношенные основны́е фо́нды

Grundfonds- Nettoinvestitionsintensität *f* чи́стая капиталоёмкость по основны́м фондам

Grundfonds-Bruttoinvestitionsintensität *f* валова́я капиталоёмкость по основны́м фондам

Grundfonds-Nettoinvestitionsintensität *f* чи́стая капиталоёмкость по основны́м фондам

Grundfondsausnutzung *f* испо́льзование основны́х фо́ндов

Grundfondsaussonderung *f* выбы́тие основны́х фо́ндов

Grundfondsausstattung *f* фондовооружённость

Grundfondsbestandsentwicklung *f* дина́мика основны́х фо́ндов

Grundfondsbilanz *f* бала́нс основны́х фо́ндов

Grundfondseffektivität *f* эффекти́вность основны́х фо́ндов

Grundfondseinheit *f* едини́ца основны́х фо́ндов

Grundfondsintensität *f* фондоёмкость

grundfondsintensiv фондоёмкий

Grundfondsökonomie *f* эконо́мия основны́х фо́ндов

Grundfondsquote *f* фондоотда́ча

Grundfondsrentabilität *f* рента́бельность основны́х фо́ндов

Grundfondsverschleiß *m* изно́с основны́х фо́ндов

Grundfondswirtschaft *f* эконо́мика основны́х средств

komplexe Grundfondswirtschaft мероприя́тия, обеспечивающие учёт, испо́льзование и поддержа́ние основны́х средств в испра́вном состоя́нии; эконо́мика основны́х средств

Grundform *f* основна́я фо́рма; первонача́льная фо́рма; гла́вная фо́рма, преоблада́ющая фо́рма

Grundform der Durchschreibebuchführung копировально-ка́рточная фо́рма учёта

Grundgebühr *f* основно́й сбор; основна́я та́кса

Grundgehalt *n* основно́й окла́д

Grundgesamtheit *f* генера́льная совоку́пность *(по́лный набо́р всех учитываемых статисти́ческих едини́ц)*

alternative Grundgesamtheit альтернати́вная генера́льная совоку́пность

endliche Grundgesamtheit коне́чная генера́льная совоку́пность

unendliche Grundgesamtheit бесконе́чная генера́льная совоку́пность

Grundgeschäft *n* основна́я сде́лка, основна́я торго́вая опера́ция

Grundgesetz *n* основно́й зако́н

Grundgesetz *n* конститу́ция

ökonomisches Grundgesetz основно́й экономи́ческий зако́н

Grundgleichung *f* основно́е уравне́ние, ба́зовое уравне́ние, исхо́дное уравне́ние

Grundgleichung des Geldwesens установле́ние весово́го содержа́ния мета́лла в де́нежной едини́це

Grundhaltung *f* принципиа́льная пози́ция; о́бщий хара́ктер, о́бщий тон *чего́-л.*

Grundhandelsgeschäfte *n, pl* ви́ды торго́вой де́ятельности, осуществле́ние которо́й регламентируется торго́вым законода́тельством ФРГ

Grundherr *m* землевладе́лец, поме́щик, агра́рий; *ист.* феода́л, сеньо́р

Grundherrschaft *f* поме́щичье землевладе́ние; *ист.* сеньоральная власть

Grundhold *m ист.* крепостно́й крестья́нин

Grundholden *pl ист.* крепостны́е; крепостны́е крестья́не

gründich основа́тельно

Grundinvestition *f* основны́е капиталовложе́ния, основны́е инвести́ции

Grundkapital *n* основно́й капита́л; акционе́рный капита́л; паевой капита́л; уста́вный капита́л, учредительский капита́л

verdecktes Grundkapital скры́тый основно́й капита́л *(акционе́рного о́бщества)*

das **Grundkapital aufstocken** увели́чивать основно́й капита́л

Grundkapitalaufstockung *f* накопле́ние основно́го капита́ла

Grundkonzeption *f* основна́я конце́пция

Grundkosten *pl* основны́е расхо́ды, ос-

новны́е затра́ты, основны́е издéржки
direkte Grundkosten прямы́е основны́е расхо́ды
indirekte Grundkosten ко́свенные основны́е расхо́ды
variable indirekte Grundkosten ко́свенные основны́е расхо́ды

Grundkredit *m* земéльный креди́т, ипотéчный креди́т

Grundkreditinstitut *n* земéльный банк, ипотéчный банк

Grundlage *f* осно́ва; основа́ние; опо́ра; ба́за, ба́зис, фунда́мент
auf genossenschaftlicher Grundlage на кооперативных нача́лах; на коллекти́вной осно́ве
auf gleichberechtigter Grundlage на равноправной осно́ве, на ра́вных права́х

Grundlageinvestition *f* «инфраструктурные» инвести́ции

Grundlagenforschung *f* фундамента́льное исслéдование

Grundlohn *m* основна́я за́работная пла́та; тари́фная за́работная пла́та

Grundlohnfonds *m* фонд основно́й за́работной пла́ты

Grundlohnformen *f, pl* фо́рмы основно́й за́работной пла́ты

Grundmaterial *n* основно́й материа́л

Grundmittel *n, pl* основны́е срéдства, основны́е фо́нды
stillgelegte Grundmittel неиспользуемые основны́е срéдства
vermietete und verpachtete Grundmittel арендо́ванные основны́е срéдства

Grundmittelarten *f pl* ви́ды основны́х средств

Grundmittelausnutzung *f* испо́льзование основны́х средств, испо́льзование основны́х фо́ндов

Grundmittelaussonderung *f* выбы́тие основны́х фо́ндов

Grundmittelausstattung *f* фондовооружённость

Grundmittelbestand *m* нали́чие основны́х средств

Grundmittelbewertung *f* оцéнка основны́х средств

Grundmittelbilanz *f* бала́нс основны́х средств

Grundmittelblatt *n* инвента́рная ка́рта основны́х средств, инвента́рная ка́рточка основны́х средств

Grundmittelbuchführung *f* учёт основны́х средств

Grundmittelbuchhaltung *f* учёт основны́х средств

Grundmitteleinsatz *m* ввод в дéйствие основны́х средств, ввод в эксплуата́цию основны́х средств

Grundmittelfonds *m* фонд основны́х средств

Grundmittelgruppe *f* *(классификацио́нная)* гру́ппа основны́х средств

Grundmittelintensität *f* фондоёмкость

Grundmittelkarte *f* инвента́рная ка́рта основны́х средств

Grundmittelkartei *f* картотéка основны́х средств

Grundmittelkonto *n бухг.* счёт основны́х средств

Grundmittelkredit *m* кредитова́ние основны́х средств

Grundmittelnachweis *m* учёт основны́х средств

Grundmittelquote *f* фондоотда́ча

Grundmittelrechnung *f* учёт основны́х средств

Grundmittelstammkarte *f* инвента́рная ка́рта основны́х средств

Grundmittelstruktur *f* структу́ра основны́х фо́ндов

Grundmittelumbewertung *f* переоцéнка основны́х фо́ндов

Grundmitteluntergruppe *f* подгру́ппа основны́х средств

Grundmittelverkauf *m* прода́жа основны́х средств

Grundmittelwert *m* сто́имость основны́х средств

Grundmittelwirtschaft *f* мероприя́тия, обеспечивающие учёт, испо́льзование и поддержа́ние основны́х средств в испра́вном состоя́нии; эконо́мика основны́х средств
komplexe Grundmittelwirtschaft мероприя́тия, обеспечивающие учёт, испо́льзование и поддержа́ние основны́х средств в испра́вном состоя́нии

Grundnomenklatur *f* основна́я номенкляту́ра

Grundnorm *f* основно́й станда́рт

Grundpatent *n* основно́й патéнт

Grundpfandrecht *n* земéльное зало́говое пра́во; ипотéка

Grundpreis *m* ба́зисная цена́, основна́я цена́

Grundproportionen *f, pl* основны́е пропо́рции, гла́вные пропо́рции

Grundrechnungen *f, pl* аналити́ческие счета́

Grundrecht *n* основно́е (конституцио́нное) пра́во; земéльное пра́во; *ист.* феода́льное пра́во; феода́льное пра́во на реа́льный сервиту́т

Grundrente *f* земéльная рéнта *(в ви́де пла́ты за арéнду земéльного уча́стка)*
absolute Grundrente абсолю́тная земéльная рéнта

Grundrissgestaltung *f* планиро́вка *(напр., торго́вого помещéния)*

Grundsatztechnologie *f* основна́я техноло́гия

Grundschuld *f* долг, обеспéченный зало́гом недви́жимого иму́щества; ипотéчный долг

Grundschuldbrief *m* закладна́я

Grundsortiment *n* основно́й ассортимéнт

Grundsteuer *f* поземéльный нало́г

Grundstoffe *pl* основны́е сырьё и материа́лы

Grundstoffindustrie *f* основны́е о́трасли тяжёлой промы́шленности

Grundstück *n* уча́сток земли́, земéльный уча́сток; имéние; земéльный уча́сток с находящимися на нём постро́йками
landwirtschaftliches Grundstück сельскохозя́йственное уго́дье, сельхозугодье

Grundstücke, *n, pl*, **landwirtschaftliche** (полéзные) сельскохозя́йственные уго́дья

Grundstückkredit *m* ипотéчный креди́т

Grundstücksbelastung *f* вéщное обременéние земéльного уча́стка

Grundstücksbesitzer *m* землевладéлец

Grundstücksbestandteile *m, pl* иму́щество *(в пéрвую о́чередь зда́ния и постро́йки)*, непосрéдственно свя́занное с земéльным уча́стком

Grundstückskataster *m* земéльный када́стр

Grundstücksklausel *f* дополнéние к довéренности, расширяющее полномо́чия довéренного лица́ в о́бласти испо́льзования земéльных уча́стков *(вплоть до их прода́жи, переуступки владéния и вéщного обременéния)*

Grundstückskredit *m* ипотéчный креди́т, земéльный креди́т

Grundstücksmakler *m* ма́клер по прода́же земéльных уча́стков

Grundstückspfandrecht *n* земéльное зало́говое пра́во; ипотéка

Grundstücksspekulation *f* спекуля́ция земéльными уча́стками

Grundstücksumlegung *f* землеустро́йство

Grundstücksverkehr *m* усту́пка пра́ва со́бственности на земéльный уча́сток; усту́пка владéния земéльным уча́стком, отчуждéние земéльного уча́стка

Grundstücksvollmacht *f* довéренность на пра́во владéния земéльным уча́стком

Grundsystematik *f* классифика́ция

volkswirtschaftliche Grundsystematik классифика́ция о́траслей наро́дного хозя́йства

Grundtarif *m* ба́зисный тари́ф

Gründung *f* основа́ние, учрежде́ние ***(напр., акционе́рного о́бщества)***
qualifizierte Gründung квалифици́рованное учрежде́ние ***(фо́рма акционе́рного о́бщества)***

Gründungsaufwand *m* изде́ржки, свя́занные с учрежде́нием фи́рмы, изде́ржки, свя́занные с учрежде́нием предприя́тия; учреди́тельские расхо́ды

Gründungsbericht *m* отчёт учредителей ***(напр., акционе́рного о́бщества)***

Gründungsbilanz *f* вступи́тельный бала́нс, нача́льный бала́нс

Gründungsgeschäft *n* учредительская опера́ция ***(ба́нка)***, учредительская сде́лка
irreguläres Gründungsgeschäft беспоря́дочная опера́ция, нерегуля́рная опера́ция

Gründungsgesetz *n* законода́тельный акт, регламенти́рующий поря́док учрежде́ния ***(напр., акционе́рного о́бщества)***

Gründungskapital *n* учредительский капита́л

Gründungskosten *pl* изде́ржки, свя́занные с учрежде́нием фи́рмы, изде́ржки, свя́занные с учрежде́нием предприя́тия; учреди́тельские расхо́ды

Gründungsmitglied *n* член-учреди́тель

Gründungsprüfung *f* прове́рка пра́вильности и правомерности учрежде́ния акционе́рного о́бщества, ревизия пра́вильности и правомерности учрежде́ния акционе́рного о́бщества

Gründungsrecht *n* пра́во на учрежде́ние ***(напр., фи́рмы)***

Gründungsversammlung *f* учреди́тельное собра́ние акционе́ров

Grundvariante *f* основно́й вариа́нт

Grundvergütung *f с.-х.* гаранти́рованная опла́та труда́, основна́я опла́та труда́

Grundvermögen *n* земе́льная со́бственность; недви́жимое иму́щество, недви́жимость; основно́й капита́л
Grundvermögen земля́, недви́жимость на ней, обору́дование, а та́кже насле́дственное пра́во застро́йки

Grundverpfändung *f* закла́д земе́льного уча́стка; ипоте́чный долг

Grundvertrag *m* основно́й контра́кт

Grundvoraussetzung *f* основно́е усло́вие; основна́я предпосы́лка

Grundwerkstoff *m* основно́е ***(произво́дственное)*** сырьё

Grundwert *m* сто́имость земли́, сто́имость земе́льных уго́дий; основно́й капита́л; основна́я сто́имость, ба́зисная сто́имость

Grundzehnt *m ист.* земе́льная деся́тина ***(нало́г)***

Grundzeit *f* основно́е (рабо́чее) вре́мя

Grundzeit-Hand *f* основно́е ручно́е рабо́чее вре́мя

Grundzeit-Maschine *f* основно́е маши́нное вре́мя
Grundzeit-Maschine/Hand основно́е ручно́е рабо́чее и маши́нное вре́мя

Grundzins *m* поземе́льный нало́г; аре́ндная пла́та за зе́млю; ***ист.*** обро́к

grundzinspflichtig подлежа́щий обложе́нию поземельным нало́гом; ***ист.*** обро́чный

Grundzinssatz *m* основна́я ста́вка ссудного проце́нта

Grundzollsatz *m* основна́я ста́вка тамо́женной по́шлины

Grüne Lira *f* «зелёная ли́ра» ***(коэффицие́нт, по кото́рому це́ны на агра́рную проду́кцию ЕЭС пересчитываются из европе́йской расчётной едини́цы в италья́нскую лиру)***

Grünlandanteil *m* до́ля луго́в и па́стбищ в о́бщей пло́щади поле́зных сельскохозя́йственных уго́дий; соотноше́ние ме́жду пло́щадью пахотных уго́дий и пло́щадью луго́в и па́стбищ

Grünlandbewirtschaftung *f* хозя́йственное испо́льзование луго́в и па́стбищ

Grünlandfonds *pl* (земе́льные) фо́нды лугопастбищного хозя́йства

Grünlandverhältnis *n* до́ля луго́в и па́стбищ в о́бщей пло́щади поле́зных сельскохозя́йственных уго́дий; соотноше́ние ме́жду пло́щадью пахотных уго́дий и пло́щадью луго́в и па́стбищ

Grünlandwirtschaft *f* лугопа́стбищное хозя́йство

Gruppen A und B der gesellschaftlichen Produktion гру́ппы «А» и «Б» обще́ственного произво́дства

Gruppenabschreibung *f* группова́я амортиза́ция ***(ме́тод начисления амортиза́ции по одноро́дным гру́ппам основны́х фо́ндов)***; группово́е списание

Gruppenakkord *m* коллекти́вная сде́льная опла́та труда́, брига́дная сде́льная опла́та труда́

Gruppenanordnung *f* группиро́вка

Gruppenarbeit *f* брига́дный ме́тод рабо́ты

Gruppenarbeitsvertrag *m* трудово́й догово́р брига́ды

Gruppenbildung *f стат.* группиро́вка, группирова́ние, разби́вка на гру́ппы

Gruppenbreite *f стат.* интерва́л

Gruppendurchschnitte *m, pl стат.* группов́ые сре́дние (величи́ны)

Gruppendynamik *f* дина́мика групп

Gruppeneigentum *n* группова́я со́бственность

Gruppeneinsatz *m* брига́дный ме́тод рабо́ты

Gruppenfertigung *f* изготовле́ние па́ртиями

Gruppenfloating *m* группово́й флóутинг ***(обяза́тельства не́скольких стран относи́тельно совме́стного*** «пла́вания» обменных ку́рсов их валю́т)

Gruppenforschung *f* иссле́дование, осуществля́емое коллективом рабо́тников

Gruppengrenzen *f, pl стат.* грани́цы интерва́лов

Gruppenkapazität *f* сумма́рные ***(произво́дственные)*** мо́щности гру́ппы одноро́дных предприя́тий

Gruppenkapital *n* группово́й капита́л
gesellschaftliches Gruppenkapital обще́ственный группово́й капита́л

Gruppenkontrolle *f обр. дан.* контро́ль группов́ых ито́гов

Gruppenkosten *pl* группов́ые изде́ржки ***(включа́емые в себесто́имость лишь ча́сти производимой проду́кции)***
Gruppenkosten изде́ржки, свя́занные с изготовле́нием гру́ппы изде́лий, изде́ржки, свя́занные с изготовле́нием па́ртии изде́лий

Gruppenmatrix *f* группова́я ма́трица

Gruppenmerkmal *n стат.* группиро́вочный при́знак, основа́ние группиро́вки

Gruppenmitte *f стат.* среди́нное значе́ние интерва́ла

Gruppenmittelwerte *m, pl стат.* группов́ые сре́дние (величи́ны)

Gruppennorm *f* группова́я но́рма, брига́дная но́рма

Gruppennormung *f* группово́е нормирова́ние, брига́дное нормирова́ние

Gruppenorganisation *f* группово́й ме́тод организа́ции трудово́го процесса, брига́дный ме́тод организа́ции трудово́го проце́сса

Gruppenreparatur *f* агрега́тный ремо́нт

Gruppenstücklohn *m* коллекти́вная сде́льная опла́та труда́, брига́дная сде́льная опла́та труда́

Gruppentechnologie *f* группова́я техноло́гия произво́дства, брига́дная техноло́гия произво́дства

Gruppenunfallversicherung *f* группово́е страхова́ние от несча́стных слу́чаев на произво́дстве, коллекти́вное страхова́ние от несча́стных слу́чаев на произво́дстве

Gruppenversicherung *f* группово́е страхова́ние, коллекти́вное страхова́ние
Gruppenverteilung *f* группиро́вка, разби́вка на гру́ппы
Gruppierung *f стат.* группиро́вка, группирова́ние, разби́вка на гру́ппы
Gruppierung der Betriebe nach Unterstellung группиро́вка предприя́тий по фо́рмам подчине́ния
Gruppierung der Erzeugnisse nach der Nutzungsdauer группиро́вка проду́кции по сро́кам по́льзования, группиро́вка проду́кции по продолжи́тельности сро́ков слу́жбы
Gruppierung nach dem ökonomischen Bestimmungszweck der Produktion группиро́вка по экономи́ческому назначе́нию проду́кции
Gruppierung nach einem Merkmal проста́я группиро́вка
Gruppierung nach qualitativen Merkmalen группиро́вка по качественному при́знаку
Gruppierung nach quantitativen Merkmalen группиро́вка по коли́чественному при́знаку
Gruppierung nach zwei oder mehr Merkmalen аналити́ческая группиро́вка
mehrstufige Gruppierung комбини́рованная группиро́вка
Gruppierungsmerkmal *n стат.* группиро́вочный при́знак, основа́ние группиро́вки
Gruppierungstabelle *f стат.* группова́я табли́ца, группиро́вочная табли́ца
Grußformel *f* фо́рмула приве́тствия *(в конце́ делово́го письма́)*
gr.wt., groß weight вес бру́тто, вес това́ра с упаковкой
GS, Gewinnsatz но́рма при́были
g.s.w., groß schipping weight вес бру́тто при погру́зке
g.t., groß terms погру́зка и разгру́зка за счёт судоходно́й компа́нии *(усло́вие платежа́ на фра́хтовом ры́нке)*
GTar, Gütertarif железнодоро́жный грузово́й тари́ф
GTQ, Quetzal, -- Guatemala Кетса́ль (*код валю́ты* 320), -- Гватема́ла
GtrBhf, Güterbahnhof това́рная ста́нция
GTZ, Deutsche Gesellschaft für Technische Zusammenarbeit GmbH Герма́нское о́бщество по техни́ческому сотрудничеству
Guilloche *f фр.* гильош, «водяны́е зна́ки»
Gült(e) *f* закла́д земе́льного наде́ла; долг, обеспе́ченный залогом недви́жимого иму́щества; ипоте́чный долг; *ист.* натура́льная пови́нность, де́нежная пови́нность, обро́к; дохо́д
gültig действи́тельный, зако́нный - име́ющий (зако́нную) си́лу, де́йствующий; *мат.* зна́чащий *(о ци́фрах)*
gültig sein име́ть си́лу, быть действи́тельным
Gültigkeit *f* действи́тельность, зако́нность; си́ла *(зако́на, догово́ра)*
Gültigkeitsdauer *f* срок де́йствия *(напр., догово́ра)*
Gültigkeitsfrist *f* срок де́йствия *(напр., догово́ра)*
Gut *n* иму́щество; това́р; груз; материа́л; проду́кт, *см.тж.* **Güter** *pl*
Gut име́ние; поме́стье
Gut бла́го
abgesacktes Gut груз в мешка́х; тарный груз
anvertrautes Gut вве́ренное иму́щество, депони́рованное иму́щество
auflaufendes Gut прибыва́ющий груз
bewegliches Gut дви́жимое иму́щество, дви́жимость
deroutiertes Gut груз, не попа́вший по назначе́нию
empfindliches Gut легко́ поврежда́емый груз
erbloses Gut вы́морочное иму́щество
flüssiges Gut наливно́й груз
gestapeltes Gut штабелированный груз
herrenloses Gut бесхо́зное иму́щество
inferiores Gut това́р ни́зшей катего́рии
leicht verderbliches Gut скоропо́ртящийся груз
liegendes Gut недви́жимое иму́щество, недви́жимость
nicht in Empfang genommenes Gut невостребованный груз
schweres Gut тяжелове́сный груз
sperriges Gut громо́здкий груз, негабари́тный груз
sperriges Gut негабари́тный груз
stückiges Gut шту́чный груз
superiores Gut това́р вы́сшего ка́чества, това́р лу́чшего ка́чества, лу́чший това́р
teilbares Gut дели́мое бла́го
unbewegliches Gut недви́жимое иму́щество, недви́жимость
unteilbares Gut недели́мое бла́го
unterwegs befindliches Gut груз в пути́
verpacktes Gut упако́ванный груз, тарный груз
Gut-Schlecht-Prüfung *f* контро́ль по качественному при́знаку, альтернати́вный контро́ль *(в статистическом контроле ка́чества)*
Gut-Schlecht-Urteile *n, pl* контро́ль по качественному при́знаку, альтернати́вный контро́ль *(в статистическом контроле ка́чества)*
Gutachten *n* заключе́ние, эксперти́за; мне́ние, отзы́в
Gutachten erstellen составля́ть заключе́ние
ein Gutachten abgeben дать заключе́ние
gutachten, *vi* дава́ть заключе́ние, производи́ть эксперти́зу
Gutachter *m* экспе́рт; арби́тр; консульта́нт; рецензе́нт
externer Gutachter внешта́тный экспе́рт
Gutart *f* вид гру́за, род гру́за
Gutartentarif *m* предме́тный тари́ф
Güte *f* (хоро́шее) ка́чество; доброка́чественность; добро́тность
Güte- und Lieferbedingungen *f, pl* усло́вия по ка́честву и поста́вке това́ров
Güteanforderungen *f, pl* тре́бования по ка́честву, тре́бования, предъявляемые к ка́честву,
Gütebestimmung *f* оце́нка ка́чества, определе́ние ка́чества
Gütebewertung *f* оце́нка ка́чества, определе́ние ка́чества
Güteerhaltung *f* сохране́ние ка́чества
Gütefaktor *m* добро́тность; коэффицие́нт добро́тности
Gütefunktion *f* **des Testes** фу́нкция ка́чества те́ста
Gütegrad *m* ка́чество, доброка́чественность; показа́тель ка́чества; класс то́чности
Güteinspektion *f* инспе́кция по ка́честву
Gütekennwert *m* показа́тель ка́чества, коэффицие́нт ка́чества
Gütekennzeichen *n* показа́тель ка́чества, коэффицие́нт ка́чества
Gütekennziffer *f* показа́тель ка́чества, коэффицие́нт ка́чества
Güteklasse *f* класс ка́чества, класс по ка́честву; сорт; сте́пень ка́чества
Güteklassenstruktur *f* со́ртность
Güteklassifizierung *f* классифика́ция ка́чества проду́кции
Gütekoeffizient *m* показа́тель ка́чества, коэффицие́нт ка́чества
Gütekontrolle *f* контро́ль ка́чества; брако́вка; бракера́ж; отде́л техни́ческого контро́ля
Gütemerkmal *n (отличи́тельный)* при́знак *(хоро́шего)* ка́чества
Gütenorm *f* станда́рт по ка́честву проду́кции
Güteprüfung *f* прове́рка ка́чества, контро́ль ка́чества
Güter *n, pl* гру́зы *(мн.ч.)*, *см.тж.* **Gut** *n*
Güter des täglichen Bedarfs това́ры широ́кого потребле́ния, това́ры ма́ссового потребле́ния

Güter mit kurzer Lebensdauer товáры кратковрéменного пóльзования
Güter mit langer Lebensdauer товáры дли́тельного пóльзования
beförderte Güter перевози́мые грýзы
beförderte Güter товáры, потреблéние котóрых не поощряется госудáрством
heterogene Güter разнородные *(взаимозаменя́емые)* товáры *(напр., рóзные мáрки автомоби́лей)*
kurzlebige Güter товáры кратковрéменного пóльзования
langlebige Güter товáры дли́тельного пóльзования
meritorische Güter товáры ***или*** услýги, потреблéние котóрых поощряется госудáрством *(чáсто в обязáтельной фóрме, напр. образовáние, приви́вки и проч.)*
schwere Güter тяжеловесы *(о грузах)*
strategische Güter стратеги́ческие товáры
substituierbare Güter взаимозаменя́емые товáры, заменяемые товáры
übermäßig lange Güter длинномéры, длинномéрный груз
vertretbare Güter взаимозаменя́емые грýзы, взаимозамени́мые грýзы

Güter-Haftpflichtversicherung *f* гаранти́йное страховáние грýзов
Güterabfertigung *f* приём грýзов к отпрáвке; грузовы́е оперáции
Güterabsender *m* грузоотправи́тель; экспеди́тор
Güterabtretung *f* переустýпка прав на владéние имýществом
Güteranfall *m* грузопотóк
Güteraustausch *m* товарообмéн
Güterbeförderung *f* перевóзка грýзов, грузовы́е перевóзки
Güterbeförderungsleistung *f* грузооборóт
Güterbeförderungsplan *m* план грузовы́х перевóзок
Güterbeförderungsschein *m* трéбование на перевóзку грýзов
Güterbewegung *f* движéние грýзов; грузооборóт
Güterbezeichnung *f* наименовáние грýза
Gütereinteilung *f* номенклатýра грýзов
Güterempfänger *m* грузополучáтель, получáтель грýза,
Güterfernverkehr *m* перевóзка грýзов на дáльнее расстоя́ние, дáльние грузовы́е перевóзки *(автомоби́льным трáнспортом)*
Gütergemeinschaft *f* имущественная óбщность *(напр., супрýгов)*
Güterklassifikatlon *f* классификáция грýзов
Güterkraftverkehr *m* автотрáнспортные перевóзки грýзов
Güterkreislauf *m* обращéние товáров
innerbetrieblicher Güterkreislauf внутризаводскóе обращéние товáров
Güterkursbuch *n* указáтель грузовы́х сообщéний
Güternahverkehr *m* перевóзка грýзов на бли́зкое расстоя́ние, бли́жние грузовы́е перевóзки *(автомоби́льным трáнспортом)*
Güternomenklatur *f* номенклатýра грýзов
Güterpartie *f* пáртия грýзов
Güterproduktion *f* произвóдство товáров
Güterrecht *n* имýщественное прáво
vertragsmäßiges Güterrecht договóрное имýщественное прáво
Gütersammelstelle *f* перевáлочный пункт
Güterstrom *m* грузопотóк
einläufiger Güterstrom грузопотóк в однóм направлéнии
gegenläufiger Güterstrom грузопотóк в обóих направлéниях
Güterstromgrafik *f* грáфик грузопотóка
Güterstromoptimierung *f* оптимизáция грузопотóка
Güterstruktur *f* структýра перевóзок
Gütertarif *m* грузовóй тари́ф
Gütertransit *m* транзи́т грýзов
Gütertransport *m* перевóзка грýзов, грузовы́е перевóзки, транспорти́ровка грýзов
Gütertransportleistung *f* грузооборóт
Gütertransportplan *m* план грузовы́х перевóзок
Gütertransportpreis *m* тари́ф на перевóзку грýзов
Gütertransportversicherung *f (трáнспортное)* страховáние грýзов, трáнспортное страховáние
Gütertrennung *f* *юр.* раздéл имýщества
Güterumlauf *m* грузооборóт
Güterumsatz *m* грузооборóт
Güterumschlag *m* перевалка грýзов
Güterumschlag in der See- und Binnenschifffahrt морски́е и речны́е грузовы́е перевóзки
Güterverkehr *m* грузовóе движéние, грузовы́е перевóзки; грузооборóт
zentralisierter Güterverkehr централизованные грузовы́е перевóзки
Güterverkehrsdichte *f* плóтность грузовы́х перевóзок
Gütervermittlungsstelle *f* посредни́ческое бюрó по продáже и покýпке земéльных учáстков
Güterversicherung *f (трáнспортное)* страховáние грýзов
Güterverzeichnis *n* номенклатýра грýзов
Güterwagen *m* товáрный вагóн
Güterwagengemeinschaft, *f;* **EUROP** западноевропейское соглашéние о совмéстном испóльзовании грузовы́х вагóнов
Güterwagenumlauf *m* оборóт грузовы́х вагóнов
Güterzins *m* процéнты с инвестированного капитáла, процéнты с цéнных бумáг
Güterzufuhr *f* подвóз грýзов
Güterzug *m* товáрный пóезд
Gütesicherung *f* гарáнтия кáчества
Gütevereinbarung *f* соглашéние по кáчеству
Güteverfahren *n* примири́тельный арбитрáж *(в граждáнском процéссе)*
Gütevorschrift *f* техни́ческие услóвия (по кáчеству)
Gütezahl *f* показáтель кáчества, коэффициéнт кáчества; балл
Gütezeichen *n* знак кáчества
Gütezeugnis *n* пáспорт кáчества, выдавáемый предприя́тием; сертификáт кáчества *(во внéшней торгóвле)*
Güteziffer *f* добрóтность; коэффициéнт добрóтности
Gutgewicht *n* похóд, прибáвка к *(определённому)* весý *(отпускаемого товáра)*
gutgläubig *торг.* бона фиде, «по дóброй вéре»
Gutgrenze *f* допускáемый ýровень кáчества, приемлемое кáчество, предéл отбраковки, грани́ца отбраковки *(в статистическом контроле кáчества)*
Guthaben *n* акти́вы
Guthaben кредитóвое сáльдо на счетáх клиéнта
Guthaben авуáры
Guthaben вклад (в бáнке)
Guthaben auf einem Konto ausweisen показáть сýмму на счёте
Guthaben freigeben разблоки́ровать акти́вы; разблоки́ровать авуáры; разблоки́ровать счёт
Guthaben im Rahmen des Prämien- oder des Gewinnsparens вы́игрышный вклад
Guthaben mit täglicher Kündigung вклад до вострéбования
Guthaben pfänden заблоки́ровать счёт; арестовáть счёт, наложи́ть арéст на счёт; наложи́ть арéст на авуáры
Guthaben sperren заблоки́ровать счёт, блоки́ровать счёт, заморóзить вклад на счёте в бáнке, заморóзить срéдства на счёте в бáнке
ausländisches Guthaben инострáнные авуáры

befristetes Guthaben сро́чный вклад
dem Staatserbrecht unterliegendes Guthaben вы́морочный вклад
durch namenloses Sparen gebildetes Guthaben вклад на предъяви́теля
gebundenes Guthaben сро́чный вклад
jederzeit verfügbares Guthaben бессро́чный вклад
umsatzloses Guthaben неподви́жный вклад
verzinsliches Guthaben проце́нтный вклад

guthaben *vt* име́ть в акти́ве

Guthabenklausel *f* огово́рка о нали́чии оста́тка на счёте *(напр., в те́ксте чека́)*

Guthabenumstellung *f* переоце́нка вкла́дов *(напр. в связи́ с измене́нием ку́рса, учётной ста́вки, при валю́тной рефо́рме и т.п.)*

Guthabezins *m* проце́нт по вкла́дам; «пасси́вный» проце́нт

Gutlage *f* допуска́емый у́ровень ка́чества, приемлемое ка́чество, преде́л отбраковки, грани́ца отбраковки *(в статистическом контроле ка́чества)*

gutmachen *vt* исправля́ть, поправля́ть *(оши́бку)*; возмеща́ть *(уще́рб)*; загла́живать *(вину́)*; улучша́ть *(сорт, поро́ду)*

Gutmasse *f* похо́д, приба́вка к *(определённому)* весу́ *(отпускаемого това́ра)*

Gutsbesitz *m* земе́льное владе́ние, поме́стье

Gutschein *m* бона, тало́н, о́рдер; ба́нковский чек; ва́учер
Gutschein ausgeben выдава́ть орде, выдава́ть ба́нковский чек
Gutschein zum Bezug einer Ware тало́н на получе́ние това́ра

gutschreiben *vt* записа́ть на креди́т, кредитова́ть (запи́сывать в бухга́лтерскую кни́гу)
gutschreiben заче́сть, засчи́тывать
dem Konto gutschreiben записа́ть на креди́т
fünf Rubel gutschreiben заче́сть пять рубле́й

Gutschrift *f* за́пись в креди́т

Gutschriftanzeige *f* креди́т-ави́зо, кредито́вое ави́зо, креди́т-но́та

Gutschriftavis *m* кредито́вое ави́зо, креди́т-но́та

Gutschriftkonto *n бухг.* кредитуемый счёт

Gutschriftmeldung *f* креди́т-ави́зо, кредито́вое ави́зо, креди́т-но́та

Gutseigentum *n* земе́льная со́бственность

Gutsherrenland *n* поме́щичья земля́

gutsherrlich поме́щичий

Gutsherrschaft *f* владе́льцы име́ния, поме́щики; поме́щичье владе́ние; *ист.* феода́льная власть сеньо́ра

Gutshof *m* уса́дьба име́ния; земе́льный уча́сток с хозя́йственными постро́йками

Gutsmanufaktur *f ист.* поме́щичья во́тчинная мануфакту́ра

Gutstagelöhner *m* батра́к, рабо́тающий в поме́щичьем име́нии, батра́к-подёнщик, рабо́тающий в поме́щичьем име́нии

Gutswirtschaft *f* поме́щичье хозя́йство
fronherrliche Gutswirtschaft *ист.* крепостническое поме́щичье хозяйство

GV:
GV, Gewinn- und Verlustrechnung счёт при́былей и убы́тков
GV, Großvieheinheit весова́я *(усло́вная)* едини́ца кру́пного рога́того скота́ *(при учёте поголо́вья)*
g.v., grande vitesse скоростно́й груз, сро́чный груз

GVE, Großvieheinheit весова́я *(усло́вная)* едини́ца кру́пного рога́того скота́ *(при учёте поголо́вья)*

GVP, Großhandelsverkaufspreis отпускна́я *или* прода́жная опто́вая цена́

gVV, gemeinschaftliches Versandverfahren о́бщие усло́вия отпра́вки гру́зов *(стран-чле́нов ЕЭС)*

Gw, Gewinn при́быль; дохо́д; вы́игрыш

GwvH, Gewichtsteile von Hundert весовы́е проце́нты

GY, Guyana Гайяна

GYD, Guyana-Dollar, -- Guyana Гайа́нский до́ллар (*код валю́ты* 328), -- Гайа́на

GZT, Gemeinsamer Zolltarif О́бщий тамо́женный тари́ф *(стран ЕЭС)*

H:
H, Haben креди́т, креди́т счёта
H, Hersteller производи́тель, продуце́нт, изготови́тель

H Reg торго́вый реги́стр

H.-Bez., Handelsbezeichnung торго́вое назва́ние, торго́вое обозначе́ние

ha, Hektar гекта́р, га

Haager Schiedsgericht *n* постоя́нный трете́йский суд Гаа́ге *(междунаро́дный)*

Habe *f* иму́щество, состоя́ние, со́бственность
bewegliche Habe дви́жимое иму́щество, дви́жимость
unbewegliche Habe недви́жимое иму́щество, недви́жимость

Haben *n* креди́т, прихо́д, пра́вая сторона́ счёта
in das Haben buchen кредитова́ть счёт; записа́ть в креди́т счёта

Habenbestände *m, pl* авуа́ры; креди́ты, акти́вы; нали́чные запа́сы

Habenbuchung *f* занесе́ние в креди́т счёта

Habenposition *f* статья́ креди́та

Habensaldo *m* кредито́вое са́льдо, отрица́тельное са́льдо, кредитовый оста́ток, оста́ток по кредиту

Habenseite *f* кредитовая сторона́, креди́т

Habenumsatz *m* кредитовый оборо́т, оборо́т по кредиту

Habenzinsabkommen *n* соглаше́ние о проце́нтах по вкла́дам, соглаше́ние о проце́нтах по кредиту

Habenzinsen *m, pl* проце́нты, упла́чиваемые ба́нком по вкла́дам и кредитам; проце́нты по вкла́дам

Habezinsen *m, pl* проце́нты, упла́чиваемые ба́нком по вкла́дам и кредитам; проце́нты по вкла́дам

HAC, Hague Arbitration Convention Гаа́гская конве́нция о междунаро́дном арбитра́же

Hafen *m* порт, га́вань
aus dem Hafen auslaufen выходи́ть из по́рта
in den Hafen einlaufen входи́ть в порт

Hafen-Konnossement *n* порто́вый коносаме́нт *(коносаме́нт на груз, находя́щийся в порту́ и подлежа́щий погру́зке на определённое прибы́вшее в порт су́дно)*

Hafenabgaben *f, pl* порто́вая по́шлина *(пла́та за вход в порт)*, порто́вые сбо́ры *(при морски́х перевозках)*

Hafenbahnverkehr *m* порто́вая желе́зная дорога́

Hafenbetriebsordnung *f* организа́ция порто́вого хозя́йства

Hafengebiet *n* порто́вая зо́на

Hafengebühren *f, pl* порто́вые сбо́ры *(включа́ют пла́ту за водоизмеще́ние су́дна, прича́льный сбор, изде́ржки складирования гру́за)*

Hafengeld *n* пла́та в порту́ за водоизмеще́ние су́дна *(часть портовых сбо́ров)*; порто́вые сбо́ры *(при перевозках по вну́тренним во́дным путя́м)*

Hafenliegezeit *f* вре́мя стоя́нки в порту́

Hafenumschlag *m* грузооборо́т по́рта *(годово́й)*

Hafenusance *f* порто́вый обы́чай

Hafenusancen *f, pl* порто́вые обы́чаи

Hafenzeit *f* вре́мя стоя́нки в порту́

Hafenzoll *m* порто́вая по́шлина *(пла́та за вход в порт)*, порто́вые сбо́ры *(при морски́х перевозках)*

Haft *f* отве́тственность; пору́ка, гара́нтия; *ю.-нем.* закла́д

haftbar несу́щий отве́тственность

haften, *vi* быть отве́тственным; нести́ отве́тственность; отвеча́ть

Haftende *m* несу́щий отве́тственность, отвеча́ющий за *что-л.*
Hafterklärung *f* гаранти́йное письмо́
Haftgeld *n разг.* зада́ток
Haftpfennig *m разг.* зада́ток
Haftpflicht *f* отве́тственность
außervertragliche Haftpflicht внедогово́рная отве́тственность
mit beschränkter Haftpflicht с ограни́ченной отве́тственностью (*см. та́кже* ***Haftung***)
Haftpflichtgesetz *n* зако́н о материа́льной отве́тственности
haftpflichtig несу́щий отве́тственность
Haftpflichtsumme *f* су́мма гара́нтии; капита́л обеспе́чения *(компа́нии)*
Haftpflichtverbindlichkeiten *f, pl* гаранти́йные обяза́тельства
Haftpflichtversicherung *f* гаранти́йное страхова́ние *(предполага́ет защи́ту страхова́ния от тре́тьего лица́, претендующего на возмеще́ние уще́рба)*
Haftung *f* отве́тственность *(при кото́рой несу́щий её обя́зан возмести́ть возмо́жные убы́тки)*; гара́нтия
Haftung aus Vertrag догово́рная отве́тственность
Haftung für Schadenersatz отве́тственность за нанесе́ние уще́рба
Haftung mit dem Vermögen имущественная отве́тственность
anteilmäßige Haftung долева́я отве́тственность
beschränkte Haftung ограни́ченная отве́тственность
gemeinschaftliche Haftung солида́рная отве́тственность
gesamtschuldnerische Haftung солида́рная отве́тственность
materielle Haftung материа́льная отве́тственность
persönliche Haftung ли́чная отве́тственность
sachliche Haftung имущественная отве́тственность
selbstschuldnerische Haftung экспромиссорная отве́тственность
solidarische Haftung солида́рная отве́тственность
uneingeschränkte Haftung неограни́ченная отве́тственность
vertragliche Haftung догово́рная отве́тственность
zivilrechtliche Haftung гражда́нская отве́тственность
die Haftung übernehmen взять на себя́ отве́тственность
von der Haftung entbinden освободи́ть от отве́тственности
Haftungsausschluss *m* исключе́ние отве́тственности
Haftungsbereich *m* сфе́ра отве́тственности
Haftungsbeschränkung *f* ограниче́ние отве́тственности
Haftungsempfänger *m* кредито́р, получи́вший поручи́тельство
Haftungsfrist *f* гаранти́йный срок
Haftungsgenossenschaft *f* поручительское това́рищество
Haftungszeit *f* гаранти́йный срок
Hagelversicherung *f* страхова́ние от градоби́тия
Halbautomat *m* полуавтомат
Halbbauer *f n* ме́лкий крестья́нин; *ист.* испо́льщик
Halberzeugnis *n* полуфабрика́т
Halbfabrikat *n* полуфабрика́т
Halbfertigware *f* полуфабрика́т
Halbfertigwarenindustrie *f* промы́шленность полуфабрика́тов
Halbgroßhandel *m* мелкооптовая торго́вля, оптово-ро́зничная торго́вля
Halbjahr *n* полуго́дие
Halbjahresgeld *n* шестимесячная ссу́да, шестиме́сячный креди́т,
Halbjahrplan *m* полугодово́й план
Halbkolonie *f* полуколо́ния
Halbmonopol *n* части́чная монопо́лия госуда́рства
Halbpacht *f ист.* испольщина, испо́льная аре́нда
Halbpächter *m ист.* испо́льщик
Halbproletariat *n* полупролетариат
halbstaatlich с госуда́рственным уча́стием, полугосуда́рственный *(о предприя́тии)*
Halbtaasbeschäftigung *f* рабо́та при сокращённом наполови́ну рабо́чем дне
Halbtagsarbeit *f* рабо́та при сокращённом наполови́ну рабо́чем дне
halbverarbeitet полуобработанный
Halbware *f* полуфабрика́т
Halbzeug *n* полуфабрика́т
Halle *f* цех; павильо́н; кры́тый ры́нок, торго́вые ряды́
Halseigenschaft *f ист.* крепостно́е пра́во
haltbar про́чный, но́ский; добро́тный; кре́пкий; сто́йкий *(при хране́нии)*
Haltbarkeitsdauer *f* срок го́дности
halten *vt* храни́ть *(напр., де́ньги в ба́нке)*
Halter *m* держа́тель *(напр., це́нных бума́г)*
Haltezeit *f* просто́й *(в рабо́те)*; вре́мя просто́я
Haltezeit der Ausrüstung просто́й обору́дования
Haltezeit innerhalb der Schicht внутрисме́нный просто́й
ganztägige Haltezeit целодневный просто́й
organisatorisch bedingte Haltezeit просто́й, вы́званный причи́нами организационного хара́ктера
technisch bedingte Haltezeit просто́й по техни́ческим причи́нам
Haltung *f* усто́йчивость; сохране́ние; хране́ние *(напр., де́нег в ба́нке)*; *бухг.* веде́ние *(напр., конторских книг)*; содержа́ние *(напр., скота́)*; положе́ние *(напр., ры́нка)*
Haltung der Börse положе́ние на би́рже, настрое́ние на би́рже, тенде́нция в движе́нии биржевы́х ку́рсов
sichere Haltung повыша́тельная тенде́нция *(на би́рже)*
unsichere Haltung понижа́тельная тенде́нция *(на би́рже)*
Hammer, *m*:
unter den Hammer bringen продава́ть с молотка́, продава́ть с аукцио́на
unter den Hammer kommen пойти́ с молотка́, продава́ться с аукцио́на
Hand *f* рука́
Hand по́черк
Hand- (в сл.сл.) ручно́й
öffentliche Hand о́рганы госуда́рственной вла́сти; публи́чно-правовы́е корпора́ции
aus öffentlicher Hand из госуда́рственных средств
die **beglaubigte Hand** засвиде́тельствованная по́дпись, заве́ренная по́дпись
j-m die **Hände schmieren** дать взя́тку *кому́-л.*, дава́ть взя́тку *кому́-л.*, подма́зать *кого́-л.*
j-m die **Hände versilbern** дать взя́тку *кому́-л.*, подма́зать *кого́-л.*
seine Hände in Unschuld waschen умыва́ть руки́, слага́ть с себя́ вся́кую отве́тственность
Hand- und Spanndienste *m, pl ист.* ба́рщинная и гужева́я пови́нность
Hand-Mund-Kauf *m* заку́пка сырья́ и материа́лов то́лько для теку́щего произво́дства
Handarbeit *f* ручно́й труд; физи́ческий труд; рабо́та, выполня́емая вручну́ю; ручна́я рабо́та
Handarbeiter *m* рабо́тник ручно́го труда́; реме́сленник; рабо́тник физи́ческого труда́
Handarbeitsaufwand *m* затра́ты ручно́го труда́
Handarbeitsplatz *m* рабо́чее ме́сто с примене́нием *(преиму́щественно)* ручно́го труда́
handbedient неавтомати́ческий, с ручны́м управле́нием, с ручны́м обслу-

живанием
Handel *m* торговля; *уст.* торг; торговая сделка, торговая операция
Handel am Platz местная торговля
Handel im großen оптовая торговля
Handel im kleinen розничная торговля
Handel per Erscheinen торговля по появлении *(биржевая торговля ценными бумагами по мере их поступления)*
allgemeiner Handel генеральная торговля, общая торговля *(общий внешний торговый оборот, включая транзитные товары)*
ambulanter Handel торговля вразнос, торговля в развоз *(с доставкой на дом)*
äußerer Handel внешняя торговля
außergewöhnlicher Handel случайная торговля
außergewöhnlicher Handel торговля при чрезвычайных обстоятельствах
bilateraler Handel двусторонняя торговля
direkter Handel торговля без посредников; прямая торговля
engspezialisierter Handel узкоспециализированная торговля; специализированная торговля
freier Handel свободная торговля; торговля без ограничений
genossenschaftlicher Handel кооперативная торговля
inferregionaler Handel межрайонная торговля, межрегиональная торговля
innerdeutscher Handel *ист.* внутригерманская торговля
innerer Handel внутренняя торговля; торговля на внутреннем рынке
innerregionaler Handel внутрирайонная торговля, внутрирегиональная торговля; торговля на местных ранках
interkontinentaler Handel межконтинентальная торговля
internationaler Handel международная торговля
kollektivwirtschaftlicher Handel колхозная торговля
konsumgenossenschaftlicher Handel торговля, осуществляемая потребительской кооперацией
multilateraler Handel многосторонняя торговля
örtlicher Handel местная торговля
rechtswidriger Handel незаконная торговля
reger Handel оживлённая торговля, бойкая торговля
schwarzer Handel торговля на «чёрном рынке»; под
schwarzer Handel подпольная торговля; незаконная торговля (напр. без уплаты налогов)
spekulativer Handel спекулятивная торговля
spezialisierter Handel специализированная торговля
staatlicher Handel государственная торговля, госторговля
unsichtbarer Handel торговля по невидимым статьям
vermittelnder Handel посредническая торговля, посредничество
zeitweiser Handel эпизодическая торговля
zweiseitiger Handel двусторонняя торговля
zwischenstaatlicher Handel межгосударственная торговля
Handeln *n* поступки (мн.ч.), действия (мн.ч.)
konkludentes Handeln конклюдентные действия (действия, свидетельствующие о некоторых, формально не выраженных намерениях)
Anleitung zum Handeln руководство к действию
das **genossenschaftliche Handeln** общественный труд
sich zum einigen Handeln finden действовать совместно
handeln, *vi* вести торговлю, торговать, вести торговые дела; вести переговоры; торговаться; договариваться
auf eigene Gefahr handeln действовать на собственный риск
mit Aktien handeln торговать акциями
mit Ware handeln торговать товарами
(mit jdm) um den Preis handeln вести переговоры о цене; торговаться
Handels- und Aufkaufniederlassung *f* торгово-заготовительная база
Handels- und Entwicklungskonferenz der Vereinten Nationen *f* конференция ООН по торговле и развитию, ЮНКТАД
Handels- und Kreditgenossenschaften *f, pl* кредитно-сбытовые кооперативы
landwirtschaftliche Handels- und Kreditgenossenschaften сельскохозяйственные кредитно-сбытовые кооперативы
Handels- und Schifffahrtsvertrag *m* договор о торговле и судоходстве
Handels- und Zahlungsabkommen *n* соглашение о торговле и платежах, торговое и платёжное соглашение
Handelsabgabe *f* торговый налог; отчисления торговых предприятий в бюджет
Handelsabkommen *n* торговое соглашение
Handelsabpackung *f* расфасовка для торговли; расфасовка для розничной торговли
Handelsabschlag *m* торговая скидка
Handelsagent *m* торговый агент; поверенный торговой фирмы
Handelsagentur *f* торговое агентство
Handelsakt *m* торговая сделка
Handelsaktie *f* акция торговой компании
Handelsakzept *n* акцептованная тратта
Handelsangestellte *m* торговый служащий
Handelsarbitrage *f* арбитраж по торговым конфликтам
Handelsarten *f, pl* формы торговли
Handelsartikel *m* предмет торговли, товар
Handelsassoziation *f* торговая ассоциация
Handelsattache *m* торговый атташе
Handelsaufschlag *m* торговая накидка, торговая наценка
Handelsaufwand *m* торговые расходы
Handelsausgaben *f, pl* торговые расходы
Handelsausrüstungen *f, pl* торговое оборудование
Handelsaustausch *m* товарообмен; торговый обмен
multilateraler Handelsaustausch многосторонний торговый обмен
Handelsausweitung *f* расширение торговли
Handelsbank *f* коммерческий банк
Handelsbedürfnisse *n, pl* потребности торговли
Handelsbelange *pl* коммерческие интересы
Handelsberechtigung *f* право на ведение торговли
Handelsbereich *m* район деятельности торговых предприятий, объединённых по территориальному признаку, сфера деятельности торговых предприятий, объединённых по территориальному признаку
Handelsbeschränkungen *f, pl* торговые ограничения
Handelsbesprechungen *f, pl* торговые переговоры
Handelsbetätigung *f* торговая деятельность
Handelsbetrieb *m* торговое предприятие; торговое дело; торговый бизнес
genossenschaftlicher Handelsbetrieb кооперативное торговое предприятие
Handelsbetriebswirtschaftslehre *f* наука об организации работы торгового предприятия; экономика и организация торгового предприятия *(наука)*
Handelsbevollmächtiger *m* торговый представитель; уполномоченный фирмы; торговый представитель фирмы; доверенный торгового предприятия

Handelsbezeichnung *f* торго́вое назва́ние; торго́вое обозначе́ние
Handelsbeziehungen *f, pl* торго́вые отноше́ния, комме́рческие свя́зи
Handelsbeziehungen aufnehmen устана́вливать торго́вые отноше́ния, установи́ть торго́вые отноше́ния; устана́вливать комме́рческие свя́зи, установи́ть комме́рческие свя́зи
Handelsbilanz *f* торго́вый бала́нс *(часть платёжного бала́нса, включа́ет экспорт и и́мпорт това́ров)*
aktive Handelsbilanz акти́вный торго́вый бала́нс
ausgeglichene Handelsbilanz вы́ровненный торго́вый бала́нс (равнове́сие внешнеторго́вого бала́нса)
passive Handelsbilanz пасси́вный торго́вый бала́нс
Handelsbilanztheorie *f* тео́рия сбалансированной вне́шней торго́вли
Handelsblockade *f* торго́вая блока́да
Handelsbourgeoisie *f* торго́вая буржуази́я
Handelsboykott *m* торго́вый бойко́т
Handelsbrauch *m* торго́вый обы́чай, торго́вый узанс, узанс; узанц
Handelsbrief *m* комме́рческое письмо́; *ист.* ку́пчая
Handelsbücher *n, pl* торго́вые кни́ги
Handelsbündnis *n* торго́вый сою́з
Handelsdelegation *f* торго́вая делега́ция
Handelsdiskriminierung *f* дискримина́ция в торго́вле
Handelseffekten *pl* це́нные бума́ги, котирующиеся на би́рже
Handelseinkommen *n* дохо́д от торго́вли, дохо́д от торго́вой де́ятельности
Handelsembargo *n* торго́вое эмба́рго
Handelserleichterung *f* созда́ние льго́тных усло́вий в торго́вле; льго́тные усло́вия в торго́вле
Handelserleichterung ausnutzen испо́льзовать льго́тные усло́вия в торго́вле; воспо́льзоваться льготными усло́виями в торго́вле
Handelserleichterung gewährleisten предоставля́ть льго́тные усло́вия в торго́вле, предоста́вить льго́тные усло́вия в торго́вле
Handelserleichterung zugestehen предоставля́ть льго́тные усло́вия в торго́вле, предоста́вить льго́тные усло́вия в торго́вле
Handelserlös *m* торго́вая вы́ручка, вы́ручка торгующих организа́ций
Handelsertrag *m* дохо́д от торго́вой де́ятельности
Handelserzeugnis *n* торго́вое изде́лие, това́р
Handelsexpansion *f* торго́вая экспа́нсия
handelsfähig котирующийся на би́рже; реализу́емый, продава́емый; оплачиваемый; обме́ниваемый
Handelsfahrzeug *n* торго́вое тра́нспортное сре́дство, комме́рческое тра́нспортное сре́дство
Handelsfaktor *m* торго́вый посре́дник, комиссионе́р; *уст.* фа́ктор
Handelsfaktura *f* торго́вая факту́ра
Handelsfirma *f* торго́вая фи́рма; комме́рческая фи́рма; торго́вое предприя́тие; предприя́тие торго́вли
Handelsfixkauf *m* ку́пля на срок
Handelsflagge *f* торго́вый флаг
Handelsflaute *f* засто́й в торго́вле
Handelsflotte *f* торго́вый флот
Handelsförderung *f* соде́йствие разви́тию торго́вли
Handelsform *f* фо́рма торго́вли
handelsfrei разрешённый к прода́же
Handelsfreiheit *f* свобо́да торго́вли; торго́вый пате́нт
Handelsfreiheiten *f, pl* торго́вые привиле́гии
Handelsfreund *m* торго́вый партнёр; корреспонде́нт *(лицо́ и́ли учрежде́ние, выполня́ющие фина́нсовые комме́рческие поруче́ния)*
Handelsfunktionen *f, pl* торго́вые фу́нкции
Handelsgebrauch *m* торго́вый обы́чай, торго́вый узанс, узанс
Handelsgegenstand *m* предме́т торго́вли, това́р
Handelsgeld *n* торго́вая вы́ручка
Handelsgemeinkosten *pl* торго́вые накладны́е расхо́ды
Handelsgeographie *f* геогра́фия торго́вли *(о́трасль экономи́ческой геогра́фии)*
Handelsgepflogenheit *f* торго́вый обы́чай, торго́вый узанс, узанс
Handelsgericht *n* комме́рческий суд; суд по торго́вым дела́м; суд по торго́вым спо́рам; отделе́ние суда́ ни́зшей инста́нции для веде́ния торго́вых рее́стров *(регистров)*
Handelsgerichtsbarkeit *f* юрисди́кция комме́рческих судо́в, подсу́дность по торго́вому пра́ву
Handelsgeschäft *n* торго́вая сде́лка, торго́вая опера́ция; торго́вое де́ло; торго́вля *(торго́вые сде́лки, необходи́мые для поддержа́ния хозя́йственной де́ятельности фи́рмы)*
Handelsgeschäft торго́вое предприя́тие; торго́вая фи́рма
Handelsgesellschaft *f* торго́вое о́бщество, торго́вая компа́ния *(объедине́ние лиц для совме́стного веде́ния торго́вой де́ятельности в ра́мках одно́й фи́рмы)*
offene Handelsgesellschaft откры́тое торго́вое това́рищество *(ча́ще всего́ с неограни́ченной отве́тственностью уча́стников)* , по́лное това́рищество
Handelsgesetzbuch *n* торго́вый ко́декс
Handelsgesetzgebung *f* торго́вое законода́тельство
Handelsgewerbe *n* торго́вый про́мысел, торго́вля, торго́вая де́ятельность,
Handelsgewicht *n* торго́вый вес
Handelsgewinn *m* торго́вая при́быль
Handelsgewohnheit *f* торго́вый обы́чай, торго́вый узанс, узанс
Handelsglied *n* торго́вое предприя́тие *(как звено́ о́бщей цепо́чки торго́вых предприя́тий)*
Handelsgut *n* предме́т торго́вли, това́р
Handelsgüte *f* торго́вое ка́чество
Handelshaus *n* торго́вый дом; торго́вая фи́рма
Handelshemmnisse *n, pl* препя́тствия в торго́вле *(напр., тамо́женные по́шлины)*
Handelshilfsgewerbe *n* вспомога́тельная по отноше́нию к торго́вле де́ятельность, вспомога́тельный вид де́ятельности, свя́занной с торго́влей *(напр., страхова́ние, рекла́ма)*
Handelshindernisse *n, pl* препя́тствия в торго́вле *(напр., тамо́женные по́шлины)*
handelsindustriell торгово-промы́шленный
Handelsinspektion *f* торго́вая инспе́кция
Handelsinteressen *n, pl* комме́рческие интере́сы
Handelskammer *f* торго́вая пала́та; пала́та суда́ по разбо́ру торго́вых спо́ров
amtliche Handelskammer госуда́рственная торго́вая пала́та
freie Handelskammer ча́стная торго́вая пала́та, частноправовая торго́вая пала́та
gemischte Handelskammer сме́шанная торго́вая пала́та
nicht amtliche Handelskammer ча́стная торго́вая пала́та, частноправовая торго́вая пала́та
Handelskapazitäten *f, pl* торго́вые мо́щности
Handelskapital *n* торго́вый капита́л
Handelskauf *m* сде́лка ку́пли-прода́жи *(предме́том которо́й явля́ется това́р и́ли це́нная бума́га и при которо́й хотя́ бы оди́н из партнёров специализирован на торго́вых опера́циях)*
Handelskaufmann *m* торго́вый рабо́тник *(со специа́льным образова́нием)*
Handelskette *f* торго́вая цепь, сеть объ-

е́ктов сбы́та, сбытова́я цепь *(продвиже́ния това́ра)*; сеть магази́нов кру́пного торго́вого предприя́тия, сеть филиа́лов кру́пного торго́вого предприя́тия

Handelskettenspanne *f* ра́зница ме́жду ценóй произво́дства и коне́чной ценóй прода́жи, ра́зница ме́жду ценóй произво́дства и прода́жной ценóй

Handelsklasse *f* катего́рия пищевы́х това́ров, катего́рия проду́ктов *(осо́бенно плодоовощных)*

Handelsklausel *f* торго́вая оговóрка, торго́вая фо́рмула *(напр., усло́вия поста́вки)*

Handelskonvention *f* торго́вая конве́нция

Handelskonzern *m* торго́вый конце́рн

Handelskooperation *f* торго́вая коопера́ция

Handelskorrespondenz *f* комме́рческая корреспонде́нция, комме́рческая перепи́ска, торго́вая перепи́ска, делова́я перепи́ска

Handelskosten *pl* торго́вые изде́ржки

Handelskostenanalyse *f* ана́лиз торго́вых изде́ржек

Handelskredit *m* комме́рческий креди́т; подтоварный креди́т

Handelskreditbrief *m* това́рный аккредити́в *(вы́плата по кото́рому произво́дится про́тив отгрузочных докуме́нтов)*

Handelskreise *m, pl* торго́вые круги́, комме́рческие круги́

Handelskrieg *m* торго́вая войнá, дискриминацио́нные ме́ры в торго́вых отноше́ниях *(ме́жду стра́нами)*

Handelskrise *f* кри́зис торго́вли

Handelskunde *f* торго́вля *(как нау́ка)*

Handelslehre *f* торго́вля *(как нау́ка)*

Handelslehrling *m* учени́к *(в торго́вом де́ле)*

Handelsleistung *f* рабо́та торго́вого предприя́тия

Handelsleistungen *f, pl* торго́вые услу́ги

Handelsmakler *m* торго́вый ма́клер; торго́вый посре́дник

Handelsmarine *f* (морскóй) торго́вый флот

Handelsmarke *f* торго́вая ма́рка

Handelsmasse *f* торго́вый вес

Handelsmesse *f* торго́вая я́рмарка

Handelsmissbräuche *m, pl* злоупотребле́ния в торго́вле

Handelsmission *f* торго́вая ми́ссия, торго́вое представи́тельство

Handelsmonopol *n* торго́вая монопо́лия, монопо́лия торго́вли; кру́пное монополисти́ческое торго́вое предприя́тие

Handelsmünzen *f, pl* моне́ты, име́ющие хожде́ние в междунаро́дной торго́вле

Handelsname *m* юриди́ческое наименова́ние торго́вого предприя́тия, юриди́ческое наименова́ние (торго́вого) предприя́тия с указа́нием фами́лии владе́льца

Handelsnationalismus *m* торго́вый национали́зм

Handelsnetz *n* торго́вая сеть, сбытова́я сеть

Handelsnetzentwicklungsplan *m* план разви́тия торго́вой сети́

Handelsniederlassung *f* филиа́л торго́вого предприя́тия; торго́вая ба́за

Handelsobjekt *n* предме́т торго́вли, това́р

Handelsoperation *f* комме́рческая сде́лка, торго́вая сде́лка, торго́вая опера́ция

Handelsorgan *n* торго́вая организа́ция, торго́вый орга́н

Handelsorganisation *f* госуда́рственная торго́вая организа́ция

Handelspapiere *n, pl* це́нные бума́ги, испо́льзуемые в торго́вле, це́нные бума́ги, испо́льзуемые в торго́вом оборо́те; торго́вые докуме́нты

Handelspartner *m* торго́вый партнёр, партнёр по торго́вым сде́лкам; компаньо́н; контраге́нт по торго́вым сде́лкам

Handelspatent *n* торго́вый пате́нт

Handelspersonal *n* персона́л торго́вого предприя́тия; рабо́тники торго́вли

sonstiges Handelspersonal рабо́тники торго́вого предприя́тия, не за́нятые непосре́дственно в сфе́ре прода́жи това́ров *(напр., рабо́тники торго́вой рекла́мы)*

Handelspfand *n* зало́г по торго́вой сде́лке

Handelsplan *m* план по торго́вле; торго́во-фина́нсовый план *(как часть народнохозя́йственного пла́на)*

Handelsplanung *f* плани́рование торго́вли

Handelsplattform *f* торго́вая платфо́рма (Интерне́т)

Online-Handelsplattform онла́йновая торго́вая платфо́рма

Handelspolitik *f* торго́вая поли́тика *(госуда́рства)*

Handelsprämie *f* торго́вая пре́мия

Handelspraxis *f* торго́вая пра́ктика, пра́ктика рабо́ты торго́вых предприя́тии

Handelspreisbindung *f* установле́ние обяза́тельных цен в систе́ме торго́вых предприя́тий

Handelspreiskatalog *m* прейскура́нт ро́зничных цен

Handelsprivileg *n* торго́вая привиле́гия

Handelsprodukt *n* това́р

Handelsprofit *m* торго́вая при́быль

Handelsprogramm *n* програ́мма предприя́тий торго́вли

Handelsprovisorium *n* вре́менное торго́вое соглаше́ние

Handelsrabatt *m* торго́вая ски́дка

Handelsrat *m* торго́вый сове́тник

Handelsraum *m* торго́вый зал, торго́вое помеще́ние

Handelsrecht *n* торго́вое пра́во

handelsrechtlich торго́во-правово́й

Handelsregime *n* торго́вый режи́м

Handelsregister *n* торго́вый реги́стр *(с регистра́цией коммерса́нтов, облада́ющих всéми полномо́чиями согла́сно Торго́вому ко́дексу)*, торго́вый рее́стр, рее́стр торго́вых фирм

Handelsreisende *m* коммивояжёр; разъездно́й представи́тель торго́вой фи́рмы

Handelsrestriktionen *f, pl* торго́вые ограниче́ния, ограниче́ния в о́бласти вне́шней торго́вли

Handelsrisiko *n* торго́вый риск

Handelssache *f* суде́бный спор, вытека́ющий из торго́вой сде́лки

Handelsschiff *n* торго́вое су́дно

Handelsschranke *f* торго́вый барье́р; ограниче́ния в о́бласти торго́вли, торго́вые ограниче́ния

Handelsschranke umgehen обойти́ торго́вый барье́р; обходи́ть торго́вые барье́ры

nichttarifäre Handelsschranke нетари́фные торго́вые барье́ры: кво́ты, осо́бые тре́бования к ка́честву *(и проч.)*

Handelssitte *f* торго́вый обы́чай, торго́вый узанс, узанс

Handelssorte *f* ры́ночный сорт

Handelssortiment *n* ассортиме́нт това́ров

Handelsspanne *f* торго́вая наце́нка *(ра́зница ме́жду прода́жной ценóй това́ра и ценóй поку́пки; включа́ет торго́вые изде́ржки и при́быль)*

Handelsspannenerlös *m* при́быль торго́вых организа́ций

Handelsspannenermittlung *f* определе́ние разме́ра торго́вой наце́нки, определе́ние разме́ра торго́вой ски́дки

Handelssparte *f* о́трасль торго́вли

Handelsspekulation *f* спекуля́ция на це́нах това́ров; спекуля́ция на ра́знице в це́нах

Handelssperre *f* торго́вая блока́да

Handelsspesen *pl* накладны́е расхо́ды предприя́тий торго́вли, накладны́е расхо́ды торго́вых предприя́тий

Handelsspezialisierung *f* специализа́ция торго́вли

Handelsspionage *f* комме́рческий шпиона́ж, би́знес-шпиона́ж

Handelsstand *m* (ист.) торго́вое сосло́вие

Handelsstatistik *f* стати́стика торго́вли

Handelssteuer *f* **des Handwerks** торго́вый нало́г на реме́сленников

Handelsstillstand *m* засто́й в торго́вле; упа́док в торго́вле

Handelsstockung *f* вре́менное нарушены торго́вых отноше́ний; вре́менное прекраще́ние торго́вли

Handelsstraße *f* торго́вый путь

Handelsstufe *f* звено́ торго́вой цепи́, звено́ сбытовой цепи́

Handelssystem *n* систе́ма торго́вли

Handelstätigkeit *f* торго́вая де́ятельность, торго́вля

Handelstechnik *f* те́хника торго́вли

Handelstransaktion *f* комме́рческая сде́лка, торго́вая сде́лка, торго́вая опера́ция

Handelstransport *m* транспортиро́вка това́ров

Handelstreffen *n* торго́вые перегово́ры стран - чле́нов СЭВ

Handelsubereinkunft *f* торго́вое соглаше́ние

handelsüblich при́нятый в торго́вле; станда́ртный; традицио́нный

Handelsübung *f* пра́ктика, при́нятая в таможенном де́ле

Handelsumsatz *m* торго́вый оборо́т, объём прода́ж

Handelsunkosten *pl* накладны́е расхо́ды предприя́тий торго́вли, накладны́е расхо́ды торго́вых предприя́тий

Handelsunternehmen *n* торго́вое предприя́тие, комме́рческое предприя́тие

Handelsunternehmung *f* торго́вое предприя́тие, комме́рческое предприя́тие

Handelsusance *f* торго́вый обы́чай, торго́вый узанс, узанс

Handelsusancen *f, pl* торго́вые обы́чаи (мн.ч), узанс

Handelsverband *m* торго́вое объедине́ние, торго́вый сою́з; торго́вая ассоциа́ций

Handelsverbindungen *f, pl* торго́вые свя́зи

Handelsverbot *n* запреще́ние торго́вли, запре́т на торго́влю

Handelsverein *m* торго́вое объедине́ние, торго́вый сою́з

Handelsvereinbarung *f* торго́вое соглаше́ние

Handelsvereinigung *f* торго́вое объедине́ние, торго́вый сою́з

Handelsverhandlungen *f, pl* торго́вые перегово́ры (мн.ч.)

Handelsverkehr *m* торго́вля; торго́вые сноше́ния; торго́вые свя́зи

Gegenstand des Handelsverkehrs объе́кт торго́вли *(това́ры и це́нные бума́ги, подлежа́щие прода́же)*

internationaler Handelsverkehr междунаро́дная торго́вля

mit *j-m* **in Handelsverkehr stehen** торгова́ть с *кем-л.*

Handelsverluste *m, pl* убы́тки от торго́вли, торго́вые убы́тки, комме́рческие убы́тки

Handelsvermittlung *f* торго́вое посре́дничество

Handelsverpackung *f* торго́вая упако́вка

Handelsvertrag *m* торго́вый догово́р *(напр., регули́рующий отноше́ния ку́пли-прода́жи ме́жду двумя́ стра́нами)*

Handelsvertreter *m* торго́вый представи́тель

Handelsvertretung *f* представи́тельство торго́вой фи́рмы; торго́вое представи́тельство, торгпре́дство

Handelsvollmacht *f* полномо́чие на веде́ние торго́вых сде́лок, полномо́чие на веде́ние торго́вых опера́ций; дове́ренность *(докуме́нт)* на веде́ние торго́вых сде́лок, дове́ренность *(докуме́нт)* на веде́ние торго́вых опера́ций

Handelsvolumen *n* объем торго́вли

Handelsvorrat *m* торго́вый запа́с; запа́с, отвеча́ющий тре́бованиям торго́вли, торго́вые резе́рвы,

Handelsvorrecht *n* торго́вая привиле́гия

Handelsvorschrift *f* торго́вое прави́ло

Handelsware *f* това́р, гото́вый к реализа́ции; гото́вые изде́лия, закупа́емые промы́шленным предприя́тием для комплектования производимой им проду́кции

Handelswaren *f, pl* това́ры, подгото́вленные к реализа́ции в торго́вой сети́; гото́вые изде́лия, закупа́емые промышленными предприятиями для комплектования выпуска́емой и́ми проду́кции

Handelswechsel *m* комме́рческий ве́ксель *(выставля́ется на основа́нии торго́вых сде́лок)*

Handelsweg *m* торго́вый путь

Handelswelt *f* торго́вая среда́, комме́рческая среда́; торго́вый мир, комме́рческий мир; торго́вые круги́, комме́рческие круги́

Handelswerbung *f* торго́вая рекла́ма

Handelswert *m* торго́вая сто́имость, ры́ночная сто́имость; торго́вая цена́, ры́ночная цена́

gemeiner Handelswert обы́чная торго́вая сто́имость, обы́чная торго́вая цена́

Handelswesen *n* торго́вое де́ло, торго́вля

Handelswissenschaften *f, pl* комме́рческие нау́ки

Handelszeichen *n* това́рный знак; торго́вая ма́рка

Handelszettel *m* торго́вый бюллете́нь, биржево́й бюллете́нь

Handelszins *m* торго́вый проце́нт

Handelszirkulation *f* това́рное обраще́ние

Handelszoll *m* торго́вая по́шлина

Handelszuschlag *m* торго́вая наки́дка, торго́вая нац́енка

Handelszweig *m* о́трасль торго́вли

Handeltreibende *m* торго́вец

Handfertigkeit *f* на́вык, сноро́вка

Handfließfertigung *f* пото́чное произво́дство с примене́нием ручно́го труда́

Handfließreihe *f* пото́чная ли́ния с примене́нием ручно́го труда́

Handfließstraße *f* пото́чная ли́ния с примене́нием ручно́го труда́

Handgeld *n* зада́ток

Handgewerbe *n* ремесло́

Handkauf *m* поку́пка за нали́чные с одновременным получе́нием това́ра; мелочна́я торго́вля; поку́пка с рук

Handlager *n* складско́е помеще́ние *(в торго́вых предприя́тиях)*, испо́льзуемое для краткосрочного хране́ния това́ров

Händler *m* продаве́ц; торго́вец; коммерса́нт

abhängiger Händler зави́симый коммерса́нт; зави́симый владе́лец торго́вого предприя́тия

Händlergeschäft *n* биржева́я сде́лка на приобрете́ние це́нных бума́г

Händlerhilfen *f, pl* техни́ческие сре́дства торго́вли *(напр., автома́ты)*

erweiterte Händlerhilfen по́мощь торговцам со стороны́ фирм-поставщико́в *(напр., в оформлении витри́н)*

Handling *n англ.* захва́т *(приспособле́ние)*

Handlung *f* де́йствие, посту́пок; торго́вое де́ло, торго́вля; магази́н, ла́вка

rechtswidrige Handlung *юр.* дели́кт, недозво́ленное де́йствие

Handlungsagent *m* торго́вый аге́нт; пове́ренный торго́вой фи́рмы

Handlungsbevollmächtigte *m* уполномо́ченный торго́вой фи́рмы, дове́ренный торго́вого предприя́тия

Handlungsfähigkeit *f* дееспосо́бность

Handlungsgehilfe *m* слу́жащий торго́вой фи́рмы, торго́вый слу́жащий; продаве́ц

Handlungshaus *n* торго́вый дом, тор-

го́вая фи́рма
Handlungskosten *pl* торго́вые изде́ржки
Handlungslehrling *m* учени́к в торго́вом де́ле
Handlungsreisende *m* коммивояжёр; разъездно́й представи́тель торго́вой фи́рмы
Handlungsstrategie *f* страте́гия де́йствий *(в тео́рии игр)*
Handlungsunfähigkeit *f* недееспосо́бность
Handlungsunkosten *pl* накладны́е расхо́ды предприя́тий торго́вли, накладны́е расхо́ды торго́вых предприя́тий
Handlungsvollmacht *f* полномо́чие на веде́ние торго́вых сде́лок, полномо́чие на веде́ние торго́вых опера́ций; дове́ренность *(докуме́нт)* на веде́ние торго́вых сде́лок, дове́ренность *(докуме́нт)* на веде́ние торго́вых опера́ций
Handmaterial *n* канцеля́рские принадле́жности
Handtratte *f* ве́ксель без индоссамента, ве́ксель без переда́точной на́дписи
Handverkauf *m* ручна́я прода́жа *(напр., в апте́ке)*
Handwerk *n* ремёсленное произво́дство, ремесло́
reparaturleistendes Handwerk ме́лкий ремо́нт *(бытово́е обслу́живание)*
Handwerker *m* ремёсленник, куста́рь
Handwerkergenossenschaft *f* ремёсленный кооперати́в
Handwerkerinnung *f ист.* цех ремёсленников
Handwerkerschaft *f ист.* сосло́вие ремёсленников
Handwerkerstand *m ист.* сосло́вие ремёсленников
Handwerkervereinigung *f* объедине́ние ремёсленников
Handwerkerzeichen *n* усло́вный знак, обознача́ющий принадле́жность к конкре́тному ремеслу́; графи́ческое изображе́ние, обознача́ющее принадле́жность к конкре́тному ремеслу́
Handwerkerzunft *f ист.* цех ремёсленников
handwerklich ремёсленный, куста́рный
Handwerksbetrieb *m* ремёсленное произво́дство, куста́рное произво́дство; ремёсленная мастерска́я
Handwerksdichte *f* пло́тность ремесленных предприя́тий; пло́тность кустарных предприя́тий
Handwerkserzeugnis *n* куста́рное изде́лие; изде́лие кустарных про́мыслов
Handwerksförderung *f* соде́йствие разви́тию ремесла
Handwerkshandel *m* ро́зничная торго́вля, осуществля́емая ремесленными предприятиями
Handwerksinnung *f ист.* цех ремёсленников, союз ремёсленников
Handwerkskammer *f* ремёсленная пала́та *(представи́тельный орга́н ремёсленников)*
Handwerkslehrling *m* учени́к мастера́-ремёсленника
Handwerksleistungen *f, pl* рабо́ты и услу́ги, выполня́емые и предоставля́емые ремесленными предприятиями
handwerksmäßig ремёсленный, куста́рный
Handwerksmeister *m* ремёсленник, име́ющий зва́ние мастера́
Handwerksorganisation *f* организа́ция ремесленного произво́дства
Handwerkspolitik *f* поли́тика, проводи́мая в интере́сах поддержа́ния ремесленного произво́дства
Handwerkspreise *m, pl* цены́ на рабо́ты и услу́ги, выполня́емые и предоставля́емые ремесленными предприятиями
Handwerksprodukt *n* изде́лие ремесленного произво́дства
Handwerksproduktion *f* ремёсленное произво́дство
Handwerksrolle *f* спи́сок ремесленных предприя́тий *(може́т вести́сь осо́бой ремёсленной пала́той)*
Handwerksstatistik *f* стати́стика ремесленных предприя́тий
Handwerkssteuer *f* нало́г на ремёсленников
Handwerksverband *m* союз ремёсленников, объедине́ние ремёсленников
Handwerksverein *m* союз ремёсленников, объедине́ние ремёсленников
Handzeichen *n* инициа́лы *(при парафировании докуме́нтов)*
Handzeit *f* рабо́чее вре́мя, затра́ченное на ручны́е опера́ции, рабо́чее вре́мя, затра́ченное на ручно́й труд
Handzettel *m* рекла́мный листо́к
Hangar *m фр.* анга́р; наве́с, крытое помеще́ние на при́стани
Hängeablage *f* хране́ние па́пок с дела́ми в подвесных картотеках
Hängekartei *f* подвесна́я картоте́ка
hängend незавершённый, незако́нченный *(напр., о расчетах)*
Hängeregistratur *f* стелла́ж для хране́ния па́пок с дела́ми в подвесных картотеках, шкаф для хране́ния па́пок с дела́ми в подвесных картотеках
Hanse *f ист.* Га́нза, Ганзе́йский союз
Häppchen *n* поку́пка по дешевке; распрода́жа, *см. уменьш.* **Happen**
Hardware *англ.* техни́ческие сре́дства, те́хника, аппарату́ра
Harmonisierung *f* «гармониза́ция» фа́кторов произво́дства
Harmonogramm *n* гармонограмма *(графи́ческое изображе́ние двух и́ли не́скольких свя́занных ме́жду собо́ю рабо́чих проце́ссов)*
Harrod-Domar-Modell *n* моде́ль Харрода - Домара
Hartgeld *n* металли́ческие де́ньги
Hartwährung *f* твёрдая валю́та
gegen Hartwährung verkaufen продава́ть на твёрдую валю́ту
Hartwährungsland *n* страна́ с твёрдой валю́той
Harvard-Barometer *n* Га́рвардский экономи́ческий баро́метр *(конъюнкту́ры)*
Harvard-Modell *n* Га́рвардская моде́ль *(экономи́ческого прогнози́рования)*
Harzburger-Modell *n* Гарцбургская моде́ль
Hättekalkulation *f* ориентиро́вочная калькуля́ция, предвари́тельная калькуля́ция
Häufigkeit *f* частота́, часто́тность; мно́жество; распространённость
Häufigkeitsdichte *f стат.* пло́тность распределе́ния
Häufigkeitskurve *f стат.* крива́я распределе́ния
Häufigkeitsstufe *f стат.* кварти́ль
Häufigkeitstabelle *f* табли́ца часто́т
Häufigkeitsverteilung *f* статистическое распределе́ние, статистическое распределе́ние часто́т
Häufigkeitszahl *f стат.* относи́тельная величина́ сте́пени, относи́тельная величина́ интенси́вности, статисти́ческий коэффицие́нт
Hauptablage *f* центра́льный архи́в *(фи́рмы и́ли предприя́тия)*
Hauptabmessungen *f, pl* гла́вные разме́ры, основны́е разме́ры; габари́тные разме́ры
Hauptabnehmer *m* основно́й потреби́тель; основно́й покупа́тель
Hauptabschnitt *m* веду́щий уча́сток, гла́вный уча́сток *(напр., произво́дства)*
Hauptabteilung *f* основно́й цех; гла́вный отде́л
Hauptaktionär *m* гла́вный акционе́р
Hauptarbeitskräftebilanz *f* гла́вный бала́нс трудовы́х ресу́рсов, сво́дный бала́нс трудовы́х ресу́рсов
Hauptaufgabe, *f*, ökonomische гла́вная экономи́ческая зада́ча
Hauptauftraggeber *m* генера́льный

зака́зчик; основно́й инве́стор

Hauptauftragnehmer *m* генера́льный подря́дчик

Hauptauftragnehmerbetrieb *m* генера́льный подря́дчик

Hauptausfuhrland *n* основна́я страна́-экспортёр

Hauptbereich, *m*, volkswirtschaftlicher веду́щая о́трасль наро́дного хозя́йства, основна́я о́трасль наро́дного хозя́йства

Hauptberuf *m* основна́я профе́ссия; основна́я специа́льность

Hauptbeschäftigung *f* основно́е заня́тие, основна́я де́ятельность

Hauptbetrag *m* основна́я часть посо́бия по безрабо́тице

Hauptbetrieb *m* основно́е предприя́тие, головно́е предприя́тие, веду́щее предприя́тие; веду́щий уча́сток произво́дства, гла́вный уча́сток произво́дства

Hauptbuch *n* гроссбу́х; Гла́вная кни́га *(бухга́лтерского учёта)*

Hauptbuchhalter *m* гла́вный бухга́лтер

Hauptbuchhaltung *f* гла́вная бухгалте́рия

Hauptbuchkonten *n pl* счета́ Гла́вной кни́ги; счета́, включённые в Гла́вную кни́гу

Hauptbuchkonto *n бухг.* гла́вный счёт, счёт пе́рвого поря́дка

Hauptdaten *pl* основны́е да́нные; основны́е характери́стики; основны́е пара́метры

Hauptdiagonale *f* einer Verflechtungstabelle гла́вная диагона́ль табли́цы межотраслевого бала́нса

Haupteinkommensbezieher *m* основно́й получа́тель дохо́да

Hauptentschädigung *f* возмеще́ние основно́й ча́сти уще́рба, нанесённого иму́ществу

Haupterwerbsquelle *f* основно́й исто́чник дохо́да

Haupterzeugnis *n* основно́е изде́лие *(предприя́тия)*

Haupterzeugnisse *n, pl* основна́я проду́кция *(предприя́тия)*

Hauptexportartikel *m* основна́я экспортная статья́, основна́я статья́ экспорта

Hauptexportland *n* основна́я страна́-экспортёр

Hauptexportposition *f* основна́я экспортная статья́, основна́я статья́ экспорта

Hauptexportposten *m* основна́я экспортная статья́, основна́я статья́ экспорта

Hauptfabrikat *n* основно́е изде́лие *(предприя́тия)*

Hauptfeststellung *f* установле́ние осно́вы исчисле́ния нало́га, установле́ние масшта́ба исчисле́ния нало́га

Hauptfinanzplan *m* сво́дный фина́нсовый план

Hauptfläche *f* пло́щадь основны́х и подсобных помеще́ний, пло́щадь основны́х и вспомога́тельных помеще́ний *(напр., торго́вого и́ли промы́шленного предприя́тия)*

Hauptfristenplan *m* основно́й календа́рный план; основно́й план-гра́фик

Hauptfunktion *f* основна́я фу́нкция

Hauptfunktionsfläche *f* пло́щадь основны́х помеще́ний *(напр., торго́вого и́ли промы́шленного предприя́тия)*; основна́я произво́дственная пло́щадь

Hauptgeschäft *n* основно́й магази́н *(в се́ти магази́нов)*

Hauptgewinn *m* гла́вный вы́игрыш *(в лотере́е)*

Haupthandelsweg *m* гла́вный торго́вый путь

Haupthandelszentrum *n* основно́й торго́вый центр

Hauptinstandsetzung *f* капита́льный ремо́нт

Hauptinvestitionen *f, pl* основны́е капиталовложе́ния, основны́е инвести́ции

Hauptinvestitionsträger *m* основно́й инве́стор, генера́льный зака́зчик

Hauptkapazität *f* произво́дственная мо́щность предприя́тия по вы́пуску основно́й проду́кции

Hauptkasse *f* центра́льная ка́сса

Hauptkäufer *m* основно́й потреби́тель; основно́й покупа́тель

Hauptkenndaten *pl* основны́е пара́метры; основны́е показа́тели

Hauptkennziffer *f* основно́й показа́тель

Hauptkettenglied *n* основно́е звено́, веду́щее звено́ *(напр., пла́на)*

Hauptkonsument *m* основно́й потреби́тель

Hauptkonto *n* гла́вный счёт, основно́й счёт

Hauptkosten *pl* основны́е затра́ты

Hauptkunde *m* основно́й клие́нт; основно́й покупа́тель; основно́й потреби́тель

Hauptleistungen *f, pl* основны́е результа́ты; основны́е результа́ты *(де́ятельности предприя́тия)*

Hauptlieferant *m* генера́льный поставщи́к

Hauptmarkt *m* основно́й това́рный ры́нок *(напр., ры́нок зерна́)*

Hauptmechanik *f* отде́л гла́вного меха́ника

Hauptmerkmal *n* основна́я характери́стика, гла́вный при́знак

Hauptniederlassung *f* центра́льная администра́ция; центра́льное управле́ние, центра́льное руково́дство

Hauptnomenklatur *f* основна́я номенклату́ра

Hauptnutzer *m, pl* основны́е по́льзователи, основны́е потреби́тели

Hauptökonom *m* гла́вный экономи́ст

Hauptplan *m* основно́й план

Hauptprodukt *n* основно́й проду́кт, основно́е изде́лие *(предприя́тия)*

Hauptproduktion *f* основна́я проду́кция *(предприя́тия)*

Hauptproduktionsbereich *m* основна́я о́трасль произво́дства

Hauptproduktionsprozess *m* основно́й произво́дственный проце́сс

Hauptproduktionsrichtung *f* гла́вное направле́ние разви́тия произво́дства

Hauptproduktionszweig *m* основна́я о́трасль произво́дства

Hauptprojektant *m* гла́вный проекти́ровщик *(организа́ция)*

Hauptprozess *m* основно́й *(технологи́ческий)* проце́сс

Hauptreparatur *f* капита́льный ремо́нт

Hauptschuldner *m* основно́й должни́к, первонача́льный должни́к *(при поручи́тельстве)*

Haupttechnologe *m* гла́вный техно́лог

Hauptteilhaber *m* основно́й компаньо́н, гла́вный компаньо́н

Hauptterminplan *m* основно́й календа́рный план; основно́й план-гра́фик

Haupttrend *m* основна́я тенде́нция

Haupttriebkraft *f* основна́я дви́жущая си́ла

Hauptunternehmer *m* генера́льный подря́дчик

Hauptunterstützung *f* основна́я часть посо́бия по безрабо́тице

Hauptveranlagung *f* установле́ние основно́го разме́ра нало́га; основно́е распределе́ние нало́гов; основна́я су́мма нало́га

Hauptveranlagungszeitraum *m* срок, на кото́рый устано́влен основно́й разме́р нало́га

Hauptverkehrsstunde *f* час пик, час наибо́льшей нагру́зки

Hauptverrechnungskonto *n* основно́й расчётный счёт

Hauptversammlung *f* о́бщее собра́ние акционе́ров

außerordentliche Hauptversammlung внеочередно́е о́бщее собра́ние акционе́ров

ordentliche Hauptversammlung очередно́е о́бщее собра́ние акционе́ров, сжсгодное общее собрание акционеров

Hauptversicherungsschein *m* генеральный полис

Hauptvertrag *m* общий договор, генеральный договор

Hauptvertretung *f* генеральное представительство

Hauptverwaltung *f* главная администрация, главное управление

Hauptvorhaben *n* основной проект; основное мероприятие; основная цель; основной замысел

Hauptwarengruppe *f* основная товарная группа

Hauptwarenmarkt *m* основной товарный рынок *(напр., рынок зерна)*

Hauptwirtschaftszweig *m* ведущая отрасль, ведущий сектор экономики, ведущая отрасль экономики, ведущая отрасль народного хозяйства

Hauptziehung *f* основной тираж

Hauptziel *n* основная цель, главная цель

Hauptzollamt *n* Главное таможенное управление

Haus *n* торговый дом, фирма; универмаг

Haus-Haus-Gepäckbeförderung *f* перевозка багажа «от дома до дома», перевозка багажа «от двери до двери»

Haus-Haus-Gepäckverkehr *m* перевозка багажа «от дома до дома», перевозка багажа «от двери до двери»

Haus-Haus-Güterverkehr *m* перевозки грузов от дома отправителя до дома получателя, перевозки грузов по системе «от дома до дома»

Haus-Haus-Verkehr *m* перевозки грузов от дома отправителя до дома получателя, перевозки грузов по системе «от дома до дома», транспортировка *(несколькими видами транспорта)* от дома отправителя до дома получателя

Haus-Haus-Verkehr пункт о поставке в контракте

Haus-Haus-Verkehr пункт в договоре страхования

Haus-zu-Haus-Verkehr *m* перевозки грузов от дома отправителя до дома получателя, перевозки грузов по системе «от дома до дома»

Hausarbeit *f* кустарная работа на дому; *разг.* надомничество, надомная работа, надомный труд; домашняя работа *(работа по дому. по хозяйству)*

Hausarbeiter *m* надомник; кустарь

Hausarbeitstag *m* день для работ по дому

Hausbank *f* банк, представляющий интересы концерна; холдинг-банк; фирменный банк, банк, обслуживающий фирму

Hausbelieferung *f* обслуживание на дому *(напр., предприятиями службы быта)*

Hausbeschau *f внешторг.* осмотр поставленного товара после его сдачи экспедитором *(для выявления скрытых дефектов)*, осмотр с целью обнаружения в поставленном товаре скрытых дефектов *(после его принятия)*

Hausbesitz *m* домовладение

Hausbesuch *m* визит на дом с целью рекламы

Häuser, *n*, *pl*, **emittierende** эмитирующие учреждения

Hausgeld *n* пособие за счёт социального страхования на время пребывания в лечебном учреждении; арендная плата, квартирная плата

Hausgewerbe *n* кустарный промысел, домашний промысел; *разг.* надомничество

Hausgewerbetreibende *m* кустарь; надомник

Haushalt *m* (государственный) бюджет; домашнее хозяйство, семейное предприятие, семейное хозяйство

Haushalt einer Föderation федеральный бюджет

außerordentlicher Haushalt чрезвычайный бюджет

autonomer Haushalt автономный бюджет

kommunaler Haushalt городской бюджет; коммунальный бюджет

öffentlicher Haushalt государственный бюджет

ordentlicher Haushalt обычный бюджет

örtlicher Haushalt местный бюджет

zentraler Haushalt центральный бюджет

an den Haushalt abführen отчислять в бюджет

aus dem Haushalt finanziert werden финансироваться за счёт бюджета

den Haushalt verabschieden утверждать бюджет

Haushaltansatz *m* бюджетное предложение

Haushalts- und Kulturwaren *f*, *pl* товары культурно-бытового назначения

Haushalts- und Wirtschaftsartikel *m*, *pl* предметы домашнего и хозяйственного обихода

Haushaltsabführungen *f*, *pl* отчисления в бюджет, платежи в бюджет

Haushaltsabrechnung *f* отчёт об исполнении бюджета

zusammengefasste Haushaltsabrechnung сводный баланс по исполнению бюджета, сводный отчёт об исполнении бюджета

Haushaltsakkumulation *f* бюджетные накопления

Haushaltsanalyse *f* анализ исполнения бюджета

Haushaltsansatz *m* бюджетные намётки

Haushaltsaufbau *m* структура бюджета

Haushaltsaufschläge *m*, *pl* бюджетные наценки

Haushaltsausgaben *f*, *pl* бюджетные расходы; расходная часть бюджета; расходы домашнего хозяйства, расходы семьи

Haushaltsausgleich *m* балансировка бюджета, сведение бюджета; покрытие дефицита бюджета

Haushaltsausschuss *m* бюджетная комиссия *(в парламенте)*

Haushaltsbesteuerung *f* обложение налогом доходов и имущества семьи, совокупность налогов на семейную хозяйственную единицу

Haushaltsbewilligung *f* бюджетное ассигнование; утверждение бюджета, вотирование

Haushaltsbeziehungen *f*, *pl* отношения с бюджетом *(физических и юридических лиц)*; финансовые взаимосвязи (государственного) бюджета

Haushaltsbilanz *f* баланс доходов и расходов; баланс бюджетного учреждения

Haushaltsbuch *n* расчётная книжка рабочего, расчётная книжка рабочей бригады

Haushaltsbuchführung *f* бюджетный учёт, бюджетное счетоводство

Haushaltschemie *f* бытовая химия

Haushaltsdefizit *n* бюджетный дефицит, дефицит государственного бюджета, превышение бюджетных расходов над доходами

Haushaltsdisziplin *f* бюджетная дисциплина

Haushaltsdurchführung *f* исполнение бюджета

Haushaltseinkommen *n* доход семьи, доход домашнего хозяйства

Haushaltseinnahmen *f*, *pl* доходы (государственного) бюджета, доходная часть бюджета

Haushaltseinrichtung *f* государственная организация, государственное учреждение

Haushaltseinrichtungen *f*, *pl* бюджетные учреждения

Haushaltsentwurf *m* проект (государственного) бюджета

Haushaltserhebung *f* бюджетное обследование

Haushaltsfehlbetrag *m* бюдже́тный дефици́т, дефици́т госуда́рственного бюдже́та, превыше́ние бюдже́тных расхо́дов над дохо́дами

haushaltsfinanziell бюдже́тный, финанси́руемый из (госуда́рственного) бюдже́та *(напр., о нау́чно-исследовательском учрежде́нии)*

Haushaltsfinanzierung *f* бюдже́тное финанси́рование

Haushaltsfonds *m* (резе́рвный) фонд госуда́рственного бюдже́та

Haushaltsführung *f* бюдже́тная поли́тика
sparsame Haushaltsführung поли́тика эконо́мии бюдже́та

Haushaltsgleichgewicht *n* бюдже́тное равнове́сие, сбалансированность бюдже́та, ра́венство бюдже́тных дохо́дов и расхо́дов

Haushaltsgröße *f* объём бюдже́та, о́бщая су́мма дохо́дов и расхо́дов госуда́рственного бюдже́та

Haushaltsgrundsätze *m, pl* бюдже́тные при́нципы, при́нципы разрабо́тки и составле́ния бюдже́та

Haushaltsjahr *n* бюдже́тный год

Haushaltskennziffer *f* бюдже́тный показа́тель

Haushaltsklarheit *f* я́сность стате́й бюдже́та

Haushaltskonto *n* бюдже́тный счёт

Haushaltskontrolle *f* бюдже́тный контро́ль

Haushaltskreislauf *m* бюдже́тный перио́д, бюдже́тный цикл

Haushaltslage *f* состоя́ние бюдже́та

Haushaltslücke *f* бюдже́тный дефици́т
Haushaltslücke schließen покры́ть бюдже́тный дефици́т

haushaltsmäßig в соотве́тствии с бюдже́том

Haushaltsmethode *f* бюдже́тный ме́тод

Haushaltsmittel *n, pl* бюдже́тные сре́дства
eingesparte Haushaltsmittel сэконо́мленные бюдже́тные сре́дства
nicht ausgeschöpfte Haushaltsmittel пасси́вные бюдже́тные оста́тки
veranschlagte Haushaltsmittel сме́тные бюдже́тные ассигнова́ния

Haushaltsnormativ, *n*, **langfristiges staatliches** долгосро́чный госуда́рственный нормати́в по дохо́дам и расхо́дам бюдже́та

Haushaltsnormen *f, pl* бюдже́тные но́рмы

Haushaltsorgan *n* бюдже́тный орга́н

Haushaltsorganisation *f* бюдже́тное учрежде́ние, бюдже́тная организа́ция

Haushaltsperiode *f* бюдже́тный перио́д

Haushaltsplan *m* (госуда́рственный) бюдже́т; прое́кт (госуда́рственного) бюдже́та; бюдже́т *(докуме́нт)*

Haushaltsplan-Ist *n* испо́лненный бюдже́т; факти́ческое выполне́ние (госуда́рственного) бюдже́та

Haushaltsplan-Soll *n* зада́ния (госуда́рственного) бюдже́та; теку́щий бюдже́т

Haushaltsplanansatz *m* конце́пция (госуда́рственного) бюдже́та, прое́кт бюдже́та

Haushaltsplanergebnis *n* ито́г выполне́ния (госуда́рственного) бюдже́та, исполне́ние бюдже́та *(ито́г и выполне́ние фина́нсового пла́на)*,

Haushaltsplanung *f* бюдже́тное плани́рование

Haushaltspolitik *f* бюдже́тная поли́тика

Haushaltsposition *f* статья́ бюдже́та, бюдже́тная статья́, бюдже́тная пози́ция

Haushaltsposten *m* статья́ бюдже́та, бюдже́тная статья́, бюдже́тная пози́ция

Haushaltsprinzipien *n, pl* бюдже́тные при́нципы, при́нципы разрабо́тки и составле́ния бюдже́та

Haushaltsquerschnitt *m* структу́ра (госуда́рственного) бюдже́та *(по отде́льным ви́дам расхо́дов и дохо́дов)*, соста́в бюдже́тных дохо́дов и расхо́дов

Haushaltsrechnung *f* бюдже́тный учёт; статисти́ческий отчёт выполне́ния годово́й сме́ты (госуда́рственного) бюдже́та; бюдже́тный набо́р; бюдже́тное обсле́дование

Haushaltsreform *f* бюдже́тная рефо́рма

Haushaltsreserven *f, pl* бюдже́тные резе́рвы

Haushaltsreste *m, pl* бюдже́тные оста́тки

Haushaltsschema *n* схе́ма бюдже́та

Haushaltsstabilisator *m* бюдже́тный стабилиза́тор

Haushaltsstand *m* состоя́ние бюдже́та

Haushaltsstatistik *f* бюдже́тная стати́стика

Haushaltssystematik *f* бюдже́тная классифика́ция, бюдже́тная система́тика; еди́ная номенклату́ра счето́в госуда́рственного бюдже́та; бюдже́тная классифика́ция

Haushaltstag *m* день для рабо́т по дому́

Haushaltsüberschuss *m* бюдже́тный изли́шек, превыше́ние бюдже́тных дохо́дов над расхо́дами

Haushaltsumfang *m* объём бюдже́та, о́бщая су́мма дохо́дов и расхо́дов госуда́рственного бюдже́та

Haushaltsverbrauch от потребле́ние дома́шнего хозя́йства

Haushaltsvergleich *m* сравне́ние бюдже́тов, сопоставле́ние бюдже́тов, бюдже́тный ана́лиз

Haushaltsversicherung *f* страхова́ние дома́шнего иму́щества

Haushaltsvollstreckung *f* бюдже́тная дисципли́на *(поря́док её соблюде́ния)*

Haushaltsvollstreckungsverfahren *n* поря́док взима́ния финансовыми о́рганами отчисле́ний в бюдже́т в слу́чае невыполнения в срок предприятиями свои́х бюдже́тных обяза́тельств

Haushaltsvolumen *n* объём бюдже́та, о́бщая су́мма дохо́дов и расхо́дов госуда́рственного бюдже́та

Haushaltsvoranschlag *m* прое́кт (госуда́рственного) бюдже́та

Haushaltswaren *f, pl* предме́ты дома́шнего обихо́да

Haushaltswirtschaft *f* бюдже́тное хозя́йство; бюдже́тный механи́зм
örtliche Haushaltswirtschaft ме́стные фина́нсы; фина́нсы ме́стных о́рганов вла́сти

Haushaltszählung *f* бюдже́тная пе́репись

Haushaltszuschlag *m* бюдже́тная дота́ция

Haushaltszuschuss *m* бюдже́тная дота́ция, госуда́рственная (бюдже́тная) дота́ция

Haushaltszuweisungen *f, pl* ассигнова́ния из бюдже́та, бюдже́тное финанси́рование

Haushaltszuwendungen *f, pl* бюдже́тные ассигнова́ния, бюдже́тные дота́ции

Haushaltung *f* веде́ние дома́шнего хозя́йства; *стат.* семья́; домохозя́йство; гру́ппа лиц, веду́щих совме́стно дома́шнее хозя́йство

Haushaltungsgröße *f* разме́р семе́йного бюдже́та

Haushaltungskosten *pl* хозя́йственные расхо́ды, расхо́ды на веде́ние дома́шнего хозя́йства

Haushaltversicherung *f* страхова́ние дома́шнего иму́щества

hausieren, *vi* торгова́ть вразно́с, разноси́ть това́ры по дома́м

Hausiergewerbe *n* торго́вля вразно́с

Hausierhandel *m* торго́вля вразно́с

Hausindustrie *f* куста́рная промы́шленность; куста́рный про́мысел, дома́шний про́мысел; куста́рное произво́дство на дому́

Häusler *m ист.* безземе́льный крестья́нин, бобы́ль

Hausmacherware *f* куста́рное изде́лие, изде́лие куста́рной промы́шленности

Hausmiete *f* кварти́рная пла́та; пла́та

за наём домá, плáта за наём квартúры
Hausordnung *f* прáвила внýтреннего распорядка *(на предприятии)*
Hausproduktion *f* домáшнее произвóдство; кустáрное произвóдство на домý
Hausrat *m* (домáшняя) обстанóвка и предмéты домáшнего обихóда
Hausratentschädigung *f* возмещéние ущéрба от гúбели (домáшней) обстанóвки и предмéтов домáшнего обихóда
Hausratversicherung *f* страховáние (домáшней) обстанóвки и предмéтов домáшнего обихóда
Hausreinigung *f* **und Hausreparaturen** обеспéчение сохрáнности домá и домовóго имýщества, поддержáние надлежáщего санитáрно-техни́ческого состояния
Hausse *f* наивы́сший ýровень биржевóго кýрса
Hausse повышéние биржевы́х кýрсов, повышéние биржевы́х цен; экономи́ческий подъём
plötzliche Hausse внезáпное повышéние биржевы́х кýрсов, внезáпное повышéние биржевы́х цен
Haussebewegung *f бирж.* повышáтельная тендéнция, тендéнция на повышéние биржевóго кýрса
Hausseklausel *f* оговóрка о повышéнии цены́ *(с цéлью компенсáции убы́тков)*
Hausseklausel *бирж.* пункт об автомати́ческом повышéнии цены́, оговóрка об автомати́ческом повышéнии цены́ *(в договóре кýпли-продáжи)*
haussen, *vi бирж.* игрáть на повышéние (кýрса)
Haussespekulant *m* биржевóй торгóвец, игрáющий на повышéние кýрса цéнных бумáг, «бык», спекулянт, игрáющий на повышéние (кýрса)
Haussespekulation *f бирж.* игрá на повышéние (кýрса)
Haussetendenz *f бирж.* повышáтельная тендéнция, тендéнция на повышéние биржевóго кýрса
Haussier *m* биржевóй торгóвец, игрáющий на повышéние кýрса цéнных бумáг, «бык», спекулянт, игрáющий на повышéние (кýрса)
haussieren, *vi бирж.* игрáть на повышéние (кýрса)
Haussklaverei *f ист.* патриархáльное рáбство
Hausverhandlung *f внештóрг.* осмóтр постáвленного товáра пóсле егó сдáчи экспеди́тором *(для выявлéния скры́тых дефéктов)*, осмóтр с цéлью обнарyжéния в постáвленном товáре скры́тых дефéктов *(пóсле егó принятия)*
Hauswirtschaft *f* домáшнее хозяйство; крестьянское хозяйство, крестьянский двор; *с.-х.* подсóбное хозяйство
geschlossene Hauswirtschaft зáмкнутое натурáльное хозяйство
persönliche Hauswirtschaft ли́чное хозяйство, индивидуáльное хозяйство; подсóбное хозяйство
Hauszins *m* рéнта с домóв; квартúрная плáта; арéндная плáта
Hauszinssteuer *f уст.* налóг на квартúрную плáту; налóг на дохóды домовладéльцев, полýченные в периóд инфляции
Hauszustellgebühr *f* плáта за достáвку на дом
Hautefinance *f* финáнсовая аристокрáтия
Havarie *f* авáрия
Havarie *страх.* убы́тки при морски́х перевóзках
besondere Havarie чáстная авáрия *(все прóчие слýчаи повреждéния, напр. столкновéние судóв)*
große Havarie óбщая авáрия *(убы́тки, понесённые рáди спасéния сýдна, грýзов)*
kleine Havarie мáлая авáрия *(сопряжённые с ней издéржки)*
Havarieakte *f* авари́йный акт
havarieberechtigt имéющий прáво на возмещéние убы́тков от авáрии
Havariebond *m* авари́йная подпи́ска, авари́йный бонд *(пи́сьменное обязáтельство получáтеля спасённого грýза в слýчае óбщей авáрии об уплáте взнóса на диспáшу)*
Havarieeinschuss *m* авари́йный взнос
Havariegelder *n, pl* авари́йные дéньги *(сýммы, идýщие на компенсáцию послéдствий морски́х авáрий)*
Havarieinspektion *f уст.* инспéкция по морски́м авáриям
Havariekommissar *m* авари́йный комиссáр *(уполномóченный страховщикá по установлéнию ущéрба в результáте авáрии)*
havarieren, *vi* терпéть авáрию
Havariereparatur *f* авари́йный ремóнт
Havarierevers *m* авари́йная подпи́ска, авари́йный бонд *(пи́сьменное обязáтельство получáтеля спасённого грýза в слýчае óбщей авáрии об уплáте взнóса на диспáшу)*
havariert потерпéвший авáрию
Havarieschaden *m* ущéрб от авáрии, убы́ток от авáрии
Havarieverschreibung *f* авари́йная подпи́ска, авари́йный бонд *(пи́сьменное обязáтельство получáтеля спасённого грýза в слýчае óбщей авáрии об уплáте взнóса на диспáшу)*
Havariezertifikat *n* свидéтельство об авáрии *(составляется агéнтом страховщикá на повреждённые в морскóй авáрии пáртии товáра)*
Haverei *f* убы́тки по авáрии
besondere Haverei убы́тки по чáстной авáрии
große Haverei убы́тки по óбщей авáрии
kleine Haverei убы́тки по чáстной авáрии
HB, Hauptbuch глáвная бухгáлтерская кни́га, гроссбýх
Hbd, Hochbedarf высóкий спрос
HBV, Handel-Banken-und Versicherungen-Gewerkschaft Профессионáльный сою́з рабóтников торгóвых предприятий, бáнков и страховы́х óбществ *(ФРГ)*
HdA, Handbuch der Ausfuhr «Спрáвочник по экспóрту»
HDE:
HDE, Hauptverband des Deutschen Einzelhandels Глáвный сою́з гермáнских рóзничных торгóвцев
HdE, Handbuch der Einfuhr «Спрáвочник по и́мпорту»
Hebel *m* рычáг
finanzpolitischer Hebel рычáг финáнсовой поли́тики
ökonomische Hebel *pl* экономи́ческие рычаги́; рычаги́ экономи́ческого воздéйствия; рычаги́ экономи́ческого влияния
heben *vt* взимáть, собирáть *(напр., налóги, пóшлины)*
Hebesatz *m* стáвка налóга
Hebung *f* повышéние, подъём; увеличéние, рост; разви́тие; получéние *(дéнег)*; взимáние, сбор *(налóгов, пóшлин)*; устранéние; прекращéние; отмéна
Hedge-Geschäft *n* сдéлка по хеджи́рованию
Hedgegeschäft *n* хедж, сдéлка по хеджи́рованию *(срóчная сдéлка, заключённая для страховáния от возмóжного падéния цены́)*
hedging *англ.* хеджи́рование
Heeresbudget *n* воéнный бюджéт
Heeresetat *m* воéнный бюджéт
Hegemonie *f* гегемóния
Heimarbeit *f* кустáрная рабóта на домý; *разг.* надóмничество, надóмная рабóта, надóмный труд; домáшняя рабóта *(рабóта по домý, по хозяйству)*
Heimarbeiter *m* надóмник; кустáрь
Heimarbeiterentgeltbuch *n* расчётная кни́жка надóмника
Heimarbeiterzuschlag *m* надбáвка за

рабóту, производимую на домý

Heimarbeits- und Gewerbeartel *n* кустарно-промысловая артéль

Heimarbeitsartel *n* артéль кустарей

Heimathafen *m* порт припúски сýдна

Heimatzettel *m* наклéйка о принадлéжности к желéзной дорóге *какóй-л.* страны́

Heimfall *m* перехóд *(вы́морочного имýщества)* в сóбственность госудáрства; обрáтный перехóд к сóбственнику *(егó земéльного учáстка)*

Heimfracht *f* груз, взя́тый сýдном на обрáтном путú

Heimgewerbe *n* кустáрная рабóта на домý, кустáрное произвóдство на домý, кустáрный прóмысел, домáшний прóмысел; кустáрная промы́шленность

Heimindustrie *f* кустáрное произвóдство на домý, кустáрный прóмысел, домáшний прóмысел; кустáрная промы́шленность

Heimindustrieartikel *m* кустáрное издéлие

heimisch отéчественный, внýтренний

Heimsparbüchse *f* сберегáтельная копúлка *(контролúруемая слýжащим сберкассы на домý у держáтеля сберкнижки)*

Heimsparer *m* держáтель сберегательной копилки

Heimwerker *m* ремéсленник, кустáрь

Heimwerkgenossenschaft *f* кустарно-промыслóвая артéль, ремéсленная артéль

Heiratsbeihilfe *f* посóбие при вступлéнии в брак

Hektar *n* гектáр

Hektar mittleres Pflügen гектáр услóвной пáхоты

Hektarertrag *m* урожáй с гектáра

Hektarveranlagung *f с.-х.* обложéние налóгом с гектáра полéзной плóщади

hemmen *vt* сдéрживать, задéрживать; затрудня́ть; препя́тствовать, мешáть; тормозúть; приостанáвливать; прекращáть

herabdrücken *vt* сбивáть, снижáть, понижáть *(напр., цéну)*

herabsetzen *vt* снижáть, понижáть

Herabsetzung *f* снижéние *(напр., зáработной плáты)*; понижéние *(напр., цен, норм)*, скúдка; сокращéние *(напр., расхóдов)*; уменьшéние *(напр., плáна, расхóдов)*

Herangehen, *n*, interdisziplinäres *киб.* «междисциплинáрный» подхóд *(к изучéнию экономúческих явлéний)*

Heraufsetzung *f* повышéние *(напр., цен, норм)*; увеличéние *(напр., плáна, расхóдов)*

Heraufsetzung des Diskontsatzes повышéние стáвки учётного процéнта

Herausgabe *f* вы́пуск *(напр., цéнных бумáг)*; вы́дача; вы́пуск, издáние

Herausgabeanspruch *m* виндикáция *(истребовáние истцóм своегó имýщества в судéбном поря́дке от трéтьего лицá)*

herausziehen *vt* изымáть *(напр., из обращéния)*

Hereingabe *f* залóг *(репортных)* цéнных бумáг

hereingeben *vt* заклáдывать *(репортные)* цéнные бумáги; продавáть *(репортные)* цéнные бумáги

Hereingeber *m* лицó, закладывающее *(репортные)* цéнные бумáги; продавéц репортных цéнных бумáг

Hereinnahme *f* вы́дача ссýды под залóг *(репортных)* цéнных бумáг; привлечéние средств *(в депозúтных сдéлках)*

hereinnehmen *vt* выдавáть ссýду под залóг *(репортных)* цéнных бумáг; покупáть *(репортные)* цéнные бумáги

Hereinnehmer *m* лицó, принимáющее в залóг *(репортные)* цéнные бумáги; покупáтель репортных цéнных бумáг

Herfracht *f* расхóды по перевóзке грýза к мéсту назначéния

Herkunft *f* прибы́тие, прихóд; происхождéние

Herkunft der Ware происхождéние товáра

Herkunftsangabe *f* указáние страны́ происхождéния товáра; маркирóвка, укáзывающая странý происхождéния

Herkunftsbezeichnung *f* дáнные о происхождéнии товáра

Herkunftsklausel *f* оговóрка о применéнии специáльного тарифа к товáрам определённого происхождéния

Herkunftsland *n* странá происхождéния *(товáра)*

Herkunftsrabatt *m* «скúдка на порт отгрýзки» *(предоставля́ется учáстниками однóй конферéнции - отгрузчику из пóрта другóй конферéнции)*, *см.* **Konferenz**

Herkunftsverschleierung *f* преднамéренное сокры́тие страны́ происхождéния товáра

Hermes-Garantien *f, pl* экспортные гарáнтии и поручúтельства *(давáемые уполномóченным Федерáльного правúтельства страховóй компáнией Хермес Кредитферзихерунгс АГ Гáмбург)*

herrenhaft по-хозяйски

Herrenkonfektion *f* мужскáя одéжда *(готóвое плáтье)*

Herrenland *n ист.* госпóдская земля́, помéщичья земля́

herrenlos ничей, ничéйный, бесхозя́йный, бесхóзный, не имéющий владéльца; вы́морочный; покúнутый, брóшенный

herrenloses Eigentum бесхóзное имýщество

Herrenlosigkeit *f* бесхóзность; обезличенность

Herrschaftsbereich *m* сфéра влия́ния, сфéра госпóдства

herstellen *vt* производúть, изготовля́ть, выпускáть *(продýкцию)*; получáть; создавáть; устанáвливать *(напр., связú)*; организóвывать, создавáть; восстанáвливать; возобновля́ть; реставрúровать

großtechnisch herstellen осуществля́ть промы́шленное произвóдство

in Lizenz herstellen производúть по лицéнзии

Hersteller *m* изготовúтель, продуцéнт, производúтель

Herstellerabgabepreis *m* отпускнáя ценá промы́шленности, оптóвая ценá промы́шленности

Herstellerbetrieb *m* предприя́тие-продуцéнт, предприя́тие-изготовúтель, предприя́тие-производúтель

Herstellerfirma *f* фúрма-продуцéнт, фúрма-изготовúтель

Herstellerland *n* странá-производúтель, странá-изготовúтель

Herstellernutzen *m* произвóдственный эффéкт

Herstellerrisiko *n* риск изготовúтеля, риск производúтеля *(в статистическом контроле кáчества)*

Herstellerwerk *n* завóд-изготовúтель

Herstellkosten *pl* издéржки произвóдства, произвóдственные издéржки

Herstellung *f* произвóдство, изготовлéние, вы́пуск *(продýкции)*; получéние; создáние; установлéние *(напр., свя́зей)*; организáция, создáние; восстановлéние; возобновлéние; реставрáция; *мат.* построéние

serienmäßige Herstellung серúйное произвóдство

Herstellungsabteilung *f* цех

Herstellungsaufwand *m* издéржки произвóдства, произвóдственные издéржки; произвóдственная себестóимость, фабрично-заводскáя себестóимость

Herstellungsdaten *pl* технико-экономúческие дáнные произвóдства *(определённой продýкции)*

Herstellungsdatum *n* дáта изготовлéния

Herstellungsdauer *f* врéмя произвóдства, периóд произвóдства

Herstellungsfehler *m* произвóдственный брак

Herstellungskosten *pl* издéржки произвóдства, производственные издéржки; произвóдственная себестóимость, фабрично-заводскáя себестóимость

Herstellungsland *n* странá происхождéния товáра

Herstellungslizenz *f* лицéнзия на произвóдство

Herstellungsmittel *n, pl* срéдства произвóдства (мн.ч.)

Herstellungsmöglichkeiten *f, pl* произвóдственные возмóжности

Herstellungsmonopol *n* монопóлия на произвóдство

Herstellungsprogramm *n* произвóдственная прогрáмма

Herstellungsprozess *m* произвóдственный процéсс, процéсс произвóдства

Herstellungsqualität *f* кáчество изготовлéния

Herstellungsverfahren *n* технологи́ческий процéсс, технолóгия произвóдства

Herstellungsvermögen *n* произвóдственные возмóжности

Herstellungsweise *f* мéтод изготовлéния, спóсоб изготовлéния

Herstellungswert *m* первоначáльная стóимость *(основны́х фóндов по балáнсу фи́рмы)*

herunterwirtschaften *vt* приводи́ть в упáдок *(хозя́йство)*; приводи́ть в негóдность *(маши́ну)*

heterogen гетерогéнный, разнорóдный, неоднорóдный

Heuer *f* наём судовóй комáнды; зáработная плáта судовóй комáнды; наём, арéнда; фрахт сýдна

Heuerling *m ист.* арендáтор небольшóго земéльного учáстка, отрабатывающий арéнду сóбственным трудóм; подёнщик

Heuermann *m ист.* арендáтор небольшóго земéльного учáстка, отрабатывающий арéнду сóбственным трудом; подёнщик

Heuervertrag *m* контрáкт по нáйму судовóй комáнды

Heuristik *f* эври́стика

heuristisch эвристи́ческий

Hfbf, Hafenbahnhof портóвая железнодорóжная стáнция

H.G., Handelsgericht коммéрческий суд

HGB, Handelsgesetzbuch торгóвый кóдекс

Hgbf, Hauptgüterbahnhof глáвная товáрная стáнция

HGS, Hauptgeschäftsstelle правлéние, глáвная контóра, глáвная администрáция

HH, Handelshochschule вы́сшее коммéрческое учи́лище

Hierarchie *f* иерáрхия *(напр., характери́стика организационной структýры компáнии)*

hierarchisch strukturierte Organisation иерархи́чески структурированная организáция

hierarchische Struktur *f* иерархи́ческая структýра

Hieve *f* груз, заключённый в строп и состоя́щий из нéскольких грузовы́х мест

hieven *vt* выбирáть, поднимáть; грузи́ть груз, заключённый в строп *(с пóмощью лебёдки)*

Hilfe *f* пóмощь, поддéржка; пособие; рабóтник

Hilfe leisten окáзывать пóмощь

finanzielle Hilfe финáнсовая пóмощь, субси́дия

gegenseitige Hilfe взаи́мная пóмощь, взаимопóмощь

materielle Hilfe материáльная пóмощь

staatliche finanzielle Hilfe государственная субси́дия; госудáрственная финáнсовая пóмощь

technische Hilfe техни́ческая пóмощь

Hilfeleistung *f* оказáние пóмощи; пóмощь таможенным досмотрщикам при подготóвке грýза к досмóтру

Hilfestellung *f* страхóвка, страховáя сýмма

hilfreiche Erkenntnisse полéзные свéдения

Hilfs-Funktion *f* вспомогáтельная фýнкция

Hilfsabteilung *f* вспомогáтельный цех; вспомогáтельный отдéл

Hilfsaktivität *f сет. пл.* фикти́вная рабóта; зави́симость

Hilfsanspruch *m* вспомогáтельное притязáние, субсидиáрное притязáние

Hilfsarbeiten *f, pl* подсóбные рабóты, вспомогáтельные рабóты

Hilfsarbeiter *m* подсóбный рабóчий, вспомогáтельный рабóчий; разнорабóчий; неквалифици́рованный рабóчий

Hilfsarbeiterlohn *m* зáработная плáта неквалифици́рованных рабóчих

Hilfsausrüstung *f* вспомогáтельное оборýдование

Hilfsbetrieb *m с.-х.* подсóбное произвóдство; подсóбное предприя́тие, вспомогáтельное предприя́тие

Hilfsbücher *n, pl бухг.* вспомогáтельные кни́ги

Hilfserzeugnis *n* вспомогáтельное издéлие

Hilfsfonds *m* (общéственный) фонд пóмощи

Hilfsgewerbe *n* **des Handels** подсóбные торгóвые сдéлки и операции *(напр., операции торгóвых агéнтов, комиссионеров, экспедиторов, фрахтовщиков)*

Hilfshandgriff *m* вспомогáтельный рабóчий приём

Hilfskasse *f* кáсса по оказáнию материáльной пóмощи

Hilfskonto *n бухг.* вспомогáтельный счёт

Hilfskraft *f* подсóбная рабóчая си́ла, вспомогáтельная рабóчая си́ла, неквалифици́рованная рабóчая си́ла

Hilfslager *n* подсóбный склад, подсóбное складскóе помещéние

Hilfsleistung *f* подсóбное произвóдство, вспомогáтельное произвóдство

Hilfsleistungen *f, pl* продýкция вспомогáтельных производств

Hilfsliste *f* вспомогáтельная вéдомость

Hilfslohn *m* зáработная плáта рабóтников, не принимáющих непосрéдственного учáстия в произвóдственном процéссе *(напр., администрати́вно-управленческого аппарáта)*

Hilfsmaterial *n* вспомогáтельный материáл

Hilfsmaterialverbrauch *m* расхóд вспомогáтельных материáлов

Hilfsmaterialverbrauchnsorm *f* нóрма расхóда вспомогáтельных материáлов

Hilfsmittel *n* подсóбное срéдство, вспомогáтельное срéдство

Hilfsmittel посóбие инвали́дам по социáльному страховáнию

Hilfspersonal *n* вспомогáтельный персонáл, подсóбный персонáл

Hilfsproduktion *f* подсóбное произвóдство, вспомогáтельное произвóдство

Hilfsproduktionsbereich, *m*, landwirtschaftlicher подсóбная óтрасль произвóдства сéльского хозя́йства, вспомогáтельная óтрасль произвóдства сéльского хозя́йства *(напр., ремóнтные мастерские)*

Hilfsprozess *m* вспомогáтельный процéсс

Hilfsquellen *f, pl* ресýрсы (мн.ч.)

natürliche Hilfsquellen прирóдные ресýрсы (мн.ч.)

örtliche Hilfsquellen мéстные ресýрсы (мн.ч.)

Hilfsraum *m* оперативно-вспомогáтельное помещéние

Hilfsstoff *m* вспомогáтельный материáл

Hilfszeit *f* вспомогáтельное врéмя, врéмя на вспомогáтельную оперáцию

Hilfszeit „Hand" ручнóе вспомогáтельное врéмя

Hilfszeit „Maschine" маши́нное вспомогáтельное врéмя, аппаратýрное

вспомога́тельное вре́мя
Hilfszeit „Maschine-Hand“ машинно-ручно́е вспомога́тельное вре́мя
Hinbeförderung *f* перево́зка к ме́сту назначе́ния
Hinterbliebenenrente *f* пе́нсия по слу́чаю утра́ты корми́льца семьи́
hinterlegen *vt* сдава́ть на хране́ние; депони́ровать; вноси́ть в депози́т; класть на депози́т
hinterlegen *vt* (пате́нт.) депони́ровать; подава́ть; подава́ть зая́вку; сдава́ть на хране́ние
ein **Depositum hinterlegen** внести́ *(де́ньги)* в депози́т
einen **Vertrag hinterlegen** (*юр.)* депони́ровать догово́р
Hinterleger *m* депоне́нт, депози́тор, вкла́дчик
Hinterleger *m* (пате́нт.) заяви́тель
hinterlegt (фин., юр.) депони́рованный
hinterlegt (пате́нт.) зая́вленный
hinterlegte Summe *f* (фин., юр.) депони́рованная су́мма; су́мма на депози́те; су́мма на депози́тном счёте
hinterlegter Betrag *m* (фин.) вклад, депози́т
hinterlegtes Muster *n* (пате́нт.) зая́вленный обра́зец
Hinterlegung *f* сда́ча на хране́ние; внесе́ние в депози́т, депони́рование; предоставле́ние ба́нковской гара́нтии
Hinterlegung einer Sicherheit внесе́ние зало́га
Hinterlegung von Mustern хране́ние у поставщика образцо́в изде́лия, в соотве́тствии с кото́рыми он до́лжен поставля́ть свою́ проду́кцию получа́телю
Hinterlegungsfonds *m* зало́женное дви́жимое иму́щество
Hinterlegungsordnung *f* пра́вила внесе́ния и хране́ния зало́га
Hinterlegungssumme *f* (фин., юр.) депони́рованная су́мма, **hinterlegte Summe**
Hintermann *m* индосса́нт, жира́нт
hinterstellig недопла́ченный
Hinterziehung *f (зло́стный)* неплатёж, уклоне́ние от платеже́й *(нало́гов, по́шлин и т.п.)*; присвое́ние де́нег, моше́нничество
Hinweis *m* указа́ние; ссы́лка; намёк; индекса́ция
hilfreiche Hinweise *pl* поле́зные указа́ния (мн.ч.)
kritischer Hinweis крити́ческое замеча́ние
vertiefende Hinweise geben дать расши́ренный коммента́рий
einen Hinweis bringen сде́лать указа́ние; вы́сказать замеча́ние
einen Hinweis geben дать указа́ние; вы́сказать замеча́ние
mit Hinweis auf (etw., A) с ссы́лкой на (что-л.); ссыла́ясь на (что-л.)
unter Hinweis auf (etw., A) с ссы́лкой на (что-л.); ссыла́ясь на (что-л.)
vertiefende Hinweise geben дать расши́ренный коммента́рий
Hinzurechnung *f* причисле́ние *(к счёту)*
Histogramm *n стат.* гистогра́мма
Hitzearbeit *f* рабо́та в горя́чих цехах
Hitzezulage *f* допла́та за рабо́ту в помеще́ниях с высо́кими температурами *(напр., в горя́чих цехах)*
Hitzezuschlag *m* допла́та за рабо́ту в помеще́ниях с высо́кими температурами *(напр., в горя́чих цехах)*
HK:
HK, Hauptmasse гла́вная ка́сса
HK, Hongkong Гонко́нг
HKD, Hongkong-Dollar, -- Hongkong, Sonderverwaltungszone Гонко́нгский до́ллар (*код валю́ты* 344), -- Гонко́нг
h.l., hoc loco в этом ме́сте
HN, Honduras Гондура́с, *до 1978г. код* **HI**
HNL, Lempira, -- Honduras Лемпи́ра (*код валю́ты* 340), -- Гондура́с
HO, Hinterlegungsordnung пра́вила *(внесе́ния в депози́т и)* хране́ния депони́рованных сумм
Hobbock *m (жестяны́е и́ли картонные)* прямоуго́льные коро́бки *(для кра́сок, жиро́в и проч.)*
Hoch *n* бум, перио́д бу́ма
konjunkturelles Hoch конъюнктурный бум
Hochachtung *f* глубо́кое уваже́ние
mit vollendeter Hochachtung с соверше́нным почте́нием
mit vorzüglicher Hochachtung с соверше́нным почте́нием
hochachtungsvoll с глубо́ким уваже́нием
wir verbleiben hochachtungsvoll остаёмся с глубо́ким уваже́нием *(в конце́ письма́)*
Hochbedarf *m* высо́кий спрос, интенси́вный спрос
Hochbetrieb *m* напряжённая рабо́та *(на предприя́тиях, в учрежде́ниях)*; часы́ пик
hoch entwickelt высокора́звитый
Hochfinanz *f* фина́нсовая олига́рхия, фина́нсовая аристокра́тия, де́нежная аристокра́тия, фина́нсовые тузы
Hochkapitalismus *m* зре́лый капитали́зм
Hochkonjunktur *f* высо́кая конъюнкту́ра; перио́д бу́ма, бум
Hochleistung *f* высо́кая производи́тельность; высо́кий произво́дственный результа́т
hochleistungsfähig высокопроизводи́тельный
Hochleistungsverfahren *n* высокопроизводи́тельный ме́тод
hochmechanisiert высокомеханизи́рованный
Hochmechanisierung *f* высо́кий у́ровень механиза́ции
hochmöglichst по наивысшему ку́рсу *(поме́тка на биржевы́х приказах)*
hoch qualifiziert высококвалифици́рованный
Hochsaison *f* разга́р сезо́на
hochschrauben *vt* взви́нчивать *(напр., цены́)*
Hochschulkader *m, pl* ка́дры, име́ющие вы́сшее образова́ние
Hochschutzzoll *m* высо́кая покрови́тельственная тамо́женная по́шлина
Hochseeschifffahrt *f* судохо́дство в откры́том мо́ре
Hochseeschiffsverkehr *m* судохо́дство в откры́том мо́ре
Hochseeverkehr *m* судохо́дство в откры́том мо́ре
Hochspannung *f* высо́кая конъюнкту́ра, высо́кая делова́я акти́вность; высо́кое напряже́ние
Höchstauslastung *f* максима́льная загру́зка; максима́льная загру́женность
Höchstbedarf *m* максима́льный спрос
Höchstbegrenzung *f* **der Rente** максима́льный разме́р пе́нсии
Höchstbelastungssatz *m* максима́льная нало́говая ста́вка, наивы́сшая ста́вка нало́гового обложе́ния
Höchstbestand *m* максима́льный запа́с товарно-материа́льных це́нностей
Höchstbetrag *m* максима́льная су́мма, преде́льная су́мма
Hochstbetragshypothek *f* ипоте́ка, внесённая в када́стр с указа́нием максима́льной су́ммы сто́имости земе́льного уча́стка
Höchstbietende *m f* предлага́ющий наивы́сшую це́ну
Höchstdauer *f* максима́льный срок; максима́льная продолжи́тельность
Höchstdeckungssumme *f* максима́льная су́мма покры́тия
Höchstfrachtsatz *m* максима́льная фрахто́вая ста́вка, наивы́сшая ста́вка фра́хта
Höchstgebot *n* предложе́ние наивы́сшей цены́ *(на аукцио́не)*
Höchstgewicht *n* максима́льный вес, максима́льная ма́сса
Höchstgrenze *f* преде́л; лими́т
Höchstkurs *m* максима́льный курс,

наивы́сший курс

Höchstleistung *f* максима́льная производи́тельность, реко́рдная производи́тельность; произво́дственный реко́рд; вы́сшее достиже́ние, реко́рдное достиже́ние

Höchstlohn *m* максима́льный разме́р за́работной пла́ты; вы́сшая ста́вка

Höchstnorm *f* наивы́сшая но́рма

Höchstpassiva *pl* максима́льный разме́р пассивов

Höchstpreis *m* максима́льная цена́ ***(в том числе́ устана́вливаемая госуда́рством преде́льная цена́)***, наивы́сшая цена́

Höchstprofit *m* максима́льная при́быль

Höchstrente *f* максима́льный разме́р пе́нсии

Höchstsatz *m* наивы́сшая проце́нтная ста́вка, максима́льная проце́нтная ста́вка

Höchststand *m* наивы́сший у́ровень
wissenschaftlich-technischer Höchststand наивысшие достиже́ния нау́чно-техни́ческого прогре́сса

Höchstversicherungssumme *f* максима́льная страхова́я су́мма

Höchstvorrat *m* максима́льный запа́с

Höchstwert *m* максима́льное значе́ние, наивысшее значе́ние, ма́ксимум
Höchstwert наивы́сшая сто́имость ***(устана́вливается при оце́нке иму́щества налоговыми экспертами)***

Höchstwertprinzip *n* при́нцип оце́нки акти́вов предприя́тия не вы́ше преде́льного стоимостного лимита

hochtreiben *vt* взви́нчивать ***(цены́)***

Hochwasser- und Überschwemmungsversicherung *f* страхова́ние от па́водков и наводнений; страхова́ние от па́водка и наводнений

Hochwasserzuschlag *m* надба́вка к фра́хту ***(при паводке)***

hochwertig высокока́чественный, высокосо́ртный

hochwirksam высокоэффекти́вный

Hochzinspolitik *f* поли́тика высо́кого ссудного проце́нта ***(може́т осуществля́ться с це́лью уменьше́ния совоку́пного спро́са)***

Hof *m* (крестья́нский) двор; уса́дьба

Höffigkeit *f* перспекти́вность месторожде́ния

Hofvorrat *m* (внутрихозя́йственный) запа́с ***(напр., семя́н)***

Hofzählung *f с.-х.* подворная пе́репись

Höhe *f* у́ровень ***(напр., цен)***; преде́л; величина́, разме́р ***(напр., нало́гов)***
Höhe der Investitionen *соц.* объём капиталовложе́ний
Höhe der Kapitalanlagen объём капиталовложе́ний
Höhe der Kapitalinvestitionen объём капиталовложе́ний
in Höhe von ... в разме́ре ...

Hoheit *f* верхо́вная власть, госпо́дство, суверените́т

hoheitlich сувере́нный

Hoheitsbetriebe *m, pl* предприя́тия коммунального хозя́йства; предприя́тия публи́чно-правовы́х корпора́ций

Hoheitsrecht, *n*, staatliches сувере́нное пра́во госуда́рства

Höhere Gewalt *f* непреодоли́мая си́ла, форс-мажо́р
der Fall Höherer Gewalt слу́чай непреодолимой силы́, форс-мажо́рная ситуа́ция
der Umstand Höherer Gewalt слу́чай непреодолимой силы́, форс-мажо́рная ситуа́ция

Höker *m* мелочно́й торго́вец

Hökerei *f* ме́лкая торго́вля, мелочна́я торго́вля

Hökerhandel *m* ме́лкая торго́вля, мелочна́я торго́вля

Holding *f* хо́лдинговая компа́ния ***(компа́ния, владе́ющая бо́льшей ча́стью а́кций или паёв други́х компа́ний и управля́ющая и́ми)*** холдинг-компа́ния, холдинг

Holding-Bank *f* банк, представля́ющий интере́сы концерна, холдинг-банк

Holdinggesellschaft *f* хо́лдинговая компа́ния ***(компа́ния, владе́ющая бо́льшей ча́стью а́кций или паёв други́х компа́ний и управля́ющая и́ми)*** холдинг-компа́ния, холдинг

Holschuld *f* долг, взы́скиваемый по ме́сту жи́тельства должника́; обяза́тельство, исполняемое по ме́сту пребыва́ния должника́

Holzvorräte *m, pl* лесны́е ресу́рсы

homo oeconomicus *m лат. ист.* «экономи́ческий челове́к» ***(те́рмин, введённый А. Сми́том)***

Homomorphie *f* гомоморфи́зм

Homomorphismus *m* гомоморфи́зм

Honorant *m* акцепта́нт-поручи́тель «за честь» ***(лицо́, за кото́рое акцепта́нт соверши́л платёж)***, акцепта́нт - поручи́тель за аккура́тный платёж, поручи́тель «за честь»; плате́льщик «за честь» ***(в ве́ксельном пра́ве)***

Honorar *n* гонора́р

Honorarsteuer *f* нало́г на гонора́р

Honorarvertrag *m* догово́р на выполне́ние рабо́ты про́тив упла́ты гонора́ра

Honorat *m* лицо́, за платёж кото́рого поручился акцепта́нт; лицо́, за кото́рого акцепта́нт соверши́л платёж ***(в ве́ксельном пра́ве)***

Honorierung *f* упла́та, платёж ***(напр., по ве́кселю)***; акцептова́ние ***(векселя́)***; ; акце́пт; возмеще́ние ***(убы́тков)***; упла́та гонора́ра ***(за выполне́ние рабо́ты)***

Hörigkeit *f ист.* крепостна́я зави́симость, феода́льная зави́симость; ли́чная зави́симость; кабала́; зави́симость, подчинённость

Horizontal-Registratur *f* горизонта́льная фо́рма хране́ния деловы́х бума́г ***(стопками)***

Horten *n* накопле́ние запа́сов, созда́ние запа́сов; тезаври́рование, накопле́ние ***(зо́лота)***

Hortung *f* накопле́ние запа́сов, созда́ние запа́сов; тезаври́рование, накопле́ние ***(зо́лота)***

Hortungskauf *m* заку́пка с це́лью созда́ния запа́сов
strategischer Hortungskauf заку́пка с це́лью созда́ния стратеги́ческих запа́сов

Hortungsmittel *n* сре́дство образова́ния запа́сов; сре́дство образова́ния сокро́вищ ***(фу́нкция де́нег)***

hot money *англ.* «горя́чие де́ньги» ***(капиталы, ча́сто перемеща́ющиеся из страны́ в страну́ в по́исках бо́лее высо́кого дохо́да)***

Hotel *n* гости́ница, оте́ль

Hotelerlös *m* вы́ручка гости́ницы

Hotelwesen *n* гости́ничное де́ло

HPA, Handelspolitischer Ausschuss Комите́т по вопро́сам торго́вой поли́тики ***(ФРГ)***

HPG, Handwerksproduktionsgenossenschaft произво́дственное това́рищество реме́сленников

Hptvg, Hauptvertretung гла́вное представи́тельство

HR:
HR, Kroatien Хорва́тия
HR, Handelsregister торго́вый рее́стр; торго́вый реги́стр
HRA, Handelsregister A торго́вый реги́стр А ***(для одино́чных торго́вцев, ФРГ)***
HRB, Handelsregister B торго́вый реги́стр Б ***(для торго́вых организа́ций, ФРГ)***

HRK, Kuna, -- Kroatien Куна (***код валю́ты*** 191), -- Хорва́тия

Hrst, Hersteller изготови́тель, производи́тель, продуце́нт

HS, Harmonisiertes System еди́ная систе́ма обозначе́ния и кодирования това́ров в междунаро́дной торго́вле; гармонизи́рованная систе́ма внешнеторго́вой де́ятельности; това́рная номенкла́ту́ра внешнеэкономи́ческой де́ятельности

HT, Haiti Гаи́ти, *до 1978г. код* **HO**
HTG, Gourde, -- Haiti Гурд (*код валюты* 332), -- Гаи́ти
HU, Ungarn Ве́нгрия
Hube *f ист.* гуфа, наде́л земли́; гуфа *(земе́льная ме́ра)*
Hubwagen *m* теле́жка с грузоподъёмным приспособлением
Huckepacktransport *m* контре́йлерные перево́зки
Huckepackverfahren *n* систе́ма контрейлерных перево́зок
Huckepackverkehr *m* контре́йлерные перево́зки
HUF, Forint, -- Ungarn Фо́ринт (*код валю́ты* 348), -- Ве́нгрия
Hufe *f ист.* гуфа, наде́л земли́; гуфа *(земе́льная ме́ра)*
Hulk *m* киле́ктор, плашко́ут *(несамоходное су́дно, обору́дованное грузоподъёмными сре́дствами)*
human *(англ.)* челове́ческий
human capital англ. «челове́ческий капита́л» (трудовы́е ресу́рсы, включа́я нако́пленные зна́ния, образова́ние, о́пыт)
human relations *англ.* «челове́ческие отноше́ния»
Hundert *n* со́тня, сто штук *(ме́ра)*
Hundertsatz *m* проце́нт; проце́нтное содержа́ние
Hungerlohn *m* ни́щенская за́работная пла́та, ни́щенское жа́лованье
HV:
H.V., Handverkauf ручна́я прода́жа
HV, Hauptversammlung о́бщее собра́ние *(акционе́ров)*
HV, Hauptverwaltung правле́ние, гла́вная администра́ция
HWK, Handwerkskammer реме́сленная управа, реме́сленная пала́та
Hygiene *f* гигие́на *(напр., труда́ на предприя́тии)*
Hygieneinspektion *f* санита́рная инспе́кция
Hygienenorm *f* санитарно-гигиени́ческая но́рма
Hygieneüberwachung *f* санита́рный надзо́р
Hygieneüberwachung im Industriebetrieb санитарно-промы́шленный надзо́р
hygroskopisch гигроскопи́ческий
Hyp, Hypothek *f* ипоте́ка, закладна́я
Hyp B, Hypothekenbuch ипотечная кни́га
Hyp D., Hypothekardarlehen ипотечная ссу́да
Hypbank, Hypothekenbank ипоте́чный банк; банк ипотечного кредитования
HypBr, Hypothekenbrief ипоте́чный акт, акт о регистра́ции ипотеки в земе́льном кадастре
Hyp.D., Hypothekardarlehen ипотечная ссу́да
hyperarchische Struktur *f* гиперархи́ческая структу́ра
Hyperinflation *f* гиперинфля́ция *(кульмина́ция стреми́тельно развива́ющейся инфля́ции)*
Hypfr, hypothekenfrei свобо́дный от ипотеки, незаложенный
Hypothek *f* ипоте́ка, зало́г недви́жимого иму́щества; ипоте́ка, закладна́я
erststellige Hypothek пе́рвая закладна́я
eine Hypothek aufnehmen брать ипотечную ссу́ду
mit einer Hypothek belasten закла́дывать иму́щество под ипоте́ку, обременя́ть иму́щество ипотекой
Hypothekablösung *f* погаше́ние ипотечной ссу́ды
Hypothekar *m* ипотекодержатель; кредито́р по закладно́й
Hypothekardarlehen *n* ипотечная ссу́да; ссу́да под недви́жимое иму́щество
hypothekarisch ипоте́чный, зало́говый
Hypothekarkredit *m* ипоте́чный креди́т *(долгосро́чный креди́т, обеспе́ченный ипотечными обяза́тельствами, оформляющими зало́г недви́жимого иму́щества)*
Hypothekarlebensversicherung *f* страхова́ние жи́зни, при кото́ром страхова́я су́мма предназна́чена для погаше́ния ипотечной ссу́ды
Hypothekarobligation *f* ипотечная облига́ция
Hypothekarschuldverschreibung *f* ипотечная ссу́да, ссу́да под недви́жимое иму́щество; ипотечная облига́ция
Hypotheken-Kreditversicherung *f* страхова́ние ипотечных креди́тов
Hypothekenabtretung *f* переда́ча ипотеки, усту́пка ипотеки
Hypothekenanleihen *f, pl* ипотечные за́ймы
Hypothekenanstalt *f* ипоте́чный банк
Hypothekenbank *f* ипоте́чный банк
Hypothekenbrief *m* ипоте́чный акт, акт о регистра́ции ипотеки в земе́льном кадастре
Hypothekendarlehen *n* ипотечная ссу́да, ссу́да под недви́жимое иму́щество
Hypothekeneintragung *f* ипотечная за́пись, за́пись в ипотечную кни́гу
hypothekenfrei свобо́дный от ипотеки, незаложенный
Hypothekengeschäfte *n, pl* ба́нковские опера́ции по вы́даче ипотечных ссуд
Hypothekengläubiger *m* ипотекодержатель, кредито́р по закладно́й
Hypothekenpfandbrief *m* ипоте́чный закладно́й лист
Hypothekenpfandbriefgeschäfte *n, pl* ба́нковские опера́ции по вы́даче ипотечных ссуд и вы́пуску закладных листо́в
Hypothekenrecht *n* ипотечное пра́во, зало́говое пра́во
Hypothekenregister *n* ипотечная кни́га
Hypothekenschuld *f* ипотечная задо́лженность, ипоте́чный долг
Hypothekenschulden *f, pl* ипотечные за́ймы
Hypothekenschuldner *m* должни́к по ипотеке
Hypothekenverschuldung *f* ипотечная задо́лженность, ипоте́чный долг
Hypothekenwechsel *m* ипоте́чный ве́ксель *(в соотве́тствии с кото́рым должни́к отвеча́ет свои́м недви́жимым иму́ществом)*
hypothekieren *vt* заложи́ть под ипоте́ку
Hypothese *f* гипо́теза
alternative Hypothese альтернати́вная гипо́теза
Hypothesenprüfung *f* прове́рка гипо́тезы
Hypothesenwahrscheinlichkeit *f* гипотети́ческая вероя́тность
HZA:
HZA, Habenzinsabkommen соглаше́ние о проце́нтах по кредиту
HZA, Handels- und Zahlungsabkommen торго́вое и платёжное соглаше́ние
HZA, Hauptzollamt гла́вное тамо́женное управле́ние
I-Gruppen *f, pl* тари́фные гру́ппы за́работной пла́ты инженерно-техни́ческих рабо́тников
IA:
IA, Inhaberaktie а́кция на предъяви́теля
i.A., im Auftrag по поруче́нию
IAA, Internationales Arbeits-Amt Междунаро́дное бюро́ труда́, МВТ *(ООН)*
IABA, International Aircraft Brokers' Association Междунаро́дная ассоциа́ция авиацио́нных бро́керов
IAEA, International Atomic Energy Agency Междунаро́дное аге́нтство по а́томной эне́ргии, МАГАТЭ
IAFE, International Association of Fairs and Expositions Междунаро́дная ассоциа́ция по устро́йству *(сельскохозя́йственных)* ярмарок и вы́ставок *(США)*
IAO, Internationale Arbeitsorgani-

sation Междунаро́дная организа́ция труда́, МОТ *(ООН)*

IAP, Industrieabgabepreis отпускна́я цена́ промы́шленности, опто́вая цена́

IAPIP, International Association for the Protection of Industrial Property Междунаро́дная ассоциа́ция по охра́не прав на промышленную со́бственность

IATA, International Air Transport Association Междунаро́дная авиатра́нспортная ассоциа́ция

i.A.u.f.R., im Auftrag und für die Rechnung по поруче́нию и за счёт *(тако́го-то)*

i.A.u.i.V., im Auftrag und in Vertretung по поруче́нию и в поря́дке исполне́ния обя́занностей *(тако́го-то)*

i.b., in bond сло́женный на таможенном скла́де *(до упла́ты по́шлины)*

IBAN; International Bank Account Number *(eng.)*; **standardisierte internationale Kontonummer für grenzüberschreitende Zahlungen innerhalb Europas** стандартизованный ба́нковский но́мер и но́мер ба́нковского счета́ клие́нта для осуществле́ния платеже́й ме́жду госуда́рствами Европе́йского Сою́за

IBCG, Internationaler Bund Christlicher Gewerkschaften Междунаро́дная конфедера́ция христиа́нских профсою́зов, МКХП

IBEC, International Bank for Economic Cooperation Междунаро́дный банк по экономи́ческому сотрудничеству

IBFG, Internationaler Bund Freier Gewerkschaften Междунаро́дная конфедера́ция свобо́дных профсою́зов, МКСП

IBRC, International Business Relations Council Междунаро́дный сове́т деловы́х свя́зей

IBRD, International Bank for Reconstruction and Development Междунаро́дный банк реконстру́кции и разви́тия, МБРР

IBWZ, Internationale Bank für wirtschaftliche Zusammenarbeit Междунаро́дный банк экономи́ческого сотру́дничества, МВЭС

ICA:

ICA, International Coffee Agreement Междунаро́дное соглаше́ние по ко́фе

ICA, International Cooperative Alliance Междунаро́дный кооперати́вный алья́нс, МКА

ICAE, International Conference of Agricultural Economists Междунаро́дная конфере́нция *(о́бщество)* по изуче́нию экономи́ческих пробле́м се́льского хозя́йства

ICAO, International Civil Aviation Organization Междунаро́дная организа́ция гражда́нской авиа́ции

ICB, International Container Bureau Междунаро́дное бюро́ по контейнерам

ICC:

I.C.C., Institute Cargo Clauses усло́вия страхова́ния гру́зов, при́нятые Объединением ло́ндонских страховщиков

ICC, International Chamber of Commerce Междунаро́дная торго́вая пала́та, МТП

ICCE, International Council of Commerce Employers Междунаро́дный сове́т владе́льцев торго́вых предприя́тий

ICCH, International Commodity Clearing House Междунаро́дная пала́та клиринговых расчётов

ICFTU, International Confederation of Free Trade Unions Междунаро́дная конфедера́ция свобо́дных профсою́зов, МКСП

ICHCA, International Cargo Handling Coordination Association Междунаро́дная ассоциа́ция по рационализа́ции транспортно-грузовы́х опера́ций

ICIA, International Credit Insurance Association Междунаро́дная ассоциа́ция по страхова́нию креди́тных опера́ций, МАСК

ICITO, Interim Commission of the International Trade Organization Временна́я комисси́я Междунаро́дной торго́вой организа́ции *(ООН)*

ICRICE, International Centre of Research and Information on Collective Economy Междунаро́дный центр по изуче́нию коллекти́вной эконо́мики

ICSM, International Committee of Scientific Management Междунаро́дный комите́т по пробле́мам нау́чного менеджмента

ICT International Commercial Terms Инкотермс *(междунаро́дная фо́рма торго́вых усло́вий, устано́вленных Междунаро́дной торго́вой пала́той)*

ID:

ID идентифика́тор

ID псевдони́м (по́льзователя)

ID, Indonesien Индоне́зия

i.D., im Durchschnitt в сре́днем

IDA, International Development Association Междунаро́дная ассоциа́ция экономи́ческого разви́тия, МАР

Idealindex *m* , *стат.* «иде́альный» инде́кс *(по Ирвингу Фишеру)*

Idealisierung *f* идеализа́ция

Ideenbank *f* банк иде́й

Ideenfindung *f* нахожде́ние иде́й

Ideenkonferenz *f* конфере́нция иде́й, ме́тод отнесённой оце́нки *(ме́тод прогнози́рования)*

Identitätsnachweis *m* подтвержде́ние идентичности това́ра *(при таможенном досмотре)*, подтвержде́ние тождества *(вывози́мого това́ра с ра́нее ввезённым)*

Identitätssicherung *f* ме́ры по обеспе́чению идентичности, мероприя́тия, обеспечивающие иденти́чность *(проше́дшего тамо́женную очи́стку това́ра)*

i.d.F., in der Fassung в реда́кции

idle money *англ.* неиспользуемые де́нежные ресу́рсы, тезаврированные де́нежные ресу́рсы

IDR, Rupiah, -- Indonesien Ру́пия (*код валю́ты* 360), -- Индоне́зия

IE:

IE, Internationale Einheit междунаро́дная едини́ца *(измере́ния)*

IE, Irland Ирла́ндия

IEA:

IEA, International Economic Association Междунаро́дная ассоциа́ция экономи́ческих нау́к

IEA, International Energy Agency междунаро́дное энергетическое аге́нтство

IEB, Interamerikanische Entwicklungsbank Межамериканский банк разви́тия

IEP, Irisches Pfund, -- Irland Ирла́ндский фунт (*код валю́ты* 372), *в н.в. заменена́ на* Евро **EURO**, -- Ирла́ндия

IFA, International Fiscal Association Междунаро́дная нало́говая ассоциа́ция

IFAP, International Föderation of Agricultural Producers Междунаро́дная федера́ция сельскохозя́йственного произво́дства

IFC, International Finance Corporation Междунаро́дная фина́нсовая корпора́ция, МФК

IFH, Internationale Föderation des Handwerks Междунаро́дная федера́ция (союзов) реме́сленников

IFIG, Internationales Forschungs- und Informationszentrum für Gemeinwirtschaft Междунаро́дный центр по изуче́нию коллекти́вной эконо́мики

IFO, Institut für Wirtschaftsforschung Институ́т экономи́ческих иссле́дований

IfW, Rheinisch-Westfälisches Institut für Wirtschaftsforschung Рейнско-вестфа́льский институ́т экономи́ческих иссле́дований *(ФРГ)*

IG:

IG, IG-Farben, Interessengemeinschaft der Deutschen Farbenindustrie И. Г. Фарбениндустри *(крупне́йший хими́ческий конце́рн Герма́нии)*

IG, Interessengemeinschaft объедине́ние, конце́рн, пул

i.G., im Gold в золото́м исчисле́нии

IGB, Internationaler Genossenschaftsbund Междунаро́дный кооперати́вный алья́нс, МКА
IGB, Internationales Gewerkschaftsbüro Междунаро́дное бюро́ профсою́зов
IGU, Internationale Gewerbe-Union Междунаро́дный сою́з реме́сленников и владе́льцев ме́лких и сре́дних торгово-промы́шленных предприя́тий
IHI, Internationales Handelsinstitut Междунаро́дный институ́т торго́вли
IHK, Internationale Handelskammer Междунаро́дная торго́вая пала́та, МТП
IIAS, International Institute of Administration Sciences Междунаро́дный институ́т администри́рования
IIB:
IIB, Institut International des Brevets Междунаро́дный пате́нтный институ́т
IIB, Internationale Investitionsbank Междунаро́дный инвестицио́нный банк
I.I.C., International Institute of Commerce Междунаро́дный институ́т торго́вли
IIE, Institut International de l'Epargne Междунаро́дный институ́т *(о́бщество)* сберега́тельных касс
IIPF, International Institute for Public Finance Междунаро́дный институ́т госуда́рственных фина́нсов
IIS:
IIS, Internationales Institut des Sparwesens Междунаро́дный институ́т сберега́тельных касс
IIS, Internationales Institut für Statistik Междунаро́дный статисти́ческий институ́т
IISA International Institute of Administration Sciences Междунаро́дный институ́т администри́рования
i.K., in Konkurs в ста́дии ко́нкурса *(вследствие несостоя́тельности должника́)*
I.K.K., Innungskrankenkasse больни́чная ка́сса союзов реме́сленников
IL:
IL, Israel Изра́иль
i.L., in Liquidation в ста́дии ликвида́ции
ILA, International Law Association Ассоциа́ция междунаро́дного пра́ва *(междунаро́дная организа́ция)*
Illation *f* иму́щественный вклад *(в ви́де веще́й или передаваемых прав)*
Illationsgründung *f* уча́стие в учрежде́нии акционе́рного о́бщества иму́щественным вкла́дом
illegal нелега́льный
illimitiert неограни́ченный, нелимитированный
illiquid неликви́дный, неплатёжеспосо́бный
Illiquidität *f* неликвидность; отсу́тствие нали́чных средств
ILO, International Labour Organization Междунаро́дная организа́ция труда́, МОТ *(ООН)*
ILS, Neuer Schekel, -- Israel Ше́кель (*код валю́ты* 376), -- Изра́иль
IMAG, Internationale Messe- und Ausstellungsdienst-Gesellschaft О́бщество по обслу́живанию междунаро́дных я́рмарок и вы́ставок
Image *англ.* прести́ж, репута́ция *(фи́рмы)*
Image *вчт.* загру́зочный мо́дуль
imaginär мни́мый; воображаемый, ка́жущийся
IMC:
IMC, International Maritime Committee Междунаро́дный морско́й комите́т *(унифика́ции морско́го и торго́вого пра́ва)*
IMC, International Materials Conference Междунаро́дная конфере́нция по сырьевым ресурсам
IMCO, Intergovernmental Maritime Consultative Organization Межправи́тельственная морска́я консультати́вная организа́ция, ИМКО
IMF, International Monetary Fund Междунаро́дный валю́тный фонд, МВФ
Imkerei *f* пчелово́дство
Immaterialgut *n* нематериальная це́нность, интеллектуа́льная со́бственность *(напр., а́вторские права́)*
Immaterialgüter *n, pl* нематериа́льные це́нности (мн.ч.); нематериа́льные акти́вы (мн.ч.)
Immaterialgüterrecht *n* пра́во на нематериа́льные це́нности *(напр., а́вторское пра́во, пате́нтное пра́во)*
Immission *f* возде́йствие экологи́чески вре́дных вы́бросов *(на люде́й и иму́щество)*, вре́дное возде́йствие *(напр., ды́ма, га́за, са́жи)*
immobil недвижи́мый
Immobiliarbesitz *m* владе́ние недви́жимым иму́ществом
Immobiliarklausel *f* приложе́ние к дове́ренности, расширяющее полномо́чия дове́ренного лица́ распоряжа́ться земе́льными уча́стками
Immobiliarkredit *m* креди́т под недви́жимость; ипоте́чный креди́т
Immobiliarkreditinstitut *n* ипоте́чный банк
Immobiliarvermögen *n* недви́жимое иму́щество, недви́жимость
Immobiliarverpfändung *f* зало́г недви́жимого иму́щества
Immobiliarversicherung *f* страхова́ние недви́жимого иму́щества, страхова́ние недви́жимости
Immobiliarvollstreckung *f* обраще́ние взыска́ния на недви́жимое иму́щество
Immobilien *pl* недви́жимое иму́щество, недви́жимость
Immobilienhandel *m* торго́вля недви́жимым иму́ществом
Immobilienkredit *m* креди́т под недви́жимость; ипоте́чный креди́т
Immobiliensteuer *f* нало́г на недви́жимое иму́щество
Immobillarkreditinstitut *n* ипотечное креди́тное учрежде́ние; ипоте́чный банк
Imp., Import и́мпорт, ввоз
Imparität *f* нера́венство *(напр., расхожде́ние ме́жду су́ммами дохо́дов и расхо́дов в балансе́)*
Imparitätsprinzip *n* при́нцип импаритета *(бала́нсовая оце́нка иму́щества по ни́зшей сто́имости)*
Imperialismus *m* империали́зм
Implikation *f* включе́ние; предположе́ние, предпосы́лка, импликация
impliziert скры́тый, нея́вный; включа́я
Import *m* и́мпорт, ввоз, *см. та́кже* ***Einfuhr***
direkter Import прямо́й и́мпорт, и́мпорт без уча́стия посредников
mittelbarer Import ко́свенный и́мпорт, и́мпорт с уча́стием посредников
unmittelbarer Import прямо́й и́мпорт, и́мпорт без уча́стия посредников
unmittelbarer Import неви́димый и́мпорт, се́рый и́мпорт
Import-Export-Koordinierung *f* координа́ция экспорта и и́мпорта
importabel импортируемый; приго́дный для и́мпорта
Importabgabepreis *m* отпускна́я цена́ на и́мпортные това́ры, отпускна́я цена́ по и́мпорту сбытова́я цена́ на и́мпортные това́ры
Importanteil *m* до́ля и́мпорта, уде́льный вес и́мпорта
Importartikel *m* и́мпортный това́р, предме́т и́мпорта, статья́ и́мпорта
Importaufwendungen *f, pl* затра́ты на и́мпорт
Importbedarf *m* спрос на и́мпортные това́ры
Importbedürfnisse *n, pl* потре́бности в импорте
Importbeschränkung *f* ограниче́ние и́мпорта
Importbewilligung *f* и́мпортная лице́нзия, ввозна́я лице́нзия, разреше́ние на ввоз

Importdepot *n* и́мпортный депози́т *(спо́соб ограниче́ния и́мпорта - внесе́ние в банк нали́чных средств в разме́ре определённого проце́нта от сто́имости импортируемого това́ра)*
Importdokumente *n, pl* докуме́нты на и́мпортный това́р
Importe *m, pl* импорти́руемые това́ры, предме́ты и́мпорта
Importen *pl* предме́ты и́мпорта, и́мпортные това́ры
Importerlaubnis *f* и́мпортная лице́нзия, ввозна́я лице́нзия, разреше́ние на ввоз
Importerschwerung *f* ограниче́ние и́мпорта
Importerzeugnis *n* и́мпортный това́р; импортное изде́лие
Importeur *m фр.* импортёр
importfähig приго́дный для и́мпорта
Importfinanzierung *f* финанси́рование и́мпорта
Importfirma *f* фи́рма-импортёр, импортирующая фи́рма
Importförderung *f* соде́йствие и́мпорту, стимули́рование и́мпорта, соде́йствие разви́тию и́мпорта
Importfunktion *f* фу́нкция и́мпорта
Importgebühren *f, pl* ввозна́я по́шлина
Importgenehmigung *f* и́мпортная лице́нзия, ввозна́я лице́нзия, разреше́ние на ввоз
Importgeschäft *n* и́мпортная сде́лка, и́мпортная опера́ция; импортное торго́вое предприя́тие
Importgut *n* и́мпортный това́р
Importhandel *m* и́мпорт, и́мпортная торго́вля
Importhandelsspanne *f* отрица́тельное са́льдо торго́вого бала́нса *(возника́ющее, напр. в результа́те незапланированного увеличе́ния и́мпорта)*
Importhaus *n* фи́рма-импортёр *(посре́дник ме́жду заказчиком и зарубе́жными фирмами-поставщиками)*, импортирующая фи́рма
importhemmend сде́рживающий и́мпорт
importieren *vt* импорти́ровать, ввози́ть
Importintensität *f* до́ля и́мпорта в обеспе́чении *каки́м-л.* това́ром, уде́льный вес и́мпорта в обеспе́чении *каки́м-л.* това́ром, «импортоёмкость»
Importkapazität *f* и́мпортные возмо́жности *(страны́)*
Importkaufmann *m* коммерса́нт, занима́ющийся импортными опера́циями
Importkontingent *n* и́мпортный континге́нт, континге́нт импортных това́ров
Importkontor *n* конто́ра по и́мпорту *(това́ров)*, и́мпортная конто́ра
Importkontrolle *f* контро́ль над импортом
Importkosten *pl* расхо́ды, свя́занные с импортом това́ров
Importkraft *f* и́мпортные возмо́жности *(страны́)*
Importlager *n* склад импортных това́ров
Importland *n* импортирующая страна́, ввозя́щая страна́, страна́-импортёр
Importliste *f* спи́сок импортируемых това́ров, пе́речень импортируемых това́ров, пе́речень импортных това́ров
Importlizenz *f* и́мпортная лице́нзия, ввозна́я лице́нзия, разреше́ние на ввоз
Importmeldung *f* и́мпортная деклара́ция
Importmöglichkeiten *f, pl* и́мпортные возмо́жности *(страны́)*
Importneigung *f* скло́нность к и́мпорту
Importplan *m* и́мпортный план, план по и́мпорту
Importposition *f* статья́ и́мпорта, предме́т и́мпорта
Importposten *m* статья́ и́мпорта, предме́т и́мпорта
Importpotenzial *n* и́мпортный потенциа́л
Importpreis *n* и́мпортная цена́
durchschnittlicher Importpreis сре́дняя и́мпортная цена́
Importpreisindex *m* инде́кс импортных цен
Importquote *f* и́мпортная кво́та *(соотноше́ние ме́жду сто́имостью и́мпорта това́ров и услу́г и величино́й совокупного обще́ственного проду́кта)*
Importrestriktion *f* ограниче́ние и́мпорта; ограниче́ние на и́мпорт
Importrückgang *m* сокраще́ние и́мпорта, уменьше́ние и́мпорта
Importsog *m* большо́й спрос на и́мпортные това́ры
Importsperre *f* запреще́ние и́мпорта, запре́т и́мпорта
Importstatistik *f* и́мпортная стати́стика, стати́стика *(това́рного)* и́мпорта
Importsteuer *f* и́мпортный нало́г, нало́г на импорти́руемые това́ры
Importstruktur *f* структу́ра и́мпорта
Importsubstitution *f* замеще́ние и́мпорта вну́тренним произво́дством
Importüberhang *m* пасси́вный торго́вый бала́нс, пасси́вный бала́нс вне́шней торго́вли *(превыше́ние и́мпорта над экспортом)*, превыше́ние и́мпорта над экспортом
Importüberschuss *m* пасси́вный торго́вый бала́нс, пасси́вный бала́нс вне́шней торго́вли *(превыше́ние и́мпорта над экспортом)*, превыше́ние и́мпорта над экспортом
Importumsatz *m* оборо́т по и́мпорту
Importunternehmen *n* фи́рма-импортёр, импортирующая фи́рма
Importverbot *n* запреще́ние и́мпорта, запре́т и́мпорта
Importvereinigung *f* импортное объедине́ние
Importverfahren *n* и́мпортный режи́м; регули́рование и́мпорта
Importvertrag *m* догово́р на и́мпорт, контра́кт на и́мпорт
Importvolumen *n* объём и́мпорта
Importware *f* и́мпортный това́р
Importwünsche *m, pl* и́мпортные потре́бности
Importzertifikat *n* и́мпортный сертифика́т *(гара́нтии прави́тельства страны́-импортёра, де́лающие невозмо́жным реэкспорт импортированного това́ра без осо́бого разреше́ния)*
Importziel *n* и́мпортный план, план по и́мпорту
Importzinsen *m, pl* проце́нты по импортным операциям
Importzoll *m* и́мпортная по́шлина, ввозна́я по́шлина
Impulskauf *m* необду́манная поку́пка *(ча́сто сде́ланная под влия́нием рекла́мы)*
imputiert оце́ночный
IMS:
IMS, Information Management System систе́ма управле́ния ба́зами да́нных для больши́х ЭВМ
IMS, Informations-Management-System информацио́нная систе́ма управле́ния
IN, Indien И́ндия
in Bausch und Bogen целико́м, всё вме́сте, о́птом, гурто́м
in bond *англ.* беспо́шлинно, но под тамо́женным контро́лем
in bond *англ.* находя́щийся на хране́нии на таможенном скла́де *(до упла́ты по́шлины)*
in bulk *англ.* без упако́вки; на́сыпью, нава́лом; нали́вом
in bulk *англ.* целико́м, всё вме́сте
in dispute *англ.* отме́тка в коносаменте о нали́чии разногла́сия ме́жду судовладельцем и грузоотправи́телем; отме́тка в коносаменте о разногла́сиях ме́жду отправи́телем и перевозчиком относи́тельно коли́чества гру́за
in full *англ.* твёрдая су́мма фра́хта *(незави́симо от коли́чества и объёма гру́за - при перево́зке маши́н и обору́дования)*
in saldo *бухг.* в оста́тке
in saldo bleiben остава́ться до́лжным
In-Ballast-Fahrt *f* балла́стный пробе́г
Inanspruchnahme *f* испо́льзование;

ограничéние прав; лишéние *(напр., сóбственности)* в пóльзу госудáрства
Inanspruchnahme bewilligter Haushaltsmittel освоéние бюджéтных ассигновáний, испóльзование бюджéтных ассигновáний

inäquivalent неэквивалентный

Inbetriebnahme *f* ввод в эксплуатáцию, сдáча в эксплуатáцию, пуск в произвóдство
Inbetriebnahme neuer Kapazitäten ввод нóвых мóщностей

Inbetriebsetzung *f* ввод в эксплуатáцию, сдáча в эксплуатáцию, пуск в произвóдство

Inc., incorporated зарегистрúрованный как корпорáция *(США)*

Incentive *f* стúмул, побудúтельный мотúв *(напр., в вúде налоговых льгот úли дотáций)*

incorporated *англ.* (официáльно) зарегистрúрованный в кáчестве юридúческого лицá

Incoterms, International Commercial Terms Инкотермс *(междунарóдная фóрма торгóвых услóвий, устанóвленных Междунарóдной торгóвой палáтой)*

Ind:
Ind., Index индéкс
Ind., Indossament индоссамéнт, передáточная нáдпись *(на вéкселе)*
Ind., Industrie промы́шленность, индýстрúя

Indemnisation *f* возмещéние ущéрба, компенсáция

indemnisieren *vt* возмещáть ущéрб, компенсúровать ущéрб

Indemnität *f* возмещéние ущéрба, компенсáция ущéрба, гарáнтия от убы́тка; *юр.* освобождéние от отвéтственности, индемнитет

Indemnitätsbrief *m* гарантúйное письмó

Indent *m* индентная операция; вы́дача закáза на закýпку импортного товáра через посрéдника

Indentgeber *m* импортёр, дающий закáз на закýпку товáра,

Indentgeschäft *n* индентная оперáция; вы́дача закáза на закýпку импортного товáра через посрéдника

Indentnehmer *m* экспортёр, получáющий закáз на постáвку товáра

Indentvertreter *m* загранúчный представúтель импортёра; посрéдник, осуществля́ющий индентные оперáции

Index *m* индéкс; показáтель; указáтель, индéкс; реéстр, спúсок
Index der durchschnittlichen Veränderung *стат.* срéдний индéкс
Index der Frühindikatoren индéкс опережающих индикáторов
Index der Spätindikatoren индéкс запаздывающих индикáторов
Index der Verbraucherpreise индéкс цен на потребúтельские товáры
Index des Kostensatzes *стат.* индéкс затрáт на единúцу продýкции
Index des Kostenvolumens *стат.* индéкс издéржек произвóдства
Index kürzer führender Indikatoren индéкс краткосрочных опережающих индикáторов (США)
Index länger führender Indikatoren индéкс долгосрóчных опережающих индикáторов (США)
Index mit fester Basis *стат.* бáзисный индéкс
Index mit fester Struktur *стат.* индéкс постоя́нного состáва
Index mit variabler Struktur *стат.* индéкс перемéнного состáва
Index mit variabler Zusammensetzung *стат.* индéкс перемéнного состáва
Index mit veränderlicher Basis *стат.* цепнóй индéкс
Index mit veränderlicher Struktur *стат.* индéкс перемéнного состáва
Index übereinstimmender Indikatoren индéкс совпадающих индикáторов (США)
arithmetischer Index *стат.* арифметúческий индéкс
Dow-Johnes-Index *m* индéкс Дóу-Джóнса
einfacher Index *стат.* индивидуáльный индéкс
geometrischer Index *стат.* геометрúческий индéкс
gewogener Index *стат.* взвéшенный индéкс
harmonischer Index *стат.* гармонúческий индéкс
ungewogener Index *стат.* невзвéшенный индéкс
zusammengesetzter Index *стат.* свóдный индéкс

Indexaktie *f* индексированная áкция *(привязанная к индексу цен)*
Indexanleihe *f* индексированный заéм
Indexanleihe *f* индексированная облигáция
Indexbildung *f* индексáция

Indexbindung *f* индексáция *(обязáтельство, предусматривающее увеличéние номинáльной величины́ вы́плат - зáработной плáты, пéнсии и т.п. - в соответствии с рóстом цен)*
Indexbindung смыкáние úндексов
Indexbindung индексúрование, индексáция

Indexdatei *f* индексный файл; файл úндекса; индéкс

Indexfamilie *f стат.* семья́, слýжащая оснóвой для исчислéния úндекса стóимости жúзни *(обы́чно семья́ из четырёх человéк)*, «стандáртная» семья́, расхóды которóй испóльзуются для исчислéния úндекса стóимости жúзни

indexgebunden индексированный
indexgebundenes Darlehen индексированный заéм
indexgebundene Entlastung индексированная скúдка *(с налóга)*

Indexgewichte *n pl стат.* вéса úндекса

indexieren *vi* индексúровать, увя́зывать с úндексом
indexieren устанáвливать коэффициéнт
indexieren (бирж.) устанáвливать индéкс (кýрса áкций)
indexieren снабжáть указáтелем

indexiert (страх., бирж.) индексированный
indexierte Lebensversicherung индексированное страховáние жúзни
indexierte Staatsanleihe индексированный госудáрственный заéм
indexierter Wertpapierinvestitionsplan *m (бирж.)* план индексированных инвестúций в цéнные бумáги

Indexierung *f* индексúрование; индексáция; установка úндекса (кýрса áкций)

Indexklausel *f* (страх.) статья́ договóра, предусмáтривающая при повышéнии úндекса стóимости жúзни соответствующую надбáвку к задóлженности; статья́ об индексации *(в договóре)*
Indexklausel оговóрка о скользя́щих цéнах (устанавливающая окончáтельную цéну в завúсимости от издéржек произвóдства)
Indexklausel услóвие «скользя́щей шкалы́» (в коллективных договорáх); эскалациóнная клáузула *(услóвие в коллектúвном договóре, трéбующее повышéния зáработной плáты соответственно рóсту цен на потребúтельские товáры)*

Indexkriterium *n* критéрий оцéнки úндексов

Indexlehre *f стат.* индексная теóрия

Indexliste *f* спúсок úндексов

Indexlohn *m* индексированная зарплáта, *см.* **Indexbindung**
Indexlohn фóрма оплáты *(трудá)*, учúтывающая изменéние úндекса стóимости жúзни

Indexmethode *f* индексный мéтод

Indexmiete *f* индексированная арéнда
Indexmiete *f* индексированный лизинг

Indexoption *f* индексный опциóн (на оснóве биржевóго úндекса)

indexorientierter Fonds *m* индексированный паевой фонд

Indexpacht *f* индексированная аре́нда

Indexpunkt *m (бирж.)* индексная пози́ция; индексный пункт

Indexregister *n* индексный реги́стр

Indexreihe *f* индексный ряд

Indexrente *f* динами́ческая ре́нта *(рост её свя́зан с ро́стом сто́имости жи́зни)*

Indexsystem *n стат.* систе́ма и́ндексов

Indexterminkontrakt *m* (бирж.) индексный фьючерсный контра́кт, индексный сро́чный контра́кт

Indexversicherung *f* страхова́ние, осно́ванное на механи́зме и́ндексов *(для защи́ты страхова́теля от убы́тков в результа́те паде́ния сто́имости де́нег)*, страхова́ние с испо́льзованием индексной огово́рки

Indexwährung *f* регулируемая валю́та

Indexzahl *f стат.* индексное число́, инде́кс; цифрово́й инде́кс; числово́й инде́кс; числово́е значе́ние и́ндекса
Indexzahl mit fester Basis *стат.* ба́зисный инде́кс
Indexzahl mit veränderlicher Basis *стат.* цепно́й инде́кс

Indexziffer *f* инде́кс; показа́тель
Indexziffer цифрово́й инде́кс; числово́й инде́кс; числово́е значе́ние и́ндекса

Indiensthaltung *f* эксплуата́ция; содержа́ние в испра́вности

Indienststellung *f* ввод в эксплуата́цию, сда́ча в эксплуата́цию

Indifferenzintervall *n* интерва́л безразли́чия

Indifferenzkurve *f* крива́я безразли́чия

Indifferenzlehre *f* тео́рия безразли́чия

Indifferenzmarge *f* нейтра́льная ма́ржа

Indifferenzsystem *n* систе́ма безразли́чия

Indikation *f* индика́ция

indikativ индикативный
indikative Planung *f* индикативное плани́рование

Indikator *m* индика́тор, показа́тель
monäterer Indikator индика́тор денежно-креди́тной поли́тики *(може́т испо́льзоваться для характери́стики эффекти́вности денежно-креди́тной поли́тики)*

indirekt ко́свенный
indirekte Adressierung *f (выч.тех.)* ко́свенная адреса́ция; многоуровневая адреса́ция
indirekte Besteuerung *f* ко́свенное налогообложе́ние
indirekte Investition *f* портфельные инвести́ции
indirekte Kosten *pl бухг.* ко́свенные изде́ржки
indirekte Lohnkosten *pl* непроизво́дственная за́работная пла́та
indirekte Lohnkosten *pl* изде́ржки на непроизводственную рабо́чую си́лу
indirekte Steuer *f* ко́свенный нало́г
indirekte Parität *f* кросс-курс (соотноше́ние двух валю́т, рассчи́танное по их ку́рсу относи́тельно ку́рса тре́тьей валю́ты); ко́свенный обме́нный курс
indirekter Wechselkurs *m* кросс-курс; ко́свенный обме́нный курс

indisponibel несвобо́дный; не могу́щий быть испо́льзованным; заморо́женный *(о капитале)*

Individual- *(в сл.сл.)* индивиду́альный; ча́стный; ли́чный
Individualbesitz *m* единоли́чное облада́ние; ча́стное владе́ние
Individualeinkommen *n* индивиду́альный дохо́д, ли́чный дохо́д
Individualfinanzierung *f* индивиду́альное финанси́рование, пряма́я креди́тная сде́лка
Individualsparen *n* индивиду́альные вкла́ды в сберега́тельную ка́ссу
Individualversicherung *f* индивиду́альное страхова́ние
Individualwirtschaft *f* ча́стное хозя́йство; *(с.-х.)* единоли́чное хозя́йство
privater Individualverkehr *m* ча́стный транспо́рт, ли́чный транспо́рт

Indizes *m pl* и́ндексы *(мн.ч.)*, *см. тж.* **Index** *m*
Indizes mit konstanter Gewichtung *стат.* и́ндексы с постоя́нными веса́ми
Indizes mit variabler Gewichtung *стат.* и́ндексы с переме́нными веса́ми

Indizierung *f* определе́ние и́ндексов, индици́рование

indossabel индоссируемый, передава́емый по индоссаменту

Indossament *n* индоссаме́нт *(переда́точная на́дпись на обра́тной стороне́ докуме́нта, посре́дством которо́й оговоренное этим докуме́нтом пра́во перехо́дит от индосса́нта к указанному им индоссату)*
Indossament ausstellen индосси́ровать, жири́ровать, де́лать переда́точную на́дпись (на оборо́те векселя́)
beschränktes Indossament ограни́ченный индоссаме́нт
durch Indossament übertragbar индоссируемый, передава́емый по индоссаменту
unvollständiges Indossament непо́лная переда́точная на́дпись, непо́лный индоссаме́нт
vollständiges Indossament по́лная переда́точная на́дпись, по́лный индоссаме́нт

Indossamentobligo *n* обяза́тельство по индоссаменту

Indossamentverbindlichkeit *f* обяза́тельство по индоссаменту

Indossant *m* индосса́нт, пре́жний владе́лец це́нной бума́ги (***или друго́го фина́нсового обяза́тельства)***
nachfolgender Indossant после́дующий индосса́нт
vorhergehender Indossant преды́дущий индосса́нт, предше́ствующий индосса́нт

Indossat *m* индоссат, жира́т, приобрета́тель прав, векселеприобрета́тель *(по переда́точной на́дписи)*

Indossatar *m* индоссат, жира́т, приобрета́тель прав, векселеприобрета́тель *(по переда́точной на́дписи)*

Indossateur *m* индоссат, жира́т, приобрета́тель прав, векселеприобрета́тель *(по переда́точной на́дписи)*

indossement *англ.* индоссаме́нт, переда́точная на́дпись

Indossent *m* индосса́нт, пре́жний владе́лец це́нной бума́ги (***или друго́го фина́нсового обяза́тельства)***

indossierbar индоссируемый, передава́емый по индоссаменту

indossieren *vt* индосси́ровать, жири́ровать, переводи́ть на друго́е лицо́ *(напр. ве́ксель)*, де́лать переда́точную на́дпись (на оборо́те векселя́)

indossieren индосси́ровать, переводи́ть на друго́е лицо́ *(напр. ве́ксель)*

Indossierung *f* индоссирование, жирирование, переусту́пка векселя́ по переда́точной на́дписи

Indosso *n* индоссаме́нт, индоссо, жи́ро, переда́точная на́дпись

industrialisieren *vt* индустриализи́ровать

Industrialisierung *f* индустриализа́ция
Wachstum der Industrialisierung расту́щая индустриализа́ция; разви́тие индустриализа́ции

Industrialisierungsgrad *m* у́ровень индустриализа́ции

Industrialisierungspolitik *f* поли́тика индустриализа́ции

Industrialismus *m* индустриали́зм, преоблада́ние промы́шленности *(в эконо́мике)*

Industrie *f* промы́шленность, инду́стри́я
einheimische Industrie оте́чественная промы́шленность
extraktive Industrie добыва́ющая промы́шленность
feinmechanische und optische Industrie промы́шленность, производя́щая

приборы точной механики и оптики
hausgewerbliche Industrie кустарная промышленность; ремесленные промыслы (мн.ч.)
kapitalintensive Industrie капиталоёмкая отрасль промышленности
leistungsfähige Industrie мощная индустрия, мощная промышленность
lohnintensive Industrie трудоёмкая отрасль промышленности
materialintensive Industrie материалоёмкая отрасль промышленности
örtliche Industrie местная промышленность
verarbeitende Industrie обрабатывающая промышленность
weiterverarbeitende Industrie обрабатывающая промышленность

Industrie- und Handelsbank *f* торгово-промышленный банк

Industrie- und Handelskammer *f*; **IHK** торгово-промышленная палата, ТПП

Industrie-Agrarland *n* индустриально-аграрная страна

Industrie-Norm *f* промышленный стандарт
Deutsche Industrie-Norm *f* ; **DIN** промышленный стандарт ФРГ, ДИН

Industrieabfälle *m pl* промышленные отходы, отходы промышленного производства

Industrieabgabepreis *m* отпускная цена промышленности, оптовая цена промышленности, отпускная цена промышленной продукции

Industrieabteilung *f* промышленный отдел

Industrieabwässer *pl* промышленные сточные воды

Industrieaktie *f* акция промышленного предприятия, промышленная акция

Industrieanlage *f* промышленная установка, производственная установка; промышленное оборудование, производственное оборудование; промышленное сооружение

Industrieanlagenexport *m* экспорт промышленного оборудования

Industriearbeiter *m* промышленный рабочий, производственный рабочий, индустриальный рабочий

Industrieartikel *m* промышленный товар; изделие промышленности

Industrieausrüstung *f* промышленное оборудование; оборудование для промышленных предприятий

Industrieausstellung *f* промышленная выставка

Industriebahn *f* железная дорога внутризаводского транспорта

Industriebank *f* промышленный банк; банк по финансированию промышленного строительства ***(в развивающихся странах)***

Industriebankfiliale *f* филиал торгово-промышленного банка

Industriebau *m* промышленное строительство, промышленная стройка; промышленное здание

Industriebedarf *m* промышленный спрос; потребности промышленности

Industriebereich *m* сфера промышленности; отрасль промышленности

Industriebericht *m* отчёт промышленного предприятия

Industriebeschäftigte *pl* занятые в промышленности, работающие в промышленности

Industriebetrieb *m* промышленное предприятие
wissenschaftlicher Industriebetrieb научно-исследовательское промышленное предприятие, промышленное предприятие научно-исследовательского характера

Industriebevölkerung *f* индустриальное население

Industriebezirk *m* промышленный район, индустриальный район

Industriebilanz *f* баланс промышленного предприятия, баланс промышленной отрасли, баланс фирмы

Industriebörse *f* биржа готовых изделий

Industriedynamik *f* индустриальная динамика ***(метод исследования работы предприятий и фирм)***

Industrieerzeugnis *n* промышленное изделие

Industrieerzeugung *f* промышленное производство

Industriefernsehen *n* промышленное телевидение ***(для контроля за производственными процессами)***

Industrieformgestaltung *f* художественное оформление промышленных изделий, промышленная эстетика, дизайн

Industriefusion *f* слияние промышленных предприятий

Industriegebiet *n* промышленный район, индустриальный район

Industriegelände *n* заводская территория; район промышленных предприятий ***(в городе)***

industriegemäß индустриальный, промышленный

Industriegemeinde *f* промышленная община

Industriegeographie *f* география промышленности

Industriegesellschaft *f* индустриальное общество

Industriegewerkschaft *f* профессиональный союз производственных рабочих ***(определённой отрасли промышленности)***; профсоюз в определённой отрасли промышленности

Industriegruppe *f* подотрасль промышленности

Industrieguter *n* промышленный товар
Industriegüter *n pl* промышленные товары (мн.ч.)

Industriehandelskammer *f* торгово-промышленная палата
bei der Industriehandelskammer при торгово-промышленной палате

Industriehygiene *f* промышленная гигиена

Industriehypothek *f* ипотека на участок, занятый промышленным предприятием

Industrieinstitut *n* инженерно-экономический институт

Industrieinvestitionen *f pl* капиталовложения в промышленность, инвестиции в промышленность; промышленные инвестиции

Industriekalkulation *f* калькуляция промышленного предприятия

Industriekapital *n* промышленный капитал, индустриальный капитал

Industriekapitalismus *m* промышленный капитализм

Industriekapitän *m* промышленный магнат
Industriekapitän флагман индустрии

Industriekaufmann *m* экономист по сбыту и снабжению; специалист по сбыту и снабжению ***(на промышленном предприятии)***; менеджер по сбыту

Industriekooperation *f* промышленная кооперация
internationale Industriekooperation международная промышленная кооперация

Industriekredit *m* промышленный кредит

Industriekreditbank *f* промышленный банк; банк по финансированию промышленного строительства ***(в развивающихся странах)***

Industriekreise *m, pl* промышленные круги

Industriekrise *f* промышленный кризис

Industriekunst *f* художественное оформление промышленных изделий, промышленная эстетика, дизайн

Industrieladen *m* промтоварный магазин; магазин промышленных товаров
Industrieladen фабричный магазин (торгующий по оптовым или сниженным ценам)

Industrieland *n* индустриа́льная страна́, промы́шленно развита́я страна́
Industrielandschaft *f* индустриа́льный ландша́фт, промы́шленный ландша́фт
industriell промы́шленный, индустриа́льный
industriell *(изгото́вленный)* фабрично-заводски́м спо́собом, заводско́го произво́дства
industriell hergestellt изгото́вленный промы́шленным спо́собом; заводско́го произво́дства
industriell-technisch индустриально-техни́ческий
industrielle Fertigung промы́шленное произво́дство
in industriellem Umfang в промы́шленных масшта́бах
Industriellenkreise *m, pl* промы́шленные круги́ (мн.ч.)
Industriellenverband *m* сою́з промышленников, сою́з фабрика́нтов; индустриа́льный сою́з
Industrieller *m* промы́шленник, фабрика́нт
Industriemacht *f* индустриа́льная мощь; страна́ с развито́й промы́шленностью, индустриа́льная держа́ва
Industriemathematik *f* промы́шленная матема́тика
Industrieministerium *n* промы́шленное министе́рство
Industriemonopol *n* промы́шленная моно́полия
Industriemuster *n* промы́шленный образе́ц
Industrienachfrage *f* промы́шленный спрос
Industrieobligation *f* промы́шленная облига́ция
Industrieökonomik *f* эконо́мика промы́шленности
Industriepolice *f страх.* по́лис по страхова́нию промы́шленных ри́сков
Industriepolitik *f* поли́тика в о́бласти промы́шленности
Industriepreis *m* цена́ на промы́шленную проду́кцию и услу́ги промы́шленности; (опто́вая) цена́ промы́шленности
Industriepreisbildung *f* ценообразова́ние в промы́шленности
Industriepreisreform *f* рефо́рма цен на промы́шленную проду́кцию и услу́ги промы́шленности
Industriepreisregelsystem *n* систе́ма регули́рования цен на промы́шленную проду́кцию и услу́ги промы́шленности
Industrieprodukt *n* изде́лие промы́шленности
Industrieproduktion *f* промы́шленная проду́кция, проду́кция промы́шленности
Industrieproduktion промы́шленное произво́дство
Industrieproduktionsindex *m* инде́кс промы́шленного произво́дства
Industrieschaden *m* экологи́ческий уще́рб от рабо́ты предприя́тия; загрязне́ние вне́шней среды́ предприя́тием
Industrieschuldverschreibung *f* промы́шленная облига́ция
Industriesortiment *n* ассортиме́нт промы́шленной проду́кции, номенклату́ра промы́шленной проду́кции
Industriesoziologie *f* индустриа́льная социоло́гия
Industriestaat *m* индустриа́льная страна́, промы́шленно развита́я страна́
Industriestadt *f* промы́шленный го́род, индустриа́льный го́род
Industriestatistik *f* промы́шленная стати́стика, стати́стика промы́шленности
Industriestruktur *f* структу́ра промы́шленности
Industriesystem *n* промы́шленная систе́ма
Industrietyp *m* тип промы́шленного предприя́тия
Industrietypen *m, pl* ти́пы промы́шленных предприя́тий
Industrieuhr *f* та́бельные контро́льные часы́
Industrieumsatz *m* оборо́т промы́шленности, промы́шленный оборо́т
Industrieunternehmer *m* промы́шленник; предпринима́тель в о́бласти промы́шленности; бизнесмен в о́бласти произво́дства
Industrieverband *m* сою́з промышленников
Industrieverband профессиона́льный сою́з промы́шленных рабо́чих
Industrievereinigung *f* сою́з промышленников
Industrievereinigung профессиона́льный сою́з промы́шленных рабо́чих
Industrieverlagerung *f* перемеще́ние промы́шленности; перебазирование промы́шленных предприя́тий
Industrieversuchsstelle *f* эксперимента́льная промы́шленная лаборато́рия
Industrievertrieb *m* промы́шленный сбыт, сбыт промы́шленной проду́кции
Industrievertriebsnetz *n* промы́шленная сбытова́я сеть
Industriewaren *f pl* промы́шленные това́ры *(мн.ч.)*, промтовары *(мн.ч.)*; фабри́чные това́ры *(мн.ч.)*, това́ры заводско́го произво́дства *(мн.ч.)*
lebensnotwendige Industriewaren промы́шленные това́ры пе́рвой необходи́мости
Industriewaren-Handelsorganisation *f* госуда́рственная ро́зничная торго́вля промы́шленными това́рами
Industriewaren-Verkaufsstelle *f* магази́н промы́шленных това́ров, промтоварный магази́н; магази́н «промтовары»
Industriewarenabteilung *f* отде́л промы́шленных това́ров; отде́л промтоваров
Industriewerbung *f* промы́шленная рекла́ма
Industriewerk *n* промы́шленное предприя́тие
Industriewerte *m, pl* а́кции промы́шленных компа́ний
führende Industriewerte а́кции веду́щих промы́шленных компа́ний
Industriewirtschaft *f* индустриальное хозя́йство, эконо́мика промы́шленности
Industriezählung *f стат.* промы́шленная пе́репись, промы́шленный ценз
Industriezensus *m стат.* промы́шленная пе́репись, промы́шленный ценз
Industriezentrum *n* промы́шленный центр, индустриа́льный центр
Industriezoll *m* («оградительная») по́шлина на ввоз промы́шленных това́ров
Industriezone *f* промы́шленная зо́на, промы́шленный райо́н
Industriezweig *m* индустриа́льная о́трасль; о́трасль индустрии; о́трасль промы́шленности; промы́шленная о́трасль
Industriezweige *m, pl* о́трасли промы́шленности (мн.ч.)
strukturbestimmende Industriezweige структуроопределяющие о́трасли промы́шленности (мн.ч.)
extraktiver Industriezweig о́трасль добыва́ющей промы́шленности
industriezweigbezogen в разре́зе о́трасли промы́шленности, в пла́не о́трасли промы́шленности, в отраслевом разре́зе
Industriezweiggliederung *f* классифика́ция о́траслей промы́шленности
Industriezweigökonomik *f* эконо́мика о́трасли промы́шленности
Industriezweigplanung *f* планиро́вание о́трасли промы́шленности
Industriezweigrentabilität *f* рента́бельность о́трасли промы́шленности
Industriezweigstruktur *f* отраслева́я структу́ра промы́шленности
Industriezyklus *m* промы́шленный цикл
induziert вы́званный влия́нием, индуци́рованный

Inex, Industrieanlagenexport экспорт промы́шленного обору́дования

inferior ни́зкий, ху́дший, ни́зкого ка́чества

Inflation *f* инфля́ция, обесце́нение де́нег

Inflation anheizen подогрева́ть инфля́цию

Inflation bekämpfen преодолева́ть инфля́цию; побежда́ть инфля́цию

Inflation dämpfen сде́рживать инфля́цию

autonome Inflation автоно́мная инфля́ция

galoppierende Inflation бы́стро развива́ющаяся инфля́ция, галопи́рующая инфля́ция

importierte Inflation импортированная инфля́ция ***(напр., в результа́те ре́зкого подорожания импортного сырья́)***

säkuläre Inflation секулярная инфля́ция, постоя́нно де́йствующая инфля́ция ***(усто́йчивый рост цен, наблюда́емый на протяже́нии дли́тельного перио́да вре́мени)***

schleichende Inflation ползу́чая инфля́ция, скры́тая инфля́ция, ме́дленно развива́ющаяся инфля́ция

unter hoher Inflation leiden пережива́ть си́льную инфля́цию

inflationär инфляцио́нный

inflationistisch инфляцио́нный, инфляционистский

Inflationsbekämpfung *f* борьба́ с инфля́цией, преодоле́ние инфля́ции

inflationsbereinigt с учётом инфля́ции

Inflationserscheinungen *f, pl* инфляционные явле́ния

Inflationsgefahr *f* угро́за инфля́ции, опа́сность инфля́ции

Inflationsgefälle *n* ра́зница в темпах инфля́ции

Inflationspolitik *f* инфляционистская поли́тика

Inflationsrate *f* темп роста́ цен; инде́кс инфля́ции; проце́нт инфля́ции

die Inflationsrate steigt auf 300% темп инфляционного роста́ цен дости́г 300%

inflatorisch инфляцио́нный

Informatik *f* информа́тика (тео́рия и техноло́гия обрабо́тки да́нных)

angewandte Informatik *f* прикладна́я информа́тика

Wirtschaftsinformatik *f* экономи́ческая информа́тика

Information *f* информа́ция, све́дения

Information erteilen дава́ть све́дения

Information geben дава́ть све́дения

Information für leitende Kader информа́ция для руководя́щих ка́дров

assoziative Information ассоциати́вная информа́ция

beschreibende Information описа́тельная информа́ция

heuristische Information эвристическая информа́ция

nomologische Information номологическая информа́ция

ökonomische Information экономи́ческая информа́ция

redundante Information избы́точная информа́ция

statistische Information статисти́ческая информа́ция

strategische Information стратеги́ческая информа́ция

unterrichtende Information информа́ция о́бщего хара́ктера

Informationsamt *n* информацио́нное учрежде́ние

Informationsanalyse *f* информацио́нный ана́лиз

Informationsanalysenzentrum *n* центр ана́лиза информа́ции

Informationsaustausch *m* обме́н информа́цией

Informationsauswertung *f* обрабо́тка информа́ции

Informationsballast *m* информацио́нный шум

Informationsbedarf *m* потре́бности в информа́ции, потре́бность в информа́ции

Informationsbeziehungen *f, pl* информацио́нные отноше́ния; обме́н информа́цией, информацио́нные связи́

Informationsblatt *n* информацио́нный бюллете́нь, информацио́нный листо́к

Informationsbrocker *m* поставщи́к информа́ции

Informationseinheit *f* едини́ца информа́ции

Informationselement *n* элеме́нт информа́ции

Informationserfassung *f* сбор информа́ции

Informationsexplosion *f* информацио́нный взрыв ***(напр. от избы́тка информа́ции)***

Informationsfluss *m* пото́к информа́ции; информацио́нный пото́к

Informationsgehalt *m* информацио́нное содержа́ние ***(напр., содержа́ние прогно́за)***

Informationsgewinn *m* информацио́нный вы́игрыш (напр. вы́игрыш во вре́мени получе́ния информа́ции)

Informationsgewinnung *f* получе́ние информа́ции, сбор информа́ции

Informationsglied *n* информацио́нное звено́

Informationsmassiv *m* масси́в информа́ции, информацио́нный масси́в

Informationsmenge *f* коли́чество информа́ции; информацио́нное мно́жество

Informationsordnung *f* упоря́дочение информа́ции, классифика́ция информа́ции

Informationsquelle *f* исто́чник информа́ции; исто́чник све́дений

Informationsrecherche *f* информацио́нный по́иск

Informationsredundanz *f* избы́точность информа́ции

Informationsspeicherung *f* накопле́ние информа́ции, нака́пливание информа́ции

Informationsspeicherung хране́ние информа́ции

Informationsstrom *m* пото́к информа́ции; информацио́нный пото́к

Informationssystem *n* информацио́нная систе́ма

integriertes Leitungs-Informationssystem *n* систе́ма централизованной обрабо́тки да́нных и управле́ния произво́дством

Management-Informationssystem *n* администрати́вная информацио́нная систе́ма; информацио́нная моде́ль ***(систе́ма подде́ржки приня́тия реше́ний)***; управленческая информацио́нная систе́ма

Informationsträger *m* носи́тель информа́ции

Informationsumfang *m* объём информа́ции

Informationsumwandlung *f* преобразова́ние информа́ции; перекодировка информа́ции

Informationsverarbeitung *f* обрабо́тка информа́ции

Informationsverarbeitung in realer Zeit обрабо́тка информа́ции в реа́льном вре́мени, обрабо́тка информа́ции в масшта́бе реа́льного вре́мени

automatisierte Informationsverarbeitung *f*; **AIV** автоматизи́рованная обрабо́тка информа́ции

integrierte Informationsverarbeitung *f* интегра́льная обрабо́тка информа́ции; интегри́рованная обрабо́тка информа́ции

Informationsverarbeitungsgerät *n* устро́йство обрабо́тки информа́ции

Informationsverarbeitungstechnik *f* те́хника обрабо́тки информа́ции

Informationsverdichtung *f* сжа́тие информа́ции, уплотне́ние информа́ции

Informationsvertrag *m* догово́р о предоставле́нии нау́чно-техни́ческой информа́ции

Informativität *f* информативность

informell неформа́льный
informelle Gruppe неформа́льная гру́ппа
informieren *vt* информи́ровать, осведомля́ть
sich informieren осведомля́ться, получа́ть информа́цию
Infrastruktur *f* инфраструкту́ра *(обеспе́чивающая усло́вия хозя́йственной де́ятельности - транспо́рт, энерге́тика, управле́ние, образова́ние и т.п.)*
einschlägige Infrastruktur соотве́тствующая инфраструкту́ра
entwickelte Infrastruktur развита́я инфраструкту́ра
erforderliche Infrastruktur необходи́мая инфраструкту́ра
fehlende Infrastruktur отсу́тствие необходимой инфраструктуры
gebaute Infrastruktur инжене́рные сооруже́ния
gut ausgebaute Infrastruktur хорошо́ развита́я инфраструкту́ра
knappe Infrastruktur недоста́точно развита́я инфраструкту́ра
kommunale Infrastruktur сеть комму́на́льных учрежде́ний
leistungsfähige Infrastruktur эффекти́вная инфраструкту́ра; мо́щная инфраструкту́ра
militärische Infrastruktur вое́нная инфраструкту́ра
ökologische Infrastruktur экологи́ческая инфраструкту́ра
schlechte Infrastruktur сла́бо развита́я инфраструкту́ра, пло́хо развита́я инфрастуктура
soziale Infrastruktur социа́льная инфраструкту́ра
städtebauliche Infrastruktur градострои́тельная инфраструкту́ра
technische Infrastruktur техни́ческая инфраструкту́ра, инжене́рная инфраструкту́ра
unzureichende Infrastruktur недоста́точно развита́я инфраструкту́ра, неразвитая инфраструкту́ра
vorhandene Infrastruktur имеющаяся инфраструкту́ра; сложи́вшаяся инфраструкту́ра; нали́чие необходимой инфраструктуры
wenig entwickelte Infrastruktur недоста́точно развита́я инфраструкту́ра, малоразвитая инфраструкту́ра
zerstörte Infrastruktur разру́шенная инфраструкту́ра
Infrastrukturkredit *m* креди́т на финанси́рование инфраструктуры
Ingangsetzung *f* пуск (в ход), приведе́ние в де́йствие; пуск в эксплуата́цию, ввод в эксплуата́цию
Ingenieurbüro *n* проектно-констру́кторское бюро́; инженерно-техни́ческая конто́ра, инжене́рное бюро́; инжене́рная фи́рма
Inh., Inhaber владе́лец; держа́тель
Inhaber *m* владе́лец, хозя́ин *(напр., предприя́тия)*
Inhaber держа́тель *(це́нной бума́ги)*; облада́тель
Inhaber предъяви́тель (це́нной бума́ги)
Inhaber со́бственник
Inhaber содержа́тель *(заведе́ния)*
Inhaber- (в сл.сл.) на предъяви́теля; предъяви́тельский
auf Inhaber на предъяви́теля
Inhaber von *etw. (D)* **sein** име́ть *что-л.*, владе́ть *чем-л.*
Inhaberaktie *f* а́кция на предъяви́теля, предъявительская а́кция,
Inhaberhypothek *f* ипоте́ка на предъяви́теля
Inhaberindossament *n* бла́нковый индоссаме́нт; бла́нковая на́дпись
Inhaberklausel *f* отме́тка о предъяви́тельском хара́ктере докуме́нта, отме́тка о том, что докуме́нт вы́писан на предъяви́теля
Inhaberkonnossement *n* коносаме́нт на предъяви́теля, предъяви́тельский коносаме́нт
Inhaberlagerschein *m* складско́е свиде́тельство на предъяви́теля
Inhaberpapiere *n* предъявительская це́нная бума́га, це́нная бума́га на предъяви́теля
Inhaberpapiere *n pl* предъявительские це́нные бума́ги (мн.ч.); це́нные бума́ги на предъяви́теля
Inhaberpolice *f страх.* предъяви́тельский по́лис; по́лис на предъяви́теля
Inhaberscheck *m* чек на предъяви́теля, предъяви́тельский чек
Inhaberschuldverschreibung *f* долгово́е обяза́тельство на предъяви́теля; облига́ция на предъяви́теля, предъявительская облига́ция
Inhabersparbuch *n* сберега́тельная кни́жка на предъяви́теля
Inhabersparen *n* внесе́ние вкла́дов на предъявительскую сберега́тельную кни́жку
Inhabersparguthaben *n* вклад на предъяви́теля
Inhaberwechsel *m* ве́ксель на предъяви́теля, предъяви́тельский ве́ксель
Inhalt *m* содержа́ние (напр. докла́да)
Inhalt содержи́мое
Inhalt ёмкость, вмести́мость
Inhalt объём
Inhalt (*мат.)* объём; пло́щадь
Informationsinhalt *m* коли́чество информа́ции; объём информа́ции; содержа́ние информа́ции
Kubikinhalt *m* кубату́ра
Ladeinhalt *m* грузовмести́мость; тонна́ж
Minusinhalt *m* отрица́тельное содержа́ние; отрица́тельный ито́г *(счётчика)*
Nutzinhalt *m* поле́зная ёмкость; поле́зный объём; рабо́чий объём
Plusinhalt *m* положи́тельный ито́г *(счётчика)*
Inhaltsangabe *f* обозначе́ние *(на упако́вке това́ра)* о содержимом, отме́тка *(на упако́вке)* о ка́честве и ве́се проду́кта, отме́тка *(на упако́вке)* о ка́честве и ве́се продово́льственного това́ра
Inhaltsregister *n* оглавле́ние
Inhaltsregister пе́речень
Inhaltsregister указа́тель
Inhauslieferung *f* доста́вка на дом *(за осо́бую пла́ту)*
inherent vice *англ.* вну́тренне прису́щий поро́к *(огово́рка в контра́кте)*
Initial- (в сл.сл.) нача́льный
Inkassant *m австр.* инкасса́тор
inkassieren *vt* инкасси́ровать
Inkasso *n* инка́ссо; инкасса́ция, инкасси́рование, получе́ние платежа́; взыска́ние до́лга
Inkasso mit Nachakzept инка́ссо с после́дующим акце́птом
Inkasso mit Vorakzept инка́ссо с предварительным акце́птом
dokumentäres Inkasso инка́ссо про́тив докуме́нтов
per Inkasso по инка́ссо
zum Inkasso на инка́ссо
zum Inkasso einreichen выставля́ть на инка́ссо
zum Inkasso entgegennehmen принима́ть на инка́ссо
Inkassoabschnitt *m* докуме́нт (при́нятый *или* сда́нный) на инка́ссо
Inkassoabtretung *f* усту́пка инкассации
Inkassoakzept *n* акце́птный креди́т
Inkassoanzeige *f* инкассовое ави́зо
Inkassoauftrag *m* инкассовое поруче́ние
Inkassoavis *m* инкассовое ави́зо
Inkassobank *f* банк-инкасса́тор
Inkassobeamte *m*, инкасса́тор
Inkassobearbeiter *m* инкасса́тор
Inkassobeauftragte *m* инкасса́тор
Inkassobüro *n* инкассаторское бюро́ *(специа́льное учрежде́ние, занима́ющееся взыска́нием долго́в)*
Inkassogebühr *f* комисси́я за инка́ссо
Inkassogeschäft *n* инкассовая опера́ция *(платёж по обяза́тельству, взыска́ние долго́в по обяза́тельствам, срок опла́ты кото́рых наступи́л или ско́ро насту́пит)*

Inkassoindossament *n* инкассовый индоссаме́нт, *переда́точная на́дпись на ве́кселе с добавле́нием **Wert zur Einziehung, zum Inkasso, in Prokura***
Inkassokommission *f* посре́дничество при инкассировании
Inkassopapier *n* докуме́нт (при́нятый *и́ли* сда́нный) на инка́ссо
Inkassopapiere *pl* докуме́нты, пе́реданные на инка́ссо *(напр., ве́ксель, коносаме́нт, страхово́й по́лис, факту́ра)*
Inkassoposten *m* су́мма, подлежа́щая инкассированию; инкассированная су́мма
Inkassoprovision *f* комисси́я за инка́ссо
Inkassorisiko *n* риск неплатежа́ *(при инкассовой фо́рме расчётов)*
Inkassospesen *pl* издéржки по инка́ссо, комисси́я за инка́ссо,
Inkassospesen zulasten des Empfängers издéржки по инка́ссо за счёт получателя
Inkassostelle *f* инкассаторский пункт
Inkassoverfahren *n* инкассовая фо́рма расчёта
Inkassovergütung *f* комисси́я за инка́ссо
Inkassoverkehr *m* инкассовые опера́ции
Inkassovollmacht *f* дове́ренность на инкасси́рование, полномо́чие на получе́ние платежа́
Inkassozession *f* усту́пка инкассации
inkludieren *vt* включа́ть *(в себя́)*, содержа́ть
inklusive включи́тельно, включа́я
inkommensurabel несоизмери́мый, несоразме́рный; иррациона́льный
inkonvertibel необрати́мый, неконверти́руемый *(о валю́те)*
In-Kraft-Treten *n* вступле́ние в си́лу
Inkrement *n мат.* прираще́ние
inkulant несгово́рчивый, нелюбе́зный *(в деловы́х отноше́ниях)*
Inland *n* своя́ страна́ *(по отноше́нию к зарубе́жным госуда́рствам)*
Inlandaufkommen *n* вну́тренние ресу́рсы.
Inländerkonvertibilität *f* конверти́руемость валю́ты для резидентов да́нной страны́, обрати́мость валю́т для резидентов
Inland(s)handel *m* вну́тренняя торго́вля
inländisch оте́чественный, вну́тренний
Inlandsabsatz *m* сбыт на вну́треннем ры́нке
Inlandsanleihe *f* вну́тренний заём
Inlandsauftrag *m* вну́тренний зака́з, оте́чественный зака́з
Inlandsaufwand *m* сре́дние по наро́дному хозя́йству затра́ты живо́го и овеществлённого труда́ на произво́дство изде́лия, сре́дние по наро́дному хозя́йству затра́ты живо́го и овеществлённого труда́ на предоставле́ние услу́ги
Inlandsbedarf *m* вну́тренние потре́бности, потре́бности вну́треннего ры́нка; спрос на вну́треннем ры́нке
Inlandserlös *m* вы́ручка от и́мпорта, дохо́д от реализа́ции импортных това́ров на вну́треннем ры́нке
Inlandserzeugung *f* оте́чественное произво́дство
Inlandsgebühr *f* 1. вну́тренняя та́кса; вну́тренний сбор; 2. сбор и́ли та́кса за перегово́ры внутри́ страны́ *(тлф.)*; 3. сбор за перево́зку внутри́ страны́
Inlandsgeschäft *n* сде́лки на вну́треннем ры́нке, торго́вля на вну́треннем ры́нке
Inlandsgroßhandelspreis *m* опто́вая цена́ на вну́треннем ры́нке
Inlandskäufer *m* оте́чественный покупа́тель
Inlandsklausel *f* усло́вие, при кото́ром экспортёр оговаривает своё пра́во не поставля́ть това́р *(напр., е́сли цены́ в стране́ назначе́ния ни́же экспортных, при этом контра́кт не расторгается)*
Inlandsmarkt *m* вну́тренний ры́нок, национа́льный ры́нок
Inlandsnachfrage *f* вну́тренний спрос, спрос на вну́треннем ры́нке
Inlandspreis *m* цена́ на вну́треннем ры́нке, цена́ вну́треннего ры́нка
Inlandsprodukt *n* оте́чественное изде́лие, изде́лие оте́чественного произво́дства
Inlandsproduktion *f* оте́чественное произво́дство; оте́чественная проду́кция, проду́кция оте́чественного произво́дства
Inlandsschuld *f* вну́тренний долг, вну́тренняя задо́лженность
Inlandsumsatz *m* оборо́т внутри́ страны́, оборо́т на вну́треннем ры́нке
Inlandsverbrauch *m* вну́треннее потребле́ние, потребле́ние внутри́ страны́
Inlandsverkauf *m* сбыт на вну́треннем ры́нке
Inlandsverkehr *m* вну́тренние перево́зки; тра́нспортное сообще́ние внутри́ страны́; обраще́ние това́ров внутри́ страны́; платёжный оборо́т внутри́ страны́
Inlandsverschuldung *f* вну́тренняя задо́лженность, вну́тренний долг
Inlandswährung *f* национа́льная валю́та
Inlandsware *f* оте́чественный това́р, това́р оте́чественного произво́дства
Inlandswechsel *m* ве́ксель вну́треннего обраще́ния
Inlandszoll *m* вну́тренняя по́шлина
Innenabsatz *m* сбыт на вну́треннем ры́нке
Innenanleihe *f* вну́тренний заём
Innenauftrag *m* внутризаводско́й зака́з, вну́тренний зака́з предприя́тия
Innenfinanzierung *f* финанси́рование за счёт со́бственных средств, финанси́рование из со́бственных средств предприя́тия
Innenhandel *m* вну́тренняя торго́вля
Innenmarkt *m* вну́тренний ры́нок, национа́льный ры́нок
Innenrevision *f* вну́тренняя реви́зия, реви́зия, проведённая ревизионным отде́лом предприя́тия
Innentransport *m* вну́тренний транспо́рт, транспо́рт внутри́ предприя́тия, внутризаводско́й транспо́рт; перево́зки внутри́ страны́
Innenumsatz *m соц.* внутризаводско́й оборо́т; внутрипромы́шленный оборо́т; оборо́т ме́жду головны́м о́бществом и дочерними предприятиями; внутрихозя́йственный оборо́т; холдинговый оборо́т
Innenverkehr *m* вну́тренний транспо́рт, транспо́рт внутри́ предприя́тия, внутризаводско́й транспо́рт; перево́зки внутри́ страны́; внутризаводско́й оборо́т; внутрипромы́шленный оборо́т;
Innenverpackung *f* вну́тренняя упако́вка
Innenwirtschaft *f с.-х.* внутрифе́рмерское хозя́йство
innerbetrieblich вну́тренний *(напр., о ресурсах)*
innergenossenschaftlich внутрикоопера́тивный; внутриколхо́зный
innerregional внутрирегиона́льный
innerstaatlich внутригосуда́рственный
innerwirtschaftlich внутрихозя́йственный
innerzweiglich внутриотраслево́й
Innovation *f* нововведе́ние, инновация
innovativ нова́торский, инновационный, спосо́бствующий нововведениям
Innung *f ист.* ги́льдия; цех, сою́з реме́сленников
Innungskrankenkasse *f* больни́чная ка́сса сою́за реме́сленников
Input *m* ввод информа́ции; вводи́мая информа́ция; входя́щий пото́к вызо́вов *(в тео́рии ма́ссового обслу́живания)*; затра́ты
einfacher Input просте́йший пото́к *(в тео́рии ма́ссового обслу́живания)*
Input-Output-Analyse *f* ана́лиз межотраслевых свя́зей, ана́лиз «за-

тра́ты-вы́пуск» *(ме́тод экономи́ческого ана́лиза)*

Input-Output-Methode *f* ме́тод межотраслевого бала́нса, ме́тод «затра́ты - вы́пуск»

Input-Output-Modell *n* моде́ль межотраслевого бала́нса, моде́ль «затра́ты - вы́пуск»

Input-Output-Tabelle *f* табли́ца межотраслевого бала́нса, табли́ца «затра́ты - вы́пуск»

INR, Indische Rupie, -- Indien Инди́йская ру́пия (*код валю́ты* 356), -- И́ндия

Inrechnungsstellen *n бухг.* включе́ние в счёт, занесе́ние в счёт

ins., insurance (eng.) страхова́ние

Inserat *n (рекла́мное, делово́е)* объявле́ние в пре́ссе

Insertion *f* помеще́ние *(напр., рекла́мных)* объявле́ний в пре́ссе

Insertionskosten *pl* расхо́ды на публика́цию объявле́ний

Insertionstarif *m* тари́ф на объявле́ния в пре́ссе

insgesamt в це́лом, в совоку́пности, итого́

Insichgeschäft *n* сде́лка, заключённая с сами́м собо́й *(в тех слу́чаях, когда́ одно́ лицо́ явля́ется представи́телем двух сторо́н)*

Insichgeschäft вну́тренняя сде́лка *(спо́соб выполне́ния ба́нком биржевы́х поручений, при кото́ром банк сам покупает це́нные бума́ги, обраща́ющиеся на ры́нке, и перепродаёт их клие́нту)*

Insider *m* лицо́, име́ющее до́ступ к «вну́тренней» биржево́й информа́ции *(напр., благодаря́ своему́ служе́бному положе́нию)*

insolvent неплатёжеспосо́бный, несостоя́тельный *(о должнике́)*

Insolvenz *f* неплатёжеспосо́бность, несостоя́тельность, банкро́тство

Inspekteur *m* инспе́ктор

Inspektion *f* инспе́кция, прове́рка, контро́ль; реви́зия; осмо́тр, досмо́тр *(напр., багажа́)*; инспе́кция *(учрежде́ние)*

Inspektionsbefund *m* досмо́тровая ро́спись

Inspektor *m* инспе́ктор, ревизо́р

inspizieren *vt* инспекти́ровать, проверя́ть, контроли́ровать, ревизова́ть, осма́тривать, досма́тривать

instabil неусто́йчивый, нестаби́льный

Instabilität *f* неусто́йчивость; нестаби́льность

Installation *f* устано́вка, обору́дование; монта́ж, сбо́рка; промы́шленный объе́кт; сооруже́ние; устано́вка

Installationskosten *pl* расхо́ды по монтажу

Installationszelle *f* сантехнический у́зел

installieren *vt* устана́вливать, сооружа́ть обору́довать; монти́ровать

Instandhaltung *f* содержа́ние в испра́вности, поддержа́ние в испра́вном состоя́нии; теку́щий ремо́нт

laufende Instandhaltung теку́щий ремо́нт

planmäßige vorbeugende Instandhaltung планово-предупреди́тельный ремо́нт основны́х средств

vorbeugende Instandhaltung профилакти́ческий ремо́нт, профилакти́ческий ремо́нт основны́х средств

Instandhaltungsabteilung *f* ремо́нтный цех

Instandhaltungsanleitung *f* инстру́кция по ухо́ду *(за маши́нами)*

Instandhaltungsbetrieb *m* ремонтное предприя́тие; ремо́нтный заво́д

Instandhaltungsfonds *m* фонд ремо́нта основны́х средств

Instandhaltungskosten *pl* расхо́ды по содержа́нию обору́дования в испра́вности, эксплуатацио́нные расхо́ды

Instandhaltungsleistungen *f, pl* объём рабо́т по обслу́живанию и ремо́нту обору́дования

Instandhaltungsmaßnahme *f* мероприя́тие по содержа́нию обору́дования в испра́вности

Instandhaltungsmaßnahmen *f, pl* мероприя́тия по обслу́живанию и ремо́нту обору́дования

Instandhaltungsplan *m* план теку́щего ремо́нта

Instandhaltungsrechnung *f* учёт ремо́нта

Instandhaltungsrichtwert *m* нормати́в на ремо́нт основны́х средств

Instandhaltungswesen *n* ремонтное де́ло

Instandhaltungszyklus *m* ремо́нтный цикл

Instandsetzung *f* ремо́нт; исправле́ние, почи́нка; приведе́ние в испра́вное состоя́ние

Instandsetzungsabteilung *f* ремо́нтный цех

Instandsetzungsarbeiten *f, pl* ремо́нтные рабо́ты

Instandsetzungsdienst *m* ремо́нтная слу́жба, ремонтно-восстанови́тельная слу́жба

Instandsetzungskosten *pl* расхо́ды по ремо́нту

Instandsetzungswerkstatt *f* ремо́нтная мастерска́я, ремо́нтный цех

Instanzenbreite *f* широта́ управле́ния

Instanzentiefe *f* число́ у́ровней в иера́рхии управле́ния, глубина́ управле́ния

Inste *m* батра́к-подёнщик, безземе́льный крестья́нин

institute cargo clause *англ.* усло́вие страхова́ния гру́зов Объедине́ния ло́ндонских страховщиков

Institutionalismus *m* институционализм *(институционалистское направле́ние в буржуа́зной полити́ческой эконо́мии)*

Instmann *m* батра́к-подёнщик, безземе́льный крестья́нин

Instradierung *f* предпи́санный зара́нее маршру́т ваго́на чере́з определённые ста́нции с невысо́кими фрахтовыми ставками

Instrument *n* инструме́нт; ору́дие; *тех.* прибо́р

Instrumentalvariable *f* инструмента́льная переме́нная

Insuffizienz *f* неплатёжеспосо́бность, несостоя́тельность

intakt невреди́мый, це́лый, испра́вный

intakt sein испра́вно де́йствовать, не име́ть поврежде́ний

intangible *англ.* нематериа́льный

Integral *n мат.* интегра́л; долгосро́чный госуда́рственный долг, обеспе́ченный покры́тием из специа́льных поступле́ний

Integralfranchise *f страх.* интегра́льная франши́за

Integration *f* интегра́ция, объедине́ние; сли́яние; *мат.* интегри́рование

horizontale Integration горизонта́льная интегра́ция

kapitalistische Integration капиталистическая интегра́ция

soziale Integration социа́льная интегра́ция

wirtschaftliche Integration экономи́ческая интегра́ция

vertikale Integration вертика́льная интегра́ция

wissenschaftlichtechnische Integration нау́чно-техни́ческая интегра́ция

Integrationsplan *m* план интегра́ции

Integrationspolitik *f* интеграционная поли́тика; поли́тика в о́бласти интегра́ции

integrieren *vt* объединя́ть, слива́ть, осуществля́ть интегра́цию; интегри́ровать

Intelligenzarbeit *f* интеллектуа́льный труд

Intelligenzintensität *f* до́ля нау́чно-техни́ческого труда́ в о́бщих затратах труда́

Intensität *f* интенси́вность

Intensität der Wirtschaft интенси́вность хозя́йства

Intensitätslehre *f* уче́ние об интенсифика́ции сельскохозя́йственного произво́дства

Intensitätsniveau *n с.-х.* у́ровень интенсифика́ции

Intensitätsrente *f* дифференциа́льная ре́нта

Intensitätssteigerung *f* повыше́ние интенси́вности

Intensitätsstruktur *f с.-х.* структу́ра интенсифика́ции

Intensitätszahlen *f, pl* показа́тели интенсифика́ции се́льского хозя́йства, показа́тели интенси́вности

Intensivierung *f* **der Landwirtschaft** интенсифика́ция се́льского хозя́йства

Intensivinvestitionen *f, pl* интенсивные капиталовложе́ния

Intensivität *f* интенси́вность

Intensivwirtschaft *f с.-х.* интенси́вное веде́ние хозя́йства

interaktiv диало́говый
 interaktiv интеракти́вный
 interaktiv zu präsentieren интерактивно представля́ть (напр. това́р, услу́ги)

Interbankrate *f* межбанковская проце́нтная ста́вка *(по кредитам)*

Interdependenz *f* взаимозави́симость

Interesse *n* интере́с; заинтересо́ванность; интере́с; вы́года
 betriebliches Interesse хозя́йственный интере́с; интере́с произво́дства, интере́сы произво́дства
 gesellschaftliches Interesse обще́ственный интере́с
 ideeles Interesse духо́вный интере́с
 kollektives Interesse коллекти́вная заинтересо́ванность, интере́сы коллекти́ва
 materielles Interesse материа́льная заинтересо́ванность
 negatives Interesse ущёрб, возни́кший из-за дове́рия к де́йствию догово́ра
 ökonomisches Interesse экономи́ческая заинтересо́ванность
 persönliches Interesse ли́чная заинтересо́ванность
 positives Interesse возмеще́ние ущёрба, возни́кшего из-за невыполнения усло́вий догово́ра
 solidarisches Interesse солида́рная заинтересо́ванность
 volkswirtschaftliches Interesse народнохозя́йственный интере́с

Interessen *n pl* проце́нты *(на о́тданный взаймы́ капита́л)*

Interessenberechnung *f* исчисле́ние проце́нтов, начисле́ние проце́нтов

Interessengemeinschaft *f* о́бщность интере́сов, еди́нство интере́сов; объедине́ние *(напр., трест, конце́рн)*

Interessenrechnung *f* исчисле́ние проце́нтов, начисле́ние проце́нтов

Interessent *m* заинтересо́ванное лицо́; заинтересо́ванная сторона́; покупа́тель; партнёр, компаньо́н

Interessentenwald *m* кооперати́вный лес, принадлежа́щий владе́льцам отде́льных уча́стков

interessiert заинтересо́ванный
 interessiert sein быть заинтересо́ванным

Interessiertheit *f* заинтересо́ванность
 persönliche Interessiertheit ли́чная заинтересо́ванность

interest *англ. (ссу́дный)* проце́нт

Interface-Ereignis *n сет. пл.* грани́чное собы́тие

Interfrigo Интерфриго, междунаро́дное о́бщество по вопро́сам движе́ния ваго́нов-рефрижираторов, та́кже на́дпись на таки́х ваго́нах

Interim *n* вре́менное соглаше́ние, интерим

Interimsaktie *f* временна́я а́кция; вре́менное свиде́тельство *(на а́кцию и́ли облигацию)*;; свиде́тельство на пра́во получе́ния предвари́тельного дивиде́нда

Interimsbescheid *m* вре́менное реше́ние, предвари́тельное реше́ние

Interimsbilanz *f* промежу́точный бала́нс

Interimsfaktur *f* предвари́тельный счёт; предвари́тельная факту́ра

Interimskonto *n* промежу́точный счёт; вспомога́тельный счёт

Interimsporotokoll *n* вре́менный протоко́л

Interimsschein *m* вре́менное свиде́тельство *(на а́кцию и́ли облигацию)*; временна́я а́кция; свиде́тельство на пра́во получе́ния предвари́тельного дивиде́нда

Interkalarzinsen *m, pl* проце́нты, накопившиеся за вре́мя созда́ния акционе́рного о́бщества

International Commercial Terms Инкотермс *(междунаро́дная фо́рма торго́вых усло́вий, устано́вленных Междунаро́дной торго́вой пала́той)*

Internationale Entwicklungsorganisation *f* Междунаро́дная ассоциа́ция разви́тия *(филиа́л МБРР, представля́ющий льго́тные за́ймы развивающимся стра́нам)*
 Internationale Standardisierungs-Organisation Междунаро́дная организа́ция по стандартиза́ции *(ИСО)*
 Internationale Union für Luftfracht-Versicherung Междунаро́дный союз авиацио́нного страхова́ния
 Internationale Union für Messen und Ausstellungen Сою́з междунаро́дных ярмарок и вы́ставок
 Internationale Vereinigung Demokratischer Juristen Междунаро́дная ассоциа́ция юри́стов-демокра́тов
 Internationale Vereinigung der Größeren Betriebe des Einzelhandels Междунаро́дная федера́ция кру́пных торго́вых предприя́тий
 Internationale Vereinigung der Unabhängigen Luftverkehrsunternehmen Междунаро́дная федера́ция независи́мых авиатра́нспортных предприя́тий
 Internationale Vereinigung des Groß- und Außenhandels Междунаро́дный центр по оптовой и вне́шней торго́вле
 Internationale Vereinigung für Agrar-Kredit Междунаро́дная федера́ция о́бществ сельскохозя́йственного креди́та
 Internationale Vereinigung für Finanz- und Steuerrecht Междунаро́дная нало́говая ассоциа́ция
 Internationale Vereinigung für Gewerblichen Rechtsschutz Междунаро́дная ассоциа́ция по охра́не прав на промышленную со́бственность
 Internationale Vereinigung für Luftfahrt und Fungwesen Междунаро́дная авиацио́нная федера́ция, ФАИ
 Internationale Vereinigung für Messen und Ausstellungen Междунаро́дная ассоциа́ция по устро́йству *(сельскохозя́йственных)* ярмарок и вы́ставок *(США)*
 Internationale Vereinigung für Sozialversicherung Междунаро́дная ассоциа́ция *(изуче́ния пробле́м)* социа́льного страхова́ния
 Internationale Vereinigung für Wirtschaftswissenschaften Междунаро́дная ассоциа́ция экономи́ческих нау́к
 Internationale Vereinigungen der Gewerkschaften im WGB Междунаро́дные объедине́ния профсою́зов, входя́щих во Всеми́рную федера́цию профсою́зов

Internationaler Rat für Sozialwissenschaften Междунаро́дный сове́т по социальным наукам
 Internationaler Rat Wissenschaftlicher Unionen Междунаро́дный сове́т нау́чных о́бществ
 Internationaler Studentenbund Междунаро́дный сою́з студе́нтов, МСС
 Internationaler Verband der Schiffseigentümer Междунаро́дная федера́ция судовладельцев
 Internationaler Verband der Zeitungsausschnittsbüros Междунаро́дная федера́ция бюро́ газе́тных вы́резок
 Internationaler Verband Landwirt-

schaftlicher Erzeuger Междунаро́дная федера́ция производи́телей сельскохозя́йственной проду́кции
Internationaler Währungsfond; IWF междунаро́дный валю́тный фонд, МВФ
Internationaler Weizen-Rat Междунаро́дный сове́т по торго́вле пшени́цей
Internationaler Transportversicherungsverband Междунаро́дный сою́з тра́нспортного страхова́ния
Internationales Arbeitsamt Междунаро́дное бюро́ труда́, МБТ ***(ООН)***
Internationales Behälter-Büro Междунаро́дное бюро́ по контейнерам
Internationales Eisenbahn-Transportkomitee Междунаро́дный комите́т железнодоро́жного тра́нспорта
Internationales Forschungs -und Informationszentrum für Gameinwirtschaft Междунаро́дный центр по изуче́нию коллекти́вной эконо́мики
Internationales Gewerkschaftsbüro Междунаро́дное бюро́ профсою́зов
Internationales Handelsinstitut Междунаро́дный институ́т торго́вли
Internationales Institut des Sparwesens Междунаро́дный институ́т сберега́тельного дела́
Internationales Institut für den Frieden Междунаро́дный институ́т ми́ра
Internationales Institut für Forschung und Dokumentierung des Handelswettbewerbes Междунаро́дный институ́т по изуче́нию вопро́сов торго́вой конкуре́нции
Internationales Institut für Öffentliches Finanzwesen Междунаро́дный институ́т по пробле́мам госуда́рственных фина́нсов
Internationales Institut für Patentwesen Междунаро́дный пате́нтный институ́т
Internationales Institut für Statistik Междунаро́дный статисти́ческий институ́т
Internationales Institut für Verwaltungswissenschaft Междунаро́дный институ́т по изуче́нию пробле́м управле́ния
Internationales Kaffeeabkommen Междунаро́дное соглаше́ние по ко́фе
Internationales Komitee für Maße und Gewichte Междунаро́дный комите́т мер и весо́в
Internationales Komitee für Seeschifffahrt Междунаро́дный морско́й комите́т ***(унификации морско́го и торго́вого права́)***
Internationales Komitee für wissenschaftliche Betriebsführung Междунаро́дный комите́т нау́чной организа́ции труда́
Internationales Komitee vom Roten Kreuz Междунаро́дный комите́т Кра́сного Креста́, МКК, МККК
Internationales Patentinstitut Междунаро́дный пате́нтный институ́т
Internationales Rohstoffabkommen *n*; **IRA** междунаро́дное това́рное соглаше́ние, МТС ***(заключа́ется экспортёрами и импортёрами с це́лью стабилиза́ции цен на отде́льные сырьевы́е това́ры)***
Internationales Rotes Kreuz Междунаро́дный Кра́сный Крест, МКК
Internationales Seeschifffahrtskomitee Междунаро́дный комите́т по вопро́сам морско́го права́ и судохо́дства
Internationales Sparkassen-Institut Междунаро́дный институ́т ***(общество)*** сберегательных касс
Internationales Statistisches Institut Междунаро́дный статисти́ческий институ́т
Internationales Übereinkommen über den Eisenbahnfrachtverkehr Междунаро́дное соглаше́ние по железнодоро́жным грузовы́м перевозкам
Internationales Verbindungszentrum des Großhandels Междунаро́дный центр связи́ оптовой торго́вли
Internationales Waren-Clearinghaus Междунаро́дная пала́та клиринговых расчётов
Internationales Weizenabkommen Междунаро́дное соглаше́ние по пшенице
Internationales Zinnabkommen Междунаро́дное соглаше́ние по олову
Internationales Zuckerabkommen Междунаро́дное соглаше́ние по са́хару
Internationalisierung *f* интернационализа́ция
Internationalisierung der Produktion интернационализа́ция произво́дства
Internet *n* Интерне́т
Internet-Auslieferung *f* поста́вка по Интерне́т; поста́вка чере́з Интерне́т
Internet-Banking Интерне́т-ба́нкинг
Internet-Börse *f* Интерне́т-би́ржа
Internet-Lösung *f* Интерне́т-реше́ние
Internet-Provider *m* Интерне́т-провайдер
Internet-Technologien *pl* Интерне́т-техноло́гии
Interparlamentarische Union Межпарламентский сою́з
Interpolation *f* интерполя́ция, интерполи́рование
Interpolierung *f* интерполя́ция, интерполи́рование
Interpretationsmethode *f* ме́тод интерпрета́ции
Interpretierungsmethode *f* ме́тод интерпрета́ции
interregional межрегиона́льный
Intervallprognose *f* интервальный прогно́з
Intervallreihe *f* интервальный ряд дина́мики
Intervallschätzung *f* интервальная оце́нка
intervalutarisch межвалютный, интервалютарный
Intervention *f* интерве́нция; вмеша́тельство; посре́дничество, хода́тайство; проте́кция; проте́ст; дема́рш
Interventionismus *m* акти́вная госуда́рственная поли́тика, напра́вленная на регули́рование социа́льно-экономи́ческих проце́ссов, интервенциони́зм
Interventionsklage *f* интервенционный иск; иск ***(тре́тьего лица́)*** о пра́ве со́бственности на опи́санное иму́щество; иск об исключе́нии иму́щества из о́писи
Interventionspreis *m* ***(ни́жний или ве́рхний)*** преде́л интерва́ла цен ***(когда́ ры́ночная цена́ достига́ет ука́занного преде́ла, это́ влечёт за собо́й вмеша́тельство в механи́зм свобо́дного взаимоде́йствия ры́ночных сил)***
Interventionspunkt *m* преде́льное отклоне́ние валю́тного ку́рса ***(достиже́ние кото́рого влечёт за собо́й вмеша́тельство Центра́льного эмиссионного ба́нка)***
Interventionspunkte *m, pl* ве́рхняя и ни́жняя грани́цы диапазо́на колеба́ния ку́рса ***(в систе́ме с фикси́рованным ку́рсом)***
Interviewmethode *f* ме́тод опро́са, ме́тод интервьюирования
Interzonenhandel *m ист.* межзональная торго́вля, внутригерма́нская торго́вля
Interzonenwarenverkehr *m ист.* межзона́льный товарооборо́т, внутригерма́нский товарооборо́т
Inumlaufsetzung *f* вы́пуск в обраще́ние
Inv, V Invalidenversicherung страхова́ние на слу́чай инвали́дности
Invalidenrente *f* пе́нсия по инвали́дности
Invalidenversicherung *f* страхова́ние на слу́чай инвали́дности
Invalidität *f* инвали́дность; нетрудоспосо́бность; потёря трудоспосо́бности
Invaliditätsentschädigung *f* компенса́ция за потёрю трудоспосо́бности ***(в результа́те несча́стного слу́чая)***
Invaliditätsfall *m страх.* слу́чай инвали́дности
Invaliditätsgruppe *f* гру́ппа инвали́дности
invariabel неизменя́емый, неизмени-

мый, посто́янный

Inventar *n* инвента́рь; инвентаризационная о́пись, инвента́рная о́пись; инвентаризационная у́тварь

Inventar aufnehmen проводи́ть инвентариза́цию, сде́лать инвентарную о́пись, инвентаризи́ровать

lebendes Inventar живо́й инвента́рь *(племенно́й и рабо́чий скот)*

totes Inventar мёртвый инвента́рь *(маши́ны, у́тварь)*

Inventaraufnahme *f* инвентариза́ция

Inventarbestand *m* инвента́рь, инвента́рный парк

Inventarbewertung *f* инвента́рная оце́нка

inventarisieren *vt* инвентаризи́ровать, инвентаризова́ть, проводи́ть инвентариза́цию

Inventarkonto *n* инвента́рный счёт

Inventarliste *f* инвентаризационная о́пись, инвента́рная о́пись

Inventarnachweis *m* инвента́рная о́пись

Inventarnummer *f* инвента́рный но́мер

Inventarobjekt *n* инвента́рный объе́кт

Inventarpark *m* инвента́рь, инвента́рный парк

Inventarstück *n* инвента́рный объе́кт

Inventarversicherung *f* страхова́ние инвентаря́

Inventarverzeichnis *n* инвентаризационная о́пись, инвента́рная о́пись

Invention *f* изобрете́ние, откры́тие

Inventur *f* инвентариза́ция; учёт; инвентаризационная о́пись; акт инвентаризации

effektive Inventur инвентариза́ция товарно-материа́льных це́нностей и де́нежных средств

laufende Inventur теку́щая инвентариза́ция

permanente Inventur перманентная инвентариза́ция, посто́янная инвентариза́ция; пермане́нтный учёт

Inventurabstimmung *f* све́рка результа́тов инвентаризации *(с да́нными теку́щего бухга́лтерского учёта)*

Inventurausverkauf *m (сезо́нная)* распрода́жа това́ров

Inventurauswertung *f* подведе́ние ито́гов инвентаризации

Inventurbestand *m* инвента́рь, инвента́рный парк

Inventurbilanz *f* инвентаризационный бала́нс

Inventurdifferenz *f* недоста́чи, вы́явленные в хо́де инвентаризации, изли́шки, вы́явленные в хо́де инвентаризации

positive Inventurdifferenz изли́шки, вы́явленные в хо́де инвентаризации

Inventurdifferenzen *f, pl* инвентарные ра́зницы

negative Inventurdifferenzen недоста́чи

positive Inventurdifferenzen изли́шки

Inventurgruppe *f торг.* гру́ппа по проведе́нию инвентаризации; ревизио́нная комисси́я

Inventurliste *f* инвентаризационная о́пись, инвента́рная о́пись

inventurmäßig согла́сно инвентаризации, соотве́тственно инвентаризации

Inventurmethode *f* инвента́рный ме́тод *(оце́нки незавершённого произво́дства)*

Inventurpark *m трансп.* инвента́рный парк

Inventurprotokoll *n* протоко́л инвентаризации, акт инвентаризации; акт реви́зии

Inventurprüfung *f* инвента́рная реви́зия

Inventurverkauf *m (сезо́нная)* распрода́жа това́ров

Inventurvermögen *n* инвента́рное иму́щество

Invest- (в сл.сл.) инвестицио́нный

Investbau *m* капита́льное стро́ительство

Investbeitrag *m* инвестиционная ссу́да

investieren *vt* инвести́ровать, вкла́дывать, помеща́ть *(капита́л)*

Investierung *f* инвести́рование, капиталовложе́ния, помеще́ние капита́ла

Investition *f* инвести́рование, капиталовложе́ния, помеще́ние капита́ла, *см.тж.* **Investitionen** *f pl*

nicht fertig gestellte Investition незавершённое инвести́рование

vollendete Investition завершённое инвести́рование

Investitionen *f, pl* капита́льные вложе́ния (мн.ч.), капиталовложе́ния (мн.ч.), инвести́ции (мн.ч.)

außerplanmäßige Investitionen внепла́новые капиталовложе́ния (мн.ч.)

autonome Investitionen капиталовложе́ния, незави́симые от объёма произво́дства (мн.ч.); автоно́мные капиталовложе́ния (мн.ч.)

dezentrale Investitionen децентрализо́ванные капиталовложе́ния (мн.ч.)

direkte Investitionen прямы́е инвести́ции, прямы́е капиталовложе́ния (мн.ч.)

geplante Investitionen плани́руемые капиталовложе́ния (мн.ч.)

indirekte Investitionen ко́свенные капиталовложе́ния (мн.ч.)

induzierte Investitionen индуци́рованные капиталовложе́ния (мн.ч.), произво́дные капиталовложе́ния (мн.ч.)

nichtproduktive Investitionen непроизводственные капиталовложе́ния (мн.ч.)

planmäßige Investitionen пла́новые капиталовложе́ния (мн.ч.)

privatwirtschaftliche Investitionen ча́стные инвести́ции (мн.ч.)

produktive Investitionen произво́дственные капиталовложе́ния (мн.ч.)

realisierte Investitionen реализованные капиталовложе́ния (мн.ч.); осуществлённые инвести́ции (мн.ч.); завершённые инвести́ции (мн.ч.)

rentable Investitionen рента́бельные инвести́ции (мн.ч.)

spezifische Investitionen удельные капиталовложе́ния (мн.ч.)

staatliche Investitionen госуда́рственные капиталовложе́ния (мн.ч.); госуда́рственные инвести́ции (мн.ч.); госинвести́ции (мн.ч.)

Investitionen genehmigen утвержда́ть инвести́ции, утверди́ть инвести́ции

Investitionen kürzen сокраща́ть объём инвести́ций

Investitionsabrechnung *f* учёт капиталовложе́ний

Investitionsabteilung *f* отде́л капита́льного стро́ительства, ОКС

Investitionsaktivität *f* инвестиционная акти́вность

Investitionsanreiz *m* стимули́рование инвести́ций

Investitionsarbeiten *f, pl* капита́льные рабо́ты (мн.ч.), рабо́ты по капита́льному стро́ительству (мн.ч.)

Investitionsaufgabe *f* зада́ние по капита́льному стро́ительству

Investitionsauftraggeber *m* инве́стор, зака́зчик *(в стро́ительстве)*

Investitionsauftragnehmer *m* подря́дчик *(в стро́ительстве)*; поставщи́к *(обору́дования для капита́льного стро́ительства)*

Investitionsaufwand *m* капита́льные вложе́ния, капиталовложе́ния, инвести́ции; капита́льные затра́ты

Investitionsaufwendungen *f, pl* капита́льные вложе́ния, капиталовложе́ния, инвести́ции; капита́льные затра́ты

Investitionsausmaß *n* разме́р капиталовложе́ний, масшта́б капиталовложе́ний, величина́ капиталовложе́ний

Investitionsausrüstung *f* основны́е сре́дства произво́дства

Investitionsbank *f* инвестицио́нный банк; банк по финансированию капита́льного стро́ительства *(в социалистических стра́нах)*

Investitionsbau *m* капита́льное стро́ительство

nicht fertig gestellte Investition незавершённое капита́льное стро́ительство

vollendete Investition завершённое капита́льное строи́тельство; завершенное инвести́рование

Investitionsbauvorhaben *n* капиталовложе́ния

Investitionsbedarf *m* инвестицио́нный спрос, спрос на инвести́ции, потре́бность в капиталовложениях, потре́бность в инвестициях

Investitionsbereitschaft *f* скло́нность к инвестированию

Investitionsbeteiligung *f* уча́стие в капитальных вложе́ниях; уча́стие в капита́льном строи́тельстве

Investitionsbilanz *f* бала́нс капиталовложе́ний

Investitionsboom *m* инвестицио́нный бум, бум инвести́ций

Investitionsbudget *n* бюдже́т капиталовложе́ний

Investitionsdurchführung *f* осуществле́ние капиталовложе́ний

Investitionseffekt *m* коэффицие́нт эффекти́вности капиталовложе́ний, эффекти́вность капиталовложе́ний, эффекти́вность инвести́ций

Investitionseinsparung *f* эконо́мия средств при осуществле́нии капиталовложе́ний

Investitionsfinanzierung *f* финанси́рование капиталовложе́ний; финанси́рование капита́льного строи́тельства

Investitionsfinanzierungsplan *m* план финанси́рования капитальных вложе́ний

Investitionsfonds *m* инвестицио́нный фонд, фонд капиталовложе́ний, сре́дства для капитальных вложе́ний

Investitionsfreiheit *f* свобо́да инвестирования, свобо́да инвести́ций

investitionsfreudig скло́нный к инвестированию

Investitionsfunktion *f* фу́нкция инвести́ций, фу́нкция капиталовложе́ний

Investitionsgesellschaft *f* инвестиционная компа́ния; компа́ния по распростране́нию «наро́дных а́кций» ***(ме́лких це́нных бума́г, обеспеченных а́кциями кру́пных компа́ний)***

Investitionsgrenze *f* лими́т капиталовложе́ний

Investitionsgüter *n pl* основны́е сре́дства произво́дства

Investitionsgütererzeugung *f* произво́дство обору́дования; произво́дство основны́х средств произво́дства

Investitionsgüterindustrie *f* о́трасль промы́шленности, производя́щая (основны́е) сре́дства произво́дства; промы́шленность, производя́щая обору́дование

Investitionsgüternachfrage *f* инвестицио́нный спрос, спорс на инвести́ции

Investitionshaushalt *m* инвестицио́нный бюдже́т, бюдже́т инвести́ций; бюдже́т капиталовложе́ний

Investitionshilfe *f* инвестиционная по́мощь

Investitionshöhe *f* разме́р капиталовложе́ний, масшта́б капиталовложе́ний, величина́ капиталовложе́ний

Investitionsintensität *f* капиталоёмкость, ёмкость инвести́ций

investitionsintensiv капиталоёмкий

Investitionskoeffizient *m* коэффицие́нт эффекти́вности капиталовложе́ний

Investitionskomplex *m* комплексные капита́льные вложе́ния, комплексные инвести́ции

Investitionskontrolle *f* контро́ль над капиталовложениями, контро́ль за инвестированием

Investitionskoordinierung *f* координа́ция капиталовложе́ний; координа́ция инвести́ций

territoriale Investitionskoordinierung территориа́льная координа́ция капиталовложе́ний

Investitionskosten *pl* капита́льные вложе́ния, капиталовложе́ния, инвести́ции; капита́льные затра́ты

Investitionskostensenkung *f* сниже́ние капитальных затра́т, сниже́ние затра́т, свя́занных с осуществлением капитальных вложе́ний

Investitionskraft *f* основна́я ма́сса капитальных вложе́ний; фина́нсовый потенциа́л инвестора

Investitionskredit *m* инвестицио́нный креди́т ***(долгосро́чный креди́т для финанси́рования инвести́ций)***

Investitionsleistung *f* капита́льное строи́тельство

unvollendete Investitionsleistung незавершённое капита́льное строи́тельство

Investitionsleistungsvertrag *m* догово́р на капита́льное строи́тельство

Investitionslenkung *f* регули́рование капиталовложе́ний ***(госуда́рством)***

direkte Investitionslenkung прямо́е регули́рование капиталовложе́ний

indirekte Investitionslenkung ко́свенное регули́рование капиталовложе́ний

Investitionslimit *n* лими́т капиталовложе́ний

Investitionsmangel *m* нехва́тка капиталовложе́ний

Investitionsmaßnahme *f* инвестиционное мероприя́тие; мероприя́тие по приобрете́нию (основны́х) средств произво́дства

Investitionsmittel *n pl* инвестиционные сре́дства (мн.ч.)

Investitionsmultiplikator *m* инвестицио́нный мультиплика́тор

Investitionsnachfrage *f* инвестицио́нный спрос, спорс на инвести́ции

Investitionsneigung *f* скло́нность к инвестированию

Investitionsniveau *n* у́ровень капиталовложе́ний

Investitionsnorm *f* но́рма капиталовложе́ний

Investitionsobjekt *n* объе́кт капита́льного строи́тельства; инвестицио́нный объе́кт

Investitionsordnung *f* поря́док инвестирования, пра́вила инвестирования

Investitionsplan *m* план капиталовложе́ний

Investitionsplanprojekt *n* прое́кт пла́на капиталовложе́ний

Investitionsplanung *f* планиро́вание капитальных вложе́ний

Investitionspolitik *f* инвестиционная поли́тика, поли́тика в о́бласти капиталовложе́ний, инвестиционная поли́тика госуда́рства ***(с це́лью обеспе́чения равнове́сия на ры́нке рабо́чей силы́)***

Investitionsprognose *f* прогно́з капиталовложе́ний; прогно́з инвести́ций

Investitionsprogramm *n* програ́мма капиталовложе́ний; програ́мма капита́льного строи́тельства; инвестиционная програ́мма, програ́мма инвести́ций

Investitionsprojekt *n* прое́кт капита́льного строи́тельства

Investitionsquote *f* уде́льный вес чи́стых капиталовложе́ний в чи́стом национа́льном продукте

Investitionsrate *f* уде́льный вес валовых капиталовложе́ний ***(напр., в валовом национа́льном продукте и́ли в чи́стом обще́ственном продукте)***

Investitionsrechnung *f* расчёт оптимальной инвестиционной програ́ммы, расчёт рента́бельности капиталовложе́ний; учёт капиталовложе́ний

Investitionsreserve *f* резе́рв капиталовложе́ний

Investitionsruine *f* незавершённое капита́льное строи́тельство

Investitionsschutzabkommen *n* соглаше́ние о гара́нтиях для иностра́нных капиталовложе́ний

Investitionsspritze *f* фина́нсовая «инъе́кция» с це́лью стимули́рования капиталовложе́ний

Investitionsstabilisierung *f* стабилиза́ция капиталовложе́ний

Investitionsstatistik *f* стати́стика капиталовложе́ний

Investitionssteuer *f* нало́г на капиталовложе́ния

Investitionstätigkeit *f* инвестиционная де́ятельность

Investitionstermin *m* срок осуществле́ния капиталовложе́ний

Investitionsträger *m* инве́стор, зака́зчик *(в строи́тельстве)*

Investitionsumfang *m* объём капиталовложе́ний

Investitionsverbrauch *m* потребле́ние основны́х средств произво́дства

Investitionsvervielfacher *m* инвестицио́нный мультиплика́тор

Investitionsvolumen *n* объём капиталовложе́ний

Investitionsvorbereitung *f* подготови́тельные рабо́ты, необходи́мые для осуществле́ния капитальных вложе́ний

Investitionsvorhaben *n* капиталовложе́ния; объе́кт капита́льного строи́тельства; план капита́льного строи́тельства
Investitionsvorhaben durchführen осва́ивать капиталовложе́ния
Investitionsvorhaben verwirklichen осва́ивать капиталовложе́ния

Investitionszulage *f* инвестиционная надба́вка *(со стороны́ земе́ль и общи́н)*

Investitionszuwachsrate *f* темп приро́ста капиталовложе́ний

Investivlohn *m* фо́рма опла́ты труда́, при которо́й уде́рживаемая часть за́работной пла́ты рабо́чего объявля́ется его́ доле́й в капитале предприя́тия

Investment *n* вложе́ние де́нег, помеще́ние капита́ла

Investment-Anteilschein *m* а́кция инвестиционной компа́нии

Investmentfonds *m* инвестицио́нный фонд

Investmentgesellschaft *f* инвестиционная компа́ния; компа́ния по распростране́нию «наро́дных а́кций» *(ме́лких це́нных бума́г, обеспеченных а́кциями кру́пных компа́ний)*

Investmentsparen *n* испо́льзование средств ме́лких вкла́дчиков для созда́ния инвестиционного фо́нда
Investmentsparen регуля́рное испо́льзование сбереже́ний с це́лью накопле́ния *(напр., системати́ческое вложе́ние небольши́х сумм в а́кции инвестиционных компа́ний)*

Investmenttrust *m* инвестицио́нный трест *(компа́ния, вкла́дывающая свой капита́л в разли́чные ви́ды це́нных бума́г)*

Investmittel *pl* капита́льные затра́ты

Investor *m* инве́стор *(лицо́, организа́ция и́ли госуда́рство, осуществля́ющее вложе́ние капита́ла)*

Invisibles *pl англ.* неви́димый экспорт; неви́димый и́мпорт

Involvement *n* привлече́ние (напр. внима́ния покупа́телей, покупа́телей)
hohes Involvement высо́кий у́ровень привлече́ния
niedriges Involvement ни́зкий у́ровень привлече́ния

Inzidenz *f* сфе́ра распростране́ния, охва́т *(напр., нало́гами)*

I/O, Input/Output ввод/вы́вод *(информа́ции)*

IOE, International Organization of Employers Междунаро́дная организа́ция предпринима́телей

IOS, International Organization for Standardization Междунаро́дная организа́ция (техни́ческих норм и) станда́ртов

i.P., in Papier в це́нных бума́гах

IQ, Irak Ира́к

IQD, Irak-Dinar, -- Irak Ира́кский дина́р (*код валю́ты* 368), -- Ира́к

IR:
IR, Investitionsrechnung расчёт рента́бельности капиталовложе́ний
IR, Iran, Islamische Republik Ира́н (Исла́мская респу́блика)

IRR, Rial, -- Iran, Islamische Republik Ира́нский реа́л (*код валю́ты* 364), -- Ира́н (Исла́мская респу́блика)

Irrtumswahrscheinlichkeit *f мат.* вероя́тность оши́бки

IS:
IS, Island Исла́ндия, *до 1978г. код* **EI**
i.S., in Summa в ито́ге, в су́мме

ISA, International Föderation of the National Standardization Associations Междунаро́дная федера́ция национа́льных ассоциа́ций по стандартиза́ции

I.S.F., International Shipping Federation Междунаро́дная федера́ция судовладельцев

ISI, International Statistical Institute Междунаро́дный статисти́ческий институ́т

ISK, Isländische Krone, -- Island Исландская кро́на (*код валю́ты* 352), -- Исла́ндия

ISO, International Organization for Standardization Междунаро́дная организа́ция по стандартиза́ции, ИСО

Isodapanen *pl* изодапаны *(ли́нии на географи́ческой ка́рте, соединяющие пу́нкты с одина́ковым высо́ким у́ровнем тра́нспортных расхо́дов)*

Isolierung *f* изоля́ция, оби́вка грузовы́х помеще́ний звуко- и теплоизоляционным материа́лом

Isolierwagen *m* ваго́н-холоди́льник, изотерми́ческий ваго́н

Isophoren *pl* изофоры *(кривы́е одина́ковой дохо́дности)*

Isoquanten *pl* изокванты

Isotimen *pl* изотимы *(кривы́е одина́ковых бюдже́тных расхо́дов и́ли одина́ковых изде́ржек произво́дства)*

Isovektoren *m, pl* изовекторы *(ли́нии на географи́ческой ка́рте, соединяющие пу́нкты с одина́ковыми тра́нспортными расхо́дами до определенного места́)*

Istbestand *m* факти́ческое нали́чие

Ist-Kennzahl *f* факти́ческий показа́тель

Ist-Prinzip-Abrechnung *f* расчёт товарооборота на осно́ве фактического поступле́ния това́ров

Istabrechnung *f* калькуля́ция факти́ческих изде́ржек, подсчёт факти́ческой сто́имости; учёт факти́ческих да́нных, расчёт факти́ческих да́нных

Istarbeitsaufwand *m* факти́ческие затра́ты труда́

Istaufkommen *n* факти́ческие поступле́ния; факти́ческие дохо́ды; *с.-х.* выполне́ние пла́на заготовок, выполне́ние пла́на заку́пок; факти́ческие ресу́рсы *(напр., рабо́чей силы́, материа́лов, де́нежных средств)*

Istaufwand *m* факти́ческие изде́ржки, факти́ческие затра́ты

Istaufwendungen *f, pl* факти́ческие изде́ржки, факти́ческие затра́ты

Istausgaben *f, pl* факти́ческие изде́ржки, факти́ческие затра́ты

Isteinnahmen *f, pl* факти́ческие поступле́ния; факти́ческие дохо́ды

Isterlös *m* факти́ческая вы́ручка; факти́ческая при́быль, реа́льная при́быль

Istgehalt *n* реа́льная за́работная пла́та *(слу́жащих)*

Istgewinn *m* факти́ческая при́быль, реа́льная при́быль, факти́ческий дохо́д, реа́льный дохо́д

Istgröße *f* действи́тельная величина́, реа́льная величина́, факти́ческая величина́

Istkalkulation *f* отчётная калькуля́ция

Istkapazität *f* факти́ческая мо́щность

Istkosten *pl* факти́ческие изде́ржки, факти́ческие затра́ты

Istkostenrechnung *f* калькуля́ция факти́ческих изде́ржек, подсчёт факти́ческой сто́имости

Istlohn *m* реа́льная за́работная пла́та *(рабо́чих)*, факти́чески выпла́чиваемая за́работная пла́та

Istselbstkosten *pl* факти́ческая себесто́имость

Istspanne *f* факти́ческая ра́зница ме́жду закупочной и продажной ценой; отноше́ние валово́й при́были к обороту, отноше́ние валово́й при́были к товарообороту

Iststunden *f, pl* коли́чество факти́чески отрабо́танных часо́в

Istverdienst *m* факти́ческий за́работок

Istversteuerung *f* начисле́ние нало́га с оборо́та на осно́ве фактического эквивале́нта затра́т; обложе́ние нало́гом факти́чески полученного вознагражде́ния

Istwert *m* действи́тельное значе́ние, реа́льное значе́ние; действи́тельная величина́, реа́льная величина́, факти́ческая величина́; факти́ческая сто́имость

Istzahlen *f, pl* факти́ческие ци́фры, реа́льные ци́фры *(напр., расхо́дов)*

Istzeit *f* факти́чески затра́ченное вре́мя *(напр., на выполне́ние произво́дственной опера́ции)*

IT, Italien Ита́лия

ITC, Inlandtransportkomitee Комите́т по вну́треннему транспорту *(в ра́мках Экономи́ческой коми́ссии ООН для Евро́пы)*

Iteration *f мат.* итера́ция

Iterationsmethode *f* итерацио́нный ме́тод, итерати́вный ме́тод

Iterationsverfahren *n* итерацио́нный ме́тод

ITI, International Thrift Institute Междунаро́дный институ́т *(о́бщество)* сберегательных касс

ITK, Internationales Transportkomitee Междунаро́дный тра́нспортный комите́т

ITL, Italienische Lira, -- Italien, San Marino, Vatikanstaat Итальянская ли́ра (*код валю́ты* 380), *в н.в. заменена́ на* Евро **EURO**, -- Ита́лия

ITO, International Trade Organization Междунаро́дная организа́ция торго́вли *(ООН)*

ITVV, Internationaler Transport-Versicherungs-Verband Междунаро́дный союз тра́нспортного страхова́ния

IUAI, International Union of Aviation Insurers Междунаро́дный союз авиацио́нного страхова́ния

IÜG, Internationales Übereinkommen über den Eisenbahngüterverkehr Междунаро́дная конве́нция о перевозках гру́зов по желе́зным доро́гам

iV:

i.V., in Vertretung исполня́ющий обя́занности *(по́дпись на докуме́нтах)*

i.V., in Vollmacht по дове́ренности, по уполномочию, по полномо́чию, на основа́нии дове́ренности

I.v., Irrtum vorbehalten исключа́я оши́бки *(огово́рка в докуме́нте)*, исключа́я оши́бки и про́пуски

I.V.f.g.R., Internationale Vereinigung für Gewerblichen Rechtsschutz Междунаро́дная ассоциа́ция по охра́не прав на промышленную со́бственность

IVG, Industrie-Verwaltungs-Gesellschaft О́бщество соверше́нствования ме́тодов управле́ния промышленными предприятиями

IVSt, Industrieversuchsstelle экспериментальная промы́шленная лабора́тория

i.W., in Worten *(су́мма)* прописью

IWA, Internationales Weizenabkommen Междунаро́дное соглаше́ние по пшенице

IWC, International Wheat Council Междунаро́дный сове́т по торго́вле пшени́цей

IWF, Internationaler Währungsfonds Междунаро́дный валю́тный фонд, МВФ

IWV, internationale Wirtschaftsvereinigung междунаро́дное хозя́йственное объедине́ние *(бывш. СЭВ)*

IZA, Internationales Zuckerabkommen Междунаро́дное соглаше́ние по саха́ру

j/a, joint account о́бщий счёт, объединённый счёт

Jahrbuch *n* ежего́дник

statistisches Jahrbuch статисти́ческий ежего́дник

Jahresabgabe *f* ежего́дный взнос; *ист.* обро́к

Jahresabgrenzung *f бухг.* разграниче́ние *(поступле́ний и затра́т)* ме́жду сме́жными отчётными года́ми

Jahresabrechnung *f* годово́й отчёт, подведе́ние ито́гов за год; *бухг.* годово́й отчёт

Jahresabschluss *m* коне́ц хозя́йственного го́да; *бухг.* годово́й (заключи́тельный) бала́нс

konsolidierter Jahresabschluss консолиди́рованный годово́й бала́нс

Jahresabschlussbericht *m* годово́й отчёт

Jahresabschlusskonten *n pl* годовы́е заключи́тельные счета́, счета́ годово́го бала́нса

Jahresabschlussprüfung *f* заключи́тельная годова́я прове́рка, прове́рка годово́го бала́нса

Jahresabschnitt *m* год, годи́чный перио́д

Jahresanalyse *f* ана́лиз по да́нным годово́го отчёта

Jahresanfangsbestand *m* оста́ток на нача́ло го́да

Jahresarbeitsverdienst *m* годово́й за́работок

Jahresarbeitsverdienstgrenze *f* максима́льный разме́р годово́го за́работка

Jahresarbeitsvertrag *m с.-х.* трудово́й догово́р, заключаемый на оди́н год

Jahresaufkommen *n* годова́я проду́кция; годова́я добы́ча; годовы́е ресу́рсы

Jahresausgaben *f, pl* годовы́е затра́ты

Jahresausgleich *m бухг.* годово́й (заключи́тельный) бала́нс

Jahresausstoß *m* годово́й вы́пуск *(проду́кции)*

Jahresbeitrag *m* ежего́дный *(де́нежный)* взнос

Jahresbericht *m* годово́й отчёт

Jahresberichterstattung *f* годова́я отчётность

Jahresbilanz *f* годово́й (заключи́тельный) бала́нс, ито́ги за год

Jahresbonus *m* бо́нус от су́ммы, на кото́рую закуплены това́ры в тече́ние го́да

Jahresbudget *n* годово́й бюдже́т

Jahresdurchschnitt *m* среднегодово́й показа́тель; среднегодовые да́нные

als Jahresdurchschnitt в сре́днем за год

im Jahresdurchschnitt в сре́днем за год

jahresdurchschnittlich среднегодово́й

Jahresdurchschnittsbestand *m* среднегодово́й запа́с

Jahresdurchschnittseinkommen *n* среднегодово́й дохо́д

Jahresdurchschnittsleistung *f* среднегодовая производи́тельность; среднегодово́й вы́пуск проду́кции *(предприя́тием)*

Jahresdurchschnittsziffer *f* среднегодово́й показа́тель

Jahreseinkommen *n* годово́й дохо́д

Jahreseinkünfte *pl* годово́й дохо́д

Jahresendbestand *m* оста́ток на коне́ц го́да

Jahresendprämie *f* пре́мия по результа́там рабо́ты за год, пре́мия по итогам рабо́ты за год; *13-я* за́работная пла́та

Jahresergebung *f* годова́я отчётность

Jahreserhebung *f* годова́я отчётность

Jahresertrag *m* годова́я вы́работка; годова́я при́быль

Jahresgelo *n* ссу́да, предоставляемая на год

Jahresgeschäftsbericht *m* годово́й отчёт *(о состоя́нии дел)*; годово́й отчёт о де́ятельности *(напр., фи́рмы, предприя́тия)*

Jahresgewinn *m* годова́я при́быль

Jahreshaushaltsrechnung *f* годова́я

сме́та госуда́рственного бюдже́та

Jahresinstandsetzungsvertrag *m* догово́р о проведе́нии ремонтно-восстанови́тельных рабо́т, заключаемый на годи́чный перио́д

Jahreskontrollbericht *m* годово́й контро́льный отчёт

Jahreskostenplan *m* годова́я сме́та, годова́я сме́та затра́т

Jahresleistung *f* вы́пуск проду́кции за год

Jahreslohn *m* годова́я за́работная пла́та
garantierter Jahreslohn гаранти́рованный разме́р годово́й за́работной пла́ты

Jahreslohnfonds *m* годово́й фонд за́работной пла́ты

Jahresmaschinenzeitfonds *m* годово́й фонд маши́нного вре́мени

Jahresnorm *f* годова́я но́рма

Jahrespauschale *n* о́бщая годова́я су́мма, пауша́льная годова́я су́мма

Jahresplan *m* годово́й план
betrieblicher Jahresplan техпромфинплан, техни́ческий промы́шленно-фина́нсовый план

Jahresplanbestand *m* годово́й пла́новый запа́с

Jahresplanung *f* годово́е плани́рование
betriebliche Jahresplanung годово́е плани́рование предприя́тия

Jahresprämie *f* годово́й разме́р (страхово́й) пре́мии

Jahresproduktionsplan *m* годово́й произво́дственный план

Jahresprotokoll *n* ежего́дный протоко́л о поставках това́ров, ежего́дный протоко́л о предоставле́нии услу́г

Jahresrate *f* годова́я но́рма; ежего́дный взнос

Jahresrohmiete *f* годова́я пла́та за аре́нду земли́, годово́й разме́р о́бщей аре́ндной пла́ты

Jahressoll *n* годово́е зада́ние, годово́й план

Jahressteuerfestsetzung *f* расчёт до́ли налоговых платеже́й в годово́м доходе

Jahresumsatz *m* годово́й оборо́т

Jahresumschlag *m* годово́й оборо́т

Jahresveranlagung *f* ежего́дное распределе́ние нало́гов; установле́ние годово́го разме́ра нало́га

Jahresverbrauch *m* годово́е потребле́ние, потребле́ние за год

Jahresverträge *m, pl* годовы́е догово́ры

Jahresverzinsung *f* годово́й проце́нт, начисле́ние годово́го проце́нта, упла́та годово́го проце́нта

Jahresviertel *n* кварта́л *(годово́й)*

Jahresvolkswirtschartsplan *m* годово́й народнохозя́йственный план

Jahresvoranschlag *m* годова́я сме́та

Jahreswert *m*, **durchschnittlicher** среднегодовая сто́имость

Jahreswirtschaftsbericht *m* годово́й экономи́ческий отчёт, ежего́дный экономи́ческий отчёт

Jahreswirtschaftsplan *m* годово́й хозя́йственный план

Jahreswuchs *m* ежего́дный рост, ежего́дный приро́ст

Jahreszahlung *f* ежего́дный платёж

Jahreszins *m* годово́й проце́нт

Jahreszinsen *m, pl* годовы́е проце́нты

Jahreszuwachsrate *f* годово́й темп роста́

Jahrfünft *n* пятиле́тие, пятиле́тка

jährlich годи́чный, ежего́дный, годово́й; ежего́дно

Jahrmarkt *m* я́рмарка

Jahrmarktwechsel *m* я́рмарочный ве́ксель

Jahrpacht *f* аре́нда *(земли́)* на год

Jato, Jahrestonnen *(сто́лько-то)* тонн в год *(напр., мо́щность заво́да)*

Jber., Jahresbericht годово́й отчёт

JD, Jahresdurchschnitt среднегодово́й показа́тель; среднегодовые да́нные

je größer die Nachfrage, desto höher der Preis чем бо́льше спрос, тем вы́ше цена́

Jedermann-Einfuhr *f* и́мпорт ме́лких па́ртий това́ра

Jetonautomat *m* жетонный автома́т

Jettison *n англ.* джеттисон, выбра́сывание гру́за за борт *(для облегче́ния и спасе́ния су́дна)*

Jettyklausel *f* оговóрка джетти *(вводи́мая страхово́й компа́нией оговóрка о повреждении това́ра во вре́мя его́ транспорти́ровки от пакгауза до скла́да получателя)*

jeweilig соотве́тствующий, да́нный
nach jeweiligen Normen по де́йствующим но́рмам

jeweils ка́ждый раз, в определённый моме́нт, в ка́ждом слу́чае; соотве́тственно, смотря́ по обстоя́тельствам

JM, Jamaika Яма́йка

JMD, Jamaika-Dollar, -- Jamaika Яма́йский до́ллар (*код валю́ты* 388), -- Яма́йка

JO, Jordanien Иорда́ния

Job *m англ.* вы́годное де́ло, вы́годная сде́лка; заня́тие, рабо́та; рабо́чее ме́сто

Jobber *m англ.* спекуля́нт на фо́ндовой би́рже, джо́ббер, профессиона́льный биржеви́к *(заключа́ющий сде́лки за со́бственный счет)*

jobbern *vi* игра́ть на би́рже, вести́ посреднические опера́ции на би́рже за свой счёт

JOD, Jordan-Dinar, -- Jordanien Иорда́нский до́ллар (*код валю́ты* 400), -- Иорда́ния

joint account *англ.* о́бщий счёт, объединённый счёт

joint venture *англ.* совме́стное предприя́тие, сме́шанное предприя́тие

Journal *n* бухг. журна́л; *мор.* судово́й журна́л
amerikanisches Journal америка́нская фо́рма двойно́го бухга́лтерского учёта

Journal-Hauptbuch *n бухг.* гла́вный журна́л, гла́вная кни́га; гроссбу́х

Journal-Order *f бухг.* журна́л-о́рдер

Journal-Order-Buchführung *f бухг.* журнально-ордерная фо́рма учёта

Journal-Order-Form *f бухг.* журнально-ордерная фо́рма учёта

Journal-Original-Form *f бухг.* фо́рма копиручёта, при которо́й ка́рточка журна́ла накла́дывается для за́писи из ка́рточку лицево́го счёта

Journalblatt *n бухг.* ка́рточка журна́ла, лист журна́ла *(при копиручёте)*

Journalteilung *f бухг.* веде́ние раздельных журна́лов *(при журнально-книжной фо́рме учёта)*

JP:
JP, Japan Япо́ния, *до 1978г. код* **JA**
j.P., juristische Person юриди́ческое лицо́

JPY, Yen, -- Japan Йе́на (*код валю́ты* 392), -- Япо́ния

Jugendarbeit *f* труд молодёжи

Jugendarbeitsschutz *m* охра́на труда́ молодёжи

Jugendbrigade *f* молодёжная брига́да

Jugendförderungsplan *m* план мероприя́тий по рабо́те с молодёжью

Jugendneuererkollektiv *n* коллекти́в ю́ных новаторов

Jugendobjekt *n* молодёжная стро́йка, молодёжный объе́кт

Jugendschutz *m* охра́на *(прав)* молодёжи

Jumbo-Frachter *m* широкофюзеляжный самолёт для перево́зки гру́зов *(«Бо́инг-747», «Бо́инг-737»; «ИЛ-76»)*

Jungfacharbeiter *m* молодо́й специали́ст

Junggesellensteuer *f* нало́г на холостяков

Jungviehaufzuchtstation *f* животново́дческая ста́нция выра́щивания молодняка́

Jungviehweidegenossenschaft *f* па́стбищное това́рищество по выра́щиванию молодняка́

Juniorpartner *m* млáдший партнёр
Junker *m ист.* ю́нкер, помéщик *(в Прýссии)*; *ист.* агрáрий, член агрáрной пáртии
Junkertum *n ист.* рихерство *(крýпные помéщики в Прýссии)*
Junktimgeschäft *n* компенсациóнная сдéлка, при котóрой вы́воз определённых товáров постáвлен в зави́симость от ввóза рáвных по вáжности товáров; компенсациóнная сдéлка в рáмках торгóвого соглашéния
justieren *vt* юстировáть; приводи́ть монéты к укáзанному вéсу
Justifikation *f* оправдáние
Justifikation одобрéние, признáние прáвильности; утверждéние
Justifikation провéрка
Justifikation einer Rechnung провéрка и утверждéние счёта
Justifizierung *f* подтверждéние
Justifizierung провéрка
Justifizierung einer Rechnung подтверждéние счёта; провéрка счёта
justum pretium *лат. ист.* справедли́вая ценá *(по учéнию Фомы́ Акви́нского)*
Juwelenversicherung *f* страховáние драгоцéнностей
Juwelierwaren *f, pl* ювели́рные издéлия
Juxta *f* отрывнóй талóн *(напр., чéковой кни́жки и́ли áкции)*; контрóльный купóн, контрóльный корешóк *(лотерéйного билéта)*
Juxte *f* отрывнóй талóн *(напр., чéковой кни́жки и́ли áкции)*; контрóльный купóн, контрóльный корешóк *(лотерéйного билéта)*
K Reg Kontenregulativ порядок регули́рования взаи́мных расчётов
K-Z., Kurszettel курсовáя табли́ца, курсовóй бюллетéнь, биржевóй бюллетéнь
Kabelverkehr *m* телефóнная связь, телегрáфная связь; сдéлки, заключаемые по телефóну *(в основнóм биржевы́е)*
Kabotage *f* каботáж, каботáжное плáвание, каботáжное судохóдство
Kaderentwicklungsplan *m* план подготóвки кáдров
Kaderfluktuation *f* текýчесть кáдров
Kadukten *pl юр.* вы́морочные земли́
kaduzieren *vt* признавáть недействи́тельным, утрати́вшим си́лу; исключáть из исключи́ть из акционéрного óбщества
kaduzieren *юр.* признавáть имýщество вы́морочным
kaduzieren *бирж.* признавáть цéнную бумáгу недействи́тельной, признавáть цéнную бумáгу утрати́вшей си́лу
kaduzieren приостанáвливать *(напр., судéбный процéсс)*
Kaduzierung *f* признáние недействи́тельным, утрати́вшим си́лу; заявлéние о неуплáте; исключéние акционéра из-за неуплáты за взя́тые áкции, исключéние из состáва члéнов акционéрного óбщества
Kaduzierung *юр.* признáние имýщества вы́морочным
Kaduzierung *бирж.* признáние цéнной бумáги недействи́тельной, признáние цéнной бумáги утрати́вшей си́лу
Kaduzierung приостановлéние *(напр., судéбного процéсса)*
Kaertenkonto *n* кáрточный счёт (напр. бáнковский, кáрточный)
K.A.F., Kost, Assekuranz, Fracht ценá, включáющая стóимость, расхóды по страховáнию и фрахт
KAG, Kommunalabgabengesetz закóн о порядке взимáния и уплáты коммунáльных сбóров
Kahlpfändung *f* судéбная óпись всегó имýщества должникá
Kahn *m* бáржá, несамоходное сýдно
Kahneiche *f* определéние вéса грýза путём замéра осáдки бáржи́
Kahnmakler *m* мáклер по фрахтовáнию речны́х судóв
Kai *m* нáбережная; пирс; причáльная стéнка
Kai-Receipt *n* распи́ска портóвого склáда в приня́тии грýза
Kai-Sonderleistungen *f, pl* специáльные услýги, окáзываемые причальными слýжбами *(сортирóвка, (пере) маркирóвка и пр.)*
Kai-Umschlaggebühren *f, pl* сбóры за перевáлку на причáл
Kai-Wiegeantrag *m* причальное весовóе трéбование
Kaiabgaben *f, pl* причáльный сбор; портóвые сбóры
Kaiausrüstung *f* оборýдование причáла
Kaibetrieb *m* причальное хозя́йство
Kaiempfangsschein *m* распи́ска причального склáда о приня́тии грýза
Kaigebühren *f, pl* причáльный сбор, плáта за причáл; портóвые сбóры
Kaigeld *n* причáльный сбор, плáта за причáл; портóвые сбóры
Kailagergeld *n* плáта за хранéние грýза в пакгáузе сверх установленного срóка
Kaireceipt *n* квитáнция причального склáда о приня́тии грýза *(свидéтельствует об отгрýзке, но не об отпрáвке)*
Kaischuppen *m* причáльный склад, пакгáуз
Kaispesen *pl* причáльный сбор, плáта за причáл; портóвые сбóры
Kaitarif *m* причáльный тари́ф *(включáет импóртную и экспóртную грýппу товáров;, стáвки для вторóй грýппы обы́чно ни́же)*
Kaiwaggonfrei фрáнко-вагóн причáльная вéтка
Kaizoll *m* причáльный сбор, плáта за причáл; портóвые сбóры
Kalamitäten *f, pl*, **wirtschaftliche** экономи́ческие трýдности
Kalenderarbeitszeit *f* календáрное рабóчее врéмя
Kalenderarbeitszeitfonds *m* календáрный фонд рабóчего врéмени
Kalenderplan *m* календáрный план
Kalenderplanung *f* календáрное плани́рование
Kalendertag *m* календáрный день
Kalkül *n австр.* вычислéние, исчислéние, счёт; смéта; расчёт, соображéние
Kalkulation *f* калькуля́ция *(исчислéние издéржек на едини́цу продýкции и́ли произведённой рабóты)*
auftragsweise Kalkulation позаказный мéтод калькули́рования
eine Kalkulation erstellen состáвить калькуля́цию
Kalkulationsartikel *m, pl* товáры, не имéющие анáлогов на ры́нке, нóвая для ры́нка продýкция
Kalkulationsaufbau *m* структýра расчёта
Kalkulationsaufschlag *m* калькуляциóнная надбáвка
Kalkulationsdifferenz *f* рáзница в двух расчётах, расхождéние мéжду результáтами двух расчётов, расхождéние мéжду результáтами двух калькуля́ций
Kalkulationseinheit *f* расчётная едини́ца, калькуляциóнная едини́ца, смéтная едини́ца
Kalkulationsfaktor *m* калькуляциóнная надбáвка *(выраженная в процéнтном отношéнии к исчи́сленным издéржкам)*
Kalkulationsgruppe *f* расчётная грýппа
Kalkulationskartell *n* картéль, осуществля́ющий расчёт цен
Kalkulationsposition *f* пози́ция калькуля́ции, статья́ калькуля́ции
Kalkulationspreis *m* калькуляциóнная ценá, смéтная ценá
Kalkulationsrichtlinien *f, pl* директи́вные укáзания *(вышестоя́щих óрганов)* относи́тельно порядка проведéния калькуляционных расчётов
Kalkulationsschema *n* калькуляциóнная схéма *(спóсоб исчислéния себестóимости издéлий)*; номенклатýра калькуляционных статéй
Kalkulationsunterlagen *f, pl* исхóдные

да́нные калькуля́ции

Kalkulationsverfahren *n* ме́тод калькуля́ции, ме́тод калькули́рования

Kalkulationswerte *m, pl* расчётные да́нные, сме́тные да́нные

Kalkulationszeitpunkt *m* день проведе́ния калькуля́ции, день проведе́ния калькуляцио́нных расчётов

Kalkulator *m* калькуля́тор; сме́тчик

kalkulatorisch калькуляцио́нный, полу́ченный в результа́те расчётов, сме́тный

kalkulieren *vt* калькули́ровать; составля́ть сме́ту; принима́ть в расчёт, взве́шивать

Kalo *m* есте́ственная у́быль в ве́се; ски́дка с цены́ за у́быль в ве́се

Kalogrenzen *f, pl* но́рмы есте́ственной у́были

Kälteanlage *f* холоди́льная устано́вка, холоди́льник

kältebeständig морозосто́йкий

Kälteerzeuger *m* рефрижера́тор

kambial ве́ксельный, камбиа́льный

Kambialrecht *n* ве́ксельное пра́во

Kambio *m* ве́ксель, камбио

Kambist *m уст.* камби́ст, ма́клер по векселя́м

Kameralismus *m* камерализм *(назва́ние меркантили́зма в Герма́нии)*

Kameralistik *f* камералистика *(одна́ из форм просто́го счетово́дства)*

Kammer *f* пала́та *(госуда́рственное учрежде́ние)*; пала́та *(парла́мента)*

Kammer für Außenhandel внешнеторго́вая пала́та

Kammergut *n ист.* уде́льное име́ние; рудники́, принадлежа́щие казне́

Kampagne *f* кампа́ния; эксплуатацио́нный перио́д

Kampagnebetrieb *m* сезо́нное произво́дство; сезо́нное предприя́тие

Kampagneindustrie *f* промы́шленность сезо́нного хара́ктера

Kampagneleistung *f с.-х.* сезо́нная производи́тельность

Kampagnen-Controlling *m* контроллинг кампа́нии (маркетинговой, рекламной и т.п.)

Kampftarif *m* огради́тельный тари́ф *(осо́бо ни́зкий тари́ф, вводи́мый при проникновении аутсайдеров в лине́йное судохо́дство)*

Kampfzoll *m* реторсионная по́шлина, штрафна́я по́шлина *(осо́бо высо́кая и́мпортная по́шлина на това́ры како́й-л. страны́, торго́вая поли́тика кото́рой счита́ется дискриминацио́нной по отноше́нию к да́нной стране́)*

kanalisieren *vt* направля́ть

Kapitalströme in andere Länder kanalisieren направля́ть капиталы в други́е страны́

Kannkaufmann *m* лицо́, приобретающее ста́тус коммерсанта по́сле занесения его́ в торго́вый реги́стр

Kannkaufmann *m* фе́рмер, лесни́чий, занима́ющийся побочным их заня́тию про́мыслом, зарегистрировав его́ как торго́вую фи́рму

Kannleistung *f* производи́тельность при по́лной загрузке, производи́тельность *(предприя́тия)* при по́лной загрузке его́ мо́щностей

Kantar *m* кантар *(ме́ра ве́са во мно́гих стра́нах Бли́жнего Восто́ка от 45-80 кг в одни́х стра́нах до 230-320 кг в други́х)*

kanten *vt* кантова́ть, ста́вить я́щик на ребро́

Kapazität *f* ёмкость; объём; (произво́дственная) мо́щность; пропускна́я спосо́бность; *сет. пл.* ресу́рсы

in Betrieb genommene Kapazität освоенная мо́щность

installierte Kapazität устано́вленная мо́щность

maschinelle Kapazität производи́тельность маши́н

normale Kapazität норма́льная производи́тельность (предприя́тия)

normale Kapazität прое́ктная мо́щность, прое́ктная производи́тельность

technische Kapazität техни́ческая производи́тельность

überschüssige Kapazität избы́точная мо́щность

überschüssige Kapazität производи́тельность, обеспе́чивающая оптима́льную рента́бельность произво́дства

Kapazitätsausbau *m* расшире́ние произво́дственных мо́щностей

Kapazitätsausdehnung *f* расшире́ние произво́дственных мо́щностей

Kapazitätsauslastung *f* загру́зка произво́дственных мо́щностей

Kapazitätsausnutzung *f* загру́зка произво́дственных мо́щностей, испо́льзование произво́дственных мо́щностей

Kapazitätsausnutzungsbestimmung *f* поря́док испо́льзования мо́щностей

Kapazitätsausnutzungsgrad *m* сте́пень загру́зки произво́дственных мо́щностей, у́ровень загру́зки произво́дственных мо́щностей, сте́пень загру́зки произво́дственных мо́щностей

Kapazitätsausnutzungsnorm *f* но́рма загру́зки произво́дственных мо́щностей

Kapazitätsbestimmung *f* определе́ние величины́ произво́дственных мо́щностей, определе́ние разме́ров произво́дственных мо́щностей

Kapazitätsbilanz *f* бала́нс произво́дственных мо́щностей

Kapazitätseinheit *f* едини́ца мо́щности

Kapazitätseinsatz *m* испо́льзование произво́дственных мо́щностей

Kapazitätsentwicklung *f* расшире́ние произво́дственных мо́щностей

Kapazitätsermittlung *f* определе́ние величины́ произво́дственных мо́щностей, определе́ние разме́ров произво́дственных мо́щностей

Kapazitätserweiterung *f* расшире́ние произво́дственных мо́щностей

Kapazitätskosten *pl* изде́ржки, завися́щие от у́ровня мо́щностей; расхо́ды, свя́занные с содержа́нием произво́дственных мо́щностей

Kapazitätslücke *f* нехва́тка произво́дственных мо́щностей

Kapazitätsplanung *f* плани́рование произво́дственных мо́щностей; *сет. пл.* распределе́ние ресу́рсов

Kapazitätsprognose *f* прогно́з произво́дственных мо́щностей

Kapazitätsreserve *f* резе́рвы произво́дственных мо́щностей

Kapazitätsschranke *f сет. пл.* ограниче́ние по ресурсам

Kapazitätsüberhang *m* избытки произво́дственных мо́щностей; избы́точные произво́дственные мо́щности

Kapazitätsüberschuss *m* избытки произво́дственных мо́щностей; избы́точные произво́дственные мо́щности

Kapazitätswirkung *f* эффе́кт произво́дственного потенциа́ла *(влия́ние дополни́тельных инвести́ций на произво́дственные мо́щности и этим са́мым на вы́пуск проду́кции)*

kapazitiv свя́занный с произво́дственными мощностями; обусло́вленный произво́дственными мощностями

Kapital *n* капита́л; *собир.* капитали́сты; кру́пная со́бственность

Kapital anlegen вкла́дывать капита́л, помеща́ть капита́л

Kapital einschießen вкла́дывать капита́л, помеща́ть капита́л

Kapital beschaffen привлека́ть капита́л

Kapital binden свя́зывать капита́л

Kapital erwerben соста́вить себе́ капита́л

Kapital festlegen преврати́ть оборо́тный капита́л в постоя́нный

Kapital in Effekten фо́ндовый капита́л

Kapital in Grundbesitz immobilisieren вкла́дывать капита́л в недви́жимое иму́щество, инвести́ровать капита́л в недви́жимое иму́щество

Kapital in Grundstücken angelen

вкла́дывать капита́л в недви́жимое иму́щество, инвести́ровать капита́л в недви́жимое иму́щество
Kapital in Wertpapieren фо́ндовый капита́л
Kapital investieren вкла́дывать капита́л, помеща́ть капита́л, инвести́ровать капита́л
Kapital platzieren вкла́дывать капита́л, помеща́ть капита́л, размеща́ть капита́л
Kapital schöpfen создава́ть капита́л *(напр., о специфическом ви́де ба́нковских опера́ций - предоставле́нии ссуд в фо́рме за́писи на теку́щий счёт и др.)*
Kapital sicherstellen вкла́дывать капита́л в надёжное предприя́тие, надёжно вкла́дывать капита́л
Kapital unterbringen вкла́дывать капита́л, помеща́ть капита́л, размеща́ть капита́л
Kapital verwalten управля́ть капиталом
Kapital verwenden испо́льзовать капита́л
Kapital von durchschnittlicher Zusammensetzung капита́л сре́днего *(органи́ческого)* строе́ния
Kapital von hoher Zusammensetzung капита́л высо́кого *(органи́ческого)* строе́ния
Kapital von niedriger Zusammensetzung капита́л ни́зкого *(органи́ческого)* строе́ния
akkumuliertes Kapital нако́пленный капита́л
angelegtes Kapital вло́женный капита́л, инвестированный капита́л
ausgeliehenes Kapital ссуженный капита́л
ausländisches Kapital иностра́нный капита́л
auswanderndes Kapital эмигри́рующий капита́л
brachliegendes Kapital омертвлённый капита́л
brachliegendes Kapital свобо́дный капита́л, нали́чный капита́л
brachliegendes Kapital со́бственный капита́л
eingefrorenes Kapital заморо́женный капита́л
eingefrorenes Kapital неприкоснове́нный капита́л
festgelegtes Kapital иммобилизованный капита́л
fiktives Kapital фикти́вный капита́л
fingiertes Kapital фикти́вный капита́л
flüssiges Kapital оборо́тный капита́л; свобо́дный капита́л
flüssiges konstantes Kapital оборо́тный постоя́нный капита́л
flüssiges variables Kapital оборо́тный переме́нный капита́л
freigesetztes Kapital вы́свобожденный капита́л
fusioniertes Kapital объединённый капита́л
genehmigtes Kapital акционе́рный капита́л, увели́ченный за счёт вы́пуска но́вых а́кций
gut angelegtes Kapital вы́годно помещённый капита́л, вы́годно размещённый капита́л, размещённый с вы́годой капита́л
haftendes Kapital уставно́й капита́л, уста́вный капита́л
indisponibles Kapital несвобо́дный капита́л
individuelles Kapital индивидуа́льный капита́л
industrielles Kapital промы́шленный капита́л
kaufmännisches Kapital торго́вый капита́л, купеческий капита́л
konstantes Kapital постоя́нный капита́л
konstantes Kapital скры́тый капита́л
merkantiles Kapital торго́вый капита́л, купеческий капита́л
mobiles Kapital моби́льный капита́л
negatives Kapital негати́вный капита́л *(превыше́ние задо́лженности над сто́имостью иму́щества предприя́тия)*
personifiziertes Kapital персонифицированный капита́л
potenzielles Kapital потенциа́льный капита́л
produktives Kapital производи́тельный капита́л
prozessierendes Kapital функциони́рующий капита́л; капита́л, пу́щенный в оборо́т
registriertes Kapital зарегистри́рованный *(акционе́рный)* капита́л
sachliches Kapital ве́щный капита́л
stehendes Kapital основно́й капита́л
steriles Kapital беспло́дный капита́л, стери́льный капита́л
suspendiertes Kapital вы́свободившийся капита́л
totes Kapital мёртвый капита́л, омертвлённый капита́л; капита́л, не приносящий дохо́д
überflüssiges Kapital избы́точный капита́л; избы́ток капита́ла
unbeschäftigtes Kapital бездéйствующий капита́л, омертвлённый капита́л, заморо́женный капита́л
unbeschäftigtes industrielles Kapital бездéйствующий промы́шленный капита́л
variables Kapital переме́нный капита́л
verausgabtes Kapital израсхо́дованный капита́л
verfügbares Kapital нали́чный капита́л
verleihbares Kapital ссу́дный капита́л
verwertetes Kapital испо́льзованный капита́л; капита́л, сто́имость кото́рого возросла́
verzehrtes Kapital потреблённый капита́л
vorgeschossenes Kapital аванси́рованный капита́л
Kapitalabberufung *f* изъя́тие капита́ла
Kapitalabfindung *f* единовре́менное возмеще́ние ущёрба, единовре́менное возмеще́ние убы́тков
Kapitalabfluss *m* отто́к капита́ла, утёчка капита́ла, отли́в капита́ла, бе́гство капита́ла
Kapitalabwanderung *f* утёчка капита́ла, отли́в капита́ла, бе́гство капита́ла
Kapitalabzug *m* изъя́тие капита́ла, отка́з от уча́стия капиталом в дела́х фи́рмы
Kapitalakkumulation *f* накопле́ние капита́ла
Kapitalangebot *n* предложе́ние капита́ла
Kapitalanhäufung *f* накопле́ние капита́ла
Kapitalanlage *f* инвести́ции, капиталовложе́ния, помеще́ние капита́ла
Kapitalanlagebereich *m* о́бласть *(прибыльного)* приложе́ния капита́ла
Kapitalanlagegesellschaft *f* инвестиционная компа́ния
Kapitalanlagesphäre *f* сфе́ра *(прибыльного)* приложе́ния капита́ла
Kapitalanlagezweig *m* о́бласть *(прибыльного)* приложе́ния капита́ла
Kapitalansammlungsvertrag *m* догово́р о накоплении средств *(для жили́щного строи́тельства ча́сто с предоставле́нием льгот)*
Kapitalanteil *m* до́ля в капитале, уча́стие в капитале; пай в предприя́тии
Kapitalanwendungssphäre *f* сфе́ра *(прибыльного)* приложе́ния капита́ла
Kapitalarmut *f* нехва́тка капита́ла
Kapitalaufstockung *f* увеличе́ние основно́го капита́ла
Kapitalaufwand *m* затра́ты капита́ла; капита́льные затра́ты
Kapitalaufwendung *f* затра́ты капита́ла; капита́льные затра́ты
Kapitalaufwertung *f* увеличе́ние сто́имости капита́ла
Kapitalausfuhr *f* вы́воз капита́ла, экспорт капита́ла
Kapitalausgaben *f, pl* затра́ты капита́ла; капита́льные затра́ты
Kapitalauslagen *f, pl* затра́ты капита́ла; капита́льные затра́ты
Kapitalausrüstung *f* основны́е сре́дства произво́дства
Kapitalausrüstungen *f, pl* основны́е сре́дства произво́дства

Kapitalausstattung *f* капиталовооружённость

Kapitalausweitung *f* экстенси́вное увеличе́ние капита́ла

Kapitalbedarf *m* потре́бность в капитале; спрос на капита́л

Kapitalbeschaffung *f* привлече́ние капита́ла, мобилиза́ция капита́ла

Kapitalbesteuerung *f* обложе́ние дохо́дов от капита́ла нало́гом, обложе́ние капита́ла нало́гом

Kapitalbeteiligung *f* долево́е уча́стие в *(акционе́рном)* капитале
staatliche Kapitalbeteiligung долево́е уча́стие госуда́рства в *(акционе́рном)* капитале

Kapitalbetrag *m* су́мма капита́ла, величина́ капита́ла

Kapitalbewegung *f* движе́ние капита́ла

Kapitalbewilligung *f* предоставле́ние капита́ла

Kapitalbilanz *f* бала́нс оборачиваемости капита́лов и креди́тов, бала́нс движе́ния капита́лов *(часть платёжного бала́нса страны́, охва́тывает движе́ние капита́лов, измене́ния в междунаро́дных тре́бованиях и обяза́тельствах)*

kapitalbildend капиталообразующий

Kapitalbildung *f* образова́ние капита́ла

Kapitalbildungskraft *f* спосо́бность к образова́нию капита́лов

Kapitalbindung *f* привлече́ние средств; капиталовложе́ния, затра́ты капита́ла
hohe Kapitalbindung больши́е капиталовложе́ния

Kapitalbudget *n* бюдже́т капиталовложе́ний

Kapitalcharakter *m* хара́ктер капита́ла

Kapitaldeckungsverfahren *n* поря́док предоставле́ния средств для бу́дущих вы́плат *(по социа́льному страхова́нию)*, систе́ма предоставле́ния средств для бу́дущих вы́плат *(по социа́льному страхова́нию)*

Kapitaldienst *m* платежи́ по нетоварным операциям *(напр., в погаше́ние креди́тов и за́ймов, упла́та проце́нтов, вы́плата пе́нсий)*

Kapitaleigentum *n* капита́л-со́бственность

Kapitaleinfuhr *f* ввоз капита́ла, и́мпорт капита́ла

Kapitaleinfuhrland *n* страна́, ввозя́щая капита́л, страна́, импортирующая капита́л

Kapitaleinkommen *n* дохо́д с капита́ла *(дивиде́нд, ссу́дный проце́нт, при́быль, приносимая дополни́тельными вложе́ниями капита́ла)*

Kapitaleinlage *f* долево́е уча́стие в *(акционе́рном)* капитале, долево́е уча́стие в капитале акционе́рного о́бщества

Kapitalemission *f* эми́ссия капита́ла

Kapitalentwertung *f* обесце́нение капита́ла

Kapitalentwertungskonto *n* счёт обесценения капита́ла

Kapitalentwicklungsfonds *m* фонд капита́льного разви́тия *(ООН)*

Kapitalerhaltung *f*, **nominelle** сохране́ние номина́льной сто́имости капита́ла

Kapitalerhöhung *f* увеличе́ние капита́ла, рост основно́го капита́ла *(фи́рмы)*
bedingte Kapitalerhöhung увеличе́ние основно́го капита́ла фи́рмы при соблюде́нии определённых усло́вий

Kapitalerneuerung *f* обновле́ние капита́ла

Kapitalersatz *m* возмеще́ние капита́ла

Kapitalertrag *m* дохо́д с капита́ла *(дивиде́нд, ссу́дный проце́нт, при́быль, приносимая дополни́тельными вложе́ниями капита́ла)*

Kapitalertragssteuer *f* нало́г на дохо́д с капита́ла

Kapitalexport *m* экспорт капита́ла, вы́воз капита́ла

Kapitalexporteur *m* экспортёр капита́ла

Kapitalfetischismus *m* фетиши́зм капита́ла

Kapitalflucht *f* отли́в капита́ла, уте́чка капита́ла *(за грани́цу, где ни́же нало́ги)*

Kapitalfluss *m* перелив капита́лов

Kapitalfunktion *f* капита́л-де́ятельность, капита́л-фу́нкция

Kapitalgeber *m* инве́стор, инвеститор

Kapitalgesellschaft *f* о́бщество, компа́ния *(в кото́рых гла́вную роль игра́ет капита́л, вло́женный партнёрами - акционе́рное о́бщество, о́бщество с ограни́ченной отве́тственностью)*

Kapitalgestalt *f* фо́рма капита́ла

Kapitalgewinn *m* при́быль на *(вло́женный)* капита́л

Kapitalgröße *f* разме́р капита́ла, величина́ капита́ла

Kapitalgüter *n pl* основны́е сре́дства произво́дства

Kapitalgüterindustrie *f* промы́шленность, производя́щая основны́е сре́дства произво́дства, промы́шленность основны́х средств произво́дства

Kapitalguthaben *n pl* капита́л, акти́вы
liberalisierte Kapitalguthaben либерализованные счета́ капита́лов, принадлежа́щих иностра́нцам

Kapitalherabsetzung *f* сокраще́ние капита́ла *(напр., акционе́рного)*, уменьше́ние капита́ла *(напр., акционе́рного)*

Kapitalherrschaft *f* госпо́дство капита́ла

Kapitalhilfe *f* фина́нсовая по́мощь, по́мощь в финансировании *(напр., развивающимся стра́нам)*

Kapitalhilfekredit *m* фина́нсовые сре́дства *(предоставляются, как прави́ло, развивающимся стра́нам на льго́тных усло́виях)*

Kapitalhunger *m* нехва́тка капита́ла

Kapitalien *n pl* капита́льные вложе́ния

Kapitalimport *m* ввоз капита́ла, и́мпорт капита́ла

Kapitalimportland *n* страна́, ввозя́щая капита́л, страна́, импортирующая капита́л

Kapitalintensität *f* капиталоёмкость

kapitalintensiv капиталоемкий

Kapitalinvestierung *f* вложе́ние капита́ла, инвести́рование

Kapitalinvestitionen *f, pl* инвести́ции, капиталовложе́ния, помеще́ние капита́ла

Kapitalisation *f* капитализа́ция, определе́ние величины́ дохо́дов и расхо́дов, ожида́емых в бу́дущем

kapitalisieren *vt* капитализи́ровать, обраща́ть в капита́л

Kapitalisierung *f* капитализа́ция, определе́ние величины́ дохо́дов и расхо́дов, ожида́емых в бу́дущем

Kapitalisierungszinsfuß *m* проце́нт капитализации

Kapitalismus *m* капитали́зм

Kapitalist *m* капитали́ст

Kapitalistengemeinschaft *f* объедине́ние капитали́стов

kapitalistisch капиталисти́ческий

Kapitalknappheit *f* нехва́тка капита́ла

Kapitalkoeffizient *m* коэффицие́нт капитальных затра́т

Kapitalkonto *n* счёт капита́ла
negatives Kapitalkonto счёт капита́ла, пока́занный в акти́ве бала́нса

Kapitalkonzentration *f* концентра́ция капита́ла

Kapitalkosten *pl* капита́льные затра́ты

Kapitalkraft *f* фина́нсовая мощь

kapitalkräftig облада́ющий фина́нсовой мо́щью; состоя́тельный

Kapitalkreis *m* кругооборо́т капита́ла

Kapitalkreislauf *m* кругооборо́т капита́ла

kapitallos лишённый капита́ла, не владе́ющий капиталом

Kapitalmacht *f* власть капита́ла, могу́щество капита́ла

Kapitalmagnat *m* кру́пный капитали́ст, магна́т

Kapitalmangel *m* нехва́тка капита́ла

Kapitalmarkt *m* ры́нок долгосро́чных капита́лов, ры́нок ссудных капита́лов; ры́нок долгосро́чных креди́тов
organisierter Kapitalmarkt би́ржа; организо́ванный ры́нок капита́лов
privater Kapitalmarkt ры́нок ча́стных ссудных капита́лов
Kapitalmarktzins *m* проце́нт на ры́нке долгосро́чных капита́лов
Kapitalmarktzlns *m* ссу́дный проце́нт
Kapitalmasse *f* ма́сса капита́ла
Kapitalmenge *f* ма́сса капита́ла; величина́ капита́ла, объём капита́ла
Kapitalminimum *n* ми́нимум капита́ла, минима́льный разме́р капита́ла
Kapitalmonopol *n* монопо́лия капита́ла
Kapitalmystifikation *f* мистифика́ция капита́ла
Kapitalnachfrage *f* спрос на капита́л
Kapitalneuinvestitionen *f, pl* но́вые инвести́ции, но́вые капиталовложе́ния
Kapitalnot *f* потре́бность в капитале; нехва́тка капита́ла
Kapitalpapier *n* це́нная бума́га
Kapitalproduktivität *f* производи́тельность капита́ла
Kapitalprofit *m* при́быль с капита́ла
Kapitalquantum *n* величина́ капита́ла, объём капита́ла
Kapitalreichtum *m* изоби́лие капита́ла
Kapitalrente *f* капиталистическая ре́нта, ре́нта с капита́ла
Kapitalrentner *m* капитали́ст-рантье́
Kapitalreproduktion *f* воспроизво́дство капита́ла
Kapitalreserve *f* резе́рв капита́ла, запа́с капита́ла
Kapitalrückführung *f* репатриа́ция капита́ла
Kapitalrücklage *f* созда́ние резе́рвов капита́ла, созда́ние запа́сов капита́ла; резе́рв капита́ла, запа́с капита́ла
Kapitalrückzahlung *f* возвра́т капита́ла
Kapitalrückzug *m* изъя́тие капита́ла, отка́з от уча́стия капиталом в дела́х фи́рмы
Kapitalsammelstellen *f, pl* предприя́тия, аккумули́рующие свобо́дные де́нежные сре́дства
Kapitalsättigung *f* капиталонасыщение; капиталонасыщенность
Kapitalschutzabkommen *n* соглаше́ние о гара́нтиях, предоставляемых иностра́нным инвесторам
kapitalschwach бе́дный капиталами
Kapitalsparvertrag *m* догово́р о накоплении капита́ла *(из страховы́х пре́мий)*
Kapitalsteuer *f* нало́г на капита́л
Kapitalstock *m* совоку́пный основно́й капита́л *(наро́дного хозя́йства, о́трасли и др.)*; основны́е фо́нды
Kapitalstrom *m* прито́к капита́лов
Kapitalstruktur *f* структу́ра капита́ла
Kapitalsubstanz *f* субста́нция капита́ла
Kapitalsumme *f* су́мма капита́ла, величина́ капита́ла
Kapitalteil *m* часть капита́ла, элеме́нт капита́ла
fixer Kapitalteil основно́й капита́л *(как элеме́нт капита́ла вообще́)*
zirkulierender Kapitalteil оборо́тный капита́л *(как элеме́нт капита́ла вообще́)*
Kapitaltransaktion *f* опера́ция с капиталом, сде́лка, объе́ктом которо́й явля́ются капиталы
Kapitaltransfer *m* трансфе́рт капита́ла, перемеще́ние капита́ла
Kapitalüberfluss *m* избы́ток капита́лов
Kapitalüberfremdung *f* засилье иностра́нного капита́ла
Kapitalüberhang *m* избы́ток капита́ла
Kapitalüberschuss *m* избы́ток капита́ла
Kapitalübertragung *f* трансфе́рт капита́ла, перемеще́ние капита́ла
Kapitalumfang *m* объём капита́ла, величина́ капита́ла
Kapitalumsatz *m* оборо́т капита́ла, кругооборо́т капита́ла *(оди́н цикл)*
Kapitalumschlag *m* оборо́т капита́ла, кругооборо́т капита́ла *(оди́н цикл)*
Kapitalumsetzung *f* перемеще́ние капита́ла
Kapitalverbrauch *m* потребле́ние капита́ла
Kapitalverflechtung *f* сра́щивание капита́лов, слия́ние капита́лов
Kapitalverhältnisse *n pl* капиталисти́ческие отноше́ния
Kapitalverkehr *m* оборо́т капита́ла, обраще́ние капита́ла
Kapitalverkehrsbilanz *f* бала́нс обора́чиваемости капита́лов и креди́тов, бала́нс движе́ния капита́лов
Kapitalverkehrskontrollen *f, pl* законода́тельные ме́ры контро́ля оборо́та капита́ла
Kapitalverkehrssteuer *f* нало́г на оборо́т капита́ла *(объединя́ет акционе́рный и биржево́й нало́ги)*, нало́г на оборо́тный капита́л
Kapitalverlagerung *f* перемеще́ние капита́ла
Kapitalverleiher *m* лицо́, ссужающее капита́л
Kapitalverlust *m* поте́ря капита́ла
Kapitalvermehrung *f* приращéние капита́ла, увеличе́ние капита́ла
Kapitalverminderung *f* уменьше́ние капита́ла
Kapitalvermögen *n* капита́л; основны́е сре́дства произво́дства
Kapitalvernichtung *f* уничтоже́ние капита́ла
Kapitalverschiebung *f* перемеще́ние капита́ла
Kapitalverschleiß *m* изна́шивание капита́ла, изно́с капита́ла
Kapitalversicherung *f* страхова́ние жи́зни на оговорённую су́мму, страхова́ние жи́зни на твёрдо устано́вленную страхову́ю су́мму *(выпла́чиваемую при наступле́нии страхово́го слу́чая)*
Kapitalvertiefung *f* «углубле́ние капита́ла» *(характеризу́ет увеличе́ние продолжи́тельности пери́ода ме́жду нача́лом и завершением произво́дственного ци́кла)*
Kapitalverwaltungsgesellschaft *f* инвестиционная компа́ния
Kapitalverwässerung *f* разбавле́ние капита́ла *(рост акционе́рного капита́ла, при кото́ром вну́тренняя сто́имость акти́вов не увели́чивается)*, разводнение капита́ла
Kapitalverwertung *f* испо́льзование капита́ла; при́быльное приложе́ние капита́ла; увеличе́ние сто́имости капита́ла
Kapitalverzehr *m* потребле́ние капита́ла
Kapitalvorrat *m* резе́рв капита́ла, запа́с капита́ла
Kapitalvorschuss *m* аванси́рованный капита́л
Kapitalwanderung *f* мигра́ция капита́ла
Kapitalwert *m* сто́имость капита́ла; совоку́пный капита́л
gesellschaftlicher Kapitalwert сто́имость обще́ственного капита́ла
konstanter Kapitalwert постоя́нная сто́имость капита́ла
ursprünglicher Kapitalwert первонача́льная сто́имость капита́ла
variabler Kapitalwert переме́нная сто́имость капита́ла
verwerteter Kapitalwert возро́сшая сто́имость капита́ла
Kapitalwirtschaft *f* капиталисти́ческое хозя́йство; хозя́йство капита́ла *(привлече́ние, управле́ние и испо́льзование капита́ла)*
kapitalwirtschaftlich капиталисти́ческий
Kapitalzersplitterung *f* дробле́ние капита́ла, раздробле́ние капита́ла
Kapitalzins *m* проце́нт на капита́л
Kapitalzinstheorie *f* тео́рия при́были на капита́л, тео́рия нараста́ния капита́ла *(Бём - Баверка)*
Kapitalzirkulation *f* обраще́ние капита́ла
Kapitalzufluss *m* прито́к капита́ла
Kapitalzufuhr *f* прито́к капита́ла

Kapitalzuführung *f* приток капитала
Kapitalzuführungen *f, pl* прилив капитала, приток капитала
internationale Kapitalzuführungen международное движение капиталов
Kapitalzurücklegung *f* создание резервов капитала, создание запасов капитала; резерв капитала, запас капитала
Kapitalzusammenlegung *f* объединение капиталов; сокращение (основного) капитала *(акционерного общества)*
Kapitalzusammensetzung *f* состав капитала
Kapitalzuschussland *n* страна, импортирующая капитал
Kapitalzuwachs *m* прирост капитала, прирост курсовой стоимости ценных бумаг
Kapitelnorm *f* норма расходов бюджетного учреждения
KapSt:
KapSt, Kapitalertragssteuer налог на доходы с капитала
KapSt, Kapitalertragssteuer налог с дохода от помещённого капитала
KapSt, Kapitalverkehrssteuer налог с оборота акционерного общества
Kardinalnutzen *m* количественная полезность
Kardinalskala *f* количественная шкала *(оценок)*
Karenz *f* время ожидания, срок ожидания; время до начала выплаты *(напр., пособия, пенсии)*
Karenztage *m, pl* время ожидания, срок ожидания; время до начала выплаты *(напр., пособия, пенсии)*
Karenzzeit *f* время ожидания, срок ожидания; время до начала выплаты *(напр., пособия, пенсии)*
Karibische Schifffahrtsgesellschaft Карибская судоходная компания, КСК
Karte *f* карта; карточка
Kartei *f* картотека
Kartei-Technik *f канц.* картотечная техника
Karteibehälter *m* ящик картотеки
Karteibuchführung *f* копиручёт
Karteikarte *f* карточка из картотеки, картотечная карточка
Karteikasten *m* ящик картотеки
Karteimöbel *n pl* картотечная мебель
Karteiwesen *n* картотечная система
Karteizettel *m* карточка из картотеки, картотечная карточка
Kartell *n* картель *(одна из форм соглашения частных или государственных предприятий и союзов с целью ограничения конкуренции на рынке)*
Kartellabkommen *n* картельное соглашение
Kartellbildung *f* образование картеля
Kartellbindungen *f, pl* картели, картельные объединения
kartellgebunden картелированный, объединённый в картель
Kartellgenosse *m* член картеля, участник картеля
Kartellgesetz *n* закон о картелях
kartellieren *vt* картелировать, объединять в картель
kartelliert картелированный
kartellierte Erzeugnisse продукция картелированных предприятий
kartellierte Preise картельные цены
Kartellierung *f* картелирование, объединение в картель
Kartellmitglied *n* член картеля, участник картеля
Kartellpreis *m* картельная цена
Kartellrecht *n* картельное право
Kartellrente *f* картельная рента
Kartellverband *m* объединение в форме картеля, картельное объединение
Kartellvereinbarung *f* картельное соглашение
Kartellvereinigung *f* объединение в форме картеля, картельное объединение
Kartellvertrag *m* картельный договор
Kartellzwang *m* принудительное объединение в картель
Kartenakzeptanz *f* устройство для (считывания) и акцептования пластиковых карт
MasterCard/VISA-Akzeptanz für Händler устройство для (считывания) и акцептования пластиковых карт для торгующих организаций
Kartendoppler *m вчт.* перфоратор-репродуктор
Kartendurchlauf *m вчт.* поток перфокарт
Karteneingabe *f вчт.* ввод карт
Kartengang *m вчт.* карточный цикл
Kartenkopf *m вчт.* надцифровое поле перфокарты, чистое поле перфокарты
Kartenlocher *m вчт.* перфоратор
Kartenlochung *f обр. дан* перфорация карт, перфорирование карт
Kartenterminal карточный терминал
kartieren *vt* нанести результат расчёта на географическую карту; включить в картотеку
Kartierung *f* оформление отгрузочных документов в международных перевозках железной дорогой *(для расчётов между станциями отправления и назначения)*
Kartogramm *n* картограмма, картодиаграмма
Karton *m* картон; картонная коробка
kartoniert упакованный в картонные коробки
Kasko *m* каско, транспортное средство *(судно, самолёт, автомобиль)*
Kasko-Versicherung *f* страхование транспортных средств
Kaskoversicherung *f* страхование каско
Kassa *f австр.* касса; сейф; сберегательная касса; наличные деньги; больничная касса; окошко кассы
Kassageschäft *n* кассовая сделка, сделка на фондовой бирже *(платежи по таким сделкам осуществляются в день их заключения или в ближайшие дни в отличие от срочных сделок)*
Kassakurs *m бирж.* курс кассовых сделок, курс фондовых ценностей при кассовых сделках на бирже
Kassamarkt *m бирж.* рынок кассовых сделок
Kassanotiz *f* котировка по кассовым сделкам
Kassapreis *m бирж.* курс кассовых сделок, курс фондовых ценностей при кассовых сделках на бирже
Kassascheck *m* чек на предъявителя, предъявительский чек
Kassaware *f бирж.* товар по кассовым сделкам
Kassazahlung *f* уплата наличными
Kasse *f* касса; сейф; сберегательная касса; наличные деньги; больничная касса; окошко кассы
gegen Kasse kaufen покупать за наличные
Kasse gegen Dokumente документы, обеспечивающие наличный расчёт, аккредитив, наличные против документов
operative Kasse операционная касса
soziale Kasse социальная касса
Kassekonto *n бухг.* счёт кассы
Kassenanweisung *f* ассигновка; банковский билет; кассовый чек *(в магазине)*
Kassenausgabe *f* кассовый расход *(бюджета)*
Kassenbeleg *m* кассовый документ
Kassenbericht *m* отчёт о состоянии кассы, кассовый отчёт; кассовая рапортичка
Kassenbestand *m* кассовая наличность, денежная наличность кассы
Kassenbuch *n* кассовый реестр, приходно-расходная книга
Kassendefizit *n* кассовый дефицит
Kassendifferenz *f* разница между кассовой наличностью и данными бухгалтерского учёта

Kassenfehlbetrag *m* кассовый дефицит, недостача в кассе

Kassenfehlbetragsrechnung *f* подведение баланса кассы за каждый день с целью выявления возможных недостач

Kassengeschäft *n* кассовая сделка, сделка на фондовой бирже *(платежи по таким сделкам осуществляются в день их заключения или в ближайшие дни в отличие от срочных сделок)*

Kassenlimit *n* лимит кассовой наличности

Kassenobligation *f (казначейское)* обязательство с твёрдым процентом

Kassenplan *m* кассовый план

Kassenrabatt *m* скидка за платёж наличными

Kassenrechnung *f* кассовый учёт, учёт кассовых операций; рапортичка о кассовых операциях, кассовая рапортичка

Kassenreserve *f* кассовый резерв

Kassenreservebestand *m* оборотная кассовая наличность

Kassenrestbestand *m* остаток кассовой наличности

Kassenscheck *m* кассовый чек, чек на оплату наличными

Kassenscheine *m, pl* среднесрочные облигации

Kassensturz *m* ревизия кассы

Kassenüberschuss *m* кассовый излишек

Kassenumsatzplanung *f* планирование кассового оборота

Kassenverkehr *m* движение средств по статьям кассы, кассовые операции

Kassenvollzugsorgan *n* финансовый орган; кассовый исполнительный орган

Kassenvorrat *m* кассовый резерв

Kastenordnung *f* кастовый строй

Kastenwesen *n* кастовый строй

Kat., Katalog *m* каталог

Katallaktik *f* каталактика *(термин, предлагавшийся с конца XIX в. для общей характеристики взаимодействия рыночных сил)*

Katalog *m* каталог; справочник
erzeugnisgebundener Katalog тарифно-квалификационный справочник по видам изделий
technologiegebundener Katalog тарифно-квалификационный справочник по технологическому признаку

Katalogpreis *m* справочная цена, цена по каталогу

Kataster *m* (земельный) кадастр

Katasteramt *n* землемерное управление; землемерный отдел; Управление подушных податей *(Австрия)*

Katasteraufnahme *f* внесение в кадастр; составление кадастра

Katasterfläche *f* площадь, указанная в кадастре

Katasterkarte *f* кадастровая карта

Katastersteuer *f* кадастровый налог (*прямой налог ср.* **Tarifsteuer**)

Katastrierung *f* внесение в кадастр; составление кадастра

Katastrophenrückstellung *f страх.* резерв для покрытия возможных убытков в случае катастроф

Kategorialreihen *f, pl* некорректные статистические ряды, неправильно построенные статистические ряды

Kategorie *f* категория

kategorisieren *vt* распределить по категориям; разбивать на категории (напр. внутри каталога)

Kauf *m* покупка, купля
Kauf ab Lager покупка со склада
Kauf auf Abruf покупка по отзыву
Kauf auf Besicht пробная покупка, покупка на пробу; покупка с условием осмотра
Kauf auf Borg покупка в кредит
Kauf auf fest покупка за наличный расчёт
Kauf auf feste Lieferung твёрдая сделка
Kauf auf feste Rechnung твёрдая сделка
Kauf auf Kredit покупка в кредит
Kauf auf Lieferung покупка с доставкой
Kauf auf Probe пробная покупка, покупка на пробу
Kauf auf Umtausch покупка с правом обмена купленного
Kauf auf Zeit покупка в кредит
Kauf auf Ziel покупка в кредит
Kauf aus erster Hand покупка из первых рук
Kauf in Bausch und Bogen покупка гуртом, покупка полностью, покупка без остатка
Kauf nach Muster покупка по образцам *(чаще всего мелкооптовая торговля)*
Kauf nach Probe покупка по образцам *(чаще всего мелкооптовая торговля)*
Kauf nach Typ покупка по среднему образцу
Kauf zu einem annehmbaren Preis покупка по сходной цене
Kauf zur Probe пробная покупка, покупка на пробу
einen Kauf abschließen заключить сделку купли-продажи, совершить покупку
einen Kauf rückgängig machen признавать сделку купли-продажи недействительной
einen Kauf vermitteln посредничать в купле
exekutiver Kauf *бирж.* покупка в порядке экзекутирования *(клиента или счёта)*
fixer Kauf твёрдая сделка

Kauf eines gebrauchten PKW покупка подержанного автомобиля

Kauf- und Verkaufsakt *m* акт купли-продажи
Kauf- und Verkaufsvereinbarung *f* соглашение о купле-продаже

Kauf-Rückvermietung *f* сделка, при которой продавец арендует купленные у него товары

Kaufabschluss *m* заключение сделки купли-продажи, совершение покупки

Kaufangebot *n* предложение продать, предложение продажи *(исходящее от продавца)*; предложение купить, предложение покупки *(исходящее от покупателя)*; предложение торговой сделки

Kaufantrag *m* поручение на покупку

Kaufauftrag *m* поручение на покупку

kaufbar продающийся, продажный

Kaufbrief *m* торговый договор, договор купли-продажи

kaufen *vt* купить, покупать

Kaufentscheidung *f* принятие решения о покупке

Kaufentscheidungsprozess *m* процесс принятия решения о покупке (в маркетинговой практике); процесс мотивации покупки
extensiver Kaufentscheidungsprozess экстенсивное решение о покупке
limitierter Kaufentscheidungsprozess лимитированное решение о покупке (напр. в условиях дефицита товара)
routinemäßiger Kaufentscheidungsprozess традиционное решение о покупке; принятие решения о покупке под воздействием традиционных факторов
impulsiver Kaufentscheidungsprozess импульсивное решение о покупке

Käufer *m* покупатель
minderbemittelter Käufer малоимущий покупатель

Käuferbank *f* банк, обслуживающий покупателей

Käuferbefragung *f* опрос покупателей

Käuferbetrieb *m* предприятие-покупатель

Käuferfirma *f* фирма-покупатель

Käuferkredit *m* потребительский кредит

Käuferland *n* страна-покупатель

Käufermarkt *m* рынок покупателя *(складывается при превышении предложения над спросом)*; рынок с благоприятной для покупателей конъюнктурой

Käufermonopol *n* монополия покупателей, монопо́лия покупа́теля

Käufernachfrage *f* потреби́тельский спрос

Käuferstromanalyse *f* ана́лиз ри́тма пото́ка покупа́телей

Käuferstruktur *f* соста́в покупа́телей

Käuferwünsche *m, pl* запро́сы покупа́телей

Käuferzusammensetzung *f* соста́в покупа́телей

Kauffähigkeit *f* покупа́тельная спосо́бность

Kauffahrtei *f* торго́вое судохо́дство; морска́я торго́вля

Kauffahrteiflotte *f* торго́вый флот, комме́рческий флот

Kauffonds *m, pl* покупательные фо́нды *(часть средств населе́ния, предназна́ченная для опла́ты потреби́тельских това́ров)*; покупа́тельная спосо́бность *(населе́ния)*

Kauffondsüberhang *m* часть покупательных фо́ндов, оста́вшихся неиспользованными; превыше́ние покупательных фо́ндов над предложе́нием това́ров и услу́г

Kauffreudigkeit *f* повы́шенный спрос *(на това́ры)*

Kaufgegenstand *m* предме́т поку́пки, предме́т ку́пли-прода́жи

Kaufgeld *n* покупна́я цена́, прода́жная цена́

Kaufgeschäft *n* поку́пка, сде́лка ку́пли-прода́жи; торго́вое де́ло

Kaufgesuch *n* объявле́ние о поку́пке, запро́с на поку́пку (напр. объявле́ние в газе́те, на доске́ объявле́ний в Интерне́т в рубриках «Ищу́» и́ли «Куплю́»)

Kaufhalle *f* универса́м; торго́вые ряды́; кры́тый ры́нок

Kaufhandel *m* торго́вля, ку́пля-прода́жа

Kaufhaus *n* универса́льный магази́н, универма́г; торго́вый дом *(фи́рма)*; това́рный склад

Kaufherr *m* кру́пный торго́вец; владе́лец торго́вого дома́

Kaufkapazität *f* покупа́тельная си́ла *(де́нег)*

Kaufkontrakt *m* торго́вый догово́р, торго́вый контра́кт, догово́р ку́пли-прода́жи

Kaufkraft *f* покупа́тельная спосо́бность *(населе́ния)*; покупа́тельная спосо́бность, покупа́тельная си́ла *(де́нег)*
nominelle Kaufkraft номина́льная покупа́тельная спосо́бность
reale Kaufkraft реа́льная покупа́тельная спосо́бность

Kaufkraftausfall *m* паде́ние покупа́тельной спосо́бности

Kaufkraftentzug *m* сниже́ние покупа́тельной спосо́бности

kaufkräftig облада́ющий покупа́тельной спосо́бностью; облада́ющий покупа́тельной си́лой *(о деньга́х)*

Kaufkraftindex *m* инде́кс покупа́тельной спосо́бности

Kaufkraftminderung *f* уменьше́ние покупа́тельной спосо́бности

kaufkraftmobilisierend повыша́ющий покупа́тельную спосо́бность

Kaufkraftparität *f* парите́т покупа́тельной силы́ *(валю́т)*

Kaufkraftschrumpfung *f* паде́ние покупа́тельной спосо́бности

Kaufkraftschwund *m* паде́ние покупа́тельной спосо́бности

Kaufkraftüberhang *m* превыше́ние спро́са над предложе́нием; избы́ток де́нег, «де́нежный наве́с» *(превыше́ние де́нежной ма́ссы над товарным предложе́нием)*

Kaufkraftvolumen *n* объём покупа́тельной спосо́бности

Kaufkraftwährung *f* валю́та, курс кото́рой зави́сит от колеба́ний и́ндексов цен

Kaufkurs *m бирж.* курс покупа́телей

käuflich продаю́щийся, име́ющийся в прода́же; прода́жный

Kauflust *f* покупа́тельский спрос *(на това́ры)*
die Kauflust wecken оживи́ть спрос

Kaufmann *m* торго́вец, коммерса́нт; купе́ц; специали́ст по торго́вле, специали́ст по эконо́мике торго́вли
ordentlicher Kaufmann добросо́вестный коммерса́нт

kaufmännisch торго́вый, комме́рческий; купеческий

Kaufmannkapital *n* торго́вый капита́л

Kaufmannschaft *f* комме́рческий мир, круг коммерсантов, круг торго́вцев; купеческое сосло́вие, купе́чество, купцы

Kaufmannsgilde *f ист.* купе́ческая ги́льдия

Kaufmannsgut *n* това́р; ки́па, тюк

Kaufmannskapital *n* торго́вый капита́л, купеческий капита́л

Kaufmittel *n* сре́дство, облада́ющее покупа́тельной спосо́бностью
allgemeines Kaufmittel сре́дство, облада́ющее всео́бщей покупа́тельной спосо́бностью

Kaufmotiv *n* моти́в поку́пки

Kaufmotivforschung *f* изуче́ние моти́вов поку́пки, мотивационный ана́лиз

Kaufobjekt *n* предме́т ку́пли-прода́жи, объе́кт ку́пли-прода́жи

Kauforder *f* поруче́ние на поку́пку

Kaufordre *f* поруче́ние на поку́пку

Kaufprämie *f* пре́мия покупа́телю за поку́пку

Kaufpreis *m* цена́ покупа́теля, покупна́я цена́, прода́жная цена́

Kaufpreisminderung *f* сниже́ние покупно́й цены́, сниже́ние продажной цены́

Kaufreiz *m* привлека́тельность това́ра; стимули́рование поку́пок; сре́дство стимули́рования поку́пки

Kaufschilling *m* зада́ток

Kaufsteuer *f* нало́г на поку́пку

Kaufstimmung *f* покупа́тельский спрос *(на това́ры)*

Kaufteile *n pl* дета́ли и изде́лия, поставля́емые предприя́тию-продуценту субпоставщиками

Kaufvertrag *m* догово́р ку́пли-прода́жи *(обою́дное волеизъявле́ние, в результа́те кото́рого покупа́тель обязу́ется уплати́ть и приня́ть това́р, а продаве́ц переда́ть пра́во владе́ния)*

Kaufvoranschlag *m* сме́та сто́имости поку́пки

Kaufware *f* това́р

kaufweise путём поку́пки

Kaufwert *m* теку́щая покупна́я цена́, теку́щая прода́жная цена́

Kaufzeit *f* вре́мя, необходи́мое для превраще́ния де́нежного капита́ла в производи́тельный

Kausalanalyse *f* причи́нный ана́лиз, кауза́льный подхо́д *(к изуче́нию эконо́мики)*

Kausalforschung *f* иссле́дование причи́н

Kausalmonismus *m* кауза́льный мони́зм

Kausalnexus *m* причи́нная связь

Kausalzusammenhang *m* причи́нная связь

Kautel *f* ме́ра предосторо́жности *(при заключе́нии догово́ра)*

Kaution *f* поручи́тельство, предоставле́ние обеспе́чения; зало́г де́нежная су́мма, слу́жащая обеспе́чением
gegen Kaution под поручи́тельство; под зало́г

Kautionseffekten *pl* це́нные бума́ги, слу́жащие обеспе́чением

kautionsfähig име́ющий пра́во выступа́ть поручи́телем; могу́щий предста́вить обеспе́чение, могу́щий внести́ зало́г

Kautionskredit *m* креди́т под обеспе́чение

Kautionskreditgeschäft *n* зало́говая креди́тная опера́ция

kautionspflichtig обя́занный предста́вить поручи́тельство; обя́занный внести́ зало́г

Kautionssumme *f* зало́говая су́мма, су́мма, внесённая в ка́честве зало́га

Kautionsversicherung *f* поручительское страхование
Kautionswechsel *m* вексель обеспечения, обеспечительский вексель
Kavent *m* поручитель
kavieren *vi* выступать поручителем
K.B., Konzessionsbetrieb концессионное предприятие
k.d., K.D., knocked down разобран *(на составные части)*
KE, Kenia Кения, *до 1978г. код* **CD**
Keedoozle-System *n* система самообслуживания
Kehrmatrix *f* обратная матрица
Kehrwert *m* обратная величина; обратное значение
Kellerwechsel *m* бронзовый вексель, дутый вексель, фиктивный вексель
Kenndaten *pl* данные; параметры; характеристики
Kennedy- Runde *f* раунд Кеннеди *(в рамках ГАТТ)*
Kenngröße *f* параметр
Kennlinie *f* характеристическая кривая, характеристика
Kenntnis *f* сведение; знание
in Kenntnis setzen ставить в известность
zur Kenntnis; z.K. к сведению
zur Kenntnis bringen довести до сведения
Kennnummer *f* код; числовая характеристика, характеристическое число
Kennwert *m* параметр; показатель; характеристика; коэффициент
Kennzahl *f* показатель, индекс, коэффициент; числовая характеристика; кодовая цифра, код, кодовое число; шифр
Kennzahlmethode *f* метод укрупнённой номенклатуры продукции *(метод планирования фонда заработной платы)*
Kennzeichen *n* признак *(напр., товарной группы)*; характеристика *(напр., количественная)*; показатель
Kennzeichnung *f* обозначение; характеристика
Kennzeichnungspflicht *f* обязанность продуцента точно обозначать изделия, обязанность продуцента точно обозначать товары
Kennzeichnungszahl *f* индекс
Kennziffer *f* показатель; индекс; характеристическое число, числовая характеристика; кодовая цифра, кодовое число; шифр
Kennziffer der Schadensquote показатель убыточности
abgeleitete Kennziffer производный показатель; приведённый показатель
absolute Kennziffer абсолютный показатель
analytische Kennziffer индивидуальный показатель
einheitliche Kennziffer единый показатель
in Geld ausgedrückte Kennziffer денежный показатель, стоимостный показатель
industriezweigtypische Kennziffer отраслевой показатель
ökonomische Kennziffer экономический показатель
qualitative Kennziffer качественный показатель
quantitative Kennziffer количественный показатель
reziproke Kennziffer обратный показатель
sozialökonomische Kennziffer социально-экономический показатель
synthetische Kennziffer синтетический показатель
technisch-wirtschaftliche Kennziffer технико-экономический показа гель
territoriale Kennziffer территориальный показатель
umgerechnete Kennziffer приведённый показатель
verbindliche Kennziffer обязательный показатель
vorgegebene Kennziffer заданный показатель
wertmäßige Kennziffer стоимостный показатель, денежный показатель
zusammenfassende Kennziffer синтетический показатель
Kennziffernspiegel *m* таблица показателей *(в планировании)*
Kennziffernsystem *n* система показателей
Kerblochkarte *f* карта с краевой перфорацией, перфокарта с краевой перфорацией
Kernbelegschaft *f* кадровый состав рабочих
Kerngeschäft *n* 1. основное направление торговли; основное направление бизнеса 2. основная сделка
Kernproblem *n* основная проблема, коренная проблема
Kernware *f* отборный товар
KES, Kenia-Schilling, -- Kenia Кенийский шиллинг (*код валюты* 404), -- Кения
Kette *f* цепь; *вчт.* строка
freiwillige Kette объединение оптовых и розничных торговых предприятий *(ФРГ)*
Kettenabschluss *m* сделка, заключённая на условии последовательного участия в ней ряда посредников
Kettenhandel *m* торговые операции, осуществляемые при условии последовательного участия в них ряда посредников
Kettenindex *m* цепной индекс
Kettenläden *m, pl* розничные магазины объединения торговых предприятий; сеть однотипных розничных магазинов, учреждаемых одной фирмой; торговые ряды
Kettenmodell *n киб.* цепная модель
Kettenziffer *f стат.* цепной индекс
Keynesianismus *m* кейнсианство
KF, Konsulatsfaktura консульская фактура
K.F.A., Kosten, Fracht, Assekuranz цена, включающая стоимость, фрахт и расходы по страхованию
KFG, Gesetz über den Verkehr mit Kraftfahrzeugen закон об автомобильных *(грузовых и пассажирских)* перевозках
KFIH, Komitee zur Förderung des Internationalen Handels Комитет содействия развитию международной торговли *(с бывш. СССР и другими социалистическими странами)*
KFM:
Kfm., Kaufmann коммерсант
kfm., kaufmännisch коммерческий
KfW:
KfW, Kreditanstalt für Wiederaufbau Банк по реконструкции *(кредитует инвестиции в Германии и за рубежом)*
KfW, Kreditanstalt für Wiederaufbau Кредитаншталь фюр видерауфбау *(один из банков ФРГ)*
KG:
KG, Kirgistan Кыргызстан
KG, Kommanditgesellschaft коммандитное товарищество, товарищество на вере
KG, Konsumgenossenschaft потребительская кооперация, потребительское общество, потребительский кооператив
KGaA, Kommanditgesellschaft auf Aktien акционерное коммандитное товарищество
KGS, Kirgistan-Som, -- Kirgistan Сом (киргизский) (*код валюты* 417), -- Киргизтан
KGV, Konsumgenossenschaftsverband союз потребительских обществ
KH:
KH, Kambodscha Камбоджа
k.H., kurzer Hand zurück незамедлительно вернуть *(помётка на деловой бумаге)*
KHR, Riel, -- Kambodscha Риэль (*код*

валюты 116), -- Камбоджа

Kilogrammpreis *m* цена за килограмм *(применяется в отношении, определённых технических товаров)*

Kilometergeld *n* «километровые деньги» *(возмещение за служебные поездки на собственной машине)*

Kinderarbeit *f* детский труд

Kinderbeihilfe *f* пособие на детей

Kinderermäßigung *f* налоговая льгота для многодетных семей

Kindergeld *n* пособие для многодетных семей; надбавка к заработной плате на детей; надбавка к пенсии на детей; *юр.* отдельное имущество ребёнка

Kindergeldzuschlag *m* надбавка к заработной плате на детей; надбавка к пенсии на детей

Kinderrente *f* пенсия детям, оставшимся без родителей

Kinderunfallversicherung *f* страхование детей от несчастных случаев

Kinderversorgungsversicherung *f* страхование жизни родителей в целях обеспечения детей

Kinderzulage *f* надбавка к заработной плате на детей; надбавка к пенсии на детей

Kinderzuschlag *m* надбавка к заработной плате на детей; надбавка к пенсии на детей

Kinderzuschuss *m* надбавка к заработной плате на детей; надбавка к пенсии на детей

Kirchensteuer *f* церковный налог; *ист.* церковная подать

Kiste *f* ящик *(вид упаковки)*

hölzerne Kiste деревянный ящик

Kistenpackung *f* упаковка в ящиках, ящичная упаковка

Kj., Kalenderjahr календарный год

KK, Krankenkasse больничная страховая касса, страховая касса

KL, Konsumladen магазин потребительской кооперации

Kladdenbuch *n бухг.* черновая книга

Klage *f* жалоба, иск; (исковое) прошение

Klage auf Schadenersatz иск о возмещении убытков, иск о компенсации

dingliche Klage вещный иск

eine Klage einreichen подавать жалобу в суд

Klagefrist *f* срок для возбуждения иска

klagen *vi* подавать в суд, жаловаться

Kläger *m* истец

Klappbehälter *m* складной контейнер

klarieren *vt* очищать от таможенных формальностей, кларировать *(морской груз)*

Klarierer *m* маклер по кларированию *(морских грузов)*

Klarierung *f* очистка от таможенных формальностей, кларирование *(морского груза)*

Klarierungsbrief *m* свидетельство об очистке от таможенных формальностей, таможенное свидетельство

Klarierungsmakler *m* маклер по кларированию *(морских грузов)*

Klarschrift *f* незашифрованный текст

Klarsichtverpackung *f* целлофановая упаковка, прозрачная упаковка

Klasse *f* класс *(общества)*; класс *(разряд, категория)*; класс *(тип вагона, каюты)*

Klasse einer Anleihe разряд займа

gesellschaftliche Klasse общественный класс

herrschende Klasse господствующий класс, правящий класс

produktive Klasse класс производителей

soziale Klasse общественный класс

überlebte Klasse отживающий класс

unproduktive Klasse класс непроизводителей

Klassenauseinandersetzung *f* классовое столкновение

klassenbedingt классовый, классово обусловленный

klassenbewusst классово сознательный

Klassenbeziehungen *f, pl* классовые отношения

Klassenbreite *f* интервал *(группировки)*

Klassendifferenzierung *f* классовая дифференциация, классовое расслоение

Klasseneinteilung *f* классификация

Klassenformation *f* общественная классовая формация

Klassengesellschaft *f* классовое общество

Klassenharmonie *f* классовая гармония

klassenindifferent надклассовый

Klassenmuster *n* типовой образец, стандартный образец

Klassenordnung *f* общественная классовая формация

Klassenschichtung *f* классовая дифференциация, классовое расслоение

Klassenspaltung *f* классовая дифференциация, классовое расслоение

Klassenstaat *m* классовое государство

Klassensteuer *f* дифференцированный налог, поразрядный налог

Klassenstruktur *f* классовый состав; классовая структура *(населения)*

Klassenteilung *f* классовая дифференциация, классовое расслоение

Klassenverhältnisse *n pl* соотношение классов *(внутри общества)*; классовые отношения

Klassenvorrecht *n* классовая привилегия

Klassenwesen *n* классовая сущность

Klassenzusammensetzung *f* классовый состав; классовая структура *(населения)*

klassieren *vt* классифицировать

Klassifikation *f* классификация

klassifizieren *vt* классифицировать

Klassifizierung *f* классификация

Klausel *f* оговорка; ограничительное условие; пункт, статья *(в договоре)*

Klausel der Haftpflichtbeschränkung оговорка об ограничении ответственности

Klausel „ohne Regress" *юр.* безоборотная оговорка

unter der Klausel с оговоркой

Kleinabnehmer *m* мелкий покупатель; мелкий потребитель *(напр., электроэнергии, газа)*

Kleinaktie *f* мелкая акция, акция с невысокой ценой

Kleinaktienbesitzer *m* мелкий акционер, держатель небольшого количества акций

Kleinaktionär *m* мелкий акционер, держатель небольшого количества акций

Kleinausfuhren *f, pl* вывоз мелких партий товара, экспорт мелких партий товара

Kleinautomatisierung *f* малая автоматизация

Kleinbauer *m* мелкий крестьянин

kleinbäuerlich мелкокрестьянский

Kleinbauernschaft *f* мелкое крестьянство

Kleinbauernwirtschaft *f* мелкое крестьянское хозяйство; бедняцкое хозяйство

Kleinbesitz *m* мелкая собственность

bäuerlicher Kleinbesitz мелкая крестьянская собственность

Kleinbesitzer *m* мелкий собственник

Kleinbesitzerinteressen *n pl* мелкособственнические интересы

kleinbesitzerlich мелкособственнический

Kleinbetrieb *m* мелкое предприятие *(в Германии обычно к их числу относят ремесленное или мелкопромысловое предприятие с числом занятых до 5 человек)*; мелкое производство;; *с.-х.* мелкое хозяйство

warenproduzierender Kleinbetrieb мелкотоварное сельскохозяйственное произво́дство

Kleinbezieher *m* ме́лкий покупа́тель, ро́зничный покупа́тель

Kleinbourgeoisie *f* ме́лкая буржуази́я

Kleinbürgertum *n* ме́лкая буржуази́я

Kleineigentum *n* ме́лкая со́бственность

Kleineigentümer *m* ме́лкий со́бственник

Kleineinfuhren *f, pl* ввоз ме́лких па́ртий това́ра, и́мпорт ме́лких па́ртий това́ра

Kleineinkauf *m* поку́пка ме́лких па́ртий това́ра

Kleinerzeuger *m* ме́лкий производи́тель

Kleinfabrikation *f* ме́лкое произво́дство

Kleinfertigung *f* ме́лкое произво́дство

Kleingeld *n* разме́нная моне́та, *разг.* ме́лочь, ме́лкие де́ньги

Kleingeschäft *n* ро́зничная торго́вля; мелочна́я торго́вля

Kleingewerbe *n (ме́лкое)* куста́рное произво́дство, ме́лкий про́мысел

Kleingewerbebetrieb *m (ме́лкое)* куста́рное произво́дство, ме́лкий про́мысел

Kleingewerbetreibender *m* куста́рь, ме́лкий реме́сленник; ме́лкий промы́шленник; ла́вочник, ме́лкий торго́вец

selbstständiger Kleingewerbetreibender некооперированный куста́рь, ча́стный куста́рь

kleingewerblich куста́рный, мелкокустарный

Kleingutbeförderung *f* перево́зка ме́лких гру́зов

Kleingüter *n pl* ме́лкие гру́зы

Kleingutverkehr *m* перево́зка ме́лких гру́зов

Kleinhandel *m* ро́зничная торго́вля; мелочна́я торго́вля

in Kleinhandel kaufen покупа́ть в ро́зницу

Kleinhandelsmarkt *m* ры́нок ро́зничной торго́вли

Kleinhandelsnetz *n* ро́зничная торго́вая сеть

Kleinhandelspreis *m* ро́зничная цена́

Kleinhändler *m* ме́лкий торго́вец, ро́зничный торго́вец

Kleinhandlung *f* ро́зничная торго́вля; мелочна́я торго́вля

Kleinhersteller *m* ме́лкий производи́тель

Kleinindustrie *f (ме́лкое)* куста́рное произво́дство, ме́лкий про́мысел; ме́лкая промы́шленность

Kleinindustrielle *m* ме́лкий промы́шленник

Kleinkredit *m* небольшо́й креди́т

Kleinlandwirt *m* ме́лкий землевладе́лец

Kleinmechanisierung *f* ма́лая механиза́ция

Kleinmechanisierungsmittel *n pl* сре́дства ма́лой механиза́ции

Kleinpacht *f* ме́лкая аре́нда

Kleinpächter *m* ме́лкий аренда́тор

Kleinpackung *f* ро́зничная упако́вка; ме́лкая расфасо́вка (това́ра)

Kleinproduktion *f* ме́лкое произво́дство

Kleinproduzent *m* ме́лкий производи́тель

Kleinreparatur *f* ме́лкий ремо́нт

Kleinserie *f* небольша́я се́рия, ме́лкая се́рия

Kleinserienfertigung *f* мелкосери́йное произво́дство

Kleinserienproduktion *f* мелкосери́йное произво́дство

Kleinsparverkehr *m* оборо́т сберегательного учрежде́ния по ме́лким взно́сам

Kleinstbesitz *m* ка́рликовое владе́ние

Kleinstbetrag *m* минима́льная су́мма

Kleinstbetrieb *m* ка́рликовое предприя́тие

Kleinstemballage *f* та́ра ма́лой ёмкости

Kleinstmaß *n* минима́льный разме́р

Kleinstmenge *f* минима́льное коли́чество

Kleinstunternehmen *n* ка́рликовое предприя́тие

Kleinstverpackung *f* та́ра ма́лой ёмкости

Kleinstwert *m* наиме́ньшее значе́ние, ми́нимум

Kleinunternehmen *n* ме́лкое предприя́тие

Kleinunternehmer *m* ме́лкий предпринима́тель

Kleinverbraucher *m* ме́лкий потреби́тель

Kleinverkauf *m* ро́зничная торго́вля; мелочна́я торго́вля

Kleinverkäufer *m* ме́лкий торго́вец, ро́зничный торго́вец

Kleinverkaufspreis *m* ро́зничная цена́

Kleinzeiten *f, pl*, **vorbestimmte** запланированное вре́мя на выполне́ние отде́льных элеме́нтов произво́дственного проце́сса, за́данное вре́мя на выполне́ние отде́льных элеме́нтов произво́дственного проце́сса

Kleinzeitverfahren *n* ме́тод запланированного вре́мени на выполне́ние отде́льных элеме́нтов произво́дственного проце́сса, ме́тод за́данного вре́мени на выполне́ние отде́льных элеме́нтов произво́дственного проце́сса

Klick-Statistik *f* стати́стика кликов (по Интерне́т-страни́це); стати́стика заходов на Интерне́т-страни́цу; стати́стика перехо́дов внутри́ веб-сайта

Klient *m* клие́нт

Klientschaft *f* клиенту́ра, клие́нты

KM, Komoren Комо́ры, *до 1978г. код* **RC**

KMF, Komoren-Franc, -- Komoren Франк коморских острово́в (*код валю́ты* 174), -- Комо́рские острова́

KMInd, Konsumtionsmittelindustrie промы́шленность, производя́щая потреби́тельские това́ры

Knappheit *f* недоста́ток, нехва́тка; недоста́ча; ску́дность; ограни́ченность *(факти́ческое несоотве́тствие ме́жду потребностями и име́ющимися това́рами и услу́гами)*

Knappheit an Mitteln нехва́тка средств, недоста́ток средств

Knappheitsprinzip *n* при́нцип ограни́ченности

Knappschaftsruhegeld *n* пе́нсия горняко́в за вы́слугу лет

Knappschaftsvollrente *f* по́лный разме́р пе́нсии горнорабо́чих

Knebelungsvertrag *m* каба́льный догово́р; каба́льная сде́лка

knechtend каба́льный, закабаляющий

Knechtsarbeit *f* труд батрака́; ра́бский труд, поднево́льный труд

Knechtschaftsvertrag *m* каба́льный догово́р; каба́льная сде́лка

Knechtung *f* порабоще́ние, закабале́ние

selbstständiger Knechtung экономи́ческое закабале́ние

Knoten *m* у́зел; (морско́й) у́зел *(ме́ра ско́рости су́дна)*; *сет. пл.* у́зел *(как пра́вило, обозначает собы́тие)*

Knotenpunktzählung *f* учёт тра́нспортных пото́ков на узловых пунктах

Know-how *n англ.* «ноу-хау» (нау́чно-техни́ческие зна́ния и о́пыт организа́ции произво́дства на осно́ве после́дних достиже́ний нау́ки и те́хники), секре́т произво́дства (може́т служи́ть объе́ктом комме́рческих сде́лок)

KnzU, Konzessionsunternehmung концессионное предприя́тие

KO:

KO, Konkursordnung ко́нкурсный уста́в; положе́ние о конкурсах *(по дела́м несостоя́тельных должнико́в)*

Ko., Konnossement коносаме́нт

Koalition *f* коали́ция

blockierende Koalition блоки́рующая коали́ция *(в теории игр)*

Koalitionsbildung *f* образова́ние коали́ции

Koalitionsfreiheit *f* свобо́да созда́ния коали́ций, свобо́да созда́ния союзов, свобо́да созда́ния ассоциа́ций, свобо́да созда́ния объедине́ний

Koalitionsspiel *n* коалиционная игра́

Kode *m* код

Koeffizient *m* коэффицие́нт

Koeffizient der Fondsintensität ко-

эффициéнт фондоёмкости
Koeffizient der Konkurrenz коэффициéнт состязательности *(цéлей)*
Koeffizient der Mehrfachkorrelation коэффициéнт множественной корреляции
Koeffizient der rückläufigen Beziehung коэффициéнт обрáтной связи
Koeffizient der Umlaufmittelausnutzung коэффициéнт испóльзования оборотных средств
Koeffizient des direkten Aufwands коэффициéнт прямы́х затрáт
Koeffizient des technischen Nutzeffekts коэффициéнт техни́ческой эффекти́вности *(напр., основны́х фóндов)*
Koeffizient des Umlaufs коэффициéнт оборачиваемости
Koeffizient des vollen Aufwands коэффициéнт пóлных затрáт
konstanter Koeffizient постоя́нный коэффициéнт
konstanter Koeffizient структу́рный коэффициéнт
normativer Koeffizient der Aufwandseffektivität нормати́вный коэффициéнт эффекти́вности затрáт *(величинá, обрáтная нормативному срóку окупáемости капитальных вложéний)*
variabler Koeffizient перемéнный коэффициéнт
Koeffizientenmatrix *f* мáтрица коэффициентов
technologische Koeffizientenmatrix мáтрица технологи́ческих коэффициентов
Koeffizientenmethode *f* мéтод коэффициентов *(учи́тывающий, напр. зави́симость затрáт от формирующих их фáкторов)*
Koeffizientensystem *n* систéма коэффициентов
Kofinanzierung *f* совмéстное финанси́рование
Kohlendioxidsteuer *f* сбор за вы́брос двуóкиси углерóда; сбор за вы́брос выхлопны́х гáзов
Kohlenwertstoffindustrie *f* промы́шленность по переработке угля́
Kohortenanalyse *f* когортный анáлиз *(в стати́стике народонаселéния)*
Kohortenmethode *f* когортный мéтод *(в стати́стике народонаселéния)*
Koinzidenz *f* совпадéние
Kolchos *m* колхóз, колхозное хозя́йство
Kolchoshandel *m* колхозная торгóвля, колхозный внедеревéнский ры́нок
Kolchoswirtschaft *f* колхозное хозя́йство
kollationieren *vt* сверя́ть *(кóпию)* с оригинáлом, сличáть *(кóпию)* с оригинáлом
Kollegialsystem *n* коллегиáльная систéма руковóдства *(решéние принимáется грýппой равноправных лиц)*, систéма коллегиальности *(в руковóдстве)*; систéма коллегий
Kollektiv *n* коллекти́в
statistisches Kollektiv статисти́ческий коллекти́в
Kollektivarbeit *f* коллекти́вный труд; коллекти́вная рабóта, совмéстная рабóта
Kollektivarbeitsvertrag *m* коллекти́вный (трудовóй) договóр
Kollektivbauer *m* рабóтник сельскохозя́йственного кооперати́ва; колхóзник
Kollektivbedürfnisse *n pl* коллективные потрéбности
Kollektiveigentum *n* коллекти́вная сóбственность
Kollektivgesellschaft *f* пóлное товáрищество
Kollektivgut *n* коллекти́вная сóбственность; колхозная сóбственность
Kollektivhaftung *f* коллекти́вная отвéтственность
Kollektivierung *f* коллективизáция
durchgehende Kollektivierung сплошнáя коллективизáция
Kollektivismus *m* коллективи́зм
pluralistischer Kollektivismus плюралисти́ческий коллективи́зм
sozialistischer Kollektivismus социалисти́ческий коллективи́зм,
Kollektivlohn *m* коллекти́вная зáработная плáта
Kollektivmonopol *n* монопóлия картельного ти́па
Kollektivsparen *n* коллекти́вное хранéние дéнег в сберегательной кассе
Kollektivversicherung *f* коллекти́вное страховáние, группово́е страховáние
Kollektivvertrag *m* коллекти́вное трудовóе соглашéние; коллекти́вный договóр госудáрств
Kollektivwerbung *f* совмéстная реклáма
Kollektivwirtschaft *f* сельскохозя́йственный кооперати́в; коллекти́вное хозя́йство, колхóз
Kollektivwirtschaftsaufbau *m* колхозное строи́тельство
Kollianzahl *f* числó мест *(в пáртии товáра)*
kollidieren *vi* стáлкиваться, окáзывать противодéйствие, конфликтовáть
Kollision *f* столкновéние; колли́зия, конфли́кт
Kollisionsklausel *f* услóвие об отвéтственности страховщика за убы́тки застрахованного сýдна в результáте егó столкновéния с други́ми судáми
Kollisionsrecht *n* коллизиóнное прáво
Kollisionsschaden *m* повреждéние в результáте столкновéния *(трáнспортных средств)*; коллизионный ущéрб, коллизионный убы́ток
Kollisystem *n* контейнерная систéма транспортирóвки грýзов
Kollitara *f* тáра, вес которóй принимáется в размéре, устанóвленном торгóвым обы́чаем
Kollo *n* мéсто *(багажá, грýза)*; едини́ца грýза
Kollusion *f* тáйное соглашéние, договорённость
Kolonat *n ист.* колонат
Kolonialbank *f* колониáльный банк
Kolonialbesitz *m* колониáльное владéние, колóния
Kolonialbesitzung *f* колониáльное владéние, колóния
Kolonialgesellschaft *f* колониáльное óбщество
Kolonialhandel *m* торгóвля метрополий колониями
Kolonialherr *m* колонизáтор
Kolonialherrschaft *f* колониáльное госпóдство
Kolonialismus *m* колониали́зм
Kolonialjoch *n* колониáльный гнёт
Kolonialkrise *f* кри́зис колониáльной систéмы
Kolonialmacht *f* колониáльная держáва
Kolonialprofit *m* при́быль, получáемая за счёт эксплуатáции колóний
Kolonialsystem *n* колониáльная систéма
Kolonialwährung *f уст.* колониáльная валю́та
Kolonialwaren *f, pl ист.* колониáльные *(б. ч. бакалéйные)* товáры
Kolonialwerte *m, pl* цéнные бумáги колониáльных предприя́тий; облигáции зáймов колóний
Kolonisation *f* колонизáция
innere Kolonisation внýтренняя колонизáция
Kolonisationspolitik *f* колонизаторская поли́тика
Kolonisationstheorie *f* теóрия колонизации
Kolonisator *m* колонизáтор
kolonisieren *vt* заселя́ть; оснóвывать колóнии; колонизи́ровать
Kolonlalausbeutung *f* эксплуатáция колóний
Kolportage *f фр.* торгóвля враснóс, продáжа враснóс *(б. ч. книг)*
KomAbgC закóн о поря́дке взимáния и уплáты коммунáльных сбóров

Kombinat *n* комбина́т
Kombination *f* комбина́ция, комбини́рование; сочета́ние, соедине́ние; *мат.* сочета́ние
Kombination der Produktion комбини́рование произво́дства
Kombination zur komplexen Ausnutzung des Rohstoffes комбини́рование в це́лях ко́мплексного испо́льзования сырья́
landwirtschaftliche Kombination комбини́рование сельскохозя́йственного произво́дства
rohstofforientierte Kombination комбини́рование, ориенти́рованное на оптимальную организа́цию испо́льзования сырья́
territoriale Kombination комбини́рование в территориальном разре́зе
Kombinationsanalyse *f* комбинацио́нный ана́лиз
Kombinationsgrad *m* у́ровень комбинирования
Kombinationsprozess *m* сочета́ние произво́дственных фа́кторов *(для достиже́ния лу́чших результа́тов произво́дства)*
Kombinationstabelle *f стат.* комбинационная табли́ца
Kombinatorik *f* комбинато́рика
kombinatorisch соедини́тельный; *мат.* комбинато́рный
KomG, Kommanditgesellschaft команди́тное това́рищество, това́рищество на ве́ре
KomGaA, Kommanditgesellschaft auf Aktien акционе́рное команди́тное това́рищество
Komitee *n* комите́т
Komitee der gegenseitigen Bauernhilfe комите́т крестья́нской взаимопо́мощи
Komitee für Technische Hilfe des Wirtschatts- und Sozialrats der Vereinten Nationen Комите́т техни́ческой по́мощи развивающимся стра́нам Экономи́ческого и социа́льного Сове́та ООН
Komitee zur Förderung des Internationalen Handels Комите́т соде́йствия междунаро́дной торго́вле *(с СССР и социалистическими стра́нами)*
Kommanditaktionär *m* акционе́р коммандитного това́рищества
Kommanditanteil *m* коммандитный пай, пай коммандитного това́рищества
Kommanditär *m швейц.* коммандитист, ограни́ченный отве́тственный вкла́дчик коммандитного това́рищества *(отвеча́ющий по обяза́тельствам то́лько свои́м вкла́дом)*
Kommanditeinlage *f* вклад коммандитиста
Kommanditgesellschaft, KG комманди́тное това́рищество *(в кото́ром хотя́ бы оди́н компаньо́н отвеча́ет по обяза́тельствам всем свои́м иму́ществом, а друго́й и́ли други́е ограни́ченно, то́лько свои́м вкла́дом)*
Kommanditgesellschaft auf Aktien акционе́рное комманди́тное това́рищество, комманди́тное това́рищество на «а́кциях» *(в кото́ром вкла́ды коммандитистов вы́ражены в фо́рме акционе́рного капита́ла)*
Kommanditist *m* коммандитист, ограни́ченный отве́тственный вкла́дчик коммандитного това́рищества *(отвеча́ющий по обяза́тельствам то́лько свои́м вкла́дом)*
Kommanditscheck *m* филиальный перево́дный чек
Kommanditvertrag *m* догово́р об учрежде́нии коммандитного това́рищества
Kommanditwechsel *m* филиальный перево́дный ве́ксель
Kommando *n* кома́нда *(прика́з)*; *киб., вчт.* кома́нда; и́мпульс
Kommandogeber *m вчт.* да́тчик кома́нд, кома́ндное устро́йство
Kommandogeld *n* командиро́вочные де́ньги
Kommandogerät *n вчт.* кома́ндное устро́йство
Kommandowerk *n вчт.* кома́ндное устро́йство
kommassieren *vt австр.* соединя́ть зе́мельные уча́стки
Kommendation *f ист.* комменда́ция
Kommerpapier *n* комме́рческий докуме́нт (напр. ве́ксель)
Kommerz *m* торго́вля, комме́рция
Kommerz- und Privatbank Коммерц-унд-приватбанк *(кру́пный банк ФРГ)*
Kommerzakzept *n* торго́вый акце́пт, комме́рческий акце́пт
Kommerzbank *f* комме́рческий банк, торго́вый банк
Kommerzialisierung *f* коммерциализация, приватиза́ция
Kommerzialsystem *n* коммерциальная систе́ма *(разви́тия торго́вли)*
kommerziell торго́вый, комме́рческий
kommerziell промы́шленный *(о произво́дстве)*
kommerzieller Kredit комме́рческий креди́т
Kommerzwechsel *m* торго́вый ве́ксель, комме́рческий ве́ксель
KommG, Kommanditgesellschaft комманди́тное това́рищество, това́рищество на ве́ре
Kommis *m фр.* комми; прика́зчик; продаве́ц, торго́вый слу́жащий; клерк
Kommission *f* комисси́я *(организа́ция)*; комисси́я, комиссио́нное поруче́ние; комисси́я, комиссио́нное вознагражде́ние
Kommission für Arbeitsproduktivität und Löhne комисси́я по производи́тельности труда́ и за́работной пла́те
Kommission für Sozialpolitik Комисси́я по вопро́сам социа́льной поли́тики
in Kommission nehmen принима́ть на коми́ссию, брать на коми́ссию
Kommissionär *m* комиссионе́р, посре́дник, торго́вый аге́нт
Kommissionsagent *m* аге́нт, рабо́тающий на комиссио́нных нача́лах
Kommissionsartikel *m* това́р, при́нятый на коми́ссию; това́р, сда́нный на коми́ссию; комиссионный това́р
Kommissionsbetrug *m* обма́н со стороны́ комиссионе́ра в це́лях нанесе́ния уще́рба комитенту
Kommissionsbuchhandel *m* комиссио́нная кни́жная торго́вля *(напр., посре́дник ме́жду издательством и ро́зничной торго́влей)*
Kommissionsfirma *f* комиссио́нная фи́рма, фи́рма, осуществля́ющая комиссио́нные опера́ции
Kommissionsgebühr *f* комисси́я, комиссио́нное вознагражде́ние; комиссио́нные де́ньги
Kommissionsgeschäft *n* комиссионный магази́н; комиссио́нная фи́рма; комиссио́нная сде́лка; комиссио́нные опера́ции
Kommissionsgut *n* това́р, при́нятый на коми́ссию, това́р, сда́нный на коми́ссию; комиссионный това́р
Kommissionshandel *m* комиссио́нная торго́вля, торго́вля на комиссио́нных нача́лах
Kommissionshandelssteuer *f* нало́г на комиссио́нные торго́вые опера́ции
Kommissionshändler *m* торго́вец, веду́щий комиссионную торго́влю
Kommissionshaus *n* комиссио́нная фи́рма; комиссио́нная конто́ра
Kommissionskauf *m* комиссио́нная ку́пля-прода́жа
Kommissionskontor *n* комиссио́нная конто́ра
Kommissionslager *n* склад това́ров, сда́нных на комиссию; склад комиссио́нных това́ров
Kommissionsmethode *f* ме́тод коми́ссии *(ме́тод экспертной оце́нки раз-*

ви́тия нау́ки)

Kommissionsnota *f* бланк комиссионного поруче́ния

Kommissionspreis *m* комиссио́нная цена́

Kommissionsrimesse *f* комиссио́нная римесса

Kommissionssendung *f* посы́лка това́ров с пра́вом возвра́та получа́телем непроданной ча́сти

Kommissionstransport *m* транспо́рт, рабо́тающий на комиссио́нных нача́лах

Kommissionstratte *f* комиссио́нная тра́тта

Kommissionsvergütung *f* комисси́я, комиссио́нное вознагражде́ние

Kommissionsverkauf *m* комиссио́нная прода́жа, прода́жа на комиссио́нных нача́лах

Kommissionsverkaufsstelle *f* комиссионный магази́н

Kommissionsverlag *m* комиссио́нное изда́ние *(за счёт а́втора)*

Kommissionsvertreter *m* аге́нт, рабо́тающий на комиссио́нных нача́лах

Kommissionsware *f* това́р, при́нятый на коми́ссию; това́р, сда́нный на коми́ссию; комиссионный това́р

Kommissionswechsel *m* комиссио́нная тра́тта

kommissionsweise в поря́дке сда́чи на коми́ссию, в поря́дке приёма на коми́ссию

Kommissionszettel *m* бланк комиссионного поруче́ния

Kommitiv *n* пи́сьменная дове́ренность, пи́сьменное полномо́чие

Kommittent *m* комите́нт, довери́тель *(дающий поруче́ние комиссионеру)*

kommittieren *vt* поруча́ть, доверя́ть

Kommunalabgaben *f, pl* пла́та за комму-на́льные услу́ги; коммуна́льные сбо́ры

Kommunalanleihe *f* коммуна́льный заём, муниципа́льный заём

Kommunalbank *f* коммуна́льный банк

Kommunalbau *m* коммуна́льное строи́тельство

Kommunalbetrieb *m* предприя́тие коммунально-бытово́го хозя́йства, предприя́тие коммунального хозя́йства

Kommunaldarlehen *n* коммуна́льная ссу́да, коммуна́льный креди́т

Kommunaleigentum *n* муниципа́льная со́бственность, общи́нная со́бственность

Kommunaleinrichtungen *f, pl* коммунально-бытовы́е предприя́тия (мн.ч.); предприя́тия коммунально-бытово́го обслу́живания (мн.ч.)

Kommunalhandel *m* торго́вля, осуществля́емая ме́стными о́рганами вла́сти *(напр., общи́нами)*

kommunalisieren *vt* муниципализи́ровать

Kommunalisierung *f* муниципализа́ция

Kommunalkredit *m* коммуна́льный креди́т, муниципа́льный креди́т

Kommunalobligation *f* муниципа́льная облига́ция *(выпуска́ется ме́стными властя́ми или по их поруче́нию ба́нками и слу́жит исто́чником финанси́рования ме́стных расхо́дов)*, облига́ция коммунального за́йма

Kommunalstatistik *f* стати́стика коммунально-бытово́го хозя́йства

Kommunalsteuer *f* коммуна́льный нало́г, муниципа́льный нало́г

Kommunalunternehmen *n* предприя́тие коммунально-бытово́го хозя́йства, предприя́тие коммунального хозя́йства; коммуна́льное предприя́тие

Kommunalverkehr *m* коммуна́льный транспо́рт

Kommunalwirtschaft *f* коммуна́льное хозя́йство, коммунально-бытово́е хозя́йство

kommunalwirtschaftlich коммуна́льный, коммунально-бытово́й

Kommune *f* комму́на; общи́на
  landwirtschaftliche Kommune сельскохозя́йственная комму́на

Kommungut *n* общинное иму́щество

Kommunikation *f* коммуника́ция, связь; сообще́ние
  Kommunikation переда́ча да́нных
  betriebsinterne Kommunikation внутризаводска́я связь

Kommunikationskanal *m* коммуникацио́нный кана́л (для доведе́ния информа́ции до потреби́теля)

Kommunikationssystem *n* систе́ма коммуника́ции, систе́ма свя́зи
  integriertes Kommunikationssystem интегри́рованная систе́ма свя́зи

Kommunität *f* о́бщность
  Kommunität общинное владе́ние *(напр., землей)*

Kommutation *f мат.* заме́на, коммутати́вность; *ист.* коммута́ция

Kommutationszahl *f страх.* коммутационное число́

Komp., Kompanie компа́ния *(торго́вая, промы́шленная)*

Kompagnie *f швейц.* компа́ния, о́бщество, това́рищество

Kompagnon *m фр.* компаньо́н

Kompanie *f* компа́ния, о́бщество, това́рищество

Komparationsmethode *f* ме́тод сравнений, ме́тод сопоставлений

Komparativreklame *f* сравни́тельная рекла́ма

Kompatibilität *f* совмести́мость *(тре́бование взаймной непротиворечивости, совместимости предпосы́лок, посы́лок или аксио́м)*

Kompensation *f* компенса́ция, возмеще́ние

Kompensationsabkommen *n* компенсационное соглаше́ние, ба́ртерное соглаше́ние

Kompensationsbetrieb *m* произво́дство, перестраивающееся в пери́оды конъюнктурного зати́шья на вы́пуск но́вых ви́дов проду́кции; произво́дство, перестраивающееся в пери́оды сезо́нного зати́шья на вы́пуск но́вых ви́дов проду́кции

Kompensationsgeschäft *n* компенсацио́нная сде́лка, ба́ртерная сде́лка

Kompensationshandel *m* компенсацио́нная торго́вля; компенсационные сде́лки

Kompensationskalkulation *f* сме́шанная, калькуля́ция

Kompensationskurs *m бирж.* компенсацио́нный курс; ликвидационный курс

Kompensationsobjekt *n* предме́т компенса́ции

Kompensationsprinzip *n* при́нцип компенса́ции, при́нцип возмеще́ния

Kompensationstheorie *f* компенсацио́нная тео́рия протекциони́зма, уравни́тельная тео́рия протекциони́зма

Kompensationsvertrag *m* компенсационное соглаше́ние, ба́ртерное соглаше́ние

Kompensationszahlung *f* компенсацио́нный платёж

kompensierbar возмеща́емый; зачи́тываемый *(при компенса́ции)*

kompensieren *vt* компенси́ровать, возмеща́ть; зачи́тывать *(при компенса́ции)*

kompetent компете́нтный

Kompetenz *f* компете́нтность; компете́нция; полномо́чия; *юр.* подве́домственность

Kompetenzbereich *m* круг полномо́чий, компете́нция

Kompetenzkompetenz *f* пра́во разреша́ть спо́ры о компетентности, пра́во разреша́ть спо́ры о подведомственности

Kompetenzüberschreitung *f* превыше́ние полномо́чий

Komplement *n* дополне́ние

Komplementär *m* ли́чно отве́тственный

«по́лный» компаньо́н *(отвеча́ющий по обяза́тельствам коммандитного това́рищества и́ли акционе́рного коммандита всем свои́м иму́ществом)*

Komplementärartikel *m, pl* дополня́ющие това́ры, взаимодополня́ющие това́ры

Komplementärgüter *n pl* дополня́ющие това́ры, взаимодополня́ющие това́ры

Komplementäritat *f* дополня́емость, взаимодополня́емость

Komplementärvergütung *f* дополни́тельное возмеще́ние

Komplementärwaren *f, pl* дополня́ющие това́ры, взаимодополня́ющие това́ры

komplett компле́ктный, по́лный

komplettieren *vt* комплектова́ть, пополня́ть, дополня́ть

Komplettierung *f* комплектова́ние, укомплектова́ние, пополне́ние, дополне́ние

Komplettierungserzeugnis *n* дополня́ющее изде́лие

Komplettierungslager *n* комплектовочный склад

Komplettierungsplan *m* гра́фик комплектования

Komplex *m* ко́мплекс
rüstungsindustrieller Komplex вое́нно-промы́шленный ко́мплекс, ВПК

komplex ко́мплексный; сло́жный

Komplexanalyse *f* ко́мплексный ана́лиз

Komplexautomatisierung *f* ко́мплексная автоматиза́ция

Komplexbilanz *f* ко́мплексный бала́нс

Komplexbrigade *f* ко́мплексная брига́да

Komplexität *f* комплексность
territoriale Komplexität территориа́льная комплексность

Komplexkosten *pl* комплексные расхо́ды; комплексные статьи́ расхо́дов

Komplexlohnsatz *m* ко́мплексная расце́нка

Komplexlösung *f* ко́мплексное решение

Komplexmechanisierung *f* ко́мплексная механиза́ция

Komplexnetzplan *m* ко́мплексный сетево́й гра́фик, сво́дный сетево́й гра́фик, ко́мплексная сеть, сво́дная сеть

Komplexnorm *f* ко́мплексная но́рма

Komplexnormativ *n* ко́мплексный норма́тив

Komplexprognose *f* ко́мплексный прогно́з

Komplexprogramm *n* ко́мплексная програ́мма

Komplexprozess *m* ко́мплекс опера́ций, ко́мплекс рабо́т; ко́мплексный проце́сс

Komplexrechnungen *f, pl* учёт ко́мплексных стате́й затра́т; учёт по комплексам

Komplexrevision *f* ко́мплексная реви́зия; ко́мплексный пересмо́тр

Komplexstandardisierung *f* ко́мплексная стандартиза́ция

Komplexstudie *f* ко́мплексное иссле́дование, ко́мплексный ана́лиз

Komplextaktstraße *f* ко́мплексный пото́чный ме́тод строи́тельства

Komplexverarbeitung *f* ко́мплексная перерабо́тка

Komplexvorgang *m* ко́мплекс опера́ций, ко́мплекс рабо́т; ко́мплексный проце́сс

Komplexzeitnormativ *n* ко́мплексный нормати́в вре́мени

Komplexzyklogramm *n* ко́мплексная циклограмма

Kompliziertheit *f* сло́жность

Kompliziertheitseinheit *f* едини́ца ремонтосложности

Kompliziertheitsgruppe *f* гру́ппа ремонтосложности

Komponente *f* компоне́нт, составна́я часть; *мат.* составля́ющая; компоне́нта

Komponentenmethode *f* ме́тод гла́вных компоне́нт

Komprador *m* компрадо́р

Kompradorenbourgeoisie *f* компрадо́рская буржуази́я

Kompromissabkommen *n* компроми́ссное соглаше́ние

Kompromissantrag *m* компроми́ссное предложе́ние

Kompromissbeschluss *m* компроми́ссное реше́ние

Kompromisslösung *f* компроми́ссное реше́ние

Komptantgeschäfte *n pl* ка́ссовая сде́лка, сде́лка на фо́ндовой би́рже *(платежи́ по таки́м сде́лкам осуществляются в день их заключе́ния и́ли в ближа́йшие дни в отли́чие от сро́чных сде́лок)*

Kondiktion *f* тре́бование возвра́та неза́конно полученного

Kondition *f* усло́вие; конди́ция, ка́чество; но́рма

Konditionenkartell *n* карте́ль, согласующий то́лько единые усло́вия прода́жи *(но не цены́)*

Konditionsgeschäft *n* кондиционная сде́лка, соглаше́ние, предусматривающее осо́бые усло́вия

Konditionskartell *n* карте́льное соглаше́ние об однородности усло́вий торго́вли *(напр., усло́вий поста́вки и платежа́)*

Kondizieren *n* тре́бование возвра́та незако́нно полученного

Kondominat *n* кондомина́т, кондоми́ниум

Kondominium *n* кондомина́т, кондоми́ниум

Kondratieff-Zyklus цикл Кондратьева *(«длинново́лновый» цикл в 50-60 лет)*

Konferenz *f* конфере́нция, совеща́ние, заседа́ние, сове́т; карте́льное соглаше́ние судоходных компа́ний
Konferenz der Vereinten Nationen für Handel und Entwicklung Конфере́нция ООН по торго́вле и разви́тию, ЮНКТАД
Konferenz über Internationale Wirtschaftliche Zusammenarbeit; KIWZ конфере́нция по междунаро́дному экономи́ческому сотрудничеству

Konferenzrate *f* карте́льная фрахто́вая ста́вка

Konfidenzgrenzen *f, pl* довери́тельные грани́цы (мн.ч.)

Konfidenzintervall *n* довери́тельный интерва́л

Konfidenzkoeffizient *n* довери́тельный коэффицие́нт

Konfidenzniveau *n* довери́тельный у́ровень

Konfidenzschätzung *f* довери́тельная оце́нка

Konfiskation *f* конфиска́ция *(изъя́тие иму́щества и прав - обы́чно госуда́рством)*

konfiszieren *vt* конфискова́ть

Konfliktkommission *f* конфли́ктная комисси́я

konform единообра́зный, одина́ковый; *мат.* конфо́рмный

Konformität *f* единообра́зие, одина́ковость; *мат.* конформность

Konfrontation *f* конфронта́ция, противостоя́ние; сопоставле́ние *(напр., да́нных)*; *юр.* о́чная ста́вка

kongruent согласо́ванный, конгруэнтный

konjugiert сопряжённый

Konjunktion *f* конъю́нкция

Konjunktur *f* конъюнкту́ра
anziehende Konjunktur повыша́тельная конъюнкту́ра
günstige Konjunktur благоприя́тная конъюнкту́ра
inflationistische Konjunktur инфляцио́нная конъюнкту́ра
kriegsinflationistische Konjunktur вое́нно-инфляцио́нная конъюнкту́ра
labile Konjunktur неусто́йчивая конъюнкту́ра
sinkende Konjunktur понижа́тельная конъюнкту́ра
stabile Konjunktur усто́йчивая конъюнкту́ра, стаби́льная конъюнкту́ра
steigende Konjunktur повыша́тельная конъюнкту́ра
weltwirtschaftliche Konjunktur конъюнкту́ра мирово́го ры́нка; конъюнкту́ра на мировы́х ры́нках

Konjunkturabschwächung *f* спад конъюнкту́ры
Konjunkturanalyse *f* конъюнктурный ана́лиз, иссле́дование конъюнкту́ры, изуче́ние конъюнкту́ры, конъюнктурное иссле́дование
Konjunkturänderung *f* измене́ние конъюнкту́ры
Konjunkturankurbelung *f* форси́рование экономи́ческой акти́вности, иску́сственный подъём в эконо́мике
Konjunkturanstieg *m* подъём конъюнкту́ры, повыше́ние конъюнкту́ры
Konjunkturaufschwung *m* подъём конъюнкту́ры, повыше́ние конъюнкту́ры
Konjunkturausgleichsrücklage *f* фонд вырáвнивания конъюнкту́ры *(создаётся прави́тельством)*
Konjunkturbarometer *n* баро́метр конъюнкту́ры
konjunkturbedingt обусло́вленный конъюнктурой, определя́емый конъюнктурой
Konjunkturbelebung *f* оживле́ние конъюнкту́ры
Konjunkturbeobachtung *f* иссле́дование конъюнкту́ры, изуче́ние конъюнкту́ры, конъюнктурное иссле́дование, конъюнктурный ана́лиз
Konjunkturbericht *m* обзо́р конъюнкту́ры, конъюнктурный обзо́р
Konjunkturbesserung *f* улучше́ние конъюнкту́ры
Konjunkturbewegung *f* колеба́ние конъюнкту́ры
Konjunkturbewegungen *f, pl* регуля́рные измене́ния конъюнкту́ры, ча́ще всего́ - экономи́ческий цикл, цикл делово́й акти́вности
Konjunkturdämpfung *f* сде́рживание конъюнкту́ры, сде́рживание хозя́йственной акти́вности
Konjunkturdiagnose *f* конъюнктурный диа́гноз
Konjunkturdienst *m* слу́жба информа́ции о состоя́нии конъюнкту́ры
konjunkturell конъюнктурный
konjunkturempfindlich чувстви́тельный к колеба́ниям конъюнкту́ры
Konjunkturempfindlichkeit *f* чувстви́тельность к колеба́ниям конъюнкту́ры
Konjunkturentwicklung *f* разви́тие конъюнкту́ры
Konjunkturfaktor *m* фа́ктор конъюнкту́ры, конъюнктурный фа́ктор
Konjunkturforschung *f* иссле́дование конъюнкту́ры, изуче́ние конъюнкту́ры, конъюнктурное иссле́дование, конъюнктурный ана́лиз
Konjunkturforschungsinstitut *n* нау́чно-иссле́довательский конъюнктурный институ́т
Konjunkturgefälle *n* ра́зница в разви́тии конъюнкту́ры, разли́чие в разви́тии конъюнкту́ры
Konjunkturgeschichte *f* исто́рия экономи́ческих циклов
Konjunkturgewinn *m* конъюнктурная при́быль
Konjunkturgewinnler *m* капитали́ст, испо́льзующий конъюнкту́ру в свои́х интере́сах; *разг.* конъюнкту́рщик, приспособленец
Konjunkturindikator *m* конъюнктурный индика́тор *(характеризу́ет конъюнктурные, циклические колеба́ния)*
Konjunkturlehre *f* тео́рия экономи́ческих циклов
Konjunkturlenkung *f* регули́рование экономи́ческих циклов
konjunkturlos бесци́кловый, не име́ющий циклов; бескризи́сный
Konjunkturmechanismus *m* механи́зм экономи́ческого ци́кла
Konjunkturmodell *n* моде́ль экономи́ческого ци́кла
Konjunkturphase *f* фа́за экономи́ческого ци́кла
Konjunkturpolitik *f* конъюнктурная поли́тика *(напр., госуда́рственное регули́рование эконо́мики налоговыми и денежно-кредитными рычага́ми)*; игра́ на конъюнктуре
monetäre Konjunkturpolitik монетарная конъюнктурная поли́тика, госуда́рственное регули́рование эконо́мики с по́мощью средств валютно-фина́нсовой поли́тики
Konjunkturpreis *m* конъюнктурная цена́
Konjunkturprognose *f* прогно́з конъюнкту́ры
Konjunkturreihen *f, pl* экономи́ческие ци́клы (мн.ч.)
Konjunkturrückfall *m* ухудше́ние конъюнкту́ры, спад конъюнкту́ры
Konjunkturrückgang *m* ухудше́ние конъюнкту́ры, спад конъюнкту́ры
Konjunkturrückschlag *m* ухудше́ние конъюнкту́ры, спад конъюнкту́ры
Konjunkturschwankung *f* колеба́ние конъюнкту́ры
Konjunkturschwankungen *pl* конъюнктурные колеба́ния (мн.ч.)
Konjunkturspitze *f* наивы́сшая то́чка конъюнктурного разви́тия
Konjunkturstabilisierung *f* стабилиза́ция конъюнкту́ры
Konjunkturstatistik *f* конъюнктурная стати́стика
Konjunkturtest *m* изуче́ние конъюнкту́ры ме́тодом опро́са
Konjunkturtheorie *f* тео́рия конъюнкту́ры, тео́рия экономи́ческих циклов
Konjunkturüberhitzung *f* «перегре́в» конъюнкту́ры
Konjunkturumschlag *m* ре́зкое измене́ние конъюнкту́ры
Konjunkturverfall *m* ухудше́ние конъюнкту́ры, спад конъюнкту́ры
Konjunkturverschlechterung *f* ухудше́ние конъюнкту́ры, спад конъюнкту́ры
Konjunkturvorschau *f* прогно́з конъюнкту́ры
Konjunkturwechsel *f, n* измене́ние конъюнкту́ры
Konjunkturwelle *f* «волна́» экономи́ческого ци́кла, продолжи́тельность экономи́ческого ци́кла
Konjunkturwellen *f, pl* пери́оды экономи́ческих циклов
Konjunkturwoge *f* конъюнктурный подъём
Konjunkturzyklus *m* экономи́ческий цикл
konkludent *юр.* конклюдентный, заключи́тельный, допуска́ющий определённые вы́воды
Konklusion *f* заключе́ние, вы́вод
Konkurrent *m* конкуре́нт; сопе́рник
Konkurrenz *f* конкуре́нция; сопе́рничество; конкури́рующая фи́рма
Konkurrenz der Ziele состязательность це́лей
Konkurrenz innerhalb eines Produktionszweiges внутриотраслева́я конкуре́нция
Konkurrenz zwischen den Produktionszweigen межотраслевая конкуре́нция
Konkurrenz zwischen den Wirtschaftszweigen межотраслевая конкуре́нция
atomistische Konkurrenz атомисти́ческая конкуре́нция
beschränkte Konkurrenz ограни́ченная конкуре́нция
freie Konkurrenz свобо́дная конкуре́нция
heterogene Konkurrenz гетероге́нная конкуре́нция *(разноро́дный соста́в уча́стников)*
homogene Konkurrenz гомоге́нная конкуре́нция *(одноро́дные уча́стники)*
horizontale Konkurrenz горизонта́льная конкуре́нция *(конкуре́нция това́ров в преде́лах одно́й катего́рии)*
monopolistische Konkurrenz монополистическая конкуре́нция
oligopolistische Konkurrenz олиго-

полистическая конкуре́нция
polypolistische Konkurrenz полиполистическая конкуре́нция
reine Konkurrenz чи́стая конкуре́нция, соверше́нная конкуре́нция
scharfe Konkurrenz о́страя конкуре́нция
schrankenlose Konkurrenz неограни́ченная конкуре́нция
sphärischeKonkurrenz вертика́льная конкуре́нция, сфери́ческая конкуре́нция
totale Konkurrenz тота́льная конкуре́нция
unlautere Konkurrenz недобросо́вестная конкуре́нция
unvollständige Konkurrenz несоверше́нная конкуре́нция
vertikale Konkurrenz вертика́льная конкуре́нция, сфери́ческая конкуре́нция
vollständige Konkurrenz соверше́нная конкуре́нция
zunehmende Konkurrenz расту́щая конкуре́нция, уси́ливающаяся конкуре́нция
zyklische Konkurrenz цикли́ческая конкуре́нция

Konkurrenzartikel *m, pl* конкури́рующие това́ры

Konkurrenzausschluss *m* исключе́ние конкуре́нции

Konkurrenzbedingungen *f, pl* усло́вия конкуре́нции (мн.ч.)

Konkurrenzbeschränkung *f* ограниче́ние конкуре́нции

Konkurrenzbetrieb *m* конкури́рующее предприя́тие

Konkurrenzbeziehungen *f, pl* конкуре́нтные отноше́ния (мн.ч.)

Konkurrenzdruck *m* конкуре́нтное давле́ние; давле́ние, ока́зываемое конкуре́нтами

Konkurrenzerkundung *f* определе́ние состоя́ния конкуре́нции на ры́нке

konkurrenzfähig конкурентоспосо́бный

Konkurrenzfähigkeit *f* конкурентоспосо́бность

Konkurrenzfirma *f* конкури́рующая фи́рма, фи́рма-конкуре́нт

Konkurrenzfreiheit *f* свобо́да конкуре́нции

Konkurrenzgeschäft *n* конкури́рующая фи́рма, фи́рма-конкуре́нт

Konkurrenzgesellschaft *f* о́бщество, осно́ванное на конкуре́нции; о́бщество свобо́дной конкуре́нции; конкури́рующая компа́ния; конкури́рующая фи́рма, фи́рма-конкуре́нт

Konkurrenzkampf *m* конкуре́нтная борьба́; конкуре́нция

Konkurrenzklausel *f* огово́рка догово́ра об исключе́нии конкуре́нции, пункт догово́ра об исключе́нии конкуре́нции; усло́вие о запреще́нии аге́нту брать на себя́ сбыт това́ров конкуре́нтов, огово́рка о запреще́нии аге́нту занима́ться сбытом това́ров конкуре́нтов

Konkurrenzland *n* страна́-конкуре́нт, конкури́рующая страна́

konkurrenzlos вне конкуре́нции; вне ко́нкурса

Konkurrenzmechanismus *m* механи́зм конкуре́нции

Konkurrenzpreis *m* конкуре́нтная цена́, цена́ конкури́рующей фи́рмы

Konkurrenzpreisverhältnis *n* соотноше́ние конкурентных цен

Konkurrenzreaktion *f* реа́кция на де́йствия конкуре́нтов

Konkurrenzsozialismus *m* социали́зм с ры́ночной конкуренцией *(попы́тка соедини́ть плановую эконо́мику с ры́ночной)*

Konkurrenzstrategie *f* страте́гия конкурентной борьбы́

konkurrenzunfähig неконкурентоспособный

Konkurrenzunfähigkeit *f* неконкурентоспособность

Konkurrenzunterlagen *f, pl* конкурентные материа́лы

Konkurrenzunternehmen *n* конкури́рующее предприя́тие

Konkurrenzuntersuchung *f* рассле́дование де́ятельности конкури́рующих фирм

Konkurrenzverbot *n* запреще́ние конкуре́нции

Konkurrenzverhältnisse *n pl* конкуре́нтные отноше́ния, отноше́ния конкуре́нции

Konkurrenzwirtschaft *f* экономи́ческая систе́ма, осно́ванная на конкуре́нции

konkurrieren *vi* конкури́ровать, сопе́рничать; соревнова́ться

Konkurs *m* несостоя́тельность, банкро́тство; *(торго́вый)* ко́нкурс *(по дела́м несостоя́тельного должника́)*; конкурсное произво́дство
Konkurs erklären объяви́ть неплатёжеспосо́бность, назна́чить ко́нкурс
im Konkurs gehen обанкро́титься
in Konkurs geraten обанкро́титься

Konkursbeamte *m* ликвида́тор

Konkursbeschlag *m* аре́ст иму́щества должника́, назна́ченного в ко́нкурс

Konkursbilanz *f* бала́нс предприя́тия, назна́ченного в ко́нкурс

Konkursdividende *f* дивиде́нд, выпла́чиваемый кредито́рам по́сле реализа́ции ко́нкурсной ма́ссы

Konkurserklärung *f* объявле́ние ко́нкурса, назначе́ние ко́нкурса

Konkursgericht *n* конкурсное управле́ние, суд по конкурсным дела́м

Konkursgrund *m* причи́на несостоя́тельности должника́

Konkursmasse *f* ко́нкурсная ма́сса, иму́щество несостоя́тельного должника́, подлежа́щее распределе́нию ме́жду кредито́рами *(собственниками)*

Konkursmasseverkauf *m* распрода́жа предме́тов ко́нкурсной ма́ссы

Konkursprozess *m* конкурсное произво́дство

Konkursverfahren *n* конкурсное произво́дство

Konkursverkauf *m* распрода́жа предме́тов ко́нкурсной ма́ссы

Konkursvermögen *n* конкурсное иму́щество

Konkursverwalter *m* управля́ющий ко́нкурсной ма́ссой, ликвида́тор

Konkursverwaltung *f* конкурсное управле́ние

Können *n* уме́ние; зна́ние; мастерство́
fachmännisches Können профессиона́льное уме́ние

Konnossement *n* коноса́ме́нт
durchgehendes Konnossement сквозно́й коносаме́нт
einfaches Konnossement просто́й коносаме́нт
indossiertes Konnossement индосси́рованный коносаме́нт
reines Konnossement чи́стый коносаме́нт
unreines Konnossement нечи́стый коносаме́нт, коносаме́нт с огово́ркой *(напр., когда́ упако́вка не отвеча́ет тре́бованиям)*
vordatiertes Konnossement коносаме́нт, дати́рованный за́втрашним число́м
an Bord Konnossement бортово́й коносаме́нт *(когда́ това́р погру́жен на ука́занное в коносаменте су́дно)*
ein Konnossement ausstellen выпи́сывать коносаме́нт, выставля́ть коносаме́нт

Konnossemente *n pl* коносаменты (мн.ч.)
gleich lautende Konnossemente коносаменты с одина́ковым содержа́нием

Konnossementgarantien *f, pl* коносаментные гара́нтии *(тре́буются в слу́чае прибы́тия това́ра и отсу́тствия коносамента)*

Konnossementgewicht *n* вес по коносаменту

Konnossementklauseln *f, pl* коносаментные оговóрки *(услóвия судоходной компáнии, укáзанные в коносаменте)*

Konnossementmasse *f* вес по коносаменту

Konnossementmenge *f* вес по коносаменту

Konsens(us) *m* консéнсус, óбщее соглáсие по спóрным вопрóсам

Konsensprinzip *n* прúнцип соглáсия *(напр., для занесения в кадáстр)*

Konsensus *m юр.* консéнсус

konsentieren *vi* соглашáться; одóбрить

Konsequenzenprognose *f* прогнóз послéдствий

Konsignant *m* консигнáнт, дающий поручéние на консигнáцию, *см.* **Konsignationsgeschäft**

Konsignatar, Konsignatär *m* консигнáтор, лицó, берýщее на себя продáжу товáра по консигнационной сдéлке

Konsignation *f* консигнáция *(вид коммéрческих оперáций)*, передáча дорóжных чéков на комúссию инострáнному бáнку

Konsignationsgeschäft *n* консигнационная сдéлка *(при которóй консигнáтор реализует по поручéнию консигнанта помещенный на егó склад товáр консигнанта)*

Konsignationsgut *n* товáр, отправленный на консигнáцию, консигнационный товáр

Konsignationshandel *m* консигнационная торгóвля

Konsignationskonto *n* консигнационный счёт

Konsignationslager *n* консигнационный склад

Konsignationsrechnung *f* консигнационный счёт

Konsignationsverkauf *m* продáжа товáров, прúнятых на консигнáцию

Konsignationsvertrag *m* консигнационный договóр

Konsignationsware *f* товáр, отправленный на консигнáцию, консигнационный товáр

konsignieren *vt* отправлять товáр на консигнáцию

konsistent послéдовательный, стабúльный, согласóванный

Konsolidation *f* консолидáция; укреплéние, сплочение, упрóчение; объединéние; укрупнéние; консолидáция *(государственных зáймов)*

konsolidiert консолидúрованный

Konsolidierung *f* консолидáция; укреплéние, сплочение, упрóчение; объединéние; укрупнéние; консолидáция *(госудáрственных зáймов)*

Konsolidierungskredit *m* консолидúрованный кредúт

Konsols *pl* консóли *(обращавшиеся рáнее англúйские госудáрственные облигáции с твёрдым процéнтом и без срóка погашéния)*

Konsortialbanken *f, pl* бáнки-учáстники консорциума

Konsortialbeteiligung *f* учáстие в консорциуме

Konsortialführung *f* руковóдство консорциума

Konsortialgeschäft *n* соглашéние о создáнии консорциума; консорционная сдéлка; деловáя оперáция консорциума

Konsortialkurs *m* консорциальный курс *(курс, по котóрому учáстники консорциума покупáют цéнные бумáги, тáкже твёрдый курс, по котóрому бáнковский консóрциум приобретáет áкции)*

Konsortialquote *f* квóта учáстника консорциума

Konsortialvertrag *m* соглашéние о создáнии консорциума

Konsortium *n* консóрциум, целевóе объединéние нéскольких компáний *(глáвным óбразом, бáнков, напр. для реализáции цéнных бумáг по единóму кýрсу)*

konstant постоянный

Konstante *f* постоянная, констáнта

Konstantsummenspiel *n* игрá с постоянной сýммой

Konstellation *f* положéние дел, конъюнктýра

Konstruktion *f* констрýкция, сооружéние; структýра, строéние

Konstruktion einer Anleihe строéние зáйма

instandhaltungsgerechte Konstruktion констрýкция *(напр., станкá)*, обеспéчивающая максимáльно ширóкую эксплуатáцию при минимальных расхóдах на технúческое обслýживание

vorgefertigte Konstruktion сбóрная констрýкция

Konstruktionsbüro *n* констрýкторское бюрó

Konstruktionskosten *pl* расхóды, свя́занные с разрабóткой констрýкции; затрáты, свя́занные с разрабóткой констрýкции; издéржки, свя́занные с разрабóткой констрýкции

Konsularvertrag *m* кóнсульский договóр, кóнсульская конвéнция

Konsulat *n* кóнсульство; *ист.* кóнсульство, консулат

Konsulatsbestätigung *f* кóнсульская легализáция

Konsum *m* потреблéние; потребúтельский кооператúв; потребительское óбщество

aufgeschobener Konsum отлóженный потребúтельский спрос

privater Konsum лúчное потреблéние

zurückgestellter Konsum отлóженный потребúтельский спрос

Konsumartikel *m, pl* потребúтельские товáры

Konsumbedarf *m* потребúтельский спрос

Konsumbelieferung *f* обслýживание потребúтелей; снабжéние рынка потребительскими товáрами

Konsumeinschränkung *f* ограничéние потреблéния

Konsument *m* потребúтель

gesellschaftlicher Konsument общéственный потребúтель; госудáрственный потребúтель

individueller Konsument индивидуáльный потребúтель

produktiver Konsument произвóдственный потребúтель

zahlungsfähiger Konsument платёжеспосóбный потребúтель

Konsumentenbudget *n* потребúтельский бюджéт

Konsumentenfreiheit *f* «свобóда» потребúтеля определять объём и харáктер потреблéния

Konsumentenhandel *m* кооператúвная фóрма торгóвли; торгóвля потребительскими товáрами

Konsumentenkredit *m* потребúтельский кредúт *(предоставля́ется бáнком потребúтелю для оплáты в рассрóчку)*

Konsumentenrente *f* потребúтельский излúшек для покупáтеля (*возмóжная рáзница мéжду максимáльной ценóй, котóрую потребúтель готóв уплатúть, и фактúческой плáтой*)

Konsumentenvereinigung *f* объединéние потребúтелей *(для защúты своих интерéсов)*

Konsumentenverhalten *n* поведéние потребúтелей

Konsumentenwaren *f, pl* потребúтельские товáры, товáры потреблéния

Konsumentrisiko *n* риск потребúтеля, риск закáзчика *(в статистическом контроле кáчества)*

Konsumerhebung *f* обслéдование потреблéния, анáлиз потреблéния

Konsumfinanzierung *f* кредитовáние потребúтеля

Konsumfunktion *f* фýнкция потреблéния

Konsumgenossenschaft *f* потребúтельская кооперáция, потребительское об-

щество, потребительский кооператив
konsumgenossenschaftlich кооперативный *(относящийся к потребительской кооперации)*
Konsumgeschäft *n* магазин потребительской кооперации
Konsumgesellschaft *f* общество потребителей
Konsumgewohnheiten *f, pl* обычаи потребителей, привычки потребителей
Konsumgroßhandel *m* кооперативная форма оптовой торговли; оптовая торговля потребительскими товарами
Konsumgüter *n pl* потребительские товары, товары потребления
dauerhafte Konsumgüter потребительские товары длительного пользования
industrielle Konsumgüter промышленные потребительские товары
kurzlebige Konsumgüter потребительские товары кратковременного пользования, потребительские товары краткосрочного пользования
langlebige Konsumgüter потребительские товары длительного пользования
Konsumgüteraustausch *m* торговый обмен потребительскими товарами
Konsumgüterbedarf *m* спрос на потребительские товары
Konsumgüterbilanz *f* баланс потребительских товаров
Konsumgüterbinnenmarkt *m* внутренний рынок потребительских товаров
Konsumgütergroßhandel *m* оптовая торговля потребительскими товарами
Konsumgütergroßhandelsbetrieb *m* предприятие оптовой торговли потребительскими товарами
Konsumgüterindustrie *f* промышленность товаров широкого потребления, промышленность товаров народного потребления, промышленность потребительских товаров
Konsumgüternachfrage *f* спрос на потребительские товары
Konsumgüterpreise *m, pl* цены на потребительские товары
Konsumgüterproduktion *f* производство потребительских товаров
konsumieren *vt* потреблять
Konsumierung *f* потребление
Konsumkaufhaus *n* магазин потребительской кооперации
Konsumkraft *f* покупательная способность *(населения)*
Konsumkredit *m* потребительский кредит
Konsumladen *m разг.* магазин потребительской кооперации
Konsumorientierung *f* ориентация на потребителя при выборе места для торгового предприятия; ориентация на потребление *(теория «общества потребления»)*
Konsumsteuer *f* налог на предметы потребления
Konsumtibilien *pl* предметы потребления; продукты питания
Konsumtibilität *f* потребляемость
Konsumtion *f* потребление
gesellschaftliche Konsumtion общественное потребление
individuelle Konsumtion личное потребление, индивидуальное потребление
laufende Konsumtion текущее потребление
nichtlebensstandardwirksame Konsumtion потребление, не влияющее на уровень жизни
nichtproduktive Konsumtion непроизводственное потребление
parasitäre Konsumtion паразитическое потребление
private Konsumtion личное потребление, индивидуальное потребление
produktive Konsumtion производственное потребление
zahlungsfähige Konsumtion платёжеспособное потребление
Konsumtionsausgaben *f, pl* расходы на приобретение потребительских товаров
Konsumtionsbeschränkung *f* ограничение потребления
Konsumtionsbilanz *f* баланс потребления
Konsumtionselastizität *f* эластичность потребления
Konsumtionsentwicklung *f* динамика потребления
Konsumtionsfähigkeit *f* покупательная способность *(населения)*
Konsumtionsfonds *m* фонд потребления
gesellschaftliche Konsumtionsfonds *pl* общественные фонды потребления
Konsumtionsforschung *f* изучение потребления, анализ потребления
Konsumtionsfunktion *f* функция потребления
Konsumtionsgewohnheiten *f, pl* обычаи потребителей, привычки потребителей
Konsumtionsgüter *n pl* потребительские товары, товары потребления
Konsumtionskraft *f* покупательная способность *(населения)*
Konsumtionskredit *m* потребительский кредит
Konsumtionslenkung *f* управление потреблением, регулирование потребления
Konsumtionsmittel *n pl* средства потребления, предметы потребления
Konsumtionsnorm *f* норма потребления
Konsumtionsplanung *f* планирование потребления, регулирование потребления
Konsumtionspolitik *f* политика в области потребления
Konsumtionsprognose *f* прогноз потребления
Konsumtionsprozess *m* процесс потребления
Konsumtionsrate *f* норма потребления
Konsumtionssphäre *f* сфера потребления
Konsumtionssteuer *f* налог на предметы потребления
Konsumtionsstruktur *f* структура потребления
Konsumtionsverhältnisse *n pl* отношения, складывающиеся в сфере потребления
konsumtiv потребительский; потребительный
Konsumtivkredit *m* потребительский кредит
Konsumverein *m* союз потребительских обществ; потребительский кооператив
Konsumwaren *f, pl* потребительские товары, товары потребления
Kontaktstrecke *f* отдел магазина, в котором покупатель имеет свободный доступ к товарам
Kontango *n* репорт *(пролонгация срока биржевой сделки участником, играющим на повышение)*
Kontangogeschäft *n бирж.* репортная операция, репортная сделка; репортирование
kontant наличный *(о деньгах)*
Kontanten *pl* наличные деньги
Kontantgeschäft *n* кассовая сделка, сделка на фондовой бирже
Konten *pl* счета
Konten des Reinvermögens счета чистого имущества *(субсчета счёта капитала)*
gemischte Konten смешанные счета
provisionspflichtige Konten счета, по которым начисляется комиссия с оборота
transferable Konten переводные счета
Kontenabschluss *m* заключение счетов, закрытие счетов, выведение итогов по счетам
Kontenabstimmung *f* согласование счетов
Kontenausgleich *m* сбалансирование счетов, сальдирование

Kontenbestand *m* сре́дства, числя́щиеся на счёте

Kontenbewegung *f* движе́ние средств по счета́м

Kontenblatt *n* ка́рточка лицево́го счёта; страни́ца лицево́го счёта *(в кни́ге, бухга́лтерского учёта)*

Konteneintragung *f* занесе́ние в счёт, прово́дка по счёту

Konteneröffnung *f* откры́тие счёта

Kontenfreigabe *f* откры́тие счёта

Kontenführer *m* счетово́д

Kontenführung *f* веде́ние счето́в, веде́ние счёта

Kontenglattstellung *f* восстановле́ние креди́тов

Kontengliederung *f* классифика́ция счето́в

Kontengruppe *f* гру́ппа счето́в

Konteninhaber *m* владе́лец счёта

Kontenklasse *f* разде́л номенклату́ры счето́в; разде́л счётного пла́на

Kontenkontrolle *f* прове́рка за́писей на счета́х

kontenmäßig по счета́м, согла́сно счета́м

Kontennummer *f* но́мер счёта, шифр счёта

Kontennummersystematik *f* схе́ма присвое́ния номеро́в *(в бюдже́тной классифика́ции)*; числова́я система́тика счето́в, коди́рование счето́в

Kontenplan *m* счётный план *(систе́ма гла́вных счето́в с разби́вкой на кла́ссы и гру́ппы)*

Kontenrahmen *m* номенклату́ра счето́в, план счето́в,
vereinfachter Kontenrahmen суженная номенклату́ра счето́в

Kontenregister *n* пе́речень счето́в *(предприя́тия)*

Kontenregulativ *n* поря́док регули́рования взаи́мных расчётов

kontenregulativ регули́рующий взаи́мные расчёты

Kontenruf *m* контировка *(составле́ние бухга́лтерской проводки)*

Kontensparen *n* аккумуля́ция сбереже́ний населе́ния на счета́х в сберега́тельных кассах

Kontensperre *f* аре́ст счёта; аре́ст вкла́да; блоки́рование счёта

Kontensperrung *f* аре́ст счёта; аре́ст вкла́да; блоки́рование счёта

Kontenstand *m* состоя́ние счето́в

Kontensystematik *f* классифика́ция счето́в

kontentieren *vt* проводи́ть опла́ту по счета́м, опла́чивать, плати́ть

Kontenumsatz *m* оборо́ты по счета́м

Kontenuntergruppe *f* подгру́ппа счето́в

Kontenverfügung *f* распоряже́ние счётом

Kontenverzeichnis *n* рее́стр счето́в

Konteraktivposten *m бухг.* контракти́вная статья́

Konterbande *f* контраба́нда; контраба́ндный това́р

Kontermine *f* гру́ппа спекуля́нтов, игра́ющих на пониже́ние; гру́ппа понижа́телей; биржево́й контрманёвр

Kontermineur *m бирж.* спекуля́нт, игра́ющий на пониже́ние; медве́дь

konterminieren *vi бирж.* рассчи́тывать на пониже́ние ку́рсов; де́йствовать про́тив повыше́ния ку́рсов

Konterpassivposten *m бухг.* контрпасси́вная статья́

Konti *pl* счета́

Kontierung *f бухг.* контировка, составле́ние проводок
Kontierung auf dem Beleg контировка на докуме́нте

Kontinentalsperre *f ист.* континента́льная блока́да

Kontingent *n* континге́нт, преде́льное коли́чество; лими́т, но́рма; до́ля, часть; соста́в
das Kontingent ausschöpfen исче́рпать континге́нт, вы́брать но́рму
ein Kontingent überziehen превы́сить континге́нт
bilaterales Kontingent двусторо́нний континге́нт

kontingentieren *vi* контингенти́ровать, устана́вливать континге́нт, устана́вливать континге́нты

Kontingentierung *f* контингенти́рование, установле́ние лими́та

Kontingentierungskartell *n* карте́ль, для уча́стников кото́рого устано́влены твёрдые континге́нты

Kontingentierungssteuern *f, pl* контингенти́рованные нало́ги

Kontingentträger *m* фондодержатель

Kontingenz *f стат.* сопряжённость при́знаков, контингенция

Kontingenzkoeffizient *m стат.* коэффицие́нт взаи́мной сопряжённости, коэффицие́нт сопряжённости при́знаков

Kontingenztafel *f* табли́ца сопряжённости при́знаков

kontinuierlich непреры́вный, бесперебо́йный

Kontinuität *f* непреры́вность

Kontinuitätsprinzip *n* при́нцип непреры́вности

Kontinuum *n* непреры́вность; конти́нуум

Konto *n* счёт
Konto bei der Bank auflösen закры́ть счёт в ба́нке
Konto vivo *ит.* лицево́й счёт
Kontoa nuovo *ит.* счёт переходя́щих сумм
analytisches Konto счёт аналити́ческого учёта; счёт второ́го поря́дка
belastetes Konto дебету́емый счёт
bezogenes Konto счёт, с кото́рого должна́ быть произведена́ упла́та
erkanntes Konto кредитуемый счёт
gesperrtes Konto блоки́рованный счёт
laufendes Konto теку́щий счёт, контокорре́нтный счёт
persönliches Konto лицево́й счёт
synthetisches Konto счёт синтети́ческого учёта; счёт пе́рвого поря́дка
auf dem Konto haben дебетова́ть счёт
auf Konto на счёт
das Konto belasten дебетова́ть счёт
ein Konto einrichten откры́ть счёт, открыва́ть счёт
ein Konto eröffnen откры́ть счёт, открыва́ть счёт
ein Konto sperren блоки́ровать счёт, заблоки́ровать счёт

Konto-Original-Form *f* фо́рма копиручёта, при кото́рой ка́рточка лицево́го счёта накла́дывается для за́писи на ка́рточку журна́ла

Konto-Original-Methode *f* фо́рма копиручёта, при кото́рой ка́рточка лицево́го счёта накла́дывается для за́писи на ка́рточку журна́ла

Kontoabschluss *m* заключе́ние счёта, закры́тие счёта

Kontoauszug *m* вы́писка из счёта

Kontoeröffnung *f* откры́тие счёта

Kontogegenbuch *n* расчётная кни́га

Kontoguthaben *n* су́мма, находя́щаяся на счета́х

Kontoinhaber *m* владе́лец счёта, владе́лец ли́чного счёта

Kontokorrent *n ит.* теку́щий счёт, контокоррент, контокорре́нтный счёт *(ба́нковский счёт, на кото́ром учи́тываются взаи́мные тре́бования и платежи́ клие́нта)*
kontenloses Kontokorrent контокоррент без лицевых счето́в

Kontokorrentauszug *m* вы́писка из контокорре́нтного счёта

Kontokorrentgeschäft *n* контокорре́нтная опера́ция *(при э́том банк мо́жет выступа́ть как в ро́ли дебито́ра, так и в ро́ли кредито́ра)*

Kontokorrentkonto *n* контокорре́нтный счёт

Kontokorrentkredit *m* контокорре́нтный креди́т *(разнови́дность креди́та *по откры́тому счёту)*

Kontokorrentrechnung *f* теку́щий счёт, контокоррент, контокоррентный счёт

Kontokorrentvertrag *m* догово́р об осуществле́нии взаи́мных расчётов с по́мощью контокоррентного счёта

Kontonummer *f* но́мер счёта

Kontor *n* конто́ра

gemischtes Kontor конто́ра по экспорту и и́мпорту това́ров

Kontorechnung *f*, **funktionale** функциона́льное счетово́дство *(фо́рма двойно́й бухгалте́рии, со́зданная В. Томсом)*

Kontorist *m* конторщик, конто́рский слу́жащий, клерк, офисный рабо́тник, рабо́тник офиса

Kontoristinen *f* конторщица, конто́рская слу́жащая; клерк, рабо́тница офиса

Kontosaldo *m* са́льдо счёта

Kontoseite *f* сторона́ счёта

linke Kontoseite де́бет

rechte Kontoseite креди́т

Kontosperre *f* блокиро́вка счёта, блоки́рование счёта

Kontovertrag *m* догово́р об откры́тии счёта

Kontovortrag *m* перено́с на счёт

Kontrahent *m* контраге́нт, сторона́ в догово́ре

kontrahieren *vi* заключа́ть контра́кт

Kontrahierung *f* вступле́ние в догово́рные отноше́ния, контрактация, заключе́ние контра́кта

Kontrahierungszwang *m юр.* принуди́тельное заключе́ние контрактов

Kontrakt *m* контра́кт, догово́р; подря́д *(напр., в строи́тельстве)*

langfristiger Kontrakt долгосро́чный контра́кт

Kontraktabschluss *m* заключе́ние контра́кта

Kontraktbruch *m* наруше́ние контра́кта

Kontrakteinkommen *n* дохо́д, исчисленный по контра́кту; дохо́д согла́сно контра́кту

Kontraktion *f* сокраще́ние разме́ров, контракция

Kontraktion der Preise пониже́ние цен

Kontraktpreis *m* контрактная цена́, контрактационная цена́, догово́рная цена́

Kontramuster *n* контро́льный образе́ц

Kontraprotest *m* встре́чный протест *(векселя́)*

Kontribution *f* взнос; контрибу́ция

Kontrollabschnitt *m* контро́льный купо́н; отрывно́й тало́н *(напр., рабо́чего наря́да)*

Kontrollarbeitsgang *m* контро́льная опера́ция

Kontrollberechnung *f* контро́льный расчёт, пове́рочный расчёт

kontrollberechtigt име́ющий пра́во контро́ля

Kontrollbericht *m* сво́дный бухга́лтерский отчёт

Kontrollbescheid *m* предписа́ние контро́льного фина́нсового орга́на

Kontrollbilanz *f* контро́льный бала́нс

Kontrollbrett *n* контро́льная *(табельная)* доска́, та́бель; контро́льный щит

Kontrolle *f* контро́ль, прове́рка; *тамож.* досмо́тр

Kontrolle der Planerfüllung контро́ль за выполне́нием пла́на

Kontrolle durch den Haushalt бюдже́тный контро́ль

Kontrolle durch die Mark контро́ль ма́ркой

betriebstechnische Kontrolle техни́ческий контро́ль

gesellschaftliche Kontrolle обще́ственный контро́ль

hundertprozentige Kontrolle стопроце́нтный контро́ль, сплошно́й контро́ль

korrigierende Kontrolle корректиру́ющий контро́ль

mitlaufende Kontrolle операти́вный контро́ль, теку́щий контро́ль

selbsttätige Kontrolle автомати́ческий контро́ль; самоконтро́ль; самостоя́тельный контро́ль

stichprobenweise Kontrolle прове́рка по вы́бору, вы́борочный контро́ль

eine Kontrolle errichten установи́ть контро́ль

unter Kontrolle stellen взять под контро́ль

Kontrollergebnis *n* результа́т контро́ля

Kontrolleur *m* контролёр

Kontrollgesellschaft *f* контролирующая компа́ния *(компа́ния, владе́ющая контро́льным паке́том а́кций)*, контролирующее о́бщество, хо́лдинговая компа́ния, холдинг-компа́ния

Kontrollgrenzen *f, pl* контро́льные грани́цы, контро́льные преде́лы

kontrollierbar контроли́руемый; подлежа́щий контро́лю

kontrollieren *vt* контроли́ровать, проверя́ть; *тамож.* досма́тривать

Kontrollkarte *f* контро́льная ка́рта

Kontrollkarte für den Fehlerprozentsatz контро́льная ка́рта *(для)* до́ли дефе́ктных изде́лий

Kontrollkarte für die Anzahl der fehlerhaften Einheiten контро́льная ка́рта *(для)* числа́ дефе́ктных изде́лий

Kontrollkarte für die Spannweite контро́льная ка́рта интерва́лов

Kontrollkarte für die Standardabweichung контро́льная ка́рта станда́ртных отклоне́ний

Kontrollkarte für Extremwerte контро́льная ка́рта *(для)* экстрема́льных значе́ний, контро́льная ка́рта *(для)* кра́йних значе́ний

abgeleitete Kontrollkarte сме́шанная контро́льная ка́рта, группова́я контро́льная ка́рта

kombinierte Kontrollkarte комбини́рованная контро́льная ка́рта

Kontrollkartentechnik *f (статисти́ческий)* контро́ль ка́чества с по́мощью контро́льных карт, те́хника контро́льных карт

Kontrollkasse *f* контро́льный ка́ссовый аппара́т

Kontrollkassierer *m* касси́р-контролёр

Kontrollmarke *f* контро́льный жето́н *(напр., сберкассы)*

Kontrollmessung *f* контро́льное изме́рение, контро́льный заме́р

Kontrollnummer *f* контро́льный но́мер; та́бельный но́мер *(в ве́домости на вы́дачу за́работной пла́ты)*

Kontrolloperation *f* контро́льная опера́ция

Kontrollorganisation *f*, **technische** организа́ция техни́ческого контро́ля

Kontrollosigkeit *f* бесконтро́льность

Kontrollprobe *f* контро́льное испыта́ние, прове́рочное испыта́ние

Kontrollprüfung *f* контро́льная прове́рка *(напр., ка́чества това́ров)*

Kontrollprüfzeichen *n* клеймо́ контролёра ка́чества, клеймо́ отде́ла техни́ческого контро́ля

persönliches Kontrollprüfzeichen ли́чное клеймо́ *(рабо́чего)*

Kontrollpunkt *m стат.* то́чка контро́ля *(на криво́й оперативной характери́стики)*

Kontrollspanne *f* о́бласть контро́ля, сфе́ра контро́ля, о́бласть осуществле́ния контро́льных фу́нкций, сфе́ра осуществле́ния контро́льных фу́нкций

Kontrollspezifikation *f* контро́льная спецvíфика́ция

Kontrollstichprobenuntersuchung *f стат.* контро́льная вы́борка

Kontrolltafel *f* контро́льная *(табельная)* доска́, та́бель; контро́льный щит

Kontrolltermin *m* контро́льный срок

Kontrolluhr *f* контро́льные часы́ *(на предприя́тии)*

Kontrollverfahren *n* ме́тод контро́ля, те́хника контро́ля

Kontrollvermerk *m* отме́тка о результа́тах контро́ля; отме́тка о результа́тах тамо́женного досмо́тра

Kontrollzahl *f* контрóльная ци́фра
Kontrollziffer *f* контрóльная ци́фра
Kontrollziffer für die Kredithöhe контрóльная ци́фра кредитования
Konturpackung *f* прозрáчная упакóвка, соотвéтствующая кóнтурам упакованного товáра
Konurbation *f* конурбáция *(совокýпность двух и́ли бóлее райóнов и́ли городóв, образýющих райóн сплошнóй городскóй застрóйки)*
KonvA, Konvertierungsanleihe конверсиóнный заём
Konvention *f* конвéнция, соглашéние, договóр
Konvention von Lome ломейская конвéнция *(об экономи́ческой ассоциáции развивáющихся стран с ЕЭС)*
Konventionalstrafe *f* договóрная неустóйка; конвенциональный штраф
die Konventionalstrafe abziehen вычесть неустойку
die Konventionalstrafe berechnen начислить неустойку
Konventionaltarif *m* конвенциóнный тари́ф
Konventionalzoll *m* конвенциональная пóшлина, конвенционная пóшлина
konventionell договóрный; общепри́нятый, обы́чный, традициóнный
Konventionstarit *m* конвенциóнный тари́ф
Konvergenz *f* конвергéнция; сходи́мость
wirtschaftliche Konvergenz экономи́ческая конвергéнция
Konvergenzkriterium *n* критéрий сходимости
Konvergenztheorie *f* теóрия конвергенции
Konversion *f* конвéрсия *(изменéние первоначáльных услóвий зáйма - ссудного процéнта и услóвий погашéния; перевóд воéнных предприя́тий на произвóдство граждáнской продýкции)*
wahlweise Konversion факультати́вная конвéрсия
Konversionsanleihe *f* конверсиóнный заём
Konversionskasse *f* конверсионная кáсса
konvertibel конвертируемый, обрати́мый *(о валю́те)*
Konvertibilität *f* обрати́мость, конверти́руемость *(возможнóсть покýпки деви́зов на отечественную валю́ту и свобóдного распоряжéния и́ми для резидентов дáнной страны́, инострáнных грáждан и фирм)*, *см.* **Devisen**
konvertierbar конвертируемый, обрати́мый *(о валю́те)*
Konvertierbarkeit *f* обрати́мость, конверти́руемость
beschränkte Konvertierbarkeit части́чная обрати́мость, ограни́ченная обрати́мость
volle Konvertierbarkeit пóлная обрати́мость
konvertieren *vt* конверти́ровать, обращáть *(валю́ту)*; производи́ть конверсию *(напр., государственного дóлга)*
Konvertierung *f* конвертирование *(валю́ты)*; проведéние конверсии *(напр., госудáрственного дóлга)*; конвéрсия
Konvertierungs- und Transferrisiko *n* риск приостановления конвертирования валю́ты, риск приостановления трансферта валю́ты
Konvertierungsanleihe *f* конверсиóнный заём
Konvertionsoperationen *f, pl* операции по обмéну валю́т
KonvT, Konventionaltarif конвенциóнный тари́ф, договóрные пóшлины, конвенционные пóшлины
Konzentration *f* концентрáция *(напр., ускóренное, расширéние крýпных предприя́тий за счёт мéлких)*
Konzentration der Produktion концентрáция произвóдства
Konzentration des Kapitals концентрáция капитáла
horizontale Konzentration горизонтáльная концентрáция
landwirtschaftliche Konzentration концентрáция сельскохозя́йственного произвóдства
vertikale Konzentration верти́кáльная концентрáция
Konzentrationsbewegung *f* процéсс концентрáции
Konzentrationsgrad *m* стéпень концентрáции, ýровень концентрáции
Konzentrationsstufe *f* стéпень концентрáции, ýровень концентрáции
konzentrieren *vt* концентри́ровать, сосредотóчивать
Konzeption *f* концéпция; зáмысел
Konzern *m* концéрн *(объединéние разли́чных - иногдá юриди́чески части́чно самостоя́тельных предприя́тий, фирм)*
internationaler Konzern междунарóдный концéрн
multinationaler Konzern мультинациональный концéрн
transnationaler Konzern транснациональный концéрн
Konzernabschluss *m* итóговый «чи́стый» балáнс концерна
Konzernbank *f* банк при концерне
Konzernbilanz *f* еди́ный балáнс концерна, свóдный балáнс концерна
Konzerne *m, pl* концéрны (мн.ч.)
bundeseigene Konzerne федерáльные концéрны; концéрны, являющиеся сóбственностью госудáрства
Konzernentflechtung *f* декартелизáция
Konzerngesellschaften *f, pl* компáнии, входя́щие в состáв концерна; фи́рмы, входя́щие в состáв концерна
Konzernherr *m* глава́ концерна, владéлец концерна
konzernieren *vt* создавáть концéрн, объединя́ть в концéрн, объединя́ть в концéрны
Konzernverflechtung *f* срáщивание концернов
Konzertierung *f* согласовáние
Konzertzeichner *m бирж.* спекуля́нт цéнными бумáгами
Konzession *f* концéссия, разрешéние на определённую дéятельность
Konzession устýпка *(вы́нужденная)*; компроми́сс
auf Konzession eingehen пойти́ на устýпку
eine Konzession gewähren предостáвить концессию
jmdm **Konzessionen machen** дéлать *комý-л.* устýпки
Konzessionär *m* концессионéр
konzessionieren *vt* предоставля́ть концессию
Konzessionsanleihe *f* концессиóнный заём
Konzessionsbedingungen *f, pl* услóвия предоставлéния концéссии
Konzessionsbetrieb *m* концессионное предприя́тие
Konzessionsbewerber *m* соискáтель концéссии, претендéнт на получéние концéссии
Konzessionseinnahmen *f, pl* концессионные поступлéния
Konzessionsgebühr *f* концессиóнный сбор
Konzessionsgesetz *n* закóн о концессиях
Konzessionsgesuch *n* ходáтайство о предоставлéнии концéссии
Konzessionsinhaber *m* концессионéр
Konzessionskapitalismus *m* концессиóнный капитали́зм
Konzessionslasten *f, pl* платежи́ по концессионному договóру
Konzessionspolitik *f* концессионная поли́тика, поли́тика концессий
Konzessionsrecht *n* концессионное прáво
Konzessionsstaatskapitalismus *m* госу-

да́рственно-концессио́нный капитали́зм

Konzessionssystem *n* систе́ма концессий

Konzessionsunternehmung *f* концессионное предприя́тие

Konzessionsurkunde *f* пате́нт на концессию

Konzessionsvertrag *m* концессио́нный догово́р

Kooperation *f* коопери́рование, коопера́ция; сотру́дничество

Kooperation der Arbeit коопера́ция труда́

Kooperation der Industrie коопери́рование в промы́шленности

einfache Kooperation проста́я коопера́ция

innerbetriebliche Kooperation внутризаводско́е коопери́рование *(произво́дства)*

internationale Kooperation междунаро́дная коопера́ция

technische Kooperation техни́ческое сотру́дничество

in Kooperation mit ... в сотру́дничестве с ...

Kooperationsabkommen *n* соглаше́ние о сотру́дничестве

Kooperationsbeziehungen *f, pl* отноше́ния, складывающиеся в ра́мках систе́мы кооперирования; кооперационные связи́

Kooperationsgemeinschaft *f с.-х.* межкооперативное объедине́ние

Kooperationskette *f* цепо́чка кооперирующихся предприя́тий

Kooperationslieferungen *f, pl* кооперированные поста́вки, поста́вки, осуществляемые в ра́мках систе́мы кооперирования

Kooperationspartner *m* партнёр по систе́ме кооперирования, партнёр по сотрудничеству

Kooperationsplan *m* план кооперирования

Kooperationsstückliste *f* специфика́ция кооперированных поста́вок

Kooperationsverband *m с.-х.* межкооперативное объедине́ние

Kooperationsvereinbarung *f* соглаше́ние о кооперировании, догово́р о кооперировании

Kooperativ *n* коопера́ти́в, коопера́ция; сотру́дничество

kooperativ кооперати́вный; осно́ванный на кооперации

Kooperative *f* кооперати́в, коопера́ция; сотру́дничество

Kooperativgenossenschaft *f* кооперати́вное това́рищество, кооперати́в

Kooperierung *f* коопери́рование; сотру́дничество

Koordinate *f* координата

koordinieren *vt* координи́ровать, согласо́вывать, увя́зывать

Koordiniertheit *f* согласо́ванность

Koordinierung *f* координа́ция, согласова́ние, увязка

Koordinierung der Arbeitsgänge сочета́ние рабо́чих опера́ций

Koordinierung der Volkswirtschaftspläne координа́ция народнохозя́йственных пла́нов

fehlende Koordinierung несогласо́ванность, неувязка

internationale Koordinierung der Produktion междунаро́дное координи́рование произво́дства

Koordinierungsvereinbarung *f* соглаше́ние о сотру́дничестве и координировании де́ятельности

Kopf *m* ша́пка, заголо́вок *(письма́, бла́нка)*

Kopf голова́, душа́, челове́к *(при счёте)*

Kopf голова́

Kopf- (в сл.сл.) головно́й

pro Kopf *(в расчёте)* на ду́шу (населе́ния)

Kopfanteil *m* до́ля на ду́шу населе́ния

Kopfarbeiter *m* рабо́тник у́мственного труда́

Kopfbesteuerung *f ист.* обложе́ние подушной податью

Kopfbogen *m* фи́рменный бланк

Kopfgeld *n ист.* поду́шная пода́ть

Kopfsteuer *f* пауша́льный нало́г *(в отли́чие от подохо́дного нало́га основывается на вне́шних при́знаках, фиксируемых гражда́нским, жилищным пра́вом и проч.)*

Kopfsteuer *ист.* поду́шная пода́ть

Kopfzins *m ист.* поду́шная пода́ть

Kopie *f* ко́пия, дублика́т

Kopieranlage *f* светокопировальное устро́йство, копирова́льное устро́йство, *разг.* копи́р, *разг.* ксерокс *(по назва́нию фи́рмы-производи́теля)*

kopieren *vt* де́лать ко́пию; снима́ть ко́пию; копи́ровать; размножа́ть *(за́писи, чертежи и т.п.)*

Koppelprodukte *n pl стат.* сопряжённые ви́ды проду́ктов се́льского хозя́йства; комбини́рованные проду́кты

Koppelrecht *n* пра́во о́бщего па́стбища

Kopplung *f* связь; согласова́ние

rekursive Kopplung рекурсивная связь

Kopplungsgeschäft *n* прода́жа това́ра с принуди́тельным ассортиме́нтом; *(разг.)* прода́жа с нагру́зкой

Kopplungsgeschäft свя́занная сде́лка *(разнови́дность компенсационной сде́лки, при которо́й и́мпорт увязывается с экспортом не́которых, зара́нее определённых това́ров)*

Korn *n* зерно́, зерново́й, хлеб

Kornbörse *f* зернова́я би́ржа, хле́бная би́ржа

Körner *m* ко́рнер *(объедине́ние биржевико́в для ску́пки а́кций)*

Körnerertrag *m* урожа́й зерновы́х; урожа́йность зерновы́х

Kornernte *f* убо́рка хлебо́в, убо́рка зерновы́х, жа́тва хлебо́в

Kornertrag *m* урожа́й зерновы́х; урожа́йность зерновы́х

Kornmarkt *m* хле́бный ры́нок, ры́нок зерна́

Kornproduktion *f* произво́дство зерновы́х

Körperdiagramm *n стат.* объёмная диагра́мма

Körperschaft *f* корпора́ция, объедине́ние, орга́н *(объедине́ние предпринима́телей или потреби́телей с определённой це́лью с права́ми юриди́ческого лица́)*

Körperschaft des öffentlichen Rechts *юр.* публи́чная корпора́ция, публичноправовая корпора́ция

Körperschaft des Privatrechts *юр.* ча́стная корпора́ция, частноправовая корпора́ция

internationale Körperschaft междуна́родный орга́н; специализи́рованная междунаро́дная организа́ция

öffentlich-rechtliche Körperschaft *юр.* публи́чная корпора́ция, публичноправовая корпора́ция

öffentliche Körperschaft публи́чная корпора́ция *(не ча́стная)*

körperschaftlich корпорати́вный, объединённый

Körperschaftsbesteuerung *f* обложе́ние нало́гом корпора́ций

Körperschaftssteuer *f* корпорати́вный нало́г, нало́г на дохо́ды *(публи́чной)* корпора́ции, нало́г на дохо́ды юриди́ческого лица *(отно́сится ко всем акционе́рным о́бществам и о́бществам с ограни́ченной отве́тственностью)*

Korporation *f* корпора́ция, объедине́ние, орга́н *(объедине́ние предпринима́телей или потреби́телей с определённой це́лью с права́ми юриди́ческого лица́)*

Korporationseigentum *n* корпорати́вное иму́щество; корпорати́вная со́бственность

Korrealgläubiger *m* совоку́пный креди́то́р

Korrealhypothek *f* о́бщая ипоте́ка

Korrealschuldner *m* совоку́пный должни́к

korrektieren *vt* вноси́ть попра́вки; корректи́ровать; де́лать корректирующую за́пись; вноси́ть корректирующую за́пись

Korrektion *f* корре́кция; попра́вка; исправле́ние; корректи́рование

Korrektivposten *m бухг.* сторнировочная статья́

Korrektur *f* исправле́ние; попра́вка; корректу́ра

Korrekturfaktor *m* поправочный коэффицие́нт

Korrekturgröße *f* поправочный коэффицие́нт

Korrekturposten *m* сторнировочная статья́ (в бухучёте)

Korrelation *f* соотноше́ние, корреля́ция *(в стати́стике - математи́ческий ана́лиз предполага́емой взаимозави́симости ме́жду разли́чными переме́нными/динами́ческими ряда́ми)*

einfache Korrelation проста́я корреля́ция

einfache Korrelation взаи́мная корреля́ция

mehrfache Korrelation множественная корреля́ция

Korrelations- und Regressionsanalyse *f* корреляционный и регрессионный ана́лиз

Korrelationsabhängigkeit *f* корреляционная зави́симость

Korrelationsanalyse *f* корреляционный ана́лиз

Korrelationskoeffizient *m* коэффицие́нт корреля́ции

multipler Korrelationskoeffizient коэффицие́нт множественной корреля́ции

partieller Korrelationskoeffizient коэффицие́нт ча́стной корреля́ции

Korrelationsrechnung *f* корреляционное исчисле́ние

Korrelationstabelle *f стат.* корреляционная табли́ца

Korrelationszusammenhang *m* корреляционная связь

korrelativ корреляти́вный, соотноси́тельный; взаимозави́симый

korrespektiv *юр.* взаи́мный

korrespektives Testament взаи́мное завеща́ние

Korrespondent *m* корреспонде́нт

Korrespondentenverrechnung *f* (банк.) корреспондентский счёт

Korrespondenz *f* перепи́ска, корреспонде́нция

Korrespondenz besorgen вести́ корреспонде́нцию; вести́ перепи́ску; занима́ться *(чьей-л.)* корреспонде́нцией; занима́ться *(чьей-л.)* перепи́ской

mit jmdm. **in Korrespondenz stehen** находи́ться с *кем-л.* в перепи́ске

verbraucherpolitische Korrespondenz; VpK веде́ние перепи́ски по вопро́сам поли́тики в о́бласти защи́ты прав потреби́телей

Korrespondenz-Bank *f* банк-корреспонде́нт

Korrespondenzbüro *n* информацио́нное бюро́ *(для пре́ссы)*; пресс-бюро́

Korrespondenzkonto *n* (банк.) корреспондентский счёт, корсчёт

Korrespondenzreeder *m* (юр.) арматор, ве́дающий чужи́ми, переданными ему́ в управле́ние суда́ми

korrespondieren *vi* вести́ перепи́ску *с кем-л*

korrespondieren соотве́тствовать *чему́-л.*, соотноси́ться с *чем-л.*

Korruption *f* корру́пция

Korsopolice *f* по́лис страхова́ния от всех ри́сков, универса́льный по́лис

Kossäte *m ист.* крестья́нин-бедня́к

Kosten *pl* расхо́ды, затра́ты, изде́ржки (*напра́вленные на обеспе́чение комме́рческого результа́та)*

Kosten der Produktion изде́ржки произво́дства

Kosten je Fertigungseinheit затра́ты в расчёте на едини́цу проду́кции, удельные затра́ты

Kosten für fremde Leistungen затра́ты, свя́занные с услу́гами со стороны́

Kosten im Jahresdurchschnitt среднегодовая сто́имость

Kosten- und Preislimit *n pl* лими́ты изде́ржек и цен

Kosten-Effektivität der Kampagnen эффекти́вность вложе́ний в кампа́нию (напр. рекламную)

Kosten-Ergebnis-Analyse *f* ана́лиз «расхо́ды - дохо́д»; ана́лиз «затра́ты - результа́т»

Kosten-Nutzen-Analyse *f* ана́лиз затра́т и результа́тов

Kosten-Plus-Kalkulation *f* калькуля́ция цен по ме́тоду «пряме́ые изде́ржки плюс при́быль»

Kostenanschlag *m* расчёт сто́имости; сме́та *(расхо́дов)*; сме́тная калькуля́ция

Kostenaufwand *m* затра́ты; изде́ржки; расхо́ды

Kostenfunktion *f* фу́нкция сто́имости; фу́нкция ., выража́ющая сто́имость

Kostenmehraufwand *m* дополни́тельный расхо́д средств; перерасхо́д средств

Kostenminimierung *f* оптимиза́ция произво́дственного проце́сса для удешевле́ния изде́лий

Kostenplan *m* сме́та

Kostenrechnung *f* калькуля́ция; учёт затра́т; учёт *м.* изде́ржек

Kostenstelle *f* статья́ расхо́да

Kostenträger *m* зака́зчик; объе́кт затра́т

Kostenüberschlag *m* предвари́тельная сме́та

Kostenwert *n* 1. величина́ изде́ржек; показа́тель изде́ржек 2. совокупные убы́тки в связи́ с ги́белью нетрудоспособного, пострада́вшего при ДТП *(су́мма затра́т на жизнеобеспе́чение и образова́ние, а та́кже медици́нских расхо́дов*)

anteilige Kosten приходящиеся на чью-л. до́лю расхо́ды

auftragsfixe Kosten постоя́нные по да́нному зака́зу изде́ржки

außerplanmäßige Kosten сверхплановые расхо́ды, сверхсметные расхо́ды

bedingt konstante Kosten усло́вно-постоя́нные расхо́ды, усло́вно-постоя́нные затра́ты

betriebsfixe Kosten постоя́нные произво́дственные расхо́ды, постоя́нные произво́дственные изде́ржки

degressive Kosten уменьшающиеся изде́ржки; дегресси́вные изде́ржки

direkt zurechenbare Kosten прямы́е затра́ты

direkte Kosten прямы́е изде́ржки

etatisierte Kosten запланированные расхо́ды

falsche Kosten непроизводительные накладны́е расхо́ды *(в сфе́ре обраще́ния)*

fiktive Kosten фикти́вные изде́ржки

fiktive Kosten ко́свенные затра́ты, непрямы́е усло́вно-постоя́нные *(«накладны́е»)* изде́ржки

indirekte variable Kosten ко́свенные переме́нные затра́ты

intervallfixe Kosten промежу́точные изде́ржки, промежу́точные расхо́ды

kalkulatorische Kosten калькулируемые изде́ржки

kommerzielle Kosten внепроизво́дственные расхо́ды, комме́рческие расхо́ды

komparative Kosten сравни́тельные изде́ржки (произво́дства)

kompensatorische Kosten компенсирующие затра́ты

laufende Kosten теку́щие расхо́ды; теку́щие затра́ты

lohnabhängige Kosten затра́ты, зави́сящие от разме́ра за́работной пла́ты

materialabhängige Kosten о́бщие изде́ржки на материа́лы

mittelbare Kosten непосре́дственные расхо́ды; прямы́е изде́ржки

nicht geplante Kosten непланируемые

расхóды; непредвúденные затрáты; незапланúрованные затрáты
planbare Kosten планúруемые расхóды; планúруемые издéржки; планúруемые затрáты
primäre Kosten первúчные издéржки; первúчные затрáты; первúчные расхóды; затрáты на первоначальном этáпе
produktionsbedingte Kosten затрáты на произвóдство, произвóдственные издéржки
produktionsbedingte Kosten производúтельные расхóды
progressive Kosten растýщие издéржки; прогрессúвные расхóды *(вид переменных расхóдов, котóрые растýт, быстрée, чем объём произвóдства)*
proportionale Kosten пропорционáльные расхóды
soziale Kosten социáльные издéржки *(произвóдства)*; затрáты на социáльные нуждь́і
spezifische Kosten затрáты в расчёте на единúцу продýкции, удельные затрáты
sprungfixe Kosten постоя́нные издéржки, возрастáющие скачкообрáзно
tatsächliche Kosten фактúческие издéржки; действúтельные затрáты
technologische Kosten основнь́іе расхóды, технологические расхóды
teilbewegliche Kosten издéржки, остающиеся постоя́нными незавúсимо от загрýзки *(машúны)*
übrige Kosten прóчие расхóды *(издéржки, непосрéдственно не свя́занные с произвóдственным процéссом и сбытом издéлий)*
unproduktive Kosten непроизводительные расхóды
veränderliche Kosten перемéнные издéржки; перемéнные затрáты
veranschlagte Kosten смéтные расхóды; расхóды по смéте
verrechnete Kosten дополнúтельные причисленные издéржки
voraussichtliche Kosten вероя́тные расхóды
vorläufige Kosten предварúтельные расхóды
zusätzliche Kosten добáвочные расхóды; дополнúтельные расхóды
als Kosten buchen спúсывать в расхóд
auf eigene Kosten за свой счёт
auf Kosten за счёт
die Kosten tragen нестú расхóды
die Kosten zur Hälfte tragen нестú издéржки пополáм
für die Kosten aufkommen взять на себя́ все расхóды
ohne Kosten не подлежáщий протéсту *(нáдпись на вéкселе)*

Anlagekosten *pl* расхóды на оборýдование
Aufstellkosten *pl* стóимость монтажá
Baukosten *pl* стóимость строúтельных рабóт; стóимость строúтельства
Bedienungskosten *pl* расхóды на обслýживание
Beförderungskosten *pl* плáта за провóз *(грýзов)*
Betriebskosten *pl* издéржки произвóдства; произвóдственные расхóды; эксплуатациóнные расхóды
Druckkosten *pl* стóимость печáти; типогрáфские расхóды
Einzelkosten *pl* одноэлементные расхóды
Entwicklungskosten *pl* расхóды на опытно-конструкторские рабóты
Erstellungskosten *pl* капитáльные затрáты
Fertigungskosten *pl* издéржки произвóдства; произвóдственные расхóды
Förderkosten *pl* расхóды на транспóрт; трáнспортные расхóды
Frachtkosten *pl* фрахтóвые расхóды
Gemeinkosten *pl* 1. накладнь́іе расхóды *2.* óбщая стóимость
Gestehungskosten *pl* издéржки произвóдства; себестóимость
Grundkosten *pl* начáльная стóимость; начáльные капиталовложéния
Hauungskosten *pl* стóимость заготóвки древесúны
Herstellungskosten *pl* издéржки произвóдства; стóимость изготовлéния; стóимость произвóдства
Lagerkosten *pl* складскúе расхóды; складскúе издéржки; стóимость хранéния
Leistungskosten *pl* оплáта за предоставляемую мóщность *(по тарúфу)*; расхóды по установленной мóщности *(машúн на электростанции)*
Maschinenkosten *pl* амортизациóнные отчислéния *(на механúческое оборýдование)*
Mehrkosten *pl* добáвочные расхóды
Produktionskosten *pl* издéржки произвóдства; произвóдственные затрáты; стóимость продýкции
Reparaturkosten *pl* затрáты на ремóнт; стóимость ремóнта
Selbstkosten *pl* себестóимость
Stromkosten *pl* расхóды на электроэнéргию; стóимость электроэнéргии
Transportkosten *pl* стóимость перевóзки; трáнспортные расхóды
Übernachtungskosten *pl* расхóды на проживáние в гостúнице
Unterhaltungskosten *pl* расхóды на технúческое обслýживание; расхóды по текýщему ремóнту; эксплуатациóнные расхóды
Verpflegungskosten *pl* расхóды на питáние
Verwaltungskosten *pl* администратúвные расхóды
Wartungskosten *pl* расхóды по технúческому обслýживанию
Werkstattskosten *pl* цеховые расхóды
Zeitausfallkosten *pl* стóимость врéмени простóя

kosten *vt* стóить

Kostenabgrenzung *f* размежевáние затрáт, размежевáние расхóдов

Kostenabweichung *f* отклонéние фактúческих издéржек от сметных расхóдов, отклонéние фактúческих затрáт от расчётных

Kostenänderung *f* изменéние размéра издéржек произвóдства; изменéние структýры издéржек произвóдства

Kostenanschlag *m* смéта, смéта расхóдов, предварúтельный подсчёт; смéтная стóимость

Kostenanschlagsnorm *f* смéтная нóрма

Kostenanteil *m* дóля издéржек

Kostenart *f* вид издéржек; вид расхóдов

Kostenarten *f, pl* вúды издéржек, вúды расхóдов
abgeleitete Kostenarten произвóдные вúды издéржек
natürliche Kostenarten первúчные вúды издéржек
zusammengesetzte Kostenarten произвóдные вúды издéржек

Kostenartengruppe *f* грýппа статéй расхóдов

Kostenartenkonten *n pl* счетá отдéльных вúдов расхóдов

Kostenartenrechnung *f* учёт расхóдов по вúдам, учёт затрáт по вúдам

Kostenartenverteilung *f* распределéние вúдов затрáт

Kostenaufbau *m* структýра издéржек

Kostenauflösung *f* делéние óбщих издéржек на постоя́нные и пропорционáльно произведённые; разделéние издéржек; разнесéние издéржек (по бухгáлтерским статья́м)

Kostenaufschlag *m* надбáвка к стóимости

Kostenaufschlüsselung *f* распределéние издéржек, распределéние затрáт *(по местáм их возникновéния)*

Kostenaufwand *m* издéржки, расхóды, затрáты

kostenaufwendig свя́занный с большúми расхóдами, трéбующий большúх расхóдов

Kostenausgleichsbetrag *m* дотáция для поддержáния ýровня цен

kostenbeeinflussend влияющий на величину издержек, влияющий на величину затрат

Kostenbelastung *f* дебетование на сумму издержек

Kostenbelastung je Stück затраты на единицу продукции, удельные затраты

Kostenbestandteil *m* составляющая издержек, составляющая затрат, элемент издержек (напр. производства)

Kostenbeteiligung *f* участие в расходах; участие в затратах

Kostenbetrag *m* сумма издержек, сумма расходов

kostenbewusst учитывающий издержки; экономичный

kostenbewusst wirtschaften экономно вести хозяйство

kostendeckend покрывающий издержки, покрывающий расходы

Kostendeckung *f* покрытие издержек, покрытие расходов, покрытие затрат

Kostendeckungsbeitrag *m* величина покрытия постоянных издержек

Kostendegression *f* уменьшение издержек, уменьшение расходов, уменьшение затрат

Kostendifferenz *f* разница в издержках; разница в уровнях стоимости

Kostendisziplin *f* финансово-сметная дисциплина

Kostendynamik *f* динамика издержек, динамика расходов, динамика затрат

Kosteneffizienz *f* соотношение между объёмом выпуска продукции и возникшими издержками; эффективность затрат

Kosteneinfluss *m* влияние издержек, воздействие издержек *(напр., на себестоимость)*

Kosteneinflussgröße *f* параметры затрат

Kosteneinheit *f* единица стоимости

Kosteneinsparung *f* экономия затрат, экономия на издержках

Kostenelastizität *f* эластичность расходов, эластичность издержек

Kostenelement *n* элемент затрат, элемент издержек

Kostenentwicklung *f* динамика издержек, динамика расходов, динамика затрат

Kostenerfassung *f* подсчёт издержек, подсчёт затрат; учёт затрат, учёт издержек

kostenerhöhend увеличивающий издержки, увеличивающий расходы, увеличивающий затраты

Kostenerhöhung *f* увеличение издержек, увеличение расходов, увеличение затрат

Kostenersatz *m* возмещение издержек, возмещение затрат

Kostenersparnis *f* экономия на затратах, экономия на издержках

Kostenexplosion *f* резкий рост издержек, взрывообразный рост затрат, резкий скачок затрат

Kostenfaktot *m* параметр затрат, параметр издержек

Kostenfinanzierungskredit *m* кредит для финансирования производственных затрат *(предоставляется предприятиям сезонного характера)*

Kostenflexibilität *f* эластичность расходов, эластичность издержек

kostenfrei бесплатный, безвозмездный

Kostenfunktion *f* функция затрат, функция издержек

Kostengliederung *f* классификация издержек

Kostengruppe *f* группа издержек, группа расходов, группа затрат

kostengünstig требующий меньших затрат, требующий меньших издержек

kostengünstig благоприятный в экономическом отношении; оптимальный по стоимости; экономичный

Kostengutschrift *f* кредитование в возмещение издержек

Kostenhöhe *f* величина издержек, величина расходов, величина затрат, размер издержек, размер расходов, размер затрат

Kosteninflation *f* затратная инфляция

Kostenkalkulation *f* калькуляция издержек, калькуляция расходов

Kostenkennziffern *f, pl* показатели отдельных видов затрат

Kostenkomplex *m* комплексная статья затрат

Kostenkonto *n* счёт расходов

Kostenkriterium *n* критерий затрат

Kostenkurve *f* кривая затрат

Kostenlimit *n* лимит затрат

kostenlos без издержек; бесплатный, безвозмездный

kostenmäßig стоимостный

Kostenmatrix *f* матрица затрат

Kostenminimierung *f* минимизация затрат

Kostenminimum *n* минимальный уровень издержек, минимальный уровень расходов, минимальный уровень затрат

Kostenniveau *n* уровень издержек, уровень расходов, уровень затрат

Kostennorm *f* норма издержек, норма расходов, норма затрат

Kostennormativ *n* норматив издержек, норматив расходов, норматив затрат

Kostenoptimalität *f* оптимальность издержек, оптимальность затрат

Kostenoptimum *n* оптимальный уровень издержек, оптимальный уровень затрат, оптимум издержек, оптимум затрат

Kostenordnung *f* положение, регламентирующее уровень издержек

Kostenplan *m* расходная смета издержек производства

Kostenplanung *f* планирование издержек, планирование затрат

Kostenposition *f* статья расхода, расходная статья

Kostenpreis *m* себестоимость, стоимость издержек производства

Kostenprognose *f* прогноз издержек, прогноз расходов, прогноз затрат

Kostenprogression *f* прогрессивный рост издержек, прогрессивный рост расходов

Kostenpunkt *m бухг.* статья расходов

optimaler Kostenpunkt точка минимальных издержек на единицу изделий

Kostenrechnung *f* предварительная смета расходов; калькуляция расходов, смета расходов, сметная стоимость; *бухг.* ведение операционных счетов; оперативный учёт

Kostenremanenz *f* гистерезис затрат, гистерезис издержек *(влияние предшествующих изменений в организации производства на форму кривой издержек)*

Kostensammelkonto *n бухг.* собирательный счёт затрат, собирательный счёт издержек

Kostensatz *m* норма затрат; расценка

Kostensatzmethode *f* метод планирования затрат *(на одну денежную единицу товарной продукции)*

Kostenschlüssel *m* ключ раскладки затрат, ключ раскладки издержек *(по местам их возникновения)*

Kostensenkung *f* снижение издержек

kostenspielig дорогой, дорогостоящий; убыточный

Kostenstandard *m* стандартная сумма расходов; стандартная расценка

Kostenstelle *f* место возникновения затрат, место осуществления расходов

fiktive Kostenstelle фиктивное место возникновения затрат

Kostenstellen *f, pl* источники затрат *(«места возникновения»)*

Kostenstellenkonten *n pl* счета затрат по местам их возникновения

Kostenstellenkonten счета затрат по операциям их возникновения

Kostenstellenrechnung *f* ана́лиз мест и опера́ций возникнове́ния изде́ржек; сме́та по ме́сту возникнове́ния затра́т; учёт затра́т по ме́сту их возникнове́ния

Kostensteuern *f, pl* изде́ржки произво́дства, име́ющие фо́рму внутризаводски́х нало́гов и включа́емые в калькуля́цию цены́ предприя́тия *(как пра́вило, в кооперативах, ча́стных предприя́тиях)*

Kostenstruktur *f* структу́ра изде́ржек, структу́ра расхо́дов, структу́ра затра́т
industrielle Kostenstruktur структу́ра изде́ржек произво́дства

Kostentheorie *f* тео́рия изде́ржек

Kostenträger *m* носи́тель изде́ржек *(напр., рабо́чая си́ла, сырьё)*; объе́кт затра́т, носи́тель затра́т

Kostenträgerabrechnungsbogen *m* расчётная ве́домость учёта затра́т по ви́дам изде́лий

Kostenträgereinzelrechnung *f* калькуля́ция себесто́имости отде́льных изде́лий

Kostenträgergruppe *f* гру́ппа изде́лий

Kostenträgergruppenrechnung *f* калькуля́ция себесто́имости гру́ппы изде́лий

Kostenträgerkonten *n pl* счета́ затра́т по ви́дам изде́лий

Kostenträgermethode *f* ме́тод калькуля́ции себесто́имости по носи́телям изде́ржек

Kostenträgerplan *m* спи́сок изде́лий, производимых на предприя́тии, пе́речень изде́лий, производимых на предприя́тии

Kostenträgerrechnung *f* калькуля́ция затра́т; учёт затра́т, учёт затра́т по носи́телям, учёт затра́т по объектам, операцио́нное веде́ние счето́в по носи́телям затра́т

Kostenträgerstückrechnung *f* калькуля́ция изде́ржек на едини́цу проду́кции

Kostenträgerzeitrechnung *f* калькуля́ция себесто́имости изде́лий за определённый перио́д

Kostenträgheit *f* гистере́зис затра́т, гистере́зис изде́ржек

Kostentragung *f* несе́ние изде́ржек

Kostentrend *m* тренд изде́ржек, тренд расхо́дов, тренд затра́т

Kostenüberbeanspruchung *f* превыше́ние факти́ческих изде́ржек над предвари́тельно рассчи́танными, превыше́ние факти́ческих затра́т над предвари́тельно рассчи́танными

Kostenüberhöhung *f* превыше́ние сме́ты изде́ржек

Kostenüberschreitung *f* превыше́ние расхо́дов, несоблюде́ние сме́ты

Kostenüberzug *m* превыше́ние факти́ческих изде́ржек над предвари́тельно рассчи́танными, превыше́ние факти́ческих затра́т над предвари́тельно рассчи́танными

Kostenumlage *f* распределе́ние изде́ржек, распределе́ние затра́т, раскла́дка изде́ржек, раскла́дка затра́т

Kostenunterdeckung *f* непо́лное покры́тие изде́ржек; непо́лное финанси́рование изде́ржек

Kostenvergleich *m* сопоставле́ние затра́т, сопоставле́ние изде́ржек, сравне́ние затра́т, сравне́ние изде́ржек
internationaler Kostenvergleich междунаро́дное сопоставле́ние затра́т

Kostenverteilung *f* распределе́ние изде́ржек, распределе́ние затра́т

Kostenvolumen *n* объём изде́ржек, объём расхо́дов, объём затра́т

Kostenvoranschlag *m* предвари́тельная сме́та расхо́дов; сме́тная сто́имость

Kostenvorteile *m, pl* преиму́щества в издержках; преиму́щества в издержках произво́дства
absolute Kostenvorteile абсолю́тные преиму́щества в издержках
absolute Kostenvorteile преиму́щества в сравнительных издержках произво́дства *(по тео́рии Рикардо)*, сравни́тельные преиму́щества в издержках

Kostenwert *m* изде́ржки в стоимостном выраже́нии, расхо́ды в стоимостном выраже́нии, затра́ты в стоимостном выраже́нии; величина́ изде́ржек, показа́тель изде́ржек

Kostenwertmarken *f, pl* жето́ны для операти́вного контро́ля затра́т *(гл. обр. на вспомога́тельные материа́лы)*

kostenwirksam влия́ющий на разме́р изде́ржек, возде́йствующий на величину́ изде́ржек, влия́ющий на величину́ изде́ржек

Kostenzurechnung *f* включе́ние затра́т, включе́ние изде́ржек

Kostenzuwachskoeffizient *m* коэффицие́нт приро́ста изде́ржек произво́дства

Kostgeld *n* пла́та за пита́ние, пла́та за стол; *бирж.* репортная сде́лка, репо́рт

Kostgeschäft *n бирж.* репортная сде́лка, репо́рт

KostO, Kostenordnung положе́ние об издержках

Kostpreis *m* изде́ржки произво́дства

kostspielig дорого́й, дорогосто́ящий; убы́точный, разори́тельный

kotieren *vt* коти́ровать *(це́нные бума́ги на би́рже)*

Kotierung *f бирж.* котиро́вка

Kotsasse *m ист.* крестья́нин-бедня́к

Kovarianz *f мат.* ковариантность, вариа́ция

Kovarianzmatrix *f* ковариационная ма́трица

K.P., Kleinpackung ро́зничная упако́вка; ме́лкая расфасо́вка *(това́ра)*

KPW, Won, -- Korea, Demokratische Volksrep. Се́веро-коре́йская вона *(код валю́ты* 408), -- Коре́я, демократи́ческая наро́дная респу́блика

Krach *m* банкро́тство, крах
der **Krach an der Börse** крах би́ржи, ре́зкое паде́ние а́кций на би́рже

Kraft *f* си́ла; уси́лие; эне́ргия, мо́щность
Kraft рабо́тник(и), специали́ст(ы)
außer Kraft setzen отменя́ть, аннули́ровать
in Kraft bleiben остава́ться в си́ле,
in Kraft treten вступа́ть в си́лу *(о зако́не, догово́ре и т.п.)*

Kräfte *f, pl* ка́дры; рабо́чая си́ла

Kräftemangel *m* нехва́тка рабо́чей силы́

Kräfteverhältnis *n* соотноше́ние сил

Kraftfahrzeug *n* автомоби́ль, автомаши́на; тра́нспортное сре́дство

Kraftfahrzeugbau *m* автомобилестрое́ние; автопромы́шленность

Kraftfahrzeugsteuer *f* автомоби́льный нало́г; нало́г на автотра́нспорт; автотранспортный нало́г

Kraftfahrzeugtransport *m* грузово́й автотра́нспорт

Kraftfahrzeugversicherung *f* страхова́ние автомоби́лей

kraftlos недействи́тельный, утра́тивший си́лу

Kraftloserklärung *f* призна́ние *(докуме́нта, це́нной бума́ги)* утратившим си́лу, недействи́тельным

Kraftstoff *m* горю́чее, то́пливо

Kraftstoffersparnis *f* эконо́мия то́плива

Kraftstromerzeugung *f* вы́работка электроэне́ргии

Kraftstromnetz *n* силова́я сеть

Kraftverkehr *m* автомоби́льное сообще́ние, автомоби́льный транспо́рт; автомоби́льные перево́зки

Kraftwagenbau *m* автомобилестрое́ние

Kraftwagenkosten *pl* расхо́ды на содержа́ние и эксплуата́цию автомоби́ля, расхо́ды на содержа́ние и эксплуата́цию автомоби́лей

Kraftwagenverkehr *m* автомоби́льный транспо́рт; автомоби́льные перево́зки

Kraftwerk *n* электроста́нция

Krämer *m* мелочно́й торго́вец, ме́лкий ла́вочник; торга́ш

Krämerei *f* мелочна́я ла́вка; торга́шеский дух, мерканти́льный дух; торга́шество

Krämerladen *m* мелочна́я ла́вка

Krämermakler *m* ма́клер в ро́зничной

торго́вле, ма́клер в мелочно́й торго́вле, посре́дник в ро́зничной торго́вле, посре́дник в мелочно́й торго́вле

Kramhandel *m* мелочна́я торго́вля; бакале́йная торго́вля

Kramwaren *f, pl* мелочно́й това́р; бакале́я

Krangebühren *f, pl* крановые сбо́ры, пла́та за по́льзование кра́ном

Krängung *f* крен *(су́дна, как одна́ из причи́н ава́рии)*

Krankengeld *n* посо́бие по нетрудоспосо́бности, посо́бие по боле́зни

Krankengeldzuschlag *m* надба́вка к посо́бию по нетрудоспосо́бности, надба́вка к посо́бию по боле́зни

Krankenkasse *f* больни́чная ка́сса

Krankenschein *m* листо́к нетрудоспосо́бности, больни́чный листо́к, бюллете́нь

Krankenstand *m* проце́нтное отноше́ние числа́ пропущенных по боле́зни рабо́чих дней к о́бщему числу́ рабо́чих дней; *стат.* заболева́емость

Krankenversicherung *f* страхова́ние на слу́чай боле́зни

Krankenzettel *m* листо́к нетрудоспосо́бности, больни́чный листо́к, бюллете́нь

Krankenzuschüsse *m, pl* посо́бия по нетрудоспосо́бности, посо́бия по боле́зни

Krankheitskosten *pl* расхо́ды, свя́занные с боле́знью

kreativ тво́рческий

Kredit *m* креди́т (напр. ба́нковский)
- **Kredit** *n бухг.* креди́т; креди́тная сторона́ бала́нса
- **Kredit auf Abruf** онкольный креди́т
- **Kredit einräumen** предоставля́ть креди́т
- **Kredit genießen** по́льзоваться креди́том
- **Kredit gewähren** предоставля́ть креди́т
- **Kredit in ausländischer Währung** креди́т в иностра́нной валю́те
- **Kredit in laufender Rechnung** контокоррентный креди́т
- **Kredit mit dinglicher Sicherung** креди́т с ве́щным обеспе́чением
- **Kredit ohne Deckung** необеспеченный креди́т, непокры́тый обеспе́чением *(бла́нковый)* креди́т, креди́т без обеспе́чения
- **Kredit ohne dingliche Sicherung** креди́т без ве́щного обеспе́чения
- **Kredit zur Förderung der Erzeugung** креди́т для стимули́рования произво́дства
- **Kredit zur Förderung des Verbrauchs** креди́т для стимули́рования потребле́ния
- **außerplanmäßiger Kredit** внепла́новый креди́т; дополни́тельный креди́т *(на внепла́новые нужды́)*
- **befristeter Kredit** креди́т на определённый срок
- **blanko eingeräumter Kredit** бла́нковый креди́т
- **durchlaufender Kredit** переходя́щий креди́т
- **einmaliger zweckgebundener Kredit** единовре́менная целева́я ссу́да, единовременный целево́й креди́т
- **fälliger Kredit** сро́чный креди́т
- **fristloser Kredit** бессро́чный креди́т
- **garantierter Kredit** гаранти́рованный креди́т
- **jederzeit kündbarer Kredit** онко́льная ссу́да
- **kaufmännischer Kredit** комме́рческий креди́т
- **kurzfristiger Kredit** краткосро́чный креди́т
- **landwirtschaftlicher Kredit** сельскохозя́йственный креди́т
- **langer Kredit** долгосро́чный креди́т
- **längerfristiger Kredit** среднесро́чный креди́т
- **langfristiger Kredit** долгосро́чный креди́т
- **laufender Kredit** контокоррентный креди́т
- **mit Regierungsgarantie ausgestatteter Kredit** креди́т, име́ющий прави́тельственную гара́нтию; креди́т под госгара́нтии
- **mit Regierungsgarantie ausgestatteter Kredit** нелимитируемый креди́т
- **offener Kredit** откры́тый креди́т, креди́т по откры́тому счёту
- **privater Kredit** ча́стный креди́т
- **sofort fälliger Kredit** креди́т до востре́бования, ссу́да до востре́бования
- **staatlicher Kredit** госуда́рственный креди́т, госкреди́т
- **überfälliger Kredit** просро́ченный креди́т
- **unbefristeter Kredit** бессро́чный креди́т
- **unbegrenzter Kredit** неограни́ченный креди́т, нелимитируемый креди́т
- **ungedeckter Kredit** необеспеченный креди́т, непокры́тый обеспе́чением креди́т, бла́нковый креди́т; креди́т без обеспе́чения
- **unverzinslicher Kredit** беспроце́нтный креди́т
- **unwiderruflicher Kredit** безотзы́вный креди́т
- **verzinslicher Kredit** креди́т под проце́нты
- **warengesicherter Kredit** креди́т под зало́г това́ров, товарно-зало́говый креди́т
- **widerruflicher Kredit** отзывно́й креди́т
- **zusätzlicher Kredit** дополни́тельный креди́т
- **zweckgebundener Kredit** целево́й креди́т, целева́я ссу́да
- **auf Kredit** в креди́т; взаймы́
- **einen Kredit aufnehmen** брать креди́т
- **einen Kredit einräumen** предоставля́ть креди́т
- **einen Kredit eröffnen** открыва́ть креди́т
- **einen Kredit gewähren** предоставля́ть креди́т
- **einen Kredit tilgen** погаша́ть креди́т
- **einen Kredit vergeben** предоставля́ть креди́т
- **einen Kredit verlängern** продлева́ть креди́т
- **einen Kredit wiederherstellen** возобнови́ть креди́т

Kreditabkommen *n* креди́тное соглаше́ние, соглаше́ние о кредитах

Kreditabteilung *f* креди́тный отде́л *(ба́нка)*

Kreditakte *f* досье́ клие́нта ба́нка, получившего креди́т

Kreditakzept *n* фина́нсовый акце́пт, креди́тный акце́пт

Kreditangebot *n* предложе́ние креди́та *(ссудного капита́ла)*

Kreditanspruchsnahme *f* испо́льзование креди́та

Kreditanstalt *f* креди́тное учрежде́ние, банк
- **Kreditanstalt für Wiederaufbau** Банк реконстру́кции *(в Герма́нии; кредитует капита́льные вложе́ния)*
- **Kreditanstalt für Wiederaufbau** «Креди́т-анштальт фюр видерауфбау» *(оди́н из банте ФРГ)*

Kreditanteil *m* до́ля креди́тных средств *(в о́бщем финансировании)*

Kreditantrag *m* креди́тная зая́вка, зая́вка на получе́ние креди́та

Kreditaufblähung *f* непоме́рное увеличе́ние креди́та, непоме́рное разду́вание креди́та

Kreditaufnahme *f* получе́ние креди́та

Kreditaufsicht *f* контро́ль над объёмом кредитования

Kreditauftrag *m* креди́тное поруче́ние *(выдава́емое кому́-л. поруче́ние предоста́вить от со́бственного и́мени и за со́бственный счёт креди́т тре́тьему лицу́)*

Kreditauskunft *f* да́нные о кредитоспосо́бности, сведе́ния о кредитоспосо́бности, спра́вка о кредитоспосо́бности

Kreditausreichungsmethode *f* спо́соб кредитования, ме́тод кредитования

Kreditausweitung *f* креди́тная экспа́нсия, предоставле́ние дополни́тельного креди́та

Kreditbank *f* коммéрческий банк, креди́тный банк, ссу́дный банк

Kreditbedarf *m* потрéбность в получéнии креди́та, спрос на креди́т, потрéбность в кредите

Kreditbestand *m* кредитовый остáток

Kreditbetrug *m* мошéнничество с цéлью получéния креди́та

Kreditbeziehungen *f, pl* креди́тные отношéния

Kreditbilanz *f* креди́тный балáнс; креди́тный стáтус *(сопоставлéние задóлженности и иму́щества фи́рмы)*

Kreditblockade *f* кредитно-финáнсовая блокáда, креди́тная блокáда

Kreditbrief *m* аккредити́в, креди́тное письмó; дорóжный аккредити́в

Kreditbuchung *f* кредитовая зáпись

Kreditbürgschaft *f* поручи́тельство по кредиту

Kreditbüro *n* креди́т-бюрó, креди́тное бюрó

Kreditdauer *f* срок креди́та

Kreditdeckung *f* (товарно-материáльное) обеспéчение креди́та

Kreditdeflation *f* креди́тная дефля́ция

Kreditdisziplin *f* креди́тная дисципли́на

Kredite, eingefrorene заморóженные креди́ты

öffentliche Kredite госудáрственные ссу́ды, госудáрственные креди́ты

Krediteinräumung *f* предоставлéние креди́та, кредитовáние

Krediteinsatz *m* испóльзование креди́та

Kreditentscheidung *f* решéние *(бáнка)* о предоставлéнии креди́та

Krediterkundigung *f* спрáвка о кредитоспосóбности, осведомлéние о кредитоспосóбности

Krediterleichterung *f* льготное кредитовáние, предоставлéние льгот по кредиту; облегчéние услóвий креди́та, смягчéние услóвий получéния креди́та, смягчéние услóвий погашéния креди́та

Kreditermächtigung *f* креди́тное полномóчие *(парлáмент, напр. предоставля́ет федеральному прави́тельству для проведéния специáльных прогрáмм)*

Krediteröffnung *f* откры́тие креди́та

Kreditexpansion *f* креди́тная экспáнсия

kreditfähig кредитоспосóбный

Kreditfähigkeit *f* кредитоспосóбность

Kreditfazilität *f* креди́тная ли́ния *(лими́т, в рáмках котóрого банк предоставля́ет креди́т; обязáтельства бáнка по вы́даче ссу́ды не явля́ются контрактными)*; свинг, допускáемое сáльдо, предéл взаи́много кредитования *(по клиринговым расчётам)*

Kreditfinanzierung *f* креди́тное финанси́рование

Kreditfonds *m* фонд кредитования

Kreditfrist *f* срок креди́та

Kreditgeber *m* кредитóр, заимодáвец

Kreditgeld *n* креди́т *(как дéнежные срéдства)*

Kreditgenossenschaft *f* креди́тное *(кооперати́вное)* товáрищество; креди́тная кооперáция

Kreditgeschäft *n* креди́тная операция; креди́тная сдéлка

passives Kreditgeschäft пасси́вная креди́тная оперáция

Kreditgesellschaft *f* креди́тное óбщество

Kreditgesellschaft auf Gegenseitigkeit óбщество взаи́много креди́та

Kreditgesetz *n* закóн о креди́тных оперáциях

Kreditgesetzgebung *f* креди́тное законодáтельство

Kreditgewährung *f* предоставлéние креди́та, кредитовáние

Kreditgutschrift *f* кредитовая провóдка

Kredithandel *m* торгóвля в креди́т

kreditieren *vt* кредитовáть, предоставля́ть креди́т; *бухг.* кредитовáть, заноси́ть в креди́т

Kreditierung *f* занесéние в креди́т, кредитовáние, предоставлéние креди́та

Kreditinflation *f* креди́тная инфля́ция *(инфля́ция вслéдствие расширéния креди́тных оперáций)*

Kreditinstitut *n* креди́тное учреждéние; креди́тный банк; креди́тный институ́т *(предприя́тие, в оснóве дéятельности котóрого лежáт креди́тные оперáции, осуществляемые на коммéрческих принципах)*

Kreditinstrument *n* инструмéнт кредитования

Kreditiv *n* аккредити́в

Kreditkarte *f* креди́тная кáрточка *(срéдство безнали́чного расчёта)*

auf Kreditkarte kaufen покупáть по креди́тной карточке

Kreditkarteninhaber *m* владéлец кáрточки

Kreditkasse *f* креди́тная кáсса

Kreditkauf *m* покýпка в креди́т, кýпля-продáжа в креди́т

Kreditkonto *n* креди́тный счёт

Kreditkontrolle *f* контрóль за креди́тными оперáциями

Kreditkrise *f* креди́тный кри́зис

Kreditkündigung *f* закры́тие креди́та; трéбование о погашéнии креди́та; отзы́в креди́та, отзы́в ссу́ды

Kreditkürzung *f* уменьшéние объёма предоставляемых креди́тов, сокращéние кредитования

Kreditlager *n* тамóженный склад для гру́зов, очи́стка от пóшлины котóрых отсрочена

Kreditlaufzeit *f* срок креди́та

Kreditlimit *n* лими́т кредитования

Kreditlimitierung *f* лимитирование объёма предоставляемого креди́та

Kreditlinie *f* креди́тная ли́ния *(лими́т, в рáмках котóрого банк предоставля́ет креди́т; обязáтельства бáнка по вы́даче ссу́ды не явля́ются контрактными)*; свинг, допускáемое сáльдо, предéл взаи́много кредитования *(по клиринговым расчётам)*

kreditlos без креди́та, лишённый креди́та

Kreditmangel *m* недостáток креди́тных средств, нехвáтка креди́тных средств; креди́тный гóлод

Kreditmarge *f* креди́тная мáржа

Kreditmarkt *m* креди́тный ры́нок *(охвáтывает всю совокýпность финáнсовых рынков)*, ры́нок ссудного капитáла

Kreditmasse *f* кóнкурсная мáсса

Kreditmenge *f* объём креди́та

Kreditmethode *f* мéтод финанси́рования посрéдством испóльзования креди́тов

Kreditnachfrage *f* спрос на креди́т *(ссýдный капитáл)*

Kreditnehmer *m* заёмщик

Kreditnehmerland *n* странá-заёмщица

Kreditnot *f* недостáток креди́тных средств, нехвáтка креди́тных средств; креди́тный гóлод

Kreditnota *f* креди́т-нóта, кредитóвое ави́зо

Kreditnote *f* креди́т-нóта, кредитóвое ави́зо

Kreditobjekt *n* объéкт кредитования

Kreditoperation *f* креди́тная оперáция

Kreditor *m* кредитóр, заимодáвец

Kreditoren *m, pl* долги́, кредитóрская задóлженность

Kreditorenkontokorrent *n* контокоррентный счёт кредиторской задóлженности

Kreditpapiere *n pl* креди́тные срéдства обращéния; креди́тные цéнные бумáги *(преиму́щественно облигáции)*

Kreditplafond *m* предéл кредитования; срéдства ограничéния креди́тных оперáций *(мóгут включáть: ограничéние темпов ростá объёма ссуд, отзы́в креди́та)*

Kreditplanung *f* креди́тное планирóвание

Kreditpolitik *f* креди́тная поли́тика

restriktive Kreditpolitik рестриктивная креди́тная поли́тика

Kreditpreis *m* цена́ при прода́же в креди́т; величина́ проце́нта за креди́т

Kreditprovision *f* комисси́я за предоста́вленный креди́т, рисковая пре́мия при креди́тных опера́циях

Kreditprüfung *f* прове́рка кредитоспосо́бности

Kreditreserven *f, pl* резе́рвы, создава́емые в целя́х расшире́ния креди́тных ресу́рсов

Kreditrestriktion *f* креди́тная рестри́кция, креди́тное ограниче́ние *(централизо́ванная поли́тика по́лного и́ли вы́борочного ограниче́ния ча́стных креди́тных опера́ций)*

Kreditrisiko *n* креди́тный риск *(зави́сит от платежеспособности покупа́теля, конъюнкту́ры фина́нсовых ры́нков и проч.)*

Kreditrückflussdauer *f* срок погаше́ния креди́та

Kreditrückführung *f* отзы́в креди́та

Kreditrückzahlung *f* погаше́ние креди́тов

Kreditsaldo *m* кредито́вое са́льдо

Kreditsanktionen *f, pl* креди́тные са́нкции

Kreditschöpfung *f* выделе́ние дополни́тельных креди́тов, предоставле́ние дополни́тельных креди́тов, созда́ние дополни́тельного креди́та, увеличе́ние объёма креди́та

Kreditschrumpfung *f* уменьше́ние объёма предоставляемых креди́тов, сокраще́ние кредитования

Kreditschulden *f, pl* задо́лженность по кредиту

kreditschwach некредитоспособный

Kreditseite *f* кредитовая сторона́ *(счета́ бухга́лтерского учета)*

Kreditsicherung *f* креди́тное обеспе́чение, обеспе́чение креди́та; защи́та креди́та от ри́ска

Kreditsonderkonto *n* осо́бый креди́тный счёт

Kreditsperre *f* креди́тная блока́да *(прекраще́ние предоставле́ния креди́тов)*, лише́ние креди́та; креди́тная рестри́кция

Kreditspritze *f* креди́тная инъе́кция

Kreditstatus *m* креди́тный ста́тус *(сопоставле́ние задо́лженности и иму́щества фи́рмы)*, сопоставле́ние задо́лженности по кредиту со сте́пенью ликви́дности предприя́тия

Kreditstopp *m* прекраще́ние роста́ объёма креди́та

Kreditstundung *f* отсро́чка платеже́й по кредиту

Kreditsumme *f* су́мма креди́та

Kreditsystem *n* креди́тная систе́ма

Kredittilgung *f* погаше́ние креди́та, погаше́ние задо́лженности по кредитам

Kreditüberdeckung *f* обеспе́чение креди́та

kreditunfähig некредитоспособный

Kreditunsicherheit *f* неусто́йчивость креди́та

Kreditunterlagen *f, pl* документа́ция, слу́жащая основа́нием для предоставле́ния креди́та; документа́ция при оформлении креди́та

Kreditverbindlichkeiten *f, pl* задо́лженность по ссуде

Kreditvereinbarung *f* соглаше́ние о кредитах

Kreditvergabe *f* предоставле́ние креди́та, предоставле́ние госуда́рственных креди́тов

Kreditverhältnisse *n pl* креди́тные отноше́ния

Kreditverkauf *m* прода́жа в креди́т

Kreditverknappung *f* напряжённость в креди́тной систе́ме *(«креди́тный го́лод»)*

Kreditverlängerung *f* продле́ние креди́та

Kreditverminderung *f* уменьше́ние креди́та

Kreditvermittler *m* посре́дник при кредитовании

Kreditverordnung *f* инстру́кция об усло́виях кредитования

Kreditverpflichtung *f* обяза́тельство по кредиту

Kreditversicherung *f* страхова́ние креди́тов *(напр., при экспорте)*

Kreditversorgung *f* кредитова́ние

Kreditvertrag *m* догово́р о предоставле́нии креди́та; креди́тное соглаше́ние *(контра́кт ме́жду кредито́ром и заёмщиком)*

Kreditvolumen *n* объём *(«ёмкость»)* кредитного ры́нка; разме́р кредитного фо́нда; объём кредитования

Kreditvoraussetzung *f* оце́нка потре́бности в кредите

Kreditvorgang *m* креди́тная опера́ция; кредитова́ние

Kreditvorschuss *m* креди́т, ссу́да

Kreditwechsel *m* ве́ксель, в осно́ве кото́рого лежа́т не това́рные поста́вки *(оформля́ется с це́лью привлече́ния де́нежных средств)*

Kreditwesen *n* креди́тная систе́ма *(охва́тывает все организа́ции и опера́ции по обеспе́чению эконо́мики кредитами)*

Kreditwucher *m* ростовщи́чество

kreditwürdig кредитоспосо́бный

Kreditwürdigkeit *f* кредитоспосо́бность

Kreditwürdigkeitsprüfung *f* прове́рка кредитоспосо́бности

Kreditzins *m* проце́нт по кредиту

Kreditzinsen *m, pl* проце́нты по кредиту

Kreditzirkulationsmittel *n pl* креди́тные сре́дства обраще́ния

Kreditzurückziehung *f* аннули́рование креди́та

Kreditzuwachs *m* приро́ст объёма креди́та

Kreis *m* круг; окру́жность; райо́н, крайс *(ни́зшая едини́ца администрати́вного деле́ния ФРГ)*; сфе́ра *(де́ятельности)*; *сет. пл.* ко́нтур

Kreisdiagramm *n стат.* кругова́я диагра́мма

kreisgeleitet райо́нного подчине́ния

Kreishaushalt *m* бюдже́т райо́на *(ФРГ)*

Kreislauf *m* оборо́т, кругооборо́т; циркуля́ция; цикл; *сет. пл., мат.* ко́нтур

Kreislauf der Fonds кругооборо́т фо́ндов

Kreislauf des Geldes де́нежное обраще́ние

Kreislauf des Kapitals кругооборо́т капита́ла

geschlossener Kreislauf *сет. пл., мат.* за́мкнутый ко́нтур

wirtschaftlicher Kreislauf экономи́ческий цикл

Kreislaufformel *f* фо́рмула обраще́ния

Kreisstadt *f* райо́нный центр *(ФРГ)*

Kreisumlage *f* отчисле́ние ча́сти бюдже́тных поступле́ний общи́н в бюдже́т райо́на *(ФРГ)*

Kreuz-Preis-Elastizität *f* перекрёстная эласти́чность *(напр., измене́ние спро́са на оди́н това́р в зави́симости от измене́ния цены́ на друго́й това́р)*

Kreuzband *n* бандеро́ль

eingeschriebenes Kreuzband заказна́я бандеро́ль

Kreuzbandsendung *f* бандеро́ль

Kreuzelastizität *f* коэффицие́нт перекрёстной эласти́чности

Kreuzkarte *f* «крестиковая» *(контро́льная)* ка́рта

Kreuzkorrelation *f* взаи́мная корреля́ция

Kreuzkurs *m* кросс-курс *(цена́ одно́й валю́ты, вы́раженная в друго́й и исчи́сленная на осно́ве их ку́рсов в тре́тьей валю́те, ча́ще всего́ в до́лларах США)*

Kreuzparität *f* кросс-курс

Kreuzpreiselastizität *f* эласти́чность цен

Krida *f австр.* неплатёжеспосо́бность

Krida(ta)r *m австр.* несостоя́тельный должни́к; банкро́т

Kriegerfamilienunterstützung *f* по́мощь

се́мьям поги́бших на войне́
Kriegsanleihe *f* вое́нный заём
Kriegsausgaben *f, pl* вое́нные расхо́ды
Kriegsausschlussklauseln *f pl* огово́рка, исключа́ющая отве́тственность страхова́ния за уще́рб, возни́кший в результа́те вое́нных де́йствий
Kriegsbedarf *m* вое́нные нужды́; вое́нные запа́сы
Kriegsbeschädigtenrente *f* пе́нсия инвали́дам войны́
Kriegsbudget *n* вое́нный бюдже́т
Kriegsentschädigung *f* возмеще́ние вое́нного уще́рба
Kriegserttechädigung *f* возмеще́ние вое́нных убы́тков
Kriegsetat *m* вое́нный бюдже́т
Kriegsfinanzierung *f* финанси́рование *(веде́ния)* войны́
Kriegsfolgekrise *f* послевое́нный кри́зис
Kriegsfolgelasten *f, pl* расхо́ды госуда́рственного бюдже́та ми́рного вре́мени, свя́занные с ликвидацией после́дствий веде́ния войны́ *(напр., обеспе́чение инвали́дов войны́, семе́й переселе́нцев, репара́ции)*
Kriegsfolgengesetz *n* зако́н о поря́дке возмеще́ния уще́рба, нанесённого войно́й *(ФРГ)*
Kriegsfolgenschlussgesetz *n* зако́н о поря́дке возмеще́ния уще́рба, нанесённого войно́й *(ФРГ)*
Kriegsgewinnsteuer *f* нало́г на вое́нные при́были
kriegsindustriell вое́нно-промы́шленный
Kriegsinvalidenrente *f* пе́нсия инвали́дам войны́
Kriegskonjunktur *f* вое́нная конъюнкту́ра
Kriegskosten *pl* вое́нные расхо́ды
Kriegslast *f* бре́мя войны́; бре́мя вое́нных расхо́дов
Kriegslasten *f, pl* контрибуции; репара́ции; тяжёлые после́дствия войны́ *(в эконо́мике)*
Kriegsleistung *f* вое́нная пови́нность; *ист.* натура́льный нало́г во вре́мя войны́
Kriegslieferant *m* поставщи́к вое́нной проду́кции
Kriegslieferung *f* поста́вка вооруже́ний и вое́нной те́хники
Kriegsmolesten *pl* тя́готы, вы́званные войно́й, бре́мя войны́
Kriegsopferversorgung *f* социа́льное обеспе́чение инвали́дов войны́ и семе́й поги́бших на войне́
Kriegspotenzial *n* вое́нный потенциа́л
Kriegsprämientarif *m* страхово́й тари́ф в вое́нное вре́мя
Kriegsproduktion *f* вое́нное произво́дство
Kriegsrisiko *n страх.* вое́нный риск
Kriegsrisikoversicherung *f* страхова́ние от вое́нного ри́ска
Kriegsschaden *m* материа́льный уще́рб, причинённый войно́й
Kriegsschulden *f, pl* вое́нные долги́
Kriegssteuer *f* вое́нный нало́г; контрибу́ция
Kriegswirtschaft *f* вое́нная эконо́мика, эконо́мика вое́нного вре́мени
kriegswirtschaftlich вое́нно-экономи́ческий, вое́нно-хозя́йственный
kriminell уголо́вный, кримина́льный; престу́пный
Krise *f* кри́зис
Krise der Überproduktion кри́зис перепроизводства
Krise der Zahlungsbilanz кри́зис платёжного бала́нса
abgeschwächte Krise осла́бленный кри́зис
allgemeine Krise о́бщий кри́зис, всео́бщий кри́зис
allgemeine Krise des Kapitalismus о́бщий кри́зис капитализма
endogene Krise эндоге́нный кри́зис *(вы́званный вну́тренними причи́нами)*
exogene Krise экзоге́нный кри́зис *(вы́званный вне́шними причи́нами)*
industrielle Krise промы́шленный кри́зис
inflationistische Krise инфляцио́нный кри́зис
kriegsinflationistische Krise послевое́нный инфляцио́нный кри́зис
landwirtschaftliche Krise агра́рный кри́зис, кри́зис в се́льском хозя́йстве
latente Krise скры́тая фо́рма кри́зиса, латентная фо́рма кри́зиса
nichtzyklische Krise нецикли́чный кри́зис; кри́зис, не нося́щий цикли́ческого хара́ктера
ökologische Krise экологи́ческий кри́зис
partielle Krise части́чный кри́зис
schleichende Krise затяжно́й кри́зис
zyklische Krise цикли́ческий кри́зис
eine Krise heraufbeschwören вы́звать кри́зис
eine Krise überstehen вы́держать кри́зис
eine Krise überwinden преодоле́ть кри́зис, вы́йти из кри́зиса
in die Krise hineingleiten вполза́ть в кри́зис
in einer Krise stecken находи́ться в кризисе
krisenabwendend антикри́зисный
krisenanfällig подве́рженный кризисам
Krisenelemente *n pl* элеме́нты кри́зиса
Krisenerscheinung *f* кризисное явле́ние
krisenfest бескризи́сный, не зна́ющий кризисов, не подве́рженный кризисам
Krisenfestigkeit *f* бескризи́сность
krisenfrei бескризи́сный, не зна́ющий кризисов, не подве́рженный кризисам
Krisengefahr *f* угро́за кри́зиса, опа́сность кри́зиса
krisengelähmt парализо́ванный кри́зисом
krisenhaft кризисный
krisenhindernd тормозя́щий разви́тие кри́зиса
Krisenjahre *n pl* го́ды кри́зиса, кризисные го́ды
krisenlindernd смягча́ющий кри́зис
krisenlos бескризи́сный
Krisenmechanismus *m* механи́зм экономи́ческого цикла
Krisensteuer *f* чрезвыча́йный нало́г, вы́званный экономи́ческим кри́зисом; нало́г, обусло́вленный чрезвычайными обстоя́тельствами
Krisensubvention *f* антикризи́сная субси́дия, субси́дия для преодоле́ния кри́зиса
Krisensymptom *n* симпто́м кри́зиса
Krisentheorie *f* те́ория кризисов
krisenverhindernd антикри́зисный
Krisenwirkungen *f, pl* после́дствия кри́зиса
Krisenzeichen *n* симпто́м кри́зиса
Krisenzyklus *m* экономи́ческий цикл
Krisis *f* кри́зис
Kriterium *n* при́знак, крите́рий
Kronbauern *m, pl ист.* госуда́рственные крестья́не
Kronkolonie *f ист.* коро́нная коло́ния
KRR, Kostenrechnungsrichtlinien руководя́щие указа́ния о поря́дке составле́ния калькуляций
KRW, Won, -- Korea, Republik Вона (*код валю́ты* 410), -- Коре́я, респу́блика
Kryptowährung *(f)* криптовалюта
KSchG, Kündigungsschutzgesetz зако́н, гаранти́рующий защи́ту от незако́нных увольне́ний; зако́н, гаранти́рующий защи́ту от необосно́ванных увольне́ний
KSt, Körperschaftssteuer нало́г на *(торгово-промы́шленные)* корпора́ции
KStDV, Verordnung zur Durchführung des Körperschaftssteuergesetzes инстру́кция о поря́дке проведе́ния зако́на о налоге на корпора́ции
KStG, Körperschaftssteuergesetz зако́н о налоге на корпора́ции
Ktm., Kaufmann торго́вец, коммерса́нт
Kto., Konto *бухг.* счёт

KTR:
KTR, Kostenträger носи́тель затра́т
Ktr, Kontrolle контро́ль
KU, Konzessionsuntemehmung концессионное предприя́тие
Kubiktabelle *f* счётная табли́ца *(для бы́строго определе́ния объёма тра́нспортного места́)*
K.u.F., Kost und Fracht цена́, включа́ющая сто́имость и фрахт
Kuhhandel *m* закули́сный торг, закули́сные торго́вые перегово́ры; нечи́стая сде́лка
kühl aufbewahren маркиро́вка «храни́ть в прохладном ме́сте»
Kühlanlage *f* холоди́льная устано́вка; холодильное обору́дование
Kühlbehälter *m* изотерми́ческий конте́йнер
Kühlerzeugnis *n* охлаждённый проду́кт
Kühlgüter *n pl* гру́зы, подлежа́щие транспортировке в прохладном ме́сте *(ча́ще всего́ от 0о до-22оС)*
Kühlkette *f* европе́йское объедине́ние тра́нспортных предприя́тий по перево́зке скоропо́ртящихся гру́зов
Kühlladentisch *m* холоди́льный прила́вок
Kühlmittel *n* холоди́льный аге́нт, хладаге́нт
Kühlmöbel *pl* холодильное обору́дование
Kühlraum *m* холоди́льная ка́мера
Kühlschiff *n* су́дно-рефрижера́тор
Kühlwagen *m* автомоби́ль-рефрижера́тор
Kühlwaggon *m* ваго́н-холоди́льник *(от 0о до -22оС)*, рефрижера́торный ваго́н
Kulisse *f бирж.* кули́са, неофициа́льная би́ржа
Kulissengeschäfte *n pl бирж.* сде́лка кули́сы, опера́ции кули́сы
Kulissenpapiere *n pl бирж.* це́нные бума́ги, име́ющие обраще́ние то́лько на кулисе
Kulissier *m* кулисье *(биржево́й ма́клер, не входя́щий в число́ официа́льных биржевы́х бро́керов и веду́щий опера́ции за свой счёт)*
Kultur *f* культу́ра; сельскохозя́йственная культу́ра
Kultur- und Kommunaleinrichtungen *f, pl* культурно-бытовы́е учрежде́ния
Kultur- und Prämienfonds *m* фонд социа́льно-культу́рных мероприя́тий и премиа́льный фонд
Kultur- und Sozialfonds фонд социа́льно-культу́рных мероприя́тий
Kulturabgabe *f* культу́рный сбор, сбор на нужды́ культу́ры
Kulturartenverhältnis *n* структу́ра сельскохозя́йственных уго́дий, соотноше́ние культу́р
Kulturfonds *m* фонд социа́льно-культу́рных мероприя́тий
Kumulation *f* скопле́ние, накопле́ние; *стат.* кумуля́ция, сумми́рование; су́мма
kumulativ кумуляти́вный, нако́пленный; нараста́ющий; совоку́пный
Kumulativzahl *f стат.* кумулятивная чи́сленность
Kumulierung *f* сумми́рование нарастающим итогом
Kumulierungsgefahr *f* кумуля́ция страховы́х ри́сков
kündbar погаша́емый, подлежа́щий погаше́нию; подлежа́щий отме́не
Kunde *m* клие́нт; покупа́тель; зака́зчик
Kunden gewinnen привлека́ть клие́нтов, привлека́ть покупа́телей
Kunden werben привлека́ть клие́нтов, привлека́ть покупа́телей
Kunden-Beratungsdienst *m* консультати́вная слу́жба *(для покупа́телей)*, *(специа́льная)* консультати́вная слу́жба по оказа́нию услу́г покупа́телям
Kundenakzept *n* акцепто́ванная тра́тта
Kundenanzahlung *f* зада́ток клие́нта
Kundenauftrag *m* зака́з клие́нта; поруче́ние клие́нта *(ба́нку)*
Kundenauswahl *f* подбо́р клие́нтов
Kundenbestellung *f* зака́з клие́нта; поруче́ние клие́нта *(ба́нку)*
Kundenbetreuung *f* обслу́живание покупа́телей; обслу́живание посети́телей; обслу́живание клие́нтов; обслу́живание пользователей (напр. Интерне́т-магази́на)
Kundenbuch *n* кни́га жа́лоб и предложе́ний
Kundendienst *m* обслу́живание, се́рвис
Kundendienst обслу́живание покупа́телей; се́рвис
beratender Kundendienst консультати́вная слу́жба *(для покупа́телей)*, *(специа́льная)* консультати́вная слу́жба по оказа́нию услу́г покупа́телям
betreuender Kundendienst специа́льная слу́жба по оказа́нию покупа́телям разли́чных услу́г
Kundendienstbedingungen *f, pl* усло́вия техни́ческого обслу́живания
Kundendienststation *f* ста́нция техни́ческого обслу́живания
Kundendienststützpunkt *m* гаранти́йно-консультационный пункт; ста́нция техни́ческого обслу́живания
Kundenfinanzierung *f* финанси́рование потреби́тельского спро́са; кредитова́ние покупа́телей
Kundenfläche *f* площа́дь для покупа́телей *(в магази́не)*
Kundenfrequenz *f* наплы́в покупа́телей, наплы́в клие́нтов, пото́к покупа́телей, пото́к клие́нтов
Kundengeschäft *n* ба́нковская опера́ция по поруче́нию и за счёт клие́нта, опера́ция на би́рже по поруче́нию и за счёт клие́нта
Kundenkonto *n* ли́чный счёт *(клие́нта)*
Kundenkredit *m* потреби́тельский креди́т
Kundenkreis *m* клиенту́ра, круг покупа́телей
Kundenleistung *f* рабо́та, вы́полненная по зака́зу; изде́лия, изгото́вленные по зака́зу
Kundenmaterial *n* дава́льческий материа́л, дава́льческое сырьё
Kundenproduktion *f* произво́дство на постоя́нного покупа́теля *(не на ры́нок)*; едини́чное изготовле́ние в соотве́тствии с зака́зами, индивидуа́льное изготовле́ние в соотве́тствии с зака́зами, индивидуа́льное изготовле́ние
Kundenproduktion произво́дство *(по предвари́тельному зака́зу)* на изве́стного покупа́теля
Kundenrabatt *m* ро́зничная ски́дка
Kundenreklamation *f* реклама́ция покупа́теля, реклама́ция зака́зчика
Kundensätze *m, pl* фрахто́вые ста́вки за перево́зку сбо́рного гру́за
Kundenservice *m* обслу́живание клие́нтов; подразделе́ние обслу́живания клие́нтов; се́рвис для пользователей; се́рвис для покупа́телей; се́рвис для клие́нтов
Kundenskonto *m* ски́дка, предоставляемая клие́нту при платеже́ нали́чными; ски́дка, предоставляемая клие́нту до сро́ка
Kundenstamm *m* постоя́нный круг покупа́телей
Kundensteuer *f* нало́г на биржево́й оборо́т
Kundenstock *m* клиенту́ра, круг покупа́телей
Kundenumsatz *m* оборо́т по поставкам и услу́гам други́м предприя́тиям
Kundenverkehrsfläche *f* площа́дь для покупа́телей *(в магази́не)*
Kundenwechsel *m* ве́ксель клие́нта, ве́ксель покупа́теля
Kundenwerbung *f* привлече́ние клие́нтов, привлече́ние покупа́телей
kündigen *vt* отменя́ть, расторга́ть, денонси́ровать *(догово́р, соглаше́ние)*; увольня́ть *кого́-л.*
Kündigung *f* расторже́ние, денонса́ция

(напр., договóра); объявлéние, предупреждéние, уведомлéние *(об увольнéнии с рабóты, об откáзе от рабóты, о расторжéнии договóра)*; увольнéние
außerordentliche Kündigung увольнéние без предвари́тельного предупреждéния
fristlose Kündigung увольнéние без предвари́тельного предупреждéния
ordentliche Kündigung увольнéние с предварительным предупреждéнием
Kündigungsgeld *n* срóчный вклад, срóчный вклад с предварительным уведомлéнием об изъятии
Kündigungsgrundschuld *f* долг, подлежáщий погашéнию при предварительном уведомлении
Kündigungsgrundschuld ипотéчный долг, подлежáщий погашéнию при пéрвом трéбовании
Kündigungskontrakt *m* договóр с оговóркой о возмóжном откáзе от негó
Kündigungsschutz *m* запрещéние необоснованного увольнéния
Kundschaft *f* клиентýра; покупáтели; заказчики; потреби́тели; *австр.* свéдения, информáция
feste Kundschaft постоя́нная клиентýра
Kunstingenieur *m* констрýктор-дизáйнер
Küper *m* бóндарь *(производи́т ремóнт бóчек и отбóр образцóв содержи́мого)*
Küperkosten *pl* издéржки по ремóнту бóчек, взя́тию проб, переупаковке, перелопачиванию
Kupfergeld *n* мéдные дéньги, мéдная размéнная монéта
Kupferscheidemünze *f* мéдная размéнная монéта
Coupon *m* купóн *(отрезнóй талóн, образýющий часть цéнной бумáги, напр. облигáции и́ли осóбого купонного листá, прилагаемого к э́той бумáге; вы́плата регуля́рного дохóда, напр. процéнта, сопровождáется изъятием соотвéтствующего купóна)*
Kuponabschneiden *n разг.* стри́жка купонов
Kuponbogen *m* купонный лист *(áкции, облигáции)*
Kuponkurs *m* курс срóчных купонов *(инострáнных цéнных бумáг)*
Kuponmark *f ист.* мáрка с наклеенным купоном
Kuponschneiden *n разг.* стри́жка купонов
Kuponschneider *m* рантьé
Kuponsteuer *f* купонный налóг *(налóг на дохóды с капитáла)*, налóг на дохóд от купонов; уравни́тельный налóг на цéнные бумáги
Kuppelkalkulation *f* калькуля́ция издéржек на продýкты совмéстного произвóдства *(вы́пуск котóрых технологически обусловлен одни́м произвóдственным процéссом)*
Kuppelprodukt *n* побóчный продýкт
Kuppelprodukte *n pl* два издéлия, выпускáемых одноврéмéнно на однóй технологи́ческой ли́нии; нéсколько издéлий, выпускáемых одноврéмéнно на однóй технологи́ческой ли́нии
Kuppelprodukte два и́ли бóлее издéлий, выпускáемых на оснóве еди́ного произвóдственного процéсса
Kuppelproduktion *f* изготовлéние в однóм произвóдственном процéссе нéскольких продýктов *(напр., смолá и кокс при произвóдстве гáза)*
Kuppelproduktion *f* одноврéмéнное произвóдство на однóй технологи́ческой ли́нии двух издéлий
Kuppelproduktion *f* побóчная продýкция *(напр., холоди́льники на автомоби́льном предприя́тии)*
Kurant *n* находя́щаяся в обращéнии монéта
kurant имéющий хождéние; находя́щийся в обращéнии *(о деньгáх)*; хóдкий, легкó сбывáемый *(о товáре)*
Kurantgeld *n* находя́щиеся в обращéнии дéньги, находя́щиеся в обращéнии монéты
Kurantmünze *f* находя́щаяся в обращéнии монéта; полноценные, отчеканенные по монетной стопé монéты *(напр., при золотóй валю́те - золоты́е монéты)*
Kurs *m* курс *(ценá биржевы́х товáров, цéнных бумáг, валю́ты)*
Kurs der telegrafischen Oberweisungen курс телеграфных перевóдов
doppelter Kurs двойнóй курс
fester Kurs твёрдый курс
intervalutarischer Kurs интервалютарный курс
laufender Kurs текýщий курс
nachbörslicher Kurs послебиржевой курс
nicht amtlicher Kurs чáстный курс
nomineller Kurs номинáльный курс
offizieller Kurs официáльный курс
privater Kurs чáстный курс
vorbörslicher Kurs предбиржевой курс
den Kurs drücken понижáть курс, снижáть курс
den Kurs herabsetzen понижáть курс, снижáть курс
den Kurs hinaufsetzen повышáть курс
den Kurs steigern повышáть курс
der Kurs bessert sich курс повышáется
der Kurs hält sich курс стабилен
hoch im Kurs stehen высокó коти́роваться
Kursabbröckelung *f* постепéнное незначи́тельное понижéние кýрса, тендéнция кýрса к понижéнию
Kursabschlag *m* понижéние кýрса
Kursabweichung *f* колебáние кýрсов, отклонéние кýрсов
Kursänderung *f* изменéние кýрса
Kursangabe *f* указáние кýрса, котирóвка
Kursanstieg *m* повышéние кýрса
Kursaufschlag *m* повышéние кýрса
Kursausschlag *m* «перекóс» кýрсов
Kursbericht *m* курсовóй бюллетéнь, биржевóй бюллетéнь
Kursbewegung *f* движéние биржевы́х кýрсов
Kursblatt *n* биржевóй бюллетéнь, курсовáя таблúца
Kursblätter *n pl* биржевóй бюллетéнь
Kursdruck *m* давлéние *(каки́х-л. ры́ночных сил)* на курс
Kurse & Indizes кýрсы и и́ндексы (на бíрже)
Kurseinbruch *m* внезáпное падéние кýрса
Kursentwicklung *f* движéние биржевы́х кýрсов
Kurserholung *f* повышéние кýрса
Kursfeststellung *f* установлéние кýрсов
vorbörslicher Kursfeststellung официáльное установлéние кýрсов
Kursgestaltung *f* формировáние кýрса
Kursgewinn *m* курсовáя при́быль
kursieren *vi* быть в обращéнии *(о монéтах, цéнных бумáгах)*; курси́ровать *(о трáнспорте)*
Kursindex *m* курсовóй индéкс
Kursintervention *f* регули́рование *(б. ч. бáнками)* кýрса цéнных бумáг
Kursklausel *f* курсовáя оговóрка *(на переводных векселя́х, вы́ставленных не в национáльной валю́те страны́ назначéния)*
Kurslimit *n* курсовóй лими́т
Kursliste *f* курсовóй бюллетéнь
Kursmakler *m* биржевóй мáклер *(посрéдник мéжду продавцóм и покупáтелем, регистри́рует и публикует сложи́вшиеся кýрсы)*
Kursmeldung *f* курсовóй бюллетéнь
Kursnotierung *f* котирóвка кýрсов
Kursnotierung биржевóй бюллетéнь
Kursparität *f* валю́тный паритéт
Kurspflege *f* поддержáние кýрса *(мéры, предпринимаемые бáнком для стабилизáции кýрса)*
Kursregulierung *f* регули́рование ýров-

ня ку́рсов

Kursrisiko *n* риск поте́ри в результа́те колеба́ния ку́рса *(фондовых це́нностей, валю́ты и др.)*, риск поте́ри на ку́рсе

Kursrückgang *m* паде́ние ку́рса, пониже́ние ку́рса

Kursschnitt *m бирж.* занижение ку́рса при расчёте с комиссионером

Kursschwankung *f* колеба́ние ку́рса

Kurssicherung *f* страхова́ние на слу́чай возмо́жных потерь от колеба́ния ку́рсов *(при экспортно-импортных опера́циях)*; ме́ры по защи́те от валю́тных ри́сков при экспортно-импортных опера́циях *(напр., путём перехо́да к расчётам в усто́йчивой валю́те)*

Kurssicherungsklausel *f* огово́рка об ограниче́нии поте́рь при колебаниях ку́рса, огово́рка, предусма́тривающая исключе́ние поте́рь от колеба́ния ку́рсов,

Kurssprung *m* скачо́к ку́рса

Kurssprung nach oben ре́зкое повыше́ние ку́рса, скачо́к ку́рса вверх

Kurssprung nach unten паде́ние ку́рса

Kursstand *m* у́ровень ку́рса, у́ровень ку́рсов

Kurssteigerung *f* повыше́ние ку́рса

Kursstreichung *f* сня́тие це́нной бума́ги с котировки

Kurssturz *m* ре́зкое паде́ние ку́рса

Kursstützung *f* поддержа́ние ку́рса *(путём заку́пки це́нных бума́г)*, заку́пки це́нных бума́г с це́лью поддержа́ния ку́рса

Kurstreiber *m* биржеви́к, игра́ющий на повыше́ние

Kurstreiberei *f* взви́нчивание ку́рсов; игра́ на повыше́ние

Kursverfall *m* паде́ние ку́рса

Kursverlust *m* поте́ри от колеба́ния ку́рсов

Kursverlustversicherung *f* страхова́ние на слу́чай возмо́жных поте́рь от колеба́ния ку́рсов *(при экспортно-импортных опера́циях)*

Kursverwässerung *f* разводнение ку́рсов

Kurswagen *m* сборно-разда́точный ваго́н *(в грузовы́х перевозках)*

Kurswechsel *m* измене́ние ку́рса

Kurswert *m* курсова́я сто́имость це́нной бума́ги *(напр., биржева́я котиро́вка)*, курсова́я цена́

Kurszettel *m* биржево́й бюллете́нь, курсова́я табли́ца

Kurtage *f* курта́ж, вознагражде́ние ба́нковскому ма́клеру

Kurz- bis mittelfristige Geldmarktpapiere краткосро́чные и среднесрочные це́нные бума́ги

Kurzanschrift *f* сокращённый *(телегра́фный)* а́дрес

Kurzarbeit *f* непо́лный рабо́чий день; непо́лная рабо́чая неде́ля; непо́лная за́нятость

kurzarbeiten *vi* рабо́тать непо́лный рабо́чий день, рабо́тать непо́лную рабо́чую неде́лю

Kurzarbeiter *m* части́чно безрабо́тный, рабо́тающий непо́лный рабо́чий день, рабо́тающий непо́лную рабо́чую неде́лю

Kurzarbeitergeld *n* посо́бие части́чно безрабо́тным

Kurzarbeiterunterstützung *f* посо́бие части́чно безрабо́тным

Kurzarbeitklausel *f* огово́рка о непо́лной рабо́чей неде́ле *(в тарифном соглаше́нии)*

kurzbefristet краткосро́чный

kürzen *vt* укора́чивать; сокраща́ть, уменьша́ть, убавля́ть,.

Betrag um...kürzen сокраща́ть су́мму на...

die Dauer kürzen сократи́ть срок

kurzfristig краткосро́чный

Kurzlebigkeit *f* недолгове́чность

Kurzpausen *f, pl* кратковременные па́узы в рабо́те, кратковременные перерывы в рабо́те

Kurzstreik *m* кратковре́менная забасто́вка

Kurztag *m* непо́лный рабо́чий день

Kurztarif *m* пони́женный тари́ф

Kurzwaren *f pl* галантере́йный това́р, галантере́я, галантере́йные това́ры; ме́лкий скобяно́й това́р

Kurzwarenhandel *m* торго́вля галантере́йными това́рами; торго́вля ме́лким скобяны́м това́ром

Kurzwoche *f* непо́лная рабо́чая неде́ля

Küstenfahrer *m* кабота́жное су́дно

Küstengewässer *pl* территориа́льные во́ды, прибре́жные во́ды

Küstenschiff *n* кабота́жное су́дно

Küstenschifffahrt *f* кабота́ж, кабота́жное пла́вание, прибре́жное пла́вание

KUVG, Kranken- und Unfall-Versicherungsgesetz зако́н о страхова́нии на слу́чай боле́зни и ава́рии *(Швейца́рия)*

Kux *m* кукса *(пай в горнопромы́шленном предприя́тии; ФРГ)*

Kuxenbörse *f* би́ржа кукс *(ФРГ)*

Kuxinhaber *m* держа́тель куксы *(па́йщик горнопромы́шленного предприя́тия; ФРГ)*

Kuxschein *m* паевое свиде́тельство в горнопромы́шленном о́бществе

KV:

KV, kaufmännische Verwaltung торго́вая администра́ция

KV, Konkursverfahren конкурсное произво́дство

KV, Konkursverwalter управля́ющий ко́нкурсной ма́ссой, ликвида́тор

KV, Krankenversicherung страхова́ние на слу́чай боле́зни

KV, Kreditanstalt für Wiederaufbau Банк по реконстру́кции *(кредитует инвести́ции в Герма́нии и за рубежо́м)*

KVG, Kapitalverkehr-Steuergesetz зако́н о налоге на оборо́тный капита́л

KW:

KW, Konsumware потреби́тельский това́р

KW, Kuwait Куве́йт

KWD, Kuwait-Dinar, -- Kuwait Куве́йтский дина́р (*код валю́ты* 414), -- Куве́йт

KWG, Gesetz über das Kreditwesen Зако́н о креди́тных опера́циях

KWU, Kommunalwirtschaftsunternehmen предприя́тие коммунального хозя́йства

KY, Kaimaninseln Каймaнские острова́, *до 1978г. код* **CF**

Kybernetik *f* киберне́тика

KYD, Kaiman-Dollar, -- Kaimaninseln До́ллар Каймановых острово́в (*код валю́ты* 136), -- Каймановы острова́

KZ:

K.Z., Kurszettel курсова́я табли́ца, биржево́й бюллете́нь

KZ, Kasachstan Казахста́н

KZT, Tenge, -- Kasachstan Тенге (каза́хский) (*код валю́ты* 398), -- Казахста́н

L:

L, Ladungsfähigkeit грузовмести́мость, грузоподъёмность

L, lowest price са́мая ни́зкая цена́; са́мый ни́зкий биржево́й курс

L O/C, letter of credit аккредити́в

LA:

LA, Laos Наро́дная демократи́ческая респу́блика Лао́с, *до 1978г. код* **KN**

L.A., laut Akten по докуме́нтам, согла́сно докуме́нтам

labil неусто́йчивый, ша́ткий, лаби́льный

Labilität *f* неусто́йчивость, ша́ткость, лаби́льность

Lade- und Löscharbeien *f pl* погрузочно-разгрузочные рабо́ты

Lade- und Löschfristen *f, pl* сро́ки погрузочно-разгрузочных рабо́т

Lade- und Transportgemeinschaft *f* объедине́ние отправителей, объедине́ние получателей *(по совме́стной транспортно-экспедиторской обрабо́тке ма́ссовых гру́зов)*; объедине́ние отправителей по совме́стной транспортно-экспедиторской обрабóтке мáссовых грýзов, объединéние получателей по совмéстной транспортно-экспедиторской обрабóтке мáссовых грýзов

Ladearbeiten *f, pl* погрýзочные рабóты

Ladeauftrag *m* отгрузочное поручéние

Ladebereitschaft *f* готóвность к погрýзке

Ladebereitschaftsmeldung *f* уведомлéние о готóвности сýдна к погрýзке *(выдаётся перевозчиком)*, уведомлéние о готóвности сýдна к произвóдству погрузочных рабóт, извещéние о готóвности сýдна к произвóдству погрузочных рабóт, нóтис

Ladebrief *m* коносамéнт

Ladebuch *n* кнúга учёта перевозимых грýзов

Ladeeinheit *f* комплéкт грýзов, подготóвленных к транспортировке; погрýзочная единúца, погрýзочный блок *(комплéкт грýзов, предназнáченных для транспортирóвки)*

Ladefähigkeit *f* грузовместúмость, грузоподъёмность; водоизмещéние

Ladefaktor *m* коэффициéнт загрýзки *(трáнспортных средств)*

Ladefläche *f* погрýзочная площáдь *(напр., товáрного вагóна)*

Ladefrist *f* срок погрýзки

Ladefristenplan *m* план погрузочных рабóт *(фиксирует послéдовательность разлúчных погрузочных оперáций)*, календáрный план погрузочных рабóт

Ladegebühr *f* стóимость погрýзки; плáта за погрýзку

Ladegeld *n* стóимость погрýзки; плáта за погрýзку

Ladegemeinschaft *f* объединéние отправителей, объединéние получателей *(по совмéстной транспортно-экспедиторской обрабóтке железнодорóжных грýзов)*

Ladegeschirr *n* погрузочно-разгрузочные приспособлéния; судовóй грузовóй такелáж

Ladegewicht *n* грузоподъёмность, грузовместúмость; отгруженный вес, полéзный груз *(на самолёте)*, подъёмный груз *(ж.-д.)*

Ladegewichtsgüter *n pl* навалочный груз *(в этом слýчае фрахт обы́чно исчисляéтся в завúсимости от грузоподъёмности вагóна, а не от фактического вéса)*

Ladegut *n* груз

Ladehafen *m* порт отгрýзки, порт погрýзки

Ladeinhalt *m* грузовместúмость; грузоподъёмность; ёмкость; тоннáж

Ladekosten *pl* издéржки по погрýзке, расхóды по погрýзке

Ladeliste *f* погрýзочная вéдомость; спецификáция на груз

Lademannschaft *f* погрузочно-разгрузочная бригáда

Lademarke *f* погрýзочная мéтка *(вы́ше которóй нельзя́ загружáть сýдно)*

Lademaß *n* габарúтный шаблóн; габарúт грýза

Lademasse *f* грузоподъёмность, грузовместúмость

Lademaßüberschreitung *f* негабаритность грýза, превышéние допустúмого габарúта грýза

laden *vt* грузúть, нагружáть *на что-л.*; загружáть

Laden *m* **Läden** *pl* лáвка, магазúн

Laden *n* нагрýзка; погрýзка; навалка *(грýза)*; заряжáние, зарядка *(аккумуля́тора)*

Ladeneinrichtung *f* оборýдование магазúна

Ladenfront *f* торгóвый ряд

Ladenhüter *m разг.* залежалый товáр, лежáлый товáр, нехóдкий товáр, товáр, на котóрый нет спрóса

Ladeninhaber *m* владéлец магазúна

Ladenöffnungszeiten *f, pl* часы́ рабóты магазúна

Ladenpreis *m разг.* рóзничная ценá

Ladenreihe *f* торгóвый ряд

Ladenverkauf *m* продáжа чéрез рóзничную сеть

Ladenverkaufspreis *m* рóзничная ценá

Ladeorder *f* погрýзочный óрдер, фрахтóвый наря́д

Ladeort *m* мéсто погрýзки

Ladepapiere *n pl* грузовы́е докумéнты, погрýзочные докумéнты

Ladepforte *f* погрýзочные воротá *(у сýдна)*

Ladeplan *m* грузовóй план, каргоплан *(план размещéния грýза на сýдне)*

Ladeplatte *f* поддóн

Ladeprofil *n* габарúт грýза

Laderaum *m* трюм; полéзный объём *(напр., товáрного вагóна)*

Ladeschein *m ж.-д.* накладнáя; *мор.* коносамéнт; свидéтельство о погрýзке

Ladeschluss *m* прáво фрахтователя аннулúровать чáртер-пáртию *(éсли, напр. сýдно не прúбыло под погрýзку)*

Ladestelle *f* мéсто погрýзки

Ladetüchtigkeit *f* пригóдность сýдна для размещéния грýзов; грузовы́е кáчества морскúх трáнспортных средств

Ladeübergewicht *n* излúшек вéса

Ladeversäumnis *n* просрóчка погрýзки, просрóчка при погрýзке

Ladezeit *f* срок погрýзки

Ladezettel *m* погрýзочная вéдомость; спецификáция на груз

Ladung *f* погрýзка; груз; фрахт
 flüssige Ladung наливнóй груз
 gemischte Ladung смéшанный груз
 gestapelte Ladung штабелированный груз
 vorpalettisierte Ladung погрýзка *(на сýдно)* с предварúтельной пакетизацией грýзов

Ladungs-Manifest *n* декларáция, манифéст, спúсок товáра, находя́щегося на сýдне *(предъявляется тамóжне)*

Ladungsarrest *m* задержáние грýза, арéст грýза

Ladungsbeschlagnahme *f* задержáние грýза, арéст грýза; *ж.-д.* накладнáя; *мор.* коносамéнт; свидéтельство о погрýзке

Ladungsempfänger *m* грузополучáтель

Ladungsgläubiger *m* кредитóр, предоставивший ссýду под залóг грýза

Ladungskontrolleur *m* прися́жный счётчик, таллиман

Ladungstüchtigkeit *f* готóвность сýдна к приёму и перевóзке грýзов

Ladungsverzeichnis *n* погрýзочная вéдомость; спецификáция на груз; маршрýт грузовы́х перевóзок; направлéние грузовы́х перевóзок

LAES, Latin-American Economic System Латиноамериканская экономúческая систéма, ЛАЭС

LAFTA, Latin-American Free Trade Association Латиноамериканская ассоциáция свобóдной торгóвли, ЛАСТ

lag *англ.* лаг, отставáние, запáздывание

Lagebericht *m* отчёт о состоя́нии дел *(напр., фúрмы)*

Lager *n* склад, складскóе помещéние; хранúлище; бáза
 ab Lager со склáда,
 auf Lager на склáде
 genossenschaftlich genutztes Lager склад, испóльзуемый на кооперативных начáлах
 landfestes Lager склад на землé *(в отлúчие от плавýчих хранилищ)*
 die Ware dem Lager entnehmen взять товáр со склáда

Lager-Transithandelsgenehmigung *f* разрешéние на транзитную торгóвлю и хранéние реэкспортируемого товáра

Lageraufnahme *f* инвентаризáция складских запáсов; вы́дача *(товáров)* со склáда, вы́дача товáров с бáзы хранéния, вы́дача продýктов с бáзы хранéния

Lagerausgleich *m* надба́вка к пошлине за хране́ние на таможенном скла́де
Lagerbau *m* строи́тельство скла́дов; складско́е сооруже́ние
Lagerbauten *m pl* складски́е постро́йки
Lagerbehandlung *f* складская обрабо́тка гру́зов *(това́ров или проду́ктов)*, находя́щихся на скла́де
Lagerbericht *m* сведе́ния о состоянии складских запа́сов, сво́дка о состоя́нии складских запа́сов
Lagerbestand *m* складско́й запа́с
Lagerbestände *m pl* складски́е запа́сы
Lagerbeständigkeit *f* сто́йкость к хранению
Lagerbetrieb *n* склад, предприя́тие, хранящее гру́зы
Lagerbevorratungen *f, pl* созда́ние складских запа́сов; движе́ние складских запа́сов, измене́ние складских запа́сов
Lagerbewertung *f* оце́нка сто́имости складских запа́сов
Lagerbuch *n* кни́га складского учёта
Lagerbuchführung *f* складско́й учёт, складско́е счетово́дство
Lagerdauer *f* вре́мя хране́ния *(на скла́де)*
durchschnittliche Lagerdauer сре́днее вре́мя хране́ния *(на скла́де)*
Lagerempfangsschein *m* складская распи́ска
Lagerente *f* ре́нта положе́ния, ре́нта по местоположению *(дополни́тельный дохо́д, напр. в слу́чае местонахожде́ния сельскохозя́йственного предприя́тия бли́же к це́нтру сбы́та)*,
Lagerergänzung *f* пополне́ние складских запа́сов
Lagerfachkarte *f* ка́рточка складского материа́льного учёта
lagerfähig приго́дный к хранению; непо́ртящийся *(о това́ре)*
Lagerfertigung *f* произво́дство в целя́х созда́ния определённого складского запа́са
Lagerfläche *f* складская площа́дь, площа́дь складирования
Lagerfrist *f* вре́мя хране́ния *(на скла́де)*
Lagergebäude *n* складско́е сооруже́ние
Lagergebühr *f* пла́та за хране́ние *(гру́зов)* на скла́де
Lagergeld *n* пла́та за хране́ние *(гру́зов)* на скла́де
Lagergeschäft *n* склад, предприя́тие, хранящее гру́зы; о́тпуск това́ров со скла́да
Lagerglied *n* склад как звено́ в товаропроводящей цепи́
Lagergut *n* груз, приго́дный для хране́ния на скла́де; груз, сда́нный на приписной тамо́женный склад
Lagerhalter *m* владе́лец скла́да
Lagerhaltung *f* складско́е хозя́йство; хране́ние на скла́де; складирование; складски́е запа́сы; *энм.* управле́ние запа́сами
außerplanmäßige Lagerhaltung внепла́новые складски́е запа́сы
optimale Lagerhaltung оптимальные складски́е запа́сы
Lagerhaltungskosten *pl* складски́е расхо́ды, расхо́ды на содержа́ние складских запа́сов
Lagerhaltungsmodell *n (математи́ческая)* моде́ль управле́ния запа́сами
Lagerhaltungstheorie *f* тео́рия управле́ния запа́сами
Lagerist *m* владе́лец скла́да
Lagerjournal *n* складско́й журна́л регистра́ции поступле́ния и вы́дачи гру́зов, складско́й журна́л, *см. та́кже* ***Lagerbuch***
Lagerkapazität *f* ёмкость скла́да, складская ёмкость
Lagerkarte *f* ка́рточка складского материа́льного учёта
Lagerkauf *m* поку́пка со скла́да
Lagerklauseln *f pl* усло́вия складирования *(в зави́симости от ви́да това́ра и места́ хране́ния)*
Lagerkomplex *m* складско́й ко́мплекс, ко́мплекс скла́дов
Lagerkonto *n* счёт материа́лов на скла́де; счёт материа́льных це́нностей
Lagerkosten *pl* складски́е расхо́ды
Lagerleistung *f* складско́й оборо́т
Lagerleistungen *f, pl* проду́кция, изгото́вленная для пополне́ния складских запа́сов *(предприя́тия) (не по зака́зу)*
Lagermaterial *n* материа́л, храня́щийся на скла́де, материа́лы, хранящиеся на скла́дах
Lagermiete *f* пла́та за хране́ние *(гру́зов)* на скла́де
lagern *vt* храни́ть на скла́де; склади́ровать, помеща́ть на склад; храни́ться на скла́де
Lagernetz *n* систе́ма баз, сеть скла́дов
Lagernormativ *n* нормати́в складских запа́сов
Lagernutzfläche *f* поле́зная складская площа́дь
Lagernutzraum *m* поле́зный складско́й объём
Lagerordnung *f* положе́ние о складировании *(юриди́ческие но́рмы, регули́рующие отноше́ния ме́жду владе́льцем скла́да и со́бственником хранимых това́ров)*; распоря́док рабо́ты на скла́де
Lagerpersonal *n* складски́е рабо́тники
Lagerpfandschein *m* складско́е зало́говое свиде́тельство
Lagerplatz *m* складско́е ме́сто, ме́сто складирования
Lagerraum *m* складско́е помеще́ние, склад; амба́р
Lagerrisiko *n* риск, свя́занный с хранением проду́кции на скла́де
Lagerschein *m* складская распи́ска *(о приня́тии, размещении и сохра́нности гру́за)*
Lagerskontro *n* складско́й учёт материа́лов *(с указа́нием оста́тка)*
Lagerspesen *pl* складски́е расхо́ды
Lagerstatistik *f* складская стати́стика
Lagerstock *m* складски́е запа́сы
Lagertarif *m* тари́ф складского хране́ния
Lagertechnik *f* складская те́хника
Lagertransport *m* внутрискладско́й транспо́рт
Lagerumsatz *m* складско́й оборо́т
Lagerumschlag *m* обора́чиваемость складских запа́сов
Lagerung *f* хране́ние на скла́де, складирование
fließende Lagerung складско́е хране́ние на по́лках, оборудованных транспортёрными ле́нтами
fließende Lagerung техни́чески обусло́вленный срок хране́ния
starre Lagerung стациона́рное хране́ние
technisch bedingte Lagerung техни́чески обусло́вленный срок хране́ния
Lagerungsgrundfläche *f* складская площа́дь *(испо́льзуемая непосре́дственно для хране́ния това́ров)*, часть складско́й пло́щади, слу́жащая непосре́дственно для хране́ния това́ров
Lagerungskapazität *f* площа́дь складирования; ёмкость складских помеще́ний, складская мо́щность
Lagerungskosten *pl* складски́е расхо́ды
Lagerungssatz *m* ста́вка складского хране́ния
Lagerungsschaden *m* изде́ржки хране́ния запа́сов; уще́рб от хране́ния гру́зов на скла́де, уще́рб, свя́занный с хранением гру́зов на скла́де,
Lagerungszeit *f* вре́мя хране́ния *(на скла́де)*
Lagerunternehmen *n* склад, предприя́тие, хранящее гру́зы
Lagerveränderung *f* измене́ния складского запа́са
Lagerverlust *m* поте́ри от хране́ния проду́кции на скла́де, поте́ри при хране́нии на скла́де, убы́тки при хране́-

нии на склáде

Lagerversicherung *f* страховáние от рúска, свя́занного с хранением грýзов на склáде

Lagervertrag *m* договóр о передáче грýзов на хранéние ***(оговаривает колúчество товáров, срóки, стóимость складирования)***

Lagervorrat *m* складскúе запáсы

Lagerware *f* товáр, отпускáемый со склáда ***(немéдленно, в отлúчие от намечаемых на послéдующие срóки постáвок)***

Lagerwirtschaft *f* складскóе хозя́йство

absatzseitige Lagerwirtschaft складскóе хозя́йство сбытовой организáции

Lagerzins *m* процéнт на стóимость складских запáсов

Lagerzyklus *m* цикл складирования

lahm legen *vt* парализовáть, останáвливать

Lahmlegung *f* приостанóвка, прекращéние дéятельности; застóй

Laissez-faire-Liberalismus *m* экономúческий либералúзм, оснóванный на трéбовании свобóдной конкурéнции и невмешáтельства госудáрства в эконóмику

LAK, Kip, -- Laos Кип (*код валю́ты* 418), -- Лаóс, нарóдная демократúческая респýблика

LAN, Local-Area Network *(eng.) вчт.* локáльная сеть

Land *f* странá (*см. тж.* **Länder**)

Land край; óкруг

Land земля́, пóчва; земля́

Land сýша

Land сéльская мéстность

Land земля́ ***(единúца администратúвного делéния ФРГ и Áвстрии)***

assoziiertes Land присоединившаяся странá, ассоциúрованная странá

bebautes Land воздéлываемая земля́

kreditnehmendes Land странá-заёмщик

Land- und Forstwirtschaft *f* сéльское и леснóе хозя́йство

land-lease *англ* ленд-лиз, передáча взаймы́, передáча в арéнду (***вооружéния, тéхники, продовóльствия и т. д.***)

land-lease act *англ.* закóн о ленд-лизе

Landarbeiten *f, pl* полевы́е рабóты (мн.ч.)

Landarbeiter *m* сельскохозя́йственный рабóчий

Landarbeiter *m* (ист.) батрáк

Landarbeiterlohn *m* оплáта трудá сельскохозя́йственных рабóчих

landarm малоземéльный

Landarmut *f* малоземелье

Landaufschlag *m* торгóвая накúдка на оптóвые цены́ в сельских местностях

Landaufteilung *f* раздéл землú; парцелля́ция

Landbeschädigung *f* повреждéние, полýченное грýзом на сýше ***(до погрýзки на сýдно)***

Landbevölkerung *f* сéльское населéние, деревéнские жúтели

landed charges *англ.* сбóры за вы́грузку, сбóры за перевалку черéз причáл

landed weight *англ.* вес, полýченный в портý назначéния

Länder *n pl* страны́, *см. тж.* **Land**

Länder mit entwickelter Marktwirtschaft страны́ с развитóй ры́ночной экономикой

Länder mit zentral geplanter Wirtschaft страны́ с централизованным плановым хозя́йством

abhängige Länder завúсимые страны́

hoch industrialisierte Länder высокорáзвитые в промы́шленном отношéнии страны́

nichtpaktgebundene Länder неприсоединúвшиеся страны́

ökonomisch schwachentwickelte Länder экономúчески слаборазвитые страны́

unterentwickelte Länder ***(экономúчески)*** слаборазвитые страны́

Länder-Code *m* код страны́

Länderanalyse *f* анáлиз политúческого и экономúческого развúтия страны́

Länderbank *f* Банк немецких земéль

Länderkontingent *n* úмпортный контингéнт по конкрéтной странé

Länderkonzeption *f* концéпция бýдущих экономúческих свя́зей с определёнными стрáнами ***(элемéнт перспективного планúрования внешнеэкономúческих отношéний)***

Länderstruktur *f* **des Außenhandels** структýра внéшней торгóвли по стрáнам, страновая структýра внéшней торгóвли

Landesanleihe *f* заём, вы́пущенный правúтельством землú ***(в ФРГ и Áвстрии)***

Landesarbeitsamt *n* земéльная бúржа трудá ***(в ФРГ и Áвстрии)***

Landesausbau *m* освоéние экономúчески отсталых райóнов; внýтренняя колонизáция

Landesbanken *f, pl* бáнки Земéль ***(в ФРГ и Áвстрии)***

Landesdurchschnitt *m* дáнные в срéднем по странé (мн.ч.), показáтели в срéднем по странé (мн.ч.), срéдние показáтели по странé (мн.ч.), срéдние дáнные по странé (мн.ч.)

Landeserzeugnis *n* издéлие отéчественного производства, издéлие национáльной промы́шленности

Landesfinanzamt *n* налогово-финáнсовое управлéние Землú ***(ФРГ)***

Landeskultur *f* культýра ведéния сéльского хозя́йства

Landesplanung *f* территориáльное планирóвание

Landesprodukt *n* продýкт отéчественного производства, издéлие отéчественного производства, издéлие национáльного производства (промы́шленности)

Landessteuern *f, pl* налóги Земéль; налóги, взимáемые Землями ***(ФРГ и Áвстрия)***

landesüblich прúнятый в ***(дáнной)*** странé, общепрúнятый в ***(дáнной)*** странé

Landesversicherungsanstalt *f* управлéние социáльного страховáния Землú ***(ФРГ)***

Landeswährung *f* национáльная валю́та

Landeszentralbanken *f, pl* центрáльные бáнки Земéль ***(ФРГ)***

Landflucht *f* ухóд сéльского населéния в городá, мигрáция населéния в городá, урбанизáция

Landfrachtbrief *m* сухопýтная накладнáя; накладнáя для транспортирóвки наземным путём ***(при продáже со склáда, с завóда и т.п.)***

Landfrachtgeschäft *n* перевóзка грýза по сýше, перевóзка грýза назéмным путём

Landgangsgeld *n* дéньги за оформлéние документов на погрýзку на сýше ***(получáемые капитáном или егó уполномóченным)***

Landgemeinde *f* сéльская общúна

Landgewinnung *f* мероприя́тия по увеличéнию земéльных фóндов ***(напр., за счёт осушения болóт)***

Landgut *n уст.* помéстье

Landhandel *m* сéльская торгóвля, торгóвля на селе; сухопýтная торгóвля

Landhandelsnetz *n* сéльская торгóвая сеть

Landhunger *m* малоземелье

landhungrig малоземéльный; безземéльный

Landkaskoversicherung *f* страховáние средств сухопýтного трáнспорта

Landkrankenkasse *f* сéльская больнúчная кáсса

Landkreis *m* райóн; óкруг

landlos безземéльный

Landlosigkeit *f* безземéлье

Landlosmachung *f* обезземеливание

Landmangel *m* малоземелье

Landmaschine *f* сельскохозя́йственная маши́на

Landmaschinenbestand *m* парк сельскохозя́йственных маши́н

Landmaschinenprüfwesen *n* систе́ма контро́льных испыта́ний но́вой сельскохозя́йственной те́хники

Landmaschinenzählung *f* пе́репись сельскохозя́йственных маши́н, инвентариза́ция сельскохозя́йственной те́хники

Landnot *f* малоземелье

Landpacht *f* земе́льная аре́нда

Landpachtsystem *n* систе́ма земе́льной аре́нды

landreich многоземельный

Landschaften *f, pl ист.* ландшафты *(креди́тные това́рищества, возни́кшие в Пру́ссии в* XVIII *ве́ке и занима́вшиеся предоставле́нием ипотечных креди́тов)*

Landschaftgestaltung *f* формирова́ние ландшафта

Landschaftspflege *f* охра́на ландшафта
Landschaftspflege реставра́ция ландшафта

Landschaftsschutz *m* охра́на ландшафта

Landsperre *f* блока́да страны́

Landstück *n* земе́льный уча́сток

Landtechnik *f* сельскохозя́йственная те́хника; сельхозтехника

Landtransport *m* назе́мный тра́нспо́рт
Landtransport перево́зка гру́зов назе́мным тра́нспортом; транспортиро́вка сухопутным путём

Landvermögen des Reeders иму́щество судовладе́льца, на кото́рое не распространя́ются прете́нзии пострада́вших от ча́стной ава́рии

Landwarenhaus *n* се́льский универса́льный магази́н, се́льский универма́г

Landweg *m* сухопу́тная доро́га
auf dem Landwege по су́ше, су́шей, назе́мным путём

Landwirt *m* фе́рмер; агроно́м

Landwirtschaft *f* се́льское хозя́йство

landwirtschaftlich сельскохозя́йственный

Landwirtschaftsausstellung *f* сельскохозя́йственная вы́ставка

Landwirtschaftsbetrieb *m* сельскохозя́йственное предприя́тие, сельхозпредприятие, агра́рное предприя́тие, предприя́тие агропромы́шленного ко́мплекса, предприя́тие АПК

Landwirtschaftsbezirk *m* сельскохозя́йственный райо́н

Landwirtschaftserzeugnis *n* сельскохозя́йственный проду́кт

Landwirtschaftsgebiet *n* сельскохозя́йственный райо́н

Landwirtschaftsgenossenschaft *f* сельскохозя́йственная коопера́ция; сельскохозя́йственный кооперати́в

Landwirtschaftsgesetz *n* агра́рный зако́н

Landwirtschaftsgesetzgebung *f* агра́рное законода́тельство

Landwirtschaftsjahr *n* сельскохозя́йственный год

Landwirtschaftskammer сельскохозя́йственная пала́та

Landwirtschaftskomitee Комите́т по се́льскому хозя́йству *(Экономи́ческой коми́ссии ООН для Евро́пы)*

Landwirtschaftskredit *m* сельскохозя́йственный креди́т

Landwirtschaftskrise *f* агра́рный кри́зис, кри́зис сельскохозя́йственного произво́дства

Landwirtschaftspolitik *f* агра́рная поли́тика, поли́тика в о́бласти се́льского хозя́йства

Landwirtschaftspreise *m pl* цены́ на сельскохозя́йственные проду́кты

Landwirtschaftsprodukt *n* сельскохозя́йственный проду́кт

Landwirtschaftsproduktion *f* проду́кция се́льского хозя́йства; сельскохозя́йственное произво́дство

Landwirtschaftsstatistik *f* стати́стика се́льского хозя́йства

Landwirtschaftssteuer *f* сельскохозя́йственный нало́г

Landwirtschaftsstruktur *f* структу́ра се́льского хозя́йства

Landwirtschaftsversicherung *f* сельскохозя́йственное страхова́ние

Landwirtschaftszählung *f* сельскохозя́йственная пе́репись

Landwirtschaftszweig *m* о́трасль се́льского хозя́йства

Landzuteilung *f* отво́д земли́, наделе́ние землёй

Landzuweisung *f* отво́д земли́, наделе́ние землёй

langfristig долгосро́чный; дли́тельный; на перспекти́ву

Langgut *n* длинноме́рный груз

Langlebigkeit *f* долгове́чность

Längsseitslieferung *f* доста́вка гру́за к борту́ су́дна, доста́вка гру́за на усло́вии фра́нко вдоль борта́ су́дна, доста́вка гру́за на усло́вии фас

Lärmbekämpfung *f* борьба́ с шума́ми

Lassbauer *m ист.* лассит

Lassit *m ист.* лассит

Last *f* груз; нагру́зка; весова́я едини́ца судово́го гру́за *(= 2000 кг)*, ласт *(ФРГ)*
steuerliche Last нало́говое бре́мя

Lasten *f, pl* отчисле́ния; нало́ги; бре́мя; тя́готы
zulasten за счёт; на счёт

lasten *vt* нагружа́ть, грузи́ть; зафрахтова́ть *(су́дно)*

lastenfrei свобо́дный от долго́в, не обременённый долга́ми *(напр., о земе́льном уча́стке)*

Lastentransport *m* перево́зка гру́зов, транспортиро́вка гру́зов; грузово́й транспо́рт

Lastgrenze *f* преде́льная нагру́зка *(това́рного ваго́на)*

Lastigkeit *f* грузоподъёмность

Lastkilometer *n* киломе́тр пробе́га с гру́зом

Lastlauf *m* пробе́г с гру́зом

Lastschrift *f* де́бет-ави́зо, за́пись в де́бет счёта

Lastschriftauftrag *m* инкассовое поруче́ние

Lastspitze *f* пик нагру́зки

Lastwagen *m* грузово́й автомоби́ль

Lastzug *m* грузово́й автопо́езд

Lateinamerikanische Freihandels-Assoziation Латиноамериканская ассоциа́ция свобо́дной торго́вли, ЛАСТ

latent скры́тый, лате́нтный

Latifundium *n* латифу́ндия

Laudemium *n ист.* де́нежная пови́нность *(васса́ла)*

laufend непреры́вный; теку́щий *(о годе, счете)*; пого́нный *(о ме́ре длины́)*

Laufkarte *f* произво́дственная ка́рта, сопровожда́ющая обраба́тываемую дета́ль; технологи́ческая ка́рта, в кото́рой ука́зана после́довательность и хара́ктер произво́дственных ста́дий изготовле́ния дета́лей

Laufkunde *m* случа́йный покупа́тель

Laufkundschaft *f* случа́йные покупа́тели; случа́йная клиенту́ра

Laufperiode *f* межремо́нтный пробе́г

Laufzeit *f* срок де́йствия *(напр., догово́ра, векселя́, креди́та)*; срок прохожде́ния *(напр., докуме́нтов)*; *ж.-д.* вре́мя *(гру́за)* в пути́; маши́нное вре́мя

Lautsprecherwerbung *f* рекла́ма с по́мощью громкоговори́телей

lay days стоя́ночное вре́мя, стали́йное вре́мя *(необходи́мое для за- и разгру́зки су́дна*, лейдейс; вре́мя хране́ния на предприя́тии материа́ла *(подлежащего произво́дственной обрабо́тке)*

Layout-Fachmann *m* специали́ст по рекла́ме

LB:
LB, Lieferbarkeitsbescheinigung свиде́тельство о допуще́нии це́нных

бума́г к обраще́нию на би́рже
LB, Libanon Лива́н, *до 1978г. код* **KU**
l.B., laut Bericht согла́сно отчёту
lb, libra фунт *(англи́йская ме́ра ве́са, ра́вная 453,5924 г)*
lb.av., pound avoirdupois англи́йский фунт торго́вого ве́са *(= 453,5924 г)*
LBP, Libanesisches Pfund, -- Libanon Лива́нский фунт (*код валю́ты* 422), -- Лива́н
L.C., L/C, letter of credit аккредити́в
LCL:
LCL, less than carload ме́лкая па́ртия гру́за
LCL, Less than Container Load па́ртия това́ра, не по́лностью заполня́ющая конте́йнер
Ld, limited с ограни́ченной отве́тственностью *(добавле́ние к назва́нию англи́йских акционе́рных о́бществ)*
Ldw., Landwirtschaft се́льское хозя́йство
Leasing *n англ.* лизинг, прока́т средств произво́дства, аре́нда средств произво́дства - маши́н, тра́нспортных средств и други́х това́ров *(обы́чно осуществля́ется специализированной лизинговой компа́нией)*
Leasing-Gesellschaft *f* компа́ния, занима́ющаяся лизингом, фи́рма, занима́ющаяся лизингом
Leasingvertrag *m* аре́ндный догово́р
Leben *n* жизнь
geistiges Leben духо́вная жизнь
gesellschaftliches Leben обще́ственная жизнь
wirtschaftliches Leben хозя́йственная жизнь
Lebendgeborenenüberschuss *m* есте́ственный приро́ст населе́ния
Lebensart *f* о́браз жи́зни
Lebensbaum *m стат.* возрастна́я пирами́да
Lebensbedingungen *f, pl* усло́вия жи́зни
Lebensbedürfnisse *n pl* жи́зненные потре́бности
Lebensdauer *f* продолжи́тельность жи́зни; срок слу́жбы, продолжи́тельность слу́жбы *(напр., маши́ны)*
Lebensdauer техни́ческий срок эксплуата́ции *(обы́чно превосхо́дит экономи́чески целесообра́зный срок эксплуата́ции)*
Lebensdauer цикл поле́зного испо́льзования
Lebensdauer der Grundmittel срок слу́жбы основны́х средств (произво́дства)
kurze Lebensdauer недолгове́чность
mittlere Lebensdauer сре́дняя продолжи́тельность сро́ка слу́жбы
wahrscheinliche Lebensdauer *стат.* вероя́тная продолжи́тельность жи́зни
Lebenserwartung *f стат.* сре́дняя продолжи́тельность жи́зни
Lebenshaltung *f* о́бщий укла́д жи́зни, быт; у́ровень жи́зни, жи́зненный у́ровень
soziale Lebenshaltung социа́льные усло́вия, обще́ственный жи́зненный укла́д
Lebenshaltungsindex *m* инде́кс сто́имости жи́зни
Lebenshaltungskosten *pl* сто́имость жи́зни
Lebenshaltungskostenindex *m* инде́кс сто́имости жи́зни
Lebenskosten *pl* сто́имость жи́зни
Lebenskostenindex *m* инде́кс сто́имости жи́зни
Lebensmittel *pl* продово́льственные това́ры, продово́льствие
lebensnotwendige Lebensmittel проду́кты пе́рвой необходи́мости
Lebensmittelfälschung *f* фальсифика́ция продово́льственных това́ров
Lebensmittelfonds *m* продово́льственный фонд
Lebensmittelgeschäft *n* продово́льственный магази́н, продукто́вый магази́н
Lebensmittelgesetz *n* зако́н об отве́тственности за прода́жу населе́нию недоброка́чественных продово́льственных това́ров и предме́тов пе́рвой необходи́мости
Lebensmittelgesetz зако́н об отве́тственности за прода́жу недоброка́чественных проду́ктов *(в ФРГ с 1974 года́)*
Lebensmittelindustrie *f* пищева́я промы́шленность
Lebensmittelkosten *pl* расхо́ды на поку́пку продово́льственных това́ров
Lebensmittelkrise *f* продово́льственный кри́зис
Lebensmittelniederlassung *f* продово́льственная ба́за
Lebensmittelsortiment *n* ассортиме́нт продово́льственных това́ров
Lebensmittelzuteilung *f* продово́льственный паёк *(по ка́рточкам)*
Lebensniveau *n* у́ровень жи́зни, жи́зненный у́ровень
Lebensrente *f* пожи́зненная ре́нта
Lebensstandard *m* у́ровень жи́зни, жи́зненный у́ровень
Lebensstandardforschung *f* иссле́дование у́ровня жи́зни, изуче́ние у́ровня жи́зни
Lebensstandardplanung *f* плани́рование у́ровня жи́зни
Lebensstandardprognose *f* прогно́з у́ровня жи́зни
Lebensunterhalt *m* сре́дства к жи́зни; пропита́ние
Lebensverbesserung *f* улучше́ние усло́вий жи́зни
Lebensverhältnisse *n pl* бытовы́е усло́вия жи́зни
Lebensversicherung страхова́ние жи́зни
verbundene Lebensversicherung страхова́ние жи́зни, при кото́ром срок вы́платы страхово́й су́ммы зави́сит от сме́рти одного́ из застрахованных
Lebensversicherungsprämie *f* страхова́я пре́мия застрахованного
Lebensweise *f* о́браз жи́зни
lebenswichtig жи́зненно необходи́мый
Lebenszyklus *m* жи́зненный цикл *(изде́лий, фи́рмы, о́трасли, потреби́теля и др.)*
Leck *n* течь, пробо́ина
Leckage *f фр.* уте́чка, течь
Ledigensteuer *f* нало́г на холостяков и безде́тных
Leerfahrt *f* поро́жний пробе́г
die Leerfahrt vermeiden избежа́ть порожнего пробе́га
Leerformular *n* незапо́лненный бланк
Leerfracht *f* мёртвый фрахт *(не по́лностью испо́льзуемая загру́зочная мо́щность)*
Leergang *m* холосто́й ход *(маши́ны)*
Leergewicht *n* вес в порожнем состоя́нии, та́ра *(ваго́на)*; вес та́ры
Leergut *n* та́ра; бы́вшая в употребле́нии та́ра
Leergutlager *n* склад *(возвраща́емой)* та́ры, тарный склад
Leergutsammelstelle *f* пункт по сбо́ру та́ры
Leerkilometer *n* киломе́тр порожнего пробе́га
Leerkosten *pl* часть постоя́нных расхо́дов, приходящихся на до́лю неиспо́льзованных произво́дственных мо́щностей
Leerlauf *m* холосто́й ход *(маши́ны)*; поро́жний пробе́г
Leerlauffracht *f* мёртвый фрахт
Leerlaufkoeffizient *m* коэффицие́нт порожнего пробе́га
Leerlaufkosten *pl* изде́ржки при рабо́те вхолосту́ю, изде́ржки, свя́занные с рабо́той вхолосту́ю,
Leermasse *f* вес в порожнем состоя́нии, та́ра *(ваго́на)*; вес та́ры
Leerpackung *f* та́ра; бы́вшая в употребле́нии та́ра
Leerprovision *f* мёртвая комисси́я *(пла́та*

за зафрахтованное, но неиспо́льзованное погру́зочное ме́сто на су́дне)

Leerverkauf *m бирж.* фикти́вная прода́жа, декувер; спекуля́ция на ра́знице ку́рсов

Leerwechsel *m* фина́нсовый ве́ксель *(ве́ксель, не име́ющий това́рного покры́тия)*

legal лега́льный

Legalisation *f* легализа́ция, узаконе́ние

Legalisierung *f* легализа́ция, узаконе́ние

Legat *n юр.* лега́т, завеща́тельный отка́з

Legende *f* леге́нда, поясне́ние *(напр., к статисти́ческой табли́це и́ли диагра́мме)*; леге́нда *(на́дпись на моне́тах)*

Legeverfahren *n стат.* раскла́дка ка́рточек

legislativ законода́тельный, легислативный

Legitimation *f юр.* легитима́ция; удостовере́ние ли́чности; полномо́чие, дове́ренность

Legitimationsübertragung *f* переда́ча *(акционе́ром)* права́ го́лоса тре́тьему лицу́

legitimiert правомо́чный

Lehen *n ист.* лен, фео́д; ленное поме́стье

Lehnsgut *n ист.* ленное поме́стье

Lehnsherr *m ист.* сюзере́н, феода́л

Lehnsmann *m ист.* ле́нник, васса́л

Lehnware *f ист.* де́нежная пови́нность *(васса́ла)*

Lehrabschlussprüfung *f* экза́мен на получе́ние квалификационного разря́да

Lehrausbilder *m* ма́стер произво́дственного обуче́ния

Lehrbetrieb *m* предприя́тие, на кото́ром ученики́ прохо́дят произво́дственное обуче́ние; уче́бное предприя́тие

Lehre *f* уче́ние, доктри́на, тео́рия; обуче́ние, учёба; произво́дственное обуче́ние

Lehrgeld *n* опла́та труда́ ученико́в *(напр., на произво́дстве)*

Lehrkombinat *n* учебно-произво́дственный комбина́т

Lehrling *m* учени́к *(напр., на произво́дстве)*

Lehrlingsausbildung *f* обуче́ние ученико́в *(напр., на произво́дстве)*

Lehrlingseinstellung *f* приём подро́стка на рабо́ту *(с це́лью обуче́ния его́ и́збранной профе́ссии)*

Lehrlingsentgelt *n* опла́та труда́ ученико́в *(напр., на произво́дстве)*

Lehrlingserziehungsbeihilfe *f* субси́дия на обуче́ние и содержа́ние ученико́в

Lehrstelle *f* рабо́чее ме́сто для приёма подро́стков на рабо́ту

Lehrverkaufsstelle *f* шко́ла-магази́н

Lehrvertrag *m* (трудово́й) догово́р об обуче́нии ученико́в *(напр., на произво́дстве)*

Lehrwerkstatt *f* учебно-произво́дственная мастерска́я

Lehrzeit *f* вре́мя обуче́ния *(напр., на произво́дстве)*

Leibeigene *m f* крепостно́й

Leibeigenschaft *f ист.* крепостно́е пра́во

Leibgedinge *n* пожи́зненная пе́нсия, отцо́вский наде́л *(при вы́деле дете́й)*, вы́дел старику

Leibrente *f* пожи́зненная ре́нта

Leibrentenversicherung *f* страхова́ние пожи́зненной ре́нты

Leibzins *m ист.* поду́шная пода́ть

Leibzucht *f* пожи́зненная пе́нсия, отцо́вский наде́л *(при вы́деле дете́й)*, вы́дел старику

Leichter *m* ли́хтер *(несамоходное грузово́е су́дно)*; ба́ржа́; шала́нда

Leichterfahrzeug *n* ли́хтер

Leichtergebühr *f* пла́та за по́льзование лихтером

leichtern *vt* перегружа́ть груз на ли́хтер

Leichterschiff *n* лихтеровоз

Leichtgüter *n pl* легковесные гру́зы

Leichtirboot *n* ли́хтер

leicht verderblich скоропо́ртящийся *(о това́ре)*

leicht verkäuflich быстрореализу́емый

Leih -und Pachtlieferung *f ист.* поста́вка по ленд-лизу

Leih- und Pachtgesetz *n ист.* зако́н о ленд-лизе

Leihamt *n* ломба́рд

Leihanstalt *f* ломба́рд

leihbar ссужаемый

Leihe *f* ссу́да; прока́т *(безвозме́здная переда́ча в по́льзование ве́щи про́тив обяза́тельства о возвра́те)*; ломба́рд

Leihemballage *f* оборо́тная та́ра

leihen *vt* ода́лживать, ссужа́ть, дава́ть взаймы́; брать взаймы́; брать на прока́т

Leihfonds *m pl* ссудные фо́нды

Leihgebühr *f* пла́та за прока́т

Leihgegenstand *m* предме́т, предоста́вленный на прока́т

Leihgeschäft *n* продлённая сде́лка, депо́рт

Leihgut *n* предме́т, предоста́вленный на прока́т

Leihhaus *n* ломба́рд

Leihkapital *n* ссу́дный капита́л

Leihkapitalist *m* ссу́дный капитали́ст

Leihkapitalmarkt *m* ры́нок ссудного капита́ла

Leihmiete *f* пла́та за прока́т

Leihmittel *n* сре́дство кредитования *(фу́нкция де́нег)*

Leihpfand *n* зало́г под ссу́ду, зало́г по ссуде

Leihschein *m* ломба́рдный биле́т, закладна́я квита́нция

Leihverpackung *f* оборо́тная та́ра

Leihware *f* предме́т, предоста́вленный на прока́т

leihweise заимообразно; напрока́т

Leihzins *m* ссу́дный проце́нт

Leipziger Messe Ле́йпцигская я́рмарка

Leipziger Messeamt дире́кция Ле́йпцигской я́рмарки

Leistende *m* исполни́тель; обслу́живающая фи́рма

Leistenschein *m* тало́н купонного листа́

Leistung *f* произведённая рабо́та, вы́полненная рабо́та, вы́работка; исполне́ние *(догово́ра, поста́вок.)*; производи́тельность; мо́щность; продукти́вность

Leistung платёж, расхо́д *(напр., бюдже́тные расхо́ды)*

Leistung *юр.* исполне́ние де́йствия, составляющего содержа́ние обяза́тельства

Leistung an Erfüllungs statt заме́на исполне́ния *(одного́ обяза́тельства други́м с согла́сия кредито́ра)*

Leistung der Viehwirtschaft продукти́вность животново́дства

Leistung einer Zahlung произво́дство платежа́

Leistung erstellen производи́ть, создава́ть но́вую сто́имость

Leistung im Basiszeitraum вы́работка ба́зисного пери́ода

Leistung je Mann und Schicht вы́работка на одну́ человеко-сме́ну

arbeitsstündliche Leistung часова́я вы́работка

arbeitsstündliche Leistung дневна́я вы́работка

arbeitsstündliche Leistung произво́димая проду́кция, ока́зываемые услу́ги

effektive Leistung факти́ческая мо́щность, реа́льная мо́щность

fixe Leistung твёрдо устано́вленный платёж

garantierte Leistung гаранти́руемая мо́щность

höchstmögliche Leistung максима́льная мо́щность

innenbetriebliche Leistung проду́кция на со́бственные нужды́, услу́ги на со́бственные нужды́

installierte Leistung устано́вленная мо́щность

mangelhafte Leistung ненадлежащее исполне́ние догово́рных обяза́тельств

mangelhafte Leistung прое́ктная

мо́щность
provisionsfreie Leistung беспла́тная опера́ция *(ба́нка)*
rechnerische Leistung расчётная мо́щность
rechnerische Leistung уде́льная мо́щность
theoretische Leistung теорети́ческая мо́щность, расчётная мо́щность
unvollständige Leistung непо́лное исполне́ние догово́рных обяза́тельств
vorfristige Leistung досро́чное исполне́ние догово́ра; досро́чный платёж
Leistung Zug um Zug одновре́ме́нное исполне́ние догово́рного обяза́тельства обе́ими сторона́ми
eine Leistung gewähren предоста́вить страхово́е посо́бие

Leistungen *f pl* услу́ги; оказа́ние услу́г; успе́хи, достиже́ния; результа́т
Leistungen пови́нности; платежи́; посо́бия
Leistungen erbringen дава́ть произво́дственные результа́ты
Leistungen für Fremde произво́дственные услу́ги на сто́рону
Leistungen nichtindustrieller Art рабо́ты и услу́ги непромышленного хара́ктера
betriebliche Leistungen производи́мая проду́кция и предоставля́емые предприя́тием услу́ги
betriebliche Leistungen со́бственные затра́ты *(мо́гут входи́ть в соста́в неоплачиваемых затра́т)*
finanzielle Leistungen платежи́
fremde Leistungen произво́дственные услу́ги со стороны́; чужи́е затра́ты *(относя́щиеся к неоплачиваемым затратам)*
fremde unproduktive Leistungen *(подрядные)* услу́ги со стороны́, нося́щие непроизводственный хара́ктер
ideelle Leistungen нематериа́льные услу́ги
industrielle Leistungen рабо́ты и услу́ги промы́шленного хара́ктера
innerbetriebliche Leistungen предоставле́ние услу́г для внутризаводски́х нужд
kulturelle und soziale Leistungen отчисле́ния на социа́льные и культу́рные нужды́, платежи́ на социа́льные и культу́рные нужды́
materielle Leistungen industrieller Art рабо́ты и услу́ги промы́шленного хара́ктера *(напр., ремо́нт, монта́ж)*
nicht produktive Leistungen непроизводственные услу́ги
produktive Leistungen произво́дственные услу́ги
soziale Leistungen платежи́ на социа́льные нужды́, вы́платы на социа́льные нужды́
untengeltliche Leistungen неоплачиваемые затра́ты
wiederkehrende Leistungen периоди́ческие платежи́, теку́щие платежи́; повреме́нные платежи́
wissenschaftlichtechnische Leistungen нау́чно-техни́ческие достиже́ния

Leistungs- und Aufwandvsergleich *m* сравне́ние затра́т и результа́тов
Leistungs- und Effektivitätskennziffern *f pl (статисти́ческие)* показа́тели производи́тельности и эффекти́вности
Leistungs- und Effektivitätsreserven *f pl* резе́рвы повыше́ния производи́тельности и эффекти́вности
Leistungs- und Effektivitätsverbesserung *f* обеспе́чение усло́вий для повыше́ния производи́тельности и эффекти́вности

Leistungsabfall *m* паде́ние производи́тельности; паде́ние мо́щности *(напр., маши́ны)*

leistungsabhängig зави́сящий от вы́работки

Leistungsangabe *f* за́данная производи́тельность; да́нные о результа́тах

Leistungsangebot *n* оферта

Leistungsanreiz *m* стимули́рование труда́

Leistungsanspruch *m* пра́во на получе́ние страхово́го посо́бия

Leistungsarbeit *f* сде́льная рабо́та

Leistungsaufnahme *f* потребле́ние мо́щности

Leistungsbedarf *m* потребная мо́щность, тре́буемая мо́щность

Leistungsbemessung *f* определе́ние мо́щности, определе́ние производи́тельности

Leistungsberechnung *f* определе́ние мо́щности, определе́ние производи́тельности

Leistungsbewertung *f* оце́нка (результа́тов) труда́; оце́нка проду́кции

Leistungsbeziehungen *f pl* внутрипроизво́дственные связи́ *(ме́жду предыдущим и после́дующим звéньями произво́дственного проце́сса)*

Leistungsbilanz *f* бала́нс по текущим операциям, бала́нс теку́щих стате́й *(часть платёжного бала́нса - сопоставле́ние ввоза и вы́воза това́ров и услу́г, а та́кже односторонних де́нежных перево́дов и дохо́дов от загранич́ных инвести́ций за определённый перио́д)*

Leistungsbuch *n* книга учёта продукти́вности скота́

Leistungsbudget *n* план-сме́та *(с учётом измене́ния издéржек, связанного с колебаниями объёма произво́дства)*, ги́бкая произво́дственная програ́мма-сме́та

Leistungsdurchschnitt *m* сре́дняя вы́работка

Leistungsebene *f* у́ровень управле́ния, ступе́нь управле́ния

Leistungseinheit *f* едини́ца производи́тельности, едини́ца мо́щности

Leistungseinheitskosten *pl* затра́ты на едини́цу производи́тельности, затра́ты на едини́цу мо́щности; сре́дние затра́ты в расчёте на едини́цу произведённой проду́кции *(и́ли услу́г)*

Leistungseinheitswert *m* затра́ты на едини́цу производи́тельности, затра́ты на едини́цу мо́щности; сре́дние затра́ты в расчёте на едини́цу произведённой проду́кции *(и́ли услу́г)*

Leistungserfassung *f* учёт о́бщего объёма произведённой проду́кции и предоста́вленных услу́г

Leistungserstellung *f* произво́дственная де́ятельность; созда́ние но́вой сто́имости

leistungsfähig работоспосо́бный; трудоспосо́бный; производи́тельный; продукти́вный

Leistungsfähigkeit *f* работоспосо́бность; трудоспосо́бность; производи́тельность; продукти́вность; мо́щность; провозная спосо́бность, пропускна́я спосо́бность; потенциа́л
arbeitsgegenstandbezogene Leistungsfähigkeit эффекти́вность испо́льзования предме́тов труда́
arbeitskräftebezogene Leistungsfähigkeit производи́тельность труда́
arbeitsmittelbezogene Leistungsfähigkeit производи́тельность, обеспе́ченная сре́дствами труда́
steuerliche Leistungsfähigkeit спосо́бность юриди́ческих лиц осуществля́ть нало́говые платежи́, спосо́бность физи́ческих лиц осуществля́ть нало́говые платежи́

Leistungsfähigkeitsprinzip *n* при́нцип, исходя́щий из спосо́бности плательщика рассчита́ться по долга́м *(испо́льзуется в тео́рии налогообложе́ния)*

Leistungsfaktor *m* коэффицие́нт мо́щности; фа́ктор производи́тельности труда́

Leistungsfaktoren *m pl* фа́кторы произво́дства
dispositive Leistungsfaktoren организацио́нные фа́кторы произво́дства
ursprüngliche Leistungsfaktoren перви́чные фа́кторы произво́дства *(труд, земля́, капита́л)*

Leistungsfonds *m* фонд материа́льного стимули́рования *(формиру́ется из при́были и испо́льзуется для поощре́ния роста́ производи́тельности труда́, эконо́мии и повыше́ния ка́чества проду́кции)*

Leistungsfrist *f* срок исполне́ния *(напр., догово́ра)*; срок платежа́; срок исполне́ния обяза́тельств

vertragliche Leistungsfrist догово́рный срок исполне́ния

Leistungsgarantie *f* гара́нтии, выдава́емые поставщиками экспортной проду́кции

Leistungsgebot *n* тре́бование погаше́ния задо́лженности по нало́гу

Leistungsgegenstand *m* объе́кт обяза́тельства, предме́т обяза́тельства объе́кт исполне́ния догово́рного обяза́тельства

Leistungsgewinn *m* вновь со́зданная сто́имость, доба́вленная сто́имость

Leistungsgrad *m* коэффицие́нт испо́льзования мо́щностей; коэффицие́нт испо́льзования производи́тельности труда́; показа́тель испо́льзования трудовы́х ресу́рсов

Leistungsgradschätzung *f* оце́нка производи́тельности труда́ на осно́ве измере́ния у́ровня его́ интенси́вности

Leistungsgrundlohn *m уст.* пряма́я сде́льная опла́та труда́, основна́я сде́льная за́работная пла́та

Leistungskennziffer *f* произво́дственный показа́тель, показа́тель вы́работки, объёма произво́дства проду́кции и услу́г; (произво́дственный) показа́тель, даю́щий пра́во на получе́ние пре́мии

Leistungsklage *f* иск по исполне́нию обяза́тельства

Leistungskraft *f* производи́тельные си́лы *(напр., о́бщества)*

Leistungslohn *m* сде́льная за́работная пла́та, акко́рдная за́работная пла́та

progressiver Leistungslohn *уст.* сде́льно-прогресси́вная за́работная пла́та

Leistungslöhner *m уст.* сде́льщик

Leistungslohnsystem *n уст.* систе́ма сдельной опла́ты труда́; сде́льщина

Leistungsminderung *f* сниже́ние производи́тельности, паде́ние производи́тельности труда́, сниже́ние эффекти́вности произво́дственного проце́сса

Leistungsnachweis *m* ве́домость вы́пуска проду́кции

Leistungsnachweis сво́дка произведённых сельскохозя́йственных рабо́т

Leistungsniveau *n* у́ровень производи́тельности труда́

Leistungsnorm *f* но́рма вы́работки

leistungsorientiert наце́ленный на коне́чный результа́т

Leistungsort *m* ме́сто исполне́ния обяза́тельства

Leistungsplanung *f* плани́рование произво́дственных показа́телей

Leistungsprämie *f соц.* пре́мия за высо́кие произво́дственные показа́тели

Leistungspreis *m* цена́ произво́дства

Leistungsprinzip *n* при́нцип опла́ты по коли́честву и ка́честву труда́, при́нцип опла́ты по труду́

Leistungsrate *f* показа́тель эффекти́вности произво́дства, коэффицие́нт эффекти́вности произво́дства

Leistungsrechnung *f* учёт о́бщего объёма произведённой проду́кции и предоста́вленных услу́г; учёт мо́щности, учёт производи́тельности; учёт проду́кции

Leistungsreserve *f* резе́рв мо́щности

Leistungsschau *f* смотр трудовы́х успе́хов

Leistungsspitze *f* наивы́сшая производи́тельность, максима́льная производи́тельность; пик мо́щности

Leistungsstand *m* у́ровень производи́тельности труда́

leistungsstark производи́тельный

leistungssteigernd влия́ющий на повыше́ние производи́тельности

Leistungssteigerung *f* повыше́ние производи́тельности, повыше́ние результати́вности произво́дства; повыше́ние производи́тельности труда́; увеличе́ние мо́щности

Leistungsstörungen *f, pl* обстоя́тельства, мешающие исполне́нию обяза́тельства

Leistungsstücklohn *m* сде́льная за́работная пла́та, акко́рдная за́работная пла́та

Leistungsstufe *f* надба́вка к основно́й за́работной пла́те *(напр., за высо́кие показа́тели в труде́, вознагражде́ние за дополни́тельный риск и т.п.)*

Leistungstermin *m* срок исполне́ния обяза́тельства

Leistungsverflechtung *f* внутризаводски́е произво́дственные свя́зи

Leistungsvergleich *m* сравне́ние произво́дственных результа́тов, сравне́ние результа́тов произво́дственной де́ятельности

Leistungsvergütung *f* опла́та труда́

Leistungsvermögen *n* работоспосо́бность; трудоспосо́бность; производи́тельность; продукти́вность; мо́щность; провозная спосо́бность, пропускна́я спосо́бность; потенциа́л

Leistungsvertrag *m* догово́р на выполне́ние определённых рабо́т, догово́р на оказа́ние определённых услу́г

Leistungsverweigerung *f* отка́з от исполне́ния обяза́тельства, отка́з от выполне́ния обяза́тельств

Leistungsverweigerungsrecht *n* пра́во отка́за от исполне́ния обяза́тельства

Leistungsverzeichnis *n* пе́речень рабо́т и услу́г, подлежа́щих выполне́нию

Leistungsverzug *m* заде́ржка исполне́ния, просро́чка исполне́ния *(напр., догово́рного обяза́тельства)*; заде́ржка платежа́

Leistungswachstum *n* приро́ст объёма произво́дства

Leistungswettbewerb *m* добросо́вестная конкуре́нция; эффекти́вная *(«справедли́вая»)* конкуре́нция

Leistungszeit *f* вре́мя продуктивной рабо́ты; срок исполне́ния догово́рного обяза́тельства

Leistungszulage *f* надба́вка к основно́й за́работной пла́те *(напр., за высо́кие показа́тели в труде́, вознагражде́ние за дополни́тельный риск и т.п.)*

Leistungszuschlag *m* надба́вка к основно́й за́работной пла́те *(напр., за высо́кие показа́тели в труде́, вознагражде́ние за дополни́тельный риск и т.п.)*

Leistungszuwachs *m* приро́ст объёма произво́дства

Leisturgstarif *m* тари́ф на *(платные)* услу́ги

Leitbetrieb *m* головно́е предприя́тие, веду́щее предприя́тие

Leiter *m* руководи́тель; управля́ющий; заве́дующий

Leiter mit Einzelverantwortung руководи́тель с персональной отве́тственностью

entscheidungsberechtigter Leiter руководи́тель, облада́ющий пра́вом приня́тия реше́ния

kaufmännischer Leiter комме́рческий дире́ктор

Leiterpersönlichkeit *f* руководи́тель; ли́чность руководи́теля

Leiterspanne *f* круг обя́занностей руководи́теля; число́ подчинённых *у како́го-л.* руководи́теля

Leitfiliale *f* головно́й филиа́л, головно́е отделе́ние *(напр., ба́нка)*

Leitfirma *f* головна́я фи́рма, веду́щая фи́рма

Leitkarte *f* гла́вная перфока́рта, веду́щая перфока́рта; *канц.* ка́рточка-раздели́тель

Leitkurs *m* веду́щий валю́тный курс

Leitung *f* руково́дство; управле́ние; дире́кция; заве́дование; руководя́щий орга́н; управле́ние

Leitung прово́дка; ли́ния *(телефо́н-*

ной свя́зи)
Leitung der Postsendungen пересы́лка и доста́вка по́чты
kaufmännische Leitung аппара́т управле́ния материа́льно-техни́ческим снабже́нием и сбы́том *(произво́дства)*
ökonomische Leitung аппара́т экономи́ческого управле́ния *(произво́дством)*
technische Leitung аппара́т техни́ческого управле́ния *(произво́дством)*
zentrale Leitung центра́льный аппара́т управле́ния *(произво́дством)*
Leitungs- und Lenkungskosten *pl* администрати́вно-управленческие расхо́ды
Leitungs- und Organisationsablauf *m* поря́док управле́ния и организа́ции
Leitungs- und Verwaltungspersonal *n* администрати́вно-управле́нческий персона́л
Leitungsaufbau *m* организационная структу́ра управле́ния
Leitungsaufgabe *f* зада́ча управле́ния
Leitungsaufwand *m* затра́ты на управле́ние, управленческие расхо́ды; трудоёмкость управленческого труда́
Leitungsbereich *m* сфе́ра управле́ния, о́бласть управле́ния
Leitungsebene *f* у́ровень управле́ния, ступе́нь управле́ния
Leitungsfunktion *f* фу́нкция управле́ния, управленческая фу́нкция
Leitungsinstrument *n* инструме́нт управле́ния
Leitungskader *m pl* руководя́щие ка́дры, руководя́щий соста́в
Leitungskosten *pl* управленческие изде́ржки, управленческие расхо́ды
Leitungskräfte *pl* руководя́щие ка́дры, руководя́щий соста́в
Leitungsmethode *f* ме́тод управле́ния, ме́тод руково́дства; мето́дика управле́ния
Leitungsmethodik *f* фо́рмы и ме́тоды управле́ния, фо́рмы и ме́тоды руково́дства
Leitungsmodell *n* моде́ль управле́ния
Leitungsorgan *n* орга́н управле́ния; руководя́щий орга́н
Leitungsorganisation *f* организа́ция управле́ния
Leitungspersonal *n* управле́нческий персона́л
Leitungsprinzip *n* при́нцип управле́ния
Leitungsprozess *m* управле́нческий проце́сс, проце́сс управле́ния
Leitungspyramide *f* пирами́да управле́ния, иерархическое построе́ние систе́мы управле́ния
Leitungsstil *m* стиль руково́дства
Leitungsstruktur *f (организационная)* структу́ра управле́ния
abteilungslose Leitungsstruktur бесцехова́я структу́ра управле́ния
Leitungsstufe *f* ступе́нь управле́ния, у́ровень управле́ния
Leitungssystem *n* систе́ма управле́ния, систе́ма руково́дства
Leitungstechnologie *f* техноло́гия управле́ния
Leitungstransport *m* трубопроводный транспо́рт
Leitungsvorschrift *f* предписа́ние отправи́телем пути́ сле́дования гру́зов
Leitungswasserschadenversicherung *f* страхова́ние на слу́чай нанесе́ния уще́рба неисправной водопрово́дной систе́мой, страхова́ние на слу́чай нанесе́ния уще́рба неисправной отопи́тельной систе́мой
Leitungswasserversicherung *f* страхова́ние на слу́чай нанесе́ния уще́рба неисправной водопрово́дной систе́мой, страхова́ние на слу́чай нанесе́ния уще́рба неисправной отопи́тельной систе́мой
Leitungsweg *m трансп.* путь сле́дования *(предусмо́тренный в сопроводительном докуме́нте)*, предпи́санный путь сле́дования,
Leitungswissenschaft *f* нау́ка управле́ния
Leitwährung *f* веду́щая валю́та, ключева́я валю́та, основна́я валю́та
Leitzinsen *m pl* ба́зисная ста́вка ссудного проце́нта *(мо́жет устана́вливаться Центра́льным ба́нком)*
Lend-Lease *n англ.* ленд-лиз
lenkbar управля́емый; регули́руемый
lenken *vt* управля́ть; руководи́ть; регули́ровать; распределя́ть *(напр., рабо́чую си́лу, капиталовложе́ния)*
Lenkung *f* управле́ние; руково́дство; регули́рование; распределе́ние *(напр., рабо́чей силы́, капиталовложе́ний)*
indirekte Lenkung ко́свенное регули́рование
pretiale Lenkung госуда́рственное регули́рование с по́мощью механи́зма цен
staatliche Lenkung госуда́рственное регули́рование
Lenkungsapparat *m* управле́нческий аппара́т, администрати́вно-управле́нческий аппара́т
Lenkungskosten *pl* управленческие расхо́ды
less essential goods *англ.* това́ры не пе́рвой необходи́мости
letter *англ.* письмо́
letter of authority *англ.* пи́сьменное полномо́чие
letter of credit *англ.* аккредити́в; аккредити́вное письмо́
letter of indemnity *англ.* гаранти́йное письмо́, ре́верс
letter of indemnity *англ.* ре́верс, пи́сьменное обяза́тельство
letter of intent *англ.* пи́сьменное заявле́ние о целя́х *(«о наме́рениях»)*
letter of intent письмо́-обяза́тельство Междунаро́дному валю́тному фонду *(выдаётся страно́й-заёмщиком, сообщающей о намечаемых фо́рмах испо́льзования ссу́ды)*
lettera di vettura *ит.* накладна́я
lettre de change *фр.* ве́ксель
Letztverbraucher *m* коне́чный потреби́тель
Letztverteiler *m* ро́зничный торго́вец
Leuchtfeuergebühr *f мор.* мая́чный сбор
Leuchtgeld *n мор.* мая́чный сбор
Leuchtturmgebühr *f мор.* мая́чный сбор
Leuchtwerbung *f* светова́я рекла́ма
Leumund *m* репута́ция, сла́ва
Levantehandel *m ист.* торго́вля со стра́нами Лева́нта, торго́вля с Лева́нтом
Leverage *n* левередж *(ча́ще всего́ статисти́ческий показа́тель, характеризу́ющий соотноше́ние ме́жду заёмными сре́дствами и со́бственным капита́лом фи́рмы)*
Leverage-factor *n* левередж-фа́ктор *(отноше́ние привлечённого капита́ла к со́бственному)*
lfd поря́дковый
lfd.; laufend теку́щий; поря́дковый
lfd.Nr.; laufende Nummer *канц.* поря́дковый но́мер
Lfg, Lieferung *f* поста́вка; вы́пуск *(кни́ги, брошю́ры)*
LFKO, Kanzleiordnung für die Landesfinanzämter пра́вила делопроизво́дства для ме́стных налогово-фина́нсовых о́рганов земе́ль ФРГ
lfm, laufendes Meter пого́нный метр
LG:
LG, Landgericht земе́льный суд *(Герма́ния)*
lg, tn long ton дли́нная то́нна, англи́йская то́нна *(= 1016 кг)*
L./H., letter of hypothecation свиде́тельство о получе́нии ссу́ды в ба́нке под зало́г недви́жимости
Ll, Liechtenstein Ли́хтенштейн
Li-Anleihe *f ист.* заём ликвидных средств
Li-Li-Schiff *n* су́дно ти́па «лифт-онлифт-оф», (конте́йнерное) су́дно с вертика́льной погру́зкой и вы́грузкой, контейнерово́з ячеистой констру́кции

Liaison *f фр.* связь, контáкт
eine Liaison mit (jmdm.) eingehen войтú с *(кем-л.)* в контáкт
liberalisieren *vt* либерализовать
Liberalisierung *f* либерализáция
Liberalisierungsgrad *m* стéпень либерáл лизации
Liberalisierungsliste *f* спúсок либерализованных товáров
Liberalismus *m* либералúзм
Liberalitätsentschädigung *f* возмещéние ущéрба из любéзности *(при отсýтствии у страховáтеля оснований для предъявлéния претéнзии)*
Libor *f* либор *(стáвка по межбанковским краткосрочным депозúтам, устанавливающаяся на оснóве операций Лóндонского дéнежного рынка)*
Libor, London Interbank Offered Rate лóндонская межбанковская стáвка *(бáзис для кредитования, курс предложéния кредúта)*
Libra *f* либра *(испáнский, португáльский, латиноамерикáнский фунт = 460 г)*
Lichtreklame *f* световáя реклáма
Lichtwerbung *f* световáя реклáма
Liebhaberpreis *m* ценá предложéния любúтеля
Liebhaberwert *m* ценá предложéния любúтеля
Liefer- und Abnahmebedingungen *f, pl* услóвия сдáчи и приёмки
Liefer- und Leistungsvertrag *m* договóр на постáвку товáров и предоставлéние услýг
Liefer- und Montagevertrag *m* договóр о постáвке и монтажé оборýдования
Lieferabkommen *n* соглашéние о постáвках
Lieferangebot *n* предложéние о постáвках товáров; ассортимéнт товáров, предлагáемых к постáвке
Lieferant *m* поставщúк; подрядчик
Lieferantenkartei *f* картотéка поставщикóв
Lieferantenkredit *m* кредúт, предоставляемый поставщикóм
Lieferantenleergut *n* порóжняя тáра поставщикóв
Lieferantenschulden *f pl* задóлженность поставщикам *(бухгáлтерский учёт)*
Lieferantenwahl *f* выбор *(предприятий)* поставщикóв
Lieferaufschub *m* отсрóчка постáвки
Lieferauftrag *m* закáз на постáвку; нарáд на постáвку
Lieferausfall *m* невыполнéние постáвки
lieferbar подлежáщий постáвке, поставляемый
Lieferbarkeitsbeschelnigung *f* свидéтельство о допущéнии цéнных бумáг к обращéнию на бúрже
Lieferbasis *f* бáзис постáвки, бáзисные услóвия постáвки
Lieferbedingung *f* услóвие постáвки
Lieferbedingungen *f, pl* услóвия постáвки
Lieferbetrieb *m* завóд-поставщúк; предприятие-поставщúк
Lieferdatum *n* дáта постáвки, день постáвки
Lieferdauer *f* срок постáвки
Lieferer *m* поставщúк
Liefererkonto *n* счёт поставщикóв
lieferfähig спосóбный осуществúть постáвку, спосóбный поставлять
Lieferfirma *f* фúрма-поставщúк
Lieferfrist *f* срок постáвки *(в договóре кýпли-продáжи - врéмя мéжду заключéнием контрáкта и постáвкой; в железнодорóжных перевозках - врéмя мéжду передáчей грýза отправúтелем и подтверждéнием принятия получáтелем)*
Lieferfrist einhalten соблюдáть срок постáвки
Lieferfrist festlegen устанáвливать срок постáвки
Lieferfrist festsetzen устанáвливать срок постáвки
Lieferfrist überschreiten просрóчить постáвку
Lieferfristüberschreitung *f* просрóчка постáвки
Liefergarantie *f* гарáнтия постáвки
Liefergrafik *f* грáфик постáвок
Lieferhäufigkeit *f* частотá постáвок
Lieferhöhe *f* объём постáвки; поставленное колúчество
Lieferkatalog *m* каталóг поставляемых товáров
Lieferkette *f* сбытовáя цепь; цепь сбыта
Lieferkosten *pl* стóимость постáвки; расхóды на постáвку
Lieferkredit *m* коммéрческий кредúт
Lieferkürzung *f* сокращéние постáвок
Lieferland *n* вывозящая странá, экспортирующая странá, странá-экспортёр, странá-поставщúк
Liefermenge *f* объём постáвки; поставленное колúчество; пáртия поставленного товáра
Liefermöglichkeit *f* возмóжность постáвки
Liefermöglichkeit vorbehalten возмóжность постáвки сохраняется *(оговóрка, ограничивающая, но не отменяющая обязáтельств по постáвке)*
liefern *vt* поставлять; доставлять; сдавáть, отпускáть *(напр., товáр)*; выпускáть *(продýкцию)*
Wertpapiere liefern предлагáть цéнные бумáги
Lieferort *m* мéсто постáвки
Lieferparität *f* бáзис постáвки, бáзисные услóвия постáвки
Lieferpartie *f* постáвленная пáртия *(товáра)*, пáртия поставленного товáра
Lieferpflicht *f* обязáтельство по постáвкам
staatliche Lieferpflicht обязáтельство по госудáрственным постáвкам
Lieferplan *m* план постáвок; грáфик постáвок
Lieferrhythmus *m* ритмúчность постáвок
Lieferrisiko *n* риск невыполнения услóвий постáвки, риск невыполнения услóвий постáвок
Lieferrückstand *m* отставáние в постáвке, задéржка в постáвке
Lieferschein *m* накладнáя, делúвери-óрдер *(указáние продавцá об отпрáвке с егó склáда упомянутого или инóго товáра)*
Lieferschwierigkeit *f* затруднéние в постáвках
Liefersortiment *n* ассортимéнт поставляемых товáров
Liefersperre *f* запрéт на постáвки; эмбáрго
Lieferstopp *m* запрéт на постáвки; эмбáрго
Liefertag *m* день постáвки, дáта постáвки
Liefertermin *m* срок постáвки; срок достáвки
den Liefertermin einhalten соблюдáть срок постáвки
Liefertreue *f* соблюдéние срóков и объёмов постáвок, соблюдéние срóков постáвки
Lieferumfang *m* объём постáвки, объём постáвок
Lieferung *f* постáвка; достáвка; поставляемый товáр, доставляемый товáр; пáртия поставляемого товáра
Lieferung выпуск, выработка *(продýкции)*
Lieferung als Schüttgut постáвка россыпью, постáвка навáлом
Lieferung auf Abruf постáвка по отзыву
Lieferung auf Zeit достáвка в срок
Lieferung экспортная постáвка на валюту
Lieferung direkt an Schiff оверсайд-делúвери *(сдáча грýза с одногó сýдна на другóе)*
Lieferung en gros оптóвая постáвка, постáвка óптом
Lieferung frei ab Schiff оверсайд-де-

ли́вери *(сда́ча гру́за с одного́ су́дна на друго́е)*
Lieferung frei Haus доста́вка на дом, с доста́вкой на дом *(без допла́ты)*
Lieferung im Direktverkehr доста́вка транзитом
Lieferung im Rahmen des Leih- und Pachtgesetzes *ист.* поста́вка по ленд-лизу
Lieferung in Montageeinheiten поста́вка в разо́бранном ви́де
Lieferung in zusammengebautem Zustand поста́вка в со́бранном ви́де
Lieferung mit Remissionsrecht усло́вная поку́пка с пра́вом возвра́та ку́пленной ве́щи *(обы́чно в книготорговле)*
Lieferung ohne Vorlage von Rechnungsdokumenten неотфактурованная поста́вка
Lieferung von Waren auf Ziel о́тпуск това́ров в креди́т
beschleunigte Lieferung ускоренная поста́вка
komplette Lieferung комплектная поста́вка
lose Lieferung поста́вка нава́лом
prompte Lieferung неме́дленная поста́вка, сро́чная поста́вка
prompte Lieferung неме́дленная поста́вка, сро́чная поста́вка
sortimentsgerechte Lieferung поста́вка, отвеча́ющая обусловленному ассортиме́нту, поста́вка, соотве́тствующая обусловленному ассортиме́нту, поста́вка в соотве́тствии с ассортиме́нтом
termingerechte Lieferung своевре́менная поста́вка, поста́вка в срок
umgehende Lieferung сро́чная поста́вка
umgehende Lieferung неме́дленная поста́вка, сро́чная поста́вка
unvollständige Lieferung недопоста́вка, непо́лная поста́вка
verzögerte Lieferung просро́ченная поста́вка
Lieferungen ins Ausland führen wir ausschliesslich gegen Vorauskasse oder Visa oder Mastercard\Eurocard durch поста́вки за рубе́ж мы осуществляем исключи́тельно про́тив ава́нсового платежа́ и́ли при опла́те карточками **Visa** *и́ли* **Mastercard\Eurocard**
Lieferungsabkommen *n* соглаше́ние о поставках
Lieferungsgenehmigung *f* разреше́ние на поста́вку *(выдаётся для экспорта определённых това́ров)*
Lieferungsgeschäft *n* соглаше́ние на поста́вку, сде́лка на поста́вку, догово́р на поста́вку *(соде́ржит сведе́ния о коли́честве зака́занного това́ра, усло́виях реализа́ции и устано́вленных сро́ках поста́вки)*
Lieferungskauf *m* поку́пка с после́дующей поставкой *(на осно́ве сро́чной сде́лки)*
Lieferungsklausel *f* усло́вия поста́вки *(по Инкотермс)*
Lieferungsmenge *f* коли́чество поставляемого това́ра
Lieferungsort *m* ме́сто поста́вки
Lieferungssperre *f* заде́ржка вы́дачи *(на обусло́вленный срок)* це́нных бума́г; запре́т на вы́дачу
Lieferungsvertrag *m* догово́р поста́вки
Lieferungsverzögerung *f* заде́ржка поста́вки; просро́чка должнико́м исполне́ния обяза́тельства, просро́чка исполне́ния обяза́тельств *(влеку́щая за собо́й обы́чно материа́льные са́нкции)*
Lieferungsverzug *m* заде́ржка поста́вки; просро́чка должнико́м исполне́ния обяза́тельства, просро́чка исполне́ния обяза́тельств *(влеку́щая за собо́й обы́чно материа́льные са́нкции)*
Lieferungszeit *f* вре́мя поста́вки, срок поста́вки
Lieferverpflichtung *f* обяза́тельство по поста́вке
Liefervertrag *m* догово́р поста́вки, догово́р о поста́вке, догово́р на поста́вку
Lieferverzug *m* заде́ржка поста́вки
Lieferwerk *n* заво́д-поставщи́к
Lieferwert *m* сто́имость транспортируемого гру́за, сто́имость отправляемого гру́за; це́нность отправляемого гру́за *(указывается отправи́телем в железнодоро́жной накладно́й и слу́жит осно́вой для определе́ния материа́льной отве́тственности)*
Lieferzeit *f* срок поста́вки
Lieferzeitraum *m* срок поста́вки
Lieferzettel *m* накладна́я
Lieferzyklus *m* интерва́л вре́мени ме́жду двумя́ поставками
Liegegebühren *f pl* демередж *(штраф за просто́й су́дна)*
Liegegeld *n* демередж *(штраф за просто́й су́дна)*
liegen bleiben *vi* не находи́ть сбы́та *(о това́рах)*, затовариваться
Liegenschaft *f* недви́жимое иму́щество, недви́жимость
Liegenschaftsdienst *m* када́стровая слу́жба
Liegeplatz *m* ме́сто стоя́нки су́дна
Liegetage *m pl* стоя́ночное вре́мя, стали́йное вре́мя *(необходи́мое для за- и разгру́зки су́дна*, лейдейс; вре́мя хране́ния на предприя́тии материа́ла *(подлежащего произво́дственной обрабо́тке)*
Liegezeit *f* стоя́ночное вре́мя, стали́йное вре́мя *(необходи́мое для за- и разгру́зки су́дна*, лейдейс; вре́мя хране́ния на предприя́тии материа́ла *(подлежащего произво́дственной обрабо́тке)*
Lieu *фр.* вы́чет из фра́хта за невзвешивание гру́за
LIFE, London International Futures Exchange Ло́ндонская би́ржа сро́чных сде́лок
Liga der Arabischen Staaten Ли́га ара́бских госуда́рств
lighterage *англ.* погру́зка и разгру́зка с примене́нием ли́хтеров
lighthouse-charges *англ.* маяковые сбо́ры *(на содержа́ние маяков)*
Likelihood-Methode *f* ме́тод правдоподо́бия
LIM-Konferenz Европе́йская конфе́ренция по согласованию расписа́ния движе́ния това́рных поездо́в *(на междунаро́дных линиях)*
Limit *n* преде́л, грани́ца, лими́т; лими́тированная цена́
Limit ограниче́ние коли́чества и сро́ка *(напр., поста́вок)*
Limit лими́т; предлага́емый фрахт, устра́ивающий покупа́теля
Limitation *f* ограниче́ние
limited partnership *англ.* командит́ное това́рищество
limitieren *vt* ограни́чивать, лимитировать
limitiert лимитированный; дефици́тный
Limitierung *f* ограниче́ние, лимитирование
Limitkarte *f* лими́тная ка́рта, лимитно-забо́рная ка́рта
Limitpreis *m* лими́рованная цена́, преде́льная цена́
Limitum *n* преде́л, грани́ца, лими́т; лими́тированная цена́
Linoarprogrammierung *f* лине́йное программи́рование
liner *англ.* лине́йное су́дно *(соверша́ющее ре́йсы по определённому направле́нию)*
liner terms *англ.* усло́вия отгру́зки в линейном движе́нии
Linie *f* ли́ния (напр. поведе́ния)
Linie ли́ния, тра́сса, путь; маршру́т
technologische Linie технологи́ческая ли́ния)
in erster Linie в пе́рвую о́чередь
in letzter Linie в после́днюю о́чередь
Liniendiagramm *n* лине́йная диагра́мма
Liniendienst *m мор.* лине́йная слу́жба
Linienmakler *m* ма́клер по фрахтова́нию судо́в *(в лине́йном судохо́дстве)*

Linienorganisation *f* линéйная организáция управлéния, линéйная систéма организáции управлéния ***(производством)***

Linienschifffahrt *f* линéйное судоходство ***(организуемое по определённым направлéниям)***

Liniensystem *n* линéйная систéма организáции управлéния ***(произвóдством)***

liquid ликви́дный

Liquidation *f* ликвидáция; ***бирж.*** исполнéние по срóчной сдéлке

Liquidation расчёт, счёт, выяснéние взаи́мных претéнзий

gerichtliche Liquidation ликвидáция по решéнию судá ***(распределéние кóнкурсной мáссы мéжду кредитóрами и собственниками)***

Liquidationsanteilschein *m* ликвидациóнная áкция

Liquidationsbestand *m* ликвидациóнный остáток

Liquidationsbilanz *f* ликвидациóнный балáнс

Liquidationserlös *m* вы́ручка от ликвидáции, ликвидациóнная вы́ручка,; вы́плата при роспуске

Liquidationseröffnungsbilanz *f* первоначáльный ликвидациóнный балáнс

Liquidationsgewinn *m* при́быль от ликвидáции, ликвидациóнная при́быль

Liquidationshaus *n* расчётная палáта, кли́ринговая палáта

Liquidationskasse *f* (акционéрные) óбщества, занимáющиеся ликвидацией имýщества распущенных торгóвых компáний

Liquidationskasse расчётная палáта, кли́ринговая палáта

Liquidationskurs *m* ликвидациóнный курс ***(курс цéнных бумáг)***, курс áкций ликвидируемых компáний

Liquidationspreis *m* ликвидациóнная ценá

Liquidationsschlussbilanz *f* заключи́тельный ликвидациóнный балáнс

Liquidationssystem *n* расчётная систéма погашéния чéков

Liquidationsverein *m* объединéние бáнков, занимáющееся ликвидацией имýщества распущенных компáний

Liquidationsvergleich *m* ликвидáция задóлженности путём продáжи имýщества должникá

Liquidationsverkauf *m* ликвидациóнная продáжа, ликвидациóнная распродáжа

Liquidationswert *m* ликвидациóнная сýмма; ликвидациóнная стóимость

liquidieren *vt* ликвиди́ровать, распускáть; устранять

Liquidierung *f* ликвидáция; ***бирж.*** исполнéние по срóчной сдéлке

Liquidität *f* ликви́дность, спосóбность ***(финáнсовых акти́вов)*** превращáться в нали́чные дéньги; платёжеспосóбность

gerichtliche Liquidität абсолю́тная ликви́дность ***(нали́чность, текýщие вклáды в госудáрственных креди́тных учреждéниях и др.)***

bilanzmäßige Liquidität ликви́дность балáнса

einzelwirtschaftliche Liquidität микроэкономическая ликви́дность, ликви́дность отдéльных креди́тных институтов

gesamtwirtschaftliche Liquidität ликви́дность креди́тной систéмы, макроэкономическая ликви́дность

internationale Liquidität международная ликви́дность ***(спосóбность в любóе врéмя оплати́ть свои́ обязáтельства в инострáнной валю́те)***

Liquiditätsanleihe *f* ***ист.*** заём ликвидных средств

Liquiditätsbasis *f* ликви́дный бáзис ***(расчётный показáтель, даю́щий представлéние о ликви́дности креди́тной систéмы)***

Liquiditätsbeengung *f* уменьшéние ликви́дности

Liquiditätsdarlehen *n* ***(краткосрóчный)*** креди́т, предоставляемый для пополнéния ликвидных средств, креди́т для восполнéния ликвидных средств

Liquiditätseffekt *m* эффéкт ликви́дности ***(покáзывает влия́ние изменéний дéнежной мáссы и спрóса на дéньги на ýровень ссудного процéнта)***

Liquiditätserhaltung *f* обеспéчение ликви́дности, сохранéние ликви́дности

Liquiditätsfalle *f* ликвидная «ловýшка» ***(тéрмин, введённый Дж. Кейнсом и характеризýющий нечувстви́тельность спрóса на дéньги к изменéниям ссудного процéнта при ни́зких процéнтных ставках)***

Liquiditätsgrad *m* коэффициéнт ликви́дности, стéпень ликви́дности

Liquiditätsgrundsätze *m pl* при́нципы содержáния ликви́дности

Liquiditätshilfe *f* ***(краткосрóчный)*** креди́т, предоставляемый для пополнéния ликвидных средств, креди́т для восполнéния ликвидных средств

Liquiditätskoeffizient *m* коэффициéнт ликви́дности

Liquiditätskosten *pl* издéржки по поддержáнию ликви́дности ***(утрáченные вы́годы или расхóды, предпри́нятые с цéлью сохрани́ть определённую стéпень ликви́дности)***

Liquiditätskredit *m* ***(краткосрóчный)*** креди́т, предоставляемый для пополнéния ликвидных средств, креди́т для восполнéния ликвидных средств

Liquiditätsmittel *n pl* ликви́дные срéдства ***(финáнсовые акти́вы, котóрые лéгче всегó мóгут быть обращенными в дéньги)***

Liquiditätsneigung *f* предпочтéние нали́чных дéнег ***(вклáдам)***

Liquiditätspapiere *n pl* ликви́дные цéнные бумáги ***(напр., казначéйские обязáтельства и векселя́)***

Liquiditätspolitik *f* поли́тика обеспечéния ликви́дности, мероприя́тия по обеспéчению ликви́дности

Liquiditätspräferenz *f* предпочтéние нали́чных дéнег ***(вклáдам)***

Liquiditätsquote *f* квóта ликви́дности ***(удéльный вес свобóдных ликвидных резéрвов коммéрческих бáнков в óбщей сýмме их акти́вов)***

Liquiditätsreserve *f* заёмные срéдства, обеспечивающие ликви́дность компáнии; заёмные срéдства, обеспечивающие ликви́дность фи́рмы; заёмные срéдства, обеспечивающие ликви́дность предприя́тия

Liquiditätsreserve *f* ликви́дные резéрвы ***(имéющиеся у бáнка нали́чные дéньги или бли́зкие к деньгáм акти́вы)***

freie Liquiditätsreserve свобóдные ликви́дные резéрвы; краткосрóчные ликви́дные трéбования креди́тных институтов

Liquiditätssaldo *m* ликвидное сáльдо бáнковской систéмы ***(минимáльные резéрвы и свобóдные ликви́дные резéрвы бáнков)***

Liquiditätsschwierigkeiten *f pl* нехвáтка ликвидных средств, недостáток ликвидных средств

Liquiditätsspielraum *m* объём легкó мобилизуемых ликвидных средств; ликви́дные возмóжности

Liquiditätsstand *m* состоя́ние ликви́дности

Liquiditätsstütze *f* ***(краткосрóчный)*** креди́т, предоставляемый для пополнéния ликвидных средств, креди́т для восполнéния ликвидных средств

liquids ***англ.*** жи́дкий груз ***(указывается на грýзе или в отгрузочных докумéнтах)***

Liquis, Liquidationsanteilscheine ликвидациóнные áкции

Liste *f* спи́сок; вéдомость; реéстр; óпись; свóдка; табли́ца обрабóтки информáции

Liste протокóл, распечáтка ***(прогрáмма)***

Liste anlegen составля́ть спи́сок

Liste aufstellen составля́ть спи́сок

Liste der Großhandelspreise прейскура́нт оптовых цен

Listenpreis *m* прейскурантная цена́, цена́ по прейскура́нту, спра́вочная цена́

Liveauktion *f* аукцио́н в реа́льном вре́мени; «живо́й» аукцио́н

Livestock Clause *англ.* страхова́я огово́рка о живо́м скоте

Liz., Lizenz лице́нзия

Lizenz *f* лице́нзия, разреше́ние *(полу́ченное в результа́те догово́ра)*
  Lizenz erteilen выдава́ть лице́нзию
  Lizenz vergeben выдава́ть лице́нзию
  ausschließliche Lizenz исключи́тельная лице́нзия
  einfache Lizenz простая лице́нзия, неисключительная лице́нзия
  in Lizenz по лице́нзии
  volle Lizenz по́лная лице́нзия

Lizenzabgabe *f* лицензионный сбор

Lizenzabkommen *n* лицензио́нное соглаше́ние

Lizenzantrag *m* зая́вка на лице́нзию

Lizenzausgaben *f, pl* лицензионные расхо́ды, расхо́ды, свя́занные с приобретением лице́нзий

Lizenzaustausch *m* обме́н лицензиями

Lizenzbroker *m* лицензионный бро́кер

Lizenzeinnahmen *f, pl* лицензионные дохо́ды, поступле́ния от прода́жи лице́нзий, поступле́ния от реализа́ции лице́нзий

Lizenzentzug *m* аннули́рование лице́нзии

Lizenzerteilung *f* вы́дача лице́нзии, вы́дача лице́нзий

Lizenzfertigung *f* лицензио́нное произво́дство, произво́дство по лице́нзии

lizenzfrei безлицензио́нный, не тре́бующий лице́нзии

Lizenzgeber *m* лицензиа́р *(организа́ция, уполномоченная выдава́ть лице́нзии)*

Lizenzgebühr *f* лицензионный сбор; лицензио́нное вознагражде́ние

Lizenzgegenstand *m* объе́кт лице́нзии, предме́т лице́нзии

Lizenzgeschäft *n* лицензионная сде́лка, лицензионная опера́ция

Lizenzgewinn *m* при́быль от реализа́ции лице́нзий

Lizenzhandel *m* торго́вля лицензиями

lizenzieren *vt* выдава́ть лице́нзию

Lizenzierung *f* вы́дача лице́нзии, вы́дача лице́нзий

Lizenzinhaber *m* держа́тель лице́нзии

Lizenzmonopol *n* монопо́лия на лице́нзию

Lizenznahme *f* получе́ние лице́нзии; поку́пка лице́нзии

Lizenznehmer *m* лицензиа́т, получа́тель лице́нзии, облада́тель лице́нзии

Lizenzoperation *f* лицензионная сде́лка, лицензионная опера́ция

Lizenzpolitik *f* лицензионная поли́тика

Lizenzproduktion *f* лицензио́нное произво́дство, произво́дство по лице́нзии

Lizenzsystem *n* лицензионная систе́ма

Lizenzvereinbarung *f* лицензио́нное соглаше́ние

Lizenzvergabe *f* вы́дача лице́нзии, вы́дача лице́нзий

Lizenzverkauf *m* прода́жа лице́нзии

Lizenzvertrag *m* догово́р о лице́нзии, лицензионный догово́р *(напр., об испо́льзовании а́вторского права́, това́рного зна́ка, пате́нта, «ноу-хау»)*

Lizitant *m* покупа́тель на аукцио́не
  Lizitant предлага́ющий це́ну *(на аукцио́не)*

Lizitation *f* аукцио́н, торги́, публи́чные торги́, това́рный аукцио́н *(как с повышающейся, так и с понижающейся ценой)*

lizitieren *vt* продава́ть с аукцио́на, продава́ть с публи́чных торго́в

l.J., laufenden Jahres теку́щего го́да

LK:
  LK, Landwirtschaftskammer Сельскохозя́йственная пала́та
  LK, Sri Lanka Шри Ланка, *до 1978г. код* **SL**

LKEM, Lohngruppenkatalog Eisen und Metall тарифно-квалификацио́нный спра́вочник металлистов

LKR, Sri-Lanka-Rupie, -- Sri Lanka Шри-Ланкийская ру́пия (*код валю́ты* 144), -- Шри-Ланка

LKW, Lastkraftwagen грузово́й автомоби́ль
  LKW-Fährverkehr *m* автомоби́льно-паромные перево́зки
  LKW-Transport *m* автомоби́льные грузовы́е перево́зки, перево́зки на грузовы́х автомоби́лях
  LKW-Verkehr *m* перево́зки на грузовы́х автомоби́лях

Lloyd's *англ.* Ллойдс *(междунаро́дный страхово́й ры́нок; страхово́е объедине́ние; реги́стр Лло́йда; мирово́й центр информа́ции о мореплавании; систе́ма страховы́х бро́керов и андеррайтеров, свя́занных с корпора́цией Лло́йда)*

l.M., laufenden Monats теку́щего ме́сяца

LMG, Lebensmittelgesetz зако́н об отве́тственности за прода́жу населе́нию недоброка́чественных продово́льственных това́ров и предме́тов пе́рвой необходи́мости

LN, Landwirtschaftliche Nutzfläche поле́зная сельскохозя́йственная пло́щадь

Lobbyismus *m* лобби́зм

L/C; letter of credit (eng.) аккредити́в

Locher *m* перфора́тор; дыроко́л

Lochkarte *f* перфока́рта, перфори́рованная ка́рта

Lochkartenbuchführung *f бухг.* перфокарточная фо́рма учёта

Lochkartenmaschinenstation *f* машиносчётная ста́нция, счётно-перфорацио́нная ста́нция

Lochkartensteuerung *f* (програ́ммное) управле́ние с по́мощью перфока́рт

Lochkartensystem *n стат., бухг.* систе́ма учёта с по́мощью перфока́рт

Lochkartenverfahren *n стат., бухг.* ме́тод автоматизи́рованного учёта с по́мощью перфока́рт

Lochstreifen *m* перфоле́нта, перфори́рованная ле́нта

Lochstreifenlesegerät *n* устро́йство *(для)* счи́тывания с перфоленты

Lochstreifenleser *m* устро́йство *(для)* счи́тывания с перфоленты

Lockangebot *n* предложе́ние, име́ющее це́лью привлече́ние покупа́телей

Lockartikel *m pl* това́ры, слу́жащие для привлече́ния покупа́телей

Lockmittel *n* сре́дство привлече́ния покупа́телей

Lockvogelpreis *m* цена́ для привлече́ния покупа́телей

loco локо *(фра́нко-местонахожде́ние това́ра, с указа́нием места́)*
  loco Rostock локо Росто́к

Loco-Sendung *f* това́рная па́ртия, отправля́емая в преде́лах одно́й тра́нспортной зо́ны ча́сто по льготным тарифам *(напр., перевалки в га́мбургской портовой зо́не)*

Loco-Verkauf *m* прода́жи, осуществляемые по ме́сту нахожде́ния продавца́

Locogeschäft *n бирж.* сде́лка ку́пли-прода́жи с неме́дленной поста́вкой това́ра, сде́лка на нали́чный това́р; ка́ссовая сде́лка; сде́лка, заключаемая и реализуемая в ме́сте нахожде́ния продавца́

Locohandel *m* торго́вля нали́чными това́рами

Locosendung *f* това́рная па́ртия, отправля́емая в преде́лах одно́й тра́нспортной зо́ны *(по льготным тарифам)*

Locoverkauf *m* прода́жа(и), осуществляемые по ме́сту нахожде́ния продавца́

Logbuch *n* судово́й журна́л, ва́хтенный журна́л

Logistik *f* логи́стика, плани́рование и обеспе́чение материа́льно-техни́ческого снабже́ния *(включа́ет оптимизацию тра́нспорта, складирования, доста́вки,*

сбытовых операций)
Logistikkosten *pl* расходы на логистику; расходы, связанные с бесперебойным снабжением сырьём и материалами
logistisch логистический; обеспечивающий материально-техническое снабжение
Lohn *m* заработная плата, зарплата; награда, вознаграждение
Lohn beziehen получать заработную плату
Lohn für Gelegenheitsarbeiten плата за случайные работы
Lohn-Gehaltsfonds *m pl* фонд зарплаты *(рабочих и/или служащих)*
Lohn- und Arbeitskräftelimit лимит по труду
Lohn- und Einkommensberechnung für Rentner учёт заработков и доходов пенсионеров
Lohn- und Gehaltsempfänger *m pl* лица наёмного труда, рабочие и служащие
Lohn- und Gehaltsgruppenkatalog *m* тарифно-квалификационный справочник
Lohn- und Preisstopp *m* замораживание заработной платы
Akkordlohn *m* аккордная зарплата; сдельная зарплата
direkter Lohn прямая *(сдельная)* заработная плата
Fertigungslohn *m* заработная плата за *(основную)* производственную работу; расценка
gedrückter Lohn пониженная заработная плата
gleitende Lohn форма оплаты, учитывающая изменения индекса стоимости жизни, индексированная оплата
indirekter Lohn косвенная *(сдельная)* заработная плата
kollektiver Lohn коллективная заработная плата; коллективная сдельная заработная плата
leistungsabhängiger Lohn сдельно-прогрессивная заработная плата
Leistungslohn *m* сдельная зарплата; сдельная оплата
natürlicher Lohn естественная цена труда *(по теории Д. Рикардо)*
produktiver Lohn заработная плата производственных рабочих
realer Lohn реальная заработная плата; реальная зарплата; фактическая зарплата
Reallohn *m* реальная заработная плата
rückständiger Lohn невыплаченная заработная плата
Stundenlohn *m* почасовая оплата
übertariflicher Lohn надтарифная заработная плата, сверхтарифная заработная плата
unproduktiver Lohn заработная плата обслуживающего персонала и вспомогательных рабочих
Zeitlohn *m* повременная оплата труда
Lohn-Preis-Spirale *f* спираль заработной платы и цен *(одна из теорий инфляции)*
Lohnabbau *m* снижение заработной платы
lohnabhängig зависящий от заработной платы
Lohnabkommen *n* соглашение о ставках и расценках
Lohnabrechnung *f* расчёт заработной платы; платёжная ведомость, расчётная ведомость; отчётность по заработной плате
Lohnabrechnungsheft *n* расчётная книжка
Lohnabrechnungskonto *n* счёт заработной платы
Lohnabrechnungsliste *f* платёжная ведомость
Lohnabrechnungssystem *n* система расчёта заработной платы; форма заработной платы
Lohnabschlag *m* аванс *(в счёт заработной платы)*, аванс в счёт заработной платы, аванс по заработной плате
Lohnabschlagszahlung *f* выдача аванса в счёт заработной платы
Lohnabzüge *m, pl* удержания из заработной платы, вычеты из заработной платы; денежные начёты
Lohnabzugskontrolle *f* контроль за уровнем удержаний из заработной платы
Lohnabzugsverfahren *n* удержания из заработной платы
Lohnanteil *m* доля заработной платы
Lohnarbeit *f* наёмный труд; работа на условиях переработки давальческого сырья
freie Lohnarbeit вольнонаёмный труд
fremde Lohnarbeit кооперирование предприятий, основанное на переработке давальческого сырья и материалов
in Lohnarbeit stehen работать в качестве наёмного рабочего
Lohnarbeiter *m* наёмный рабочий
freier Lohnarbeiter вольнонаёмный рабочий
Lohnarbeiterklasse *f* класс наёмных рабочих
Lohnaufbesserung *f* повышение заработной платы
Lohnaufschlag *m* надбавка к заработной плате, доплата к заработной плате, дополнительная оплата; доплата к основному окладу
Lohnauftrag *m* заказ на переработку давальческого сырья
Lohnauftraggeber *m* заказчик, передающий давальческое сырьё на переработку
Lohnauftragnehmer *m* предприятие, принимающее давальческое сырьё на переработку
Lohnaufwand *m* расходы по заработной плате
lohnaufwendig трудоёмкий
Lohnauseinandersetzungen *f, pl* разногласия по вопросам заработной платы
Lohnausfall *m* потери в заработной плате *(напр., в результате простоя в работе)*
ohne Lohnausfall с сохранением содержания; без потерь в зарплате
Lohnausgleich *m* компенсация потерь в заработной плате по временной нетрудоспособности; пособие по временной нетрудоспособности
Lohnausgleichszahlung *f* компенсация потерь в заработной плате по временной нетрудоспособности; пособие по временной нетрудоспособности
Lohnbedingungen *f, pl* условия оплаты труда
Lohnberechnung *f* расчёт заработной платы
Lohnberechnungstabelle *f* таблица расчёта заработной платы
Lohnbeschlagnahme *f* наложение ареста на заработную плату
Lohnbestandteil *m* составная часть заработной платы
übertariflicher Lohnbestandteil доля заработной платы, получаемая сверх тарифа
Lohnbetrieb *m* предприятие, предоставляющее в распоряжение другого рабочую силу
Lohnbeutel *m разг.* конверт с *(отсчитанной)* заработной платой, получка
Lohnbewegung *f* борьба *(трудящихся)* за повышение уровня заработной платы, борьба *(трудящихся)* за сохранение уровня заработной платы; динамика развития заработной платы
Lohnbuch *n* расчётная книжка
Lohnbuchführung *f* расчёт заработной платы
Lohnbüro *n* расчётный стол; расчётная контора; отдел заработной платы *(на предприятии)*; бюро расчётов по заработной плате
Lohndifferenzierung *f* дифференциация заработной платы
Lohndisproportion *f* диспропорции в уровнях заработной платы

Lohndrift *f* отклонéние факти́ческой зарплáты от расчётных стáвок
Lohndruck *m* снижéние зáработной плáты
Lohndrückerei *f* снижéние зáработной плáты
Lohndumping *n* дéмпинг, обусловливаемый ни́зким ýровнем зáработной плáты
Lohndurchschreibebuchführung *f* копиручёт зáработной плáты
Löhne und Gehälter *pl* зáработная плáта рабóчих и слýжащих
Lohneinbehaltung *f* удержáние из зáработной плáты
Lohneinbußen *f, pl* потéри в зáработной плáте
Lohneinkünfte *pl* трудовóй дохóд
Lohneinsparung *f* эконóмия зáработной плáты
Lohneinstufung *f* тарификация зáработной плáты
Lohnempfänger *m* наёмный рабóчий
lohnen вознаграждáть
lohnend вы́годный, стóящий, хорошó оплáчиваемый
Lohnentwicklung *f* изменéние ýровня зáработной плáты, динáмика ýровня зáработной плáты
lohnerhöhend повышáющий зáработную плáту
Lohnerhöhung *f* повышéние зáработной плáты
Lohnfächer *m pl* тари́фы зáработной плáты
die Lohnfächer festlegen состáвить тарифно-квалификациóнный спрáвочник, тарифици́ровать *(рабóты и рабóтников)*
Lohnfonds *m* фонд зáработной плáты
abgerechneter Lohnfonds расчётный фонд зáработной плáты
direkter Lohnfonds фонд прямóй *(сдельной)* зáработной плáты
geplanter Lohnfonds плáновый фонд зáработной плáты
Lohnfondskontrolle *f* контрóль за расхóдованием фóнда зáработной плáты, контрóль за испóльзованием фóнда зáработной плáты
Lohnfondsplanung *f* планирóвание фóнда зáработной плáты
Lohnfondsstruktur *f* структýра фóнда зáработной плáты
Lohnfondsüberziehung *f* перерасхóд фóнда зáработной плáты
Lohnforderung *f* трéбование повышéния зáработной плáты
pfändbare Lohnforderung часть зáработной плáты, мóгущая быть удержанной
Lohnformen *f, pl* фóрмы зáработной плáты
direkte Lohnformen фóрмы прямóй *(сдельной)* зáработной плáты
indirekte Lohnformen фóрмы косвенной *(сдельной)* зáработной плáты
individuelle Lohnformen фóрмы индивидуальной оплáты трудá
kollektive Lohnformen фóрмы коллекти́вной оплáты трудá
kombinierte Lohnformen фóрмы комбини́рованной оплáты трудá
Lohngefüge *n* структýра зáработной плáты
Lohngemeinkosten *pl* расхóды на зáработную плáту, расхóды по зáработной плáте
Lohngesetz *n* закóн о зáработной плáте
eisernes Lohngesetz *n* желéзный закóн зáработной плáты
Lohngestaltung *f* тарификация рабóт и рабóчих
Lohngruppe *f* тари́фный разря́д, разря́д зáработной плáты
durchschnittliche Lohngruppe срéдняя стáвка зáработной плáты для определённой категóрии рабóтников
in eine Lohngruppe einstufen переводи́ть на тарифную стáвку (когó-л., напр. на повы́шенную)
Lohngruppenausgleich *m* надбáвка к зáработной плáте за квалификáцию рабóтника
Lohngruppenausgleich *m* вырáвнивание тарифной стáвки
Lohngruppenkatalog *m* тарифно-квалификациóнный спрáвочник
Lohngruppenmerkmale *n pl* при́знаки принадлéжности к определённому тарифному разря́ду
Lohnheft *n* расчётная кни́жка
Lohnherabsetzung *f* снижéние зáработной плáты
Lohnherr *m уст.* хозя́ин, нанимáтель, работодáтель
Lohnhöhe *f* ýровень зáработной плáты; размéр зáработной плáты
Lohnintensität *f* зарплатоёмкость *(удéльный вес зáработной плáты в óбщих расхóдах на произвóдство издéлия)*, дóля зарплáты в óбщих издержках
lohnintensiv зарплатоёмкий, трéбующий осóбенно большóй дóли затрáт, направляемых на вы́плату зáработной плáты
Lohnjournal *n* платёжная вéдомость
Lohnkampf *m* борьбá за повышéние зáработной плáты
Lohnkarte *f* расчётная кáрта рабóчего, расчётная кáрта слýжащего; расчётный лист
Lohnkoeffizient *m* коэффициéнт зáработной плáты
zonaler Lohnkoeffizient пояснóй коэффициéнт зáработной плáты
Lohnkonto *n* счёт зáработной плáты; персонáльный счёт зáработной плáты; счёт для зачислéния зáработной плáты
Lohnkonto лицевóй счёт налогоплательщика
Lohnkonzeption *f* концéпция зáработной плáты
Lohnkosten *pl* расхóды по зáработной плáте; стóимость рабóчей си́лы; издéржки на ФЗП; издéржки на фонд зáработной плáты; издéржки на зáработную плáту; издéржки на зарплáты; издéржки, свя́занные с вы́платой зарплáты
Lohnkürzung *f* снижéние зáработной плáты
Lohnleitlinie *f* директи́вная ли́ния в óбласти зáработной плáты
Lohnliste *f* платёжная вéдомость
Lohnmaximum *n* мáксимум зáработной плáты
Lohnminderung *f* снижéние зáработной плáты
Lohnminimurn *n* ми́нимум зáработной плáты
staatlich garantiertes Lohnminimurn ми́нимум зáработной плáты, гаранти́руемый государством
Lohnmittelwert *m* срéдний размéр зáработной плáты
Lohnmühle *f* мéльница, рабóтающая на давáльческом зернé
Lohnnebenkosten *pl* кóсвенные издéржки ФЗП; кóсвенные издéржки фóнда зáработной плáты; кóсвенные издéржки, свя́занные с вы́платой зáработной плáты
Lohnniveau *n* ýровень зáработной плáты; ýровень зарплáты
Lohnordnung *f* положéние о зáработной плáте
Lohnperiode *f* платёжный периóд
Lohnpfändung *f* наложéние арéста на зáработную плáту
Lohnplanung *f* планирóвание зáработной плáты
Lohnpolitik *f* поли́тика в óбласти зáработной плáты
leistungsorientierte Lohnpolitik поли́тика в óбласти зáработной плáты, ориенти́рованная на конéчный результáт
Lohnprämie *f* прéмия к зáработной плáте
Lohnpreisschere *f* «нóжницы» мéжду размéром зáработной плáты и цéнами

Lohnquote *f* но́рма за́работной пла́ты; кво́та за́работной пла́ты

Lohnrahmentarif *m* типово́й тари́ф; типово́й ра́мочный тари́ф;
Lohnrahmentarif типово́е тари́фное соглаше́ние; рамочное тари́фное соглаше́ние
Lohnrahmentarifvertrag *m* типово́е тари́фное соглаше́ние; рамочное тари́фное соглаше́ние

Lohnrate *f* но́рма за́работной пла́ты

Lohnraub *m* ограбле́ние рабо́чих предпринима́телями путём сниже́ния за́работной пла́ты

Lohnrechner *m* бухга́лтер-расчётчик

Lohnrechnung *f* расчёт за́работной пла́ты; расчётный счёт за́работной пла́ты
zettelarme Lohnrechnung безнаря́дная фо́рма учёта за́работной пла́ты

Lohnregelung *f* регули́рование за́работной пла́ты

Lohnreglement *n* регламентирование за́работной пла́ты

Lohnregulierung *f* регули́рование за́работной пла́ты

Lohnrückstand *m* отстава́ние роста́ за́работной пла́ты *(напр., от роста́ производи́тельности труда́ и́ли цен)*

Lohnrückstände *m pl* задо́лженность по за́работной пла́те

Lohnrückstufung *f* уменьше́ние за́работной пла́ты

Lohnsammelkonto *n* счёт за́работной пла́ты

Lohnsammelschein *m* сво́дная платёжная ве́домость, сво́дная расчётно-платёжная ве́домость

Lohnsatz *m* тари́фная ста́вка за́работной пла́ты, ста́вка за́работной пла́ты; расце́нка
Lohnsatz je Menge сде́льная расце́нка; расце́нка от вы́работки
überbetrieblich geltender Lohnsatz еди́ная расце́нка на предприя́тии

Lohnschein *m* рабо́чий наря́д
Bruttolohnschein *m* наря́д на сде́льную рабо́ту
Einzellohnschein *m* индивидуа́льный рабо́чий наря́д
Leistungslohnschein *m* наря́д на сде́льную рабо́ту
Lohnscheinbewertung *f* таксиро́вка рабо́чих наря́дов
Sammellohnschein *m* накопительный рабо́чий наря́д

Lohnschiebung *f* ута́йка ча́сти за́работной пла́ты, подлежащей наложе́нию аре́ста

Lohnschutz *m* защи́та за́работной пла́ты от наложе́ния аре́ста сверх разме́ра, устано́вленного зако́ном

Lohnschwierigkeiten *f, pl* затрудне́ния в вы́плате за́работной пла́ты

Lohnsenkung *f* сниже́ние за́работной пла́ты

Lohnskala *f* шкала́ за́работной пла́ты
bewegliche Lohnskala скользя́щая шкала́ за́работной пла́ты

Lohnsklaverei *f* наёмное ра́бство

Lohnsparkasse *f* сберега́тельная ка́сса, в кото́рую перечисляется за́работная пла́та

Lohnsperre *f* замора́живание за́работной пла́ты

Lohnstatistik *f* стати́стика за́работной пла́ты

Lohnsteigerung *f* повыше́ние за́работной пла́ты

Lohnsteuer *f* подохо́дный нало́г; подохо́дный нало́г на за́работную пла́ту; нало́г на трудово́й дохо́д

Lohnsteuer-Durchführungsverordnung *f* инстру́кция о поря́дке удержа́ния нало́га на за́работную пла́ту, инстру́кция о поря́дке взима́ния нало́га на за́работную пла́ту

Lohnsteuer-Jahresausgleich *m* возмеще́ние изли́шне удержанного в тече́ние го́да нало́га на за́работную пла́ту

Lohnsteuerabzug *m* удержа́ние подохо́дного нало́га

Lohnsteueraußenprüfung *f* контро́ль пра́вильности внесе́ния нало́га на за́работную пла́ту, планомерно проводи́мый фина́нсовым о́рганом

Lohnsteuerberechnung *f* вычисле́ние су́ммы нало́га на за́работную пла́ту

Lohnsteuererhöhung *f* повыше́ние нало́га на за́работную пла́ту

Lohnsteuererstattung *f* возмеще́ние изли́шне удержанного в тече́ние го́да нало́га на за́работную пла́ту

lohnsteuerfrei свобо́дный от нало́га на за́работную пла́ту

Lohnsteuerjahrestabelle *f* табли́ца годово́й су́ммы нало́га на за́работную пла́ту

Lohnsteuerkarte *f* ка́рточка исчисле́ния нало́га на за́работную пла́ту

Lohnstopp *m* замора́живание за́работной пла́ты

Lohnstreifen *m* ко́пия расчёта за́работной пла́ты *(выдава́емая на руки́ при вы́даче за́работной пла́ты)*

Lohnstreik *m* забасто́вка с тре́бованием повыше́ния за́работной пла́ты

Lohnstufe *f* тари́фная ста́вка

Lohnsumme *f (о́бщая)* су́мма за́работной пла́ты

Lohnsummensteuer *f* нало́г на фонд за́работной пла́ты предприя́тия, нало́г на фонд за́работной пла́ты фи́рмы *(разнови́дность нало́га на вид де́ятельности)*

Lohnsystem *n* систе́ма за́работной пла́ты

Lohntabelle *f* табли́ца расчёта за́работной пла́ты
Lohntabelle табли́ца ста́вок зарпла́ты

Lohntafel *f* табли́ца у́ровней за́работной пла́ты, устано́вленных догово́ром

Lohntag *m* день вы́платы за́работной пла́ты

Lohntarif *m* тари́фная се́тка; расце́нка *(но́рмы опла́ты за едини́цу произведенной рабо́ты)*

Lohntheorie *f* тео́рия за́работной пла́ты

Lohntüte *f разг.* конве́рт с *(отсчитанной)* за́работной пла́той, полу́чка

Lohnumfang *m* у́ровень за́работной пла́ты; разме́р за́работной пла́ты

Löhnung *f уст.* за́работная пла́та; жа́лованье; вы́плата за́работной пла́ты

Lohnverarbeitungsvertrag *m* догово́р на перерабо́тку дава́льческого сырья́

Lohnveredelung *f* перерабо́тка дава́льческого сырья́; дава́льческая сде́лка, сде́лка о переда́че на перерабо́тку дава́льческого сырья́
aktive Lohnveredelung акти́вные опера́ции по перерабо́тке дава́льческого сырья́ *(перерабо́тка на отечественных предприя́тиях дава́льческого сырья́ иностра́нных зака́зчиков)*
passive Lohnveredelung пасси́вные опера́ции по перерабо́тке дава́льческого сырья́ *(перерабо́тка оте́чественного дава́льческого сырья́ за грани́цей)*

Lohnveredelungsgeschäft *n* дава́льческая сде́лка, сде́лка о переда́че на перерабо́тку дава́льческого сырья́

Lohnvereinbarung *f* соглаше́ние по вопро́сам за́работной пла́ты

Lohnverhältnis *n*
im Lohnverhältnis arbeiten рабо́тать по на́йму
im Lohnverhältnis stehen рабо́тать по на́йму

Lohnverhältnisse *n pl* усло́вия опла́ты труда́

Lohnverteilung *f* ве́домость распределе́ния за́работной пла́ты по ви́дам её

Lohnverteilungsblatt *n* ве́домость распределе́ния за́работной пла́ты по ви́дам её

Lohnwalzvertrag *m* догово́р на изготовле́ние прока́та из дава́льческого мета́лла

Lohnwerk *n* систе́ма организа́ции произво́дства, осно́ванная на перерабо́тке

дава́льческого сырья́
lohnwirksam ока́зывающий влия́ние на за́работную пла́ту
Lohnzahlung *f* вы́плата за́работной пла́ты
Lohnzahlungsliste *f* платёжная ве́домость
Lohnzahlungszeitraum *m* платёжный перио́д
Lohnzeit *f* оплачиваемое рабо́чее вре́мя, опла́чиваемая часть рабо́чего вре́мени
Lohnzettel *m* рабо́чий наря́д; расчётный листо́к; распоряже́ние на опла́ту
Lohnzettel ка́ссовый о́рдер
Lohnzuschlag *m* надба́вка к за́работной пла́те, допла́та к за́работной пла́те, дополни́тельная опла́та; допла́та к основно́му окла́ду
loi, letter of intent *(eng.)* письмо́-обяза́тельство
Lokal *n* помеще́ние
Lokal рестора́н, кафе́, заку́сочная; тракти́р; ви́нный погребо́к
Lokal- *(в сл.сл.)* ме́стный; лока́льный
Lokalbahn *f* желе́зная доро́га ме́стного значе́ния; при́городная желе́зная доро́га; подъездно́й путь *(напр., заво́да)*
Lokalbank *f* ме́стный банк
Lokalisation *f* локализа́ция; определе́ние места́
Lokalisierung *f* локализа́ция
Fehlereingrenzung *f* локализа́ция поврежде́ний; локализа́ция оши́бок; определе́ние местоположе́ния неиспра́вности; обнару́же́ние поврежде́ния
Lokalmiete *f уст.* пла́та за наём помеще́ния
Lokalnetz *n* лока́льная сеть *(выч.тех.)*
Lokaltarif *m трансп.* ме́стный тари́ф; тари́фная се́тка за́работной пла́ты (да́нной ме́стности)
Lokalverkehr *m* ме́стное сообще́ние, пригородное сообще́ние; городско́й транспо́рт
Lokkilometer *n* локомотиво-киломе́тр
Lokogeschäft *n бирж.* сде́лка ку́пли-прода́жи с неме́дленной поста́вкой това́ра, сде́лка на нали́чный това́р; ка́ссовая сде́лка; сде́лка, заключаемая и реализуемая в ме́сте нахожде́ния продавца́
Lokohandel *m* торго́вля нали́чными това́рами
Lokoware *f* нали́чный това́р; това́р, кото́рый мо́жет быть неме́дленно поста́влен
Lokoware *f* това́р, поставля́емый неме́дленно
lo/lo, Lift on/lift off погру́зка и разгру́зка причальными кранами
Lombard *m* 1. ломба́рд 2. вы́дача ссуд под зало́г веще́й; вы́дача ссуд ба́нком под зало́г це́нных бума́г; зало́г, ссу́да под зало́г 3. *(уст.)* банки́р; меня́ла;
Lombardanleihe *f* ломбардная ссу́да, ссу́да под зало́г, ссу́да под закла́д, заём под обеспе́чение
Lombarddarlehen *n* ломбардная ссу́да, ссу́да под зало́г, ссу́да под закла́д, заём под обеспе́чение
Lombardeffekten *pl* це́нные бума́ги, находя́щиеся на хране́нии в ба́нке в ка́честве обеспе́чения креди́та
lombardfähig приго́дный для получе́ния ссу́ды под зало́г, приго́дный для получе́ния ссу́ды под закла́д
Lombardgeschäft *n* ломбардная опера́ция, зало́говая опера́ция, ломбардная сде́лка, кредитова́ние под зало́г *(в том числе́ под зало́г това́рных запа́сов в пу́нкте перевалки)*; ломба́рд
lombardieren *vt* закла́дывать, отдава́ть под закла́д; дава́ть ссу́ду под закла́д, дава́ть ссу́ду под зало́г *(това́ров и́ли це́нных бума́г)*
Lombardierung *f* 1. закла́д дви́жимого иму́щества *(гл. о́бразом це́нных бума́г)* 2. вы́дача ссу́ды под зало́г 3. взя́тие ссу́ды под закла́д
Lombardkredit *m* ломба́рдный креди́т *(в Герма́нии предоставля́ется Федера́льным ба́нком коммерческим ба́нкам; мо́жет испо́льзоваться в ка́честве одного́ из инструме́нтов регули́рования объёма де́нежной ма́ссы)*
Lombardlinie *f* ломба́рдный преде́л
Lombardpolitik *f* ломбардная поли́тика
Lombardsatz *m* проце́нтная ста́вка ломбардных (ба́нковских) креди́тов, проце́нтная ста́вка по ломбардным кредитам
Lombardvorschuss *m* ломбардная ссу́да, ссу́да под зало́г, ссу́да под закла́д, заём под обеспе́чение
Lombardzinsfuss *m* проце́нтная ста́вка ломбардных *(ба́нковских)* креди́тов, проце́нтная ста́вка по ломбардным кредитам
London Interbank Offered Rate, Libor *(eng.)* Ло́ндонская межбанковская ста́вка *(ба́зис для кредитования, курс предложе́ния креди́та)*
Loroguthaben *n* вклад на счёте лоро
Lorokonto *n* лоро, лоро-конто, счёт лоро *(счет, откры́тый ба́нком для своего́ корреспонде́нта)*
Los *n* па́ртия *(дета́лей)*, се́рия *(изде́лий)*; минима́льное коли́чество, кото́рое покупа́тель на аукцио́не до́лжен забрагь по́сле присужде́ния; лот; лотере́йный биле́т
Losanleihe *f* вы́игрышный заём
Lösch- und Ladeplätze *m, pl* места́ выгрузки и погру́зки *(в порту́)*
Löschanlage *f* 1. разгрузочная устано́вка 2. сливна́я устано́вка *(напр. нефтепроду́ктов)*
Löscharbeiten *f, pl* разгрузочные рабо́ты *(мн.ч.)*; рабо́ты по разгрузке *(мн.ч.)*
Löschbereitschaft *f* гото́вность к разгрузке
Löschbrücke *f* 1. разгрузочная эстака́да 2. сливна́я эстака́да *(напр. нефтепроду́ктов)*
Löschdauer *f* 1. продолжи́тельность разгру́зки, вре́мя разгру́зки *(напр. су́дна)* 2. продолжи́тельность сли́ва, вре́мя сли́ва *(напр. нефтепроду́ктов)*
Löschen *n* аннули́рование, погаше́ние; закры́тие *(напр., счёта)*; ликвида́ция *(напр., фи́рмы)*
Löschen разгру́зка, вы́грузка *(су́дна)*
Löschen удале́ние, зачёркивание *(за́писи)*; исправле́ние оши́бочно сде́ланной за́писи; *бухг.* сторно, сторнирование
Löschen *вчт.* стира́ние, гаше́ние
löschen *vt* аннули́ровать, погаша́ть; закрыва́ть *(напр., счёт)*; разгружа́ть, выгружа́ть *(су́дно)*; стира́ть *(написанное)*; *бухг.* сторнировать
löschen *вчт.* стира́ть, гаси́ть *(за́пись)*
Löschfrist *f* срок разгру́зки
Löschgut *n* выгружа́емый груз, выгружа́емый това́р
Löschhafen *m* порт разгру́зки
Löschkosten *pl* расхо́ды по вы́грузке *(су́дна)*; расхо́ды по тушению пожа́ра
Löschort *m* ме́сто разгру́зки *(порт и́ли населённый пункт)*
Löschplatz *m* ме́сто разгру́зки *(площа́дка)*; ме́сто вы́грузки
Löschung *f* аннули́рование, погаше́ние; закры́тие *(напр., счёта)*; ликвида́ция *(напр., фи́рмы)*
Löschung разгру́зка, вы́грузка *(су́дна)*
Löschung удале́ние, зачёркивание *(за́писи)*; исправле́ние оши́бочно сде́ланной за́писи; *бухг.* сторно, сторнирование
Löschung *вчт.* стира́ние, гаше́ние
Löschung einer Strafe сня́тие взыска́ния
Löschung eines Akkreditivs закры́тие аккредити́ва
Löschzeit *f* срок разгру́зки; продолжи́тельность разгру́зки
lose нава́лом, россы́пью, без расфасовки, без упако́вки
Loseblattbuch *n бухг.* кни́га (учёта) со свобо́дными листа́ми, кни́га (учёта) со

свобóдными карточками, кни́га (учёта) с несброшюрованными листáми, кни́га (учёта) с несброшюрованными карточками

Loseblattbuchführung *f бухг.* учёт на свобóдных листáх, учёт на свобóдных карточках, учёт на несброшюрованных листáх, учёт на несброшюрованных карточках

Loseblattechnik *f* кáрточная фóрма делопроизвóдства; *бухг.* систéма учёта на свобóдных *(несброшюрованных)* листáх, систéма учёта на свобóдных *(несброшюрованных)* карточках; кáрточная систéма учёта

Loseblattsystem *n* кáрточная фóрма делопроизвóдства; *бухг.* систéма учёта на свобóдных *(несброшюрованных)* листáх, систéма учёта на свобóдных *(несброшюрованных)* карточках; кáрточная систéма учёта

Loseblattverfahren *n* кáрточная фóрма делопроизвóдства; *бухг.* систéма учёта на свобóдных *(несброшюрованных)* листáх, систéма учёта на свобóдных *(несброшюрованных)* карточках; кáрточный мéтод учёта

Lösegeld *n ист.* вы́куп *(дéньги)*

Losfertigung *f* вы́пуск продýкции отдéльными пáртиями, вы́пуск продýкции отдéльными сéриями

Losgröße *f* 1. размéр пáртии, размéр сéрии (вы́пущенных издéлий) 2. сери́йность (размéр пáртии выпускáемых издéлий)

optimale Losgröße оптимáльная сери́йность, экономи́чески оптимáльный размéр пáртии, экономи́чески оптимáльный размéр сéрии

wirtschaftliche Losgröße оптимáльная сери́йность, экономи́чески оптимáльный размéр пáртии, экономи́чески оптимáльный размéр сéрии

Loskauf *m ист.* вы́куп *(дéйствие)*

Loslösung *f* отделéние, отры́в

Loslösung des Preises отры́в цены́ *(от стóимости товáра)*

Losnote *f уст.* складскóе свидéтельство на получéние со склáда товáра частя́ми, складскóе свидéтельство на получéние со склáда товáра пáртиями

Losumfang *m* размéр пáртии, размéр сéрии; сери́йность

Losung *f уст.* дневáя вы́ручка *(напр., рóзничного магази́на)*

Lösung *f* разрешéние, решéние *(напр., задáчи)*

Lösung *f* расторжéние *(напр., договóра)*, *см. тж.* **Auflösung**

Lösung eines Arbeitsrechtsverhältnisses прекращéние трудовы́х правоотношéний

Lösung eines Problems решéние проблéмы

Lösung von Geschäftsbeziehungen расторжéние деловы́х отношéний; расторжéние торгóвых отношéний

eine einvernehmliche Lösung anstreben стреми́ться к приемлемому решéнию

Lösungsbereich *m* óбласть свобóды решéний *(тéрмин линéйного программи́рования)*

Lösungsfehler *m мат.* погрéшность решéния

Lösungsintervall *n* зóна неопределённости решéния

Lösungsraum *m мат.* прострáнство решéний

Lösungsvariante *f* вариáнт решéния

Lösungsvektor *m мат.* вéктор-решéние

Lösungsvorschlag *m* предложéние решéния *(напр., задáчи)*

Lösungsweg *m* путь решéния *(напр., задáчи)*

Lotsengebühr *f* лóцманский сбор

Lotsengelder *pl* лóцманский сбор

Lotterie *f* лотерéя

Lotterieanleihe *f* вы́игрышный заём

Lotterielos *n* лотерéйный билéт

Lotterieschein *m* лотерéйный билéт

Lotteriesteuer *f* налóг на лотерéи, лотерéйный налóг

Lotterwirtschaft *f* бесхозя́йственность, беспоря́док

Lower Management *n (eng.)* ни́жнее звенó менеджмента; ни́жнее звенó управлéния

LR:

L.R., laufende Rechnung текýщий счёт

LR, Liberia Либéрия

LRD, Liberianischer Dollar, -- Liberia Либерийский дóллар (*код валю́ты* 430), -- Либéрия

LS:

L.S., auf lange Sicht долгосрóчный *(напр., о вéкселе)*

LS, Lesotho Лесóто

LSL, Loti, -- Lesotho Лоти (*код валю́ты* 426), -- Лесóто

LSÖ, Leitsätze für die Preisermittlung auf Selbstkostenbasis bei Leistungen für öffentliche Aufträge основны́е положéния для исчислéния цен на бáзе себестóимости при выполнéнии госудáрственных закáзов

LSP, Leitsätze für die Preisermittlung auf Grund von Selbstkosten основны́е положéния для исчислéния цен на бáзе себестóимости

Lst., Ladestelle мéсто погрузок

LStDV, Lohnsteuer- Durchführungsverordnung положéние о порядке взимáния налóга на зáработную плáту, положéние о поря́дке взимáния подохóдного налóга

LStR, Lohnsteuer-Richtlinien (руководя́щие) указáния о налоге на зáработную плáту, (руководя́щие) указáния о подоходном налоге

LT:

LT, Litauen Литвá

lt., laut соглáсно, в соответ́ствии с ...

ltd, limited *(eng.)* с ограни́ченной ответ́ственностью *(добавлéние к назвáнию акционéрных óбществ)*

LTL, Litas, -- Litauen Литóвский лит (*код валю́ты* 440), -- Литвá

l.tn. дли́нная тóнна, англи́йская тóнна *(= 1016 кг)*

LU, Luxemburg Люксембýрг, *до 1978г. код* **FL**

Lücke *f* 1. ни́ша 2. разры́в

deflatorische Lücke дефляциóнный разры́в *(в макроэкономическом анáлизе - превышéние совокупного предложéния над совокупным спрóсом)*

inflatorische Lücke инфляциóнный разры́в *(превышéние совокупного спрóса над совокупным предложéнием)*

winw Lücke schließen запóлнить ни́шу; закры́ть ни́шу *(напр. товарную, на ры́нке)*

Lückenanalyse *f* анáлиз инфляционного разры́ва, **GAP**-анáлиз 2. анáлиз дефляциóнного разры́ва, **GAP**-анáлиз

LUF, Luxemburgischer Franc, -- Luxemburg Люксембургский франк (*код валю́ты* 442), *в н.в. заменéна на* Евро **EURO**, -- Люксембýрг

Luftbeförderungskosten *pl* расхóды по воздýшной перевóзке, издéржки по воздýшной перевóзке

Luftfahrtversicherung *f* страховáние воздýшных перевóзок

Luftfracht *f* 1. авиагрýз 2. плáта за авиаперевóзку

Luftfracht мёртвый фрахт *(не пóлностью испóльзуемая загрýзочная мóщность)*

Luftfracht рáзница мéжду грузоподъёмностью и непóлной загрузкой *(расчёт ведётся как за пóлную загрузку)*

Luftfrachtagent *m* агéнт, экспеди́тор *(выбирáемый по предписáнию междунарóдной авиатрáнспортной ассоциáции)*

Luftfrachtassekuranz *f* страховáние авиагрýзов; страховáние авиациóнных грýзов

Luftfrachtbrief *m* авианакладна́я; авиацио́нная накладна́я
Luftfrachtführer *m* авиаперево́зчик
Luftfrachtgeschäft *n* *(комме́рческая)* опера́ция возду́шной перево́зки гру́зов
Luftfrachtverkehr *m* грузовы́е авиаперево́зки
Luftgütertransportversicherung *f* страхова́ние авиагру́зов
Luftkabotage *f* возду́шный кабота́ж
Luftpost *f* авиапо́чта
mit Luftpost авиапо́чтой
per Luftpost versenden отправля́ть авиапо́чтой; посыла́ть авиапо́чтой
Luftpostverkehr *m* возду́шная по́чта, авиапо́чта
Luftreinhaltung *f* поддержа́ние чистоты́ атмосфе́ры; охра́на возду́шной среды́
Auflagen zur Luftreinhaltung erfüllen выполня́ть предписа́ния по охра́не окружа́ющей среды́
Lufttransport *m* возду́шный тра́нспо́рт; перево́зка возду́шным тра́нспортом, авиаперево́зка
Luftverkehr *m* возду́шное сообще́ние
Luftverkehrsgesellschaft *f* авиатра́нспортная компа́ния
Luftverkehrstarif *m* тари́ф возду́шного сообще́ния
Luftverkehrstransport *m* возду́шный транспо́рт; перево́зка возду́шным тра́нспортом, авиаперево́зка
Luftverkehrsunternehmen *n* авиатра́нспортная компа́ния
Luftverschmutzung *f* загрязне́ние возду́шной среды́; загрязне́ние атмосфе́ры
Luke *f* люк
Lukenverschluss *m* *(тамож.)* пломбирова́ние люков *(су́дна с иностра́нным това́ром, попадающим по вну́треннему во́дному сообще́нию в тамо́женную зо́ну)*
lukrativ при́быльный, дохо́дный; вы́годный, вы́игрышный
lukratives Nebengeschäft при́быльная побо́чная де́ятельность; дохо́дное побо́чное заня́тие; доходная торго́вля побо́чными това́рами
lukrieren *vt* приобрета́ть, извлека́ть вы́году, извлека́ть дохо́д; приноси́ть дохо́д, приноси́ть при́быль
lump sum нало́г, взнос *(взима́емые в фо́рме фиксированной де́нежной су́ммы)*
lump sum о́бщая су́мма това́ра
lump sum *англ.* пауша́льная су́мма фра́хта, твёрдая су́мма фра́хта *(незави́симо от коли́чества перевози́мых гру́зов)*
Lumpenproletariat *n* лю́мпен-пролетариа́т
Lumpenproletarier *m* лю́мпен-пролета́рий
lumpsum *англ.* пауша́льная су́мма фра́хта
Lumpsum-Fracht *f* пауша́льная су́мма фра́хта
Lustbarkeitssteuer *f* нало́г на увесели́тельные заведе́ния
lustlos вя́лый *(о настрое́нии на би́рже)*; сла́бый *(о спро́се)*
Luxus *m* ро́скошь; люкс
Luxusartikel *m* предме́т ро́скоши
Luxusaufwendungen *f, pl* расхо́ды на предме́ты ро́скоши
Luxusbedarf *m* потре́бности в предме́тах ро́скоши
Luxusbesitzsteuer *f* нало́г на владе́льца предме́тов ро́скоши
Luxusbesteuerung *f* налогообложе́ние предме́тов ро́скоши
Luxusgegenstand *m* предме́т ро́скоши
Luxusgut *n* предме́ты ро́скоши
Luxussteuer *f* нало́г на предме́ты ро́скоши
Luxusware *f* предме́ты ро́скоши *(мн.ч.)*; това́ры сорта́ *«люкс» (мн.ч.)*
Luxuszoll *m* по́шлина на ввоз предме́тов ро́скоши, по́шлина на и́мпорт предме́тов ро́скоши *(повы́шенная)*
LV, Lettland Ла́твия, *до 1978г. код* **KS**
LVA, Landesversicherungsanstalt земе́льное управле́ние социа́льного страхова́ния *(ФРГ)*
LVAB, Landesversicherungsanstalt, Berlin Западноберлинское управле́ние социа́льного страхова́ния
L.V.G., Lüftverkehrsgesetz зако́н о возду́шных *(грузовы́х и пассажи́рских)* перевозках
LVL, Lats, -- Lettland Латви́йский лат (*код валю́ты* 428), -- Ла́твия
LWA, Landwirtschaftsamt управле́ние се́льского хозя́йства
LWM, Landeswirtschaftsministerium Земе́льное министе́рство эконо́мики
LY, Libysch-Arabische Dschamahirija Ливи́йская ара́бская Джамахири́я
LYD, Libyscher Dinar, -- Libysch-Arabische Dschamahirija Ливи́йский дина́р (*код валю́ты* 434), -- Ливи́йская Ара́бская Джамахири́я
Lz, Lizenz лице́нзия; разреше́ние
LZB, Landeszentralbank Центра́льный банк земли́ *(ФРГ)*
LZL, Lohnzahlungsliste ве́домость на вы́плату за́работной пла́ты
m, Mehrwert приба́вочная сто́имость
M-Gruppen *f, pl* тари́фные гру́ппы за́работной пла́ты мастеро́в *(на произво́дстве)*
MA:
MA, Markenartikel изде́лие с маркировкой това́рного зна́ка; фи́рменный това́р
MA, Marokko Маро́кко
m.A., mangels Annahme ввиду́ неприя́тия; за отсу́тствием акце́пта *(проте́ст в слу́чае неакцепто́вания векселя́)*
MACD, Der Moving Average Convergence МАКД; **MACD** (техни́ческая величина́; испо́льзуемая на би́ржах це́нных бума́г)
Machenschaft *f, pl* про́иски; махина́ции; ко́зни, интри́ги
dunkle Machenschaften *pl* тёмные махина́ции
preistreibende Machenschaften *pl* махина́ции, веду́щие к иску́сственному взви́нчиванию цен
Macher *m* 1. ме́неджер 2. деле́ц 3. заправи́ла
Machtelite *f* госпо́дствующая эли́та; вла́стная эли́та
Machtgeber *m* довери́тель
Machthaber *m* дове́ренный
Mächtigkeit *f* могу́щество, мощь; толщина́ *(пласта́)*; мо́щность *(месторожде́ния)*; *мат.* весо́мость
Mächtigkeit des Kriteriums весо́мость критерия
Machtstellung *f* могу́щество, мощь; кре́пкие пози́ции
Machtvollkommenheit *f* полнота́ вла́сти, суверените́т
MAD, Dirham, -- Marokko Марокка́нский дирхам (*код валю́ты* 504), -- Маро́кко
Magazin *n* склад *(торго́вый)*; храни́лище
Magazin лото́к (торговый)
Magazin *(с.-х.)* зернохрани́лище; амба́р; храни́лище
Magazin журна́л, иллюстри́рованный журна́л
Magazin und sonstige Vorräte складски́е и про́чие запа́сы
Magazingenossenschaft *f* сбытова́я коопера́ция
Magistrale *f* 1. магистра́ль *(поня́тие математи́ческой тео́рии равномерного пропорциона́льного роста́ эконо́мики)* 2. *(ж.-д.)* магистра́ль, магистра́льная ли́ния
Mahl *n* *(уст.)* 1. суде́бное разбира́тельство, суде́бный проце́сс; 2. догово́р, контра́кт
Mahlabgabe *f* гарнцевый сбор, пла́та за помо́л
Mahlgebühr *f* гарнцевый сбор, пла́та

за помо́л

Mahlgeld *n* гарнцевый сбор, пла́та за помо́л

Mahnbrief *m* пи́сьменное напомина́ние, письмо́-напомина́ние; тре́бование об упла́те (до́лга); тре́бование о выполне́нии обяза́тельства; ; пи́сьменное напомина́ние об упла́те до́лга

Mahngebühr *f* пе́ня, штраф за просро́ченный платёж

Mahnschreiben *n* пи́сьменное напомина́ние, письмо́-напомина́ние,

Mahnung *f* напомина́ние, тре́бование *(адресо́ванное к должнику́ об упла́те ссу́ды)*; напомина́ние кредито́ра должнику́ об упла́те до́лга; напомина́ние *(об опла́те)*; тре́бование *(опла́ты)*; напомина́ние о выполне́нии обяза́тельств
eine Mahnung erhalten получа́ть напомина́ние
auf die erste Mahnung reagieren реаги́ровать на пе́рвое напомина́ние
außergerichtliche Mahnung внесуде́бное напомина́ние
erste Mahnung пе́рвое напомина́ние
gerichtliche Mahnung суде́бное напомина́ние; суде́бное напомина́ние о выполне́нии обяза́тельств, суде́бное напомина́ние об упла́те до́лга
letzte Mahnung после́днее напомина́ние
mehrmalige Mahnung неоднократное напомина́ние; повто́рное напомина́ние
Mahnung zur Zahlung напомина́ние о платеже́; напомина́ние об опла́те

Mahnverfahren *n* предупрежде́ние должника́ чере́з суд о необходи́мости упла́ты до́лга
Mahnverfahren получе́ние исполни́тельных докуме́нтов в отве́т на суде́бную пове́стку с тре́бованием об упла́те до́лга
Mahnverfahren получе́ние исполни́тельных докуме́нтов в отве́т на суде́бную пове́стку с тре́бованием об упла́те до́лга
Mahnverfahren упрощённый поря́док рассмотре́ния дел о взыска́нии задо́лженности *(без вызова отве́тчика в суд)*

Majorat *n юр.* 1. майора́т *(поря́док переда́чи иму́щества по насле́дству ста́ршему в ро́де)* 2. майора́т *(име́ние)*
auf das Majorat verzichten отказа́ться от преиму́щественного права́ насле́дования

Majoratsgut *n* майора́т *(име́ние)*

Majoratsland *n ист.* майоратная земля́

Majoratsrecht *n* майора́тное пра́во

Majorität *f* большинство́ *(голосо́в, напр. при голосова́нии акционе́ров)*
absolute Majorität абсолю́тное большинство́ *(голосо́в)*

Majoritätsbeteiligung *f* уча́стие большинства́

Majoritätskauf *m* ма́ссовая поку́пка а́кций на би́рже

Majoritätskäufe *m, pl* поку́пка а́кций обладателем самого́ кру́пного паке́та

Majoritätsspiel *n* мажоритарная игра́
gewichtetes Majoritätsspiel взве́шенная мажоритарная игра́

MAK, Maximale Arbeitsplatz-Konzentration, (für toxische Gase, Dämpfe und Stäube) максима́льная концентра́ция (токси́ческих га́зов, паро́в и пыли́) на рабо́чее ме́сто

Makler *m* ма́клер, посре́дник *(при заключе́нии сде́лок на фондовых и това́рных би́ржах)*, *ср.* **Broker**
freier Makler неофициа́льный ма́клер, кулисье
ungesetzlicher Makler биржево́й «за́яц»
vereidigter Makler биржево́й ма́клер; официа́льный ма́клер

Maklerbank *f* бро́керский банк

Maklerbuch *n* дневни́к биржево́го маклера, журна́л биржево́го маклера

Maklerdarlehen *n* бро́керский креди́т

Maklerfirma *f* бро́керская фи́рма

Maklergebühr *f* вознагражде́ние за посре́дничество, вознагражде́ние ма́клеру за посре́дничество

Maklergeschäft *n* маклерское де́ло; ма́клерская сде́лка

Maklerkammer *f* бро́керская пала́та *(корпора́ция, публикующая официа́льные котировки, осуществля́ющая контро́ль за рабо́той маклеров и проч.)*

Maklerkorporation *f* корпора́ция маклеров

Maklerlohn *m* вознагражде́ние за посре́дничество, вознагражде́ние ма́клеру за посре́дничество

Maklerprovision *f* комиссио́нные ма́клеру за посре́дничество,

Maklervereinigung *f* объедине́ние маклеров

Maklervertrag *m* маклерский догово́р

Makroeigenschaft *f* макросвойство *(напр., систе́мы управле́ния)*

Makromethode *f* макрометод, макроподход

Makromodell *n* макромодель

Makroökonomie *f* макроэконо́мика

makroökonomisch макроэкономи́ческий

Makrorayon *m* макрорайон *(размеще́ния произво́дства)*

Makrostandort *m* макрорайон *(размеще́ния произво́дства)*

Makrostruktur *f* макрострукту́ра

Makrovariable *f* макропеременная *(величина́)*

makulieren пуска́ть макулату́ру в перерабо́тку; спи́сывать в макулату́ру *(кни́ги)*

Malrabatt *m* ски́дка за повто́рное помеще́ние объявле́ний, ски́дка при повторном помеще́нии объявле́ний *(в печа́ти)*

malthusianisch мальтузиа́нский

Malthusianismus *m* мальтузиа́нство

Malus *m лат.* надба́вка к страхово́й пре́мии в слу́чае бо́льшего убы́тка

Mammutbetrieb *m* гигантское предприя́тие, предприя́тие-гига́нт

Mammutkonzern *m* гига́нтский конце́рн, конце́рн-гига́нт

Mammutunternehmen *n* гига́нтское предприя́тие, предприя́тие-гига́нт

Management *n (англ.)* ме́неджмент *(управле́ние, руково́дство, организа́ция произво́дства)*
Management by delegation ме́неджмент путём делеги́рования
Management by exception управле́ние по отклоне́ниям *(децентрализо́ванная фо́рма организа́ции руково́дства, когда́ при норма́льном, (без отклоне́ний) хо́де рабо́ты сотру́дники сре́днего и ни́жнего у́ровней принима́ют самостоя́тельные реше́ния)*
Management by objectives управле́ние на осно́ве оце́нки эффекти́вности; ме́неджмент с постано́вкой це́лей *(сотру́дники, принима́ющие реше́ния, име́ют чётко сформулированные крите́рии эффекти́вности их реше́ний; ме́тод позволя́ет координи́ровать децентрализо́ванные реше́ния)*
Management by participation ме́неджмент с уча́стием сотру́дников; ме́неджмент с уча́стием рабо́тников постано́вкой це́лей
Electronic Document Management System, EDMS *(eng.)* систе́ма управле́ния электро́нными докуме́нтами
Management Information Systems *(eng.)*, **EDV-Abteilung** *f* отде́л информацио́нных систе́м
Telecommunications Management *(eng.)* сеть управле́ния свя́зью

Management-Buyout *m* приобрете́ние фи́рмы руководящим соста́вом

Management-Informationssystem *n* систе́ма информа́ции и управле́ния *(выч.тех)*; информационно-управля́ющая систе́ма *(выч.тех)*; администрати́вная информацио́нная систе́ма (выч. тех); управленческая информацио́нная систе́ма *(выч.тех)*

Management-Trust *m* осо́бая фо́рма трестовского объединéния фирм, дéйствующих в óбласти инвестúций *(размéры вложéний определяются руковóдством трестá)*

Managementebene *f* ýровень менеджмента

Managementfirma *f* управляющая фúрма, фúрма, осуществляющая управлéние

Managementsystem *n* систéма управлéния *(выч.тех)*

managen *vt* управлять, руководúть
ein Unternehmen managen управлять предприятием

Manager *m* управляющий; администрáтор; мéнеджер; распорядúтель

Managerordnung *f* структýра управлéния, структýра руковóдства

Managertheorie *f* теóрия управлéния, теóрия менеджмента

Managertum *n* менеджеризм *(теóрия руковóдства экономикой управляющими-профессионалами)*

Manchesterliberalismus *m ист.* манчéстерство

Manchesterschule *f ист.* манчéстерская школа

Manchestertum *n ист.* манчéстерство

Mandant *m* мандант, доверúтель

Mandat *n* мандáт, поручéние, полномóчия

Mandatar *m* мандатáрий, уполномóченный *(получúвший мандáт)*

Mandatarstaat *m* странá-мандатáрий, странá, имéющая мандáт *(на управлéние подмандатной территóрией)*

Mandatsgebiet *n* подмандатная территóрия

Mangel *m* нехвáтка, дефицúт; недостáток, дефéкт, изъян; нуждá, бéдность
einen Mangel aufweisen обнарýживать дефéкт, имéть дефéкт, обнарýживать недостáчу, имéть недостáчу
einen Mangel beheben устранять дефéкт, устранять недостáчу
einen Mangel beseitigen устранять дефéкт, устранять недостáчу
einen Mangel feststellen обнарýживать дефéкт; устанáвливать дефéкт; отмечáть недостáток
einen Mangel leiden жить в нуждé; терпéть нуждý
einen Mangel rügen заявлять рекламáцию по кáчеству; заявлять об обнаруженном дефéкте (недостáтке)
für den Mangel haften отвечáть за нехвáтку; отвечáть за недостáток; отвечáть за дефéкт; нестú отвéтственность за дефéкт
Mangel an Rohstoffen недостáток сырья; нехвáтка сырья; дефицúт сырья
Mangel an Waren недостáток товáров; нехвáтка товáров; дефицúт товáров
Mangel an qualifizierten Facharbeitern нехвáтка квалифицúрованных кáдров; нехвáтка квалифицированной рабóчей силы
offener Mangel очевúдный дефéкт; очевúдный недостáток
spürbarer Mangel ощутúмый дефицúт
verborgener Mangel скрытый дефéкт
verdeckter Mangel скрытый дефéкт
verdeckter Mangel скрытый дефéкт

Mangelanspruch *m* рекламáция

Mängelansprüche *m, pl* претéнзии по кáчеству

Mängelanzeige *f* рекламáция по кáчеству; уведомлéние *(покупáтелем продавцá)* о недостáтках поставленного товáра

Mangelberuf *m* рéдкая профéссия

Mängelbeseitigung *f* устранéние недостáтков, устранéние дефéктов

Mängeleinrede *f* претéнзия по кáчеству, рекламáция

mangelfrei безупрéчный, без недостáтков; без дефéктов; , свобóдный от недостáтков

mangelhaft недостáточный, дефицúтный; дефéктный, с изъяном, неисправный, бракóванный; неудовлетворúтельный; несовершéнный
mangelhafte Erzeugnisse дефéктные издéлия
mangelhafte Lieferung непóлная постáвка
mangelhafte Erfüllung des Vertrages непóлное исполнéние договóра, непóлное исполнéние услóвий договóра (контрáкта, соглашéния)

Mangelhaftigkeit *f* дефицúтность; дефéктность; несовершéнство

Mängelhaftung *f* отвéтственность *(напр., продавцá)* за кáчество товáра

Mangelkosten *pl* издéржки, связанные с нехваткой материáлов *(úли сырья)*; издéржки, связанные с дефицúтом материáлов *(úли сырья)*
Mangelkosten расхóды, связанные с устранéнием дефéктов; расхóды по устранéнию дефéктов

Mängelrüge *f* рекламáция, уведомлéние (*покупáтелем продавцá)* о недостáтках поставленного товáра
Mängelrüge рекламáция по кáчеству, рекламáция на недостáчу

mangels за отсýтствием; за недостáтком
mangels Annahme ввидý непринятия, за отсýтствием акцéпта *(протéст в слýчае неакцептóвания векселя)*
mangels Zahlung из-за неуплáты

Mängelursache *f* причúна дефéкта, причúна неисправности

Mangelware *f* дефицúтный товáр

Manifest *n* манифéст, спúсок товáра, находящегося на сýдне *(предъявляется тамóжне)*

Manifestationseid *m юр.* подтверждéние под присягой заявлéний должникá, касающихся имущественного состояния

Manipulant *m* манипулянт *(тoргóвец, производящий необходúмую для продáжи обрабóтку товáра - сортировку, смéшивание и проч.)*

Manipulation *f* манипуляция *(приём в ручнóй рабóте)*; манипуляция над товáром *(с цéлью приспособлéния егó к вкýсам потребúтелей)*; манипуляция (сознáнием потребúтелей)

manipulieren манипулúровать
die öffentliche Meinung manipulieren манипулúровать общéственным мнéнием

mankieren *vi* прекратúть платежú, обанкрóтиться

Manko *n* манко, нехвáтка, недостáча, дефицúт, недопостáвка *(тáкже недостáча дéнег и товáров)*; недостáток, недочет, дефéкт, изъян
ein Manko in der Kasse entdecken обнарýжить недостáчу в кассе
ein Manko ersetzen воспóлнить недостáчу
ein Manko innerhalb der Verpackung внутритáрная недостáча

mankofrei без дефицúта; без недостáчи; без изъяна
mankofrei abrechnen подвестú итóги без потéрь

Mankogelder *n, pl* дéнежное вознаграждéние, выплáчиваемое кассирам на слýчай возмóжного возмещéния úми недостающих сумм; дéнежное вознаграждéние, выплáчиваемое счётным рабóтникам на слýчай возмóжного возмещéния úми недостающих сумм

mannigfaltig разнообрáзный

Mansholt-Plan *m* план Мансхольта

Mantel *m* 1. тúтульный лист áкций 2. áкция без купонного листá, облигáция без купóна *(глáвная часть цéнной бумáги)* 3. совокупные правá компáнии на пай 4. организационная фóрма предприятия *(напр., акционéрное óбщество)*, фóрма организáции акционéрного óбщества

Mantelgesetz *n (юр.)* рáмочный закóн; обрамляющий закóн; закóн, содержáщий тóлько óбщие положéния

Mantelgründung *f* формáльное основáние акционéрного óбщества; фиктúвное основа́ние акционе́рного о́бщества

Mantelkauf *m* поку́пка акционе́рного о́бщества путём приобрете́ния то́лько его́ прав уча́стия и не́которой ча́сти его́ со́бственного капита́ла; поку́пка акционе́рного о́бщества путём приобрете́ния то́лько его́ прав уча́стия и организацио́нной фо́рмы

Manteltarif *m* о́бщая часть для ряда́ тари́фных догово́ро́в *(в да́нной ме́стности)*; тари́фное соглаше́ние, содержа́щее о́бщие положе́ния; типово́е тари́фное соглаше́ние

Manteltarifvertrag *m* тари́фное соглаше́ние, содержа́щее о́бщие положе́ния; типово́е тари́фное соглаше́ние; ра́мочное тари́фное соглаше́ние

manuell ручно́й, производи́мый вручну́ю; вручну́ю

manuelle Arbeit ручна́я рабо́та

die **manuell Schaffenden** рабо́тники физи́ческого труда́

Manufaktur *f* 1. *ист.* мануфакту́ра (предприя́тие) 2. тексти́ль, мануфакту́ра

Manufakturbetrieb *m ист.* мануфакту́рное произво́дство; мануфакту́ра

Manufakturperiode *f ист.* мануфакту́рный пери́од

Marc-up-Prinzip *n*; **Kosten-Plus-Kalkulation** калькуля́ция цен по ме́тоду «прямы́е изде́ржки плюс при́быль»; расчёт цен по ме́тоду «прямы́е изде́ржки плюс при́быль»

Marge *f* ма́ржа; *бирж.* гаранти́йный взнос *(в сро́чной или опцио́нной сде́лке для покры́тия возмо́жного разры́ва ме́жду нача́льной цено́й и после́дующей котиро́вкой)*

Marge ма́ржа при аванси́ровании *(докуме́нтов или това́ров)*

Marge *бирж.* ра́зница ку́рсов *(или цен)* ме́жду отде́льными би́ржами *(в арбитра́жной сде́лке)*

Marge ма́ржа *(вид торго́вли това́рами, минима́льная и максима́льная цена́ кото́рых ограничена определёнными ра́мками)*

marginal преде́льный, маргина́льный, маржинальный; минима́льно *(экономи́чески)* эффекти́вный

marginal крити́ческий, реша́ющий

marginal приростный, дополни́тельный

marginale Kosten преде́льные изде́ржки; маржинальные изде́ржки

marginaler Käufer маргина́льный покупа́тель

marginaler Kapitalkoeffizient преде́льный коэффицие́нт капита́ла; приростная капиталоёмкость; преде́льная капиталоёмкость

Marginalanalyse *f* маржинальный ана́лиз; маргина́льный ана́лиз; преде́льный ана́лиз, ана́лиз по преде́льным показа́телям

Marginalprinzip *n* маргина́льный при́нцип *(при́нцип, предполага́ющий ана́лиз влия́ния преде́льно ма́лых измене́ний како́й-л. величины́)*;

Marginaltheorie *f* маржиналистская тео́рия

Margins for variation *англ.* депони́рование для компенса́ции поте́рь из-за курсово́й ра́зницы, сда́ча на хране́ние определённых сумм для компенса́ции поте́рь из-за курсово́й ра́зницы

Mark *f* 1. ма́рка *(де́нежная едини́ца)* 2. *(ист.)* ма́рка *(крестья́нская общи́на в средневеко́вой Герма́нии)*

mark-up-pricing *англ.* калькуля́ция цены́ по ме́тоду: изде́ржки произво́дства плюс фикси́рованный проце́нт при́были *(чи́стого дохо́да)*

markant ви́дный, выдаю́щийся, я́ркий, примеча́тельный

Marke *f* ма́рка; фи́рменный знак; това́рный знак

Marke *(контро́льный)* но́мер, номеро́к *(напр., на табельной доске́)*

Marke тало́н *(продуктовых и промтоварных ка́рточек)*

Marke *вчт.* ме́тка; ма́ркер, маркиро́вочный знак

Marke ма́рка; почто́вая ма́рка

eine **Marke entwerten** погаша́ть ма́рку *(почто́вую, ге́рбовую)*

angemeldete Marke заявленный знак

begleitende Marke сопровожда́ющий знак

Europäische Marke това́рный знак в Европе́йском соо́бществе

nachgemachte Marke контрафактный знак, подде́ланный знак

weltbekannte Marke всеми́рно изве́стная ма́рка

Markenabkommen *n* соглаше́ние о зна́ках; соглаше́ние о това́рных зна́ках

Markenabsatz *m* нормированная прода́жа

Markenähnlichkeit *f* схо́дство зна́ков; схо́дство това́рных зна́ков

Markenanmeldungsverordnung *f* положе́ние о заявках на зна́ки

Markenartikel *m* фи́рменное изде́лие, фи́рменный това́р; ма́рочное изде́лие; изде́лие с маркировкой зарегистрированного зна́ка

Markenartikelpreisbildung *f* ценообразова́ние по фи́рменным изделиям

Markenartikelwerbung *f* рекла́ма фи́рменного това́ра; рекла́ма ма́рочного това́ра

Markenbestandteil *m* элеме́нт *(това́рного)* зна́ка

Markenerzeugnis *n* фи́рменное изде́лие, фи́рменный това́р

Markengebrauch *m* испо́льзование зна́ка

Markenhinterleger *m* заяви́тель зна́ка

Markenimage *n* и́мидж ма́рки; и́мидж това́рного зна́ка; и́мидж зна́ка

Markeninhaber *m* владе́лец зна́ка; облада́тель зна́ка

Markenkollision *f* колли́зия зна́ков; столкнове́ние зна́ков

Markennachahmung *f* подде́лка зна́ка; подража́ние зна́ку

Markenname *m* назва́ние торго́вой ма́рки; назва́ние ма́рки; назва́ние това́рного зна́ка

Markennichtigkeit *f* недействи́тельность зна́ка

Markenpflege *f* раскру́чивание торго́вой ма́рки

markenpflichtig нормированный; рациони́руемый, получа́емый по ка́рточкам

Markenproduktion *f* фи́рменная проду́кция

Markenprüfung *f* эксперти́за зна́ков

Markenrecht *n* пра́во охра́ны зна́ков

Markenregister *n* рее́стр зна́ков; рее́стр това́рных зна́ков

Markenregistrierung *f* внесе́ние зна́ков в рее́стр; регистра́ция зна́ков

Markenreinheit *f* чистота́ зна́ка

Markenschutz *m* охра́на фи́рменного зна́ка, охра́на това́рного зна́ка

Markenschutzgesetz, M.Sch.G. зако́н об охра́не това́рных зна́ков

Markensystem *n* ка́рточная систе́ма *(нормирования)*, систе́ма рационирования, ка́рточная систе́ма

Markentreue *f* приве́рженность потреби́телей определённой ма́рке (со́рту, виду́ това́ров)

Markenverkauf *m* 1. нормированная прода́жа, прода́жа по ка́рточкам 2. прода́жа зна́ка; прода́жа това́рного зна́ка

Markenverletzung *f* наруше́ние зна́ка

Markenvertrieb *m* нормированная прода́жа, прода́жа по ка́рточкам

Markenware *f* фи́рменное изде́лие, фи́рменный това́р

Markenwerbung *f* рекла́ма фи́рменного това́ра; рекла́ма ма́рочного това́ра; рекла́ма фи́рменного зна́ка; рекла́ма това́рного зна́ка; рекла́ма това́рной ма́рки

Markenzeichen *n* ма́рка (в графи́ческом ви́де); фи́рменный знак; това́рный знак; лого; логоти́п

Marketing *n* ма́ркетинг *(совоку́пность мер, ориенти́рующая хозя́йственную де́ятельность фи́рмы на существу́ющие и́ли потенциа́льные потре́бности ры́нка)*
Marketing-Mix *n* ма́ркетинг-микс; сме́шанный ма́ркетинг; комбини́рованный ма́ркетинг
marketing *англ.* ма́ркетинг
marketing research иссле́дование ма́ркетинга, изуче́ние ма́ркетинга
direct marketing прямо́й ма́ркетинг
export marketing изуче́ние вне́шнего ры́нка
global marketing глоба́льный ма́ркетинг
test marketing про́бный ма́ркетинг
Marketing-Budget *n* маркетинговый бюдже́т; бюдже́т на проведе́ние ма́ркетинга; бюдже́т на осуществле́ние ма́ркетинга
Marketing-Controlling *m* маркетинговый контроллинг
Marketing-Strategie *f* маркетинговая страте́гия; страте́гия ма́ркетинга
Marketing-Ziele *pl* це́ли ма́ркетинга; маркетинговые це́ли
Marketingabteilung *f* отде́л ма́ркетинга; слу́жба ма́ркетинга
Marketingforschung *f* маркетинговое иссле́дование
Marketinginstrument *n* маркетинговый инструме́нт; инструме́нт ма́ркетинга
Web-Site als Marketing-Instrument веб-страни́ца как маркетинговый инструме́нт;
Marketingkonzept *n* маркетинговая конце́пция; конце́пция ма́ркетинга
Marketingmanagement *n* маркетинговый ме́неджмент; ме́неджмент ма́ркетинга; управле́ние маркетингом конце́пция;
Marketingstrategie *f* маркетинговая страте́гия; страте́гия ма́ркетинга
Marketingsystem *n* систе́ма ма́ркетинга
vertikales Marketingsystem систе́ма вертика́льного ма́ркетинга
Markgenossenschaft *f* ма́рка *(крестья́нская общи́на в средневеко́вой Герма́нии)*
markieren *vt* маркирова́ть, наноси́ть маркиро́вку; обознача́ть; размеча́ть; клейми́ть, ста́вить (фабри́чную) ма́рку
Markierung *f* маркиро́вка; обозначе́ние; *вчт.* при́знак; клейме́ние
Markierung auftragen наноси́ть маркиро́вку; маркирова́ть
Markierung einbringen наноси́ть маркиро́вку; маркирова́ть
Markierung eines Produktes маркиро́вка проду́кта
Markierung der Staatsgrenze демарка́ция госуда́рственной грани́цы
Markierungszeichen *n* клеймо́; маркиро́вочный знак
Montagemarkierung *f* монта́жная маркиро́вка; монта́жная разме́тка
Produktmarkierung *f* маркиро́вка изде́лия
Markierungskosten *pl* расхо́ды по маркиро́вке, изде́ржки по маркиро́вке *(устана́вливаются тарифами)*
Markt *m* 1. ры́нок, сбыт, торго́вля 2. ры́нок, база́р 3. я́рмарка 4. ры́ночная пло́щадь, центра́льная пло́щадь *(города́)*
amtlicher Markt официа́льный ры́нок
attraktiver Markt привлека́тельный ры́нок
aufnahmefähiger Markt ёмкий ры́нок
ausländischer Markt ёмкий ры́нок зарубе́жный ры́нок; вне́шний ры́нок; иностра́нный ры́нок
beschränkt aufnahmefähiger Markt ры́нок ограни́ченной ёмкости
flauer Markt вя́лый ры́нок, ры́нок с ни́зким спро́сом
freier Markt свобо́дный ры́нок
gemeinsamer Markt о́бщий ры́нок
gesättigter Markt насы́щенный ры́нок
geplanter Markt плани́руемый ры́нок *(госуда́рственная + коопера́ти́вная фо́рмы торго́вли)*
geschlossener Markt за́мкнутый ры́нок, изоли́рованный ры́нок
grauer Markt «се́рый» ры́нок *(полуофициа́льный ры́нок)*; заку́пка непосре́дственно у оптовика, минуя ро́зничную сеть; заку́пка непосре́дственно у производи́теля, минуя ро́зничную сеть
heimischer Markt национа́льный ры́нок, вну́тренний ры́нок
heterogener Markt разноро́дный ры́нок; гетероге́нный ры́нок
homogener Markt одноро́дный ры́нок; гомоге́нный ры́нок
inländischer Markt национа́льный ры́нок, вну́тренний ры́нок
internationaler Markt междунаро́дный ры́нок, мирово́й ры́нок
labiler Markt неусто́йчивый ры́нок
monopoler Markt монопо́льный ры́нок
nationaler Markt национа́льный ры́нок, вну́тренний ры́нок
offener Markt откры́тый ры́нок
oligopoler Markt олигопольный ры́нок
oligopolistischer Markt олигополистический ры́нок
organisierter Markt организо́ванный ры́нок
potenzieller Markt потенциа́льный ры́нок
schrumpfender Markt сужа́ющийся ры́нок
schwarzer Markt чёрный ры́нок
sehr organisierter Markt заорганизованный ры́нок
stabiler Markt стаби́льный ры́нок, усто́йчивый ры́нок
überseeischer Markt замо́рский ры́нок; заокеа́нский ры́нок
unorganisierter Markt неорганизо́ванный ры́нок
unvollkommener Markt несоверше́нный ры́нок *(нали́чие неконкурентных структу́р може́т обеспе́чивать разли́чные усло́вия реализа́ции одина́ковых това́ров)*; рыночное хозя́йство, характеризующееся несовершенной конкуренцией
variabler Markt фо́ндовый ры́нок, на кото́ром ведётся торго́вля це́нными бума́гами по текущим курсам
virtueller Markt виртуа́льный ры́нок
vollkommener Markt соверше́нный ры́нок *(ры́нок с еди́ными усло́виями реализа́ции одина́ковых това́ров)*; по́лное рыночное хозя́йство
auf dem Markt erscheinen поступа́ть в прода́жу
auf dem Markt herrscht große Zurückhaltung на ры́нке выжида́тельное настрое́ние
auf den Markt bringen пусти́ть в прода́жу
den Markt aufteilen дели́ть ры́нок; раздели́ть ры́нок
den Markt beherrschen госпо́дствовать на ры́нке; занима́ть на ры́нке веду́щие пози́ции
den Markt beliefern осуществля́ть поста́вки на ры́нок; поставля́ть на ры́нок
den Markt beruhigen успока́ивать ры́нок
den Markt erforschen иссле́довать ры́нок, изуча́ть ры́нок
den Markt erforschen иссле́довать ры́нок,
den Markt erobern захва́тывать ры́нок; завоёвывать ры́нок
en **Markt gegen die Einfuhr ausländischer Waren abriegeln** огради́ть ры́нок от ввоза иностра́нных това́ров
den Markt mit (etw.) überschwemmen переполня́ть ры́нок (чем.-л.)
der Markt ist belebt на ры́нке цари́т оживле́ние
der Markt ist flau конъюнкту́ра ры́нка вя́лая
der Markt ist flott на ры́нке цари́т оживле́ние
der Markt ist freundlich конъюнкту́ра ры́нка благоприя́тная, цены́ на ры́нке повышаются
der Markt ist günstig конъюнкту́ра ры́нка благоприя́тная, цены́ на ры́нке

повышаются
der Markt ist lebhaft на ры́нке цари́т оживле́ние
der Markt ist lustlos конъюнкту́ра ры́нка неблагоприя́тная, цены́ на ры́нке па́дают
der **Markt ist mit Waren gesättigt** ры́нок наводнён това́рами; ры́нок насы́щен това́рами
der Markt ist nicht ausreichend beschickt ры́нок обеспе́чен недоста́точно
der Markt ist schwach конъюнкту́ра ры́нка вя́лая
der Markt ist stetig конъюнкту́ра ры́нка усто́йчивая, цены́ на ры́нке де́ржатся на пре́жнем у́ровне
der Markt ist zögernd конъюнкту́ра ры́нка неопределённая, конъюнкту́ра ры́нка выжида́тельная
einen Markt beobachten наблюда́ть за рынком; следи́ть за рынком; следи́ть за ситуа́цией на ры́нке
einen Markt erschließen осва́ивать ры́нок
ein neues Produkt auf den Markt bringen поставля́ть на ры́нок но́вый проду́кт; выводи́ть на ры́нок но́вый проду́кт
(etw.) auf den Markt werfen выбра́сывать на ры́нок (что-л.)
sich aus dem Markt zurückziehen уходи́ть с ры́нка; исчеза́ть с ры́нка
die Ware findet keinen Markt това́р не нахо́дит ры́нка сбы́та; това́р не нахо́дит сбы́та
Waren auf den Markt werfen выбра́сывать това́ры на ры́нок
zum Markt gehen идти́ на ры́нок; идти́ на база́р

Marktabgabe *f* ры́ночный сбор
Marktabgrenzung *f* определе́ние грани́ц ры́нка
Marktanalyse *f* изуче́ние ры́нка, ана́лиз ры́нка, иссле́дование ры́нка, ана́лиз конъюнкту́ры ры́нка; оце́нка состоя́ния ры́нка
Marktänderung *f (ра́зовое)* измене́ние усло́вий ры́нка
Marktangebot *n* рыночное предложе́ние
Marktanpassung *f* приспособле́ние к измени́вшимся усло́виям ры́нка; приспособле́ние ры́нка к измени́вшимся усло́виям; приспособле́ние ры́нка к изменя́ющимся усло́виям
Marktanteil *m* уде́льный вес на ры́нке, до́ля ры́нка; това́рность *(проду́кции)*
den Marktanteil erhöhen повыша́ть до́лю уча́стия на ры́нке; расширя́ть свою́ ни́шу на ры́нке
den Marktanteil halten уде́рживать до́лю на ры́нке; уде́рживать ни́шу на ры́нке
Marktanteilung *f* сегменти́рование ры́нка; разделе́ние ры́нка (на сфе́ры влия́ния)
Marktartikel *m* това́рность *(проду́кции)*
Marktaufkommen *n* това́рность *(проду́кции)*
Marktaufnahmefähigkeit *f* ёмкость ры́нка
Marktauftritt *m* **neuer Erzeugnisse** появле́ние на ры́нке но́вых изде́лий
Marktautomatismus *m* ры́ночный автомати́зм *(измене́ние ры́ночных цен под возде́йствием спро́са и предложе́ния)*
Marktbearbeitung *f* обрабо́тка *(вне́шнего)* ры́нка; подгото́вка *(вне́шнего)* ры́нка *(для сбы́та)*
Marktbedarf *m* ры́ночный спрос; потре́бности ры́нка
Marktbedingungen *f, pl* ры́ночные усло́вия; усло́вия ры́нка; усло́вия, существу́ющие на ры́нке
Marktbedürfnisse *n, pl* потре́бности ры́нка; запро́сы ры́нка; ры́ночные потре́бности *(мн.ч.)*
Marktbeeinflussung *f* возде́йствие на усло́вия, существу́ющие на ры́нке, влия́ние на усло́вия, существу́ющие на ры́нке; влия́ние на ры́нок; влия́ние на конъюнкту́ру ры́нка; влия́ние на ры́ночную конъюнкту́ру ры́нок
marktbeherrschend госпо́дствующий на ры́нке, домини́рующий на ры́нке; монопо́льный
Marktbeherrschung *f* 1. госпо́дство на ры́нке, доминирование на ры́нке 2. влия́ние ситуа́цией на ры́нке
Marktbelange *m, pl* тре́бования ры́нка; запро́сы ры́нка
Marktbelebung *f* оживле́ние ры́нка; оживле́ние на ры́нке
Marktbelieferung *f* поста́вки на ры́нок
Marktbeobachtung *f* слеже́ние за ры́нком; отслеживание ситуа́ции на ры́нке; изуче́ние ры́нка, наблюде́ние за измене́нием конъюнкту́ры ры́нка
Marktbericht *m* обзо́р состоя́ния конъюнкту́ры ры́нка, обзо́р состоя́ния ры́ночной конъюнкту́ры
Marktberuhigung *f* стабилиза́ция ры́нка; стабилиза́ция положе́ния на ры́нке
Marktbeurteilung *f* ры́ночная оце́нка
Marktbewegungen *f pl* измене́ния ры́ночной конъюнкту́ры, измене́ния состоя́ния конъюнкту́ры ры́нка *(напр., сезо́нные колеба́ния)*; ры́ночные колеба́ния *(мн.ч.)*
Marktbeziehungen *f, pl* ры́ночные отноше́ния
feste Marktbeziehungen про́чные ры́ночные свя́зи
kurzfristige Marktbeziehungen краткосро́чные ры́ночные свя́зи; вре́менные ры́ночные свя́зи
landwirtschaftlich Marktbeziehungen ры́ночные свя́зи сельскохозя́йственных предприя́тий
Marktdaten *f, pl* ры́ночные показа́тели *(мн.ч.)*; да́нные о ры́нке *(мн.ч.)*; информа́ция о ры́нке
Marktdaten auswerten оце́нивать информа́цию о ры́нке
Marktdaten erheben собира́ть информа́цию о ры́нке
Marktdiskont *m* ры́ночный учётный проце́нт, биржево́й учётный проце́нт, ры́ночный диско́нт; биржево́й диско́нт
Marktdurchdringung *f* внедре́ние на ры́нок; проникнове́ние на ры́нок
Marktdurchdringungspolitik *f* поли́тика проникнове́ние на ры́нок
Marktdurchdringungsstrategie *f* страте́гия проникнове́ние на ры́нок
Marktdurchsichtigkeit *f* «прозра́чность» ры́нка *(в проце́ссе конкуре́нции нали́чие для всех уча́стников ры́нка необходи́мой для приня́тия реше́ний информа́ции)*, определе́ние ёмкости ры́нка и усло́вий конкуре́нции
Markteinbruch *m* ре́зкое ухудше́ние конъюнкту́ры ры́нка; паде́ние ры́нка (напр. це́нных бума́г); ре́зкое ухудше́ние ситуа́ции на ры́нке
Markteinführung *f* внедре́ние на ры́нок (напр. но́вого това́ра)
Markteinschätzung *f* ры́ночная оце́нка; оце́нка конъюнкту́ры ры́нка
Markteintritt *m* 1. вы́ход на ры́нок; появле́ние на ры́нке (фи́рмы) 2. внедре́ние на ры́нок (напр. но́вого това́ра); вы́ход на ры́нок; появле́ние на ры́нке (но́вого това́ра)
administrative Markteintrittsschranken, *mf pl* администрати́вные барье́ры на пути́ вы́хода на ры́нок
Markteintrittsschranken, *mf pl* препя́тствия вы́ход у на ры́нок; препя́тствия на пути́ проникнове́ния на ры́нок
Markteintrittsstrategie *f* страте́гия вы́хода на ры́нок
markten *vi* торгова́ться *из-за чего́-л.*
Marktenge *f* у́зость ры́нка; ограни́ченность ры́нка
Marktentfernung *f* отдалённость ры́нка
Marktentwicklung *f* дина́мика ры́нка, дина́мика конъюнкту́ры ры́нка, разви́тие ры́нка; эволю́ция ры́нка
Markterfordernisse *n, pl* тре́бования ры́нка *(мн.ч.)*
Markterholung *f* оживле́ние ры́нка, оживле́ние конъюнкту́ры ры́нка

Markterschließung *f* освое́ние ры́нка; вы́ход на ры́нок

marktfähig хо́дкий, ходово́й *(о това́ре)*, име́ющий спрос на ры́нке, по́льзующийся спро́сом на ры́нке; конкурентоспосо́бный

marktfähiges Produkt конкурентоспосо́бный проду́кт; по́льзующийся на ры́нке спро́сом проду́кт

marktfertig гото́вый для реализа́ции, гото́вый для прода́жи *(о това́ре)*, гото́вый для реализа́ции на ры́нке

Marktfinanzierung *f* вне́шнее финанси́рование

Marktfinanzierung фо́рма финанси́рования путём распростране́ния а́кций на вне́шних ры́нках, фо́рма финанси́рования путём распростране́ния госуда́рственных облига́ций на вне́шних ры́нках

Marktfläche *f* 1. часть поле́зной сельскохозя́йственной пло́щади, проду́кция с которо́й реализуется на ры́нке 2. террито́рия ры́нка; пло́щадь ры́нка; пло́щадь база́ра

Marktfonds *m, pl* ры́ночные фо́нды

Marktform *f* фо́рма ры́нка, вид ры́нка; ры́ночная ситуа́ция

Marktformen *f pl* ры́ночные фо́рмы (характеризу́ют структу́ру предложе́ния и спро́са, сте́пень и фо́рмы конкуре́нции ме́жду продавца́ми и ме́жду покупа́телями)

Marktforschung *f* изуче́ние ры́нка, иссле́дование ры́нка, ана́лиз конъюнкту́ры ры́нка

ausländische Marktforschung изуче́ние иностра́нных рынков

kommoditäre Marktforschung изуче́ние конъюнкту́ры ры́нка

repräsentative Marktforschung репрезентативное изуче́ние ры́нка

regionale Marktforschung региона́льное изуче́ние ры́нка; изуче́ние ры́нка по регионам

stichprobenartige Marktforschung вы́борочное изуче́ние ры́нка

suchprobenartige Marktforschung вы́борочное изуче́ние ры́нка

ökoskopische Marktforschung экоскопическое изуче́ние ры́нка

territoriale Marktforschung территориа́льное изуче́ние ры́нка; изуче́ние ры́нка по территориям; изуче́ние ры́нка по регионам

Marktforschungsinstitut *n* институ́т изуче́ния ры́нка(ов), конъюнктурный институ́т; институ́т ры́ночных иссле́дований

marktführend веду́щий на ры́нке; лиди́рующий на ры́нке

Marktführer *m* лидир на ры́нке

Marktfunktion *f* ры́ночная фу́нкция; фу́нкция ры́нка

marktgängig хо́дкий, ходово́й *(о това́ре)*, име́ющий спрос на ры́нке, по́льзующийся спро́сом на ры́нке; конкурентоспосо́бный

Marktgebiet *n* 1. райо́н сбы́та 2. райо́н поку́пки, райо́н заку́пки 3. террито́рия, обслу́живаемая рынком 4. террито́рия ры́нка

Marktgebühr *f* ры́ночный сбор; торго́вый сбор на ры́нке; сбор за торго́влю на ры́нке (база́ре)

marktgebunden ры́ночный; свя́занный с рынком; обусло́вленный рынком

Marktgefüge *n* структу́ра ры́нка

Marktgeltung *f* роль и значе́ние на ры́нке *(предприя́тия, това́ра и́ли сорта́)*, ры́ночный прести́ж; прести́ж на ры́нке

Marktgemeinschaft *f* рыночное со́бщество

Marktgemüsebau *m* това́рное овощево́дство

marktgerecht отвеча́ющий тре́бованиям ры́нка, соотве́тствующий тре́бованиям ры́нка, удовлетворя́ющий тре́бованиям ры́нка, удовлетворя́ющий запросам ры́нка

marktgerechter Preis рыночно обосно́ванная цена́; соотве́тствующая реалиям ры́нка цена́

Marktgeschäft *n* 1. ры́ночная сде́лка 2. ры́ночная торго́вля; торго́вля на ры́нке

Marktgesellschaft *f* ры́ночное о́бщество

Marktgestaltung *n* формирова́ние ры́нка; образова́ние ры́нка (напр. но́вых това́ров); созда́ние ры́нка (напр. но́вых това́ров)

Marktgetreide *n* това́рный хлеб, това́рное зерно́

Marktgewohnheiten *pl* ры́ночные обы́чаи

Marktgleichgewicht *n* равнове́сие, существу́ющее на ры́нке; равнове́сие на ры́нке; ры́ночное равнове́сие; сбалансированность ры́нка; стаби́льность ры́нка

Marktgliederung *f* 1. сегмента́ция ры́нка; деле́ние ры́нка на сегме́нты 2. классифика́ция рынков

Marktgut *n* 1. *эк.* това́рный проду́кт; 2. това́р, продаю́щийся на ры́нке

Markthalle *f* кры́тый ры́нок

Markthandel *m* 1. ры́ночная торго́вля 2. торго́вля на ры́нке; торго́вля на ярмарке

Markthändler *m* ры́ночный торго́вец; я́рмарочный торго́вец

Marktinstabilität *f* нестаби́льность ры́нка; неусто́йчивость ры́нка; неусто́йчивая конъюнкту́ра ры́нка

Marktintervention *f* ры́ночная интерве́нция

Marktkanal *m* ры́ночный кана́л (сбы́та това́ров); кана́л продвиже́ния това́ров на ры́нок; кана́л товародвижения

Marktkonfiguration *f* ры́ночная конфигура́ция; конфигура́ция ры́нка

marktkonform ры́ночный

marktkonforme Mittel *n pl* ры́ночные сре́дства

marktkonform учи́тывающий потре́бности ры́нка

Marktkonjunktur *f* конъюнкту́ра ры́нка; ры́ночная конъюнкту́ра

heutige Marktkonjunktur *f* сложи́вшаяся ры́ночная конъюнкту́ра; сегодняшняя ры́ночная конъюнкту́ра

Marktkonstellation *f* положе́ние на ры́нке; сложи́вшаяся конъюнкту́ра ры́нка; ры́ночная ситуа́ция, ситуа́ция на ры́нке

Marktkundige *m* информи́рованный о состоя́нии ры́нка; специали́ст по вопро́сам ры́нка

Marktkurs *m* ры́ночный курс *(напр. пропо́рции обме́на валю́т)*; биржево́й курс

Marktlage *f* положе́ние на ры́нке, состоя́ние конъюнкту́ры ры́нка; конъюнкту́ра ры́нка

Marktlagengewinn *m* при́быль, получа́емая за счёт высо́кой конъюнкту́ры ры́нка

Marktleistung *f* произво́дство проду́кции и предоставле́ние услу́г для ры́нка; *с.-х.* произво́дство това́рной проду́кции

Marktleistungen *f pl* това́ры, услу́ги *(произведённые на прода́жу)*

Marktlenkung *f* регули́рование ры́ночных отноше́ний

Marktlenkungsabgaben *f, pl* сбо́ры, взима́емые в целя́х регули́рования ры́нка

Marktlohn *m* опла́та труда́, свобо́дно скла́дывающаяся на ры́нке *(труда́)*, ста́вки опла́ты, скла́дывающиеся на ры́нке труда́

Marktlücke *f* ры́ночная ни́ша

Marktmechanismus *m* ры́ночный механи́зм

Marktmesse *f* я́рмарка *(ме́стного значе́ния)*

Marktnachfrage *f* ры́ночный спрос, спрос на ры́нке

Marktnische *f* ры́ночная ни́ша

Marktnotierung *f* ры́ночная котиро́вка

Marktöffnung *f* откры́тие ры́нка; сниже́ние импортных барье́ров

Marktordnung *f* систе́ма регули́рования ры́ночных отноше́ний; положе́ние о ры́нках, положе́ние о ры́ночной торго́вле

Marktorganisation *f* систе́ма регули́рования ры́ночных отноше́ний; положе́ние о ры́нках, положе́ние о ры́ночной торго́вле

Marktorientierung *f* ориента́ция на ры́нок

Marktpartner *m* ры́ночный партнёр; партнёр на ры́нке

Marktpenetration *f* проникнове́ние на ры́нок; внедре́ние ни ры́нок

Marktphase *f* 1. перио́д внедре́ния проду́кта на ры́нок *(те́рмин, при́нятый в рекла́ме)* 2. ста́дия разви́тия ры́нка

Marktplatz *m* торго́вая площа́дка

elektronischer Marktplatz *m* электро́нная торго́вая площа́дка; торго́вый порта́л в Интерне́т

Marktpolitik *f* поли́тика в о́бласти ры́ночных отноше́ний; ры́ночная поли́тика; поли́тика на ры́нке (напр. на ры́нке како́го-л. това́ра)

Marktposition *f* 1. положе́ние на ры́нке; пози́ция на ры́нке 2. ры́ночная пози́ция

Marktpotenzial *n* потенциа́л ры́нка; ры́ночный потенциа́л

Marktpreis *m* ры́ночная цена́

durchschnittlicher Marktpreis среднеры́ночная цена́; среднестатистическая ры́ночная цена́; усреднённая ры́ночная цена́; сре́дняя цена́ на ры́нке

Marktpreisbildung *f* ры́ночное ценообразова́ние

Marktproblem *n* пробле́ма ры́ночных отноше́ний; пробле́ма рынков

Marktprodukt *n* ры́ночный проду́кт

Marktproduktion *f* произво́дство на ры́нок; това́рная проду́кция

Marktproduktionspreis *m* ры́ночная цена́ произво́дства

Marktprognose *f* прогно́з измене́ния конъюнкту́ры ры́нка; прогно́з конъюнкту́ры ры́нка; ры́ночный прогно́з

Marktpsychologie *f* ры́ночная психоло́гия

Marktrate *f* ры́ночная ста́вка, ста́вка ры́нка

Marktreaktion *f* реа́кция ры́нка; реаги́рование ры́нка

Marktregelung *f* регули́рование ры́ночных отноше́ний

marktreif ры́ночный, характе́рный зре́лому ры́нку; дости́гший тре́бований ры́нка

Marktreihe *f* торго́вый ряд

Marktreserve *f* 1. *(бу́ферный)* ры́ночный запа́с; ры́ночный резе́рв 2. резе́рвы ры́нка *(мн.ч.)*

Marktrichtpreis *m* ориентиро́вочная ры́ночная цена́; предвари́тельная ры́ночная цена́; предвари́тельная цена́ на ры́нке

Marktrisiko *n* ры́ночный риск; риск, свя́занный с реализа́цией това́ров на ры́нке

Marktrlenkung *f* регули́рование ры́ночных отноше́ний; управле́ние рынком; управле́ние рыночными отноше́ниями

Marktsättigung *f* насыще́ние ры́нка

Marktschreierei *f* навя́звчивая рекла́ма; крикли́вая рекла́ма

marktschreierisch крикли́вый, навя́зчивый *(о рекла́ме)*

Marktschwankungen *f, pl* 1. колеба́ния конъюнкту́ры ры́нка, колеба́ния ры́ночной конъюнкту́ры; колеба́ния цен на ры́нке 2. периоди́ческие измене́ния в структу́ре ры́нка

Marktsegment *n* ры́ночный сегме́нт; сегме́нт ры́нка

Marktsegmentationstheorie *f* тео́рия сегментации ры́нка (а́втор тео́рии **J. M. Culbertson**)

Marktsegmentierung *f* сегмента́ция ры́нка

Marktsituation *f* ры́ночная ситу́ация, ситу́ация на ры́нке

Marktsozialismus *m* «ры́ночный социали́зм»

Marktspaltung *f* раско́л еди́ного ры́нка вспе́дствие *каки́х-л.* прави́тельственных мероприя́тий, раско́л еди́ного ры́нка вспе́дствие де́ятельности отде́льных компа́ний

Marktspaltung «расщепле́ние» ры́нка *(може́т приня́ть разли́чные фо́рмы, но всегда́ свя́зано с попытками ограниче́ния ры́ночной конкуре́нции)*

Prinzip der Marktspaltung при́нцип «расщепле́ния» ры́нка *(в результа́те осуществле́ния этого при́нципа на ры́нке в одно́ и то же вре́мя на оди́н и тот же това́р цена́ ока́зывается неодинаковой)*

Marktstabilität *f* стаби́льность ры́нка; усто́йчивость ры́нка; усто́йчивая конъюнкту́ра ры́нка; стаби́льная конъюнкту́ра ры́нка

Marktstand *m* состоя́ние ры́нка

Marktstellung *f* ры́ночная пози́ция; пози́ция на ры́нке; ме́сто на ры́нке; занима́емое на ры́нке ме́сто; занима́емое на ры́нке положе́ние

Marktsteuern *f pl* ры́ночные нало́ги *(мн.ч.)*

Marktstrategie *f* ры́ночная страте́гия; страте́гия поведе́ния на ры́нке

Marktstrategie entwickeln развива́ть ры́ночную страте́гию

Marktstruktur *f* ры́ночная стати́стика; стати́стика ры́нка

Marktstruktur *f* структу́ра ры́нка

Marktstudie *f* изуче́ние ры́нка; иссле́дование ры́нка

eine Marktstudie in Auftrag geben заказа́ть иссле́дование ры́нка

Marktstufe *f* сбытовое звено́; звено́ в цепи́ сбы́та

Marktteilnehmer *m* уча́стник ры́нка

Marktteilnehmer *m* уча́стник торго́вой сде́лки *(покупа́тель и́ли продаве́ц)*

Markttendenz *f* ры́ночная тенде́нция, тенде́нция измене́ния конъюнкту́ры ры́нка; тенде́нции на ры́нке; госпо́дствующие на ры́нке тенде́нции

herrschende Markttendenzen *pl* госпо́дствующие на ры́нке тенде́нции *(мн.ч.)*

Markttest *m* испыта́ние в усло́виях ры́нка

Markttransparenz *f* прозра́чность ры́нка *(в проце́ссе конкуре́нции нали́чие для всех уча́стников ры́нка необходимой для приня́тия реше́ний информа́ции)*; определе́ние ёмкости ры́нка и усло́вий конкуре́нции; определённость в конъюнктуре ры́нка; определённость конъюнкту́ры ры́нка; транспарентность ры́нка

Marktüberblick *m* обзо́р ры́нка; обзо́р конъюнкту́ры ры́нка

marktüblich обы́чный на ры́нке; общепри́нятый на ры́нке; характе́рный для ры́нка; рыночноориентированный

Marktuntersuchung *f* изуче́ние конъюнкту́ры ры́нка, иссле́дование конъюнкту́ры ры́нка

Marktusancen *f, pl* обы́чаи ры́нка *(мн.ч.)*; ры́ночный узанс; торго́вый узанс

Marktveranstaltungen *f, pl* 1. организа́ция ярмарок, организа́ция торго́в, организа́ция аукцио́нов, проведе́ние ярмарок, проведе́ние торго́в, проведе́ние аукцио́нов 2. мероприя́тия по стимулированию прода́ж;

Marktverband *m* карте́ль *(объедине́ние компа́ний, распределя́ющий ме́жду собо́й ры́нки сбы́та)*

Marktverfassung *f* состоя́ние ры́нка

Marktverhalten *n* 1. поведе́ние на ры́нке; поведе́ние уча́стника ры́нка; поведе́ние уча́стников ры́нка 2. поведе́ние ры́нка

Marktverhältnisse *n pl* 1. ры́ночные отноше́ния 2. ры́ночные усло́вия

unter günstigen Marktverhältnisse *n pl* при благоприя́тных ры́ночных усло́виях

Marktverlust *m* поте́ря ры́нка

Marktversagen *n* сбой рыночного механи́зма; отка́з рыночного механи́зма (напр. дисбала́нс спро́са и предложе́ния)

Marktverschiebung *f* сдвиг ры́ночной конъюнкту́ры; измене́ние соотноше-

ния ме́жду спро́сом и предложе́нием
Marktverstopfung *f* заполне́ние ры́нка беспла́тной проду́кцией; заполне́ние ры́нка проду́кцией по де́мпинговым це́нам (с це́лью недобросовестной конкуре́нции)
Marktvolumen *n* ёмкость ры́нка; объём ры́нка *(характеризу́ет потенциа́льные возмо́жности сбы́та при да́нном у́ровне цен)*
Marktvorbereitung *f* подгото́вка ры́нка *(для сбы́та, напр. но́вого това́ра)*; подготови́тельные мероприя́тия на ры́нке
Marktvorrat *n* ры́ночный резе́рв, ры́ночный запа́с
Marktvorteil *m* 1. преиму́щество ры́ночной эконо́мики 2. рыночное преиму́щество
Marktwachstum *n* разви́тие ры́нка; рост ры́нка; приро́ст на ры́нке
Marktwechsel *m* я́рмарочный ве́ксель; ве́ксель, подлежа́щий учету на ярмарке
Marktwert *m* ры́ночная сто́имость; оце́нка по ры́ночным це́нам; факти́ческая сто́имость, определя́емая по ры́ночным це́нам
innerer Marktwert сто́имость на вну́треннем ры́нке
internationaler Marktwert сто́имость, скла́дывающаяся на междунаро́дном ры́нке; междунаро́дная ры́ночная сто́имость; сто́имость на междунаро́дных ры́нках
Marktwiderstand *m* препя́тствия для реализа́ции това́ра на ры́нке; «сопротивле́ние» ры́нка (напр. расшире́нию сбы́та, сбы́ту определенных това́ров и т.п.)
Marktwirtschaft *f* ры́ночная эконо́мика, рыночное хозя́йство
freie Marktwirtschaft свобо́дная ры́ночная эконо́мика, свобо́дное рыночное хозя́йство
soziale Marktwirtschaft социа́льная ры́ночная эконо́мика; социа́льное ры́ночное хозя́йство *(ры́ночная эконо́мика с регулированием цен на не́которые проду́кты, услу́ги и́ли това́ры с учётом спро́са на них со стороны́ определённых социа́льных слоев о́бщества)*
in der freien Marktwirtschaft в усло́виях свобо́дной ры́ночной эконо́мики
marktwirtschaftlich ры́ночный, относя́щийся к ры́ночной эконо́мике
marktwirtschaftliches Gleichgewicht сбалансированность ры́ночной эконо́мики
marktwirtschaftliches Prinzip при́нцип ры́ночной эконо́мики
Marktzerrütung *f* дестабилиза́ция ры́нка; дезорганиза́ция ры́нка
Marktziel *m* ры́ночная цель; цель на ры́нке
Marktzins *m* ры́ночный проце́нт; сре́дний проце́нт на фина́нсовых ры́нках; сре́дний ссу́дный проце́нт
Marktzugang *m* до́ступ на ры́нок; проникнове́ние на ры́нок; внедре́ние на ры́нок; до́ступ к ры́нку
Marktzutritt *m* до́ступ на ры́нок; проникнове́ние на ры́нок; внедре́ние на ры́нок; до́ступ к ры́нку
Marktzutrittsschranken *f pl* барье́ры на пути́ проникнове́ния на ры́нок; препя́тствия к вхожде́нию в ры́нок
Marshall-Plan *m* план Маршалла
Marshall-Planland *n* страна́, получавшая по́мощь по пла́ну Маршалла
Marshallplan *m* план Маршалла
Maschine *f* 1. маши́на, стано́к, механи́зм 2. вычисли́тельная маши́на; ВМ; ЭВМ
Maschine инструме́нт, ору́дие (напр. труда́)
Maschine *(ж.-д.)* локомоти́в
Maschine *(а́виа.)* самолёт
Maschinen *pl* маши́ны и обору́дование *(мн.ч.)*
automatische Maschine автомати́ческое устро́йство, автома́т
lehrende Maschine обуча́ющая ЭВМ
numerisch gesteuerte Maschine стано́к с числовым програ́ммным управле́нием, стано́к с цифровы́м програ́ммным управле́нием, стано́к с ЧПУ
programmgesteuerte Maschine стано́к с програ́ммным управле́нием
Abrechnungsmaschine *f* бухга́лтерская вычисли́тельная маши́на; бухга́лтерский автома́т; счётная маши́на
Abzählmaschine *f* отсчётно-дозиро́вочная машина
Maschine *f* zur Steuerung der relationalen Datenbank маши́на для управле́ния реляционной ба́зой да́нных
Maschine-Handzeit *f* машинно-ручно́е вре́мя
maschinell маши́нный, механи́ческий; механизи́рованный; стано́чный
maschinell ablesen *vt* считывать информа́цию по машинному а́дресу
maschinelle Datenverarbeitung *f* маши́нная обрабо́тка да́нных
maschinelle Übersetzung *f* автоматизи́рованный перево́д; автомати́ческий перево́д; маши́нный перево́д
maschinelles Handwerkzeug *n* механизи́рованный инструме́нт
Maschinen- und Anlagenzeitfonds *m* фонд маши́нного вре́мени произво́дственного обору́дования
Maschinen-Garantieversicherung *f* фо́рма страхова́ния по обеспе́чению надёжности маши́н и обору́дования; гаранти́йное страхова́ние маши́н и обору́дования
Maschinen-Traktoren-Station *f* машинно-тракторная ста́нция, МТС
maschinenabhängig машинно-зави́симый *(выч.)*
maschinenabhängige Programmiersprache *f* машинно-зави́симый язы́к программи́рования
Maschinenadresse *f* а́дрес информа́ции в маши́не *(выч.)*; маши́нный а́дрес *(выч.)*
Maschinenarbeit *f* маши́нная рабо́та, маши́нный труд
Maschinenausfall *m* просто́й маши́ны *(напр., в связи́ с наладкой, переобору́дованием)*
Maschinenauslastung *f* загру́зка маши́н, загру́зка обору́дования
Maschinenauslastungsgrad *m* сте́пень загру́зки маши́н, сте́пень загру́зки обору́дования
Maschinenauslastungskoeffizient *m* коэффицие́нт загру́зки маши́н, коэффицие́нт загру́зки обору́дования
Maschinenauslastungsnorm *f* но́рма испо́льзования маши́н, но́рма испо́льзования обору́дования
Maschinenausstattung *f* механовооруже́нность, техни́ческая вооружённость
Maschinenbau *m* машинострое́ние
allgemeiner Maschinenbau *m* о́бщее машинострое́ние
Bergwerksmaschinenbau *m* го́рное машинострое́ние
Elektromaschinenbau *m* электромашиностроение
Energiemaschinenbau *m* энергомашиностроение
Großmaschinenbau *m* тяжелое машинострое́ние
Maschinenbaufirma *f* машинострои́тельная фи́рма
Maschinenbelegung *f* загру́зка маши́н, загру́зка обору́дования
Maschinenbelegungsplan *m* план загру́зки маши́н, план загру́зки обору́дования
Maschinenbesatz *m с.-х.* оснащённость те́хникой
Maschinenbestand *m* маши́нный парк; парк маши́н (и обору́дования)
Maschinenbetriebskosten *pl* расхо́ды по эксплуата́ции маши́н и обору́дования, эксплуатацио́нные изде́ржки
Maschinenbuchführung *f бухг.* механизи́рованный учёт
Maschinenbuchhaltung *f бухг.* механизи́рованный учёт

Maschinenbuchhaltungsstation *f* машиносчётная ста́нция, МСС

Maschinendurchlaufplanung *f* плани-ро́вание испо́льзования маши́н и обору́дования; плани́ро́вание испо́льзования произво́дственных мо́щностей

Maschineneinsatz *m* механиза́ция

Maschinenerneuerungskonto *n* счёт отчисле́ний на но́вую те́хнику

Maschinenfließfertigung *f* пото́чное произво́дство

automatische Maschinenfließfertigung автомати́ческое пото́чное произво́дство

Maschinenfließreihe *f* пото́чная ли́ния

automatische Maschinenfließreihe автомати́ческая пото́чная ли́ния

Maschinenfließstraße *f* пото́чная ли́ния

Maschinenkapazität *f* производи́тельность маши́ны; мо́щность обору́дования

Maschinenkarte *f* па́спорт маши́ны, па́спорт станка́

Maschinenklausel *f* огово́рка, предусма́тривающая компенса́цию в слу́чае уще́рба, ча́ще всего́ то́лько в разме́ре расхо́дов на ремо́нт *(в догово́ра́х ку́пли-прода́жи и перево́зки маши́н)*

Maschinenkode *m вчт.* код маши́ны

Maschinenkosten *pl* расхо́ды по содержа́нию маши́н и обору́дования *(мн.ч.)*; амортизацио́нные отчисле́ния *мн. (на механи́ческое обору́дование)*

Maschinenlaufstunden *f, pl* коли́чество машино-часо́в

Maschinenlaufzeit *f* маши́нное вре́мя; вре́мя рабо́ты маши́ны

Maschinennutzung *f* испо́льзование обору́дования

Maschinenpark *m* маши́нный парк

Maschinenpass *m* па́спорт маши́ны, па́спорт станка́; па́спорт обору́дования

Maschinenpflege *f* ухо́д за маши́ной; обслу́живание маши́ны

Maschinenplatz *m* произво́дственная пло́щадь, за́нятая обору́дованием

Maschinenprodukt *n* проду́кт маши́нного произво́дства, изде́лие маши́нного произво́дства

Maschinenprogramm *n вчт.* маши́нная програ́мма; компью́терная програ́мма

Maschinenrechenstation *f* машиносчетная ста́нция, МСС

Maschinensatz *m* маши́нный агрега́т; компле́кт маши́н

Maschinenschaden *m* поло́мка обору́дования

Maschinenschicht *f* машино-сме́на

Maschinenschild *n* фи́рменная табли́чка маши́ны

Maschinensprache *f* маши́нный язы́к

Maschinenstraße *f* ста́ночная ли́ния; конве́йер

automatische Maschinenstraße автомати́ческая ста́ночная ли́ния

Maschinenstunde *f* машино-час, стан-ко-час

Maschinenstundenkalkulation *f* кальку́ля́ция эксплуатацио́нных изде́ржек в расчёте на оди́н машино-час

Maschinenstundenkosten *pl* эксплуатацио́нные изде́ржки в расчёте на оди́н машино-час

Maschinenwartung *f* ухо́д за маши́ной; обслу́живание маши́ны

Maschinenzeit *f* маши́нное вре́мя

Maschinenzeitbilanz *f* бала́нс маши́нного вре́мени

Maschinenzeitfonds *m* фонд маши́нного вре́мени

Maschinergröße *f*, **optimale** оптима́льная производи́тельность кру́пных маши́н

Maschinisierung *f* механиза́ция

Maß *n* ме́ра; разме́р; величина́, масшта́б; ме́рка; ме́ра, преде́л, грани́ца; сте́пень

Maß der Arbeit ме́ра труда́

Maß der Werte ме́ра сто́имости

Maß des Verbrauchs ме́ра потребле́ния, объём потребле́ния, величина́ потребле́ния

Maß- und Gewichtssystem *n* систе́ма мер и весо́в

Maßabweichung *f* отклоне́ние от норма́льной ме́ры

Maßanalyse *f* объёмный ана́лиз, титрова́льный ана́лиз *(при иссле́довании ка́чества проду́кции)*

Maßangabe *f* указа́ние разме́ра

Masse *f* ма́сса; вес; груз; ко́нкурсная ма́сса

statistische Masse объе́кт статисти́ческого наблюде́ния

Masseabgang *m* поте́ря в ве́се, у́быль в ве́се; утру́ска; усу́шка; уте́чка

Masseansprüche *m pl* тре́бования, удовлетворяемые в пе́рвую о́чередь из ко́нкурсной ма́ссы *(напр., при осуществле́нии процеду́ры банкро́тства)*

Massedifferenz *f* ра́зница в ве́се

Masseeinheit *f* едини́ца ве́са, весова́я едини́ца

Masseforderungen *f pl* тре́бования *(обы́чно - кредито́ров)* к ко́нкурсной ма́ссе

Massegläubiger *m* кредито́р, име́ющий пра́во на преиму́щественное удовлетворе́ние свои́х тре́бований из ко́нкурсной ма́ссы

Massekosten *pl* расхо́ды, свя́занные с подгото́вкой и проведе́нием ко́нкурса *(при распространённой процеду́ре банкро́тства покрыва́ются в пе́рвую о́чередь из ко́нкурсной ма́ссы)*

Massemanko *n* поте́ря в ве́се, у́быль в ве́се; недове́с, прове́с

Masseminderung *f* уменьше́ние ве́са

Masseminderung durch Verschütten утру́ска

Massenabsatz *m* ма́ссовый сбыт

Massenarbeitslosigkeit *f* ма́ссовая безрабо́тица

Massenartikel *m* изде́лие ма́ссового произво́дства; предме́т широ́кого потребле́ния

Massenaufkauf *m* ма́ссовая заку́пка

Massenbedarf *m* широ́кий спрос, ма́ссовый спрос

Massenbedarfsgüter *n, pl* това́ры широ́кого потребле́ния, предме́ты широ́кого потребле́ния

Massenbedarfsgüterproduktion *f* произво́дство това́ров широ́кого потребле́ния

Massenbedarfswaren *f, pl* това́ры широ́кого потребле́ния, предме́ты широ́кого потребле́ния

Massenbeförderung *f* ма́ссовые перево́зки

Massenelend *n* обнища́ние масс, пауперіза́ция; нищета́ масс

Massenentlassung *f* ма́ссовое увольне́ние

Massenerscheinung *f стат.* ма́ссовое явле́ние

Massenerzeugung *f* ма́ссовое произво́дство

Massenfertigung *f* ма́ссовое произво́дство *(в обраба́тывающей промы́шленности)*

parallele Massenfertigung однопредме́тное ма́ссовое произво́дство; однопрофи́льное ма́ссовое произво́дство

wechselnde Massenfertigung многопредме́тное ма́ссовое произво́дство; многопрофи́льное ма́ссовое произво́дство

Massenfließfertigung *f* ма́ссовое пото́чное произво́дство

Massengebrauchsartikel *m, pl* това́ры широ́кого потребле́ния, предме́ты широ́кого потребле́ния

Massengut *n* ма́ссовый груз, нава́лочный груз

Massengütertransport *m* перево́зка ма́ссовых гру́зов, ма́ссовые перево́зки гру́зов

Massengüterverkehr *m* перево́зка ма́ссовых гру́зов, ма́ссовые перево́зки гру́зов

Massengutfrachter *m* сухогру́з, су́дно для перево́зки ма́ссовых гру́зов
Massengutfrachtschiff *n* су́дно, предназна́ченное для перево́зок ма́ссовых гру́зов, сухогру́з
Massenherstellung *f* ма́ссовое произво́дство *(в обраба́тывающей промы́шленности)*
Massenkunde *m* ма́ссовый покупа́тель
Massenmedien *n, pl* сре́дства ма́ссовой информа́ции *(печа́ть, ра́дио, телеви́дение)*
Massenproduktion *f* ма́ссовое произво́дство
Massensatz *m* разновес
Massenschätzung *f стат.* валова́я оце́нка
Massenschüttgut *n* ма́ссовый груз, навалочный груз
Massenstückgut *n* ма́ссовый шту́чный груз
Massenverbrauch *m* широ́кое потребле́ние, ма́ссовое потребле́ние
Massenverbrauchsgüter *n, pl* това́ры широ́кого потребле́ния, предме́ты широ́кого потребле́ния
Massenverbundenheit *f* связь с ма́ссами
Massenverkehr *m* ма́ссовые перево́зки
Massenvertrieb *m* ма́ссовый сбыт
Massenwaren *f, pl* това́ры широ́кого потребле́ния, предме́ты широ́кого потребле́ния
Massenwerbung *f* рекла́ма, рассчи́танная на широ́кие круги́ потреби́телей
Massenwettbewerb *m* ма́ссовое соревнова́ние
Massenzeichnung *f* **der Anleihe** ма́ссовая подпи́ска на заём
Masseschulden *f, pl* долги́, покрываемые из ко́нкурсной ма́ссы
Masseschwund *m* поте́ря в ве́се, у́быль в ве́се; утру́ска; усу́шка; уте́чка
Masseunterschied *m* ра́зница в ве́се
Masseverlust *m* поте́ря в ве́се, у́быль в ве́се; утру́ска; усу́шка; уте́чка
Massezunahme *f* увеличе́ние ве́са; *с.-х.* нагу́л, приве́с
Maßgabe *f* ме́ра; соразме́рность; соотве́тствие; усло́вия *(заключе́ния догово́ра)*
maßgerecht соотве́тствующий разме́ру; по ме́рке
Maßgut *n* габари́тный груз
Maßhaltepolitik *f* поли́тика сде́рживания тре́бований *(напр., о повыше́нии за́работной пла́ты)*
Maßkontrolle *f* прове́рка разме́ров, контро́ль разме́ров
Maßliste *f* габари́тный пе́речень *(часть погрузочного о́рдера с указа́нием разме́ров мест, поставляемых на прича́л; явля́ется осно́вой для расчёта фрахтовых ста́вок)*
Maßnahme *f* мероприя́тие, ме́ра
diskriminierende Maßnahme дискриминацио́нная ме́ра
einschränkende Maßnahme ограничи́тельная ме́ра
gerichtliche Maßnahme суде́бная ме́ра
halbe Maßnahme полуме́ра
handelspolitische Maßnahme торгово-полити́ческая ме́ра
provisorische Maßnahme временна́я ме́ра, мероприя́тие вре́менного хара́ктера
restriktive Maßnahme ограничи́тельная ме́ра
technischorganisatorische Maßnahme организационно-техни́ческое мероприя́тие
wirtschaftlichorganisatorische Maßnahme организационно-хозя́йственное мероприя́тие
wirtschaftspolitische Maßnahme хозяйственно-полити́ческое мероприя́тие
Maßrate *f* фрахто́вая ста́вка для негабари́тных гру́зов
Maßregel *f* мероприя́тие, ме́ра; распоряже́ние, предписа́ние
Maßstab *m* масшта́б
Maßstab der Preise масшта́б цен
im großtechnischen Maßstab в промы́шленных масшта́бах
im technischen Maßstab в произво́дственных усло́виях
Maßstabsteuern *f pl* основны́е нало́ги; нало́ги, составля́ющие основну́ю часть бюдже́тных поступле́ний
Maßsystem *n* систе́ма едини́ц измере́ния
technisches Maßsystem практи́ческая систе́ма едини́ц измере́ния
Maßzahl *f* разме́рное число́; числова́я ме́ра
statistische Maßzahl статисти́ческая ме́ра
Maßzoll *m* по́шлина, взима́емая с разме́ра гру́за
mate's receipt *англ.* шту́рманская распи́ска *(в приёме гру́за - предвари́тельный коносаме́нт)*
Material *n* материа́л; сырьё; материа́льные сре́дства
Material материа́лы, докуме́нты, доказа́тельства
beigestelltes Material дава́льческое сырьё; дава́льческий материа́л
fehlerhaftes Material дефе́ктный материа́л
flottantes Material це́нные бума́ги, вре́менно находя́щиеся у биржевы́х маклеров
rollendes Material подвижно́й соста́в
schwer beschaffbares Material дефици́тный материа́л
schwimmendes Material це́нные бума́ги, вре́менно находя́щиеся у биржевы́х маклеров
unterwegs befindliches Material *бухг.* материа́лы в пути́
zweckgebundenes Material материа́лы целево́го назначе́ния
Material- und Warenbestände *m, pl* запа́сы товарно-материа́льных це́нностей
Materialabfälle *m, pl* отхо́ды сырья́ и материа́лов
Materialanforderung *f* зая́вка на сырьё и материа́лы
Materialaufkommen *n* материа́льные фо́нды, материа́льные ресу́рсы
Materialaufwand *m* расхо́д сырья́ и материа́лов, расхо́дование сырья́ и материа́лов
Materialaufwandkoeffizient *m* коэффицие́нт затра́т сырья́ и материа́лов
voller Materialaufwandkoeffizient коэффицие́нт по́лных затра́т
materialaufwendig материалоёмкий
Materialaufwendigkeit *f* материалоёмкость
Materialausgabe *f* о́тпуск материа́лов
Materialausnutzung *f* испо́льзование сырья́ и материа́лов
Materialausnutzungskoeffizient *m* коэффицие́нт испо́льзования сырья́ и материа́лов
Materialausnutzungsnorm *f* но́рма испо́льзования сырья́ и материа́лов
Materialbedarf *m* потре́бности в сырье и материа́лах, потре́бность в сырье и материа́лах
Materialbedarfsermittlung *f* определе́ние потре́бностей в сырье и материа́лах
Materialbedarfsplan *m* план материа́льно-техни́ческого снабже́ния
Materialbeistellung *f* поста́вка сырья́ и материа́лов *(предприя́тию для обрабо́тки)*; поста́вка *(заказчиком производителю)* дава́льческого сырья́ и материа́лов
Materialbelege *m, pl бухг.* материа́льная документа́ция, документа́ция по учёту материа́лов
Materialbelieferung *f* материа́льно-техни́ческое снабже́ние
Materialbereitstellungsplan *m* план материа́льно-техни́ческого снабже́ния
Materialbeschaffung *f* обеспе́чение сырьём и материалами, приобрете-

ние сырья́ и материа́лов, получе́ние сырья́ и материа́лов

Materialbestand *m* запа́сы сырья́ и материа́лов; запа́сы това́рно-материа́льных це́нностей; оста́тки това́рно-материа́льных це́нностей

Materialbestandskarte *f* ве́домость учёта материа́лов; ве́домость учёта това́рно-материа́льных це́нностей; ка́рточка учёта това́рно-материа́льных це́нностей

Materialbestandskonto *n бухг.* статья́ материа́льного бала́нса, отража́ющая нали́чие това́рно-материа́льных це́нностей, са́льдо по счёту «сырьё и материа́лы»

Materialbestandskontrolle *f* контро́ль за состоя́нием запа́са материа́лов, контро́ль за состоя́нием запа́сов това́рно-материа́льных це́нностей

Materialbestandsnorm *f* устано́вленный *(фи́рмой)* нормати́в запа́сов материа́лов, нормати́в запа́сов това́рно-материа́льных це́нностей; нормати́в това́рных запа́сов

Materialbestandsrechnung *f* коли́чественный учёт материа́льных запа́сов *(напр., в штуках, метрах)*, учёт материа́льных запа́сов

Materialbestellung *f* зака́з материа́лов; зака́з на материа́лы

Materialbevorratung *f* созда́ние запа́сов това́рно-материа́льных це́нностей

Materialbewegung *f* движе́ние сырья́ и материа́лов

Materialbewertungskennziffer *f* показа́тель материалоёмкости, коэффицие́нт материалоёмкости

Materialbeziehung *f* получе́ние материа́лов

Materialbezug *m* получе́ние материа́лов

Materialbilanz *f* материа́льный бала́нс

Materialbilanzierung *f* составле́ние материа́льного бала́нса

Materialbuchführung *f бухг.* материа́льный учёт, учёт това́рно-материа́льных це́нностей

Materialbuchhaltung *f бухг.* материа́льный учёт, учёт това́рно-материа́льных це́нностей

Materialdeckungsquelle *f* исто́чник покры́тия потре́бностей в сырье и материа́лах

Materialdisposition *f* учёт *(внутризаводско́го)* движе́ния сырья́ и материа́лов

Materialeingang *m* поступле́ние материа́лов

Materialeingangsschein *m* прихо́дный о́рдер на материа́лы, накладна́я на поступле́ние материа́лов

Materialeinkauf *m* заку́пка материа́лов

Materialeinsatz *m* испо́льзование сырья́ и материа́лов; расхо́д сырья́ и материа́лов *(в произво́дственных целя́х)*

Materialeinsatzschlüssel *m* коэффицие́нт материалоёмкости, характери́стика материалоёмкости

Materialeinsparung *f* эконо́мия сырья́ и материа́лов

Materialeinsparungsprämie *f* пре́мия за эконо́мию сырья́ и материа́лов

Materialentnahme *f* о́тпуск материа́лов

Materialentnahmeschein *m* накладна́я на о́тпуск материа́лов со скла́да; лими́тно-забо́рная ка́рта

Materialersparnis *f* эконо́мия сырья́ и материа́лов

Materialfluss *m* материа́льный пото́к

Materialflussbild *n* схемати́ческое изображе́ние материа́льных пото́ков

Materialfonds *m, pl* материа́льные фо́нды, материа́льные ресу́рсы

Materialgemeinkosten *pl* о́бщие изде́ржки на материа́лы, о́бщие расхо́ды на материа́лы

Materialgemeinkosten усло́вно-постоя́нная часть расхо́дов *(накладны́е расхо́ды)*, свя́занных с приобрете́нием сырья́ и материа́лов

Materialgüte *f* ка́чество материа́ла, добро́тность материа́ла

Materialhilfsstelle *f* отде́л материа́льно-техни́ческого снабже́ния

Materialien *n, pl*, **handelsübliche** стандартизо́ванная проду́кция

Materialintensität *f* материалоёмкость

materialintensiv материалоёмкий

Materialisation *f* материализа́ция, овеществле́ние

Materialisierung *f* материализа́ция, овеществле́ние

Materialkartei *f* картоте́ка учёта сырья́ и материа́лов, картоте́ка учёта това́рно-материа́льных це́нностей

Materialkennziffer *f* показа́тель материалоёмкости

Materialkontingent *n* континге́нт материа́лов

Materialkontrolle *f* контро́ль за состоя́нием запа́са материа́лов, контро́ль за состоя́нием запа́сов това́рно-материа́льных це́нностей; испыта́ние материа́лов

verbraucherseitige Materialkontrolle контро́ль ка́чества материа́лов потреби́телями

Materialkosten *pl (заводски́е)* расхо́ды на сырьё и материа́лы; *(заводска́я)* сто́имость сырья́ и материа́лов

Materiallager *n* склад това́рно-материа́льных це́нностей

Materiallagerung *f* складирова́ние сырья́ и материа́лов

Materiallieferung *f* поста́вка сырья́ и материа́лов; па́ртия поставля́емых материа́лов

Materialmangel *m* нехва́тка сырья́ и материа́лов, дефици́т сырья́ и материа́лов; дефе́кт в материа́ле, изъя́н в материа́ле

Materialnormativ *n* нормати́в расхо́да сырья́ и материа́лов

Materialökonomie *f* эконо́мия сырья́ и материа́лов; материа́льно-техни́ческое снабже́ние

Materialorientierung *f* территориа́льное размеще́ние производи́тельных сил с учётом *(фа́ктора)* материа́льных ресу́рсов

Materialplan *m* план материа́льно-техни́ческого снабже́ния

Materialplanung *f* плани́рование материа́льно-техни́ческого снабже́ния

Materialpreis *m* цена́ сырья́ и материа́лов

Materialpreisdifferenz *f* ра́зница ме́жду расчётной цено́й и факти́ческой сто́имостью сырья́ и материа́лов

Materialprüfung *f* испыта́ние материа́лов

Materialprüfungskosten *pl* расхо́ды по испыта́нию материа́лов

Materialpuffer *m* пла́новые сверхнормати́вные запа́сы сырья́ и материа́лов

Materialquelle *f* исто́чник получе́ния сырья́ и материа́лов, исто́чник поступле́ния сырья́ и материа́лов

Materialrechnung *f* учёт това́рно-материа́льных це́нностей

Materialreserven *f, pl* резе́рвы сырья́ и материа́лов, запа́сы сырья́ и материа́лов

Materialrichtsatz *m* нормати́в расхо́да сырья́ и материа́лов

Materialrückgabeschein *m* накладна́я на возвра́т неиспо́льзованных материа́лов *(на склад)*; приёмно-сда́точная накладна́я

Materialrückgewinnung *f* утилиза́ция отхо́дов, утилиза́ция втори́чного сырья́

Materialrücklauf *m* возвра́т неиспо́льзованных материа́лов

Materialrücklaufschein *m* накладна́я на возвра́т неиспо́льзованных материа́лов *(на склад)*; приёмно-сда́точная накладна́я

Materialsammelschein *m* сво́дная ве́домость учёта сырья́ и материа́лов

Materialschaden *m* материа́льный ущёрб

materialsparend эконо́мящий сырьё и материа́лы

Materialsperre *f* запре́т на поста́вку сырья́ и материа́лов *(ме́тод принуди́тельного картелирования)*

Materialstrom *m* материа́льный пото́к

Materialstückliste *f* технологи́ческая ка́рта изде́лий

Materialsubstitution *f* заме́на сырья́ и материа́лов

Materialteuerungszuschlag *m* надба́вка, предусмо́тренная на слу́чай повыше́ния сто́имости сырья́ и материа́лов

Materialumschlag *m* оборо́т сырья́ и материа́лов

Materialumsetzung *f* перемеще́ние сырья́ и материа́лов, перебро́ска сырья́ и материа́лов

Materialverbrauch *m* расхо́д сырья́ и материа́лов

spezifischer Materialverbrauch уде́льный расхо́д сырья́ и материа́лов

Materialverbrauchsnorm *f* но́рма расхо́да сырья́ и материа́лов

erfahrungsstatistische Materialverbrauchsnorm пла́новая но́рма расхо́да сырья́ и материа́лов, устана́вливаемая на осно́ве статисти́ческих да́нных

errechnete Materialverbrauchsnorm расчётная но́рма расхо́да сырья́ и материа́лов

technisch begründete Materialverbrauchsnorm техни́чески обосно́ванная пла́новая но́рма расхо́да сырья́ и материа́лов

Materialverbrauchsnormung *f* норми́рова́ние расхо́да сырья́ и материа́лов

Materialverbrauchsstruktur *f* структу́ра расхо́да сырья́ и материа́лов

Materialverbrauchsstudie *f* ана́лиз расхо́да сырья́ и материа́лов

Materialverbrauchsvorgabe *f (устана́вливаемый)* лими́т расхо́да сырья́ и материа́лов

Materialvergeudung *f* перерасхо́д сырья́ и материа́лов

Materialverluste *m, pl* поте́ри сырья́ и материа́лов

Materialverrechnung *f* расчёты, свя́занные с поступлением и расхо́дованием сырья́ и материа́лов

Materialverrechnungspreis *f* пере́дняя внутризаводска́я расчётная цена́ материа́лов на пла́новый год

Materialverschwendung *f* перерасхо́д сырья́ и материа́лов

Materialversorgung *f* материа́льно-техни́ческое снабже́ние, снабже́ние произво́дственными ресу́рсами

Materialversorgungsbilanz *f* бала́нс материа́льно-техни́ческого снабже́ния, бала́нс поста́вок произво́дственных ресу́рсов

Materialversorgungsplan *m* план материа́льно-техни́ческого снабже́ния

Materialversorgungsstatistik *f* стати́стика материа́льно-техни́ческого снабже́ния

Materialverteilung *f* распределе́ние сырья́ и материа́лов

Materialverteilungsplan *m* план распределе́ния сырья́ и материа́лов

Materialverteuerungszuschlag *m* надба́вка, предусмо́тренная на слу́чай повыше́ния сто́имости сырья́ и материа́лов

Materialverwendung *f* расхо́дование сырья́ и материа́лов, испо́льзование сырья́ и материа́лов

Materialvorrat *m* произво́дственные запа́сы

Materialvorratsnorm *f* но́рма произво́дственных запа́сов

Materialwirtschaft *f* материа́льно-техни́ческое снабже́ние; систе́ма снабже́ния произво́дственными ресу́рсами, логи́стика

Materialzirkulation *f* оборо́т сырья́ и материа́лов

Materialzufluss *m* поступле́ние сырья́ и материа́лов

Materialzugang *m* поступле́ние сырья́ и материа́лов

Materialzuteilung *f* распределе́ние сырья́ и материа́лов; материа́льно-техни́ческое снабже́ние

materiell-stofflich материа́льно-веще́ственный

materiell-technisch материа́льно-техни́ческий

Matrikularbeiträge *n pl* взнос чле́на сою́за госуда́рств для финанси́рования о́бщих зада́ч сою́за

Matrix *f мат.* ма́трица

Matrix der Koeffizienten ма́трица коэффициентов

ausgeartete Matrix вы́рожденная ма́трица

einspaltige Matrix ма́трица-столбе́ц

einzeilige Matrix ма́трица-строка́

konjugiert komplexe Matrix комплексно-сопряжённая ма́трица

normale Matrix норма́льная ма́трица

periodische Matrix периоди́ческая ма́трица

reduzible Matrix приводимая ма́трица

reduzierte Matrix приведённая ма́трица

reziproke Matrix обра́тная ма́трица

Matrix ма́трица с коне́чным числом элеме́нтов в ка́ждом столбце

stochastische Matrix стохасти́ческая ма́трица

technologische Matrix технологи́ческая ма́трица

unitäre Matrix унитарная ма́трица

unzerlegbare Matrix неразложимая ма́трица

vollständige Matrix по́лная ма́трица

zeilenfinite Matrix ма́трица с коне́чным число́м элеме́нтов в ка́ждой строке́

Matrixspiel *n* ма́тричная игра́

Matrixverfahren *n* ма́тричный ме́тод

Matrize *f мат.* ма́трица

Matrizenbetriebsplan *m* ма́тричный промфинплан *(предприя́тия)*

Matrizenbilanz *f* ма́тричный бала́нс *(предприя́тия)*

Matrizenform *f мат.* ма́тричная фо́рма

Matrizenkarte *f* гла́вная перфока́рта, ма́тричная перфока́рта

Matrizenmethode *f* ма́тричный ме́тод

Matrizenmodell *n* ма́тричная моде́ль *(напр., межотраслевого бала́нса)*

mature economy *англ.* «зре́лая» эконо́мика

max., maximal максима́льный; максима́льно

Maximal *f* максима́льно высо́кая страхова́я су́мма *(в страхова́нии грузово́го тра́нспорта)*

Maximalarbeitstag *m* преде́льный рабо́чий день, максима́льный рабо́чий день

Maximalbelastung *f* максима́льная нагру́зка

Maximalbeschäftigung *f* максима́льная за́нятость

Maximalbestand *m* максима́льный запа́с

Maximalbetrag *m* максима́льная су́мма

Maximaldauer *f* **der Aktivität** *сет. пл.* максима́льная продолжи́тельность рабо́ты

Maximaleindeckung *f* максима́льный запа́с *(материа́лов)*

Maximalerlös-Kombination *f* комбини́рованное произво́дство разли́чных изде́лий, обеспе́чивающее максима́льную вы́ручку на ры́нке

Maximalfehler *m* преде́льная оши́бка

Maximalgrenze *f* максима́льный преде́л *(напр., проце́нта)*

Maximalhypothek *f* ипоте́ка, внесённая в када́стр с указа́нием максима́льной су́ммы сто́имости земе́льного уча́стка

Maximalleistung *f* максима́льная произво́ди́тельность (*или* мо́щность)

Maximalprofit *m* максима́льная при́быль

Maximalprogramm *n* прогрáмма-мáксимум

Maximaltarif *m* максимáльный *(таможенный)* тарúф

Maximalwert *m* максимáльная величинá, максимáльное значéние, мáксимум

Maximalzoll *m* максимáльная пóшлина

Maximierung *f мат.* максимизáция

Maximum *n* мáксимум

minimales Maximum *мат.* минимáкс

ein Maximum erstreben стремúться к максимуму

Maximum-Likelihood-Gleichung *f* уравнéние максимáльного правдоподóбия

Maximum-Likelihood-Methode *f* мéтод мáксимума правдоподóбия

Maximum-Likelihood-Prinzip *n* прúнцип мáксимума правдоподóбия

Maximum-Minimum-Problem *n* задáча на минимáкс

Maximumprinzip *n мат.* прúнцип мáксимума

Maxinnim-Likelihood-Schätzung *f* оцéнка по прúнципу максимáльного правдоподóбия

m.a.Z., mit allem Zubehör со всéми принадлéжностями

MB, Ministerialbekanntmachung *(циркулярное)* распоряжéние министéрства

m.b.b.e., merchanfs brokers both ends маклеры грузоотправúтеля нахóдятся в портах погрýзки и вы́грузки, брóкеры грузоотправúтеля нахóдятся в портах погрýзки и вы́грузки

Mber., Monatsbericht мéсячный отчёт

mbH,, m.b.H. mit beschränkter Haftung с ограни́ченной ответственностью *(о компáнии, о товариществе)*

MC, Monaco Монáко, *до 1978г. код* **MJ**

MD:

MD, Moldau, Republik Респýблика Молдóва, *до 1978г. код* **PO**

MD, Monatsdurchschnitt мéсячная срéдняя, среднемесячный ýровень

Md., Milliarde миллиáрд

m/d, month(s) after date мéсяц(ы) с дáты

MDAX, Der Midcap-Index der Deutschen Börse МДАКС, индéкс 70 ликвидных áкций вторóй позúции бúржи ФРГ

MdF, Ministerium der Finanzen Министéрство финáнсов

m.d.F.b., mit der Führung beauftragt уполномóченный на ведéние дел

m.d.F.d.G.b., mit der Führung des Geschäftes beauftragt уполномóченный на ведéние дел фúрмы

MDL, Moldau-Leu, -- Moldau, Republik Молдáвский лей (*код валю́ты* 498), -- Молдóва, респýблика

m.d.W.b., mit der Wahrung der Geschäfte beauftragt уполномóченный соблюдáть интерéсы фúрмы

ME, Mengeneinheit колúчественная единúца измерéния

mechanisierbar поддающийся механизáции

Mechanisierung *f* механизáция

durchgängige Mechanisierung кóмплексная механизáция, сплошнáя механизáция, пóлная механизáция

Mechanisierungsgrad *m* ýровень механизáции

Mechanisierungskoeffizient *m* коэффициéнт механизáции

Mechanisierungsmittel *n, pl* срéдства механизáции

Mechanisierungsstand *m* ýровень механизáции

Mechanisierungsstufe *f* ýровень механизáции

med., medio медио, середúна мéсяца

MEDA, Messedienst für die Agrar- und Ernährungswirtschaft Óбщество по техни́ческому обслýживанию сельскохозя́йственных и продовóльственных ярмарок

Media-Plan *m* медиа-план; медиа-планирóвание; планирóвание информациóнных потóков

Median *m мат., стат.* срéднее значéние, центрáльное значéние, медиáна

Mediane *f мат., стат.* срéднее значéние, центрáльное значéние, медиáна

Mediankarte *f (контрóльная)* кáрта медиан

Medianwert *m* сре́динное значéние, центрáльное значéние, медиáна

Medien *m* срéдняя стóимость; срéдняя величинá

Medien медиáна

Medien промежýточное значéние

Medien *n, pl* срéдства мáссовой информáции *(печáть, рáдио, телевúдение)*

Medienanalyse *f* анáлиз рекламной дéятельности

Medio *m австр.* медио, середúна мéсяца, *15-е* числó мéсяца

mediofällig подлежáщий оплáте в середúне мéсяца, подлежáщий оплáте 15-го числá, подлежáщий учёту в середúне мéсяца, подлежáщий учёту 15-го числá *(о вéкселе)*

Mediogeld *n* краткосрóчный кредúт с оплáтой 15-го числá

Mediogeschäft *n* сдéлка на медио, сдéлка, срок которóй истекáет к середúне мéсяца

Mediowechsel *m* вéксель, подлежáщий оплáте в середúне мéсяца, вéксель, подлежáщий оплáте 15-го числá, вéксель, подлежáщий учёту в середúне мéсяца, вéксель, подлежáщий учёту 15-го числá

MEEC, Middle East Economic Commission Экономúческая комиссúя ООН для Срéднего Востóка

m.e.G., mit eigenem Geschäftsbereich с сóбственной сферой дéятельности

Mehr- oder Wenigerrechnung *f* расчёт разниц мéжду статья́ми торгóвого балáнса и статья́ми балáнса предприя́тия, состáвленного для определéния сýммы налóгового обложéния

Mehr-Variantenplanung *f* многовариантное планирóвание

Mehraggregatbedienung *f* многоагрегатное обслýживание

Mehranfertigung *f* закáз, вы́полненный предприя́тием с нéкоторым превышéнием

Mehrarbeit *f* дополнúтельный труд; прибáвочный труд; сверхурóчная рабóта; увеличéние объёма рабóты

Mehrarbeit leisten рабóтать сверх нóрмы, рабóтать сверхурóчно; *разг.* перерабáтывать

Mehrarbeitsstellenbedienung *f* обслýживание нéскольких рабóчих мест; многостаночное обслýживание, многоагрегатное обслýживание, многостаночная рабóта, многоагрегатная рабóта

Mehrarbeitstag *m* прибáвочный рабóчий день

Mehrarbeitsvergütung *f* оплáта сверхурочной рабóты

Mehrarbeitszeit *f* прибавочное рабóчее врéмя

Mehrarbeitszuschlag *m* надбáвка *(к зáработной плáте)* за сверхурóчную рабóту

Mehraufwand *m* дополнúтельные затрáты, сверхплановые затрáты, дополнúтельные расхóды

Mehraufwand durch kompliziertes Sortiment дополнúтельные затрáты, обуслóвленные усложнением сортамента выпускáемой продýкции

technologischer Mehraufwand дополнúтельные затрáты, обуслóвленные изменéнием технолóгии произвóдства

Mehraufwendungen *f, pl* дополнúтельные затрáты, сверхплановые затрáты, дополнúтельные расхóды

Mehrausgaben *f, pl* дополнúтельные затрáты, сверхплановые затрáты, дополнúтельные расхóды

Mehrausstoß *m* дополнúтельный вы́пуск

продукции, сверхплановый выпуск продукции

Mehrbedarf *m* дополнительные потребности, сверхплановые потребности

Mehrbelastung *f* дополнительная нагрузка, избыточная нагрузка, чрезмерная нагрузка; дополнительное *(налоговое)* обложение

Mehrberechnung *f* доплата
gegen Mehrberechnung за особую доплату

Mehrbestand *m* сверхнормативные запасы

Mehrbetrag *m* излишек *(бюджета)*
Mehrbetrag превышение доходов над расходами, излишки

Mehrblatt-Verfahren *n бухг.* метод копиручёта, при котором одновременно с записями в карточку лицевого счёта и в журнал производятся другие записи

Mehreinfuhr *f* дополнительный импорт
Mehreinfuhr пассивное сальдо *(торгового баланса)*

Mehreinnahmen *f pl* дополнительные поступления, сверхплановые поступления; дополнительный доход

Mehrerlös *m* дополнительная выручка, сверхплановая выручка; выручка сверх намечавшейся по смете

Mehrerzeugung *f* избыточное производство; производство дополнительной продукции; дополнительная продукция, сверхплановая продукция

mehrfach неоднократный, многократный
mehrfach сложный, комбинированный

Mehrfach-Stichprobenplan *m* план множественного приёмочного контроля, многовыборочный контроль *(качества)*

Mehrfach-Stichprobenverfahren *n* метод множественного приёмочного контроля

Mehrfacharbitrage *f* многосторонний арбитраж

Mehrfachbesteuerung *f* многократное обложение

Mehrfachbezieher *m* получатель нескольких видов пособий

Mehrfachnutzung *f* многократное использование

Mehrfachprojekt *n* многопрограммный проект

Mehrfachqualifikation *f* освоение нескольких специальностей

Mehrfachregression *f стат.* множественная регрессия

Mehrfachtransporte *m, pl* многократные перевозки, повторные перевозки

Mehrfachzoll *m* сложный таможенный тариф

Mehrfahrtenkarte *f* проездной билет на несколько поездок

Mehrfracht *f* дополнительный фрахт, дополнительная плата за провоз, дополнительная плата за перевозку

Mehrgebot *n* разница между самой низкой и самой высокой ценой *(на аукционе)*

Mehrgewicht *n* излишний вес, избыточный вес

Mehrgewinn *m* дополнительная прибыль, сверхплановая прибыль; сверхприбыль

Mehrgewinnsteuer *f* налог на сверхприбыль

Mehrheitsbeteiligung *f* участие большинства

Mehrjahreshaushaltsplan *m* многолетний финансовый план; проект государственного бюджета на несколько лет

Mehrkosten *pl* дополнительные издержки, дополнительные расходы, сверхплановые издержки; перерасход

Mehrleistung *f* повышенная производительность; дополнительная продукция; перевыполнение норм выработки

Mehrleistungen *f, pl* дополнительные выплаты *(по социальному страхованию)*

Mehrleistungslohn *m* сдельно-премиальная оплата труда, сдельно-премиальная заработная плата

Mehrleistungsprämie *f* повременно-премиальная оплата труда, повременно-премиальная заработная плата
Mehrleistungsprämie bei Materialeinsparung премия за экономию *(сырья и)* материалов
Mehrleistungsprämie für Planübererfüllung премия за перевыполнение плана, доплата за перевыполнение плана

Mehrlieferung *f* поставка сверх договорного количества, поставка сверх установленного количества

Mehrlohn *m* дополнительная заработная плата; приработок

Mehrlohnprämie *f* премия за перевыполнение нормы

Mehrmaschinenarbeiter *m* многостаночник

Mehrmaschinenbedienung *f* многостаночное обслуживание, многоагрегатное обслуживание, многостаночная работа, многоагрегатная работа

Mehrmaschinenbedienungsnorm *f* норма при многостаночной работе

Mehrpersonenspiel *n* игра с большим числом участников

Mehrphasensteuer *f* многофазный налог с оборота; налог, взимаемый на разных стадиях *(«фазах»)* продвижения облагаемых товаров *или* услуг к конечному потребителю

Mehrporto *n* дополнительная оплата почтового отправления, добавочная оплата почтовых отправлений

Mehrprodukt *n* дополнительный продукт; прибавочный продукт

Mehrproduktbetrieb *m* предприятие, производящее несколько видов продукции

Mehrprodukterzeugung *f* производство нескольких видов продукции

Mehrproduktfertigung *f* производство нескольких видов продукции

Mehrproduktherstellung *f* производство нескольких видов продукции

Mehrproduktion *f* дополнительная продукция, сверхплановая продукция; производство дополнительной продукции

Mehrprofit *m* сверхприбыль

Mehrschichtenarbeit *f* многосменная работа

Mehrschichtenbetrieb *m* многосменная работа; предприятие, работающее в несколько смен

Mehrspaltenjournal *n бухг.* табличная форма журнала, многографная форма журнала

Mehrspaltenverfahren *n бухг.* метод табличной формы учёта, метод многографной формы учёта

Mehrstellenarbeit *f* многостаночное обслуживание, многоагрегатное обслуживание, многостаночная работа, многоагрегатная работа

Mehrsteuern *f, pl* разность между уплаченной и действительно причитавшейся суммами налога; разница между объявленной суммой налога и суммой, установленной налоговым контролем; переплата налога

Mehrstimmrecht *n* право использования «многоголосых» акций

Mehrstimmrechtaktie *f* «многоголосая» акция, плюральная акция *(акция, наделённая большим правом при голосовании или имеющая более высокое соотношение между правом голоса и номиналом)*

Mehrstimmrechtsaktie *f* «многоголосая» акция, плюральная акция

mehrstufig многоступенчатый

Mehrüberweisung *f* дополнительный денежный перевод

Mehrung *f* увеличение, умножение

Mehrverausgabung *f* **von Arbeitskraft** дополнительные затраты труда; интенсификация труда

Mehrverbrauch *m* дополни́тельное потребле́ние; дополни́тельный расхо́д, сверхплановый расхо́д, перерасхо́д

Mehrverdienst *m* дополни́тельный за́работок, при́работок

Mehrvergütung *f* дополни́тельная опла́та труда́

Mehrwegverpackung *f* многооборотная та́ра, многокра́тно оборачивающаяся та́ра, возвра́тная та́ра

Mehrwert доба́вленная сто́имость, вновь со́зданная сто́имость

Mehrwert drüben дополни́тельные расхо́ды при приня́тии това́ра в ме́сте назначе́ния *(по́шлина, фрахт и т.д.)*

Mehrwert erzeugen производи́ть прибавочную сто́имость, создава́ть прибавочную сто́имость

Mehrwert produzieren производи́ть прибавочную сто́имость, создава́ть прибавочную сто́имость

absoluter Mehrwert абсолю́тная приба́вочная сто́имость

kapitalisierter Mehrwert капитализированная приба́вочная сто́имость

relativer Mehrwert относи́тельная приба́вочная сто́имость

vergoldeter Mehrwert приба́вочная сто́имость, преврати́вшаяся в де́ньги

Mehrwertbildung *f* созда́ние приба́вочной сто́имости

Mehrwertgesetz *n* зако́н приба́вочной сто́имости

Mehrwertmasse *f* ма́сса приба́вочной сто́имости

Mehrwertproduktion *f* произво́дство приба́вочной сто́имости

Mehrwert(s)rate *f* но́рма приба́вочной сто́имости

Mehrwertsteuer *f* нало́г на доба́вленную сто́имость, нало́г на вновь созданную сто́имость

Mehrwertsteuerrückerstattung *f* возвра́т су́ммы нало́га на доба́вленную сто́имость

Mehrwerttheorie *f* тео́рия приба́вочной сто́имости

Mehrzeit *f* доба́вочное вре́мя; приба́вочное вре́мя

Mehrzweckfertigung *f* многоцелевое произво́дство

Mehrzweckgenossenschaft *f* многоотраслево́й кооперати́в

Mehrzweckgüterwagen *m* универса́льный това́рный ваго́н

Mehrzweckkontrollkarte *f* многоцелева́я контро́льная ка́рта, контро́льная ка́рта многоцелевого назначе́ния

Mehrzweckmaschine *f* универса́льная маши́на

Mehrzweigstruktur *f* многоотраслевая структу́ра (хозя́йства)

Meinungsforschung *f* изуче́ние обще́ственного мне́ния

Meinungskauf *m бирж.* спекуляти́вная поку́пка *(при игре́ на повыше́ние)*

Meinungskäufe *m pl* фикти́вная сде́лка при поку́пке това́ров и услу́г; спекуляти́вные поку́пки

Meinungsmaschinerie *f* маши́на обрабо́тки обще́ственного мне́ния

Meinungsverkauf *m бирж.* спекуляти́вная прода́жа *(при игре́ на повыше́ние)*

Meinungsverschiedenheit *f* разногла́сие *(сторо́н)*

meistbegünstigen *vt* предоставля́ть режи́м наибо́льшего благоприя́тствования

meistbegünstigt по́льзующийся режи́мом наибо́льшего благоприя́тствования

Meistbegünstigung *f* наибо́льшее благоприя́тствование, режи́м наибо́льшего благоприя́тствования

Meistbegünstigung genießen по́льзоваться режи́мом наибо́льшего благоприя́тствования

Meistbegünstigung gewähren предоставля́ть режи́м наибо́льшего благоприя́тствования

Grundsatz der Meistbegünstigung при́нцип наибо́льшего благоприя́тствования

Meistbegünstigungsklausel *f* огово́рка о режи́ме наибо́льшего благоприя́тствования

Meistbegünstigungsprinzip *n* при́нцип наибо́льшего благоприя́тствования

Meistbegünstigungstarif *m* тари́ф для стран, по́льзующихся режи́мом наибо́льшего благоприя́тствования

Meistbietende *m* предлага́ющий наибо́льшую це́ну *(на аукцио́не)*

Meister *m* ма́стер *(реме́сленник, сда́вший экза́мен на мастера́)*

Meisterbereich *m* произво́дственный уча́сток, возглавля́емый ма́стером

Meisterfonds *m* фонд мастера́ *(для премирования)*

Meisterprüfung *f* экза́мен на мастера́

Meistgebot *n* предложе́ние само́й высо́кой цены́ *(на аукцио́не)*

meistgefragt ходово́й, по́льзующийся наибо́льшим спро́сом *(о това́ре)*

Meldeadresse *f* ме́сто, ука́занное в судовы́х докуме́нтах, куда́ по прибы́тии су́дна до́лжен обрати́ться капита́н

Meldebestand *m* минима́льный у́ровень произво́дственных запа́сов

Meldepflicht *f*, **steuerliche** обя́занность представле́ния налоговой деклара́ции, обя́занность налогоплате́льщика предоста́вить деклара́цию о дохо́дах

Meldeschluss *m (кра́йний)* срок пода́чи зая́вки

Meldung *f* ави́зо, уведомле́ние

Meldungsfrist *f* срок пода́чи зая́вки

Meliorationen *f pl* мелиора́ция

Meliorationsgemeinschaft *f* това́рищество по улучше́нию земе́ль, мелиоративное това́рищество

Meliorationsgenossenschaft *f* това́рищество по улучше́нию земе́ль, мелиоративное това́рищество

Memorial *n бухг.* мемориа́л

Memorial-Order *f бухг.* мемориа́льный о́рдер

Memorial-Order-Buchführung *f* мемориально-ордерная фо́рма учёта

Memorial-Order-Verfahren *n бухг.* мемориально-ордерная фо́рма учёта

Memorialanweisung *f* мемориа́льный о́рдер

Menge *f* ма́сса, мно́жество, большо́е коли́чество; ку́ча, гру́да; *мат.* мно́жество

Menge von Aufteilungen мно́жество дележе́й *(в тео́рии игр)*

Menge von Zuständen *мат.* мно́жество состоя́ний

Mengenangabe *f* указа́ние коли́чества, указа́ние разме́ра, указа́ние ве́са *(това́ра)*

Mengenanpasser *m* продаве́ц (*и́ли покупа́тель*), определя́ющий, како́е коли́чество това́ра при да́нных це́нах должно́ быть про́дано *и́ли* куплено

Mengenanpassung *f* поста́вка на ры́нок тако́го коли́чества конкурентного това́ра, кото́рое не ведёт к измене́нию существу́ющих цен

Mengenanpassung поста́вка на ры́нок тако́го коли́чества това́ра, кото́рое не ведёт к измене́нию существу́ющих цен и, сле́довательно, не вызыва́ет реа́кции партнёров *и́ли* конкуре́нтов

Mengenbeschränkung *f* коли́чественное ограниче́ние

Mengenbilanz *f* коли́чественный бала́нс

Mengeneinheit *f* едини́ца измере́ния

Mengenelastizität *f* эласти́чность спро́са в зави́симости от коли́чества

Mengenfunktion *f* фу́нкция торго́вых организа́ций, заключа́ющаяся в установлении соразмерных отноше́ний ме́жду коли́чеством това́ров и спро́сом

mengengemäß по коли́честву, в количественном отноше́нии

mengengerecht соотве́тствующий устано́вленному коли́честву; в ну́жном коли́честве

Mengenindex *m* количественный индекс, объёмный индекс

Mengenkartell *n* картель, регулирующий объём продукции

Mengenkennzeichnung *f* количественная характеристика

Mengenkennziffer *f стат.* натуральный показатель

Mengenkonjunktur *f* высокая конъюнктура как результат высокого спроса на товары *(при стабильных или снижающихся ценах)*

Mengenkonjunktur ситуация циклического оживления (подъёма) *(при которой увеличение денежного спроса влечёт за собой главным образом расширение производства, а не общий рост цен)*, *ср.* **Preiskonjunktur**

Mengenkontrolle *f* количественный контроль, контроль количества

Mengenkosten *pl* переменные издержки; затраты, величина которых меняется пропорционально количеству товара *(напр., фрахт, страхование и проч.)*

Mengenkurs *m* косвенная котировка, *(косвенная)* котировка валют

Mengenlehre *f* теория множеств

Mengenleistung *f* производительность, производственный результат, выраженный через количество произведённых товаров *или* услуг; производительность труда, выраженная в количественных единицах измерения

mengenmäßig количественный; по количеству, в количественном отношении

Mengenmerkmal *n* количественная характеристика, количественный признак

Mengenmessung *f* количественное измерение; количественный анализ, измерение

Mengennachlass *m* количественная скидка, скидка с цены за количество; оптовая скидка

Mengennorm *f* норма выработки в единицах изделий

Mengennotierung *f* косвенная котировка

Mengenprüfung *f* серийное испытание

Mengenrabatt *m* количественная скидка, скидка с цены за количество; оптовая скидка,

Mengenrechnung *f* количественный учёт товарно-материальных ценностей

Mengenregulierung *f (государственное)* макроэкономическое регулирование, регулирование спроса и предложения на отдельных рынках

Mengenreklamation *f* рекламация по количеству

Mengenspesen *pl* переменные издержки; затраты, величина которых меняется пропорционально количеству товара *(напр., фрахт, страхование и проч.)*; издержки, величина которых меняется от объёма используемых сырья и материалов

Mengenstaffel *f* шкала скидок с цены для крупного покупателя, шкала оптовых скидок; шкала скидок с цены за количество

Mengenumsatz *m* оборот *(торговый)* по физическому объёму; оборот в физическом исчислении

Mengenverhältnis *n* количественное соотношение

Mengenverluste *m, pl* количественные потери в процессе производства

Mengenverschleierung *f* неверное указание количества *(товара)*

Mengenvolumen *n* физический объём

Mengenzuschlag *m* надбавка к цене за количество, накидка к цене за количество

Mensch-Maschine-System *n* система «человек-машина»

Mensch-Umwelt-Beziehung *f* связь «человек-окружающая среда»

Menüladen *m* магазин кулинарии и полуфабрикатов

merchantable *англ.* пригодный для торговли *(о товаре среднего качества)*

meritorisch заслуживающий уважения, достойный

merkantil меркантильный; торговый, коммерческий; меркантильный, торгашеский, мелочно-расчётливый

Merkantilismus *m ист.* меркантилизм

merkantilistisch меркантилистский; меркантильный

Merkantilsystem *n ист.* меркантилизм

Merkmal *n* примета, признак, отличительная черта, отличительный знак; характеристика; *стат.* признак

diskontinuierliches Merkmal дискретный признак, прерывный признак

kontinuierliches Merkmal непрерывный признак

messbares Merkmal измеримый признак

nicht messbares Merkmal неизмеримый признак

qualitatives Merkmal качественный признак

quantitatives Merkmal количественный признак

statistisches Merkmal статистический признак

Merkmalsauswahl *f стат.* выбор признаков

Merkmalsgröße *f стат.* значение признака

Merkmalsvariation *f стат.* вариация признака

Merkmalswert *m стат.* значение признака

Merkposten *m бухг.* памятная статья, памятная позиция

Merkzeichen *n* метка, пометка, значок; отличительный признак

Merkzettel *m* памятная записка

Mesorayon *m* средний *(по размерам)* экономический район, мезорайон

Mess-, Steuerungs- und Regelungstechnik *f* контрольно-измерительные приборы и техника автоматического управления

Mess- und Marktwaren *f, pl* товары, предназначенные для ярмарок и выставок *(в качестве экспонатов)*

messbar измеримый

Messbrief *m* судовой паспорт *(содержит данные о судне, постоянно находится на борту)*

Messe *f* ярмарка; ярмарка-выставка; выставка *(место для заключения сделок)*

auf der Messe на ярмарке

Buchmesse книжная ярмарка; книжная выставка

Frankfurter Buchmesse Франкфуртская книжная ярмарка (выставка)

internationale Messe международная ярмарка

Leipziger Messe Лейпцигская ярмарка

die **Messe bauen** ездить на ярмарку, посещать ярмарку *(для продажи чего-л.)*

die **Messe war gut beschickt** на ярмарке было представлено много разных товаров

die **Messe war gut besucht** ярмарку посетило много людей; ярмарка прошла очень оживленно

Messe- und Ausstellungsversicherung *f* страхование экспонатов ярмарок и выставок

Messeabschluss *m* закрытие ярмарки

Messeabschluss сделка, заключённая на ярмарке; контракт, заключённый на ярмарке

Messebeschicker *m* участник ярмарки

Messedienst für die Agrar- und Ernährungswirtschaft Общество по техническому обслуживанию сельскохозяйственных и продовольственных ярмарок

Messegast *m* посетитель ярмарки

Messegelände *n* территория ярмарки; территория выставки

Messegeschäft *n* сделка, заключённая на ярмарке, контракт, заключённый на ярмарке

Messegut *n* экспонáт я́рмарки

Messeinheit *f* едини́ца измере́ния

Messekontingent *n* я́рмарочный контингéнт *(обязáтельство страны́-организатора я́рмарки приобрести́ экспонáты и́ли предостáвить учáстникам возмóжности сбы́та пóсле окончáния я́рмарки)*

Messekontingente *n, pl* обязáтельство страны́, организующей я́рмарку *(образцóв)*, на покýпку определённого объёма вы́ставленных товáров пóсле закры́тия я́рмарки

Messekosten *pl* расхóды, свя́занные с организáцией и проведе́нием я́рмарки; издéржки, свя́занные с организáцией и проведе́нием я́рмарки

Messeland *n* странá, организующая я́рмарки

Messepalast *m* глáвный павильóн *(на ярмарке, торгóвой вы́ставке и др.)*

Messergebnis *n* результáт измере́ния

Messestadt *f* гóрод, в котóром провóдятся я́рмарки

Messetag *m* я́рмарочный день

Messewerbung *f* реклáма я́рмарки

Messgegenstand *m* предмéт измере́ния, объéкт измере́ния

Messgröße *f* показáтель *(цифровóй)*

Messhandel *m* торгóвля в разнóс *(приурочиваемая к ежегóдным ярмаркам)*

Messreihe *f стат.* ряд измере́ний, сéрия измере́ний

Messsystem *n* измери́тельная систéма

Messung *f* измере́ние; обмéр; замéр; межевáние *(полéй)*

kardinale Messung коли́чественное измере́ние

ordinale Messung поря́дковое измере́ние

Messverfahren *n* спóсоб измере́ния, мéтод измере́ния; процéсс межевания *(полéй)*

Messwarte *f* централ́ьный пункт по наблюде́нию и контрóлю за технологическим процéссом *(напр., на нефтеперегонном завóде)*

Messwechsel *m* я́рмарочный вéксель

Messwert *m* измéренная величинá, измеря́емая величинá

Messwesen *n* метролóгия

Messzahl *f* показáтель *(цифровóй)*

Metageschäft *n* мéта, солидáрная сдéлка *(делéние при́былей и убы́тков пóровну мéжду учáстниками сдéлки)*

Metakonto *n* óбщий счёт *(учáстников меты)*

metallbearbeitend металлообрабатывающий

Metallbörse *f* товáрная би́ржа метáллов

Metallgeld *n* металли́ческие дéньги

Metallgeldsystem *n* систéма обращéния металли́ческих дéнег

Metallgeldumladt *m* металли́ческое обращéние, обращéние металли́ческих дéнег

Metallgeldumlauf *m* обращéние металли́ческих дéнег

Metallgeldzirkulation *f* металли́ческое обращéние, обращéние металли́ческих дéнег

Metallgeschäft *n* сдéлка на метáлл; торгóвля метáллом в сли́тках и монéтах

Metallismus *m* металли́зм, металлистическая теóрия дéнег *(теóрия, связывающая нéкоторые сущéственные осóбенности дéнежной систéмы, прéжде всегó, золотóго стандáрта, со свóйствами монетарного метáлла)*

Metall verarbeitend металлообрабатывающий

Metallwährung *f* металли́ческие дéньги *(дéнежная систéма, бази́рующаяся на обращéнии металли́ческих - золоты́х и́ли серéбряных - дéнег)*

Metallwarenindustrie *f* метизная промы́шленность

metaökonomisch метаэкономический

Metaverbindung *f* консóрциум бáнков *(за совмéстный счёт и риск)*

Meter *n* метр

Metergewicht *n ж.-д.* погóнный вес, погóнная мáсса *(отношéние вéса нагрýженного вагóна в тоннах к длинé вагóна в метрах)*

Meterkonvention *f ист.* метри́ческая конвéнция

Meterware *f* товáр, продавáемый на мéтры

Methode *f* мéтод

Methoden *f, pl* мéтоды *(мн.ч.)*

Methode der Arbeitsnormung мéтод нормирования трудá

Methode der Auflösungsmultiplikatoren *мат.* мéтод разрешающих множителей *(для решéния задáч линейной оптимизáции)*

Methode der aufsteigenden Indizes мéтод нарастающих и́ндексов *(мéтод решéния трáнспортной проблéмы)*

Methode der direkten Berechnung мéтод прямóго расчёта

Methode der Einzelberechnung мéтод прямóго счёта *(в бюджéтном планировании)*

Methode der gleitenden Durchschnitte выявлéние основнóй тендéнции мéтодом скользя́щей срéдней

Methode der größten Ähnlichkeit *мат.* мéтод наибóльшего правдоподóбия

Methode der kleinsten Quadrate мéтод *(сýммы)* наимéньших квадрáтов

Methode der kleinsten Quadratsumme мéтод *(сýммы)* наимéньших квадрáтов

Methode der ökonomischen Analyse und Synthese мéтод экономи́ческого анáлиза и си́нтеза

Methode der Parameterpreisbildung параметри́ческий мéтод ценообразования

Methode der Potenziale мéтод потенциáлов *(мéтод линейной оптимизáции)*

Methode der rationellen Funktionen мéтод рациональных фýнкций

Methode der schrittweisen Verbesserung мéтод последовательного улучшéния, МПУ *(напр., плáна)*

Methode der Variantenrechnung мéтод многовариантности; мéтод вариáнтных расчётов

Methode des indifferenten Erzeugnisses мéтод индифферентного издéлия

Methode des Korrelationszusammenhanges мéтод корреляционной зави́симости

Methode des kritischen Weges *сет. пл.* мéтод крити́ческого пути́

Methode des Unterschiedsbetrages мéтод рáзницы в цéнах

analytisch-experimentelle Methode эксперимент́ально-аналити́ческий мéтод

analytisch-rechnerische Methode расчётно-аналити́ческий мéтод

analytische Methode аналити́ческий мéтод

erfahrungsstatistische Methode опытно-статисти́ческий мéтод

ökonometrische Methode экономико-математи́ческий мéтод, эконометри́ческий мéтод

repräsentative Methode мéтод части́чного наблюдéния, мéтод несплошного наблюдéния

retrograde Methode ретрогрáдный спóсоб *(спóсоб вычислéния процéнтов)*

ungarische Methode венгéрский мéтод, мéтод дифференциáльных рент *(мéтод решéния трáнспортных проблéм)*

zurückschreitende Methode ретрогрáдный спóсоб *(спóсоб вычислéния процéнтов)*

Methoden- und Modellbank *f* банк мéтодов и модéлей

Methodik *f* метóдика

Methodik методолóгия

methodisch методи́ческий

methodische Winke методические указáния

Methodologie *f* методология
methodologisch методологический
Metist *m* метист, участник меты; участник сделки за совместный счёт и риск
Metrologie *f* метрология; измерительная техника; техника измерений
metrologisch метрологический
MFG:
m.f.G., mit freundlichen Grüßen с уважением (*концовка делового письма*)
mfg., manufacturing (анг.) производство
mfg., manufacturing (анг.) промышленный
Mfg Co, manufacturing Company (анг.) фирма-изготовитель
MfJ, Ministerium für Justiz Министерство юстиции
mfr., manufacturer (анг.) изготовитель
MfV, Ministerium für Verkehrswesen Министерство путей сообщения
MG:
M/G, Maß/Gewicht размер/вес (*альтернативная основа для расчёта пароходством фрахта*)
MG, Madagaskar Мадагаскар
MGF, Madagaskar-Franc, -- Madagaskar Малагасийский франк (*код валюты* 450), -- Мадагаскар
Miederwaren *f pl* женская галантерея (*пояса, корсеты и т.п.*)
Miet- und Pachtzinsen *m, pl* плата за наём, арендная плата; плата за пользование арендованным имуществом
Miete *f* наём, аренда; прокат; арендная плата, плата за наём; квартирная плата; плата за прокат; чартер
Mieten und Pachten *n* арендная плата, плата за наём; аренда, доходы от аренды
Miete auf neunundneunzig Jahre аренда на 99 лет
Miete pro Kalendermonat арендная плата за календарный месяц
Mieteinigungsamt *n юр.* примирительная камера по вопросам найма и обмена помещений
mieten *vt* снимать, брать в аренду; брать напрокат; *мор.* фрахтовать; нанимать (*напр., рабочую силу*)
Mieter *m* наниматель; арендатор
Mieterdarlehen *n* ссуда, предоставленная арендатором помещения, ссуда, предоставленная нанимателем помещения
Mietermitverwaltung *f* участие квартиросъёмщиков в управлении домами
Mieterschutz *m* закон о защите прав квартиросъёмщиков
Mieterzuschuss *m* авансовый платёж нанимателя; плата, внесённая нанимателем вперёд
Mietgebühr *f* арендная плата, плата за наём; квартирная плата; плата за прокат
Mietgeld *n* арендная плата, плата за наём; квартирная плата; плата за прокат
Miethöhe *f* размер арендной платы; размер платы за прокат
Mietkauf *m* покупка предмета длительного пользования с предварительным испытанием его в течение срока проката (*применяется широко в США*)
Mietkauf покупка товара с предварительным использованием (*в ФРГ, как правило, мебели, срок до 3-х лет*)
Mietkosten *pl* плата за наём, арендная плата; плата за пользование арендованным имуществом
Mietobjekt *n* предмет аренды, предмет проката
Mietpreis *m* размер арендной платы
Mietrate *f* доля арендной платы (*при оплате в рассрочку*)
Mietsache *f* арендуемое имущество; предмет, взятый напрокат
Mietsatz *m* ставка арендной платы
Mietverhältnis *n юр.* отношения, вытекающие из договора аренды помещения, отношения, вытекающие из договора найма помещения
Mietverlust *m* убытки домовладельца из-за прекращения поступления квартирной платы
Mietvertrag *m* договор проката, договор аренды (*часто предшествует покупке этого товара*); договор о найме помещения, договор об аренде помещения
Mietvorauszahlung *f* уплата арендной платы авансом
Mietzins *m* арендная плата, плата за наём; рента с домов
Mifrifi, Mittelfristige Finanzplanung среднесрочное финансовое планирование
Migrationstheorie *f* теория миграций
Mikromethode *f* микро-метод, микро-подход
Mikromodell *n* микромодель
Mikroökonomik *f* микро-экономика (*часть экономической теории, предметом анализа которой является отдельный потребитель или фирма*)
mikroökonomisch микроэкономический
Mikroprogrammspeicher *m* накопитель для хранения микропрограмм (*постоянный*)
Mikroprozessor *m* микропроцессор
Mikrorechner *m* микро-ЭВМ (*встроенная или ПЭВМ на базе микропроцессора*)
Mikrostandort *m* микрорайон (*размещения производства*)
Mikrostruktur *f* микроструктура
Mikrovariable *f* микропеременная (величина)
Mikrozensus *m стат.* микроценз, микроперепись (*особая форма переписи населения*)
Milch-Gemüse-Gürtel *m* зона овощеводческого хозяйства и молочного животноводства, пояс овощеводческого хозяйства и молочного животноводства (*вокруг крупных промышленных центров*)
Militär-Industrie-Komplex *m* военно-промышленный комплекс, ВПК
Militärbudget *n* военный бюджет
Militäretat *m* (от франц.) военный бюджет
Militärhaushalt *m* военный бюджет
Militärindustrie *f* военная промышленность
Militarisierung *f* милитаризация
Militarisierung der Wirtschaft милитаризация экономики
Militärmacht *f* военная держава
Mill., Mio, Million миллион, млн.
Milliardär *m* миллиардер
Milliarde *f* миллиард
Millionär *m* миллионер
min, mindestens минимум, по крайней мере
Minderausgaben *f, pl* неполное расходование сумм, ассигнованных по бюджету; невыполнение расходной части бюджета, недорасход
Minderbetrag *m* недостающая сумма, дефицит
Mindereinnahme *f* недобор, недостача; убыток
Minderfabrikat *n* изделие низкого качества; второстепенная продукция
Mindergewicht *n* недостающий вес, недовес; недостача
Mindergewinn *m* невыполнение плана по прибыли
Minderheitsbeteiligung *f* участие меньшинства (*напр., в голосовании или принятии решений в рамках акционерной компании*);
Minderheitsrechte *n pl* права меньшинства (*напр., акционеров*)
Minderkaufmann *m* мелкий промышленник, сам реализующий свою продукцию, мелкий кустарь, сам реализующий свою продукцию
Minderkaufmann *m* лицо, занимающееся промыслом или ремесленник, реализующий свою продукцию

Minderlieferung *f* недопоста́вка, недопоста́вка това́ра *(по сравне́нию с коли́чеством, обусловленным контра́ктом)*

Mindermaß *n* недостающий вес, недове́с; недоста́ча

Mindermasse *f* недостающий вес, недове́с; недоста́ча

Mindermengenzuschlag *m* возмеще́ние поставщику дополни́тельных расхо́дов, возника́ющих при произво́дстве и поста́вке проду́кции ме́лкими па́ртиями
Mindermengenzuschlag надба́вка к цене́ при приня́тии заказчиком коли́честв, ни́же обусловленных догово́ром, наки́дка к цене́ при приня́тии заказчиком коли́честв, ни́же обусловленных догово́ром

Minderqualität *f* пони́женное ка́чество

Minderung *f* уменьше́ние; сокраще́ние; сниже́ние, пониже́ние; сниже́ние цены́ *(напр., ввиду́ ни́зкого ка́чества)*; смягче́ние, ослабле́ние *(напр., напряжённости)*
Minderung уце́нка, сниже́ние цены́ *(всле́дствие обнару́женных недоста́тков)*
Minderung der Erwerbsfähigkeit сниже́ние трудоспосо́бности
Minderung der Verdienstfähigkeit сниже́ние трудоспосо́бности

Minderverbrauch *m* потребле́ние ни́же *(устано́вленной)* но́рмы, расхо́дование ни́же *(устано́вленной)* но́рмы

Minderwert *m* пони́женная сто́имость; пони́женная це́нность

minderwertig малоце́нный; неполноце́нный; недоброка́чественный; низкока́чественный, низкосо́ртный; низкотоварный

Minderwertigkeit *f* ни́зкое ка́чество, ни́зкий сорт, недоброкачественность, неполноце́нность

Mindestabsatzvorrat *m* минима́льный разме́р това́рных запа́сов *(напр., у торго́вых организа́ций)*

Mindestanforderung *f* минима́льное тре́бование

Mindestarbeitsleistung *f* минима́льная производи́тельность труда́; минима́льная вы́работка

Mindestarbeitstage *m pl* минима́льное коли́чество рабо́чих дней

Mindestbargebot *n* минима́льная предло́женная су́мма *(на аукцио́не)*

Mindestbeitrag *m* минима́льный взнос, минима́льный вклад

Mindestbestand *m* минима́льный у́ровень запа́сов *(товарно-материа́льных це́нностей)*

Mindestbestellmenge *f* минима́льное коли́чество, предусмо́тренное усло́виями заказа

Mindestbetrag *m* наиме́ньшая су́мма, минима́льная су́мма
steuerfreier Mindestbetrag не облага́емый нало́гом ми́нимум

Mindestbewertung *f* минима́льная оце́нка, установле́ние минима́льной сто́имости *(в соотве́тствии с нало́говым пра́вом може́т определяться для основны́х и оборотных средств)*

Mindestbezugsmenge *f* минима́льное коли́чество, предусмо́тренное усло́виями поста́вки

Mindesteindeckung *f* минима́льный у́ровень запа́сов *(товарно-материа́льных це́нностей)*

Mindesteinfuhrpreis *m* минима́льная цена́ на импорти́руемые това́ры

Mindesteinkommen *n* минима́льный дохо́д

Mindesteinlage *f* минима́льный вклад *(в ФРГ, напр. для сберегательных и теку́щих чековых счето́в в почто́вых отделениях)*

Mindestfeingehalt *n* минима́льная про́ба (драгоце́нных мета́ллов)

Mindestforderung *f* минима́льное тре́бование

Mindestfracht *f* минима́льный фрахт

Mindestgebot *n* резе́рвная цена́ *(на аукцио́не)*

Mindestgehalt *n* минима́льный разме́р за́работной пла́ты, минима́льная за́работная пла́та *(слу́жащих)*

Mindestgewicht *n* минима́льный вес, минима́льная ма́сса

Mindestgrundkapital *n* минима́льный разме́р основно́го капита́ла

Mindestgüte *f* минима́льно допусти́мый преде́л ка́чества, ни́жний преде́л ка́чества

Mindestgütegrenze *f* ни́жний преде́л ка́чества

Mindestkapazität *f* минима́льная мо́щность

Mindestkapital *n* минима́льный разме́р капита́ла

Mindestleistung *f* минима́льная нагру́зка; минима́льная производи́тельность; минима́льная мо́щность

Mindestleistungsfähigkeit *f* минима́льная производи́тельность

Mindestlohn *m* минима́льная за́работная пла́та, МЗП; минима́льный разме́р за́работной пла́ты
garantierter Mindestlohn гаранти́рованный ми́нимум за́работной пла́ты

Mindestmenge *f* минима́льное коли́чество, минима́льный физи́ческий объём
Mindestmenge минима́льное коли́чество проду́кции *(согласо́ванное ме́жду отправи́телем и перевозчиком для доста́вки в обусло́вленные а́дрес и срок)*
Mindestmenge лот (па́ртия це́нных бума́г, явля́ющаяся едини́цей сде́лок на фо́ндовой би́рже)

Mindestmengenklausel *f* пункт догово́ра железнодоро́жной перево́зки, оговаривающий определённый вес гру́за

Mindestmengentarif *m* льго́тный тари́ф, предоставля́емый перевозчиком отправителю при перево́зке минимального коли́чества гру́зов, *см.* **Mindestmenge**

Mindestnennbetrag *m* **der Aktien** минима́льная номина́льная сто́имость а́кций

Mindestnorm *f* минима́льная но́рма

Mindestpassiva *pl* минима́льный разме́р пассивов

Mindestpreis *m* минима́льная цена́
Mindestpreis резе́рвная цена́ (на аукцио́не, ни́же которо́й продаве́ц не гото́в прода́ть това́р)
Mindestpreis минима́льный курс (це́нных бума́г на би́рже)

Mindestpreisänderung *f изменéние* минимального ку́рса (це́нных бума́г на би́рже)

Mindestprovision *f банк.* минима́льный разме́р комиссио́нных *(предполага́ет минима́льный объём опера́ций)*, минима́льный разме́р коми́ссии

Mindestqualität *f* минима́льно допусти́мый преде́л ка́чества, ни́жний преде́л ка́чества

Mindestqualitätsstandard *m* минима́льный станда́рт ка́чества; минима́льно допусти́мый станда́рт ка́чества

Mindestrate *f* минима́льная ста́вка

Mindestrendite *f* минима́льный дохо́д (с це́нных бума́г)

Mindestrentabilität *f* минима́льная рента́бельность

Mindestrente *f* минима́льный разме́р пе́нсии

Mindestreserve *f* минима́льный у́ровень резе́рвов *(ба́нка)*, минима́льный резе́рв
Mindestreserve der Banken минима́льные резе́рвы ба́нка *(при резервном устро́йстве ба́нковской систе́мы - су́мма бессро́чных вкла́дов ба́нков, хранящаяся в центральном ба́нке)*

Mindestreserve-Soll *n* но́рма *(обяза́тельных)* минимальных резе́рвов

Mindestreservepolitik *f* поли́тика минимальных резе́рвов *(креди́тных учрежде́ний)*

Mindestreservesatz *m* минима́льный у́ровень резе́рвов *(ба́нка)*

Mindestreservesatz резе́рвная ста́вка *(отноше́ние резе́рвов к о́бщей су́мме соотве́тствующих вкла́дов комме́рческого ба́нка, вы́раженное в проце́нтах - устана́вливается и регули́руется Центра́льным Ба́нком в целя́х контро́ля над де́нежным обраще́нием и креди́том)*

Mindestsatz *m* минима́льная ста́вка

Mindestschadenersatz *m* минима́льный разме́р возмеще́ния понесённых убы́тков, минима́льный разме́р компенса́ции убы́тка, минима́льный разме́р компенса́ции уще́рба

Mindestsortiment *n* ассортиме́нтный ми́нимум

Mindeststeuer *f* минима́льный разме́р промыслового нало́га

Mindestvermögen *n* минима́льная оце́нка сто́имости иму́щества *(слу́жит осно́вой при исчисле́нии нало́га на иму́щество)*

Mindestversicherungszeit *f* минима́льный перио́д страхова́ния *(необходи́мый для получе́ния права́ на страхову́ю пре́мию)*

Mindestvorrat *m* минима́льный запа́с *(включа́ет страхово́й, производственно-техни́ческий и други́е ви́ды храни́мых запа́сов)*

staatlichverbindlicher Mindestvorrat обяза́тельный минима́льный разме́р произво́дственных запа́сов

Mindestzoll *m* минима́льная по́шлина

Mine *f* гру́ппа биржевы́х игроко́в на повыше́ние

Mine иску́сственное вздува́ние цен на би́рже

Mine вставно́й гри́фель, вставно́й сте́ржень

Mine *англ.* «моё» *(выраже́ние согла́сия на поку́пку при биржевы́х сде́лках)*

Mineralölindustrie *f* нефтяна́я промы́шленность

Mini-Flaute *f* ми́ни-спад *(в эконо́мике)*

Minimalbestand *m* минима́льный запа́с

Minimaldauer *f* минима́льная продолжи́тельность

Minimaldauerder Aktivität *сет. пл.* минима́льная продолжи́тельность рабо́ты

Minimalfracht *f* минима́льный фрахт, минима́льная ста́вка фра́хта

Minimalkennziffer *f* минима́льный показа́тель

Minimalkosten *pl* минима́льные изде́ржки, минима́льные расхо́ды, минима́льные затра́ты

Minimalkostenkombination *f* комбина́ция фа́кторов, даю́щая наиме́ньшие изде́ржки произво́дства

Minimalprogramm *n* програ́мма-ми́нимум

Minimaltarif *m* минима́льный тари́ф

Minimalwert *m* минима́льная сто́имость; минима́льное значе́ние

Minimalzahl *f* минима́льное число́

Minimalzeit *f* минима́льная продолжи́тельность рабо́ты

Minimalzoll *m* минима́льная по́шлина

Minimax-Prinzip *n эк., мат.* при́нцип минимакса *(применя́ется, напр. в задачах, предполага́ющих приня́тие реше́ний в усло́виях неопределённости и ри́ска)*

Minimaxlösung *f* минимаксное реше́ние

Minimaxprinzip *n* при́нцип минимакса

Minimaxstrategie *f* минима́ксная страте́гия

Minimaxverfahren *n* минима́ксная страте́гия

minimieren *vt* минимизировать, своди́ть к ми́нимуму

Minimierung *f* минимизация, сведе́ние к ми́нимуму

minimisieren *vt* минимизировать, своди́ть к ми́нимуму

Minimisierung *f* минимизация, сведе́ние к ми́нимуму

Minimum *n* ми́нимум

steuerfreies Minimum не облага́емый нало́гом ми́нимум

ein Minimum erstreben стреми́ться к ми́нимуму

zum Minimum machen минимизировать, своди́ть к ми́нимуму

Minimumstelle *f* редча́йший вариа́нт

Minimumzeit *f сет. пл.* минима́льная продолжи́тельность рабо́ты

Ministerialprinzip *n* ве́домственный при́нцип

Ministerialprinzip при́нцип деле́ния госбюдже́та по министерствам, при́нцип члене́ния госбюдже́та по министерствам

Ministerium *n* министе́рство

Ministerium der Finanzen Министе́рство фина́нсов

Ministerium für Gesundheitswesen Министе́рство здравоохране́ния

Ministerium für Verkehrswesen Министе́рство путе́й сообще́ния

Minorat *n юр.* минорат

Minorität *f* меньшинство́

Minoritätsbeteiligung *f* уча́стие меньшинства́

Minoritätsrechte *n, pl* права́ меньшинства́ *(напр., акционе́ров)*;

Minus *n мат.* ми́нус

Minus *(ком.)* дефици́т

Minus ми́нус, недоста́ток, поро́к

Minusdifferenz *f* отрица́тельный коэффицие́нт *(при хране́нии това́ров)*; отсу́тствие поте́рь *(при хране́нии това́ров)*

Minusvermögen *n* иму́щество, чрезме́рно отягощённое долга́ми; отрица́тельная чи́стая сто́имость иму́щества

Minuszeichen *n* (знак) ми́нус; *бирж.* отме́тка *(по́сле наименова́ния це́нной бума́ги)* об ожидаемом значительном паде́нии ку́рса

Minuteneinkauf *m* заку́пка *(б. ч. продово́льственных това́ров)* по предварительным зака́зам

Mio, Million миллио́н, млн.

MIP, marine insurance policy по́лис морско́го страхова́ния

Mischfinanzierung *f* сме́шанное финанси́рование *(ча́ще всего́ - из госуда́рственных и ча́стных исто́чников)*

Mischladung *f* сме́шанный груз

Mischpreis *m* сме́шанная цена́

Mischzoll *m* сме́шанная тамо́женная по́шлина

Mischzölle *m pl* сме́шанные по́шлины, комбини́рованные по́шлины

gleitende Mischzölle скользящие комбини́рованные по́шлины *(стоимостные и скользящие по́шлины)*

Mise *f фр.* вклад *(в предприя́тие)*; взнос; предло́женная сде́лка, предло́женная су́мма *(на аукцио́не)*; ста́вка *(в игре́)*

Missbrauch *m* злоупотребле́ние *(чем-л.)*, *юр.* неправоме́рное испо́льзование *(напр., вла́сти, прав)*

Missbräuche *pl* злоупотребле́ния *(мн.ч.)*, *юр.* неправомочные де́йствия *(мн.ч.)*

Missbrauchsaufsicht *f* надзо́р со стороны́ Федера́льного картельного бюро́, контро́ль со стороны́ Федера́льного картельного бюро́ *(во избежа́ние злоупотребле́ний, свя́занных с отсу́тствием конкуре́нции и ограничением свобо́ды де́йствий - ФРГ)*

Missbrauchsprinzip *n* при́нцип предотвраще́ния злоупотребле́ния экономи́ческой вла́стью *(в прави́тельственной поли́тике соде́йствия конкуре́нции)*

Missernte *f* неурожа́й

missvergnügt недово́льный, раздоса́дованный

Missverhältnis *n* диспропо́рция; несоотве́тствие; несоразме́рность

Missverhältnis натя́нутые отноше́ния, разногла́сие, разла́д; непоря́док, непола́дки

in einem Missverhältnis mit (*j-m*) **stehen** быть с (*кем-л.)* в плохи́х отноше́ниях

Missverstand *m* несообразительность, непонятливость

missverständlich *I* вызыва́ющий недоразуме́ния, двусмы́сленный, спо́рный, допуска́ющий ло́жное толкова́ние; допуска́ющий непра́вильное толкова́ние
missverständlich *II adv* по недоразуме́нию
Missverständnis *n* недоразуме́ние, оши́бка
Missverständnis недоразуме́ние, разногла́сие, размо́лвка; разногла́сие
einem Missverständnis begegnen предупрежда́ть недоразуме́ние
ein Missverständnis vorbeugen предупрежда́ть недоразуме́ние
da liegt ein Missverständnis vor здесь *(како́е-то)* недоразуме́ние
einem **Missverständnis begegnen** предупреди́ть *(возмо́жное)* недоразуме́ние
einem **Missverständnis entgegentreten** предупреди́ть недоразуме́ние *(возмо́жное)*
einem **Missverständnis vorbeugen** предупреди́ть *(возмо́жное)* недоразуме́ние
das **beruht auf einem Missverständnis** это произошло́ по недоразуме́нию; это осно́вано на недоразумении
Misswirtschaft *f* бесхозя́йственность
mit Verlust verkaufen продава́ть с убы́тком; прода́ть с убы́тком; торгова́ть в убы́ток
Mitarbeiter *m* сотру́дник, рабо́тник
Mitbenutzung *f* совме́стное по́льзование, совме́стное испо́льзование
Mitbenutzungsrecht *n* пра́во совме́стного по́льзования, пра́во совме́стного испо́льзования
Mitbesitz *m* совладе́ние, совме́стное владе́ние
Mitbesitzer *m* совладе́лец, компаньо́н
Mitbestimmung *f* пра́во реша́ющего го́лоса, «социа́льное соуча́стие», уча́стие в приня́тии реше́ния; пра́во принима́ть уча́стие в дела́х фи́рмы, пра́во принима́ть уча́стие в дела́х предприя́тия
Mitbestimmungsgesetz *n* зако́н об уча́стии рабо́чих в управле́нии предприя́тием
Mitbestimmungsrecht *n* пра́во уча́стия в управле́нии предприя́тием *(рабо́чих и слу́жащих)*
wirtschaftliches Mitbestimmungsrecht пра́во уча́стия в реше́нии хозя́йственных вопро́сов, пра́во уча́стия в реше́нии экономи́ческих вопро́сов
Mitbewerber *m* конкуре́нт
Miteigentum *n* о́бщая (долева́я) со́бственность
Miteigentum nach Bruchteilen *юр.* долева́я со́бственность, совме́стная со́бственность
Miteigentümer *m* совладе́лец, компаньо́н
miteinbegriffen включённый, включа́я
miteingeschlossen включённый, включа́я
die Kosten in der Preis miteingeschlossen включа́я изде́ржки в це́ну
Miterbe *m юр.* оди́н из насле́дников
Mitgläubiger *m* партнёр по предоставле́нию совме́стной ссу́ды, сокредито́р
Mitgliedsbeitrag *m* чле́нский взнос
Mitgliedschaft *f* чле́ны, компаньоны
Mitgliedschaftsrecht *n* пра́во чле́нства, пра́во уча́стия
Mitgliedspapiere *n, pl* це́нные бума́ги, даю́щие пра́во чле́нства, це́нные бума́ги, даю́щие пра́во уча́стия
Mitgliedsschaftsrecht *n* чле́нство, пра́во уча́стия
Mitgliedstaat *m* страна́-член, страна́-у́частница *(пакта, бло́ка)*
Mitinhaber *m* совладе́лец, компаньо́н
Mitkopplung *f киб.* обра́тная положи́тельная связь
Mitläufereffekt *m* демонстрацио́нный эффе́кт, эффе́кт «стадности» *(рост це́нности како́й-л. ве́щи в связи́ с ро́стом кру́га её потреби́телей)*
Mitnutzung *f* совме́стное испо́льзование предприятиями нау́чно-техни́ческих достиже́ний
Mitpacht *f* совме́стная аре́нда, соаре́нда
Mitpächter *m* соарендáтор
Mitschuldner *m* партнёр по получе́нию совме́стной ссу́ды, содолжни́к
„Mitspieler"-Gedanke *m* иде́я «партнерства»
Mittagskurs *m бирж.* курс в середи́не дня
mitteilen *vt* сообща́ть, уведомля́ть
Mitteilung *f* сообще́ние, уведомле́ние
Mittel *n pl* сре́дства *(мн.ч.) (материа́льные, фина́нсовые)*
Mittel bereitstellen предоставля́ть сре́дства, выделя́ть сре́дства; ассигнова́ть сре́дства
Mittel beweglich einsetzen маневри́ровать ресу́рсами
Mittel bewilligen предоставля́ть сре́дства, выделя́ть сре́дства; ассигнова́ть сре́дства
Mittel der öffentlichen Hand обще́ственные сре́дства; сре́дства госуда́рственных и ме́стных о́рганов вла́сти
Mittel elastisch einsetzen маневри́ровать ресу́рсами
Mittel freimachen высвобожда́ть сре́дства
Mittel zuteilen предоставля́ть сре́дства, выделя́ть сре́дства; ассигнова́ть сре́дства
abzuführende Mittel отчисляемые сре́дства
außerbudgetäre Mittel внебюдже́тные сре́дства
eigene Mittel со́бственные сре́дства
flüssige Mittel ликви́дные сре́дства, свобо́дные сре́дства
flüssige Mittel свобо́дные сре́дства
fremde Mittel заёмные, привлечённые сре́дства
fremde Mittel свя́занные сре́дства, заморо́женные сре́дства
geliehene Mittel заёмные сре́дства, привлечённые сре́дства
langfristige Mittel долгосро́чные вкла́ды
liquide Mittel ликви́дные сре́дства, свобо́дные сре́дства
marktkonforme Mittel сре́дства возде́йствия на эконо́мику, учитывающие тре́бования ры́нка
monetäre Mittel де́нежные сре́дства; монетарные сре́дства
öffentliche Mittel обще́ственные сре́дства; сре́дства госуда́рственных и ме́стных о́рганов вла́сти
eigene Mittel erster Ordnung свобо́дная нали́чность ба́нка
eigene Mittel 1. Ordnung свобо́дная нали́чность ба́нка
organisationstechnische Mittel организационно-техни́ческие сре́дства, сре́дства оргтехники
rückzahlbare Mittel возвра́тные сре́дства
staatliche Mittel госуда́рственные сре́дства
Mittel *n* сре́дство, спо́соб; сре́дняя величина́, сре́дняя
arithmetisches Mittel сре́дняя арифмети́ческая
einfaches Mittel проста́я сре́дняя
einfaches arithmetisches Mittel проста́я сре́дняя арифмети́ческая
geometrisches Mittel сре́дняя геометри́ческая
gewogenes Mittel взве́шенная сре́дняя
gewogenes arithmetisches Mittel взве́шенная сре́дняя арифмети́ческая
Mittelabnehmer *m* сре́дний покупа́тель; сре́дний потреби́тель *(напр., электроэне́ргии, га́за)*
Mittelaufnahme *f* привлече́ние средств, мобилиза́ция средств
mittelbar промежу́точный; посре́дствующий; ко́свенный
mittelbarer Export *m* экспорт с уча-

стием посредников
Mittelbedarf *m* потре́бности в сре́дствах
Mittelberechnung *f* подсчёт средств на вы́плату за́работной пла́ты *(согла́сно штатному расписа́нию)*
Mittelbeschaffung *f* заи́мствование средств, привлече́ние средств
Mittelbetrieb *m* сре́днее *(по величине́)* предприя́тие
Mittelerwirtschaftung *f* ресу́рсы самофинансирования *(фи́рмы)*
Mitteleuropa *n* Сре́дняя Евро́па, Центра́льная Евро́па
mitteleuropäisch среднеевропейский; центральноевропейский
der **mitteleuropäische Raum** райо́н Центра́льной Евро́пы
mitteleuropäische Zeit; MEZ среднеевропейское вре́мя
Mittelfranken *n* Сре́дняя Франко́ния
mittelfristig среднесро́чный
eine **mittelfristige Anleihe** среднесро́чный зае́м
mittelfristige Prognose *f* среднесро́чный прогно́з
Mittelgut *n* това́р сре́днего ка́чества
Mittelkurs *m бирж.* сре́дний курс *(валю́ты, це́нных бума́г)*
Mittellohn *m* сре́дняя за́работная пла́та *(рабо́чего)*
Mittellosigkeit *f* отсу́тствие средств
Mittelprodukt *n* промежу́точный проду́кт
Mittelpunkt *m* центр
Mittelpunkt сре́дняя то́чка
Mittelraumwarenträger *m* стенд для това́ров, устано́вленный в це́нтре торго́вого за́ла
Mittelschlusskurs *m* сре́дний курс к моме́нту закры́тия би́ржи
Mittelserienfertigung *f* сери́йное произво́дство, среднесери́йное произво́дство
Mittelsmann *m* посре́дник
Mittelsorte *f* сре́дний сорт
feine Mittelsorte хоро́шее сре́днее ка́чество
Mittelstand *m* сре́дний слой *(о́бщества)*; *ист.* сре́днее сосло́вие
Mittelstand сре́дний у́ровень
diese Unternehmen gehören zum Mittelstand эти предприя́тия отно́сятся к числу́ сре́дних
mittelständisch сре́дний, сре́дних разме́ров
Mittelvergabe *f* предоставле́ние средств *(в систе́ме МВФ)*
Mittelwert *m стат.* сре́днее значе́ние; сре́дняя величина́, сре́дняя
Mittelwert der Grundgesamtheit *стат.* генера́льная сре́дняя
positiver Mittelwert положи́тельное сре́днее значе́ние
statistischer Mittelwert статисти́ческая сре́дняя
Mittelwertkarte *f* контро́льная ка́рта для сре́дних значе́ний *(при статистическом контроле ка́чества)*
Mittelwertrechnung *f стат.* ме́тод сре́дних величи́н
Mitt.I.H.K.; Mitteilungen *der* **Deutschen Gruppe** *der* **Internationalen Handelskammer** Бюллете́нь неме́цкого отделе́ния Междунаро́дной торго́вой пала́ты
Mittler *m* посре́дник
mittler сре́дний, располо́женный посреди́не
mittler сре́дний, промежу́точный
eine **mittlere Stadt** го́род сре́дней величины́
mittlere Art und Güte *f* сре́днее ка́чество
Mittlertum *n* посре́дничество
mitübernehmen *vt* вступа́ть в совме́стное владе́ние; совме́стно приня́ть на себя́ *(напр., обяза́тельство)*
Mituntemehmerschaft *f* совме́стное уча́стие в предприя́тии
Mitunternehmer *m* уча́стник предприя́тия
Mitunternehmerschaft *f* совме́стное уча́стие в де́ятельности фи́рмы (предприя́тия)
mitverantwortlich солида́рно отве́тственный
Mitverantwortlichkeit *f* солида́рная отве́тственность
Mitverantwortung *f* солида́рная отве́тственность
Mitverschluss *m* совме́стное хране́ние *(сда́нных в зало́г това́ров и́ли це́нных бума́г)*
zollamtlicher Mitverschluss совме́стное хране́ние това́ров на таможенном скла́де; совме́стное хране́ние гру́зов на таможенном скла́де
Mitversicherung *f* совме́стное страхова́ние *(предполага́ет уча́стие не́скольких страховщиков)*
Mitvormund *m* соопеку́н
Mitvormundschaft *f* совме́стная опе́ка
Mitwirkungspflicht *f* обя́занность заказчика принима́ть непосре́дственное уча́стие в рабо́те
Mitzeichnung *f* совме́стное подписа́ние докуме́нта
MK, Mazedonien Македо́ния
MKD, Denar, -- Mazedonien Денар (*код валю́ты* 807), -- Македо́ния
MLI, Montanunion Европе́йское объедине́ние угля́ и ста́ли, ЕОУС
MM:
MM, Myanmar Мианмар, *до 1978г. код* **MT**
MM, Leipziger Mustermesse Ле́йпцигская я́рмарка образцо́в, Ле́йпцигская я́рмарка-вы́ставка образцо́в
MM, Mustermesse я́рмарка образцо́в, Ле́йпцигская я́рмарка
m.M., mangels Material *бирж.* за отсу́тствием предложе́ния
MMK, Kyat, -- Myanmar Кьят (*код валю́ты* 104), -- Мья́нма (Би́рма)
MN:
MN, Mongolei Монго́лия, *до 1978г. код* **BU**
m.N., mangels Nachfrage *бирж.* за отсу́тствием спро́са
MNT, Tugrik, -- Mongolei Тугрик (*код валю́ты* 496), -- Монго́лия
MO:
MO, Macau Мака́о, *до 1978г. код* **CL**
MO DAG; Motorenfabrik Darmstadt Aktiengesellschaft «Моторенфабрик Дармштадт акциенгезельшафт» *(наименова́ние моторостроительных заво́дов в ФРГ)*
M.O.; mark off *(eng.)* спи́сывать, списа́ть
M.O., money order *(eng.)* де́нежный перево́д, де́нежный почто́вый перево́д, платежное поруче́ние
Mo., Montag понеде́льник
Mobiliar *n* дви́жимое иму́щество, дви́жимость; предме́ты дома́шнего обихо́да, дома́шняя обстано́вка
Mobiliarkredit *m* креди́т под зало́г дви́жимого иму́щества
Mobiliarsteuer *f* нало́г на дви́жимое иму́щество
Mobiliarvermögen *n* дви́жимое иму́щество, дви́жимость
Mobiliarversicherung *f* страхова́ние дви́жимого иму́щества
Mobiliarverwaltung *f* хозя́йственный отде́л *(на предприя́тии)*
Mobilien *pl* дви́жимое иму́щество, дви́жимость
Mobilienkonto *n* счёт дви́жимого иму́щества
mobilisieren *vt* мобилизова́ть (капита́л, сре́дства)
Mobilisierung *f* мобилиза́ция (капита́ла, средств)
Mobilität *f* моби́льность
Mobilität легкая реализу́емость, ликви́дность
soziale Mobilität социа́льная моби́льность

Mobilitätsziffer *f* показа́тель моби́льности населе́ния

MOD:

MOD вычисле́ние оста́тка; получе́ние оста́тка от целочисленного деле́ния

mod., modern совреме́нный

Modell *n* моде́ль; образе́ц

Modell des Krisenzyklus моде́ль ци́кла

Modell des ökonomischen Wachstums моде́ль экономи́ческого роста́

Modell des Wirtschaftswachstums моде́ль экономи́ческого роста́

abstraktes Modell абстра́ктная моде́ль

analytisches Modell аналити́ческая моде́ль

beschreibendes Modell дескрипти́вная моде́ль, описа́тельная моде́ль

computerunterstütztes Modell компью́терная моде́ль; моде́ль, со́зданная при по́мощи компью́тера

deterministisches Modell детерми-ни́рованная моде́ль

diskretes Modell дискре́тная моде́ль

dynamisches Modell динами́ческая моде́ль

funktionales Modell функциона́льная моде́ль

gegenständliches Modell веще́ственная моде́ль, материа́льная моде́ль

gesamtwirtschaftliches Modell общехозяйственная моде́ль

kybernetisches Modell кибернети́ческая моде́ль

makroökonomisches Modell макроэкономическая моде́ль

mathematisches Modell математи́ческая моде́ль

mehrflügeliges Modell многостворная моде́ль *(в планировании)*

mehrsektorales Modell многосекторная моде́ль

mikroökonomisches Modell микроэкономическая моде́ль

optimales Modell оптима́льная моде́ль

statisches Modell стати́ческая моде́ль

statistisches Modell статисти́ческая моде́ль

stochastisches Modell стохасти́ческая моде́ль, теоретико-вероя́тностная моде́ль

strukturelles Modell структу́рная моде́ль

theoretisches Modell теорети́ческая моде́ль

volkswirtschaftliches Modell моде́ль наро́дного хозя́йства, народнохозя́йственная моде́ль

wirtschaftliches Modell экономи́ческая моде́ль

wirtschaftsmathematisches Modell экономико-математи́ческая моде́ль, эконометрическая моде́ль

zwischenzweigliches Modell межотраслевая моде́ль

modellieren *vt* модели́ровать

Modellierung *f* модели́рование

Modellkosten *pl* расхо́ды на изготовле́ние моде́лей, изде́ржки на изготовле́ние моде́лей

Modellprognose *f* прогно́з, разрабо́танный с по́мощью *(экономико-математи́ческой)* моде́ли; прогно́з на осно́ве экономико-математи́ческой моде́ли

Modelltheorie *f* тео́рия моде́лей

Modellversuch *m* модели́рование

Modernisierung *f* модерниза́ция

Modernisierungsbedarf *m* спрос на обновле́ние, спрос на модернизацию

Möglichkeit *f* возмо́жность

Moment *n* моме́нт, фа́ктор, обстоя́тельство

im gegebenen Moment в да́нный моме́нт

kritisches Moment *стат.* крити́ческий моме́нт

Momentanverzinsung *f* постоя́нное начисле́ние проце́нтов, непреры́вное начисле́ние проце́нтов

Monatsabstimmung *f* ежемесячная све́рка бухга́лтерских за́писей с докуме́нтами

Monatsausweis *m* ме́сячный отчёт о состоя́нии счето́в

Monatsbericht *m* ме́сячный отчёт

Monatsbilanz *f* ме́сячный бала́нс

Monatsdurchschnitt *m* среднемесячный у́ровень; ме́сячная сре́дняя

Monatsdurchschnittsleistung *f* среднемесячная вы́работка

Monatsdurchschnittsverfahren *n* ме́тод среднемесячных показа́телей, ме́тод, осно́ванный на испо́льзовании среднемесячных показа́телей

Monatseinkommen *n* ме́сячный дохо́д, ме́сячный за́работок

Monatsgehalt *n* ме́сячная за́работная пла́та *(слу́жащих)*, ме́сячный должностно́й окла́д

Monatsgeld *n* ме́сячная ссу́да *(ссу́да, кото́рая должна́ быть погашена в после́дний день ме́сяца)*

Monatslohn *m* ме́сячная за́работная пла́та *(рабо́чих)*

Monatslöhner *m* лицо́, получа́ющее твёрдый ме́сячный окла́д, лицо́, получа́ющее твёрдую за́работную пла́ту

Monatsregulierung *f* огово́рка о выставле́нии счёта за това́ры, поставленные в тече́ние ме́сяца, в конце́ ме́сяца

Mondialreihen *f, pl* экономико-статисти́ческие ряды́ глоба́льного хара́ктера

monetär монета́рный, де́нежный

Monetarismus *m* монетарная систе́ма, монетари́зм *(направле́ние экономи́ческой тео́рии и хозя́йственной поли́тики)*

Monetarsystem *n* монетарная систе́ма, монетари́зм

MonG, Monopolgesetz зако́н о монополиях

monieren *vt* заявля́ть реклама́цию, предъявля́ть реклама́цию, реклами́ровать

Monitor *m* монито́р; видеоконтро́льное устро́йство

Monitur *f* отме́тка портовой администра́ции о замеченных повреждениях на гру́зе, представленном для погру́зки; отме́тка портовой администра́ции о замеченных повреждениях на принимаемом гру́зе

Monometallismus *m* монометалли́зм *(де́нежная систе́ма, осно́ванная на испо́льзовании зо́лота и́ли серебра́)*

Monopol *n* монопо́лия *(на что-л.)*; монопо́льная торго́вля (чем-л.)

Monopol монопо́лия, монопо́льное объедине́ние

Monopol an Grund und Boden монопо́лия на зе́млю

Monopol der Bodenbewirtschaftung монопо́лия на зе́млю как на объе́кт хозя́йства

Monopol des Außenhandels монопо́лия вне́шней торго́вли

bilaterales Monopol двусторо́нняя монопо́лия

fiskalisches Monopol фискальная монопо́лия, казённая монопо́лия

privates Monopol des Grundeigentums монопо́лия ча́стной со́бственности на зе́млю

teilweises Monopol части́чная монопо́лия

zum Monopol machen монополизи́ровать

zweiseitiges Monopol двусторо́нняя монопо́лия

Monopolabgabe *f* монопо́льный сбор; монопо́льный нало́г

Monopolabkommen *n* монопо́льное соглаше́ние

Monopolausgleich *m* монопо́льный уравни́тельный сбор

Monopolbank *f* банк-монополи́ст; ба́нковская монопо́лия

Monopolbetrieb *m* монопо́льное предпри́ятие; монополисти́ческое предпри́ятие

Monopolbourgeoisie *f* монополисти́ческая буржуази́я

Monopoleinnahmen *f, pl* поступле́ния

монопольных нало́гов
Monopolgeschäft *n* монопо́льное предприя́тие; монополисти́ческое предприя́тие
Monopolgesetz *n* зако́н о монополиях
Monopolgesetzgebung *f* законода́тельство о монополиях
Monopolgewinn *m* монопо́льная при́быль
Monopolgüter *n, pl* монопо́льные това́ры *(мн.ч.)*
Monopolherr *m* монополи́ст
monopolisieren *vt* монополизи́ровать
Monopolisierungsgrad *m* у́ровень монополизации
monopolistisch монополисти́ческий; монополистский; монопо́льный
Monopolkapital *n* монополисти́ческий капита́л
Monopolkapitalismus *m* монополисти́ческий капитали́зм
Monopolkapitalist *m* монополи́ст
monopolkapitalistisch монополисти́ческий
Monopolklausel *f* монопо́льная огово́рка
Monopolkontrolle *f* контро́ль за де́ятельностью монопо́лий
Monopolmissbrauch *m* злоупотребле́ние монопо́лий
Monopolpreis *m* монопо́льная цена́
Monopolprofit *m* монопо́льная при́быль
Monopolrecht *n* монопо́льное пра́во
Monopolrente *f* монопо́льная ре́нта
Monopolstellung *f* монопо́льное положе́ние
Monopolsteuer *f* монопо́льный нало́г
Monopoltheorie *f* тео́рия монопо́лий
Monopolunternehmen *n* монопо́льное предприя́тие; монополисти́ческое предприя́тие
Monopolverband *m* монополисти́ческое объедине́ние
Monopolvereinbarung *f* монопо́льное соглаше́ние
Monopolvertrag *m* монопо́льный догово́р
Monopolware *f* монопо́льный това́р
Monopolzoll *m* монопо́льная по́шлина
Monopson *f* монопсония *(ры́ночная структу́ра, в которо́й мно́го продавцо́в противостоят одному́ покупа́телю)*
Montage *f* монта́ж, сбо́рка, устано́вка
die Montage durchführen производи́ть монта́ж
Montageabteilung *f* сбо́рочный цех
Montageanteil *m* показа́тель, характеризу́ющий сте́пень сло́жности сбо́рки, коэффицие́нт «сборности»
Montageanweisung *f* инстру́кция по монтажу
Montagearbeiter *m* монта́жник
Montageaufwand *m* расхо́ды на монта́ж, затра́ты на монта́ж; трудоёмкость монтажа́; трудоёмкость монтажа́
Montageband *n* сбо́рочный конве́йер
Montagebau *m* ме́тод сбо́рного строи́тельства
Montagebedingung *f* усло́вие монтажа́ *(обору́дования)*
Montagebetrieb *m* сбо́рочное предприя́тие, механосборочное предприя́тие
Montagedienst *m* выполне́ние рабо́т по устано́вке и вы́верке маши́н и друго́го обору́дования
montagefähig сбо́рный; гото́вый к монтажу
montagefertig гото́вый к устано́вке; смонти́рованный
Montagekapazität *f* мо́щности по монтажу; монта́жные мо́щности по сборке
Montagekosten *pl* сто́имость монтажа́
Montageleistungen *f, pl* монта́жные рабо́ты *(мн.ч.)*
Montagereihe *f* сбо́рочная ли́ния
Montagesicherung *f* страхова́ние монтажных рабо́т, страхова́ние обору́дования на вре́мя монтажа́
Montageverfahren *n* спо́соб монтажа́
Montanaktien *f, pl* а́кции горнодобыва́ющих компа́ний
Montangesellschaft *f* горнопромы́шленное о́бщество
Montanindustrie *f* горнодобыва́ющая промы́шленность
Montanunion *f* Европе́йское объедине́ние угля́ и ста́ли, ЕОУС
Monte-Carlo-Methode *f стат.* ме́тод Монте-Карло
Monteur *m* монтёр-сбо́рщик; меха́ник; монта́жник
MOP, Pataca, -- Macau Патака (*код валю́ты* 446), -- Мака́о
Moratorium *n* морато́рий, приостано́вка платеже́й, отсро́чка платеже́й
ein Moratorium erklären объяви́ть морато́рий *(ча́ще всего́ име́ется в виду́ задо́лженность страны́)*
Moratoriumsrisiko *n* риск объявле́ния морато́рия *(возника́ет, когда́ платежа́м в определённой валю́те препя́тствует всё бо́лее о́страя нехва́тка фина́нсовых ресу́рсов)*
Morbiditätsstatistik *f* стати́стика заболева́емость
Morbiditätsziffer *f стат.* коэффицие́нт заболева́емости
Morgen *m* мо́рген *(земе́льная ме́ра в Герма́нии = 0,26-0,36 га, в ря́де стран Ю́жной А́фрики = 0,86 га)*
Mortalitätszifffer *f стат.* коэффицие́нт сме́ртности
mortgage *англ.* закла́дывать
mortgage *англ.* ипоте́ка; зало́г
Mortifikation *f* призна́ние недействи́тельным, призна́ние потеря́вшим си́лу *(напр., о це́нных бума́гах)*, призна́ние утра́ты силы́ *(докуме́нтом, це́нной бума́гой)*
Motivation *f* мотивация *(испо́льзование мора́льных и материа́льных стимулов поведе́ния челове́ка в организа́ции)*
Motivforschung *f* мотивационный ана́лиз
Motivschutz *m* охра́на содержа́ния това́рного зна́ка, охра́на моти́ва това́рного зна́ка
Moto, Tonnen je Monat *(сто́лько-то)* тонн в ме́сяц
Motorenfabrik Darmstadt Aktiengesellschaft «Моторенфабрик Дармштадт акциенгезельшафт» *(наименова́ние моторостроительных заво́дов в ФРГ)*
Motorgüterschiff *n* грузово́й теплохо́д
Motorisierungsgrad *m* у́ровень моторизации, у́ровень механиза́ции
Motorschiff *n* теплохо́д
Motorschiff mit Unterwasserflügeln теплохо́д на подво́дных кры́льях
MP:
MP *в со́бственные руки́ (ста́вится в телеграммах пе́ред а́дресом)*
m.P., mit Protest при нали́чии проте́ста, опротестованный
m.p. ...; months after payment ... *(eng.)* ме́сяцев с да́ты платежа́, чере́з *(сто́лько-то)* ме́сяцев по́сле платежа́
MPA, Materialprüfungsamt Управле́ние по испыта́нию материа́лов
MPM, METRA-Potentialmethode ме́тод потенциа́лов *(в сетевом планировании)*
m.pp., manu propria в со́бственные руки́
MR:
M.R., m.r., mate‘s receipt извеще́ние о погру́зке
MR, Mauretanien Мавритания
m./R., meine Rechnung мой счёт
Mrd., Milliarde *n* миллиа́рд, биллио́н
MRO, Ouguiya, -- Mauretanien У́гия (*код валю́ты* 478), Мавритания
MS:
M/S, merchant ship *(eng.)* торго́вое су́дно
M/S, months after sight *(eng.)* чере́з *сто́лько-то* ме́сяцев по предъявле́нии
MS, Mitgliedstaat страна́-уча́стница
MS, Mitgliedstaaten *pl* страны́-уча́стницы (мн.ч.)

MS *(eng)* (выч.) администрати́вная систе́ма; центр управле́ния се́тью
M/S, merchant ship *(eng)* торго́вое су́дно
MS, Motorschiff теплохо́д; мото́рное су́дно
m/s, month(s) after sight *(eng.)* ме́сяц(ы, ев) по́сле предъявле́ния
m/s, month(s) after sight ме́сяцев по́сле предъявле́ния
m.s.c., mandatum sine clausula неограни́ченные полномо́чия
MSch, G Mieterschutzgesetz зако́н об охра́не прав квартиросъёмщиков
MT:
MT, Malta Ма́льта
M/T, Mail transfer почто́вый перево́д
MT, Materialteuerungszuschlag надба́вка, предусматриваемая на слу́чай повыше́ния сто́имости сырья́ и материа́лов
m.T., mit Talon с талоном, с купоном
MTL, Maltesische Lira, -- Malta Мальти́йская ли́ра (***код валю́ты*** 470), -- Ма́льта
MTM, Methods Times Measurement ме́тоды запланированного вре́мени на выполне́ние отде́льных элеме́нтов произво́дственного проце́сса, ме́тоды за́данного вре́мени на выполне́ние отде́льных элеме́нтов произво́дственного проце́сса
Mts, Geh. Monatsgehalt ме́сячная за́работная пла́та *(слу́жащих)*, ме́сячный должностно́й окла́д
MU:
MU, Mauritius Маври́кий
MU, Montanunion Европе́йское объедине́ние угля́ и ста́ли
Multikollinearität *f* мультиколлинеарность
multilateral многосторо́нний, мультисторонний
Multilateralisierung *f* **der Zahlung** осуществле́ние платеже́й на многосторо́нней осно́ве
Multilateralisierung der Zahlungen осуществле́ние платеже́й на многосторо́нней осно́ве
Multilateralismus *m* систе́ма многосторонних деловы́х и торго́вых отноше́ний
Multilateralität *f* многосторо́нние *(торго́вые)* отноше́ния
Multimomentmethode *f эк. тр.* ме́тод моментных наблюде́ний
Multimomentverfahren *n эк. тр.* ме́тод моментных наблюде́ний
multinational многонациона́льный
multipel мно́жественный, многокра́тный
Multiplexmethode *f* мультиплексный ме́тод
Multiplikation *эк.* мультиплика́ция; *мат.* умноже́ние
Multiplikationsmethode *f* мультипликацио́нный ме́тод
Multiplikationssatz *m* теоре́ма умноже́ния
Multiplikator *m эк.* мультиплика́тор *(выража́ет, во ско́лько раз зави́симая переме́нная возраста́ет или уменьша́ется в коне́чном счёте, е́сли незави́симая переме́нная изменяется на едини́цу)*; *мат.* мно́житель
Multiplikatortheorie *f* тео́рия мультипликатора
multiplizieren *vt мат.* умножа́ть; мультиплици́ровать
multiprocessing *англ.* многопроце́ссорная обрабо́тка
multiprocessing *англ.* паралле́льная обрабо́тка *(напр., одно́й програ́ммы не́сколькими ЭВМ)*
multiprocessing *англ.* паралле́льная обрабо́тка да́нных в ЭВМ
Multiprogrammierung *f* мультипрограмми́рование
Multiverarbeitung *f* многопроце́ссорная обрабо́тка
Mündelgeld *n* опекунские де́ньги *(на воспита́ние опекаемого)*
mündelsicher охраня́емый в соотве́тствии с зако́ном об опёке
Mundproduktion *f* хлебобулочные, конди́терские и кулина́рные изде́лия, предназна́ченные для моментального потребле́ния
munizipalisieren *vt* муниципализи́ровать, передава́ть в веде́ние ***или*** со́бственность муниципальным властя́м
Munizipalsozialismus *m* муниципа́льный социали́зм
Münzamt *n* моне́тный двор
Münzautomat *m* моне́тный автома́т
Münzdelikte *n, pl* фальшивомонетничество
Münze *f* моне́та; моне́тный двор
Münze aus dem Verkehr ziehen изыма́ть моне́ту из обраще́ния
Münze ausprägen чека́нить моне́ту
Münze in Umlauf setzen пуска́ть моне́ту в обраще́ние
gangbare Münze моне́та в обраще́нии
gekippte Münze неполнове́сная моне́та
kleinste Münze неразменная моне́та
ungangbare Münze моне́та, изъятая из обраще́ния
ungangbare Münze неполнове́сная моне́та
unterwertige Münze неполноце́нная моне́та, низкопро́бная моне́та
Münzeinheit *f* де́нежная едини́ца
Münzeinziehung *f* изъя́тие из обраще́ния *(повреждённых или фальши́вых)* моне́т
münzen *vt* чека́нить моне́ту, чека́нить моне́ты
Münzengold *n* монетарное зо́лото, монета́рный мета́лл *(в усло́виях золотомонетного станда́рта - зо́лото)*
Münzenumlauf *m* металли́ческое обраще́ние
Münzertrag *m* дохо́д от чека́нки моне́т, моне́тный дохо́д
Münzfälschung *f* подде́лка моне́т, фальшивомонетничество
Münzfuß *m* моне́тная стопа́ *(станда́рт, определя́ющий вес и содержа́ние мета́лла в моне́те)*
Münzgeld *n* моне́та; металли́ческие де́ньги
Münzgestalt *f* моне́тная фо́рма *(де́нег)*
Münzgewicht *n* вес мета́лла, устано́вленный для де́нежной едини́цы, весова́я едини́ца мета́лла, устано́вленная для де́нежной едини́цы
Münzgewinn *m* дохо́д от чека́нки моне́т, моне́тный дохо́д
Münzgold *n* монетарное зо́лото, монета́рный мета́лл *(в усло́виях золотомонетного станда́рта - зо́лото)*
Münzhandel *m* торго́вля моне́тами
Münzhof *m* моне́тный двор
Münzhoheit *f* моне́тный суверените́т (*пра́во чека́нки моне́т)*, *ср.* **Münzrecht**
Münzkonvention *f* моне́тная конве́нция
Münzkunde *f* нумизма́тика
Münzparität *f* валю́тный парите́т, моне́тный парите́т, монета́рный парите́т
Münzpolitik *f* де́нежная поли́тика
Münzprägung *f* чека́нка моне́т
Münzrecht *n* пра́во чека́нки моне́т
Münzregal *n* моне́тная рега́лия, пра́во чека́нки и изъя́тия из обраще́ния моне́т
Münzstätte *f* моне́тный двор
Münzstückelung *f* деле́ние моне́т по досто́инству, классифика́ция моне́т по досто́инству
Münzumlauf *n* монетное обраще́ние
Münzunion *f* моне́тный сою́з
Münzverschlechterung *f* по́рча моне́т
Münzvertrag *m* монетное соглаше́ние
Münzzähler *m* моне́тный счётчик
MUR, Mauritius-Rupie, -- Mauritius Маврикийская ру́пия (***код валю́ты*** 480), -- Маври́кий
Musskaufmann *m* лицо́, считающееся коммерса́нтом в си́лу самого́ фа́кта его́ де́ятельности *(незави́симо от включе́ния в Торго́вый рее́стр)*

Mussleistungen *f, pl* обязáтельные платежи́ ***(напр., по социáльному страховáнию)***
Muster *n* образéц; óпытный экземпля́р; макéт; примéр; образéц
Muster рисýнок, узóр
Muster ohne Wert образéц без цены́
auf Muster по образцý
ein Muster einreichen предстáвить образéц
ein Muster vorlegen предстáвить образéц
gemäß Muster по образцý
Kauf nach Muster покýпка по образцý
nach Muster по образцý
Musterallsstellung *f* вы́ставка образцóв
Musterausfuhr *f* экспорт образцóв ***(с цéлью обеспéчения бóлее пóлной информáции, реклáмы и проч.)***; вы́воз товáрных образцóв
Musterbau *m* óпытный цех, óпытное произвóдство; показáтельное строи́тельство
Musterbuch *n* кни́га образцóв, журнáл образцóв
Mustereinfuhr *f* и́мпорт образцóв, ввоз товáрных образцóв
Musterfertigung *f* изготовлéние óпытных образцóв; óпытное произвóдство
Musterkollektion *f* коллéкция образцóв
Musterlager *n* склад образцóв
Mustermesse *f* я́рмарка образцóв, я́рмарка-вы́ставка образцóв
Mustermietvertrag *m* типовóй договóр о нáйме, типовóй договóр об арéнде
Musterpolice *f страх.* типовóй пóлис, стандáртный пóлис
Musterrabatt *m* ски́дка при покýпке образцóв, ски́дка комиссионеру на товáры, использованные в кáчестве образцóв
Musterraum *m* кабинéт товáрных образцóв ***(на предприя́тии-изготовителе и́ли на предприя́тиях оптовой торгóвли)***
Musterregister *n* реéстр образцóв, спи́сок образцóв
Musterrolle *f* реéстр образцóв, спи́сок образцóв; судовáя роль ***(докумéнт)***
Mustersatzung *f* типовóй устáв, примéрный устáв
Musterschau *f* вы́ставка образцóв
Musterschutz *m (правовáя)* защи́та образцá
Musterstatut *n* типовóй устáв, примéрный устáв
Musterstellenplan *m* типовóе штáтное расписáние
Mustersteuerordnung *f* типовóе положéние о налогах, типовóе положéние о сборах; типовые прáвила взимáния налóгов, типовые прáвила взимáния сбóров
Mustersteuersatzung *f* типовóе положéние о налогах, типовóе положéние о сборах; типовые прáвила взимáния налóгов, типовые прáвила взимáния сбóров
Musterstück *n* óпытный образéц
Mustertarif *m трансп.* типовóй тари́ф
Mustertreue *f* соответствие образцý, соответствие ***(отгруженной пáртии товáров)*** образцý
Musterverkauf *m* продáжа по образцáм, продáжа по образцý
Mustervertrag *m* типовóй договóр, типовóй контрáкт
Musterwirtschaft *f* образцóвое хозя́йство, образцóво-показáтельное хозя́йство
Musterziehen *n* контрóль кáчества по взя́тому образцý, контрóль кáчества по взя́той пробе
Muter *m* лицó ***(физи́ческое и́ли юриди́ческое)***, добивáющееся правá на разрабóтку рýдного месторождéния
Mutterfirma *f* фи́рма-мать
Muttergesellschaft *f* основнóе óбщество, головнóе óбщество, основнáя компáния, головнáя компáния, матери́нская компáния
Mutualismus *m* мютюализм ***(учéние Прудона)***
Mutungsvorrecht *n* преимýщественное прáво на разрабóтку рýдного месторождéния
MV, Malediven Мальди́вы
MVN, Materialverbrauchsnorm нóрма расхóдования сырья́ и материáлов
MVR, Rufiyaa, -- Malediven Руфия (*код валю́ты* 462), -- Мальди́вы
MW, Malawi Малáви
m.W.d.G.b., mit Wahrung der Geschäfte beauftragt уполномóченный соблюдáть интерéсы фи́рмы
MWK, Malawi-Kwacha, -- Malawi Квáча (малавийская) (*код валю́ты* 454), -- Малáви
MX, Mexiko Мéксика, *до 1978г. код* **MD**
MXN, Mexikanischer Peso, -- Mexiko Мексикáнское пéсо (*код валю́ты* 484), -- Мéксика
MY, Malaysia Малáйзия
MYR, Malaysischer Ringgit, -- Malaysia Малазийский ринггит (*код валю́ты* 458), -- Малáйзия
MZ:
MZ, Mosambik Мозамби́к
MZ, m.Z., mangels Zahlung из-за неуплáты
m.Z., mangels Zahlung из-за неуплáты
MZM, Metical, -- Mosambik Метикал (*код валю́ты* 508), -- Мозамби́к
N:
N, Nationaleinkommen национáльный дохóд
N, neue Aktien sind ausgegeben, aber noch nicht lieferbar нóвые áкции вы́пущены, но ещё не поступи́ли в продáжу ***(отмéтка в курсовых бюллетéнях)***
N, Nostrokonto счёт ностро
N; Nachnahme налóженным платежóм; налóженный платёж
per Nachnahme налóженным платежóм
als Nachnahme налóженным платежóм
mit Nachnahme налóженным платежóм
durch Nachnahme налóженным платежóм
unter Nachnahme налóженным платежóм
n., net register чи́стая реги́стровая вмести́мость, чи́стый реги́стровый тоннáж
n., net weight вес нéтто, чи́стый вес
n-Personenspiel *n* игрá „*n*"-учáстников
NA:
NA, Namibia Нами́бия
NA, Namensaktie именнáя áкция
N/A, no account нет счёта, нет текýщего счёта ***(отмéтка бáнка на неоплаченном чеке)***
N/A, no advice нет извещéния, ави́зо не поступи́ло ***(отмéтка бáнка на неоплаченной трáтте)***
n.a., nebenamtlich по совмести́тельству
n/a, no acceptance неакцептовáние, неакцепт
n.a., not above не вы́ше
naa:
n.a.a., nicht anderweitig angeführt инóго не укáзано
n.a.a., not always afloat не всегдá на плавý
Nachahmereffekt *m* демонстрациóнный эффéкт, эффéкт подражáния ***(спрос на товáр расширя́ется в результáте тогó, что всё бóльше потреби́телей слéдуют примéру «ли́деров»)***
Nachahmung *f* подражáние, копи́рование; поддéлка; имитáция; модели́рование
Nachakzept *n* послéдующий акцéпт
Nacharbeit *f* дополни́тельная рабóта, сверхурóчная рабóта
Nacharbeit послéдующая обрабóтка, дополни́тельная обрабóтка; рабóта по исправлéнию бракóванных издéлий
Nacharbeitskosten *pl* расхóды по дополни́тельной обрабóтке, издéржки по

дополни́тельной обрабо́тке; расхо́ды по устране́нию бра́ка, издержки по устране́нию бра́ка

Nacharbeitungszeit *f* вре́мя на исправле́ние бра́ка, вре́мя на исправле́ние брако́ванных изде́лий

Nachauftrag *m* дополни́тельный зака́з

Nachauftragnehmer *m* субподря́дчик; субпоставщик

Nachbarrecht *n* правовы́е но́рмы, регули́рующие отноше́ния сосе́дей - со́бственников недви́жимости

Nachbearbeitung *f* после́дующая обрабо́тка, дополни́тельная обрабо́тка; рабо́та по исправле́нию брако́ванных изде́лий

Nachbearbeitungskosten *pl* расхо́ды по дополни́тельной обрабо́тке, изде́ржки по дополни́тельной обрабо́тке; расхо́ды по устране́нию бра́ка, изде́ржки по устране́нию бра́ка

Nachbehandlung *f* отде́лка; после́дующая обрабо́тка, дополни́тельная обрабо́тка; чистова́я обрабо́тка, оконча́тельная обрабо́тка

nachbessern *vt* устраня́ть дефе́кты, устраня́ть недоста́тки; вноси́ть дополни́тельные исправле́ния

Nachbesserung *f* доде́лка; устране́ние дефе́ктов, устране́ние недоста́тков, устране́ние неполадок

Nachbesserungspflicht *f* обя́занность устране́ния *(заводских)* дефе́ктов

nachbestellen *vt* выдава́ть дополни́тельный зака́з

nachbestellen дополни́тельно зака́зывать

Nachbestellung *f* дополни́тельный зака́з

nachbesteuern *vt* облага́ть дополни́тельным нало́гом

Nachbesteuerung *f* дополни́тельное обложе́ние нало́гом, дополни́тельное налогообложе́ние

nachbezahlen *vt* дополни́тельно опла́чивать; допла́чивать

Nachbezahlung *f* дополни́тельная опла́та; допла́та

Nachbezug *m* дополни́тельная поку́пка; дополни́тельное получе́ние *(напр., това́ра, дета́лей)*

Nachbezugsrecht *n* пра́во на дополни́тельное получе́ние дивиде́ндов за про́шлые го́ды по привилегиро́ванным а́кциям

Nachbildung *f* копи́рование, изготовле́ние по образцу́; моде́ль; маке́т; моде́лирование; имита́ция

Nachbörse *f* кули́са, неофициа́льная би́ржа

nachbörslich по́сле закры́тия би́ржи *(напр., о движе́нии ку́рсов во внебиржево́м оборо́те)*

Nachbuchung *f* дополни́тельная бухга́лтерская прово́дка

Nachbürgschaft *f* поручи́тельство за поручи́теля

nachdatieren *vt* дати́ровать за́дним число́м, проставля́ть да́ту по́сле вы́писки докуме́нта, помеча́ть за́дним число́м

Nachdatierung *f* дати́рование за́дним число́м

Nacherbe *m юр.* после́дующий насле́дник, насле́дник-субститу́т

Nacherbenvermerk *m юр.* отме́тка в кадастре о субституции *(в насле́довании)*

Nacherbschaft *f юр.* субститу́ция *(в насле́довании)*

Nachereignis *n* собы́тие, непосре́дственно сле́дующее за да́нным

Nacherhebung *f* дополни́тельное взыска́ние *(нало́гов)*

Nachfakturierung *f* после́дующая вы́писка счёта-фактуры

Nachfcrderung *f* дополни́тельное тре́бование; тре́бование допла́ты; *бирж.* тре́бование повто́рной поста́вки *(при сро́чной кратной сде́лке)*; тре́бование о повышении цены́ на това́р *(е́сли цена́ не была́ твёрдо зафиксирована)*

Nachfeststellung *f* после́дующее установле́ние це́нности хозя́йственной едини́цы *(для определе́ния разме́ра нало́га)*; после́дующее установле́ние це́нности иму́щества *(слу́жащего объ́ектом обложе́ния нало́гом)*

Nachfolge *f юр.* насле́дование; пре́емственность

Nachfolgebank *f* банк-пре́емник

Nachfolgebedarf *m* спрос на сопу́тствующие това́ры, потре́бность в сопутствующих това́рах

Nachfolgegesellschaft *f* о́бщество-пре́емник; компа́ния-пре́емник

Nachfolgeinstitut *n* банк-пре́емник

Nachfolgeinvestitionen *f, pl* после́дующие капиталовложе́ния; после́дующие инвести́ции; инвести́ции бу́дущих периодов

nachfolgend сле́дующий, после́дующий

Nachfolger *m* насле́дник; пре́емник

Nachfolger рабо́та, непосре́дственно сле́дующая за да́нной рабо́той

(j-n) **zum Nachfolger berufen** де́лать *(кого́-л.)* свои́м пре́емником

(j-n) **zu seinem Nachfolger bestimmen** назна́чить *(кого́-л.)* свои́м пре́емником

Nachfolgeunternehmen *n* предприя́тие-пре́емник

Nachfolgezusatz *m* добавле́ние слова́ «насле́дник» к назва́нию фи́рмы, добавле́ние слова́ «насле́дники» к назва́нию фи́рмы

Nachfordeningsgeschäft *n* сде́лка с пра́вом выставля́ть дополни́тельные тре́бования

Nachforderung *f* дополни́тельное тре́бование

Nachforderung тре́бование допла́ты; тре́бование о повыше́нии цены́ *(е́сли цена́ не была́ оговорена́ контра́ктом)*

Nachforderung *бирж.* тре́бование повто́рной поста́вки *(при сро́чной «кратной» сде́лке)*

Nachforderungsgeschäft *n* сде́лка с пра́вом выставле́ния дополни́тельных тре́бований

Nachforderungsrecht *n* пра́во выставля́ть дополни́тельные тре́бования; пра́во тре́бовать повыше́ния цены́, пра́во тре́бовать повыше́ния допла́ты

Nachforschung *f* эксперти́за; по́иск

amtliche Nachforschung официа́льная эксперти́за

Nachfrage *f* спрос; запро́с

Nachfrage des Handels спрос торго́вых предприя́тий *(напр., на проду́кцию промы́шленности)*

Nachfrage nach Agrarproduklen спрос на сельскохозя́йственную проду́кцию

Nachfrage nach allen Qualitäten спрос на все сорта́ *(това́ра)*

Nachfrage und Angebot спрос и предложе́ние

agrarische Nachfrage спрос на сельскохозя́йственную проду́кцию

aperiodische Nachfrage апериоди́ческий спрос, нерегуля́рный спрос

auf dem Binnenmarkt Nachfrage спрос на вну́треннем ры́нке, спрос вну́треннего ры́нка, вну́тренний спрос

autonome Nachfrage автоно́мный спрос

befriedigte Nachfrage удовлетворё́нный спрос

einmalige aperiodische Nachfrage апериоди́ческий спрос, нерегуля́рный спрос

einmalige Nachfrage ра́зовый спрос; нерегуля́рный спрос

elastische Nachfrage эласти́чный спрос

fiktive Nachfrage фикти́вный спрос

gedeckte Nachfrage удовлетворё́нный спрос

gesteigerte Nachfrage возро́сший спрос

kaufkräftige Nachfrage платёжеспо́собный спрос

konsumtive Nachfrage потреби́тель-

ский спрос; спрос на предме́ты потребле́ния
periodische Nachfrage периоди́ческий спрос
produktionsbestimmte Nachfrage произво́дственный спрос; спрос на определённую проду́кцию
saisonbedingte Nachfrage сезо́нный спрос
ständige Nachfrage постоя́нный спрос
starke Nachfrage высо́кий спрос
täglische Nachfrage повседне́вный спрос
teilweise Nachfrage части́чный спрос
unbefriedigte Nachfrage неудовлетворённый спрос
voraussichtliche Nachfrage ожида́емый спрос, предполага́емый спрос
zahlungskräftige Nachfrage платёжеспосо́бный спрос
die Nachfrage lässt nach спрос па́дает
die Nachfrage sinkt спрос снижа́ется
die Nachfrage steigt спрос повыша́ется
die Nachfrage übersteigt das Angebot спрос превыша́ет предложе́ние
die Nachfrage wächst спрос повыша́ется

Nachfragebegrenzung *f* ограниче́ние спро́са

Nachfrageboom *m* са́мый высо́кий спрос, наивы́сший спрос

Nachfrageduopol *n* диополия покупа́телей, дуополия покупа́телей

Nachfragedyopol *n* диополия покупа́телей, дуополия покупа́телей

Nachfrageelastizität *f* эласти́чность спро́са *(по цене́ това́ра, по дохо́ду)*

Nachfrageentwicklung *f* дина́мика спро́са; разви́тие спро́са;

Nachfrageerwartung *f* ожида́емый спрос, предполага́емый спрос

Nachfragefunktion *f* фу́нкция спро́са
individuelle Nachfragefunktion фу́нкция индивидуа́льного спро́са
kollektive Nachfragefunktion фу́нкция коллекти́вного спро́са
statische Nachfragefunktion стати́ческая фу́нкция спро́са

Nachfrageinflation *f* инфля́ция спро́са *(вы́званная ускоренным ро́стом де́нежного спро́са, опережением расшире́ния совокупного предложе́ния)*

Nachfragekurve *f* крива́я спро́са

Nachfragelücke *f* дефляцио́нный разры́в *(превыше́ние совокупного предложе́ния над совокупным спро́сом)*

Nachfragemarkt *m* ры́нок покупа́телей

Nachfragemonopol *n* монопо́лия покупа́телей, монопсония, *см.тж.* **Монорсон**

nachfragen *vi* справля́ться, осведомля́ться *(о чём-л. у кого́-л.)*

Nachfrageoligopol *n* олигопо́лия покупа́телей

Nachfrageperiodizität *f* периоди́чность спро́са

Nachfrager *m* покупа́тель, потреби́тель

Nachfragerückgang *m* сокраще́ние спро́са, уменьше́ние спро́са, паде́ние спро́са

Nachfrageschrumpfung *f* сокраще́ние спро́са, уменьше́ние спро́са

Nachfragespitze *f* максима́льный спрос

Nachfragestabilität *f* усто́йчивость спро́са

Nachfragesteigerung *f* увеличе́ние спро́са, рост спро́са

Nachfragestruktur *f* структу́ра спро́са
atomistische Nachfragestruktur атомисти́ческая структу́ра спро́са
monopolistische Nachfragestruktur монополистическая структу́ра спро́са
oligopolistische Nachfragestruktur олигополистическая структу́ра спро́са

Nachfrageüberschuss *m* превыше́ние спро́са над предложе́нием

Nachfrageumfang *m* величина́ спро́са, объём спро́са

Nachfrageveränderung *f* измене́ние спро́са, сдвиг в спро́се

Nachfrageverlagerung *f* смеще́ние спро́са, сдвиг в спро́се

Nachfrageverschiebung *f* смеще́ние спро́са, сдвиг в спро́се

Nachfrist *f* дополни́тельный срок, льго́тный срок, отсро́чка
eine Nachfrist gewähren предоста́вить отсро́чку

Nachfristbewilligung *f* предоставле́ние дополни́тельного сро́ка, предоставле́ние отсро́чки, пролонга́ция

Nachfristgewährung *f* предоставле́ние дополни́тельного сро́ка, предоставле́ние отсро́чки, пролонга́ция

Nachfristsetzung *f* предоставле́ние дополни́тельного сро́ка, предоставле́ние отсро́чки, пролонга́ция

Nachgeben паде́ние, пониже́ние *(цен, ку́рсов)*; усту́пка

nachgeben *vi* уступа́ть, идти́ на усту́пки; соглаша́ться; па́дать *(о ку́рсе, о це́нах)*

Nachgebot *n* дополни́тельное предложе́ние

Nachgebühr *f* допла́та, дополни́тельный *(почто́вый и́ли телегра́фный)* сбор

Nachgirant *m* после́дующий жира́нт, после́дующий индосса́нт

Nachgiro *n* после́дующий жира́нт, после́дующий индосса́нт

Nachholebedarf *m* отло́женный спрос

nachholen *vt* наверстывать, нагоня́ть, догоня́ть; успе́ть сде́лать *(упу́щенное ра́нее)*

Nachholung *f* навёрстывание; после́дующее установле́ние
Nachholung der Steuerfestsetzung после́дующее установле́ние уточнённых налоговых ста́вок

Nachindossament *n* после́дующий индоссаме́нт *(выпи́сывается по́сле наступле́ния сро́ка опла́ты векселя́)*

Nachindossant *m* после́дующий индосса́нт, после́дующий жира́нт

Nachinventur *f* дополни́тельная инвентариза́ция

Nachkalkulation *f* дополни́тельная калькуля́ция
Nachkalkulation калькуля́ция факти́ческих изде́ржек *(обы́чно предполага́ет сравне́ние результа́тов с предвари́тельной калькуляцией)*
Nachkalkulation контро́льная калькуля́ция, прове́рочная калькуля́ция; отчётная калькуля́ция *(себесто́имости изде́лия)*

Nachkontrolle *f* после́дующий контро́ль, дополни́тельный контро́ль

Nachkosten *pl* дополни́тельные затра́ты *(мн.ч.)*
Nachkosten расхо́ды по устране́нию дефе́ктов в брако́ванной проду́кции *(мн.ч.)*

Nachkriegskonjunktur *f* послевоенная конъюнкту́ра

Nachkriegswirtschaft *f* послевоенная эконо́мика

Nachlass *m* ослабле́ние; уменьше́ние, сокраще́ние; ски́дка; усту́пка; бонифика́ция *(напр., за пони́женное ка́чество)*
Nachlass насле́дство
Nachlass der Konjunktur ухудше́ние конъюнкту́ры
Nachlass der Nachfrage уменьше́ние спро́са

Nachlassbesteuerung *f* обложе́ние насле́дства нало́гом

Nachlassen *n* ослабле́ние; уменьше́ние, сокраще́ние, сниже́ние *(цены́)*
Nachlassen der Geschäftstätigkeit спад делово́й акти́вности
Nachlassen der Konjunktur ухудше́ние конъюнкту́ры
Nachlassen der Nachfrage сокраще́ние спро́са, уменьше́ние спро́са

Nachlassgegenstände *m, pl* объе́кты насле́дства

Nachlässigkeitsklausel *f* огово́рка о несча́стном слу́чае из-за небре́жности

Nachlasskonkurs *m* ко́нкурс насле́дственной ма́ссы, распрода́жа насле́дственной ма́ссы

Nachlasspflegschaft *f юр.* опе́ка над насле́дственной ма́ссой

Nachlasssteuer *f* нало́г на насле́дство, насле́дственная по́шлина,

Nachlassstundung *f швейц.* отсро́чка из-за неплатёжеспособности

Nachlassverbindlichkeiten *f, pl* долги́, обременяющие насле́дство

Nachlassvergleich *m* мирова́я сде́лка в целя́х предотвраще́ния ко́нкурса *(распрода́жи)* над насле́дственной ма́ссой

Nachlassverwaltung *f* управле́ние насле́дственной ма́ссой

Nachleistung *f* де́нежные затра́ты, производи́мые по́сле установле́ния вызыва́ющих их фа́кторов

finanzielle Nachleistung допла́та

Nachlieferung *f* дополни́тельная поста́вка, допоста́вка; дополни́тельная доста́вка; досылка

Nachllassgläubiger *m* кредито́р насле́дственной ма́ссы, кредито́р наследода́теля

Nachmachen *n* подде́лка, фальсифика́ция

Nachmann *m* после́дующий индосса́ме́нт, после́дующий жира́нт

nachmessen *vt* повто́рно измеря́ть; проверя́ть разме́ры, контроли́ровать разме́ры

Nachnahme *f* нало́женный платёж; почто́вое отправле́ние нало́женным платежо́м

per Nachnahme нало́женным платежо́м

Nachnahmebegleitschein *m* сопроводительный докуме́нт о наложенном платеже́ *(прилага́ется к платёжному тре́бованию и́ли накладно́й)*

Nachnahmebetrag *m* су́мма наложенного платежа́

Nachnahmegebühr *f* сбо́ры за нало́женный платёж

Nachnahmekosten *pl* сбо́ры за нало́женный платёж

Nachnahmepostanweisung *f* извеще́ние о почто́вом отправле́нии нало́женным платежо́м

Nachnahmesendung *f* почто́вое отправле́ние нало́женным платежо́м

nachnehmen *vt* взы́скивать опла́ту нало́женным платежо́м, взима́ть опла́ту нало́женным платежо́м

Nachnutzung *f* испо́льзование нау́чно-техни́ческих достиже́ний одни́х предприя́тий други́ми

Nachporto *n* дополни́тельный почто́вый сбор, почто́вая допла́та

Nachprodukt *n* побо́чный проду́кт

Nachprovision *f* дополни́тельное комиссио́нное вознагражде́ние

nachprüfen *vt* пересма́тривать, перепроверя́ть

Nachprüfung *f* пересмо́тр; реви́зия; повто́рная прове́рка, дополни́тельная прове́рка, повто́рный контро́ль, дополни́тельный контро́ль

Nachprüfungsverfahren *n* ме́тод дополни́тельной прове́рки; ме́тод дополни́тельного контро́ля

nachrechnen *vt* пересчи́тывать, проверя́ть счёт, проверя́ть подсчёт; подсчи́тывать

Nachreise *f страх.* дальне́йшая транспортиро́вка гру́зов, прибыва́ющих с други́х контине́нтов

Nachrichten *pl* да́нные; сообще́ния; информа́ция; изве́стия

Nachrichtenagentur *f* информацио́нное аге́нтство

Nachrichtenbeförderungsleistungen *f, pl* услу́ги о́рганов свя́зи

Nachrichtenfluss *m* пото́к информа́ции, информацио́нный пото́к

Nachrichtenverarbeitung *f* обрабо́тка информа́ции

Nachschau *f* надзо́р, осуществля́емый налоговой инспекцией, контро́ль, осуществля́емый налоговой инспекцией

nachschicken *vt* досыла́ть

Nachschieben *n* недозво́ленная торго́вля това́рами, приобретёнными по́сле официа́льного объявле́ния распрода́жи

Nachschuss *m* допла́та *(напр., при ломбардном кредите, е́сли ры́ночная сто́имость зало́га уменьша́ется в результа́те паде́ния цен)*

Nachschusspflicht *f* обя́занность допла́ты; обя́занность внесе́ния дополни́тельного де́нежного взно́са

Nachschussprämie *f* дополни́тельная страхова́я пре́мия

Nachsendeschein *m* докуме́нт, заменя́ющий сопроводи́тельное письмо́ *(е́сли накладна́я идёт отде́льно от гру́за)*

Nachsichttage *m pl* отсро́чка опла́ты векселя́ *(срок опла́ты кото́рого ещё не наступи́л)*

Nachsichtwechsel *m* ве́ксель «сро́чный по предъявле́нии» *(ве́ксель, подлежа́щий опла́те через определённый срок по́сле предъявле́ния)*

Nachspalten *f, pl бухг.* дополни́тельные графы́, дополни́тельные коло́нки

Nachstechen *n* взя́тие про́бы сыпучего това́ра *(из мешко́в)*, взя́тие про́бы поставленного сыпучего това́ра *(пе́ред его́ оконча́тельным приня́тием)*

Nachstechschein *m* докуме́нт, даю́щий пра́во скла́ду брать про́бы

nachstehend нижесле́дующий; ни́же, да́лее

Nachsteuer *f* дополни́тельный нало́г

nächstfällig очередно́й, сле́дующий, ближа́йший *(напр., о платеже́, поставках и др.)*

Nachtarbeit *f* ночна́я рабо́та

Nachtarbeitszuschlag *m* надба́вка за ночну́ю рабо́ту

Nachtbetrieb *m* ночна́я рабо́та

Nachteil *m* убы́ток, уще́рб; вред; недоста́ток, дефе́кт, изъя́н; отрица́тельный моме́нт

nachteilig убы́точный, невы́годный; неуда́чный; невы́годно, с убы́тком, в уще́рб *(себе́)*

nachträglich дополни́тельный; дополни́тельно

Nachteiligkeit *f* убы́точность

Nachtlöschkosten *pl* пла́та за разгру́зку в ночно́е вре́мя

Nachtrag *m* добавле́ние, дополне́ние; приложе́ние

als Nachtrag дополни́тельно, в ка́честве дополне́ния

im Nachtrag дополни́тельно, в ка́честве дополне́ния

zum Nachtrag дополни́тельно, в ка́честве дополне́ния

Nachtragemonopol *n* монопо́лия покупа́телей

Nachtragsetat *m* дополни́тельный бюдже́т, дополни́тельные ассигнова́ния

Nachtragshaushalt *m* дополни́тельный бюдже́т

Nachtragsverteilung *f* распределе́ние ко́нкурсной ма́ссы, образова́вшейся по́сле причитавшихся обяза́тельных платеже́й

Nachtschicht *f* ночна́я сме́на

Nachtschichtprämie *f* надба́вка за рабо́ту в ночну́ю сме́ну

Nachtstrecke *f* авиали́ния, испо́льзуемая та́кже для ночны́х полётов

Nachttarif *m* ночно́й тари́ф *(на переговорных пунктах)*

Nachttresor *m* сейф для депони́рования це́нностей в ба́нках во внерабо́чее вре́мя

Nachtwachdienst *m* слу́жба охра́ны предприя́тий в ночно́е вре́мя

Nachtzulage *f* допла́та за рабо́ту в ночно́е вре́мя, надба́вка за ночну́ю рабо́ту

Nachtzuschlag *m* надба́вка за ночну́ю рабо́ту

Nachunternehmer *m* субподря́дчик
Nachurlaub *m* дополни́тельный о́тпуск
Nachveranlagung *f* после́дующее установле́ние разме́ра нало́га; после́дующее распределе́ние нало́гов, дополни́тельное распределе́ние нало́гов; дополни́тельная су́мма нало́гов
nachvergüten *vt* дополни́тельно вознагражда́ть, дополни́тельно опла́чивать, допла́чивать
Nachvergütung *f* дополни́тельное вознагражде́ние, дополни́тельная опла́та, допла́та
nachverlangen *vt* дополни́тельно тре́бовать; тре́бовать в прида́чу; тре́бовать в ка́честве допла́ты
Nachversicherung *f* дополни́тельное страхова́ние; страхова́ние за́дним число́м; расшире́ние объёма страхова́ния
nachversteuern *vt* плати́ть дополни́тельно, допла́чивать *(о налогах)*
nachwägen *vt* взве́шивать повто́рно, проверя́ть вес путём повто́рного взве́шивания
Nachwägung *f* повто́рное взве́шивание, прове́рка ве́са путём повто́рного взве́шивания
Nachwährschaft *f швейц.* отве́тственность *(за скры́тые дефе́кты про́данного иму́щества)*
Nachweis *m* доказа́тельство; свиде́тельство
  Nachweis инде́кс, спи́сок
  Nachweis подтвержде́ние, удостовере́ние
  Nachweis спра́вка
  Nachweis *бухг.* ве́домость
  Nachweis учёт
  Nachweis посре́дническая конто́ра
  Nachweis би́ржа труда́
  Nachweis des Verkaufs von Fertigerzeugnissen учёт реализа́ции гото́вой проду́кции
  Nachweis nach dem Ort der Kostenentstehung учёт по ме́сту возникнове́ния затра́т
  Nachweis nach Kostenarten учёт по элеме́нтам затра́т
  Nachweis schwebender Beträge учёт неуплаченных сумм
  Nachweis über gezahlte Steuern спра́вка о су́ммах уплаченных нало́гов
  Nachweis über Kassengeschäfte учёт кассовых опера́ций
  analytischer Nachweis аналити́ческий учёт
  belegmäßiger Nachweis докуме́нтальное доказа́тельство
  direkter Nachweis непосре́дственный учёт
  direkter Nachweis (юр.) прямо́е доказа́тельство
  Nachweis erbringen приводи́ть доказа́тельство
  mengenmäßiger Nachweis коли́чественный учёт
  wert- und mengenmäßiger Nachweis коли́чественно-сто́имостный учёт
  wertmäßiger Nachweis сто́имостный учёт, учёт в де́нежном выраже́нии
  den Nachweis erbringen обосно́вывать, приводи́ть доказа́тельства
  den Nachweis führen обосно́вывать, приводи́ть доказа́тельства
nachweisen *vt* дока́зывать, представля́ть доказа́тельства, подтвержда́ть, удостоверя́ть *(документа́льно)*
  nachweisen выявля́ть, обнару́живать *(напр., резе́рвы)*
  nachweisen поды́скивать *(напр., рабо́ту для кого́-л. в поря́дке посре́дничества)*
Nachweismakler *m* информацио́нный ма́клер *(ука́зывающий на возмо́жность заключе́ния сде́лки, но не посре́днича́ющий в её заключе́нии)*
Nachweispflicht *f* обя́занность налогоплате́льщика дока́зывать пра́вильность да́нных, внесённых им в нало́говую деклара́цию
Nachweisstelle *f* посре́дническая конто́ра; би́ржа труда́
Nachweisung *f* доказа́тельство; подтвержде́ние
  Nachweisung спи́сок, пе́речень, о́пись
  Nachweisung отчёт, отчётность
  Nachweisung подыска́ние *(напр., рабо́ты)*
  Nachweisung деклара́ция, специфика́ция това́ров, подлежа́щих транспортировке
Nachwiegung *f* повто́рное взве́шивание
Nachwuchs *m* молоды́е ка́дры *(на произво́дстве)*; молоды́е специали́сты
Nachwuchskader *m, pl* резе́рвы руководя́щих ка́дров
Nachwuchskräfte *f, pl* молоды́е ка́дры *(на произво́дстве)*; молоды́е специали́сты
nachzahlen *vt* допла́чивать, припла́чивать, опла́чивать дополни́тельно; опла́чивать за́дним число́м, выпла́чивать за́дним число́м
  nachzählen *vt* пересчи́тывать, проверя́ть подсчёт
Nachzahlung *f* дополни́тельная опла́та, дополни́тельная вы́плата, дополни́тельный платёж; допла́та, припла́та; после́дующий взнос; пла́та за́дним число́м
  Nachzahlung leisten допла́чивать, производи́ть допла́ту
  Nachzählung *f* пересчёт, повто́рный подсчёт, прове́рочный подсчёт; повто́рная пе́репись
Nachzoll *m* дополни́тельная тамо́женная по́шлина
Nachzugsaktie *f* отсро́ченная а́кция, а́кция с отсроченной вы́платой дивиде́ндов, второочередна́я а́кция
NAD, Namibia-Dollar, -- Namibia До́ллар Намибии (***код валю́ты*** 516), -- Нами́бия
NAG, Nationale Arbeitnehmergemeinschaft Национа́льное швейца́рское о́бщество наёмных рабо́чих
Näherrecht *n* пра́во преиму́щественного приобрете́ния *(недви́жимости)*
Näherung *f мат.* приближе́ние, аппроксима́ция
Näherungslösung *f* приближённое реше́ние
Näherungsmethode *f* ме́тод приближе́ния, ме́тод аппроксима́ции
Näherungsverfahren *n* ме́тод приближе́ния, ме́тод аппроксима́ции
Näherungswert *m* приближённое значе́ние
Nährstoffertrag *m* урожа́й сельскохозя́йственных культу́р, вы́раженный в коли́честве пита́тельных едини́ц
Nahrungserwerb *m* за́работок, даю́щий сре́дства на приобрете́ние проду́ктов пита́ния
Nahrungsgüter *n, pl* продово́льственные това́ры
Nahrungsmittel *n, pl* пищевы́е проду́кты, проду́кты пита́ния; продово́льственные това́ры
Nahrungsmittelbedarf *m* потре́бность в продово́льственных това́рах
Nahrungsmittelgesetz *n* зако́н об отве́тственности за прода́жу населе́нию недоброка́чественных продово́льственных това́ров и предме́тов пе́рвой необходи́мости
Nahrungsmittelsteuer *f ист.* продналог, продово́льственный нало́г
Nahrungsmittelverfälschung *f* фальсифика́ция пищевы́х проду́ктов
Nahrungsmittelvorschuss *m* ссу́да проду́ктами пита́ния
Nahrungsstand *m* продово́льственное положе́ние
Nahrungsverhältnisse *n, pl* продово́льственное положе́ние
Nährwert *m* кормова́я це́нность; пищева́я це́нность
Nahtereignis *n сет. пл.* стыково́е собы́тие
Nahverkehr *m* транспортиро́вка гру́зов *(автотра́нспортом)* на бли́зкие рассто-

я́ния, ме́стные перево́зки,

Nahverkehrs-Preisverordnung *f* тари́ф на ме́стные перево́зки

Nahverkehrstarif *m* тари́ф на ме́стные перево́зки

Nahzone *f* зо́на ме́стного грузово́го автомоби́льного сообще́ния *(в ра́диусе 50 км от пу́нкта отправле́ния автомаши́ны)*

Namensaktie *f* имення́я а́кция
einfache Namensaktie простая имення́я а́кция
vinkulierte Namensaktie винкули́рованная имення́я а́кция *(имення́я а́кция, передава́емая тре́тьему лицу́ то́лько с разреше́ния правле́ния, вы́пустившего а́кцию о́бщества)*

Namensguthaben *n* имённо́й вклад

Namensindossament *n* имённо́й индоссаме́нт

Namenslagerschein *m* имённо́е складско́е свиде́тельство

Namensobligation *f* имення́я облига́ция

Namenspapier *n* имённо́й докуме́нт; имення́я це́нная бума́га

Namenspapiere *n pl* имённы́е бума́ги, имённы́е це́нные бума́ги

Namenspolice *f* имённо́й страхово́й по́лис

Namensscheck *m* имённо́й чек

Namensschuldverschreibung *f* имення́я облига́ция

Namenswechsel *m* имённо́й ве́ксель

Nämlichkeit *f* то́ждество, тожде́ственность, иденти́чность
Nämlichkeit *тамож.* иденти́чность това́ра; соотве́тствие това́ра заявленному

Nämlichkeitsmittel *n, pl тамож.* сре́дства обеспе́чения идентичности това́ра

Nämlichkeitsnachweis *m тамож.* подтвержде́ние идентичности това́ра

Nämlichkeitsschein *m тамож.* свиде́тельство, подтвержда́ющее иденти́чность това́ра

Nämlichkeitssicherung *f* обеспе́чение идентичности *(призна́ние ввози́мых това́ров идентичными одна́жды ввезённому)*

Nämlichkeitsverfahren *n* ме́тод тамо́женной очи́стки периоди́чески вывози́мых това́ров с вы́дачей свиде́тельства об их идентичности, ме́тод тамо́женной сертифика́ции периоди́чески ввози́мых това́ров

NASDAQ, National Association of Securities Dealers automated quotations систе́ма автомати́ческой котировки Национа́льной ассоциа́ции фондовых ди́леров (США)

Nassgewicht *n* вес това́ра во вла́жном состоя́нии

Nationalbudget *n* национа́льный бюдже́т

Nationaleinkommen *n* национа́льный дохо́д
produziertes Nationaleinkommen произведённый национа́льный дохо́д

Nationaleinkommensbilanz *f* бала́нс национа́льного дохо́да

Nationaleinkommensvergleiche *m, pl*, сравне́ние национа́льных дохо́дов
internationale Nationaleinkommensvergleiche сравне́ние национа́льных дохо́дов ра́зных стран, сопоставле́ние национа́льных дохо́дов ра́зных стран

nationalisieren *vt* национализи́ровать, передава́ть в госуда́рственную со́бственность

Nationalisierung *f* национализа́ция, переда́ча в со́бственность госуда́рства

Nationalkapital *n* национа́льный капита́л

Nationalökonomie *f* политэкономия; национа́льная эконо́мия

Nationalprodukt *n* национа́льный проду́кт

Nationalreichtum *m* национа́льное бога́тство

Nationalschuld *f* национа́льный долг

Nationalverband *m* национа́льная ассоциа́ция
Nationalverband der Britischen Industriellen Национа́льная ассоциа́ция брита́нских промышленников

Nationalvermögen *n* национа́льное бога́тство

Nationalwährung *f* национа́льная валю́та

Nationalwirtschaft *f* национа́льная эконо́мика

NATO, North Atlantic Treaty Organization Организа́ция Североатланти́ческого догово́ра, Североатланти́ческий пакт, НАТО

Natur- und Klimaverhältnisse *n, pl* природно-климати́ческие усло́вия

Natur- und Wirtschaftsverhältnisse *n, pl* природно-экономи́ческие усло́вия

natura:
in natura *(лат.)* нату́рой, в нату́ре, в нату́ральной фо́рме; в нату́ральном выраже́нии, в веще́ственном выраже́нии
in natura *(лат.)* в нату́ральном ви́де
in natura *(лат.)* собственной персо́ной
in natura *(лат.)* на де́ле

Natural- (в сл.сл.) нату́ральный

Natural-Wert-Verflechtungsbilanz *f* натурально-сто́имостный межотраслево́й бала́нс

Naturalabgabe *f* нату́ральный нало́г; *ист.* нату́ральная пови́нность

Naturalangabe *f* нату́ральный показа́тель; нату́ральное выраже́ние

Naturalausdruck *m* нату́ральное выраже́ние; нату́ральный показа́тель
im Naturalausdruck в нату́ральном выраже́нии, в веще́ственном выраже́нии

Naturalaustausch *m ист.* нату́ральный обме́н, натурообмен

Naturalbeitrag *m* взнос нату́рой, взнос в нату́ре, взнос в нату́ральной фо́рме

Naturalbesteuerung *f* нату́ральное нало́говое обложе́ние, налогообложе́ние в нату́ральной фо́рме

Naturalbeziehungen *f, pl* отноше́ния нату́рального обме́на

Naturalbezüge *m, pl с.-х.* нату́ральные дохо́ды, дохо́ды в нату́ральной фо́рме

Naturaldarlehen *n* нату́ральная ссу́да, ссу́да в нату́ральной фо́рме

Naturaleinheit *f* нату́ральная едини́ца

Naturaleinkommen *n* нату́ральный дохо́д, дохо́д в нату́ральной фо́рме

Naturaleinkünfte *f pl* нату́ральные дохо́ды

Naturalentgelt *n* опла́та труда́ в нату́ральной фо́рме, опла́та нату́рой, (ист.) натуроплата

Naturalersatz *m страх.* возмеще́ние уще́рба в нату́ральной фо́рме

Naturalfonds *m* нату́ральный фонд *(колхозов)*

Naturalform *f* нату́ральная фо́рма, натурально-веще́ственная фо́рма

Naturalgeld *n ист.* «приро́дные» де́ньги *(скот, зерно́ и други́е това́ры, выполня́ющие роль всео́бщего эквивале́нта)*

Naturalgewicht *n* нату́ральный вес *(оди́н из крите́риев ка́чества, основыва́ющийся на соотноше́нии объёма и ве́са определённого това́ра)*; нату́рный вес *(напр., зерна́)*

Naturalgröße *f* нату́ральная величина́

Naturalherstellung *f юр.* восстановле́ние в пре́жнее состоя́ние; восстановле́ние права́ со́бственности, реститу́ция

Naturalien *pl* проду́кты пита́ния, продово́льствие

Naturalkennzahl *f стат.* нату́ральный показа́тель

Naturalkennziffer *f стат.* нату́ральный показа́тель

Naturalkredit *m* креди́т в нату́ральной фо́рме, нату́ральная ссу́да

Naturalleistung *f* платёж нату́рой, платёж в нату́ральной фо́рме
Naturalleistung физи́ческий объём проду́кции

Naturalleistungen *f, pl ист.* нату́ральная пови́нность; нату́ральный обро́к

Naturallohn *m* нату́ральная за́работная опла́та *(выдаётся не деньга́ми, а определёнными това́рами)*, за́работная пла́та нату́рой, натуроплата,

Naturalmethode *f* ме́тод определе́ния производи́тельности труда́ на ба́зе нату́ра́льных показа́телей

Naturalmonatslohn *m ист.* месячина, ме́сячная за́работная пла́та в нату́ра́льной фо́рме

Naturalpacht *f ист.* нату́ра́льная аре́нда

Naturalprämie *f страх.* нату́ра́льная пре́мия, пре́мия, выдава́емая в нату́ра́льной фо́рме

Naturalrabatt *m* ски́дка за коли́чество в фо́рме беспла́тной поста́вки ча́сти това́ра

Naturalrente *f* нату́ра́льная ре́нта

Naturalrestitution *f юр.* восстановле́ние в пре́жнее состоя́ние; восстановле́ние права́ со́бственности, реститу́ция; *юр.* возмеще́ние убы́тков в нату́ра́льной фо́рме

Naturalsteuer *f* нату́ра́льный нало́г

Naturaltausch *m ист.* нату́ра́льный товарообме́н

Naturaltauschwirtschaft *f* нату́ра́льное менов́ое хозя́йство

Naturaltilgung *f* погаше́ние ипотечных креди́тов закладными *(а не нали́чными)*

Naturalumsatz *m* безде́нежный оборо́т, оборо́т в нату́ра́льной фо́рме, оборо́т в нату́ра́льном выраже́нии

Naturalvergütung *f* опла́та труда́ в нату́ра́льной фо́рме, натуроплата

Naturalversicherung *f* нату́ра́льное страхова́ние

Naturalversorgung *f* обеспе́чение в нату́ра́льной фо́рме, снабже́ние в нату́ра́льной фо́рме

Naturalverteilung *f* распределе́ние в нату́ра́льной фо́рме

Naturalvolumen *n* физи́ческий объём *(напр., произво́дства)*

Naturalvorschuss *m с.-х.* ава́нс нату́рой, ава́нс в нату́ра́льной фо́рме

Naturalwirtschaft *f* нату́ра́льное хозя́йство

Naturalzins *m* проце́нт по нату́ра́льной ссуде *(в нату́ра́льном меновом хозя́йстве)*; *ист.* нату́ра́льный обро́к

Naturalzuwendung *f* вы́плата нату́рой, вы́плата в нату́ра́льной фо́рме

Naturbedingungen *f, pl* есте́ственные усло́вия, приро́дные усло́вия

Naturfondsabgabe *f* сбор, взима́емый для обеспе́чения наибо́лее рационального испо́льзования приро́дных ресу́рсов

Naturgröße *f* нату́ра́льная величина́

Naturkräfte *f, pl* приро́дные си́лы *(мн.ч.)*

naturnotwendig физи́чески необходи́мый

Naturprodukt *n* проду́кт есте́ственного происхожде́ния, есте́ственный проду́кт, приро́дный проду́кт, нату́ра́льный проду́кт

Naturprodukte *pl* сырьё

Naturreichtümer *pl* приро́дные бога́тства *(мн.ч.)*; приро́дные ресу́рсы *(мн.ч.)*

Naturschätze *pl* приро́дные бога́тства *(мн.ч.)*; приро́дные ресу́рсы *(мн.ч.)*

Naturschutzgesetz *n* зако́н об охра́не приро́ды

Naturstoff *m* нату́ра́льное вещество́

Naturstoffe *m, pl* приро́дные материа́лы *(мн.ч.)*

Naturverhältnisse *n, pl* приро́дные усло́вия *(мн.ч.)*

nautisch навигацио́нный; морско́й

Nav-km, Navigationskilometer навигацио́нный киломе́тр

Navicert *n англ.* свиде́тельство об отсу́тствии на су́дне вое́нной контраба́нды, сертифика́т об отсу́тствии на су́дне вое́нной контраба́нды, навице́рт, охра́нное свиде́тельство *(для торго́вых судо́в в вое́нное вре́мя)*

Navigationsperiode *f* навигацио́нный пери́од

Navigationszeit *f* навигацио́нный пери́од

NbA, Neubauamt *n* управле́ние капита́льного строи́тельства

NC, numerical control (eng) ЧПУ, числово́е програ́ммное управле́ние

NC-Maschine *f* стано́к с цифровы́м програ́ммным управле́нием

NC-Werkzeugmaschine *f* стано́к с цифровы́м програ́ммным управле́нием

N.C.V., no commercial value комме́рческой це́нности не име́ет

ND:

ND, Genehmigung für Nebenkosten und Dienstleistung согла́сие на опла́ту накладны́х расхо́дов и ока́занных услу́г

ND, Nachrichtendienst слу́жба информа́ции, информацио́нное аге́нтство

ND, Nummerndrucker цифрово́е печа́тающее устро́йство; ЦПУ

NE:

NE, Nationaleinkommen национа́льный дохо́д

NE, Nichteisenmetall цветно́й мета́лл

NE-Metalle *n pl* цветны́е мета́ллы *(мн.ч.)*

Nebenabgaben *f, pl* дополни́тельные сбо́ры *(мн.ч.)*, побо́чные сбо́ры *(мн.ч.)*; дополни́тельные по́шлины *(мн.ч.)*, побо́чные по́шлины *(мн.ч.)*; дополни́тельные нало́ги *(мн.ч.)*, побо́чные нало́ги *(мн.ч.)*

Nebenabkommen *n* дополни́тельное соглаше́ние

Nebenabreden *f pl* договорённости, де́йствующие в свя́зи с основны́м догово́ром

Nebenabteilung *f* подсо́бный цех

Nebenadresse *f* а́дрес на слу́чай проте́ста векселя́ *(ука́зывает индосса́нт)*; «запасно́й» а́дрес *(куда́ в слу́чае непринятия гру́за сле́дует обрати́ться фрахтовщику)*

nebenamtlich по совмести́тельству, внешта́тно

Nebenanlagen *f, pl* вспомога́тельное обору́дование

Nebenanlagen подсо́бное хозя́йство

Nebenanschließer *m ж.-д.* владе́лец доба́вочной соедини́тельной ве́тки, владе́лец доба́вочного подъездного пути́

Nebenarbeit *f* побо́чная рабо́та, дополни́тельная рабо́та, рабо́та по совмести́тельству

Nebenausgaben *f, pl* побо́чные расхо́ды *(мн.ч.)*, дополни́тельные расхо́ды *(мн.ч.)*; накладны́е расхо́ды *(мн.ч.)*

Nebenbedeutung *f* побо́чное значе́ние, сопровожда́ющее значе́ние, второсте́пенное значе́ние

Nebenbedingung *f мат.* ограниче́ние; дополни́тельное усло́вие

Nebenbedingungen *f pl* вспомога́тельные усло́вия *(напр., для проведе́ния расчёта)*

Nebenberechnung *f* дополни́тельный расчёт

Nebenberuf *m* втора́я профе́ссия, побо́чная профе́ссия; рабо́та по совмести́тельству, совмести́тельство

im Nebenberuf по совмести́тельству

im Nebenberuf arbeiten рабо́тать по совмести́тельству

nebenberuflich по совмести́тельству, внешта́тно

Nebenbeschäftigung *f* рабо́та по совмести́тельству, совмести́тельство; побо́чное заня́тие

als Nebenbeschäftigung по совмести́тельству

Nebenbestimmung *f* дополни́тельное усло́вие *(контра́кта)*

Nebenbetrieb *m* вспомога́тельное предприя́тие; подсо́бное произво́дство, побо́чное произво́дство; подсо́бное хозя́йство

landwirtschaftlicher Nebenbetrieb сельскохозя́йственное вспомога́тельное предприя́тие *(напр., сырова́рня, кирпи́чный заво́д)*

Nebenbezug *m* побо́чный дохо́д, дополни́тельный дохо́д; при́работок

Nebenbörse *f* неофициа́льная би́ржа, кули́са

Nebenbücher *n pl* вспомога́тельные кни́ги *(в кото́рых мо́гут указываться определённые ви́ды хозя́йственных опера́ций - напр. ве́ксельная, това́рная и др.)*

Nebenbuchführung *f* вспомога́тельный учёт

Nebenbuchhaltungen *f pl* вспомога́тельные фо́рмы бухга́лтерского учёта, фо́рмы вспомога́тельного бухга́лтерского учёта *(учёт капитальных вложе́ний, складско́й учёт и учёт за́работной пла́ты)*

Nebenbuchung *f бухг.* прово́дка по кни́гам вспомога́тельного учёта, вспомога́тельные за́писи, проводки

Nebeneinanderbestehen *n* сосуществова́ние
friedliches Nebeneinanderbestehen ми́рное сосуществова́ние

Nebeneinkommen *n* побо́чный дохо́д, дополни́тельный дохо́д; при́работок

Nebeneinkünfte *f pl* побо́чные дохо́ды, дополни́тельные дохо́ды; приработки
Nebeneinkünfte повы́шенные дохо́ды *(в результа́те нау́чной, писательской, артисти́ческой де́ятельности - в ФРГ облагаются подохо́дным нало́гом по льготным ставкам)*

Nebeneinnahmen *f, pl* побо́чные дохо́ды, дополни́тельные дохо́ды; приработки

Nebeneinrichtung *f* подсо́бное устро́йство

Nebenertrag *m* чи́стый дохо́д от реализа́ции отхо́дов произво́дства

Nebenerwerb *m* побо́чный дохо́д, дополни́тельный дохо́д; при́работок
Nebenerwerb побо́чное ремесло́, побо́чное заня́тие
landwirtschaftlicher Nebenerwerb побо́чный дохо́д от се́льского хозя́йства, дополни́тельный дохо́д от се́льского хозя́йства

Nebenerwerbsbetrieb *m* фе́рмерское хозя́йство, кото́рое его́ владе́лец *и́ли* аренда́тор ведёт поми́мо своего́ основно́го заня́тия
Nebenerwerbsbetrieb *с.-х.* хозя́йство, даю́щее побо́чный дохо́д, хозя́йство, даю́щее дополни́тельный дохо́д

Nebenerwerbslandwirt *m* фе́рмер, хозя́йство кото́рого но́сит побо́чный хара́ктер по отноше́нию к основно́му заня́тию

Nebenerzeugnis *n* побо́чный проду́кт

Nebenfehler *m* второстепе́нный дефе́кт *(при статистическом контроле ка́чества)*

Nebenfertigung *f* побо́чное произво́дство

Nebenfläche *f* часть основно́й пло́щади *(напр., промы́шленного предприя́тия)*, испо́льзуемая для побо́чных це́лей

Nebenfunktionsfläche *f* пло́щадь подсо́бных помеще́ний *(напр., торго́вого и́ли промы́шленного предприя́тия)*

Nebengebühr *f* дополни́тельный сбор *(на тра́нспорте)*

Nebengeschäfte *n*, *pl*, **kaufmännische** побо́чные торго́вые сде́лки коммерсанта

Nebengewerbe *n* подсо́бный про́мысел, побо́чный про́мысел; побо́чное заня́тие, побо́чная де́ятельность

Nebenhaushalt *m* дополни́тельный бюдже́т

Nebenkapazität *f* произво́дственные мо́щности по вы́пуску побочной проду́кции

Nebenkassen *f, pl* вспомога́тельные ка́ссы, подсо́бные ка́ссы *(для разгру́зки гла́вной ка́ссы)*

Nebenklassen *f, pl трансп.* дополни́тельные тари́фные кла́ссы

Nebenkonto *n* вспомога́тельный счёт

Nebenkosten *pl* побо́чные затра́ты, дополни́тельные затра́ты, побо́чные изде́ржки, дополни́тельные изде́ржки; побо́чные расхо́ды, дополни́тельные расхо́ды, сверхсметные расхо́ды

Nebenkostenstellen *f, pl* места́ возникнове́ния затра́т, свя́занных с произво́дством побочной проду́кции *(напр., цехи по пореработ́ке отхо́дов произво́дства)*

Nebenlager *n* подсо́бный цехово́й склад материа́лов

Nebenleistungen *f, pl* дополни́тельные услу́ги; дополни́тельно вы́полненная рабо́та; платежи́ за дополни́тельные услу́ги; дополни́тельные вы́платы

Nebenleistungsaktiengesellschaft *f* акционе́рное о́бщество, на пайщиков кото́рого возлага́ются дополни́тельные обя́занности

Nebennutzung *f*, **forstliche** промежу́точное лесопользование

Nebenpersonal *n* вспомога́тельный персона́л

Nebenplatz *m* населённый пункт, в кото́ром нет центра́льного ба́нка земли́ *(ФРГ)*

Nebenprodukt *n* побо́чный проду́кт

Nebenproduktion *f* побо́чное произво́дство; побо́чная проду́кция
fischereiliche Nebenproduktion побо́чная проду́кция рыбопромыслового хозя́йства

Nebenprozess *m* вспомога́тельный проце́сс *(на произво́дстве)*

Nebenraum *m* подсо́бное помеще́ние; операти́вно-вспомога́тельное помеще́ние *(напр., для расфасовки това́ра)*

nebenrechnen *vt* проверя́ть счёт; осуществля́ть дополни́тельные расчёты, осуществля́ть вспомога́тельные расчёты

Nebenrechnung *f* вспомога́тельный расчёт, контро́льный расчёт; вспомога́тельный учёт

Nebensicherheit *f* дополни́тельное обеспе́чение

Nebensicherung *f* дополни́тельное обеспе́чение

Nebenspesen *pl* побо́чные затра́ты, дополни́тельные затра́ты, побо́чные изде́ржки, дополни́тельные изде́ржки; побо́чные расхо́ды, дополни́тельные расхо́ды, сверхсметные расхо́ды

Nebenstelle *f* филиа́л, отделе́ние; представи́тельство; аге́нтство
Nebenstelle паралле́льный телефо́н

Nebensteuer *f* дополни́тельный нало́г

Nebentätigkeit *f* рабо́та по совмести́тельству, совмести́тельство

Nebenunkosten *pl* накладны́е расхо́ды

Nebenunternehmer *m* субподря́дчик

Nebenverbrauch *m* дополни́тельное потребле́ние

Nebenverbraucher *m* побо́чный потреби́тель

Nebenverdienst *m* побо́чный за́работок, дополни́тельный за́работок, при́работок; побо́чный дохо́д

Nebenverpflichtung *f* дополни́тельное обяза́тельство; дополни́тельная обя́занность

Nebenversicherung *f* страхова́ние от одного́ и того́ же ри́ска в не́скольких компаниях одновре́ме́нно

Nebenwirkung *f* побо́чное де́йствие; побо́чный эффе́кт

Nebenwirtschaft *f* подсо́бное хозя́йство, побо́чное хозя́йство

Nebenzeit *f* подсо́бное вре́мя *(в произво́дственном проце́ссе)*

Nebenzollamt *m* дополни́тельная тамо́жня

Negation *f мат., вчт.* отрица́ние

Negativattest *n* отрица́тельная аттеста́ция *(удостовере́ние суда́ об отсу́тствии в торго́вом реестре определённых за́писей)*

Negativbescheinigung *f* объявле́ние запре́та *(напр., заявле́ние о запрете на и́мпорт како́го-л. това́ра)*

Negativbestätigung *f* подтвержде́ние, свидетельствующее о том, что произво́дство да́нного това́ра в стране́ отсу́тствует

Negativklausel *f* негати́вная огово́рка *(обяза́тельство заёмщика, взя́вшего креди́т под часть/ча́сти своего́ иму́щества, не брать ссуд у други́х кредито́ров под оста́вшуюся часть иму́щества)*

Negativliste *f* спи́сок това́ров для я́рмарки с учётом ограничи́тельных квот

Negativlisten *f, pl* спи́ски това́ров, и́мпорт кото́рых ограни́чен

Negativsaldo *m* пасси́вное са́льдо

Negativzins *m* отрица́тельный проце́нт *(в слу́чае номина́льного проце́нта - пла́та ба́нку за разреше́ние храни́ть свой вклад; при расчёте реа́льного проце́нта - свиде́тельство того́, что проце́нтные вы́платы не компенси́ровали инфляцио́нного обесце́нения вкла́да)*

Negligence-Klausel *f* огово́рка о сня́тии отве́тственности в догово́ре фрахтова́теля *(с пароxо́дства и кома́нды)*

Negotiant *m* коммерса́нт, торго́вец; негоциа́нт

Negotiation *f* торго́вая сде́лка; торго́вля; посре́дничество; веде́ние перегово́ров

Negotiation прода́жа це́нных бума́г; размеще́ние за́йма через банк; дисконти́рование тра́тты, учёт тра́тты

Negotium *n* торго́вая сде́лка; торго́вля

negoziabel могу́щий быть предме́том сде́лки, могу́щий быть предме́том торго́вли; могу́щий быть предме́том прода́жи; спосо́бный к обраще́нию; могу́щий быть опла́ченным

Negoziant *m* коммерса́нт, торго́вец; негоциа́нт

Negoziation *f* торго́вая сде́лка; торго́вля; посре́дничество; веде́ние перегово́ров

Negoziation прода́жа це́нных бума́г; размеще́ние за́йма через банк; дисконти́рование тра́тты, учёт тра́тты

Negoziationsgewicht *n* торгово-полити́ческая зна́чимость това́ра, зна́чимость това́ра в междунаро́дной торго́вле

Negoziationskredit *m* ба́нковский креди́т, осуществля́емый путём дисконти́рования документи́рованных тратт, ба́нковский креди́т, осуществля́емый путём учёта документи́рованных тратт

Negozierung *f* дисконти́рование документи́рованной тра́тты, учёт документи́рованной тра́тты

negoziierbar могу́щий быть предме́том сде́лки, могу́щий быть предме́том торго́вли; могу́щий быть предме́том прода́жи; спосо́бный к обраще́нию; могу́щий быть опла́ченным

negoziieren *vt* заключа́ть сде́лки; вести́ торго́влю; выступа́ть посре́дником; вести́ перегово́ры

negoziieren пуска́ть це́нные бума́ги в обраще́ние; размеща́ть заём через банк, размеща́ть заём через консо́рциум ба́нков

negoziieren дисконти́ровать документи́рованные тра́тты, учи́тывать документи́рованные тра́тты

Negoziierung *f* прода́жа це́нных бума́г; размеще́ние за́йма через банк; дисконти́рование тра́тты, учёт тра́тты

Negoziierungsorder *f* поруче́ние европе́йского ба́нка заокеа́нскому филиа́лу на дисконти́рование документи́рованных тратт, предъявля́емых заокеа́нским поставщико́м

Nehmer *m* покупа́тель; ремите́нт, получа́тель платежа́ по ве́кселю

Nehmerland *n* принима́ющая страна́, страна́ - получа́тель креди́та (*или за́йма, экономи́ческой по́мощи)*

Neidbau *m* сооруже́ние постро́ек с це́лью нанесе́ния уще́рба сосе́дям

Neigungswaage *f* ма́ятниковые весы́

Nennbetrag *m* номина́льная су́мма; номина́льная сто́имость, нарица́тельная сто́имость, номина́л; досто́инство *(де́нежного зна́ка)*

Nennbetrieb *m* номина́льный режи́м

Nenner *m* знамена́тель *(дро́би)*

Nenngroße, Nenngröße *f* номина́льная величина́, номина́льное значе́ние; типоразме́р

Nennkapital *n* номина́льный капита́л

Nennleistung *f* номина́льная производи́тельность; номина́льная мо́щность

Nennmaß *n* типоразме́р; номина́льная величина́, номина́льное значе́ние

Nennpreis *m* нарица́тельная сто́имость, номина́льная цена́, нарица́тельная цена́

Nennverbrauch *m* номина́льное потребле́ние

Nennwert *m* нарица́тельная сто́имость, номина́льная сто́имость, номина́л; номина́льная величина́, номина́льное значе́ние

nach dem Nennwert по нарица́тельной сто́имости, по номина́льной сто́имости, по номина́лу

über dem Nennwert liegen быть вы́ше нарица́тельной сто́имости, быть вы́ше номина́льной сто́имости, быть вы́ше номина́ла

zum Nennwert альпари, по номина́лу *(о ку́рсе це́нных бума́г)*

Neokapitalismus *m* неокапитали́зм

Neokolonialismus *m* неоколониали́зм

Neoliberalismus *m* неолиберали́зм

Neomalthusianismus *m* неомальтузиа́нство

Neomerkantilismus *m* неомеркантили́зм

Nestfertigung *f* произво́дство по предметно-за́мкнутому при́нципу

Nestfertigungsbereich *m* предметно-за́мкнутый уча́сток *(произво́дства)*

net weight *англ.* вес-не́тто, чи́стый вес, вес без упако́вки *(та́ры)*

netto без упако́вки

netto не́тто, без упако́вки *(о ве́се)*; без ски́дки *(о цене́)*; за вы́четом всех нало́гов и сбо́ров *(о дохо́де)*; за вы́четом всех ски́док и удержа́ний *(о су́мме)*

netto Kasse не́тто-ка́сса, чи́стые ка́ссовые поступле́ния нали́чными без ски́дки

Netto-Grundfondsintensität *f* чи́стая фондоёмкость

Nettoabnahme *f* **an Forderungen** чи́стое сниже́ние тре́бований

Nettoausgaben *f, pl* чи́стые расхо́ды

Nettoauslandsposition *f* фина́нсовое са́льдо, заграни́чная не́тто-пози́ция *(в платёжном бала́нсе ра́зность ме́жду тре́бованиями оте́чественных кредито́ров к иностр. должника́м и обяза́тельствами оте́чественных должнико́в по отноше́нию к иностр. кредито́рам)*

Nettobeitrag *m* страхова́я не́тто-пре́мия; чи́стый страхово́й взнос

Nettobetrag *m* су́мма не́тто

Nettobilanz *f* не́тто-бала́нс

Nettodevisenerlös *m* чи́стая валю́тная вы́ручка

Nettoeinkaufspreis *m* заку́почная цена́ не́тто

Nettoeinkommen *n* чи́стый дохо́д, дохо́д не́тто

Nettoeinnahme *f* чи́стый дохо́д, дохо́д не́тто

Nettoerlös *m* чи́стая вы́ручка, вы́ручка не́тто

Nettoertrag *m* чи́стый дохо́д, дохо́д не́тто

Nettofinanzierung *f* бюдже́тное финанси́рование госуда́рственных организа́ций, со́бственные дохо́ды кото́рых не покрыва́ют целико́м их расхо́ды

Nettofinanzierung не́тто-финанси́рование *(напр., фо́рмы финанси́рования нерента́бельных госуда́рственных организа́ций; в результа́те взаи́мных расчётов эти организа́ции ока́зываются получа́телями субси́дий)*

Nettofläche *f* пло́щадь не́тто

Nettofondsrentabilität *f* расчётная рента́бельность произво́дственных фо́ндов

Nettogehalt *n* за́работная пла́та за вы́четом всех нало́гов

Nettogeldeinnahmen *f, pl* **der Bevölkerung** чи́стые де́нежные дохо́ды населе́ния

Nettogeldvermögen *n* са́льдо фина́нсовых расчётов, ра́зница ме́жду тре́бованиями и обяза́тельствами фи́рмы *и́ли* ча́стного лица́

Nettogewicht *n* вес-не́тто, чи́стый вес, вес без упако́вки *(та́ры)*, ма́сса-не́тто
gesetzliches Nettogewicht лега́льный вес не́тто
reales Nettogewicht реа́льный вес не́тто

Nettogewinn *m* чи́стый дохо́д, чи́стая при́быль *(при́быль по́сле вы́чета всех изде́ржек)*

Nettogewinnabführungen *f, pl* отчисле́ния от чи́стой при́были
überzahlte Nettogewinnabführungen сверхнормати́вные отчисле́ния от чи́стой при́были

Nettoinlandsprodukt *n* чи́стый вну́тренний проду́кт

Nettoinvestitionen *f pl* чи́стые инвести́ции, чи́стые капиталовложе́ния *(валовые капиталовложе́ния за вы́четом су́ммы амортизацио́нных отчисле́ний)*

Nettokapital *n* чи́стый капита́л

Nettokurs *m бирж.* факти́ческий курс

Nettolohn *m* за́работная пла́та за вы́четом всех нало́гов, чи́стая зарпла́та *(за вы́четом нало́гов)*

Nettolohnblatt *n* расчётная ве́домость факти́ческой за́работной пла́ты

Nettolohnrechnung *f* составле́ние (расчётно)-платёжной ве́домости

Nettomasse *f* ма́сса-не́тто, вес-не́тто, чи́стая ма́сса, чи́стый вес, ма́сса без упако́вки, вес без упако́вки *(та́ры)*

Nettoposition *f* са́льдо фина́нсовых расчётов, ра́зница ме́жду тре́бованиями и обяза́тельствами фи́рмы *и́ли* ча́стного лица́

Nettoprämie *f страх.* не́тто-пре́мия
einmalige Nettoprämie единовре́менная не́тто-пре́мия

Nettopreis *m* цена́ не́тто, цена́ по́сле всех вы́четов

Nettoprinzip *n* при́нцип оце́нки основны́х фо́ндов по остаточной сто́имости

Nettoprodukt *n* чи́стый проду́кт
gesellschaftliches Nettoprodukt чи́стый обще́ственный проду́кт

Nettoproduktion *f* чи́стая проду́кция
Nettoproduktion je Arbeitskraft чи́стая проду́кция в расчёте на одного́ рабо́чего
Nettoproduktion je Arbeitszeiteinheit чи́стая проду́кция в расчёте на едини́цу затраченного рабо́чего вре́мени

Nettoproduktionsmethode *f стат.* ме́тод определе́ния производи́тельности обще́ственного труда́, осно́ванный на сопоставле́нии показа́телей чи́стой проду́кции и затра́т рабо́чего вре́мени

Nettoproduktionswert *m* сто́имость чи́стой проду́кции

Nettoproduktionszuwachs *m* приро́ст чи́стой проду́кции

Nettoproduktivität *f* чи́стая производи́тельность совоку́пного труда́; производи́тельность ресу́рсов, исчисленная на ба́зе чи́стой проду́кции

Nettoprofit *m* чи́стая при́быль

Nettoquote *f* уде́льный вес чи́стой проду́кции в сто́имости валово́го проду́кта, уде́льный вес чи́стой сто́имости произведённой проду́кции в её валово́й сто́имости; *стат.* отноше́ние бру́тто-коэффициента к не́тто-коэффицие́нту воспроизво́дства населе́ния

Nettorate *f* фрахто́вая ста́вка не́тто *(без учета ски́док и надба́вок)*

Nettoraumgehalt *m* не́тто-вмести́мость *(су́дна)*; не́тто-реги́стровый тонна́ж

Nettorechnung *f* учёт чи́стых результа́тов хозя́йственной де́ятельности *(расчёт чи́стой при́были, накопле́ния реа́льных акти́вов по остаточной сто́имости и др.)*; результати́вный счёт

Nettoregistertonnage *f* не́тто-реги́стровый тонна́ж

Nettoregistertonne *f* не́тто-реги́стровая то́нна

Nettoreproduktionsziffer *f стат.* не́тто-коэффицие́нт воспроизво́дства населе́ния

Nettorohstoffeinsatznorm *f* но́рма чи́стого расхо́да сырья́

Nettosatz *m* не́тто-ста́вка

Nettosozialprodukt *n* чи́стый обще́ственный проду́кт *(валово́й обще́ственный проду́кт за вы́четом материа́льных затра́т)*, чи́стый социа́льный проду́кт
Nettosozialprodukt zu Marktpreisen чи́стый социа́льный проду́кт, вы́раженный в ры́ночных це́нах

Nettotara *f* чи́стая та́ра, факти́ческий вес упако́вки

Nettotarif *m* не́тто-тари́ф, тари́ф не́тто

Nettoumsatz *m* чи́стый оборо́т

Nettoverdienst *m* чи́стый за́работок

Nettoverkaufspreis *m* прода́жная цена́ не́тто, сбытова́я цена́ не́тто

Nettovermögen *n* факти́ческое иму́щество; чи́стая сто́имость иму́щества

Nettoverzollung *f* взима́ние тамо́женной по́шлины с ве́са не́тто, обложе́ние гру́за тамо́женной по́шлиной, взима́емой с ве́са не́тто

Nettowert *m* факти́ческая сто́имость, оста́точная сто́имость *(основны́х фо́ндов)*

Nettozeit *f* чи́стое вре́мя *(рабо́ты)*

Nettozins *m* не́тто-проце́нт; чи́стый проце́нт по кредиту; чи́стый проце́нт по операциям ссуд и за́ймов

Nettozinssatz *m* ста́вка чи́стого проце́нта по кредиту

Netz *n* сеть
Netz der Beschaffungsstellen заготови́тельная сеть
Netz der Verkaufsstellen торго́вая сеть
kritisches Netz *сет. пл.* крити́ческая зо́на
lokales Netz лока́льная сеть
regionales Netz региональная сеть
subkritisches Netz *сет. пл.* подкрити́ческая зо́на
verzweigtes Netz разветвлённая сеть
warenzuführendes Netz товаропроводя́щая сеть

Netzdichte *f* пло́тность сети́, густота́ сети́ *(доро́г)*, пло́тность тра́нспортной сети́

Netzplan *m* сетево́й гра́фик, сетева́я моде́ль, сеть
detaillierter Netzplan детализи́рованный сетево́й гра́фик
deterministischer Netzplan детермини́рованная сетева́я моде́ль, детермини́рованная сеть
einfacher Netzplan одноцелевой сетево́й гра́фик; простая сеть
ereignisorientierter Netzplan сетево́й гра́фик, ориенти́рованный на собы́тия, сетево́й гра́фик на языке́ собы́тий
erweiterter Netzplan разветвлённый сетево́й гра́фик, многоцелево́й сетево́й гра́фик
komplexer Netzplan ко́мплексный сетево́й гра́фик
probabilistischer Netzplan вероя́тностная сетева́я моде́ль, вероя́тностная сеть
stochastischer Netzplan стохасти́ческая сетева́я моде́ль, стохасти́ческая сеть
verdichteter Netzplan укрупнённый сетево́й гра́фик

Netzplanelement *n* элеме́нт сетево́го гра́фика, элеме́нт сети́

Netzplanmatrix *f* ма́трица сетево́го гра́фика

Netzplanmodell *n* сетева́я моде́ль

Netzplanstruktur *f* тополо́гия сетево́го гра́фика

Netzplantechnik *f* сетево́е плани́рование и управле́ние *(координа́ция разли́чных форм акти́вного возде́йствия в ра́мках одного́ большо́го прое́кта)*

Netzwerk *n* сетево́й гра́фик, сетева́я моде́ль, сеть

Netzwerkanalyse *f* сетево́е плани́рование; ана́лиз сетево́го гра́фика; сетево́е плани́рование и управле́ние

Netzwerkberechnung *f* расчёт сетево́го гра́фика, расчёт сетево́й моде́ли
Netzwerkdiagramm *n* сетево́й гра́фик, сетева́я моде́ль, сеть
Netzwerkkalkulation *f* сетева́я заводска́я *(произво́дственная)* калькуля́ция; систе́ма сетево́го плани́рования
Netzwerkleitung *f* сетево́е управле́ние
Netzwerkmethode *f* ме́тод сетево́го плани́рования
Netzwerkoptimierung *f* оптимиза́ция сетево́го гра́фика
Netzwerkplanung *f* сетево́е плани́рование
Netzwerkplanungsmethode *f* ме́тод сетево́го плани́рования
Netzwerktechnik *f* сетево́е плани́рование и управле́ние
Neuanfertigung *f* изготовле́ние но́вого предме́та, капита́льный ремо́нт кото́рого нецелесообразен; впервы́е изгото́вленная вещь
Neuanlage *f* **von Kapital** но́вое капиталовложе́ние
Neuanlagen *f, pl*, **unfertige** незавершённое но́вое строи́тельство
Neuanschaffung *f* приобрете́ние но́вой ве́щи
Neuanschaffungskosten *pl* расхо́ды по обновлению обору́дования
Neuattestierung *f* переаттестация
neuaufbauen *vt* восстана́вливать; реорганизо́вывать
neuaufschließen *vt* проводи́ть рабо́ты по вскры́тию но́вого месторожде́ния; вводи́ть в эксплуата́цию *(ша́хту)*; возобновля́ть рабо́ты *(напр., на руднике, бы́вшем на консерва́ции)*
Neuaufschluß *m* рабо́ты по вскры́тию но́вого месторожде́ния; ввод в эксплуата́цию *(ша́хты)*; возобновле́ние рабо́т *(напр., на руднике, бы́вшем на консерва́ции)*
Neuaufteilung *f* переде́л; перераспределе́ние
Neuaufteilung der Welt переде́л ми́ра
neuausfertigen *vt бухг.* пересоставля́ть, составля́ть за́ново
neuausrüsten *vt* переобору́довать
Neuausrüstung *f* переобору́дование; перевооруже́ние
technische Neuausrüstung техни́ческое перевооруже́ние; техни́ческие нововведения
neuausstatten *vt* переобору́довать, переоснащать
Neuausstattung *f* переобору́дование; перевооруже́ние
neuausstellen *vt бухг.* пересоставля́ть, составля́ть за́ново
Neubau *m* новостро́йка; дом-новостро́йка; но́вое строи́тельство
Neubauwohnung *f* кварти́ра в до́ме-новостройке
Neubedarf *m* но́вый спрос
Neuberechnung *f* перерасчёт, но́вый расчёт; но́вое вычисле́ние, повто́рное вычисле́ние
neubesteuern *vt* облага́ть нало́гом за́ново, облага́ть нало́гом повто́рно
Neubewertung *f* переоце́нка, за́ново проведённая оце́нка *(напр., основны́х фо́ндов)*
neue Wirtschaft *f* но́вая эконо́мика (в усло́виях глобализа́ции, напр. с испо́льзованием Интерне́т)
Neueinführung *f* нововведе́ние, но́вшество
Neueinstellung *f* но́вый набо́р *(рабо́чих)*; восстановле́ние *(на рабо́те)*; переориента́ция, но́вая устано́вка
Neuemission *f* а́кции и други́е це́нные бума́ги, вы́пущенные по́сле де́нежной рефо́рмы *(в За́падной Герма́нии)*
Neuentwicklung *f* разрабо́тка но́вых моде́лей, разрабо́тка но́вых констру́кций образцо́в; но́вая констру́кция, модифика́ция; но́вая моде́ль; но́вый образе́ц
Neuentwicklungsprognose *f*, **technische** прогно́з разви́тия но́вой те́хники и техноло́гии
Neuer-Kunde-Rabatt *m* ски́дка но́вому клие́нту при пе́рвом заказе
Neuerer *m* рационализа́тор; нова́тор
Neuererbrigade *f* брига́да новаторов произво́дства
Neuererbüro *n* бюро́ по рационализа́ции и изобретательству
Neuerermethode *f* нова́торский ме́тод *(рабо́ты)*
Neuerertum *n* нова́торство
Neuererwesen *n* рационализаторство и изобретательство
Neuerscheinung *f* нови́нка
Neuerung *f* но́вшество, нововведе́ние, нова́ция; обновле́ние; рефо́рма; реформи́рование
Neufassung *f* но́вая реда́кция, но́вая формулиро́вка
Neufestsetzung *f* переоце́нка; установле́ние за́ново *(напр., цен)*; пересмо́тр
Neufestsetzung der Kapitalverhältnisse установле́ние но́вого разме́ра капита́ла о́бщества *(на основа́нии западногерманского зако́на от 2 8. 1949 г. о составле́нии вступи́тельных бала́нсов в немецких марках)*
Neufestsetzung des Versicherungswertes nach einem Brand переоце́нка страхово́й сто́имости по́сле пожа́ра
Neufestsetzung von Preisen установле́ние но́вых цен
Neufeststellung *f* но́вое определе́ние це́нности хозя́йственной едини́цы *(для установле́ния разме́ра нало́га)*
Neufeststellung но́вое определе́ние ры́ночной цены́ акти́вов, слу́жащих объе́ктом обложе́ния *(напр., для определе́ния разме́ра нало́га)*
Neugeldguthaben *n, pl* де́нежные сре́дства на теку́щих счета́х в немецких марках *(по́сле сепаратной де́нежной рефо́рмы в трёх за́падных зо́нах Герма́нии 21.; 1948 г.)*
neugeschaffen вновь со́зданный *(напр., о сто́имости)*
neugestalten *vt* перестра́ивать; переобору́довать; преобразо́вывать; реформи́ровать; реорганизо́вывать; переде́лывать
Neugestaltung *f* переустро́йство, перестро́йка; переобору́дование; преобразова́ние; рефо́рма, реорганиза́ция; переде́лка; но́вое оформле́ние
Neugestaltung des Arbeitsplatzes переобору́дование рабо́чего места́
Neugewicht *n* но́вый вес *(устано́вленный в результа́те дополни́тельного взве́шивания)*; вы́груженный вес; вес, устано́вленный путём перевзвешивания в ме́сте назначе́ния
Neugirosammeldepot *n* но́вые тре́бования, возника́ющие в результа́те переоценки це́нных бума́г
Neugläubiger *m* кредито́р, предъяви́вший тре́бование по́сле откры́тия ко́нкурса
Neugründung *f* основа́ние но́вого предприя́тия, учрежде́ние но́вого предприя́тия; вновь со́зданное предприя́тие; вновь со́зданная организа́ция
Neuhausbesitz *m* но́вое домовладе́ние
Neuheit *f* нови́нка *(в торго́вле)*; но́вшество
Neuheitenschau *f* вы́ставка нови́нок
Neuheitsprüfung *f* прове́рка «на новизну́»
Neuigkeitsgrad *m* сте́пень новизны́
Neuinvestitionen *f pl* капита́льные вложе́ния в но́вое строи́тельство; экстенсивные капиталовложе́ния
Neujahrszuwendung *f* новогоднее де́нежное вознагражде́ние, нового́дние наградны́е
Neukundengewinnung *f* завоева́ние но́вых клие́нтов; привлече́ние но́вых клие́нтов
Neuland *n* целина́, цели́нные земли́

Neuland und Altbrache цели́нные и за́лежные земли́

Neuländereien *pl* цели́нные земли́, целина́

Neulanderschließung *f* освое́ние целины́

Neulandgewinnung *f* освое́ние целины́

Neuordnung *f* но́вый строй, но́вый поря́док; реорганиза́ция; переустро́йство; преобразова́ние

Neuordnung des Bankwesens но́вая ба́нковская систе́ма; реорганиза́ция ба́нковского дела́, реорганиза́ция ба́нковской систе́м

Neupacht *f* повто́рное арендова́ние, повто́рная аре́нда; вновь арендо́ванный объе́кт

Neuprägung *f* моне́та но́вой чека́нки; но́вая чека́нка

Neuprodukt *n* вновь со́зданный проду́кт

Neuproduktion *f* изготовле́ние но́вых ви́дов проду́кции

neuproduziert вновь произведённый

Neuregelung *f* введе́ние но́вых пра́вил, установле́ние но́вых пра́вил; реорганиза́ция; переустро́йство; урегули́рование на но́вой осно́ве

Neuregelung des Steuerwesens реорганиза́ция налоговой систе́мы; нало́говая рефо́рма

Neuschätzung *f страх.* переоце́нка

Neutaxierung *f страх.* переоце́нка

neutralisieren 1. нейтрализова́ть 2. усредня́ть

Neutralität *f* **des Geldes** нейтра́льность де́нег *(обсуждаемое в экономи́ческой тео́рии с* **XVIII** *в. предположе́ние - равноме́рный рост всех цен и де́нег не до́лжен ока́зывать влия́ния на реа́льные величины́ - произво́дство, за́нятость и пр.)*

Neuveranlagung *f* установле́ние но́вых разме́ров нало́га, пересмо́тр налоговых тари́фов

Neuverteilung *f* переде́л; перераспределе́ние *(напр., бюдже́тных средств)*

Neuwert *m* вновь со́зданная сто́имость; восстанови́тельная сто́имость объе́кта страхова́ния; сто́имость но́вой ве́щи, цена́ но́вой ве́щи *(не бы́вшей в употребле́нии)*

Neuwertentschädigung *f* страхово́е возмеще́ние по сто́имости но́вого предме́та, возмеще́ние по восстанови́тельной сто́имости объе́кта страхова́ния

Neuwertversicherung *f* страхова́ние вновь созданной сто́имости; страхова́ние по восстанови́тельной сто́имости объе́кта страхова́ния

n.F., Neue Fassung новая реда́кция

nfo, non free out вы́грузка опла́чивается получа́телем това́ра, вы́грузка опла́чивается покупа́телем това́ра

nfr, nicht freigemacht не очи́щен от сбо́ров, не очи́щен от тамо́женных по́шлин

Nftr., nouveau franc но́вый францу́зский франк

NG, Nigeria Ниге́рия

NGN, Naira, -- Nigeria На́йра (*код валю́ты* 566), -- Ниге́рия

NI, Nicaragua Никара́гуа

Nibor *f* нибор *(межбанковская ста́вка, скла́дывающаяся на осно́ве опера́ций крупне́йших нью-йоркских ба́нков)*

Nicht-Sterlingblock-Länder *n, pl* страны́, не входя́щие в стерлинговую зо́ну

Nichtabnahme *f* неприня́тие *(напр., това́ра)*

Nichtakzept *n* неакцептова́ние

Nichtakzeptierung *f* неакцептова́ние

Nichtannahme *f* неакцептова́ние

Nichtanspruchnahme *f* неиспо́льзование, непо́лное испо́льзование, непо́лное «освое́ние» *(напр., ассигно́ванных средств)*

Nichtäquivalentenaustausch *m* неэквивалентный обме́н

Nichtarbeitende *m* нерабо́тающий

Nichtauslastung *f* недогрузка *(напр., произво́дственных мо́щностей фи́рмы)*

Nichtauslastung der Produktionskapazität недогрузка произво́дственных мо́щностей

chronische Nichtauslastung хрони́ческая недогрузка *(напр., предприя́тия)*

Nichtbankenbereich *m* неба́нковский се́ктор *(страховы́е, инвестиционные и др. компа́нии)*

Nichtbeachtung *f* несоблюде́ние

Nichtbeantwortung *f* уклоне́ние от отве́тственности

Nichtbefolgung *f* несоблюде́ние, невыполне́ние

Nichtbegleichung *f* неупла́та *(напр., до́лга)*

Nichtberechtigte *m* неправомо́чный

nichtberufstätig нерабо́тающий

Nichtbestellung *f* отме́на зака́за

Nichtbezahlung *f* неупла́та, неплатёж

Nichtclearingland *n* страна́, не име́ющая клиринговых соглаше́ний с другими стра́нами

Nichteinhaltung *f* несоблюде́ние *(напр., сро́ков)*, наруше́ние *(напр., гра́фика)*

Nichteinlösung *f* неупла́та

Nichteinlösung eines Wechsels неупла́та по ве́кселю

Nichteinstellung *f* отка́з в приёме на рабо́ту

Nichterfüllung *f* невыполне́ние, неисполне́ние *(напр., догово́ра)*

Nichtgebrauchswert *m* непотребительная сто́имость; това́р, не находя́щий спро́са на ры́нке

Nichtgeschäftsfähige *m юр.* недееспособное лицо́

Nichtgestellung *f* **eines Akkreditivs** неоткрытие аккредити́ва

nichtig недействи́тельный, утра́тивший си́лу, аннули́рованный *(напр., о догово́ре)*; незначи́тельный

Nichtigkeit *f* недействи́тельность *(напр., догово́ра)*

nichtindustriell непромы́шленный

nichtkapitalistisch некапиталистический

nichtkonvertibel необрати́мый, неконверти́руемый *(о валю́те)*

Nichtkonvertibilität *f* необрати́мость, неконвертируемость *(валю́ты)*

nichtkonvertierbar необрати́мый, неконверти́руемый *(о валю́те)*

Nichtkonvertierbarkeit *f* необрати́мость, неконвертируемость *(валю́ты)*

Nichtleistung *f* невыполне́ние обяза́тельств, неисполне́ние обяза́тельств

nichtlinear *мат.* нелине́йный

Nichtlösbarkeit *f* неразреши́мость

Nichtlösbarkeit нераствори́мость

Nichtmetallgeld *n* неметаллические де́ньги

Nichtmitgliedergeschäfte *n, pl* опера́ции кооперати́вного това́рищества, осуществляемые с нечленами коопера́тива

Nichtnullsummen-Zweipersonenspiel *n* игра́ двух уча́стников с ненулевой су́ммой

Nichtnullsummenspiel *n* игра́ с ненулевой су́ммой

Nichtproduktionssphäre *f* непроизво́дственная сфе́ра

nichtproduktiv непроизводи́тельный; непроизводственный

nichtproduzierend непроизводственный

nichtprofitabel непри́быльный, нехо́дный

nichtrückzahlbar безвозвра́тный *(напр., о ссуде)*

nichtstandardgerecht нестанда́ртный *(о това́ре)*

nichttarifär нетарифный

nichtumkehrbar необрати́мый

Nichtverjährbarkeit *f юр.* неприменимость сро́ка да́вности

Nichtverjährung *f юр.* непримени́мость сро́ка да́вности

Nichtwohngebäude *n* нежило́й дом

Nichtzahler *m* неплате́льщик
Nichtzahlung *f* неупла́та, неплатёж
nichtzahlungsfähig неплатёжеспосо́бный *(напр., о спро́се)*
niederdrücken *vt* понижа́ть *(це́ны)*; ока́зывать давле́ние *(на це́ны)*; угнета́ть, подавля́ть
Niedergang *m n* паде́ние, ухудше́ние *(конъюнкту́ры)*
Niederlage *f* склад, това́рный пакга́уз; филиа́л, отделе́ние; ба́за; опто́вая конто́ра
Niederläger *m австр.* опто́вый торго́вец
Niederlageschein *m тамож.* складско́е свиде́тельство
niederlassen, sich сели́ться, расселя́ться; обосно́вываться; открыва́ть филиа́л, открыва́ть отделе́ние
Niederlassung *f* поселе́ние; селе́ние, посёлок; филиа́л, отделе́ние; ба́за
Niederlassung des Versandhandels торгово-посылочная ба́за
Niederlassung für mehrere Rayons межрайо́нная ба́за
Niederlassungsland *n* страна́ местонахожде́ния филиа́ла ба́нка друго́й страны́
niederlegen *vt* сдава́ть на хране́ние *(напр., това́р на тамо́женный склад)*; депони́ровать
Niederleger *m* владе́лец това́ра, хранящегося на таможенном скла́де
Niederlegung *f* сда́ча на хране́ние *(напр., това́ра на тамо́женный склад)*; депони́рование; хране́ние на по́чте заказно́го письма́ по́сле уведомле́ния о нём адреса́та
niederschlagen *vt* оседа́ть *(напр., вне проце́сса обраще́ния)*; *юр.* приостана́вливать, прекраща́ть *(де́ло)*
sich iederschlagen отража́ться в бала́нсе
sich in Geld niederschlagen осажда́ться в ви́де де́нег
Niederschlagung *f юр.* приостано́вка, прекраще́ние *(напр., де́ла)*
Niederschlagung von Forderungen des Staatshaushalts вре́менное прекраще́ние взыска́ния сумм в дохо́д госуда́рственного бюдже́та
Niederschlagung von Steuern вре́менное прекраще́ние взыска́ния нало́гов
Niederstwertprinzip *n* при́нцип оце́нки по само́й ни́зкой сто́имости *(при составле́нии бала́нса оце́нки исходят из са́мых жёстких крите́риев)*
Niedrighaltung *f* поддержа́ние на ни́зком у́ровне; недопуще́ние роста́, недопуще́ние повыше́ния, недопуще́ние увеличе́ния
Niedrigstbelastung *f* минима́льная нагру́зка
Niedrigstkurs *m бирж.* минима́льный курс
Niedrigstwertprinzip *n* при́нцип оце́нки по само́й ни́зкой сто́имости *(при составле́нии бала́нса оце́нки исходят из са́мых жёстких крите́риев)*
Niedrigtarif *m* ни́зкий тари́ф; минима́льный тари́ф; *(о́чень)* ни́зкий тари́ф *(для прое́зда в городско́м тра́нспорте)*
Niedrigwasserzuschlag *m* надба́вка к фра́хту при ни́зкой воде́
Nießbrauch *m юр.* узуфрукт, пра́во по́льзования чужи́м иму́ществом *(и́ли со́бственностью)*
Nießbraucher *m юр.* узуфруктуар; юриди́ческий субъе́кт, име́ющий пра́во по́льзования чужи́м иму́ществом; вре́менный владе́лец
NIMEXE, Nomenklatur für die Import- und Exportstatistiken der Europäischen Gemeinschaften номенклату́ра това́ров для экспортно-импортной стати́стики (ЕЭС)
NIO, Cordoba, -- Nicaragua Золота́я ко́рдоба (*код валю́ты* 558), -- Никара́гуа
Niveau *n* у́ровень
durchschnittliches Niveau сре́дний у́ровень
hohes Niveau высо́кий у́ровень
Niveauangleichung *f* выра́внивание у́ровней; выра́внивание у́ровней *(жи́зни)*
niveaubestimmend определя́ющий у́ровень
Niveauunterschied *m* разли́чие в у́ровнях *(напр., экономи́ческого разви́тия)*; ра́зница в у́ровнях
Niveauvergleich *m* сравне́ние у́ровней, сопоставле́ние у́ровней
Nivellierung *f* нивели́рование
Nivellierungstendenz *f* нивелирующая тенде́нция
Nivellierungstheorie *f* тео́рия автомати́ческого регули́рования де́нежного обраще́ния и цен *(осно́ванная на коли́чественной тео́рии де́нег Д. Ю́ма и Д. Рика́рдо)*
Nkm, Nutzkilometer поле́зный киломе́тр
NL, Niederlande Нидерла́нды
NLG, Holländischer Gulden, -- Niederlande Нидерла́ндский гу́льден (*код валю́ты* 528), *в н.в. заменена́ на* Евро **EURO**, -- Нидерла́нды
n.M., nach Muster по образцу́
NN:
N/N, nicht notieren не публикова́ть в биржево́й котировке
n.n., netto netto свобо́дно от упла́ты
NO:
N/O, no order зака́за не поступи́ло; прика́за нет, распоряже́ния нет
NO, Norwegen, Svalbard Норве́гия, *до 1978г. код* **WN**
n.o., netto не́тто; чи́стый вес
No-show-Gebühr *f* пла́та, вноси́мая пассажиром при возвра́те неиспользованного им биле́та на самолёт в бо́лее по́здние, чем устано́влено пра́вилами, сро́ки
Nochgeschäft *n* сро́чная сде́лка с предвари́тельной пре́мией, опцио́н покупа́теля, сро́чная сде́лка с обра́тной пре́мией, опцио́н продавца́
Nochprämiengeschäft *n бирж.* сро́чная кра́тная сде́лка с пре́мией
Nochstücke *n, pl* це́нные бума́ги, дополни́тельно поставленные на основа́нии заключённой сро́чной кратной сде́лки с пре́мией, це́нные бума́ги, дополни́тельно затребованные на основа́нии заключённой сро́чной кратной сде́лки с пре́мией
NOK, Norwegische Krone, -- Norwegen, Svalbard Норвежская кро́на (*код валю́ты* 578), -- Норве́гия; Буве, о́стров
Nomenklatur *f* номенклату́ра
Nomenklaturverzeichnis *n* номенклату́рный пе́речень
Nominal *n* номина́л, номина́льная сто́имость, нарица́тельная сто́имость
nach dem Nominal по номина́лу, по номина́льной сто́имости
Nominalbetrag *m* номина́льная су́мма *(платежа́)*, нарица́тельная сто́имость
Nominaleinkommen *n* номина́льный дохо́д
Nominalismus *m* номинали́зм, номиналистическая тео́рия де́нег
Nominalkapital *n* номина́льный капита́л, нарица́тельный капита́л
Nominallohn *m* номина́льная за́работная пла́та, номина́льная зарпла́та
Nominallohnindex *m* инде́кс номина́льной за́работной пла́ты
Nominalpreis *m* номина́льная цена́ *(напр., в отли́чие от и́ндекса реа́льной сто́имости иму́щества)*
Nominalschuld *f* номина́льный долг
Nominalskala *f* номина́льная шкала́ *(оце́нок)*, назывная шкала́ *(оце́нок)*, классификацио́нная шкала́ *(оце́нок)*
Nominalverzinsung *f* начисле́ние проце́нтов от нарица́тельной сто́имости це́нных бума́г
Nominalwert *m* номина́льная сто́имость, нарица́тельная сто́имость, номина́л
nach dem Nominalwert по номина́льной сто́имости, по номина́лу

unter dem Nominalwert liegen быть ни́же номина́льной сто́имости
nominalwertmäßig в соотве́тствии с номина́льной сто́имостью
Nominalzins *m* проце́нтный дохо́д *(напр., от це́нных бума́г)*, исчисленный по номина́льной сто́имости; дохо́д от це́нных бума́г, исчисленный по номина́льной сто́имости
nominell номина́льный
non essential goods *англ.* това́ры не пе́рвой необходи́мости
non free out *англ.* вы́грузка опла́чивается получа́телем това́ра, вы́грузка опла́чивается покупа́телем това́ра *(огово́рка в догово́ре ку́пли-прода́жи)*
Non Participating Countries *англ. ист.* страны́, осуществля́вшие расчёты че́рез Европе́йский платёжный сою́з, но не явля́вшиеся чле́нами Организа́ции европе́йского экономи́ческого сотру́дничества и зависимыми от них замо́рскими террито́риями
non-competiting groups *англ.* гру́ппы рабо́тников ра́зных профе́ссий, не конкури́рующие ме́жду собо́й *(согла́сно тео́рии за́работной пла́ты англи́йского экономиста Дж. Э. Кэрнса)*
Nonvalenz *f* неплатёжеспосо́бность, безнадёжные долги́ *(в слу́чае дебито́рской задо́лженности)*; просро́ченные и «сомни́тельные» ссу́ды *(в ба́нковской пра́ктике)*
Nonvaleur *m фр.* лежа́лый това́р, обесце́ненный това́р; це́нная бума́га, не име́ющая це́нности, це́нная бума́га, име́ющая незначи́тельную це́нность
NÖP, Neue Ökonomische Politik *ист.* но́вая экономи́ческая поли́тика, нэп
N.O.R., not otherwise rated без друго́го указа́ния
Nord-Süd-Dialog *m* диало́г Се́вер-Юг *(перегово́ры об экономи́ческих отноше́ниях развиты́х и развива́ющихся стран)*
Nordatlantikpakt Организа́ция Североатланти́ческого догово́ра, Североатланти́ческий пакт, НАТО
Nordischer Rat Се́верный сове́т *(организа́ция стран Се́верной Евро́пы)*
Nordwesteckenregel *f* прави́ло се́веро-за́падного угла́ *(при реше́нии тра́нспортной пробле́мы)*
Norm *f* но́рма; прави́ло; этало́н; станда́рт; но́рма, пла́новое зада́ние
Norm der Tagesproduktion но́рма су́точной вы́работки
Norm der Vorbereitungs- und Abschlusszeit но́рма подготови́тельно-заключи́тельного вре́мени
Norm für jede einzelne Ware потова́рная но́рма
einheitliche Norm еди́ная но́рма
erfahrungsstatistische Norm опытно-статисти́ческая но́рма
feste Norm твёрдая но́рма
gesetzgeberische Norm законода́тельная но́рма
gewohnheitsrechtliche Norm обы́чная но́рма
progressive Norm прогресси́вная но́рма
quantitative Norm коли́чественная но́рма
rechnerisch ermittelte Norm расчётная но́рма
technisch begründete Norm техни́чески обосно́ванная но́рма
die Norm einhalten выполня́ть но́рму
die Norm überbieten перевыполня́ть но́рму
die Norm übererfüllen перевыполня́ть но́рму
die Norm unterbieten не выполня́ть но́рму
den höchsten Normen entsprechen отвеча́ть наивысшим станда́ртам
Normabschreibung *f* норма́льная амортиза́ция *(как характери́стика проце́сса)*
Normabweichung *f* отклоне́ние от но́рмы
normal tax *англ.* норма́льный нало́г *(ба́зис подохо́дного нало́га и нало́га на корпора́ции в США)*
Normalabschreibung *f* норма́льная ста́вка амортизацио́нных отчисле́ний
Normalarbeiter *m* сре́дний рабо́чий *(при расчёте норм вы́работки)*
Normalarbeitstag *m* норма́льный рабо́чий день
Normalarbeitsvertrag *m* типово́й трудово́й догово́р
Normalarbeitszeit *f* норма́льное рабо́чее вре́мя
Normalbelastung *f* норма́льная нагру́зка, норма́льная загру́зка
Normalbeschäftigung *f* сре́дняя за́нятость; сре́дняя производи́тельность *(предприя́тия)*
Normalbestand *m* норма́льный запа́с *(теку́щий)*
Normalbetriebsmittel *n, pl* унифици́рованная осна́стка произво́дства
Normaldauer *f* **der Aktivität** *сет. пл.* норма́льная продолжи́тельность рабо́ты
Normalfertigungsmittel *n, pl* унифици́рованная осна́стка произво́дства
Normalgemeinkosten *pl* норма́льные накладны́е расхо́ды, обы́чные накладны́е расхо́ды
Normalgewicht *n* норма́льный вес, сре́дний вес, станда́ртный вес; этало́н ве́са
Normalgleichung *f* норма́льное уравне́ние
Normalgrad *m* **der Arbeitsintensität** норма́льная сте́пень интенси́вности труда́
Normalien *pl* но́рмы; станда́рты; пра́вила; предписа́ния, директи́вы; нормализованные дета́ли, стандартизо́ванные дета́ли
normalisieren *vt* нормализова́ть; устана́вливать станда́рт, стандартизи́ровать
Normalisierung *f* нормализа́ция; стандартиза́ция
Normalkalkulation *f* типовая калькуля́ция; калькуля́ция, соста́вленная на осно́ве сре́дних изде́ржек, калькуля́ция, соста́вленная на осно́ве норма́льных изде́ржек
Normalkontenplan *m бухг.* типово́й счётный план *(определённой о́трасли промы́шленности)*
Normalkontenrahmen *m бухг.* типовая номенклату́ра счето́в *(определённой отросли́ промы́шленности)*
Normalkosten *pl* сре́дние изде́ржки, норма́льные изде́ржки; станда́рт-кост *(при́нят гл. обр. в США)*
Normalkostenrechnung *f* калькуля́ция, соста́вленная на осно́ве сре́дних изде́ржек, калькуля́ция, соста́вленная на осно́ве норма́льных изде́ржек
Normalleistung *f* норма́льная мо́щность; сре́дняя производи́тельность
Normalmaß *n* норма́льный разме́р, сре́дний разме́р, станда́ртный разме́р; этало́н ме́ры
Normalnachfrage *f* обы́чный спрос
Normalpackung *f* обы́чная упако́вка
Normalpreis *m* обы́чная цена́
Normalstreuung *f* однокра́тный охва́т рекла́мой кру́га лиц, на кото́рый она́ рассчи́тана *(число́ охваченных соотве́тствует числу́ намеченных к охвату)*
Normalverbrauch *m* обы́чный расхо́д, обы́чное сре́днее потребле́ние, сре́днее потребле́ние
Normalverbraucher *m стат.* сре́дний потреби́тель
Normalverdiener *m* среднеоплачиваемый рабо́тник
Normalverteilung *f мат., стат.* норма́льное распределе́ние
Normalverteilungskurve *f стат.* крива́я норма́льного распределе́ния
Normalvertrag *m* типово́й догово́р, типово́й контра́кт
Normalzeit *f* норма́льное вре́мя *(произведе́ние из факти́чески затраченного вре́мени и коэффициента производи́-*

тельности); поясно́е вре́мя
Normalzins *n* обы́чный проце́нт
Normalzuschläge *m, pl* обы́чные надба́вки
Normänderung *f* измене́ние норм *(вы́работки)*
Normänderungsmeldung *f* извеще́ние об измене́нии норм *(при нормативном учёте затра́т)*
Normativ *n* нормати́в
Normativ der Leistung нормати́в производи́тельности
Normativ der Nettogewinnabführung нормати́в отчисле́ний от чи́стой при́были *(в бюдже́т)*
Normativ der Warenbestände in Umsatztagen нормати́в това́рных запа́сов, вы́раженный в днях товарооборота
Normativ des Arbeitsregimes нормати́в режи́ма рабо́ты
Normativ des Außenhandelsergebnisses нормати́в рента́бельности экспорта и и́мпорта
einheitliches Normativ des Nutzeffekts еди́ный нормати́в эффекти́вности, еди́ный нормати́в экономи́ческого эффе́кта
typisiertes Normativ типово́й нормати́в
volkswirtschaftliches Normativ народнохозя́йственный нормати́в
zweiggebundenes Normativ отраслево́й нормати́в
das Normativ überschreitend сверхнормативный
normativ нормати́вный
Normativbestand *m* нормати́вный запа́с
Normativbesteuerung *f* нормати́вное обложе́ние
Normativbestimmung *f* установле́ние нормати́вов
Normativbestimmungen *f, pl* нормати́вы; нормативные положе́ния *(напр., тари́фного соглаше́ния)*
Normativdaten *pl* нормативные да́нные
Normative *f* предписа́ние, нормати́в *(испо́льзуемый при регулировании экономи́ческих проце́ссов)*
hygienische Normative *pl* санитарно-гигиени́ческие нормати́вы
Normativfrist *f* нормати́вный срок
Normativgrundkosten *pl* нормативные основны́е расхо́ды
Normativkalkulation *f* нормати́вная калькуля́ция, нормати́вный ме́тод калькулирования
Normativkennziffer *f* нормати́вный показа́тель
Normativkoeffizient *m* нормати́вный коэффицие́нт
Normativkosten *pl* нормати́вная сто́имость; нормати́вная себесто́имость; нормативные изде́ржки, нормативные расхо́ды, нормативные затра́ты
Normativkostenrechnung *f* нормати́вный учёт затра́т; нормати́вное калькули́рование себесто́имости; калькуля́ция изде́ржек на осно́ве расходных нормати́вов
Normativkredit *m уст.* пла́новый креди́т
Normativmethode *f* нормати́вный ме́тод учёта произво́дственных изде́ржек
Normativrückflussdauer *f* нормати́вный срок окупа́емости
Normativselbstkosten *pl* нормати́вная себесто́имость
Normativsteuer *f* расчётный *(«нормати́вный»)* нало́г; нало́г, исчисленный на осно́ве сре́дней произво́дственной но́рмы
Normativvorrat *m* нормати́вный запа́с
Normativwert *m* нормати́вная сто́имость
Normativzeit *f* нормати́вный срок
Normativzeit für den Dokumentendurchlauf нормати́вный срок документооборо́та
Normberechnung *f* расчёт норм
Normen *f pl* но́рмы, станда́рты, техни́ческие усло́вия
hygienische Normen санитарно-гигиени́ческие но́рмы
normen *vt* норми́рова́ть; стандарти́зи́ровать; унифици́ровать
Normenarbeit *f* рабо́та по устано́вленным но́рмам
Normenberichtigung *f* корректиро́вка норм
Normenblatt *n* табли́ца норм, свод норм
Normendifferenz *f* ра́зница в но́рмах, расхожде́ние в но́рмах
Normenerarbeitung *f* разрабо́тка норм
Normenindex *m* нормати́вный показа́тель; нормати́в
Normenkatalog *m* катало́г норм, катало́г станда́ртов
Normenkommission *f* нормировочная коми́ссия *(на предприя́тии)*
Normenkoordinierungsausschuss der Vereinten Nationen Координационный комите́т ООН по вопро́сам стандартиза́ции
Normenkorrektur *f* корректиро́вка норм
Normenschinderei *f* пого́ня за чрезме́рно высо́кими но́рмами, потого́нная систе́ма
Normenüberprüfung *f* пересмо́тр норм
Normerfüllung *f* выполне́ние но́рмы
durchschnittliche Normerfüllung сре́дний проце́нт выполне́ния но́рмы
Normerfüllungsindex *m* инде́кс выполне́ния но́рмы
Normermittlung *f* расчёт норм
Normfestlegung *f* установле́ние норм
Normfestsetzung *f* установле́ние норм
normgerecht в соотве́тствии с но́рмами, в соотве́тствии со стандартами, соотве́тствующий но́рме
Normgerechtheit *f* стандартность
Normgerechtigkeit *f* упорядоченность в соотве́тствии с устано́вленными нормативами, стандартиза́ция в соотве́тствии с устано́вленными нормативами
normieren *vt* норми́рова́ть; стандарти́зи́ровать; унифици́ровать
Normierung *f* нормирова́ние; стандартиза́ция; унифика́ция
Normleistung *f* норма́льная мо́щность, мо́щность при норма́льных усло́виях
Normminute *f* нормо-мину́та
Normreihe *f стат.* станда́ртный ряд
Normstufung *f* нормированная града́ция
Normstunde *f* нормати́вный час, нормо-час
Normteil *m* станда́ртная дета́ль, стандартизованная дета́ль, нормализованная дета́ль
Normung *f* нормирова́ние; стандартиза́ция; унифика́ция
Normung der Arbeitslöhne нормирова́ние за́работной пла́ты
Normung und Vergütung нормирова́ние и опла́та труда́
industrielle Normung промы́шленная стандартиза́ция, стандартиза́ция промы́шленных изде́лий
technische Normung техни́ческое нормирова́ние
Normungsmethode *f* ме́тод нормирования
erfahrungsstatistische Normungsmethode опытно-статисти́ческий ме́тод нормирования
Normungsunterlagen *pl* документа́ция по нормированию
Normungsverfahren *n* ме́тод нормирования
Normverbrauch *m* нормати́вный расхо́д
normwidrig не соотве́тствующий но́рме, противоре́чащий но́рме; нестанда́ртный, не соотве́тствующий станда́рту
Normzeit *f* но́рма вре́мени; нормируемое вре́мя; нормати́в расхо́да вре́мени
Normzeitmethode *f* ме́тод норм вре́мени *(ме́тод плани́рования фо́нда за́работной пла́ты)*; ме́тод, предполага́ющий нормирова́ние затра́т вре́мени
Nostro *n ит.* счёт-ностро (*счёт како́го-л. ба́нка в иностра́нном ба́нке), ср.* **Lorokonto, Vostrokonto**

Nostroeffekten *pl* це́нные бума́ги ба́нка, находя́щиеся на хране́нии у иностра́нных ба́нков-корреспонде́нтов

Nostroguthaben *n* акти́в ностро *(акти́в ба́нка, находя́щийся в ба́нках-корреспондентах)*, вкла́ды на счета́х ностро

Nostrokonto *n ит.* ностро, счёт ностро

Nostroverbindlichkeiten *f, pl* обяза́тельства ба́нка пе́ред ба́нками-корреспондентами

Nostroverpflichtungen *f pl* обяза́тельства ба́нка пе́ред ба́нками-корреспондентами; сре́дства, полу́ченные в ка́честве ссу́ды от ба́нков-корреспонде́нтов

Nota *f* поме́тка; заме́тка, за́пись; счёт, факту́ра, счёт-факту́ра; поруче́ние, зака́з; сообще́ние, извеще́ние

Notadresse *f* а́дрес на слу́чай проте́ста векселя́ *(ука́зывает индосса́нт)*, указа́ние адреса́ тре́тьего лица́ на ве́кселе *(на слу́чай проте́ста векселя́)*

Notadresse запасно́й а́дрес *(куда́, в слу́чае непринятия гру́за, сле́дует обрати́ться фрахтовщику)*

Notanschrift *f* указа́ние адреса́ тре́тьего лица́ на ве́кселе *(на слу́чай проте́ста векселя́)*

Notanzeige *f* нотифика́ция *(уведомле́ние векселедержа́телем векселеда́теля об опротестовании вы́данного векселя́)*; уведомле́ние; извеще́ние

Notar *m* нота́риус

Notariat *n* нотариа́льная конто́ра

Notariatgebühr *f* нотариа́льный сбор

Notariatsgebühr *f* нотариа́льный сбор

Notbestand *m* авари́йный запа́с

Notbetrieb *m* авари́йный режи́м; *с.-х.* вспомога́тельное хозя́йство, подсо́бное хозя́йство

Notbetriebsanlage *f* запасна́я устано́вка

Note *f* банкно́та, ба́нковский биле́т; де́нежный знак; счёт *(докуме́нт)*

Notenausgabe *f* вы́пуск банкно́т, эми́ссия банкно́т, банкно́тная эми́ссия

Notenausgaberecht *n* пра́во вы́пуска банкно́т, пра́во эмиссии банкно́т

Notenausgabesystem *n* эмиссио́нная систе́ма

Notenbank *f* эмиссио́нный банк

Notenbankausweis *m* отчёт эмиссионного ба́нка *(соде́ржит обы́чно бала́нс эмиссионного ба́нка)*

Notenbankpolitik *f* поли́тика эмиссионного ба́нка, эмиссио́нная поли́тика

Notendeckung *f* обеспе́чение банкно́т, покры́тие банкно́т

Noteneinlösung *f* вы́куп банкно́т

Noteneinlösungspflicht *f* обя́занность обме́на ба́нковских биле́тов на зо́лото *(существовала в усло́виях функциони́рования золото́го станда́рта)*

Notenemission *f* вы́пуск банкно́т, эми́ссия банкно́т, банкно́тная эми́ссия

Notenentwertung *f* обесце́нение банкно́т

Notenkontingent *n* континге́нт банкно́тной эмиссии, лими́т банкно́тной эмиссии

Notenmonopol *n* монопо́лия на вы́пуск банкно́т, монопо́лия на эмиссию банкно́т

Notenprivileg *n* монопо́льное пра́во вы́пуска банкно́т, привиле́гия на вы́пуск банкно́т, привиле́гия на эмиссию банкно́т

Notenreserve *f* резе́рв банкно́т

Notensteuer *f* нало́г на вы́пуск банкно́т, эмиссио́нный нало́г

Notenstückelung *f* деле́ние купю́р банкно́т по досто́инству, упоря́дочение купю́р по досто́инству

Notenumlauf *m* обраще́ние банкно́т, банкно́тное обраще́ние; су́мма банкно́т, находя́щихся в обраще́нии

Noterbe *m юр.* зако́нный насле́дник

Notgeld *n* де́ньги, вы́пущенные в исключи́тельных обстоя́тельствах, суррога́т де́нег *(напр., бума́жные де́ньги, выпуска́вшиеся по́сле войны́)*

notice *англ.* но́тис *(пи́сьменное уведомле́ние о гото́вности су́дна к произво́дству грузовы́х рабо́т)*

notieren *vt* коти́ровать; публикова́ть в биржево́й котировке

Notierung *f (биржева́я)* котиро́вка, курс *(це́нных бума́г)*

Notierung über dem Nennwert котиро́вка вы́ше номина́льной сто́имости

Notierung über Pari котиро́вка вы́ше номина́льной сто́имости

Notierung unter dem Nennwert котиро́вка ни́же номина́льной сто́имости

Notierung unter Pari котиро́вка ни́же номина́льной сто́имости

amtliche Notierung официа́льная котиро́вка *(определя́ется соотношением спро́са и предложе́ния)*; официа́льная за́пись

direkte Notierung пряма́я котиро́вка

fortlaufende Notierung теку́щая котиро́вка *(котиро́вка це́нных бума́г с больши́м оборо́том, може́т вести́сь на протяже́нии всей торго́вой се́ссии)*

indirekte Notierung ко́свенная котиро́вка

nicht amtliche Notierung неофициа́льная котиро́вка *(в результа́те сде́лок на осно́ве торго́вых обы́чаев)*

Notierungskommission *f* котировочная комисси́я

Notifikation *f* нотифика́ция *(уведомле́ние векселедержа́телем векселеда́теля об опротестовании вы́данного векселя́)*; уведомле́ние; извеще́ние

Notifikationspflicht *f* обя́занность регрессанта производи́ть нотификацию *(в ве́ксельном пра́ве)*

notifizieren *vt* нотифици́ровать, уведомля́ть, извеща́ть

Notifizierung *f* нотифика́ция *(уведомле́ние векселедержа́телем векселеда́теля об опротестовании вы́данного векселя́)*; уведомле́ние; извеще́ние

notify address *англ.* запасно́й а́дрес *(на ордерном коносаменте)*

nötigen *vt* принужда́ть; вынужда́ть, заставля́ть

Notjahr *n* неурожа́йный год

notleidend неопла́ченный *(о ве́кселе)*; сомни́тельный *(о тре́бовании)*, ненадёжный *(о це́нной бума́ге)*; опротестованный *(ве́ксель)*

Notlösung *f* компроми́ссное реше́ние

Notopfer *n* поже́ртвование на по́мощь оказавшимся в бе́дственном положе́нии; чрезвыча́йный нало́г в слу́чае бе́дственного положе́ния

Notpfennig *m* сбереже́ния, отло́женные на чёрный день

Notstand *m* чрезвыча́йное положе́ние

Notstands- und Sparprogramm *n* програ́мма чрезвыча́йных мероприя́тий и режи́ма эконо́мии

Notstandsarbeiten *f, pl* обще́ственные рабо́ты, име́ющие це́лью заня́ть безрабо́тных; обще́ственные рабо́ты, име́ющие це́лью устрани́ть после́дствия стихи́йного бе́дствия

Notstandsbeihilfen *f, pl* фина́нсовая по́мощь, предоставляемая при чрезвыча́йных обстоя́тельствах

Notstandsgebiet *n* бе́дствующий райо́н, райо́н, находя́щийся в бе́дственном положе́нии

Notstandsgesetz *n* чрезвыча́йный зако́н, зако́н о чрезвычайном положе́нии

Notverkauf *m* вы́нужденная прода́жа това́ров, принадлежа́щих друго́му лицу́

Notvorrat *m* авари́йный запа́с

Notwährung *f* временна́я валю́та

Notwurf *m* джеттисон *(выбра́сывание гру́за за борт для облегче́ния и спасе́ния су́дна)*

Notzurückbehaltungsrecht *n* пра́во сохране́ния за собо́й *(иму́щественных и́ли други́х)* це́нностей, принадлежа́щих должнику́

Novation *f* нова́ция *(заме́на ста́рого*

долгово́го обяза́тельства но́вым и́ли перехо́д к тре́тьему лицу́ фина́нсового соглаше́ния)

NP:

N.P., Normalpackung обы́чная упако́вка, станда́ртная упако́вка

NP, Nepal Непа́л, *до 1978г. код* **MS**

n/p, non-payment *(eng.)* неупла́та, неплатёж

NPC-Länder *n, pl ист.* страны́, осуществля́вшие расчёты через Европе́йский платёжный сою́з, но не явля́вшиеся чле́нами Организа́ции европе́йского экономи́ческого сотру́дничества и зави́симыми от них замо́рскими террито́риями

NPL, Netzwerkplanung und -leitung сетево́е плани́рование и управле́ние

NPR, Nepalesische Rupie, -- Nepal Непа́льская ру́пия (*код валю́ты* 524), -- Непа́л

Nr., Nummer *f* поря́дковый но́мер; но́мер

Nrn, Nummern номера́; порядковые номера́

NRR, net reproduction rate *стат.* не́тто-коэффицие́нт воспроизво́дства населе́ния

NS:

NS, not sufficient неудовлетвори́тельный, неприе́млемый; не соотве́тствующий тре́бованиям

n.S., nach Sicht по предъявле́нии *(напр., тра́тты)*

NsB, Nachweis schwebender Beträge неопла́ченные су́ммы, подлежа́щие доказа́тельству

NSG, Naturschutzgebiet *(кру́пный)* запове́дник

nto не́тто

Ntzl., Nutzlast поле́зный груз

Nullereignis *n сет. пл.* нулево́е собы́тие

Nullhypothese *f* нулева́я гипо́теза

Nullifikation *f* объявле́ние недействи́тельным; нуллифика́ция *(де́нежных зна́ков)*

nullifizieren *vt* отменя́ть, объявля́ть недействи́тельным; нуллифици́ровать *(де́нежные зна́ки)*

Nullserie *f* о́пытная се́рия

Nullsummen-Zweipersonenspiel *n* игра́ двух уча́стников с нулево́й су́ммой

Nullsummenspiel *n мат.* игра́ с нулево́й су́ммой

Nulltarif *m* нулево́й тари́ф

Numeriermaschine *f* нумера́тор

Numerierung *f* нумера́ция

Numerierwerk *n* нумера́тор

Numerik *f* цифрово́е програ́ммное управле́ние

numerisch цифрово́й, числово́й, чи́сленный

Nummer *f* поря́дковый но́мер; но́мер

Nummernordnung *f* числова́я систе́ма

Nummernsystem *n* числова́я систе́ма

Nummernverzeichnis *n* о́пись це́нных бума́г в поря́дке нарастающих номеро́в

Nurgewerkschaftertum *n* ограниче́ние де́ятельности узкоэкономическими зада́чами, аполити́чность в профсою́зном движе́нии

Nutzarbeit *f* поле́зная рабо́та

nutzbar поле́зный, приго́дный

Nutzbarkeit *f* поле́зность, приго́дность, возмо́жность испо́льзования

Nutzbarmachung *f* утилиза́ция, испо́льзование *(напр., отхо́дов)*; освое́ние *(напр., целинных земе́ль, приро́дных бога́тств)*

nutzbringend поле́зный, вы́годный, плодотво́рный

Nutzeffekt *m* коэффицие́нт поле́зного де́йствия; экономи́ческий эффе́кт; (экономи́ческая) эффекти́вность; поле́зный эффе́кт; эффе́кт, по́льза

Nutzeffekt der Arbeit эффекти́вность труда́

Nutzeffekt der Gesamtarbeit эффекти́вность совокупного труда́

Nutzeffekt der internationalen Arbeitsteilung эффекти́вность междунаро́дного разделе́ния труда́

Nutzeffekt der lebendigen Arbeit эффекти́вность живо́го труда́

Nutzeffekt der Werbung эффекти́вность рекла́мы, эффекти́вность рекла́мных мероприя́тий

Nutzeffekt des Außenhandels эффекти́вность вне́шней торго́вли

Nutzeffekt des wissenschaftlich-technischen Fortschrittes эффекти́вность нау́чно-техни́ческого прогре́сса

Nutzeffekt von Investitionen эффективность капиталовложе́ний

direkter Nutzeffekt непосре́дственная эффекти́вность

gebietswirtschaftlicher Nutzeffekt экономи́ческая эффекти́вность в ра́мках отде́льно взя́того экономи́ческого райо́на

gesellschaftlicher Nutzeffekt обще́ственная поле́зность; эффекти́вность совокупного обще́ственного труда́

ökonomischer Nutzeffekt экономи́ческая эффекти́вность

technischer Nutzeffekt техни́ческая эффекти́вность

vergleichbarer Nutzeffekt сравни́тельная эффекти́вность

vergleichbarer ökonomischer Nutzeffekt сравни́тельная экономи́ческая эффекти́вность

volkswirtschaftlicher Nutzeffekt народнохозя́йственная эффекти́вность

Nutzeffektsberechnung *f* определе́ние экономи́ческой эффекти́вности, расчёт экономи́ческой эффекти́вности

Nutzeffektsermittlung *f* определе́ние экономи́ческой эффекти́вности

Nutzeffektskriterium *n* крите́рий экономи́ческой эффекти́вности; крите́рий полезности

Nutzeffektsnormativ *n* нормати́в экономи́ческого эффе́кта, нормати́в эффекти́вности

Nutzeffektsrechnung *f* определе́ние экономи́ческой эффекти́вности, расчёт экономи́ческой эффекти́вности

Nutzeffektssteigerung *f* повыше́ние экономи́ческой эффекти́вности

Nutzen *m* по́льза, эффе́кт, поле́зность *(спосо́бность удовлетворя́ть челове́ческие потре́бности)*

Nutzen bringen приноси́ть по́льзу; приноси́ть при́быль

Nutzen haben получа́ть при́быль

beiderseitiger Nutzen взаи́мная вы́года

ökonomischer Nutzen beim Anwenden экономи́ческий эффе́кт испо́льзования

gegenseitiger Nutzen взаи́мная вы́года

gesellschaftlicher Nutzen обще́ственная поле́зность

nicht ergebniswirksamer volkswirtschaftlicher Nutzen народнохозя́йственный эффе́кт *(напр., сниже́ния цен)*, непосре́дственно не сказывающийся на результа́тах де́ятельности предприя́тия

ökonomischer Nutzen экономи́ческий эффе́кт экономи́ческая вы́года

ordinaler Nutzen поря́дковая поле́зность

quantitativer Nutzen коли́чественная поле́зность

subjektiver Nutzen субъекти́вная поле́зность

volkswirtschaftlicher Nutzen народнохозя́йственная эффекти́вность; народнохозя́йственный эффе́кт

von hohem Nutzen высокоэффекти́вный

wirtschaftlicher Nutzen хозя́йственная вы́года, экономи́ческая вы́года

Nutzen-Kosten-Analyse *f* ана́лиз затра́т и результа́тов; ана́лиз ме́тодом межотраслевого бала́нса, межотраслево́й ана́лиз

Nutzenergie *f* поле́зная эне́ргия *(свет, тепло́, си́ла)*

Nutzensabrechnung *f* расчёт экономи́ческой эффекти́вности

Nutzensanalyse *f* ана́лиз эффекти́вности, ана́лиз полезности

Nutzensanteil *m*, **in den Preis einzubeziehender** часть экономи́ческого эффе́кта, включа́емая в це́ну

Nutzensberechnung *f* расчёт экономи́ческой эффекти́вности

grobe Nutzensberechnung предвари́тельный расчёт экономи́ческой эффекти́вности

Nutzensbetrachtung *f* расчёт экономи́ческой эффекти́вности

grobe Nutzensbetrachtung предвари́тельный расчёт экономи́ческой эффекти́вности

Nutzensfunktion *f* фу́нкция полезности

gesellschaftliche Nutzensfunktion фу́нкция обще́ственной полезности

Nutzensmaximum *n* ма́ксимум по́льзы; утилитарность; ма́ксимум полезности

Nutzensteilung *f* испо́льзование экономи́ческого эффе́кта предприя́тием-производи́телем и предприя́тием-потреби́телем

Nutzensvergleich *m* вариа́нтный ме́тод определе́ния максима́льного экономи́ческого эффе́кта

Nutzentheorie *f* тео́рия преде́льной полезности

Nutzfaktor *m* коэффицие́нт испо́льзования, коэффицие́нт утилизации

Nutzfläche *f* поле́зная *(произво́дственная)* площа́дь; *с.-х.* уго́дье

fischereiliche Nutzfläche площа́дь рыбоводного водоёма

landwirtschaftliche Nutzfläche сельскохозя́йственное уго́дье

Nutzflächenverhältnis *n* структу́ра сельскохозя́йственных земе́ль

Nutzgrenze *f* преде́л полезности

Nutzinhalt *m трансп.* поле́зный объём, поле́зная ёмкость

Nutzkapazität *f* поле́зная ёмкость

Nutzkoeffizient *m* коэффицие́нт испо́льзования капиталовложе́ний

Nutzkosten *pl* все переме́нные расхо́ды плюс сто́имость испо́льзования произво́дственных мо́щностей

Nutzkosten все переме́нные расхо́ды плюс сто́имость использованных мо́щностей

Nutzkraft *f* эффекти́вная си́ла

Nutzladefähigkeit *f* поле́зная грузоподъёмность *(су́дна)*

Nutzladung *f* комме́рческий груз

Nutzlast *f* поле́зная нагру́зка

Nutzlast der Fahrzeuge поле́зная нагру́зка тра́нспортных средств, рабо́чая нагру́зка тра́нспортных средств

Nutzlastgewicht *n* вес поле́зного гру́за

Nutzleistung *f* поле́зная мо́щность, эффекти́вная мо́щность

Nützlichkeit *f* поле́зность; по́льза, вы́года

gesellschaftliche Nützlichkeit обще́ственная поле́зность

Nutzmasse *f* эффекти́вный вес

nutznießerisch осно́ванный на испо́льзовании вы́годы, осно́ванный на извлечении вы́годы

nutznießlich осно́ванный на испо́льзовании вы́годы, осно́ванный на извлечении вы́годы

Nutznießung *f* извлече́ние вы́годы; *юр.* узуфрукт, пра́во по́льзования чужи́м иму́ществом *(или со́бственностью)*

Nutznießungsrecht *n юр.* узуфрукт, пра́во по́льзования чужи́м иму́ществом *(или со́бственностью)*

Nutzqualität *f* ка́чество това́ра, отвеча́ющее тре́бованиям потреби́телей

Nutzschwelle *f* поро́г полезности, поро́г поле́зного эффе́кта, поро́г рента́бельности

Nutzung *f* по́льзование, испо́льзование; эксплуата́ция *(напр., приро́дных бога́тств)*; эксплуатацио́нная де́ятельность; по́льза, вы́года; дохо́д; пра́во по́льзования

Nutzung auf Lebenszeit пожи́зненное по́льзование

Nutzung auf Mietbasis по́льзование на права́х аре́нды

Nutzung auf Pachtbasis по́льзование на права́х аре́нды

Nutzung des Bodens по́льзование землёй

Nutzung gegen Entgelt по́льзование за пла́ту

befristete Nutzung по́льзование на срок

betriebliche Nutzung хозя́йственное испо́льзование

entgeltliche Nutzung по́льзование за пла́ту

gemeinschaftliche Nutzung совме́стное по́льзование

in Nutzung nehmen сдава́ть в эксплуата́цию

individuelle Nutzung ли́чное по́льзование

kostenlose Nutzung беспла́тное по́льзование, безвозме́здное по́льзование

öffentliche Nutzung обще́ственное по́льзование

unbefristete Nutzung бессро́чное по́льзование; ве́чное по́льзование *(землёй)*

unbefristete Nutzung безвозме́здное по́льзование, беспла́тное по́льзование

wirtschaftliche Nutzung экономи́ческая целесообра́зность

zeitweilige Nutzung вре́менное по́льзование

Nutzungsanschlag *m* оце́нка сто́имости земе́льного уча́стка по приноси́мому им дохо́ду

Nutzungsbefugnis *f* пра́во по́льзования, пра́во эксплуата́ции; пра́во получе́ния дохо́да

Nutzungsdauer *f* срок слу́жбы; срок эксплуата́ции

betriebsgewöhnliche Nutzungsdauer обы́чный срок слу́жбы *(произво́дственных ресу́рсов)*, обы́чный срок слу́жбы средств произво́дства *(на предприя́тии)*

hohe Nutzungsdauer долгове́чность *(обору́дования)*

normative Nutzungsdauer нормати́вный срок эксплуата́ции; за́данный срок эксплуата́ции

technische Nutzungsdauer техни́ческий срок эксплуата́ции

vorgegebene Nutzungsdauer за́данный срок эксплуата́ции; нормати́вный срок слу́жбы

wirtschaftliche Nutzungsdauer срок экономи́чески целесообразной эксплуата́ции, срок эксплуата́ции

Nutzungsentgelt *n* пла́та за испо́льзование, пла́та за по́льзование

nutzungsfähig го́дный к испо́льзованию, приго́дный к испо́льзованию

Nutzungsfaktor *m* коэффицие́нт испо́льзования, коэффицие́нт утилизации

Nutzungsfläche *f* поле́зная площа́дь; поле́зная произво́дственная площа́дь

Nutzungsfläche *с.-х.* уго́дье; поле́зная площа́дь сельхозземель

Nutzungsfrist *f* срок эксплуата́ции

Nutzungsgebühr *f* пла́та за по́льзование

Nutzungsgenossenschaften *f, pl* сельскохозя́йственные произво́дственные това́рищества

Nutzungsgrad *m* сте́пень испо́льзования *(напр., основны́х произво́дственных фо́ндов)*

Nutzungshauptzeit *f* основно́й срок эксплуата́ции

Nutzungskoeffizient *m* коэффицие́нт испо́льзования

Nutzungsmöglichkeit *f* возмо́жность испо́льзования

Nutzungspfandrecht *n* зало́говое пра́во по́льзования, пра́во испо́льзования внесённого зало́га

Nutzungsplanung *f* плани́рование испо́льзования земе́льных уго́дий, плани́рование испо́льзования лесны́х уго́дий

Nutzungsrecht *n* пра́во по́льзования,

пра́во эксплуата́ции; пра́во получе́ния дохо́да
ausschließliches Nutzungsrecht исключи́тельное пра́во по́льзования
öffentliches Nutzungsrecht *юр.* пра́во о́бщего уча́стия

Nutzungstheorie *f* тео́рия преде́льной по́льзы *(тео́рия проце́нта, вы́двинутая Менгемом)*

Nutzungsvertrag *m* догово́р о переда́че на вре́мя права́ по́льзования, соглаше́ние о переда́че на вре́мя права́ по́льзования

Nutzungswirtschaft *f* за́мкнутое натура́льное хозя́йство

Nutzungszeit *f* срок слу́жбы; срок эксплуата́ции

Nutzwert *m* коэффицие́нт поле́зного де́йствия; эффе́кт; субъекти́вная це́нность

Nutzwertanalyse *f* ме́тод оце́нки и вы́бора в ана́лизе затра́т и результа́тов

nv, nicht vorhanden не име́ется в нали́чии

NVP, Nahverkehrs-Preisverordnung тари́ф на ме́стные перево́зки

n.wt., net weight вес не́тто, вес (това́ра) без упако́вки, чи́стый вес

NZ, Neuseeland Но́вая Зела́ндия

NZD, Neuseeland-Dollar, -- Neuseeland, Ozeanien Новозела́ндский до́ллар (*код валю́ты* 554), -- Но́вая Зела́ндия, Океа́ния

O-Wagen *m* ваго́н для сыпу́чих гру́зов, ваго́н для навалочных гру́зов

OA:
O.A., Ohne Auftrag без поруче́ния, без зака́за
O/a, o.a., on account *(eng.)* в счёт *(причита́ющейся су́ммы)*
o.A., ohne Auftrag без поруче́ния, без зака́за

OAA, Organisation des Nations Linies pour l'Alimentation et l'Agriculture Продово́льственная и сельскохозя́йственная организа́ция ООН

OACI, Organisation de l'Aviation Civile Internationale Междунаро́дная организа́ция гражда́нской авиа́ции, ИКАО

OAS, Organization of American States Организа́ция америка́нских госуда́рств, ОАГ

OAU, Organization for African Unity Организа́ция африка́нского еди́нства, ОАЕ

obenangeführt вышена́званный

obenbenannt вышена́званный

obenerwähnt вышеупомя́нутый

Oberbetriebsleitung *f* гла́вная дире́кция предприя́тия

Oberbewertung *f* вы́сшая оце́нка

Obergesellschaft *f* матери́нская фи́рма, матери́нское о́бщество, основно́е о́бщество, гла́вное о́бщество

Obergrenze *f* ве́рхний преде́л, ве́рхняя грани́ца *(напр., рента́бельности)*

Oberinspektion *f* гла́вная инспе́кция, гла́вный надзо́р

Oberschicht *f* вы́сшие круги́ *(мн.ч.)*; вы́сшие сло́и *(мн.ч.)* (о́бщества)

Obertarif *m* максима́льный тари́ф

obig вышеупомя́нутый; вышеука́занный

Objekt *n* объе́кт, предме́т; цель, зада́ча
schlüsselfertiges Objekt объе́кт *(стро́ящийся и́ли постро́енный)* «под ключ»
vor der Inbetriebnahme stehendes Objekt пусково́й объе́кт

Objekt-Prämienentlohnung *f* сде́льно-премиа́льная пообъектная опла́та труда́

Objektbesteuerung *f* взима́ние нало́га с объе́кта обложе́ния

Objektfristenplan *m* календа́рный план изготовле́ния конкре́тных изде́лий

objektgebunden пообъектный

Objekthoheit *f* пра́во установле́ния и отме́ны нало́га, пра́во обложе́ния нало́гом

Objektivierung *f* проведе́ние объекти́вной ли́нии, объективиза́ция

Objektkollektiv *n* коллекти́в, за́нятый на строи́тельстве объе́кта

Objektkredit *m* инвестицио́нный креди́т, погаше́ние кото́рого осуществляется за счёт кредитуемого объе́кта

Objektleistungslohn *m* акко́рдная за́работная пла́та, сде́льная зарпла́та, акко́рдная опла́та труда́, сде́льная опла́та труда́ *(преиму́щественно в строи́тельстве)*

Objektleiter *m* руководи́тель объе́кта

Objektlohn *m* акко́рдная за́работная пла́та, сде́льная зарпла́та, акко́рдная опла́та труда́, сде́льная опла́та труда́ *(преиму́щественно в строи́тельстве)*

Objektsteuern *f, pl* прямы́е нало́ги *(напр., подохо́дный, поземе́льный нало́ги, нало́г на вид де́ятельности и др.)*

Objekttaktstraße *f* пото́чный ме́тод строи́тельства

ObJektterminplan *m* календа́рный план изготовле́ния конкре́тных изде́лий

OBL:
OBL, Oberbetriebsleitung гла́вная администра́ция предприя́тия
obl., obligatorisch обяза́тельный

obliegen *vi* вменя́ться в обя́занности, надлежа́ть *кому́-л.*

Obliegenheit *f* обя́занность, обяза́тельство

Obligation *f* обяза́тельство; облига́ция
alternative Obligation альтернати́вное обяза́тельство
auf den Inhaber lautende Obligation облига́ция на предъяви́теля, предъяви́тельская облига́ция
auf den Namen lautende Obligation именна́я облига́ция
ausgeloste Obligation вы́игравшая облига́ция
eingetragene Obligation зарегистри́рованная облига́ция
festverzinsliche Obligation облига́ция с твёрдым проце́нтом
festverzinsliche Obligation ипоте́чная облига́ция
mittelfristige Obligation среднесро́чная облига́ция
nicht weiterverkäufliche Obligation неперепродаваемая облига́ция
nichtbevorrechtigteObligation неприви́легированная облига́ция
unverzinsliche Obligation беспроце́нтная облига́ция
unverzinsliche Obligation облига́ция, не снабжённая процентным купоном
zinstragende Obligation проце́нтная облига́ция

Obligationär *m* держа́тель облига́ции, владе́лец облига́ций

Obligationenausgabe *f* вы́пуск облига́ций

Obligationeninhaber *m* держа́тель облига́ции, владе́лец облига́ций

Obligationsanleihe *f* облигационный заём

Obligationsausgabe *f* вы́пуск облига́ций

Obligationskapital *n* облигационный капита́л

Obligo *n* облиго; обяза́тельство, поручи́тельство
ohne Obligo без гара́нтий, без обяза́тельств; без оборо́та на меня́, без оборо́та на нас *(отме́тка на ве́кселе)*

Obligobuch *f* кни́га по учёту обяза́тельств; кни́га по учёту задо́лженности клие́нтов ба́нка по учтённым векселя́м

Obligokartei *f* картоте́ка учёта расчётов с подрядчиками

Obliteration *f* обесце́нение в результа́те зачёркивания ге́рбовой ма́рки, обесце́нение в результа́те надписывания ге́рбовой ма́рки

Obmann *m* суперарбитр

OC:
O.C., open Charter откры́тый ча́ртер
o/c, overcharge завы́шенная цена́, завышенный расхо́д

OC-Funktion *f* фу́нкция оперативной характери́стики *(в статисти́ческим*

контроле ка́чества)

OC-Kurve *f* крива́я операти́вной характери́стики *(в статисти́ческом контро́ле ка́чества)*

Octroi *фр.* октруа́, потреби́тельский нало́г при и́мпорте пищевы́х проду́ктов

OD:

o.D., ohne Datum без указа́ния да́ты

o.D., ohne Dividendenschein без дивиде́ндного купо́на *(об а́кции)*

o.d., on deck *(eng.)* на па́лубе

o.D.b., ohne Dividendenbogen без дивиде́ндного купо́на, без листа́ с дивиде́ндными купо́нами *(об а́кции)*

Oderkonten *n, pl* совме́стные счета́, распоряжа́ться кото́рыми мо́жет ка́ждый член кредитного о́бщества в отде́льности

Ödlandkultivierung *f* освое́ние пусто́шей, освое́ние зале́жных земе́ль

OECD, Organization for Economic Cooperation and Development Организа́ция экономи́ческого сотру́дничества и разви́тия, ОЭСР

O.E.E.C., Organization for European Economic Cooperation *ист.* Организа́ция европе́йского экономи́ческого сотру́дничества, ОЕЭС

OFD, Oberfinanzdirektion Гла́вное нало́говое управле́ние

Off-Shore-Aktivitäten *f pl* зарубе́жные ба́нковские опера́ции; офф-шорные ба́нковские опера́ции

Off-Sshore-Geschäfte *pl* офф-шорные сде́лки, сде́лки не на су́ше *(добы́ча не́фти, га́за, обеспе́чение буровы́х вы́шек рабо́чими и материалами)*

Offenbarungseid *m юр.* подтвержде́ние заявле́ний должника́, каса́ющихся иму́щественного состоя́ния

Offenbarungspflicht *f* обя́занность дава́ть све́дения о себе́ *(при на́йме на рабо́ту)*

Offenlegungspflicht *f* обя́занность креди́тных учрежде́ний тре́бовать от заёмщика документа́льных да́нных о состоя́нии его́ дел

Offenmarkt *m* откры́тый ры́нок

Offenmarktpolitik *f* поли́тика откры́того ры́нка, поли́тика опера́ций на откры́том ры́нке *(сре́дство влия́ния центра́льного ба́нка на масшта́бы де́нежного обраще́ния и усло́вия креди́та путём ску́пки и́ли прода́жи це́нных бума́г)*

offensiv наступа́тельный, атаку́ющий, агресси́вный

Offensive *f* наступле́ние; акти́вное неприя́тие *чего́-л.*

offenstehend причита́ющийся, сле́дуемый *(о деньга́х)*

öffentlich публи́чный, откры́тый, гла́сный; обще́ственный, общедосту́пный; «обще́ственный», госуда́рственный

öffentlich-privat публи́чно-ча́стный

öffentlich-rechtlich публи́чно-правово́й

Öffentlichkeitsarbeit *f* мероприя́тия по организа́ции широ́кой рекла́мы; свя́зи *(фи́рмы, госуда́рственной организа́ции)* с обще́ственностью, паблик рилейшенз

Öffentlichkeitsprinzip *n* при́нцип гла́сности

offerieren *vt* предлага́ть

Offerte *f* оферта, предложе́ние

eine Offerte unterbreiten предста́вить офе́рту на рассмотре́ние

Offertingenieur *m* инжене́р-экономи́ст, занима́ющийся составле́нием оферт

Offertpreis *m* цена́ предложе́ния, цена́ оферты

Office *n* конто́ра, бюро́, служе́бное зда́ние, служе́бное помеще́ние

Offizierssold *m* офице́рское де́нежное содержа́ние

offset *англ.* компенси́рующий платёж, погаше́ние *(ча́сти)* предше́ствующих обяза́тельств; зачёт

offset account *англ.* расчётный счёт *(в эмиссионном ба́нке друго́й страны́)*

Offset-Dollar *m* расчётный до́ллар

Offset-Länder *n, pl* страны́, осуществля́ющие взаи́мные платежи́ чере́з расчётные счета́ в эмиссионных ба́нках

Offshore-Kauf *m* заку́пка вое́нных материа́лов за грани́цей

Offshore-Steuerabkommen *n* соглаше́ние *(ме́жду ФРГ и США)* о нало́говых льго́тах в отноше́нии расхо́дов, понесённых США в интере́сах «совме́стной оборо́ны»

OFH, Oberster Finanzhof Гла́вная нало́говая инспе́кция

OFK, Oberfinanzkasse Гла́вная ка́сса налоговой инспекции

OG, Oberstes Gericht Верхо́вный суд

OGL, Open General Licence откры́тая генера́льная лице́нзия

oH, offene Handelsgesellschaft откры́тое торго́вое това́рищество *(с неограни́ченной отве́тственностью для ка́ждого из уча́стников)*

OHG:

OHG, offene Handelsgesellschaft откры́тое торго́вое това́рищество *(с неограни́ченной отве́тственностью для ка́ждого из уча́стников)*

oHG, offene Handelsgesellschaft откры́тое торго́вое това́рищество (с неограни́ченной отве́тственностью для ка́ждого из уча́стников), откры́тое по́лное торго́вое това́рищество (с неограни́ченной отве́тственностью уча́стников)

OHV, ordentliche Hauptversammlung очередно́е *(ежего́дное)* о́бщее собра́ние *(акционе́ров)*

OIC, Organisation Internationale du Commerce Междунаро́дная организа́ция торго́вли *(ООН)*

OIE, Organisation Internationale des Employeurs Междунаро́дная организа́ция предпринима́телей

OIN, Organisation Internationale de la Normalisation Междунаро́дная организа́ция техни́ческих норм и станда́ртов

OIT, Organisation Internationale du Travail Междунаро́дная организа́ция труда́, МОТ *(ООН)*

O.K., ohne Kosten не подлежа́щий проте́сту *(на́дпись на ве́кселе)*

Ökologie *f* эколо́гия *(нау́ка, занима́ющаяся взаимоотноше́ниями живы́х суще́ств и их отноше́ниями с окружа́ющей средо́й)*

ökologisch экологи́ческий

Ökonom *m* экономи́ст; управля́ющий (име́нием); *(се́льский)* хозя́ин

Ökonometrie *f* экононо́метрия, дисципли́на, иссле́дующая ме́тоды статисти́ческого ана́лиза эмпири́ческих да́нных

Ökonometriker *m* эконометрист

ökonometrisch эконометри́ческий

Ökonomie *f* эконо́мия, бережли́вость; хозя́йственность; эконо́мика; *ист.* эконо́мия *(кру́пное поме́щичье име́ние)*

angewandte Ökonomie прикладна́я эконо́мика

angewandte Ökonomie des Kapitalismus полити́ческая эконо́мия капитализма

politische Ökonomie des Sozialismus полити́ческая эконо́мия социали́зма

klassische bürgerliche politische Ökonomie класси́ческая буржуа́зная политэкономия

kleinbürgerliche politische Ökonomie мелкобуржуазная политэкономия

mathematische Ökonomie математи́ческая эконо́мия

mathematische Ökonomie полити́ческая эконо́мия, политэкономия

punktuelle Ökonomie то́чечная эконо́мика

vormarxistische polilische Ökonomie домаркси́стская политэкономия

Ökonomiebauer *m ист.* экономи́ческий крестья́нин

Ökonomik *f* эконо́мика

ökonomisch эконо́мный, бережли́вый; экономи́чный; экономи́ческий

ökonomische Effizienz *f* экономи́ческая рента́бельность; экономи́ческая эффекти́вность
ökonomische Kybernetik *f* экономи́ческая киберне́тика
ökonomische Methode *f* экономи́ческий ме́тод
ökonomische Methodologie *f* экономи́ческая методоло́гия; методоло́гия эконо́мики
ökonomisches Problem *f* экономи́ческая зада́ча; комме́рческая зада́ча
ökonomischgeographisch экономико-географи́ческий
ökonomisieren *vt уст.* эконо́мить, сберега́ть
Ökonomismus *m* экономизм *(уче́ние)*
Ökosystem *n* экосисте́ма
Oktroi *m фр. ист.* октруда, ввозна́я по́шлина
Öl- und Fettfabrikation *f* изготовле́ние жиро́в и расти́тельных ма́сел
Oligopol *n* олигопо́лия, ры́ночная структу́ра, характеризу́ющаяся госпо́дством не́скольких компа́ний на ры́нке
oligopolistisch олигополистический
Oligopolwirtschaft *f* олигополистическая эконо́мика
OLSch, Orderlagerschein товарораспорядительный складско́й докуме́нт
OM:
O&M, *(eng.)* **Organization and Methods; Organisation und Methoden** организа́ция и ме́тоды; слу́жба реализа́ции управле́ния; слу́жба рационализа́ции управле́ния
OM, Oman Ома́н, *до 1978г. код* **NA**
Ombudsmann *m* ба́нковский омбудсман (неофициа́льный орга́н для урегули́рования спо́ров ме́жду ба́нками и клие́нтами)
Ombudsmann омбудсман; чино́вник, рассма́тривающий прете́нзии гра́ждан к правительственным слу́жащим и организа́циям; инспе́ктор по права́м челове́ка
Omnium *n* сово́купность бума́г, испо́льзуемых в заёмных опера́циях *(на англи́йских би́ржах)*
Omniumpolice *f* по́лис ко́мплексного страхова́ния
Omniumversicherung *f* ко́мплексное страхова́ние
OMR, Rial Omani, -- Oman Ома́нский риа́л (*код валю́ты* 512), -- Ома́н
on call *англ.* онколь *(теку́щий счёт в ба́нке, открыва́емый под зало́г това́ров, це́нных бума́г и други́х це́нностей)*; *внешто́рг.* онколь *(установле́ние цены́ при отзыве това́ра)*
on call-Geschäft *n* онко́льная сде́лка, онко́льная опера́ция
on call-Konto *n* онкольный счёт
on call-Kredit *m* онкольный креди́т
Online-Controlling *m* онлайновый контроллинг
Online-Produkte *pl* онлайновые проду́кты (мн.ч.)
Online-Projekt *n* онлайновый прое́кт
Online-Prospekt *m* онлайновый проспе́кт
Online-Reaktion *f* онлайновая реа́кция (пользователей, напр. на рекламную кампа́нию в Интерне́т)
Online-Verkauf *m* онлайновая прода́жа; онлайновые прода́жи (мн.ч.)
Online-Verkauf von Büchern онлайновая прода́жа книг (в Интерне́т-магази́не)
Online-Verkauf in der Internet-Auktion онлайновая прода́жа в Интерне́т-аукцио́не
Online-Vertrieb von Produkten und Dienstleistungen онлайновое распростране́ние проду́кции и услу́г
Onlinebanking *n* телебанкинг; онлайновый ба́нкинг; ба́нковское обслу́живание в реа́льном вре́мени по Интерне́т
Onlinebetrieb *m* рабо́та в реа́льном вре́мени; рабо́та в онлайновом режи́ме; операти́вный режи́м; неавтономный режи́м; диало́говый режи́м
Onlinedienst *m* онлайновая слу́жба
o.O., ohne Obligo без оборо́та на меня́ *(на́дпись на ве́кселе)*; без обяза́тельства, без поручи́тельства
OP:
O.P., Offenmarktpolitik поли́тика откры́того ры́нка
O.P., Originalpackung оригина́льная упако́вка, фи́рменная упако́вка
o.P., ohne Protest без проте́ста, неопротестованный *(о ве́кселе)*
OPEC, Organization of the Petroleum Exporting Countries организа́ция стран-экспортёров не́фти, ОПЕК
open *англ.* откры́тый
open general licence *англ.* откры́тая генера́льная лице́нзия *(применя́ется б. ч. в стра́нах стерлинговой зо́ны)*
open jaw trip *англ.* кругово́й рейс *(с разли́чными пу́нктами отправле́ния и прибы́тия)*
open market policy *англ.* поли́тика откры́того ры́нка
Open-Systems-Interconnection *f*; **OSI** (выч.тех.) соедине́ние откры́тых систе́м
Operatingleasing *n* эксплуатацио́нный лизинг *(все расхо́ды по эксплуата́ции арендо́ванного обору́дования и ухо́ду за ним несёт сам предпринима́тель, контра́кт мо́жет быть расто́ргнут в любо́е вре́мя)*
Operation, deckungspflichtige опера́ция, вытека́ющая из платёжных обяза́тельств
operations research *англ.* иссле́дование опера́ций
Operationscharakteristik *f* операти́вная характери́стика, рабо́чая характери́стика *(в статистическом контроле ка́чества)*
Operationsforschung *f* иссле́дование опера́ций
Operationskosten-Versicherung *f* страхова́ние расхо́дов на опера́цию
operativ-wirtschaftlich операти́вно-хозя́йственный
Operativplan *m* операти́вный план, теку́щий план
Operativplanung *f* операти́вное плани́рование, теку́щее плани́рование
Opfergeld *n* жертвенные де́ньги *(взно́сы на нужды́ це́ркви)*
Optant *m* оптант, лицо́, име́ющее пра́во вы́бора
Optertheorie *f* тео́рия равномерного нало́гового обложе́ния
optimal оптима́льный, наилу́чший
Optimalbeschäftigung *f* оптима́льная за́нятость
Optimalität *f* оптимальность
Optimalitätskriterium *n* крите́рий оптимальности *(испо́льзуется, напр. при вы́боре вариа́нта хозя́йственной страте́гии)*
allgemeines Optimalitätskriterium глоба́льный крите́рий оптимальности, о́бщий крите́рий оптимальности
lokales Optimalitätskriterium von Wirtschaftsentscheidungen лока́льный крите́рий оптимальности экономи́ческих реше́ний
Optimalitätsprinzip *n* при́нцип оптимальности
volkswirtschaftliches Optimalitätsprinzip при́нцип народнохозя́йственной оптимальности
Optimallösungssuche *f* по́иск оптима́льного реше́ния
Optimalplanung *f* оптима́льное плани́рование
Optimalpreis *m* оптима́льная цена́
Optimalproblem *n* оптима́льная пробле́ма
Optimalrechnung *f* оптимиза́ция *(напр., по́иск вариа́нтов, обеспе́чивающих максимализацию при́были)*
Optimalwert *m* оптима́льное значе́ние, оптима́льная величина́

Optimalwertsuche *f* пóиск оптимáльных значéний
optimieren *vt* оптимизи́ровать
Optimierung *f* оптимизáция; оптимáльное программи́рование
Optimierung des Netzwerkes оптимизáция сетевóго грáфика
dynamische Optimierung динами́ческая оптимизáция
ganzzahlige Optimierung целочисленная оптимизáция
konvexe Optimierung вы́пуклая оптимизáция
lineare Optimierung линéйная оптимизáция
nichtlineare Optimierung нелинейная оптимизáция
nichtlineare Optimierung параметрическая оптимизáция
nichtlineare Optimierung квадратичная оптимизáция
stochastische Optimierung стохасти́ческая оптимизáция
Optimierungschance *f* возмóжность оптимизáции
Optimierungskriterium *n* критéрий оптимальности
Optimierungsrechnung *f* оптимáльное программи́рование; оптимизáция
Optimum *n* óптимум, оптимальные услóвия, оптимáльный режи́м
technologisches Optimum технологи́ческий óптимум
Option *f* опциóн *(вид срóчной сдéлки)*, сдéлка с прéмией *(обусловленное уплáтой прéмии прáво кýпли/продáжи цéнных бумáг в течéние определённого срóка по устанóвленному кýрсу)*
Optionklausel *f* опциóн, оговóрка об опционе *(вы́бор отправи́телем пóрта разгрýзки для находя́щегося в пути́ сýдна с биржевы́м товáром, причём эти услóвия зарáнее согласýются с пароходством, напр., Брéмен опциóн Антвéрпен)*
Optionsgeber *m* опционодатель
Optionsgebühr *f* взнос *(покупáтеля опциона, опционополучателя)* по опционному договóру
Optionsgeschäft *n* опциóн, срóчная сдéлка *(с товáрами и́ли финансовыми акти́вами, при которóй покупáтель опциона имéет прáво в любóй момéнт в течéние оговоренного срóка купи́ть и́ли продáть объéкт опционной сдéлки по устанóвленной ценé)*
Optionsgeschäft прáво члéнов *(бáнковского)* синдиката на получéние дополни́тельной квóты *(при размещении цéнных бумáг на первичном ры́нке)*
Optionsnehmer *m* опционополучатель
Optionsposition *f* стрэдл (срóчная арбитрáжная сдéлка, состоя́щая в одновремéнной покýпке и продáже финáнсовых инструмéнтов для получéния при́были от изменéния соотношéния мéжду цéнами; чáстный слýчай двойнóго опциона)
ÖPZ, Österreichisches Produktivitätszentrum Австри́йское бюрó по вопрóсам производи́тельности *(организáции европéйского экономи́ческого сотрýдничества)*
OR:
O.R., owner's risk *страх.* на риск владéльца *(имýщества, грýза)*
o.r., owner's risk сóбственного ри́ска
Order *f* óрдер; прикáз, распоряжéние; поручéние
an eigene Order по сóбственному прикáзу *(оговóрка на докумéнте, напр., вéкселе)*
an Order по прикáзу *(оговóрка, превращающая докумéнт, напр., вéксель, в оборóтный)*
fingierte Order фикти́вный закáз
nicht an Order не по прикáзу *(оговóрка, превращающая оборóтный докумéнт, напр., вéксель, в необоротный)*
Orderbestand *m* портфéль закáзов
Orderbuch *n* кни́га закáзов
Ordereingang *m* поступлéние закáзов
Orderindossament *n* óрдерный индоссамéнт *(передáточная нáдпись)*
Orderklausel *f* оговóрка на оборотном докумéнте
Orderkonnossement *n* óрдерный коносамéнт *(передавáемый с пóмощью передáточной нáдписи)*
Orderladeschein *m* óрдерный коносамéнт
Orderpapier *n* оборóтный докумéнт, óрдерный докумéнт *(цéнная бумáга, укáзывающая определённое лицó, котóрое мóжет воспóльзоваться прáвом, указанным в докумéнте, а тáкже мóгущая быть пéредана с пóмощью передáточной нáдписи другóму лицý)*
Orderscheck *m* óрдерный чек
Orderwarendokument *n* товарораспорядительный докумéнт; докумéнт, обеспéчивающий прáво распоряжéния товáром
Ordinalskala *f* порядковая шкалá *(напр., ряд значéний ординалистской полезности)*
Ordinärpreis *m* продáжная ценá, ценá по прейскурáнту
ordnen *vt* упоря́дочивать; ранжи́ровать
Ordnung *f* строй *(общéственный)*, устрóйство *(общéственное)*, уклáд; устáв; прáвила, поря́док; приведéние в поря́док, упоря́дочение, систематизáция; ранжи́рование
Ordnung der Aktiva упоря́дочение акти́вов
alphabetische Ordnung алфави́тный поря́док
chronologische Ordnung хронологи́ческий поря́док
naturalwirtschaftliche Ordnung натурáльное хозя́йство
natürliche Ordnung естéственный поря́док
urgemeinschaftliche Ordnung первобытно-общи́нный строй
Ordnungen *f, pl* узансы *(мн.ч.)*, торгóвые обы́чаи *(мн.ч.)*
ordnungsgemäß прави́льный, надлежáщий
Ordnungsmäßigkeit *f* согласóванность, достовéрность *(дáнных)*
Ordnungsmäßigkeit der Buchführung прáвильность ведéния бухгáлтерского учёта
Ordnungsmerkmal *n стат.* группирóвочный при́знак, основáние группирóвки
Ordnungsmittel *n, pl* срéдства оргтехники
Ordnungsnummer *f* поря́дковый нóмер
Ordnungsschema *n* схéма упоря́дочения
Ordnungssteuern *f, pl* налóги, преследующие, глáвным óбразом, нефискальные цéли
Ordnungsstrafe *f* дисциплинáрное взыскáние; администрати́вный штраф
Ordnungsstrafrecht *n* дисциплинáрное прáво
Ordnungstechnik *f* организационная тéхника, оргтéхника
Ordnungswirtschaft *f* «упоря́доченная экономика»
Organ *n* оргáн, организáция *(учреждéние)*
beratendes Organ совещáтельный оргáн
gesetzgebendes Organ законодáтельный оргáн
verfügendes Organ распоряди́тельный оргáн
vollziehendes Organ исполни́тельный оргáн
wirtschaftsleitendes Organ руководя́щий хозя́йственный оргáн
Organgesellschaft *f* дочéрняя компáния, дочéрнее óбщество
Organisation *f* организáция, организационная рабóта
Organisation организáция, устрóйство, структýра
Organisation организáция *(учреждé-*

ние, объединéние)
Organisation der Afrikanischen Einheit Организáция африкáнского еди́нства, ОАЕ
Organisation der Amerikanischen Staaten Организáция америкáнских госудáрств, ОАГ
Organisation der Erdöl exportierenden Länder организáция стран-экспортёров нéфти, ОПЕК
Organisation der Vereinten Nationen Организáция Объединённых Нáций, ООН
Organisation der Vereinten Nationen für Ernährung und Landwirtschaft Продовóльственная и сельскохозя́йственная организáция ООН, ФАО
Organisation der Vereinten Nationen für Erziehung, Wissenschaft und Kultur Организáция Объединённых Нáций по вопрóсам просвещéния, наýки и культýры, ЮНЕСКО
Organisation der Vereinten Nationen für industrielle Entwicklung Организáция Объединённых Нáций по вопрóсам индустриализáции развивáющихся стран, ЮНИДО
Organisation des Warschauer Vertrages *бывш.* Организáция Варшáвского Договóра
Organisation für afro-aslatische Völkersolidarität Организáция солидáрности нарóдов Áфрики и Áзии
Organisation für die Zusammenarbeit in der Schwarzmetallurgie «Интерметалл» *(организáция сотрýдничества бывш. социалистических стран в óбласти чёрной металлýргии)*
Organisation für Europäische Wirtschaftliche Zusammenarbeit *ист.* Организáция европéйского экономи́ческого сотрýдничества, ОЕЭС
Organisation für Handelszusammenarbeit Организáция торгóвого сотрýдничества *(США)*
Organisation für Wirtschaftliche Zusammenarbeit und Entwicklung Организáция экономи́ческого сотрýдничества и разви́тия, ОЭСР
Organisations- und Rechenzentrum *n* организациóнный и вычисли́тельный центр
Organisationseinheit *f* организационная едини́ца *(напр., в теóрии управлéния произвóдством)*
Organisationsform *f* фóрма организáции, организационная фóрма
Organisationsgrad *m*, **gewerkschaftlicher** ýровень охвáта трудя́щихся профсою́зами
Organisationskosten *pl* организациóнные расхóды
Organisationslehre *f* наýка об организáции *(включáет проблéмы оптимáльного распределéния ответственности, вы́бора мéтодов управлéния, критéриев при создáнии специализированных отделов и проч.)*
Organisationsmittel *n pl* срéдства организáции, срéдства организáции управленческого трудá, срéдства оргтехники
Organisationsplan *m* план проведéния организационных мероприя́тий
Organisationsstruktur *f* организационная структýра
Organisationssystem *n* систéма организáции, организационная систéма
Organisationstechnik *f* организационная тéхника, оргтéхника
Organisationsvorschlag *m* организационное предложéние
organisatorisch организациóнный; организáторский
Organschaft *f* зави́симость юриди́ческого лицá от главéнствующей организáции, функционáльная зави́симость юриди́ческого лицá от главéнствующей организáции *(напр., дочéрней компáнии от глáвного акционéрного óбщества)*
Organschaftsvertrag *m* договóр о совмéстном распределéнии при́былей
Orientierung *f* ориентирóвка, ориентáция
Orientierungsdaten *pl* ориентирóвочные дáнные; «ориентирóвка», óбщая характери́стика хозя́йственной ситуáции *(напр., сообщáется федерáльным прави́тельством с цéлью обеспéчения экономи́ческой стаби́льности и/и́ли стимули́рования экономи́ческого ростá)*
Orientierungsgröße *f* ориентирóвочный показáтель
Orientierungskennziffer *f* ориентирóвочный показáтель
Orientierungsplan *m* ориентирóвочный план
Orientierungspreis *m* ориентирóвочная ценá
Orientierungsprognose *f* ориентирóвочный прогнóз, приближённый прогнóз
Orientierungsziffer *f* контрóльная ци́фра; ориентирóвочная ци́фра
Original-Journal-Verfahren *n* мéтод перви́чного журнáла *(спóсоб ведéния бухгáлтерских счетóв, когдá дáнные перви́чных докумéнтов сначáла зано́сятся в специáльный журнáл, а затéм осуществля́ются провóдки по бухгáлтерским счетáм)*
Original-Konto-Verfahren *n* мéтод перви́чного учёта *(спóсоб ведéния бухгáлтерских счетóв, в соответствии с котóрым провóдки по счетáм осуществля́ются на основáнии перви́чных бухгáлтерских докумéнтов)*
Originalfaktur *f* оригинáльная фактýра
Originalfaktura *f* оригинáльная фактýра
Originalkapitalwert *m* первоначáльная стóимость капитáла
Originalkonnossement *n* пóдлинник *(оригинáл)* коносамента
Originalpackung *f* оригинáльная упакóвка, фи́рменная упакóвка
Originalrechnung *f* пóдлинная фактýра, оригинáльная фактýра; пóдлинный счёт
Originaltara *f* тáра, вес которóй устанáвливается отправи́телем путём взвéшивания
Originalverpackung *f* оригинáльная упакóвка, фи́рменная упакóвка
Origlnalkonnossement *n* оригинáл коносамента, пóдлинный коносамéнт, оригинáльный коносамéнт
Orlginalkapitalwert *m* первоначáльная стóимость капитáла
Ort *m* мéсто, пункт
Ort des Handels мéсто торгóвли
am Ort angegebenen *(a.a.O.)* в укáзанном мéсте
Ortsangabe *f* указáние местá
Ortsgespräch *n* разговóр по мéстной телефóнной сети́
Ortsklasse *f* зонально-территориальный тари́фный разря́д
Ortslohn *m* срéдняя подённая оплáта трудá, при́нятая в дáнной мéстности
Ortsmarkt *m* мéстный ры́нок
Ortstarif *m* мéстный тари́ф
ortsüblich обы́чный в дáнном мéсте, обы́чный по мéстным услóвиям
Ortsvergleich *m* сравнéние с передовы́ми предприятиями и учáстками
Ortsverkehr *m* мéстное сообщéние; мéстные перевóзки
O/S, out of stock не имéется на склáде; отсýтствующий *(в запáсе)* на склáде
OS-System *n* систéма рабóты городскóго трáнспорта без кондукторов
Ost-West-Handel *m* торгóвля мéжду Востóком и Зáпадом
Österreichische Volkspartei Австри́йская нарóдная пáртия, АНП
Österreichischer Gewerkschaftsbund Объединéние австри́йских профсою́зов
Österreichisches Produktivitätszentrum Австри́йское бюрó по вопрóсам производи́тельности *(Организáции европéйского экономи́ческого сотрýдничества)*
Osthandel *m* торгóвля с Востóком

Ostsee- und Internationale Schifffahrts-Konferenz Балтийская и международная морская конференция
Oszillation *f* изменения, колебания *(напр., циклические колебания производства, конъюнктуры)*
o/t, on truck *(eng.)* на грузовом автомобиле
o/t o.r., on truck or railway *(eng.)* автомобилем *или* железной дорогой
OTC, Organization for Trade Cooperation Организация торгового сотрудничества *(США)*
o.U., ohne Umsatz без оборота *(в курсовых бюллетенях)*
o.u.O., ohne unser Obligo «без оборота на нас» *(надпись на векселе)*
outport *(eng.)* аутпорт, внешний порт
Output *m* выпуск, производство; объём произведённой продукции
Output вывод информации; выходящий поток вызовов, выходящий поток заявок *(в теории массового обслуживания)*; выпуск
Output *мат.* выход, итог
Outsider *m англ.* аутсайдер *(предприниматель, не входящий в монополистическое объединение)*
overdraft, O/D *(eng.)*; **Kontoüberziehung** *f* овердрафт (кредитная операция, предполагающая возможность получения денежных средств по чеку или платёжному поручению сверх остатка на текущем счёте)
overside delivery *англ.* оверсайд-деливери *(условие сдачи груза с судна)*; выгрузка на другое судно; сдача груза с одного судна на другое; через борт (поставка
overtime *(eng.)*; **Überstunden** *f pl* англ. овертайм (сверхурочное время, потраченное на погрузку или разгрузку судна)
ÖVW, örtliche Versorgungswirtschaft коммунальное хозяйство
OW:
O.W., (Muster) ohne Wert не имеющий торговой ценности *(об образце)*
o/W., (Muster) ohne Wert не имеющий торговой ценности *(об образце)*
o.w, O.W, ohne Wert не имеющий ценности
Owenismus *m* учение Оуэна
oz, ounce унция *(мера веса = 28,35 г)*
Ozeandampfer *m* океанский пароход
P:
P, „Papier“ курс продавцов, предложение (в курсовых бюллетенях бирж Мюнхена и Австрии)
P, Patent патент
P, Produktion производство; продукция
P‘d, paid уплачено; оплачено
PA:
PA, Panama Панама
P/A, partieular average *страх.* частная авария
PA, Postamt почтамт, почтовое отделение
PA, Postscheckamt управление почтовых чековых операций
P/A, power of attorney доверенность
PA, procurement authorization разрешение на закупку, разрешение на заготовку *(для западногерманских экспортно-импортных организаций)*
p.A., per Adresse в адрес
pa (Abk.), prima *(бирж.)* обозначение первого сорта
p.a., particular average частная авария
p.a., per aval в качестве поручителя *(политика на векселе)*
pa, porteur amenage контейнер большой ёмкости
pa, prima *бирж.* обозначение первого сорта
p.a., pro anno в год, за год
pa-Behälter *m* крупнотоннажный контейнер, большегрузный контейнер
PAB, Balboa, -- Panama Бальбоа (*код валюты* 590), -- Панама
Pacht *f* аренда *(взятие или передача вещей или прав за плату во временное хозяйственное пользование)*; арендный договор; арендная плата
gemeinsame Pacht соаренда, совместная аренда
gemischte Pacht смешанная аренда
individuelle Pacht индивидуальная аренда
rückständige Pacht задолженность по арендной плате
in Pacht geben сдавать в аренду
in Pacht haben арендовать
in Pacht nehmen брать в аренду
in Pacht übernehmen арендовать
Pacht- und Leihgesetz *n* закон о ленд-лизе
Pacht- und Leihhilfe *f* ленд-лиз
Pachtbauer *m* крестьянин-арендатор
Pachtbesitz *m* арендованное владение
Pachtbetrieb *m* арендованное предприятие
Pachtbrief *m* арендный договор, договор аренды
Pachtdauer *f* срок аренды
pachten *vt* арендовать, брать в аренду
Pächter *m* арендатор
Pächterklasse *f* фермерство
Pächterkredit *m* кредит арендаторам, кредит, предоставляемый арендаторам земельных участков,
Pächterschaft *f* фермерство; фермерские хозяйства, прибегающие к аренде земли
Pachtgebühr *f* арендная плата; плата за наём; плата за пользование арендованным имуществом
Pachtgeld *n* арендная плата; плата за наём; плата за пользование арендованным имуществом
Pachtgut *n* арендованное имущество
Pachtherr *m* владелец объекта, сдаваемого в аренду
Pachthof *m* арендованный хутор; арендованная ферма
Pachtkontrakt *m* арендный договор, договор аренды
Pachtkosten *pl* расходы по аренде, затраты по аренде
Pachtland *n* арендованная земля
Pachtleih-Leistungen *f, pl* поставки по закону о передаче в аренду; поставки по закону о передаче взаймы; поставки по ленд-лизу
Pachtmann *m* арендатор
Pachtpreis *m* арендная плата, размер арендной платы
Pachtrecht *n* арендное право
Pachtschutz *m* охрана прав арендаторов
Pachtsumme *f* сумма арендной платы, размер арендной платы
Pachtung *f* арендный договор, договор аренды; арендованная ферма
Pachtvertrag *m* арендный договор, договор аренды
pachtweise по аренде
Pachtzahlung *f* арендная плата, аренда
Pachtzeit *f* срок аренды
Pachtzins *m* арендная плата; плата за наём; плата за пользование арендованным имуществом
Päckchen *n* посылка, посылка-бандероль, почтовый пакет *(весом до 2 кг)*
Packen *m* большой пакет, тюк; штабель
Packer *m* упаковщик
Packhaus *n* пакгауз; грузовой склад
Packhof *m* пакгауз; грузовой склад
packing credit *англ.* аккредитив для оплаты неотгруженных товаров
Packkraft *f* упаковщик
Packleinen *n* упаковочный холст
Packliste *f* упаковочный лист, упаковочная спецификация
Packmaterial *n* упаковочный материал
Packmittel *n* упаковочный материал
Packpapier *n* упаковочная бумага, обёрточная бумага
Packung *f* упаковка *(тара)*; пачка; упа-

ко́вка, укла́дка
Packungseinlage *f* вкла́дыш в упако́вку; рекла́мный вкла́дыш, рекла́ма-вкла́дыш
Packzettel *m* упако́вочный лист, упако́вочная специфика́ция
pagatorisch свя́занный с платежа́ми
Paket *n* посы́лка, почто́вый паке́т *(ве́сом до 20 кг)*; паке́т а́кций
als Paket senden отправля́ть посы́лкой
Pakethandel *m бирж.* торго́вля паке́тами а́кций
paketieren *vt* фасовать, расфасо́вывать
Paketzuschlag *m бирж.* допла́та к сто́имости паке́та а́кций
Pakt *m* пакт; догово́р, соглаше́ние
Palette *f* пали́тра, ассортиме́нт, вы́бор
Palette *трансп.* поддо́н
Palettenpool *m трансп.* пул владе́льцев поддонов
Palettentransport *m* перево́зки на поддонах
Palettenumlauf *m трансп.* оборо́т поддонов
Palettenverkehr *m* перево́зки на поддонах
Palett(is)ierung *f* введе́ние систе́мы перево́зки гру́зов с укла́дкой на поддоны
Pallettbox *f трансп.* ящичный поддо́н
Pallette *f трансп.* поддо́н
panamerikanisch панамерика́нский
Panamerikanische Union Панамерика́нский сою́з
panel *амер.* гру́ппа специали́стов *(формиру́ется, напр. для консульта́ций на дли́тельное вре́мя)*; гру́ппа экспе́ртов; сове́т консульта́нтов; коми́ссия
Panhonlib-Schiffe *n, pl* су́дна, ходя́щие под фла́гом Пана́мы, Гондура́са, Либерии, предоставляющих льго́ты судовладельцам в слу́чае приписки судо́в к портам эти́х стран
PAnw, Postanweisung почто́вый де́нежный перево́д
PAO, Preisanordnung постановле́ние о це́нах
Papier *n* докуме́нт, удостовере́ние; бума́га
Papieradel *m ист.* жа́лованное дворя́нство, пожалованное дворя́нство
Papiere *n, pl* це́нные бума́ги; докуме́нты
Papiere herausbringen выпуска́ть це́нные бума́ги
Papiere verwerten реализова́ть це́нные бума́ги
ausländische Papiere иностра́нные це́нные бума́ги
konsolidierte Papiere консолидированные це́нные бума́ги
öffentliche Papiere облига́ции подписного за́йма
schwere Papiere це́нные бума́ги, курс кото́рых удерживается на высо́ком у́ровне
übertragbare Papiere оборо́тные докуме́нты
zinstragende Papiere проце́нтные бума́ги, бума́ги, принося́щие дохо́д в ви́де проце́нтов
die Papiere abnehmen принима́ть це́нные бума́ги
die Papiere abstoßen продава́ть значи́тельные па́ртии це́нных бума́г, сбра́сывать це́нные бума́ги
die Papiere herausbringen выпуска́ть це́нные бума́ги
die Papiere liefern предъявля́ть це́нные бума́ги
die Papiere sind gestiegen а́кции повысились
die Papiere verwerten реализова́ть це́нные бума́ги
Papiergeld *n* бума́жные де́ньги *(мн.ч.)*
Papiergeld einziehen изыма́ть бума́жные де́ньги из обраще́ния
Papiergeld zurückziehen изыма́ть бума́жные де́ньги из обраще́ния
inkonvertibles Papiergeld неконвертируемые бума́жные де́ньги, неразменные бума́жные де́ньги
konvertierbares Papiergeld конвертируемые бума́жные де́ньги
nicht einlösbares Papiergeld неразменные бума́жные де́ньги
nicht konvertierbares Papiergeld неконвертируемые бума́жные де́ньги, неразменные бума́жные де́ньги
Papiergeldausgabe *f* вы́пуск бума́жных де́нег, эми́ссия бума́жных де́нег
Papiergeldeinziehung *f* изъя́тие бума́жных де́нег из обраще́ния
Papiergeldemission *f* вы́пуск бума́жных де́нег, эми́ссия бума́жных де́нег, бума́жно-де́нежная эми́ссия
Papiergeldinflation *f* инфля́ция бума́жных де́нег
Papiergeldkurs *m* курс бума́жных де́нег
Papiergeldumlauf *m* бума́жно-де́нежное обраще́ние
Papiergeldzirkulation *f* бума́жно-де́нежное обраще́ние
Papiergold *n* бума́жное зо́лото *(те́рмин, испо́льзуемый для характери́стики специа́льных прав заимствования)*, *см.* **Sonderziehungsrechte**
Papiersack *m* бума́жный мешо́к *(упако́вка)*
Papierwährung *f* бума́жная валю́та
Papierwerte *m pl* це́нные бума́ги *(мн.ч.)*
diskontierbare Papierwerte учитываемые це́нные бума́ги
nicht diskontierbare Papierwerte неучитываемые це́нные бума́ги
notierte Papierwerte котирующиеся це́нные бума́ги
unnotierte Papierwerte некотирующиеся це́нные бума́ги
Papierwolf *m* агрега́т для уничтоже́ния рукопи́сных материа́лов, агрега́т для уничтоже́ния рукопи́сных документа́ции
Pappe *f* карто́н
Pappe па́пка
Klemmpappe *f* канцеля́рская па́пка с проволочным (металли́ческим) замко́м
Pappverpackung *f* карто́нная упако́вка
Par, Paragraph пара́граф
par ordre *(фр.)* по прика́зу; по поруче́нию
Parallelarbeit *f* рабо́та, выполня́емая в проце́ссе дублирования; дубли́рование рабо́т *(проце́сс)*
Parallelfertigung *f* дубли́рование произво́дства
Parallelforschung *f* паралле́льные иссле́дования, дубли́рование в иссле́дованиях
Parallelität *f* одновре́ме́нность выполне́ния не́скольких разли́чных рабо́т; одновре́ме́нность выполне́ния одно́й рабо́ты *(напр., на не́скольких заводах)*; паралleли́зм *(в рабо́те)*
innerzyklische Parallelität одновре́ме́нное выполне́ние не́скольких рабо́чих опера́ций в хо́де произво́дства едини́цы изде́лия, одновре́ме́нная обрабо́тка разли́чных дета́лей в хо́де произво́дства едини́цы изде́лия
zwischenzyklische Parallelität одновре́ме́нная обрабо́тка разли́чных изде́лий, относя́щихся к ра́зным зака́зам, в произво́дственных цехах предприя́тия
Parallelmarkt *m* неофициа́льный своо́дный валю́тный ры́нок
Parallelprinzip *n* при́нцип соотве́тствия коли́чества производимой и реализуемой проду́кции; *киб.* паралле́льный при́нцип
Parallelschaltung *f* паралле́льное соедине́ние *(в тео́рии надёжности)*
Parallelverlaut *m* паралле́льное движе́ние предме́тов труда́
Parallelwährung *f* паралле́льная валю́та
Parameter *m* пара́метр, показа́тель, характери́стика
Parameter der aktiven Einwirkung пара́метр акти́вного возде́йствия
strategischer Parameter стратеги́ческий пара́метр
verallgemeinerter Parameter обобщённый показа́тель
vorgegebener Parameter за́данный

пара́метр

Parameterpreisbildung *f* ценообразова́ние с учётом технико-экономи́ческих пара́метров

Parameterschätzung *f стат.* оце́нка пара́метров

Parametertest *m стат.* тест пара́метров, прове́рка пара́метров

Parameterwert *m стат.* значе́ние пара́метра

Parameterwertung *f стат.* оце́нка пара́метров

Paraphe *f* пара́ф, по́дпись; ви́за ***(по́дпись отве́тственного лица́ на докуме́нте)***

paraphieren *vt* визи́ровать; парафи́ровать

Pari *n* номина́льная котиро́вка; номина́льный курс ***(це́нных бума́г)***; номина́льная сто́имость, нарица́тельная сто́имость; досто́инство ***(моне́т)***

pari *ит. бирж.* альпари, по номина́льной сто́имости

pari *ит.* по номина́лу

al pari по номина́лу

über pari вы́ше номина́ла

über pari вы́ше номина́льной сто́имости, вы́ше номина́льного ку́рса

unter pari ни́же номина́ла

unter pari ни́же номина́льной сто́имости, ни́же номина́льного ку́рса

zu pari по номина́льной сто́имости, по номина́лу, альпари

Pari-Emission *f* вы́пуск це́нных бума́г по номина́льной сто́имости; вы́пуск це́нных бума́г по ку́рсу, соответству́ющему номина́лу

Parikurs *m* парите́тный курс, паритетная цена́ ***(нере́дко «привязанная» к како́й-л. друго́й, эталонной цене́ и́ли к фиксированному значе́нию и́ндекса покупа́тельной спосо́бности)***, валю́тный парите́т; номина́льный курс ***(це́нных бума́г)***

Pariser Club «Пари́жский клуб» ***(гру́ппа западноевропейских стран, совме́стно заключивших в Пари́же соглаше́ние с Аргенти́ной о товарообороте и платежа́х на многосторо́нней осно́ве)***

Parität *f* парите́т, ра́венство; паритетное отноше́ние, паритетное соотноше́ние; парите́т ***(соотноше́ние ме́жду валю́тами розных стран)***

Paritätentabellen *f, pl* табли́цы паритетов валю́тных ку́рсов

paritätisch парите́тный, ра́вный, ***(осуществля́емый)*** на осно́ве парите́та

Paritätskurs *m* парите́тный курс ***(расчётный курс в междунаро́дном платёжном оборо́те)***; валю́тный парите́т; номина́льный курс ***(це́нных бума́г)***

Paritätstabellen *f, pl* табли́цы паритетов валю́тных ку́рсов

Pariwert *m* номина́льная сто́имость, номина́льная це́нность

Parkettmakler *m* официа́льный ма́клер ***(Пари́жской би́ржи)***

Parkplatzversichening *f* страхова́ние автомоби́лей от уще́рба, причинённого на автомоби́льной стоя́нке

Part *m n* до́ля одного́ из владе́льцев су́дна, пай одного́ из владе́льцев су́дна

part-time-job *англ.* непо́лная за́нятость, части́чная за́нятость

Partei *f* па́ртия; сторона́ ***(в догово́ре, в проце́ссе)***

Partei der Arbeit der Schweiz Швейца́рская па́ртия труда́, ШПТ

angerufene Partei сторона́-отве́тчик ***(в трете́йском судопроизводстве)***

anrufende Partei сторона́-исте́ц ***(в трете́йском судопроизводстве)***

interessierte Partei заинтересо́ванная сторона́

vertragschließende Partei догова́ривающаяся сторона́

Partenbrief *m* свиде́тельство о разме́ре до́ли уча́стия совладельца су́дна

Partenreeder *m* совладе́лец су́дна, компаньо́н судовладе́льца

Partenreederei *f* судохо́дная компа́ния, осно́ванная на долево́м уча́стии совладельцев су́дна

Partialobligation *f* долево́е обяза́тельство, части́чное обяза́тельство,; парциальная облига́ция

Partialprognose *f* ча́стный прогно́з

Partialschaden *m* части́чный убы́ток, части́чный уще́рб

Partialzahlung *f* платёж в рассро́чку

participating bonds, *pl англ.* облига́ции, дающие наряду́ с процентным дохо́дом пра́во уча́стия в распределяемой при́были

Participation *f* уча́стие ***(напр., уча́стие рабо́чих и слу́жащих в произво́дстве и при́былях)***

particular average *англ.* ча́стная ава́рия

Partie *f* па́ртия ***(дета́лей, това́ра)***

partiell части́чный; ча́стный

partienweise па́ртиями, по частя́м

Partieware *f* уценённый това́р

Partiewarengeschäft *n* магази́н, торгу́ющий уцененными това́рами

Partikularakzept *n* непо́лный акце́пт

Partikularhavarie *f* (страх.) ча́стная ава́рия

Partikulier *m* рантье́

Partikulierer *m* ча́стный владе́лец су́дна вну́треннего пла́вания ***(речного и́ли озёрного)***

Partikulierschiffer *m* ча́стный владе́лец су́дна

Partizipation *f* уча́стие ***(напр., в приня́тии реше́ний, в распределе́нии при́были)***

Partizipationsgeschäft *n* комме́рческая сде́лка, осуществля́емая совме́стно не́сколькими предпринима́телями

Partizipationskonto *n* счёт уча́стников опера́ций консорциума ба́нков, счёт уча́стников совме́стной сде́лки ***(напр., опера́ций ба́нковского консорциума)***

partizipieren *vi* уча́ствовать, принима́ть уча́стие

Partner *m* партнёр; компаньо́н

Partnerbetrieb *m* предприя́тие-партнёр ***(по догово́ру)***

Partnerland *n* страна́-партнёр ***(по догово́ру)***

Partnerschaft *f* партнёрство, совме́стное уча́стие

betriebliche Partnerschaft социа́льное партнёрство

Partnerschaftsbestrebungen *f, pl* мероприя́тия, свя́занные с распростране́нием иде́й «социа́льного партнерства»

Parzelle *f* парцелла, небольшо́й земе́льный уча́сток, небольшо́й земе́льный наде́л

Parzellenbetrieb *m* ме́лкое земе́льное предприя́тие ***(в ФРГ до 5 га поле́зной пло́щади)***

Parzelleneigentum *n* ме́лкая земе́льная со́бственность

Parzellenwirtschaft *f* парцеллярное хозя́йство

parzellieren *vt* разбива́ть на ме́лкие уча́стки, парцеллировать

parzellieren *vt* продава́ть ме́лкими уча́стками

Parzellierung *f* парцеллирование, парцеллизация

PASCAL *вчт.* ПАСКА́ЛЬ ***(язы́к программи́рования)***

Paß *m* па́спорт ***(граждани́на)***

Paß па́спорт (техизделия)

den Paß ausstellen выпи́сывать па́спорт, выдава́ть па́спорт

den Paß erneuern lassen получа́ть но́вый па́спорт

Paß mit abgelaufener Geltungsdauer просро́ченный па́спорт

den Paß verlängern продлева́ть срок де́йствия па́спорта

den Paß vorzeigen предъявля́ть па́спорт

Paß- und Meldeordnung *f* па́спортный режи́м

Paß- und Meldewesen *n* отде́л паспортиза́ции

Passage *f* пасса́ж, кры́тая торго́вая галере́я
Passage про́пуск (напр. проду́кта через маши́ну)
Passage прохо́д, прое́зд; перехо́д, пере́езд; доро́га
Passage перево́зка
Passagevertrag *m* догово́р на перево́зку пассажи́ров морски́м путём, догово́р морско́й перево́зки пассажи́ров
Passagierstrom *m стат.* пассажиропоток
Paßgebühren *f, pl* па́спортный сбор
Passiergewicht *n* минима́льный вес моне́ты, ремедиум,
Passierstelle *f* пропускной пункт
Passiva *n, pl* пассивы, пасси́в; долги́, долговы́е обяза́тельства
antizipative Passiva антиципати́вные пассивы
ständige Passiva усто́йчивые пассивы
transitorische Passiva переходя́щие пассивы
Passivfinanzierung *f* пасси́вное финанси́рование *(за счёт привлечённых средств)*
Passivgeschäft *n* пасси́вная *(ба́нковская)* опера́ция *(в результа́те кото́рой фи́рма стано́вится должнико́м)*
Passivhandel *m* внешнеторго́вый оборо́т, име́ющий пасси́вное са́льдо; внешнеторго́вый оборо́т, име́ющий отрица́тельное са́льдо
Passivierung *f* сведе́ние (бала́нса) с пассивом
Passivkonto *n* пасси́вный счёт
Passivkredit *m* креди́т, выступа́ющий в ка́честве исто́чника финанси́рования; креди́т в ра́мках финанси́рования за счёт привлече́ния чужо́го капита́ла
Passivmasse *f* пасси́вная ма́сса, долгова́я ма́сса *(на ко́нкурсе)*
Passivobligationen *f pl* облигационные обяза́тельства фи́рмы *(фигурирующие в её пассивах)*
Passivposition *f* статья́ пасси́ва, пасси́вная статья́ бала́нса
Passivposten *m* статья́ пасси́ва, пасси́вная статья́ бала́нса
Passivsaldo *m* пасси́вное са́льдо, отрица́тельное са́льдо
Passivseite *f* пасси́в *(в бала́нсе)*
Passivtausch *m* пасси́вная заме́на
Passivvermögen *n* долговы́е обяза́тельства
Passivvermögen пасси́вная часть бала́нса
Passivvermögen пассивы
Passivwechsel *m pl* векселя́ в пасси́ве
Passivzins *m* пасси́вный проце́нт; проце́нт, упла́чиваемый креди́тным учрежде́нием
Passivzins проце́нт, упла́чиваемый ба́нком кредито́рам по обяза́тельствам, фигурирующим в пассивах фи́рмы
Passivzinssatz *m* проце́нтная ста́вка по вкла́дам, проце́нтная ста́вка по обяза́тельствам фи́рмы
Paßsteuer *f* па́спортный сбор
Paßwort *n* шифр, код *(испо́льзуемый в замках се́йфов)*
Patenbetrieb *m* заво́д-шеф; предприя́тие-шеф; подшефная организа́ция
Patenschaft *f* ше́фство
Patenschaftsbetrieb *m* заво́д-шеф; предприя́тие-шеф; подшефная организа́ция
Patenschaftsvertrag *m* догово́р о шефстве
Patent *n* пате́нт *(исключи́тельное пра́во на произво́дственную реализацию изобрете́ния)*
angreifbares Patent оспори́мый пате́нт
eingetragenes Patent зарегистри́рованный пате́нт
einheimisches Patent оте́чественный пате́нт
laufendes Patent де́йствующий пате́нт
ruhendes Patent неиспо́льзуемый пате́нт
vorläufiges Patent вре́менный пате́нт
ein Patent bekämpfen оспа́ривать пате́нт
ein Patent einreichen подава́ть зая́вку на пате́нт
ein Patent erwirken получа́ть пате́нт
ohne Patent беспате́нтный
um ein Patent nachsuchen проси́ть о вы́даче пате́нта
Patent- und Lizenzgebühren *f, pl* патентно-лицензионные сбо́ры
Patentabkommen *n* пате́нтное соглаше́ние
Patentamt *n* бюро́ по регистра́ции изобрете́ний и вы́даче пате́нтов; пате́нтное ве́домство
Patentantrag *m* пате́нтная зая́вка
Patentbroker *m* пате́нтный бро́кер *(напр., фи́рма, специализи́рующаяся на торго́вых опера́циях с патентами)*
Patenteinspruch *m юр.* опротестова́ние пате́нта
Patentgebühr *f* пате́нтный сбор, пате́нтная по́шлина
patentieren *vt* патентова́ть, выдава́ть пате́нт, регистри́ровать пате́нт
Patentinhaber *m* патентообладатель, патентодержатель
Patentkosten *pl* расхо́ды по приобрете́нию пате́нта; расхо́ды по исследовательским рабо́там, веду́щим к получе́нию пате́нтов
Patentlizenz *f* пате́нтная лице́нзия
Patentrecht *n* пате́нтное пра́во
Patentrolle *f* пате́нтный рее́стр
Patentschrift *f* описа́ние изобрете́ния к пате́нту
Patentschutz *m* охра́на пате́нта; охра́на изобрете́ний; охра́на патентных прав
Patentträger *m* патентообладатель, патентодержатель
Patenturkunde *f* а́вторское свиде́тельство на изобрете́ние, пате́нтная гра́мота
Patentverfahren *n* поря́док вы́дачи и погаше́ния пате́нтов
Patentvergütung *f* вознагражде́ние, выпла́чиваемое патентообладателю
Patentverletzung *f* наруше́ние патентных прав
Patentverwertungsgesellschaft *f* О́бщество по реализа́ции пате́нтов *(ФРГ)*
Pattern Па́ттерн *(ме́тод приня́тия кру́пных экономи́ческих реше́ний)*
Pauper *m* (анг.) паупер, ни́щий
Pauper живу́щий на посо́бие по бе́дности
Pauperisation *f* пауперизация, обнища́ние
pauperisiert обедне́вший, обнищавший
Pauperisierung *f* пауперизация, обнища́ние
Pauperismus *m* паупери́зм, нищета́
Pausch- (в сл.сл.) пауша́льный
pauschal паушально, целико́м, в це́лом, о́птом; гурто́м
Pauschalabfindung *f* паушальное возмеще́ние, о́бщее возмеще́ние
Pauschalabschreibung *f* паушальное списание, о́бщее списание
Pauschalarbeit *f* акко́рдный подря́д *(сде́льная рабо́та, опла́чиваемая в це́лом)*
Pauschalbeitrag *m* пауша́льный взнос *(напр., в фонд социа́льного страхова́ния)*
Pauschalbesteuerung *f* паушальное обложе́ние нало́гом
Pauschalbetrag *m* пауша́льная су́мма; о́бщая су́мма *(без выделе́ния отде́льных составля́ющих)*
erster Pauschalbetrag су́мма первонача́льного паушального взно́са *(при приобрете́ния лице́нзии)*
Pauschalbewertung *f* пауша́льная оце́нка
Pauschaldelkredere *n* паушальное делькре́дере
Pauschale *n* пауша́льная су́мма; о́бщая су́мма *(без выделе́ния отде́льных со-*

ставля́ющих)
Pauschalerstattung *f* паушальное возмеще́ние
Pauschalfrachtsatz *m* пауша́льная фрахто́вая ста́вка
pauschalieren *vt* округля́ть *(су́мму)*
Pauschallohn *m* акко́рдная опла́та
Pauschalpolice *f страх.* пауша́льный по́лис
Pauschalpreis *m* пауша́льная цена́
Pauschalrate *f* пауша́льная фрахто́вая ста́вка
Pauschalsteuersatz *m* пауша́льная ста́вка нало́га
Pauschalsumme *f* пауша́льная су́мма; о́бщая су́мма *(без выделе́ния отде́льных составля́ющих)*
Pauschaltarif *m* пауша́льный тари́ф
Pauschalversicherung *f* паушальное страхова́ние, глоба́льное страхова́ние
Pauschalzahlung *f* пауша́льный платёж
Pausengestaltung *f* структу́ра переры́вов в рабо́те, структу́ра пауз в рабо́те
Pausenplan *m* расписа́ние переры́вов в рабо́те, расписа́ние пауз в рабо́те, гра́фик переры́вов в рабо́те, гра́фик пауз в рабо́те
Pausenregelung *f* регули́рование переры́вов в рабо́те, регули́рование пауз в рабо́те
Pausenregime *n* режи́м переры́вов в рабо́те, режи́м пауз в рабо́те
pay as you earn-Prinzip *n* при́нцип взима́ния нало́га путём удержа́ния из за́работной пла́ты
pay-day *англ. бирж.* день платежа́, день исполне́ния обяза́тельства
payt., payment *англ.* платёж, упла́та
Pazifikpakt Тихоокеа́нский пакт безопа́сности, АНЗЮС
Pazifischer Sicherheitspakt Тихоокеа́нский пакт безопа́сности, АНЗЮС
PB:
PB, Postbank Постбанк; Почто́вый банк (Герма́ния)
p.b., peso bruto вес бру́тто, вес това́ра с упаковкой
PC:
PC, Participating Countries страны́-участницы; *ист.* маршаллизованные страны́; страны́-чле́ны Европе́йского платёжного сою́за; страны́-чле́ны Организа́ции европе́йского экономи́ческого сотру́дничества
P.C., pettycash ме́лкие су́ммы; ме́лкие расхо́ды
pc, per cassa упла́та нали́чными
p/c, prices current существу́ющие цены́, ку́рсы дня
p.c., pro centum проце́нт
p.cap., per capita на ду́шу населе́ния
PD:
P.D., port dues порто́вые сбо́ры, порто́вые по́шлины
pd, paid *англ.* упла́чено; оплачено
PE:
PE, Peru Перу́, *до 1978г. код* **MU**
p.e., probable error *англ.* вероя́тная оши́бка сре́дних статисти́ческих величи́н
pekuniär де́нежный, фина́нсовый
Pelz *m* шку́ра, мех
Pelz шу́ба
Pelzauktion *f* пушно́й аукцио́н
Pelzhandel *m* торго́вля пушным това́ром, торго́вля пушни́ной
PEN, Neuer Sol, -- Peru Но́вый соль (*код валю́ты* 604), -- Перу́
Pendant *n фр.* пара́, панда́н *(предме́т, па́рный и́ли схо́жий с други́м)*
Pendelkartei *f канц.* качающаяся картоте́ка
Pendelverkehr *m* челно́чное тра́нспортное сообще́ние; перево́зки рабо́чей силы́ от места́ жи́тельства к ме́сту рабо́ты и обра́тно
Pendelwanderer *m* лицо́, регуля́рно по́льзующееся тра́нспортом для пое́здки на рабо́ту и с рабо́ты *(обы́чно о живу́щих далеко́ от места́ рабо́ты)*
Pendelwanderung *f стат.* ма́ятниковая мигра́ция
Pendler *m* лицо́, регуля́рно по́льзующееся тра́нспортом для пое́здки на рабо́ту и с рабо́ты *(обы́чно о живу́щих далеко́ от места́ рабо́ты)*
Penetration *f* . пенетрация, проникнове́ние
Pension *f* пе́нсия (ежемесячная вы́плата, для госслу́жащих, слу́жащих), *для всех остальны́х см.* **Rente** *f*
Pension пе́нсия (напр. уйти́ на пе́нсию)
Pension пансио́н (содержа́ние жильца́ на по́лном дово́льствии)
Pension пла́та за стол; пла́та за питание
Pension пансио́н *(гости́ница)*; пансиона́т
Pension регуля́рно выпла́чиваемы проце́нты на вло́женный капита́л
Pension für hohes Dienstalter пе́нсия за вы́слугу лет
bei voller Pension на по́лном пансио́не
eine Pension beziehen получа́ть пе́нсию
in Pension gehen уйти́ на пе́нсию
in Pension (sein) (быть) на пе́нсии
Pensionär *m* пенсионе́р
Pensionist *m австр.* пенсионе́р
Pensionsanweisung *f* назначе́ние пе́нсии
pensionsberechtigt име́ющий пра́во на получе́ние пе́нсии
Pensionsdienstalter *n* стаж рабо́ты для получе́ния пе́нсии
Pensionsempfänger *m* пенсионе́р
Pensionsfonds *m* пенсио́нный фонд
Pensionsgeschäft *n* опера́ция по предоставлению ссу́ды под закла́д вексел́ей
Pensionskasse *f* пенсио́нная ка́сса
Pensionsrente *f* пе́нсия
Pensionsrückstellung *f* резе́рвный фонд для вы́платы пе́нсий; пенсио́нный фонд (резе́рвный)
per:
per annum *лат.* ежего́дно
per aval *лат.* в ка́честве поручи́теля *(поме́тка на ве́кселе)*
per cassa *лат. (упла́та)* нали́чными
per comptant *фр. (упла́та)* нали́чными
per medio *лат. бирж.* в середи́не ме́сяца
per procura *лат.* по дове́ренности, по полномо́чию
per ultimo *лат. бирж.* в конце́ ме́сяца
per ultimo *лат. бирж.* в конце́ ме́сяца
Periode *f* перио́д; цикл
Periodenabgrenzung *f* разграниче́ние затра́т и поступле́ний ме́жду сме́жными отчётными пери́одами
periodenbezogen относя́щийся к определённому пери́оду; относя́щийся к конкре́тном циклу
Periodenerfolg *m* результа́т отчётного пери́ода (при́быль за отчётный перио́д и́ли убы́ток за отчётный перио́д)
periodenfremd нерегуля́рный *(напр., о при́были)*
periodenfremd не относя́щийся к отчётному пери́оду
Periodenleistung *f* проду́кция предприя́тия за определённый перио́д
permanent пермане́нтный, неизме́нный, постоя́нный, непреры́вный; неоднокра́тный
permanenter Auftrag *f* долгосро́чное поруче́ние на соверше́ние определённых опера́ций *(ба́нку и́ли ино́му, фина́нсовому учрежде́нию)*
Perpetualismus *m* перпетуализм
Person *f юр.* лицо́
Person персо́на, лицо́, челове́к, инди́вид
Person лицо́; душа́ *(как едини́ца демографи́ческого учёта)*
eine **beamtete Person** должностно́е лицо́
eine **beglaubigte Person** аккреди́тованное лицо́, дове́ренное лицо́, пове́ренный
dritte Person тре́тье лицо́

eine **Person mit ramponiertem Ruf** осо́ба с подмо́ченной репута́цией
je Person душевой, в расчёте на ду́шу населе́ния
juristische Person юриди́ческое лицо́
eigene Person zurückstellen отводи́ть свою́ кандидату́ру, дава́ть самоотвод *(на собра́нии)*
einflussreiche Person влия́тельное лицо́
geschäftsfähige Person дееспосо́бное лицо́
natürliche Person физи́ческое лицо́
nicht geschäftsfähige Person недееспособное лицо́
pro Person за челове́ка; на челове́ка
(j-n) **von Person kennen** знать (*ко-го́-л.)* ли́чно
die **Unverletzbarkeit der Person** неприкоснове́нность ли́чности

Personal *n* персона́л *(предприя́тия)*, штат, ли́чный соста́в; ка́дры *(мн.ч.)*
ingenieurtechnisches Personal инженерно-техни́ческий персона́л, инженерно-техни́ческие рабо́тники, ИТР
leitendes Personal руководя́щий соста́в, руководя́щие ка́дры

Personal-Leasing *f* лизинг рабо́чей си́лы (временна́я переда́ча персона́ла друго́му работода́телю)

Personalabbau *m* сокраще́ние шта́тов

Personalabgang *m* отто́к персона́ла; отто́к ка́дров

Personalabteilung *f* отде́л ка́дров

Personalamt *n* управле́ние ка́дров

Personalanzeige *f* объявле́ние в печа́ти о на́йме на рабо́ту; объявле́ние в печа́ти о жела́нии получи́ть рабо́ту

Personalausbildung *f* подгото́вка ка́дров; обуче́ние персона́ла

Personalausgaben *f pl* расхо́ды на содержа́ние персона́ла *(предприя́тия)*, расхо́ды по содержа́нию персона́ла *(предприя́тия)*

Personalbedarf *m* потре́бности в рабо́чей си́ле; потре́бность в персонале; потре́бность в ка́драх

Personalberater *m* консульта́нт по персона́лу

Personalberatung *f* консультационная фи́рма по кадровым вопро́сам

Personalbeschaffung *f* привлече́ние рабо́чей си́лы

Personalbestand *m* ли́чный соста́в, штат рабо́тников; ка́дры *(мн.ч.)*

Personalbeurteilung *f* служе́бная характери́стика

Personalbüro *n* отде́л на́йма и увольне́ния

Personalchef *m* нача́льник отде́ла ка́дров; гла́вный ме́неджер по персона́лу

Personalcomputer *m* персона́льный компью́тер, ПК

Personalfreisetzung *f* высвобожде́ние рабо́чей си́лы; сокраще́ние шта́тов; увольне́ние персона́ла

Personalgesellschaft *f* о́бщество, това́рищество *(в кото́ром гла́вную роль игра́ет ли́чное уча́стие, а не вло́женный капита́л, напр. откры́тое торго́вое о́бщество, комманди́тное това́рищество)*

personalisiert персонализированный
personalisierte Produkte und Dienstleistungen *pl* персонализированные проду́кты и услу́ги (мн.ч.)

Personalisierung *f* персонализация; идентифика́ция

Personalkartei *f* картоте́ка ли́чного соста́ва, картоте́ка учёта персона́ла

Personalkosten *pl* расхо́ды на содержа́ние персона́ла *(предприя́тия)*, расхо́ды по содержа́нию персона́ла *(предприя́тия)*
Personalkosten ansetzen устана́вливать расхо́ды на содержа́ние персона́ла

Personalkredit *m* креди́т без обеспе́чения *(това́рами и́ли це́нными бума́гами)*, креди́т без веще́ственного обеспе́чения

Personalleiter *m* нача́льник отде́ла ка́дров; нача́льник кадровой слу́жбы

Personalmanagement *n* управле́ние персона́лом; управле́ние ка́драми

Personalmiete *f* лизинг рабо́чей си́лы (временна́я переда́ча персона́ла друго́му работода́телю)

Personalnebenkosten *pl* дополни́тельные расхо́ды на содержа́ние персона́ла, накладны́е расхо́ды по содержа́нию персона́ла *(предприя́тия)*

Personalpapiere *pl* ли́чные докуме́нты *(мн.ч.)*

Personalpension *f* персона́льная пе́нсия

Personalplan *m* шта́ты; шта́тное расписа́ние

Personalpolitik *f* поли́тика в о́бласти ка́дров, ка́дровая поли́тика

Personalrecht *f* ли́чное пра́во; ли́чное иму́щественное пра́во

Personalrente *f* персона́льная пе́нсия

Personalservituten *pl юр.* ли́чные сервиту́ты

Personalsteuer *f* нало́г на за́нятость *(разнови́дность нало́га на вид де́ятельности)*

Personalstruktur *f* структу́ра ка́дров; шта́тная структу́ра

Personalvertretungsgesetz *n* зако́н о представительстве рабо́чих и слу́жащих в госуда́рственных учрежде́ниях *(ФРГ)*

Personalzahl *f* чи́сленность рабо́чей си́лы

Personen-Garantieversicherung *f* гаранти́йное страхова́ние от растрат и хищений *(осуществля́емое предпринима́телем)*

Personen-Kautionsversicherung *f* обеспечительное страхова́ние от растрат и хищений, зало́говое страхова́ние от растрат и хищений *(осуществля́емое слу́жащим)*

Personenbeförderung *f* перево́зки пассажи́ров

Personenbeförderungsleistung *f стат.* пассажирооборот

Personenbeförderungstarif *m* пассажи́рский тари́ф

Personenbeförderungsvertrag *m* догово́р перево́зки пассажи́ров

Personendepot *n* кни́га лицевых счето́в депоне́нтов

Personenfirma *f* «именна́я» фи́рма, *(назва́ние которо́й соде́ржит одно́ и́ли не́сколько имён)*; фи́рма, в названии которо́й указывается фами́лия и и́мя владе́льца

Personengesellschaft *f* о́бщество, това́рищество *(в кото́ром гла́вную роль игра́ет ли́чное уча́стие, а не вло́женный капита́л, напр., откры́тое торго́вое о́бщество, комманди́тное това́рищество)*
Personengesellschaft; *(eng.)* **LLC, limited-liability company; LC, limited company** компа́ния с ограни́ченной отве́тственностью; о́бщество с ограни́ченной отве́тственностью

Personenkilometer *n стат.* пассажиро-киломе́тр

Personenkonto *n* лицево́й счёт

Personenkreiswerbung *f* рекла́ма, рассчи́танная на определённый круг потребителей

Personenrechte *n, pl* ли́чные *(иму́щественные)* права́

Personenstandsaufnahme *f* пе́репись всех постоя́нно проживающих в общи́не; ежего́дная пе́репись хозя́йств и ме́лких предприя́тий, размещённых на дому́

Personensteuer *f* ли́чный нало́г (напр. подохо́дный нало́г); нало́г на физи́ческое лицо́
Personensteuern *f, pl* ли́чные нало́ги *(мн.ч.)*

Personensuchanlage *f* систе́ма поискового вы́зова, систе́ма персонального вы́зова; пейджинговая систе́ма; систе́ма вы́зова по пейджеру

Personentarif *m* пассажи́рский тари́ф
Personenvereinigung *f* ассоциа́ция; объедине́ние
Personenverkehr *m* перево́зки пассажи́ров; пассажи́рское сообще́ние
Personenversicherung *f* ли́чное страхова́ние (напр. страхова́ние жи́зни, страхова́ние от несча́стных слу́чаев и т.п.)
Personenwechsel *m* ка́дровые переме́ще́ния *(мн.ч.)*
Personenzahl *f* чи́сленность рабо́чей силы́
Personifikation *f* персонифика́ция
personifizieren персонифици́ровать
personifiziert персонифицированный
personifizierter Benutzer персонифицированный по́льзователь (напр. платёжной систе́мы)
Personifizierung *f* персонифика́ция
Personifizierung von Kapital персонифика́ция капита́ла
persönlich, *I* ли́чный, индивидуа́льный, персона́льный
persönlich, *II* ли́чно
persönliche Verantwortung персона́льная отве́тственность
ein **persönliches Konto** ли́чный счет
persönliche Bürgschaft *f* ли́чная гара́нтия
persönliche Bürgschaft *f* гара́нтия, предоставляемая физи́ческим лицо́м
persönliches Eigentum *n* ли́чная со́бственность
persönliches Einkommen *n* ли́чный дохо́д
Persönlichkeitsrecht *n* ли́чное пра́во; пра́во ли́чности
Persönlichkeitsrechte *n pl* ли́чные права́ (в отли́чие от прав, обеспечиваемых со́бственностью)
perspektiv перспекти́вный
Perspektiv- (в сл.сл.) перспекти́вный
Perspektivbilanz *f* перспекти́вный бала́нс
Perspektive *f* перспекти́ва
perspektivisch перспекти́вный
Perspektivplan *m* перспекти́вный план
optimaler Perspektivplan оптима́льный перспекти́вный план
Perspektivplangruppe *f* гру́ппа перспективного плани́рования
Perspektivplanprojekt *n* прое́кт перспективного пла́на
Perspektivplanung *f* перспекти́вное плани́ро́вание
betriebliche Perspektivplanung заводско́е перспекти́вное планиро́вание, внутризаводско́е перспекти́вное планиро́вание
Perspektivplanunterlagen *pl* документа́ция перспективного пла́на
Perspektivplanzeitraum *m* перспекти́вный (пла́новый) перио́д
Perspektivplanziel *n* цель перспективного пла́на
Perspektivrechnung *f* перспекти́вный расчёт, прогности́ческий расчёт
Perspektivzeitraum *m* перспекти́вный (пла́новый) перио́д
PERT, Program Evaluation and Review Technique ме́тод оце́нки и обзо́ра програ́ммы, ПЕРТ
PERT/cost ПЭРТ-затра́ты, ПЭРТ-сто́имость
PERT-Kostenplanung *f* планиро́вание затра́т по ме́тоду ПЭРТ, ме́тод «ПЭРТ-затра́ты», ме́тод «ПЭРТ-сто́имость»
PERT-Methode *f* ме́тод ПЭРТ
PERT-Netzwerk *n* сетево́й гра́фик ПЭРТ
PERT-Planungs- und Kontrollsystem *n* систе́ма плани́рования и контро́ля ПЭРТ
PERT-Planungssystem *n* систе́ма плани́рования ПЭРТ
PERT-Zeitplanung *f* календа́рное планиро́вание по ме́тоду ПЭРТ
PERT-Zeitplanungsmethode *f* ме́тод календарного плани́рования ПЭРТ
Perzent *n австр.* проце́нт
perzentuell *австр.* проце́нтный; в проце́нтном отноше́нии
Perzipient *m* получа́тель
perzipieren *vt* получа́ть, инкасси́ровать *(де́ньги)*
Petrodollar *m* нефтедоллар
Petroleumaktie *f* а́кция нефтяно́й компа́нии
PF:
P.F., porto franco порто-фра́нко, порт беспо́шлинного ввоза и вы́воза
P.F., prix fixe твёрдая цена́, цена́ без запро́са
Pfand *n* зало́г, закла́д
als Pfand nehmen принима́ть в ка́честве зало́га, брать в ка́честве зало́га
ein Pfand verlängern перезакладывать
gegen Pfand под зало́г
zum Pfand geben оставля́ть в зало́г, дава́ть в ка́честве зало́га
zum Pfand geben предоставля́ть в зало́г
zum Pfand nehmen принима́ть в ка́честве зало́га, брать в ка́честве зало́га
pfandbar, pfändbar подлежа́щий наложению аре́ста, подлежа́щий запреще́нию, подлежа́щий конфиска́ции; могу́щий быть уде́ржанным *(напр., о за́работной пла́те)*
Pfandberichtigung *f* корректиро́вка пла́на
Pfandbesitzer *m* держа́тель зало́га
Pfandbrief *m* закладно́й лист
Pfandbriefanstalt *f* ипоте́чный банк (*или друго́е креди́тное учрежде́ние, предоставляющее ссу́ды под зало́г земли́)*
Pfandbriefgesetz *n* зако́н, регули́рующий вы́пуск закладных листо́в и облига́ций коммунального за́йма
Pfandbriefinstitut *n* ипоте́чный банк (*или друго́е креди́тное учрежде́ние, предоставляющее ссу́ды под зало́г земли́)*
Pfandbriefmarkt *m* ры́нок закладных листо́в
Pfandbruch *m* преднаме́ренное уничтоже́ние зало́га, преднаме́ренное ута́ивание зало́га
Pfandeffekten *pl* це́нные бума́ги *(находя́щиеся на хране́нии в ба́нке в ка́честве зало́га/обеспе́чения креди́та)*, ломбардные бума́ги
Pfandentstrickung *f* преднаме́ренное уничтоже́ние опи́санного иму́щества, преднаме́ренная прода́жа опи́санного иму́щества, преднаме́ренная прода́жа конфиско́ванного иму́щества, преднаме́ренная по́рча опи́санного иму́щества
Pfandgeber *m* залогода́тель
Pfandgeld *n* зада́ток; аванси́руемая су́мма
Pfandgeschäft *n* зало́говая опера́ция
Pfandgläubiger *m* кредито́р, дающий ссу́ду под зало́г, заимода́вец, дающий ссу́ду под зало́г, кредито́р по залогу
Pfandgut *n* зало́г, закла́д
Pfandhalter *m* залогодержа́тель
Pfandhaus *n* ломба́рд
Pfandhauszins *m* ломба́рдный проце́нт, проце́нт, взима́емый ломбардом
Pfandindossament *n* индоссаме́нт по залогу, зало́говый индоссаме́нт
fiduziarisches Pfandindossament фидуциарный зало́говый индоссаме́нт
offenes PfandIndossament откры́тый зало́говый индоссаме́нт
verstecktes Pfandindossament закры́тый зало́говый индоссаме́нт
Pfandindossatar *m* индоссат по залогу
Pfandleergut *n* зало́говая та́ра
Pfandleihanstalt *f* ломба́рд
Pfandleihe *f* вы́дача ссуд под зало́г; ломба́рд
Pfandnehmer *m* кредито́р, дающий ссу́ду под зало́г, заимода́вец, дающий ссу́ду под зало́г, кредито́р по залогу
Pfandpreis *m* зало́говая цена́
Pfandprolongation *f* перезаклад, перезалог, пролонга́ция зало́га
Pfandrecht *n* зало́говое пра́во, ипоте́чное пра́во

Pfandschein *m* ломбардная квитáнция, залóговая квитáнция; залóговое свидéтельство; закладнáя

Pfandschuldner *m* должни́к по залогу, должни́к, получи́вший залóговый креди́т

Pfändung *f* (судéбная) óпись имýщества должникá, наложéние арéста на имýщество должникá

Pfändung von Arbeitseinkommen удержáние чáсти трудовóго дохóда *(по постановлéнию судá)*

Pfändungs-und Oberweisungsbeschluß *m* решéние судá о наложéнии арéста на сýмму дóлга и перевóде её кредитóру

pfändungsfrei свобóдный от наложéния арéста; не подлежáщий судéбной óписи

Pfändungsklausel *f* определéние (судá) о наложéнии арéста на имýщество

Pfandverleiher *m* залогодáтель

Pfandverschreibung *f* залóговое свидéтельство

Pfandvertrag *m* залóговое обязáтельство, договóр о передáче залóгового правá на имýщество для обеспéчения трéбования кредитóра

Pfandverwertung *f* испóльзование залóга в целя́х удовлетворéния трéбований кредитóра

pfandweise в ви́де залóга, в кáчестве залóга

Pfandwert *m* залóговая стóимость

Pfd, Pfund (немéцкий) фунт *(= 500 г)*

Pfeildiagramm *n сет. пл.* сетевóй грáфик, в котóром рабóты обозначáются стрéлками

Pflege *f* уxóд; попечéние; забóта; попечи́тельство

Pflege ухóд, техни́ческое обслýживание; ремóнт; поддержáние в рабóчем состоя́нии

Pflege und Wartung ухóд, техни́ческое обслýживание

dezentrale Pflege децентрализóванное обслýживание

persönliche Pflege ли́чный ухóд *(за маши́ной, станкóм)*

vorbeugende Pflege предупреди́тельный ремóнт, профилакти́ческий ремóнт

Lagerpflege *f* ухóд за хранящéйся на склáде продýкцией

Lagerstättenpflege *f* охрáна недр

Pflegestation *f* пункт обслýживания

Pflegestation technische пункт техни́ческого обслýживания

Pflegevertrag *m* договóр о содержáнии жилóго помещéния в испрáвном состоя́нии

Pflegevertrag договóр об охрáне (государственной) сóбственности

Pflegevertrag договóр об ухóде за городски́ми террито́риями и зелёными насаждéниями *(мéжду городски́м коммунальным хозя́йством и грáжданами)*

Pflegevertrag договóр на техни́ческое обслýживание

Pflicht *f* долг, обязáтельство, обязáнность

Pflichtabgabe *f* обязáтельные постáвки сельскохозя́йственной продýкции госудáрству

Pflichtabgabe обязáтельный платёж

Pflichtablieferung *f* обязáтельные постáвки сельскохозя́йственной продýкции госудáрству

Pflichtablieferungsmenge *f* объём постáвок сельскохозя́йственной продýкции госудáрству

Pflichtbeitrag *m* обязáтельный взнос в фонд социáльного страховáния

Pflichtige *m* налогоплательщик *(потенциáльный)*

Pflichtlagerkredit *m* креди́т для финанси́рования товáрных запáсов

Pflichtleistungen *f, pl* обязáтельные платежи́ из фóнда социáльного страховáния *(мн.ч.)*

Pflichtlieferung *f* обязáтельная постáвка

Pflichtlieferungen *f, pl* обязáтельные постáвки *(мн.ч.)*

Pflichtprüfung обязáтельное испытáние (товáра) *(соглáсно услóвиям договóра)*; плáновая реви́зия; обязáтельная провéрка годовы́х балáнсов, нормати́вная провéрка годовы́х балáнсов

Pflichtreserve *f фин.* обязáтельный резéрв

Pflichtreserven *f, pl фин.* обязáтельные резéрвы *(мн.ч.)*

Pflichtsoll *n* обязáтельная нóрма, зáданная нóрма, установлéнная нóрма

Pflichtsortiment *n* принуди́тельный ассортимéнт; обязáтельный асортимéнт

Pflichtteil *m* обязáтельная дóля *(из наслéдственного имýщества)*

Pflichtteilsberechtigte *m юр.* лицó, имéющее прáво на обязáтельную дóлю наслéдства; непремéнный наслéдник

Pflichtversicherung *f* обязáтельное страховáние

Pfusch *m разг.* брак, недоброкáчественная продýкция

Pfuscharbeit *f разг.* плохáя рабóта, халтýра

Pfuschmakler *m разг.* кулисье *(неофициáльный биржевóй мáклер)*, «биржевóй зáяц»

PG, Papua-Neuguinea Пáпуа Нóвая Гвинéя

PGK, Kina, -- Papua-Neuguinea Ки́на (*код валю́ты* 598), -- Пáпуа-Нóвая Гвинéя

Pgt, Postgut почтóвый груз

PH, Philippinen Филлипины, *до 1978г. код* **PM**

Phase *f* фáза *(напр., циклов экономи́ческой акти́вности)*

analytische Phase аналити́ческая фáза *(в процéссе разрабóтки плáна)*

direktive Phase директи́вная фáза *(в процéссе разрабóтки плáна)*

konzeptionelle Phase фáза разрабóтки концéпции *(в процéссе разрабóтки плáна)*

theoretische Phase теорети́ческая стáдия разрабóтки концéпции *(в процéссе разрабóтки плáна)*

Phasenprodukt *n* промежýточный продýкт, «фáзовый» продýкт, промежýточный продýкт фазы произвóдства

Phasenwechsel *m* смéна фаз

Phillips-Kurve *f* «кривáя Фи́ллипса» *(в макроэкономических модéлях характеризýет в óбщей фóрме связь мéжду тéмпами инфля́ции и ýровнем безрабóтицы)*

PHP, Philippinischer Peso, -- Philippinen Филиппи́нское пéсо (*код валю́ты* 608), -- Филиппи́ны

PIC персонáльный идентификационный код, ПИК

Pilotanlage *f* пилотная установка, «полупромышленная» установка *(промежýточное звенó мéжду лабораторным испытáнием и произвóдством)*, óпытная установка

Pilotprojekt *n* «полупромышленное» проекти́рование; «полупромышленный» проéкт

Pilotstudie *f* предвари́тельное исслéдование *(для определéния направлéния дальнéйших рабóт)*

Pilotvorhaben *n* прóбный проéкт, óпытный проéкт, эксперимéнтальный проéкт

PIN персонáльный код пóльзователя; персонáльный идентификационный нóмер; парóль для дóступа к систéме

PIN-Code, Personal Identification Number *(eng.)* ПИН-код, **PIN**-код (анáлог цифровóй пóдписи клиéнта, необходи́мый для проведéния операций в сети́ банкомáтов, а тáкже в ПОС-терминалах, оборудованных специáльными устрóйствами ввóда ПИН-кóда)

Pioniere *m, pl* **von Rochdale** Рочдéйлские пионéры *(зачинáтели кооперати́вного движéния в Áнглии)*

Pionierinvestitionen *f, pl* затрáты на нáучно-исслéдовательские и опытно-конструкторские рабóты, расхóды

на научно-исследовательские и опытно-конструкторские работы, расходы на НИОКР
Pionierinvestitionen затраты на экономическое освоение новых районов, расходы на экономическое освоение новых районов
Pipeline *f англ.* трубопровод
Piraterie *f* пиратство; нелегальное производство (напр. аудио-, видео-, компьютерной продукции)
PK:
PK, Pakistan Пакистан
PK, Preiskontrolle контроль над ценами
PK, Privatkonzession частная концессия
pkg., package(s) места *(при транспортировке)*
PKM, Projektierungs-, Konstruktions- und Montagebüro проектно-конструкторское и монтажное бюро
PKR, Pakistanische Rupie, -- Pakistan Пакистанская рупия (*код валюты* 586), -- Пакистан
PKV, Privatkrankenversicherung частное страхование на случай болезни
PKW, Personenkraftwagen легковой автомобиль
PL:
PL, Polen Польша
P/L, partial loss *страх.* частичный убыток
P.&L., profit and loss прибыль и убыток
Pl., Preisliste прейскурант
Placierung *f* размещение *(напр., ценных бумаг)*; место помещения рекламы
Placierung der Anleihe размещение займа
Placierungsvorschrift *f* указание рекламодателя относительно места помещения рекламы
Plafond *m* потолок *(максимальный размер, напр., кредита, предельный уровень, напр. цен)*
Plafondbesteuerung *f* максимальное налогообложение
Plakattafel *f* рекламный щит
Plan *m* план; график
Plan der Aufgaben der Neuerer план работ новаторов производства
Plan der Aufnahme neuer Erzeugnisse план освоения новых видов продукции
Plan der Einnahmen план по доходам
Plan der Erweiterung der Grundfonds план расширения основных фондов
Plan der Forschungs- und Entwicklungsarbeiten план научно-исследовательских и опытно-конструкторских работ
Plan der Positionen план позиций *(государственного бюджета)*, план статей *(государственного бюджета)*, номенклатура позиций *(государственного бюджета)*, номенклатура статей *(государственного бюджета)*
Plan des Belegdurchlaufs график движения бухгалтерских документов
anspruchsvoller Plan напряжённый план
bilanzierter Plan сбалансированный план
detaillierter Plan детализированный план
Grüner Plan Зелёный план *(одна из форм государственно-монополистического регулирования сельского хозяйства в развитых капиталистических странах Западной Европы)*
laufender Plan текущий план
zusammenfassender Plan сводный план
Plan-Ist-Abrechnung *f* сопоставление плановых заданий с фактическими показателями *(выполнения плана)*
Plan-Ist-Gegenüberstellung *f* сопоставление плановых заданий с фактическими показателями *(выполнения плана)*
Plan-Ist-Kostenrechnung *f* анализ затрат на основе сопоставления фактических и плановых данных; учёт затрат по отклонениям
Plan-Ist-Vergleich *m* сравнение фактических показателей с планом
Planablauf *m* ход выполнения плана
Planabrechnung *f* анализ выполнения плана, *(статистический)* контроль за ходом выполнения плана
Planabschnitt *m* раздел плана
Planabstimmung *f* координация планов, координация отдельных разделов плана, согласование планов, согласование отдельных разделов плана
internationale Planabstimmung международная координация планов
Planabweichung *f* нарушение плана, отклонение от плана
Planänderung *f* изменение плана, корректировка плана
Planangebot *n* предложение, заявка в план; предложения по разработке плана, передаваемые на рассмотрение вышестоящим планирующим органам
Planansatz *m* концепция плана
Planarbeit *f* плановая работа
Planaufbau *m* структура плана
Planaufgabe *f* плановое задание
staatliche Planaufgabe государственное плановое задание
Planauflage *f* плановое задание, план, заказ
verbindliche Planauflage обязательное плановое задание
Planaufschlüsselung *f* расшифровка плана; разбивка плана *(по исполнителям, по продукции)*
Planaufschlüsselung und -abrechnung *f* распределение плановых заданий между подразделениями
Planaufstellung *f* составление плана; составление проекта плана
Planausarbeitung *f* разработка плана
planbar поддающийся планированию
planbedingt плановый, обусловленный планом
Planberechnung *f* расчёт плана
Planbericht *m* отчёт о выполнении плана
Planberichtigung *f* корректировка плана
Planbestand *m* плановые производственные запасы
Planbestände *m pl* плановые запасы, нормативные запасы
Planbestätigung *f* утверждение плана
Planbilanz *f* плановый баланс
Plandirektiven *f, pl* директивы плана
Plandiskussion *f соц.* широкое обсуждение перспективных и годовых планов народного хозяйства в процессе их разработки
Plandisziplin *f* плановая дисциплина
Plandurchführung *f* исполнение плана, осуществление плана, выполнение плана, реализация плана
planen *vt* планировать, запланировать; намечать
Planentscheidungen *f pl* решения, принимаемые в области планирования
langfristige Planentscheidungen решения, принимаемые в области перспективного планирования
operative Planentscheidungen решения оперативного планирования, решения текущего планирования
Planentwurf *m* проект плана
Planer *m* плановик, плановый работник
Planerarbeitung *f* разработка плана
Planerfüllung *f* выполнение плана, реализация плана
Planerfüllung nach dem Sortiment выполнение плана по ассортименту
mengenmäßige Planerfüllung выполнение количественных показателей плана
sortimentsgerechte Planerfüllung выполнение плана по ассортименту
vorfristige Planerfüllung досрочное выполнение плана
Planerfüllungsprognose *f* прогноз выполнения плана

Planfehler *m* оши́бка в пла́не

planfrei не свя́занный с пла́ном, не запланúрованный

plangemäß планоме́рный; пла́новый; согла́сно пла́ну, по пла́ну; в пла́новом поря́дке

plangerecht соотве́тствующий пла́ну, отвеча́ющий плановым намёткам

Plangewinn *m* пла́новая при́быль

Planification *f фр.* «планификация» *(те́рмин, испо́льзуемый для характери́стики индикативного планúрования)*

Planjahr *n* пла́новый год; *стат.* отчётный год

Planjahrfünft *n* пятиле́тка, пятиле́тний план

Plankalkulation *f* пла́новая калькуля́ция

Plankennziffer *f* пла́новый показа́тель
staatliche Plankennziffer госуда́рственный пла́новый показа́тель
verbindliche Plankennziffer директи́вный пла́новый показа́тель

Plankommission *f* пла́новая комисси́я

Plankonkretisierung *f* конкретиза́ция пла́на

Plankontinuität *f* непреры́вность проце́сса планúрования

Plankontrolle *f* контро́ль за хо́дом выполне́ния пла́на

Plankoordinierung *f* координа́ция пла́нов, координа́ция отде́льных разде́лов пла́на, согласова́ние пла́нов, согласова́ние отде́льных разде́лов пла́на
volkswirtschaftliche Plankoordinierung координа́ция народнохозя́йственного пла́на

Plankorrektur *f* измене́ние пла́на, корректиро́вка пла́на

Plankosten *pl* пла́новые затра́ты, пла́новые расхо́ды

Plankostenrechnung *f* расчёт пла́новых затра́т, пла́новая сме́та *(расхо́дов)*

Plankredit *m* пла́новая ссу́да, пла́новый креди́т

Planlauf *m* ход выполне́ния пла́на
internationaler Planlauf междунаро́дная координа́ция пла́нов, междунаро́дное согласова́ние пла́нов

Planlohnfonds *m* пла́новый фонд за́работной пла́ты

Planlosigkeit *f* беспла́новость

planmäßig планоме́рный; пла́новый, предусмо́тренный пла́ном; планомерно

Planmäßigkeit *f* планомерность, плановость

Planmethodik *f* мето́дика планúрования

planmethodisch относя́щийся к мето́дике составле́ния пла́на

Planmethodologie *f* методоло́гия планúрования

Planneuberechnung *f* повто́рный расчёт пла́новых показа́телей

Plannorm *f* пла́новая но́рма

Plannormativ *n* пла́новый нормати́в

Plannormerfüllung *f* выполне́ние пла́новых норм

Plannormfestlegung *f* установле́ние пла́новых норм

Plannormübererfüllung *f* перевыполне́ние пла́новых норм

Planometrie *f* планометрия

Planoptimierung *f* оптимиза́ция пла́на

Planperiode *f* пла́новый перио́д

Planposition *f* пози́ция пла́на, статья́ пла́на; пози́ция номенклату́ры проду́кции, пози́ция номенклату́ры услу́г

Planpräzisierung *f* уточне́ние пла́на

Planpreis *m* пла́новая цена́

Planproduktion *f* пла́новая проду́кция

Planprojekt *n* прое́кт пла́на, намётки пла́на

Planrealisierung *f* выполне́ние пла́на, реализа́ция пла́на

Planrücklauf *m*, отстава́ние от пла́на

Planrückstand *m* отстава́ние в выполне́нии пла́на, невыполне́ние пла́на, невыполне́ние пла́новых зада́ний

Planrunde *f сет. пл.* опера́ция планúрования
erste Planrunde пе́рвая *(вычисли́тельная)* опера́ция планúрования
korrigierende Planrunde опера́ция корректиро́вки пла́на

Planselbstkosten *pl* пла́новая себесто́имость

Plansoll *n* пла́новое зада́ние, план, зака́з

Plansortiment *n* пла́новый ассортиме́нт, запланúрованный ассортиме́нт

Planspiel *n* ме́тод реше́ния произво́дственно-экономи́ческих пробле́м с по́мощью моде́лей

Planstelle *f* шта́тная едини́ца, шта́тная до́лжность
freie Planstelle вака́нтная шта́тная до́лжность; вака́нтная до́лжность

Planstellen *f, pl* шта́ты *(мн.ч.)*

Plantafeln *f, pl* табли́цы с передвижными нагля́дными сре́дствами, иллюстрирующими ход выполне́ния пла́на

Planteil *m* разде́л пла́на

Plantreue *f* соблюде́ние пла́на

Planüberbietung *f* перевыполне́ние пла́на

Planübererfüllung *f* перевыполне́ние пла́на

Planung *f* планúрование; проектúрование
Planung der Arbeit планúрование труда́
Planung der Arbeitskräfte планúрование трудовы́х ресу́рсов, планúрование рабо́чей си́лы
Planung der materialtechnischen Versorgung планúрование материа́льно-техни́ческого снабже́ния
Planung der Preise планúрование цен
Planung der Transportleistung планúрование тра́нспортных перево́зок
Planung der Valuta планúрование валю́тной вы́ручки
Planung der Volkswirtschaft планúрование наро́дного хозя́йства, народнохозяйственное планúрование
Planung des Arbeitslohnes планúрование за́работной пла́ты
Planung des Kredits креди́тное планúрование
Planung des Staatshaushalts планúрование госуда́рственного бюдже́та, бюдже́тное планúрование
Planung des Warenumsatzes планúрование товарооборота
auftraggebundene Planung позаказное планúрование
leistungsabhängige Planung des Lohnfonds планúрование фо́нда за́работной пла́ты в зави́симости от результа́тов рабо́ты *(предприя́тия)*
eigenverantwortliche Planung со́бственное планúрование, планúрование, осуществля́емое сами́м предприя́тием
erzeugnisgebundene Planung поиздельное планúрование
gemeinsame Planung совме́стное планúрование; о́бщее планúрование
gleitende Planung скользя́щее планúрование
innerbetriebliche Planung внутризаводско́е планúрование, произво́дственное планúрование
komplexterritoriale Planung комплексно-территориа́льное планúрование
komplexe Planung ко́мплексное планúрование
kontinuierliche Planung скользя́щее планúрование
langfristige Planung долгосро́чное планúрование
mittelfristige Planung среднесрочное планúрование
objektgebundene Planung пообъектное планúрование
operative Planung операти́вное планúрование, теку́щее планúрование
optimale Planung оптима́льное планúрование
permanente Planung непреры́вное планúрование
perspektivische Planung перспекти́вное планúрование

sozialökonomische Planung социально-экономическое планирование
strukturkonkrete Planung структурное планирование
tagfertige Planung составление производственных планов на каждый день
tagfertige Planung территориальное планирование
volkswirtschaftliche Planung планирование народного хозяйства, народнохозяйственное планирование
zentrale Planung центральное планирование
zentrale staatliche Planung централизованное государственное планирование

Planungs-und Bilanzreserven *f, pl* планово-балансовые резервы

Planungsablauf *m* плановый процесс, ход реализации плана; процесс разработки плана

Planungsabteilung *f* плановый отдел, планово-экономический отдел

Planungsebene *f* уровень планирования

Planungseinheit *f* единица планирования, плановая единица

Planungsfehler *m* ошибка в планировании

Planungsfirma *f* проектная фирма

Planungsgegenstand *m* объект планирования, предмет планирования

Planungshorizont *m* период планирования, горизонт планирования

Planungskennziffer *f* нормативные показатели, используемые при составлении плана

Planungsmappe *f* досье дирекции предприятия *(с материалами для постоянного контроля за ходом выполнения плана)*

Planungsmaßnahme *f* мероприятие в области планирования

Planungsmechanismus *m* механизм планирования

Planungsmethode *f* метод планирования

planungsmethodisch относящийся к методике планирования

Planungsnormativ *n* плановый норматив

Planungsordnung *f* порядок планирования

Planungsorgan *n* планирующий орган, плановый орган

Planungsorganisatlon *f* организация планирования

Planungsprinzip *n* принцип планирования

Planungsspanne *f* запланированный разрыв между ценами *(напр., между оптовыми и розничными)*

Planungsstufe *f* стадия планового процесса, ступень разработки плана

Planungssystem *n* система планирования

Planungstätigkeit *f* деятельность в области планирования, планирование

planungstechnisdi связанный с техникой планирования

Planungstheorie *f* теория планирования

Planungsvoranschlag *m* проектная смета

Planungszeitraum *m* плановый период

Planuntererfüllung *f* недовыполнение плана, отставание в выполнении плана; невыполнение плана

Planunterschreitung *f* недовыполнение плана, отставание в выполнении плана

Planvariante *f* вариант плана

Planverflechtungsbilanz *f* плановый межотраслевой баланс

Planvergleich *m* сравнение с планом

Planverletzung *f* нарушение плановой дисциплины

Planverlust *m* убытки вследствие невыполнения плана, плановые убытки

Planverrechnungsverfahren *n* форма расчётов, основанная на периодическом списании согласованных сумм

Planverstoß *m* нарушение плановой дисциплины

Planverteidigung *f* обоснование плана

Planvorgabe *f* плановое задание

Planvorjahr *n* прошлый плановый год, прошедший плановый год

Planvorlauf *m* опережение плана, досрочное выполнение плана; перевыполнение плана

Planvorschlag *m* проект плана; предложение по плану

Planvorsprung *m* опережение плана, досрочное выполнение плана; перевыполнение плана

Planwerte *m, pl* плановые данные

planwidrig противоречащий плану

Planwirtschaft *f* плановое хозяйство, плановая экономика

Planwirtschaftler *m* экономист-плановик

Planzahlen *f, pl* плановые цифры, плановые показатели

Planzeitraum *m* плановый период, планируемый период

Planziel *n* плановое задание

Planziffem *f, pl* плановые цифры, плановые показатели

Platte *f* диск, дискета
Platte плата *(напр., для монтажных схем)*

Plattenbetriebssystem *n вчт.* дисковая операционная система, ДОС

Platzagent *m* местный торговый агент иногородней фирмы

Platzangebot *n стат.* пассажировместимость

Platzanweisung *f* одногородний денежный перевод

Platzgeld *n* сборы за хранение грузов непосредственно на территории железнодорожной станции

Platzgeschäft *n* сделка на продажу импортного товара, заключаемая и реализуемая по месту нахождения покупателя

Platzgroßhändler *m, pl* оптовые торговые предприятия, не ведущие иногородней торговли

Platzkapazität *f* количество посадочных мест *(в предприятиях общественного питания)*

Platzkostenrechnung *f (детализированный)* учёт затрат по отдельным рабочим местам

Platzmontage *f* монтаж на месте установки

Platzscheck *m* одногородний чек, местный чек *(чек, у которого место выставления совпадает с местом платежа)*

Platzspesen *pl* надбавки за инкассирование векселей в небольших и отдалённых пунктах

Platztratte *f* одногородний переводный вексель, одногородняя тратта

Platzübertragungen *f, pl* одногородние перечисления

Platzverbrauch *m* местное потребление

Platzvertreter *m* местный представитель иногородней фирмы

Platzvorräte *m, pl* местные запасы

Plausibilitätskontrolle *f* контроль достоверности (математическими методами налоговых расчётов и поступлений)

Pleite *f* банкротство, крах

pleite gehen *vi* разориться; обанкротиться

PLN, Zloty, -- Polen Злотый (*код валюты* 985), -- Польша

Plotter *m* графопостроитель *(периферийное графическое устройство ЭВМ)*

Pluralismus *m* плюрализм

pluralistisch плюралистический

Plus *n* (знак) плюс; излишек; плюс, преимущество

Plusbetrag *m* сумма излишка

Plusmacherei *f* извлечение прибыли; обогащение; стяжательство

Plussaldo *m* положительное сальдо, активное сальдо

PLZ:

PLZ, Polish zloty по́льский зло́тый
PLZ, Postleitzahl *f* почто́вый инде́кс; почто́вый код
pm:
Pm, Produktionsmittel сре́дства произво́дства
pm., premium лаж; *(страхова́я)* пре́мия
p.m., pro mille проми́лле, ты́сячная до́ля, %
pm, promesse промесса
Pma *(Abk.)*, **prima** первокла́ссный, первосо́ртный, вы́сшего ка́чества, вы́сшего сорта́
P/N, promissory note просто́й ве́ксель, прямо́й ве́ксель, со́ло-ве́ксель
P.O., Postal Order почто́вый перево́д
POD:
P.O.D., pay on delivery нало́женный платёж; нало́женным платежо́м
P.o.D., pay on delivery подлежа́щий опла́те по поста́вке
Point *m бирж.* пункт *(напр., в котировках а́кций мо́жет быть измене́ние цены́ на 1 до́ллар)*
Police *f* (страхово́й) по́лис, страхово́е свиде́тельство
beitragsfreie Police *f страх.* по́лис с оплаченной пре́мией
benannte Police *страх.* именно́й по́лис
gemischte Police *страх.* сме́шанный по́лис
laufende Police *страх.* откры́тый по́лис, *страх.* генера́льный по́лис
nicht taxierte Police *страх.* откры́тый по́лис, *страх.* генера́льный по́лис
offene Police *страх.* откры́тый по́лис, *страх.* генера́льный по́лис
prämienfreie Police *f страх.* по́лис, свобо́дный от упла́ты пре́мии
eine Police ausfertigen *страх.* вы́дать по́лис
Policedarlehen *n* ссу́да под (страхово́й) по́лис, ссу́да в счёт (страхово́го) по́лиса
Policedarlehen *n* ссу́да под страхово́й по́лис
Policehalter *m* владе́лец (страхово́го) по́лиса, держа́тель (страхово́го) по́лиса
Policehalter *m* владе́лец страхово́го по́лиса
Policeinhaber *m* владе́лец (страхово́го) по́лиса, держа́тель (страхово́го) по́лиса
Politik *f* поли́тика
Politik der Beibehaltung des Lohnniveaus поли́тика замора́живания за́работной пла́ты
Politik des Haushaltsdefizits поли́тика бюдже́тного дефици́та
Politik des Lohnstopps поли́тика замора́живания за́работной пла́ты
Politik des roll back поли́тика отбрасывания
abgewirtschaftete Politik изжившая себя́ поли́тика
abgewirtschaftete Politik захва́тническая поли́тика, агресси́вная поли́тика
deflationistische Politik дефляцио-ни́стская поли́тика
monetäre Politik монетарная поли́тика
monetäre Politik экономи́ческая поли́тика
monetäre Politik ограничи́тельная поли́тика
Polyfirmierung *f* сло́жное наименова́ние фирм, многоступенчатое наименова́ние фирм
Polypol *n* полиполия *(ры́ночная ситуа́ция, при которо́й существу́ет ограни́ченное число́ кру́пных продавцо́в, обеспе́чивающее возмо́жности координа́ции их де́йствий)*
Pon, Pön *f* пе́ня, штраф за просрочку; неусто́йка
Pönale *n* пе́ня, штраф за просрочку; неусто́йка
POO, post-office order *(де́нежный)* перево́д по по́чте, почто́вый *(де́нежный)* перево́д
Pool *m англ.* пул *(объедине́ние предпринима́телей, ста́вящее свое́й це́лью, напр. регули́рование цен)*; объедине́ние ресу́рсов; сли́яние това́рных скла́дов
Poolabkommen *n* соглаше́ние о созда́нии пула
Population *f* населе́ние
Populationstheorie *f* тео́рия народонаселе́ния
P.O.R., payable on receipt *(eng.)* подлежа́щий опла́те по получе́нии
Port-Konnossement *n* порто́вый коносаме́нт
Portal *n (комп.)* порта́л
portativ портати́вный, малообъёмный
Portefeuille *n* портфе́ль *(напр., а́кций и́ли це́нных бума́г)*
Portfolio *n* портфе́ль *(напр., це́нных бума́г)*
Portfolio-Analyse *f* ана́лиз портфе́ля (напр. це́нных бума́г, инвестиционного)
Portfolio-Hypothek *f* портфельная ипоте́ка
Portfolio-Investitionen *f pl* портфельные инвести́ции *(не обеспечивающие контро́ля над компа́нией)*
Porto *n* порто, почто́вый сбор; почто́вые расхо́ды
porto franco *ит.* порто-фра́нко, порт беспо́шлинного ввоза и вы́воза
portofrei без почто́вого сбо́ра
Portokosten *pl* почто́вые расхо́ды
portopflichtig подлежа́щий опла́те почто́вым сбо́ром
Portosatz *m* франки́рование *(предвари́тельная опла́та почто́вых сбо́ров)*
POS:
POS, point of sale (eng.) термина́л для произво́дства платеже́й в ме́сте соверше́ния поку́пки
POS-Terminal *m* термина́л для произво́дства платеже́й в ме́сте соверше́ния поку́пки
Pos., Position статья́ *(напр., бюдже́та)*; пози́ция *(напр., това́рная)*
Position *f* пози́ция, расположе́ние; положе́ние, местоположе́ние; пост, до́лжность; служе́бное положе́ние; статья́ *(напр., бюдже́та)*; пози́ция *(напр., това́рная)*, статья́ *(напр., и́мпорта)*, *см. та́кже* ***Posten***
ausgabenseitige Position статья́ расхо́да, расхо́дная статья́
einnahmenseitige Position статья́ прихо́да, приходная статья́
führende Position ключева́я пози́ция
Position durchhalten вы́держать срок; уложи́ться в срок
Position halten вы́держать срок; уложи́ться в срок
Positionierung *f* подведе́ние в пози́цию *(графу́)*
Positionierung *вчт.* позициони́рование, *(автомати́ческая)* устано́вка в за́данном положе́нии
Positionsstichprobe *f стат.* упоря́доченная вы́борка
Positivliste *f* спи́сок ремёсел, допу́щенных ремесленным уста́вом, пе́речень ремёсел, допу́щенных ремесленным уста́вом
Positivwirkung *f* де́йствие при́нципа гла́сности торго́вого рее́стра
Post *f* по́чта; почто́вое отделе́ние; почта́мт; по́чта, пи́сьма́, корреспонде́нция
mit getrennter Post с отде́льной по́чтой
mit gleicher Post с той же по́чтой, неме́дленно, той же по́чтой
mit umgehender Post обра́тной по́чтой
Post- und Fernmeldegebühren *f, pl* почто́вые сбо́ры и сбо́ры телесвя́зи *(телефо́на, телеграфа, ра́дио)*
Postamt *n* почта́мт; почто́вое отделе́ние
stummes Postamt почто́вое отделе́ние, рабо́тающее по ме́тоду самообслу́живания; по́чта-автома́т
Postanweisung *f* почто́вый *(де́нежный)* перево́д, *(де́нежный)* перево́д по по́чте
Postauftrag *m* инкассовое поруче́ние по́чте *(напр., по инкасси́рованию)*
Postauftrag zur Geldeinziehung поруче́ние по́чте на получе́ние де́нег, поруче́ние по́чте на инкасси́рование де́нег

Postauftragsabkommen *n* соглашéние относи́тельно расчётов по обязáтельствам через пóчту
postdatieren *vt* помечáть пóздним числóм
Postdienstleistungsgebühr *f* плáта за услу́ги почтóвой связи́
Postdienstleistungstarif *m* тари́ф на оплáту услу́г почтóвой связи́
Posten *m* пáртия товáра
einen Posten absetzen продáть пáртию товáра
einen Posten abstossen сбыть пáртию товáра; (разг.) сбрóсить пáртию товáра
Posten *m* пост, дóлжность; служéбное положéние
Posten пáртия товáра
Posten статья́ *(напр., бюджéта)*
Posten пози́ция *(напр., товáрная)*
Posten статья́ *(напр., и́мпорта)*
Posten *стат.* контрóльная пáртия издéлий, *см. тáкже* ***Position***
Posten *m, pl бухг.* статьи́ балáнса
Posten auf der Aktivseite статья́ акти́ва
Posten auf der Passivseite статья́ пасси́ва
Posten der Rechnungsabgrenzung расхóды бу́дущих лет
Posten die der Rechnungsabgrenzung dienen статьи́, разграни́чивающие учёт поступлéний и затрáт мéжду смéжными отчётными перúодами
antizipative Posten *бухг.*: антиципи́рованные статьи́ балáнса
debitorischer Posten дебитóрская статья́
laufende Posten der Zahlungsbilanz теку́щий платёжный балáнс
durchlaufende Posten переходя́щие су́ммы
schwebende Posten неиспóльзованные смéтные ассигновáния
transitorische Posten переходя́щие статьи́ балáнса
ungedeckter Posten непокры́тая статья́
postenweise по статья́м *(напр. бухучёта)*
postenweise пáртиями, частя́ми
postfrei не облагáемый почтóвым сбóром
Postfreistempelmaschine *f* маркировáльная маши́на почтóвого отделéния
Postfreistempler *m* клиéнт пóчты, пóльзующийся маркировáльной маши́ной; маркировáльная маши́на почтóвого отделéния
Postgebühr *f* почтóвый сбор, порто
Postgiro *n* перевóд сумм с одногó почтóвого счетá на другóй; безнали́чный перевóд дéнег мéжду двумя́ почтóвыми счетáми
Postgut *n* почтóвое отправлéние *(напр., бандерóль, посы́лка)*
postindustrial society *англ.* постиндустриáльное óбщество
Postkartenscheck *m* расчётный чек в фóрме почтóвой откры́тки
Postkassenvorgang *m* почтово-кáссовая операция
postlagernd до востребования
Postlaufkredit *m* почтóвый креди́т *(взаи́мное предоставлéние теку́щих креди́тов для осуществлéния дéнежных операций/перевóдов по пóчте)*
Postmietverpackung *f* почтóвые упакóвочные срéдства, предоставля́емые напрокáт *(напр., корóбки, небольши́е я́щики)*
Postmonopol *n* госудáрственная монопóлия на осуществлéние почтóвых операций, почтóвая регáлия
postnumerando *лат.* с послéдующим платежóм; оплáчиваемый по выполнéнии закáза, оплáчиваемый по выполнéнии поручéния
postnumerando Verzinsung *f* уплáта процéнтов по истечéнии срóка
Postnumeration *f* послéдующая оплáта, оплáта по выполнéнии закáза, оплáта по выполнéнии поручéния
postnumerendo су́ммы, уплáчиваемые по истечéнии срóка
Postporto *n* почтóвые сбóры
Postprotest *m* протéст вексéля, осуществля́емый с пóмощью почтóвых отправлéний, протéст вексéля через пóчту, протéст чекá через пóчту
Postprotestauftrag *m* поручéние пóчте на протéст вексéля, поручéние пóчте на протéст чекá
Postregal *n* госудáрственная монопóлия на осуществлéние почтóвых операций, почтóвая регáлия
Postreisescheckheft *n* туристи́ческая почтово-чéковая кни́жка
Postscheck *m* почтóвый чек, *(дéнежный)* чек, оплáчиваемый в почтóвом отделéнии; *(дéнежный)* чек, предъявля́емый к оплáте в почтóвом отделéнии, чек по теку́щему счёту при почтóвом отделéнии
Postscheckdienst *m* оборóт по чековым текущим счетáм при почтóвом отделéнии
Postscheckkonto *n* чéковый теку́щий счёт при почтóвом отделéнии
Postscheckkontoinhaber *m* владéлец теку́щего счёта при почтóвом отделéнии
Postschecküberweisung *f* почтово-чéковый перевóд
Postscheckverkehr *m* оборóт по чековым текущим счетáм при почтóвом отделéнии
Postschließfach *n* абонемéнтный почтóвый я́щик
Postskriptum *n*, **PS** постскри́птум, припи́ска к письму́
Postsparbuch *n* почтово-сберегáтельная кни́жка
Postsparkasse *f* почтóвая сберегáтельная кáсса
Postsparkonto *n* почтово-сберегáтельный счёт
Postüberweisung *f* почтóвый перевóд; перечислéние с чекового теку́щего счёта
Postverkehr *m* почтóвая связь, почтóвое обслу́живание
Postverrechnungsverkehr *m* почтóвые расчётные операции
postwendend с обрáтной пóчтой
Postwerbung *f* реклáма с испóльзованием средств почтóвой, телефóнной и телеграфной связи́
Postwertzeichen *n* знак почтóвой оплáты, почтóвая мáрка
Postwurfdrucksachen *f, pl* реклáмные материáлы, рассылаемые по пóчте *(различного родá печáтные издáния, товáрные образцы́)*
Postwurfsendungen *f, pl* реклáмные материáлы, рассылаемые по пóчте *(различного родá печáтные издáния, товáрные образцы́)*
Postzahlungsverkehr *m* почтóвый платёжный оборóт, платёжный оборóт по почтóвым операциям
Postzollabfertigung *f* тамóженная очи́стка почтóвого гру́за
Postzollordnung *f* прáвила тамóженных операций для почтóвых учреждéний
Postzwang *m* обязáтельность пóльзования услу́гами почтóвых учреждéний для пересы́лки определённых ви́дов отправлéний
Potenzial *n* потенциáл
rüstungswirtschaftliches Potenzial воéнно-экономи́ческий потенциáл
wissenschaftlichtechnisches Potenzial нау́чно-техни́ческий потенциáл
Potentialmethode *f сет. пл., мат.* мéтод потенциáлов
potentiell потенциáльный, возмóжный
potentielle Kunden *m, pl* потенциáльные покупáтели *(мн.ч.)*
PP:
P.P., picked port установленный *(договóром морскóй перевóзки)* порт
P.P., postage paid пересы́лка по пóчте оплáчена, почтóвые расхóды оплáчены
P.P., Privatpackung сóбственная упакóвка *(в противополóжность фабрич-*

ной или оригинальной)
p.p., per procura по довéренности
p.p., post paid почтóвые сбóры оплáчены
ppd, prepaid оплáченный вперёд
ppt., prompt немéдленно, промпт
PR:
PR, public relations *(eng.)*, **Betriebsgestaltung** *f* связь сширóкой пýбликой, связь с общéственными организáциями и населéнием; *(внéшняя)* информáция и реклáма; связи фи́рмы с общéственностью; паблик-релейшнз
Pr.RV Preise-Rechnungsvorschrift предписáние о калькуля́ции цен
Pr.V Privatversicherung ли́чное страховáние
PR-Massnahmen *pl* мероприя́тия по паблик-релейшнз; мероприя́тия по расширéнию свя́зей с общéственностью
PR-Spezialist *m*, *(eng.)*: **public relations** специали́ст по свя́зям с общéственностью; специали́ст в óбласти паблик-релейшнз
Pr.A., Prioritätsaktie привилегирóванная áкция
Präferenz *f* предпочтéние, преимýщество; льгóта; преферéнция; предпочтéние, приоритéт
Präferenz genießen пóльзоваться преференцией, пóльзоваться льготой
Präferenzenaggregation *f* агреги́рование предпочтений, сумми́рование предпочтений, определéние сýммы рáнгов
Präferenzfaktor *m* фáктор предпочтéния
Präferenzfunktion *f* фýнкция предпочтéния
Präferenzordnung *f* ранжи́рование предпочтений *(в микроэкономической теóрии - формировáние целевóй фýнкции потреби́теля)*
Präferenzpreis *m* льгóтная ценá
Präferenzspanne *f* рáзница мéжду преференциальной пóшлиной и пóшлиной, которóй облагаются товáры стран, не пóльзующихся таможенными льгóтами
Präferenzsystem *n* систéма преференций; систéма преференциальных пóшлин, систéма предпочтительных пóшлин
Präferenztarif *m* льгóтный тари́ф, преференциáльный тари́ф
Präferenzzoll *m* профорсıщиáльная пóшлина, предпочтительная пóшлина
Präferenzzollsystem *n* систéма преференций; систéма преференциальных пóшлин, систéма предпочтительных пóшлин
Präge *f* монéтный двор
Prägeanstalt *f* монéтный двор
Prägegebühr *f* сбор за чекáнку золоты́х монéт
prägen *vt* чекáнить монéты
Prägerecht *n* прáво чекáнки монéт
Prägeschatz *m* сбор за чекáнку золоты́х монéт
Pragmatik *f* прагмáтика
Prahm *m* бáржá
Präklusivfrist *f юр.* преклюазивный срок
Praktikum *n* прáктика
Praktizismus *m* практици́зм; деля́чество
Präliminarien *pl* предвари́тельные переговóры
Präliminarverhandlungen *f, pl* предвари́тельные переговóры
Prämie *f* прéмия, нагрáда; страховáя прéмия, страховóй взнос
auf Prämie verkaufen продавáть под прéмию
Prämienakkordlohn *m* премиально-аккóрдная зáработная плáта
Prämienanleihe *f* вы́игрышный заём, лотерéйный заём
Prämienanteil *m* дóля дохóдов, отчисляемая в премиáльный фонд; дóля при́былли, отчисляемая в премиáльный фонд
Prämienanzahlung *f* пéрвый взнос при заключéнии договóра страховáния
Prämiendepot *n* фонд прéмий; *страх.* депó прéмий
Prämieneinlage *f* вы́игрышный вклад
Prämieneinsatzbetrag *m* сýмма премиальной стáвки
Prämienentlohnung *f* премиáльная оплáта трудá, премиáльная систéма оплáты трудá
Prämienentzug *m* лишéние прéмии
Prämienerklärungstag *m* день объявлéния прéмий *(в срóчной сдéлке зарáнее зафиксированная дáта, когдá контрагéнт откáзывается от сдéлки и́ли зáново определя́ет её услóвия и объём)*
Prämienfonds *m* фонд материáльного поощрéния, премиáльный фонд
Prämienfondszuführung *f* отчислéние в фонд материáльного поощрéния
Prämiengelder *n, pl* премиальные
Prämiengeschäft *n* срóчная сдéлка с вы́платой прéмии, срóчная сдéлка с прéмией, сдéлка на срок с прéмией
Prämieninkasso *n* инкáссо прéмий
Prämienkauf *m* покýпка под прéмию
Prämienkennziffern *f pl* показáтели премирования, произвóдственные показáтели, выполнéние котóрых даёт прáво на получéние прéмии
Prämienleistungslohn *m* сдéльно-премиáльная зáработная плáта, сдéльно-премиáльная систéма зáработной плáты, сдéльно-премиáльная оплáта трудá
Prämienlohn *m* премиáльная оплáта трудá
Prämienlohnsystem *n* систéма премиальной оплáты трудá
progressives Prämienlohnsystem прогресси́вно-премиáльная систéма оплáты трудá
Prämienlos *n* облигáция вы́игрышного зáйма, билéт вы́игрышного зáйма
Prämienmittel *n, pl* срéдства фóнда материáльного поощрéния
Prämienobjektlohn *m* сдéльно-премиáльная пообъектная оплáта трудá
Prämienobligation *f* облигáция вы́игрышного зáйма
Prämienordnung *f* положéние о премировании; поря́док премирования
Prämienrate *f* стáвка вы́игрыша
Prämienregelung *f* регули́рование размéра прéмий
Prämienreserve *f* резéрвный капитáл для покры́тия притязáний страхователей
Prämienrückerstattung *f* возврáт чáсти страховы́х прéмий *(при ли́чном страховáнии)*
Prämienrückgewähr *f* возврáт чáсти страховы́х прéмий *(при ли́чном страховáнии)*
Prämienschleuderei *f* снижéние стáвок страховы́х прéмий до ýровня, не обеспечивающего финáнсовую стаби́льность страховóй компáнии; дéмпинг страховы́х прéмий
Prämiensparen *n* вы́дача прéмии покупáтелю, сделавшему определённое коли́чество покýпок в однóм и том же магази́не *(оди́н из ви́дов поощрéния покупáтелей)*
Prämiensparen мéтод хранéния вклáдов в сберегательной кассе, при котóром дохóд выплáчивается в ви́де вы́игрышей
Prämiensparen фóрма хранéния вклáдов, когдá для вознаграждéния вклáдчиков регуля́рно провóдится рóзыгрыш прéмии
Prämienstücklohn *m* сдéльно-премиáльная зáработная плáта, сдéльно-премиáльная систéма зáработной плáты, сдéльно-премиáльная оплáта трудá
Prämienstücklohn nach Plannormen сдéльно-премиáльная зáработная плáта с премированием за выполнéние плáновых норм
Prämienstundung *f* отсрóчка взнóса страховы́х прéмий
Prämiensystem *n* премиáльная систéма; систéма поощрéний

Prämientarif *m трансп.* премиа́льный тари́ф

Prämienüberträge *m pl* резе́рв премиальных вы́плат

Prämienverkauf *m* прода́жа под пре́мию

Prämienverlosung *f* ро́зыгрыш пре́мии

Prämienversicherung *f* премиальное страхова́ние

Prämienvertrag *m* догово́р о премиях

Prämienvorauszahlung *f* упла́та страховы́х пре́мий ава́нсом, упла́та страховы́х пре́мий вперёд

Prämienvorschuss *m* ава́нс в счёт

Prämienzahlung *f* вы́дача пре́мий, вы́плата пре́мий

Prämienzeitlohn *m* повреме́нно-премиа́льная зарпла́та, повреме́нно-премиа́льная систе́ма за́работной пла́ты, повреме́нно-премиа́льная опла́та труда́

Prämienzuführung *f* отчисле́ние в фонд материа́льного поощре́ния, отчисле́ния в премиа́льный фонд

Prämierung *f* премирование, награжде́ние

Prämierungsbedingungen *f, pl* усло́вия премирования

Prämisse *f* предпосы́лка; предположе́ние; пе́рвая посы́лка *(логи́ческая)*

pränumerando с упла́той вперёд, с платежо́м вперёд, с предварительным платежо́м; с начисле́нием проце́нтов вперёд

pränumerando-Verzinsung *f* упла́та проце́нтов вперёд, упла́та проце́нтов ава́нсом

Pränumeration *f* ава́нс, платёж ава́нсом, платёж вперёд; абонеме́нтная пла́та, пла́та за подпи́ску

Pränumerationskauf *m* ава́нсовая поку́пка, поку́пка с предоплатой *(това́р опла́чивается до его́ поста́вки)*

Pränumerationskauf догово́р ку́пли-прода́жи, обя́зывающий покупа́теля к платежу́ ава́нсом, догово́р ку́пли-прода́жи, обя́зывающий покупа́теля к платежу́ вперёд

Prärogativ *n* прерогати́ва, исключи́тельное пра́во

Prärogative *f* прерогати́ва, исключи́тельное пра́во

präsent прису́тствующий; име́ющийся в распоряже́нии

präsent sein прису́тствовать, находи́ться

Präsentant *m* предъяви́тель векселя́, презентант

Präsentation *f* предъявле́ние *(векселя́)*

Präsentationsfrist *f* срок де́йствия обяза́тельства *(напр., векселя́ и́ли чека́)*; срок предъявле́ния *(векселя́ и́ли чека́)*

präsentieren *vt* предъявля́ть *(напр., ве́ксель)*; предлага́ть; предъявля́ть к опла́те обяза́тельство *(напр., ве́ксель)*

Präsenz *f* прису́тствие; я́вка на рабо́ту; число́ прису́тствующих; прису́тствующие

Präsenzgeld *n* су́точные *(де́ньги)*

Präsident *m* президе́нт, председа́тель *(напр., правле́ния, ба́нка)*

Präsumtion *f* презу́мпция, предположе́ние

Prävention *f лат.* предупрежде́ние, профила́ктика, предотвраще́ние; *страх.* превенция

Präventivmaßnahmen *f, pl* превентивные ме́ры

Praxeologie *f* праксеология

Praxis *f* пра́ктика

internationale Praxis междунаро́дная пра́ктика

kaufmännische Praxis торго́вая пра́ктика, комме́рческая пра́ктика

praxiswirksam приго́дный для практи́ческого испо́льзования *(напр., вы́вод тео́рии хозя́йственного управле́ния)*

Präzedens *n* прецеде́нт

Präzedenz *f* преиму́щественное пра́во, преиму́щество; прецеде́нт

Präzedenzfall *m* прецеде́нт

Präzisierung *f* уточне́ние

Präziswechsel *m* ве́ксель с то́чно фиксированной да́той платежа́, ве́ксель со сро́ком платежа́ на определённый день

preference shares *англ.* привилегиро́ванные а́кции

preferred stocks *англ.* привилегиро́ванные а́кции

Preis *m* цена́, *см.тж.* **Preise** *pl*

Preis пре́мия, приз

Preis ab Kai цена́ фра́нко-при́стань по́рта отправле́ния

Preis bei Barzahlung цена́ при усло́вии упла́ты нали́чными

Preis cif цена́ сиф

Preis des Werttyps цена́, соотве́тствующая сто́имости

Preis fas цена́ фас

Preis fob цена́ фоб

Preis franko цена́ франке

Preis freibleibend цена́ предложе́ния може́т быть изменена́ *(оговорка в оферте)*

Preis mit Aufschlag цена́ с наки́дкой

abgesprochener Preis догово́рная цена́, оговоренная цена́

angemessener Preis прие́млемая цена́, уме́ренная цена́

äußerster Preis преде́льная, кра́йняя цена́

bestätigter Preis подтверждённая цена́

bestätigter Preis цена́, сложи́вшаяся на конкре́тном предприя́тии; отпускна́я цена́ предприя́тия при специальном заказе

unveränderter Preis des Basiszeitraumes неизме́нная ба́зисная цена́

durchschnittlich gewogener Preis средневзвешенная цена́

durchschnittlich gewogener Preis сре́дняя цена́

echter Preis и́стинная цена́

effektiver Preis факти́ческая цена́, реа́льная цена́

effektiver Preis еди́ная цена́

einmaliger Preis разовая цена́

endgültiger Preis оконча́тельная цена́

erhöhter Preis повы́шенная цена́

ermäßigter Preis сни́женная цена́, пони́женная цена́; льго́тная цена́

erschwinglicher Preis досту́пная цена́

erschwinglicher Preis факту́рная цена́

festgesetzter Preis устано́вленная цена́

fingierter Preis фикти́вная цена́

freier Preis свобо́дная цена́

gebundener Preis твёрдая цена́

gemittelter Preis усреднённая цена́

gepfefferter Preis *разг.* взду́тая цена́

gesetzlicher Preis цена́, устано́вленная зако́ном, госуда́рственная цена́

gestaffelter Preis дифференци́рованная цена́

gesteuerter Preis регулируемая цена́

gesteuerter Preis цена́ с учётом предоставленной дота́ции

gleichbleibender Preis неизме́нная цена́, фикси́рованная цена́

gleitender Preis скользя́щая цена́

gültiger Preis де́йствующая цена́

günstiger Preis схо́дная цена́, прие́млемая цена́, вы́годная цена́

hochgetriebener Preis взви́нченная цена́, взду́тая цена́

hoher Preis высо́кая цена́

innerstaatlicher Preis вну́тренняя цена́

konstanter Preis постоя́нная цена́

laufender Preis теку́щая цена́

natürlicher Preis есте́ственная цена́

niedriger Preis ни́зкая цена́

optimaler Preis оптима́льная цена́

ortsüblicher Preis ме́стная цена́

prohibitorischer Preis запрети́тельная цена́

regulierender Preis регули́рующая цена́

sinkender Preis понижа́ющаяся цена́, снижающаяся цена́

staatlich festgesetzter Preis госуда́рственная цена́; фикси́рованная госцена́

stabiler Preis усто́йчивая цена́, стаби́льная цена́

überhöhter Preis завы́шенная цена́

umgehender Preis цена́ на сегод-

няшний день
unerschwinglicher Preis недосту́пная цена́
variabler Preis меня́ющаяся цена́, изменяющаяся цена́
vergleichbarer Preis сопоставимая цена́, сравнимая цена́
verlustbringender Preis убыточная цена́
verlustbringender Preis ориентиро́вочная цена́
vorläufiger Preis предвари́тельная цена́; временна́я цена́
zeitweiliger Preis временна́я цена́
zonaler Preis поясна́я цена́
den Preis abbauen снижа́ть це́ну
den Preis abmachen догова́риваться о цене́
den Preis ändern изменя́ть це́ну
den Preis angeben ука́зывать це́ну
den Preis drücken сбива́ть це́ну
den Preis erhöhen повыша́ть це́ну
den Preis ermäßigen снижа́ть це́ну
den Preis reduzieren снижа́ть це́ну
den Preis steigern повыша́ть це́ну
den Preis unterbieten сбива́ть це́ну
der Preis pendelt bei ... цена́ коле́блется в преде́лах...
der Preis versteht sich ... цена́ включа́ет ...
die hohen Preise behaupten sich цены́ де́ржатся высо́кие
die Preise erholen sich цены́ вновь повышаются
die Preise ermäßigen снижа́ть цены́
die Preise flauen ab цены́ па́дают
die Preise fluktuieren цены́ коле́блются
die Preise haben eine sinkende Tendenz цены́ име́ют тенде́нцию к пониже́нию
die Preise herabsetzen снижа́ть цены́
die Preise hinauftreiben взви́нчивать цены́, повыша́ть цены́
die Preise hochhalten держа́ть цены́ на высо́ком у́ровне
die Preise hochschrauben взви́нчивать цены́, повыша́ть цены́
die Preise hochtreiben взви́нчивать цены́, повыша́ть цены́
die Preise klettern in die Höhe цены́ повышаются постепе́нно
die Preise schießen in die Höhe цены́ стреми́тельно расту́т
die Preise senken снижа́ть цены́
die Preise ziehen an цены́ повышаются
im Preis anziehen поднима́ться в цене́
im Preis fallen па́дать в цене́
im Preis herabsetzen снижа́ть це́ну
im Preis nachgeben уступа́ть в цене́
im Preis sinken па́дать в цене́
im Preis steigen поднима́ться в цене́, повыша́ться в цене́
im Preis zurückgehen па́дать в цене́
mit neuen Preisen versehen устана́вливать но́вые цены́
Tarif- oder Gebührenregeln für öffentliche Unternehmen цены́, разме́ры тари́фных ста́вок, пра́вила отчисле́ний, предписываемые госуда́рственным предприя́тиям
unsere Preise verstehen sich... на́ши цены́ включа́ют...

Preis-Leistungs-Verhältnis *n* соотноше́ние «цена́-производи́тельность» *(испо́льзуется в пра́ктике ценообразования)*
Preisabbau *m* сниже́ние цен, паде́ние цен
einschneidender Preisabbau ре́зкое паде́ние цен
Preisablaß *m* ски́дка с цены́, усту́пка *(в цене́)*
Preisabrede *f* соглаше́ние о це́нах *(картельного хара́ктера)*
Preisabsatzkurve *f* крива́я измене́ния спро́са в зави́симости от у́ровня цен
Preisabsatztunktlon *f* фу́нкция спро́са
Preisabschlag *m* ски́дка с цены́, усту́пка *(в цене́)*
Preisabschwächung *f* тенде́нция к пониже́нию цен, понижа́тельная дина́мика цен, тенде́нция цен к пониже́нию
Preisabschwächungstendenz *f* тенде́нция цен к пониже́нию
Preisabsprache *f* соглаше́ние о це́нах *(картельного хара́ктера)*
Preisabstufung *f* дифференциа́ция цен, дифференци́рование цен
Preisabweichung *f* отклоне́ние цен *(напр., от сто́имости)*
Preisanalyse *f* ана́лиз цен
Preisänderung *f* измене́ние (у́ровня) цен
Preisänderungskoeffizient *m* коэффицие́нт измене́ния *(у́ровня)* цен
Preisänderungsrücklage *f* де́нежные накопле́ния, образова́вшиеся в результа́те роста́ цен; резе́рв, образова́вшийся в результа́те роста́ цен
Preisangabe *f* указа́ние цены́, обозначе́ние цены́
Preisangebot *n* предложе́ние с указа́нием цены́, оферта с указа́нием цены́; предложе́ние цены́
äußerst kalkuliertes Preisangebot предложе́ние с указа́нием кра́йней цены́
verbindliches Preisangebot предложе́ние гаранти́рованной цены́ на определённые поста́вки и услу́ги
Preisangleichung *f* выра́внивание у́ровней цен
Preisanordnung *f* распоряже́ние о це́нах
Preisanstieg *m* рост цен
Preisantragsverfahren *n* поря́док внесе́ния на рассмотре́ние и утвержде́ние предложе́ний о це́нах
Preisart *f* вид цен
Preisaufbau *m* структу́ра цен
Preisaufschlag *m* надба́вка к цене́, наки́дка к цене́
Preisauftrieb *m* взви́нчивание цен(ы), *(бы́стрый)* рост цены́
Preisausgleich *m* выра́внивание у́ровня цен
Preisausgleichsabführungen *f pl* отчисле́ния с ра́зницы в це́нах
Preisausgleichsfonds *m* фонд выра́внивания цен
Preisauskunftspflicht *f* обя́занность вы́дачи спра́вок, касающихся цен
Preisausrichtung *f* ориента́ция цен
Preisauszeichnung *f* обозначе́ние цены́, снабже́ние (това́ра) це́нниками
Preisauszeichnungspflicht *f* обя́занность обозначе́ния цены́
Preisbasis *f* ба́зис цен; ба́зисная цена́
eigene Preisbasis со́бственный ба́зис цен *(в отли́чие от ба́зиса цен мирово́го ры́нка)*
Preisbefestigungstendenz *f* тенде́нция к стабилиза́ции, тенде́нция к некоторому повыше́нию цен
Preisbegünstigung *f* льго́ты, предоставля́емые при установлении цен, ценовые ски́дки
Preisbeobachtung *f* наблюде́ние за движе́нием цен
Preisberechnung *f* расчёт цены́, калькуля́ция цены́
preisbereinigt с элиминацией колеба́ний в цене́, с элиминированием колеба́ний в цене́
preisbereinigt статисти́ческий показа́тель, очи́щенный от измене́ния цен
Preisbereinigung *f* элиминация колеба́ний в цене́, элиминирование колеба́ний в цене́
Preisbereinigung der Zirkulationskosten пересчёт изде́ржек обраще́ния по тарифам и це́нам, исчисленным путём элиминации их измене́ний
Preisbereinigung des Warenumsatzes пересчёт товарооборота по це́нам, исчисленным путём элиминации их измене́ний
Preisbestandteil *m* элеме́нт цены́
Preisbestätigung *f* подтвержде́ние цены́
Preisbestimmung *f* установле́ние цен, определе́ние цен
Preisbeweglichkeit *f* эласти́чность цен
Preisbewegung *f* движе́ние цен(ы),

динáмика цен(ы)
Preisbewilligung *f* утверждéние цены́
Preisbilanz *f* балáнс взаи́много влия́ния цен в услóвиях межотраслевых свя́зей
preisbildend ценообразующий
Preisbildung *f* установлéние цены́; ценообразовáние
dynamische Preisbildung динами́ческое ценообразовáние
dynamische Preisbildung свобóдное ценообразовáние
Preisbildungsbefugnis *f* прáво на учáстие в установлении цен, полномóчие на учáстие в установлении цен
Preisbildungsfaktor *m* фáктор ценообразования
Preisbildungsgesetz *n* закóн ценообразования
Preisbildungsgrundsatz *m* при́нцип ценообразования
Preisbildungsmethode *f* мéтод ценообразования
Preisbildungsnormativ *n* нормати́в ценообразования
Preisbildungsorgane *n, pl* óрганы, вéдающие вопрóсами ценообразования
Preisbildungsprinzip *n* при́нцип ценообразования
Preisbildungssystem *n* систéма ценообразования
Preisbildungsvorschrift *f* предписáние по вопрóсам ценообразования
Preisbindung *f* установлéние единых *(напр., картельных)* цен; заморáживание цен
Preisbindung in der zweiten Hand установлéние единых картельных цен по вертикáли
Preisbindung zweiter Hand установлéние единых картельных цен по вертикáли
horizontale Preisbindung установлéние единых картельных цен по горизонтáли
langfristige Preisbindung установлéние твёрдых цен на продолжи́тельный срок
langfristige Preisbindung вертикáльное ценообразовáние *(напр., торгóвля обязу́ется продавáть товáр по согласованным с производителями цéнам)*
Preisbindungsabsprache *f* соглашéние о цéнах *(мéжду картелями)*
Preisbindungsklausel *f* пункт *(контрáкта)* о соблюдéнии единых цен, пункт *(договóра)* о соблюдéнии твёрдоустановленных цен
Preisbindungsrevers *m* пи́сьменное обязáтельство соблюдáть твёрдоустановленные цены́, рéверс соблюдáть твёрдоустановленные цены́
Preisbindungsvertrag *m* договóр о соблюдéнии твёрдоустановленных цен, договóр об установлении и соблюдéнии единых *(картельных)* цен
Preisblatt *n* прейскурáнт
Preisdegression *f* снижéние цен на морáльно устаревáющие товáры
Preisdifferenz *f* рáзница в цéнах
Preisdifferenzierung *f* дифференциáция цен *(разная ценá на оди́н и тот же товáр рáзным категóриям покупáтелей)*, дифференци́рование цен
territoriale Preisdifferenzierung территориáльное дифференци́рование цен
zeitliche Preisdifferenzierung сезóнное дифференци́рование цен
Preisdifferenzkonto *n бухг.* счёт резéрва вырáвнивания цен
Preisdifferenzrücklage *f* резéрв вырáвнивания цен
Preisdiktat *n* диктáт цен
monopolistisches Preisdiktat установлéние цен, обеспéчивающих высóкие при́были монополистам; диктáт в óбласти монополизации цен
Preisdiskriminierung *f* дискриминáция в óбласти цен, дискримини́рование в óбласти цен, дискриминациóнная ценовáя поли́тика
Preisdisparität *f* различие в у́ровнях цен *(напр., на промы́шленные и сельскохозя́йственные товáры)*; нарушéние ценовых пропорций, несоответ́ствие мéжду цéнами на разли́чные гру́ппы товáров
Preisdisziplin *f* дисципли́на в вопрóсе цен
Preisdokumentation *f внешторг.* документáция о цéнах; дáнные системати́ческого учёта цен и тендéнций в их движéнии; документáция, являющаяся обоснованием требуемых цен
Preisdruck *m* давлéние с пóмощью цен; ценовой нажи́м; экономи́ческое давлéние монопóлий с пóмощью цен
Preisdrücker *m бирж.* игрóк на понижéние *(ку́рса)*
Preisdumping *n* экспорт по брóсовым цéнам, дéмпинг
Preise *m, pl* цены́ *(мн.ч.)*, *см.тж.* **Preis** *m*
Preise angleichen вырáвнивать цены́
Preise bestimmen устанáвливать цены́
Preise bleiben stabil цены́ стабильны, цены́ устойчивы
Preise fallen цены́ пáдают, цены́ понижáются
Preise geben nach цены́ пáдают, цены́ понижáются
Preise gehen zurück цены́ пáдают, цены́ понижáются
Preise halten sich цены́ дéржатся на прéжнем у́ровне
administrierte Preise цены́, устанавливаемые кру́пными фирмами *(их объединением) и́ли* государством; цены́, контроли́руемые кру́пными фирмами *(их объединением) и́ли* государством
gleitende Preise скользящие цены́
verbundene Preise цены́ на взаимнодополня́ющие товáры
veröffentlichte Preise опубликованные цены́
Preisebene *f* у́ровень цен
Preiseinbruch *m* рéзкое падéние цен
Preiseinstufung *f* определéние цены́ на нóвое издéлие и вид услу́ги на оснóве существу́ющей структу́ры цен
Preisekonomie *f* экономика цен
Preiselastizität *f* эласти́чность цен
Preiselastizität der Nachfrage эласти́чность спрóса по ценé *(изменéние масштáбов спрóса, вы́раженное в процéнтах, в слу́чае увеличéния и́ли уменьшéния цены́ на 1%)*
Preiselement *n* элемéнт цены́
Preisempfehlung *f* рекомендáция относи́тельно ценовой поли́тики, рекомендáция по цéнам
Preisentwicklung *f* динáмика цен(ы), движéние цен(ы)
Preisentwicklungslinie *f* графи́ческое изображéние движéния цен, диагрáмма движéния цен
Preiserhöhung *f* повышéние цен(ы)
Preiserhöhungstendenz *f* тендéнция цен к некоторому повышéнию
Preiserholung *f* тендéнция цен к некоторому повышéнию
Preisermäßigung *f* снижéние цен, понижéние цен; ски́дка с цены́, усту́пка (в ценé)
Preisermittlung *f* определéние цены́; исчислéние цены́
Preisermittlung auf Grundlage der Selbstkosten исчислéние цены́ на бáзе себестóимости, калькуля́ция цены́ на бáзе себестóимости
Preiserrechnungsvorschrift *f* предписáние о поря́дке исчислéния цен, инстру́кция о поря́дке исчислéния цен
Preisersatzkennziffer *f* показáтель, заменя́ющий факти́ческие цены́, индéкс, заменя́ющий факти́ческие цены́ *(при анáлизе рентáбельности экспорта)*; показáтель затрáт, коэффициéнт затрáт; ценовой индéкс рентáбельности экспорта
Preisfestigung *f* стабилизáция цен(ы)
Preisfestlegung *f* установлéние цены́
Preisfestsetzung *f* установлéние це-

ны́; расце́нка

Preisfixierung *f* фикси́рование цены́ в догово́ре, фикси́рование цены́ в контра́кте

Preisflexibilität *f* эласти́чность цен

Preisform *f* фо́рма цены́

Preisforschung *f* изуче́ние цены́, ана́лиз цены́, изуче́ние дина́мики цен, ана́лиз дина́мики цен

Preisfreigabeanordnung *f* постановле́ние об отме́не регули́рования цен

Preisführerschaft *f* ли́дерство в це́нах *(ме́тод олигополисти́ческого ценообразова́ния, при кото́ром большинство́ продавцо́в устана́вливает це́ну, ориенти́руясь на поведе́ние фи́рмы-ли́дера)*
Preisführerschaft ли́дерство отде́льных монопо́лий, ли́дерство отде́льных монополисти́ческих групп, лиди́рование отде́льных монопо́лий, лиди́рование отде́льных монополисти́ческих групп

Preisfunktion *f* фу́нкция цен

Preisgefälle *n* разли́чие в у́ровнях цен *(напр., на промы́шленные и сельскохозя́йственные това́ры)*; наруше́ние ценовы́х пропо́рций, несоотве́тствие ме́жду це́нами на разли́чные гру́ппы това́ров

Preisgefüge *n* структу́ра цен

Preisgegenüberstellung *f* сопоставле́ние цен

preisgemindert уценённый

Preisgenehmigung *f* утвержде́ние цены́

Preisgestaltung *f* ценообразова́ние; структу́ра цен

Preisgrenze *f* грани́ца, преде́л установле́ния цены́; лимити́рованная цена́; лими́т цен

Preisgrundlage *f* ба́зис цен; ба́зисная цена́

Preisgruppe *f* гру́ппа цен

Preisherabsetzung *f* сниже́ние цен, паде́ние цен

Preisindex *m* инде́кс цен
Preisindex der Lebenshaltung инде́кс сто́имости жи́зни
Preisindex der Lebenshaltung der Bevölkerung бюдже́тный инде́кс, инде́кс сто́имости жи́зни населе́ния
Preisindex für die Lebenshaltung инде́кс сто́имости жи́зни

Preisinformation *f* информа́ция о це́нах

Preisinterdependenz *f* взаимозави́симость цен

Preiskalkulation *f* расчёт цены́, кальку́ляция цены́

Preiskarte *f* ярлы́к-це́нник
vorgelochte Preiskarte перфори́рованный ярлы́к-це́нник

Preiskartell *n* карте́льное соглаше́ние о це́нах, ценово́й карте́ль *(напр., соглаше́ние об ограниче́нии ценово́й конкуре́нции и поддержа́нии еди́ных цен)*

Preiskatalog *m* прейскура́нт; це́нник

Preiskategorie *f* катего́рия цен

Preiskennziffer *f* сто́имостный показа́тель

Preisklasse *f* катего́рия цен *(в гости́ницах, рестора́нах, кафе́)*

Preisklausel *f* пункт *(догово́ра)* о цене́

Preiskonjunktur *f* конъюнкту́ра, характеризу́ющаяся бы́стрым ро́стом цен и при́былей монопо́лий

Preiskonkurrenz *f* конкуре́нция в о́бласти цен, конкуре́нтная борьба́ в о́бласти цен

Preiskontrolle *f* контро́ль за це́нами

Preiskonvention *f* конве́нция по це́нам

Preiskoordinierungsorgan *n* орга́н по координи́рованию цен

Preiskotierung *f* биржева́я котиро́вка

Preiskreuzelastizität *f* эласти́чность цены́ одного́ това́ра по отноше́нию к цене́ друго́го, перекрёстная эласти́чность цен *(характеризу́ет измене́ние спро́са на како́й-ли́бо това́р в зави́симости от измене́ния цены́ на друго́й това́р)*

Preiskrieg *m* война́ цен, ценова́я война́

Preiskurant *m* прейскура́нт; це́нник

Preiskurve *f* крива́я цен

Preislage *f* у́ровень цен; цена́

Preislawine *f* катастрофи́ческое паде́ние цен; катастрофи́ческий рост цен

Preislenkung *f* регули́рование цен

preislich в отноше́нии цены́

Preislimit *n* лими́т цен

Preisliste *f* прейскура́нт, прайс-лист; це́нник,

Preismanipulation *f* манипуля́ция це́нами

Preismaßnahme *f* мероприя́тие в о́бласти цен

Preismaßstab *m* масшта́б цен

Preismechanismus *m* механи́зм цен *(ры́ночный механи́зм децентрализо́ванного управле́ния хозя́йственными проце́ссами)*

Preismethode *f стат.* сто́имостный ме́тод *(измере́ния производи́тельности труда́)*
repräsentative Preismethode репрезентати́вный ме́тод *(в ценообразова́нии)*

Preisminderung *f* пониже́ние цен(ы), сниже́ние цен(ы) *(напр., ввиду́ ни́зкого ка́чества)*

Preismitteilungspflicht *f* обя́занность предоставле́ния информа́ции о це́нах

Preismodell *n* моде́ль цен

Preisnachlaß *m* ски́дка с цены́, усту́пка (в цене́)
weiterberechneter Preisnachlaß ски́дка с цены́ на экспортный това́р вследствие реклама́ции

Preisnachweis *m* (документа́льное) обоснова́ние цен(ы)

Preisneuordnung *f* рефо́рма цен

Preisniveau *n* у́ровень цен
inländisches Preisniveau у́ровень вну́тренних цен

Preisniveaukennziffer *f* показа́тель, характеризу́ющий о́бщий у́ровень цен, *внешто́рг.* показа́тель у́ровня цен

Preisnivellierung *f* вы́равнивание у́ровней цен

Preisnotierung *f* биржева́я котиро́вка; *внешто́рг.* цена́

Preisobergrenze *f* максима́льная цена́; са́мый высо́кий у́ровень цен, при кото́ром произво́дство това́ра ещё рентабельно

Preisorgan *n* орга́н, ве́дающий ценообразованием и контро́лем над це́нами

Preisoszillation *f* колеба́ние цен

Preisplanung *f* плани́рование цен

Preispolitik *f* поли́тика цен *(совоку́пность мер, влия́ющих на проце́ссы ры́ночного ценообразова́ния)*

preispolitisch относя́щийся к поли́тике цен

Preisprognose *f* прогно́з цен

Preisprüfung *f* прове́рка цен

Preisrecht *n* правовы́е но́рмы, регули́рующие вопро́с о це́нах

Preisreduktion *f* сниже́ние цен(ы), пониже́ние цен(ы)

Preisreform *f* рефо́рма цен

Preisregelung *f* регули́рование цен; но́рмы, регули́рующие ценообразова́ние; регули́рование пра́вил ценообразования, регули́рование ме́тодов ценообразования; ме́ры по оказа́нию влия́ния на у́ровень цен,

Preisreihe *f* ряд цен

Preisrelation *f* соотноше́ние цен

Preisrevision *f* пересмо́тр цен

Preisrisiko *n* риск, свя́занный с непредви́денным измене́нием цен; риск, свя́занный с колебаниями цен; риск поте́ри на це́нах,

Preisrückerstattung *f* возвра́т су́ммы, израсходованной на поку́пку това́ра

Preisrückgang *m* паде́ние цен, пониже́ние цен

Preisrückschlag *m* паде́ние цен, пониже́ние цен

Preisrückvergütung *f* ски́дка с цены́ *(внутрикооперати́вная фо́рма распределе́ния при́былей в потреби́тельской*

кооперации)

Preissanktionen *f, pl* са́нкции в о́бласти цен

Preissatz *m* та́кса, ста́вка

Preisschere *f* но́жницы цен, ценовые но́жницы *(движе́ние в ра́зных направле́ниях цен и́ли измене́ние относительных цен на больши́е гру́ппы това́ров, напр., на агра́рную и промышленную проду́кцию)*

Preisschleuderei *f* де́мпинг, экспорт по бро́совым це́нам

Preisschraube *f* взви́нчивание цен

Preisschwankung *f* колеба́ние цен

Preisschwankungsklausel *f* пункт об автомати́ческом повыше́нии цены́, огово́рка об автомати́ческом повыше́нии цены́ *(в догово́ре ку́пли-прода́жи)*

Preissenkung *f* сниже́ние цен, пониже́ние цен

Preissenkungsnormativ *n* нормати́в сниже́ния цен

Preisskala *f* шкала́ цен

Preisspanne *f* разры́в в у́ровне цен, ра́зница в у́ровне цен

Preisspekulation *f* биржево́й ажиота́ж

Preisspiegel *m* сопоставле́ние экспортных цен на оди́н и тот же това́р

Preisstabilisierung *f* стабилиза́ция цен

Preisstabilität *f* стабилиза́ция цен; стаби́льность цен, усто́йчивость цен

Preisstaffeln *f, pl* ряды́ цен

Preisstaffelung *f* дифференци́рование цен

Preisstand *m* у́ровень цен

Preisstandswährung *f* функциона́льная валю́та

Preisstatistik *f* стати́стика цен

Preissteigerung *f* повыше́ние цен; рост цен

Preissteigerungsrücklagen *f pl* де́нежные накопле́ния, образова́вшиеся в результа́те роста́ цен

Preisstellung *f внешто́рг.* установле́ние цен, указа́ние цен; цена́

Preissteuerung *f* регули́рование цен; но́рмы, регули́рующие ценообразова́ние; регули́рование пра́вил ценообразования, регули́рование ме́тодов ценообразования; ме́ры по оказа́нию влия́ния на у́ровень цен,

Preisstopp *m* замора́живание цен *(запре́т госуда́рства повыша́ть цены́)*

Preisstoß *m* скачо́к цен

Preisstraftat *f* преступле́ние, свя́занное с наруше́нием постановле́ний о це́нах

Preisstreuung *f* диапазо́н разры́ва ме́жду са́мыми ни́зкими и са́мыми высо́кими розничными це́нами

Preisstufe *f* катего́рия цен *(в гости́ницах, ресторанах, кафе́)*

Preisstuktur *f* структу́ра цен

Preissturz *m* ре́зкое паде́ние цен, стреми́тельное паде́ние цен, катастрофическое паде́ние цен

Preisstützung *f* поддержа́ние цен *(на определённом у́ровне)*

staatliche Preisstützung госуда́рственные дота́ции для поддержа́ния у́ровня цен

Preissumme *f* су́мма цен

Preissummenmethode *f* ме́тод су́ммы цен *(при определе́нии эффекти́вности испо́льзования произво́дственных ресу́рсов)*

Preissystem *n* систе́ма цен

doppeltes Preissystem систе́ма двойны́х цен

Preistafel *f* прейскура́нт *(в ви́де табли́цы)*

Preistaxe *f* твёрдая госуда́рственная цена́

Preistendenz *f* тенде́нция в движе́нии цен

Preistheorie *f* тео́рия цен

Preistreiber *m бирж.* спекуля́нт, игра́ющий на повыше́ние; спекуля́нт, иску́сственно взви́нчивающий цены́

Preistreiberei *f* иску́сственное вздува́ние цен, иску́сственное взви́нчивание цен; завыше́ние цены́

Preistyp *m* тип цен *(как фо́рма существова́ния сто́имости)*

Preisüberhöhung *f* завыше́ние цен(ы) *(в результа́те ограниче́ния конкуре́нции, концентра́ции экономи́ческой вла́сти и т.п.)*

Preisüberprüfung *f* пересмо́тр цен

Preisüberwachung *f* контро́ль за це́нами

Preisumgehung *f* обхо́д постановле́ний о це́нах

Preisunterbietung *f* сбива́ние цен(ы)

gezielte Preisunterbietung де́мпинг

Preisuntergrenze *f* минима́льная цена́ *(при кото́рой произво́дство ещё сохраняет рента́бельность)*, са́мый ни́зкий у́ровень цены́, при кото́ром произво́дство това́ра ещё рентабельно

Preisuntersuchung *f* ана́лиз цен

Preisvereinbarung *f* соглаше́ние по це́нам

Preisverfall *m* паде́ние цен

Preisverflechtung *f* взаи́мное влия́ние цен в моде́ли межотраслевых свя́зей, взаи́мное влия́ние цен в усло́виях межотраслевых свя́зей; сопряжённость цен

Preisverflechtungsbilan *f* бала́нс взаи́много влия́ния цен в усло́виях межотраслевых свя́зей

Preisverflechtungskoeffizient *m* коэффицие́нт взаи́много влия́ния цен в усло́виях межотраслевых свя́зей

Preisverflechtungsmodell *n* моде́ль взаи́много влия́ния цен на изде́лия в усло́виях межотраслевых свя́зей

Preisvergleich *m* сопоставле́ние цен, сравне́ние цен

internationaler Preisvergleich междунаро́дный сопоставительный ана́лиз цен

nationaler Preisvergleich национа́льный сопоставительный ана́лиз цен

Preisverhältnis *n* соотноше́ние цен

Preisverlauf *m* движе́ние цен

planmäßiger Preisverlauf планомерное движе́ние цен

Preisverordnung *f* постановле́ние о це́нах

Preisverstoß *m* наруше́ние постановле́ний о це́нах

Preisverzeichnis *n* прейскура́нт

Preisvolumen *n* объём в стоимостном выраже́нии *(напр., сбы́та)*

Preisvorschau *f* прогно́з цен

Preisvorschlag *m* 1. прое́кт цены́ 2. предложе́ние цены́

Preisvorschrift *f* предписа́ние о це́нах, предписа́ние фиксированной цены́ *(напр., в госуда́рственных предприя́тиях)*

Preiswechsel *m* измене́ние цен

Preiswerk *n* организа́ция ремесленного произво́дства, при кото́рой производи́тель явля́ется одновре́ме́нно и поставщико́м сырья́

preiswert недорого́й, схо́дный по цене́

preiswert досто́йный похвалы́

preiswert verkaufen недо́рого продава́ть; продава́ть по приемлемой цене́

Preiswettbewerb *m* конкуре́нция в о́бласти цен, конкуре́нтная борьба́ в о́бласти цен

Preiswucher *m* спекуля́ция на повыше́нии цен

Preiszone *f* зо́на де́йствия определённых цен; ценова́я зо́на; тари́фная зо́на

Preiszuschlag *m* надба́вка к цене́, наки́дка к цене́

Preiszuschuss *m* дота́ция к цене́, дота́ция *(госуда́рства)* для поддержа́ния у́ровня цен

Prekareihandel *m* та́йная торго́вля ме́жду вою́ющими госуда́рствами *(под фла́гом нейтральной страны́)*

Prekarie *f ист.* прекарий

Premag, Preßluftwerkzeug- und Maschinenbau-Aktiengesellschaft *(ист.)* «Пресслюфт-веркцойг- унд машиненбауакциен-гезельшафт» *(наименова-*

ние заводов пневматического оборудования и машиностроения в Западном Берлине)

premium *англ. бирж.* ажио; лаж; маржа; премия (страховая)

Pression *f* давление; гнёт; принуждение

Pressionsmittel *n* средство давления, средство воздействия, средство принуждения

pressure groups *pl англ.* объединения лоббистов

Prestige *n* престиж

Prestige der Persönlichkeit престиж личности

Prestigekonsum *m* потребление товаров, носящее престижный характер, приобретение товаров, носящее престижный характер

Prestigepreis *m* цена, установленная из соображений престижа; престижная цена

Prima *f* прима-вексель, «прима» *(первый экземпляр переводного векселя)*

Prima-Bankakzept *n* обязательство в форме векселя, выставленного на определённый банк *(и акцептованного банком)*

prima высшего качества; высшего сорта; первосортный; первоклассный; первоплатёжный; оплачиваемый в первую очередь

prima Ware первосортный товар; «прима»; товар высшего сорта

prima Warenwechsel первоклассный торговый вексель

Primabank *f* первоклассный банк

Primabankakzept *n* вексель, акцептованный крупным банком; первоклассный вексель

Primabankscheck *m* первоклассный банковский чек

Primadiskont *m* банковский учётный процент *(по которому дисконтируются векселя в частных банках)*

Primadiskonten *m pl* первоклассные (краткосрочные) векселя, обращающиеся на денежном рынке с более низким учётным процентом; первоклассные краткосрочные векселя, учитываемые частными кредитными учреждениями

Primage *f фр.* примаж, премия капитану

Primanota *f ит. бухг.* мемориал, *(регистрационный)* журнал, черновая книга

Primapapiere *n, pl* первоклассные ценные бумаги; ; особо надёжные ценные бумаги (обращающиеся на денежном рынке)

Primaqualität *f* высшее качество *(товара)*

Primäraufbereitung *f стат.* первичная сводка

Primäraufkommen *n* первичные ресурсы

Primärbeleg *m* первичный документ

Primärberechnung *f* первичный подсчёт; предварительный подсчёт

Primärdaten *pl* первичные данные (мн.ч.); первичная информация

Primärdokument *n* первичный документ; исходный документ; основной документ

Primärdokumentation *f* первичная документация

Primäreinkommen *n* первичный доход, основной доход

Primärenergie *f* первичные источники энергии *(напр., уголь, нефть, газ и т.п.)*

Primärenergieträger *m* первичный энергоисточник *(уголь, нефть, газ)*

Primärerfassung *f бухг., стат.* первичный учёт

Primärforschung *f* изучение первичных данных

Primärkosten *pl* первичные затраты (мн.ч.)

Primärmarkt *m* первичный рынок ценных бумаг

Primarquellen *f pl* первичные ресурсы (мн.ч.)

Primärverteilung *f* первичное распределение

Primaware *f* первосортный товар

Primawechsel *m* прима-вексель; «прима» *(первый экземпляр переводного векселя)*

prime-rate *англ.* прайм рейт *(учётная ставка для первоклассных заёмщиков)*; базисная ставка

Primgeld *n* примаж, премия капитану

Printer *m* печатающее устройство, ПУ; принтер

Prinzip *n* принцип

Prinzip der eigenverantwortlichen Leitung принцип самостоятельности руководства *(хозяйственной деятельностью)*, принцип хозяйственной самостоятельности управления

Prinzip der Einzelleitung принцип единоначалия

Prinzip der großen Zahlen принцип больших чисел

Prinzip der Leistung und Gegenleistung принцип взаимного исполнения обязательств

Prinzip der materiellen Interessiertheit принцип материальной заинтересованности

Prinzip der Meistbegünstigung принцип наибольшего благоприятствования, режим наибольшего благоприятствования

Prinzip „Gleicher Lohn für gleiche Leistung" принцип равной оплаты за равный труд

Prinzipal *m* шеф, хозяин, принципал; глава

Prinzipalgläubiger *m* главный кредитор

Priorität *f* приоритет; первенство, преимущественное право *(напр., преимущественное право клиентских сделок над дилерскими в биржевой торговле)*

gleiche Priorität одинаковый приоритет

höchste Priorität наивысший приоритет

Prioritäten *f, pl* привилегированные акции; привилегированные облигации

Prioritätenskala *f* шкала приоритетов

Prioritätsaktie *f* привилегированная акция

Prioritätsfrist *f* срок сохранения приоритета

Prioritätsgläubiger *m* преимущественный кредитор, кредитор, требования которого удовлетворяются из конкурсной массы в первую очередь

Prioritätsgruppen *pl* приоритетные группы (напр. покупателей, товаров)

Prioritätsintervall *n* срок сохранения приоритета

Prioritätsobligation *f* привилегированная облигация

Prise *f* приз

Prisenrecht *n* призовое право *(раздел международного права)*

privat частный, находящийся в частной собственности; личный

Privatanleihe *f* частный заём

Privatbank *f* частный банк

Privatbankier *m* частная банкирская фирма

Privatbedarf *m* индивидуальные потребности

Privatbesitz *m* частное владение; частная собственность

in Privatbesitz überführen передавать в частную собственность, денационализировать

Privatbesitzer *m* частный владелец

Privatbetrieb *m* частное предприятие

Privatbilanz *f* баланс частного имущества

Privatbörse *f* 1. неофициальная биржа 2. частная биржа

Privatdarlehen *n* частный заём

Privatdiskont *m* банковский учётный процент *(по которому дисконтируются векселя в частных банках)*

Privatdiskonten *m pl* первоклассные краткосрочные векселя, обращающиеся на денежном рынке с более низким учётным процентом, первоклассные краткосро́чные векселя́, учи́тываемые ча́стными кредитными учрежде́ниями

Privatdiskontkredit *m* креди́т на усло́виях ба́нковского учётного проце́нта

Privateigentum *n* ча́стная со́бственность

Privateigentum an Grund und Boden ча́стная со́бственность на зе́млю

Privateigentum an Produktionsmitteln ча́стная со́бственность на сре́дства произво́дства

Privateigentümer *m* ча́стный со́бственник

Privateigentumsrecht *n* пра́во ча́стной со́бственности

Privateinlage *f* ча́стный вклад, ча́стный взнос

Privatentnahme *f* изъя́тие средств *(напр., фи́рмы)* для ли́чных це́лей, изъя́тие материа́льных средств предприя́тия для ли́чных це́лей, изъя́тие фина́нсовых средств предприя́тия для ли́чных це́лей

Privaterzeuger *m* ча́стный производи́тель, ча́стный продуце́нт

Privatforderung *f* ча́стная прете́нзия

Privatfracht *f* ча́стный груз

Privatgeschäft *n* ча́стное предприя́тие, ча́стная фи́рма

Privatgläubiger *m* ча́стный кредито́р

Privatgüterwagen *m* ча́стный грузово́й ваго́н

Privathaftpflichtversicherung *f* страхова́ние гражда́нской отве́тственности *(ча́стного лица́)*

Privathand *f* ча́стное владе́ние

sich in Privathand befinden принадлежа́ть ча́стному лицу́; находи́ться в ча́стном владе́нии

Privathandel *m* ча́стная торго́вля

Privathändler *m* торго́вец-ча́стник

Privathaushalt *m* (ча́стное) дома́шнее хозя́йство

Privathersteller *m* ча́стный производи́тель, ча́стный продуце́нт

Privatier *m фр.* ранть́е

Privatindustrie *f* ча́стная промы́шленность, промы́шленность, находя́щаяся в ча́стной со́бственности

Privatinvestition *f* ча́стное капиталовложе́ние, ча́стная инвести́ция

privatisieren *vt* приватизи́ровать, передава́ть в ча́стную со́бственность, денационализи́ровать

Privatisierung *f* приватиза́ция, переда́ча в ча́стную со́бственность, денационализа́ция

Privatkapital *n* ча́стный капита́л

privatkapitalistisch частнокапиталистический

Privatkonsum *m* ли́чное потребле́ние

Privatkonto *n* ли́чный счёт; персона́льный счёт

Privatkrankenversicherung *f* ча́стное страхова́ние на слу́чай боле́зни

Privatkredit *m* креди́т, предоставля́емый ча́стному физическому лицу́, креди́т ча́стному лицу́

Privatladen *m* ча́стный магази́н

Privatnotenbank *f* ча́стный эмиссио́нный банк, эмиссио́нный банк, находя́щийся в ча́стной со́бственности

Privatpackung *f* со́бственная упако́вка *(в противополо́жность фабричной и́ли фирменной)*

Privatpost *f* ча́стное почто́вое предприя́тие; ча́стное предприя́тие по оказа́нию почто́вых услу́г

Privatproduktion *f* ча́стное произво́дство; произво́дство, находя́щееся в ча́стной со́бственности

Privatproduzent *m* ча́стный производи́тель; (разг.) ча́стник

Privatschuldverschreibung *f* ча́стное долгово́е обяза́тельство

Privatsektor *m* ча́стный се́ктор

Privatunternehmen *n* ча́стное предприя́тие

Privatunternehmer *m* ча́стный предпринима́тель

Privatunternehmerschaft *f* ча́стное предпринима́тельство

Privatunternehmertum *n* ча́стное предпринима́тельство

Privatverbrauch *m* ли́чное потребле́ние

Privatvermögen *n* ли́чное иму́щество, индивидуа́льное иму́щество

notwendiges Privatvermögen иму́щество, испо́льзуемое исключи́тельно в ли́чных целя́х; (ли́чное) иму́щество, не испо́льзуемое в произво́дственных целя́х

Privatversicherung *f* ли́чное страхова́ние

Privatwechsel *m* ча́стный ве́ксель

Privatwirtschaft *f* ча́стное хозя́йство, индивидуа́льное хозя́йство

privatwirtschaftlich частнохозяйственный; ча́стный; частнокапиталистический

Privatzins *m* ча́стный проце́нт

Privatzollböden *m, pl* ча́стные скла́ды для вре́менного краткосрочного хране́ния тамо́женных гру́зов *(до выполне́ния тамо́женных форма́льностей)*; ча́стный склад вре́менного тамо́женного хране́ния

Privileg *n* привиле́гия, преиму́щество; льго́та; преиму́щественное пра́во; прерогати́ва

Privilegien *pl* привиле́гии; льго́ты; правовы́е преиму́щества

diplomatische Privilegien дипломати́ческие привиле́гии

ökonomische Privilegien дипломати́ческие привиле́гии

Privilegationsaktie *f* привилегиро́ванная а́кция

privilegieren предоставля́ть привиле́гию

Privilegium *n* привиле́гия, преиму́щество; льго́та; преиму́щественное пра́во; прерогати́ва

pro ука́зывает на спо́соб расчёта по коли́честву, по сро́кам

pro anno *(p.a.)* в год, за год

pro centum *лат.* проце́нт

pro forma *лат.* форма́льный, указываемый «для соблюде́ния фо́рмы» *(напр., ориентировочные и́ли предвари́тельные да́нные о при́былях, приводи́мые в балансе́)*

pro mille проми́лле, ты́сячная до́ля

pro Person на одного́, на ка́ждого

pro rata пропорциона́льно, в соотве́тствующих доля́х

pro rata temporis *лат.* по истече́нии сро́ка

pro Stück за шту́ку

Pro-Kopf на ду́шу населе́ния; в расчёте на ду́шу населе́ния

Pro-Kopf-Einkommen *n* дохо́д в расчёте на ду́шу населе́ния

Pro-Kopf-Erzeugung *f* произво́дство (проду́кции) в расчёте на ду́шу населе́ния, произво́дство на ду́шу населе́ния

Pro-Kopf-Leistung *f* вы́работка в расчёте на одного́ рабо́тника

Pro-Kopf-Produktion *f* произво́дство (проду́кции) в расчёте на ду́шу населе́ния, произво́дство на ду́шу населе́ния

Pro-Kopf-Quote *f* показа́тель потребле́ния в расчёте на ду́шу населе́ния, показа́тель произво́дства на ду́шу населе́ния

Pro-Kopf-Umsatz *m* сре́дний оборо́т в расчёте на одного́ продавца́

Pro-Kopf-Verbrauch *m* потребле́ние в расчёте на ду́шу населе́ния, душевое потребле́ние, сре́днее потребле́ние на ду́шу населе́ния

Pro-Kopf-Verbrauchskennzahl *f* показа́тель у́ровня потребле́ния на ду́шу населе́ния

Pro-Kopf-Verkauf *m* сре́дний объём прода́ж в расчёте на ду́шу населе́ния

Probe *f* прове́рка, испыта́ние; образе́ц; про́ба; о́пыт

Probe *f* про́ба (це́нных мета́ллов)

auf Probe kaufen покупа́ть на про́бу

Abnahmeprobe *f* приёмочные испыта́ния

Betriebsprobe *f* заводско́е испыта-

ние; произво́дственное испыта́ние; эксплуатацио́нное испыта́ние
eine Probe (ent)nehmen брать про́бу, опро́бовать, апроби́ровать
gemäß Probe по образцу́ *(пункт догово́ра, контра́кта)*
nach Probe согла́сно про́бе; по образцу́ *(пункт догово́ра, контра́кта)*
zur Probe kaufen покупа́ть на про́бу
Probeabschluß *m* предвари́тельный бала́нс, предвари́тельное заключе́ние
Probearbeitsverhältnis *n* трудовы́е отноше́ния, бази́рующиеся на прохожде́нии испыта́тельного сро́ка
Probeauftrag *m* про́бный зака́з
Probeauswahl *f* взя́тие проб, взя́тие образцо́в
Probebetrieb *m* о́пытное предприя́тие; про́бная эксплуата́ция
Probebilanz *f* предвари́тельный бала́нс
Probedienstzeit *f* испыта́тельный срок *(для рабо́тника)*
Probeeinsatz *m* о́пытная эксплуата́ция
Probeentnahme *f* взя́тие проб, взя́тие образцо́в
Probeerfassung *f* предвари́тельная пе́репись
Probeerhebung *f стат.* вы́борка, вы́борочное наблюде́ние
Probefahrt *f* про́бный пробе́г, ходово́е испыта́ние
Probelauf *m* про́бный пуск, пусково́е испыта́ние
Probelieferung *f* про́бная поста́вка
Probemaschine *f* маши́на, демонстри́руемая покупа́телю; маши́на, предоставляемая покупа́телю на вре́мя, для испыта́ния
probemäßig про́бный
Probenahme *f* взя́тие проб; отбо́р проб
Probenahmebescheinigung *f* свиде́тельство о взя́тии про́бы
Probenehmer *m* пробоотбо́рник
Probenvorbereitung *f* подгото́вка образцо́в к испыта́нию
Probenvorlagepflicht *f* обя́занность предста́вить това́р для испыта́ния
Probesendung *f* посы́лка с образца́ми, паке́т с образца́ми, бандеро́ль с образца́ми *(това́ра)*
Probestecher *m* зонд, щуп *(для взя́тия проб сыпу́чих това́ров)*
Probestück *n* образе́ц; про́ба
probeweise для про́бы; в ви́де о́пыта
Probezeit *f* испыта́тельный срок
Probeziehen *n* взя́тие проб
Probieramt *n* проби́рная пала́та
probieren *vt* испы́тывать, опро́бовать
Probierer *m* контролёр, испыта́тель
Probierschein *m* проби́рное свиде́тельство
Probierverfahren *n* ме́тод контро́льных проб
Problem *n* пробле́ма; зада́ча
komplexes Problem ко́мплексная пробле́ма
ökonometrisches Problem экономико-математи́ческая пробле́ма, эконометри́ческая пробле́ма
Problemforschung *f* проблемное иссле́дование
Problemkomplex *m* ко́мплекс пробле́м, совоку́пность пробле́м
Problemprognose *f* пробле́мный прогно́з
Problemstellung *f* постано́вка зада́чи
production sharing *англ.* долево́е уча́стие в проду́кции предприя́тия
productivity *англ.* производи́тельность, продукти́вность
produit net *фр.* «чи́стый проду́кт» *(по уче́нию физиократов)*
Produkt *n* проду́кт, фабрика́т, (гото́вое) изде́лие
Produkt *мат.* произведе́ние
Produkt des Ackerbau(e)s проду́кт земледе́лия
abgesetztes Produkt реализо́ванный проду́кт
erstklassiges Produkt первокла́ссное изде́лие, первосо́ртный проду́кт
fertig gestelltes Produkt гото́вый проду́кт, гото́вое изде́лие
gefälschtes Produkt фальсифика́т
gesellschaftliches Produkt обще́ственный проду́кт
handwerkliches Produkt куста́рное изде́лие
hochwertiges Produkt высокока́чественное изде́лие, высокосо́ртный проду́кт
inländisches Produkt проду́кт оте́чественного произво́дства, изде́лие оте́чественного произво́дства
leicht verderbliches Produkt скоропо́ртящийся проду́кт
notwendiges Produkt необходи́мый проду́кт
standardisiertes Produkt унифици́рованное изде́лие, стандартизи́рованное изде́лие, стандартизо́ванное изде́лие
Produkt-Kataloge im Internet катало́ги проду́кции в Интерне́т
Produktanalyse *f* ана́лиз проду́кции
Produktenaustausch *m* продуктообме́н, натура́льный обме́н, безде́нежный обме́н; ба́ртер; ба́ртерный обме́н
Produktenbörse *f* това́рная би́ржа *(организо́ванный ры́нок, на кото́ром ведётся оптовая торго́вля контрактами/ па́ртиями не́которых това́ров)*
Produktenrente *f* натура́льная ре́нта; ре́нта проду́ктами
Produktentausch *m* продуктообмен, натура́льный обме́н, безде́нежный обме́н
Produktform *f* фо́рма проду́кта
Produktion *f* произво́дство, изготовле́ние; вы́пуск проду́кции; проду́кция; вы́работка
Produktion abwürgen сокраща́ть произво́дство *(под влия́нием кри́зиса, конкуре́нции)*
Produktion auf großer Stufenleiter произво́дство в широ́ких масшта́бах, произво́дство, организо́ванное в кру́пном масшта́бе, кру́пное произво́дство
Produktion einstellen прекраща́ть произво́дство
Produktion von Konsumtionsmitteln произво́дство средств потребле́ния
Produktion von Produktionsmitteln произво́дство средств произво́дства
abgesetzte Produktion реализо́ванная проду́кция
arbeitsintensive Produktion трудоёмкое произво́дство
aus der Produktion ziehen снима́ть с произво́дства
außerplanmäßige Produktion сверхпла́новая проду́кция
automatisch ablaufende Produktion автоматизи́рованное произво́дство
diskontinuierliche Produktion дискре́тное произво́дство
einheimische Produktion оте́чественная проду́кция; оте́чественное произво́дство
energieintensive Produktion энергоёмкое произво́дство
industrielle Produktion промы́шленная проду́кция
inländische Produktion оте́чественная проду́кция; оте́чественное произво́дство
laufende Produktion теку́щее произво́дство
marktgerechte Produktion проду́кция, отвеча́ющая тре́бованиям ры́нка
serienweise Produktion сери́йное произво́дство
Produktions- (в сл.сл.) промы́шленный; промы́шленно-; произво́дственный; производственно-
Produktions-Dispatcherabteilung *f* производственно-диспе́тчерский отде́л
Produktions- und Erzeugnisstruktur *f* **der Volkswirtschaft** материа́льно-веще́ственная структу́ра наро́дного хозя́йства
Produktions- und Finanzplan *m* про-

мышленно-финансовый план, (уст., жарг.) промфинплан

Produktions- und Investitionstätigkeit *f* производственно-инвестиционная деятельность

Produktions- und Realisierungsbedingungen *f, pl* условия производства и реализации *(продукции)*

Produktions- und sonstiger Betriebsbedarf *m* производственно-эксплуатационные нужды

Produktionsabfälle *m, pl* отходы производства (мн.ч.)

Produktionsabgabe *f* 1. сдача продукции 2. налог с оборота

Produktionsablauf *m* производственный процесс

gleichmäßiger Produktionsablauf равномерность производства, ритмичность производства; ритмичность производственного процесса

Produktionsabsatz *m* сбыт продукции

Produktionsabschnitt *m* производственный участок

Produktionsabschnitt nach dem Fertigungsprinzip технологический участок производства

Produktionsabschnitt nach dem Objektprinzip предметный участок производства

nach dem Objektprinzip organisierter Produktionsabschnitt предметный участок производства

nach dem Werkstattprinzip organisierter Produktionsabschnitt технологический участок производства

Produktionsabstimmung *f* координация производственных программ, согласование производственных программ

internationale Produktionsabstimmung международная координация производственных программ

Produktionsabteilung *f* 1. цех; производственный цех; цех основного производства 2. промышленный отдел; сектор производства (отдел); производственный сектор (отдел)

Produktionsagenzien *n, pl* производственные факторы (мн.ч.); факторы производства (мн.ч.)

Produktionsaktivität *f* производственная активность

Produktionsanlage *f* 1. промышленная установка 2. производственное оборудование (мн.ч.)

Produktionsanlagefonds *m, pl* основные производственные фонды (мн.ч.)

Produktionsanlauf *m* начало выпуска продукции; запуск в производство; начало производства

Produktionsanstieg *m* рост производства; увеличение производства

Produktionsarbeiter *m* производственный рабочий, рабочий производственной сферы

Produktionsästhetik *f* производственная эстетика

Produktionsaufgabe *f* производственное задание

Produktionsaufgebet *n* производственный почин

Produktionsaufkommen *n* производственные ресурсы, ресурсы производства

Produktionsauflage *f* производственное задание; производственная программа

Produktionsaufnahme *f* запуск в производство

Produktionsaufsicht *f* надзор за производством

Produktionsauftrag *n* заказ-наряд на изготовление, производственный заказ; производственное задание

Produktionsaufwand *m* затраты производства (мн.ч.), производственные затраты (мн.ч.); затраты на производство (мн.ч.)

Produktionsaufwendungen *f, pl* затраты производства (мн.ч.), производственные затраты (мн.ч.); затраты на производство (мн.ч.)

Produktionsausbildung *f* производственная учёба; профучёба

Produktionsausgaben *f pl* издержки производства (мн.ч.); эксплуатационные расходы (мн.ч.)

Produktionsausmaß *n* масштабы производства (мн.ч.), размеры производства (мн.ч.)

Produktionsausrüstung *f* производственное оборудование

Produktionsausstoß *m* выпуск продукции; объём выпускаемой продукции

Produktionsausstoß je Zeiteinheit выпуск продукции в единицу времени

stückweiser Produktionsausstoß поштучный выпуск продукции

Produktionsbarometer *n* «производственный барометр»

Produktionsbasis *f* производственная база

materielle Produktionsbasis материально-техническая база

Produktionsbedarf *m* производственные потребности, производственные нужды

produktionsbedingt отвечающий требованиям производства; производственный, связанный с производством; обусловленный производством

Produktionsbedingungen *f, pl* условия производства (мн.ч.)

gesellschaftliche Produktionsbedingungen общественные условия производства (мн.ч.)

materielle Produktionsbedingungen материальные условия производства (мн.ч.)

natürliche Produktionsbedingungen природно-экономические условия производства (мн.ч.)

objektive Produktionsbedingungen объективные условия производства (мн.ч.)

persönliche Produktionsbedingungen субъективные условия производства (мн.ч.), личностные условия производства (мн.ч.)

sachliche Produktionsbedingungen материальные условия производства (мн.ч.)

Produktionsbeleg *m* производственный документ

Produktionsberatung *f* производственное совещание

ständige Produktionsberatung постоянно действующее производственное совещание

Produktionsbereich *m* сфера производства, производственная сфера

Produktionsberichterstattung *f* отчёт о выполнении производственной программы

Produktionsbesprechung *f* производственное совещание

Produktionsbetrieb *m* производственное предприятие, промышленное предприятие

Produktionsbeziehungen *f, pl* производственные связи, производственные отношения

gegenläufige Produktionsbeziehungen обратные производственные связи

horizontale Produktionsbeziehungen горизонтальные производственные отношения *(между звеньями одного уровня, в том числе между предприятиями одной и той же отрасли)*

vertikale Produktionsbeziehungen вертикальные производственные отношения *(между вышестоящими и нижестоящими звеньями или между предприятиями-поставщиками и предприятиями, потребляющими их продукцию)*

produktionsbezogen производственный, относящийся к производству, имеющий отношение к производству

Produktionsdatenbank *f* база данных на продукцию; база данных продукции

Produktionsdauer *f* продолжительность производственного цикла; продолжительность изготовле́ния

Produktionsdirektor *m* дире́ктор по произво́дству

Produktionsdrosselung *f* сокраще́ние произво́дства

Produktionsdurchlauf *m* произво́дственный цикл

Produktionsdurchlaufplan *m* произво́дственный гра́фик

Produktionsdurchlaufzeit *f* вре́мя на произво́дство одного́ ви́да изде́лий

Produktionseffektivität *f* эффекти́вность произво́дства

Produktionseffizienz *f* эффекти́вность произво́дства

Produktionseingabe *f* за́пуск в произво́дство

Produktionseinheit *f* едини́ца проду́кции

Produktionseinstellung *f* нала́живание произво́дства *(организа́ция вы́пуска определённого ви́да проду́кции)*

Produktionseinstellung прекраще́ние произво́дства

Produktionsendstufe *f* заверша́ющая ста́дия произво́дства, заверша́ющая ста́дия произво́дственного ци́кла

Produktionsentwicklungsfonds *m* фонд разви́тия произво́дства

Produktionsergebnis *n* произво́дственный результа́т, результа́т произво́дственной де́ятельности, ито́г произво́дственной де́ятельности

Produktionserhöhung *f* рост произво́дства

produktionserschwerend затрудня́ющий рабо́ту, осложняющий норма́льное произво́дство

Produktionserweiterung *f* расшире́ние произво́дства

Produktionsfaktor *m* фа́ктор произво́дства *(ча́ще всего́ ресу́рсы, испо́льзуемые в произво́дстве - труд, земля́, капита́л)*

objektiver Produktionsfaktor объекти́вный фа́ктор произво́дства; веще́ственный фа́ктор произво́дства

persönlicher Produktionsfaktor субъекти́вный фа́ктор произво́дства; личностной фа́ктор произво́дства

subjektiver Produktionsfaktor субъекти́вный фа́ктор произво́дства; ; личностной фа́ктор произво́дства

Produktionsfaktorentheorie *f* тео́рия фа́кторов произво́дства

Produktionsfehler *m* произво́дственный дефе́кт, дефе́кт изготовле́ния

Produktionsfeld *n* о́бласть произво́дства, сфе́ра произво́дства; промы́шленная сфе́ра

Produktionsfertigkeit *f* произво́дственный на́вык

Produktionsfläche *f* произво́дственная площа́дь

Produktionsfluss *m* произво́дственный проце́сс

Produktionsfonds *m, pl* произво́дственные фо́нды, фо́нды произво́дственного назначе́ния

Produktionsfondsabgabe *f* пла́та за произво́дственные фо́нды; платность фо́ндов

Produktionsfondsintensität *f* фондоёмкость *(сре́дний расхо́д произво́дственных ресу́рсов на едини́цу производимой проду́кции)*

Produktionsfondsquote *f* фондоотда́ча

Produktionsform *f* фо́рма произво́дства

Produktionsgebäude *n* произво́дственное зда́ние

Produktionsgebäude und -anlagen *pl* произво́дственные зда́ния и сооруже́ния

Produktionsgebiet *n* о́бласть произво́дства, сфе́ра произво́дства

Produktionsgeheimnis *n* комме́рческая та́йна, секре́т произво́дства

Produktionsgenossenschaft *f* произво́дственное това́рищество, произво́дственный кооперати́в; произво́дственная коопера́ция

Produktionsgrundarbeit *f* рабо́та основны́х произво́дственных подразделе́ний

Produktionsgrundarbeiter *m* основно́й произво́дственный рабо́чий, основно́й рабо́чий произво́дственных подразделе́ний, рабо́чий основно́го произво́дства

Produktionsgrundfonds *m, pl* основны́е произво́дственные фо́нды; ОПФ (мн.ч.)

Produktionsgüter *n, pl* промежу́точная проду́кция, промежу́точные изде́лия *(сырье и полуфабрика́ты)*

Produktionsgüterindustrie *f* промы́шленность, производя́щая промежу́точную проду́кцию *(сырьё и полуфабрика́ты)*; произво́дства, выпуска́ющие промежу́точную проду́кцию

Produktionshilfsarbeit *f* рабо́та вспомога́тельных произво́дственных подразделе́ний (цехов, отделов), рабо́та подсобных произво́дственных подразделе́ний

Produktionshilfsarbeiter *m* подсо́бный произво́дственный рабо́чий, подсо́бный рабо́чий произво́дственных подразделе́ний, рабо́чий вспомога́тельного произво́дства

Produktionshöhe *f* объём произво́дства; вы́ход проду́кции

Produktionsindex *m* инде́кс объёма промы́шленной проду́кции, инде́кс физи́ческого объёма произво́дства

Produktionsindextabelle *f* табли́ца произво́дственных показа́телей

Produktionsinstrumente *n, pl* ору́дия произво́дства

Produktionskapazität *f* произво́дственная мо́щность; производи́тельность

Produktionskartell *n* произво́дственный карте́ль *(объедине́ние предпринима́телей, регули́рующее усло́вия прода́жи выпуска́емой проду́кции)*

Produktionskennziffer *f* произво́дственный показа́тель; произво́дственный коэффицие́нт; показа́тель произво́дства

Produktionskoeffizient *m* произво́дственный коэффицие́нт *(соотноше́ние ме́жду объёмом выпуска́емой проду́кции и коли́чеством используемого произво́дственного фа́ктора)*

Produktionskollektiv *n* произво́дственный трудово́й коллекти́в

Produktionskomplex *m* произво́дственный ко́мплекс; ПК

Produktionskonto *n бухг.* счёт произво́дства; счёт затра́т на изготовле́ние проду́кции

Produktionskontrolle *f* произво́дственный контро́ль; контро́ль на произво́дстве

Produktionskosten *pl* изде́ржки произво́дства (мн.ч.), произво́дственные затра́ты (мн.ч.); произво́дственные изде́ржки (мн.ч.)

gesellschaftliche Produktionskosten обще́ственные изде́ржки произво́дства (мн.ч.)

laufende Produktionskosten теку́щие изде́ржки произво́дства (мн.ч.)

ständige Produktionskosten постоя́нные изде́ржки произво́дства (мн.ч.)

vergleichbare Produktionskosten сравнимые изде́ржки произво́дства (мн ч)

Produktionskredit *m* креди́т на разви́тие произво́дства

Produktionskredit произво́дственный креди́т

laufender Produktionskredit краткосро́чный креди́т; теку́щий креди́т; креди́тная ли́ния

Produktionskultur *f* культу́ра произво́дства; произво́дственная культу́ра

Produktionskunst *f* худо́жественное констру́ирование, промы́шленная эсте́тика, диза́йн

Produktionsland *n* страна́-продуце́нт, страна́-производи́тель; страна́-изготови́тель

Produktionslaufzeit *f* срок произво́д-

ства (определенного ви́да проду́кции)
Produktionslaufzeit eines Erzeugnisses перио́д вре́мени, в тече́ние кото́рого изде́лие нахо́дится в произво́дственной програ́мме предприя́тия

Produktionsleistung *f* вы́работка, произво́дственный результа́т; производи́тельность

Produktionsleiter *m* руководи́тель произво́дства

Produktionsleitung *f* руково́дство произво́дством, управле́ние произво́дством; произво́дственный отде́л, отде́л управле́ния произво́дством

produktionslenkend регули́рующий произво́дство

Produktionslenker *m* диспе́тчер

Produktionslenkung управле́ние произво́дством; произво́дственный отде́л; диспе́тчерский отде́л

Produktionslos *n* па́ртия *(дета́лей)*, се́рия *(изде́лий)*

Produktionsmasse *f* ма́сса вы́пущенной проду́кции

Produktionsmaßstab *m* масшта́б произво́дства

Produktionsmenge *f* коли́чество произведённой проду́кции, объём произведённой проду́кции; физи́ческий объём произво́дства

Produktionsmethode *f* ме́тод произво́дства, спо́соб произво́дства
industriemäßige Produktionsmethode *с.-х.* промы́шленный ме́тод произво́дства, индустриа́льный ме́тод произво́дства

Produktionsmilieu *n* произво́дственная среда́

Produktionsminderung *f* сокраще́ние произво́дства; суже́ние произво́дства

Produktionsmittel *n, pl* сре́дства произво́дства (мн.ч.)
produzierte Produktionsmittel произведённые сре́дства произво́дства (мн.ч.)
verzehrte Produktionsmittel потреблённые сре́дства произво́дства (мн.ч.)
zersplitterte Produktionsmittel распылённые сре́дства произво́дства (мн.ч.)

Produktionsmittelbezug *m* заку́пка средств произво́дства, приобрете́ние средств произво́дства

Produktionsmittelhandel *m* торго́вля сре́дствами произво́дства

Produktionsmittelindustrie *f* о́трасли, выпуска́ющие сре́дства произво́дства; промы́шленность, производя́щая сре́дства произво́дства

Produktionsmittelknappheit *f* нехва́тка средств произво́дства

Produktionsmittelpreis *m* цена́ на сре́дства произво́дства

Produktionsmittelproduktion *f* произво́дство средств произво́дства

Produktionsmittelzirkulation *f* обраще́ние средств произво́дства

Produktionsmöglichkeiten *f, pl* произво́дственные возмо́жности

Produktionsmöglichkeitskurve *f* крива́я произво́дственных возмо́жностей *(характеризующая максима́льный объём произво́дства да́нного това́ра при сохране́нии пре́жнего вы́пуска остальны́х това́ров и фиксированных реа́льных затратах)*

Produktionsmonopol *n* монопо́лия на произво́дство

Produktionsneuerer *m* нова́тор произво́дства

Produktionsniveau *n* у́ровень произво́дства

Produktionsnomenklatur *f* номенклату́ра изде́лий; номенклату́ра выпуска́емых изде́лий; номенклату́ра проду́кции

Produktionsnorm *f* но́рма вы́работки

Produktionsoptimum *n* произво́дственный о́птимум (ситуа́ция, при кото́рой обеспе́чивается наибо́лее эффекти́вное испо́льзование произво́дственных фа́кторов)

Produktionsorganisation *f* организа́ция произво́дства

Produktionsorganismus *m* произво́дственный органи́зм

Produktionsperiode *f* произво́дственный цикл; перио́д произво́дства

Produktionsphase *f* фа́за произво́дства, произво́дственная фа́за

Produktionsplan *m* произво́дственный план
operativer Produktionsplan операти́вный произво́дственный план, теку́щий произво́дственный план

Produktionsplanung *f* плани́рование произво́дства, произво́дственное плани́рование
langfristige Produktionsplanung долгосро́чное плани́рование произво́дства
operative Produktionsplanung операти́вное плани́рование произво́дства, теку́щее плани́рование произво́дства, операти́вно-произво́дственное плани́рование
strategische Produktionsplanung стратеги́ческое плани́рование произво́дства

Produktionspotential *n* произво́дственный потенциа́л *(характеризуется масштабами совокупного проду́кта, получаемого при по́лном испо́льзовании народнохозя́йственных ресу́рсов)*

Produktionspotenz *f* произво́дственные возмо́жности (мн.ч.)

Produktionspraxis *f* произво́дственная пра́ктика

Produktionspreis *m* цена́ произво́дства
gesellschaftlicher Produktionspreis обще́ственная цена́ произво́дства

Produktionsprinzip *n* произво́дственный при́нцип, при́нцип произво́дства

Produktionsprofil *n* про́филь произво́дства, произво́дственный про́филь

Produktionsprogramm *n* произво́дственная програ́мма
vom Produktionsprogramm absetzen снима́ть с произво́дства

Produktionsprozess *m* произво́дственный проце́сс, проце́сс произво́дства
Produktionsprozess des Kapitals проце́сс произво́дства капита́ла
diskontinuierlicher Produktionsprozess дискре́тный проце́сс произво́дства
einfacher Produktionsprozess просто́й проце́сс произво́дства, просто́е произво́дство
gesellschaftlicher Produktionsprozess обще́ственный проце́сс произво́дства
komplizierter Produktionsprozess сло́жный проце́сс произво́дства, сло́жное произво́дство

Produktionsquote *f* произво́дственная кво́та

Produktionsrationalisierung *f* рационализа́ция произво́дства

Produktionsreife *f* гото́вность изде́лия к за́пуску в произво́дство, гото́вность изде́лия к промышленному произво́дству
bis zur Produktionsreife до ста́дии промы́шленного произво́дства

Produktionsreserven *f, pl* произво́дственные резе́рвы
innerbetriebliche Produktionsreserven внутризаводски́е произво́дственные резе́рвы

Produktionsrhythmus *m* ритм техноло́ги́ческого проце́сса, такт технологи́ческого проце́сса

Produktionsrichtsatz *m* произво́дственный нормати́в

Produktionsrisiko *n* произво́дственный риск

Produktionsrückgang *m* сокраще́ние произво́дства
konjunkturbedingter Produktionsrückgang сокраще́ние произво́дства, обусловленное неблагоприятной конъю́нктурой

Produktionsrückschlag *m* сокраще́ние произво́дства

konjunkturbedingter Produktionsrückschlag сокраще́ние произво́дства, обусловленное неблагоприятной конъюнктурой

Produktionsschwankungen *f pl* колеба́ния произво́дства, измене́ния произво́дства

saisonale Produktionsschwankungen сезо́нные колеба́ния произво́дства

Produktionsselbstkosten *pl* себесто́имость произво́дства

Produktionssoll *n* пла́новое произво́дственное зада́ние

Produktionssortiment *n* ассортиме́нт проду́кции, сортаме́нт проду́кции, сортимент проду́кции

Produktionsspezialisierung *f* специализа́ция произво́дства

Produktionsstand *m* у́ровень произво́дства

Produktionsstatistik *f* промы́шленная стати́стика

Produktionssteigerung *f* расшире́ние произво́дства; рост произво́дства

Produktionsstockung *f* засто́й в произво́дстве

Produktionsstorung *f* наруше́ние проце́сса произво́дства

Produktionsstrategie *f* страте́гия произво́дства

Produktionsstratifikation *f* стратифика́ция произво́дства

Produktionsstruktur *f* структу́ра произво́дства

Produktionsstückzahl *f* число́ изгото́вленных промы́шленных изде́лий

Produktionsstufe *f* ста́дия произво́дства, ста́дия произво́дственного проце́сса, эта́п произво́дственного проце́сса

nachgelagerte Produktionsstufe после́дующая ста́дия произво́дства, после́дующая ста́дия произво́дственного проце́сса

vorgelagerte Produktionsstufe предше́ствующая ста́дия произво́дства, предше́ствующая ста́дия произво́дственного проце́сса

Produktionstechnik *f* произво́дственная те́хника; техноло́гия произво́дства; ме́тод произво́дства, спо́соб произво́дства

Produktionstiefe *f* глубина́ перерабо́тки ***(характери́стика, пока́зывающая, ско́лько ста́дий после́дующей обрабо́тки прохо́дят поступа́ющие на предприя́тие сырьё и полуфабрика́ты)***

Produktionstransport *m* внутризаводско́й транспо́рт

Produktionsüberleitung *f* освое́ние произво́дства но́вой проду́кции; переда́ча в произво́дство

Produktionsüberschuss *m* избы́точный проду́кт, изли́шки проду́кции

Produktionsumfang *m* объём произво́дства

mengenmäßiger Produktionsumfang физи́ческий объём произво́дства ***(проду́кции)***, объём произво́дства в натура́льном выраже́нии

Produktionsumlauffonds *m, pl* оборо́тные произво́дственные фо́нды

Produktionsumstellung *f* перево́д произво́дства на вы́пуск други́х ви́дов проду́кции, перехо́д на произво́дство но́вых ви́дов изде́лий, перехо́д на произво́дство но́вых ви́дов проду́кции

produktionsunabhängig внепроизво́дственный, не зави́сящий от произво́дства

Produktionsunterlagen *pl* произво́дственная документа́ция

Produktionsverbesserung *f* усоверше́нствование произво́дства, рационализа́ция произво́дства, модерниза́ция произво́дства

Produktionsverbindungen *f, pl* произво́дственные свя́зи

Produktionsverbrauch *m* произво́дственное потребле́ние

direkter und voller Produktionsverbrauch прямы́е и по́лные произво́дственные затра́ты

Produktionsvereinigung *f* произво́дственное объедине́ние

Produktionsverfahren *n* произво́дственная техноло́гия, техноло́гия произво́дства

Produktionsverflechtung *f* взаимосвя́зь и взаимозави́симость произво́дства

Produktionsverhältnisse *n, pl* произво́дственные отноше́ния

Produktionsverlagerung *f* перебази́рование произво́дства

Produktionsverlust *m* произво́дственные поте́ри

Produktionsvermögen *n* производи́тельная часть ***(национа́льного)*** бога́тства

Produktionsverpflichtung *f* трудово́е обяза́тельство ***(на произво́дстве)***

Produktionsvolumen *n* объём произво́дства, *см. та́кже* ***Produktionsumfang***

industrielles Produktionsvolumen объём промы́шленного произво́дства

Produktionsvorbereitung *f* подгото́вка произво́дства

konstruktive Produktionsvorbereitung конструкти́вная подгото́вка произво́дства

organisatorische Produktionsvorbereitung организационная подгото́вка произво́дства

Produktionsvorbereitungszeit *f* вре́мя на подгото́вку произво́дства

Produktionsvorgabe *f* произво́дственное зада́ние

Produktionsvorhaben *n* произво́дственный прое́кт

Produktionsvorrat *m* произво́дственный запа́с

Produktionswachstum *n* рост произво́дства

Produktionsweise спо́соб произво́дства; экономи́ческая форма́ция

auf Privateigentum beruhende Produktionsweise спо́соб произво́дства, осно́ванный на ча́стной со́бственности ***(на сре́дства произво́дства)***

Produktionswerkzeuge *n, pl* ору́дия произво́дства

Produktionswert *m* сто́имость проду́кции

Produktionswettbewerb *m* произво́дственное соревнова́ние

Produktionszeit *f* перио́д произво́дства; перио́д произво́дственного ци́кла, продолжи́тельность произво́дственного ци́кла

Produktionszeitfinanzierung *f* финанси́рование расхо́дов, предполага́емых произво́дственным ци́клом

Produktionszeitplan *m* календа́рный гра́фик произво́дства

Produktionszeitraum *m* перио́д произво́дства; перио́д произво́дственного ци́кла, продолжи́тельность произво́дственного ци́кла

Produktionszensus *m* промы́шленная пе́репись

Produktionsziel *n* произво́дственное зада́ние

Produktionsziffern *f, pl* произво́дственные показа́тели

Produktionszusammenarbeit *f* сотру́дничество в о́бласти произво́дства

internationale Produktionszusammenarbeit междунаро́дное сотру́дничество в о́бласти произво́дства

Produktionszusammenschlüsse *m, pl* объедине́ния сельскохозя́йственных предприя́тий в интере́сах совме́стного веде́ния произво́дства

Produktionszuwachs *m* приро́ст произво́дства

Produktionszweig *m* о́трасль произво́дства

Produktionszwischenhandel *m* посредни́ческая торго́вля това́рами произво́дственного назначе́ния

Produktionszyklus *m* произво́дственный цикл

geschlossener Produktionszyklus зáмкнутый произвóдственный цикл

produktiv продукти́вный; производи́тельный; произвóдственный

Produktivgenossenschaft *f* произвóдственное товáрищество, произвóдственный кооперати́в

Produktivgüter *n, pl* орýдия произвóдства; срéдства произвóдства

Produktivität *f* производи́тельность, продукти́вность

abnehmende Produktivität убывáющая производи́тельность

geplante geplante Produktivität плáновая производи́тельность

Produktivitätseffekt *m* эффéкт производи́тельности

Produktivitätsentwicklung *f* динáмика производи́тельности, изменéния производи́тельности

Produktivitätserhöhung *f* рост производи́тельности, повышéние производи́тельности

Produktivitätsfaktor *m* фáктор ростá производи́тельности

Produktivitätsgefälle *n* рáзница в ýровнях производи́тельности

Produktivitätshilfe *f* целевáя субси́дия *(напрáвленная на повышéние производи́тельности трудá)*

Produktivitätshöhe *f* ýровень производи́тельности

Produktivitätsindex *m* индéкс производи́тельности

Produktivitätskurve *f* кривáя производи́тельности

Produktivitätsmessung *f* измерéние производи́тельности

Produktivitätsniveau *n* ýровень производи́тельности

Produktivitätsreserven *f, pl* резéрвы ростá производи́тельности

Produktivitätsstand *m* ýровень производи́тельности

Produktivitätssteigerung *f* повышéние производи́тельности, повышéние продукти́вности

Produktivitätstheorie *f* теóрия производи́тельности *(теóрия процéнта, вы́двинутая Тюненом)*

produktivitätswirksam воздéйствующий на производи́тельность, влия́ющий на производи́тельность

Produktivitätszunahme *f* повышéние производи́тельности, повышéние продукти́вности

Produktivkapital *n* производи́тельный капитáл, капитáл, влóженный в срéдства произвóдства

Produktivkräfte *f, pl* производи́тельные си́лы

Produktivkredit *m* креди́т, предоставля́емый на произвóдственные цéли

Produktkartei *f* картотéка сбытовых издéлий

Produktplanung *f* стратéгия вы́пуска продýкции *(включáет все фáзы произвóдства и сбы́та издéлия, осваиваемого фи́рмой)*

Produktwert *m* стóимость продýкта

Produzent *m* продуцéнт, производи́тель, изготови́тель; предприя́тие-продуцéнт, предприя́тие-производи́тель

Produzenten *m, pl* производи́тели (мн.ч.)

assoziierte Produzenten ассоции́рованные производи́тели

selbstständiger Produzent самостоя́тельный производи́тель

unmittelbarer Produzent непосрéдственный производи́тель

Produzentenrente *f* изли́шек производи́теля (*в теорети́ческих модéлях - дохóд промы́шленного предпринимáтеля и́ли продавцá, характеризýемый плóщадью учáстка мéжду кривóй предложéния и ли́нией равновесной цены́)*; *ср.* **Konsumentenrente**

Produzentenrente *f* предпринимáтельская при́быль

Produzentenrisiko *n* риск изготови́теля

produzierbar производи́мый, пригóдный для произвóдства

produzieren *vt* производи́ть, изготовля́ть, выпускáть

produzierend произвóдственный *(напр., о сфéре)*; производя́щий

Profession *f* профéссия; специáльность

Professionalismus *m* профессионали́зм

professionell профессионáльный

professioniert ремéсленный; профессионáльный

Professionist *m* ремéсленник; *австр.* специали́ст

professionsmäßig профессионáльный

Profil *n* прóфиль

profilbestimmend определя́ющий прóфиль

Profilüberschreitung *f* негабаритность

Profit *m* при́быль, дохóд; вы́года

Profit abwerfen приноси́ть при́быль

Profit bringen приноси́ть при́быль

Profit einheimsen *разг.* получáть при́быль, загребáть при́быль

Profit einstecken *разг.* получáть при́быль, загребáть при́быль

Profit einstreichen *разг.* получáть при́быль, загребáть при́быль

Profit erwirtschaften извлекáть при́быль, получáть при́быль

Profit erzielen извлекáть при́быль, получáть при́быль

Profit herausschlagen извлекáть при́быль, получáть при́быль

Profit machen извлекáть при́быль, получáть при́быль

Profit ziehen извлекáть при́быль, получáть при́быль

entgangener Profit потéрянная при́быль, упýщенная при́быль

erwirtschafteter Profit полýченная при́быль, извлечённая при́быль

erzielter Profit полýченная при́быль, дости́гнутая при́быль

kommerzieller Profit тóрговая при́быль, коммéрческая при́быль, при́быль от тóрговых операций

konjunkturbedingter Profit при́быль, обуслóвленная конъюнктурными причи́нами

latenter Profit потенциáльная при́быль; скры́тая при́быль, латентная при́быль

verborgener Profit скры́тая при́быль

profitabel при́быльный; вы́годный

profitables Handelsmodell бóлее вы́годная модéль торгóвли; бóлее вы́годная торгóвая модéль

Profitaufteilung *f* распределéние при́были

Profitberechnung *f* исчислéние при́были

Profitbesteuerung *f* обложéние при́были налóгом

Profitentwicklung *f* динáмика при́былей, движéние при́былей

Profitexplosion *f* бýрный рост при́былей

Profitfunktion *f* фýнкция при́были

Profitgier *f* жáжда нажи́вы

profitgierig жáждущий нажи́вы

Profithöhe *f* размéр при́были

profitieren *vi* извлекáть при́быль, получáть при́быль; получáть пóльзу, извлекáть вы́году, выигрывáть

Profitinteresse *n* интерéс, свя́занный с получéнием при́были

Profitjäger *m* «охóтник» за наживой

Profitkalkulation *f* исчислéние при́были

Profitkontrolle *f* контрóль над при́былями

Profitmacher *m* делéц; спекуля́нт *(напр., биржевóй)*

Profitquelle *f* истóчник при́былей

Profitrate *f* нóрма при́были

allgemeine Profitrate óбщая нóрма при́были, срéдняя нóрма при́были

Profitsteuer *f* налóг на при́быль

Profitstreben *n* стремлéние к извлечéнию при́были, стремлéние к получéнию при́были, погóня за при́былью; стремлéние к нажи́ве

Profitsucht *f* жа́жда нажи́вы

Profitverschleierung *f* сокры́тие при́былей *(напр., в результа́те манипуляций при составле́нии бала́нса)*

Proformafaktura *f* предвари́тельный счёт, профо́рма-счёт; предвари́тельная факту́ра

Proformageschäft *n торг.* трактация

Proformarechnung *f* предвари́тельный счёт, профо́рма-счёт; предвари́тельная факту́ра

Proformarechnung твёрдая оферта *(в слу́чае согла́сия с её усло́виями возвраща́ется продавцу с соотве́тствующей пометкой; слу́жит осно́вой при заключе́нии контра́кта)*

Prognose *f* прогно́з; прогнози́рование; предви́дение

Prognose der Verflechtungsbeziehungen межотраслево́й прогно́з

äußere Prognose экзоге́нный прогно́з; вне́шний прогно́з

bedingte Prognose усло́вный прогно́з

detaillierte Prognose детализи́рованный прогно́з, дета́льный прогно́з

einfache Prognose элемента́рный прогно́з, едини́чный прогно́з

einwertige Prognose едини́чный прогно́з

gesamtvolkswirtschaftliche Prognose народнохозя́йственный прогно́з, прогно́з разви́тия наро́дного хозя́йства

innere Prognose эндоге́нный прогно́з; вну́тренний прогно́з

kurzfristige Prognose краткосро́чный прогно́з

langfristige Prognose долгосро́чный прогно́з

mittelfristige Prognose среднесро́чный прогно́з

naive Prognose наи́вный прогно́з

numerische Prognose чи́сленный прогно́з, коли́чественный прогно́з

öffentliche Prognose официа́льный прогно́з

partielle Prognose части́чный прогно́з *(рассма́тривающий измене́ния лишь одно́й из не́скольких переменных величи́н)*; ча́стный прогно́з

passive Prognose пасси́вный прогно́з

qualitative Prognose ка́чественный прогно́з

quantitative Prognose коли́чественный прогно́з

simultane Prognose мно́жественный прогно́з

stochastische Prognose стохасти́ческий прогно́з

technische Prognose прогно́з разви́тия те́хники

territoriale Prognose прогно́з территориального разви́тия

unbedingte Prognose безусло́вный прогно́з

unternehmerische Prognose прогно́з предпринима́тельской де́ятельности

volkswirtschaftliche Prognose народнохозя́йственный прогно́з, прогно́з разви́тия наро́дного хозя́йства

wissenschaftlichtechnische Prognose прогно́з разви́тия нау́ки и те́хники, нау́чно-техни́ческий прогно́з

Prognosearbeit *f* прогностическая де́ятельность, рабо́та по составлению прогнозов, прогнози́рование

Prognosebildung *f* разрабо́тка прогно́за

Prognoseentscheidung *f* реше́ние, основывающееся на прогнозе

Prognosefehler *m* оши́бка прогно́за

Prognosegenauigkeit *f* то́чность прогно́за

Prognosehorizont *m* горизо́нт прогнози́рования

Prognoseinformation *f* прогностическая информа́ция, информа́ция, необходи́мая для разрабо́тки прогно́за

Prognosemethode *f* ме́тод прогнози́рования

Prognosemodell *n* прогнозная моде́ль, прогностическая моде́ль

Prognoseobjekt *n* объе́кт прогно́за, объе́кт прогнози́рования

Prognoseperiode *f* прогнозируемый перио́д; горизо́нт прогнози́рования

Prognosesicherheit *f* достове́рность прогно́за, надёжность прогно́за

Prognosesystem *n* систе́ма прогнозов

Prognosetechnik *f* ме́тод прогнози́рования, те́хника прогнози́рования

Prognosevariante *f* вариа́нт прогно́за

Prognoseverfahren *n* ме́тод прогнози́рования; «техноло́гия» прогнози́рования

Prognosewert *m* прогнозная величина́, прогнози́руемая величина́

Prognosezeitraum *m* прогнозируемый перио́д

Prognostik *f* прогно́стика

prognostizieren *vt* прогнози́ровать; предви́деть

prognostizierend прогнозируемый

Prognostizierung *f* прогнози́рование

Programm *n* програ́мма, план рабо́ты

Programm der Europahilfe *ист.* програ́мма по́мощи Евро́пе *(план Маршалла)*

Programm der Vereinten Nationen für Technische Hilfeleistung Програ́мма техни́ческой по́мощи ООН слаборазвитым стра́нам

heuristisches Programm эвристическая програ́мма

lineares Programm лине́йная програ́мма

verzweigtes Programm разветвлённая програ́мма

zyklisches Programm цикли́ческая програ́мма

Programmablaufplan *m* логи́ческая схе́ма програ́ммы; блок-схе́ма програ́ммы

Programmalternative *f* альтернати́ва програ́ммы

programmäßig соотве́тствующий програ́мме; по програ́мме, как предусмо́трено программой

Programmausarbeitung *f* разрабо́тка програ́ммы; составле́ние програ́ммы

Programmbibliothek *f* библиоте́ка програ́мм

Programmeinrichtung *f* програ́ммное устро́йство

Programmfertigung *f* разрабо́тка програ́ммы для ЭВМ; произво́дство по програ́мме

programmgemäß соотве́тствующий програ́мме; по програ́мме, как предусмо́трено программой

Programmhandel *m* торго́вля *(це́нными бума́гами)*, веду́щаяся на осно́ве компьютерных програ́мм

programmierbar поддаю́щийся программи́рованию

Programmierer *m* программи́ст

Programmiersprache *f* язы́к программи́рования

maschinenorientierte Programmiersprache машинно-ориенти́рованный язы́к программи́рования

problemorientierte Programmiersprache проблемно-ориенти́рованный язы́к программи́рования

Programmiersystem *n* систе́ма программи́рования

programmiert запрограмми́рованный, програ́ммный

Programmierung *f* программи́рование

diskrete Programmierung дискре́тное программи́рование

dynamische Programmierung динами́ческое программи́рование

ganzzahlige Programmierung целочисленное программи́рование

heuristische Programmierung эвристическое программи́рование

lineare Programmierung лине́йное программи́рование

nichtlineare Programmierung нели-не́йное программи́рование

parametrische Programmierung управля́ющее программи́рование

stochastische Programmierung стохастическое программи́рование

Programmierungssprache *f* язы́к программи́рования

problemorientierte Programmierungssprache проблемно-ориенти́рованный язы́к программи́рования

Programmprognose *f* программи́руемый прогно́з, програ́ммный прогно́з, прогно́з-програ́мма

Programmverzahnung *f* мультипрограмми́рование

Progression *f* прогре́ссия, разви́тие

kalte Progression (*разг.*) холо́дная прогре́ссия ***(факти́ческое увеличе́ние ста́вки нало́га, когда́, напр. всле́дствие инфля́ции увели́чивается облага́емая номина́льная су́мма, а вме́сте с тем осуществля́ется перехо́д к бо́лее высо́ким нало́говым ставкам)***

Progressivbesteuerung *f* прогресси́вное налогообложе́ние

Progressivlohn *m* сде́льно-прогресси́вная опла́та

Progressivsteuer *f* прогресси́вный нало́г

prohibitiv запрети́тельный

Prohibitivpreis *m* запрети́тельная цена́

Prohibitivsystem *n* систе́ма запрети́тельных по́шлин

Prohibitivtarif *m* запрети́тельный тари́ф

Prohibitivzoll *m* запрети́тельная по́шлина

Prohibitzoll *m* запрети́тельная и́мпортная по́шлина ***(обы́чно испо́льзуется вме́сто прямо́го запре́та и́мпорта)***

Projekt *n* прое́кт; план; наме́рение

gemeinsames Projekt совме́стное предприя́тие; совме́стный прое́кт

Projektant *m* прое́ктная организа́ция

Projektaufgabe *f* проектное зада́ние

Projektdaten *pl* проектные да́нные

Projektfinanzierung *f* финанси́рование прое́кта

projektieren *vt* проекти́ровать

Projektierung *f* проекти́рование

Projektierungs- und Entwicklungsarbeiten *f, pl* проектно-изыска́тельские рабо́ты

Projektierungs- und Konstruktionsarbeiten проектно-конструкторские рабо́ты

Projektierungsarbeiten *f, pl* проектные рабо́ты

Projektierungsauftrag *m* зада́ние на проекти́рование

Projektierungsaufwand *m* расхо́ды по проектированию

Projektierungsbetrieb *m* прое́ктная организа́ция

Projektierungsbüro *n* проектное бюро́

Projektierungseinrichtung *f* проектное учрежде́ние, прое́ктная организа́ция

Projektierungsgrundlage *f* осно́ва проекти́рования

Projektierungskosten *pl* расхо́ды по проектированию

Projektierungsleistung *f* объём проектных рабо́т

Projektierungsleistungen *f, pl* проектные рабо́ты; услу́ги по проектированию

Projektierungsmangel *m* оши́бка в проектных рабо́тах

Projektierungsmethoden *f, pl* ме́тоды проекти́рования

Projektierungsplan *m* план проекти́рования капитальных вложе́ний

Projektierungstinanzierung *f* финанси́рование проектных рабо́т

Projektierungsunterlagen *f, pl* прое́ктная документа́ция

Projektierungsvertrag *m* догово́р на выполне́ние проектных рабо́т

Projektierungszeit *f* срок выполне́ния проектных рабо́т

Projektion *f* перспекти́вная оце́нка; прогно́з

Projektion прое́кция, механи́ческая экстраполя́ция

Projektionswerbemittel *n* проецируемое сре́дство рекла́мы

Projektkapazität *f* прое́ктная мо́щность

Projektkosten *pl* проектные затра́ты

Projektlösung *f* проектное реше́ние

Prok., Prokurist прокурист

Prokura *f* о́бщая (торго́вая) дове́ренность, генера́льная (торго́вая) дове́ренность ***(выдаётся то́лько коммерсантам, обладающим все́ми права́ми и атрибу́тами, предусмотренными Торго́вым кодексом)***

durch Prokura по дове́ренности

in Prokura по дове́ренности

Prokuraindossament *n* инкассовый индоссаме́нт

Prokurist *m* прокурист, дове́ренный торго́вой фи́рмы

Proletariat *n* пролетариа́т

Prolongation *f* пролонга́ция ***(продле́ние правовы́х отноше́ний, осо́бенно сро́ков опла́ты и исполне́ния)***, продле́ние, отсро́чка

Prolongation des Wechsels пролонга́ция векселя́

Prolongationsakzept *n* пролонгационный акце́пт

Prolongationsgeschäft *n* пролонгационная сде́лка, *см.* **Deportgeschäft, Reportgeschäft**

Prolongationswechsel *m* пролонги́рованный ве́ксель

prolongieren *vt* пролонги́ровать, продлева́ть, отсро́чивать ***(напр., вре́мя сде́лки)***

Promesse *f* промесса ***(обяза́тельство уступи́ть весь дохо́д и́ли не́которую его́ часть в слу́чае вы́игрыша)***

prompt бы́стрый, неме́дленный; то́чный

prompt промпт ***(усло́вие сде́лки, когда́ покупа́телю това́ра за нали́чные предоставля́ется до 3 дней отсро́чки для прове́рки това́ра и счето́в на опла́ту)***

Promptgeschäft *n* биржева́я сде́лка на това́р, кото́рый може́т быть поста́влен неме́дленно, сде́лка на нали́чный това́р; сде́лка с поста́вкой това́ра непосре́дственно по́сле её заключе́ния; ка́ссовая сде́лка

Promptware *f* нали́чный това́р

Propergeschäft *n* сде́лка за свой счёт

Properhandel *m* торго́вля за свой счёт, со́бственная торго́вля; заключе́ние биржевы́х сде́лок за свой счёт

Proportion *f* пропо́рция; соотноше́ние

innerzweigliche Proportion внутриотраслева́я пропо́рция

proportional пропорциона́льный

Proportionalität *f* пропорциона́льность

Proportionalitätstheorie *f* тео́рия пропорциона́льности

Proportionalsteuer *f* пропорциона́льный нало́г

Proportionen *f, pl* пропо́рции

optimale Proportionen оптимальные пропо́рции

volkswirtschaftliche Proportionen народнохозя́йственные пропо́рции

proportioniert пропорциона́льный; соразме́рный

Proportionierung *f* установле́ние пропорций

Prorogation *f* продле́ние сро́ка, отсро́чка; *юр.* пророга́ция

Prorogationsabkommen *n* пророгационное соглаше́ние ***(заключа́ется ме́жду иностра́нными партнёрами для определе́ния компете́нции суда́ в спо́рных слу́чаях)***

Prorogationsvereinbarung *f* пророгационное соглаше́ние

Prospekt *m* проспе́кт

Prospekt-Expose *n* план рекла́много проспекта, схе́ма рекла́много проспекта

Prospektmaterial *n* проспе́кты ***(рекла́мные изда́ния)***

Prospektwerbung *f* рекла́ма посре́дством проспе́ктов

prosperieren *vi* преуспева́ть, процвета́ть, благоде́нствовать

Prosperität *f* процвета́ние, «проспе́рити» ***(та́кже по отноше́нию к характеристике***

фазы циклического подъёма)
Protektionismus *m* протекциони́зм *(поли́тика, напра́вленная на огражде́ние не́которых о́траслей оте́чественной эконо́мики от зарубежной конкуре́нции)*
administrativer Protektionismus администрати́вный протекциони́зм *(напр., поли́тика ограниче́ния и́мпорта)*
protektionistisch протекциони́стский
Protest *m* проте́ст, возраже́ние
Protest официа́льно заве́ренный докуме́нт об отка́зе от пла́ты по ве́кселю
Protest einlegen заяви́ть проте́ст
Protest erheben заяви́ть проте́ст
Protest mangels Annahme проте́ст в слу́чае неакцепто́вания *(векселя́)*
Protest mangels Zahlung проте́ст в слу́чае неплатежа́
mit Protest при нали́чии проте́ста
ohne Protest без проте́ста *(на́дпись на ве́кселе)*; неопротестованный *(о ве́кселе)*
zu Protest gehen неакцептова́ние, неоплата *(векселя́)*
Protesterhebung *f* заявле́ние проте́ста, опротестова́ние *(в ве́ксельном обраще́нии)*
Protesterklärung *f* заявле́ние проте́ста, опротестова́ние *(в ве́ксельном обраще́нии)*
Protesterlaß *m* освобожде́ние от обя́занности предъявле́ния векселя́ к проте́сту
protestieren *vt* протестова́ть, возража́ть; опротесто́вывать *(ве́ксель)*
Protestkosten *pl* расхо́ды, свя́занные с опротестованием векселя́, расхо́ды по проте́сту *(в ве́ксельном обраще́нии)*, сбо́ры за проте́ст *(векселя́)*
Proteststreik *m* забасто́вка в знак проте́ста
Protokoll *n* протоко́л; акт
Protokoll über Inventurdifferenzen сличительная ве́домость
ein Protokoll abfassen соста́вить протоко́л
ein Protokoll aufnehmen соста́вить протоко́л
ein Protokoll aufstellen соста́вить протоко́л
ein Protokoll ausfertigen соста́вить протоко́л
Proudhonismus *m ист.* прудонизм
Provenienz *f* происхожде́ние (това́ра)
Provenienz-Zertifikat *n* свиде́тельство о происхожде́нии (това́ра)
Provinzbank *f* провинциа́льный банк
Provinzbörse *f* провинциальная би́ржа
Provision *f* вознагражде́ние за посре́дничество *(напр., в торго́вых опера́циях)*; комиссио́нные, комиссио́нное вознагражде́ние за услу́ги, комисси́я
eine Provision erheben взима́ть комиссио́нные
ohne Provision фра́нко-комисси́я
provisionsfrei фра́нко-комисси́я
Provisionsprozent *n* комиссионный проце́нт
Provisionsreisende *m* коммивояжёр, рабо́тающий на комиссио́нных нача́лах
Provisionssatz *m* ста́вка коми́ссии, комиссио́нное вознагражде́ние *(в проце́нтах, напр. к су́мме оборо́та)*
Provisionsvergütung *f* вознагражде́ние за посре́дничество *(напр., в торго́вых опера́циях)*; комиссио́нные, комиссио́нное вознагражде́ние
Provisionsversicherung *f* страхова́ние *(ма́клерской, торго́вой)* коми́ссии
Provisionsvertreter *m* представи́тель торго́вой фи́рмы, рабо́тающий на комиссио́нных нача́лах
Provisor *m* управля́ющий чужи́м иму́ществом, рабо́тающий на комиссио́нных нача́лах
prox, proximo в сле́дующем ме́сяце
Prozent *n* проце́нт
Prozentanleihe *f* проце́нтный заём; ссу́да под проце́нты
Prozentkurs *m* биржево́й курс, ука́занный в проце́нтах к номина́лу
Prozentsatz *m* проце́нтная ста́вка; проце́нт, проце́нтное число́
Prozentsatz der Absagen проце́нт отка́зов в обслу́живании
Prozentspanne *f* проце́нтная ра́зница, диапазо́н значе́ний
Prozentspanne проце́нтное соотноше́ние ме́жду закупочной и продажно́й ценой
Prozenttara *f* сре́дний вес та́ры (упако́вки), вы́раженный в проце́нтах от ве́са бру́тто па́ртии това́ра
prozentual проце́нтный; в проце́нтном отноше́нии
Prozentualprüfung *f* вы́борочное испыта́ние
prozentuell *австр.* проце́нтный; в проце́нтном отноше́нии
Prozess *m* проце́сс; разви́тие; проце́сс, суде́бное де́ло, тя́жба, суде́бное разбира́тельство
Prozess außer statistischer Kontrolle статистически неподконтрольный проце́сс, статистически неконтроли́руемый проце́сс
Prozess des Kaufs und Verkaufs проце́сс ку́пли-прода́жи
Prozess in statistischer Kontrolle статистически подконтрольный проце́сс
arbeitsaufwendiger Prozess трудоёмкий проце́сс
determinierter Prozess детермини́рованный проце́сс
kontinuierlicher Prozess непреры́вный проце́сс
kumulativer Prozess кумуляти́вный проце́сс *(проце́сс цепно́й реа́кции, в кото́ром сле́дствия проце́сса стано́вятся причи́ной его́ дальне́йшего усиле́ния)*
lohnaufwendiger Prozess трудоёмкий проце́сс
Markowscher Prozess марковский проце́сс, проце́сс Маркова
stochastischer Prozess стохасти́ческий проце́сс
Prozessanalyse *f* ана́лиз проце́сса
Prozessaval *m* поручи́тельство ба́нка в обеспе́чение обяза́тельств свои́х клие́нтов
Prozesse *m, pl* проце́ссы (мн.ч.)
stoffgewinnende Prozesse проце́ссы добыва́ющего произво́дства, проце́ссы горнодобыва́ющего произво́дства
stoffumwandelnde Prozesse проце́ссы обрабатывающего произво́дства
stoffverformende Prozesse проце́ссы перерабатывающего произво́дства
Prozesskonto *n* операцио́нный счёт
Prozesskosten *pl* суде́бные изде́ржки, суде́бные расхо́ды
Prozessrechner *m* управля́ющая вычисли́тельная маши́на, УВМ
Prozessrechnersystem *n* управля́ющая вычисли́тельная систе́ма
Prozesssteuerung *f* управле́ние произво́дственным проце́ссом
Prozessvergleich *m* (суде́бная) мирова́я сде́лка
Prozesszins *m* проце́нт, присуждаемый судо́м вы́игравшей стороне́
Prüf., Prüfungsantrag хода́тайство о проведе́нии экспертизы
Prüfanlage *f* испыта́тельная устано́вка, испыта́тельное устро́йство
Prüfbeamte *m* ревизо́р; контролёр
Prüfbedingungen *f, pl* усло́вия испыта́ния
Prüfbefund *m* заключи́тельный протоко́л испыта́ния
Prüfbelastung *f* про́бная нагру́зка
Prüfdauer *f* продолжи́тельность испыта́ния
Prüfdienststelle *f* отде́л испыта́ния това́ров и материа́лов
Prüfeinrichtung *f* испыта́тельная устано́вка, испыта́тельное устро́йство
Prüfen *n* контро́ль; прове́рка
prüfen *vt* испы́тывать; проверя́ть; контроли́ровать; опро́бовать
sachverständig prüfen производи́ть

экспертизу

Prüfer *m* контролёр; ревизор; бухгалтер-ревизор

Prüferbilanz *f* баланс, составленный ревизорами предприятия; контрольный баланс, проверочный баланс

Prüfergebnis *n* результат испытания, результат проверки

Prüffrist *f* срок испытания, срок проверка

Prüfkennlinie *f* кривая оперативной характеристики *(в статистическом контроле качества)*

Prüfkosten *pl* расходы на контроль

Prüfling *m* контролируемое изделие; контролируемая партия *(изделий)*

Prüflos *n стат.* контрольная партия изделий, контролируемая партия изделий *(при выборочном контроле качества)*

Prüfplan *m* план контроля; план испытаний, план проверки

Prüfposten *m стат.* контрольная партия изделий, контролируемая партия изделий *(при выборочном контроле качества)*

Prüfprotokoll *n* протокол контроля *(качества)*

Prüfschärfe *f* жёсткость контроля *(качества)*

Prüfstelle *f* контрольная станция, испытательная станция, контрольный пункт, испытательный пункт; отдел технического контроля, ОТК *(на предприятии)*

Prüfung *f* испытание; проверка; контроль; опробование; исследование

Prüfung der Bewährung im Gebrauch проверка хозяйственной годности товара в употреблении

Prüfung des Haushaltsplanes рассмотрение бюджета

Prüfung getypte типовое испытание

Prüfung in der Produktion производственная проверка

messende Prüfung контроль по количественному признаку *(в статистическом контроле качества)*

messende Prüfung контроль по качественному признаку *(в статистическом контроле качества)*

normale Prüfung обычный контроль

organoleptische Prüfung органолептическая оценка *(товаров) (в статистическом контроле качества)*

reduzierte Prüfung ослабленный контроль

sachliche Prüfung проверка по существу *(напр., бухгалтерской отчётности)*

verschärfte Prüfung жёсткий контроль

zollamtliche Prüfung таможенный досмотр

eine Prüfung durchführen произвести испытание

der Prüfung unterwerfen подвергнуть испытанию

der Prüfung unterziehen подвергнуть испытанию

eine Prüfung vornehmen произвести испытание

Prüfungsbericht *m* отчёт о результатах ревизии, отчёт о результатах испытаний, отчёт о результатах контроля

Prüfungsbuch *n* книга записи результатов испытаний, книга записи результатов *(технического)* испытания

Prüfungsingenieur *m* инженер-приёмщик; инженер ОТК; контролёр, проверяющий качество

Prüfungskosten *pl* расходы по испытанию; расходы по ревизии *(напр., издержки, связанные с проверкой бухгалтерских книг)*;

Prüfungsordnung *f* положение о проведении испытания, положение о проведении контроля

technische Prüfungsordnung положение о проведении технического испытания, порядок проведения технического испытания

Prüfungsprotokoll *n* протокол испытания, протокол технического осмотра, протокол проверки

Prüfungsstempel *m* контрольный штамп

Prüfungstermin *m* судебное заседание для проверки претензий, заявленных кредиторами несостоятельного должника

Prüfungstermin im Konkursverfahren судебное заседание для проверки претензий, заявленных кредиторами несостоятельного должника

Prüfverfahren *n* способ испытания, способ проверки, метод испытания, метод проверки

Prüfvermerk *m* отметка *(организации технического контроля)* о проверке

Prüfzahl *f* контрольное число (в ГТД и налоговой практике)

zweistellige Prüfzahl двузначное контрольное число (ГТД и налоговой практике)

Prüfzeichen *n* проверочное клеймо

PrVO, Preisverordnung постановление о ценах

PS, Prämiensparen выигрышный вклад в сберегательной кассе

PSch, Postscheck почтовый чек; чек по текущему счёту при почтовом отделении

PSchA, Postscheckamt управление операций по текущим счетам при почтовых отделениях

Pseudoangebotsfunktion *f* псевдофункция предложения

Pseudonachfragefunktion *f* псевдофункция спроса

Pseudonachfragekurve *f* псевдокривая спроса

Pseudoprogramm *n* псевдопрограмма

p.sh., preferred shares привилегированная акция

PSpA, Postsparkassenamt управление почтово-сберегательных касс

Psychohygiene *f* психогигиена

Psychotechnik *f* психотехника

PT:

PT, Portugal Португалия, *до 1978г. код* **PP**

pt, payment (eng.) платёж, уплата

PTE, Escudo, -- Portugal Португальское эскудо (*код валюты* 620), *в н.в. заменена на* Евро **EURO**, -- Португалия

p.u., per ultimo (lat.) в конце месяца, на конец месяца

public relations (eng.); Public Relations *pl* деятельность компании, связанная с распространением информации и рекламной деятельностью; связи с общественностью *(фирмы)*

Publicity *f* **(eng.); Publizität** *f* публичность, общеизвестность, паблисити

Publikationspflicht *f* обязанность публикации годового баланса

Publizität *f* публичность, общеизвестность, паблисити; массовость *(займа)*

Publizitätspflicht *f* обязанность давать публичную информацию *(о делах фирмы)*; обязанность акционерной компании предоставлять сведения о своей деятельности владельцам акций

Publizitätsprinzip *n* принцип публичности

Pufferspeicher *m* аварийный склад

Pufferzeit *f сет. пл.* резерв времени

bedingt verfügbare Pufferzeit частный резерв времени первого вида

freie Pufferzeit свободный резерв времени

freie verfügbare Pufferzeit свободный резерв времени

gesamte Pufferzeit полный резерв времени

unabhängige Pufferzeit частный резерв времени второго вида, независимый резерв времени

Pugwash-Konferenzen Пагоушские конференции по науке и международным отношениям

Pultordner *m* регистратор; папка для досье

pump priming *англ.* стимулирование хозяйственной активности с помощью дефици́тного финанси́рования, «бюдже́тное нака́чивание»

Pumpwirtschaft *f* экономи́ческая поли́тика, напра́вленная на обостре́ние инфля́ции

Punkt *m* то́чка; *(географи́ческая)* то́чка; ме́сто; пункт, статья́, огово́рка *(догово́ра)*; *бирж.* пункт *(едини́ца курсово́й котировки)*; тало́н *(промтова́рной ка́рточки)*; балл *(при установлении цен с по́мощью систе́мы ба́ллов)*

Punkt-Vier-Programm *n ист.* програ́мма оказа́ния «техни́ческой по́мощи» слаборазвитым стра́нам

Punktation *f* предвари́тельное соглаше́ние

Punktbewertung *f* ба́лльная оце́нка, оце́нка по систе́ме ба́ллов

Punktbewertungsmethode *f* ме́тод ба́лльной оце́нки

Punktbewertungssystem *n* ме́тод ба́льной оце́нки

Punktdiagramm *n* то́чечная диагра́мма

Punkteskala *f* шкала́ (ба́лльных) оце́нок; ба́лльная шкала́

Punktfeld *n стат.* поле́ рассе́ивания, поле́ рассеяния

Punktkarte *f* промтова́рная ка́рточка, продово́льственная ка́рточка

Pünktlichkeitsprämie *f* пре́мия за то́чность

Punktmarkt *m* специа́льная това́рная би́ржа *(напр., би́ржа хло́пка, би́ржа ко́фе)*

Punktprognose *f* то́чечный прогно́з

Punktschätzung *f* то́чечная оце́нка

Punktsystem *n* систе́ма ба́ллов *(в ценообразовании)*

punktweise по пу́нктам, по статья́м

purchase tax *англ.* нало́г на поку́пки

PV, Prüfvorschriften пра́вила испыта́ний

PVG, Personalvertretungsgesetz зако́н о представительстве рабо́чих и слу́жащих в государственных учрежде́ниях *(ФРГ)*

PVO, Preisverordnung постановле́ние о це́нах

PVÜ, Pariser Verbandsübereinkunft zum Schutz des gewerblichen Eigentums Пари́жская междунаро́дная конве́нция об охра́не прав на промышленную со́бственность

PW, Papierwährung бума́жные де́ньги

PY, Paraguay Парагва́й

PYG, Guarani, -- Paraguay Гуарани (*код валю́ты* 600), -- Парагва́й

Pyramidendiagramm *n* диагра́мма в фо́рме пирами́ды

PZO, Postzollordnung почто́вые пра́вила тамо́женных опера́ций

Q:

Q, Qualität ка́чество

Q, Quantität коли́чество

q, Quintal квинта́л *(ме́ра ве́са)*

QA, Katar Ката́р

QAR, Katar-Riyal, -- Katar Катарский реа́л (*код валю́ты* 634), -- Ката́р

QSK-System *n* систе́ма за́данного вре́мени на выполне́ние отде́льных элеме́нтов произво́дственного проце́сса

Qu., Quartal кварта́л *(три ме́сяца)*

Quadrant *m* квадра́нт

Quadratdiagramm *n* квадра́тная диагра́мма

Quadratmeter-Methode *f* ме́тод статисти́ческого учёта проду́кции с квадратного ме́тра *(в сельскохозя́йственном произво́дстве)*

Qual., Qualität ка́чество

qual., qualitativ ка́чественный; ка́чественно

Qualifikation *f* квалифика́ция; аттеста́ция; правова́я квалифика́ция *(в междунаро́дном ча́стном пра́ве)*

berufliche Qualifikation произво́дственная квалифика́ция, профессиона́льная квалифика́ция, делова́я квалифика́ция

Qualifikationsanalyse *f* ана́лиз у́ровня квалифика́ции *(напр., брига́ды, цеха́)*

Qualifikationsgrad *m* у́ровень квалифика́ции

Qualifikationsgruppe *f* квалификаци́онный разря́д

Qualifikationsmerkmal *n* тарифно-квалификацио́нная характери́стика

Qualifikationsniveau *n* у́ровень квалифика́ции

Qualifikationsstruktur *f* структу́ра квалификационных разря́дов

Qualifikationsstufe *f* квалификацио́нный разря́д

Qualifikationstaritbuch *n* тарифно-квалификацио́нный спра́вочник

qualifizieren *vt* квалифици́ровать; аттестова́ть; повыша́ть ка́чество, улучша́ть

qualifiziert квалифици́рованный

Qualifizierung *f* квалифика́ция; аттеста́ция; повыше́ние ка́чества, улучше́ние

abschnittsweise Qualifizierung последовательное повыше́ние произво́дственной квалифика́ции

Qualifizierungsaufwand *m* затра́ты на повыше́ние квалифика́ции *(рабо́тника)*

Qualifizierungsplan *m* план повыше́ния квалифика́ции

Qualifizierungsvertrag *m* догово́р *(ме́жду предприя́тием и трудя́щимся)* о повыше́нии квалифика́ции

Qualimetrie *f* квалиме́трия *(коли́чественная оце́нка ка́чества проду́кции)*

Qualität *f* ка́чество *(в том числе́ це́нных бума́г и́ли фирм, вы́пустивших таки́е бума́ги)*, свойство́; сорт

beste Qualität вы́сший сорт

feine Qualität отли́чное ка́чество

geringe Qualität ни́зкое ка́чество

gute Qualität доброка́чественность

handelsübliche Qualität торго́вое ка́чество

hochwertige Qualität высо́кое ка́чество

hohe Qualität высо́кое ка́чество

höhere Qualität повы́шенная со́ртность

mindere Qualität пони́женная со́ртность

mittlere Qualität und Güte торго́вое ка́чество, обы́чное сре́днее ка́чество

verbesserte Qualität повы́шенное ка́чество

qualitativ ка́чественный, сортово́й, добро́тный; по ка́честву, в ка́чественном отноше́нии

Qualitätsabfall *m* сниже́ние ка́чества

Qualitätsabnahme *f* приёмка това́ра с прове́ркой его́ ка́чества

Qualitätsabschlag *m* ски́дка с цены́ в слу́чае поку́пки това́ра пони́женного ка́чества

Qualitätsabweichung *f* отклоне́ние в ка́честве, отклоне́ние по ка́честву

Qualitätsanalyse *f* ана́лиз ка́чества, ка́чественный ана́лиз

Qualitätsänderung *f* измене́ние ка́чества

Qualitätsanforderung *f* тре́бование, предъявляемое к ка́честву

Qualitätsanforderungen *f, pl* тре́бования, предъявляемые к ка́честву

Qualitätsanspruch *m* реклама́ция относи́тельно ка́чества, реклама́ция по ка́честву

Qualitätsarbeit *f* ка́чественная рабо́та; квалифици́рованная рабо́та, квалифици́рованный труд; изде́лие высо́кого ка́чества

Qualitätsbeanstandung *f* реклама́ция по ка́честву

Qualitätsbeherrschung *f* теку́щий контро́ль произво́дственного проце́сса *(в статистическом контроле ка́чества)*

Qualitätsbestimmung *f* определе́ние ка́чества

Qualitätsbeurteilung *f* приёмочный контро́ль *(гото́вой)* проду́кции; оце́нка ка́чества

Qualitätsbewegung *f* движе́ние за высо́кое ка́чество *(проду́кции)*

Qualitätsbewertung *f* оце́нка ка́чества

Qualitätsbewertungsmerkmal *n* кри-

те́рий оце́нки ка́чества
Qualitätsbezeichnung *f* обозначе́ние ка́чества
Qualitätsbrigade *f* брига́да отли́чного ка́чества
Qualitätsdifferenzierung *f* дифференциа́ция *(проду́кции)* по ка́честву
Qualitätseinfluss *m* влия́ние ка́чества *(напр., на себесто́имость, на це́ну)*
Qualitätseinstufung *f* классифика́ция по степеня́м ка́чества, классифика́ция по характери́стикам; со́ртность
Qualitätselastizität *f* эласти́чность *(напр., цен)* от ка́чества
Qualitätsentwicklung *f* улучше́ние ка́чества
Qualitätserhaltung *f* поддержа́ние ка́чества, сохране́ние ка́чества
Qualitätserhöhung *f* повыше́ние ка́чества
Qualitätserzeugnis *n* изде́лие высо́кого ка́чества, проду́кт высо́кого ка́чества
Qualitätsexpertise *f* эксперти́за ка́чества
Qualitätsfestlegung *f* определе́ние ка́чества
Qualitätsfunktion *f* фу́нкция торго́вых предприя́тий, напра́вленная на улучше́ние ка́чества това́ров
Qualitätsgarantie *f* гара́нтия ка́чества, обеспе́чение ка́чества
qualitätsgemäß соотве́тствующий устано́вленному ка́честву
qualitätsgerecht соотве́тствующий устано́вленному ка́честву
Qualitätsgeschichte *f* «исто́рия ка́чества» *(в статистическом контроле ка́чества)*
Qualitätsgrad *m* у́ровень ка́чества
Qualitätsgutachten *n* эксперти́за ка́чества, заключе́ние экспертизы о ка́честве *(това́ра, фондовых акти́вов и др.)*
Qualitätskennziffer *f* ка́чественный показа́тель, показа́тель ка́чества
komplexe Qualitätskennziffer ко́мплексный показа́тель ка́чества
Qualitätsklausel *f* пункт *(догово́ра)* о ка́честве
Qualitätsklauseln *f pl* усло́вия *(пу́нкты)*, предусматривающие ка́чество това́ра
Qualitätskontrolle *f* контро́ль ка́чества
Qualitätskontrolle durch Stichproben вы́борочный контро́ль ка́чества
betriebliche Qualitätskontrolle заводско́й контро́ль ка́чества
staatliche Qualitätskontrolle госуда́рственный контро́ль ка́чества
statistische Qualitätskontrolle статисти́ческий контро́ль ка́чества
totale Qualitätskontrolle сплошно́й контро́ль ка́чества
Qualitätslage *f* у́ровень ка́чества
annehmbare Qualitätslage приемлемый у́ровень ка́чества
Qualitätsmangel *m* ка́чественный дефе́кт
Qualitätsmarke *f* знак ка́чества
Qualitätsmaße *n, pl* едини́цы измере́ния ка́чества
qualitätsmäßig соотве́тствующий ка́честву; в качественном отноше́нии
Qualitätsmaßstab *m* крите́рий ка́чества, мери́ло ка́чества
Qualitätsmerkmal *n* при́знак ка́чества *(в статистическом контроле ка́чества)*
Qualitätsminderung *f* сниже́ние ка́чества
Qualitätsmuster *n* про́ба, взя́тая для прове́рки ка́чества
Qualitätsniveau *n* у́ровень ка́чества
Qualitätsnorm *f* но́рма ка́чества, станда́рт ка́чества
Qualitätsparameter *m* ка́чественный пара́метр, пара́метр, характеризу́ющий ка́чество
Qualitätsplanung *f* плани́рование ка́чества
Qualitätsprämie *f* пре́мия за ка́чество
Qualitätsprobe *f* контро́ль ка́чества
Qualitätsproduktion *f* высокока́чественная проду́кция
Qualitätsprüfung *f* контро́ль ка́чества
Qualitätsrabatt *m* ски́дка при прода́же това́ра пони́женного ка́чества, ски́дка с цены́ за поста́вку това́ра пони́женного ка́чества
Qualitätsregulierung *f* управле́ние ка́чеством
Qualitätsreklamation *f* реклама́ция по ка́честву, реклама́ция по поводу́ ка́чества
Qualitätsrente *f* ре́нта, взима́емая за ка́чество земе́льных уго́дий, ре́нта, взима́емая за плодоро́дие земе́льных уго́дий
Qualitätsrisiko *n* риск, свя́занный с ка́чеством това́ра
Qualitätssanktionen *f, pl* са́нкции в связи́ с отклоне́нием в ка́честве, са́нкции в связи́ с отклоне́нием по ка́честву
Qualitätssicherung *f* гара́нтия ка́чества, обеспе́чение ка́чества
Qualitätssicherungssystem *n* систе́ма обеспе́чения ка́чества
Qualitätsstaffel *f* систе́ма цен, дифференци́рованных по ка́честву одноро́дных това́ров
Qualitätsstandard *m* станда́рт ка́чества
Qualitätsstatistik *f* стати́стика ка́чества *(проду́кции)*
Qualitätssteigerung *f* повыше́ние ка́чества
komplexe Qualitätssteigerung ко́мплексное повыше́ние ка́чества
Qualitätsstreitigkeit *f* спор по ка́честву, спор по поводу́ ка́чества
Qualitätsstufe *f* ступе́нь ка́чества; кате́гория ка́чества
Qualitätsstufen *f, pl* со́ртность *(о проду́кции)*
Qualitätsswap *m* своп с це́лью улучше́ния «ка́чества» це́нных бума́г
Qualitätstest *m* прове́рка ка́чества
Qualitätstypen *m pl (торго́вая)* классифика́ция това́ров по ка́честву
Qualitätsunterschied *m* ра́зница в ка́честве
Qualitätsuntersuchung *f* контро́ль ка́чества
Qualitätsverbesserung *f* повыше́ние ка́чества, улучше́ние ка́чества
Qualitätsvereinbarung *f* соглаше́ние по ка́честву, договорённость по ка́честву
Qualitätsverletzung *f* наруше́ние усло́вий по ка́честву
Qualitätsverlust *m* ухудше́ние ка́чества
Qualitätsverlust der Waren ухудше́ние ка́чества това́ров, по́рча това́ров
Qualitätsvertragsstrafe *f* догово́рный штраф за отклоне́ния в ка́честве, догово́рная неусто́йка за отклоне́ния в ка́честве
Qualitätsvorschrift *f* ка́чественная специфика́ция *(для изготовле́ния проду́кции)*; техни́ческие усло́вия
Qualitätsware *f* высокока́чественный това́р, това́р высо́кого ка́чества
Qualitätswettbewerb *m* соревнова́ние за высо́кое ка́чество
Qualitätszahl *f* коэффицие́нт ка́чества
Qualitätszertifikat *n* сертифика́т ка́чества, свиде́тельство о ка́честве
Qualitätszeugnis *n* сертифика́т ка́чества, свиде́тельство о ка́честве
Qualitätszuschlag *m* надба́вка *(к цене́)* за улучшенное ка́чество, наки́дка к цене́ за поста́вку това́ра повы́шенного ка́чества
Qualitätszuwachs *m* рост ка́чества
Quant., Quantität коли́чество
quant., quantitativ коли́чественный; коли́чественно
Quantifikation *f* коли́чественная оце́нка; квантифика́ция, получе́ние коли́чественной оце́нки
quantifizierbar коли́чественно выража́емый, квантифицируемый, поддаю́щийся коли́чественной оце́нке
quantifizieren *vt* квантифицировать, дава́ть коли́чественную оце́нку

Quantifizierung *f* квантифика́ция, коли́чественное выраже́ние
Quantifizierung des Wertes коли́чественное измере́ние сто́имости
Quantil *n мат., стат.* квантиль
Quantität *f* коли́чество
quantitativ коли́чественный, коли́чественно, в количественном отноше́нии
Quantitätsbestimmung *f* коли́чественное определе́ние
Quantitätsfunktion *f* фу́нкция торго́вых предприя́тий, свя́занная с приведением предложе́ния това́ров в соотве́тствие со спро́сом
Quantitätsgleichung *f* «уравне́ние обме́на» *(по коли́чественной тео́рии де́нег)*
Quantitätskennzahl *f* коли́чественный показа́тель
Quantitätskontrolle *f* коли́чественный контро́ль
Quantitätstheorie *f* **des Geldes** коли́чественная тео́рия де́нег
Quantitätszuwachs *m* коли́чественный приро́ст
Quantum *n* коли́чество; су́мма; ито́г; *(де́нежная)* ста́вка
Quarantäne *f* каранти́н, каранти́нный пункт
Quarantänegelder *n, pl* каранти́нный сбор
Quarantänespesen *pl* каранти́нный сбор
Quarantänevorschriften *f, pl* пра́вила карантинного надзо́ра, каранти́нные пра́вила
Quarantänezertifikat *n* каранти́нный сертифика́т, каранти́нное свиде́тельство
Quartal *n* кварта́л
Quartalabschluß *m* коне́ц кварта́ла; подведе́ние ито́гов за кварта́л, кварта́льный отчёт
Quartalsabrechnung *f* кварта́льная отчётность
Quartalsanalyse *f* ана́лиз кварта́льных ито́гов де́ятельности, ана́лиз по да́нным квартальной отчётности; ана́лиз сезо́нного влия́ния на движе́ние кварта́льных да́нных
Quartalsbargeldumsatz *m* кварта́льный оборо́т нали́чных средств
Quartalsbargeldumsatzplan *m* кварта́льный план оборо́та нали́чных средств
Quartalsbericht *m* (еже)кварта́льный отчёт
Quartalsdifferenzierung *f* дифференциа́ция по кварталам *(напр., при планировании произво́дства)*
Quartalskassenplan *m* кварта́льный ка́ссовый план
Quartalskreditplan *m* кварта́льный креди́тный план
quartalsmäßig кварта́льный; поквара́льно
Quartalsplan *m* кварта́льный план
Quartalsumsatz *m* оборо́т за кварта́л
quartalsweise кварта́льный; поквара́льно
Quartalswertung *f* подведе́ние ито́гов рабо́ты за кварта́л; ито́г рабо́ты за кварта́л
quartalweise кварта́льный; покварта́льно
Quartalwertung *f* подведе́ние ито́гов рабо́ты за кварта́л; ито́г рабо́ты за кварта́л
Quartil *n мат., стат.* кварти́ль
Quartilsabstand *m мат., стат.* кварти́ль
Quasi-Eigenmittel *pl* квазисобственные сре́дства *(нако́пленные отчисле́ния из при́были в пенсионные фо́нды, резе́рвы для вы́платы выходны́х посо́бий, досро́чная амортиза́ция)*
Quasiliberalisierung *f* квазилиберализация
Quasimonopol *n* квазимонополия
Quasipreis *m* квазицена
Quasirente *f* квазирента, дополни́тельный дохо́д, образу́ющийся в результа́те бо́лее эффекти́вного веде́ния дела́ *(име́ет вре́менный хара́ктер)*
Quelle *f* исто́чник
Quelle erhöhter Gefahr исто́чник повы́шенного ри́ска, исто́чник повы́шенной опа́сности
zweckgebundene Quelle целево́й исто́чник *(напр., финанси́рования)*
Quellenbesteuerung *f* обложе́ние нало́гами исто́чников дохо́да, взима́ние нало́гов по при́нципу: «у исто́чника»; изъя́тие подохо́дного нало́га
Quellensteuer *f* нало́г на исто́чники дохо́да
Querschnittanalyse *f* перекрёстный ана́лиз
Querschnittsberuf *m* сквозна́я профе́ссия
Querschnittsbrigade *f* сквозна́я брига́да
Querschnittsorgan *n* орга́н в систе́ме управле́ния, выполня́ющий определённые фу́нкции
Querschnittsprogramm *n* програ́мма ко́мплексного разви́тия наро́дного хозя́йства
Querschnittsstichprobe *f стат.* попере́чное сече́ние вы́борки
Querschnittsuntersuchung *f стат.* иссле́дование по ме́тоду поперечного сече́ния
querschreiben *vt* акцептова́ть *(ве́ксель)*, акцептова́ть ве́ксель *(расписываясь поперёк его́ ле́вой стороны́)*
Quersummenprüfung *f* прове́рка ме́тодом ито́га *(по вертика́ли и горизонта́ли)*
Querzählwerk *n бухг.* счётчик поперечного подсчёта, счётчик для подсчёта ито́га строки́
quittieren *vt* распи́сываться *(в получе́нии чего́-л.)*
Quittung *f* квита́нция, распи́ска в получе́нии
Quittungsblock *m* квитанцио́нная кни́жка
Quittungsgebühr *f* квитанционный нало́г, квитанционный сбор
Quittungssteuer *f* квитанционный нало́г, квитанционный сбор
Qulitätssicherung *f* обеспе́чение ка́чества, гара́нтия ка́чества
Quotaldeckung *f* части́чное покры́тие (*определённая кво́та, проце́нт бума́жных де́нег обеспе́чивается золото́м)*, *см.* **Geldkernwährung**
Quotation *f бирж.* котиро́вка
Quotaverfahren *n стат.* ме́тод части́чного наблюде́ния по при́нципу неслучайного отбо́ра
Quote *f* кво́та, до́ля, пай, взнос уча́стника объедине́ния *(напр., взнос страны́ в Междунаро́дный валю́тный фонд)*
Quotenaktie *f* долева́я а́кция, квотативная а́кция
Quotenerhöhung *f* повыше́ние квот(ы), увеличе́ние квот(ы)
Quotenheraufsetzung *f* повыше́ние квот(ы), увеличе́ние квот(ы)
Quotenkampf *m* борьба́ ме́жду чле́нами карте́ля за до́лю в о́бщем сбыте
Quotenkartell *n* контингентированны карте́ль
Quotenprinzip *n* квотативный при́нцип *(налогообложе́ния)*
Quotenrückversicherung *f* квотативная перестрахо́вка, квотативное перестрахова́ние
Quotenstichprobe *f* долева́я вы́борка, вы́борка по гру́ппам
Quotient *m* коэффицие́нт; отноше́ние
quotieren *vt бирж.* коти́ровать *(сообща́ть цены́ продавца́ и покупа́теля)*
Quotierung *f* котиро́вка
Quotitätssteuer *f* окладной нало́г, квотативный нало́г
Quotitätssteuern *f pl* «распределя́емые» нало́ги
R:
R, Rabatt ски́дка *(с цены́)*
R, Rechnung счёт; расчёт
RA, Runderlaß für Außenwirtschaft циркуля́р по вопро́сам внешнеэконо́ми́ческих отноше́ний
Rab, RAB, Rabatt ски́дка

rabaissieren *vt* снижа́ть (це́ну); уценивать *(това́ры)*
Rabatt *m* ски́дка
Rabatt auf den Preis ски́дка с цены́
Rabatt einräumen предоставля́ть ски́дку
Rabatt geben предоставля́ть ски́дку
Rabatt gewähren предоставля́ть ски́дку
nachträglich vergüteter Rabatt ски́дка, предоставляемая за́дним число́м *(напр., с оборо́та за определённый пери́од)*
verschleierter Rabatt скры́тая ски́дка
einen Rabatt zugestehen предоста́вить ски́дку с цены́
Rabattbuch *n* кни́жка для накле́йки талонов на получе́ние ски́дки
Rabattgabe *f* предоставле́ние ски́дки
Rabattgewährung *f* предоставле́ние ски́дки
Rabattgruppe *f* гру́ппа това́ров, на цены́ кото́рых даётся ски́дка, гру́ппа това́ров, на цены́ кото́рых предоставля́ется ски́дка
rabattieren *vt* предоставля́ть ски́дку
Rabattkartell *n* карте́льное соглаше́ние о разме́ре предоставляемых ски́док, карте́льное соглаше́ние, предусматривающее согласо́ванные разме́ры предоставляемых ски́док
Rabattmarke *f* тало́н, даю́щий пра́во на ски́дку
Rabattsatz *m* разме́р ски́дки
Rabattsparmarke *f* тало́н, даю́щий пра́во на ски́дку
Rabattsparverein *m* сою́з ро́зничных торго́вцев, предоставляющих покупа́телям ски́дки *(на определённых усло́виях)*
Rabattverein *m* сою́з ро́зничных торго́вцев, предоставляющих покупа́телям ски́дки *(на определённых усло́виях)*
RAD, Reichsarbeitsdienst трудова́я пови́нность *(в фаши́стской Герма́нии)*
RAG, Reichsarbeitsgericht суд по трудовым конфликтам
Rahmenabkommen *n* ра́мочный догово́р, догово́р об о́бщих усло́виях; типово́е соглаше́ние, типово́й догово́р,
Rahmenbedingung *f pl* рамочные усло́вия, о́бщие усло́вия *(соглаше́ния, креди́та)*
Rahmengesetz *n* зако́н, име́ющий о́бщий хара́ктер, зако́н, содержа́щий о́бщие положе́ния *(подлежа́щие конкретиза́ции в специа́льных постановлениях)*
Rahmenkatalog *m* типово́й пе́речень рабо́т; типово́й тарифно-квалификацио́нный катало́г
Rahmenkollektivvertrag *m* типово́й коллекти́вный догово́р
Rahmenkredit *m* ра́мочный креди́т, соглаше́ние об о́бщих усло́виях креди́та
Rahmenlieferungsabkommen *n* типово́е соглаше́ние о поставках
Rahmenmerkmal *n* типово́й при́знак
Rahmenmethodik *f* методические ука́зания *(напр., по составлению пла́на)*; типовая мето́дика
Rahmennetzplan *m* укрупнённый сетево́й гра́фик
Rahmenordnung *f* типово́й уста́в, типово́е положе́ние
Rahmenstellenplan *m* типово́е шта́тное расписа́ние
Rahmenstrukturplan *m* типово́й структу́рный план *(учрежде́ния)*
Rahmentarifvertrag *m* рамочное тари́фное соглаше́ние, тари́фное соглаше́ние, содержащее о́бщие усло́вия; типово́й коллекти́вный догово́р о тари́фных ставках, типово́е тари́фное соглаше́ние
Rahmentechnologie *f* типовая техноло́гия
Rahmenvertrag *m* ра́мочный догово́р, догово́р об о́бщих усло́виях; типово́й догово́р
Raiffeisen-Spar- und Darlehenskasse *f* ка́сса кредитования се́льского хозя́йства «Райфайзен» *(ФРГ, Швейца́рия)*
Raiffeisenkasse *f* ка́сса кредитования се́льского хозя́йства «Райфайзен» *(ФРГ, Швейца́рия)*
RAL, Reichsausschuss für Lieferbedingungen und Gütesicherung Госуда́рственный комите́т по усло́виям поста́вок и ка́честву *(ФРГ)*
Rampe *f* ра́мпа, накло́нный въезд; грузова́я платфо́рма; *(ваго́н)*-платфо́рма
Ramponage *f* поврежде́ние това́ра, по́рча това́ра *(ча́сто из-за неудовлетвори́тельной упако́вки)*
ramponieren *vt* поврежда́ть, по́ртить, приводи́ть в него́дность *(това́р)*
RAMPS, Resource Allocation and Multiprojekt Scheduling (ме́тод) РАМПС *(ме́тод распределе́ния ресу́рсов и многопрограммного плани́рования)*
RAMPS-Verfahren *n* ме́тод РАМПС, ме́тод распределе́ния ресу́рсов и многопрограммного плани́рования, ме́тод распределе́ния и многосетевого плани́рования ресу́рсов
Ramsch *m* старьё, ути́ль, хлам; дешёвый това́р, бро́совый това́р; несортово́й това́р, брако́ванный това́р
Ramschgeschäft *n* сде́лка по купле-прода́же дешёвых това́ров
Ramschhandel *m* торго́вля старьём, торго́вля бро́совым това́ром, торго́вля брако́ванными това́рами
Ramschkauf *m* ску́пка старья́ и утильсырья́
Ramschware *f* дешёвый това́р, бро́совый това́р; брако́ванный товар, несортово́й това́р
Randbedingung *f* краево́е усло́вие, преде́льное усло́вие
Randlochkarte *f* ка́рта с краево́й перфора́цией
Randomtafel *f* *стат.* табли́ца случа́йных чи́сел
Randschrift *f* гуртовая на́дпись *(на моне́те)*
Rang *m* сте́пень; класс; разря́д; *юр.* очерёдность; *мат.* ранг
Rangänderung *f* измене́ние очерёдности *(в кадастре)*
Range *f* *англ.* ряд порто́в *(определённого райо́на с назва́нием пе́рвого и после́днего)* с еди́ными фрахтовыми ставками
Range преде́лы измене́ния цены́ *(зафиксированные в контра́кте и́ли друго́м докуме́нте)*
Range-Zuschlag *m* надба́вка к фрахтовой ста́вке за доста́вку до промежуточного по́рта
Rangehafen *m* порт в ряду́ порто́в с еди́ными фрахтовыми ставками
Rangfolge *f* сте́пень, класс, разря́д, ранг; очерёдность, ранжи́рование; предпочте́ние, ранжировка, приорите́т
Rangierbahnhof *m* сортиро́вочная ста́нция
Rangierberg *m* сортиро́вочная го́рка
rangieren *vt* формирова́ть поезда́, составля́ть поезда́; ранжи́ровать, переставля́ть на друго́й путь; упоря́дочивать да́нные *(напр., фикси́ровать их значе́ния в поря́дке убыва́ния)*
Rangierstation *f* сортиро́вочная ста́нция
Rangklasse *f* класс очерёдности *(при удовлетворе́нии тре́бований конкурсных кредито́ров)*
Rangklausel *f* класс очерёдности *(при размещении конкурсных креди́тов)*
Rangkorrelation *f* *стат.* корреля́ция ра́нгов
Rangkorrelationskoeffizient *m* *стат.* коэффицие́нт корреля́ции ра́нгов
Rangordnung *f* поря́док; субордина́ция; поря́док предпочте́ния; ранжи́рование
volkswirtschaftliche Rangordnung поря́док предпочте́ния, устана́вливаемый в зави́симости от народнохозя́йственных зада́ч *и́ли* це́лей *(при вы́боре оптима́льного вариа́нта пла́на)*
Rangordnungsmerkmal *n* при́знак ра́нгов *(при статистическом контро́ле ка́чества)*

Rangordnungsverfahren *n* установлéние порядка очерёдности, ранжирование; установлéние порядка отчётности

Rangtest *m* ранговый критéрий

Rangverhältnis *n юр.* очерёдность

Rapport *m* отчёт

Rarität *f* рéдкость, редкостная вещь, рéдкая антиквáрная вещь, раритéт; предмéт, представляющий коллекционную цéнность

Rat *m* совéт *(указáние, рекомендáция)*; совéт *(коллегиáльный óрган)*

Rat der Europäischen Handelsföderationen Совéт европéйских торгóвых федерáций

Rat der Europäischen Industrie-Verbände Совéт европéйских промышленных федерáций

Rat für Gegenseitige Wirtschaftshilfe *истор.* Совéт Экономической Взаимопóмощи, СЭВ

Rat für landwirtschaftliche Produktion und Nahrungsgüterwirtschaft Совéт по вопрóсам сельскохозяйственного производства и перерабóтке сельскохозяйственной продукции

geschäftsführender Rat руководящий совéт

geschäftsführender Rat производственно-технический совéт

technischökonomischer Rat технико-экономический совéт

Rate *f* стáвка; нóрма; часть, дóля; взнос *(при платежé в рассрóчку)*, частичный платёж, частичный взнос; темп, индéкс *(рóста)*

Rate рыночный курс *(напр., пропóрции обмéна валют)*

Rate der Verwertung нóрма возрастáния стóимости

Rate der Warenumschlagsgeschwindigkeit нóрма оборачиваемости товáров

Rate des Mehrprodukts нóрма прибáвочного продукта

Rate des Mehrwerts нóрма прибáвочной стóимости

Rate des Zinsfußes нóрма процéнта

offene Rate открытая фрахтóвая стáвка *(формирующаяся в зависимости от спрóса и предложéния тоннажа)*

auf Raten kaufen покупáть в рассрóчку

in Raten erwerben приобретáть в рассрóчку

in Raten zahlen платить в рассрóчку

rate cutting *англ.* снижéние цен и кýрсов *(в том числé фрахтовых стáвок)*

Ratenanleihe *f* заём, погашáемый путём послéдующих регулярных *(частичных)* выплат

Ratenanstieg *m* повышéние стáвок, рост стáвок

Ratenerhöhung *f* повышéние стáвок, рост стáвок

Ratengeschäft *n* сдéлка по продáже *(товáра)* в рассрóчку

Ratenhandel *m* торгóвля в рассрóчку

Ratenkauf *m* покупка в рассрóчку

Ratenschulden *f pl* задóлженность за товáр, кýпленный в рассрóчку

Ratentermin *m* срок уплáты очерéдного взнóса

Ratentilgung *f* погашéние *(дóлга)* в рассрóчку

Ratenverkauf *m* продáжа в рассрóчку

Ratenverschuldung *f* задóлженность за товáр, кýпленный в рассрóчку

Ratenwechsel *m* вéксель, погашáемый частями

ratenweise в рассрóчку, отдéльными взнóсами, по частям

Ratenzahlung *f* уплáта в рассрóчку, уплáта отдéльными взнóсами

auf Ratenzahlung verkaufen продавáть в рассрóчку

in Ratenzahlung erwerben приобретáть в рассрóчку

in Ratenzahlung kaufen покупáть в рассрóчку

Ratenzahlungskredit *m* кредит, погашáемый частями

Ratifikationsklausel *f* статья, предусмáтривающая порядок ратификáции *(договóра, соглашéния)*

Ratifikationsurkunde *f* ратификациóнная грáмота

Ratifizierung *f* ратификáция, утверждéние

Ration *f* рациóн; паёк

rational рационáльный; разумный; целесообрáзный, обоснóванный

rationalisieren *vt* рационализировать

Rationalisierung *f* рационализáция

Rationalisierungsaufgabe *f* задáние по рационализáции

Rationalisierungsausschuss der Deutschen Wirtschaft Комитéт рационализáции экономики *(ФРГ)*

Rationalisierungsdruck *m* давлéние на трудящихся, окáзываемое проведéнием в жизнь мероприятий по рационализáции

Rationalisierungseffekt *m* эффéкт от рационализáции, эффéкт, обеспечиваемый рационализáцией *(напр., технологического процéсса)*

Rationalisierungsfonds *m* фонд рационализáции

Rationalisierungsgemeinschaft Óбщество рационализáции промышленного производства *(ФРГ)*

Rationalisierungsgemeinschaft des Handels Óбщество рационализáции торгóвого делá *(ФРГ)*

Rationalisierungsinvestition *f* капиталовложéние на проведéние рационализáции основных фóндов; капиталовложéния, направляемые на бóлее рациональную организáцию *(напр., производства)*

Rationalisierungskonzeption *f* концéпция *(кóмплексной)* рационализáции

Rationalisierungskredit *m* кредит на внедрéние нóвой тéхники и модернизацию оборудования; кредит на проведéние рационализáции *(производства)*; целевóй кредит *(напр., ссуда на модернизацию производства)*

Rationalisierungskuratorium der Deutschen Wirtschaft Кураториум по проблéмам рационализáции экономики ФРГ

Rationalisierungsmaßnahme *f* мероприятие в óбласти рационализáции, мероприятие по рационализáции

Rationalisierungsmittel *n, pl* срéдства рационализáции

Rationalisierungsvorschlag *m* рационализаторское предложéние, предложéние, предусматривающее бóлее рациональную организáцию *(напр., производства)*

Rationalisierungswesen *n* рационализаторство

Rationalprinzip *n* принцип рациональности

rationell рационáльный, разумный; целесообрáзный; экономичный

rationeller Einsatz *m* экономичное применéние; рационáльное испóльзование

rationelles Produktionslos *n* экономичная сéрия; оптимáльная сéрия

Rationenpreis *m* ценá рационируемого товáра

rationieren *vt* устанáвливать рациóн, устанáвливать нóрму выдачи, рационировать; вводить кáрточки *(на товáры)* вводить кáрточную систéму, переходить к рационированию товáров

Rationierung *f* рационирование, установлéние рациóна, установлéние нóрмы выдачи; кáрточная систéма *(в торгóвле)*

Raubbau *m* хищническая разрабóтка *(месторождéния)*; хищническая эксплуатáция

Raubkopie *f* пирáтская кóпия

Raubprofit *m* сверхприбыль

Rauchwaren *pl* пушнина, пушнóй товáр, мехá

Rauchwarenauktion *f* пушнóй аукциóн

Rauchwarenhandel *m* торго́вля пушни́ной

Rauhgewicht *n* о́бщий вес *(напр., спла́ва мета́ллов, моне́ты)*

Raum *m* простра́нство; ме́сто; ёмкость, вмести́мость; объём; тонна́ж; помеще́ние; трюм; райо́н, ме́стность ме́сто

industriell genutzter Raum произво́дственное помеще́ние

Raumausnutzung *f* испо́льзование площаде́й *(напр., складских)*

Raumbedarf *m* потре́бность в пло́щади

Raumcharter *m* ча́ртер, ча́ртер-па́ртия *(на фрахтова́ние определённого тоннажа)*

Raumeinheit *f* едини́ца объёма

räumen *vt* ликвиди́ровать, продава́ть *(складски́е запа́сы)*, распродава́ть *(складски́е запа́сы)*

Raumentlüfter *m* вытяжно́е устро́йство помеще́ния *(скла́да, храни́лища)*

Raumfracht *f* ча́ртер, ча́ртер-па́ртия *(на фрахтова́ние определённого тоннажа)*

Raumgehalt *m* вмести́мость, ёмкость; объём; тонна́ж; кубату́ра

Raumgewicht *n* объёмный вес

Rauminhalt *m* вмести́мость, ёмкость; объём; тонна́ж; кубату́ра

Rauminhalt eines Schiffes вмести́мость су́дна

spezifischer Rauminhalt уде́льный объём

raumintensiv пространствоёмкий *(об о́трасли промы́шленности, напр., о се́льском хозя́йстве)*

Raumklimagerät *n* устро́йство кондициони́рования помеще́ния

Raumkosten *pl* затра́ты на содержа́ние *(складских и проч.)* помеще́ний

Raumladung погру́зка в трюм; трю́мный груз

Räumlichkeit *f* помеще́ние; вмести́мость; объём, ёмкость

raummäßig по объёму

Raummeter *n m* складочный куби́ческий метр

Raumordnung *f* землеустро́йство

Raumordnungsplan *m* план землеустройства

Raumplanung *f* планиро́вание размеще́ния произво́дственных помеще́ний и устано́вок

Raumpolitik *f* поли́тика регионального разви́тия

Raumprogramm *n* рее́стр помеще́ний торго́вого предприя́тия *(с их характери́стикой)*

raumsparend компа́ктный, малогаба́ритный

Raumtarif *m* морско́й грузово́й тари́ф *(на осно́ве кото́рого фрахт исчисля́ется с учётом используемого объёма трю́ма)*

Räumte *f* грузовмести́мость; трюм

Raumtemperatur *f* ко́мнатная температу́ра *(при хране́нии)*

raumüberwindend «сокраща́ющий расстоя́ние» *(об о́трасли промы́шленности. напр., о тра́нспорте)*

Räumung *f* ликвида́ция, распрода́жа *(складских запа́сов)*; освобожде́ние, очи́стка

Räumungsausverkauf *m* оконча́тельная распрода́жа

Räumungspreis *m* цена́ по слу́чаю распрода́жи

Räumungsverkauf *m (оконча́тельная)* распрода́жа

Raumverladung *f* гру́зы, погружаемые под па́лубой, трюмные гру́зы

Raumverschluß *m* запира́ние, оформляемое тамо́женной пломбой *(ваго́нов, трю́мов и т.п.)*

Raumwirtschaftstheorie *f* тео́рия веде́ния крупнотерриториального хозя́йства

RAW, Rationalisierungsausschuss der Deutschen Wirtschaft Комите́т по пробле́мам рационализа́ции эконо́мики ФРГ

RAWA-Police *f* страхово́й по́лис на това́ры, про́данные в рассро́чку

rayonieren *vt* дели́ть на райо́ны, райони́ровать; распределя́ть по ка́рточкам

Rbk, Reichsbank *ист.* импе́рский банк, рейхсбанк *(госуда́рственный банк Герма́нии до 1945 г.)*

rd., rund приблизи́тельно, о́коло

r.d.A., zu den Akten к делу́ *(канцеля́рская поме́тка)*

R.D.C., running down clause усло́вие об отве́тственности страховщика за убы́тки застрахованного су́дна в результа́те его́ столкнове́ния с други́ми суда́ми

RDM, Ring Deutscher Makler für Immobilien, Hypotheken und Finanzierungen Объедине́ние немецких маклеров по недви́жимости, ипотекам и финансированию *(ФРГ)*

RDV, Reichsverband Deutscher Volks- und Betriebswirte Объедине́ние немецких экономистов и инжене́ров по организа́ции произво́дства

RE:

RE, Rechnungs-Einheit усло́вная расчётная едини́ца *(Европе́йского платежного сою́за)*

RE, Rechnungseinheit расчётная едини́ца

RE, Reineinkommen чи́стый дохо́д

Re., Rimesse римесса

RE-Kredit *m* креди́т, предоста́вленный в ра́мках акце́птной фо́рмы расчётов

RE-Verfahren *n* ме́тод акце́птного расчёта, акце́птная фо́рма расчётов

Readjustment *англ.* корректиро́вка *(напр., фрахтовой ста́вки, може́т испо́льзоваться та́кже для обозначе́ния индексирования обяза́тельств)*

ready cash *англ.* нали́чные де́ньги

ready cash платёж в тече́ние пяти́ дней

Realakkumulation *f* накопле́ние в материа́льно-веще́ственной фо́рме

Realbesitz *m* реа́льная со́бственность, факти́ческая со́бственность, реа́льное владе́ние, факти́ческое владе́ние; недви́жимое иму́щество, недви́жимость

Realeinkommen, verbrauchswirksames реа́льный дохо́д, соде́йствующий ро́сту потребле́ния

Realgarantie *f* реа́льная гара́нтия

Realien *pl* реа́лии, фа́кты, сведе́ния; реа́льная действи́тельность действи́тельные це́нности

realignment *англ.* урегули́рование валю́тного ку́рса *(напр., пересмо́тр центральных ку́рсов в ра́мках Европе́йской валю́тной систе́мы)*

Realisationsprinzip *n* при́нцип реализа́ции

Realisationstheorie *f* тео́рия реализа́ции

Realisationswert *m* прода́жная сто́имость

realisierbar реа́льный, осуществи́мый, выполни́мый ; могу́щий быть реализо́ванным, могу́щий быть про́данным, реализу́емый

Realisierbarkeit *f* реа́льность, осуществи́мость, выполни́мость; возмо́жность реализа́ции, возмо́жность прода́жи, реализу́емость, возмо́жность обраще́ния в де́ньги

realisieren *vt* реализова́ть, осуществи́ть, вы́полнить; реализова́ть, продава́ть, обраща́ть в де́ньги

Realisierung *f* реализа́ция, осуществле́ние, выполне́ние; реализа́ция, прода́жа

Realisierung des gesellschaftlichen Gesamtprodukts реализа́ция совоку́пного обще́ственного проду́кта

Realisierungsbedingungen *f, pl* усло́вия реализа́ции

Realisierungsfrist *f* срок реализа́ции

Realisierungskosten *pl* затра́ты на реализацию гото́вой проду́кции, расхо́ды на реализацию гото́вой проду́кции, изде́ржки на реализацию гото́вой проду́кции

Realisierungsmethode *f* ме́тод реализа́ции

Realisierungsrisiko *n* риск, свя́занный с реализа́цией това́ра

Realisierungsschwierigkeiten *f, pl* затрудне́ния в реализа́ции

Realisierungstermin *m* срок реализа́ции

Realisierungstheorie *f* тео́рия реализа́ции

Realisierungsvereinbarung *f* догово́р о реализа́ции изобрете́ний, догово́р о реализа́ции рационализаторских предложе́ний, догово́р о внедре́нии в произво́дство изобрете́ний, догово́р о внедре́нии в произво́дство рационализаторских предложе́ний

Realisierungsweg *m* движе́ние това́ра по сбытовой цепо́чке

Realitätenvermittler *m австр.* ма́клер по прода́же земе́льных уча́стков

Realkapital *n* реа́льный капита́л, совоку́пность испо́льзуемых материа́льных ресу́рсов

Realkauf *m* поку́пка *(за нали́чные)* с одновременным получе́нием това́ра

Realkontrakt *m юр.* реа́льный контра́кт, реа́льный догово́р

Realkredit *m* креди́т под зало́г реа́льных це́нностей *(напр., това́ров, це́нных бума́г)*; обеспе́ченный креди́т; ве́щный креди́т; креди́т под зало́г недви́жимого иму́щества, ипоте́чный креди́т

Realkreditinstitut *n* креди́тное учрежде́ние, предоставляющее ипотечные ссу́ды, ипоте́чный банк

Reallast *f* поземе́льный нало́г

Reallohn *m* реа́льная за́работная пла́та *(расчётный показа́тель, учи́тывающий измене́ния покупа́тельной спосо́бности де́нег)*

Reallohnindex *m* инде́кс реа́льной за́работной пла́ты

Realobligation *f* закладна́я *(докуме́нт)*

Realpfandrecht *n* ипотечное пра́во

Realpreis *m* реа́льная цена́, факти́ческая цена́

Realprodukt *n* реа́льный проду́кт

Realrecht *n* ве́щное пра́во

Realsicherheit *f* обеспе́чение недви́жимостью

Realsteuer *f* прямо́й нало́г *(напр., подохо́дный, поземе́льный)*

Realsteuern *f pl* прямы́е нало́ги (*ча́ще всего́, на недви́жимое иму́щество)*; *см.* **Objektsteuern**

Realteilung *f* разде́л *(насле́дственного)* земе́льного уча́стка ме́жду насле́дниками

Realvertrag *m юр.* реа́льный догово́р, реа́льный контра́кт

Realwert *m* реа́льная сто́имость, факти́ческая сто́имость *(в отли́чие от номина́льной су́ммы)*

Realzins *m* дохо́д от инвестированного капита́ла, исчисленный по де́йствующему ку́рсу; дохо́д от це́нных бума́г, исчисленный по де́йствующему ку́рсу; факти́ческий проце́нт от це́нных бума́г, *см.* **Rendite**

Reassekuranz *f* перестрахо́вка

rec., receipt квита́нция

recd., received полу́ченный

Rechenablauf *m* вычисли́тельный проце́сс, проце́сс вычисле́ний

Rechenanlage *f* вычисли́тельная маши́на, ВМ; ЭВМ, электро́нная вычисли́тельная маши́на; вычисли́тельное устро́йство; вычисли́тель; компью́тер; счётная маши́на; счетно-реша́ющее устро́йство

analoge Rechenanlage ана́логовая ВМ, АВМ

arbeitende Rechenanlage акти́вная ВМ

compatible Rechenanlage совмести́мая ВМ

dezentralisierte Rechenanlage децентрализо́ванная вычисли́тельная систе́ма

digitale Rechenanlage цифрова́я вычисли́тельная маши́на, ЦВМ

digitale elektronische Rechenanlage электро́нная цифрова́я ВМ, ЭЦВМ

druckende Rechenanlage ВМ с печа́тью; счётно-реша́ющее устро́йство с вы́водом на печа́ть

elektronische Rechenanlage электро́нная вычисли́тельная маши́на, ЭВМ

externe Rechenanlage вне́шняя ВМ; перифери́йная ВМ

hybride Rechenanlage гибри́дная ВМ; ана́лого-цифрова́я ВМ

IBM-compatible Rechenanlage *IBM* совмести́мая ВМ

kleine Rechenanlage ма́лая ВМ, ВМ небольшо́й производи́тельности

kommerzielle Rechenanlage ВМ для комме́рческих расчетов

kompatible Rechenanlage совмести́мая ВМ

mikroprozessorbasisbezogene Rechenanlage микропроцессорная ВМ, ВМ на ба́зе микропроцессора, микро-ЭВМ

programmgesteuerte Rechenanlage ВМ с програ́ммным управле́нием

tastatur-orientierte Rechenanlage ВМ с управле́нием от клавиату́ры

zentrale Rechenanlage центра́льная ВМ *(в многомашинном ко́мплексе)*; ЦВМ

Rechenautomat *m* автомати́ческое вычисли́тельное устро́йство; вычисли́тельный автома́т; автомати́ческая вычисли́тельная маши́на

programmgesteuerter Rechenautomat программи́руемый вычисли́тельный автома́т

Rechenbefehl *m* кома́нда на проведе́ние вычисли́тельных опера́ций

Rechenbetrieb *m* фа́брика механизированного учёта

Rechenbrett *n* счётная доска́ ж.; счёты мн.

Recheneinheit *f* арифмети́ческое устро́йство, АУ́ *(вычисли́тельной маши́ны)*

Rechenkontrolle *f* контро́ль вычисле́ний

Rechenkosten *pl* сто́имость вычисли́тельных рабо́т, затра́ты на вычисли́тельные рабо́ты, расхо́ды на вычисли́тельные рабо́ты, изде́ржки на вычисли́тельные рабо́ты

Rechenlocher *m* счётно-перфорационное устро́йство

Rechenmaschine *f* вычисли́тельная маши́на, ВМ; счётная маши́на, арифмо́метр

Rechenmethode *f* ме́тод расчёта, алгори́тм расчёта

numerische Rechenmethode чи́сленный ме́тод расчёта

Rechenoperation *f* арифмети́ческая опера́ция, арифмети́ческое де́йствие

Rechenpreis *m* сто́имостный показа́тель

Rechenprogramm *n* програ́мма вычисле́ний; програ́мма для вычисли́тельной маши́ны, маши́нная програ́мма

Rechenschaft *f* отчёт

Rechenschaftslegung *f* отчёт; отчётность

rechenschaftspflichtig подотчётный, обя́занный отчи́тываться

Rechenstation *f* машиносчётная ста́нция; вычисли́тельный центр, ВЦ

Rechentabelle *f* расчётная табли́ца

Rechentafel *f* расчётная табли́ца

Rechentechnik *f* вычисли́тельная те́хника

Rechenverfahren *n* ме́тод вычисле́ний

Rechenwerk *n* арифмети́ческое устро́йство, АУ́ *(вычисли́тельной маши́ны)*

Rechenzeit *f* продолжи́тельность вычисле́ний, вре́мя вычисле́ний

Rechenzentrum *n* вычисли́тельный центр, ВЦ

Rechnen *n* счёт; вычисле́ния; арифме́тика

kaufmännisches Rechnen торго́вые подсчёты; комме́рческая арифме́тика; комме́рческие расчёты

rechnen *vi* счита́ть, вычисля́ть рассчи́тывать на *что-л*; счита́ться с *чем-л.*, принимáть в расчёт, учи́тывать; предви́деть ожидáть, надéяться

Rechner *m* калькуля́тор

Währungsrechner валю́тный калькуля́тор (для бы́строго пересчёта кýрса валю́т)

Rechnerausfallzeit *f* врéмя простóя вычисли́тельной маши́ны

Rechnerkomplex *m* вычисли́тельный кóмплекс; ВК

Rechnung *f* вычислéние; расчёт; учёт; подсчёт; счёт *(докумéнт)*, фактýра; счёт *(в бáнке)*; *(финáнсовый)* отчёт

Rechnung in zweifacher Ausfertigung счёт в двух экземпля́рах

Rechnung mit Abzug von ... % счёт со ски́дкой на ... %

analytische Rechnung *бухг.* аналити́ческий счёт

endgültige Rechnung итóговый счёт

fällige Rechnung счёт, срок платежá по котóрому наступи́л

fingierte Rechnung фикти́вный счёт

laufende Rechnung текýщий счёт

neue Rechnung *бухг.* перенóс сáльдо истекшего годá в бухгáлтерские счетá слéдующего *(наступившего)* годá; перенóс сáльдо истекшего годá в отчётность наступившего годá

offene Rechnung откры́тый счёт; неоплáченный счёт

prospektive Rechnung *сет. пл.* отсчёт врéмени от исходного собы́тия сети́

provisorische Rechnung врéменный счёт; предвари́тельный счёт

retrograde Rechnung *сет. пл.* отсчёт врéмени от завершающего собы́тия сети́

spezifizierte Rechnung счёт-спецификáция, фактýра-спецификáция

synthetische Rechnung *бухг.* синтети́ческий счёт

unabgemachte Rechnung неоплáченный счёт

vorläufige Rechnung предвари́тельный счёт

auf die Rechnung setzen *бухг.* отнести́ на счёт

auf eigene Rechnung за свой счёт

auf Rechnung за счёт

für Rechnung за счёт

eine Rechnung ausgleichen оплати́ть счёт, оплáчивать счёт

eine Rechnung ausstellen вы́писать счёт, оплáчивать счёт

eine Rechnung begleichen оплати́ть счёт, оплáчивать счёт

eine Rechnung bezahlen оплати́ть счёт, оплáчивать счёт

eine Rechnung erledigen оплати́ть счёт, оплáчивать счёт

für eigene Rechnung und Gefahr на свой страх и риск

für gemeinschaftliche Rechnung за óбщий счёт

Handelsrechnung счёт-фактýра, фактýра

Proformarechnung счёт-профóрма

Rechnungsabgrenzung *f бухг.* разграничéние затрáт и поступлéний мéжду смéжными отчётными периóдами

aktive Rechnungsabgrenzung разграничéние затрáт мéжду смéжными отчётными периóдами

passive Rechnungsabgrenzung разграничéние поступлéний мéжду смéжными отчетными периóдами

Rechnungsabgrenzungsposten *m pl* статьи́, разграничивающие учёт затрáт и поступлéний мéжду отчётными периóдами; разделéние расхóдов мéжду дáнным периóдом и послéдующим врéменем

aktive Rechnungsabgrenzungsposten статьи́, разграничивающие учёт затрáт мéжду смéжными отчётными периóдами

passive Rechnungsabgrenzungsposten статьи́, разграничивающие учёт поступлéний мéжду смéжными отчётными периóдами

Rechnungsabschluß *m* заключéние счетóв; сальди́рование; заключи́тельный балáнс

Rechnungsabschrift *f* кóпия счёта

Rechnungsanfertigung *f* оформлéние счёта, вы́писка счёта

Rechnungsart *f* спóсоб исчислéния, спóсоб расчёта

Rechnungsausfertigung *f* выставлéние счёта, вы́писка счёта; экземпля́р счёта

Rechnungsausgangsbuch *n* кни́га регистрáции вы́писанных счетóв

Rechnungsausgleich *m бухг.* выведéние сáльдо, сáльдо

Rechnungsausstellung *f* выставлéние счёта, вы́писка счёта

Rechnungsauszug *m* вы́писка из счёта

Rechnungsbeleg *m бухг.* подтверждáющий докумéнт, прилагáемый к счёту, оправдáтельный докумéнт к счёту

Rechnungsbetrag *m* сýмма счёта; фактýрная сýмма, фактýрная стóимость

Rechnungsbuch *n* счётная кни́га, фактýрная кни́га, кни́га счетóв

Rechnungsdefizit *n* дебетóвое сáльдо по счёту; кáссовый дефици́т, превышéние расхóдов *(вы́плат нали́чных дéнег)* над поступлениями

Rechnungseingangsbuch *n бухг.* кни́га регистрáции поступающих счетóв поставщикóв

Rechnungseingangsjournal *n бухг.* журнáл поступающих счетóв поставщикóв

Rechnungseingangskonto *n бухг.* счёт поступи́вших счетóв поставщикóв

Rechnungseinheit *f* счётная едини́ца; расчётная едини́ца; услóвная расчётная едини́ца *(Европéйского платёжного сою́за)*

Rechnungseinzugsverfahren *n* мéтод акцéптного расчёта, акцéптная фóрма расчётов

Rechnungserteilung *f* представлéние счёта *(к платежý)*

Rechnungsführung *f* счетовóдство, бухгалтéрия; учёт

analytische Rechnungsführung аналити́ческий учёт

gesamtstaatliche Rechnungsführung общегосудáрственный учёт

innerbetriebliche wirtschaftliche Rechnungsführung внутризаводскóй хозя́йственный расчёт

synthetische Rechnungsführung синтети́ческий учёт

Rechnungsführung über Arbeitszeit und Lohn учёт трудá и зáработной плáты

Rechnungsführung über den Kassenverkehr учёт кассовых оперáций

Rechnungsführung über die unvollendete Produktion учёт незавершённого произвóдства

vollständige wirtschaftliche Rechnungsführung пóлный хозя́йственный расчёт

wirtschaftliche Rechnungsführung хозя́йственный расчёт, хозрасчёт

mit wirtschaftlicher Rechnungsführung хозрасчётный

Rechnungsgang *m* вычисли́тельный процéсс, процéсс вычислéний

Rechnungsgebarung *f австр.* финáнсовая дéятельность; прáктика учёта

Rechnungsgrundlagen *f pl* оснóвы вычислéний, оснóвы расчётов; оснóвы исчислéния

Rechnungsjahr *n* бюджéтный год; отчётный год; отчётный год

Rechnungslegung *f* отчётность

rechnungsmäßig расчётный, находя́щий отражéние в систéме счетóв

Rechnungsnummer *f* нóмер счёта

Rechnungsperiode *f* отчётный периóд

Rechnungsposition позиция счёта

kumulative Rechnungsposition пози́ция счёта нарастающим итогом; кумулятивная пози́ция счёта

Rechnungsposten *m* бухгáлтерская статья, статья учёта

Rechnungspreis *m* факту́рная цена́; цена́ в соотве́тствии со счётом-фактурой

Rechnungsprüfer *m* ревизо́р, проверя́ющий бухга́лтерскую отчётность; ауди́тор

Rechnungsprüfung контро́ль счето́в, прове́рка счето́в; реви́зия отчётности; ауди́т

Rechnungsquartal *n* отчётный кварта́л

Rechnungsüberschuss *m* кредито́вое са́льдо по счёту

Rechnungswesen *n* счетово́дство; учёт; отчётность

betriebliches Rechnungswesen произво́дственный учёт *(мо́жет включа́ть годово́й бала́нс, ана́лиз изде́ржек, произво́дственную стати́стику, финанси́рование)*

industrielles Rechnungswesen промы́шленный учёт и отчётность

volkswirtschaftliches Rechnungswesen народнохозя́йственный учёт и отчётность

Recht *n* пра́во; зако́н; зако́нность

aktives Recht акти́вное пра́во

alleiniges Recht монопо́льное пра́во

allgemein gültiges Recht о́бщее пра́во; общепри́нятое пра́во

ausschließliches Recht исключи́тельное пра́во, привиле́гия

bedingtes Recht усло́вное пра́во

bürgerliches Recht гражда́нское пра́во

dingliches Recht ве́щное пра́во

dispositives Recht диспозити́вное пра́во

geltendes Recht де́йствующее пра́во

internationales öffentliches Recht междунаро́дное публи́чное пра́во

nachgiebiges Recht правовы́е положе́ния, кото́рые мо́гут быть изменены́ по соглаше́нию сторо́н

öffentliches Recht публи́чное пра́во

örtliches Recht ме́стное пра́во

persönliches Recht ли́чное пра́во

privates Recht ча́стное пра́во

materielles Recht материа́льное пра́во

subjektives Recht субъекти́вное пра́во

übertragbares Recht передава́емое пра́во

unabdingbares Recht неотъе́млемое пра́во

verbrieftes Recht зафиксированное пра́во, узаконенное пра́во *(напр., на владе́ние ве́щью)*

zwingendes Recht императивное пра́во *(не мо́жет быть изменено соглаше́нием сторо́н)*

Recht auf Arbeit пра́во на труд

Recht auf Erholung пра́во на о́тдых

Recht auf materielle Versorgung пра́во на материа́льное обеспе́чение

Recht der Ersitzung пра́во да́вности

Recht „der ersten Hand" пра́во «пе́рвой руки́»

Recht der internationalen Wirtschaftsbeziehungen правовы́е но́рмы, регули́рующие междунаро́дные экономи́ческие отноше́ния

das Recht auf (etw.) haben име́ть пра́во на *(что-л.)*

das Recht ausüben воспо́льзоваться пра́вом

das Recht einräumen предоста́вить пра́во

(jmds.) Recht wahrnehmen защища́ть *(чьё-л.)* пра́во

sich das Recht vorbehalten оставля́ть за собо́й пра́во

rechtlich правово́й, юриди́ческий; зако́нный; че́стный, справедли́вый

rechtlich юриди́чески, с то́чки зре́ния пра́ва

rechtlich verpflichtet правообязанный

rechtlos беспра́вный; незако́нный

rechtmäßig зако́нный, лега́льный

Rechtsabteilung *f* юриди́ческий отде́л

Rechtsakt *m* юриди́ческий акт, правово́й акт

Rechtsanspruch *m* прете́нзия; правопритяза́ние, правово́е притяза́ние; притяза́ние, осно́ванное на пра́ве

Rechtsansprüche *pl* прете́нзии (мн.ч.

Rechtsanwalt *m* адвока́т; защи́тник

Rechtsanwaltbüro *n* адвока́тское бюро́; адвока́тская конто́ра

Rechtsanwaltsbüro *n* адвока́тское бюро́; адвока́тская конто́ра

Rechtsanwaltschaft *f* адвокату́ра

Rechtsanwaltsgebühr *f* вознагражде́ние адвока́ту

Rechtsanwaltskammer *f* адвока́тская ка́мера; адвока́тская пала́та *(орга́н самоуправле́ния адвока́туры)*

Rechtsausübung *f* осуществле́ние пра́ва́

Rechtsberater *m* юриско́нсульт

Rechtsbeschwerde *f* жа́лоба *(в суд)*

Rechtsfähigkeit *f* правоспосо́бность

allgemeine Rechtsfähigkeit о́бщая правоспосо́бность

prozessuale Rechtsfähigkeit процессуа́льная правоспосо́бность

Rechtsfall *m* юриди́ческий слу́чай

Rechtsform *f* правова́я фо́рма, юриди́ческая фо́рма

Rechtsgeschäft *n* правова́я сде́лка *(напра́вленная на измене́ние правовы́х отноше́ний)*, юриди́ческая сде́лка

dissimuliertes Rechtsgeschäft диссимули́рованная юриди́ческая сде́лка *(юриди́ческая сде́лка, прикрываемая фиктивной сделкой)*

drückendes Rechtsgeschäft каба́льная юриди́ческая сде́лка

einseitiges Rechtsgeschäft односторо́нняя юриди́ческая сде́лка

fiduziarisches Rechtsgeschäft фидуциарная юриди́ческая сде́лка

gesetzwidriges Rechtsgeschäft противозаконная юриди́ческая сде́лка

simuliertes Rechtsgeschäft фикти́вная юриди́ческая сде́лка

rechtsgültig зако́нный, име́ющий зако́нную си́лу, име́ющий юриди́ческую си́лу

Rechtshandlung *f* юриди́ческий акт, правово́й акт

Rechtskosten *pl* суде́бные изде́ржки

Rechtskraft *f* зако́нная си́ла *(суде́бного реше́ния)*

Rechtskraft erlangen получи́ть си́лу зако́на

rechtskräftig име́ющий зако́нную си́лу

Rechtslage *f* правово́е положе́ние, правово́й ста́тус

Rechtsmängelhaftung *f юр.* гара́нтия продавца́ в том, что объе́кт ку́пли-прода́жи свобо́ден от долговы́х обяза́тельств и не нахо́дится в со́бственности тре́тьих лиц

Rechtsmittel *n* кассационная жа́лоба, обжа́лование

Rechtsmittel *n pl юр.* кассационная жа́лоба *(об отме́не вышестоя́щей инста́нцией реше́ния нижестоя́щей инста́нции)*; апелля́ция *(сре́дство пересмо́тра не вступи́вшего в си́лу постановле́ния)*

Rechtsnachfolge *f* правопрее́мство

Rechtsnachfolger *m* правопрее́мник

Rechtsnorm *f* правова́я но́рма

Rechtsobjekt *n* объе́кт пра́ва́

Rechtspersönlichkeit *f* юриди́ческое лицо́

Rechtsregelung *f* правово́е регули́рование

Rechtsschutz *m* юриди́ческая защи́та, правова́я защи́та

gewerblicher Rechtsschutz защи́та предпринимательских прав; охра́на промы́шленных прав *(напр., на това́рные зна́ки, патенты, образцы́ изде́лий)*

Rechtssicherheit *f* гара́нтия соблюде́ния зако́нности

Rechtsstatus *m* правово́й ста́тус, правово́е положе́ние

Rechtsstellung *f* правово́е положе́ние, правово́й ста́тус

Rechtssubjekt *n* субъе́кт пра́ва́, носи́тель пра́ва́

Rechtsträger *m* субъе́кт пра́ва́, носи́тель пра́ва́, облада́тель пра́ва́

Rechtsträgerschaft *f* **nutznießende** пра́во землепо́льзования

Rechtstreit *m* тя́жба
Rechtstreit суде́бный проце́сс
Rechtstreit гражда́нский суде́бный спор
rechtsungültig незако́нный, не име́ющий зако́нной си́лы, не име́ющий юриди́ческой си́лы
Rechtsverhältnisse *n, pl* правовы́е отноше́ния (мн.ч.)
Rechtsverkehrssteuer *f* нало́г за соверше́ние сде́лок *(свя́занных, напр. с перехо́дом иму́щества от одного́ лица́ к друго́му)*
Rechtsverletzer *m* правонаруши́тель; наруши́тель де́йствующего законода́тельства
Rechtsvorschrift *f* законоположение
Rechtsweg *m* суде́бное рассмотре́ние дела́ *(в отли́чие от администрати́вного)*
unter Ausschluss des Rechtsweges во внесуде́бном поря́дке
rechtswidrig противозако́нный, незако́нный, неправоме́рный
rechtswirksam име́ющий зако́нную си́лу, име́ющий юриди́ческую си́лу, зако́нный
rechtszuständig подсу́дный, подпада́ющий под юрисди́кцию
Rechtübertragung *f* переда́ча прав, переда́ча полномо́чий
rechtzeitig своевре́менно, во́время, в назна́ченное вре́мя
rechtzeitig своевре́менный
rechtzeitig ankommen во́время прийти́; во́время прибы́ть
die **Zahlungen erfolgen rechtzeitig** платежи́ произво́дятся своевре́менно
Recycling *n англ.* рециклирование, втори́чное испо́льзование ресу́рсов
Recycling рециклирование нефтедолларов *(привлече́ния в промы́шленно развиты́е страны́ ре́зко возро́сших в 70-е го́ды дохо́дов нефтеэкспортирующих госуда́рств)*
Red Clause *f англ.* кра́сная огово́рка *(усло́вие аккредити́ва, согла́сно кото́рому банк соглаша́ется вы́платить ава́нсом часть су́ммы аккредити́ва про́тив представле́ния вме́сто коносамента)*
Red Clause кра́сная огово́рка (огово́рка Объедине́ния ло́ндонских страховщиков, напеча́танная кра́сным шри́фтом и приклеиваемая к страхово́му по́лису)
redeemed share (eng.); eingezogene Aktie *f вы́купленная а́кция*
Redeflation *f* рефля́ция *(денежно-креди́тная поли́тика, напра́вленная на стимули́рование экономи́ческой акти́вности и рост за́нятости)*
Rediskont *m* переучёт, редисконт *(векселе́й- втори́чная поку́пка и́ли перепрода́жа учтенных)*
rediskontfähig го́дный к переучёту *(обы́чно о векселя́х)*
rediskontfähige Wechsel *m pl* переучитываемые векселя́ (мн.ч.)
Rediskontfazilität *f* «диско́нтное окно́» (возмо́жность получе́ния ссу́ды в центра́льном ба́нке)
Rediskontfazilität der Zentralbank «диско́нтное окно́» Центра́льного ба́нка
rediskontieren *vt* переучитывать *(векселя́)*, перепродава́ть *(учтенные векселя́)*
Rediskontierer *m* лицо́, переучитывающее ве́ксель (муж. рода́)
Rediskontiererin *f* лицо́, переучитывающее ве́ксель (жен. рода́)
Rediskontierung *f* переучёт; редисконт *(векселе́й)*
Rediskontkredit *m* лими́т кредитования под переучёт векселе́й, предоставля́емый коммерческим ба́нкам Центральны ба́нком
Rediskontkredit *m* редисконтный креди́т, переучётный креди́т *(креди́т, предоставля́емый Федера́льным и́ли Центра́льным ба́нком други́м ба́нкам в фо́рме ссуд под зало́г име́ющихся у них векселе́й)*
Rediskontsatz *m* ста́вка переучёта *(векселе́й)*; ста́вка редисконтирования
Redislokation *f* редислокация
Redistribution *f* перераспределе́ние
redistributiv перераспределяемый
Redlichkeit *f* че́стность, добросо́вестность
Redlichkeitssicherheit *f* гара́нтия че́стности
Reduktion сокраще́ние, уменьше́ние, сниже́ние; ограниче́ние; *мат.* приведе́ние, сведе́ние; сокраще́ние; усреднение
Reduktion der Arbeit реду́кция труда́ *(приведе́ния разли́чных ви́дов труда́ к о́бщей едини́це измере́ния)*
redundant избы́точный; изли́шний
redundant (выч.тех.) резе́рвный
redundante Information *f* избы́точная информа́ция
Redundanz *f* избы́точность, избы́ток *(напр., информа́ции)*
reduzieren *vt* сокраща́ть, уменьша́ть, снижа́ть; ограни́чивать; редуци́ровать; *мат.* приводи́ть, своди́ть; сокраща́ть
Reduzierung *f* сокраще́ние, уменьше́ние, сниже́ние; ограниче́ние; *мат.* приведе́ние, сведе́ние; сокраще́ние; усреднение
Datenreduzierung *f* (выч.тех.) сжа́тие да́нных; уплотне́ние да́нных
Reede *f* рейд
Reeder *m* судовладе́лец; владе́лец парохо́дства; член парохо́дной компа́нии
Reederei *f* пароходство, парохо́дная компа́ния
Reexport *m* реэкспорт, экспорт импортированных това́ров
Reexportgeschäft *n* реэкспортная сде́лка, реэкспортная опера́ция
Reexporthandel *m* реэкспортная торго́вля
Reexportklausel *f* огово́рка, определя́ющая поря́док реэкспорта
Refa:
Refa, Reichsausschuss für Arbeitsstudien Федера́льное ве́домство по рационализа́ции труда́
Refa, Reichsausschuss für Arbeitszeitermittlung комите́т по изуче́нию рабо́чего вре́мени *(разрабо́тал систе́му разби́вки рабо́чего проце́сса на элеме́нты, кото́рая испо́льзуется для рационализа́ции труда́)*
REFA-System *n* систе́ма изуче́ния рабо́чих опера́ций и хронометрирования рабо́чего вре́мени, испо́льзуемая Федера́льным ве́домством по рационализа́ции труда́
Refaktie *f* рефакция, бонифика́ция, ски́дка за поврежде́нный *(и́ли низкока́чественный)* това́р; ски́дка с фра́хта
refaktieren *vt* предоставля́ть ски́дку *(с оптовых цен)*
Referenz *f* отзы́в, рекоменда́ция; рефере́нция; поручи́тель; лицо́, даю́щее рекоменда́цию
Referenz ссы́лка на *что-л.*
Referenzbuch *n* кни́га о́тзывов и предложе́ний
Referenzmuster *n* образе́ц *(слу́жащий осно́вой заключе́ния сде́лки о купле-прода́же)*
Referenzpreis *m* спра́вочная цена́
refinanzieren *vt* рефинансировать, повто́рно привлека́ть капита́л
Refinanzierung *f* рефинансирование, повто́рное привлече́ние капита́ла *(напр., вы́пуск но́вых це́нных бума́г для того́, что́бы вы́купить обяза́тельства, подходя́щие к сро́ку погаше́ния)*
Refinanzierungskredit *m* креди́т на рефинансирование
Reflation *f* рефля́ция *(денежно-креди́тная поли́тика, напра́вленная на стимули́рование экономи́ческой акти́вности и рост за́нятости)*
Reflektant *m* рефлектант; возмо́жный покупа́тель; претенде́нт *(напр., на аукцио́не)*
Reform *f* рефо́рма; преобразова́ние; реорганиза́ция

refüsieren *vi фр.* отказа́ться от приёмки това́ра

Refüsierungsrecht *n* пра́во отка́за от приёмки това́ра *(по́сле установле́ния несоотве́тствия его́ ка́чества усло́виям контра́кта)*

reg., regelmäßig регуля́рный; регуля́рно

Regale *n* прерогати́вы вла́сти; рега́лии, атрибу́ты

Regalien *n, pl* прерогати́вы вла́сти; рега́лии, атрибу́ты

Regalstapelung *f* складско́е хране́ние това́ра на по́лках, складско́е хране́ние това́ра на стеллажах

Regelbelastung *f* расчётная нагру́зка, норма́льная нагру́зка; регулируемая нагру́зка

Regeleingriff *m* регули́рующее возде́йствие

Regelgröße *f* регули́рующая величина́, управля́ющая величина́

Regelkreis *m* ко́нтур регули́рования

Regelleistungen *f, pl (обы́чные)* услу́ги предприя́тий бытово́го обслу́живания; обяза́тельная медици́нская и фина́нсовая по́мощь, ока́зываемая о́рганами социа́льного страхова́ния *(ФРГ)*

Regelleistungspreise *m, pl* прейскура́нт на *(обы́чные)* услу́ги предприя́тий бытово́го обслу́живания

Regelmechanismen *m pl (экономи́ческие)* механи́змы регули́рования

Regelmechanismus *m (экономи́ческий)* механи́зм регули́рования

regeln *vt* регули́ровать; упоря́дочивать; регламенти́ровать
  die Schulden regeln уплати́ть долги́
  die Streitigkeiten regeln ула́дить спо́рные вопро́сы

Regelparameter *m* пара́метр регули́рования

Regelsystem *n* систе́ма регули́рования

Regeltarif *m трансп.* норма́льный тари́ф

Regelung нормализа́ция, ула́живание; регули́рование; упорядочивание; регламентирование
  Regelung регулиро́вка, регули́рование
  ökonomische Regelung экономи́ческое регули́рование

Regelungstechnik *f* те́хника автомати́ческого регули́рования

Regelungstheorie *f* тео́рия автомати́ческого регули́рования

Regenversicherung *f* страхова́ние от атмосфе́рных оса́дков

Regie *f* управле́ние *(госуда́рственным и́ли коммунальным предприя́тием непосре́дственно центральными о́рганами вла́сти и́ли муниципалите́том)*; госуда́рственная монопо́лия *(напр., таба́чная монопо́лия)*
  in eigener Regie хозяйственным спо́собом *(напр., в отноше́нии строи́тельства)*

Regiebauweise *f* хозя́йственный спо́соб строи́тельства

Regiekosten *pl* накладны́е управленческие расхо́ды; накладны́е расхо́ды предприя́тий госуда́рственного сектора *(напр., сберкасс, по́чты)*; накладны́е расхо́ды коммуна́льных предприя́тий ме́стных о́рганов управле́ния
  Regiekosten расхо́ды по торго́вым сде́лкам, не включённые в це́ну това́ра *(напр., на рекла́му, я́рмарки и т.п.)*

Regien *f, pl* накладны́е управленческие расхо́ды

Regierung *f* прави́тельство

Regierungsabkommen *n* межправи́тельственное соглаше́ние

Regierungsanleihe *f* госуда́рственный заём

Regierungsauftrag *m* госуда́рственный зака́з

Regierungsbank *f* госуда́рственный банк

regierungseigen находя́щийся в распоряже́нии прави́тельства, госуда́рственный

Regierungsgarantie *f* прави́тельственная гара́нтия, госуда́рственная гара́нтия

Regierungshandel *m* вне́шняя торго́вля, осуществля́емая госуда́рственными о́рганами

Regierungskäufe *m, pl* госуда́рственные заку́пки

Regierungsstützpreis *m* субвенционированная *(за счёт госуда́рственных дота́ций)* цена́ *(цена́ ни́же и́ли ра́вная себесто́имости)*

Regierungssystem *n* фо́рма правле́ния, систе́ма правле́ния

Region *f* регио́н, о́бласть, райо́н

regional региона́льный

Regionalabkommen *n* региона́льное соглаше́ние

Regionalanalyse *f* региона́льный ана́лиз

Regionalbank *f* региона́льный банк

Regionalfonds der EG *m* региона́льный фонд Европе́йского сообщества, региона́льный фонд ЕЭС

Regionalismus *m* регионализм; сепарати́зм

Regionalplanung *f* региона́льное плани́рование

Regionalreihen *f, pl* экономико-статисти́ческие ряды́ регионального хара́ктера

Regionalwirtschaft *f* региональная эконо́мика

Regionierung *f* классифика́ция регионов, деле́ние на экономи́ческие райо́ны

Registeibrief *m* судово́е свиде́тельство, судово́й сертифика́т

Register *n* спи́сок, указа́тель, пе́речень; инде́кс; реги́стр; регистрацио́нная за́пись; рее́стр; реестровая кни́га

Registergebühr *f* регистрацио́нный сбор

Registertonnage *f* реги́стровый тонна́ж

Registertonne *f* реги́стровая то́нна *(ме́ра водоизмеще́ния су́дна1 реги́стровая то́нна= 2,832 м3)*

Registratur *f* регистрату́ра *(учрежде́ние)*; архи́в; де́ло *(докуме́нты)*; стелла́ж, шкаф *(для па́пок с дела́ми)*; регистра́ция, за́пись

Registrierjournal *n бухг.* регистрацио́нный журна́л

Registrierkasse *f* ка́ссовый аппара́т

Registrierkassenstreifen *m* ле́нта ка́ссового аппара́та

registrierter Teilnehmer зарегистри́рованный уча́стник (напр. аукцио́на, торго́в)

Registrierung *f* регистра́ция, за́пись, фикса́ция

Regredient *m юр.* регрессант, исте́ц, предъявля́ющий регре́ссный иск

Regress *m юр.* регре́сс, регре́ссный иск, обра́тное тре́бование о возмеще́нии

Regreßanspruch *m юр.* регре́сс, регре́ссный иск, обра́тное тре́бование о возмеще́нии

Regressant *m юр.* регрессант, исте́ц, предъявля́ющий регре́ссный иск

Regressat *m юр.* регрессат, отве́тчик по регрессному и́ску

Regression *f* регре́ссия *(в экономи́ческом ана́лизе - функциона́льная зави́симость рассматриваемого показа́теля от други́х переменных)*
  bedingte Regression усло́вная регре́ссия
  einfache Regression проста́я регре́ссия
  gewogene Regression взве́шенная регре́ссия
  lineare Regression лине́йная регре́ссия
  mehrfache Regression множественная регре́ссия
  nichtlineare Regression нелинейная регре́ссия

Regressionsanalyse *f* регрессионный ана́лиз

Regressionsfunktion *f* фу́нкция регрессии

Regressionsgerade *f мат.* прямáя регрессии, ли́ния регрессии

Regressionsgleichung *f* корреляци-

онное уравнéние, уравнéние регрессии; корреляционно-регрессивное уравнéние
multiple Regressionsgleichung уравнéние множественной регрессии
Regressionskurve *f* кривáя регрессии
Regressionsmethode *f* регрессионный мéтод
Regressionsprognose *f* регрессионный прогнóз
Regressionsrechnung *f* регрессионный анáлиз
Regressionsschätzung *f* регрессионная оцéнка *(напр., национáльного дохóда)*
regressiv регрессúвный *(стáвки регрессивного налóга снижáются с увеличéнием дохóда)*; регрéссный
Regreßpflicht *f* обязанность удовлетворúть трéбование регрессанта
Regreßverzichtsabkommen *n* соглашéние об откáзе от регрéсса
Regs., registered tonnage регúстровый тоннáж
Regularitätsbedingung *f* услóвие регулярности
Regulativ *n* (óбщая) инстрýкция, дирektúва; распоряжéние
regulativ инструктúвный, директúвный, руководящий
regulieren *vt* регулúровать, налáживать; приводúть в порядок; оплáчивать (счёт); управлять
Regulierung *f* регулúрование, налáдка; упорядочение; оплáта *(по счёту)*
Regulierung nach Abweichungen регулúрование по рассогласованиям, регулúрование по отклонéниям
Regulierung nach kritischen Parametern регулúрование по критúческим параметрам
ökonomische Regulierung экономúческое регулúрование
Regulierungskonto *n* регулúрующий счёт
Regulierungspreis *m* регулúрующая ценá
Regulierungszölle *m, pl* пóшлины, регулúрующие внéшнюю торгóвлю
Rehabilitation *f юр.* реабилитáция; восстановлéние работоспосóбности *(инвалида)*; трудоустрóйство *(выздорáвливающего)*
REI, Rat der Europäischen Industrieverbände Совéт европéйских промышленных федераций
reibungslos бесперебóйный, беспрепятственный
Reichsabgabenordnung *f ист.* (гермáнские) государственные прáвила о взыскáнии налóгов, сбóров и пóшлин
Reichsausschuss für Arbeitsstudien Федерáльное вéдомство по рационализáции трудá *(ФРГ)*
Reichsausschuss für Lieferbedingungen und Gütesicherung Федерáльное вéдомство по услóвиям постáвок и кáчеству *(ФРГ)*
Reichsbahn *f* **(Deutsche)** желéзные дорóги (бывш. ГДР); желéзные дорóги Гермáнии *(до мáя 1945 г.)*
Reichsbank *f* **(Deutsche)** импéрский банк, рейхсбанк *(государственный банк Гермáнии до мáя 1945 г.)*
Reichsbodenschätzung *f* оцéнка почв и их классификáция по плодорóдию и доходности *(в фашúстской Гермáнии и в ФРГ)*
Reichsfinanzhof *m* имперское налогово-финáнсовое управлéние *(в Гермáнии с 1918 г. по 1945 г.)*
Reichsnährstand *m* Имперское земéльное сословие *(официáльная организáция крестьянства в фашúстской Гермáнии)*
Reichspatent *n* **(Deutsches)** гермáнский государственный патéнт *(до мáя 1945г.)*
Reichsspitzenbetrieb *m* сельскохозяйственное предприятие, служившее эталоном для сравнéния доходности предприятий при их налогообложении *(в фашúстской Гермáнии)*
Reichsversicherungsamt Федерáльное вéдомство (социáльного) страховáния *(ФРГ)*
Reichtum *m* богáтство
materieller Reichtum изобúлие материáльных благ
Reife *f* **technologische** технологúческая зрéлость *(издéлия)*
Reifeprozess *m* процéсс созревáния
Reihe *f* ряд; сéрия; óчередь; порядок; очерёдность; *стат., мат.* ряд
dynamische Reihe *стат.* динамúческий ряд, ряд динáмики
empirische Reihe *стат.* эмпирúческий ряд
statische Reihe *стат.* вариациóнный ряд
statistische Reihe *стат.* статистúческий ряд
Reihenabschluß *m* сдéлка при учáстии рядá контрагентов
Reihenfabrikation *f* серúйное производство,
Reihenfabrikation mit Zeitzwang конвéйерное серúйное производство, потóчное серúйное производство, серúйное производство с принудúтельным тактом
Reihenfabrikation ohne Zeitzwang серúйное производство со свобóдным тактом
erzeugnisgebundene Reihenfabrikation серúйное производство, оснóванное на комплексном расположéнии разнотипных машúн для изготовлéния определённого вúда издéлий
Reihenfertigung *f* серúйное производство,
Reihenfertigung mit Zeitzwang конвéйерное серúйное производство, потóчное серúйное производство, серúйное производство с принудúтельным тактом
Reihenfertigung ohne Zeitzwang серúйное производство со свобóдным тактом
erzeugnisgebundene Reihenfertigung серúйное производство, оснóванное на комплексном расположéнии разнотипных машúн для изготовлéния определённого вúда издéлий
Reihenfolge *f* послéдовательность, очерёдность; чередовáние *(напр., производственных процéссов)*
optimale Reihenfolge оптимáльная послéдовательность производственных процéссов
technologische Reihenfolge послéдовательность технологúческих процéссов, технологúческая послéдовательность
Reihenfolgeprobleme *n, pl* задáчи теóрии расписаний, задáчи вы́бора оптимальной послéдовательности
Reihengeschäft *n* сдéлка при учáстии рядá контрагентов
reihenmäßig серúйный
Reihenregreß *m* послéдовательный регрéсс
Reihenrückgriff *m* послéдовательный регрéсс
Reihenverlauf *m* послéдовательное движéние предмéтов трудá, послéдовательное чередовáние рабóчих операций
reihenweise серúйный; серúйно; рядáми
Reimport *m* реимпорт
Reinausbeute *f* вы́ход чúстого продýкта
Reineinkommen *n* чúстый дохóд *(сýмма продáж фúрмы за вы́четом всех издéржек)*
zentralisiertes Reineinkommen централизованный чúстый дохóд
Reineinkommensnormativ *n* норматúв чúстого дохóда
Reineinkommensquote *f* дóля чúстого дохóда
Reineinkommensrate *f* нóрма чúстого дохóда
Reineinkommenssatz *m* нóрма чú-

стого дохо́да
Reineinkommensverteilung *f* распределе́ние чи́стого дохо́да
Reineinnahme *f* чи́стая вы́ручка
Reineinsparung *f* чи́стая эконо́мия *(сэкономленные су́ммы за вы́четом изде́ржек)*
Reinerlös *m* чи́стая вы́ручка
Reinertrag *m* чи́стый дохо́д; чи́стый вы́ход *(проду́кции)*; урожа́йность *(за вы́четом поте́рь)*
Reingewicht *n* чи́стый вес, чи́стая ма́сса, вес не́тто
Reingewinn *m* чи́стая при́быль (*валова́я при́быль за вы́четом всех изде́ржек; в акционе́рных о́бществах распределя́ется ме́жду дивиде́ндными вы́платами и накапливаемыми резервами*)
Reingewinnsatz *m* но́рма чи́стой при́были
Reingewinnverteilung *f* распределе́ние чи́стой при́были
Reininvestitionen *f pl* чи́стые инвести́ции, чи́стые капиталовложе́ния
Reinmasse *f* чи́стый вес, чи́стая ма́сса, вес не́тто
Reinnettogewicht *n* чи́стый вес не́тто *(чи́стый вес това́ра без при́месей)*
Reinumsatz *m* чи́стый оборо́т
Reinverlust *m* чи́стый убы́ток
Reinvermögen *n* чи́стая сто́имость иму́щества; иму́щество, свобо́дное от долго́в; все основны́е и оборо́тные сре́дства за вы́четом долго́в *(капита́л фи́рмы без привлечённых средств)*
reinvestieren *vt* реинвести́ровать
Reinvestition *f* реинвести́ция, реинвестиции
Reiseavis *m n* уведомле́ние о посеще́нии
Reisebedarf *m* путевы́е запа́сы продово́льствия, не облага́емые по́шлиной
Reisebüro *n* бюро́ путеше́ствий, туристско-экскурсионное бюро́
Reisecharter *m* ре́йсовый ча́ртер
Reisedevisen *pl* иностра́нная валю́та, вы́данная на туристские це́ли
Reisefreibetrag *m* коли́чество валю́ты, разрешённое к свобо́дному провозу че́рез грани́цу
Reisefreigrenze *f* коли́чество валю́ты, разрешённое к свобо́дному провозу че́рез грани́цу
Reisegeld *n* проездны́е де́ньги, путевы́е де́ньги
Reisegepäck *n* бага́ж
Reisegepäckbeförderung *f* перево́зка багажа́
Reisegepäckversicherung *f* страхова́ние багажа́
Reisegerät *n* ли́чные ве́щи пассажи́ра, не облага́емые по́шлиной, ли́чные ве́щи тури́ста, не облага́емые по́шлиной
Reisehandel *m* торго́вля че́рез коммивояжёров
Reisekosten *pl* путевы́е расхо́ды; команди́ро́вочные расхо́ды, расхо́ды по командировкам
Reisekostenabrechnung *f* отчёт по командировочным расхо́дам
Reisekostenvorschuss *m* ава́нс на расхо́ды по командировкам
Reisekreditbrief *m* аккредити́в сберегательной ка́ссы
Reiselagerversicherung *f* страхова́ние това́ров, перевозимых коммивояжёром; страхова́ние това́рных образцо́в, перевозимых коммивояжёром
Reisendenstrom *m* пассажиропоток
Reisepaß *m* заграни́чный па́спорт, загранпаспорт
Reisescheck *m* доро́жный чек, тури́стский чек
Reisesparkasse *f* доро́жная сберега́тельная ка́сса
Reisespesen *pl* путевы́е расхо́ды; команди́ро́вочные расхо́ды, расхо́ды по командировкам
Reisestrom *m* пассажиропоток
Reiseverkehr *m* пассажи́рское движе́ние; пассажи́рские перево́зки; тури́зм
Reisevertreter *m* коммивояжёр
Reisezahlungsmittel *n, pl* проездны́е де́ньги, путевы́е де́ньги
Reisezeit продолжи́тельность поéздки; тури́стский сезо́н
Reisezugkilometer *n ж.-д.* пассажиро-киломе́тр
reißend нарасхва́т
Reiter *m орг.* (картоте́чный) ре́йтер, «нае́здник»
Reitwechsel *m* бро́нзовый ве́ксель, фикти́вный ве́ксель
Reitwechsel необеспеченный, «ска́чущий» ве́ксель *(выставля́емый трасса́нтом с наме́рением получи́ть ликви́дные сре́дства)*
Reklamant *m* заяви́тель реклама́ции, заяви́тель прете́нзии; жа́лобщик
Reklamation *f* реклама́ция, прете́нзия; жа́лоба; проте́ст
die Reklamation bei *jmdm.* **anmelden** предъяви́ть *кому́-л.* реклама́цию,
die Reklamation erheben предъяви́ть реклама́цию
die Reklamation klären выясня́ть причи́ну реклама́ции
die Reklamation regeln урегули́ровать реклама́цию
eine Reklamation einlegen предъявля́ть реклама́цию, предъявля́ть прете́нзию, заявля́ть реклама́цию, заявля́ть прете́нзию
eine Reklamation geltend machen предъявля́ть реклама́цию, предъявля́ть прете́нзию, заявля́ть реклама́цию, заявля́ть прете́нзию
eine Reklamation vorbringen предъявля́ть реклама́цию, предъявля́ть прете́нзию, заявля́ть реклама́цию, заявля́ть прете́нзию
Reklamationsakte *f* рекламационный акт
Reklamationsanspruch *m* реклама́ция; прете́нзия; жа́лоба
Reklamationsfrist *f* срок для предъявле́ния реклама́ции
Reklamationsprotokoll *n* рекламационный акт
Reklamationssumme *f* су́мма реклама́ции
Reklamationsverfahren *n* поря́док предъявле́ния рекламаций
Reklamationswert *m* су́мма реклама́ции
Reklame *f* рекла́ма
Reklame machen реклами́ровать *что-л.*
Reklameaufwendungen *f, pl* затра́ты на рекла́му, расхо́ды на рекла́му, изде́ржки на рекла́му
Reklamekosten *pl* затра́ты на рекла́му, расхо́ды на рекла́му, изде́ржки на рекла́му
Reklamesteuer *f* нало́г на рекла́му
reklamieren *vt* заявля́ть реклама́цию, предъявля́ть реклама́цию, предъявля́ть прете́нзию; тре́бовать, претендова́ть на *что-л.*
Rekommerzialisierung *f* рекоммерциализация
Rekomparation *f* вы́куп, обра́тное приобрете́ние
Rekompens(ation) *f* возмеще́ние, вознагражде́ние, компенса́ция
Rekonstruktion *f* реконстру́кция
Rekonstruktionsperiode *f* перио́д реконстру́кции
Rekonstruktionsplan *m* план реконстру́кции
Rekonstruktionsvorhaben *n* прое́кт реконстру́кции
Rekonversion *f* перево́д эконо́мики на ми́рные ре́льсы
Rekonzentration *f* реконцентрация
Rekordstand *m* реко́рдный у́ровень, наивы́сший у́ровень
Rektagiro *n* именно́й индоссаме́нт
Rektaindossament *n* индоссаме́нт с огово́ркой «не прика́зу»; ограничи́тельный именно́й индоссаме́нт, именно́й

индоссаме́нт

Rektaklausel *f* огово́рка «не прика́зу» ***(при нали́чии кото́рой оборо́тное обяза́тельство не мо́жет быть пе́редано тре́тьему лицу́ с по́мощью индоссамента)***

Rektakonnossement *n* именно́й коносаме́нт

Rektaladeschein *m* именно́й коносаме́нт

Rektapapier *n* имення́я це́нная бума́га ***(не мо́жет быть пе́редана с по́мощью переда́точной на́дписи; в ря́де слу́чаев не мо́жет быть объе́ктом свобо́дной торго́вли)***; именно́й докуме́нт

Rektascheck *m* ректа-чек, именно́й чек

Rektawechsel *m* ректа-ве́ксель, именно́й ве́ксель

Rektifikation *f* исправле́ние, пересмо́тр, попра́вка, корректиро́вка

Rektifikationsetat *m* пересмотренный госуда́рственный бюдже́т, скорректи́рованный госуда́рственный бюдже́т

Rekultivierung *f* обрабо́тка залежных земе́ль, рекультива́ция

Relation *f* соотноше́ние, отноше́ние, пропо́рция; взаимосвя́зь

Relationen *f, pl* отноше́ния, пропо́рции
Relationen zwischen den Lohngruppen межразрядные соотноше́ния
strukturelle Relationen структурные пропо́рции

Relationspreis *m* относи́тельная цена́; цена́, устана́вливаемая в определённой пропо́рции к у́ровню цен на други́е това́ры

relativ относи́тельный
die relative Wahrheit филос. относи́тельная и́стина
die relative Zahl мат. относи́тельное число́

Relativität *f* относи́тельность; усло́вность

Relativlohn *m* относи́тельная за́работная пла́та

Relativmaximum *n* относи́тельный ма́ксимум

Relativwert *m* относи́тельная величина́

Relativzahl *f* относи́тельная величина́

relevant ва́жный, суще́ственный; акту́альный; *мат.* релева́нтный

Relevanz *f* ва́жность, суще́ственность; акту́альность; релева́нтность

Reliberalisiening *f* повто́рное включе́ние това́ров в спи́сок либерализированных това́ров

Remanenz *f* гистере́зис
Remanenz der Kosten гистере́зис затра́т, гистере́зис изде́ржек

Remanenzschleife *f* крива́я гистере́зиса, пе́тля гистере́зиса

Remanenzsprung *m* скачо́к гистере́зиса

Rembours *m фр.* рамбурс, возмеще́ние, покры́тие ***(расхо́дов)***

Remboursakzept *n* банк-акце́пт во вне́шней торго́вле

Remboursement *n фр.* возмеще́ние, покры́тие ***(расхо́дов)***; почто́вая допла́та

Remboursgeschäft *n* рамбурсная опера́ция ***(сде́лка, при кото́рой опла́та това́ра осуществля́ется ба́нком, кото́рый по поруче́нию импортёра осуществля́ет платёж по́сле предъявле́ния экспортёром отгрузочных докуме́нтов)***

remboursieren *vt* рамбурсировать, возмеща́ть, покрыва́ть ***(расхо́ды)***
sich remboursieren тре́бовать возмеще́ния расхо́дов; получа́ть возмеще́ние за расхо́ды

Rembourskredit *m* рамбурсный креди́т ***(акцептова́ние ба́нком това́рного векселя́)***

Remedium *n* ремедиум ***(при золото́м стандарте допусти́мое зако́ном отклоне́ние ве́са моне́ты от устано́вленной но́рмы)***

Remilitarisierung *f* ремилитариза́ция

Remilitarisierungskosten *pl* расхо́ды на перевооруже́ние, расхо́ды на ремилитаризацию

Remise *f фр.* реми́з, вознагражде́ние

Remiser *m* посре́дник ме́жду ма́клером и покупа́телем

Remisier *m фр.* посре́дник ме́жду ма́клером и покупа́телями

Remission *f* уменьше́ние, сниже́ние; льго́та; освобожде́ние ***(напр., от упла́ты до́лга)***
Remission возвраще́ние, отсы́лка наза́д
Remission де́нежные переводы ***(напр., эмигра́нтов на ро́дину)***
Remission посре́дничество

Remisstrategie *f* страте́гия, обеспе́чивающая ничью, страте́гия, веду́щая к ничьей

Remittent *m* ремите́нт, получа́тель перево́дного векселя́

remittieren *m* отсыла́ть обра́тно; упла́чивать; перечисля́ть, переводи́ть ***(де́ньги)***; ремитировать, вознагражда́ть

remonetisieren *vt* возвраща́ться к испо́льзованию металли́ческих моне́т, пуска́ть моне́ту вновь в обраще́ние

Remonetisierung *f* **des Goldes** ремонетизация зо́лота

Remontagekredit *m* креди́т для восстановле́ния демонти́рованных предприя́тий

Remuneration *f* компенса́ция, возмеще́ние, вознагражде́ние; награ́да, пре́мия ***(де́нежная)***

Rendement *n фр.* вы́ход чи́стой проду́кции ***(из сырья́)***; содержа́ние чи́стого вещества́ в сме́си

Rendite *f ит.* рендита, проце́нты, дохо́д ***(с це́нных бума́г)***, факти́ческий дохо́д с це́нных бума́г ***(в отли́чие от номина́льного проце́нта)***

Renegotiationsklausel *f* огово́рка в догово́ре ку́пли-прода́жи ***(напр., вое́нных материа́лов за грани́цей)***, дающая покупа́телю пра́во пересмо́тра цен

Rennwettsteuer *f* нало́г со ска́чек

Renommee *n* репута́ция ***(напр., фи́рмы)***

Renovation *f* обновле́ние; восстановле́ние; ремо́нт

renovieren *vt* обновля́ть; восстана́вливать; ремонти́ровать

Renovierung *f* обновле́ние; восстановле́ние; ремо́нт

Renovierungskosten *pl* изде́ржки по ремо́нту

rentabel рента́бельный, дохо́дный, при́быльный; вы́годный

Rentabilität *f* рента́бельность, дохо́дность, при́быльность; вы́годность ***(соотноше́ние ме́жду чи́стой при́былью и аванси́рованным капиталом)***
Rentabilität der Betriebsleistung рента́бельность произво́дства
unterschiedliche Rentabilität разнорентабельность, различная рента́бельность, различная сте́пень рента́бельности
volkswirtschaftliche Rentabilität народнохозяйственная рента́бельность

Rentabilitätsberatungen *f, pl* произво́дственные совеща́ния по вопро́сам рента́бельности

Rentabilitätsberechnung *f* расчёт рента́бельности, исчисле́ние рента́бельности

Rentabilitätsbesprechungen *f, pl* произво́дственные совеща́ния по вопро́сам рента́бельности

Rentabilitätsbewegung *f* движе́ние за повыше́ние рента́бельности произво́дства

Rentabilitätsentwicklung *f* дина́мика рента́бельности

rentabilitätsfördernd соде́йствующий повыше́нию рента́бельности, спосо́бствующий повыше́нию рента́бельности

Rentabilitätsgrad *m* у́ровень рента́бельности

Rentabilitätsgrundlage *f* осно́ва рента́бельности

Rentabilitätskennzahlen *f pl* показа́тель рента́бельности, инде́кс рента́бельности

Rentabilitätskennziffer *f* показа́тель рен-

та́бельности, инде́кс рента́бельности
Rentabilitätsmessung *f* определе́ние рента́бельности, оце́нка рента́бельности
Rentabilitätsprinzip *n* при́нцип рента́бельности
Rentabilitätsprüfung *f* контро́ль рента́бельности
Rentabilitätsrate но́рма рента́бельности
fondsbezogene Rentabilitätsrate но́рма рента́бельности, отнесённая к испо́льзованным фондам
Rentabilitätssatz *m* но́рма рента́бельности
Rentabilitätsschwelle *f* поро́г рента́бельности
Rente *f* ре́нта, дохо́д; периоди́ческие поступле́ния *(платеже́й)*; пе́нсия *(по социа́льному страхова́нию)*
Rente auf Lebenszeit пожи́зненная пе́нсия
Rente aus dem Staatshaushalt пе́нсия, выпла́чиваемая из средств госуда́рственного бюдже́та
Rente bei nichtvollständigem Dienstalter пе́нсия, выпла́чиваемая при неполном стаже рабо́ты
Rente für Arbeitsunfähige пе́нсия по нетрудоспосо́бности
Rente für Arbeitsverwendungsunfähige пе́нсия по нетрудоспосо́бности
abgebrochene Rente пе́нсия, выпла́чиваемая до определённого сро́ка
absolute Rente абсолю́тная ре́нта
dynamische Rente законодательно устано́вленное измене́ние пе́нсий в зави́симости от разме́ров валово́го дохо́да
ewige Rente бессро́чная ре́нта
feste Rente фикси́рованная ре́нта, постоя́нная ре́нта
kapitalisierte Rente капитализированная ре́нта
konsolidierte Rente консолиди́рованный дохо́д
lebenslängliche Rente пожи́зненная пе́нсия
personengebundene Rente персона́льная пе́нсия
eine Rente beziehen получа́ть пе́нсию
Rentenabfindung *f* единовременные вы́платы, единовре́менное посо́бие *(бо́льшей ча́стью при несча́стных слу́чаях на произво́дстве)*
Rentenalter *n* пенсио́нный во́зраст
Rentenanleihe *f* ре́нтный заём
Rentenanleihe, unechte ре́нтный заём, не свя́занный с твёрдыми обяза́тельствами должника́
Rentenanpassung *f* законодательно устано́вленное измене́ние разме́ра пе́нсий в зави́симости от други́х фа́кторов *(роста́ цен, дохо́да др.)*
Rentenanspruch *m* пра́во на пе́нсию
Rentenanweisung *f* назначе́ние пе́нсии
Rentenbank *f* ре́нтный банк
landwirtschaftliche Rentenbank Сельскохозя́йственный ре́нтный банк *(ФРГ)*
Rentenbankgrundschuld *f* ипоте́чный долг сельскохозяйственному рентному ба́нку
Rentenbankzins *m* ссу́дный проце́нт рентного ба́нка, ссу́дный проце́нт, устана́вливаемый рентным ба́нком
Rentenberechnung *f* исчисле́ние пе́нсии, исчисле́ние ре́нты, расчёт пе́нсии, расчёт ре́нты
Rentenberechtigung *f* пра́во на получе́ние пе́нсии
Rentenbezieher *m* пенсионе́р
Rentenbeziehungen *f, pl* рентные отноше́ния
Rentenbezug *m*, **mehrfacher** получе́ние не́скольких ви́дов пе́нсий
Rentenbrief *m* облига́ция ипотечного ба́нка
Renteneinkommen *n* ре́нтный дохо́д; дохо́д от вы́плат по социа́льному страхова́нию; пе́нсия *(как дохо́д)*
Rentenempfänger *m* пенсионе́р
Rentenerhöhung *f* повыше́ние разме́ра пе́нсии
Rentenfestlegung *f* назначе́ние пе́нсии
Rentenfonds *m* пенсио́нный фонд
Rentengewährleistung *f* пенсио́нное обеспе́чение
Rentenhöhe *f* разме́р пе́нсии
Rentenkasse *f* пенсио́нная ка́сса
Rentenkonto пенсио́нный счёт; счёт пенсионных накоплений
Rentenkorrektur *f* перерасчёт пе́нсии
Rentenleistung *f* пенсио́нное обеспе́чение
Rentenleistungen *f pl* пенсио́нное обеспе́чение
Rentenmarkt *m бирж.* ры́нок це́нных бума́г с твёрдым проце́нтом *(напр., облига́ций)*, оборо́т це́нных бума́г *(с фикси́рованным дохо́дом)*
Rentenmehrbetrag *m* надба́вка к пе́нсии на дорогови́зну
Rentenpapiere *n, pl* це́нные бума́ги с твёрдым проце́нтом *(напр., облига́ции)*, це́нные бума́ги с фикси́рованным проце́нтом, твёрдопроцентные бума́ги
Rentenrechnung *f* расчёт ре́нты, исчисле́ние ре́нты
Rentenreform *f* рефо́рма пенсио́нного обеспе́чения
Rentenschuld *f* ре́нтный долг
Rententheorie *f* тео́рия ре́нты
Rentenumrechnung *f* перерасчёт пе́нсии
Rentenversicherung *f* пенсио́нное страхова́ние, страхова́ние пе́нсий
private Rentenversicherung ча́стное пенсио́нное страхова́ние
Rentenversorgung *f* пенсио́нное обеспе́чение
Rentenwerte *m, pl* це́нные бума́ги с твёрдым проце́нтом *(напр., облига́ции)*, це́нные бума́ги с фикси́рованным проце́нтом, твёрдопроцентные бума́ги
Rentenzahlung *f* вы́плата пе́нсий
nachschüssige Rentenzahlung вы́плата пе́нсии в конце́ платёжного пери́ода
vorschüssige Rentenzahlung вы́плата пе́нсии в нача́ле платёжного пери́ода
Rentenzahlungen *f, pl* рентные платежи́, фиксированные платежи́
Rentenzuschlag *m* надба́вка к пе́нсии
Rentier *m фр.* рантье́
rentieren *vi* приноси́ть дохо́д
sich rentieren окупа́ться, быть вы́годным
Rentierstaat *m* госуда́рство-рантье́
Rentner *m* пенсионе́р; рантье́
Rentnerstaat *m* госуда́рство-рантье́
Rentrate *f* но́рма ре́нты
Reorganisation *f* реорганиза́ция, перестро́йка, преобразова́ние
reorganisieren *vt* реорганизова́ть, перестро́ить, преобразова́ть
rep., repartiert *бирж.* поруче́ния вы́полнены лишь части́чно
Reparation *f* репара́ция, возмеще́ние; восстановле́ние
Reparationsabkommen *n* соглаше́ние о репарациях
Reparationsbeitrag *m* репарационный взнос
Reparationsentnahme *f* получе́ние репарационных платеже́й, получе́ние вы́плат в счёт репараций
Reparationsleistungen *f, pl* репарационные платежи́; поста́вки в счёт репараций
Reparationslieferungen *f, pl* поста́вки в счёт репараций
Reparationsschuld *f* задо́лженность по репарациям
Reparationszahlung *f* репарационный платёж, вы́платы в счёт репараций
Reparatur *f* почи́нка, ремо́нт; ремо́нт; восстановле́ние
laufende Reparatur теку́щий ремо́нт
mittlere Reparatur сре́дний ремо́нт
periodische Reparatur периоди́ческий ремо́нт

vorbeugende Reparatur профилакти́ческий ремо́нт

Reparatur- und Wartungspersonal *n* ремонтно-обслу́живающий персона́л

Reparaturanfall *m* объём ремо́нтных рабо́т

Reparaturarbeiten *f, pl* ремо́нтные рабо́ты, ремонтно-восстанови́тельные рабо́ты,

Reparaturaufwand *m* расхо́ды по ремо́нту, затра́ты по ремо́нту

Reparaturausgaben *f, pl* расхо́ды по ремо́нту, затра́ты по ремо́нту

reparaturbedürftig тре́бующий ремо́нта

Reparaturdienst *m* ремо́нтная слу́жба

Reparatureinheit *f* *(усло́вная)* едини́ца ремонтосложности, *(усло́вная)* ремо́нтная едини́ца

reparaturfähig го́дный к ремо́нту, приго́дный к ремо́нту, могу́щий быть отремонти́рованным; исправи́мый *(о бра́ке)*

Reparaturfonds *m* фонд финанси́рования теку́щего и капита́льного ремо́нта, ремо́нтный фонд

Reparaturintervall *n* межремо́нтный перио́д

Reparaturkapazitäten *f, pl* произво́дственные ремо́нтные мо́щности

Reparaturkosten *pl* расхо́ды по ремо́нту, затра́ты по ремо́нту, сто́имость ремо́нта

Reparaturleistungen *f, pl* услу́ги по ремо́нту

fremde Reparaturleistungen услу́ги со стороны́ по ремо́нту и восстановле́нию основны́х фо́ндов

Reparaturnormative *n, pl* нормати́вы ремо́нта *(основны́х фо́ндов)*

Reparaturperiode *f* межремо́нтный перио́д

Reparaturplan *m* план *(капита́льного и сре́днего)* ремо́нта

Reparaturprogramm *n* план *(капита́льного и сре́днего)* ремо́нта

Reparatursystem *n* систе́ма проведе́ния ремо́нтных рабо́т

Reparaturumlage *f* раскла́дка расхо́дов по ремо́нту по ме́сту их возникнове́ния, распределе́ние расхо́дов по ремо́нту по ме́сту их возникнове́ния

reparaturunfähig него́дный к ремо́нту, неприго́дный к ремо́нту; неисправи́мый *(о бра́ке)*

Reparaturverfahren *n* техноло́гия ремо́нтных рабо́т

Reparaturvorleistung *f* расхо́ды по подгото́вке планового ремо́нта

Reparaturwerkstatt *f* ремо́нтная мастерска́я; ремо́нтный цех; ремо́нтный заво́д

Reparaturwesen *n* ремонтное хозя́йство

Reparaturzyklus *m* ремо́нтный цикл

reparieren *vt* ремонти́ровать, починять, исправля́ть

repartieren *vt* распределя́ть, раскла́дывать; дели́ть пропорциона́льно

Repartierung *f* распределе́ние, раскла́дка, коли́чественное распределе́ние, стоимостное распределе́ние *(в соотве́тствии с разме́ром зака́за)*

Repartierung вы́дача импортных квот

Repartierung *бирж.* репортирование а́кций, деле́ние а́кций *(в слу́чае превыше́ния су́ммы вы́пущенных а́кций)*

Repartion *f* распределе́ние, раскла́дка

Repartition *f* распределе́ние, раскла́дка

Repartitionssteuer *f* распределяемый нало́г

Repartitionssteuern *f pl* распределя́емые нало́ги *(исчисляются на осно́ве распределяемого ме́жду налогоплательщиками дохо́да)*

repetitiv стереоти́пный, шабло́нный

Repn, Repartition распределе́ние, раскла́дка; подсчёт до́ли уча́стия *(в дохо́дах и́ли расхо́дах)*

Report *m* сообще́ние; отчёт; *бирж.* репо́рт *(отсро́чка платежа́ за ку́пленные а́кции до сле́дующего расчётного пери́ода)*

Reporteur *m* лицо́, принима́ющее в зало́г це́нные бума́ги

Reportgeschäft *n* репортная сде́лка; пролонгационная сде́лка, предлага́емая игроко́м на повыше́ние, *ср.* **Deportgeschäft**

reportieren *vt бирж.* репортировать

Reportierter *m* лицо́, закладывающее це́нные бума́ги

Reporttag *m бирж.* день объявле́ния репорта

Repräsentation *f* представи́тельство, репрезентация; представле́ние

Repräsentationsartikel *m* фи́рменный сувени́р

Repräsentationsaufwendungen *f, pl* представи́тельские расхо́ды

Repräsentationsgelder *n pl* де́ньги, выделя́емые на представи́тельские расхо́ды

Repräsentationskosten *pl* представи́тельские расхо́ды

Repräsentativerfassung *f стат.* вы́борочное наблюде́ние, несплошное наблюде́ние

Repräsentativerhebung *f стат.* репрезентати́вная вы́борка, вы́борочный ме́тод, вы́борочное наблюде́ние, несплошное наблюде́ние

Repräsentativverfahren *n* репрезентати́вная вы́борка, вы́борочный ме́тод

Repräsentativwerbung *f* репрезентати́вная рекла́ма, фи́рменная рекла́ма

Reprise *f* репри́за *(повыше́ние биржево́го ку́рса по́сле спа́да; оживле́ние экономи́ческой де́ятельности по́сле спа́да делово́й акти́вности)*

Reprivatisierung *f* реприватизация *(повто́рный возвра́т в ча́стные ру́ки)*, денационализа́ция

Reproduktion *f* воспроизво́дство

Reproduktion auf erweiterter Stufenleiter расши́ренное воспроизво́дство

Reproduktion auf einfacher Stufenleiter просто́е воспроизво́дство

Reproduktion der Arbeitskraft воспроизво́дство рабо́чей силы́

Reproduktion der Bevölkerung воспроизво́дство населе́ния

Reproduktion der Produktionsverhältnisse воспроизво́дство произво́дственных отноше́ний

Reproduktion des gesellschaftlichen Gesamtprodukts воспроизво́дство совокупного обще́ственного проду́кта

Reproduktion in Naturalform воспроизво́дство в нату́ре

einfache Reproduktion просто́е воспроизво́дство

erweiterte Reproduktion расши́ренное воспроизво́дство

extensiv erweiterte Reproduktion экстенси́вный тип расширенного воспроизво́дства

gebrauchswertmäßige Reproduktion воспроизво́дство потребительной сто́имости

gesellschaftliche Reproduktion обще́ственное воспроизво́дство

intensiv erweiterte Reproduktion интенси́вный тип расширенного воспроизво́дства

wertmäßige Reproduktion воспроизво́дство сто́имости

Reproduktionsagenzien *n, pl* фа́кторы воспроизво́дства

Reproduktionseffekt *m* эффе́кт воспроизво́дства

Reproduktionsform *f* фо́рма воспроизво́дства

Reproduktionsindex *m стат.* коэффицие́нт воспроизво́дства населе́ния, инде́кс воспроизво́дства населе́ния

Reproduktionskosten *pl* сто́имость воспроизво́дства

Reproduktionskostentheorie *f* тео́рия сто́имости воспроизво́дства

Reproduktionsmittel *n, pl* сре́дства воспроизво́дства

Reproduktionsperiode *f* перио́д воспроизво́дства

Reproduktionsperiode des fixen Kapitals перио́д воспроизво́дства основно́го капита́ла
Reproduktionsphase *f* фа́за воспроизво́дства
Reproduktionspreis *m* восстанови́тельная сто́имость *(основны́х фо́ндов)*
Reproduktionsprozess *m* проце́сс воспроизво́дства
betrieblicher Reproduktionsprozess проце́сс воспроизво́дства *(рассма́триваемый в ра́мках предприя́тия)*
betrieblicher Reproduktionsprozess обще́ственный проце́сс воспроизво́дства
betrieblicher Reproduktionsprozess есте́ственный проце́сс воспроизво́дства
ökonomischer Reproduktionsprozess экономи́ческий проце́сс воспроизво́дства
Reproduktionswert *m* сто́имость воспроизво́дства; восстанови́тельная сто́имость *(основны́х фо́ндов)*
Reproduktionszeit *f* вре́мя воспроизво́дства, перио́д воспроизво́дства
Reproduktionszeit der Fonds вре́мя воспроизво́дства основны́х фо́ндов
Reproduktionsziffer *f стат.* коэффицие́нт воспроизво́дства населе́ния, инде́кс воспроизво́дства населе́ния
Reproduktionszyklus *m* цикл воспроизво́дства
Reproduzierbarkeit *f* воспроизводи́мость
reproduzieren *vt* воспроизводи́ть; возобновля́ть; репродуци́ровать
Reptilienfonds *m* фина́нсовые сре́дства, та́йно испо́льзуемые госуда́рством для подде́ржки проправительственных газе́т
Republiksteuern *f, pl* общегосуда́рственные нало́ги
Repudiation *f фр.* отка́з госуда́рства от упла́ты долго́в, отка́з от погаше́ния до́лга, отка́з от выполне́ния контра́кта; отка́з от приня́тия де́нег из-за ни́зкой покупа́тельной силы́
Repudiation официа́льное заявле́ние госуда́рством о свое́й несостоя́тельности *(по́сле приостановле́ния вы́плат кредито́рам)*
Requirierung *f* реквизи́ция
Requisition *f* реквизи́ция
Res, Reserve резе́рв; запа́сы
Reservation *f* огово́рка *(напр., при заключе́нии сде́лки)*; резерва́ция
Reserve *f* резе́рв, запа́с
heiße Reserve нагру́женный резе́рв *(в тео́рии надёжности)*
kalte Reserve ненагру́женный резе́рв *(в тео́рии надёжности)*
statutarische Reserve уста́вный резе́рв
warme Reserve облегчённый резе́рв *(в тео́рии надёжности)*
in Reserve haben име́ть в резе́рве, держа́ть в резе́рве
Reservearmee *f* резе́рвная а́рмия
Reservearmee an Arbeitskräften резе́рвная а́рмия труда́
industrielle Reservearmee промы́шленная резе́рвная а́рмия
Reserveausrüstung *f* резе́рвное обору́дование
Reservebank *f* резе́рвный банк
Reserveberechnung *f* расчёт резе́рвов страхово́го о́бщества
Reservebestände *m pl* резе́рвные запа́сы, сре́дства на резервных счета́х
zentrale Reservebestände централизо́ванные запа́сы
Reservebildung *f* созда́ние резе́рва, созда́ние резервных запа́сов
Reserveelemente *n, pl* резе́рвные элеме́нты *(в тео́рии надёжности)*
Reservefixkapital *n* резе́рвный основно́й капита́л
Reservefonds *m, pl* резе́рвный фонд, резе́рвные запа́сы; резе́рвный капита́л
operative Reservefonds операти́вные запа́сы, теку́щие запа́сы
strategische Reservefonds стратеги́ческие запа́сы
Reservegrundmittel *n, pl* резе́рвные основны́е сре́дства
Reservelager *n* запасно́й склад
Reserveleistung *f* резе́рвная мо́щность
Reservemedium *n* резе́рвное сре́дство
Reserven *f pl* резе́рвы *(напр., накопле́ния, образо́ванные из нераспределённой при́были)*; запа́сы (мн.ч.)
Reserven anlegen создава́ть резе́рвные фо́нды
finanzielle Reserven фина́нсовые резе́рвы
innere Reserven вну́тренние резе́рвы
liquide Reserven ликви́дные резе́рвы
liquidierbare Reserven расхо́дуемые резе́рвы
materielle Reserven материа́льные резе́рвы
offene Reserven откры́тые резе́рвы
operative Reserven теку́щие резе́рвы
örtliche Reserven ме́стные резе́рвы
personelle Reserven резе́рвы рабо́чей силы́
stilleReserven скры́тые резе́рвы, потенциа́льные резе́рвы
strategische Reserven стратеги́ческие запа́сы
technische Reserven техни́ческие резе́рвы *(пасси́вная статья́ бала́нса страхово́й компа́нии)*
wirtschaftliche Reserven экономи́ческие резе́рвы, хозя́йственные резе́рвы
Reservenbildung *f* образова́ние резе́рвов, созда́ние резе́рвов
Reservewährung *f* резе́рвная валю́та *(испо́льзуемая, напр., эмиссионным ба́нком, международными валю́тными организа́циями и др.)*
reservieren *vt* резерви́ровать
Residualmethode *f* ме́тод остаточного фа́ктора
Residualtheorie *f* оста́точная тео́рия
Residualtheorie des Lohnes оста́точная тео́рия за́работной пла́ты *(тео́рия К. Уолкера)*
Residualtheorie des Profits оста́точная тео́рия при́были *(тео́рия Д. Рикардо)*
Resistenz *f* сопротивле́ние, противоде́йствие
passive Resistenz пасси́вное сопротивле́ние; италья́нская забасто́вка
Respektfrist *f* льго́тный срок
Respekttage *m pl* льго́тные дни, грацио́нные дни *(отсро́чки при упла́те по ве́кселю)*
Respit *m* отсро́чка *(при платеже́ по ве́кселю)*
Ressort *n фр.* ве́домство; круг обя́занностей; сфе́ра де́ятельности; компете́нция
Ressortangelegenheit *f* ве́домственный вопро́с, узковедомственный вопро́с
ressortgebunden ве́домственный
Ressortgeist *m* ве́домственный подхо́д, узковедомственный подхо́д, ме́стничество
ressortmäßig ве́домственный, узковедомственный
Ressortprinzip *n* ве́домственный при́нцип
Ressortstatistik *f* ве́домственная стати́стика
Ressortwirtschaft *f* ве́домственность; ме́стничество
Ressourcen *f, pl* ресу́рсы
biologische Ressourcen биологи́ческие ресу́рсы
demographische Ressourcen демографи́ческие ресу́рсы
einheimische Ressourcen вну́тренние ресу́рсы, оте́чественные ресу́рсы
limitierte Ressourcen лимитированные ресу́рсы, дефици́тные ресу́рсы, ограни́ченные ресу́рсы
natürliche Ressourcen приро́дные ресу́рсы
nichtreproduzierbare Ressourcen невоспроизводимые ресу́рсы
nichtspeicherbare Ressourcen *сет.*

пл. возобновля́емые ресу́рсы
reproduzierbare Ressourcen воспроизводи́мые ресу́рсы
speicherbare Ressourcen *сет. пл.* невозобновля́емые ресу́рсы
technische Ressourcen техни́ческие ресу́рсы
territoriale Ressourcen территориа́льные ресу́рсы, ме́стные ресу́рсы
volkswirtschaftliche Ressourcen народнохозя́йственные ресу́рсы

Ressourcenausgleich *m* баланси́рование ресу́рсов, выра́внивание ресу́рсов

Ressourcenbaum *m* де́рево ресу́рсов

Ressourcenbedarf *m* потре́бность в ресурсах

Ressourcenbeschränktheit *f* дефици́тность ресу́рсов, ограни́ченность ресу́рсов

Ressourcenbilanzierung *f* баланси́рование ресу́рсов, выра́внивание ресу́рсов

Ressourceneinsatz *m* потребле́ние ресу́рсов, испо́льзование ресу́рсов

Ressourcenfreisetzung *f* высвобожде́ние ресу́рсов

Ressourcenökonomie *f* эконо́мия ресу́рсов

Ressourcenplanung *f* распределе́ние ресу́рсов

Ressourcenschranken *f, pl* ограниче́ния по ресурсам, ограниче́ния, накладываемые на испо́льзование ресу́рсов

Ressourcenstruktur *f* структу́ра ресу́рсов

Ressourcensummation *f* сумми́рование потре́бностей в ресурсах

Ressourcenverteilung *f* распределе́ние ресу́рсов

Rest *m* оста́ток, оста́вшаяся часть; *мат.* оста́ток; ра́зность

Restant *m* должни́к, не погасивший часть до́лга; непро́данный това́р, залежа́вшийся това́р; невостребованный вы́игрыш *(по облига́ции, лотерейному биле́ту)*

Restanz *f швейц.* оста́ток

Restausverkauf *m* распрода́жа оста́тков

Restbestand *m* оста́ток

Restbetrag *m бухг.* оста́ток *(су́ммы)*

Restbuchwert *m* оста́точная сто́имость *(основны́х фо́ндов)*, реа́льная сто́имость *(основны́х фо́ндов)*

Restegeschäft *n* магази́н, торгу́ющий оста́тками

Resteverkauf *m* прода́жа оста́тков, распрода́жа оста́тков

Restfaktormethode *f* ме́тод остаточного фа́ктора

Restfrist *f* оста́точный срок *(вре́мя, остающееся до погаше́ния долгово́го обяза́тельства)*

Restgewinn *m*, **freier** часть при́были, остающаяся в свобо́дном распоряже́нии предприя́тия

Restitution *f юр.* реститу́ция, возвраще́ние *(иму́щества)*; возмеще́ние *(убы́тков)*

Restkapital *n* часть ссу́ды, оста́вшаяся непогашенной

Restkostenrechnung *f* ме́тод калькулирования изде́ржек произво́дства побочной проду́кции

Restladung *f* догру́зка

Restnutzungsdauer *f* оста́точный срок слу́жбы *(напр., обору́дования)*

Restriktion *f* рестри́кция, ограниче́ние; сокраще́ние; огово́рка; *мат.* ограниче́ние

Restriktionsfestlegung *f* установле́ние ограниче́ний

Restriktionsmaßnahme *f* ограничи́тельная ме́ра

Restriktionspolitik *f* поли́тика ограниче́ний, рестрикционная поли́тика

restriktiv ограничи́тельный, рестрикционный

Restsaldo *m* коне́чное са́льдо

Restschuld *f* оста́ток до́лга

Reststreuung *f стат.* оста́точная вариа́ция

Restsumme *f* оста́ток су́ммы, са́льдо

Restwaren *f, pl* това́рные оста́тки

Restwert *m* оста́точная сто́имость *(основны́х фо́ндов)*, реа́льная сто́имость *(основны́х фо́ндов)*
Restwert оста́точная сто́имость

Restwertabschreibung *f* дегресси́вное амортизацио́нное отчисле́ние, ме́тод дегресси́вной амортиза́ции

Restwertmethode *f* ме́тод остаточной сто́имости *(применя́ется при калькуля́ции сопряжённых проду́ктов)*

Restwertverfahren *n* ме́тод калькулирования изде́ржек произво́дства побочной проду́кции

Restzahlung *f* платёж в оконча́тельный расчёт, платёж при окончательном расчёте

Resultatwerk *n* сумми́рующее устро́йство *(счётной маши́ны)*

reswitching *англ.* возвра́т к первона-ча́льным усло́виям сде́лки, возвра́т к пре́жней те́хнике произво́дства

Retardat *n* задо́лженность *(фина́нсовая)*, недоимка

Retardation *f* заде́ржка *(платежа́)*

Retentionsrecht *n* пра́во должника́ задержа́ть упла́ту до́лга до выполне́ния кредито́ром своего́ обяза́тельства

Retorsion *f* рето́рсия, отве́тная ме́ра

Retorsionszoll *m* тамо́женная по́шлина, введённая в поря́дке рето́рсии; штрафна́я по́шлина

Retouren *f, pl фр.* возвращённые продавцу *(непро́данные и́ли дефе́ктные)* това́ры; това́ры, присланные экспортёру его́ филиа́лами за грани́цей в зачёт экспортных поста́вок
Retouren де́ньги за про́данный това́р
Retouren неопла́ченные векселя́ и чеки

Retourfracht *f* обра́тный фрахт

Retourscheck *m* неопла́ченный чек

Retourspesen *pl* пла́та за обра́тный прово́з

Retourwechsel *m* рекамбио *(обра́тный перево́дный ве́ксель)*, ретра́тта; ретур

Retrozedent *m* ретроцедент, переуступщик

Retrozession *f* реце́ссия, переусту́пка *(напр., ча́сти комиссионного вознагражде́ния други́м уча́стникам сде́лки)*; ретроцессия

Return on investment *англ.* инде́кс отда́чи, дохо́д на вло́женный капита́л *(соотноше́ние ме́жду при́былью - обы́чно до вы́чета нало́гов - и вло́женным капиталом)*

Reufracht *f* мёртвый фрахт

Reugeld *n* компенса́ция, отступные *(в слу́чае отка́за от контра́кта)*, неусто́йка

Reukauf *m* огово́рка о возмо́жном расторже́нии сде́лки; отка́з от поку́пки; отступные, неусто́йка

Reuter-Index *m* инде́кс цен аге́нтства Ре́йтер *(англи́йский инде́кс цен на ма́ссовые това́ры мирово́й торго́вли)*

Reuvertrag *f n* догово́р с огово́ркой о пра́ве отка́за от него́

revalidieren *vt* вновь вводи́ть в де́йствие *(напр., зако́н)*, возобновля́ть юриди́ческую си́лу *како́го-л.* докуме́нта

revalieren *vt* покрыва́ть свои́ расхо́ды; покрыва́ться *(о расхо́дах)*; окупа́ться

Revalierung *f* покры́тие *(расхо́дов)*; окупа́емость

Revalierungsklausel *f* усло́вие о покрытии *(перево́дного векселя́)*

revalorisieren *vt* ревальвировать

Revalorisierung *f* ревальвация *(в усло́виях фиксированных валю́тных ку́рсов - повыше́ние ку́рса валю́ты по отноше́нию к валю́там други́х стран)*

Revalvation *f* ревальвация *(в усло́виях фиксированных валю́тных ку́рсов - повыше́ние ку́рса валю́ты по отноше́нию к валю́там други́х стран)*

revalvieren *vt* ревальвировать

Revenue *f* дохо́д

Revers *m* пи́сьменное заявле́ние, распи́ска, ре́верс *(пи́сьменное обяза́тельство о возмеще́нии убы́тков)*

Revers ре́верс, оборо́тная сторона́ *(моне́ты)*

Reversion *f* обраще́ние, оборо́т; *юр.* ревéрсия, возвра́т

Reverssystem *n торг.* систе́ма реверсов

revidieren *vt* ревизова́ть, проверя́ть, контроли́ровать; пересма́тривать; ревизова́ть, изменя́ть

Revirement *n фр.* измене́ние, переме́на; *бухг.* перенесе́ние су́ммы из одно́й статьи́ в другу́ю

Revision *f* реви́зия, прове́рка, контро́ль; пересмо́тр; реви́зия, измене́ние

Revision des Haushaltsvollzuges реви́зия исполне́ния бюдже́та

außerordentliche Revision внепла́новая реви́зия

nichtturnusmäßige Revision внеза́пная реви́зия

planmäßige Revision пла́новая реви́зия

stichprobenweise Revision вы́борочная реви́зия

thematische Revision темати́ческая реви́зия

thematische Revision периоди́ческая реви́зия

vollständige Revision сплошна́я реви́зия

Revisionsbericht *m* отчёт о результа́тах реви́зии

Revisionsfirma *f* ауди́торская фи́рма

Revisionskommission *f* ревизио́нная комисси́я

Revolution *f* револю́ция

industrielle Revolution промы́шленная револю́ция

wissenschaftlichtechnische Revolution нау́чно-техни́ческая револю́ция

revolving credit *англ.* автомати́чески возобновля́емый *(краткосро́чный)* креди́т

Revolvingakkreditiv *n* автомати́чески возобновля́емый аккредити́в

Revolvingkredit *m* автомати́чески возобновля́емый *(краткосро́чный)* креди́т *(в соотве́тствии с таки́м соглаше́нием заёмщик мо́жет - в преде́лах не́которой максима́льной су́ммы - многокра́тно получа́ть ссу́ды)*

Rewe, Rheinisch-Westfälische Einkaufsgenossenschaft der Lebensmittelhändler Ре́йнско-вестфа́льское това́рищество по *(опто́вой)* заку́пке продово́льственных това́ров *(ФРГ)*

REWI-Verband Ревизио́нный и хозя́йственный сою́з потреби́тельских кооперати́вов

Rezession *f* рецéссия, экономи́ческий спад; паде́ние, ухудше́ние *(конъюнкту́ры)*; кри́зис, свёртывание

Rezession реце́ссия, обра́тная усту́пка, переусту́пка

Rezessionserscheinungen *f, pl* явле́ния экономи́ческого спа́да; кризи́сные явле́ния

Rezessionsperiode *f* пери́од экономи́ческого спа́да

reziprok взаи́мный; обою́дный; *мат.* обра́тный

Reziprozität *f* взаи́мная вы́года; *мат.* взаи́мность, дво́йственность

Reziprozitätsgeschäft *n* взаи́мная внешнеторго́вая сде́лка *(разреше́ние страно́й-импортёром ввоза определённого това́ра при усло́вии э́кспорта друго́го това́ра, допуска́емого на свой ры́нки страно́й-партнёром)*

Reziprozitätsklausel *f* пункт *(догово́ра)*, предусма́тривающий при́нцип взаи́мности

Reziprozitätsprinzip *n* при́нцип взаи́мности

Reziprozitätsvertrag *m* догово́р, осно́ванный на при́нципе взаи́мности

rfA, rechnungsführendes Amt гла́вная бухгалте́рия

RG, Rationalisierungsgemeinschaft О́бщество рационализа́ции промы́шленного произво́дства *(ФРГ)*

RGH, Rationalisierungsgemeinschaft des Handels О́бщество рационализа́ции торго́вого де́ла *(ФРГ)*

RGW, Rat für Gegenseitige Wirtschaftshilfe *бывш.* Сове́т экономи́ческой взаимопо́мощи, СЭВ

Rheinisch-Westfälisches Institut für Wirtschaftsforschung Ре́йнско-вестфа́льский институ́т экономи́ческих иссле́дований *(ФРГ)*

RHO, Reichshaushaltsordnung положе́ние о госуда́рственном бюдже́те

Rhythmus *m* ритм

RI:

Ri, Richtlinien директи́вы; руководя́щие указа́ния

r.i., reinsurance перестрахо́вка

RIC, Regolamento Internazionale Carrozze Междунаро́дное соглаше́ние о взаи́мном по́льзовании пассажи́рскими, бага́жными и почто́выми ваго́нами

Richtbeispiel *n* подро́бное описа́ние ви́да произво́дственной де́ятельности, слу́жащее осно́вой для включе́ния её в соотве́тствующую тари́фную гру́ппу

Richtbetrieb *m* сельскохозя́йственное предприя́тие, служи́вшее этало́ном для сравне́ния дохо́дности предприя́тий при их налогообложе́нии *(в фаши́стской Герма́нии)*

richtige Produkte zum richtigen Zeitpunkt пра́вильные проду́кты в пра́вильное вре́мя (при́нцип ма́ркетинга)

Richtlinie *f* директи́ва; руководя́щая ли́ния *(напр., при вы́боре хозя́йственной страте́гии)*

Richtpreis *m* ориентиро́вочная цена́; предвари́тельная цена́; рекоменду́емая госуда́рством цена́

Richtpreisspanne *f* интерва́л, в кото́ром колеблется ориентиро́вочная цена́

Richtsatz *m* контро́льная ци́фра *(пла́на)*; нормати́в

Richtsatz für eigene Umlaufmittel нормати́в со́бственных оборо́тных средств

berichtigter Richtsatz скорректи́рованный нормати́в

finanzieller Richtsatz фина́нсовый нормати́в

Richtsatzbestände *m, pl* нормати́вные запа́сы

richtsatzfrei ненорми́руемый

richtsatzgebunden нормати́вный

richtsatzgeplant нормати́вный

Richtsatzkalkulation *f* нормати́вная калькуля́ция

Richtsatzmethode *f* нормати́вный ме́тод учёта

Richtsatzplanbestand *m* пла́новые произво́дственные запа́сы

Richtsatzselbstkosten *pl* нормати́вная себесто́имость

Richtsatztage *m, pl* нормати́в запа́сов сырья́, материа́лов и гото́вой проду́кции, исчи́сленный в календа́рных днях

Richtsatzverbrauch *m* нормати́вный расхо́д *(напр., сырья́ и материа́лов)*

Richttage *m, pl* нормати́вный срок обора́чиваемости сырья́, материа́лов и гото́вой проду́кции

Richtungsfaktor *m* углово́й коэффицие́нт

Richtungskoeffizient *m* попра́вочный коэффицие́нт

Richtungstarif *m* тари́ф *(перево́зок)*, де́йствующий в одно́м направле́нии

Richtungsverkehr *m* маршрутизи́рованные перево́зки все́ми ви́дами тра́нспорта

Richtwert *m* нормати́вный показа́тель *(нормати́в, контро́льная ци́фра)*

Richtwerttabelle *f* табли́ца нормати́вов

Richtzahlen *f, pl* контро́льные ци́фры; ориентиро́вочные ци́фры; *стат.* исхо́дные показа́тели

Riesenbetrieb *m* предприя́тие-гига́нт

Riesenprofit *m* огрóмные прибыли, огрóмные барыши
Riesenvorrat *m* крýпные запáсы
Riesenwerk *n* завóд-гигáнт
Rikambio *m ит.* рекамбио *(дополнительные трéбования кредитóра, возникáющие в результáте протéста вексeля)*
Rikambiowechsel *m* рекамбио, обрáтный *(перевóдный)* вéксель *(опротестованный вéксель, выставленный предыдýщему держáтелю)*
Rimesse *f* римесса, перевóдный вéксель *(вéксель, пересылáемый для покрытия дóлга)*; погашéние дóлга *(пересылкой вексeля)*
Ring Deutscher Makler für Immobilien, Hypotheken und Finanzierungen Объединéние немецких маклеров по недвижимости, ипотекам и финансированию *(ФРГ)*
Ringabschluß *m* ринг
Ringbelieferung *f* кольцевóй завоз
Ringgeschäft *n* ринг, объединéние *(бáнков, фирм)*
Ringverkehr *m* **im innerbetrieblichen Transport** маршрутизированные перевóзки, осуществляемые внутризаводским трáнспортом
Ringzufuhr *f* кольцевóй завоз; кольцевóй подвóз *(товáров)*
Rinnverlust *m* утéчка, потéри от утéчки
Risiken *n, pl* рискú
Risiken im Außenhandelsgeschäft внешнеторгóвые рискú
Risikenkumulation *f страх.* кумуляция рúсков
Risikenverhältnis *n страх.* отношéние рúсков
Risikenverteilung *f страх.* дроблéние рúсков
Risiko *n* риск
Risiko der Abnahmeverweigerung риск непринятия товáра
Risiko kundenanonymer Fertigung риск выпуска продýкции для анонúмного потребúтеля
kalkulatorisches Risiko калькулируемый риск
versicherbares Risiko страхуемый риск
auf eigenes Risiko на свой страх и риск
das Risiko decken оплáчивать расхóды, оплáчивать убытки
ein Risiko eingehen брать на себя расхóды
ein Risiko tragen брать на себя расхóды
ein Risiko übernehmen брать на себя расхóды
Risikoanalyse *f* анáлиз рúска
vereinigte Risikoanalyse свóдный анáлиз рúска, объединённый анáлиз рúска
Risikoaufschlag *m страх.* надбáвка за риск, прéмия за риск
Risikobeitrag *m* часть страховóго взнóса, необходúмая для покрытия страховóго рúска
Risikograd *m страх.* стéпень рúска
Risikolebensversicherung *f* страховáние на слýчай смéрти
risikominimierend сводящий риск к мúнимуму
Risikomischung *f* снижéние рúска затоваривания путём расширéния ассортимéнта произвóдства
Risikoprämie *f страх.* надбáвка за риск, прéмия за риск *(может фигурúровать, напр., при калькуляции издéржек)*; спекулятúвная рéнта
Risikoprüfung *f* провéрка налúчия и стéпени рúска *(пéред заключéнием договóра страховáния)*
Risikostreuung *f* дроблéние рúска
Risikoübernahme *f* принятие *(на себя)* рúска
Risikoversicherung *f* страховáние от рúска; страховáние на слýчай смéрти
Risikozuschlag *m страх.* надбáвка за риск, прéмия за риск
Riskontro *n ит.* взаúмный зачёт трéбований; скúдка; resконтро *(вспомогáтельная бухгáлтерская кнúга)*; амбáрная кнúга, учётная кнúга
Riester-Rente *(f)* финансируемая в частном порядке пенсия в Германии; пенсия „Ристера“
Ristorno *n m ит.* погашéние зáписи, сторнирование; ристорно; возврáт страховóй прéмии
Ristornogebühren *f pl* сбóры при расторжéнии, сбóры при сторнировании
Ritratte *f ит.* ретрáтта, ретур, обрáтный *(перевóдный)* вéксель
RIV, Regolamento Internazionale Veicoli Междунарóдное соглашéние о взаимном пользовании товарными вагóнами
Rivale *m* сопéрник, конкурéнт
RIW Междунарóдное соглашéние о взаимном пользовании товарными вагóнами
Rj., Rechnungsjahr бюджéтный год; отчётный год
RKV:
RKV, Rahmenkollektivvertrag типовóй коллектúвный договóр
RKV, Reichskostenverordnung прáвила определéния издéржек при госудáрственных подрядах и поставках
RKW, Rationalisierungs-Kuratorium der Deutschen Wirtschaft кураториум по проблéмам рационализáции эконóмики ФРГ
RM, Reichsmark рейхсмарка, германская мáрка *(дéнежная единúца Гермáнии до 1948 г.)*
RO, Rumänien Румыния
Ro-Ro-Fähre *f* парóм для перевóзки мéтодом «ролл он - ролл оф», парóм с горизонтáльной погрýзкой и выгрузкой
Ro-Ro-Schiff *n* сýдно тúпа «ролл он-ролл оф» *(с горизонтáльной погрýзкой и выгрузкой)*
Rob, Reise ohne Bargeld аккредитúв сберегательной кáссы
Roh-, Hilfs- und Betriebsstoffe *m, pl* сырьё, вспомогáтельные и прóчие материáлы
Rohausbeute *f* выход неочищенного продýкта, выход сырóго продýкта
Rohbauproduktion *f* основные строительные рабóты
Rohbilanz *f* предварúтельный балáнс, ориентирóвочный балáнс
Rohertrag *m*валовóй дохóд, дохóд брýтто *(результáт - обычно в дéнежном выражéнии - без вычета издéржек и затрáт)*
Rohgewicht *n* вес брýтто
Rohgewinn *m* валовáя прúбыль
Rohgut *n* сырьё; *трансп.* навалочный груз
Rohmaterial *n* сырьё; сырьевые материáлы
Rohmaterialvorräte *m, pl* запáсы сырья, ресýрсы сырья, сырьевые запáсы, сырьевые ресýрсы
Rohproduktenhandel *m* торгóвля сырьём и полуфабрикатами; торгóвля ломом и отхóдами *(испóльзуется глáвным óбразом для чёрной и цветнóй металлýргии)*
Rohrleitung *f* трубопровóд
Rohrleitungstransport *m* трубопровóдный транспóрт
Rohstoff *m* сырьё; полуфабрикáты
Rohstoff und Grundmaterial сырьё и основные материáлы
agrarischer Rohstoff сельскохозяйственное сырьё
defizitärer Rohstoff дефицúтное сырьё
einheimischer Rohstoff отéчественное сырьё
industrieller Rohstoff промышленное сырьё
kriegswichtiger Rohstoff стратегúческое сырьё
monopolfreier Rohstoff немонополизированное сырьё
örtlich vorkommender Rohstoff мéст-

ное сырьё
pflanzlicher Rohstoff сырьё растительного происхождения
rückgewonnener Rohstoff вторичное сырьё
strategischer Rohstoff стратегическое сырьё
Rohstoffabkommen *n* соглашение о поставках сырья
internationales Rohstoffabkommen международное соглашение по сырью
Rohstoffanhängsel *n* сырьевой придаток
rohstoffarm бедный сырьём
Rohstoffaufkommen *n* сырьевые ресурсы
Rohstoffaufteilung *f* распределение сырья
Rohstoffausnutzung *f* потребление сырья, использование сырья
Rohstoffausnutzungsnorm *f* норма потребления сырья, норма использования сырья
Rohstoffbasis *f* сырьевая база
sekundäre Rohstoffbasis вторичная сырьевая база
Rohstoffbedarf *m* потребности в сырье, потребность в сырье
Rohstoffbeschaffung *f* заготовка сырья; закупка сырья
Rohstoffbilanz *f* баланс сырьевых ресурсов
Rohstoffeinfuhr *f* импорт сырья
Rohstoffeinsatz *m* использование сырья
Rohstoffeinsatznorm *f* норма расходования сырья
Rohstoffersparnis *f* экономия сырья
Rohstoffgebiet *n* сырьевой район, район богатых природных ресурсов
Rohstoffgeographie *f* география природных ресурсов
Rohstoffhortung *f* создание запасов сырья
Rohstoffkreditgeschäft *n* кредитная сделка по импорту сырья, необходимого для производства экспортных товаров
Rohstoffländer *n, pl* страны-поставщики сырья
Rohstofflieferant *m* поставщик сырья
Rohstoffmangel *m* нехватка сырья, дефицит сырья
Rohstoffmonopol *n* монополия на поставку сырья
Rohstofforientierung *f* размещение производительных сил с учётом источников сырья
Rohstoffpolitik *f* государственная политика, направленная на содействие в снабжении сырьём
Rohstoffpreise *m, pl* цены на сырьё
Rohstoffquelle *f* источник сырья
Rohstoffreserven *f, pl* сырьевые резервы, сырьевые запасы, запасы сырья
Rohstoffressourcen *pl* сырьевые ресурсы
Rohstoffverbrauch *m* расходование сырья
Rohstoffvereinbarung *f* соглашение о поставках сырья
Rohstoffverknappung *f* нехватка сырья, дефицит сырья
Rohstoffverteuerung *f* повышение цен на сырьё
Rohstoffvorräte *m, pl* сырьевые резервы, сырьевые запасы, запасы сырья
Rohsutoffgewinnungsindustrie *f* добывающая промышленность
Rohüberschuss *m* валовая прибыль
ausweispflichtiger Rohüberschuss валовая прибыль, которая обязательно должна быть показана *(в счёте прибылей и убытков акционерной компании)*
Rohumsatz *m* валовой оборот
Rohware *f* сырьё; полуфабрикат
Rohzins *m* валовой процент, брутто-процент *(процентные доходы до выплаты налогов)*
ROI, Return on Investment индекс отдачи *(соотношение между прибылью и вложенным капиталом)*
ROL, Leu, -- Rumänien Леи, -- Румыния
roll-on-roll-off-Verfahren *n* метод транспортировки с горизонтальной погрузкой и выгрузкой
Rollauftrag *m* договор на доставку железнодорожного груза автотранспортом
Rollbockverkehr *m* железнодорожное сообщение со сменой колёсных тележек
Rollfuhr *f* доставка железнодорожного груза автотранспортом
Rollfuhrdienst *m*, **bahnamtlicher** служба доставки железнодорожного груза автотранспортом
Rollfuhrunternehmen *n* автотранспортное предприятие
Rollfuhrunternehmer *m* перевозчик железнодорожного груза автотранспортом
Rollfuhrversicherungsschein *m* страховой полис в перевозках железнодорожных грузов
Rollgeld *n* плата за доставку железнодорожного груза автотранспортом
Rollgeld *разг.* плата за доставку железнодорожного груза на дом
Rollschrank *m (канцелярский)* раздвижной шкаф
Rostbildung *f* ржавление, образование ржавчины
Rote Gewerkschaftsinternationale *ист.* Красный Интернационал профсоюзов, Профинтерн
rote Klausel *f* красная оговорка *(условие аккредитива, согласно которому банк соглашается выплатить авансом часть суммы аккредитива против представления вместо коносамента)*
rote Klausel красная оговорка *(оговорка Объединения лондонских страховщиков, напечатанная красным шрифтом и приклеиваемая к страховому полису)*
Rotofließreihe *f* роторная автоматическая линия
Rotofließstraße *f* роторная автоматическая линия
Round-Table-Konferenz Встречи «круглого стола» Восток - Запад
Routenführung *f* маршрут, расписание рейсов
Routentransport *m* маршрутизированные перевозки
Routinearbeit *f* рутинная работа
geistige Routinearbeit рутинная умственная работа
Routinearbeiten *f, pl* рутинные работы (мн.ч.)
RP, reponse payee ответ оплачен *(пометка на почтово-телеграфных отправлениях)*
Rpf, Reichspfennig рейхспфенниг *(немецкая монета до 1948 г.)*
RT, Registertonne регистровая тонна
RU, Russische Föderation Российская Федерация
RUB, Rubel, -- Russische Föderation Российский рубль (*код валюты* 810), -- Российская Федерация
Rubel *m* рубль
konvertible Rubel конвертируемый рубль
transferabler Rubel переводный рубль
Rubrum *n* рубрум, краткое содержание письма
Rückantwort *f* письменный ответ
Rückäufer *m* возвращающийся покупатель (после первой покупки осуществляет повторные покупки)
Rückauftrag *m* встречное поручение; встречный заказ
Rückbeförderung *f* встречная перевозка; обратная доставка
Rückbehaltungsrecht *n* право должника задержать уплату долга до выполнения кредитором своего обязательства
Rückbuchung *f бухг.* погашение записи, сторнирование, сторно
rückdiskontieren *vt* переучесть *(вексель)*

Rückdiskontierung *f* переучёт *(векселе́й)*

Rückenschild *n* рекла́мный щит на спине́ челове́ка-рекла́мы

Rückerstattung *f* возвра́т *(напр., нало́гов)*; *юр.* реститу́ция, возвраще́ние *(иму́щества)*; возмеще́ние *(убы́тков)*

Rückexport *m* реэкспорт

Rückfall *m* спад *(биржевы́х ку́рсов)*; *юр.* рециди́в

Rückfluss *m* обра́тный прито́к *(напр., платёжных средств)*

Rückfluss der investierten Mittel окупа́емость капиталовложе́ний

Rückflussdauer *f* срок окупа́емости *(капиталовложе́ний)*

Rückflussdauer продолжи́тельность обра́тного прито́ка средств, дли́тельность обра́тного прито́ка средств

Rückflussfrist *f* срок окупа́емости *(капиталовложе́ний)*

Rückflussstücke *n, pl бирж.* це́нные бума́ги, скупаемые эмитентом для предотвраще́ния паде́ния их ку́рса

Rückfracht *f* фрахт за обра́тную перево́зку; обра́тный фрахт

Rückführung *f* возвра́т *(това́ра и́ли де́нег)*

Rückführung обра́тная связь; репатриа́ция *(в том числе́ репатриа́ция капита́ла)*

Rückführung von Mitteln aus dem Staatshaushalt возвра́т ча́сти средств, отчисленных в госбюдже́т

Rückführung von Vermögenswerten репатриа́ция иму́щества

Rückführungsgüter *n pl* гру́зы, подлежа́щие возвра́ту

Rückgabe *f* возвра́т, возвраще́ние

gegen Rückgabe с усло́вием возвра́та

Rückgang *m* возвраще́ние, возвра́т; обра́тный ход; упа́док, спад, паде́ние; уменьше́ние, сниже́ние, сокраще́ние

Rückgang des Geschäfts сокраще́ние объёма сде́лок, сокраще́ние биржево́го оборо́та

Rückgang des Umsatzes сокраще́ние объёма сде́лок, сокраще́ние биржево́го оборо́та

rückgängig machen *vt* отмени́ть, аннули́ровать, ликвиди́ровать

Rückgängigmachung *f* отме́на, аннули́рование, ликвида́ция

Rückgewinnung *f* регенера́ция, втори́чное испо́льзование

Rückgewinnungsnorm *f* но́рма втори́чного испо́льзования материа́лов

Rückgriff *m юр.* регре́сс, обра́тное тре́бование о возмеще́нии

ohne Rückgriff без регре́сса

Rückgriffsberechtigte *m* регрессант *(лицо́, тре́бующее возмеще́ния, испо́льзуется в ве́ксельном обраще́нии)*

Rückgriffsnehmende *m, f* регрессант *(в ве́ксельном обраще́нии)*

Rückgriffsrecht *n* пра́во регре́сса

Rückgriffsschuldner *m* регрессат *(лицо́, про́тив кото́рого напра́влено тре́бование о возмеще́нии, в ве́ксельном обраще́нии)*

Rückindossament *n* обра́тный индосса́мент

Rückkauf *m* вы́куп *(а́кций, облига́ций, за́ймов, страхо́вки)*

Rückkauf von Versicherungen досро́чное расторже́ние страхователем догово́ра страхова́ния

rückkaufen *vt* выкупа́ть *(а́кции, облига́ции, за́ймов)*

Rückkaufsdisagio *n* дизажио от вы́купа облига́ций, *см.* **Disagio**

Rückkaufswert *m страх.* выкупна́я су́мма

Rückkopplung *f* обра́тная связь

Rückkopplungskreis *m* ко́нтур обра́тной свя́зи

Rückkopplungssystem *n* систе́ма с обра́тной свя́зью

Rückladung *f* обра́тный фрахт, обра́тный груз

Rücklage *f* резе́рв

gesetzliche Rücklage обяза́тельный резе́рв

satzungsmäßige Rücklage уста́вный фонд

der Rücklage zuführen отчи́слить в резе́рв

Rücklagefonds *m с.-х.* резе́рвный фонд

Rücklagen *f, pl* запа́с; сбереже́ния, накопле́ния; резе́рвы, резе́рвные фо́нды

Rücklagen vornehmen создава́ть резе́рвные накопле́ния, создава́ть резе́рвные фо́нды

freiwillige Rücklagen свобо́дные резе́рвы

gesetzliche Rücklagen резе́рвы, устано́вленные зако́ном; обяза́тельные отчисле́ния в резе́рвный фонд

offene Rücklagen откры́тые резе́рвы

stille Rücklagen скры́тые резе́рвы

Rücklagenkonto *n бухг.* счёт резе́рва предстоя́щих платеже́й

Rückläufigkeit *f* отстава́ние, регре́сс

Rücklaufzeit *f* срок окупа́емости *(капиталовложе́ний)*

Rücklieferung *f* возвра́т поста́вки

Rücklieferungsschein *m* счёт на возвраща́емый това́р

Rückprämie *f бирж.* пре́мия по сро́чным сде́лкам при игре́ на пониже́ние

Rückprämiengeschäft *n бирж.* сро́чная сде́лка с пре́мией при игре́ на пониже́ние

Rückrechnung *f* интерполя́ция, интерполяционные расчёты *(в планировании)*

prognostische Rückrechnung прогностическая интерполя́ция

Rückscheck *m* неопла́ченный чек

Rückschlag *m* кри́зис; спад хозя́йственной акти́вности *(по́сле подъёма)*

geschäftlicher Rückschlag убы́ток

konjunktureller Rückschlag спад конъюнкту́ры

wirtschaftlicher Rückschlag экономи́ческий спад

Rücksendegebühr *f* сбор за возвра́т *(почто́вого отправле́ния)*

rücksenden *vt* возвраща́ть, посыла́ть обра́тно

Rücksendung *f* возвраще́ние *(докуме́нта, това́ра)*; обра́тная доста́вка

Rücksendung mangelhafter Waren возвра́т некондиционных това́ров; возвра́т бра́ка; возвра́т брако́ванных това́ров

Rückstand *m* задо́лженность, долг; отстава́ние; невыполне́ние

rückständig задолжа́вший (платёж), просрочивший (платёж); оста́точный, невы́плаченный *(о до́лге)* отста́лый

rückständig отста́лый, отстающий

Rückständigkeit задо́лженность; отста́лость

ökonomische Rückständigkeit экономи́ческая отста́лость

Rückstellungen *f, pl* отчисле́ния в резе́рвный фонд; целевые отчисле́ния *(мо́гут формирова́ться за счёт отчисле́ний от дохо́дов и́ли на осно́ве привлече́ния средств извне́)*

Rückstellungen für künftige Zahlungen отчисле́ния в резе́рв предстоя́щих платеже́й

Rückstellungen für Reparaturen отчисле́ния на ремо́нт

Rückstellungen für später geplante größere Investitionen отчисле́ния *(от при́были)* в резе́рвный фонд *(на финанси́рование кру́пных капиталовложе́ний)*

Rückstellungen für Steuern нало́говые отчисле́ния

versicherungstechnische Rückstellungen отчисле́ния в резе́рв предстоя́щих платеже́й страховы́х сумм

Rücktratte *f ит.* ретра́тта, ретур, обра́тный *(перево́дный)* ве́ксель

Rücktritt *m (односторо́нний)* отка́з от контра́кта, отка́з от догово́ра; ухо́д, отста́вка

Rücktritt wegen Fehlens des Akkreditivs отка́з от догово́ра из-за неоткрытия аккредити́ва, отступле́ние от догово́ра из-за неоткрытия аккредити́ва

rückvergüten *vt* возмеща́ть, выпла́чивать обра́тно, компенси́ровать

Rückvergütung *f* возмеще́ние, возвраще́ние, обра́тная вы́плата; обра́тная бонифика́ция; начисления на пай *(в потребительском кооперати́ве)*

rückverrechnen *vt* засчи́тывать встре́чное тре́бование *(при клиринговых расчётах)*

Rückverrechnung *f* зачёт встре́чного тре́бования

eine Rückverrechnung vornehmen производи́ть перерасчёт

Rückverrechnungsauftrag *m* тре́бование на списание в безакце́птном поря́дке; де́бет-но́та

Rückversicherer *m* страхо́вщик *(при догово́ре перестраховки)*

Rückversicherte *m* страхова́тель *(в догово́ре перестраховки)*

Rückversicherung *f* перестрахова́ние, перестрахо́вка *(при больши́х рисках страхова́я компа́ния страхует себя́ в друго́й страхово́й компа́нии, уменьшая тем са́мым у́ровень своего́ ри́ска)*

anteilige Rückversicherung непропорциональная фо́рма перестрахования

proportionale Rückversicherung пропорциона́льная фо́рма перестрахования

Rückversicherungsgesellschaft *f* перестраховочное о́бщество, о́бщество перестрахования

Rückversicherungsprämie *f* перестрахо́вочная пре́мия

Rückversicherungsvertrag *m* догово́р перестрахования

Rückwälzung *f* перекла́дывание бре́мени *(напр., нало́гового)*

Rückwälzung перекла́дывание расхо́дов

Rückwanderung *f* реэмиграция

Rückware *f* возвращённый *(из-за грани́цы)* това́р; предме́т реимпорта

Rückwarenerklärung *f* деклара́ция на возвраща́емый экспортный това́р

Rückwärtsrechnung *f сет. пл.* отсчёт вре́мени от завершающего собы́тия сети́

Rückwärtsversicherung *f* страхова́ние за́дним число́м

Rückwechsel *m* ретра́тта, ретур, обра́тный *(перево́дный)* ве́ксель, рекамбио

Rückweisezahl *f* брако́вочное число́

Rückweisquote *f* до́ля возвраща́емой проду́кции; но́рма возвра́та проду́кции

Rückweiswahrscheinlichkeit *f* вероя́тность отбраковки *(в статистическом контроле ка́чества)*

rückzahlbar подлежа́щий упла́те, подлежа́щий возвра́ту

rückzahlbar in Raten погаша́емый в рассро́чку

Rückzahlbarkeit *f* возвра́тность *(напр., креди́та)*

rückzahlen возвраща́ть де́ньги; выкупа́ть *(облига́ции)*

rückzahlen выкупа́ть *(облига́ции и́ли други́е обяза́тельства)*

Rückzahlung *f* возвра́т, возвраще́ние де́нег; вы́куп *(облига́ций)*

Rückzahlung погаше́ние *(напр., облига́ций)*

Rückzahlung eines Kredits in Waren погаше́ние креди́та това́рами

Rückzahlung mit Agio погаше́ние с надбавкой про́тив номина́ла *(при погаше́нии за́ймов)*

Rückzahlung von Auslandsschulden платёж по вне́шней задо́лженности

Rückzahlung zum Nennwert погаше́ние по парите́ту *(при погаше́нии за́ймов)*

Rückzahlungsagio *n* надба́вка при погаше́нии долгово́го обяза́тельства, а́жио при погаше́нии долгово́го обяза́тельства

Rückzahlungsbedingungen *f, pl* усло́вия возвра́та де́нег

Rückzahlungsfrist *f* срок возвра́та *(напр., де́нежных сумм при ссуде)*

Rückzahlungsschein *m* расхо́дный о́рдер с распиской в получе́нии де́нег по *(сберегательному)* вкла́ду

Rückzollschein *m* тамо́женное свиде́тельство на возвра́т по́шлин, дебенту́ра

Ruf *m* репута́ция

einen guten Ruf behalten сохрани́ть хоро́шую репута́цию

einen guten Ruf genießen по́льзоваться хоро́шей репута́цией

Rügefrist *f* срок для предъявле́ния реклама́ции

Rügepflicht *f* обя́занность покупа́теля предъяви́ть прете́нзии к ка́честву това́ра

Ruhegehalt *n* пе́нсия по ста́рости и за вы́слугу лет *(госуда́рственным слу́жащим)*

Ruhegehaltslasten *f, pl* расхо́ды по вы́плате пе́нсий по ста́рости и за вы́слугу лет *(госуда́рственным слу́жащим)*

Ruhegeld *n* пе́нсия по ста́рости и за вы́слугу лет *(госуда́рственным слу́жащим)*; страхово́е вознагражде́ние *(получа́емое слу́жащим в дополне́ние к пе́нсии)*

Ruhezeit *f* вре́мя о́тдыха; просто́й; нерабо́чее вре́мя *(маши́ны)*

Ruin *m* разоре́ние, банкро́тство, крах; упа́док, разру́ха

wirtschaftlicher Ruin хозя́йственная разру́ха

ruinieren *vt* разоря́ть(ся), разруша́ть, губи́ть, подрыва́ть

Ruinspiel *n* игра́ на разоре́ние

Rumpfwirtschaftsjahr *n* непо́лный хозя́йственный год

Run *m англ.* ма́ссовое изъя́тие вкла́дов из ба́нка, па́ника в ба́нке; биржева́я па́ника

Rundfahrtproblem *n* зада́ча о коммивояжёре, пробле́ма о коммивояжёре

Rundreisekreditbrief *f m* циркуля́рный аккредити́в

Rundreiseproblem *n* зада́ча о коммивояжёре, пробле́ма о коммивояжёре

Rundreisezeit *f* продолжи́тельность кругово́го ре́йса *(су́дна)*

Rundungsfehler *m* оши́бка округления

Rüstgrundzeit *f (основно́е)* подготови́тельно-заключи́тельное вре́мя; *(основно́е)* вре́мя на наладку

Rüstkosten *pl* расхо́ды на переналадку

Rüstung *f* подгото́вка; сбо́ры; подгото́вка к войне́; вооруже́ние; оснаще́ние

Rüstungsaktien *f, pl* а́кции вое́нно-промы́шленных компа́ний

Rüstungsanleihe *f* вое́нный заём

Rüstungsauftrag *m* вое́нный зака́з

Rüstungsausgaben *f, pl* вое́нные расхо́ды, расхо́ды на вооруже́ние

Rüstungsboom *m* бум, вы́званный го́нкой вооруже́ний

Rüstungsetat *m* вое́нный бюдже́т

Rüstungsexport *m* экспорт вооруже́ний

Rüstungsfinanzierung *f* финанси́рование вое́нного произво́дства

Rüstungsgeschäft *n* произво́дство вооруже́ний, вое́нный би́знес

Rüstungshaushalt *m* вое́нный бюдже́т

Rüstungsindustrie *f* вое́нная промы́шленность, промы́шленность, производя́щая вооруже́ние; вое́нное произво́дство

rüstungsindustriell вое́нно-промы́шленный

Rüstungskosten *pl* вое́нные расхо́ды, расхо́ды на вооруже́ние

Rüstungslasten *f, pl* бре́мя вое́нных расхо́дов, бре́мя вооруже́ний

Rüstungsmonopol *n* вое́нно-промы́шленная монопо́лия

Rüstungspolitik *f* поли́тика го́нки вооруже́ний

Rüstungspotential *n* вое́нно-промы́шленный потенциа́л

Rüstungsproduktion *f* произво́дство

вооружéния
Rüstungsprofitsteuer *f* налóг на воéнные прибыли
Rüstungsprogramm *n* прогрáмма гóнки вооружéний
Rüstungsrennen *n* гóнка вооружéний
Rüstungsüberprofit *m* сверхприбыль, получáемая от воéнного бизнеса
Rüstungswettlauf *m* гóнка вооружéний
Rüstungswirtschaft *f* воéнная эконóмика
rüstungswirtschaftlich воéнно-экономи́ческий
Rüstwertkoeffizient *m* коэффициéнт затрáт врéмени на подготови́тельно-заключи́тельные операции
Rüstzeit *f* подготови́тельно-заключи́тельное врéмя
Rutsch *m бирж.* рéзкое падéние *(кýрса áкций)*
RVA, Reichsversicherungsanstalt Госудáрственное управлéние *(социáльного)* страховáния *(ФРГ)*
Rvj., Rechnungsvierteljahr отчётный квартáл
RVS, Rollfuhrversicherungsschein страховóе свидéтельство на перевози́мый по сýше груз
RW, Ruanda Руáнда, *до 1978г. код* **PG**
RWF, Ruanda-Franc, -- Ruanda Руандский франк, -- Руáнда
r.z., rückzahlbar подлежáщий уплáте, подлежáщий возврáту
RZG, Rentenzulagegesetz закóн о надбавке к *(госудáрственным)* пенсиям *(ФРГ)*
S:
S, Saldobetrag сáльдо
S, Serie сéрия *(в курсовóй таблúце)*
S F.A., Shipping and Forwarding Agent судовóй мáклер и экспеди́тор
S-Karte *f* контрóльная кáрта для стандáртных отклонéний *(при статистическом контроле кáчества)*
SA:
S.A., Societe Anonyme акционéрное óбщество
SA, Saudi-Arabien Саýдовская Арáвия
Sa., Summa сýмма, итóг
Saatfläche *f* посевнáя плóщадь
Saatgutfonds *m* семеннóй фонд
Saatgutreservefonds *m* страховóй семеннóй фонд
Saatkampagne *f* посевнáя кампáния
Sabotage *f* саботáж
Sachanlagen *f pl* произвóдственный капитáл в вéщной фóрме
Sachanlagevermögen *n* основнóй капитáл *(в вéщной фóрме; земéльные учáстки, здáния, оборýдование)*
Sachausgaben *f pl* материáльные затрáты; расхóды бюджéтных организáций на оплáту различного родá материáлов и услýг
Sachbearbeiter *m* ответственный исполни́тель; консультáнт, референт
Sachbeschädigung *f* нанесéние ущéрба имýществу
sachbezogen дéйственный
Sachbezüge *m, pl* вознаграждéние за труд в натурáльной фóрме, натурáльная оплáта
Sachdepot *n* мéсто хранéния цéнных бумáг и прóчих цéнностей в бáнке; кни́га учёта цéнных бумáг, при́нятых на хранéние
Sacheinlage *f* имýщественный вклад *(в вúде вещéй úли передаваемых компáнии прав, напр., патéнтов)*
Sachen *f, pl* вéщи, предмéты; имýщество
Sachen дéйствия, за котóрые никтó не готóв нести́ ответственность
abhanden gekommene Sachen пропавшее имýщество, утерянное имýщество
bewegliche Sachen дви́жимое имýщество
ersetzbare Sachen субститýты, замени́мые вéщи
ersetzliche Sachen субститýты, замени́мые вéщи
herrenlose Sachen бесхóзное имýщество
nicht vertretbare Sachen незаменимые вéщи, уникальные вéщи, незаменимые предмéты, уникальные предмéты; постýпки, за котóрые никтó не готóв нести́ ответственность; мероприя́тия, с проведéнием котóрых нельзя́ согласи́ться
öffentliche Sachen предмéты общéственного пóльзования
unbewegliche Sachen недви́жимое имýщество
unvertretbare Sachen незаменимые вéщи, уникальные вéщи, незаменимые предмéты, уникальные предмéты; постýпки, за котóрые никтó не готóв нести́ ответственность; мероприя́тия, с проведéнием котóрых нельзя́ согласи́ться
verbrauchbare Sachen предмéты, котóрые мóгут быть потреблены, предмéты, котóрые мóгут быть израсходованы
vertretbare Sachen замени́мые вéщи, замени́мые предмéты; постýпки, за котóрые ктó-ли́бо готóв нести́ ответственность; мероприя́тия, проведéние котóрых допусти́мо
Sachenrecht *n юр.* вéщное прáво
Sachfirma *f* фи́рма, в назвáнии котóрой укáзан род её заня́тия *(úли харáктер оперáции)*
sachgemäß надлежáщий, соответствующий, дóлжный
Sachgesamtheit *f* комплéкт, набóр *(напр., инструмéнтов)*
Sachgründung *f* основáние акционéрного óбщества на бáзе имýщественных вкладов учредителей
Sachhehlerei *f* укрывáтельство; скýпка скýпка имýщества, добы́того престýпным путём, приня́тие в залóг имýщества, добы́того престýпным путём
Sachkapital *n* основнóй *(акционéрный)* капитáл
Sachkapitalerhöhung *f* увеличéние *(акционéрного)* капитáла за счёт имýщественных вкладов
Sachkontenrahmen *m бухг.* номенклатýра основны́х счетóв
Sachkonto *n* основнóй счёт, счёт учёта материáльных цéнностей *(напр., товáрный счёт)*
Sachkredit *m* креди́т под обеспéчение
Sachleistungen *f pl* натурáльные вы́платы; неденежная пóмощь застрахóванным из фóнда социáльного страховáния
Sachlohn *m* зáработная плáта, получáемая в натурáльной фóрме
Sachmängel *m, pl* недостáтки, обнаруженные в издéлии, недостáтки, обнаруженные в товáре, дефéкты, обнаруженные в издéлии, дефéкты, обнаруженные в товáре
Sachmängelhaftung *f* гарáнтия кáчества; ответственность *(продавцá úли предпринимáтеля)* за недостáтки, обнаруженные в издéлии *(úли товáре)*
Sachprämie *f* прéмия натýрой
Sachschaden *m* материáльный ущéрб
Sachschadenhaftpflichtgesetz *n* закóн об ответственности за причинённый материáльный ущéрб
Sachsteuern *f, pl* налóги на недви́жимое имýщество, налóги на дохóды от недви́жимого имýщества; реáльные налóги; поземéльные налóги
Sachübernahme *f* приня́тие имущественного вклáда в капитáл акционéрного óбщества
Sachurteil *n* решéние о материáльно-правовóй обоснóванности вы́двинутого трéбования, решéние о материáльно-правовóй обоснóванности вы́двинутого притязáния
Sachv., Sachverständige *m* экспéрт
Sachverhalt *m* обстоя́тельства делá, положéние вещéй; содержáние, значéние
Sachvermögen *n* имýщество

Sachversicherung *f* страхова́ние иму́щества, иму́щественное страхова́ние
Sachverständige *m* экспе́рт
Sachverständigenausschuss *m* экспертная комисси́я
Sachverständigengutachten *n* заключе́ние экспертизы
Sachverständigenkommission *f* экспертная комисси́я
ärztliche Sachverständigenkommission врачéбно-трудова́я экспертная комисси́я, ВТЭК
Sachverständigenurteil *n* заключе́ние экспертизы
Sachverständigenverfahren *n* эксперти́за
Sachverständigenverfahren im Versicherungswesen ме́тод установле́ния разме́ра страхово́го ущéрба с по́мощью экспертизы
Sachverzeichnis *n* инвента́рная о́пись; предме́тный указа́тель
Sachwalter *m* пове́ренный; управля́ющий дела́ми
Sachwert *m* реа́льная сто́имость; реа́льная це́нность
Sachwertanleihe *f* това́рный заём
Sachwertklausel *f* огово́рка о покрытии до́лга по за́йму *(во вре́мя инфля́ции)* в натура́льной фо́рме
Sachwertlotterie *f* вещева́я лотере́я
Sackladung *f* груз в мешочной упако́вке
Sackrutsche *f* спуск для мешко́в
SAE, SÄE, Sonder-Ausfuhrerklärung осо́бая экспортная деклара́ция
Safe *m англ.* сейф
Safevertrag *m* догово́р о пра́ве по́льзования сейфом в ба́нке
saisonabhängig сезо́нный
saisonal сезо́нный
Saisonangebot *n* сезо́нное предложе́ние *(напр., услу́г по обслу́живанию тури́стов)*
Saisonarbeit *f* сезо́нная рабо́та
Saisonarbeiter *m* сезо́нный рабо́чий
Saisonarbeitskräfte *f, pl* сезо́нная рабо́чая си́ла
Saisonarbeitslosigkeit *f* сезо́нная безрабо́тица
Saisonausverkauf *m* сезо́нная распрода́жа
Saisonbedarf *m* потре́бность, обусло́вленная сезоном
saisonbedingt сезо́нный
Saisonbelieferung *f* сезо́нные поставки
saisonbereinigt очи́щенный от сезо́нных колеба́ний *(напр., о це́нах)*
Saisonbereinigung *f* сгла́живание сезо́нных колеба́ний; очище́ние от сезо́нных колеба́ний
Saisonbeschäftigung *f* сезо́нная рабо́та
Saisonbestand *m* сезо́нный запа́с
Saisonbetrieb *m* сезо́нное предприя́тие
Saisonbewegung *f* сезо́нное колеба́ние
Saisoncharakter *m* сезо́нный хара́ктер, сезонность
Saisonfinanzierungsplan *m* план финанси́рования сезо́нных затра́т
saisongebunden сезо́нный
Saisongebundenheit *f* сезонность
saisongerecht соотве́тствующий сезо́ну; сезо́нный
Saisongewerbe *n* сезо́нная рабо́та, сезо́нное заня́тие
Saisonhandel *m* сезо́нная торго́вля
Saisonindex *m стат.* инде́кс сезонности
Saisonindustrie *f* сезо́нная о́трасль промы́шленности
Saisonkapazität *f* сезо́нная мо́щность
Saisonkarte *f* сезо́нный *(проездно́й)* биле́т
Saisonkoeffizient *m стат.* коэффицие́нт сезонности
Saisonkräfte *f, pl* сезо́нная рабо́чая си́ла
Saisonkredit *m* ссу́да на сезо́нные затра́ты, креди́т на сезо́нные затра́ты
Saisonkrippe *f* сезо́нные де́тские я́сли
Saisonnormale *f* норма́ль сезо́нных колеба́ний
Saisonpreis *m* сезо́нная цена́
Saisonproduktion *f* сезо́нная проду́кция; сезо́нное произво́дство
Saisonschlußverkauf *m* сезо́нная распрода́жа това́ров
Saisonschwankung *f* сезо́нное колеба́ние
Saisonschwankungen *f pl* сезо́нные колеба́ния
Saisontarif *m* сезо́нный тари́ф
Saisontätigkeit *f* сезо́нная рабо́та
Saisonverkehr *m* сезо́нные перево́зки
Saisonvertrag *m* догово́р на поставку сезо́нных това́ров
Saisonvorrat *m* сезо́нный запа́с
Saisonwanderung *f* сезо́нная мигра́ция *(рабо́чей силы́)*
Saisonware *f* сезо́нный това́р
Saisonzahl *f стат.* коэффицие́нт сезонности
Saisonzufuhr *f* сезо́нный завоз *(това́ров)*
säkular веково́й, повторя́ющийся ка́ждые сто лет, де́йствующий на протяже́нии дли́тельного пери́ода
Säkulärgleichung *f* уравне́ние веково́й тенде́нции, вековóе уравне́ние, секуля́рное уравне́ние
Säkularisation *f* секуляриза́ция
salaire proportionel *фр.* пропорциона́льная дополни́тельная за́работная пла́та
Saläranpassung *f* надба́вка к за́работной пла́те *(поощре́ние)*
salarieren *vt швейц.* выпла́чивать за́работную пла́ту; опла́чивать, вознагражда́ть
Salärkonto *n* счёт за́работной пла́ты
Saldenausgleich *m* выра́внивание са́льдо *(напр., приведе́ние в соотве́тствие дохо́дов и расхо́дов)*
Saldenbilanz *f* са́льдо бала́нса, не́тто-бала́нс, сальдовый бала́нс
Saldenkonto *n* штафельный счёт, сальдовый счёт
Saldenmethode *f бухг.* ме́тод сальдирования
Saldenmitteilung *f* подтвержде́ние са́льдо *(лицевых счето́в)*
Saldenverrechnung *f* расчёты по са́льдо
Saldenvortrag *m бухг.* перено́с са́льдо *(на но́вый счёт)*
saldieren *vt* выводи́ть оста́ток, выводи́ть са́льдо, сальди́ровать; погаша́ть долг
sich wechselseitig saldieren взаимно погаша́ть долг
Saldierkonto *n* штафельный счёт, сальдовый счёт
Saldiermaschine *f* сумма́тор, сумми́рующее устро́йство, *см. та́кже* ***Addiermaschine***
Saldierung *f* выведе́ние оста́тка, выведе́ние са́льдо, сальдирование; погаше́ние до́лга
Saldo *m бухг.* са́льдо, оста́ток
Saldo übertragen переноси́ть са́льдо
Saldo vortragen переноси́ть са́льдо
Saldo ziehen выводи́ть са́льдо
Saldo zu unseren Gunsten са́льдо в на́шу по́льзу
den Saldo gutmachen покрыва́ть ра́зницу
einen Saldo aufweisen пока́зывать са́льдо
Saldoanerkennung *f* призна́ние са́льдо *(должнико́м)* в по́льзу кредито́ра, призна́ние са́льдо должнико́м
Saldobetrag *m бухг.* са́льдо, оста́ток
Saldokonto *n* сальдовый счёт
Saldoübertrag *m* перено́с са́льдо
Saldoübertragung *f* перено́с са́льдо
Saldovortrag *m* перено́с са́льдо *(на но́вый счёт)*
salesmanship *амер.* иску́сство продава́ть, уме́ние продава́ть
Salland *n ист.* земля́ феода́ла, обраба́тываемая крестья́нами, находя́щимися в феода́льной зави́симости

Salto mortale *m ит.* са́льто-мортале *(акт обме́на* Т-Д)
Salzsteuer *f* соляно́й нало́г
Sammel- und Verteilungskonto *n бухг.* собирательно-распредели́тельный счёт
Sammel-Versicheningsschein *m* по́лис многокра́тного страхова́ния
Sammelabschreibungen *f, pl бухг.* сводные списания
Sammelaktie *f* глоба́льная а́кция
Sammelaktion *f* кампа́ния по сбо́ру средств *(среди́ населе́ния)*, сбор поже́ртвований
Sammelanmeldung *f* совокупная зая́вка
Sammelanzeigen *f pl* **(aller Marken)** нотифика́ция *(всех торго́вых ма́рок)*
Sammelauftrag *m* сво́дный зака́з; сво́дное платёжное поруче́ние
Sammelavis *m, n* сво́дное ави́зо
Sammelbeleg *m* сво́дный докуме́нт; *бухг.* сво́дная прово́дка, сбо́рная прово́дка; сво́дный рее́стр
Sammelberichterstattung *f* сво́дная отчётность
Sammelbilanz *f* сво́дный бала́нс
Sammelbogen *m* накопительная ве́домость
Sammelbuch *n бухг.* сво́дный журна́л, накопительный реги́стр *(при журнально-ордерной систе́ме учёта)*
Sammelbuchung *f бухг.* сво́дная прово́дка, сбо́рная прово́дка
Sammeldauerauftrag *m* сво́дное постоя́нное платёжное поруче́ние
Sammeldepot *n* совме́стное хране́ние *(це́нных бума́г)*, совме́стное хране́ние це́нных бума́г *(ра́зных владе́льцев)*
Sammeldevisenerklärung *f* сво́дная валю́тная деклара́ция
Sammelformblatt *n* сво́дная фо́рма
Sammelgegenbuchung *f бухг.* сво́дная контрпроводка, втори́чная за́пись
Sammelgenehmigung *f* о́бщее разреше́ние
Sammelgut *n* сбо́рный груз
Sammelgüterzug *m* сбо́рный грузово́й по́езд
Sammelgutverkehr *m* перево́зки сбо́рного гру́за *(чере́з экспедицио́нные предприя́тия)*
Sammelhinterlegung *f* совме́стное депони́рование
Sammeljournal *n бухг.* сво́дный журна́л, накопительный реги́стр *(при журнально-ордерной систе́ме учёта)*
Sammelkauf *m* совме́стная заку́пка *(това́ров)*
Sammelkonnossement *n* сбо́рный коносаме́нт
Sammelkonto *n бухг.* собира́тельный счёт
Sammelladung *f* сбо́рный груз
Sammelladungsspedition *f* отпра́вка сбо́рного гру́за
Sammelliste *f* подписно́й лист; о́бщий спи́сок, о́бщий рее́стр; накопительная ве́домость
Sammelliste mit Opposition belegter Wertpapiere спи́сок це́нных бума́г, изъятых из обраще́ния
Sammellohnschein *m* о́бщий рабо́чий наря́д
Sammelmeldung *f* **für Ausfuhrabschlüsse** сво́дное уведомле́ние экспортёра о проведённых экспортных опера́циях
Sammelmemorialorder *f* сво́дный мемориа́льный о́рдер
Sammelnachweis *m* накопительная ве́домость, сво́дная ве́домость
Sammelpolice *f* сво́дный по́лис
Sammelscheck *m* сво́дный чек
Sammeltabelle *f* сво́дная табли́ца
Sammeltransporte *m, pl* сбо́рные грузовы́е перево́зки
Sammeltratte *f* сбо́рная тра́тта
Sammelüberweisung *f* одновре́ме́нный перево́д де́нежных сумм владе́льцем счёта не́скольким получателям
Sammelungen *f, pl*, **öffentliche** сбор поже́ртвований *(среди́ населе́ния)*
Sammelverkehr *m* сбо́рные грузовы́е перево́зки
Sammelversicherung *f* группово́е страхова́ние, коллекти́вное страхова́ние
Sammelverwahrung *f* совме́стное хране́ние *(це́нных бума́г)*
Sammelverzeichnis *n* сво́дная ве́домость
Sammelwaggon *m* сво́дный ваго́н
Sammelzug *m* сбо́рный грузово́й по́езд
sample *англ. стат.* вы́борка; образе́ц
sampling methods *англ.* ме́тод вы́борочного контро́ля
sämtliche Preise verstehen sich incl. der MWST (Mehrwertsteuer *f* **)** все цены́ включа́ют в себя́ НДС (нало́г на доба́вленную сто́имость)
Sandwichmann *m англ.* «челове́к-са́ндвич», челове́к-рекла́ма
Sanierung *f* сана́ция, оздоровле́ние *(мероприя́тия, напра́вленные на укрепле́ние фина́нсового положе́ния ча́стной компа́нии и́ли публи́чно-правовы́х учрежде́ний)*
Sanierung реконстру́кция *(жилы́х и́ли обще́ственных зда́ний)*
Sanierung der Wirtschaft оздоровле́ние эконо́мики
Sanierungsbilanz *f* оздорови́тельный бала́нс, санационный бала́нс
Sanierungsgewinn *m* при́быль, образова́вшаяся в результа́те проведённой санации
Sanierungsmaßnahmen *f, pl* мероприя́тия по оздоровлению *(напр., бюдже́та)*
Sanitätsbescheinigung *f* санита́рное свиде́тельство
Sanitätsinspektion *f* **im Industriebetrieb** санитарно-промы́шленный надзо́р
Sanktion *f* са́нкция; разреше́ние, одобре́ние; са́нкция *(принуди́тельная ме́ра)*; штраф
sanktionieren *vt* санкциони́ровать; разреша́ть, одобря́ть
Sanktionsform *f* фо́рма санкций
Sanktionsleistung *f* исполне́ние де́йствия, предусмо́тренного догово́рными санкциями; опла́та штра́фа
sanktionspflichtig обя́занный выполня́ть догово́рные са́нкции
Sanktionssystem *n* систе́ма санкций
Sanktionsverpflichtung *f* обяза́тельство по договорным санкциям
SAR, Saudi Riyal, -- Saudi-Arabien Саудовский реа́л, -- Сау́довская Ара́вия
Satellitenstadt *f* го́род спутни́к
Sattelpunkt *m* седловая то́чка, «седло́»
Sättigung *f* насыще́ние *(напр., ры́нка това́рами)*; удовлетворе́ние *(напр., спро́са)*
Sättigungsfunktion *f* фу́нкция насыще́ния
Sättigungsgrad *m* сте́пень насыще́ния, насы́щенность
Sättigungsgrenze *f* грани́ца насыще́ния, преде́л насыще́ния *(ча́ще всего́ - спро́са на да́нный това́р)*
Sättigungskurve *f* крива́я насыще́ния
Sättigungsmenge *f* объём насыще́ния
Sättigungsniveau *n* у́ровень насыще́ния
Sättigungsperiode *f* перио́д насыще́ния
Sättigungsprognose *f* прогно́з насыще́ния
Sättigungsprozess *m* проце́сс насыще́ния
Sättigungspunkt *m* грани́ца насыще́ния, преде́л насыще́ния
Satz *m* те́зис, положе́ние; прави́ло, зако́н; теоре́ма
Satz но́рма; ста́вка; тари́ф
Satz компле́кт; набо́р; агрега́т
Satz *вчт.* за́пись
Satz der Lizenzgebühr ста́вка лицензионного вознагражде́ния
erzeugnisgebundener Satz потоварная ста́вка *(нало́гового обложе́ния)*

partialer Satz но́рма части́чного покры́тия изде́ржек, но́рма части́чного покры́тия затра́т
proportionaler Satz пропорциона́льная но́рма изде́ржек, пропорциона́льная но́рма затра́т
prozentualer Satz проце́нтная но́рма изде́ржек, проце́нтная но́рма затра́т
unvollständiger Satz разро́зненный компле́кт
vertraglich vereinbarter Satz догово́рная ста́вка
voller Satz по́лный компле́кт *(напр., коносаментов)*

Satzung *f* уста́в, стату́т; инстру́кция

Satzungskapital *n* уста́вный капита́л, уставно́й капита́л

satzungsmäßig уста́вный, соотве́тствующий уста́ву; согла́сно уста́ву, в соотве́тствии с уста́вом

satzweise па́ртиями (поста́вки)

Säuglingssterblichkeitsziffer *f стат.* коэффицие́нт де́тской сме́ртности *(в во́зрасте до одного́ го́да)*

Säulendiagramm *n стат.* гистогра́мма, сто́лбча́тая диагра́мма

säumig неисправи́мый, платя́щий с опозда́нием *(напр., о плательщике)*
säumig опа́здывающий *(о челове́ке)*
säumig медли́тельный
säumig ине́ртный; неради́вый, лени́вый

Säumigkeit *f* медли́тельность, ине́ртность; просро́чка платежа́

Säumnis *f* упуще́ние; опозда́ние, заде́ржка; просро́чка

Säumniszuschlag *m* пе́ня за просро́чку *(платежа́)*, штраф за просрочку *(платежа́)*

SB:
S.B., Sonderbezeichnung специа́льное обозначе́ние, специа́льная маркиро́вка
SB- (в сл.сл.) самообслу́живания (напр. магази́н)
SB-Laden *m* магази́н самообслу́живания
SB-Restaurant *n* рестора́н самообслу́живания
SB-Tankstelle *f* бензозапра́вочная ста́нция самообслу́живания
sb, saisonbereinigt очи́щенный от сезо́нных колеба́ний

s.bt., sauf bonne fin при соблюде́нии обы́чных усло́вий

SBK:
SBK, Schlußbilanzkonto счёт заключи́тельного бала́нса
SBK, Spezialbaukombinat специализи́рованный строи́тельный комбина́т

SC:
SC, Seychellen Сейшелы

s&c ; (eng.)shipper and carrier; Befrachter und Beförderer *m* отправи́тель и экспеди́тор (фрахтова́тель, перево́зчик)

Sch, Scheck чек

Schachbrettabelle *f* ша́хматная табли́ца, «шахматка»

Schachbrettbilanz *f* межотраслево́й бала́нс, бала́нс межотраслевых свя́зей, ша́хматный бала́нс

schachbrettförmig ша́хматный, име́ющий фо́рму ша́хматной табли́цы

Schachbrettstreiks *m, pl* кратковре́менные забасто́вки *(проводи́мые в одно́й о́трасли в разно́е вре́мя в разли́чных райо́нах страны́)*,

Schacher *m* махина́ция, ме́лкая спекуля́ция, нече́стная сде́лка

schachern *vi* спекули́ровать

Schachtel *f* коро́бка

Schachtelbeteiligung *f* систе́ма уча́стия, при которо́й ряд фирм владе́ет а́кциями *како́й-л.* фи́рмы

Schachteldividende *f* дивиде́нд от уча́стия в друго́м о́бществе, дивиде́нд от уча́стия в друго́й компа́нии

Schachtelgesellschaft *f* компа́ния-уча́стник *(организацио́нные фо́рмы акционе́рного контро́ля компа́нии позволя́ют ока́зывать влия́ние на реше́ния други́х компа́ний)*

Schachtelpaket *n* паке́т уча́стия

Schachtelprivileg *n* нало́говая льго́та по дохо́дам, полу́ченным от уча́стия в други́х о́бществах, нало́говая льго́та по дохо́дам от уча́стия в други́х компаниях

Schaden *m (материа́льный)* ущёрб, убы́ток, поте́ря, вред; поврежде́ние, по́рча, поло́мка
Schaden aus höherer Gewalt ущёрб от форс-мажора, ущёрб, возни́кший от слу́чая непреодолимой силы́,
Schaden erleiden терпе́ть убы́тки, терпе́ть убы́ток
Schaden erleiden терпе́ть убы́тки, терпе́ть убы́ток
Schaden leiden терпе́ть убы́тки, терпе́ть убы́ток
Schaden verhüten предотвраща́ть убы́тки
abstrakter Schaden абстра́ктный убы́ток *(ра́зница ме́жду контрактной и ры́ночной ценой)*
direkter Schaden прямо́й убы́ток
geschäftlicher Schaden убы́ток от торго́вли, торго́вый убы́ток
immaterieller Schaden нематериа́льный *(мора́льный)* ущёрб
jmdm. **Schaden anrichten** причиня́ть *кому́-л.* вред, причиня́ть *кому́-л.* ущёрб
jmdm. **Schaden bringen** причиня́ть *кому́-л.* вред, причиня́ть *кому́-л.* ущёрб
jmdm. **Schaden zufügen** причиня́ть *кому́-л.* вред, причиня́ть *кому́-л.* ущёрб
zu Schaden kommen терпе́ть убы́тки, терпе́ть убы́ток

Schadenabwendungspflicht *f* обя́занность застрахованного предотвраща́ть ущёрб

Schadenabwicklung *f* возмеще́ние убы́тков

Schadenanzeige *n* заявле́ние об убы́тках

Schadenbearbeitung *f* рассле́дование страховщиком авари́йного слу́чая *(с це́лью определе́ния разме́ра страхово́го возмеще́ния)*

Schadenbegutachtung *f страх.* эксперти́за по ущёрбу

Schadenbescheinigung *f* свиде́тельство о повреждениях

Schadenermittlung *f* определе́ние разме́ра ущёрба, определе́ние разме́ра убы́тков

Schadenersatz *m* возмеще́ние ущёрба, возмеще́ние убы́тков
den Schadenersatz leisten возмеща́ть убы́тки

Schadenersatzanspruch *m* прете́нзия по возмеще́нию убы́тков

Schadenersatzklage *f* иск по возмеще́нию убы́тка

Schadenersatzleistung *f* возмеще́ние ущёрба, возмеще́ние убы́тков

Schadenfreiheitsrabatt *m страх.* ски́дка за предотвраще́ние ущёрба, ски́дка за безавари́йность

Schadenminimierung *f* минимиза́ция ущёрба

Schadenquote *f* убы́точность

Schadenregulierung *f* рассле́дование страховщиком авари́йного слу́чая *(с це́лью определе́ния разме́ра страхово́го возмеще́ния)*

Schadenreparatur *f* авари́йный ремо́нт

Schadenreserve *f страх.* резе́рвы для возмеще́ния убы́тков, резе́рвы неопла́ченных убы́тков

Schadenrücklage *f страх.* резе́рвы для возмеще́ния убы́тков, резе́рвы неоплаченных убы́тков

Schadensaufmachung *f* диспа́ша, расчёт убы́тков от о́бщей ава́рии *(су́дна и гру́за)*; исчисле́ние ущёрба, исчисле́ние убы́тков

Schadensausgleich *m* компенса́ция за понесённый ущёрб, компенса́ция за понесённые убы́тки, возмеще́ние за понесённый ущёрб, возмеще́ние за понесённые убы́тки

Schadensberechnung *f* исчисле́ние уще́рба, исчисле́ние убы́тков
Schadensbetrag *m* разме́р уще́рба, разме́р убы́тков, су́мма убы́тков
Schadensfall *m страх.* авари́йный слу́чай, слу́чай нанесе́ния уще́рба
Schadenshöhe *f* разме́р уще́рба, разме́р убы́тков
Schadenskosten *pl* авари́йные расхо́ды
Schadensliste *f* дефе́ктная ве́домость
Schadensnachweis *m* обоснова́ние понесённого уще́рба, обоснова́ние понесённых убы́тков
Schadenssumme *f* су́мма убы́тков
gemeldete Schadenssumme заявленная су́мма убы́тков
Schadenverhütung *f* возмеще́ние уще́рба, возмеще́ние убы́тков; предотвраще́ние уще́рба, предотвраще́ние убы́тков
Schadenversicherung *f* страхова́ние от убы́тков
Schadenwahrscheinlichkeit *f* вероя́тность возникнове́ния убы́тков
schadhaft повреждённый, испо́рченный
Schädigung *f* нанесе́ние уще́рба; поврежде́ние, уще́рб
Schädigungsgrad *m* сте́пень поврежде́ния
Schädlichkeit *f* вре́дность
Schadlosbürge *m юр.* поручи́тель на слу́чай понесения убы́тка, поручи́тель на слу́чай возникнове́ния убы́тка
Schadlosbürgschaft *f юр.* поручи́тельство на слу́чай уменьше́ния дохо́да
Schadloshaltung *f* возмеще́ние убы́тков *(за счёт кого́-л.)*; освобожде́ние от отве́тственности за убы́тки
Schadstoffkonzentration *f* концентра́ция вре́дных веще́ств
Schaffende *m f* трудя́щийся
Schaffensfreude *f* ра́дость тво́рчества, ра́дость созидания; трудово́й подъём, энтузиа́зм
Schaffenskraft *f* работоспосо́бность; тво́рческая си́ла
Schaffenslust *f* ра́дость тво́рчества, ра́дость созидания; трудово́й подъём, энтузиа́зм
Schaltergeschäft *n (одновре́ме́нно совершаемая)* двусторо́нняя ба́нковская опера́ция *(напр., приобрете́ние клие́нтом це́нных бума́г за нали́чные де́ньги, обме́н иностра́нной валю́ты)*
Schalterprovision *f* комиссия ба́нку за реализацию це́нных бума́г
Schank *m* торго́вля спиртны́ми напи́тками
Schankerlaubnissteuer *f* нало́г, взима́емый при вы́даче пате́нта на пра́во содержа́ния пите́йного заведе́ния
Schankverzehrsteuer *f* нало́г, взима́емый при опла́те счёта в пите́йном заведе́нии
Scharwerk *n ист.* ба́рщина; изнури́тельный труд; побо́чная рабо́та *(напр., ка́менщиков, плотников)*
Schattenhaushalt *m* тенево́й бюдже́т
Schattenpreis *m* нея́вная цена́, тенева́я цена́ *(предполага́емая цена́, фигури́рующая в оптимизационных экономи́ческих расчётах и моде́лях)*
Schattenwirtschaft *f* тенева́я эконо́мика
Schatz *m* сокро́вище; бога́тство; клад; казна́
Schatzamt *n* казначе́йство
Schatzanhäufung *f* накопле́ние сокро́вищ, тезаври́рование
Schatzanweisung *f* казначейское обяза́тельство *(выставля́ется на держа́теля, учитывается госуда́рственным эмиссионным ба́нком)*, краткосро́чное казначейское обяза́тельство, среднесрочное казначейское обяза́тельство
schätzbar могу́щий быть оцененным, поддающийся оце́нке; име́ющий це́нность
Schatzbildung *f* накопле́ние сокро́вищ, тезаври́рование
Schätze *m, pl* краткосро́чные казначе́йские обяза́тельства, среднесрочные казначе́йские обяза́тельства
schätzen оце́нивать; определя́ть *(напр., коли́чество, вес, це́ну)*
Schätzer *m* оце́нщик
Schätzfunktion *f* фу́нкция оце́нки
erschöpfende Schätzfunktion исчё́рпывающая фу́нкция оце́нки
konsistente Schätzfunktion пло́тная фу́нкция оце́нки
Schatzkammer *f ист.* сокро́вищница; храни́лище *(ба́нка)*
Schatznote *f* казначе́йский биле́т
Schätzpreis *m* цена́ по оце́нке, оце́ночная цена́; оце́ночная сто́имость
Schatzschein *m* казначейское *(краткосро́чное, беспроце́нтное)* обяза́тельство; казначе́йский биле́т
Schatzscheinanleihe *f* госуда́рственный заём в фо́рме вы́пуска казначе́йских обяза́тельств
Schätztheorie *f* тео́рия оце́нок
statistische Schätztheorie статисти́ческая тео́рия оце́нок
Schätzung *f* оце́нка *(напр., иму́щества)*; вальвация; *уст.* обложе́ние поборами
asymptotisch erwartungstreue Schätzung асимптоти́чески несмещенная оце́нка
effektive Schätzung эффекти́вная оце́нка
erschöpfende Schätzung исчё́рпывающая оце́нка
erwartungstreue Schätzung несмещённая оце́нка
fundierte Schätzung обосно́ванная оце́нка
hinreichende Schätzung доста́точная оце́нка
höchstwirksame Schätzung оце́нка с наибо́льшей эффективностью
konsistente Schätzung состоятельная оце́нка
nichterwartungstreue Schätzung смещённая оце́нка
optimale Schätzung оптима́льная оце́нка
optimistische Schätzung оптимисти́ческая оце́нка
passende Schätzung подходя́щая оце́нка
pessimistische Schätzung пессимисти́ческая оце́нка
unverzerrte Schätzung несмещённая оце́нка
wahrscheinlichste Schätzung наибо́лее вероя́тная оце́нка
Schätzungslehre *f* тео́рия оце́нки сельскохозя́йственного предприя́тия
Schätzungsliste *f страх.* оце́ночный лист
Schätzungsnorm *f страх.* оце́ночная но́рма
Schätzungssumme *f* оце́нка, предположительная су́мма
Schätzungswert *m* оце́ночная сто́имость *(иму́щества)*
Schätzverfahren *n* ме́тод оце́нки
Schatzwechsel *m* казначе́йский ве́ксель *(краткосро́чное госуда́рственное обяза́тельство, обы́чно испо́льзуемое инвесторами в ка́честве ликвидного резе́рва)*; краткосро́чное казначейское обяза́тельство, среднесрочное казначейское обяза́тельство
Schätzwert *m* оце́ночная сто́имость, сто́имость по оце́нке; *мат.* оце́нка
Schaubild *n* диагра́мма; гра́фик, графи́ческое изображе́ние
Schaufenster *n* витри́на
Schaufensterausrüstung *f* витринно-вы́ставочное обору́дование
Schaufenstergestaltung *f* оформле́ние витри́ны
Schaufensterwerbung *f* витри́нная рекла́ма
Schaupackung *f* бутафо́рия *(в витри́нах магази́нов)*; прозра́чная упако́вка *(това́ра)*, целлофановая упако́вка *(това́ра)*
Schauraum *m* зал това́рных образцо́в,

кабинéт товáрных образцóв

Schaustück *n* художественно офóрмленная витрúна-вы́ставка рекламируемого товáра

Schautruhe *f* прилáвок-витрúна

Scheck *m* чек; платёжное поручéние
Scheck G; Scheckgesetz закóн о чековом оборóте
abgelaufener Scheck просрóченный чек
bestätigter Scheck подтверждённый чек, акцептóванный чек
durchkreuzter Scheck кроссúрованный чек, перечёркнутый чек, кросс-чек
gedeckter Scheck покры́тый чек, обеспéченный чек
grüner Scheck зелёный чек *(жирочек)*
offener Scheck откры́тый чек
roter Scheck крáсный чек *(жирочек)*
ungedeckter Scheck непокры́тый чек
verfallener Scheck просрóченный чек
vordatierter Scheck чек, датúрованный предыдущим числóм
einen Scheck ausfüllen запóлнить чек
einen Scheck ausstellen выпúсывать чек, выставля́ть чек
einen Scheck einlösen платúть по чéку
einen Scheck protestieren lassen опротестовáть чек
einen Scheck sperren блокúровать чек
einen Scheck zur Zahlung vorlegen предъявúть чек *(к оплáте)*
mit einem Scheck bezahlen оплáчивать чéком

Scheckabrechnung *f* взаúмный зачёт чéков

Scheckabteilung *f* отдéл чековых оперáций *(бáнка)*

Scheckannahme *f* принятие чекá к оплáте

Scheckaussteller *m* чекодáтель

Scheckaustauschstelle *f* пункт взаúмного зачёта чéков

Scheckbedingungen *f, pl (обязáтельные)* реквизиты чекá

Scheckbetrag *m* сýмма чекá

Scheckbetrug *m* вы́дача непокрытых чéков

Scheckbuch *n* чéковая кнúжка

Scheckbürgschaft *f* поручúтельство по чéку

Scheckdiskontierung *f* дисконтúрование чéков

Scheckeinzugskonto *n* счёт докумéнтов, прúнятых на инкáссо, счёт докумéнтов, сдáнных на инкáссо

Scheckempfänger *m* получáтель чекá

Scheckfähigkeit *f* чéковая правоспосóбность
aktive Scheckfähigkeit актúвная чéковая правоспосóбность
passive Scheckfähigkeit пассúвная чéковая правоспосóбность

Scheckfälschung *f* поддéлка чéков, поддéлывание чéков

Scheckformular *n* бланк чекá, формуля́р чекá

Scheckgelder *n, pl* чековые дéньги

Scheckheft *n* чéковая кнúжка
limitiertes Scheckheft лимитúрованная чéковая кнúжка

Scheckindossament *n* чéковый индоссамéнт *(нáдпись, подтверждающая перехóд к нóвому владéльцу)*

Scheckinhaber *m* предъявúтель чекá, чекодержатель

Scheckinkasso *n* инкáссо чéков, инкассúрование чéков

Scheckkurs *m* чéковый курс *(оцéнка в национáльной валюте сýммы чекá, вы́писанного в валюте другóй страны́)*

Schecknehmer *m* бенефициáр, получáтель чекá

Scheckprozess *m* упрощённый поря́док взыскáния судéбным óрганом чекового трéбования

Scheckregister *n* реéстр чéков

Scheckrückgriff *m* регрéсс по чéку

Scheckrückrechnung *f* обрáтный счёт при неуплате по чéку

Schecksperre *f* блокúрование чекá, запрещéние платежá по чéку

Scheckverfahren *n* расчёты в чéковой фóрме, чековые расчёты

Scheckverkehr *m* чéковый оборóт

Scheckvordruck *m* чéковый бланк

scheduied territories *pl англ.* страны́ стерлинговой зóны

Schedulen-Einkommensteuer *f* шедулярный подоходный налóг

Schedulensteuer *f* шедулярный налóг *(фóрма обложéния доходóв, испóльзуемая в Áнглии и нéкоторых другúх странах)*

Scheidegeld *n* разменные дéньги

Scheidemünze *f* размéнная монéта

Schein *m* свидéтельство; удостоверéние; распúска; дéнежный знак, купюра

Scheinaktivität *f сет. пл.* фиктúвная рабóта, завúсимость

Scheinauktion *f* фиктúвный аукциóн

Scheinbargründung *f* фиктúвное оснoвáние акционéрного óбщества

Scheinbonität *f* мнúмый бонитéт

Scheinfaktura *f* фиктúвная фактýра

Scheingeschäft *n* мнúмая сдéлка, фиктúвная сдéлка

Scheingesellschaft *f* мнúмое торгóвое óбщество, фиктúвное торгóвое óбщество

Scheingewinn *m* мнúмая прúбыль, фиктúвная прúбыль, мнúмый дохóд *(получáемый в результáте изменéний в оцéнке основны́х и оборотных средств фúрмы)*

Scheingründung *f* фиктúвное основáние акционéрного óбщества

Scheinhandelsgesellschaff *f* мнúмое торгóвое óбщество, фиктúвное торгóвое óбщество

Scheinhandlungsvollmacht *f* фиктúвные торгóвые полномóчия, фиктúвная торгóвая довéренность

Scheinkauf *m* фиктúвная покýпка

Scheinkaufmann *m* мнúмый коммерсáнт

Scheinkurs *m бирж.* номинáльно установленный курс, фиктúвный курс

Scheinrechnung *f* фиктúвный счёт; услóвный счёт; фиктúвная фактýра

Scheinrentabilität *f* мнúмая рентáбельность

Scheintätigkeit *f сет. пл.* фиктúвная рабóта, завúсимость

Scheinverkauf *m* фиктúвная продáжа

Scheinversteigerung *f* фиктúвный аукциóн

Scheinvorgang *m сет. пл.* фиктúвная рабóта, завúсимость

Scheinwechsel *m* фиктúвный вéксель, дýтый вéксель

Scheinwert *m* фиктúвная стóимость

Scheitelpunkt *m* вершúна, кульминациóнный пункт

Scheitern *n* провáл, крах, неудáча, срыв; крушéние *(сýдна)*; поражéние *(на вы́борах)*

Schemaskizze *f* схематúческий план

Schenkung *f* дарéние; дар

Schenkungsbilanz *f* балáнс перевóдов и платежéй *(часть платёжного балáнса)*

Schenkungssteuer *f* налóг на дарéние *(составнóй элемéнт налóга с наслéдства)*; *см.* **Erbschaftssteuer**

Schenkungsurkunde *f юр.* дáрственная

Schere *f* «нóжницы» *(напр., в цéнах)*, диспропóрция, разры́в

Scherf *m ист.* шерф *(монéта в полпфеннига)*

Schicht *f* слой, прослóйка *(óбщества)*
Schicht (рабóчая) смéна
geleistete Schicht рабóчая смéна
soziale Schicht общéственная прослóйка, социáльная прослóйка
in 2 Schichten в две смéны

Schichtarbeit *f* смéнная рабóта
Schichtarbeit подённая рабóта
durchgehende Schichtarbeit трёхсменная рабóта; рабóта в режиме

непреры́вного ци́кла

Schichtarbeiter *m* рабо́чий сме́ны; сме́нный рабо́чий, сме́нщик
Schichtarbeiter подёнщик

Schichtarbeitsplan *m* гра́фик сме́нной рабо́ты

Schichtaufgabe *f* сменное зада́ние

Schichtauftrag *m* сменное зада́ние

Schichtauslastung *f* сме́нная загру́зка *(напр., маши́н)*

Schichtauslastungskoeffizient *m* коэффицие́нт сменности рабо́чей силы́

Schichtausnutzungskoeffizient *m* коэффицие́нт сменности рабо́ты *(обору́дования)*
Schichtausnutzungskoeffizient коэффицие́нт испо́льзования режимного фо́нда вре́мени

Schichtbetrieb *m* произво́дство, рабо́тающее в не́сколько смен
Schichtbetrieb сме́нная рабо́та

Schichtbrigade *f* сменно-су́точная брига́да

Schichtdauer *f* продолжи́тельность рабо́чей сме́ны

Schichtdienst *m* сме́нная рабо́та, посменная рабо́та
im Schichtdienst arbeiten рабо́тать в не́сколько смен; рабо́тать посме́нно

Schichtfaktor *m* фа́ктор сменности рабо́ты обору́дования

Schichtfolge *f* чередова́ние смен

Schichtkapazität *f* произво́дственная мо́щность сме́ны

Schichtkoeffizient *m* коэффицие́нт сменности рабо́чей силы́

Schichtleistung *f* вы́работка за сме́ну, сме́нная вы́работка

Schichtnorm *f* сме́нная но́рма вы́работки

Schichtpause *f* переры́в в рабо́те сме́ны

Schichtplan *m* гра́фик сменности; гра́фик сквозно́й сме́ны *(при трёхсменной рабо́те)*

Schichtprämie *f* надба́вка к за́работной пла́те за рабо́ту в ночну́ю сме́ну

Schichtsoll *n* сменное *(пла́новое)* зада́ние

Schichtsystem *n* систе́ма сме́нной рабо́ты, систе́ма посменной рабо́ты

Schichtübergabe *f* переда́ча сме́ны
fliegende Schichtübergabe переда́ча сме́ны без переры́ва в рабо́те

Schichtung *f* расслое́ние, дифференциа́ция

Schichtwechsel *m* пересменка, пересменок, нача́ло сме́ны, коне́ц сме́ны

schichtweise по сменам; посменный; послойно, слоя́ми

Schichtzahl *f* число́ рабо́чих смен; сменность

Schichtzeit *f* вре́мя рабо́ты сме́ны, часы́ рабо́ты сме́ны; продолжи́тельность сме́ны

Schichtzeitfonds *m* **der Produktionsausrüstung** режимный фонд вре́мени произво́дственного обору́дования

Schichtzuschlag *m* надба́вка к за́работной пла́те за эпизодическую рабо́ту в ночно́е вре́мя, в воскре́сные и пра́здничные дни

Schickschuld *f* обяза́тельство, исполняемое по ме́сту пребыва́ния должника́ путём пересы́лки им до́лга к ме́сту жи́тельства кредито́ра

Schieber *m разг.* спекуля́нт

Schieberei *f* спекуляти́вная сде́лка, спекуляти́вная опера́ция, спекуля́ция

Schiebung *f* спекуляти́вная сде́лка, спекуляти́вная опера́ция, спекуля́ция

Schiebungsgeschäft *n* спекуляти́вная сде́лка, спекуляти́вная опера́ция, спекуля́ция

Schiedsgericht *n* арбитра́ж, трете́йский суд
Schiedsgericht für Arbeitsstreitigkeiten арбитра́ж по трудовым конфликтам

schiedsgerichtlich арбитра́жный, трете́йский

Schiedsgerichtsgebühr *f* арбитра́жный сбор

Schiedsgerichtsklausel *f* арбитра́жная огово́рка, огово́рка о третейской процеду́ре, пункт догово́ра об обраще́нии к третейскому суду́

Schiedsgerichtsvereinbarung *f* арбитра́жное соглаше́ние, соглаше́ние о трете́йском суде́

Schiedsgerichtsverfahren *n юр.* процеду́ра прохожде́ния дела́ в арбитра́же

Schiedsklausel *f* арбитра́жная огово́рка, огово́рка об арбитра́же, огово́рка о третейской процеду́ре, пункт догово́ра об обраще́нии к третейскому суду́
gemischte Schiedsklausel огово́рка о смешанном арбитра́же

Schiedskommission *f* арбитра́жная комисси́я

Schiedsrichter *m* арби́тр, трете́йский судья́

schiedsrichterlich арбитра́жный, трете́йский; посре́днический

Schiedsspruch *m* реше́ние арбитра́жа, реше́ние трете́йского суда́

Schiedsurteil *n* реше́ние арбитра́жа, реше́ние трете́йского суда́

Schiedsvereinbarung *f* арбитра́жное соглаше́ние, соглаше́ние о трете́йском суде́

Schiedsvergleich *m* компроми́ссное реше́ние трете́йского суда́

Schiedsversuch *m юр.* арбитра́жное испыта́ние

Schiedsvertrag *m* арбитра́жный догово́р, догово́р об обраще́нии к третейскому суду́

Schiene-Straße-Problem *n* пробле́ма конкуре́нции ме́жду автомоби́льным и железнодоро́жным тра́нспортом

Schiene-Straße-Verkehr *m* сме́шанные железнодорожно-автомоби́льные перево́зки

Schienenersatzverkehr *m* перево́зка нерельсовым тра́нспортом *(в тех слу́чаях, когда́ перево́зка по желе́зной доро́ге вре́менно невозмо́жна)*

Schienenfahrzeuge *n, pl* железнодоро́жный подвижно́й соста́в

Schienennetz *n* сеть желе́зных доро́г

Schienenparallelverkehr *m* перево́зки, осуществляемые паралле́льно железнодоро́жным тра́нспортом и други́ми сре́дствами тра́нспорта

Schienenverkehr *m* железнодоро́жный транспо́рт, ре́льсовый транспо́рт, железнодоро́жные перево́зки

Schiff *n* су́дно; кора́бль
Schiff für Trockenladung сухогрузное су́дно, сухогру́з
gechartertes Schiff зафрахтованное су́дно, су́дно, предоста́вленное для перево́зки гру́зов
kombiniertes Schiff комбини́рованное су́дно
unterbelastetes Schiff недогруженное су́дно

Schifffahrt *f* судохо́дство, навига́ция; перево́зка мо́рем, транспорти́ровка мо́рем
große Schifffahrt океа́нское судохо́дство

Schiffahrtsabgaben *f, pl* судовы́е сбо́ры *(напр., за по́льзование кана́лами, шлю́зами)*

Schiffahrtsabkommen *n* соглаше́ние о судохо́дстве

Schiffahrtsaktie *f* а́кция судоходной компа́нии

Schiffahrtsbörse *f* фрахто́вая би́ржа

Schiffahrtsgericht *n* суд по дела́м судохо́дства

Schiffahrtsgerichte *n, pl* суде́бные пала́ты по дела́м судохо́дства

Schifffahrtsgesellschaft *f* судохо́дное о́бщество, судохо́дная компа́ния

Schiffahrtskonferenz *f* соглаше́ние *(ча́ще всего́ картельного ти́па)* ме́жду судоходными компаниями, карте́льное соглаше́ние ме́жду судовладе́льцами

Schiffahrtsperiode *f* сезо́н навига́ции, перио́д навига́ции, навига́ция

Schiffahrtsprämien *f pl (госуда́рственные)* субси́дии судоходным компаниям

Schiffahrtssaison *f* сезо́н навига́ции, перио́д навига́ции, навига́ция

Schiffahrtsstraße *f* судохо́дный путь

Schiffahrtssubvention *f (госуда́рственная)* субси́дия судоходной компа́нии, субси́дия судоходным компаниям, дота́ция судоходным компаниям

Schiffahrtstarif *m* речно́й тари́ф, морско́й тари́ф

Schifffahrtsvertrag *m* догово́р о морски́х перевозках

Schiffbarkeit *f* судохо́дность

Schiffbau *m* судострое́ние, кораблестрое́ние

Schifferbetriebsverbände *m, pl* объедине́ния ме́лких судовладельцев, союзы ме́лких судовладельцев *(в судохо́дстве по вну́тренним вода́м ФРГ)*

Schifferbörse *f* фрахто́вая би́ржа

Schifferdienstbuch *n* служе́бная кни́жка за́нятых во фло́те

Schiffsabfertigung *f* кларирование су́дна

Schiffsagent *m* морско́й аге́нт, морско́й ма́клер

Schiffsagentur *f* морско́е аге́нтство

Schiffsanlegestelle *f* при́стань, прича́л

Schiffsanteil *m* до́ля во владе́нии су́дном

Schiffsausrüster *m* судово́й поставщи́к, шипча́ндлер; физи́ческое лицо́, зафрахтовавшее су́дно на осно́ве таймчартера, юриди́ческое лицо́, зафрахтовавшее су́дно на осно́ве таймчартера

Schiffsbank *f* ипоте́чный банк, предоставля́ющий ссу́ды под зало́г зарегистрированного су́дна

Schiffsbefrachtungskontrakt *m* догово́р морско́й перево́зки

Schiffsbesitzer *m* судовладе́лец, арматор

Schiffsbestand *m* соста́в (торго́вого) фло́та

Schiffsbetrieb *m* эксплуата́ция су́дна

Schiffsbörse *f* фрахто́вая би́ржа

Schiffsbrief *m* судово́й сертифика́т

Schiffsdarlehen *n* бодмере́я, заём под зало́г су́дна, заём под зало́г гру́за, ссу́да под зало́г су́дна, ссу́да под зало́г гру́за

Schiffseigentümer *m* судовладе́лец, арматор

Schiffseigner *m* владе́лец су́дна, используемого на вну́тренних во́дных путя́х

Schiffsfracht *f* судово́й груз, фрахт

Schiffsfrachtbrief *m* коносаме́нт

Schiffsführer *m* капита́н су́дна; судоводитель; шту́рман

Schiffsführung *f* судовожде́ние, управле́ние кораблём

Schiffsgebühr *f* тоннажный сбор, корабе́льный сбор

Schiffsgläubiger *m* кредито́р, предоставивший ссу́ду под зало́г су́дна

Schiffsgut *n* судово́й груз

Schiffshavarie *f* морска́я ава́рия

Schiffsheuer *f* пла́та за наём су́дна

Schiffshypothek *f* судова́я ипоте́ка, корабе́льная ипоте́ка

Schiffshypothekenbank *f* ипоте́чный банк, предоставля́ющий ссу́ды под зало́г зарегистрированного су́дна

Schiffskartell *n* карте́ль судовладельцев

Schiffsklarierung *f* кларирование су́дна

Schiffsklasseattest *n* судово́е свиде́тельство о морехо́дности

Schiffsklassifikationsgesellschaft *f* о́бщество, осуществля́ющее классификацию и регистра́цию судо́в *(напр., классификационное о́бщество Ллойд в А́нглии)*

Schiffskreditbank *f* ипоте́чный банк, предоставля́ющий ссу́ды под зало́г зарегистрированного су́дна

Schiffslade- und -löschnorm *f* су́точная но́рма погру́зки и вы́грузки су́дна

Schiffsladeschein *m* коносаме́нт

Schiffsladung *f* судово́й груз

Schiffslieferant *m* шипча́ндлер, судово́й поставщи́к

Schiffsliegegeld *n* демередж *(де́нежное возмеще́ние за заде́ржку су́дна при произво́дстве грузовы́х опера́ций)*, пла́та за просто́й су́дна в порту́

Schiffsliegezeit *f* вре́мя просто́я су́дна

Schiffsmakler *m* корабе́льный ма́клер, ма́клер по фрахтованию судо́в, судово́й бро́кер

Schiffsmanifest *n* судово́й мани́фест

Schiffsmeßbrief *m* свиде́тельство об измере́нии вмести́мости судна, мерительное свиде́тельство су́дна

Schiffsmiete *f* фрахтова́ние, наём су́дна; пла́та за наём су́дна

Schiffsmieter *m* фрахтова́тель

Schiffspapiere *n pl* судовы́е докуме́нты; грузовы́е докуме́нты

Schiffspart *m* до́ля совладельца судоходной компа́нии

Schiffspatent *n* судово́й пате́нт

Schiffspfandbrief *m* корабе́льная закладна́я

Schiffspfandbriefbank *f* ипоте́чный банк, предоставля́ющий ссу́ды под зало́г зарегистрированного су́дна

Schiffspfandrecht *n* морско́е зало́говое пра́во

Schiffsprokureur *m* ма́клер по фрахтованию речных судо́в

Schiffsraum *m* трюм; тонна́ж

Schiffsregister *n* судово́й рее́стр

Schiffsrevision *f* судова́я инспе́кция

Schiffssicherheitsvertrag *m*, **internationaler** Междунаро́дная конве́нция об обеспе́чении безопа́сности судохо́дства

Schiffstagebuch *n* судово́й журна́л

Schiffstonnage *f* тонна́ж

Schiffstonnagetage *m, pl* тонна́ж-су́тки

Schiffstransport *m* перево́зка во́дным путём

Schiffsvermieter *m* фрахтова́тель

Schiffsversicherung *f* страхова́ние судо́в, страхова́ние каско

Schiffsversteigerung *f* прода́жа судо́в с аукцио́на

Schiffsverzeichnis *n* спи́сок судо́в, пе́речень судо́в; деклара́ция на судово́й груз

Schiffszertifikat *n* судово́й сертифика́т

Schiffszettel *m* о́рдер на погру́зку, погру́зочный о́рдер *(оформля́ется грузоотправи́телем на перево́зку па́ртии това́ра, явля́ется основа́нием для расчёта фра́хта и приня́тия гру́за)*

Schlachtgewicht *n* убо́йный вес *(скота́)*

Schlachtrindproduktion *f* мясно́е живо́тново́дство

Schlagsatz *m* сбор за чека́нку моне́т из драгоце́нных мета́ллов

Schlagschatz *m* сбор за чека́нку золоты́х моне́т

Schlagseite *f* крен; сторона́ кре́на

Schlagstempel *m* клеймо́ контролёра ка́чества, клеймо́ отде́ла техни́ческого контро́ля

Schlagwort *n* ключево́е сло́во (напр. в описа́нии това́ра на Интерне́т-страни́це)
 Schlagwort *n* заголо́вок
 Schlagwort *n* предме́тная ру́брика
 Schlagwort *n* ло́зунг; деви́з; слоган

Schlange *f* о́чередь

Schlechterfüllung *f* выполне́ние догово́рных обяза́тельств не надлежа́щим о́бразом

Schlechtgrenze *f* ни́жний преде́л допусти́мого ка́чества

Schlechtlage *f* ни́жний преде́л допусти́мого ка́чества

Schlechtwetterzulage *f* надба́вка за плоху́ю пого́ду *(дополни́тельные расхо́ды при морски́х перевозках)*

Schleichhandel *m* нелега́льная торго́вля *(напр., нарко́тиками)*; торго́вля на чёрном ры́нке, торго́вля из-под полы́, контраба́нда

Schleichwerbung *f* ко́свенная рекла́ма
Schleife *f сет. пл.* за́мкнутый ко́нтур
Schlendrian *m* рути́на, ине́ртность, ко́сность; волоки́та, хала́тность
schleppen *vt* букси́ровать
Schlepper *m* тра́ктор; тяга́ч; букси́р, букси́рное су́дно
Schlepperentgelt *n* букси́рное вознагражде́ние, пла́та за букциро́вку
Schleppkahn *m* ба́ржа́
Schlepplohn *m* пла́та за букциро́вку
Schleppnetzfischerei *f* тра́ловое рыболо́вство; тра́ловый лов
Schleuderartikel *m* бро́совый това́р
Schleuderei *f* расточи́тельство, мотовство́
Schleuderexport *m* де́мпинг, бро́совый э́кспорт
Schleuderkonkurrenz *f* прода́жа за бесце́нок; де́мпинг, бро́совый э́кспорт
Schleuderpreis *m* бро́совая цена́, де́мпинговая цена́
monopolistischer Schleuderpreis монопо́льно ни́зкая цена́
Schleuderware *f* бро́совый това́р
Schleusengeld *n* шлюзово́й сбор, шлю́зные сбо́ры
Schlichtung *f* ми́рное урегули́рование *(напр., конфли́кта)*
Schlichtungsausschuss *m* примири́тельная коми́ссия
Schlichtungsinstanz *f* коми́ссия по трудовы́м конфли́ктам
Schlichtungsverfahren *n юр.* трете́йское разбира́тельство
Schlichtungsverhandlungen *f, pl* перегово́ры по вопро́су урегули́рования конфли́кта
Schlichtungswesen *n* арбитра́ж
Schließfach *n* абонеме́нтный сейф *(в ба́нке)*; абонеме́нтный почто́вый я́щик
Schließfachmiete *f* пла́та за по́льзование се́йфом в ба́нке
Schlitzkarte *f* ка́рта со щелеви́дными про́резями, перфока́рта со щелеви́дными про́резями
Schlotbaron *m разг.* промы́шленный магна́т
Schluderarbeit *f* небре́жная рабо́та, недоброка́чественная рабо́та, халту́ра
Schlupf *m сет. пл.* резе́рв вре́мени
Schlupfvariable *f* дополня́ющая переме́нная; скользя́щая переме́нная
Schlupfzeit *f сет. пл.* резе́рв вре́мени
bedingt verfügbare Schlupfzeit ча́стный резе́рв вре́мени пе́рвого ви́да
frei verfügbare Schlupfzeit свобо́дный резе́рв вре́мени
gesamte Schlupfzeit по́лный резе́рв вре́мени
unabhängige Schlupfzeit ча́стный резе́рв вре́мени второ́го ви́да, незави́симый резе́рв вре́мени
Schluß *m* коне́ц, оконча́ние; заверше́ние; вы́вод, заключе́ние;
Schluß минима́льная су́мма, минима́льное коли́чество това́ра *(в биржево́й сде́лке)*
logischer Schluß умозаключе́ние; логи́ческий вы́вод
Schlußabrechnung *f* оконча́тельный расчёт
Schlußbesprechung *f* у́стное заключе́ние бухга́лтера-контролёра о результа́тах прове́рки годово́го бала́нса; заключи́тельная бесе́да с руководи́телями предприя́тия о результа́тах прове́рки рабо́ты
Schlußbilanz *f* заключи́тельный бала́нс
Schlußbilanzkonto *n* счёт заключи́тельного бала́нса
Schlußbrief *m* докуме́нт, подтвержда́ющий основны́е усло́вия сде́лки *(напр., ку́пли-прода́жи)*
Schlüssel *m* ключ, код, шифр
Schlüsselbetrieb *m* предприя́тие ключево́го значе́ния
Schlüsselbezeichnung *f* усло́вное обозначе́ние *(напр., счето́в)*
Schlüsselbildung *f* коди́рование
schlüsselfertig *(строя́щийся и́ли постро́енный)* «под ключ»
Schlüsselindustrie *f* ключева́я о́трасль промы́шленности
Schlüsselkosten *pl* изде́ржки, распределя́емые по места́м их возникнове́ния путём испо́льзования соотве́тствующего ши́фра *(и́ли ко́да)*
Schlüsselliste *f* номенклату́ра
Schlüsselnummer *f* цифрово́е *(усло́вное)* обозначе́ние; учётный шифр
Schlüsselparameter *m* ключево́й пара́метр
Schlüsselposition *f* ключева́я пози́ция, реша́ющая пози́ция
Schlüsselstellung *f* ключева́я пози́ция, реша́ющая пози́ция
Schlüsselsystem *n* систе́ма ко́дов
Schlüsseltabelle *f* номенклату́ра; сво́дная табли́ца
Schlüsselziffern *f, pl* контро́льные ци́фры *(пла́на)*
Schlußformel *f* заключи́тельная фо́рмула *(делово́го письма́)*
Schlußkurs *m* курс при закры́тии би́ржи, курс в конце́ биржево́го дня, заключи́тельный курс
Schlußnote *f* биржева́я запи́ска о заключе́нии сде́лки *(подпи́сывается уча́стником биржевы́х опера́ций на ка́ждую па́ртию сра́зу по́сле заключе́ния сде́лки)*
Schlußpreis *m* цена́ при закры́тии би́ржи, цена́ в конце́ биржево́го дня
Schlußrechnung *f* оконча́тельный счёт, оконча́тельный расчёт; отчёт управля́ющего ко́нкурсом собра́нию кредито́ров
Schlußschein *m* ма́клерская запи́ска, бро́керская запи́ска; биржево́й контра́кт
Schlußspalte *f* ито́говый столбе́ц
Schlußtermin *m* оконча́тельный срок, после́дний срок; собра́ние кредито́ров, созыва́емое пе́ред оконча́нием ко́нкурсного произво́дства
Schlußverkauf *m* распрода́жа в конце́ сезо́на
Schlußverkaufspreis *m* цена́, устано́вленная для распрода́жи в конце́ сезо́на
Schlußverteilung *f* оконча́тельный разде́л *(напр., ко́нкурсной ма́ссы при банкро́тстве)*, оконча́тельное распределе́ние ко́нкурсной ма́ссы среди́ кредито́ров
Schlußzeile *f* ни́жняя строка́
schmarotzerhaft паразити́ческий, парази́тарный
Schmarotzertum *n* паразити́зм
Schmerzensgeld *n юр.* де́нежное возмеще́ние за причинённое теле́сное поврежде́ние; неусто́йка *(при невыполне́нии обяза́тельства)*
Schmiergeld *n* взя́тка
Schmierstoff *m* сма́зочный материа́л
Schmuggel *m* контраба́нда, контраба́ндная торго́вля
Schmuggelei *f* контраба́нда, контраба́ндная торго́вля
Schmuggelware *f* контраба́ндный това́р, контраба́нда
Schmutzkonkurrenz *f* недобросо́вестная конкуре́нция
Schmutzprobe *f* про́ба на загрязнённость
Schmutzzulage *f* надба́вка за выполне́ние гря́зной рабо́ты, надба́вка за рабо́ту в гря́зных усло́виях, припла́та за выполне́ние гря́зной рабо́ты, припла́та за рабо́ту в гря́зных усло́виях
Schmutzzuschlag *m* надба́вка за выполне́ние гря́зной рабо́ты, надба́вка за рабо́ту в гря́зных усло́виях, припла́та за выполне́ние гря́зной рабо́ты, припла́та за рабо́ту в гря́зных усло́виях
Schneeball-System *n* «систе́ма сне́жного ко́ма» *(обяза́тельство покупа́теля одновре́ме́нно с внесе́нием зада́тка привлека́ть дополни́тельных покупа́те-*

лей; в ка́честве вознагражде́ния фи́рма-продаве́ц уменьша́ет оста́ток непога́шенной задо́лженности за поку́пку)

Schneeballsystem *n* при́нцип «сне́жного ко́ма» *(оди́н из ме́тодов недобросовестной конкуре́нции)*

Schnellarbeitsmethode *f* скоростно́й ме́тод рабо́ты

Schnellarbeitsverfahren *n* скоростно́й ме́тод рабо́ты

Schnellbaufließfertigung *f* поточно-скоростно́й ме́тод строи́тельства

Schnellbearbeitungsverfahren *n* скоростно́й ме́тод обрабо́тки

Schnelldrucker *m* быстропеча́тающее устро́йство

Schnellfließverfahren *n* поточно-скоростно́й ме́тод произво́дства

Schnellgutverkehr *m* перево́зки сро́чного гру́за

Schnellhefter *m* скоросшива́тель

Schnellmethode *f* скоростно́й ме́тод

Schnellreparatur *f* скоростно́й ме́тод ремо́нта; сро́чный ремо́нт

Schnellspeicher *m вчт.* быстроде́йствующее запомина́ющее устро́йство, быстроде́йствующее ЗУ

schnellverderblich скоропо́ртящийся

schnellverkäuflich быстрореализу́емый *(о това́ре)*, быстрораскупа́емый

schnellverschleißend быстроизна́шивающийся

Schnellverschleißteil *m* быстроизна́шивающаяся дета́ль, быстроизна́шивающийся элеме́нт систе́мы

Schnellzugzuschlag *m ж.-д.* допла́та за ско́рость

Schnitt *m* при́быль, получа́емая в результа́те ра́зницы цен при реализа́ции сро́чных сде́лок

Schnittarif *m ж.д.* тари́ф на перево́зку гру́зов в определённые пу́нкты *и́ли* из определённых пу́нктов *(как прави́ло, погранстанций)*

Schnittholz *n* пило́вочник

Schnittware *f* пилёный лесоматериа́л; мануфактурные това́ры

Schnürmaschine *f* упако́вочная маши́на

Schock *n* копа́, шестьдеся́т штук *(ме́ра)*

Schockpunkt *m*, **psychologischer** «психологи́ческая то́чка шо́ка» *(обозначе́ние ста́вки прогресси́вного подохо́дного нало́га, превыше́ние которо́й должно́ привести́ к поте́ре налогопла́тельщиком интере́са к предпринима́тельской де́ятельности)*

Schollenpflichtigkeit *f ист.* крепостна́я пови́нность

Schonarbeit *f* рабо́та, предоставляемая с учётом здоро́вья рабо́тника

Schonarbeitsplatz *m* рабо́чее ме́сто для трудя́щихся с вре́менно пони́женной трудоспособностью

Schonfrist *f* льго́тный срок

Schonplatz *m* рабо́чее ме́сто для трудя́щихся с вре́менно пони́женной трудоспособностью

Schraffurkartogramm *n стат.* фоновая *(штрихованная)* картогра́мма

Schrägsichtkartei *f канц.* вертика́льная обозримая картоте́ка

Schranke *f* барье́р, прегра́да, препя́тствие; грани́ца, преде́л

Schreib-Addiermaschine *f* суммиру-ющая пи́шущая маши́на

Schreibautomat *m* автомати́ческая пи́шущая маши́на

Schreiben *n* письмо́; посла́ние

Schreibkasse *f* контро́льный ка́ссовый аппара́т

Schreibmaschine *f* пи́шущая маши́на, пи́шущая маши́нка

Schreibwaren *f pl* канцеля́рские това́ры

Schreibzimmer *n (центра́льное)* машино́писное бюро́

Schriftform *f* пи́сьменная фо́рма; фо́рма докуме́нта, устано́вленный образе́ц докуме́нта

Schriftgut *n* делова́я документа́ция *(напр., перепи́ска, чертеж, фо́то)*

Schriftgutablage *f* регистрату́ра

Schriftgutwertstufen *f, pl* катего́рии ва́жности докуме́нтов, катего́рии це́нности докуме́нтов

Schriftmacher *m* передовик; зачина́тель *(како́го-л. движе́ния)*; иду́щий в но́гу со вре́менем

Schriftstück *n* докуме́нт, (официа́льная) бума́га

Schriftverkehr *m (служе́бная)* перепи́ска

Schriftwechsel *m* перепи́ска, корреспонде́нция

mit *jmdm.* **im Schriftwechsel stehen** перепи́сываться с *кем-л.*

Schrot *n* по́лный вес моне́ты, абсолю́тный вес моне́ты

Schrott *m* металлоло́м; скрап *(металли́ческие отхо́ды)*

Schrotterlös *m* вы́ручка от прода́жи металлоло́ма

Schrottwert *m* прода́жная сто́имость обору́дования *(напр., маши́ны, станка́)*, предназначенного к списанию; ликвидационная сто́имость обору́дования, сто́имость при утилизации

schrumpfen *vi* сокраща́ться, сворачиваться *(напр., о произво́дстве)*

Schrumpfung *f* сокраще́ние, свёртывание *(напр., произво́дства)*

Schrumpfung einer Währung сокраще́ние валю́тных резе́рвов

Schubladenprognose *f* неофициа́льный прогно́з

Schubschiff *n* су́дно-толка́ч

Schubverband *m* баржебукси́рный соста́в

SCHUFA, Schutzgemeinschaft für Allgemeine Kreditsicherung Гаранти́йное о́бщество страхова́ния креди́тов *(ФРГ)*

Schul- und Kinderspeisung *f* систе́ма пита́ния (дете́й) в шко́лах и в де́тских учрежде́ниях

Schuld *f* долг, долгово́е обяза́тельство, *см.тж.* **Schulden** *pl*

Schuld обяза́тельство

Schuld вина́

Schulden begleichen производи́ть платёж по обяза́тельствам

ablösbare Schuld погаша́емый долг

aufgeschobene Schuld отсро́ченный долг

ausstehende Schuld непогашенный долг

fällige Schuld сро́чный долг, долг, срок погаше́ния кото́рого наступи́л

flottierende Schuld краткосро́чный *(госуда́рственный)* долг *(бо́льшей ча́стью в фо́рме казначе́йских векселе́й и́ли ба́нковских креди́тов)*

fundierte Schuld долгосро́чный *(напр., госуда́рственный)* долг; консолиди́рованный долг

konsolidierte Schuld консолиди́рованный долг

laufende Schuld теку́щий долг

mittelfristige Schuld среднесро́чный долг

schwankende Schuld краткосро́чный *(госуда́рственный)* долг *(бо́льшей ча́стью в фо́рме казначе́йских векселе́й и́ли ба́нковских креди́тов)*

schwebende Schuld подвижна́я задо́лженность *(краткосро́чная задо́лженность, обы́чно в фо́рме ба́нковских креди́тов и́ли казначе́йских векселе́й)*

staatlich garantierte Schuld долг, погаше́ние кото́рого гаранти́ровано госуда́рством, долг под госуда́рственную гара́нтию

unbezahlte Schuld неупла́ченный долг

ungewisse Schuld сомни́тельный долг

verjährte Schuld просро́ченный долг

eine Schuld abtragen погаша́ть долг; погаша́ть задо́лженность, ликвиди́ровать задо́лженность

eine Schuld ausbuchen спи́сывать долг

eine Schuld begleichen производи́ть платёж по обяза́тельствам

eine Schuld nachlasseneine прости́ть долг
eine Schuld nachsehen прости́ть долг
in Schuld stehen оста́ться в долгу́

Schuldabänderung *f юр.* догово́р об измене́нии содержа́ния до́лга

Schuldanerkenntnis *f* догово́р о призна́нии должнико́м существу́ющего до́лга
negative Schuldanerkenntnis призна́ние одного́ из партнёров по догово́ру в том, что у него́ нет тре́бований к другому́ партнёру

Schuldbeitritt *m юр.* приня́тие на себя́ чужо́го обяза́тельства совме́стно с первонача́льным должнико́м; вступле́ние в догово́р в ка́честве солидарного должника́

Schuldbrief *m* долгово́е обяза́тельство; заёмное письмо́
unverzinslicher Schuldbrief беску́понное долгово́е обяза́тельство, беспроце́нтное долгово́е обяза́тельство
verzinslicher Schuldbrief долгово́е обяза́тельство с купонным бла́нком, проце́нтное долгово́е обяза́тельство

Schuldbuch *n* бухга́лтерские счета́ ***(кни́га)***, учитывающие структу́ру и разме́ры ***(госуда́рственного)*** до́лга, кни́га госуда́рственного до́лга; долгова́я кни́га

Schuldbuchforderung *f* тре́бование, осно́ванное на записях в долгово́й кни́ге, тре́бование по долгово́й кни́ге

Schulden *f, pl* долги́ (мн.ч.), ***см.. тж.*** **Schuld** *f*
für Schulden haften отвеча́ть по долга́м
in Schulden geraten влезть в долги́
Schulden abzahlen опла́чивать долги́, оплати́ть долги́, вы́платить долги́, выпла́чивать долги́
Schulden begleichen рассчита́ться с долга́ми, рассчи́тываться с долга́ми
Schulden einfordern взы́скивать долги́, взыска́ть долги́; тре́бовать упла́ту долго́в
Schulden einklagen предъявля́ть иск за неупла́ту долго́в, предъяви́ть иск за неупла́ту долго́в
Schulden haben име́ть долги́
Schulden konsolidieren консолиди́ровать долги́; консолиди́ровать задо́лженности
Schulden machen де́лать долги́
Schulden tilgen погаша́ть долги́
Schulden übernehmen принима́ть на себя́ долги́, брать на себя́ долги́
öffentliche Schulden госуда́рственные долги́
offene Schulden откры́тые долги́
uneintreibare Schulden безнадёжные долги́; долги́, кото́рые невозмо́жно взыска́ть
ungewisse Schulden сомни́тельные долги́
verjährte Schulden просро́ченные долги́
für (jds) Schulden bürgen поручи́ться за (чьи-л.) долги́, руча́ться за (чьи-л.) долги́
haften für Schulden нести́ отве́тственность за долги́
(jmd) die Schulden erlassen освобожда́ть (кого́-л.) от упла́ты до́лга, освободи́ть (кого́-л.) от упла́ты до́лга

schulden *vt* быть до́лжным ***(де́ньги)***

Schuldenabkommen *n* соглаше́ние о долга́х

Schuldenabtragung *f* платёж по долгово́му обяза́тельству; погаше́ние долго́в, ликвида́ция задо́лженности

Schuldenaufnahme *f* приня́тие до́лга на себя́

Schuldenbegleichung *f* платёж по долгово́му обяза́тельству; погаше́ние долго́в, ликвида́ция задо́лженности

schuldenbelastet обременённый долга́ми

Schuldenbezahlung *f* платёж по долгово́му обяза́тельству; погаше́ние долго́в, ликвида́ция задо́лженности

Schuldendienst *m* обслу́живание до́лга ***(ежего́дные вы́платы проце́нтов и ча́сти основно́й су́ммы задо́лженности), (ежего́дные)*** платежи́ в погаше́ние долгосро́чного ***(госуда́рственного)*** до́лга

Schuldenerlaß *m* освобожде́ние от долго́в, списание задо́лженности

schuldenfrei свобо́дный от долго́в

Schuldenkonto *n* счёт дебито́ров

Schuldenlast *f* бре́мя долго́в, долгово́е бре́мя; бре́мя ***(госуда́рственной)*** задо́лженности

Schuldenmasse *f* о́бщая су́мма долго́в несостоя́тельного должника́, подлежа́щих удовлетворению из ко́нкурсной ма́ссы, долгова́я ма́сса

Schuldenpolitik *f* регули́рование креди́тных отноше́ний ***(ча́ще всего́ отно́сится к регули́рованию госуда́рственной задо́лженности)***

Schuldenregelung *f* урегули́рование долговы́х обяза́тельств

Schuldenregelungsgesetz *n* зако́н о поря́дке урегули́рования долговы́х обяза́тельств

Schuldenrückzahlung *f* возвра́т долго́в

Schuldentilgung *f* погаше́ние долго́в, вы́плата долго́в

Schuldentilgungsdauer *f* продолжи́тельность погаше́ния долго́в, дли́тельность погаше́ния долго́в

Schuldentilgungsfonds *m* фонд погаше́ния долговы́х обяза́тельств

Schuldenzahlung *f* упла́та долго́в

Schuldforderung *f* долгово́е тре́бование

Schuldforderungsklage *f* иск о взыска́нии до́лга

Schuldherr *m* кредито́р, заимода́вец

Schuldhöhe *f* разме́р до́лга

schuldig быть до́лжным ***(де́нежное обяза́тельство)***
schuldig вино́вный, винова́тый
ich bleibe Ihnen ... Rubel schuldig я до́лжен Вам ... рубле́й
sich schuldig bekennen призна́ть себя́ вино́вным

Schuldklage *f* иск о взыска́нии до́лга

Schuldknechtschaft *f* (долгова́я) кабала́

Schuldmitübernahme *f юр.* приня́тие на себя́ чужо́го обяза́тельства совме́стно с первонача́льным должнико́м

Schuldner *m* должни́к, дебито́р
böswilliger Schuldner зло́стный должни́к
insolventer Schuldner несостоя́тельный должни́к
säumiger Schuldner неиспра́вный должни́к
unsicherer Schuldner ненадёжный должни́к
zahlungsunfähiger Schuldner несостоя́тельный должни́к

Schuldnerbank *f* банк-дебито́р, банк-должни́к

Schuldnerbegünstigung *f юр.* незако́нные де́йствия лица́ в по́льзу несостоя́тельного должника́

Schuldnereigentum *n* иму́щество должника́

Schuldnerland *n* страна́-должни́к, госуда́рство-дебито́р

Schuldnermehrheit *f юр.* должники́, свя́занные солидарным обяза́тельством, должники́, свя́занные совоку́пным обяза́тельством

Schuldnerstaat *m* госуда́рство-должни́к

Schuldnerverzug *m* дебито́рская просро́чка, просро́чка должнико́м исполне́ния обяза́тельства

Schuldpapier *n* долгово́е обяза́тельство

Schuldposten *m, pl* пасси́вы, долги́, обяза́тельства; пози́ция задо́лженности, статья́ задо́лженности

Schuldrecht *n* обязательственное пра́во, облигационное пра́во
Schuldrecht правовы́е отноше́ния, осно́ванные на систе́ме обяза́тельств, долгово́е пра́во

Schuldregister *n* бухга́лтерские счета́ ***(кни́га)***, учитывающие структу́ру и разме́ры ***(госуда́рственного)*** до́лга, кни́га госуда́рственного до́лга; долгова́я кни́га

Schuldschein *m* долгово́е обяза́тельство

Schuldscheindarlehen *n* заём под долговое обязательство *(предоставляется, как правило, на меньшие суммы, чем зафиксировано в обязательствах)*; ссуда под долговое обязательство

Schuldsumme *f* сумма долга, сумма задолженности

Schuldtilgung *f* погашение долга, уплата долга

Schuldtitel *m* исполнительный лист, документ с исполнительной надписью

Schuldübernahme *f* принятие на себя долга другого лица, перевод долга
kumulative Schuldübernahme принятие на себя чужого обязательства совместно с первоначальным должником
privative Schuldübernahme принятие на себя чужого обязательства с освобождением первоначального должника от его исполнения

Schuldüberweisung *f* перевод долга

Schuldumschreibung *f* новация долгового обязательства

Schuldumwandlung *f* новация долгового обязательства

Schuldurkunde *f c* долговое обязательство; бескупонное обязательство, облигация без купонов

Schuldverbindlichkeit *f* долговое обязательство

Schuldverhältnis *n* правовые отношения между кредитором и должником

Schuldverpflichtung *f* долговое обязательство

Schuldverschreibung *f* облигация; долговое обязательство *(выдаваемое центральным правительством, местными органами власти, частной фирмой)*; закладной лист ипотечного банка
Schuldverschreibung auf den Inhaber долговое обязательство на предъявителя
Schuldverschreibung mit Gewinnbeteiligung облигация с участием в прибылях, облигация, дающая право на участие в прибылях

Schuldversprechen *n* договор о принятии на себя обязательства; долговое обязательство

Schuldvertrag *m* договор, регулирующий правовые отношения между кредитором и должником

Schuldwechsel тратта; вексель к платежу; *юр.* смена должника

Schuldzinsen *m, pl* проценты по кредиту

Schule *f*
institutionelle Schule институционалистская школа *(направление в политической экономии)*
neoklassische Schule неоклассическая школа *(направление в политической экономии)*

Schülerentgelt *n* плата учащимся средних школ во время прохождения ими производственного обучения

Schulgeldfreiheit *f* бесплатное обучение

Schulsparen *n* накопление сбережений школьниками

Schulspeisung *f* общественное питание детей в школе и в детском саду

Schulung *f* обучение; учение, учёба
Schulung квалификация
Schulung курсы (мн.ч.)
Schulung выучка, школа
innerbetriebliche Schulung внутризаводская учёба
produktionstechnische Schulung производственно-техническое обучение

Schuman-Plan *m* план Шумана

Schund *m* дешёвый товар, бросовый товар; бракованный товар, несортовой товар; *разг.* барахло

Schundware *f* дешёвый товар, бросовый товар; бракованный товар, несортовой товар

Schuppen *m* склад, складское помещение; пакгауз; депо; ангар

Schürfrecht *n* право разведки *(полезных ископаемых)*, право на ведение разведочных работ

Schüttdichte *f* плотность навалочного груза

Schüttgewicht *n* насыпной вес

Schüttgut *n* сыпучий груз, навалочный груз

Schüttmasse *f* насыпной вес

Schutz *m* защита; предохранение
diplomatischer Schutz дипломатическая неприкосновенность
patentrechtlicher Schutz охрана патентов; патентно-правовая охрана
(j-m) **seinen Schutz und Beistand leihen** прийти *(кому-л.)* на помощь; выступить в *(чью-л.)* защиту
sich in *(j-s)* **Schutz begeben** стать (под чью-л.) защиту

Schutzaktien *f, pl уст.* покровительственные акции

Schutzbrief *m* охранная грамота; привилегия

Schutzgemeinschaft *f* гарантийное общество
Schutzgemeinschaft für Allgemeine Kreditsicherung Гарантийное общество страхования кредитов *(ФРГ)*
Schutzgemeinschaften *f, pl* объединения держателей ценных бумаг *(в целях обеспечения своих прав)*; объединения кредиторов *(в целях обеспечения своих прав)*

Schutzgüte *f* качество орудий производства, отвечающее требованиям безопасности, гигиены и удобства обращения

Schutzherrschaft *f* протекторат
feudale Schutzherrschaft *ист.* феодальная зависимость

Schutzmarke *f* фирменный знак, товарный знак, фабричная марка

Schutzmuster *n* патентованный образец

Schutzrecht *n* защита промышленных прав *(патенты, товарные знаки и т.п.)*

Schutzsystem *n* покровительственная система, система протекционизма

Schutztarif *m* покровительственный тариф, протекционистский тариф

Schutzvereinigungen *f, pl* объединения держателей ценных бумаг *(в целях обеспечения своих прав)*; объединения кредиторов *(в целях обеспечения своих прав)*

Schutzversicherung *f* страхование экспортно-импортных грузов

Schutzzoll *m* защитная пошлина *(на импорт)*, оградительная пошлина, покровительственная пошлина, протекционистская пошлина

Schutzzollehre *f* протекционизм, система оградительных пошлин

Schutzzollpolitik *f* политика протекционизма, протекционистская политика, протекционизм

Schutzzollsystem *n* покровительственная система, система протекционизма

Schwangeren- und Stillgeld *n* пособие беременным женщинам и кормящим матерям

Schwangeren- und Wochengeld *n* пособие по беременности и родам

Schwangeren- und Wochenhilfe *f* пособие по беременности и родам

Schwangeren- und Wochenurlaub *m* отпуск по беременности и родам

Schwangerengeld *n* пособие по беременности

Schwangerschaftsurlaub *m* отпуск по беременности и родам

Schwankung *f* колебание
Schwankungen *f pl* колебания (мн.ч.)
konjunkturelle Schwankung колебание конъюнктуры
periodische Schwankung периодическое колебание
wirtschaftliche Schwankung колебание в экономике

Schwankungsbereich *m* диапазон колебаний, интервал колебаний, область изменений, пределы колебаний *(рассматриваются значения какого-л. экономического показателя*; *стат.* разmáх вариáции

Schwankungsbreite *f* диапазóн колебáний, интервáл колебáний, шкалá колебáний; *стат.* размáх вариáции

Schwankungsgrad *m* ýровень колебáний

Schwankungsgrenze *f* грани́ца колебáния; дóпуск

Schwankungsmarkt *m бирж.* ры́нок цéнных бумáг с колéблющимися кýрсами, биржевáя торгóвля *(характеризýющаяся колéблющимися котирóвками товáров и́ли фондовых цéнностей)*

Schwankungsreserven *f, pl* резéрвы предстоя́щих платежéй страховы́х сумм

Schwankungsrückstellung *f* резéрвы, преднази́аченные для компенсáции колебáний *(напр., дохóда)*

Schwankungsrückstellungen *f, pl* резéрвы предстоя́щих платежéй страховы́х сумм

Schwankungswerte *m, pl бирж.* цéнные бумáги, кýрсы котóрых колéблются в определённых предéлах

Schwänze *f* спекуляти́вная скýпка *(товáра и́ли цéнных бумáг)*;

Schwarzarbeit *f* незакóнная трудовáя дéятельность, незакóнное заня́тие *каки́м-л.* прóмыслом; *разг.* «лéвая» рабóта

schwarze Bretter *pl* доски́ объявлéний в Интернéт *(мн.ч.)*

Schwarzgeld *n* дохóды от незакóнного би́знеса

Schwarzhandel *m* нелегáльная торгóвля *(напр., наркóтиками)*; торгóвля на чёрном ры́нке, торгóвля из-под полы́; контрабáнда

Schwarzmarkt *m* чёрный ры́нок; нелегáльный ры́нок; подпóльный ры́нок; ры́нок нелегальных товáров; ры́нок запрещённых товáров; ры́нок контрафактных товáров

Schwarzmarktpreis *m* ценá чёрного ры́нка, спекуляти́вная ценá

Schwarzmetallurgie *f* чёрная металлýрги́я

schwebend неуплáченный, неконсолидированный *(напр., о дóлге)*; нерешённый *(напр., о вопрóсе)*; незакóнченный *(напр., о процéссе)*

Schweigepflicht *f* обя́занность сохранéния производственной тáйны, обязанность сохранéния служéбной тáйны

Schweizer Banken-Vereinigung Швейцáрский бáнковский сою́з

Schweizerischer Kaufmännischer Verein Сою́з швейцáрских коммерсантов

Schwellenland *n* порóговая странá *(наибóлее развитáя из развивáющихся стран и́ли странá, приблизившаяся к показáтелям промы́шленно развитого госудáрства)*

Schwellenpreis *m (ни́жний и́ли вéрхний)* предéл рассматриваемого интервáла цен

Schwellenpreise *m, pl* порóговые цены́ (мн.ч.)

Schwellenwert *m* предéльная величинá; порóговый ýровень

Schwemme *f* затовáривание *(свя́занное с насыщéнием ры́нка)*

Schwerarbeit *f* тяжёлая рабóта; изнури́тельный труд

Schwerbeschädigtenbetreuung *f* систéма мероприя́тий по приобщéнию инвали́дов к производственному процéссу

Schwerbeschädigtenrente *f* пéнсия по инвали́дности

Schwererwerbsbeschränkte *m* лицó с ограни́ченной *(не мéнее, чем на 50%)* трудоспособностью

Schwergut *n* тяжеловéсный груз; баллáст

Schwergutzuschlag *m* доплáта за перевóзку тяжеловесного грýза *(свы́ше 2 т)* при морски́х перевозках

Schwerindustrie *f* тяжёлая промы́шленность

Schwerkollo *n* крýпное мéсто *(тюк, багáж), тяжёлое мéсто (тюк, багáж)*

Schwerlasttransportbedingungen *f, pl* услóвия перевóзки автотрáнспортом тяжеловéсных грýзов, услóвия перевóзки автотрáнспортом специáльных грýзов

Schwermaschinenbau *m* тяжёлое машиностроéние

Schwerpunkt *m* суть, сýщность; глáвная задáча, основнáя задáча; основнóе звенó

Schwerpunktarbeit *f* первоочереднáя рабóта, глáвная рабóта, основнáя рабóта, рабóта первостепéнной вáжности

Schwerpunkte *m, pl*, **industrielle** вáжные промы́шленные цéнтры; ключевы́е пози́ции в промы́шленности

schwerpunktmäßig в зави́симости от знáчимости

Schwerpunktobjekt *n* объéкт первостепéнной вáжности; ударная стрóйка

Schwerpunktprogramm *n* прогрáмма первостепéнной вáжности

Schwerpunktstreik *m* забастóвка на предприя́тиях первостепéнной вáжности, забастóвка в цехах первостепéнной вáжности *(фóрма части́чной забастóвки)*

Schwerpunktvorhaben *n* объéкт первостепéнной вáжности; ударная стрóйка

Schwerpunktzuschlag *m* надбáвка к зáработной плáте за выполнéние осóбо вáжной рабóты

schwerwiegend вéский, серьёзный, мотиви́рованный

Schwesterfirma *f* рóдственная фи́рма *(напр., фи́рма, оперáции котóрой относятся к томý же производственному и́ли коммерческому ци́клу)*; однотипная фи́рма

Schwierigkeitseinheit *f* едини́ца ремонтосложности, *(услóвная)* ремóнтная едини́ца

Schwierigkeitsgrad *m* стéпень слóжности ремóнта

Schwierigkeitsgruppe *f* грýппа ремонтосложности, *(услóвная)* ремóнтная едини́ца

Schwimmdock *n* плавýчий док

Schwindelgeschäft *n* жýльническая сдéлка, афéра

Schwindelprofit *m* при́быль, полýченная обмáнным путём

Schwitzsystem *n* потогóнная систéма трудá

Schwund *m* потéря, ýбыль; усýшка, усáдка

Schwund feststellen определя́ть ýбыль, определи́ть ýбыль

natürlicher Schwund естéственная ýбыль

Schwundgeld *n* дéньги с убывáющей покупáтельной си́лой *(по однóй из буржуáзных теóрий «регулируемой» валю́ты)*; дéнежное возмещéние потéрь от естéственной ýбыли *(напр., усýшки)*

Schwundhöchstsatz *m* допусти́мый предéл потéрь

Schwundnorm *f* нóрма естéственной ýбыли

Schwundprozente *n, pl* процéнт потéри, процéнт усýшки, процéнт утéчки, процéнт провéса

Schwundsatz *m* процéнт потéри, процéнт усýшки, процéнт утéчки, процéнт провéса

Schwundverlust *m* естéственная ýбыль

schwunghaft оживлённый, бóйкий *(о торгóвле)*

schwungvoll оживлённый, бóйкий *(о торгóвле)*

Scoring Modell *n* скоринг-мéтод (мéтод бáльной оцéнки, напр. при определéнии рейтинга кредитоспосóбности)

SCR, Seychellen-Rupie, -- Seychellen Сейшельская рýпия, -- Сейшелы

SD:

S.D., Sight Draft трáтта по предъявлению

SD, Sudan Судáн, *до 1978г. код* **SR**

SD-Tarife *m, pl* тари́фы за транзи́т через морской порт

S.D.B.L., sight draft - bill of lading attached трáтта по предъявлению с приложенным коносаментом

SDD, Sudanesischer Dinar, -- Sudan Судáнский динáр, -- Судáн

SDev Erkl, Sammel-Devisenerklärung свóдная валю́тная декларáция

SDevErkl., Sammel-Devisenerklärung свóдная валю́тная декларáция

SDR, (eng.) special drawing rights; Sonderziehungsrechte *n, pl* специáльные правá заимствования *(расчётная едини́ца МВФ)*, СПЗ

SE:

S/E, (eng.) stock exchange; Wertpapierbörse *f* фóндовая би́ржа

SE, Schweden Швéция, *до 1978г. код* **TS**

SEATO, South-East Asia Treaty Organization Организáция договóра Юго-Востóчной Áзии, СЕАТО

SEC:

SEC, Securities and Exchange Commission Комисси́я по делáм фондовых бирж и вы́пуску цéнных бумáг *(США)*

Sec., Sekunda-Wechsel вторóй экземпля́р вéкселя, секýнда-вéксель

s.e.c., salvo errore calculi исключáя оши́бки в подсчёте

Sechsergemeinschaft *f ист.* сообщество шести́ стран, «шестёрка»

second-hand-Geschäft *n англ.* сдéлка с подержанным товáром

Second-Hand-Wagen *m* подéржанный автомоби́ль

Secondhandgeschäft *n* сдéлка с подержанным товáром

Secondhandschiff *n* сýдно, бы́вшее ужé в эксплуатáции; подержаное сýдно

Securitization *f* секьюритизация *(процéсс увеличéния рóли цéнных бумáг на финáнсовых ры́нках в ущéрб креди́там)*; повышéние рóли цéнных бумáг как фóрмы заимствований

See- *(в сл.сл.)* морскóй

Seearbitragekommission *f* морскáя арбитрáжная комисси́я, МАК

Seeblockade *f* морскáя блокáда

Seedarlehen *n* бодмерéя, заём под залóг сýдна, заём под залóг грýза, ссýда под залóг сýдна, ссýда под залóг грýза; *ист.* морскóй заём

Seedurchgangskosten *pl* расхóды по морскóму транзиту, издéржки по морскóму транзиту

Seefracht *f* морскóй фрахт *(плáта за провóз)*; морскóй фрахт, морскóй груз

Seefrachtbrief *m* коносамéнт

Seefrachtgeschäft *n* сдéлка на перевóзку грýзов мóрем, сдéлка на перевóзку грýзов морски́м путём

Seefrachtkosten *pl* стóимость перевóзки грýзов морски́м путём, стóимость перевóзки мóрем

Seefrachtordnung *f* поря́док перевóзки морски́м путём опáсных грýзов, прáвила перевóзки морски́м путём опáсных грýзов

Seefrachtrecht *n* правовы́е нóрмы перевóзок грýзов морски́м путём

Seefrachtverkehr *m* перевóзка грýзов морски́м путём, морски́е перевóзки грýзов

Seefrachtversicherung *f* страховáние морскóго фрáхта

Seefrachtvertrag *m* договóр на перевóзку грýзов морски́м путём, договóр морскóй перевóзки

Seegüterversicherung *f* страховáние морскóго фрáхта

Seehafen *m* морскóй порт, морскáя гáвань

Seehafen-Speditions-Tarife *pl*; **SST** экспедиторские тари́фы, при́нятые в морски́х портах

Seehafenausnahmetarif *m* льгóтный железнодорóжный тари́ф для немецких морски́х портóв *(ФРГ)*

Seehafenbetriebsordnung *f* прáвила о режи́ме морски́х портóв

Seehafendurchfuhrtarife *m, pl* тари́фы за транзи́т чéрез морскóй порт

Seehafenordnung *f* прáвила о режи́ме морски́х портóв

Seehafenverkehr *m* сообщéние мéжду морски́ми портáми

Seehandbuch *n* морскáя лóция

Seehandel *m* морскáя торгóвля

Seehandelsrecht *n* морскóе торгóвое прáво

Seeherrschaft *f* госпóдство на мóре

Seekapitän *m* капитáн морскóго сýдна

Seekargoversicherung *f* морскóе страховáние кáрго; морскóе страховáние грýза на плавý

Seekarte *f мор.* навигациóнная кáрта

Seekaskoversicherung *f страх.* страховáние морски́х судóв; морскóе страховáние каско (каско - страховáние трáнспортных средств)

seeklar готóвый к вы́ходу в мóре *(о сýдне)*

Seekonnossement *n*; *(eng.)* **Oc.B/L, Ocean Bill of Lading)** коносамéнт; морскóй коносамéнт

Seekredit *m* морскóй креди́т

Seeladeschein *m* коносамéнт

Seemakler *m* морскóй агéнт, морскóй мáклер

Seemannsamt *n* морскóе вéдомство при прави́тельстве федерáльной земли́ (ФРГ)

Seemannsbrauch *m* морскóй обы́чай, узанс в морскóй прáктике

seemäßig гóдный для морскóй перевóзки, пригóдный для морскóй перевóзки, пригóдный для перевóзки мóрем; морскóй

S.E.E.O., saivo errore et omissione исключáя оши́бки и прóпуски

Seepassagevertrag *m* договóр на перевóзку пассажи́ров морски́м путём, договóр морскóй перевóзки пассажи́ров

Seeprotest *m юр.* протéст капитáна сýдна, морскóй протéст *(представлéние капитáном сýдна заявлéния о причи́нах авáрии сýдна)*

Seerecht *n* морскóе прáво

Seeregister *n* морскóй реги́стр

Lloyd's Seeregister морскóй реги́стр Ллóйда

Seerisiko *n* морскóй риск

Seeschaden *m* ущéрб от морскóй авáрии; убы́ток от морскóй авáрии

Seeschaden убы́ток, возни́кший во врéмя перевóзки мóрем

Seeschadenberechnung *f страх.* диспáша; расчёт убы́тков от óбщей авáрии *(расчет по распределéнию расхóдов по óбщей авáрии мéжду сýдном, грýзом, и фрахтом, составляемый диспашёром; мéсто и поря́док составлéния диспáши указывается в коносаменте)*

Seeschiedsgericht *n* морскóй арбитрáж, морскóй третéйский суд

Seeschifffahrt *f* морскóе судохóдство; моренлáвание

Seesperre *f* морскáя блокáда

Seestraße *f* морскóй путь

Seetransport *m* морскóй транспóрт; морскóе трáнспортное сообщéние

Seetransport перевóзки морски́м путём, перевóзки мóрем, морски́е перевóзки

Seeverkehr *m* морскóе сообщéние, морскóе судохóдство

Seeverpackung *f* морскáя упакóвка, упакóвка, пригóдная для морскóй транспортирóвки

Seeversicherung *f* морскóе страховáние

Seeversicherungspolice *f* пóлис морскóго страховáния

Seeversicherungsschein *m* пóлис морскóго страховáния

Seewechsel *m* бодмерéйный вéксель, распи́ска в получéнии ссýды по бодмерéйному договóру

Seeweg *m* морскóй путь

Seezeit *f* ходовое врéмя сýдна
Seezollgrenze *f* морскáя тамóженная грани́ца
Seezollhafen *m* морскóй тамóженный порт
Segment *n* сегмéнт ры́нка
Marktsegment *n* сегмéнт ры́нка
Segmentationstheorie *f* теóрия сегментации ***(объясняющая, напр., структýру ры́ночных цен, ссудного процéнта и др.)***
segmentieren сегментировать; разбивáть на чáсти (напр. рекламную аудитóрию, средý покупáтелей и т.п.)
Seh, RG Schuldenregelungsgesetz закóн о порядке урегули́рования долговы́х обязáтельств ***(ФРГ)***
Seigneurialrecht *n ист.* сеньориальное прáво
Sein *n*, **gesellschaftliches** общéственное бытиé
Seite *f* сторонá ***(учáстник)***
Seiten *f, pl* договáривающиеся стороны́ (мн.ч.)
vertragschließende Seiten договáривающиеся стороны́ (мн.ч.)
SEK, Schwedische Krone, -- Schweden Швéдская крóна (***код валюты*** 752), -- Швéция
Sektor *m* сéктор
genossenschaftlicher Sektor кооперати́вный сéктор
halbstaatlicher Sektor полугосудáрственный сéктор
kapitalistischer Sektor капиталисти́ческий сéктор
kollektivwirtschaftlicher Sektor колхозный сéктор
sozialistischer Sektor социалисти́ческий сéктор
Sektorendiagramm *n стат.* сéкторная диагрáмма
Sektorenintegration *f* объединéние отдéльных óтраслей экономики в плáне обшей экономи́ческой интегрáции Еврóпы
Sekunda *f* «секýнда», секýнда-вéксель ***(вторóй экземпля́р перевóдного векселя́)***, вторóй экземпля́р трáтты
Sekundawechsel *m* «секýнда», секýнда-вéксель ***(вторóй экземпля́р перевóдного векселя́)***, вторóй экземпля́р трáтты
sekunda второсóртный ***(о товáре)***
die **Ware ist sekunda** товáр вторóго сортá
sekundär втори́чный ***(напр., о ресурсах, дохóдах)***
sekundär второстепéнный
sekundäre Kosten втори́чные издéржки (мн.ч.)
sekundärer Sektor втори́чный сéктор
Sekundäraufbereitung *f стат.* втори́чная свóдка
Sekundäraufkommen *n* втори́чные ресýрсы
Sekundäreinkommen *n pl* втори́чные дохóды ***(населéния)***, производный дохóд, втори́чный дохóд
Sekundärenergie *f* втори́чная энéргия ***(энергоресурсы, являющиеся продýктом переработки первичных энергоносителей - электроэнéргия, нефтепродýкты, кокс и т.п.)***
Sekundärforschung *f* втори́чное исслéдование ***(получáющее информáцию и нéкоторые результáты из материáлов перви́чных исслéдований)***
Sekundärgruppierung *f* втори́чная группирóвка
Sekundärprodukt *n* втори́чный продýкт
Sekundärrohstoff *m* втори́чное сырьё
Sekundärstatistik *f* втори́чная стати́стика ***(получáемая на оснóве переработки информáции, собранной в хóде перви́чных исслéдований)***, статисти́ческие дáнные вторóго порядка
Sekundärverteilung *f* перераспределéние ***(напр., национáльного дохóда)***, втори́чное распределéние
Sekundawechsel *m* «секýнда», секýнда-вéксель ***(вторóй экземпля́р перевóдного векселя́)***, вторóй экземпля́р трáтты
selbständig; *(eng)* **self-sufficient** экономи́чески самостоятельный
selbständig самостоя́тельный; незави́симый
selbständig самостоя́тельный; отдéльный; автонóмный
wirtschaftlich selbständig экономи́чески незави́симый; незави́симый в экономи́ческом отношéнии
selbständig erwerbstätig с самостоя́тельным зáработком без найма на рабóту
selbstständiger Verein незави́симое объединéние
Selbständige *pl* лицá, не рабóтающие по нáйму ***(в том числé лицá свобóдных профéссий)***
Selbständiger *m* лицó, не рабóтающее по нáйму; ремéсленник; индивидуáльный предприни́мáтель; предпринимáтель без образовáния юриди́ческого лицá, ПБЮЛ (в РФ)
Selbständigkeit автонóмность
wirtschaftlich-operative Selbständigkeit операти́вно-хозя́йственная самостоя́тельность
wirtschaftliche Selbständigkeit экономи́ческая самостоя́тельность, хозя́йственная самостоя́тельность
Selbstanfertigung *f* сóбственное произвóдство, сóбственное изготовлéние продýкции ***(конéчной и промежýточной)***
Selbstanzeige *f* заявлéние налогоплатéльщика налоговому óргану о непóлноте представленных им рáнее дáнных, заявлéние налогоплатéльщика налоговому óргану об ошибочности представленных им рáнее дáнных
Selbstauflösung *f* самороспуск, самоликвидáция
Selbstaufnahme des Arbeitstages самофотография рабóчего дня
Selbstausfüllung *f стат.* самоисчисление, самоопрос, саморегистрация
Selbstbeanspruchung *f* напряжéние, вы́званное применéнием нерациональных рабóчих приёмов; перенапряжéние, вы́званное применéнием нерациональных рабóчих приёмов
Selbstbedienung *f* самообслýживание
Selbstbedienungladen *m* магази́н самообслýживания
Selbstbedienungsgaststätte *f* предприятие общéственного питáния, рабóтающее по мéтоду самообслýживания
Selbstbedienungsgeschäft *n* магази́н самообслýживания
Selbstbedienungsladen *m* магази́н самообслýживания
Selbstbedienungsverkaufsstelle *f* магази́н самообслýживания
Selbstbedienungswäscherei *f* прáчечная самообслýживания
Selbstbedienungszone *f* зóна самообслýживания ***(в магази́не)***
Selbstbehalt *m* учáстие страховáтеля в возмещéнии убы́тков; франши́за
Selbstbehalt удержáние на сóбственные нужды́ ***(расхóды на покры́тие своих издéржек, вычитáемые из полученного дохóда)***
Selbstberechnung *f* вычислéние сами́м налогоплатéльщиком размéра налóга, подлежащего уплáте
Selbstbeschränkung *f* самоограничéние
Selbstbesteuerung *f* самообложение
Selbstbeteiligung *f* учáстие страховáтеля в возмещéнии убы́тков; франши́за
Selbstbewertung *f* самооцéнка
Selbsteinschätzung *f* самооцéнка
Selbsteintritt *m* учáстие посрéдника ***(комиссионéра, маклера)*** от сóбственного лицá в сдéлках своих клиéнтов
Selbsteintrittsrecht *n юр.* прáво посрéдника учáствовать от сóбственного лицá в сдéлках своих клиéнтов
Selbstemission *f* самостоя́тельная эми́ссия ***(эми́ссия цéнных бумáг, разме-***

щаемых эмитентом без посре́дника)
Selbsterrechnungserklärung *f* нало́говая деклара́ция, соста́вленная налогоплате́льщиком на осно́ве вы́численного им сами́м разме́ра нало́га
selbsterzeugt со́бственного произво́дства, со́бственного изготовле́ния
Selbstfinanzierung *f* самофинанси́рование, финанси́рование за счёт со́бственных средств
Selbstgebrauch *m* со́бственное потребле́ние
selbstgerecht самоуве́ренный
selbstgerecht уве́ренный в свое́й правоте́
Selbsthilfe *f* самопо́мощь *(мобилиза́ция развива́ющейся страно́й со́бственных средств, нере́дко организуемая в ра́мках програ́ммы иностра́нной по́мощи)*
Selbsthilfeverkauf *m* прода́жа това́ра тре́тьим ли́цам при просрочке в приёмке его́ первонача́льным покупа́телем
Selbstkontrahieren *n* заключе́ние догово́ра с сами́м собо́й от и́мени представляемого лица́, заключе́ние контра́кта с сами́м собо́й от и́мени представляемого лица́
Selbstkontrolle *f* самоконтро́ль, самопрове́рка
Selbstkosten *pl* себесто́имость
bereinigte Selbstkosten очи́щенная себесто́имость
betriebliche Selbstkosten фабрично-заводска́я себесто́имость
betriebsindividuelle Selbstkosten заводска́я себесто́имость
Selbstkosten des Basiszeitraums ба́зисная себесто́имость
Selbstkosten (innerhalb) eines Industriezweiges отраслева́я себесто́имость
geplante Selbstkosten пла́новая себесто́имость; заплани́рованная себесто́имость
gesellschaftlich notwendige Selbstkosten обще́ственно необходи́мая себесто́имость
gesellschaftliche Selbstkosten обще́ственная себесто́имость
individuelle Selbstkosten индивидуа́льная себесто́имость
kommerzielle Selbstkosten комме́рческая себесто́имость
normative Selbstkosten нормати́вная себесто́имость
planmäßige Selbstkosten пла́новая себесто́имость
reine Selbstkosten чи́стая себесто́имость
zonale Selbstkosten зональная себесто́имость
Selbstkostenanteil *m* уде́льный вес себесто́имости *(напр., в цене́)*; уде́льный вес изде́ржек *(напр., в цене́)*
Selbstkostenberechnung *f* калькуля́ция себесто́имости, расчёт себесто́имости, определе́ние себесто́имости
Selbstkostenbereinigung *f* очи́стка себесто́имости
selbstkostenbezogen на осно́ве себесто́имости, примени́тельно к себесто́имости
Selbstkostenelement *n* элеме́нт себесто́имости
Selbstkostenentwicklung *f* дина́мика себесто́имости
Selbstkostenindex *m* инде́кс себесто́имости *(произво́дства)*
Selbstkostenkalkulation *f* калькуля́ция себесто́имости, расчёт себесто́имости, определе́ние себесто́имости
Selbstkostenplan *m* план по себесто́имости
Selbstkostenplanung *f* плани́рование себесто́имости
Selbstkostenpreis *m* цена́, исчисленная на ба́зе себесто́имости
Selbstkostenrechnung *f* калькуля́ция себесто́имости, расчёт себесто́имости, определе́ние себесто́имости
Selbstkostensenkung *f* сниже́ние себесто́имости
absolute Selbstkostensenkung абсолю́тное сниже́ние себесто́имости
geplante Selbstkostensenkung пла́новое сниже́ние себесто́имости
relative Selbstkostensenkung относи́тельное сниже́ние себесто́имости
Selbstkostensenkungsauflage *f* зада́ние по сниже́нию себесто́имости
Selbstkostensenkungsprämie *f* пре́мия за сниже́ние себесто́имости
Selbstkostensteigerung *f* повыше́ние себесто́имости; повыше́ние изде́ржек *(напр., за ра́зные пери́оды)*
Selbstkostenüberschreitung *f* превыше́ние заплани́рованной себесто́имости
Selbstkostenveränderung *f* измене́ние себесто́имости
Selbstkostenvergleich *m* сравне́ние себесто́имости, сопоставле́ние себесто́имости
Selbstkostenvolumen *n* объём себесто́имости
Selbstkostenwert *m* сто́имость произво́дства, сто́имость изготовле́ния; себесто́имость
Selbstlauf *m* самотёк
Selbstnormung *f уст.* установле́ние норм вы́работки самими рабо́чими
Selbstprogrammierung *f* автомати́ческое программи́рование
Selbststeuerung *f* автомати́ческое управле́ние
Selbstverbrauch *m* со́бственное потребле́ние
Selbstverpflichtung *f* индивидуа́льное обяза́тельство
Selbstversicherung *f* самострахова́ние
selbstversorgend *(eng)* **self-sufficient** экономи́чески самостоя́тельный
Selbstversorgerwirtschaft *f* подсо́бное хозя́йство *(напр., предприя́тия)*
Selbstversorgung *f* самообеспе́чение, обеспе́чение за счёт вну́треннего произво́дства; самоснабже́ние
Selbstversorgungswirtschaft *f* ме́лкое сельскохозя́йственное предприя́тие, проду́кция кото́рого идёт почти́ исключи́тельно на покры́тие со́бственных потре́бностей
Selbstverwaltung *f*, **kommunale** о́рганы коммунального самоуправле́ния
Selbstverwertung *f* **des Kapitals** самовозрастание капита́ла
selbstwirtschaften *vi* самостоя́тельно зараба́тывать сре́дства
selektiv селекти́вный, избира́тельный
Selektivität *f* избира́тельность, селекти́вность
Self-fullfilling prophecy *f* сбывающий ся прогно́з
selfappeal *англ. (вне́шняя)* привлека́тельность това́ра
Selfgovernment *n* самоуправле́ние
selfliquidating credit (eng); aus Warenerlös der finanzierten Ware automatisch zurückbezahlter Kredit краткосро́чный подтоварный креди́т *(автомати́чески погашающийся при прода́же това́ра)*
Seltenheitsgüter *n, pl* уникальные това́ры, раритеты
Seltenheitsprämie *f* ре́нта за ре́дкость
Seltenheitsprinzip *n* при́нцип ре́дкости
Seltenheitsrente *f* ре́нта за ре́дкость
Seltenheitswert *m* це́нность уникальных това́ров, це́нность раритетов
Semantik *f* сема́нтика, уче́ние о зна́ках и си́мволах *(в т.ч. в ЭВМ)*
Sendedatum *n* да́та вы́хода в эфи́р
senden *vt* посыла́ть, отправля́ть
senden *vt* передава́ть по ра́дио; передава́ть в эфи́р; передава́ть в телеэфир
Sendung *f* почто́вое отправле́ние; посы́лка
Sendung перево́д *(де́нежный)*
Sendung па́ртия *(това́ра)*
Sendung радиопереда́ча

Sendung телепереда́ча; переда́ча в телеэфире
außergewöhnliche Sendung груз, противоре́чащий но́рмам и пра́вилам перево́зки *(напр., внегабари́тный или тяжелове́сный груз)*
postlagernde Sendung почто́вое отправле́ние до востре́бования
senken *vt* снижа́ть, понижа́ть *(напр., це́ну)*
senkrecht вертика́льный
Senkung *f* сниже́ние, пониже́ние, уменьше́ние
Sensal *m австр.* ма́клер, посре́дник; биржево́й ма́клер; бро́кер
Sensalie *f* курта́ж, маклерские де́ньги, комиссио́нные де́ньги
Sensarie *f* курта́ж, маклерские де́ньги, комиссио́нные де́ньги
Sensarie сенсари, вознагражде́ние за бро́керские услу́ги
separat отде́льный, осо́бый, обосо́бленный, специа́льный
Separatkonto *n* специа́льный счёт
Separatvertrag *m* сепара́тный догово́р
Sequential-Stichprobenverfahren *n стат.* ме́тод последовательного вы́борочного контро́ля *(ка́чества)*
Sequentialtest *m* после́довательный крите́рий
Sequenzanalyse *f стат.* после́довательный ана́лиз
Sequester *m* секве́стр
Sequestration *f* секвестирование, наложе́ние секве́стра; переда́ча спо́рного иму́щества во вре́менное владе́ние тре́тьего лица́; *ист.* конфиска́ция со́бственности вое́нных престу́пников и акти́вных наци́стов
sequestrieren *vt* секвестировать, накла́дывать секве́стр
Sequestrierung *f* секвестирование, наложе́ние секве́стра; переда́ча спо́рного иму́щества во вре́менное владе́ние тре́тьего лица́; *ист.* конфиска́ция со́бственности вое́нных престу́пников и акти́вных наци́стов
Serie *f* се́рия
Serien-Parallelprinzip *n* после́довательно-паралле́льный при́нцип
Serien-Parallelsystem *n* после́довательно-паралле́льная систе́ма
Serienanlauf *m* нача́ло сери́йного произво́дства, за́пуск в сери́йное произво́дство
Serienbau *m* сери́йное произво́дство
Serienbauweise *f* сери́йное произво́дство
Seriendurchgangszeit *f* продолжи́тельность изготовле́ния одно́й се́рии конкре́тного проду́кта *(в рабо́чих часа́х)*
Serienerzeugnis *n* изде́лие сери́йного произво́дства
Serienfertigung *f* сери́йное произво́дство, сери́йный вы́пуск
Serienfließfertigung *f* сери́йно-пото́чное произво́дство
Seriengröße *f* разме́р се́рии *(напр., изде́лий)*
wirtschaftliche Seriengröße экономи́чески обосно́ванный разме́р се́рии, оптима́льный разме́р се́рии
Serienherstellung *f* сери́йное произво́дство, сери́йный вы́пуск
Serienkalkulation *f* сери́йная калькуля́ция *(вычисле́ние сре́дних изде́ржек се́рии проду́ктов, напр., в автомобилестрое́нии - определённой ма́рки автомоби́ля)*, калькуля́ция це́лой се́рии проду́кции
serienmäßig сери́йный; се́риями, сери́йно
Serienproduktion *f* сери́йное произво́дство; сери́йная проду́кция
in die Serienproduktion aufnehmen включи́ть в сери́йное произво́дство
Serienprüfung *f* сери́йное испыта́ние
Serienschaltung *f* после́довательное соедине́ние *(в тео́рии надёжности)*
serienweise сери́йный; се́риями, сери́йно
Service *m* обслу́живание, услу́ги, се́рвис *(напр., в гости́нице)*
Servicequalität *f* ка́чество сервиса; ка́чество сервисных услу́г
Servicestation *f* ста́нция (техни́ческого) обслу́живания
Servicesystem *n* систе́ма обслу́живания
Servicewerkstatt *f* ста́нция обслу́живания
Servicezeit *f* вре́мя обслу́живания
Servis *m фр.* пла́та за обслу́живание; кварти́рные *(командиро́вочные)* де́ньги; чаевы́е
Servitut *n австр. ист.* сервиту́т
SET, Secure Electronic Transaction станда́рт **SET** (техноло́гия, совме́стно разрабо́танная систе́мами **Visa** и **MasterCard** для обеспе́чения безопа́сности платеже́й с по́мощью пластиковых карт в Интерне́т)
SET-Standard *m* станда́рт **SET**
SET-Zertifikat *n* **SET**-сертифика́т
Setzung *f* систе́ма счисле́ния
SfAGS, Abkommen über den internationalen Eisenbahngüterverkehr, (der sozialistischen Länder) Соглаше́ние о междунаро́дном железнодорожном грузово́м сообщении, СМГС
S.F.O., Seefrachtordnung пра́вила морско́го страхова́ния
SG:
SG, Singapur Сингапу́р
Sg, Schnellgut сро́чный груз
SGD, Singapur-Dollar, -- Singapur Сингапу́рский до́ллар, -- Сингапу́р
SH, Samoa Свята́я Еле́на
share *англ.* а́кция
s.h.e., sundays holidays excepted исключа́я выходны́е и пра́здничные дни
Sherman act *англ.* антитре́стовский зако́н Шермана *(США)*
shippingorder *англ.* о́рдер на погру́зку, погру́зочный о́рдер
shopping-center *амер.* торго́вый центр
short-run-Betrachtung *f англ.* краткосро́чный ана́лиз
SHP, St. Helena-Pfund, -- St. Helena Фунт Острова́ Свято́й Еле́ны (*код валю́ты* 654), -- О́стров Свято́й Еле́ны
shpt., shipment отпра́вка мо́рем, отгру́зка мо́рем
sh.tn., short ton коро́ткая то́нна, ма́лая то́нна *(907,185 кг)*
Shut-down-point *m англ.* «то́чка закры́тия», объём произво́дства *(«то́чка»)*, при кото́ром дальне́йшее функциони́рование предприя́тия стано́вится нецелесообразным
SI, Slowenien Слове́ния, *до 1978г. код* **WL**
sicheres Identifikationsverfahren безопа́сный спо́соб идентификации
Sicherheit *f* безопа́сность; надёжность; гара́нтия, обеспе́чение; зало́г; поручи́тельство; достове́рность
Sicherheit gewähren предоста́вить гара́нтии, гаранти́ровать; дать поручи́тельство, поручи́ться
Sicherheit leisten предоста́вить гара́нтии, гаранти́ровать; дать поручи́тельство, поручи́ться
Sicherheit stellen предоста́вить гара́нтии, гаранти́ровать; дать поручи́тельство, поручи́ться
hypothekarische Sicherheit ипоте́чное обеспе́чение
statistische Sicherheit статисти́ческая достове́рность
technische Sicherheit техни́ческая безопа́сность; техни́ческая надёжность
als Sicherheit в обеспе́чение
Sicherheitsarrest *m* аре́ст с це́лью обеспе́чить исполне́ние до́лга
persönlicher Sicherheitsarrest аре́ст должника́ *(с це́лью принуди́тельного взыска́ния до́лга)*
Sicherheitsbestand *m* резе́рвный за-

па́с, страхово́й запа́с

Sicherheitsbestimmungen *f, pl* пра́вила безопа́сности

technische Sicherheitsbestimmungen пра́вила те́хники безопа́сности

Sicherheitsbonität *f* гаранти́рованная платёжеспосо́бность *(по рассматриваемым обяза́тельствам)*

Sicherheitsfach *n* сейф

Sicherheitsfaktor *m* коэффицие́нт запа́са про́чности; коэффицие́нт, надёжности

Sicherheitsfonds *m* резе́рвный фонд, страхово́й фонд

Sicherheitsgrad *m* сте́пень то́чности *(прове́рки, наблюде́ния и т.п.)*, сте́пень то́чности вы́борочной прове́рки, сте́пень то́чности статисти́ческого наблюде́ния

Sicherheitsgründe *m, pl* соображе́ния безопа́сности; соображе́ния обеспе́чения надёжности произво́дственного проце́сса

Sicherheitshinweise *pl* указа́ния по безопа́сности (напр. при онлайновой рабо́те с платёжной систе́мой)

Sicherheitsinspektion *f* инспе́кция те́хники безопа́сности, прове́рка те́хники безопа́сности

Sicherheitsklausel *f* огово́рка, включа́емая в догово́р в целя́х сниже́ния определённых ри́сков

Sicherheitsleistung *f* поручи́тельство, пору́ка; обеспе́чение, гара́нтия; зало́г; *юр.* представле́ние обеспе́чения *(в гражда́нском проце́ссе)*

Sicherheitsmarge *f* сте́пень безопа́сности *(в страхова́нии)*

Sicherheitsnachaß *m* ски́дка со страхово́й пре́мии за ме́ры предосторо́жности, снижающие риск страховщика

Sicherheitsnachlaß *m* ски́дка со страхово́й пре́мии за ме́ры предосторо́жности, снижающие риск страховщика

Sicherheitsnormen *f pl* пра́вила те́хники безопа́сности

Sicherheitspfand *n* зало́г *(в обеспе́чение до́лга)*

Sicherheitsprüfung *f* прове́рка надёжности, испыта́ние надёжности

Sicherheitsrat der UNO Сове́т Безопа́сности ООН

Sicherheitsschranke *f* преде́л надёжности

Sicherheitstechnik *f* те́хника безопа́сности

Sicherheitsvorlauf *m* страхово́й заде́л *(на произво́дстве)*

Sicherheitsvorrat *m* гаранти́йный запа́с, гаранти́йный резе́рв,; резе́рвный запа́с, страхово́й запа́с

Sicherheitswechsel *m* ве́ксель обеспе́чения, обеспечительский ве́ксель

Sicherheitszahl *f* коэффицие́нт запа́са про́чности; коэффицие́нт, надёжности

sichern *vt* обеспе́чивать, гаранти́ровать; охраня́ть; предохраня́ть, защища́ть

sicherstellen *vt* обеспе́чивать, гаранти́ровать; устана́вливать; констати́ровать; конфискова́ть

Sicherstellung *f* обеспе́чение, гара́нтия; *юр.* предвари́тельный аре́ст *(иму́щества)*

Sicherstellung von Zollgut *(предвари́тельный)* аре́ст тамо́женного гру́за

materielle Sicherstellung материа́льное обеспе́чение

Sicherung *f* обеспе́чение, гара́нтия; сохране́ние, сохра́нность

dingliche Sicherung ве́щное обеспе́чение

materielle Sicherung материа́льное обеспе́чение *(произво́дства)*, обеспе́чение *(произво́дства)* материа́льными ресу́рсами

Sicherungsabtretung *f* фидуциарная усту́пка *(по́лная усту́пка прав и́ли тре́бований)*

Sicherungseigentum *n* со́бственность, пе́реданная должнико́м в обеспе́чение креди́та; зало́говое иму́щество

Sicherungsfonds *m* резе́рвный фонд, страхово́й фонд

Sicherungsgeber *m* лицо́, передающее часть своего́ иму́щества в ка́честве зало́га кредито́ру *(в обеспе́чение до́лга)*

Sicherungsgeld *n* де́нежный штраф, налага́емый на налогоплате́льщика в слу́чае несоблюдения им усло́вий упла́ты нало́гов

Sicherungsgrundschuld *f* долг, обеспе́ченный залогом недви́жимости

Sicherungsnehmer *m* лицо́, кото́рому передаётся пра́во со́бственности *(в обеспе́чение до́лга)*

Sicherungsübereignung *f* переда́ча кредито́ру закладываемого иму́щества *(в обеспе́чение до́лга)*, переда́ча кредито́ру права́ со́бственности *(в обеспе́чение до́лга)*

Sicherungsverfahren *n* спо́соб предохранения

Sicherungsvermögen *n* иму́щество, пе́реданное должнико́м кредито́ру *(в ка́честве закла́да при получе́нии за́йма)*

Sicherungsvorrat *m* резе́рвный запа́с, страхово́й запа́с

Sicherungswechsel *m* обеспечительный ве́ксель

Sicht *f* срок

kurze Sicht кра́ткий срок

lange Sicht до́лгий срок

auf Sicht по предъявле́нии, при́ма-виста; по пе́рвому тре́бованию

bei Sicht по предъявле́нии *(поме́тка на ве́кселе)*

in territorialer Sicht в территориальном разре́зе

Sichtdepositum *n* депози́т, подлежа́щий вы́даче при пе́рвом тре́бовании; вклад до востре́бования, бессро́чный вклад

Sichtecken-Kartei *f* обозримая углова́я картоте́ка

Sichteinlage *f* бессро́чный вклад, вклад до востре́бования

Sichtguthaben *n* бессро́чный вклад, вклад до востре́бования

Sichtkartei *f* обозримая картоте́ка

Sichtkurs *m* валю́тный курс краткосрочных креди́тных ору́дий обраще́ния *(напр., че́ков)*

Sichtschuldverschreibung *f* долгово́е обяза́тельство, подлежа́щее опла́те по предъявле́нии

Sichttratte *f* перево́дный ве́ксель на предъяви́теля, тра́тта на предъяви́теля

Sichtwechsel *m* ве́ксель на предъяви́теля

Sichtwerbung *f* визуа́льная рекла́ма *(напр., афи́ши, плака́ты, светова́я рекла́ма)*

Sichtzahlung *f* платёж по предъявле́нии *(како́го-л. докуме́нта)*

„Sieben", „äußere Sieben" *(ист.)* «семёрка» (страны́, входя́щие в Европе́йскую ассоциа́цию свобо́дной торго́вли)

Siebenergruppe *f* гру́ппа пара́графов *(от 7а до 7е)* зако́на о подоходном нало́ге, в кото́рых предусмо́трены нало́говые льго́ты *(ФРГ)*

Siebenerparagraphen *m, pl* гру́ппа пара́графов *(от 7а до 7е)* зако́на о подоходном налоге, в кото́рых предусмо́трены нало́говые льго́ты *(ФРГ)*

Siebenjahrplan *m* семиле́тний план, семилетка

Siedlung *f* населённый пункт; посёлок, поселе́ние

ländliche Siedlung населённый пункт се́льского ти́па, се́льский населённый пункт; посёлок се́льского ти́па

städtische Siedlung населённый пункт городско́го ти́па; посёлок городско́го ти́па

Siedlungsdichte *f* пло́тность населённых пу́нктов

Siedlungsfläche *f* земе́льная пло́щадь, за́нятая под населённые пу́нкты

Siedlungsfunktion *f* фу́нкция населённого пу́нкта, фу́нкция посёлка

Siedlungsgenossenschaft *f* товáрищество по строительству посёлков
Siedlungsgröße *f* величинá населённого пýнкта, величинá посёлка
Siedlungskomplex *m* кóмплекс населённых пýнктов
Siedlungskredit *m* кредит для нóвых поселéнцев
Siedlungsnetz *n* сеть населённых пýнктов
Siedlungsstruktur *f* структýра населённых пýнктов
Siedlungssystem *n* систéма населённых пýнктов
Siegerbetrieb *m* предприятие, вышедшее победителем в соревновáнии; завóд-победитель *(в соревновáнии)*
sign., signatum подписано
Signatarstaat *m* госудáрство, подписавшее договóр; госудáрство-сигнатарий
Signatur *f* пóдпись; сигнатýра; ярлык
signieren *vt* подписывать; дéлать нáдпись, наклéивать ярлык, маркировáть
Signierung *f* подписáние *(докумéнта)*; клеймéние; маркирóвка *(упакóвки экспортных отправлéний)*; *стат.* кодирование, шифрóвка
Signifikanz *f* знáчимость, вáжность, значительность; значéние, смысл
Signifikanz des Unterschieds *стат.* достовéрность сущéственного различия
Signifikanzniveau *n* ýровень знáчимости
Signifikanzprüfung *f* провéрка знáчимости
Signifikanztest *m* критéрий знáчимости; *стат.* критéрий существенности
Signifikanztest für Differenzen *стат.* критéрий существенности различия
Silberpunkte *m, pl бирж.* серéбряные тóчки
Silberwährung *f* серéбряная валюта
Silberwährung monometallistische серéбряный монометаллизм
SIMEX, Singapore International Monetary Exchange Сингапурская междунарóдная финáнсовая биржа
Simplexkriterium *n* симплексный критéрий
Simplexmethode *f* симплексный мéтод, симплекс-мéтод
Simplexverfahren *n* симплексный мéтод, симплекс-мéтод
Simulation *f* имитáция, имитационное моделирование
Simulationsbetrieb *m* моделируемое предприятие, имитируемое предприятие
simulieren *vt* воспроизводить, моделировать
Simultaneität *f* синхрóнность, одноврéмéнность; óбщность
Simultangründung *f* учреждéние акционéрного óбщества, фóрма учреждéния акционéрного óбщества *(при которóй учредители пóлностью распределяют мéжду собóй áкции)*; одноврéмéнное учреждéние
Simultanität *f* синхрóнность, одноврéмéнность; óбщность
Simultanprognose *f* мнóжественный прогнóз
single tax *англ.* «единственный налóг» *(по учéнию физиократов)*; единый земéльный налóг *(в США)*
Singularversicherung *f* индивидуáльное страховáние
Sinken *n* понижéние
tendenzielles Sinken тендéнция к понижéнию
sinken *vi* пáдать, понижáться, снижáться; уменьшáться; ослабевáть; идти на ýбыль
SIT, Tolar, -- Slowenien Толар, -- Словéния
SITC, Standard International Trade Classification Междунарóдная стандáртная торгóвая классификáция, МСТК
Situation *f*, **strategische** стратегическая ситуáция
Sitzgesellschaften *f, pl* акционéрные óбщества, являющиеся лишь юридически фирмами дáнной страны
Sitzstreik *m* сидячая забастóвка
SK:
SK, Selbstkosten себестóимость
SK, Slowakei Словáкия
Skadenz *f* наступлéние срóка платежá
Skala *f* шкалá; градáция, послéдовательность
Skala der Tarifkoeffizienten шкалá тарифных коэффициентов
bewegliche Skala подвижная шкалá, скользящая шкалá
Skaleneffekt *m* эффéкт масштáба *(эконóмия на массовости произвóдства)*
Skin-Packung *f* прозрáчная упакóвка, плóтно облегáющая упакóванный товáр
SKK, Slowakische Krone, -- Slowakei Словáцкая крóна, -- Словáкия
Sklavenarbeit *f* рáбский труд
Sklavenbesitz *m* рабовладéние
Sklavenhaltergesellschaft *f* рабовладéльческое óбщество
Sklavenhalterordnung *f* рабовладéльческий строй
Sklavenhalterstaat *m* рабовладельческое госудáрство
Sklavenwirtschaft *f* рабовладельческое хозяйство
Skonto *m n* сконто *(скидка при платежé наличными или до срóка)*
Skontration *f* клиринг, зачёт взаимных трéбований
Skontro *n* клиринг, зачёт взаимных трéбований
Skontro инвентáрная книга; учётная книга поступающих и прóданных товáров
Skrip *m* талóн, óрдер; предварительное свидéтельство на áкцию, предварительное свидéтельство на облигáцию, временная áкция; временная облигáция; скрипс
SKS, Ständige Kommission für Standardisierung beim RGW Постоянная комиссия *бывш.* СЭВ по стандартизáции
SKV, Schweizerischer Kaufmännischer Verein Союз швейцарских коммерсантов
SLA, Schweizerische Landwirtschaftsausstellung Швейцáрская сельскохозяйственная выставка
Slip *m англ.* талóн, бланк *(в виде ýзкой полóски бумáги)*; чек
Slogan *m англ.* реклáмный девиз
Slump *m англ. бирж.* внезáпное падéние цен, внезáпное падéние спрóса; внезáпное падéние кýрсов цéнных бумáг
SM, San Marino Сан Марино
SMA, Sowjetische Militäradministration, (in Deutschland) *ист.* Совéтская воéнная администрáция в Гермáнии, СВАГ, СВА *(1945-1949 гг.)*
SMAD, Sowjetische Militäradministration, (in Deutschland) *ист.* Совéтская воéнная администрáция в Гермáнии, СВАГ, СВА *(1945-1949 гг.)*
small business *амер.* мéлкий бизнес; мéлкие и срéдние предприятия
SMI, Swiss Market Index швейцáрский биржевóй индéкс
SMPS, Abkommen über den internationalen Eisenbahnpersonenverkehr, (der sozialistischen Länder) Соглашéние о междунарóдном пассажирском сообщении, СМПС *(бывш. социалистических стран)*
SN, Seenutzfläche площáдь óзера, пригóдная для разведéния рыбы
SNB:
SNB, Schweizerische Nationalbank Национáльный банк Швейцáрии
SNB, Schweizerische Nationalbank Швейцáрский национáльный банк
SO, Somalia Сомали
social benefits *англ.* общéственная выгода *(обеспечиваемая, напр., функциони-*

рованием общественных учреждений)
social wants *англ.* общественная потребность

Social Media *(pl)* социальные медиа

Sockelbetrag *m* цокольная сумма *(оговариваемая в тарифном соглашении дополнительно к общему повышению зарплаты, выплачивается в одинаковом размере всем работникам; направлена на ограничение различий между зарплатой рабочих и окладом служащих)*

Sockeldeckung *f* «цокольное» покрытие (*низкая сумма обращающихся банкнот не покрывается золотым резервом, но каждая последующая эмиссия обеспечивается золотым покрытием)*, *см.* **Geldkernwährung**

Sofortakzept *n* немедленный акцепт

Sofortbezahlung *f* немедленная оплата, немедленный платёж

Sofortbezahlungsverfahren *n* инкассо с последующим акцептом; метод немедленной оплаты

Sofortbuchhaltung *f бухг.* метод учёта с немедленной записью произведённых операций в лицевых счетах, немедленная запись *(отражение)* поступившей информации в системах бухгалтерских счетов

Sofortgeschäft *n бирж.* сделка на наличный товар; сделка с немедленной поставкой товара; кассовая сделка

Soforthilfe *f* неотложная материальная помощь; внеочередное единовременное пособие

Sofortinkasso *n* инкассо с последующим акцептом

Sofortlieferung *f* срочная поставка, немедленная поставка

Sofortmaßnahme *f* срочная мера

Sofortprogramm *n* программа проведения срочных мероприятий, программа проведения неотложных мероприятий

Sofortrabatt *m* скидка, предоставляемая немедленно (при покупке)

Sofortwirkung *f* немедленное вступление в силу

Sofortzahlung *f* немедленная оплата, немедленный платёж

Software *f англ.* программное обеспечение, средства программирования

Solaklausel *f* упоминание в тексте векселя о том, что данный вексель выставлен в одном экземпляре, оговорка о выставлении векселя в одном экземпляре

Solarenergie *f* солнечная энергия

Solawechsel *m* соло-вексель, простой вексель *(выставитель сам обязуется уплатить долг)*

Solidarbürge *m* солидарный поручитель

Solidarbürgschaft *f* солидарное поручительство

Solidarhaftung *f* солидарная ответственность

solidarisch солидарный

Solidaritätsrat der afro-asiatischen Völker Совет солидарности народов Африки и Азии

Solidaritätsstreik *m* забастовка *(в знак)* солидарности

Solidarverpflichtung *f* солидарное обязательство, корреальное обязательство

Solidarzoll *m* солидарная пошлина

Soll *n* дебет, дебет счёта; смета; норма; *(плановое)* задание
Soll und Haben *n* дебет и кредит, приход и расход
im Soll buchen заносить в дебет *(счёта)*
ins Soll eintragen заносить в дебет

Soll-Betrag *m* запланированная сумма

Soll-Buchung *f* занесение в дебет *(счёта)*

Soll-Ist-Vergleich *m* сравнение плановых показателей с фактическими, сопоставление плановых показателей с фактическими
Soll-Ist-Vergleich der Produktionskosten сопоставление плановых и фактических издержек производства

Soll-Prinzip-Abrechnung *f* принцип расчёта нормативных показателей; расчёт товарооборота на основе ожидаемого поступления товаров

Sollbestand *m бухг.* дебетовое сальдо, остаток по дебету; плановое наличие

Sollbuchung *f* запись в дебет, занесение в дебет *(счёта)*

Solleinnahme *f бухг.* запланированный доход; плановое поступление, плановые поступления

Sollerfüllung *f* выполнение плана; *с.-х.* выполнение обязательных поставок

Solletat *m* проект бюджета

Sollgröße *f* номинальный размер

Sollkaufmann *m* кандидат *(при оформлении прав на предпринимательскую деятельность; по закону становится коммерсантом только после регистрации в Торговом реестре)*

Sollkonto *n бухг.* активный счёт, дебетовый счёт

Sollkosten *pl* плановые издержки, плановые расходы, плановые затраты; номинальные затраты; предельно допустимые расходы

Sollkostenrechnung *f* расчёт плановых издержек; расчёт предельно допустимых затрат

Sollmenge *f* плановое количество, заданное количество; номинальное количество

Sollsaldo *m* дебетовое сальдо, положительное сальдо, активное сальдо

Sollseite *f бухг.* дебетовая *(левая)* сторона счёта, дебетовая сторона, дебет

Sollselbstkosten *pl* плановая себестоимость, заданная *(предельно допустимая)* себестоимость

Sollspanne *f* допустимая разница; калькулированная торговая накидка

Sollüberschuss *m* намеченное превышение бюджетных доходов над расходами; плановый остаток

Sollumsatz *m* плановый оборот, намеченный оборот; дебетовый оборот, оборот по дебету

Sollversteuerung *f* начисление налога с оборота на основе согласованного *(а не фактического)* эквивалента затрат, обложение налогом согласованного, но ещё не полученного вознаграждения

Sollwert *m* заданное значение, задаваемое значение, заданный показатель, задаваемый показатель; номинальное значение; номинальная стоимость

Sollzahl *f* плановая цифра; плановое количество

Sollzeit *f* время, потребное по плану для выполнения производственной операции

Sollzinsabkommen *n* соглашение о процентах по кредиту

Sollzinsen *m pl* процентные доходы, проводимые по дебетовым счетам, проценты, получаемые кредитором

solvent платёжеспособный, состоятельный

Solvenz *f* платёжеспособность, состоятельность

Sommerpreise *m, pl* летние *(сезонные)* цены

Sommerschlußverkauf *m* осенняя распродажа, распродажа в конце летнего сезона

Sonder-Ausfuhrerklärung *f* специальная экспортная декларация, особая экспортная декларация

Sonderabschreibungen *f, pl* амортизационные отчисления специального назначения

Sonderanfertigung *f* специальное исполнение *(напр., по заказу)*

Sonderangebot *n* особое предложение, специальное предложение, экстренное предложение *(напр., товара по сниженным ценам)*

Sonderanweisung *f* специальная инструкция

Sonderaufschlag *m* специа́льная наце́нка
Sonderauftrag *m* специа́льный зака́з
Sonderausführung *f* специа́льное исполне́ние *(напр., по зака́зу)*
Sonderausgaben *f pl* специа́льные расхо́ды, осо́бые расхо́ды; расхо́ды налогоплате́льщика, вычита́емые из облага́емого дохо́да
steuerliche Sonderausgaben *(отде́льные)* ви́ды расхо́дов, кото́рые не учи́тываются при определе́нии величины́ подохо́дного нало́га
Sonderaustauschgeschäft *n* товарообменные опера́ции ме́жду госуда́рствами, осуществляемые в ра́мках торго́вых соглаше́ний при усло́вии расчётов в свобо́дно конвертируемой валю́те
Sonderbankkonto *n* осо́бый ба́нковский счёт, специа́льный ба́нковский счёт, специа́льный счёт в ба́нке
Sonderbedingung *f* осо́бое усло́вие
Sonderbedingung für die Einlösung von Rechnungen осо́бый поря́док опла́ты счето́в
Sonderbereitstellung *f* специа́льное ассигнова́ние, непредви́денное ассигнова́ние
Sonderbesteuerung *f* осо́бое обложе́ние, осо́бое налогообложе́ние
Sonderbetrieb *m* специа́льное предприя́тие; предприя́тие осо́бого назначе́ния
Sonderbezeichnung *f* специа́льное обозначе́ние, специа́льная маркиро́вка
Sonderbilanzen *f, pl* бала́нсы, составляемые по осо́бому слу́чаю *(напр., при ликвида́ции и́ли слия́нии предприя́тий)*
Sonderbudget *n* специа́льный бюдже́т
Sonderdepot *n* специа́льное хране́ние, отде́льное хране́ние *(це́нных бума́г и́ли друго́го иму́щества клие́нта)*
Sondereinsatz *m*, **freiwilliger** суббо́тник; воскре́сник
Sondereinzelkosten *pl* **der Fertigung** осо́бые изде́ржки произво́дства, специа́льные изде́ржки произво́дства
Sondererhebung *f стат.* специа́льная пе́репись
Sonderfertigung *f* специа́льное исполне́ние *(напр., по зака́зу)*
Sonderfonds *m* осо́бый фонд *(предприя́тия)*, специа́льный фонд *(предприя́тия) (для финанси́рования разли́чных мероприя́тий)*
Sonderfonds der Vereinten Nationen für wirtschaftliche Entwicklung Специа́льный фонд ООН *(по финанси́рованию экономи́ческого разви́тия слаборазвитых стран)*
Sonderfrist *f* осо́бый срок, льго́тный срок
Sondergehalt *n* персона́льный окла́д
Sondergemeinkosten *pl* специа́льные накладны́е расхо́ды, дополни́тельные накладны́е расхо́ды
Sonderhaushalt *m* специа́льный бюдже́т
Sonderkalkulation *f* (специа́льная) кальку́ляция целево́го назначе́ния
Sonderkonkurs *m* конкурсное произво́дство, охва́тывающее не всё иму́щество несостоя́тельного должника́, а лишь часть его́
Sonderkonkurs фо́рма конкурсного произво́дства *(охва́тывающая не всё иму́щество несостоя́тельного должника́, а лишь часть его́)*
Sonderkontrolle *f* специа́льный контро́ль
Sonderkosten *pl* специа́льные расхо́ды, осо́бые расхо́ды, специа́льные затра́ты, осо́бые затра́ты
Sonderkredit *m* дополни́тельный креди́т
Sonderkreditkonto *n* специа́льный ссу́дный счёт
Sonderkurs *m* осо́бый курс, льго́тный курс
Sonderlohnfonds *m* специа́льный фонд за́работной пла́ты, осо́бый фонд за́работной пла́ты
Sondernachlaß *m* специа́льная ски́дка, осо́бая ски́дка
Sonderpreis *m* (временна́я) льго́тная цена́ *(напр., при распродажах)*
Sonderprovision *f* дополни́тельная комисси́я
Sonderprüfung *f* специа́льная реви́зия, внеочередна́я реви́зия
Sonderrabatt *m* специа́льная ски́дка, осо́бая ски́дка
Sonderrecht *n* преиму́щественное пра́во, привиле́гия; приорите́т; осо́бое пра́во
Sonderschicht *f* специа́льная ва́хта *(на предприя́тии)* в честь *како́го-л.* собы́тия, ва́хта для выполне́ния специ́ального зада́ния
Sondersteuer *f* специа́льный нало́г
Sondertarif *m* осо́бый тари́ф, специ́альный тари́ф
zu Sondertarif befördern транспорти́ровать по льго́тному тари́фу
Sonderumsatzsteuer *f* специа́льный нало́г с оборо́та
Sonderurlaub *m* внеочередно́й о́тпуск
Sonderveranstaltungen *f, pl* специ́альные мероприя́тия в о́бласти вну́тренней торго́вли, напра́вленные на ускоре́ние товарооборота
Sonderverkauf *m* прода́жа това́ров по сни́женным це́нам, распрода́жа това́ров по сни́женным це́нам; прода́жа уценённых това́ров, распрода́жа уцененных това́ров
Sondervertrag *m* специа́льный догово́р, осо́бый догово́р
Sonderverwahrkonto *n* специа́льный теку́щий счёт для хране́ния депози́тов бюдже́тных учрежде́ний
Sonderverwahrung *f* специа́льное хране́ние, отде́льное хране́ние *(це́нных бума́г и́ли друго́го иму́щества клие́нта)*
Sondervollmacht *f* осо́бые полномо́чия; специа́льная дове́ренность
Sonderziehungsrechte *n, pl*; *(eng.)* **SZR, special drawing rights** специа́льные права́ заимствования СДП *(расчётные де́нежные едини́цы, испо́льзуемые в ра́мках Междунаро́дного валю́тного фо́нда)*, специа́льные права́ на получе́ние валю́ты в Междунаро́дном валю́тном фонде
Sonderzuteilung *f* дополни́тельная но́рма вы́дачи
Sonderzuwendung *f* дополни́тельная *(единовре́менная)* вы́плата *(напр., посо́бия)*; дополни́тельная субси́дия
Sonn- und Feiertagsarbeit *f* рабо́та в воскре́сные и пра́здничные дни
Sonnenfleckentheorie *f* тео́рия со́лнечных пя́тен *(буржуа́зная тео́рия, объясняющая периоди́чность колеба́ний конъюнкту́ры влия́нием со́лнечных пя́тен)*
Sonntagsarbeit *f* рабо́та в воскре́сные дни
Sonntagsschicht *f*, **freiwillige** воскре́сник
Sorgfaltspflicht *f* обя́занность тща́тельно соблюда́ть интере́сы торго́вого партнёра
Sorte *f* сорт; тип
Sorten *f, pl* сорта́
ertragreiche Sorte урожа́йный сорт
feinste Sorten лу́чшие сорта́, отбо́рный това́р
fiktive Sorte усло́вный сорт *(как носи́тель затра́т)*
gängige Sorte ходово́й сорт
geringste Sorte ху́дший сорт
Sorten *f, pl* иностра́нная валю́та *(в фо́рме нали́чных де́нег)*, инвалюта *(в ви́де моне́т, банкно́т и купонов це́нных бума́г)*,
Sortenarbitrage *f* валю́тный арбитра́ж *(спекуляти́вная сде́лка с иностра́нной валю́той)*
sortenecht чистосо́ртный
Sortenfertigung *f* произво́дство проду́кции широ́кого ассортиме́нта
Sortengeschäft *n* инвалютная опера́ция *(обме́н инвалю́ты, поку́пка моне́т и др.)*, сде́лка на наличную иностра́нную

валю́ту; обме́н иностра́нной валю́ты; меня́льная ла́вка; торго́вля *(нали́чной)* иностра́нной валю́той

Sortenhandel *m бирж.* торго́вля *(нали́чной)* иностра́нной валю́той

Sortenkalkulation *f* калькуля́ция изде́лий в зави́симости от сорта́

Sortenkurs *m бирж.* курс иностра́нной валю́ты

Sortenpreis *m* цена́ по сорта́м, цена́, дифференци́рованная по сорта́м

Sortenproduktion *f* произво́дство проду́кции широ́кого ассортиме́нта

Sortenrechnung *f* калькуля́ция изде́лий в зави́симости от сорта́

Sortenschalter *m* око́шко *(в ба́нке)* для обме́на иностра́нной валю́ты

Sortenumrechnungssatz *m* перерасчётная ста́вка иностра́нной валю́ты, перерасчётный курс иностра́нной валю́ты

Sortenverzeichnis *n* ассортиме́нтный пе́речень това́ров

Sortenwechselkosten *pl* расхо́ды, свя́занные с измене́нием ассортиме́нта выпуска́емой проду́кции, затра́ты, свя́занные с измене́нием ассортиме́нта выпуска́емой проду́кции, изде́ржки, свя́занные с измене́нием ассортиме́нта выпуска́емой проду́кции

Sortenzettel *m бирж.* бюллете́нь ку́рсов иностра́нной валю́ты

Sortieren *n* сортиро́вка

Sortiertechnik *f* ме́тоды и техни́ческие приёмы сортиро́вки *(оргте́хника)*

Sortierung *f* сортиро́вка

Sortiment *n* ассортиме́нт; сортимент, сортаме́нт; това́рный склад

breites Sortiment широ́кий ассортиме́нт

gemischtes Sortiment сме́шанный ассортиме́нт

handelstypisches Sortiment станда́ртный ассортиме́нт; станда́ртный торго́вый ассортиме́нт

reichhaltiges Sortiment широ́кий ассортиме́нт

dem Sortiment entsprechend согла́сно ассортиме́нту, по ассортиме́нту

Sortimentierung *f* определе́ние ассортиме́нта проду́кции

Sortimentsänderung *f* измене́ние ассортиме́нта

Sortimentsänderungsnachweis *m* информа́ция оптовых торго́вых организа́ций об измене́нии ассортиме́нта

Sortimentsaustausch *m* торго́вый обме́н потребительскими това́рами ме́жду бы́вшими стра́нами социалистического содру́жества

Sortimentsbegrenzung *f* ограниче́ние ассортиме́нта

Sortimentsbereinigung *f* «очи́стка» ассортиме́нта, упоря́дочение ассортиме́нта

Sortimentsbilanz *f* ассортиме́нтный бала́нс *(проду́кции)*

Sortimentsbildung *f* формирова́ние ассортиме́нта *(отвеча́ющего спро́су)*

Sortimentsbreite *f* широта́ ассортиме́нта

Sortimentsbuchhandlung *f* ро́зничная прода́жа книг; кни́жный магази́н *(ро́зничной торго́вли)*, торгу́ющий кни́гами ра́зных изда́тельств

Sortimentseinteilung *f* каталогиза́ция ассортиме́нта

Sortimentsergänzung *f* пополне́ние ассортиме́нта

Sortimentserweiterung *f* расшире́ние ассортиме́нта

Sortimentsfestlegung *f* определе́ние ассортиме́нта

sortimentsgemäß соотве́тствующий ассортиме́нту; по ассортиме́нту, соотве́тственно ассортиме́нту

sortimentsgerecht соотве́тствующий ассортиме́нту; по ассортиме́нту, соотве́тственно ассортиме́нту

Sortimentsgroßhandel *m* торго́вля сре́дствами произво́дства; опто́вая торго́вля това́рами широ́кого ассортиме́нта, опто́вая торго́вля потребительскими това́рами

Sortimentsgruppe *f* ассортиме́нтная гру́ппа

Sortimentskennziffer *f* ассортиме́нтный показа́тель

Sortimentskontrolle *f* контро́ль за ассортиме́нтом

Sortimentsliste *f* ассортиме́нтный спи́сок

Sortimentsminimum *n* ассортиме́нтный ми́нимум

Sortimentsplanerfüllung *f* выполне́ние пла́на по ассортиме́нту

Sortimentsprofilierung *f* профили́рование ассортиме́нта

Sortimentssatz *m* ассортиме́нтный набо́р

Sortimentsstruktur *f* структу́ра това́рного ассортиме́нта

Sortimentstechnologie *f* техноло́гия произво́дства, обусла́вливаемая ассортиме́нтом проду́кции

Sortimentstiefe *f* полнота́ ассортиме́нта

Sortimentsverengung *f* суже́ние ассортиме́нта

Sortimentsverschiebung *f* ассортиме́нтный сдвиг, измене́ние ассортиме́нта проду́кции

SOS, Somalia-Schilling, -- Somalia Сомали́йский ши́ллинг, -- Сомали́

Sotortwirkung *f* неме́дленное вступле́ние в си́лу

Sowjetische Kontrollkommission, (in Deutschland) *ист.* Сове́тская контро́льная коми́ссия *(в Герма́нии)*, СКК

Sowjetische Militäradministration in Deutschland *ист.* Сове́тская вое́нная администра́ция в Герма́нии, СВАГ

Sozialabgaben *f, pl* социа́льные отчисле́ния, расхо́ды на социа́льные ну́жды; расхо́ды *(предпринима́теля)* по социа́льному страхова́нию

Sozialbeiträge *m, pl* отчисле́ния на социа́льное страхова́ние

Sozialbericht *m* разде́л отчёта о де́ятельности предприя́тия, содержа́щий да́нные социа́льного хара́ктера *(напр., чи́сленность за́нятых, половозрастная и профессиона́льная структу́ра за́нятости, расхо́ды на за́работную пла́ту)*

Sozialbrache *f* земли́, пустующие по причи́нам социа́льного хара́ктера *(напр., ухо́д крестья́н на за́работки в го́род)*

Sozialbudget *n* расхо́ды бюдже́та на социа́льные ну́жды

Sozialdemokratische Partei Deutschlands Социал-демократи́ческая па́ртия Герма́нии, СДПГ *(ФРГ)*

Sozialeinrichtung *f* учрежде́ние *(организа́ция)* систе́мы социа́льного обеспе́чения

Sozialfonds *m* обще́ственный фонд

Sozialforschung *f* социа́льное иссле́дование

Sozialfürsorge *f* социа́льное обеспе́чение

Sozialgeographie *f* социа́льная геогра́фия

Sozialgesetzgebung *f* социа́льное законода́тельство

Sozialhaushalt *m* расхо́ды бюдже́та на социа́льные ну́жды

Sozialinvestitionen *f pl* инвести́ции на социа́льные ну́жды *(со стороны́ госуда́рства и́ли ме́стных власте́й)*

sozialisieren *vt* обобществля́ть

Sozialismus *m* социали́зм

demokratischer Sozialismus демократи́ческий социали́зм

kleinbürgerlicher Sozialismus мелкобуржуа́зный социали́зм

utopischer Sozialismus утопи́ческий социали́зм

wissenschaftlicher Sozialismus нау́чный социали́зм

Sozialistische Partei Österreichs Социалисти́ческая па́ртия А́встрии, СПА

Sozialkapital *n* социа́льный капита́л *(ак-*

ти́вы, принадлежа́щие публи́чно-правовы́м учрежде́ниям; часть акти́вов фи́рмы, слу́жащая осно́вой накопле́ния для финанси́рования пенсионных отчисле́ний и выходны́х посо́бий)

Sozialkapital обще́ственный капита́л

Sozialkosten *pl* расхо́ды по социа́льному страхова́нию

wissenschaftlicher Sozialkosten доброво́льные отчисле́ния *(предприя́тия)* по социа́льному страхова́нию

gesetzliche Sozialkosten отчисле́ния *(предприя́тия)* по социа́льному страхова́нию, предусмо́тренные зако́ном, отчисле́ния *(предприя́тия)* по социа́льному страхова́нию, предусмо́тренные тарифным соглаше́нием

Soziallasten *f* социа́льное бре́мя, бре́мя социа́льных расхо́дов

Soziallasten *f, pl* социа́льное бре́мя, бре́мя социа́льных расхо́дов

Sozialleistungen *f pl* услу́ги социа́льного хара́ктера, предоставля́емые госуда́рством и публи́чно-правовыми организа́циями; социа́льные вы́платы *(произво́дятся предпринима́телем в дополне́ние к основно́й зарпла́те)*

Soziallohn *m* за́работная пла́та, выпла́чиваемая с учётом социа́льных фа́кторов *(напр., семе́йное положе́ние)*, социа́льная за́работная пла́та *(фина́нсовая по́мощь семье́)*

Sozialökonomie *f* полити́ческая эконо́мия

sozialökonomisch социа́льно-экономи́ческий

Sozialordnung *f* обще́ственный строй

Sozialorganisation *f* социа́льная организа́ция, обще́ственная организа́ция

Sozialpartner *m* «социа́льный партнёр»

Sozialpartnerschaft *f* социа́льное партнёрство *(обы́чно име́ется в виду́ стремле́ние к разреше́нию конфли́ктов ме́жду работодателем и рабо́тающим путём перегово́ров и компроми́ссов)*

Sozialpflichtversicherung *f* обяза́тельное социа́льное страхова́ние

Sozialplan *m* социа́льный план *(предусма́тривает мероприя́тия по охра́не труда́, а та́кже уменьше́ние други́х неблагоприя́тных после́дствий для рабо́тающих)*

Sozialpolitik *f* социа́льная поли́тика *(стремле́ние госуда́рства и други́х организа́ций улу́чшить социа́льное положе́ние сравни́тельно ме́нее обеспеченных слоёв населе́ния; нау́чная дисципли́на, исследующая фо́рмы и ме́тоды социа́льного регули́рования)*

sozialpolitisch социа́льно-полити́ческий

Sozialprodukt *n* обще́ственный проду́кт, валово́й проду́кт обще́ственного произво́дства *(совоку́пность произведённых това́ров и услу́г, исключа́я со́бственное потребле́ние предприя́тий)*

Sozialprogramm *n* програ́мма социа́льных мероприя́тий

Sozialquote *f* социа́льная кво́та, кво́та социа́льных вы́плат *(до́ля социа́льных вы́плат в валовом национа́льном продукте)*

sozialrechtlich социа́льно-правово́й

Sozialreform *f* социа́льная рефо́рма

Sozialrente *f* госуда́рственная пе́нсия

Sozialschicht *f* социа́льная просло́йка

Sozialstaat *m* социа́льное госуда́рство *(демократи́ческое правово́е госуда́рство, обеспе́чивающее материа́льную подде́ржку социа́льных слоёв с ни́зкими дохо́дами)*

Sozialstatistik *f* социа́льная стати́стика, социа́льно-экономи́ческая стати́стика

Sozialstruktur *f* социа́льно-экономи́ческая структу́ра, социа́льная структу́ра

Sozialtarife *m, pl ж.-д.* льго́тные тари́фы для определённых катего́рий пасса́жиров *(напр., для живу́щих далеко́ от места́ рабо́ты)*

Sozialversicherung *f* социа́льное страхова́ние

Sozialversicherungsbeiträge *m, pl* отчисле́ния на социа́льное страхова́ние

sozialversicherungsbeitragsfrei свобо́дный от отчисле́ний на социа́льное страхова́ние

sozialversicherungspflichtig обя́занный де́лать взно́сы в фонд социа́льного страхова́ния

Sozialversicherungsrente *f* пе́нсия из фо́нда социа́льного страхова́ния

Sozialversorgung *f* социа́льное обеспе́чение

Sozialwesen *n* социа́льное обеспе́чение; систе́ма социа́льного обеспе́чения

Sozialwirtschaft *f* «обще́ственное» хозя́йство

sozialwirtschaftlich обще́ственно-экономи́ческий, социа́льно-экономи́ческий

Sozialwirtschaftslehre *f* социа́льно-экономи́ческое уче́ние

soziieren *vt* объединя́ть; де́лать компаньо́ном, де́лать уча́стником

sozio- социо-

Soziogramm *n* социограмма

Soziographie *f* социография

soziographisch социографический

Soziologie *f* социоло́гия

Soziometrie *f* социометрия

Soziometrik *f* социометрия

soziometrisch социометрический

Sozius *m* компаньо́н, уча́стник, соуча́стник; това́рищ

Soz.V., Sozialversicherung социа́льное страхова́ние

S.p.A., Societa per Azioni акционе́рное о́бщество

Spalte *f* колонка́; столбе́ц; графа́ *(табли́цы)*, ру́брика

Spaltenaddition *f* сумми́рование по графе́

Spaltenfeld *n стат.* пози́ция столбца́

Spaltenmatrix *f* ма́трица-столбе́ц

Spaltensumme *f стат.* ито́г по графе́

Spaltensummenverfahren *n стат.* ме́тод суммированного разделе́ния

Spanndienst *m ист.* гужева́я пови́нность

Spanne *f* промежу́ток, диапазо́н; ра́зница; торго́вая наки́дка

gebundene Spanne торговая наки́дка, кото́рую предприя́тие должно́ применя́ть в обяза́тельном поря́дке *(напр., в си́лу догово́ра или прави́тельственных распоряже́ний)*

Spannungskurs *m* диапазо́нный курс во внебиржево́м оборо́те *(напр., 115% - спрос, 118% - предложе́ние)*

Spannweite *f стат.* разма́х вариа́ции

Spannweitenmitte *f стат.* середи́на разма́ха

Spar- und Darlehenskasse *f* ссудосберегательная ка́сса

Sparanlage *f* вложе́ние сбереже́ний, вложе́ние накоплений, помеще́ние накоплений на сберега́тельную кни́жку, помеще́ние накоплений в це́нные бума́ги

Sparanteil *m* до́ля сбереже́ний

Sparbank *f* сберега́тельная ка́сса

Sparbeitrag *m* страхово́й взнос *(как фо́рма долгосро́чных сбереже́ний)*

Sparbetrag *m* су́мма сбереже́ний, су́мма сберегательного вкла́да

Sparbuch *n* сберега́тельная кни́жка

Spardepositen *n, pl* сберега́тельные вкла́ды

Spareinlage *f* сберега́тельный вклад, вклад *(в сберега́тельную ка́ссу)*

bedingte Spareinlage усло́вный сберега́тельный вклад

befristete Spareinlage сро́чный сберега́тельный вклад

feste Spareinlage сро́чный сберега́тельный вклад

jederzeit rückzahlbare Spareinlage бессро́чный сберега́тельный вклад

Sparen *n* накопле́ние *(де́нег)*; бережли́вое расхо́дование, эконо́мное расхо́дование *(материа́льных це́нностей, де́нег)*; хране́ние де́нег в сберегательной кассе

Sparen mit täglicher Verfügungsmöglichkeit бессрóчное хранéние сбережéний

Sparen mit vereinbarter Kündigungsfrist oder Laufzeit хранéние сбережéний в течéние обусловленного срóка

liquides Sparen образовáние ликвидных сбережéний

nichtliquides Sparen образовáние неликвидных сбережéний

sparen *vt* копи́ть, отклáдывать *(дéньги)*; берéчь, эконóмить

Sparer *m* вклáдчик *(сберегательной кáссы)*

Sparerschaden *m* ущéрб, нанесённый владéльцам сбережéний валютной реформой

Sparförderung *f* содéйствие накоплéнию, стимули́рование накоплéния

Sparformen *f pl* фóрмы хранéния сбережéний

Sparfreudigkeit *f* готóвность *(населéния)* храни́ть дéньги в сберегательных кассах

Spargeld *n* вклад на сберегательном счетý

Spargelder *n, pl* сýмма вклáдов на сберегательных счетáх, сбережéния

Spargirokonto *n* жиросчёт, переводно-чéковый счёт *(в систéме сберегательных касс)*

Spargiroverkehr *m* жирорасчёт, жирорасчёт в систéме сберегательных касс

Spargroschen *m* сбережéния на чёрный день

Sparguthaben *n* вклад в сберегáтельную кáссу; текýщий счёт в сберегательной кассе; сбережéния

Sparguthaben *n* сберегáтельный вклад; авуáры бáнка, сóзданные на бáзе сберегательных вклáдов

Sparguthaben der Versicherten резéрв для покры́тия притязáний страхователей жи́зни *(образýется из взнóсов страхователей)*

festes Sparguthaben срóчный сберегáтельный вклад

Sparhang *m* склóнность *(населéния)* к накоплению

Sparhaushalt *m* бюджéт, состáвленный с учётом проводимого режи́ма эконóмии средств

Sparheft *n* сберегáтельная кни́жка

Sparinstitution *f* учреждéние, в котóром мóжно храни́ть дéньги

Sparkarte *f* кáрточка для наклéйки мáрок сберегательной кáссы

Sparkasse *f* сберегáтельная кáсса

Sparkassen- und Giroverbände *m, pl* Объединéния союзов сберегательных касс и жироцентров *(ФРГ)*

Sparkassenbuch *n* сберегáтельная кни́жка

Sparkasseneinlage *f* сберегáтельный вклад, вклад *(в сберегáтельную кáссу)*

Sparkassenfonds *m* фонд сберегательных касс

Sparkassensatzung *f* устáв сберегательных касс, положéние о сберегательных кассах

Sparkonto *n* сберегáтельный счёт, *(лицевóй)* счёт в сберегательной кассе

Sparkunde *m* вклáдчик

Sparleistung *f* взнос вклáдчика в сберегáтельную кáссу; сýмма сбережéний вклáдчика

Sparmarke *f* мáрка сберегательной кáссы

Sparmittel *n* срéдство образовáния сокрóвищ, срéдство накоплéния *(фýнкция дéнег)*

Sparneigung *f* склóнность *(населéния)* к накоплению

Sparprämien *f, pl* прéмия, выплáчиваемая акти́вным вклáдчикам; вы́игрыш *(по вы́игрышным сберегательным вклáдам)*

Sparprogramm *n* прогрáмма режи́ма эконóмии

Sparprozess *m* процéсс образовáния капитáлов путём создáния сбережéний

Sparquote *f* дóля дохóда, накапливаемая в кáчестве сбережéний *(в рáмках индивидуáльного бюджéта и́ли всей национáльной эконóмики)*, часть дохóда, идýщая на вклáды

Sparrate *f* нóрма сбережéний

Sparregime *n* режи́м эконóмии

sparsam бережли́вый, расчётливый, эконóмный; хозя́йственный

Sparsamkeit *f* бережли́вость, расчётливость, эконóмность; хозя́йственность

Sparsamkeitsprämie *f* прéмия за эконóмию *(напр., материáлов)*

Sparsamkeitsprinzip *n* при́нцип режи́ма эконóмии

Sparsamkeitsregime *n* режи́м эконóмии

Spartätigkeit *f* помещéние населéнием дéнег на вклáды в сберегательных кассах

Sparte *f* óтрасль *(напр., промы́шленности)*; отдéл; подразделéние *(напр., предприя́тия)*; óбласть *(напр., специализáции)*; раздéл *(напр., наýки)*

Spartheorie *f* теóрия сбережéний

Sparverein *m* óбщество взаи́много креди́та

Sparverkehr *m* оборóт сберегательной кáссы; сберегáтельные оперáции

Sparvertrag *m* договóр с учреждéнием, хранящим сберегáтельные вклáды, об их испóльзовании

Sparvorgang, процéсс образовáния капитáлов путём создáния сбережéний

Sparzins *m* процéнт по сберегательным вклáдам

Sparzinsen *m, pl* процéнты, выплáчиваемые по вклáдам

Spätkapitalismus *m* пóздний капитали́зм

spätkapitalistisch относя́щийся к пóзднему капитализму

Spätverkaufsstelle *f* дежýрный магази́н

S.p.d., Steamer pays dues все сбóры оплачивает сýдно

special drawing rights *англ.* специáльные правá заи́мствования, специáльные правá на получéние валю́ты в Междунарóдном валю́тном фонде

spedieren *vt* отправля́ть, посылáть *(товáр, груз)*

Spediteur *m* экспеди́тор, трáнспортный агéнт *(посрéдник мéжду отправи́телем и перевозчиком)*

Spediteuranzeige *f* экспедиторское извещéние

Spediteurbedingungen *f, pl* отправительские услóвия

Spediteurbescheinigung *f* распи́ска экспедитора

Spediteurbordereau *m* бордеро экспедитора

Spediteurgeschäft *n* экспедиционное предприя́тие; экспеди́торская сдéлка, трáнспортная сдéлка

Spediteurhaftpflichtversicherung *f* гаранти́йное страховáние грýза, перевозимого экспедитором, гаранти́йное страховáние экспедитором перевозимого грýза

Spediteurhaftung *f* отвéтственность экспедитора

Spediteurkonnossement *n* экспедиторский коносамéнт

Spediteurofferte *f* оферта экспедитора

Spediteurpfandrecht *n* залóговое прáво экспедитора

Spediteursammelgutverkehr *m* перевóзки сбóрного грýза черéз экспедитора

Spedition *f* транспортно-экспеди́торская оперáция; транспортно-экспедиционное агéнтство

Speditionsauftrag *m* трáнспортное поручéние

Speditionsbetrieb *m* экспедиционное предприя́тие

Speditionsdienste *m pl* экспедиторские услýги

Speditionsdienste gewähren предоста́вить экспедиторские услу́ги, обеспе́чить экспедиторские услу́ги

Speditionsgeschäft *n* транспортно-экспедиционное аге́нтство; транспортно-экспеди́торская опера́ция; экспедицио́нный подря́д, экспедиторский подря́д

Speditionskosten *pl* экспедицио́нные расхо́ды, экспедиторские расхо́ды

Speditionsversicherung *f* страхова́ние перевозимого гру́за

Speditionsvertrag *m* догово́р перево́зки

Speicher *m* амба́р, склад

Speicher *вчт.* накопи́тель *(информа́ции)*, па́мять, запомина́ющее устро́йство, ЗУ

Speicherarbeiter *m* складско́й рабо́чий

Speicherkapazität *f* ёмкость скла́да, пропускна́я спосо́бность скла́да; ёмкость па́мяти

Speicherwirtschaft *f* складско́е хозя́йство

Speiseanstalt *f* столо́вая; рестора́н

Speisegaststätte *f* предприя́тие обще́ственного пита́ния; рестора́н; гастштэт

Speisenumsatz *m* оборо́т столо́вой *(по прода́же горя́чих и холо́дных блюд)*

Speisenverbrauch *m* потребле́ние проду́ктов пита́ния

Speiseproduktion *f* приготовле́ние пи́щи, произво́дство гото́вых блюд

industrielle Speiseproduktion промы́шленное приготовле́ние пи́щи, промы́шленное произво́дство гото́вых блюд

Speisewirtschaft *f*, **gesellschaftliche** обще́ственное пита́ние; систе́ма обще́ственного пита́ния

Spekulation *f бирж.* спекуля́ция, спекуляти́вная сде́лка

Spekulationscharakter *m* спекуляти́вный и хара́ктер

Spekulationsgeschäft *n* спекуляти́вная сде́лка *(ку́пля и́ли прода́жа това́ра с це́лью получе́ния при́были)*

Spekulationsgewinn *m* при́быль от спекуля́ции

Spekulationshandel *m* спекуляти́вная торго́вля

Spekulationskasse *f* «спекуляционная» ка́сса *(ка́ссовая нали́чность, предназна́ченная для спекуляти́вных це́лей)*

Spekulationskrisen *f, pl ист.* экономи́ческие кризисы, вы́званные ма́ссовой спекуля́цией це́нными бума́гами

Spekulationspapiere *n, pl* дивиде́ндные бума́ги, курс кото́рых подвержен больши́м колеба́ниям *(что слу́жит осно́вой для спекуля́ции)*

Spekulationspapiere це́нные бума́ги, слу́жащие объе́ктом спекуляти́вных сде́лок *(приобретаемые для получе́ния при́были в результа́те реализа́ции курсового дохо́да)*

Spekulationspreis *m* спекуляти́вная цена́

Spekulationssteuer *f* нало́г на при́быль от спекуляти́вных сде́лок

Spekulationswechsel *m* спекуляти́вный ве́ксель

Spekulationswert *m* при́быль от спекуляций на ро́сте цен

spekulativ спекуляти́вный

Spende *f* поже́ртвование, взнос; дар

Sperrbezirk *m* райо́н, находя́щийся под карантином

Sperrdepot *n* блоки́рованный депози́т

Sperre *f* лока́ут; эмба́рго, запре́т; *(экономи́ческая)* блока́да; наложе́ние аре́ста, блоки́рование *(напр., счёта)*

sperren *vt* накла́дывать эмба́рго; аресто́вывать, накла́дывать аре́ст, блоки́ровать *(напр., счёт)*

Sperrgebiet *n* запре́тная зо́на; райо́н блока́ды; райо́н, закры́тый для пролёта самолётов, движе́ния судо́в

Sperrgut *n* громо́здкий груз, негабари́тный груз

Sperrguthaben *n* блоки́рованные аву́ары; блоки́рованный счёт

Sperrkarte *f* ка́рточка-замести́тель *(вло́женная в картоте́ку вме́сто взя́той)*

Sperrklinkeneffekt *m* инерцио́нный эффе́кт *(може́т определя́ть дина́мику отде́льных экономи́ческих показа́телей)*

Sperrkonto *n* блоки́рованный счёт

Sperrmarkguthaben *n* блоки́рованные авуа́ры в марках

Sperrminorität *f* меньшинство́ акционе́ров, име́ющее согла́сно акционе́рному законода́тельству определённые права́ *(напр., пра́во притяза́ния на возмеще́ние убы́тков)*

Sperrstück *n* це́нная бума́га, продава́емая лишь по истече́нии обусловленного сро́ка

Sperrtarif *m* запрети́тельный тари́ф

Sperrung *f* наложе́ние эмба́рго; наложе́ние аре́ста, блоки́рование *(напр., счёта)*

Sperrung von Haushaltsmitteln наложе́ние запре́та на о́тпуск бюдже́тных средств

Sperrverzeichnis *n* пе́речень утерянных и похищенных сберегательных и чековых книжек *(издаётся для слу́жебного по́льзования)*

Sperrzoll *m* запрети́тельная по́шлина

Spesen *pl* изде́ржки, накладны́е расхо́ды, дополни́тельные расхо́ды по осуществле́нию сде́лки, кото́рые несёт зака́зчик

fixe Spesen постоя́нные изде́ржки, непропорциональные изде́ржки

spesenfrei без изде́ржек, без накладны́х расхо́дов

Spesenplätze *m, pl* города́, в кото́рых инкасси́рование векселе́й и че́ков свя́зано с расхо́дами, населённые пу́нкты, в кото́рых инкасси́рование векселе́й и че́ков свя́зано с расхо́дами

Spesenrechnung *f* счёт изде́ржек

Spezialanfertigung *f* специа́льное исполне́ние

Spezialarbeiter *m* квалифици́рованный рабо́чий

Spezialausführung *f* специа́льное исполне́ние

Spezialbank *f* специализи́рованный банк, занима́ющийся кредитованием в определённой о́бласти *(напр., сельскохозя́йственный, транспортно-креди́тный и т.п.)*

Spezialbaubetrieb *m* специализи́рованное строи́тельное предприя́тие

Spezialbaukombinat *n* специализи́рованный строи́тельный комбина́т

Spezialbehälter *m* специа́льный контейнер

Spezialbetrieb *m* специализи́рованное предприя́тие

Spezialbetriebsmittel *n, pl* специа́льная осна́стка произво́дства; специа́льный инструме́нт

Spezialbilanzen *f, pl* бала́нсы, составляемые по осо́бому слу́чаю *(напр., при ликвида́ции и́ли слия́нии предприя́тий)*

Spezialbörse *f* би́ржа, специализи́рующаяся на одно́м ви́де це́нных бума́г *(и́ли това́ра)*; специализи́рованная би́ржа *(на которо́й соверша́ются сде́лки то́лько по одному́ виду́ това́ров миро́вой торго́вли)*

Spezialbrigade *f* специализи́рованная брига́да

Spezialdepot *n* осо́бый депози́т

Spezialerzeugnis *n* специа́льное изде́лие

Spezialfabrik *f* специализи́рованное предприя́тие

Spezialfall *m* осо́бый слу́чай, ча́стный слу́чай

Spezialfertigungsmittel *n, pl* специа́льная осна́стка произво́дства; специа́льный инструме́нт

Spezialfonds *m* осо́бый фонд *(предприя́тия)*, специа́льный фонд *(предприя́тия) (для финанси́рования разли́чных мероприя́тий)*

Spezialgeschäft *n* специализи́рованный магази́н

Spezialgroßhandel *m* специализи́рованная опто́вая торго́вля

Spezialgüterwagen *m* специализи́рованный грузово́й ваго́н *(напр., ваго́н-цисте́рна)*

Spezialhandel *m* специализи́рованная торго́вля *(напр., по обслу́живанию иностра́нных гра́ждан)*

Spezialhandel *стат.* специа́льная торго́вля *(включа́ет по и́мпорту иностра́нные това́ры, проше́дшие тамо́женный контро́ль и направля́емые для вну́треннего потребле́ния, а по экспорту - това́ры национа́льного произво́дства, вы́везенные за грани́цу)*

Spezialisation *f* специализа́ция

Spezialisation auf einzelne Arbeitsgänge специализа́ция по стадиям произво́дства

Spezialisation auf komplette Erzeugnisse предме́тная специализа́ция

Spezialisation auf Teilprodukte eines Erzeugnisses дета́льная специализа́ция, подетальная специализа́ция

Spezialisation der Produktion специализа́ция произво́дства

erzeugnisgebundene Spezialisation предме́тная специализа́ция, попредметная специализа́ция

horizontale Spezialisation горизонта́льная специализа́ция

innerbetriebliche Spezialisation внутризаводска́я специализа́ция

internationale Spezialisation междунаро́дная специализа́ция

länderweiseSpezialisation пострановая специализа́ция

stadienmäßige Spezialisation специализа́ция по стадиям (произво́дства)

technologische Spezialisation технологи́ческая специализа́ция

teilegebundene Spezialisation дета́льная специализа́ция, подетальная специализа́ция

territoriale Spezialisation террито-риа́льная специализа́ция

überbetriebliche Spezialisation межзаводская специализа́ция

vertikale Spezialisation вертика́льная специализа́ция

Spezialisierung *f* специализа́ция

Spezialisierung auf einzelne Arbeitsgänge специализа́ция по стадиям произво́дства

Spezialisierung auf komplette Erzeugnisse предме́тная специализа́ция

Spezialisierung der Produktion специализа́ция произво́дства

erzeugnisgebundene Spezialisierung предме́тная специализа́ция, попредметная специализа́ция

horizontale Spezialisierung горизонта́льная специализа́ция

innerbetriebliche Spezialisierung внутризаводска́я специализа́ция

internationale Spezialisierung междунаро́дная специализа́ция

länderweise Spezialisierung специализа́ция по стра́нам

stadienmäßige Spezialisierung специализа́ция по стадиям (произво́дства)

technologische Spezialisierung технологи́ческая специализа́ция

teilegebundene Spezialisierung дета́льная специализа́ция подетальная специализа́ция

territoriale Spezialisierung территориа́льная специализа́ция

überbetriebliche Spezialisierung межзаводская специализа́ция

vertikale Spezialisierung вертика́льная специализа́ция

Spezialisation auf Teilprodukte eines Erzeugnisses дета́льная специализа́ция, подетальная специализа́ция

Spezialisierungsabkommen *n*, **internationales** междунаро́дное соглаше́ние о специализа́ции *(напр., произво́дства, исследовательских рабо́т)*

Spezialisierungsgrad *m* у́ровень специализа́ции

Spezialisierungsrichtung *f* направле́ние специализа́ции

Spezialisierungsvereinbarung *f* соглаше́ние *(ме́жду бывш. социалистическими стра́нами)* о специализа́ции произво́дства

Spezialisierungsvertrag *m*, **internationaler** междунаро́дное соглаше́ние о специализа́ции *(напр., произво́дства, исследовательских рабо́т)*

Spezialität *f* специа́льность

Spezialkalkulation *f* (специа́льная) кальку́ля́ция целево́го назначе́ния

Spezialkontainer *m* специа́льный конте́йнер

Spezialkreditbrief *m* авизо́ванный аккреди́тив

Spezialkreditinstitut *n* специа́льное креди́тное учрежде́ние

Spezialladen *m* специализи́рованный магази́н

Speziallager *n* специализи́рованный склад

Spezialmärkte *m*, *pl* специализи́рованные ры́нки, осо́бые ры́нки *(на кото́рых ведётся торго́вля определённым ви́дом проду́ктов и́ли това́ров)*

Spezialmesse *f* специализи́рованная я́рмарка, отраслева́я я́рмарка

Spezialschiff *n* специализи́рованное су́дно *(напр., та́нкер)*

Spezialtaktstraße *f* специа́льная пото́чная ли́ния с за́данным тактом

Spezialtarif *m* осо́бый тари́ф, специа́льный тари́ф

Spezialverkaufsstelle *f* специализи́рованный магази́н

Spezialverpackung *f* специа́льная упако́вка, осо́бая упако́вка

Spezialvollmacht *f* осо́бые полномо́чия

Spezialzweig *m* специализи́рованная о́трасль

Spezieskauf *m* ку́пля-прода́жа определённого предме́та, ку́пля-прода́жа конкре́тного предме́та

Speziesschuld *f* долг, погаша́емый переда́чей покупа́телю ку́пленного им определённого предме́та

Spezifikation *f* специфика́ция

Spezifikationskauf *m* торго́вая сде́лка с после́дующим уточнением характери́стик това́ра

Spezifikationskauf торго́вая сде́лка с то́чным указа́нием ви́да, коли́чества, цены́ и с после́дующим указа́нием подро́бных характери́стик това́ра

spezifiziert специфици́рованный *(напр., счёт)*

spf., superfein самого́ вы́сшего ка́чества, экстра

Sphäre *f* сфе́ра, среда́; сфе́ра де́ятельности, круг де́ятельности, о́бласть де́ятельности

Sphäre der individuellen Konsumtion сфе́ра ли́чного потребле́ния

Sphäre der Konsumtion сфе́ра потребле́ния

Sphäre der materiellen Produktion сфе́ра материа́льного произво́дства

Sphäre der produktiven Konsumtion сфе́ра произво́дственного потребле́ния

Sphäre der Warenzirkulation сфе́ра това́рного обраще́ния

Sphäre der Zirkulation сфе́ра обраще́ния

Sphäre des persönlichen Verbrauchs сфе́ра ли́чного потребле́ния

nichtproduzierende Sphäre сфе́ра нематериального произво́дства, непроизво́дственная сфе́ра

produzierende Sphäre сфе́ра материа́льного произво́дства

Spiegelbildsystem *n* фо́рма счетово́дства по при́нципу зерка́льного изображе́ния *(разде́льное фина́нсовое и произво́дственное счетово́дство)*

Spiel *n* игра́

Spiel an der Börse игра́ на би́рже

Spiel in extensiver Form игра́ в позицио́нной фо́рме, позицио́нная игра́
Spiel in Normalform игра́ в норма́льной фо́рме
Spiel mit unvollständiger Information игра́ с непо́лной информа́цией
Spiel mit vollständiger Information игра́ с по́лной информа́цией
Spiel über dem Einheitsquadrat игра́ на единичном квадра́те
allgemeineres Spiel *мат.* о́бщая игра́
antagonistisches Spiel *мат.* антагонисти́ческая игра́
außerwesentliches Spiel *мат.* несуще́ственная игра́
erweitertes Spiel *мат.* расши́ренная игра́
faires Spiel *мат.* корректная игра́, честна́я игра́
fiktives Spiel *мат.* фикти́вная игра́
kooperatives Spiel коалиционная игра́, коопера́тивная игра́
nichtkooperatives Spiel бескоалицио́нная игра́, некооперативная игра́
strategisches Spiel стратеги́ческая игра́
unendliches Spiel бесконе́чная игра́
unzerlegbares Spiel неразложимая игра́
wesentliches Spiel суще́ственная игра́
zerlegbares Spiel разложимая игра́

Spielbank *f* иго́рный дом, казино́

Spielbankenabgabe *f* нало́г с иго́рных домо́в, сбор с иго́рных домо́в

Spielbankunternehmen *n* иго́рный дом, казино́

Spieler *m* игро́к
fiktiver Spieler фикти́вный игро́к
maximalisierender Spieler максимизи́рующий игро́к
minimalisierender Spieler минимизи́рующий игро́к
reeller Spieler реа́льный игро́к

Spielermenge *f* мно́жество игроко́в

Spielgeschäft *n* игра́ на ра́зницу *(на би́рже)*

Spieltheorie *f* тео́рия игр
strategische Spieltheorie тео́рия стратеги́ческих игр

spill-over-Effekt *m англ.* эффе́кт переключе́ния *(ча́ще всего́ подразумеваются позитивные и негативные после́дствия де́йствий, каса́ющиеся тре́тьих, непосре́дственно не свя́занных с этими де́йствиями лиц)*

Spindler-Plan *m* план Шпиндлера *(план, предусма́тривающий установле́ние систе́мы «социа́льного партнёрства»)*

Spinngewebe-Modell *n* «паутинообразная моде́ль» *(рассматривает взаимоотноше́ния ме́жду спро́сом и предложе́нием при усло́вии, когда́ фу́нкция предложе́ния с запаздыванием реаги́рует на измене́ния фу́нкции спро́са)*

Spirituosen *pl* спиртны́е напи́тки

Spitze *f* оста́ток; *бирж.* нереализованные а́кции
Spitze der Zahlungsbilanz са́льдо платёжного бала́нса

Spitzen *f, pl* оста́тки, изли́шки
freie Spitzen свобо́дные изли́шки *(сельскохозя́йственной проду́кции)*

Spitzenarbeiter *m* передовик *(произво́дства)*

Spitzenausgleich *m* бала́нсовая увязка бюдже́та *(може́т осуществля́ться, напр., за счёт дота́ций)*; бала́нсовая увязка бюдже́та нижестоящей организа́ции за счёт дота́ций вышестоя́щей организа́ции

Spitzenbedarf *m* максимальные потре́бности

Spitzenbelastung *f* пи́ковая нагру́зка *(обы́чно наблюда́ется при си́льном расширении спро́са)*

Spitzenbeträge *m, pl* изли́шние су́ммы; наивысшие су́ммы

Spitzenbetrieb *m* передово́е предприя́тие; режи́м рабо́ты в часы́ пик, рабо́та при пи́ковой нагрузке

Spitzenerzeugnis *n* изде́лие (наи)вы́сшего ка́чества
Spitzenerzeugnis im Weltmaßstab изде́лие, отвеча́ющее мировы́м станда́ртам

Spitzengesellschaft *f* матери́нская корпора́ция, головна́я корпора́ция, головно́е о́бщество, головна́я компа́ния

Spitzengremium *n* верхо́вный орга́н

Spitzenlast *f* пи́ковая нагру́зка, максима́льная нагру́зка

Spitzenlastbetrieb *m* режи́м рабо́ты в часы́ пик, рабо́та при пи́ковой нагрузке

Spitzenleistung *f* максима́льная мо́щность, пи́ковая мо́щность; максима́льная производи́тельность; максима́льная вы́работка *(брига́ды, рабо́чего)*; наивы́сший результа́т, наивысшее достиже́ние

Spitzenlohn *m* максима́льная за́работная пла́та

Spitzenniveau *n* наивы́сший у́ровень, вы́сший у́ровень

Spitzenqualität *f* вы́сшее ка́чество

Spitzenrate *f* максима́льная ста́вка

Spitzenschicht *f* верху́шка *(социа́льной гру́ппы)*

Spitzenstellung *f* кома́ндная пози́ция, ключева́я пози́ция

Spitzentechnologie *f* высо́кая *(передова́я)* техноло́гия

spitzentechnologisch высокотехнологи́ческий

Spitzenverbände *m, pl* домини́рующие объедине́ния предприя́тий, домини́рующие объедине́ния компа́ний, госпо́дствующие объедине́ния предприя́тий, госпо́дствующие объедине́ния компа́ний

Spitzenverkaufszeit *f* часы́ пик в торго́вой сети́

Spitzenverkehr *m* движе́ние тра́нспорта в часы́ пик

Spitzenverkehrszeit *f* часы́ пик на тра́нспорте

Spitzenwert *m* максима́льная величина́, преде́льная величина́, ма́ксимум; пи́ковое значе́ние, пик

Spitzenwerte *m, pl* а́кции веду́щих компа́ний

SPK:
SpK, Spezifikationskauf торго́вая сде́лка с после́дующим уточнением спецификаций
Spk., Sparkasse сберега́тельная ка́сса

Split *m англ.* сплит *(дробле́ние а́кций, предполагающее обме́н одно́й кру́пной а́кции на не́сколько ме́лких)*

Splittersortiment *n* нетиповой ассортиме́нт

Splitting *m* 1. дробле́ние а́кций; деле́ние а́кций на а́кции с ме́ньшей номина́льной сто́имостью; сплит 2. фо́рма налогообложе́ния для супру́гов *(за осно́ву для упла́ты нало́га берётся поделённая попола́м су́мма их о́бщих дохо́дов)*

Splittingsystem *n* систе́ма нало́гового обложе́ния совме́стного дохо́да супру́гов, при кото́рой ка́ждый из них выпла́чивает равную су́мму *(США, ФРГ)*

Sponsor *m* спо́нсор

Sponsoring *f* спонсорство (фина́нсовая и́ли материа́льная подде́ржка мероприя́тий, организа́ций)

Spontaneität *f* стихи́йность; спонта́нность
Spontaneität des Marktes ры́ночная стихи́я

Spontankauf *m* непредви́денная поку́пка

Spontankäufen *pl* спонтанные поку́пки (мн.ч.)

Spotgeschäft *n бирж.* сде́лка на нали́чный това́р; сде́лка с неме́дленной поста́вкой това́ра; ка́ссовая сде́лка

spottbillig за бесце́нок

Spottpreis *m*
zu Spottpreisen за бесце́нок

Sprechbörse *f* неофициа́льная би́ржа

Sprechstellendichte *f* пло́тность телефóнной сети́

Springer *m* подсменный рабóчий, подсмена

Sprung *m* скачóк

sprungfixe Kosten *pl* скачкообразные издéржки (мн.ч.); скачкообрáзно возрастáющие постоя́нные издéржки (мн.ч.)

Sprungkosten *pl* затрáты на нóвое оборýдование, расхóды, свя́занные с приобретением нóвого оборýдования

Sprungregreß *m* непослéдовательный регрéсс, обрáтное трéбование, предъявляемое в поря́дке очерёдности передаточных нáдписей *(на вéкселе или чеке)*

Sprungrückgriff *m* непослéдовательный регрéсс, обрáтное трéбование, предъявляемое в поря́дке очерёдности передаточных нáдписей *(на вéкселе или чеке)*

SQK, statistische Qualitätskontrolle статисти́ческий контрóль кáчества

SR:

SR, Schiedsrichter третéйский судья́, арби́тр

SR, Suriname Суринáм

SRG, Suriname-Gulden, -- Suriname Суринамский гýльден, -- Суринáм

SS:

S.S., short sight краткосрóчный *(напр., о вéкселе)*

S/S, special settlement специáльное соглашéние *(о расчётах с кредитóрами)*

SSL; Secure Sockets Layer протокóл безопáсных соединéний; ýровень защищённых разъёмов; протокóл **SSL**

128 bit-**SSL- Verschlüsselungsverfahren** шифровáние с испóльзованием 128-би́тного протокóла **SSL**; кодирование с испóльзованием 128-би́тного протокóла **SSL**

SST, Seehafen-Speditions-Tarife экспедиторские тари́фы, при́нятые в морски́х портах

SSUB, staatlicher Straßenunterhaltungsbetrieb государственная дорожно-ремóнтная стáнция

St.:

St. Stock основнóй капитáл

St., Stock цéнные бумáги

St., Stock товáрные запáсы; запáсы товарно-материáльных цéнностей

St., Stück *(стóлько-то)* штук

StA:

StA, Staatsanleihe госудáрственный заём

StA, Stammaktie áкция пéрвого вы́пуска, основнáя áкция

StA, Steuerabzug (vom Arbeitslohn) удержáние налóга *(с зáработной плáты)*

Staat *m* госудáрство, держáва; странá; штат *(едини́ца администрати́вного делéния)*

Staaten *m, pl* страны́, госудáрства

assoziierte Staaten ассоции́рованные страны́

assoziierte Staaten неприсоедини́вшиеся госудáрства *(к воéнному пакту)*

paktgebundene Staaten присоедини́вшиеся госудáрства *(к воéнному пакту)*

staatlich госудáрственный

staatlich казённый

staatliche Defizite verbuchen регистри́ровать дефици́т госбюджéта

staatliche Versicherung *f* госстраховáние; госудáрственное страховáние

staatliche Zuteilung *f* госудáрственное рационирование; госудáрственное фондирование

die **staatliche Administrative** óрганы госудáрственного управлéния

eine staatliche Anleihe госудáрственный заём

Staatsangehörigkeit *f* граждáнство, пóдданство

der **Erwerb der Staatsangehörigkeit** *юр.* натурализáция, приём в граждáнство

die **Verleihung der Staatsangehörigkeit** натурализáция, приём в граждáнство, предоставлéние прав граждáнства

j-m die **Staatsangehörigkeit entziehen** лиши́ть *когó-л.* граждáнства

die **Staatsangehörigkeit erwerben** приобрести́ граждáнство, получи́ть граждáнство

Staatsangelegenheit *f* госудáрственное дéло

Staatsanleihe *f* госудáрственный заём

Staatsaufbau *m* госудáрственное устрóйство, систéма госудáрственных óрганов, структýра госудáрственного устрóйства

Staatsausgaben *f, pl* госудáрственные расхóды, расхóды по госудáрственному бюджéту

Staatsbank *f* госудáрственный банк

Staatsbankrott *m* неплатёжеспосóбность госудáрства, финáнсовое банкрóтство госудáрства

Staatsbetrieb *m* госудáрственное предприя́тие

Staatsbudget *n* госудáрственный бюджéт

Staatsdomäne *f* госудáрственная сóбственность *(напр., землЯ)*

Staatseffekten *pl* госудáрственные цéнные бумáги; госудáрственные фóнды

staatseigen госудáрственный

Staatseigentum *n* госудáрственная сóбственность

Staatseinkommen *n* госудáрственные дохóды, дохóды госудáрства

Staatseinkünfte *pl* госудáрственные дохóды, дохóды госудáрства

Staatseinnahmen *f, pl* госудáрственные дохóды, дохóды госудáрства, дохóды в госбюджéт, поступлéния в госбюджéт

Staatserbrecht *n* наслéдственное прáво госудáрства, прáво госудáрства на наслéдование вы́морочного имýщества

Staatsetat *m* госудáрственный бюджéт

Staatsfinanzen *pl* госудáрственные финáнсы (мн.ч.)

Staatsfinanzierung *f* госудáрственное финанси́рование

Staatsfonds *m, pl* госудáрственные фóнды (мн.ч.)

Staatsform *f* фóрма госудáрственного правлéния, фóрма госудáрственного устрóйства

Staatsgarantie *f* госудáрственная гарáнтия

Staatsgeheimnis *n* госудáрственная тáйна

Verrat eines Staatsgeheimnisses умы́шленное разглашéние свéдений, составля́ющих госудáрственную тáйну

Staatsgelder *n pl* госудáрственные бюджéтные срéдства, госудáрственные финáнсовые срéдства; дéньги из госудáрственного бюджéта

Staatsgewalt *f* госудáрственная власть

Staatsgrenze *f* госудáрственная границa, госграни́ца

Markierung der Staatsgrenze демаркáция госудáрственной грани́цы

Staatsgut *n* госудáрственное хозя́йство, госхóз *(бывш. ГДР)*; совхóз *(бывш. СССР, СНГ)*

Staatshaftung *f* госудáрственная гарáнтия; материáльная ответственность за ущéрб, возни́кший вслéдствие нарушéния госудáрственным слýжащим егó служéбных обязанностей

Staatshaftung обязáтельства госудáрства по компенсáции ущéрба, возни́кшего в результáте противозакóнных дéйствий представи́телей госудáрственной влáсти

Staatshandel *m* госудáрственная торгóвля

Staatshaushalt *m* госудáрственный бюджéт, госбюджéт

Staatshaushaltsbilanz *f* балáнс госудáрственных дохóдов и расхóдов

Staatshaushaltsplan *m* проéкт госудáрственного бюджéта

Staatshaushaltsrecht *n* бюджéтное

пра́во

Staatsintervention *f* вмеша́тельство госуда́рства

Staatskapitalismus *m* госуда́рственный капитали́зм, госкапитали́зм

staatskapitalistisch госуда́рственно-капиталисти́ческий

Staatskasse *f* госуда́рственная казна́, казначе́йство

Staatskasse госуда́рственная еди́ная ка́сса (госуда́рственный де́нежный резе́рв для теку́щих нужд)

Staatskosten *pl* госуда́рственные расхо́ды, расхо́ды по госуда́рственному бюдже́ту

Staatskredit *m* госуда́рственный креди́т

Staatslasten *f, pl* госуда́рственные долги́

Staatsleistungen *f pl* госуда́рственная социа́льная програ́мма

Staatslotterie *f* госуда́рственная лотере́я

Staatsmacht *f* госуда́рственная власть

Staatsmonopolismus *m* госуда́рственно-монополисти́ческий капитали́зм

staatsmonopolistisch госуда́рственно-монополисти́ческий

Staatsnote *f* казначе́йский биле́т

Staatsoberhaupt *n* глава́ госуда́рства

Staatsobligation *f* облига́ция госуда́рственного за́йма

Staatsordnung *f* госуда́рственное устро́йство

Staatsorgan *n* орга́н госуда́рственной вла́сти

Staatspapiere *n, pl* госуда́рственные це́нные бума́ги

Staatspapiermarkt *m* ры́нок госуда́рственных це́нных бума́г, ры́нок госуда́рственных бума́г

Staatsplan *m* госуда́рственный план

Staatsplanaufgabe *f* госуда́рственное пла́новое зада́ние

Staatsplanbilanzen *f, pl* бала́нсы госуда́рственного пла́на

Staatsplandokument *n* докуме́нт госуда́рственного пла́на; госуда́рственный пла́новый докуме́нт

Staatsplannomenklatur *f* номенклату́ра госуда́рственного пла́на

Staatsplanposition *f* пози́ция номенклату́ры госуда́рственного пла́на

Staatsplanvorhaben *n* объе́кт капита́льного строи́тельства по госуда́рственному пла́ну

Staatsprüfung *f* госуда́рственная эксперти́за

Staatsquote *f* до́ля госуда́рственных расхо́дов в обще́ственном продукте

Staatsrecht *n* госуда́рственное пра́во

Staatsreserve *f* госуда́рственные резе́рвы

Staatssäckel *m (разг.)* казна́

Staatsschatz *m ист.* госуда́рственная казна́; госуда́рственные запа́сы зо́лота и драгоце́нных мета́ллов

Staatsschatzanweisung *f* казначе́йское обяза́тельство; казначе́йский ве́ксель

Staatsschuld *f* госуда́рственный долг

schwebende Staatsschuld краткосро́чный госуда́рственный долг

unkonsolidierte Staatsschuld неконсолидированный госуда́рственный долг

Staatsschuldbuch *n* кни́га госуда́рственного до́лга

Staatsschulden *f pl* госуда́рственные долги́ (мн.ч.)

schwebende Staatsschulden теку́щие госуда́рственные долги́

Staatsschuldverschreibung *f* госуда́рственная облига́ция, облига́ция госуда́рственного за́йма, обяза́тельство госуда́рственного за́йма *(напр., облига́ции)*

Staatssicherheit *f* госуда́рственная безопа́сность

Organe der Staatssicherheit о́рганы госуда́рственной безопа́сности

Staatssozialismus *m* госуда́рственный социали́зм

Staatssteuer *f* госуда́рственный нало́г

Staatstätigkeit *f* госуда́рственная де́ятельность

Staatstheorie *f* тео́рия госуда́рства

Staatstitel *m, pl* госуда́рственные це́нные бума́ги (мн.ч.)

Staatsunternehmen *n* госуда́рственное предприя́тие, госпредприя́тие

Staatsverbrauch *m* госуда́рственное потребле́ние *(напр., безвозме́здные расхо́ды госбюдже́та на вы́плату за́работной пла́ты госуда́рственным рабо́чим и слу́жащим и др.)*

Staatsverbrechen *n* госуда́рственное преступле́ние, преступле́ние про́тив госуда́рства

Staatsvermögen *n* госуда́рственное иму́щество, госиму́щество

Staatsversicherung *f* госуда́рственное страхова́ние, госстрахова́ние

Staatsvertrag *m* госуда́рственный догово́р; междунаро́дный догово́р на госуда́рственном у́ровне

Staatsverwaltung *f* госуда́рственное управле́ние

Staatswirtschaft *f* эконо́мика страны́, национа́льное хозя́йство; госуда́рственный се́ктор *(национа́льной)* эконо́мики

staatswirtschaftlich относя́щийся к госуда́рственному се́ктору эконо́мики, относя́щийся к национа́льному госсе́ктору эконо́мики

Staatszuschuss *m* госуда́рственная субси́дия, госуда́рственная дота́ция; прави́тельственная субси́дия

Stab *m* штаб *(тип ли́чностных отноше́ний в организа́ции труда́ на предприя́тии - горизонта́льная структу́ра)*, *- ср.* **Linie**, штабное подразделе́ние, штабно́й орга́н *(управле́ния)*

Stab штат; управле́нческий персона́л

Stab von Mitarbeitern штат сотру́дников

Stab und Linie лине́йные и функциона́льные подразделе́ния фи́рмы

StaBA, Statistisches Bundesamt Федера́льное статистическое управле́ние *(ФРГ)*

Stabdiagramm *n* столбиковая диагра́мма, сто́лбча́тая диагра́мма; гистогра́мма

stabil усто́йчивый, стаби́льный

stabil halten стабилизи́ровать, де́лать усто́йчивым

stabiles Gleichgewicht *n* усто́йчивое равнове́сие

stabile Lage про́чное положе́ние, усто́йчивое положе́ние, стабильное положе́ние

stabiler Markt стаби́льный ры́нок

stabile Mehrheit усто́йчивое большинство́

stabile Rate *f* стаби́льный курс; стаби́льная ста́вка приро́ста

stabile Währung усто́йчивая валю́та

Stabilerhaltung *f* сохране́ние усто́йчивости, сохране́ние стаби́льности

Stabilisation *f* стабилиза́ция

Stabilisator *m* стабилиза́тор *(эконо́мики)*

stabilisieren *vt* стабилизи́ровать

sich stabilisieren стабилизи́роваться

stabilisierend стабилизи́рующий

stabilisierender Faktor *m* стабилизи́рующий фа́ктор, фа́ктор стабилиза́ции

Stabilisierung *f* стабилиза́ция

relative Stabilisierung относи́тельная стабилиза́ция

Stabilisierungsfonds *m* стабилизационный фонд; стабилизационный валю́тный фонд

Stabilisierungsklausel *f* стабилизационная огово́рка в догово́рах эксцедента убы́тков

Stabilisierungspolitik *f* стабилизационная поли́тика; поли́тика стабилиза́ции

ökonomische Stabilisierungspolitik поли́тика экономи́ческой стабилиза́ции

Stabilisierungszoll *m* стабилизирующая тамо́женная по́шлина

Stabilität *f* усто́йчивость; стаби́льность; усто́йчивое равнове́сие (на ры́нке)

wirtschaftliche Stabilität экономи́ческая усто́йчивость, экономи́ческая стаби́льность, усто́йчивость эконо́мики
zur Stabilität gelangen стабилизи́роваться

Stabilitätspolitik *f* поли́тика стабилиза́ции

Stabilitätszone *f* о́бласть усто́йчивости; зо́на усто́йчивости; стаби́льная зо́на

Stablinienmanagement *n* лине́йное и функциона́льное управле́ние

Stabliniensystem *n* лине́йная систе́ма управле́ния

Stabsabteilung *f* штаб, шта́бное подразделе́ние, штабно́й орга́н *(управле́ния)*

Stabsorgan *n* штаб, шта́бное подразделе́ние, штабно́й орга́н *(управле́ния)*

Stackelbergsches Duopolmodell *n* моде́ль дуопо́лии Шта́кельберга

stadial стади́йный

Stadium *n* ста́дия, пери́од; ступе́нь, фа́за

Stadt *f* го́род
Stadt- (в сл.сл.) городско́й
kreisangehörige Stadt го́род райо́нного подчине́ния

Stadtanleihe *f* муниципа́льный заём, коммуна́льный заём

Stadtbank *f* коммуна́льный банк, муниципа́льный банк, городско́й банк

Stadtbau *m* градострои́тельство

Stadtbebauungsplan *m* план городско́й застро́йки

Stadtbevölkerung *f* городско́е населе́ние

Stadtbewohner *m* жи́тель го́рода, городско́й жи́тель

Stadtbewohnerin *f* жи́тельница го́рода, городска́я жи́тельница

Städtebund *m ист.* сою́з городо́в

Städteversicherung *f* страхова́ние муниципалите́тами городско́го хозя́йства от возмо́жных ри́сков

Stadtküchengeschäft *n* доста́вка на дом гото́вых блюд и напи́тков

Stadtplanung *f* городско́е плани́рование, плани́рование разви́тия го́рода

Stadtschaften *f, pl* ипоте́чные ба́нки, выдаю́щие *(несро́чные амортизацио́нные)* ссу́ды под зало́г городски́х земе́льных уча́стков

Stadtsparkasse *f* городска́я сберега́тельная ка́сса

Stadtstruktur *f* структу́ра го́рода

Stadtverkehr *m* городско́й тра́нспорт; городско́е у́личное движе́ние

Stadtwirtschaft *f* городско́е хозя́йство; *ист.* систе́ма хозя́йства, осно́ванная на экономи́ческом госпо́дстве городо́в

Staffelanleihe *f* заём с дифференци́рованным проце́нтом

Staffelbild *n* гистогра́мма

Staffelkartei *f* ступе́нчатая картоте́ка

Staffelkonto *n* (уст.) шта́фель, (уст.) шта́фельный счёт, са́льдовый счёт

staffeln *vt* 1. дифференци́ровать; производи́ть града́цию 2. располага́ть в ша́хматном поря́дке (напр. поря́док заполне́ния бухга́лтерских докуме́нтов)

Staffelpreise *m pl* дифференци́рованные це́ны *(напр., по масшта́бам сде́лки: чем бо́льше па́ртия покупа́емых това́ров, тем ни́же це́ны за едини́цу това́ра)*

Staffelrabatt *m* дифференци́рованная ски́дка (в зави́симости от объёма зака́за)

Staffelrechnung *f* учёт по ста́диям произво́дства; шта́фельный ме́тод вычисле́ния проце́нтов

Staffelregreß *m* после́довательный регре́сс

Staffelrückgriff *m* после́довательный регре́сс

Staffelsichtkartei *f* обозри́мая ступе́нчатая картоте́ка

Staffelspanne *f* ра́зница *(ме́жду двумя́ показа́телями)*

Staffelspannen *f, pl* дифференци́рованные торго́вые наки́дки на це́ны *(напр., в зави́симости от ка́чества и́ли величины́ па́ртии)*

Staffelsteilkartei *f* вертика́льная ступе́нчатая картоте́ка

Staffelsteuer *f ист.* кла́ссный нало́г, поразря́дный нало́г

Staffeltarif *m* дифференци́рованный тари́ф, (уст.) шта́фельный тари́ф *(тра́нспортный тари́ф, ста́вки кото́рого уменьша́ются с увеличе́нием расстоя́ния)*; тари́фная се́тка

Staffelung *f* дифференциа́ция; града́ция; ступе́нчатое расположе́ние ка́рточек в картоте́ке, расположе́ние усту́пами ка́рточек в картоте́ке

Staffelzoll *m* дифференци́рованная тамо́женная по́шлина
Staffelzölle *pl* дифференци́рованные тамо́женные по́шлины (мн.ч.)

Stagflation *f* стагфля́ция *(стагна́ция, сопровожда́емая явле́ниями инфля́ции)*

Stagnation *f* стагна́ция, засто́й
Stagnationszustand *m* состоя́ние стагна́ции, состоя́ние засто́я

stagnieren *vi* стагни́ровать, пережива́ть засто́й, находи́ться в состоя́нии засто́я

stagnierend засто́йный, стагни́рующий

Stahlkammer *f* ба́нковский сейф *(ко́мната в ба́нке)*

Stammabschnitt *m* корешо́к *(квитанцио́нной и́ли че́ковой кни́жки)*

Stammaktie *f* обыкнове́нная а́кция

Stammarbeiter *m* 1. ка́дровый рабо́чий 2. шта́тный рабо́тник

Stammbelegschaft *f* ка́дровый соста́в *(предприя́тия)*

Stammbetrieb *m* основно́е предприя́тие

Stammbevölkerung *f* коренно́е населе́ние

Stammdaten *n, pl* основны́е да́нные (мн.ч.); постоя́нные да́нные (мн.ч.)

Stammeinlage *f* до́ля уча́стия в основно́м капита́ле акционе́рного о́бщества; до́ля компаньо́на в о́бществе с ограни́ченной отве́тственностью, пай уча́стника ООО; вклад в уставно́й фонд; вклад в уставно́й капита́л

Stammesadel *m* родова́я знать, аристокра́тия

Stammgut *n* 1. транзи́тный неперегружа́емый шту́чный груз 2. родово́е име́ние

Stammkapital *n* основно́й *акционе́рный* капита́л; основно́й капита́л, основно́й капита́л в о́бществе с ограни́ченной отве́тственностью; уставно́й фонд (АО)
verdecktes Stammkapital скры́тый основно́й *акционе́рный* капита́л; скры́тый основно́й капита́л

Stammkunde *m* постоя́нный покупа́тель; постоя́нный клие́нт

Stammkundin *f* постоя́нная покупа́тельница; постоя́нная клие́нтка

Stammkundschaft *f* постоя́нные покупа́тели; постоя́нная клиенту́ра

Stammland *n* страна́ происхожде́ния

Stammliste *f* 1. основно́й спи́сок; основно́й реги́стр 2. шта́тный спи́сок персона́ла 3. *(воен.)* спи́сок ли́чного соста́ва

Stammorganisation *f* центра́льная организа́ция; головна́я организа́ция

Stammpatent *n* основно́й пате́нт

Stammpolice *f* основно́й по́лис

Stammprioritäten *f, pl* привилеги́рованные а́кции (мн.ч.)

Stammprioritätsaktien *f, pl* привилеги́рованные а́кции (мн.ч.)

Stammregister *n* корешо́к квитанцио́нной кни́жки; корешо́к че́ковой кни́жки

Stammunternehmen *n* основно́е предприя́тие, головно́е предприя́тие

Stammverbindung *f* дли́тельная делова́я связь, дли́тельные делові́е отноше́ния

Stand *m* положе́ние, состоя́ние; у́ровень
Stand ларёк, кио́ск; стенд
Stand сосло́вие
Stand der Aktien курс а́кций
Stand der Geschäftstätigkeit у́ровень делово́й акти́вности
Stand *der* **Technik** у́ровень те́хники

Stand der Wirtschaft состоя́ние экономики
abgabenpflichtiger Stand *ист.* податное сосло́вие
Stand-by-Kredit *m* резе́рвный креди́т
Standarbeitszeit *f* станда́ртное рабо́чее вре́мя (продолжи́тельность и гра́фик рабо́ты для рабо́тника(ов), предприя́тия, цеха́, подразделе́ния)
Standard *m* станда́рт
Standards *m, pl* станда́рты (мн.ч.)
staatlicher Standard госуда́рственный станда́рт, госстанда́рт; Госстанда́рт (организа́ция и назва́ние официа́льного станда́рта)
dem staatlichen Standard entsprechen отвеча́ть госуда́рственному станда́рту
dem Standard halten приде́рживаться станда́рта; соблюда́ть усло́вия станда́рта
einen Standard setzen устана́вливать станда́рт
internationale Standards *pl* междунаро́дные станда́рты
vom Standard abweichen откло́няться от станда́рта; откло́няться от усло́вий станда́рта
Standard-Chartervertrag *m* типово́й догово́р морско́й перево́зки
Standard-Stichprobenplan *n* план станда́ртного приёмочного контро́ля *(ка́чества)*
Standardabweichung *f* станда́ртное отклоне́ние; отклоне́ние от станда́рта
Standardabweichung *стат.* среднеквадратическое отклоне́ние; среднеквадратичная погре́шность; нормированное отклоне́ние
Standardaktivitätsdauer *f сет. пл.* норма́тивная продолжи́тельность рабо́ты
Standardannahme *f* станда́ртное допуще́ние
Standardartikel *m* станда́ртное изде́лие
Standardartikel *m* станда́ртный това́р
Standardartikel *m, pl* станда́ртные изде́лия (мн.ч.) (изде́лия, соотве́тствующие госуда́рственному станда́рту и́ли ино́му устано́вленному станда́рту)
Standardausführung *f* станда́ртная констру́кция; станда́ртное исполне́ние, типово́е исполне́ние, обы́чное исполне́ние
Standardausführung станда́ртный образе́ц
Standardbarre *f* станда́ртный сли́ток; этало́нный сли́ток (зо́лота про́бы 995,0 и ве́сом 400 унций и́ли 12,5 кг)
Standardbauweise *f* станда́ртное исполне́ние, типово́е исполне́ние
Standardbestiminung *f* станда́ртное определе́ние, определе́ние по станда́рту
Standardbevölkerung *f стат.* возрастна́я структу́ра населе́ния, принима́емая за осно́ву при сравне́нии сме́ртности в ра́зных стра́нах; возрастна́я структу́ра населе́ния, принима́емая за осно́ву при сравне́нии рожда́емости в ра́зных стра́нах
Standardelement *n* стандартизированная дета́ль, стандартизованная дета́ль, унифицированная дета́ль, станда́ртный элеме́нт, стандартизи́рованный элеме́нт, стандартизованный элеме́нт, унифицированный элеме́нт
Standardempfehlung *f* рекоменду́емый станда́рт
Standardempfehlungen *f, pl* станда́ртные рекоменда́ции (мн.ч.); станда́ртные сове́ты (мн.ч.)
Standardform *f* станда́ртная фо́рма
Standardform *f* станда́ртный форма́т
Standardformat *n* станда́ртный форма́т, стандартизи́рованный форма́т, стандартизованный форма́т
Standardgröße *f* станда́ртный разме́р
Standardisation *f* стандартиза́ция
standardisieren *vt* стандартизи́ровать, устана́вливать станда́рт
standardisieren *vt* стандартизи́ровать; унифици́ровать
Standardisierung *f* стандартиза́ция; унифика́ция
komplexe Standardisierung ко́мплексная стандартиза́ция
volle Standardisierung по́лная унифика́ция
Standardisierungsgrad *m* у́ровень стандартиза́ции; сте́пень стандартиза́ции; сте́пень унификации
Standardkonto *n* станда́ртный счёт; универса́льный счёт
Standardkosten *pl* пла́новые изде́ржки; сме́тные изде́ржки *(предприя́тия на производимую проду́кцию и предоставля́емые услу́ги, рассчитываемые на осно́ве испо́льзования станда́ртных показа́телей, напр., материа́льных затра́т, за́нятости, цен)*
Standardmodell *n* станда́ртный образе́ц; станда́ртная моде́ль
Standardmuster *n* станда́ртный образе́ц това́ра
Standardnorm *f* станда́рт
staatliche Standardnorm госуда́рственный станда́рт
Standardpreis *m* станда́ртная цена́, еди́ная цена́
Standardqualität *f* станда́ртное ка́чество
Standardreparatur *f* планово-предупреди́тельный ремо́нт
Standardsortiment *n* станда́ртный ассортиме́нт
Standardstoffkosten *pl* пла́новая сто́имость сырья́, пла́новая сто́имость материа́лов
Standardtechnologie *f* станда́ртная техноло́гия
Standardteil *n* станда́ртная дета́ль, стандартизированная дета́ль, унифицированная дета́ль, стандартизи́рованный элеме́нт, унифицированный элеме́нт
Standardteil станда́ртная часть (напр. догово́ра)
Standardverfahren *n* станда́ртная техноло́гия; типовая техноло́гия
Standardvertrag *m* типово́й догово́р; станда́ртный догово́р; стандартизованный догово́р
Standardware *f* станда́ртный това́р, стандартизи́рованный това́р; станда́ртная проду́кция
Standby-Kredit *m* резе́рвный креди́т
Standby-Kredite *m, pl* креди́ты, предоставля́емые Междунаро́дным валю́тным фо́ндом свои́м чле́нам для преодоле́ния тру́дностей, свя́занных с платёжным бала́нсом
Ständer *m* стенд; сто́йка; прила́вок
Ständerat *m* Сове́т кантонов *(пала́та швейца́рского парла́мента)*
Standesprivileg *n* сосло́вная привиле́гия
Standesvorrecht *n* сосло́вная привиле́гия
Ständeteilung *f* сословное деле́ние
Standgeld *n* пла́та за ме́сто на ры́нке, пла́та за ме́сто на ярмарке
Standgeld пла́та за просто́й *(напр., железнодоро́жного ваго́на)*; демередж; пла́та за дли́тельное хране́ние гру́за
Standgeld пла́та за ме́сто на вы́ставке; опла́та места́ на вы́ставке; опла́та стенда на вы́ставке
ständig постоя́нный; дли́тельный, долговре́менный
Ständiger Schiedsgerichtshof *m* постоя́нный третейский суд *(междунаро́дный)*
Standort *m* местоположе́ние; местонахожде́ние; положе́ние; размеще́ние
Standort ме́сто стоя́нки *(автомаши́н)*
transportkostenorientierter Standort ме́сто размеще́ния произво́дства, вы́бранное с учётом минимизации тра́нспортных изде́ржек
Standort verlegen переноси́ть месторасположе́ние; меня́ть месторасположе́ние
standortbedingt обусло́вленный месторасположением; обусло́вленный

ме́стом размеще́ния (напр. произво́дства)
Standortbedingungen *f pl* усло́вия места́ размеще́ния (произво́дства)
Standortbesonderheit *f* осо́бенность места́ размеще́ния (произво́дства)
Standortfaktoren *m, pl* фа́кторы, влия́ющие на вы́бор места́ размеще́ния; фа́ктор, определя́ющий месторасположе́ние
Standortfaktoren *m, pl* фа́кторы, влия́ющие на вы́бор места́ размеще́ния (произво́дства)
Standortgenehmigung *f* утвержде́ние места́ размеще́ния (предприя́тий)
Standortkatalog *m* топографи́ческий катало́г
Standortorientierung *f* ориенти́рование на определённые фа́кторы при вы́боре места́ размеще́ния
Standortplanung *f* территориа́льное плани́рование, плани́рование размеще́ния производительных сил
Standortpolitik *f* поли́тика размеще́ния производительных сил
Standortverhältnisse *n, pl* усло́вия ме́ста размеще́ния произво́дства
Standortverteilung *f* размеще́ние *(напр., промы́шленных и сельскохозя́йственных предприя́тий)*
Standortverteilung der Produktivkräfte размеще́ние производительных сил
Standortwahl *f* вы́бор места́ размеще́ния; определе́ние месторасположения
Standzeit *f* просто́й
Standzeit *трансп.* стоя́ночное вре́мя
Standzeit де́мерредж, просто́й
Standzeit просто́й, вре́мя просто́я (напр. ЭВМ, компью́тера)
Standzeit вре́мя погру́зки; сталийное вре́мя
Standzeit срок слу́жбы *(напр., сооруже́ния)*
Stapel *m* складско́е ме́сто, склад
Stapel шта́бель, сто́пка, ку́ча
Stapel *мор.* ста́пель
Stapel (выч.) стековое ЗУ; стековое запомина́ющее устро́йство; стековая па́мять
Stapelart *f* ме́тод складирования това́ров
Stapelartikel *m* това́р сре́днего ка́чества, постоя́нно беру́щийся со скла́да *(где он храни́тся в штабелях)*
Stapelbuchhaltung *f бухг.* ме́тод учёта произво́дственных опера́ций в лицевых счета́х по проше́ствии определённого вре́мени
Stapelgut *n* това́р, складируемый в штабелях; това́ры ма́ссового произво́дства *(напр., тексти́ль)*
stapeln *vt* укла́дывать в шта́бель; храни́ть в штабелях
Stapelräum *m* поле́зный объём скла́да
Stapelsystem *n* систе́ма складирования
Stapelverfahren *n* систе́ма складирования
Stapelware *f* това́р, складируемый в штабелях; това́ры ма́ссового произво́дства *(напр., тексти́ль)*, ма́ссовый това́р *(това́р, продава́емый на́сыпью, нава́лом)*
Starrheit *f* неизме́нность, неподви́жность *(напр., о проце́нтных ставках и́ли о валю́тных ку́рсах)*
Start *m сет. пл.* исхо́дное собы́тие, нача́льное собы́тие
Startereignis *n сет. пл.* исхо́дное собы́тие, нача́льное собы́тие
Starthilfe *f* по́мощь на нача́льном эта́пе; ста́ртовая по́мощь
finanzielle Starthilfe leisten ока́зывать фина́нсовую по́мощь на первоначальном эта́пе; ока́зывать фина́нсовую по́мощь на нача́льном эта́пе
stationär стациона́рный, неподви́жный, постоя́нный
stationäre Wirtschaft эконо́мика, находя́щаяся в продолжительном состоя́нии равнове́сия; эконо́мика в статическом положе́нии; эконо́мика в статическом состоя́нии
Statistik *f* стати́стика; статисти́ческие да́нные (мн.ч.)
Statistik der Wirtschaftsrechnungen бюдже́тная стати́стика
amtliche Statistik официа́льная стати́стика
betriebswirtschaftliche Statistik произво́дственная стати́стика
landwirtschaftliche Statistik стати́стика се́льского хозя́йства
Makrostatistik *f* макростатистика
mathematische Statistik математи́ческая стати́стика
Mikrostatistik *f* стати́стика ма́лых вы́борок
Ordnungsstatistik *f* поря́дковая стати́стика; стати́стика ра́нгов
Schadensstatistik *f* стати́стика отка́зов (обору́дования)
Statistiken *f, pl* статисти́ческие да́нные (мн.ч.)
statistisch статисти́ческий; учётный
Statistisches Bundesamt Федера́льное статистическое ве́домство
die **Ergebnisse eines Experiments statistisch auswerten** подве́ргнуть статисти́ческой обрабо́тке результа́ты экспериме́нт
Stätte *f* ме́сто *(де́йствия, происше́ствия и т. п.)*
Stätte *f* месторожде́ние
Stätte *f* ме́сто, жили́ще
Stätte des Handels ме́сто торго́вли
keine bleibende Stätte haben не име́ть постоя́нного местожи́тельства
Status *m* положе́ние; состоя́ние; ста́тус, правово́е положе́ние
Status ста́тус, правово́е положе́ние
Status ста́тус, иму́щественное состоя́ние
Statussymbol *n* си́мвол прести́жа
Statut *n* уста́в, стату́т; положе́ние
Statut eines Unternehmens уста́в предприя́тия
statutarisch уста́вный, соотве́тствующий уста́ву
Statutenfonds *m* уста́вный фонд
statutengemäß уста́вный, соотве́тствующий уста́ву
statutenmäßig уста́вный, соотве́тствующий уста́ву
Stauen *n* шти́вка, стивидорные рабо́ты
stauen *vt* грузи́ть, размеща́ть *(в трюм)*
Stauerbaas *m* ста́рший стивидо́р
Stauereifirma *f* фи́рма, выполня́ющая стивидорные рабо́ты; стивидо́р
Stauerfirma *f* фи́рма, выполня́ющая стивидорные рабо́ты; стивидо́р
Staufaktor *m* объём, занима́емый тонной определённого гру́за в трю́ме
Staukoeffizient *m* объём, занима́емый тонной определённого гру́за в трю́ме
Staumaß *n* объём, занима́емый тонной определённого гру́за в трю́ме
Stauplan *m* план размеще́ния гру́за на су́дне, грузово́й план, ка́рго-план
Stauung *f* укла́дка гру́за в трю́ме, шти́вка
Stauungskosten *pl* сто́имость укла́дки гру́за в трю́ме
StB, Steuerbilanz бала́нс предприя́тия, соста́вленный для определе́ния су́ммы нало́гового обложе́ния
Stckpr., Stückpreis цена́ за шту́ку
Std., Stunden часы́
Stehkartei *f канц.* вертика́льная карто́тека
Steigen *n* рост, повыше́ние, увеличе́ние
tendenzielles Steigen тенде́нция к повыше́нию
steigen *vi* поднима́ться; расти́, повыша́ться; увели́чиваться *(о це́нах, проце́нтных ставках и т.п.)*
steigern *vi* увели́чивать; повыша́ть *(напр., цены́, тре́бования)*; уси́ливать *(напр., противоре́чия)*
Steigerung *f* усиле́ние; повыше́ние; увеличе́ние
Steigerung der Löne um 10% повы-

ше́ние зарплат на 10 проце́нтов

Steigerungsbetrag *m* прогресси́рующая су́мма *(при взно́сах)*

Steilkartei *f канц.* вертика́льная карто́тека

Steilregistratur *f канц.* стелла́ж для хране́ния вертика́льно располо́женных па́пок с дела́ми, шкаф для хране́ния вертика́льно располо́женных па́пок с дела́ми

Steilsichtkartei *f канц.* вертика́льная обозри́мая карто́тека

Steine und Erden *pl* минера́льное сырьё для промы́шленности строи́тельных материа́лов и керами́ческой промы́шленности; неру́дные ископа́емые; неру́дные *(строи́тельные)* материа́лы

Steinkohleneinheiten *f pl* усло́вное то́пливо

Stellage *f* стелла́ж *(вид биржево́й сде́лки)*

Stellagegeschäft *n* стелла́ж *(вид биржево́й сде́лки)*

Stelle *f* ме́сто; пункт *(напр., заготови́тельный)*

Stelle шта́тная едини́ца, до́лжность; рабо́чее ме́сто

Stelle инста́нция, учрежде́ние; орга́н *(управле́ния)*

an Ort und Stelle sein быть на ме́сте

etatmäßige Stelle шта́тная до́лжность

nachgeordnete Stelle подчинённая до́лжность

übergeordnete Stelle руководя́щая до́лжность

die Stelle wechseln смени́ть рабо́ту, меня́ть рабо́ту

eine freie Stelle nachbesetzen занима́ть вака́нтную до́лжность, заня́ть вака́нтную до́лжность

eine Stelle ausschreiben объявля́ть вака́нтной до́лжность, объяви́ть вака́нтной до́лжность

eine Stelle suchen иска́ть рабо́ту, занима́ться по́иском рабо́ты

sich an höchster Stelle beschweren обраща́ться с жа́лобой в вышестоя́щую инста́нцию, обрати́ться с жа́лобой в вышестоя́щую инста́нцию

sich an die zuständige Stelle wenden обраща́ться в соотве́тствующую инста́нцию, обрати́ться в соотве́тствующую инста́нцию

Abfertigungsstelle *f* экспедицио́нная конто́ра

Abrechnungsstelle *f* банк

Baustelle *f* строи́тельная площа́дка; строи́тельный уча́сток; стройплоща́дка

Stellenangebot *n* предложе́ние рабо́ты, предложе́ние вака́нтных должносте́й, предложе́ние рабо́чих мест

Stellenanzeige *f* объявле́ние о на́йме на рабо́ту *(в газе́те)*

Stellenleistung *f* ме́сто произво́дства проду́кции; произво́дственный уча́сток

stellenlos безрабо́тный; за шта́том

Stellennachweis *m* би́ржа труда́

Stellenplan *m* шта́тное расписа́ние

über den Stellenplan hinaus сверхшта́тный

Stellenplandisziplin *f* шта́тная дисципли́на

Stellenplankürzung *f* сокраще́ние шта́тов

Stellenplanmethode *f* ме́тод плани́рования фо́нда за́работной пла́ты на осно́ве штатного расписа́ния

Stellensuche *f* по́иск рабо́ты

Stellenvermittlung *f* би́ржа труда́

Stellgeld *n бирж.* пре́мия по стеллажу

Stellgeschäft *n* стелла́ж, двойно́й опцио́н *(вид биржево́й сде́лки)*

Stellung *f (обще́ственное)* положе́ние

Stellung до́лжность

Stellung рабо́чее ме́сто

Stellung устано́вка, то́чка зре́ния, пози́ция

Stellung einer Sicherheit предоставле́ние поручи́тельства

Stellung eines Akkreditivs выставле́ние аккредити́ва

dominierende Stellung госпо́дствующее положе́ние; госпо́дствующая пози́ция

staatsrechtliche Stellung госуда́рственно-правово́е положе́ние

Stellungslosigkeit *f* безрабо́тица

Stellungswechsel *m* сме́на места́ рабо́ты; переме́на места́ рабо́ты; сме́на места́ слу́жбы

stellvertretend замеща́ющий *(кого́-л.)*

der **stellvertretende Vorsitzende** замести́тель председа́теля; вре́менно исполня́ющий обя́занности председа́теля

Stellvertreter *m* замести́тель; исполня́ющий обя́занности

Stellvertreter представи́тель; уполномо́ченный

Stellvertretung *f* замести́тельство; исполне́ние обя́занностей

Stellvertretung представи́тельство

in Stellvertretung des Direktors исполня́ющий обя́занности дире́ктора, и/о дире́ктора, и.о. дире́ктора

Stempel *m* ште́мпель, печа́ть; штамп

Stempelabgaben, *pl.* ге́рбовые сбо́ры (мн.ч.)

Stempelgebühr *f* ге́рбовый сбор

Stempelgeld *n* посо́бие по безрабо́тице

Stempelkarte *f* удостовере́ние безрабо́тного для регистра́ции на би́рже труда́; ка́рточка табельного учёта

Stempelmarke *f* ге́рбовая ма́рка, ма́рка ге́рбового сбо́ра

Stempelmarkensteuer *f* бандеро́льный сбор

Stempelpapier *n* ге́рбовая бума́га

Stempelschneider *m* ре́зчик печатей; изготови́тель печатей (шта́мпов)

Stempelstelle *f* би́ржа труда́

Stempelsteuer *f* ге́рбовый сбор, сбор за регистра́цию

Stempelstreifen *m* бандеро́ль *(ярлы́к об упла́те акци́за)*

Stenokontoristin *f* секрета́рь-стенографи́стка

Stenotypistin *f* машини́стка-стенографи́стка

Stepping-Stone-Methode *f* дистрибути́вный ме́тод *(примене́ние линейной оптимиза́ции к решению тра́нспортных зада́ч)*

Sterbegeld *n* посо́бие на погребе́ние, посо́бие на по́хороны

Sterbegeld сбереже́ния, предназна́ченные для похорон, (разг.) гробовы́е (де́ньги)

Sterbegeld страхова́я пре́мия, выпла́чиваемая в слу́чае сме́рти

Sterbegeldversicherung *f страх.* страхова́ние расхо́дов по погребе́нию

Sterbekasse *f уст.* ка́сса страхова́ния жи́зни *(напр., на предприя́тии)*

Sterbenswahrscheinlichkeit *f стат.* вероя́тность сме́рти

Sterbetafel *f стат.* табли́ца сме́ртности

Sterbeurkunde *f страх.* свиде́тельство о сме́рти

Sterbeziffer *f стат.* коэффицие́нт сме́ртности

Sterilisierung *f* **des Geldes** «стерилиза́ция» де́нежного обраще́ния *(США)*

Sterilisierungsreskriptionen *pl* кратко-сро́чные и среднесрочные це́нные бума́ги для изъя́тия свобо́дных средств из оборо́та (выпуска́ются госуда́рством и́ли центра́льным ба́нком)

Sterling *m* сте́рлинг

Pfund Sterling, Pfd. St фунт сте́рлингов

sterling area (eng) сте́рлинговая зо́на

Sterlingbereich *m* сте́рлинговая зо́на

Sterlingblock *m* сте́рлинговый блок

Sterlingblock-Länder *n, pl* страны́ сте́рлингового бло́ка

Sterlinggebiet *n* сте́рлинговая зо́на

Sterlingguthaben *n* авуа́ры в фу́нтах сте́рлингов

Sterlingkonto *n* счёт в фу́нтах сте́рлингов

Sterlingländer *n, pl* страны́ стерлингового блóка

Sterlingraum *m* стéрлинговая зóна

Sterlingzone *f* стéрлинговая зóна

Steuer *f* налóг

Steuer auf Lebensmittel акцúзный налóг, налóг на предмéты потреблéния

Steuer vom Arbeitseinkommen налóг на трудовóй дохóд

direkte Steuer прямóй налóг

ergänzende Steuer дополнúтельный налóг

gestaffelte Steuer дифференцúрованный налóг; *ист.* клáссный налóг; поразрядный налóг

indirekte Steuer кóсвенный налóг

kontingentierte Steuer контингентированный налóг

kontingentierte Steuer сельскохозяйственный налóг

parafiskalische Steuer парафискальный налóг

progressive Steuer прогрессúвный налóг, прогрессúвно-повышáющийся налóг

örtliche Steuer мéстный налóг

staatliche Steuer государственный налóг

zentrale Steuer общегосудáрственный налóг

zusätzliche Steuer дополнúтельный налóг

zweckgebundene Steuer целевóй налóг

die Steuer stunden отсрóчить уплáту налóга

die Steuer überwälzen переложúть налóг, переклáдывать налóг (на когó-л. другóго)

die Steuer umgehen уклоняться от уплáты налóга, уклонúться от уплáты налóга

die Steuer veranlagen устанáвливать сýмму налóга, установúть сýмму налóга

die Steuern hinterziehen утáивать от налогообложéния, утаúть от налогообложéния

die Steuern senken уменьшáть налогообложéние; снижáть налóги

der Steuer unterliegen подлежáть налогообложéнию

eine Steuer abwälzen перелагáть налóг

eine Steuer erheben взимáть налóг

eine Steuer erhöhen повышáть налóг; увелúчивать налóг

eine Steuer senken умéньшить налóг, снúзить налóг

Gewinn vor Steuern прúбыль без вы́чета налóгов

nach Abzug der Steuer за вы́четом налóга

mit Steuer belegen облагáть налóгом, обложúть налóгом

von der Steuern absetzen исключáть из налогооблагаемой бáзы

Steuerabschnitt *m* периóд налогообложéния

Steuerabwälzung *f* переложéние налóга, переклáдывание налóга

Steuerabwälzung auf den Käufer переложéние налóга на покупáтеля, переклáдывание налóга на покупáтеля

Steuerabwälzung durch Preiserhöhung переложéние налóга путём повышéния ценьі

Steuerabwehr *f* сокры́тие размéра дохóдов от налогообложéния

Steuerabzug *m* вы́чет налóга *(напр., из дохóдов)*

Steueramnestie *f* налóговая амнúстия

Steueramortisation *f* погашéние задóлженности по налóгу *(возмóжно погашéние частя́ми)*

Steueramt *n* налóговое управлéние

Steuerangleichung *f* вырáвнивание налоговых платежéй

Steueranspruch *m* трéбование об уплáте налóга

Steuerapparat *m* налóговый аппарáт

Steuerarten *f, pl* вúды налóгов

Steueraufkommen *n* налóговые поступлéния (мн.ч.)

Steueraufsicht *f* налóговая инспéкция, налóговый контрóль

Steuerausfall *m* налóговые недоúмки (мн.ч.)

Steuerausweichung *f* уклонéние от уплáты налóгов

steuerbar регулúруемый, управля́емый

Steuerbefreiung *f* освобождéние от уплáты налóга

persönliche Steuerbefreiung освобождéние от налóга субъéкта обложéния

sachliche Steuerbefreiung освобождéние от налóга объéкта обложéния *(напр., в слýчае имущественного налóга)*

subjektive Steuerbefreiung освобождéние от налóга субъéкта обложéния

(jmd) Steuerbefreiung gewäfren освобождáть (когó-л.) от уплáты налóга

steuerbegünstigt пóльзующийся налоговыми льгóтами

Steuerbegünstigung *f* налóговая льгóта

Steuerbehörden *f pl* финáнсовое управлéние, налóговое управлéние

Steuerbeitreibung *f* взимáние налóгов, взыскáние налóгов; сбор налóгов

Steuerbelastung *f* налогообложéние, налóговое обложéние, обложéние налóгом

Steuerbemessungseinheit *f* единúца налóгового обложéния *(объéкт, определя́емый по размéру, числý и весý)*

Steuerbemessungsgrundlage *f* бáзис налоговых расчётов

Steuerberater *m* консультáнт по налóговым вопрóсам

Steuerberechnung *f* исчислéние налóга, вычислéние налóга, исчислéние сýммы налóга, расчёт сýммы налóга

Steuerbescheid *m* платёжное извещéние налóгового оргáна

Steuerbetrag *m* сýмма налóга

Steuerbetrug *m* введéние в заблуждéние налоговых óрганов, обмáн налоговых óрганов

Steuerbevollmächtigte *m* уполномóченный по налóговым вопрóсам

Steuerbilanz *f* балáнс, состáвленный для определéния сýммы налóгового обложéния *(напр., расчёт сýммы полученной прúбыли)*

Steuerbürde *f* налóговое брéмя

Steuerbürgschaft *f* поручúтельство за уплáту налóгов трéтьим лицóм

Steuerdegression *f* налóговая дегрéссия

Steuerdelikte *n, pl* нарушéния налóгового законодáтельства

Steuerdestinatar *m* фактúческий налогоплательщик, конéчный налогоплательщик, носúтель налóга, дестинáтор

Steuerdestinatar *m* налогоплательщик, определя́емый законодáтельством (*не всегдá совпадáет с* **Steuerträger, Steuerzahler**)

Steuerdienst *m* налóговая слýжба (РФ)

Der Staatliche Steuerdienst der Russischen Föderation Государственная налóговая слýжба Российской федерáции

Steuerdiffusion *f* налóговая диффýзия *(распространéние налóгов за границы операций субъектов налогообложéния на всю эконóмику страны́)*

Steuerdirigismus *m* налóговый дирижизм *(систéма испóльзования налóгов в интерéсах монополистического капитáла)*

Steuerdruck *m* налóговый гнёт

Steuereingänge *m pl* налóговые поступлéния (мн.ч.)

Steuereinheit *f* единúца налóгового обложéния *(объéкт, определя́емый по размéру, числý и весý)*

Steuereinholung *f* налóговое стимулúрование *(ситуáция, при котóрой налогоплательщик для погашéния своúх налоговых обязáтельств стремúтся расширить объём выпускáемой продýкции*

или сни́зить изде́ржки произво́дства)
Steuereinholung совоку́пность мероприя́тий предпринима́телей, направленных на возмеще́ние их «потерь» от вы́платы нало́гов *(напр., повыше́ние производи́тельности труда́ без соотве́тствующей опла́ты)*

Steuereinnahmen *f, pl* нало́говые поступле́ния

Steuereintreibung *f* взима́ние нало́гов, взыска́ние нало́гов; сбор нало́гов
lückenlose Steuereintreibung тща́тельный *(«сплошно́й»)* сбор нало́гов

Steuererhebung *f* взима́ние нало́гов, взыска́ние нало́гов; сбор нало́гов

Steuererklärung *f* нало́говая деклара́ция

Steuererlaß *m* освобожде́ние от упла́ты нало́гов

Steuererleichterung *f* уменьше́ние нало́гов, сниже́ние нало́гов

Steuerermäßigung *f* нало́говая льго́та
Steuerermäßigung für zu unterhaltende Personen нало́говая льго́та на иждиве́нцев

Steuerermittlungsverfahren *n* ме́тод определе́ния разме́ра налоговых обяза́тельств, ме́тод определе́ния разме́ра нало́гового обложе́ния; ме́тод расследования слу́чаев нарушения нало́гового законода́тельства

Steuererstattung *f* возвра́т переплаченных сумм нало́га

Steuerertrag *m* дохо́ды от *(поступле́ния)* нало́гов

Steueretat *m* нало́говый бюдже́т

Steuerfahnder *m* нало́говый инспе́ктор

Steuerfahndung *f* вскры́тие слу́чаев наруше́ния нало́гового законода́тельства, обнару́жение слу́чаев наруше́ния нало́гового законода́тельства

Steuerfall *m* нало́говый слу́чай

Steuerfestsetzung *f* установле́ние разме́ра нало́га

Steuerflexibilität *f* эласти́чность налоговых поступле́ний (*напр., эласти́чность нало́гов по дохо́ду*); *см.* **Aufkommenselastizität**

Steuerflucht *f* переезд налогоплате́льщика с це́лью уклонения от упла́ты налоговой задо́лженности, переезд налогоплате́льщика за рубе́ж с це́лью уменьше́ния налоговых вы́плат

Steuerform *f* фо́рма нало́га

Steuerfortwälzung *f* перекла́дывание нало́гов на покупа́телей *(путём повыше́ния цен на това́ры)*

steuerfrei не облага́емый нало́гом, не подлежа́щий налогообложе́нию
steuerfrei освобождённый от упла́ты нало́га

Steuerfreibetrag *m* су́мма, не облага́емая нало́гом

Steuerfreiheit *f* освобожде́ние от упла́ты нало́га

Steuergebäude *n* структу́ра налогообложе́ния

Steuergefährdung *f* наруше́ние нало́гового законода́тельства с це́лью уменьше́ния налоговых вы́плат путём предоставле́ния неверных да́нных
Steuergefährdung наруше́ние нало́гового законода́тельства с це́лью уменьше́ния о́бщей су́ммы выпла́чиваемых нало́гов, наруше́ние нало́гового законода́тельства с це́лью неправоме́рного испо́льзования налоговых льгот

Steuergegenstand *m* объе́кт налогообложе́ния, объе́кт нало́гового обложе́ния

Steuergeheimnis *n* «нало́говая та́йна» *(обя́занность не разглаша́ть сведе́ния о фина́нсовом положе́нии налогоплате́льщика)*

Steuergeschenk *n* «нало́говый пода́рок» *(предпринимателям как мероприя́тие экономи́ческой поли́тики)*

Steuergesetz *n* зако́н о налоге; зако́н о налогообложении (конкре́тным нало́гом)

Steuergesetzgebung *f* нало́говое законода́тельство

Steuergläubiger *m* нало́говый кредито́р *(напр., в слу́чае отсро́чки при взима́нии нало́гов)*

Steuergrundlage *f* осно́ва налогообложе́ния, ба́зис налогообложе́ния

Steuergrundsatz *m* при́нцип взима́ния нало́га

Steuergutscheine *m, pl* госуда́рственные долговы́е обяза́тельства, принима́емые в упла́ту нало́гов; нало́говые сертифика́ты *(госуда́рственные долговы́е обяза́тельства, принося́щие проце́нтные дохо́ды и принима́емые в упла́ту нало́гов)*

Steuerhaftung *f* нало́говая отве́тственность *(напр., за нало́говый долг друго́го налогоплате́льщика)*

Steuerharmonisierung *f* гармониза́ция налоговых систе́м
Steuerharmonisierung *f* гармониза́ция налоговых платеже́й

Steuerhäufung *f* о́бщее бре́мя, «нагроможде́ние» нало́гов *(учитывает та́кже дополни́тельные платежи́ в результа́те перекладывания нало́гов)*

Steuerhehlerei *f* уклоне́ние от налогообложе́ния *(в результа́те сознательной поку́пки, утаивания и́ли прода́жи предме́тов, нало́г на кото́рые не уплачен)*, укрыва́тельство дохо́дов от нало́гового обложе́ния,ута́ивание дохо́дов от нало́гового обложе́ния

Steuerherabsetzung *f* сниже́ние нало́гов

Steuerhinterzieher *m (физи́ческое и́ли юриди́ческое)* лицо́ уклоня́ющееся от упла́ты нало́гов

Steuerhinterziehung *f* зло́стный неплатёж нало́гов, уклоне́ние от упла́ты нало́гов *(путём указа́ния неверных да́нных в налоговой деклара́ции)*

Steuerhoheit *f* нало́говый суверените́т
der Träger der Steuerhoheit носи́тель нало́гового суверените́та

Steuerillusion *f* иллю́зия нало́га *(напр., игнори́рование разли́чий ме́жду номинальным и факти́ческим налогообложе́нием)*

Steuerjahr *n* нало́говый год

Steuerkataster *m* нало́говый када́стр

Steuerklasse *f* разря́д налогообложе́ния, класс налогообложе́ния

Steuerkompetenzen *f, pl* пра́во взима́ния нало́гов

Steuerkraft *f* нало́говая поте́нция *(спосо́бность субъе́кта налогообложе́ния плати́ть нало́ги)*; соотноше́ние ме́жду налоговыми поступлениями и чи́сленностью населе́ния *(напр, страны́, о́бласти, общи́ны)*

Steuerkraftziffer *f* сре́дняя су́мма нало́га на ду́шу населе́ния

Steuerkurswert *m* курсова́я сто́имость це́нных бума́г, устана́вливаемая федера́льным мини́стром фина́нсов *(явля́ется осно́вой для исчисле́ния налоговых обяза́тельств)*, официа́льная курсова́я сто́имость це́нных бума́г

Steuerkurszettel *m* бюллете́нь курсово́й сто́имости це́нных бума́г, слу́жащий основа́нием для исчисле́ния и распределе́ния нало́га

Steuerlast *f* нало́говое бре́мя
die Steuerlast erhöhen уси́лить нало́говое бре́мя

Steuerlastquote *f* до́ля налоговых поступле́ний в валовом национа́льном продукте, до́ля госуда́рственных поступле́ний от нало́гов в валовом социа́льном продукте

steuerlich нало́говый

Steuerliste *f* спи́сок налогоплате́льщиков с указа́нием су́ммы взима́емых нало́гов, окладной лист

Steuermarke *f* ге́рбовая ма́рка, ма́рка ге́рбового сбо́ра

Steuermaßzahl *f* ста́вка для исчисле́ния поземельного и промыслового нало́гов

Steuermehreinnahmen *pl* дополни́тельные нало́говые поступле́ния

Steuermeßzahl *f* ста́вка для исчисле́ния

поземельного и промыслового нало́гов

Steuermonopol *n* нало́говая монопо́лия, фина́нсовая монопо́лия

Steuermultiplikator *m* нало́говый мультипликатор ***(может показывать, напр., на сколько процентов изменятся в среднем налоговые поступления, если национальный доход меняется на один процент)***

Steuern *f, pl* нало́ги ***(мн.ч.)***, ***см. тж.*** **Steuer** *f*

Steuern berechnen начисля́ть нало́ги, начислить нало́ги

Steuern einziehen взима́ть нало́ги, взыскивать нало́ги

Steuern hinterziehen уклоня́ться от упла́ты нало́гов, уклони́ться от упла́ты нало́гов, уклоня́ться от налогообложе́ния, уклони́ться от налогообложе́ния

Steuern veranlagen устана́вливать нало́ги, устана́вливать ста́вку нало́гов

Steuern zahlen плати́ть нало́ги

grenzausgleichsfähige Steuern нало́ги, в отноше́нии кото́рых применя́ется при́нцип страны́ назначе́ния ***(при экспорте или импорте товаров)***

örtliche Steuern ме́стные нало́ги (мн.ч.); региональные нало́ги (мн.ч.)

Steueroase *f* «нало́говый оа́зис» ***(страна или отрасль с относительно льготными налогами)***

Steuerobjekt *n* объе́кт налогообложе́ния, объе́кт нало́гового обложе́ния

Steuerordnung *f* положе́ние о налогах, положе́ние о сборах, пра́вила взима́ния нало́гов, пра́вила взима́ния сбо́ров

Steuerpacht *f ист.* о́ткуп нало́гов

Steuerparameter *m* управля́ющий пара́метр

Steuerpflicht *f* нало́говая пови́нность

beschränkte Steuerpflicht обя́занность упла́ты нало́гов с дохо́дов, получаемых внутри́ страны́

unbeschränkte Steuerpflicht обя́занность упла́ты нало́гов с дохо́дов, получаемых как внутри́ страны́, так и за грани́цей

steuerpflichtig подлежа́щий обложе́нию нало́гом, облага́емый нало́гом

beschränkt steuerpflichtig облага́емый нало́гами с дохо́дов, полу́ченных внутри́ страны́

unbeschränkt steuerpflichtig облага́емый нало́гами с дохо́дов, полу́ченных внутри́ страны́ и за рубежо́м

steuerpflichtiger Gewinn налогооблагаемая при́быль, облага́емая нало́гом при́быль

steuerpflichtiges Einkommen налогооблагаемый дохо́д, облага́емый нало́гами дохо́д

Steuerpflichtige *f*; **Stpfl.** налогоплательщик, налогоплательщица; налогообязанное лицо́

Steuerpflichtiger *m* налогоплательщик, налогооблагаемое лицо́

Steuerpolitik *f* нало́говая поли́тика

Steuerpräferenz *f* нало́говая привиле́гия

Steuerprivileg *n* нало́говая привиле́гия

Steuerprogression *f* систе́ма прогресси́вных нало́гов, нало́говая прогре́ссия

Steuerprozentsatz *m* проце́нтное отноше́ние су́ммы нало́гов к о́бщему обороту

Steuerquelle *f* исто́чник нало́гов, нало́говый исто́чник

Steuerquote *f* нало́говая кво́та ***(доля налоговых поступлений в совокупном общественном продукте)***

volkswirtschaftliche Steuerquote до́ля налоговых поступле́ний в валовом национа́льном продукте, до́ля госуда́рственных поступле́ний от нало́гов в валовом социа́льном продукте

Steuerrecht *n* нало́говое пра́во

formelles Steuerrecht форма́льное нало́говое пра́во

internationales Steuerrecht междунаро́дное нало́говое пра́во

materielles Steuerrecht материа́льное нало́говое пра́во

steuerrechtlich согла́сно налоговому пра́ву, налогово-правово́й

Steuerreform *f* нало́говая рефо́рма

Steuerregression *f* систе́ма регрессивных нало́гов, нало́говая регре́ссия

Steuerreserve *f страх.* резе́рв на упла́ту нало́гов

Steuerrückerstattung *f* возвра́т нало́гов

Steuerrückstand *m* задо́лженность по налогам, нало́говая недоимка

Steuerrückstände *pl* нало́говые недо́имки, задо́лженность по налогам

Steuerrückvergütung *f* возвра́т нало́гов

Steuerrückwälzung *f* переложе́ние нало́гов, перекла́дывание нало́гов ***(путём снижения заработной платы, увеличения цены на конечную продукцию, сбивания цен на сырьё и т.п.)***

Steuersatz *m* нало́говая ста́вка, нало́говая кво́та

ermässigter Steuersatz льго́тная нало́говая ста́вка

progressiver Steuersatz прогресси́вная нало́говая ста́вка

Steuersatztarif *m* тари́фная се́тка налогообложе́ния; тари́ф, предусма́тривающий для ка́ждого разря́да определённую ста́вку обложе́ния

Steuersäumnisgesetz *n* зако́н о надбавках за просрочку платежа́ нало́гов, зако́н о допла́тах за просрочку платежа́ нало́гов; зако́н о санкциях за просрочку платежа́ нало́гов

Steuerschraube *f* нало́говый пресс

Steuerschuld *f* задо́лженность по нало́говым обяза́тельствам; задо́лженность по нало́гу

Steuerschuldner *m* нало́говый должни́к; должни́к по упла́те нало́гов

Steuersenkung *f* сниже́ние нало́гов

Steuerstatistik *f* нало́говая стати́стика

Steuerstreik *m* забасто́вка налогоплате́льщиков, отка́з налогоплате́льщиков плати́ть нало́ги

Steuerstundung *m* отсро́чка упла́ты нало́гов, отсро́чка по упла́те нало́гов

Steuersubjekt *n* субъе́кт нало́гового обложе́ния, субъе́кт налогообложе́ния

Steuersystem *n* нало́говая систе́ма

Steuersystematik *f* система́тика нало́гов, классифика́ция нало́гов

Steuertarif *m* тари́ф налогообложе́ния, нало́говый тари́ф

Steuertäuschung *f* введе́ние в заблужде́ние налоговых о́рганов, обма́н налоговых о́рганов

Steuertechnik *f* нало́говая те́хника, те́хника нало́гового дела́

Steuertermin *m* срок упла́ты нало́га; срок погаше́ния налоговых обяза́тельств

Steuertheorie *f* тео́рия нало́гов

Steuertilgung *f* погаше́ние задо́лженности по нало́гу ***(возможно погашение частями)***

Steuerträger *m* факти́ческий налогоплательщик, коне́чный налогоплательщик, носи́тель нало́га, дестина́тор

Steuerüberwälzung *f* переложе́ние нало́га, перекла́дывание нало́гов ***(напр., предприниматель стремится переложить налог на своих поставщиков или покупателей)***

Steuerumgehung *f* обхо́д налоговых зако́нов

Steuerung *f* управле́ние, регули́рование; систе́ма управле́ния, систе́ма регули́рования

Steuerung eines Produktionsprozess управле́ние произво́дственным проце́ссом

Steuerung eines Unternehmens управление фи́рмой

Steuerungsdaten *pl* информа́ция, испо́льзуемая в проце́ссе управле́ния, управляющие да́нные

Steuerveranlagung *f* определе́ние су́ммы нало́га

Steuerveranlagungseinheit *f* едини́ца нало́гового обложе́ния

Steuerveranlagungseinheit *f* едини́ца нало́гового обложе́ния
Steuervergünstigung *f* нало́говая льго́та, нало́говая привиле́гия; нало́говые льго́ты
Steuervergütung *f* возвра́т ***(ча́сти)*** уплаченных нало́гов
Steuerverjährung *f* да́вность тре́бования упла́ты нало́га
Steuerverkürzung *f* занижение нало́га, занижение су́ммы нало́га
Steuervermeidung *f* уклоне́ние от упла́ты нало́га
Steuerversicherung *f* страхова́ние нало́гов
Steuervorauszahlung *f* упла́та нало́гов вперёд
Steuerwerk *n* устро́йство управле́ния
Steuerwert *m* сто́имость акти́ва для це́лей налогообложе́ния
Steuerwiderstand *m* нало́говое сопротивле́ние ***(попы́тка переложи́ть нало́г и́ли уклони́ться от него́)***
Steuerwirtschaft *f* систе́ма налогообложе́ния
Steuerzahler *m* налогоплательщик, лицо́, уплачивающее нало́г, ***не всегда́ совпада́ет с*** **Steuerträger**
Steuerzahlung *f* упла́та нало́гов
Steuerzeichen *n* знак опла́ты нало́гов
Steurabwälzung *f* перекла́дывание нало́гов на пле́чи трудя́щихся
stf., steuerfrei не облага́емый нало́гом, не подлежа́щий налоговому обложе́нию
StGB, Strafgesetzbuch уголо́вный ко́декс
Stichjahr *n* ба́зисный год
Stichkupon *m* после́дний купо́н купонного листа́ ***(а́кции, облига́ции)***
Stichkurs *m* ***бирж.*** ба́зисный курс
Stichprobcnkorrelationskoeffizient *m* коэффицие́нт корреля́ции вы́борки
Stichprobe *f* ***стат.*** вы́борка; вы́борочное наблюде́ние; вы́борочная про́ба; вы́борочный контро́ль, вы́борочная прове́рка
doppelte Stichprobe двукра́тная вы́борка, двойна́я вы́борка
einfache Stichprobe проста́я вы́борка, просто́й вы́борочный контро́ль
einmalige Stichprobe однократная вы́борка, однокра́тный вы́борочный контро́ль
geordnete Stichprobe упоря́доченная вы́борка
geschichtete Stichprobe расслоённая вы́борка
kleine Stichprobe ма́лая вы́борка
mechanische Stichprobe механическая вы́борка
mehrfache Stichprobe кра́тная вы́борка, кра́тный вы́борочный контро́ль
repräsentative Stichprobe репрезентати́вная вы́борка
sequentielle Stichprobe после́довательная вы́борка
statistische Stichprobe статисти́ческая вы́борка
typische Stichprobe типологическая вы́борка, типи́ческая вы́борка
unabhängige Stichprobe независи́мая вы́борка
verbundene Stichprobe свя́занная вы́борка
wiederholte Stichprobe повто́рная вы́борка
zufällige Stichprobe случа́йная вы́борка
Kontrolle durch Stichprobe machen производи́ть контро́ль путём взя́тия вы́борочных проб
Stichprobeentnahme *f* взя́тие вы́борочной про́бы
Stichproben-Anfangsmoment *n* нача́льный вы́борочный моме́нт
stichprobenartig ***стат.*** вы́борочный; вы́борочным путём
Stichprobenauswahl *f* ***стат.*** вы́борка; вы́борочное наблюде́ние; вы́борочная про́ба
Stichprobenbeobachtung *f* вы́борочное наблюде́ние, вы́борочный ме́тод наблюде́ния
Stichprobendurchschnitt *m* вы́борочная сре́дняя
Stichprobenentnahme *f* взя́тие вы́борочной про́бы
Stichprobenergebnis *n* результа́т вы́борочной прове́рки; результа́т вы́борки
Stichprobenerhebung *f* вы́борочное иссле́дование
Stichprobenfehler *m* оши́бка вы́борки, оши́бка вы́борочного контро́ля
Stichprobenfehler bei Anteilgrößen оши́бка вы́борочной до́ли
Stichprobenfunktion *f* вы́борочная фу́нкция
Stichprobenkarte *f* контро́льная ка́рта ***(при статистическом контроле ка́чества)***
Stichprobenkontrolle *f* вы́борочный контро́ль ***(ка́чества)***
Stichprobenkovarianzmatrix *f* ковариационная ма́трица вы́борки
Stichprobenmedian *m* медиа́на вы́борки
Stichprobenmethode *f* вы́борочный ме́тод
Stichprobenmittel *n* вы́борочная сре́дняя
Stichprobenmittelwert *m* сре́днее вы́борочное значе́ние
Stichprobenmoment *n* вы́борочный моме́нт
Stichprobenplan *m* план вы́борки; план приёмочного контро́ля ***(при статистическом контроле ка́чества)***
Stichprobenplan für Attributprüfung ***стат.*** вы́борочный план контро́ля по качественным при́знакам
Stichprobenplan für Variablenprüfung вы́борочный план контро́ля по количественным при́знакам
doppelter Stichprobenplan план двойно́го приёмочного контро́ля ***(ка́чества)***
einfacher Stichprobenplan план одино́чного приёмочного контро́ля, план одновыборочного контро́ля ***(ка́чества)***
einfacher Stichprobenplan вы́борочный план последовательного контро́ля ***(ка́чества)***
mehrfacher Stichprobenplan план мно́жественного приёмочного контро́ля, многовыборочный план контро́ля ***(ка́чества)***
Stichprobenprüfung *f* вы́борочный контро́ль
Stichprobenqualitätskontrolle *f* вы́борочный контро́ль ка́чества
Stichprobenquantil *n* квантиль вы́борки
Stichprobenraum *m* вы́борочное простра́нство
Stichprobenregressionskoeffizient *m* коэффицие́нт регрессии вы́борки
Stichprobenstreuung *f* диспе́рсия вы́борки
Stichprobensystem *n* систе́ма приёмочного контро́ля
doppeltes Stichprobensystem систе́ма двойно́го приёмочного контро́ля
einfaches Stichprobensystem систе́ма просто́го приёмочного контро́ля
kontinuierliches Stichprobensystem систе́ма непреры́вного приёмочного контро́ля
mehrfaches Stichprobensystem систе́ма мно́жественного приёмочного контро́ля
Stichprobentheorie *f* тео́рия вы́борок
Stichprobenumfang *m* объём вы́борки
relativer Stichprobenumfang относи́тельный объём вы́борки
Stichprobenuntersuchung *f* ***стат.*** вы́борочное наблюде́ние, вы́борка
Stichprobenverfahren *n* вы́борочное наблюде́ние; вы́борочный ме́тод; ме́тод вы́борочного контро́ля, вы́борочный контро́ль ***(ка́чества)***
Stichprobenverfahren für messende Prüfung вы́борочный контро́ль ***(ка́чества)*** по количественным при́знакам

doppeltes Stichprobenverfahren ме́тод двукра́тной вы́борки, ме́тод двукра́тного вы́борочного контро́ля *(ка́чества)*
einfaches Stichprobenverfahren ме́тод просто́й вы́борки, ме́тод однокра́тного вы́борочного контро́ля *(ка́чества)*
mehrfaches Stichprobenverfahren многовы́борочный ме́тод контро́ля *(ка́чества)*

Stichprobenverteilung *f* вы́борочное распределе́ние

Stichprobenverteilungsfunktion *f* фу́нкция вы́борочного распределе́ния

stichprobenweise на вы́борку; вы́борочным путём, вы́борочно

Stichprobenwert *m* вы́борочное значе́ние

Stichtag *m* срок упла́ты, день платежа́; день поста́вки *(напр., това́ра)*; день выполне́ния *(напр., зака́за)*
Stichtag *бухг.* день, на кото́рый составля́ется бала́нс; день инвентаризации
Stichtag *стат.* крити́ческая да́та
Stichtag *юр.* день вступле́ния в си́лу *(напр., зако́на, догово́ра)*

stichtagbezogen относя́щийся к определённой да́те, относя́щийся к определённому дню

Stichtagsbestand *m* нали́чие *(това́ров и́ли де́нежной нали́чности)*, запа́с на определённый день

Stichtagsinventur *f* инвентариза́ция на определённую да́ту

Stichtagskontrolle *f* контро́ль нали́чия материа́лов на определённый день

Stichtagspreis *m* цена́ на определённый день, слу́жащая осно́вой расчёта с поставщико́м

Stichtagsvorratsnorm *f* но́рма запа́са на определённый день

Stichtagsvorratsnormung *f* нормирова́ние запа́са на определённый день; нормирова́ние запа́сов в днях *(напр., при планировании товарооборота)*

Stichtagswert *m* да́нные, получа́емые в устано́вленные сро́ки

Stichwort *n* поиско́вое сло́во (напр. в Интерне́т)
Stichwort *n* вока́була (в словаре́)
Stichwort *n* предме́тная ру́брика

Stiftung *f* учрежде́ние, основа́ние; фонд *(гл. обр. благотвори́тельный, по́льзуется налоговыми льго́тами)*

still скры́тый *(напр., резе́рвы)*; негла́сный *(напр., уча́стие)*

stilllegen *vt* свёртывать, *(вре́менно)* остана́вливать рабо́ту *(предприя́тия)*, консерви́ровать *(напр., предприя́тие. строи́тельство)*; закрыва́ть *(предприя́тие)*, прекраща́ть движе́ние *(на ли́нии, на тра́ссе)*; ста́вить на прико́л *(суда́)*

Stillgeld *n* посо́бие кормящей ма́тери

Stillhalteabkommen *n* соглаше́ние о моратории

Stillhaltekredite *m, pl* креди́ты, попадающие под де́йствие морато́рия

Stillhalten *n* отсро́чка опла́ты *(де́нежных обяза́тельств)*

Stillhalter *m* продаве́ц опциона

Stilliegetage *m pl* сверхсталийное вре́мя

Stillpausen *f, pl* перерывы в рабо́те для кормящих матере́й

Stillstand *m* засто́й; зати́шье; безде́йствие; просто́й *(напр., маши́ны)*
Stillstand der Anlage просто́й обору́дования
Stillstand der Ausrüstung просто́й обору́дования
ganzschichtiger Stillstand целосменный просто́й, просто́й всей сме́ны
ganztägiger Stillstand целодневный просто́й, просто́й в тече́ние всего́ рабо́чего дня
technisch bedingter Stillstand просто́й по техни́ческим причи́нам
vollschichtiger Stillstand целосменный просто́й, просто́й всей сме́ны

Stillstands- und Wartezeit *f* вре́мя просто́я маши́н, вре́мя просто́я обору́дования; перио́д засто́я

Stillstandsbeseitigung *f* ликвида́ция просто́я

Stillstandsdauer *f* продолжи́тельность просто́я, дли́тельность просто́я

Stillstandskosten *pl* расхо́ды, свя́занные с консервацией предприя́тия; расхо́ды, вы́званные простоем

Stillstandszeit *f* вре́мя просто́я маши́н, вре́мя просто́я обору́дования; перио́д засто́я

Stimmkraft *f* коли́чество голосо́в

Stimmrecht *n* пра́во голоса́ *(напр., на собра́нии акционе́ров)*; положе́ние о вы́борах

Stimmrechtsaktie *f* многоголосая а́кция, плюральная а́кция

Stimmschein *m* удостовере́ние с пра́вом голоса́ (на собра́нии акционе́ров)

Stimulierung *f* стимули́рование; поощре́ние
materielle Stimulierung материа́льное стимули́рование
ökonomische Stimulierung экономи́ческое стимули́рование

Stimulierungsfonds *m, pl* поощри́тельные фо́нды

Stimulierungsmaßnahme *f* ме́ра поощре́ния

Stimulus *m* сти́мул
materieller Stimulus материа́льный сти́мул

Stipulation *f* догово́р, усло́вие; огово́рка

StKl, Steuerklasse разря́д налогообложе́ния, класс налогообложе́ния

stöbern иска́ть; осуществля́ть по́иск (напр. в катало́ге, в Интерне́т, в Интерне́т-магази́не)
stöbern ры́ться; ша́рить; копа́ться (с це́лью по́иска)

Stochastik *f* стохастика

stochastisch стохасти́ческий, вероя́тностный

Stock *m* това́рные запа́сы, запа́сы товарно-материа́льных це́нностей
Stock *m* основно́й капита́л
Stock *m* а́кция; долгово́е обяза́тельство; це́нные бума́ги
Stock der Aktien контро́льный паке́т а́кций
stock (eng.) би́ржа
stock brocker биржево́й ма́клер *(на фо́ндовой би́рже)*
stock certificate глоба́льная а́кция *(в США и А́нглии)*; акционе́рный сертифика́т (удостоверя́ющий пра́во владе́льца на часть капита́ла компа́нии); свиде́тельство на до́лю уча́стия в акционе́рном капитале
stock corporation акционе́рная корпора́ция *(США)*
Stock Exchange *f* фо́ндовая би́ржа

Stockdividende *f* дивиде́нд в фо́рме а́кций, дивиде́нд в фо́рме вы́пуска дополни́тельных а́кций

Stockmaster *m* информацио́нное табло́ на би́рже

stockpile *англ.* стратеги́ческий запа́с

Stockpile-Verkäufe *m, pl* прода́жа изли́шков стратеги́ческих запа́сов, реализа́ция изли́шков стратеги́ческих запа́сов

Stockpiling *англ.* созда́ние запа́сов стратеги́ческого сырья́

Stockpiling-Käufe *m, pl* заку́пки с це́лью созда́ния запа́сов стратеги́ческого сырья́

Stockung *f* засто́й; зато́р, про́бка *(на тра́нспорте)*

Stoff-Fluss *m* материа́льный пото́к *(в межотраслевом балансе́)*

Stoff-Flußbild *n* схе́ма материа́льных пото́ков *(в межотраслевом балансе́)*

Stoffgewinnung *f* добы́ча поле́зных ископа́емых

stofflich материа́льный; веще́ственный

Stopp loss Order *f бирж.* стоп-о́рдер, стоп-зака́з

Stoppkurs *m бирж.* твёрдый курс

Stoppkurspreis *m бирж.* цена́ по твёрдому ку́рсу

Stoppmiete *f* твёрдо устано́вленная *(ча́ще кварти́рная)* аре́ндная пла́та

Stoppreis *m* стоп-цена́, заморо́женная цена́

Stör *f* рабо́та, исполня́емая *(ремесленником)* в помеще́нии зака́зчика, рабо́та, исполня́емая *(ремесленником)* в помеще́нии клие́нта

auf der Stör arbeiten рабо́тать у зака́зчика на дому́

Störbetrieb *m* рабо́та, исполня́емая *(ремесленником)* в помеще́нии зака́зчика, рабо́та, исполня́емая *(ремесленником)* в помеще́нии клие́нта

stornieren *vt бухг.* сторни́ровать, испра́вить за́пись в бухга́лтерских кни́гах; аннули́ровать *(напр., зака́з)*

Storno *m* сто́рно, исправле́ние бухга́лтерской за́писи

Stornobuchung *f бухг.* сто́рно

Stornogrund *m страх.* причи́на сторни́рования

Stornorecht *n* пра́во сторни́ровать за́писи *(напр. ба́нка, страхово́й компа́нии и т.п.))*

Stornoreserve *f* страхово́й резе́рв

Störreserve *f* резе́рвный запа́с, страхово́й запа́с

Störung *f* наруше́ние; расстро́йство; поврежде́ние; поме́ха; непола́дки; сбой

Störung негати́вное явле́ние, отрица́тельное влия́ние *(како́го-л. фа́ктора)*

Störung im Handel перебо́й в торго́вле

Störungen *f, pl* непола́дки *(в рабо́те)*

Störungsbehebung *f* отла́дка, устране́ние поме́х

Störungsbeherrschung *f* предотвраще́ние нежела́тельного возде́йствия, ока́зываемого отрица́тельными фа́кторами

Störungsbeseitigung *f* отла́дка, устране́ние поме́х

störungsfrei бесперебо́йный; без поме́х, без поврежде́ний, безотка́зный, безавари́йный

Störungsmeldung *f* учёт возмуще́ний, регистра́ция отрица́тельно влия́ющих фа́кторов, сигна́л о сбое

Störungspuffer *m* внепла́новые сверхнорма́тивные запа́сы сырья́ и материа́лов

Störungspuffer страхово́й резе́рв, резе́рв на устране́ние возмуще́ний

Stpp., Stoppreis «заморо́женная» цена́, «стоп-цена́»

StPr, Stammprioritätsaktie привилеги́рованная а́кция пе́рвого вы́пуска

strafbar наказу́емый *(в том числе́ с по́мощью материа́льных са́нкций)*

Strafbedingungen *f, pl* догово́рные са́нкции

Strafbescheid *m* уведомле́ние о наложе́нии штра́фа

Strafe *f* наказа́ние; взыска́ние; штраф; пе́ня

Strafe zahlen плати́ть штраф

mit Strafe belegen обложи́ть штра́фом

strafen *vt* штрафова́ть; нака́зывать

Straffung *f* усиле́ние, укрепле́ние

Strafgeld *n* де́нежный штраф; пе́ня

Strafporto *n* дополни́тельная пла́та *(за несоблюде́ние почто́вого тари́фа)*

Strafrabatt *m* штрафна́я ски́дка

Strafrecht *n* уголо́вное пра́во

Strafsanktionen *f, pl* штрафны́е са́нкции

Strafzölle *m pl* «отве́тные» по́шлины, рето́рсии *(встре́чные ме́ры по отноше́нию к стра́нам, затрудня́ющим ввоз высо́кими по́шлинами)*

Strandgut *n* предме́ты, вы́брошенные мо́рем по́сле кораблекруше́ния *(на бе́рег)*

Straßenabgabe *f уст.* доро́жный сбор, шоссе́йный сбор

Straßenanliegerbeitrag *m* взнос на доро́жное строи́тельство, упла́чиваемый владе́льцами прилега́ющих к доро́гам уча́стков,

Straßenfertigung *f* произво́дство на автомати́ческих стано́чных ли́ниях

Straßenhandel *m* у́личная торго́вля; торго́вля вразно́с

Straßensteuer *f* доро́жный нало́г

Straßenverkäufer *m* торго́вец с лотка́, торго́вец вразно́с

Straßenzoll *m* доро́жная по́шлина

Strategie *f* страте́гия

Strategie мето́дика; методоло́гия; систе́ма руково́дства

Strategie des Verhaltens страте́гия поведе́ния

CIM-Strategie *f* страте́гия комплексно-автоматизи́рованного произво́дства

Entscheidungsstrategie *f* страте́гия приня́тия реше́ний

extremale Strategie экстрема́льная страте́гия

gemischte Strategie сме́шанная страте́гия

individuelle Strategie индивидуа́льная страте́гия

maximale Strategie максима́льная страте́гия

minimale Strategie минима́льная страте́гия

Minimax-Strategie *f* минима́ксная страте́гия

optimale Strategie оптима́льная страте́гия

reine Strategie чи́стая страте́гия

Untersuchungsstrategie *f* мето́дика иссле́дований

eine Strategie entwickeln разраба́тывать страте́гию

eine Strategie verfolgen приде́рживаться страте́гии

Strategienmenge *f* мно́жество страте́гий

Strategienwahl *f* вы́бор страте́гии

strategisch стратеги́ческий

strategische Planung стратеги́ческое плани́рование

strategische Unternehmungsführung стратеги́ческий ме́неджмент

strategisches Geschäftsfeld стратеги́ческое по́ле де́ятельности

Stratifikationstheorien *f, pl* тео́рии стратифика́ции

Streckenfracht *f* фрахт за изве́стное расстоя́ние, фрахт за определённое расстоя́ние

Streckengeschäft *n* торго́вая опера́ция, при кото́рой предприя́тие-поставщи́к поставля́ет това́р непосре́дственно зака́зчику по ука́занию опто́вой торго́вой организа́ции

Streckenhandel *m* торго́вая опера́ция, при кото́рой предприя́тие-поставщи́к поставля́ет това́р непосре́дственно зака́зчику по ука́занию опто́вой торго́вой организа́ции

Streifband *n* бандеро́ль

Streifbanddepot *n* хране́ние це́нных бума́г ба́нком в отде́льных конве́ртах *(отлича́ющихся друг от дру́га нанесёнными поло́сами)*, хране́ние це́нных бума́г под бандеро́лью

Streifbandsendung *f* бандеро́ль

Streifendiagramm *n* ле́нточная диагра́мма, полосова́я диагра́мма

Streifenregister *n канц.* ле́нточный указа́тель

Streifensteuer *f* бандеро́льный сбор *(акци́зный нало́г)*

Streik *m* забасто́вка, ста́чка

allgemeiner Streik всео́бщая забасто́вка

planmässiger Streik пла́новая забасто́вка, заплани́рованная забасто́вка

sitzender Streik сидя́чая забасто́вка

verkehrter Streik италья́нская забасто́вка

wilder Streik стихи́йная забасто́вка, спонта́нная забасто́вка

den Streik ausrufen объявля́ть забасто́вку

der Streik lähmt die Wirtschaft забасто́вка парализу́ет эконо́мику

einen Streik abbrechen прекраща́ть забасто́вку

(etw) durch Streik erzwingen добивáться (чегó-л.) путём забастóвки, добивáться (чегó-л.) путём проведéния забастóвки
in Streik treten начинáть забастóвку, начáть забастóвку, забастовáть
zum Streik aufrufen призывáть к забастóвке, призвáть к забастóвке
Streikaktion *f* забастóвка, стáчка
Streikbewegung *f* забастовочное движéние, стáчечное движéние
Streikbrecher *m* штрейкбрéхер
Streikbruch *m* срыв забастóвки
Streikende *m* бастýющий, забастóвщик, стáчечник
Streikfonds *m* стáчечный фонд
Streikfreiheit *f* свобóда стачек
Streikgelder *n, pl* посóбие бастýющим
Streikkasse *f* стачечная кáсса
Streikposten *m* стáчечный пикéт, пикéт забастовщиков
Streikposten aufstellen вы́ставить стáчечный пикéт, выставлять стáчечный пикéт; вы́ставить пикéт забастовщиков, выставлять пикéт забастовщиков
Streikrecht *n* прáво на проведéние забастóвок; прáво проведéния забастóвок; прáво организáции забастóвок; прáво на забастóвки
Streikversicherung *f* страховáние предпринимáтелей на слýчай забастóвок
Streit *m* спор, ссóра; дéло, процéсс; столкновéние, конфли́кт
Streitfall *m* спóрный слýчай, конфли́кт
den Streitfall schlichten улáдить конфли́кт
Streitgegenstand *m* предмéт спóра; предмéт и́ска
Streitigkeit *f юр.* спор; ссóра, конфли́кт
vermögensrechtliche Streitigkeit имýщественный спор
Streitobjekt *n* предмéт спóра; предмéт и́ска
Streitwort *m* исковáя ценá; исковáя стóимость; величинá и́ска
Streuarten *f, pl* фóрмы распространéния реклáмных материáлов
Streubesitz *m* разбрóсанное земéльное владéние, распылённое земéльное владéние
streuen *vt* распределять *(напр., товáры)*; размещáть *(напр., сóбственность)*; распространять *(реклáмные материáлы)*; *стат.* рассéивать
Streuergebnis *n* результáт проведéния кампáнии по распространéнию реклáмных материáлов
Streugebiet *n* райóн распространéния реклáмных материáлов
Streuplan *m* план распространéния реклáмных материáлов; план реклáмной кампáнии
Streuung *f* распределéние *(напр., товáров)*; размещéние *(напр., сóбственности)*; распространéние *(реклáмных материáлов)*; *стат.* рассéяние, дисперсия; разбрóс
Streuungsdiagramm *n* диагрáмма диспéрсий
Streuungsfeld *n стат.* полé рассеяния
Streuungskarte *f* контрóльная кáрта для диспéрсий *(в статистическом контроле кáчества)*
Streuungskoeffizient *m стат.* коэффициéнт рассеяния
Streuungsmaß *n стат.* мéра рассеяния
Streuungsmatrix *f* ковариационная мáтрица
Streuungszerlegung *f* дисперсиóнный анáлиз
Streuzeit *f* продолжи́тельность распространéния и дéйствия реклáмных материáлов
Strich *m* чертá; ли́ния; штрих
unter dem Strich *бухг.* за балáнсом
Strichelungsverfahren *n стат.* штрихелевание
Strichkode *m* штриховóй код; штрих-код
Strichkodeleser *m* считыватель штрихового кóда; автомáт для считывания штрихового кóда
optischer Strichkodeleser *m* опти́ческий считыватель штрихового кóда
Strichliste *f стат.* рабóчая таблица, испóльзуемая при штрихелевании
Strichplan *m* линéйный грáфик
Strohmann *m* подставнóе лицó *(дéйствующее, напр., под своим и́менем, но за счёт средств, полýченных от други́х лиц)*
Strohmanngründung *f* основáние акционéрного óбщества с пóмощью подставны́х лиц
Strom *m* потóк; *(электри́ческий)* ток, электроэнéргия
endlicher Strom конéчный потóк *(трéбований) (в теóрии мáссового обслýживания)*
unendlicher Strom бесконéчный потóк *(трéбований) (в теóрии мáссового обслýживание)*
Strombilanz *f* электроэнергетический балáнс
Stromkontingent *n* лими́т на электроэнéргию
Stromzählung *f* учёт динáмики трáнспортного потóка; подсчёт потреблéния электроэнéргии
Stropp *m* строп *(приспособлéние из канáтов, трóсов, цепéй и т.п. для захвáта грýзов и подвéшивания их к крю́ку подъёмного крáна)*
Struktur *f* структýра; строéние; состáв; устрóйство; уклáд
abteilungslose Struktur бесцеховáя структýра управлéния произвóдством
regionale Struktur региональная структýра
technologische Struktur технологи́ческая структýра
Strukturanalyse *f* структýрный анáлиз, анáлиз структýры
Strukturänderungen *f, pl* структурные изменéния, структурные сдви́ги
strukturbestimmend структуроопределяющий
Strukturdiagramm *n стат.* структýрная диагрáмма
Struktureffekt *m* структýрный эффéкт
Struktureinheit *f* структýрная едини́ца, структурное звенó
Strukturen *f, pl* организационная структýра,
risikominimierende Strukturen организационная структýра, характеризýющаяся минимáльным ри́ском *(для компáнии)*
straff organisierte Strukturen чётко организóванная структýра
Strukturentwicklung *f* разви́тие структýры
Strukturforschung *f* исслéдование структýры, структурное исслéдование, структýрный анáлиз
Strukturgestaltung *f* организационная структýра
Strukturmodell *n* структýрная модéль
Strukturorganisation *f* организационная структýра
Strukturplan *m* структýрный план *(организáции управлéния предприя́тием)*
Strukturplanung *f сет. пл.* определéние структýры; исхóдное планировáние *(проéкта)*
Strukturpolitik *f* структýрная поли́тика
regionale Strukturpolitik региональная структýрная поли́тика *(провóдится обы́чно центрáльным прави́тельством, мéстными властя́ми и международными организáциями, напр., ЕЭС, с цéлью совершéнствования структýры экономи́ческих регионов)*
Strukturschaubild *n* структýрная схéма
Strukturveränderung *f* изменéние структýры
Strukturverschiebung *f* структýрный сдвиг
Strukturwandel *m* изменéние структýры; структýрный сдвиг

Strukturwechsel *m* изменéние структýры

Strumpfsparen *n* хранéние дéнег в кубышке

Stück *n* кусóк, часть; штýка

pro Stück за штýку

Stückarbeit *f* сдéльная рабóта

Stückartwechsel *m* перенала́дка ли́нии при прерывно-поточном произвóдстве

Stücke *n pl* отдéльные купю́ры дéнег, отдéльные купю́ры цéнных бумáг, цéнные бумáги

fehlerhafte Stücke повреждённые купю́ры

freie Stücke свобóдно перепродаваемые цéнные бумáги

nasse Stücke неразмещённые закладные

reine Stücke цéнные бумáги, отвечáющие трéбованиям би́ржи

Stückekonto *n уст.* счёт цéнных бумáг, сдáнных на хранéние без óписи

Stückelung *f* дроблéние; делéние *(монéт, банкнóт, цéнных бумáг)* по купю́рам; делéние *(монéт, банкнóт, цéнных бумáг)* по достóинству; дроблéние; делéние *(эмиссии по купюрам или достóинствам)*

Stückerfolg *m (коммéрческий)* результáт от продáжи едини́цы продýкции

Stückeverzeichnis *n* óпись цéнных бумáг, пéречень цéнных бумáг

Stückezuteilung *f* размещéние цéнных бумáг по подпи́ске

Stückgeldakkord *m* сдéльная аккóрдная зáработная плáта

Stückgut *n* штýчный товáр; штýчный груз; мéлкий груз

Stückkosten *pl* издéржки на едини́цу продýкции, прямы́е издéржки

Stückkostenkalkulation *f* калькуля́ция издéржек в расчёте на едини́цу продýкции, калькуля́ция себестóимости едини́цы продукции

Stückkurs *m бирж.* курс отдéльной цéнной бумáги

Stückleistung *f* штýчная производи́тельность

Stückliste *f* пéречень, спецификáция

Stücklohn *m* сдéльная зáработная плáта, сдéльная оплáта трудá, систéма сдельной зáработной плáты

einfacher Stücklohn прямáя сдéльная зáработная плáта, прямáя сдéльная оплáта трудá

indirekter Stücklohn кóсвенно-сдéльная зáработная плáта, кóсвенно-сдéльная оплáта трудá

kollektiver Stücklohn коллекти́вная сдéльная оплáта трудá

progressiver Stücklohn сдéльно-прогресси́вная зáработная плáта, сдéльно-прогресси́вная оплáта трудá

im Stücklohn arbeiten рабóтать сдéльно

Stücklohnarbeit *f* сдéльная рабóта

Stücklöhner *m* рабóчий-сдéльщик

Stücklohnsatz *m* расцéнка на сдéльную рабóту

Stücklohnsystem *n* систéма сдельной оплáты трудá, сдéльная систéма зáработной плáты, сдéльщина

einfaches Stücklohnsystem простáя сдéльная систéма оплáты трудá, прямáя сдéльная систéма оплáты трудá, пропорционáльная сдéльная систéма оплáты трудá

indirektes Stücklohnsystem кóсвенная сдéльная систéма оплáты трудá

Stücknorm *f* нóрма вы́работки *(вы́раженная в штуках)*

Stücknormzeit *f* нóрма штучного врéмени

Stücknotierung *f бирж.* котирóвка отдéльной цéнной бумáги, котирóвка цéнных бумáг дáнного ви́да

Stückprämie *f* прéмия за сбыт едини́цы скоропóртящихся продýктов, прéмия за сбыт едини́цы залежавшихся товáров

Stückpreis *m* поштýчная ценá, ценá за штýку

Stückpreissystem *n* систéма оплáты трудá за кáждую едини́цу вы́работанной продýкции

Stückrechnung *f* расчёт коммéрческого результáта, достигнутого от продáжи едини́цы продýкции, подсчёт коммéрческого результáта, достигнутого от продáжи едини́цы продýкции; поштучный учёт

Stückschuld *f* долг, погашáемый индивидуáльно передáчей определённой вéщи

Stückspanne *f* торгóвая нацéнка *(напр., за коли́чество)*, определя́емая в расчёте на едини́цу товáра; торгóвая ски́дка *(напр., за коли́чество)*, определя́емая в расчёте на едини́цу товáра

Stücktara *f* тáра, вес которóй принимáется в размéре, установленном торгóвым обы́чаем

Stücktarif *m* тари́ф на перевóзку штучного грýза, штýчный тари́ф

Stückware *f* штýчный товáр

stückweise поштýчно; частя́ми

Stückwerk *n* несовершéнная рабóта, незаконченная рабóта, незавершённая рабóта; сдéльная рабóта, поштýчная рабóта; рабóта, оплáчиваемая поштýчно

Stückzahl *f* объём продýкции в штуках, коли́чество издéлий в штуках

hohe Stückzahl крупная сéрия

kleine Stückzahl мéлкая сéрия

mittlere Stückzahl срéдняя сéрия

niedrige Stückzahl мéлкая сéрия

Stückzahlnorm *f* нóрма вы́работки *(вы́раженная в штуках)*

Stückzeit *f* врéмя изготовлéния едини́цы продýкции, штýчное врéмя

Stückzeitakkord *f* повременно-сдéльная зáработная плáта; штучно-аккóрдная зарплáта

Stückzeitnorm *f* нóрма штучного врéмени

kalkulierte Stückzeitnorm нóрма штучно-калькуляционного врéмени

Stückzinsen *m, pl бирж.* гаранти́рованные процéнты (мн.ч.)

Stückzölle *m, pl* стáвки пóшлины *(в исчислéнии на едини́цу продýкции)*

Studie *f* исслéдование

technologische Studie технологи́ческое исслéдование

studieren *vt* изучáть *(проблéму, вопрóс)*

studieren *vi* обучáться, учи́ться

Studium *n* изучéние *(вопрóса)*; учёба, обучéние

Stufendivisionskalkulation *f* простóй мéтод калькуля́ции для кáждой ступéни произвóдства

Stufenerzeugnis *n* промежýточное издéлие, полуфабрикáт

Stufenfabrikat *n* промежýточное издéлие, полуфабрикáт

Stufengrafik *f* ступéнчатый грáфик

Stufengründung *f* учреждéние акционéрного óбщества по мéре распространéния áкций

Stufenmodell *n* ступéнчатая модéль

Stufennorm *f* нóрма расхóдования материáлов на изготовлéние промежуточного продýкта

Stufenpreise *m, pl* ступенчатые цены́

Stufenprodukt *n* промежýточный продýкт

Stufenproduktion *f* многостади́йный процéсс произвóдства

Stufenspezialisierung *f* специализáция стáдий произвóдства

Stufentarif *m* ступéнчатый тари́ф; ступéнчатая шкалá налогообложéния

Stufentheorie *f* теóрия стадийного разви́тия, теóрия стáдий

stufenweise постепéнный, послéдовательный; стади́йный

Stuhlkapazität *f* числó посáдочных мест *(предприя́тия общéственного питáния)*

stunden *vt* пролонги́ровать, отсрóчивать *(платёж и т.п.)*

Stundenerzeugungsplan *m* почасовóй грáфик произвóдства

Stundenleistung *f* почасовáя производи́тельность, часова́я производи́тельность, часова́я вы́работка,

Stundenlohn *m* почасова́я опла́та труда́

Stundenlohnsatz *m* почасова́я ста́вка за́работной пла́ты

Stundenlohnsatz nach Tarif почасова́я тари́фная ста́вка

Stundenplan *m* часово́й гра́фик

Stundenproduktion *f* почасова́я производи́тельность, часова́я производи́тельность, часова́я вы́работка,

Stundenproduktionsplan *m* часово́й гра́фик

Stundung *f* отсро́чка, пролонга́ция *(платежа́)*; морато́рий

Stundungsfrist *f* срок, на кото́рый предоста́влена отсро́чка *(платежа́)*

Stundungsgesuch *n* про́сьба об отсро́чке *(платежа́)*

Stundungszinsen *m, pl* проце́нты, взима́емые за предоставле́ние отсро́чки *(платежа́)*

Sturmschadenversicherung *f* страхова́ние от уще́рба, нанесённого бу́рей, страхова́ние от уще́рба, нанесённого урага́ном, страхова́ние от уще́рба, нанесённого што́рмом

Sturmversicherung *f* страхова́ние от уще́рба, нанесённого бу́рей, страхова́ние от уще́рба, нанесённого урага́ном, страхова́ние от уще́рба, нанесённого што́рмом

Sturzgut *n* насыпно́й груз, навалочный груз

Stuto, Tonnen je Stunde *(сто́лько-то)* тонн в час

Stützung *f* дота́ция; субси́дия, субве́нция

Stützungskauf *m* интервенцио́нная ску́пка *(заку́пка для поддержа́ния цен и́ли ку́рсов)*, поку́пка в целя́х поддержа́ния существу́ющего ку́рса, поку́пка в целя́х поддержа́ния существу́ющего у́ровня цен

Stv, Stellvertreter замести́тель; исполня́ющий обя́занности

Stv, Stellvertreter представи́тель

StW, statistisches Warenverzeichnis статисти́ческий пе́речень това́ров

Subagent *m* субаге́нт

Subauftragnehmer *m* предприя́тие-смежник, являющееся поставщико́м основно́го исполни́теля зака́за

Subcompany *f англ.* дочёрняя *(подконтро́льная)* компа́ния

Subcontract *m* субподряд; догово́р с субподрядчиком

Subhastation *f* прода́жа с молотка́, прода́жа с аукцио́на, прода́жа с публи́чных торго́в

Subjektsteuern *f, pl* ли́чные нало́ги

Subkonto *n* субсчёт

Sublieferant *m* субпоставщик

Submission *f* объявле́ние ко́нкурса на размеще́ние зака́зов; размеще́ние подрядов; торги́; прода́жа с молотка́, прода́жа с аукцио́на, прода́жа с публи́чных торго́в

Submissionskartell *n* карте́ль, объединя́ющий предпринима́телей *(в ра́мках кото́рого распределя́ются о́бщие оферты на госуда́рственные зака́зы)*

Submissionslieferung *f* принуди́тельная поста́вка

Submissionslieferungsvertrag *m* догово́р принудительной поста́вки

Submittent *m* подря́дчик

Subnetz *n сет. пл.* ча́стная сеть

Suboptimierung *f* субоптимизация

Subpacht *f* субаре́нда

Subsidium *n* субве́нция, субси́дия, дота́ция *(ча́ще всего́ госуда́рственная фина́нсовая по́мощь)*

Subsistenzmittel *n, pl* сре́дства пропита́ния, сре́дства к существова́нию

Subsistenzmittelfondstheorie *f* тео́рия фо́нда средств к существова́нию

Subskription *f* подпи́ска *(напр., на це́нные бума́ги)*

Substanz капита́л, иму́щество

wertbildende Substanz субста́нция, созидающая сто́имость

Substanzbesteuerung *f* обложе́ние нало́гом иму́щества; обложе́ние пря́мыми реальными нало́гами

Substanzbewertung *f* оце́нка сто́имости иму́щества *(при налогообложении)*

Substanzerhaltung *f* сохране́ние капита́ла

Substanzsteuer *f* реа́льный нало́г *(поземе́льный, промысловый)*

Substanzverringerung *f* истоще́ние запа́сов ископа́емых *(напр., на горнозаводски́х предприя́тиях, каменоло́мнях)*

Substanzverzehr *m* истоще́ние запа́сов ископа́емых *(напр., на горнозаводски́х предприя́тиях, каменоло́мнях)*

Substanzwert *m* реа́льная сто́имость; реа́льная це́нность

Substituierbarkeit *f* замени́мость

Substituierbarkeit der Ressourcen взаимозаменя́емость ресу́рсов

Substitut *m* субститу́т, замени́тель

Substitution *f* заменя́емость, заме́на, замеще́ние

Substitution der Produktionsfaktoren взаимозамеща́емость фа́кторов произво́дства

substitutional взаимозаменя́емый

Substitutionseffekt *m* эффе́кт замеще́ния *(измене́ние величины́ спро́са на това́р в результа́те измене́ния его́ цены́ по отноше́нию к це́нам други́х това́ров при сохране́нии неизме́нного дохо́да)*

Substitutionselastizität *f* эласти́чность замеще́ния, эласти́чность заме́ны

substitutionsfähig взаимозаменя́емый

Substitutionsgüter *n, pl* взаимозаменя́емые това́ры; взаимозаменя́емые проду́кты; взаимозаменя́емое сырьё

Substitutionskoeffizient *m мат.* коэффицие́нт подстано́вки, коэффицие́нт замеще́ния

Substitutionskonkurrenz *f* конкуре́нция субститутов, конкуре́нция заменителей *(ме́жду взаимозаменя́емыми това́рами)*

Substitutionsmaterial *n* замени́тель

Substitutionsmethode *f* ме́тод замеще́ния

Substitutionsprodukt *n* замени́тель *(проду́кт)*

Substitutionswaren *f, pl* взаимозаменя́емые това́ры

subsummieren *vt* подводи́ть промежу́точные ито́ги

Subsystem *n* субсистема, подсисте́ма; ча́стная систе́ма

Subvention *f* субве́нция, субси́дия, дота́ция *(ча́ще всего́ госуда́рственная фина́нсовая по́мощь)*; посо́бие, де́нежная по́мощь

unsichtbare Subvention неви́димая субси́дия, скры́тая субси́дия

subventionieren *vt* субсиди́ровать; предоставля́ть дота́цию; выпла́чивать посо́бие ока́зывать де́нежную по́мощь

Subventionierung *f* субве́нция, субси́дия, дота́ция *(ча́ще всего́ госуда́рственная фина́нсовая по́мощь)*; посо́бие, де́нежная по́мощь

Subventionsabbau *m* сокраще́ние субси́дий

Subventionsbericht *m* отчёт о вы́даче субси́дий

Subventionsfonds *m* субвенционный фонд

Subvertreter *m* субаге́нт

Suchkartei *f* спра́вочная картоте́ка

Suchkatalog *m* поиско́вый катало́г (в Интерне́т)

Suchmaschine *f* поиско́вая маши́на (в Интерне́т)

Suchprogramm *n* програ́мма по́иска

Südostasienpakt Организа́ция догово́ра Юго-Восто́чной А́зии, СЕАТО

Südostasienpaktorganisation Организа́ция догово́ра Юго-Восто́чной А́зии, СЕАТО

Sukzessionsstaat *m* госуда́рство-правопрее́мник

sukzessiv после́довательный; постепе́нный

Sukzessivgründung *f* учрежде́ние акционе́рного о́бщества по ме́ре распростране́ния а́кций

Sukzessivlieferung *f* поста́вка частя́ми, поста́вка па́ртиями

summa, summarum всего́, в ито́ге

summarisch сумма́рный, ито́говый

Summation *f* подведе́ние ито́га; сумми́рование

Summator *m обр. дан.* сумма́тор

Summe *f* су́мма; ито́г, результа́т

aufgelaufene Summe нараста́ющий ито́г

ausstehende Summe недоплаченная су́мма

kumulative Summe нараста́ющий ито́г

Summen *f, pl* су́ммы

disponible Summen свобо́дная нали́чность

restierende Summen недои́мки; недоплаты

Summenaktie *f* а́кция с твёрдо устано́вленной квотой, недолевая а́кция

Summenbilanz *f* бухга́лтерский бала́нс, в кото́ром по ка́ждой статье́ приво́дится оборо́т за соотве́тствующий перио́д

Summendepot *n* вид депони́рования це́нных бума́г в ба́нке, при кото́ром после́дний може́т регули́ровать соста́в хранимого портфе́ля, возвраща́я бума́ги одного́ ви́да

Summenrückversicherung *f страх.* квотативная перестрахо́вка

Summenversicherung *f страх.* страхова́ние на фиксированную су́мму, страхова́ние не твёрдо устано́вленную страхову́ю су́мму *(выпла́чиваемую при наступле́нии страхово́го слу́чая)*

summieren *vt* сумми́ровать, подыто́живать, подводи́ть ито́г

Summierung *f* подведе́ние ито́га; сумми́рование

SUNFED, Special United Nations Fund for Economic Development Специа́льный фонд ООН *(по финансирова́нию экономи́ческого разви́тия слаборазвитых стран)*

super tax *англ.* дополни́тельный подохо́дный нало́г; дополни́тельная и́мпортная по́шлина; допла́та почто́вого сбо́ра

Superdividende *f* дополни́тельный диви́де́нд; бо́нус, ски́дка

Superette *f* небольшо́й магази́н самообслу́живания с ограни́ченным ассортиме́нтом това́ров

Superkapitalismus *m* суперкапитализм

Superkargo *m* суперка́рго

Superkartell *n* суперкартель, сверхкартель

Superlativreklame *f* крикли́вая рекла́ма

supermarket *англ.* суперма́ркет, универса́м

Supermarkt *m* суперма́ркет, универса́м

Supermonopol *n* сверхмонополия

Superprotektionismus *m* сверхпротекционизм

Supersystem *n* суперсистема

Supertara *f* дополни́тельная та́ра *(сверх предусмотренной)*

Supertrust *m* супертрест, трест-гига́нт

supranational наднациона́льный, супернациональный

Suprasystem *n* суперсистема

Supratara *f* дополни́тельная та́ра *(сверх предусмотренной)*

Surcharge *f* дополни́тельный фрахто́вый сбор, допла́та к фрахтовому сбо́ру *(при возникнове́нии непредви́денных обстоя́тельств, удорожающих морскую перево́зку)*

Surplus *n* изли́шек, оста́ток; обеспе́чение; покры́тие

Surplusarbeit *f* приба́вочный труд

Surplusarbeitszeit *f* прибавочное ра́бочее вре́мя

Surplusbevölkerung *f* избы́точное населе́ние

Surpluskapital *n* доба́вочный капита́л

Surplusprodukt *n* приба́вочный проду́кт

Surplusprofit *n* сверхпри́быль

Surpluswert *m* приба́вочная сто́имость

Surrogatkonkurrenz *f* конкуре́нция ме́жду монополиями, производящими одноро́дную проду́кцию

Surtax *f* дополни́тельный подохо́дный нало́г; дополни́тельная и́мпортная по́шлина; допла́та почто́вого сбо́ра

SV:

SV, Sachverständigenrat сове́т экспе́ртов

SV, Sozialversicherung социа́льное страхова́ние

SV-Beitrag *m* взнос в фонд социа́льного страхова́ния

SVO, Verordnung über die Sozialversicherung положе́ние о социа́льном страхова́нии

SVS, Speditionsversicherungsschein страхово́е свиде́тельство на перево-зи́мый груз

swap *англ. фин.* своп

Swap-Geschäft *n* своп *(обме́н финансовыми акти́вами, дохо́дами и́ли обяза́тельствами; в слу́чае валю́тного свопа, напр., уча́стник приобрета́ет иностра́нную валю́ту в обме́н на отечественную с после́дующим вы́купом)*

Swapgeschäft *n фин.* своп

Sweatingsystem *n* потого́нная систе́ма

SWIFT, Society for Worldwide Interbank Financial Telecommunications Междунаро́дная межбанковская организа́ция по валю́тным и фина́нсовым расчётам по телексу

Swing *m англ.* свинг, допусти́мое са́льдо, преде́л взаи́много кредитования *(по клиринговым расчётам)*

Swingkredit *m фин.* свинг

switch *англ. фин.* свитч

Switch-Geschäft *n англ.* свитч *(внешнеторго́вая сде́лка, при которо́й несбалансированное са́льдо по клирингу испо́льзуется в торго́вле с тре́тьими стра́нами)*

Switchgeschäft *n фин.* свитч

SY, Syrien Сири́йская ара́бская респу́блика

Symbol *n* си́мвол, усло́вное обозначе́ние

Symbolkartogramm *n стат.* картодиаграмма

Sympathiestreik *m* ста́чка солида́рности, забасто́вка солида́рности

Synchronisation *f* синхрониза́ция

Synchronisation der Arbeitsgänge синхрониза́ция произво́дственных опера́ций

synchronisieren синхронизи́ровать

Synchronisierung *f* синхрониза́ция

Syndikalismus *m* синдикали́зм

syndikalistisch синдикалистский

Syndikat *n* синдика́т *(фо́рма хозя́йственного объедине́ния; в промы́шленности - организа́ция, осуществля́ющая совме́стный сбыт проду́кции)*

syndizieren *vt* объединя́ть в синдика́т

SYP, Syrisches Pfund, -- Syrien Сири́йский фунт, -- Си́рия

System *n* систе́ма

System der fehlerfreien Arbeit систе́ма бездефе́ктной рабо́ты

System der Leitung, automatisiertes автоматизи́рованная систе́ма управле́ния, АСУ

System der Massenbedienung систе́ма ма́ссового обслу́живания

System der Vertragspreise систе́ма догово́рных цен

System der Vorzugszolle систе́ма покровительственных по́шлин, систе́ма преференций

System des optimalen Funktionierens der Wirtschaft систе́ма оптима́льного функциони́рования эконо́мики, СОФЭ

System des Zahlungsausgleichs систе́ма безнали́чных расчётов

System mit Rückführung систе́ма с обра́тной свя́зью
System mit Verlusten систе́ма *(обслу́живания)* с потерями
System ohne Verluste систе́ма *(обслу́живания)* с ожиданием
System technisch-wirtschaftlicher Kennziffern систе́ма технико-экономи́ческих показа́телей
System von Modellrechnungen систе́ма моде́лей
System vorbestimmter Zeiten систе́ма запланированного вре́мени, систе́ма за́данного вре́мени, ме́тод запланированного вре́мени, ме́тод за́данного вре́мени *(произво́дственного проце́сса)*
adaptives System адапти́вная систе́ма, адапти́рующаяся систе́ма
automatisiertes System der Betriebsleitung автоматизи́рованная систе́ма управле́ния предприя́тием, АСУ́П
automatisiertes System der Planberechnungen автоматизи́рованная систе́ма пла́новых расчётов, АСПР
automatisiertes System der Planung und Leitung автоматизи́рованная систе́ма плани́рования и управле́ния
binäres System двоичная систе́ма счисле́ния, бина́рная систе́ма счисле́ния
dekadisches System десяти́чная систе́ма счисле́ния
dynamisches System динами́ческая систе́ма
einheitliches System еди́ная систе́ма едини́ц
einheitliches System von Rechnungsführung und Statistik еди́ная систе́ма учёта и стати́стики
endliches System коне́чная систе́ма
geschlossenes System за́мкнутая систе́ма
gesteuertes System управля́емая систе́ма
großes System сло́жная систе́ма, больша́я систе́ма
kybernetisches System кибернети́ческая систе́ма
lernendes System самообучающаяся систе́ма
lineares System лине́йная систе́ма
metrisches System метри́ческая систе́ма
monopolkapitalistisches System систе́ма монополистического капитализма
nichtautonomes System неавтономная систе́ма
offenes System откры́тая систе́ма
ökonomisches System des Sozialismus экономи́ческая систе́ма социали́зма
selbsteinstellendes System самонастра́ивающаяся систе́ма
selbstorganisierendes System самоорганизующаяся систе́ма
selbststeuerndes System самоуправля́ющаяся систе́ма
stationäres System усто́йчивая систе́ма; стациона́рная систе́ма
statisches System стати́ческая систе́ма
steuerndes System управля́ющая систе́ма
unendliches System бесконе́чная систе́ма
Systemanalyse *f* систе́мный ана́лиз
Systematik *f* система́тика; классифика́ция; номенклату́ра
Systematiken *f, pl* номенклату́ры
Systematik des Staatshaushaltsplans номенклату́ра госуда́рственного бюдже́та
technologische Systematik технологи́ческая классифика́ция това́ров, классифика́ция това́ров по технологическим при́знакам
teleologische Systematik телеологическая классифика́ция това́ров, классифика́ция това́ров по их целевому назначе́нию
volkswirtschaftliche Systematiken народнохозяйственные номенклату́ры
Systematisierung *f* систематиза́ция, классифика́ция
Systemautomatisierung *f* систе́мная автоматиза́ция
Systemglied *n* у́зел систе́мы, звено́ систе́мы
Systemmethode *f* систе́мный ме́тод; систе́мный подхо́д
Systemobjekt *n* систе́мный объе́кт
Systemparameter *m* пара́метр систе́мы
Systemtechnik *f* техни́ческие приёмы системного подхо́да
Systemtheorie *f* тео́рия систе́м
kybernetische Systemtheorie тео́рия кибернетических систе́м
Systemverwalter *m* (выч.тех.) администра́тор систе́мы; систе́мный администра́тор (напр. локальной сети́ фи́рмы)
Systemwettbewerb *m* соревнова́ние ме́жду систе́мами
SZ, Swasiland Сва́зиленд
SZA, Sollzinsabkommen соглаше́ние о де́бетовых проце́нтах по кредиту
SZL, Lilangeni, -- Swasiland Лилангени, -- Сва́зиленд
T:
T, Tausend ты́сяча
T, Taxkurs *(биржево́й)* курс по оце́нке
T, Teil часть; до́ля; *юр.* сторона́
T, Termin срок
T, Tragfähigkeit грузоподъёмность
T, Transport транспо́рт, репо́рт *(перено́с ито́га на сле́дующую страни́цу)*
t, Tonne то́нна
T.-Ums., Tagesumsatz дневно́й оборо́т
t-Verteilung *f стат.* распределе́ние Стьюдента
Ta, Tara та́ра, упако́вка, вес упако́вки
TAA, Transferable Account Area зо́на примене́ния переводных счето́в *(в фу́нтах сте́рлингов)*
TAB:
TAB, Technical Assistance Board of the United Nations Бюро́ техни́ческой по́мощи *(ООН)*
Tab *m англ. канц.* вы́ступ ка́рточки-разделителя, выступа́ющая часть ка́рточки-разделителя *(для удо́бства отыска́ния ну́жного разде́ла картотеки)*
Tab., Tabelle табли́ца
Tab-Karte *f канц.* ка́рточка с вы́ступами
Tab-Reiter *m канц. (картоте́чный)* ре́йтер, «нае́здник»
Tabaksteuer *f* акци́з на таба́к, нало́г на таба́к, акци́зный нало́г на таба́к *(сырьё и изде́лия)*
Tabakwarenabgabe *f* еди́ный нало́г на таба́к и таба́чные изде́лия
tabellarisch в ви́де табли́цы, в фо́рме табли́цы, табли́чный
Tabelle *f* табли́ца
Tabelle та́бель
Tabelle спи́сок (в табличной фо́рме)
Tabelle расписа́ние (напр. поездо́в в табличной фо́рме)
Tabelle „Aufwendungen - Ausstoß" табли́ца «затра́ты - вы́пуск»
Tabelle „Lieferungen - Ausstoß" табли́ца «поста́вки - вы́пуск»
elektronische Tabelle электро́нная табли́ца, табли́ца в электро́нной фо́рме
gedrukte Tabelle (выч.тех) табли́чная фо́рма вы́дачи на печа́ть; распечатанная табли́ца
schachbrettartige Tabelle ша́хматная табли́ца, (разг.) шахматка
sortierte Tabelle упоря́доченная табли́ца
statistische Tabelle *f страх.* статисти́ческая табли́ца
ungeordnete Tabelle неупорядоченная табли́ца
unsortierteTabelle неупорядоченная табли́ца
Abrechnungstabelle *f* расчётная ве́домость; расчётно-платёжная ве́домость
Auswertungstabelle *f* ито́говая ве́домость; табулягра́мма
Beobachtungstabelle *f* табли́ца результа́тов наблюде́ний
Berechnungstabelle *f* расчётная та-

бли́ца
Datentabelle *f* табли́ца да́нных
Fehlertabelle *f* табли́ца поврежде́ний
Kalkulationstabelle *f* электро́нная табли́ца
Lohntabelle *f* табли́ца ста́вок зарпла́ты; тари́фная се́тка
Look-up-Tabelle *f* спра́вочная табли́ца
Umwandlungstabelle *f* табли́ца преобразова́ния
Vorkopf *(m)* **der Tabelle** заголо́вок табли́цы
Tabelle der Beispielrechnungen табли́ца типовых расчётов; табли́ца образцо́в расчётов (в налоговой и тамо́женной пра́ктике)
Tabellenangaben *f, pl* да́нные табли́цы; да́нные в фо́рме табли́цы; да́нные в ви́де табли́цы; табли́чные да́нные
Tabellenauszug *m* вы́писка из спи́ска тре́бований конкурсных кредито́ров
Tabellenbuchhaltung *f* табли́чная фо́рма бухга́лтерского учёта
Tabellenfeld *n* кле́тка табли́цы
Tabellenform *f* табли́чная фо́рма
tabellenförmig в ви́де табли́цы, в фо́рме табли́цы, табли́чный
Tabellenfunktion *f* табли́чная фу́нкция
Tabellengrenze *f* грани́ца табли́цы
untere Tabellengrenze ни́жняя грани́ца табли́цы
Tabellenkopf *m* сказу́емое *(статисти́ческой)* табли́цы
Tabellenkopf заголо́вок табли́цы; ша́пка табли́цы
Tabellenlesen *n* (выч.тех) просмо́тр табли́цы; счи́тывание табли́цы
Tabellenprogramm *n* програ́мма составле́ния статисти́ческой табли́цы, схе́ма составле́ния статисти́ческой табли́цы
Tabellenschreiben *n* табули́рование, составле́ние табли́ц
Tabellenwerte *m, pl* да́нные табли́цы; да́нные в фо́рме табли́цы
tabellieren *vt* табули́ровать, составля́ть табли́цы, своди́ть в табли́цы
Tabellierliste *f стат.* табулягра́мма
Tabelliermaschine *f* табуля́тор; (почт.) табуляторная маши́на
Tabelliermaschine (выч.тех.) табуля́тор, табуляционная маши́на
Tabelliermaschine бухга́лтерская маши́на, счетная маши́на, счетно-аналити́ческая маши́на, факту́рная маши́на
Tabellierung *f* табули́рование, составле́ние табли́ц
tabelllieren *vt* табули́ровать, составля́ть табли́цы, своди́ть в табли́цы
Tabulator *m* табуля́тор; табуляционная маши́на
Tabulator (выч.тех.) кла́виша табуляции; табуля́тор; табуляционная кла́виша
Tabulator табуля́тор (в пи́шущих машинках)
Taf., Tafel табли́ца
Tafelgeschäft *n* приобрете́ние це́нных бума́г за нали́чные
TAG:
TAG, Technical Assistance Committee, (of the Economic and Social Council of the United Nations) Комите́т техни́ческой по́мощи развивающимся стра́нам Экономи́ческого и Социа́льного Сове́та ООН
Tag *m* день; су́тки
arbeitsfreier Tag нерабо́чий день
verkaufsoffener Tag рабо́чий день *(в торго́вой сети́)*
Tag- und Nachtarbeit *f* круглосуточная рабо́та
Tagearbeit *f ист.* подённая рабо́та, подёнщина
Tagebuch *n* дневни́к; журна́л; *бухг.* журна́л, мемориа́л
Tagegeld *n* су́точные *(де́ньги)*; сре́дства на покры́тие расхо́дов, свя́занных со служебными поездками
Tagegelder *n, pl* су́точные *(де́ньги)*; сре́дства на покры́тие расхо́дов, свя́занных со служебными поездками
Tagegeldleistungen *f, pl* вы́плата су́точных *(де́нег)*
Tagegeldleistungen in der Versicherung вы́плата су́точных *(де́нег)* из фо́нда страхова́ния от боле́зни и несча́стных слу́чаев
Tagegeldversicherung *f* страхова́ние по боле́зни с вы́платой су́точного возмеще́ния
Tagelohn *m* подённая *(за́работная)* пла́та, подённая опла́та; дневно́й за́работок
Tagelöhner *m* подённый рабо́чий, подёнщик; батра́к
freier Tagelöhner подённый рабо́чий, подёнщик; батра́к
Tagelöhnerarbeit *f ист.* подённая рабо́та, подёнщина
Tagelöhnerei *f ист.* подённая рабо́та, подёнщина
Tagesabschluß *m бухг.* ежедне́вное заключе́ние за́писей; ежедне́вное подведе́ние ито́гов
Tagesabstimmung *f* ежедне́вное согласова́ние за́писей в ра́зных регистрах и перви́чных докуме́нтах
Tagesabstinimung *f* ежедне́вная све́рка бухга́лтерских за́писей с докуме́нтами
Tagesarbeitsleistung *f* дневна́я вы́работка, суточная вы́работка; дневно́й вы́пуск проду́кции; су́точная производи́тельность
Tagesarbeitsnorm *f* но́рма вы́работки за день, дневна́я но́рма *(вы́работки)*
Tagesaufgabe *f* насу́щная зада́ча; дневно́е зада́ние, дневна́я но́рма
Tagesauflage *f* дневно́е зада́ние, дневна́я но́рма
Tagesausbeute *f* су́точная добы́ча
Tagesausnutzungsfaktor *m* коэффицие́нт су́точного испо́льзования
Tagesausstoß *m* дневна́я вы́работка, су́точная вы́работка
Tagesauszug *m* вы́писка из теку́щего счёта *(ба́нка)* за оди́н день
Tagesbestand *m* дневно́й запа́с
Tageserlös *m* дневна́я вы́ручка
Tagesförderung *f* су́точная добы́ча
Tagesgeld *n* однодне́вная *(ба́нковская)* ссу́да
Tagesgeschäft *n* ка́ссовая сде́лка, *подро́бнее см.* **Kassageschäft**
Tageskasse *f* дневно́й оборо́т; вы́ручка за день
Tageskauf *m* ка́ссовая сде́лка
Tageskurs *m* официа́льный курс на определённый день, внебиржево́й курс на определённый день; курс дня
Tagesleistung *f* дневна́я вы́работка, су́точная вы́работка; дневно́й вы́пуск проду́кции; су́точная производи́тельность
Tageslohn *m* подённая *(за́работная)* пла́та, подённая опла́та; дневно́й за́работок
Tageslohnsatz *m* дневна́я ста́вка *(зарпла́ты)*
Tagesnorm *f* но́рма вы́работки за день, дневна́я но́рма *(вы́работки)*
Tagespreis *m* цена́ теку́щего дня
Tagespreisprinzip *n* при́нцип калькулирования изде́ржек по це́нам теку́щего дня
Tagesprodukt *n* проду́кция, произведённая в тече́ние дня, проду́кция, произведённая в тече́ние су́ток
Tagesschicht *f* дневна́я сме́на
Tagessoll *n* дневно́е *(пла́новое)* зада́ние
Tagessollerfüllung *f* выполне́ние дневно́го зада́ния
Tagesspitze *f* максима́льная су́точная нагру́зка, , максима́льная су́точная нагру́зка, загру́зка, су́точный пик нагру́зки, су́точный пик загру́зки
Tagesumsatz *m* дневно́й оборо́т, су́точный оборо́т, оборо́т за су́тки
Tagesumsatzbilanz *f* су́точный (оборо́тный) бала́нс
Tagesumsatzliste *f* операцио́нный дневни́к *(сберкассы)*, ежедне́вная ведо

мость оборо́тов

Tagesverbrauch *m* су́точное потребле́ние, су́точный расхо́д

Tagesverdienst *m* дневно́й за́работок

Tagesverkauf *m* дневна́я прода́жа, прода́жа за день

Tagesvorlauf *m* су́точный заде́л *(на произво́дстве)*

Tageswechsel *m* дато-ве́ксель, ве́ксель со сро́ком, исчи́сленным со дня вы́дачи

Tageswert *m* сто́имость на теку́щий день; сто́имость су́точного бюдже́тного набо́ра рабо́чего и его́ семьи́

Tagesziel *n* дневно́е зада́ние, дневна́я но́рма

tageweise подённо; по дням; за ка́ждый день

Tagewerk *n* рабо́та за день; рабо́чий день

Tagfertigkeit *f* ажу́р, ежедне́вная гото́вность *(по оформле́нию докуме́нтов)*

täglich ежедне́вный

Tagwechsel *m* дато-ве́ксель, ве́ксель со сро́ком, исчи́сленным со дня вы́дачи

Takt *m* (рабо́чий) ритм, ритм пото́ка, ритм пото́чного произво́дства
  Takt (выч.тех.) такт
  Takt такт; цикл
  eine **Serienfertigung nach Takten** цикли́чное сери́йное произво́дство
  fester Takt усто́йчивый ритм

Taktarbeit *f* ритми́чная пото́чная рабо́та

Taktbauweise *f* пото́чный ме́тод строи́тельства

Taktfertigung *f* пото́чное произво́дство

Taktreparatur *f* поточно-узлово́й ме́тод ремо́нта

Taktstraße *f (автомати́ческая)* пото́чная ли́ния с расчётным ри́тмом

Taktstraßenparameter *m, pl* пара́метры рабо́ты пото́чной ли́нии

Taktverfahren *n* пото́чный ме́тод

Taktzeit *f* расчётный такт; шаг пото́ка; вре́мя ци́кла, продолжи́тельность ци́кла *вчт.* дли́тельность та́кта

Talfracht *f* фрахт за перево́зку по тече́нию реки́

tallieren *vt* контроли́ровать коли́чество *(погружаемого и́ли разгружаемого)* гру́за

Tallierung *f* контро́ль за коли́чеством гру́за *(при погру́зке и́ли разгрузкс)*, подсчёт коли́чества гру́за *(при погру́зке и вы́грузке су́дна)*

tallyman *англ.* таллиман, прися́жный счётчик

Tallymann *m* таллиман, прися́жный счётчик

Talon *m* тало́н *(после́дний отре́зок купонного листа́, в обме́н на кото́рый выдаётся но́вый купо́н)*, тало́н купонного листа́ *(а́кции, облига́ции)*

Talsohle *f* **der Konjunktur** са́мая ни́зкая то́чка криво́й разви́тия конъюнкту́ры, са́мая ни́зкая то́чка криво́й хозя́йственной акти́вности

TAN:
  TAN; Transaktionsnummer *f* но́мер транзакции
  TAN-Bearbeiter *m* хронометражист; нормиро́вщик
  TAN-Statistik *f* произво́дственная стати́стика, отража́ющая рабо́ту при примене́нии техни́чески обоснованных норм вы́работки

tanken *vi* заправля́ться горю́чим

Tanker *m* та́нкер, наливное су́дно

Tankermarkt *m* танкерный фрахто́вый ры́нок

Tankerrate *f* фрахто́вая ста́вка на та́нкеры, фрахто́вая ста́вка на наливно́й тонна́ж

Tankertonnage *f* наливно́й тонна́ж

Tankprahm *m* наливная ба́ржа́

Tankschiff *n* та́нкер, наливное су́дно

Tankwagen *m* ваго́н-цисте́рна *(для перево́зки не́фти, нефтепроду́ктов и спи́рта)*

Tantieme *f фр.* тантье́ма *(вознагражде́ние, выпла́чиваемое вы́сшим должностны́м ли́цам дополни́тельно к заработку; исчисля́ется обы́чно в фо́рме не́которого проце́нта от при́были компа́нии)*

Tantiemesteuer *f* нало́г на тантьему

Tara *f* та́ра, упако́вка
  Tara вес та́ры, вес упако́вки, вес упаковочного материа́ла
  absolute Tara чи́стая та́ра; абсолю́тная та́ра
  gesetzliche Tara лега́льный вес та́ры
  reduzierte Tara вес импортной та́ры, пока́занный в едини́цах ве́са страны́, импортировавшей това́р в упако́вке
  reelle Tara факти́ческий вес та́ры
  usuelle Tara узо-та́ра *(та́ра, вес кото́рой принима́ется в разме́ре, устано́вленном торго́вым обы́чаем)*
  verifizierte Tara прове́ренный вес та́ры
  wirkliche Tara факти́ческий вес та́ры
  „Tara zu retournieren" «с возвра́том та́ры» (на́дпись на упако́вке)
  Versandtara *f* отгрузочная та́ра

Taraabzugssatz *m* но́рма уменьше́ния ве́са бру́тто това́ра, поставляемого и упако́вке *(при исчисле́нии ста́вки тамо́женного обложе́ния)*

Taragewicht *n* вес та́ры, вес упако́вки, вес упаковочного материа́ла

Taraordnung *f* (тамо́женные) пра́вила, регули́рующие вопро́с о та́ре

Tarasatz *m* тарный тари́ф

Taratarif *m* та́ра-тари́ф

Tarazuschlags(s)atz *m* но́рма увеличе́ния ве́са това́ра, поставляемого без упако́вки *(при исчисле́нии ста́вки тамо́женного обложе́ния)*

tarieren *vt* тари́ровать, определя́ть вес та́ры; тари́ровать, юстирова́ть

Tarierung *f* тари́рование, установле́ние ве́са та́ры; тари́рование, юстиро́вка

Tarif *m* тари́ф *(опла́та рабо́т, напр., по затраченному вре́мени, и́ли тра́нспортных услу́г по расстоя́нию)*; расце́нка
  Tarif mit Entfernungsstaffel дифференци́рованный тари́ф *(тра́нспортных перево́зок)*
  allgemein gültiger Tarif о́бщий тари́ф
  autonomer Tarif автоно́мный *(тамо́женный)* тари́ф *(устана́вливаемый госуда́рством односторонне, без догово́ра с други́ми госуда́рствами)*
  degressiver Tarif прогресси́вно понижа́ющийся тари́ф
  ermäßigter Tarif льго́тный тари́ф
  gleichbleibender Tarif пропорциона́льный тари́ф
  gleitender Tarif скользя́щая шкала́ *(напр., обложе́ния нало́гами)*
  progressiver Tarif прогресси́вно возраста́ющий тари́ф; прогресси́вный тари́ф
  proportionaler Tarif пропорциона́льный тари́ф
  staffelloser Tarif еди́ный недифференцированный тари́ф *(тра́нспортных перево́зок)*

Tarif- und Qualifikationsverzeichnis *n* тарифно-квалификацио́нный спра́вочник

Tarif- und Verkehrsanzeiger *m* тарифно-маршру́тный указа́тель

Tarif-Schlichtungskommission *f* расценочно-конфли́ктная комисси́я

Tarifabkommen *n* тари́фное соглаше́ние

Tarifanzeiger *m* тари́фный указа́тель

Tarifart *f* вид тарифа

Tarifaufbau *m* структу́ра тарифа

Tarifausschuss *m* тари́фная комисси́я

Tarifautonomie *f* тари́фная автоно́мия, автоно́мия в о́бласти тари́фных ста́вок

Tarifbeitrag *m* страхово́й взнос, страхова́я пре́мия

Tarifbestimmung *f* положе́ние о тари́фах

Tarifbewegung *f* движе́ние профсоюзов за заключе́ние коллективных *(трудовы́х)* догово́ров

Tarifbildung *f* тарификация

Tarifbruch *m* наруше́ние коллекти́вного *(трудово́го)* догово́ра о тари́фных ставках

Tarifdifferenzierung *f* дифференциа́ция тари́фов
Tarifdiktatur *f* тари́фная диктату́ра
Tarifdisparität *f* расхожде́ние ме́жду тарифами
Tarifentfernung *f* тари́фное расстоя́ние
Tarifentgelt *n* тари́фная пла́та
Tariferhöhung *f* повыше́ние тари́фной ста́вки
Tarifermäßigung *f* пониже́ние тари́фной ста́вки
Tariffaktor *m* тари́фный фа́ктор *(напр., расстоя́ние)*
Tarifform *f* фо́рма тарифа
tariffrei свобо́дный от тари́фов
Tarifgebiet *n* зо́на де́йствия тарифа, тари́фная зо́на
Tarifgebühr *f* тари́фная пла́та; тари́фный сбор
Tarifgehalt *n* тари́фный окла́д, окла́д по тарифной се́тке, тари́фная ста́вка
Tarifgesetz *n* положе́ние о тари́фах
Tarifgestaltung *f* тарификация
Tarifgruppe *f* тари́фный разря́д
Tarifgruppeneinteilung *f трансп.* тари́фно-групповая́ классифика́ция
Tarifhoheit *f* прерогати́ва госуда́рства в установлении тарифа, установле́ние тари́фов *(ча́сто под контро́лем госуда́рства)*
tarifieren *vt* тарифици́ровать
Tarifizierung *f* тарификация; установле́ние тарифа
Tarifklasse *f трансп.* тари́фный класс; тари́фная гру́ппа
Tarifkoeffizient *m* тари́фный коэффицие́нт
Tarifkommission *f* тари́фная комисси́я
Tarifkonflikt *m* тари́фный конфли́кт
Tarifkonstruktion *f* структу́ра тарифа
Tarifkontrahent *m* сторона́ в перегово́рах об установлении тари́фных ста́вок
Tarifkoordinierung *f* координа́ция тра́нспортных тари́фов
Tarifkorrektur *f* пересмо́тр тари́фов
tariflich по тари́фу, согла́сно тари́фу
Tariflohn *m* за́работная пла́та, предусмо́тренная тарифным соглаше́нием (*обы́чно ни́же факти́ческой зарпла́ты*), *см.* **Effektivlohn**
Tarifnachlaß *m* тари́фная ски́дка
Tarifnetz *n* тари́фная се́тка
Tarifniveau *n* у́ровень тари́фных ста́вок
Tarifordnung *f* положе́ние о тари́фах
Tarifpartei *f* сторона́ в коллекти́вном догово́ре, сторона́ в трудовом догово́ре
Tarifpolitik *f* поли́тика в о́бласти тари́фов
Tarifpreis *m* тари́ф; расце́нка
Tarifprogression *f* систе́ма прогресси́вных ста́вок *(напр., налогообложе́ния)*
Tarifquote *f* тари́фная ста́вка
Tarifrabatt *m* тари́фная ски́дка
Tarifsatz *m* тари́фный окла́д, окла́д по тарифной се́тке, тари́фная ста́вка
Tarifschema *n* тари́фная схе́ма
Tarifsenkung *f* пониже́ние тарифа, сниже́ние тарифа; пониже́ние расце́нки
Tarifskala *f* шкала́ за́работной пла́ты
Tarifspanne *f* соотноше́ние ме́жду отде́льными тарифными ставками *(опла́ты труда́)*, ра́зница ме́жду отде́льными тарифными ставками
Tarifstaffel *f* тари́фная се́тка
Tarifstaffelung *f* тари́фная се́тка; шкала́ обложе́ния нало́гом
Tarifsteuer *f* нало́г, взима́емый в соотве́тствии с существу́ющим на да́нный моме́нт нало́говым тари́фом *(не може́т быть определён зара́нее)*
Tarifsteuern *f, pl* нало́ги, взима́емые по устано́вленным тарифам
Tarifstreit *m* тари́фный конфли́кт
Tarifstufe *f* тари́фный разря́д
Tarifstunde *f эк. тр.* коэффициенто-час
Tarifsystem *n* тари́фная систе́ма
Tariftabelle *f* табли́ца тари́фов
Tariftafel *f* табли́ца тари́фов
Tarifüberarbeitung *f* пересмо́тр тари́фов
Tarifunifikation *f* унифика́ция тари́фов
Tarifverband *m* объедине́ние тра́нспортных предприя́тий для согласова́ния единых тари́фов
Tarifverband Deutsche Bundesbahn - Deutsche nichtbundeseigene Eisenbahn объедине́ние федера́льных и негосударственных желе́зных доро́г ФРГ для согласова́ния единых тари́фов
Tarifvereinbarung *f* тари́фное соглаше́ние
Tarifverhandlungen *f, pl* перегово́ры по тарифам, перегово́ры по тари́фным ставкам
Tarifvertrag *m* тари́фное соглаше́ние, коллекти́вное трудово́е соглаше́ние *(може́т служи́ть осно́вой для индивидуа́льных трудовы́х соглаше́ний, заключа́ется обы́чно ме́жду профсоюзами и союзом работодателей)*
einen Tarifvertrag aushandeln доби́ться заключе́ния коллекти́вного догово́ра
einen Tarifvertrag schließen заключи́ть коллекти́вный догово́р
Tarifvertragsgesetz *n* зако́н о тари́фных соглашениях, зако́н о поря́дке заключе́ния коллективных *(трудовы́х)* догово́ро́в
Tarifvertragspartei *f* сторона́ в коллекти́вном догово́ре, сторона́ в трудовом догово́ре
Tarifwerte *m, pl бирж.* а́кции предприя́тий электро-, водо- и газоснабже́ния
Tarifwesen *n* тарификация
Tarifzone *f* зо́на де́йствия тарифа, тари́фная зо́на
Tarifzwang от тари́фная диктату́ра
Tarirgrundlohn *m* за́работная пла́та, предусмо́тренная тарифным соглаше́нием
Taschenrechenmaschine *f* карма́нный калькуля́тор
Taschenrechner *m* карма́нный кальpeopléтор
Tastenrechenmaschine *f* кла́вишная вычисли́тельная маши́на
Tatbestand *m* соста́в преступле́ния; фа́кты *(относя́щиеся к како́му-л. происшествию)*
Tatbestandaufnahme *f* протоко́л о фа́ктах происше́ствия *(констата́ция поврежде́ния, возника́ющего, напр., во вре́мя ж.-д. перево́зки, и по́лного и́ли части́чного уще́рба)*
Tätige *pl*
freiberuflich Tätige лица́ свобо́дных профе́ссий, рабо́тники свобо́дных профе́ссий
wirtschaftlich Tätige за́нятые *(т. е. лица́, за́нятые како́й-л. де́ятельностью, приносящей дохо́д и́ли за́работок)*
tätigen *vt* соверша́ть, осуществля́ть
Tätigkeit *f* де́ятельность; рабо́та; функциони́рование; *(технологи́ческая)* опера́ция; *сет. пл.* собы́тие, рабо́та
berufliche Tätigkeit рабо́та по специа́льности
berufliche Tätigkeit обще́ственно-поле́зная де́ятельность
gewerbliche Tätigkeit заня́тие; профессиона́льная де́ятельность
gleichzeitige Tätigkeit рабо́та по совмести́тельству, совмести́тельство
produktive Tätigkeit производи́тельная де́ятельность
vollziehende Tätigkeit де́ятельность исполни́тельных о́рганов *(госуда́рственной вла́сти и управле́ния)*
wirtschaftliche Tätigkeit хозя́йственная де́ятельность
Tätigkeitsbereich *m* сфе́ра де́ятельности, о́бласть де́ятельности
Tätigkeitsdauer *f* трудово́й стаж
ununterbrochene Tätigkeitsdauer непреры́вный трудово́й стаж
Tätigkeitsgebiet *n* о́бласть де́ятельности, сфе́ра де́ятельности
Tätigkeitskreis *m* сфе́ра де́ятельности, о́бласть де́ятельности

Tätigkeitsmerkmal *n* тарифно-квалификацио́нная характери́стика *(определённой рабо́ты)*

Tätigkeitssphäre *f* сфе́ра де́ятельности, о́бласть де́ятельности

Tätigkeitsvergütung *f* вознагражде́ние ча́стным владе́льцам предприя́тий с госуда́рственным уча́стием

Tätigkeitszeit *f* рабо́чее вре́мя

tato, Tonnen je Tag *(сто́лько-то)* тонн в день, *(сто́лько-то)* тонн в су́тки

Tausch *m* обме́н; разме́н; ба́ртер

Tauschabkommen *n* ба́ртерный догово́р, ба́ртерное соглаше́ние

Tauschakt *m* акт обме́на, обме́нная опера́ция; ба́ртерная опера́ция

Tauschartikel *m* предме́т обме́на, объе́кт обме́на

Tauschbank *f* обме́нный банк

Tauschbeziehungen *f, pl* ба́ртерные отноше́ния, меновые отноше́ния, отноше́ния обме́на

Tauschdepot *n* одна́ из форм хране́ния це́нных бума́г в ба́нке *(при которо́й банк обя́зан возвраща́ть бума́ги того́ же ви́да)*, хране́ние це́нных бума́г с пра́вом обме́на их на це́нные бума́ги того́ же ви́да,

tauschen *vt* меня́ть, обме́нивать; меня́ться, обме́ниваться

Tauschform *f* фо́рма обме́на

Tauschgegenstand *m* предме́т обме́на, объе́кт обме́на

Tauschgemeinschaft *f* центра́льный обме́нный пункт

Tauschgeschäft *n* ба́ртерная сде́лка, менова́я сде́лка

Tauschhandel *m* ба́ртерная торго́вля, менова́я торго́вля; натура́льный продуктообмен

Tauschmittel *n* сре́дство обме́на *(фу́нкция де́нег)*

Tauschobjekt *n* объе́кт обме́на, предме́т обме́на

Tauschrelation *f* ба́ртерные отноше́ния, меновые отноше́ния, отноше́ния обме́на

Tauschverhältnisse *n, pl* ба́ртерные отноше́ния, меновые отноше́ния, отноше́ния обме́на

Tauschverkehr *m* ба́ртерная торго́вля

Tauschvertrag *m* ба́ртерный догово́р, ба́ртерное соглаше́ние

Tauschverwahrung *f* хране́ние це́нных бума́г с пра́вом обме́на их на це́нные бума́ги того́ же ви́да

tauschweise путём обме́на

Tauschwert *m* менова́я сто́имость; цена́

Tauschwirtschaft *f* меново́е хозя́йство

Tauschzentrale *f* центра́льный обме́нный пункт

tax and dues *англ.* надба́вки к фра́хту за разгру́зку су́дна *(огово́рка в догово́рах морско́й перево́зки гру́зов в Южную Аме́рику)*

Taxater *m* такса́тор, экспе́рт по оце́нке

Taxation *f* такса́ция, таксиро́вка, оце́нка

taxation days *англ.* дни публи́чного осмо́тра образцо́в това́ров, предназна́ченных для прода́жи

Taxationsgebühr *f* оце́ночный сбор

Taxationsliste *f* оце́ночная ве́домость

Taxationssteuer *f* оце́ночный сбор

Taxationsverzeichnis *n* оце́ночная ве́домость

Taxe *f* та́кса *(твёрдая фрахто́вая ста́вка, сбор и т.п.)*

Taxen *pl* результа́ты оце́нки

taxfrei свобо́дный от обложе́ния

taxieren *vt* такси́ровать, оце́нивать

Taxierung *f* таксиро́вка, такса́ция, оце́нка

Taxkurs *m бирж.* курс, устана́вливаемый на осно́ве оце́нки, оце́ночный биржево́й курс

Taxpreis *m* цена́ по оце́нке, оце́ночная цена́; оце́ночная сто́имость; цена́, устана́вливаемая госуда́рством *или* ме́стными властя́ми *(в результа́те оце́нки)*

Taxwert *m* оце́ночная сто́имость, сто́имость по оце́нке

Taylorismus *m* тейлоризм

Taylorsystem *n* тейлоризм

TBNE, Tarifverband Deutsche Bundesbahn - Deutsche nichtbundeseigene Eisenbahn объедине́ние федера́льных и негосударственных желе́зных доро́г ФРГ для согласова́ния единых тари́фов

TE:

TE, Internationale Konferenz für die Technische Einheit im Eisenbahnwesen Междунаро́дная конфере́нция по железнодоро́жным техни́ческим станда́ртам

Te, Tratte тра́тта, перево́дный ве́ксель

Team *n англ.* кома́нда; коллекти́в

teamwork *англ.* иссле́дования, проводи́мые гру́ппой, в соста́в которо́й вхо́дят разли́чные специали́сты

Technik *f* те́хника; техни́ческие сре́дства

Techniken *pl* ме́тоды, приёмы

technisch техни́ческий

technisch-ökonomisch технико-экономи́ческий

technisch-organisatorisch организационно-техни́ческий

technisch-wirtschaftlich технико-экономи́ческий

technische Arbeitshilfen *f, pl* техни́ческие сре́дства (для) облегче́ния рабо́ты

Technischer Überwachungsverein Сою́з рабо́тников техни́ческого надзо́ра

technisieren *vt* внедря́ть те́хнику, механизи́ровать

Technisierung *f* внедре́ние те́хники, механиза́ция

Technisierungsgrad *m* у́ровень техни́ческой оснащённости; у́ровень механиза́ции, сте́пень механиза́ции

Technisierungsgrad der Arbeit коэффицие́нт механовооружённости; у́ровень механиза́ции труда́

Technisierungskennziffer *f* показа́тель техни́ческой оснащённости; показа́тель у́ровня механиза́ции

Technisierungskoeffizient *m* коэффицие́нт техни́ческой оснащённости

Technizismus *m* техницизм

Technokrat *m* технократ

Technokratie *f* технокра́тия

technokratisch технократический

Technokratismus *m* технократизм

Technologie *f* техноло́гия

fortgeschrittene Technologie передова́я техноло́гия, прогресси́вная техноло́гия

Technologiematrix *f* технологи́ческая ма́трица

Technologietransfer *m* переда́ча техноло́гии

technologisch технологи́ческий

TEEM, Trans Europ Express Marchandises трансъевропейские перево́зки гру́зов большо́й ско́рости

Teesteuer *f* акци́з на чай, нало́г на чай

Teil *m* часть, до́ля, пай

Teil сторона́ *(в догово́ре)*

Teil райо́н, часть *(го́рода)*

Teil дета́ль; элеме́нт

vertragschließender Teil догова́ривающаяся сторона́

in monatlich gleichen Teilen ежеме́сячно ра́вными частя́ми

zu gleichen Teilen по́ровну

Teilablieferung *f* поста́вка госуда́рству определённого проце́нта произведённой сельскохозя́йственной проду́кции

Teilakkreditiv *n* дели́мый аккредити́в *(допуска́ет осуществле́ние части́чных платеже́й)*

Teilakzept *n* части́чный *(непо́лный)* акце́пт

Teilannahme *f* части́чный *(непо́лный)* акце́пт

Teilarbeitsgang *m* элеме́нт трудово́й опера́ции, элеме́нт произво́дственной опера́ции

Teilarbeitslosigkeit *f* части́чная безрабóтица

Teilaufgabe *f* чáстная задáча, подзадáча резéрвов

Teilauflösung *f* **der Rücklagen** частúчная ликвидáция запáсов, частúчная ликвидáция резéрвов

Teilautomation *f* частúчная автоматизáция

Teilautomatisierung *f* частúчная автоматизáция

teilbar делúмый

Teilbefrachtung *f* фрахтовáние чáсти сýдна

Teilbelastung *f* частúчная нагрýзка; частúчная загрýзка

Teilbeschädigung *f* частúчное повреждéние

Teilbeschäftigte *m* рабóтающий непóлный рабóчий день, рабóтающий непóлную рабóчую недéлю, частúчно зáнятый *(напр., непóлный рабóчий день úли непóлную рабóчую недéлю)*

Teilbeschäftigung *f* частúчная зáнятость, непóлная зáнятость

Teilbetrag *m* частúчная сýмма; частúчный платёж

Teilbilanz *f* частúчный балáнс; балáнс по промежýточным итóгам; чáстный балáнс

Teilcharter *m* договóр фрахтования чáсти сýдна

Teilchartervertrag *m* договóр фрахтования чáсти сýдна

Teildisproportion *f* частúчная диспропóрция

Teile *n, pl* детáли (мн.ч.), *см. тж.* **Teil** *n*
angearbeitete Teile заготóвленные детáли; *(произвóдственный)* задéл
bezogene Teile детáли, поставляемые предприятию-продуценту субпоставщиками, издéлия, поставляемые предприятию-продуценту субпоставщиками

Teilefertigung *f* произвóдство детáлей, изготовлéние детáлей
zentrale Teilefertigung централизóванное изготовлéние детáлей

Teileigentum *n* долевáя сóбственность

Teileigentümer *m* долевóй сóбственник

Teileinlösung *f* частúчный вы́куп; частúчная уплáта *(по вéкселю)*

Teilerfassung *f* частúчный учёт; *стат.* несплошное наблюдéние, частúчное наблюдéние

Teilergebnis *n* чáстный результáт

Teilerhebung *f* частúчное взимáние *(налóгов)*

Teilerlaß *m* частúчное освобождéние *(напр., от налóгов)*

Teilerzeugnis *n* полуфабрикáт; комплектýющее издéлие

Teileserien *f, pl* сéрии детáлей

Teilfabrikat *n* полуфабрикáт; комплектýющее издéлие

Teilfestpreis *m* расцéнка на изготовлéние отдéльных детáлей, расцéнка на отдéльные вúды рабóт и услýг

Teilforderung *f* частúчное трéбование

Teilfrankatur *f* фрахт, оплáченный отправúтелем до определённой стáнции

Teilhaber *m* пáйщик; компаньóн, совладéлец; учáстник
beschränkt haftender Teilhaber компаньóн с ограничéнной ответственностью
geschäftsführender Teilhaber управляющий компаньóн
solidarisch verpflichteter Teilhaber компаньóн с солидáрной ответственностью
stiller Teilhaber неглáсный компаньóн
als Teilhaber aufnehmen принимáть в кáчестве компаньона
als Teilhaber eintreten входúть в дéло в кáчестве компаньона
die Teilhaber auskaufen выкупáть пай компаньонов

Teilhaberpapiere *n, pl* цéнные бумáги, подтверждáющие прáво учáстия *(напр., в прúбылях)*

Teilhaberschaft *f* учáстие *(напр., в прúбылях)*; члéнство
stille Teilhaberschaft негласное учáстие

Teilhaberversicherung *f* страховáние жúзни компаньонов фúрмы

Teilhafter *m* член товáрищества с ограничéнной ответственностью, коммандитист

Teilindossament *n* непóлный индоссамéнт, частúчный индоссамéнт

Teilintegration *f* частúчная интегрáция

Teilkalkulation *f* калькуляция издéржек отдéльного произвóдственного процéсса; частúчная калькуляция

Teilkapazität *f* произвóдственная мóщность *(отдéльного)* учáстка *(на предприятии)*

Teilkonnossement *n* коносамéнт на *(однý)* пáртию товáра

Teilkonvertibilität *f* частúчная конвертúруемость, частúчная обратúмость *(валю́т)*

teilkonvertierbar частúчно конвертируемый, частúчно обратúмый *(о валю́те)*

Teilkonvertierbarkeit *f* частúчная конвертúруемость, частúчная обратúмость *(валю́т)*

Teilkostendeckung *f* частúчное покры́тие издéржек

Teilkostenrechnung *f* учёт затрáт по *(укрупнённым)* частям

Teilkrise *f* частúчный крúзис

Teilladung *f* частúчный груз, парцельный груз

Teilleistung *f* частúчное исполнéние *(напр., обязáтельства)*

Teillieferung *f* частúчная постáвка

Teilmasse *f* чáстная статистúческая совокýпность

Teilmechanisierung *f* частúчная механизáция, непóлная механизáция

Teilmodell *n* чáстная модéль, подмодель

Teilmonopol *n* непóлная *(напр., фискальная)* монопóлия, частúчная монопóлия; монопóлия госудáрства на изготовлéние определённых товáров, монопóлия госудáрства на сбыт определённых товáров

Teilmontage *f* пооперационная сбóрка

Teilnehmer *m* учáстник

Teilnehmerland *n* странá-учáстница, странá-член

Teilnehmerstaat *m* госудáрство-учáстник, госудáрство-член

Teilnehmerverzeichnis *n* спúсок акционéров с прáвом голосá; спúсок абонéнтов пóчты; спúсок учáстников

Teilnetz *n сет. пл.* чáстная сеть

Teilnetzwerk *n* чáстный сетевóй грáфик

Teilnichtigkeit *f* недействúтельность чáсти правовóй сдéлки

Teilnorm *f* нóрма расхóда материáлов на изготовлéние детáли, нóрма расхóда материáлов на изготовлéние чáсти издéлия

Teilobligation *f* частúчное обязáтельство, «парциальная» облигáция

Teiloperation *f* отдéльная оперáция *(рабóчего процéсса)*

Teiloptimierung *f* субоптимизация

Teilpacht *f* издольщина

Teilpächter *m* арендáтор-издóльщик, издóльщик

Teilplan *m* раздéл плáна; чáстный план

Teilpreis *m* расцéнка на изготовлéние отдéльных детáлей, расцéнка на отдéльные вúды рабóт и услýг

Teilprognose *f* чáстный прогнóз

Teilprojekt *n* проéкт отдéльного объéкта капитáльного строúтельства

Teilprovision *f* частúчное комиссиóнное вознаграждéние

Teilprozess *m* отдéльная фáза технологúческого процéсса

Teilraumverfrachtung *f* сдáча в арéнду чáсти сýдна

Teilrente *f* непóлная пéнсия; пéнсия, выплáчиваемая в размéре определённого процéнта пóлной пéнсии

Teilreparatur *f* части́чный ремо́нт
Teilreproduktionswert *m* реа́льная сто́имость *(предприя́тия)*
Teilrevision *f* части́чная реви́зия
Teilrückzahlung *f* части́чное погаше́ние де́нежного обяза́тельства, части́чное погаше́ние до́лга
Teilschaden *m* части́чный убы́ток, части́чный уще́рб
Teilschein *m* свиде́тельство на получе́ние ча́сти гру́за *(в слу́чае, когда́ в одно́м коносаменте отмечаются па́ртии, иду́щие ра́зным получателям)*
Teilschuldner *m* долево́й должни́к
Teilschuldverhältnisse *n, pl* долевы́е обяза́тельства
Teilschuldverschreibung *f* долево́е обяза́тельство
Teilselbstbedienung *f* части́чное самообслу́живание
Teilsendung *f* поста́вка частя́ми
Teilstabilisierung *f* части́чная стабилиза́ция
Teilstorno *m бухг.* части́чное сторно
Teilstreik *m* части́чная забасто́вка
Teilsumme *f* ча́стная су́мма, части́чная су́мма
Teilsystem *n* подсисте́ма
Teilsystemprognose *f* прогно́з подсистемы
Teiltaktstraße *f* пото́чный ме́тод выполне́ния отде́льных одноро́дных проце́ссов строительного ко́мплекса
Teilumschlagszahl *f* показа́тель оборачиваемости оборотных средств
Teilungsanordnung *f* завещательное распоряже́ние о поря́дке разде́ла насле́дства
Teilungsmasse *f* акти́вная ма́сса; ма́сса, подлежа́щая распределе́нию ме́жду кредито́рами *(при ко́нкурсе)*
Teilungsplan *m* план распределе́ния ме́жду кредито́рами вы́ручки от прода́жи с аукцио́на
Teilverflechtungsbilanz *f* бала́нс межотраслевых свя́зей *(отде́льного сектора наро́дного хозя́йства)*
Teilverflechtungsmodell *n* моде́ль межотраслевых свя́зей *(отде́льного сектора наро́дного хозя́йства)*
Teilverfrachtung *f* части́чное фрахтова́ние
Teilverladung *f* части́чная отгру́зка
Teilverlust *m* части́чный убы́ток
Teilvorhaben *n* часть о́бщего пла́на, часть о́бщего прое́кта *(капита́льного строи́тельства)*
Teilweg *m сет. пл.* ча́стный путь
teilweise ча́стью, части́чно, по частя́м; части́чный
Teilwerbemittel *n, pl* сре́дства, испо́льзуемые поми́мо прямо́го назначе́ния та́кже и в целя́х рекла́мы *(напр., упако́вка и́ли автомоби́ль с рекламной на́дписью)*
Teilwert *m* части́чная сто́имость (*нало́говая су́мма, испо́льзуемая при исчисле́нии станда́ртной сто́имости, иму́щества предприя́тия, а та́кже налогооблагаемая при́быль*), *см.тж.* **Einheitswert**
Teilwirtschaft *f ист.* издольное хозяйство
Teilzahlung *f* упла́та в рассро́чку, упла́та по частя́м; части́чный взнос, части́чный платёж
auf Teilzahlung kaufen покупа́ть в рассро́чку
Teilzahlungsabschluß *m* сде́лка на усло́виях платежа́ в рассро́чку
Teilzahlungsbank *f* банк потреби́тельского креди́та *(при поку́пке това́ров в рассро́чку)*
Teilzahlungsgeschäft *n* сде́лка на усло́виях платежа́ в рассро́чку
Teilzahlungskauf *m* поку́пка в рассро́чку
Teilzahlungskredit *m* выпла́чиваемая частя́ми ссу́да, ссу́да с погаше́нием в рассро́чку; потреби́тельский креди́т с рассро́чкой платежа́, креди́т при прода́же това́ров в рассро́чку
Teilzahlungskreditrate *f* части́чный платёж в погаше́ние потреби́тельского креди́та с рассро́чкой платежа́
Teilzahlungskreditversicherung *f* страхова́ние потреби́тельских креди́тов с рассро́чкой платежа́
Teilzahlungskreditzinsen *m, pl* проце́нты за по́льзование потребительским креди́том с рассро́чкой платежа́
Teilzahlungsverkauf *m* прода́жа в рассро́чку
Teilzahlungsvertrag *m* догово́р ку́пли-прода́жи на усло́виях платежа́ в рассро́чку
Teilziel *n* подцель; ча́стная цель
tel quel *фр.* тель-кель *(огово́рка в догово́ре ку́пли-прода́жи, в соотве́тствии с которо́й ка́чество поставляемого това́ра не гаранти́руется)*
Telefonat *n* телефо́нный разгово́р; телефоногра́мма
Telefonhandel *m* внебиржева́я торго́вля це́нными бума́гами, осуществля́емая по телефо́ну; торго́вля по телефо́нным зака́зам
Telefonnetz *n* телефо́нная сеть
Telex *m* телекс
telquel *фр.* тель-кель *(огово́рка в догово́ре ку́пли-прода́жи, в соотве́тствии с которо́й ка́чество поставляемого това́ра не гаранти́руется)*
Telquel-Klausel *f* тель-кель *(огово́рка в догово́ре ку́пли-прода́жи, в соотве́тствии с которо́й ка́чество поставляемого това́ра не гаранти́руется)*
Telquel-Kurs *m* валю́тный курс «тель-кель», валю́тный курс без проце́нтов и про́чих изде́ржек
Temporückgang *m* сниже́ние темпов *(напр., роста́ како́й-л. величины́)*
Tempoverkauf *m* ускоренная прода́жа
Tendenz der Handelsablenkung тенде́нция к вмене́нию направле́ния торговли
Tendenz der Handelsvermehrung тенде́нция к расшире́нию торго́вли
Tendenz zur Regionalisierung тенде́нция к региональной замкнутости, тенде́нция к территориальной замкнутости
dezentralistische Tendenz тенде́нция к децентрализа́ции
dominierende Tendenz госпо́дствующая тенде́нция
fallende Tendenz тенде́нция к пониже́нию, понижа́тельная тенде́нция
gleichmacherische Tendenz уравнивающая тенде́нция
handelsvermehrende Tendenz тенде́нция к расшире́нию торго́вли
kurzfristig wirkende Tendenz кратковре́менная тенде́нция
langfristig wirkende Tendenz долговре́менная тенде́нция
maximierende Tendenz максимизирующая тенде́нция
minimierende Tendenz минимизирующая тенде́нция
nivellierende Tendenz нивелирующая тенде́нция
preisabschwächende Tendenz тенде́нция, понижа́ющая цены́
steigende Tendenz тенде́нция к повыше́нию, повыша́тельная тенде́нция
Tendenzbetrieb *m* предприя́тие, преследующее, гла́вным о́бразом, некоммерческие це́ли *(напр., предприя́тие для заня́тия слепы́х, предприя́тие О́бщества Кра́сного Креста́)*
Tendenzprognose *f* прогно́з тенде́нции
Tendenzumkehr *f* измене́ние тенде́нции
Tender *m* те́ндер, объявле́ние откры́того ко́нкурса *(напр., при размещении казначе́йских векселе́й, зака́зов)*
tendieren *vi* име́ть тенде́нцию *(к чему́-л.)*
Terme-Uxe-Versicherung *f* страхова́ние жи́зни, при кото́ром страхова́я су́мма выпла́чивается в твёрдо устано́вленный срок
Termin *m* срок; да́та
angemessener Termin приéмлемый срок
äußerster Termin кра́йний срок, пре-

де́льный срок
fixer Termin твёрдый срок
frühester Termin *сет. пл.* ра́нний срок *(начала́ и́ли оконча́ния рабо́ты, наступле́ния собы́тия)*
harter Termin жёсткий срок
kurzer Termin коро́ткий срок, сжа́тый срок
spätester Termin *сет. пл.* по́здний срок *(начала́ и́ли оконча́ния рабо́ты, наступле́ния собы́тия)*
Terminablauf *m* оконча́ние сро́ка
Terminabschluß *m* сде́лка на срок, сро́чная сде́лка, фьючерсная сде́лка
Terminal *m* термина́л *(перегрузочный ко́мплекс)*
Terminankaufskurs *m бирж.* курс покупа́телей по сде́лкам на срок
Terminarbeit *f* рабо́та, выполня́емая к определённому сро́ку; сро́чная рабо́та
Terminbörse *f* сро́чная би́ржа, фьючерсная би́ржа, би́ржа сро́чных сде́лок
Termindevisen *f, pl бирж.* деви́зы *(платёжные сре́дства в иностра́нной валю́те)*, покупаемые на срок; деви́зы, продава́емые на срок
Termindruck *m* штурмовщина
Termineinhaltung *f* соблюде́ние сро́ков
Termineinlage *f* сро́чный вклад
Terminfeststellung *f* установле́ние сро́ка
Terminfixversicherung *f* страхова́ние жи́зни с вы́платой страхово́й су́ммы в устано́вленный догово́ром срок
Termingelder *n, pl* де́ньги на сро́чном вкла́де
termingemäß в соотве́тствии с устано́вленным сро́ком, в соотве́тствии с обусловленным сро́ком; в срок, к сро́ку, своевре́менно; своевре́менный
termingerecht в соотве́тствии с устано́вленным сро́ком, в соотве́тствии с обусловленным сро́ком; в срок, к сро́ку, своевре́менно; своевре́менный
Termingeschäft *n* сде́лка на срок, сро́чная сде́лка, фьючерсная сде́лка *(сде́лка, в результа́те которо́й това́р и́ли це́нная бума́га перехо́дят к покупа́телю чере́з не́которое вре́мя по цене́, дикту́емой усло́виями сде́лки)*
bedingtes Termingeschäft сро́чная сде́лка с пре́мией, сро́чная сде́лка с неустойкой в слу́чае отка́за от её исполне́ния
festes Termingeschäft твёрдая сде́лка на срок, твёрдая сро́чная сде́лка
Terminguthaben *n* сро́чные акти́вы, авуа́ры ба́нка
Terminhandel *m* ку́пля-прода́жа на срок
Terminierung *f* установле́ние сро́ка
Terminjäger *m* рабо́тник, осуществля́ющий контро́ль за соблюде́нием сро́ков *(напр., отгру́зки проду́кции)*
Terminkalender *m* календа́рь-па́мятка
Terminkarte *f* технологи́ческая ка́рта сро́ков; контро́льная ка́рта сро́ков исполне́ния зака́зов
Terminkäufer *m* покупа́тель, заинтересо́ванный в поста́вке това́ра чере́з определённый срок, покупа́тель на срок
Terminkontrolle *f* контро́ль за соблюде́нием сро́ков
Terminlieferung *f* сро́чная поста́вка
Terminmarkt *m бирж.* ры́нок сро́чных сде́лок
terminmäßig в соотве́тствии с устано́вленным сро́ком, в соотве́тствии с обусловленным сро́ком; в срок, к сро́ку, своевре́менно; своевре́менный
Terminnot *f* штурмовщина
Terminpapiere *n, pl бирж.* це́нные бума́ги, име́ющие хожде́ние на ры́нке сро́чных сде́лок
Terminplan *m* календа́рный план, план-гра́фик
Terminplanung *f* календа́рное плани́рование
Terminschuld *f* сро́чный долг; задо́лженность; отстава́ние
Terminstellung *f* установле́ние сро́ка
Terminüberschreitung *f* наруше́ние сро́ков
Terminus *m* те́рмин, поня́тие; срок вступле́ния в си́лу, да́та вступле́ния в си́лу *(напр., зако́на)*
Terminverkauf *m бирж.* прода́жа на срок
Terminverkaufskurs *m бирж.* курс продавцо́в по сде́лкам на срок, курс продавцо́в по сро́чным сде́лкам
Terminverlängerung *f* отсро́чка, продле́ние сро́ка, пролонга́ция
Terminverletzung *f* наруше́ние сро́ков
Terminversäumnis *f* наруше́ние сро́ков
Terminverschiebung *f* отсро́чка, продле́ние сро́ка, пролонга́ция
Terminverstoß *m* наруше́ние сро́ков
Terminvertrag *m* догово́р, де́йствие кото́рого обусловлено конкре́тным сро́ком
Terminware *f* това́р, продава́емый по сро́чным сде́лкам
terminweise на срок; по сро́кам
Terminwesen *n* совоку́пность техни́ческих средств, ме́тодов и мероприя́тий по плани́рованию сро́ков и контро́лю за их соблюде́нием
Terminzahlung *f* платёж по сро́чным сде́лкам *(производи́мый чере́з определённый срок)*, сро́чный платёж
terms of payment соотноше́ние ме́жду истребо́ванными и предоста́вленными коммерческими кредитами
terms of payment *англ.* усло́вия платежа́; соотноше́ние ме́жду истребованными и предоставленными коммерческими кредитами
terms of trade *англ.* междунаро́дное обозначе́ние для разли́чных коли́чественных внешнеторго́вых показа́телей
terms of trade *англ.* торго́вые обы́чаи, торго́вые усло́вия
terms of trade *англ.* усло́вия *(вне́шней)* торго́вли *(соотноше́ние и́ндексов импортных и экспортных цен; характеризу́ет фа́кторы, влия́ющие на расчёты страны́)*
Territorialebene *f*:
auf Territorialebene в территориальном разре́зе; на территориальном у́ровне
Territorialitätsprinzip *n* при́нцип территориальности
Territorialkomplex *m* территориально-произво́дственный ко́мплекс
Territorialplanung *f* территориа́льное плани́рование
Territorialprinzip *n* при́нцип территориальности
Territorialprognose *f* территориальный прогно́з
Territorialwirtschaft *f ист.* территориа́льная фо́рма хозя́йства
Tertia *f* те́рция, ве́ксель те́рция *(тре́тий экземпля́р перево́дного векселя́)*
Tertiawechsel *m* те́рция, ве́ксель те́рция *(тре́тий экземпля́р перево́дного векселя́)*
terzo *ит.* сде́лка трёх уча́стников за совме́стный счёт и риск
Test *m* тест; испыта́ние, про́ба; прове́рка
einstufiger Test одино́чное испыта́ние
mehrstufiger Test мно́жественное испыта́ние
sequentieller Test после́довательное испыта́ние
statistischer Test статисти́ческий тест; статисти́ческая прове́рка
Testmethode *f* ме́тод те́стов, ме́тод тести́рования
Testverfahren *n* ме́тод те́стов, ме́тод тести́рования
Testverfahren *вчт.* ме́тод отладки, те́стовая процеду́ра
Testverkaufsstelle *f* специа́льная торго́вая то́чка, чере́з кото́рую осуществляется про́бная прода́жа но́вых *(и́ли улучшенных)* потреби́тельских това́ров
Testwert *m* значе́ние критерия, разме́р критерия
Tetrapackung *f* паке́т тетрапак *(одноразовая та́ра)*

teuer дорого́й; до́рого

Teuerung *f* рост цен, повыше́ние цен, подорожание

Teuerungsabgeltung *f* надба́вка к за́работной пла́те в связи́ с ро́стом цен

Teuerungsrate *f* темп роста́ дорогови́зны *(повыше́ния цен на предме́ты пе́рвой необходи́мости)*

Teuerungsunruhen *f, pl* волне́ния, вы́званные ро́стом цен

Teuerungszulage *f* надба́вка к за́работной пла́те в связи́ с ро́стом цен

Teuerungszuschlag *m* надба́вка к за́работной пла́те на дорогови́зну

Texten *n* составле́ние рекла́мных те́кстов

Texter *m* состави́тель рекла́мных те́кстов

Textierung *f* составле́ние рекла́мных те́кстов

Textschlüssel *m* код

Textschlüssel für den Drahtverkehr der Banken ба́нковский телегра́фный код

TF, Telefunken-Werke «Телефункенверке» *(заво́ды радиоаппаратуры в ФРГ)*

Tfl., Tafel табли́ца

TH:

TH, Thailand Таила́нд

t/24h, Tonnen pro Tag *(сто́лько-то)* тонн в су́тки

THB, Baht, -- Thailand Бат (*код валю́ты* 764), -- Таила́нд

Theorie *f* тео́рия

Theorie der Eigentumsstreuung тео́рия диффу́зии со́бственности, тео́рия рассе́ивания со́бственности, тео́рия «распыления» со́бственности

Theorie der Entscheidungen тео́рия *(приня́тия)* реше́ний

Theorie der Entscheidungsfunktionen тео́рия фу́нкции реше́ний

Theorie der gelenkten Währung тео́рия управля́емой валю́ты

Theorie der Glückspiele тео́рия аза́ртных игр

Theorie der Konjunkturstabilisatoren теория стабилизаторов конъюнкту́ры

Theorie der kostenneutralen Lohnpolitik тео́рия, согла́сно которо́й увеличе́ние за́работной пла́ты не должно́ вести́ к ро́сту изде́ржек произво́дства

Theorie der Lagerbestände тео́рия управле́ния запа́сами

Theorie der Lohn-Preis-Spirale тео́рия спира́ли за́работной пла́ты и цен

Theorie der Massenbedienung тео́рия ма́ссового обслу́живания

Theorie der optimalen Funktion der Wirtschaft тео́рия оптима́льного функциони́рования эконо́мики

Theorie der Grenzleistungsfähigkeit des Kapitals тео́рия преде́льной эффекти́вности капита́ла

Theorie der Produktionsfaktoren тео́рия фа́кторов произво́дства

Theorie der Produktionsumwege тео́рия движе́ния произво́дства

Theorie der sozialen Stratifikation тео́рия социа́льной стратификации, тео́рия социа́льного рассло́ения

Theorie der sozialistischen Wirtschaftsführung тео́рия управле́ния социалистической эконо́микой, тео́рия управле́ния социалистическим наро́дным хозя́йством

Theorie der Spiele тео́рия игр

Theorie der strategischen Spiele тео́рия стратеги́ческих игр

Theorie der unvollständigen Konkurrenz тео́рия несовершенной конкуре́нции

Theorie der Vorräte тео́рия управле́ния запа́сами

Theorie der Wahlakte тео́рия вы́бора

Theorie der Wechsellagen тео́рия экономи́ческих циклов

Theorie der wirtschaftlichen Verhaltensweisen тео́рия экономи́ческого поведе́ния

Theorie der Wohlfahrtsökonomie тео́рия экономи́ческого благососто́яния

Theorie der Zeitpräferenzen тео́рия предпочте́ния вре́мени

Theorie des Ertragszuwachses тео́рия возраста́ющей доходности

Theorie des kontrollierten Kapitalismus тео́рия контролируемого капитализма

Theorie des Plankapitalismus тео́рия планового капитализма

Theorie des regulierten Kapitalismus тео́рия регулируемого капитализма

Theorie des wirtschaftlichen Verhaltens тео́рия экономи́ческого поведе́ния

Theorie des Wirtschaftswachstums тео́рия экономи́ческого роста́

Theorie großer Systeme тео́рия больши́х систе́м

Theorie vom abnehmenden Bodenertrag тео́рия убывающего плодоро́дия по́чвы

Theorie vom eisernen Lohngesetz тео́рия «железного» зако́на за́работной пла́ты *(тео́рия Ф. Лассаля)*

Theorie vom friedlichen Hineinwachsen des Kapitalismus in den Sozialismus тео́рия ми́рного враста́ния капитализма в социали́зм

Theorie vom Managersystem тео́рия менеджеризма

Theorie von der Beständigkeit der Kleinproduktion тео́рия живучести ме́лкого произво́дства

Theorie von der Dezentralisierung der ökonomischen Macht тео́рия децентрализа́ции экономи́ческой мо́щи

Theorie von der Stabilität der kleinbäuerlichen Wirtschaft тео́рия усто́йчивости ме́лкого крестья́нского хозя́йства

Theorie zufälliger Prozesse тео́рия случа́йных проце́ссов

kooperative Theorie der Spiele коалиционная тео́рия игр, кооперати́вная тео́рия игр

makroökonomische Theorie макроэкономическая тео́рия

marginalistische Theorie маржиналистская тео́рия

mikrookonomische Theorie микроэкономическая тео́рия

nichtkooperative Theorie der Spiele некоалиционная тео́рия игр, некооперативная тео́рия игр

pluralistische Theorie плюралистическая тео́рия

thesaurieren *vt* тезаврировать, нака́пливать *(де́ньги, благоро́дные мета́ллы и др.)* в фо́рме сокро́вищ

Thesaurierung *f* тезаври́рование, тезаврация, накопле́ние *(де́нег, благоро́дных мета́ллов и др.)* в фо́рме сокро́вищ

Thesaurus *m* тезаурус; тезаврация

Through Bill of Lading *англ.* сквозно́й коносаме́нт; сквозна́я тра́нспортная накладна́я *(США)*

Through B/L *англ.* сквозно́й коносаме́нт; сквозна́я тра́нспортная накладна́я *(США)*

Ticketsystem *n* систе́ма самообслу́живания на предприя́тиях обще́ственного питания по наборным ка́ртам *(ка́рты вруча́ются посетителям при вхо́де, а расчёт по ним произво́дится при вы́ходе)*

Tiefbau *m* малоэтажное строи́тельство; строительство подзе́мных сооруже́ний

Tiefgang *m* оса́дка; ма́рка погруже́ния *(судна)*

Tiefgang ablesen определя́ть вес гру́за по осадке су́дна

tiefgekühlt заморо́женный *(ча́сто о продуктах пита́ния)*

tiefkühlen *vt* охлажда́ть до оче́нь ни́зкой температу́ры

Tiefkühlerzeugnis *n* заморо́женный проду́кт

Tiefkühltruhe *f* низкотемперату́рный прила́вок

Tiefpunkt *m* ни́зшая то́чка

Tiefstand *m* ни́зкий у́ровень; неблагоприя́тная конъюнкту́ра, депре́ссия

Tiefststand *m* преде́льно ни́зкий у́ровень

Tierbestand *m* поголо́вье скота́

Tierschadenhaftung *f* отве́тственность за уще́рб, причинённый живо́тными
Tierseuchenentschädigung *f* возмеще́ние, выпла́чиваемое владе́льцам скота́ при эпизоотиях
Tierzucht *f* животново́дство
Tierzuchtertrag *m* дохо́д от животново́дства
Tierzuchtleistung *f* продукти́вность животново́дства
tilgbar погаша́емый; подлежа́щий погаше́нию *(о до́лге)*
tilgen *vt* погаша́ть, упла́чивать *(долг)*
Tilgung *f* погаше́ние *(креди́та)*, упла́та *(до́лга)*
Tilgungen, *f, pl*, laufende теку́щие платежи́
Tilgungsanleihe *f* аннуите́т *(заём, подлежа́щий погаше́нию ра́вными годовы́ми доля́ми)*
 Tilgungsanleihe заём, погаше́ние кото́рого происхо́дит постепе́нно в стро́го устанавливаемые сро́ки
Tilgungsaufkommen *n* поступле́ние средств от погаше́ния облига́ций
Tilgungsbedingungen *f, pl* усло́вия погаше́ния *(до́лга, за́йма)*
Tilgungsbetrag *m* су́мма взно́са в счёт погаше́ния до́лга
Tilgungsdauer *f* срок погаше́ния *(перио́д)*
Tilgungsfonds *m* фонд погаше́ния, амортизацио́нный фонд
Tilgungsfrist *f* срок погаше́ния *(да́та)*
Tilgungsgewinn *m* при́быль, образуемая при вы́купе долговы́х обяза́тельств по ку́рсу ни́же номина́ла
Tilgungshypothek *f* амортизацио́нная ипоте́ка *(зало́говое обяза́тельство, погашаемое регулярными ра́вными платежа́ми)*
Tilgungskapital *n* амортизацио́нный капита́л
Tilgungsleistung *f* платёж в погаше́ние до́лга, поста́вка в погаше́ние до́лга
Tilgungsmodus *m* спо́соб возвра́та до́лга, спо́соб погаше́ния до́лга, усло́вия погаше́ния до́лга
Tilgungsquote *f* проце́нт погаше́ния *(до́лга)*
Tilgungsrate *f* проце́нт погаше́ния *(до́лга)*
Tilgungssatz *m* проце́нт погаше́ния *(до́лга)*
Tilgungssumme *f* су́мма взно́са в счёт погаше́ния до́лга
Tilgungsversicherung *f* страхова́ние жи́зни, при кото́ром страхова́я су́мма мо́жет испо́льзоваться для погаше́ния ипотечной ссу́ды
Tilgungsverzicht *m* списание основно́й су́ммы до́лга
Tilgungszahlung *f* платёж в погаше́ние задо́лженности
Tilgunsquote *f* проце́нт погаше́ния *(до́лга)*; но́рма погаше́ния, до́ля погаше́ния *(креди́та)*
time-sheet *англ.* таймшит
Timecharter *m англ.* тайм-ча́ртер
TIR, transport international de marchandises par la route междунаро́дные това́рные перево́зки по определённым автостра́дам Евро́пы, **Tir-Carne**
Tischcomputer *m* насто́льный компью́тер
Tischrechenmaschine *f* арифмо́метр
Titel *m* правооснование
 Titel сме́та по капита́льному строи́тельству, сме́та капита́льного строи́тельства
 Titel назва́ние
 Titel титу́л, сме́та *(в бюдже́тной классифика́ции)*
 handelbarer Titel це́нная бума́га, име́ющая хожде́ние *(напр. котирующаяся на би́рже)*
Titelliste *f* ти́тульный спи́сок
Titelschutz *m* защи́та а́вторского пра́ва́ на назва́ние
TJ, Tadschikistan Таджикиста́н, *до 1978г. код* **TP**
TJR, Tadschikistan-Rubel, -- Tadschikistan Таджи́кский рубль, -- Таджикиста́н
t/km, Tonnenkilometer тонно-киломе́тр
TL, technische Lieferbedingungen техни́ческие усло́вия поста́вки
TLO:
 T.L.O., total loss only *анг. страх.* то́лько в слу́чае по́лной ги́бели *(су́дна)*
 t.l.o., total loss only *анг.* застрахо́вано то́лько от по́лной ги́бели
TM:
TM, Tankmotorschiff та́нкер
TM, Turkmenistan Туркменистан, *до 1978г. код* **TA**
TMM, Turkmenistan-Manat, -- Turkmenistan Манат (*код валю́ты* 795), -- Туркменистан
TN:
 TN, Tunesien Туни́с
 TN: Netztafel се́тка номограммы, се́тка диагра́ммы
 tn, ton то́нна
Teichnutzfläche пло́ща́дь пруда́, приго́дная для разведе́ния ры́бы
TND, Tunesischer Dinar, -- Tunesien Туни́сский дина́р (*код валю́ты* 788), -- Туни́с
Tarifordnung тари́фные пра́вила
TO:
 TO, Tonga Тонга
 TO: Taraordnung тамо́женные пра́вила, регули́рующие вопро́с о та́ре
 to, Tonne то́нна
TOA, Tarifordnung für Angestellte des öffentlichen Dienstes тари́фные пра́вила для слу́жащих муниципа́льных учрежде́ний
Tochterbetrieb *m* доче́рнее предприя́тие
Tochterfirma *f* доче́рняя фи́рма
Tochtergesellschaft *f* доче́рнее о́бщество, доче́рняя компа́ния
Tochterunternehmen *n* доче́рнее предприя́тие
Todesfallversicherung *f* страхова́ние на слу́чай сме́рти
Toleranz *f* до́пуск *(отклоне́ний)*
 Toleranz ремедиум *(в усло́виях золотомонетного станда́рта - допусти́мое зако́ном уменьше́ние ве́са моне́ты)*
Toleranzbereich *m* поле́ до́пуска
Toleranzfaktor *m* коэффицие́нт до́пуска *(при статистическом контроле ка́чества)*
Toleranzgrenze *f* грани́ца до́пуска; поля́ до́пуска
 obere Toleranzgrenze ве́рхний контро́льный преде́л
 untere Toleranzgrenze ни́жний контро́льный преде́л
Toleranzlinie *f* крива́я допусков
TOM, technisch-organisatorische Maßnahmen организационно-техни́ческие мероприя́тия, ОТМ
TOM-Plan *m* план организационно-техни́ческих мероприя́тий
Tombola *f австр.* вещева́я лотере́я
ton deadweight *англ.* то́нна-де́двейт
Tonnage *f* тонна́ж; водоизмеще́ние
 Tonnage für Reisecharter ре́йсовый тонна́ж
 Tonnage für Zeitcharter тайм-ча́ртерный тонна́ж
 aufgelegte Tonnage прикольный тонна́ж
 prompte Tonnage свобо́дный тонна́ж
 seegängige Tonnage морско́й тонна́ж
 stillgelegte Tonnage прикольный тонна́ж
Tonnageanforderung *f* спрос на тонна́ж
Tonnagebedarf *m* потре́бности в тонна́же; спрос на тонна́ж, потре́бность в тоннаже
Tonnagenachfrage *f* спрос на тонна́ж
Tonnagesteuer *f* тоннажный сбор, корабе́льный сбор
Tonne *f* то́нна
Tonnengehalt *m* тонна́ж
Tonnengeld *n* тоннажный сбор, кора

бе́льный сбор
Tonnenkilometer *n* тонно-киломе́тр
tonnenweise тоннами; бо́чками
TOP, Pa'anga, -- Tonga Паа́нга (*код валю́ты* 776), -- Тогна
Top-Management *n англ.* вы́сшее руково́дство, вы́сшее звено́ управле́ния
Top-Manager *m англ.* управля́ющий вы́сшего звена́ управле́ния, ме́неджер вы́сшего звена́ управле́ния
Topfwagen *m* ваго́н с *(керамическими)* ёмкостями в ячейках *(для перево́зки кисло́т)*; спецвагон для перево́зки кисло́т
Topmanager *m* вы́сший управля́ющий, вы́сшее должностно́е лицо́ компа́нии; топ-ме́неджер
auslandserfahrener Topmanager вы́сший управля́ющий с о́пытом рабо́ты за грани́цей
Tops/Flops повыше́ние/паде́ние (ку́рсов на би́рже)
Torsteuer *f ист.* нало́г, взима́вшийся с ввози́мых в го́род това́ров
total *бухг.* итого́, всего́
total совсе́м, соверше́нно
total тота́льный, всео́бщий; по́лный; совсе́м, соверше́нно, по́лностью
Totalablieferung *f* поста́вка госуда́рству всей произведённой сельскохозя́йственной проду́кции *(в Герма́нии во вре́мя второ́й мирово́й войны́)*
Totalausverkauf *m* по́лная распрода́жа
Totalbetrag *m* итоговая су́мма
Totalerfassung *f стат.* сплошно́е наблюде́ние
Totalerhebung *f стат.* сплошно́е наблюде́ние
Totalgewicht *n* о́бщий вес
Totalprognose *f* глоба́льный прогно́з, тота́льный прогно́з
Totalrechnung *f* учёт результа́та де́ятельности предприя́тия за весь перио́д его́ существова́ния; учёт результа́тов де́ятельности за весь перио́д существова́ния *(фи́рмы, предприя́тия и др.)*
Totalschaden *m* по́лный уще́рб, о́бщий ущёрб, по́лная су́мма понесённого ущёрба
Totalsumme *f* о́бщая су́мма, ито́г
Totalverlust *m* о́бщий убы́ток; безвозвра́тная поте́ря, по́лная поте́ря
Totalverlust по́лная ги́бель *(застрахованного су́дна и́ли гру́за)*
Totalwert *m* о́бщая сто́имость
Totlast *f трансп.* вес порожняка́
Totlast *мор.* мёртвый груз, постоя́нный балла́ст
Totzeit *f* просто́й, вре́мя просто́я *(маши́ны, станка́)*
Tourenplan *m* план завоза това́ров
Tourex, Touristenexpress *ж.-д.* тури́стский экспре́сс
Touristenkurs *m* тури́стский (некомме́рческий) курс *(валю́т) (в бывш. соцстранах)*
TÖZ, technisch-ökonomische Zielstellung технико-экономи́ческая целева́я устано́вка, постано́вка технико-экономи́ческой це́ли
TP:
T.P., titulo pleno по́лный титу́л
T.p.:
T.p., titulo pleno по́лный титу́л
Tp., Transport транспо́рт
Tp., Transport репо́рт *(перено́с ито́га на сле́дующую страни́цу)*
T.Q., tel quel тель-кель, как есть *(усло́вие прода́жи без гара́нтии ка́чества)*
TR:
TR, Türkei Ту́рция
Tr., Tratte тра́тта, перево́дный ве́ксель
tr., tare та́ра, упако́вка
trade bill *англ.* торго́вый ве́ксель, торго́вая тра́тта; това́рный ве́ксель
trade terms *англ.* торго́вые обы́чаи, торго́вые усло́вия, узанс
Trade Union Unity League *англ. ист.* Ли́га профсою́зного еди́нства *(США)*
Trade Union *f англ.* тред-юнион
trademark *англ.* торго́вая ма́рка, това́рный знак
Tradeunionismus *m* тред-юниони́зм
Traditionalismus *m* традиционали́зм
Traditionspapier *n* распоряди́тельный докуме́нт, товарораспорядительный докуме́нт
Trafik *f австр.* таба́чный кио́ск *(где продаю́тся та́кже почто́вые и ге́рбовые ма́рки, газе́ты)*
Tragehandel *m* торго́вля вразно́с, торго́вля с лотко́в, торго́вля с лотка́
Trägerbetrieb *m* головно́е предприя́тие, веду́щее предприя́тие
Tragfähigkeit *f* грузоподъёмность; допусти́мая нагру́зка
Tragfähigkeit *f мор.* по́лная грузоподъёмность, де́двейт
Trägheit *f* ине́ртность; гистере́зис *(заме́дленная реа́кция на обнаруживаю́щееся вне́шнее возде́йствие)*
Trägheit ине́рция; вя́лость, ине́ртность; инерционность
Trägheit in der Ökonomik инерцио́нность в эконо́мике
Trailerschiff *n* трейлеровоз
Trailerverkehr *m* трейлерные перево́зки
Trainee *m* стажёр *(напр. рабо́тник, проходя́щий 1-3-летнюю пра́ктику на кру́пном предприя́тии)*
Trajektverkehr *m* паро́мное железнодоро́жное сообще́ние
Traktorenbesatz *m*:
Traktorenbesatz je 1000 ha Ackerfläche показа́тель числа́ тра́кторов, приходящихся на 1000 га пахотных уго́дий
Traktoreneinheit *f* усло́вный (15-си́льный) тра́ктор
Tramp *m* трамп, трамповое су́дно
Tramp рабо́чий, стра́нствующий по стране́ в по́исках рабо́ты *(гл. обр. в США)*
Trampbeförderung *f* трамповые перево́зки
Tramptonnage *f* трамповый тонна́ж
Trampreederei *f* трамповая судохо́дная компа́ния
Trampschiff *n* трамповое су́дно
Trampschifffahrt *f* трамповое судохо́дство, судохо́дство по любы́м направле́ниям
Tramptonnage *f* трамповый тонна́ж
Tranche *f фр.* транш, часть обяза́тельств, часть эмиссии це́нных бума́г *(напр. при размещении эти́х обяза́тельств на ры́нках ра́зных стран)*
Tranche часть *(одна́ четвёртая)* кво́ты стран-чле́нов в МВФ
Transaktion *f* сде́лка, опера́ция, транзакция *(обы́чно междунаро́дная фина́нсовая)*
Transaktion *вчт.* транзакция, обрабо́тка запро́са
Transaktionskosten *pl* расхо́ды по опера́ции, расхо́ды по сде́лке, изде́ржки по опера́ции, изде́ржки по сде́лке
Transaktionsnummer *f* но́мер транзакции
Transfer *m* переда́ча *(напр. технологий)*; перемеще́ние, движе́ние *(капита́ла)*
Transfer *вчт.* переда́ча да́нных
Transfer *юр.* переда́ча управле́ния
Transfer трансфе́рт, перево́д, перечисле́ние *(иностра́нной валю́ты, це́нных бума́г)*
Transfer der Kapitalien перемеще́ние капита́лов, перево́д капита́лов, трансфе́рт капита́лов
Transfer der Technologien und Verfahren переда́ча технологий
Transfer-Pfund-Konto *n* перево́дный счёт в фу́нтах сте́рлингов
Transferabkommen *n* соглаше́ние о трансферте
transferable account countries *англ.* страны́, входя́щие в зо́ну примене́ния переводных счето́в в фу́нтах сте́рлингов
Transferbilanz *f* перево́дный бала́нс,

трансфертный бала́нс, бала́нс перево́дов и платеже́й *(часть платёжного бала́нса)*

Transfereinkommen *n* дохо́д, поступа́ющий из-за грани́цы

Transfergarantie *f* гара́нтия перечисления экспортной вы́ручки, гара́нтия перечисления при́былей, полу́ченных за грани́цей

Transfergebühr *f* нало́г на де́нежные переводы за грани́цу

Transfergebühr *f* сбор с зарубе́жных де́нежных перево́дов

transferierbar могу́щий быть переведённым за грани́цу, могу́щий быть перечисленным за грани́цу

transferierbar могу́щий быть перевезённым (перечисленным) за грани́цу

transferieren *vt* передава́ть, перемеща́ть, переводи́ть

Transferierung *f* трансфе́рт; перечисле́ние

Transferrisiko *n* риск заде́ржки трансферта

Transferrisiko риск заде́ржки трансферта причита́ющихся сумм, риск заде́ржки перево́да причита́ющихся сумм

Transferstraße *f* автомати́ческая ли́ния, автомати́ческая пото́чная ли́ния

Transferzahlungen *f pl* переводны́е вы́платы, трансфертные платежи́ *(напр. социа́льные платежи́, госуда́рственные дота́ции сельскохозя́йственным производителям и проч.)*

Transformation *f* трансформа́ция; преобразова́ние

Transformationstheorie *f* тео́рия трансформации капиталистического о́бщества

Transfrigoroute *f* междунаро́дное объедине́ние тра́нспортных предприя́тий по перево́зке скоропо́ртящихся гру́зов

Transit *m* транзи́т; прово́з

Transit via транзитом чере́з *(страну́)*

Transitabgabe *f* транзи́тная по́шлина, транзи́тный сбор

Transitabsatz *m* транзи́тная реализа́ция

Transitausfuhr *f* транзи́тный экспорт, экспорт чере́з террито́рию тре́тьей страны́; экспорт, осуществля́емый чере́з террито́рию тре́тьей страны́

Transitbeförderung *f* транзитные перево́зки

Transitbegünstigungen *f pl* привилегиро́ванные тари́фы для транзитных гру́зов

Transitbelieferung *f* транзитное снабже́ние

Transiteinfuhr *f* и́мпорт, осуществля́емый чере́з террито́рию тре́тьей страны́; транзи́тный и́мпорт

Transitexport *m* транзи́тный экспорт, экспорт чере́з террито́рию тре́тьей страны́; экспорт, осуществля́емый чере́з террито́рию тре́тьей страны́

Transitfracht *f* транзи́тный фрахт, фрахт за транзи́тный груз

Transitgebühr *f* транзи́тная по́шлина, транзи́тный сбор, по́шлина за транзи́т, сбор за транзи́т

Transitgeschäft *n* транзи́тная опера́ция

Transitgut *n* транзи́тный груз; транзи́тный това́р

Transitgutbeförderung *f* перево́зка транзитного гру́за

Transithandel *m* транзи́тная торго́вля

transitieren провози́ть транзитом, осуществля́ть транзитные перево́зки

Transitivität *f* транзитивность *(усло́вие перехо́да к непротиворечивой систе́ме предпочтений, напр. това́рный набо́р А1 предпочтительней, чем набо́р А2, тогда́ как А2 предпочти́тельнее, чем набо́р А3, сле́довательно, А1 предпочитается А3)*

Transitivität der Präferenz транзитивность предпочтений *(в ана́лизе спро́са)*

Transitklausel *f* транзи́тная огово́рка *(при которо́й по́шлину пла́тит покупа́тель)*; транзи́тная кла́узула

Transitkosten *pl* расхо́ды по транзитной перево́зке, затра́ты по транзитной перево́зке

Transitlager *n* склад для това́ров в транзитной торго́вле; транзи́тный склад

Transitland *n* страна́ транзита; страна́, чере́з террито́рию которо́й осуществляются транзитные перево́зки

Transitlieferung *f* транзитные поста́вки

Transitlinie *f* транзи́тная ли́ния, транзи́тный маршру́т

transitorisch *бухг.* переходя́щий, запа́здывающий ито́г *(су́мма выво́дится в бо́лее позднем пери́оде, чем платёж), ср.* **antizipativ**

Transitorium *n* переходя́щая статья́ *(госуда́рственного бюдже́та)*

Transitseefracht *f* морско́й фрахт за транзитные това́ры; морско́й транзи́тный фрахт

Transitstaat *m* госуда́рство транзита

Transittarif *m* транзи́тный тари́ф

Transitumsatz *m* транзи́тный оборо́т

Transitumschlag *m* транзи́тный оборо́т

Transitverbot *n* запре́т на транзи́т, запре́т на транзитные перево́зки

Transitverkehr *m* транзи́тная торго́вля; транзитные перево́зки

Transitware *f* транзи́тный груз; транзи́тный това́р

Transitzoll *m* транзи́тная по́шлина

Transmissionsmechanismen *pl* трансмиссионные механи́змы *(обы́чно в тео́рии так называются механи́змы, посре́дством кото́рых реализуется возде́йствие денежно-креди́тной поли́тики на движе́ние произво́дства, за́нятости и др. показа́тели хозактивности)*

Transport *m* транспо́рт, перево́зка, транспортирование; транспо́рт

Transport па́ртия гру́за

Transport im offenen Durchgang перево́зка откры́тым тра́нспортом

Transport zu Lande перево́зка назе́мным тра́нспортом

Transport zu Wasser перево́зка во́дным тра́нспортом

Transport zwischen den einzelnen Arbeitsgängen межоперационный транспо́рт

gebrochener Transport сме́шанные перево́зки

innerbetrieblicher Transport внутризаводско́й транспо́рт

schienengebundener Transport ре́льсовый транспо́рт

überbetrieblicher Transport межзаводской транспо́рт

zwischenbetrieblicher Transport межзаводской транспо́рт

Transport- und Speditionsarbeit *f* транспортно-экспедиционная опера́ция

Transport- und Speditionsvorgang *m* транспортно-экспедиционная опера́ция

transportabel го́дный к перево́зке, приго́дный к перево́зке, транспорта́бельный

Transportagentur *f* тра́нспортное аге́нтство

Transportalgorithmus *m* алгори́тм тра́нспортной зада́чи

Transportarbeiten *f, pl* тра́нспортные рабо́ты, рабо́ты по транспортировке

Transportaufkommen *n* вся ма́сса поступи́вших для перево́зки гру́зов

Transportauftrag *m* тра́нспортное поруче́ние

Transportaufwand *m* тра́нспортные изде́ржки, тра́нспортные расхо́ды

Transportaufwendungen *f, pl* тра́нспортные изде́ржки, тра́нспортные расхо́ды

Transportausrüstungen *f, pl* подъёмно-тра́нспортные сре́дства

Transportbedarf *m* потре́бности в перевозках

Transportbedingungen *f, pl* усло́вия перево́зки, усло́вия транспортиро́вки

Transportbehälter *m* конте́йнер

Transportbescheinigung *f* тра́нспорт

ная накладна́я; товаротранспортная накладна́я

Transportbeschriftung *f* тра́нспортная маркиро́вка

Transportbetrieb *m* тра́нспортное предприя́тие

Transportbilanz *f* тра́нспортный бала́нс

Transportdiebstahl *m* кра́жа на тра́нспорте

Transportdokument *n* тра́нспортная накладна́я, транспортно-сопроводительный докуме́нт

Transporteinheit *f* тра́нспортная едини́ца, едини́ца тра́нспорта

Transportentfernung *f* да́льность перево́зки

Transportentgelt *n* пла́та за тра́нспортные перево́зки

transportfähig перевози́мый, го́дный для перево́зки, го́дный для транспортиро́вки

Transportfähigkeit *f* провозная спосо́бность, пропускна́я спосо́бность; тра́нспортные мо́щности

Transportfaktor *m* коэффицие́нт перевозимости

transportfest надёжный в транспортировке, надёжный для транспортиро́вки

Transportflugzeug *n* тра́нспортный самолёт

Transportgefahr *f* риск, свя́занный с перево́зкой; тра́нспортный риск; тра́нспортные ри́ски

Transportgefährdung *f* угро́за транспорту, угро́за транспортировке гру́за, угро́за транспортируемому грузу́

Transportgeschäft *n* сде́лка на перево́зку
Transportgeschäft тра́нспортное предприя́тие

Transportgesellschaft *f* тра́нспортное акционе́рное о́бщество
Transportgesellschaft *f* тра́нспортное о́бщество, тра́нспортная фи́рма

Transportgewerbe *n* транспортно-экспедиционное де́ло

transportgünstig *(экономи́чески)* вы́годный для перево́зки

Transportgut *n* транспорти́руемый груз

Transporthindernis *n* тру́дности в (при) транспортировке; поме́хи, свя́занные с транспортиро́вкой гру́за

transportierbar транспорти́руемый, го́дный к перево́зке

transportieren *vt* транспорти́ровать, перевози́ть

Transportkapazität *f* провозная спосо́бность, пропускна́я спосо́бность

Transportkooperation *f* коопери́рование в о́бласти тра́нспортных перево́зок

Transportkoordinierung *f* координа́ция перево́зок

Transportkosten *pl* тра́нспортные расхо́ды *(все расхо́ды, свя́занные с транспортиро́вкой гру́за)*

Transportlager *n* тра́нспортный склад

Transportleistung *f* объём перево́зок; грузооборо́т

Transportlos *n* тра́нспортная па́ртия *(това́ра)*

Transportmarkierung *f* тра́нспортная маркиро́вка

Transportmenge *f* объём перево́зок; коли́чество перево́зок

Transportmittel *n, pl* тра́нспортные сре́дства (мн.ч.); транспо́рт
außerbetriebliche Transportmittel вне́шние тра́нспортные сре́дства, сторо́нние тра́нспортные сре́дства
innerbetriebliche Transportmittel сре́дства внутризаводско́го тра́нспорта; внутризаводски́е тра́нспортные сре́дства

Transportmittelabgabe *f* по́шлина, взима́емая с тра́нспортных средств; нало́г на тра́нспортные сре́дства, находя́щиеся в индивидуальном владе́нии

Transportmittelzählung *f* пе́репись тра́нспортных средств

Transportnorm *f* но́рма перево́зок; тра́нспортные но́рмы

Transportobjekt *n* объе́кт перево́зки, объе́кт транспортиро́вки

Transportökonomik *f* эконо́мика тра́нспорта

Transportoptimierung *f* оптимиза́ция тра́нспортных перево́зок

Transportpapiere *n pl* тра́нспортные докуме́нты

Transportplan *m* план перево́зок

Transportplanung *f* плани́рование перево́зок

Transportpreis *m* сто́имость перево́зок
Transportpreis *m* цена́ перево́зки

Transportproblem *n* тра́нспортная пробле́ма, тра́нспортная зада́ча

Transportraum *m* грузовмести́мость тра́нспортного сре́дства

Transportrichtung *f* направле́ние (грузовы́х) перево́зок

Transportrisiko *n* тра́нспортные ри́ски

Transportschaden *m* поврежде́ние гру́за при перево́зке; убы́тки, понесённые при перево́зке гру́за; поврежде́ние гру́за при перево́зке; убы́тки при перево́зке

Transportschiff *n* тра́нспортное су́дно

Transportselbstkosten *pl* себесто́имость перево́зки; себесто́имость перево́зок

Transportsoll *n* но́рма перево́зок

Transportspeditionsspesen *pl* транспортно-экспедиторские расхо́ды

Transportspesen *pl* транспортно-экспедиторские расхо́ды

Transportstück *n* транспорти́руемый груз; едини́ца перевозимого гру́за

Transportsystem *n* тра́нспортная систе́ма; систе́ма перево́зок

Transporttarif *m* тра́нспортный тари́ф

Transportübernahme *f* приня́тие гру́за к перево́зке

Transportumschließung *f* упако́вка, приго́дная для транспортиро́вки гру́зов

Transportunregelmäßigkeiten *f, pl* наруше́ние поря́дка транспортиро́вки, нерегуля́рное осуществле́ние перево́зок; нерегуля́рная доста́вка

Transportunternehmen *n* тра́нспортное предприя́тие

Transportverlust *m* поврежде́ние гру́за при перево́зке; убы́тки, понесённые при перево́зке гру́за; поврежде́ние гру́за при перево́зке; убы́тки при перево́зке; тра́нспортные поте́ри, поте́ри при транспортировке

Transportverpackung *f* упако́вка, приго́дная для транспортиро́вки гру́зов

Transportversicherung *f* страхова́ние на тра́нспорте, тра́нспортное страхова́ние

Transportvertrag *m* догово́р на перево́зку

Transportvolumen *n* объём перево́зок

Transportwesen *n* тра́нспортное де́ло

Transportzweig *m* вид тра́нспорта

Trassant *m* трасса́нт; лицо́, выдаю́щее переводно́й ве́ксель (тра́тту)

Trassat *m* трасса́т; лицо́, обя́занное уплати́ть по перево́дному ве́кселю (тратте)

trassieren *vt* трасси́ровать, представля́ть *(ве́ксель)* к акцептова́нию

Trassierungskredit *m* креди́т, предоста́вленный под зало́г переводно́го векселя́

Tratte *f* перево́дный ве́ксель, тра́тта
eine Tratte begeben вы́писать тра́тту
eine Tratte einziehen инкасси́ровать тра́тту
eine Tratte in Umlauf bringen пусти́ть тра́тту в обраще́ние
eine Tratte wird fällig срок тра́тты истека́ет

Trattenavis *n* ави́зо, извеще́ние трассантом трассата о пу́ске в оборо́т тра́тты

Trattenbuch *n* ве́ксельная кни́га, кни́га учета векселе́й

Trattenkauf *m* ба́нковский диско́нтный креди́т, диско́нтный креди́т *(осуществля́емый путём дисконти́рования/учёта*

документи́рованных тратт)

Travellerscheck *m* доро́жный чек *(обы́чно покупа́ется для пое́здок и мо́жет быть обме́нен на нали́чные де́ньги в любо́м кредитном учрежде́нии, поддерживающем корреспондентские свя́зи с ба́нком-эмитентом)*

Treasury-Bond *m англ.* казначе́йский ве́ксель

Treibhausindustrie *f* о́трасль промы́шленности, конкурентоспосо́бность которо́й обеспе́чивается за счёт госуда́рственных дота́ций

Trend *m* тенде́нция, тренд

anziehender Trend повыша́тельная тенде́нция

dominierender Trend госпо́дствующая тенде́нция, домини́рующая тенде́нция, преоблада́ющая тенде́нция

kurzfristiger Trend кратковре́менная тенде́нция

langfristiger Trend дли́тельная тенде́нция, долгосро́чная тенде́нция

linearer Trend о́бщая поступательная тенде́нция

linearer Trend лине́йный тренд

nicht linearer Trend нелине́йный тренд

parabolischer Trend паболи́ческий тренд

sinkender Trend пони́жа́тельная тенде́нция

vorherrschender Trend госпо́дствующая тенде́нция, домини́рующая тенде́нция, преоблада́ющая тенде́нция

zwei gegenläufige Trends две противополо́жные тенде́нции

Trendermittlung *f* выявле́ние основно́й тенде́нции разви́тия, определе́ние основно́го направле́ния разви́тия

Trendermittlung *f* выявле́ние тенде́нции

Trendextrapolation *f* экстраполя́ция тренда, прое́кция тренда

Trendfunktion *f* фу́нкция тренда

Trendgleichung *f* уравне́ние тренда

Trendlinie *f* тренд; направле́ние разви́тия

Trendprognose *f* прогно́з основно́й тенде́нции разви́тия

Trendprojektion *f* прое́кция тренда, экстраполя́ция тренда

Trennschicht *f* (обще́ственная) просло́йка

Trennung *f* отделе́ние; разделе́ние; разобще́ние, разъедине́ние; расторже́ние

Trennung der Entgelte разде́льное указа́ние ви́дов платеже́й и вы́ручки при упла́те нало́га с оборо́та

Trennungsentschädigung *f* возмеще́ние расхо́дов, свя́занных с прожива́нием в си́лу служе́бных причи́н вне местопребыва́ния семьи́; компенса́ция в связи с расторже́нием догово́ра, неусто́йка

Trennungszulage *f* надба́вка за отры́в от постоя́нного местожи́тельства, командиро́вочные

Treppenkurve *f* ступе́нчатая крива́я

Tresor *m* сейф, несгора́емый шкаф *(та́кже для хране́ния це́нностей и сокро́вищ в ба́нке)*

Tresorfachmiete *f* догово́р о пра́ве по́льзования сейфом в ба́нке; пла́та за по́льзование сейфом в ба́нке

Tresorschein *m* казначейское обяза́тельство, казначе́йская облига́ция

Treu und Glaube *юр.* добросо́вестность *(при истолкова́нии и исполне́нии обяза́тельств)*

Treuegelder *n, pl* надба́вка к за́работной пла́те за долголе́тнюю непреры́вную рабо́ту

Treuepension *f* пе́нсия за вы́слугу лет

Treueprämie *f* надба́вка к за́работной пла́те за долголе́тнюю непрерывную рабо́ту

Treuerabatt *m* ски́дка с цены́, предоставляемая за дли́тельные деловы́е свя́зи *(для постоя́нного зака́зчика)*

Treuerente *f* пе́нсия за вы́слугу лет

Treueurlaub *m* дополни́тельный о́тпуск за вы́слугу лет

Treugeber *m* лицо́, передавшее пра́во со́бственности на иму́щество кредито́ру *(в обеспе́чение до́лга)*

Treuhand *f* управле́ние чужи́м иму́ществом по поруче́нию довери́теля; трастовое управле́ние; управле́ние секвестрованным предприя́тием; опе́ка

Treuhandanstalt *f* ве́домство по управле́нию госуда́рственной со́бственностью *(в но́вых зе́млях ФРГ)*

Treuhandbank *f* трест-компа́ния *(оди́н из ви́дов комме́рческих ба́нков в США)*

Treuhandeigentum *n* со́бственность, находя́щаяся на ответственном хране́нии; довери́тельная со́бственность; иму́щество, вве́ренное попече́нию

Treuhänder *m юр.* дове́ренное лицо́, дове́ренный; лицо́, кото́рому передаётся пра́во со́бственности на иму́щество *(в обеспе́чение до́лга)*

Treuhänderdepot *n* це́нные бума́ги, пе́реданные на хране́ние дове́ренным лицо́м владе́льца бума́г

treuhänderisch по поруче́нию довери́теля

Treuhandgeschäft *n* фидуциарная сде́лка *(переда́ча дове́ренному лицу́ закладываемого и́ли сдаваемого на хране́ние иму́щества)*

Treuhandgut *n* иму́щество, управляемое по дове́ренности; иму́щество, вве́ренное попече́нию; со́бственность, находя́щаяся на ответственном хране́нии; иму́щество в трастовом управле́нии

Treuhandkredit *m* довери́тельный креди́т

Treuhandschaft *f* управле́ние чужи́м иму́ществом по поруче́нию довери́теля; трастовое управле́ние; управле́ние секвестрованным предприя́тием; опе́ка

Treuhandschaftsrat der UNO Сове́т по опе́ке ООН

Treuhandverhältnis *n* управле́ние чужи́м иму́ществом по поруче́нию довери́теля; трастовое управле́ние; управле́ние секвестрованным предприя́тием; опе́ка

Treuhandvermögen *n* иму́щество, управляемое по дове́ренности; иму́щество, вве́ренное попече́нию; со́бственность, находя́щаяся на ответственном хране́нии; иму́щество в трастовом управле́нии

Treunehmer *m* дове́ренное лицо́, дове́ренный; лицо́, кото́рому передаётся пра́во со́бственности на иму́щество *(в обеспе́чение до́лга)*

Treurabatt *m* довери́тельная ски́дка *(напр. мо́жет предоставляться покупа́телям това́ра у фирм, объединенных в карте́ль)*

trf., transfer перево́д *(де́нег)*; трансфе́рт

Trgf., Tragfähigkeit грузоподъёмность

trial-and-error-Methode *f* ме́тод проб и оши́бок

trial-and-error-Verhalten *n* ли́ния поведе́ния, использующая ме́тод проб и оши́бок

Triebkraft *f* дви́жущая си́ла

Triebkräfte *f, pl* дви́жущие си́лы *(мн.ч.)*

gesellschaftliche Triebkräfte дви́жущие си́лы обще́ственного разви́тия

ideelle gesellschaftliche Triebkräfte духо́вные дви́жущие си́лы обще́ственного разви́тия

materielle gesellschaftliche Triebkräfte материа́льные дви́жущие си́лы обще́ственного разви́тия

ökonomische Triebkräfte дви́жущие си́лы экономи́ческого разви́тия

Trieur *фр.* три́ер *(очистительно-сортиро́вочная маши́на для зерновы́х и бобо́вых)*

Trillion *f* триллио́н *(1012 в СНГ, США, Фра́нции, 1018 в ФРГ и А́нглии)*

Trimmarbeit *f мор.* укла́дка *(гру́за)*, шти́вка, стивидорные рабо́ты

Trimmen *n мор.* укла́дка *(гру́за)*, шти́вка, стивидорные рабо́ты

trimmen *vt* дифферентова́ть, распределя́ть груз в трю́ме

trip-charter *англ.* ре́йсовый ча́ртер

Triplik *n* тамо́женный про́пуск для ав

томаши́н для прое́зда чере́з грани́цу *(в ви́де тройно́го тало́на)*
Triptyk *n* тамо́женный про́пуск для автомаши́н для прое́зда чере́з грани́цу *(в ви́де тройно́го тало́на)*
TRL, Türkisches Pfund / Türkische Lira, -- Türkei Туре́цкая ли́ра (*код валю́ты* 792), -- Туре́цкая ли́ра
Trockeneis *n* сухо́й лёд
Trockenfracht *f* сухо́й груз
Trockenfrachtschiff *n* сухогрузное су́дно, сухогру́з
Trockenschiff *n* сухогрузное су́дно, сухогру́з
Trockentonnage *f* сухогрузный тонна́ж
Trockenverlust *m* усу́шка; поте́ри от усу́шки
Trodelhandel *m уст.* торго́вля подéржанными веща́ми
Trödelmarkt *m* блоши́ный ры́нок; барахо́лка
tropenfest го́дный для эксплуата́ции в тропи́ческих усло́виях; испо́лненный в тропи́ческом вариа́нте, приго́дный для эксплуата́ции в тропи́ческих усло́виях
Tropenfestigkeit *f* го́дность для эксплуата́ции в тропи́ческих усло́виях
tropensicher го́дный для эксплуата́ции в тропи́ческих усло́виях; испо́лненный в тропи́ческом вариа́нте, приго́дный для эксплуата́ции в тропи́ческих усло́виях
Troy-Unze *f* тройская у́нция *(ме́ра ве́са благоро́дных мета́ллов, ра́вная 31,1035 г)*
Troygewicht *n* тройский вес *(едини́ца измере́ния, испо́льзуемая при взве́шивании благоро́дных мета́ллов)*
Trucksystem *n* систе́ма опла́ты труда́ в натура́льной фо́рме
Trucksystem систе́ма части́чной опла́ты труда́ в натура́льной фо́рме, систе́ма по́лной опла́ты труда́ в натура́льной фо́рме
Trust *m англ.* трест
trust Company *англ.* трест-компа́ния *(оди́н из ви́дов комме́рческих ба́нков в США)*
trust receipt *англ.* сохранная распи́ска; варра́нт
Trustbildung *f* созда́ние трестов, образова́ние трестов
trustee *англ.* дове́ренное лицо́, опеку́н *(напр. банк, кото́рому дове́рено представля́ть интере́сы покупа́телей облига́ций и́ли кото́рый получа́ет на хране́ние како́е-л. иму́щество)*
trustieren трестировать, создава́ть тресты, образо́вывать тресты
TS:
T/S, Tage nach Sicht дней по́сле предъявле́ния
TS, Transportschiff тра́нспортное су́дно
TT:
TT, Trinidad und Tobago Тринидад и Тобаго, *до 1978г. код* **TD**
TT, telegraphic transfer телегра́фный (де́нежный) перево́д
T.T., terms of trade соотноше́ние импортных и экспортных цен
Tt, Tariftonne тари́фная то́нна
TTD, Trinidad-und-Tobago-Dollar, -- Trinidad und Tobago До́ллар Тринидада и Тобаго (*код валю́ты* 780), -- Тринидад и Тобаго
Ttkm, Tariftonnenkilometer тари́фный тонно-киломе́тр
T.U.C., Trade Union Congress Брита́нский конгре́сс тред-юнионов
Turnus *m* цикл; оборо́т
je Turnus за сме́ну *(в санаториях и дома́х о́тдыха)*
TÜV, Technischer Überwachungsverein Сою́з рабо́тников техни́ческого надзо́ра
TV, Tarifvertrag тари́фное соглаше́ние; соглаше́ние о тари́фных ставках
TVA, Tarif- und Verkehrsanzeiger тарифно-маршру́тный указа́тель
TVG, Tarifvertragsgesetz зако́н о тари́фных соглашениях, зако́н о поря́дке заключе́ния коллективных догово́ров о тари́фных ставках
TVO, Tarifvertragsordnung пра́вила примене́ния соглаше́ния о (провозных) тари́фах
TW, Taiwan Тайва́нь
TWD, Neuer Taiwan-Dollar, -- China (Taiwan) Но́вый тайва́ньский до́ллар, -- Тайва́нь
TWI, training within industry *англ.* обуче́ние внутри́ промы́шленности *(програ́мма рационализа́ции произво́дства)*
TWK, technisch-wirtschaftliche Kennziffer технико-экономи́ческий показа́тель
two-level-planning *англ.* планиро́вание на двух у́ровнях, двуху́ровневое планиро́вание
TWZ, technisch-wissenschaftliche Zusammenarbeit нау́чно-техни́ческое сотру́дничество
Typ *m* тип *(в разли́чных значе́ниях)*; обрaзе́ц, станда́рт
typen типизи́ровать
Typenarbeitsnorm *f* типовая но́рма вы́работки
Typenausführung *f* типово́е исполне́ние, станда́ртное исполне́ние
Typenbereinigung *f* устране́ние многообразия типоразмеров
Typenentwurf *m* типово́й прое́кт
Typengroße *f* типоразмер, типово́й разме́р
Typenidentität *f* типовая иденти́чность
Typenkalkulation *f* типовая калькуля́ция
Typenkauf *m* поку́пка по образцу́
Typenlösung *f* типово́е реше́ние
Typenmuster *n* типово́й образе́ц, станда́рт
Typennetzplan *m* типово́й сетево́й гра́фик
Typennormativ *n* типово́й нормати́в
gegenstandsbezogenes Typennormativ типово́й предме́тный нормати́в
Typenpolice *f страх.* типово́й по́лис, станда́ртный по́лис
Typenprojektierung *f* типово́е проекти́рование
Typenreihe *f* ряд типоразмеров
Typentechnologie *f* типовая техноло́гия, станда́ртная техноло́гия
Typenträgersystem *n* систе́ма осуществле́ния капита́льного ремо́нта и модернизации основны́х средств специализированными предприятиями
Typenverminderung *f* устране́ние многообразия типоразмеров
Typenverringerung *f* устране́ние многообразия типоразмеров
Typenvertreter *m* типово́е изде́лие
typisieren *vt* типизи́ровать; унифици́ровать; стандартизи́ровать, стандартизова́ть
Typisierung *f* типиза́ция; унифика́ция; стандартиза́ция, стандартизование
Typprüfung *f* прове́рка соотве́тствия образцу́, прове́рка соотве́тствия станда́рту
Typung *f* типиза́ция; унифика́ция; стандартиза́ция, стандартизование
TZ:
TZ, Tarazuschläge надба́вки за та́ру
TZ, Tarazuschlagsatz надба́вка на вес та́ры
TZ, Teilzahlung части́чный платёж
TZS, Tansania-Schilling, -- Tansania Танзанийский ши́ллинг (*код валю́ты* 834), -- Танзания, еди́ная респу́блика
U, Ultimo ультимо, после́дний день ме́сяца; после́дний биржево́й день месяца
U-Schätze, uverzinsliche Schatzanweisungen *m, pl* бескупо́нные казначе́йские обяза́тельства *(обы́чно на срок от 6 до 24 ме́сяцев)*
U-Schätze беспроце́нтные казначе́йские обяза́тельства, беспроце́нтные казначе́йские векселя́
UA:
UA, Ukraine Украина
UA, unsichtbare Ausfuhren невиди-

мый экспорт; сéрый экспорт
u.A.:
u.A., unter Anweisung при уведомлении, при авизовáнии
u.A., unter Anzeige при извещении, при уведомлении
UAH, Griwna, -- Ukraine Грúвна (*код валюты* 980), -- Украúна
UBEC, Union of Bananas Exporting Countries Союз стран - экспортёров банáнов, ССЭБ
über:
abfällige Reden über *j-n* **führen** неблагоприятно отзывáться (о ком-л.)
Abschluss über 100 Tonnen Baumwolle контрáкт о постáвке 100 тонн хлóпка
Abwicklung des Zahlungsverkehrs erfolgt über diese Bank платежú осуществляются черéз этот банк
sich *(D)* **über eine Frage Aufklärung verschaffen** получúть разъяснéние (по какóму-л. вопрóсу)
über *etw. (A)* **abfällig urteilen** отрицáтельно отзывáться (о чем-л.), давáть отрицáтельную оцéнку (комý-л., чемý-л.)
über *etw. (A)* **abstimmen** проголосовáть, решúть (что-л.) голосовáнием
über dem Strich над чертóй
Überabschreibung *f* амортизациóнные отчислéния вы́ше фактического изнóса; скалькулированные амортизациóнные отчислéния на пóлностью амортизúрованное, но ещё испóльзуемое оборýдование; избы́точные амортизациóнные отчислéния
Überakkumulation *f* сверхнакопление, перенакопление; сверхаккумуляция
Überalterung *f* морáльный изнóс *(тéхники, оборýдования)*
Überalterung *стат.* старéние населéния, постарéние населéния
Überangebot *n* превышéние предложéния над спрóсом, избы́точное предложéние
Überangebot an Waren abbauen снúзить избы́точное предложéние товáров; умéньшить товáрное давлéние на ры́нок
Überanspruchung *f* перегрýзка
Überarbeit *f* сверхурóчная рабóта
Überbau *m* надстрóйка
Überbeanspruchung *f* перегрýзка; избы́точная нагрýзка, чрезмéрная нагрýзка
Überbeanspruchungskosten *pl* дополнúтельные издéржки, вы́званные чрезмéрной загрузкой *(напр. из-за устаревшего оборýдования)*; дополнúтельные расхóды, свя́занные с эксплуатáцией технúчески устаревшего оборýдования
Überbelastung *f* перегрýзка; сверхнормативная нагрýзка *(напр. на оборýдование, рабóтников)*
Überbeschäftigung *f* сверхзанятость
Überbeschäftigung избы́точное испóльзование производственных мóщностей
Überbestand *m* излúшек; превышéние установленных норм товáрных запáсов
Überbestand an Waren излúшки товáров; затовáривание
Überbesteuerung *f* чрезмéрное налогообложéние
überbetrieblich межзаводской, межпроизводственный
Überbevölkerung *f* перенаселéние
relative Überbevölkerung относúтельное перенаселéние
überbewerten *vt* давáть завы́шенную оцéнку
überbewerten переоцéнивать в стóрону завышения, оцéнивать с завышением
Überbewertung *f* завы́шенная оцéнка *(напр. имýщества по сравнéнию с фактúческой стóимостью)*
Überbewertung переоцéнка *(в стóрону завышения стóимости)*
Überbewertung einer Aktie переоцéнка áкции; завы́шенная оцéнка áкции (завы́шенная стóимость áкции)
Überbewertung einer Währung переоцéнка валю́ты; завы́шенная оцéнка валю́ты
überbezahlen *vt* переплáчивать
überbieten превосходúть, превышáть
überbieten предлагáть бóлее высóкую цéну, предложúть бóлее высóкую цéну; давáть бóлее высóкую цéну (напр. на аукциóне); перебивáть цéну (на аукциóне, торгáх и т.п. бóлее высóкой ценóй)
überbieten перевыполнять *(напр. план)*
Überbordwerfen *n страх.* джеттисон *(выбрáсывание грýза за борт для облегчéния и спасéния сýдна)*
Überbringer *m* предъявúтель; подáтель
Überbringerklausel *f* оговóрка о вы́плате предъявúтелю; оговóрка о вы́плате подателю *(напр. на чеке, вéкселе)*
Überbringerscheck *m* чек на предъявúтеля, предъявúтельский чек
Überbrückungsdarlehen *n* краткосрóчная ссýда *(для цéлей рефинансирования)*
Überbrückungsdarlehen краткосрóчная ссýда для преодолéния врéменных финáнсовых затруднéний
Überbrückungsfinanzierung *f* краткосрóчное финансúрование
Überbrückungsfinanzierung *f* промежýточное (краткосрóчное) финансúрование *(испóльзуемое, напр. до получéния ссýды úли размещéния цéнных бумáг)*
Überbrückungsgeld *n* единоврéменная материáльная пóмощь
Überbrückungshilfe *f* краткосрóчная ссýда, дотáция (предоставляемая) на пополнéние ликвидных средств, бюджéтная дотáция
Überbrückungshilfe краткосрóчная финáнсовая ссýда, предоставляемая на слýчай нехвáтки ликвидных средств; бюджéтная ссýда
Überbrückungskredit *m* краткосрóчный кредúт для преодолéния врéменных затруднéний
Überbrückungskredit *m* промежýточный (краткосрóчный) кредúт *(предоставля́емый, напр. для преодолéния временнóй нехвáтки ликвидных средств)*
Überdeckung *f* превышéние стóимости материáльных фóндов предприя́тия над стóимостью егó оборотных средств
Überdeckung *f* превышéние стóимости основны́х произвóдственных фóндов предприя́тия над стóимостью егó оборотных средств
Überdeckung der Kosten превышéние расчётных издéржек над фактическими
Überdividende *f* дополнúтельные дивидéнды; бóнус; сверхдивиденды
Übereignung *f* передáча, отчуждéние *(имýщества в чью-л.* сóбственность)
Übereignung передáча правá сóбственности *(на вещь)*
Übereignung передáча в сóбственность
Übereignung des Rechtes передáча правá *(владéния)*
Übereinkommen *n* соглашéние, договóр; конвéнция; договорённость
übereinkommen *vi* договáриваться *о чем-л.*, согласóвывать *что-л.*
Übereinkunft *f* соглашéние, договóр; конвéнция; договорённость
Übereinkunft treffen прийтú к соглашéнию; достúчь договорённости
laut Übereinkunft по договорённости; по соглашéнию; соглáсно договорённости
stille Übereinkunft (юр.) молчалúвое соглáсие; безмóлвное соглáсие
übereinstimmen *vi* совпадáть, соответствовать, согласóвываться *(о дéйствиях)*
Übereinstimmung *f* соответствие
Übereinstimmung согласовáние
Übereinstimmung соглашéние
Übereinstimmung соглáсие
in Übereinstimmung mit в соответ-

ствии с
mangelnde Übereinstimmung непóлное соответствие
Übererfüllung *f* перевыполнéние *(напр. плáна)*
zulässige Übererfüllung допусти́мое превышéние *(напр. коли́чества при постáвке насыпных грýзов)*
überetatmäßig сверхбюджетный
überfällig давнó назрéвший *(напр. о предстоя́щих изменéниях)*
überfällig запоздáвший, опоздáвший *(напр. о самолёте)*
überfällig просрóченный *(напр. о вéкселе)*
Überfinanzierung *f* завышенная оцéнка основнóго капитáла *(при учреждéнии акционéрного óбщества)*
Überfischungsabkommen *n, pl* междунарóдные конвéнции об охрáне запáсов ры́бы и морскóго звéря
Überfluss *m* избы́ток; изоби́лие; изли́шек
Überfluss an Bevölkerung избы́ток населéния
Überfluss an Kapital избы́ток капитáла
Überflussgesellschaft *f* óбщество изоби́лия *(тéрмин, испóльзуемый для характери́стики совремéнного ýровня благосостоя́ния в развиты́х стрáнах)*; óбщество потреблéния
überflüssige Werbung *f* изли́шняя реклáма; навя́зчивая реклáма (напр. спам по электрóнной пóчте, мáссовые факсовые рассы́лки и т.п.)
Überflussproduktion *f* избы́точная продýкция; перепроизвóдство
überfordern *vt* запрáшивать сли́шком высóкую цéну
überfordern предъявля́ть чрезмéрные трéбования
Überforderung *f* запрóс *(напр. сли́шком высóкой цены́)*
Überforderung повы́шенное трéбование
Überforderung чрезмéрное трéбование, завышенное трéбование
überfremden *vt* допускáть уси́ленный притóк инострáнного капитáла *(и́ли загранúчных товáров)*
Überfremdung *f* проникновéние инострáнного капитáла; преобладáние инострáнного капитáла, усилéние инострáнного влия́ния, преобладáние инострáнного влия́ния; преобладáние инострáнного капитáла
Überführung *f* **in die Produktion** передáча в произвóдство, освоéние произвóдства
Überfülle *f* изоби́лие; избы́ток
Überfülle an Waren избы́ток товáров; затовáривание
Überfüllung *f* переполнéние, перегрýзка
Überfüllung затовáривание ры́нка
Überfüllung des Marktes mit Waren затовáривание ры́нка; переполнéние ры́нка товáрами
Übergabe *f* передáча; сдáча-приёмка; вы́дача
Übergabe der Verpflichtung *юр.* делеги́рование обязáтельства, передáча обязáтельства
Übergabe von Aufgabe делеги́рование задáчи; передáча исполнéния задáчи (напр. другóму рабóтнику)
Übergabe von Dokumenten вы́дача докумéнтов; передáча докумéнтов
Übergabe- und Übernahmeverrechnungspreis *m* приёмо-сдаточная расчётная ценá
Übergabe-Übernahmetermin *m* срок сдáчи-приёмки; дáта приёма-передáчи (сдáчи)
Übergabeakt *m* передаточный акт, акт передáчи, акт приёмки, акт приёма-передáчи (сдáчи)
Übergabebilanz *f* передаточный балáнс
Übergabetermin *m* срок передáчи
Übergangsbestände *m, pl* переходя́щие остáтки
Übergangserscheinung *f* переходнóе явлéние
Übergangsfrist *f* перехóдный периóд
Übergangsgeld *n* дéнежное пособие при перехóде на другóе мéсто рабóты (напр. пóсле кýрсов переучивания на другýю профéссию*)*
Übergangskonten *n, pl* перехóдные расчётные счетá *(мéжду финáнсовой и произвóдственной бухгалтéрией)*
Übergangsmaßnahme *f* мéра переходного харáктера, временнáя мéра
Übergangsnorm *f* временнáя нóрма
Übergangsökonomik *f* эконóмика переходного периода
Übergangsperiode *f* перехóдный периóд
Übergangsregelung *f* управлéние на переходном этáпе; промежýточное управлéние
Übergangsrente *f* пéнсия, выплáчиваемая при перевóде по состоя́нию здорóвья на другýю, нижеоплачиваемую рабóту *(для компенсáции рáзницы в зáработной плáте)*
Übergangsstufe *f* перехóдная ступéнь
Übergangstarif *m* тари́ф на смéшанные перевóзки
Übergangswirtschaft *f* эконóмика переходного периода
Übergangszeit *f* перехóдный периóд
Übergangszeitraum *m* перехóдный периóд
übergeben передавáть; сдавáть *(напр. на коми́ссию, в эксплуатáцию)*
Übergebot *n* предложéние бóлее высóкой цены́ *(напр. на аукциóне)*, предложéние товáра по бóлее высóкой ценé *(напр. на аукциóне)*
Übergewicht *n* избы́точный вес, изли́шний вес, ли́шний вес, вес сверх устанóвленного в договóре; перевéс
Übergewinn *m* сверхплáновая при́быль; сверхпри́быль
Übergewinnsteuer *f* налóг на дополни́тельные дохóды
Übergewinnsteuer налóг на сверхпри́быль
Überhang *m* перевéс, преобладáние; превышéние *(напр. экспорта над импортом)*; избы́ток
Überhangbau *m* незавершенное строи́тельство, *разг.* незавершенка
Überhitzung *f* **der Konjunktur** «перегрéв» конъюнктýры
überhöhen *vt* чрезмéрно повышáть, завышáть, вздувáть *(цены́)*
Überhöhung *f* превышéние
Überholung *f* опережéние; обгóн
Überholung ремóнт
Überholung тамóженный досмóтр
Überholungsarbeit *f* ремóнт, ремóнтные рабóты
Überholungsintervall *n* межремóнтный срок
Überinvestitionen *f, pl* избы́точные инвести́ции, чрезмéрные инвести́ции, сверхинвестиции, избы́точные инвести́ции
Überinvestitionstheorie *f* теóрия сверхинвестирования, теóрия избыточного инвестирования
Überkapazität *f* избы́точные произвóдственные мóщности
Überkapitalisierung *f* завы́шенная оцéнка имýщества *(основны́х и оборотных средств предприя́тия)*
Überlagerung *f* залёживание *(товáров)*; накоплéние *(склáдских запáсов)*; затовáривание
Überlagerung der Arbeitsverrichtungen совмещéние произвóдственных оперáций
Überlagerungszeit *f* простóй оборýдования *(напр. по технологическим причи́нам)*
Überlandverkehr *m* междунарóдное сообщéние
Überlassung *f* устýпка; переустýпка
Überlassung der Ware устýпка товáра
unentgeltliche Überlassung der Ware

бесплáтная устýпка товáра

Überlassungsvertrag *m юр.* договóр передáчи правá сóбственности на земéльный учáсток на услóвиях предоставлéния передающему правá вы́дела по стáрости

Überlast *f* перегрýзка; непоси́льное брéмя

Überlebenswahrscheinlichkeit *f стат.* верoя́тность дожи́тия

Überleitung *f* перевóд, перехóд; освоéние произвóдства нóвой продýкции

Überleitung der Entwicklungsergebnisse in die Produktion внедрéние разрабóток в произвóдство

Überleitung in die Produktion освоéние произвóдства нóвой продýкции

Überleitung neuer Erzeugnisse in die Produktion освоéние произвóдства нóвой продýкции

Überleitungsauftrag *m фин.* переводнóе поручéние

Überleitungsphase *f* фáза освоéния произвóдства нóвой продýкции

Überleitungsvertrag *m* договóр о разрабóтке и освоении произвóдства нóвой продýкции, договóр о разрабóтке и освоении произвóдства нóвой технолóгии

Überliegegebühren *f, pl* демередж, плáта за простóй (сýдна), контрсталийные дéньги

Überliegegeld *n* демередж *(плáта за задéржку сýдна сверх оговоренного срóка при погрýзке и́ли разгрузке сýдна)*; контрсталийные дéньги

Überliegetage *m, pl* контрсталийные дни, изли́шний простóй (сýдна)

Überliegezeit *f* контрсталийные дни, изли́шний простóй (сýдна)

Überliegezeit *f* сверхсталийное врéмя, контрсталийное врéмя *(врéмя пребывáния сýдна в портý сверх устанóвленного погрузочно-разгрузочного врéмени)*; врéмя простóя сýдна в портý

Überlimitvorhaben *n* сверхлимитное капитáльное строи́тельство

Überliquidität *f* избы́точная ликви́дность; чрезмéрно высóкий ýровень ликви́дности, нали́чие чрезмéрно большóго объёма ликвидных средств

überlisten *vt* перехитри́ть, провести́ (когó-л.)

Übermaß *n* избы́ток; изли́шек

Übermasse *f* избы́точный вес, изли́шний вес, ли́шний вес, вес сверх устанóвленного в договóре

übermitteln *vt* передавáть, пересылáть

Übernachtungsgeld *n* квартúрные (дéньги)

Übernachtungskosten *pl* квартúрные (дéньги)

Übernahme *f* приня́тие на себя́ *(напр. обязáтельств)*

Übernahme поглощéние (компáнии)

Übernahme сдáча-приёмка; приём, приёмка *(напр. грýза для отпрáвки егó адресáту)*

Übernahme als Verwahrstück приня́тие на хранéние

Übernahme des Risikos приня́тие ри́ска (на себя́)

Übernahme eines Amtes приём дóлжности; вступлéние в дóлжность

Übernahme eines Auftrages приня́тие закáза

Übernahme einer Lieferung сдáча-приёмка постáвки

Übernahme in Depot приня́тие на хранéние

Übernahme von Schulden приня́тие долгóв; приня́тие задóлженности (на себя́)

Übernahme einer Lieferung приёмка постáвки; приёмка товáров (постáвки)

Übernahme-Übergabeakt *m* акт сдáчи-приёмки, приёмо-сдаточный акт

Übernahmeakt *m* приёмо-сдаточный акт

Übernahmeangebot *n* предложéние о поглощении

Übernahmebedingungen *f pl* услóвия сдáчи-приёмки

Übernahmebescheinigung *f* квитáнция о приёмке

Übernahmebilanz *f* приёмо-сдаточный балáнс

Übernahmegründung *f* основáние акционéрного óбщества, при котóром все áкции остаются во владéнии учредителей

Übernahmekonnossement *n* коносамéнт на груз, при́нятый в перевóзке

Übernahmekurs *m* эмиссиóнный курс *(цéнных бумáг)*

Übernahmepreis *m* эмиссиóнный курс, курс эмиссии *(цéнных бумáг)*

Übernahmepreis; (eng) acceptance price акцéптная ценá

Übernahmeprotokoll *n* акт сдáчи-приёмки, протокóл сдáчи-приёмки

Übernahmesatz *m* плáта за перевóзку грýза, устанóвленная по договорённости мéжду экспедитором и грузоотправи́телем *(а не по официáльным тарифным ставкам)*

Übernahmeschein *m* óрдер на погрýзку, погрýзочный óрдер

Übernahmetermin *m* срок сдáчи-приёмки

Übernahmeverweigerung *f* откáз от приня́тия

Übernahmewert *m* инвентáрная стóимость *(объéктов, при́нятых в фонд основны́х средств)*

übernational наднационáльный

übernehmen брать на себя́ *(напр. отвéтственность)*

übernehmen *vt* получáть, принимáть *(напр. закáз)*

Übernehmer *m* лицó, приня́вшее на себя́ какóе-л. обязáтельство

Übernormativbestand *m* сверхнормативные запáсы

Übernormativkredit *m уст.* сверхнормативный креди́т, дополни́тельный креди́т

überoptimal вы́ше оптимáльного, сверхоптимальный

Überorganisation *f* изли́шне разросшаяся организационная структýра предприя́тия

Überpariemission *f* вы́пуск цéнных бумáг, при котóром ры́ночная ценá превышáет их номинáл; вы́пуск цéнных бумáг по эмиссионному кýрсу, превышающему номинáл

Überplanbestände *m, pl* сверхплановые запáсы

Überplangewinn *m* сверхплáновая при́быль

überplanmäßig сверхплановый

Überplanproduktion *f* сверхплáновая продýкция

Überplanverkauf *m* сверхплáновая продáжа

Überpreis *m* завы́шенная ценá; чрезмéрно высóкая ценá

Überproduktion *f* перепроизвóдство, сверхпроизводство

allgemeine Überproduktion óбщее перепроизвóдство

partielle Überproduktion части́чное перепроизвóдство

relative Überproduktion относи́тельное перепроизвóдство

Überproduktionskrise *f* кри́зис перепроизводства

zyklische Überproduktionskrise цикли́ческий кри́зис перепроизводства

Überprofit *m* сверхпри́быль, избы́точный дохóд

überprüfen пересмáтривать, ревизовáть

überprüfen проверя́ть; контроли́ровать

Überprüfung *f* пересмóтр

Überprüfung провéрка; контрóль; реви́зия

einer Überprüfung unterziehen подвергáть провéрке, подвéргнуть провéрке

laufende Überprüfung текýщий контрóль; текýщее обслéдование техни́ческого состоя́ния основны́х фóндов

periodische Überprüfung периоди́ческий контро́ль; периоди́ческое обсле́дование техни́ческого состоя́ния основны́х фо́ндов

sichtprobenmäßige Überprüfung вы́борочный контро́ль; вы́борочная прове́рка

überrechnen переводи́ть су́мму, переноси́ть су́мму *(напр. на друго́й счёт)*

überrechnen пересчи́тывать; рассчи́тывать, калькули́ровать

Übersättigung *f* перенасыще́ние *(напр. ры́нка)*

Übersättigung des Marktes перенасыще́ние ры́нка *(това́рами, услу́гами)*

überschätzen *vt* переоце́нивать, дава́ть завы́шенную оце́нку

Überschlag *m* ориентиро́вочная сме́та, ориентиро́вочный расчёт

überschlagen составля́ть ориентиро́вочную сме́ту, де́лать ориентиро́вочный расчёт

überschläglich приблизи́тельный, ориентиро́вочный *(подсчёт)*

Überschlagsbetrachtung *f* ориентиро́вочная сме́та, ориентиро́вочный расчёт

Überschlagsrechnung *f* сме́тная кальку́ляция

überschneiden, sich дубли́ровать *(в расчётах, сметах)*; допуска́ть «двойно́й счёт» *(в сметах)*; пересека́ться; переплета́ться; дубли́ровать *(напр. де́ятельность предприя́тия)*

Überschneidungszeit *f* просто́й обору́дования *(напр. по технологическим причи́нам)*

überschreiten не соблюда́ть *(напр. срок)*

überschreiten перевыполня́ть *(напр. но́рмы)*; перекрыва́ть *(напр. пла́новые зада́ния)*

überschreiten превыша́ть *(напр. сме́ту)*

Überschreitung *f* несоблюде́ние *(сро́ка)*

Überschreitung перевыполне́ние *(напр. норм)*; перекры́тие *(напр. пла́новых зада́ний)*

Überschreitung перерасхо́д *(средств)*

Überschreitung превыше́ние *(сме́ты)*

Überschreitung des Liefertermins несоблюде́ние сро́ка поста́вки

Überschreitung eines Haushaltsansatzes сверхсме́тный расхо́д

Überschreitungswahrscheinlichkeit *f* вероя́тность оши́бки

überschulden обременя́ть долга́ми *(иму́щество)*

überschulden *vt* чрезме́рно обременя́ть долга́ми *(превыша́ть допусти́мую пропо́рцию ме́жду долга́ми и со́бственным иму́ществом)*

Überschuldung *f* превыше́ние пасси́вов над акти́вами; задо́лженность (чрезме́рная, больша́я)

Überschuldung *f* чи́стая задо́лженность; превыше́ние долго́в над кредитами, вы́данными фи́рмой *(потреби́телем)*

Überschuss *m* изли́шек; избы́ток; оста́ток *(напр. су́ммы)*; превыше́ние; увеличе́ние, рост

einen Überschuss erwirtschaften получа́ть изли́шек в результа́те хозя́йственной де́ятельности; получа́ть изли́шки в результа́те хозя́йственной де́ятельности;

Überschussbestand *m* избы́точные запа́сы *(товарно-материа́льные це́нности)*; избы́точные складски́е запа́сы; изли́шки; «свобо́дная нали́чность» *(в бюдже́те)*

Überschussfinanzierung *f* самофинанси́рование; финанси́рование за счёт со́бственных средств (избы́точных)

überschüssig изли́шний, избы́точный; превыша́ющий

überschüssig ли́шний, изли́шний; избы́точный

Überschusskapazität *f* избы́точные произво́дственные мо́щности

Überschussland *n* страна́, име́ющая положи́тельное са́льдо платёжного бала́нса; страна́-производи́тель; страна́-экспортёр, страна́ с акти́вным са́льдо платёжного бала́нса

Überschussnachfrage *f* избы́точный спрос; превышенный спрос; повы́шенный спрос

Überschussprodukte *n, pl* изли́шки проду́ктов

Überschussrechnung *f* расчёт дохо́дов и расхо́дов

Überschussreserve *f* избы́точные резе́рвы (*ра́зница ме́жду фактическими резервами ба́нка и минима́льной су́ммой необходи́мых резе́рвов*), *см.* **Mindestreserve, Liquiditätsreserve**

Überschussreserven *f, pl* резе́рвы, превыша́ющие устано́вленный зако́ном ми́нимум

überschwemmen наводня́ть, заполня́ть *(напр. ры́нок това́рами)*

Überschwemmungsversicherung *f* страхова́ние от наводне́ния

Überseebanken *f, pl* иностра́нные ба́нки

Überseefrachter *m* океа́нское грузово́е су́дно

Überseehandel *m* заморская торго́вля; межконтинента́льная торго́вля; трансатланти́ческая торго́вля

Überseehandel *m* межконтинента́льная торго́вля; трансатланти́ческая торго́вля

überseeisch замо́рский; трансатланти́ческий; межконтинента́льный

überseeisch межконтинента́льный, трансатланти́ческий

Überseekontrakt *m* контра́кт с заокеанской фи́рмой (*и́ли* страно́й)

Überseemarkt *m* заокеа́нский ры́нок

Überseeschiff *n* океа́нское су́дно

Überseeverpackung *f* упако́вка для морско́й перево́зки гру́зов

Übersetzung *f* неразвитость торго́вой сети́ *(испо́льзуется как ме́ткое выраже́ние без указа́ния конкре́тных да́нных)*

Übersetzung перево́д на друго́й язы́к

Übersetzung *вчт.* трансля́ция, конвертирование; сдвиг в маши́нной гра́фике

Übersicht *f* обзо́р, обозре́ние; о́бщая табли́ца, сво́дная табли́ца, сво́дка

Überprofit Übersicht статисти́ческая сво́дка

Übersichtsplan *m* о́бщий план, генера́льный план, генера́льный план

übersteigen *vt* превыша́ть, превосходи́ть

Überstreuung *f* многокра́тное ознакомле́ние с одно́й и той же рекла́мой конкре́тного кру́га лиц

Überstunden *f, pl* сверхуро́чные часы́, сверхуро́чное вре́мя; овертайм *(сверхуро́чное вре́мя для рабо́чих и слу́жащих при погру́зке и разгрузке су́дна)*

Überstunden ausbezahlen опла́чивать сверхуро́чное вре́мя; опла́чивать сверхуро́чные часы́ (рабо́ты)

Überstunden kürzen снижа́ть объём сверхурочной рабо́ты

Überstunden leisten рабо́тать сверхуро́чно, выполня́ть сверхуро́чную рабо́ту

Überstunden machen рабо́тать сверхуро́чно, выполня́ть сверхуро́чную рабо́ту; рабо́тать в сверхуро́чное вре́мя

Überstunden vergüten выпла́чивать компенса́цию за сверхуро́чную рабо́ту; возмеща́ть сверхуро́чные часы́ (рабо́ты)

Überstundenarbeit *f* сверхуро́чная рабо́та

Überstundengeld *n* сверхуро́чные (де́ньги), опла́та за сверхуро́чную рабо́ту

Überstundenvergütung *f* сверхуро́чные (де́ньги), опла́та за сверхуро́чную рабо́ту; компенса́ция сверхуро́чной рабо́ты

Überstundenzuschlag *m* надба́вка за сверхуро́чную рабо́ту, надба́вка к зарабо́тной пла́те за сверхуро́чную рабо́ту

Übertara *f* вес та́ры, превыша́ющий норма́льный; сверхтара

Übertrag *m бухг.* перено́с *(ито́га)*

übertragbar передава́емый; переноси́-

мый; оборóтный *(о докумéнте)*; носи́мый, перенóсный *(о прибóре)*
nicht übertragbar без правá передáчи
übertragbares Akkreditiv перевóдный аккредити́в, трансферабельный аккредити́в
übertragbares Recht передавáемое прáво
Übertragbarkeit *f* возмóжность перенóса *(средств)*
Übertragbarkeit von Haushaltsmitteln возмóжность перенóса неиспользованных бюджéтных средств текýщего пери́ода на слéдующий год
Übertragshaushalt *m* бюджéтные остáтки
Übertragung *f* переадресование *(напр. аккредити́ва)*
Übertragung передáча (напр. дáнных)
Übertragung переложéние *(напр. ответственности)*
Übertragung *бухг.* перенóс (итóга) передáча
Übertragung устýпка трéбования, цéссия
Übertragungen *f, pl* платежи́ *(по балáнсу перевóдов и платежéй)*; госудáрственные платежи́ междунарóдным организáциям
Übertragungsbilanz *f* балáнс перевóдов и платежéй *(часть платёжных балáнса)*
Übertragungsbuchführung *f бухг.* журнально-кни́жная фóрма учёта
Übertragungsbuchführung перенóс бухгáлтерских зáписей; разнесéние зáписей
Übertragungsgeschwindigkeit *f вчт.* скóрость передáчи дáнных
Übertragungsgewinn *m* дохóд, при́быль, образовáвшаяся в результáте передáчи акти́вов
Übertragungsgewinn при́быль, образовáвшаяся в результáте передáчи имýщественных цéнностей *(при слия́нии и реорганизации предприя́тий)*
Übertragungsurkunde *f* передаточный акт, акт передáчи *(при кóнкурсе)*
Übertragungsvermerk *m* передáточная нáдпись *(на вéкселе)*, индоссамéнт
Übertragungswirtschaft *f* субсидируемая óтрасль, дотируемая óтрасль *(или сéктор экономики)*
übertrumpfen опережáть
Überverdienst *m* зáработок за сверхурóчную рабóту
Überverdienstzuschlag *m* надбáвка к заработку за сверхурóчную рабóту
überversichern застраховывать на сýмму, превышáющую стóимость страхового объéкта
Überversicherung *f* страховáние на сýмму, превышáющую фактическую стóимость страхуемого предмéта; завышенное страховáние
übervölkert перенаселённый *(о стрáнах, городáх)*
Übervölkerung *f* перенаселéние, перенаселенность
flüssige Übervölkerung перенаселéние, ýровень котóрого постоя́нно меня́ется; перенаселéние, стéпень котóрого постоя́нно меня́ется
konsolidierte Übervölkerung постоя́нное перенаселéние
latente Übervölkerung скры́тое перенаселéние
relative Übervölkerung относи́тельное перенаселéние
stockende Übervölkerung застойное перенаселéние
überwachen *vt* контроли́ровать, следи́ть за выполнéнием *чегó-л.*
Überwachung *f* наблюдéние, надзóр; контрóль
gesundheitliche Überwachung санитарно-промы́шленный надзóр
gesundheitliche Überwachung санитáрный надзóр, санитáрная охрáна
laufende Überwachung текýщий контрóль
technische Überwachung техни́ческий надзóр, технадзор
Überwachungsbestimmungen *f, pl* положéния о таможенном надзоре
Überwachungsliste *f* спи́сок налогоплатéльщиков *(с укáзанием сýммы взимáемых налóгов)*
Überwachungsrecht *n* прáво контрóля
Überwachungsstelle *f* контроли́рующий оргáн, оргáн надзóра
Überwachungsuntersuchung *f* диспансеризáция
Überwachungszeichen *n* клеймó отдéла техни́ческого контрóля
Überwälzung *f* переклáдывание налóгов
Überwälzung *f* переложéние *(налóгов, напр. в ценé товáра)*
Überwälzung der Umsatzsteuer переклáдывание налóга с оборóта на покупáтеля, переклáдывание налóга с оборóта на потреби́теля
überweisen *vt* переводи́ть *(дéньги)*
Überweisung *f* перевóд, перечислéние *(дéнег)*
drahtliche Überweisung телегрáфный перевóд
nicht ausgeführte Überweisung неосуществленный перевóд, неврученный перевóд
rückläufige Überweisung поручéние бáнку производи́ть периоди́ческие платежи́, поручéние сберегательной кассе производи́ть периоди́ческие платежи́
Überweisungsauftrag *m* платёжное поручéние; жироприказ
Überweisungsauftrag im Fernverkehr иногороднее платёжное поручéние; иногорóдний жироприказ
Überweisungsauftrag im Platzverkehr мéстное платёжное поручéние; одногородний жироприказ
Überweisungsauftrag mit Bankbestätigung платёжное поручéние, акцептóванное бáнком
Überweisungssammelauftrag *m* свóдное платёжное поручéние; свóдный жироприказ
Überweisungsscheck *m* расчётный чек *(в жирообороте - межбанковский перевóд)*
Überweisungsträger *m* субъéкт платёжного поручéния
Überweisungsverfahren *n* мéтод безнали́чных расчётов, процедýра безнали́чных расчётов; безнали́чные расчёты
Überweisungsverkehr *m* безнали́чный расчёт; жирооборóт
Überwertung *f* переоцéнка
überzahlen *vt* переплáчивать
Überzeichnung *f* подпи́ска, при котoрóй предъявля́емый спрос выхóдит за рáмки сýммы вы́пущенных цéнных бумáг
Überziehen *n* получéние по чéку сýммы, превышающей остáток на текýщем счёте, получéние по чéку сýммы, превышающей размéр предоставляемого креди́та
Überziehung *f* перерасхóд
Überziehung des Lohnfonds перерасхóд фóнда зáработной плáты
Überziehung eines Kontos получéние с текýщего счёта сýммы, превышающей остáток на нём
Überziehungskredit *m* овердрáфт *(сýмма, в предéлах котoрóй банк кредитует владéльца текýщего счёта)*; превышéние креди́та *(в бáнке)*
Überziehungsprovision *f* бáнковская комисси́я за овердрáфт; бáнковская комисси́я за сýмму, вы́данную по чéку сверх остáтка на текýщем счёте
Übgrteuerung *f* завышéние цены́
Ubiquitäten *f, pl* блáга, встречáющиеся всю́ду, блáга, встречáющиеся повсю́ду *(тéрмин буржуáзной теóрии размещéния производства)*
übpl., überplanmäßig сверхплановый
UBS, Union des Banques Suisses Швейцáрский бáнковский союз
Übungsanstieg *m* повышéние произ-

водительности труда за счёт приобретения трудовых навыков

u.c., usual conditions обычные условия

UCPTE, Union pour la Coordination de la Production et du Transport de l' Energie Electrique Союз по координированию производства и передачи электроэнергии *(организация восьми европейских стран)*

u.E., unseres Ermessens по нашему усмотрению

UEBL, Union Economique Belgo-Luxembourgeoise Бельгийско-Люксембургский экономический союз

UEP, Union Europeene de Paiement Европейский платёжный союз, ЕПС

Ufer *n* берег

franko Ufer франко-берег, свободно с берега

frei Ufer франко-берег, свободно с берега

Ufergeld *n* сборы за хранение грузов на берегу реки

UFI, Union des Foires Internationales Союз международных ярмарок

UFP, unveränderlicher Festpreis неизменная цена, твёрдая цена

UG, Uganda Уганда

ÜG, Überleitungsgesetzt временный закон, переходный закон

UGX, Uganda-Schilling, -- Uganda Угандийский шиллинг (*код валюты* 800), -- Уганда

UIAPME, Union Internationale de l'Artisanat et des Petites et Moyennes Entreprises Международный союз ремесленников и владельцев мелких и средних промышленных предприятий

UKV, Umzugskostenverordnung положение о выплате подъёмных

ult., Ultimo в последний день месяца, на ультимо

Ultimahypothek *f* ипотека, внесённая в кадастр с указанием максимальной суммы стоимости земельного участка

Ultimo *m* ультимо, последний день месяца; *бирж.* последний биржевой день месяца

per Ultimo в конце месяца

ultimo в последний день месяца

Ultimogeld *n* кредит со сроком погашения в конце месяца *(или года)*; ссуда, которая должна быть погашена в последний день месяца

Ultimogeschäft *n бирж.* сделка на ультимо; срочная сделка со сроком исполнения в конце месяца

Ultimokurs *m бирж.* курс по сделкам на ультимо

Ultimoregelung *f* выполнение биржевой сделки в последний день месяца *или* квартала

Ultra-Vires-Theorie *f* теория, согласно которой полномочия руководства торговой фирмы ограничиваются целями, обозначенными в уставе

Umadressierung *f* переадресовка, переадресация *(напр. платёжного поручения)*

Umarbeitung *f* переработка, переделка

Umb., Umbuchung перенесение бухгалтерских записей с одного счёта на другой; перечисление на другой счёт; перенос записи с одного счёта на другой

Umbasierung *f* установление иной исходной базы статистических расчётов; перебазирование

umbewerten *vt* переоценивать, оценивать заново

Umbewertung *f* переоценка

Umbewertung der Grundmittel переоценка основных средств

umbuchen переносить бухгалтерские записи с одного счёта на другой; перечислять на другой счёт

Umbuchung *f* перенесение бухгалтерских записей с одного счёта на другой; перечисление на другой счёт

Umfang *m* объём; размер; величина; вместительность; ёмкость

mengenmäßiger Umfang физический объём, объём в физическом выражении

wertmäßiger Umfang объём в стоимостном выражении

umfirmieren переименовывать фирму

Umformung *f* изменение формы; деформация; видоизменение; трансформация, преобразование

Umfrageorganisation *f* организация опросов *(в целях изучения рынков и общественного мнения)*

UMG, Gesetz über den Verkehr mit unedlen Metallen закон о торговле неблагородными металлами

Umgebungseinfluss *m* влияние окружающей среды

umgehend срочный *(об ответе)*, немедленный

mit umgehender Post обратной почтой

Umgestaltung *f* преобразование; реорганизация; перестройка, переформирование

Umgründung *f* изменение правовой формы предприятия

Umgruppierung *f* перегруппировка, перераспределение

Umhüllung *f* оболочка; обёртка; упаковка, тара

Umkehrmatrix *f* обратная матрица

Umkehrung *f* изменение *(напр. тенденции)*

Umladegut *n* перегружаемый товар

Umladeklausel *f* пункт договора перевозки, предоставляющий право транспортным организациям производить перевалку грузов по своему усмотрению

umladen *vt* перегружать

Umladeschuppen *m* сортировочный склад, перевалочный пакгауз; перегрузочный склад, перевалочный склад

Umladeverkehr *m* транспортировка, предусматривающая перевалку грузов

Umladung *f* перевалка, перегрузка

Umladungsavis *m (n)* извещение о перевалке; перевалочное авизо

Umladungskosten *pl* расходы по перевалке (мн.ч.)

Umladungslieferschein *m* перегрузочный ордер доставки, деливери-ордер

Umlage *f* раскладка, распределение *(напр. налога)*; отчисление *(от себестоимости)*

umlagern перемещать товары, хранящиеся на складе; перемещать товары из одного складского помещения в другое

Umlagerung *f* перекладывание

Umlageschlüssel *m* принцип распределения издержек

Umlageverfahren *n* метод мобилизации финансовых средств путём распределения денежных сборов среди определённого круга лиц

Umlageverfahren метод получения финансовых средств путём распределения денежных сборов среди определённого круга лиц *(традиционный инструмент коммунальной политики налогообложения)*

Umland *n* окрестности, пригороды

Umlauf *m* обращение, хождение *(о денежных знаках)*; циркуляция; оборот

Umlauf цикл

Umlauf коэффициент оборачиваемости *(оборудования)*

Umlauf des Geldes денежное обращение

aus dem Umlauf ziehen изымать из обращения

außer Umlauf setzen изъять из обращения

in Umlauf bringen пускать в обращение

in Umlauf geben пускать в обращение

in Umlauf kommen поступать в обращение

in Umlauf kommen становиться общепринятым

im Umlauf sein находиться в обра-

щéнии, имéть хождéние *(о дéнежных знáках)*
in Umlauf setzen пускáть в обращéние
falsche Münzen in Umlauf setzen пустúть в обращéние фальшúвые дéньги
eine Tratte in Umlauf bringen пустúть трáтту в обращéние
Betriebsumlauf *m* эксплуатациóнный оборóт *(вагóнов, локомотивов)*
Frachtumlauf *m* грузооборóт
Güterwagenumlauf *m* оборóт грузовóго вагóна
Lokomotivumlauf *m* оборóт локомотúва
Umlaufperiode *f* периóд обращéния
Umlaufschrott *m* оборóтный метáлл
Umlaufstoff *m* оборóтный материáл

Umlaufaktiven *pl* оборóтные актúвы

umlaufen находúться в обращéнии, имéть хождéние *(о дéнежных знáках)*

umlauffähig гóдный к обращéнию, пригóдный к обращéнию *(о дéнежных знáках)*

Umlauffähigkeit *f* обращáемость *(дéнежных знáков)*

Umlauffonds *m, pl* оборóтные фóнды (мн.ч.)
Umlauffonds der nichtproduktiven Sphäre оборóтные фóнды непроизводственной сфéры (мн.ч.)
Umlauffonds der nichtproduzierenden Sphäre оборóтные фóнды непроизводственной сфéры (мн.ч.)
Umlauffonds für Produktionszwecke произвóдственные оборóтные фóнды (мн.ч.)
nichtproduktive Umlauffonds оборóтные фóнды непроизводственной сфéры (мн.ч.)

Umlaufgeschwindigkeit *f* оборáчиваемость *(оборотных средств)*
Umlaufgeschwindigkeit обращáемость, скóрость обращéния *(дéнег)*

Umlaufmasse *f* мáсса в обращéнии; обращаемая мáсса
Umlaufmasse des Geldes мáсса дéнег в обращéнии

Umlaufmittel *n, pl* оборóтные срéдства
Umlaufmittel срéдство обращéния *(фýнкция дéнег)*
betriebliche Umlaufmittel сóбственные оборóтные срéдства *(предприя́тия)*
fremde Umlaufmittel заёмные оборóтные срéдства
richtsatzfreie Umlaufmittel ненормируемые оборóтные срéдства

Umlaufmittelabführung *f* отчислéние оборотных средств

Umlaufmittelausstattung *f* обеспéченность оборотными срéдствами

Umlaufmittelbedarf *m* потрéбности в оборотных срéдствах

Umlaufmittelbestand *m* налúчие оборотных средств
materieller Umlaufmittelbestand оборóтный запáс материáлов

Umlaufmittelbestandteil *m* составнóй элемéнт оборотных средств; элемéнт оборотных средств

Umlaufmittelbewertung *f* оцéнка оборотных средств; оцéнка стóимости оборотных средств

Umlaufmittelbilanzierung *f* балáнсовая увязка оборотных средств

Umlaufmittelbindung *f* заморáживание оборотных средств

Umlaufmittelbindungsverlust *m* потéри от заморáживания оборотных средств, ущéрб от заморáживания оборотных средств

Umlaufmitteldisposition *f* диспозúция *(предварúтельный расчёт)* оборотных средств
Umlaufmitteldisposition распоряжéние оборотными срéдствами

Umlaufmitteleinsparung *f* экономия оборотных средств

Umlaufmittelelement *n* элемéнт оборотных средств

Umlaufmittelerhöhung *f* увеличéние объёма оборотных средств

Umlaufmittelfinanzierung *f* финансúрование оборотных средств

Umlaufmittelfonds *m* фонд оборотных средств

Umlaufmittelintensität *f* коэффициéнт закреплéния оборотных средств
Umlaufmittelintensität удéльный вес оборотных средств в óбщей стóимости товáров и услýг

Umlaufmittelkredit *m* кредúт для покрытия потрéбности в оборотных срéдствах
Umlaufmittelkredit кредúт для пополнéния оборотных средств

Umlaufmittelnorm *f* нóрма оборотных средств

Umlaufmittelplan *m* финáнсовый план, финплан *(в рáмках промфинплана)*

Umlaufmittelplanung *f* планирóвание оборотных средств

Umlaufmittelquote *f* нормати́в оборотных средств

Umlaufmittelrichtsatz *m* нормати́в оборотных средств

Umlaufmittelverteilungsfonds *m* централизованный фонд отчислéний от вы́свободившихся оборотных средств
Umlaufmittelverteilungsfonds *m* централизованный фонд перераспределения *(врéменно свобóдных)* оборотных средств

Umlaufmittelwirtschaft *f* режúм испóльзования оборотных средств
Umlaufmittelwirtschaft *f* совокýпность свéдений о функционировании оборотных средств *(режúм формировáния, испóльзования, показáтели эффектúвности)*

Umlaufmittelzuführung *f* получéние дополнúтельных оборотных средств, выделéние дополнúтельных оборотных средств; пополнéние оборотных средств

Umlaufmittelzuwachs *m* прирóст оборотных средств

Umlaufpolice *f* универсáльный пóлис, универсáльный страховóй пóлис

Umlaufsvermögen *n* оборóтные срéдства предприя́тия *(к ним обы́чно относят капитáл, необходúмый для обеспéчения текýщей дéятельности; по бухгáлтерским счетáм - чúстые текýщие актúвы)*

Umlaufvermögen *n* оборóтный капитáл

umlegen распределя́ть, расклáдывать *(напр. налóги)*

Umlegung *f* устранéние чересполосицы

Umleitung *f* изменéние направлéния
Umleitung an die neue Adresse переадресóвка

Ummarkierung *f* перемаркировка

ummünzen перечекáнивать

Umpacken *n* упакóвка зáново

umprägen перечекáнивать

Umprofilierung *f* перепрофилирование
Umprofilierung der Produktion изменéние произвóдственного прóфиля; перехóд на вы́пуск нóвой продýкции

umqualifizieren переквалифицировать

umrechnen пересчúтывать; производúть перерасчёт *(напр. валю́ты)*

Umrechnung *f* пересчёт; перерасчёт *(напр. валю́ты)*

Umrechnungsfaktor *m* коэффициéнт пересчёта, перевóдный коэффициéнт

Umrechnungskoeffizient *m* коэффициéнт пересчёта, перевóдный коэффициéнт

Umrechnungskurs *m* курс пересчёта (валю́т)

Umrechnungstafel *f* переводнáя таблúца, таблúца пересчёта

Umrüstkosten *pl* расхóды на переналадку, расхóды на переоборýдование

Umrüstung *f* перевооружéние, переоснащéние, переоборýдование; переналáдка

Umsatz *m бухг.* оборóт по счетáм
Umsatz товарооборóт; оборóт *(стóимость товáров и услýг, реализованных потребúтелю)*

Umsatz auf den Außenmärkten внешнеторго́вый оборо́т, оборо́т вне́шней торго́вли
Umsatz aus Realisierung оборо́т по реализа́ции
Umsatz aus Verkauf оборо́т по прода́же
Umsatz im Zahlungsverkehr платёжный оборо́т
Umsatz pro Kopf der Bevölkerung оборо́т в расчёте на ду́шу населе́ния, товарооборо́т в расчёте на ду́шу населе́ния
innerbetrieblicher Umsatz внутризаводско́й оборо́т
Umsatzabgabe *f* отчисле́ния с оборо́та
Umsatzanalyse *f* ана́лиз оборо́та
Umsatzaufgliederung *f* распределе́ние торго́вого оборо́та
Umsatzaufgliederung auf Monate распределе́ние торго́вого оборо́та по ме́сяцам
Umsatzausfall *m* уменьше́ние оборо́та, сокраще́ние оборо́та
Umsatzausgleichssteuer *f* нало́г на импортированный това́р *(компенсацио́нного хара́ктера, соотве́тствующий нало́гу с оборо́та)*
Umsatzausgleichsteuer *f* компенсацио́нный нало́г с оборо́та *(ча́сто на и́мпортные това́ры)*
Umsatzbelastung *f* распределе́ние по обороту, уде́льный вес о́бщих расхо́дов в су́мме оборо́та; уде́льный вес о́бщих расхо́дов в о́бщей сто́имости оборо́та, до́ля о́бщих расхо́дов в о́бщей сто́имости оборо́та
Umsatzbelebung *f* оживле́ние оборо́та
Umsatzbesteuerung *f* обложе́ние нало́гом с оборо́та
Umsatzbetrag *m* су́мма оборо́та
Umsatzbilanz *f* бала́нс оборо́та
Umsatzbilanz оборо́тный бала́нс
Umsatzbonus *m* бо́нус от су́ммы, на кото́рую закуплены това́ры в тече́ние опрсдслённого пери́ода
Umsatzdividende *f* дивиде́нд с оборо́та, дивиде́нд с объёма прода́ж *(в сбытовых кооперативных товариществах)*
Umsatzerlös *m* вы́ручка с оборо́та
Umsatzgeschäfte *n, pl* опера́ции по поку́пке и перепродаже *(напр. це́нных бума́г)*
Umsatzgeschwindigkcit *f* обора́чиваемость, ско́рость обраще́ния, ско́рость оборо́та
Umsatzgestaltung *f* структу́ра оборо́та
Umsatzgewinn *m* уде́льный вес чи́стой при́были в о́бщей сто́имости оборо́та, до́ля чи́стой при́были в о́бщей сто́имости оборо́та, при́быль с оборо́та
Umsatzgröße *f* объём оборо́та, разме́р оборо́та, величина́ оборо́та
Umsatzgrößenklasse *f* класс, к кото́рому отно́сится торго́вое предприя́тие по объёму оборо́та
Umsatzhäufigkeit *f* обора́чиваемость, ско́рость оборо́та, ско́рость обраще́ния
Umsatzhöhe *f* объём оборо́та, разме́р оборо́та, величина́ оборо́та
umsatzintensiv облада́ющий высо́кой интенсивностью (ско́ростью) обраще́ния
umsatzintensiv по́льзующийся повы́шенным спро́сом, име́ющий повы́шенный спрос
Umsatzkapital *n* оборо́тный капита́л
Umsatzkennzahl *f* показа́тель оборо́та
Umsatzkennziffer *f* показа́тель оборо́та
Umsatzliste *f бухг.* оборо́тная ве́домость
schachbrettförmige Umsatzliste *бухг.* ша́хматная оборо́тная ве́домость, (разг.) шахматка
Umsatzmenge *f* объём оборо́та, объём товарооборота
Umsatzplan *m* план оборо́та, план товарооборота
Umsatzplanerfüllung *f* выполне́ние пла́на оборо́та, выполне́ние пла́на товарооборота
Umsatzplanung *f* плани́рование оборо́та, плани́рование товарооборота
Umsatzpolice *f страх.* генера́льный по́лис с расчетом пре́мии по обороту
Umsatzprämie *f* пре́мия кру́пному покупа́телю
Umsatzprinzip *n* при́нцип зави́симости величины́ при́были от объёма прода́ж
Umsatzprovision *f* комиссио́нные с оборо́та, комисси́я с оборо́та
Umsatzrückgang *m* уменьше́ние оборо́та, уменьше́ние товарооборота
Umsatzschwankungen *f, pl* колеба́ния объёма оборо́та; колеба́ния сбы́та; колеба́ния объёма сбы́та
periodische Umsatzschwankungen периоди́ческие колеба́ния объёма оборо́та; периоди́ческие колеба́ния сбы́та; периоди́ческие колеба́ния объёма сбы́та
Umsatzsoll *n* заплани́рованный объём оборо́та, плани́руемый объём оборо́та, наме́ченный оборо́т
Umsatzstatistik *f* стати́стика оборо́та, стати́стика товарооборота; стати́стика объёма прода́ж
Umsatzsteigerung *f* рост оборо́та, рост товарооборота, расшире́ние оборо́та, расшире́ние товарооборота; рост объёма прода́ж
Umsatzsteuer *f* нало́г с оборо́та
differenzierte Umsatzsteuer дифференци́рованный нало́г с оборо́та
Umsatzsteuererklärung *f* деклара́ция на упла́ту нало́га с оборо́та
Umsatzsteuerfreiheit *f* освобожде́ние от нало́га с оборо́та
Umsatzsteuerheft *n* журна́л учёта оборо́та, журна́л учёта товарооборота; журна́л учёта объёма прода́ж
Umsatzsteuerkartei *f* публика́ции циркуля́ров и распоряже́ний о́бщего хара́ктера по вопро́сам нало́га с оборо́та
Umsatzsteuerrecht *n* правовы́е предписа́ния по вопро́сам нало́га с оборо́та
Umsatzsteuersatz *m* ста́вка нало́га с оборо́та
Umsatzsteuervergütung *f* возвра́т нало́га с оборо́та на экспортные това́ры
Umsatzsteuervergütung возмеще́ние (ча́сти) уплаченного нало́га с оборо́та *(напр. при поставках на экспорт)*; возмеще́ние нало́га с оборо́та, уплаченного экспортёром
Umsatzsteuervoranmeldung *f* деклара́ция на упла́ту нало́га с оборо́та
Umsatzstruktur *f* структу́ра оборо́та, структу́ра товарооборота; структу́ра прода́ж
Umsatzsumme *f* су́мма оборо́та
Umsatzverdienstrate *f* уде́льный вес чи́стой при́были в о́бщей сто́имости оборо́та, до́ля чи́стой при́были в о́бщей сто́имости оборо́та, при́быль с оборо́та
Umsatzvolumen *n* объём оборо́та, объём товарооборота; объём прода́ж
Umsatzzahlen *f, pl* контро́льные показа́тели объёма прода́ж
Umschlag *m* конве́рт; обёртка
Umschlag оборо́т
Umschlag перевалка *(гру́зов)*
Umschlag der Fonds оборо́т фо́ндов
Umschlag der Produktionsgrundfonds оборо́т основны́х произво́дственных фо́ндов
Umschlag des Kapitals оборо́т капита́ла
innerbetrieblicher Umschlag *с.-х.* внутрихозя́йственный оборо́т
umschlagen перегружа́ть това́р
umschlagen перекла́дывать *(расхо́ды) на кого́-л.*
umschlagen пуска́ть в оборо́т *(това́р)*
Umschlagmittel *n, pl* погрузочно-разгрузочные сре́дства, перегрузочные сре́дства
Umschlagsarbeiten *f, pl* перевалочные рабо́ты, рабо́ты по перевалке гру́зов
Umschlagsbestand *m* оборачиваемые запасы

Umschlagsdauer *f* вре́мя оборо́та *(средств)*
Umschlagsfähigkeit *f* срок товарооборачиваемости
Umschlagsfinanzierung *f* финанси́рование оборо́та
Umschlagsgebühr *f* сбор за перевалку гру́зов
Umschlagsgeschwindigkeit *f* обора́чиваемость, ско́рость оборо́та, ско́рость обраще́ния
Umschlagshandel *m* перевалочная торго́вля
Umschlagshäufigkeit *f* обора́чиваемость, ско́рость оборо́та, ско́рость обраще́ния
Umschlagskapazitäten *f, pl* погрузочно-разгрузочные мо́щности, мо́щности по перевалке гру́зов
Umschlagskoeffizient *m* коэффицие́нт оборачиваемости *(напр. соотноше́ние ме́жду годовы́м складским оборо́том и сре́дним складским запа́сом)*
Umschlagskosten *pl* сто́имость перевалочных рабо́т, расхо́ды по перегрузке
Umschlagskredit *m* креди́т по грузооборо́ту
Umschlagskreditierung *f* кредитова́ние оборо́та
Umschlagslager *n* перева́лочный склад
Umschlagsleistung *f* (расчётный) показа́тель объёма оборо́та в расчёте на одного́ занятого, (расчётный) показа́тель объёма товарооборота в расчёте на одного́ занятого
Umschlagsleistung pro Liegeplatz пропускна́я спосо́бность прича́ла
Umschlagsnorm *f* но́рма оборачиваемости
Umschlagsperiode *f* вре́мя оборо́та, вре́мя обраще́ния
Umschlagspunkt *m* то́чка безубы́точности *(напр. у́ровень произво́дства, при кото́ром изде́ржки равны́ вы́ручке, и́ли объём прода́ж це́нных бума́г, обеспе́чивающий по́лное покры́тие затра́т)*
Umschlagspunkt то́чка нулево́й при́были *(в товарообороте)*
Umschlagspunkt цена́, при которо́й дохо́ды фи́рмы равны́ издержкам
Umschlagsspeicherung *f* промежу́точное хране́ние *(при сме́шанных перевозках)*
Umschlagsvorrat *m* запа́с, обеспе́чивающий планоме́рный оборо́т, запа́с, обеспе́чивающий планоме́рный товарооборо́т
Umschlagszahl *f* число́ оборо́тов
Umschlagszeit *f* вре́мя оборо́та, вре́мя обраще́ния
Umschließung *f* упако́вка, та́ра
Umschreibung *f* **von Wertpapieren** переда́ча именных це́нных бума́г, усту́пка именных це́нных бума́г
Umschuldung *f* конве́рсия, преобразова́ние, облегче́ние задо́лженности *(путём уменьше́ния проце́нта, части́чного списания обяза́тельств и т.п.)*
Umschuldung конве́рсия долго́в; консолида́ция долго́в; объедине́ние, слия́ние долго́в
umschulen переквалифицировать, переобуча́ть
Umschulung *f* переквалификация, переобуче́ние, переподгото́вка
Umschwung *m* вы́сшая то́чка криво́й хозя́йственной акти́вности, ни́зшая то́чка криво́й хозя́йственной акти́вности
Umschwung поворо́т, перело́м; переворо́т *(напр. в обще́ственном мне́нии, нау́ке)*; вы́сшая то́чка криво́й конъюнкту́ры, ни́зшая то́чка криво́й конъюнкту́ры *(от которо́й начина́ется спад и́ли подъём)*
gesellschaftlicher Umschwung обще́ственный переворо́т
wirtschaftlicher Umschwung экономи́ческий переворо́т
umsetzbar обрати́мый *(напр. о ве́кселе)*; спосо́бный к обраще́нию
umsetzbar осуществи́мый
Umsetzbarkeit *f* обрати́мость, превращаемость *(напр. в де́ньги)*
Umsetzbarkeit осуществляемость, осуществи́мость
umsetzen переводи́ть *(в другу́ю катего́рию)* перераспределя́ть *(напр. основны́е фо́нды)*
umsetzen перемеща́ть, перебази́ровать
umsetzen превраща́ть, обме́нивать
umsetzen пуска́ть в оборо́т
umsetzen пуска́ть в прода́жу
umsetzen переводи́ть *(напр. на другу́ю рабо́ту)*
in Geld umsetzen превраща́ть в де́ньги, реализо́вывать
Umsetzung *f* перево́д *(напр. в другу́ю катего́рию)*
Umsetzung перемеще́ние, перебазирование; превраще́ние; обме́н; перево́д *(напр. на другу́ю рабо́ту, в другу́ю катего́рию)*; перераспределе́ние *(напр. основны́х фо́ндов)*
Umsetzung перераспределе́ние *(напр. основны́х фо́ндов)*
Umsetzung превраще́ние; обме́н
Umsetzung am Arbeitsplatz перево́д на но́вое рабо́чее ме́сто
Umsetzung von Arbeitskräften перемеще́ние рабо́чей силы
Umsetzung von Grundmitteln безвозме́здная переда́ча основны́х фо́ндов
Umsetzung von Haushaltsmitteln перено́с бюдже́тных средств
Umsignierung *f* перемечивание
umsortieren *vt* пересортировывать
Umstand *m* обстоя́тельство
Umstand höherer Gewalt обстоя́тельство(а) непреодолимой силы́, форс-мажо́р
Umstände *m, pl* обстоя́тельства
Umstände höherer Gewalt обстоя́тельства непреодолимой силы́, форс-мажо́р
Umstapeln *n* переукладка
umstauen перегружа́ть *(това́ры)*; перераспределя́ть груз на су́дне, изменя́ть расположе́ние гру́за на су́дне
umstauen перераспределя́ть груз на су́дне
Umstellgebühr *f* пла́та за перестано́вку ваго́на на друго́й путь
Umstellung *f* перестано́вка; перемеще́ние
Umstellung перестро́йка, переключе́ние, перево́д, перехо́д
Umstellung der Landwirtschaft перестро́йка се́льского хозя́йства, переориента́ция се́льского хозя́йства
Umstellungskosten *pl* расхо́ды по перестро́йке произво́дства, затра́ты по перестро́йке произво́дства, расхо́ды по переключению произво́дства на вы́пуск други́х ви́дов проду́кции
UmstG, Umstellungsgesetz, Drittes Gesetz zur Neuordnung des Geldwesens зако́н о перестро́йке де́нежной систе́мы *(ФРГ)*
umstoßen *vt* отменя́ть, аннули́ровать *(напр. сде́лку)*
umstritten спо́рный, оспа́риваемый
Umstrukturierung *f* измене́ние структу́ры
Umtausch *m* обме́н, ме́на
Umtausch огово́рка в контра́кте о пра́ве обме́на *(това́ра)*
Umtauschanweisung *f* поруче́ние на обме́н услу́гами *(применя́ется в отноше́ниях ме́жду авиакомпа́ниями)*
Umtauschbarkeit *f* обрати́мость, конверти́руемость *(валю́т)*
umtauschen *vt* обме́нивать, меня́ть
Umtauschverhältnis *n* менова́я пропо́рция, обменное соотноше́ние
Umtransport *m* пересы́лка друго́е ме́сто, отпра́вка в друго́е ме́сто
umtransportieren *vt* направля́ть в друго́е ме́сто
umverteilen *vt* перераспределя́ть
Umverteilung *f* перераспределе́ние

Umverteilung des Mehrwertes перераспределе́ние приба́вочной сто́имости
Umverteilung des Nationaleinkommens перераспределе́ние национа́льного дохо́да
Umverteilung von Haushaltsmitteln перераспределе́ние бюдже́тных средств
Umverteilungsposten *m* перераспределительная статья́ ***(бюдже́та)***
Umwälzung *f* переворо́т
ökonomische Umwälzung *f* экономи́ческий переворо́т
eine **wissenschaftliche Umwälzung herbeiführen** произвести́ переворо́т в нау́ке
Umwandelbarkeit *f* обрати́мость, конверти́руемость ***(валю́т)***
Umwandlung *f* превраще́ние, преобразова́ние; измене́ние; конве́рсия; ***мат.*** преобразова́ние
Umwandlung von Kapitalgesellschaften измене́ние правово́й фо́рмы о́бществ ***(напр. акционе́рных)***
Umwandlungsbilanz *f* бала́нс, соста́вленный при измене́нии предприя́тием правово́й фо́рмы
umwechseln меня́ть, обме́нивать; разме́нивать (де́ньги)
Umwelt *f* окружа́ющая среда́; эколо́гия ***(совоку́пность живы́х органи́змов, неодушевленных предме́тов и проце́ссов, окружа́ющих живо́й органи́зм, и их взаи́мное влия́ние)***
Umwelt окружа́ющий мир, окруже́ние; ***(окружа́ющая)*** среда́, атмосфе́ра (напр. в коллективе)
Umwelt ***(в маркетинге)*** окружа́ющая среда́
Umwelt- *(Natur-, ökologisch, Umweltschutz-)* ***(пе́рвая часть составных слов)*** экологи́ческий, относя́щийся к эколо́гии; природоохра́нный, природоохрани́тельный, относя́щийся к охра́не окружа́ющей среды́
gegnerische Umwelt вражде́бное окруже́ние
gesellschaftliche Umwelt обще́ственная среда́, социа́льная среда́
Abgabe von Schadstoffen an die Umwelt вы́брос(ы) вре́дных веще́ств в окружа́ющую среду́
die **Assimilation an die Umwelt** приспособле́нис к усло́виям окружа́ющей среды́
die Umwelt belastende Abgase вре́дные вы́бросы в окружа́ющую среду́; вы́бросы, загрязня́ющие окружа́ющую среду́
die Umwelt gefährdende Abfallbeseitigung удале́ние отхо́дов с ри́ском для окружа́ющей среды́
zunehmende Belastung der Umwelt mit Abfallprodukten расту́щее загрязне́ние окружа́ющей среды́ отхо́дами, расту́щее засоре́ние окружа́ющей среды́ отхо́дами
Arbeitsgemeinschaft für Umweltfragen e.V., Arbeitsgemeinschaft Umwelt, AGU Комисси́я по вопро́сам окружа́ющей среды́ ***(ФРГ)***
Bundestagsausschuss für Umwelt, Naturschutz und Reaktorsicherheit Комите́т Бундеста́га по окружа́ющей среде́, охра́не приро́ды и реакторной безопа́сности
Umweltanpassung адапта́ция к усло́виям окружа́ющей среды́
Umweltbedingungen *f pl* усло́вия окружа́ющей среды́
umweltbelastend экологи́чески вре́дный
Umwelteinfluss *m* влия́ние окружа́ющей среды́
Umweltfaktor *m* фа́ктор окружа́ющей среды́
Umweltforschung *f* изуче́ние окружа́ющей среды́
umweltfreundlich экологи́чески не вре́дный, дру́жественный к окружа́ющей среде́
Umweltgestaltung *f* формирова́ние окружа́ющей среды́
Umweltgesundung *f* оздоровле́ние окружа́ющей среды́
Umweltkontrolle *f* контро́ль за состоя́нием окружа́ющей среды́
Umweltkosten *pl* расхо́ды на защи́ту окружа́ющей среды́
Umweltökonomik *f* экологи́ческая эконо́мика ***(охва́тывает систе́му свя́зей ме́жду эконо́микой и окружа́ющей средо́й, выраба́тывает страте́гию хозя́йственной поли́тики, направленной на предотвраще́ние отрица́тельных экологи́ческих после́дствий)***
Umweltpolitik *f* экологи́ческая поли́тика, поли́тика в о́бласти эколо́гии
Umweltschutz *m* охра́на окружа́ющей среды́; защи́та окружа́ющей среды́
Umweltstörgröße *f* возмуща́ющее возде́йствие окружа́ющей среды́
Umweltverschmutzung *f* загрязне́ние окружа́ющей среды́
Umwertung *f* переоце́нка, но́вая оце́нка
Umworbene *m f, pl* лица́, кото́рым адресо́вана рекла́ма; лица́, кото́рым адресо́ваны рекла́мные материа́лы; адреса́ты рекла́мы (рекла́мных материа́лов); потенциа́льные покупа́тели, потенциа́льные потреби́тели
Umzugsgeld *n* подъёмные ***(де́нежное вознагражде́ние, предназна́ченное для компенса́ции изде́ржек перее́зда)***
Umzugsgutversicherung *f* страхова́ние дома́шнего иму́щества при переезде на но́вую кварти́ру
Umzugskosten *pl* подъёмные ***(де́нежное вознагражде́ние, предназна́ченное для компенса́ции изде́ржек перее́зда)***
Umzugsurlaub *m* о́тпуск, предоставля́емый при переезде на но́вую кварти́ру
UN, United Nations Организа́ция Объединённых На́ций, Объединённые На́ции, ООН
UN-Konferenz für Handel und Entwicklung Конфере́нция ООН по торго́вле и разви́тию, ЮНКТАД
unabgemacht неоко́нченный; неупла́ченный
Unabgestimmtheit *f* несогласо́ванность
unabhängig незави́симый
Unabhängigkeit *f* незави́симость
wirtschaftliche Unabhängigkeit экономи́ческая незави́симость
unabsetzbar не находя́щий сбы́та ***(това́р)***
unabsetzbar незамени́мый, бессме́нный ***(о работнике***
unakzeptiert неакцептованный ***(напр. о ве́кселе)***
unangemessen несоотве́тствующий, несоразме́рный; неадеква́тный
unannehmbar неприе́млемый
Unantastbarkeit *f* неприкоснове́нность
Unantastbarkeit des Volkseigentums неприкоснове́нность наро́дной со́бственности
unausgeglichen несбалансированный, невыравненный ***(о бала́нсе)***
unbar безнали́чный ***(о платёжных отноше́ниях)***
Unbedenklichkeitsbescheinigung *f* свиде́тельство фина́нсового управле́ния об отсу́тствии у налогоплате́льщика задо́лженности по налогам
preisrechtliche Unbedenklichkeitsbescheinigung bei Grundstücken свиде́тельство фина́нсового орга́на о том, что цена́ приобретаемого по догово́ру уча́стка земли́ не превыша́ет устано́вленной максима́льной цены́
unbefristet бесср́очный; не ограни́ченный сро́ком, без указа́ния сро́ка
unbeglichen неопла́ченный
unbegütert несостоя́тельный, небога́тый, бе́дный, неиму́щий; без средств к существова́нию
unbeladen без гру́за, порожняко́м
unbelastet без гру́за; незагруженный
unbelastet недебетованный
unbelastet неотягчённый, необре-

менённый
unbemittelt несостоя́тельный, небога́тый, бе́дный, неиму́щий; без средств (к существова́нию)
unberechenbar не поддающийся учёту; непредви́денный
unberechtigt незако́нный; необосно́ванный, несправедли́вый, неправомо́чный
unberücksichtigt оста́вленный без внима́ния; неучтённый
unbeschadet без ущёрба; неповреждённый
unbeschadet seiner Rechte не нарушáет егó прав, без ущёрба егó правáм, без ущёрба для егó прав
unbeschädigt неповреждённый, без поврежде́ний
unbeschäftigt неза́нятый; безрабо́тный
unbeschränkt verwendbar свобо́дно обрати́мый, обращаемый без ограниче́ний *(о валю́те)*
unbesteuert не облага́емый нало́гом
unbesteuert не обло́женный нало́гом
Unbestimmtheit *f* неопределённость
Unbestimmtheitsmaß *n* ме́ра неопределённости
unbewirtschaftet бесхо́зный; необрабо́танный *(об уча́стке земли́)*
unbezahlt неопла́ченный; «не оплачено» *(отме́тка)*
UNCTAD, United Nations Conference on Trade and Development Конфере́нция ООН по торго́вле и разви́тию, ЮНКТАД
Underwriter *m англ.* гара́нт размеще́ния *(напр. за́йма, це́нных бума́г)*; морско́й страхо́вщик
Undkonten *n, pl* совме́стные счета́, распоряжа́ться кото́рыми мо́гут то́лько все чле́ны о́бщества сообща́; совме́стные счета́ чле́нов хозя́йственного объедине́ния *(распоряжа́ться кото́рыми они́ мо́гут то́лько сообща́)*
UNECOSOC, United Nations Economic and Social Council Экономи́ческий и социа́льный Сове́т Организа́ции Объединённых На́ций, ЭКОСОС
uneigennützig бескоры́стный
uneinbringlich не подлежа́щий взыска́нию
uneinbringlich безнадёжный *(о тре́бовании)*
Uneinbringlichkeit *f* безнадёжность *(тре́бования)*
unentgeltlich беспла́тный, безвозме́здный, даровóй
unentgeltlich беспла́тно, безвозме́здно, да́ром, гра́тис
unentwegt неукло́нный, непреры́вный *(напр. о ро́сте произво́дства)*
unergiebig неплодоро́дный; беспло́дный
unergiebig непроизводи́тельный, безрезульта́тный
unerschwinglich недосту́пный *(напр. о цене́)*, чрезме́рный, непоси́льный *(напр. о нало́ге)*
Unfall *m* ава́рия; катастро́фа; происше́ствие
Unfall тра́вма; несча́стный слу́чай
Unfall-Hinterbliebenenrente *f* пе́нсия чле́нам семьи́ поги́бшего на произво́дстве; пе́нсия при поте́ре корми́льца
Unfallanzeige *f* уведомле́ние (предприя́тием) инспе́кции по охра́не труда́ о несча́стном слу́чае на произво́дстве
Unfälle *m, pl* тра́вмы (мн.ч.)
nichtmeldepflichtige Unfälle произво́дственные тра́вмы, о кото́рых предприя́тие не обя́зано извеща́ть инспе́кцию по охра́не труда́
Unfallerfassung *f* учёт несча́стных слу́чаев
Unfallforschung *f* изуче́ние причи́н произво́дственного травмати́зма
Unfallkosten *pl* расхо́ды по ликвида́ции ава́рии, расхо́ды по регресси́вным и́скам
Unfallkrankengeld *n* посо́бие по вре́менной нетрудоспосо́бности *(вследствие несча́стного слу́чая на произво́дстве и́ли профзаболева́ния)*
Unfallquelle *f* исто́чник произво́дственного травмати́зма
Unfallrente *f* пе́нсия по инвали́дности
Unfallschaden *m* убы́ток от ава́рии
Unfallschaden тра́вма вследствие несча́стного слу́чая
Unfallschutz *m* профила́ктика несча́стных слу́чаев; профила́ктика произво́дственного травмати́зма
Unfallstatistik *f* стати́стика произво́дственного травмати́зма
Unfallumlage *f* дополни́тельные взно́сы в фонд социа́льного страхова́ния, дифференци́рованные по кла́ссам опа́сности *(для предприя́тий)*
Unfallverhütung *f* те́хника безопа́сности
Unfallversicherung *f* страхова́ние от несча́стных слу́чаев
landwirtschaftliche Unfallversicherung страхова́ние от несча́стных слу́чаев в се́льском хозя́йстве
private Unfallversicherung ли́чное страхова́ние от несча́стных слу́чаев; индивидуа́льное страхова́ние от произво́дственного травмати́зма
soziale Unfallversicherung социа́льное страхова́ние от несча́стных слу́чаев
UNFAO, United Nations Food and Agricultural Organization Продово́льственная и сельскохозя́йственная организа́ция ООН, ФАО
unfertig незавершённый; негото́вый
Unfreie *m, pl ист.* се́рвы; вилла́ны
unfundiert необеспеченный *(о за́ймах)*, нефунди́рованный *(в пра́ктике ряда́ стран - долг, не предусма́тривающий фо́нда погаше́ния)*
unfundiert необосно́ванный, неаргументи́рованный
ungangbar изъя́тый из обраще́ния *(о деньга́х)*
ungangbar нехо́дкий, не находя́щий сбы́та *(о това́ре)*
ungedeckt необеспеченный *(о ссу́дах, це́нных бума́гах и проч.)*
ungelernt неквалифици́рованный, необу́ченный
ungerade непрямо́й
ungerade нечётный
ungeschmälert несокращённый, неурезанный
ungesichert необеспеченный, без покры́тия *(о ссу́дах, це́нных бума́гах и проч.)*
ungleichberechtigt неравнопра́вный
Ungleichgewicht *n* неравнове́сие; нера́венство
vermögensmäßiges Ungleichgewicht иму́щественное нера́венство
Ungleichheitskoeffizient *m* коэффицие́нт расхожде́ния, коэффицие́нт несоотве́тствия
ungleichmäßig неравноме́рный
Ungleichung *f мат.* нера́венство
Ungleichwertigkeit *f* неравноце́нность, неэквивале́нтность
Ungleichwertigkeit des Warenaustausches неэквивале́нтность товарообме́на, неравноце́нность товарообме́на
ungültig недействи́тельный *(напр. о сде́лке)*
etw **für ungültig erklären** объяви́ть недействи́тельным *что-л.*, аннули́ровать *что-л.*
Ungültigkeit *f* недействи́тельность *(напр. сде́лки)*
Ungültigkeitserklärung *f* объявле́ние о недействи́тельности, заявле́ние об аннули́ровании; уведомле́ние о прекраще́нии де́йствия
UNIDO, United Nations Industrial Development Organization Организа́ция Объединённых На́ций по вопро́сам индустриализа́ции развива́ющихся стран, ЮНИДО
unifizieren *vt* унифици́ровать, осуществля́ть унифика́цию (стандартиза́цию)
Unifizierung *f* унифика́ция

Unikat *n* пе́рвый и еди́нственный экземпля́р железнодоро́жной накладно́й, пе́рвый и еди́нственный экземпля́р коносамента

Union *f* сою́з; объедине́ние; уния
Union der leitenden Angestellten Сою́з руководя́щих слу́жащих *(ФРГ)*

United Nations Economic and Social Council, ECOSOC Экономи́ческий и социа́льный сове́т ООН, ЭКОСОС

Universalakzise *f* универса́льный акци́з

Universalausrüstung *f* универса́льное обору́дование

Universalbank *f* банк универсального ти́па
Universalbank универса́льный банк

Universalbehälter *m* универса́льный конте́йнер

Universalbetriebsmittel *n, pl* универса́льная осна́стка произво́дства

Universalfertigungsmittel *n pl* универса́льная осна́стка произво́дства

Universalgüterwagen *m* универса́льный грузово́й ваго́н; станда́ртный грузово́й ваго́н

Universalismus *m* универсализм

Universallager *n* универса́льный склад

Universalmaschine *f* универса́льная маши́на, универса́льный стано́к

Universalpolice *f* универса́льный страхово́й по́лис *(предусма́тривает страхова́ние от мно́гих ри́сков)*

Universalsukzession *f* универса́льная прее́мственность, универса́льное пра́во насле́дования

unk., unkündbar не подлежа́щий востре́бованию; несрочный *(о за́йме)*

unkalkuliert внесме́тный
unkalkuliert некалькулируемый
unkalkuliert незаплани́рованный

unkonsolidiert неконсолидированный

unkontrolliert бесконтро́льный

unkoordiniert нескоординированный, несогласо́ванный

Unkosten *pl уст.* изде́ржки, расхо́ды, затра́ты; о́бщие изде́ржки; накладны́е расхо́ды, непроизводительные расхо́ды
ab Unkosten за вы́четом изде́ржек

Unkostenbeitrag *m* уча́стие в расхо́дах

Unland *n* неприго́дная к обрабо́тке земля́, неудо́бная земля́

Unmäßigkeit *f* неуме́ренность, изли́шество

Unmöglichkeit *f* невозмо́жность
objektive Unmöglichkeit der Leistung объекти́вная невозмо́жность исполне́ния обяза́тельства
offenbare Unmöglichkeit des Buchführungsergebnisses я́вное несоотве́тствие да́нных бухга́лтерского учёта положе́нию веще́й

UNO, United Nations Organization Организа́ция Объединённых На́ций, ООН
UNO-Vollversammlung Генера́льная Ассамбле́я ООН
UNO-Spezialfonds специа́льный фонд ООН

unökonomisch неэкономи́чный; бесхозя́йственный
unökonomisch внеэкономи́ческий
unökonomischer Zwang *m* внеэкономи́ческое принужде́ние

Unpfändbarkeit *f* недопусти́мость наложе́ния аре́ста на определённые предме́ты ли́чного по́льзования должника́, недопусти́мость наложе́ния аре́ста на определённые предме́ты дома́шней обстано́вки должника́

unplanmäßig непла́новый, внепла́новый; непланомерный

Unplanmäßigkeit *f* непланомерность

unproduktiv непроизводи́тельный, непродукти́вный; непроизводственный

Unproduktivität *f* непроизводи́тельный
Unproduktivität der Arbeit ни́зкая производи́тельность труда́

unprofitabel убы́точный, нерентабельный

unproportional непропорциона́льный, несбалансированный

unqualifiziert безусло́вный, безогово́рочный, неограни́ченный
unqualifiziert неквалифици́рованный

unrealisierbar нереализу́емый; не могу́щий быть реализо́ванным

unrechtmäßig незако́нный, неправоме́рный

unrein не чи́стый

unrentabel нерентабельный, убы́точный

Unrentabilität *f* нерентабельность, убы́точность

UNRRA, United Nations Relief and Rehabilitation Administration *ист.* Администра́ция по́мощи и послевоенного восстановле́ния при ООН, ЮНРРА

unsachgemäß ненадлежащий; не надлежа́щим о́бразом

UNSCC, United Nations Standards Coordinating Committee Координационный комите́т ООН по вопро́сам стандартиза́ции

Unsicherheit *f* ненадёжность; неопределённость

Unstimmigkeit *f* несоотве́тствие, оши́бка
Unstimmigkeit разногла́сие, противоре́чие

UNTAP, United Nations Technical Assistance Programme Програ́мма техни́ческой по́мощи ООН слаборазвитым стра́нам

unteilbar недели́мый, це́лостный

Untennatrix *f мат.* подматрица

unter pari ни́же номина́ла

Unterabschreibung *f* амортизацио́нные отчисле́ния, не компенсирующие фактического изно́са; амортизацио́нные отчисле́ния ни́же фактического изно́са

Unteragent *m* субаге́нт

Unterangebot *n* недоста́точное предложе́ние *(напр. това́ров на ры́нке)*, превыше́ние спро́са над предложе́нием

Unterauftragnehmer *m* субподря́дчик

Unterauslastung *f* недогрузка *(напр. произво́дственных мо́щностей)*

unterbelasten *vt* недогружать, загружа́ть не по́лностью

Unterbelastung *f* недогрузка *(напр. произво́дственных мо́щностей)*

Unterbelegung *f* недогрузка
Unterbelegung нехва́тка рабо́чей силы́

Unterbeschäftigung *f* непо́лная загру́женность *(произво́дственных мо́щностей)*
Unterbeschäftigung непо́лная за́нятость; части́чная безрабо́тица

Unterbevölkerung *f* ма́лая заселённость; недоста́точная населённость

Unterbewertung *f* заниженная оце́нка *(напр. иму́щества по сравне́нию с факти́ческой сто́имостью)*

unterbieten сбива́ть *(це́ну)*; снижа́ть *(напр. но́рмы расхо́да материа́лов)*
einen Preis unterbieten сбива́ть це́ну

Unterbietung *f* сбива́ние *(цен)*, сниже́ние *(норм расхо́да)*
Unterbietung der Preise сбива́ние цен

Unterbilanz *f* недоста́ток в основны́х и оборотных сре́дствах при фиксированной о́бщей су́мме капита́ла

Unterbrechung *f* переры́в, остано́вка; наруше́ние, вре́менное прекраще́ние *(напр. произво́дственного проце́сса)*
Unterbrechung *вчт.* прерыва́ние
technologisch bedingte Unterbrechung наруше́ние произво́дственного проце́сса, обусловленное технологическими причи́нами

unterbreiten *vt* представля́ть на рассмотре́ние

Unterbringung *f* помеще́ние, вложе́ние *(капита́ла)*
Unterbringung размеще́ние, распреде́ле́ние *(напр. за́йма)*

Unterdeckung *f* превыше́ние задо́лженности по краткосрочным кредитам над сто́имостью материа́льных фо́ндов предприя́тия
Unterdeckung превыше́ние задо́лженности по краткосрочным креди-

там над су́ммой ликвидных фо́ндов предприя́тия

Unterdeckung der Kosten превыше́ние факти́ческих изде́ржек над расчётными, превыше́ние факти́ческих затра́т над расчётными

Untererfüllung *f* невыполне́ние

Untergang *m* ги́бель; круше́ние; упа́док, ги́бель

untergeben подчинённый; подве́домственный

Untergesellschaft *f* доче́рнее о́бщество

Untergewicht *n* недове́с, недоста́ча в ве́се

untergewichtig неполнове́сный

Untergruppe *f* подгру́ппа; субгруппа

Unterhalt *m* материа́льная по́мощь; алиме́нты

unterhaltsbedürftig нужда́ющийся в материа́льной по́мощи

Unterhaltsbeihilfe *f* посо́бие, материа́льная по́мощь

Unterhaltsbetrag *m* су́мма посо́бия, су́мма материа́льной по́мощи, су́мма алиме́нтов

Unterhaltsempfänger *m* иждиве́нец; получа́тель алиме́нтов

Unterhaltskostenbeitrag *m* су́мма возмеще́ния ча́сти расхо́дов на содержа́ние домо́в для пенсионе́ров и преста́релых, вноси́мая проживающими в эти́х дома́х

Unterhaltung *f* предоставле́ние бюдже́тной дота́ции

Unterhaltung техни́ческое обслу́живание, содержа́ние в испра́вном состоя́нии; ухо́д за обору́дованием, теку́щий ремо́нт

Unterhaltung развлече́ние, о́тдых, времяпрепровожде́ние

Unterhaltungsarbeiten *f, pl* рабо́ты по теку́щему ремо́нту, ремо́нтные рабо́ты

Unterhaltungsgaststätte *f* танцева́льное кафе́; ночно́й бар с танцплощадкой; рестора́н с танцплощадкой

Unterhaltungskosten *pl* расхо́ды на поддержа́ние в испра́вности *(напр. обору́дования)*

unterhandeln *vi* вести́ перегово́ры, проводи́ть перегово́ры

Unterhändler *m* посре́дник, представи́тель *(в перегово́рах)*

Unterhandlung *f* перегово́ры

Unterhandlungen *f, pl* перегово́ры

Unterhandlungen führen вести́ перегово́ры

Unterkapitalisierung *f* зани́женная оце́нка *(иму́щества и́ли а́кций, отража́ющих сто́имость основны́х и оборо́тных средств корпора́ции)*

Unterkäufer *m* посре́дник, комиссионе́р; переку́пщик

Unterkonsumtion *f* отстава́ние у́ровня потребле́ния от возмо́жностей произво́дства, недопотребление

Unterkonten *n, pl* субсчета

Unterkonto *n* субсчёт

Unterlagen *f, pl* документа́ция; да́нные; приложе́ние(я)

Unterlassung *f юр.* неисполне́ние обя́занности, безде́йствие

Unterlieferant *m* субпоставщик; субподря́дчик

unterliegen *vi* находи́ться *в чьём-л.* веде́нии

unterliegen подлежа́ть *чему́-л.*

Unterlimitvorhaben *n* нижелимитное капита́льное строи́тельство

Unterlizenz *f* сублицензия

Untermakler *m* ма́клер, являющийся дове́ренным торго́вого маклера; промежу́точный ма́клер

Untermaß *n* недоме́р

Untermasse *f* недове́с

Untermiete *f* поднаём помеще́ния, наём помеще́ния у основно́го съёмщика, суба́ре́нда, наём у основно́го съёмщика

Untermietpreis *m* пла́та за помеще́ние, снято́е у основно́го съёмщика; пла́та за суба́ре́нду

Unternehmen *n* предприя́тие, де́ло, би́знес

angegliedertes Unternehmen присоединённое предприя́тие

gemeinnütziges Unternehmen предприя́тие обще́ственного по́льзования

gemeinsames Unternehmen совме́стное предприя́тие, СП

gemeinwirtschaftliches Unternehmen предприя́тие, не находя́щееся непосре́дственно в ча́стной со́бственности

gemischtwirtschaftliches Unternehmen сме́шанное предприя́тие, предприя́тие со сме́шанным капиталом

großkapitalistisches Unternehmen кру́пное капиталисти́ческое предприя́тие

kleines Unternehmen ма́лое предприя́тие

konzessioniertes Unternehmen концессионное предприя́тие

mittelständisches Unternehmen предприя́тие сре́дних разме́ров, сре́днее предприя́тие

öffentliches Unternehmen предприя́тие обще́ственного по́льзования

staatseigenes Unternehmen госуда́рственное предприя́тие

umgruppiertes Unternehmen реорганизованное предприя́тие

Unternehmensaufspaltung *f* разде́л предприя́тия

Unternehmensbesteuerung *f* налогообложе́ние предприя́тий

Unternehmensbewertung *f* оце́нка предприя́тия, оце́нка фи́рмы

Unternehmensbezeichnung *f* назва́ние предприя́тия

Unternehmensforschung *f* изуче́ние де́ятельности предприя́тия, иссле́дование де́ятельности предприя́тия *(обы́чно предполага́ет испо́льзование систе́мы экономико-математи́ческих моде́лей)*

Unternehmensforschung иссле́дование опера́ций предприя́тия

Unternehmensführung *f* управле́ние предприя́тием, ме́неджмент *(вы́бор форм и ме́тодов управле́ния, плани́рование, организа́ция, систе́ма информа́ции и проч.)*

Unternehmensführung nach dem Ergebnis управле́ние по результа́ту, управле́ние по коне́чному результа́ту

Unternehmensgruppe *f* гру́ппа компа́ний

Unternehmensgruppe *f* конце́рн

Unternehmensgruppe *f* объедине́ние предприя́тий

Unternehmensgruppe *f* фи́рменный пул

Unternehmensgruppe *f* промы́шленная гру́ппа; финансово-промы́шленная гру́ппа

Unternehmensgruppe *f* вре́менное объедине́ние компа́ний инве́сторов

Unternehmensidentität *f*; *(eng.)* **corporate identity** фи́рменный стиль; Копоративный стиль

Unternehmensimage *n*; *(eng.)* **corporate image** о́браз фи́рмы (в глаза́х потреби́телей; на ры́нке; в деловы́х круга́х)

Unternehmensinvestition *f* корпорати́вные инвести́ции; инвести́ции фи́рмы

Unternehmenskonsum *m* внутрифи́рменные расхо́ды; вну́тренние произво́дственные затра́ты

Unternehmenskonzentration *f* концентра́ция произво́дства; промы́шленная концентра́ция; концентра́ция произво́дственных фо́ндов

Unternehmenskultur *f* предпринима́тельская культу́ра; культу́ра предпринима́тельства

Unternehmensleitebene *f* корпорати́вное звено́ управле́ния; корпорати́вный у́ровень управле́ния

Unternehmensleiter *m* руководи́тель фи́рмы; руководи́тель предприя́тия; глава́ предприя́тия

Unternehmensleiterin *f* руководи́тельница фи́рмы

Unternehmensleitung *f* администра́ция предприя́тия; управле́ние фи́рмы; руково́дство корпора́ции, руково́дство акционе́рного о́бщества; ме́неджмент фи́рмы

Unternehmensliquidität *f*; *(eng.)* **company liquidity** ликви́дность компа́нии; ликви́дность фи́рмы

Unternehmensmodell *n* корпорати́вная моде́ль; би́знес-моде́ль
 Unternehmensmodell *n*; *(eng.)* **corporate model** (выч.тех.) моде́ль для примене́ния в сфе́ре би́знеса

Unternehmensnetz *n*; *(eng.)* **corporate network** корпорати́вная сеть; сеть компа́нии

Unternehmensplanung *f* би́знес-плани́рование; составле́ние би́знес-пла́на
 Unternehmensplanung *f* плани́рование на предприя́тии; внутрифи́рменное плани́рование, плани́рование в ра́мках отде́льного предприя́тия

Unternehmenspolitik *f* (хозя́йственная и обще́ственная) поли́тика предприя́тия (вы́работка страте́гии и та́ктики хозя́йственной де́ятельности, поведе́ния на ры́нке, созда́ния имиджа фи́рмы и т.п.); фи́рменная поли́тика; поли́тика поведе́ния фи́рмы на ры́нке
 Unternehmenspolitik *f* (хозя́йственная) поли́тика предприя́тия ***(вы́работка страте́гии и та́ктики хозя́йственной де́ятельности)***
 Unternehmenspolitik *f* поли́тика предприя́тия; поли́тика фи́рмы (вы́работка страте́гии и та́ктики хозя́йственной де́ятельности); корпорати́вная филосо́фия; при́нципы де́ятельности корпора́ции; фи́рменный стиль (визи́тки, букле́ты, упако́вка и т.д.)

Unternehmensprospekt *m* фи́рменный проспе́кт; проспе́кт предприя́тия; проспе́кт фи́рмы

Unternehmenszusammenschluss *m* объедине́ние предприя́тий, слия́ние предприя́тий

Unternehmer *m* предпринима́тель
 selbstständiger Unternehmer незави́симый предпринима́тель; свобо́дный предпринима́тель

Unternehmereinkommen *n* предпринимательская при́быль; предпринимательский дохо́д

Unternehmergeist *m* дух предпринима́тельства, предприи́мчивость

Unternehmergemeinschaft *f* объедине́ние подря́дчиков ***(для выполне́ния кру́пных зака́зов)***

Unternehmergewinn *m* предпринимательская при́быль, предпринимательский дохо́д
 Unternehmergewinn *m* предпринимательская при́быль, при́быль предпринима́теля

Unternehmerinitiative *f* предпринимательская инициати́ва

unternehmerisch предприи́мчивый, инициати́вный
 unternehmerisch предпринимательский

Unternehmerkapital *n* предпринимательский капита́л

Unternehmerpfandrecht *n* зало́говое пра́во предпринима́теля

Unternehmerprofit *m* предпринимательская при́быль, при́быль предпринима́теля

Unternehmerschaft *f* предпринима́тельство

Unternehmertätigkeit *f* предпринимательская де́ятельность

Unternehmertum *n* предпринима́тельство

Unternehmerverband *m* сою́з предпринима́телей, объедине́ние предпринима́телей

Unternehmervereinigung *f* сою́з предпринима́телей, объедине́ние предпринима́телей, ассоциа́ция предпринима́телей

Unternehmervermögen *n* предпринимательский капита́л, капита́л предпринима́теля; со́бственный капита́л предпринима́теля

Unternehmerwagnis *n* предпринимательский риск

Unternehmerwillkür *f* произво́л предпринима́телей

Unternehmerwirtschaft *f* частнопредпринимательское хозя́йство

Unternehmung *f* предприя́тие, де́ло, би́знес
 öffentliche Unternehmung обще́ственное предприя́тие ***(нахо́дится во владе́нии публи́чно-правовы́х организа́ций)***
 staatliche Unternehmung госуда́рственное предприя́тие
 private Unternehmung ча́стное предприя́тие

Unternehmungsergebnis *n* результа́т де́ятельности предприя́тия; предпринимательский результа́т

Unternehmungsform *f* правова́я фо́рма предприя́тия

Unternehmungsgeist *m* дух предпринима́тельства, предприи́мчивость

Unternehmungsmehrwert *m* гу́двилл, хоро́шая репута́ция фи́рмы; ра́зность ме́жду о́бщей сто́имостью фи́рмы и цено́й всех принадлежа́щих ей бала́нсовых акти́вов ***(отража́ет условную сто́имость деловы́х свя́зей, комме́рческую репута́цию фи́рмы и др.)***
 Unternehmungsmehrwert сто́имость деловы́х свя́зей и репута́ции предприя́тия

Unternehmungspolitik *f* хозя́йственная поли́тика предприя́тия; предпринимательская поли́тика

Unternehmungsspiel *n* ме́тод приня́тия реше́ний при по́мощи моде́лей «делова́я игра́»

Unternehmungssteuer *f* нало́г на предприя́тия; нало́г на предпринима́теля

Unternehmungswert *m* сто́имость предприя́тия, цена́ предприя́тия

Unternehmungszusammenschluss *m* объедине́ние предприя́тий

Unterordnung *f* подчине́ние, субордина́ция
 Unterordnung der Arbeit unter das Kapital подчине́ние труда́ капита́лу

Unterpacht *f* суба́ренда

Unterpächter *m* субарендатор

Unterpariemission *f* вы́пуск це́нных бума́г по эмиссионному ку́рсу, устано́вленному ни́же номина́ла
 Unterpariemission размеще́ние облига́ций на первичном ры́нке по ку́рсу ни́же их номина́льной сто́имости ***(к а́кциям не отно́сится!)***

Unterpfand *n* зало́г, гара́нтия

Unterplanbestand *m* запа́сы ни́же нормативных, запа́сы ни́же пла́новых; дефици́т нормативного запа́са

Unterplangewinn *m* при́быль ни́же пла́новой

Unterposition *f* субпозиция

unterpräsentiert sein быть недоста́точно предста́вленным

Unterpreis *m* цена́ ни́же номина́ла, льго́тная цена́

Unterproduktion *f* недопроизводство; превыше́ние спро́са над предложе́нием

Unterricht *m* преподава́ние, обуче́ние
 Unterricht уро́к; заня́тие
 berufspraktischer Unterricht обуче́ние профессиона́льным навыкам
 berufstheoretischer Unterricht преподава́ние техни́ческих осно́в ***(в проце́ссе профессиона́льного обуче́ния)***

Unterrichtungsinformation *f* справочные да́нные, спра́вочная информа́ция

Untersachkonten *n, pl* субсчета основного счёта

Untersachkonto *n* субсчёт основно́го счёта

Untersagung *f* запреще́ние; запре́т

Untersagung der Berufsausübung запрещéние занимáть определённые дóлжности; запрéт на занятие определённых должностéй
Untersagung des Betriebs von Fahrzeugen запрещéние эксплуатáции автомобúлей *(не отвечающих технúческим трéбованиям)*
Unterscheidungsanalyse *f стат.* различúтельный анáлиз, разграничúтельный анáлиз
Unterscheidungszölle *m, pl* дифференциáльные тамóженные пóшлины
Unterschiedlichkeit *f* разлúчие
Unterschiedsbetrag *m* рáзница, рáзность *(в счёте)*
Unterschiedsbetrag *m* рáзница проходящих по счетáм сумм, рáзность проходящих по счетáм сумм
Unterschlagung *f* присвоéние *(чужóго имýщества úли чужúх дéнег)*; растрáта
Unterschlagung утáйка, сокрытие
Unterschlagung von Staatseigentum присвоéние госудáрственных средств, казнокрáдство
Unterschlagungsrevision *f* ревúзия, производимая для выявлéния слýчаев растрат, хищений, подлогов
Unterschleif *m* присвоéние *(чужóго имýщества úли чужúх дéнег)*; растрáта; утáйка, сокрытие
unterschreiben *vt* подпúсывать *что-л.*, стáвить пóдпись *(под чем-л., на чем-л.)*
unterschreiten не израсхóдовать *(по смéте)*, не испóльзовать *(отпýщенные срéдства)*
Unterschreitung *f* неизрасходование *(отпущенных средств)*
Unterschreitung der Plankosten невыполнéние плáна по расхóдам, невыполнéние расхóдной чáсти плáна
Unterschrift *f* пóдпись
Unterschrift des Protestbeamten принудúтельная нáдпись *(на вéкселе, предъявленном к протéсту)*
Unterschrift unter den Vertrag setzen постáвить пóдпись под контрáктом, стáвить пóдпись под контрáктом; подпúсывать контрáкт, подписáть контрáкт (договóр, соглашéние)
eigenhändigeUnterschrift собственнорýчная пóдпись
für die Richtigkeit der Unterschrift пóдпись удостоверяется
gefälschte Unterschrift подделанная пóдпись; подложная пóдпись
mit Unterschrift bestätigen заверять пóдписью, завéрить пóдписью
zur Unterschrift legen представить на пóдпись; положúть на пóдпись; передáть на пóдпись
Unterschriftbeglaubigung *f* удостоверéние пóдписи; заверéние пóдписи
Unterschriftsbeglaubigung *f* удостоверéние пóдписи; заверéние пóдписи
Unterschriftsbestätigung *f* удостоверéние пóдписи; заверéние пóдписи
Unterschriftsblatt *n* бланк с образцáми пóдписей *(в бáнке)*
Unterschriftskarte *f* кáрточка с образцáми пóдписей *(в прáктике бáнков)*
Unterschuss *m* дефицúт, убыток
unterschwellig подсознáтельный; подпорóговый
unterschwellige Empfindung *f* подсознáтельное восприятие; подпороговое восприятие (напр. реклáмы)
unterschwellige Werbung *f* реклáма на подсознательном ýровне
Unterspediteur *m* субэкспедитор
Unterstellung *f* подчинéние
behördliche Unterstellung вéдомственная подчинённость; административная подчинённость
doppelte Unterstellung двойнóе подчинéние
Unterstellungsverhältnis *n* отношéния подчинéния, подчинённость
Unterstellungsverhältnis *n* подвéдомственность
zersplittertes Unterstellungsverhältnis вéдомственная разобщённость
Unterstichprobe *f стат.* выборка из дóли, дальнéйшая выборка
Unterstreuung *f* непóлный охвáт реклáмой крýга лиц, на котóрый онá рассчúтана
Unterstützung *f* поддéржка, пóмощь; содéйствие; пособие
finanzielle Unterstützung финáнсовая поддéржка, дéнежная поддéржка; финáнсовая пóмощь
gegenseitige Unterstützung взаимопóмощь
geistige Unterstützung морáльная поддéржка, поддéржка на морáльном ýровне
materielle Unterstützung материáльная поддéржка, материáльная пóмощь
notwendige Unterstützung необходúмая поддéржка, необходúмая пóмощь
öffentliche Unterstützung госудáрственная субсúдия; госудáрственная поддéржка, господдéржка; госудáрственная пóмощь, геспóмощь, поддéржка на госудáрственном ýровне
unterstützungsbedürftig нуждáющийся в поддéржке, нуждáющийся в пóмощи
Unterstützungsbeihilfe *f* пособие
Unterstützungseinrichtung *f* организáция по выдаче пособий нуждáющимся, учреждéние по выдаче пособий нуждáющимся
Unterstützungsgeld *n* пособие, *см. тж.* **Unterstützung**
Unterstützungskasse *f* кáсса взаимопóмощи
Unterstützungskoeffizient *m* коэффициéнт взаимной поддéржки
Unterstützungskoeffizient der Ziele коэффициéнт взаимной поддéржки цéлей
Unterstützungssatz *m* размéр пособия
Unterstützungstarif *m* льгóтный тарúф *(для определенных категóрий пассажúров)*
Untersuchung *f* исслéдование, изучéние, изыскáние; осмóтр, обслéдование; *юр.* расслéдование, слéдствие, дознáние; *стат.* наблюдéние
Untersuchung des Familienhaushalts исслéдование бюджéта семьú
einmalige statistische Untersuchung *стат.* рáзовое (единоврéменное) наблюдéние
informelle Untersuchung изучéние спрóса и общéственного мнéния без прямóго опрóса
ökonometrische Untersuchung эконометрическое исслéдование, экономико-математúческое исслéдование
periodische Untersuchung *стат.* периодúческое наблюдéние
statistische Untersuchung статистическое наблюдéние
zollamtliche Untersuchung тамóженный досмóтр
Untersuchungsbefund *m* результáт исслéдования
Untersuchungsbefund *юр.* результáт слéдствия; результáт дознáния; результáт расслéдования
Untersuchungsobjekt *n* объéкт исслéдования; *стат.* объéкт наблюдéния
statistisches Untersuchungsobjekt объéкт статистического наблюдéния
Untersuchungszeitraum *m* периóд исслéдования
Untersuchungszeitraum *стат.* периóд статистического наблюдéния
Untersuchungsziel *n* цель исслéдования
Untersuchungsziel цель статистического наблюдéния
Untertagearbeiter *m* подзéмный рабóчий; рабóчий на подзéмных рабóтах
untertariflich нúже тарифа
untertariflich при ставках нúже тарúфных
Unterverband *m* единúца административного делéния
staatlicher Unterverband единúца администратúвного делéния госудáр-

ства *(напр. в ФРГ - земля́, общи́на)*

Unterverkauf *m* прода́жа по сни́женным це́нам; распрода́жа

Unterverpachtung *f* перепрода́жа посредниками

Unterverpachtung der Arbeit перепрода́жа труда́ посредниками

Unterversicherung *f* страхова́ние на су́мму ни́же сто́имости страхово́го объе́кта; недострахование; непо́лное страхова́ние

unterversorgen недоста́точно снабжа́ть; не обеспе́чивать доста́точное снабже́ние

Untervertreter *m* субаге́нт

Untervölkerung *f* малонаселённость

Untervollmacht *f* передоверие

Untervollmacht erteilen передоверить полномо́чие

Unterwanderung *f* усиле́ние иностра́нного влия́ния *(напр. на эконо́мику страны́)*

unterweisen инструкти́ровать, дава́ть инстру́кции

unterweisen наставля́ть, поуча́ть, обуча́ть

unterwerfen *vt* подве́ргнуть *что-л. чему́-л.*

die Ware der Prüfung unterwerfen подве́ргнуть това́р испыта́нию

Unterwerfung *f* покоре́ние, порабоще́ние, подчине́ние

unterwertig неполноце́нный, малостоящий; малоце́нный

unterwertig ни́же обы́чной цены́

unterzeichnen *vt* подпи́сывать, подписа́ть, поста́вить по́дпись

ein Abkommen unterzeichnen подписа́ть соглаше́ние

Unterzeichnung *f* подпи́сывание, подписа́ние; по́дпись

Unterzeichnungsrecht *n* пра́во по́дписи

Unterzeichnung des Protokolls подписание протоко́ла

unterziehen *vt* подверга́ть *что-л. чему́-л.*

Unterziel *n* подцель, ча́стная цель

untilgbare Schuld неупла́ченный долг

Untreue *f* 1. *(престу́пное)* злоупотребле́ние дове́рием; злоупотребле́ние специа́льным полномочием *(вытека́ющим из зако́на и́ли догово́ра)* 2. умы́шленное наруше́ние обя́занности соблюда́ть иму́щественные интере́сы довери́теля 3. неве́рность, изме́на

Untreue begehen 1. злоупотребля́ть дове́рием; 2. изменя́ть; соверши́ть изме́ну

Untreuestrafrecht *n* совоку́пность уголо́вно-правовы́х норм, регулирующих отве́тственность за злоупотребле́ние дове́рием

unveräußerlich неотъе́млемый *(о права́х)*

unveräußerlich непродаваемый, без права́ прода́жи

unverbindlich необяза́тельный; без обяза́тельств

unverbindliches Angebot предложе́ние без обяза́тельства; необязательная оферта

unvergleichbar несравни́мый, несопостави́мый; несоизмери́мый

Unvergleichbarkeit *f* несравнимость, несопостави́мость; несоизмери́мость

unverhältnismäßig несоразме́рный, непропорциона́льный

unverkäuflich непродажный; непродаваемый; неходово́й

diese Ware ist unverkäuflich этот това́р не продаётся; этот това́р не име́ет сбы́та

unverkäufliche Waren aus dem Angebot nehmen исключа́ть из ассортиме́нта неходовые това́ры (неходово́й това́р)

unverkäufliches Warenmuster непродаваемый това́рный образе́ц

unvermögend бе́дный, неиму́щий; малоиму́щий; бесси́льный, неспосо́бный

unverpackt без упако́вки

unverpfändet незаложенный

unverrückbar усто́йчивый *(напр. о валю́тных ку́рсах)*

unverschuldet без долго́в, не име́ющий долго́в

unversehrt невреди́мый; сохранный; неповреждённый

Fehlmenge bei unversehrter Außenverpackung вну́тренняя недоста́ча при (по́лной) сохра́нности вне́шней упако́вки

in unversehrtem Zustand в неповреждённом ви́де; в неповреждённом состоя́нии

unversichert незастрахованный

unversteuert не обло́женный нало́гом; беспо́шлинный, не опла́ченный по́шлиной

unversteuert необлагаемый нало́гом

unversteuerte Nebeneinnahmen необлагаемые нало́гом побо́чные дохо́ды

Unvertkarfe *f* контро́льная ка́рта для изде́лий *(при статистическом контроле ка́чества)*

unverzinslich беспроце́нтный

unverzinsliche Anleihen беспроце́нтные за́ймы

unverzinsliche Wertpapiere беспроце́нтные це́нные бума́ги

unverzollt беспо́шлинный, не опла́ченный по́шлиной

unverzollt исключа́я тамо́женные по́шлины

unverzüglich неме́дленно, незамедли́тельно

unverzügliche Bezahlung der offenen Rechnungssumme незамедлительная опла́та откры́той су́ммы счёта

unverzügliche Übersendung der geforderten Güter неме́дленная пересы́лка требуемых това́ров (гру́зов)

unvollendet незако́нченный, незаверше́нный

unvollkommen непо́лный; несоверше́нный

unvollkommene Verbindlichkeit не вступи́вшее в си́лу обяза́тельство

unvollkommener Markt несоверше́нный ры́нок

Unvorhersehbarkeit *f* непредсказу́емость; невозмо́жность предви́деть; непредвиденность

unvorteilhaftневы́годный

Unwert *m* малоценность

unwert малоце́нный; не име́ющий цены́

unwertig малоце́нный; не име́ющий цены́

unwiderruflich безотзы́вный *(об аккредити́ве)*

zur unwiderruflich freien Verfügung в свобо́дное распоряже́ние без пра́ва́ отзы́ва

unwirksam 1. безрезульта́тный 2. недействи́тельный, неде́йствующий 3. неде́йственный; неэффекти́вный

unwirksame Maßnahmen неэффекти́вные ме́ры

unwirtschaftlich бесхозя́йственный; неэкономный; неэкономи́чный, нерентабельный

Unwirtschaftlichkeit *f* бесхозя́йственность

Unwirtschaftlichkeit неэкономность, неэкономи́чность, нерентабельность

Unze *f* у́нция *(ме́ра ве́са = 28, 35 г)*

unzulässig недопусти́мый; непозволи́тельный; незако́нный

unzulässige Auslegung der Vertragsvereinbarungen недопусти́мая интерпрета́ция догово́рных положе́ний; недопусти́мое толкова́ние догово́рных положе́ний

unzulassig handeln де́йствовать недопустимыми ме́тодами; поступа́ть недопусти́мым о́бразом

Unzulässigkeit *f* недопусти́мость

Unzulässigkeit des Rechtsweges недопусти́мость обраще́ния в суд

unzuständig 1. неподсу́дный 2. непод-ве́домственный 3. некомпете́нтный

Unzuständigkeit *f* 1. неподсу́дность 2. неподведомственность 3. некомпете́нтность
Unzuständigkeit des Mitarbeiters некомпете́нтность сотру́дника
UP, unabhängige Pufferzeit ча́стный резе́рв вре́мени второ́го ви́да, незави́симый резе́рв вре́мени
UPP, unveränderlicher Planpreis неизме́нная пла́новая цена́
UPU, Union Postale Universelle Всеми́рный почто́вый сою́з, ВПС
UR:
U.R., Urheberrecht а́вторское пра́во
u.R., unter Rückerbittung подлежа́щий возвра́ту; подлежи́т возвра́ту
Urabstimmung *f* первичное голосова́ние
Urbanisierungsgrad *m* у́ровень урбанизации
Urbanistik *f* городска́я эконо́мика *(разраба́тывает ме́тоды реше́ния городски́х хозя́йственных пробле́м)*
Urbanistik урбанистика
Urbeleg *m* перви́чный докуме́нт
Urboden *m* целина́
Urgemeinschaft *f* первобытнообщинный строй, первобы́тное о́бщество
urgent *лат.* сро́чно *(поме́тка на почтово-телеграфных отправле́ниях)*
urgent *лат.* сро́чный, настоя́тельный, безотлага́тельный
Urgesellschaft *f* первобытнообщинный строй, первобы́тное о́бщество
Urheber *m* а́втор; правообладатель; облада́тель пра́вом, **Copyright**
Urheberrecht *n* а́вторское пра́во
gewerbliches Urheberrecht *n* пра́во промы́шленной со́бственности
internationales Urheber- und Erfinderrecht *n* междунаро́дное а́вторское и изобретательское пра́во
Verletzung des Urheberrechts наруше́ние а́вторского права́
Urheberrechtsschutz *m* защи́та а́вторское пра́во; охра́на а́вторских прав
Urheberschein *m* а́вторское свиде́тельство
Urheberschutz *m* охра́на а́вторских прав
Urk., Urkunde докуме́нт, свиде́тельство, акт; удостовере́ние
Urkunde *f* докуме́нт; акт; гра́мота; удостовере́ние
Urkunde ausstellen подгото́вить докуме́нт; оформля́ть докуме́нт, офо́рмить докуме́нт
Urkunde für ewige Bodennutzung акт на ве́чное по́льзование землёй
amtliche Urkunde официа́льный докуме́нт
auf Urkunden beruhend подтверждаемый докуме́нтами; подтверждённый докуме́нтами; документа́льно подтверждённый
notariell beglaubigte Urkunde нотариа́льно заве́ренный докуме́нт; докуме́нт с нотариа́льным заверением
notarielle Urkunde нотариа́льный акт; нотариа́льно заве́ренный докуме́нт
übertragbare Urkunde оборо́тный докуме́нт
vollstreckbare Urkunde исполни́тельный лист
Urkunden- und Wechselprozess *m* упрощённый поря́док взыска́ния судебными о́рганами тре́бований, осно́ванных на докуме́нтах и векселя́х
Urkundenfälschung *f* подде́лка докуме́нтов
Urkundenprozess *m* упрощённый поря́док взыска́ния судебными о́рганами тре́бований, осно́ванных на докуме́нтах
Urkundensteuer *f* ге́рбовый сбор
Urkundenzahlungsbefehl *m* прика́з об упла́те, осно́ванный на докуме́нтах; документа́льный прика́з об опла́те; документа́льно обосно́ванный прика́з об опла́те
urkundlich документа́льный
Urlaub *m* о́тпуск
Urlaub bei Weiterzahlung des Gehaltes о́тпуск с сохране́нием содержа́ния, опла́чиваемый о́тпуск
bezahlter Urlaub опла́ченный о́тпуск
dekretmäßiger Urlaub декре́тный о́тпуск
jährlicher Urlaub ежего́дный о́тпуск
Urlaub ohne Lohnausfall о́тпуск с сохране́нием содержа́ния, опла́чиваемый о́тпуск
unbezahlter Urlaub о́тпуск без сохране́ния содержа́ния, неопла́чиваемый о́тпуск; о́тпуск без сохране́ния за́работной пла́ты; о́тпуск за свой счёт
Urlauberbetreuung *f* организа́ция о́тдыха отпускнико́в
Urlaubsabgeltung *f* компенса́ция за неиспо́льзованный о́тпуск
Urlaubsanspruch *m* пра́во на о́тпуск (опла́чиваемый)
Urlaubsarbeit *f* рабо́та в перио́д отпуска́
Urlaubsdauer *f* продолжи́тельность отпуска́
Urlaubsentgelt *n* отпускные де́ньги, за́работная пла́та за вре́мя отпуска́; компенса́ция за неиспо́льзованный о́тпуск
Urlaubserhöhung *f* увеличе́ние продолжи́тельности отпуска́
Urlaubsgeld *n* отпускные де́ньги, за́работная пла́та за вре́мя отпуска́; компенса́ция за неиспо́льзованный о́тпуск
Urlaubsgewährung *f* предоставле́ние отпуска́
Urlaubslohn *m* отпускные де́ньги, за́работная пла́та за вре́мя отпуска́; компенса́ция за неиспо́льзованный о́тпуск
Urlaubsmeldung *f* запи́ска о предоставле́нии отпуска́ *(докуме́нт для расчёта отпускных)*
Urlaubsplan *m* календа́рный план предоставле́ния отпуско́в, гра́фик отпуско́в
Urlaubsplanung *f* плани́рование отпуско́в
Urlaubsscheck *m* путёвка *(в дом о́тдыха, санато́рий)*
Urlaubstarif *m* тари́ф, де́йствующий в перио́д отпуско́в; тари́ф на вре́мя отпуско́в
Urlaubsvereinbarung *f* соглаше́ние о сро́ках дополни́тельных отпуско́в *(заключа́емое ме́жду руководи́телем предприя́тия и профсою́зной организа́цией)*
UrlO, Urlaubsordnung положе́ние об отпусках
Urmaterial *n* перви́чный материа́л; сырьё
Urproduktion *f* о́трасли наро́дного хозя́йства, свя́занные с испо́льзованием приро́дных ресу́рсов *(напр. добыва́ющая промы́шленность, се́льское хозя́йство)*
Ursachenforschung *f* иссле́дование причи́н
analytische Ursachenforschung аналити́ческое иссле́дование причи́н
statistische Ursachenforschung статистическое иссле́дование причи́н
synoptische Ursachenforschung *стат.* синоптическое иссле́дование причи́н
Urschrift-Verkehr *m* перепи́ска с пометкой на подлинниках «сра́зу же верну́ть»
Ursprung *m* происхожде́ние
Ursprungsattest *n* свиде́тельство о происхожде́нии товара
Ursprungsbescheinigung *f* свиде́тельство о происхожде́нии това́ра; сертифика́т происхожде́ния това́ра
Ursprungsbestimmung *f* определе́ние происхожде́ния това́ра
Ursprungsbezeichnung *f* обозначе́ние страны́ происхожде́ния това́ра
Ursprungsland *n* страна́ происхожде́ния *(това́ра)*
Ursprungslandprinzip *n* при́нцип взима́ния нало́гов то́лько в стране́ происхожде́ния экспортных това́ров
Ursprungslandprinzip при́нцип страны́ происхожде́ния *(по кото́рому экспорти́руемые това́ры и услу́ги облагаются нало́гом в со́бственной стране́)*
Ursprungsnachweis *m* свиде́тельство

о происхождении товара
Ursprungsregeln *f pl* правила определения страны происхождения *(товара в мировой торговле)*
Ursprungszertifikat *n* свидетельство о происхождении товара
Ursprungszeugnis *n* свидетельство о происхождении товара
Urteil *n* приговор, решение суда
Urteil суждение, мнение
Urteil geben вынести решение
urteilen *vi* судить, отзываться
Urverlader *m* первоначальный отправитель груза
Urversender *m* первоначальный отправитель (груза)
US, USA Соединенные штаты Америки
US-amerikanische Vereinigung für Wirtschaftswissenschaften Американская научно-экономическая ассоциация *(США)*
Usance *f англ.* обычай, торговый обычай, установленный порядок, узанс
Usance процентная ставка по кредиту
gemäß den Usancen согласно с торговыми обычаями; в соответствии с торговыми обычаями
Usancehandel *m* торговля иностранной валютой по курсу биржи третьей страны
Usancekurs *m* курс двух валют; кросскурс
usancemäßig биржевой
usancemäßig соответствующий торговым обычаям; согласно торговым обычаям, в соответствии с торговыми обычаями
Usancenhandel *m* торговля иностранной валютой по курсу биржи третьей страны
Usancetara *f* узотара *(тара, вес которой принимается в размере, установленном торговым обычаем)*
Usanz *f* обычай, торговый обычай, установленный порядок, узанс
Uso *m* обычай, торговый обычай, установленный порядок, узанс
Usotara *f* узотара *(тара, вес которой принимается в размере, установленном торговым обычаем)*
Usowechsel *m* вексель на срок, установленный торговым обычаем
USt., Umsatzsteuer налог с оборота
USt-Schuld, Umsatzsteuerschuld размер обязательства по налогу с оборота
UstDB, Durchführungsbestimmungen zum Umsatzsteuergesetz инструкции о порядке исполнения закона о налоге с оборота
UstG, Umsatzsteuergesetz закон о налоге с оборота
u.t., usual terms обычные условия
Utilismus *m* утилитаризм
Utilitarismus *m* утилитаризм *(принцип оценки явления с точки зрения его полезности)*
Utilitätsprinzip *n* принцип максимальной полезности
utilities *англ.* предприятия общественного пользования; коммунальные сооружения *(в США)*
u.u.R., urschriftlich unter Rückerbittung подлинник возвратить
u.ü.V., unter üblichem Vorbehalt на обычных условиях; с обычной оговоркой, при соблюдении обычных условий
UV:
U.V., Unfallversicherung страхование от несчастных случаев
u.V., unter Vorbehalt с оговоркой, с условием
ÜV, Überweisungsverkehr безналичный расчёт; жирооборот
UW:
U/W, underwriter *англ.* морской страховщик
u/w, underwriter *англ.* страховщик *(при прямом страховании)*; перестраховщик *(при перестраховании)*
UWG, Gesetz gegen den unlauteren Wettbewerb закон против недобросовестной конкуренции, закон против нечестной конкуренции
UY, Uruguay Уругвай
UYU, Uruguayischer Peso, -- Uruguay Уругвайское песо (*код валюты* 858), -- Уругвай
UZ, Usbekistan Узбекистан
UZg., Ursprungszeugnis свидетельство о происхождении товара
UZS, Usbekistan-Sum, -- Usbekistan Узбекский сум (*код валюты* 860), -- Узбекистан
V:
V, Verordnung постановление, распоряжение
V, Versicherung страхование
V, Verwaltung управление; администрация; правление
v, variables Kapital переменный капитал
V-Liste *f* список налогоплательщиков с указанием суммы взимаемых налогов
V-Steuern *f, pl* налоги, установленные по методу формального распределения
VA:
VA, Vatikanstaat Святой престол, Ватикан
VA, Valuta валюта
VA, Vermögensabgabe *(разовый)* налог на имущество
VA, Versicherungsanstalt страховое общество
VA, vorläufige Arbeitsnorm временная норма выработки
VA, Vorzugsaktie привилегированная акция
VAE, Vereinigte Arabische Emirate Объединённые Арабские эмираты, ОАЭ
VAG, Versicherungs-Aufsichts-Gesetz закон об инспекции социального страхования
VAK, Vereinigung Kommunaler Arbeitgeberverbände Объединение коммунальных союзов предпринимателей *(ФРГ)*
Vakanz *f* вакансия
Vakatstrich *m* зигзагообразный прочерк *(на пустых листах бухгалтерской книги)*; бухгалтерский прочерк
Val., Valuta валюта
Valenz *f* сопоставимость (по цене)
Validität *f* действительность; обоснованность
Valoren *pl* ценные бумаги
Valoren- und Wertsachenversicherung *f* страхование ценных бумаг и ценностей
Valorenversicherung *f* транспортное страхование ценностей, адвалорное страхование
Valorisation *f* валоризация *(меры по повышению цен, напр. путём сокращения рыночного предложения)*
Valorisierung *f* валоризация
Val.p:
Val.p., Valuta per валютирование
val.p., valeur per сроком
valuation charge *англ.* дополнительный сбор с объявленной ценности, взимаемый по первой категории *(по накладной воздушного сообщения)*
value:
value added *англ.* стоимость, добавленная обработкой; добавленная стоимость
value added tax, VAT *англ.* налог на добавленную стоимость, НДС
value surcharge *англ.* дополнительный сбор с объявленной ценности, взимаемый по второй категории *(по накладной воздушного сообщения)*
Valuta *f* валюта
Valuta *f* валютный курс
Valuta der Zahlung валюта платежа
Valuta des Käuferlandes валюта покупателя *(страны покупателя)*
Valuta des Verkäuferlandes валюта продавца *(страны продавца)*
Valuta kompensiert валюта компенсирована, валюта получена

frei konvertierbare Valuta свобóдно конверти́руемая валю́та, СКВ
harte Valuta усто́йчивая валю́та, твёрдая валю́та
nicht konvertierbare Valuta неконверти́руемая валю́та, мя́гкая валю́та
unbeständige Valuta нетвёрдая валю́та, неусто́йчивая валю́та
veränderliche Valuta нетвёрдая валю́та, неусто́йчивая валю́та
vollwertige Valuta полноценная валю́та

Valutaakzept *n* акце́пт, вы́ставленный в иностра́нной валю́те; акцепто́ванный ве́ксель, вы́ставленный в иностра́нной валю́те

Valutaanleihen *f, pl* долговы́е обяза́тельства в иностра́нной валю́те
Valutaanleihen *f, pl* валю́тные за́ймы; за́ймы в иностра́нной валю́те

Valutaaufkommensplan *m* план поступле́ний валю́ты, план валю́тных поступле́ний

Valutaaufwertung *f* ревальвация *(переоце́нка валю́ты, предполагающая повыше́ние парите́та)*

Valutaausgaben *f, pl* валю́тные расхо́ды

Valutabankkredit *m* ба́нковский креди́т в иностра́нной валю́те

Valutabedarfsplan *m* план потре́бностей в валю́те

Valutabeschränkungen *f, pl* валю́тные ограниче́ния

Valutabewirtschaftung *f* валю́тное регули́рование

Valutabonds *m, pl* долговы́е обяза́тельства в иностра́нной валю́те

Valutadumping *n* валю́тный де́мпинг *(экспорт това́ров по бо́лее ни́зким це́нам в результа́те девальва́ции валю́ты в стране́, экспортирующей това́ры)*

Valutaeinkaufspreis *m* покупна́я цена́ импортного това́ра, вы́раженная в иностра́нной валю́те

Valutaeinnahmen *f, pl* валю́тные поступле́ния, поступле́ния в валю́те

Valutaentwertung *f* обесце́нение валю́ты

Valutaerklärung *f* валю́тная деклара́ция

Valutaerlös *m* валю́тная вы́ручка

Valutafonds *m, pl* валю́тные фо́нды

Valutagegenwert *m* валю́тный эквивале́нт; ВЭ

Valutageschäft *n* валю́тная опера́ция, валю́тная сде́лка

Valutagesetzgebung *f* валю́тное законода́тельство

Valutahunger *m* валю́тный го́лод, деви́зный го́лод

Valutaintervention *f* валю́тная интерве́нция

Valutaklausel *f* валю́тная огово́рка, валю́тное усло́вие, валю́тная кла́узула

Valutakonto *n* валю́тный счёт, счёт в иностра́нной валю́те

Valutakontrolle *f* валю́тный контро́ль; валю́тные ограниче́ния

Valutakredit *m* креди́т, предоста́вленный в иностра́нной валю́те; креди́т в иностра́нной валю́те; валю́тный креди́т

Valutakrise *f* валю́тный кри́зис

Valutakupon *m* валю́тный купо́н

Valutakurs *m* валю́тный курс, ве́ксельный курс, интервалютарный курс

Valutamangel *m* валю́тный го́лод, деви́зный го́лод; нехва́тка валю́ты

Valutamittel *n, pl* валю́тные ресу́рсы

Valutamonopol *n* валю́тная монопо́лия

Valutanotierung *f* валю́тная котиро́вка; котиро́вка валю́т(ы)

Valutapapiere *n pl* иностра́нные це́нные бума́ги, су́мма и проце́нты по кото́рым оплачиваются в соотве́тствующей валю́те; це́нные бума́ги в иностра́нной валю́те

Valutaparität *f* валю́тный парите́т

Valutaplanung *f* валю́тное плани́рование

Valutapolitik *f* валю́тная поли́тика

Valutapreis *m* цена́ в иностра́нной валю́те

Valutapreiskalkulation *f* калькуля́ция цен в иностра́нной валю́те, расчёт цен в иностра́нной валю́те

Valutapreisverbesserung *f* повыше́ние валю́тного ку́рса

Valutapreisverschlechterung *f* пониже́ние валю́тного ку́рса

Valutaregulierung *f* валю́тное регули́рование; регули́рование валю́тных опера́ций; регули́рование валюто-обменных опера́ций

Valutareserven *f, pl* валю́тные резе́рвы

valutarisch валю́тный

Valutarisiko *n* риск поте́ри на колебаниях валю́тных ку́рсов; валю́тные ри́ски

Valutaschuld *f* валю́тная задо́лженность

Valutaschulden *f pl* валю́тные долги́; долги́ в валю́те

Valutaspekulation *f* валю́тная спекуля́ция; спекуля́ция валю́той

Valutaverkaufspreis *m* прода́жная цена́ экспортного това́ра, вы́раженная в иностра́нной валю́те; цена́ экспортного това́ра в валю́те

Valutaverrechnungspreis *m* расчётная цена́ в иностра́нной валю́те

Valutaversicherung *f* страхова́ние, предусматривающее вы́плату страхово́й су́ммы в иностра́нной валю́те *(при наступле́нии страхово́го слу́чая за грани́цей)*

Valutawerte *m, pl* валю́тные це́нности

Valutazone *f* валю́тная зо́на

Valuten *pl* де́нежные едини́цы разли́чных стран; проце́нтные купоны це́нных бума́г в иностра́нной валю́те
Valuten платёжные сре́дства в иностра́нной валю́те, деви́зы

Valutenkonto *n* валю́тный счёт

Valutierung *f* валюти́рование *(установле́ние дня зачисле́ния како́й-л. су́ммы в де́бет и́ли креди́т соотве́тствующего счёта)*

variabel непостоя́нный, переме́нный

Variabilitätskoeffizient *m стат.* коэффицие́нт вариа́ции

Variable *f* переме́нная (величина́)
diskontinuierliche Variable прерывная переме́нная, дискре́тная переме́нная
endogene Variable эндогенная переме́нная
exogene Variable экзогенная переме́нная
integrierende Variable переме́нная интегрирования
komplexe Variable ко́мплексная переме́нная
kontinuierliche Variable непреры́вная переме́нная
mehrdimensionale Variable многомерная переме́нная
prädeterminierte Variable зави́симая переме́нная, детермини́рованная переме́нная
stochastische Variable стохасти́ческая переме́нная
unabhängige Variable незави́симая переме́нная
zufällige Variable случа́йная переме́нная

Variablen-Attribut-Prüfung *f* контро́ль по количественным и качественным при́знакам
gemischte Variablen-Attribut-Prüfung сме́шанный контро́ль по количественным и качественным при́знакам

Variablenmerkmal *n* коли́чественный при́знак *(в статистическом контроле ка́чества)*

Variablenprüfung *f* контро́ль по коли́чественному при́знаку *(в статистическом контроле ка́чества)*

Variante *f* вариа́нт
Variante *мат.* вариа́нта; инварианта
potenzielle-optimale Variante потенциа́льно-оптима́льный вариа́нт *(пла́на)*

Variantenberechnungen *f, pl* вариа́нтные расчёты, расчёты вариа́нтов

Variantenbreite *f* **der Planung** широта́ испо́льзования вариа́нтных расчётов

в планировании
Variantenkombination *f* комбина́ция вариа́нтов *(в планировании)*
Variantenprognose *f* вариа́нтный прогно́з, прогно́з вариа́нтов
Variantenrechnungen *f, pl* вариа́нтные расчёты, расчёты вариа́нтов
Variantenvergleich *m* сравне́ние вариа́нтов, сопоставле́ние вариа́нтов
Varianz *f* диспе́рсия; рассе́ивание, рассе́яние
Varianz, gesamte о́бщая диспе́рсия
Varianz innerhalb der Gruppen внутригруппова́я диспе́рсия
Varianz innerhalb einer Stichprobe диспе́рсия вы́борочной сре́дней
Varianz von Stichprobendurchschnitten стохасти́ческая диспе́рсия
Varianzanalyse *f* дисперсио́нный ана́лиз
Varianzzerlegüng *f стат.* сложе́ние диспе́рсий
Variation *f* вариа́ция
Variation видоизмене́ние
Variation измене́ние, колеба́ние
Variationsbreite *f стат.* разма́х вариа́ции
Variationsgitternetz *n стат.* вариацио́нная се́тка
Variationskoeffizient *m стат.* коэффицие́нт вариа́ции
Variationsrechnung *f* вариацио́нное исчисле́ние
Variationsreihe *f* вариацио́нный ряд
Variationsstatistik *f* вариа́ционная стати́стика
Variator *m стат.* коэффицие́нт вариа́ции
VAT, Value Added Tax нало́г на доба́вленную сто́имость, НДС
VB:
VB, Verwaltungsbezirk администрати́вный о́круг
Vb., Verbrauch потребле́ние, расхо́д
VbBV, Verband der beratenden Betriebs- und Volkswirte Сою́з консульта́нтов по организа́ции и эконо́мике произво́дства
VBE, Vollbeschäftigteneinheit едини́ца по́лной за́нятости
vbl, variabel переме́нный, непостоя́нный
VBLA, Verband der Bekleidungs-, Leder- und Ausrastungsarbeiter der Schweiz Сою́з швейца́рских рабо́чих шве́йной, коже́венной и галантере́йно-фурниту́рной промы́шленности
VBMI, Verein der Bayerischen Metallverarbeitenden Industrie Бава́рское объедине́ние металлообраба́тывающей промы́шленности
vBP, vereidigter Buchprüfer дипломи́рованный бухга́лтер-ревизо́р
Vcom (R), Virtual Commerce (зарегистри́рованная ма́рка)
VDA:
VDA, Verband Deutscher Arbeitgeber Сою́з неме́цких предпринима́телей, Сою́з неме́цких работода́телей
VdA, Verband der Automobilindustrie Объедине́ние автомоби́льной промы́шленности
VDB:
VDB, Verein Deutscher Bücherrevisoren Сою́з неме́цких бухга́лтеров-ревизо́ров
VDB, Vereinigung Deutscher Buchbindereien Объедине́ние неме́цких переплётно-брошюро́вочных предприя́тий
VDBF, Verband der Briefumschlag- und Papierausstattungsfabriken Объедине́ние предприя́тий по произво́дству конве́ртов и пи́счей бума́ги
VdH, Verband der Handelsauskunfteien Сою́з креди́тных бюро́ *(даю́щих спра́вки о кредитоспосо́бности ба́нковской клиенту́ры)*
VDI, Verein Deutscher Ingenieure Сою́з неме́цких инжене́ров
VDLM, Verein Deutscher Luftfrachtmakler Сою́з неме́цких авиацио́нных бро́керов
VDMA, Verein Deutscher Maschinenbauanstalten Объедине́ние неме́цких машинострои́тельных предприя́тий
VdN-Pension *f* пе́нсия ли́цам, преследова́вшимся при нацизме
VdN-Rente *f* пе́нсия ли́цам, преследова́вшимся при нацизме
VDNE, Verband Deutscher Nichtbundeseigener Eisenbahnen Объедине́ние неправи́тельственных желе́зных доро́г
VDRG, Verband Deutscher Rundfunk- und Fernsehfachgroßhändler Сою́з неме́цких опто́вых торго́вцев ра́дио- и телевизио́нной аппарату́рой
VdS, Verband der Deutschen Sperrholzindustrie Объедине́ние предприя́тий неме́цкой фане́рной промы́шленности
VDV, Verband Deutscher Diplom-Volkswirte Сою́з неме́цких дипломи́рованных экономи́стов
VE, Venezuela Венесу́эла
VEB, Bolívar, -- Venezuela Боли́вар (*код валю́ты* 862), -- Венесу́эла
VEBA, Vereinigte Elektrizitäts- und Bergwerksaktiengesellschaft ФЕ́БА, «Фера́йнигте электрици́тетс- унд бергверксакциенгезельшафт» *(наименова́ние западногерма́нского электроэнергети́ческого и горнопромы́шленного конце́рна)*
Vektor *m* ве́ктор
Vektoranalyse *f* ве́кторный ана́лиз
Vektordiagramm *n* ве́кторная диагра́мма
Vektorfunktion *f* ве́кторная фу́нкция, ве́ктор-фу́нкция
Vektormenge *f* ве́кторное мно́жество
VELA, Vereinigung der Leitenden Angestellten Сою́з администра́торов торго́вых и промы́шленных предприя́тий
Veledes, Verband der Lebensmittel-Detaillisten der Schweiz Сою́з швейца́рских ро́зничных торго́вцев продово́льственными това́рами
Vellen-Effekt *m* «показно́е» потребле́ние *(испо́льзование предме́тов потребле́ния напока́з, с це́лью произвести́ впечатле́ние)*
verabredungsgemäß согла́сно договорённости; в соотве́тствии с соглаше́нием
Verallgemeinerung *f* обобще́ние
Veralten *n* старе́ние; устарева́ние *(напр. проду́кции)*
moralisches Veralten мора́льное старе́ние, мора́льное устарева́ние
Veränderliche *f* переме́нная *(величина́)*
Veränderlichkeit *f* изме́нчивость
Veränderung *f* переме́на, измене́ние
Veränderung von Preisen измене́ние цен
Veränderungen *f, pl* сдви́ги; измене́ния; переме́ны
strukturelle Veränderungen структу́рные сдви́ги; структу́рные измене́ния
Veränderungsrate *f* темп измене́ния
Veranlagung *f* определе́ние су́ммы нало́га, начисле́ние нало́га
Veranlagung распределе́ние нало́гов
Veranlagung установле́ние разме́ра нало́га; установле́ние ста́вки нало́га
Veranlagung, differenzierte дифференци́рованное распределе́ние обяза́тельных поста́вок сельскохозя́йственных проду́ктов
Veranlagung, förmliche форма́льное распределе́ние нало́гов
Veranlagungsliste *f* спи́сок налогоплате́льщиков с указа́нием су́ммы взима́емых нало́гов
Veranlagungsrichtlinien *f, pl* директи́вы о поря́дке распределе́ния нало́гов
Veranlagungssteuern *f, pl* нало́ги, устано́вленные по ме́тоду форма́льного распределе́ния
Veranlagungssteuern *(форма́льно)* распределя́емые нало́ги
Veranlagungsverfahren *n* ме́тод распределе́ния нало́гов

Veranlagungszeitraum *m* налóговый периóд

veranschlagen *vt* составля́ть смéту, проводи́ть предвари́тельный расчёт

Veranschlagung *f* предвари́тельная смéта; смéта; предвари́тельная калькуля́ция; калькуля́ция

Veranschlagungsnorm *f* расчётная нóрма (бюджéта)

Veranschlagungsrichtsatz *m* расчётная нóрма (бюджéта)

verantwortlich ответственный; ответственно

Verantwortlichkeit *f* ответственность
materielle Verantwortlichkeit материа́льная ответственность
persönliche Verantwortlichkeit ли́чная ответственность
strafrechtliche Verantwortlichkeit уголóвная ответственность

Verantwortung *f* ответственность
materielle Verantwortung материа́льная ответственность
persönliche Verantwortung ли́чная ответственность
strafrechtliche Verantwortung уголóвная ответственность
Verantwortung tragen нести́ ответственность
Verantwortung übernehmen взять на себя́ ответственность, приня́ть на себя́ ответственность
Verantwortung übertragen возложи́ть ответственность

Verantwortungsbereich *m* круг ответственности; сфéра (дéйствия) ответственности

verarbeiten *vt* обрабáтывать, перерабáтывать
Sekundärrohstoff verarbeiten перерабáтывать втори́чное сырьё, перерабáтывать сырьё

Verarbeitung *f* обрабóтка, переработка *(напр. сырья́)*

Verarbeitungsbereiche *m, pl* перерабатывающие óтрасли

Verarbeitungsbetrieb *m* перерабáтывающее предприя́тие, предприя́тие по переработке *(напр. сырья́)*
Verarbeitungsbetrieb предприя́тие-потреби́тель, завóд-потреби́тель

Verarbeitungseigenschaften *f, pl* технологические свóйства

Verarbeitungsindustrie *f* обрабáтывающая промы́шленность

Verarbeitungskosten *pl* затрáты на обрабóтку, расхóды на обрабóтку, стóимость обрабóтки

Verarbeitungsland *n* странá-потреби́тель

Verarbeitungsstufe *f* стáдия обрабóтки

Verarmung *f* обнищáние, пауперизáция; обеднéние

Verauktionierung *f* продáжа с аукциóна, продáжа с публи́чных торгóв, продáжа с молоткá

verausgaben трáтить, истрáтить, расхóдовать, израсхóдовать

Veräußerer *m* субъéкт, осуществля́ющий отчуждéние

veräußerlich отчуждáемый; реализу́емый, продавáемый

veräußern *vt* отчуждáть; реализóвывать, продавáть

Veräußerung *f* отчуждéние; реализáция, продáжа
öffentliche Veräußerung продáжа с публи́чных торгóв

Veräußerungsgewinn *m* при́быль от продáжи, при́быль от реализáции

Veräußerungsverbot *n* запрéт реализáции, запрéт на реализацию (продáжу)

Veräußerungswert *m* стóимость продавáемого
Veräußerungswert ценá продáжи

Verbalskala *f* номинáльная шкалá (оцéнок), назывная шкалá (оцéнок), классификациóнная шкалá (оцéнок)

Verband *m* союз, óбщество, объединéние *(напр. мéжду отдéльным граждани́ном и́ли предприя́тием, с однóй стороны́, и госудáрством, с другóй стороны́)*
Verband der Automobilindustrie Объединéние автомоби́льной промы́шленности
Verband der beratenden Betriebs- und Volkswirte Союз консультáнтов по организáции и эконóмике произвóдства
Verband der Handelsauskunfteien Союз креди́тных бюрó *(дающих спрáвки о кредитоспосóбности бáнковской клиентуры ФРГ)*
Verband der Industrie der EWG-Länder *истор.* Союз промы́шленности стран Европéйского экономи́ческого сообщества
Verband der Konsumgenossenschaften союз потреби́тельских óбществ
Verband Deutscher Arbeitgeber Союз немецких предпринимáтелей
Verband Deutscher Diplom-Volkswirte Союз немецких дипломи́рованных экономистов
Verband Deutscher Nichtbundeseigener Eisenbahnen Объединéние негосударственных желéзных дорóг
Verband Kommunaler Unternehmen Объединéние коммунáльных предприя́тий
Verband Schweizerischer Konsumvereine Союз швейцарских потреби́тельских óбществ
Verband zur Förderung der Umschlagstechnik und -Organisation in den Seehäfen Междунарóдная ассоциáция по рационализáции транспортно-грузовы́х оперáций

Verbandskasse *f* кáсса союза, кáсса óбщества

Verbandsmarke *f* еди́ный товáрный знак предприя́тий, входя́щих в *какóе-л.* объединéние; еди́ная товáрная мáрка предприя́тий, входя́щих в *какóе-л.* объединéние

Verbandsprüfung *f* реви́зия дéятельности товáрищества *(объединéния, ассоциáции)*

Verbandsrevision *f* реви́зия дéятельности товáрищества *(объединéния, ассоциáции)*

Verbandsstatistik *f* стати́стика объединéний

Verbandstarif *m* тари́фное соглашéние, заключённое мéжду профсоюзом и союзом предпринимáтелей

Verbandswesen *n*, **gewerbliches** систéма промы́шленных объединéний

verbessern исправля́ть *(оши́бку)*; улучшáть; совершéнствовать; рационализи́ровать; повышáть *(о жи́зненном у́ровне)*

Verbesserung *f* исправлéние *(оши́бки)*
Verbesserung улучшéние; рационализáция, совершéнствование

Verbesserungsvorschlag *m уст.* рационализаторское предложéние, рацпредложение

verbilligen *vt* понижáть *(напр. учётный процéнт)*
verbilligen удешевить; удешевля́ть

verbilligt удешевлённый

Verbilligung *f* понижéние
Verbilligung удешевление, снижéние цены́ понижéние учётного процéнта
Verbilligung понижéние учётного процéнта, снижéние учётного процéнта
einschneidende Verbilligung рéзкое снижéние цен, существенное удешевление

verbindlich обя́зывающий, обязáтельный

Verbindlichkeit *f* обязáтельство; задóлженность, *см. тáкже* ***Verbindlichkeiten***
gegenseitige Verbindlichkeit взаимное обязáтельство
gesamtschuldnerische Verbindlichkeit корреальное обязáтельство
ungedeckte Verbindlichkeit необеспеченная задóлженность
eine Verbindlichkeit eingehen брать

на себя́ обяза́тельства, принима́ть на себя́ обяза́тельства
eine Verbindlichkeit übernehmen брать на себя́ обяза́тельства, принима́ть на себя́ обяза́тельства
ohne Verbindlichkeit без обяза́тельства; без гара́нтий

Verbindlichkeiten *f, pl* обяза́тельства; задо́лженность; пассивы; долги́, *см. та́кже* ***Verbindlichkeit***
abgeschriebene Verbindlichkeiten списанные обяза́тельства
gegenseitige Verbindlichkeiten взаи́мные обяза́тельства
sonstige Verbindlichkeiten про́чие обяза́тельства; *бухг.* про́чие долги́
ungedeckte Verbindlichkeiten необеспеченная задо́лженность, задо́лженность без обеспе́чения
Verbindlichkeiten abdecken производи́ть платёж по обяза́тельствам
Verbindlichkeiten auf Grund von Warenlieferungen und Leistungen задо́лженность поставщикам на осно́ве това́рных поста́вок и услу́г
Verbindlichkeiten aus noch auszuzahlenden Löhnen задо́лженность по невыплаченной за́работной пла́те, задо́лженность по невыплаченной зарпла́те
Verbindlichkeiten gegenüber einer Bank задо́лженность ба́нку
ohne Verbindlichkeiten без обяза́тельства; без гара́нтий; без обеспе́чения
seine Verbindlichkeiten erfüllen вы́полнить свои́ обяза́тельства, исполня́ть свои́ обяза́тельства

verbodmen *vt* получа́ть заём, получа́ть ссу́ду
verbodmen получа́ть заём под зало́г су́дна и гру́за, получа́ть ссу́ду под зало́г су́дна и гру́за, получи́ть бодмере́йный займ, получи́ть бодмере́йную ссу́ду

Verbodmung *f* бодмере́йный заём, бодмере́йная ссу́да ***(под зало́г су́дна и гру́за)***

verborgen *разг.* дава́ть взаймы́

Verböserung *f* измене́ние первонача́льного реше́ния нало́гового орга́на в уще́рб лицу́, опротестова́вшему его́

Verbot *n* запреще́ние, запре́т; наложе́ние запре́та
ein Verbot auferlegen наложи́ть запре́т
ein Verbot aufheben отмени́ть запре́т, снять запре́т
ein Verbot erlassen налага́ть запре́т
ein Verbot über *(A)* **verhängen** наложи́ть запре́т

Verbotskunde *m* отправи́тель гру́за, запреща́ющий экспедитору включа́ть перевози́мый груз в страхово́е свиде́тельство

Verbotsprinzip *n* при́нцип запре́та ***(напра́вленный про́тив ограниче́ний конкуре́нции)***

Verbotszone *f* запре́тная зо́на

Verbrauch *m* потребле́ние, расхо́д, расхо́дование
Verbrauch der Bevölkerung наро́дное потребле́ние, потребле́ние населе́ния
Verbrauch der Industrie промы́шленное потребле́ние
Verbrauch für den Eigenbedarf расхо́д на со́бственные нужды́; потребле́ние для со́бственных нужд
Verbrauch je Bezugseinheit уде́льный расхо́д, уде́льное потребле́ние
aufgeschobener Verbrauch отсро́ченное потребле́ние, отло́женное потребле́ние
direkter Verbrauch прямо́е потребле́ние, непосре́дственное потребле́ние
genormter Verbrauch нормированное потребле́ние, нормированный расхо́д
indirekter Verbrauch ко́свенное потребле́ние
industrieller Verbrauch промы́шленное потребле́ние
inländischer Verbrauch вну́треннее потребле́ние (страны́)
laufender Verbrauch теку́щее потребле́ние
örtlicher Verbrauch ме́стное потребле́ние
parasitärer Verbrauch паразитическое потребле́ние
privater Verbrauch ли́чное потребле́ние; индивидуа́льное потребле́ние
produktionsbedingter Verbrauch произво́дственное потребле́ние
sparsamer Verbrauch эконо́мное расхо́дование
spezifischer Verbrauch уде́льный расхо́д, уде́льное потребле́ние
unproduktiver Verbrauch непроизводственное потребле́ние
zurückgestellter Verbrauch отсро́ченное потребле́ние, отло́женное потребле́ние

verbrauchen по́лностью израсхо́довать израсхо́довать (по́лностью), истра́тить (до конца́); истощи́ть
verbrauchen потребля́ть, расхо́довать

Verbraucher *m* потреби́тель
produktiver Verbraucher произво́дственный потреби́тель
zahlungsfähiger Verbraucher платёжеспосо́бный потреби́тель
von Verbraucher zu Verbraucher; *(eng.)* **C2C, customer-to-customer** потреби́тель-потреби́телю, **C2C** (вид Интерне́т-торго́вли, обы́чно в онлайновых аукцио́нах и на до́сках объявле́ний)
von Kunde zu Kunde; *(eng.)* **C2C, customer-to-customer** потреби́тель-потреби́телю, **C2C**

Verbraucherausgaben *f pl* потреби́тельские изде́ржки

Verbraucherbefragung *f* опро́с потреби́телей

Verbraucherbetrieb *m* предприя́тие-потреби́тель

Verbrauchergenossenschaft *f* потреби́тельская коопера́ция

Verbraucherkredit *m* потреби́тельский креди́т

Verbrauchernachfrage *f* потреби́тельский спрос

Verbraucherpolitik *f* поли́тика, напра́вленная на защи́ту интере́сов потреби́теля

Verbraucherpreis *m* потреби́тельская цена́, цена́ потреби́теля
Verbraucherpreis цена́ поку́пки, коне́чная цена́

Verbraucherpreisindex *m* инде́кс потреби́тельских цен

Verbraucherschutz *m* защи́та потреби́теля; защи́та прав потреби́теля

Verbraucherschwerpunkt *m* ме́сто концентра́ции потреби́телей, райо́н концентра́ции потреби́телей

Verbrauchersortiment *n* ассортиме́нт потреби́тельских това́ров

Verbraucherstruktur *f* структу́ра потреби́телей

Verbrauchertest *m* оце́нка спро́са потреби́телей

Verbraucherverband *m* сою́з потреби́телей

Verbraucherzentrum *n* центр потребле́ния

Verbrauchsabgaben *f, pl* нало́ги на определённые ви́ды потреби́тельских това́ров, нало́ги на определённые ви́ды потреби́тельских услу́г

Verbrauchsabweichung *f* расхожде́ние норм потребле́ния сырья́, материа́лов, эне́ргии ***(при расчёте изде́ржек)***

Verbrauchsanstieg *m* рост потребле́ния

Verbrauchsartikel *m* предме́т потребле́ния, потреби́тельский това́р

Verbrauchsausgaben *f, pl* потреби́тельские расхо́ды

Verbrauchsbesteuerung *f* взима́ние нало́га на потребле́ние (како́го-л.) това́ра и́ли услу́ги ***(не с дохо́да)***; налогообложе́ние потреби́тельских това́ров; взима́ние подохо́дного нало́га по потребле́нию, а не по дохо́ду

Verbrauchsdeckung *f* удовлетворе́

ние спро́са

Verbrauchselastizität *f* эласти́чность потребле́ния

Verbrauchsermittlung *f* определе́ние потре́бностей

Verbrauchsforschung *f* иссле́дование потребле́ния, изуче́ние потребле́ния

Verbrauchsfunktion *f* фу́нкция потребле́ния

Verbrauchsgewinn *m* при́быль, получа́емая от эконо́мии сырья́, материа́лов, эне́ргии *(при расчёте издéржек)*

Verbrauchsgewohnheiten *f, pl* привы́чки потреби́телей, обы́чаи потреби́телей; тради́ции потребле́ния

Verbrauchsguter, Verbrauchsgüter *pl* потреби́тельские това́ры; предме́ты ли́чного потребле́ния; потреби́тельские това́ры разового по́льзования, потреби́тельские това́ры недлительного по́льзования *(напр. проду́кты пита́ния, лека́рства, космéтика)*

langlebige Verbrauchsguter потреби́тельские това́ры дли́тельного по́льзования

Verbrauchsgüterindustrie *f* промы́шленность по произво́дству потреби́тельских това́ров; промы́шленность това́ров широ́кого потребле́ния

Verbrauchskapazität *f* возмо́жности потребле́ния

Verbrauchskapazität *f* потреби́тельская спосо́бность *(населе́ния)*

Verbrauchsland *n* страна́-потреби́тель

Verbrauchslenkung *f* регули́рование потребле́ния

Verbrauchsmenge *f* потребляемое коли́чество

Verbrauchsniveau *n* у́ровень потребле́ния

Verbrauchsnorm *f* но́рма потребле́ния; но́рма расхо́да

rationelle Verbrauchsnorm рациона́льная но́рма потребле́ния

Verbrauchsnormativ *n* нормати́в потребле́ния и́ли. расхо́да

Verbrauchsnormung *f* нормирова́ние расхо́да

Verbrauchsplanung *f* планиро́вание расхо́да

Verbrauchsquote *f* но́рма потребле́ния

Verbrauchsrate *f* но́рма потребле́ния; но́рма расхо́да

Verbrauchsrichtsatz *m* но́рма потребле́ния; но́рма расхо́да

Verbrauchsrückgang *m* сокраще́ние потребле́ния

Verbrauchssatz *m* но́рма потребле́ния; но́рма расхо́да

Verbrauchsstatistik *f* стати́стика потребле́ния

Verbrauchssteuer *f* акци́з, нало́г на отде́льные предме́ты потребле́ния

Verbrauchssteuerhinterziehung *f* уклоне́ние от упла́ты акци́за

Verbrauchsstruktur *f* структу́ра потребле́ния

Verbrauchsteuer *f* акци́з, нало́г на предме́ты потребле́ния

Verbrauchsteuerhinterziehung *f* уклоне́ние от упла́ты акци́зов

Verbrauchstyp *m* тип потребле́ния *(набо́р потребляемых благ, схо́дный для определенной гру́ппы люде́й)*

Verbrauchsverlust *m* убы́тки от перерасхода сырья́, материа́лов, эне́ргии, поте́ри от перерасхода сырья́, материа́лов, эне́ргии *(при расчёте издéржек)*

Verbrauchswert *m* предполага́емое измене́ние коли́чества, ка́чества, ассортиме́нта потреби́тельских това́ров

Verbrauchswert цель измене́ния ка́чества, коли́чества, ассортиме́нта предлага́емых потребителям това́ров *(инструме́нт плани́рования)*

verbriefen *vt* подтвержда́ть докуме́нтами, пи́сьменно заверя́ть, пи́сьменно гаранти́ровать

verbuchen *vt* заноси́ть в бухга́лтерскую кни́гу; подводи́ть ито́г

verbuchen отмеча́ть, выявля́ть *(в результа́те подсчётов)*

staatliche Defizite verbuchen регистри́ровать дефици́т госбюдже́та

Verbuchung *f* бухга́лтерская за́пись; бухга́лтерская прово́дка

Verbuchung прово́дка по бухга́лтерским кни́гам

Verbundnetz *n* еди́ная энергосисте́ма, ЕЭС

Verbundnetz объединённая энергосисте́ма

Verbundprodukt *n* сопряжённый проду́кт, побо́чный проду́кт

Verbundwerbung *f* рекла́мная де́ятельность, осуществля́емая совме́стно не́сколькими предприятиями

Verbundwirtschaft *f* взаимоде́йствие и подде́ржка ра́зных предприя́тий (фирм) одно́й о́трасли *(путём компенса́ции и́ли обме́на результа́тами произво́дственной де́ятельности)*

Verbundwirtschaft хозя́йство не́скольких предприя́тий, де́ятельность кото́рых кооперируется по вертика́ли

verbürgen *vt* руча́ться, поручи́ться *(за кого́-л., что-л.)*, гаранти́ровать

Verbürgerlichung *f* обуржуазивание

Verbürgung *f* гара́нтия, руча́тельство

Verdachtsnachschau *f* контро́ль при возникнове́нии подозре́ния в уклонении от упла́ты нало́гов, сбо́ров и по́шлин; контро́ль при провозе контрабандных това́ров; (д)осмо́тр при возникнове́нии подозре́ния в уклонении от упла́ты нало́гов, сбо́ров и по́шлин

Verderb *m* ги́бель *(това́ра)*

Verderb по́рча *(това́ра)*

verderbbar по́ртящийся, подве́рженный по́рче

Verderben *n* по́рча, ги́бель

verderben *vt* по́ртить

verderben *vi* по́ртиться; гнить; скиса́ть; пропада́ть

Verdichtung *f* **der Arbeitszeit** уплотне́ние рабо́чего вре́мени

verdienen зараба́тывать *(де́ньги)*

nebenbei verdienen прирабатывать; рабо́тать по совмести́тельству

zusätzlich verdienen прирабатывать; рабо́тать по совмести́тельству

Verdienst *m I* за́работок

effektiver Verdienst факти́ческий за́работок

entgangener Verdienst упущенный за́работок *(напр. из-за боле́зни)*

zusätzlicher Verdienst при́работок, дополни́тельный за́работок

Verdienst *n II* заслу́га

Verdienstausfall *m* уменьше́ние за́работка *(напр. в связи́ с простоем произво́дства, боле́знью рабо́чего)*

Verdinglichung *f* овеществле́ние, материализа́ция, материа́льное воплоще́ние

Verdingung *f* подря́д, вы́дача подря́да *(на произво́дство рабо́т)*; рабо́та по на́йму; ко́нкурс на размеще́ние зака́зов *(обы́чно прави́тельственных)*; размеще́ние зака́зов по откры́тому ко́нкурсу

Verdingungskartell *n* карте́ль, осно́ванный на при́нципе распределе́ния зака́зов ме́жду его́ уча́стниками; карте́ль, осно́ванный на при́нципе распределе́ния подрядов ме́жду его́ уча́стниками

Verdingungsvertrag *m* догово́р на́йма рабо́чей силы́

Verdingungsvertrag догово́р уча́стников карте́ля о поря́дке распределе́ния зака́зов ме́жду ни́ми

verdorben испо́рченный

verdrängen *vt* вытесня́ть

von Grund und Boden verdrängen обезземеливать, разоря́ть крестья́н

Verdrängung *f* вытесне́ние *(напр. с ры́нка)*

Verdrängung des Goldes вытесне́ние зо́лота *(из кана́лов де́нежного обраще́ния)*

Veredelung *f* облагора́живание, улучше́ние; перерабо́тка; испо́льзование расти́тельной проду́кции в целя́х получе́ния животново́дческой проду́кции

Veredelungspolice *f* по́лис комбини́рованного страхова́ния

Veredelungsverkehr *m* междунаро́дный торго́вый оборо́т, свя́занный с переработкой сырья́

Veredelungsverkehr реэкспорт това́ров, проше́дших облагора́живание; реэкспорт това́ров, проше́дших незначи́тельную обрабо́тку; реимпорт това́ров, проше́дших облагора́живание; реимпорт това́ров, проше́дших незначи́тельную обрабо́тку

aktiver Veredelungsverkehr акти́вная фо́рма внешнеторго́вой поли́тики *(свя́занной с переработкой сырья́)*

passiver Veredelungsverkehr пасси́вная фо́рма внешнеторго́вой поли́тики *(свя́занной с переработкой сырья́)*

passiver Veredelungsverkehr реимпорт това́ров, проше́дших облагора́живание за рубежо́м; реимпорт това́ров, проше́дших незначи́тельную обрабо́тку за рубежо́м

Veredelungswirtschaft *f* о́трасль по перерабо́тке расти́тельной и животново́дческой сельскохозя́йственной проду́кции

Veredlung *f* облагора́живание, улучше́ние; перерабо́тка; испо́льзование расти́тельной проду́кции в целя́х получе́ния животново́дческой проду́кции

Veredlungspolice *f* по́лис комбини́рованного страхова́ния; страхово́й комбини́рованный по́лис

Veredlungsverkehr *m* реэкспорт това́ров, проше́дших облагора́живание, реэкспорт това́ров, проше́дших незначи́тельную обрабо́тку, реимпорт това́ров, проше́дших облагора́живание, реимпорт това́ров, проше́дших незначи́тельную обрабо́тку

passiver Veredlungsverkehr реимпорт това́ров, проше́дших облагора́живание за рубежо́м, реимпорт това́ров, проше́дших незначи́тельную обрабо́тку за рубежо́м

vereidigt прися́жный

Verein *m* сою́з, о́бщество, объедине́ние, корпора́ция

Verein Deutscher Bücherrevisoren Сою́з немецких бухгалтеров ревизоров

Verein Deutscher Ingenieure Сою́з немецких инжене́ров

Verein Deutscher Maschinenbauanstalten Объедине́ние немецких машиностроительных предприя́тий

wirtschaftlicher Verein экономи́ческий сою́з, хозя́йственный сою́з

vereinbaren *vt* согласо́вывать

sich vereinbaren догова́риваться

Vereinbarkeit *f* совмести́мость

vereinbart 1. согласо́ванный 2. станда́ртный

die vereinbarte Lieferfrist muss eingehalten werden согласо́ванный срок поста́вки до́лжен соблюдаться

Vereinbarung *f* соглаше́ние, договорённость, сде́лка

Vereinbarungsdarlehen *n* ссу́да, осно́ванная не на переда́че де́нежной су́ммы, а на превраще́нии друго́го обяза́тельства в ссу́ду *(по договорённости)*

Vereinbarungspreis *m* догово́рная цена́, договорённая цена́, усло́вленная цена́, цена́ соглаше́ния

vereinheitlichen *vt* унифици́ровать, стандартизи́ровать, стандартизова́ть

Vereinheitlichung *f* унифика́ция, унифицирование; стандартиза́ция

Vereinheitlichung des Formular- und Vordruckwesens унифика́ция докуме́нтов

Vereinigte Elektrizitäts- und Bergwerksaktiengesellschaft «Ферайнигте электрицитетс- унд бергверксакциенгезельшафт» *(наименова́ние электроэнергетического и горнопромы́шленного концерна в ФРГ)*

Vereinigtes Institut für Kernforschung Объединённый институ́т я́дерных иссле́дований

Vereinigung *f* объедине́ние, сою́з, ассоциа́ция; корпора́ция; конфедера́ция; слия́ние

Vereinigung Britischer Handelskammern Ассоциа́ция английских торго́вых пала́т

Vereinigung der Zentralfachverbände Сою́з центральных отраслевых объедине́ний реме́сленников

Vereinigung für Internationales Rechtswesen Ассоциа́ция междунаро́дного пра́ва

Vereinigung für Koordinierung der Erzeugung und Zuleitung der Elektrizität Сою́з по координированию произво́дства и переда́чи электроэне́ргии *(организа́ция восьми́ европе́йских стран)*

Vereinigungsfreiheit *f* свобо́да коали́ций, свобо́да сою́зов; свобо́да (созда́ния) объедине́ний

vereinnahmen *vt* получа́ть, собира́ть *(де́ньги)*; взима́ть *(нало́ги, долги́)*

Vereinnahmung *f* получе́ние

Vereinnahmungsmenge *f* оприходуемое коли́чество; *бухг.* прихо́д

Vereinnahmungszeit *f* вре́мя ме́жду приёмкой това́ра и моме́нтом его́ складирования

Vereinregister *n* реестр союзов

Vereinte Nationen Объединённые На́ции, ООН

Vereinzelung *f* детализа́ция

Vereinzelung разъедине́ние, разобще́ние; распылённость, разобщённость; раздро́бленность *(напр. производи́телей)*

Verelendung *f* обнища́ние, обедне́ние, паупериза́ция

absolute Verelendung абсолю́тное обнища́ние

relative Verelendung относи́тельное обнища́ние

Verelendungstheorie *f* тео́рия обнищания

Vererbung *f* насле́дование, перехо́д по насле́дству; переда́ча по насле́дству

Verfachbuch *n ист.* поземе́льный ка́дастр

Verfahren *n* де́йствие, акт

Verfahren *n* ме́тод, спо́соб, проце́сс, техноло́гия; приём рабо́ты

Verfahren *юр.* произво́дство *(дела́)*

Verfahren систе́ма рабо́ты, режи́м рабо́ты

Verfahren техноло́гия

Verfahren der Steuerprogression систе́ма прогрессивного налогообложе́ния

Verfahren des paarweisen Vergleichs ме́тод попарного сравне́ния

Verfahren vorbestimmter Zeiten ме́тод запланированного вре́мени на выполне́ние отде́льных элеме́нтов произво́дственного процесса, ме́тод за́данного вре́мени на выполне́ние отде́льных элеме́нтов произво́дственного процесса

Verfahren zur Rentabilitätsermittlung ме́тод определе́ния рента́бельности

handwerkliches Verfahren куста́рный спо́соб

netzwerkanalytisches Verfahren *сет. пл.* ме́тод ана́лиза сетевых гра́фиков, ме́тод сетево́го ана́лиза

nichtindustrielles Verfahren куста́рный спо́соб

selbsttätiges und rekursives Verfahren автоно́мный и рекурси́вный ме́тод

Verfahrensauswahl *f* вы́бор техноло́гии

Verfahrensauswahl *f* вы́бор спо́соба *(напр. расчёта)*

Verfahrensauswahl *f* вы́бор мето́дики

Verfahrensforschung *f* иссле́дование ме́тода, иссле́дование спо́соба

Verfahrensforschung иссле́дование опера́ций

verfahrensspezialisiert специализи́рованный по ви́дам испо́льзуемой технолóгии *(о произвóдстве)*

Verfahrenstechnik *f* технолóгия (произвóдства)

Verfahrensträger *m* предприя́тие передовóй технолóгии; высокотехнологи́чное предприя́тие; инновационное предприя́тие

verfahrenstypisch технологи́ческий; свя́занный с технолóгией, имéющий отношéние к технолóгии; инновационный

Verfall *m* разрушéние; распáд; упáдок; развáл; ги́бель

Verfall *юр.* наступлéние срóка исполнéния обязáтельства

Verfall des Preises падéние цены́

Verfall des Wechsels наступлéние срóка оплáты векселя́, наступлéние срóка оплáты по вéкселю

Verfall eines Wechsels наступлéние срóка оплáты векселя́, наступлéние срóка оплáты по вéкселю

Verfallbuch *n* кни́га срóчных платежéй, кни́га учёта срóчных платежéй

verfallen *vi* разрушáться, приходи́ть в упáдок

verfallen теря́ть си́лу

verfallen уменьшáться, пáдать *(напр. о произвóдстве, сбыте)*

Verfallklausel *f* пункт договóра о погашéнии дéнежного дóлга в рассрóчку

Verfallserklärung *f* заявлéние о просрочке векселя́

Verfallstag *m* наступлéние срóка оплáты

Verfallszeit *f* срок платежá по вéкселю, срок оплáты векселя́

Verfallzeit *f* срок платежá по вéкселю, срок оплáты векселя́

Verfälschung *f* поддéлка, фальсификáция

Verfeinerung *f* улучшéние, усовершéнствование

Verfertiger *m* производи́тель

Verflechtung *f* переплетéние (напр. хозя́йственных интерéсов), срáщивание *(капитáлов рáзных фирм)*

Verflechtungsanalyse *f* анáлиз межотраслевых свя́зей, анáлиз межпроизводственных свя́зей

Verflechtungsbeziehungen *f, pl* межотраслевые связи́

innervolkswirtschaftliche Verflechtungsbeziehungen des Außenhandels связи́ внéшней торгóвли с отраслями нарóдного хозяйства страны́

Verflechtungsbilanz *f* межотраслевóй балáнс, балáнс межотраслевых свя́зей; *бухг.* шáхматный балáнс

Verflechtungsbilanz der Geldbeziehungen балáнс межотраслевых финáнсовых свя́зей

Verflechtungsbilanz der Produktion und Verteilung der Erzeugnisse межотраслевóй балáнс произвóдства и распределéния продýкции

Verflechtungsbilanz des gesellschaftlichen Gesamtprodukts межотраслевóй балáнс совокупного общéственного продýкта

dynamische Verflechtungsbilanz динами́ческий межотраслевóй балáнс

finanzielle Verflechtungsbilanz балáнс межотраслевых финáнсовых свя́зей

volkswirtschaftliche Verflechtungsbilanz межотраслевóй балáнс нарóдного хозя́йства, народнохозя́йственный межотраслевóй балáнс

Verflechtungsbilanzierung *f* составлéние межотраслевого балáнса

Verflechtungsmodell *n* модéль межотраслевых свя́зей

Verfolgungsspiel *n* игрá преслéдования *(в теóрии, игр)*

Verformung *f* деформáция *(напр. хозя́йственных свя́зей)*

verfrachten *vt* зафрахтовáть (сýдно), сдавáть в арéнду сýдно

verfrachten перевози́ть, отправля́ть *(груз вóдным путем)*

verfrachten перевози́ть груз *(вóдным путем)*

Verfrachter *m* фрахтóвщик (перевóзчик), экспеди́тор

Verfrachtungsbedingungen *f, pl* услóвия фрáхта

verfügbar имéющийся в распоряжéнии, нали́чный, наличествующий, имéющийся в нали́чии

verfügbar остаю́щийся пóсле вы́чета налóгов *(о доходе)*

Verfügbarkeit *f вчт.* безоткáзность в эксплуатáции

Verfügbarkeit возможность располагáть, возможность пóльзоваться *(чем-л.)*

verfügen *vi* имéть в своём распоряжéнии *(напр. дохóд пóсле вы́чета налóгов)*, распоряжáться

Verfügung *f* постановлéние, распоряжéние

nachträgliche Verfügung послéдующее распоряжéние, дополни́тельное распоряжéние; дополни́тельное распоряжéние *(отправи́теля грýза)* об изменéнии договóра на перевóзку грýза

zur Verfügung haben имéть в распоряжéнии

zur Verfügung stehen быть в распоряжéнии *(чьём-л.)*

zur Verfügung stellen предоставля́ть в распоряжéние *(чьё-л.)*

Verfügungsbeleg *m* распоряди́тельный докумéнт

Verfügungsfonds *m* дирéкторский фонд

Verfügungsfonds des Generaldirektors фонд, находя́щийся в распоряжéнии генерáльного дирéктора; фонд генерáльного дирéктора

Verfügungsgewalt *f юр.* полномóчия, прáво распоряжáться

Verfügungsgewalt über Produktionskapazität прáво распоряжáться произвóдственными мощностями

Vergabe *f* вы́дача *(закáзов, креди́тов)*

Vergabe размещéние закáзов

Vergantung *f ю.-нем* аукциóн, публи́чные торги́

vergeben *vt* выдавáть

vergeben размещáть *(закáзы, креди́ты)*

durch Ausschreibung vergeben выдавáть закáз по откры́тому кóнкурсу, размещáть закáз по откры́тому кóнкурсу

vergegenständlichen овеществля́ть, материализовáть.

Vergeltung *f* ретóрсия, отвéтные дéйствия одногó госудáрства по отношéнию к другóму с цéлью предотвращéния дискриминациóнных мер

Vergeltungszoll *m* реторсионная пóшлина; пóшлина, взимáемая в поря́дке ретóрсии

vergenossenschaften кооперировать, передавáть в кооперативную сóбственность, обращáть в кооперативную сóбственность

vergenossenschaftlichen кооперировать, передавáть в кооперативную сóбственность, обращáть в кооперативную сóбственность

Vergenossenschaftung *f* передáча в кооперативную сóбственность, обращéние в кооперативную сóбственность, коопери́рование

Vergesellschaftung *f* обобществлéние

Vergesellschaftung der Arbeit обобществлéние трудá

Vergesellschaftung der Produktion обобществлéние произвóдства

Vergesellschaftung der Produktionsmittel обобществлéние средств произвóдства

Vergeudung *f* расточи́тельство; разбазáривание

Vergleich *m* свéрка; вы́верка

Vergleich соглашéние, компроми́сс

Vergleich судéбный процéсс во избежáние банкрóтства

Vergleich сравнéние, сопоставлéние

Vergleich *юр.* мировáя сдéлка

innerbetrieblicher Vergleich внутризаводскóй сопоставительный анáлиз

paarweiser Vergleich попарное срав-

не́ние
zwischenbetrieblicher Vergleich сопоставительный ана́лиз де́ятельности предприя́тий
vergleichbar сравни́мый, сопостави́мый
Vergleichbarkeit *f* сопоставимость, сравни́мость
Vergleiche *m, pl*, **internationale ökonomische** междунаро́дные экономи́ческие сопоставления
vergleichen сопоставля́ть, сра́внивать; сверя́ть *(напр. счёт)*
Vergleichsanalyse *f* сопоставительный ана́лиз
Vergleichsanalyse *f* сравни́тельный ана́лиз
Vergleichsangaben *f pl* сопоставимые да́нные, сравни́тельные да́нные
Vergleichsangahen *f, pl* сопоставимые да́нные, сравни́тельные да́нные
Vergleichsbeobachtung *f* сравни́тельное наблюде́ние, сопостави́тельное наблюде́ние
Vergleichsbetrieb *m* сопоставляемое предприя́тие, сравниваемое предприя́тие
Vergleichsbilanz *f* сравни́тельный бала́нс, сопоставительный бала́нс; бала́нс иму́щества несостоя́тельного должника́ на день прекраще́ния платеже́й
Vergleichsdaten *pl* сопоставимые да́нные, сравни́тельные да́нные
Vergleichsdiagramm *n* диагра́мма сравне́ния
Vergleichsgegenstand *m* объе́кт сравне́ния, объе́кт сопоставления
Vergleichskurs *m* уравни́тельный курс
Vergleichsliste *f* сличительная ве́домость; вы́верочная ве́домость, ве́домость вы́верки, ве́домость сверки
Vergleichsmaß *n* эрало́нная ме́ра
Vergleichsmuster *n* образе́ц, эрало́н
Vergleichsobjekt *n* объе́кт сравне́ния; эрало́н, образе́ц
Vergleichssortiment *n* контро́льный ассортиме́нт
Vergleichsstatik *f* сравни́тельная ста́тика *(оди́н из ме́тодов иссле́дования, испо́льзуемый в микроэкономической тео́рии)*
Vergleichsverfahren *n* сравни́тельный ме́тод; ме́тод анало́гии
Vergleichsverfahren полюбовная сде́лка, мирова́я сде́лка, мирово́е соглаше́ние, мирова́я
Vergleichsverfahren суде́бный проце́сс во избежании банкро́тства
Vergleichswerte *pl* сопоставимые да́нные, сравни́тельные да́нные

Verglelchbarkeit *f* сопоставимость, сравни́мость
internationale Verglelchbarkeit сопоставимость да́нных по стра́нам, междунаро́дная сопоставимость
örtliche Verglelchbarkeit территориа́льная сопоставимость
sachliche Verglelchbarkeit сопоставимость по при́знакам
VerglO, Vergleichsordnung ко́нкурсный уста́в; положе́ние о конкурсах; положе́ние о банкро́тствах *(по дела́м несостоя́тельных должнико́в)*
Vergnügungssteuer *f* нало́г на дохо́ды со зре́лищных и увесели́тельных предприя́тий
Vergünstigung *f* льго́та; усту́пка
vertragliche Vergünstigung догово́рная льго́та
vergüten возмеща́ть *(изде́ржки, убы́тки)*
vergüten бонифици́ровать, выдава́ть бо́нус
vergüten опла́чивать
vergüten вознагражда́ть; премирова́ть
vergüten плати́ть *(напр. проце́нты по вкла́дам)*
vergüten улучша́ть ка́чество
vergüten рафини́ровать
Vergütung *f* возмеще́ние *(изде́ржек, убы́тков)*
Vergütung вы́плата *(напр. проце́нтов по вкла́дам)*
Vergütung вознагражде́ние; пре́мия
Vergütung бонифика́ция
Vergütung рафини́рование
Vergütung улучше́ние ка́чества
Vergütung der Arbeit опла́та труда́
Vergütung für Neuerervorschläge вознагражде́ние за изобрете́ния и рационализаторские предложе́ния
Vergütung in Naturalien натуроплата, опла́та нату́рой
Vergütung nach dem Endprodukt *с.-х.* опла́та труда́ по коне́чной проду́кции
einmalige Vergütung единовре́менное вознагражде́ние
finanzielle Vergütung де́нежное вознагражде́ние
zusätzliche Vergütung дополни́тельное вознагражде́ние
ohne Vergütung безвозме́здно
Vergütungsausgleich *m* компенса́ция в покры́тие ра́зницы в у́ровнях зарабо́тной пла́ты
Vergütungsordnung *f* положе́ние об опла́те (труда́
Vergütungsordnung тари́фная се́тка *(за́работной пла́ты)*
Vergütungssatz *m* разме́р опла́ты, разме́р вознагражде́ния, разме́р компенса́ции

Vergütungssatz *бирж.* репортная ста́вка
Vergütungsstufe *f* тари́фный разря́д
Vergütungssystem *n* систе́ма опла́ты труда́
einheitliches Vergütungssystem еди́ная систе́ма опла́ты труда́
Verhalten *n* поведе́ние, о́браз де́йствий
Verhalten des Systems поведе́ние систе́мы
ökonomisches Verhalten экономи́ческое поведе́ние
wirtschaftliches Verhalten экономи́ческое поведе́ние
Verhaltensforschung *f* изуче́ние поведе́ния
Verhaltensgleichung *f* бихевиористическое уравне́ние, бихе́йвиористическое уравне́ние
Verhaltenspsychologie *f* бихевиори́зм, бихе́йвиоризм, психоло́гия поведе́ния
Verhaltensweise *f* поведе́ние, о́браз де́йствий
Verhältnis *n* отноше́ние, соотноше́ние, пропо́рция; отноше́ния *(напр. деловы́е)*; свя́зи
intervalutarisches Verhältnis соотноше́ние валю́т
prozentuales Verhältnis проце́нтное отноше́ние
sachliches Verhältnis ве́щное отноше́ние
zahlenmäßiges Verhältnis чи́сленное отноше́ние, коли́чественное отноше́ние
im Verhältnis zu в сравне́нии *(с чем-л.)*
Verhältnisgewichte *n, pl стат.* относи́тельные ве́са
verhältnisgleich пропорциона́льный; сора́зме́рный
Verhältnisgröße *f* относи́тельная величина́
Verhältniskennziffer *f* относи́тельный показа́тель
verhältnismäßig относи́тельный, сравни́тельный
Verhältnismethode *f* сопоставительный ме́тод; ме́тод сопоставлений
Verhältnisse *n, pl* отноше́ния; усло́вия, обстоя́тельства
gesellschaftliche Verhältnisse общественные отноше́ния, отноше́ния в о́бществе
gesellschaftliche Verhältnisse полуфеода́льные отноше́ния
gesellschaftliche Verhältnisse экономи́ческие отноше́ния, хозя́йственные отноше́ния, отноше́ния в эконо́мике
gesellschaftliche Verhältnisse общественные отноше́ния, отноше́ния в о́бществе

Verhältniswert *m* относи́тельная величина́

Verhältniszahl *f* относи́тельное число́, относи́тельная величина́
genetische Verhältniszahl *стат.* относи́тельная величина́ интенси́вности, относи́тельная величина́ частоты́
synthetische Verhältniszahl *стат.* относи́тельная величина́ координа́ции

Verhältniszahlen *f pl* относи́тельные числа́, относи́тельные величины́

verhandeln вести́ перегово́ры
verhandeln *юр.* слу́шать де́ло, разбира́ть де́ло

Verhandlungen *f, pl* перегово́ры

Verharrungspause *f эк. тр.* микропауза

Verharrungszeitraum *m эк. тр.* микропауза

verhindern *vt* предупрежда́ть, предотвраща́ть

verhökern *разг.* продава́ть с лотка́, продава́ть в ро́зницу

verhüten *vt* предотвраща́ть (что-л.); принима́ть ме́ры по профилактике

Verhütung *f* предупрежде́ние, предотвраще́ние, профила́ктика
Verhütung von Ausschuss предупрежде́ние бра́ка

Verifizierung *f* верифика́ция ***(нау́чный при́нцип прове́рки путем сопоставления, напр. со статистическими да́нными)***
Verifizierung свиде́тельство, удостовере́ние ***(в по́длинности)***

verjähren *vi* теря́ть си́лу за да́вностью

verjährt просро́ченный; потеря́вший си́лу за да́вностью

Verjährung *f юр.* исковая да́вность

Verjährungsfrist *f юр.* срок да́вности

Verjährungshemmung *f юр.* приостановле́ние сро́ка да́вности

Verjährungsrecht *n юр.* пра́во да́вности

verkarten паспортизировать

Verkauf *m* прода́жа, реализа́ция; сбыт
Verkauf auf Teilzahlung прода́жа в рассро́чку
Verkauf durch Versandhandel прода́жа с доста́вкой на дом
Verkauf en detail прода́жа в ро́зницу, ро́зничная прода́жа
Verkauf en gros прода́жа о́птом, опто́вая прода́жа
Verkauf gegen Lieferschein прода́жа про́тив деливери-о́рдера
Verkauf im großen прода́жа о́птом, опто́вая прода́жа
Verkauf Im kleinen прода́жа в ро́зницу, ро́зничная прода́жа
Verkauf mit Wiederverkauf *бирж.* репо́рт
Verkauf mit Zahlungsziel прода́жа с отсро́чкой платежа́
Verkauf nach Probe прода́жа по образцу́
Verkauf unter Vorbehalt усло́вная прода́жа
Verkauf von Grundmitteln прода́жа основны́х средств произво́дства
Verkauf von Stückwaren торго́вля штучными това́рами
direkter Verkauf прода́жа без посредников; пряма́я прода́жа
fingierter Verkauf фикти́вная прода́жа
freier Verkauf свобо́дная прода́жа
gerichtlicher Verkauf прода́жа по суде́бному реше́нию
gewinnbringender Verkauf прибыльная прода́жа
öffentlicher Verkauf публи́чная прода́жа
rationierter Verkauf прода́жа по ка́рточной систе́ме
unrationierter Verkauf свобо́дная прода́жа
zwangsweiser Verkauf принуди́тельная прода́жа, принуди́тельная распрода́жа, прода́жа с аукцио́на
zu Verkauf bringen пуска́ть в прода́жу, продава́ть
zum Verkauf bestimmt предназна́ченный для прода́жи, продава́емый
zum Verkauf kommen поступа́ть в прода́жу, продава́ться

verkaufen *vt* продава́ть, сбыва́ть
verkaufen auf Kredit продава́ть в креди́т
verkaufen auf Ziel продава́ть в креди́т
im Einzelhandel verkaufen продава́ть в ро́зницу
im Großhandel verkaufen продава́ть о́птом
ohne Zwischenhändler verkaufen продава́ть без посредников, осуществля́ть прямы́е прода́жи
preiswert verkaufen продава́ть недо́рого
zu billig verkaufen продешевить, продава́ть по о́чень заниженным це́нам
zu einem Spottpreis verkaufen продава́ть за бесце́нок, распродава́ть за бесце́нок
zu Einkaufspreisen verkaufen продава́ть по свое́й цене́
zu ermäßigten Preisen verkaufen продава́ть с уступкой

Verkäufer *m* продаве́ц
direkter Verkäufer непосре́дственный продаве́ц, прямо́й продаве́ц
in Verkäufers Wahl по вы́бору продавца́ ***(пункт догово́ра)***
nach Verkäufers Wahl по вы́бору продавца́ ***(пункт догово́ра)***

Verkäuferland *n* страна́-экспортёр, страна́-поставщи́к

Verkäufermarkt *m* ры́нок продавцо́в ***(обы́чно связывается с превыше́нием спро́са над предложе́нием)***

Verkäufermonopol *n* монопо́лия продавца́
Verkäufermonopol монопо́лия продавцо́в

Verkäuferring *m* объедине́ние предпринима́телей-торго́вцев, объедине́ние торго́вых организа́ций (продавцо́в)

verkäuflich продаю́щийся, име́ющийся в прода́же
verkäuflich nach Gewicht развесной; продава́емый на вес

Verkaufs- und Auslieferungszeit *f* вре́мя, затрачиваемое на поста́вку това́ров оптовой торго́вой се́тью предприя́тиям ро́зничной торго́вли

Verkaufsabteilung *f* отде́л прода́ж, отде́л сбы́та

Verkaufsagent *m* аге́нт по сбы́ту, аге́нт по продажам

Verkaufsakt *m* акт прода́жи; прода́жа; сде́лка

Verkaufsanalyse *f* ана́лиз сбы́та, ана́лиз торгово-сбытовой де́ятельности

Verkaufsanzeige *f* объявле́ние о прода́же

Verkaufsargument *n* аргуме́нты при прода́же; аргуме́нты продавца́

Verkaufsaufgabe *f* зада́ча торго́вли, пробле́ма торго́вли

Verkaufsaufträge *m, pl* прика́зы на прода́жу
unlimitierte Verkaufsaufträge нелимитированные прика́зы на прода́жу а́кций (по наибо́лее вы́годному ку́рсу)

Verkaufsausstellung *f* вы́ставка-прода́жа

Verkaufsautomat *m* торго́вый автома́т

Verkaufsbedingungen *f, pl* усло́вия прода́жи

Verkaufsbezirk *m* (географи́ческий) райо́н сбы́та

Verkaufsblock *m* кни́жка (това́рных) че́ков ***(у продавца́)***

Verkaufsbüro *n* отде́л сбы́та; отде́л прода́ж

Verkaufseinrichtung *f* торго́вая организа́ция; торго́вое предприя́тие; торго́вая то́чка

Verkaufserlös *m* вы́ручка от прода́жи

Verkaufsfähigkeit *f* реализу́емость, спосо́бность продава́ться
Verkaufsfähigkeit der Ware реализу́емость това́ра

Verkaufsfläche *f* основна́я пло́щадь торго́вого помеще́ния; основны́е торго́вые пло́щади

Verkaufsförderung *f* стимули́рование сбы́та, подде́ржка сбы́та

Verkaufsform *f* фо́рма торго́вого обслу́живания; фо́рма торго́вли

Verkaufsgemeinschaft *f* (специализи́рованное) отраслевое объедине́ние предприя́тий, занима́ющихся экспортом

Verkaufsgenossenschaft *f* сбытовой кооперати́в, торго́вый кооперати́в

Verkaufshalle *f* кры́тый ры́нок; торго́вые ряды́

Verkaufskalkulation *f* калькуля́ция продажной цены́ това́ра; калькуля́ция отпускно́й цены́

progressive Verkaufskalkulation прогресси́вная калькуля́ция продажной (отпускно́й) цены́ това́ра *(причисле́ние к заготовительной цене́ накладны́х расхо́дов и при́были)*

retrograde Verkaufskalkulation калькуля́ция заготовительной цены́ това́ра, осно́ванная на вы́чете из продажной (отпускно́й) цены́ накладны́х расхо́дов и при́были

Verkaufskana *m* кана́л сбы́та

Verkaufskanäle *m, pl* кана́лы сбы́та

Verkaufskartell *n* сбытовой карте́ль

Verkaufskiosk *m* кио́ск, ларёк

Verkaufskommission *f* комиссио́нное поруче́ние на прода́жу *(това́ров и́ли це́нных бума́г)*

Verkaufskommission *f* комиссио́нная сде́лка *(посредни́ческая опера́ция)*

Verkaufskonto *n* счёт прода́ж

Verkaufskontor *n* сбытова́я конто́ра

Verkaufskontrakt *m* догово́р ку́пли-прода́жи

Verkaufskosten *pl* издéржки прода́жи

Verkaufskosten издéржки реализа́ции, реализационные издéржки

Verkaufskräfte *f, pl* торго́вые рабо́тники; продавцы́; рабо́тники прила́вка

Verkaufskultur *f* культу́ра торго́вли

Verkaufskurs *m бирж.* курс продавца́; курс продавцо́в

Verkaufsland *n* страна́-экспортёр, страна́-поставщи́к

Verkaufslehrling *m* учени́к продавца́; уча́щийся торго́вого техникума, уча́щийся торго́вого учи́лища

Verkaufsleiter *m* руководи́тель отде́ла сбы́та, руководи́тель отде́ла прода́ж

Verkaufsmarkt *m* ры́нок сбы́та

Verkaufsmesse *f* (торго́вая) я́рмарка с распрода́жей това́ров

Verkaufsmuster *n* това́рный образе́ц

Verkaufsmuster торго́вый образе́ц

Verkaufsmusterlager *n* склад торго́вых образцо́в, склад това́рных образцо́в

Verkaufsnorm *f* но́рма прода́жи

Verkaufsorganisation *f* сбытова́я организа́ция, организа́ция по сбы́ту

Verkaufspersonal *n* торго́вый персона́л

Verkaufspreis *m* прода́жная цена́; цена́ прода́ж

Verkaufsprogramm *n* програ́мма прода́ж; реализационная програ́мма

Verkaufsprovision *f* комисси́я с оборо́та (в проце́нтах)

Verkaufsquote *f* уде́льный вес покупа́телей *(сделавших поку́пки, в о́бщей чи́сленности лиц, посетивших магази́н)*

Verkaufsraum *m* торго́вое помеще́ние; торго́вый зал *(напр. универма́га)*

Verkaufsraumfläche *f* основна́я пло́щадь торго́вого помеще́ния

Verkaufsrecht *n* пра́во прода́жи

Verkaufsschau *f* вы́ставка-прода́жа

Verkaufsschlager *m разг.* хо́дкий това́р, ходово́й това́р

Verkaufsschulling *f* подгото́вка ка́дров торго́вых рабо́тников

Verkaufsstatistik *f* торго́вая стати́стика, стати́стика сбы́та

Verkaufsstelle *f* магази́н; торго́вая то́чка

engspezialisierte Verkaufsstelle узкоспециализированный магази́н

Verkaufsstelle mit geschlossenem Bedienungssystem магази́н с обслу́живанием покупа́телей продавца́ми

Verkaufsstelle mit offenem Bedienungssystem магази́н самообслу́живания

Verkaufsstellenleiter *m* заве́дующий магази́ном, завмаг, дире́ктор магази́на

Verkaufsstellennetz *n* торго́вая сеть, сбытова́я сеть, сеть реализа́ции

Verkaufsstellenplan *m* план торгово-хозя́йственной де́ятельности магази́на

Verkaufsstellenvertrag *m* догово́р на поста́вку това́ров, заключённый предприя́тием ро́зничной торго́вли с предприя́тием-поставщико́м

Verkaufssteuer *f* нало́г на прода́жу; нало́г с прода́ж

allgemeine Verkaufssteuer о́бщий нало́г на прода́жу, о́бщий нало́г с прода́ж

Verkaufsstützpunkt *m* филиа́л сбытовой организа́ции экспортёра за рубежо́м, филиа́л сбытовой организа́ции производи́теля за рубежо́м

Verkaufssystem *n* систе́ма форм прода́жи това́ров; торго́вая систе́ма, систе́ма торго́вли

Verkaufsterritorium *n* (географи́ческий) райо́н сбы́та

Verkaufsverhandlungen *f, pl* перегово́ры по прода́же конкре́тного това́ра; торго́вые перегово́ры

Verkaufswagen *m* автола́вка, магази́н-фурго́н

Verkaufswerbimg *f* торго́вая рекла́ма

Verkaufswert *m* прода́жная сто́имость; прода́жная цена́; вы́ручка

Verkaufszeit *f* вре́мя, необходи́мое для прода́жи и отпуска́ това́ра покупа́телю в ро́зничной торго́вле; вре́мя торго́вли, часы́ торго́вли, часы́ рабо́ты магази́нов

Verkaufszeit вре́мя прода́жи; вре́мя прода́ж

Verkaufszentrale *f* сбытовой синдика́т объединённых в карте́ль предприя́тий; торго́вое объедине́ние

Verkaufszentrum *n* кру́пный (фи́рменный) магази́н; центра́льный универма́г; торго́вый центр

Verkaufsziel *n* план-зада́ние по товарообороту, устана́вливаемое для торго́вых рабо́тников; цель прода́ж; цель сбы́та, сбытова́я цель

Verkaufszone *f* торго́вые за́лы *(магази́на)*

Verkehr *m* движе́ние; транспо́рт; перево́зки

Verkehr связь, сообще́ние, коммуника́ция; коммуника́ции

Verkehr обраще́ние; оборо́т (напр. де́нег, а́кций)

Verkehr обме́н (де́нег)

Verkehr отноше́ния *(напр. торго́вые)*

bargeldloser Verkehr безнали́чный оборо́т, безнали́чный расчёт

direkter Verkehr прямо́е (тра́нспортное) сообще́ние

freier Verkehr свобо́дное обраще́ние импортных това́ров, не подлежа́щих тамо́женному обложе́нию

gebrochener Verkehr перево́зки с перевалкой; сме́шанные перево́зки, комбини́рованные перево́зки; сме́шанная транспортиро́вка *(на не́скольких ви́дах тра́нспорта)*

gebrochener Verkehr деловы́е отноше́ния, деловы́е свя́зи; торго́вые свя́зи

gebrochener Verkehr пассажи́рские и грузовы́е перево́зки за преде́лы госуда́рственной грани́цы

individueller Verkehr индивидуа́льный транспо́рт

kombinierter Verkehr сме́шанные перево́зки, комбини́рованные перево́зки

kommerzieller Verkehr комме́рческие перево́зки; торго́вые отноше́ния, комме́рческие отноше́ния

laufender Verkehr теку́щие опера́ции *(напр. ба́нка)*

öffentlicher Verkehr транспо́рт о́бщего по́льзования, обще́ственный транспо́рт

ungebrochener Verkehr прямо́е

(тра́нспортное) сообще́ние
variabler Verkehr торго́вля це́нными бума́гами на би́рже при меняющихся котировках
unmittelbarer Verkehr zwischen Fabrik und Einzelhandel пряма́я связь ме́жду предприя́тием и ро́зничной торго́влей
aus dem Verkehr entziehen изыма́ть из обраще́ния ***(де́ньги)***
aus dem Verkehr ziehen изыма́ть из обраще́ния ***(де́ньги)***

Verkehrsabwicklung *f* осуществле́ние перево́зок
Verkehrsader *f* тра́нспортная арте́рия, тра́нспортная магистра́ль
Verkehrsaktie *f* а́кция тра́нспортного предприя́тия
Verkehrsanalyse *f* ана́лиз тра́нспортных пото́ков ***(в преде́лах одно́й террито́рии)***
Verkehrsandrang *m* часы́ пик; тра́нспортные про́бки
Verkehrsanspruch *m* интенси́вность перево́зок, грузонапряжённость
Verkehrsaufkommen *n* ко́мплекс потре́бностей в тра́нспортных услу́гах в тече́ние определённого пери́ода и в преде́лах определённой террито́рии
Verkehrsbeanspruchung *f* интенси́вность перево́зок, грузонапряженность
Verkehrsbedürfnis *n* потре́бность в перевозках
Verkehrsbelastung *f* интенси́вность перево́зок, грузонапряженность
Verkehrsbereich *m* зо́на тра́нспортного сообще́ния
Verkehrsbereich зо́на тра́нспортных перево́зок
Verkehrsbetrieb *m* тра́нспортное предприя́тие
Verkehrsbilanz *f* оборо́тный бала́нс, предвари́тельный бала́нс, ориентиро́вочный бала́нс, бру́тто-бала́нс; *трансп.* бала́нс перево́зок
Verkehrsdiagnose *f* иссле́дование тра́нспортных пробле́м, иссле́дование тра́нспортных систе́м
Verkehrsdichte *f* интенси́вность движе́ния, грузонапряженность
Verkehrsdurchsetzung *f* внедре́ние в оборо́т ***(напр. това́рного зна́ка и́ли обозначе́ния)***
Verkehrseffizienz *f* эффекти́вность тра́нспортных перево́зок
Verkehrseinheit *f* едини́ца перево́зок
Verkehrseinnahmen *f, pl* тра́нспортные дохо́ды, дохо́ды от перево́зок
Verkehrsentflechtung *f* упоря́дочение тра́нспортных перево́зок; упоря́дочение тра́нспортного движе́ния
Verkehrsferne *f* отдалённость населённого пу́нкта от ближа́йшей ста́нции тра́нспортной магистра́ли
Verkehrsfluss *m* тра́нспортный пото́к
Verkehrsfrequenz *f* частота́ перево́зок
Verkehrsgebiet *n* зо́на движе́ния, по́яс движе́ния
Verkehrsgleichung *f* уравне́ние обме́на ***(в коли́чественной тео́рии де́нег Ирвинга Фишера)***
Verkehrshafen *m* торго́вый порт
Verkehrshäufigkeit *f* частота́ перево́зок
Verkehrshypothek *f* обы́чная ипоте́ка, простая ипоте́ка
Verkehrsintensität *f* интенси́вность движе́ния, грузонапряженность
Verkehrskartogramm *n* гра́фик грузопото́ка(ов)
Verkehrskoordination *f* координа́ция перево́зок; координа́ция тра́нспортных пото́ков
Verkehrskreditbank *f* банк кредитова́ния тра́нспортных опера́ций
Verkehrsleistung *f* объём перево́зок
Verkehrsmittel *pl* тра́нспортные сре́дства, сре́дства сообще́ния
Verkehrsmittel *n* тра́нспортное сре́дство
Verkehrsmittelwerbung *f* рекла́ма с по́мощью тра́нспортных средств; рекла́ма на тра́нспортных сре́дствах
Verkehrspalette *f* оборо́тный поддо́н; поддо́н многокра́тного испо́льзования
Verkehrsplan *m* план перево́зок
komplexer Verkehrsplan ко́мплексный план перево́зок
Verkehrsplanung *f* плани́рование перево́зок
Verkehrspolitik *f* поли́тика в о́бласти тра́нспорта; тра́нспортная поли́тика, регули́рование де́ятельности тра́нспортных компа́ний
Verkehrssitte *f* торго́вый обы́чай, узанс
Verkehrsspitze *f* вре́мя максима́льной напряжённости движе́ния; пик перево́зок
Verkehrsstatistik *f* стати́стика тра́нспорта
Verkehrssteuern *f, pl* нало́ги, вытека́ющие из товарно-де́нежных и иму́щественных отноше́ний
Verkehrsstrom *m* судохо́дная река́
Verkehrssystem *n* тра́нспортная систе́ма; систе́ма перево́зок
Verkehrstarif *m* тра́нспортный тари́ф
Verkehrsteilnehmerzählung *f* пе́репись пассажи́ров
Verkehrsteuern *f pl* нало́ги, свя́занные с не́которыми фо́рмами хозя́йственной де́ятельности
Verkehrsteuern тра́нспортный нало́г
Verkehrsteuern нало́г при поку́пке земе́льного уча́стка
Verkehrsteuern нало́г на оборо́т капита́ла
Verkehrsträger *m* вид тра́нспорта, тип тра́нспорта; род свя́зи, вид свя́зи
Verkehrsumfang *m* объём перево́зок
Verkehrsverein *n* о́бщество соде́йствия разви́тию туризма
Verkehrsverein тра́нспортное объедине́ние
Verkehrsverhältnisse *n, pl* положе́ние с тра́нспортом
Verkehrsverhältnisse тра́нспортные усло́вия
Verkehrswerbung *f* рекла́ма с по́мощью тра́нспортных средств
Verkehrswert *m* о́бщая сто́имость ***(напр. совоку́пная сто́имость облага́емого иму́щества)***
Verkehrswert *m* обы́чная цена́, сре́дняя цена́; реа́льная ры́ночная цена́ имущественного объе́кта
Verkehrswert ры́ночная цена́ ***(цена́ реализа́ции к определённому моме́нту)***
Verkehrswertigkeit *f* (народнохозя́йственная) эффекти́вность тра́нспортных средств
Verkehrswesen *n* тра́нспортное де́ло, транспо́рт
Verkehrswirtschaft *f* менов́ое хозя́йство; ры́ночное хозя́йство; хозя́йство, осно́ванное на товарно-де́нежных отноше́ниях; тра́нспортное хозя́йство, транспо́рт
Verkehrswirtschaft *f* транспо́рт и связь ***(опера́ции и сре́дства, необходи́мые для перево́зки люде́й, гру́зов, переда́чи информа́ции)***
freie Verkehrswirtschaft свобо́дное товарно-де́нежное хозя́йство
Verkehrswissenschaft *f* нау́ка о тра́нспорте; логи́стика
Verkenrswerbemittel *n, pl* рекла́ма с по́мощью тра́нспортных средств
Verkettung *f* переплете́ние; взаимозави́симость; *стат.* цепно́й ме́тод
verklagen *vt* предъявля́ть иск, подава́ть жа́лобу
verklagen auf Schadenersatz предъявля́ть иск о возмеще́нии уще́рба
auf Schadenersatz verklagen предъявля́ть иск о возмеще́нии уще́рба
Verklarung *f* морско́й проте́ст; заявле́ние капита́на о нали́чии о́бщей ава́рии; заявле́ние капита́на о нали́чии ча́стной ава́рии
verknappt дефици́тный
Verknappung *f* нехва́тка, дефици́т

Verkörperung *f* воплощéние *(напр. капитáла)*
Verlade- und Entladearbeiten *f, pl* погрузочно-разгрузочные рабóты; стивидорские рабóты
Verladeanzeige *f* уведомлéние об отгрýзке, отгрузочное авúзо
Verladearbeifen *f, pl* погрýзочные рабóты, рабóты по погрýзке
verladebereit готóвый к отгрýзке
verladebereit stehen быть готóвым к отгрýзке
Verladegewicht *n* отгруженный вес
Verladegut *n* груз *(погружáемый на сýдно)*
Verladehafen *m* порт погрýзки
Verladekosten *pl* расхóды по отгрýзке или погрýзке *(на сýдно)*
Verladekosten *pl* стивидорные расхóды
Verladekosten und Seefracht включáя стóимость и фрахт, каф
verladen *vt* грузúть, погрузúть
verladen перегружáть на другóй вид трáнспорта
Verladeorder *f* погрýзочный óрдер, погрýзочный нарýд, нарýд на погрýзку
Verlader *m* грузоотправúтель
Verlader погрýзчик *(механúзм)*
Verladung *f* перегрýзка
Verladung погрýзка, отгрýзка
Verlag *m* издáтельство
Verlag простéйшая фóрма мануфактуры с производством на домý
Verlagerung *f* перебазирование, перемещéние; складирование
Verlagsbuchhandel *m* книготоргóвля, осуществлýемая самúм издательством
Verlagsstück *n* периодúческое издáние, подпúска на котóрое принятá самúм издательством и пéредана почтовому вéдомству для достáвки
Verlagssystem *n ист.* систéма простейшего мануфактурного произвóдства, характеризовавшаяся эксплуатáцией торгóвым капиталом ремéсленников, работавших на домý
Verlagssystem раздáточная систéма; систéма надомных рабóтников
verlängern продлúть, пролонгúровать *(напр. срок ссýды)*
Verlängerung *f* продлéние, пролонгáция, отсрóчка; удлинéние
Verlängerungswechsel *m* пролонгационный вéксель; пролонгúрованный вéксель; продленный вéксель
Verlauf *m* течéние, ход, процéсс
kombinierter Verlauf комбинúрованное чередовáние рабóчих оперáций, комбинúрованный процéсс (произвóдства)
Verlaufsanalyse *f* послéдовательный анáлиз
Verlaufsrichtung *f сет. пл.* послéдовательность
Verleger *m* издáтель
Verleger лицó, дающее надомникам рабóту и сбывающее продýкцию
Verleger *ист.* капиталúст, эксплуатировавший труд ремéсленников, работавших на домý; скýпщик *(в услóвиях мануфактурного произвóдства)*
Verleih *m* прокáт, арéнда *(напр. имýщества)*
Verleihdienst *m* слýжба прокáта
verleihen *vt* давáть взаймы́
verleihen дать напрокáт, дать взаймы́
verleihen награждáть, присуждáть наградý
Verleiher *m* ссудодáтель
Verleihgebühr *f* плáта за прокáт
verletzen *vt* нарушáть *(закóн, правúло и т.п.)*
verletzen повредúть, повреждáть; травмúровать, наносúть трáвму
Verletztenrente *f* компенсационное посóбие, выплáчиваемое лицý, частúчно утратившему трудоспосóбность вслéдствие несчáстного слýчая
Verletzung *f* нарушéние *(закóна, договóра и т.п.)*
Verletzung повреждéние, трáвма
Verlosung *f* рóзыгрыш (в лотерéе)
Verlust *m* потéря, потéри, убы́ток, убы́тки, утрáта, пропáжа
außerplanmäßiger Verlust внеплáновый убы́ток
direkter Verlust прямóй ущéрб, прямóй убы́ток
mittelbarer Verlust кóсвенный ущéрб, кóсвенный убы́ток
planmäßiger Verlust плáновый убы́ток
tatsächlicher Verlust фактúческий убы́ток
teilweiser Verlust частúчный убы́ток
unmittelbarer Verlust прямóй ущéрб, прямóй убы́ток
als Verlust abschreiben спúсывать в убы́тки
den Verlust erleiden потерпéть убы́ток
den Verlust vergüten возмещáть убы́ток
einen Verlust begleichen покрывáть убы́ток
elnen Verlust begleihen компенсúровать убы́ток
einen Verlust decken покрывáть убы́ток
für den Verlust entschädigen возмещáть убы́ток
ohne Verlust abrechnen подводúть итóги без потéрь
vor Verlust sichern страховáть от убы́тков
Verlust- und Gewinnkonto *n бухг.* счёт прúбылей и убы́тков
verlustarm с мáлыми издержками, с небольшúми издержками
verlustarm с мáлыми потéрями
Verlustausgleich *m* возмещéние понесённого убы́тка, возмещéние понесённого ущéрба, компенсáция понесённого убы́тка, компенсáция понесённого ущéрба
Verlustberechnung *f* подсчёт убы́тков, исчислéние убы́тков
Verlustbetrieb *m* убыточное предприятие, нерентабельное предприя́тие
Verlustbetrieb laut Plan планово-убыточное предприя́тие
verlustbringend убы́точный, нерентабельный, принося́щий убы́тки
Verlustdeckungspflicht *f* обязáтельство по возмещéнию убы́тков
Verlustfaktor *m* фáктор потéрь
verlustfrei безубы́точный; без убы́тков, без потéрь
Verlustfunktion *f* фýнкция потéрь
Verlustgeschäft *n* убыточная сдéлка, убыточная оперáция
Verlustherd *m* истóчник убы́тков
Verlustkoalition *f* проигрывающая коалúция *(в теóрии, игр)*
Verlustkonto *n* счёт потéрь
auf Verlustkonto безвозврáтно
Verlustkurve *f* кривáя убы́тков; кривáя потéрь
verlustlos без потéрь; без убы́тков
Verlustmatrix *f* мáтрица прóигрыша
Verlustpreis *m* убыточная ценá; ценá, принося́щая убы́ток продавцу
Verlustquelle *f* истóчник убы́тков
Verlustquellenbeseitigung *f с.-х.* борьбá с потéрями
Verlustrechnung *f бухг.* счёт убы́тков
verlustreich свя́занный с большúми потéрями
Verlustsaldo *m* отрицáтельное сáльдо, пассúвное сáльдо
Verluststützungen *f, pl соц.* дотáции планово-убы́точным предприя́тиям; дефицúтное финансúрование
globale Verluststützungen óбщее дефицúтное финансúрование
produktgebundene Verluststützungen госудáрственные дотáции (предприя́тиям), предоставля́емые в завúсимости от вúда продýкции
Verlustsystem *n* систéма обслýживания с потéрями
Verlustvortrag *m* итóговые убы́тки
Verlustwahrscheinlichkeit *f* вероят-

ность потерь

Verlustzeit *f* время простоя

Verlustzuweisung *f* участие в капиталовложениях, которые обеспечивают особые налоговые льготы

vermarkten *vt* продавать, сбывать

Vermarktung *f* подготовка товара *(сельскохозяйственной продукции)* к продаже *(напр. сортировка, упаковка, маркировка)*

Vermarktungsstation *f* пункт по первичной обработке *(овощей, фруктов)* для продажи

vermehren увеличивать, умножать

Vermehrungsbetrieb *m* сельскохозяйственное предприятие, специализирующееся на производстве сортовых семян

Vermerk *m* помётка, отмётка

Vermerk Nicht an Order отмётка «не по приказу» *(превращающая оборотный документ в необоротный)*

vermieten *vt* сдавать в наём, сдавать в аренду, сдавать в прокат

Vermieter *m* арендодатель, сдающий внаём; *юр.* наймодатель

Vermietung *f* сдача в наём, сдача в аренду, сдача в прокат

vermindern уменьшать, сокращать; снижать;

Verminderung *f* уменьшение, сокращение

vermitteln *vt* посредничать

vermitteln сообщать, передавать *(информацию, опыт)*

Vermittler *m* посредник

Vermittlung *f* передача *(опыта, информации и т.п.)*

Vermittlung посредничество

Vermögen основной и оборотный капитал; основные и оборотные средства *(чаще всего выраженные в денежной форме)*

Vermögen способность, возможность

beschlagnahmtes Vermögen арестованное имущество; имущество, на которое наложен арест; имущество под арестом

betriebsnotwendiges Vermögen имущество, обеспечивающее нормальную деятельность предприятия; необходимые активы, потребные активы

bewegliches Vermögen движимое имущество, движимость

erbloses Vermögen *ист.* выморочное имущество

ererbtes Vermögen наследственное имущество, наследство, наследуемое имущество

flüssiges Vermögen имущество в ликвидной форме, ликвидное имущество

gemeinsames Vermögen совместное имущество; имущество в совместном владении

genossenschaftliches Vermögen кооперативное имущество

landwirtsschaftliches Vermögen имущество сельскохозяйственного предприятия

mobiles Vermögen движимое имущество, движимость

öffentliches Vermögen государственная собственность; собственность коммунальных учреждений, собственность некорпоративных организаций

persönliches Vermögen личное имущество, имущество *(находящееся)* в личной собственности; индивидуальное имущество, имущество *(находящееся)* в индивидуальной собственности

staatliches Vermögen государственное имущество, имущество *(находящееся)* в государственной собственности

unbewegliches Vermögen недвижимое имущество, недвижимость

werbendes Vermögen часть имущества предприятия, служащая непосредственно производственным целям

das Vermögen flüssig machen *разг.* реализовывать имущество, превращать имущество в наличные деньги

vermögend влиятельный

vermögend состоятельный, зажиточный, имущий

wenig vermögend малоимущий

Vermögens- und Verbindlichkeitskonten *n pl* имущественно-деловые счета

Vermögensabgabe *f* разовый налог на имущество

Vermögensänderungen *f, pl* изменения в имущественном состоянии

Vermögensaufnahme *f* инвентаризация имущества

Vermögensaufstellung *f* налоговый кадастр *(список облагаемого имущества, содержащий сведения об оценочной стоимости объектов)*

Vermögensaufteilung *f* раздел имущества

Vermögensbeschlagnahme *f юр.* наложение ареста на имущество, арест имущества

Vermögensbesitz *m разг.* имущество; владение имуществом

Vermögensbestand *m* фактическое состояние имущества

Vermögensbestandskonto *n* активный счёт; счёт активов

Vermögensbesteuerung *f* обложение имущества налогом, налогообложение имущества

Vermögensbewertung *f* оценка имущества

Vermögensbilanz *f* баланс имущественного состояния

Vermögensbildung *f* накопление имущества, накопление капитала; образование собственности и имущества

Vermögensdelikt *n* имущественное преступление

Vermögenseinkommen *n pl* доходы от имущества

Vermögenseinkommen доходы от капитала

Vermögenseinkommen доходы от недвижимости

Vermögenseinziehung *f* конфискация имущества

Vermögensentziehung *f* конфискация имущества

Vermögenserklärung *f* декларация, заполняемая при уплате налога на имущество

Vermögenserklärung налоговая декларация на имущество

Vermögensgemeinschaft *f* общность имущества

Vermögensgüter *n pl* основные и оборотные средства (фирмы, предприятия)

Vermögenshaftung *f* имущественная ответственность

Vermögenshaushalt *m* бюджет капиталовложений

Vermögenshaushalt счёт движения капитала

Vermögenslage *f* имущественное положение

Vermögensmehrung *f* увеличение имущества, прирост имущества *(компании)*

Vermögensnachweis *m* данные бухгалтерского учёта об имущественном положении

Vermögensnachweis *m* опись имущества

Vermögensnachweis справка об имущественном состоянии налогоплательщика

Vermögensrechnung *f* имущественный счёт *(сопоставляющий общую стоимость имущества и сумму обязательств на определённую дату)*

Vermögensschaden *m* имущественный ущерб; ущерб, нанесённый имуществу

Vermögensstatus *m* имущественное состояние; имущество

Vermögenssteuer *f* имущественный налог, налог на имущество; плата за фонды; налог на основные и оборотные средства

Vermögensstrafe *f* денежный штраф *(величина которого определенным*

образом увязана с размерами имущества виновника)

Vermögenssubstanzsteuern *f pl* налоги с имущества *(а не с текущей прибыли)*

Vermögensteuer *f* имущественный налог; плата за фонды; налог на основные и оборотные средства

Vermögenstitel *m* титул собственности; права собственности

Vermögensübernahme *f* принятие имущества другого лица на договорной основе; принятие (передача) имущества
Vermögensübernahme принятие имущества *(на баланс)*

Vermögensübersicht *f* баланс имущественного состояния
Vermögensübersicht сводка имущественного состояния

Vermögensvergleich *m* сравнение имущественного положения предприятия по состоянию на определённые даты

Vermögensverhältnisse *n, pl* имущественные отношения

Vermögensversicherung *f* страхование имущества

Vermögensverwaltung *f* управление имуществом

Vermögenswerte *m, pl* имущество, имущественные ценности, материальные ценности
ausgesonderte Vermögenswerte выбывшее имущество; списанное имущество
nichtangabenpflichtige Vermögenswerte имущественные ценности, не подлежащие включению в налоговую декларацию
überflüssige Vermögenswerte излишнее имущество

Vermögenszensus *m* имущественный ценз

Vermögenszuwachssteuer *f* налог на прирост имущества

Vermögenszuwachstheorie *f* теория прироста имущественного состояния *(рассматривает любой доход как рост богатства)*

Veröffentlichungspflicht *f* обязанность предприятий *(акционерных обществ, банков и т.п.)* публиковать материалы о своей деятельности *(напр. годовые балансы, изменения в уставе и т.п.)*

verpachten *vt* сдавать в аренду, сдавать внаем

Verpächter *m* арендодатель

Verpächterpfandrecht *n* залоговое право арендодателя

Verpachtung *f* сдача в аренду, сдача внаём

verpacken *vt* упаковывать

Verpackung *f* тара, упаковка
haltbare Verpackung прочная упаковка
mangelhafte Verpackung недостаточная упаковка
mehrmals verwendbare Verpackung многооборотная тара, многократно оборачивающаяся тара, возвратная тара, тара многократного использования
ordnungsgemäße Verpackung надлежащая упаковка
steife Verpackung жёсткая тара
steife Verpackung упаковка, обеспечивающая сохранность товара при транспортировке
verlorene Verpackung упаковка разового пользования, тара разового пользования, разовая тара, одноразовая упаковка
wiederverwendbare Verpackung многооборотная тара, многократно оборачивающаяся тара, возвратная тара

Verpackungsgebühren *f, pl* упаковочный сбор

Verpackungsgewicht *n* вес упаковки

Verpackungskosten *pl* расходы по упаковке

verpackungslos бестарный *(о транспортировке)*

Verpackungsmasse *f* масса упаковки

Verpackungsmittel *n, pl* упаковочный материал

Verpackungsmittellager *n* тарный склад

Verpackungsschaden *m* ущерб вследствие использования ненадлежащей упаковки, убыток вследствие использования ненадлежащей упаковки; ущерб вследствие недостаточной упаковки

Verpackungsstoff *m* тарная ткань, упаковочная ткань

Verpackungswirtschaft *f* тарное хозяйство

verpfänden *vt* закладывать, отдавать в залог
von neuem verpfänden перезакладывать
wieder verpfänden перезакладывать

Verpfänder *m* закладчик, залогодатель

Verpfändung *f* заклад, передача в залог
Verpfändung *юр.* установление залогового права *(на имущество)*
abermalige Verpfändung перезаклад, вторичный заклад
unter Verpfändung von Waren под залог товаров

Verpflegung *f* продовольственное снабжение *(напр. персонала фирмы)*

Verpflegungsgaststätte *f* предприятие общественного питания общего характера *(напр. кафетерии, заводские столовые, рестораны)*

Verpflegungsgeld *n* компенсация проживающим в доме престарелых за дни отсутствия, компенсация проживающим в доме пенсионеров за дни отсутствия

Verpflegungssatz *m* норма расхода денег на питание *(напр. в больницах)*; норма выплаты денег на питание *(напр. командировочным)*; продовольственный рацион, пищевой рацион, паёк

verpflichten *vt* обязывать
sich verpflichten обязываться, брать на себя обязательство

Verpflichtete *m* лицо, ответственное по чеку *(в чековом обращении)*
Verpflichtete *m* ответственное лицо

Verpflichtung *f* обязанность
Verpflichtung обязательство
Verpflichtung aus dem Vertrag обязательство по договору
gesamtschuldnerische Verpflichtung солидарное обязательство
knechtende Verpflichtung кабальное обязательство
vertragsmäßige Verpflichtung обязательство по договору, договорное обязательство

Verpflichtungserklärung *f* обязательство

Verpflichtungsschein *m* обязательство получателя; расписка о принятии обязательства
Verpflichtungsschein des Empfängers von Löschgütern обязательство получателя выгружаемого груза; требование получателя на выдачу указанного в коносаменте товара

Verrat *m* измена, предательство
Verrat умышленное разглашение тайны
Verrat von Geheimnissen разглашение производственных секретов; разглашение служебной тайны

Verrechnen *n* ошибка в расчёте

verrechnen перечислять; списывать
verrechnen рассчитать, производить расчёт; делать перерасчёт;
verrechnen рассчитаться (за что-л., с кем-л.); поставить в счёт *(что-л., кому-л.)*
sich verrechnen обсчитаться, просчитаться, ошибиться в расчёте

Verrechnung *f* перечисление; списывание
Verrechnung расчёт; подсчёт; перерасчёт; взаимный расчёт, клиринг; зачёт встречного однородного требования
Verrechnung gegen Kredit расчёт в кредит
Verrechnung, gegenseitige взаимный зачёт
bargeldlose Verrechnung безналичный расчёт
eine Verrechnung vornehmen делать

расчёт, де́лать перерасчёт
„nur zur Verrechnung“ «то́лько для перечисле́ния» *(на́дпись на чеке)*
Verrechnungen *f, pl* де́нежные расчёты; расчёты; взаиморасчёты
innere Verrechnungen вну́тренние расчёты
multilaterale Verrechnungen многосторо́нние расчёты
zwischenstaatliche Verrechnungen межгосударственные расчёты, межгосуда́рственный кли́ринг
Verrechnungs- und Kassengeschäfte *n, pl* расчётно-ка́ссовые опера́ции
Verrechnungs- und Zahlungssalden *m, pl* са́льдо расчётов и платеже́й
Verrechnungs- und Zahlungsverkehr (де́нежные) расчёты и платежи́
Verrechnungs-Unterkonto *n* субрасчётный счёт
Verrechnungsabkommen *n* межгосударственное соглаше́ние клирингового хара́ктера; (межгосударственное) соглаше́ние о взаи́мных расчётах, кли́ринговое соглаше́ние
Verrechnungsauftrag *m* расчётное поруче́ние
Verrechnungsbasis *f* расчётный ба́зис
Verrechnungsbedingungen *f, pl* усло́вия расчёта
Verrechnungsbeziehungen *f, pl* отноше́ния по расчётам; расчётные отноше́ния; расчёты
Verrechnungsbilanz *f* расчётный бала́нс
Verrechnungsdokument *n* расчётный докуме́нт
Verrechnungsdollar *m* расчётный до́ллар *(усло́вная де́нежная едини́ца, испо́льзуемая в платёжных расчётах)*
Verrechnungseinheit *f* усло́вная расчётная едини́ца; усло́вная расчётная валю́тная едини́ца; расчётная валю́тная едини́ца; расчётная едини́ца
Verrechnungsfähigkeit *f* возможно́сть быть засчитанным в себесто́имость изде́лий *(об издержках, затратах)*
Verrechnungsgeschäft *n* кли́ринговая опера́ция; взаи́мный расчёт, кли́ринг
Verrechnungsgewinn *m* расчётная при́быль
Verrechnungskonto *n* расчётный счёт *(в ба́нке)*
Verrechnungskredit *m* креди́т под тре́бование
Verrechnungskurs *m* расчётный курс
Verrechnungsländer *n, pl* страны́, с кото́рыми платёжный оборо́т осуществляется чере́з расчётные счета́
Verrechnungsnetz *n* сеть жиробанков, сеть жироцентралов *(осуществляющих взаи́мные расчёты)*
Verrechnungspreis *m* (твёрдая) расчётная цена́
Verrechnungspreis *m* твёрдая цена́ (устана́вливаемая фи́рмой), цена́, фигурирующая в расчётах
fester Verrechnungspreis твёрдая цена́
Verrechnungsrate *f* расчётная ста́вка
Verrechnungsscheck *m* расчётный чек, жирочек, кросси́рованный чек, перечёркнутый чек
Verrechnungsstand *m* состоя́ние взаи́мных расчётов *(в эмиссионных ба́нках)*
Verrechnungsstelle *f* жироцентраль; расчётный центр; расчётно-ка́ссовый центр, РКЦ
Verrechnungssystem *n* систе́ма расчётов
fester Verrechnungssystem систе́ма многосторонних расчётов
Verrechnungstarif *m* расчётный тари́ф
Verrechnungsvereinbarung *f* соглаше́ние о расчётах *(напр. о фо́рмах и сро́ках платеже́й)*
Verrechnungsverfahren *n* поря́док расчётов
Verrechnungsverkehr *m* расчётные опера́ции
bargeldloser Verrechnungsverkehr безнали́чные расчёты
bilateraler Verrechnungsverkehr двусторо́нние расчёты
internationaler Verrechnungsverkehr междунаро́дные (клиринговые) расчёты
multilateraler Verrechnungsverkehr многосторо́нние расчёты
Verrechnungswährung *f* расчётная валю́та
Verrechnungszahlungen *pl* трансфертные платежи́, передаточные платежи́ *(напр. вы́платы по социа́льному страхова́нию, проце́нтов по вкла́дам)*
Verrechnungszeitraum *m* расчётный перио́д
verringern, sich уменьша́ться, сокраща́ться *(напр. о потреблении, расхо́дах)*
Verringerung *f* уменьше́ние, сниже́ние, сокраще́ние
Vers., Versicherung *f* страхова́ние
Versachlichung *f* овеществле́ние
Versachlichung der gesellschaftlichen Beziehunger овеществле́ние обще́ственных отноше́ний
Versand *m* отпра́вка, отгру́зка, отсылке
zum Versand bringen отправля́ть
Versand nur gegen Nachnahme посы́лка то́лько нало́женным платежо́м; отпра́вка то́лько нало́женным платежо́м
Versandabfertigung *f* отпра́вка гру́за; зая́вка на отпра́вку гру́за
Versandabfertigung отпра́вка экспортного гру́за, зая́вка на отпра́вку экспортного гру́за
Versandabfertigung экспеди́ция
Versandabteilung *f* экспеди́ция *(отде́льного предприя́тия)*
Versandannahmebuch *n* кни́га приёма гру́зов к отпра́вке
Versandanweisung *f* предписа́ние о поря́дке отгру́зки, инстру́кция по отгру́зке; прика́з об отпра́вке
Versandanzeige *f* уведомле́ние об отпра́вке, извеще́ние об отпра́вке
Versandartikel *m* това́р (отправля́емый) по́чтой
Versandavis *m, n* уведомле́ние об отпра́вке, извеще́ние об отпра́вке
Versandaviso *n* уведомле́ние об отпра́вке, извеще́ние об отпра́вке
Versandbahnhof *m* ста́нция отгру́зки, ста́нция отпра́вки
Versandbereitschaft *f* гото́вность к отгру́зке *(може́т выступа́ть в ка́честве необходи́мого усло́вия для откры́тия аккредити́ва)*
Versandbereitschaftsmeldung *f* извеще́ние о гото́вности това́ра к отгру́зке
Versandbestimmung *f* предписа́ние об усло́виях отпра́вки *(това́ров)*
Versandbewilligung *f* разреше́ние на отпра́вку това́ра
Versandbuchhandel *m* «кни́га по́чтой», посылочная торго́вля кни́гами
Versanddisposition *f* распоряже́ние о поря́дке отгру́зки; разнарядка
Versanddokumente *n, pl* отгрузочные докуме́нты
Versandfirma *f* фи́рма, веду́щая посылочную торго́влю *(торго́влю по по́чте)*
Versandgeschäft *n* посылочная торго́вля, торго́вля по по́чте
Versandgeschäft посылочная фи́рма
Versandgeschäft рассы́лка това́ров покупа́телям *(по по́чте)*
Versandgeschäft экспедиционная конто́ра *(для пересы́лки това́ров по по́чте)*
Versandgewicht *n* вес гру́за с упаковкой, вес гру́за бру́тто, вес отправляемого това́ра
Versandgroßhandel *m* посылочная опто́вая торго́вля
Versandhandel *m* посылочная торго́вля
Versandhandlung *f* посылочная (торго́вая) фи́рма, посылочное (торго́вое) предприя́тие
Versandhaus *n* посылочная (торго́вая) фи́рма, посылочное (торго́вое) предприя́тие

Versandinstruktion *f* тра́нспортная разнаря́дка, инстру́кция о поря́дке пересы́лки и́ли поста́вки *(това́ров)*
Versandklausel *f* пункт догово́ра о расхо́дах по отпра́вке това́ра и о свя́занном с э́тим ри́ске
Versandkosten *pl* расхо́ды на пересы́лку, расхо́ды по отпра́вке, экспедицио́нные расхо́ды; сто́имость пересы́лки
Versandmenge *f* отгружа́емый вес, отправля́емое коли́чество
Versandnorm *f* но́рма перево́зок
Versandpapiere *n, pl* тра́нспортные докуме́нты; товаросопроводи́тельные докуме́нты, товаросопроводительная документа́ция
Versandpartie *f* па́ртия това́ра, предназна́ченная к отпра́вке; па́ртия отгру́женного това́ра
Versandrhythmus *m* ритм перево́зок
Versandscheck *m* иногоро́дний чек
Versandschein *m* отгрузочная накладна́я
Versandstelle *f* экспеди́ция *(напр. отде́л фи́рмы, ве́дающий транспорти́ро́вкой гру́зов)*
Versandvertreter *m* коммивояжёр, торго́вый аге́нт, сбыва́ющий това́ры фи́рмы на дому́
Versandvorschrift *f* отгрузочная разнаря́дка
Versandvorschrift предписа́ние о поря́дке отгру́зки, инстру́кция по отгру́зке
Versandwechsel *m* иногоро́дний ве́ксель
Versandweite *f* да́льность перево́зки
Versatzhaus *n* ломба́рд
Versäumniszuschlag *m* пе́ня, пени
Verschachtelung *f* инкорпора́ция
verschärfen обостря́ть *(напр. конкуре́нтную борьбу́)*; уси́ливать *(напр. напряже́ние)*, ускоря́ть *(напр. темп)*
Verschiebung *f* нелега́льная прода́жа на сто́рону
Verschiebung отсро́чка, перенесе́ние *(сро́ка)*
Verschiebung передвиже́ние, перемеще́ние, сдвиг
verschiffen *vt* отправля́ть мо́рем; погрузи́ть на су́дно, грузи́ть на су́дно, осуществля́ть штифку
Verschiffer *m* грузоотправи́тель; экспеди́тор *(при отгру́зке морски́м путём)*
Verschiffung *f* отпра́вка мо́рем, отпра́вка во́дным путем, перево́зка мо́рем, перево́зка во́дным путем
Verschiffungsdokument *n* судово́й отгрузочный докуме́нт
Verschiffungsdokumente *n, pl* судовы́е отгрузочные докуме́нты
Verschiffungsgewicht *n* отгруженный вес
Verschiffungsmasse *f* отгруженный вес
Verschiffungspapiere *n, pl* судовы́е отгрузочные докуме́нты
Verschleierung *f* вуали́рование; подчистки№ представле́ние искажённых да́нных
Verschleierung der Bilanz вуали́рование бала́нса, завуалирование бала́нса; подчистки в балансе́; представле́ние искаженных да́нных в балансе́
Verschleiß *m* изно́с *(основны́х фо́ндов)*; изна́шивание; амортиза́ция
endgültiger Verschleiß оконча́тельный изно́с
fysischer Verschleiß физи́ческий изно́с, материа́льный изно́с
materiellerVerschleiß физи́ческий изно́с, материа́льный изно́с
mechanischer Verschleiß механи́ческий изно́с
moralischer Verschleiß мора́льный изно́с
physischer Verschleiß физи́ческий изно́с, материа́льный изно́с
technischer Verschleiß техни́ческий изно́с
verschleißen *vi* изна́шиваться, сраба́тываться, устарева́ть
Verschleißgrad *m* сте́пень изно́са, коэффицие́нт изно́са *(основны́х фо́ндов)*
Verschleißkoeffizient *m* коэффицие́нт изно́са (основны́х фо́ндов)
Verschleißkosten *pl* изде́ржки, свя́занные с возмеще́нием изно́са
Verschleißmaterialkosten *pl* изде́ржки, свя́занные с устране́нием изно́са
Verschleißquote *f* коэффицие́нт изно́са (основны́х фо́ндов), вы́раженный в проце́нтах
Verschleißteil *n* быстроизна́шивающаяся дета́ль
verschleudern растра́чивать; разбаза́ривать; продава́ть за бесце́нок
Verschließstreifen *m* бандеро́ль, бандеро́лька *(ярлы́к об упла́те по́шлины)*
Verschluss *m* запо́р; замо́к
unter Verschluss lagern помеща́ть (в зало́г) на тамо́женный склад *(до упла́ты по́шлины)*; храни́ть под замко́м
Verschlussanerkenntnis *f* тамо́женный докуме́нт о надёжности пломб, обеспе́чивающих иденти́чность това́ров
verschlüsseln коди́ровать, шифрова́ть
Verschlüsselung *f* коди́рование
Verschlussformular *n* бланк стро́гой отчётности
Verschlussgebühr *f тамож.* сбор за наложе́ние пломб
Verschlussverletzung *f* наруше́ние пра́вил хране́ния тамо́женных гру́зов
Verschmelzung *f* объедине́ние, слия́ние; сра́щивание
Verschmutzungsgrad *m* сте́пень загрязнённости (окружа́ющей среды́)
Verschulden, nautisches вина́, возника́ющая во вре́мя морско́й перево́зки; навигацио́нная оши́бка
durch das Verschulden по вине́
Verschuldensprinzip *n* при́нцип материа́льной отве́тственности лица́, вино́вного в причинении уще́рба, при́нцип материа́льной отве́тственности лица́, вино́вного в причинении убы́тков
verschuldet име́ющий задо́лженность
verschuldet обременённый долга́ми
Verschuldung *f* задо́лженность; долги́
Verschuldung der Landwirtschaft задо́лженность се́льского хозя́йства; долги́ се́льского хозя́йства
äußere Verschuldung вне́шняя задо́лженность, задо́лженность по вне́шним займам
innere Verschuldung вну́тренняя задо́лженность, задо́лженность по вну́тренним займам; вну́тренние долги́
öffentliche Verschuldung госуда́рственная задо́лженность, госуда́рственный долг *(може́т включа́ть су́мму обяза́тельств ме́стных о́рганов вла́сти)*
Verschuldungsbilanz *f* бала́нс задо́лженности
Verschuldungsgrad *m* сте́пень задо́лженности *(отноше́ние ме́жду су́ммой обяза́тельств фи́рмы и её со́бственным и́ли о́бщим капиталом)*
verschwenden *vt* тра́тить безрассу́дно
Verschwendung *f* расточи́тельство, мотовство́
Verschwendungssucht *f* расточи́тельство
verselbstständigen, sich стать самостоя́тельным, стать незави́симым; обосо́биться; основа́ть со́бственное де́ло, основа́ть со́бственное предприя́тие; обосо́биться; отдели́ться
Verselbstständigung *f* обособле́ние; отделе́ние
versenden *vt* отправля́ть, рассыла́ть, доставля́ть
Versender *m* отправи́тель, грузоотправи́тель; экспеди́тор
Versendung *f* отпра́вка, отправле́ние, рассы́лка
Versendungsgefahr *f* риск, свя́занный с отпра́вкой гру́зов, тра́нспортный риск, тра́нспортные ри́ски
Versendungskauf *m* опера́ция пересылочной торго́вли *(напр. поку́пка, при кото́рой заключе́ние сде́лки и переда́ча това́ра произво́дятся в ра́зных места́х)*

Versendungskauf торговая операция, при которой заключение договора и сдача товара совершаются в разных местах

versetzen перемещать, переставлять; переводить на новое место работы; перемещать по службе; *разг.* отдавать в залог, закладывать *(имущество)*

versicherbar подлежащий страхованию

Versicherer *m* страховщик

versichern *vt* страховать,застраховать
sich versichern застраховаться

Versichernder *m* страховщик

Versicherte *m* страхователь *(страхующий себя)*

Versicherung *f* договор страхования
Versicherung страхование
Versicherung страховая компания
Versicherung страховая сумма
Versicherung auf den Erlebensfall страхование на дожитие
Versicherung auf den Todes- und Erlebensfall смешанное страхование, страхование на случай смерти и на дожитие
Versicherung auf den Todesfall страхование на случай смерти
Versicherung auf erstes Risiko страхование первого риска
Versicherung auf Gegenseitigkeit взаимное страхование
Versicherung auf Lebenszeit пожизненное страхование
Versicherung auf verbundenes Leben страхование жизни, при котором срок выплаты страховой суммы зависит от смерти одного из застрахованных
Versicherung auf Zeit страхование на срок, срочное страхование
Versicherung auf zweites Risiko страхование второго риска
Versicherung zugunsten eines Dritten страхование в пользу третьего лица, страхование в пользу третьих лиц
Versicherung des Kriegsrisikos страхование военного риска, страхование военных рисков
Versicherung für den Erlebensfall страхование на дожитие
Versicherung für den Krankheitsfall страхование от болезни
Versicherung gegen Kriegsrisiko страхование военного риска
Versicherung mit festem Auszahlungstermin страхование жизни с выплатой страховой суммы к установленному договором сроку
abgekürzte Versicherung временное страхование
allgemeine Versicherung общее страхование; генеральное страхование
beitragsfreie Versicherung страхование, при котором страхующийся освобожден от уплаты взносов *(в силу определённых обстоятельств)*
freiwillige Versicherung добровольное страхование
gemischte Versicherung смешанное страхование; комбинированное страхование
genossenschaftliche Versicherung кооперативное страхование
gesetzliche Versicherung законодательно обязательное страхование; обязательное страхование
kurzfristige Versicherung краткосрочное страхование *(страхование на срок менее года)*
mehrfache Versicherung многократное страхование
soziale Versicherung социальное страхование
staatliche Versicherung государственное страхование, госстрахование
eine Versicherung abschließen заключить договор страхования, застраховаться

Versicherungsagentur *f* страховое агентство

Versicherungsaktie *f* акция страховой компании

Versicherungsaktien *f, pl* акции страховых компаний

Versicherungsaktiengesellschaft *f* страховое акционерное общество, САО

Versicherungsanstalt *f* страховое общество, СО
öffentlich-rechtliche Versicherungsanstalt публично-правовое страховое общество

Versicherungsantrag *m* страховое заявление

Versicherungsaufsicht *f* страховой надзор

Versicherungsaufsichtsbehörde *f* страховая инспекция

Versicherungsaufsichtsgesetz *n* закон о регулировании деятельности частных страховых компаний

Versicherungsauslagen *f, pl* расходы по страхованию

Versicherungsaußendienst *m* организация работы сотрудников страхового предприятия среди населения; разъездная работа страховых инспекторов

Versicherungsbeginn *m* момент вступления в договорные отношения со страховым обществом
formeller Versicherungsbeginn момент заключения договора страхования
materieller Versicherungsbeginn момент вступления в силу страховой охраны; момент, с которого начинается (материальная) ответственность страхового общества
technischer Versicherungsbeginn момент, с которого начинает исчисляться страховой взнос

Versicherungsbehörde *f* страховое ведомство, страховое учреждение

Versicherungsbeitrag *m* страховой взнос, страховая премия, страховой платёж
einmaliger Versicherungsbeitrag единовременный страховой взнос

Versicherungsbescheinigung *f* страховое свидетельство, страховой полис
Versicherungsbescheinigung страховой сертификат

Versicherungsbestand *m* страховой портфель

Versicherungsbetrag *m* страховая сумма *(напр. обусловленная контрактом сумма выплат при наступлении страхового случая)*

Versicherungsbetrug *m* обман с целью получения страховки; мошенничество в сфере страхования

Versicherungsbörse *f* страховая биржа, страховой рынок, рынок страхования; рынок страховых услуг

Versicherungsdauer *f* продолжительность страхования, срок страхования; срок действия договора страхования

Versicherungsende *n* момент окончания договорных отношений со страховым обществом, момент окончания страхования, окончание страхования

Versicherungsentgelt *n* страховой взнос, страховая премия, страховой платёж

Versicherungsentschädigung *f* страховое возмещение

Versicherungsfall *m* страховой случай

Versicherungsfonds *m* страховой фонд
innerbetrieblicher Versicherungsfonds внутризаводской страховой фонд
staatlicher Versicherungsfonds фонд государственного страхования; государственный страховой фонд

Versicherungsform *f* форма страхования; система страхования

Versicherungsgarantie *f* страховая гарантия

Versicherungsgeber *m* страховщик

Versicherungsgebühr *f* (комиссионное) вознаграждение, уплачиваемое страхователем в возмещение расходов, связанных с деятельностью страховщика и не входящее в страховую премию

Versicherungsgegenstand *m* объект страхования, предмет страхования

Versicherungsgrundstück *n* террито́рия, на кото́рую распространя́ется де́йствие догово́ра страхова́ния *(ча́ще всего́ страхова́ния иму́щества)*; застрахо́ванный уча́сток *(застро́йки)*

Versicherungsgut *n* страху́емое иму́щество

Versicherungskapazität *n* страхово́й капита́л

Versicherungskapital *n* страхово́й капита́л

Versicherungskasse *f* страхова́я ка́сса, больни́чная ка́сса

Versicherungskonzern *m* страхово́й конце́рн

Versicherungskosten *pl* расхо́ды по страхова́нию, расхо́ды на страхова́ние

Versicherungsleistung *f* вы́плата страхово́го возмеще́ния

Versicherungsleistung су́мма, выпла́чиваемая страхователю *(при наступле́нии страхово́го слу́чая)*

Versicherungsmarkt *m* ры́нок страхова́ния; ры́нок страховы́х услу́г

Versicherungsmathematik *f* актуа́рные расчёты; актуа́рная матема́тика

Versicherungsmedizin *f* медици́нское обслу́живание чле́нов страхово́й ка́ссы, медици́нское обслу́живание чле́нов больни́чной ка́ссы; медици́нское обслу́живание застрахованных лиц

Versicherungsmonopol *n* страхова́я монопо́лия;

Versicherungsnehmer *m* страхова́тель

Versicherungsnorm *f* но́рма страхово́го возмеще́ния

Versicherungsnota *f* страхово́й коверно́т

Versicherungsort *m* террито́рия, на кото́рую распространя́ется де́йствие догово́ра страхова́ния *(ча́ще всего́ страхова́ния иму́щества)*

Versicherungsort ме́сто заключе́ния догово́ра страхова́ния

Versicherungsperiode *f* продолжи́тельность страхова́ния, срок страхова́ния; срок де́йствия догово́ра страхова́ния; страхово́й перио́д; перио́д де́йствия страхова́ния, перио́д де́йствия догово́ра страхова́ния

Versicherungspolice *f* страхово́й по́лис, по́лис, по́лис страхова́ния

Versicherungsprämie *f* страхово́й взнос; страхова́я пре́мия

Versicherungsschein *m* страхово́й по́лис, по́лис, страхово́е свиде́тельство

Versicherungsschein auf Zeit страхово́й по́лис на срок, сро́чный по́лис, по́лис срочного страхова́ния

Versicherungsschutz *m* страхова́я защи́та *(совоку́пность правовы́х отноше́ний, предусматриваемых догово́ром страхова́ния)*

Versicherungssparen *n* накопле́ние сбереже́ний путём упла́ты страховы́х взно́сов *(напр. в слу́чаях краткосро́чного страхова́ния жи́зни)*; страховы́е накопле́ния

Versicherungsspesen *pl* расхо́ды по страхова́нию, расхо́ды на страхова́ние

Versicherungssteuer *f* страхова́я по́шлина, страхово́й сбор

Versicherungssumme *f* страхова́я су́мма, су́мма страхова́ния

Versicherungstarif *m* страхово́й тари́ф, тари́ф на страховы́е услу́ги

Versicherungsträger *m* страхова́я организа́ция, страхо́вщик

Versicherungsunternehmen *n* страхова́я компа́ния

Versicherungsverein auf Gegenseitigkeit Сою́з о́бществ взаи́много страхова́ния

Versicherungsvertrag *m* догово́р страхова́ния, страхово́й догово́р

Versicherungsvertreter *m* страхово́й аге́нт

Versicherungswert *m* страхова́я сто́имость, актуа́рная сто́имость, сто́имость страховы́х объе́ктов, сто́имость застрахованных объе́ктов, сто́имость объе́ктов страхова́ния

Versicherungswesen *n* страхова́ние; страхово́е де́ло; страхово́й би́знес

staatliches Versicherungswesen госуда́рственное страхова́ние

Versicherungszertifikat *n* страхово́й сертифика́т

Versicherungszins *m* страхово́й проце́нт

Versicherungszwang *m* принуди́тельность страхова́ния, обяза́тельность страхова́ния; обяза́тельное страхова́ние

Versilberung *f* превраще́ние иму́щества ликвидированного торго́вого о́бщества в де́ньги

Versilberungswert *m* ликвидацио́нная сто́имость

versorgen *vt* обеспе́чивать, снабжа́ть

Versorgung *f* снабже́ние, обеспе́чение; обслу́живание

Versorgung der Bevölkerung обеспе́чение населе́ния *(напр. това́рами, услу́гами)*, обслу́живание населе́ния

entgeltlose Versorgung беспла́тное снабже́ние; беспла́тное обслу́живание

materialtechnische Versorgung материа́льно-техни́ческое снабже́ние

rationierte Versorgung нормированное снабже́ние, рационируемое снабже́ние

regelmäßige Versorgung регуля́рное снабже́ние, бесперебо́йное снабже́ние

Versorgungsapparat *m* снабже́нческий аппара́т

Versorgungsberechtigung *f* пра́во на социа́льное обеспе́чение

Versorgungsbereich *m* (жило́й) райо́н обслу́живания и снабже́ния

Versorgungsbestand *m* това́рные запа́сы

volkswirtschaftlich notwendiger Versorgungsbestand това́рные запа́сы, отвеча́ющие потре́бностям наро́дного хозя́йства

Versorgungsbetrieb *m* предприя́тие коммунально-бытово́го обслу́живания; коммуна́льное предприя́тие электро-, водо- и газоснабже́ния

Versorgungsbetriebe *m pl* коммуна́льные предприя́тия *(включа́я электро-, водо- и газоснабже́ние)*

Versorgungsbezirk *m* райо́н обслу́живания и снабже́ния

Versorgungsbilanz *f* бала́нс снабже́ния, бала́нс обслу́живания

Versorgungsbilanz бала́нс снабже́ния и обслу́живания

Versorgungseffekt *m* поле́зный народнохозя́йственный эффе́кт, получа́емый в сфе́ре снабже́ния и обслу́живания населе́ния

Versorgungsfonds *m* фонд снабже́ния и обслу́живания госуда́рственных организа́ций

Versorgungsgebiet *n* о́бласть обслу́живания, райо́н обслу́живания, обслу́живаемая террито́рия

Versorgungsgroßhandel *m* систе́ма снабже́ния чере́з опто́вую торго́влю

Versorgungsgroßhandel der Landwirtschaft систе́ма снабже́ния се́льского хозя́йства чере́з опто́вую торго́влю *(напр. корма́ми, посевными материалами)*

Versorgungslage *f* положе́ние со снабжением, состоя́ние снабже́ния

Versorgungsnetz *n* торго́вая сеть

Versorgungsnetz сеть предприя́тий слу́жбы бы́та

Versorgungsnetz сеть снабже́ния

Versorgungsnetz сеть электроснабже́ния

Versorgungsniveau *n* у́ровень снабже́ния

Versorgungsquelle *f* исто́чник снабже́ния; ресу́рсы

Versorgungsschwierigkeiten *f, pl* тру́дности со снабжением

Versorgungsstörung *f* перебо́и в снабже́нии

Versorgungssystem *n* систе́ма снабже́ния, систе́ма обеспе́чения

Versorgungsunternehmen *n* предприя́тие коммунально-бытово́го обслу́живания; предприя́тие бытово́го обслу́живания
Versorgungsvertrag *m* догово́р на обслу́живание
Versorgungswerte *m, pl* а́кции коммуна́льных предприя́тий
Versorgungswirtschaft *f* бытовы́е услу́ги (как о́трасль эконо́мики)
 örtliche Versorgungswirtschaft коммуна́льное хозя́йство; ме́стная промы́шленность
Verspätung *f* опозда́ние, заде́ржка
Verspätungszeit *f* просро́чка, заде́ржка, опозда́ние; вре́мя заде́ржки; вре́мя опозда́ния
Verspätungszinsen *m, pl* пе́ня за просро́чку платежа́, штраф за просро́чку платежа́
Verspätungszuschlag *m* пе́ня за просро́чку представле́ния нало́говой деклара́ции
 Verspätungszuschlag (дополни́тельная) су́мма, начисляемая за просро́чку отчисле́ний в бюдже́т
verspekulieren *vt* потеря́ть (де́ньги) в результа́те спекуляти́вных опера́ций; потеря́ть *(де́ньги)* на спекуля́циях
verstaatlichen *vt* огосударствля́ть, национализи́ровать, проводи́ть огосударствле́ние, осуществля́ть национализа́цию
Verstaatlichung *f* огосударствле́ние, национализа́ция, национализи́рование
Verstädterung *f* урбаниза́ция, рост городско́го населе́ния
verständigen *vt* извеща́ть, уведомля́ть *(о чём-л.)*
Verständigung *f* извеще́ние, уведомле́ние
verstauen *vt разг.* грузи́ть, укла́дывать; размеща́ть *(груз)*
versteigern продава́ть с аукцио́на, продава́ть с (публи́чных) торго́в
Versteigerung *f* аукцио́н, публи́чная прода́жа, прода́жа с (публи́чного) то́рга
 Versteigerung распрода́жа с аукцио́на
 Versteigerung торги́, аукцио́н
 freiwillige Versteigerung доброво́льный аукцио́н
 freiwillige Versteigerung публи́чные торги́
 Versteigerung von Waren това́рный аукцио́н; распрода́жа това́ров с торго́в
Versteigerungsbedingungen *f, pl* усло́вия аукцио́нной прода́жи, усло́вия прода́жи с аукцио́на; усло́вия проведе́ния торго́в; усло́вия торго́в
Versteigerungsbeschluss *m* реше́ние суда́ о принуди́тельной прода́же недви́жимого иму́щества с аукцио́на
Versteigerungserlös *m* вы́ручка от прода́жи с аукцио́на
Versteigerungsfirma *f* аукцио́нная фи́рма
Versteigerungsgebühr *f* аукцио́нный сбор
Versteigerungsvermerk *m* отме́тка в кадастре о назначе́нии земе́льного уча́стка к прода́же с аукцио́на
versteuerbar облага́емый нало́гом; подлежа́щий обложе́нию нало́гом
versteuern *vt* облага́ть нало́гом
 versteuern уплати́ть нало́г
Versuch *m* о́пыт, экспериме́нт; про́ба, тест, испыта́ние; попы́тка
Versuchs- und Entwicklungskosten *pl* расхо́ды, свя́занные с проведе́нием опытно-конструкторских рабо́т; затра́ты, свя́занные с проведе́нием опытно-конструкторских рабо́т
Versuchs- und Irrtummethode *f* ме́тод проб и оши́бок
Versuchsabschnitt *m* о́пытный произво́дственный уча́сток, эксперимента́льный произво́дственный уча́сток
Versuchsabteilung *f* эксперимента́льный цех
Versuchsanlage *f* эксперимента́льная устано́вка, о́пытная устано́вка
Versuchsauswertung *f* ана́лиз и обобще́ние результа́тов о́пыта
Versuchsbereich *m* о́пытный произво́дственный уча́сток, эксперимента́льный произво́дственный уча́сток
Versuchsbetrieb *m* о́пытная эксплуата́ция, про́бная эксплуата́ция
 Versuchsbetrieb о́пытное предприя́тие, эксперимента́льное предприя́тие
Versuchsdaten *pl* о́пытные да́нные
Versuchsmuster *n* о́пытный образе́ц, о́пытное изде́лие
Versuchsproduktion *f* о́пытное произво́дство
versuchsweise в ви́де о́пыта, для о́пыта, на про́бу
Versuchswerbung *f* эксперимента́льная рекла́ма
Versur *f* оборо́т, товарооборо́т
vertafeln представля́ть в ви́де табли́цы, своди́ть в табли́цу
Vertagung *f* отсро́чка; перенесе́ние на друго́й срок
 Vertagung auf unbestimmte Zeit перено́с на неопределённый срок; отсро́чка на неопределённый срок
verteidigen *f* защища́ть; обороня́ть; отста́ивать
 sich verteidigen защища́ться; обороня́ться; отста́ивать свои́ (права́, пози́ции)
 ***j-n* vor Gericht verteidigen** защища́ть *кого́-л.* на суде́
 Marktanteile verteidigen защища́ть ры́ночную до́лю; отста́ивать ры́ночную до́лю; отста́ивать до́лю ры́нка
 seine Rechte verteidigen защища́ть свои́ права́; отста́ивать свои́ права́
Verteidigung *f* защи́та; оборо́на
 Verteidigung einer Marktstelle защи́та пози́ций на ры́нке
Verteidigungsausgaben *f, pl* расхо́ды на оборо́ну
Verteidigungsindustrie *f* оборонная промы́шленность, предприя́тия оборо́нного ко́мплекса, *разг.* оборонка
verteilen *мат.* распределя́ть; раздава́ть; выдава́ть (за́работную пла́ту); размеща́ть (зака́зы)
 Gewinne verteilen распределя́ть при́быль
 neu verteilen перераспределя́ть
Verteilerideologie *f* идеоло́гия распределе́ния
Verteilerzuschlag *m* торго́вая наки́дка; торго́вая наце́нка; торго́вая надба́вка; торго́вая ски́дка (в кни́жном би́знесе)
verteilte Datenverarbeitung *f* распределённая обрабо́тка да́нных
verteiltes Computersystem *n* распределённая компью́терная систе́ма
Verteilung *f (мат.)* распределе́ние
 Verteilung (экон.) распределе́ние; разда́ча
 Verteilung вы́дача за́работной пла́ты
 Verteilung размеще́ние (зака́зов)
 Verteilung der Arbeiter расстано́вка рабо́чих *(на рабо́чие места́)*, распределе́ние рабо́чих
 Verteilung der genossenschaftlichen Einkünfte *с.-х.* распределе́ние дохо́дов
 Verteilung der Haushaltsmittel бюдже́тное распределе́ние
 Verteilung der Marktfonds распределе́ние ры́ночных фо́ндов
 Verteilung des Handelsnetzes размеще́ние торго́вой сети́
 Verteilung des Restvermögens распределе́ние иму́щества, оста́вшегося по́сле ликвида́ции о́бщества, ме́жду его́ уча́стниками
 Verteilung nach den Bedürfnissen распределе́ние по потре́бностям
 Verteilung nach der Arbeitsleistung распределе́ние по труду́; распределе́ние по трудово́му уча́стию
 asymptotisch-normale Verteilung асимптоти́чески норма́льное распределе́ние

Verteilung von Information распределе́ние информа́ции; распростране́ние информа́ции
asymptotische Verteilung асимпто́ти́ческое распределе́ние
binomiale Verteilung биномиа́льное распределе́ние
diskrete Verteilung дискре́тное распределе́ние
Gaussche Verteilung (*стат.*) распределе́ние Гаусса, норма́льное распределе́ние
gleichmäßige Verteilung уравни́тельное распределе́ние *(в первобытном о́бществе)*
hypergeometrische Verteilung гипергеометри́ческое распределе́ние
kontigentierte Verteilung фондиро́ванное распределе́ние
lognormale Verteilung логарифми́ческое норма́льное распределе́ние
normale Verteilung норма́льное распределе́ние
räumliche Verteilung территориа́льное размеще́ние; территориа́льное распределе́ние
statistische Verteilung статисти́ческое распределе́ние
Verteilungsdichte *f мат.* пло́тность распределе́ния
Verteilungsdichtefunktion *f* фу́нкция пло́тности распределе́ния
Verteilungsfunktion *f* фу́нкция распределе́ния
Verteilungsgesetz *n* зако́н распределе́ния
Verteilungsgleis *n* сортиро́вочный путь
Verteilungshistogramm *n* гистогра́мма распределе́ния
Verteilungskoeffizient *m* коэффицие́нт распределе́ния
Verteilungskurve *f* крива́я распределе́ния
Verteilungslehre *f* тео́рия распределе́ния
Verteilungsproblem *n* распредели́тельная зада́ча
geschlossenes Verteilungsproblem закры́тая распредели́тельная зада́ча
geschlossenes Verteilungsproblem откры́тая распредели́тельная зада́ча
Verteilungsrechnung *f* веде́ние национа́льных счето́в, исчисле́ние национа́льного дохо́да на осно́ве стати́стики теку́щего произво́дства и выпла́чиваемых дохо́дов
Verteilungsrechnung учёт при́былей и убы́тков в (акционе́рных) о́бществах при распределе́нии ко́нкурсной ма́ссы
Verteilungsschlüssel *m* ключ для расчёта при распределе́нии издéржек, ключ для расчёта при распределе́нии затра́т
Verteilungssystem *n* систе́ма распределе́ния
Verteilungstheorie *f мат.* тео́рия распределений
Verteilungstheorie тео́рия распределе́ния *(дохо́дов)*
Verteilungsverhältnisse *n, pl* отноше́ния распределе́ния
Verteilungsweise *f* спо́соб распределе́ния
Verteilungszentrale *f* распредели́тельный пункт; центр распределе́ния; центра́льная распредели́тельная устано́вка
verteuern *vt* повыша́ть це́ну
sich verteuern дорожа́ть, поднима́ться в цене́, повыша́ться в цене́
Verteuerung *f* повыше́ние цен, рост цен, подорожание, удорожание
vertiefen углубля́ть, уси́ливать *(напр. противоре́чия)*; обостря́ть *(напр. кри́зис)*
vertikal вертика́льный
vertikale Diversifikation вертика́льная диверсифика́ция
Vertikalkonzern *m* вертика́льный конце́рн (объедине́ние для произво́дства промежу́точных изде́лий коне́чного проду́кта)
Vertikalsoftware *f* сре́дства вертика́льного программи́рования
Vertikaltrust *m* вертика́льный трест; трест с вертика́льной структу́рой (объедине́ние для произво́дства промежу́точных изде́лий коне́чного проду́кта)
Vertikalverbund *m* вертика́льное интеграционное объедине́ние
Vertikalverflechtung *f* вертика́льные связи́
Vertikalzählwerk *n бухг.* счётчик вертика́льного подсчёта, счётчик для подсчёта ито́га столбца́
Vertrag догово́р, соглаше́ние, контра́кт
Vertrag abschließen заключа́ть догово́р
Vertrag annulieren аннули́ровать догово́р
Vertrag auf einmalige Leistung ра́зовый догово́р
Vertrag auf gegenseitige Verrechnung догово́р (о веде́нии) расчётного счёта
Vertrag aufkündigen денонси́ровать догово́р
Vertrag auflösen расто́ргнуть догово́р
Vertrag brechen нару́шить догово́р
Vertrag einhalten соблюда́ть догово́р
Vertrag in Schriftform пи́сьменный догово́р, догово́р в пи́сьменной фо́рме
Vertrag sui generis *юр.* догово́р в своём ро́де
Vertrag über den Bau von Mustern догово́р об изготовлении опытных образцо́в
Vertrag über gegenseitige Hilfe догово́р о взаимопо́мощи, догово́р о взаи́мной по́мощи
Vertrag über gegenseitige Hilfeleistung догово́р о взаимопо́мощи, соглаше́ние об оказа́нии взаи́мной по́мощи
Vertrag über Handel und Schifffahrt догово́р о торго́вле и судохо́дстве, догово́р о торго́вле и мореплавании
Vertrag über materielle Haftung догово́р о материа́льной отве́тственности; догово́р о матответсвенности
Vertrag über volle materielle Haftung догово́р о по́лной материа́льной отве́тственности
Vertrag über wissenschaftlich-technische Leistungen догово́р на выполне́ние нау́чно-исследовательских и опытно-конструкторских рабо́т; догово́р на НИОКР
Vertrag zugunsten Dritter догово́р в по́льзу тре́тьих лиц
abstrakter Vertrag абстра́ктный догово́р
anfechtbarer Vertrag оспа́риваемый догово́р
dinglicher Vertrag *юр.* ве́щный догово́р
befristeter Vertrag сро́чный догово́р, ограни́ченный сро́ком догово́р, догово́р на срок
beglaubigter Vertrag заве́ренный догово́р
einseitiger Vertrag односторо́нний догово́р; односторо́ннее соглаше́ние
gegenseitiger Vertrag двусторо́нний догово́р, двусторо́ннее соглаше́ние
gegenseitiger Vertrag обою́дный догово́р, взаи́мный догово́р *(напр. ку́пли-прода́жи)*
gültiger Vertrag де́йствующий догово́р; де́йствующий контра́кт; де́йствующее соглаше́ние
internationaler Vertrag междунаро́дный догово́р; междунаро́дный контра́кт; контра́кт с зарубежной организа́цией (фи́рмой); междунаро́дное соглаше́ние
knechtender Vertrag каба́льный догово́р; кабальное соглаше́ние, догово́р на каба́льных усло́виях, соглаше́ние на каба́льных усло́виях
langfristiger Vertrag долгосро́чный догово́р, долгосро́чное соглаше́ние
multilateraler Vertrag многосторо́нний догово́р; многосторо́ннее соглаше́ние
mündlich geschlossener Vertrag у́стный догово́р, догово́р в у́стной фо́рме
mündlicher Vertrag у́стный догово́р, догово́р в у́стной фо́рме
nichtiger Vertrag утра́тивший си́лу до-

говóр, недéйствующий договóр
nicht leicht berechtigter Vertrag неравнопрáвный договóр; неравноправное соглашéние
öffentlich-rechtlicher Vertrag общéственно-правовóй договóр
privatrechtlicher Vertrag частноправовой договóр
rechtskräftoger Vertrag вступи́вший в си́лу договóр
rechtsungleicher Vertrag неравнопрáвный договóр; неравноправное соглашéние
schriftlicher Vertrag договóр в пи́сьменной фóрме
schuldrechtlicher Vertrag *юр.* обязательственный договóр
statutenwidriger Vertrag внеуставнáя сдéлка; договóр, противорéчащий устáву *(фи́рмы, предприя́тия, óбщества)*
stornierter Vertrag сторнированный договóр
typisierter Vertrag типовóй договóр, типовóе соглашéние; стандартизованный договóр; бланк стандáртного договóра; (разг.) «ры́ба» договóра
typischer Vertrag типовóй договóр, типовóе соглашéние
unbefristeter Vertrag бессрóчный договóр; бессрóчное соглашéние
unentgeltlicher Vertrag безвозмéздный договóр
völkerrechtlicher Vertrag договóр, заключаемый на оснóве положéний междунарóдного правá; междунарóдное соглашéние, международно-правовóе соглашéние
an einen Vertrag gebunden sein быть свя́занным обязáтельствами по договóру; быть свя́занным услóвиями договóра; быть свя́занным договóром
der Vertrag ist abgelaufen срок дéйствия договóра истёк
einem Vertrag beitreten присоединя́ться к договóру (соглашéнию, конвéнции)
einen Vertrag abschließen заключи́ть договóр, заключáть договóр
einen Vertrag ändern изменя́ть договóр, измени́ть договóр; вноси́ть изменéния в договóр, внести́ изменéния в договóр
einen Vertrag anfechten оспáривать договóр
einen Vertrag annullieren аннули́ровать договóр, растóргнуть договóр, денонси́ровать договóр
einen Vertrag aufkündigen сообщи́ть о денонсáции договóра; денонси́ровать договóр
einen Vertrag auflösen растóргнуть договóр
einen Vertrag aushandeln заключáть договóр; добивáться заключéния договóра; стреми́тся заключи́ть договóр
einen Vertrag brechen нарýшить договóр, нарýшить услóвия договóра
einen Vertrag beim Notar hinterlegen сдавáть договóр на хранéние нотариусу, сдать договóр на хранéние нотариусу
einen Vertrag einhalten соблюдáть договóр, соблюдáть услóвия договóра
einen Vertrag erneuern возобнови́ть договóр
einen Vertrag erfüllen выполня́ть договóр, вы́полнить договóр; испóлнить договóр; вы́полнить услóвия договóра
einen Vertrag hinterlegen депони́ровать договóр
einen Vertrag kündigen растóргнуть договóр, расторгáть договóр; денонси́ровать договóр
einen Vertrag unterzeichnen подпи́сывать договóр, подписáть договóр
einen Vertrag verletzen нарýшить договóр
ein Vertrag läuft ab срок дéйствия договóра истекáет; срок договóра истёкает
ein Vertrag verstößst gegen das Gesetz договóр противорéчит закóну
Beratungsvertrag *m* договóр о консультационной пóмощи
Frachtvertrag *m* договóр о фрахтовании сýдна; фрахтóвый договóр; договóр фрáхта; чáртер; чáртерный договóр
Haftung *f* **aus Vertrag** договóрная ответственность
kraft des Vertrags в си́лу договóра
laut Vertrag по договóру, соглáсно договóру
Liefervertrag *m* договóр на постáвку; договóр постáвки; контрáкт на постáвку
Musterbauvertrag *m* договóр об изготовлении óпытного образцá
Normalvertrag *m* типовóй контрáкт; типовóй договóр
Schiffsvertrag *m* чáртер
Service-Vertrag договóр на обслýживание; договóр на сервисное обслýживание; сéрвисный договóр
Standardvertrag *m* типовóй договóр
vom Vertrag zurücktreten отказáться от договóра
Wartungsvertrag *m* договóр на техни́ческое обслýживание

vertraglich договорной; в договорном поря́дке; по договóру, соглáсно договóру
vertraglich absichern гаранти́ровать в договóре; гаранти́ровать в договорном поря́дке
vertraglich vereinbaren соглacóвывать в договóре; достигáть договóрное соглáсие
vertragliche Frist договорной срок
vertragliche Haftung договóрная ответственность; ответственность по договóру
vertragliche Regelung договóрное урегули́рование
(jndn) vertraglich binden свя́зывать (когó-л.) договóрными услóвиями
sich vertraglich zu (etw.) verpflichten обя́зываться по договóру; принимáть договóрные обязáтельства

Verträglichkeitskriterium *n* кри́терий совместимости

Verträglichkeitstest *m* провéрка на совмести́мость, испытáние на совмести́мость

Vertrags- und Preisspaltung *f* недозволенные дéйствия по сбы́ту марочных товáров под анони́мной мáркой и по бóлее ни́зким цéнам

Vertrags-Nebenabrede *f* внедоговорнóе соглашéние; дополни́тельное соглашéние к договóру (как прави́ло, конфиденциáльное)

Vertragsablauf *m* истечéние срóка договóра; истечéние срóка контрáкта; окончáние срóка договóра; окончáние договóра; окончáние срóка контрáкта; окончáние контрáкта; окончáние срóка соглашéния

Vertragsabschluss *m* заключéние договóра; заключéние соглашéния; заключéние контрáкта; подписáние договóра; подписáние контрáкта; подписáние соглашéния
einem Vertragsabschluss gelangen достигáть заключéния договóра

Vertragsabschlussfrist *f* срок заключéния договóра

Vertragsabschlusspflicht *f* обя́занность заключéния договóра
gesetzliche Vertragsabschlusspflicht установленная закóном обя́занность заключéния договóра, законодáтельная обя́занность заключéния договóра

Vertragsabschlussverfahren *n* процедýра заключéния договóра; поря́док заключéния договóра

Vertragsabwicklung *f* опeрáции по исполнéнию договóра *(постáвка товáра, приём, расчёты)*

Vertragsänderung *f* изменéние договóра, внесéние изменéний в договóр

Vertragsangebot *n* предложéние о заключéнии договóра *(с указáнием всех необходи́мых для заключéния сдéлки услóвий)*, оферта

Vertragsannahme *f* приня́тие договóра, акцéпт договóра

Vertragsantrag *m* предложéние о заключéнии договóра *(с указáнием всех необходи́мых для заключéния сдéлки услóвий)*, оферта

Vertragsartikel *m* статья́ договóра; статья́ соглашéния

Vertragsaufhebung *f* отмéна договóра, денонсáция договóра, отмéна контрáкта, денонсáция контрáкта

Vertragsbauweise *f* подря́дный спóсоб строи́тельства

Vertragsbedingungen *f, pl* договóрные услóвия, услóвия договóра, услóвия контрáкта, услóвия соглашéния

Vertragsbeziehungen *f, pl* договóрные отношéния

Vertragsbindung *f* договóрное обязáтельство, обязáтельство по договóру

Vertragsbruch *m* нарушéние договóра, нарушéние контрáкта, нарушéние соглашéния

Vertragschließende *m* договáривающаяся сторонá, контрагéнт

Vertragsdisziplin *f* договóрная дисципли́на

Vertragsentwurf *m* проéкт договóра, проéкт контрáкта

Vertragserfüllung *f* выполнéние договóра, выполнéние контрáкта, выполнéние услóвий договóра

Vertragsforschung *f* исслéдовательские рабóты, проводи́мые по договóру; договóрные исслéдовательские рабóты; договóрное исслéдование

Vertragsgegenstand *m* предмéт договóра, предмéт контрáкта; предмéт соглашéния

vertragsgemäß соотвéтствующий договóру, отвечáющий услóвиям договóра; по договóру, соглáсно услóвиям договóра; договорной

vertragsgerecht соотвéтствующий договóру, отвечáющий услóвиям договóра; по договóру, соглáсно услóвиям договóра

Vertragsgericht *n* арбитрáж
staatliches Vertragsgericht госудáрственный арбитрáж, госарбитрáж

Vertragsgesetz *n* закóн о внедрéнии систéмы договóрных отношéний

Vertragsgestaltungsverfahren *n* поря́док рассмотрéния госудáрственным арбитрáжем спóров, свя́занных с отношéниями по хозя́йственным договорáм

Vertragshändler *m* чáстный оптóвый торгóвец, занимáющийся продáжей средств произвóдства на оснóве договóра, заключаемого с госудáрственной торгóвой организáцией

Vertragskalkulation *f* предвари́тельная калькуля́ция расхóдов, состáвленная к момéнту заключéния договóра

Vertragsklausel *f* пункт договóра, договóрная клáузула, договóрная оговóрка, оговóрка в договóре

vertragslos бездоговóрный

vertragsmäßig соотвéтствующий договóру, отвечáющий услóвиям договóра; по договóру, соглáсно услóвиям договóра

Vertragsmuster *n* договóрный образéц

Vertragsobjekt *n* предмéт договóра

Vertragspartei *f* сторонá в договóре, учáстник договóра

Vertragspartner *m* сторонá в договóре, учáстник договóра, партнер по договóру

Vertragspreis *m* договóрная ценá, контрактная ценá, ценá по договóру

Vertragspreissystem *n* систéма договóрных цен

Vertragspunkt *m* пункт договóра

Vertragsrückstände *m, pl* отставáние (по срóкам и́ли по коли́честву) в выполнéнии договóрных обязáтельств; коли́чества, подлежáщие допостáвке по договóру

Vertragssanktionen *f pl* договóрные сáнкции *(напр. в слýчае нарушéния услóвий контрáкта)*

Vertragsschiedsverfahren *n* арбитрáжное судопроизвóдство

Vertragsschließende *m* договáривающаяся сторонá

Vertragsschluss *m* заключéние договóра, заключéние контрáкта
schriftlicher Vertragsschluss пи́сьменное заключéние договóра; заключéние договóра в пи́сьменной фóрме
Vertragsschluss unter Abwesenden заключéние договóра мéжду отсутствующими

Vertragssparen *n* накоплéние сбережéний на оснóве договóра со сберегательной кассой

Vertragsstrafe *f* неустóйка, конвенциональный штраф, договóрный штраф, пéня

Vertragsstrafengläubiger *m* сторонá в договóре, в пóльзу которóй наруши́тель договóра обя́зан уплати́ть штраф

Vertragsstrafenverpflichtung *f* обязанность плати́ть договóрные штрафы

Vertragsstreitigkeiten *f, pl* разноглáсия по договóру

Vertragssystem *n* систéма договóрных отношéний, систéма хозя́йственных договорóв

Vertragstarif *m* договóрный тари́ф

Vertragsteil *m* сторонá договóра, учáстник договóра

Vertragstreue *f* договóрная дисципли́на

Vertragsübernahme *f* приня́тие на себя́ исполнéние договóра (контрáкта) *(вмéсто другóй сторонý)*

Vertragsunterlagen *f, pl* приложéния к договóру

Vertragsverbindlichkeit *f* обязáтельство по договóру; обязáтельство, вытекáющее из договóра

Vertragsverhältnisse *n, pl юр.* договóрные отношéния

Vertragsverletzung *f* нарушéние договóра, нарушéние контрáкта

Vertragsversicherung *f* договóрное страховáние

Vertragswährung *f* валю́та договóра, валю́та сдéлки

Vertragswert *m* сýмма договóра, сýмма контрáкта; сýмма соглашéния; ценá договóра

vertragswidrig в нарушéние договóра, в нарушéние контрáкта

Vertragsziel *n* цель заключéния договóра; цель договóра

Vertragszoll *m* конвенционная пóшлина, конвенционная пóшлина, конвенциóнный тари́ф

Vertragszollsatz *m* договóрный тамóженный тари́ф; конвенциональный тамóженный тари́ф

Vertrauensbereich *m* довери́тельная óбласть

Vertrauensfaktor *m стат.* довери́тельный коэффициéнт

Vertrauensgebiet *n* довери́тельная óбласть

Vertrauensgrenzen *f, pl* довери́тельные грани́цы

Vertrauensinteresse *n* возмещéние ущéрба, возни́кшего из-за довéрия к действи́тельности договóра

Vertrauensintervall *n* довери́тельный интервáл

Vertrauensleute *pl* довéренные ли́цá (мн.ч.)

Vertrauensmann *m* довéренное лицó; агéнт; уполномóченный

Vertrauensperson *f* довéренное лицó

Vertrauensschaden *m* ущéрб, понесённый однóй из сторóн договóра в результáте довéрия к действи́тельности договóра

Vertrauensschadenversicherung *f* страховáние от убы́тков из-за довéрия к действи́тельности договóра

Vertrauensstellung *f* ответственный пост; ответственная дóлжность

Vertrauenswahrscheinlichkeit *f* дове-

ри́тельная вероя́тность
vertrauenswürdig досто́йный дове́рия; добросо́вестный *(напр. о фи́рме)*; кредитоспосо́бный
vertreiben *vt* изгоня́ть, прогоня́ть
vertreiben продава́ть, сбыва́ть
vertreiben выступа́ть в ро́ли дистрибу́тора
von Grund und Boden vertreiben обезземе́ливать
Vertreibung *f* изгна́ние
Vertreibung *f* прода́жа, сбыт, реализа́ция, дистрибу́ция
vertretbar (юр.) замени́мый *(о веща́х)*
vertretbar допусти́мый
vertretbar могу́щий быть опра́вданным *(о посту́пке)*
vertretbar sein быть недопусти́мым; быть невозмо́жным
Vertretbarkeit *f* замени́мость *(потреби́тельских това́ров)*
Vertretbarkeit *f* опра́вданность, допусти́мость, возмо́жность
wirtschaftliche Vertretbarkeit экономи́ческая опра́вданность
vertreten *vt* быть представи́телем
vertreten замеща́ть, заменя́ть *(кого́-л.)*
ein Haus vertreten быть представи́телем фи́рмы, быть представи́телем торго́вого до́ма
Vertretene *m* представля́емое лицо́
Vertreter *m* представи́тель *(напр. фи́рмы)*
Vertreter замести́тель
Vertreter замеща́ющее лицо́
Vertreter аге́нт; коммивояжёр
Vertreter ди́лер
Vertreter *m юр.* пове́ренный
Vertreter des öffentlichen Interesses представи́тель госуда́рственных интере́сов
bevollmächtigter Vertreter полномо́чный представи́тель
diplomatischer Vertreter дипломати́ческий представи́тель
gesetzlicher Vertreter зако́нный представи́тель
führende Vertreter der Wirtschaft веду́щие представи́тели эконо́мики
Vertreterfirma *f* фи́рма-аге́нт, аге́нтская фи́рма
Vertreterkosten *pl* представи́тельские расхо́ды, представи́тельские изде́ржки
Vertreterprovision *f* комиссио́нное вознагражде́ние торго́вому представи́телю, комиссио́нное вознагражде́ние аге́нту, аге́нтское комиссио́нное вознагражде́ние; ди́лерское вознагражде́ние
Vertreterversandhandel *m* посы́лочная торго́вля че́рез коммивояжёров
Vertretervertrag *m* догово́р на представи́тельство, догово́р на оказа́ние представи́тельских услу́г
Vertretung *f* представи́тельство
Vertretung замеще́ние *(кого́-л.)*
Vertretung исполне́ние *чьих-л.* обя́занностей
Vertretung де́ятельность разъездно́го аге́нта, де́ятельность коммивояжёра
Vertretung ohne Auftrag представи́тельство без поруче́ния
Vertretung ohne Vertretungsmacht представи́тельство без соотве́тствующих полномо́чий
Vertretung von Amts wegen официа́льное представи́тельство
Vertretung vor Gericht представи́тельство в суде́
auftragslose Vertretung представи́тельство без поруче́ния
bevollmächtigte Vertretung полномо́чное представи́тельство
die Vertretung übernehmen принима́ть на себя́ обяза́тельства представи́теля; станови́ться представи́телем (напр. фи́рмы)
Vertretungsmacht *f* полномо́чие де́йствовать в ка́честве представи́теля
Vertretungsordnung *f* поря́док представи́тельства
Vertrieb *m* прода́жа, сбыт, реализа́ция
Vertriebsabteilung *f* отде́л сбы́та
Vertriebsapparat *m* сбытово́й аппара́т
Vertriebsfirma *f* сбытова́я фи́рма
Vertriebsgemeinkosten *pl* накладны́е расхо́ды по сбы́ту
Vertriebsgesellschaft *f* сбытова́я компа́ния, сбытово́е о́бщество, сбытово́е акционе́рное о́бщество
Vertriebshaus *n* сбытова́я фи́рма; торго́вый дом
Vertriebskartell *n* сбытово́й карте́ль
Vertriebskosten *pl* расхо́ды по сбы́ту, затра́ты по сбы́ту; расхо́ды, свя́занные с реализа́цией проду́кции, затра́ты, свя́занные с реализа́цией проду́кции
Vertriebskostenstellen *f, pl* места́ возникнове́ния сбытовы́х расхо́дов *(напр. упако́вочный отде́л, экспеди́ция, отде́л рекла́мы)*
Vertriebsplan *m* план реализа́ции
Vertriebsstellen *f, pl* места́ возникнове́ния сбытовы́х расхо́дов *(напр. упако́вочный отде́л, экспеди́ция, отде́л рекла́мы)*
Vertriebsweg *m* кана́л сбы́та
vertrusten трести́ровать, объединя́ть в трест *(предприя́тия)*
veruntreuen растра́чивать, расхища́ть; присва́ивать
Veruntreuung *f* растра́та, расхище́ние; злоупотребле́ние дове́рием
Veruntreuungsversicherung *f* страхова́ние от растра́т и хище́ний
Verursacherprinzip *n* при́нцип компенса́ции экономи́ческого уще́рба за счёт вино́вного в нанесе́нии уще́рба
Verursachungsprinzip *n* при́нцип материа́льной отве́тственности лица́, де́ятельность кото́рого обусло́вила возникнове́ние уще́рба, при́нцип материа́льной отве́тственности лица́, де́ятельность кото́рого обусло́вила возникнове́ние убы́тков
Vervollgenossenschaftlichung *f* сплошно́е коопери́рование се́льского хозя́йства
vervollkommnen *vt* усоверше́нствовать
Vervollkommnung *f* усоверше́нствование
Verwägen *n* взве́шивание
Verwägung *f* взве́шивание
verwahren *vt* храни́ть
Verwahrer *m* храни́тель *(вкла́да)*
Verwahrkonto *n бухг.* счёт невы́ясненных сумм на хране́нии
Verwahrkonto теку́щий счёт для хране́ния депози́тов бюдже́тных учрежде́ний
Verwahrung *f* хране́ние, сохране́ние ; догово́р хране́ния ; проте́ст, возраже́ние
in Verwahrung halten сохраня́ть, храни́ть
in Verwahrung nehmen брать на хране́ние
Verwahrung erheben протестова́ть
Verwahrungsbuch *n* кни́га депози́тов (ба́нка)
Verwahrungsgebühr *f* пла́та за хране́ние
Verwahrungsschein *m* сохра́нное свиде́тельство
Verwahrungsvertrag *m* догово́р хране́ния
unregelmäßiger Verwahrungsvertrag догово́р хране́ния с пра́вом распоряжа́ться сданными на хране́ние це́нностями и с обяза́тельством возвра́та эквивале́нта
Verwaltung *f* администра́ция, управле́ние (орга́н), правле́ние
Verwaltung управле́ние, руково́дство
Verwaltung администри́рование
Verwaltung (выч.тех.) веде́ние; учёт
Verwaltung der Kundenkrankheit веде́ние картоте́ки клие́нтов
Verwaltung der Vereinten Nationen für Hilfe und Wiederherstellung *ист.* Администра́ция Объединённых На́ций по по́мощи и восстановле́нию, ЮНРРА
Verwaltung für Wirtschaftliche Zusammenarbeit Администра́ция экономи́ческого сотру́дничества *(по «пла́ну*

Маршалла»)
Verwaltung eines Fonds управле́ние фо́ндом
die Verwaltung arbeitet unrationell управле́ние нерациона́льно; управле́ние рабо́тает нерациона́льно
staatliche Verwaltung орга́н госуда́рственного управле́ния
Sitz der Verwaltung местонахожде́ние правле́ния; местонахожде́ние управля́ющего орга́на; местонахожде́ние орга́на управле́ния
Verwaltungsaufwendungen *f pl* администрати́вно-управленческие изде́ржки, администрати́вно-управленческие расхо́ды, администрати́вные расхо́ды
Verwaltungsaufwendungen einschränken сокраща́ть администрати́вно-управленческие расхо́ды, сокраща́ть администрати́вные расхо́ды
Verwaltungsausgaben *f pl* администрати́вные расхо́ды, администрати́вно-управленческие расхо́ды
Verwaltungsbezirk *m* администрати́вно-территориа́льная едини́ца
Verwaltungsbuchführung *f* бюдже́тный учёт, бюдже́тное счетово́дство
Verwaltungsbuchführung *f* бюдже́тный учёт и отчётность
Verwaltungsdistrikt *m* администрати́вный о́круг; администрати́вный райо́н
Verwaltungseinheit *f* администрати́вная едини́ца
territoriale Verwaltungseinheit администрати́вно-территориа́льная едини́ца
Verwaltungseinteilung *f* администрати́вно-территориа́льное деле́ние
Verwaltungsfunktion *f* администрати́вная фу́нкция
Verwaltungsgebiet *n* администрати́вный райо́н
Verwaltungsgebühren *f pl* администрати́вные сбо́ры
Verwaltungsgemeinkosten *pl* администрати́вно-хозя́йственные расхо́ды (мн.ч.), администрати́вные расхо́ды (мн.ч.); управленческие расхо́ды (мн.ч.); расхо́ды на управле́ние (мн.ч.)
Verwaltungsgerichtsbarkeit *f* администрати́вная юрисди́кция
Verwaltungsgliederung *f* администрати́вный соста́в; администрати́вное деле́ние; администрати́вно-территориа́льное деле́ние
Verwaltungshoheit *f* администрати́вный суверените́т
Verwaltungskosten *pl* администрати́вные расхо́ды, администрати́вно-управленческие расхо́ды
Verwaltungskostengewinn *m* при́быль за счёт эконо́мии по статье́ управленческих расхо́дов
Verwaltungskostenstellen *f, pl* места́ возникнове́ния администрати́вно-управленческих расхо́дов
Verwaltungskostenumlage *f* распределе́ние администрати́вно-управленческих расхо́дов, раскла́дка администрати́вно-управленческих расхо́дов, распределе́ние администрати́вных расхо́дов
Verwaltungsorgan *n* администрати́вный орга́н, орга́н администрати́вного управле́ния
Verwaltungspersonal *n* администрати́вно-управле́нческий персона́л; администра́ция
Verwaltungsprotektionismus *m* администрати́вный протекциони́зм; протекциони́зм, осуществля́емый администрати́вными о́рганами *(напр. путём осуществле́ния прямо́го контро́ля над импортом каки́х-л. това́ров)*
Verwaltungsrat *m* администрати́вный сове́т
Verwaltungsstelle *f* администрати́вное учрежде́ние
Verwaltungsstellen *f, pl* места́ возникнове́ния администрати́вно-управленческих расхо́дов
Verwaltungsstruktur *f* структу́ра управле́ния
abteilungslose Verwaltungsstruktur бесцехова́я структу́ра управле́ния
typisierte Verwaltungsstruktur типовая структу́ра управле́ния
Verwaltungsvermögen *n* иму́щество госуда́рственных и ме́стных администрати́вных о́рганов, испо́льзуемое для выполне́ния и́ми свои́х фу́нкций *(напр. зда́ния суде́бных о́рганов, министе́рств т. д.)*
Verwaltungswirtschaftslehre *f* конце́пция хозя́йственного регули́рования *(де́лающая осо́бый акце́нт на роль госуда́рственного управле́ния и госуда́рственных предприя́тий в эконо́мике страны́)*
Verwandlung *f* превраще́ние; метамо́рфоза
Verwandlung der Warenform метамо́рфоза това́рной фо́рмы
Verwandlung in Kapital капитализа́ция
Verwässerung *f* **des Aktienkapitals** разводнение акционе́рного капита́ла
Verweisung *f* ссы́лка *(напр. на догово́р)*
Verweisungsvertrag *m юр.* догово́р о вы́боре права́
Verweltlichung *f ист.* секуляриза́ция
Verwendbarkeit *f* приго́дность, примени́мость; практи́ческая поле́зность
verwenden *vt* употребля́ть, испо́льзовать, применя́ть
Verwender *m* потреби́тель
Verwender *m* физи́ческое или юриди́ческое лицо́, испо́льзующее *(что-л.)*
Verwendung *f* примене́ние, испо́льзование, *см.тж.* **Verwendungen** *pl*
Verwendung употребле́ние
Verwendung des Nationaleinkommens испо́льзование национа́льного дохо́да
einmalige Verwendung однокра́тное испо́льзование
gewerbliche Verwendung испо́льзование в целя́х про́мысла; промы́шленное примене́ние
Verwendungen *f, pl* затра́ты, расхо́ды *(напр. расхо́ды дове́ренного в по́льзу довери́теля)*
Verwendungsart *f* спо́соб употребле́ния
Verwendungskonzeption *f* о́бщие направле́ния расхо́дования средств
Verwendungszweck *m* целево́е назначе́ние *(напр. креди́та)*
verwerfen отве́ргнуть *(напр. предложе́ние)*; отвести́, отводи́ть *(напр. кандидату́ру)*
Verwerfung *f* отвергание, отклоне́ние *(чего́-л.)*
Verwerfung der Buchführung отка́з фина́нсовых о́рганов призна́ть да́нные бухга́лтерского учёта, отка́з фина́нсовых о́рганов приня́ть да́нные бухга́лтерской отчётности
verwertbar могу́щий быть испо́льзованным, го́дный для испо́льзования, приго́дный для испо́льзования
verwerten *vt* испо́льзовать
verwerten реализова́ть
verwerten утилизи́ровать
eine **Erfindung verwerten** внедря́ть изобрете́ние
seine Kenntnisse verwerten испо́льзовать свои́ зна́ния, применя́ть свои́ зна́ния
Papiere verwerten реализова́ть це́нные бума́ги
sich verwerten самовозрастать *(напр. о сто́имости)*
Verwertung *f* возраста́ние *(напр. сто́имости, це́нности акти́вов)*
Verwertung испо́льзование, примене́ние *(напр. капита́ла)*
Verwertung реализа́ция *(напр. изобрете́ния)*
Verwertung утилиза́ция *(напр. отхо́дов произво́дства)*
Verwertung des Kapitals увеличе́ние сто́имости капита́ла, самовозрастание сто́имости капита́ла

Verwertungskoeffizient *m* коэффицие́нт испо́льзования
Verwertungskoeffizient коэффицие́нт утилизации
Verwertungskoeffizient коэффицие́нт возраста́ния сто́имости
Verwertungsmöglichkeit *f* возмо́жность испо́льзования
Verwertungsmöglichkeit возмо́жность утилизации
Verwertungsprozess *m* проце́сс возраста́ния сто́имости
Verwertungsprozess des Kapitals проце́сс самовозрастания сто́имости капита́ла
Verwertungsrate *f* но́рма возраста́ния сто́имости, но́рма возраста́ния це́нности
Verwertungsrate но́рма самовозрастания капита́ла
verwirken *vt* теря́ть пра́во *(на что-л., напр. утра́тить пра́во на и́мпорт вследствие недоплаты по́шлин)*
Verwirkung *f* лише́ние, поте́ря
Verwirkung утра́та права́
Verwirkungsklausel *f* огово́рка в догово́ре о поте́ре прав(а) в слу́чае невыполнения обяза́тельств
verwirtschaften *разг.* разбаза́ривать, занима́ться расточительством
Verwohlfeilerung *f* удешевление *(напр. элеме́нтов постоя́нного капита́ла)*
Verzehr *m* потребле́ние, расхо́дование проду́ктов пита́ния
verzehren потребля́ть, расхо́довать проду́кты пита́ния
Verzehrsgewohnheiten *f, pl* обы́чаи и привы́чки в потреблении проду́ктов пита́ния
Verzeichnis *n* спи́сок, о́пись, рее́стр, пе́речень
Verzerrung *f* искаже́ние *(напр. ценовых пропорций, валю́тных паритетов и т.п.)*
Verzicht *m* отка́з *(от прав, вы́годы, возмо́жности и т.п.)*
Verzicht auf Recht *юр.* абандони́ровать пра́во
verzichten *vi* отказа́ться *(от чего-л.)*
Verzichturteil *n* реше́ние суда́, приня́тое в свя́зи с отка́зом истца́ от своего́ притяза́ния
verzinsbar проце́нтный, принося́щий проце́нты, с процентами
verzinsen начисля́ть проце́нты
verzinsen плати́ть проце́нты
verzinslich проце́нтный, принося́щий проце́нты
verzinslich anlegen помеща́ть под проце́нты
Verzinsung *f* взима́ние проце́нтов; взима́ние ба́нковского проце́нта
Verzinsung ба́нковский проце́нт; проце́нты
Verzinsung начисле́ние проце́нтов
Verzinsung einer Anleihe начисле́ние проце́нтов по за́йму
gleichmäßige Verzinsung твёрдый проце́нт, фикси́рованный проце́нт *(по це́нным бума́гам)*
kontinuierliche Verzinsung непреры́вное начисле́ние проце́нтов
Verzinsungs- und Tilgungsmodus *m* спо́соб начисления проце́нтов и погаше́ния капита́льного до́лга
Verzinsungsfaktor *m* мно́житель наращения, мно́житель увеличе́ния
Verzinsungsverbot *n* запре́т на взима́ние ссудного проце́нта
Verzögerung *f* заде́ржка, запа́здывание; затя́гивание; просро́чка *(напр. платежа́)*
verzollbar подлежа́щий обложе́нию по́шлиной
verzollbar подлежа́щий тамо́женному обложе́нию
verzollen облага́ть по́шлиной
verzollen опла́чивать по́шлину
verzollt включа́я тамо́женные по́шлины
Verzollung *f* обложе́ние по́шлиной
Verzollung упла́та по́шлины
Verzollung упла́та тамо́женной по́шлины
Verzollungsmaßstäbe *m, pl* крите́рии, испо́льзуемые в систе́ме тамо́женного обложе́ния *(напр. сто́имость, вес, коли́чество това́ров)*
Verzollungspostgebühr *f* сбор за тамо́женный досмо́тр почто́вых отправле́ний
Verzollungsverfahren *n* поря́док очистки това́ров от по́шлин; поря́док тамо́женной очи́стки
Verzug *m* заде́ржка, запа́здывание; затя́жка
Verzug просро́чка *(напр. платежа́, поста́вок и т.п.)*
Verzugsschaden *m* ущёрб, наноси́мый кредито́ру просрочкой платежа́; ущёрб, наноси́мый кредито́ром просрочкой в приня́тии обяза́тельства
Verzugsvertragsstrafe *f* догово́рный штраф за просрочку
Verzugszins *m* пе́ня за просрочку исполне́ния обяза́тельства
Verzugszinsen *m pl* пе́ня(и) за просрочку в выполне́нии обяза́тельства
Verzugszuschlag *f* доначисле́ния за просрочку (опозда́ние)
Verzweigtheit *f* разветвлённость
Verzweigung *f* разветвле́ние
VF-Verfahren *n* ме́тод взаи́много зачёта тре́бований и обяза́тельств
VGW, Valutagogenwert валю́тный эквивале́нт
v.H., vom Hundert проце́нт
via *лат.* виа, по, через *(помéтка, ука́зывающая путь сле́дования и т.п.)*
vice versa *лат.* обра́тно; наоборо́т
vice versa *трансп.* на обра́тном пути́
Vidierung *n* (юр.) завидирование; заверéние; удостоверéние
Vieh *n* скот
Viehbesatz *m* коли́чество голо́в скота́ в расчёте на едини́цу пло́щади, пло́тность поголо́вья скота́
Viehbestand *m* поголо́вье скота́
Viehsteuer *f* нало́г на потребле́ние мя́са, нало́г на мя́со; нало́г на лиц, содержащих скот
Viehwirtschaft *f* животново́дческое хозя́йство
Viehwirtschaftsbetrieb *m* животново́дческое хозя́йство; животново́дство
Vielfeldersystem *n* многопо́льная систе́ма земледе́лия
Vielfelderwirtschaft *f* многопольное хозя́йство; многопо́лье
Vielplanwirtschaft *f* многоплановая эконо́мика *(обозначе́ние товарно-де́нежного хозя́йства)*
Vielsteuersystem *n* систе́ма множественности нало́гов
Vierpersonenspiel *n* игра́ с четырьмя́ уча́стниками, игра́ четырёх уча́стников
Vierpersonenspiel mit Summe Null игра́ четырёх уча́стников с нулево́й су́ммой
Vierschichtarbeit *f* четырёхсменная рабо́та
Vierspaltenverfahren *n бухг.* четырёхколоночная систе́ма копиручёта
vierteljährlich кварта́льный, покварта́льный
Viertelkreis *m* квадра́нт
Vindikationsanspruch *m юр.* виндикационное притяза́ние, притяза́ние на вы́дачу истцу́ его́ иму́щества
Vindikationsklage *f юр.* виндикацио́нный иск
Vinkulation *f* винкули́рование; превраще́ние предъявительских це́нных бума́г в именны́е *(путём соверше́ния на́дписи)*
Vinkulationsgeschäft *n* ба́нковская опера́ция по предоставлению ава́нса поставщику и обеспе́чению поступле́ния платежа́ от импортёра *(предоставля́ется обы́чно под зало́г това́рных докуме́нтов, подписанных поставщико́м)*
vinkulieren *vt* винкули́ровать, превраща́ть предъявительские це́нные бума́ги в именны́е
vinkulieren свя́зывать; обя́зывать

vinkuliert винкули́рованный
vinkulierte Aktie винкули́рованная а́кция
vinkulierte Namensaktie *f* винкули́рованная имення́я а́кция
Vinkulierung *f* винкули́рование *(на́дпись на предъявительских це́нных бума́гах, превращающая их в именны́е)*
VIP:
VIP (eng), very important person (eng); sehr wichtige Person, bedeutende Persönlichkeit вип-персо́на
VIP, Verwaltungs- und Informations-Paket für Kapitalanlagegesellschaften програ́ммное обеспе́чение для инвестиционных компа́ний
Virement *n* перераспределе́ние бюдже́тных средств
virtuell виртуа́льный
vis major *лат.* форс-мажо́р, непреодоли́мая си́ла
vis-à-vis *(фр.)* визави́, друг про́тив дру́га; напро́тив
Visa-Carte *f* пла́стиковая Ви́за-ка́рта, пла́стиковая ка́рта **Visa**
Visa-Karte *f* пла́стиковая Ви́за-ка́рта, пла́стиковая ка́рта **Visa**
Visa-Kontrolle *f* бюдже́тный контро́ль, осуществля́емый путём визи́рования кассовых ордеров
Visavis *n m (фр.)* визави́, друг про́тив дру́га; напро́тив
Visby Regeln *f pl* пра́вила Висбю
visieren *vt I* визи́ровать, накла́дывать ви́зу *(на докуме́нт)*; эталони́ровать *(ме́ры и весы́)*
visieren *vi II* эталони́ровать *(ме́ры и весы́)*
Vision *f* виде́ние *(напр. ситуа́ции)*
Visitation *f юр.* ли́чный о́быск; досмо́тр; визита́ция
Visitenkarte *f* визи́тная ка́рточка
Vista *f (ит.) ком.* предъявле́ние *(вексе-ля́)*; презентация
Vistawechsel *m* ве́ксель на предъяви́теля
Visum *n* ви́за
Visum zur einmaligen Einreise однократная ви́за; ви́за для однократного въезда
Visum zur mehrmaligen Einreise многокра́тная ви́за, ви́за для многокра́тного посеще́ния
das Visum erlangen получа́ть ви́зу, получи́ть ви́зу
das Visum erteilen вы́дать ви́зу, выдава́ть ви́зу
Vitrine *f* витри́на
Vizepräsident *m* вице-президе́нт
Vizepräsidentin *f* вице-президе́нт

v.J., voriges Jahres про́шлого го́да
VK, Versicherungskasse страхова́я ка́сса
VKU, Verband Kommunaler Unternehmen Объедине́ние коммуна́льных предприя́тий (хозя́йств)
Vl., Verlust убы́ток, уще́рб
Vm., Vormann предше́ствующий индосса́нт, предыду́щий индосса́нт
VN:
VN, Vereinte Nationen ООН, Организа́ция объединённых на́ций
VN, Vietnam Вьетна́м
VND, Dong, -- Vietnam Донг *(код валю́ты* 704), -- Вьетна́м
VO, Verordnung постановле́ние, распоряже́ние, предписа́ние, ука́з
VOB, Verdingungsordnung für Bauleistungen пра́вила выполне́ния подрядно-строи́тельных рабо́т
Vol., Volumen *n* объём
Volatilität *f* подви́жность де́нежных средств, динами́чность де́нежных средств
Volk *n* наро́д; на́ция
Völkerrecht *n* междунаро́дное пра́во
allgemeines Völkerrecht публи́чное междунаро́дное пра́во
völkerrechtlich междунаро́дно-правово́й, осно́ванный на междунаро́дном пра́ве, соотве́тствующий но́рмам междунаро́дного пра́ва; с то́чки зре́ния междунаро́дного пра́ва; согла́сно но́рмам междунаро́дного пра́ва
völkerrechtswidrig противоре́чащий но́рмам междунаро́дного пра́ва
Völkervertragsrecht *n* междунаро́дное догово́рное пра́во
Volks- und Berufszählung *f* демографи́чески-профессиона́льная пе́репись
Volksaktie *f истор.* наро́дная а́кция
Volksbewegung *f* всенаро́дное движе́ние
Volksdemokratie *f* наро́дная демокра́тия; *ист.* страна́ наро́дной демокра́тии
volkseigen наро́дный, явля́ющийся со́бственностью наро́да
Volkseigentum *n* всенаро́дное достоя́ние; наро́дное достоя́ние
allgemeines Volkseigentum общенаро́дное достоя́ние, общенародная со́бственность
einheitliches Volkseigentum еди́ная общенародная со́бственность
Volkseinkommen *n* национа́льный дохо́д; совоку́пный национа́льный дохо́д
Volksentscheid *m* рефере́ндум, всенаро́дный опро́с
Volksgesundheit *f* здоро́вье наро́да

Volksgesundheit здравоохране́ние
Volkskapitalismus *m* «наро́дный капитали́зм»
Volkskonsum *m* наро́дное потребле́ние
Volkskontrollorgan *n* орга́н наро́дного контро́ля
Volksverbrauch *m* наро́дное потребле́ние
Volksvermehrung *f* приро́ст населе́ния
Volksvermögen *n* национа́льное бога́тство
Volksvermögen общенаро́дное достоя́ние
Volksversicherung *f* страхова́ние жи́зни на небольшу́ю су́мму
Volkswirt *m* экономи́ст; специали́ст в о́бласти наро́дного хозя́йства
Volkswirtschaft *f* наро́дное хозя́йство
Volkswirtschaft национа́льная эконо́мика
volkswirtschaftlich народнохозя́йственный
Volkswirtschaftsbereich *m* о́трасль наро́дного хозя́йства
Volkswirtschaftsbilanz *f* бала́нс наро́дного хозя́йства
zusammenfassende Volkswirtschaftsbilanz сво́дный бала́нс наро́дного хозя́йства
Volkswirtschaftslehre *f* полити́ческая эконо́мия, национа́льная экономи́ческая тео́рия, социа́льная экономи́ческая тео́рия
Volkswirtschaftsmethode *f* народнохозя́йственный ме́тод исчисле́ния *(напр. валово́й проду́кции промы́шленности)*
Volkswirtschaftsplan *m* народнохозя́йственный план
optimaler Volkswirtschaftsplan оптима́льный народнохозя́йственный план
Volkswirtschaftsplanung *f* плани́рование наро́дного хозя́йства, народнохозя́йственное плани́рование
Volkswirtschaftspolitik *f* экономи́ческая поли́тика, поли́тика в о́бласти наро́дного хозя́йства
Volkswirtschaftstheorie *f* тео́рия наро́дного хозя́йства, народнохозя́йственная тео́рия
Volkswirtschaftszweig *m* о́трасль наро́дного хозя́йства
Volkswohlfahrt *f* обще́ственное благосостоя́ние
Volkswohlstand *m* наро́дное благосостоя́ние
Volkswohnungsbau Наро́дное о́бщество жили́щного строи́тельства *(ФРГ)*
Volkszählung *f* пе́репись населе́ния, демографи́ческая пе́репись

Vollarbeit *f* пóлная зáнятость
Vollarbeitskräfte *f, pl*, **familieneigene** *ист.* взрóслые члéны (крестья́нской) семьи́, рабóтающие в течéние цéлого гóда по 8 часóв
Vollarbeitsloser *m* пóлностью безрабóтный
Vollarbeitslosigkeit *f* пóлная безрабóтица
Vollauslastung *f* пóлная загру́зка
Vollautomatisierung *f* пóлная автоматизáция
Vollbauer *m ист.* полнопрáвный член сéльской общи́ны, владéлец крестья́нского дворá и земéльного учáстка
Vollberuf *m* (ремéсленная) профéссия ширóкого прóфиля
Vollbeschäftigte *m* зáнятый пóлный рабóчий день, зáнятый пóлностью
Vollbeschäftigteneinheit *f* едини́ца пóлной зáнятости
Vollbeschäftigung *f* пóлная зáнятость
Vollbeschäftigungsgrad *m* у́ровень зáнятости
Vollbeschäftigungspolitik *f* поли́тика обеспéчения пóлной зáнятости
Vollcharter *m* договóр о фрахтовании всегó су́дна, чáртер с предоставлéнием всегó су́дна для перевóзки грýза, пóлный чáртер
vollentwickelt развитóй
Vollerhebung *f* статисти́ческий учёт при пóлном охвате учитываемых объéктов
Vollerwerbsbetrieb *m* крестья́нское хозя́йство, дающее основнóй дохóд *(владéлец проживáет на дохóд тóлько от хозя́йства)*
Vollerwerbslose *m* пóлностью безрабóтный
Vollgewinn *m* пóлная при́быль
Vollgiro *n* именнóй индоссамéнт, пóлный индоссамéнт
Vollhafter *m* член коммандитного товáрищества, несу́щий пóлную ответ́ственность по обязáтельствам товáрищества; пóлный член коммандитного товáрищества
Vollindossament *n* именнóй индоссамéнт, пóлный индоссамéнт
Vollkaskoversicherung *f* страховáние (владéльцев автомоби́лей) от всех ри́сков, свя́занных с их испóльзованием; страховáние каско трáнспортных средств
Vollkaufmann *m* коммерсáнт, обладáющий всéми правáми и атрибу́тами *(соглáсно Торгóвому кóдексу)*
Vollkostenrechnung *f* учёт и калькуля́ция пóлной себестóимости; калькуля́ция себестóимости с пóлным распределéнием затрáт
Vollmacht *f* полномóчие, довéренность
in Vollmacht; i.V. по уполномочию; по довéренности
Vollmachtgeber *m* довери́тель
Vollmachtgeschäft *n* (экспортная) сдéлка, заключённая по довéренности трéтьего лицá
Vollmachtindossament *n* поручи́тельская нáдпись
Vollmachtinhaber *m* уполномоченное лицó, лицó с полномóчиями
Vollmachtsindossament *n* поручи́тельская нáдпись
Vollmachtsstimmrecht *n* компáктное большинствó голосóв акционéров *(бази́руется на владéнии контрóльным пакéтом áкций, достáточным для приня́тия определённых решéний)*
Vollmechanisierung *f* пóлная механизáция
Vollmonopol *n* пóлная монопóлия, исключи́тельная монопóлия
Vollperson *f стат.* потреби́тельская едини́ца
Vollrente *f* пóлная пéнсия
Vollrevision *f* пóлная ревúзия, пóлная документáльная ревúзия
Vollsortiment *n* пóлный ассортимéнт
vollständige Kontrolle пóлный контрóль
Vollständigkeit *f* комплектность *(обору́дования)*
Vollständigkeit полнотá, тóчность *(дáнных)*
vollstrecken *vt* приводи́ть в исполнéние *(приговóр, решéние судá)*
Vollstreckung *f* приведéние в исполнéние *(приговóра, решéния судá)*
Vollstreckungsbefehl *m* исполни́тельный лист
Vollstreckungsgebühr *f* судéбный сбор
Vollstreckungsorgan *n* судéбно-исполни́тельный оргáн
Vollstreckungstitel *m pl* исполни́тельные докумéнты *(на основáнии котóрых мóжет осуществля́ться принуди́тельное исполнéние постановлéний судá, арбитрáжа и проч.)*
Vollstreckungsversteigerung *f* принуди́тельная продáжа с торгóв, принуди́тельная продáжа с аукциóна
Vollverlust *m* пóлная потéря
vollwertig полноцéнный
Vollwertversicherung *f* страховáние на су́мму, рáвную пóлной стóимости страховóго объéкта; страховáние на пóлную су́мму
vollziehen выполня́ть, исполня́ть *(напр. поручéние)*
vollziehen осуществля́ть, приводи́ть в исполнéние *(напр. решéние судá)*
Vollziehung *f* осуществлéние; приведéние в исполнéние, выполнéние, исполнéние
Vollzug *m* исполнéние
Vollzugsfrist *f* срок исполнéния
Vollzugskontrolle *f* провéрка исполнéния
Volontär *m* лицó *(напр. учени́к, подмастéрье)*, рабóтающее без вознаграждéния *(в целя́х повышéния квалификáции)*; волонтёр
volontieren рабóтать без вознаграждéния *(в целя́х повышéния квалификáции)*
Volumen *n* объём
Volumen in Werteinheiten стóимостный объём
dem Volumen nach по объёму
mengenmäßiges Volumen физи́ческий объём
wertmäßiges Volumen стóимостный объём
Volumenindex *m* объёмный индéкс
Volumenverpackung *f* унифицированная расфасóвка; объемная упакóвка
Vomhundertsatz *m* процéнтная стáвка, однá сóтая часть
Vomtausendsatz *m* стáвка в проми́лле, однá ты́сячная часть
von Kunde zu Kunde потреби́тель-потреби́телю
von Verbraucher zu Verbraucher потреби́тель-потреби́телю
Von-Bis-Gehälter *n, pl* оклáды, устанóвленные в определённых предéлах
Von-Bis-Preise *m, pl* цéны́, колéблющиеся в извéстных предéлах *(напр. сезóнные цены́ на óвощи)*
Von-Bis-Spanne *f* интервáл
vor- und nachgelagert смéжный *(напр. об óтрасли промы́шленности)*
Vorablieferung *f* досрóчная постáвка
vorabzahlen уплáчивать вперёд, плати́ть вперёд, осуществля́ть платёж авáнсом, осуществля́ть авáнсовый платёж
Vorakzept *n* предвари́тельный акцéпт
Voranschlag *m* предвари́тельная калькуля́ция
Voranschlag предвари́тельная смéта
Voranschlag проéкт бюджéта
Voranschlagsfinanzierung *f* сметное финанси́рование
Voranschlagskosten *pl* смéтная стóимость; издéржки, укáзанные в калькуля́ции; смéтная калькуля́ция
Voranschlagspreis *m* ценá по смéте; смéтная стóимость
Voranschlagsrechnung *f* смéта

Voranschlagswert *m* смéтная стóимость, оцéночная стóимость
Vorausbedingung *f* предвари́тельное услóвие
Vorausberechnung *f* прогнóз
kurzfristige statistische Vorausberechnung краткосрóчный статисти́ческий прогнóз
vorausbestellen предвари́тельно закáзывать, зарáнее закáзывать
Vorausbezahlung *f* оплáта вперёд, авáнсовый платёж, предоплата
Vorauskasse per Scheck авáнсовый платёж чéком
Vorauskasse per Überweisung авáнсовый платёж бáнковским перевóдом
Vorauskontrolle *f* предвари́тельный контрóль
Vorausleistung *f* авáнсовый платёж, предвари́тельный платёж; предоплата
Vorauslieferung *f* досрóчная постáвка
vorausplanen плани́ровать на перспекти́ву
Vorausplanung *f* перспекти́вное плани́рование, плани́рование на предстоя́щий периóд (на перспекти́ву)
Voraussage *f* предсказáние, прогнóз; предви́дение
Voraussage der Marktentwicklung прогнóз изменéния конъюнктýры ры́нка, прогнóз разви́тия ры́нка
Voraussagemodell *n* прогнозная модéль
Vorausschätzung *f* прогнозная оцéнка, прогностическая оцéнка
Vorausschau *f* просмóтр от началá к концý
Voraussetzung *f* предпосы́лка, услóвие
Voraussetzung гипóтеза; предположéние
Voraussetzungen *f, pl* услóвия (мн.ч.)
technische Voraussetzungen техни́ческие трéбования, техни́ческие услóвия
unbedingte Voraussetzung необходи́мое услóвие, непремéнное услóвие, необходи́мая предпосы́лка
unter der Voraussetzung при услóвии
Voraussicht *f* предви́дение
Voraussicht прогнóз, предсказáние
aller Voraussicht nach wird das nicht eintreffen по всем предположениям этого не случи́тся; наскóлько мóжно предви́деть этого не случи́тся
nach menschlicher Voraussicht наскóлько мóжет предви́деть человéк
vollkommene Voraussicht совершéнное предсказáние
wissenschaftliche Voraussicht наýчное предви́дение
voraussichtlich предполагáемый; вероя́тностный; вероя́тный; возмóжный (вполнé); ожидáемый
Vorauswahl *f* предвари́тельный вы́бор *(предполагáется нéкоторыми фóрмами торгóвли)*
vorauszahlbar с оплáтой вперёд, с предоплатой, с авáнсовым платежóм
Vorauszahlung *f* авáнсовая вы́плата; оплáта вперёд, предоплата
Vorauszahlung задáток, авáнс
Vorauszahlungen leisten вноси́ть авáнс, внести́ авáнс; осуществи́ть авáнсовые платежи́
Vorauszahlungsfinanzierung *f* финанси́рование с оплáтой вперёд, финанси́рование авáнсом, предоплата
Vorbehalt *m* оговóрка; ограничéние; услóвие
Vorbehalt gegen (etw.) anmelden выдвигáть услóвие прóтив (чегó-л.); дéлать оговóрку прóтив (чегó-л.); стáвить ограничéние (чемý-л.)
einen Vorbehalt machen стáвить услóвие
mit Vorbehalt с оговóркой; с услóвием, при услóвии, услóвно
mit Vorbehalt с оговóркой, с услóвием
ohne Vorbehalt без оговóрок
unter üblichem Vorbehalt исключáя оши́бки и прóпуски; при соблюдéнии обы́чных услóвий
unter Vorbehalt с оговóркой; с услóвием, услóвно
einem Projekt ohne Vorbehalt zustimmen соглашáться с проéктом без оговóрок
vorbehalten, sich *(D)* остáвить за собóй прáво
vorbehaltlich с услóвием; с оговóркой; услóвный
vorbehaltlos без оговóрок; безоговóрочный
vorbehaltlos без оговóрок, безоговóрочно
Vorbehaltskauf *m* прóбная покýпка; покýпка с услóвием (возврáта)
Vorbehaltsklauseln *f pl* оговóрки о предоставлéнии экспортной и́ли импортной лицéнзии
Vorbehaltspreis *m* услóвная ценá; оговоренная ценá
Vorbehandlung *f* предвари́тельная обрабóтка
Vorbeitrag *m* предвари́тельный взнос, авáнсовый взнос, взнос авáнсом
Vorberechtigung *f* преимýщественное прáво
vorbereiten подготáвливать, готóвить
Vorbereitung *f* подготóвка, подготови́тельная рабóта
Vorbereitung eines Verfahrens досудебная подготóвка делá
Vorbereitung der Hauptverhandlung подготóвка делá к судéбному разбирáтельству
Vorbereitung der Produktion подготóвка произвóдства
Vorbereitungen abschließen закóнчить приготовлéния
Vorbereitung beenden закóнчить подготóвку
Belegvorbereitung *f* подготóвка докумéнтов
Mangel an Vorbereitung недостáточная подготóвленность
Mangel an Vorbereitung подготóвка
technische Vorbereitung техни́ческая подготóвка произвóдства
Vorbereitungs- und Abschlussarbeit *f* подготовительно-заключи́тельная рабóта
Vorbereitungs- und Abschlusszeit *f* подготовительно-заключи́тельное врéмя
Vorbereitungsarbeit *f* подготови́тельная рабóта
Vorbereitungsdienst *m* подготови́тельная прáктика к заня́тию *(какóй-л.)* дóлжности
Vorbereitungsgrundzeit *f* основнóе врéмя на подготóвку *(напр. станкá для выполнéния другóй рабóты)*; основнóй срок наладки
Vorbereitungskosten, *pl эк. тр.* расхóды на подготóвку и завершéние рабóчих операций; расхóды на освоéние вы́пуска нóвых издéлий; расхóды на подготóвку и освоéние *(вы́пуска нóвой продýкции)*
Vorbereitungsküche *f* фáбрика-кýхня; цех подготóвки полуфабрикáтов *(по вы́работке полуфабрикáтов для систéмы общéственного питáния и рóзничной торгóвли)*
Vorbereitungsraum *m* помещéние для подготóвки товáров к продáже
Vorbereitungszeit *f* врéмя на подготóвку *(напр. станкá для выполнéния другóй рабóты)*; врéмя на наладку
Vorbescheid *m* предвари́тельное решéние; предвари́тельное (судéбное) определéние
Vorbescheid *m* перви́чное заключéние *(экспéрта)*
Vorbesichtigung *f* **von Zollgut** предвари́тельный осмóтр; предвари́тельный досмóтр
Vorbesichtigung von Zollgut предвари́тельный осмóтр тамóженного грýза; предвари́тельный досмóтр тамóженного грýза
Vorbestellung *f* предвари́тельный закáз; заявка, предвари́тельный абонемéнт;

предвари́тельная подпи́ска

Vorbeugung *f* предотвраще́ние; предупреждéние; профилáктика; превенция

Vorbeugungsarbeit *f* предупреди́тельная рабóта, профилакти́ческая рабóта ***(по предотвращéнию преступлéний)***, профилáктика ***(преступлéния; преступлéний)***

Vorbeugungsmaßnahme *f* предупреди́тельная мéра, профилакти́ческая мéра

Vorbeugungsmaßregel *f* предупреди́тельная мéра, профилакти́ческая мéра

Vorbeugungsreparatur *f* профилакти́ческий ремóнт

planmäßige Vorbeugungsreparatur планово-предупреди́тельный ремóнт

Vorbeugungstätigkeit *f* предупреди́тельная дéятельность, профилакти́ческая дéятельность, дéятельность по предупреждéнию ***(престýпности)***

Vorbezahlung *f* авáнс, авáнсовый платёж

Vorbilanz *f* предвари́тельный балáнс

Vorbildwirkung *f* воздéйствие ли́чным примéром; ли́чный примéр

Vorbörse *f* биржевóе собрáние, проведённое до официáльного откры́тия би́ржи; ýтренняя би́ржа; биржевóе собрáние до откры́тия би́ржи

vorbörslich добиржевóй; до официáльного откры́тия би́ржи

Vorbringen *n* утверждéние; объяснéние; довóд; заявлéние

vordatiert дати́рованный предстоящим числóм; дати́рование зáвтрашним числóм

Vordatierung *f* дати́рование зáвтрашним числóм; дати́рованние предстоящим числóм; дати́рование бýдущим числóм

Vordermann *m* предыдýщий держáтель векселя́, предшéствующий индоссáнт, предыдýщий индоссáнт

Vordringen *n* проникновéние; внедрéние

Vordruck *m* бланк, формуля́р; фóрма

Vordruckwesen *n* óбласть дéятельности, свя́занная с разрабóткой форм, изготовлéнием и испóльзованием блáнков и формуля́ров

Vorentscheidung *f* предвари́тельное решéние

Vorentwurf *m* предвари́тельный проéкт

Vorereignis *n сет. пл.* предшéствующее собы́тие

Vorertrag *m* предвари́тельный дохóд

Vorerzeugnis *n* полуфабрикáт

Vorfabrikat *n* полуфабрикáт

Vorfall *m* 1. происшéствие 2. прецедéнт

geschäftlicher Vorfall *m* хозя́йственная операция

Vorfertigung *f* (предвари́тельная) заготóвка

Vorfertigungsabteilung *f* заготовительный цех

Vorfertigungshalle *f* заготовительный цех

Vorfertigungswerk *n* заготовительный цех; завóд, изготовля́ющий чáсти для предприя́тия, выпускáющего готóвую продýкцию; завóд, изготовля́ющий детáли для предприя́тия, выпускáющего готóвую продýкцию

Vorfinanzierung *f* предвари́тельное финанси́рование, авáнсовое финанси́рование; краткосрóчное кредитовáние; предоставлéние краткосрочного креди́та; вы́дача корóткого креди́та

Vorfinanzierungskredit *m* краткосрóчный креди́т ***(мóжет предоставляться, напр. для преодолéния врéменных финáнсовых затруднéний, пополнéния оборотных средств и т.п.)***

Vorfracht *f* расхóды по перевóзке грýза до промежуточного пýнкта

Vorfracht фрахт и издéржки, уплáчиваемые за перевóзку грýза до промежуточного пóрта

vorfristig досрóчный

Vorführung *f* демонстрáция, покáз ***(напр. товáров на тамóжне)***

Vorführung von Zollgut представлéние в тамóжню подлежáщих очистке пóшлиной товáров

Vorgabe *f* заплани́рованное врéмя, зáданное врéмя ***(на выполнéние рабóты)***

Vorgabe зáданный показáтель

Vorgabe постанóвка цéли

Vorgabe von Umsatzzielen зáданный показáтель оборóта (средств)

staatliche Vorgaben *f, pl* государственные задáния; госудáрственные плáновые задáния

gesetzte Vorgaben erreichen достигáть постáвленную цель; дости́чь постáвленную цель

Vorgabeermittlung *f* определéние нормативных показáтелей, необходи́мых для расчёта расхóдов

Vorgabekennziffer *f* зáданный показáтель

Vorgabekosten *pl* плáновые затрáты; плáновые расхóды; смéтные расхóды; расхóды по смéте; затрáты по смéте

Vorgabekosten смéтная стóимость, стóимость по смéте

Vorgabewert *m* зáданный показáтель, заплани́рованная стóимость

Vorgabezeit *f* заплани́рованное врéмя, зáданное врéмя ***(на выполнéние рабóты)***

Vorgabeziffer *f* контрóльная ци́фра

Vorgang *m* произвóдственный процéсс

Vorgang *бухг.* оперáция

Vorgang *сет. пл.* рабóта

Vorgang прецедéнт

Vorgang образéц, примéр

Arbeitsvorgang *m* технологи́ческий процéсс

arbeitsintensiver Vorgang трудоёмкий процéсс

komplexer Vorgang кóмплекс оперáций, кóмплекс рабóт; кóмплексный процéсс

kritischer Vorgang крити́ческая рабóта

nichtkritischer Vorgang некритическая рабóта

subkritischer Vorgang подкритическая рабóта

wirtschaftlicher Vorgang хозя́йственная оперáция

Vorgänge *m pl* процéссы, оперáции

Vorgänge verbuchen проводи́ть оперáции по кни́гам, проводи́ть оперáции по бухучёту

produktive Vorgänge произвóдственные процéссы

Vorgänger *m* предшéствующая разрабóтка; предшéствующий образéц; прототи́п

Vorgänger предшéствующий си́мвол

Vorgänger предшéственник

Vorgänger *сет. пл.* рабóта, непосрéдственно предшéствующая дáнной

mein Vorgänger im Amt мой предшéственник на э́той дóлжности

Vorgangsdauer *f сет. пл.* продолжи́тельность рабóты

Vorgangsknotennetz *n сет. пл.* сетевóй грáфик, в котóром рабóты обозначаются кружкáми, сетевóй грáфик, в котóром рабóты обозначаются квадратами

Vorgangsliste *f сет. пл.* пéречень рабóт

Vorgangspfeilnetz *n сет. пл.* сетевóй грáфик, в котóром рабóты обозначаются стрéлками

Vorgehen *n* процедýра, оперáция; дéйствия (мн.ч.); óбраз дéйствия

gemeinsames Vorgehen совмéстные дéйствия

indextheoretisches Vorgehen *стат.* индексный анáлиз

planmäßiges Vorgehen запланированные дéйствия

Vorgesellschaft *f* (сóзданное) акционéрное óбщество, ещё не внесённое в торгóвый реéстр

Vorgesetztenschulung *f* подготóвка руководя́щих кáдров

Vorgesetzter *m* руководи́тель; начáльник

Vorgriff *m* кредитовáние

Vorgriff auf künftige Einnahmen кредитова́ние в счёт бу́дущих поступле́ний

Vorgriffsregulierung *f* регули́рование (предоставле́ния) креди́тов в счёт бу́дущих поступле́ний

Vorgründungsgesellschaft *f* (со́зданное, учреждённое) акционе́рное о́бщество, ещё не внесённое в торго́вый рее́стр

Vorhaben *n* ко́мплекс рабо́т, ко́мплекс опера́ций
Vorhaben прое́кт, разрабо́тка
Vorhaben те́ма
Vorhaben наме́рение
Vorhaben umsetzen осуществи́ть наме́рение; реализова́ть за́мысел

Vorhand *f* пра́во преимущественной поку́пки
Vorhand преиму́щество

vorhanden име́ющийся в нали́чии
vorhanden sein быть, име́ться в нали́чии

Vorhandensein *n* нали́чие; (уст.) наличествование

Vorherrschaft *f* госпо́дство, преоблада́ние, заси́лье
Vorherrschaft auf dem Markt госпо́дство на ры́нке

Vorhersage *f* предсказа́ние, прогно́з

Vorkalkulation *f* предвари́тельная кальку́ляция; сме́тная калькуля́ция; предвари́тельный расчёт *(определе́ние изде́ржек пе́ред нача́лом произво́дства и́ли заку́пок)*

Vorkapitalismus *m* докапиталисти́ческая форма́ция; форма́ция, предше́ствующая капитализму

vorkapitalistisch докапиталисти́ческий

Vorkauf *m* ску́пка; перекупка *(для перепрода́жи)*

Vorkäufer *m* ску́пщик; переку́пщик

Vorkaufsrecht *n* пра́во преимущественной поку́пки; преиму́щественное пра́во поку́пки

Vorkehrung *f* ме́ра предосторо́жности

Vorklage *f* предвари́тельная жа́лоба истца́

Vorklärung *f* подготови́тельная ста́дия *(напр. разрабо́тки моде́ли)*

Vorkommen *n* существова́ние, нали́чие
Vorkommen месторожде́ние

Vorkontrolle *f* предвари́тельный контро́ль

Vorkreditierung *f* предвари́тельное кредитова́ние

Vorkriegsniveau *n* довое́нный у́ровень

Vorkriegsproduktion *f* довое́нное произво́дство

Vorkriegsstand *m* довое́нный у́ровень

vorladen *vt* вызыва́ть *(напр., в суд)*

Vorlage *f* представле́ние *(докуме́нта)*
Vorlage прое́кт, предложе́ние *(напр. зако́на)*
bei Vorlage по предъявле́нии *(в ве́ксельном оборо́те)*, при́ма-виста
gegen Vorlage по предъявле́нии, при предъявле́нии *(напр. докуме́нтов)*
sofort bei Vorlage по пе́рвому тре́бованию
zahlbar bei Vorlage с платежо́м по предъявле́нии *(поме́тка на ве́кселе)*; с опла́той про́тив предъявле́ния

Vorlagenverwertung *f* неправомочное испо́льзование и переда́ча разли́чных све́дений *(напр. чертеже́й, рецептов, раскроя)* в усло́виях конкурентной борьбы́

Vorlauf *m* опереже́ние, упрежде́ние; (произво́дственный) заде́л; предвари́тельная оце́нка процесса
Vorlauf praktikablen Wissens опережающее разви́тие зна́ний, находящих практи́ческое примене́ние
wissenschaftlichtechnischer Vorlauf нау́чно-техни́ческий заде́л, нау́чно-техни́ческое опереже́ние

vorläufig вре́менный; предвари́тельный; теку́щий; промежу́точный; предвари́тельный
vorläufige Bilanz предвари́тельный бала́нс
vorläufiges Ergebniss предвари́тельный результа́т; промежу́точный результа́т
vorläufige Verfügung вре́менное распоряже́ние; временна́я директи́ва

Vorlaufkapazität *f* задельная мо́щность; предвари́тельная мо́щность

Vorlaufkoeffizient *m* коэффицие́нт опережения, коэффицие́нт упреждения

Vorlaufkosten *pl* тра́нспортные расхо́ды, упла́чиваемые за перево́зку гру́за до по́рта

Vorlaufnorm *f* но́рма заде́ла; но́рма предвари́тельной вы́работки

vorlegen *vt* представля́ть; предъявля́ть *(докуме́нт)*
Beweismaterial vorlegen предъявля́ть доказа́тельства
einen Vertrag zur Unterschrift vorlegen представля́ть догово́р на по́дпись
Pläne der Öffentlichkeit vorlegen представля́ть обще́ственности пла́ны; ознако́мить обще́ственность с пла́нами
(etw.) zur Begutachtung vorlegen представля́ть на рассмотре́ние (что-л.)

Vorlegung *f* представле́ние, предъявле́ние *(напр. векселя́ и́ли чека́)*
bei Vorlegung по предъявле́нии
gegen Vorlegung по предъявле́нии

Vorlegungsfrist *f* срок де́йствия (чека́), срок предъявле́ния (чека́, платежного докуме́нта)

Vorlegungsklausel *f* отме́тка на ве́кселе о предъявле́нии его́ к акце́пту

Vorlegungsvermerk *m* отме́тка трассата о дне предъявле́ния чека́

Vorleistung *f* ава́нс, ава́нс-зада́ток, ава́нсовый платёж
Vorleistung ава́нсовая поста́вка
Vorleistung госуда́рственные ассигнова́ния на здравоохране́ние и оборо́ну *(ФРГ)*
Vorleistung изде́ржки произво́дства, входя́щие в себесто́имость проду́кции бу́дущих перио́дов *(часть оборотных средств)*
Vorleistung обеспе́чение вре́менного заде́ла, обеспе́чение опережения во вре́мени
Vorleistung отражённые в народнохозя́йственном бала́нсе това́ры и услу́ги, потребляемые в произво́дстве за определённый перио́д
Vorleistung подготови́тельные рабо́ты
Vorleistung *бухг.* расхо́ды бу́дущих перио́дов
industrielle Vorleistungen *f, pl* (предвари́тельные) поста́вки и услу́ги промы́шленности *(для се́льского хозя́йства)*

Vorleistungspflicht *f* обя́занность одно́й стороны́ испо́лнить свой догово́рные обяза́тельства ра́ньше друго́й

vorliegen *vi* име́ться, быть налицо́
Ihr Schreiben liegt uns vor мы получи́ли Ва́ше письмо́

vorliegend да́нный, име́ющийся

Vormann *m* предше́ствующий индосса́нт, предыду́щий индосса́нт, предше́ствующий векселедержа́тель, предыду́щий векселедержа́тель

Vormerkverfahren *n* предвари́тельное тамо́женное де́йствие

Vormontage *f* предвари́тельный монта́ж, предвари́тельная сбо́рка, фор-монта́ж

Vormund *m* опеку́н
einen Vormund berufen назнача́ть опекуна́
zum Vormund bestellen назнача́ть опекуна́

Vormundschaft *f* опе́ка
unter Vormundschaft stehen находи́ться под опе́кой

vornehmen *vt* проводи́ть, производи́ть *(де́йствия)*

Vornhundertsatz *m* проце́нтная ста́вка, ста́вка в проце́нтах, проце́нт

Vornorm *f* предвари́тельная но́рма; временна́я но́рма

Vornotierung *f* предвари́тельная за́пись; предвари́тельная котиро́вка; предвари́тельный курс *(це́нных бума́г)*

Vorpalettierung *f* предвари́тельная пакети́рование *(гру́зов)*

Vorplanung *f* предвари́тельное плани́рование

Vorprämie *f бирж.* пре́мия по сро́чным сде́лкам *(при игре́ на повыше́ние)*

Vorprämiengeschäft *n бирж.* сро́чная сде́лка с пре́мией, заключённая для игры́ на повыше́ние

Vorprodukt *n* исхо́дный проду́кт; полуфабрика́т
Vorprodukt *n* сырьё и материа́лы, необходи́мые для нача́льного развёртывания произво́дства *(часть запа́са предприя́тия)*

Vorprojekt *n* предвари́тельный прое́кт, фор-прое́кт

Vorprüfung *f* предвари́тельная прове́рка, предвари́тельное испыта́ние; предвари́тельный осмо́тр

Vorrang *m* преиму́щество, преиму́щественное пра́во; префере́нция; приорите́т

vorrangig преиму́щественный *(напр. о пра́ве)*

Vorrangigkeit *f* первоочерёдность
Vorrangigkeit der Steuerforderungen первоочерёдность упла́ты нало́гов

Vorrangigkeitsanspruch *m юр.* преиму́щественное пра́во

Vorrangstellung *f* преиму́щественное положе́ние, главе́нствующее положе́ние

Vorrat *m* запа́с, резе́рв; запа́сы, резе́рвы
laufender Vorrat теку́щие запа́сы
produktionsbedingter Vorrat произво́дственные запа́сы
richtsatzgebundener Vorrat нормати́вные запа́сы
zweckgebundener Vorrat запа́сы целево́го назначе́ния

Vorräte *m, pl* запа́сы, резе́рвы
laufende Vorräte теку́щие запа́сы

Vorräteversicherung *f* страхова́ние запа́сов

Vorratsabbau *m* сокраще́ние запа́сов; ликвида́ция запа́сов

Vorratsaktien *f, pl* резе́рвные а́кции

Vorratsbewegung *f* движе́ние запа́сов; тече́ние запа́сов (резе́рвов)

Vorratsbildung *f* образова́ние запа́сов, созда́ние запа́сов, формирова́ние запа́сов, созда́ние резе́рвов

Vorratsentwicklung *f* движе́ние запа́сов

Vorratsgrundstücke *n, pl* земе́льные уча́стки, приобретённые для расшире́ния предприя́тия в бу́дущем

Vorratshaltung *f* содержа́ние запа́сов

Vorratskauf *m* поку́пка в запа́с

Vorratsnorm *f* нормати́в това́рных запа́сов, нормати́в запа́сов товарно-материа́льных це́нностей
handelsseitige Vorratsnorm но́рма запа́сов, отвеча́ющая тре́бованиям торго́вли
verbraucherseitige Vorratsnorm но́рма теку́щих запа́сов материа́лов

Vorratsnormativ *n* нормати́в това́рных запа́сов, нормати́в запа́сов товарно-материа́льных це́нностей

Vorratsnormung *f* нормирова́ние запа́сов, нормирова́ние това́рных запа́сов

Vorratspflege *f* обеспе́чение сохра́нности ка́чества запа́сов *(пищевы́х проду́ктов, кормо́в, тексти́льных изде́лий)*, находя́щихся на скла́дах; обеспе́чение сохра́нности складских запа́сов

Vorratsplan *m*, **operativer** план (созда́ния) оперативных запа́сов

Vorratsproduktion *f* произво́дство с це́лью созда́ния запа́сов

Vorratsproportionierung *f* пропорциона́льное распределе́ние запа́сов

Vorratsvermögen *n* запа́с предприя́тия *(сырьё, вспомога́тельные материа́лы, полуфабрика́ты, гото́вая проду́кция)*
Vorratsvermögen *бухг.* това́ры и материа́лы на скла́де

Vorratszeichen *n* запасно́й това́рный знак *(зарегистри́рованный в патентном бюро́)*

Vorrecht *n* преиму́щество; привиле́гия; преиму́щественное пра́во; приорите́т
Vorrechte aufheben отмени́ть привиле́гии
Vorrechte genießen по́льзоваться привиле́гиями, испо́льзовать привелегии

Vorrechtsaktie *f* привилегиро́ванная а́кция

Vorrechtsgläubiger *m* кредито́р, предоставля́ющий ссу́ду на наибо́лее вы́годных усло́виях; преиму́щественный кредито́р; привилегиро́ванный кредито́р

Vorrichtung *f* подготови́тельные рабо́ты
Vorrichtung приспособле́ние, устро́йство

Vorschätzung *f* предвари́тельная оце́нка

Vorschaurechnung *f* предвари́тельный подсчёт, предвари́тельный учёт; предвари́тельная калькуля́ция

Vorschieben *n* **von Waren** недозво́ленная торго́вля това́рами, приобретёнными на усло́виях распрода́жи оста́тков до официа́льного объявле́ния распрода́жи

vorschießen *vi* выдава́ть ава́нс, аванси́ровать
vorschießen ссужа́ть, ссуди́ть, предоста́вить ссу́ду

Vorschlag *m* предложе́ние; прое́кт

Vorschlags- und Erfindungswesen *n* рационализаторство и изобретательство

Vorschlagswesen *n* рационализаторство

Vorschrift *f* предписа́ние, положе́ние, инстру́кция
eine Vorschrift erfüllen вы́полнить инстру́кцию

vorschriftsgemäß предпи́санный, соотве́тствующий предписа́нию, согла́сно предписа́нию

vorschriftsmäßig предпи́санный, соотве́тствующий предписа́нию, согла́сно предписа́нию, по предписа́нию

Vorschuss *m* зада́ток, ава́нс; предвари́тельный взнос; ссу́да
abzurechnender Vorschuss подотчётная су́мма
außerplanmäßiger Vorschuss внепла́новый ава́нс
geplanter Vorschuss пла́новый ава́нс
als Vorschuss ава́нсом, в ви́де ава́нса, в ви́де зада́тка
einen Vorschuss einräumen предоставля́ть ава́нс
einen Vorschuss gewähren предоставля́ть ава́нс
einen Vorschuss leisten аванси́ровать, выдава́ть ава́нс; внести́ ава́нс
gegen Vorschuss под ава́нс

Vorschusskasse *f* ссу́дная ка́сса

Vorschusskonto *n* ава́нсовый счёт; счёт ава́нсовых платеже́й

Vorschussleistende *m* авансода́тель

Vorschussnehmer *m* авансополуча́тель; получа́тель ава́нса

Vorschusswechsel *m* ава́нсовый ве́ксель

vorschussweise в ви́де ава́нса, в ви́де зада́тка; ава́нсом

Vorschusszahlung *f* зада́ток, аванси́рование, ава́нсовый платёж

Vorschusszeit *f* перио́д, на кото́рый аванси́руется капита́л

Vorsicht *f* «осторо́жно» *(маркиро́вка на грузах)*
Vorsicht осторо́жность

Vorsichtsmarkierung *f* предупреди́тельная маркиро́вка на вне́шней упако́вке
Vorsichtsmarkierungen *f, pl* предупреди́тельная маркиро́вка (на́дписи) на вне́шней упако́вке

Vorsichtsmaßnahme *f* ме́ра предосторо́жности
Vorsichtsmaßnahmen *f, pl* ме́ры предосторо́жности (мн.ч.)

Vorsorgerücklage *f* отчисле́ния (от при́были) на слу́чай непредви́денных убы́тков; отчисле́ния в резе́рвный фонд

Vorst., Vorstand правле́ние

Vorstand *m* правле́ние акционе́рного о́бщества *(руководя́щий и исполни́тельный орга́н)*

Vorsteuerabzug *m* уменьше́ние величины́ (валово́го) дохо́да до вы́чета нало́гов
Vorsteuerberichtigung *f* опера́ции, свя́занные с корректиро́вкой предвари́тельного вы́чета нало́га из су́ммы дохо́дов
vorstrecken выдава́ть зада́ток, выдава́ть ава́нс, аванси́ровать
vorstrecken дава́ть взаймы́, занима́ть
Vorteil *m* досто́инство
Vorteil по́льза; вы́года; при́быль; преиму́щество
Vorteil преиму́щество
Vorteil привиле́гия
Vorteil превосхо́дство
absoluter Vorteil абсолю́тная вы́года
absoluter Vorteil абсолю́тное превосхо́дство
beiderseitiger Vorteil взаи́мная вы́года
komparativer Vorteil относи́тельная вы́года
wirtschaftlicher Vorteil хозя́йственная вы́года; народнохозя́йственная вы́года; экономи́ческая вы́года
vorteilhaft благоприя́тный
vorteilhaft вы́годный
vorteilhaft поле́зный
gegenseitig vorteilhaft взаимовы́годный
Vortest *m стат.* предвари́тельный тест *(при подгото́вке те́кста опро́са)*
Vortrag *m бухг.* перенесённая су́мма
Vortrag *бухг.* перено́с су́ммы на но́вый счёт; перено́с на но́вый счёт; перено́с са́льдо на но́вый счёт
Vortrag докла́д; ле́кция
Vortrag *(служе́бный)* докла́д, ра́порт, донесе́ние
einen **Vortrag halten** де́лать докла́д
Vorverhandlungen *f, pl* предвари́тельные перегово́ры
Vorverkauf *m* предвари́тельная прода́жа предприятиями оптовой торго́вли промы́шленных това́ров
Vorvertrag *m* предвари́тельный догово́р; предвари́тельное соглаше́ние; предконтрактное соглаше́ние
Vorwärtsentwicklung *f* разви́тие, прогре́сс
Vorwärtsrechnung *f сет. пл.* отсчёт вре́мени от исходного собы́тия сети́
Vorwegnahme *f* антиципа́ция
vorweisen предъявля́ть *(напр. ве́ксель к опла́те)*
vorweisen предъявля́ть, пока́зывать *(докуме́нт)*
vorzeigen предъявля́ть *(напр. ве́ксель к опла́те)*
vorzeigen предъявля́ть, пока́зывать *(докуме́нт)*
zum Akzept vorzeigen представля́ть к акцептова́нию; предъявля́ть к акцептова́нию
vorzeitig досро́чный; заблаговре́менный, преждевре́менный
vorzeitige Abschreibung *f* ускоренная амортиза́ция; досро́чная амортиза́ция
Vorzug *m* предпочте́ние; преиму́щество; привиле́гия; префере́нция; приорите́т
Vorzugsaktie *f* привилегиро́ванная а́кция *(а́кция с фикси́рованным диви́дендом; в большинстве́ слу́чаев не обеспе́чивает права́ го́лоса)*
Vorzugsaktie mit Stimmrecht привилегиро́ванная а́кция с пра́вом го́лоса
Vorzugsaktie ohne Stimmrecht привилегиро́ванная а́кция без права́ го́лоса
kumulative Vorzugsaktie кумулятивная привилегиро́ванная а́кция, привилегиро́ванная а́кция с накапливающимся диви́дендом
Vorzugsaktionär *m* держа́тель привилегиро́ванных а́кций
Vorzugsangebot *n* вы́годное предложе́ние; осо́бо вы́годное предложе́ние; предложе́ние на заключе́ние сде́лки на льго́тных усло́виях; привилегиро́ванная оферта; привилегиро́ванное предложе́ние
Vorzugsangebot сде́лка с пре́мией
Vorzugsbedingung *f* льго́та
Vorzugsbehandlung *f* льго́тный тамо́женный режи́м; обрабо́тка в льготном таможенном режи́ме
Vorzugsbehandlung *f (вчт.)* обслу́живание с приоритетом
Vorzugsbehandlung *f* преференциа́льный режи́м
Vorzugsdividende *f* диви́денд по привилегиро́ванной а́кции
Vorzugsdividende привилегиро́ванный диви́денд; диви́денд, выпла́чиваемый в пе́рвую о́чередь
Vorzugsgewinnanteil *m* диви́денд по привилегиро́ванной а́кции
Vorzugsgewinnanteil привилегиро́ванный диви́денд; диви́денд, выпла́чиваемый в пе́рвую о́чередь
Vorzugsgläubiger *m* кредито́р, прете́нзия кото́рого подлежи́т первоочередному (преимущественному) удовлетворению
Vorzugsgrundlage *f* преференциа́льная осно́ва
Vorzugsklage *f* иск на преиму́щественное удовлетворе́ние
Vorzugskondition *f* льготное усло́вие
Vorzugskredit *m* льго́тный креди́т, креди́т на льго́тных усло́виях
Vorzugslasten *f, pl* нало́ги и взно́сы в госбюдже́т, направля́емые на специа́льные це́ли
Vorzugslasten обяза́тельные платежи́ в госуда́рственный бюдже́т, даю́щие определённые права́; обяза́тельные платежи́ в госуда́рственный бюдже́т, даю́щие определённые преиму́щества
Vorzugsobligation *f* привилегиро́ванная облига́ция; облига́ция с первоочередно́й вы́платой проце́нтов и первоочередным погаше́нием
Vorzugspreis *m* льго́тная цена́; цена́, вы́годная для покупа́телей; ни́зкая цена́
Vorzugsrabatt *m* льго́тная ски́дка
Vorzugsrecht *n* преиму́щественное пра́во; привиле́гия; льго́та
Vorzugstarif *m* льго́тный тари́ф, преференциа́льный тари́ф
Vorzugsvorlage *f* преференциа́льная осно́ва
Vorzugszinssatz *m* льго́тная проце́нтная ста́вка
Vorzugszoll *m* преференциа́льная по́шлина, предпочтительная по́шлина; покрови́тельственная по́шлина, протекциони́стская по́шлина, льго́тная по́шлина
Vorzugszollgebiet *n* зо́на тамо́женных привиле́гий; зо́на преференций
Vorzugszollgebiet террито́рия, на кото́рой де́йствуют покровительственные по́шлины
Vorzugszone *f* террито́рия, на кото́рой де́йствуют покровительственные по́шлины; зо́на преференций, зо́на тамо́женных привиле́гий
Vostrokonto *n ит.* востро́-конто, счёт востро́ *(напр. счёт иностра́нного вкла́дчика в ба́нке да́нной страны́)*
Voucher *m англ.* ва́учер, вид це́нной бума́ги для упрощения расчётов ме́жду бюро́ путеше́ствий
VÖV, Verband Öffentlicher Verkehrsbetriebe Сою́з предприя́тий обще́ственного тра́нспорта
Vowo, Volkswohnungsbau *истор.* Наро́дное о́бщество жили́щного строи́тельства *(ФРГ)*
Voyage-charter *англ.* догово́р на аре́нду су́дна для определённого ре́йса, ча́ртер-па́ртия на рейс
Voyageur *m фр.* коммивояжёр
vpf., verpfändet зало́жено, нахо́дится в закла́де
VPöA, Verordnung über die Preise bei öffentlichen Aufträgen положе́ние о це́нах при официа́льных зака́зах, положе́ние о це́нах при госуда́рственных зака́зах
VR, Verwaltungsrat администрати́в-

ный совет

VRA, Vertrauliche Runderlasse für Außenwirtschaft конфиденциальные циркуляры по вопросам экономики и внешней торговли

VrKD, Verband Reisender Kaufleute Deutschlands Союз немецких коммивояжёров

Vrz.A., Vorzugsaktie привилегированная акция

VSK, Verband Schweizerischer Konsumvereine Союз швейцарских потребительских обществ

VSt, Vermögenssteuer налог на имущество

VStG, Vermögenssteuergesetz закон о налоге на имущество

VSV, Verordnung über die Sozialpflichtversicherung постановление об обязательном социальном страховании

v.T., vom Tausend промилле, тысячная доля

v.-T.-Satz *m* ставка в промилле

VTL, Vorläufige Technische Lieferbedingungen временные технические условия поставки

Vtr., Vertreter представитель

VÜG Соглашение по железнодорожным грузовым перевозкам

VÜP, Vereins-Übereinkommen über den Eisenbahn-Personen- und Gepäckverkehr Соглашение о железнодорожных пассажирских сообщениях и перевозках багажа

VVaG, Versicherungsverein auf Gegenseitigkeit Союз обществ взаимного страхования

VW:

VW, Volkswirtschaft народное хозяйство, экономика, национальная экономика

Vw, Volkswirtschaft народное хозяйство, национальная экономика, экономика

VWD, Vereinigte Wirtschaftsdienste служба экономической информации

VZ, Vorauszahlung задаток, оплата вперёд; авансовая выплата, предварительный взнос денег; выплата авансом

W:

W, Währung валюта;

W, Wert ценность; стоимость; цена

W, Woche неделя

W.-Pr., Warenprobe образец товара *(высылаемый по почте)*

WA:

Wa, Waren *f, pl* товары

WA, Wirtschaftsabkommen экономическое соглашение;

W.A., with average *страх. англ.* включая частную аварию

Waage *f* весы (мн.ч.)

Abfüllwaage фасовочные весы

Absackwaage автоматические весы с засыпкой мешков

Annahmewaage весы приёмного устройства

Balkenwaage безмен; коромысловые весы

Behälterwaage ковшовые весы

Blockwaage весы для взвешивания слитков.

Rückenwaage весы с платформой

Dezimalwaage десятичные весы

Fahrzeugwaage автомобильные весы

Federwaage пружинные весы

Neigungswaage циферблатные весы

Paketierwaage расфасовочные весы

Postwaage почтовые весы

Schalenwaage чашечные весы

Tafelwaage настольные весы

Viehwaage весы для взвешивания скота

Zeigerwaage циферблатные весы

Zuteilwaage весы-дозатор

Waageamt *n* палата мер и весов; , пробирная палата

WAB, Währungsausgleichsbetrag; MCA *(eng.)*, **monetary compensatory amount** сумма валютной компенсации

wach деятельный

Wache *f* караульное помещение; пропускной пункт (будка)

Wache полицейский участок

Wache halten сторожить; стоять на страже; охранять

als Wache zurückbleiben оставаться для охраны

die **Wache ablösen** сменять караул; сменять вахту

wach halten *vt* поддерживать; сохранять *(напр., интерес к чему-л.)*

Wachmann *m* вахтёр

Wachmann караульный

Wachmann ночной сторож

Wachmann сторож

Wachsen *n* рост; увеличение; развитие

wachsen *vi* расти, развиваться, возрастать, увеличиваться

ins Geld wachsen *(разг.)* подниматься в цене; расти в цене

Wachstum *n* рост; прирост

ausgewogene Wachstum равномерное развитие

gleichgewichtiges Wachstum уравновешенный рост, сбалансированный рост

kräftiges Wachstum быстрый рост

überdurchschnittliches Wachstum опережающий рост

vorrangiges Wachstum преимущественный рост; опережающий рост

wirtschaftliches Wachstum экономический рост

Wachstumsangleichung *f* выравнивание темпов роста, сглаживание темпов роста

Wachstumsdynamik *f* динамика роста *(экономического)*

Wachstumseffekt *m* эффект роста

Wachstumsfaktor *m* фактор роста

Wachstumsfaktoren *m, pl* факторы (мн.ч.)

ökonomische Wachstumsfaktoren экономические факторы роста

Wachstumsforschung *f* исследование роста

Wachstumsgleichgewicht *n* сбалансированность роста, равновесие роста

Wachstumskriterium *n* критерий роста; критерий экономического роста

Wachstumsmodell *n* модель роста

wirtschaftliches Wachstumsmodell модель экономического роста

Wachstumsplanung *f* планирование роста; планирование экономического роста; планирование роста в народном хозяйстве

Wachstumspolitik *f* политика роста *(направленная на создание стимулов и условий для экономического роста)*

Wachstumspostulation *f* разработка исходных посылок роста, разработка исходных концепций роста

Wachstumsprognose *f* прогноз роста; прогноз экономического роста; экономический прогноз роста

Wachstumsproportionen *f, pl* пропорции роста

Wachstumsquote *f* коэффициент роста; темп роста

Wachstumsrate *f* коэффициент роста; темп роста

Wachstumsstrategie *f* стратегия развития

Wachstumstempo *n* темп роста

gemessen am Wachstumstempo по темпам развития; в соответствии с темпами развития (роста)

ökonomisches Wachstumstempo темп экономического роста

Wachstumstendenz *f* тенденция роста

Wachstumstheorie *f* теория роста (экономического)

ökonomische Wachstumstheorie теория экономического роста

Wachstumstrend *m* тенденция роста

Wachstumsunterschied *m* различие в темпах роста

Wachunternehmen *n* охранное предприятие

wage drift *англ.* отклонение фактической заработной платы от расчётных ставок

Wägegebühr *f* весовой сбор

Wägegeld *n* весовой сбор

Wagen *m* автомобиль

Wagen *ж.-д.* вагон

frei Wagen франко-вагон

wägen *vt* взвешивать

Wagenachsekilometer *n* вагоно-осе-километр

Wagenauslastung *f* загрузка вагона

Wagenbestand *m* вагонный парк

Wagenbestellung *f* заявка на вагон(ы)

Wagenkilometer *n* вагоно-километр

Wagenkipper *m* вагоноопрокидыватель

Wagenlastlauf *m* гружёный рейс вагона; полезный прогон вагона; полезный пробег вагона

Wagenleerlauf *m* порожний рейс вагона; пробег вагона порожняком

Wagenpark *m* вагонный парк, парк вагонов

Wagenstandgeld *n* штраф за простой вагонов

Wagenstandgeldfrist *f* допускаемая продолжительность простоя вагонов

Wagentage *m, pl* вагоно-сутки

Wagenumlauf *m* вагонооборот

Waggon *m* вагон

Waggonbau *m* вагоностроение

Wagnis *n* риск; рискованное дело, рискованное предприятие

kalkulatorisches Wagnis калькулируемые накидки к цене на риск

kalkulatorisches Wagnis калькуляционный риск

Wagnisdeckung *f* покрытие, обеспечение *(на случай возможного риска)*; обеспечение на случай возможного риска, обеспечение возможных рисков

Wagniskennzahl *f* покрытие индекс риска; коэффициент риска; показатель риска

Wagnisprüfung *f страх.* проверка возможности и степени покрытия риска; проверка рискового обеспечения

Wagnisverluste *m, pl* убытки от рисков (мн.ч.)

Wagnisverzehr *m* гибель оборудования и складских запасов в результате катастроф

Wagniszuschlag *m* надбавка за риск, рисковая премия, премия за риск

Wägung *f* взвешивание

Wägung оценка (напр. ситуации, возможностей)

Bruttowägung *f* взвешивание брутто

Wahl *f I* выбор

Wahl des Käufers право выбора покупателя

in Wahl по выбору

nach Wahl по выбору *(напр. пункт договора)*

Wahl *f II* сорт; качество

erste Wahl первый сорт

von zweiter Wahl второсортный

zweiter Wahl второсортный

wahlfrei нерегулярный; произвольный

Wahlkauf *m* свободная покупка

Wahlmöglichkeit *f* право выбора

Wahlschuld *f юр.* альтернативное обязательство

Wahlzoll *m* альтернативная пошлина

wahren хранить; сохранять; беречь, охранять

WährG, Währungsgesetz закон о валютной реформе *(от 20.6. 1948 г. в западных зонах Германии)*

Wahrheitstreue *f* достоверность, истинность

wahrnehmen *vt* соблюдать *(сроки)*, защищать *(интересы)*; покрывать *(расходы)*

Wahrnehmung *f* различение; восприятие; ощущение; наблюдение

eine Wahrnehmung machen сделать наблюдение, заметить

Wahrnehmung *f* соблюдение (срока, интересов)

Wahrnehmung berechtigter Interessen соблюдение законных интересов

in Wahrnehmung seiner Interessen защищая свои интересы

wahrscheinlich *мат.* вероятностный

Wahrscheinlichkeit *f мат.* вероятность

Wahrscheinlichkeit a posteriori апостериорная вероятность

Wahrscheinlichkeit a priori априорная вероятность

bedingte Wahrscheinlichkeit условная вероятность

empirische Wahrscheinlichkeit эмпирическая вероятность

fiduziäre Wahrscheinlichkeit доверительная вероятность, фидуциарная вероятность

komplementäre Wahrscheinlichkeit дополняющая вероятность, комплементарная вероятность

statistische Wahrscheinlichkeit статистическая вероятность

totale Wahrscheinlichkeit полная вероятность

unbedingte Wahrscheinlichkeit безусловная вероятность

Wahrscheinlichkeitsdichte *f* плотность вероятности

Wahrscheinlichkeitseinschränkung *f* вероятностное ограничение

Wahrscheinlichkeitsfläche *f мат.* поле вероятностей

Wahrscheinlichkeitsgrad *m* степень вероятности

Wahrscheinlichkeitslehre *f* теория вероятностей

Wahrscheinlichkeitspapier *n* вероятностная бумага

Wahrscheinlichkeitsprozess *m* вероятностный процесс

Wahrscheinlichkeitsrechnung *f* расчёт степени вероятности

Wahrscheinlichkeitsschluss *m* вероятностное заключение, вероятностное умозаключение; вероятностный вывод

Wahrscheinlichkeitssystem *n* вероятностная система

wahrscheinlichkeitstheoretisch вероятностный

Wahrscheinlichkeitstheorie *f* теория вероятностей

Wahrscheinlichkeitsverteilung *f* распределение вероятностей

Wahrscheinlichkeitsverteilungsfunktion *f* функция распределения вероятностей

Wahrung *f* сохранение, охрана

Währung *f* валюта

Währung der Zahlung валюта платежа

ausländische Währung иностранная валюта

beschränkt konvertierbare Währung частично конвертируемая валюта, частично обратимая валюта

effektive Währung наличная валюта

einfache Währung монометаллическая денежная система, монометаллизм

entwertete Währung обесцененная валюта

frei konvertierbare Währung свободно конвертируемая валюта, СКВ, свободно обратимая валюта

freie Währung свободная валюта; свободнообращаемая валюта; валюта в свободном обращении

geschlossene Währung замкнутая валюта

harte Währung устойчивая валюта, твёрдая валюта, СКВ

hinkende Währung «хромающая» валюта, колеблющаяся валюта

kollektive Währung коллективная валюта

konvertierbare Währung конвертируемая валюта, обратимая валюта

manipulierte Währung регулируемая валюта *(валютные курсы регулируются эмиссионным банком посредством рыночных операций, интервенций и др.)*

nicht konvertierbare Währung неконверти́руемая валю́та, необрати́мая валю́та
unkonvertierbare Währung неконверти́руемая валю́та, необрати́мая валю́та
vereinbarte Währung обусло́вленная догово́ром валю́та (платежа́)
weiche Währung weiche неусто́йчивая валю́та, мя́гкая валю́та *(напр. стран СНГ)*
Währungs- und Finanzmechanismus *m* валю́тно-фина́нсовый механи́зм
Währungs- und Goldpolitik *f* золотова́лютная поли́тика, авуа́рная поли́тика
Währungsabkommen *n* валю́тное соглаше́ние
Währungsabwertung *f* девальва́ция, обесце́нивание валю́ты
Währungsaufwertung *f* ревальвация, повыше́ние це́нности валю́ты, повыше́ние сто́имости валю́ты
Währungsbank *f* валю́тный банк
Währungsbasis *f* валю́тная ба́за
Währungsbeistand *m* валю́тная по́мощь
kurzfristiger Währungsbeistand краткосро́чная валю́тная по́мощь
Währungsbeschränkungen *f, pl* валю́тные ограниче́ния
Währungsbeziehungen *f, pl* валю́тные отноше́ния (мн.ч.)
Währungsblock *m* валю́тный блок
Währungschaos *n* валю́тный ха́ос
Währungscoctail *m* валю́тный своп-кокте́йль *(составными эле́ментами догово́ра являю́тся не́сколько валю́т, испо́льзуемых для уравновешивания в слу́чае внеза́пного ре́зкого измене́ния рыночного ку́рса той или ино́й валю́ты)*
Währungsdeckung *f* валю́тное покры́тие
Währungsdisparität *f* валю́тная ра́зница, ра́зница в ку́рсах валю́т; валю́тный диспарите́т
Währungsdumping *n* валю́тный де́мпинг
Währungseinheit *f* валю́тная едини́ца
Währungseinheit де́нежная едини́ца
Währungsfaktura *f* счёт-факту́ра в иностра́нной валю́те, валю́тная счёт-факту́ра
Währungsfonds *m* валю́тный фонд
Währungsgebiet *n* валю́тная зо́на, валю́тный регио́н
Währungsgeld *n* валю́та
Währungsgesetz *n* зако́н о валю́тных опера́циях
Währungsgewinnabgaben *f, pl* уравни́тельные нало́ги на при́быль, полу́ченную в результа́те де́нежной рефо́рмы
Währungsgold *n* монетарное зо́лото
Währungsgrundlage *f* валю́тная ба́за
Währungsguthaben *n* акти́вы в иностра́нной валю́те, валю́тный авуа́ры
Währungshoheit *f* валю́тный суверените́т
Währungsklausel *f* валю́тная огово́рка *(в догово́ре, в контра́кте)*
Währungskonto *n* валю́тный счёт
Währungskonvertibilität *f* конверти́руемость валю́т, обрати́мость валю́т
Währungskorb *m* валю́тная корзи́на
Währungskrise *f* валю́тный кри́зис, валю́тно-фина́нсовый кри́зис
Währungskurs *m* валю́тный курс, курс валю́ты
Währungsmechanismus *m* валю́тный механи́зм
Währungsmetall *n* валю́тный мета́лл
Währungsmonopol *n* валю́тная моно́полия
Währungsparität *f* валю́тный парите́т
Währungspolitik *f* валю́тная поли́тика
währungspolitisch относя́щийся к валю́тной поли́тике, примени́тельно к валю́тной поли́тике
Währungspreis *m* валю́тная цена́, цена́ в иностра́нной валю́те
Währungsraum *m*, **freier** зо́на стран свобо́дно конвертируемых валю́т
Währungsreform *f* валю́тно-фина́нсовая рефо́рма
Währungsreform де́нежная рефо́рма
Währungsrelation *f* соотноше́ние валю́т
Währungsremboursm *m* валю́тный рамбурс
Währungsreserven *f, pl* валю́тные резе́рвы, резе́рвы валю́ты
Währungsscheck *m* чек в иностра́нной валю́те
Währungsschlange *f* «валю́тная змея́» *(в соотве́тствии с де́йствовавшим в 70-х года́х соглаше́нием западноевропе́йских стран взаи́мные колеба́ния ку́рсов их валю́т бы́ли ограни́чены при свобо́дном пла́вании относи́тельно до́ллара)*
Währungsschrumpfung *f* сокраще́ние валю́тных резе́рвов
Währungsschuld *f* валю́тная задо́лженность, задо́лженность по валю́те
Währungsschutzzoll *m* покрови́тельственная по́шлина, протекциони́стская по́шлина *(для ограниче́ния и́мпорта това́ров, закупаемых на валю́ту)*
Währungsschwankungen *f, pl* колеба́ния ку́рсов валю́т
Währungsstabilisierung *f* стабилиза́ция валю́ты
Währungsstabilität *f* стаби́льность валю́ты, усто́йчивость валю́ты
Währungssystem *n* валю́тная систе́ма, валютно-фина́нсовая систе́ма
bimetallistisches Währungssystem биметалли́зм
Währungstabellen *f, pl* табли́цы валю́т стран ми́ра
Währungsubersicht *f* табли́цы валю́т стран ми́ра
Währungsumstellung *f* измене́ние валю́тного парите́та *(в усло́виях золото́го станда́рта - пропо́рции размена на зо́лото и масшта́ба цен)*
Währungsumstellung измене́ние золото́го содержа́ния валю́ты
Währungsunion *f* валю́тный сою́з
Währungsverfall *m* паде́ние ку́рса валю́ты
Währungsvorräte *m, pl* валю́тные резе́рвы, резе́рвы валю́ты
Währungswirbel *m* валю́тная лихора́дка
Währungszerrüttung *f* валю́тный ха́ос
Währungszone *f* валю́тная зо́на; зо́на хожде́ния валю́ты
Währungszuschlag *m* валю́тная надба́вка к морско́му фра́хту
Waisenrente *f* пе́нсия, выпла́чиваемая де́тям застрахованных лиц по́сле сме́рти после́дних; материа́льная по́мощь сиротам
Wallstreetmagnat *m* фина́нсовый магна́т Уолл-стрита
Wandelanleihe *f* конверсио́нный заём; заём с изменяющимися усло́виями погаше́ния
Wandelgeschäft *n* превраще́ние сро́чной биржево́й сде́лки в кассовую сде́лку
Wandelgeschäft сро́чная биржева́я сде́лка с пра́вом *(продавца́ и́ли покупа́теля)* на досрочную поста́вку това́ра; превраще́ние сро́чной биржево́й сде́лки в кассовую сде́лку
Wandelobligation *f* облига́ция конверсионного за́йма
Wandelschuldverschreibung *f* облига́ция конверсионного за́йма *(имення́я облига́ция, вы́пущенная акционе́рным о́бществом, кото́рую чере́з не́которое вре́мя мо́жно обменя́ть на а́кции)*
Wanderarbeit *f* отхожий про́мысел; разъездна́я рабо́та
Wanderarbeiter *m* рабо́чий, за́нятый в отхожем промысле
Wanderausstellung *f* передвижна́я вы́ставка
Wandergewerbe *n* отхожий про́мысел; разъездна́я рабо́та; рабо́та за вы́ездом
Wandergewerbesteuer *f* нало́г на отхо́жий про́мысел
Wanderhandel *m* выездна́я торго́вля
Wanderhandwerk *n* отхожий про́мысел
Wanderhandwerker *m* реме́сленник,

за́нятый в отхожем промысле
Wanderlager *n* вре́менный склад
Wanderung *f* мигра́ция *(населе́ния)*
Wanderung перемеще́ние *(напр. капита́ла)*
Wanderungsbilanz *f стат.* бала́нс мигра́ции, са́льдо мигра́ции *(населе́ния)*
Wanderungssaldo *m стат.* бала́нс мигра́ции, са́льдо мигра́ции *(населе́ния)*
Wanderungsstatistik *f* стати́стика мигра́ции *(населе́ния)*
Wandlung *f* аннули́рование догово́ра ку́пли-прода́жи при обнаружении дефе́кта в поставленном това́ре, аннули́рование догово́ра подря́да при обнаружении дефе́кта в поставленном това́ре
Wandlung переме́на, измене́ние; превраще́ние; преобразова́ние; трансформа́ция
Wandprotest *m* предъявле́ние опротестованного векселя́ лицу́, обязанному по ве́кселю, в его́ отсу́тствие
Wandprotest *m* проте́ст векселя́ *(в слу́чае неплатежа́, напр. при отсу́тствии плательщика по ве́кселю по указанному а́дресу)*
WAO:
WAO, wissenschaftliche Arbeitsorganisation нау́чная организа́ция труда́, НОТ
WAO-Maßnahmen *f, pl* мероприя́тия НОТ
Ware *f* това́р
Ware der gesteigerten Nachfrage това́р, по́льзующийся повы́шенным спро́сом; това́р повы́шенного спро́са
Ware des Grundbedarfs това́ры повседне́вного спро́са, това́ры пе́рвой необходи́мости
Ware des täglichen Bedarfs това́ры повседне́вного спро́са
Ware erster Wahl высокока́чественный това́р, това́р пе́рвого кла́сса
Ware mit unzureichendem Angebot дефици́тный това́р; това́р неограни́ченного спро́са
abgelagerte Ware лежа́лый това́р
abgepackte Ware фасованный това́р, расфасо́ванный това́р
allgemeine Ware всео́бщий това́р
aussortierte Ware отбрако́ванный това́р
aussortierte Ware замени́мый това́р
besteuerbare Ware облага́емый това́р, облага́емый нало́гом това́р
börsenfähige Ware биржево́й това́р; това́р, допу́щенный к биржевы́м торгам
disponible Ware нали́чный това́р, име́ющийся в нали́чии това́р
fehlerhafte Ware брако́ванный това́р, недоброка́чественный това́р
flüssige Ware жи́дкий това́р, наливно́й това́р, разливной това́р
gangbare Ware ходово́й това́р, по́льзующийся спро́сом това́р
geringwertige Ware недоброка́чественный това́р, малоце́нный това́р
halb fertige Ware полуфабрика́т
harte Ware *внешто́рг.* това́р пе́рвой необходи́мости; дефици́тный това́р
harte Ware высокока́чественный това́р, первосо́ртный това́р
inländische Ware оте́чественный това́р, това́р оте́чественного произво́дства
konsumreife Ware гото́вый к потребле́нию това́р
kontingentierte Ware контингентированный това́р
kurante Ware легко́ сбыва́емый това́р; ходово́й това́р, по́льзующийся спро́сом това́р
langlebige Ware това́р дли́тельного по́льзования
leicht verderbliche Ware скоропо́ртящийся това́р
liegen gebliebene Ware залежалый това́р
mangelhafte Ware недоброка́чественный, дефе́ктный това́р, това́р с дефе́ктом
marktbegehrte Ware хо́дкий това́р, ходово́й това́р, по́льзующийся спро́сом това́р
minderwertige Ware низкока́чественный това́р
prima Ware первосо́ртный това́р; при́ма; това́р вы́сшего сорта́
quotierte Ware квотируемый това́р; квотированный това́р, рационируемый това́р; това́р по квотам
reexportierte Ware реэкспортированный това́р
rollende Ware това́р, перевози́мый автомоби́льным тра́нспортом; това́р, перевози́мый железнодоро́жным тра́нспортом
schwer absetzbare Ware нехо́дкий това́р, неходово́й това́р, тру́дно реализу́емый това́р
schwer verkäufliche Ware нехо́дкий това́р, неходово́й това́р, тру́дно реализу́емый това́р, тру́дно продава́емый това́р, с трудо́м продава́емый това́р
schwimmende Ware това́р на плаву́; това́р, перевози́мый речны́м тра́нспортом; това́р, перевози́мый морски́м тра́нспортом; това́р, перевози́мый во́дным путём
überschüssige Ware изли́шки това́рной проду́кции, изли́шки това́ра
unterwegs befindliche Ware това́р в пути́
verknappte Ware дефици́тный това́р
vertretbare Ware заменя́емый това́р
vollwertige Ware полноце́нный това́р, доброка́чественный това́р
weiche Ware *внешто́рг.* това́р не пе́рвой необходи́мости *(напр. предме́ты ро́скоши)*
wertgeminderte Ware уценённый това́р
zollpflichtige Ware подлежа́щий обложе́нию по́шлиной това́р, облага́емый тамо́женной по́шлиной това́р
die neue Ware hereinbekommen получи́ть но́вый това́р
die Ware auf den Markt bringen предлага́ть това́р *(на ры́нке)*; выбро́сить това́р на ры́нок
die Ware auszeichnen ука́зывать це́ну това́ра *(в ценнике)*
die Ware mit dem Preisschild auszeichnen ука́зывать це́ну това́ра *(в ценнике)*; снабжа́ть това́р ценником
die Ware führen торгова́ть това́ром
die Ware geht reißend ab това́р продаётся нарасхва́т
die Ware im Preis aufschlagen поднима́ть це́ну на това́р
die Ware klarieren очища́ть това́р от тамо́женных форма́льностей; деклари́ровать това́р, кларировать това́р *(перевози́мый су́дном)*
die Ware verzollen очища́ть това́р от тамо́женных форма́льностей
wie die Ware steht und liegt огово́рка в догово́ре ку́пли-прода́жи об отсу́тствии гара́нтии определённого ка́чества това́ра, тель-кель; огово́рка «как есть»
Ware-Geld-Austausch *m* товарно-де́нежный обме́н
Ware-Geld-Beziehungen *f, pl* товарно-де́нежные отноше́ния
Waren *f, pl* това́ры (мн.ч.)
Waren beleihen дава́ть ссу́ду под това́ры
Waren des dezentralisierten Warenfonds нефондовые това́ры, нефонди́руемые това́ры; това́ры из децентрализи́рованных фо́ндов
Waren des Massenbedarfs това́ры широ́кого потребле́ния
Waren des zentralisierten Fonds фондовые това́ры
Waren in Verschluss tun помеща́ть това́ры (в зало́г) на тамо́женный склад *(до упла́ты по́шлины)*
Waren zum Verkauf bringen выбра́сывать това́ры на ры́нок; предлага́ть това́ры к прода́же (на прода́жу)
exportauftragsgebundene Waren това́ры, подгото́вленные к поста́вке согла́сно экспортному зака́зу
markenlose Waren това́ры без фир-

менного знáка; обезличенные товáры; товáры без маркирóвки
Waren- und Leistungsbilanz *f* балáнс товáров и услýг
Waren- und Materiallager *n* склад товарно-материáльных цéнностей
Waren- und Zahlungsabkommen *n* торгово-платёжное соглашéние
Waren- und Zahlungsverkehr *m* платёжный оборóт и товáрное движéние
Waren-Kredit-Verkehr óбщество (бáнковского) кредитования товарооборота
Warenabkommen *n* торгóвое соглашéние
internationales Warenabkommen междунарóдное торгóвое соглашéние по определённому товáру *(напр. Междунарóдное соглашéние по пшенице, Междунарóдное соглашéние по сахáру)*
Warenabrechnungsbörse *f внештóрг.* товáрная расчётная палáта
Warenabrechnungsstelle *f внештóрг.* товáрная расчётная палáта
Warenabsatz *m* сбыт товáров, продáжа товáров
Warenabsender *m* отправи́тель товáра
Warenabzug *m* получéние товáра со склáда
Warenakkreditiv *n* товáрный аккредити́в
Warenakzept *n* товáрный акцéпт
Warenangebot *n* предложéние товáра; ассортимéнт
Warenanhäufung *f* скоплéние товáров; затовáривание
Warenannahme *f* приёмка товáра
Warenansammlung *f* скоплéние товáров; накáпливание товáров; затовáривание
Warenäquivalent *n* эквивалéнтный товáр; товáрный эквивалéнт
Warenart *f* вид товáра
Warenaufkommen *n* товáрные ресýрсы
Warenaufschlag *m* наки́дка к ценé товáра, нацéнка на товáр
Warenausfuhr *f* вы́воз товáров, экспорт товáров
Warenausfuhr- und Wareneinfuhrgeschäfte *n, pl* экспортно-и́мпортные оперáции; внешнеторгóвые оперáции
Warenausgabe *f* контрóль и вы́дача покýпок *(в магази́не)*
Warenausgabestelle *f* контрóль и вы́дача покýпок *(в магази́не)*
Warenausgang *m* óтпуск товáров оптовой торгóвле; реализáция товáров;
Warenausgangsbuch *n* книга отпускá товáров, журнáл отпускá товáров *(оптовым организáциям)*
Warenausgangsjournal *n* книга отпускá товáров, журнáл отпускá товáров *(оптовым организáциям)*
Warenauslage *f* вы́кладка товáра *(в магази́не)*
Warenauslage вы́ставка товáров *(в магази́не)*
Warenausstattung *f* внéшнее оформлéние товáра
Warenausstattung оформлéние товáра
Warenausstellung *f* вы́ставка товáров
Warenaustausch *m* прямóй товарообмéн, бáртер, бáртерная оперáция
ungleichwertiger Warenaustausch неэквивалентный товарообмéн
Warenaustauschabkommen *n* соглашéние о товарообмене; бáртерное соглашéние
Warenaustauschfonds *m* товарообменный фонд
Warenaustauschgeschäft *n* товарообмéнная сдéлка, бáртерная сдéлка
Warenaustauschoperation *f* товарообмéнная оперáция, бáртерная оперáция
Warenauswahl *f* ассортимéнт товáров
Warenauswahl вы́бор товáров
Warenauswahl набóр товáров
Warenauswahl отбóр товáров
Warenauswahl *стат.* товáрный набóр
Warenauszeichnung *f* маркирóвка товáров; товáрная маркирóвка
Warenautomat *m* торгóвый автомáт
warenbedingt обуслóвленный харáктером товáра
Warenbeförderung *f* постáвка товáров; достáвка товáров
Warenbegleitpapier *n* товаросопроводительный документ *(напр. накладнáя)*
Warenbegleitschein *m* товаросопроводительный документ *(напр. накладнáя)*
Warenbeleihung *f* ломбардные оперáции
Warenbeleihung товáрная ссýда
Warenbeleihung вы́дача товáрных ссуд
Warenbeleihung залоговые оперáции
Warenbelieferung *f* снабжéние товáрами, обеспéчение товáрами; завоз товáров, подвóз товáров
Warenbereitstellung *f* предоставлéние товáров для снабжéния, выделéние товáров для снабжéния; заготóвка товáров
Warenbeschaffung *f* заготóвка товáра
Warenbeschriftung *f* маркирóвка товáров; нанесéние торгóвой мáрки
Warenbesitzer *m* владéлец товáра
Warenbestand *m* товáрные запáсы; запáсы товарно-материáльных цéнностей; нали́чие товáров; товáрные остáтки
Warenbestandskonto *n* счёт учёта товáрных запáсов
Warenbestellung *f* трéбование-закáз, трéбование-накладнáя; закáз товáров
Warenbeurteilung *f* определéние кáчества товáра, провéрка кáчества товáра
warenbewegend товаропроводящий
Warenbewegung *f* грузопотóк
Warenbewegung движéние товáров; обращéние товáров; товáрное обращéние
Warenbewegung продвижéние товáров *(напр. на ры́нок)*
innerbetriebliche Warenbewegung внутризаводскóе движéние товáров
Warenbewegungsglied *n* звенó в цепи́ товáрного обращéния
Warenbewegungskosten *pl* расхóды по продвижéнию товáров *(напр. на ры́нок)*
Warenbewertung *f* оцéнка товáров
Warenbewirtschaftung *f* рационирование товáров
Warenbezeichnung *f* наименовáние товáра
Warenbeziehungen *f, pl* товáрные отношéния (мн.ч.)
Warenbezug *m* закýпка товáров
Warenbezugskosten *pl* расхóды, свя́занные с закýпкой товáров; транспортно-заготови́тельные расхóды
Warenbezugsplan *m* план закýпки товáров
Warenbilanz *f* товáрный балáнс
Warenbörse *f* товáрная би́ржа
Warenbruttogewinn *m* вес брýтто товáра
Warenbuch *n* товáрная кни́га
Warencharakter *m* харáктер товáров; товáрные характери́стики
Warencharakter der Arbeitsprodukte товáрный харáктер продýктов трудá
Warendeckung *f* товáрное обеспéчение, товáрное покры́тие
Warendefizit *n* дефици́т товáров, нехвáтка товáров
Warendumping *n* товáрный дéмпинг
Wareneigentümer *m* сóбственник товáра
Wareneinfuhr *f* ввоз товáров, и́мпорт товáров
Wareneinführer *m* импортёр
Wareneingang *m* поступлéние товáров, прибы́тие товáров
Wareneingangsbescheinigung *f* докумéнт, подтверждáющий поступлéние товáра в странý назначéния; докумéнт, подтверждáющий прибы́тие товáра в странý назначéния
Wareneingangsdeklaration *f тамож.* декларáция о поступи́вших товáрах; и́мпортная декларáция, ИД, и́мпортная тамóженная декларáция
Wareneingangsjournal *n* журнáл по-

ступлéния товáров, кни́га поступлéния товáров; прихóдный журнáл

Wareneingangskontrolle *f* контрóль поступлéния товáров; колúчественная и кáчественная приёмка товáров

Wareneingangsschein *m* приходная накладнáя, накладнáя на поступлéние товáров, накладнáя на поступлéние заводских материáлов

Wareneinheit *f* единúца товáра; единúца измерéния товáра

Wareneinkauf *m* покýпка товáров, закýпка товáров

Wareneinsatz *m* объём товáров, вы́пущенных в продáжу; стóимость товáров, вы́пущенных в продáжу

Wareneinstandspreis *m* заготовительная ценá товáра

Warenempfang *m* приём товáров; приёмка товáров

Warenempfänger *m* получáтель товáра

Warenexport *m* экспорт товáров, вы́воз товáров

Warenfetischismus *m* товáрный фетиши́зм

Warenfluss *m* товáрный потóк; грузовóй потóк

Warenflussplan *m* грáфик товáрного потóка

Warenfonds *m, pl* товáрные фóнды

Warenfondsbilanzierung *f* балансирóвка товáрных фóндов

Warenfondsdifferenzierung *f* дифференциáция товáрных фóндов

Warenfondsplanung *f* планирóвание товáрных фóндов

Warenform *f* товáрная фóрма

Warenfunktion *f* товáрная фýнкция

Warengattung *f* род товáра, вид товáра, категóрия товáра *(в классификáции товáров)*

Warengenossenschaft *f* товáрный кооперати́в

Warengeschäfte *n, pl* торгóвля товáрами

Warengestalt *f* óбраз товáра; товáрная фóрма

Warengestaltung *f* оформлéние товáра

Warengruppe *f* товáрная грýппа

Warengruppenspanne *f* (торгóвая) нацéнка по товарным грýппам

Warengruppenverzeichnis *n* спи́сок товáрных групп

Warengruppierung *f* группирóвка товáров

Warenhandel *m* торгóвля товáрами

Warenhandelsbetrieb *m* предприя́тие, торгýющее товáрами; торгóвое предприя́тие

Warenhandlungskapital *n* товарно-торгóвый капитáл

Warenhandwerker *m* ремéсленник

Warenhaus *n* универмáг, универсáльный магази́н

Warenhausbesteuerung *f* обложéние универсальных магази́нов налóгами; налогообложéние универсальных магази́нов

Warenhausprogramm *n* кóмплексная производственная прогрáмма предприя́тия; прогрáмма предприя́тия по ассортимéнту (выпускáемых) товáров

Warenhaussteuer *f* налóг на универсáльные магази́ны

Warenhortung *f* накоплéние товáров, накáпливание товáров

spekulative Warenhortung накоплéние товáров в спекуляти́вных целя́х

Warenhunger *m* товáрный гóлод

Warenimport *m* и́мпорт, ввоз товáров

Wareninflation *f* товáрная инфля́ция

Warenkapital *n* товáрный капитáл

Warenkatalog *m* каталóг товáров

Warenklasse *f* класс товáра

Warenklassifikation *f* классификáция товáров

Warenklassifikation товáрная классификáция

Warenkombination *f стат.* товáрный набóр, набóр товáров

Warenkontrolle *f* бракерáж, отбракóвка, выбракóвка

Warenkontrolle товáрный контрóль

Warenkorb *m стат.* бюджéтный набóр

Warenkorb товáрная корзи́на *(набóр потреби́тельских товáров и услýг - оснóва для расчёта и́ндексов, напр. цен)*

Warenkörper *m* товáр *(в вéщной фóрме)*

Warenkredit *m* товáрный креди́т

Warenkreditabkommen *n* соглашéние о товáрном кредите

Warenkreditbrief *m* товáрный аккредити́в

Warenkreditversicherung *f* страховáние делькрéдере; страховáние товáрного креди́та

Warenkunde *f* товароведение

warenkundlich товароведческий

Warenlager *n* склад товáров, товáрный склад

Warenlagerung *f* хранéние товáров

Warenleib *m* товáрная корзи́на *(набóр потреби́тельских товáров и услýг - оснóва для расчёта и́ндексов, напр. цен)*

Warenlieferung *f* постáвка товáров, товáрная постáвка

Warenlieferungsvertrag *m* договóр на постáвку товáров

Warenliste *f* спи́сок товáров, товáрный спи́сок

Warenlombard *m* ломбардные оперáции с товáрами

Warenlombard товáрный креди́т (ссýда)

Warenmakler *m* торгóвый мáклер; торгóвый посрéдник

Warenmangel *m* дефици́т товáров, нехвáтка товáров, товáрный дефици́т; товáрный гóлод

Warenmanko *n* недостáча товáров

Warenmarkt *m* товáрный ры́нок; ры́нок товáров

Warenmasse *f* товáрная мáсса

zirkulierende Warenmasse товáрная мáсса, находя́щаяся в обращéнии; товáрная мáсса в обращéнии; циркули́рующая на ры́нке товáрная мáсса

Warenmerkmal *n* товáрный при́знак, при́знак товáра

Warenmesse *f* торгóвая я́рмарка

Warenmuster *n* образéц товáра, товáрный образéц

Warenmuster ohne Handelswert образéц товáра, не имéющий стóимости, неторговый образéц товáра; бесплáтный торгóвый образéц, безвозмéздный торгóвый образéц

Warennachfrage *f* спрос на товáры, товáрный спрос

Warenname *m* наименовáние товáра

Warennebenkosten *pl* торгóвые наклaдны́е расхóды

Warennomenklatur *f* товáрная номенклатýра

Warennummer *f* нóмер товáра *(напр. по каталогу)*

Warenpapiere *n, pl* товáрные цéнные бумáги *(напр. товáрный вéксель)*

Warenpapiere товаросопроводи́тельные докумéнты

Warenpartie *f* пáртия товáра; товáрная пáртия

Warenposition *f* товáрная пози́ция *(напр. в спецификáции)*

Warenposten *m* пáртия товáра; товáрная пáртия

Warenposten товáрная пози́ция*(напр. в спецификáции)*

Warenpräsentation *f* покáз товáров, презентация товáра

Warenpreis *m* ценá на товáр, ценá товáра

Warenpreisklausel *f* пункт договóра о ценé товáра

Warenprobe *f* образéц товáра *(напр. высылáемый по пóчте)*

Warenprodukt *n* продýкт *(как товáр)*

Warenproduktion *f* произвóдство то-

ва́ров, това́рное произво́дство
Warenproduktion това́рная проду́кция
einfache Warenproduktion просто́е това́рное произво́дство
fertig gestellte Warenproduktion изгото́вленная това́рная проду́кция
finanzgeplante Warenproduktion совоку́пная пла́новая проду́кция предприя́тия
industrielle Warenproduktion промы́шленная това́рная проду́кция, това́рная проду́кция промы́шленности
kleine Warenproduktion ме́лкое това́рное произво́дство
nichtindustrielle Warenproduktion това́рная проду́кция непромышленного хара́ктера
nichtvergleichbare Warenproduktion несопоставимая това́рная проду́кция
nichtvergleichbare Warenproduktion реализованная това́рная проду́кция
vergleichbare Warenproduktion сопоставимая това́рная проду́кция
Warenproduzent *m* товаропроизводи́тель, товаропродуцент, производи́тель това́ра
Warenprüfung *f* контро́ль ка́чества това́ров, контро́ль за ка́чеством това́ров
Warenquellen *f, pl* това́рные ресу́рсы (мн.ч.)
örtliche Warenquellen ме́стные това́рные ресу́рсы (мн.ч.)
Warenrabatt *m* това́рная ски́дка, ски́дка на това́р
Warenrealisierung *f* реализа́ция това́ров
Warenrechnung *f* учёт това́ров
Warenrechnung *f* комме́рческая факту́ра, счёт-факту́ра
Warenregressversicherung *f* регрессное страхова́ние това́ров, страхова́ние това́ров на осно́ве права́ регре́сса
Warenrepräsentant *m* това́р-представи́тель, репрезентати́вный това́р
Warenreserven *f, pl* това́рные запа́сы, това́рные ресу́рсы, това́рные резе́рвы, запа́сы това́ра(ов), резе́рвы това́ра(ов)
zentrale Warenreserven централизованные това́рные запа́сы
Warenressourcen *f, pl* това́рные ресу́рсы
Warenrestbestand *m* това́рные оста́тки, оста́тки това́ров
Warenrohgewinn *m* валово́й дохо́д от прода́жи това́ров, валова́я при́быль от прода́жи това́ров
Warenrücksendung *f* возвра́т това́ров
Warenrückvergütung *f* возмеще́ние това́рами
Warensanktionen *f, pl* това́рные са́нкции *(применя́емые в отноше́нии неплате́льщиков по товарным поставкам)*
Warenscheck *m* креди́тный чек *(при упла́те в рассро́чку)*
Warenscheck чек при подтоварных опера́циях
Warenschleuse *f* склад при магази́не для приёмки това́ров в нерабо́чее вре́мя
Warenschuld *f* това́рная задо́лженность, задо́лженность по това́рной поста́вке
Warenschulden *f, pl* това́рная задо́лженность
Warenschwund *m* у́быль това́ра
natürlicher Warenschwund есте́ственная у́быль това́ра
Warensendung *f* па́ртия това́ра; това́рная па́ртия
unverlangte Warensendung невостребованная па́ртия това́ра
Warensignierung *f* маркиро́вка това́ров
Warensortiment *n* това́рный ассортиме́нт, ассортиме́нт това́ров
Warenspezialisierung *f* това́рная специализа́ция
Warenspezifikation *f* това́рная специфика́ция
Warenstatistik *f* това́рная стати́стика
Warensteuer *f* нало́г на проду́кты ма́ссового потребле́ния, акци́зный нало́г; ко́свенный нало́г; нало́г на това́ры
Warenstrom *m* това́рный пото́к
Warenstruktur *f* това́рная структу́ра *(напр. экспорта)*
Warensystematik *f* системати́ка това́ров
nationale Warensystematik системати́ка отечественных това́ров
Warentausch *m* прямо́й товарообме́н, ба́ртер
Warentermingeschäft *n* сро́чная сде́лка на поста́вку това́ра, сде́лка с последу́ющей поста́вкой това́ра
Warentest *m* прове́рка ка́чества това́ра *(контро́ль гото́вых това́ров на приго́дность к испо́льзованию)*
Warentest (ры́ночный) тест това́ра
Warentheorie *f* **des Geldes** това́рная тео́рия де́нег
Warenträger *m, pl* обору́дование для размеще́ния това́ров в магази́не *(напр. настенные полки, подста́вки, витри́ны)*
Warentransport *m* транспортиро́вка това́ров
Warenüberbestand *m* това́рные изли́шки
Warenüberfluss *m* избы́ток това́ров
Warenumlauf *m* товарооборо́т
Warenumlaufgeschwindigkeit *f* ско́рость товарооборота
Warenumsatz *m* товарооборо́т
Warenumsatzgeschwindigkeit *f* ско́рость товарооборота
Warenumsatzplan *m* план товарооборота, план по товарообороту
Warenumsatzsteuer *f* нало́г с су́ммы товарооборота
Warenumsatzsteuer нало́г с товарооборота
Warenumschlag *m* товарооборо́т; обора́чиваемость това́ров
effektiver Warenumschlag факти́ческий товарооборо́т
normierter Warenumschlag нормированный товарооборо́т
Warenumschlagsgeschwindigkeit *f* ско́рость товарооборота; обора́чиваемость това́ров
Warenumschlagskredit *m* креди́т для финанси́рования товарооборота
Warenumschließung *f* упако́вка това́ра, та́ра
Warenumtausch *m* обме́н това́ров
Warenunterart *f* подви́д това́ра
Warenusance *f* торго́вый обы́чай, узанс
Warenverderb *m* по́рча това́ра
Warenverderb ухудше́ние ка́чества това́ра
Warenverkauf *m* прода́жа това́ров
Warenverkaufsautomat *m* торго́вый автома́т
Warenverkehr *m* товарооборо́т; движе́ние това́ров
Warenverkehr торго́вые отноше́ния, торго́вые свя́зи
Warenverknappung *f* дефици́т това́ров, нехва́тка това́ров
Warenverlust *m* това́рные поте́ри
Warenversand *m* отпра́вка това́ра; пересы́лка това́ра
Warenversandkosten *pl* расхо́ды по отпра́вке, расхо́ды по пересы́лке това́ра
Warenversicherung *f* страхова́ние това́ров
Warenversorgung *f* снабже́ние това́рами, обеспе́чение това́рами
Warenverteilung *f* распределе́ние това́ров
Warenvertreter *m* торго́вый представи́тель
Warenvertreter *стат.* това́р-представи́тель, репрезентати́вный това́р
Warenverzeichnis *n* спи́сок това́ров
Warenvolumen *n* объём движе́ния това́ров *(поступающих на склад и отпускаемых со скла́да)*
Warenvorräte *m, pl* това́рные запа́сы
übermäßige Warenvorräte затова́ривание; сверхнормативные това́рные запа́сы
Warenvorschüsse *m, pl* краткосро́чные ба́нковские креди́ты под зало́г това́ров

Warenwandlung *f* превращéние товáра

Warenwechsel *m* товáрный вéксель *(выставляéтся на оснóве товарооборота)*
Warenwechsel торгóвый вéксель
prima Warenwechsel первоклáссный торгóвый вéксель

Warenweg *m* путь движéния товáров, путь прохождéния товáра *(напр. на рынке)*

Warenwert *m* товáрная стóимость, стóимость товáра

Warenwirtschaft *f* товáрное хозя́йство
einfache Warenwirtschaft простóе товáрное хозя́йство
kleine Warenwirtschaft мéлкое товáрное хозя́йство

Warenzeichen *n* товáрный знак; торгóвая мáрка
eingetragenes Warenzeichen зарегистри́рованный товáрный знак

Warenzeichenblatt *n* Бюллетéнь товáрных знáков

Warenzeichengebühr *f* сбор за регистрáцию товáрного знáка; сбор за регистрáцию товáрных знáков

Warenzeichenrecht *n* прáво на товáрный знак; прáво на товáрные знáки

Warenzeichenschutz *m* охрáна товáрного знáка; охрáна товáрных знáков

Warenzeichenverband *m* объединéние предприя́тий, выпускáющих продýкцию под одни́м товарным знакóм

Warenzirkulation *f* товáрное обращéние, циркуля́ция товáров *(напр. на ры́нке)*

Warenzufuhr *f* завоз товáров; подвóз товáров

warenzuführend товаропроводящий

Warenzulieferung *f* постáвка товáров

Warenzustellung *f* достáвка товáров
zentralisierte Warenzustellung централизóванная достáвка товáров

Warngrenzen *f, pl* предупреди́тельные грани́цы товáров *(в статистическом контроле кáчества)*

Warnstreik *m* предупреди́тельная забастóвка

Warrant *m* варрáнт *(докумéнт, предоставля́ющий прáво купи́ть и́ли продáть определённую сýмму тех и́ли ины́х цéнных бумáг на протяжéнии фикси́рованного периóда)*
Warrant складская распи́ска, варрáнт
Warrant доковая распи́ска, варрáнт

Warrantdiskont *m* (подтоварная) ссýда под залóг варрáнта; варрáнтный дискóнт

Warrantkredit *m* креди́т под варрáнт

Warschauer Vertrag über Freundschaft, Zusammenarbeit und gegenseitigen Beistand *истор.* Варшáвский договóр о дрýжбе, сотрýдничестве и взаи́мной пóмощи

Warte- und Stillstandszeiten *f, pl* врéмя простóев *(на произвóдстве)*

Wartegeld *n* штраф за простóй

Warten *n* ожидáние

Wartentheorie *f* теóрия ожидáния

Warteschlange *f* óчередь

Warteschlangenlänge *f* длинá óчереди

Warteschlangenprobleme *n, pl* задáчи теóрии мáссового обслýживания, задáчи теóрии очередéй

Warteschlangentheorie *f* теóрия мáссового обслýживания, теóрия очередéй

Warteschlangetheorie *f* теóрия мáссового обслýживания

Wartesystem *n* систéма (обслýживания) с ожиданием, систéма (обслýживания) без потéрь
Wartesystem mit teilweisem Verlust смéшанная систéма обслýживания

Wartevorgang *m* ожидáние

Wartezeit *f* врéмя до наступлéния срóка вы́плат посóбий (а тáкже пéнсий и т.п.)
Wartezeit врéмя ожидáния
Wartezeit врéмя простóя
Wartezeit врéмя до наступлéния срóка вы́плат посóбий по социáльному страховáнию
Wartezeit врéмя до наступлéния срóка вы́плат страховы́х сумм
Wartezeit der Ausrüstung простóй оборýдования
Wartezeit des Arbeiters простóй рабóчего
Wartezeit innerhalb der Schicht внутрисмéнный простóй
ganztägige Wartezeit дневнóй простóй, простóй в течéние цéлого рабóчего дня
organisatorisch bedingte Wartezeit простóй, обуслóвленный организациóнными причи́нами; простóй по организационным причи́нам

Wartezimmerverfahren *n* мéтод врéменного запрещéния трансферта в определённую странý до погашéния ею своéй задóлженности

Wartung *f* ухóд *(напр. за маши́нами)*, техни́ческое обслýживание; техни́ческий надзóр, технадзор
Wartung und Pflege предупреди́тельный ремóнт и обслýживание
laufende Wartung межремонтное обслýживание, текýщее профилакти́ческое обслýживание, текýщее обслýживание
periodische Wartung периоди́ческая профилáктика, периоди́ческий профилакти́ческий осмóтр (обслýживание)
technische Wartung техни́ческий осмóтр, техосмóтр
vorbeugende Wartung предупреди́тельный ремóнт

Wartungsdienst *m* слýжба техни́ческого обслýживания
Wartungsdienst слýжба техни́ческого сервиса, техни́ческий сéрвис, техсервис

Wartungskosten *pl* издéржки по техни́ческому обслýживанию, расхóды по техни́ческому обслýживанию

Wartungspersonal *n* обслýживающий персонáл; ремперсонал, ремóнтный персонáл

Wartungszeit *f* врéмя межремонтного обслýживания
Wartungszeit врéмя ремóнта
Wartungszeit des Arbeitsplatzes врéмя обслýживания рабóчего местá
organisatorische Wartungszeit des Arbeitsplatzes врéмя организациóнного обслýживания рабóчего местá
technische Wartungszeit des Arbeitsplatzes врéмя техни́ческого обслýживания рабóчего местá

Wäscherei *f* прáчечная
industrielle Wäscherei фáбрика-прáчечная

Wasser *n* водá; вóды (мн.ч.)
Wasser минерáльная водá
Wasser стóчные вóды (мн.ч.)
erstes offenes Wasser с откры́тием навигáции, пéрвой откры́той водóй, ПОВ *(услóвие договóра кýпли-продáжи)*
im Wasser в водé
das **Wasser kann hier nicht eindringen** водá не мóжет прони́кнуть сюдá
unter Wasser stehen быть под водóй, быть затопленным
zu Wasser und zu Lande на водé и на сýше; по водé и по сýше

Wasseraktien *f, pl* разводнённые áкции, разводнённый акционéрный капитáл *(номинáльная оцéнка котóрых сущéственно превышáет стóимость реáльных акти́вов и потенциáла фи́рмы)*

wasserbeständig водостóйкий, несмываемый *(о крáске)*

wasserdicht водонепроницáемый

wasserfest водостóйкий, несмывáемый *(о крáске)*

Wassergrundbuch *n* вóдный кадáстр

Wasserhaltung *f* вóдное хозя́йство

Wasserhaushaltsbilanz *f* вóдный балáнс

Wasserkosten *pl* расхóды по водоснабжéнию *(для промы́шленных цéлей)*

Wasserkraftjahresarbeit *f* годовáя вы́работка гидроэлектростáнции

Wasserkraftwerk *n* гидроэлектростáнция

Wassernutzungsrecht *n* прáво пóльзования водоёмом, пра́во водопо́льзования

Wassernutzungsregister *n* рее́стр водопо́льзования

Wasserstraße *f* во́дный путь

Wasserstraßenbenutzungsgebühr *f* сбор за по́льзование во́дными путя́ми

Wasserstraßenordnung *f* пра́вила движе́ния по вну́тренним во́дным путя́м

Wassertransport *m* во́дный тра́нспорт

Wassertransport перево́зка во́дным путём; перево́зки во́дным путём

Wasserverbrauch *m* потребле́ние воды́, расхо́д воды́

Wasserverdrängung *f* водоизмеще́ние *(су́дна)*

Wasserwirtschaft *f* во́дное хозя́йство

W.B.:

W.B., way bill *англ.* (тра́нспортная) накладна́я, железнодоро́жная накладна́я

W/B, way bill *англ.* железнодоро́жная накладна́я, (тра́нспортная) накладна́я

WB, Werkbericht отчёт о де́ятельности заво́да

WB, Werkbund Сою́з ремесленных предприя́тий *(Швейца́рия)*

WBewG, Wohnraumbewirtschaftungsgesetz зако́н о распределе́нии жило́й пло́щади *(ФРГ)*

WBS, Warenbegleitschein товаросопроводительный докуме́нт, накладна́я

WE: Währungseinheit де́нежная едини́ца

WE, Werteinheit едини́ца-эквивале́нт

WEB:

WEB, Wareneingangs-Bescheinigung докуме́нт, подтвержда́ющий поступле́ние това́ра в страну́ назначе́ния; докуме́нт, подтвержда́ющий прибы́тие това́ра в страну́ назначе́ния

Web *n* «Всеми́рная паути́на»; Интерне́т; вэб

Web-Controlling *m* веб-контроллинг; ана́лиз веб-страни́цы (ее индексирования, позициони́рования и т.п.)

Web-Promotion *n* продвиже́ние веб-страни́цы; продвиже́ние страни́цы в Интерне́т; веб-промоушн

Webadresse *f* а́дрес дома́шней страни́цы; а́дрес в страни́цы в Интерне́т; вэб-а́дрес

Website *f* страни́ца в Интерне́т; дома́шняя страни́ца

Website-Marketing *n* ма́ркетинг при по́мощи веб-страни́цы; веб-ма́ркетинг; Интерне́т-ма́ркетинг

Website-Marketing *n* ма́ркетинг веб-страни́цы

Websurfer *m* путеше́ственник в Интерне́т

Websurfing *f* навига́ция по Интерне́т; путеше́ствие по Интерне́т

Webwaren *pl* тка́ные изде́лия (мн.ч.)

Wechsel *I m* переме́на; измене́ние; сме́на, чередова́ние; разме́н *(де́нег)*; обме́н; ме́на

Wechsel разме́н *(де́нег)*

Wechsel сме́на, чередова́ние

Wechsel der Arbeit переме́на рабо́ты; чередова́ние рабо́чих опера́ций

Wechsel des Standorts перебазирование *(напр. предприя́тия)*

Wechsel *II m* ве́ксель

Wechsel a vista ве́ксель на предъяви́теля

Wechsel an eigene Order ве́ксель по собственному прика́зу

Wechsel an fremde Order ве́ксель по чужо́му прика́зу

Wechsel auf kurze Sicht краткосро́чный ве́ксель

Wechsel auf lange Sicht долгосро́чный ве́ксель, ве́ксель на дли́тельный срок

Wechsel für fremde Rechnung комиссио́нная тра́тта; ве́ксель за счет тре́тьих лиц; ве́ксель за чужо́й счет

Wechsel mit anhängenden Papieren документи́рованная тра́тта

Wechsel mit Indossament индосси́рованный ве́ксель, ве́ксель с переда́точной на́дписью

Wechsel mit kürzerer Laufzeit краткосро́чный ве́ксель

Wechsel mit längerer Laufzeit долгосро́чный ве́ксель

Wechsela vista ве́ксель на предъяви́теля

abgelaufener Wechsel просро́ченный ве́ксель

abgelaufener Wechsel акцепто́ванный ве́ксель, акце́пт

auf das Ausland gezogener Wechsel иностра́нный ве́ксель, загрconsiderationśчный ве́ксель; иностра́нная тра́тта, заграни́чная тра́тта

ausländischer Wechsel иностра́нный ве́ксель, заграни́чный ве́ксель; иностра́нная тра́тта, заграни́чная тра́тта

befristeter Wechsel ве́ксель со сро́ком платежа́ на определённый день, сро́чный ве́ксель

begebener Wechsel пу́щенный в обраще́ние индосси́рованный ве́ксель; ве́ксель, пе́реданный путём индоссирования; индосси́рованный ве́ксель

bezahlter Wechsel опла́ченный ве́ксель

diskontfähiger Wechsel учётоспособный ве́ксель, ве́ксель, принима́емый ба́нком к учёту; дисконти́руемый ве́ксель

diskontierter Wechsel учтённый ве́ксель

domizilierter Wechsel домицилированный ве́ксель

echter Wechsel по́длинный ве́ксель

eigener Wechsel просто́й ве́ксель, прямо́й ве́ксель, со́ло-ве́ксель

erstklassiger Wechsel первокла́ссный ве́ксель, надежный ве́ксель, «добро́тный» ве́ксель

gezogener Wechsel переводно́й ве́ксель, тра́тта *(распоряже́ние лицу́, на кото́рое вы́ставлен ве́ксель, вы́платить предъяви́телю фиксированную су́мму)*

indossierter Wechsel индосси́рованный ве́ксель, ве́ксель с переда́точной на́дписью

konditionierter Wechsel ве́ксель, опла́та кото́рого свя́зана с определёнными усло́виями; усло́вный ве́ксель, свя́занный ве́ксель *(напр. с вруче́нием коносамента)*

kurzfristiger Wechsel краткосро́чный ве́ксель

langfristiger Wechsel долгосро́чный ве́ксель

mittelfristiger Wechsel среднесро́чный ве́ксель

mittelfristiger Wechsel оборо́тный ве́ксель

nicht diskontfähiger Wechsel неучётоспособный ве́ксель, ве́ксель, не принима́емый ба́нком к учёту; недисконтируемый ве́ксель

noch nicht girierter Wechsel неиндоссированный ве́ксель, первонача́льный ве́ксель

notleidender Wechsel неакцептованный ве́ксель, ве́ксель без акце́пта

notleidender Wechsel неопла́ченный ве́ксель, невы́купленный ве́ксель

offener Wechsel бла́нковый ве́ксель, бла́нко-ве́ксель, ве́ксель бла́нко

privater Wechsel ча́стный ве́ксель

rediskontierter Wechsel переучтённый ве́ксель

rediskontierter Wechsel надёжный ве́ксель

unbegebbarer Wechsel необоротный ве́ксель

unechter Wechsel подло́жный ве́ксель; фальши́вый ве́ксель

ungedeckter Wechsel непокры́тый ве́ксель, ве́ксель без покры́тия

vermisster Wechsel утерянный ве́ксель, потерянный ве́ксель

zu Protest gegangener Wechsel опротестованный ве́ксель

der Wechsel ist fällig срок вексе́ля истек, срок опла́ты вексе́ля наступи́л

einen Wechsel akzeptieren акцептова́ть ве́ксель, принима́ть ве́ксель к опла́те

einen Wechsel annehmen акцептова́ть ве́ксель, принима́ть ве́ксель к опла́те

einen Wechsel an jemandes Order zahlbar machen выставля́ть ве́ксель *(по чьему́-л.)* прика́зу
einen Wechsel ausstellen выставля́ть ве́ксель, трасси́ровать ве́ксель, выдава́ть ве́ксель
einen Wechsel begeben передава́ть ве́ксель, наноси́ть на ве́ксель переда́точную на́дпись, индосси́ровать ве́ксель, пуска́ть ве́ксель в обраще́ние путём индоссирования, передава́ть ве́ксель путём индоссирования
einen Wechsel diskontieren учи́тывать ве́ксель, дисконти́ровать ве́ксель, осуществля́ть диско́нт векселя́
einen Wechsel diskontieren lassen представля́ть ве́ксель к учёту
einen Wechsel domizilieren домицили́ровать ве́ксель
einen Wechsel einkassieren инкасси́ровать ве́ксель
einen Wechsel einlösen опла́чивать ве́ксель, плати́ть по ве́кселю
einen Wechsel einreichen представля́ть ве́ксель к опла́те
einen Wechsel einziehen инкасси́ровать ве́ксель
einen Wechsel erneuern пролонги́ровать ве́ксель, продлева́ть ве́ксель, продлева́ть де́йствие векселя́
einen Wechsel eskontieren представля́ть ве́ксель к учёту
einen Wechsel garantieren руча́ться за платёж по ве́кселю, авали́ровать
einen Wechsel girieren индосси́ровать ве́ксель, соверша́ть переда́точную на́дпись на ве́кселе
einen Wechsel honorieren опла́чивать ве́ксель, плати́ть по ве́кселю
einen Wechsel in Diskont nehmen принима́ть ве́ксель к учёту, дисконти́ровать ве́ксель, учи́тывать ве́ксель
einen Wechsel indossieren индосси́ровать ве́ксель, соверша́ть переда́точную на́дпись на ве́кселе
einen Wechsel Not leiden lassen просро́чить ве́ксель
einen Wechsel präsentieren предъявля́ть ве́ксель к приня́тию, предъявля́ть ве́ксель к акце́пту, предъявля́ть ве́ксель к опла́те, представля́ть ве́ксель к приня́тию, представля́ть ве́ксель к акце́пту, представля́ть ве́ксель к опла́те
einen Wechsel prolongieren пролонги́ровать ве́ксель, продлева́ть де́йствие векселя́
einen Wechsel rediskontieren переучитывать ве́ксель, редисконтировать ве́ксель
einen Wechsel trassieren трасси́ровать ве́ксель
einen Wechsel verfallen lassen просро́чить ве́ксель
einen Wechsel vorlegen предъявля́ть ве́ксель к приня́тию, предъявля́ть ве́ксель к акце́пту, предъявля́ть ве́ксель к опла́те, представля́ть ве́ксель к приня́тию, представля́ть ве́ксель к акце́пту, представля́ть ве́ксель к опла́те
einen Wechsel zahlbar stellen предъявля́ть ве́ксель к опла́те, представля́ть ве́ксель к опла́те
einen Wechsel ziehen предъявля́ть ве́ксель к опла́те, выставля́ть ве́ксель
einen Wechsel zu Protest gehen lassen опротесто́вывать ве́ксель, предъявля́ть ве́ксель к проте́сту
einen Wechsel zum Diskont annehmen принима́ть ве́ксель к учету, дисконти́ровать ве́ксель
einen Wechsel zurückziehen изъя́ть ве́ксель из обраще́ния, изыма́ть ве́ксель из обраще́ния

Wechselabschrift *f* ко́пия векселя́ *(изгото́вленная векселедержа́телем)*
Wechselabteilung *f* отде́л ба́нка, занима́ющийся учётом векселе́й и техни́ческими опера́циями с ни́ми
Wechseladresse *f* фами́лия трассата, фами́лия плательщика по ве́кселю
Wechselakzept *n* акце́пт векселя́, акцептова́ние векселя́, приня́тие векселя́ к платежу́; акцепто́ванный ве́ксель, акце́пт
Wechselangaben *f, pl* ве́ксельные реквизиты
Wechselannahme *f* акце́пт векселя́; приня́тие векселя́ к опла́те
Wechselausfertigung *f* экземпля́р (переводного) векселя́
Wechselaussteller *m* векседа́тель, трасса́нт
Wechselausstellung *f* выставле́ние векселя́, трассирование векселя́, вы́дача векселя́
Wechselbank *f* учётный банк
Wechselbegebung *f* переда́ча векселя́ путём индоссирования, переда́ча векселя́ путём соверше́ния переда́точной на́дписи
Wechselbeitreibung *f* взыска́ние по ве́кселю
Wechselberuf *m* сме́жная профе́ссия
Wechselbestand *m* ве́ксельный портфе́ль, портфе́ль векселе́й
Wechselbeziehung *f* взаимосвя́зь, взаимозави́симость, взаимоотноше́ние
Wechselbeziehungen *f, pl* **mit dem Staatshaushalt** платежи́ в бюдже́т и ассигнова́ния из бюдже́та
Wechselbezogene *m* трасса́т, плате́льщик по ве́кселю
Wechselblankett *n* бла́нковый ве́ксель
Wechselbörse *f* фо́ндовая би́ржа
Wechselbrief *m уст.* ве́ксель
Wechselbuch *n* книга регистра́ции поступающих векселе́й
Wechselbürge *m* авали́ст, поручи́тель по ве́кселю *(ча́сто банк, выступа́ющий в ро́ли гара́нта)*
einen Wechselbürgen stellen представля́ть авали́ста, представля́ть поручи́теля по ве́кселю
Wechselbürgschaft *f* ава́ль, поручи́тельство по ве́кселю *(превращает авали́ста в должника́)*
Wechselbürgschaft leisten дава́ть ве́ксельное поручи́тельство, ста́вить ава́ль на ве́кселе
Wechseldeckung *f* покры́тие векселя́, обеспе́чение векселя́
Wechseldienst *m* обме́н иностра́нной валю́ты *(на грани́це)*; пу́нкты обме́на иностра́нной валю́ты
Wechseldiskont *m* диско́нт, учётный проце́нт
Wechseldiskontierer *m* дисконтёр *(векселе́й)*
Wechseldiskontierung *f* дисконти́рование векселе́й, учёт векселе́й
Wechseldiskontkredit *m* учётный креди́т
Wechseldomizil *n* домициль по ве́кселю
Wechseldoppelschrift *f* дублика́т векселя́ *(изгото́вленный трассантом)*
Wechselduplikat *n* дублика́т векселя́ *(изгото́вленный трассантом)*
Wechseleinrede *f* отве́тные прете́нзии должника́ по ве́кселю к векселедержа́телю
Wechselfähigkeit *f* ве́ксельная дееспосо́бность
Wechselfälschung *f* подло́г векселе́й, подде́лка векселе́й, изготовле́ние фальшивого векселя́
Wechselfließfertigung *f* многопредметные поточные ли́нии; прерывно-поточное произво́дство, ППО
Wechselforderung *f* ве́ксельное тре́бование, тре́бование по ве́кселю
Wechselformular *n* ве́ксельный бланк
Wechselgarantie *f* гара́нтия по ве́кселю, гара́нтия по вы́купу векселя́, гара́нтия по опла́те векселя́ *(со стороны́ плательщика)*
Wechselgeld *n* разменные моне́ты, разме́нная моне́та, ме́лочь *(металли́ческие де́ньги)*
Wechselgeldfonds *m* разме́нный фонд *(ба́нков)*
Wechselgeschäft *n* ве́ксельные опера́ции ба́нков; ба́нковские операции

по обмéну валю́ты; оперáция по обмéну валю́ты

Wechselgeschäftsfähigkeit *f* вéксельная дееспосóбность

Wechselgesetz *n* вéксельный устáв; закóн, регули́рующий вéксельные оперáции; закóн об обращéнии векселéй

Wechselgirant *m* вéксельный жирáнт, индоссáнт

Wechselgiro *n* передáточная нáдпись на вéкселе, индоссамéнт, жи́ро
volles Wechselgiro именнóй индоссамéнт

Wechselgläubiger *m* кредитóр по вéкселю

Wechselindossament *n* передáточная нáдпись на вéкселе, индоссамéнт, жи́ро, жи́ро-нáдпись

Wechselinhaber *m* векселедержáтель
regressnehmender Wechselinhaber регрессант

Wechselinkasso *n* инкáссо векселéй
Wechselinkasso инкассáция векселя́

Wechselinkassogeschäft *n* оперáции бáнка по инкассации векселéй

Wechselintervention *f* вéксельная интервéнция

Wechselkasse *f* 1. филиáл бáнка, занимáющийся обменом инострáнных валю́т, приёмом депози́тов и другúми бáнковскими оперáциями; обмéнный пункт валю́ты *(бáнка)*. 2. *(чáстная)* меняльная контóра, 3. *ист.* лáвка менялы, меняльная лáвка

Wechselklage *f* иск по вéкселю

Wechselklausel *f* вéксельная мéтка

Wechselkommission *f* покýпка и продáжа векселéй на комиссиóнных начáлах

Wechselkonto *n* счёт векселéй

Wechselkopie *f* кóпия векселя́

Wechselkopierbuch *n* кни́га регистрáции поступающих векселéй, журнáл регистрáции поступающих векселéй

Wechselkredit *m* вéксельный креди́т
Wechselkredit креди́тные оперáции, свя́занные с учётом векселéй

Wechselkurs *m* вéксельный курс
Wechselkurs обмéнный курс, валю́тный курс, *устар.* интервалютарный курс, курс валю́ты
einheitlicher Wechselkurs еди́ный валю́тный курс
fester Wechselkurs твёрдый валю́тный курс
flexibler Wechselkurs свобóдный курс
frei schwankender Wechselkurs свобóдно колéблющийся валю́тный курс, свобóдно плáвающий курс
freier Wechselkurs свобóдный валю́тный курс
gespaltener Wechselkurs рáзные кýрсы для однóй и той же валю́ты, мнóжественный курс
mehrfacher Wechselkurs мнóжественный валю́тный курс
multipler Wechselkurs рáзные кýрсы для однóй и той же валю́ты, мнóжественный курс
starrer Wechselkurs твёрдый валю́тный курс
überbewerteter Wechselkurs завышенный валю́тный курс, завышенный курс *(валю́ты)*
unterbewerteter Wechselkurs зани́женный валю́тный курс, зани́женный валю́тный курс

wechselkursbedingt обуслóвленный динáмикой валю́тного кýрса, зави́сящий от валю́тного кýрса

Wechselkurse *m, pl* обменные кýрсы (мн.ч.) (валю́т)

Wechselkursentwicklung *f* движéние валю́тных кýрсов

Wechselkursflexibilität *f* подви́жность валю́тного кýрса, ги́бкость валю́тных кýрсов

Wechselkursmechanismus *m* механи́зм обменного кýрса *(спосóбствует вырáвниванию платёжного балáнса при свобóдных кýрсах)*

Wechselkurssystem *n* систéма обменных кýрсов

Wechselkurstheorie *f* теóрия обменного кýрса *(анализи́рует формировáние и изменéние рыночного кýрса валю́ты, вы́раженного в другóй валю́те)*

Wechselkurszettel *m* табли́ца кýрсов инострáнных валю́т; табли́ца обменных кýрсов; табли́ца валю́тных кýрсов

Wechsellagen *f, pl* конъюнктýра

Wechsellombard *m* вы́дача ссуд под залóг векселéй

Wechselmakler *m* вéксельный мáклер

Wechselmarke *f* вéксельная мáрка

Wechselmesse *f ист.* вéксельная я́рмарка, я́рмарка камбистов

Wechselmoratorium *n* отсрóчка платежá по вéкселю

wechseln *vt* обмéнивать; размéнивать, меня́ть
wechseln размéнивать дéньги, меня́ть дéньги

Wechselnehmer *m* ремитéнт, получáтель платежá по вéкселю

Wechselobligo *n* вéксельное обязáтельство, вéксельные обязáтельства
Wechselobligo сýмма óбщей задóлженности по векселя́м

Wechselorder *f* вéксельный óрдер

Wechselordnung *f* вéксельный устáв

Wechselpari *n* паритéтный курс; номинáльная котирóвка

Wechselpensionsgeschäft *n* оперáция по предоставлению ссýды под залóг векселéй

Wechselportefeuille *n* вéксельный портфéль, портфéль векселéй

Wechselprolongation *f* пролонгáция векселя́

Wechselprotest *m* протéст векселя́, опротестовáние векселя́, вéксельный протéст

Wechselprozess *m* упрощённое судéбное произвóдство по вéксельным делáм, ускóренное судéбное произвóдство по вéксельным делáм

Wechselrechnung *f* исчислéние дискóнтной сýммы; расчёт по учёту векселéй
Wechselrechnung расчёт по дискóнту векселéй

Wechselrecht *n* вéксельное прáво
Wechselrecht прáво обмéна, разрешéние на обмéн *(напр., валю́ты)*
einheitliches Wechselrecht еди́ное вéксельное прáво

wechselrechtlich соглáсно вéксельному прáву, по вéксельному прáву, обуслóвленный вéксельным прáвом

Wechselrechtsfähigkeit *f* вéксельная дееспосóбность

Wechselrediskont *m* переучёт векселéй, редисконто векселéй

Wechselregress *m* вéксельный регрéсс, обрáтное трéбование по вéкселю

Wechselreiterei *f* оперáции с фикти́вными векселя́ми, вы́дача фикти́вных векселéй, махинáции с векселя́ми

Wechselremittierung *f* ремитирование посрéдством векселéй

Wechselrequisiten *n, pl* вéксельные реквизиты, реквизиты векселя́

Wechselrückgriff *m* вéксельный регрéсс, обрáтное трéбование по вéкселю

Wechselrückrechnung *f* счёт, предъявля́емый регрессантом регрессату

Wechselschuld *f* долг в вéксельной фóрме, долг по вéкселю; вéксельный долг

Wechselschuldner *m* должни́к по вéкселю

Wechselsensal *m австр.* вéксельный мáклер

Wechselskontro *n* вспомогáтельная бухгáлтерская кни́га учёта векселéй в бáнке

Wechselstelle *f* пункт обмéна инострáнной валю́ты, обмéнный пункт валю́ты *(бáнка)*

Wechselsteuer *f* вéксельный налóг *(плáтит физи́ческое и́ли юриди́ческое*

лицó, выпи́сывающее вéксель)
Wechselsteuer вéксельный сбор
Wechselstrenge *f* стрóгость соблюдéния обязáтельств по вéкселю
Wechselstube *f* филиáл бáнка, занимáющийся обменом инострáнных валю́т, приёмом депози́тов и други́ми бáнковскими оперáциями; (чáстная) меняльная контóра; *ист.* лáвка меня́лы, меняльная лáвка
Wechselstube обмéнный валютный пункт *(бáнка)*, филиáл бáнка по обмéну валю́ты
Wechselsumme *f* вéксельная сýмма, сýмма векселя́
Wechseltätigkeit *f* обмéн инострáнной валю́ты, валютнообмéнные оперáции
Wechselübernehmer *m* индоссат
Wechselübertragung *f* передáча векселя́ путём совершéния передáточной нáдписи, передáча векселя́ путём индоссирования, индоссирование векселя́
Wechselumlauf *m* вéксельный оборóт, вéксельное обращéние, обращéние векселéй
Wechselvaluta *f* валю́та векселя́, валю́та платежá по вéкселю
Wechselverbindlichkeiten *f, pl* обязáтельства по векселя́м
Wechselverfall *m* наступлéние срóка уплáты по вéкселю
Wechselverjährung *f* наступлéние дáвности по вéкселю, истечéние дáвности по вéкселю
Wechselwert *m* стóимость векселя́
Wechselwert валю́та векселя́
Wechselzahlung *f* платёж по вéкселю, оплáта векселя́
Wechselzahlungsbefehl *m* безуслóвный прикáз об оплáте векселя́
Wechselzedent *m* индоссáнт *(лицó, получáющее по передáточной нáдписи на вéкселе)*
Wechselzieher *m* векселедáтель, трассáнт
Wechselzinsen *m, pl* процéнты, уплáчиваемые регрессатом регрессанту
Wechselzinsen процéнты по вéкселю
Wechselzirkulation *f* вéксельное обращéние, обращéние векселéй
Weckselmakler *m* билль-брóкер, вéксельный мáклер
Weg *m* путь
kritischer Weg *сет. пл.* крити́ческий путь
nichtkritischer Weg *сет. пл.* некрити́ческий путь
öffentlicher Weg дорогá óбщего пóльзования; госудáрственная дорогá
subkritischer Weg *сет. пл.* подкрити́ческий путь
auf friedlichem Wege ми́рным путём
aus dem Wege räumen *тж. перен.* устрани́ть с пути́ *(напр., препя́тствия)*
im Wege stehen препя́тствовать *комý-л.*, стоя́ть на пути́
Wegegeld *n* дорóжная пóшлина
Wegekosten *pl* расхóды трáнспортных предприя́тий на поддержáние дорóг в хорóшем состоя́нии; дорóжные расхóды; налóг на пóльзование дорóг
Wegesteuer *f* дорóжный сбор; налóг на пользователей дорóг
Wegeunfall *m* трáвма, полýченная по пути́ на рабóту *(и́ли с рабóты - приравниваемая к произвóдственной травме)*
Wegeunterhaltungspflicht *f устар.* дорóжная пови́нность
Wegezoll *m* дорóжная пóшлина; налóг на пользователей дорóг
Wegfall *m* отсýтствие; отмéна, упразднéние
Wegfall der Geschäftsgrundlage изменéние обстоя́тельств, послуживших деловóй оснóвой заключéния договóра
in Wegfall kommen отпадáть; теря́ть си́лу; упраздня́ться
Wegnahme *f* изъя́тие; конфискáция; отня́тие
Wegnahme von Land обезземеливание
Wegnahmerecht *n юр.* прáво на изъя́тие
Wegverpackung *f* разовая тáра, одноразовая тáра, тáра разового пóльзования, тáра одноразового испóльзования
Wehrsold *m* дéнежное содержáние военнослýжащих, дéнежное довóльствие военнослýжащих
Wehrsteuer *f ист.* воéнный налóг
Wehrwirtschaft *f ист.* воéнная эконóмика, эконóмика воéнного врéмени
Weichwährung *f* неустóйчивая валю́та; мя́гкая валю́та *(напр., стран СНГ)*
Weichwährungsland *n* странá с неустóйчивой валю́той
Weidebesatz *m* коли́чество голóв скотá в услóвных едини́цах крýпного рогáтого скотá на гектáр пастбищных угóдий; нагрýзка пáстбища, нагрýзка на пáстбище
Weidewirtschaft *f* пáстбищное хозя́йство
welfare economics *англ.* эконóмика благосостоя́ния
weigern, sich откáзываться *(от чегó-л.)*, сопротивля́ться *(чемý-л.)*, уклоня́ться *(от чегó-л.)*
Weigerung *f* откáз *(от чегó-л.)*; уклонéние *(от чегó-л.)*; сопротивлéние *(чемý-л.)*
Weigerungsgrund *m* оснoвáние для откáза; пóвод для уклонения *(от чегó-л.)*
Weihnachtsgratifikation *f* рождéственское дéнежное вознаграждéние, рождéственские наградны́е; рождéственская прéмия
Weihnachtszuwendung *f* рождéственское дéнежное вознаграждéние, рождéственские наградны́е; рождéственская прéмия
Weinsteuer *f* акци́з на виногрáдные и фруктóвые винá; акци́з на винó; акци́з на ви́нные издéлия
Weisung *f* указáние, инструкция, предписáние, распоряжéние, директи́ва
Weisungsrecht *n юр.* прáво распоряжáться
Weiterbeförderung *f* дальнéйшая транспортирóвка
Weiterbeförderung переотправка
Weiterbegebung *f* передáча *(напр. векселя́)*
Weiterbezug *m* продлéние подпи́ски
Weiterbildung *f* продолжéние образовáния; повышéние квалификáции; переподготóвка (кáдров)
berufliche Weiterbildung повышéние квалификáции *(по своéй специáльности)*
Weiterentwicklung *f* дальнéйшее разви́тие, совершéнствование; модернизáция
Weiterentwicklung von Erzeugnissen дальнéйшее разви́тие издéлий, дальнéйшее совершéнствование издéлий; модернизáция издéлий
berufliche Weiterentwicklung совершéнствование технолóгии произвóдства; разви́тие технолóгии произвóдства
Weiterentwicklungsprognose *f* прогнóз разви́тия
technische Weiterentwicklungsprognose прогнóз техни́ческого разви́тия
Weitergabe *f* передáча
Weitergabe von Erfahrungen передáча óпыта
weitersenden переотправлять, осуществля́ть переотправку
Weitertransport *m* переотправка
Weiterverarbeitung *f* дальнéйшая перерабóтка
Weiterveräußerung *f* перепродáжа
Weiterverkauf *m* перепродáжа
Weiterversicherung *f* продлéние договóра страховáния
Weiterzahlung *f* продолжéние вы́платы (дéнег)
unter Weiterzahlung des Gehalts с сохранéнием содержáния
Weitstreckenverkehr *m* дáльние пе-

ревóзки, перевóзки на дáльние расстоя́ния

Weitwohner *m* рабóчий, проживáющий далекó за предéлами той территориáльной единúцы, где нахóдится егó мéсто рабóты; рабóтник, проживáющий далекó от местá рабóты

Weizenabkommen *n*, **internationales** соглашéние по пшенице
Internationales Weizenabkommen Междунарóдное соглашéние по пшенице

Wellenlänge *f* (рáдио., тв.) длинá волны́
Wellenlänge продолжúтельность перúода
Wellenlänge der Konjunkturreihen продолжúтельность конъюнктурных циклов, продолжúтельность перúодов конъюнктурных циклов, продолжúтельность колебáний конъюнктýры

Welt-Erdölreserven *f*, *pl* мировы́е запáсы нéфти

Weltagrarmarkt *m* мировóй ры́нок сельскохозя́йственных продýктов

weltanschaulich мировоззренческий

Weltanschauung *f* мировоззрéние

Weltausbeute *f* мировáя добы́ча

Weltausfuhr *f* мировóй экспорт

Weltbank *f*; **Internationale Bank für Wiederaufbau und Entwicklung** Междунарóдный банк реконстрýкции и развúтия, МБРР

Weltbestmarke *f* мировóй ýровень

Weltbund der Demokratischen Jugend Всемúрная федерáция демократúческой молодёжи, ВФДМ

Welteinfuhr *f* мировóй úмпорт

Welternährungsrat *m* Всемúрный совéт по продовольствию

Welternährungswirtschaft *f* мировóе продовóльственное хозя́йство

Welterzeugung *f* мировóе произвóдство

Weltföderation der Gesellschaften für die Vereinten Nationen Всемúрная федерáция ассоциáций содéйствия ООН

Weltfördermenge *f* мировáя добы́ча

Weltfriedensrat Всемúрный Совéт Мúра, ВСМ

Weltgeld *n* мировы́е дéньги

Weltgesellschaft *f* мировóе сообщество

Weltgesundheitsorganisation Всемúрная организáция здравоохранéния, ВОЗ

Weltgewerkschaftsbund Всемúрная федерáция профсою́зов, ВФП

Weltgewinnung *f* мировáя добы́ча

Welthandel *m* мировáя торгóвля
freier Welthandel свобóдная мировáя торгóвля

Welthandelsflotte *f* мировóй торгóвый флот

Welthandelskonferenz *f* конферéнция ООН по торгóвле и развúтию, ЮНКТАД

Welthandelszentrum *n* центр мировóй торгóвли

Welthöchststand *m* мировóй ýровень

Weltjugendversammlung Всемúрная ассамблéя молодёжи

Weltkonjunktur *f* конъюнктýра мировóго ры́нка; мировы́е конъюнктýры

Weltkreditbrief *m* циркуля́рный аккредитúв

Weltmarkt *m* мировóй ры́нок
einheitlicher Weltmarkt едúный мировóй ры́нок

weltmarktfähig конкурентоспосóбный на мировóм ры́нке, отвечáющий трéбованиям мировóго ры́нка

Weltmarktfähigkeit *f* конкурентоспосóбность на мировóм ры́нке, спосóбность товáра отвечáть трéбованиям мировóго ры́нка, соответствие трéбованиям мировóго ры́нка

weltmarktführend являющийся ведýщим на мировóм ры́нке, лидúрующий на мировóм ры́нке, лидúрующий на ры́нках мúра

Weltmarktpreis *m* ценá мировóго ры́нка, ценá на мировы́х ры́нках

Weltmarktpreis-Indizes *m*, *pl* úндексы цен мировóго ры́нка

Weltmarktzirkulation *f* обращéние на мировóм ры́нке

Weltniveau *n* мировóй ýровень, мировóй стандáрт, мировóе достижéние

Weltpostverein Всемúрный почтóвый союз, ВПС *(при ООН)*

Weltpreis *m* ценá мировóго ры́нка, ценá на мировы́х ры́нках

Weltprodliktion *f* мировóе произвóдство

Weltproduktion *f* мировóе произвóдство

Weltschifffahrtsorganisation мировáя организáция, всемúрная организáция, всемúрная ассоциáция

Weltspitze *f* мировóй ýровень, мировóй стандáрт, вы́сшее мировóе достижéние
an der Weltspitze liegen отвечáть мировы́м стандáртам

Weltspitzenerzeugnis *n* издéлие, отвечáющее мировы́м стандáртам

Weltstand *m* мировóй ýровень, мировóй стандáрт, мировóе достижéние

Weltstandsvergleich *m* сопоставлéние с мировы́м стандáртом, сравнéние с мировы́м стандáртом *(напр. экономúческих показáтелей, техни́ческих парáметров)*

Weltsystem *n* мировáя систéма

Welttelegrafenverein *ист.* Всемúрный союз телегрáфной связú

Weltverband der Gesellschaften für die Vereinten Nationen Всемúрная федерáция ассоциáций содéйствия ООН

Weltverbrauch *m* мировóе потреблéние

Weltvertriebsrecht *n* прáво продáжи литератýрного произведéния, охраняемого Женевской конвенцией, во всех без исключéния стрáнах мúра

Weltwährungsfonds Междунарóдный валю́тный фонд, МВФ

Weltweizenabkommen *n* Междунарóдное соглашéние по пшенице

Weltwirtschaft *f* мировáя эконóмика, мировóе хозя́йство

Weltwirtschaftskrise *f* мировóй экономúческий крúзис, крúзис мировóго хозя́йства

Weltwirtschaftsordnung *f* мировóй экономúческий поря́док

Weltwirtschaftssystem *n* мировáя экономúческая систéма

Wendepunkt *m* поворóтная тóчка, перелóм *(напр. в движéнии хозя́йственной актúвности)*

Wendepunktprognose *f* прогнóз поворотных тóчек

Werbe- und Messekosten *pl* расхóды на реклáму и проведéние вы́ставок *(статья́ балáнса услýг)*

Werbe-induzierter Verkauf *m* продáжа в результáте воздéйствия реклáмы; продáжа под воздéйствием реклáмы; инициируемая реклáмой продáжа

Werbeabteilung *f* отдéл реклáмы, реклáмный отдéл

Werbeagentur *f* реклáмное агéнтство, агéнтство по реклáме

Werbeaktion *f* реклáмная кампáния

Werbeanalyse *f* анáлиз ры́нка с цéлью разрабóтки рациональных реклáмных мероприя́тий; реклáмный мáркетинг ры́нка

Werbeantwort *f* отвéт на рекламную посы́лку товáра, отвéт на пробную посы́лку товáра

Werbeanzeige *f* реклáмное объявлéние

Werbeargument *n* аргумéнт реклáмы, аргумéнт в реклáме; реклáмный тéзис

Werbeatelier *n* реклáмное ательé, ательé по изготовлéнию средств реклáмы

Werbeaufgaben *f*, *pl* задáчи реклáмы

Werbeaufschrift *f* реклáмная нáдпись

Werbeaufwand *m* затрáты на реклáму, расхóды на реклáму, реклáмные расхóды

Werbeaufwendung *f* затрáты на реклáму, расхóды на реклáму, реклáмные расхóды

Werbeaufwendungen *f, pl* расхо́ды на рекла́му, затра́ты на рекла́му, рекла́мные расхо́ды

Werbeausgaben *f, pl* расхо́ды на рекла́му, затра́ты на рекла́му, рекла́мные расхо́ды

Werbebeilage *f* рекла́мное приложе́ние

Werbeberater *m* консульта́нт но рекла́ме, рекла́мный консульта́нт

Werbeberührte *pl* круг лиц, охваченных рекла́мой; аудито́рия рекла́мы

Werbebezogene *pl* лица́, кото́рым адресу́ется рекла́ма; потенциа́льные покупа́тели, потенциа́льные потреби́тели; аудито́рия рекла́мы

Werbebonus *m* вознагражде́ние за уча́стие в рекла́ме; рекла́мный бо́нус

Werbebrief *m* рекла́мное письмо́

Werbebudget *n* бюдже́т на рекла́му, бюдже́т рекла́мы

Werbebudget сме́та расхо́дов на рекла́му

Werbedrucke *m, pl* рекла́мные проспе́кты, рекла́мные букле́ты

Werbedrucksachen *f, pl* рекла́мные проспе́кты, рекла́мные букле́ты

Werbeelement *n* элеме́нт рекла́мы

Werbeerfolg *m* успе́х рекла́много мероприя́тия; успе́х рекла́мы

Werbeerfolgsprognose *f* прогно́з результа́тов проведе́ния рекла́мных мероприя́тий; прогно́з эффекти́вности рекла́мы

Werbeerfüller *m, pl* лица́, ставшие под влия́нием рекла́мы покупа́телями рекламируемого това́ра

Werbeetat *m* сме́та расхо́дов на рекла́му

Werbefachmann *m* специали́ст по рекла́ме, специали́ст в о́бласти рекла́мы

Werbefachschule *f* шко́ла но подгото́вке специали́стов рекла́много дела́

Werbefaktor *m* рекла́мный фа́ктор, фа́ктор влия́ния рекла́мы

Werbefeldzug *m* рекла́мная кампа́ния

Werbefernsehen *n* переда́ча рекла́мных объявле́ний по телеви́дению, телевизио́нная рекла́ма, рекла́ма по теле́видению, рекла́ма на телеви́дении

Werbefilm *m* рекла́мный фильм; рекла́мный клип

Werbeflug *m* испо́льзование авиа́ции в целя́х рекла́мы; рекла́мный пролет

Werbeforschung *f* изуче́ние ме́тодов рекла́мы, изуче́ние рекла́мы

Werbefunk *m* рекла́мное радиовеща́ние, переда́ча рекла́мных объявле́ний по ра́дио; рекла́ма по ра́дио

Werbegabe *f* рекла́мный пода́рок, рекла́мный сувени́р

Werbegemeinte *pl* круг лиц, кото́рым адресо́вана рекла́ма; рекла́мная аудито́рия, аудито́рия рекла́мы

Werbegeschenk *n* рекла́мный пода́рок, рекла́мный сувени́р

Werbegespräch *n* бесе́да, пресле́дующая рекла́мные це́ли; бесе́да в рекла́мных целя́х

Werbegrundsätze *m, pl* при́нципы рекла́мы; при́нципы организа́ции и проведе́ния рекла́мных кампа́ний

Werbehilfen *f, pl* вспомога́тельные сре́дства рекла́мы, испо́льзуемые и в други́х целя́х *(напр. упако́вка, автомоби́ль с рекламной на́дписью)*; сре́дства косвенной рекла́мы

Werbehilfsmittel *n, pl* вспомога́тельные сре́дства рекла́мы *(напр. стенды, стеллажи)* ; сре́дства косвенной рекла́мы

Werbeidee *f* рекла́мная иде́я; иде́я, поло́женная в осно́ву рекла́много мероприя́тия; иде́я рекламной кампа́нии

Werbeintensität *f* интенси́вность рекламной де́ятельности; интенси́вность рекла́мы

Werbekampagne *f* рекла́мная кампа́ния

Werbekatalog *m* рекла́мный катало́г

Werbekaufmann *m* специали́ст по торго́вой рекла́ме

Werbekonstante *f* неотъе́млемая составна́я часть рекла́много те́кста, неотъе́млемая составна́я часть рекла́много изображе́ния *(напр. изображе́ние скрещенных си́них мечей для рекла́м; мейсенского фарфо́ра)*

Werbekonzeption *f* конце́пция рекла́мы; рекла́мная конце́пция; конце́пция рекламной кампа́нии

Werbekosten *pl* расхо́ды на рекла́му, затра́ты на рекла́му; рекла́мные расхо́ды

Werbelehre *f* нау́ка об организа́ции рекла́много дела́

Werbeleistungen *f, pl* услу́ги по рекла́ме; рекла́мные услу́ги

fremde Werbeleistungen услу́ги по рекла́ме со стороны́; рекла́мные услу́ги со стороны́ тре́тьих лиц *(организа́ций)*

Werbematerial *n* рекла́мный материа́л

Werbemittel *n, pl* рекла́мные сре́дства, сре́дства рекла́мы

Werbemittelanalyse *f* ана́лиз рекла́мных средств

Werbemittelstreubereiche *m, pl* райо́ны распростране́ния рекла́мных материа́лов

Werbemittelverkettung *f* сочета́ние разли́чных рекла́мных средств, испо́льзование разли́чных рекла́мных средств *(ко́мплексное)*

werben вербова́ть, привлека́ть, набира́ть *(напр. рабо́чую си́лу)*

werben реклами́ровать; осуществля́ть рекламную де́ятельность

Werbeobjekt *n* объе́кт рекла́мы *(това́ры или услу́ги)*

Werbeökonom *m* экономи́ст по рекла́ме; специали́ст по рекламному делу́

Werbeperiode *f* перио́д проведе́ния рекла́мных мероприя́тий

Werbeplanung *f* планиро́вание рекла́мных мероприя́тий; планиро́вание рекла́мы

Werbeprinzipien *n, pl* при́нципы рекла́мы *(организа́ции и проведе́ния)*

Werbeprospekt *m* рекла́мный проспе́кт

Werbepsychologie *f* психоло́гия рекла́много дела́

Werber *m* специали́ст а о́бласти рекла́мы

Werber вербо́вщик, нанима́тель, аге́нт по на́йму

Werberabatt *m* ски́дка, предоставляемая с рекламной це́лью; рекла́мная ски́дка; рекла́мная цена́ *(включа́ет ски́дку)*

Werberevision *f* пересмо́тр рекла́мных мероприя́тий; пересмо́тр конце́пции рекла́мы

Werberhythmus *m* ритм проведе́ния рекла́мных мероприя́тий; рекла́мные ри́тмы

Werbesatz *m* рекла́мный деви́з; рекла́мный слоган; деви́з рекламной кампа́нии

Werbeschreiben *n* рекла́мное письмо́

Werbeschrift *f* рекла́мное изда́ние *(печа́тное)*

Werbeschulung *f* подгото́вка специали́стов рекла́много дела́

Werbespruch *m* рекла́мный деви́з; рекла́мный слоган; деви́з рекламной кампа́нии

Werbestempel *m (почто́вый)* ште́мпель с рекла́мным те́кстом

Werbetexter *m* составите́ль рекла́мных те́кстов; рекла́м-райтер

Werbeträger *m* лицо́, ответственное за рекла́му; предприя́тие, ответственное за рекла́му

Werbeträger ме́сто для помеще́ния рекла́мы, ме́сто для размеще́ния рекла́мы; тра́нспортное сре́дство с нанесенной на него́ рекла́мой

Werbeunternehmer *m* предпринима́тель, занима́ющийся рекла́мой, предпринима́тель-специали́ст по рекла́ме; рекламист

Werbevorbereitung *f* подгото́вка рекламной кампа́нии

Werbevortrag *m* ле́кция рекла́много хара́ктера; ле́кция в рекла́мных целя́х

Werbeweg *m* путь доведе́ния средств

реклáмы до лиц, котóрым онѝ предназнáчены; реклáмные путѝ

Werbewirksamkeit *f* дéйственность реклáмы

Werbewirkung *f* дéйствие средств реклáмы, воздéйствие средств реклáмы; эффéкт испóльзования реклáмных средств, эффектѝвность реклáмных мероприя́тий, эффектѝвность реклáмной кампáнии

Werbewirtschaft *f* реклáмное дéло, реклáма

Werbeziel *n* цель реклáмного мероприя́тия

Werbezielgruppe *f* целевáя реклáмная грýппа; грýппа (для) целевóй реклáмы

werblich реклáмный

Werbung *f* вербóвка, набóр ***(напр. рабóчей сѝлы)***

Werbung реклáма; рекламѝрование

Werbung реклáмный проспéкт, реклáмный текст

Werbung durch Sandwichmänner живáя реклáма, реклáма «сэндвич» ***(ношéние плакáтов на грудѝ и на спинé человéка)***

Werbung treiben рекламѝровать, осуществля́ть реклáму; проводѝть реклáмную кампáнию

akustische Werbung реклáма с пóмощью акустѝческих средств; акустѝческая реклáма

aufdringliche Werbung назóйливая реклáма; агрессѝвная реклáма; навя́зчивая реклáма

marktschreierische Werbung крикл́ивая реклáма

Werbungskosten *pl* реклáмные издéржки ***(свя́занные с получéнием дохóда) (поня́тие налóгового правá)***

Werbungsmittler *m* посредническая контóра по реклáме

Werbungsvertreter *m* агéнт по реклáме, реклáмный агéнт

Werft *f* верфь; судоверфь

Werk *n* дéло, труд, рабóта

Werk завóд; фáбрика; предприя́тие

ab Werk с завóда ***(продавцá)***, фрáнко завóд

frei *(ab)* **Werk** фрáнко завóд ***(получáтеля)***

Werkabteilung *f* цех ***(завóда, фáбрики)***

Werkbahn *f* внутризаводскáя желéзная дорóга; подъездные путѝ предприя́тия

Werkbund Сою́з ремесленных предприя́тий ***(Швейцáрия)***

Werkfernverkehr *m* дáльние перевóзки грýзов предприя́тия сóбственным трáнспортом, дáльние перевóзки грýзов сóбственным трáнспортом фѝрмы ***(предприя́тия)***

Werkfürsorge *f* мероприя́тия по социáльному обслýживанию рабóтающих на предприя́тии и члéнов их семéй

Werkgelände *n* территóрия завóда, территóрия фáбрики, территóрия предприя́тия

Werkhalle *f* цех ***(завóда, фáбрики)***

Werkhandel *m* торгóвля, осуществля́емая произвóдственными предприя́тиями; торгóвля с завóда ***(в заводскóм магазѝне по заводскѝм цéнам)***

Werkhandelsgesellschaft *f* сбытовáя контóра произвóдственного предприя́тия; сбытовáя фѝрма ***(одногó ѝли нéскольких произвóдственных предприя́тий)***

Werklager *n* заводскóй склад, фабрѝчный склад, склад завóда ***(фáбрики, предприя́тия)***

Werkleiter *m* руководѝтель предприя́тия

Werklieferungsvertrag *m* договóр на выполнéние рабóты из материáла изготовѝтеля ***(с послéдующей передáчей вéщи и прав сóбственности на неё заказчику)***

Werklieferungsvertrag договóр подря́да на выполнéние закáза из материáла изготовѝтеля

Werklohn *m* плáта за выполнéние закáза по договóру подря́да; оплáта договóра-подря́да, оплáта подря́дного договóра

Werknahverkehr *m* прѝгородные перевóзки грýзов предприя́тия сóбственным трáнспортом

Werknummer *f* заводскóй нóмер ***(издéлия)***

Werkpreis *m* заводскáя ценá, фабрѝчная ценá

Werksattest *n* заводскóй пáспорт ***(на выпускáемую продýкцию)***

Werkschule *f* профшкола при ***(на)*** предприя́тии ***(завóде)***

Werksgarantie *f* заводскáя гарáнтия, гарáнтия предприя́тия-изготовѝтеля, гарáнтия завóда-изготовѝтеля

Werkshafen *m* заводскóй порт ***(издéлия)***

Werkslandard *m* заводскóй стандáрт, фабрѝчный стандáрт

Werkslieferung *f* заводскáя постáвка, пря́мáя постáвка с завóда-производѝтеля

Werksnorm *f* заводскóй стандáрт, фабрѝчный стандáрт

Werksnormenabteilung *f* отдéл нормирования ***(на завóде, предприя́тии)***

Werksparkasse *f* заводскáя сберегáтельная кáсса, сберкасса на предприя́тии

Werkspionage *f* промы́шленный шпионáж, промшпионаж

Werkspsychologie *f* инженéрная психолóгия

Werkstandard *m* заводскóй стандáрт

Werkstatt *f* цех ***(завóда, фáбрики)***; мастерскáя, ремéсленная мастерскáя

Werkstatt-Vorkalkulation *f* предварѝтельная цеховáя калькуля́ция

Werkstättenfertigung *f* цеховóй прѝнцип произвóдства; маршрýтная технолóгия ***(в отлѝчие от конвéйерной)***

Werkstattfertigung *f* цеховóй прѝнцип произвóдства; маршрýтная технолóгия ***(в отлѝчие от конвéйерной)***

Werkstattkosten *pl* цеховые расхóды, внутрицеховы́е расхóды ***(затрáты)***

Werkstattpraxis *f* произвóдственная прáктика, прáктика на произвóдстве

Werkstattprinzip *n* прѝнцип специализáции произвóдства по вѝдам испóльзуемой технолóгии

Werkstoffe *m, pl* сырьё и материáлы; материáлы

Werkstoffersparnis *f* экономия сырья́ и материáлов; экономия материáлов

Werkstoffkosten *pl* затрáты на сырьё и материáлы

Werkstoffkosten стóимость сырья́ и материáлов; стóимость материáлов

Werkstoffverbrauch *m* расхóд материáлов, расхóд сырья́ и материáлов ***(в натурáльном выражéнии)***

Werkstoffverlust *m* потéри сырья́ и материáлов; потéри материáлов

Werkstück *n* заготóвка; обрабáтываемая детáль; обрабáтываемое издéлие, обрабáтываемый предмéт

Werkstückwechsel *m* перестанóвка на обрабóтку другóй детáли, перестанóвка на обрабóтку другóго издéлия, переключéние на обрабóтку другóй детáли, переключéние на обрабóтку другóго издéлия

Werksverkaufspreis *m* заводскáя ценá, фабрѝчная ценá

Werktätige *m* трудя́щийся, рабóтник, рабóчий

Werktätige mit mittlerem Einkommen среднеоплачиваемый рабóтник

in Lohnarbeit stehender Werktätige наёмный рабóтник

Werkunkosten *pl* накладны́е расхóды произвóдства

Werkverkehr *m* перевóзка грýзов трáнспортными срéдствами предприя́тия; внутризаводскѝе перевóзки

Werkverkehrsabgabe *f* отчислéние в бюджéт за испóльзование предприя́тием внутризаводскѝх трáнспортных средств

Werkvertrag *m* догово́р подря́да *(на выполне́ние рабо́т, на предоставле́ние услу́г)*

Werkwohnung *f* жило́е помеще́ние, предоставля́емое предприя́тием рабо́тнику

Werkzeug *n* инструме́нт, ору́дие

Werkzeug осна́стка

Werkzeugbau *m* инструментальное произво́дство, произво́дство инструме́нтов; цех по изготовле́нию *(инструмента́льной)* осна́стки

Werkzeugentschädigung *f* компенса́ция за инструме́нт

Werkzeugfertigung *f* инструментальное произво́дство, произво́дство инструме́нтов; цех по изготовле́нию *(инструмента́льной)* осна́стки

Werkzeuggeld *n* де́ньги, выпла́чиваемые *(предприя́тием, госуда́рством)* рабо́чему *(безрабо́тному)* для приобрете́ния необходи́мого инструме́нта

Werkzeugkosten *pl* расхо́ды на оснастку; сто́имость осна́стки

Werkzeugkosten расхо́ды на приобрете́ние и изготовле́ние инструме́нтов, затра́ты на приобрете́ние и изготовле́ние инструме́нтов, сто́имость инструме́нта

Werkzeugmaschine *f* стано́к

Werkzeugmaschinenbau *m* станкостроительная промы́шленность, станкостроение

Werkzeugsortiment *n* компле́кт инструме́нтов, набо́р инструме́нтов; инструмента́рий; осна́стка

Werkzeugverbrauch *m* расхо́д инструме́нта

Werkzeugverschleiß *m* изно́с инструме́нта

Werkzeugwirtschaft *f* инструментальное хозя́йство

Wert *m* сто́имость; цена́; це́нность

Wert абсолю́тная величина́

Wert день валюти́рования за́писи (в де́бет *или* в креди́т) *(в ба́нковских и биржевы́х опера́циях)*

Wert оце́нка

Wert значе́ние; величина́, показа́тель, да́нные

Wert abgeben передава́ть сто́имость

Wert der Arbeit сто́имость труда́

Wert der Arbeitskraft сто́имость рабо́чей си́лы

Wert des Spiels *ист.* цена́ игры́

Wert erhalten валю́та получена *(на́дпись на ве́кселе)*

Wert hecken производи́ть сто́имость, создава́ть сто́имость

Wert heute сро́ком сего́дня, к исполне́нию сего́дня *(на́дпись на фин. докуме́нте)*

Wert in Rechnung валю́та получена *(на́дпись на ве́кселе)*

Wert je Erzeugniseinheit индивидуа́льная сто́имость проду́кции

Wert konstanter постоя́нная сто́имость; постоя́нная величина́

Wert realisieren реализова́ть сто́имость

Wert übertragen переноси́ть сто́имость

Wert zum Einzug валю́та на инка́ссо *(на́дпись на ве́кселе)*

Wert zum Inkasso валю́та на инка́ссо *(на́дпись на ве́кселе)*

Wert zur Einziehung валю́та на инка́ссо *(на́дпись на ве́кселе)*

absoluter Wert абсолю́тная сто́имость; абсолю́тная величина́

absoluter Wert абсолю́тная це́нность

alter Wert стара́я сто́имость

bezogener Wert относи́тельная величина́

dinglicher Wert объекти́вная сто́имость

fiktiver Wert фикти́вная сто́имость

gedankenhafter Wert духо́вная це́нность

gegenwärtiger Wert теку́щая сто́имость

gemeiner Wert о́бщая сто́имость *(осно́ва для налогообложе́ния)*

gesellschaftlicher Wert обще́ственная сто́имость

grösster Wert ма́ксимум; максима́льная сто́имость

häufigster Wert *стат.* мо́да; мо́дус

hinzugefügter Wert доба́вленная сто́имость

individueller Wert индивидуа́льная сто́имость

internationaler Wert сто́имость това́ров на мирово́м ры́нке, междунаро́дная сто́имость

kleinster Wert ми́нимум; минима́льная сто́имость

modifizierter Wert превращённая фо́рма сто́имости, модифици́рованная фо́рма сто́имости

nationaler Wert сто́имость това́ров на вну́треннем ры́нке; национа́льная сто́имость

nationaler Wert есте́ственная сто́имость

neu geschaffener Wert вновь со́зданная сто́имость

optimistischer Wert оптимистическая оце́нка

pessimistischer Wert пессимистическая оце́нка

proportionaler Wert пропорциона́льная сто́имость

relativer Wert относи́тельная сто́имость

reziproker Wert обра́тная величина́

sachhafter Wert ве́щная це́нность, ве́щная сто́имость

sich verwertender Wert самовозрастающая сто́имость

steuerpflichtiger Wert облага́емая нало́гом сто́имость

subjektiver Wert субъекти́вная сто́имость

tatsächlicher Wert факти́ческая сто́имость; действи́тельная сто́имость

übertragener Wert перенесённая сто́имость

ursprünglicher Wert первонача́льная сто́имость

variabler Wert переме́нная величина́; переме́нная сто́имость

veranschlagter Wert сме́тная сто́имость, сто́имость по сме́те; оце́ночная сто́имость

voller Wert по́лная сто́имость

vorgegebener Wert за́данная величина́

vorgeschossener Wert аванси́рованная сто́имость

wahrer Wert и́стинная сто́имость; действи́тельная сто́имость

wahrscheinlichster Wert наибо́лее вероя́тная величина́; вероя́тностная величина́

werterzeugender Wert сто́имость, создаю́щая сто́имость

wirtschaftlicher Wert хозя́йственная це́нность

zufälliger Wert случа́йное значе́ние

zulässiger Wert допусти́мое значе́ние

an Wert verlieren обесце́ниваться, теря́ть в сто́имости

dem Wert nach в стоимостном выраже́нии; в соотве́тствии со сто́имостью

vom Wert ад вало́рем *(со сто́имости и́ли с объя́вленной цены́)*

Wert-Preis-Abweichung *f* отклоне́ние цены́ от сто́имости

Wert-Preis-Beziehung *f* соотноше́ние ме́жду сто́имостью и ценой́, соотноше́ние сто́имость - цена́

Wert-Preis-Beziehungen *f, pl* соотноше́ние ме́жду сто́имостью и ценой́, , соотноше́ние сто́имость - цена́

Wert-Preis-Divergenz *f* отклоне́ние цены́ от сто́имости

Wert-Preis-Inkongruenz *f* несоотве́тствие цены́ и сто́имости, несовмести́мость цены́ и сто́имости

Wertabgabe *f* перенесе́ние сто́имости

Wertabschlag *m* уце́нка *(при переоце́нке)*

Wertänderung *f* измене́ние сто́имости

Wertangabe *f* сто́имостный показа́тель

Wertangabe указа́ние сто́имости, указа́ние цены́

Wertansatz *m* стоимостная оце́нка
Wertansatz сто́имость
Wertansdruck *m* стоимостное выраже́ние; сто́имостный показа́тель
Wertarbeit *f* ка́чественная рабо́та, высококла́ссная рабо́та
Wertaufholung *f* повыше́ние бала́нсовой сто́имости
Wertausdruck *m* стоимостное выраже́ние
Wertausdruck сто́имостный показа́тель
Wertaustausch *m* обме́н стоимостями
Wertbasis *f* стоимостная ба́за; ба́за расчета сто́имости
Wertbegriff *m* поня́тие сто́имости
Wertberechnung *f* измере́ние сто́имости
Wertberechnung *f* расчёт сто́имости
Wertberichtigung *f* исправле́ние бала́нсовой сто́имости, корректи́рование бала́нсовой сто́имости, корректиро́вка бала́нсовой сто́имости
Wertberichtigung переоце́нка сто́имости, упоря́дочение сто́имости
Wertberichtigung статья́ в ле́вой ча́сти бала́нса, образу́ющаяся при не́которых ме́тодах корректиро́вки амортиза́ции
Wertberichtigungen *f, pl бухг.* регули́рующие статьи́ бала́нса
Wertberichtigungsposten *m* регули́рующая статья́ бала́нса ***(корректирует подлежа́щие пересмо́тру за́писи в акти́вной или пасси́вной частя́х бала́нса)***
Wertberichtigungsposten *m, pl бухг.* регули́рующие статьи́ бала́нса
Wertbestandteil *m* составна́я часть сто́имости
Wertbestandteil составно́й элеме́нт сто́имости, компоне́нт сто́имости
Wertbestimmung *f* определе́ние сто́имости
Wertbestimmung оце́нка
Wertbewegung *f* движе́ние сто́имости, дина́мика сто́имости
Wertbeziehungen *f, pl* отноше́ния стоимостей; отноше́ния стоимостных доле́й, взаимоотноше́ния де́нежных катего́рий ***(являющихся осно́вой экономи́ческих рычаго́в)***
Wertbilanz *f* сто́имостный бала́нс
wertbildend создаю́щий сто́имость, стоимостнообразующий
Wertbildner *m* созда́тель сто́имости
Wertbildung *f* созда́ние сто́имости, образова́ние сто́имости, формирова́ние сто́имости
Wertbildungsprozess *m* проце́сс созда́ния сто́имости, проце́сс образова́ния сто́имости, проце́сс формирова́ния сто́имости, формирова́ние сто́имости
Wertbrief *m* це́нное письмо́; письмо́ с указанной це́нностью
Wertdaten *pl* стоимостные да́нные
Wertding *n* воплоще́ние сто́имости
Wertding це́нный предме́т
Werte *m, pl* да́нные
Werte це́нности; це́нные бума́ги
empirische Werte эмпирические да́нные
errechnete Werte расчётные да́нные
festverzinsliche Werte це́нные бума́ги, принося́щие твёрдый проце́нт; це́нные бума́ги с твёрдым проце́нтом; первокла́ссные це́нные бума́ги
gegebene Werte исхо́дные да́нные
materielle Werte материа́льные бла́га, веще́ственные бла́га
rechnerisch ermittelte Werte расчётные да́нные
repräsentative Werte репрезентативные це́нные бума́ги
vertretbare Werte замени́мые це́нности
Wertelement *n* элеме́нт сто́имости, часть сто́имости
Wertentwicklung *f* движе́ние сто́имости, дина́мика сто́имости, разви́тие сто́имости
Werterhaltung *f* сохране́ние сто́имости ***(напр. това́ров)***
Werterhaltungsarbeiten *f, pl* рабо́ты по сохране́нию материа́льных це́нностей
Werterneuerungsfonds *m* фонд обновле́ния маши́нного па́рка
Werterneuerungskonto *n* счёт резе́рва обновле́ния маши́нного па́рка
Wertersatz *m* возмеще́ние сто́имости
Wertersatz субститу́т це́нности
Wertersatzrücklage *f* резе́рв обновле́ния основны́х фо́ндов
Wertfaktor *m* фа́ктор сто́имости
Wertfall *m* паде́ние сто́имости
Wertform *f* фо́рма сто́имости
absolute Wertform абсолю́тная фо́рма сто́имости
allgemeine Wertform всео́бщая фо́рма сто́имости
einfache Wertform простя́ фо́рма сто́имости
entfaltete Wertform развёрнутая фо́рма сто́имости
modifizierte Wertform превращенная фо́рма сто́имости, модифици́рованная фо́рма сто́имости
relative Wertform относи́тельная фо́рма сто́имости
zufällige Wertform простя́ фо́рма сто́имости
in Wertform в стоимостной фо́рме, в стоимостном выраже́нии
Wertfortschreibung *f* установле́ние но́вой сто́имости объе́кта нало́гового обложе́ния
Wertfracht *f* фрахт, исчисля́емый с це́нности перевозимого гру́за
wertfrei без опла́ты; фра́нко
wertfrei не име́ющий цены́; не име́ющий сто́имости
wertgemindert неполноце́нный
wertgemindert уценённый
Wertgestalt *f* о́браз сто́имости
Wertgfsetz *n* зако́н сто́имости
wertgleich ра́вный по сто́имости
Wertgleichung *f* стоимостное уравне́ние, уравне́ние сто́имости
Wertgröße *f* величина́ сто́имости
absolute Wertgröße абсолю́тная величина́ сто́имости
relative Wertgröße относи́тельная величина́ сто́имости
Wertigkeit *f* вале́нтность
Wertigkeit потенциа́л, эффекти́вность
Wertigkeit це́нность, зна́чимость
Wertigkeitskoeffizient *m* коэффицие́нт зна́чимости ***(напр. це́лей)***
Wertinkrement *n* прираще́ние сто́имости
Wertkategorie *f* стоимостная катего́рия, катего́рия сто́имости
Wertkennziffer *f* сто́имостный показа́тель
Wertkörper *m* воплоще́ние сто́имости
Wertlehre *f* тео́рия сто́имости
Wertlehre уче́ние о сто́имости
wertlos не име́ющий цены́, не име́ющий сто́имости
wertlos обесце́ненный ***(напр. о банкно́тах)***
Wertmaß *n* ме́ра сто́имости
wertmäßig в стоимостном выраже́нии, в ценностном выраже́нии; по сто́имости; сто́имостный; вы́раженный в стоимостном выраже́нии
Wertmaßstab *m* масшта́б сто́имости
Wertmessung *f* измере́ние сто́имости
Wertminderung *f* сниже́ние сто́имости, уменьше́ние сто́имости
Beträge der Wertminderung амортиза́ция
Wertmodifikation *f* превраще́ние фо́рмы сто́имости
Wertpaket *n* це́нная посы́лка, посы́лка
Wertpapier *n* це́нная бума́га, *см. та́кже* ***Wertpapiere pl***
Wertpapier эмиссио́нная бума́га ***(осо́бо защищённая бума́га, напр. для де́нежных зна́ков)***
außer Kurs gesetztes Wertpapier исключённая из обраще́ния це́нная бума́га
Wertpapierabteilung *f* фо́ндовый отде́л ***(ба́нка, би́ржи)***

Wertpapierarbitrage *f* фóндовый арбитрáж
Wertpapierbereinigung *f* урегулирóвание расчётов по цéнным бумáгам
Wertpapierbestand *m* портфéль цéнных бумáг
Wertpapierbörse *f* фóндовая бíржа, бíржа цéнных бумáг
Wertpapierdepot *n* депó(т) цéнных бумáг
Wertpapiere *n, pl* цéнные бумáги (мн.ч.)
Wertpapiere liefern предлагáть цéнные бумáги *(на бíрже)*
Wertpapiere der öffentlichen Hand госудáрственные цéнные бумáги
durch Wertpapiere gesicherte Industrieobligation *f* промы́шленная облигáция, обеспéченная другíми цéнными бумáгами, хранящимися на услóвиях трáста *(напр. облигáции головнóй компáнии, вы́пущенные под залóг облигáций филиалов)*
aufgerufene Wertpapiere изъя́тые из обращéния цéнные бумáги (мн.ч.), аннулíрованные цéнные бумáги (мн.ч.) *(áкции или долговы́е обязáтельства)*
außer Kurs gesetzte Wertpapiere изъя́тые из обращéния цéнные бумáги (мн.ч.), аннулíрованные цéнные бумáги (мн.ч.) *(áкции или долговы́е обязáтельства)*
erstklassige Wertpapiere первоклáссные цéнные бумáги (мн.ч.); осóбо надёжные цéнные бумáги (мн.ч.)
festverzinsliche Wertpapiere цéнные бумáги, принося́щие твёрдый процéнт(мн.ч.); цéнные бумáги с твёрдым процéнтом (мн.ч.)
kaufmännische Wertpapiere коммéрческие цéнные бумáги (мн.ч.)
notleidende Wertpapiere ненадёжные цéнные бумáги (мн.ч.)
vernichtete Wertpapiere уничтóженные цéнные бумáги (мн.ч.); вы́веденные из обращéния цéнные бумáги (мн.ч.)
vertretbare Wertpapiere заменíмые цéнные бумáги (мн.ч.)
Wertpapieremission *f* эмíссия цéнных бумáг, вы́пуск цéнных бумáг
Wertpapierkurs *m* курс цéнных бумáг
Wertpapiermarkt *m* ры́нок цéнных бумáг, фóндовый ры́нок
Wertpapiersparen *n* образовáние сбережéний путём покýпки цéнных бумáг, формировáние сбережéний путем вложéний в цéнные бумáги
Wertpapierspekulation *f* спекуля́ция цéнными бумáгами; спекуля́ции на фондовом ры́нке
Wertpapiersteuer *f* налóг на цéнные бумáги
Wertpapierswap *m* своп *(обмéн)* цéнных бумáг *(напр. с цéлью уменьшéния рíска)*
Wertpapierumschreibung *f* передáча *(комý-л.)* именных цéнных бумáг
Wertpapierumschreibung передáча цéнных бумáг *(другóму лицý)*
Wertpapierversicherung *f* страховáние цéнных бумáг, страховáние цéнных бумáг от потéрь на кýрсе в момéнт их погашéния
Wertpapierversicherung страховáние курсовых рíсков *(цéнных бумáг)*
Wertpapierverwahrung *f* хранéние цéнных бумáг
Wertpreis *m* стóимость
Wertprodukt *n* вновь сóзданная стóимость
Wertproduktion *f* произвóдство стóимости
Wertqualität *f* субстáнция стóимости
Wertquantität *f* колíчество стóимости
Wertquantum *n* стóимость *(колíчественный аспéкт)*; величинá стóимости
Wertrealisierung *f* реализáция стóимости
Wertrechnung *f* расчёт стóимости
Wertreklame *f* реклáмный сувенíр, реклáмный подáрок
Wertrelation *f* стоимостное отношéние; стоимостные отношéния (мн.ч.); стоимостное соотношéние
Wertreserve *f* резéрв стóимости
Wertrevolution *f* рéзкое снижéние стóимости *(за счёт внедрéния достижéний наýчно-технíческого прогрéсса)*
Wertrückgang *m* падéние стóйкости
Wertsachen *f, pl* цéнности, цéнные вéщи, драгоцéнности
Wertsachenversicherung *f* страховáние цéнностей
wertschaffend создаю́щий стóимость
Wertschöpfung вновь сóзданная стóимость
Wertschöpfung *f* создáние стóимости
Wertschriftenclearing *n* клíринг *(взаíмный зачёт трéбований)* по операциям с цéнными бумáгами
Wertsendung *f* цéнное (почтóвое) отправлéние
Wertsicherungsklausel *f* валю́тная оговóрка *(в договóре, в контрáкте)*
Wertsteigerung *f* повышéние стóимости
Wertstellung *f* валютíрование
Wertstellung auf dem Bankkonto валютíрование
Wertstempel *m* знак почтóвой оплáты *(штéмпель вмéсто мáрки)*
Wertsteuer *f* налóг на стóимость *(напр. недвíжимого имýщества)*
Wertsubstanz *f* субстáнция стóимости
Wertsumme *f* сýмма стóимости
Werttarif *m* тарификация грýзов по их цéнности
Werttarifierung *f трансп.* тарификация грýзов по их цéнности
Wertteil *m* элемéнт стóимости, часть стóимости
konstanter Wertteil des Kapitals постоя́нный капитáл
variabler Wertteil des Kapitals перемéнный капитáл
Werttheorie *f* теóрия стóимости
Werttoleranzen *f, pl* допускáемые отклонéния от договорной сýммы, допускáемые отклонéния от договóрного колíчества
Wertträger *m* носíтель стóимости
Wertüberschuss *m* избы́ток стóимости
Wertübertragung *f* перенесéние стóимости
Wertung *f* оцéнка; определéние стóимости
Werturteil *n* оцéнка знáчимости, оцéнка цéнности *(напр. оцéнка экономíческих явлéний с материáльной, этíческой, религиóзной и др. тóчек зрéния)*
Wertverhältnis *n* стоимостное отношéние; стоимостные отношéния
Wertverlust *m* потéря стóимости; обесцéнивание
Wertvermehrung *f* увеличéние стóимости
Wertverminderung *f* снижéние стóимости, уменьшéние стóимости
Wertverzehr *m* снижéние стóимости, уменьшéние стóимости
Wertvorgabe *f* задáние по стóимости
Wertvorschuss *m* авансíрованная стóимости
Wertwechsel *m* изменéние стóимости
Wertzahlen *f pl* показáтели *(стоимостные)*
technisch-ökonomische Wertzahlen технико-экономíческие показáтели, ТЭП
Wertzeichen *n* знак оплáты *(напр. почтóвая мáрка)*
Wertzoll *m* адвалóрная пóшлина, стоимостная пóшлина, пóшлина со стóимости
Wertzollordnung *f* поря́док обложéния адвалóрной пóшлиной
Wertzunahme *f* увеличéние стóимости
Wertzunahme возрастáние стóимости
Wertzunahme прирóст(ание) стóимости
Wertzusammensetzung *f* структýра стóимости

Wertzusammensetzung des Kapitals стоимостное строение капитала, стоимостная структура капитала

Wertzuschlagklausel *f* оговорка в договоре страхования о выплате надбавки к страховой сумме *(в случае повышения стоимости страхуемого предмета)*

Wertzuwachs *m* возрастание стоимости

Wertzuwachs стоимостный прирост, прирост(ание) стоимости

Wertzuwachssteuer *f (устар.)* налог на добавленную стоимость, НДС, *см.* **Mehrwertsteuer** *f*

Wesen *n* сущность, существо

wesentlich существенный

West-Ost-Handel *m* торговля между Западом и Востоком

Westeuropäische Union *истор.* Западноевропейский союз

Wettbewerb *m* конкуренция

Wettbewerb соревнование

Wettbewerb торги (мн.ч.)

Wettbewerb antreten вступить в конкурентную борьбу; развернуть конкурентную борьбу

außer Wettbewerb вне конкурса

erzeugnisgebundener Wettbewerb соревнование за освоение и совершенствование новых видов промышленной продукции

in den Wettbewerb eintreten вступить в конкурентную борьбу

innerbetrieblicher Wettbewerb внутризаводское соревнование

komplexer Wettbewerb комплексное соревнование

öffentlicher Wettbewerb гласное соревнование; открытая конкуренция; открытая конкурентная борьба

überbetrieblicher Wettbewerb конкуренция между предприятиями

unlauterer Wettbewerb недобросовестная конкуренция

Wettbewerbsabkommen *n* соглашение о недопущении конкуренции

Wettbewerbsanalyse *f* анализ конкуренции *(на рынке)*; анализ конкурентов

Wettbewerbsaufruf *m* конкурентный вызов; мероприятия со стороны конкурентов (повышающие их конкурентоспособность)

Wettbewerbsauswertung *f* подведение итогов конкурентной борьбы

Wettbewerbsbedingungen *f, pl* условия соревнования; условия конкурентной борьбы

Wettbewerbsberichterstattung *f* предоставление отчёта об итогах конкурентной борьбы

Wettbewerbsbeschränkung *f* ограничение конкуренции

Wettbewerbsergebnisse *n, pl* итоги соревнования; итоги конкурентной борьбы

Wettbewerbserkenntnisse *f, pl* опыт конкурентной борьбы; опыт в конкурентной борьбе

Wettbewerbsfähigkeit *f* конкурентоспособность

Wettbewerbsform *f* форма соревнования

Wettbewerbsform форма конкуренции, форма конкурентной борьбы

Wettbewerbsgesellschaft *f* общество свободной конкуренции; рыночное общество

Wettbewerbsklausel *f* оговорка о недопущении конкуренции *(напр., условие, запрещающее агенту брать на себя обязательства по сбыту товаров конкурентов)*

Wettbewerbsklausel условие, запрещающее агенту брать на себя обязательства по сбыту товаров конкурентов

Wettbewerbskonzeption *f* концепция конкурентной борьбы; концепция организации борьбы с конкурентами

Wettbewerbslage *f* состояние конкуренции

Wettbewerbsmethoden *f, pl* методы конкурентной борьбы

Wettbewerbsordnung *f* порядок конкуренции

Wettbewerbspartner *m* партнёр по соревнованию

Wettbewerbspolitik *f* политика поддержания, активизация конкуренции *(часть экономической политики)*

Wettbewerbsprämie *f* премия за лучшие показатели в соревновании, премия по итогам соревнования

Wettbewerbspreis *m* конкурентная цена

Wettbewerbsprinzipien *n, pl* принципы; принципы конкурентной борьбы

Wettbewerbsrichtlinie *f* концепция конкурентной борьбы; концепция организации борьбы с конкурентами; основные направления конкурентной борьбы

Wettbewerbsschutz *m* защита права на ведение добросовестной конкуренции

Wettbewerbsschwerpunkte *m, pl* первоочередные задачи конкурентной борьбы

Wettbewerbssieger *m* победитель в соревновании; победитель в конкурентной борьбе

Wettbewerbstafel *f устар.* доска учёта хода (социалистического) соревнования

Wettbewerbstafel таблица учета показателей конкурентной борьбы

Wettbewerbstarif *n трансп.* конкурентный тариф

Wettbewerbsteilnehmer *m* участник соревнования

Wettbewerbsverbot *n* запрещение конкуренции *(напр. запрет служащим торговой фирмы в период действия трудового соглашения заниматься без разрешения работодателя торговой деятельностью)*

Wettbewerbsvereinbarung *f устар.* договор о (социалистическом) соревновании

Wettbewerbsvereinbarung соглашение между конкурентами об ограничении конкуренции

Wettbewerbsvereinbarung соглашение предпринимателя с торговыми служащими, представителями и компаньонами фирмы о недопущении конкуренции в ущерб интересам фирмы

Wettbewerbsverpflichtung *f устар.* обязательство по договору о (социалистическом) соревновании

Wettbewerbswerbung *f* реклама, осуществляемая с целью подчеркнуть преимущества данного товара над конкурирующим; реклама в условиях конкурентной борьбы; реклама с целью конкурентной борьбы

Wettbewerbswertung *f* подведение итогов соревнования; подведение итогов конкурентной борьбы

Wettbewerbswirtschaft *f* конкурентная экономика; хозяйство, основанное на свободной конкуренции; рыночное хозяйство; рыночное хозяйство, основанное на конкуренции; экономика свободной конкуренции

Wettbewerbsziel *n* цель соревнования; цель конкурентной борьбы

wetterfest устойчивый против атмосферных влияний; погодостойкий

Wettrüsten *n* гонка вооружений

Wettsparen *n* досрочный платёж денежных взносов в строительный кооператив с целью получения суммы на строительство ранее намеченного срока

WEU, Westeuropäische Union *истор.* Западноевропейский союз

Wfrtschaftsware *f* предмет хозяйственного обихода, предмет повседневного пользования

WFTU, World Federation of Trade Unions, Weltgewerkschaftsbund Всемирная федерация профсоюзов, ВФП

WG:

WG, Wechselgesetz закон, регулирующий вексельные операции; закон о

вексельном обращении
W.G., weight guaranteed *англ.* гарантированный вес
w.g., weight guaranteed *англ.* гарантированный вес
WGB, Weltgewerkschaftsbund Всемирная федерация профсоюзов, ВФП
WH, Wirtschaftshochschule экономический институт, высшее экономическое учебное заведение
WIB, Wissenschaftlicher Industriebetrieb промышленное предприятие научно-исследовательского характера; инновационное предприятие; венчурное предприятие; *(высокорисковое)* наукоёмкое предприятие
wichten *стат.* взвешивать
wichtige Kundengruppen важные группы покупателей (в маркетинге)
Wichtung *f стат.* взвешивание
Wichtungsvariaite *f стат.* вариант взвешивания
Widerruf *m* отмена *(в чековом обороте)*, ревокация *(в платёжном обороте)*; отзыв *(напр. прежнего заказа биржевому брокеру)*
Widerruf der Anweisung аннулирование платёжного поручения
Widerruf eines Verrechnungsdokumentes отзыв расчётного документа
widerrufen *vt* отзывать, отменять *(в одностороннем порядке)*
widerrufen отменять, отзывать *(напр. платёжный документ)*
widerruflich отзывной *(напр. аккредитив)*
Widerrufsanspruch *m юр.* требование отказа от противозаконных утверждений, подрывающих доверие к кредитоспособности истца
Widerspruch *m* противоречие; расхождение; возражение, протест; *юр. (мотивированное)* отрицание ответчиком предъявленного ему иска
Widerspruch der Warenproduktion противоречие товарного производства
Widerspruch zwischen Kapital und Arbeit противоречие между трудом и капиталом
Widerspruch zwischen Produktion und Konsumtion противоречие между производством и потреблением
Widerspruch zwischen Produktion und Markt противоречие между производством и рынком
antagonistischer Widerspruch антагонистическое противоречие
innerer Widerspruch der Ware внутреннее противоречие
nichtantagonistischer Widerspruch неантагонистическое противоречие
wesentlicher Widerspruch существенное противоречие
Widersprüchlichkeit *f* противоречивость
Widerspruchsklage *f юр.* иск третьего лица о праве собственности на описанное имущество; иск об исключении имущества из описи
Widmung *f* передача частной собственности в пользование публично-правовых организаций
Wiederabtretung *f* обратная переуступка
Wiederabtretung обратная переуступка требования, рецессия
wiederanlegen реинвестировать *(напр. капитал)*
Wiederanschaffungswert *m* восстановительная стоимость *(напр. в страховании)*
Wiederaufbau *m* восстановление; реконструкция, перестройка
Wiederaufbauarbeiten *f, pl* восстановительные работы, работы по восстановлению
Wiederaufbauklausel *f* оговорка о восстановлении *(стоимости или имущества в натуральной форме)*
Wiederaufbaukredit *m* кредит для целей восстановления
Wiederaufbaukredit кредит для восстановления хозяйства *(экономики)*
Wiederaufbaukredit кредит МБРР
Wiederaufbauwert *m* восстановительная стоимость
Wiederauffüllung *f* очередное пополнение *(средств фонда)*
Wiederaufnahme *f* возобновление *(напр. торговых отношений)*
Wiederaufrüstung *f* ремилитаризация
Wiederausfuhr *f* реэкспорт
Wiederbeschaffungskosten *pl* восстановительная стоимость *(основных фондов)*
Wiederbeschaffungspreis *m* восстановительная стоимость *(основных фондов)*; стоимость новоприобретения
Wiederbeschaffungswert *m* восстановительная стоимость *(основных фондов)* ; стоимость новоприобретения
Wiedereinfuhr *f* реимпорт
Wiedereinsatz *m* вторичное применение, повторное применение; *с.-х.* внутрихозяйственный оборот
Wiedereinsatzleistung *f* внутризаводские работы
wiederersetzen возмещать, компенсировать
Wiedererstattung *f* возмещение, компенсация
Wiedererstattung der Kapitalauslage возмещение капитальных затрат
wiedererzeugen *vt* воспроизводить
Wiedergestellung *f* повторное представление таможенному органу товара, идентичность которого была обеспечена
Wiedergestellung von Zollgut повторное предъявление таможенному органу товара *(на досмотр)*
Wiedergewinnung *f* восстановление, использование вторичного сырья, ресайклинг
Wiedergewinnung обратный приток
Wiedergewinnung *тех.* регенерация, рекуперация
Wiedergutmachung *f* возмещение, компенсация; репарация
Wiedergutmachungsleistung *f* репарационные выплаты; выплаты по репарациям
Wiedergutmachungszahlungen *f, pl* репарации
Wiederherstellung *f* восстановление; реставрация
Wiederherstellung *юр.* реституция
Wiederherstellungsarbeiten *f, pl* восстановительные работы
Wiederherstellungsklausel *f* оговорка в договоре страхования от огня *(в соответствии с которой предусматривается выплата первоначально только части страховой суммы, а остатка её - после восстановления страхового объекта)*
Wiederherstellungskosten *pl* затраты на восстановление, восстановительная стоимость
Wiederherstellungsperiode *f* восстановительный период, период восстановления
Wiederherstellungspreis *m* восстановительная стоимость, стоимость восстановления
Wiederherstellungsreparatur *f* восстановительный ремонт
Wiederherstellungswert *m* восстановительная стоимость; стоимость восстановления
Wiederholteile *n, pl* детали многократного использования
Wiederholungsrabatt *m* скидка за повторные объявления *(напр. в прессе, на телевидении и т.п.)*
Wiederkäuferrecht *n* право выкупа, право продавца на обратную покупку проданной вещи *(пункт договора купли-продажи)*
Wiederkaufsrecht *n* право выкупа, право продавца на обратную покупку проданной вещи *(пункт договора купли-продажи)*

wiederkehrend периоди́ческий *(напр. о платежа́х)*

Wiedernutzbarmachung *f* **von Grundstükken** повто́рное освое́ние земе́льных уча́стков

Wiedersicht *f*:

bei Wiedersicht по предъявле́нии

Wiederverkauf *m* перепрода́жа

Wiederverkäuferrabatt *m* ски́дка *(для)* аге́нта по перепродаже

wiederverladen переотправлять

Wiederverladung *f* переотправка

Wiederverwendung *f* повто́рное испо́льзование, втори́чное испо́льзование, утилиза́ция

zur Wiederverwendung для повто́рного испо́льзования

Wiederverwendungspackung *f* многокра́тно оборачивающаяся та́ра, многооборотная та́ра, та́ра многокра́тного испо́льзования

Wiederverwendungsprojekt *n* типово́й прое́кт

Wiederverwendungsverpackung *f* многокра́тно оборачивающаяся та́ра, многооборотная та́ра, та́ра многокра́тного испо́льзования

Wiederverzinsung *f* начисле́ние проце́нтов на проце́нты, начисле́ние сло́жных проце́нтов

Wiederverzinsung сло́жные проце́нты *(предусматривающие начисле́ние проце́нтов на проце́нты)*

Wiedervorführung *f* повто́рное представле́ние тамо́женному о́ргану това́ра

Wiegegeld *n* весово́й сбор

Wiegekosten *pl* расхо́ды по взве́шиванию

Wiegekosten im cif-Geschäft расхо́ды по взве́шиванию в сде́лке на усло́виях сиф *(оплачивает продаве́ц)*

Wiegeliste *f* за́пись результа́тов тамо́женного осмо́тра гру́за; весово́й спи́сок, пе́речень весо́в *(ма́ссы) (гру́зов)*

Wiegemeister *m* весовщи́к

vereidigter Wiegemeister прися́жный весовщи́к

wiegen *vi* ве́сить

wiegen *vt* взве́шивать

Wieger *m* весовщи́к

WIFO, Wirtschaftliche Forschungsgesellschaft О́бщество экономи́ческих иссле́дований

Wigru, Wirtschaftsgruppe гру́ппа в систе́ме классифика́ции по экономи́ческим показа́телям

Willenserklärung *f юр.* волеизъявле́ние

Willensunstimmigkeit *f* расхожде́ние, разногла́сие *(ме́жду догова́ривающимися сторона́ми)*

Willkürreserven *f, pl бухг.* резе́рвы, нали́чие кото́рых обусловлено произво́льным занижением оце́нок стате́й акти́ва

windfall-profit *англ.* непредви́денный дохо́д

window-dressing *англ.* приведе́ние бала́нса в соотве́тствие с устано́вленными тре́бованиями *(напр. путём привлече́ния дополни́тельных ликвидных средств на день составле́ния бала́нса)*

Windprotest *m* проте́ст векселя́, опротестова́ние векселя́ *(в слу́чае невозмо́жности найти́ должника́ по указанному а́дресу)*

Winkelbank *f* чёрная би́ржа; чёрная ка́сса

Winkelbörse *f* чёрная би́ржа

Winterbauförderung *f* стимули́рование зимнего строи́тельства *(систе́ма разли́чных надба́вок)*

Winterfestmachung *f* мероприя́тия по выполне́нию зи́мних рабо́т в строи́тельстве

Winterpreise *m, pl* зи́мние цены́, зи́мние сезо́нные цены́

Winterreparaturprogramm *n* план (програ́мма) зимнего ремо́нта

Winterschlussverkauf *m* весе́нняя распрода́жа; зимне-весе́нняя распрода́жа (това́ров)

Winterschulung *f*, **landwirtschaftliche** обуче́ние рабо́тников се́льского хозя́йства в зи́мний перио́д

Winterzuschlag *m* надба́вка (напр. к фра́хту) в зи́мнее вре́мя го́да (применя́ется осо́бенно в бассе́йне Балти́йского моря́)

Wirfschaftler *m* экономи́ст

Wirfschaftsleitung *f* управле́ние (наро́дным) хозя́йством, управле́ние эконо́микой

optimale Wirfschaftsleitung оптима́льное управле́ние эконо́микой

staatliche Wirfschaftsleitung госуда́рственное управле́ние эконо́микой

Wirfschaftsmodell *n* экономи́ческая моде́ль; моде́ль эконо́мики

Wirksamkeit *f* эффекти́вность, де́йственность; де́йствие, де́ятельность

Wirksamkeit после́дствие; сле́дствие; результа́т

Wirksamwerden *n юр.* вступле́ние в си́лу

Wirkung *f* де́йствие; возде́йствие, влия́ние; сле́дствие, после́дствие, результа́т; эффе́кт

Wirkungsbereich *m* сфе́ра влия́ния, сфе́ра возде́йствия, сфе́ра де́йствия

Wirkungsbilanz *f* бала́нс по сальдовому ме́тоду, са́льдовый бала́нс, не́тто-бала́нс

Wirkungsdauer *f* продолжи́тельность де́йствия

Wirkungsgrad *m* коэффицие́нт поле́зного де́йствия, к.п.д.; эффекти́вность; сте́пень эффекти́вности

Wirkungsgrad der Arbeit эффекти́вность труда́

wirtschaftlicher Wirkungsgrad экономи́ческая эффекти́вность, эффекти́вность эконо́мики

Wirkungskreis *m* сфе́ра влия́ния, сфе́ра возде́йствия, сфе́ра де́йствия

Wirtschaffsatlas *m* экономико-географи́ческий атла́с

Wirtschaffsrechnen *n* хозя́йственные вычисле́ния

Wirtschaft *f* эконо́мика; хозя́йство; наро́дное хозя́йство; услу́ги

Wirtschaft mit vielen Betriebszweigen многоотраслево́е хозя́йство, многоотраслевая эконо́мика

dienstleistende Wirtschaft ко́мплекс предприя́тий, предоставляющих услу́ги; предприя́тия бытово́го обслу́живания

extensive Wirtschaft экстенси́вное хозя́йство

gelenkte Wirtschaft управля́емая эконо́мика

gemischte Wirtschaft сме́шанная эконо́мика

geschlossene Wirtschaft за́мкнутое хозя́йство; за́мкнутая эконо́мика

gewerbliche Wirtschaft промысловое хозя́йство

harmonische Wirtschaft гармони́ческая эконо́мика

intensive Wirtschaft *с.-х.* интенси́вное хозя́йство

kapitalistische Wirtschaft капиталисти́ческое хозя́йство, капиталистическая эконо́мика

kartellgebundene Wirtschaft картелированная эконо́мика

landarme Wirtschaft *с.х.* малоземельное хозя́йство

militarisierte Wirtschaft вое́нная эконо́мика, эконо́мика, поста́вленная на вое́нные ре́льсы; милитаристская эконо́мика, милитаризированная эконо́мика, милитаризованная эконо́мика

monopolistische Wirtschaft монополистическая эконо́мика

oligopolistische Wirtschaft олигополистическая эконо́мика

planlose Wirtschaft беспланово́е хозя́йство

planmäßig betriebene Wirtschaft пла́новое хозя́йство

private Wirtschaft эконо́мика, осно́ву кото́рой составля́ет ча́стная собствен-

ность на сре́дства произво́дства; частнопредпринимательская де́ятельность *(хозя́йство)*
privatkapitalistische Wirtschaft частнокапиталистическая эконо́мика
regulierte Wirtschaft регулируемая эконо́мика
sozialistische Wirtschaft социалисти́ческое хозя́йство, социалисти́ческая эконо́мика
spezialisierte Wirtschaft специализи́рованное хозя́йство
stadtnahe Wirtschaft *с.-х.* пригородное хозя́йство
stationäre Wirtschaft хозя́йство, име́ющее постоя́нные усло́вия для произво́дства и сбы́та проду́кции
statische Wirtschaft стати́ческий экономи́ческий проце́сс
vergesellschaftete Wirtschaft обобществленная эконо́мика
vielseitig organisierte Wirtschaft многоуровневая эконо́мика; многоотраслево́е хозя́йство
zentralgeplante Wirtschaft централизо́ванная эконо́мика; эконо́мика с централизованным плани́рованием
Wirtschaftegut *n* материа́льное бла́го; иму́щество; со́бственность; това́р
Wirtschaften *n* хозяйствование
unökonomisches Wirtschaften бесхозя́йственность; неэкономное хозя́йствование
wirtschaften занима́ться хозя́йством, вести́ хозя́йство, хозя́йствовать; занима́ться предпринима́тельством; вести́ предпринимательскую де́ятельность
Wirtschaftler *m* учёный-экономи́ст; экономи́ст
wirtschaftlich рента́бельный, дохо́дный, при́быльный
wirtschaftlich экономи́ческий, хозя́йственный
wirtschaftlich эконо́мный, бережли́вый
wirtschaftlich sinnvoll экономи́чески обосно́вано
wirtschaftlich-organisatorisch организационно-хозя́йственный
Wirtschaftliche Forschungsgesellschaft О́бщество экономи́ческих иссле́дований
wirtschaftliche Integration *f* экономи́ческая интегра́ция
wirtschaftliche Inzidenz *f* экономи́ческая сфе́ра влия́ния
wirtschaftliche Lebensdauer *f* экономи́ческий срок слу́жбы
wirtschaftliche Nutzungsdauer *f* экономи́ческий срок слу́жбы
wirtschaftliche Selbstgenügsamkeit *f* автарки́я
wirtschaftlicher Anreiz *m* экономи́ческий сти́мул; экономи́ческое стимули́рование
wirtschaftlicher Auftrag *m* экономи́ческая зада́ча; зада́чи эконо́мики (мн.ч.)
wirtschaftlicher Fortschritt *m* экономи́ческий прогре́сс; прогре́сс в эконо́мике; экономи́ческие достиже́ния
wirtschaftliches Gut *n* экономи́ческое бла́го
wirtschaftliches Veralten *n* экономи́ческая отста́лость; устарева́ние в экономи́ческом отноше́нии
Wirtschaftlichkeit *f* рента́бельность, дохо́дность, при́быльность
Wirtschaftlichkeit экономи́ческая эффекти́вность
Wirtschaftlichkeit хозя́йственность, бережли́вость
Wirtschaftlichkeit экономичность
Wirtschaftlichkeitsanalyse *f* экономи́ческий ана́лиз
Wirtschaftlichkeitsberechnung *f* расчёт экономи́ческой эффекти́вности
Wirtschaftlichkeitsgrenze *f* преде́л эффективной экономи́ческой страте́гии, грани́ца эффективной экономи́ческой страте́гии; преде́л экономичности
Wirtschaftlichkeitslehre *f* уче́ние о рациональной организа́ции произво́дства
Wirtschaftlichkeitsprinzip *n* при́нцип рента́бельности, при́нцип (экономи́ческой) эффекти́вности
Wirtschaftlichkeitsrechnung *f* расчёт эффекти́вности хозяйственных опера́ций *(обы́чно осно́ван на сопоставле́нии альтернати́вных вариа́нтов)*
Wirtschafts- und Sozialausschuss *истор.* Экономи́ческий и социа́льный сове́т *(при ЕЭС)*
Wirtschafts- und Sozialrat der Vereinten Nationen, ECOSOC *n* Экономи́ческий и социа́льный сове́т ООН
Wirtschafts- und Verwaltungskosten *pl* администрати́вно-хозя́йственные расхо́ды
Wirtschaftsabkommen *n* экономи́ческое соглаше́ние
Wirtschaftsablauf *m* разви́тие эконо́мики, ход экономи́ческого разви́тия
Wirtschaftsablauf экономи́ческий проце́сс; хозя́йственный проце́сс
Wirtschaftsaktivität *f* экономи́ческая акти́вность
Wirtschaftsaktivität экономи́ческая де́ятельность
Wirtschaftsanalyse *f* ана́лиз хозя́йственной де́ятельности; ана́лиз эконо́мики
räumliche Wirtschaftsanalyse простра́нственный ана́лиз эконо́мики
Wirtschaftsankurbelung *f* оживле́ние эконо́мики
Wirtschaftsartikel *m* предме́т хозя́йственного обихо́да; бытово́й предме́т
Wirtschaftsaufbau *m* хозя́йственное строи́тельство, строи́тельство хозя́йственным спо́собом, строи́тельство хозспособом
Wirtschaftsaufschwung *m* экономи́ческий подъём, подъём эконо́мики
Wirtschaftsaufschwung *m*; **economic expansion** экономи́ческая экспа́нсия
Wirtschaftsaufsicht *m* контро́ль над эконо́микой; контро́ль хозя́йственной де́ятельности
Wirtschaftsausschuss *m* экономи́ческая комисси́я, комите́т по экономи́ческим вопро́сам
Wirtschaftsbarometer *n образн.* экономи́ческий баро́метр; показа́тель экономи́ческой акти́вности
Wirtschaftsbedarf *m* потре́бности эконо́мики, потре́бности (наро́дного) хозя́йства
Wirtschaftsbedarf тре́бования, предъявляемые эконо́микой
Wirtschaftsbehörde *f* хозя́йственный орга́н, хозорган; субъе́кт экономи́ческой де́ятельности
Wirtschaftsberatergremium des Präsidenten der USA Сове́т экономи́ческих консульта́нтов при президе́нте США
Wirtschaftsbereich *m* о́трасль эконо́мики, о́трасль хозя́йства; сфе́ра эконо́мики
Wirtschaftsbereich сфе́ра экономи́ческой де́ятельности
Wirtschaftsbericht *m* экономи́ческий отчёт, хозя́йственный отчёт
Wirtschaftsbesprechungen *f, pl* перегово́ры по экономи́ческим вопро́сам
Wirtschaftsbestechung *f* по́дкуп верху́шки рабо́чего кла́сса и профсою́зных функционеров посре́дством мероприя́тий экономи́ческого хара́ктера; предоставле́ние экономи́ческих привиле́гий с це́лью переманивания рабо́чих
Wirtschaftsbewegung *f* измене́ние конъюнкту́ры; измене́ние экономи́ческой конъюнкту́ры
Wirtschaftsbewegung разви́тие эконо́мики
Wirtschaftsbeziehungen *f, pl* экономи́ческие отноше́ния, хозя́йственные отноше́ния
Wirtschaftsbezirk *m* промы́шленный о́круг
Wirtschaftsblock *m* экономи́ческий блок
Wirtschaftsblockade *f* экономи́ческая блока́да

Wirtschaftsboykott *m* экономи́ческий бойко́т

Wirtschaftschaos *n* экономи́ческий ха́ос

Wirtschaftsdebatte *f* диску́ссия по экономи́ческим вопро́сам; деба́ты по экономи́ческим вопро́сам *(напр. в парла́менте)*

Wirtschaftsdelikt *n* хозя́йственное преступле́ние; уголо́вное преступле́ние в о́бласти эконо́мики

Wirtschaftsdemokratie *f* хозя́йственная демокра́тия, экономи́ческая демокра́тия

Wirtschaftsdynamik *f* дина́мика экономи́ческого разви́тия, дина́мика хозя́йственного разви́тия

Wirtschaftseinheit *f* хозя́йственная едини́ца, хозя́йственная организа́ция

Wirtschaftseinrichtung *f* хозя́йственная организа́ция

Wirtschaftseinsatz *m с.-х.* внутрихозя́йственный оборо́т

Wirtschaftsentwicklung *f* экономи́ческое разви́тие, разви́тие эконо́мики, разви́тие хозя́йства

Wirtschaftserschwernisse *f, pl* тру́дности экономи́ческого разви́тия, тру́дности хозя́йственного разви́тия
Wirtschaftserschwernisse экономи́ческие тру́дности

Wirtschaftsethik *f* хозя́йственная этика, этика предпринима́тельства

Wirtschaftsexpansion *f* экономи́ческая экспа́нсия

Wirtschaftsexperte *m* экспе́рт по эконо́мике, экспе́рт в о́бласти эконо́мики, экономи́ческий экспе́рт

Wirtschaftsfachmann *m* специали́ст по экономи́ческим вопро́сам, экономи́ст

Wirtschaftsfläche *f* земе́льная пло́щадь хозя́йственного назначе́ния
Wirtschaftsfläche пло́щадь, испо́льзуемая под хозя́йственные ну́жды

Wirtschaftsflug *m* комме́рческий авиаре́йс

Wirtschaftsform *f* (экономи́ческий) укла́д; хара́ктер эконо́мики
gesellschaftliche Wirtschaftsform обще́ственно-экономи́ческий укла́д
patriarchalische Wirtschaftsform патриарха́льный укла́д
privatkapitalistische Wirtschaftsform частнокапиталистический укла́д
staatskapitalistische Wirtschaftsform госуда́рственно-капиталисти́ческий укла́д

Wirtschaftsformation *f* экономи́ческая форма́ция

Wirtschaftsforschung *f* экономи́ческое иссле́дование; экономи́ческий ана́лиз; иссле́дование в о́бласти эконо́мики

Wirtschaftsführung *f* веде́ние хозя́йства, осуществле́ние хозя́йственной де́ятельности
Wirtschaftsführung управле́ние (наро́дным) хозя́йством, управле́ние эконо́микой
planmäßige Wirtschaftsführung пла́новое веде́ние хозя́йства

Wirtschaftsfunktionär *m* хозя́йственный рабо́тник, хозяйственник

Wirtschaftsgebiet *n* о́бласть хозя́йственной де́ятельности
Wirtschaftsgebiet экономи́ческий райо́н

Wirtschaftsgemeinschaft *f* экономи́ческое сообщество
Wirtschaftsgemeinschaft der westafrikanischen Staaten Экономи́ческое сообщество западно-африка́нских госуда́рств, ЭКОВАС

Wirtschaftsgeographie *f* экономи́ческая геогра́фия

Wirtschaftsgeschichte *f* экономи́ческая исто́рия, исто́рия эконо́мики, исто́рия экономи́ческих отноше́ний, исто́рия экономи́ческих учений

Wirtschaftsgesetzgebung *f* экономи́ческие зако́ны

Wirtschaftsgruppe *f* гру́ппа в систе́ме классифика́ции по экономи́ческим при́знакам

Wirtschaftsgruppierung *f* классифика́ция по экономи́ческим при́знакам, группиро́вка по экономи́ческим при́знакам

Wirtschaftsgut *n* иму́щество, со́бственность
Wirtschaftsgut материа́льная це́нность
Wirtschaftsgut това́р

Wirtschaftsgüter *n, pl* материа́льные бла́га
kurzlebige Wirtschaftsgüter малоценные и быстроизна́шивающиеся предме́ты; *разг.* малоценка
langlebige Wirtschaftsgüter предме́ты дли́тельного по́льзования *(напр. холоди́льники, ме́бель, автомаши́ны)*

Wirtschaftshierarchie *f* хозя́йственная иера́рхия

Wirtschaftshilfe *f* экономи́ческая по́мощь
gegenseitige Wirtschaftshilfe экономи́ческая взаимопо́мощь

Wirtschaftshof *m с.-х.* хозяйственный двор, хоздвор

Wirtschaftsinstitution *f* хозя́йственный орга́н, хозорган; хозя́йственная организа́ция

Wirtschaftsjahr *n* хозя́йственный год

Wirtschaftsjahresdurchschnitt *m* среднегодовой показатель

Wirtschaftskataster *m* хозя́йственный када́стр

Wirtschaftskommission:
Wirtschaftskommission der Vereinten Nationen für Afrika Экономи́ческая комисси́я ООН для А́фрики, ЭКА
Wirtschaftskommission der Vereinten Nationen für Asien und den Fernen Osten Экономи́ческая комисси́я ООН для А́зии и Да́льнего Восто́ка, ЭКАДВ
Wirtschaftskommission der Vereinten Nationen für den Mittleren Osten Экономи́ческая комисси́я ООН для Сре́днего Восто́ка
Wirtschaftskommission der Vereinten Nationen für Europa Экономи́ческая комисси́я ООН для Евро́пы, ЭКЕ
Wirtschaftskommission der Vereinten Nationen für Lateinamerika Экономи́ческая комисси́я ООН для Лати́нской Аме́рики, ЭКЛА

Wirtschaftskonferenz *f* экономи́ческое совеща́ние, конфере́нция по экономи́ческим вопро́сам, конфере́нция экономистов

Wirtschaftskontrolle *f* контро́ль за производственно-хозя́йственной де́ятельностью предприя́тия, контро́ль за хозя́йственной де́ятельностью, контро́ль за экономи́ческой де́ятельностью
komplexe Wirtschaftskontrolle ко́мплексный контро́ль за производственно-хозя́йственной де́ятельностью предприя́тия

Wirtschaftskreislauf *m* хозя́йственный кругооборо́т *(обы́чно включа́ет движе́ние де́нежных и това́рных пото́ков, их взаимоде́йствие с накопленными запа́сами)*
Wirtschaftskreislauf экономи́ческий цикл

Wirtschaftskrieg *m образн.* экономи́ческая война́

Wirtschaftskrise *f* экономи́ческий кри́зис, кри́зис в эконо́мике
allgemeine Wirtschaftskrise всео́бщий экономи́ческий кри́зис

Wirtschaftslage *f* экономи́ческая конъюнкту́ра
Wirtschaftslage экономи́ческое положе́ние, экономи́ческая ситу́ация, ситу́ация в эконо́мике
unsichere Wirtschaftslage ша́ткое экономи́ческое положе́ние; неопределённое экономи́ческое положе́ние

Wirtschaftsleben *n* эконо́мика, экономи́ческая жизнь (страны́); хозя́йственная жизнь

Wirtschaftsleiter *m разг.* хозяйственник; нача́льник экономи́ческого отде́ла

Wirtschaftslenkung *f* управле́ние (на-

ро́дным) хозя́йством, управле́ние эконо́микой
optimale Wirtschaftslenkung оптима́льное управле́ние эконо́микой
staatliche Wirtschaftslenkung госуда́рственное управле́ние эконо́микой
Wirtschaftsmacht *f* экономи́ческая мощь
Wirtschaftsmacht экономи́чески разви́тое госуда́рство
Wirtschaftsmathematik *f* математи́ческая эконо́мика
Wirtschaftsmatrix *f* экономи́ческая ма́трица
Wirtschaftsmilitarisierung *f* милитариза́ция эконо́мики
Wirtschaftsminister *m* мини́стр эконо́мики
Wirtschaftsmission *f* экономи́ческая ми́ссия
Wirtschaftsmodell *n* экономи́ческая моде́ль; моде́ль эконо́мики
Wirtschaftsnachrichten *f pl* но́вости эконо́мики; экономи́ческие но́вости
Wirtschaftsoperationen *f, pl* хозя́йственные опера́ции, хозоперации *(те́рмин систе́мы национа́льных счето́в)*
Wirtschaftsordnung *f* экономи́ческий поря́док
Wirtschaftsordnung экономи́ческий строй
Wirtschaftsorgan *n* хозя́йственный орга́н, хозя́йственная организа́ция, хозорганизация
Wirtschaftsorganisation *f* организа́ция наро́дного хозя́йства, организа́ция эконо́мики
Wirtschaftsorganisation экономи́ческая организа́ция, хозя́йственная организа́ция
internationale Wirtschaftsorganisation междунаро́дная экономи́ческая организа́ция
zwischenstaatliche Wirtschaftsorganisation межгосуда́рственная экономи́ческая организа́ция
Wirtschaftsorganisationen *f, pl* фо́рмы организа́ции хозя́йства
Wirtschaftsorganismus *m* хозя́йственный органи́зм
Wirtschaftspäckchen *n* почто́вая посы́лка-бандеро́ль ве́сом до 2 кг
Wirtschaftspaket *n* почто́вый паке́т ве́сом до 20 кг
Wirtschaftspatent *n* экономи́ческий пате́нт
Wirtschaftsphilosophie *f* филосо́фия хозя́йства, экономи́ческая филосо́фия *(попы́тка объясни́ть экономи́ческие явле́ния философскими ме́тодами)*
Wirtschaftsplan *m* хозя́йственный план; план экономи́ческого разви́тия
Wirtschaftsplanung *f* плани́рование экономи́ческого разви́тия
Wirtschaftspolitik *f* экономи́ческая поли́тика, поли́тика в о́бласти эконо́мики
angebotsorientierte Wirtschaftspolitik ориенти́рованная на предложе́ние экономи́ческая поли́тика *(включа́ет мероприя́тия, стимули́рующие расшире́ние предложе́ния)*
antizyklische Wirtschaftspolitik антицикли́ческая экономи́ческая поли́тика
nachfrageorientierte Wirtschaftspolitik ориенти́рованная на спрос экономи́ческая поли́тика *(предусма́тривает мероприя́тия, напра́вленные на активиза́цию ры́ночного спро́са)*
Wirtschaftspotenzial *n* экономи́ческий потенциа́л; хозя́йственные возмо́жности
Wirtschaftspraxis *f* хозя́йственная пра́ктика
Wirtschaftspresse *f* экономи́ческая пре́сса
Wirtschaftsprognose *f* экономи́ческий прогно́з, прогно́з экономи́ческого разви́тия
Wirtschaftsprognose *f* прогно́з конъюнкту́ры ры́нка
Wirtschaftsprognostik *f* прогнози́рование разви́тия наро́дного хозя́йства
Wirtschaftsprognostik экономи́ческое прогнози́рование
Wirtschaftsprognostizierung *f* прогнози́рование разви́тия наро́дного хозя́йства, экономи́ческое прогнози́рование
Wirtschaftsprogrammierung *f* экономи́ческое программи́рование
Wirtschaftsprozess *m* хозя́йственный проце́сс; проце́ссы в о́бласти эконо́мики
Wirtschaftsprüfer *m* бухга́лтер-ревизо́р;ауди́тор; нало́говый инспе́ктор; фина́нсовый инспе́ктор
Wirtschaftsprüfung *f* реви́зия хозя́йственной де́ятельности предприя́тия; ауди́т предприя́тия
Wirtschaftsprüfungsgesellschaft *f* ауди́торская фи́рма
Wirtschaftspsychologie *f* экономи́ческая психоло́гия *(иссле́дует реа́кцию отде́льного лица́ на измени́вшиеся экономи́ческие усло́вия и как сле́дствие - приня́тие соотве́тствующего экономи́ческого реше́ния)*
Wirtschaftspublizistik *f* публици́стика, посвящённая хозя́йственным пробле́мам; экономи́ческая публици́стика
Wirtschaftsrat *m* экономи́ческий сове́т
Wirtschaftsraum *m* экономи́ческий райо́н; экономи́ческое простра́нство, хозя́йственное простра́нство, экономи́ческий регио́н
Wirtschaftsrechnung *f* хозя́йственный учёт
Wirtschaftsrechnung экономи́ческий учёт
Wirtschaftsrechnung *стат.* бюдже́тное обсле́дование
Wirtschaftsrecht *n юр.* хозя́йственное пра́во
internationales Wirtschaftsrecht междунаро́дное хозя́йственное пра́во
Wirtschaftsreform *f* экономи́ческая рефо́рма; рефо́рма(ы) в о́бласти эконо́мики
Wirtschaftsregelung *f* регули́рование эконо́мики
Wirtschaftsregulieren *n* регули́рование эконо́мики
Wirtschaftsregulierung *f* регули́рование эконо́мики
Wirtschaftsreserven *f, pl* экономи́ческие резе́рвы, хозя́йственные резе́рвы
Wirtschaftsrezession *f* экономи́ческий спад, реце́ссия
Wirtschaftsrückgang *m* экономи́ческий спад
Wirtschaftsruin *m* хозя́йственная разру́ха
Wirtschaftssachverständige *m* экономи́ст, специали́ст в о́бласти эконо́мики
Wirtschaftssanktionen *(f, pl)* экономические санкции
Wirtschaftsschwankungen *f, pl* экономи́ческие колеба́ния *(ча́ще всего име́ются в виду́ хозя́йственные ци́клы разли́чной продолжи́тельности)*
Wirtschaftssektor *m* се́ктор эконо́мики, о́трасль эконо́мики, о́трасль наро́дного хозя́йства
Wirtschaftssituation *f* экономи́ческая ситуа́ция; ситуа́ция на ры́нке
Wirtschaftssoziologie *f* экономи́ческая социоло́гия *(иссле́дование социа́льной стороны́ экономи́ческих явле́ний)*
Wirtschaftsspionage *f* экономи́ческий шпиона́ж
Wirtschaftsstatistik *f* хозя́йственная стати́стика
Wirtschaftsstatistik экономи́ческая стати́стика
Wirtschaftsstil *m* стиль веде́ния хозя́йства
Wirtschaftsstrafgesetz *n* зако́н о хозя́йственных преступле́ниях, зако́н об экономи́ческих преступле́ниях, зако́н о преступле́ниях в о́бласти эконо́мики
Wirtschaftsstrafrecht *n* хозя́йственное уголо́вное пра́во; экономи́ческое уголо́вное пра́во

Wirtschaftsstraftat *f* хозя́йственное преступле́ние, хозя́йственное уголо́вное преступле́ние, уголо́вное преступле́ние в о́бласти эконо́мики
Wirtschaftsstruktur *f* структу́ра наро́дного хозя́йства, структу́ра эконо́мики, структу́ра хозя́йства; экономи́ческая структу́ра
Wirtschaftsstufe *f* ста́дия экономи́ческого разви́тия, ступе́нь экономи́ческого разви́тия
Wirtschaftsstufentheorie *f* тео́рия стади́йности экономи́ческого разви́тия
Wirtschaftssubjekte *n, pl* хозя́йственные субъе́кты; субъе́кты экономи́ческой де́ятельности
Wirtschaftssystem *n* экономи́ческая систе́ма, хозя́йственная систе́ма, систе́ма хозя́йства
Wirtschaftstätigkeit *f* хозя́йственная де́ятельность, экономи́ческая де́ятельность
Wirtschaftstheorie *f* экономи́ческая тео́рия
Wirtschaftstyp *m* тип хозя́йства; тип эконо́мики
Wirtschaftsunion *f* экономи́ческий сою́з
 Wirtschaftsunion Belgien-Luxemburg Бельги́йско-Люксембургский экономи́ческий сою́з
Wirtschaftsverband *m* хозя́йственный сою́з, экономи́ческий сою́з
 Wirtschaftsverband Belgien-Niederlande-Luxemburg Экономи́ческий сою́з Бе́льгии, Нидерла́ндов и Люксембу́рга; Бенилю́кс
Wirtschaftsverbindungen *f, pl* экономи́ческие свя́зи; хозя́йственные свя́зи
Wirtschaftsverbrechen *n* хозя́йственное преступле́ние, хозя́йственное уголо́вное преступле́ние; уголо́вное преступле́ние в о́бласти эконо́мики, уголо́вное экономи́ческое преступле́ние, уголо́вно наказу́емое преступле́ние в о́бласти эконо́мики
Wirtschaftsverein *m* хозя́йственный сою́з, экономи́ческий сою́з, экономи́ческое объедине́ние, хозя́йственное объедине́ние, хозобъединение
Wirtschaftsvereinbarung *f* экономи́ческое соглаше́ние, соглаше́ние об экономи́ческом сотру́дничестве
Wirtschaftsvereinigung *f* хозя́йственное объедине́ние, хозобъединение
 internationale Wirtschaftsvereinigung междунаро́дное хозя́йственное объедине́ние; междунаро́дный экономи́ческий сою́з
Wirtschaftsverfall *m* упа́док эконо́мики
Wirtschaftsverfassung *f* совоку́пность правовы́х норм, испо́льзуемых в да́нной хозя́йственной структу́ре
 Wirtschaftsverfassung состо́яние эконо́мики, хозя́йственная ситуа́ция
Wirtschaftsverflechtungen *f, pl* экономи́ческие свя́зи; экономи́ческие свя́зи и взаимозави́симости; экономи́ческие взаимосвя́зи
Wirtschaftsverhandlungen *f, pl* перегово́ры по экономи́ческим вопро́сам
Wirtschaftsvertrag *m* хозя́йственный догово́р, хоздоговор
Wirtschaftsverwaltungsbezirk *m* экономи́ческий администрати́вный райо́н
Wirtschaftsvorgang *m* хозя́йственная опера́ция; экономи́ческая опера́ция
Wirtschaftswachstum *n* экономи́ческий рост
Wirtschaftsweise *f* экономи́ческий укла́д, укла́д эконо́мики
Wirtschaftswerbung *f* комме́рческая рекла́ма
 Wirtschaftswerbung экономи́ческая рекла́ма, рекла́ма в о́бласти эконо́мики
Wirtschaftswert *m* хозя́йственная це́нность; экономи́ческая сто́имость
wirtschaftswichtig ва́жный в экономи́ческом отноше́нии, ва́жный для эконо́мики
Wirtschaftswissenschaft *f* экономи́ческая нау́ка, эконо́мика
 angewandte Wirtschaftswissenschaft прикладна́я эконо́мика
Wirtschaftswissenschaften *f, pl* эконо́мика, экономи́ческая нау́ка, нача́льный курс экономи́ческой тео́рии *(обы́чно включа́ет элемента́рные положе́ния микроэкономической и макроэкономи́ческой тео́рии)*
Wirtschaftswissenschaftler *m* учёный-экономи́ст; экономи́ст *(око́нчивший экономи́ческий вуз)*
Wirtschaftswunder *n* экономи́ческое чу́до
Wirtschaftszusammenarbeit *f* экономи́ческое сотру́дничество, сотру́дничество в о́бласти эконо́мики
Wirtschaftszweig *m* о́трасль эконо́мики, о́трасль хозя́йства
Wirtschaftszweiglohngruppenkatalog *m* отраслево́й тари́фно-квалификацио́нный спра́вочник, ОТКС
Wirtschaftszweigsystematik *f* классифика́ция о́траслей эконо́мики
Wirtschaftszyklus *m* экономи́ческий цикл
Wissens- und Datenspeicherung *f* накопле́ние (зна́ний и) информа́ции
Wissenschaft *f* нау́ка
Wissenschaftsbeziehungen *f, pl* нау́чные свя́зи
 internationale Wissenschaftsbeziehungen междунаро́дные нау́чные свя́зи
Wissenschaftseffektivität *f* эффекти́вность нау́ки
Wissenschaftsintegration *f* интегра́ция нау́ки, нау́чная интегра́ция, интегра́ция в о́бласти нау́ки *(нау́чных иссле́дований)*
Wissenschaftsinvestitionen *f, pl* капиталовложе́ния в нау́ку; инвести́ции в нау́ку; инвести́ции в нау́чной сфе́ре
Wissenschaftskonzentration *f* концентра́ция нау́ки
Wissenschaftskooperation *f* коопери́рование нау́чных рабо́т
Wissenschaftsleitung *f* управле́ние нау́кой
Wissenschaftsmethodologie *f* методоло́гия нау́ки
Wissenschaftsökonomie *f* эконо́мика нау́ки
Wissenschaftsprognose *f* прогно́з разви́тия нау́ки; нау́чный прогно́з
Wissenschaftsstruktur *f* структу́ра нау́ки
Wissenschaftswissenschaft *f* науковедение, наукознание, нау́ка о нау́ке
Wissenschaftszentrum *n* нау́чный центр
Witwengeld *n* посо́бие, выпла́чиваемое вдове́ слу́жащего *(ФРГ)*; посо́бие, выпла́чиваемое вдове́ чино́вника *(ФРГ)*
Witwenrente *f* пе́нсия, выпла́чиваемая вдо́вам застрахованных лиц
WiVV, Wirtschaftsverband Versicherungsvermittlung Экономи́ческий сою́з страховы́х маклеров
WjD, Wirtschaftsjahresdurchschnitt сре́дняя годова́я, сре́дний показа́тель за год
WKV, Waren-Kredit-Verkehr О́бщество (ба́нковского) кредитования товарооборота
WLK, Wirtschaftszweiglohngruppenkatalog отраслево́й тари́фно-квалификацио́нный спра́вочник, ОТКС
W/M, weight or measurement *англ.* исчисле́ние фра́хта по весу́ ***или*** разме́ру
W.Nr., Werknummer заводско́й но́мер
WO:
 WO, Wechselordnung ве́ксельный уста́в
 Wo, Wechselordnung ве́ксельный уста́в
 WO-Pläne *m, pl* пла́ны, разрабатываемые руководящими хозя́йственными о́рганами
Woche *f* неде́ля
 Grüne Woche *ист.* «Зелёная неде́ля»; сельскохозя́йственная вы́ставка, про-

водимая ежегодно в Западном Берлине

Wochenarbeitszeit *f* продолжительность рабочей недели, рабочая неделя

Wochenausweis *m* недельный финансовый отчёт, еженедельный финансовый отчёт, недельный баланс, еженедельный баланс *(банка)*

Wochengeld *n* пособие, выплачиваемое роженице

Wochenhilfe *f* пособие, выплачиваемое роженице

Wochenmarkt *m* еженедельный базар, еженедельный рынок

Wochenurlaub *m* послеродовой отпуск; отпуск роженице

Wohlergehen *n* благополучие
  materielles Wohlergehen материальное благополучие

Wohlfahrt *f* благосостояние, польза
  Wohlfahrt благотворительность, общественное вспомоществование
  Wohlfahrt общее благо, польза
  öffentliche Wohlfahrt всеобщее благосостояние, всеобщее благоденствие

Wohlfahrtseinrichtungen *f, pl* органы социального обеспечения

Wohlfahrtsfonds *m* благотворительный фонд

Wohlfahrtsfunktion *f* функция благосостояния
  soziale Wohlfahrtsfunktion функция общественного благосостояния

Wohlfahrtskasse *f* касса благотворительного фонда

Wohlfahrtskriterien *n, pl* критерии благосостояния

Wohlfahrtsmarke *f* почтовая марка с надбавкой для благотворительных целей; благотворительная почтовая марка

Wohlfahrtsmodell *n* модель «общества всеобщего благоденствия»

Wohlfahrtsökonomie *f* экономика благосостояния
  Wohlfahrtsökonomie экономическая теория благосостояния
  neoklassische Wohlfahrtsökonomie неоклассическая теория благосостояния *(рассматривает проблемы построения и использования функции общественного благосостояния)*

Wohlfahrtspflege *f* благотворительность

Wohlfahrtsstaat *m* «государство благосостояния», «государство всеобщего благосостояния», «государство всеобщего благоденствия»

Wohlfahrtstheorie *f* экономическая теория всеобщего благосостояния

Wohlstand *m* благосостояние, имущественная состоятельность
  allgemeiner Wohlstand всеобщее благосостояние, всеобщее благоденствие
  materieller Wohlstand материальное благосостояние

Wohlstandsfunktion *f* функция благосостояния

Wohlstandsgesellschaft *f* общество всеобщего благосостояния, общество всеобщего благоденствия

Wohlstandsindikatoren *m pl (статистические)* индикаторы благосостояния

Wohn- und Lebensverhältnisse *n, pl* жилищно-бытовые условия

Wohnbau *m* жилое сооружение
  Wohnbau жилищное строительство

Wohnbevölkerung *f* наличное население

Wohndichte *f* плотность населения; демографическая плотность

Wohneinheit *f* квартира *(расчётная единица, используемая для характеристики объёма жилищного строительства)*

Wohnflächenbenutzung *f* использование жилой площади

Wohngebäude *n* жилой дом, жилое строение
  privates Wohngebäude частный жилой дом, жилой дом, находящийся в частной собственности, индивидуальный дом

Wohngebiet *n* жилой район
  Wohngebiet район массовой застройки *(жилыми зданиями)*

Wohngeld *n* государственное пособие для покрытия расходов по найму жилых помещений
  Wohngeld дотация для найма жилых помещений *(в ФРГ - из федерального или земельного бюджета)*

Wohngemeinschaft *f* совокупность лиц, проживающих в одной квартире, но ведущих самостоятельное домашнее хозяйство; жилищное товарищество, жилтоварищество; кондоминиум

Wohnort *m* местожительство; местонахождение

Wohnraum *m* жилая площадь; жилое помещение

Wohnraumbewirtschaftung *f* распределение жилой площади; жилищное хозяйство

Wohnraumentfremdung *f* использование жилых помещений не по прямому назначению; перевод в нежилой фонд *(жилых помещений)*; отчуждение жилья

Wohnraumfonds *m* жилой фонд; жилищный фонд

Wohnraumlenkung *f* учёт и распределение жилого фонда

Wohnraumpolitik *f* жилищная политика

Wohnsitz *m* местожительство; местонахождение

Wohnsitzfinanzamt *n* финансовый отдел по месту жительства

Wohnung *f* квартира; жилище, жильё
  abgeschlossene Wohnung отдельная квартира
  überbelegte Wohnung перенаселённая квартира

Wohnungs- und Kommunalwirtschaft жилищно-коммунальное хозяйство

Wohnungsabgang *m* уменьшение жилого фонда

Wohnungsbau *m* жилищное строительство
  individueller Wohnungsbau индивидуальное жилищное строительство

Wohnungsbaugenossenschaft *f* жилищно-строительный кооператив, ЖСК

Wohnungsbaukombinat *n* домостроительный комбинат

Wohnungsbaukosten *pl* расходы на жилищное строительство

Wohnungsbaukredit *m* кредит на цели финансирования жилищного строительства; кредит на постройку жилья

Wohnungseigentum *n* право собственности на жильё

Wohnungseinheit *f* единица жилой площади

Wohnungsfonds *m* жилой фонд

Wohnungsfrage *f* жилищный вопрос

Wohnungsgenossenschaft *f* жилищный кооператив

Wohnungsmiete *f* договор найма жилого помещения; аренда жилого помещения
  Wohnungsmiete квартирная плата, квартплата

Wohnungsmietrecht *n юр.* жилищное право
  Wohnungsmietrecht право пользования жилым помещением на основании договора личного найма

Wohnungsmietvertrag *m* договор найма жилого помещения

Wohnungsneubau *m* новое жилищное строительство; новостройка

Wohnungspolitik *f* жилищная политика, политика в области жилищного строения *(и распределения жилья)*

Wohnungsproblem *n* жилищная проблема; проблема жилья

Wohnungsreform *f* жилищная реформа; реформа в области жилищного строения *(и распредления жилья)*

Wohnungssteuer *f* квартирный налог, налог на квартиру

Wohnungsverhältnisse *n, pl* жилищные условия

Wohnungswirtschaft *f* жилищное хозяйство

Wohnungszählung *f* жили́щная пе́репись; пе́репись жилья́ ***(жило́го фо́нда)***

Wohnungszugang *m* увеличе́ние жило́го фо́нда

Wohnungszwangswirtschaft *f* регули́рование распределе́ния жило́й пло́щади, кварти́рной пла́ты и охра́ны прав квартиросъёмщиков

Wohnverhältnisse *n, pl* жили́щные усло́вия

work simplification *англ.* ме́тод упроще́ния труда́ ***(США)***

Work-Factor-System *n англ.* систе́ма за́данного вре́мени на выполне́ние отде́льных элеме́нтов произво́дственного проце́сса

working capital *англ.* оборо́тный капита́л

working capital *англ.* чи́стая су́мма теку́щих акти́вов ***(ра́зность ме́жду текущими акти́вами и пассивами)***

Wortmarke *f* слове́сный това́рный знак

Wortzeichen *n* слове́сный това́рный знак

WP:

WP, Werkstoffprüfung испыта́ние материа́лов

WP, Wirtschaftsprüfer бухга́лтер-ревизо́р, экономи́ст-ревизо́р; ауди́тор

w.p.a., with particular average *англ.* с ча́стной ава́рией

Wpkt, Wertpaket це́нная посы́лка, посы́лка с объя́вленной це́нностью

WR:

WR, Währungsreform валю́тно-фина́нсовая рефо́рма

WR, warenhouse receipt *англ.* складска́я распи́ска, квита́нция о приёме (това́ра) на склад

WR, Wechselrecht ве́ксельное пра́во

WR, Wirtschafts- und Sozialrat der Vereinten Nationen Экономи́ческий и Социа́льный сове́т ООН

W/R, w.rec., warehouse receipt *англ.* складско́е свиде́тельство

WST, Tala, -- Samoa Тала, -- Само́а

wt, weight *англ.* вес

WtB, Waren des täglichen Bedarfs това́ры каждодне́вного спро́са, това́ры повседне́вного спро́са, това́ры пе́рвой необходи́мости

WTF, wissenschaftlich-technischer Fortschritt нау́чно-техни́ческий прогре́сс, НТП

WtK, Wissenschaftlichtechnische Konzeption конце́пция нау́чно-техни́ческого разви́тия

WTZ:

WTZ, wissenschaftlichtechnische Zusammenarbeit нау́чно-техни́ческое сотру́дничество, НТС

WTZ, wissenschaftlichtechnisches Zentrum нау́чно-техни́ческий центр, НТЦ

Wucher *m ист.* ростовщи́чество

Wucherer *m ист.* ростовщи́к

Wuchererstaat *m ист.* госуда́рство-ростовщи́к

Wuchergeschäft *n ист.* ростовщи́ческая сде́лка

Wuchergewinn *m ист.* бары́ш, ростовщи́ческая при́быль

wucherhaft *ист.* ростовщи́ческий

Wucherhandel *m ист.* ростовщи́ческая торго́вля

wucherisch *ист.* ростовщи́ческий

Wucherkapital *n ист.* ростовщи́ческий капита́л

Wucherkredit *m ист.* ростовщи́ческий креди́т

wuchern *vi ист.* дава́ть в рост ***(де́ньги)***, нажива́ться, занима́ться ростовщи́чеством

Wucherprofit *m ист.* бары́ш, ростовщи́ческая при́быль

Wucherstaat *m ист.* госуда́рство-ростовщи́к

Wucherzinsen *m, pl ист.* ростовщи́ческие проце́нты

Wühltisch *m разг.* прила́вок с това́рами ***(для свобо́дного вы́бора покупа́телями)***

Wunschliste *f* спи́сок това́ров, кото́рые страна́ наме́рена экспорти́ровать; спи́сок това́ров, кото́рые страна́ наме́рена импорти́ровать

WUST:

WUSt, Warenumsatzsteuer нало́г с товарооборота, нало́г на товарооборо́т

Wust, Warenumsatzsteuer нало́г на товарооборо́т, нало́г с товарооборота

Wüstungen *f, pl ист.* покинутые жи́телями селе́ния

WV:

WV, Warenverzeichnis спи́сок това́ров

WV, Wirtschaftsverband хозя́йственное объедине́ние

Wvz.AHStat., Warenverzeichnis für die Außenhandelsstatistik спи́сок това́ров, учитываемых внешнеторго́вой статистикой

W/W, warehouse warrant *англ.* складско́й варра́нт, складская распи́ска

w.w.d., W.W.D., weather working days *англ.* рабо́чие дни с благоприя́тной ***(хоро́шей)*** пого́дой

WWU, Wirtschafts- und Währungsunion экономи́ческий и валю́тный сою́з

WZ., Wz., Warenzeichen това́рный знак

WZG, Warenzeichengesetz зако́н о това́рных зна́ках, зако́н о клейме́нии това́ров

Wzl, Wert zum Inkasso валю́та на инка́ссо ***(на́дпись на ве́кселе)***

x-d, ex dividend *англ.* без дивиде́нда ***(о продаваемой а́кции)***

XAF, CFA-Franc, -- Aequatorialguinea, Gabun, Kamerun, Kongo, Tschad, Zentralafrikanische Republik Франк КФА BEAC (***код валю́ты*** 950), -- Экваториа́льная Гвине́я, Габо́н, Камеру́н, Ко́нго, Чад, Центра́льно-Африка́нская Респу́блика

x.c., ex coupon *англ.* без купо́на ***(на получе́ние очередно́го дивиде́нда)***

XCD, Ostkaribischer Dollar, -- Dominica, Grenada, Montserrat, Anguilla, Antigua und Barbuda Восто́чно-кари́бский до́ллар (***код валю́ты*** 951), -- Домини́ка, Грена́да, Монтсеррат, Ангилья, Анти́гуа и Барбу́да

X.D, xd, x/d, xdiv, ex dividend *англ.* без дивиде́нда ***(о продаваемой а́кции)***

XDR СДР, «специа́льные права́ заи́мствования» (***код валю́ты*** 960), -- Междунаро́дный валю́тный фонд

Xenokratie *f* ксенократия; чужеземное влады́чество; заси́лье иностра́нцев

xi, x.in., ex interest *англ.* без (начисле́ния) проце́нтов

X.L.&U.L., exelusive of loading and unloading *англ.* исключа́я погру́зку и разгру́зку

XOF, CFA-Franc, -- Benin, Burkina Faso, Côte d'Ivoire, Guineau-Bissau, Mali, Niger, Senegal, Togo Франк КФА BCEAO (***код валю́ты*** 952), -- Бени́н, Буркина-Фасо, Кот д'Ивуар, Гвине́я-Биса́у, Мали́, Ни́гер, Сенега́л, Того́

XP, express paid *англ.* сро́чность (пересы́лки) опла́чена

XPF, CFP-Franc, -- Französisch-Polynesien, Neukaledonien, Wallis und Futuna Франк КФП (***код валю́ты*** 953), -- Францу́зская Полине́зия, Но́вая Каледо́ния, Уоллис и Форту́на

XPP, express paid by post *англ.* сро́чность (пересы́лки) опла́чена по́чтой

xpr, ex privilege *англ.* без привиле́гии на сде́лку с пре́мией

XPT, express paid by telegraph *англ.* сро́чность (пересы́лки) опла́чена телегра́фом

x/r, ex right *англ.* без права́ на приобрете́ния но́вых а́кций

xw, ex warrants *англ.* без (права́ на получе́ние) докуме́нтов, без варра́нта

Y.A., York-Antwerp rules *англ.* Йоркско-Антве́рпенские пра́вила ***(морско́го страхова́ния)***

Y.A.r., York-Antwerp rules *англ.*

Йоркско-Антве́рпенские пра́вила *(морско́го страхова́ния)*

yard *n* ярд *(англи́йская ме́ра длины́ = 0,914 м)*

YE, Jemen Йе́мен

YER, Jemen-Rial, -- Jemen Йе́менский риа́л (*код валю́ты* 886), -- Йе́мен

Y.O., yearly output *англ.* ежего́дная вы́работка, годова́я производи́тельность; годова́я добы́ча *(в горнору́дной промы́шленности)*

Young-Anleihe *f ист.* заём Ю́нга

Young-Plan *m ист.* план Ю́нга

YUM, Jugoslawischer Neuer Dinar, -- Jugoslawien Югосла́вский дина́р (*код валю́ты* 890), -- Югосла́вия

Z, Zahl число́, коли́чество; ци́фра

Z-Methode *f*, **Lidstonesche** ме́тод Лидстона, ме́тод исчисле́ния разме́ра резе́рвов страховы́х компа́ний

ZA:

ZA, Zahlungsabkommen платёжное соглаше́ние

ZA, Zinsabkommen соглаше́ние о проце́нтах по кредиту

ZA, Zollamt тамо́жня

za, zirka приблизи́тельно, о́коло

ZAbfo, Zollabfertigungsordnung поря́док очи́стки от тамо́женных по́шлин

ZABhf, Zollamt am Bahnhof вокза́льная тамо́жня, привокзальная тамо́жня, отделе́ние тамо́жни на железнодоро́жной ста́нции

Zahl *f* коли́чество, чи́сленность

Zahl число́, ци́фра

Zahl der Überlebenden *стат.* число́ дожива́ющих

durchschnittliche Zahl сре́днее число́, сре́дний показа́тель

endliche Zahl коне́чное число́; коне́чный показа́тель

komplexe Zahl ко́мплексное число́

kumulative Zahl *стат.* кумулятивная чи́сленность

natürliche Zahl натура́льное число́

reelle Zahl веще́ственное число́

zahlbar подлежа́щий опла́те, подлежа́щий упла́те; с платежо́м

zahlbar bei Ablieferung подлежа́щий опла́те при доста́вке

zahlbar bei Sicht подлежа́щий опла́те по предъявле́нии *(платёжного докуме́нта)*

zahlbar bei 30 Tagen подлежи́т опла́те в тече́ние30 дней

zahlbar bei Verfall к опла́те по насту́пле́нии сро́ка, к упла́те по насту́пле́нию сро́ка

zahlbar bei Vorlegung подлежа́щий опла́те по предъявле́нии *(платёжного докуме́нта)*

zahlbar bei Vorzeigung подлежа́щий опла́те по предъявле́нии

zahlbar machen выпи́сывать к упла́те *(напр. ве́ксель)*

zahlbar nach Erhalt der Ware подлежи́т опла́те по получе́нии това́ра

zählbar исчисли́мый; поддаю́щийся счёту *(учёту)*

Zählbereich *m стат.* счётный уча́сток

Zählblättchen *n стат.* счётный листо́к, счётная ка́рточка; фи́шка *(при ручно́м обобще́нии да́нных)*

Zahlbox *f* ка́сса *(напр, в городско́м тра́нспорте, работающем без конду́ктора)*

Zahlen *f, pl* да́нные; ци́фры; показа́тели

zahlen плати́ть, опла́чивать; выпла́чивать

im voraus zahlen упла́чивать вперёд, плати́ть ава́нсом

in Raten zahlen плати́ть в рассро́чку

pünktlich zahlen плати́ть аккура́тно

pünktlich zahlen плати́ть в срок

säumig zahlen заде́рживать платёж

Zählen *n* отсчёт

zählen *vt* счита́ть; подсчи́тывать; высчи́тывать; отсчи́тывать

Zahlenangaben *f, pl* цифровы́е да́нные

Zahlenlotto *n* цифрова́я лотере́я *(напр. спортлото)*

zahlenmäßig числово́й, чи́сленный, коли́чественный

Zahlenreihe *f* числово́й ряд

Zahlensymbol *n* цифрово́й си́мвол

Zahlensystem *n* числова́я систе́ма

Zahlenwert *m* чи́сленное значе́ние

Zahlenwert чи́сленное значе́ние

Zahler *m* плате́льщик

pünktlicher Zahler аккура́тный плате́льщик

säumiger Zahler неаккура́тный плате́льщик

Zähler *m* счётчик (прибо́р)

Zähler (юр.) счётчик

Zähler числи́тель *(дробь)*

geschworener Zähler прися́жный счётчик, таллиман

statistischer Zähler статисти́ческий счётчик

vereidigter Zähler прися́жный счётчик, таллиман

Zahlkarte *f* ка́рточка взно́са де́нег на че́ковый теку́щий счёт при почто́вом отделе́нии

Zahlkarte почтово-че́ковый переводно́й бланк

Zahlkarte платёжная ка́рточка

Zählkarte *f стат.* счётная ка́рточка, счётный листо́к

Zählkasse *f* ка́сса пересчёта де́нег

Zählkasse ка́сса со счётным устро́йством, ка́ссовый аппара́т со счётным устро́йством

Zählkasse ка́ссовый аппара́т со счётным устро́йством

Zahlkellnersystem *n* брига́дная систе́ма обслу́живания посети́телей предприя́тий obще́ственного пита́ния

Zahlstelle *f* ме́сто платежа́; ка́сса

Zahlstellengeschäft *n* опера́ции по опла́те ба́нком проце́нтных и дивиде́ндных купонов

Zahlstellenwechsel *m* ве́ксель, выставленный по ме́сту жи́тельства трассата *(или ба́нка, акцептова́вшего ве́ксель)*; домицилированный ве́ксель

Zahltag *m* день опла́ты, день вы́платы, день платежа́; день вы́дачи за́работной пла́ты, день вы́платы за́работной пла́ты

Zahlung *f стат.* счёт. подсчёт; учёт; пе́репись (населе́ния)

Zahlung an Lieferanten расчёты с поставщиками

Zahlung auf Auslandsverbindlichkeiten платежи́ по иностра́нным кредитам

Zahlung auf Auslandsverbindlichkeiten платежи́ по иностра́нным обяза́тельствам

Zahlung aus dem Akkreditiv платёж с аккредити́ва, вы́платы с аккредити́ва

Zahlung ausführen производи́ть платёж

Zahlung bei Empfang der Ware платёж про́тив това́ра

Zahlung durch Akkreditiv платёж посре́дством аккредити́ва; платёж выставле́нием аккредити́ва

Zahlung durch direkte Rimesse прямо́е ремитирование

Zahlung durch direkte Tratte прямо́е трассирование

Zahlung durch Rimesse ремитирование

Zahlung durch Tratte трассирование

Zahlung durch vorausbestätigte Überweisung расчёты акцепто́ванными поруче́ниями

Zahlung eines Zuschlags дополни́тельная пла́та, дополни́тельный платёж

Zahlung einstellen прекрати́ть платёж (опла́ту)

Zahlung entrichten производи́ть платёж (опла́ту)

Zahlung gegen Dokumente платёж в соотве́тствии с предъявленными докуме́нтами; платёж про́тив докуме́нтов, платёж нали́чными про́тив докуме́нтов

Zahlung im Clearingverkehr клиринговые расчёты

Zahlung im Lastschriftverfahren безакце́птный платёж

Zahlung in bar платёж нали́чными; нали́чный платёж
Zahlung in natura платёж нату́рой; опла́та нату́рой; натура́льная опла́та
Zahlung in Teilbeträgen вы́плата частя́ми
Zahlung kompensiert платёж компенсирован встре́чным исполне́нием
Zahlung leisten производи́ть платёж, осуществля́ть опла́ту
Zahlung mittels Akkreditiv(s) платёж с *(по́мощью)* аккредити́ва; опла́та выставле́нием аккредити́ва, опла́та путём выставле́ния аккредити́ва
Zahlung per Akkreditiv платёж посре́дством аккредити́ва; опла́та выставле́нием аккредити́ва, опла́та путём выставле́ния аккредити́ва
Zahlung per Inkasso платёж по инка́ссо; опла́та инка́ссо
allgemeine Zahlung всео́бщая пе́репись
bankmäßige Zahlung платёж че́рез банк
bare Zahlung платёж нали́чными; нали́чный платёж
bargeldlose Zahlung безнали́чный расчёт, платёж по безнали́чному расчёту, *разг.* опла́та по безна́лу
effektive Zahlung платёж в наличной валю́те; платёж по тра́тте; платёж в валю́те указанной в переводном ве́кселе, платёж в валю́те указанной в тратте
einmalige Zahlung единовременный взнос; единовре́менная опла́та, единовременный платёж
fällige Zahlung платёж, по кото́рому наступи́л срок
fortlaufende Zahlung после́довательная пе́репись
kommerzielle Zahlung комме́рческий платёж
laufender Zahlung теку́щий платёж
regelmäßig wiederkehrende Zahlung периоди́ческий платёж; регуля́рно повторя́ющийся платёж
regelmäßige Zahlung регуля́рные платежи́
rückständige Zahlung просро́ченный платёж
Zahlung über Akkreditiv платёж посре́дством аккредити́ва; опла́та выставле́нием аккредити́ва, опла́та путём выставле́ния аккредити́ва
Zahlung von Stützungsgeldern субсиди́рование
Zahlung von Zuschüssen субсиди́рование
an Zahlung statt nehmen принима́ть вме́сто платежа́
der Zahlung enthoben sein быть освобождённым от упла́ты
die Zahlung auf Raten verteilen рассрочивать платёж; осуществля́ть опла́ту частя́ми
die Zahlung erfolgt платёж произво́дится; платёж сле́дует
die Zahlung verlangen тре́бовать (исполне́ния) платежа́
die Zahlungen einstellen прекраща́ть платежи́
gegen Zahlung про́тив платежа́ *(усло́вие в догово́ре)*
in Zahlung nehmen принима́ть к опла́те
mangels Zahlung из-за неупла́ты
mit der Zahlung im Rückstand sein запа́здывать с платежо́м, запа́здывать с упла́той
mit der Zahlung in Verzug geraten просро́чивать платёж
mit der Zahlung in Verzug kommen просро́чивать платёж
zur Zahlung vorlegen предъявля́ть к опла́те

Zählung *f* пе́репись *(населе́ния)*
Zählung счёт, подсчёт; учёт
allgemeine Zählung всео́бщая пе́репись

Zahlungs- und Lieferbedingungen *f, pl* усло́вия платежа́ и поста́вки

Zahlungsabkommen *n* платёжное соглаше́ние
Zahlungsabkommen auf Clearingbasis платёжное соглаше́ние на клиринговой осно́ве
Zahlungsabkommen auf Regierungsebene межправи́тельственное платёжное соглаше́ние

Zahlungsanspruch *m* тре́бование платежа́ (опла́ты)

Zahlungsanweisende *m* лицо́, даю́щее поруче́ние произвести́ платёж

Zahlungsanweisung *f* платёжное поруче́ние, поруче́ние произвести́ платёж

Zahlungsart *f* вид платежа́, спо́соб платежа́

Zahlungsaufforderung *f* тре́бование произвести́ платёж; напомина́ние о платеже́

Zahlungsaufschub *m* отсро́чка платежа́
befristeter Zahlungsaufschub отсро́чка платежа́, ограни́ченная определённой да́той, отсро́чка платежа́ на определённый срок

Zahlungsauftrag *m* платёжное поруче́ние
einen Zahlungsauftrag ausführen вы́полнить (испо́лнить) платёжное поруче́ние

Zahlungsausgang *m* платёж *(напр. ба́нка)*

Zahlungsausgleich *m* выра́внивание платеже́й, балансиро́вка платеже́й; взаиморасчёты; выра́внивание са́льдо взаиморасчётов
internationaler Zahlungsausgleich междунаро́дные расчёты

Zahlungsbedingungen *f, pl* усло́вия платежа́, усло́вия опла́ты

Zahlungsbefehl *m* прика́з об упла́те, платёжный прика́з *(суде́бная пове́стка с тре́бованием упла́ты до́лга во избежа́ние принуди́тельного взыска́ния)*

Zahlungsbefugnis *f* полномо́чия на проведе́ние платежа́

Zahlungsbereitschaft *f* гото́вность предприя́тия вы́полнить свои́ обяза́тельства по погаше́нию платеже́й
Zahlungsbereitschaft согла́сие заплати́ть определённую це́ну

Zahlungsbestätigung *f* подтвержде́ние платежа́

Zahlungsbilanz *f* платёжный бала́нс *(бала́нс всех расхо́дов и поступле́ний в опера́циях резидентов да́нного госуда́рства с нерезидентами за определённый перио́д)*
Zahlungsbilanz nach Ländern платёжный бала́нс по стра́нам
Zahlungsbilanz nach Währungsgebieten платёжный бала́нс по валютным зонам
laufende Zahlungsbilanz теку́щий платёжный бала́нс

Zahlungsbilanzabrechnung *f* отчётный платёжный бала́нс

Zahlungsbilanzausgleich *m* выра́внивание платёжного бала́нса, сальдирование платёжного бала́нса
multilateraler Zahlungsbilanzausgleich баланси́рование платёжного бала́нса на осно́ве систе́мы многосторонних расчётов, баланси́рование платёжного бала́нса на многосторо́нней осно́ве, многосторо́ннее сальдирование платёжного бала́нса

Zahlungsbilanzgleichgewicht *n* равнове́сие платёжного бала́нса

Zahlungsbilanzkrise *f* кри́зис платёжного бала́нса

Zahlungsbilanzmechanismen *m, pl* механи́змы саморегулирования платёжного бала́нса

Zahlungsbilanzpolitik *f* поли́тика регули́рования платёжного бала́нса *(тако́е регули́рование осуществляется обы́чно госуда́рством; оно́ напра́влено на восстановле́ние и сохране́ние равнове́сия)*

Zahlungsbilanzreserven *f, pl* валютные резе́рвы
Zahlungsbilanzreserven резе́рвы, обеспечива́емые акти́вным са́льдо платёжного бала́нса

Zahlungsbilanzschwierigkeiten *f, pl* затруднéния в балансúровании платёжного балáнса
Zahlungsbilanztheorie *f* теóрия платёжного балáнса
Zahlungsdisziplin *f* платёжная дисциплúна
Zahlungsdokument *n* платёжный докумéнт
Zahlungsdomizil *n* домицúлий, мéсто платежá, мéсто осуществлéния платежá
Zahlungseingang *m* поступлéние платежá; поступлéние платежéй
Zahlungseinstellung *f* приостанóвка платежéй, прекращéние платежéй
Zahlungsempfänger *m* получáтель платежá; ремитéнт *(в вéксельном обращéнии)*
Zahlungserleichterung *f* улучшéние услóвий платежá
Zahlungsermächtigung *f* полномóчия на проведéние платежá, полномóчия на осуществлéние платежá (платежéй)
zahlungsfähig платёжеспосóбный; ликвúдный
Zahlungsfähigkeit *f* платёжеспосóбность; ликвúдность
zweifelhafte Zahlungsfähigkeit сомнúтельная платёжеспосóбность; сомнúтельная ликвúдность
Zahlungsforderung *f* платёжное трéбование
Zahlungsfreigrenze *f* предéльная сýмма, котóрая мóжет быть перечислена за гранúцу без специáльного разрешéния
Zahlungsfrist *f* срок платежá
festgelegte Zahlungsfrist срок, установленный для оплáты; устанóвленный срок платежá
gesetzliche Zahlungsfrist срок платежá, устанóвленный закóном
die Zahlungsfrist einhalten соблюдáть срóки платежá, выдéрживать срóки платежá
Zahlungsklausel *f* пункт договóра об услóвиях (осуществлéния) платежá; услóвие договóра, предусматривающее порядок платежá; пункт договóра о порядке платежá *(напр. о платежé прóтив докумéнтов)*; валютная оговóрка
zahlungskräftig платёжеспосóбный
Zahlungskredit *m* платёжный кредúт
Zahlungskürzung *f* декорт
Zahlungskürzung *f* скúдка с ценý, депóрт *(в том числé рáзность мéжду цéнами в настоящий момéнт и цéнами срóчных сдéлок)*
Zahlungsleistung *f* платёж
Zahlungsminderung *f* декорт
Zahlungsmittel *n* срéдство платежá *(фýнкция дéнег)*; срéдство платежá, платёжное срéдство *(напр. чéки)*
allgemeines Zahlungsmittel всеóбщее срéдство платежá
ausländisches Zahlungsmittel девúзы *(платёжные срéдства, представленные инострáнной валютой)*
inländisches Zahlungsmittel национáльная валюта
internationales Zahlungsmittel междунарóдное срéдство платежá
Zahlungsmittelumlauf *m* дéнежное обращéние
Zahlungsmittelwirtschaft *f* дéнежное хозяйство *(систéма, обеспéчивающая притóк ликвидных средств)*
Zahlungsmodus *m* спóсоб платежá
Zahlungsmodus фóрма платежá, вид платежá
Zahlungsmodus порядок платежéй, порядок осуществлéния платежéй
Zahlungsorder *f* платёжный óрдер
Zahlungsort *m* мéсто платежá, мéсто осуществлéния платежá
Zahlungspapier *n* платёжный докумéнт
Zahlungsperiode *f* периóд платежá
Zahlungspflicht *f* обязанность произвестú платёж *(в устанóвленные срóки)*, обязанность оплатúть
zahlungspflichtig подлежáщий оплáте; обязанный оплатúть
Zahlungspflichtige *m* лицó, обязанное произвестú платеж; платéльщик *(в бáнковском дéле)*
Zahlungspflichtige должнúк
Zahlungsplan *m фин.* план погашéния; план проведéния платежéй
Zahlungsrabatt *m* скúдка с ценý за платежú в корóткие срóки
Zahlungsraum *m* валютная зóна
Zahlungsraum (регионáльное) соглашéние о многосторонних расчётах
Zahlungsrisiko *n* платёжный риск, риск (неосуществления) платежá; риск, свя́занный с отсýтствием платежéй
Zahlungsrückstand *m* задóлженность по платежáм; просрóченные платежú
Zahlungsrückstände *m, pl* задóлженность по платежáм
Zahlungssaldo *m* платёжное сáльдо; сáльдо платёжного балáнса
Zahlungssatz *m* тáкса
Zahlungsscheck *m* чек, оплáчиваемый налúчными
Zahlungsschein *m* долговáя распúска
Zahlungsschwierigkeiten *f, pl* затруднéния, свя́занные с проведéнием платежéй
Zahlungssicherheit *f* безопáсность оплáты, безопáсность платежá (напр. онлайнового, кредúтной карточкой чéрез терминáл и пр.)
Zahlungssicherheit *f* надёжность платежá; обеспéчение платежá
Zahlungssperre *f* запрéт на проведéние платежéй
Zahlungssperre запрещéние производúть платежú
Zahlungssperre моратóрий по платежáм *(на платежú)*
Zahlungsstockung *f* приостанóвка платежéй, прекращéние платежéй
Zahlungsstockung затруднéния, свя́занные с осуществлением платежá; затруднéния, свя́занные с проведéнием платежéй
Zahlungsstopp *m* моратóрий на платежú; запрéт на проведéние платежéй
Zahlungsstundung *f* отсрóчка платежá
Zahlungsstundung рассрочка платежá
Zahlungstag *m* день платежá
Zahlungstermin *m* срок платежá, срок осуществлéния платежá
Zahlungstitel *m* платёжный титýл
Zahlungsüberhang *m* превышéние платежéй над поступлениями
Zahlungsüberweisung *f* перевóд дéнег, перечислéние дéнег
Zahlungsüberweisung платёжное поручéние
zahlungsunfähig неплатёжеспосóбный, несостоя́тельный, обанкрóтившийся
zahlungsunfähig werden обанкрóтиться, станóвится банкрóтом
für zahlungsunfähig erklären объявлять банкрóтом
Zahlungsunfähige *m* неплатёжеспосóбный, несостоя́тельный, банкрóт
Zahlungsunfähigkeit *f* неплатёжеспосóбность, несостоя́тельность, банкрóтство
Zahlungsunferbrechung *f* приостанóвка платежéй, прекращéние платежéй
Zahlungsunion *f* платёжный союз
Europäische Zahlungsunion *ист.* Европéйский платежный союз, ЕПС
Zahlungsunterbrechung *f* приостанóвка платежéй
Zahlungsverbindlichkeit, платёжное обязáтельство
Zahlungsvereinbahrung *f* соглашéние о платежáх, платёжное соглашéние
Zahlungsverkehr *m* платёжный оборóт *(все расчёты различных учáстков хозяйственного процéсса, осуществляемые с пóмощью общеупотребительных платёжных средств)*
Zahlungsverkehr систéма расчётов
Zahlungsverkehr am Platz внутриго-

родски́е расчёты, одногородние расчёты, расчёты в преде́лах (одного́) го́рода́
bankmäßig organisierter Zahlungsverkehr расчёт платеже́й чере́з банк, систе́ма расчётов чере́з банк
bargeldloser Zahlungsverkehr безнали́чные расчёты; безнали́чный расчёт
inländischer Zahlungsverkehr вну́тренний платёжный оборо́т
innerdeutscher Zahlungsverkehr *ист.* внутригерма́нский платежный оборо́т
internationaler Zahlungsverkehr междунаро́дные расчёты
interner Zahlungsverkehr внутрибанковские расчёты
multilateraler Zahlungsverkehr многосторо́нние расчёты
internationaler Zahlungsverkehr nichtkommerzieller Natur расчёты по междунаро́дным неторговым операциям

Zahlungsverkehrsnetz *n* систе́ма *(организа́ции)* платёжного оборо́та

Zahlungsvermittlung *f* посре́дничество в платежа́х

Zahlungsverpflichtete *m* лицо́, обя́занное произвести́ платёж

Zahlungsverpflichtung *f* обя́занность плати́ть, обя́занность произвести́ платёж

Zahlungsverschreibung *f* пи́сьменное обяза́тельство, предусматривающее после́дующий платёж; делова́я распи́ска, пи́сьменное обяза́тельство произвести́ платёж, долгова́я распи́ска

Zahlungsverspätung *f* заде́ржка платежа́, просро́чка платежа́

Zahlungsversprechen *n* платежное обяза́тельство, обяза́тельство произвести́ платёж

Zahlungsverweigerung *f* отка́з произвести́ платёж, отка́з от платежа́

Zahlungsverzögerung *f* просро́чка платежа́, заде́ржка платежа́

Zahlungsverzug *m* заде́ржка платежа́, просро́чка платежа́

Zahlungsvollmacht *f* платёжные полномо́чия; платёжная дове́ренность; полномо́чия на проведе́ние платежа́

Zahlungsvorgang *m* платёжная опера́ция; платёж

Zahlungsweise *f* спо́соб платежа́

Zahlungszeit *f* срок платежа́, вре́мя платежа́

Zahlungszeitpunkt *m* да́та платежа́

Zahlungszeitraum *m* перио́д платежа́

Zahlungsziel *n* предме́т платежа́; цель платежа́

Zählwerk *n* счётный механи́зм, счётчик

Zahlwoche *f* неде́ля, в тече́ние которо́й до́лжен быть произведён платёж; неде́ля платежа́

Zahlzettel *m* чек *(в магази́не, ка́ссового аппара́та и т.п.)*

ZAK, Gruppe „Zentrale Ausfuhrkontrolle" Центра́льная гру́ппа контро́ля над экспортом *(ФРГ)*

ZAnw, Zahlungsanweisung платёжное поруче́ние

ZAR, Rand, -- Südafrika, Lesotho, Namibia Рэнд *(код валю́ты* 710), -- Ю́жная А́фрика, Лесо́то, Нами́бия

ZASt, Zollaufsichtsstelle пункт тамо́женного досмо́тра; тамо́женный пост

ZAV, Zentralarbeitsgemeinschaft für das Straßenverkehrsgewerbe Центра́льное объедине́ние транспортно-экспедиционных организа́ций

ZAW, Zentralausschuss der Werbewirtschaft Центра́льное управле́ние по дела́м торго́вой рекла́мы *(ФРГ)*

ZBR, Zentralbankrat Центра́льный ба́нковский сове́т *(ФРГ)*

ZDH, Zentralverband des Deutschen Handwerks Центра́льное объедине́ние союзов немецких реме́сленников

ZDK., Zentralverband Deutscher Konsumgenossenschaften Центра́льный сою́з немецких потреби́тельских о́бществ

Zeche *f* счёт в рестора́не, счёт в пивно́й
Zeche цех, ги́льдия
Zeche ша́хта, рудни́к, (рудничные) ко́пи

Zedent *m* индосса́нт
Zedent цеде́нт *(лицо́, уступи́вшее тре́бование и́ли пра́во)*
nachfolgender Zedent после́дующий индосса́нт
nachfolgender Zedent предше́ствующий индосса́нт

zedieren *vt* уступа́ть пра́во *(напр. востре́бования де́нежных платеже́й)*
zedieren *юр.* уступа́ть пра́во тре́бования

Zedierung *f* индоссирование
Zedierung це́ссия, усту́пка *(пра́ва)* тре́бования

Zehentgeld *n ист.* десяти́на *(пода́ть деньга́ми)*

Zehentkom *n ист.* десяти́на *(пода́ть нату́рой)*

Zehnergruppe *f* гру́ппа десяти́ *(гру́ппа стран, заключи́вших специа́льные креди́тные соглаше́ния с Междунаро́дным валю́тным фо́ндом)*

Zehnerklub *m*, **Pariser Club** *m* Клуб десяти́, Пари́жский клуб

Zehnrubelschein *m* черво́нец

Zehnstundenbill *f ист.* билль о десятичасово́м рабо́чем дне *(А́нглия)*

Zehnt(e) *m ист.* десяти́на *(пода́ть)*

Zehrgelder *n, pl* командиро́вочные; су́точные *(де́ньги)*
Zehrgelder расхо́ды на пита́ние, расхо́ды на жизнь; пла́та за пита́ние

Zeichen *n* знак; си́мвол
Zeichen поме́тка; поме́та; отме́тка

Zeichenlochkarte *f* перфока́рта со знаковой маркировкой

Zeichenschutz *m* охра́на това́рных зна́ков

Zeichensteuer *f* бандеро́льный сбор

Zeichentest *m* крите́рий зна́ков *(в статистическом контроле ка́чества)*

zeichnen подпи́сываться *(напр. на заём)*
zeichnen *vt* подпи́сывать, ста́вить по́дпись

Zeichnung *f швейц.* вы́ставка племенного скота́
Zeichnung подписа́ние *(докуме́нта)*
Zeichnung подпи́ска *(напр. на заём, на а́кции)*
Zeichnung рису́нок; чертёж
Zeichnung схе́ма, изображе́ние

Zeichnungsbedingungen *f, pl* усло́вия подпи́ски *(напр. на заём, на а́кции)*

Zeichnungsberechtigte *m* лицо́, име́ющее пра́во по́дписи; лицо́ с пра́вом по́дписи

Zeichnungsberechtigung *f* пра́во по́дписи *(на докуме́нтах)*

Zeichnungsbetrag *m* су́мма упла́ты по за́йму

Zeichnungsbeträge *m, pl* су́ммы упла́ты по за́йму

Zeichnungsgründung *f* учрежде́ние акционе́рного о́бщества *(путём распростране́ния а́кций по подпи́ске)*

Zeichnungsregistratur *f* регистрату́ра чертеже́й *(на предприя́тии)*; архи́в техни́ческих чертеже́й

Zeichnungsschein *m* распи́ска в приня́тии на себя́ обяза́тельств по подпи́ске на но́вые це́нные бума́ги
Zeichnungsschein уча́стие в подпи́ске *(обяза́тельство, предусматривающее подпи́ску на но́вые це́нные бума́ги)*

Zeichnungsstelle *f* банк, принима́ющий подпи́ску на но́вые це́нные бума́ги; фо́ндовый отде́л, осуществля́ющий подпи́ску на це́нные бума́ги

Zeichnungsunterlagen *f, pl* чертежи

Zeile *f* пози́ция
Zeile строка́
Zeile ряд

Zeilenabstand *m* расстоя́ние ме́жду строка́ми

Zeilensumme *f* ито́г по строке́; су́мма по строке́

Zeit *f* вре́мя; эпо́ха; срок; перио́д
Zeit des Durchlaufs einer Aktivität *сет. пл.* продолжи́тельность выполне́ния рабо́ты
Zeit für Fehlleistungen вре́мя, затра́ченное на произво́дство дефе́ктных изде́лий, устране́ние дефе́ктов и на гаранти́йный ремо́нт
Zeit für natürliche Bedürfnisse und arbeitsbedingte Erholungspausen вре́мя на отправле́ние есте́ственных потре́бностей (надобностей) и на переры́вы для о́тдыха, обусло́вленные хара́ктером рабо́ты
Zeit für persönliche Bedürfnisse вре́мя на ли́чные на́добности
Zeit für Vorbereitungs- und Abschlussarbeit вре́мя подготови́тельно-заключи́тельных опера́ций; вре́мя на подготови́тельные и заключи́тельные (рабо́чие) опера́ции
Zeit für vorgeschriebene Pausen вре́мя регламенти́рованных переры́вов
Zeit für vorgeschriebene Unterbrechungen вре́мя регламенти́рованных переры́вов
Zeit für Wartung des Arbeitsplatzes вре́мя обслу́живания рабо́чего ме́ста
Zeit geschäftlicher Flaute мёртвый сезо́н *(напр. в торго́вле)*
Zeit je Erzeugniseinheit вре́мя, затра́чиваемое на произво́дство едини́цы проду́кции; вре́мя на произво́дство едини́цы проду́кции
Zeit messen хронометри́ровать, замеря́ть вре́мя, осуществля́ть хронометра́ж
Zeit nicht vorgesehener Pausen вре́мя нерегламенти́рованных переры́вов
Zeit nicht vorgesehener Unterbrechungen вре́мя нерегламенти́рованных переры́вов (перебо́ев)
Zeiten *f, pl* **der Außerbetriebnahme** вре́мя, в тече́ние кото́рого обору́дование не эксплуати́руется *(напр. из-за пла́нового ремо́нта)*
arbeitsfreie Zeit свобо́дное от рабо́ты вре́мя
genormte Zeit нормиро́ванное вре́мя
lagergeldfreie Zeit срок беспла́тного хране́ния на скла́де, вре́мя беспла́тного складирова́ния
operative Zeit операти́вное вре́мя *(вре́мя, затра́чиваемое на непосре́дственное выполне́ние за́данной опера́ции)*
optimistische Zeit *сет. пл.* оптимисти́ческое вре́мя, минима́льная продолжи́тельность рабо́ты
pessimistische Zeit *сет. пл.* пессимисти́ческое вре́мя, максима́льная продолжи́тельность рабо́ты
reelle Zeit вре́мя в реа́льном масшта́бе
standgeldfreie Zeit срок беспла́тного просто́я ваго́на
stille Zeit мёртвый сезо́н *(напр. в торго́вле)*; засто́й
Zeit- und Kostensummen *f, pl стат.* су́ммы затра́т вре́мени и изде́ржек произво́дства
Zeit-Kosten-Optimierung *f* оптимиза́ция соотноше́ний ме́жду величино́й изде́ржек осуществля́емых в разли́чное вре́мя, оптимиза́ция соотноше́ния ме́жду величино́й затра́т и вре́менем
zeitabhängig зави́симый от вре́мени; в зави́симости от вре́мени, хронометра́жный
Zeitablaufbeobachtung *f* хронометра́жное наблюде́ние; хронометра́ж
Zeitabschreibung *f* амортиза́ция в зави́симости от сро́ка слу́жбы *(напр. обору́дования)*; списа́ние амортизацио́нных отчисле́ний в соотве́тствии со сро́ком слу́жбы обору́дования
Zeitakkord *m* повре́менно-сде́льная за́работная пла́та, акко́рдная за́работная пла́та
Zeitaufnahme *f* хронометра́ж
Zeitaufstellung *f* таймшит
Zeitaufwand *m* затра́ты вре́мени, вре́менные затра́ты
normativer Zeitaufwand нормати́вные затра́ты вре́мени
Zeitaufwandsermittlung *f* хронометра́ж; определе́ние затра́т (рабо́чего) вре́мени
Zeitaufwendung *f* затра́ты вре́мени, вре́менные затра́ты
Zeitaufzeichnung *f* хроногра́мма
Zeitausfall *m* просто́й
Zeitausnutzung *f* испо́льзование вре́мени
Zeitauswertung *f* ана́лиз и обобще́ние результа́тов хронометража; сравне́ние вре́менных показа́телей
Zeitberechnung *f* исчисле́ние сро́ка
Zeitbestimmung *f* измере́ние вре́мени
zeitbezogen ограни́ченный вре́менем; с вре́менным ограниче́нием
Zeitbilanz *f* бала́нс рабо́чего вре́мени
Zeitbudget *n* бюдже́т вре́мени, временно́й бюдже́т
Zeitcharter *m* тайм-ча́ртер, догово́р морско́й перево́зки
Zeitdauer *f* продолжи́тельность; дли́тельность
Zeitdauer der Bedienung продолжи́тельность обслу́живания
Zeitdauer des kritischen Weges продолжи́тельность крити́ческого пути́
Zeiteinheit *f* едини́ца вре́мени; временна́я едини́ца
Zeiteinsparung *f* эконо́мия вре́мени
Zeitermittlung *f* хронометра́ж; нормирова́ние
Zeitermittlungsbogen *m* хронометра́жная ка́рта
Zeitermittlungsreihe *f* хронометра́жный ряд
Zeitersparnis *f* эконо́мия вре́мени
Zeitfaktor *m* фа́ктор вре́мени, временно́й фа́ктор
Zeitfestsetzung *f* определе́ние вре́мени, установле́ние вре́мени
Zeitfonds *m* фонд вре́мени
Zeitfracht *f* фрахт, упла́чиваемый фрахтова́телем в зави́симости от вре́мени фрахтова́ния; сезо́нный фрахт
Zeitfunktion *f* фу́нкция вре́мени
zeitgemäß совреме́нный; соотве́тствующий ду́ху вре́мени
zeitgemäß своевре́менный
zeitgerecht своевре́менный
zeitgerecht совреме́нный; соотве́тствующий ду́ху вре́мени
Zeitgeschäft *n* сде́лка на срок, сро́чная сде́лка, фью́черсная сде́лка
Zeitgewinn *m* эконо́мия вре́мени; вы́игрыш (во) вре́мени; временно́й заде́л
Zeitgliederung *f* структу́ра *(рабо́чего)* вре́мени, структу́ра затра́т рабо́чего вре́мени
Zeitgrad *m* **des Arbeiters** отноше́ние за́данного вре́мени к факти́чески затра́ченному при сде́льной рабо́те
Zeitgrundlohn *m* проста́я повреме́нная за́работная пла́та, основна́я повреме́нная за́работная пла́та *(без допла́т, пре́мий и т. д.)*
Zeitintervall *n* временно́й интерва́л, интерва́л вре́мени
Zeitkauf *m бирж.* поку́пка на срок, сде́лка на срок
Zeitkennziffer *f* временно́й показа́тель
Zeitkonstante *f* постоя́нная вре́мени
Zeitlohn *m* повреме́нная за́работная пла́та, повреме́нная систе́ма опла́ты труда́
einfacher Zeitlohn проста́я повреме́нная систе́ма за́работной пла́ты, проста́я повреме́нная опла́та труда́
Zeitlohnschein *m* рабо́чий наря́д на выполне́ние рабо́т, оплачиваемых повре́менно
Zeitmessangaben *f, pl* да́нные хронометри́рования, да́нные хронометража
Zeitmessergebnisse *n, pl* да́нные хронометри́рования, да́нные хронометража
Zeitmessung *f* хронометра́ж, хронометри́рование; хронометра́жное наблюде́ние

stichprobenweise Zeitmessung вы́борочное хронометражное наблюде́ние; вы́борочный хронометра́ж

Zeitnahme *f* хронометра́ж; хронометражное наблюде́ние

stichprobenweise Zeitnahme вы́борочное хронометражное наблюде́ние; вы́борочный хронометра́ж

Zeitnorm *f* но́рма вре́мени, временна́я но́рма

Zeitnormativ *n* нормати́в вре́мени, временно́й нормати́в

Zeitnormativ für Erholung und persönliche Bedürfnisse нормати́в вре́мени на о́тдых и ли́чные на́добности

betriebliches Zeitnormativ заводско́й нормати́в вре́мени, внутризаводско́й временно́й нормати́в

komplexes Zeitnormativ укрупнённый нормати́в вре́мени

Zeitnormativarbeit *f* рабо́та на осно́ве норматива вре́мени

Zeitnormativkatalog *m* спра́вочник нормати́вов вре́мени, спра́вочник временны́х нормати́вов

Zeitnormung *f* нормирова́ние вре́мени

Zeitnutzungsfaktor *m* коэффицие́нт испо́льзования (рабо́чего) вре́мени

Zeitpacht *f* аре́нда на срок, сро́чная аре́нда

Zeitplan *m* план-гра́фик, календа́рный гра́фик *(рабо́т)*

Zeitplanung *f* календа́рное планиро́вание; планиро́вание сро́ков *(выполне́ния рабо́т)*

Zeitpolice *f* сро́чный по́лис, по́лис на срок; по́лис, де́йствующий на протяже́нии определённого вре́мени

Zeitpräferenz *f* временна́я преферéнция *(по тео́рии И. Фишера)*

Zeitpunkt *m* моме́нт; да́та; срок

Zeitpunktreihe *f стат.* моментный ряд дина́мики

zeitraubend трудоёмкий, тре́бующий больши́х затра́т вре́мени

Zeitraumreihe *f стат.* интервальный ряд дина́мики

Zeitreihe *f стат.* временно́й ряд, ряд дина́мики, динами́ческий ряд

evolutionäre Zeitreihe эволюцио́нный временно́й ряд

Zeitreihenanalyse *f* ана́лиз вре́менных рядо́в, ана́лиз рядо́в дина́мики, ана́лиз динами́ческих рядо́в

Zeitreihenforschung *f* ана́лиз вре́менных рядо́в, ана́лиз рядо́в дина́мики, ана́лиз динами́ческих рядо́в

Zeitrente *f* ре́нта, ограни́ченная сро́ком, сро́чная ре́нта, ре́нта на *(определённый)* срок

Zeitreserven *f, pl* резе́рвы вре́мени; вре́менные резе́рвы

Zeitschätzung *f сет. пл.* временна́я оце́нка

Zeitschriftenversicherung *f* страхова́ние абоне́нта журна́ла

Zeitsichtwechsel *m* ве́ксель, подлежа́щий опла́те в определённый срок по́сле предъявле́ния

Zeitspanne *f* перио́д, интерва́л вре́мени, перио́д вре́мени, интерва́л вре́мени

Zeitspiel *n* игра́ с вы́бором моме́нта вре́мени

Zeitstudie *f* ана́лиз затра́т вре́мени

Zeitstudien *f pl* ана́лиз затра́т рабо́чего вре́мени, *см.* **Refa**

Zeitsummenmethode *f* ме́тод сумми́рования затра́т вре́мени *(при определе́нии производи́тельности труда́)*

zeitunabhängig незави́симый от вре́мени

Zeitungsausschnitt-Büro *n* бюро́ газе́тных вы́резок

Zeitungsgebühr *f* пла́та за подпи́ску на газе́ту, подписна́я пла́та за газе́ту

Zeitverbrauch *m* затра́ты вре́мени; тра́та вре́мени

Zeitvergleich *m* сопоставле́ние одноро́дных показа́телей за ра́зные пери́оды вре́мени, сравне́ние одноро́дных показа́телей за ра́зные пери́оды вре́мени

Zeitverkauf *m* бирж. прода́жа на срок, сро́чная сде́лка

Zeitverlagerung *f* перенесе́ние сро́ков

Zeitverlust *m* потéря вре́мени; вре́менные поте́ри

Zeitverluste *m, pl* поте́ри вре́мени; вре́менные поте́ри

Zeitverluste durch Ausschuss поте́ри вре́мени, обусло́вленные вы́пуском брако́ванной проду́кции

ausschussbedingte Zeitverluste поте́ри вре́мени от произво́дства бра́ка

organisationsgebundene Zeitverluste поте́ри вре́мени, обусло́вленные недоста́тками организационного хара́ктера

reparaturgebundene Zeitverluste поте́ри вре́мени по ремо́нту (на ремо́нт)

vom Arbeiter abhängige Zeitverluste поте́ри вре́мени по вине́ рабо́чего

Zeitverschiebung *f* временно́й лаг, временно́й заде́л

Zeitversicherung *f* страхова́ние на определённое вре́мя, сро́чное страхова́ние

Zeitverwendung *f* испо́льзование вре́мени

Zeitverzögerungsproblem *n (киб.)* пробле́ма запа́здывания

Zeitvorgabe *f* зада́ние по вре́мени *(на выполне́ние рабо́ты)*

Zeitvorhersage *f сет. пл.* прогно́з затра́т вре́мени

Zeitwert *m* сто́имость объе́кта страхова́ния на моме́нт возникнове́ния ущéрба, первонача́льная сто́имость объе́кта страхова́ния за вы́четом су́ммы изно́са

Zeitwert сто́имость основны́х и оборотных средств на моме́нт оце́нки, сто́имость основны́х и оборотных средств по состоя́нию на определённую да́ту

Zeitwert сто́имость (основны́х *и/или* оборотных) средств на день сведе́ния бала́нса; оста́точная сто́имость; оста́точная бала́нсовая сто́имость

Zeitwerteröffnungsbilanz *f* вступи́тельный бала́нс, соста́вленный по факти́ческой сто́имости *(основны́х фо́ндов)*; нача́льный бала́нс, соста́вленный по факти́ческой сто́имости *(основны́х фо́ндов)*

Zeitwertung *f* хронометра́ж

Zeitwertversicherung *f* страхова́ние по факти́ческой сто́имости, страхова́ние по первонача́льной сто́имости за вы́четом су́ммы изно́са

Zeitzölle *m, pl* сезо́нные тари́фы

Zellstoff- und Papierindustrie *f* целлюлозно-бума́жная промы́шленность

Zensus *m* иму́щественный ценз; ценз

Zensus пе́репись населе́ния

Zensusindustrie *f* о́трасль промы́шленности, включа́емая в ценз промы́шленного предприя́тия

Zentner *m*; **Ztr** це́нтнер *(неме́цкий це́нтнер 50 кг, метри́ческий це́нтнер 100 кг)*

Zentralbank *f* центра́льный банк, ЦБ; центра́льный эмиссио́нный банк

Zentralbankgeld *n* де́ньги, вы́пущенные центра́льным эмиссионным ба́нком *(банкно́ты, сре́дства ча́стных ба́нков, храни́мые на бессро́чных и́ли резервны́х вкла́дах в центральном ба́нке)*

Zentralbankpolitik *f* поли́тика, проводи́мая центра́льным ба́нком; денежно-креди́тная поли́тика центра́льного ба́нка

Zentralbankrat *m* Центра́льный сове́т ба́нков

Zentraldorf *n* населённый пункт, явля́ющийся культу́рным, полити́ческим и хозяйственным це́нтром в се́льской ме́стности

Zentrale *f* ба́за

Zentrale матери́нская компа́ния (фи́рма)

Zentrale центра́льная администра́ция, центра́льное руково́дство-центр

zentrale центра́льный

Zentralhof *m с.-х.* центра́льная уса́дьба

Zentralinspektion der Technischen

Überwachung Центра́льная инспе́кция техни́ческого надзо́ра

Zentralisation *f* централиза́ция
Zentralisation des Kapitals централиза́ция капита́ла
Zentralisation des Produktionsmittelhandels централиза́ция торго́вли сре́дствами произво́дства

Zentralisierung *f* централиза́ция
Zentralisierung des Kapitals централиза́ция капита́ла
Zentralisierung des Produktionsmittelhandels централиза́ция торго́вли сре́дствами произво́дства

Zentralismus *m*, **demokratischer** демократи́ческий централи́зм

Zentralküche *f* фа́брика-ку́хня

Zentralmarkt *m* центра́льный ры́нок

Zentralnotenbank *f* центра́льный эмиссио́нный банк

Zentralort *m* (основно́й) се́льский населённый пункт, осуществля́ющий в интере́сах населе́ния не́скольких общи́н определённые фу́нкции

Zentralpaktorganisation *f* Организа́ция центра́льного догово́ра, СЕНТО

Zentralregistratur *f* центра́льный архи́в *(фи́рмы и́ли предприя́тия)*

Zentralstelle für Standardisierung Центра́льное управле́ние стандартиза́ции

Zentralverband des Deutschen Handwerks Центра́льное объедине́ние сою́зов неме́цких ремесленников

Zentralverband Deutscher Konsumgenossenschaften Центра́льный сою́з неме́цких потреби́тельских о́бществ

Zentralverwaltung *f* центра́льное управле́ние, гла́вное управле́ние, центра́льное ве́домство
Zentralverwaltung für Statistik центра́льное статисти́ческое управле́ние, ЦСУ

Zentralverwaltungswirtschaft *f* централизо́ванно управля́емое хозя́йство, централизо́ванная эконо́мика, централизо́ванно управля́емая эконо́мика

Zentralwert *m стат.* медиа́на
Zentralwert сре́дняя величина́, сре́дний показа́тель; сре́днее значе́ние

Zentrum *n* агрохими́ческий центр
agrochemisches Zentrum агрохими́ческий центр

Zerfall *m* упа́док; разру́ха; распа́д; разложе́ние

zerfallen *vi* приходи́ть в упа́док; ру́шиться; распада́ться

Zerlegung *f* разбо́рка, демонта́ж
Zerlegung расчлене́ние *(напр. трудово́го проце́сса)*; раскла́дка *(напр. нало́говых поступле́ний)*; *мат.* разложе́ние

Zerlegungsbescheid *m* указа́ние *(фина́нсового орга́на)* о поря́дке раскла́дки нало́говых поступле́ний

Zerrüttung *f* разру́ха; расстро́йство, дезорганиза́ция *(напр. эконо́мики)*

Zerrütung *f* разру́ха, расстро́йство

Zersplitterung *f* раздробле́ние; раздро́бленность; расчленённость
Zersplitterung распыле́ние *(напр. средств)*; дробле́ние, раздробле́ние; раздроблённость; расчленённость; разобщённость; распылённость
Zersplitterung дробле́ние (а́кций), сплит
Zersplitterung der Investitionen распыле́ние капиталовложе́ний, распыле́ние инвести́ций
Zersplitterung der Produktion дробле́ние произво́дства
administrative Zersplitterung ве́домственная разобщённость

Zerstreutheit *f* распылённость

Zerstückelung *f* разукрупне́ние, дробле́ние, раздробле́ние

Zertifikat *n* свиде́тельство; удостовере́ние; сертифика́т
endgültiges Zertifikat оконча́тельный сертифика́т

Zession *f юр.* це́ссия, усту́пка, переда́ча *(напр. переда́ча пра́ва́ востре́бования де́нежных платеже́й)*
fiduziarische Zession фидуциарная усту́пка прав, усту́пка прав на ве́ру
stille Zession негласная усту́пка тре́бования, негласная це́ссия

Zessionar *m* цессионер, но́вый кредито́р *(лицо́, кото́рое приобрело́ тре́бование и́ли пра́во)*

Zessionär *m* цессионер, лицо́, кото́рому пе́реданы права́

Zessionsbrief *m* переводное письмо́ *(пи́сьменный докуме́нт)*, оформляющий цессию

Zessionskredit *m* креди́т под усту́пку тре́бований

Zessionar *m* цессионер; лицо́, кото́рому пе́реданы права́

Zettel *m* ве́домость
Zettel запи́ска
Zettel ка́рточка
Zettel этике́тка, накле́йка, ярлы́к

Zettelbank *f уст.* эмиссио́нный банк

Zettelkartei *f* картоте́ка

Zettelkasten *m* картоте́чный я́щик; картоте́ка

Zettelkatalog *m* картоте́чный катало́г

Zeugnis *n* свиде́тельские показа́ния
Zeugnis свиде́тельство; удостовере́ние; спра́вка; аттеста́т

Zf., Zinsfuß проце́нтная ста́вка, ста́вка проце́нта

ZFD, Zollfahndungsdienst тамо́женная противоконтрабандная слу́жба

ZfS, Zentralstelle für Standardisierung Центра́льное управле́ние стандартиза́ции

ZFSt, Zollfahndungsstelle пункт тамо́женной слу́жбы по борьбе́ с контраба́ндой

ZG:
ZG, Zollgesetz тамо́женный уста́в, тамо́женные пра́вила
Z.G., Zollgewicht вес, подлежа́щий тамо́женному обложе́нию

ZI, Zollinhaltserklärung тамо́женная деклара́ция

ziehen извлека́ть *(вы́году)*
ziehen подводи́ть *(ито́г, бала́нс)*
ziehen трасси́ровать, выставля́ть тра́тту
ziehen привлека́ть *(напр. к отве́тственности)*
ziehen получа́ть *(напр. по́льзу)*

Ziehende *m* трасса́нт; лицо́, выдаю́щее тра́тту

Ziehung *f* по́льзование креди́том; получе́ние креди́та
Ziehung тира́ж, ро́зыгрыш *(лотере́и)*
Ziehung трассирование; выставле́ние тра́тты
eigene Ziehung der Bank трасси́рование векселя́ сами́м ба́нком

Ziehungsliste *f* тиражная табли́ца

Ziehungsplan *m* план проведе́ния тиражей

Ziel *n* наме́ченная ци́фра; зада́ние
Ziel обусло́вленная отсро́чка платежа́
Ziel пункт назначе́ния
Ziel срок платежа́
Ziel цель
Ziel einhalten соблюда́ть срок
Ziel überschreiten просро́чивать
Ziel wie gewöhnlich в обы́чный срок
offenes Ziel drei Monate трёхме́сячный креди́т по откры́тому счёту
gesellschaftliches Ziel обще́ственная цель

Ziel-Mittel-Vergleich *m* ана́лиз схе́мы «цель-сре́дства»

Zielbahnhof *m* ста́нция назначе́ния

Zielbaum *m* де́рево це́лей *(ме́тод постано́вки зада́ч и вы́бора це́лей; мо́жет испо́льзоваться, напр. в фина́нсовом плани́ровании)*

Zielbaummethode *f* ме́тод де́рева це́лей

Zielbeziehungen *f pl* отноше́ния ме́жду це́лями *(в том числе́ - иденти́чность, нейтра́льность, гармони́чность противоречивость, конфликтность)*

Zielereignis *n сет. пл.* завершающее собы́тие

Zielertrag *m* итóг, результáт *(при использовании мéтода дéрева цéлей в планировании)*

Zielertragsmatrix *f* мáтрица «цель - срéдства»

Zielfunktion *f* целевáя фýнкция *(математи́ческое выражéние непротиворечивой систéмы предпочтений)*

Zielfunktion der Konsumtion целевáя фýнкция потреблéния

Zielfunktion des Verbrauchs целевáя фýнкция потреблéния

Zielgeschäft *n* срóчная сдéлка; *бирж.* твёрдая сдéлка на срок, твёрдая срóчная сдéлка

Zielgröße *f* конéчная величинá; целевáя фýнкция

Zielgruppe *f* грýппа цéлей

Zielgruppe потреби́тельская грýппа *(в маркетинге)*

Zielgruppe реклáмная аудитóрия *(аудитóрия, на котóрую нацелена реклáма)*

Zielgruppe целевáя грýппа

Zielhierarchie *f* иерáрхия цéлей

Zielkatalog *m* каталóг цéлей, пéречень цéлей *(при планировании наýчно-исследовательских рабóт)*

Zielkauf *m* покýпка в креди́т

Zielkauf *бирж.* покýпка на срок

Zielkette *f* цепь цéлей, цепóчка цéлей

Zielknoten *m сет. пл.* завершающее собы́тие

Zielkonflikt *m* конфли́кт цéлей

Zielkorridor *m* целевые ориентиры темпов ростá дéнежной мáссы *(вéрхний и ни́жний предéлы обы́чно устанáвливаются в кáчестве ориенти́ров денежно-креди́тной поли́тики центрáльного бáнка)*

Zielkredit *m*, **fester** креди́т, предполагáющий фиксированные услóвия и рáзовое погашéние

fester Zielkredit потреби́тельский креди́т с разовым погашéнием

Zielkriterien *n pl* целевые критéрии, критéрии постанóвки и достижéния цéлей

Zielprämie *f* целевáя прéмия

Zielpreis *m* ценá срóчной сдéлки

Zielprognose *f* целевóй прогнóз

Zielprogrammethode *f* целевóй мéтод плани́рования, целепрограммный мéтод плани́рования

Zielsetzung *f* постанóвка цéли

Zielsetzung целевáя установка

Zielstellung *f* целевáя установка; постанóвка цéлей

technischökonomische Zielstellung постанóвка технико-экономи́ческой цéли

Zielsystem *n* пéречень цéлей

Zielsystem систéма цéлей

konsistentes Zielsystem непротиворечивая систéма цéлей, согласующаяся систéма цéлей

Zieltag *m* день платежá

Zielverkauf *m* продáжа в креди́т; продáжа с отсрóчкой платежá

Zielvorrat *m* целевóй запáс

Zielzahlung *f* оплáта на срок

Zielzonen *f, pl* предéлы колебáния *(напр. валю́тных кýрсов)*

Ziffer *f* статья́; парáграф; пункт

Ziffer ци́фра

Ziffernangaben *f, pl* цифровы́е дáнные

Zifferndaten *pl* цифровы́е дáнные

Ziffernfeld *n* цифровóе полé, цифровáя сéтка *(перфокáрты)*

Ziffernrechenautomat *m* цифровáя вычисли́тельная маши́на, ЦВМ

Ziffernrechenmaschine *f* цифровáя вычисли́тельная маши́на, ЦВМ

Ziffernrechner *m* цифровáя вычисли́тельная маши́на, ЦВМ

Zigarettensteuer *f* налóг на сигарéты; налóг на папирóсы

Zigarettenwährung *f разг.* обесцéненная валю́та

Zins *m, I* арéндная плáта; кварти́рная плáта

Zins *ист.* обрóк, подáть; налóг, пови́нность, дань; пóшлина

Zins *m, II* процéнт, *см.тж.* **Zinsen** *m, pl*

Zins ссýдный процéнт *(плáта за пóльзование заёмными срéдствами)*

Zins *(страх.)* процéнт

Zins auf Zins слóжный процéнт; процéнт на процéнт

einfacher Zins простóй процéнт

fälliger Zins *m (страх.)* срóчный процéнт

fester Zins твёрдый процéнт

fixer Zins твёрдый процéнт; фикси́рованный процéнт

natürlicher Zins естéственный процéнт; теóрия Викселя о естéственном проценте

vertragsmäßiger Zins договóрный процéнт

Zins- und Dividendenschein *m* купóн по процентам и дивидéндам

ZinsA, Anweisung für die Berechnung, Erhebung und Verbuchung von Zinsen указáние о порядке начисления, взимáния и проводки по кни́гам причитáющихся процéнтов

Zinsabbau *m* понижéние процéнта; снижéние процентной стáвки

Zinsabgrenzung *f* разграничéние процéнтов; разнóс процéнтов

Zinsabgrenzungstag *m* день разграничéния процéнтов

zinsabhängig зави́сящий от процéнта; зави́сящий от процентной стáвки

Zinsabkommen *n* соглашéние о процéнтах (напр. по кредиту)

Zinsabschlag *m* ски́дка со стáвки процéнта *(основнóй, бáзовой)*

Zinsabschluss *m* закры́тие процéнтов

Zinsabschnitt *m* процéнтный купóн *(облигáции процентно-вы́игрышного зáйма, áкции)*, купóн процéнтных *(цéнных)* бумáг

Zinsabschnitt купóн цéнной бумáги *(чáще всегó - облигáции)*

Zinsabzug *m* удержáние процéнтов

Zinsangabe *f* проявлéние интерéса к нóвым цéнным бумáгам на стáдии регистрáции

Zinsanleihe *f* процéнтный заём

Zinsanpassung *f* регули́рование нóрмы процéнта

Zinsanrechnung *f* начислéние процéнта; начислéние процéнтов

Zinsanspruch *m* притязáние на получéние процéнтов; прáво на получéние процéнтов

Zinsanzug *m* вы́чет процéнтов, удержáние процéнтов

Zinsarbitrage *f бирж.* валю́тный арбитрáж

Zinsarbitrage процéнтный арбитрáж *(оперáции, проводи́мые с различными финансовыми инструмéнтами и́ли на нéскольких финáнсовых ры́нках)*

Zinsart *f* вид процéнтов

Zinsaufschlag *m* спрэд; процéнтная надбáвка

Zinsauftrieb *m* рост процентной стáвки; повышéние процентной стáвки

Zinsaufwand *n* процéнтные расхóды; расхóды, свя́занные с вы́платой процéнтов

Zinsaufwand *n* вы́плаченный процéнт

Zinsaufwendungen *f, pl* процéнтные расхóды; расхóды, свя́занные с вы́платой процéнтов

Zinsausfall *m* потéря процéнтов

Zinsausgleichssteuer *f* процентно-уравни́тельный налóг, уравни́тельный налóг на дохóд от процéнтов

Zinsausstattung *f* услóвие начисления процéнтов; услóвия начисления процéнтов

zinsbar (редк.) принося́щий процéнты; процéнтный

zinsbar обя́занный плати́ть процéнты; подлежáщий вы́плате процéнтов

Zinsbedingungen *f, pl* процéнтные услóвия (мн.ч.)

zinsbegünstigt по льготной процентной ставке; по льготному проценту; по льготным процентам

Zinsberechnung *f* начисление процентов; исчисление процентов

Zinsbetrag *m* сумма взноса в счёт погашения процентов; сумма (начисленных) процентов

Zinsbilanz *f* баланс расходов на оплату процентных платежей и поступлений процентных доходов на средства, отданные в ссуду

Zinsbildung *f* образование процента, формирование процента

Zinsbogen *m* купонный лист *(облигации процентно-выигрышного займа, акции)*

zinsbringend приносящий проценты; процентный

Zinsdarlehen *n* ссуда под проценты; процентный заём

Zinsdivisor *m мат.* постоянный процентный делитель

Zinseinkommen *n* доход в виде ссудного процента; доход в виде процентов по кредиту

Zinseinkommen (бирж.) доход от процентов; процентный доход

Zinseinkünfte *pl* доходы от процентов (мн.ч.)

Zinseinnahmen *f, pl* доходы от процентов (мн.ч.)

Zinselastizität *f* эластичность *(какой-л. переменной)* по ссудному проценту *(показывает, на сколько процентов изменяется, напр. спрос на деньги/капиталовложения в случае уменьшения/увеличения ссудного процента на 1%)*

Zinsen *m, pl* проценты *(мн.ч.)*

Zinsen abbauen снижать проценты; понижать процентную ставку

Zinsen ablösen откупаться от уплаты процентов единовременным взносом

Zinsen abwerfen приносить проценты

Zinsen anrechnen начислять проценты

Zinsen auf Zinsen сложные проценты (мн.ч.); проценты на проценты (мн.ч.)

Zinsen auszahlen выплачивать проценты

Zinsen berechnen исчислять проценты, высчитывать проценты; начислять проценты

Zinsen bringen приносить проценты

Zinsen einbringen приносить проценты

Zinsen einnehmen взимать проценты, взыскивать проценты

Zinsen entrichten взимать проценты, взыскивать проценты

Zinsen erhalten получать проценты

Zinsen erheben взимать проценты

Zinsen kapitalisieren превращать проценты в капитал; капитализировать проценты

Zinsen tragen приносить проценты

Zinsen vergüten платить проценты (по вкладам)

Zinsen zuschlagen начислять проценты

Zinsen für langfristige Einzelfertigung проценты по специальным заказам, связанные с длительным сроком их исполнения (мн.ч.)

Zinsen tragen приносить проценты, давать проценты

Zinsen vergüten платить проценты по вкладам

Zinsen zum Kapital schlagen начислять проценты на капитал

Zinsen zuschlagen начислять проценты

auf hohe Zinsen под высокие проценты; по высокой процентной ставке (напр. выдавать кредит)

angefallene Zinsen набежавшие проценты (мн.ч.); начисленные проценты (мн.ч.)

aufgelaufene Zinsen набежавшие проценты (мн.ч.)

aufgelaufene Zinsen наросшие проценты (мн.ч.)

ausstehende Zinsen невыплаченные проценты (мн.ч.) *(напр. по ссуде)*

fällige Zinsen проценты, подлежащие уплате (мн.ч.); проценты к оплате (мн.ч.) (при наступлении срока)

jährliche Zinsen годовые проценты (мн.ч.); проценты за год (мн.ч.)

kalkulatorische Zinsen проценты на собственный капитал, включаемые в калькуляцию (мн.ч.)

kommerzielle Zinsen проценты по коммерческому кредиту (мн.ч.)

rückständige Zinsen неуплаченные проценты (мн.ч.), просроченные проценты (мн.ч.), процентные недоимки (мн.ч.)

vertraglich gesicherte Zinsen договорно-гарантированные проценты (мн.ч.); проценты, гарантированные договором (мн.ч.)

von den Zinsen leben жить на проценты

zu niedrigen Zinsen по низкой процентной ставке; под низкие проценты (напр. выдавать кредит)

zinsen платить арендную плату, платить квартирную плату

zinsen получать арендную плату, получать квартирную плату

zinsen *ист.* платить оброк

zinsen *ист.* получать оброк

zinsen *vt* платить проценты; приносить проценты

Zinsendienst *m* выплата процентов *(по займу)*

Zinsenlast *f* задолженность по процентам

Zinsenrechnung *f* расчёт процентов; учёт процентов

Zinsenstamm *m* талон купонного листа *(акции, облигации процентно-выигрышного займа)*, дающий право на получение нового купонного листа

Zinsentwicklung *f* движение ссудного процента

Zinsenverzinsung *f* начисление процентов на проценты, начисление сложных процентов

Zinsenzahlung *f* погашение процентов, уплата процентов; выплата по процентам

Zinsertrag *m* доход от процентов по ценным бумагам, процентный доход; дивиденд(ы)

Zinsertragsbilanz *f* баланс доходов и расходов по процентам

Zinsertragsteuer *f* налог на доход от процентов, налог на процентные доходы

Zinseszins *m* сложный процент

Zinseszinsen *m, pl* сложные проценты (мн.ч.)

Zinseszinsnomogramm *n* номограмма сложных процентов

Zinseszinsrechnen *n* исчисление сложных процентов, расчёт сложных процентов

Zinseszinsrechnung *f* исчисление сложных процентов, расчёт сложных процентов

Zinsezinsen *m, pl* начисление процентов на проценты, начисление сложных процентов

Zinsforderung *f* требование уплаты процентов, требование выплаты процентов

Zinsform *f* форма процента

Zinsformel *f* формула для исчисления процентов, формула исчисления процентов

zinsfrei *I* беспроцентный

zinsfrei *II* освобожденный от квартирной платы, освобожденный от арендной платы; *ист.* свободный от оброка, свободный от подати

Zinsfuß *m* процентная ставка, уровень процента, размер процента

fester Zinsfuß твёрдая процентная ставка

Zinsgarantie *f* гарантия получения установленного процента

Zinsgefälle *n* разница в уровнях процента, разница между процентными ставками *(используется в арбитражных сделках)*

Zinsgenuss *m* получение процента(ов)

Zinsgroschen *m ист.* де́нежный обро́к; нало́г

Zinsgut *n ист.* земе́льный уча́сток, с кото́рого взима́ется пода́ть, земе́льный уча́сток, с кото́рого взима́ется обро́к

Zinsgutschrift, за́пись о начислении (нако́пленных) проце́нтов (отмеча́ется на соотве́тствующих счета́х)

Zinshöchstsatz *m* максима́льная проце́нтная ста́вка

Zinshöhe *f* проце́нтная ста́вка, у́ровень проце́нта, разме́р проце́нта

Zinsintensität *f* величина́ проце́нта, величина́ проце́нтов

Zinsklausel *f* огово́рка о начислении проце́нтов *(напр. в слу́чае заде́ржки исполне́ния обяза́тельства)*

Zinsknechtschaft *f ист.* долгово́е ра́бство; кабала́

Zinskonstellation *f* соотноше́ние проце́нтных ста́вок

Zinskonto *n* счёт по процентам

Zinskonversion *f* измене́ние процентной ста́вки; сниже́ние у́ровня проце́нта за́йма путём конверсии

Zinskonversion *f* проце́нтная конве́рсия *(предполага́ет обы́чно измене́ние номина́льного проце́нта)*

Zinskosten *pl* затра́ты на опла́ту проце́нтов по кредиту

Zinskostennormativ *n* нормати́в до́ли проце́нтных изде́ржек в издержках произво́дства

Zinskupon *m* проце́нтный купо́н *(облига́ции процентно-вы́игрышного за́йма, а́кции)*, купо́н проце́нтных *(це́нных)* бума́г; отрывно́й купо́н *(це́нной бума́ги)*

Zinslast *f* задо́лженность по процентам

Zinsleiste *f* тало́н купонного листа́; отрывно́й купо́н *(це́нной бума́ги)*

Zinsleistung *f* вы́плата проце́нтов

Zinsleute *pl ист.* крепостны́е; оброчные крестья́не

zinslos беспроце́нтный, без проце́нтов

Zinsmarge *f* проце́нтная ма́ржа

Zinsmechanismus *m* проце́нтный механи́зм

Zinsnehmen *n* взима́ние проце́нтов

Zinsniveau *n* у́ровень проце́нта; у́ровень процентной ста́вки

Zinsnote *f* ави́зо, предусматривающее начисле́ние проце́нтов; ави́зо о начислении проце́нтов

Zinsnummer *f* проце́нтное число́

Zinspapiere *n, pl* проце́нтные бума́ги; бума́ги, принося́щие дивиде́нды

Zinsperiode *f* проце́нтный перио́д *(пери́од, в тече́ние кото́рого начисля́ется обусло́вленный контра́ктом проце́нт)*

zinspflichtig обя́занный плати́ть проце́нт(ы)

Zinspolitik *f* проце́нтная поли́тика

Zinspolitik поли́тика регули́рования ба́нковского проце́нта

Zinspolitik поли́тика регули́рования учётной ба́нковской ста́вки

Zinsrate *f* проце́нтная ста́вка, ста́вка проце́нта; но́рма проце́нта

natürliche Zinsrate есте́ственная но́рма проце́нта

wirkliche Zinsrate реа́льная но́рма проце́нта, факти́ческая но́рма проце́нта

Zinsrechnung *f* исчисле́ние проце́нтов, расчёт проце́нтов; учёт проце́нтов

Zinsreduktion *f* сниже́ние процентной ста́вки

Zinsrückerstattung *f* возвра́т проце́нтов

Zinsrückstände *pl* неупла́ченные проце́нты, проце́нтные недои́мки, недои́мки по процентам, задо́лженность по процентам

Zinssatz *m* проце́нтная ста́вка, ста́вка проце́нта

Zinssätze *pl* проце́нтные ста́вки (мн.ч.)

den Zinssatz erhöhen повыша́ть процентную ста́вку

den Zinssatz ermäßigen понижа́ть процентную ста́вку

den Zinssatz herabsetzen понижа́ть процентную ста́вку

den Zinssatz senken понижа́ть процентную ста́вку

die Zinssätze geben nach проце́нтные ста́вки снижа́ются

Zinssatz für langfristige Anleihen проце́нтная ста́вка по долгосро́чным займам

ermäßigter Zinssatz льго́тная проце́нтная ста́вка по кредиту

fester Zinssatz твёрдая проце́нтная ста́вка

gesetzlicher Zinssatz проце́нтная ста́вка, устано́вленная зако́ном

variabler Zinssatz переме́нная проце́нтная ста́вка

Zinssatzangleichung *f* выра́внивание ста́вок проце́нта, выра́внивание проце́нтных ста́вок, сближе́ние ста́вок проце́нта, сближе́ние проце́нтных ста́вок

Zinssatzregulierung *f* регули́рование процентной ста́вки

Zinsschein *m* купо́н проце́нтных це́нных бума́г, проце́нтный купо́н *(облига́ции процентно-вы́игрышного за́йма, а́кции)*, купо́н проце́нтных *(це́нных)* бума́г

den Zinsschein abtrennen отреза́ть проце́нтный купо́н, отреза́ть купо́н проце́нтных (це́нных) бума́г

den Zinsschein trennen отреза́ть проце́нтный купо́н, отреза́ть купо́н проце́нтных (це́нных) бума́г

Zinsscheinbogen *m* купо́н облига́ции

Zinssenkung *f* сниже́ние о́бщего у́ровня проце́нта; сниже́ние проце́нта; пониже́ние процентной ста́вки

Zinsspanne *f* ма́ржа, ра́зница ме́жду процентными ставками, разры́в ме́жду процентными ставками, ра́зница в у́ровнях проце́нтных ста́вок

Zinsspannenrechnung *f* исчисле́ние маржи, исчисле́ние ра́зницы ме́жду процентными ставками, исчисле́ние процентной маржи, расчёт процентной маржи

Zinsstaffel *f* штафельный ме́тод исчисле́ния проце́нтов, ме́тод исчисле́ния проце́нтов по штафельной фо́рме

Zinsstaffelmethode *f* штафельный ме́тод исчисле́ния проце́нтов, ме́тод исчисле́ния проце́нтов по штафельной фо́рме

Zinsstruktur *f* структу́ра ссудного проце́нта

Zinssubvention *f* льго́тные усло́вия вы́платы проце́нтов по займам

Zinssumme *f* су́мма начисленных проце́нтов *(перенесённая в счёт)*

Zinstabelle *f* табли́ца для вычисле́ния проце́нтов

Zinstag *m ист.* день взно́са оброка; день выполне́ния пови́нностей

Zinstage *m, pl* дни, кладущиеся в осно́ву исчисле́ния проце́нтов; дни, за кото́рые начисляются проце́нты

Zinsteiler *m* постоя́нный проце́нтный дели́тель

Zinstender *m* проце́нтный те́ндер

Zinstermin *m* срок упла́ты проце́нтов

Zinstheorie *f* тео́рия проце́нта

Zinstilgung *f* упла́та ссудного проце́нта; упла́та проце́нта; упла́та проце́нтов

zinstragend принося́щий проце́нты *(напр. о капитале)*, проце́нтный

Zinstrend *m* тенде́нция движе́ния ссудного проце́нт; проце́нтная тенде́нция

Zinsverbot *n юр.* запреще́ние взима́ния проце́нтов

Zinsvergütung *f* начисле́ние проце́нтов *(вкла́дчику)*, срок исково́й да́вности по упла́те проце́нтов

Zinsverzicht *m* отка́з от взима́ния проце́нтов; списание проце́нтов по задо́лженности

Zinsverzug *m* просро́чка в упла́те *(опла́те)* проце́нтов

Zinsvoraus *m* дополни́тельные проце́нтные платежи́ *(напр. по вкла́дам)*

Zinsvoraus превыше́ние общеобязательных проце́нтных ста́вок по вкла́дам

Zinsvorsprung *m* положи́тельная ра́зность между рассматриваемыми процентными ставками

zinsweise *I* в виде процентов

zinsweise *II ист.* в виде оброка, в виде подати, в виде повинности

Zinswucher *m ист.* ростовщичество

Zinszahl *f* процентное число, число процентов, число начисленных процентов, процентный номер

Zinszahlung *f* уплата процентов

Zinszahlungstermin *m* срок уплаты процентов

Zinszuschlag *m* причисление процентов к капиталу, капитализация процентов

Zirkaauftrag *m бирж.* поручение на совершение сделок в пределах определённых границ колебаний курсов, поручение на совершение сделок в пределах определённых границ колебаний цен

Zirkularkreditbrief *m* циркулярный аккредитив

Zirkularscheck *m* дорожный чек; туристский чек

Zirkulartest *m стат.* кружное испытание

Zirkulation *f* обращение

expandierende Zirkulation увеличение денежной массы, находящейся в обращении

inländische Zirkulation внутреннее обращение

kontrahierende Zirkulation сокращающееся обращение

metallische Zirkulation обращение металлических денег

aus der Zirkulation herausnehmen изымать из обращения

außer Zirkulation setzen изымать из обращения

in Zirkulation geben пускать в обращение

in Zirkulation werfen пускать в обращение

Zirkulationsakt *m* акт обращения

Zirkulationsart *f* вид обращения, форма обращения

Zirkulationsbeziehungen *f, pl* отношения в сфере *(товарного)* обращения; связи, отношения (сложившиеся в сфере обращения)

Zirkulationsfähigkeit *f* обращаемость

Zirkulationsfonds *m, pl* фонды обращения

Zirkulationsform *f* форма обращения, вид обращения

Zirkulationsfunktion *f* функция обращения

Zirkulationsgesamtkosten *pl* совокупные издержки обращения, общие издержки обращения

Zirkulationsgeschwindigkeit *f* скорость обращения

Zirkulationskanal *m* канал(ы) обращения

Zirkulationskapital *n* капитал в сфере обращения; капитал в обращении

Zirkulationskosten *pl* издержки обращения

Zirkulationskosten der Außenwirtschaft издержки обращения в сфере внешнеэкономической деятельности

allgemeine Zirkulationskosten общие издержки обращения

direkte Zirkulationskosten прямые издержки обращения

heterogene Zirkulationskosten гетерогенные издержки обращения

homogene Zirkulationskosten гомогенные издержки обращения

indirekte Zirkulationskosten косвенные издержки обращения

Zirkulationskredit *m* коммерческий кредит

Zirkulationsmaschinerie *f* механизм обращения

Zirkulationsmasse *f* денежная масса, находящаяся в обращении

Zirkulationsmechanismus *m* механизм обращения

Zirkulationsmittel *n* средство обращения

Zirkulationsperiode *f* период обращения

Zirkulationsphase *f* фаза обращения

Zirkulationsprozess *m* процесс обращения; обращение

Zirkulationsreserve *f* резервный фонд оборотного капитала *(резервы для увеличения чистой стоимости текущих активов)*, резервный фонд оборотных средств

Zirkulationssphäre *f* сфера обращения

Zirkulationsstadium *n* стадия обращения

Zirkulationsstockung *f* образование товарных запасов в сфере обращения

Zirkulationstätigkeit *f* деятельность предприятия в сфере обращения

Zirkulationsverflechtung *f* финансовый межотраслевой баланс; межотраслевой баланс

Zirkulationsvorgang *m* процесс обращения

Zirkulationsvorrat *m* запасы товарно-материальных ценностей

Zirkulationsvorrat резервы обращения

Zirkulationsweg *m* канал обращения; канал торговли; пути торговли

Zirkulationswert *m* стоимость обращения

Zirkulationszeit *f* время обращения, период обращения

zirkulieren *vi* находиться в обращении, циркулировать *(о деньгах)*

Zisternenwagen *m* вагон-цистерна, железнодорожная цистерна, цистерна

Zivilgesetzgebung *f* гражданское законодательство, гражданский кодекс, ГК

Zivilmakler *m* маклер по купле-продаже домов *(земельных участков, квартир)*, маклер по операциям с недвижимостью, дилер по купле-продаже домов, риэлтор

Zivilrecht *n* гражданское право

Zk:

Zk, Zahlkarte счётная карточка *(в статистике)*

Zk, Zollkasse таможенная касса

ZM, Sambia Замбия

ZMK, Kwacha, -- Sambia Квача (замбийская) (*код валюты* 894), -- Замбия

Zoll *m 1.* дюйм

Zoll *m 2.* таможня

Zoll *m 3.* таможенная пошлина, *см.тж.*

Zölle *m, pl*

Zoll таможенный тариф

Zölle *pl* таможенные пошлины

ausländischer Zoll таможенный тариф иностранного государства

autonomer Zoll автономная пошлина

fester Zoll стабильная пошлина, твёрдая пошлина

fixer Zoll стабильная пошлина, твёрдая пошлина, фиксированная пошлина

gebundener Zoll консолидированная пошлина

gemischter Zoll смешанная пошлина; комбинированная пошлина

gemischte Zölle *pl* смешанные пошлины *(одновременное использование в качестве основы обложения как стоимостных, так и специфических пошлин)*

protektionistischer Zoll протекционистская пошлина

spezifischer Zoll специфическая пошлина

dem Zoll unterliegen подлежать обложению пошлиной

den Zoll abbauen уменьшать пошлину

den Zoll abschaffen уменьшать пошлину

den Zoll aufheben уменьшать пошлину; отменять пошлину

den Zoll defraudieren делать ложное показание в таможне с целью неполной уплаты пошлины, указывать ложные сведения при проведении таможенного досмотра

den Zoll einziehen взимать пошлину

den Zoll erheben взимать пошлину

den Zoll hinterziehen делать ложное показание в таможне с целью неполной уплаты пошлины, указывать ложные сведе́ния при проведе́нии тамо́женного досмо́тра

Zoll- und Devisenerklärung *f* тамо́женная и валю́тная деклара́ция

Zoll- und Wirtschaftsunion Zentralafrikas Тамо́женный и экономи́ческий сою́з Центра́льной А́фрики, ЮДЕАК

Zoll-Codenummer *f* тамо́женный код (това́ра, ста́вки нало́га, поставщика и пр.)

Zollabbau *m* уменьше́ние по́шлин, сниже́ние по́шлин

Zollabfertigung *f* тамо́женная очи́стка, растамаживание ***(совоку́пность де́йствий тамо́жни, необходи́мых для свобо́дного ввоза, вы́воза и́ли транзита гру́за)***

Zollabfertigung тамо́женный осмо́тр, тамо́женный досмо́тр

Zollabfertigungsgebühren *f, pl* тамо́женные сбо́ры и платежи́

Zollabfertigungskosten *pl* сбор за пра́во вы́воза това́ра с тамо́женного скла́да

Zollabfertigungsstelle *f* тамо́жня; тамо́женный пост; тамо́женный пункт

Zollabfertigungsverfahren *n* поря́док тамо́женной очи́стки

Zollabfertigungsverfahren поря́док тамо́женной регистра́ции

Zollabgaben *f, pl* тамо́женные сбо́ры

Zollabkommen *n* тамо́женная конве́нция

Zollagent *m* тамо́женный аге́нт

Zollagent тамо́женный ма́клер

Zollagent деклара́нт

Zollagent тамо́женный бро́кер

Zollager *n* тамо́женный склад; склад вре́менного хране́ния при тамо́жне

Zollagerung *f* хране́ние на таможенном скла́де

Zollamt *n* тамо́жня

zollamtlich тамо́женный, прису́щий тамо́жне, каса́ющийся тамо́жни

zollamtlicher Abwicklungscode *m* код тамо́женной опера́ции

zollamtliche Bewertung *f* тамо́женная оце́нка, определе́ние тамо́жней це́нности ввози́мых това́ров

zollamtliche Überwachung *f* тамо́женный контро́ль

Zollamtsformalitäten *f, pl* тамо́женные форма́льности (мн.ч.)

Zollamtskredit *m* тамо́женный креди́т

Zollamtsnomenklatur *f* тамо́женная номенклату́ра

Zollanmeldung *f* тамо́женная деклара́ция, ТД

Zollansageposten *m* пограни́чный пункт приёма гру́зов ***(для направле́ния их на определённую тамо́жню)***

Zollanschluss *m* часть террито́рии одно́й страны́, входя́щая в тамо́женные грани́цы друго́й

Zollanschlüsse *m, pl* ча́сти террито́рии одно́й страны́, входя́щие в тамо́женные грани́цы друго́й ***(по междунаро́дным соглаше́ниям)***

Zollantrag *m* заявле́ние о желательном поря́дке очи́стки това́ров от по́шлин, тамо́женная зая́вка

Zollantrag тамо́женная зая́вка ***(определя́ется существу́ющим таможенным режи́мом)***

Zollanweisungsverfahren *n* спо́соб тамо́женного перево́да ***(тамо́женных гру́зов на другу́ю тамо́жню для тамо́женной очи́стки транзитных гру́зов)***, ме́тод переда́чи поступи́вших ***(транзитных)*** тамо́женных гру́зов на другу́ю тамо́жню для очи́стки

gewöhnliches Zollanweisungsverfahren обы́чный спо́соб тамо́женного перево́да

internationales Zollanweisungsverfahren междунаро́дный спо́соб тамо́женного перево́да

Zollanweisungsverkehr *m* спо́соб тамо́женного перево́да ***(тамо́женных гру́зов на другу́ю тамо́жню для тамо́женной очи́стки транзитных гру́зов)***, ме́тод переда́чи поступи́вших ***(транзитных)*** тамо́женных гру́зов на другу́ю тамо́жню для очи́стки

Zollarten *f, pl* ви́ды по́шлин; ви́ды тамо́женных по́шлин ***(сбо́ров)***

Zollaufschlag *m* доба́вочная по́шлина

Zollaufschublager *n* тамо́женный склад ***(для гру́зов, очи́стка кото́рых от по́шлины отсрочена)***; тамо́женный склад вре́менного хране́ния

Zollaufsicht *f* тамо́женный досмо́тр, досмо́тр на тамо́жне

Zollaufsichtsstelle *f* пункт тамо́женного досмо́тра; ПТД; пункт тамо́женного контро́ля , ПКТ

Zollausgaben *f, pl* тамо́женные расхо́ды (мн.ч.)

Zollauskunft *f* спра́вка тамо́женного орга́на о ставках по́шлины

Zollausland *n* зарубе́жные страны́ ***(в тамо́женной пра́ктике -включа́ют часть террито́рии, не входя́щую в тамо́женные грани́цы, в т.ч. откры́тое мо́ре, кро́ме террито́рии страны́, входя́щей в тамо́женные грани́цы други́х стран)***

Zollausschluss *m* ча́сти госуда́рственной террито́рии страны́, кото́рые не вхо́дят в тамо́женные грани́цы да́нной страны́, а та́кже откры́тое мо́ре

Zollausschlüsse *m, pl* ча́сти госуда́рственной террито́рии страны́, не входя́щие в тамо́женные грани́цы да́нной страны́ ***(напр. свобо́дные га́вани)***

Zollbanderole *f* тамо́женная бандеро́ль ***(бандеро́лька, ма́рка) (ярлы́к об упла́те по́шлины)***

zollbar облага́емый по́шлиной; подлежа́щий обложе́нию по́шлиной

Zollbeamte *m* тамо́женник, сотру́дник тамо́жни

Zollbearbeitung *f* обрабо́тка гру́зов на тамо́жне; тамо́женная очи́стка гру́зов

Zollbeförderung *f* перево́зка тамо́женных гру́зов с одно́й тамо́жни на другу́ю; перево́зка гру́зов под таможенным контро́лем ***(с одно́й тамо́жни на другу́ю)***

Zollbefreiung *f* освобожде́ние от по́шлины; освобожде́ние от тамо́женной по́шлины

Zollbefreiungsschein *m* свиде́тельство об освобожде́нии от по́шлины; свиде́тельство об освобожде́нии от тамо́женной по́шлины

Zollbefund *m* заключе́ние о результа́тах тамо́женного досмо́тра, тамо́женная ро́спись

Zollbegleitpapier *n* тамо́женное свиде́тельство ***(докуме́нт, прилага́емый к тамо́женному грузу́ в соотве́тствии с осо́быми распоряже́ниями)***

Zollbegleitschein *m* тамо́женная накладна́я, тамо́женное свиде́тельство

Zollbegünstigung *f* тамо́женная льго́та; тамо́женная префере́нция

Zollbehandlung *f* тамо́женная обрабо́тка; выполне́ние форма́льностей, свя́занных с таможенным досмотром; выполне́ние тамо́женных форма́льностей

Zollbehörde *f* тамо́женные о́рганы, тамо́жня

Zollbehörden *f, pl* тамо́женные вла́сти

Zollbelastung *f* бре́мя тамо́женных сбо́ров и по́шлин; тамо́женное обложе́ние; тамо́женные сбо́ры и по́шлины

Zollbemessung *f* тамо́женная оце́нка, оце́нка сто́имости ***(и́ли потреби́тельских свойств)*** облага́емых по́шлиной гру́зов; определе́ние тамо́женной сто́имости

Zollbeschau *f* тамо́женный осмо́тр, тамо́женный досмо́тр

äußere Zollbeschau вне́шний тамо́женный осмо́тр, вне́шний тамо́женный досмо́тр

innere Zollbeschau вну́тренний тамо́женный осмо́тр, вну́тренний тамо́женный досмо́тр

Zollbescheid *m* тамо́женное извеще́ние ***(напр, о разме́ре по́шлины)***

Zollbeschlagnahme *f* тамо́женная конфиска́ция, конфиска́ция на тамо́жне

Zollbestimmungen *f, pl* тамо́женные

пра́вила

Zollbeteiligte *m* лицо́, подаю́щее тамо́женную деклара́цию на това́ры, подлежа́щие тамо́женному осмо́тру; лицо́, подаю́щее тамо́женную деклара́цию на това́ры, подлежа́щие тамо́женному досмо́тру

Zollbetrag *m* тамо́женная по́шлина; су́мма тамо́женной по́шлины

Zollbinnenband *n* террито́рия внутри́ тамо́женной грани́цы

Zollblockade *f* тамо́женная блока́да

Zollbund *m* тамо́женный сою́з

Zollbündnis *n* тамо́женный сою́з

Zollbürgschaft *f* поручи́тельство по задо́лженности *(таможенным о́рганам)*

Zolldarlegung *f* представле́ние това́ра к тамо́женной очи́стке

Zolldeklarant *m* тамо́женный бро́кер, тамо́женный деклара́нт, деклара́нт, тамо́женный аге́нт, тамо́женный ма́клер

Zolldeklaration *f* тамо́женная деклара́ция, ТД

Zolldepot *n* тамо́женный склад

Zolldienststelle *f* тамо́женный орга́н; тамо́жня

Zolldifferenzierung *f* примене́ние дифференциа́льных тамо́женных тари́фов

Zolldiskriminierung *f* тамо́женная дискримина́ция

Zolldisparität *f* расхожде́ние в разме́рах по́шлин; тамо́женный диспарите́т

Zolldokumente *n, pl* тамо́женные докуме́нты

Zölle *m, pl* по́шлины; тари́фы, ***см.тж.* Zoll**

die Zölle ad valorem адвало́рные по́шлины

die Zölle anheben повыша́ть тамо́женные тари́фы

die Zölle herabsetzen снижа́ть тамо́женные тари́фы

die Zölle senken снижа́ть тамо́женные тари́фы

Zolleigenlager *n* склад для совме́стного хране́ния това́ров, принадлежа́щий владе́льцу тамо́женного гру́за

Zolleinfuhrschein *m* тамо́женное ввозно́е свиде́тельство

Zolleinkünfte *pl* тамо́женные дохо́ды; дохо́ды от де́ятельности тамо́жни

Zolleinlager *n* склад для хране́ния гру́зов, владе́льцы кото́рых по́льзуются дове́рием тамо́женных о́рганов

Zolleinnahmen *f, pl* тамо́женные дохо́ды

Zolleintreibung *f* взыска́ние по́шлин; взыска́ние тамо́женных по́шлин

Zollempfangsbescheinigung *f* свиде́тельство (квита́нция) об упла́те тамо́женной по́шлины, тамо́женное свиде́тельство

Zollentrichtung *f* упла́та по́шлины; упла́та тамо́женной по́шлины

Zollerhebung *f* взима́ние по́шлины; взима́ние тамо́женной по́шлины

Zollerhöhung *f* повыше́ние по́шлины

Zollerklärung *f* тамо́женная деклара́ция, ТД

Zollerlass *m* освобожде́ние от тамо́женной по́шлины; освобожде́ние от упла́ты тамо́женной по́шлины

Zollermäßigung *f* сниже́ние по́шлины, пониже́ние по́шлины; сниже́ние тамо́женной по́шлины

Zollerschwemisse *f, pl* тамо́женные барье́ры

Zollerstattung *f* возвра́т по́шлины; возвра́т тамо́женной по́шлины

Zollfahndung *f* борьба́ с контраба́ндой; ужесточе́ние тамо́женного контро́ля

Zollfahndungsdienst *m* тамо́женная слу́жба по борьбе́ с контраба́ндой

Zollfaktura *f* тамо́женный счёт; тамо́женная факту́ра; тамо́женный счёт-факту́ра

Zollflughafen *m* аэропо́рт, име́ющий тамо́жню

Zollformalitäten *f, pl* тамо́женные форма́льности

Zollformalitäten abwickeln осуществля́ть процеду́ры прохожде́ния чере́з тамо́женный контро́ль; проводи́ть тамо́женную очи́стку

Zollformalitäten erfüllen осуществля́ть процеду́ры прохожде́ния чере́з тамо́женный контро́ль; проводи́ть тамо́женную очи́стку

Zollfrachtklausel *f* огово́рка в тра́нспортном страхова́нии, регули́рующая разме́р доба́вочной пре́мии *(расхо́ды на упла́ту по́шлин и фрахто́вые изде́ржки при транспортировке включа́ются в страхову́ю сто́имость)*

zollfrei беспо́шлинный; беспо́шлинно, не облага́емый по́шлиной; без по́шлины

Zollfreigebiet *n* зо́на фра́нко; зо́на, свобо́дная от тамо́женного обложе́ния; зо́на свобо́дной торго́вли; такс фри

Zollfreiheit *f* пра́во на освобожде́ние от тамо́женного обложе́ния, пра́во на освобожде́ние от тамо́женных по́шлин; режи́м свобо́дного внешнеторго́вого оборо́та, режи́м беспо́шлинного внешнеторго́вого оборо́та

Zollfreiheit genießen по́льзоваться пра́вом на освобожде́ние от тамо́женного обложе́ния

Zollfreilager *n* приписно́й тамо́женный склад

Zollfreimeldung *f* заявле́ние на това́ры, свобо́дные от тамо́женного обложе́ния; заявле́ние для упрощенного деклари́рования гру́зов на тамо́жне, заявле́ние *(на тамо́жню)* на свобо́дные от по́шлин това́ры

Zollfreischein *m* свиде́тельство об освобожде́нии от тамо́женных по́шлин; тамо́женный транзи́тный про́пуск

Zollfreischreibung *f* разреше́ние тамо́женных о́рганов на свобо́дный ввоз гру́зов, не подлежа́щих опла́те по́шлиной; разреше́ние тамо́женных о́рганов на свобо́дный вы́воз гру́зов, не подлежа́щих опла́те по́шлиной

Zollfreischreibungsverfahren *n* разреше́ние тамо́женных о́рганов на свобо́дный ввоз гру́зов, не подлежа́щих опла́те по́шлиной; разреше́ние тамо́женных о́рганов на свобо́дный вы́воз гру́зов, не подлежа́щих опла́те по́шлиной

Zollfreizone *f* свобо́дная тамо́женная зо́на; зо́на свобо́дной (беспо́шлинной) торго́вли

Zollgebiet *n* вну́тренняя террито́рия страны́ *(в тамо́женной пра́ктике)*, террито́рия внутри́ тамо́женных грани́ц, тамо́женная зо́на, тамо́женная террито́рия

Zollgebühr *f* тамо́женный сбор

Zollgebühren *f, pl* тамо́женные сбо́ры

Zollgeleitschein *m* тамо́женное свиде́тельство

Zollgesetz *n* тамо́женный уста́в, тамо́женные пра́вила

Zollgesetzbuch *n* тамо́женный ко́декс

Zollgesetzgebung *f* тамо́женное законода́тельство

Zollgewahrsam *m* тамо́женный *(закры́тый)* склад

in Zollgewahrsam halten держа́ть на таможенном скла́де

Zollgewahrsamsverfahren *n* тамо́женный режи́м, обеспе́чивающий сохра́нность и иденти́чность тамо́женных гру́зов

Zollgewicht *n* тамо́женный вес; вес, подлежа́щий тамо́женному обложе́нию; легальная та́ра

Zollgrenze *f* тамо́женная грани́ца

Zollgut *n* тамо́женный груз; груз под таможенным контро́лем

Zollhaftung *f* отве́тственность за упла́ту по́шлины; отве́тственность за взыска́ние по́шлины

Zollhaus *n* тамо́жня

Zollhehlerei *f* укрыва́тельство гру́зов от обложе́ния тамо́женной по́шлиной, укрыва́тельство багажа́ от обложе́ния тамо́женной по́шлиной, ута́ивание гру́зов от обложе́ния тамо́женной по́шлиной, ута́ивание багажа́ от обложе́ния тамо́женной по́шлиной

Zollherabsetzung *f* сниже́ние по́шлины, пониже́ние по́шлины; сниже́ние тамо́женной по́шлины

Zollhinterziehung *f* уклоне́ние от упла́ты по́шлины; уклоне́ние от упла́ты тамо́женной по́шлины

Zollhoheit *f* тамо́женный суверените́т

Zollinhaltserklärung *f* тамо́женная деклара́ция

Zolllinie *f* тамо́женная грани́ца

Zollinland *n* госуда́рственная террито́рия страны́, исключа́я ча́сти э́той террито́рии, не входя́щие в её тамо́женные грани́цы

Zollkai *m* тамо́женная при́стань

Zollkartell *n* карте́льное соглаше́ние о межгосударственных расчётах по таможенным операциям

Zollkasse *f* тамо́женная ка́сса

Zollklarierung *f* тамо́женная очи́стка това́ра; деклари́рование; кларирование *(судо́в)*

Zollklarlerung *f* очи́стка това́ра от по́шлины

Zollkommissar *m* тамо́женный комисса́р

Zollkontingent *n* континге́нт това́ров, на кото́рый распространя́ются тамо́женные льго́ты

Zollkontrolle *f* тамо́женный досмо́тр
Zollkontrolle тамо́женный осмо́тр
einer Zollkontrolle unterwerfen подверга́ть тамо́женному осмо́тру, подверга́ть тамо́женному досмо́тру

Zollkonvention *f* тамо́женная конве́нция
Zollkonvention über internationale Güterbeförderungen mit Carnet TIR тамо́женная конве́нция о междунаро́дных грузовы́х перевозках по определённым автостра́дам Евро́пы по сопроводительным книжкам междунаро́дных това́рных перево́зок

Zollkredit *m* тамо́женный креди́т *(предоставле́ние таможенными о́рганами отсро́чки при упла́те по́шлины)*

Zollkrieg *m* тамо́женная война́

Zollmanifest *n* тамо́женный манифе́ст

Zollmauer *f* тамо́женный барье́р

Zollmitverschluss *m* совме́стное хране́ние това́ров на таможенном скла́де, совме́стное хране́ние гру́зов на таможенном скла́де

Zollnacherhebung *f* дополни́тельное взима́ние по́шлины

Zollnachforderung *f* дополни́тельное взима́ние по́шлины; дополни́тельное взима́ние тамо́женной по́шлины

Zollnachweis *m* тамо́женная спра́вка

Zollnebengebühr *f* дополни́тельный тамо́женный сбор

Zollniederlage *f* тамо́женный склад
öffentliche Zollniederlage приписной тамо́женный склад

Zollnomenklatur *f* тамо́женная номенклату́ра

Zollpapiere *n, pl* тамо́женные докуме́нты

Zollpassierschein *m* тамо́женный про́пуск для автомаши́н

zollpflichtig облага́емый по́шлиной

Zollplombe *f* пло́мба тамо́жни, тамо́женная пло́мба

Zollpolitik *f* тамо́женная поли́тика

Zollprotektionismus *m* тамо́женный протекциони́зм

Zollquittung *f* квита́нция об упла́те тамо́женной по́шлины

Zollrechnung *f* тамо́женный счёт

Zollrecht *n* тамо́женное пра́во

Zollregime *n* тамо́женный режи́м

Zollrückerstattung *f* возвра́т по́шлины; возвра́т тамо́женной по́шлины

Zollrückgabeschein *m* квита́нция о возвра́те по́шлины; удостовере́ние тамо́жни на пра́во обра́тного получе́ния по́шлины

Zollrunde *f* тари́фный ра́унд *(в ра́мках ГАТТ)*

Zollsatz *m* ста́вка тамо́женной по́шлины

Zollschau *f* тамо́женный досмо́тр *(осмо́тр)*

Zollschein *m* тамо́женная квита́нция

Zollschranke *f* тамо́женный барье́р

Zollschuld *f* обя́занность плати́ть по́шлину

Zollschuldner *m* лицо́, обя́занное уплати́ть по́шлину

Zollschuppen *m* тамо́женный склад, пакга́уз

Zollsenkung *f* сниже́ние *(разме́ра)* по́шлины; сниже́ние *(разме́ра)* тамо́женной по́шлины
individuelle Zollsenkung сниже́ние по́шлин на определённые ви́ды това́ров

Zollsicherungsverkehr *m* перево́зка, хране́ние и перерабо́тка гру́за, освобожденного от тамо́женного обложе́ния

Zollskala *f* шкала́ по́шлин; шкала́ тамо́женных по́шлин

Zollspesen *pl* тамо́женные расхо́ды

Zollstation *f* тамо́женная *(железнодоро́жная)* ста́нция

Zollstatistik *f* тамо́женная стати́стика

Zollstelle *f* тамо́жня
vorgeschobene Zollstelle тамо́жня, находя́щаяся на террито́рии чужо́го госуда́рства

Zollstempel *m* тамо́женное клеймо́; тамо́женная отме́тка; штамп тамо́жни

Zollstraßen *f, pl* пути́, веду́щие от тамо́женной грани́цы к пограни́чной тамо́жне

Zollstraßenzwang *m* необходи́мость перево́зки тамо́женных гру́зов то́лько по путя́м, веду́щим к пограни́чной тамо́жне

Zollstreitigkeit *f* тамо́женный конфли́кт

Zollstunden *f pl* вре́мя на тамо́женный досмо́тр *(ча́ще всего́ устано́вленное тамо́жней)*

Zollstundungsverfahren *n* отсро́чка при опла́те по́шлины

Zollsystem *n* тамо́женная систе́ма

Zolltara *f* часть ве́са та́ры, исключаемая из ве́са бру́тто при обложении по́шлиной

Zolltarif *m* тамо́женный тари́ф
ausgehandelter Zolltarif конвенцио́нный тари́ф
autonomer Zolltarif автоно́мный тамо́женный тари́ф
kombinierter Zolltarif сме́шанный тамо́женный тари́ф
vereinbarter Zolltarif конвенцио́нный тари́ф

Zolltarifherabsetzung *f* сниже́ние тамо́женного тарифа

Zolltarifnomenklatur *f* тамо́женная номенклату́ра

Zolltarifschema *n* схе́ма начисления тамо́женных тари́фов; схе́ма тамо́женных тари́фов

Zolltarifskala *f* шкала́ по́шлин; шкала́ тамо́женных по́шлин

Zollüberwachung *f* тамо́женный надзо́р

Zollunion *f* тамо́женный сою́з, тамо́женная уния

Zollverband *m* тамо́женный сою́з, тамо́женная уния

Zollveredelung *f* тамо́женные опера́ции по вво́зу и вы́возу сырья́, предназначенного для перерабо́тки; тамо́женная обрабо́тка возвра́тного сырья́

Zollverein *m*, **Deutscher** *ист.* Герма́нский тамо́женный сою́з

Zollverfahren *n* тамо́женная процеду́ра, тамо́женный режи́м
endgültiges Zollverfahren оконча́тельный тамо́женный режи́м
vorläufiges Zollverfahren вре́менный тамо́женный режи́м

Zollverfahrensrecht *n* положе́ния, устанавливающие тамо́женный режи́м страны́

Zollvergehen *n* тамо́женное наруше́ние

Zollvergünstigung *f* тамо́женная льго́та

Zollvergütung *f* возвра́тная по́шлина

Zollverkehr *m* тамо́женные опера́ции

Zollverschluss *m* хране́ние на тамо́жне в запираемых и пломбируемых помеще́ниях; перево́зка в сре́дствах

тра́нспорта под тамо́женной пломбой; перево́зка под таможенным контро́лем
unter Zollverschluss на скла́де тамо́жни, (храня́щийся) на таможенном скла́де *(до упла́ты по́шлины)*
unter Zollverschluss verbringen доставля́ть под тамо́женной пломбой, доставля́ть под таможенным контро́лем

Zollverschlussverletzung *f* срыв тамо́женной пло́мбы *(несанкциони́рованный)*

Zollvertrag *m* тамо́женная конве́нция

Zollvertreter *m* тамо́женный аге́нт; представи́тель тамо́жни *(тамо́женных о́рганов)*

Zollverwaltung *f* тамо́женное управле́ние

Zollverwendung *f* кратковре́менное испо́льзование това́ров, хранящихся на тамо́женных скла́дах *(напр. в ка́честве образцо́в, экспона́тов)*

Zollverzeichnis *n* тамо́женный тари́ф

Zollvormerkschein *m* свиде́тельство о предварительном таможенном де́йствии; предвари́тельная тамо́женная деклара́ция

Zollvormerkverfahren *n* предвари́тельное тамо́женное де́йствие

Zollvormerkverkehr *m* предвари́тельное тамо́женное де́йствие

Zollvorschriften *f pl* тамо́женные пра́вила

Zollvorzugsbehandlung *f* примене́ние льго́тного тамо́женного тарифа

Zollwert *m* ба́зовая цена́ това́ра *(на осно́ве которо́й определя́ется разме́р по́шлины)*; цена́ това́ра, взя́тая за осно́ву при начислении (разме́ра) по́шлины; тамо́женная сто́имость *(това́ра)*

Zollwertanmeldung *f* деклара́ция тамо́женной сто́имости, ДТС

Zollwesen *n* тамо́женное де́ло

Zollzahlung *f* упла́та по́шлины

Zollzettel *m* квита́нция об упла́те по́шлины

Zone *f* зо́на, полоса́; райо́н; по́яс *(тари́фный)*, зо́на *(тари́фная)*
kritische Zone *сет. пл.* крити́ческая зо́на
nichtkritische Zone *сет. пл.* резе́рвная зо́на; некритическая зо́на
subkritische Zone *сет. пл.* подкритическая зо́на; субкритическая зо́на

Zonendurchschnittspreis *m* среднепоясная цена́

Zoneneinzelhandelspreis *m* поясна́я ро́зничная цена́

Zonenpreis *m* поясна́я цена́

Zonentarif *m (железнодоро́жный)* поясно́й тари́ф, *(тра́нспортный)* тари́ф для зо́ны; тари́ф для отде́льных зон; *ж.-д.* зональный тари́ф, поясно́й тари́ф; поясна́я систе́ма опла́ты

ZPktK, Zollpaketkarte тамо́женная деклара́ция на посы́лку

ZRN, Neuer Zaïre, -- Kongo, Demokratische Republik Но́вый заир *(код валю́ты* 180), -- Заир

ZT, Zolltarif тамо́женный тари́ф

ZTG, Zolltarifgesetz зако́н о тамо́женных тари́фах; таможенно-тари́фные пра́вила

Ztr, Zentner *(неме́цкий)* це́нтнер *(= 50 кг)*

„Zu Verkaufen“ «Име́ется в прода́же»

Zubehör *n* принадле́жности, инвента́рь, сопу́тствующие това́ры

Zubehörbedarf *m* потре́бности в принадлежностях, потре́бности в сопутствующих това́рах; потре́бность в комплектующих изде́лиях

Zubringerverkehr *m* движе́ние тра́нспорта ме́стного сообще́ния, согласо́ванное с движе́нием тра́нспорта да́льнего сле́дования

Zubuchung *f* бухга́лтерская за́пись, занесе́ние в бухга́лтерскую кни́гу

Zubuße *f* допла́та, приба́вка

Zucker- und Stärkeindustrie *f* крахмалопаточная промы́шленность

Zueignung *f* присвое́ние

Zuerwerbsbetrieb *m* сельскохозя́йственное предприя́тие, занима́ющееся побочным про́мыслом

Zufall *m* слу́чай; случа́йность

Zufallsereignis *n стат.* случа́йное собы́тие

Zufallsstichprobe *f стат.* случа́йная вы́борка

Zufallsstreuung *f стат.* случа́йное рассе́яние, случа́йное отклоне́ние *(от сре́дней величины́)*; распростране́ние рекла́мных материа́лов

Zufallstichprobe *f* вы́борочный контро́ль

Zufallszahl *f стат.* случа́йное число́

Zufuhr *f* подво́з, завоз; доста́вка; снабже́ние
Zufuhr подвозимые гру́зы
Zufuhr прито́к, поступле́ние; поступле́ния

Zuführung *f* отчисле́ние; взнос
Zuführung подво́з, завоз; снабже́ние

Zuführungen *f, pl* отчисле́ния; платежи́
Zuführungen der Rücklage отчисле́ния в резе́рв; резе́рвные отчисле́ния
Zuführungen von Gewinn zum Statutenfonds отчисле́ния от при́были в устано́вленные фо́нды *(напр. в преми́альный фонд)*
Zuführungen von Mitteln отчисле́ния средств
Zuführungen zum Betriebsprämienfonds отчисле́ния (от при́были) в преми́альный фонд предприя́тия
planmäßige Zuführungen пла́новые отчисле́ния

Zuführungsbetrag *m* су́мма отчисле́ний

Zug-um-Zug-Leistung *f* встре́чное исполне́ние обяза́тельств *(напр. платёж, поста́вка)*; платёж непосре́дственно про́тив встре́чного исполне́ния; платёж про́тив встре́чного исполне́ния

Zugabewesen *n* беспла́тная доба́вка к поку́пке
Zugabewesen ме́тод конкуре́нции, осно́ванный на привлечении покупа́телей вы́дачей им пре́мий к покупкам

Zugänge *m, pl* поступле́ния *(обы́чно де́нежные)*

Zugänger *m сет. пл.* стрелка́, веду́щая к узлу *(как прави́ло, обозначает рабо́ту, а у́зел - собы́тие)*

Zugartikel *m* мо́дный това́р, хо́дкий това́р, ходово́й това́р

zugeben *vt* приплачивать

zugeführt привозной

zugeliefert привозной

Zugeständnis *n* усту́пка

zugunsten в по́льзу *кого́-л.*

Zukauf *m* дополни́тельная поку́пка

zukunftsbezogen рассчи́танный на бу́дущее, име́ющий отноше́ние к бу́дущему; примени́тельно к бу́дущему

Zukunftsgewinn *m* ожида́емая при́быль; при́быль предстоя́щих пери́одов

Zulage *f* надба́вка, приба́вка *(напр. к за́работной пла́те)*

Zulassungsstelle *f* комисси́я по вопро́сам до́пуска це́нных бума́г к биржево́й торго́вле; регули́рующие о́рганы, ве́дающие до́пуском це́нных бума́г к официа́льной котировке в биржево́й торго́вле *(на фондовом ры́нке)*

Zulieferant *m* поставщи́к промежу́точной проду́кции; поставщи́к комплектующих изде́лий; субпоставщик

Zulieferbetrieb *m* предприя́тие - поставщи́к промежу́точной проду́кции, предприя́тие-смежник; предприя́тие-субпоставщик

Zulieferereerzeugnis *n* промежу́точное изде́лие; промежу́точный проду́кт; комплекту́ющее изде́лие

Zulieferfirma *f* фи́рма - поставщи́к промежу́точной проду́кции, фи́рма субпоставщик

Zuliefergarantie *f* гара́нтия, выдава́емая конечному производителю поставщико́м промежу́точной проду́кции

Zulieferindustrie *f* о́трасль промы́шленности, производя́щая промежу́точную проду́кцию; предприя́тия-смежники;

смежное произво́дство
Zuliefermaterial *n* промежу́точная проду́кция
zuliefern *vt* поставля́ть
Zulieferteil *n* комплектующая дета́ль
Zulieferungen *f, pl* поста́вки промежу́точной проду́кции; поста́вки предприя́тий-смежников
Zunahme *f* приро́ст; приращéние; увеличéние
absolute Zunahme абсолю́тный приро́ст
durchschnittliche Zunahme срéдний приро́ст
Zunahmequote *f стат.* коэффициéнт приро́ста; темп приро́ста
Zunft *f ист.* цех; объединéние городски́х ремéсленников
Zunfthandwerk *n ист.* цеховое ремесло́
zuordnen *vt* присоединя́ть, включа́ть, назнача́ть
Zuordnung *f, вчт.* присвоéние *(адресо́в)*
Zuordnung соотвéтствие; согласова́ние; упоря́дочение
Zuordnung сочета́ние, соединéние, установлéние *(свя́зи)*; назначéние
optimale Zuordnung оптима́льное распределéние
Zuordnungsproblem *n* зада́ча о назначéниях *(вид зада́чи линéйного программи́рования)*; проблéма распределéния, распредели́тельная зада́ча
Zupacht *f* арéнда но́вых уча́стков земли́ *(дополни́тельно к ра́нее уже́ арендо́ванным)*
Zupacht дополни́тельная арéнда *(вдоба́вок к ра́нее арендо́ванным уча́сткам)*
zurechnen прибавля́ть; причисля́ть; включа́ть *(напр. в статью́ расхо́дов)*
Zurechnung *f* прибавлéние; причислéние; включéние *(напр. в статью́ расхо́дов)*
Zurechnunglehre *f* теóрия вменéния
Zurechnungsfortschreibung *f* фикси́рование роста́ цéнности иму́щества
Zurechnungstheorie *f* теóрия вменéния
zurückbehalten *vt* удéрживать *(напр. нало́ги, вы́четы и др.)*, оставля́ть себé *(су́мму)*
Zurückbehaltungsrecht *n* пра́во одно́й стороны́ отказа́ться от выполнéния своего́ обяза́тельства по догово́ру до выполнéния его́ друго́й стороно́й
zurückbezahlen *vt* возвраща́ть *(дéньги)*
Zurückbleiben *n* отстава́ние
zurückerstatten *vt* верну́ть, возмести́ть, возмеща́ть *(издéржки)*
Zurückgabe *f* возвращéние, возвра́т *(напр. иму́щества)*
Zurückgebliebenheit *f* отстава́ние, отста́лость
zurückgehen понижа́ться, снижа́ться, па́дать *(напр. о ку́рсах)*
zurückgezahlt пога́шенный *(напр. о до́лге)*
zurückhalten *vt* резерви́ровать; удéрживать
zurückhandeln *vt* соверша́ть обра́тную сдéлку *(напр. вы́купить ра́нее про́данные това́ры и́ли цéнные бума́ги)*
Zurückkauf *m* вы́куп, обра́тная поку́пка
zurückkaufen *vt* выкупа́ть
zurücklegen *vt* резерви́ровать
zurückliefern возвраща́ть *(напр. поста́вленный това́р)*
zurücktreten *vi* отказа́ться от *чего́-л.* *(напр. от выполнéния контра́кта)*
zurückzahlen возвраща́ть, погаша́ть *(напр.. до́ле)*
zurückziehen *vt* брать обра́тно, отменя́ть *(зака́з)*, снима́ть *(предложéние, зака́з)*
Zurückziehung *f* отмéна *(зака́за)*, отка́з *(от трéбования)*
Zusammenarbeit *f* сотру́дничество; совмéстная рабо́та; коопери́рование
geistig-kulturelle Zusammenarbeit сотру́дничество в о́бласти культу́ры
gleichberechtigte Zusammenarbeit равнопра́вное сотру́дничество
internationale Zusammenarbeit междунаро́дное сотру́дничество
multilaterale Zusammenarbeit многосторо́ннее сотру́дничество
technischwissenschaftliche Zusammenarbeit нау́чно-техни́ческое сотру́дничество, НТС
wirtschaitliche Zusammenarbeit экономи́ческое сотру́дничество
zusammenarbeiten сотру́дничать, рабо́тать совмéстно
Zusammenballung *f* сосредото́чение, концентра́ция; агломера́ция
Zusammenballung von Kapitalien концентра́ция капита́лов
Zusammenbau *m* монта́ж, сбо́рка
Zusammenbruch *m* банкро́тство; крах; катастро́фа
Zusammenfassung *f*, агреги́рование
Zusammenfassung вы́воды, подведéние ито́гов
Zusammenfassung сосредото́чение *(напр. средств произво́дства)*; концентра́ция
zusammengefasst сво́дный
zusammengestellt сво́дный
Zusammenhang *n* связь; зави́симость; (причи́нная) связь, причи́на
Zusammenhänge *m, pl* свя́зи
gegenseitiger Zusammenhang взаимосвя́зь
korrelativer Zusammenhang корреляционная зави́симость
wirtschaftliche Zusammenhänge хозя́йственные свя́зи, экономи́ческие свя́зи
Zusammenlegung *f* объединéние, слия́ние; укрупнéние, сра́щивание; совмещéние
Zusammenlegung des Netzwerks укрупнéние сети́
Zusammenlegung von Aktien объединéние а́кций; слия́ние а́кций *(в целя́х оздоровлéния акционéрного о́бщества)*
Zusammenlegung von Arbeiten совмещéние рабо́т
zeitliche Zusammenlegung совмещéние по врéмени
Zusammenrechnung *f* заключи́тельные расчёты, подведéние ито́га
Zusammenrechnung des Vermögens подсчи́тывание сто́имости иму́щества семьи́, сумми́рование сто́имости иму́щества семьи́
Zusammenschluss *m* объединéние; слия́ние; концентра́ция
genossenschaftlicher Zusammenschluss кооперати́вное объединéние
horizontaler Zusammenschluss горизонта́льная концентра́ция
kartellmäßiger Zusammenschluss картéльное объединéние
monopolistischer Zusammenschluss монополисти́ческое объединéние
vertikaler Zusammenschluss вертика́льная концентра́ция
Zusammenschluss von Unternehmungen слия́ние предприя́тий
zusammensetzen *vt* составля́ть *(вмéсте)*; собира́ть *(механи́зм)*; компонова́ть; агреги́ровать *(статисти́ческие да́нные)*
Zusammensetzung *f* агреги́рование
Zusammensetzung компоно́вка
Zusammensetzung соста́в; структу́ра; строéние
Zusammensetzung составлéние, образова́ние
Zusammensetzung der betrieblichen Fonds соста́в произво́дственных фо́ндов
Zusammensetzung der Bevölkerung структу́ра населéния; демографи́ческая структу́ра
Zusammensetzung der Gesellschaft структу́ра о́бщества
Zusammensetzung der Produktion структу́ра произво́дства
Zusammensetzung des Gesamtprodukts структу́ра совоку́пного проду́кта, соста́в совоку́пного проду́кта
Zusammensetzung des Kapitals стро-

éние капитáла; структýра капитáла
Zusammensetzung nach Güteklassen сóртность
altersmäßige Zusammensetzung возрастнóй состáв
berufsmäßige Zusammensetzung профессионáльный состáв, профессионáльная структýра
gleichmäßige Zusammensetzung однорóдность
klassenmäßige Zusammensetzung клáссовый состáв
organische Zusammensetzung der Produktion органúческая структýра произвóдства
technische Zusammensetzung der Produktion технúческая структýра произвóдства
technische Zusammensetzung der Produktion стоимостная структýра произвóдства
gebrauchswcrtmäßige Zusammensetzung des Gesamtprodukts структýра совокупного продýкта в натурáльном исчислéнии, состáв совокупного продýкта в натурáльном исчислéнии
wertmäßige Zusammensetzung des Gesamtprodukts структýра совокупного продýкта в стоимостном исчислéнии, состáв совокупного продýкта в стоимостном исчислéнии, стоимостная структýра совокупного продýкта
organische Zusammensetzung des Kapitals органúческое строéние капитáла
technische Zusammensetzung des Kapitals технúческое строéние капитáла; технúческая структýра капитáла
wertmäßige Zusammensetzung des Kapitals стоимостное строéние капитáла

Zusammenstellung *f* группировáние, компонóвка, сбóрка
Zusammenstellung составлéние; подбóр; свóдка

Zusammenveranlagung *f* установлéние óбщего размéра налóга члéнов семьи

Zusammenwirken *n* сотрýдничество, коперáция; взаимодéйствие

Zusammenwirkung *f* сотрýдничество, коперáция, взаимодéйствие

Zusammenziehung *f* объединéние; сосредотóчение
Zusammenziehung подведéние итóга; подведéние итóгов

Zusatz *m* дополнéние, добавлéние
Zusatz припúска, постскрúптум

Zusatzabkommen *n* дополнúтельное соглашéние

Zusatzakkreditiv *n* дополнúтельный аккредитúв

Zusatzaktie *f* дополнúтельная áкция *(напр. выдавáемая вдобáвок к áкциям, размещаемым средú рабóчих и слýжащих дáнной компáнии)*

Zusatzarbeit *f* дополнúтельная рабóта

Zusatzauftrag *m* дополнúтельный закáз

Zusatzbedarf *m* дополнúтельный спрос; дополнúтельные потрéбности

Zusatzbedingungen *f, pl* дополнúтельные услóвия

Zusatzberuf *m* вторáя профéссия

Zusatzbuchung *f* **zwecks Berichtigung** *бухг.* дополнúтельная провóдка

Zusatzdividende *f* дополнúтельный дивидéнд

Zusatzeinkommen *n* дополнúтельный дохóд(ы)

Zusatzeinnahmen *f, pl* дополнúтельный дохóд(ы)

Zusatzgarantie *f* дополнúтельная гарáнтия; дополнúтельные гарáнтии

Zusatzinvestitionen *f, pl* дополнúтельные капиталовложéния

Zusatzkapital *n* дополнúтельный капитáл

Zusatzkarte *f* дополнúтельная кáрта (кáрта, вы́пущенная на úмя клиéнта (имéющего основнýю кáрту) úли уполномóченного представúтеля клиéнта, напр. егó рóдственников)

Zusatzkosten *pl* дополнúтельные затрáты; дополнúтельные расхóды

Zusatzkredit *m* дополнúтельный кредúт

Zusatzlast *f* дополнúтельное *(налóговое)* брéмя *(в теóриях налóгового обложéния - брéмя, побуждающее налогоплатéльщика менять структýру произвóдства и потреблéния)*

Zusatzleistungen *f, pl* **in der Lebensversicherung** дополнúтельные вы́платы по страховáнию жúзни

zusätzlich дополнúтельно
zusätzlich добáвочный

zusätzliche Investitionen *pl* дополнúтельные инвестúции (мн.ч.)

Zusatzlohn *m* доплáта к зáработной плáте *(напр. за вы́слугу лет)*

Zusatzpatent *n* дополнúтельный патéнт

Zusatzprotokoll *n* **zum Handelsabkommen** дополнúтельный протокóл к торгóвому соглашéнию

Zusatzrente *f* дополнúтельная рéнта; дополнúтельная пéнсия

Zusatzsteuer *f* дополнúтельный налóг

Zusatzurlaub *m* дополнúтельный óтпуск

Zusatzvergütung *f* дополнúтельное вознаграждéние

Zusatzversicherung *f* дополнúтельное страховáние

Zusatzvertrag *m* дополнúтельный договóр, дополнéние *(к контрáкту)*

Zuschlag *m (на конкурсных торгáх)* момéнт, определяемый послéдним ударом молоткá аукционúста
Zuschlag надбáвка, доплáта; дотáция
Zuschlag приплáта; доплáта; накúдка, нацéнка

Zuschlagfracht *f* дополнúтельный фрахт

zuschlagfrei без надбáвки, без нацéнки

Zuschlagkosten *pl* накладны́е расхóды

Zuschlaglohn *m* дополнúтельная зарплáта

Zuschlagprämie *f* дополнúтельная (страховáя) прéмия

Zuschlagsatz *m* размéр надбáвки (доплáты, нацéнки), надбáвка, доплáта, нацéнка

Zuschlagsfrist *f* льгóтный срок, льгóтный периóд *(напр., налогообложéния)*

Zuschlagskalkulation *f* постатейная калькулúция; попередельный мéтод калькулирования; мéтод косвенного расчёта

Zuschlagspreis *m* окончáтельная ценá на аукциóне

Zuschlagsspesen *pl* дополнúтельные расхóды

Zuschlagssteuer *f* дополнúтельный налóг

Zuschlagstara *f* сверхтара; дополнúтельная тáра

Zuschlagszahlung *f* дополнúтельный платёж

Zuschlagszoll *m* дополнúтельная пóшлина; дополнúтельная тамóженная пóшлина

Zuschnitt *m* проектúрование
Zuschnitt раскрой
optimaler Zuschnitt оптимáльный раскрой материáла

Zuschnittproblem *n* задáча о раскрóе *(задáча линéйного программúрования)*

Zuschreibung *f* повышéние балáнсовой стóимости основны́х средств, увеличéние балáнсовой стóимости основны́х средств

Zuschuss *m* доплáта; приплáта; прибáвка; субсúдия, дотáция; ссýда *(безвозврáтная)*; дар *(деньгáми или вещáми)*
Zuschüsse gewähren субсидúровать, предоставлять дотáции; предоставлять субсúдии
Zuschüsse zahlen субсидúровать, предоставлять дотáции
staatlicher Zuschuss госудáрственная дотáция, госудáрственная субсúдия
verlorener Zuschuss безвозврáтная ссýда, не оправдавшая себя субсúдия; утрáченная субсúдия, потéрянная субсúдия

Zuschussbedarf *m* дополни́тельные расхо́ды *(в госуда́рственном бюдже́те)*
Zuschussbetrieb *m* бюдже́тное предприя́тие
Zuschusselement *n* льго́тный элеме́нт креди́та
Zuschusskapital *n* дополни́тельный капита́л
zusenden *vt* присыла́ть; доставля́ть *(тж. на дом)*
Zusendung *f* доста́вка
Zuspitzung *f* обостре́ние *(напр. противоре́чий)*
Zustand *m* состоя́ние
momentaner Zustand состоя́ние (систе́мы) в да́нный моме́нт
stationärer Zustand стациона́рное состоя́ние *(напр. состоя́ние, при кото́ром все восполни́мые ресу́рсы национа́льной эконо́мики на протяже́нии рассматриваемого пери́ода воспроизво́дятся в пре́жних масшта́бах)*
zuständig компете́нтный
zuständig относя́щийся *к чему́-л.*
zuständig *юр.* подсу́дный
Zuständigkeit *f* компете́нция, круг полномо́чий; компете́нтность; подсу́дность, компете́нция; подве́домственность
Zuständigkeitsbereich *m* круг полномо́чий, компете́нция
zustehend причита́ющийся, сле́дуемый *(о де́нежных су́ммах)*
zustellen вруча́ть
zustellen доставля́ть
Zusteller *m* поставщи́к; предприя́тие-смежник
Zustellgebühr *f* пла́та за доста́вку
Zustellung *f* вруче́ние; *банк.* представле́ние докуме́нтов
Zustellung доста́вка; вруче́ние *(докуме́нта официа́льным путем)*
öffentliche Zustellung публика́ция юриди́ческого докуме́нта
Zustimmung *f* согла́сие, одобре́ние
wasserrechtliche Zustimmung разреше́ние орга́на во́дного надзо́ра
Zustrom *m* прито́к, прили́в *(напр. капита́лов)*; наплы́в *(напр. покупа́телей)*
Zuteilung *f* но́рма вы́дачи, паёк
Zuteilung разнарядка
Zuteilung распределе́ние; рационирование
Zuteilung назначе́ние *(на рабо́ту)*
staatliche Zuteilung госуда́рственное рационирование, госуда́рственное фондирование
zuverdienen прирабатывать
zuverlässig надёжный, ве́рный, достове́рный
Zuverlässigkeit *f* надёжность *(це́нных бума́г)*, надёжность *(в эксплуата́ции)*; достове́рность
Zuverlässigkeit der Information достове́рность информа́ции
Zuverlässigkeitsfunktion *f* фу́нкция надёжности
Zuverlässigkeitstheorie *f* тео́рия надёжности
Zuwachs *m* приро́ст
Zuwachs der Industrieproduktion приро́ст промы́шленной проду́кции
Zuwachs des Optimalitätskriteriums прираще́ние критерия оптимальности
absoluter Zuwachs абсолю́тный приро́ст
natürlicher Zuwachs есте́ственный приро́ст
Zuwachsgröße *f* абсолю́тная величина́, масшта́б приро́ста
Zuwachskoeffizient *m* **der Fondsintensität** коэффицие́нт приростной фондоёмкости
Zuwachsprozent *n* проце́нт приро́ста
Zuwachsquote *f стат.* коэффицие́нт приро́ста
Zuwachsquote темп приро́ста
Zuwachsrate *f* темп приро́ста
Zuwachssteuem *f, pl* нало́ги на приро́ст иму́щества, нало́ги на приро́ст дохо́да
Zuwanderung *f стат.* прито́к населе́ния; иммигра́ция
Zuwanderungsziffer *f стат.* иммиграционная ци́фра
zuweisen отчисля́ть, перечисля́ть *(сре́дства)*; ассигнова́ть; направля́ть *(напр. на рабо́ту)*; назнача́ть *(напр. пе́нсию)*; наделя́ть *(землёй)*
zuweisen предпи́сывать *что-л. кому́-л.*
Zuweisung *f* отчисле́ние, перечисле́ние *(средств)*; дота́ция, ассигнова́ние; направле́ние *(напр. на рабо́ту)*; назначе́ние *(напр. пе́нсии)*; наделе́ние *(землёй)*
zusätzliche Zuweisung дополни́тельное отчисле́ние; дополни́тельные отчисле́ния
zuwenden *vt* ассигнова́ть
Zuwendung *f* ассигнова́ние; ассигнова́ния
Zuwendung дота́ция
Zuwendung посо́бие, ссу́да
einmalige Zuwendung единовре́менное посо́бие
geldliche Zuwendung де́нежное посо́бие
nicht unentgeltliche Zuwendung безвозвра́тная ссу́да
Zuwendungen *f, pl*, **außerordentliche** непредусмотренные поступле́ния, экстраординарные поступле́ния, поступле́ния извне́ *(напр. даре́ния, поже́ртвования, благотвори́тельные взно́сы)*
zuzahlen *vt* приплачивать, допла́чивать
zuzählen присчитывать; причисля́ть
z.V., zur Verfügung в распоряже́нии
ZVG, Zwangsversteigerungsgesetz зако́н о принудительной прода́же иму́щества с аукцио́на
ZW, Simbabwe Зимбабве
ZWA, Zollwertanmeldung деклара́ция тамо́женной сто́имости, ДТС
Zwang *m* принужде́ние; давле́ние, нажи́м; наси́лие
außerwirtschaftlicher Zwang внеэкономи́ческое принужде́ние
gesellschaftlicher Zwang социа́льный гнёт
ökonomischer Zwang экономи́ческое принужде́ние
Zwangsabgabe *f* принуди́тельный сбор
Zwangsabtretung *f* принуди́тельная переда́ча, принуди́тельная переусту́пка *(напр. тре́бования)*
Zwangsanleihe *f* принуди́тельный заём
Zwangsanwendung *f* принужде́ние, оказа́ние давле́ния
Zwangsarbeit *f* принуди́тельный труд *(ме́ра наказа́ния)*
Zwangsauflage *f* контрибу́ция
Zwangsauktion *f* принуди́тельный аукцио́н; принуди́тельная распрода́жа
Zwangsbeitreibung *f* принуди́тельное взыска́ние
Zwangsbesteuerung *f* принуди́тельное налогообложе́ние
Zwangsclearing *n* принуди́тельный кли́ринг
Zwangseinstellung *f* принуди́тельное зачисле́ние на рабо́ту, принуди́тельное трудоустро́йство *(инвали́дов)*
Zwangseintreibung *f* принуди́тельное взыска́ние *(напр. штрафов)*
Zwangsenteignung *f* принуди́тельное отчужде́ние *(иму́щества)*
Zwangsetatisierung *f* принуди́тельное включе́ние в сме́ту определённой статьи́ расхо́да
Zwangsgeld *n* штраф
Zwangshypothek *f* принуди́тельная ипоте́ка *(осо́бый вид обеспечи́тельной ипотеки)*
Zwangskartell *n* принуди́тельный карте́ль
Zwangskartellbildung *f* принуди́тельное картелирование *(объедине́ние ча́стных фирм в сою́зы картельного ти́па)*
Zwangskartellierung *f* принуди́тельное картелирование, принуди́тельная картелизация
Zwangskartellisierung *f* принуди́тельное картелирование, принуди́тельная

картелизация
Zwangskonversion *f* принуди́тельная конве́рсия
Zwangskurs *m* принуди́тельный курс валю́ты; принуди́тельный обме́нный курс
Zwangsliquidation *f* принуди́тельная ликвида́ция *(напр. закры́тие предприя́тий)*
Zwangslizenz *f* принуди́тельная лице́нзия; обяза́тельная лице́нзия
Zwangslohnregulierung *f* ме́ры по регули́рованию за́работной пла́ты
Zwangslohnregulierungen *f, pl* ме́ры по регули́рованию за́работной пла́ты *(принуди́тельные)*
Zwangsmaßnahme *f* репресса́лия; са́нкция
Zwangsmittel *n, pl* сре́дства принужде́ния
Zwangsregulierung *f* принуди́тельная ликвида́ция сро́чной биржево́й сде́лки; ме́ры принуди́тельного регули́рования
Zwangsrückkauf *m* принуди́тельный вы́куп *(иму́щества, це́нных бума́г)*
Zwangsschlichtung *f* принуди́тельное реше́ние конфли́ктов *(напр. ме́жду рабо́чими и предпринима́телями)*
Zwangssparen *n* вы́нужденные сбереже́ния *(напр. накопле́ние ча́сти неизрасходованных дохо́дов в усло́виях подавленной инфля́ции)*
Zwangssparen обяза́тельное образова́ние сбереже́ний; принуди́тельные сбереже́ния
Zwangsstrafe *f* администрати́вный штраф
Zwangssyndikat *n* принуди́тельный синдика́т
Zwangsveranlagung *f* принуди́тельное налогообложе́ние
Zwangsveräußerung *f* принуди́тельная распрода́жа
Zwangsvergleich *m* принуди́тельное разреше́ние спо́ра *(напр. ме́жду кредито́ром и должнико́м)*
Zwangsvermietung *f* обяза́тельная сда́ча в наём жилы́х помеще́ний
Zwangsversicherung *f* обяза́тельное страхова́ние, принуди́тельное страхова́ние
Zwangsversteigerung *f* принуди́тельная прода́жа *(ча́ще земе́льных уча́стков)* с аукцио́на, принуди́тельная прода́жа *(ча́ще земе́льных уча́стков)* с торго́в, принуди́тельный аукцио́н
Zwangsversteigerungsvermerk *m* отме́тка в кадастре о назначе́нии земе́льного уча́стка к принудительной прода́же с аукцио́на, отме́тка в кадастре о назначе́нии земе́льного уча́стка к принудительной прода́же с торго́в
Zwangsverwaltung *f* принуди́тельное управле́ние (земе́льным уча́стком)
zwangsweise в принуди́тельном поря́дке, принуди́тельно
Zwangswirtschaft *f* кома́ндная эконо́мика; централизо́ванно управляемое хозя́йство, пла́новая эконо́мика
ZWD, Simbabwe-Dollar, -- Simbabwe До́ллар Зимбабве (*код валю́ты* 716), -- Зимбабве
Zweck *m* цель; зада́ча
Zweckaufwand *m* целевые затра́ты, целевые расхо́ды
Zweckausgaben *f, pl* целевые затра́ты, целевые расхо́ды
zweckbestimmt целево́й *(напр. о креди́те)*
Zweckbestimmung *f* целево́е назначе́ние
Zweckbindung *f* целевые отчисле́ния, отчисле́ния целево́го назначе́ния
zweckdienlich целесообра́зный; целево́й
Zweckforschung *f* целевые иссле́дования, целенаправленные иссле́дования
zweckgebunden целево́й *(напр. о креди́те)*; целенапра́вленный
Zweckgebundenheit *f* целево́е назначе́ние
Zweckmäßigkeit *f* целесообра́зность, практи́чность
Zweckpackung *f* упако́вка целево́го назначе́ния
Zweckprognose *f* целево́й прогно́з
Zweckspareinlage *f* целево́й вклад
Zwecksparen *n* накопле́ние сбереже́ний для определённой це́ли; целевые сбереже́ния
Zwecksparguthaben *n* целево́й вклад
Zwecksparkonto *n* счёт по целево́му вкла́ду
Zwecksteuer *f* целево́й нало́г *(напр. на тра́нспортное сре́дство)*
Zweckverband *m* объедине́ние для осуществле́ния совме́стных прое́ктов
kommunaler Zweckverband объедине́ние общи́н для совме́стного выполне́ния определённых рабо́т *(напр. в це́лях улучше́ния снабже́ния населе́ния)*
Zweckzuwendung *f* дота́ции целево́го назначе́ния, субси́дии целево́го назначе́ния; целева́я дота́ция(и)
Zwei-Ebenen-Planung *f* планиро́вание на двух у́ровнях, двуху́ровневое планиро́вание
Zwei-Stufen-Leitungssystem *n* двухступе́нчатая систе́ма управле́ния
Zweierabkommen *n* двусторо́ннее соглаше́ние
Zweiersystem *n* двои́чная систе́ма, бина́рная систе́ма
zweifelhaft сомни́тельный *(напр. о долговы́х тре́бованиях или о ка́честве це́нных бума́г)*
Zweig *m* о́трасль
technologischer Zweig технологи́ческая о́трасль
Zweigabteilung *f* филиа́л; филиальное отделе́ние *(напр. ба́нка)*
Zweiganstalt *f* филиа́л, отделе́ние
Zweigbank *f* филиа́л ба́нка, отделе́ние ба́нка
zweigbedingt отраслево́й
Zweigbetrieb *m* филиа́л *(предприя́тия)*
zweigbezogen отраслево́й
Zweigbilanz *f* отраслево́й бала́нс
Zweige:
führende Zweige der Wirtschaft веду́щие о́трасли наро́дного хозя́йства
extraktive Zweige добыва́ющие о́трасли
nachgelagerte Zweige (сме́жные) о́трасли, в технологическом отноше́нии сле́дующие за други́ми отраслями
nichtproduzierende Zweige непроизводительные о́трасли
verflochtene Zweige сопряжённые о́трасли
vor- und nachgelagerte Zweige сме́жные о́трасли
zweiggebunden отраслево́й; внутриотраслево́й; отраслевого назначе́ния
Zweigkombination *f* комбини́рование о́траслей
Zweigladen *m* прила́вок по прода́же това́ров однородного ассортиме́нта, се́кция по прода́же това́ров однородного ассортиме́нта
Zweigleitung *f* отраслевое управле́ние
Zweiglohngruppenkatalog *m* отраслево́й тарифно-квалификацио́нный спра́вочник, ОТКС
Zweigniederlassung *f* филиа́л, отделе́ние
Zweignormativ *n* отраслево́й нормати́в
Zweigökonomik *f* отраслева́я эконо́мика
Zweigökonomik эконо́мика о́трасли
Zweigplanung *f* отраслевое плани́рование
Zweigprinzip *n* отраслево́й при́нцип
Zweigprognose *f* отраслево́й прогно́з
Zweigprogramm *n* програ́мма разви́тия о́трасли *(наро́дного хозя́йства)*
Zweigrentabilität *f* рента́бельность о́трасли
Zweigselbstkosten *pl* отраслева́я себесто́имость
Zweigspezialisierung *f* отраслева́я

специализация

Zweigspezifik *f* специфика отрасли

zweigspezifisch относящийся к особенностям рассматриваемой отрасли
zweigspezifisch отраслевой; отраслевого назначения

Zweigstelle *f* филиал, отделение

Zweigstellensteuer *f* налог, взимаемый с филиалов; налог с филиалов

Zweigstruktur *f* отраслевая структура
Zweigstruktur der Industrie отраслевая структура промышленности

Zweigtariftabelle *f* отраслевая тарифная сетка

Zweigvereinigung *f* объединение отраслей
Zweigvereinigung отраслевое объединение

Zweigverflechtungsbilanz *f* баланс внутриотраслевых связей, внутриотраслевой баланс; баланс отраслевых связей

Zweigwerk *n* отраслевое предприятие

Zweikontensystem *n бухг.* система двойного учёта (счёта)

Zweikontentheorie *f бухг.* теория двойного учёта (счёта)

Zweikreissystem *n* двухуровневая система

Zweimanngesellschaft *f* общество (состоящее из) двух компаньонов, партнёрство (состоящее из) двух компаньонов

Zweipersonen-Nullsummenspiel *n* игра двух участников с нулевой суммой

Zweipersonenspiel *n* игра двух участников
Zweipersonenspiel mit Gewinnsumme Null игра двух участников с нулевой суммой
Zweipersonenspiel mit Summe Null игра двух участников с нулевой суммой

Zweiphasenplanung *f* двухфазное (перспективное) планирование

Zweipunktklausel *f* оговорка в договоре купли-продажи, при которой расходы и риск переходят от продавца к покупателю не в одном и том же месте ***(напр. оговорка сиф)***

Zweiradindustrie *f* мотовелопромышленность

Zweischichtbetrieb *m* предприятие, работающее в две смены, двухсменное предприятие

Zweischichtenarbeit *f* двухсменная работа

zweischichtig в две смены; двухсменный

Zweischichtsystem *n* двухсменная система работы; двухсменная организация работы

Zweispaltenverfahren *n бухг.* двухколонковая система копиручёта

Zweispeziesmaschine *f устар.* вычислительная машина с двумя операциями

Zweisphärenbilanz *f* баланс промышленного предприятия, разрабатываемый раздельно по основным и оборотным средствам
Zweisphärenbilanz баланс раздельно по основным и оборотным средствам

Zweisystem *n бухг.* система раздельного финансового и производственного учёта ***(на крупных предприятиях)***

Zweitausfertigung *f* дубликат, копия, второй экземпляр
Zweitausfertigung секунда ***(второй образец переводного векселя)***

Zweitbearbeitung *f* вторичная обработка

Zweitberuf *m* вторая профессия

Zweitbeschäftigung *f* вторичная занятость

Zweitbest-Theorie *f* принцип второго «наилучшего», теорема второго «наилучшего» ***(в теории оптимального хозяйственного развития)***

Zweitexemplar *n* дубликат, копия, второй экземпляр; секунда ***(второй образец переводного векселя)***

Zweithandmarkt *m* рынок подержанных товаров, рынок товаров секонд хэнд

Zweithandtonnage *f* тоннаж, бывший в эксплуатации у другой компании

Zweitschrift *f* дубликат, копия, второй экземпляр

Zweitzugverfahren *n бухг.* метод учёта с двумя раздельными записями в дебет одного счёта и в кредит другого; метод двойной бухгалтерии

Zwelmanngesellschaft *f* общество, состоящее из двух участников; общество, состоящее из двух компаньонов

Zwergbesitzer *m* владелец парцеллярного участка земли, владелец ***карликового*** участка земли

Zwergbetrieb *m* малое предприятие в сельском хозяйстве, карликовое предприятие в сельском хозяйстве ***(до 5 га полезной площади)***
Zwergbetrieb малое предприятие, МП, мелкое предприятие, «карликовое» предприятие; мелкое хозяйство, «карликовое» хозяйство

Zwergwirtschaft *f* мелкое хозяйство, карликовое хозяйство

zwingen принуждать, вынуждать, заставлять

Zwischenabnahme *f* пооперационная приёмка ***(продукции)***

Zwischenaktionäre *m, pl* предыдущие держатели акций акционера, исключенного из общества за неуплату пая

Zwischenauslandsverkehr *m* порядок взимания таможенных пошлин, принятый в ряде стран

Zwischenausweise *m, pl* промежуточные балансы банков

Zwischenauswertung *f* предварительное подведение итогов

zwischenbehördlich межведомственный, междуведомственный

Zwischenbescheid *m* предварительное уведомление, промежуточное уведомление

zwischenbetrieblich межзаводской

Zwischenbilanz *f* промежуточный баланс, предварительный баланс

Zwischendividende *f* предварительно выплачиваемая часть дивиденда, предварительные дивиденды; предварительный дивиденд

Zwischenereignis *n сет. пл.* промежуточное событие

Zwischenergebnis *n* промежуточный результат

Zwischenerzeugnis *n* промежуточное изделие

Zwischenfinanzierung *f* промежуточное (краткосрочное) финансирование

Zwischengüter *n, pl* промежуточные товары ***(полуфабрикаты)***

Zwischenhafen *m* промежуточный порт; порт перевалки

Zwischenhandel *m* посредническая торговля

Zwischenhändler *m* коммерсант-посредник, торговый посредник, комиссионер

Zwischenkalkulation *f* предварительная калькуляция; промежуточная калькуляция ***(проводимая в течение производственного процесса)***

Zwischenkredit *m* предварительный (краткосрочный) кредит

Zwischenkrise *f* промежуточный кризис

Zwischenlager *n* склад для краткосрочного хранения; склад для сезонного хранения

Zwischenlösung *f* компромисс; промежуточное решение

Zwischenmakler *m* агент ***(являющийся доверенным лицом торгового маклера)***

Zwischenphase *f* промежуточная фаза

Zwischenprodukt *n* промежуточный продукт; *мат.* промежуточный результат

Zwischenschaltung *f* **des Großhandels** посредничество оптовой торговли

Zwischenschein *m* временное долевое свидетельство ***(может сохранять силу до тех пор, пока не выпущены акции)***
Zwischenschein временное свиде-

тельство *(на а́кцию и́ли облигацию)*; свиде́тельство на пра́во получе́ния предвари́тельного диви́де́нда; вре́менна́я а́кция, временна́я облига́ция
Zwischenstaatliche Beratende Schifffahrtsorganisation, IMCO Межправительственная морска́я консультати́вная организа́ция, ИМКО
Zwischentermin *m* промежу́точный срок
Zwischenverkauf *m* посредническая прода́жа, промежу́точная прода́жа
Zwischenverkauf vorbehalten без права́ перепрода́жи *(отме́тка, напр., на а́кции)*
Zwischenvertrag *m* вре́менный догово́р
Zwischenvertrag предвари́тельный контра́кт; предконтрактное соглаше́ние
Zwischenverwiegung *f* промежу́точное взве́шивание *(во вре́мя разгру́зки и́ли погру́зки)*
Zwischenverwiegungskosten *pl* пла́та за промежу́точное взве́шивание
Zwischenwertung *f* предвари́тельная оце́нка; предвари́тельное подведе́ние ито́гов
Zwischenzeit *f* межоперационное вре́мя
Zwischenzeit промежу́ток *(вре́мени)*, интерва́л
Zwischenziel *n* промежу́точная цель
Zwischenzins *m* диско́нт, учётный проце́нт (*ча́ще всего́ ста́вка, устана́вливаемая Центра́льным ба́нком*)
zwischenzweiglich межотраслево́й
ZWK, Zentrales Warenkontor Центра́льная това́рная конто́ра
Zyklendauer *f* продолжи́тельность ци́кла
minimale Zyklendauer минима́льная продолжи́тельность ци́кла
Zyklendiagramm *n* диагра́мма произво́дственного ци́кла
zyklisch цикли́чный, цикли́ческий
Zyklizität *f* цикли́чность
Zyklizität der Krisen цикли́чность кризисов
Zyklogramm *n* циклограмма
Zyklus *m* цикл; *сет. пл.* за́мкнутый ко́нтур
industrieller Zyklus промы́шленный цикл
technologischer Zyklus технологи́ческий цикл
wirtschaftlicher Zyklus экономи́ческий цикл
wissenschaftlichtechnischer Zyklus нау́чно-техни́ческий цикл
Zyklusarbeit *f* цикличная рабо́та
Zyklusplan *m* гра́фик цикличности *(ра́бочего проце́сса)*
Zykluszeit *f* продолжи́тельность ци́кла, перио́д обраще́ния

ZZ

Zz, Zinsenzahlung упла́та проце́нтов, вы́плата проце́нтов
z.Z., zur Zeit в настоя́щее вре́мя

Bildwörterbuch für Kinder und Eltern Russisch-Deutsch

ISBN 978-3-89894-679-7, Preis EUR 5,95 [D]
60 Seiten, Format 21x29 cm.

Das Bildwörterbuch für Kinder und Eltern vermittelt den Einstieg in die Fremd- bzw. Zweitsprache. Es erklärt anhand von detailgetreuen Abbildungen und liebevoll gestalteten Szenen rund 900 Wörter aus dem täglichen Lebensumfeld der Kinder. Dazu gehören 34 Themen wie Familie, Haus, Schule, Stadt, Tiere, Zeit, Wetter, Musik und Sport. Die ansprechenden Szenen setzen das Gelesene in Zusammenhang und animieren dazu, sich mit den Wörtern zu beschäftigen, wecken die Neugier und machen Lust auf die neue Sprache. Mit den dazugehörigen Audio-Dateien kann auch gleich die richtige Aussprache geübt werden. Die Vertonung der Wörter steht als MP3 zum Download bereit. Das Bildwörterbuch wurde von Linguisten für das gemeinsame Lernen von Kindern mit Ihren Eltern entwickelt.

Illustrierter Sprachführer Russisch-Deutsch für Einwanderer

ISBN 978-3-89894-763-3, Preis EUR 7,99 [D]
240 Seiten, Format 12x17 cm.

Mit dem illustrierten Sprachführer können Sie ohne Sprachkenntnisse Dankbarkeit ausdrücken, ein Auto in die Werkstatt bringen oder im Restaurant bestellen. Insgesamt sind über 2000 Redewendungen und Wörter enthalten, übersichtlich sortiert nach Themenbereichen wie Kommunikation, Essen und Trinken, Gesundheit und Hygiene, Sport und Freizeit, Reisen, Zeitangaben und Wetter. Das visuelle Lernen stützt sich auf die Tatsache, dass das menschliche Gedächtnis besser funktioniert, wenn es ein Bild vor Augen hat. So kann man sich die Vokabeln und Sätze leichter merken und langfristig einprägen. Ebenso unverzichtbar für das erfolgreiche Deutsch-Lernen ist das Anhören der Inhalte. Der auf das Buch perfekt abgestimmte Audiokurs Russisch – Deutsch in MP3 kann unter dem angegebenen Link heruntergeladen werden. Und sollten Sie einen Begriff noch nicht gelernt haben, so können Sie Ihrem Gegenüber einfach die passende Abbildung zeigen – so kommen Sie in jeder Situation zurecht!

Jourist Verlags GmbH
Tel.: 040-21098-290
info@jourist.de * www.jourist.de